Kischel
Rechtsvergleichung

Rechtsvergleichung

von

Uwe Kischel, LL.M. (Yale)
Attorney-at-law (New York)
o. Professor an der Universität Greifswald

2. Auflage 2026

C.H.BECK

Zitiervorschlag: Kischel Rechtsvergleichung § 1 Rn. 1

beck.de

ISBN PRINT 978 3 406 83378 6

Dieser Titel ist auch als E-Book erhältlich.

Wilhelmstraße 9, 80801 München
info@beck.de
Druck und Bindung: Beltz Grafische Betriebe GmbH
Am Fliegerhorst 8, 99947 Bad Langensalza

Satz: Druckerei C.H.Beck Nördlingen
Umschlag: Druckerei C.H.Beck Nördlingen

chbeck.de/nachhaltig
produktsicherheit.beck.de

Gedruckt auf säurefreiem, alterungsbeständigem Papier
(hergestellt aus chlorfrei gebleichtem Zellstoff)

Wer's nicht einfach und klar sagen kann,
der soll schweigen und weiterarbeiten,
bis er's klar sagen kann.
Karl R. Popper

Vorwort zur 2. Auflage

Die erste Auflage dieses Buches wurde weltweit von Rechtswissenschaftlern und Praktikern, Studenten und Doktoranden sehr positiv aufgenommen. Ich bin dankbar für all die positiven Rezensionen, e-mails und vielen persönlichen Rückmeldungen, die mich in den letzten Jahren erreicht haben. Doktoranden, die an ihrer Dissertation arbeiten, Professoren, die ihre rechtsvergleichenden Vorlesungen vorbereiten, Praktiker, die Orientierungshilfen zu bestimmten Ländern oder Regionen suchen, oder die zahlreichen Rechtsvergleicher, die sich einen Weg durch die manchmal verwirrende Vielfalt der Vorschläge zur rechtsvergleichenden Methode bahnen wollen – sie alle scheinen von der Lektüre dieses Buches profitiert zu haben.

Diese neue, zweite Auflage wurde in vielerlei Hinsicht verändert, angepasst und erweitert. Literaturangaben wurden aktualisiert, alte Zahlen und Daten durch neue ersetzt und neue Entwicklungen in den Text integriert. Die wichtigsten Änderungen betreffen das Methodenkapitel 3, eines der umfangreichsten des ganzen Buchs mit zentraler Bedeutung für seine Gesamtstruktur. Es wurde neu gegliedert und erweitert, um die zugrundeliegende Idee des Kontexts und der kontextuellen Rechtsvergleichung zu verdeutlichen und so auf die vielen Fragen und Anmerkungen einzugehen, die mich zu diesem Thema erreichten. Das Kapitel wurde zudem erweitert, um zusätzliche und neue methodische Ansätze wie den heuristischen Vergleich, vergleichende Verfassungsforschung oder empirische Rechtsvergleichung einzubeziehen. Ein ergänzender Abschnitt befasst sich mit der Frage, welche Ideen und Gründe hinter der scheinbaren Fülle weiterer methodischer Fragen und Anliegen stehen, die sich beispielsweise als strukturell, linguistisch, rechtssoziologisch oder dekolonial bezeichnen. Weitere Ergänzungen betreffen beispielsweise einen Abschnitt zu gemischten Rechtsordnungen, den viele Leser in der früheren Auflage vermisst haben. Auch wurde die Behandlung des russischen Kontexts erheblich erweitert. In den Kapiteln 5 und 6 zu den Kontexten des common law und des kontinentaleuropäischen Rechts waren die Ausführungen zu einigen der typischen Rechtsinstitute deutlich zu überarbeiten. So wurde die Chevron-Doktrin, die lange Zeit im Zentrum des US-amerikanischen Verwaltungsrechtsdenkens stand, aufgehoben, und Frankreich hat versucht, die cause durch Streichung aus dem Text des Code civil aufzugeben. Das britische Recht hat sich durch den Brexit verändert. Der spanische König hat unverkennbar an Bedeutung verloren. Saudi-Arabien hat damit begonnen, die Regeln des islamischen Rechts in mehreren wichtigen Gesetzen, darunter einem Zivilgesetzbuch, zu kodifizieren. China verfügt nun über ein neues und umfassendes Zivilgesetzbuch. Und die zentrale Überlegung zum chinesischen Recht, die betont, dass die Partei und nicht der Staat oder dessen Recht und Verfassung die zentrale Machtinstanz darstellt, war in westlichen Kreisen zum Zeitpunkt der Entstehung der ersten Auflage dieses Buches nicht unbedingt en vogue, scheint sich jedoch als zutreffende und realistische Beschreibung erwiesen zu haben und findet heute breite Akzeptanz, nicht zuletzt aufgrund der Ausrichtung der Führungsrolle Xi Jinpings. Insgesamt wurden durchlaufend im gesamten Werk neue Literatur und neue Trends eingearbeitet und erörtert.

Trotz – oder vielmehr gerade wegen – all dieser Veränderungen und Anpassungen an neue Entwicklungen hat sich ein zentrales Anliegen dieses Buchs bewährt: Keine der rechtlich relevanten Veränderungen des vergangenen Jahrzehnts waren wirklich überraschend in dem Sinne, dass sie den Leser der Erstauflage unvorbereitet oder ratlos zurückgelassen hätten.

Ganz im Gegenteil: Im Allgemeinen ermöglichte es die erste Auflage dem Leser, diese neuen Entwicklungen selbständig einzuordnen, sie in Beziehung zu bestehenden Trends und Grundprinzipien zu setzen und in ihrer Bedeutung, ihrer Tragweite und ihren Grenzen zu verstehen. Ich hoffe, dass die Neuauflage sich erneut in dieser Weise bewähren wird. Das gilt umso mehr, als es gerade solche mit Sicherheit auch in Zukunft zu erwartenden Veränderungen sind, die die Rechtsvergleichung zu einer so anregenden und anspruchsvollen Aufgabe machen.

Dieses Buch wäre ohne die Hilfe zahlreicher gegenwärtiger wie ehemaliger studentischer Hilfskräfte und wissenschaftlicher Mitarbeiter nicht möglich gewesen. Sie haben vorläufige Listen relevanter Literatur zusammengestellt, die Literatur aus verschiedenen Bibliotheken beschafft, Neuauflagen auf Aktualisierungen oder die Notwendigkeit vertiefter Auseinandersetzung hin geprüft und sich mit großer Sorgfalt um die unzähligen formalen und redaktionellen Aspekte gekümmert, die ein Werk dieses Umfangs zwangsläufig mit sich bringt. Sie haben zudem dafür gesorgt, dass die deutsche und die englische Ausgabe dieses Buches, an denen ich für die zweite Auflage parallel gearbeitet habe, in jeder Hinsicht identisch blieben. Für diese Unterstützung danke ich Carla Blecke, William Kopplow, Jytte Lauenstein, Philip Mende, Jonas Piest, Max Weber, sowie zusätzlich Henrik Augstein, Julius Fromm, Christine Hecker, Sara Reinhard und Clemens Sonntag. Mein besonderer Dank gilt William Kopplow, der die Arbeiten an dieser zweiten Auflage während der langen End- und Verlagsphase koordinierte, im weiteren Verlauf gemeinsam mit Jonas Piest, dem ich ebenso dankbar bin. Beide haben auch den Index eigenständig aktualisiert.

Großer Dank gilt der Zeit-Stiftung Ebelin und Gerd Bucerius, die mich großzügig unterstützt hat, indem sie von 2021 bis 2024 die Kosten für eine wissenschaftliche Hilfskraft teilweise übernommen hat. Diese finanzielle Hilfe trug nachdrücklich dazu bei, die Überarbeitung fortzusetzen und rechtzeitig zum Abschluss zu bringen. Wie immer gilt mein besonderer Dank der Stiftung Mercator. Ihre kontinuierliche, weitreichende und unbürokratische Unterstützung im Hintergrund verschaffte mir die interne und externe Unabhängigkeit, die für ein langfristiges Projekt dieser Art unverzichtbar ist. Ohne diese Unterstützung wären viele meiner eigenen internationalen Aktivitäten, die eine zentrale Grundlage für dieses Buch bilden, nicht möglich gewesen.

Trotz aller Bemühungen wird ein Werk wie dieses unweigerlich an manchen Stellen Fehler oder Ungenauigkeiten enthalten. Ich freue mich über jede Zuschrift, die dabei hilft, solche Mängel zu korrigieren.

Greifswald, im Juni 2026 Uwe Kischel

Vorwort zur 1. Aufl. 2015

Dieses Buch richtet sich an jeden Juristen, den wissenschaftliches Interesse, praktisches Bedürfnis oder schlicht Neugier dazu antreibt, über den Tellerrand der heimischen Rechtsordnung hinauszuschauen und sich mit fremdem Recht sowie der damit einhergehenden, fremden rechtlichen Denkweise zu beschäftigen. Es soll dem Anfänger die ersten Schritte ermöglichen, dem Fortgeschrittenen weiterführende Informationen zu Grundlagen, Detailfragen und möglichen Fallstricken vermitteln, dem Experten Anregung, Vertiefung und interessante Diskussionsbeiträge liefern. Das Werk steht somit in der Tradition der großen Lehrbücher, die es sich zum Ziel gesetzt haben, eine umfassende und vor allem wissenschaftlich vertiefte Darstellung mit dem didaktischen Anspruch guter Lesbarkeit und Verständlichkeit zu verbinden. Es eignet sich zum selektiven, thematischen Lesen für Doktoranden, Wissenschaftler oder Praktiker ebenso wie als echtes Lernbuch, das nicht nur Fortgeschrittene, sondern auch Neulinge auf dem Gebiet der Rechtsvergleichung von Anfang bis Ende durcharbeiten können.

Inhaltlich widmet sich ein erster Teil den allgemeinen Grundfragen der Rechtsvergleichung, nicht zuletzt der heute immer weiter ausufernden Methodendiskussion. Im zweiten Teil geht es dann – ganz im Sinne der in § 3 entwickelten kontextuellen Rechtsvergleichung – vor allem darum, dem deutschen ebenso wie dem ausländischen Rechtsvergleicher dabei zu helfen, ein Gespür für die spezifischen Eigenarten fremder Rechtsordnungen zu entwickeln, das notwendig ist, um fremde Normen, Entscheidungen und Zusammenhänge besser zu verstehen. Erleichtert werden soll das hermeneutische Sicheinarbeiten in das fremde Recht, in seine Denkungsart, seinen Stil, seine Atmosphäre, die von vielerlei Faktoren geprägt werden und sich keineswegs auf herkömmlich rechtsdogmatische Fragen beschränken. In formaler Hinsicht wurde bewußt darauf verzichtet, einzelnen Abschnitten jeweils eine kurze Liste ausgewählter Aufsätze und Bücher voranzustellen. Die für ein selbständiges Weiterarbeiten hilfreiche Literatur ergibt sich stattdessen mit erheblich größerer Genauigkeit aus den Fußnoten.

Für wertvolle Zuarbeit, im wesentlichen in Form von Literaturbeschaffung, Korrekturlesen, Zusammenstellung erster Literaturlisten sowie teilweiser Ergänzung oder Aktualisierung von Fußnoten, danke ich meinen früheren und gegenwärtigen Mitarbeitern am Lehrstuhl Florian Baach, Imke-Dorothea Baumgardt, Sabrina Beier, Simone Böhne, Martin Dietz, Katja Fröhlich, Matthias Hartwig, Anne-Kathrin Henkel, Lars Hunze, Robert Kessel, Peter Madjarov, Sarah Piek, Ilka Riedel, Anja Schlage und Agnes Wippich. Das Stichwortverzeichnis haben Lars Hunze, Peter Madjarov und Ilka Riedel eigenständig erarbeitet, wofür ich ihnen nochmals herzlich danke. Mein besonderer Dank gilt nicht zuletzt der Stiftung Mercator, die mir durch ihre weitreichende und vor allem völlig unbürokratische Förderung im Hintergrund die innere und äußere Unabhängigkeit gewährleistet hat, die notwendig ist, um ein Werk dieses Umfangs und Anspruchs in Angriff zu nehmen. Ein solches Werk wird, trotz intensivster Bemühungen, unweigerlich an manchen Stellen Fehler oder Ungenauigkeiten enthalten. Ich freue mich über jede Zuschrift, die dabei hilft, solche Mängel zu korrigieren.

Greifswald, im Oktober 2014 Uwe Kischel

Für Liv

Inhaltsübersicht

1. Teil. Grundlagen der Rechtsvergleichung

§ 1. Einführung: Was ist Rechtsvergleichung? 1

I. Die rechtsvergleichende Tätigkeit: Ein Überblick 2
II. Rechtsvergleichung und Nachbargebiete 9
III. Rechtsvergleichung als eigenständiges Rechtsgebiet: Eine unendliche Geschichte 25
IV. Bescheidenheit in der Rechtsvergleichung 29
V. Rechtsvergleichung in vielen Rechtsgebieten 31

§ 2. Ziele der Rechtsvergleichung 43

I. Fehlende Rechtfertigungsbedürftigkeit der Rechtsvergleichung 43
II. Allgemeine Zwecke und unmittelbar verwertbare Ergebnisse der Rechtsvergleichung 45

§ 3. Die rechtsvergleichende Methode 83

I. Das Methodenproblem der Rechtsvergleichung: Ein Überblick 84
II. Exkurs: tertium comparationis 86
III. Die funktionale Rechtsvergleichung als Ausgangspunkt 88
IV. Alternativen zur funktionalen Rechtsvergleichung 89
V. Die Kritik an der funktionalen Rechtsvergleichung 149
VI. Von der funktionalen zur kontextuellen Rechtsvergleichung 165
VII. Praxistipps für rechtsvergleichende Untersuchungen 202

§ 4. Rechtskreise, Rechtskultur und Kontext 215

I. Der Gedanke der Rechtskreise 215
II. Einige Rechtskreislehren 216
III. Sinn und Unsinn der Rechtskreiseinteilung 220
IV. Die Debatte um die Rechtskultur 226
V. Pragmatische kontextuelle Betrachtung 235
VI. Gemischte Rechtsordnungen 238

2. Teil. Die Kontexte der Rechtsordnungen

§ 5. Der Kontext des common law 245

I. Common law als Fallrecht 247
II. Geschichtliche Entwicklung 271
III. Gerichte und Juristen 284
IV. Der common law Prozess 305
V. Typische materielle Rechtsinstitute 317
VI. Englisch oder amerikanisch? – Gravierende Unterschiede im Kontext 349
VII. Common law im Rest der Welt 365

§ 6. Der Grundkontext kontinentaleuropäischen Rechts 375

I. Kontinentaleuropäisches Recht als einheitlicher Kontext? 376
II. Juristisches Denken im kontinentaleuropäischen Recht 378
III. Gerichte und Juristen 466
IV. Typische materielle Rechtsinstitute 498

Inhaltsübersicht

§ 7. Die Vielfalt des kontinentaleuropäischen Kontexts 521

I. Die vergröbernde Zuordnung anderer westeuropäischer Staaten 523
II. Osteuropa: Differenzierungen nach der Transformation 538
III. Skandinavien: Das nordische Rechtsdenken 568
IV. Jenseits Europas: Lateinamerika 598
V. Konvergenz von civil law und common law? 630

§ 8. Der Kontext afrikanischen Rechts 643

I. Pluralität als Kennzeichen afrikanischen Rechts 643
II. Staatliches Recht 644
III. Traditionelles Recht 653

§ 9. Kontexte in Asien 687

I. Die Vielfalt Asiens 688
II. China: Die Herrschaft der Partei 691
III. Japan, Taiwan, Südkorea: Der südostasiatische Weg auf kontinentaleuropäischer Basis 743
IV. Indien: Common law und Hinduismus 768
V. Indonesien: Pluralismus im Vielvölkerstaat 789

§ 10. Der Kontext des islamischen Rechts 805

I. Das klassische islamische Recht: Grundlagen 806
II. Der Inhalt islamischen Rechts (fiqh) 834
III. Das islamische Recht in den heutigen Staaten 852
IV. Exkurs: Andere religiöse Rechte 869

§ 11. Kontexte transnationalen Rechts 885

I. Rechtsvergleichung jenseits des Staates 885
II. Der Kontext des Völkerrechts 887
III. Der Kontext des Europäischen Unionsrechts 895
IV. Der Kontext der lex mercatoria? 908

Sachverzeichnis 913

Inhaltsverzeichnis

1. Teil. Grundlagen der Rechtsvergleichung

§ 1. Einführung: Was ist Rechtsvergleichung? 1

I. Die rechtsvergleichende Tätigkeit: Ein Überblick 2
1. Rechtsvergleichung und Auslandsrechtskunde 2
a) Ermittlung des einschlägigen Rechts 2
b) Vergleich und Bewertung 4
c) Länderberichte und Generalbericht 5
d) Auslandsrechtskunde existiert nicht 5
2. Kontextuelle Rechtsvergleichung 6
3. Einzelvergleich und typisierender Vergleich 8
II. Rechtsvergleichung und Nachbargebiete 9
1. Rechtsübersetzung 9
2. Rechtsgeschichte 11
3. Rechtssoziologie 14
4. Rechtsethnologie, Rechtsethologie, Rechtsanthropologie 16
a) Rechtsethnologie 16
b) Rechtsethologie 17
c) Rechtsanthropologie 18
5. Internationales Privatrecht 19
6. Vergleichende Politikwissenschaft 21
III. Rechtsvergleichung als eigenständiges Rechtsgebiet: Eine unendliche Geschichte 25
1. Ein Spiel mit Worten 25
2. Methode oder eigenständiges Gebiet der Rechtswissenschaft? 26
a) Fehlende Bedeutung der Frage 26
b) Untersuchung der historischen Beziehungen zwischen Rechtssystemen 27
c) Mikrovergleichung als Methode, Makrovergleichung als Wissenschaft? 28
IV. Bescheidenheit in der Rechtsvergleichung 29
V. Rechtsvergleichung in vielen Rechtsgebieten 31
1. Universalität der Rechtsvergleichung 31
2. Ideologie und Rechtsvergleichung 33
a) Von der Wertfreiheit zur Wertprägung 33
aa) Politisch-wertender Charakter nicht nur des öffentlichen Rechts 33
bb) Politische Prägung und praesumptio similitudinis 34
cc) Menschenrechtsorientierte statt wertfreie Vergleichung 35
b) Universalität statt Relativismus der Menschenrechte 38
aa) Menschenrechte als westlich-individualistisch geprägte Werte 38
bb) Menschenrechte als Forderungen 39
cc) Kultur- und religionsunabhängiger Kampf für die Menschenrechte 40
dd) Universalität und Umstände des Einzelfalls 42

§ 2. Ziele der Rechtsvergleichung 43

I. Fehlende Rechtfertigungsbedürftigkeit der Rechtsvergleichung 43
II. Allgemeine Zwecke und unmittelbar verwertbare Ergebnisse der Rechtsvergleichung 45
1. Kommunikation 45
a) (Rechts-)Kulturelle Unterschiede 45
b) Rechtskultureller Imperialismus 46
c) Anwaltliche Praxis 48
2. Rechtsbildung: Bedeutung in der Lehre 49
3. Vertieftes Verständnis der eigenen Rechtsordnung 51

4. Rechtsvergleichung und Gesetzgebung 52
a) Rechtsbeeinflussung im Allgemeinen 52
aa) Typische Beispiele für Rechtsbeeinflussung 52
bb) Beeinflussung nicht nur durch nationales Recht 53
cc) Erfolge, Misserfolge und Ungeklärtes 54
dd) Gründe und empirische Bedeutung der Rechtsbeeinflussung 55
b) Rechtsübernahme (legal transplants) 57
aa) Typische Fragen an die Rechtsübertragung 57
bb) Sind Rechtsübernahmen überhaupt möglich? 59
cc) Kategorien von Rechtsübernahmen 60
c) Rechtsvereinheitlichung und Rechtsharmonisierung 61
aa) Rechtsharmonisierung: weltweit, europäisch, regional 61
bb) Einheitsrecht, Modellgesetze 63
cc) Die Principles of European Contract Law als Vorbild im europäischen Raum .. 64
5. Rechtsvergleichung und Auslegung 66
a) Auslegung von Recht mit fremden Elementen: rechtsvergleichende Auslegung iwS 67
b) Auslegung genuin nationalen Rechts: rechtsvergleichende Auslegung ieS 69
aa) Rechtsvergleichende Auslegung als klassische Forderung 70
bb) Textstufenparadigma und „fünfte Auslegungsmethode“ 70
cc) Zu einer kulturell-rechtsvergleichenden Auslegung 71
dd) Nochmals: Das Problem der nationalen Eigenständigkeit 72
ee) Auslegungshilfe in schwierigen Fällen: klassische Beispiele 75
c) Praktische Probleme und Lösungen 77
6. Rechtsvergleichung als Rechtsquelle: Völker- und Europarecht 80

§ 3. Die rechtsvergleichende Methode 83

I. Das Methodenproblem der Rechtsvergleichung: Ein Überblick 84
II. Exkurs: tertium comparationis 86
III. Die funktionale Rechtsvergleichung als Ausgangspunkt 88
IV. Alternativen zur funktionalen Rechtsvergleichung 89
1. Varianten der klassischen Herangehensweise 89
a) Feststellen, verstehen, vergleichen: Das 3-Phasen-Modell 89
b) Praktische Arbeitsanweisung in acht Schritten 92
c) Die Lehre von den rechtlichen Formanten 93
aa) Formanten als Ausdruck der Vielschichtigkeit von Rechtsfindung und Rechtsauffassungen 93
bb) Formanten: Vom Einrennen offener Türen und seinen Gefahren 95
d) Dialektische Rechtsvergleichung 97
aa) Vergleichung als wertender Kreisprozess 97
bb) Dialektik als Realität 98
e) Heuristischer Vergleich 99
aa) Auswahl von Stufen und tertium comparationis 99
bb) Auswahl als immantener Bestandteil der untersuchten Frage 101
2. Veränderungen in Teilen 102
a) Rechtsvergleichung und ökonomische Analyse 102
aa) Die ökonomische Analyse des Rechts 102
(1) Beispiel Haftungsrecht 102
(2) Grundgedanken und Grundterminologie der ökonomischen Analyse 104
bb) Die ökonomische Analyse in der Rechtsvergleichung 106
cc) Kritik der ökonomischen Analyse 108
(1) Kernprobleme der Ökonomisierung 108
(a) Von Fischen und Rauch: Zwei Beispiele 108
(b) Homo oeconomicus und das Denken in Modellen 109
(c) Effizienzkriterien 111
(d) Monetarisierung und Gerechtigkeit 112

(e) Behandlung alternativer Kriterien 115
(f) Psychologie, Didaktik und die selbsterfüllende Prophezeiung 116
(2) Schwierigkeiten ökonomischer Betrachtung in der Rechtsvergleichung 117
b) Konzeptuelle Vergleichung 119
aa) Modellentwicklung und Vergleich: Ein Zwei-Phasen-Programm 119
bb) Bedeutung und Wirkung des Modells 120
3. Andere Untersuchungsziele 122
a) Rechtsübernahmen 122
b) Vergleichende Rechtstheorie 123
c) Rechtstraditionen 125
aa) Die Offenheit von Traditionen 125
bb) Die Begrifflichkeit des Traditionsdenkens 127
d) Große Fragen 128
4. Kausalitäten, Zahlen und sozialwissenschaftliche Tendenzen 129
a) Statistische Rechtsvergleichung 130
aa) Numerische Darstellung und Korrelierung des Rechts 130
bb) Der Teufel im Detail 132
(1) Reduktion komplexer Sachverhalte auf einfache Zahlen 132
(2) Suggestion naturwissenschaftlicher Genauigkeit 135
(3) Kausalitäten 136
(4) Wirtschaftspolitische Einfärbung und rechtspolitisches Programm 137
b) Vergleichende Verfassungsforschung 138
aa) Auf der Suche nach Kausalitäten 139
bb) Sozialwissenschaftliche Fragen, sozialwissenschaftliche Methoden 140
c) Empirische Rechtsvergleichung 142
aa) Ein Sammelbegriff und seine Grenzen 142
bb) Rein deskriptive Statistik? 143
5. Strukturell, linguistisch, rechtssoziologisch, dekolonial ...: immer weitere methodische Ansätze? 144
a) Fragen statt Ansätze 145
b) Anliegen statt Ansätze 146
c) Missverständnisse 148
V. Die Kritik an der funktionalen Rechtsvergleichung 149
1. Kritik an der Vorgehensweise 150
a) Die Funktion im Recht 150
b) Der Vergleichsvorgang 151
c) Der kulturelle und rechtliche Kontext 152
d) Die Neutralität 152
2. Kritik an den Hintergründen 154
a) Fixierung auf Einheit 154
b) Positivismus statt Realismus 154
c) Zielabhängigkeit 155
d) Isolation 156
3. Postmoderne Kritik 156
a) Das Problem der Darstellung und Selbstdarstellung postmoderner Schriften 156
b) Grundgedanken der Postmoderne 157
c) Postmoderne Kritik an der Rechtsvergleichung 159
d) Postmoderne Methoden der Rechtsvergleichung? 161
4. Die Fehler der Kritik: Ein Zerrbild funktionalen Denkens 162
a) Funktionale Methode in Feind- und Selbstbild 162
b) Nichtbeachtung der Vielfalt von Kulturen und Funktionen? 163
c) Fixierung auf Einheitlichkeit? 164
d) Neutraler Standpunkt? 164
VI. Von der funktionalen zur kontextuellen Rechtsvergleichung 165
1. Verbleibende Grenzen und Fehler funktionalen Denkens 166
a) Übertriebene Schlussfolgerungen 166

b) Begrenzte Reichweite funktionaler Vergleichung ... 168
aa) Vielfalt rechtsvergleichender Fragestellungen: Eine Typologie ... 168
(1) Klassischer Vergleich: Problemvergleich und Konzeptvergleich ... 168
(2) Vergleich von Funktionsbedingungen des Rechts ... 170
(3) Typische Teilfragen ... 170
(4) Freiwillige Einbeziehung fremder Rechtsgedanken ... 171
(5) Erzwungene Rechtsvergleichung ... 171
(6) Abstrahierende und systematisierende Fragen ... 171
bb) Funktionales Denken und Problemvergleich ... 172
2. Kontext als zentrales Konzept der Rechtsvergleichung ... 173
a) Legitime Anliegen der Kritik ... 173
b) Kontext als integratives Konzept ... 174
c) Kontext und Rechtskultur ... 175
d) Kontext und Rechtskreise: Der doppelte Bedeutungsgehalt von Kontext ... 176
3. Kontextuelle Rechtsvergleichung als hermeneutische Methode ... 177
a) Die Suche nach dem Kochrezept ... 177
b) Analytisches Vorgehen vs. Hermeneutik ... 179
aa) Analytische und historische Fragestellungen ... 179
bb) Historische Fragestellung und hermeneutische Methode ... 181
cc) Hermeneutik und Rechtsvergleichung ... 183
c) Verschiedene Denkstile ... 185
4. Kontextuelle *Rechts*vergleichung ... 185
a) Die Grenzen der Rechtsvergleichung ... 185
b) Rechtsvergleichung und rechtswissenschaftliche Methoden ... 186
5. Bilanz: Was ist kontextuelle Rechtsvergleichung? ... 188
6. Einheit in der Vielfalt: Kontextuelle Fehlerlehre der Rechtsvergleichung ... 189
a) Fehler bei der Begriffserfassung ... 189
aa) Lese- und Übersetzungsprobleme ... 189
bb) Quellenprobleme ... 190
cc) Erfassen des Begriffsinhalts ... 192
dd) Vorverständnis der Begriffe: Die Bedeutsamkeit ... 193
b) Übersehen funktionaler Äquivalente ... 194
c) Verengung des Blickfelds ... 194
aa) Das dogmatische Umfeld ... 194
(1) Relativierung von Abweichungen ... 194
(2) Typische Fehlinterpretationen ... 195
bb) Das rechtskulturelle Umfeld ... 196
(1) Rolle des Rechts und rechtlicher Institutionen ... 196
(2) Rechtliches Denken und rechtliches Handwerkszeug ... 197
cc) Außerrechtliche Aspekte ... 199
d) Die eigene Brille: Regel vs. Ausnahme ... 199
e) Gelehrtes und gelebtes Recht, Rechtsmeinungen ... 200
VII. Praxistips für rechtsvergleichende Untersuchungen ... 202
1. Aufbaumöglichkeiten einer klassischen rechtsvergleichenden Studie ... 203
a) Schlichte Gegenüberstellung und Vergleich ... 203
b) Verzahnter Vergleich ... 205
c) Darstellung aus heimatlicher Sicht ... 206
2. Eine klassische rechtsvergleichende Arbeitsweise ... 207
a) Finden eines Themas ... 208
b) Einlesen ... 208
c) Studium fremder Quellen ... 210
d) Unterschiede, Gemeinsamkeiten und erste Gliederungen ... 211
e) Erweiterung des Blicks ... 212
f) Endgliederung und Niederschrift ... 213

§ 4. Rechtskreise, Rechtskultur und Kontext 215

I. Der Gedanke der Rechtskreise 215
II. Einige Rechtskreislehren 216
1. Herkömmliche Einteilungsversuche 216
2. Ungewöhnliche Einteilungsversuche 218
3. Hierarchische Einteilungsversuche 219
4. Kontextuelle Einteilung 219
5. Zur Terminologie von Rechtskreis, Rechtsfamilie, Rechtssystem und Kontext 220
III. Sinn und Unsinn der Rechtskreiseinteilung 220
1. Klassifikationsaufgabe? 220
2. Auswahl von Vergleichsrechtsordnungen und Arbeitsersparnis? 221
3. Kenntnis des Kontexts 223
4. Didaktik 223
5. Weitere Kritik an der Rechtskreislehre 224
6. Praktische Bedeutung der Kontexte 226
IV. Die Debatte um die Rechtskultur 226
1. Rechtsvergleichender Ansatz 226
2. Rechtssoziologische Debatte 227
a) Vielzahl von Definitionen 227
b) Der Streit um den Sinn 229
aa) Theorie vs. Pragmatismus 229
bb) Weitere Probleme der Rechtskultur 231
3. Lehren für die Rechtsvergleichung 231
a) Abweichende rechtssoziologische Interessen und Herangehensweisen 231
b) Spezifisch juristischer Ansatz 233
V. Pragmatische kontextuelle Betrachtung 235
1. Kontext statt Rechtskultur 235
2. Beispielhaftes statt idealtypisches Vorgehen 236
3. Elemente des Kontexts 237
a) Relative Bedeutung historischer Aspekte 237
b) Nichtrechtliche Elemente und ihre Ermittlung 237
c) Vielzahl von Einzelelementen 238
VI. Gemischte Rechtsordnungen 238
1. „Gemischt“ und seine Bedeutungen: Ein Überblick 239
a) Begriffliche Ausweitungen 239
b) Hintergrund der Ausweitungen 239
c) Neue Untergliederungen 240
d) Ein unbefriedigender Zustand 241
2. Gemischte Rechtsordnungen als dritte Rechtsfamilie 241
3. Gemischte Rechtsordnungen in kontextueller Perspektive 243

2. Teil. Die Kontexte der Rechtsordnungen

§ 5. Der Kontext des common law 245

I. Common law als Fallrecht 247
1. Begriff 247
2. Der klassische Kern des common law 248
a) Entwicklung aus Fällen 248
aa) Induktives Denken: Von bunten Wänden 249
bb) Rechtsentwicklung im common law: Die Schnecke im Ginger Ale 252
b) Präzedenzfall und distinguishing 257
aa) Ratio decidendi und obiter dictum 258
bb) Gerichtshierarchie 259
cc) Distinguishing 260
dd) Überzeugende Präjudizien 261

c) Rolle des Gesetzesrechts ... 261
d) Rolle der akademischen Literatur ... 262
3. Die Denkweise des Common law ... 265
a) Common law als richterlich geschaffenes Recht ... 265
b) Fälle als Argumente ... 266
c) Prozessorientierung ... 266
d) Systematik, abstraktes Denken und Recht ... 267
e) Recht und Tatsache ... 269
II. Geschichtliche Entwicklung ... 271
1. Entstehung des common law nach 1066 ... 272
2. Königliche Gerichte in Westminster ... 273
3. Writs ... 274
a) Eigenschaften und Entstehung der writs ... 274
b) Prozessuales vs. materielles Denken ... 276
c) Ende und Fortwirken der writs ... 278
4. Equity ... 279
a) Grundgedanke: equity als Gewissensentscheidung ... 279
b) Typische Regeln der equity ... 280
c) Praktische Probleme der equity ... 281
d) Equity heute ... 283
III. Gerichte und Juristen ... 284
1. Gerichtsaufbau ... 284
a) England: Komplexität und Modernisierung ... 284
aa) Tribunals ... 285
bb) Magistrates' Courts, County Courts ... 286
cc) Crown Court ... 286
dd) High Court ... 287
ee) Court of Appeal ... 287
ff) House of Lords und Supreme Court ... 288
b) USA: Föderale Struktur ... 290
aa) Einzelstaatliche Gerichte und Bundesgerichte ... 290
bb) Gerichtshierarchie im Bund ... 290
(1) Federal District Court und Court of Appeals ... 290
(2) Der appeal zwischen Tatsachen- und Rechtsprüfung ... 291
(3) U. S. Supreme Court ... 292
cc) Zuständigkeiten von Bund und Einzelstaaten ... 292
2. Juristische Ausbildung ... 293
a) England ... 293
aa) Zwischen Universität und Praxis: Die historische Entwicklung ... 293
bb) Universitäre und praktische Phasen: Die Ausbildung heute ... 294
cc) Soziale Kritik an der Ausbildung ... 296
b) USA ... 296
aa) Universitäre Ausbildung und bar exam ... 296
bb) Akademische Prägung der besten law schools ... 297
cc) Aspekte der Fallmethode ... 297
3. Richter und Anwälte ... 299
a) England: Die Macht der Tradition ... 299
aa) Richter zwischen Tradition und Umbruch ... 299
(1) Das missverständliche klassische Bild ... 299
(2) Der richterliche Urteilsstil ... 300
(3) Der Weg auf den Richterstuhl ... 300
bb) Barrister und solicitor ... 301
(1) Traditionelle Rollenteilung ... 301
(2) Zögerliche Aufweichung der Unterschiede ... 302
(3) King's Counsel ... 303
b) USA: Das moderne Umfeld ... 304
aa) Anwälte: Im Dienst des Mandanten ... 304
bb) Richter: Die politische Dimension ... 304

IV. Der common law Prozess 305
1. Gegnerschaftlicher Prozess 305
a) Klassische Form 305
b) Kritik und Veränderungen 307
c) Gegnerschaftlicher vs. inquisitorischer Prozess? 308
2. Jury 309
a) Die jury als tatsächliche und rechtliche Entscheidungsinstanz 309
b) Historische Entwicklung der jury 310
c) Die jury zwischen freier Entscheidung und rechtlicher Einbindung 312
aa) Entscheidung ohne Begründung 312
bb) Die Instruktionen der jury 313
cc) Ansätze rechtlicher Überprüfbarkeit 313
dd) Die Freiheit der jury: jury equity 315
d) Rechtskontextuelle Verwurzelung der jury 315
V. Typische materielle Rechtsinstitute 317
1. Gesetzesauslegung 317
a) Gesetzesauslegung als umstrittenes Kernproblem 317
b) Klassische Auslegungsregeln 318
c) Zweifelhafte Heranziehung von Gesetzgebungsmaterialien 320
d) Andersartigkeit der Gesetzesauslegung im common law 321
2. Grundeigentum 322
a) Feudale Wurzeln von Sprache und Denken 322
b) Moderne Aspekte des Grundstücksrechts 324
c) Formalistische Struktur 326
d) Die peinliche rule against perpetuities 327
3. Trust 328
a) Grundgedanke des trust 328
b) Flexibilität des trust 329
c) Fiktive trusts als Mittel zum Zweck 329
4. Consideration 330
a) Consideration und Form 330
b) Komplexitäten und Widersprüche 331
c) Der Gegenspieler: promissory estoppel 333
5. Öffentliches Recht und Privatrecht 334
a) Der Mythos des fehlenden Verwaltungsrechts 334
b) Historische Hintergründe: Star Chamber, Dicey, laissez-faire ... 335
c) Die Andersartigkeit des Verwaltungsrechts im common law 337
aa) Privatrechtliche Elemente und fehlende Verwaltungsgerichtsbarkeit 338
bb) Materiellrechtliche Eigenheiten 339
6. Grundrechte in der Abwägung: levels of scrutiny 340
a) Rational basis, strict scrutiny, intermediate scrutiny 340
b) Vorprägung des Ergebnisses durch Wahl des Prüfungsmaßstabs 342
7. Überprüfung administrativer Rechtsauslegung 344
a) Der Chevron Test 344
b) Offenheit des Chevron Tests 346
c) Loper Bright und das Ende von Chevron 347
VI. Englisch oder amerikanisch? – Gravierende Unterschiede im Kontext 349
1. Inhaltliche und institutionelle Unterschiede 350
a) Unterschiede im materiellen Recht und seiner Bedeutung 350
b) Institutionelle und prozessuale Unterschiede 351
c) Unterschiede aufgrund föderaler Struktur 352
2. Insbesondere: Verfassungsrecht 354
a) Herausragende Rolle des U.S.-Verfassungsrechts 354
b) Verfassungsrecht in England? 354
aa) Bedeutung und Existenz des englischen Verfassungsrechts 354
bb) Die Vorherrschaft des Parlaments auf dem Rückzug 356

3. England unter dem Einfluss Europas ... 358
a) Der langfristige Einfluss ... 358
b) Brexit und die englische Rechtsordnung ... 360
4. Rechtstheoretische Grundgedanken: U.S.-amerikanischer Rechtsrealismus ... 361
a) „We are all realists now" ... 361
b) Fehlende Bedeutung in England ... 364
VII. Common law im Rest der Welt ... 365
1. Zwischen anglo und amerikanisch: Das Kontinuum des common law ... 365
2. Einige frühere Kolonien ... 366
a) Kanada ... 366
b) Australien ... 368
c) Neuseeland ... 370
3. Und Schottland ...? ... 371

§ 6. Der Grundkontext kontinentaleuropäischen Rechts ... 375

I. Kontinentaleuropäisches Recht als einheitlicher Kontext? ... 376
II. Juristisches Denken im kontinentaleuropäischen Recht ... 378
1. Wo kommt das Recht her? – Die Rechtsquellen ... 379
a) Überragende Bedeutung des Gesetzes ... 379
aa) Positivistische Grundeinstellung ... 379
bb) Gesetz, Recht und Demokratie ... 381
cc) Kein mechanisches Gesetzesverständnis ... 382
dd) Bedeutungsvarianten des Gesetzesbegriffs ... 383
b) Der wenig bedeutende Rest ... 384
aa) Gewohnheitsrecht ... 384
bb) Weitere Rechtsquellen ... 385
c) Und der Richter? ... 387
2. Die Systematik des Rechts ... 390
a) Der Kodifikationsgedanke ... 390
aa) Kodizes als typisch kontinentaleuropäisch? ... 390
bb) Was ist ein Kodex? ... 391
cc) Verschiedene Begriffe des Kodex ... 392
(1) Differenzierung nach dem Grad der Reform ... 392
(2) Differenzierung zwischen kontinentaleuropäischem und common law Kodex ... 394
dd) Der Aufbau eines Kodex: zwei Beispiele ... 395
(1) Frankreich und der Code civil ... 395
(2) Deutschland und das BGB ... 397
(3) Der Sprachstil von BGB und Code civil ... 398
b) Begriffliche Durchdringung ... 399
aa) Vereinheitlichung der Begriffe ... 400
bb) Allgemeiner Teil, abstrakte Denkweise, Begriffspyramiden ... 400
cc) Rechtsvergleichende Verständnisprobleme, schneller Zugriff, Gesetzessprache . 402
c) Französischer Pragmatismus ... 404
aa) Ähnlichkeit aus der Außenperspektive ... 404
bb) Unterschiede aus der Binnenperspektive ... 405
3. Die Gesetzesauslegung ... 406
a) Auslegungsziel: Objektive und subjektive Theorie ... 406
b) Auslegungsmethoden ... 408
aa) Der klassische Auslegungskanon ... 408
bb) Methodische Probleme und Weiterungen ... 410
cc) Die Nonchalance der Praxis ... 412
c) Begriffs-, Interessen- und Wertungsjurisprudenz ... 413
d) Französische Parallelen ... 416
aa) Inhaltliche Parallelen, terminologische Unterschiede ... 416
bb) Der klassische Schulenstreit: école de l'exégèse vs. libre recherche scientifique ... 417

cc) Heutige Realität der methodischen Vielfalt ... 418
(1) Oszillierende Methodenlehre ... 418
(2) Zusätzliche Auslegungsmethoden und praktische Ansätze ... 419
4. Praktische Rechtsanwendung ... 421
a) Recht und Tatsachen ... 421
b) Subsumtion ... 423
aa) Grundschema der Subsumtion ... 424
bb) Meinungsstreitigkeiten und Subsumtion ... 425
cc) Subsumtion als allgemeines Denkschema ... 426
dd) Definitionen als geronnenes juristisches Wissen ... 427
c) Gutachtentechnik ... 428
aa) Inhalt der Gutachtentechnik ... 428
bb) Gutachtenstil als allgemeines Denkschema ... 429
cc) Schematisierung als geronnenes juristisches Wissen ... 430
dd) Prägende und praktische Wirkung des Gutachtenstils ... 431
d) Relationstechnik ... 432
aa) Vorgehensweise der Relation ... 432
bb) Bedeutung des Relationsdenkens ... 433
e) Frankreich: Gleicher Ansatz, andere Ausführung ... 435
aa) Syllogismus ... 435
bb) Pragmatische Lösung statt Subsumtion und Gutachten ... 435
cc) Qualifikation als Schnittstelle von Recht und Tatsachen ... 438
5. Rechtliche Autoritäten ... 439
a) Gerichtsentscheidungen ... 439
aa) Fehlende Präzedenzfallbindung ... 439
bb) Urteilsstil ... 442
(1) Frankreich ... 442
(2) Deutschland ... 444
b) Die Rolle der akademischen Literatur ... 447
aa) Literaturgattungen: Kommentar, Lehrbuch, Zeitschrift 447
bb) Einfluss der Literatur ... 451
6. Geschichtliche Entwicklung ... 453
a) Frankreich ... 454
aa) Gewohnheitsrecht und römisches Recht ... 454
bb) Entstehung des Code civil ... 455
cc) Eigenheiten und Kritik des historischen Code civil ... 456
dd) Andere napoleonische Kodizes ... 457
b) Deutschland ... 458
aa) Die Zersplitterung des deutschen Rechts ... 458
bb) Der Kodifikationsstreit ... 460
(1) Frühere Kodifikationen ... 460
(2) Thibaut vs. Savigny ... 461
(3) Historische Rechtsschule, Germanisten und Pandektistik ... 461
cc) Die Schaffung des BGB ... 463
dd) Weitere Kodifikationen ... 465
III. Gerichte und Juristen ... 466
1. Gerichtsaufbau ... 466
a) Deutschland ... 466
aa) Die Gerichtszüge ... 466
bb) Ausgangsverfahren, Berufung, Revision am Beispiel des Verwaltungsprozesses . 467
cc) Besonderheiten im Zivil- und Strafverfahren ... 468
dd) Das Bundesverfassungsgericht ... 469
b) Frankreich ... 471
aa) Gerichtsbarkeiten ... 471
bb) Berufung und Kassation ... 472
cc) Der Instanzenzug vor ordentlichen Gerichten ... 473
(1) Zivilverfahren ... 473
(2) Strafverfahren ... 474

dd) Der Instanzenzug im Verwaltungsverfahren ... 475
ee) Die Verfassungsgerichtsbarkeit ... 476
(1) Verfassungsgerichtliche Funktionen des Conseil d'État? ... 476
(2) Der Conseil constitutionnel ... 477
2. Juristische Ausbildung ... 478
a) Deutschland: Der Einheitsjurist ... 478
aa) Studienablauf ... 479
bb) Bedeutung der Benotung ... 479
cc) Inhalt und Form des Studiums ... 480
dd) Repetitorien ... 481
ee) Praktische Ausbildung im Referendariat ... 481
ff) Kritik an der Ausbildung ... 482
b) Frankreich: Ausbildung in Stufen ... 483
aa) Studienablauf ... 483
bb) Studieninhalte und Bedeutung ... 484
3. Richter und Anwälte ... 485
a) Deutschland: Der direkte Einstieg ... 485
aa) Richter: Karriere und Ansehen ... 485
bb) Anwälte und Notare ... 487
b) Frankreich: Spezialausbildung und Auswahl ... 487
aa) Richterausbildung und concours ... 487
bb) Anwaltsausbildung und Vereinheitlichung der Berufsbilder ... 489
4. Das gerichtliche Verfahren ... 490
a) Orientierung am erstinstanzlichen Verfahren ... 490
b) Einige typische Merkmale des deutschen Zivilprozesses ... 491
aa) Überragende Rolle des Richters ... 491
bb) Vergleich ... 492
cc) Beibringungsgrundsatz und Beweisaufnahme ... 492
dd) Kosten ... 493
c) Der deutsche Verwaltungs- und Strafprozess ... 493
aa) Verwaltungsprozess und Amtsermittlung ... 493
bb) Eigenheiten des Strafprozesses und der deal ... 494
d) Der französische Untersuchungsrichter ... 496
IV. Typische materielle Rechtsinstitute ... 498
1. Das deutsche Abstraktionsprinzip ... 498
2. Die französische cause ... 500
a) Abschied von der cause? ... 500
b) Grundgedanke der cause ... 501
c) Was ist die cause? ... 501
d) Funktionen und Kritik der cause ... 503
3. Treu und Glauben ... 503
a) Praktische Auswirkungen von Treu und Glauben ... 504
b) Treu und Glauben als Aufforderung zur Rechtsfortbildung ... 504
4. Die Elemente der Straftat: Tatbestand, Rechtswidrigkeit, Schuld ... 505
a) Grundschema und Anwendung ... 505
b) Theoretische und praktische Bedeutung ... 506
5. Gerichtliche Überprüfung von Verwaltungsakten ... 507
a) Unterscheidung zwischen Ermessen und unbestimmtem Rechtsbegriff ... 507
b) Eigenständige gerichtliche Prüfung unbestimmter Rechtsbegriffe ... 508
c) Beschränkte Überprüfung des Ermessens ... 509
6. Menschenwürde ... 510
a) Grundgedanke der Menschenwürde ... 510
b) Rechtskulturell prägende Rolle der Menschenwürde ... 510
c) Konkreter normativer Gehalt der Menschenwürde ... 512
7. Grundrechtsschranken: Die Verhältnismäßigkeit ... 514
a) Schutzbereich, Eingriff und Schranke ... 514
b) Struktur der Verhältnismäßigkeit ... 515
c) Weitreichende Bedeutung der Verhältnismäßigkeit ... 515

8. Verfassungsbeschwerde und konkrete Normenkontrolle 516
a) Reichweite der Verfassungsbeschwerde 516
b) Verfassungsbeschwerde und Stellung des Bundesverfassungsgerichts 517
c) Schwierige Abgrenzung zum einfachen Recht 518
d) Zusammenspiel mit der konkreten Normenkontrolle 519

§ 7. Die Vielfalt des kontinentaleuropäischen Kontexts 521

I. Die vergröbernde Zuordnung anderer westeuropäischer Staaten 523
1. Österreich und Schweiz 523
a) Deutscher Rechtskreis – mit Vorbehalten 523
b) Österreichische Verfassungskultur: Zersplitterung, Flexibilität und Hans Kelsen 523
c) Schweizerische Verfassungskultur: Volksrechte, Föderalismus, Konkordanz 526
2. Spanien 529
a) Die zivilrechtliche Nähe zum französischen Recht: historischer Kern und heutige Grenzen 529
b) Abnehmender französischer Einfluss im Verwaltungs- und Strafrecht 531
c) Das deutsche Vorbild im Verfassungsrecht 532
aa) Die Ähnlichkeiten zum deutschen Verfassungsrecht 532
bb) Die Eigenständigkeit des spanischen Verfassungsrechts 533
d) Insbesondere: Autonomiestatuten und Monarchie 535
aa) Autonome Gemeinschaften 535
bb) Das Ende einer Ära: Die Normalisierung der Monarchie 536
II. Osteuropa: Differenzierungen nach der Transformation 538
1. Das einfache Bild des Transformationsprozesses 539
2. Die komplexe Realität des Transformationsprozesses 540
a) Die mehrfache Transformation 540
b) Gesetze mit der heißen Nadel 541
c) Reste „sozialistischen" Denkens 543
d) Probleme der Rechtsanwendung 544
aa) Übertriebener Formalismus 544
bb) Entscheidungsschwäche und Führung 545
cc) Vollstreckungsschwierigkeiten 546
dd) Ausbildung und Fortbildung 546
e) Der Einfluss alter Eliten 547
f) Rechtsnihilismus 548
g) Gelebtes Recht in der rechtswissenschaftlichen Literatur 549
3. Zwei Gruppen im Kontext Osteuropas 550
a) Die östlichen EU-Staaten: Die europäische Chance 551
b) Osteuropäische Staaten außerhalb der EU: langsame Entwicklung 553
4. Russland als eigenständiger Kontext 554
a) Grundlegende Einstellungen und Widersprüche 554
aa) Der russische Rechtsnihilismus: Zwei Sichtweisen 554
(1) Rechtsnihilismus als traditionelles Merkmal des russischen Rechts? 554
(2) Rechtsnihilismus heute 557
bb) Der russische Dualismus 558
cc) Formalismus vs. Dezisionismus 560
b) Typische Rechtsinstitute 561
aa) Kontinentaleuropäisches Erbe 561
bb) Die russische Staatsanwaltschaft 561
cc) Arbitragegerichte 562
dd) Regulatorische Entscheidungen des Obersten Gerichtshofs 563
ee) Die jury 563
ff) Die russisch-orthodoxe Kirche 566
c) Verfassungsrecht 566
aa) Staatsverständnis und „russische Werte" 566
bb) Gemeinwohlinteressen und umgekehrte Verhältnismäßigkeit 568
d) Der russische Kontext in weiteren Staaten 568

III. Skandinavien: Das nordische Rechtsdenken 568
1. Geschichtliche Besonderheiten 569
a) Staatliche Zusammenhänge in Skandinavien 569
b) Rechtseinflüsse von außen 570
c) Der Wohlfahrtsstaat 572
2. Eigenheiten des skandinavischen Kontexts 573
a) Fehlende Kodifikation 573
b) Rechtsquellenlehre 574
c) Skandinavische Zusammenarbeit 577
aa) Nordischer Juristentag und Nordischer Rat 577
bb) Sprachliche Gemeinsamkeiten 578
cc) Abnehmende Bedeutung der skandinavischen Zusammenarbeit 578
d) Besonderheiten der Juristen 579
aa) Der Vorteil der kleinen Zahl 579
bb) Skandinavischer Pragmatismus: lagom 580
e) Geringe Klageneigung? 581
3. Spezifische materiellrechtliche Institute 582
a) Der Ombudsmann 582
aa) Vielfalt der Ombudsmänner 582
bb) Das Grundmodell des schwedischen Justizombudsmanns 583
cc) Ombudsmann und Kontrolle der Verwaltung 584
b) Öffentlichkeitsprinzip 585
c) Verfassungsrecht 588
aa) Geringe Bedeutung des Verfassungsrechts 588
bb) Wohlfahrtsstaatlicher Hintergrund und moderne Gegentendenzen 589
cc) Schwache gerichtliche Normenkontrolle 590
4. Der skandinavische Rechtsrealismus 591
a) Skandinavischer Rechtsrealismus als philosophisches Projekt 591
aa) Die Schwierigkeiten einer Annäherung 591
bb) Versuch einer Annäherung 592
(1) Rechte als mystische Begriffe 592
(2) Der Kampf gegen das Naturrecht 593
b) Praktische Bedeutung heute? 595
c) Beziehungen zum U.S.-amerikanischen Rechtsrealismus 596
5. Skandinavien als Teil des kontinentaleuropäischen Kontexts 597
IV. Jenseits Europas: Lateinamerika 598
1. Lateinamerika als Teil des kontinentaleuropäischen Kontexts 598
a) Gemeinsamkeiten und Unterschiede im Kontext 598
b) Frühe Vorreiterschaft: Kodifikationen des 19. Jahrhunderts 599
c) Einflüsse von außen 602
d) Modifizierte Sichtweisen 603
aa) Spanisch-portugiesische Rechtsfamilie? 603
bb) Abnehmende Bedeutung der Kodifikation? 603
2. Verfassungsrecht und lateinamerikanisches Selbstverständnis 604
a) Historische Vorbilder Frankreich und Europa 604
b) Eigenständige Weiterentwicklung 605
c) Paradigmenwechsel mit Ende der Militärdiktaturen 606
aa) Grundrechte aller Generationen 607
bb) Verfassungsgerichtliche Durchsetzungsmöglichkeiten 608
3. „Gehorchen, aber nicht folgen“: Die Realität des Rechts 609
a) Gelebtes vs. geschriebenes Recht 609
aa) Grundeinstellung 609
bb) Beispiel Verfassungslyrik 611
cc) Beispiel barrios und informeller Sektor 612
dd) Mangelnde Effektivität der Gerichte 614
b) Historische, politische und soziale Hintergründe der mangelhaften Rechtsbefolgung 615
4. Rechtspluralismus: Der Aufstieg indianischer Rechte und Rechtsordnungen 617
a) Kolonisierung – Assimilation – Integration – Pluralismus 618

b) Indianische Rechte und Grad ihrer Anerkennung 620
c) Bewertung und Durchsetzung des Schutzes 623
d) Die Bedeutung der indianischen Rechtsordnungen 624
aa) Probleme des verfassungsrechtlichen Schutzes indianischer Rechtsordnungen .. 624
bb) Widerstände in der Praxis 626
cc) Materieller Inhalt des indianischen Rechts 628
(1) Umfassender und flexibler Charakter indianischen Rechts 628
(2) Das Beispiel Az Mapu 629
V. Konvergenz von civil law und common law? 630
1. Der grundlegende Konvergenzstreit 630
a) Konvergenz ist unverkennbar 630
b) Konvergenz existiert nicht 632
c) Eine überbewertete Debatte 632
2. Die Vielfalt der Konvergenzhypothesen 633
a) Eine Frage der Wertung 633
b) Konvergenz aus historischer Perspektive 634
c) Konvergenz aus europäischer Perspektive 635
d) Konvergenz einzelner Rechtsregeln und Rechtsgebiete 637
e) Konvergenz von Rechtskontexten 639
f) Keinerlei Unterschied? 640

§ 8. Der Kontext afrikanischen Rechts 643

I. Pluralität als Kennzeichen afrikanischen Rechts 643
II. Staatliches Recht 644
1. Der schöne Schein 644
a) Common law und civil law in Afrika 645
aa) Kolonisation und Unabhängigkeit 645
bb) Sonderfall Südafrika 646
cc) Heutiger Einfluss der kolonialen Heimatrechtsordnung 647
b) Einfluss des islamischen Rechts 648
c) Afrikanische Zusammenarbeit: OHADA 649
2. Probleme praktischer Wirksamkeit 650
a) Mangelnde Funktionsfähigkeit des Rechtswesens 650
b) Hintergründe 651
aa) Demokratische Kultur und Staatswesen in Afrika 651
bb) Arbeitsumgebung und Qualität der Justiz 652
III. Traditionelles Recht 653
1. Funktionierendes Recht und Rechtsbewusstsein 653
2. Begriffe des traditionellen Rechts 654
3. Entwicklung traditioneller Rechte im Aufriß 656
a) Grundcharakter des traditionellen Rechts 656
aa) Mündlichkeit 656
bb) Entstehungsweisen 657
cc) Anpassungsfähigkeit und umstrittener Inhalt 658
dd) Einfachheit und Komplexität 658
ee) Ungleichheiten 659
ff) Rechtliche Asymmetrie 660
gg) Streitentscheidung 660
b) Stammesrecht in der Kolonialzeit und nach der Unabhängigkeit 661
c) Renaissance des traditionellen Rechts 663
4. Typische Inhalte traditionellen Rechts 663
a) Ubuntu 664
b) Imbizo 666
c) Heirat und Brautgeld 667
d) Verfahrensrechtliche Aspekte 669
e) Exkurs: Hexerei 669
aa) Gesellschaftliche Verbreitung des Hexereiglaubens 669

bb) Hexerei und Strafrecht ... 671
cc) Bedeutung allgemeinen Aberglaubens ... 673
5. Traditionelles Recht zwischen Stadt und Land, Mehrheit und Eliten ... 673
a) Vielschichtigkeit und Komplexität der gesellschaftlichen Verteilung ... 673
b) Insbesondere: Traditionelles Recht in der Stadt ... 675
6. Einbindung traditionellen Rechts in den Staat ... 676
a) Grade der Anerkennung ... 676
aa) Staatliche Grundhaltungen zum traditionellen Recht ... 676
bb) Konfliktfall traditionelles Strafrecht ... 677
cc) Anerkennung traditioneller Streitbeilegungsinstanzen ... 678
b) Staatliche Einflussnahme auf traditionelles Recht ... 679
c) Traditionelles Recht und moderne Grundrechte ... 680
aa) Unlösbares Grundproblem? ... 680
bb) Beispiel Gleichberechtigung im Erbrecht ... 683

§ 9. Kontexte in Asien ... 687

I. Die Vielfalt Asiens ... 688
1. Was ist Asien? ... 688
2. Entwicklungsoffene Gruppenbildung ... 690
II. China: Die Herrschaft der Partei ... 691
1. Geschichtliche Entwicklung des chinesischen Rechts ... 692
a) Die Zeit des traditionellen chinesischen Rechts ... 692
aa) Konfuzianismus und Legismus ... 692
(1) Konfuzianische Ethik ... 692
(2) Li vor fa ... 693
(3) Fa statt li: Der legistische Gegenentwurf ... 694
bb) Die imperiale Rechtsentwicklung zwischen Konfuzianismus und Legismus ... 695
(1) Die Integration von li in fa ... 695
(2) Der Tang-Kodex: Hochstehende Gesetzgebungs- und Kommentarkultur . 696
cc) Wichtige Aspekte des traditionellen Rechts ... 699
(1) Fehlendes Privatrecht ... 699
(2) Reduzierte staatliche Rechtsdurchsetzung ... 699
(3) Richter als Verwaltungsbeamte ... 700
b) Die Zeit der westlichen Reformen ... 701
aa) Opiumkriege, ungleiche Verträge und die Reform des Rechts ... 701
bb) Revolution des Rechtsdenkens ... 703
cc) Effektivität der Reformen ... 703
c) Die kommunistische Herrschaft unter Mao ... 704
aa) Die frühen Jahre: Von Akzeptanz zur Ablehnung des Rechts ... 704
bb) Die Kulturrevolution ... 706
d) China nach Mao ... 707
2. Oberflächliche rechtliche Strukturen im Überblick ... 708
a) Staatsorganisation ... 708
b) Gerichtsaufbau ... 709
c) Rechtsquellen ... 710
d) Anbindung an das kontinentale Rechtsdenken ... 712
3. Zentrale rechtliche Tiefenstrukturen ... 713
a) Partei und Staat ... 713
aa) Die Partei als primärer Inhaber der Macht ... 713
bb) Parallelität und Durchdringung von staatlichen und innerparteilichen Strukturen ... 716
b) Jenseits staatlichen Gesetzesrechts ... 717
aa) Politnormen ... 718
bb) Parteinormen ... 718
cc) Schwach normativierte Bereiche ... 720
c) Sozialistische Grundstrukturen ... 720

d) Zentralisierte Auslegung des Rechts ... 722
aa) Auslegungsbefugnis des Obersten Volksgerichts ... 722
bb) Funktionale und praktische Zweifel ... 724
e) Abhängigkeit der Gerichtsbarkeit ... 725
aa) Abhängigkeiten der Richter ... 726
bb) Abhängigkeiten der Gerichte ... 727
cc) Eigenständigkeit der Gerichtsbarkeit ... 727
f) Einfluss traditionellen chinesischen Rechtsdenkens? ... 728
aa) Zerstörung kultureller Traditionen ... 728
bb) Fehlende Übernahme rechtlicher Einzeltraditionen ... 730
g) Vielfalt der Machtebenen in Stadt und Land ... 731
h) Korruption ... 733
i) Vertrauen auf alternative Mechanismen? ... 734
aa) Formen und empirische Bedeutung alternativer Streitbeilegung ... 734
bb) Alternative Streitbeilegung und chinesischer Nationalcharakter ... 735
4. Der lange Marsch zum Rechtsstaat? ... 737
a) Zwei Grundpositionen ... 737
b) Fazhi vs. fazhi: Linguistische Grundlagen der Debatte ... 738
c) Worum geht es eigentlich?: Der Begriff des Rechtsstaats ... 739
aa) Einfacher und anspruchsvoller Begriff der rule of law ... 739
bb) Rule of law oder Rechtsstaat? ... 740
cc) Positive Konnotation des Rechtsstaatsbegriffs ... 741
d) Sequenzbildung ... 742
e) Die Hoffnung bleibt 742
III. Japan, Taiwan, Südkorea: Der südostasiatische Weg auf kontinentaleuropäischer Basis ... 743
1. Eigenständigkeit des südostasiatischen Kontexts ... 743
2. Historische Verwestlichung des Rechts ... 744
a) Bestimmender Einfluss des kontinentaleuropäischen Rechts ... 744
aa) Japan: Der Bruch mit der Rechtstradition ... 744
(1) Das traditionelle japanische Recht im historischen Kontext ... 744
(2) Modernisierung und Meiji-Verfassung ... 746
(3) Neuordnung im Straf- und Zivilrecht ... 747
bb) Taiwan: Kontinuität im Wandel ... 748
cc) Korea: Annektion mit Nachwirkungen ... 748
(1) Früher Einfluss Chinas ... 748
(2) Japanische Annektion ... 749
(3) Deutsche Orientierung nach der Unabhängigkeit ... 750
b) Nach dem Zweiten Weltkrieg: Einfluss U.S.-amerikanischen Rechts ... 751
aa) Geringe Bedeutung in Korea ... 751
bb) Gelegentlicher Einfluss in Taiwan ... 752
cc) Spannungsverhältnis in Japan ... 753
dd) Bedeutung von Ausbildungsweg und allgemeinem Rechtsdenken ... 754
3. Konfuzianismus und Streitaversion ... 755
a) Kultureller und politischer Hintergrund ... 755
b) Debatten um die Streitaversion: Japan im Fokus ... 756
c) Empirie der Streitaversion: Gerichtliche Fallzahlen ... 758
4. Einige südostasiatische Eigenheiten ... 760
a) Traditionelle Wertvorstellungen ... 760
b) Interessenabwägungslehre ... 762
c) Juristenausbildung ... 763
5. Verfassungsrechtsdenken ... 765
a) Entwicklung der Demokratie aus diktatorischen Wurzeln ... 765
b) Machtvolle Verfassungsgerichtsbarkeit ... 765
c) Grundrechte gegen konservative Traditionen ... 766
d) Gesellschaftliche Veränderungen und Rechtsbewusstsein ... 767
e) Zwischen westlicher Prägung und südostasiatischen Eigenheiten ... 767
IV. Indien: Common law und Hinduismus ... 768
1. Indisches Recht zwischen Realität und Romantik ... 768

2. Indisches common law 769
a) Historische Entwicklung 769
aa) Presidency towns und mofussil 769
bb) Kodifikationsbewegung 770
b) Common law Denken in Gesetzgebung und Rechtsprechung 771
c) Die Wichtigkeit des Rechts in Indien 773
aa) Ansehen der Juristen 773
bb) Der kämpferische Supreme Court 775
(1) Wer ist Herr der Verfassung? 775
(2) Parlament und Supreme Court heute 777
(3) Der Supreme Court als Gesetzgeber 777
cc) Schwierigkeiten des Rechts in Indien 778
(1) Recht und soziale Ungleichheit 778
(2) Recht und sozialer Wandel 778
(3) Reaktionen: Prozesskostenhilfe und public interest litigation 779
(4) Ineffizienz der Rechtsprechung 780
d) Religiöses Familienrecht heute 782
aa) Kodifiziertes Personalstatut 782
bb) Gewohnheitsrecht und Rechtsprechung 783
cc) Restbereich traditionellen Rechts: joint family 783
dd) Hinduistisches Familienrecht als Auffangstatut 784
3. Traditionelles Hindu-Recht 784
a) Dharma, Vedas und Smritis 784
b) Sadachar 786
c) Kommentare, Digesten und Rechtsschulen 787
d) Kastenwesen: varna und jati 788
e) Verblasstes Potential 789
V. Indonesien: Pluralismus im Vielvölkerstaat 789
1. Geschichte: Die Vielfalt der Einflüsse 790
a) Vorkoloniale Zeit: Die Rechte Javas 790
b) Kolonialzeit: Die Herrschaft der Niederländer 790
c) Unabhängigkeit: Der lange Weg zur Demokratie 792
2. Indonesisches Recht heute 793
a) Staatliches Recht in kontinentaleuropäischer Form 793
b) Adat 793
aa) Inhalt von adat-Rechten 793
bb) Adat zwischen Tradition und Moderne 794
c) Islam 796
aa) Islamisches Recht unter staatlichem Einfluss 796
bb) Der Streit um Sieben Worte 798
3. Der schwere Stand des Rechts 799
a) Widersprüche und Unklarheiten im staatlichen Recht 799
b) Ineffizienz der Rechtsprechung 800
c) Korruption 801

§ 10. Der Kontext des islamischen Rechts 805

I. Das klassische islamische Recht: Grundlagen 806
1. Göttliche Offenbarung und menschliche Ausarbeitung 806
2. Begriffliches: islamisches Recht, Scharia, fiqh 808
3. Rechtsquellen im sunnitischen Islam: usul al-fiqh 809
a) Die göttliche Grundlage: Der Koran 809
b) Das Leben des Propheten: Sunna und die Hadithe 811
c) Der Konsens (ijma) 813
d) Die Analogie (qiyas) 814
e) Das Allgemeinwohl (istihsan) 815
f) Die Beweisregel des Fortbestands (istihab) 816
g) Integration externen Rechts, insbes. Gewohnheitsrechts (urf) 816

h) Weitere Sekundärquellen ... 816
i) Wechselbeziehungen zwischen den Quellen und mit tafsir ... 817
4. Die klassischen Schulen des Islam ... 818
a) Die vier Schulen des sunnitischen Islam ... 818
aa) Hanafiten ... 819
bb) Malikiten ... 819
cc) Schafiiten ... 819
dd) Hanbaliten ... 820
b) Der schiitische Islam ... 820
aa) Die Abspaltung der Schiiten ... 820
bb) Die jafaritische Schule ... 821
5. Islam und Wandel: Ijtihad heute ... 823
a) Die klassische Auffassung: Die Tür ist geschlossen ... 823
b) Was ist ijtihad? ... 824
c) Die Folgen der Beendigung von ijtihad ... 825
d) Die Gegenposition: Die Tür ist offen ... 825
aa) Niemand hat die Tür geschlossen ... 825
bb) Hanbaliten und Schiiten als klassische Gegner ... 826
cc) Moderner ijtihad ... 827
(1) Reformisten und Modernisten ... 827
(2) Kritische Neubesinnung ... 828
dd) Eklektische Kritik und imaginäres Recht ... 829
e) Wandel ohne ijtihad ... 830
6. Die Rechtsprechung im Islam ... 830
a) „Kadijustiz" ... 830
b) Aufgaben und Rolle des Kadi ... 831
c) Qualifikationen des Kadi ... 832
d) Prozessrecht ... 833
e) Der Mufti als Gutachter ... 833
f) Rechtspraktische Literatur ... 834
II. Der Inhalt islamischen Rechts (fiqh) ... 834
1. Die fünf Rechtsfolgen ... 835
a) Rechtliche, moralische und religiöse Aspekte der Rechtsfolgen ... 835
b) Wajib und fard: Das Gebotene ... 836
c) Haram: Das Verbotene ... 836
d) Mandub, makruh und mubah als Zwischenkategorien ... 836
e) Komplexe Weiterungen ... 837
2. Aspekte des Familien- und Erbrechts ... 837
a) Brautgeld (mahr) ... 837
b) Schiitische Zeitehe (mut'a) ... 838
c) Scheidung (talaq) ... 838
d) Polygamie ... 840
e) Erbteil von Ehefrauen und Töchtern ... 841
3. Strafrecht ... 842
a) Von hadd zu tazir: Der enge Regelungsbereich ... 842
b) Bewusste Zurückdrängung der strengen hadd Strafe: Beispiel Diebstahl ... 843
c) Lückenfüllung durch staatliches Recht: tazir ... 844
d) Das islamische Strafrecht in der Kritik ... 844
aa) Westliche und menschenrechtliche Kritik ... 844
bb) Islamische Verteidigung ... 845
cc) Islamische Reformen in Theorie und Praxis ... 846
e) Tendenzen fundamentalistischer Re-Islamisierung ... 847
f) Apostasie als Kontrollinstrument ... 848
4. Islamisches Finanz- und Bankrecht ... 849
a) Ein Versprechen von Gerechtigkeit ... 849
b) Zinsverbot und Umgehung ... 850
c) Beispiel: Islamische Kreditverträge ... 851
d) Schariakonformität: Zertifizierung und Risiko ... 851

III. Das islamische Recht in den heutigen Staaten ... 852
1. Koloniale Prägungen ... 852
2. Gesetzgebung nach traditionellem islamischem Recht: siyasa und qanun ... 854
3. Konsequente Durchsetzung islamischen Rechts im Staat: Saudi-Arabien ... 855
a) Wahhabismus ... 855
b) Koran und Sunna als geltendes Recht ... 856
c) Stellung der staatlichen Normsetzung ... 857
d) Moderne Kodifikationen ... 858
4. Primat des staatlichen Rechts zwischen Selbstbehauptung und Rückzug ... 858
a) Die vielfältigen Wege des islamischen Rechts ... 858
b) Islamisches Recht im Familien- und Erbrecht: Kodifikation und Reform ... 859
c) Islamisches Recht als Inspiration für Gesetzgeber und Richter ... 861
d) Islamisches Recht mit übergesetzlichem Rang ... 862
aa) Aufnahme islamischen Rechts in die Verfassung ... 862
bb) Tatsächliche und rechtliche Bedeutung von Verstoß- und Quellenklauseln ... 863
cc) Welches islamische Recht? ... 865
dd) Beispiel Ägypten ... 867
ee) Islamisierung der Verfassung? ... 868
IV. Exkurs: Andere religiöse Rechte ... 869
1. Jüdisches Recht: Die Kraft der Debatte ... 869
a) Ein Schichtenmodell des Rechts ... 870
aa) Tora und Mischna ... 870
bb) Talmud ... 870
cc) Nachtalmudische Quellen: Kommentare und Kodifikationen ... 872
b) Göttliche Bindung und menschliche Änderungen: die Schulen ... 872
c) Jüdisches und staatliches Recht ... 873
d) Eigenheiten des jüdischen Rechts ... 873
e) Zum Beispiel: Die Abkehr von der Polygamie ... 875
f) Jüdisches Recht in Israel ... 876
2. Kanonisches Recht: Der langsame Rückzug ... 878
a) Historische Bedeutung ... 878
b) Verhältnis von kanonischem und staatlichem Recht ... 878
c) Göttliches und menschliches Recht ... 879
d) Das heute geltende Kirchenrecht ... 880
e) Kanonisches Recht im Vergleich ... 882

§ 11. Kontexte transnationalen Rechts ... 885

I. Rechtsvergleichung jenseits des Staates ... 885
II. Der Kontext des Völkerrechts ... 887
1. Klassische Kontaktpunkte von Völkerrecht und Rechtsvergleichung ... 887
2. Völkerrecht als Gegenstand der Rechtsvergleichung ... 888
3. Eigenheiten des völkerrechtlichen Kontexts ... 890
a) Politischer Einfluss und mangelnde Zentralisierung ... 890
b) Völkerrechtsquellen: Konsensuale Rechtsetzung und „soft law“ ... 890
c) Beschränkte Rechtssubjektivität von Individuen ... 892
d) Indirekte Rechtsdurchsetzung ... 892
e) Konstitutionalisierungsprozesse und Ausdifferenzierung ... 894
f) Unabhängigkeit von kontinentaleuropäischem und common law Kontext ... 894
III. Der Kontext des Europäischen Unionsrechts ... 895
1. Unionsrecht in der Rechtsvergleichung: Zwischen Selbstverständlichkeit und Neuland 895
2. Auf der Suche nach einem unionsrechtlichen Kontext ... 897
a) Die Debatte um eine europäische Rechtskultur ... 897
b) Unionsrecht und nationale Kontexte ... 898
c) Pluralismus des Unionsrechts ... 900
3. Einige Eigenheiten des supranationalen Unionsrechts ... 901
a) Europapolitische Perspektiven: Von Romantikern, Skeptikern und Technikern ... 901
b) Föderale Verzahnung ... 903

c) Demokratiedefizit, institutionelles Gleichgewicht, Markt 904
d) Der Europäische Gerichtshof: Apodiktischer Motor der Integration 905
e) Endlose Weiten: Das materielle Unionsrecht 906
4. Jenseits des Unionsrechts 907
IV. Der Kontext der lex mercatoria? 908
1. Lex mercatoria als Recht der internationalen Wirtschaft 908
2. Existenz und Inhalt der lex mercatoria: Der große Streit 909
a) Lex mercatoria als Rechtsordnung: Theoretische und praktische Probleme 909
b) Vielfalt der Lehren von der lex mercatoria 911
3. Lex mercatoria und Rechtsvergleichung 912

Sachverzeichnis 913

1. Teil. Grundlagen der Rechtsvergleichung

§ 1. Einführung: Was ist Rechtsvergleichung?

Übersicht

	Rn.
I. Die rechtsvergleichende Tätigkeit: Ein Überblick	2
1. Rechtsvergleichung und Auslandsrechtskunde	3
a) Ermittlung des einschlägigen Rechts	3
b) Vergleich und Bewertung	9
c) Länderberichte und Generalbericht	12
d) Auslandsrechtskunde existiert nicht	13
2. Kontextuelle Rechtsvergleichung	14
3. Einzelvergleich und typisierender Vergleich	17
II. Rechtsvergleichung und Nachbargebiete	19
1. Rechtsübersetzung	20
2. Rechtsgeschichte	27
3. Rechtssoziologie	34
4. Rechtsethnologie, Rechtsethologie, Rechtsanthropologie	37
a) Rechtsethnologie	38
b) Rechtsethologie	40
c) Rechtsanthropologie	41
5. Internationales Privatrecht	42
6. Vergleichende Politikwissenschaft	47
III. Rechtsvergleichung als eigenständiges Rechtsgebiet: Eine unendliche Geschichte	52
1. Ein Spiel mit Worten	53
2. Methode oder eigenständiges Gebiet der Rechtswissenschaft?	55
a) Fehlende Bedeutung der Frage	56
b) Untersuchung der historischen Beziehungen zwischen Rechtssystemen	57
c) Mikrovergleichung als Methode, Makrovergleichung als Wissenschaft?	59
IV. Bescheidenheit in der Rechtsvergleichung	62
V. Rechtsvergleichung in vielen Rechtsgebieten	68
1. Universalität der Rechtsvergleichung	68
2. Ideologie und Rechtsvergleichung	72
a) Von der Wertfreiheit zur Wertprägung	72
b) Universalität statt Relativismus der Menschenrechte	83

Das Interesse an der Rechtsvergleichung beginnt oft mit dem besonderen Interesse an einem bestimmten Land, seiner Kultur und Sprache. Für den Juristen ergibt sich daraus schnell auch das Interesse an der fremden Rechtsordnung. So mancher ehemalige Austauschschüler, so mancher Student mit Unternehmungsgeist, der gern auch einmal einige Zeit außerhalb seines Heimatlandes verbringen möchte, gerät so in die erste Vorlesung zur Rechtsvergleichung. Zwar bekommt er nur selten, was er sich vorgestellt hat, doch wird sein Interesse erstaunlicherweise ebenso selten enttäuscht: Was er regelmäßig nicht bekommt, ist eine grundlegende Einführung in das System, die Grundbegriffe und Lösungsvorschläge des ihn interessierenden fremden Rechts. Auch Antworten auf konkrete Fragen, etwa nach den fremden Regeln über die ungerechtfertigte Bereicherung, über die Heilung fehlerhafter Verwaltungsakte oder die Schranken der Religionsfreiheit, werden nur selten im Einzelnen beantwortet. Schlimmer noch wird dem Anfänger sogar erklärt, dass einerseits konkrete Fragen dieser Art von vornherein falsch gestellt und so gar nicht beantwortbar sind, dass 1 andererseits aber auch der Wunsch nach einem Überblick über die systematischen Grundlinien des fremden Rechts diesem möglicherweise unangemessen und damit kaum sinnvoll erfüllbar ist. Was der Neuling stattdessen bekommt, ist aber meist weit interessanter und spannender. Er erfährt nicht viel über eine, sondern ein wenig über viele Rechtsordnungen. Er wird mit dem Anderssein der fremden Rechte auf einer viel grundlegenderen Ebene konfrontiert, als er es sich vorgestellt hatte. Er hört nicht nur von Rechtsinstituten, Gerichtsentscheidungen und dogmatischen Figuren, sondern ebenso von den Faktoren, die das reale berufliche Leben der ausländischen Juristen bestimmen. Er hört von den Abhängigkeiten und Wechselbezüglichkeiten der Rechtsordnungen untereinander und ihrer Verankerung in historischen und gesellschaftlichen Hintergründen. All dies wird – und sollte – letztlich zurückwirken auf die Wahrnehmung der eigenen Rechtsordnung, die plötzlich in ihrem Bestand weit weniger selbstverständlich, in ihren Debatten weit weniger notwendig und in ihrer Realität weit weniger geradlinig erscheint als zuvor. Die Rechtsvergleichung kann so zu einem Schlüssel werden, der es erlaubt, auch die eigene Rechtsordnung besser zu verstehen.

I. Die rechtsvergleichende Tätigkeit: Ein Überblick

2 Wer verstehen will, was ein Rechtsvergleicher eigentlich tut, muss die Grundlehren der Rechtsvergleichung kennen; umgekehrt muss aber, wer die Grundlehren der Rechtsvergleichung verstehen will, schon eine zumindest ungefähre Vorstellung davon haben, was ein Rechtsvergleicher eigentlich tut. Dieses bei vielen Gedankensystemen bekannte Dilemma ist letztlich nur annäherungsweise zu lösen.[1] Eine solche Annäherung soll hier mit einer zunächst bewusst kurzen, sehr vereinfachten und allgemeinen Vorabeinführung in die rechtsvergleichende Vorgehensweise[2] versucht werden, die ihren Ausgangspunkt in der Abgrenzung zu einem Gebiet nimmt, das der rein national orientierte Jurist gern mit der Rechtsvergleichung verwechselt oder ihr gleichsetzt: der Auslandsrechtskunde.

1. Rechtsvergleichung und Auslandsrechtskunde

a) Ermittlung des einschlägigen Rechts

3 Jeder Rechtsvergleicher bedarf der Kenntnis ausländischen Rechts. Wer Deutschland und England hinsichtlich der föderalen Elemente ihres Staatsaufbaus oder wer den Verschuldensmaßstab in Produkthaftungsfällen zwischen Deutschland und den USA vergleichen will, muss die entsprechenden fremden Rechtsregeln kennen. Insofern ist Auslandsrechtskunde Teil der Rechtsvergleichung und wird an den Universitäten gelegentlich in spezialisierten Ergänzungsvorlesungen – etwa als Einführung in das polnische Recht oder Einführung in das US-amerikanische Verfassungsrecht – angeboten.

4 Nur in den seltensten Fällen wird der Rechtsvergleicher jedoch schlicht auf seine eigenen, umfassenden Kenntnisse der fremden Rechtsordnung zurückgreifen können. Die dafür erforderliche, umfassende Ausbildung haben auch Rechtsvergleicher regelmäßig nur in einer Rechtsordnung genossen: der heimatlichen. Selbst wenn aber eine weitere Ausbildung im Ausland absolviert wurde, hilft diese eben nur in Bezug auf den einen fremden Staat, nicht aber für all die anderen Staaten, deren Rechte ebenfalls von Interesse sein können. Für die Rechtsvergleichung muss das ausländische Recht also zunächst in genauen Recherchen

[1] Besonders deutlich – wenn auch für ein weitaus komplexeres Gedankensystem – etwa schon die Vorrede zur 1. Auflage von *Schopenhauer, Arthur,* Die Welt als Wille und Vorstellung, Bd. 1, Teilband 1, Ausgabe Diogenes 1977, 7 f. Der dort geäußerte Gedanke, dass „kein anderer Rath ist, als das Buch zwei Mal zu lesen und zwar das erste Mal mit vieler Geduld" wird sich im hier sehr viel bescheideneren Zusammenhang hoffentlich nicht als zwingend erweisen.

[2] Detailliert zur rechtsvergleichenden Methode infra → § 3 Rn. 1 ff.

ermittelt werden. Diese vielfach schwierige, scheinbar auslandsrechtskundliche Aufgabe wird jedoch ihrerseits auf mehreren Ebenen von der Rechtsvergleichung angeleitet.

Dabei geht es erstens um das Wie der Ermittlung. Die Rechtsvergleichung lehrt den Betrachter, die jeweiligen Quellen mit Vorsicht zu behandeln und nicht die heimischen Maßstäbe an das fremde Recht anzulegen. Wer etwa zur Auslegung des US-amerikanischen Asylrechts schlicht auf die einschlägigen Rechtsnormen und ihre aus dem Wortlaut erkennbare Bedeutung zurückgreift, wird genauso leicht fehlgehen wie der US-Jurist, der meint, aus dem Vergleich einiger deutscher Asylrechtsentscheidung heraus ohne Rückgriff etwa auf die Dogmatik des allgemeinen Verwaltungsrechts die deutsche Rechtslage zu verstehen. Welche Fallstricke bestehen, lehrt hier die Rechtsvergleichung. Allerdings ließe sich darin auch weiterhin ein bloßer Teil der Auslandsrechtskunde sehen, denn schließlich geht es um die Kenntnis der Quellensituation und der Gepflogenheiten, die zu einer vertieften Kenntnis der fremden Rechtsordnung dazugehören. Die Rechtsvergleichung verleiht jedoch darüber hinaus ein allgemeines Bewusstsein von Existenz und möglichen Arten von Fallstricken in vielerlei Rechtsordnungen.[3] 5

Doch darf es zweitens bei der Rechtsvergleichung nicht nur um die aus Rechtstexten ersichtliche Rechtslage gehen. Vielmehr muss das real gelebte Recht im Land berücksichtigt werden. So kommt es vor, dass Rechtsregeln von der Bevölkerung schlicht nicht akzeptiert und die betreffenden Fragen anderweitig gelöst werden. Oder ein einschlägiges obergerichtliches Urteil findet sich in der Rechtspraxis der Untergerichte, die das Gros der Fälle entscheiden, einfach nicht wieder. Oder die Korruption ist so groß, dass rechtliche Regeln nur auf dem Papier stehen oder nur für zahlungskräftige Klienten gelten. Der Rechtsvergleicher darf also durchaus misstrauisch werden, wenn beispielsweise einige Staaten des asiatischen Teils der früheren Sowjetunion Strafprozessordnungen besitzen, die weitaus moderner und liberaler ausgestaltet sind, als etwa die deutsche.[4] Daraus auf den rechtsstaatlichen Stand des dortigen Strafprozessrechts zu schließen wäre erkennbar voreilig, wie schon ein kursorischer Blick in die Berichte von Menschenrechtsorganisationen erkennen lässt. 6

Drittens steht neben dem Wie der Ermittlung das ebenso komplexe Problem, *was* zu ermitteln ist, welches die richtigen Fragen sind. Hier bedarf es eines spezifisch rechtsvergleichenden Problembewusstseins, einer rechtsvergleichend geschulten Fähigkeit zur Abstraktion und zum Umdenken. So wird – um die anfänglichen Beispiele wieder aufzunehmen – die Suche nach dem Föderalismus in Großbritannien schnell ins Leere laufen, die Suche nach der sog. devolution aber umfangreiches Material zutage tragen. Devolution ist dabei keineswegs nur das englische Wort für Föderalismus, es geht also keineswegs nur um ein Übersetzungsproblem. Vielmehr handelt es sich inhaltlich um ein anderes Konzept, das aber – darüber ließe sich streiten[5] – dem deutschen der Sache nach entspricht, auch wenn kaum ein englischer Jurist bereit sein dürfte, devolution als einen Fall des mit Misstrauen beobachteten Föderalismus anzusehen.[6] Die Rechtsvergleichung erst gibt hier das Rüstzeug an die Hand, die Möglichkeit solch abweichender Konzepte nicht zu übersehen. Dasselbe gilt beispielsweise für die Suche nach dem Verschuldensmaßstab im Bereich der Produkthaftung, der als solcher nur wenig Aussagekraft hat, wenn nicht etwa auch die jeweiligen Beweisregeln für Produkthaftungsprozesse mit einbezogen werden.[7] 7

---

[3] Vgl. dazu und zum Folgenden näher infra → § 3 Rn. 246 ff.

[4] Vgl. etwa *Mushteidzada, Mahir,* Azerbaijan – Development of justice in a new democracy, in: Alleweldt, Ralf; Dimitrova, Petja; Drohla, Jeannine; Milej, Tomasz (Hrsg.), Human rights and the rule of law, 2004, 443 (443 ff.); Überblick bei *Milej, Tomasz,* Some general impressions on judiciary and fair trial in central and eastern european countries, in: Alleweldt, Ralf; Dimitrova, Petja; Drohla, Jeannine; Milej, Tomasz (Hrsg.), Human rights and the rule of law, 2004, 503 (503 ff.).

[5] Vgl. dazu *Andreae, Th. Jacob von,* Devolution und Bundesstaat, 2005, passim, insbes. 258, 315 ff., 339 f., 349 f., 560.

[6] Dazu infra → § 3 Rn. 262.

[7] Dazu noch infra → Rn. 15.

8 Auslandsrechtskunde ist also schon bei der Ermittlung der zu vergleichenden Rechte nur ein Teilaspekt der Rechtsvergleichung. Plastisch gesprochen wäre die optimale Form der Rechtsvergleichung also gerade nicht – wie spontan vermutet werden könnte – durch das Zusammenbringen zweier rein nationaler Experten zu erreichen, solange diese nicht über die einschlägigen rechtsvergleichenden Kenntnisse und Erfahrungen verfügen.

b) Vergleich und Bewertung

9 Zu ihren zentralen Anliegen kommt die (Mikro-)Rechtsvergleichung[8] aber erst, nachdem der Inhalt der jeweiligen Rechtsordnungen, ihre Aussagen zu dem untersuchten Problem geklärt sind, dh beim eigentlichen Vergleich. Der Vergleich setzt voraus, dass die beiden zu vergleichenden Gegenstände im Hinblick auf die untersuchte Fragestellung zueinander in Bezug gesetzt werden. Diese untersuchte Fragestellung bestimmt also das sog. tertium comparationis, wörtlich das „Dritte beim Vergleich", dh die jeweilige Eigenschaft, hinsichtlich derer verglichen wird.[9] So ließen sich beispielsweise die Entscheidungen des Bundesverfassungsgerichts, des EuGH und des EGMR zur Gleichheit von Mann und Frau hinsichtlich ihres Sprachstils oder ihrer Länge ebenso vergleichen wie hinsichtlich ihres juristischen Inhalts. Auch beim juristischen Inhalt kommen verschiedenste Fragestellungen in Betracht, etwa nach der Zulässigkeit einer Maßnahme, die zwar nicht nach dem Geschlecht unterscheidet, aber faktisch je nach Geschlecht verschiedene Wirkungen hat (sog. mittelbare Diskriminierung), nach der Zulässigkeit von Frauenquoten oder des Ausschlusses vom Militärdienst. So klärt sich die Bedeutung des oft missverstandenen Satzes, dass ein Vergleich zweier Gegenstände immer ein tertium comparationis voraussetzt. Die Rechtsvergleichung leitet die Ermittlung der wissenschaftlichen Fragestellung einschließlich dieses Vergleichsmaßstabes an, die zunächst mit der Ausgangsfragestellung grob vorgegeben ist, dann aber immer weiterer Verfeinerung bedarf, etwa wenn sich herausstellt, dass noch weitere Rechtsfragen mit einbezogen werden müssen, die die Ausgangsfrage ebenfalls beeinflussen. So kann es hier leicht zu einem stetigen Hin und Her des Blickes zwischen Vergleich und Rechtsermittlung kommen.

10 Die Rechtsvergleichung erfordert sodann eine Bewertung schon der jeweils nationalen Resultate. So mag etwa die Frage, wie weit das Parlament die Gesetzgebungsbefugnis auf die Verwaltung delegieren darf,[10] im deutschen wie im US-amerikanischen Recht davon abhängen, in welchem Ausmaß die geplante Gesetzgebung Grundrechte betrifft. Doch handelt es sich dabei im deutschen Fall um einen zentralen Aspekt, der sich im Rahmen der geschaffenen juristischen Konstruktionen geradezu aufdrängt und der in der Rechtsprechung eine wichtige Rolle spielt, im Fall des US-amerikanischen Rechts hingegen um einen Randaspekt, der sich erst nach einiger Recherche ergibt.

11 Wurde schließlich herausgearbeitet, wo und welche Unterschiede und Gemeinsamkeiten in den Lösungen bestehen, stellt sich die für die Rechtsvergleichung zentrale Frage nach der Einordnung und Bewertung dieses Ergebnisses. Ob es hier allerdings um ein Besser oder Schlechter der jeweiligen Lösung gehen kann oder sollte, wird verschieden gesehen. Doch muss jede nationale Lösung in jedem Fall vor dem Hintergrund ihrer jeweiligen Rechtsordnung und Rechtskultur gesehen werden. Ob etwa das Verbot von Kopftüchern in öffentlichen Bildungseinrichtungen oder ein System des erfolgsbezogenen Anwaltshonorars sinnvoller ist als die je gegenteilige Lösung, hängt nicht nur von etwaigen weltanschaulichen Fragen ab, sondern auch von dem gesellschaftlichen und juristischen Umfeld des Landes, für das die Lösung gesucht wird. Damit zusammenhängend ist insbesondere bei festgestellten Unterschieden die Frage von zentralem Interesse, warum diese Unterschiede bestehen,

---

[8] Zur Unterscheidung zwischen Mikro- und Makrorechtsvergleichung infra → Rn. 17 f.

[9] Zum tertium comparationis vgl. näher infra → § 3 Rn. 3 ff.

[10] Vgl. *Kischel, Uwe,* Delegation of legislative power to agencies – A comparative analysis of United States and German law, Administrative Law Review 46 (1994), 213 (215 ff.).

welchen etwa geschichtlichen, religiösen oder rechtssystematischen Hintergrund die jeweiligen Regeln haben.

c) Länderberichte und Generalbericht

Die Unterscheidung zwischen Auslandsrechtskunde und Rechtsvergleichung spiegelt sich 12 auch in einer verbreiteten Vorgehensweise bei rechtsvergleichenden Kongressen, beispielsweise der International Academy of Comparative Law oder der deutschen Gesellschaft für Rechtsvergleichung, wider. Dabei wird ein bestimmtes Thema, etwa die staatliche Verantwortung für Risiken aus Industrieanlagen (Risikomanagement) in eine Reihe von sog. Landesberichten aufgespalten, in denen jeweils die Lage in einem Land beschrieben und aufgearbeitet wird. Dies ist der eher auslandsrechtskundliche Teil, der regelmäßig von in der fremden Rechtsordnung heimischen oder zumindest umfassend ausgebildeten Juristen übernommen wird. Den eigentlichen Vergleich stellt dann der sog. Generalberichterstatter an, der die Landesberichte vorab erhalten sollte und je nach Disziplin der Landesberichterstatter auch erhält. Die beschriebenen, engen Bezüge zwischen den auslandsrechtskundlichen Vorarbeiten und der Rechtsvergleichung werden auch hier vielfach deutlich. Nicht nur werden die Landesberichterstatter aufgrund der rechtsvergleichenden Anforderungen oft eine weniger detailverliebte, weniger juristisch-technische Darstellung bevorzugen, sondern den Überblick, die praktischen Probleme und praktischen Ergebnisse betonen. Vor allem trägt auch vielfach der an die Landesberichterstatter versandte, meist vom Generalberichterstatter erarbeitete Fragenkatalog ganz entscheidend zum Erfolg der Vergleichung bei. Dieser Katalog leitet im Hinblick auf die vergleichende Fragestellung die Länderberichte entscheidend an und verhindert insbesondere, dass etwa wichtige Aspekte ausgelassen werden, weil ein einschlägiger juristischer Begriff in verschiedenen Ländern verschieden verstanden wird. Wird beispielsweise von einem US-Juristen ein Bericht zur Rechtslage von Flüchtlingen verlangt, so könnte er mangels näherer Erläuterungen ohne weiteres die Gruppe der Asylbewerber völlig ausblenden. Denn obwohl beide Gruppen in der wohlbegründeten Furcht vor Verfolgung ein gemeinsames Merkmal aufweisen, unterscheidet das Einwanderungsrecht der USA – im Gegensatz zu anderen Rechtsordnungen – streng zwischen Flüchtlingen, die den Zugang bereits aus dem Ausland zu erhalten versuchen, und Asylbewerbern, die ihren Antrag erst in den USA oder an der Grenze stellen.[11]

d) Auslandsrechtskunde existiert nicht

Auslandsrechtskunde ist bei alledem ein immer wieder verwendeter Begriff, dessen Bedeu- 13 tung sich aber weitgehend darin erschöpft, zu zeigen, was Rechtsvergleichung *nicht* ist. Als eigenständiges, gar akademisches Gebiet existiert die Auslandsrechtskunde nicht. Das hängt weniger mit einer Missachtung der Sache als mit der Eigenart des Begriffs zusammen. Denn auslandsrechtskundig ist der in der fremden Rechtsordnung ausgebildete Jurist. So gesehen ist jeder deutsche Jurist aus Sicht der anderen auch Auslandsrechtskundler und umgekehrt. Einem Juristen im Sinne der Auslandsrechtskunde Grundkenntnisse einer fremden Rechtsordnung vermitteln zu wollen, ist deshalb immer ein zwiespältiges Unterfangen. Da eine Ausbildung zum vollwertigen Juristen in der fremden Rechtsordnung mit den meist nur beschränkten Mitteln weder sinnvoll möglich noch angestrebt ist, bleibt die Einführung stets unvollständig, bruchstückhaft und insofern fehlerträchtig. Die Behauptung, der Ausgebildete kenne sich nun in der fremden Rechtsordnung oder zumindest Teilgebieten aus, wäre bestenfalls eine grandiose Selbstüberschätzung, werden doch selbst Absolventen eines juristischen Auslandsstudiums oder Inhaber einer ausländischen Rechtsanwaltszulassung nur in

[11] Vgl. zur Unterscheidung etwa *Aleinikoff, Thomas Alexander; Martin, David A.; Motomura, Hiroshi; Fullerton, Maryellen; Stumpf, Juliet P.,* Immigration and citizenship – Process and policy, 8. Aufl. 2016, 270 f.; INA §§ 208(a)(1), 207(c).

Ausnahmefällen so weit gehen, sich ernsthaft am Maßstab eines einheimischen Juristen messen zu lassen. Damit soll aber Einführungen in fremde Rechtssysteme etwa durch Vorlesungen oder einschlägige Lehrbücher[12] keinesfalls die Berechtigung abgesprochen werden. Sie befriedigen nicht nur die intellektuelle Neugier – ein gerade im akademischen Bereich äußerst wichtiger Faktor –, sondern bilden auch eine Basis, auf der Rechtsvergleichung sich erst entwickeln kann. Dabei bedürfen sie aber ihrerseits der rechtsvergleichenden Unterfütterung, müssen also bei Inhalt und Auswahl des Stoffes gerade auf die aus Sicht des Heimatrechts spezifischen Besonderheiten der fremden Rechtsmaterie eingehen und dürfen auch rechtspraktische Faktoren, etwa Gerichtsstruktur und Anwaltsethos, oder außerrechtliche Faktoren, etwa gesellschaftliche Gepflogenheiten im Umgang der Menschen miteinander, nicht außer Acht lassen.

2. Kontextuelle Rechtsvergleichung

14 Insgesamt müssen rechtsvergleichende Untersuchungen jeglicher Art heute – ganz unabhängig vom heftigen Methodenstreit in der Theorie[13] – einem kontextuellen Ansatz folgen. Es reicht nicht aus, schlicht die sich begrifflich entsprechenden Rechtsinstitute aus zwei oder mehr Rechtsordnungen nebeneinanderzustellen und dann die bestehenden Gemeinsamkeiten und Unterschiede aufzulisten. Für ein vollständiges Bild ist vielmehr das gesamte rechtliche und außerrechtliche Umfeld – der Kontext – zu berücksichtigen, innerhalb dessen die Rechtsnormen und -institute stehen. Diese Notwendigkeit, hinter die Kulissen zu schauen, durchzieht wie gesehen alle Aspekte des Vergleichs.[14] Geht es etwa um das Beweisrecht in Deutschland und den USA, so reicht es nicht aus, nur die einzelnen konkreten Beweisregeln zu betrachten; vielmehr ist ua auch die Rolle von Richter und jury in beiden Staaten zu bedenken, die diese Regeln nachdrücklich beeinflusst.[15] Wer über die Wirkung rechtlicher Regelungen in Afrika nachdenkt, sollte auch die praktische Bedeutung des traditionellen afrikanischen Rechts für alltägliche Streitigkeiten berücksichtigen.[16] In Lateinamerika sollte der Rechtsvergleicher nicht eine gewisse Kultur der Nichtbefolgung[17] übersehen, die Rechtsnormen zu nurmehr gutgemeinten Wünschen machen kann. Und mancher Rechtsvergleicher würde sogar darauf bestehen, dass das Recht in Asien im Lichte einer gewissen kulturell bedingten Konfliktaversion zu betrachten ist, die auf den Konfuzianismus zurückgeführt werden kann.[18]

15 Für eine sehr typische und weitverbreitete Art rechtsvergleichender Fragestellungen, den Problemvergleich,[19] findet dieses kontextuelle Denken seinen besonderen Ausdruck im traditionellen, sog. funktionalen Ansatz. Der funktionale Ansatz betont zu Recht die zT völlig unterschiedliche praktische, systematische oder wertungsmäßige Bedeutung scheinbar gleicher Rechtsinstitute wie Föderalismus, Rechtsstaat, Flüchtling, erfolgsbezogenem Anwaltshonorar, Delegation von Rechtssetzungsbefugnissen oder Verschuldensmaßstab bei Produkthaftung in unterschiedlichen Ländern. Die Rechtsvergleichung solle daher nicht von einer vorgegebenen, insbesondere nationalen rechtlichen Systematik und Begriffsbildung ausgehen. Vielmehr untersucht sie Rechtsnormen in ihrem – nicht unbedingt nur rechtlichen, sondern auch rechtskulturellen oder außerrechtlichen – Umfeld; sie ist funktional in dem Sinne, dass sie die Normen in ihrer realen Funktion innerhalb dieses Umfelds

[12] Bekannt etwa die Reihe „Ausländisches Recht" im C.H. Beck Verlag, die Reihe „The spirit of the laws" bei University of Georgia Press oder für das Verfassungsrecht die Reihe „Constitutional Systems of the World" bei Hart Publishing.

[13] Zu diesem Methodenstreit vgl. infra → § 3 Rn. 1 ff.; für eine detaillierte Erörterung der kontextuellen Rechtsvergleichung vgl. infra → § 3 Rn. 188 ff.

[14] Vgl. die Beispiele supra → Rn. 6 f., 11.

[15] Vgl. zB zur Rolle der jury im common law infra → § 5 Rn. 141 ff.

[16] Zum traditionellen Recht in Afrika vgl. infra → § 8 Rn. 24 ff.

[17] Vgl. infra → § 7 Rn. 207 ff.

[18] Zu dieser problematischen Sichtweise vgl. infra → § 9 Rn. 165 ff.

[19] Zu den verschiedenen Arten rechtsvergleichender Fragestellungen vgl. infra → § 3 Rn. 196 ff.

betrachtet. Wollte etwa ein US-Jurist wissen, wie das Verfahren der pre-trial discovery in Deutschland ausgebildet ist und wie es sich von dem der USA unterscheidet, hätte er ohne (kontextuellen) funktionalen Vergleich ein unlösbares Problem:[20] Die pre-trial discovery erlaubt den Parteien eines Rechtsstreits, bei anderen Parteien oder Dritten schon im Vorfeld eines Gerichtsverfahrens umfänglich nach Beweisen zu suchen. So beschäftigen sich Anwälte oft lang mit der Durchsicht von Aktenbergen, die die Prozessgegner ihnen zwingend zur Verfügung stellen müssen, obwohl diese Akten nur möglicherweise irgendeinen Bezug zum Prozess aufweisen. In Deutschland hingegen existiert keine solche pre-trial discovery. Im Gegenteil verstießen entsprechende Versuche als sog. Beweisanträge ins Blaue hinein gegen elementare Prozessgrundsätze. Der US-Jurist muss sich deshalb fragen lassen, worum es ihm *wirklich* geht, welche realen Problemstellungen er vor Augen hat und vergleichen möchte. Die Antwort könnte lauten, dass es bei der pre-trial discovery um die Lösung der Beweisnot geht, in die eine Prozesspartei geraten kann, wenn sich für sie wichtige Informationen in der Hand des Gegners befinden – Informationen über deren Inhalt oder auch nur Existenz sie gerade deshalb allenfalls Vermutungen anstellen kann. So mag etwa eine Espressomaschine im Haus des Mandanten explodiert sein und der Mandant den Verdacht haben, der Hersteller habe aus Kostengründen bewusst auf minderwertiges Material zurückgegriffen. Das reale Problem besteht nun im Nachweis eines solchen Fehlverhaltens des Herstellers. Denn die Beweise dafür werden sich eher tief in seinen vertraulichen Aktenschränken finden. Das so formulierte Problem wird sich ohne weiteres auch in Deutschland stellen. Doch sind globale Beweisbeibringungspflichten wie in der pre-trial discovery keineswegs der einzig denkbare Lösungsansatz. Zum Vergleich herangezogen werden müssen zunächst auch andere prozessuale Mittel, etwa die Möglichkeiten der Partei- oder Zeugenbefragung im Verfahren. Doch geht es noch weiter, denn mit dem Wechsel von einer rechtsdogmatischen auf eine am Sachproblem orientierte Fragestellung entfällt jede Bindung an bestimmte Rechtsgebiete, wie hier das Prozessrecht. So kann die Beweisnot auch dadurch ausgeglichen werden, dass von vornherein die materielle Beweislast verschoben oder sogar auf den Beweis bestimmter Tatsachen ganz verzichtet und etwa eine verschuldensunabhängige Haftung eingeführt wird. Im Rahmen der funktionalen Rechtsvergleichung zur pre-trial discovery würde dann also ein Recht, bei anderen Personen Unterlagen einzusehen, verglichen mit einer Regelung des einschlägigen Verschuldensmaßstabes für bestimmte Ansprüche.

Dieser Gedanke der Funktion hat klare Grenzen. Er passt nicht zu vielen anderen Arten **16** rechtsvergleichender Fragestellungen, wird gelegentlich in seinen Auswirkungen übertrieben und trifft daher bei manchen Rechtsvergleichern auf nachdrücklichen Widerstand. Dennoch hat der Kern funktionalen Denkens seinen Wert immer wieder bewiesen. Dieser Kern aber ist keineswegs der Begriff der Funktion sondern der grundlegende Gedanke, stets das ganze rechtliche und außerrechtliche Umfeld mit zu bedenken, in dem jede Rechtsregel steht. Mit anderen Worten führt die funktionale Frage nach der realen Lösung eines realen Problems außerhalb der eigenen Rechtsordnung nicht nur über die Grenzen und Begrifflichkeiten hinweg, die die eigene, nationale Dogmatik aufstellt. Sie öffnet auch den Blick auf den Unterschied zwischen gelehrtem und gelebtem Recht („law in books" und „law in action")[21], auf rechtskulturelle Einflüsse, auf Verständnis, Bedeutung und Tragweite einer im Ausland vorgefundenen Lösung sowie auf die mögliche Bedeutung auch außerrechtlicher Aspekte, die die Lösung realer Probleme beeinflussen oder überhaupt erst bieten. Um diesen Grundgedanken zu betonen und um den Beschränkungen und gelegentlichen Übertreibungen der funktionalen Rechtsvergleichung zu entgehen, sprechen wir von kontextueller Rechtsvergleichung.[22]

---

[20] Zum Folgenden vgl. *Kischel, Uwe,* Vorsicht, Rechtsvergleichung!, ZVglRWiss 104 (2005), 10 (16 f.) mwN.

[21] Grundlegend für diese Begrifflichkeit *Pound, Roscoe,* Law in books and law in action, American Law Review 44 (1910), 12 (12 ff.).

[22] Genauer zur Kritik an der funktionalen Rechtsvergleichung und zur Methodenfrage insgesamt infra → § 3 Rn. 150 ff.

3. Einzelvergleich und typisierender Vergleich

17 Dennoch bezogen sich die bisherigen Erläuterungen nur auf einen – wenn auch sehr wichtigen – Teil der rechtsvergleichenden Tätigkeit: den Einzelvergleich. Ihm gegenüber steht der typisierende Vergleich, der die Ergebnisse von Einzelvergleichen aggregiert oder generalisierte Erkenntnisse über die Eigenheiten der Rechtsordnungen zu einem Gesamtbild zusammenfügt. Der Einzelvergleich wird in einer von Constantinesco konkretisierten Terminologie[23] oft auch als Mikrovergleich, der typisierende Vergleich als Makrovergleich bezeichnet. Während der Mikrovergleich sich mit speziellen Rechtsnormen und -instituten beschäftigt, befasst sich die Makrovergleichung mit Rechtssystemen und Rechtskreisen[24] im Ganzen. Allerdings ist diese Terminologie nicht ganz einheitlich. David etwa versteht unter Mikrovergleich nur den Vergleich von Rechtsnormen innerhalb einer Rechtsfamilie, unter Makrovergleich hingegen den Vergleich voneinander weit entfernter Rechtssysteme.[25] Bei der Typisierung geht es darum, Ähnlichkeiten zwischen Rechtsordnungen herauszuarbeiten, die es ermöglichen, diese in Gruppen einzuteilen. Diese Ähnlichkeiten können sich auf alle rechtlichen und außerrechtlichen Merkmale beziehen, die das Verständnis der Rechtsfragen beeinflussen. Mit anderen Worten aggregiert der typisierende Vergleich gerade solche Aspekte, die zu dem für den Einzelvergleich so wichtigen Kontext gehören. Die so gewonnenen Ländergruppen werden oft Rechtskreise oder -familien genannt, sollten aber besser ihrerseits wieder als Kontexte bezeichnet werden.[26] Auf diese Weise kann etwa ein germanischer Kontext ua mit Deutschland, Österreich und der Schweiz einem romanischen Kontext ua mit Frankreich, Italien und Spanien gegenübergestellt werden, oder beide – ggf. zusammengefasst als kontinentaleuropäischer Kontext – vom Kontext des common law, ua bestehend aus England, USA, Neuseeland und Australien, abgegrenzt werden. Eine solche Einteilung ermöglicht es etwa, die Querbeziehungen unter den Rechtsordnungen zu verstehen oder ganz praktisch die zahlreichen, wenn auch nicht zahllosen Rechtsordnungen der Welt für den Rechtsvergleich handhabbar zu machen, indem etwa nur bestimmte Rechtsordnungen stellvertretend für ihre jeweiligen Kontexte untersucht werden. Wie und anhand welcher Kriterien diese Kontexte eingeteilt werden, gehört ebenfalls zu den klassischen Grundfragen der Rechtsvergleichung.

18 Typisiert wird jedoch nicht nur bei der Aufteilung in Rechtskreise, sondern auch bei der Untersuchung rechtlicher Phänomene höherer Abstraktionsstufen. So kann beispielsweise bei der Untersuchung der Regierungsformen nach demokratischen und nichtdemokratischen Systemen typisiert werden, innerhalb der demokratischen nach parlamentarischer oder direkter Demokratie und innerhalb der parlamentarischen Demokratie nach präsidentiellem oder parlamentarischem Regierungssystem.[27] Die Zuordnung etwa zum präsidentiellen oder parlamentarischen Regierungssystem kann ähnlichen Systematisierungs- und Vereinfachungszwecken dienen wie die Einteilung in Rechtskreise, hängt mit dieser aber inhaltlich nicht notwendig zusammen, wie ein kurzer Blick auf die USA (präsidentiell), England (parlamentarisch), Deutschland (parlamentarisch) und Frankreich (umstrittene Mischform) zeigt. Ebenso ist neben dem Vergleich kleinerer rechtlicher Einzelaspekte auch ein Vergleich ganzer Rechtsinstitute – etwa des Kaufs beweglicher Gegenstände oder der strafrechtlichen Folgen der Tötung eines Menschen – oder ganzer Rechtsgebiete – etwa des Privatrechts oder

---

23 Vgl. *Constantinesco, Léontin-Jean,* Rechtsvergleichung, Bd. 3, Die rechtsvergleichende Wissenschaft, 1983, 79, 81, der die Terminologie allerdings selbst wieder auf David zurückführt.

24 Zu den Rechtskreisen infra → § 4 Rn. 1 ff.

25 Vgl. *David, René,* Comparative law, in: Encyclopedia Britannica, 2001 Deluxe Edition CD-ROM; die Aussage ist allerdings nicht ganz klar, da David zwar andeutet, aber nicht klar sagt, wie er den typisierenden Vergleich zweier Rechtssysteme derselben Rechtsfamilie einerseits und den Einzelvergleich über die Grenzen der Rechtsfamilie hinweg andererseits einordnen würde.

26 Vgl. infra → § 3 Rn. 220 ff.; → § 4 Rn. 47.

27 Vgl. etwa *Koja, Friedrich,* Allgemeine Staatslehre, 1993, 76 f.

des Strafrechts – möglich.[28] Letztlich besteht daher keine klare Polarisierung zwischen Mikro- und Makrovergleichung, sondern ein Kontinuum zunehmend typisierender Vergleichung vom sehr spezialisierten Einzelvergleich, der alle Aspekte etwa einer bestimmten Rechtsfigur umfänglich zu erfassen sucht, bis hin zur hochgradig generalisierenden Einteilung in Rechtskontexte. Dieses Kontinuum zeigt sich etwa auch bei der Abgrenzung der Kontexte untereinander, die wiederum entweder kleinteiliger (zB germanischer und romanischer Kontext) oder globaler (zB kontinentaleuropäischer Kontext) durchgeführt werden kann.

II. Rechtsvergleichung und Nachbargebiete

Die Unterschiede zwischen Rechtsvergleichung und Auslandsrechtskunde machen deutlich, dass die Rechtsvergleichung einen eher universellen Anspruch stellt, der oft über die juristisch-dogmatische Betrachtung hinausgeht, wie sie typischerweise etwa den vom deutschen Rechtskreis geprägten Juristen kennzeichnet. Mehr als manch andere Disziplin der Rechtswissenschaft bedient sich die Rechtsvergleichung daher bei anderen Fachgebieten, sucht sich deren Erkenntnisse zunutze zu machen, auch wenn sie weiterhin klar von ihnen abgegrenzt bleibt. 19

1. Rechtsübersetzung

Einen praktisch besonders wichtigen, in seiner eigenständigen Bedeutung aber meist wenig beachteten Partner findet die Rechtsvergleichung in der Rechtsübersetzung. Sie wird vielfach von spezialisierten Dolmetschern und Übersetzern mit praxisnaher Ausbildung betrieben, findet aber als Teil der Rechtslinguistik[29] auch einen akademischen Gegenpart. 20

Die Rechtsvergleichung kommt ohne Übersetzungen vielfach nicht aus. Das gilt zunächst hinsichtlich des notwendig beschränkten Spektrums der vom einzelnen Rechtsvergleicher mehr oder minder gut beherrschten Sprachen: Wer sich für japanisches Recht interessiert, aber die japanische Sprache nicht zumindest lesen kann, muss auf Übersetzungen zurückgreifen. Das gilt aber auch für die Mehrzahl aller rechtsvergleichenden Studien selbst. Denn wer das deutsche, französische und spanische Adoptionsrecht vergleicht, wird seine Ergebnisse in einer bestimmten Sprache niederlegen, in die er dann nolens volens die Aussagen zu den anderen Rechtsordnungen übersetzen muss. Wie schwierig dies sein kann, belegt etwa die Erfahrung, dass es für einen ausländischen Landesberichterstatter mit hinreichenden Sprachkenntnissen oft erheblich einfacher ist, seinen Bericht in der Sprache des Berichtslandes zu verfassen als in der eigenen Muttersprache. 21

Die Tücken der Rechtsübersetzung liegen in den Unterschieden zwischen den Rechtskulturen, aufgrund derer Begriffe in verschiedenen Sprachen nur in Ausnahmefällen wirklich deckungsgleich ausfallen.[30] Das Problem der fehlenden Deckungsgleichheit ist ein altbekann- 22

[28] Den Vergleich ganzer Rechtsgebiete bezeichnet *Schroeder, Friedrich-Christian,* Das Strafrecht der DDR und der Sowjetunion – Ein Beitrag zur Meso-Rechtsvergleichung, Zeitschrift für die gesamte Strafrechtswissenschaft 91 (1979), 1065 (1069) als „Meso-Vergleichung".

[29] Vgl. dazu etwa grundlegend *Solan, Lawrence M.,* The language of judges, 1993; *Tiersma, Peter M.; Solan, Lawrence M.* (Hrsg.), The Oxford handbook of language and law, 2012; *Felder, Ekkehard,* Juristische Textarbeit im Spiegel der Öffentlichkeit, 2003; vgl. zur Bandbreite des Themas Recht und Sprache auch die Beiträge in: Olsen, Frances; Lorz, Alexander; Stein, Dieter (Hrsg.), Law and language – Theory and society, 2008 und Olsen, Frances; Lorz, Alexander; Stein, Dieter (Hrsg.), Translation issues in language and law, 2009.

[30] Vgl. zum Mythos der sprachlichen Äquivalenz von Übersetzungen etwa *Mowbray, Jacqueline,* Multilingualism, Translation and International Law – Four Myths, Cambridge International Law Journal 12 (2023), 190 (193 ff.); differenziert zu den verschiedenen Konstellationen, in denen diese Problematik auftreten oder nicht auftreten kann, und mit zahlreichen anschaulichen Beispielen *Korves, Robert,* Recht mit anderen Worten – nur quasi dasselbe, in: Università Degli Studi di Camerino (Hrsg.): Annali della Facoltà Giuridica 10 (2021), 1 (3 ff.).

tes Problem aller Übersetzungen, doch tritt es im juristischen Kontext besonders ausgeprägt auf.[31] Das wird besonders deutlich in einem Bereich, in dem eine Übersetzung scheinbar von vornherein gar nicht notwendig ist, nämlich bei verschiedenen Rechtsordnungen desselben Sprachraums.[32] So wird etwa ein deutscher Jurist bei einer „freistehenden Sache" eher an ein freistehendes Haus als an die mit diesem österreichischen Sprachgebrauch (§ 382 ABGB) gemeinte herrenlose Sache[33] (§ 958 BGB) denken. Fragt der deutsche den schweizerischen Juristen nach dem Verfahren im dortigen Bundesrat, wird dieser völlig zu Recht von der schweizerischen Regierung berichten, nicht aber von der Vertretung der föderalen Untergliederungen, die in der Schweiz nicht Bundes- sondern Ständerat heißt. Umgekehrt wird das Übersetzungsproblem sehr viel beherrschbarer – wenn auch die Ergebnisse nicht unbedingt sprachästhetisch befriedigen –, sobald innerhalb einer einheitlichen Rechtsordnung mehrere Sprachen verwendet werden, wie etwa in Belgien oder Kanada.[34]

23 Übersetzung bedeutet aber regelmäßig nicht nur sprachliche, sondern auch juristische Übertragung. Eine Dissertation zu den einschlägigen Fragen etwa widmet allein der Analyse der Übersetzungsschwierigkeiten des französischen Begriffs „règlement" ins Deutsche knapp 26 Druckseiten.[35] Ein französischer Begriff wie „prêt" kann in der deutschen Rechtssprache sowohl Darlehen als auch Leihe bedeuten. Ein Begriff wie „Ermessen" kann zwar mit „discretion" ins Englische übersetzt werden, erfasst dann aber etwa in den USA zugleich den unbestimmten Rechtsbegriff, der nach herkömmlichem deutschem Verständnis gerade den Gegenbegriff zum Ermessen darstellt und der selbst wiederum kein juristisch bedeutungshaltiges, englischsprachiges Äquivalent findet. Als weiteres Beispiel für die alltäglichen Probleme kann etwa der Ausdruck „dienende Freiheit" dienen. Er soll in Bezug auf das deutsche Grundrecht der Rundfunkfreiheit zum Ausdruck bringen, dass der Staat regulierend und damit auch beschränkend in die Freiheit eingreifen kann und muss, gerade um deren Ziel – die freie individuelle und öffentliche Meinungsbildung – zu gewährleisten. Überspitzt gesagt, fordert also die Freiheit selbst ihre eigene Beschränkung. Diese dienende Freiheit lässt sich zwar mit „liberté servante" ins Französische übertragen, macht dort aber auf den Juristen einen sehr befremdlichen und weitgehend unverständlichen Eindruck. Der Übersetzer steht vor der Wahl, dies zu ignorieren, stattdessen eine langatmige Umschreibung zu verwenden oder gar eine erläuternde Fußnote hinzuzufügen. Kulturell entferntere Sprachen verschärfen das Problem weiter. In der chinesischen Rechtssprache etwa lassen sich unter Umständen Assoziationen und Querbezüge über die Verwandtschaft der benutzten Schriftzeichen herstellen, die jedoch bei einer Übersetzung kaum aufrechtzuerhalten sind.[36] Ein für das japanische Recht so zentraler Begriff wie „jôri" lässt sich mit Begriffen wie „Natur der Sache" oder „natürliche Vernunft" kaum auch nur in Ansätzen erfassen, da er für westliches Rechtsdenken so verschiedene Bereiche wie Auslegung und Rechtsquelle, ordre public und Lückenfüllung miteinander verbindet.[37]

31 Beispiele infra → § 3 Rn. 247.
32 Vgl. dazu für die deutsche Sprache die Beiträge in: Parlament der Deutschsprachigen Gemeinschaft Belgiens (Hrsg.): Nationale Variationen in der deutschen Rechtsterminologie, 2019.
33 Die Legaldefinition in § 287 S. 1 ABGB lautet: „Sachen, welche allen Mitgliedern des Staates zur Zueignung überlassen sind, heißen freistehende Sachen."; vgl. auch *Zankl, Wolfgang,* Bürgerliches Recht – Kurzlehrbuch, 10. Aufl. 2023, 346, 369, der in diesem Zusammenhang sogar nur von herrenloser Sache spricht.
34 Vgl. *Combüchen, Josef,* Die belgische Rechts- und Verwaltungsterminologie im Spiegel der deutschen Sprache, Terminologie et Traduction 1998, Heft 2, 241 (241 ff., insbes. 258 ff.); vgl. auch *Bastarache, Michel; Reed, David G.,* La nécessité d'un vocabulaire français pour la common law, in: Gémar, Jean-Claude (Hrsg.), Langage du droit et traduction, 1982, 207 (207 ff.); zustimmend *Korves, Robert,* Recht mit anderen Worten – nur quasi dasselbe, in: Università Degli Studi di Camerino (Hrsg.): Annali della Facolatà Giuridica 10 (2021), 1 (4 f.).
35 *Schmidt-König, Christine,* Die Problematik der Übersetzung juristischer Terminologie, 2005, 83 ff.
36 Vgl. *Senger, Harro von,* Einführung in das chinesische Recht, 1994, 192.
37 Vgl. *Marutschke, Hans-Peter,* Einführung in das japanische Recht, 2. Aufl. 2010, 11 f.; *Bölicke, Thoralf,* Die Bedeutung des Begriffes jôri für die japanische Rechtsquellenlehre, Zeitschrift für japanisches Recht 1 (1996), 7 (10 ff.).

Der Jurist muss sich also oft auf den Übersetzer verlassen – und das unter Umständen auch bei Sprachen, die ihm im Grundsatz durchaus vertraut sind. Nicht nur kann etwa die sehr altertümliche prozessuale Terminologie in den USA so manchen trotz bester Englischkenntnisse zu größeren Recherchen veranlassen. Auch kann eine Übersetzung mit den Wortbedeutungen der Alltagssprache leicht fehl gehen, etwa in Fällen, in denen selbst Muttersprachler nicht unbedingt weiterwissen. Dass zB der Satz „la grosse est une expédition particulière de la minute" nicht etwa die Minute, eine Dicke und eine Expedition in einem unverständlichen Sprachwirrwarr zusammenbringt, sondern schlicht in Form einer Definition erläutert, dass die Ausfertigung einer öffentlichen Originalurkunde „grosse" heißt,[38] wird selbst unter Juristen mit ansonsten guten französischen Sprachkenntnissen nur wenigen sofort klar sein. 24

Andersherum kommt auch ein guter und verantwortungsvoller Übersetzer nicht ohne Kenntnisse der jeweiligen Rechtsordnungen aus. Im optimalen Fall ist der Übersetzer selbst voll ausgebildeter Jurist, vielleicht sogar nicht nur in einem, sondern in beiden beteiligten Rechtssystemen samt rechtsvergleichenden Aspekten. Verständlicherweise wird dieses Ideal aber auch schon finanziell nur in den seltensten Fällen erreicht.[39] Seine Bedeutung zeigt etwa das Beispiel des Europäischen Gerichtshofs, dessen Übersetzer in der Regel eine abgeschlossene juristische Ausbildung aufweisen müssen. 25

Bei der Übersetzung fremdsprachlicher Texte oder Ausdrücke gibt es, auch wenn der Rechtsvergleicher sie selbst vornimmt, oft ebenso wenig klare Handlungsanweisungen oder klare Ergebnisse wie etwa bei der unklaren – aber glücklicherweise sachlich bedeutungslosen – Frage, ob es in deutschen Texten richtigerweise „der" oder „die" Cour de Cassation heißen muss. Rechtswörterbücher sind eine erste und wichtige Hilfe, führen aber gerade in besonders schwierigen Fällen oft nicht weiter. Das gilt umso mehr, wenn Wörterbücher schlicht mehrere Übersetzungsvorschläge unkommentiert aneinanderreihen und es dem Nutzer überlassen, die spezifische Bedeutung der einzelnen Begriffe herauszufinden. Die Rechtsvergleichung hilft bei Übersetzungen, Schwierigkeiten bewusster zu machen, konkrete Stolpersteine besser zu erkennen und Probleme genauer zu formulieren; die Lösung bleibt, soweit überhaupt möglich, der Rechtsübersetzung überlassen. 26

2. Rechtsgeschichte

Rechtsgeschichte wird gelegentlich als Rechtsvergleichung in der Zeit bezeichnet. Auch wird beiden Gebieten oftmals derselbe praktische Sinn zugeschrieben, das eigene geltende Recht vor dem Hintergrund des anderen besser zu verstehen. Tatsächlich befasst sich sowohl der Rechtsgeschichtler als auch der Rechtsvergleicher mit für ihn fremden Rechten, die sich zunächst nur in einer Hinsicht unterscheiden: bei der Rechtsvergleichung geht es um gegenwärtiges, fremdes Recht, bei der Rechtsgeschichte um vergangenes. Hierbei auch das vergangene Recht des eigenen Landes als fremd anzusehen, dürfte sich schon aus der einfachen Überlegung heraus rechtfertigen, dass etwa einem heute tätigen französischen Juristen die französischen Rechte der vornapoleonischen Zeit mindestens so fremd, wohl sogar fremder sein dürften als etwa das heutige deutsche Recht. 27

Dennoch unterscheiden sich Rechtsgeschichte und Rechtsvergleichung auch grundlegend, sind keineswegs schlicht „Holz vom gleichen Stamm".[40] Denn während der Vergleich etwa des fremden Rechts mit dem eigenen für die Rechtsvergleichung konstitutiv ist, stellt sich für die Rechtsgeschichte ein solcher Vergleich etwa mit dem heutigen Recht des Heimatlandes keineswegs als zwingend, sondern allenfalls als akzessorisch dar. Die Rechtsgeschichte weist so eher gewisse Übereinstimmungen mit der Auslandsrechtskunde als mit 28

[38] Zu diesem Beispiel *Gridel, Jean-Pierre,* Introduction au droit et au droit français, 2. Aufl. 1994, 23.

[39] Auch grundsätzlich kritisch gegen zu hohe Maßstäbe für den Übersetzer *Korves, Robert,* Recht mit anderen Worten – nur quasi dasselbe, in: Università Degli Studi di Camerino (Hrsg.): Annali della Facoltà Giuridica 10 (2021), 1 (6).

[40] So aber *Zweigert, Konrad; Kötz, Hein,* Einführung in die Rechtsvergleichung, 3. Aufl. 1996, 8.

der Rechtsvergleichung auf, was aber – auch im Hinblick auf die besonderen Querbezüge zwischen Auslandsrechtskunde und Rechtsvergleichung[41] – keineswegs bedeutet, dass die vergleichende Perspektive aus dem Blickfeld geriete. Insbesondere muss auch der Rechtsgeschichtler sich stets der Vorprägung durch das eigene Recht bewusst sein und versuchen, das früher real gelebte Recht und nicht nur eine theoretische Gesetzeslage zu ermitteln,[42] eine Tendenz, die gerade heute immer größeren Anklang findet.

29 Doch bringt die Aufgabenstellung der Rechtsgeschichte schon in ihrer denkbar elementarsten Form – der Erkenntnis der früher geltenden Rechtsregeln – ein Grundproblem mit sich, das die Rechtsvergleichung so nicht kennt und das ein wichtiger Hintergrund für die eher ausgeprägte, auch methodische Trennung beider Gebiete sein dürfte: das historische Recht kann nicht aktuell beobachtet werden, niemand ist darin praktisch ausgebildet oder praktiziert es und niemand kann darüber befragt werden. Anders gesagt: in Bezug auf vergangene Rechtsordnungen sind wir alle nur mehr Auslandsrechtskundler. Wer etwa wissen will, ob und wie Gerichtsurteile im französischen oder chinesischen Recht begründet werden, mag die Antwort erst nach durchaus aufwendigen Recherchen finden. Letztlich aber bliebe immer die Möglichkeit, französische oder chinesische Juristen zu diesem Thema zu befragen, die eine klare Antwort geben oder die selbst gefundene Antwort verifizieren könnten. Wer hingegen wissen will, ob und wie weit Urteile im römischen Recht begründet wurden, ist stets auf eigene oder dritte Untersuchungen angewiesen, die auf Richtigkeit zu überprüfen keinesfalls in vergleichbarer Weise möglich wäre. So wurden, um bei diesem Beispiel zu bleiben, die Gutachten oder Responsen, durch die das römische Urteilsgericht Auskünfte über Rechtsfragen zunächst bei den pontifices und später bei weltlichen Juristen einholte, nach verbreiteter Auffassung in der rechtsgeschichtlichen Literatur nur selten begründet. Demgegenüber ergab jedoch eine konkrete Einzeluntersuchung der Responsen älterer römischer Juristen bis Labeo, dass immerhin rund ein Drittel der überlieferten Gutachten doch Begründungen enthielten, diese also weit häufiger gewesen sein dürften als zuvor üblicherweise angenommen.[43] Eine – bei allen wissenschaftstheoretischen Vorbehalten – „endgültige“ Klärung der Frage ist aufgrund der Gegebenheiten der Rechtsgeschichte im Unterschied zur Rechtsvergleichung aber nicht möglich.

30 Aus der Sicht der Rechtsvergleichung ist zudem die geschichtliche Entwicklung einer Rechtsordnung oft von besonderem Interesse. Sie mag im Einzelvergleich das Warum einer bestimmten rechtlichen Regel, eines Regelungskomplexes oder einer rechtlichen Einstellung besser erklären oder bei einem typisierenden Vergleich dazu dienen, die kennzeichnenden Merkmale etwa eines Rechtskreises besser herauszuarbeiten oder Querbezüge zwischen verschiedenen Rechtsordnungen zu untersuchen. Hier wildert der Rechtsvergleicher unweigerlich im fremden Fachgebiet, insbesondere wenn die untersuchte Rechtsordnung – wie etwa beim deutschen, englischen oder römischen Recht – ein ausgeprägter Gegenstand rechtsgeschichtlicher Forschung ist. Ähnlich wie bei interdisziplinärer Forschung besteht somit die Gefahr, als Fachfremder mit eigenen Untersuchungen nur mehr zu dilettieren, ohne es selbst zu bemerken, oder die Liebe zum fremden Fach spät zu entdecken und es sodann mit mehr oder minder großem Erfolg unter dem bloßen Etikett des Eigenen zu betreiben. Davon unabhängig ist gerade dann, wenn die Beschreibung des aktuellen Zustands einer fremden Rechtsordnung sich als schwierig erweist, gelegentlich eine Tendenz zu beobachten, stattdessen einen ausgeprägten Schwerpunkt auf rechtsgeschichtliche Beschreibungen, etwa des kaiserlichen China, der Meiji-Zeit in Japan oder des klassischen

---

41 Vgl. supra → Rn. 3 ff.

42 Vgl. etwa *Willoweit, Dieter,* Anmerkungen zum Verhältnis von Rechtsgeschichte und Rechtssoziologie, in: Dreier, Horst (Hrsg.), Rechtssoziologie am Ende des 20. Jahrhunderts – Gedächtnissymposium für Edgar Michael Wenz, 2000, 342 (342); *Odersky, Walter,* Rechtsgeschichte und Rechtsprechung, Deutsche Notar-Zeitschrift 1991, 108 (109).

43 Vgl. dazu die Darstellung bei *Kischel, Uwe,* Die Begründung – Zur Erläuterung staatlicher Entscheidungen gegenüber dem Bürger, 2003, 17 f. mwN.

hinduistischen Rechts zu legen und dabei die eigentliche Bedeutung für die jeweilige Rechtsordnung im 21. Jahrhundert eher am Rande zu behandeln.

Eine neuere Tendenz in der Rechtsvergleichung stellt allerdings bewusst nicht das aktuell geltende Recht, sondern die (Rechts-)Tradition ins Zentrum ihrer Untersuchung (Glenn). Damit wird sowohl dem Rechtssystem – als „Great White Lie of Western Legal Theory" – als auch der Rechtskultur – als mehrdeutiger Erfindung der westlichen Aufklärung – als Forschungsgegenstand bewusst eine Absage erteilt.[44] Aus diesem Ansatz ergeben sich hochinteressante, detaillierte und weit ausgreifende Untersuchungen, die sich jedoch in ihren rechtlichen Grundgedanken weit von der herkömmlichen Konzeption eines positiven Rechts entfernen und etwa der Tradition selbst eine Normativität zusprechen möchten. 31

Spezielle, auch rechtssoziologisch geprägte Erkenntnisinteressen können dazu führen, Rechtsvergleichung bevorzugt historisch zu betreiben. Das ist namentlich der Fall bei der Erforschung der Übertragung rechtlicher Konzepte zwischen Rechtsordnungen. Für die Untersuchung, wie, warum und mit welchen Resultaten solche Übertragungen im Allgemeinen vorgenommen werden, finden sich möglicherweise mehr – und in ihren Folgen besser absehbare – Beispiele in der Vergangenheit als in der Gegenwart. Entsprechend hat insbesondere Watson sich diesen aktuellen[45] rechtsvergleichenden Fragen unter Heranziehung insbesondere der historischen Erfahrungen des römischen und englischen Rechts gewidmet.[46] Er kam dabei unter anderem zu der Erkenntnis, dass rechtliche Veränderungen – und damit heute ein Großteil des Rechts – weitgehend auf die sehr verbreitete Übertragung von Rechtsregeln zurückzuführen seien und dass Recht oftmals dysfunktional, dh den Bedürfnissen weder der Gesellschaft insgesamt noch der herrschenden Eliten angepasst sei.[47] Seine Thesen lösten nicht zuletzt deshalb erregte Debatten aus, weil sie im Ergebnis alle Versuche widerlegen würden, das Recht auf externe Einflüsse, auf Soziologie, den Klassenkampf oder – aktueller – die Ökonomie zu reduzieren.[48] Dabei hat Watson etwa auch den für die Rechtsvergleichung zentralen Begriff der Rechtskultur[49] im Kern auf die historische Tradition bezogen und deren kaum zu unterschätzenden Einfluss auf jegliche rechtliche Veränderung gerade auch im Wege der Übertragung fremder Rechtssätze betont.[50] Dennoch hebt Watson selbst hervor, dass er trotz allem Rechtsvergleichung, wenn auch in geschichtlicher Einkleidung betreibe und sich auch diese Rechtsvergleichung stark von der Rechtsgeschichte unterscheide.[51] 32

Schließlich kann die Rechtsvergleichung auch selbst Gegenstand der Rechtsgeschichte werden. Die Geschichte der Rechtsvergleichung ist vielfach und von berufener Seite untersucht und dargestellt worden.[52] 33

[44] Vgl. *Glenn, H. Patrick,* Legal traditions of the world, 5. Aufl. 2014, passim, insbes. xxv; dazu noch näher infra → § 3 Rn. 96 ff.

[45] Vgl. etwa *Glenn, Patrick H.,* Globalization and national legal traditions, in: Schwarze, Jürgen (Hrsg.), Globalisierung und Entstaatlichung des Rechts, Teilband 1, 2008, 57 (57 ff.); *Nußberger, Angelika,* Der „russische Weg" – Widerstand gegen die Globalisierung des Rechts? in: Schwarze, Jürgen (Hrsg.), Globalisierung und Entstaatlichung des Rechts, Teilband 1, 2008, 71 (71 ff.); zu Rechtsübertragungen in die Staaten Osteuropas nach dem Ende der kommunistischen Herrschaft vgl. infra → § 7 Rn. 37 ff.

[46] Vgl. grundlegend *Watson, Alan,* Legal transplants – An approach to comparative law, 2. Aufl. 1993, passim; dazu auch infra → § 3 Rn. 127 f.; zum speziell britischen Zusammenhang zwischen Rechtsvergleichung und römischem Recht vgl. kritisch *Markesinis, Basil,* Comparative law in the courtroom and classroom, 2003, 55 f.

[47] Versuch einer Zusammenfassung eigener Ergebnisse in: *Watson, Alan,* Legal change – Sources of law and legal culture, University of Pennsylvania Law Review 131 (1983), 1121 (1121 ff.).

[48] Vgl. eingängig *Ewald, William,* Comparative Jurisprudence (II) – The logic of legal transplants, American Journal of Comparative Law 43 (1995), 489 (490 ff.); Watson war sich jedenfalls später dieser Konsequenzen bewusst, vgl. das Nachwort zur 2. Auflage in: *Watson* (Fn. 46), 107.

[49] Zur Rechtskultur vgl. infra → § 4 Rn. 28 ff.

[50] Vgl. *Watson* (Fn. 47), 1152 ff.

[51] *Watson* (Fn. 46), 102.

[52] Vgl. die Überblicke bei *Constantinesco, Léontin-Jean,* Rechtsvergleichung, Bd. 1, Einführung in die Rechtsvergleichung, 1971, 69 ff.; *Zweigert/Kötz* (Fn. 40), 47 ff.; *Rheinstein, Max,* Einführung in die Rechtsvergleichung, 2. Aufl. 1987, 37 ff.

3. Rechtssoziologie

34 Die Rechtssoziologie untersucht die Wechselbeziehungen zwischen Gesellschaft und Recht, fragt nach der Realität, nach der gesellschaftlichen Wirklichkeit rechtlicher Regeln. Geht es im Sinne von Hans Kelsen im Recht um das Sollen als spezifische Verbindung von Rechtsbedingung und Rechtsfolge, so geht es der Rechtssoziologie um das Sein, wird auch die Rechtsnorm nur als Seinstatsache und nicht in ihrem spezifisch juristischen, normativen Gehalt erfasst.[53] Die gesellschaftlichen Bezüge des Rechts können dabei in zwei Richtungen analysiert werden: von der Gesellschaft zum Recht und umgekehrt vom Recht zur Gesellschaft. Demgemäß untersucht einerseits die genetische Rechtssoziologie die gesellschaftlichen Wurzeln des Rechts, also die Entstehung des Rechts als Ergebnis gesellschaftlicher Prozesse, während andererseits die operationale Rechtssoziologie die gesellschaftlichen Auswirkungen des Rechts betrachtet, also die regulierende Wirkung des Rechts auf gesellschaftliches Handeln. Bei alledem kann die Rechtssoziologie sich sowohl zum Ziel setzen, eine soziologische Theorie des Rechts zu erarbeiten, als auch ganz praktisch Handreichungen für die juristische Arbeit zu finden.[54] Entsprechend finden die Methoden der empirischen Sozialforschung, die hier auch Rechtstatsachenforschung genannt wird, Anwendung, wenn auch ihr Stellenwert unter den Rechtssoziologen durchaus kontrovers[55] beurteilt wird.

35 Die Rechtssoziologie wird im juristischen Alltag gerade in Deutschland vielfach intuitiv als Gegenpol zur Rechtsdogmatik, zur praktisch angewandten Rechtswissenschaft verstanden. Tatsächlich steht rechtssoziologisch geprägtes Denken dem Juristen aber weit weniger fern als gedacht. Die zwiespältige Haltung zur Rechtssoziologie mag zum Teil auf deren kritische Tradition rückführbar sein, die den Einfluss von Ideologie, Vorurteilen, Wertungen und Interessen auf Recht und Rechtsanwendung untersucht[56] und damit den Mythos des objektiven, richtigen und gerechten Rechts nachhaltig in Frage stellt. Der Grenzen dieses — heilsamen — Mythos sind sich aber gerade ausgebildete Juristen besonders bewusst. Die zwiespältige Haltung dürfte daher nicht zuletzt auf einigen Richtungen der rechtssoziologischen Forschung beruhen, die jedenfalls in der Vergangenheit die soziologische Betrachtung des Rechts für wissenschaftlich einzig zulässig, ja nur und erst die Rechtssoziologie für die eigentliche Wissenschaft vom Recht hielten (Ehrlich)[57] oder gar den Juristen die Entscheidungszuständigkeit abnehmen wollten.[58] Andererseits zog ein bekannter Rechtssoziologe in seiner universitären Abschiedsvorlesung[59] aus heutiger Sicht die Bilanz, die Rechtssoziologie sei bis zur Unkenntlichkeit breitenwirksam und damit Opfer des eigenen Erfolges geworden; alle besseren Juristen redeten heute beinahe so, wie noch in den 70er Jahren nur die Außenseiter aus der Rechtssoziologie. Betrachtet man einige Beispiele, wird der Hintergrund dieser Bewertung klar. So haben Gesetzgebung und Rechtsprechung die tatsächlich existierenden Zwangslagen in Rechtsbereichen wie Kredit und Bürgschaft, Miete, Arbeit oder Allgemeinen Geschäftsbedingungen ebenso aufgegriffen wie das Bundesverfassungsgericht[60] den zunächst rechtssoziologischen Begriff der strukturell ungleichen Verhandlungsstärke der Parteien, hat sich die Rechtspraxis heute intensiv solch dogmatikferner Gebiete wie außergerichtlicher Streitbeilegung oder Aushandlung im Strafverfahren angenommen. Auch in der versöhnlichen Botschaft der ungeahnten Breitenwirk-

---

[53] Vgl. *Kelsen, Hans,* Reine Rechtslehre, 1. Aufl. 1934, Nachdruck 1994, 21 f., 9 ff.

[54] Vgl. etwa *Rehbinder, Manfred,* Rechtssoziologie, 8. Aufl. 2014, 1 f., 3.

[55] Vgl. *Röhl, Klaus F.,* Rechtssoziologie, 1987, 1.

[56] Vgl. *Raiser, Thomas,* Grundlagen der Rechtssoziologie, 6., durchgesehene und erweiterte Auflage von „Das lebende Recht", 2013, 9.

[57] Dazu darstellend und zT kritisch *Raiser* (Fn. 56), 11 f., 73 f., 84 f.

[58] Dazu *Röhl* (Fn. 55), 1 mwN.

[59] *Röhl, Klaus F.,* Auflösung des Rechts, in: Lorenz, Stephan et al. (Hrsg.), Festschrift für Andreas Heldrich zum 70. Geburtstag, 2005, 1161 (1173); der Hinweis auf die „besseren Juristen" findet sich nur im nicht überarbeiteten Original unter www.ruhr-uni-bochum.de/rsozinfo/pdf/Zukunftsdisziplin.pdf (zuletzt abgerufen am 18.7.2025).

[60] Vgl. BVerfGE 89, 214 (234).

samkeit steckt jedoch – ausweislich der Bezugnahme auf die „besseren" Juristen – noch der Kern der alten, von klassischen Juristen wenig geliebten Negativhaltung. Für den nicht einschlägig vorgebildeten und geprägten Juristen – also die überwältigende Mehrheit etwa in Deutschland – spielt die rechtssoziologische Literatur kaum je eine Rolle, wenn nicht gelegentlich den theoretischen Werken von Niklas Luhmann oder Max Weber die Reverenz erwiesen wird.

Auch in der Rechtsvergleichung spielt die Rechtssoziologie als solche allenfalls eine marginale Rolle. **36** Doch kann zugleich kaum eine ähnliche Ablehnungshaltung gegenüber dem Einfluss rechtssoziologischer Fragestellungen bestehen, wie sie die deutsche Rechtsdogmatik kennzeichnet. Das hat weniger mit der Einstellung der einzelnen Rechtsvergleicher als vielmehr mit der Struktur der klassisch funktional[61] verstandenen Rechtsvergleichung als solcher zu tun: Die Rechtsvergleichung bezieht die realen Auswirkungen von Normen, ihr Zusammenspiel mit der gesellschaftlichen Realität, ihre Wirkungsweise und Wirksamkeit von Anfang an mit in die Betrachtung ein. Vereinfacht gesagt, öffnet sich auch der härteste Rechtsdogmatiker der soziologischen Betrachtung, sobald er sein Gebiet rechtsvergleichend untersucht. Eine anhand der eigenen nationalen Kategorien dogmatisch formulierte Fragestellung („Ist der Anspruch auf ungerechtfertigte Bereicherung bei Kenntnis der fehlenden Leistungspflicht auch nach dem Recht von Texas ausgeschlossen?") ist rechtsvergleichend ebenso sinnlos wie oft eine Suche nach ausländischen Lösungen nur anhand des (geschriebenen) Rechts oder die Erklärung einer Abweichung allein anhand dogmatischer Kategorien. Bei der rechtsvergleichenden Betrachtung von Einzelfragen, also der Mikrovergleichung,[62] ist eine Art rechtssoziologische Denkweise, die sich neben dem Sollen auch für das Sein interessiert, selbstverständlich.[63] Weit entfernt ist die Rechtsvergleichung jedoch von der Übernahme der konkreten methodischen, terminologischen und theoretischen Details der Rechtssoziologie.[64] Die Einbeziehung der gesellschaftlichen Wirklichkeit ist als Teil der funktionalen Rechtsvergleichung selbstverständlich, doch greift der Rechtsvergleicher hier kaum etwa auf Methoden der empirischen Sozialforschung zurück. Bei weitem überwiegt vielmehr ein erfahrungsgestützter Ansatz auf Basis des gesunden Menschenverstandes, der auf einen zwar wissenschaftlich vertieften, aber für den Uneingeweihten oft auch hochgradig unverständlichen theoretischen und terminologischen Apparat verzichtet.[65] Wie weit die Rechtsvergleichung hier noch von der Rechtssoziologie lernen kann und sollte, ist eine bis heute kaum geklärte Frage.[66] Aber auch umgekehrt kann die Rechtssoziologie auf die Erkenntnisse der Rechtsvergleichung angewiesen sein; ja, es wird zum Teil darauf hingewiesen, dass eine Untersuchung des Verhältnisses von Recht und Gesellschaft ohne eine vergleichende – und historische – Perspektive kaum sinnvoll möglich sei.[67]

61 Zur funktionalen Rechtsvergleichung infra → § 3 Rn. 7 ff., 178 ff.; ältere Auffassungen, die die Rechtsvergleichung rein beschreibend sahen und alle Fragen nach den Gründen für Rechtsverschiedenheiten und den praktischen Auswirkungen auf die Gesellschaft ausschließen wollten, wie sie noch *Drobnig, Ulrich,* Rechtsvergleichung und Rechtssoziologie, RabelsZ 18 (1953), 295 (295 ff.) beschreibt, sind heute überholt.

62 Zur Unterscheidung von Mikro- und Makrovergleichung schon kurz supra → Rn. 17 f.

63 Vgl. schon *Drobnig* (Fn. 61), 299 ff.

64 Vgl. etwa zum rechtssoziologischen Begriff der Rechtskultur infra → § 4 Rn. 31 ff.

65 Zum damit angesprochenen Streit zwischen analytischem Vorgehen und Hermeneutik vgl. infra → § 3 Rn. 225 ff.; der rechtssoziologisch geprägte legal realism in den USA – vgl. infra → § 5 Rn. 258 ff. – schlägt für die hiervon beeinflussten Autoren allerdings auch auf die Rechtsvergleichung durch; zum Methodenstreit insgesamt infra → § 3 Rn. 1 ff.

66 Vgl. aber hierzu und zur Rechtssoziologie insgesamt auch noch infra → § 4 Rn. 31 ff., 39 ff.; → § 3 Rn. 106, 162, 166, 234 ff.; vgl. auch infra → Rn. 50 zur ähnlichen Frage bezüglich der Politikwissenschaft.

67 Vgl. *Watson* (Fn. 47), 1122, 1124 f.; *Ewald* (Fn. 48), 510.

4. Rechtsethnologie, Rechtsethologie, Rechtsanthropologie

37 Ist die Bedeutung der Rechtsgeschichte für die Rechtswissenschaft nicht ernsthaft zu bestreiten und der wichtige Beitrag der Rechtssoziologie für das Verständnis der Realität des Rechts gerade auch in der Rechtsvergleichung kaum zu übersehen, so fällt eine vergleichbar positive Einschätzung für die Gebiete der Rechtsethologie, -ethnologie und -anthropologie schwer. Das liegt nicht zuletzt daran, dass alles andere als einfach zu erkennen ist, womit sich diese Gebiete genau beschäftigen und worin sie sich konkret sowohl voneinander als auch von der Rechtssoziologie und zum Teil auch der Rechtsvergleichung unterscheiden, ein Zustand der dem kontinentalen, insbesondere deutschen Juristen, der gern mit klaren Definitionen arbeitet, erhebliche Schwierigkeiten bereitet.

a) Rechtsethnologie

38 Eher klar ist dabei noch der Gegenstand der Rechtsethnologie. Sie stellt sich dar als Teilgebiet der Ethnologie, also Völkerkunde, wenn auch nur in einer heute offenbar als veraltet geltenden Form: Die Ethnologie beschäftigte sich anfänglich mit der Erforschung der Kultur eingeborener, sog. primitiver Volksstämme, die Rechtsethnologie entsprechend mit der Erforschung des Rechts dieser Völker. Dabei basierte die rechtsethnologische Forschung allerdings auf der Vorstellung eines stufenartigen Entwicklungsmodells der Gesellschaft, demzufolge die Entwicklung bei allen Völkern in etwa gleich verläuft. Mit anderen Worten sollte aus dem Recht einer weniger entwickelten Gesellschaft auf die frühere Lage des Rechts in der eigenen, höher entwickelten Gesellschaft aus der Zeit vor der Existenz zuverlässiger Aufzeichnungen geschlossen werden. Diese Grundauffassung ist heute weitgehend aufgegeben,[68] nicht nur weil die wissenschaftliche Richtigkeit solch evolutionistischer Theorien in Zweifel geriet, sondern auch weil diesen unterstellt wurde, sie trügen dazu bei, Überlegenheitsgefühl und Herrschaftsanspruch der Kolonialmächte zu legitimieren, und weil Formulierungen wie „primitive Völker" als diskriminierend und nicht politisch korrekt abgetan wurden. Dennoch macht gerade der klassische Untersuchungsgegenstand die Rechtsethnologie für die Rechtsvergleichung besonders wichtig und interessant. Das gilt unabhängig davon, mit welchem genauen, politisch korrekten oder inkorrekten Begriff naturnahe Völker umschrieben werden. In jedem Fall ist das Recht dieser Völker für Rechtswissenschaftler mit ihrem üblichen, weitgehend auf schriftliche Aufzeichnungen angewiesenen Instrumentarium kaum zu erforschen. Demgegenüber vermag etwa die ethnologische Technik der teilnehmenden Beobachtung, bei der der Forscher am Leben der beobachteten Personen selbst teilnimmt, Erkenntnisse hervorzubringen, die anders kaum zu bekommen wären. Für den Rechtsvergleicher können solche Forschungen – die keineswegs auf Stammesgesellschaften in entfernten Winkeln der Erde beschränkt sein müssen[69] – äußerst fruchtbare Grundlagen für weitere Untersuchungen liefern.

39 Allerdings versucht die Rechtsethnologie seit langem, sich von diesen Anfängen zu lösen und ihren Erkenntnisgegenstand auf Bevölkerungsgruppen als Teil von Staaten sowie auf

[68] Vgl. zum Ganzen *Fischer, Hans,* Ethnologie als wissenschaftliche Disziplin, in: Beer, Bettina; Fischer, Hans (Hrsg.), Ethnologie – Einführung und Überblick, 8. Aufl. 2013, 13 (20 ff.); *Znoj, Heinzpeter,* Geschichte der Ethnologie, in: Beer, Bettina; Fischer, Hans (Hrsg.), Ethnologie – Einführung und Überblick, 8. Aufl. 2013, 33 (39 ff.); *Benda-Beckmann, Franz von,* Rechtsethnologie, in: Beer, Bettina; Fischer, Hans (Hrsg.), Ethnologie – Einführung und Überblick, 8. Aufl. 2013, 195 (197 ff.); *Raum, Johannes W.,* Rechtsethnologie, in: Schweizer, Thomas; Schweizer, Margarete; Kokot, Waltraud (Hrsg.), Handbuch der Ethnologie, 1993, 285 (286 ff.); speziell zum Evolutionismus und späteren Neo-Evolutionismus auch *Lampe, Ernst-Joachim,* Rechtsanthropologie – Entwicklung und Probleme, Archiv für Rechts- und Sozialphilosophie 85 (1999), 246 (249 ff.).

[69] Vgl. etwa die Untersuchung über Obdachlose in der New Yorker U-Bahn durch *Passaro, Joanne,* „You can't take the subway to the field!" – „Village" epistemologies in the global village, in: Gupta, Akhil; Ferguson, James (Hrsg.), Anthropological locations – Boundaries and grounds of a field science, 1997, 147 (147 ff.); *Passaro, Joanne,* The unequal homeless – Men on the streets, women in their place, 1996.

gesellschaftliche Zusammenhänge in Industriestaaten auszuweiten. Rechtsethnologen begreifen ihr Fachgebiet heute recht allgemein als sozialwissenschaftliche Erforschung komplexer Rechtssysteme und ihrer wechselseitigen Zusammenhänge. Dabei kommt es zu einer gewissen Konzentration auf die historische Entwicklung und die gegenwärtige Form und Bedeutung von lokalen, ehemals in ethnischer Zugehörigkeit verankerten traditionellen oder Gewohnheitsrechten.[70] Somit wäre das Gebiet, als Spezialbereich unter besonderer Berücksichtigung ethnischer Elemente und geschichtlicher Prozesse, in der Rechtssoziologie aufgegangen, was sich auch an den als konkrete Anwendungsmöglichkeiten genannten Beispielen zeigt, wie etwa der alternativen Streitschlichtung, der Gestaltung multikultureller Gesellschaften oder der Entwicklungspolitik.[71] Das gilt umso mehr, als umgekehrt auch die Rechtssoziologie durchaus Fragen archaischer Gesellschaften mit einbezieht. Dass die Rechtsethnologie ein Zweig der modernen Rechtsvergleichung geworden sein soll,[72] kann daher heute nur mit einer gewissen Vorsicht und in zweierlei Richtungen behauptet werden: Erstens weist sie im Hinblick auf ihre erweiterten, soziologischen Fragestellungen dieselben Verbindungen zur Rechtsvergleichung auf wie die Rechtssoziologie insgesamt. Zweitens bestehen Verbindungen bezüglich des klassischen Untersuchungsgegenstands der Rechtsethnologie insofern, als gerade auch das Recht naturnaher Völker ein spezieller Gegenstand der Rechtsvergleichung ist, für den der Rechtswissenschaftler aber regelmäßig ebenso auf ethnographische Vorarbeiten angewiesen ist, wie der Ethnologe für den Begriff des Rechts auf die Ergebnisse der Rechtsvergleichung schauen sollte. Demgegenüber sollte jedoch nicht übersehen werden, dass in der Rechtsethnologie als solcher systematische Vergleiche selten sind.[73]

b) Rechtsethologie

Eine weitreichende Überschneidung mit der Soziologie lässt sich auch für die Rechts- 40
ethologie feststellen, eine Unterform der Verhaltensforschung (Ethologie), die die Wechselbeziehungen von Verhalten und Verhaltensregelung in den Formen des Rechts untersucht, also die Fragen, auf welchen Verhaltensgrundlagen das Recht beruht und wie das Recht sich auf Verhalten auswirkt.[74] Damit werden im Kern die beiden klassischen rechtssoziologischen Grundfragen nach den realen gesellschaftlichen Wurzeln und Auswirkungen des Rechts erneut gestellt. Sie werden allein durch Einbeziehung des eher vagen Verhaltensbegriffs leicht abgewandelt, der allerdings nicht nur das äußere, sondern auch das innere Verhalten, also das Ineinanderwirken von Antrieben und Hemmungen, Rationalität und Emotionen, Vorstellungen und Erfahrungen erfassen soll. Gegenüber der Rechtssoziologie mag daher – als verbliebener Ausdruck klassischer Verhaltensforschung – das Individuum und nicht nur die Gesellschaft betont werden.[75] Doch besteht auch innerhalb der Rechtssoziologie ein vom Individuum ausgehender Ansatz den verbreiteten kollektivistischen Ansätzen gegenüber.[76] Dass die für die Rechtsethologie zentrale Frage der Wechselwirkung zwischen Recht und Bürger oder der Wirkungsforschung[77] schon in der Rechtssoziologie ausführlich erörtert wird, dürfte die sehr geringe Resonanz oder auch nur Bekanntheit der Rechtsethologie in der Rechtswissenschaft erklären, die dazu führen kann, dass selbst gestandene Rechtswissen-

70 Vgl. *Benda-Beckmann* (Fn. 68), 196, dort auch eine Aufzählung von heutigen Forschungsgegenständen ibid., 196, 200 f.
71 Vgl. zu diesen Anwendungsmöglichkeiten *Benda-Beckmann* (Fn. 68), 209.
72 So *Zweigert/Kötz* (Fn. 40), 10 noch unter Hinweis auf die „juristische Bildungshilfe".
73 Zur Dauerproblematik des Rechtsbegriffs für die Rechtsethnologie sowie zur Seltenheit von Vergleichen vgl. *Benda-Beckmann, Franz von,* Ethnologie und Rechtsvergleichung, Archiv für Rechts- und Sozialphilosophie 67 (1981), 310 (311 f.).
74 Vgl. zum Ganzen *Hof, Hagen,* Rechtsethologie – Recht im Kontext von Verhalten und außerrechtlicher Verhaltensregelung, 1996, 3 f., 7.
75 So wohl *Hof* (Fn. 74), 9 f.
76 Vgl. dazu *Röhl* (Fn. 55), 127 f.
77 Vgl. *Redeker, Konrad,* Rechtsethologie – Wirkungsforschung zum Recht, NJW 1999, 1686 (1687).

schaftler den Begriff zunächst für einen Schreibfehler halten. Wenn der Beitrag der Rechtethologie zur Rechtsvergleichung besonders in der kulturvergleichenden Perspektive gesehen wird, die davor bewahren soll, dass eine einzelne Rechtsordnung zum Maßstab aller anderen genommen wird,[78] so findet darin nur ein jeder modernen Rechtsvergleichung ohnehin zugrundeliegender Grundgedanke seinen Ausdruck.

c) Rechtsanthropologie

41 Gänzlich unklar wird die Abgrenzung und Bedeutung der Begriffe schließlich im Hinblick auf die sog. Rechtsanthropologie. Selbst Rechtsanthropologen räumen ein, dass die Frage, was ihr Gebiet eigentlich sei, sich bis heute nicht eindeutig beantworten lasse.[79] Die Rechtsanthropologie sieht sich von außen einer wenig interessierten bis ablehnenden Haltung gegenüber, während sie von innen, dh innerhalb der Anthropologie insgesamt, um ihre Stellung als eigenständige Unterdisziplin zumindest kämpfen muss.[80] Die Ablehnung kann so weit gehen, dass Wissenschaftler, die selbst Rechtsanthropologie an renommierten Universitäten lehren, die Frage, ob eine Rechtsanthropologie überhaupt gebraucht wird, öffentlich verneinen.[81] Hinzu kommt, dass das technische Vokabular der Anthropologie sich seit Jahrzehnten in einem Zustand völliger Anarchie befindet und der Begriff der Rechtsanthropologie in verschiedenen Ländern und Sprachen verschiedene Bedeutungen aufweist.[82] Das kann so weit gehen, dass aus „Introduction to Legal Anthropology" im Titel eines englischsprachigen Buches in der deutschen Übersetzung „Einführung in die Rechtsethnologie" wird.[83] Tatsächlich beschäftigte sich auch die Anthropologie – außerhalb ihres biologischen Zweigs – ursprünglich mit sog. primitiven Gesellschaften und durchlief die von der Rechtsethnologie bekannten Erweiterungen, war insofern mit ihr inhaltlich wie von den Forscherpersönlichkeiten her identisch. So könnte Rechtsanthropologie heute als die Erforschung der wesenhaften Gemeinsamkeiten und kulturellen Besonderheiten der Menschen und ihres Rechts bezeichnet werden. In Deutschland aber soll dabei heute zumeist die Rechtsethnologie ausgeklammert werden, so dass die Rechtsanthropologie der Erforschung des Menschlichen im Recht und des Rechtlichen im Menschen dient. In anderen Ländern hingegen wird der zweitgenannte, eher philosophische Aspekt gerade ausgeklammert. Die Rechtsanthropologie ist dann vergleichende Rechtsethnologie, wobei die Erweiterung über naturnahe Völker hinaus teilweise erst der Rechtsanthropologie zugeschrieben wird und diese Terminologie sich auch in Deutschland vermehrt durchzusetzen scheint.[84] Andere sehen im direkten Vergleich der Begrifflichkeiten zwischen Nordamerika und Kontinentaleuropa je „anthropology" (USA) bzw. „Ethnologie" (EU) als Oberbegriff an, innerhalb dessen von der biologischen Anthropologie die „cultural anthropology" (USA) (britisch: „social anthropology") bzw. Ethnologie (EU) unterschieden wird. Die Kulturanthropologie (USA) wird sodann in Ethnographie, (vergleichende) Ethnologie und (Sozial-)Anthropologie unterteilt.[85] Die seltsame Uneinheitlichkeit der Terminologie dürfte auf die schon im 19. Jahrhundert gesehenen zwei Möglichkeiten der Rückführung des Disziplinnamens

[78] Vgl. zum Ganzen *Hof* (Fn. 74), 11.

[79] Vgl. *Lampe* (Fn. 68), 246 f.

[80] Deutlich *Goodale, Marc,* A life in the law – Laura Nader and the future of legal anthropology, Law and Society Review 39 (2005), 945 (946, 947); für eine positivere Sicht gerade auch der deutschsprachigen Rechtsehthnologie vgl. *Benda-Beckmann* (Fn. 68), 208 f.

[81] So *Roberts, Simon,* Do we need an anthropology of law?, Royal Anthropological Institute news 25 (1978), 4 (4 ff.) („there should never have been an anthropology of 'law' at all", ibid., 4); zu den Folgen dieser Position aus der Sicht eines seiner (rechtanthropologischen!) Schüler vgl. Goodale (Fn. 80), 948.

[82] Zu diesen Punkten *Lampe* (Fn. 68), 246 f.

[83] *Roberts, Simon,* Ordnung und Konflikt – Eine Einführung in die Rechtsethnologie, 1981, als Übersetzung von *Roberts, Simon,* Order and dispute – An introduction to legal anthropology, 1979.

[84] Vgl. dazu *Lampe* (Fn. 68), 246 f.; *Kuck, Sebastian,* Die Anfänge der deutschen Rechtsanthropologie – Die vergleichend-ethnologische Universalrechtsschule, 2001, 8.

[85] Vgl. Stichwort „cultural anthropology" in: Encyclopedia Britannica, 2001 Deluxe Edition CD-ROM; vgl. auch *Fischer* (Fn. 68), 17.

bestehen, entweder auf Griechisch ánthropos (Mensch) oder éthnos (Volksstamm).[86] Für die Unterscheidung zwischen Rechtsanthropologie und Rechtssoziologie wird, wie schon bei der Ethnologie, auf die Gesellschaft statt das Individuum als angeblich alleinigen Untersuchungsgegenstand, als kleinste Einheit der Untersuchung abgestellt.[87] Bei alledem werden sowohl Rechtsethologie als auch Rechtsethnologie als anthropologische und soziologische Wissenschaft zugleich bezeichnet.[88] Andere sehen selbst die Rechtsgeschichte als ein Teilgebiet der als Integrationswissenschaft verstandenen Rechtsanthropologie an.[89] Letztlich scheinen hier unterschiedliche Auffassungen vom Inhalt der Fachgebiete, unterschiedlicher Sprachgebrauch und Überlappung von Aufgaben und Methoden bei gleichzeitigem, subjektivem Bedürfnis nach Abgrenzung und terminologischer Aufrechterhaltung der eigenen Wissenschaft trotz veränderten Selbstverständnisses und veränderter Aufgaben zu einem offenbar nicht nur für Außenseiter undurchdringlichem Wirrwarr zu führen.

5. Internationales Privatrecht

Die Beziehung der Rechtsvergleichung zum Internationalen Privatrecht (IPR) ist gleichzeitig sehr viel lockerer und sehr viel enger als die zu den bisher behandelten Fächern. 42

Einerseits gibt es zum IPR keine Abgrenzungsschwierigkeiten, keine methodischen Überlappungen, keine gegenseitigen Begehrlichkeiten. Das IPR ist weder vergleichend[90] – auch wenn es selbst Gegenstand der Vergleichung sein kann – noch im eigentlichen Sinne international, sondern schlicht derjenige Teil einer jeden nationalen Rechtsordnung, der für privatrechtliche Streitigkeiten mit Auslandsbezug bestimmt, welches nationale Privatrecht Anwendung findet. Es ist also ein Kollisionsrecht, wie die englische Bezeichnung conflict of laws klar hervorhebt. Hinterlässt etwa ein polnischer Staatsbürger mit gewöhnlichem Aufenthalt in New York bei seinem Tod in Nicaragua Grundbesitz und sonstiges Vermögen in Deutschland, über das sich seine potentiellen Erben mit je deutscher, polnischer und US-amerikanischer Staatsangehörigkeit streiten, so wird das damit befasste Gericht zur Ermittlung des anzuwendenden (Erb-)Rechts auf das jeweils an seinem Sitz geltende IPR, in Deutschland insbesondere Art. 3 ff. EGBGB, zurückgreifen. Kommt das IPR verschiedener Staaten, deren Gerichte sich über das jeweilige internationale Zivilprozessrecht (IZPR) für zuständig erklären, zu unterschiedlichen Ergebnissen, so kann dies zu schwierigen Justizkonflikten führen oder etwa die Erben zur gezielten Suche des für sie jeweils vorteilhaftesten Gerichtsstandes (sog. forum shopping) veranlassen. Allerdings muss der nationale Richter vielfach nicht nur sein heimatliches IPR kennen, denn der Verweis auf fremdes Recht kann auch das fremde IPR mit einschließen, das dann weiter- oder sogar zurückverweisen kann (sog. renvoi). Mit Rechtsvergleichung hat das Ganze also zunächst einmal gar nichts zu tun. Gelegentlich wird allerdings ein Konflikt darin gesehen, dass das IPR auf der Unterschiedlichkeit der Rechtsordnungen beruhe, während die Rechtsvergleichung gerade diese Unterschiede über Rechtsvereinheitlichung und -harmonisierung aufzuheben versuche.[91] Darin liegt aber eine eher künstliche Konstruktion, da die Vereinheitlichung zwar ein möglicher, aber keinesfalls ein zentraler Zweck der Rechtsvergleichung ist, die Rechtsvergleichung keinesfalls nur das Privatrecht zum Gegenstand hat und zudem eine auch nur annähernde, weltweite Rechtsver-

---

86 Vgl. *Stagl, Justin,* Die Entwicklung der Ethnologie, in: Beer, Bettina; Fischer, Hans (Hrsg.), Ethnologie – Einführung und Überblick, 6. Aufl. 2006, 33 (44).

87 Vgl. *Lampe* (Fn. 68), 257.

88 Vgl. *Lampe* (Fn. 68), 259.

89 Vgl. *Landau, Peter,* Anthropologie des Rechts, Zeitschrift für das gesamte Familienrecht 1986, 126 (126).

90 Kritisch dazu *Michaels, Ralf,* Internationales Privatrecht und Rechtsvergleichung, in: Jansen, Nils et al (Hrsg.), Iurium Itinera – Historical Comparative Law and Comparative Legal History, 2022, 149 (152 ff.), der dafür plädiert, die Perspektive des IPR in die Rechtsvergleichung einzubeziehen und so im Sinne einer kollisionsrechtlich-vergleichenden Methode den Mehrwert des IPR mit einzubeziehen.

91 Vgl. etwa *Fauvarque-Cosson, Bénédicte,* Comparative law and conflict of laws – Allies or enemies? New perspectives on an old couple, American Journal of Comparative Law 49 (2001), 407 (409, 414 ff.).

einheitlichung selbst im Bereich des Privatrechts oder sogar im Unterfall des Vertragsrechts allenfalls in weitester Ferne steht.

43 Dennoch werden beide Gebiete oft als praktisch zusammengehörig behandelt, bilden etwa in der Ausbildung ein gemeinsames Wahlfach oder werden am Max-Planck-Institut für Ausländisches und Internationales Privatrecht in Hamburg gemeinsam betrieben. Der Hintergrund ist ein ganz praktischer: Am Ende der Anwendung des IPR steht regelmäßig die Anwendung ausländischen Rechts; wer also in der Praxis mit IPR befasst ist, ist auch mit ausländischem Recht befasst. Dieses zu kennen und zu ermitteln, ist zwar selbst keine rechtsvergleichende, aber eine auslandsrechtskundliche Tätigkeit. Doch sind Auslandsrechtskundige nicht nur in aller Regel zugleich Rechtsvergleicher; auch sind bei der sorgfältigen Ermittlung ausländischen Rechts die Lehren der Rechtsvergleichung zwingend zu beachten, um gröbere Fehler zu vermeiden.[92]

44 Diese Querbeziehungen finden ihren Niederschlag auch in der Dogmatik des IPR selbst, etwa im Problem der sog. Qualifikation oder in seiner weiteren Verzweigung bei der sog. Angleichung. Lehrreich ist hier eine klassische Fehlentscheidung des Reichsgerichts von 1882.[93] Dabei ging es im Rahmen einer Klage aus einem Eigenwechsel (promissory note), auf den das Recht des Staates Tennessee Anwendung fand, um die Einrede der Verjährung, genauer das darauf anwendbare Recht. Denkbar wäre hier ein schlichtes Argument: Anwendbar ist das Recht von Tennessee, also auch die dortigen Verjährungsvorschriften. Dabei würde jedoch unterstellt, dass die Verjährung – wie im deutschen Recht verbreitet angenommen[94] – zum materiellen Recht gehört, denn nur für dieses und nicht etwa das – in Deutschland stets deutsche – anzuwendende Prozessrecht gilt der Verweis des IPR. Nach dem Recht von Tennessee aber galt die Verjährung als Teil des Prozessrechts. Hier warnen die Erfahrungen der Rechtsvergleichung vor einer vorschnellen Übertragung deutschen Rechtsdenkens. Diese Hürde nahm das Reichsgericht noch, scheiterte aber an der nächsten: Das klassische Qualifikationsproblem bestand nun darin zu entscheiden, ob der Begriff des materiellen Rechts nach der sog. lex fori Deutschlands (so heute grundsätzlich die ganz überwiegende Ansicht) oder der sog. lex causae Tennessees zu beurteilen war. Das Reichsgericht jedoch übersah diese Frage und erfand so den ewigen Wechsel: Weder seien die Verjährungsvorschriften Tennessees anzuwenden, da sie prozessual seien und insofern deutsches Recht gelte, noch die Deutschlands, da sie materiell seien und insofern das Recht Tennessees gelte. Der Wechsel verjährte also nie, auch nicht wenn alle überhaupt in Betracht kommenden Rechtsordnungen eine Verjährung angenommen hätten. Das Qualifikationsproblem, das speziell für die Verjährung vertraglicher Schuldverhältnisse heute durch Art. 12 Abs. 1 lit. d Rom-I-VO gelöst wird, tritt im IPR häufig und in verschiedenster Einkleidung auf. Es bedarf stets größter Vorsicht, etwa wenn das zu qualifizierende Rechtsinstitut im inländischen Recht gar nicht existiert, wie etwa für Deutschland trust und consideration des common law oder die liechtensteinische Anstalt. So kann beispielsweise in einem Erbfall mit Auslandsbezug ein trust an einem deutschen Grundstück entstehen, der aufgrund des numerus clausus dinglicher Rechte aber nicht in das deutsche Grundbuch eingetragen werden kann; in diesem Fall muss rechtsvergleichend untersucht werden, welchen Instituten des deutschen Rechts (Eigentum?; besondere Verfügungsbeschränkungen?; Vorerbschaft?) der trust im konkreten Einzelfall entspricht.

45 Entsprechende Vorsicht ist geboten, wenn etwa mehrere Rechtsordnungen in einem Lebenssachverhalt aufeinandertreffen und zu widersprüchlichen Ergebnissen führen. So ergeben sich die Ansprüche eines Ehegatten beim Tode des anderen in Deutschland im Regelfall erst aus dem Zusammenspiel von gesetzlichem Erbteil nach Erbrecht und der im Familienrecht (§ 1371 Abs. 1 BGB) geregelten Verwirklichung des familienrechtlichen Zugewinnausgleichs durch Erhöhung dieses Erbteils. Gilt nun in einem Fall etwa deutsches

92 Vgl. supra → Rn. 4 ff., 13.
93 RGZ 7, 21 (21 ff.).
94 Zum Streit vgl. etwa kurz *Meller-Hannich, Caroline,* Die Einrede der Verjährung, JZ 2005, 656 (656 ff., insbes. 660 f.).

Erbrecht, aber ausländisches Familienrecht, das nicht diesen speziellen Zugewinnausgleich, dafür aber einen höheren gesetzlichen Erbteil der Ehefrau kennt, so können sich im Zusammenspiel Konsequenzen ergeben, die beide Rechtsordnungen für sich genommen nicht wollten. Damit liegt eine Frage der sog. Angleichung vor, die das IPR zu lösen versucht.[95] Um das Problem zu erkennen, ist der rechtsvergleichend geschulte, nicht von nationalen Kategorien verstellte Blick auf die inneren Zusammenhänge der rechtlichen Regeln notwendig. Hier bedient sich also nicht – wie regelmäßig bei den zuvor besprochenen Nachbargebieten – die Rechtsvergleichung des Nachbargebiets sondern umgekehrt. Besonders eng werden die Beziehungen zwischen IPR und Rechtsvergleichung schließlich, wenn sich, mit einer von Rabel begründeten Literaturmeinung, die Qualifikation kollisionsrechtlicher Begriffe nicht mehr an nationalen, sondern an international einheitlichen, durch Rechtsvergleichung zu gewinnenden Kriterien orientieren soll.[96] Diese Lehre von der autonomen, rechtsvergleichenden Qualifikation konnte sich allerdings so allgemein weniger durchsetzen, hatte aber etwa in Art. 36 EGBGB aF einen teilweisen Niederschlag gefunden.

Noch weit enger wird der Zusammenhang von Rechtsvergleichung und IPR, wenn das 46
anwendbare Recht nicht anhand weitgehend inhaltsneutraler Kollisionsregeln gesucht, sondern im Gegenteil der Inhalt der möglicherweise anzuwendenden nationalen Rechtsnormen mit berücksichtigt wird. Eine solche Suche nach den inhaltlich „besseren" Regeln wird im Kern von einer neueren Strömung innerhalb des IPR propagiert.[97] Auf deren Grundlage kommt es entscheidend darauf an, die genauen Folgen und Resultate der jeweiligen materiellen Regeln abschätzen und bewerten zu können, eine Aufgabe für die gerade die Rechtsvergleichung das notwendige Rüstzeug liefert. Allerdings konnte dieser Ansatz sich mehr in den USA,[98] und zu Recht weniger in Europa, insbesondere Deutschland durchsetzen.

6. Vergleichende Politikwissenschaft

Vergleichende Politikwissenschaft und Rechtsvergleichung sind zwei Gebiete, die sich 47
regelmäßig gegenseitig ignorieren. Daran hat sich auch nichts durch den neueren Trend in der vergleichenden Politikwissenschaft geändert, sich näher mit Gerichten, Recht und Richtern zu befassen („comparative judicial politics"), die bis vor einiger Zeit kaum beachtet wurden.[99] In den einschlägigen Lehrbüchern etwa finden sich praktisch keine Ausführungen zum jeweils anderen Gebiet, und die Zahl der Aufsätze, die sich mit ihrem Verhältnis beschäftigen,[100] ist überschaubar. Das dürfte zunächst ganz handgreiflich daran liegen, dass das inhaltliche Pendant zur vergleichenden Politikwissenschaft nicht die Rechtsvergleichung insgesamt, sondern nur das vergleichende Verfassungsrecht und am Rande noch das ver-

[95] Zur Lösung vgl. etwa *Kegel, Gerhard; Schurig, Klaus,* Internationales Privatrecht, 9. Aufl. 2004, 365 ff.

[96] *Rabel, Ernst,* Das Problem der Qualifikation, RabelsZ 5 (1931), 241 (257, 282 ff.), abgedruckt in: Leser, Hans (Hrsg.), Ernst Rabel – Gesammelte Aufsätze, Bd. 2, 1965, 189 (207, 234 ff.).

[97] Vgl. *Symeonides, Symeon C.,* General report, in: ders. (Hrsg.), Private international law at the end of the 20th century – Progress or regress? – XVth International Congress of Comparative Law, 2000, 3 (36 ff.); vgl. auch *Symeonides, Symeon C.,* American choice of law at the dawn of the 21st century, Willamette Law Review 37 (2001), 1 (46 ff.); *Kropholler, Jan,* Internationales Privatrecht – Einschließlich der Grundbegriffe des Internationalen Zivilverfahrensrechts, 6. Aufl. 2006, 91 f.

[98] Vgl. *Kropholler* (Fn. 97), 93 ff.; *Rühl, Gisela,* Statut und Effizienz – Ökonomische Grundlagen des Internationalen Privatrechts, 2011, 300 f.

[99] Vgl. dazu *Volcansek, Mary L.,* Comparative Judicial Politics, 2019, 6 ff.; zu den unterschiedlichen europäischen und US-amerikanischen Sichtweisen der Frage *Dyevre, Arthur,* Unifying the Field of Comparative Judicial, European Political Science Review 2010, 297 (297 ff.); vgl. auch die vollständig veränderte Einschätzung durch *Stone Sweet, Alec,* Constitutions, Rights, and Judicial Power, in: Caramani, Daniele (Hrsg.), Comparative Politics, 6. Aufl. 2023, 162 (163) im Vergleich zur 2. Aufl. 2011, 163.

[100] Vgl. *Whytock, Christopher A.,* Taking causality seriously in comparative constitutional law – Insights from comparative politics and comparative political economy, Loyola of Los Angeles Law Review 41 (2008), 629 (629 ff.); *Widner, Jennifer,* Comparative law and comparative politics, American Journal of Comparative Law 46 (1998), 739 (739 ff.); wenig ergiebig schon *Shapiro, Martin,* Comparative law and comparative politics, Southern California Law Review 53 (1980), 537 (537 ff.).

gleichende Verwaltungsrecht sein kann. Gerade für klassisch zivilrechtlich orientierte Rechtsvergleicher liegt daher der Querbezug kaum nahe. Im Übrigen gleicht das Verhältnis dem des Verfassungsrechts zur Politologie im Allgemeinen: Trotz ähnlicher Erkenntnisgegenstände sind Methodik und Erkenntnisinteresse so verschieden, dass man sich nicht viel zu sagen hat und die gegenseitige Befruchtung sehr gering bleibt. Zentrale Ausnahme bilden auch hier stark interdisziplinär orientierte oder von US-amerikanischer Rechtstheorie beeinflusste Juristen, die insgesamt eine klare Grenze zwischen Politikwissenschaft und Recht verneinen würden und versuchen, Rechtswissenschaft und Rechtsvergleichung mit sozialwissenschaftlichen Methoden zu verknüpfen oder sogar in diesem Sinne umzuformen.[101] Eine umgekehrte Tendenz, also Politologen, die sich ernsthaft und vertieft in die klassische Rechtswissenschaft und Rechtsvergleichung, ihre Methoden und Ergebnisse einarbeiten, gibt es interessanterweise so gut wie nicht.

48 Viele Erkenntnisgegenstände der vergleichenden Politikwissenschaft, die in der Politologie insgesamt ein bedeutendes Teilgebiet darstellt, sind durchaus auch für Juristen von großem Interesse: präsidentielle und parlamentarische Regierungssysteme, Einfluss und Bedeutung von Interessengruppen, Demokratie, Wohlfahrtsstaat, Globalisierung, Föderalismus, Parteienstaat, Wahlsysteme oder Transformationsstaaten sind Themen,[102] mit denen auch Verfassungsjuristen sich gern beschäftigen. Andere Aspekte wie politische Kultur, soziale Bewegungen, Verkehrs-, Gesundheits- oder Kulturpolitik sind zwar nicht unmittelbar dogmatisch von Bedeutung, aber sowohl als Hintergrundwissen als auch für Rechtsetzung und Rechtsentwicklung relevant; für den Rechtsvergleicher spielen sie entsprechend als Elemente der jeweiligen Rechtskultur eine nicht unerhebliche Rolle. Unabhängig davon ist jedoch das Interesse des Juristen[103] vor allem ein normatives, dh auf die juristischen Regeln, ihre Auslegung und Anwendung konzentriertes, während der politikwissenschaftliche Ansatz die soziale Realität und die politische Theorie ins Auge fasst.

49 Diese Unterschiede prägen dann klar die Herangehensweise. Während in der klassischen, funktionalen Rechtsvergleichung ein hermeneutischer common sense Ansatz vorherrscht,[104] ist die vergleichende Politikwissenschaft von empirischen Methoden geprägt, die neben den materiellen Fragen stark im Vordergrund stehen. Natürlich kann es auch in der vergleichenden Politikwissenschaft zunächst um die Beschreibung politischer Ereignisse, Institutionen oder Personen oder um einen sich daran anschließenden Klassifikationsversuch im Sinne einer Typenbildung gehen. Im Zentrum des Interesses steht heute jedoch der nächste Schritt, nämlich das Aufstellen von Hypothesen, die dann anhand eines oder mehrerer Fälle vergleichend getestet werden. Daran anschließend wird teilweise auch versucht, Vorhersagen für die Zukunft zu machen, was sich allerdings als sehr schwierig erwiesen und heute an Bedeutung verloren hat.[105] Im damit zentralen Bereich des Testens von Hypothesen werden im Kern die empirischen Beziehungen zwischen verschiedenen Variablen untersucht.[106] Der Vergleich ist dabei in gewisser Weise das sozialwissenschaftliche Äquivalent zum Laborversuch in den Naturwissenschaften.[107] Es geht also darum, zunächst eine Forschungsfrage zu formulieren, die auf die Beziehung verschiedener Aspekte untereinander gerichtet ist, zB ob das Ausmaß an Wohlfahrtsstaatlichkeit in verschiedenen Ländern von

---

[101] Zum bekannten Beispiel der von Ran Hirschl, Comparative Matters, 2014, passim, entwickelten, sog. vergleichenden Verfassungsforschung („comparative constitutional studies") vgl. infra → § 3 Rn. 143a ff.; vgl. allgemein zu den US-amerikanischen Theorien infra → § 5 Rn. 258 ff.; zu den interdisziplinären Tendenzen etwa in Bezug auf die Wirtschaftswissenschaften infra → § 3 Rn. 41 ff.

[102] Zur periodischen Entwicklung der Themenschwerpunkte in den Politikwissenschaften des 20. Jahrhunderts vgl. die Übersichtstabelle bei *Landman, Todd; Carvalho, Edzia,* Issues and methods in comparative politics, 4. Aufl. 2017, 294; für typische Themen vgl. etwa die Beiträge in Caramani, Daniele (Hrsg.), Comparative politics, 6. Aufl. 2023, 67 ff.

[103] Zu den Ausnahmen bei US-amerikanischer Prägung sogleich infra → Rn. 50.

[104] Zur Methodendiskussion umfassend infra → § 3 Rn. 1 ff.

[105] Zu diesen vier Stufen vgl. *Landman/Carvalho* (Fn. 102), 4 ff.

[106] Vgl. schon *Lijphart, Arend,* Comparative politics and the comparative method, American Political Science Review 65 (1971), 682 (683).

[107] Vgl. *Lijphart* (Fn. 106), 685; *Landman/Carvalho* (Fn. 102), 15 f.

politischen Faktoren (wie der Rolle und Bedeutung politischer Parteien, Regierungen und Ideologien) abhängt oder von strukturellen Entwicklungen.[108] In dieser Formulierung wäre die Wohlfahrtsstaatlichkeit die sog. abhängige Variable und die Frage ginge darauf, welche sog. unabhängigen Variablen das jeweilige Ausmaß der Wohlfahrtsstaatlichkeit erklären können. Die Antwort darauf wird mithilfe eines genau zu erwägenden sog. Forschungsdesigns gefunden. In Bezug auf dieses Design werden zahlreiche Erfahrungsregeln diskutiert und gelehrt. Insbesondere beschäftigt sich die einschlägige Methodenlehre mit der Frage, welche Vor- und Nachteile jeweils die Untersuchung von vielen Ländern, wenigen Ländern oder nur eines einzigen Landes hat. Insbesondere bei wenigen Ländern wird über die verschiedenen Aspekte des Vergleichs bei möglichst ähnlichen Ländern (sog. most similar systems design, MSSD) oder bei möglichst verschiedenen Ländern (sog. most different systems design, MDSD) nachgedacht, insgesamt auch intensiv über die Frage, wie die zu vergleichenden Länder richtig ausgewählt werden und welche Probleme dabei auftreten können.[109] Zum Kanon der Methodenlehre gehört auch die Kenntnis der zahlreichen Beschränkungen, Grenzen und Fehlerquellen der jeweiligen Vorgehensweisen,[110] die durchaus auch stark mathematisch geprägt sein können.[111] Letztlich geht es bei alledem also um die Feststellung von Kausalitätsbeziehungen und damit von generalisierbaren Aussagen – mit allen damit verbundenen Problemen, da die jeweils festgestellten Zusammenhänge zunächst statistischer Natur sind und somit keinerlei direkten Schluss auf Kausalzusammenhänge zulassen. Um ein Beispiel zu nennen, bestand über die richtige Antwort auf die angesprochene Frage nach der Bedeutung politischer Faktoren für das Ausmaß an Wohlfahrtsstaatlichkeit unter dem Stichwort „Does politics matter?" ein intensiver und jahrelanger Schulenstreit.[112]

Die vergleichende Politikwissenschaft beschäftigt sich also mit teils ähnlichen Erkennt- 50
nisgegenständen wie das vergleichende Verfassungsrecht, hat aber oft ein anderes, nämlich nicht-normatives Erkenntnisinteresse und verfügt entsprechend über andere, sehr viel genauere, aber letztlich auch sehr viel einengendere Methoden als die Rechtsvergleichung. Die eigentlichen Querbezüge, wie sie auch gelegentlich in der Literatur Aufmerksamkeit finden, bestehen jedoch auf einer ganz anderen Ebene: Sie betreffen den seit Jahren von bestimmten Denkschulen geführten Angriff auf die klassische, funktionale Rechtsvergleichung.[113] Wenn es also in der Rechtsvergleichung darum gehen soll, „kritische"[114] Fragestellungen in den Vordergrund zu rücken und insbesondere kausale Beziehungen zu untersuchen – etwa zwischen dem Ausmaß öffentlicher Aufgaben und den verfassungsrechtlichen Regeln zum Verhältnis der Legislative zur Exekutive – dann wird auf die Überlegenheit der dafür in der vergleichenden Politikwissenschaft entwickelten Methoden hingewiesen, die entsprechend auch im vergleichenden Verfassungsrecht angewandt werden sollten.[115] Diese Forderung ist natürlich völlig nachvollziehbar und richtig, aber auch zirkulär. Dahinter steht eine vom US-amerikanischen legal realism inspirierte Sichtweise der Rechtswissenschaft, die keinen Unterschied mehr zwischen Recht und Politik sieht.[116] Wenn aber das (vergleichende) Verfassungsrecht die Erkenntnisinteressen der (vergleichenden) Politikwissenschaften übernimmt, dann liegt natürlich nichts näher, als auch die

[108] Zu diesem Beispiel vgl. *Pennings, Paul; Keman, Hans,* Comparative research methods, in: Caramani, Daniele (Hrsg.), Comparative politics, 6. Aufl. 2023, 51 (52 ff.).
[109] Vgl. etwa *Landman/Carvalho* (Fn. 102), 30 ff., 276 ff.; *Pennings/Keman* (Fn. 108), 59 ff.
[110] Vgl. *Pennings/Keman* (Fn. 108), 61 ff.
[111] Vgl. beispielhaft *Przeworski, Adam,* Is the science of comparative politics possible?, in: Boix, Carles; Stokes, Susan C. (Hrsg.), The Oxford handbook of comparative politics, 2007, 147 (147 ff.).
[112] Vgl. dazu und zum Kausalitätsproblem etwa *Pennings/Keman* (Fn. 108), 53 f.
[113] Zu dieser Kritik ausführlich infra → § 3 Rn. 150 ff.
[114] Dazu allgemeiner infra → § 3 Rn. 225 ff., insbes. 229, sowie 106, 238.
[115] So etwa *Whytock* (Fn. 100), 629 ff.; in eine ähnliche Richtung auch *Widner* (Fn. 100), 739 ff., die sogar einführend die klassische Kritik an der fehlenden Methode der Rechtsvergleichung (vgl. infra → § 3 Rn. 1) anführt.
[116] Zum legal realism infra → § 3 Rn. 298 ff.

Methoden gleich mit zu übernehmen. Allerdings drohen Recht und Rechtsvergleichung sich so als eigenständige Disziplinen aufzulösen. Davon unabhängig spielt der Rechtsrealismus jedoch – zum Erstaunen vieler amerikanischer Rechtswissenschaftler, die sich dessen oft kaum bewusst sind[117] – außerhalb der USA und insbesondere im kontinentaleuropäischen Recht in Rechtspraxis und Rechtswissenschaft allenfalls eine sehr marginale Rolle, und hat sich mit seinen methodischen Konsequenzen auch in der Rechtsvergleichung nicht durchgesetzt.

51 Dennoch können die Ergebnisse der vergleichenden Politikwissenschaft für das vergleichende Verfassungsrecht als Ergänzung und Hintergrund hochinteressant sein und sollten größere Beachtung finden, als dies gemeinhin der Fall ist. Wenn es beispielsweise um die Möglichkeiten und Grenzen der Vorbildrolle des deutschen Bundesverfassungsgerichts in Osteuropa geht, so können die statistischen Daten und politischen Beobachtungen der vergleichenden Politologen von großem Interesse sein. Sie weisen etwa auf die Vertrautheit allein der deutschen Gerichte mit den speziellen Problemen der Bevölkerung vormals sozialistischer Systeme ebenso hin wie auf die größeren deutschen Erfahrungen mit dem auch in Osteuropa weiterhin wichtigen Sozialstaat.[118] Gleichzeitig sollten politologische Ergebnisse aber auch mit Vorsicht betrachtet werden. Erstens können sie trotz ihres oft stochastischen und mathematischen Apparats keineswegs naturwissenschaftliche Genauigkeit für sich beanspruchen, wie etwa der Streit um die Bedeutung der Politik für den Wohlfahrtsstaat demonstriert. Wertungen, Unvollständigkeiten oder Ungenauigkeiten können in allen Studien die Ergebnisse verzerren, ohne dass dies ohne weiteres erkennbar wäre. Zweitens schleichen sich gerade bei Aussagen zu juristisch-normativen Fragen leicht einmal Fehler ein, die etwa auf der fehlenden juristischen Ausbildung, aber ebenso auf der typisch politikwissenschaftlichen Tendenz zu generalisierenden Aussagen und zu von zahllosen Details abstrahierenden Modellen[119] beruhen können. Für die jeweils eigene Rechtsordnung mögen solche Fehler noch gut zu erkennen sein,[120] bei fremden Rechtsordnungen hingegen ist die Gefahr hoch, sie aufgrund eines gewissen Vertrauensvorschusses ungefragt zu übernehmen.

117 Nicht untypisch, aber ungewöhnlich deutlich der ironisch herablassende, von Kenntnissen des kontinentaleuropäischen Rechtsstils allerdings weitgehend befreite Ton in *Shapiro* (Fn. 100), 538 ff.; hier bewahrheitet sich die klarsichtige Beobachtung, es betrachte in diesem Streit „each (...) the other's activity patronisingly as a peripheral study on the fringe of his own central sphere", *Freeman, Michael D. A.*, Lloyd's introduction to jurisprudence, 9. Aufl. 2014, 834.

118 Vgl. dazu *Beyme, Klaus von,* Vergleichende Politikwissenschaft, 2010, 169 ff.

119 Zum Modelldenken kritisch aus juristischer Sicht *Kischel, Uwe,* The State as a non-unitary actor – The role of the judicial branch in international negotiations, Archiv des Völkerrechts 39 (2001), 268 (271 ff.).

120 Beispiele für solche Fehler sind oft nicht sehr schwer zu finden, vgl. nur beispielhaft die unrichtige Aussage, in Deutschland könnten verfassungsrechtlich gewährte Rechte nicht durch Verfassungsänderung geschwächt werden, so dass die Entscheidungen des Bundesverfassungsgerichts praktisch nicht zu ändern seien, bei *Stone Sweet* (Fn. 94), 171 oder die jedenfalls für Deutschland unerklärliche Aussage, Deutschland, Italien und Japan hätten nach dem Zweiten Weltkrieg nur „at the point of a gun" dazu bewegt werden können, das Modell der inzidenten Verfassungskontrolle im Sinne eines judicial review zu akzeptieren, bei *Shapiro, Martin,* The success of judicial review, in: Kenney, Sally J.; Reisinger, William M.; Reitz, John C. (Hrsg.), Constitutional dialogues in comparative perspective, 1999, 193 (196); dass Fehler wie der letztgenannte nicht nur Juristen auffallen, zeigt etwa *Beyme* (Fn. 118), 166 f. Gegenüber negativen Bewertungen aufgrund solcher Fehler ist allerdings einige Zurückhaltung angebracht, denn auch Rechtsvergleicher begehen nur allzuleicht und verständlicherweise Fehler, wenn sie sich mit fremdem Recht befassen, vgl. infra → Rn. 62 ff.

III. Rechtsvergleichung als eigenständiges Rechtsgebiet: Eine unendliche Geschichte

André Tunc wird der Satz zugesprochen: „what seems to be indisputable is that Comparative law does not exist."[121] Hinter dieser auf den ersten Blick frappierenden Aussage verbergen sich mehrere Probleme. 52

1. Ein Spiel mit Worten

Zunächst ist der scheinbar bilderstürmerische Satz allerdings nicht viel mehr als ein hübsches Spiel mit Worten, das zudem recht gut in englischer, aber auch französischer (droit comparé) oder spanischer (derecho comparado), nicht aber etwa in deutscher oder schwedischer (komparativ rättskunskap) Sprache funktioniert. Denn tatsächlich gibt es keine Gruppe von Rechtsregeln, die auf Situationen Anwendung fänden, die als „comparative" in dem Sinne bezeichnet werden könnten, wie es criminal law oder family law gibt. Die deutsche Bezeichnung „Rechtsvergleichung" (und eben nicht „vergleichendes Recht" oder gar „Vergleichsrecht") lässt ein entsprechendes Missverständnis, es handele sich um ein eigenes Rechtsgebiet, so wie Strafrecht oder Familienrecht, gar nicht erst aufkommen. Dass die englische Bezeichnung hingegen nicht etwa „Legal Comparison" lautet, erklären manche mit dem Hang englischer Juristen zur praktischen Anwendung und der vorgeblich[122] größeren Praxisnähe der dortigen universitären Juristenausbildung, die einem schon vom Namen her so abstrakt klingenden Gebiet keine Chance gegeben hätte.[123] Ob dies wirklich eine abschließende Erklärung darstellt, lässt sich jedoch mit Fug und Recht bezweifeln, da sich die Eigenheit des Begriffs etwa für die französische oder spanische Sprache so nicht klären lässt. 53

54 Davon unabhängig ist die Aussage, dass es keine Gruppe von Rechtsregeln gebe, die als vergleichend bezeichnet werden könnte, mit einem kleinen Vorbehalt zu versehen. Zunächst haben, in rein historischer Perspektive, Edouard Lambert und Raymond Saleilles auf dem Congrès International de Droit Comparé, der aus Anlass der Pariser Weltausstellung 1900 stattfand, noch die Entwicklung eines gemeinsamen Rechts der Menschheit auf rechtsvergleichender Grundlage als Fernziel angestrebt. Sehr viel konkreter stellen speziell im Völkerrecht die allgemeinen Rechtsgrundsätze iSv Art. 38 Abs. 1 lit. c IGH-Statut eine der zentralen Rechtsquellen dar. Dabei handelt es sich, unabhängig vom komplexen Streitstand zu vielen Einzelfragen,[124] nach heute ganz überwiegender Ansicht um rechtsvergleichend zu ermittelnde, übereinstimmende Rechtsprinzipien des innerstaatlichen Rechts, soweit sie auf internationale Verhältnisse übertragbar sind. Es geht also in diesem Sinne tatsächlich um auf Vergleichung beruhendes Recht. Noch weitergehend wurde in der älteren Literatur zu sog. State Contracts, also Verträgen zwischen Staaten und ausländischen Privatpersonen, vorgeschlagen, den Vertrag zwecks Ablösung vom unerwünschten Einfluss des nationalen Rechts direkt den allgemeinen Rechtsgrundsätzen zu unterstellen. Auch in einigen State Contracts selbst finden sich Rechtswahlklauseln, die die allgemeinen Rechtsgrundsätze heranziehen wollen. Hier wäre ein „vergleichendes Recht" sogar wie eine eigenständige Rechtsordnung zu behandeln.[125] Als Rechtsquelle sind die allgemeinen

[121] Ohne Fundstellenangabe zit. bei *Banakas, Efstathios K.,* The method of comparative law and the question of legal culture today, Tilburg Foreign Law Review 3 (1994), 113 (113).

[122] Vgl. noch infra → § 5 Rn. 106 ff.

[123] So *Banakas* (Fn. 121), 114.

[124] Detailliert und übersichtlich immer noch *Vitanyi, Béla,* Les positions doctrinales concernant le sens de la notion de „principes généraux de droit reconnus par les nations civilisées", Revue générale de droit international public 86 (1982), 48 (48 ff.).

[125] Ausführlich *Kischel, Uwe,* State Contracts – Völker-, schieds- und internationalprivatrechtliche Aspekte des anwendbaren Rechts, 1992, insbes. 216 ff., 76 f. mwN.

Rechtsgrundsätze zudem nicht nur im Völkerrecht, sondern auch in anderen Rechtsordnungen anerkannt, etwa in Art. 1 des spanischen Código civil („Las fuentes del ordenamiento jurídico español son la ley, la costumbre y los principios generales del derecho.") oder ungeschrieben im Europarecht mit speziellen Ausdrücken in Art. 6 Abs. 3 EUV und Art. 340 UAbs. 2 AEUV.

2. Methode oder eigenständiges Gebiet der Rechtswissenschaft?

55 Hinter dem Wortspiel steht aber auch die Frage, ob Rechtsvergleichung ein eigenständiges Gebiet der Rechtswissenschaft darstellt oder „nur" eine Methode. Die Antwort auf diese Frage hängt von zahlreichen Vorfragen ab: Was ist eine Wissenschaft? Ist Recht überhaupt eine Wissenschaft? (Ein beliebtes Thema auch in Festvorträgen und Diskussionen, da es keiner Lösung fähig zu sein scheint, sich fast beliebig mit anderen Grundlagenfragen verbinden lässt und letztlich in seiner auch nur potentiell praktischen Bedeutung völlig unklar bleibt.) Was ist ein eigenständiges Gebiet einer Wissenschaft, etwa im Unterschied zu einem bloßen Teilaspekt? Was ist eine Methode und hat die Rechtsvergleichung eine?[126] Was genau macht die Rechtsvergleichung positiv aus, was ist ihr Inhalt? Über jede dieser Fragen lässt sich fast endlos spekulieren; jede Kombination von Antworten ergibt eine neue Lösung der Ausgangsfrage. Allen Teilfragen gemein ist der hochabstrakte Charakter, der die Frage nach den praktischen Konsequenzen der verschiedenen Antworten, nach dem cui bono außen vor lässt. Als vorweggenommenes Ergebnis sei hier vorgeschlagen, die Frage schlicht auf sich beruhen zu lassen, bis sich ein konkretes Forschungsproblem stellt, in dessen Rahmen die Antwort zwingend erforderlich ist. Dabei sei nicht verholen, dass nach Auffassung des Verfassers dieser Zeilen ein solches Forschungsproblem kaum jemals gefunden werden dürfte.

Zum besseren Verständnis der möglichen Schichten und vor allem auch Weiterungen der Frage nach dem Charakter der Rechtsvergleichung ist es hilfreich, exemplarisch[127] die Antwortversuche aus drei bekannten Grundlagenwerken der Rechtsvergleichung – Zweigert/Kötz, Watson und Constantinesco – zu betrachten, die sich nicht nur im Ergebnis, sondern schon in der grundlegenden Bewertung, Herangehensweise und Definition des Problems vollkommen unterscheiden.

a) Fehlende Bedeutung der Frage

56 In einem der international einflussreichsten und bekanntesten Werke zur Rechtsvergleichung finden sich zum Charakter der Rechtsvergleichung nur wenige Worte am Rande, die zudem kein einheitliches Bild vermitteln: Zweigert und Kötz führen einerseits aus, von Wissenschaft könne in der Jurisprudenz wohl erst dort gesprochen werden, wo sie sich über die positiven, nationalen Rechtsnormen erhebe, wie es vornehmlich in der Rechtsphilosophie, in der Rechtsgeschichte, in der Rechtssoziologie und eben in der Rechtsvergleichung geschehe.[128] Die herkömmliche Rechtsdogmatik wäre damit keine Wissenschaft, wohl aber die Rechtsvergleichung. An anderer Stelle aber wird die Rechtsvergleichung nur als „wissenschaftliche Methode der Jurisprudenz" bezeichnet, der ein bedeutender Platz in der Rechtswissenschaft (die hier offenbar gerade auch die Dogmatik zu umfassen scheint) zuerkannt wird.[129] Darin könnte ein Widerspruch, eine Unklarheit gesehen werden. Damit befänden die Autoren sich in bester Gesellschaft, hat doch schon Saleilles 1900 auf dem Congrès International de Droit Comparé in Paris gleichzeitig von der Rechtsvergleichung als Hilfsmethode, Wissenschaft,

[126] Vgl. noch infra → § 3 Rn. 223 ff.
[127] Versuch einer detaillierten Zusammenstellung der in der Literatur vertretenen Meinungen bei *Constantinesco* (Fn. 52), 204 ff., insbes. 217 ff.
[128] *Zweigert/Kötz* (Fn. 40), 3.
[129] *Zweigert/Kötz* (Fn. 40), 13 f.

unabhängiger Hauptwissenschaft und Hilfswissenschaft gesprochen.[130] Weit eher dürften Zweigert und Kötz aber zum Ausdruck bringen, dass der genauen Einordnung kein praktischer Wert, kein Erkenntnisvorsprung zukommt, wie es Zweigert an anderer Stelle auch deutlich ausgesprochen hat.[131] Nicht ganz zu Unrecht weist er dabei in der ihm eigenen, direkten Art zugleich auf eine einzige, für ihn immerhin vorstellbare Bedeutung der Frage hin, nämlich die für das „Selbstgefühl der Rechtsvergleicher".

b) Untersuchung der historischen Beziehungen zwischen Rechtssystemen

Watson[132] nähert sich der Frage zunächst von der negativen Seite, indem er erklärt, was Rechtsvergleichung nicht sei. Naturgemäß werden mit einer solchen Begrenzung des Gegenstandes zugleich erhebliche Vorgaben für seine schlussendliche Charakterisierung gemacht, ein Zusammenhang der hier bis an die Grenzen ausgenutzt wird. Zunächst schließt Watson nämlich – im Unterschied zu der sonst allgemein verbreiteten Praxis – die Einteilung und Beschreibung der in der Welt existierenden Rechtsordnungen anhand von Rechtsfamilien[133] aus der Rechtsvergleichung als akademischer Disziplin aus. Die Begründung dafür ist ebenso kurz wie gewagt: „The description lacks the necessary intellectual content". Grundlagenwerken wie dem von David,[134] das sich bis auf wenige Seiten der Einleitung auf eben diese Beschreibung beschränkt, wird damit der intellektuelle Inhalt abgesprochen. Fast noch überraschender ist sodann die Aussage, dass Rechtsvergleichung nicht in erster Linie ein Vergleichen sein könne. Denn Unterschiede in politischen, moralischen, sozialen und ökonomischen Werten sorgten dafür, dass die meisten juristischen Probleme in verschiedenen Staaten nicht dieselben, also nicht vergleichbar seien. Das Problem des Scheidungsunterhalts etwa sei verschieden, je nachdem ob Frauen in einem Land üblicherweise arbeiteten oder wie weit Krippen und Kindergärten vorhanden seien. Mit dieser Aussage schließt Watson die gesamte funktionale Rechtsvergleichung und damit den Kern der modernen Rechtsvergleichung[135] aus, die solche Aspekte nicht nur mit einbezieht, sondern sogar für zentral erklärt. Alle damit zusammenhängenden Fragen weist Watson schlicht der Rechtssoziologie zu und beruft sich dafür auf die – allerdings rein definitorische – Aussage, es gehe dabei um Vergleichbarkeit des Problems und nicht des Rechts. Damit aber wird letztlich die Formulierung der richtigen Fragestellung pauschal einer anderen Disziplin, nämlich der Rechtssoziologie, zugeordnet als die Gewinnung der Antwort, was wenig überzeugt. Diese auf das gewünschte Ziel hin orientierte Art der Abgrenzung wiederholt sich, wenn dem Vergleich rechtlicher Konzepte, beispielsweise der Kausalität, ein hoher systematischer und intellektueller Wert zuerkannt wird, solche vergleichenden Untersuchungen des Rechts (sic!) insgesamt jedoch gerade nicht rechtsvergleichend sondern „jurisprudential", also rechtsphilosophisch oder rechtstheoretisch sein sollen. 57

Nachdem Watson so die üblicherweise zentralen Betätigungsbereiche der Rechtsvergleichung aus dieser herausdefiniert hat, stellt sich mit Recht die Frage, was denn Rechtsvergleichung dann noch sein soll. Für Watson ist die Antwort klar: Es sei die Untersuchung der Beziehung eines Rechtssystems und seiner Regeln mit einem anderen, womit er aktive Beziehungen im Sinne einer Beeinflussung meint. Dies wiederum sei nur im Wege einer Erforschung der Geschichte der beteiligten Rechtssysteme möglich: „in the first place, Comparative Law is Legal History concerned with the relationship between systems".[136] Es geht ihm also letztlich um die Entwicklungsgeschichte der Rechtsordnungen im Sinne ihrer 58

[130] *Saleilles, Raymond,* Conception et objet de la science du droit comparé, in: Congrès international de droit comparé – Procès-verbaux des séances et documents, Bd. 1, 1905, 167 (167, 188 f.).
[131] *Zweigert, Konrad,* Zur Methode der Rechtsvergleichung, Studium generale 13 (1960), 193 (194).
[132] Zum Folgenden vgl. *Watson* (Fn. 46), 1 ff.
[133] Dazu infra → § 4 Rn. 1 ff.
[134] *David, René; Jauffret-Spinosi, Camille; Goré, Marie,* Les grands systèmes de droit contemporains, 12. Aufl. 2016.
[135] Vgl. schon supra → Rn. 14 ff. und ausführlich infra → § 3 Rn. 7 ff., 178 ff.
[136] *Watson* (Fn. 46), 6; dazu auch infra → § 3 Rn. 192 f.

gegenseitigen Beeinflussung, dh um den Rechtstransfer. Fehle eine entsprechende Beziehung zwischen zwei Rechtssystemen – die seltsamerweise auch schon in einer Ähnlichkeit zwischen den Völkern liegen können soll – so sei keine sinnvolle Rechtsvergleichung möglich. Die so (um-)definierte Rechtsvergleichung kann dann tatsächlich – wie die Rechtsgeschichte selbst – problemlos als eigenständige akademische Disziplin und nicht nur als Methode bezeichnet werden, wenn Watson auch in bester anglo-amerikanischer Tradition vor der Verwendung des Begriffs „Wissenschaft" im Zusammenhang mit Recht[137] zurückschreckt. Watsons gesamtes Gedankengebäude ist dabei in sich geschlossen und hat zu hochinteressanten Einzelstudien geführt. Es geht jedoch an der Realität dessen, was Rechtsvergleicher üblicherweise tun, weit vorbei und scheint auch ein wenig auf die Person zugeschnitten zu sein, denn Watson ist – wenig überraschend – ein ausgewiesener Rechtsgeschichtler.

c) Mikrovergleichung als Methode, Makrovergleichung als Wissenschaft?

59 Constantinesco[138] räumt der Charakterisierung der Rechtsvergleichung einen so zentralen Platz ein, dass sich erst aus seinem dafür gefundenen Ergebnis überhaupt der innere Sinn der Aufteilung seines Hauptwerkes in drei Bände sowie die Untertitel der Bände 2 und 3, nämlich „Die rechtsvergleichende Methode" und „Die rechtsvergleichende Wissenschaft" erklären lässt. Damit unterscheidet er sich grundlegend nicht nur von Zweigert und Kötz, deren Schriften er durchlaufend mit besonderer, fast schon persönlich wirkender Ablehnung zu überziehen scheint,[139] sondern auch von Watson, indem er gerade denjenigen Bereich der Rechtsvergleichung allein zur Wissenschaft erklärt, dem Watson von vornherein sowohl den notwendigen intellektuellen Inhalt als auch die Eignung als akademische Aktivität überhaupt abspricht: der Einteilung der Rechtsordnungen in Rechtsfamilien und Rechtskreise. Dabei verschließt Constantinesco nicht die Augen vor der Breite der rechtsvergleichenden Tätigkeit, sondern erkennt sowohl die Vielfältigkeit ihrer Aufgaben und Ziele also auch den Zusammenhang zwischen ihrer Abgrenzung und ihrer Charakterisierung ausdrücklich[140] an. Zugleich ist die Charakterisierung für ihn von elementarer Bedeutung, denn die „Unterschiede zwischen Methode und selbständiger Disziplin sind groß, und die eine ersetzt keineswegs die andere. Ihre Existenzbedingungen, ihr Anwendungsbereich, ihre Ziele, ihre Aufgaben und ihre Natur unterscheiden sich tiefgehend. Es handelt sich um ein wesentliches und vorab zu klärendes Phänomen."[141] Eine konkretere Erläuterung bleibt er allerdings schuldig.

60 Letztlich dürfte sich Constantinescos Auffassung nicht aus der abstrakten Begrifflichkeit erklären, sondern erst aus der spezifischen Art, in der er die Begriffe „Methode" und „Wissenschaft" für die Rechtsvergleichung so auffüllt, dass zwischen ihnen in der Tat ein gravierender Unterschied besteht – sein Argument wäre damit allerdings letztlich zirkulär. Constantinesco kommt nämlich zu dem Ergebnis, dass erst der Makrovergleich es ermögliche, die verwirrende Vielfalt der Teilbeobachtungen im Rahmen der Mikrovergleichung überschaubar zu machen, indem er diese Teilbeobachtungen in neue Kategorien einteilt, um die Vielzahl der Fakten durch einheitliche Regeln und durch neue Gesetzmäßigkeiten zu erklären. Mikrovergleichung, so Constantinesco, sei die Methode, die zu den bruchstückhaften Ergebnissen führe. Makrovergleichung sei die Disziplin, die durch Auswahl, Ordnung und Klassifizierung der Teilergebnisse die Gewinnung neuer Erkenntnisse ermögliche. Nur

---

[137] Vgl. dazu auch *Watson* (Fn. 46), 2 Fn. 8.

[138] Zum Folgenden *Constantinesco* (Fn. 52), 217 ff., 254 ff.; zu seiner Herangehensweise auch noch infra → § 3 Rn. 32 ff.

[139] Vgl. etwa *Constantinesco* (Fn. 23), 52 ff., 81 Fn. 32, 122 ff.; insgesamt macht Constantinesco in ungewöhnlich offener Weise aus seiner offenbaren Abneigung gegen bestimmte Kreise der Rechtsvergleichung keinen Hehl, vgl. nur sein Vorwort zu *Constantinesco* (Fn. 52), 14 Fn. 2.

[140] Vgl. etwa *Constantinesco* (Fn. 52), 213.

[141] *Constantinesco* (Fn. 52), 222; vgl. auch *Constantinesco* (Fn. 23), 28 f.

sie sei die vergleichende *Rechts*wissenschaft, deren Ziel die Erklärung der großen Grundstrukturen und charakteristischen Profile der Rechtsordnungen sei. Zentrale Aufgabe der vergleichenden Rechtswissenschaft, im Unterschied zur vergleichenden Methode, sei daher die Bestimmung und Herausarbeitung der determinierenden Elemente für die Einteilung der Rechtskreise.[142]

Auch wenn Constantinescos Ansatz zu einer Vielzahl interessanter Ergebnisse geführt hat, 61
ist es ihm doch nicht gelungen nachzuweisen, welche praktische Bedeutung eine etwaige strikte Trennung zwischen Methode und Wissenschaft haben soll. Seine Ergebnisse und Analysen von Einzelproblemen hängen in ihrem inneren Wert nicht von dieser Trennung und Begrifflichkeit ab. Es bleibt daher dabei, dass die Frage nach dem Charakter der Rechtsvergleichung bis zum Beweis des Gegenteils als rein theoretischer Kategorisierungsversuch ohne konkreten Nutzen nicht weiter beachtet werden sollte, auch wenn im Folgenden die Rechtsvergleichung ohne weiteres als Teil der Rechtswissenschaft bezeichnet wird.

IV. Bescheidenheit in der Rechtsvergleichung

Rechtsvergleichung macht bescheiden. In kaum einem anderen Bereich der Rechtswissen- 62
schaft stößt der Jurist so schnell und unzweifelhaft an seine Grenzen.[143] Das beginnt schon bei den schlichten Erkenntnismöglichkeiten im Hinblick auf den Stand eines ausländischen Rechts. Selbst – oder gerade – der Jurist, der eine zusätzliche Ausbildung in einer fremden Rechtsordnung genossen hat, wird nur ausnahmsweise, etwa in speziellen Rechtsgebieten oder aufgrund langjähriger praktischer Tätigkeit, von sich behaupten, in der fremden Rechtsordnung ebenso heimisch zu sein wie in der eigenen, und dort mit ebensolcher Sicherheit und ebensolchem Anspruch auf Richtigkeit in der Lage zu sein, umfassende Antworten auf bestimmte Rechtsfragen zu finden. Im Regelfall aber wird er in der ganz überwiegenden Mehrheit der betrachteten Rechtsordnungen keine grundlegenden Vorkenntnisse aufweisen können. Er ist also angewiesen auf Darstellungen aus dritter Hand, muss sich einarbeiten und versuchen, nichts zu übersehen. Anders als im heimischen Recht wird es ihm etwa schwerfallen, selbst zu entscheiden, ob ein bestimmtes Urteil eine gravierende Neuheit enthält oder nur eine kleine Abweichung oder Ergänzung; ob ein Aufsatz auf einer verbreiteten und gängigen Sichtweise beruht, also zum rechtswissenschaftlichen Mainstream gehört, oder eher randständige, keinesfalls konsensfähige Konzepte und Analysen verwendet; ob sich im Zusammenspiel mit anderen rechtlichen Konzepten, etwa mit Allgemeinen Teilen[144] oder prozessualen Feinheiten, im Ergebnis ein anderes Bild ergeben kann oder nicht.

Stellen sich dem Rechtsvergleicher aber „nur" diese Probleme, ist er noch in einer 63
vergleichsweise glücklichen Lage. Denn oftmals beginnen die Schwierigkeiten schon weit früher, nämlich bei der fehlenden Kenntnis der einschlägigen Sprache, die die Erkenntnismöglichkeiten noch erheblich weiter einschränkt. Der Rechtsvergleicher ist dann angewiesen auf Berichte in einer der ihm bekannten Sprachen, insbesondere auch Englisch, dessen Kenntnis bei einem Rechtsvergleicher heute weltweit vorausgesetzt werden muss. Bei solchen Berichten aber ist, auch wenn sie sorgfältig ausgearbeitet wurden, immer einige Zurückhaltung geboten. Lehrreich ist insofern ein Blick etwa in Lehrbücher oder Kurz-

[142] Vgl. *Constantinesco* (Fn. 52), 254 ff.

[143] Vgl. etwa auch *Watson* (Fn. 46), 10 f. der etwas zu plakativ feststellt „Comparative Law is superficial" und der eine der ernsthaftesten Gefahren der Rechtsvergleichung als „getting the foreign law wrong" beschreibt; vgl. auch *Neumayer, Karl H.,* Rechtsvergleichung als Unterrichtsfach an deutschen Universitäten, in: Bernstein, Herbert (Hrsg.), Festschrift für Konrad Zweigert zum 70. Geburtstag, 1981, 501 (512): „Rechtsvergleichung (...) hat keine Materie zum Gegenstand, die jemals gesamthaft beherrscht werden könnte.".

[144] Zu den Eigenheiten Allgemeiner Teile in Kodifikationen vgl. etwa infra → § 6 Rn. 54 f., 61.

darstellungen der eigenen Rechtsordnung, die in einer Fremdsprache für ausländisches Publikum geschrieben wurden. Fast unweigerlich wird der einheimische Jurist bei solchen Darstellungen immer wieder einmal den Kopf schütteln, Fragezeichen machen oder vor möglichen Missverständnissen warnen. Weiterhin kann es immer wieder schwierig werden, überhaupt an einschlägige Literatur oder auch nur an Gesetze und Gerichtsentscheidungen heranzukommen. Das gilt insbesondere für kleinere Staaten – man denke beispielsweise an Tuvalu, Surinam, Tonga oder Burkina Faso[145] – kann aber auch etwa bei größeren und westlichen Ländern der Fall sein, wenn die jeweilige Rechtskultur in weit bescheidenerem Umfang rechtswissenschaftliche Literatur hervorbringt als dies etwa in Deutschland, Frankreich und den USA der Fall ist. Für Ägypten etwa kann es schwerfallen, eine Entscheidung des Obersten Verfassungsgerichts in die Hände zu bekommen. Denn zwar werden diese Entscheidungen im offiziellen Mitteilungsblatt und in einer Entscheidungssammlung veröffentlicht, doch haben selbst Spezialisten damit zu kämpfen, dass nur sehr wenige Bibliotheken das Mitteilungsblatt und wohl keine die vollständige Entscheidungssammlung vorrätig hat.[146] Selbst in hochentwickelten Staaten wie etwa Schweden ist es keineswegs ungewöhnlich, wenn für viele spezialisierte Rechtsgebiete jeweils nur ein oder zwei Experten aus dem akademischen Bereich verfügbar sind. Hinzu kommen stets die finanziellen und praktischen Beschränkungen in der Erreichbarkeit etwa von Druckwerken. Das Internet kann hier gelegentlich weiterhelfen, insbesondere bei öffentlichen Dokumenten einschließlich neuerer Gerichtsentscheidungen, doch ist die gerade für den ausländischen Juristen besonders wichtige Sekundärliteratur kaum je in hinreichender Quantität und Qualität im Internet frei verfügbar. Diese Einschätzung wird gerade betont und bestätigt durch begrenzte Einzelerscheinungen, wie etwa die Existenz ebenso umfassender und professioneller wie teurer Volltextdatenbanken für die USA (Westlaw, Lexis), die halbe Bibliotheken ersetzen können.

64 In vollem Umfang werden die Beschränkungen rechtsvergleichender Forschung allerdings erst deutlich, wenn man die Anforderungen der funktionalen Rechtsvergleichung[147] mitbedenkt. Hier sind nicht nur umfassende Kenntnisse der Gesamtrechtsordnung und ihrer inneren Zusammenhänge erforderlich, die in eine – selbst im Heimatrecht manchmal alles andere als einfache – ergebnis- und sachorientierte Betrachtungsweise mit eingebracht werden müssen. Auch sind die Realität des gelebten Rechts, außerrechtliche Lösungsmodelle, rechtskulturelle Besonderheiten und Einstellungen zu berücksichtigen, die oftmals nur schwer erkennbar sind. Sie weisen zudem die unangenehme Eigenschaft auf, gerade denen am wenigsten bekannt zu sein, die am einfachsten darüber Auskunft geben könnten, nämlich den nationalen Juristen. Denn die rechtskulturellen Besonderheiten erscheinen dem nationalen Juristen nicht selten so selbstverständlich, dass er implizit davon ausgeht, es handele sich um universelle Eigenschaften, während sie dem Fremden zwar schnell auffallen können, sich für ihn aber hinter zahllosen Einzelfragen verbergen, er im sprichwörtlichen Sinn den Wald vor lauter Bäumen oft kaum zu erkennen vermag.

65 Insgesamt zeichnet sich so das Bild einer in ihrer praktischen Erkenntnisfähigkeit vielfach begrenzten Rechtsvergleichung ab. Das aber wird von Rechtsvergleichern weniger als Entmutigung denn als Herausforderung, ja als das eigentlich Faszinierende an ihrem Gebiet begriffen. Die nationale Rechtswissenschaft ist heute vielfach bis in letzte Feinheiten durchziseliert, von komplexen, aber sehr kleinteiligen Problemen beherrscht, in der Hand vieler Experten und kaum eines Generalisten, bis in den letzten Winkel erforscht, vermessen und kartographiert. Auch das hat seinen besonderen Reiz. Doch wie anders ist die Lage in der

[145] Vgl. aber etwa *Bogdan, Michael,* The law of Mauritius and Seychelles – A study of two small mixed legal systems, 1989.

[146] Vgl. die entsprechende Klage von *Brown, Nathan J.; Lombardi, Clark B.,* The Supreme Constitutional Court of Egypt on islamic law, veiling and civil rights – An annotated translation of Supreme Constitutional Court of Egypt case no. 8 of judicial year 17 (May 18, 1996), American University International Law Review 21 (2006), 437 (438 Fn. 2).

[147] Vgl. kurz supra → Rn. 14 ff.; ausführlicher infra → § 3 Rn. 7 ff., 178 ff.

Rechtsvergleichung, dem unerforschten, weiten Gebiet, durch das vielleicht hier und da einige Straßen – in Form lang und oft erforschter Einzelprobleme wie etwa des trust im common law oder der Systematik im deutschen BGB – geschlagen wurden, in dem aber noch zahllose Fragen nie gestellt, geschweige denn je beantwortet wurden und in dem ganze Bereiche sich als weiße Flecken auf der Landkarte darstellen. So gesehen ist der Rechtsvergleicher der Pionier in einer Welt der Stadtbewohner.

Solch eine hübsche Rechtfertigung und Selbstbeschwichtigung löst natürlich keine der realen Schwierigkeiten, vor die sich der Rechtsvergleicher in seiner Arbeit immer wieder neu gestellt sieht und die letztlich nicht auflösbar sind. Die einzige Möglichkeit besteht darin, es immer wieder nach bestem Wissen und im Bewusstsein der Beschränkungen zu versuchen, auf den Arbeiten anderer aufzubauen und so langsam zu immer weiteren Erkenntnissen zu gelangen. Ideale, vollständige Studien im Sinne entweder einer globalen Abdeckung aller Rechtsordnungen oder aller Teilaspekte eines komplexeren Rechtsinstituts sind kaum jemals möglich. So ist es nicht nur zulässig, sondern oftmals notwendig, exemplarisch und sogar anekdotisch vorzugehen, um eine gewisse Typik zu entwickeln, die zumindest ein weiteres Arbeiten erlaubt. Das gilt umso mehr, als sich eine Reihe von relevanten Aspekten, insbesondere auch der Rechtskultur, kaum mit statistischen Daten, umfassenden Literaturanalysen oder sonstigen harten Fakten nachweisen lassen, sondern eher Gegenstand der Intuition und einer globalen Zusammenschau von Erfahrungen sind, die sich in bestimmten aussagekräftigen, teils anekdotischen Beispielen am besten illustrieren und vermitteln lassen. 66

Auch die Kritik an rechtsvergleichenden Forschungsarbeiten muss stets diese Beschränkungen im Auge behalten. Eine gewisse Unvollkommenheit ist heute und in absehbarer Zeit kaum je zu vermeiden. Am strengen Maßstab eines umfassenden funktionalen Vergleichs gemessen, wird kaum eine Arbeit je völlig befriedigen. Jede rechtsvergleichende Untersuchung ist daher nur ein Baustein, ein weiterer kleiner Beitrag, auf dem andere aufbauen können. 67

V. Rechtsvergleichung in vielen Rechtsgebieten

1. Universalität der Rechtsvergleichung

Rechtsvergleichung ist in allen Rechtsgebieten möglich und wird in allen Rechtsgebieten betrieben. Dass Rechtsvergleichung außerhalb des Privatrechts und insbesondere im öffentlichen Recht eine geringere Rolle spiele, ist ein ebenso hartnäckiges wie falsches Gerücht, das allerdings nur unter rein privatrechtlich orientierten Juristen aufzutauchen pflegt. Allerdings lässt sich eine gewisse Vorherrschaft speziell der Privatrechtsvergleichung im vergangenen Jahrhundert kaum bestreiten. Das mag einerseits am Einfluss des common law mit seiner gewissen Privatrechtsfixierung, andererseits daran gelegen haben, dass die bekanntesten Rechtsvergleicherpersönlichkeiten oftmals Privatrechtler waren. Auch bestanden und bestehen vor allem im Privatrecht Bestrebungen zur Rechtsvereinheitlichung, die in Vorarbeiten wie Folgen die praktische Rechtsvergleichung zu fördern pflegen.[148] So kam es denn, dass etwa die international renommierte „Einführung in die Rechtsvergleichung" von Zweigert/Kötz erst im selten mitzitierten Untertitel die Einschränkung „auf dem Gebiete des Privatrechts" erkennen lässt. Sie wird jedoch auch von nicht auf das Privatrecht spezialisierten Nutzern zu Recht als universelle Einführung verstanden. 68

Schon einige Äußerlichkeiten der Forschungs- und Lehrlandschaft belegen die universelle Bedeutung der Rechtsvergleichung. So finden sich in rechtsvergleichenden Vertiefungsprogrammen etwa deutscher Universitäten neben einer allgemeinen Einführung in die Rechtsvergleichung oft nebeneinander Veranstaltungen zur Rechtsvergleichung im Privat-, 69

[148] Zu Rechtsvereinheitlichung und Rechtsvergleichung vgl. noch infra → § 2 Rn. 41 ff.

Straf- und öffentlichen Recht. Fast noch deutlicher ist die Lokalisierung der Rechtsvergleichung innerhalb der deutschen Max-Planck-Gesellschaft, wo das Max-Planck-Institut für Ausländisches und Internationales Privatrecht in Hamburg und für Ausländisches Öffentliches Recht und Völkerrecht in Heidelberg sowie das Max-Planck-Institut zur Erforschung von Kriminalität, Sicherheit und Recht (vormals: für Ausländisches und Internationales Strafrecht) in Freiburg die Rechtsvergleichung unter sich aufteilen, noch ergänzt durch weitere Einrichtungen wie etwa das Max-Planck-Institut für Sozialrecht und Sozialpolitik in München mit seiner Abteilung für ausländisches und internationales Sozialrecht. Auch historisch gesehen ist die Rechtsvergleichung keineswegs ein vor allem privatrechtliches Phänomen.[149] So war die Arbeit vieler großer Namen auf den Gebieten des Verfassungs- und Verwaltungsrechts im 19. Jahrhundert in wichtigen Teilen durch eigene rechtsvergleichende Untersuchungen inspiriert und geprägt. Robert v. Mohl hatte über das Bundesstaatsrecht der USA geschrieben, Rudolf v. Gneist griff intensiv auf das englische Staatsrecht zurück, Otto Mayer lehnte sich an das von ihm bewunderte französische Verwaltungsrecht an.[150] In mancher Hinsicht ist die Rechtsvergleichung im öffentlichen Recht sogar lebendiger als im Zivilrecht. In Gebieten wie dem Polizei-, Kommunal- oder Baurecht aber auch dem Landesverfassungsrecht etwa führt der deutsche Föderalismus einerseits zu einer Aufspaltung in mehrere, voneinander unabhängige Rechtsordnungen, andererseits aber zu einer einheitlichen dogmatischen Behandlung dieser Gebiete in Wissenschaft und Praxis. Die allgemeinen Lehrbücher des Polizeirechts oder des Kommunalrechts sind im Kern gelebte Rechtsvergleichung, auch wenn dies den jeweiligen Autoren nur am Rande bewusst ist.

70 Aber auch aus dogmatischer Perspektive würde eine Beschränkung der Rechtsvergleichung auf bestimmte Rechtsgebiete keinen Sinn machen. Denn die Definition dieser Rechtsgebiete ist ihrerseits nicht vorgegeben, sondern hängt von der jeweiligen Rechtsordnung ab. So wurde die im französischen oder deutschen Recht als grundlegend angesehene Unterscheidung zwischen öffentlichem Recht und Privatrecht in England lange Zeit traditionell abgelehnt, die Existenz eines eigenständigen öffentlichen Rechts nicht akzeptiert.[151] Umgekehrt lehnte die sowjetische Rechtslehre dieselbe Unterscheidung mit der ideologischen Grundannahme ab, im Bereich der Wirtschaft sei alles Recht gerade öffentlich. Darüber hinaus kann etwa das Privatrecht (im kontinentaleuropäischen Sinn) nicht ohne das Zivilprozessrecht verstanden werden, das aber seinerseits etwa in Deutschland ebenso zum öffentlichen Recht gezählt wird wie beispielsweise das Strafrecht.

71 Vor allem aber ist es wieder die funktionale Rechtsvergleichung, die eine Beschränkung auf bestimmte Rechtsgebiete sinnlos erscheinen lässt. Denn die Lösung von Sachfragen ist nicht zwingend einem bestimmten Gebiet zugeschrieben, und es wäre unzulässig, den Blick auf Rechtsnormen bestimmter Gebiete zu beschränken. So besteht beispielsweise in vielen Staaten ein sachliches Bedürfnis, Ordnung in die Bautätigkeit zu bringen, um Konflikte zwischen Anwohnern zu vermeiden, die leicht entstehen, wenn etwa in einem Wohngebiet mit Einfamilienhäusern ein Krankenhaus oder Hochhaus errichtet wird oder umgekehrt in einem Industriegebiet ein Wohnhaus. Andererseits haben individuelle Eigentümer ein Interesse, ihr Grundstück so zu nutzen, wie sie es wünschen, ihre Häuser so zu gestalten, wie es ihnen gefällt. Die Lösung dieser Probleme findet sich in Deutschland in einem Kerngebiet des öffentlichen Rechts, dem Baurecht, und hier insbesondere in der Existenz der grundsätzlich als Satzung, dh als Rechtsnorm ausgestalteten Bebauungspläne. Sie legen die Kriterien für die Bebauung gebietsweise genau fest und unterliegen grundsätzlich der

---

[149] Vgl. zu den Wurzeln der öffentlich-rechtlichen Rechtsvergleichung von der Antike bis zur Moderne *Ferrari, Giuseppe Franco,* Le origini storiche della comparazione pubblicistica, Diritto pubblico comparato ed europeo 1 (2012), 3 (3 ff.).

[150] Vgl. zu diesen und weiteren Beispielen *Heyen, Erk Volkmar,* Französisches und englisches Verwaltungsrecht in der deutschen Rechtsvergleichung des 19. Jahrhunderts – Mohl, Stein, Gneist, Mayer, Hatschek, Jahrbuch für europäische Verwaltungsgeschichte 8 (1996), 163 (163 ff.) mit umfassenden Nachweisen; *Starck, Christian,* Rechtsvergleichung im öffentlichen Recht, JZ 1997, 1021 (1021 ff.).

[151] Vgl. infra → § 5 Rn. 197 ff.

Überprüfung vor Verwaltungsgerichten. In den USA hingegen werden die Rechtsfragen des sog. zoning zum Eigentumsrecht und damit, etwa bei der Einordnung in Lehrwerken, zum Privatrecht gezählt.[152] Zoning ist zwar auch mithilfe von städtischen ordinances, also Rechtsnormen möglich und damit Teil der verwaltungsrechtlichen police power. Doch werden die potentiellen baurechtlichen Konflikte in der Praxis vielfach durch privatrechtliche Verträge gelöst, indem ein privates Unternehmen ein größeres Stück Land kauft, erschließt und in Parzellen an Bauherren weiterverkauft, wobei die einschlägigen Beschränkungen mithilfe sog. restrictive covenants in den Kaufvertrag geschrieben und dauerhaft auch für spätere Käufer verfestigt werden. So konnte sich beispielsweise schon sechs Jahre vor der für das Ende der Rassendiskriminierung in den USA zentralen Entscheidung Brown vs. Board of Education[153] die Rechtsfrage ergeben, wie weit solche privatvertraglichen Beschränkungen eine Rassentrennung vorschreiben können. Die Antwort spiegelt – aus deutscher Sicht – gerade das Problem wider, das sich aus der privatrechtlichen Lösung einer eher der öffentlichen police power zuordenbaren Frage ergibt: die vertragliche Beschränkung auf weiße Bewohner sollte zwar legal, aber aus verfassungsrechtlichen Gründen nicht durch den Staat durchsetzbar sein; allerdings ist diese Begründung – im Unterschied zum Ergebnis – auch 60 Jahre später noch dogmatisch zweifelhaft und umstritten.[154] In jedem Fall zeigt sich hier die Sinnlosigkeit des Versuchs, Rechtsvergleichung auf bestimmte Rechtsbereiche zu beschränken.

2. Ideologie und Rechtsvergleichung

a) Von der Wertfreiheit zur Wertprägung

Das öffentliche Recht ist im Vergleich zum Privatrecht besonders ideologielastig. Wer nun gleichzeitig entweder eine wertneutrale Vergleichung[155] oder eine langfristig historisch gewachsene Beziehung zwischen den zu vergleichenden Rechtsordnungen[156] fordert, kann – muss aber nicht – zu dem Ergebnis kommen, dass insbesondere das öffentliche und hier vor allem das Verfassungsrecht ein weniger geeigneter Gegenstand der Rechtsvergleichung sei.[157] Darin läge ein Fehlschluss. 72

aa) Politisch-wertender Charakter nicht nur des öffentlichen Rechts

Dass insbesondere das Verfassungsrecht einen mehr „politischen Charakter“[158] hat, lässt sich dabei kaum bestreiten. Ihm geht es um die rechtliche Verfasstheit der politischen Grundorganisation und Grundentscheidungen eines Gemeinwesens. 73

Wie weit auch das Verwaltungsrecht als Teil der politischen Grundentscheidungen erscheint, oder inwieweit es eher den technischen Charakter hat, der sich in dem vielzitierten Satz von Otto Mayer „Verfassungsrecht vergeht, Verwaltungsrecht besteht“[159] niederschlägt, darüber ließe sich lange debattieren. So fällt einerseits auf, dass selbst revolutionäre 74

[152] Vgl. zB die einschlägigen Kapitel in US-amerikanischen Lehrbüchern zum Eigentumsrecht: „Legislative control over land use – Zoning, the takings clause, and housing discrimination“ in *Kurtz, Sheldon F.; Gallanis, Thomas P.; Hovenkamp, Herbert,* The law of property – An introductory survey, 7. Aufl. 2018, 481 ff. oder „Zoning“ in *Bernhardt, Roger; Burkhart, Ann M.,* Real property in a nutshell, 7. Aufl. 2016, 461 ff.

[153] Brown vs. Board of Education, 347 U. S. 483 (S. Ct. 1954).

[154] Grundlegend Shelley vs. Kraemer, 334 U. S. 1 (1948); zur Problematik der Begründung vgl. etwa *Rosen, Mark D.,* Was Shelley vs. Kraemer incorrectly decided? – Some new answers, California Law Review 95 (2007), 451 (451 ff.).

[155] So *Constantinesco,* Léontin-Jean, Rechtsvergleichung, Bd. 2, Die rechtsvergleichende Methode, 1972, 37; zur Wertneutralität noch infra → § 3 Rn. 157 ff., 185 ff.

[156] So *Watson* (Fn. 46), 7 f. mit klarer Skepsis hinsichtlich des Verfassungs- und Verwaltungsrechts.

[157] Kritisch dazu auch etwa *Saunders, Cheryl,* Towards a global constitutional gene pool, National Taiwan University Law Review 4 (2009), 1 (8).

[158] *Wieser, Bernd,* Vergleichendes Verfassungsrecht, 3. Aufl. 2024, 42.

[159] *Mayer, Otto,* Deutsches Verwaltungsrecht, Bd. 1, 3. Aufl. 1924, unveränderter Nachdruck 1969, Vorwort zur dritten Auflage, VI.

Umbrüche im Regierungssystem – etwa in Russland nach 1917[160] oder Deutschland 1918, 1933 und 1945/49 – keine radikale Änderung des Verwaltungsrechts erzwingen.[161] Andererseits ist der Einfluss der Verfassung auf das Verwaltungsrecht kaum zu übersehen. So ist etwa das deutsche Verwaltungsrecht heute stark von rechtsstaatlichen und grundrechtlichen Gedanken wie dem Verhältnismäßigkeitsprinzip oder dem Grundrechtsschutz im und durch Verfahren durchzogen. Auch das US-Verwaltungsrecht etwa ist vom Gedanken des verfahrensmäßigen due process im Sinne der US-Verfassung geprägt, der einen Schutz des Individuums mehr über hinreichende Berücksichtigung seiner Interessen im Verfahren denn im Ergebnis der Entscheidungsfindung sucht.[162]

75 Für das vergleichende Strafrecht schließlich wurde schon frühzeitig festgestellt, dass man es nicht betreiben kann, ohne das politische und soziale Umfeld zu berücksichtigen, in dem es sich entwickelt.[163] Weit mehr als in der Privatrechtsvergleichung wird das Strafrecht nicht nur von Fakten wie der Kriminalitätsrate beeinflusst, sondern auch von den vorherrschend anerkannten Strafzwecken, von Moral und Religion, von der Mentalität der Bevölkerung, dem politischen Umfeld und den sozio-ökonomischen Grundlagen.[164] Von solchen Faktoren hängt etwa ab, ob Ehebruch oder Blasphemie unter Strafe gestellt (und ob sie – eine ganz andere Frage – auch tatsächlich verfolgt) werden, wie weit das Notwehrrecht geht, wie weit Vorbereitungshandlungen etwa bei terroristischen Straftaten bereits unter Strafe gestellt werden oder wie drakonisch oder lax die Strafen sind. Ohne diese umfassende Abhängigkeit des Strafrechts von der jeweiligen Situation wäre etwa kaum zu erklären, dass im Frankreich des Jahres 1945, in der Zeit des kriegsbedingten Mangels, die Schwarzschlachtung einer Milchkuh mit der Todesstrafe bedroht war[165] oder dass – wie heute in Zeiten der Abhängigkeit vom Aktienhandel – das schlichte Ausnutzen eigenen, legal erlangten Wissens zur Erzielung von Gewinn im sog. Insiderhandel unter Strafe gestellt wird.

76 Auch das Privatrecht und damit die Privatrechtsvergleichung ist aber nicht etwa generell unpolitisch und wertfrei. Das gilt schon auf einer sehr grundsätzlichen Ebene insofern, als die Privatrechtsordnung, wie sie gemeinhin verstanden wird, auf dem marktwirtschaftlichen System beruht, hinter dem eine bestimmte, gerade auch politische Wertung steht. Darüber sind auch zahlreiche Einzelfragen der Privatrechtsordnung eminent wertgeprägt. So ist etwa die Vertragsfreiheit alles andere als ein neutrales Element, wenn sie zB als Argument gegen Verbraucherschutzgesetze oder Antidiskriminierungsregeln dient.[166] Kündigungsregeln über Wohnraummiete sind ebenso sozial bedeutsam und wertgeladen wie Existenz und Ausmaß von Schadenersatz für immaterielle Schäden oder die rechtliche Durchsetzbarkeit von Spielschulden. Solche Elemente stellen auch keineswegs störende Randaspekte dar, die nicht recht ins Schema passen wollen, sondern sind im Gegenteil Kernelemente der rechtsvergleichenden Betrachtung, insbesondere bei einer mehr makro- als mikrovergleichend angelegten Untersuchung.

bb) Politische Prägung und praesumptio similitudinis

77 Ist jedenfalls das Verfassungsrecht und sind tendenziell auch andere Gebiete des öffentlichen Rechts politisch mitgeprägt, so passt eine für das Privatrecht immer wieder zu findende

---

160 Vgl. dazu *Fritzsche, Annemarie,* Der zivile Staatsdienst in der Russischen Föderation, 2006, 83 ff.

161 Vgl. zur Kontinuität auch *Stolleis, Michael,* Geschichte des öffentlichen Rechts in Deutschland, Bd. 3, 1999, 80 (zu 1918), 351 ff. (zu 1933), Bd. 4, 2012, 171 f., 247 ff. (zu 1945) mit jeweils differenzierter Analyse.

162 Vgl. dazu etwa *Fehling, Michael,* Verwaltung zwischen Unparteilichkeit und Gestaltungsaufgabe, 2001, 36, 83 f.; dazu auch infra → § 5 Rn. 208.

163 Vgl. *Herzog, Jacques-Bernard,* Les principes et les méthodes du droit pénal comparé, Revue internationale de droit comparé 2 (1957), 337 (343); zur Strafrechtsvergleichung allgemein vgl. auch *Ambos, Kai,* The Current State and Future of Comparative Criminal Law, UCLA Journal of International and Foreign Affairs 24 (2020), 9 (9 ff.).

164 Vgl. hierzu und zu den folgenden Beispielen *Pradel, Jean,* Droit pénal comparé, 4. Aufl. 2016, 39 ff.

165 Vgl. *Pradel* (Fn. 164), 45.

166 Vgl. etwa *Bruns, Alexander,* Die Vertragsfreiheit und ihre Grenzen in Europa und den USA – Movement from Contract to Status?, JZ 2007, 385 (385 ff.).

Grundaussage nicht, nämlich dass verschiedene Rechtsordnungen trotz aller Unterschiede in ihrer historischen Entwicklung, ihrem systematisch-theoretischen Aufbau und im Stil ihrer praktischen Anwendung in den gleichen Lebensfragen oft zu bis in die Einzelheiten gleichen oder ähnlichen Ergebnissen kämen, die schon von einer Vermutung der Ähnlichkeit, einer praesumptio similitudinis, sprechen ließen.

Jedoch räumen auch Vertreter dieser Auffassung offen ein, dass sie schon im Privatrecht **78** nur teilweise haltbar sei.[167] So seien insbesondere Familien-[168] und Erbrecht[169] besonders wertgesteuert.[170] Tatsächlich wird im Erbrecht etwa gefragt, wann und wie weit der Erblasser seine Familie enterben oder seine Geliebte zur Erbin einsetzen darf. Im Familienrecht geht es darum, wie leicht oder schwer eine Scheidung sein soll, wobei die Möglichkeiten vom vollständigen Verbot bis zur Scheidung durch schlichte Willenseinigung oder gar durch einseitige Erklärung gehen. Evident ist die Wertlastigkeit etwa auch, wenn es um die familien- oder erbrechtliche Gleichstellung nichtehelicher oder gleichgeschlechtlicher Lebensgemeinschaften mit der Ehe geht. Aber auch beliebige andere Rechtsgebiete und Rechtsfragen können stark rechtskulturell geprägt sein, wie etwa die große Bedeutung der jury im US-Prozessrecht[171] zeigt. Von einer Ähnlichkeit der Lösungen oder einer Determinierung der Antworten durch die sachliche Struktur des jeweiligen Problems kann hier ebenso wenig die Rede sein wie bei typisch verfassungsrechtlichen Fragen, wie etwa der nach parlamentarischen Ein- oder Zweikammersystemen, der Bindung des Einzelnen an Grundrechte, einer Ausrichtung auf die Menschenwürde oder dem Ausmaß der Gleichstellung von Mann und Frau. Wer die Todesstrafe für Ehebruch oder Apostasie im islamischen Recht[172] mit deren völliger strafrechtlicher Unbeachtlichkeit etwa in Deutschland oder die unterschiedliche und teils in den vergangenen Jahrzehnten radikal gewandelte rechtliche Einstellung zur Homosexualität oder zur Prostitution betrachtet, kann kaum noch ernsthaft eine praesumptio similitudinis in Erwägung ziehen.

cc) Menschenrechtsorientierte statt wertfreie Vergleichung

Kaum zu übersehen ist aber, dass tatsächlich die Einbeziehung insbesondere des Verfassungs- **79** rechts eine wertfreie Vergleichung fast unmöglich macht. Besteht etwa in einem Staat umfassende Meinungs- und Versammlungsfreiheit, im anderen nicht, ist die Frau in einem Staat rechtlich dem Mann gleichgestellt, im anderen nicht, werden die Gesetze in einem Staat von einem demokratisch gewählten Parlament erlassen, im anderen nicht, ist in einer Rechtsordnung die Freiheitsentziehung ohne faires Verfahren ausgeschlossen, in der anderen nicht, so wäre die Forderung, diese Unterschiede nicht zu bewerten, nicht nur kaum zu befolgen, sondern selbst wieder moralisch zumindest bedenklich. So ist es auch zu verstehen, wenn gelegentlich die Aufrechterhaltung und Vertiefung grundlegender demokratischer

---

[167] Vgl. *Zweigert/Kötz* (Fn. 40), 38 f.; weniger eindeutig *Arminjon, Pierre; Nolde, Baron Boris; Wolff, Martin,* Traité de Droit Comparé, Bd. 1, 1950, 29, die ausdrücklich selbst für Verfassungs-, Verwaltungs- und Strafrecht eine Gemeinsamkeit von juristischen Regeln und Institutionen zwischen allen zivilisierten Völkern feststellen, wobei die Krux in der Frage liegen dürfte, welche Völker sie damals (1950) als zivilisiert zählen wollten; zur Kritik der praesumptio similitudinis vgl. infra → § 3 Rn. 160, 183 f.

[168] Dazu auch deutlich *Krause, Harry D.,* Comparative family law, in: Reimann, Mathias; Zimmermann, Reinhard (Hrsg.), The Oxford handbook of comparative law, 2006, 1099 (1110 f.).

[169] Dazu kritisch, allerdings mit offensichtlichem Fokus allein auf westliche Rechtsordnungen *de Waal, Marius J.,* Comparative succession law, in: Reimann, Mathias; Zimmermann, Reinhard (Hrsg.), The Oxford handbook of comparative law, 2. Aufl. 2019, 1058 (1059 ff.).

[170] Dass sich aber selbst in sehr technisch geprägten privatrechtlichen Fragen mehr Abweichungen ergeben können als vermutet, zeigte etwa ein Großprojekt der 60'er Jahre des vergangenen Jahrhunderts, in dem unter der Leitung von Schlesinger an der Cornell Law School die Regeln über das Zustandekommen von Verträgen durch Angebot und Annahme – unter Ausschluss schon solcher Fragen wie Irrtum, Täuschung, causa etc – unter Mitarbeit von 10 Universitätsprofessoren aus 10 Ländern untersucht wurden, vgl. *Schlesinger, Rudolf B.,* Formation of contracts – A study of the common core of legal systems, 2 Bde., 1968; dazu *Rheinstein, Max,* Review, The University of Chicago Law Review 36 (1969), 448 (448 ff.).

[171] Dazu infra → § 5 Rn. 141 ff., 155 ff.

[172] Vgl. *Pradel* (Fn. 164), 591.

Werte in einer friedlichen Welt als Hauptzweck aller Rechtsvergleichung angesehen wird.[173] Die Einhaltung elementarer, insbesondere menschenrechtlicher Werte ist eine grundlegende Forderung, der sich kein Staat sollte entziehen dürfen und die die Basis für die rechtsvergleichende Bewertung bildet. Diese Werte finden sich insbesondere in der Allgemeinen Erklärung der Menschenrechte von 1948 und in den beiden klar rechtsverbindlichen, weiteren Teildokumenten der sog. internationalen Bill of Rights, dem Internationalen Pakt für Bürgerliche und Politische Rechte und dem Internationalen Pakt für Wirtschaftliche, Soziale und Kulturelle Rechte, beide von 1966.

80 Bei einer darauf abstellenden, rechtsvergleichenden Bewertung besteht keine Gefahr eines rechtskulturellen Imperialismus,[174] vor der im Bereich der Privatrechtsvergleichung, aber auch sonst in der Rechtsvergleichung stets gewarnt werden muss. Hier geht es nicht um ein unberechtigtes Überlegenheitsgefühl für die eigene Lösung, die ohne Rücksicht auf die rechtlichen und faktischen Umstände als sachgerechter empfunden würde. Hier geht es vielmehr um die Einhaltung elementarer Grundwerte, für deren Einhaltung zu Recht seit Hunderten von Jahren auf den verschiedensten Ebenen gekämpft wird und weiter gekämpft werden muss. Dagegen könnte allerdings eingewandt werden, auch Menschenrechte, Freiheit und Demokratie – hier verstanden als untrennbare Einheit – seien nichts anderes als eine bestimmte Ideologie. Wer sie für allgemeinverbindlich erklären wolle, unterscheide sich nicht von den Vertretern jeder anderen Ideologie, denn beide wollten nur ihre jeweilige Weltsicht allen anderen aufdrängen. Die Antwort ist weniger schwer als es scheint: Unter der Herrschaft aller anderen Ideologien ist für abweichende Auffassungen, Lebensweisen oder Weltanschauungen kein Platz, wohl aber unter der Herrschaft der Menschenrechte. Auch sie hat zwar eine Toleranzgrenze, doch ist diese erst erreicht, wenn die abweichenden Weltanschauungen sich ihrerseits mit Zwang oder Gewalt ausbreiten wollen. Jeder darf mit anderen Worten nach seiner Façon glücklich werden, muss dies aber auch allen anderen zugestehen. In diesem Sinn kann die menschenrechtliche Toleranz tatsächlich eines nicht tolerieren: Intoleranz.[175]

81 Diese uneingeschränkt positive Sicht der Menschenrechte gerät allerdings in neuerer Zeit unter Druck. Denn sie beruht auf einem individualistischen Verständnis der Menschenrechte, das jedem Menschen Freiheit von Unterdrückung garantiert; das das Recht eines jeden anerkennt, ein Individuum zu sein und deshalb nicht etwa als Mitglied der einen oder anderen Gruppe mit vorgegebenen Eigenschaften beurteilt zu werden; das jedermann das Recht gibt, zu denken und zu sagen, was ihm selbst richtig erscheint; und das insbesondere dem Staat vorgibt, sich so wenig wie möglich in das Leben der Menschen einzumischen. Über viele Jahrzehnte war dies die Basis, auf der menschenrechtliche Ansprüche geltend gemacht wurden. Heute gewinnt demgegenüber ein sehr viel gruppenbezogeneres und invasiveres Verständnis der Menschenrechte an Bedeutung. Menschenrechtsaktivisten, die diesem Verständnis zuneigen, verteidigen nicht das Recht eines jeden Individuums, seine eigenen Werte zu haben, zu denken, was es möchte, und in Ruhe gelassen zu werden, sondern erstreben im Gegenteil eine Rekalibrierung des allgemeinen Bewusstseins der Gesellschaft[176] oder, politisch eingängiger formuliert, schlicht den Umbau der Gesellschaft. Über große Teile des 20. Jahrhunderts hinweg herrschte die liberal-individualistische Menschenrechtsperspektive vor, auch in Bezug auf die damit umfassten Rechte der Angehörigen nationaler, ethnischer, religiöser, oder sprachlicher Minderheiten. Seit etwa der Jahrtausendwende wurde sie dann nach und nach durch ein neues Paradigma des Minderheitenschutzes

[173] Vgl. *McDougal, Myres S.,* The comparative study of law for policy purposes – Value clarification as an instrument of democratic world order, in: Butler, William Elliot (Hrsg.), International law in comparative perspective, 1980, 191 (196).

[174] Vgl. noch infra → § 2 Rn. 11 ff.

[175] Deutlich auch *Popper, Karl R.,* Zur Theorie der Demokratie, in: ders. (Hrsg.), Alles Leben ist Problemlösen, 4. Aufl. 1999, 207 (214): „Ideologien, die Intoleranz predigen, verlieren ihren Anspruch auf Toleranz.".

[176] Vgl. etwa *Bodiroga-Vukobrat, Nada; Sander, Gerald G.; Barić, Sanja, Foreword,* in: Bodiroga-Vukobrat, Nada; Sander, Gerald G.; Barić, Sanja (Hrsg.), Unsichtbare Minderheiten – Invisible Minorities, 2013, 7 (8).

ersetzt, das kulturelle Diversität schon als solche als Grundwert ansah.[177] Der Fokus lag nun weniger auf so zentralen Werten wie Meinungsfreiheit, Versammlungsfreiheit oder effektiven Wahlen; stattdessen wurden insbesondere sexuelle Minderheiten als „last frontier of human rights"[178] entdeckt, ebenso wie Flüchtlinge. Ein radikaler und weit verbreiteter Ausdruck dieses neuen Paradigmas ist die Identitätspolitik,[179] die die Gesellschaft anhand von Kriterien wie Geschlecht oder Gender, Rasse, ethnische Herkunft oder Religion in eine Reihe teils überlappender Gruppen unterteilt. Das führt zu dem vielfach beschriebenen Identitätsparadox: Identitätspolitik beruht zentral auf einer Gruppenbildung anhand essentialistischer Merkmale mit dem Ziel, diese Gruppen in Staat und Gesellschaft sichtbar zu machen und ihre Interessen angemessen abzubilden. Gleichzeitig aber wird – völlig zu Recht – eben diese essentialistische Gruppenbildung, die Zuschreibung bestimmte Eigenschaften an diese Gruppen und insbesondere jede Differenzierung nach den sie prägenden Merkmalen als diskriminierend abgelehnt.[180]

Die Identitätspolitik ist mit ihrer neotribalistischen, gruppen- statt mehrheitsorientierten Denkweise unvereinbar mit der liberalen Demokratie.[181] Sie missversteht die Identität, deren zentrales Element die vom jeweiligen Menschen bestandenen Herausforderungen, erlangten Fähigkeiten und gelernten Lektionen sein können, keinesfalls aber seine Hautfarbe, andere äußerliche Merkmale oder Gruppenzuweisungen.[182] Tatsächlich ist die dahinterstehende, stereotype Annahme, dass Menschen eines bestimmten Geschlechts, einer bestimmten Hautfarbe, ethnischer Herkunft oder Religion gleiche Denkweisen, Interessen oder Standpunkte hätten, ihrerseits herabsetzend und entwürdigend.[183] Das Unterfangen, das allgemeine Bewusstsein der Gesellschaft zu rekalibrieren und die Gesellschaft nach den Wünschen einer politischen Minderheit umzubauen, steht im klaren Widerspruch zum Recht eines jeden, zu denken und zu sprechen, wie es ihm gefällt, und zu einem Staat der es den Menschen ermöglicht, ihr Leben nach eigenen Vorstellungen zu gestalten. Das dahinterstehende Idealbild ist es nicht, jedem das Streben nach Glück entsprechend den eigenen Vorstellungen zu ermöglichen, individuelle Freiheit zu betonen und die Wertvorstellungen der Mehrheit zu akzeptieren, sondern Menschen umzuerziehen und ihnen beizubringen, was moralisch gut und schlecht ist, welche Meinungen und Lebensweisen richtig und welche falsch sind. Diese verzerrte Art menschenrechtlichen Denkens bildet keinen akzeptablen Maßstab für die Rechtsvergleichung. **82**

---

[177] Zu dieser Entwicklung vgl. etwa *Marko, Joseph* et al, The Historical-Sociological Foundations: State Formation and Nation Building in Europe and the Construction of the Identitarian Nation-cum-state Paradigm, in: Marko, Joseph (Hrsg.), Human and Minority Rights Protection by Multiple Diversity Governance, 2019, 33 (82 ff.).

[178] United Nations (Hrsg.), Tackling Discrimination on Grounds of Sexual Orientation and Gender Identity, 2011, www.ohchr.org/sites/default/files/Documents/Issues/Discrimination/LGBT_discrimination_A4.pdf (zuletzt abgerufen am 18.7.2025), das den UN Special Rapporteur on violence against women zitiert.

[179] Zu Diversität und Identitätspolitik aus gleichheitsrechtlicher Sicht vgl. *Kischel, Uwe,* Gleichheit, in: Kischel, Uwe; Kube, Hanno (Hrsg.), Handbuch des Staatsrechts, Bd. 1, 2023, 365 Rn. 63 ff.

[180] Zu diesem Paradox vgl. etwa *Kersten, Jens,* Demokratische Repräsentation und Diversitätsprinzip, in: Kersne, Jens; Rixen, Stephan; Vogel, Berthold (Hrsg.), Ambivalenzen der Gleichheit, 2021, 199 (201 ff.); *Kischel, Uwe,* Gleichheit, in: Kischel, Uwe; Kube, Hanno (Hrsg.), Handbuch des Staatsrechts, Bd. 1, 2023, 365 Rn. 67.

[181] Vgl. etwa *Schorkopf, Frank,* Einheit und Vielfalt, Mehrheit und Minderheit, in: Kischel, Uwe; Kube, Hanno (Hrsg.), Handbuch des Staatsrechts, Bd. 2, 2024, 625 Rn. 31 ff.

[182] Vgl. die klaren Worte im Hinblick auf das Merkmal der Rasse in Students for Fair Admission vs. Harvard, 600 U. S. 181, 231 (2023); vgl. auch die beeindruckende, auf persönlicher Erfahrung basierende Stellungnahme in Students for Fair Admission vs. Harvard, 600 U. S. 181, 231, 261 ff., 279 ff. (2023) (Justice Thomas concurring).

[183] Vgl. in Bezug auf die Rasse Miller vs. Johnson, 515 U. S. 900, 911 f. (1995); Palmore vs. Sidoti, 466 U. S. 429, 432 (1984); Students for Fair Admission vs. Harvard, 600 U. S. 181, 220 f. (2023).

b) Universalität statt Relativismus der Menschenrechte

83 Auch bei liberal-individualistischer Sicht ist allerdings die hier zugrunde gelegte, uneingeschränkte Bejahung der sog. Universalität der Menschenrechte – also ihrer gleichen Geltung weltweit – keineswegs allgemein anerkannt. Ihr gegenüber steht ein kultureller – und damit zusammenhängend auch ethischer – Relativismus, demzufolge Existenz und Inhalt von Menschenrechten entscheidend von der jeweiligen Kultur einer Gesellschaft abhängen.[184] Die Menschenrechte, wie sie in der internationalen Bill of Rights ihren Ausdruck gefunden haben, wären demnach keineswegs universell sondern Ausdruck allein westlicher Werte. Ihre Übertragung etwa auf asiatische, moslemische oder afrikanische Gesellschaften wäre nichts anderes als eine Fortsetzung des Kolonialismus mit anderen Mitteln, ein Versuch der Assimilierung und Zerstörung anderer Kulturen mit abweichenden Werten. So wird beispielsweise in Teilen Asiens dem westlichen Individualismus, der den Menschenrechten zugrunde liege, gern unter Berufung auf die konfuzianische Tradition die überragende Bedeutung der Gemeinschaft gegenübergestellt. Auch werden gern Ordnung und Stabilität als Voraussetzungen für ökonomisches Wachstum begriffen, das seinerseits notwendige Grundlage jeder politischen Ordnung sei, die von sich behaupte, die Menschenwürde zu fördern;[185] mit anderen Worten müssen Ordnung, Wirtschaftswachstum und Menschenrechte schrittweise verwirklicht werden – und zwar in dieser Reihenfolge. Radikale Versionen des Relativismus führen gar zu der Annahme, dass es gar keine von der jeweiligen Gesellschaft und ihrer Kultur unabhängigen Werte geben könne.

aa) Menschenrechte als westlich-individualistisch geprägte Werte

84 Die Grundposition des Relativismus ist zugleich richtig und falsch. Sie ist insofern richtig, als das traditionelle Wertesystem der Menschenrechte historisch wie philosophisch dem westlichen Kulturkreis entstammt.[186] So gehörte schon rein äußerlich die Mehrheit der heutigen afrikanischen, arabischen und asiatischen Staaten gar nicht zu dem Kreis der 56 Mitgliedstaaten der Vereinten Nationen, die 1948 über die Allgemeine Erklärung der Menschenrechte abstimmten (wobei sich schon damals Saudi-Arabien, Südafrika und die Sowjetunion mit fünf Verbündeten der Stimme enthielten). Die Menschenrechte insgesamt sind sowohl als Erstgenerationsrechte (also Freiheitsrechte wie etwa die freie Meinungsäußerung) als auch als Zweitgenerationsrechte (also Leistungsrechte wie etwa das Recht auf Bildung) im Kern individualistisch geprägt. Das heißt, sie nehmen den Einzelnen in den Blick,[187] dessen freie Entfaltung durch übergeordnete gesellschaftliche Einheiten, insbesondere den Staat, gefährdet werden kann und der insofern Schutz und ggf. Leistung bedarf. Dieser philosophischen Grundeinstellung die westliche Herkunft und Verwurzelung abzusprechen, wäre eher realitätsfern, auch wenn nicht zu übersehen ist, dass in der westlichen Tradition ebenfalls weniger individualistische Einstellungen nachweisbar sind und dass der Rest der Welt alles andere als frei von Individualismus ist.

85 Konkrete Beispiele abweichender Vorstellungen liefert etwa das islamische Recht.[188] Hier ist etwa das – sogar mit der Todesstrafe bedrohte – Verbot, sich vom moslemischen

---

184 Zum Streit etwa *Alston, Philip; Goodman, Ryan,* International human rights, 2013, 531 ff. mit umfassenden Nachweisen; *Riedel, Eibe,* Universality of human rights and cultural pluralism, in: Starck, Christian (Hrsg.), Constitutionalism, universalism and democracy – A comparative analysis, 1999, 25 (29 ff.); *Wallace, Rebecca M. M.; Martin-Ortega, Olga,* International law, 9. Aufl. 2020, 267 ff.; *Donnelly, Jack,* Human rights, in: Dryzek, John S.; Honig, Bonnie; Phillips, Anne (Hrsg.), The Oxford handbook of political theory, 2006, 601 (611 ff.).

185 Vgl. zu diesem Punkt *Kausikan, Bilhari,* Asia's different standard, Foreign Policy 92 (1993), 24 (35).

186 Gegen diese weit verbreitete Einschätzung *Mahlmann, Matthias,* Mind. and Rights, 2023, 121 ff.

187 Zur gruppenorientierten Sichtweise der Menschenrechte vgl. supra → Rn. 81 f.

188 Näher zum islamischen Recht infra → § 10 Rn. 1 ff.; zum islamischen Strafrecht und der Kritik daran infra → § 10 Rn. 97 ff.; gelegentlich wird auch vertreten, dass das islamische Recht sowohl Universalität als auch Relativismus ablehne und stattdessen einen spezifisch islamischen Universalismus fordere, der auf dem islamischen Konzept der Menschenrechte beruhe, vgl. *Muhammadin, Fajri Matahati; Kamal, Mohd Hisham Mohd,* The Western Universalism vs. Cultural Relativism Debate on Human Rights, Afkar 21 (2019), 175 (183 ff.).

Glauben loszusagen, unvereinbar mit der menschenrechtlichen Religionsfreiheit.[189] Ebenso sind die Überordnung der Männer über die Frauen, der Ausschluss von Frauen aus öffentlichen Ämtern, der Ausschluss oder die geringere Bewertung von Frauen als Zeugen und vielerlei andere Ungleichbehandlungen unvereinbar mit der menschenrechtlichen Gleichheit von Mann und Frau.[190] Die insofern bestehenden, tiefgreifenden kulturellen Unterschiede bei der Stellung der Frau werden belegt durch die von namhaften muslimischen Theologen und Gesellschaftswissenschaftlern 1981 abgefasste Allgemeine Erklärung der Menschenrechte im Islam.[191] Sie zählt etwa für die Ehefrau ua das Recht auf, dort zu leben, wo ihr Ehemann lebt (Art. 20 lit. a) oder stellt zwar fest „Jeder der beiden Ehegatten hat gleiche Rechte und Pflichten gegen den anderen", fährt dann aber noch im selben Satz fort „wie die šarî'a sie aufführt: '(...) Und die Männer stehen eine Stufe über ihnen.'„ (Art. 19 lit. a). Deutlich wird auch die Kairoer Erklärung über Menschenrechte im Islam,[192] die von den Mitgliedstaaten der Organisation Islamische Konferenz am 5.5.1990 verabschiedet wurde. Sie enthält unverhohlene Formulierungen wie „Die Frau ist dem Mann in ihrer menschlichen Würde gleichgestellt und hat Rechte und Pflichten" (Art. 6 lit. a), unterstellt ohnehin alle Rechte und Pflichten der islamischen Scharia (Art. 24) und erklärt diese zum einzigen Bezugspunkt für die Auslegung (Art. 25). Zur Missionierung ist sie in Art. 10 sogar von besonderer Klarheit: „Der Islam ist die Religion der unverdorbenen Natur. Es ist verboten, auf einen Menschen in irgendeiner Weise Druck auszuüben oder die Armut und Unwissenheit eines Menschen auszunutzen, um ihn zu einer anderen Religion oder zum Atheismus zu bekehren." Beide Erklärungen stehen in ihrer Grundtendenz im Widerspruch zu Grundgedanken des herkömmlichen Menschenrechtsschutzes.[193] Die Menschenrechte spiegeln in diesem Sinne gerade keine universale Überzeugung wider.

bb) Menschenrechte als Forderungen

Dennoch ist der kulturelle Relativismus abzulehnen. Denn bei den Menschenrechten geht es **86** nicht um empirische Aussagen zur Verbreitung eines Wertekanons, nicht um die Feststellung eines *Seins,* sondern um ein Programm für eine bessere, menschlichere Gesellschaft, um ein *Sollen.* Universalität der Menschenrechte ist eine Forderung, eine normative, nicht eine empirische Feststellung. Sie ist eine Forderung, die sich insbesondere der Rechte der Individuen und Minderheiten gegen die Mehrheit, vor allem auch gegen herrschende Eliten annimmt und die faktisch untrennbar verbunden ist mit dem Streben nach Demokratie im bürgerlichen[194] Sinn. Hier eine falsch verstandene Toleranz, einen falsch verstandenen Liberalismus im Sinne der political correctness an den Tag zu legen, wäre ethisch unvertretbar, denn es geht um elementare Grundeinstellungen und Werte, die nicht weiter verhandelbar sein dürfen. Wer an Menschenrechte und Demokratie glaubt, muss dies auch deutlich zum Ausdruck bringen und insbesondere auch nicht davor zurückschrecken, klar

---

[189] Deutlich Art. 18 Abs. 2 des Zivilpakts: „Niemand darf einem Zwang ausgesetzt werden, der seine Freiheit, eine Religion oder eine Weltanschauung seiner Wahl zu haben oder anzunehmen, beeinträchtigen würde."; zur Apostasie im islamischen Recht infra → § 10 Rn. 109 ff.

[190] Zu diesen und anderen Regeln des islamischen Rechts und ihrer menschenrechtlichen Unzulässigkeit vgl. *An-Na'im, Abdullahi Ahmed,* Human rights in the Muslim world – Socio-political conditions and scriptural imperatives, Harvard Human Rights Journal 3 (1990), 13 (22 ff., 37 ff.); zu innerislamischen Reaktionen vgl. etwa infra → § 10 Rn. 53 ff., 88 ff., 92 ff., 96, 137 ff.

[191] Abgedruckt in: *Bundeszentrale für politische Bildung* (Hrsg.), Menschenrechte, 3. Aufl. 1999, 619 ff.; dazu auch kurz *Riedel, Eibe,* Der internationale Menschenrechtsschutz – Eine Einführung, in: Bundeszentrale für politische Bildung (Hrsg.), Menschenrechte, 3. Aufl. 1999, 11 (35 f.).

[192] Abgedruckt in: *Bundeszentrale für politische Bildung* (Fn. 191), 638 ff.; dazu auch kurz *Riedel* (Fn. 191), 35 f.

[193] Vgl. *Riedel* (Fn. 191), 36; allgemeiner und instruktiv zum Stand von Freiheiten und Rechten in der Untergruppe der arabischen Länder vgl. *Deutsche Gesellschaft für die Vereinten Nationen* (Hrsg.), Arabischer Bericht über die menschliche Entwicklung 2004, Kurzfassung deutsch, 2005, 7 ff.

[194] Vgl. Art. 25 lit. a Zivilpakt, der jedem Staatsbürger das Recht gibt „bei *echten,* wiederkehrenden, allgemeinen, gleichen und geheimen Wahlen, bei denen die freie Äußerung des Wählerwillens gewährleistet ist, zu wählen und gewählt zu werden" (Hervorhebung hinzugefügt).

für die ethische Überlegenheit dieses und nur dieses Gesellschaftsmodells über alle anderen Modelle einzutreten.

87 Um bei den konkreten Beispielen zu bleiben: Die Gleichberechtigung von Mann und Frau oder das Recht, die Religion abzulegen oder zu wechseln, mögen zwar kulturell nicht überall anerkannt sein, bedürfen aber dessen ungeachtet überall der Durchsetzung. Damit werden auch keine Kulturen zerstört. Gefährdet sind vielmehr nur etablierte, aber unberechtigte Herrschaftsformen. Denn keineswegs werden Menschen gezwungen, ihre Religion zu wechseln oder auch nur darüber nachzudenken, keineswegs werden Frauen davon abgehalten, Heim, Herd und Kinder zu hüten, ihrem Ehemann zu gehorchen oder das öffentliche Leben den Männern zu überlassen. Nur illiberale, gruppenorientierte Sichtweisen der Menschenrechte, wie sie hier abgelehnt werden,[195] zeigen die Tendenz, ihr eigenes Wertesystem dem Einzelnen und sogar Mehrheiten aufzwingen zu wollen. Aus der liberal-individualistischen Sicht der Menschenrechte heraus können sich hingegen Kulturen, die traditionellere oder konservative Einstellungen unterstützen, ohne Probleme halten und bewahren. Falls sie es aber im Einzelfall doch einmal nicht können, so doch nur, weil individuelle Frauen oder Religionsanhänger dies für sich nicht wollen; die angebliche Kultur erwiese sich so als bloßes Zwangssystem. Ohnehin wird das Hohelied des kulturellen Relativismus in der politischen Praxis vornehmlich von nichtdemokratischen, oppressiven Regierungen oder Eliten gesungen; der Bürger solcher Staaten hingegen, der seinen eigenen Wünschen folgen will, wird sich dem Argument, seine Forderung widerspreche seiner (eigenen!) Kultur, nur in den seltensten Fällen anschließen.

cc) Kultur- und religionsunabhängiger Kampf für die Menschenrechte

88 Diese gegenmehrheitliche, normative und nicht empirische Funktion der Menschenrechte ist dabei keineswegs Teil eines Kulturkampfes etwa der westlichen Staaten. Denn sie lässt sich ohne Weiteres auch innerhalb dieser Gruppe mit bekannten Beispielen belegen. So war die Gleichheit von Mann und Frau zu Beginn ihres Siegeszuges in der gesellschaftlichen Realität des Westens allenfalls schwach verankert und in diesem Sinne auch nicht Teil der westlichen Kultur. Wie fern sie ihr stand, zeigt sich an so bezeichnenden Daten wie der Einführung des Frauenwahlrechts im Schweizer Kanton Appenzell-Innerrhoden erst 1990 oder der Öffnung des Yale College für Frauen erst 1969. In Deutschland etwa bedurfte es einer Entscheidung des Bundesverfassungsgerichts von 1953 um festzustellen, dass es sich bei dem an sich unmissverständlichen Satz „Männer und Frauen sind gleichberechtigt" in Art. 3 Abs. 2 GG nicht um einen Programmsatz, einen politischen Begriff oder eine leere Formel, sondern um eine echte Rechtsnorm handelt und dass auch die ebenso klare Festlegung in Art. 117 Abs. 1 GG, nach der entgegenstehendes Recht nur bis zu seiner Anpassung bestehen bleibe, „jedoch nicht länger als bis zum 31. März 1953", auch genau so zu verstehen war.[196] Vergleichbar dürfte etwa das Verbot der Rassendiskriminierung im Jahre 1954 noch kaum fest in der Kultur der USA verankert gewesen sein, wie die erst in diesem Jahr juristisch durchgesetzte Beseitigung der gesetzlichen Rassentrennung[197] und der folgenden Aufruhr in Teilen der Bevölkerung belegen. Dabei dürfte ohne Weiteres einsichtig sein, dass die Vertreter der Rassentrennung in den USA ebenso wie die Gegner der Suffragetten um die vorletzte Jahrhundertwende sich sicherlich gegenüber hypothetischen menschenrechtlichen Argumenten darauf berufen hätten, sie repräsentierten und bewahrten die heimatliche Kultur. In ähnlicher Weise ist das aus relativistischer Sicht immer wieder zu hörende Argument, bei Gewährung voller Freiheiten drohte Gefahr für den öffentlichen Frieden und Gewaltausbrüche,[198] interessanterweise ein zentrales Argument der Anhänger und

[195] Vgl. supra → Rn. 81 f.

[196] Vgl. BVerfGE 3, 225 (239 ff.); wie aus internen Kreisen zu hören ist, bedurfte diese Entscheidung des nachdrücklichen Einsatzes der damals einzigen, recht durchsetzungsstarken Richterin am Bundesverfassungsgericht.

[197] Vgl. Brown vs. Board of Education, 347 U. S. 483 (S. Ct. 1954).

[198] Vgl. dazu etwa *Brems, Eva,* Human rights – Universality and diversity, 2001, 167 f. im Hinblick auf Afrika.

Dulder des Apartheidregimes in Südafrika gegen schnellen oder gar sofortigen Wandel gewesen.

Dass es hier allenfalls um einen Kampf der Freiheit gegen die Unfreiheit geht, nicht aber um einen Kampf der Religionen gegeneinander, zeigt schon ein kurzer Blick etwa auf christliche und islamische Werte. Beide sind letztlich uneingeschränkt mit der menschenrechtlichen Position vereinbar, beide können ihr aber ebenso gut völlig unversöhnlich gegenüberstehen. Fundamentalistische Auslegungen der Bibel können demokratie- und freiheitsgefährdend sein, etwa wenn Kritik gegenüber Autoritäten abgelehnt und im Gegenteil zu bloßem Gehorsam erzogen wird.[199] Die Apostasie wurde auch im Christentum mit Beginn ihres Aufstiegs zur Staatsreligion im 4. Jahrhundert Staatsverbrechen, Thomas von Aquin bejahte dafür die Todesstrafe.[200] Für die Stellung der Frau im Christentum ließe sich das Bibelwort „Ihr Frauen, seid untertan euren Männern, wie sich's gebührt in dem Herrn"[201] anführen, das in seiner Deutlichkeit den entsprechenden Koranstellen in nichts nachsteht. Das Kirchenrecht ging etwa im Decretum Gratiani von 1140 von der Unterwerfung der Frau unter den Mann aus, und auch im Judentum verweigert die orthodoxe Strömung bis heute beispielsweise der Ehefrau das Recht, selbst die Auflösung der Ehe zu verlangen.[202] Die Menschenrechte insgesamt wurden kurz nach ihrer Niederlegung in der französischen Erklärung der Menschen- und Bürgerrechte von Papst Pius VI. als „abscheuliches Recht"[203] bezeichnet, eine später immer wieder bestätigte Auffassung, die erst in der Zeit des Zweiten Vatikanischen Konzils in den 60er Jahren des 20. Jahrhunderts aufgegeben wurde.[204] **89**

Andersherum ist der Islam alles andere als notwendig menschenrechtsfeindlich, sondern ist ohne Weiteres mit den Menschenrechten in Übereinstimmung zu bringen. Dazu bedarf es einer historisch-kritischen Auslegung von Koran und Sunna, also einer Auslegung, die Glaubensinhalte von den Zeitumständen trennt und die zahllosen einander widersprechenden Stellen in einer der heutigen Zeit angemessenen Weise auslegt.[205] So kann beispielsweise der Todesstrafe für Apostasie die Sure 2,256 gegenübergestellt werden, die verlangt „In der Religion gibt es keinen Zwang".[206] Auch begründet Sure 4,34 des Koran die Herrschaft des Mannes über die Frau mit der männlichen Überlegenheit und der finanziellen Unterstützung von Frauen. Die Auslegung könnte hier zu dem Ergebnis gelangen, dass die körperliche Überlegenheit in der heutigen Welt ihre Bedeutung verloren hat und Frauen regelmäßig finanziell unabhängig sind, so dass die beiden Bedingungen für männliche Herrschaft entfallen.[207] Eine solche Auslegung des Islam wird dabei nicht nur von westlicher Seite immer wieder gefordert, sondern stellt auch unter islamischen Fachleuten eine intensiv diskutierte Strömung dar.[208] Allerdings darf nicht übersehen werden, dass die Scharia gerade nicht das Ergebnis einer solchen Auslegung ist und durch sie einer grundlegenden Änderung unterzogen würde. Wichtiger noch ist diese moderne Richtung des Islam gerade nicht diejenige, für die weltweit die Massen kämpfen, sondern scheint im Gegenteil eine quanti- **90**

---

199 Vgl. *Götz, Florian; Das Gupta, Oliver,* Liebe deinen Nächsten – Auch mit der Rute!, Süddeutsche Zeitung, 25.9.2010, 14.

200 Vgl. *Küng, Hans,* Der Islam, 2006, 700 f.

201 Kolosser 3, 18, Die Bibel oder die ganze Heilige Schrift des Alten und Neuen Testaments, nach der Übersetzung Martin Luthers, Lutherbibel 1912, Neues Testament neu überarbeitet 1998, 5. Aufl. 2004.

202 Vgl. *Homolka, Walter,* Das jüdische Eherecht, 2009, 113 f.; *Küng* (Fn. 200), 669 f.

203 *Pie VI,* Breve „Quod aliquantùm" v. 10. März 1791, in: Guillon, Marie-Nicolas-Silvestre (Hrsg.), Collection générale des brefs et instructions de Notre Très-Saint Père le Pape Pie VI, relatifs à la révolution française, Bd. 1, 1798, 104 (125) („droit monstrueux").

204 Vgl. *Küng* (Fn. 200), 664 f.

205 Dazu etwa infra → § 10 Rn. 53 ff.

206 Vgl. *An-Na'im* (Fn. 190), 48; zur Apostasie im islamischen Recht auch infra → § 10 Rn. 109 ff.

207 *An-Na'im* (Fn. 190), 37, 47; Zum Thema Apostasie im islamischen Recht vgl. auch infra → § 10 Rn. 109 ff.

208 Vgl. *Küng, Hans,* Der Islam, 2002, 623 ff., 673 ff.; *An-Na'im* (Fn. 190), 40 f., 46 ff.; zur Entwicklung der Veränderbarkeit des Islam vgl. *Glenn* (Fn. 44), 204 ff.; zum Wandel im Islam ausführlicher infra → § 10 Rn. 44 ff.

tativ eher randständige Erscheinung zu sein, die sich gegen machtvolle Interessengruppen und Traditionen durchsetzen müsste.[209]

dd) Universalität und Umstände des Einzelfalls

91 Bei allem Einsatz für die Universalität der Menschenrechte und damit ihre zentrale Rolle als Wertekanon auch in der Rechtsvergleichung dürfen allerdings die Grenzen menschenrechtlicher Vorgaben nicht übersehen werden. Wenn von Seiten nichtwestlicher Staaten der Vorwurf eines fortschreitenden Abrückens von vergleichsweise klar definierten völkerrechtlichen Positionen hin zu manipulationsoffenen Allgemeinplätzen wie Freiheit und Demokratie erhoben wird,[210] so sollte dies ohne Weiteres ernst genommen werden. Universalismus der Menschenrechte bedeutet nicht ein Absehen von den Umständen jedes Einzelfalls. So können tatsächlich – und nicht nur nach der Vorstellung der Herrschenden – instabile Verhältnisse oder gewalttätige Auseinandersetzungen in einem Staat nach menschenrechtlicher Schrankendogmatik ohne Weiteres geeignet sein, bestimmte Freiheitsrechte stärker einzuschränken, als dies unter eher beschaulichen europäischen Verhältnissen zulässig wäre. Treten vermehrt gefährliche Organisationen wie etwa die in Deutschland vom Verfassungsschutz beobachtete Scientology Organisation oder Aum Senrikyo – die Gruppe, von der der Gasanschlag auf die Tokioter U-Bahn 1995 ausging – unter dem Tarnmantel der religiösen Gemeinschaft auf, so sind Einschränkungen der Religionsfreiheit eher hinzunehmen als in anderen Staaten. Gefährlich ist hier die Tendenz, die – auch verfassungsrechtliche – Rechtslage im eigenen Land unreflektiert zum internationalen Maßstab zu machen.[211] Bei Fragen wie Abtreibung, Todesstrafe oder Eigentumsschutz kann im weltweiten – im Unterschied etwa zum europäischen – Maßstab kaum von einer klaren und vor allem einheitlichen Rechtslage gesprochen werden; Forderungen in diesem Bereich dürften eher (rechts-) politischer Natur sein. Die Idee der Universalität der Menschenrechte würde hier durch politisch gemeinte, aber rechtlich eingekleidete Kritik diskreditiert.

---

[209] Vgl. *An-Na'im* (Fn. 190), 40, 42, 50 f.

[210] Vgl. *Kausikan* (Fn. 190), 30, 40.

[211] Vgl. etwa am Beispiel der Religionsfreiheit in Russland aus US-Sicht *Kischel, Uwe,* Die Stellung nichttraditioneller Religionen in Russland – Rechtsvergleichende Bemerkungen aus deutscher Sicht, in: Manssen, Gerit; Banaszak, Bogusław (Hrsg.), Religionsfreiheit in Mittel- und Osteuropa zwischen Tradition und Europäisierung, 2006, 189 (189 ff.).

§ 2. Ziele der Rechtsvergleichung

Übersicht

Rn.

I. Fehlende Rechtfertigungsbedürftigkeit der Rechtsvergleichung 1
II. Allgemeine Zwecke und unmittelbar verwertbare Ergebnisse der Rechtsvergleichung 5
1. Kommunikation 7
a) (Rechts-)Kulturelle Unterschiede 8
b) Rechtskultureller Imperialismus 11
c) Anwaltliche Praxis 15
2. Rechtsbildung: Bedeutung in der Lehre 16
3. Vertieftes Verständnis der eigenen Rechtsordnung 20
4. Rechtsvergleichung und Gesetzgebung 22
a) Rechtsbeeinflussung im Allgemeinen 23
b) Rechtsübernahme (legal transplants) 34
c) Rechtsvereinheitlichung und Rechtsharmonisierung 41
5. Rechtsvergleichung und Auslegung 53
a) Auslegung von Recht mit fremden Elementen: rechtsvergleichende Auslegung iwS 54
b) Auslegung genuin nationalen Rechts: rechtsvergleichende Auslegung ieS 59
c) Praktische Probleme und Lösungen 77
6. Rechtsvergleichung als Rechtsquelle: Völker- und Europarecht 81

I. Fehlende Rechtfertigungsbedürftigkeit der Rechtsvergleichung

1 Dass die Rechtsvergleichung sich schon fast traditionell immer wieder ausführliche Gedanken über ihren eigenen Sinn, über ihre Zwecke und Ziele macht, ist verwunderlich. Kein Physiker oder Astronom, kein Soziologe oder Politikwissenschaftler, kein Historiker oder Verfassungsrechtler würde es in einem Lehrbuch oder gar Aufsatz für notwendig halten, sein Fachgebiet und sein Tun in dieser Weise zu rechtfertigen. Eine Vermutung über den Grund für diese Verschämtheit scheint bei oberflächlicher Betrachtung auf der Hand zu liegen: Der Jurist ist es, so könnte man meinen, von den verschiedenen Rechtsgebieten wie etwa Straf-, Gesellschafts- oder Verwaltungsrecht her gewohnt, unmittelbar anwendbare und in diesem Sinne alltagsverwertbare Resultate zu produzieren. Für die Rechtsvergleichung wird diese Erwartungshaltung jedenfalls nicht in gleicher Weise erfüllt,[1] sie scheint akademischer, weniger praxisnah zu sein.

2 Dieser Ansatz vermag jedoch das ungewöhnliche Rechtfertigungsbedürfnis schon deshalb nicht zu tragen, weil auch die unmittelbare Anwendbarkeit und Alltagsverwertbarkeit etwa der Geschichtswissenschaft oder der Soziologie, aber auch der Astronomie oder der theoretischen Physik alles andere als ausgeprägt ist. Denn Wissen über die Kämpfe der griechischen Stadtstaaten, das Wesen der Bürokratie oder die Struktur von Raum und Zeit hilft uns in unserem alltäglichen Leben und selbst bei weniger alltäglichen Problemen kaum einmal konkret weiter. Selbst in der Philosophie mit ihren von Kant formulierten drei Grundfragen „1. Was kann ich wissen?, 2. Was soll ich tun?, 3. Was darf ich hoffen?"[2] bildet die praktische Philosophie, die konkrete Handlungsanweisungen im Alltag geben kann (insofern also die Kantsche Frage „Was soll ich tun?" zu beantworten sucht), nur ein

[1] Vgl. schon zum Begriff der Rechtsvergleichung supra → § 1 Rn. 52 ff.

[2] *Kant, Immanuel,* Kritik der reinen Vernunft, in: Werke in zwölf Bänden, Bd. III/IV herausgegeben von Wilhelm Weidschedel, 1977, 675 f.

Teilgebiet. Davon unabhängig stimmen auch die Prämissen des scheinbar so einleuchtenden Erklärungsansatzes nicht. Viele, wenn nicht die meisten etwa der Arbeits-, Verfassungs- oder Völkerrechtler würden es weit von sich weisen, nur über das aktuell geltende Recht und seine richtige Anwendung und Auslegung zu arbeiten. Der ganz konkrete Anwendungsbezug der Rechtswissenschaften ist daher kein Aspekt, der gerade erst ihren Wert ausmacht.[3]

3 Mit alledem soll die Wichtigkeit und Bedeutung von Erkenntnissen über die Natur schwarzer Löcher, über die Wirkung des Echnaton in der altägyptischen Kultur, über das Verhältnis von Sprache und Denken oder von Verfassung und Volk keineswegs geschmälert werden. Im Gegenteil sind Erkenntnisse dieser Art von elementarer Bedeutung für den menschlichen Geist und die menschliche Zivilisation, schlicht weil sie Erkenntnisse sind. Die Gewinnung von Erkenntnissen ist als solche hinreichender Zweck und Sinnstifter der Wissenschaft, ohne dass es dazu notwendig eines Alltagsnutzens bedürfte. Nicht zu Unrecht unterscheidet sich in Deutschland die Fachhochschule von der Universität oder in den USA das community college von der Ivy League vor allem auch dadurch, dass dem kurzfristigen Aspekt der unmittelbaren Anwendbarkeit und Verwertbarkeit in den höherrangigen Institutionen eine ganz erheblich geringere Bedeutung zukommt. Gerade auch in der Rechtswissenschaft ist das schlichte, anwendungsbezogene Wissen um die einzelnen Rechtsnormen zwar ein ebenso wichtiger Aspekt wie im Mathematikstudium die Bruchrechnung und die Grundkenntnisse der Differential-, Integral- oder Vektorrechnung. Als alleiniges Ergebnis der Ausbildung kann es jedoch beispielsweise in Deutschland allenfalls in der – guten und wichtigen – Fachhochschulausbildung zum Rechtspfleger oder ggf. in einem der neuartigen Bachelor-Studiengänge akzeptiert werden. Die Fähigkeit zur Erfassung eines vernetzten Gesamtbildes des gerade nicht modularisierbaren Rechts, die kritische Auseinandersetzung mit dem Stoff, die Fähigkeit zur eigenständigen Entwicklung oder Weiterentwicklung von Rechtsfragen in klassischen Gebieten ebenso wie in eher randständigen Rechtsbereichen, der Blick für übergreifende Konsequenzen und die Entwicklung eines an die Grundwerte des Rechtssystems angepassten Judizes – dies sind nur einige der zentralen Gegenstände einer gerade rechts*wissenschaftlichen* Ausbildung. Sie gewinnt mit der seit Jahrzehnten zunehmenden Komplexität des Rechtsstoffes immer mehr an Bedeutung und entlarvt den gelegentlich zu findenden Wunsch nach einem nur spezialisiert ausgebildeten Juristen als Illusion. Dass eine hochwertige, zukunftsfähige und insofern für die Praxis taugliche Juristenausbildung weit mehr als die Vermittlung von bloßem „black letter law" voraussetzt, zeigen auch Beispiele etwa aus den USA, also dem Land, dem gemeinhin eine besonders praxisnahe Juristenausbildung zugeschrieben wird.[4] Hier erzählte etwa der hochangesehene ehemalige Dekan der Yale Law School und jetzige Bundesrichter Guido Calabresi gern und vor allem stolz die Geschichte vom frischgebackenen Yale-Absolventen, der an seinem ersten Arbeitstag in einer New Yorker Großkanzlei nach der Lösung eines konkreten Rechtsproblems gefragt wird. Seine Antwort lautet, dass er keinerlei Ahnung habe, was die Lösung sei, er aber sehr genau wisse, was sie sein sollte. Dass die Erfolgswahrscheinlichkeit des Yale-Absolventen dennoch – oder besser: gerade deshalb – sehr weit über dem Durchschnitt liegt, steht dazu nicht im Widerspruch.

4 Die unmittelbar praktisch anwendbaren Kenntnisse sind also auch und gerade in der Rechtswissenschaft keineswegs das zentral wichtige Kriterium für einen sinnvollen Unterrichtsstoff oder Forschungsgegenstand. Auch für die Rechtsvergleichung ist daher über

[3] Damit soll dem Diktum von *Markesinis, Basil,* Comparative law in the courtroom and classroom, 2003, 53 „In law, ideas and notions that cannot be put to practical use, are likely to satisfy only those who spend their time divising them and then quoting each other with selfsatisfaction", das seine – berechtigte – Kritik an postmodernen Strömungen der Rechtsvergleichung zusammenfasst, keineswegs widersprochen werden. Die „praktische Anwendung" darf dabei aber nicht auf die konkrete Entscheidung eines einzelnen Rechtsfalles oder einzelnen Rechtssetzungsakts reduziert werden. Markesinis scheint dies nicht zu tun, sondern nur seiner berechtigten Kritik an radikal praxisfernen Ansätzen überdeutlich Ausdruck zu verleihen, vgl. auch ibid., 56 ff.

[4] Zur Juristenausbildung in den USA vgl. auch infra → § 5 Rn. 114 ff.

Erkenntnis und Denkschulung hinaus keinerlei spezifischer „Sinn" für Selbstverständnis oder Rechtfertigung erforderlich.

II. Allgemeine Zwecke und unmittelbar verwertbare Ergebnisse der Rechtsvergleichung

Dieser Grundgedanke lässt auch einen entspannteren Umgang mit den Zielen der Rechtsvergleichung zu. Insbesondere ist es in keiner Weise erforderlich, zur Aufrechterhaltung des eigenen akademischen Selbstbewusstseins bestimmte, unzweifelhaft bestehende praktische Zwecke, wie etwa Rechtsangleichung oder rechtsvergleichende Auslegungsmethode, über ihre reale Bedeutung hinaus zu überhöhen. Mindestens ebenso wichtig und bedeutsam sind zudem Ziele, die nicht zu unmittelbar rechtlich verwertbaren Ergebnissen führen und die hier zunächst näher betrachtet werden. 5

Bei alledem sollte nicht übersehen werden, dass die Rechtsvergleichung durchaus nicht nur hehren, sondern auch egoistischen oder chauvinistischen Zielen dienen kann. So wurde kurz nach Ende des Ersten Weltkriegs als Begründung für die Notwendigkeit der Errichtung des Institut de Droit Comparé in Lyon auch angegeben, der militärische Sieg über die Mittelmächte sei unvollkommen, wenn ihm nicht der mittels Vergleichung mit dem französischen Recht geführte Kampf gegen die deutsche juristische Hegemonie folge.[5] Ebenso wenig kann ausgeschlossen werden, dass ein Rechtsvergleicher sich zum Ziel setzt, die Überlegenheit des eigenen Rechtssystems zu beweisen, beispielsweise weil es – heute kaum mehr relevant – auf einer qualitativ höherrangigen, sozialistischen Wirtschaftsordnung aufbaue.[6] 6

1. Kommunikation

Rechtsvergleichung verbessert die Kommunikation in einer Welt, die durch die zunehmende Ausweitung und Verfügbarkeit von Transport- und Kommunikationsmitteln immer weiter zusammenwächst, auf diese Weise aber zugleich ihre kulturellen Unterschiede und Konfliktpotentiale immer deutlicher hervortreten lässt. Diese kulturellen Unterschiede werden durch die Vervielfältigung der Kontakte zwar weder vermehrt noch vertieft, doch treten sie weit öfter zutage und können von sehr viel mehr Menschen persönlich erfahren werden. 7

a) (Rechts-)Kulturelle Unterschiede

Die entgegengesetzte Vorstellung, dass gerade vielfältige Kontakte die Unterschiede in absehbarer Zeit einebnen könnten, dürfte eher in das Reich des wunschgeprägten Denkens gehören. Äußerlichkeiten mögen übernommen werden, insbesondere wenn ökonomische Interessen dahinterstehen – als Beispiele bieten sich spontan das Feiern von Halloween außerhalb der USA oder die Ähnlichkeiten in der musikgeprägten Jugendkultur an. Doch tiefer verwurzelte kulturelle Eigenheiten erweisen sich vielfach als unübertragbar und änderungsresistent. So konnte sich – um im Bereich der Alltagskultur zu bleiben – etwa das spezifisch amerikanische date trotz jahrzehntelanger Verbreitung durch U.S.-amerikanische Medien und trotz Übernahme des Begriffs etwa in die deutsche Jugendsprache nicht nur nicht ausbreiten; es dürfte auch heute noch den meisten Menschen außerhalb der USA unbekannt sein, dass darin überhaupt etwas spezielles und anderes liegt als die schlichte Verabredung europäischer Prägung. Die Bedeutung des Essens in Frankreich, die abend- 8

[5] Vgl. *Lambert, Edouard,* L'Institut de Droit Comparé, 1921, 5 ff.

[6] Vgl. dazu etwa *Westen, Klaus,* Die sozialistischen Rechtsordnungen, in: David, René; Grasman, Günther (Hrsg.), Einführung in die großen Rechtssysteme der Gegenwart, 2. Deutsche Aufl. 1989, 221 (228, 238).

lichen Ausgehgewohnheiten in Spanien, der Stellenwert von Familie und Religion in Polen – von einer Angleichung kann kaum die Rede sein, obwohl diese Beispiele nicht einmal den westlichen Kulturkreis verlassen.

9 Vor diesem Hintergrund ist jede Kommunikation – unabhängig von schlichten Sprachproblemen – mit potentiellen Missverständnissen und dadurch Konflikten belastet, die sich nur durch möglichst umfangreiches Wissen über die jeweils fremde Kultur vermeiden lassen. Nicht umsonst spielt gerade auch im Bereich der wirtschaftlichen Kontakte das kulturelle Training für Manager eine immer größere Rolle, um beispielsweise die teilweise erheblichen Reibungsverluste bis hin zum völligen Scheitern zu vermeiden, die sich in kulturell divers besetzten Arbeitsgruppen etwa durch verschiedene, mono- oder polychrone Zeitauffassungen, verschiedene Grade der Zielorientiertheit bei der Informationsvermittlung, verschiedene Ausprägungen der Langfristigkeitsorientierung oder verschiedene Machtdistanz ergeben.[7]

10 Nicht anders stellt sich die Lage im Hinblick auf die spezifisch *rechts*kulturellen Unterschiede dar. Auch hier bestehen grundlegend unterschiedliche Denkgewohnheiten, die durch die etwaige Übernahme von Äußerlichkeiten wie bestimmten Rechtsbegriffen oder Rechtsinstituten kaum beeinflusst werden. Das Vorgehen von Fall zu Fall, wie es im common law verbreitet ist, das systematisch-deduktive kontinentaleuropäische Denken, ein gewisser Rechtsnihilismus in Russland oder die sehr pragmatische Herangehensweise in Skandinavien können interkulturelle Rechtsdiskussionen zwar befruchten, ebenso leicht aber auch zum Erliegen bringen, wenn den Beteiligten die Unterschiede nicht bewusst sind. Die unbewusste Unterstellung, alles müsse im Grunde ähnlich – dh natürlich wie zuhause – sein, ist auch hier eine der größten Konfliktquellen.

So ist beispielsweise unter englischen Juristen die Ansicht zu hören, es gebe nichts Schlimmeres als amerikanische Anwälte, die nach London einflögen und glaubten, sie würden das englische Recht im Grundsatz verstehen.[8] Ähnlich scheint es sich manchmal zwischen deutschen und österreichischen Rechtswissenschaftlern zu verhalten, die sich zum Teil gegenseitig – wenn auch meist unter vorgehaltener Hand – einerseits mangelnde wissenschaftliche Vertiefung, andererseits verquaste Theorielastigkeit vorwerfen. Ein typisches Beispiel gegenseitigen rechtskulturellen Unverständnisses kann etwa auftreten, wenn ein deutscher Jurist dem amerikanischen eine der detaillierten dogmatischen Differenzierungen des deutschen Zivil- oder Verwaltungsrechts erklärt und dann spontan zurückgefragt wird: „How do you go about establishing that in court?" – eine Reaktion, die zu einer längeren Gesprächspause führen kann.[9]

b) Rechtskultureller Imperialismus

11 Verbessertes gegenseitiges Verständnis und damit eine verbesserte Kommunikation sollte auch ein Problem zu verhindern helfen, das sich mit dem Stichwort des rechtskulturellen Imperialismus beschreiben lässt. Dabei geht es um die vereinfachende Einstellung, die die eigene Lösung, das eigene Recht, grundsätzlich und kurzerhand für besser, sinnvoller und sachgerechter hält. Vor einer so weittragenden Aussage sollten aber in jedem Einzelfall stets das gesamte rechtliche Umfeld, die Unterschiede in der Rechtskultur, die Sichtweise des

---

7 Vgl. dazu *Hall, Edward T.; Reed-Hall, Mildred,* Understanding cultural differences, 1990, Nachdruck 2004, 3 ff.; *Dülfer, Eberhard; Jöstingmeier, Bernd,* Internationales Management in unterschiedlichen Kulturbereichen, 7. Aufl. 2008, 521 ff.; *Trompenaars, Fons,* Handbuch globales Management, 1993, 12 ff.; *Hofstede, Geert; Hofstede, Gert Jan; Minkov, Michael,* Cultures and organizations – Software of the mind. – Intercultural cooperation and its importance for survival, 3. Aufl. 2010, 388 ff.; *West, Richard; Turner, Lynn H.,* Understanding interpersonal communication – Making choices in changing time, 2011, 92 ff.

8 Zu den Unterschieden zwischen England und den USA vgl. zB *Atiyah, Patrick S.; Summers, Robert S.,* Form and substance in Anglo-American law, 1987, Nachdruck 2002; vgl. auch infra → § 5 Rn. 227 ff.

9 Vgl. dazu *Damaška, Mijan,* A continental lawyer in an American law school – Trials and tribulations of adjustment, Pennsylvania Law Review 116 (1968), 1363 (1368 Fn. 8).

Problems seitens der Bevölkerung sowie die abweichenden rechtlichen Konzeptionen und Institutionen beachtet werden.[10]

Ein Beispiel findet sich etwa in der These Schauers, außerhalb der USA gebe es noch 12 keine genügende praktische Erfahrung mit konkreten Fällen zur Meinungsfreiheit, so dass erst in Zukunft statt der gegenwärtigen, auf weichen Standards basierenden Verhältnismäßigkeitsprüfung eine striktere, regelbasierte dogmatische Struktur der Meinungsfreiheit entwickelt werden würde, wie sie für reifere Systeme verfassungsmäßiger Rechte typisch sei.[11] Darin spiegelt sich erstens eine gewisse Unkenntnis wieder, wenn den Staaten, die einem Abwägungsmodell folgen, höchstens 25 Jahre Erfahrung mit Rechtsprechung zur Meinungsfreiheit unterstellt wird.[12] Ignoriert wird etwa das Bundesverfassungsgericht mit seiner schon zum Zeitpunkt von Schauers Veröffentlichung über 50-jährigen, ausgeprägten Praxis zur Meinungsfreiheit, das gerade bei Fragen der Verhältnismäßigkeit eine intensive und international sehr einflussreiche Entwicklungsleistung vollbracht hat. Dies ist umso auffälliger, als Schauer ausdrücklich behauptet, gerade nach etwa 50-jähriger Erfahrung (gegenüber der für die USA auf knapp 90 Jahre festgesetzten) werde eine Fortsetzung der Abwägungsrechtsprechung höchst unwahrscheinlich.[13] Zweitens und wichtiger spiegelt sich darin offenbar auch ein eher unreflektierter Glaube an die eigene Überlegenheit, der durch die Verwendung von hochgradig abwertenden Bezeichnungen wie „kadiähnlich"[14] nur weiter unterstrichen wird und der nur wenig von echter Kenntnis fremder Rechtsordnungen und etwa der Verbreitungsgeschichte des Verhältnismäßigkeitsprinzips insbesondere in Europa geprägt ist.[15] Ebenso steht dahinter ein erstaunlicher Glaube an ein Modell rechtlicher Entwicklung, wie es zuletzt in den rechtsethnologischen Strömungen des 19. Jahrhunderts vertreten und seitdem kaum je wieder aufgegriffen wurde.[16] Dass regelbasierte Modelle keineswegs die natürlichen Nachfolger einer allgemeinen Verhältnismäßigkeitsabwägung sind, zeigt sich etwa auch an der deutschen Verfassungsrechtsprechung zur Berufsfreiheit. Hier wurde sehr frühzeitig mit der sog. 3-Stufen-Theorie zunächst eine eher regelbasierte Konkretisierung der Abwägung eingeführt,[17] diese aber bereits ein Jahr später als bloße Ausprägung des Verhältnismäßigkeitsprinzips interpretiert, so dass die Ergebnisse der 3-Stufen-Theorie immer dann durchbrochen werden, wenn sie im Einzelfall nicht mit dem Ergebnis allgemeiner Verhältnismäßigkeitserwägungen übereinstimmen.[18]

Andersherum könnte beispielsweise aus ausländischer Sicht das amerikanische jury-System[19] durchaus grundlegend kritisiert werden. Dabei dürften aber nicht dessen historische Wurzeln und vor allem nicht seine tiefgreifende Verankerung im rechtlichen und politischen Denken der amerikanischen Bevölkerung übersehen werden. Dass gleichzeitig das jury- 13

[10] Vgl. etwa *Kischel, Uwe,* Delegation of legislative power to agencies – A comparative analysis of United States and German law, Administrative Law Review 46 (1994), 213 (215, 243, 256).

[11] Vgl. *Schauer, Frederik,* Freedom of expression adjucation in Europe and the United States – A case study in comparative constitutional architecture, in: Nolte, Georg (Hrsg.), European and U.S. constitutionalism, 2005, 49 (57 ff.); *Schauer, Frederick,* The exceptional first amendment, in: Ignatieff, Michael (Hrsg.), American exceptionalism and human rights, 2005, 29 (54 ff.); kritisch schon aus Sicht des common law *Evans, Simon; Stone, Adrienne,* Balancing and proportionality – A distinctive ethic?, draft paper presented at the VIIth World Congress of the International Association of Constitutional Law, Athens, 11 – 15 June 2007, workshop 15, 12 ff.

[12] Vgl. *Schauer,* Freedom of expression adjucation (Fn. 11), 58.

[13] *Schauer,* Freedom of expression adjucation (Fn. 11), 59.

[14] *Schauer,* Freedom of expression adjucation (Fn. 11), 59 („freedom of expression adjudication in Canada, in Europe and in other countries […] in Q'adi-like fashion, continuously open-ended").

[15] Vgl. zusätzlich *Barak, Aharon,* Proportionality (2), in: Rosenfeld, Michel; Sajó, András (Hrsg.), The Oxford handbook of comparative constitutional law, 2012, 738 (754) mwN, der Verhältnismäßigkeit und strikte, regelbasierte Strukturen jedenfalls als gleichwertig ansieht und sogar erste Zeichen für eine Übernahme der Verhältnismäßigkeit in den USA sieht.

[16] Vgl. supra → § 1 Rn. 38.

[17] Vgl. BVerfGE 7, 377 (405 ff.).

[18] Vgl. BVerfGE 11, 30 (42 ff.).

[19] Zur jury vgl. infra → § 5 Rn. 141 ff.

System für eine Übertragung etwa nach Deutschland völlig ungeeignet wäre, steht dazu in keinem Widerspruch, sondern bestätigt gerade diesen kulturellen Hintergrund.

14 Mindestens so groß wie die Gefahr des rechtskulturellen Imperialismus kann nämlich die Gefahr des rechtskulturellen Selbstimperialismus sein, der bedenken- und gedankenlos fremde Versatzstücke in die eigene Rechtsordnung übernehmen will, weil sie angeblich besser sind. Solche Tendenzen zeigen sich beispielsweise mit besonderer Deutlichkeit in der europaweiten Einführung von sog. Bachelor- und Masterstudiengängen oder in der deutschen Diskussion zur Übernahme des sog. tenure track Systems für Hochschullehrer, die insgesamt fast nur noch mit dem völlig fehlenden Verständnis von Inhalt, Bedeutung und Wirkung dieser Systeme im anglo-amerikanischen Raum zu erklären sind.[20] Dabei sind es bezeichnenderweise meist gerade Entscheidungsträger ohne intensive, auch eigene Kenntnisse der dortigen Verhältnisse, die sich dafür stark machen, zugunsten solcher Neuerungen die deutschen Erfolgsmodelle wie Diplom, Magister und Staatsexamen oder Habilitation und Hausberufungsverbot aufzugeben. Ein anderes Beispiel für Selbstimperialismus bietet die Einführung der sog. codes of conduct. Dabei handelt es sich um verschriftlichte Ethikregeln, die sich insbesondere U.S.-amerikanische börsennotierte Unternehmen als eine Art Selbstverpflichtung gaben. Deutsche Unternehmen und Börsen sahen sich gerade von ausländischer Seite zunehmend der Frage ausgesetzt, warum nicht auch sie solche codes of conduct hätten. Dass diese codes aufgrund der bereits bestehenden, vielfältigen gesetzlichen Regelungsmechanismen in Deutschland eher überflüssig waren und sogar drohten, in erheblichen Widerspruch mit Normen des deutschen Arbeits-, Betriebsverfassungs- und Gesellschaftsrechts zu treten, stieß offenbar auf wenig Gehör oder wurde nicht mit der nötigen Deutlichkeit erläutert. Im Ergebnis wurden codes of conduct auch in Deutschland erlassen.[21] Eine vergleichbare Situation ergab sich auch in Bezug auf die Einführung eines deutschen Corporate Governance Kodex, der in der Literatur treffend als bloße „legal fashion" bezeichnet wurde.[22]

c) Anwaltliche Praxis

15 Die kommunikative Bedeutung der Rechtsvergleichung kann sich auch ganz konkret im Berufsleben praktisch tätiger Juristen auswirken und hier beispielsweise für die angemessene Beratung von Mandanten unabdingbar werden. Bei grenzüberschreitenden Unternehmenskäufen[23] beispielsweise beginnen die Auswirkungen schon weit im Vorfeld, wenn eine Absichtserklärung oder ein letter of intent vereinbart wird. Dem englischen Juristen muss hier klar werden, dass für den deutschen Verhandlungspartner die Absichtserklärung grundsätzlich nicht bindend ist, obwohl nach englischem Recht für den letter of intent der Bindungswille gerade vermutet wird. In den Verhandlungen muss der deutsche Jurist damit rechnen, dass die englische Seite unterstellt, ohne Gegenleistung nicht an ihre Erklärungen gebunden zu sein, während dieses Konzept (die sog. conside-

[20] Vgl. etwa *Lenzen, Dieter,* Bologna 2.0 – Zwischen update und remake, Forschung und Lehre 17 (2010), 732 (732 ff.); *Grigat, Felix,* Masterplan ohne Mastermind, Forschung und Lehre 14 (2007), 276 (278); *Herkommer, Vera,* Die rechtliche Situation der Nachwuchswissenschaftler, Wissenschaftsrecht 40 (2007), 36 (52 ff.).

[21] Vgl. etwa *Kock, Martin,* Compliance im Unternehmen – Ethisch sei der Mensch, hilfreich und gut!, Zeitschrift für Wirtschaftsrecht 30 (2009), 1406 (1406 f.); *Junker, Abbo,* Konzernweite „Ethikregeln" und nationale Betriebsverfassung, Betriebs Berater 60 (2005), 602 (602, 605); *Eisenbeis, Ernst; Nießen, Christoph,* Auf Kollisionskurs – Ethikregeln nach U.S.-amerikanischem Vorbild und deutsches Arbeitsrecht, in: Düwell, Franz Josef; Stückemann, Wolfgang; Wagner, Volker (Hrsg.), Bewegtes Arbeitsrecht – Festschrift für Wolfgang Leinemann zum 70. Geburtstag, 2006, 697 (697 ff.).

[22] Vgl. *Baum, Harald,* Comparison of Law, Legal Transplants and International „Legal Fashion" in German and Japanese Corporate Law, Journal of Japanese Law, Special Issue 13 (2020), 185 (188 f., 194 ff.).

[23] Zum Folgenden vgl. sehr eindrücklich aus der Praxis *Triebel, Volker,* Anglo-amerikanischer Einfluss auf Unternehmenskaufverträge in Deutschland – Eine Gefahr für die Rechtsklarheit? Recht der internationalen Wirtschaft 44 (1998), 1 (1 ff.); *Triebel, Volker; Balthasar, Stephan,* Auslegung englischer Vertragstexte unter deutschem Vertragsstatut – Fallstricke des Art. 32 I Nr. 1 EGBGB, NJW 2004, 2189 (2189 ff.).

ration)[24] dem deutschen Recht völlig fremd ist. Erschwerend kommt hinzu, dass sich der englische Jurist nach Art. 3 Abs. 5 iVm Art. 10 Abs. 2 Rom-I VO unter Umständen selbst bei anwendbarem deutschen Recht auf seine Rechtsauffassung berufen kann. Schon bei diesen Beispielen deutet sich die Bedeutung der Sprachwahl in ihrem Zusammenspiel mit der Wahl des anwendbaren Rechts an. Die Erfahrung lehrt hier, dass ein Auseinanderfallen von gewählter Sprache und anwendbarem Recht sowie zuständigem Gericht regelmäßig zu größeren Problemen führt.[25] Werden etwa warranties oder representations vereinbart, also Zusicherungen über das Vorhandensein oder Nichtvorhandensein bestimmter Umstände zu bestimmten Zeitpunkten, so besteht eine doppelte Problematik. Einerseits sind im Unterschied zum englischen Recht Zusicherungen nach deutschem Recht in Bezug auf künftige Umstände grundsätzlich nicht möglich. Andererseits kennt das deutsche Recht neben zugesicherten Eigenschaften auch die selbständige und unselbständige Garantie mit jeweils unterschiedlichen Voraussetzungen, Rechtsfolgen und Verjährungsfristen; welche dieser Sicherungsformen bei Verwendung der Begriffe warranties oder representations gemeint ist, ist nur schwer zu entscheiden.[26] Wird schließlich etwa die Klausel „Time is of the essence in relation to this agreement" in den Vertrag aufgenommen, so wird sich der deutsche Jurist fragen, was damit vereinbart werden soll: ein relatives Fixgeschäft iSv § 323 Abs. 2 Nr. 2 BGB, so dass bei Nichteinhaltung der Leistungszeit ein Rücktrittsrecht eintritt, oder ein absolutes Fixgeschäft, bei dem die Nichteinhaltung zur Unmöglichkeit führt. Dabei ist es wichtig zu erkennen, welche Bedeutung diese Klausel im englischen Recht hat: Erst sie sorgt dafür, dass die Verletzung einer Pflicht nicht nur zu Schadenersatz sondern auch zu einem Rücktrittsrecht führt; sie bewirkt auch, dass eine Partei zur Leistung verpflichtet ist, wenn die andere fristgerecht erfüllt.[27] Will schließlich die deutsche Partei bestimmte Regeln bei Eingreifen höherer Gewalt vereinbaren und stimmt die englische Partei solchen Regeln über einen Act of God zu, so sollte beiden klar sein, dass sie nicht dasselbe wollen, da „Act of God" nur Naturereignisse ohne menschliche Ursache erfasst, „höhere Gewalt" hingegen weiter ist.[28]

2. Rechtsbildung: Bedeutung in der Lehre

Rechtsvergleichung dient schon insofern der rechtlichen Allgemeinbildung von Juristen, als 16
sie vor einer Engstirnigkeit schützt, die sich nicht vorstellen kann, dass rechtliche Fragen auch gänzlich anders gelöst und sogar angegangen werden können als daheim üblich. Die bei deutschen Juristen leicht auftretende Auffassung etwa, dass die Unterscheidung zwischen der Auslegung von Tatbestandsmerkmalen samt etwaigem Beurteilungsspielraum der Verwaltung einerseits und dem der Verwaltung auf der Rechtsfolgenseite möglicherweise eingeräumten Ermessen andererseits rechtslogisch vorgegeben und damit universell gültig sei, wird sich schon mit den ersten kurzen Ausflügen in das vergleichende Verwaltungsrecht in Luft auflösen müssen. Dasselbe gilt etwa für die grob fehlerhafte Vorstellung, bei konkreten Fragen an das jeweilige ausländische Recht einfach auf die einschlägigen ausländischen Kommentare zu den entsprechenden Gesetzen zurückgreifen zu können, so wie man es in Deutschland tun würde. Gleichzeitig vermittelt die Rechtsvergleichung aber auch die Erkenntnis, dass bei allen Unterschieden die sachlichen Fragen, die sich im Ausland stellen, oftmals sogar in erstaunlichem Maße dieselben sind wie zuhause, vom Tragen des Kopftuchs an Schulen – das in Frankreich mindestens so heiß diskutiert wird wie in Deutschland – über das unerwünschte Kind als Schaden bis hin zum gestörten Gesamtschuldnerausgleich – die beide auch in England umstritten sind.

[24] Zur consideration noch infra → § 5 Rn. 187 ff.
[25] Deutlich *Triebel* (Fn. 22), 7.
[26] Vgl. *Triebel* (Fn. 22), 3 f.
[27] Vgl. *Triebel* (Fn. 22), 6.
[28] Vgl. *Triebel/Balthasar* (Fn. 22), 2190.

17 Besonders wichtig wird die Rechtsvergleichung in der Lehre dort, wo unterschiedliche Rechtsordnungen auch in der Praxis immer mehr Kontakt miteinander gewinnen, namentlich in Europa. Rechtsvergleichung ist hier zugleich die unabdingbare Vor- oder Nachbereitung für so erfolgreiche und sinnvolle Studentenaustauschprogramme wie das Erasmus-Programm der EU.

18 Immer wieder wird seit langer Zeit die Forderung erhoben, Rechtsvergleichung nicht als separates Fach zu betreiben, dem dann vielfach nur ein gewisser Orchideenstatus zukommt, sondern die rechtsvergleichenden Erkenntnisse unmittelbar in den üblichen Vorlesungsbetrieb zu integrieren. Das ist sicherlich insofern sinnvoll, als vergleichende Querbezüge zu ausländischen Rechtsordnungen ebenso wie Ausflüge in die Rechtsgeschichte die klassischen Vorlesungen zu den Kerngebieten des Rechts nicht nur interessanter machen, sondern auch inhaltlich bereichern können. Wird also etwa in Deutschland das Abstraktionsprinzip, das Verhältnis von Vorsatz zu Schuld, das Beweisrecht oder das Recht des Ehenamens behandelt, so kann und sollte ein Blick ins Ausland einen sowohl kritischeren als auch entspannteren Umgang mit scheinbar in Erz gegossenen Grundsätzen ermöglichen und so den Blick erweitern. Andererseits aber besteht erstens die Gefahr, dass der rechtsvergleichende Blick ins Ausland etwa mangels hinreichender Erfahrung fehlgeht. Denn naturgemäß ist nicht jeder Rechtslehrer in Rechtsvergleichung geschult. Wichtiger noch setzt die Rechtsvergleichung aber in erster Linie eine ausgeprägte Sattelfestigkeit im eigenen, nationalen Recht voraus. Eine „internationalisierte" Ausbildung müsste jedoch aufgrund des begrenzten Zeitbudgets, das insgesamt für Ausbildungszwecke zur Verfügung steht, zulasten der Tiefe oder Breite dieses grundständigen Wissens gehen. Dafür dürfte allenfalls geringer Spielraum vorhanden sein. Die Erfahrung aus rechtsvergleichenden Veranstaltungen lehrt, dass schon unter heutigen Bedingungen der Rückbezug vom ausländischen zum deutschen Recht den Studenten – und nicht nur ihnen – regelmäßig nicht leicht fällt und sie an die Grenzen ihres Wissens und ihrer Durchdringung des bereits erlernten deutschen Rechtsstoffes führt. Beispielsweise hat das französische Tribunal des Conflits drei Kernzuständigkeiten, nämlich die Lösung von negativen wie positiven Kompetenzkonflikten zwischen Zivil- und Verwaltungsgerichten sowie die Vermeidung inhaltlich unvereinbarer Entscheidungen. Wird nun danach gefragt, wer im deutschen Recht diese Konflikte löst oder wie sie angegangen werden, so sind einige feste Grundkenntnisse im deutschen Prozessrecht für die Antwort notwendig, die dennoch nicht ganz einfach und zweifelsfrei zu finden ist.[29] Hinzu kommt die Gefahr, dass rechtsvergleichende Querbezüge in den nationalrechtlichen Vorlesungen mangels Einbindung in das weitere Umfeld missverstanden würden. Wird etwa das Recht der unerlaubten Handlung mit Querbezügen zum tort im U.S.-Recht versehen, so entsteht leicht ein falscher Eindruck, wenn nicht die prozessuale Realität und die Bedeutung der jury mit einbezogen werden.[30] Wird etwa die fehlende Befugnis des französischen Conseil d'État zur auch nur indirekten Überprüfung von Gesetzen, der sog. écran legislatif, im Unterschied zur Prüfungsbefugnis deutscher Gerichte und Verwerfungsbefugnis des Bundesverfassungsgerichts erläutert, so dürfte keinesfalls die eingeschränkte Bedeutung des Gesetzes im Vergleich zur Verordnung (in Form des règlement autonome) unbeachtet bleiben.

19 In anderen Rechtskreisen kann die Rechtsvergleichung in der Lehre noch völlig andere Funktionen annehmen. So wird etwa für die USA darauf hingewiesen, dass erst die Rechtsvergleichung den Studenten dazu zwinge, sich einen gewissen systematischen Überblick

[29] Im Ansatz dürfte sie lauten, dass ein negativer Kompetenzkonflikt wegen der Bindung an die Rechtswegverweisung nach § 17a Abs. 2 S. 3 GVG in Deutschland nicht in der Form wie in Frankreich als Problem auftritt, der positive Kompetenzkonflikt durch bindende, ggf. vorab gefällte und angreifbare Entscheidung eines Gerichts nach § 17a Abs. 1, 3 und 4 GVG gelöst und die inhaltlich unvereinbaren Entscheidungen durch Beiladung oder Streitverkündung vermieden werden; zudem scheint rechtskulturell die Konkurrenz zwischen ordentlicher und Verwaltungsgerichtsbarkeit und insbesondere die Gefahr eines Übergriffs seitens der ordentlichen in Deutschland weit weniger ernst genommen zu werden.

[30] Zu den Besonderheiten der torts in den USA vgl. infra → § 5 Rn. 232.

über das eigene Rechtssystem zu verschaffen, das ihm in der law school gerade nicht gegeben, sondern von dem erwartet werde, dass er es im Laufe seiner Karriere selbst entwickle[31] – eine aus deutscher Sicht völlig unerwartete Aussage.

3. Vertieftes Verständnis der eigenen Rechtsordnung

Dass die Rechtsvergleichung auch zu einem vertieften Verständnis der eigenen Rechtsordnung beitragen kann, ergibt sich schon aus dem zu Kommunikation und Rechtsbildung Gesagten. Wird beispielsweise die Unterscheidung zwischen unbestimmtem Rechtsbegriff und Ermessen als eine reine, typisch deutsche Konstruktion erkannt, so wird ihre Funktion, nämlich die Begrenzung und Konturierung der gerichtlichen Überprüfung behördlicher Entscheidung erst recht deutlich. Auch ungewöhnliche Konstellationen, bei denen entweder der unbestimmte Rechtsbegriff das Ermessen aufsaugt oder umgekehrt, erscheinen weniger als konstruktive Spielereien, sondern können im Hinblick auf ihre realen Funktionen untersucht werden. Ebenso wird vielen Studenten erst durch vergleichende Einsichten letztlich klar, dass das deutsche Verwaltungsprozessrecht in der Anfechtungs- oder Verpflichtungsklage nicht etwa die behördliche Entscheidung selbst überprüft, sondern deren Ergebnis. Rechtsvergleichung lässt sowohl die Stärken als auch die Schwächen des eigenen Rechtssystems klarer hervortreten. Der U.S.-amerikanische Student, der sich von der Vorstellung löst, dass nur eine jury ein faires und angemessenes Strafgerichtsverfahren gewährleiste, wird diese Verfahrensform kritischer betrachten, aber auch informierter befürworten können. Dem französischen Juristen werden durch den sehr persönlichen und ausführlichen Stil etwa englischer Entscheidungen die Augen geöffnet für mögliche Alternativen zum – äußerst apodiktischen – Stil in Frankreich. 20

Dabei sollte diese verständnisfördernde Funktion aber auch nicht überbewertet werden. Das vertiefte Verständnis, um das es hier geht, ist zumeist ein Bewusstsein für mögliche Alternativen, ein Offenlegen der oft unbewusst als selbstverständlich vorausgesetzten Grundannahmen, eine Einsicht in die realen Funktionen juristischer Konstruktionen. All dies ist gut und wichtig, kann aber vielfach auch durch eine rein nationale Betrachtungsweise erlangt werden, die etwa historische, rechtsgenetische und rechtspolitische Fragen mit einbezieht. Die Anwendungsregeln und Funktionsweisen des nationalen Rechts, im deutschen Sinn also die Rechtsdogmatik, erschließen sich hingegen durch Rechtsvergleichung kaum. Wie die Kondiktion in Dreipersonenverhältnissen zu lösen ist, ob der ein täterschaftliches Begehungsunrecht nicht hindernde Garant Täter oder Teilnehmer der Haupttat ist, wieweit das Prüfungsrecht des Bundespräsidenten bei der Ausfertigung von Gesetzen geht – solche und zahllose andere Fragen, mit denen deutsche Studenten täglich konfrontiert werden und anhand derer ihnen die juristische Arbeitsweise nähergebracht wird, haben mit Rechtsvergleichung so gut wie nichts zu tun. Ausnahmen können in den Fällen echten Rechtsimports bestehen, obwohl auch hier die heimische Dogmatik vielfach schnell die fremde Herkunft verdrängt. Mit anderen Worten: Auch der praktisch tätige Jurist, der ohne jegliche rechtsvergleichende Kenntnisse seiner täglichen Arbeit nachgeht, kann ohne weiteres Hervorragendes leisten, sich als glänzender Jurist behaupten und tatsächlich das heimische Recht vorbildlich durchdrungen haben. Die Rechtsvergleichung unterscheidet sich hier nicht von der Rechtsgeschichte, teilt mit ihr aber eine gewisse Tendenz, sich manchmal zu wichtig zu nehmen. Dass das globalere Nachdenken über Recht und Rechtsfragen durch Rechtsvergleichung stark gefördert wird, steht dabei auf einem anderen Blatt. 21

[31] Vgl. *Glendon, Mary Ann; Gordon, Michael Wallace; Oskawe, Christopher,* Comparative legal traditions, 2. Aufl. 1994, 12; zur U. S. law school vgl. auch infra → § 5 Rn. 116, 118 f.

4. Rechtsvergleichung und Gesetzgebung

22 Vom vertieften Verständnis der eigenen Rechtsordnung ist es oft nur ein kleiner Schritt zum Versuch ihrer Verbesserung. Wer Alternativen kennenlernt, die impliziten Grundannahmen hinterfragt und die realen Funktionen von Rechtsregeln jenseits ihrer konstruktiven Position beachtet, dem wird es an Anregungen für mögliche Reformen nicht mangeln. Die schönste Anregung nützt aber wenig, wenn sie nicht praktisch umgesetzt, also ausgeführt werden kann. Als Ausführende kommen letztlich zwei Institutionen in Betracht: einerseits die Gerichte, für die die Frage zumeist als Diskussion um die Rechtsvergleichung als Auslegungsmethode separat behandelt wird,[32] andererseits der im Folgenden näher zu betrachtende Gesetzgeber.

a) Rechtsbeeinflussung im Allgemeinen

aa) Typische Beispiele für Rechtsbeeinflussung

23 Für die Verwendung rechtsvergleichender Erkenntnisse im Gesetzgebungsprozess gibt es zahlreiche historische und aktuelle Beispiele, aber keine umfassenderen, aussagekräftigen empirischen Untersuchungen. Letztlich bleiben alle Aussagen zur Verbreitung dieser Arbeitsweise letztlich erfahrungsgestützte Mutmaßungen, die sich zudem auf den europäisch-nordamerikanischen Raum konzentrieren. Über die Gesetzgebungsprozesse etwa in vielen Staaten Afrikas, Asiens oder Ozeaniens herrscht weitgehend Unkenntnis. Dennoch dürfte die Aussage unbestritten sein, dass rechtsvergleichendes Material heute auf vielen Sachgebieten und in vielen Ländern für einen nach Qualität strebenden Gesetzgeber ein unentbehrliches Arbeitsinstrument geworden ist.[33]

24 Der Einfluss der Rechtsvergleichung kann ebenso beträchtlich schwanken wie der Umfang des betroffenen Gesetzgebungsprojekts, von der Formulierung eines vereinzelten Satzes in einem kurzen Änderungsgesetz bis hin zur kompletten, wortgetreuen Übernahme eines ganzen Gesetzbuches. Klassisches Beispiel für letzteres ist etwa die Einführung des gesamten schweizerischen Zivilgesetzbuches sowie der Zivilprozessordnung des schweizerischen Kantons Neuchâtel in der Türkei im Rahmen des Modernisierungsprogramms unter Atatürk im Jahre 1926. Außergewöhnlich ist dabei nicht nur der Umfang der direkten Übernahme sondern vor allem auch der Transfer so kulturabhängiger Materien wie des Familienrechts in einen weitgehend fremden Kulturkreis. Wie nicht selten war der Rezeptionsvorgang auch hier vom Zufall zumindest mitbestimmt: auffälligerweise hatte der damalige türkische Justizminister in Neuchâtel studiert und das Schweizer Zivilrecht dort kennengelernt.[34] Stark am deutschen Denken orientierte sich etwa auch das japanische Zivilgesetzbuch von 1898 und das japanische Handelsgesetzbuch von 1899. Inhaltlich war dieses Zivilgesetzbuch zwar eine Mischung aus verschiedenen, insbesondere französischen und deutschen Vorbildern, in Herangehensweise, Struktur und Stil jedoch folgte es klar dem deutschen pandektistischen Denken. Entsprechend orientierte sich die zivilrechtliche Dogmatik Japans anschließend mindestens bis zum Ende des Zweiten Weltkriegs stark an deutschen Vorbildern, wenn auch mit abnehmender Tendenz.[35] Von besonderer Vorbildfunktion war

32 Dazu infra → Rn. 53 ff.

33 So *Zweigert, Konrad; Kötz, Hein,* Einführung in die Rechtsvergleichung, 3. Aufl. 1996, 14.

34 Zum Ganzen *Zweigert/Kötz* (Fn. 33), 175 f.; *Smits, Jan M.,* Comparative law and its influence on national legal systems, in: Reimann, Mathias; Zimmermann, Reinhard (Hrsg.), The Oxford handbook of comparative law, 2006, 513 (532); *Örücü, Esin,* Comparatists and extraordninary places, in: Legrand, Pierre; Munday, Roderick (Hrsg.), Comparative legal studies – Traditions and transitions, 2003, 467 (477 ff.); *Örücü, Esin,* Turkish family law – Moving with the times, Migrantenrecht 18 (2003), 4 (4, 10); *Hirsch, Ernst E.,* Die Einflüsse und Wirkungen des ausländischen Rechts auf das heutige türkische Recht, Zeitschrift für das gesamte Handelsrecht und Wirtschaftsrecht 116 (1954), 201 (205 ff.); *Hirsch, Ernst E.,* Vier Phasen im Ablauf einer zeitgenössischen Rezeption, ZVglRwiss 68 (1966), 182 (184 ff.).

35 Vgl. *Kitagawa, Zentaro,* Development of comparative law in East Asia, in: Reimann, Mathias; Zimmermann, Reinhard (Hrsg.), The Oxford handbook of comparative law, 2006, 237 (240 ff.).

auch der französische Code Civil, der teils durch die Eroberungen Napoleons – etwa in den Gebieten Belgiens und Luxemburgs, in Polen oder Teilen Deutschlands und der Schweiz –, teils durch seine innere Überzeugungskraft nicht nur in Europa sondern weltweit starken Einfluss gewann. Sein bestimmender Einfluss reichte von den Niederlanden oder Italien über Nordafrika (Algerien, Tunesien, Marokko) bis hin zu Nordamerika (Quebec, Louisiana) und Lateinamerika (Haiti, Bolivien, Dominikanische Republik).[36] Besonderen, weltweiten Einfluss hatte etwa auch die französische Erklärung der Menschen- und Bürgerrechte von 26.8.1789.

Die Beeinflussung des Gesetzgebers durch fremdes Recht ist aber alles andere als ein 25
Phänomen der Vergangenheit und erschöpft sich keinesfalls in der Zeit der großen Kodifikationsbewegung. So stand etwa das Kapitalmarktrecht der USA seit den 1930'er Jahren weltweit Pate für entsprechende Regulierungsvorhaben. Interessanterweise war es gerade Deutschland, dass sich diesem Trend bis Mitte der 90'er Jahre entgegensetzen konnte. Im Rahmen des von manchen sog. Rheinischen Kapitalismus konnte Deutschland bis dahin eine mehr bank- als börsenbasierte Wirtschaft aufrechterhalten, die auf enger Zusammenarbeit und Verflechtung verschiedenster Wirtschaftsteilnehmer aus Industrie, Handel, Versicherungen und Banken beruhte.[37] Auch in der Vorbereitung der deutschen Schuldrechtsreform Ende des 20. Jahrhunderts wurde rechtsvergleichender Sachverstand eingebracht.[38] Das deutsche Grundgesetz und die Stellung des Bundesverfassungsgerichts waren ein Vorbild für europäische Staaten nach dem Ende von Diktaturen, etwa in Spanien, vor allem aber in Osteuropa.

Die Rezeption fremden Rechts kann zu regelrechten Kaskadeneffekten führen. Die 26
weitgehende Übernahme deutschen zivilrechtlichen Denkens in Japan etwa führte zu dessen weiterer Ausbreitung im ostasiatischen Raum. Dies geschah allerdings gerade in der Anfangszeit nicht immer ganz freiwillig, wie etwa im Fall der japanischen Übernahme Taiwans als Kolonie und der kriegerischen Annektion Koreas. Auch Chinas Zivilgesetzbuch von 1929 war vom japanischen – und damit deutschen – Zivilrechtsdenken beeinflusst. Korea erließ nach der Unabhängigkeit von Japan 1958 ein eigenes Zivilgesetzbuch, das sich stark am Vorbild Mandschukuos von 1937 orientierte, dessen Zivilrecht aber seinerseits wieder auf dem japanischen Vorbild beruhte. Die damit fortgeführte Orientierung des koreanischen am deutschen Zivilrecht hält bis heute an.[39]

bb) Beeinflussung nicht nur durch nationales Recht

Vorbild einer Rezeption kann nicht nur fremdes nationales Recht sein. So wurden etwa die 27
EMRK, der UN-Zivilpakt und der UN-Sozialpakt – also Völkerrecht – Leitschnur für zahlreiche Grundrechtskodifikationen in Osteuropa nach dem Zusammenbruch des Totalitarismus, bis hin zur wörtlichen Übernahme von Normen.[40] Vorbild kann sogar ein nichtnormativer Text sein, also ein Entwurf – wie die Paulskirchenverfassung von 1849 –, ein Modellgesetz – wie die UNIDROIT Prinzipien für internationale Handelsverträge von 1994, überarbeitet 2004 – oder etwa ein privater Vorschlag – wie die Principles of European Contract Law[41]. Die freiwillige Orientierung an internationalen Normen ist dabei nicht zu

[36] Vgl. *Graziadei, Michele,* Comparative law, transplants, and receptions, in: Reimann, Mathias; Zimmermann, Reinhard (Hrsg.), The Oxford handbook of comparative law, 2. Aufl. 2019, 442 (449 f.); ausführlich *Zweigert/Kötz* (Fn. 33), 96 ff.

[37] Zum Ganzen *Hopt, Klaus J.,* Comparative company law, in: Reimann, Mathias; Zimmermann, Reinhard (Hrsg.), The Oxford handbook of comparative law, 2. Aufl. 2019, 1137 (1155 ff.).

[38] Vgl. *Schwenzer, Ingeborg,* Development of comparative law in Germany, Switzerland, and Austria, in: Reimann, Mathias; Zimmermann, Reinhard (Hrsg.), The Oxford handbook of comparative law, 2. Aufl. 2019, 54 (80); vgl. aber auch sogleich infra → Rn. 28.

[39] Vgl. *Kitagawa* (Fn. 35), 243 f., 256 f.; infra → § 9 Rn. 152 ff.

[40] Vgl. *Wieser, Bernd,* Vergleichendes Verfassungsrecht, 3. Aufl. 2024, 102.

[41] Vgl. *Lando, Ole; Beale, Hugh* (Hrsg.), Principles of European contract law, 2000; zur Verwendung in Estland vgl. *Käerdi, Matthias,* Westliche Rechtskonzepte für post-sozialistische Gesellschaften – Gesetzgeberische Erfahrungen in Estland, in: Heiss, Helmut (Hrsg.), Brückenschlag zwischen den Rechtskulturen des Ostseeraums, 2001, 75 (84).

verwechseln mit der von solchen Normen verbindlich geforderten Anpassung, beispielsweise durch Harmonisierungsrichtlinien der EG.[42] Auch bei verbindlichen internationalen Normen aber kann die Einwirkung eher indirekt sein, etwa im Fall Englands, das mit dem House of Lords als oberstem Gericht eine seiner bekanntesten und renommiertesten Institutionen abschaffte und durch einen Supreme Court ersetzte, weil befürchtet wurde, dass die vorherige Konstruktion vor den Augen des Europäischen Gerichtshofs für Menschenrechte auf Dauer keinen Bestand haben könnte.[43]

cc) Erfolge, Misserfolge und Ungeklärtes

28 Die zahlreichen Beispiele und der anerkannt positive Einfluss der Rechtsvergleichung auf die Gesetzgebung sollten aber den Blick nicht zu sehr rosa einfärben. Erfolg und Durchsetzungskraft rechtsvergleichender Betrachtungen im Rahmen des Gesetzgebungsprozesses können nicht als selbstverständlich gelten. So ist schon im Hinblick auf die unüberschaubare Vielfalt von Gesetzgebungsprojekten und den mit rechtsvergleichenden Vorarbeiten verbundenen Arbeitsaufwand davon auszugehen, dass die zahlenmäßig, wenn auch vielleicht nicht bedeutungsmäßig große Mehrheit der Gesetze von vornherein ohne Rechtsvergleichung formuliert wird. Weiterhin müssen einmal angestellte rechtsvergleichende Untersuchungen keineswegs immer erfolgreich sein. Für die bereits erwähnte deutsche Schuldrechtsreform etwa wird die Entwicklung als im Ergebnis wenig vorbildhaft dargestellt:[44] Bereits 1984 wurde eine Kommission eingesetzt, in der mit Hein Kötz auch erheblicher rechtsvergleichender Sachverstand vertreten war. Dies schlug sich im 1992 vorgelegten Abschlussbericht nieder, der sich für das allgemeine Leistungsstörungsrecht am UN-Übereinkommen über Verträge über den Internationalen Warenkauf (CISG) orientierte. Der Bericht dieser Schuldrechtskommission wurde zwar positiv aufgenommen, dann aber zunächst weitgehend ad acta gelegt. Nachdem das Reformbedürfnis Jahre später durch die bis zum 1.1.2002 umzusetzende EG-Verbrauchsgüterkaufrichtlinie[45] wieder aktuell wurde, legte das Bundesjustizministerium im September 2000 den stark an der Schuldrechtskommission orientierten sog. Diskussionsentwurf vor, der jedoch von Seiten der traditioneller orientierten deutschen Juristenschaft heftig kritisiert wurde. Die daraufhin vom Justizministerium eingesetzte neue Kommission kam ohne Rechtsvergleicher aus und schwächte im Ergebnis die rechtsvergleichenden und an internationalen Vorbildern orientierten Ansätze des Diskussionsentwurfs stark ab. Wie unterschiedlich die Einschätzung des Einflusses der Rechtsvergleichung aber sein kann, zeigt sich daran, dass andere Darstellungen der Entstehungsgeschichte des deutschen Schuldrechtsmodernisierungsgesetzes die rechtsvergleichenden Bezüge gar nicht erwähnen und stattdessen konzeptionelle Diskussionen, insbesondere um den Begriff der Unmöglichkeit, betonen.[46] Bekannte Zivilrechtsvergleicher beklagen sogar gerade die nicht hinreichend aktuelle, rechtsvergleichende Untermauerung bereits des Diskussionsentwurfs, heben jedenfalls für die Ergebnisse der Schuldrechtskommission keinen ausgeprägt rechtsvergleichenden Bezug hervor und bedauern sogar gerade die trotz eventueller Ähnlichkeit in den praktischen Ergebnissen fortbestehenden Systemunterschiede zwischen dem Entwurf der Schuldrechtskommission und dem CISG.[47] Gleichzeitig sollte aber nicht übersehen werden, dass schon vor Einsetzung der Schuldrechtskommission intensive Vorarbeiten in Form von Gutachten für das Justizministerium vorgelegt wurden, die jeweils Teilbereiche

[42] Zur Harmonisierung vgl. auch infra → Rn. 41 ff.
[43] Zur Gründung des neuen Supreme Court infra → § 5 Rn. 95 f.
[44] Vgl. zur folgenden Darstellung und Wertung *Schwenzer* (Fn. 38), 80.
[45] Richtlinie 1999/44/EG, ABl. 1999 L 171, 12 ff.
[46] Vgl. etwa *Ehmann, Horst; Sutschet, Holger,* Modernisiertes Schuldrecht – Lehrbuch der Grundsätze des neuen Rechts und seiner Besonderheiten, 2002, 1 ff.; neutrale Kurzdarstellung der Entwicklungsgeschichte etwa bei *Huber, Peter; Faust, Florian,* Schuldrechtsmodernisierung – Einführung in das neue Recht, 2002, Rn. 1 ff.
[47] Vgl. *Zimmermann, Reinhard,* Schuldrechtsmodernisierung?, JZ 2001, 171 (176 f., 179 f.).

des Schuldrechts abhandelten[48] und auch rechtsvergleichende Bezüge aufwiesen. Die Frage der konkreten Bedeutung rechtsvergleichender Vorarbeiten ist offensichtlich selbst in so hervorragend durchdokumentierten Projekten wie der deutschen Schuldrechtsmodernisierung keineswegs leicht zu beantworten und scheint in ihrer Wertung auch ein wenig von der Disposition und den Interessen des Beobachters abzuhängen.

dd) Gründe und empirische Bedeutung der Rechtsbeeinflussung

Die Gründe für einen Rückgriff auf rechtsvergleichende Überlegungen durch den Gesetzgeber sind nicht schwer zu erkennen. Der Rechtsvergleich hilft, Probleme zu erkennen und Lösungsmodelle zu finden, ohne dafür allein auf die eigene Erfahrung und Phantasie angewiesen zu sein. Im Ausland finden sich oft verschiedene Herangehensweisen an ein bestimmtes gesellschaftliches Problem und verschiedene Erfahrungen mit diesen Herangehensweisen. Das Ausland kann auf diese Weise sogar als juristischer Feldversuch verstanden werden, solange bei der Rückübertragung der dort gewonnenen Erkenntnisse ins Heimatland mit der notwendigen Vorsicht und Rücksicht auf rechtliche und rechtskulturelle Unterschiede vorgegangen wird. Wird also etwa ein bislang monopolistisch organisierter Telefonmarkt liberalisiert, eine gleichgeschlechtliche eheähnliche Partnerschaft eingeführt oder Richtern das Abfassen eines Sondervotums erlaubt, so wäre es geradezu fahrlässig, nicht auf die einschlägigen Erfahrungen in anderen Staaten zurückzugreifen. Der Blick ins Ausland verhindert auch Denkblockaden, die dem nationalen juristischen Denksystem geschuldet sind. Dass etwa die Frage der Auswahl des gemeinsamen Ehenamens bei Eheschließung auch schlicht dadurch zu lösen ist, dass jeder Ehepartner seinen eigenen Namen behält, war eine Erkenntnis, die dem in der Tradition des deutschen Namens- und Familienrechts gefangenen Juristen ohne Blick ins Ausland – wo getrennte Nachnamen oft nicht unüblich waren – lange kaum kam. Ähnlich war die Strafbarkeit juristischer Personen für den rein deutschen Strafrechtler lange kaum denkbar, im Ausland hingegen durchaus gängig.[49] Schließlich kann die rechtsvergleichend angeleitete Gesetzgebung eine gewisse Einheitlichkeit des Rechts fördern, wo dies politisch gewünscht ist, etwa innerhalb der EU. **29**

Ob und wieweit die Verwendung rechtsvergleichender Vorarbeiten von Land zu Land schwankt, ist – wie die Verwendung der Rechtsvergleichung insgesamt – empirisch kaum untersucht; Statistiken fehlen. Allerdings herrscht bei den mit einschlägigen Fragen befassten Rechtsvergleichern Einigkeit, dass die Rechtsvergleichung bei der Gesetzgebung in Europa eine weit größere Rolle spielt als in den USA. Ein Grund dafür dürfte sein, dass die USA vielfach schon durch den Vergleich des Rechts der 50 Einzelstaaten (und ggf. des District of Columbia und Puerto Ricos) auf ein Vielzahl unterschiedlicher Lösungsmodelle zurückgreifen können, ohne sich gezwungen zu fühlen, den Blick noch weiter ausschweifen zu lassen.[50] In Europa andererseits macht sich nicht nur die starke historische Verflechtung auch der Rechtsordnungen bemerkbar, sondern weit mehr noch der bestimmende Einfluss der Europäischen Union mit ihrem intensiven Harmonisierungsdruck, der weit über das vom AEUV verbindlich geforderte hinausgeht. Insofern könnte auch von einer unterschiedlichen Rechtskultur gesprochen werden, die in den USA weit stärker auf sich selbst zentriert ist als in den Staaten Europas (in verschiedensten Zusammenhängen ist daher auch von „American exceptionalism" die Rede). Diese Einschätzung sollte allerdings auch nicht überzogen werden, denn die europäische Tendenz zum Blick über die Grenze macht vielfach eben auch an der Grenze Europas halt. Betrachtet man Europa einmal pauschal und von außen als eine gewisse rechtliche Einheit, ist die Selbstbezogenheit der USA (mit ihren zahlreichen verschiedenen Teilrechtsordnungen) nicht vollständig verschieden von der Selbstbezogenheit Europas. Die nennenswerte Ausnahme liegt vor allem darin, dass Europa fast schon **30**

48 Vgl. *Zimmermann* (Fn. 47), 176 Fn. 92.

49 Rechtsvergleichender Überblick bei *Pradel, Jean,* Droit pénal comparé, 4. Aufl. 2016, 182 ff.

50 Vgl. *Zaphiriou, George A.,* Use of comparative law by the legislator, American Journal of Comparative Law 30 (1982) Suppl., 71 (90 f.).

reflexhaft eine außereuropäische Rechtsordnung in seine Erwägungen mit einbezieht – nämlich die der USA.

31 Wie und in welchem Ausmaß Rechtsvergleichung konkret einbezogen wird, hängt auch von den institutionellen Arrangements in den einzelnen Staaten ab. Wenn spezialisierte und mit Juristen besetzte Abteilungen von Ministerien einen starken Einfluss auf den Gesetzgebungsprozess haben, wie es etwa in Deutschland im Unterschied zu den USA der Fall ist,[51] kann die Rechtsvergleichung eine besonders große Rolle spielen, so die dort beschäftigten Juristen sich routinemäßig mit ihr befassen oder entsprechende Gutachten etwa bei den Max-Planck-Instituten in Auftrag geben. Ist der Gesetzgebungsprozess weniger stark zentralisiert und professionalisiert, fällt die Einbeziehung der Rechtsvergleichung deutlich schwerer. Ein Gegengewicht können hier Kommissionen darstellen, die sich der Fortentwicklung des Rechts widmen. Als Beispiel dienen können hier etwa die staatlich eingesetzte English Law Commission und die Scotish Law Commission. Beide erstellen regelmäßig Berichte zu Reform und Entwicklung der Rechtsordnung und sind dabei offiziell gehalten, die Erfahrungen fremder Rechtsordnungen mit einzubeziehen.[52] Das private American Law Institute hingegen hat für die Abfassung seiner im U.S.-Recht einflussreichen restatements of law grundsätzlich nur die Aufgabe, das geltende Recht systematisch zusammenzufassen und gerade nicht zu verbessern; seine rechtsvergleichende Aufgabe erfasst daher nur die verschiedenen Rechtsordnungen innerhalb der USA und allenfalls am Rande einmal andere Nationen.[53]

32 Besondere Bedeutung bekam die rechtsvergleichende Vorbereitung in den beiden Jahrzehnten um die Jahrtausendwende in den Staaten Osteuropas. Durch die radikale politische, ökonomische und rechtliche Umorganisation nach dem Ende der totalitären Diktaturen standen die gesetzgebenden Organe schon im Hinblick auf die Menge der neu zu schaffenden Gesetze vor großen Herausforderungen, die teilweise zu einer Rückbesinnung auf eigene, vorkommunistische Ansätze führte, insgesamt aber ohne den Blick auf das Vorbild anderer, westlicher Staaten nicht zu bewältigen gewesen wären. Dabei kam es teilweise zu einem regelrechten Wettbewerb insbesondere zwischen kontinentaleuropäischen, vor allem deutschen und französischen Vorbildern einerseits und konkurrierenden Konzepten aus dem Bereich des common law, insbesondere den USA, andererseits. Dieser Wettbewerb nahm dabei in Gestalt unterschiedlicher Beraterteams oft auch ganz greifbare Gestalt an. Dahinter dürften, neben einem gewissen juristischen Nationalstolz und Prestigedenken, vor allem im Zivilrecht auch ganz handgreifliche wirtschaftliche Interessen gestanden haben: Expandierende Unternehmen und Rechtsanwaltskanzleien haben einen erkennbaren Vorteil, wenn die einschlägigen Rechtsregeln in einem juristisch und wirtschaftlich im Aufbau befindlichen Staat dem heimischen Vorbild entsprechen, so dass sich ein natürlicher Wissens- und Anwendungsvorsprung ergibt.

33 Trotz der intensiven Verwendung ausländischer Vorbilder war dieser sog. Transformationsprozess keinesfalls uneingeschränkt ein leuchtendes Vorbild guter rechtsvergleichender Arbeit.[54] Im Gegenteil wurden ausländische Vorbilder nicht selten ohne Rücksicht auf soziale und wirtschaftliche Hintergründe übernommen, oft in einer einfachen Übersetzung des jeweiligen Textes in die Landessprache, wobei schon die Qualität der Übersetzung nicht immer als völlig gelungen bezeichnet werden kann. Mit ganz ähnlichen Problemen haben und hatten viele dieser Staaten anschließend im Hinblick auf ihren Beitritt zur Europäischen Union und die dadurch erneut erforderliche, enorme Anpassungsleistung zu kämpfen, die

[51] Vgl. *Kischel* (Fn. 10), 253 ff.

[52] Vgl. *Smits* (Fn. 34), 516.

[53] Vgl. *Zaphiriou* (Fn. 50), 82; *Zweigert/Kötz* (Fn. 33), 246 f.; etwas positivere Sicht der Bedeutung fremden Rechts bei *Smits* (Fn. 34), 517; zu den restatements auch infra → § 5 Rn. 239.

[54] Zum positiven Beispiel des estnischen Zivilrechts vgl. aber *Heiss, Helmut,* Rechtsrezeption und Rechtsmischung als Gesetzgebungstechnik – Chancen und Risiken, in: ders. (Hrsg.), Zivilrechtsreform im Baltikum, 2006, 137 (150 ff.). Für mehr Details zu Osteuropa und seinem Transformationsprozess siehe infra → § 7 Rn. 37 ff.

zusammen mit anderen Faktoren zu einer hartnäckigen juristischen Krise in diesen Ländern geführt hat.[55] Weit besser als im Zivil- und Strafrecht hat die Rechtsvergleichung für Osteuropa im Verfassungs- und Verfassungsprozessrecht funktioniert. Regelmäßig konnte hier nicht auf eigene historische Vorbilder zurückgegriffen werden. Bezeichnende Ausnahme war Lettland, das seine Verfassung von 1922 wieder in Kraft setzte, die später dann allerdings an heutige Verhältnisse angepasst wurde. In diesem Rückgriff lag aber vor allem eine politische Aussage, denn Lettland war – wie Estland und Litauen – 1940 von der Sowjetunion besetzt und völkerrechtswidrig annektiert worden. Indem es nach dem Zerfall der Sowjetunion seine alte Verfassung wieder aufleben ließ, betonte Lettland noch einmal, dass es legal nie zur Sowjetunion gehört hatte.[56] Neben den historischen Vorbildern wurde jedoch allgemein auf die Erfahrungen anderer Staaten und – im Grundrechtsbereich – auf völkerrechtliche Verträge zurückgegriffen. Da der Text einer Verfassung eine überschaubare Länge hat und zugleich seine rechtskulturelle Verwurzelung und Bedeutung nicht zu übersehen ist, war der Prozess der Verarbeitung und Anpassung ausländischer Erfahrungen hier sehr viel sorgfältiger als in der Massenproduktion anderer Rechtsgebiete.[57] Rumänien etwa orientierte sich stark an französischen Vorbildern[58] während zum Beispiel Russland die verschiedensten Elemente mischte, sich etwa bei der Stellung des Staatspräsidenten an französischen, beim Verfassungsgericht an deutschen und beim Verfassungsänderungsverfahren an U.S.-amerikanischen Vorbildern orientierte.[59]

b) Rechtsübernahme (legal transplants)

Führt die Verwendung rechtsvergleichender Vorarbeiten dazu, dass der Gesetzgeber sich veranlasst sieht, konkrete Rechtsnormen oder Rechtsinstitute aus dem fremden in das eigene Recht zu übernehmen, so liegt ein Fall der Rechtsübernahme (legal transplants) vor. Die Rechtsübernahme verdient eine eigenständige Behandlung nicht wegen ihrer klaren Abgrenzung zur zuvor behandelten, allgemeinen Rechtsbeeinflussung. Im Gegenteil: die Übergänge sind fließend, eine scharfe Trennung weder möglich noch notwendig. Legal transplants sind vielmehr deshalb von Bedeutung, weil mit diesem Stichwort gemeinhin die wissenschaftliche Erforschung von Bedingungen und Konsequenzen der Verwendung fremder Rechtsbestandteile bezeichnet wird. Dahinter verbergen sich zahlreiche Probleme, die in der einschlägigen Literatur in oft stark unterschiedlicher Betonung näher betrachtet werden. Wie so viele Aspekte der Rechtsvergleichung besteht auch das Gebiet der Rechtsübertragungen aus weit mehr Fragen als Antworten, mehr aus Vorschlägen denn konsensfähigen Strukturen. 34

aa) Typische Fragen an die Rechtsübertragung

Ganz allgemein lässt sich zunächst fragen, welche Bedingungen es für den Erfolg einer Rechtsübernahme gibt und welche Faktoren eine solche sog. Rezeption befördern. Ist die Übereinstimmung oder Verwandtschaft der beteiligten Rechtskreise von Bedeutung? Geographische Faktoren? Ideologische Nähe? Warum etwa war die Übernahme des deutschen zivilrechtlichen Denkens in einer so anderen Gesellschaft wie jener Japans seit dem Ende des 35

[55] Vgl. etwa *Holländer, Pavel,* Hypertrophie der Gesetzgebung – Entmachtung der Richter?, in: Schwarze, Jürgen (Hrsg.), Globalisierung und Entstaatlichung des Rechts, Teilband 1, 2008, 91 (94); *Kühn, Zdeněk,* Comparative law in central and eastern Europe, in: Reimann, Mathias; Zimmermann, Reinhard (Hrsg.), The Oxford handbook of comparative law, 2. Aufl. 2019, 181 (193); vgl. auch infra → § 7 Rn. 40 ff.

[56] Vgl. *Taube, Caroline,* Constitutionalism in Estonia, Latvia and Lithuania – A study in comparative constitutional law, 2001, 34 ff., 52 ff., 288 f.

[57] Vgl. dazu auch *Sommermann, Karl Peter,* Die Bedeutung der Rechtsvergleichung für die Fortentwicklung des Staats- und Verwaltungsrechts in Europa, Die öffentliche Verwaltung 52 (1999), 1017 (1020 ff.); beispielhaft etwa *Wieser* (Fn. 40), 101 f.

[58] Vgl. *Leonhardt, Peter,* Rumänien – Die neue Verfassung von 1991, Jahrbuch für Ostrecht 1992, 217 (220, 223 f.).

[59] *Wieser* (Fn. 40), 102.

19. Jahrhunderts erfolgreich, wohingegen die vor allem U.S.-amerikanischen Bemühungen um eine rechtliche Entwicklungshilfe in Südamerika in den Jahrzehnten nach dem 2. Weltkrieg gemeinhin als Fehlschlag[60] angesehen werden? Auch ganz allgemein ist zu fragen, welchen Einfluss Rechtskultur, allgemeine Kultur oder soziale Wirklichkeit auf die Rechtsübertragung haben. Das führt dann schnell zu der rechtsphilosophischen Grundlagenfrage, inwieweit überhaupt das Recht die etwa moralischen, kulturellen, demographischen oder geographischen Bedingungen des jeweiligen Landes reflektiert, wie schon Montesquieu in einem vielzitierten Satz behauptete.[61] Zum Beispiel kennt das Wasserrecht in den USA idealtypisch zwei Modelle, nämlich das Prinzip des ersten Zugriffs („wer zuerst kommt, mahlt zuerst") und das Prinzip der angemessenen Aufteilung. Es verwundert kaum, dass die wasserreichen Staaten sich mit dem eher anarchischen Zugriffsprinzip begnügen, während die trockenen Staaten die angemessene Aufteilung bevorzugen, damit nicht ein Nutzer – etwa am Oberlauf eines Flusses – den faktischen Zugang für alle anderen behindern kann.[62] Dass also die Geographie das Recht beeinflussen kann, ist nicht zu bezweifeln. Die Frage ist, wie weit dieser Einfluss geht. In einer berühmten, älteren Debatte betonte etwa Otto Kahn-Freund, dass seit Montesquieus Zeit die politischen gegenüber den übrigen Faktoren stark an Bedeutung zugenommen hätten und dass der Erfolg einer Rechtsübertragung zentral davon abhänge, wie stark die jeweilige Regel mit der fremden Machtstruktur verwoben sei. Demgegenüber bezweifelte Alan Watson, dass die nicht-politischen Faktoren an Bedeutung verloren hätten, und behauptete, dass erfolgreiche Rechtsübertragungen auch zwischen Staaten mit sehr verschiedenen Rahmenbedingungen möglich und üblich seien sowie dass die übernehmenden Staaten nicht einmal die politischen, sozialen und wirtschaftlichen Bedingungen des Herkunftslandes kennen müssten.[63]

36 Im Hinblick auf konkrete Rechtsübertragungen kann weiterhin etwa untersucht werden, was genau der Rechtsordnung des Herkunftslandes entnommen wird und welche Bedeutung dies hat. Welche normative, steuernde Kraft hat etwa der reine Wortlaut einer direkt übertragenen Norm? Welcher Einfluss kann und sollte andererseits der zugehörigen Lehre und Rechtsprechung des Herkunftslands eingeräumt werden? Beispielsweise kannte das deutsche BGB bis zum Jahr 2002 vom Wortlaut her grundsätzlich keinen Schadenersatz für immaterielle Schäden, den aber die Rechtsprechung dennoch schon lange gewährte. Wenn also ein fremder Staat die einschlägige Norm des § 253 BGB übernommen hätte, so hätte er zwar den deutschen Gesetzestext, nicht aber die deutsche Rechtslage eingeführt. Deshalb hat etwa Estland, das sich hier am deutschen Zivilrecht orientieren wollte, den § 253 BGB in § 1046 des estnischen Schuldrechtsgesetzes um den Inhalt der Rechtsprechung ergänzt; erstaunt stellte ein Beobachter fest, dass das estnische ZGB den deutschen Rechtszustand treffender wiedergebe als das deutsche BGB selbst.[64] Umgekehrt stellt sich die Frage nach dem Einfluss von Lehre und Rechtsprechung aus Sicht des übernehmenden Landes. Hier wird gemeinhin unterschieden zwischen der anfänglichen gesetzgeberischen und der anschließenden faktischen Rezeption (oder Transformation), dh den Auswirkungen des

---

[60] Vgl. *Berkowitz, Daniel; Pistor, Katharina; Richard, Jean-Francois,* The transplant effect, American Journal of Comparative Law 51 (2003), 163 (163) mwN.

[61] *Montesquieu, Charles-Louis de Secondat, Baron de la Brede et de,* De l'esprit des lois, Ausgabe GF Flammarion, 1979, Bd. 1, Buch 1, Kap. III, 128: „les lois politiques et civiles de chaque nation (…) doivent être relatives au physique du pays; au climat glacé, brûlant, ou tempéré; à la qualité du terrain, à sa situation, à sa grandeur; au genre de vie des peuples, laboureurs, chasseurs, ou pasteurs: elle doivent se rapporter au dégré de la liberté que la constitution peut souffrir, à la religion des habitants, à leurs inclinations, à leurs richesses, à leur nombre, à leur commerce, à leurs mœurs, à leur manières" (Hervorhebung im Original).

[62] Vgl. etwa *Granda, Melosa,* A water story with original jurisdiction and a doctrine for changing uses, Golden Gate University Environmental Law Journal 5 (2012), 257 (261 ff.).

[63] Vgl. *Kahn-Freund, Otto,* On uses and misuses of comparative law, The Modern Law Review 37 (1974), 1 (8 ff.); *Watson, Alan,* Legal transplants and law reform, The Law Quarterly Review 92 (1976), 79 (79 ff.); *Watson, Alan,* Legal transplants – An approach to comparative law, 2. Aufl. 1993, 16 ff., 107 ff.; zusammenfassende Darstellung und Versuch einer Lösung bei *Stein, Eric,* Uses, misuses – and nonuses of comparative law, Northwestern University Law Review 72 (1977), 198 (198 ff.).

[64] Vgl. *Heiss* (Fn. 54), 151.

rezipierten Rechts in der Rechtswirklichkeit. Beides muss keineswegs identisch sein, denn die genauen Auswirkungen neuen Rechts gerade auch im Zusammenspiel mit bereits bestehenden Normen ergeben sich letztlich erst aufgrund späterer Anwendung insbesondere in der Rechtsprechung. Die Frage ist aber, durch welche Mechanismen und in welchem Ausmaß sich gesetzgeberische und faktische Rezeption unterscheiden. Was also geschieht in der Praxis, wenn Russland das Grundrecht der Religionsfreiheit übernimmt[65] oder wenn das kontinentaleuropäische Italien bei der Reform seines Strafprozessrechts auf U.S.-amerikanische Vorbilder,[66] also auf common law zurückgreift? Vor allem aber: warum geschieht es und wie und warum unterscheidet sich der Vorgang von Land zu Land? Weitere Fragen der Rechtsübertragung betreffen etwa die Bedingungen und den Erfolg der Übernahme von verschiedenen Teilregelungen aus verschiedenen Rechtsordnungen und vor allem aus verschiedenen Rechtskreisen. Wie und unter welchen Bedingungen können solche Gemische funktionieren? Diese Fragestellungen leiten über in das Spezialgebiet der Untersuchung gemischter Rechtssysteme, die weiter verbreiteter sind, als es auf den ersten Blick scheint. Sie reichen von größeren Staaten wie Südafrika oder Israel bis hin zu Mikrostaaten wie etwa Mauritius und den Seychellen.[67]

Im Hintergrund all solcher Probleme steht die grundsätzliche Frage, wie der Erfolg oder Misserfolg einer Übertragung überhaupt zu messen sein soll. Dass dies nicht simplistisch etwa über den wirtschaftlichen Erfolg möglich ist, liegt auf der Hand: Zahlreiche rechtliche Regeln sind nicht oder nicht in erster Linie wirtschaftslenkend und entziehen sich daher von vornherein einem solch einseitigen, monetarisierenden Maßstab. Auch sind die exakte Messung des Erfolges und seine eindeutige kausale Zuordnung allein zu einer bestimmten gesetzgeberischen Maßnahme meist illusorisch. Vor allem aber müsste in allen Fällen jeweils entschieden werden, wessen wirtschaftlicher Erfolg ausschlaggebend sein soll: Umsatz- oder Gewinnerhöhung bei Unternehmen, Kurs- oder Dividendengewinne bei Aktionären, Einkommenserhöhung bei Arbeitnehmern, mehr Arbeitsplätze für Arbeitslose? Eine nur ökonomische Betrachtung scheidet also grundsätzlich aus; was aber bleibt dann? Ein „Bruttosozialglück" entsprechend der Politik Bhutans?[68] Ist eine Übertragung schon deshalb als erfolgreich anzusehen, weil sie von den Gerichten angewandt wird? Bedeutet eine gerichtliche oder dogmatische Veränderung der übertragenen Norm Misserfolg? Müssen die Bürger die Übertragung gutheißen? Muss sie sich in das vorhandene Rechtssystem oder die Rechtskultur einfügen und wie soll das genau beurteilt werden? 37

bb) Sind Rechtsübernahmen überhaupt möglich?

Liegt im Hinblick auf den Maßstab für den Erfolg einer Rechtsübertragung bei aller Ungeklärtheit der Antworten doch zumindest die Fragestellung noch auf der Hand, so ist bei einem weiteren Grundlagenproblem schon die Fragestellung zunächst kaum verständlich: Ist eine Rechtsübertragung überhaupt möglich? Im Hinblick auf die zahllosen, schon auf den vorherigen Seiten genannten Beispiele gibt es anscheinend nur eine denkbare Antwort: ja, natürlich! Anderenfalls hätte dieser Abschnitt schließlich keinen realen Gegen- 38

[65] Vgl. einführend *Kischel, Uwe,* Die Stellung nichttraditioneller Religionen in Russland – Rechtsvergleichende Bemerkungen aus deutscher Sicht, in: Manssen, Gerit; Banaszak, Bogusław (Hrsg.), Religionsfreiheit in Mittel- und Osteuropa zwischen Tradition und Europäisierung, 2006, 189 (189 ff.).

[66] Vgl. *Grande, Elisabetta,* Italian criminal justice – Borrowing and resistance, American Journal of Comparative Law 48 (2000), 227 (passim.); *Illuminati, Giulio,* The frustrated turn to adversarial procedure in Italy (Italian Criminal Procedure Code of 1988), Washington University Global Studies Law Review, 4 (2005), 567 (571).

[67] Vgl. etwa *Bogdan, Michael,* The law of Mauritius and Seychelles – A study of two small mixed legal systems, 1989; vgl. auch insgesamt die Beiträge zum First Worldwide Congress on Mixed Jurisdictions, abgedruckt in: Tulane Law Review 78 (2003), 1 ff.

[68] Vgl. dazu etwa aus rechtlicher Perspektive *Simoni, Alessandro; Whitecross, Richard W.,* Gross national happiness and the heavenly stream of justice – Modernization and dispute resolution in the Kingdom of Bhutan, American Journal of Comparative Law 55 (2007), 165 (168, 191 ff.) mwN; sehr kurz infra → § 9 Rn. 5.

stand, wären alle bislang erörterten Fragen ein völlig sinnloses Gedankenexperiment. Umso erstaunlicher ist es, dass diese Frage von manchen nicht nur tatsächlich gestellt, sondern sogar vehement mit nein beantwortet wird. Namentlich Legrand[69] geht davon aus, dass Regeln sich letztlich nicht aus ihren Worten ergeben, sondern aus der Interpretation, die ihnen gegeben wird und die ihrerseits von der jeweiligen (Rechts-)Kultur beeinflusst wird. Ist jede Rechtsregel in diesem Sinne kulturspezifisch, so folgt aus der Übertragung der Worte einer Regel nicht, dass die Regel selbst in ihrer genauen Bedeutung übertragen wurde, denn die Bedeutung, dh der gesamte kulturelle Kontext, kann naturgemäß nicht mitübertragen werden. Kurz gesagt: die übertragene Regel passt sich immer an die neue Rechtsordnung an und verändert so ihren Inhalt. Mit diesen Aussagen dürfte Legrand zunächst schlicht recht haben, auch wenn er diesen recht einfachen und klaren, weitgehend konsensfähigen Inhalt in einer sehr repetitiven und teils unnötig schwer verständlichen[70] Sprache ausdrückt. Kaum ein informierter Rechtsvergleicher würde behaupten, dass beispielsweise eine gleichlautende Rechtsnorm in zwei verschiedenen Rechtssystemen notwendig oder auch nur regelmäßig exakt und in jedem Detail dasselbe bedeute. Auch sollten die Probleme der Rechtsübersetzung jedem erfahrenen Rechtsvergleicher ohne weiteres vertraut sein. Allein Legrands Schlussfolgerung, dass es keine Rechtsübertragung gebe, ist nicht akzeptabel. Sie wäre nur berechtigt, wenn allein exakte 1:1 Übertragungen einschließlich auch der letzten Auslegungsdetails und aller rechtskulturellen Bedeutungen als Rechtsübertragungen gelten könnten, und unterstellt damit der großen Mehrheit der rechtsvergleichenden Stimmen einen simplistischen Begriff der Rechtsübertragung und insbesondere der Rechtsregel, der so aber kaum vertreten wird. Dieser – ohnehin unhaltbare – Begriff wird dann ohne Mühe, aber mit großem sprachlichen Aufwand, widerlegt.[71] In der Sache ergibt sich dadurch wenig neues.[72] Die von Legrand formulierte Erkenntnis ist nicht das Ende, sondern im Gegenteil gerade ein Ansatz der Erforschung der legal transplants, nämlich die Frage wie und in welchem Ausmaß sich Rechtsregeln bei ihrer Übertragung verändern.

cc) Kategorien von Rechtsübernahmen

39 Die Untersuchung von Rechtsübernahmen lässt sich auch formaler gestalten, insbesondere indem versucht wird, sinnvolle Kategorien von Rechtsübernahmen zu bilden. So lässt sich etwa zwischen freiwilliger Rezeption und erzwungener Oktroyierung – mit Zwischenformen – unterscheiden, wobei Zwang beispielsweise im Prozess der Kolonisierung im Spiel war.[73] Ebenso lässt sich die Rezeption von der Verpflanzung unterscheiden, die vorliegt, wenn Auswanderer ihr heimisches Rechtssystem mitnehmen.[74] Weiterhin ließe sich neben der gesetzgeberischen Rezeption eine eigene Kategorie der Einführung fremder Rechts-

[69] Vgl. *Legrand, Pierre,* The impossibility of 'legal transplants', Maastricht Journal of European and Comparative Law 4 (1997), 111 (113 ff.).

[70] Vgl. zB „The comparatist must adopt a view of law as a polysemic signifier which connotes inter alia cultural, policitical [sic], sociological, historical, anthropological, linguistic, psychological and economic referents", *Legrand* (Fn. 69), 116; „There always remains an irreducible element of autochthony constraining the epistemological receptivity to the incorporation of a rule from another jurisdiction", ibid., 118; „Comparative legal studies is best regarded as the hermeneutic explication and mediation of different forms of legal experience within a descriptive and critical metalanguage", ibid., 123; zu dieser für die Postmoderne typischen Sprache auch infra → § 3 Rn. 168 mit Fußnoten.

[71] Zu diesem im Rahmen der Kritik der funktionalen Rechtsvergleichung nicht seltenen Vorgehen vgl. noch infra → § 3 Rn. 178 ff., 238.

[72] Vgl. ausführlicher etwa auch *Graziadei* (Fn. 36), 468 ff.; vgl. auch *Mattei, Ugo; di Robilant, Anna,* The art and science of critical scholarship – Postmodernism and international style in the legal architecture of Europe, Tulane Law Review 75 (2001), 1053 (1073): „absurd conclusion".

[73] Vgl. aber auch *Sacco, Rodolfo,* Legal formants – A dynamic approach to comparative law, American Journal of Comparative Law 39 (1991), 343 (398) mit dem Hinweis, dass das in die Kolonien importierte fremde Recht sich regelmäßig auf die Rechtsbeziehungen der Kolonialherren sowie auf dem lokalen Recht gänzlich unbekannte Rechtsinstitute wie etwa Wertpapiere beschränkte, die weitgehende Übernahme westlichen Rechts auch für die lokale Bevölkerung also erst nach der Dekolonisation und insofern freiwillig geschah.

[74] Zu beidem vgl. *Rheinstein, Max,* Einführung in die Rechtsvergleichung, 2. Aufl. 1987, 124 ff.

elemente allein durch Rechtsprechung[75] und Rechtswissenschaft etablieren und dabei dann zwischen offener Rezeption, also mit klarem Hinweis auf die fremde Herkunft, und verdeckter Rezeption, also der Nachkonstruktion mit Hilfe des heimischen Instrumentariums, unterscheiden. Auch die Übernahme ausländischer Elemente durch die sog. Kautelarjurisprudenz, also die Vertragspraxis, lässt sich ebenso als zusätzliche, eigenständige Kategorie ansehen wie die Übernahme fremder Rechtsprechung durch eigene Gesetze und umgekehrt.[76]

Systematisierungsversuche können auch soziologisch vorgehen. Dabei lässt sich beispielsweise zentral auf die Motivation der rezipierenden Rechtsordnung abstellen und zwischen vier Kategorien unterscheiden: Erstens die kostensparende Übernahme, bei der es um die schlichte Vereinfachung durch Rückgriff auf fremde Vorbilder geht; zweitens die extern vorgeschriebene Übernahme, die aus wirtschaftlichem oder politischem Zwang oder zumindest faktischem Druck heraus zu erklären ist; drittens die unternehmerische Übernahme, die von bestimmten Personen im übernehmenden Staat befördert wird, weil sie sich Vorteile davon versprechen; und viertens die legitimitätserzeugende Übernahme, bei der das Prestige der übernommenen Rechtsregeln oder der Herkunftsrechtsordnung eine zentrale Rolle spielt.[77] 40

c) Rechtsvereinheitlichung und Rechtsharmonisierung

aa) Rechtsharmonisierung: weltweit, europäisch, regional

Die Beeinflussung nationalen durch fremdes Recht auf der Ebene der Gesetzgebung kann auch das konkrete Ziel verfolgen, Teile des Rechts für eine mehr oder minder große Gruppe von Staaten möglichst einheitlich zu gestalten. Hauptsächlicher Anreiz für eine solche Harmonisierung ist die Erleichterung des grenzüberschreitenden Rechtsverkehrs, insbesondere um den internationalen Handel sicherer, leichter und damit kostengünstiger zu gestalten. Entsprechend ist die Harmonisierung in erster Linie ein Phänomen des Zivilrechts, wenn es auch in anderen Rechtsgebieten durchaus nicht ausgeschlossen ist. Die Rechtsharmonisierung kann aber daneben auch ideologischen Zielen dienen. So wird die Förderung der Nachhaltigkeit in neuerer Zeit immer wieder als Ziel genannt.[78] Die vielfältigen Angleichungsbestrebungen innerhalb der Europäischen Union sind jedenfalls auch dem Ideal der immer weiter voranzubringenden europäischen Einheit geschuldet. Die starken Vereinheitlichungstendenzen in Skandinavien sind vor allem auch durch ein gewisses Ideal der skandinavischen Nachbarschaft zu erklären. 41

Die Vereinheitlichung und Angleichung des Rechts ist ein vielschichtiges Phänomen, das mit dem Begriff der Rechtsharmonisierung grob beschrieben wird, ohne dass diesem Begriff ein ganz klar abgegrenzter Inhalt gegeben würde. So kann von Rechtsharmonisierung bereits gesprochen werden, wenn etwa menschenrechtliche Staatsverträge bestimmte Mindeststandards auch im rechtlichen Bereich erzwingen. Beispielsweise finden sich im Internationalen Pakt über wirtschaftliche, soziale und kulturelle Rechte vom 19.12.1966 (Sozialpakt) Vorgaben für das Individualarbeitsrecht, etwa in Art. 7 lit. a Sozialpakt, der einen angemessenen Lohn und gleiches Entgelt für gleiche Arbeit, insbesondere auch bei Männern und Frauen fordert. Kollektivarbeitsrechtliche Vorgaben finden sich in Art. 8 Sozialpakt, etwa das Recht, freie Gewerkschaften zu bilden, und das Streikrecht. Im Hochschulrecht besteht etwa die 42

[75] Dazu näher infra → Rn. 59 ff.

[76] Zu diesen Unterscheidungen *Heiss* (Fn. 54), 140 f.

[77] Vgl. *Miller, Jonathan M.*, A typology of legal transplants – Using sociology, legal history and Argentine examples to explain the transplant process, American Journal of Comparative Law 51 (2003), 839 (842 ff.); für andere Einteilungsversuche oder Motivgewichtungen vgl. etwa *Tushnet, Mark,* The possibilities of comparative constitutional law, Yale Law Journal 108 (1999), 1225 (1228); *Watson, Alan,* Aspects of reception of law, American Journal of Comparative Law 44 (1996), 335 (passim.).

[78] Vgl. etwa *Köhler, Ben,* Weltverbesserung durch „Weltrecht"?, in: Duden, Konrad et al. (Hrsg.): IPR für eine bessere Welt: Vision – Realität – Irrweg?, 2022, 161 (164 ff.).

Vorgabe des Art. 13 Abs. 2 lit. c Sozialpakt, der fordert, dass der „Hochschulunterricht auf jede geeignete Weise, insbesondere durch allmähliche Einführung der Unentgeltlichkeit, jedermann gleichermaßen entsprechend seinen Fähigkeiten zugänglich gemacht werden muss". Dass dennoch heute aufgrund einer erstaunlich kreativen Auslegung die Neueinführung von Studiengebühren in den Vertragsstaaten von vielen wichtigen Stimmen nicht als Verstoß gegen Art. 13 Abs. 2 lit. c Sozialpakt angesehen wird,[79] ist nur schwer zu erklären.

43 Im europäischen Kontext[80] wirken Rechtsangleichungsmaßnahmen der EU, etwa in Form von Richtlinien nach Art. 115 AEUV, in ähnlicher Weise bindend. Die praktische Bedeutung gerade dieser Angleichungsmaßnahmen ist sehr groß.[81] Ein klassisches Beispiel ist die Richtlinie über Haustürgeschäfte von 1985, deren Umsetzung etwa in das deutsche Recht oft zugleich als Illustration für die typischen Umsetzungsprobleme solcher Richtlinien verwendet wird.[82] Einen anderen vielbenutzten Weg, nämlich den der unmittelbar geltenden Verordnung, schlug die EU beispielsweise mit der 2009 in Kraft getretenen Verordnung über das auf vertragliche Schuldverhältnisse anwendbare Recht vom 17.6.2008 (sog. Rom-I VO) ein. Schließlich werden in der Literatur sogar Vorschläge in Richtung einer allgemeinen harmonisierenden Auslegung der nationalen Rechtsordnungen innerhalb der Europäischen Union gemacht.[83]

44 Eine ausgeprägte Angleichungstradition besteht auch in den skandinavischen Staaten mit ihrer sehr engen geschichtlichen, kulturellen, wirtschaftlichen und teils auch sprachlichen Verbindung. Die bevorzugte Technik ist hier die koordinierte, gemeinsame Ausarbeitung von Gesetzen, die anschließend mit im Wesentlichen gleichem Inhalt in allen beteiligten Staaten in Kraft gesetzt werden. In diesem Verfahren entstanden in Schweden, Dänemark und Norwegen bereits Ende des 19. Jahrhunderts einige Gesetze auf dem Gebiet des Handelsrechts, und wurde zu Beginn des 20. Jahrhunderts ein Gesetz über den Kauf beweglicher Sachen erarbeitet. Dieses Kaufgesetz beruhte selbst wiederum auch auf rechtsvergleichenden Vorarbeiten, die insbesondere das englische und deutsche Recht mit einbezogen, und übte seinerseits einen bedeutenden Einfluss auf das finnische Kaufrecht aus. Diese Harmonisierungstendenz setzte sich auf dem Gebiet des Zivilrechts fort, so dass schon Ende des 20. Jahrhunderts von einem im Wesentlichen einheitlichen Vertragsrecht in den skandinavischen Ländern gesprochen werden konnte.[84] Allerdings hat in neuerer Zeit etwa Dänemark die vom UN-Übereinkommen über Verträge über den Internationalen Warenkauf (CISG) mit inspirierte Reform der Gesetze über den Kauf beweglicher Sachen in Schweden (1990), Norwegen (1988) und Finnland (1987) nicht mitgemacht. Dennoch ist die innerskandinavische Angleichung den Beteiligten so wichtig, dass hinter ihr sogar internationales Einheitsrecht zurückstehen muss; so ist gerade die genannte UN-Kaufrechtskonvention in Skandinavien nicht anwendbar, wenn die beteiligten Parteien ihren Sitz in skandinavischen Staaten haben.[85]

---

[79] Vgl. grundlegend *Riedel, Eibe; Söllner, Sven,* Studiengebühren im Lichte des UN-Sozialpakts, JZ 2006, 270 (270 ff.); *Söllner, Sven,* Studiengebühren und das Menschenrecht auf Bildung, 2007, 167 ff.

[80] Umfassend *Jürgen Basedow,* EU Private Law, 2021.

[81] Vgl. zur europarechtlichen Rechtsangleichung etwa *Wiedemann, Thomas; Gebauer, Martin,* Zivilrecht und europäische Integration, in: dies. (Hrsg.), Zivilrecht unter europäischem Einfluss, 2. Aufl. 2010, 3 (4 ff.); *Domröse, Ronny,* Der Einfluss des europäischen Gemeinschaftsrechts auf die Anwendung des autonomen Privatrechts der Mitgliedstaaten, in: Busch, Christoph; Kopp, Christina; McGuire, Mary-Rose; Zimmermann, Martin (Hrsg.), Europäische Methodik, 2010, 109 (111 – 118).

[82] Vgl. zur Umsetzungsproblematik der Haustürgeschäfterichtlinie *Wiedemann, Thomas,* Haustürgeschäfte, in: Gebauer, Martin; Wiedemann, Thomas (Hrsg.), Zivilrecht unter europäischem Einfluss, 2. Aufl. 2010, 211 (220 ff.).

[83] Vgl. *Odersky, Walter,* Harmonisierende Auslegung und europäische Rechtskultur, ZEuP 2 (1994), 1 (2 ff.).

[84] Vgl. *Zweigert/Kötz* (Fn. 33), 277.

[85] Vgl. *Huber, Peter,* Comparative sales law, in: Reimann, Mathias; Zimmermann, Reinhard (Hrsg.), The Oxford handbook of comparative law, 2. Aufl. 2019, 933 (946 ff.); zur innerskandinavischen Zusammenarbeit auch infra → § 7 Rn. 126 ff.

bb) Einheitsrecht, Modellgesetze

Die UN-Kaufrechtskonvention ist wiederum ein gutes Beispiel für eine Sonderform der Rechtsvereinheitlichung, nämlich das internationale Einheitsrecht. Dabei handelt es sich um von rechtsvergleichend erfahrenen Experten ausgehandelte Regelungen, die anschließend in Form eines völkerrechtlichen Vertrags zwischen den beteiligten Staaten vereinbart werden. Weitere Beispiele sind hier etwa die Ottawa Konvention über internationales Factoring von 1988 oder das Genfer Abkommen über die Stellvertretung beim internationalen Warenkauf von 1983. Solch internationales Einheitsrecht findet in der Regel nur auf grenzüberschreitende Sachverhalte Anwendung, so dass beispielsweise für den rein innerstaatlichen Warenkauf weiterhin das rein nationale Recht gilt (vgl. Art. 1 Abs. 1 CISG). Zentraler Vorteil des Einheitsrechts ist die Vereinfachung des internationalen Rechts- und insbesondere Handelsverkehrs, da die beteiligten Privatpersonen von vornherein wissen, auf welche rechtlichen Regeln sie sich einstellen müssen und sie für ihre internationalen Rechtsbeziehungen nicht mehrere, sondern nur eine Rechtslage zu beachten haben. Da es bei internationalem Einheitsrecht nicht mehr um die Anwendung ausländischen Rechts geht, ist auch weder das IPR mit all seinen Problemen einschlägig, noch kann über eine geschickte Auswahl des notfalls anzurufenden Gerichts (forum shopping)[86] das anwendbare Recht und damit die Rechtslage beeinflusst werden. 45

Das auf der Hand liegende, praktische Problem des Einheitsrechts besteht darin, die Staaten zur Aufnahme von Verhandlungen, deren erfolgreichen Abschluss und schließlich zur Ratifikation des Ergebnisses zu bewegen. Die Schaffung von Einheitsrecht ist mit anderen Worten ein eher schwerfälliger Vorgang. Die Entwicklung des 1980 abgeschlossenen UN-Kaufrechtsübereinkommens etwa begann bereits in den 1920'er Jahren mit einer vom International Institute for the Unification of Private Law (UNIDROIT) eingesetzten Arbeitsgruppe, in der schon Ernst Rabel mitwirkte.[87] Das Problem der Schwerfälligkeit kann durch die Schaffung von sog. Modellgesetzen vermieden werden, wie sie etwa von der United Nations Commission on International Trade Law (UNCITRAL) erarbeitet werden. Die Modellgesetze sind zwar formal in keiner Weise bindend, stehen aber den Staaten als Vorbild zur Verfügung, das nicht sklavisch kopiert werden muss, aber mit eventuellen Anpassungen an lokale Besonderheiten doch einen erheblichen Vereinheitlichungseffekt erzielen kann. Einflussreich war etwa das UNCITRAL Modellgesetz über die internationale Handelsschiedsgerichtsbarkeit, das bei der Modernisierung des Schiedsverfahrensrecht in vielen Ländern Pate gestanden hat. Die Verbindlichkeit des Einheitsrechts und die Anpassungsfähigkeit bloßer Modellgesetze kann auch miteinander verbunden werden, indem zwar die einschlägigen Rechtsnormen in einem völkerrechtlichen Vertrag vereinbart werden, der dann aber nicht selbst anwendbar ist, sondern die beteiligten Staaten verpflichtet, seinen Inhalt im nationalen Recht umzusetzen. Im Grundsatz ist diese Konstruktion der unionsrechtlichen Richtlinie vergleichbar. Klassisches Beispiel hierfür sind das Genfer Wechselrechtsabkommen von 1930 und das Genfer Scheckrechtsabkommen von 1931, deren Umsetzung in nationales Recht aber – durchaus typisch – dazu geführt hat, dass der internationale Bezug dieser Vorschriften in der Praxis etwa des deutschen Rechts stark in Vergessenheit geraten ist. Eine weitere informelle, aber hochgradig effektive Sonderform der Vereinheitlichung stellt die Verwendung einheitlicher Vertragsmuster, einheitlicher allgemeiner Geschäftsbedingungen oder international einheitlicher Klauseln – etwa der sog. Incoterms zB FOB, CIF – dar. 46

Die positiven Auswirkungen internationalen Einheitsrechts sollten allerdings nicht überschätzt werden. Nicht nur führt innerstaatlich die Existenz von Einheitsrecht oft erst zu einem Nebeneinander zweier verschiedener Rechtsmassen, nämlich des nationalen Rechts für Sachverhalte ohne, des Einheitsrechts für Sachverhalte mit Auslandsbezug. Die Betrof- 47

---

[86] Vgl. auch supra → § 1 Rn. 42.

[87] Zur Vorgeschichte vgl. *Lando,* Ole, Centennial World Congress on Comparative Law – Comparative law and lawmaking, Tulane Law Review 75 (2001), 1015 (1017 f.).

fenen müssen sich dann, entgegen dem eigentlichen Sinn des Einheitsrechts, doch auf mehr als nur eine Rechtslage einstellen, und es kann nicht selten auch zu Abgrenzungsschwierigkeiten kommen. Vor allem auch wirken die unterschiedlichen nationalen Rechtskulturen, das je unterschiedliche rechtsdogmatische Umfeld und die oft unterschiedliche Auffassung von der Bedeutung bestimmter Begriffe fort, so dass das Einheitsrecht in der Praxis nicht immer einheitlich wirkt.[88] Das gilt umso mehr als in der Regel kein übergeordnetes Gericht besteht, das die einheitliche Rechtsanwendung in den verschiedenen Staaten sicherstellen könnte. Gerade auch hier zeigt sich dann die größere Wirkmächtigkeit der Rechtsangleichung in der EU, die mit dem EuGH über ein solches Gericht verfügt. Die besondere Bedeutung der einheitlichen Auslegungsinstanz zeigte sich aber auch am Beispiel des Europäischen Gerichtsstands- und Vollstreckungsübereinkommens (EuGVÜ) von 1968, das zwar keinen Gemeinschaftsrechtsakt darstellte, für dessen Auslegung aber auf völkervertragsrechtlicher Grundlage dennoch der EuGH in letzter Instanz zuständig war.

cc) Die Principles of European Contract Law als Vorbild im europäischen Raum

48 Ein für lange Zeit besonders bedeutsames Harmonisierungsprojekt, das Vorbild für zahlreiche weitere Projekte wurde, war die Ausarbeitung der sog. Principles of European Contract Law (PECL).[89] Es war ein wichtiger Teil einer Anfang der 1990'er Jahre begonnenen Bewegung unter den vor allem akademischen Vertretern des Privatrechts in Europa, die versuchen, die gemeinsamen Grundsätze, den einheitlichen Kern der verschiedenen europäischen Privatrechtssysteme rechtsvergleichend herauszuarbeiten. Dies geschah in Lehrbüchern wie dem einflussreichen und modellbildenden Werk von Hein Kötz zum Europäischen Vertragsrecht,[90] das in klassischer Weise Sachprobleme formuliert – etwa wann eine Vereinbarung bestimmt genug ist, um als vertraglich gelten zu können –, um dann jeweils kritisch die verschiedenen nationalen Rechtsordnungen auf ihre Lösungsvorschläge hin zu untersuchen. Nichts anderes als ein solches Privatprojekt sind zunächst auch die PECL. Die Commission on European Contract Law (CECL) war ein privater Zusammenschluss von Rechtswissenschaftlern, von denen einige auch in der Praxis tätig waren und die sich seit 1982 auf Initiative des dänischen Professors Ole Lando trafen (daher gelegentlich auch „Lando-Kommission" genannt). Die von ihnen rechtsvergleichend herausgearbeiteten Prinzipien wurden in drei Teilen zwischen 1995 und 2003 veröffentlicht.[91] Waren sie anfangs noch recht allgemein formuliert, so wurden die späteren Abschnitte zunehmend detaillierter und ähnelten mehr und mehr den Formulierungen, wie sie in einem Gesetzbuch zu erwarten wären. Allerdings hatte die Gruppe von Anfang an nicht nur vor, die nachweisbaren Gemeinsamkeiten als eine Art kleinsten gemeinsamen Nenner zu dokumentieren. Im Gegenteil strebte sie stets an, aus den nationalen Lösungen eine für alle akzeptable, praktisch

---

88 Zu den nicht immer erfolgreichen Versuchen der Berücksichtigung ausländischer Entscheidungen zum Einheitsrecht vgl. *Drobnig, Ulrich,* The use of foreign law by German courts, in: Drobnig, Ulrich; van Erp, Sief (Hrsg.), The use of comparative law by courts, 1999, 127 (131 ff.); *Kropholler, Jan,* Internationales Einheitsrecht, 1975, 304 ff.

89 Zu diesem Projekt und seinen Nachfolgern vgl. statt aller *Lando* (Fn. 87), 1015 ff.; *Gerven, Walter van,* European Court of Justice case law as means of unification of private law?, Fordham International Law Journal 20 (1997), 680 (683 ff.); *Zimmermann, Reinhard,* Comparative law and the Europeanization of private law, in: Reimann, Mathias; Zimmermann, Reinhard (Hrsg.), The Oxford handbook of comparative Law, 2. Aufl. 2019, 557 (578 ff.); besonders eingängig und unterhaltsam *Kötz, Hein,* Contract law in Europe and the United States – Legal unification in the civil law and common law, Tulane European and Civil Law Forum 27 (2012), 1 (4 ff.), der sich ibid., 12 ff. auch der Frage widmet, warum eine Privatrechtsvereinheitlichung in Europa als so wichtig für die Integration gilt, obwohl etwa die USA, Kanada oder Großbritannien auch ohne vereinheitlichtes Privatrecht hervorragend funktionierende, integrierte Märkte haben.

90 *Kötz, Hein,* Europäisches Vertragsrecht, 2. Aufl. 2015.

91 Vgl. *Bar, Christian von; Zimmermann, Reinhard* (Hrsg.), Grundregeln des Europäischen Vertragsrechts, Teile 1 und 2, 2002; *Bar, Christian von; Zimmermann, Reinhard* (Hrsg.), Grundregeln des Europäischen Vertragsrechts, Teil 3, 2005.

sinnvolle Regel abzuleiten, die möglichst im Konsens gefunden wurde, aber durchaus nicht selten auch einer Mehrheitsentscheidung im Wege einer Abstimmung bedurfte.

Zweck der PECL war es, dem grenzüberschreitenden Handel ein neutrales System von Rechtsregeln, eine Art neuer, europäischer lex mercatoria[92] zur Verfügung zu stellen, auf das sich die Beteiligten eines Rechtsgeschäfts beziehen konnten und das eventuell auch im Streitfall, etwa vor einem Schiedsgericht, anwendbar sein konnte. Wohl wichtiger noch handelte es sich aber um ein gelehrtes Unternehmen, das sich der Wissenschaft, den Gesetzgebern und sogar den Gerichten als Bezugspunkt anbieten wollte. Am wichtigsten, aber zugleich heftig umstritten war schließlich ein dritter Zweck: die PECL können als Vorarbeiten für ein in Zukunft denkbares europäisches Zivilgesetzbuch[93] dienen. 49

Unter Rechtswissenschaftlern war die Sinnhaftigkeit eines solchen europäischen Zivilgesetzbuchs heftig umstritten. Das Europäische Parlament stand hinter dem Gedanken, während die Europäische Kommission in größerer Zurückhaltung zunächst die Ausarbeitung eines unverbindlichen Europäischen Referenzrahmens für das Europäische Vertragsrecht unterstützte. Ein erster Referenzrahmen wurde denn auch im Jahr 2008 als Draft Common Frame of Reference (DCFR) vorgestellt. Dieser war wiederum Grundlage für weitere Projekte wie den von der Kommission initiierten politischen Referenzrahmen, die sog. Machbarkeitsstudie zu einem optionalen Instrument im Bereich des europäischen Vertragsrechts von 2011 und den optionalen und bereichsspezifischen Entwurf einer Verordnung über ein Gemeinsames Europäisches Kaufrecht aus dem gleichen Jahr.[94] Der letztgenannte Entwurf wurde nach deutlicher Kritik der Mitgliedstaaten und aus der Rechtswissenschaft Ende 2014 zurückgezogen – möglicherweise der Anfang vom Ende einer großen Idee. Dennoch besaßen PECL und Referenzrahmen starke Vorwirkungen für die anderen Ausarbeitungen. Die ohnehin existierenden unionsrechtlichen Vorgaben für das Vertragsrecht, insbesondere im Bereich des Verbraucherschutzes, haben interessanterweise bei der Ausarbeitung der PECL – anders als bei dem Entwurf der Verordnung über ein Gemeinsames Europäisches Kaufrecht – gerade keine unmittelbare Berücksichtigung gefunden. Auch die Gegner eines europäischen Zivilgesetzbuches konnten sich mit den PECL anfreunden, die sie dann allerdings weniger als Unterstützung für ein Zivilgesetzbuch sondern als eine sinnvolle Kanalisierung und Begrenzung möglicherweise unaufhaltsamer Entwicklungen begreifen, da ein sorgfältig, zurückhaltend und ruhig ausgearbeitetes Regelwerk jedenfalls weniger Schaden anrichten kann, als ein in politischer Eile zusammengeschusterter, kurzfristiger und kurzsichtiger Schnellschuß. Vor dem Hintergrund der voranschreitenden politischen Entwicklung hat sich der Schwerpunkt der Diskussion allerdings immer mehr von den PECL über den DCFR hin zu den konkreten gesetzgeberischen Vorhaben der EU verlagert. 50

Bei alledem waren die PECL der Vorreiter für eine ganze Reihe ähnlich angelegter zivilrechtlicher und sogar verwaltungsrechtlicher Projekte geworden. So wurden im Bereich der unerlaubten Handlungen 2004 die Principles of European Tort Law veröffentlicht,[95] für 51

[92] Zur lex mercatoria vgl. noch infra → § 11 Rn. 48 ff.

[93] Vgl. dazu auch das eigenständige, umfassend angelegte Projekt der Study Group on a European Civil Code, dazu von *Bar, Christian von,* Die Study Group on a European Civil Code, in: Gottwald, Peter (Hrsg.), Festschrift für Dieter Henrich zum 70. Geburtstag, 2000, 1 (1 ff.); *Martens, Sebastian A. E.,* Ein Europa, ein Privatrecht – Die Bestrebungen zur Vereinheitlichung des Europäischen Privatrechts, Europäische Zeitschrift für Wirtschaftsrecht 21 (2010), 527 (528).

[94] Vgl. etwa *Bar, Christian von,* Ein Werkzeugkasten für das Europäische Privatrecht, in: Busch, Christoph; Kopp, Christina; McGuire, Mary-Rose; Zimmermann, Martin (Hrsg.), Europäische Methodik, 2010, 11 (13 ff.); Expert Group (Hrsg.), Feasibility study for a future instrument in European contract law, 19.8.2011, web.archive.org/web/20131008050740/http://ec.europa.eu:80/justice/contract/files/feasibility-study_en.pdf (zuletzt abgerufen am 18.7.2025); Europäische Kommission, Vorschlag für eine Verordnung über ein Gemeinsames Europäisches Kaufrecht, KOM 635 (2011), 1; *Eidenmüller, Horst; Jansen, Nils; Kieninger, Eva-Maria; Wagner, Gerhard; Zimmermann, Reinhard,* Der Vorschlag für eine Verordnung über ein Gemeinsames Europäisches Kaufrecht, JZ 2012, 269 (269 ff.).

[95] Vgl. Group on European Tort Law (Hrsg.), Principles of European tort law – Text and commentary, 2005.

die Insolvenz 2003 die Principles of European Insolvency Law,[96] für den Trust 1999 die Principles of European Trust Law[97]. Im Familienrecht sind beispielsweise Prinzipien im Bereich Scheidung und nachehelicher Unterhalt entwickelt worden,[98] später dann etwa die Prinzipien betreffend das Recht der Versicherungsverträge oder bezüglich den Erwerb und Verlust von Eigentum an Waren,[99] im Verwaltungsrecht die ReNEUAL Model Rules on EU Administrative Procedure[100] oder der Common Core of European Administrative Law.[101] Je weiter allerdings die Versuche sich vom Vertragsrecht hin zu anderen Gebieten bewegten, desto schwieriger wurde die Arbeit, da nicht nur die nationalen dogmatischen Konstruktionen, sondern auch die konkreten Lösungen für einzelne Fallkonstellationen zunehmend voneinander abweichen und der Einfluss der unterschiedlichen Rechtskulturen zunehmend größer wird. Die vergleichsweise große Einheitlichkeit gerade des Vertragsrechts zeigt sich etwa auch daran, dass die PECL und die in ähnlicher Weise im Rahmen von UNIDROIT ausgearbeiteten Principles of International Commercial Contracts (UNIDROIT Principles) trotz ihres völlig verschiedenen rechtsvergleichenden Fokus, einerseits auf Europa, andererseits auf alle Länder, sich oft inhaltlich und teils sogar in der Formulierung kaum voneinander unterscheiden.[102]

52 Die gerade europäischen Harmonisierungsbestrebungen im Bereich des Zivilrechts dominierten dort seit Beginn der 1990'er Jahre weite Teile der international ausgerichteten, rechtsvergleichenden Debatte und Arbeitskraft. Wer als europäischer Zivilrechtler seine rechtsvergleichende Kompetenz unter Beweis stellen wollte, befasste sich gern näher mit einem der diversen Principles-Projekte. Bei aller wissenschaftlichen und praktischen Bedeutung dieser Arbeit darf allerdings nicht vergessen werden, dass es sich dabei nicht etwa um den Inbegriff der Rechtsvergleichung handelt, sondern aus Sicht der gesamten Rechtsvergleichung nur um eine spezielle Spielart rechtsvergleichender Tätigkeit, die sich zudem auf ein inhaltlich wie geographisch begrenztes Gebiet beschränkt.[103] Die Zeiten ändern sich allerdings, und auch früher deutliche Unterstützer von Kodifikationsvorhaben müssen heute einräumen, dass die Zeit für ambitionierte Harmonisierungsprojekte in der Europäischen Union vorbei zu sein scheint.[104] Tatsächlich spielt zwar die Rechtsvergleichung weiterhin eine wichtige Rolle für die Rechtsharmonisierung in der EU, doch konzentriert sich diese Harmonisierung, zumindest gegenwärtig, auf sehr viel bescheidenere Ziele.

5. Rechtsvergleichung und Auslegung

53 Rechtsvergleichung kann auch ein Mittel zur Auslegung des nationalen Rechts sein. Das überrascht auf den ersten Blick. Wenn etwa Art. 38 GG oder § 253 BGB ausgelegt werden

[96] *McBryde, William W.; Flessner, Axel; Kortmann, Sebastian C. J. J.* (Hrsg.), Principles of European insolvency law, 2003.

[97] *Hayton, David J.; Kortmann, Sebastian C. J. J.; Verhagen, H. L. E.* (Hrsg.), Principles of European trust law, 1999.

[98] *Boele-Woelki, Katharina et al.* (Hrsg.), Principles of European family law regarding divorce and maintenance between former spouses, 2004; zu diesen und weiteren Aktivitäten der privaten Commmission on European Family law vgl. www.ceflonline.net (zuletzt abgerufen am 18.7.2025).

[99] *Basedow, Jürgen* et al. (Hrsg.), Principles of European insurance contract law (PEICL), 2. Aufl. 2016; *Lurger, Brigitta; Faber, Wolfgang* (Hrsg.), Acquisition and loss of ownership of goods (PEL Acq. Own.), 2011.

[100] Verfügbar unter www.reneual.eu (zuletzt abgerufen am 18.7.2025).

[101] Vgl. www.coceal.it (zuletzt abgerufen am 18.7.2025).

[102] Zum Vergleich der beiden Regelwerke *Lando* (Fn. 87), 1015 ff., 1023, 1027.

[103] In diese Richtung jetzt auch *Zimmermann, Reinhard,* Comparative Law and the Europeanization of Private Law, in: Reimann, Mathias; Zimmermann, Reinhard (Hrsg.), The Oxford Handbook of Comparative Law, 2. Aufl. 2019, 557 (588 [„the time may have come occasionally to emphasize that comparative law also has other legitimate tasks"], 596), dessen allgemeine Einschätzung eher deutlich mit seiner sehr viel optimistischeren Sichtweise in der Erstauflage jenes Werks kontrastiert.

[104] So *Zimmermann, Reinhard,* Comparative Law and the Europeanization of Private Law, in: Reimann, Mathias; Zimmermann, Reinhard (Hrsg.), The Oxford Handbook of Comparative Law, 2. Aufl. 2019, 557 (594).

müssen und dabei der (objektive) Wille des Gesetzes, aber auch der (subjektive) Wille des Gesetzgebers zu suchen ist,[105] so leuchtet es zunächst wenig ein, dass dabei die Meinung eines fremden Gesetzgebers zu den dortigen, anderen und eigenständigen Normen eine Rolle spielen soll. Der ausländische Gesetzgeber hat regelmäßig nicht an das deutsche Recht gedacht und umgekehrt; die deutsche Norm hat mit der ausländischen regelmäßig nichts zu tun. Dennoch wird die Rechtsvergleichung etwa in Deutschland teilweise sogar ausdrücklich als fünfte Auslegungsmethode bezeichnet[106] und soll so neben die klassischen vier treten, nämlich die grammatikalische, systematische, teleologische und historische Auslegungsmethode, wie sie üblicherweise auf Savigny[107] zurückgeführt werden. Auch in der Rechtsprechungspraxis vieler Staaten lässt sich der Rückgriff auf die Rechtsvergleichung bei der Auslegung nachweisen und zwar nicht selten gerade in besonders schwierigen bis heiklen Fällen.[108]

a) Auslegung von Recht mit fremden Elementen: rechtsvergleichende Auslegung iwS

Die spontanen Bedenken gegen die Rechtsvergleichung als Auslegungsmethode greifen weit **54**
weniger, wenn die auszulegenden Rechtssätze selbst Verbindungen zu fremdem Recht aufweisen, so dass die Einbeziehung ausländischer Erfahrungen nur etwas aufgreift, das in der Norm selbst schon angelegt ist. Entsprechend spielt dieser Bereich in Untersuchungen der Rechtsvergleichung als Auslegungsmethode oft eine herausgehobene Rolle,[109] obwohl es sich hier um eine zwar praktisch wichtige, der Sache nach aber weder überraschende noch konstruktiv schwierige Konstellation handelt.

Dass etwa bei der Anwendung fremden Rechts über internationales Privatrecht oder bei **55**
der Anwendung des internationalen Privatrechts selbst[110] beispielsweise ausländische Begriffsauffassungen eine Rolle spielen können und müssen, leuchtet unmittelbar ein. Dasselbe gilt für das internationale Einheitsrecht,[111] das eben nicht nur deutsch, englisch oder indonesisch ist und zu dessen Entwicklung daher die Gerichte aller Unterzeichnerstaaten gleichwertig beitragen. So hat etwa der Bundesgerichtshof schon früh entschieden, dass bei der Auslegung von Einheitsrecht nicht allein auf die entsprechende nationale Begrifflichkeit abgestellt werden dürfe.[112] Die dadurch an sich notwendige Heranziehung ausländischer Entscheidungen zu den Regeln etwa des CISG scheint der Bundesgerichtshof allerdings in der Praxis allein der einschlägigen deutschen Literatur zu überlassen, auf die er dann

---

[105] Zum alten Grundlagenstreit zwischen subjektiver und objektiver Auslegungstheorie und zur heutigen, pragmatischen Handhabung vgl. *Kischel, Uwe,* Die Begründung – Zur Erläuterung staatlicher Entscheidungen gegenüber dem Bürger, 2003, 267 ff. mwN.

[106] So namentlich Häberle in zahlreichen Schriften, vgl. etwa *Häberle, Peter,* Grundrechtsgeltung und Grundrechtsinterpretation im Verfassungsstaat – Zugleich zur Rechtsvergleichung als „fünfter" Auslegungsmethode, JZ 1989, 913 (916 ff.).

[107] Savigny unterschied bei der Auslegung das grammatische, das logische, das historische und das systematische Element. Dabei entspricht das logische Element keineswegs dem im Text genannten teleologischen, sondern geht „auf die Gliederung des Gedankens, also auf das logische Verhältniß, in welchem die einzelnen Theile desselben zueinander stehen". Mit dem „Gedanken" bezeichnete Savigny „den geistigen Inhalt des Gesetzes", vgl. *Savigny, Friedrich Carl von,* System des heutigen Römischen Rechts, Bd. 1, 1840, 213 f. Den Zweck des Gesetzes erwähnt Savigny hier nicht als eigenes Element der Auslegung, sondern sucht ihn durch die Auslegung insgesamt erst zu erreichen. Dem Gebrauch des von ihm sog. Gesetzesgrundes bei der Auslegung steht er sehr zurückhaltend gegenüber, ibid., 213, 220 f.

[108] Vgl. infra → Rn. 72 ff.; vgl. weiter die Beiträge in *Drobnig, Ulrich; van Erp, Sief* (Hrsg.), The use of comparative law by courts, 1999, passim; ergänzend etwa für Südamerika *Kleinheisterkamp, Jan,* Comparative law in Latin America, in: Reimann, Mathias; Zimmermann, Reinhard (Hrsg.), The Oxford handbook of comparative law, 2. Aufl. 2019, 252 (285 ff.).

[109] Vgl. dazu die Darstellung bei *Drobnig, Ulrich,* General Report, in: Drobnig, Ulrich; van Erp, Sief (Hrsg.), The use of comparative law by courts, 1999, 3 (8 ff. mit 16 f.).

[110] Vgl. dazu supra → § 1 Rn. 44 ff.

[111] Vgl. supra → Rn. 47.

[112] Vgl. BGH NJW 1976, 1583 (1584).

seinerseits zurückgreifen kann.[113] Dass weiterhin ausländische Entscheidungen und ausländisches Recht herangezogen werden müssen, wenn die einschlägigen nationalen Normen genau dies ausdrücklich verlangen, etwa weil sie die gemeinsamen Rechtsprinzipien einer Reihe von Staaten zur Rechtsquelle erklären, ist ebenso klar und selbstverständlich.[114] So ermächtigt beispielsweise Art. 39 der Verfassung Südafrikas die Gerichte, ausländisches Recht bei der Auslegung der Grundrechte zu berücksichtigen.[115] Bereits auf der Grundlage der Vorgängervorschrift des Art. 35 der südafrikanischen Übergangsverfassung[116] konnte das südafrikanische Verfassungsgericht etwa bei der Beantwortung der nicht ausdrücklich geregelten Frage, ob die Todesstrafe mit der Verfassung vereinbar sei, umfassend auf die Rechtsprechung der Vereinigten Staaten von Amerika, aber etwa auch auf deutsche, kanadische oder indische Entscheidung sowie auf völkerrechtliche Menschenrechtspakte einschließlich der Rechtsprechung des EGMR zurückgreifen.[117] Dass Südafrika sich für diese ungewöhnliche Auslegungsbestimmung entschied und in der Folge rege anwandte, wird darauf zurückgeführt, dass das Konzept der verfassungsgerichtlichen Prüfung dort in dieser Form gänzlich neu war und gleichzeitig zum Teil sehr schwierige Fragen zur Beantwortung anstanden, so dass ein Rückgriff auf Rechtsordnungen mit größerer Erfahrung sinnvoll erschien. Zudem konnte durch den Rückgriff auf andere Rechtsordnungen jedenfalls in der Anfangsphase des Gerichts die eigene, noch nicht etablierte Autorität daheim gestärkt und dem Rest der Welt gezeigt werden, dass die neue Ordnung sich an internationale Standards, insbesondere im Bereich der Menschenrechte, zu halten gewillt war.[118] In paralleler Weise sind rechtsvergleichende Bezüge auch dann wenig verwunderlich, wenn zwar nicht der Gesetzgeber, aber die Rechtsprechung eine entsprechende Anwendungsregel entwickelt hat. So hat etwa der Europäische Gerichtshof für Menschenrechte bei der Auslegung der EMRK die wechselnden Bedingungen im beklagten wie allen anderen Staaten ebenso für relevant erklärt wie einen sich etwa unter den Mitgliedstaaten herausbildenden Konsens über die einzuhaltenden Standards.[119] Entsprechend spielt die Rechtsvergleichung in der Rechtsprechung des EGMR eine nicht unerhebliche Rolle.[120]

56 Auch in einer anderen Konstellation vermag die rechtsvergleichende Auslegung wenig zu überraschen: wenn das auszulegende Recht aufgrund ausländischer Vorlagen entwickelt wurde, insbesondere wenn der Gesetzgeber sich zu einer Rechtsübertragung entschlossen hat. Dass hier die ausländische Vorlage mitsamt der einschlägigen Literatur und Rechtsprechung bei der Suche nach der Bedeutung der nationalen Norm mit herangezogen werden kann, leuchtet auch bei ganz klassischer Herangehensweise ein.[121] Denn der Gesetzgeber hat die ausländische Norm, ihre Wirkung und Bedeutung, in einem bestimmten Umfang kopieren wollen, sein Wille umfasst daher diese ausländische Norm mit. Auch die objektive Bedeutung der Norm ist nicht ohne den ausländischen Hintergrund zu

---

[113] Vgl. die *Kötz, Hein,* Der Bundesgerichtshof und die Rechtsvergleichung, in: Geiß, Karlmann et al. (Hrsg.), Festschrift 50 Jahre Bundesgerichtshof, 2000, 825 (829).

[114] Zu solchen Konstellationen im Europa- und Völkerrecht vgl. infra → Rn. 81 ff.

[115] Art. 39 der Verfassung Südafrikas lautet:
„When interpreting the Bill of Rights, a court, tribunal or forum
a) must promote the values that underlie an open and democratic society based on human dignity, equality, and freedom
b) must consider international law; and
c) may consider foreign law.".

[116] Der Wortlaut des Art. 35 war allerdings etwas enger gefasst, indem er nicht pauschal auf ausländisches Recht sondern auf „foreign case law" abstellte. Die Übergangsverfassung von 1993 galt bis zum Inkrafttreten der südafrikanischen Verfassung am 4.2.1997.

[117] S v. Makwanyane 1995 (3) SA 391 (CC), Rn. 33 ff.

[118] Vgl. *Smits* (Fn. 34), 531 f.

[119] Vgl. EGMR 11.7.2002 – 28957/95 Rn. 74 – Christine Goodwin/UK.

[120] Vgl. *Wildhaber, Luzius,* The role of comparative law in the case-law of the European Court of Human Rights, in: Bröhmer, Jürgen et al. (Hrsg.), Internationale Gemeinschaft und Menschenrechte – Festschrift für Georg Ress zum 70. Geburtstag, 2005, 1101 (1101 ff.).

[121] Vgl. etwa BGHZ 21, 112 (119); 24, 214 (218 f.).

verstehen und zu ermitteln. So hat beispielsweise der griechische Gesetzgeber sich im Zivilrecht sehr stark an deutschen Vorbildern orientiert. Daher leuchtet es unmittelbar ein, dass griechische Gerichte bei der praktischen Auslegung stark auf deutsche Vorgaben zurückgreifen.[122]

Einen Sonderfall stellen die Länder des common law dar. Das ungeschriebene common law bildet für sie einen gemeinsamen Rechtsbestand, zu dessen Ermittlung und Fortentwicklung die Gerichte des einen Landes folgerichtig auch auf Entscheidungen der Gerichte der anderen Länder zurückgreifen können.[123] Tatsächlich kann sogar, wie etwa in Kanada, die Unterscheidung zwischen eigenem und fremdem Recht im Hinblick auf das common law als kaum durchführbar angesehen werden.[124] Das Ausmaß des Rückgriffs auf ausländische Entscheidungen kann dabei von Land zu Land und auch in der zeitlichen Entwicklung sehr unterschiedlich ausfallen. Rückgriffe auf Rechtsprechung des Mutterlands England sind üblicher als Rückgriffe auf andere Abkömmlinge. Vor allem aber hängt das Ausmaß auch davon ab, wie groß die Menge eigener Gerichtsentscheidungen, wie selbständig und ggf. auch selbstbewusst die jeweils betrachtete Rechtsordnung des common law geworden ist. So folgte die Rechtsprechung Australiens bis in die 1970er Jahre ohne weiteres im Detail der englischen,[125] während in den USA schon seit geraumer Zeit kaum mehr auf Rechtsprechung von anderen als U.S.-Gerichten zurückgegriffen wird.[126] 57

Verschiedene Elemente der rechtsvergleichenden Auslegung im weiteren Sinne können auch in einem Land aufeinandertreffen und so eine allgemein offenere Haltung der Gerichte gegenüber ausländischen Einflüssen begründen. So kommt etwa in Kanada die common law Tradition zusammen mit der Übernahme französischen Rechts in Quebec und wird noch verstärkt durch die Existenz eigenständigen Rechts der Ureinwohner. Zusammengenommen ist so die Verwendung nichtkanadischer Rechtseinflüsse besonders ausgeprägt und scheint in der juristischen Debatte nicht einmal mehr als Ausdruck von Rechtsvergleichung sondern als schlichte Suche nach dem passenden Rechtssatz wahrgenommen zu werden.[127] 58

b) Auslegung genuin nationalen Rechts: rechtsvergleichende Auslegung ieS

Wirklich interessant wird die Frage der Rechtsvergleichung als Auslegungsmethode aber erst, wenn es um die Auslegung von nationalem Recht geht, das gerade keine fremden Elemente aufweist, die den Rückgriff auf fremde Rechtserkenntnisse unmittelbar nahelegen würden. 59

[122] Dazu mit Beispielen kritisch *Agallopoulou, Pénélope; Deliyanni-Dimitrakou, Christina,* L'utilisation du droit comparé par les tribunaux helléniques, in: Drobnig, Ulrich; van Erp, Sief (Hrsg.), The use of comparative law by courts, 1999, 149 (161 ff., 183 ff.); vgl. zB aus Deutschland BGHSt 9, 385 (387, 389); weitere deutsche Beispiele etwa bei *Drobnig* (Fn. 88), 134.

[123] Überblick bei *Drobnig* (Fn. 109), 12; Statistik für England bei *Örücü, Esin,* Comparative law in British courts, in: Drobnig, Ulrich; van Erp, Sief (Hrsg.), The use of comparative law by courts, 1999, 253 (263 ff.).

[124] Vgl. *Glenn, Patrick H.,* The use of comparative law by common law courts in Canada, in: Drobnig, Ulrich; van Erp, Sief (Hrsg.), The use of comparative law by courts, 1999, 59 (59).

[125] Vgl. etwa die Anmerkung des Supreme Court of Victoria zur Bedeutung des englischen Court of Appeal in Pratt and Goldsmith vs. Pratt (1975) Victorian Reports 378 (391): „I cannot find (…) any decision of the Court of Appeal that this court has not followed except where the High Court or the House of Lords has expressed a contrary opinion. In my judgement a decision of the Court of Appel should be departed from in this court only in exceptional circumstances."; eingehend auch zur heute größeren Unabhängigkeit australischer Gerichte *Chen, Jianfu,* The use of comparative law by Courts – Australian courts at the crossroads, in: Drobnig, Ulrich; van Erp, Sief (Hrsg.), The use of comparative law by courts, 1999, 25 (26 ff.).

[126] Vgl. *O'Scannlain, Diarmuid F,* What role should foreign practice and precedent play in the interpretation of domestic law?, Notre Dame Law Review 80 (2005), 1893 (1895 f.); so zitierte der U. S. Supreme Court zwischen 1990 und 2003 nur 21 mal britische oder kanadische Gerichte, während der kanadische Supreme Court allein im Jahr 1990 230 mal amerikanische Entscheidungen zitierte, vgl. ibid., 1895.

[127] Vgl. *Glenn* (Fn. 124), 59 ff.

aa) Rechtsvergleichende Auslegung als klassische Forderung

60 In der Literatur findet sich die Forderung nach rechtsvergleichender Auslegung etwa bereits bei Zweigert. Er beruft sich für seine Auffassung insbesondere auf den berühmten Art. 1 des schweizerischen ZGB, wonach der Richter, wenn weder dem Gesetz noch dem Gewohnheitsrecht eine Vorschrift entnommen werden kann „nach der Regel entscheiden [soll], die er als Gesetzgeber aufstellen würde. Er folgt dabei bewährter Lehre und Überlieferung.“ Da aber der moderne Gesetzgeber – interessanterweise ist damit die Zeit unmittelbar nach dem 2. Weltkrieg gemeint – selbst rechtsvergleichend vorgehe, solle dies, so Zweigert, auch der Richter tun.[128] Problematisch an dieser Argumentation ist allerdings bereits, dass hier die Zulässigkeit und Notwendigkeit rechtsvergleichender Auslegung zirkulär mit einem rechtsvergleichenden Verweis auf fremdes Recht begründet wird. Zudem wird gerade die schweizerische Auffassung vom Richter als Ersatzgesetzgeber in Deutschland meist ausnehmend kritisch betrachtet.[129] Darüber hinaus ist die Argumentation gerade nicht geeignet, die Rechtsvergleichung generell als Auslegungsmethode zu etablieren. Denn Art. 1 des schweizerischen ZGB betrifft schon vom Wortlaut her nur den Sonderfall der gesetzgeberischen Lücke und gibt dem Richter gerade nicht für jedwede Auslegung gesetzgeberische Macht. Dass Lücke und Auslegung sich möglicherweise nur graduell unterscheiden,[130] mag zwar richtig sein, doch ändert dies nichts an der fehlenden Übertragbarkeit einer Norm, die allein den gravierenderen Problemfall der Lücke lösen soll.

bb) Textstufenparadigma und „fünfte Auslegungsmethode“

61 In der Gegenwart ist die rechtsvergleichende Auslegung nicht zuletzt mit Häberles Lehre von der Rechtsvergleichung als fünfter Auslegungsmethode verbunden, die spezifisch für das Verfassungsrecht entwickelt wurde. Recht verständlich wird diese Lehre allerdings erst vor dem Hintergrund einer anderen Denkfigur Häberles, dem sog. Textstufenparadigma:[131] Häberle wendet sich mit höchst begrüßenswerter Deutlichkeit gegen die „unselige Ökonomisierung allen Denkens“ und betont demgegenüber, dass Verfassungen nicht nur normatives Regelwerk, sondern Abbild der bleibenden Kultur eines Volkes seien. Die freiheitlichen Verfassungen europäisch-atlantischen Typs beeinflussten einander dabei gegenseitig, so dass etwa die Entwicklung der Verfassungsdogmatik in einem Land – zB zur Drittwirkung der Grundrechte – sich im Text der Verfassung eines anderen Landes – zB in § 7 der Kantonalsverfassung von Aargau von 1980[132] – ausdrücklich niederschlage und von dort aus wieder dogmatisch weiterentwickelt werden und ihrerseits Einfluss gewinnen könne. Dasselbe gelte für die Wechselbeziehungen mit supra- und internationalen Normen insbesondere zum Menschenrechtsschutz. Dies ist der Kern des Textstufenparadigmas, das also darauf hinweist, dass schon aus einem bloßen Vergleich der Verfassungstexte eine Verfassungslehre konturiert werden könne und Verfassungstexte insofern in manchem an die Stelle kurzlebiger wissenschaftlicher Literatur treten könnten. Aus diesem Ansatz und der von ihm offengelegten wechselseitigen Verknüpfung der Verfassungstexte lässt sich sodann schließen, dass auch bei der Auslegung der nationalen Verfassungen auf fremdes Verfassungsrecht abgestellt werden müsse, wobei der Vergleich bloßer Texte allerdings nur ein Aspekt sei und das gelebte Recht mit einbezogen werden müsse. Als konkrete Belege für seine These sieht Häberle etwa die Praxis des Europäischen Gerichtshofs an, der die europäischen

[128] Vgl. *Zweigert, Konrad,* Rechtsvergleichung als universale Interpretationsmethode, RabelsZ 15 (1949/50), 5 (9); zusammengefasst auch *Zweigert/Kötz* (Fn. 33), 17; ausführlicher etwa *Stoll, Hans,* Zur Legitimität und normativen Relevanz rechtsvergleichender Argumente im Zivilrecht, in: Koziol, Helmut; Rummel, Peter (Hrsg.), Im Dienste der Gerechtigkeit – Festschrift für Franz Bydlinski, 2002, 429 (429 ff.).

[129] *Drobnig* (Fn. 88), 128; zur schweizerischen Sicht auch infra → § 6 Rn. 34.

[130] So *Zweigert* (Fn. 128), 9 f.

[131] Zum Folgenden *Häberle, Peter,* Europäische Verfassungslehre – Ein Projekt, in: ders. (Hrsg.), Staat und Verfassung in Europa, 2000, 9 (9 ff.); *Häberle* (Fn. 106), 916 ff.

[132] § 7 Abs. 2 KV Aargau: „Soweit sie ihrem Wesen nach dazu geeignet sind, verpflichten sie Privatpersonen untereinander.“, zit. nach *Häberle* (Fn. 106), 913.

Grundrechte auf rechtsvergleichendem Weg aus den Verfassungen der Mitgliedstaaten entwickle.[133] Beleg seien auch die Bestimmungen einiger neuerer Verfassungen, wie etwa Art. 10 Abs. 2 der spanischen Verfassung, die für die Auslegung der Grundrechte ausdrücklich auf die Allgemeine Erklärung der Menschenrechte und die völkerrechtlichen Menschenrechtsverträge verweise.

Thesen über die Gesetzesauslegung außerhalb des Verfassungsrechts stehen bei Häberle hingegen nicht im Vordergrund. Soweit allerdings die spezifische internationale Verflechtungssituation, auf die er abstellt, sich auch in anderen Rechtsgebieten findet, steht einer Übertragung des Gedankengangs nichts im Wege. Das dürfte etwa im Bereich des Schuldrechts jedenfalls im europäischen Kontext[134] der Fall sein, in bestimmten Bereichen wie dem Gesellschaftsrecht oder dem Recht des Warenkaufs auch darüber hinaus. 62

cc) Zu einer kulturell-rechtsvergleichenden Auslegung

Die besonders überzeugenden Aspekte der Lehre Häberles ließen sich vermutlich auch direkter und anders erklären: Soweit das Textstufenparadigma auf die gegenseitige Beeinflussung der Verfassungsrechtsordnungen abstellt, ist – wie gesehen[135] – eine Einbeziehung der jeweiligen Quellrechtsordnungen in die nationale Auslegung ohnehin äußerst naheliegend. Rechtsvergleichende Auslegung wird sogar zwingend, wenn die auszulegende Verfassung selbst die Berücksichtigung bestimmter fremder Rechtsquellen anordnet. Auch ohne eine ausdrückliche Anordnung ist schließlich die Auslegung etwa der nationalen Grundrechte anhand völkerrechtlicher Vorgaben kaum zu umgehen, wenn und soweit den jeweiligen völkerrechtlichen Normen Vorrang vor den nationalen Bestimmungen eingeräumt wird, was allerdings keinesfalls selbstverständlich der Fall ist und von Land zu Land sehr unterschiedlich gesehen wird.[136] Doch scheint Häberles Lehre sich eben gerade nicht in diesen punktuellen Auslegungsbezügen zu erschöpfen, sondern darüber hinaus allgemeinere Geltung zu beanspruchen. Ob, wie weit und warum aber etwa konkrete, eigenständige Verfassungsbestimmungen – dh solche ohne unmittelbare genetische oder hierarchische Beziehung zu fremden Verfassungen und ohne ausdrücklich vorgegebene Auslegungsregeln – im Vergleich mit anderen Verfassungen des Typus Verfassungsstaat auszulegen sein sollen, wird nicht letztlich deutlich. Das gilt umso mehr, als kulturelle Eigenheiten einer Verfassung nach Häberle gerade nicht über den Verfassungsvergleich eingeebnet werden sollen, der Verfassungsvergleich also den Interpretationsprozess bereichern und nicht verarmen soll.[137] Entsprechend ließe sich fragen, ob nicht eigenständige Verfassungsbestimmungen im beschriebenen Sinn immer unter diesen Kulturvorbehalt fallen. 63

Allerdings teilen die freiheitlichen Verfassungen heute weitgehend gemeinsame Wurzeln etwa in der französischen Erklärung der Menschen- und Bürgerrechte von 1789, in der amerikanischen Unabhängigkeitserklärung von 1776, der Paulskirchenverfassung von 1849 oder der Allgemeine Erklärung der Menschenrechte von 1948, aus neuerer Zeit auch in den beiden großen Menschenrechtspakten der Vereinten Nationen von 1966. Diese Verbindung lässt sich zwar nicht immer als direkt genetisch im Sinne einer konkret nachweisbaren Normübernahme beschreiben, ist aber doch konkret genug, um eine gegenseitige Befruchtung der kulturgeschichtlich verbundenen Verfassungen im Wege der Auslegung zu rechtfertigen. Aus der historischen Auslegung von der Mutter- zur Tochternorm wird – so zu Ende gedacht – eine rechtsvergleichende Auslegung der verwandten Tochternormen unter- 64

[133] Dazu noch infra → Rn. 84.
[134] Vgl. dazu auch supra → Rn. 28, 36.
[135] Supra → Rn. 56.
[136] Überblick zum Rangverhältnis bei *Kunig, Philip; Uerpmann-Wittzack, Robert,* Völkerrecht und staatliches Recht, in: Proelß, Alexander (Hrsg.), Völkerrecht, 9. Aufl. 2024, 73 (134 ff.); speziell zur möglichen Aufwertung gerade menschenrechtlicher Verträge vgl. *Weber, Albrecht,* Europäische Verfassungsvergleichung, 2010, 413 ff.; *Peters, Anne; Altwicker, Tilmann,* Europäische Menschenrechtskonvention, 2012, 3 ff.
[137] *Häberle* (Fn. 106), 917 f.

einander, die zwar nicht zwingend eingreifen muss, aber jedenfalls eingreifen kann,[138] insbesondere wenn besonders schwierige (zB Drittwirkung der Grundrechte) oder überall ähnliche Probleme (zB Kind als Schaden) auftauchen. So wie bei der historischen Auslegung keine klar nachweisbare, unmittelbare Herleitung der neuen Norm aus einer konkreten älteren im Sinne einer Rechtsübernahme erforderlich ist, reicht auch hier eine mittelbare, ideengeschichtliche Beziehung aus. Tatsächlich ist nicht recht einzusehen, warum etwa für die Grenzen der Versammlungsfreiheit oder die Gleichheit der Wahl nicht die Verfassungsrechtsprechung eines freiheitlichen Staates die eines anderen freiheitlichen Staates zumindest berücksichtigen dürfen sollte, wenn und soweit diese Freiheiten sich letztlich aus denselben Grundgedanken speisen. Wird das Kapitalmarktrecht in zahlreichen Staaten entlang vergleichbarer Grundgedanken organisiert, die ihren Ursprung im U.S.-Konzept der 1930er Jahre haben,[139] so bietet es sich an, bei komplexen Auslegungsfragen die Entwicklung in den parallelen Rechtsordnungen zu betrachten und gegebenenfalls daraus zu lernen. Andersherum wäre etwa bei der Religionsfreiheit ein besonderes Maß an Vorsicht geboten, da hier gerade unterschiedliche Grundideen zum Verhältnis zwischen Staat und Kirche aufeinandertreffen, die zwischen Staatskirche (zB in Dänemark) auf der einen und radikal trennendem Laizismus (zB in Frankreich) auf der anderen Seite schwanken können. Solche Ausnahmen bestätigen also gerade die Grundregel. Anders und verallgemeinert ausgedrückt: Die Rechtsvergleichung als Auslegungsmethode bietet sich soweit an, wie Rechtsmaterien in zwei oder mehr Rechtsordnungen die gleichen kulturell-historischen Wurzeln haben, gleichsam Holz vom selben Stamm sind. Es geht also letztlich um kulturell-rechtsvergleichende Auslegung.

dd) Nochmals: Das Problem der nationalen Eigenständigkeit

65 Trotz all dieser Ansätze spielt die rechtsvergleichende Auslegung in der Diskussion außerhalb rechtsvergleichender Zirkel kaum eine Rolle. Selbst die akademische Methodenlehre steht ihr gar nicht so sehr ablehnend gegenüber, sondern ignoriert sie auf weiten Strecken schlicht. Dahinter dürfte bei der rechtsvergleichenden Auslegung im engeren Sinne schlicht das Problem stehen, dass ein wie auch immer gearteter Auslandsbezug der auszulegenden Normen alles andere als evident ist, so dass sich ein Rückgriff auf fremdes Recht kaum aufdrängt. Auch wird vielfach die Fülle nationalen Materials, insbesondere nationaler Entscheidungen und Literaturstimmen in vielen entwickelten Rechtsordnungen so groß sein, dass kein Bedürfnis nach mehr aufkommt. Letztlich kann die Einbeziehung fremden Rechts auch schon als grundsätzlich unvereinbar mit dem eigenen Recht, seinen Strukturen und Besonderheiten, angesehen, ja als Einbruch in die nationale Souveränität abgelehnt werden.

66 Besonders markant ist hier die Diskussion über die Einbeziehung ausländischen Rechts in den USA. Nachdem der U. S. Supreme Court schon gelegentlich sowohl in den Mehrheitsauffassungen als auch in den Sondervoten fremdes Recht in seine Überlegungen mit einbezogen hatte,[140] wobei regelmäßig die Zulässigkeit dieses Vorgehens von der jeweiligen Gegenseite bestritten worden war, kam es in den Jahren 2003 und 2005 zu zwei besonders aufsehenerregenden Entscheidungen. In Lawrence vs. Texas[141] und in Roper vs. Simmons[142] verwendete der Supreme Court nämlich erstmals ausländische Entscheidungen als eines von mehreren Argumenten, um von eigenen verfassungsrechtlichen Präzedenzfällen abzuweichen.

[138] Dies scheint Häberles Gedankengang zu entsprechen, vgl. die Bezugnahme auf die historische Auslegung in *Häberle* (Fn. 106), 917.

[139] Vgl. dazu *Hopt* (Fn. 37), 1155 f.

[140] Vgl. Thompson vs. Oklahoma, 487 U. S. 815, (830 f.) (1988); Stanford vs. Kentucky, 492 U. S. 361, 383 f. (1989) (Brennan, J., dissenting); Washington vs. Glucksberg, 521 U. S. 702, 718 (1997); Printz vs. United States, 521 US 898, 976 f. (1997) (Breyer, J., dissenting); Atkins vs. Virginia, 536 U. S. 304, 316 f. (2002).

[141] Lawrence vs. Texas, 539 U. S. 558 (2003).

[142] Roper vs. Simmons, 543 U. S. 551 (2005).

In Lawrence vs. Texas ging es um die hochumstrittene Frage, ob einzelstaatliche Gesetze freiwillige homosexuelle Handlungen unter Erwachsenen unter Strafe stellen dürfen. Nur 17 Jahre zuvor hatte der Supreme Court dies bejaht. Chief Justice Burger hatte sich dabei ua auf die Geschichte der westlichen Zivilisation und die klare Verdammung homosexueller Praktiken durch jüdisch-christlich geprägte moralische und ethische Standards berufen.[143] Um dies zu widerlegen berief sich nunmehr die Mehrheit in Lawrence auf den Fall Dudgeon[144] des Europäischen Gerichtshofs für Menschenrechte (EGMR), in dem die Strafbarkeit der Homosexualität als Verstoß gegen die Europäische Menschenrechtskonvention angesehen wurde.[145] Die Darstellung der Rechtsprechung des EGMR umfasst zwar nur wenige Zeilen und stellt nur ein einzelnes von zahlreichen Argumenten dar, rief aber den Zorn der unterlegenen Richter hervor. Justice Scalia betonte, dass verfassungsrechtliche Ansprüche nicht aus den Handlungen fremder Staaten folgen könnten, dass es um die Auffassungen in den USA gehe und dass der Supreme Court „should not impose foreign moods, fads, or fashions on Americans".[146] 67

In Roper vs. Simmons[147] erklärte der Supreme Court im Ergebnis unter Abweichung von seiner früheren, umstrittenen Rechtsprechung[148], dass die Todesstrafe für unter 16- bis 18-jährige verfassungswidrig sei. Sehr viel ausführlicher als in Lawrence ging der Supreme Court dabei zum Abschluss der Entscheidung auf fremde Rechtsordnungen ein. Dabei betonte er allerdings, dass diese Ausführungen zwar nicht zwingend seien, dass das Gericht aber schon seit langem fremde Rechtsmeinungen als „instruktiv" für die Frage angesehen habe, ob eine grausame und ungewöhnliche Strafe im Sinne des 8. Verfassungszusatzes vorliege. Sodann verwies das Gericht auf verschiedene völkerrechtliche Verträge (die jeweils die USA insofern nicht banden), auf empirische Untersuchungen über die weltweite Verbreitung der Todesstrafe für Minderjährige, und insbesondere auf deren Abschaffung in England. Abschließend stellt das Gericht noch fest: „It does not lessen our fidelity to the Constitution or our pride in its origins to acknowledge that the express affirmation of certain fundamental rights by other nations and peoples simply underscores the centrality of those same rights within our own heritage of freedom."[149] Tatsächlich war der internationale Vergleich für die USA niederschmetternd: Im Hinblick auf die anderen Staaten, die 1990 noch Minderjährige exekutierten, befanden sich die USA in der Gesellschaft von Iran, Pakistan, Saudi-Arabien, Jemen, Nigeria, Kongo und China. Zwischenzeitlich aber hatten selbst diese Staaten ihr Recht verändert und der Supreme Court musste feststellen, dass die Vereinigten Staaten insofern weltweit völlig isoliert dastanden. Dies wollte allerdings Justice O'Connor in ihrem Sondervotum nicht überzeugen, die einen internationalen Konsens nur als Bestätigung der Vernünftigkeit eines U. S. Konsenses anerkennen wollte. Da ein solch nationaler Konsens nach ihrer Auffassung aber gerade fehle, sei die internationale Meinung hier ohne Belang.[150] Weit grundlegender und im Ton schärfer[151] war hingegen erneut die Kritik von Justice Scalia. Er warf der Mehrheit nicht nur (interessante) rechtsvergleichende Fehler bei der Ermittlung des Rechts und der Berücksichtigung fremder Rechtskultur vor, sondern wollte generell und ohne weiteres die Ansicht verwerfen, dass amerikanisches Recht in irgendeiner Form dem Recht der restlichen Welt entsprechen müsse.[152] Er wies auf einige frappante Beispiele hin, in denen das U. S. Verfassungsrecht zu gänzlichen anderen Ergebnissen komme als der Rest 68

143 Bowers vs. Hardwick, 478 U. S. 186, 196 (1986).
144 Vgl. EGMR 20.10.1981, EGMR-E 2, 1 – Dudgeon/Vereinigtes Königreich.
145 Lawrence vs. Texas, 539 U. S. 558, 573 (2003).
146 Lawrence vs. Texas, 539 U. S. 558, 598 (2003) (Scalia, J., dissenting).
147 Zum Folgenden vgl. Roper vs. Simmons, 543 U. S. 551, 575 ff. (2005).
148 Vgl. Stanford vs. Kentucky, 492 U. S. 361, 377–78 (1989).
149 Roper vs. Simmons, 543 U. S. 551, 578 (2005).
150 Vgl. Roper vs. Simmons, 543 U. S. 551, 604 f. (2005) (O'Connor, J., dissenting).
151 Vgl. etwa „I do not believe that the meaning of our Eighth Amendment, any more than the meaning of other provisions of our Constitution, should be determined by the subjective views of five Members of this Court and like-minded foreigners", Roper vs. Simmons, 543 U. S. 551, 608 (2005) (Scalia, J., dissenting).
152 Vgl. zu seiner Argumentation Roper vs. Simmons, 543 U. S. 551, 622 ff. (2005) (Scalia, J., dissenting).

der Welt. Es könne ebenso wenig auf die Zustimmung wie auf die Abweichung anderer Staaten ankommen. Letztlich gehe es, so Scalia, der Mehrheit des Supreme Court nur darum, ihre eigene, ganz persönliche Auffassung durchzusetzen und nicht um eine Auslegung der Verfassung.

69 Dieser konkrete Streit in den USA steht im Kern beispielhaft für den möglichen Streit über die Bedeutung der rechtsvergleichenden Auslegung in jedem Staat und in jedem Rechtsgebiet. Dass er in den USA besonders heftig ausgetragen wird, mag eher dem Zufall oder der innergerichtlichen Streitkultur in den USA geschuldet sein, könnte aber auch gerade mit der Abweichung der USA von manch verbreitetem Grundkonsens anderer, insbesondere auch westlicher Staaten zusammenhängen.

70 Die Bedeutung der Debatte in den USA erschließt sich auch in ihrer Fortführung außerhalb von Gerichtsentscheidungen, wobei es nicht nur akademische Kommentatoren sondern auch die Richter selbst sind, die aktiv Stellung beziehen.[153] Vor allem aber wurde die Frage auch vom U. S. Gesetzgeber heftig debattiert. Hier wurde ernsthaft vorgeschlagen, jeglichen Verweis auf fremdes Recht, mit gewissen Ausnahmen für altes englisches Recht, in gerichtlichen Entscheidungen gesetzlich zu verbieten; Verstöße gegen dieses Gesetz hätten zur Entfernung des Richters aus dem Amt führen können.[154] Bislang war diesem Projekt kein Erfolg beschieden. Dabei ist die gesamte Frage vor dem Hintergrund einer in den USA stark ideologisierten und entlang der politischen Grenze zwischen Liberalen und Konservativen verlaufenden Debatte zu verstehen, nämlich der zwischen Originalisten und Nichtoriginalisten. Die Originalisten – deren herausragendster Vertreter Justice Scalia war – sehen den Sinn der Verfassungsauslegung darin, die vor allem aus dem Wortlaut und der Entstehungsgeschichte zu entnehmende, ursprüngliche Bedeutung der einzelnen Normen zu erfassen, wobei ua ein Blick ins Ausland keinen sinnvollen Zweck erfüllen würde. Die Nichtoriginalisten hingegen fühlen sich nicht streng an die ursprüngliche Bedeutung und die ursprünglichen Wertungen der Verfassungsgeber gebunden. Entsprechend werfen sich die beiden Lager einerseits Beliebigkeit und Subjektivität, andererseits Verkrustung und fehlende Flexibilität bei modernen Problemen und veränderten Auffassungen vor. Die Problematik dürfte letztlich gerade im hohen Alter der U. S. Verfassung und den praktisch kaum möglichen Verfassungsänderungen begründet liegen: Einerseits kann eine Verfassungsrechtsprechung nicht allein auf die freie Abwägung und Wertung der entscheidenden Richter abstellen, sondern braucht Konstanten, wie sie gerade auch der Verfassungstext liefern kann. Andererseits erscheint es mehr als ein wenig gewagt, eine Verfassung aus dem späten 18. Jahrhundert, die etwa auch heute noch indirekt die Sklaverei erwähnt, in ihren Wertungen auf die Probleme des 21. Jahrhunderts vor dem Hintergrund der heutigen Gesellschaftsordnung und ihrer Probleme von Datenschutz über Abtreibung bis Terrorismus anwenden zu wollen.

71 Vergleichbare Probleme stellen sich beispielsweise innerhalb des deutschen Bundesverfassungsgerichts nicht, und dies obwohl theoretisch auch das Grundgesetz mit zunehmendem Alter bei einer rein originalistischen Auslegung zu Problemen führen könnte. Ohne dass dies erkennbar zu Streitigkeiten geführt hätte, führte das Gericht aber schon 1973 allgemein zur Gesetzesauslegung aus: „(E)inmal wächst mit dem 'Altern der Kodifikationen' (…) notwendig die Freiheit des Richters zur schöpferischen Fortbildung des Rechts. Die Auslegung einer Gesetzesnorm kann nicht immer auf die Dauer bei dem ihr zu ihrer Entstehungszeit beigelegten Sinn stehenbleiben. Es ist zu berücksichtigen, welche vernünf-

---

[153] Vgl. etwa *Bader Ginsburg, Ruth,* „Gebührender Respekt vor den Meinungen der Menschheit" – Der Wert einer vergleichenden Perspektive in der Verfassungsrechtsprechung, EuGRZ 32 (2005), 341 (341 ff.); vgl. auch die öffentliche Diskussion zwischen den Richtern Scalia und Breyer, wiedergegeben in: A conver sation between U. S. Supreme Court Justices, International Journal of Constitutional Law 3 (2005), 519 (525) zur parallelen Frage der Berücksichtigung internationaler Menschenrechte vgl. schon *Scalia, Antonin,* Commentary, Saint Louis University Law Journal 40 (1996), 1119 ff.

[154] Vgl. näher *Frank, Daniel J.,* Constitutional interpretation revisited – The effects of a delicate Supreme Court balance on the inclusion of foreign law in American jurisprudence, Iowa Law Review 92 (2007), 1037 (1061 f.).

tige Funktion sie im Zeitpunkt der Anwendung haben kann. Die Norm steht ständig im Kontext der sozialen Verhältnisse und der gesellschaftlich-politischen Anschauungen, auf die sie wirken soll; ihr Inhalt kann und muss sich unter Umständen mit ihnen wandeln. (...) [Der Richter] ist zu freierer Handhabung der Rechtsnormen gezwungen, wenn er nicht seine Aufgabe, 'Recht' zu sprechen, verfehlen will. Zum anderen stoßen, wie die Erfahrung zeigt, gesetzgeberische Reformen gerade dann auf besondere Schwierigkeiten und Hemmnisse, wenn sie zu Änderungen eines der großen Gesetzgebungswerke führen sollen (...)."[155] Deutlich auch für das Verfassungsrecht bestätigt hat das Bundesverfassungsgericht diese Grundsätze später aus Anlass einer Entscheidung des Plenums, die faktisch die vorher vom Bundesverfassungsgericht vertretene Rechtsauffassung änderte. Hier stellte sogar das Plenum des Gerichts fest: „auch eine in Jahrzehnten gewachsene Rechtstradition hindert eine gewandelten Anschauungen Rechnung tragende Weiterentwicklung des Rechts nicht".[156]

ee) Auslegungshilfe in schwierigen Fällen: klassische Beispiele

Unabhängig von ideologischen Grundlagenfragen verspricht die rechtsvergleichende Auslegung besonderen Erfolg und Ertrag in schwierigen Fällen, worunter hier rechtlich besonders komplexe Fälle, für die das Gesetz keine klare Lösung bereithält, ebenso verstanden werden sollen wie Fälle, die sich durch besonders problematische Wertungsfragen auszeichnen. Gerade auch in solchen Fällen lohnt sich der erhebliche Aufwand, der mit einer rechtsvergleichenden Betrachtung verbunden ist. Auch gelangen solche Fälle oft in die höchsten Instanzen, die aufgrund ihrer personellen und sachlichen Ausstattung in besonderem Maße die praktische Möglichkeit haben, den notwendigen Aufwand zu schultern. Tatsächlich lassen sich die meisten der immer wieder einmal als Beispiele rechtsvergleichender Auslegung ieS diskutierten Fälle dieser Kategorie zuordnen: 72

So gewährte beispielsweise der Bundesgerichtshof entgegen dem Wortlaut des § 253 BGB, der ganz allgemein Schadenersatz für immaterielle Schäden ausschloss, eben diesen Schadenersatz bei Verletzungen des allgemeinen Persönlichkeitsrechts, wobei er sich auch auf das schweizerische Recht und pauschal auf die Rechtslage in anderen Rechtsordnungen berief.[157] Vergleichbar erörterte der Bundesgerichtshof für die Frage, ob die Aussagen eines Beschuldigten im Strafprozess verwertet werden könnten, wenn dieser zuvor nicht über seine Rechte – etwa sein Recht zu schweigen – aufgeklärt worden sei, nicht nur die Rechtslage der USA (die aus zahlreichen U. S. Kriminalfilmen und den dort stets präsenten sog. Miranda-warnings auch vielen Nichtjuristen bekannt ist: „Sie haben das Recht zu schweigen..."), sondern auch die in Dänemark und den Niederlanden, Großbritannien, Frankreich und Italien.[158] Besondere Bekanntheit erlangte auch die Frage, ob die Geburt eines Kindes und die daraus resultierende Unterhaltspflicht zu zivilrechtlichen Schadenersatzpflichten des Arztes führen können. Zu diesem Themenkomplex finden sich nicht nur deutsche und U.S.-amerikanische Entscheidungen, sondern etwa auch englische[159] oder australische.[160] Im einschlägigen Fall vor dem deutschen Bundesgerichtshof beispielsweise ging es um ein zwischenzeitlich fünfjähriges, behindertes Mädchen, dessen Mutter behauptete, sie hätte bei Kenntnis der Behinderung abgetrieben. Da ihre Unkenntnis darauf beruhte, dass ein Arzt in fahrlässiger Weise die einschlägigen Vorsorgeuntersuchungen unterlassen hatte, verlangt sie nunmehr von dem Arzt Schadenersatz. In dieser ethisch schwierigen Frage zog der Bundesgerichtshof auch britische und U.S.-amerikanische Ent- 73

155 BVerfGE 34, 269 (288 f.).

156 BVerfGE (Plenum) 95, 322 (333 f.).

157 Vgl. BGHZ 35, 363 (369); 39, 124 (132); vage Heranziehung der internationalen Rechtsentwicklung auch in der diese Rechtsprechung bestätigenden Entscheidung des Bundesverfassungsgerichts, BVerfGE 34, 269 (289, 291).

158 BGHSt 38, 214 (228 ff.).

159 Vgl. die Entscheidung des House of Lords in McFarlane vs. Tayside Health Board [2000] 2 AC 59 sowie Rees vs. Darlington Memorial Hospital NHS Trust [2003] UKHL 52.

160 Vgl. die Entscheidung des High Court of Australia in Cattanach vs. Melchior [2003] HCA 38.

scheidungen heran.[161] Die besonderen wertungsmäßigen Probleme, die diese gelegentlich auch etwas unschön „wrongful birth" genannte Fallkonstellation aufwirft und so die Gemüter erhitzt, zeigten sich speziell in Deutschland auch in einer völlig beispiellosen Verfahrensbesonderheit vor dem Bundesverfassungsgericht: Zu einer einschlägigen Entscheidung des Ersten Senats des Bundesverfassungsgerichts, in dessen alleinige Zuständigkeit der Fall fiel, sah sich der – unzuständige – Zweite Senat zu einer offiziellen „Stellungnahme" veranlasst, die sogar in der offiziellen Entscheidungssammlung abgedruckt wurde; der 2. Senat macht in dieser „Stellungnahme", deren rechtlicher Charakter völlig unklar ist, deutlich, dass er die Entscheidung des anderen Senats ablehnt und sich eine Anrufung des Plenums gewünscht hätte.[162]

74 Auch das deutsche Bundesverfassungsgericht hat gelegentlich die Rechtsvergleichung bemüht.[163] So hatte es die Frage zu beantworten, welche Abweichungen der Größe von Wahlkreisen untereinander noch mit dem Grundsatz der Gleichheit der Wahl zu vereinbaren seien. Dazu böten die Verfassungsordnungen anderer Staaten Anhaltspunkte, die dann für das deutsche Verfassungsrecht eigens zu gewichten seien. Zu diesem Zweck hatte das Gericht vorab ein rechtsvergleichendes Gutachten des Max-Planck-Instituts für Ausländisches Öffentliches Recht und Völkerrecht in Heidelberg eingeholt und daraus die Rechtslage in Irland, Frankreich, Kanada und den USA zitiert.[164] In einem späteren Fall hatte das Bundesverfassungsgericht etwa die Frage zu entscheiden, ob das deutsche Grundgesetz mit seiner Erbrechtsgarantie in Art. 14 GG auch das Pflichtteilsrecht der Kinder des Erblassers erfasst, ihnen also ein auch durch „Enterbung" nicht entziehbares Recht gewährt, unabhängig von einem etwaigen Bedarf in einem bestimmten Mindestmaß am Erbe beteiligt zu werden. Dies bejahte das Gericht ua unter Hinweis auf die vergleichbare Situation in anderen durch das römische Recht beeinflussten europäischen Staaten wie Österreich, Polen, Italien und Frankreich.[165]

75 In England haben in den vergangenen zwei Jahrzehnten zwei Entscheidungen des House of Lords Aufsehen erregt, in denen die Rechtsprechung von Staaten außerhalb des common law – genauer: aus Deutschland – eine alles andere als marginale Rolle bei der Fortentwicklung des englischen Rechts spielte. So ging es in White vs. Jones[166] um einen Rechtsanwalt, der für seinen Mandanten ein Testament ändern sollte, dies aber nicht rechtzeitig tat. Als der Mandant starb, gingen seine von der anvisierten Testamentsänderung begünstigten, aber durch das frühere Testament enterbten Töchter leer aus. Die zentrale Frage war, ob sie von dem Rechtsanwalt Schadenersatz für die fahrlässig unterlassene Änderung des Testaments in Höhe ihres potentiellen Erbes erlangen konnten. Für die Antwort griff Lord Goff of Chieveley in seinen Entscheidungsgründen auf die deutschen Konzepte des Vertrages mit Schutzwirkung zugunsten Dritter und der Drittschadensliquidation zurück, die er ua anhand der Rechtsprechung des Bundesgerichtshofs erläuterte, und widmete den Fragen dabei einen eigenen Abschnitt unter der Überschrift „The German experience".[167] In der Entscheidung Greatorex vs. Greatorex[168] ging es um einen jungen Mann, der durch eigenes, grob fahrlässiges Verhalten beim Führen eines Kraftfahrzeugs verletzt worden war. Sein Vater kam im Rahmen seiner Tätigkeit als Feuerwehrmann zum Unfallort, sah dort seinen

161 Vgl. BGHZ 86, 240 (250 ff.).

162 Vgl. BVerfGE 96, 409 in Reaktion auf BVerfGE 96, 375.

163 Empirische Analysen bei *Kielmansegg, Sebastian Graf von,* Foreign precedents in constitutional litigation, in: Schmidt-Kessel, Martin (Hrsg.), German national reports on the XIXth International Congress of Comparative Law, 2014, 643 (654 ff.); *Martini, Stefan,* Lifting the constitutional curtain? – The use of foreign precedent by the German Federal Constitutional Court, in: Groppi, Tania; Ponthoreau, Marie-Claire (Hrsg.), The use of foreign precedents by constitutional judges, 2013, 229 (239 ff.), zur Lage in der Verfassungsgerichtsbarkeit zahlreicher anderer Staaten vgl. die weiteren Beiträge in diesem Sammelband.

164 Vgl. BVerfGE 95, 335 (363 f.).

165 Vgl. BVerfGE 112, 332 (351 f.); für weitere Beispiele aus Deutschland vgl. *Drobnig* (Fn. 88), 139 ff.; *Kötz* (Fn. 113), 832 ff.

166 White vs. Jones [1995] 2 WLR 187.

167 White vs. Jones [1995] 2 WLR 187 (262 ff.).

168 Greatorex vs. Greatorex [2002] 1 WLR 1970.

verletzten Sohn und erlitt einen schwerwiegenden Schockschaden. Die Frage war, ob der Vater einen Anspruch auf Schadenersatz gegen seinen Sohn hatte, wobei der Sohn nicht versichert war, so dass ggf. das Motor Insurers' Bureau hätte einspringen müssen. In diesem Zusammenhang ging es aus rechtlicher Sicht einerseits um die Frage, ob eine rechtliche Pflicht besteht, eigene Körperverletzungen zu vermeiden, um Angehörige vor Schockschäden zu bewahren, andererseits ob und wie eine Haftungsbeschränkung zwischen Vater und Sohn sich auch auf das Motor Insurers' Bureau auswirkt. Für beide Fragen erörterte der Court of Appeal eine Entscheidung des deutschen Bundesgerichtshofs[169] in einer vergleichbaren Fallkonstellation.[170] Auffällig an diesen Fällen ist nicht zuletzt, dass hier gerade auf deutsche Entscheidungen und dogmatische Figuren zurückgegriffen wird, die sich keineswegs durch ihre Einfachheit auszeichnen. Im Gegenteil: Vertrag mit Schutzwirkung für Dritte, Drittschadensliquidation und gestörter Gesamtschuldnerausgleich dürften auch deutschen Juristen als Höhepunkte juristischer Konstruktion erscheinen. Umso bemerkenswerter ist ihr Erfolg vor englischen Gerichten, denen gemeinhin eine Abneigung gegen Abstraktionen und begriffliche Systembildung nachgesagt wird.

Rechtsvergleichende Ausflüge in der Rechtsprechung müssen aber keineswegs immer das 76
gefundene Ergebnis stützen, sondern können im Gegenteil auch dazu führen, dass die fremden Lösungswege und Ergebnisse gerade nicht übernommen werden. So lehnten etwa die australischen Gerichte nach längerer und komplexer Entwicklung letztlich eine Übernahme des Grundsatzes der Verhältnismäßigkeit ab, der von Deutschland aus seinen Weg in die Europäische Gemeinschaft gefunden hatte und von dort weiter das englische Recht beeinflusst.[171] Das schweizerische Bundesgericht entschied, dass trotz zahlreicher gegenteiliger verfassungs- oder instanzgerichtlicher Entscheidungen aus Deutschland, Italien, Spanien und den USA die gefährliche Scientology Organisation in der Schweiz als Religion einzuordnen sei.[172] Der deutsche Bundesgerichtshof lehnte die Übernahme des weitreichenden Schutzes ab, den das französische Recht der Privatsphäre von Personen der Zeitgeschichte – im Fall ging es um Caroline von Monaco – gewährt.[173] In solch negativen Ergebnissen liegt auch für ausgesprochene Anhänger der rechtsvergleichenden Auslegung keinerlei Problem. Im Gegenteil kann gerade die für eine Ablehnung der Übernahme notwendige, ausführliche inhaltliche Auseinandersetzung mit dem fremden Recht einer zustimmenden, bloßen Zitierung fremder Entscheidungen ad pompam vorzuziehen sein.

c) Praktische Probleme und Lösungen

Auch die zahlreichen, teils beeindruckenden Beispiele aus der gerichtlichen Praxis können 77
allerdings nicht darüber hinwegtäuschen, dass die rechtsvergleichende Auslegung in der Fülle der Gerichtsentscheidungen insgesamt die große Ausnahme bildet.[174] Es gibt Unterschiede von Land zu Land, von Gerichtsbarkeit zu Gerichtsbarkeit und von Richter zu Richter; auch werden rechtsvergleichende Vorarbeiten nicht immer im Urteilstext wiedergegeben;[175] doch im Ergebnis ist die Ausbeute sehr gering. Dies ist einerseits darauf zurückzuführen,

[169] BGHZ 56, 163.

[170] Greatorex vs. Greatorex [2002] 1 WLR 1970 (1984, 1986). Zu diesem Fall ausführlich *Markesinis* (Fn. 3), 157 ff.; vgl. weiter etwa zB Fairchild vs. Glenhaven Funeral Services Ltd. [2002] UKHL 22, para. 24 ff.; weitere Auflistung bei *Örücü* (Fn. 123), 282 ff.

[171] Ausführlich zur australischen Nichtrezeptionsgeschichte *Allars, Margaret,* Proportionality, tradition and constitutional framework – Borrowing foreign legal notions in Australian public law, in: Doeker-Mach, Guenther; Ziegert, Klaus A. (Hrsg.), Law and legal culture in comparative perspective, 2004, 286 (293 ff.); zur Bedeutung des Verhältnismäßigkeitsprinzips im Europarecht vgl. *Kischel, Uwe,* Die Kontrolle der Verhältnismäßigkeit durch den Europäischen Gerichtshof, EuR 35 (2000), 380 (380 ff.).

[172] Vgl. BGE 125 I 369 (373 f.).

[173] BGHZ 131, 332 (344 f.).

[174] Vgl. etwa *Drobnig* (Fn. 109), 16.

[175] Vgl. etwa für den EGMR *Wildhaber* (Fn. 120), 1104; für den EuGH ähnlich *Colneric, Ninon,* Die Rolle der Rechtsvergleichung in der Praxis des EuGH, in: Epiney, Astrid; Haag, Marcel; Heinemann, Andreas (Hrsg.), Die Herausforderung von Grenzen – Festschrift für Roland Bieber, 2007, 316 (316).

dass in der weit überwiegenden Anzahl der (Routine–)Fälle kein Bedarf für rechtsvergleichende Argumente gesehen wird. Weder liegt ein Normbestand mit fremden Elementen vor (rechtsvergleichende Auslegung iwS) noch erweisen sich die nationalen Normen, Präzedenzfälle und dogmatischen Kategorien als so defizitär, dass ein schwieriger Fall im hier beschriebenen Sinn vorläge.

78 Der fehlende Rückgriff auf die Rechtsvergleichung ist dann auch keineswegs bedauernswert. Denn bei der rechtsvergleichenden Auslegung geht es um Hilfestellungen, nicht um eine Internationalisierung im Sinne einer Harmonisierung um jeden Preis. Im Gegenteil ist gerade aus rechtsvergleichender Sicht die Erhaltung der jeweils eigenen Rechtskultur und damit auch der eigenständigen Lösungen und Lösungswege der verschiedenen Rechtsordnungen ein hoher Wert.[176] Erst wenn ein Fall der rechtsvergleichenden Auslegung iwS vorliegt oder einer der schwierigen Fälle, in denen der Blick über die Grenze einen Erkenntnisfortschritt verspricht, wäre eine unnötige Zurückhaltung der Gerichte zu kritisieren. Würde tatsächlich in all diesen Fällen auf rechtsvergleichende Erkenntnisse zurückgegriffen, wäre schon viel gewonnen. Gerade in den schwierigen Fällen der rechtsvergleichenden Auslegung ieS aber sind es nicht zuletzt die Prozessvertreter, die eine stärkere Einbeziehung rechtsvergleichender Argumente in der Hand haben. Nicht nur können sie das Gericht aus ihrer Parteisicht heraus davon überzeugen, dass das Gesetz für eine besonders komplexe Lage keine klare Lösung bereithält oder es um besonders problematische Wertungsfragen geht, also überhaupt ein schwieriger Fall vorliegt. Wichtiger noch haben Sie es in der Hand, dem Gericht die notwendigen Informationen über ausländisches Recht in aufbereiteter Form zukommen zu lassen.

79 Auf diese Art und Weise lassen sich zugleich die zentralen Probleme abschwächen, denen sich die rechtsvergleichende Auslegung in der Praxis gegenübersieht: Erstens müssen die Richter eine gewisse Grundausbildung in Rechtsvergleichung haben, um zumindest vor gröberen Fehlern gefeit zu sein. Dies ist Richtern auch durchaus bewusst und trägt offenbar seinen Teil zur sehr zurückhaltenden Praxis bei. So führte etwa Lord Goff of Chieveley in einem Urteil aus: „Strongly though I support the study of comparative law, I hesitate to embark in an opinion such as this upon a comparison, however brief, with a civil law system; because experience has taught me how very difficult, and indeed potentially misleading, such an exercise can be.“[177] Wie leicht und schnell sich Fehler einschleichen können, zeigt etwa die Entscheidung des Bundesgerichtshofs zur Frage des Kinds als Schaden,[178] die – wie Kötz am Rande bemerkt[179] – für die zitierte Entscheidung des britischen Court of Appeal eine fehlerhafte Fundstelle angab und ein Zitat dem falschen Richter zuschreibt. Zweitens erfordern rechtsvergleichende Untersuchungen im Grundsatz Fremdsprachenkenntnisse, die naturgemäß oft nicht vorhanden sind. Vielfach klärt sich dadurch zumindest teilweise auch die meist nicht näher begründete Auswahl der zum Vergleich herangezogenen Rechtsordnungen. Dasselbe gilt für das wohl grundlegendste, dritte Problem, nämlich für die Verfügbarkeit des rechtsvergleichenden Materials. Schon die wenigsten juristischen Fachbibliotheken können auch nur mit den Entscheidungssammlungen etwa der oberen Gerichte der Mitgliedstaaten der Europäischen Union und Nordamerikas aufwarten. Auch die etwa vorhandene rechtsvergleichende Spezialliteratur aus dem eigenen wie aus fremden Ländern ist oft nur schwer zu erreichen. Für die Richter, selbst an obersten Gerichten, stellen sich hier ganz erhebliche logistische und zeitliche Probleme. Sowohl für das Sprachproblem als auch für das Verfügbarkeitsproblem aber kann eine gute Vorarbeit seitens der an einem Rechtsstreit beteiligten Rechtsanwälte die Lösung bereithalten. Anwälte, die hier punkten, können sich einen nicht unerheblichen Vorteil im Wettbewerb mit der Gegenseite erkaufen. Dabei werden auch die beteiligten Anwälte vielfach auf akademische Vorarbeiten angewiesen sein,

---

[176] Diesen Wert schätzen die Vertreter einer harmonisierenden Auslegung im Europarecht offenbar weit geringer ein, vgl. dazu *Odersky* (Fn. 83), 2 ff.

[177] White vs. Jones [1995] 2 A. C. 207 (263).

[178] BGHZ 86, 240 (250 ff.).

[179] *Kötz* (Fn. 113), 834 Fn. 31.

die das einschlägige Material hinreichend aufarbeiten. So konnte etwa auch Lord Goff of Chieveley seine zuvor zitierten Vorbehalte gerade aufgrund existierender Vorarbeiten aufgeben: „Exceptionally however, in the present case, thanks to material published in our language by distinguished comparatists, German as well as English, we have direct access to publications which should sufficiently dispel our ignorance of German law and so by comparison illuminate our understanding of our own."[180] Insofern verwundert es nicht, dass etwa Markesinis in solchen praxisnahen Vorarbeiten eine der Hauptaufgaben der Rechtsvergleichung sieht, die er sich auf die Fahnen geschrieben hat.[181] Tatsächlich fällt auf, dass einige der bekanntesten Anwendungsfälle rechtsvergleichender Auslegung offenbar erst durch den Einsatz der Anwälte oder sonstigen externen rechtsvergleichenden Sachverstandes möglich wurden: In White vs. Jones, aus dem die eben angeführten Zitate stammen, trat eben der erwähnte englische Rechtsvergleicher Markesinis selbst für die Kläger mit auf und konnte auf mehrere eigene Veröffentlichungen zu den anstehenden Rechtsproblemen verweisen, die vom Gericht dann auch ausführlich gewürdigt wurden. In Greatorex vs. Greatorex machte der Prozessvertreter das Gericht auf die einschlägigen deutschen Entscheidungen aufmerksam, die übrigens wiederum aufgrund eines Buches von Markesinis in teilweiser Übersetzung vorlagen. Die Entscheidung des deutschen Bundesverfassungsgerichts zum Pflichtteilsrecht konnte sich auf ein veröffentlichtes, rechtsvergleichendes Gutachten von Martiny stützen, für die Entscheidung zur Größe von Wahlkreisen hatte das Bundesverfassungsgericht eigens ein Gutachten des Max-Planck-Instituts für Ausländisches Öffentliches Recht und Völkerrecht eingeholt.

Letztlich hängt aber auch vieles von der Richterpersönlichkeit ab. So lässt sich etwa für das **80** Supremo Tribunal Federal Brasiliens feststellen, dass die Richter, in deren Entscheidungen sich gehäuft rechtsvergleichende Bezüge finden, selbst enge Auslandskontakte hatten: Ein Richter ging in den USA zur Schule, ein anderer schrieb seine Dissertation in Frankreich und war Gastprofessor an U. S. law schools, ein Dritter absolvierte ein LL.M. Programm in Deutschland und schrieb dort seine Dissertation (und konnte daher etwa auch die sehr deutsche Lehre vom faktischen Arbeitsverhältnis teilweise nach Brasilien exportieren).[182] Für die USA wird darauf hingewiesen, dass ein engerer persönlicher Kontakt mit ausländischen Richtern die Berücksichtigung fremder Entscheidungen fördere; zum Beleg wird etwa auf Justice Kennedy verwiesen, der noch im Jahr 2000 auf einem Treffen in London darauf hinwies, dass der U. S. Supreme Court ausländisches Recht nicht berücksichtige, weil es zu entfernt und zu unbekannt sei, später aber die Mehrheitsmeinungen in den Fällen Lawrence vs. Texas und Roper vs. Simmons schrieb.[183] In England erwies sich die Richterschaft lange Zeit als eher kritisch gegenüber dem Anliegen, Rechtsregeln „holus-bolus from some other system of law" zu inkorporieren (womit Lord Diplock gar das schottische Recht meinte).[184] Namhafte Richter wie etwa Lord Bingham, die ihre Ausbildung noch im Geiste einer gewissen Überlegenheit des englischen common law absolviert hatten, wichen später jedoch von dieser Einstellung ab und zeigten sich der Berücksichtigung ausländischen Rechts gegenüber deutlich aufgeschlossener.[185] Wie so oft in der Methodenlehre ist das Vorverständnis der Entscheider relevant[186] und führt zu einer selbsterfüllenden Prophezeiung: Nur wer die rechtsvergleichende Auslegung für eine wichtige Methode hält oder einen Hang zur Rechtsvergleichung entwickelt, wird regelmäßig ihre Bedeutung bestätigt sehen und ihre Anwendung fördern, nicht umgekehrt.

---

[180] White vs. Jones [1995] 2 A. C. 207 (263).
[181] Vgl. nur *Markesinis* (Fn. 3), 35 ff.
[182] Vgl. genauer *Kleinheisterkamp* (Fn. 108), 286 f.
[183] Vgl. *Frank* (Fn. 154), 1067 f.
[184] MacShannon vs. Rockware Glass Ltd. [1978] AC 795 (811).
[185] Vgl. etwa Fairchild vs. Glenhaven Funeral Services Ltd. (t/a GH Dovener & Son) [2003] 1 A. C. 32 (58 – 66); *Bingham, Thomas H.,* There is a world elsewhere – The changing perspectives of English law, The International and Comparative Law Quarterly 41 (1992), 513 (526 ff.).
[186] Vgl. etwa *Kischel* (Fn. 105), 7 f., 271.

6. Rechtsvergleichung als Rechtsquelle: Völker- und Europarecht

81 Eine besondere Bedeutung kommt der Rechtsvergleichung immer dann zu, wenn in einer Rechtsordnung die gemeinsamen Prinzipien verschiedener anderer Rechtsordnungen selbst wiederum eine formelle Rechtsquelle darstellen.

82 So sind nach Art. 38 Abs. 1 lit. c des Statuts des Internationalen Gerichtshofs die sog. allgemeinen Rechtsgrundsätze eine Hauptrechtsquelle im Völkerrecht. Es handelt sich dabei, etwas vereinfacht, um allgemeine Grundsätze, die den nationalen Rechtsordnungen der Staaten gemein sind und die sich ihrer Natur nach zur Anwendung im Bereich des Völkerrechts eignen. Typische Beispiele sind die Prinzipien der Verjährung, der ungerechtfertigten Bereicherung, der Geschäftsführung ohne Auftrag, des Verbots des Rechtsmissbrauchs und des venire contra factum proprium zum Schaden anderer. Die Herleitung von allgemeinen Rechtsgrundsätzen setzt eine rechtsvergleichende Untersuchung mit all ihren typischen Problemen voraus, die daher im Völkerrecht auch debattiert werden: Welche Rechtsordnungen sind heranzuziehen? Wie weit reicht es aus, nur auf typische Vertreter bestimmter Rechtsfamilien zurückzugreifen? Wie ist auf ein Auseinanderfallen von Rechtswirklichkeit und geschriebenem Recht zu reagieren? Hinzu kommen spezifisch völkerrechtliche Zusatzfragen, etwa wann genau ein Rechtsgrundsatz in das Völkerrecht übertragbar ist oder ob für die konkretisierende Anwendung eines sehr allgemein gehaltenen Rechtsgrundsatzes wiederum auf den Rechtsvergleich zurückzugreifen ist.[187] Unabhängig von der Antwort auf solche und weitere Fragen ist die Rechtsvergleichung hier elementarer Bestandteil einer Rechtsquelle und geht so in ihrer Bedeutung weit über die eines fakultativen Arbeitsinstruments der Gesetzgebung oder einer Auslegungsmethode für vorgegebene Rechtsnormen hinaus.

83 Im Europarecht findet sich eine vergleichbare Norm für die außervertragliche Haftung der Union in Art. 340 Abs. 2 AEUV. Nach dieser Vorschrift ersetzt die Union den durch ihre Organe oder Bediensteten in Ausübung ihrer Amtstätigkeit verursachten Schaden nach den „allgemeinen Rechtsgrundsätzen, die den Rechtsordnungen der Mitgliedstaaten gemeinsam sind". Im Grundsatz fordert Art. 340 Abs. 2 AEUV hier ein Vorgehen wie bei den völkerrechtlichen allgemeinen Rechtsgrundsätzen. Ausgeprägter als dort lässt allerdings der EuGH in der praktischen Anwendung eine vertiefte rechtsvergleichende Untersuchung vermissen.[188] Dem entspricht es, dass in der Literatur die eigentlich rechtsvergleichende Basis des Art. 340 Abs. 2 AEUV kaum noch eine Rolle spielt und die Norm eher als Ermächtigung zur Rechtsfortbildung gesehen wird.[189] Die im Rahmen des Art. 340 Abs. 2 AEUV erarbeiteten Grundsätze und damit die Rechtsvergleichung können sodann über die sog. Parallelität der Haftungsgrundsätze zusätzliche praktische Bedeutung für ein weiteres

---

[187] Vgl. zu den allgemeinen Rechtsgrundsätzen etwa *Dörr, Oliver,* in: Ipsen, Knut, Völkerrecht, 8. Aufl. 2024, § 20 Rn. 1 ff.; *Gaja, Giorgio,* General Principles of Law, in: Wolfrum, Rüdiger (Hrsg.), Max Planck Encyclopedia of Public International Law, Bd. 4, 2012, 370; Analyse der Beziehung zwischen allgemeinen Rechtsgrundsätzen und Rechtsvergleichung bei *Markus, Till,* Rechtsvergleichung im Völkerrecht, 2021, 83 ff., der ibid., 249 ff., auch die Rolle der Rechtsvergleichung im Völkergewohnheits- und Völkervertragsrecht untersucht; sehr detailliert *Vitanyi, Béla,* Les positions doctrinales concernant le sens de la notion de „principes généraux de droit reconnus par les nations civilisées", Revue générale de droit international public 86 (1982), 48 (48 ff.); vgl. auch *Kischel, Uwe,* State Contracts – Völker-, schieds- und internationalprivatrechtliche Aspekte des anwendbaren Rechts, 1992, 362 ff., 391 ff. mit konkretem Beispiel der Herleitung eines allgemeinen Rechtsgrundsatzes.

[188] Für die Arbeitsweise des EuGH vgl. beispielhaft die Herleitung des Tatbestandsmerkmals des hinreichend qualifizierten Verstoßes in EuGH 5/71, Slg. 1971, 975 – Schöppenstedt; aus der Binnensicht dazu *Kakouris, C.N.,* L'utilisation de la méthode comparative par la Cour de justice des Communautés européennes, in: Drobnig, Ulrich; van Erp, Sief (Hrsg.), The use of comparative law by courts, 1999, 97 (100).

[189] Vgl. *Bogdandy, Armin von; Jacob, Marc,* in: Grabitz, Eberhard; Hilf, Meinhard; Nettesheim, Martin, Das Recht der Europäischen Union, Bd. 3, Loseblatt, EL 45, AEUV Art. 340 Rn. 30 f.; typisch für den kaum mehr erkennbaren rechtsvergleichenden Bezug etwa *Ruffert, Matthias,* in: Calliess, Christian; Ruffert, Matthias, EUV/AEUV, 6. Aufl. 2022, AEUV Art. 340 Rn. 5.

Rechtsinstitut gewinnen, die unionsrechtliche Staatshaftung der Mitgliedstaaten gegenüber dem Bürger.[190]

Besonders bedeutsam konnte die Rechtsvergleichung zumindest anfänglich auch für die Herausbildung von Unionsgrundrechten werden. Nach der Rechtsprechung des EuGH, die heute in Art. 6 Abs. 3 EUV kodifiziert ist, gelten als allgemeine Grundsätze des Rechts der Europäischen Union die Grundrechte, wie sie in der Europäischen Menschenrechtskonvention gewährleistet sind „und wie sie sich aus den gemeinsamen Verfassungsüberlieferungen der Mitgliedstaaten ergeben (…)". Für den EuGH stellt sich hier stets die Frage, ob er sich dabei mit dem kleinsten gemeinsamen Nenner aller Mitgliedstaaten begnügen oder einen Maximalstandard anstreben soll. In beiden Fällen aber ist zur Ermittlung zunächst ein Rechtsvergleich erforderlich. Im allgemeinen wird dem EuGH dabei die Tendenz zu einem Mittelweg im Sinne eines zwar hohen, aber eben nicht maximalen Standards unterstellt, wobei vielfach vom Konzept einer wertenden Rechtsvergleichung die Rede ist. Gleichzeitig versucht der EuGH auch hier, sich einer echten Bindung an die Ergebnisse des Rechtsvergleichs möglichst zu entziehen, so dass die gemeinsamen Verfassungstraditionen entgegen dem Wortlaut des Art. 6 Abs. 3 EUV nicht als Rechtsquelle, sondern als bloße Rechtserkenntnisquelle verstanden werden. In der Praxis allerdings spielte die rechtsvergleichende Herleitung schon anfänglich zugunsten der Herleitung aus der EMRK eine zunehmend geringe Rolle. Jedoch verblieb dabei der Rechtsvergleich als Wertungshintergrund etwa für die Frage, ob und wieweit eine Lösung der EMRK in das Unionsrecht übernommen wurde.[191] Heute wird die Rechtsvergleichung noch weit stärker durch die kodifizierte EU-Grundrechtecharta zurückgedrängt, die sich auch als Ausdruck des grundrechtlichen Konsenses der Mitgliedstaaten verstehen lässt.[192] 84

Im Unionsrecht kommt der Rechtsvergleichung dennoch eine insgesamt größere Rolle zu.[193] Insbesondere im europäischen Verwaltungsrecht war in dessen Anfangsphase mangels geschriebenen Rechts der Rückgriff auf eine wertende Rechtsvergleichung der verwaltungsrechtlichen Regeln der Mitgliedstaaten unvermeidlich, um auch hier allgemeine Rechtsgrundsätze herauszuarbeiten. Nach den Erweiterungen der Union und dem massiven Zuwachs an Komplexität des Unionsrechts wurde die Rechtsvergleichung weniger zur Rechtsfortbildung als zur Auslegung, aber auch zur Vorbereitung der Schaffung von Sekundärrecht verwendet.[194] Diese besondere Offenheit für rechtsvergleichende Argumente und Arbeitsweisen dürfte in der mitgliedstaatlichen Struktur der Union selbst begründet liegen, deren Recht sich stets im Zusammenspiel mit den nationalen Rechtsordnungen beweisen muss. 85

---

[190] Vgl. dazu *Kischel, Uwe,* Gemeinschaftsrechtliche Staatshaftung zwischen Europarecht und nationaler Rechtsordnung, EuR 40 (2005), 441 (446 f.).

[191] Vgl. zum Ganzen etwa *Kühling, Jürgen,* Grundrechte, in: Bogdandy, Armin von; Bast, Jürgen (Hrsg.), Europäisches Verfassungsrecht, 2. Aufl. 2009, 657 (662 ff.); zur wertenden Rechtsvergleichung hier schon der Schlussantrag des GA Römer in EuGH 29/69, Slg. 1969, 419 (427 f.) – Stauder; zur Bedeutung einer wertenden Rechtsvergleichung für die Rechtsvergleichung als Auslegungsmethode insgesamt vgl. schon *Zweigert* (Fn. 128), 14 f.

[192] Zur verbleibenden Bedeutung der ungeschriebenen Unionsgrundrechte gegenüber der Grundrechtecharta vgl. aber etwa *Wyrzykowski, Miroslaw,* Die Funktion und Rechtsfolgen des Protokolls Nr. 30 zur EU Grundrechtecharta, in: Kischel, Uwe; Masing, Johannes (Hrsg.), Unionsgrundrechte und Diskriminierungsverbote im Verfassungsrecht, 2012, 38 (52); *Hatje, Armin,* in: Becker, Ulrich; Hatje, Armin; Schoo, Johann; Schwarze, Jürgen (Hrsg.), EU-Kommentar, 4. Aufl. 2019, EUV Art. 6 Rn. 27 f.

[193] Vgl. auch allgemein *Bogdandy, Armin von,* Comparative Public Law for European Society, ZaöRV 83 (2023), 209 (209 ff., 220 ff.).

[194] Zum Ganzen ausführlich *Fehling, Michael,* Rechtsvergleichende Methode und europäisches Verwaltungsrecht, in: Terhechte, Jörg Philipp (Hrsg.), Internationale Dimensionen des europäischen Verwaltungsrechts, Europarecht, Beiheft 1 (2016), 59 (61 ff.).

§ 3. Die rechtsvergleichende Methode

Übersicht

	Rn.
I. Das Methodenproblem der Rechtsvergleichung: Ein Überblick	1
II. Exkurs: tertium comparationis	3
III. Die funktionale Rechtsvergleichung als Ausgangspunkt	7
IV. Alternativen zur funktionalen Rechtsvergleichung	10
1. Varianten der klassischen Herangehensweise	11
a) Feststellen, verstehen, vergleichen: Das 3-Phasen-Modell	11
b) Praktische Arbeitsanweisung in acht Schritten	15
c) Die Lehre von den rechtlichen Formanten	18
d) Dialektische Rechtsvergleichung	28
e) Heuristischer Vergleich	35
2. Veränderungen in Teilen	41
a) Rechtsvergleichung und ökonomische Analyse	41
b) Konzeptuelle Vergleichung	82
3. Andere Untersuchungsziele	91
a) Rechtsübernahmen	92
b) Vergleichende Rechtstheorie	94
c) Rechtstraditionen	96
d) Große Fragen	106
4. Kausalitäten, Zahlen und sozialwissenschaftliche Tendenzen	109
a) Statistische Rechtsvergleichung	110
b) Vergleichende Verfassungsforschung	130
c) Empirische Rechtsvergleichung	136
5. Strukturell, linguistisch, rechtssoziologisch, dekolonial ...: immer weitere methodische Ansätze?	142
a) Fragen statt Ansätze	143
b) Anliegen statt Ansätze	145
c) Missverständnisse	148
V. Die Kritik an der funktionalen Rechtsvergleichung	150
1. Kritik an der Vorgehensweise	151
a) Die Funktion im Recht	151
b) Der Vergleichsvorgang	154
c) Der kulturelle und rechtliche Kontext	155
d) Die Neutralität	157
2. Kritik an den Hintergründen	160
a) Fixierung auf Einheit	160
b) Positivismus statt Realismus	162
c) Zielabhängigkeit	163
d) Isolation	166
3. Postmoderne Kritik	168
a) Das Problem der Darstellung und Selbstdarstellung postmoderner Schriften	168
b) Grundgedanken der Postmoderne	169
c) Postmoderne Kritik an der Rechtsvergleichung	172
d) Postmoderne Methoden der Rechtsvergleichung?	176
4. Die Fehler der Kritik: Ein Zerrbild funktionalen Denkens	178
a) Funktionale Methode in Feind- und Selbstbild	178
b) Nichtbeachtung der Vielfalt von Kulturen und Funktionen?	181
c) Fixierung auf Einheitlichkeit?	182
d) Neutraler Standpunkt?	185

Rn.
VI. Von der funktionalen zur kontextuellen Rechtsvergleichung 188
1. Verbleibende Grenzen und Fehler funktionalen Denkens 189
a) Übertriebene Schlussfolgerungen 190
b) Begrenzte Reichweite funktionaler Vergleichung 195
2. Kontext als zentrales Konzept der Rechtsvergleichung 212
a) Legitime Anliegen der Kritik 212
b) Kontext als integratives Konzept 214
c) Kontext und Rechtskultur 218
d) Kontext und Rechtskreise: Der doppelte Bedeutungsgehalt von Kontext . 220
3. Kontextuelle Rechtsvergleichung als hermeneutische Methode 222
a) Die Suche nach dem Kochrezept 223
b) Analytisches Vorgehen vs. Hermeneutik 225
c) Verschiedene Denkstile 238
4. Kontextuelle Rechtsvergleichung 239
a) Die Grenzen der Rechtsvergleichung 239
b) Rechtsvergleichung und rechtswissenschaftliche Methoden 241
5. Bilanz: Was ist kontextuelle Rechtsvergleichung? 244
6. Einheit in der Vielfalt: Kontextuelle Fehlerlehre der Rechtsvergleichung 246
a) Fehler bei der Begriffserfassung 247
b) Übersehen funktionaler Äquivalente 257
c) Verengung des Blickfelds 258
d) Die eigene Brille: Regel vs. Ausnahme 271
e) Gelehrtes und gelebtes Recht, Rechtsmeinungen 273
VII. Praxistipps für rechtsvergleichende Untersuchungen 279
1. Aufbaumöglichkeiten einer klassischen rechtsvergleichenden Studie 280
a) Schlichte Gegenüberstellung und Vergleich 280
b) Verzahnter Vergleich 286
c) Darstellung aus heimatlicher Sicht 289
2. Eine klassische rechtsvergleichende Arbeitsweise 293
a) Finden eines Themas 294
b) Einlesen 295
c) Studium fremder Quellen 301
d) Unterschiede, Gemeinsamkeiten und erste Gliederungen 307
e) Erweiterung des Blicks 308
f) Endgliederung und Niederschrift 311

I. Das Methodenproblem der Rechtsvergleichung: Ein Überblick

1 Die Frage nach der Methode in der Rechtsvergleichung ist von einem seltsamen Widerspruch gekennzeichnet. Einerseits gibt es kaum einen Zweig der Rechtswissenschaft, in dem so viel über Methode geschrieben, in dem die Methode als so grundlegend problematisch angesehen wird. Eine rechtsvergleichende Methode, so heißt es manchmal, sei gar nicht auszumachen. Das methodische Vorgehen wird bestenfalls als rein einzelfallbezogen, eher als synkretistisch und oft als chaotisch angesehen. Aus dieser Beschreibung wird sodann gern auf den Zustand der ganzen Rechtsvergleichung geschlossen: Wissenschaften, die sich in solchem Ausmaß mit ihrer eigenen Methode beschäftigen müssten, seien krank.[1] Führt man sich demgegenüber das Hohelied der Rechtsvergleichung vor Augen, das etwa im Hinblick auf ihre Bedeutung für Gesetzgebung und Rechtsanwendung[2] so gern und oft gesungen wird, so ist beides nur schwer miteinander zu vereinbaren: Der tiefgreifenden Kritik an der rechtsvergleichenden Methode steht eine offenbar gut funktionierende,

[1] Vgl. zu dieser Einschätzung *Radbruch, Gustav,* Einführung in die Rechtswissenschaft, 13. Aufl. 1980, nach dem Tode des Verfassers besorgt von Konrad Zweigert, 283.
[2] Dazu supra → § 2 Rn. 22 ff., 53 ff.

praktische Rechtsvergleichung gegenüber, die den Fachjuristen mit Nachdruck nahegelegt und empfohlen wird, deren Ergebnisse oftmals beachtet werden und nach verbreiteter Meinung noch viel mehr beachtet werden müssten. Auch gibt es zahllose rechtsvergleichende Studien, die ungeachtet der methodischen Fragezeichen Hervorragendes geleistet haben und auch weiter leisten und dabei kaum je ein Wort über Methoden oder Methodenprobleme verlieren. Wie ist das zu erklären? Gilt möglicherweise auch hier die klassische, von Esser für das deutsche Recht getroffene Feststellung, dass der Praktiker die doktrinären Darstellungen der Rechtstheorie mit aller Achtung an ihrem Platz stehen lässt, die akademische Methodenlehre vom Richter kaum beachtet wird?[3] Tatsächlich liegt diese Parallele nahe, denn auch in der nationalen, etwa deutschen oder US-amerikanischen Rechtswissenschaft machen sich die Praktiker meist wenig Gedanken über die anzuwendende Methode – und Praktiker in diesem Sinne sind auch die Rechtswissenschaftler, die sich den Einzelfragen des materiellen Rechts zuwenden, die über Steuerstrafrecht, Staatshaftungsrecht oder Erbrecht publizieren. Für die deutsche Rechtspraxis wird etwa ausdrücklich ein Methodensynkretismus[4] festgestellt, der die verschiedensten Auslegungsmittel und -argumente ohne Rücksicht auf die damit angesprochenen Methodenlehren mit einbezieht, wenn sie denn gerade passen. Auch hier wird trotz alledem kaum an den guten Ergebnissen gezweifelt, die so erzielt werden. Ein Unterschied zwischen der Lage im nationalen Recht und der Rechtsvergleichung besteht allerdings: Die Methodenlehre ist im nationalen Recht oft ein abgetrenntes Fachgebiet, das so schon formal recht einfach zu ignorieren ist, während sie für den Rechtsvergleicher zum Kernbestand seines Fachs zählt. So bleibt es dabei, dass mancher Rechtsvergleicher bewundernd auf die Lebensleistung der großen Alten, wie etwa Rabel oder Rheinstein, schaut, aber bedauernd anmerkt, dass sie leider nie mit überliefert hätten, wie genau sie zu ihren großen Erkenntnissen gelangt seien.[5]

Tatsächlich sollte die Suche nach der rechtsvergleichenden Methode weniger in den Höhen der Abstraktion ansetzen als vielmehr bei den konkreten Fragen, die seit langem gestellt, und den Ergebnissen, die seit langem erzielt werden. Die Suche nach einer genauen Methode, einer Art Kochrezept, dem nur gefolgt werden muss, um zu richtigen, guten und interessanten Ergebnissen zu gelangen, erweist sich dabei letztlich als illusorisch. Eine solche Methode gibt es auch sonst in den Rechtswissenschaften und selbst in der Naturwissenschaft nicht. Häberle hat die Textstufenanalyse, Alexy die Prinzipientheorie und McDougal/Lasswell den New Haven Approach ebenso wenig entwickelt, weil und indem sie einem methodischen Kochrezept gefolgt sind, wie Einstein die Relativitätstheorie, von Neumann die Spieltheorie und Popper die Falsifikationslehre. Auch wird die Suche nach einer einheitlichen Methode der Mannigfaltigkeit der denkbaren rechtsvergleichenden Fragestellungen nicht gerecht. Dennoch gibt es Regeln, an die der Rechtsvergleicher sich halten muss, wenn er keine Fehler begehen will. Dennoch gibt es praktische Hilfen für den Aufbau rechtsvergleichender Untersuchungen. Der Kern der rechtsvergleichenden Arbeit – und die potentielle Hauptfehlerquelle – besteht in der Beachtung des dogmatischen, rechtskulturellen und sogar außerrechtlichen Umfeldes, des Kontexts der untersuchten Regeln oder Fragestellungen. Kontextuelle Rechtsvergleichung weist somit den Weg zu einer auch praxisnahen, eben kontextuellen Methode. 2

Ausgangspunkt für diese Überlegungen sind zunächst die funktionale Rechtsvergleichung (unten III), die vielen zu ihr entwickelten Alternativvorschläge (unten IV) und die heute an ihr geübte Kritik (unten V). Die Einwände gegen diese Kritik und eine nähere Untersuchung dessen, was eigentlich unter dem Stichwort der „Methode" gesucht wird, weisen sodann den Weg zur kontextuellen Rechtsvergleichung (unten VI). Unabhängig von diesen eher theoretischen Aspekten sind für die praktische rechtsvergleichende Arbeit in Standardsituationen Blaupausen und Arbeitsanweisungen verfügbar, die bei Anpassung an die je

3 Vgl. *Esser, Josef,* Vorverständnis und Methodenwahl in der Rechtsfindung, 2. Aufl. 1972, 7 f.
4 *Haverkate, Görg,* Gewißheitsverluste im juristischen Denken, 1977, 149.
5 Vgl. *Markesinis, Basil S.,* Comparative law in the courtroom and classroom, 2003, 22.

individuellen Bedürfnisse durchaus eine Hilfe sein können (VII). Vorab sollte jedoch ein spezieller methodischer Fachbegriff kurz beleuchtet werden, der immer wieder einmal in den Diskussionen auftaucht: das tertium comparationis (II)

II. Exkurs: tertium comparationis

3 Der Begriff des tertium comparationis – wörtlich: das Dritte beim Vergleich – bezeichnet nicht mehr und nicht weniger als die Hinsicht, in der zwei oder mehr Gegenstände miteinander verglichen werden.[6] In diesem Sinne ist es, ganz unabhängig von allen methodologischen Diskussionen, ein unverzichtbarer Teil jedes Vergleichs.[7] Denn zwei Gegenstände können und werden nie als solche, in der Gesamtheit ihres Seins miteinander verglichen, sondern stets im Hinblick auf einen oder mehrere konkrete Aspekte. Werden Kaffee und Tee verglichen, so kann dies im Hinblick auf Koffeingehalt pro Tasse, Preis, Geschmack, kulturelle Bedeutung in bestimmten Regionen, Beliebtheit bei meinen Freunden oder jeden beliebigen anderen Aspekt geschehen. Das sind die tertia comparationis.

4 Obwohl dieses Konzept so erfreulich einfach ist, scheint es zu vielerlei Verwirrung nicht nur in der Rechtsvergleichung, sondern auch in vielen anderen vergleichenden Wissenschaften zu führen. Zu den verbreitetsten Missverständnissen zählt die Auffassung, dass manche Gegenstände überhaupt nicht miteinander verglichen werden könnten, weil es dafür am tertium comparationis fehle. Das immer noch bekannteste Beispiel ist die angebliche Unvergleichbarkeit von sozialistischen und westlichen Rechtsordnungen, weil beide je ganz unterschiedlichen Klasseninteressen dienten. Die dahinterstehende Logik scheint zunächst recht klar: Da jeder Vergleich ein tertium comparationis voraussetzt, führt dessen Fehlen zur Unvergleichbarkeit. Dabei wird jedoch übersehen, dass es immer möglich ist, ein tertium comparationis zu finden,[8] wenn man sich nur auf ein ausreichend hohes Abstraktionsniveau begibt. Nichts sprach jemals dagegen, westliches Kartellrecht und sozialistische Planwirtschaftsregeln unter dem Aspekt der staatlichen Beeinflussung der Wirtschaft miteinander zu vergleichen.[9] Noch allgemeiner gesprochen, müssen zwei Gegenstände weder eine beiden gemeinsame, ihnen innewohnende Eigenschaft aufweisen, noch einander in irgendeiner Form ähneln, damit sie verglichen werden könnten. So können Holz und Nacht im Hinblick auf den Grad ihrer Dunkelheit oder auf die rhythmische Qualität der sie bezeichnenden Worte verglichen werden. Primzahlen und der Heilige Gral können im Hinblick auf das Interesse verglichen werden, das Professor Jones für sie aufbringt. Mit anderen Worten bilden externe Beziehungen mit der Außenwelt ebenso ein hinreichendes tertium comparationis[10] wie das bloße Haben oder Nichthaben einer bestimmten Eigenschaft.[11] Das

---

6 Für weitere Einzelheiten hierzu und zum Folgenden vgl. *Kischel, Uwe,* Tertium Comparationis, in: Husa, Jaako; Smits, Jan; Valcke, Catherin (Hrsg.), Elgar Encyclopedia of Comparative Law, 2. Aufl. 2023, 484 (484 ff.).

7 Zur Notwenigkeit eines tertium comparationis sogar für Formen des Vergleichs wie Ähnlichkeit, Familienähnlichkeit und Analogie, für die es gelegentlich als entbehrlich angesehen wird, vgl. *Weber, Ralph,* Comparative Philosophy and the Tertium: Comparing What with What, and in What Respect?, Dao: A Journal of Comparative Philosophy 13 (2014), 151 (155 ff.).

8 Dazu schon aus theoretischer Perspektive *Weber* (Fn. 7), 163 ff.

9 *Bogdan, Michael,* Some Reflections on the Comparability of Laws Based on Different Socio-Economic Systems, Scandinavian Studies in Law 2015, 106 (110).

10 Dies gilt unabhängig von der schwierigen Frage, ob und wie innewohnende, inhärente Eigenschaften und externe Beziehungen überhaupt voneinander abgegrenzt werden können, vgl. dazu *Moore, George Edward,* Some Main Problems of Philosophy, 1953, 332; *Butchvarov, Panayot,* Resemblance and Identity – An Examination of the Problem of Universals, 1966, 42 f.; *Weber* (Fn. 7), 165. Wie der Philosoph G. E. Moore betonte, hat ein weißer Fleck zumindest eines mit allem anderen im Universum gemein, nämlich dass sich beide im Universum befinden, vgl. ibid. 331.

11 *De Coninck, Julie,* The Functional Method of Comparative Law: „Quo Vadis"?, RabelsZ 74 (2010), 318 (325).

bedeutet aber keineswegs, dass alle Vergleiche, die möglich sind, auch interessant wären oder in irgendeiner bedeutsamen Form Sinn machten.[12] Im Gegenteil ist jeder Rechtsvergleicher gut beraten, sich nach sorgfältiger Auswahl für manche Vergleichsgegenstände zu entscheiden und andere zu verwerfen; ein erkenntnistheoretischer Zwang besteht dazu aber nicht. Vielmehr beruht die Auswahl auf praktischen Erwägungen und ist eng mit der Wahl der wissenschaftlichen Fragestellung des Vergleichs verbunden.[13]

Ein tertium comparationis setzt auch nicht voraus, dass ein gemeinsamer Oberbegriff (wie „Gemüse" für Möhren und Bohnen) existiert, oder gar dass solch ein Oberbegriff so eng wie möglich zu wählen wäre und im besten Fall nur die beiden Vergleichsgegenstände umfasste.[14] Ob ein Oberbegriff gefunden wird, hat in erster Line etwas mit dem sprachlichen Einfallsreichtum des Vergleichers zu tun. Zudem lautet der richtige Fachbegriff dafür nicht tertium comparationis, sondern genus proximum. Dieses ist Teil der klassischen, bis auf Aristoteles zurückverfolgbaren Form der Definition, die sich aus genus proximum und differentia specifica zusammensetzte.[15] Jedoch ist die Notwendigkeit eines genus proximum heute selbst für Definitionen nicht länger allgemein anerkannt. Mit Vergleichen aber hat es schlicht nichts zu tun. Weiterhin muss ein tertium comparationis auch nicht neutral sein, um so eine Beeinflussung durch nationale Vorprägung auszuschließen.[16] Nationalen Vorprägungen lässt sich durch eine sorgfältige Berücksichtigung des gesamten relevanten Kontexts entgegenwirken, in dem die Vergleichsobjekte stehen.[17] Sie haben aber weder etwas mit der Hinsicht zu tun, in der zwei Gegenstände verglichen werden, noch mit der wissenschaftlichen Fragestellung, für die sich der Rechtsvergleicher entscheidet (und die auch nicht notwendig neutral sein muss). Schließlich vermittelt ein tertium comparationis auch nicht notwendig irgendwelche Wertungen.[18] Es erfordert keine Skala, keinen Bewertungsmaßstab. Solche Skalen, etwa die Zentimeterskala, können zwar durchaus hilfreich sein, um festzustellen, ob Jack größer ist als Jim; aber sie sind weder strikt erforderlich, noch sind sie in irgendeiner Weise wertgeladen. Wertgeladene Skalen sind möglich, zum Beispiel wenn gefragt wird, ob das Strafrechtssystem in bestimmten Staaten streng oder mild ist. Denn dies erfordert ein Urteil über die Frage, wie restriktiv Normen sein müssen, um in absoluter Weise als streng bezeichnet werden zu können. Aber diese Wertentscheidung ist nicht Teil des eigentlichen Vergleichs oder des tertium comparationis (das einfach im relativen Ausmaß der Sanktionen liegt), sondern des bewertenden Teils des Vergleichs. 5

Im Rahmen praktischer rechtsvergleichender Arbeit ist es keinesfalls notwendig oder auch nur üblich, die jeweils verwendeten tertia comparationis ausdrücklich zu benennen. Vielmehr ergeben sich die tertia comparationis oft nur implizit aus der wissenschaftlichen Fragestellung. Solange die wissenschaftliche Fragestellung aber klar entwickelt und durchgehalten wird, stellt diese scheinbare Nachlässigkeit kein besonderes Problem dar. 6

[12] Einige Stimmen scheinen implizit von einem solchen Verständnis auszugehen, vgl. etwa *Örücü, Esin,* Methodology of Comparative Law, in: Smits, Jan M. (Hrsg.), Elgar Encyclopedia of Comparative Law, 2012, 560 (560 f.); *Knapp, Viktor,* Quelques problèmes méthodologiques dans la science du droit comparé, Revue roumaine des sciences sociales. Série juridique, 1968, 75 (77 f.).

[13] Dieser Aspekt der Auswahl kann Manchen zu dem Schluss führen, dass sie zu den wichtigsten und schwierigsten Aufgaben der Rechtsvergleichung zählt, vgl. infra → Rn. 37, 40 f.

[14] Für die Gegenansicht vgl. *Knapp* (Fn. 12), 76 f., 81; vgl. auch *De Coninck* (Fn. 11), 324; *Tusseau, Guillaume,* Sur le métalangage du comparatiste, Revus – Journal for Constitutional Theory and Philosophy, 21 (2013), 91 (103); *Husa, Jaakko,* Introduction to Comparative Law, 2. Aufl. 2023, 154.

[15] Zum genus proximum vgl. etwa *Buldt, Berndt,* Genus Proximum, in: Jürgen Mittelstraß (Hrsg.), Enzyklopädie Philosophie und Wissenschaftstheorie, 2. Aufl. 2008, 85 (85 f.).

[16] Für die Gegenansicht vgl. *Van Hoecke, Mark,* Methodology of Comparative Legal Research, Law and Method, 2015, 1 (27 f.).

[17] Zur kontextuellen Rechtsvergleichung vgl. infra → Rn. 188 ff., mit Zusammenfassungen infra → Rn. 244 f.

[18] Für die Gegenansicht vgl. *Van Reenen, Tobias,* Major theoretical problems of modern comparative legal methodology (1) – The nature and role of the tertium comparationis, The Comparative and International Law Journal of Southern Africa 28 (1995), 175 (176 ff.); *Husa* (Fn. 14), 155; dazu auch infra → Rn. 40 f.

III. Die funktionale Rechtsvergleichung als Ausgangspunkt

7 Ausgangspunkt fast jeder heutigen Untersuchung über die Methoden der Rechtsvergleichung ist die funktionale Rechtsvergleichung. Sie ist die heute klassische Form der Rechtsvergleichung, ihren Grundideen folgen bewusst oder unbewusst die weitaus meisten rechtsvergleichenden Untersuchungen, anhand ihrer Grundansätze wird vielfach die Qualität einer rechtsvergleichenden Studie beurteilt. Dabei ist ein Namenspaar heute untrennbar mit der funktionalen Methode verbunden: Zweigert und Kötz mit ihrem Grundlagenwerk zur Einführung in die Rechtsvergleichung,[19] das durch Übersetzung in vielerlei Sprachen einen enormen Einfluss gewonnen hat und praktisch jedem Rechtsvergleicher der Welt bekannt ist. Dass die Methode der Rechtsvergleichung in diesem epochalen Werk auf nur 16 Druckseiten abgehandelt wird, macht diesen Erfolg um so beeindruckender und deutet nicht zuletzt an, dass – ähnlich wie im nationalen Recht – eine Überbetonung und Überkomplikation der Methodenlehre der Praxis nicht gerecht und von Praktikern meist schlicht ignoriert wird.[20]

Das Grundprinzip der Rechtsvergleichung ist nach Zweigert/Kötz[21] das der Funktionalität, demzufolge nur Recht vergleichbar sei, das dieselbe Funktion erfülle. Da aber in jeder Gesellschaft die gleichen Probleme auf verschiedenen Wegen gelöst würden, müsse jede rechtsvergleichende Ausgangsfrage funktional gestellt werden, also frei von Systembegriffen der eigenen Rechtsordnung. So könne nicht nach den Formvorschriften für Kaufverträge im fremden Recht gefragt werden, sondern nur danach, wie Parteien vor übereilten, nicht recht ernst gemeinten Geschäften geschützt werden. Dies beugt der steten Gefahr vor, nur an den vom eigenen Recht her bekannten Stellen nach einer Lösung zu suchen, eine Gefahr der letztlich nur durch immer wieder neues Hinterfragen der gefundenen Lösungen begegnet werden kann. Noch vor diese funktionale Untersuchung tritt allerdings die Auwahl der zu untersuchenden Rechtsordnungen. Hier gilt, dass eine Beschränkung auf die Mutterrechtsordnungen der großen Rechtssysteme – jedenfalls England, USA, Frankreich, Italien, Deutschland, Schweiz – akzeptabel ist, diese Mutterrechtsordnungen aber auch jedenfalls mit einbezogen werden sollten. Darin soll aber keinesfalls mehr als eine grobe Richtschnur liegen, die je nach betrachteten Rechtsgebieten, betrachteten Rechtsfragen und dem Umfang der geplanten Untersuchung modifiziert werden muss. Der Rechtsvergleicher sei hier, so Zweigert/Kötz, letztlich in hohem Maße auf Erfahrung und Gespür angewiesen. Aus der Auswahl der einzubeziehenden Rechtsordnungen, der funktional gestellten und immer wieder angepassten Frage und den darauf zu findenden Antworten ergeben sich sodann Länderberichte, die die Rechtslage ohne Wertung und in der dem jeweiligen Land eigenen Systematik und Begrifflichkeit wiedergeben. Daran schließt sich der eigentliche Vergleich an, der sich aber kaum in starren Regeln einfangen lässt. Hier gilt es – wiederum funktional, also im Hinblick auf die gestellte Sachfrage und ohne Rücksicht auf die nationale Dogmatik – die gefundenen Lösungen einander gegenüberzustellen und auf Gemeinsamkeiten und Unterschiede hin zu untersuchen. Für die gefundenen Unterschiede sind sodann die rechtlichen und sonstigen Gründe zu analysieren und darzustellen, wofür ggf. umfassende und schwierige Untersuchungen erforderlich sind, die weit über den Bereich der juristischen Dogmatik hinausreichen können. Am Schluss der Untersuchung kann dann eine Wertung des gefundenen Ergebnisses stehen, die in einer Entscheidung für bessere oder schlechtere Lösungen bestehen kann, aber keineswegs muss. Hier geht es vor allem darum, vor dem Hintergrund aller offengelegten Faktoren eine begründete Aussage zu treffen. Ein Nebeneffekt der funktionalen Herangehensweise liegt schließlich darin, dass sich aus den funktionalen Fragestellungen heraus eine funktionale Systematik mit funktionalen Systembegrif-

[19] *Zweigert, Konrad; Kötz, Hein,* Einführung in die Rechtsvergleichung, 3. Aufl. 1996.
[20] Erhebliche Zweifel an der Möglichkeit einer geschlossenen Methodenlehre bei *Zweigert/Kötz* (Fn. 19), 32.
[21] Zum Folgenden *Zweigert/Kötz* (Fn. 19), 33 ff.

fen entwickeln lässt, die das Recht unabhängig von den dogmatischen Eigenheiten der nationalen Rechtssysteme locker zu gliedern imstande ist und so auch der zukünftigen Verständigung dient.

All das leuchtet gerade in der klaren Sprache und mit den illustrierenden Beispielen von 8
Zweigert/Kötz vielen Rechtsvergleichern und jedem Anfänger unmittelbar ein. Im Kern ist damit jedenfalls der Einzelvergleich[22] konkreter rechtlicher Probleme[23] zwischen entwickelten Rechtsordnungen mustergültig beschrieben. Das gilt nicht zuletzt deshalb, weil Zweigert/Kötz die vielfache Notwendigkeit von Anpassungen und Abweichungen vom standardisierten Vorgehen deutlich hervorheben. Der Rechtsvergleicher, der nicht so sehr die detaillierten Einzelanweisungen als vielmehr die ihnen zugrundeliegenden Grundgedanken von ihrem Sinn her erfasst und sich daran hält, wird kaum einen gravierenden Fehler begehen und regelmäßig hervorragende Arbeit leisten.

Ein Kurzlehrbuch könnte sich auf diese kurze Zusammenfassung beschränken,[24] noch 9
einige Beispiele liefern und davor warnen, zu sehr an manchen Einzelaussagen und -vorgaben zu hängen, im Übrigen aber die Erörterung der Methoden abbrechen. Für eine vertiefte Betrachtung reicht das jedoch heute nicht mehr aus. Die Angriffe auf die funktionale Methode haben seit Jahrzehnten zugenommen, wenn auch die tägliche Praxis der Rechtsvergleichung davon weiterhin nur wenig berührt wird. Daher sind zunächst die bestehenden Alternativen (IV) und die umfassende Kritik (V) darzustellen,[25] bevor eine Gesamtanalyse und -bewertung möglich ist (V.4, VI).

IV. Alternativen zur funktionalen Rechtsvergleichung

Unter den Alternativen bestehen zunächst eine ganze Reihe von Herangehensweisen, die 10
sich nicht unbedingt im Gegensatz zur klassischen sehen, aber eigenständig und durchaus unterschiedlich beschreiben, wie bei der Rechtsvergleichung vorgegangen werden sollte. Diese Auffassungen belegen nicht zuletzt auch die Vielfalt der Möglichkeiten klassischer Rechtsvergleichung (1). Andere Stimmen kritisieren bestimmte Aspekte der klassischen Methode und versuchen, für einzelne Teile Alternativen aufzuzeigen (2). Größere Unterschiede in der Vorgehensweise ergeben sich, wenn die mit der Rechtsvergleichung verfolgten Forschungsziele anders ausfallen als die von der funktionalen Methode her gewohnten (3). Darüber hinaus sprechen manche Stimmen in der Literatur eine bunte Mischung weiterer Herangehensweisen an, oft unter Verwendung einer überkomplexen Systematisierung und Terminologie. Was hier aber als unabhängige Herangehensweisen behandelt wird, beschreibt regelmäßig nur die Vielfalt der möglichen rechtsvergleichenden Fragestellungen sowie einige spezifische Anliegen, die bei der Untersuchung rechtsvergleichender Unterschiede und Gemeinsamkeiten zusätzlicher Aufmerksamkeit bedürfen könnten (4).

1. Varianten der klassischen Herangehensweise

a) Feststellen, verstehen, vergleichen: Das 3-Phasen-Modell

Eine der ausführlichsten Auseinandersetzungen mit der Methode findet sich bei Constanti- 11
nesco.[26] Allerdings ist hier Vorsicht geboten, da der Autor streng zwischen rechtsverglei-

[22] Vgl. zum Einzelvergleich und typisierendem Vergleich supra → § 1 Rn. 17 f.

[23] Vgl. die Typologie rechtsvergleichender Fragestellungen infra → Rn. 196 ff.

[24] Dazu schon der Kurzüberblick supra → § 1 Rn. 14 f.; weitere Beispiele insbes. im Hinblick auf mögliche Fehler infra → Rn. 246 ff.

[25] Dazu auch sehr klar *Piek, Sarah,* Die Kritik an der funktionalen Rechtsvergleichung, ZEuP 21 (2013), 60 (62 ff.).

[26] Vgl. *Constantinesco, Léontin-Jean,* Rechtsvergleichung, Bd. 2, Die rechtsvergleichende Methode, 1972, passim.

chender Methode und rechtsvergleichender Wissenschaft unterscheidet. Dabei soll zentrale Aufgabe der rechtsvergleichenden Wissenschaft die Bestimmung und Herausarbeitung der determinierenden Elemente für die Einteilung der Rechtskreise sein.[27] Da diese Zweiteilung sonst kaum üblich ist, muss auch die Lehre von den determinierenden und fungiblen Elementen bei der Rechtskreiseinteilung als Teil von Constantinescos „Methode" angesehen werden, auch wenn diese Einordnung seiner eigenen Begrifflichkeit widerspricht. Für das, was auch Constantinesco als Methode ansieht, also den Einzelvergleich[28], stellt er ein Modell auf, das aus den drei aufeinanderfolgenden Phasen des Feststellens, des Verstehens und des Vergleichens besteht.[29]

12 In der ersten Phase geht es darum, auslandsrechtskundlich festzustellen, welche Regeln die beteiligten Rechtsordnungen für das zu untersuchende Rechtsinstitut aufstellen. Dabei ist einerseits dieses Rechtsinstitut in seine verschiedenen Aspekte oder Unterfragen aufzuteilen. Soll etwa das Institut des Unterhaltsanspruchs nach Ehescheidung untersucht werden, so sind Unterfragen zu klären, wie die nach der Bedeutung der Schuld für die Scheidung, ob die Bedürftigkeit des Ehegatten eine Rolle spielt, ob vertragliche Unterhaltsvereinbarungen zulässig sind etc. Demgegenüber sind die Verbindungen des zu vergleichenden Instituts mit anderen Aspekten der Rechtsordnung und des sozialen Lebens hier noch beiseite zu lassen. So dürfen etwa beim Unterhaltsrecht Fragen des Prozessrechts, der Streitkultur oder der statistischen Verbreitung der Hausfrauenehe erst später, in der zweiten Phase berücksichtigt werden. Für die erste Phase werden fünf methodologische Regeln aufgestellt:

- Erstens ist das zu vergleichende Element so zu untersuchen, wie es in der Wirklichkeit funktioniert. Es muss also nach dem gelebten und nicht nach dem geschriebenen Recht gesucht werden.
- Zweitens ist das zu vergleichende Element anhand der Originalrechtsquellen zu prüfen. Dabei geht es etwa um die Problematik unzuverlässiger Berichte, Möglichkeit und Grenzen der Verwendung von Lehrbüchern, die Sprachproblematik oder das arbeitsteilige Zusammenwirken unter Rechtsvergleichern.
- Drittens ist das zu vergleichende Element in der Komplexität und Gesamtheit der jeweiligen Rechtsquellen zu untersuchen. Hier ist ein Weg durch ein mögliches Dickicht von einander ergänzenden oder auch widersprechenden Rechtstexten wie Gesetzen oder Gerichtsurteilen zu suchen und die Bedeutung der jeweiligen nationalen Rechtslehre und Rechtspraxis zu beachten.
- Viertens muss die Hierarchie der Rechtsquellen der betreffenden Rechtsordnung berücksichtigt werden. Es sind also die Regeln über das Zusammenwirken verschiedener Rechtsquellen zu suchen und zu beachten.
- Fünftens ist das zu vergleichende Element nach der Methode der Rechtsordnung zu interpretieren, zu der es gehört. Dabei geht es schlicht um die Erkenntnis, dass Auslegungsregeln keineswegs universal, sondern national stark unterschiedlich sind.

Diese fünf Regeln sind letztlich nichts anderes als der Versuch, eine einzige, unmittelbar einleuchtende Grundregel der korrekten Ermittlung ausländischen Rechts genauer zu umschreiben: Das zu vergleichende Element ist nach den Quellen, mit den Mitteln, in dem Geist und in der Optik der Rechtsordnung zu untersuchen, zu der es gehört.

13 Die zweite Phase nach Constantinesco – das Verstehen – erfordert eine Eingliederung des zu vergleichenden Elements in den Rahmen seiner Rechtsordnung. Denn erstens können verschiedene Rechtsinstitute einander ergänzen, modifizieren oder überlagern. Das ist etwa der Fall, wenn in einem Strafgesetzbuch zwar alle lebenslänglichen Freiheitsstrafen gestrichen

[27] Vgl. *Constantinesco, Léontin-Jean,* Rechtsvergleichung, Bd. 1, Einführung in die Rechtsvergleichung, 1971, 254 ff.; dazu auch schon supra → § 1 Rn. 60.

[28] Zur Unterscheidung zwischen Einzelvergleich und typisierendem Vergleich (Mikro- und Makrovergleich) supra → § 1 Rn. 17 f.

[29] Zum Folgenden *Constantinesco* (Fn. 27), 137 ff.; in jüngerer Zeit hat diese ältere Ansicht einige neue Anhänger gefunden, vgl. *Scarciglia, Roberto,* Methods and Legal Comparison, 2023, 147 ff., *Wieser, Bernd,* Vergleichendes Verfassungsrecht, 3. Aufl. 2024, 61 ff.

wurden, aber eine Strafhäufung möglich bleibt, so dass sich mehrere zeitige Freiheitsstrafen zu einer so langen Strafe – zB 214 Jahre für sieben Morde – addieren können, dass diese faktisch eine lebenslange Strafe darstellt. Zweitens ist der Einfluss der determinierenden Elemente zu beachten, also im Sinne Constantinescos derjenigen Elemente, die das Profil der Rechtsordnung bestimmen, die in Beziehung zu ihrem Wertsystem stehen, die also den Stil der Rechtsordnung so prägen, dass ihre Änderung den gesamten Charakter der Rechtsordnung mit verändern würde.[30] Ohne die Kenntnis dieser determinierenden Elemente, etwa der Ideologie in sozialistischen Staaten, ist ein echtes Verständnis der jeweiligen Rechtsregeln kaum möglich. Drittens erfordert das Verstehen auch eine Einbeziehung des außerrechtlichen Hintergrundes, also etwa einschlägiger sozialer, historischer, wirtschaftlicher, moralischer oder religiöser Elemente. Constantinesco grenzt sich an dieser Stelle von der funktionalen Methode ab, die nach seiner Auffassung verlangen würde, den rechtlichen und sozialen Hintergrund des Problems, dessen juristische Lösung man untersuchen wolle, vorab herauszuarbeiten und ihm das entsprechende soziale Problem in der anderen Rechtsordnung gegenüberzustellen. Demgegenüber betont er, dass dies zwar ausnahmsweise möglich sei, in der Regel aber die rechtsvergleichende Untersuchung gerade vom Rechtssatz oder vom rechtlichen Problem ausgehen müsse. Es bestehe weiterhin ein großer Unterschied zwischen Rechtsvergleichung und Rechtssoziologie, da die Rechtsvergleichung sich wie alle Rechtswissenschaft in erster Linie mit der Normativität des Rechts befasse, die nicht Gegenstand der Rechtssoziologie sei. Die Rechtssoziologie sei zwar eine wertvolle Hilfswissenschaft zum besseren Verständnis sozialer Hintergründe, aber auch nicht mehr. Selbst Faktoren, die eine Rechtsnorm beeinflussten, erfasse sie nur im Teilbereich des Sozialen, nicht hingegen in den ebenso wichtigen Teilbereichen des Politischen, Moralischen, Ideologischen oder Historischen.[31]

Die dritte Phase, die Vergleichung, ist ebenso wenig wie die ersten beiden als ein von den 14
anderen strengstens abgegrenztes Unternehmen zu betrachten. Vielmehr überlagern und durchdringen sich die Phasen teilweise, schon weil Elemente der einen Phase dem Rechtsvergleicher unweigerlich auffallen, während er an sich mit einer anderen beschäftigt ist. Der Vergleich stellt alle Elemente der betrachteten Rechtsinstitute einander gegenüber. Dabei werden drei Ziele verfolgt: Die Unterschiede und Ähnlichkeit – also die Beziehungen – zu bestimmen; die Tragweite dieser Beziehungen zu erkennen; und schließlich die Gründe für die Beziehungen zu finden. Bei der Bestimmung der Unterschiede und Ähnlichkeiten sind alle rechtlichen und faktischen Ebenen des Problems zu erfassen, und nicht nur Teilaspekte, bevor allgemeine Schlussfolgerungen gezogen werden dürfen. Hier müssen die Teilergebnisse letztlich zu einer Synthese gebracht werden. Bei der anschließenden Bestimmung der Tragweite muss der Rechtsvergleicher feststellen, welche Bedeutung den Unterschieden und Ähnlichkeiten jeweils zukommen. So sollen etwa Unterschiede hinsichtlich determinierender Elemente wesentlicher sein als solche hinsichtlich fungibler.[32] Unter dem Stichwort der Gründe für die Ähnlichkeiten und Unähnlichkeiten ist schließlich nach dem Warum zu fragen. Diese Gründe können und werden oft weit außerhalb der rein juristischen Sphäre in politischen, sozialen, historischen, wirtschaftlichen, ideologischen oder moralischen Bereichen liegen. Eine Reduzierung der zu betrachtenden Gründe auf einen oder wenige, wie sie bei anderen Gesellschaftswissenschaften zu beobachten ist, ist keinesfalls zulässig. In Betracht kommen etwa auch Gründe aus Rezeptionsvorgängen oder aus der Rechtsgeschichte, aber auch der schlichte Zufall oder die bewusste Entscheidung des Gesetzgebers für ein bestimm-

30 Vgl. dazu auch supra → § 1 Rn. 60.

31 Vgl. *Constantinesco* (Fn. 27), 264 ff.

32 Eine zentrale Stellung auf dieser Ebene scheint daneben der Ausschluss von Scheinunterschieden und Scheinähnlichkeiten einzunehmen, etwa wenn gleichlautende Gesetze doch verschieden ausgelegt werden oder dogmatische Unterschiede im Umfeld der betrachteten Regeln einen festgestellten Unterschied wieder einebnen, *Constantinesco* (Fn. 27), 289 ff. (für ein praktisches Beispiel der letztgenannten Situation siehe supra → § 1 Rn. 15); warum dies erst hier geschehen soll und nicht schon in der ersten und zweiten Phase, wo solche Erwägungen systematisch recht klar hingehören würden, bleibt unklar und wird nicht angesprochen.

tes Modell.[33] Eine abschließende Bewertung, welche Lösung für besser gehalten wird, hält Constantinesco für zulässig, aber nicht zwingend.

b) Praktische Arbeitsanweisung in acht Schritten

15 Im Unterschied zu vielen anderen Stimmen bemüht de Cruz[34] sich in bester britischer Tradition um besondere Praxisnähe und Pragmatik. Er versucht auch weniger, den Prozess der Vergleichung abstrakt zu beschreiben, als vielmehr eine Blaupause im Sinne einer konkreten Arbeitsanweisung zu geben, die vor allem auch an Anfänger gerichtet ist. So klingen denn die von ihm unterschiedenen acht Schritte im Detail oftmals wie eine Zusammenfassung von Vorgehensweisen, Tipps und Tricks, die der Hochschullehrer seinen Studenten für die Anfertigung rechtsvergleichender Arbeiten gibt. Zugleich betont er, dass andere Blaupausen möglich sind, seine Schritte ohne weiteres den jeweiligen Umständen und Vorlieben angepasst werden können und auch nicht notwendig auf jedes rechtsvergleichende Unternehmen passen.

16 Im Einzelnen sieht de Cruz' Blaupause acht Schritte vor: Erstens die genaue Identifikation und Formulierung des zu untersuchenden Problems, einschließlich der Überlegung, ob das Thema zu weit oder eng ist, und welche Zeitvorgaben bestehen. Hinweise wie der, möglichst eine zweite Meinung einzuholen oder sich erst einmal anhand einiger grundlegender Aufsätze oder Lehrbücher einzulesen, dürften jedem Hochschullehrer und Studenten aus der Betreuung von Seminar- und Doktorarbeiten bekannt vorkommen. Zweitens soll das fremde Rechtssystem mit seinen Eigenschaften (zB Mutterrechtsordnung; hybrides oder religiöses System) identifiziert werden. Drittens ist festzustellen, welche Quellen wie Gesetze, Gerichtsentscheidungen oder Literatur heranzuziehen und inwieweit sie praktisch vor Ort verfügbar sind. Sodann sind viertens die einschlägigen Quellen aus Bibliotheken, dem Internet oder sogar ausländischen Botschaften zu sammeln. Fünftens ist dieses Material in einer dem fremden Rechtssystem entsprechenden Weise zu organisieren. Sechstens sollen mögliche, vorläufige Antworten auf die Ausgangsfrage gefunden werden. Dabei ist, wie auch sonst stets, auf kulturelle Unterschiede, nichtrechtliche Faktoren, die Rechtswirklichkeit und die dahinterstehenden Gründe zu achten. Siebtens sind die Rechtsprinzipien anhand ihrer heimatlichen Bedeutung, also unter möglichster Ausklammerung eigener Vorprägungen des Rechtsvergleichers, kritisch zu analysieren und dabei auch die Bedeutung und Funktion der Regeln sowie die Genauigkeit etwaiger Übersetzungen zu beachten. Achtens sollen die Ergebnisse in einen rechtsvergleichenden Rahmen, mit eventuellen Vorbehalten und kritischen Kommentaren, gestellt und dabei auch angegeben werden, welche Bedeutung verschiedenen Einflussfaktoren wie den Eigenschaften des fremden Rechtssystems, soziokulturellen und historischen Faktoren gegeben wurde. Auch sei es wünschenswert, die vorläufigen Ergebnisse zu begründen, damit andere Rechtsvergleicher später darauf aufbauen und weiterforschen könnten. De Cruz schlägt dabei sogar konkret ein Aufbauschema für die Abfassung der Studie vor.

17 Deutlicher noch als bei Constantinesco[35] ist bei de Cruz die genaue Abgrenzung der verschiedenen Schritte untereinander nicht immer ganz zweifelsfrei, manchmal sogar schwer verständlich. So ist etwa nicht recht klar, wie die vorläufigen Antworten unter genauer Beachtung der möglichen kulturellen und sozio-ökonomischen Unterschiede und nichtrechtlichen Faktoren in Schritt sechs gesucht werden können, wenn es noch gar nicht zu einer genauen Analyse der Bedeutung der jeweiligen Rechtsprinzipien gekommen ist, die erst in Schritt sieben folgen soll. Ähnliche Probleme stellen sich zum Teil auch innerhalb der Schritte. So scheint in Schritt fünf mit der Organisation des Materials anhand von

[33] Wiederum scheint Constantinesco hier die Erkenntnisse der früheren Phasen gering zu achten, wenn er eine Erklärung für Unterschiede darin sehen will, dass die scheinbare Lücke in den Gesetzen der einen Rechtsordnung durch Rechtsprechung gefüllt wird, vgl. *Constantinesco* (Fn. 27), 318.
[34] Vgl. *de Cruz, Peter,* Comparative law in a changing world, 3. Aufl. 2007, 242 ff.
[35] Dazu supra → Rn. 11 ff.

Überschriften eine Art Beschreibung anhand der vorherrschenden Denkart des fremden Rechtssystems gemeint zu sein, also eine Gliederung anhand einschlägiger materieller Rechtsprinzipien, etwa des üblichen Prüfungsschemas (zB für das deutsche Strafrecht: objektiver und subjektiver Tatbestand, Rechtswidrigkeit, Schuld). Andererseits schlägt de Cruz hier eine eher formale Ordnung anhand der verschiedenen primären und sekundären Rechtsquellen vor. Beide Gliederungsformen wiederum klären nicht, wie dieser Schritt nach Auffassung des Autors zu einer Tabelle führen kann, die die rechtlichen Unterschiede und Gemeinsamkeiten der verglichenen Rechtssätze darlegt. Denn eine reine formale Gegenüberstellung der Quellen leistet dies nicht, während eine inhaltliche Gliederung anhand des fremden Rechtsdenkens nur schwer mit dem heimatlichen Rechtsdenken kompatibel ist und so oft keine tabellenförmigen Resultate zulässt. Letztlich wird hier auch nicht klar, ob mit dieser Organisation des Materials ein vorläufiger Arbeitsschritt gemeint ist oder schon der Aufbau einer Niederschrift, wofür die geforderte Angabe eines Arbeitstitels und die Bezeichnung als „working outline" spricht, ein Problem das in ähnlicher Form auch beim Aufbauschema in Schritt acht auftritt. Allerdings sollte die hier formulierte Kritik nicht allzu wichtig genommen werden: Erkennbar versucht de Cruz nur, den komplexen und vielschichtigen Vorgang des Vergleichs, der bei jedem Vergleichsobjekt anders ablaufen kann und der nicht zuletzt durch ein nicht lineares, ständiges Hin- und Herwandern des Blickes zwischen Untersuchung und (vorläufigen) Ergebnissen gekennzeichnet ist, für den Anfänger in ein einigermaßen verallgemeinerbares Schema zu packen, um ihn vor groben Fehlern zu bewahren. Die Grenzen eines solchen Versuchs betont de Cruz selbst zur Genüge. Mit anderen Worten: Die Schwächen liegen in der Eigenart des Vergleichsvorgangs und nicht in der Person des Autors, der sich von den Problemen nicht abhalten lässt, eine als didaktisch notwendig erkannte Aufgabe zu erledigen und der seinen akademischen Kritikern nicht ganz zu Unrecht abverlangt, sie mögen es doch bitte besser machen, wenn sie es denn können.[36]

c) Die Lehre von den rechtlichen Formanten

aa) Formanten als Ausdruck der Vielschichtigkeit von Rechtsfindung und Rechtsauffassungen

Sacco hat mit seiner Lehre von den rechtlichen Formanten (legal formants)[37] vor allem in Italien eine große Anhängerschaft gewonnen. Nicht zuletzt Saccos herausragende Stellung im akademischen Betrieb in den letzten zwei Jahrzehnten des 20. Jahrhunderts sorgte dafür, dass kaum ein italienischer Rechtsvergleicher ohne die Verwendung des Begriffs der rechtlichen Formanten auskam, wobei der Begriff offenbar nicht selten eher als Eintrittskarte in akademische Positionen denn als echter Fachbegriff verwendet wurde.[38] 18

Die Lehre von den rechtlichen Formanten ist nicht schwer zu verstehen.[39] Im Ausgangspunkt wehrt sie sich gegen die Annahme, dass es in einer Rechtsordnung für jede Frage immer nur genau *eine* rechtliche Regelung gebe und dass die Rechtsordnung insofern in sich widerspruchsfrei sei. Im Gegenteil gebe es jeweils eine Vielzahl von Stimmen, denen je unterschiedliche Aussagen zum Inhalt einer bestimmten Rechtsregel entnommen werden könnten. So können insbesondere die Verfassung, das Gesetzesrecht, die Literatur und die Gerichte durchaus voneinander abweichen. Als eingängiges Beispiel dient etwa Art. 39 19

[36] Vgl. *de Cruz* (Fn. 34), ix: „The definite, all-embracing, culturally conscious, student-accessible, comprehensive tome […] has […] not yet appeared, certainly not from any of this book's previous reviewers.".

[37] Grundlegend *Sacco, Rodolfo,* Legal formants – A dynamic approach to comparative law, American Journal of Comparative Law 39 (1991), installment I, 1–34, installment II, 343 – 401.

[38] Ungewöhnlich deutlich *Mattei, Ugo; di Robilant, Anna,* The art and science of critical scholarship – Postmodernism and international style in the legal architecture of Europe, Tulane Law Review 75 (2001), 1053 (1064 f.).

[39] Zum Folgenden vgl. *Sacco, Rodolfo,* Le droit africain – Anthropologie et droit positif, 2009, 21 ff., 343 ff.; für eine kürzere Zusammenfassung vgl. etwa *Scarcigla* (Fn. 29), 106 ff.

Abs. 4 der italienischen Verfassung, dem zufolge *registrierte* Gewerkschaften Tarifverträge abschließen dürfen, die dann allgemeinverbindlich sind. Die damit angesprochene Registrierung jedoch habe das italienische Gesetzesrecht niemals ermöglicht. Obwohl demnach mangels Registrierung keine allgemeinverbindlichen Tarifverträge möglich wären, habe die italienische Rechtsprechung die Allgemeinverbindlichkeit stets anerkannt. Somit wichen Verfassungs-, Gesetzes- und Richterrecht voneinander ab. In ähnlicher Weise könne es etwa vorkommen, dass Literatur oder Rechtsprechung sich gegen den Wortlaut einer Norm stellten, ihn anders interpretierten und so eine andere als die gesetzgeberische Regel schüfen. Sacco will sich damit gegen die seiner Ansicht nach im Rechtskreis des civil law herrschende Fiktion wehren, nach der das Gesetz die Rechtsnorm festlege. Denn dieselbe Rechtsnorm – etwa ein gleichlautender Artikel des Code Civil in Frankreich und in Belgien – könne von der jeweiligen Rechtsprechung verschieden ausgelegt werden. Auch überdauere nicht selten etwa eine etablierte Dogmatik die Einführung eines neuen Gesetzestextes, ja sogar eine vollständige Neukodifikation und könne so deren Auslegung entscheidend beeinflussen. Letztlich sei damit das Gesetz im civil law genausowenig von herausragender Bedeutung wie Gerichtsentscheidungen im common law, denn immer beginne die Ausbildung und die Suche nach einer Lösung mit einem Blick in die Literatur.

20 Die verschiedenen, oft nicht übereinstimmenden Elemente bei der Suche nach einer Rechtsnorm – also insbesondere Gesetz, Urteil und Literatur – nennt Sacco rechtliche Formanten (legal formants).[40] Formanten sind etwa auch die Rechtslehre oder die für eine Entscheidung gegebene Begründung in einem Urteil oder in der Literatur. Letztlich sei alles, was die Auslegung beeinflusse, eine Rechtsquelle. Im nationalen Kontext könne der Jurist sich je nach seinen Vorlieben und Einstellungen zwischen verschiedenen Formanten entscheiden und so für sich feststellen, was er für richtig halte, welcher Rechtssatz also gelten müsse. In der Rechtsvergleichung hingegen sei das nicht möglich; hier seien alle Formanten gleichberechtigt. Gerade auch bei Rechtsübertragungen spielten die einschlägigen Formanten, die das Umfeld in abgebender wie aufnehmender Rechtsordnung prägten, eine bedeutsame Rolle und führten oft auch zu Veränderungen des übertragenen Rechtssatzes.

21 Besonders wichtig im Hinblick auf die Kernthese der Vielfalt statt Einheit der rechtlichen Regeln einer Rechtsordnung ist Sacco auch die Differenzierung zwischen einerseits „deklamatorischen Aussagen“ oder großen Definitionen und andererseits den Arbeitsregeln, denen vor allem Gerichte in der Praxis folgen. Beispielsweise kann die deklamatorische Aussage lauten, dass ein Vertrag durch den übereinstimmenden Willen der Parteien geschaffen oder dass Eigentum durch den Willen der Beteiligten übertragen werde. Die Arbeitsregel fordert hingegen in der Praxis zusätzliche Elemente, etwa eine causa für den Vertragsschluss, wie in Italien, oder eine Übergabe für die Eigentumsübertragung, wie in Deutschland. So wichen deklamatorische Aussage und Arbeitsregel nicht selten voneinander ab; die gleichen deklamatorischen Aussagen in verschiedenen Rechtsordnungen könnten zu völlig verschiedenen rechtlichen Ergebnissen in der Praxis führen.

22 Schließlich arbeitet Sacco eine Sondergruppe der Formanten heraus, die sog. Kryptotypen. Dabei handelt es sich um Formanten, die innerhalb des jeweiligen Rechtssystems implizit wirken, also nicht ausdrücklich formuliert sind und oft eher unbewusst befolgt werden. Gemeint sein dürften damit etwa Denkschemata wie – am Beispiel Deutschlands – das Abstrahieren vom besonderen in einen allgemeinen Teil etwa des Schuld- oder Verwaltungsrechts oder wie das automatische Einfügen einer dreistufigen Verhältnismäßigkeitsprüfung in fast jede Abwägung. Aus den Kryptotypen soll sich auch die Mentalität der nationalen Juristen zusammensetzen, denen es regelmäßig schwerer falle, sich von den Kryptotypen zu befreien als sich an neue explizite Rechtsregeln zu gewöhnen. Erst die Rechtsvergleichung soll es dem nationalen Juristen ermöglichen, sich hinreichend von

[40] Den Begriff des „Formanten“ verwendet *Sacco* (Fn. 37), 22 dabei ausdrücklich in Anlehnung an den phonetischen Fachbegriff. Dort bezeichnet „Formant“ die Wortendungen, mit deren Hilfe Ableitungen oder grammatikalische Formen gebildet werden. Eine andere, klarere Übersetzung ins Deutsche, etwa als „Gestaltungsfaktor“ scheidet daher leider aus.

seinem herkömmlichen Denken zu lösen, um Existenz und Inhalt von Kryptotypen zu erkennen.

bb) Formanten: Vom Einrennen offener Türen und seinen Gefahren

Der Lehre von den rechtlichen Formanten kann im Kern zunächst nur zugestimmt werden. 23
Dass es keinesfalls nur auf den Wortlaut einer Norm ankommt, dass es Normkonflikte etwa zwischen Gesetz und Verfassung gibt, die Literatur weite kreative Auslegungen vornimmt, die Rechtsprechung sich ihr anschließen kann, Unterschiede zwischen verschiedenen Literaturmeinungen, zwischen Literatur und Rechtsprechung und auch innerhalb der Rechtsprechung bestehen und dass all diese Meinungen sich oft kaum oder gar nicht aus dem schlichten Wortlaut der Norm ergeben – wer würde das bezweifeln wollen? Ebenso klar ist, dass die Rechtsvergleichung dies nicht ignorieren darf, dass der schlichte Blick auf den Wortlaut von Gesetzen keinesfalls ausreicht, dass im Kern vor allem die realen Entscheidungen der Gerichte zählen, dass aber Literaturmeinungen und Meinungsstreitigkeiten für das Verständnis einer Rechtsordnung und für den Vergleich ebenso wichtig sein können. So kann etwa der Satz, dass die jury in ihrer Existenz und Verbreitung eine typische und prägende Eigenschaft des US-amerikanischen Rechtsdenkens ist,[41] nicht zuletzt deshalb aufgestellt werden, weil der Widerstand gegen die jury in den USA ein zwar interessantes, aber sehr marginales Phänomen darstellt. Gäbe es hingegen einen großen Streit innerhalb der amerikanischen Juristenschaft oder gar zwischen den Gerichten über den Sinn der jury, so könnte die jury kaum mehr als so grundlegend und prägend bezeichnet werden. Kaum zu bestreiten ist auch, dass viele wichtige Faktoren, die das Rechtsdenken und die Auslegung von Gesetzen beeinflussen, unausgesprochen und manchmal sogar unbewusst sind und dass ihnen große Bedeutung für das rechte Verständnis einer fremden Rechtsordnung sowie für rechtliche Übernahmevorgänge zukommt.

Gerade in dieser Offensichtlichkeit liegt aber auch das Hauptbedenken gegen die Lehre 24
von den Formanten: Sie scheint offene Türen einzurennen und argumentiert mit aller Vehemenz gegen Ansichten an, die (hoffentlich) seit Jahrzehnten von niemandem mehr ernsthaft vertreten werden. Dabei schießt sie gelegentlich auch etwas über das Ziel hinaus. So wehrt Sacco sich gegen nationale Juristen, die behaupteten, dass ihre Methode ausschließlich auf Logik und Deduktion beruhe, und die ihre Ergebnisse nicht an der Rechtspraxis messen, sondern allein an der inneren Konsistenz ihres Definitionengebäudes.[42] Dieses Feindbild erinnert an die sog. Begriffsjurisprudenz, die aber seit langem ausgestorben ist.[43] In der zeitgenössischen Methodenlehre hingegen herrscht bei allem Streit auch in grundlegenden Fragen über einen Satz Einigkeit, nämlich dass das Recht sich gerade nicht rein deduktiv aus den vorhandenen Gesetzen in Verbindung mit den empirischen Tatsachen ableiten lässt.[44] Schon vor diesem Hintergrund ist auch nicht verständlich, inwiefern ein Prinzip der Widerspruchslosigkeit der Rechtsordnung der Fetisch des nationalen Juristen sein soll.[45] Im Gegenteil ist der Meinungsstreit in der Literatur, die Aufstellung von Gegenthesen zur Rechtsprechung, das Auffinden von Widersprüchen zwischen Verfassungsrecht und einfachem Gesetz geradezu ein Lebensnerv der Juristen, die sich damit der Vielfalt der Ansichten und der Vielfalt der möglichen Antworten auf dieselbe juristische Frage vollkommen bewusst sind. Die Abgrenzungsversuche Saccos sagen daher möglicherweise mehr über sein Denken und vielleicht über inneritalienische Diskussionen der zweiten Hälfte des 20. Jahrhunderts[46] aus als über die heutige Realität gerade auch in den Ländern des civil law.

---

41 Vgl. infra → § 5 Rn. 155.
42 Vgl. *Sacco* (Fn. 37), 24.
43 Zur Begriffsjurisprudenz infra → § 6 Rn. 89 f.
44 Vgl. *Alexy, Robert,* Theorie der juristischen Argumentation, 1983, 17.
45 So aber *Sacco* (Fn. 37), 24.
46 Zum Kampf Saccos gegen feudalistisch anmutende akademische Strukturen im Nachkriegsitalien vgl. *Mattei, Ugo,* The comparative jurisprudence of Schlesinger and Sacco – A study in legal influence, in: Riles, Annelise (Hrsg.), Rethinking the Masters of Comparative Law, 2001, 238 (245 ff.).

Tatsächlich scheint Sacco in Teilen noch dem Denken verhangen zu sein, das er gerade bekämpft. Wenn er etwa die Aussagen des Gesetzes gegen die der Literatur oder der Rechtsprechung stellt, so wäre das letztlich nur verständlich, wenn schon das nackte Gesetz als solches eine bestimmte Aussage träfe, die dann von Literatur und Rechtsprechung akzeptiert oder umgebogen würde. Tatsächlich findet sich in einer Fußnote die Erklärung, dass Sacco unter der Bedeutung des Gesetzes – im Unterschied zu dem, was Rechtsprechung oder Literatur daraus machen – die „empirische, wörtliche Bedeutung in Übereinstimmung mit der Auffassung des Verfassers des Textes" versteht.[47] Unabhängig davon, dass es etwa bei Parlamentsgesetzen oft schon kaum möglich ist, den Verfasser des Textes und dessen Willen zu identifizieren (Parlament?, jeder einzelne Abgeordnete?, Mehrheitsfraktion?, Ausschussmitglieder?, zuständiger Ministerialbeamter?),[48] ist eine solche Vorstellung einer Art von „natürlicher" Bedeutung, die weder den Sinn, noch den Zusammenhang des Gesetzes berücksichtigt, nur schwer nachzuvollziehen. So hält auch im o. g. Beispiel der Allgemeinverbindlichkeit von italienischen Tarifverträgen die Aussage, dass die Verfassung etwas anderes sage als das Gesetz, einer näheren Betrachtung kaum stand. Denn die Verfassung sagt gerade nichts zu Tarifverträgen von nicht registrierten Gewerkschaften, so dass einfach ein Auslegungsproblem besteht, weil die wörtliche Aussage der Verfassung nicht auf die tatsächliche Lage passt, die ihrerseits durch das einfache Recht herbeigeführt wurde. Was die Verfassung nun wirklich sagt, ist gerade das Problem, für das es verschiedene Lösungsmöglichkeiten gibt, die alle mit der Verfassung in Einklang stehen. Gäbe es so etwas wie die „natürliche" Aussage eines Gesetzes, so könnte die Auslegungslehre sich entspannt zurücklehnen.

25 Ähnliche Probleme stellen sich bei der Unterscheidung zwischen deklamatorischen Aussagen und Arbeitsregeln. Die von Sacco gebrachten Beispiele lassen nur den Schluss zu, dass mit den deklamatorischen Aussagen Grundsätze gemeint sind, also grobe Vereinfachungen oder zugrundeliegende Prinzipien wie eben etwa der Satz, dass ein Vertrag aus dem Willen zweier Parteien entsteht. Dass solche abstrahierten Grundsätze und die bei der Lösung eines konkreten Falles angewandten Regeln – die etwa eine Willensäußerung fingieren oder zusätzlich die Einhaltung einer bestimmten Vertragsform verlangen – voneinander abweichen, ist schon begrifflich geradezu zwingend. Denn die deklamatorischen Aussagen sind selbst überhaupt keine Rechtssätze, keine Normen, sondern eben nur vereinfachende Aussagen über die Tendenz einer Vielzahl von Normen, über den solchen Normen zugrundeliegenden Grundgedanken, der aber keinesfalls immer und allein verwirklicht ist. Hier ein Abweichen von aufgestellter Formel und konkretem Ergebnis zu konstruieren,[49] heißt den Sinn solcher Formeln misszuverstehen. Das bedeutet allerdings nicht, dass diese deklamatorischen Aussagen nicht auch aus rechtsvergleichender Sicht interessant und bedeutsam wären, etwa wenn zwei Rechtsordnungen trotz entgegengesetzter Grundsätze in einer Fallkonstellation interessanterweise gleiche Ergebnisse erzielen.

26 Davon unabhängig ist nicht recht verständlich, warum der Rechtsvergleicher im Gegensatz zum nationalen Recht keinen der Formanten bevorzugen dürfen soll. Im Gegenteil wird den Rechtsvergleicher beim Vergleich konkreter Rechtsinstitute des materiellen Rechts in der Regel zunächst das gelebte Recht interessieren, das sich in vielen, vor allem westlichen Rechtsordnungen hauptsächlich in den realen Gerichtsentscheidungen niederschlägt. Falls keine Uneinigkeit zwischen den Gerichten besteht, wird der Rechtsvergleicher – bei diesem

[47] *Sacco* (Fn. 37), 21 f. Fn. 26 [Übersetzung von mir]; bei Abweichung zwischen Wortlaut und Wille des Verfassers soll vom Vorliegen zweier Formanten auszugehen sein, ibid.

[48] Vgl. *Binding, Karl,* Handbuch des Strafrechts, Bd. 1, in: ders., Systematisches Handbuch der Deutschen Rechtswissenschaft, Abt. 7, Teil 1, Bd. 1, 1885, 455; *Kohler, Josef,* Ueber die Interpretation von Gesetzen, Zeitschrift für das Privat- und Öffentliche Recht der Gegenwart (Grünhuts Zeitschrift) 13 (1886), 1 (22); *Wach, Adolf,* Handbuch des Deutschen Civilprozessrechts, Bd. 1, in: Binding, Karl, Systematisches Handbuch der Deutschen Rechtswissenschaft, Abt. 7, Teil 2, Bd. 1, 1885, 258 f.; *Radbruch, Gustav,* Rechtsphilosophie, 3. Aufl. 1932, 110; *Zweigert, Konrad,* Juristische Interpretation, Studium Generale 7 (1954), 380 (382).

[49] So deutlich etwa *Sacco* (Fn. 37), 357.

Forschungsschwerpunkt – also eine klare Präferenz für die Ergebnisse der Rechtsprechung haben. Im Ergebnis scheint dies auch Sacco anzuerkennen, wenn er lobend die entsprechend strukturierte Cornell Studie zu den Voraussetzungen eines Vertragsschlusses bespricht,[50] ohne allerdings auf diesen Widerspruch einzugehen.

27 Die Lehre von den rechtlichen Formanten bietet damit eine im Kern ebenso richtige wie wenig überraschende Beschreibung der Vielschichtigkeit des Prozesses der Rechtsfindung, den auch Rechtsvergleicher beachten müssen. Sie macht nochmals darauf aufmerksam, dass für den Rechtsvergleicher nicht nur law in books und law in action,[51] sondern auch die internen Divergenzen und Debatten, die Denkschulen und Widersprüche ein wichtiges Forschungsthema sind: law in debate.[52] Diese Bedeutung, und nicht mehr, wird letztlich auch in den konkreten Anwendungsbeispielen deutlich, die Sacco für seine eigene Lehre gibt:[53] Stets geht es um eine genaue Analyse der Auslegung von Gesetzen, ihrer vielfältigen Einflussfaktoren und geschichtlichen Entwicklung, der aktuellen Streitstände und der tatsächlichen Rechtspraxis in vergleichender Darstellung, maW um eine schon nach herkömmlichen Kriterien sorgfältige rechtsvergleichende Untersuchung mit geschichtlichem Schwerpunkt.

d) Dialektische Rechtsvergleichung

aa) Vergleichung als wertender Kreisprozess

28 Ein sehr stark praktisches Anliegen hat die von Tschentscher vorgestellte Idee einer dialektischen Rechtsvergleichung.[54] Sie will die Kreativität der Rechtsvergleicher fördern und diese vor allem zu mehr echt vergleichenden und wertenden Schritten über die bloße Darstellung fremden Rechts hinaus anhalten.

29 Ausgangspunkt ist dabei ein genauerer Blick auf die real praktizierte Rechtsvergleichung, die sich als sehr stark beschreibungslastig erweise. Denn nach den üblichen Abschnitten mit der Darstellung fremden und eigenen Rechts folge, so Tschentscher, in der Rubrik der eigentlichen Vergleichung nicht mehr viel Substanzielles. Elan und Kraft scheinen sich in der aufwendigen ausführlichen Beschreibung bereits erschöpft zu haben. Die dialektische Rechtsvergleichung führt dies auf die als typisch zivilrechtlich beschriebene Vorgehensweise zurück, bei der streng zwischen den neutralen Länderberichten einerseits und der eigentlichen, auch wertenden Vergleichung andererseits unterschieden wird. Dem wird ein integriertes Vorgehen gegenübergestellt, das weder eine solch strenge Trennung noch eine Neutralität in der Darstellung fordert. Im Gegenteil hält die dialektische Rechtsvergleichung etwa auch eine Analyse des fremden Rechts aus der Sicht des eigenen für besonders sinnvoll. Wertungen könnten dabei, wie es in erfolgreicher Rechtsvergleichung durchaus des Öfteren geschehe, an beliebiger Stelle integriert und so der Schwerpunkt deutlich hin zu mehr echter Vergleichung verschoben werden. Neutralität sei nur dann zwingend erforderlich, wenn der Anspruch auf Vollständigkeit und Unparteilichkeit erhoben würde, etwa bei der Rechtsvereinheitlichung. Mit der Forderung nach Neutralität wird auch die Forderung nach einer unabhängigen und neutralen Umschreibungssprache zur Beschreibung der rechtlichen Phänomene[55] verabschiedet. Denn man könne nicht schon vor der Vergleichung alle noch unbekannten Konstellationen vorhersehen, deren Kenntnis aber für eine umfassende und neutrale Formulierung notwendig sei.

---

[50] Vgl. *Sacco* (Fn. 37), 27 ff.
[51] Dazu schon supra → § 1 Rn. 16; vgl. auch infra → Rn. 273 ff.
[52] Dazu infra → Rn. 278.
[53] Vgl. *Sacco* (Fn. 37), 350 ff., 358 ff., 370 ff.
[54] Zum Folgenden *Tschentscher, Axel,* Dialektische Rechtsvergleichung – Zur Methode der Komparistik im öffentlichen Recht, JZ 2007, 807 (807 ff.); Beschreibung der Rechtsvergleichung als dialektisch auch schon bei *Mössner, Jörg Manfred,* Rechtsvergleichung und Verfassungsrechtsprechung, AöR 99 (1974), 193 (228), mit dessen Ansichten aber im Übrigen kaum Übereinstimmung besteht.
[55] Zu diesem Aspekt funktionaler Rechtsvergleichung vgl. supra → Rn. 7, 158.

30 Damit deutet sich auch bereits an, was das Dialektische an der dialektischen Rechtsvergleichung sein soll: Abgelehnt wird ein künstlich systematisches Vorgehen, bei dem vorab und abstrakt das Untersuchungsziel, Vergleichskriterien und Begriffe festgelegt werden, um erst dann die realen Rechtsordnungen anhand dieser Maßstäbe zu messen. Stattdessen sollen in einem Kreisprozess, einem – eben dialektischen – Hin und Her des Blickes, Ziel und Kriterien dynamisch anhand der jeweils gewonnenen Erkenntnisse immer neu bestimmt werden. Erst eine solche Verabschiedung formaler Schrittfolgen ermögliche hinreichende Kreativität und Konzentration auf die eigentliche Vergleichung. Die scheinbar so eklektische, stark intuitive Rechtsvergleichung erscheine so in einem neuen, positiven Licht.

bb) Dialektik als Realität

31 Das Programm der dialektischen Rechtsvergleichung beschreibt weniger ein neues, in Zukunft zu verwirklichendes Ideal als einen bereits gegenwärtig lebendigen Aspekt der Rechtsvergleichung. Die tatsächliche Vorgehensweise vieler Rechtsvergleicher beim Einlesen in und Nachdenken über ein Problem ist schon jetzt in den meisten Fällen nicht in klare Stufen aufgeteilt, sondern ein organischer – oder eben dialektischer – Prozess, bei dem die Erkenntnis der Inhalte verschiedener Rechtsordnungen einerseits und die genaue Formulierung von Problemen, Lösungen, Arbeitsschritten, Vergleichsmaßstäben oder Wertungen andererseits Hand in Hand gehen. Wer sich etwa mit dem Schutz der Meinungsfreiheit für zum Hass aufstachelnde Reden befasst und dabei Deutschland und die USA näher betrachtet, könnte beim Einlesen nach und nach feststellen, dass die Themenstellung besser verändert werden sollte, etwa indem ein konkretes Beispiel wie antisemitische Reden, eine konstruktive Frage wie die Abgrenzung zwischen Meinung und Tatsache oder ein systematischer Aspekt wie der Einfluss eines Menschenwürdekonzepts in den Mittelpunkt rückt. Die Formulierung des Problems kann dann auch innerhalb dieser speziellen Ziele mehrfach wechseln; die Einbeziehung etwa diverser gesellschaftlicher Unterschiede kann zu neuen Perspektiven führen; und die Gewinnung neutraler Begriffe wird erst am Ende der Untersuchung möglich sein, wenn sie dann überhaupt noch angestrebt wird.

32 Von diesen gedanklichen Prozessen zu trennen ist die Frage, wie die gewonnenen Erkenntnisse dargestellt werden. Die Trennung in Länderbericht und eigentlichen Vergleich ist dabei schon herkömmlich nur eine von mehreren Möglichkeiten, die zudem seit einigen Jahren auf dem Rückzug ist, wie etwa an ihrer abnehmenden Verwendung bei Tagungen der deutschen Gesellschaft für Rechtsvergleichung abgelesen werden kann. Allerdings hat sie einen vor allem für Anfänger bedeutsamen Vorteil: Sie kann eine unsaubere und einseitige Wiedergabe gerade des fremden Rechts verhindern und den Rechtsvergleicher dazu zwingen, seine Tatsachenbasis und seine eigenen Schlüsse klar auseinanderzuhalten. Doch können diese Ziele auch auf andere Weise erreicht werden. Wie jeder Betreuer rechtsvergleichender Dissertationen weiß, stellt sich immer wieder neu die nur im Einzelfall zu beantwortende Frage, ob eine völlig getrennte Darstellung der untersuchten Rechtsordnungen oder eine Verzahnung vorzuziehen ist, bei der die Länderberichte jeweils nach einzelnen Aspekten oder sogar auf weiteren Ebenen nach Unteraspekten des Problems sachlich aufgespalten und so stückweise einander gegenübergestellt werden. Die sich dann unweigerlich anschließende Frage, ob und wieweit der eigentliche Vergleich diesen getrennten Darstellungen zugeordnet oder gesammelt am Ende festgehalten werden kann, hängt wiederum völlig vom Einzelfall ab. Aber auch die von der dialektischen Rechtsvergleichung hervorgehobene Möglichkeit der Darstellung von fremdem Recht aus der Perspektive des eigenen ist für Dissertationen wie Aufsätze stets eine Option. Sie hat vor allem den Vorteil, dass der Verfasser sich nicht in einer Darstellung des eigenen Rechts verfängt, die für die nationale Dogmatik zu wenig vertieft und innovativ, für den Rechtsvergleich aber zu breit und selbstzweckhaft ausfällt. Davon unabhängig lassen sich alle Aufbauformen untereinander mischen. Entscheidend ist nur, dass die Darstellung der gestellten Frage gerecht wird.[56]

[56] Zum Aufbau auch infra → Rn. 280 ff.

Wertungen fließen unweigerlich in die Rechtsvergleichung ein. Dies ganz zu verhindern ist meist weder möglich noch, wie das Beispiel Grundrechte zeigt, erstrebenswert.[57] Um nicht zu einer Fehlerquelle größeren Ausmaßes zu mutieren, muss jedoch die eigene Subjektivität oder ein Glaube an die Überlegenheit der eigenen Rechtsordnung bei der Suche nach den Antworten fremder Rechtsordnungen immer kritisch eingedämmt werden. Grundsätzlich konsensfähig nicht nur unter Befürwortern der dialektischen Rechtsvergleichung, sondern unter allen Rechtsvergleichern dürfte auch sein, dass der Umfang des eigentlichen, über die Darstellung fremden Rechts hinausgehenden Vergleichs und der Wertung ein ganz entscheidendes Qualitätsmerkmal ist. Dass dieser Maßstab keineswegs von allen publizierten rechtsvergleichenden Studien in befriedigender Weise erfüllt wird, kann dabei nicht der Methode der Rechtsvergleichung und auch nicht einem angeblich zivilrechtlichen Denken angelastet werden, sondern stellt in jedem Einzelfall schlicht ein Manko der jeweiligen Arbeit dar. 33

Die Vorschläge der dialektischen Rechtsvergleichung beschreiben also einen bestehenden Standard rechtsvergleichenden Arbeitens. Das von ihr attackierte Feindbild dürfte nicht nur auf der Existenz nicht immer vorbildlicher rechtsvergleichender Dissertationen beruhen, sondern auch auf einer übermäßig strengen Lesart der methodischen Ausführungen anderer Rechtsvergleicher. Das zeigt sich etwa an Ausführungen von Peter de Cruz, der mit seinen „umständlichen Arbeitsschritten" als typisch für „die Trägheit der systematischen Vergleichung" gekennzeichnet wird.[58] De Cruz gibt jedoch gar kein festes Korsett vor, sondern fordert gerade ein Hin und Her des Blickes, wie es auch typisch für die dialektische Rechtsvergleichung ist. So betont er nicht nur immer wieder, dass andere Vorgehensweisen möglich seien, die von ihm beschriebenen Schritte ohne weiteres den jeweiligen Umständen und Vorlieben angepasst werden könnten und auch nicht notwendig auf jedes rechtsvergleichende Unternehmen passten, sondern auch, dass anfängliche Hypothesen immer wieder im Verlauf der Untersuchung revidiert werden müssten.[59] In dieser Hinsicht also unterscheiden sich de Cruz und Tschentscher letztlich kaum. 34

e) Heuristischer Vergleich

aa) Auswahl von Stufen und tertium comparationis

Ein weiterer Ansatz betrachtet die Rechtsvergleichung als einen methodologischen Werkzeugkasten, der hilfreiche Daumenregeln anbiete, die sich aber nicht zu einer exakten Methode verdichteten. Rechtsvergleichung sei heuristischer Natur, indem sie nur ungefähre methodische Regeln anbiete, die zu guten Ergebnissen führten, aber keine den Naturwissenschaften vergleichbare Genauigkeit erreichten. Mit anderen Worten sei Rechtsvergleichung eine Frage des gesunden Menschenverstandes mit dem Ziel, das fremde Recht möglichst fair, genau und ehrlich zu behandeln.[60] Mit ein wenig Understatement versteht daher Jaakko Husa, als Vertreter dieser Auffassung, auch seine eigenen Vorschläge nicht als methodische Regeln, sondern nur als Anregungen.[61] Er stimmt zwar mit vielen anderen darin überein, dass es in der Rechtsvergleichung im Wesentlichen darum gehe, die jeweils verschiedenen Rechtslagen zu beschreiben, Gemeinsamkeiten und Unterschiede zu identifizieren und dann die dahinterstehenden Gründe zu erläutern. Gleichzeitig geht er aber davon aus, dass jeder Rechtsvergleicher konkrete Entscheidungen bezüglich zweier Punkte treffen müsse, die im Kern jedes rechtsvergleichenden Projekts lägen: Untersuchungstiefe und tertium comparationis. 35

---

[57] Vgl. dazu auch schon supra → § 1 Rn. 79; → Rn. 157, 159.

[58] Vgl. *Tschentscher* (Fn. 54), 816 Fn. 107; die dort noch herangezogene 1. Auflage des Werks von de Cruz unterscheidet sich insofern nicht signifikant von der heutigen 3. Auflage.

[59] Vgl. etwa *de Cruz* (Fn. 34), 244, 246, 247; zu de Cruz' Vorschlägen auch supra → Rn. 15 ff.

[60] *Husa* (Fn. 14), 149 f., 147.

[61] *Husa* (Fn. 14), 1 f.

36 Hinsichtlich der Untersuchungstiefe unterscheidet der heuristische Ansatz fünf legitime Stufen des Vergleichs, zwischen denen der Rechtsvergleicher nach seinen individuellen Wünschen und Fähigkeiten wählen müsse.[62] Beim Vergleich erster Stufe gehe es um das für praktische Zwecke notwendige Minimum, wie es insbesondere im Zusammenhang mit der Vorbereitung eines Gesetzgebungsprojekts in Betracht komme. Ein systematischer Vergleich finde dabei nicht statt, und nur selten werde über den theoretischen Hintergrund nachgedacht. Die zweite Stufe füge einen externen Maßstab wie etwa ökonomische Effizienz hinzu und werde oft bei der Rechtsharmonisierung zwischen mehreren Staaten[63] oder bei der rechtsvergleichenden Lückenfüllung durch den EuGH oder den EGMR verwendet. Bei der dritten Stufe gehe es darum, auf systematischere Weise und mit einem zusätzlichen „konzeptionellen Referenzrahmen" innerhalb eines bestimmten Rechtsgebiets nach Unterschieden und Übereinstimmungen zu suchen; Husa betont jedoch, dass dies nur schwer von der zweiten Stufe zu unterscheiden sei. Auf die vierte Stufe begebe sich der Rechtswissenschaftler, wenn er nach Erklärungen für die Unterschiede und Übereinstimmungen suche und sich in diesem Sinne anderen Wissenschaftszweigen wie Soziologie oder Rechtsgeschichte annähere. Die fünfte Stufe schließlich füge eine zusätzliche Problematisierung hinzu, einschließlich der Fortentwicklung von Theorie und Methodik der Rechtsvergleichung.

37 Die zweite Entscheidung, die für jede rechtsvergleichende Studie getroffen werden müsse, sei die Wahl des tertium comparationis als Maßstab.[64] Husa hält diese Wahl für die schwierigste methodische Aufgabe. Schon daraus wird deutlich, dass er den Begriff des tertium comparationis nicht in seiner ursprünglichen Bedeutung verwendet, die sich recht schnörkellos auf die Tatsache bezieht, dass zwei Gegenstände niemals als solche verglichen werden, sondern stets im Hinblick auf eine oder mehrere ihrer Eigenschaften, so dass jeder Vergleich dazu zwingt, die Eigenschaften zu benennen, die betrachtet werden sollen.[65] Zwar erkennt der heuristische Ansatz diese ursprüngliche Bedeutung des tertium comparationis. So weist Husa darauf hin, dass ein Vergleich zwischen staatlichen Institutionen, die mit der Überwachung der Verfassungsmäßigkeit von Gesetzen beauftragt seien, sich auf verschiedene Vergleichsmaßstäbe beziehen könne, etwa die interne Organisation der Institutionen oder die Wirkungen ihrer Entscheidungen oder die Art und Weise ihrer Kontrolle. Aber der heuristische Ansatz bleibt hier nicht stehen. Erstens weist Husa darauf hin, dass es absurd wäre, den Geschmack von Pasta und Spülmittel zu vergleichen, da immer eine gewisse Kommensurabilität bestehen müsse. Schon diese Behauptung ist jedoch alles andere als selbstverständlich: Der Geschmack von Pasta und Spülmittel kann ohne weiteres verglichen werden, nur ist eben das Ergebnis eher offensichtlich. Der heuristische Ansatz scheint vielmehr zu verlangen, dass ein tertium comparationis nicht nur ausgewählt werde, sondern auch einigermaßen hilfreiche Ergebnisse sicherstellen müsse. Zweitens hebt der heuristische Ansatz hervor, dass es zur Beantwortung der Frage, wann das Wetter kalt oder warm sei, einer Skala (etwa der Celsiusskala) bedürfe. Mit dieser Aussage scheint dem tertium comparationis die zusätzliche Aufgabe zugesprochen zu werden, eine absolute Maßeinheit – im Unterschied zu einer nur relativen Einstufung – zu liefern und wertende Begriffe (wie warm oder kalt) in Bezug auf eine solche Maßeinheit zu definieren. Drittens scheint Husa eine Verbindung zwischen tertium comparationis und der Wahl der Vergleichsobjekte zu sehen und für diese Wahl zu verlangen, dass die Funktion der Objekte oder ihre Struktur vergleichbar sei.

62 Dazu und zum Folgenden vgl. *Husa* (Fn. 14), 146 ff.
63 Zur Rechtsharmonisierung vgl. supra → § 2 Rn. 41 ff.
64 Dazu und zum Folgenden vgl. *Husa* (Fn. 14), 154 ff.
65 Vgl. supra → Rn. 3 ff., → § 1 Rn. 9.

bb) Auswahl als immantener Bestandteil der untersuchten Frage

Husa räumt in großer Offenheit ein, dass seine Ausführungen über die zu treffenden Auswahlentscheidungen kaum Konkretes zum eigentlichen Vergleichsvorgang enthielten.[66] Diese Offenheit ist nicht zuletzt deshalb positiv hervorzuheben, weil Husa – anders als manch besonders kritische Stimme[67] – nicht versucht, sich hinter vielfach unverständlichem Sprachgeklingel zu verstecken, sondern seine Auffassung unmissverständlich und klar erläutert. Er weist nicht nur darauf hin, dass es in der rechtsvergleichenden Methodenliteratur an praxisnahen, handlungsorientierten Erläuterungen mangele, sondern betont auch die Notwendigkeit experimentellen Lernens, eines learning by doing, und unterstreicht so erneut den heuristischen Charakter der Rechtsvergleichung. Tatsächlich dürfte der Grundgedanke dieses heuristischen Ansatzes jedem praxisorientierten, klassischen Rechtsvergleicher einleuchten. Denn er ist erfahrungsgeleitet, beruht auf gesundem Menschenverstand und betont die notwendige Flexibilität, um die konkrete Herangehensweise im Einzelfall jeweils genau an die zu beantwortetende Fragestellung anzupassen. 38

Deutlich weniger überzeugend ist hingegen die Unterscheidung zwischen den fünf Stufen des Vergleichs und die behauptete Notwendigkeit, zwischen ihnen zu wählen. Zwar gibt es tatsächlich eine große Vielfalt unterschiedlichster rechtsvergleichender Fragestellungen. Auch können rechtsvergleichende Untersuchungen je nach praktischer Zielsetzung, zur Verfügung stehender Zeit oder den Fähigkeiten des jeweiligen Rechtsvergleichers mehr oder weniger tief gehen. Jedoch folgt vieles von dem, was Husa dann als unterschiedliche Stufen beschreibt, letztlich nur unmittelbar aus der Formulierung der jeweiligen rechtsvergleichenden Fragestellung, ist ihr schlicht immanent. Wenn beispielsweise gefragt wird, ob das indische System der Prozesskostenhilfe und der public interest litigation[68] in das heimatliche Recht übernommen werden sollten, so besteht gar keine Auswahl zwischen verschiedenen Stufen, sondern es handelt sich nach Husas Definition stets um einen Vergleich erster Stufe. Wenn hingegen gefragt wird, warum der indische Supreme Court ein so weitreichendes System der public interest litigation entwickelt hat, so liegt darin definitionsgemäß ein Vergleich vierter Stufe. Davon unabhängig können und sollten manche der Stufen nicht getrennt werden. Insbesondere wäre eine Untersuchung, die keine Unterschiede und Gemeinsamkeiten erörtert (dritte Stufe) und versucht, diese zu erklären (vierte Stufe), letztlich gar keine rechtsvergleichende Untersuchung.[69] Und selbst wenn der Rechtsvergleicher „nur" nach Vorbildern zur Verbesserung des heimatlichen Rechts sucht (erste Stufe), setzt dies doch stets Bewertungen darüber voraus, wie das jeweilige Vorbild im Rahmen der fremden Rechtsordnung und Gesellschaft wirkt, welche Ziele dort verfolgt, welche praktischen Ergebnisse erreicht werden, und wie all dies sich zur heimatlichen Situation verhält (vierte Stufe). 39

Im Übrigen ist es wenig sinnvoll, den Begriff des tertium comparationis mit zusätzlicher Bedeutung aufzuladen, wie es der heuristische Ansatz versucht.[70] Erstens sollte das tertium comparationis zwar tatsächlich so gewählt werden, dass es möglichst hilfreiche Ergebnisse sicherstellt. Was insofern aber als hilfreiches Ergebnis gelten kann, hängt allein von der gewählten rechtsvergleichenden Fragestellung ab, ist ihr erneut immanent. Wenn die Fragestellung lautet, warum es keine gute Idee ist, Pasta in einem schlecht nachgespülten Topf zu kochen, könnte es also sogar sinnvoll sein, den Geschmack von Pasta und Spülmittel zu vergleichen. Zweitens ist es, anders als der heuristische Ansatz zu unterstellen scheint, keine originär rechtsvergleichende Aufgabe, den Vergleichsgegenständen Werte auf einer bestimmten absoluten Skala zuzuordnen. Ob ein Tag mit einer Höchsttemperatur von 17 C als warm oder kalt zu bezeichnen wäre, ist ohne irgendeinen Vergleichsvorgang zu beant- 40

---

66 *Husa* (Fn. 14), 152.
67 Vgl. infra → Rn. 168 ff.
68 Vgl. infra → § 9 Rn. 222 ff.
69 Diese Grundüberzeugung wird allerdings auch von *Husa* (Fn. 14), 19, 153 geteilt.
70 Zum Folgenden vgl. auch supra → Rn. 3 ff., insbes. 5.

worten, und die Antwort ist auch nicht etwa für einen Vergleich von Tagestemperaturen erforderlich. Entsprechend ist es ohne weiteres möglich festzustellen, dass es gestern in Córdoba wärmer war als in Buenos Aires, ohne dass die jeweiligen Temperaturen dazu als warm oder kalt auf einer absoluten Skala eingeordnet werden müssten. Drittens kann die Auswahl der Vergleichsgegenstände tatsächlich eine schwierige Aufgabe darstellen, insbesondere wenn dabei nach funktionalen Äquivalenten gesucht werden muss. Aber diese Auswahl hat nichts mit dem Aspekt zu tun, der dann als Maßstab des Vergleichs verwendet wird, dh mit dem tertium comparationis.

2. Veränderungen in Teilen

a) Rechtsvergleichung und ökonomische Analyse

aa) Die ökonomische Analyse des Rechts

41 Um die Versuche zu verstehen, die ökonomische Analyse des Rechts für die Rechtsvergleichung fruchtbar zu machen, sind zunächst Kenntnisse der ökonomischen Analyse selbst erforderlich. Mehr als eine grobe Übersicht über einige Kernelemente kann hier allerdings nicht gegeben werden.[71] Die ökonomische Analyse des Rechts ist eine spezielle Schule innerhalb der Rechtswissenschaften, deren Ursprung in den 60'er Jahren des 20. Jahrhunderts in den USA liegt und die vor allem in den späten 70'er und frühen 80'er Jahren auch in Deutschland und dem übrigen Europa aufgrund ihrer Neuartigkeit Furore machte. Spätestens seit den frühen 90'er Jahren hat sich der Reiz des Neuen abgenutzt; die ökonomische Analyse ist in Deutschland in bestimmten Bereichen namentlich des Wirtschaftsrechts als eine mögliche Sichtweise etabliert, konnte sich jedoch trotz aller Bemühungen ihrer Anhänger nicht auf breiter Front durchsetzen. Im Kern betrachtet die ökonomische Analyse das Recht als ein Steuerungsinstrument, das den Menschen Anreize für erwünschtes und gegen unerwünschtes Verhalten setzt. Diese Betrachtungsweise als solche ist allerdings auch sonst bei Juristen verbreitet. In der ökonomischen Analyse jedoch beansprucht sie für sich Ausschließlichkeit und nimmt zudem spezielle Formen mit großem Wiedererkennungswert an.

42 **(1) Beispiel Haftungsrecht.** Nehmen wir als Beispiel die Frage der Haftung für Schäden, die von sehr kleinen Kindern verursacht werden. Hier besteht ua die Möglichkeit, das Kind – und damit seine Eltern – voll haften zu lassen oder es aufgrund seines jungen Alters von der Haftung freizustellen (wie für Deutschland in § 828 Abs. 1 BGB vorgesehen). Der herkömmliche Jurist würde vermutlich bei der Entscheidung zwischen diesen Möglichkeiten etwa mit der Frage argumentieren, ob Kinder die für die Haftung notwendige Schuld überhaupt aufweisen können, ob bei einem kleinen Kind behauptet werden kann, es habe die verkehrserforderliche Sorgfalt außer Acht gelassen, also fahrlässig gehandelt. Die ökonomische Analyse würde hingegen nicht zuletzt die Frage aufwerfen, wer sich gegen den Schaden durch kleine Kinder am besten versichern kann: die Eltern für ihr Kind, oder der Geschädigte. Können sich beide gleich gut versichern, so wird eine (vereinfachte) ökonomische Analyse die Frage, ob das Kind haftet oder nicht, für nicht weiter relevant halten. Denn sowohl die Eltern als auch die potentiellen Geschädigten können sich von dem Risiko eines Schadens durch eine kleine Versicherungssumme freikaufen, etwa indem sie für einen Schaden von 1.000 Euro, der mit einer Wahrscheinlichkeit von 1:1.000 auftritt, eine Versicherung für 1 Euro abschließen. Die Kosten des Schadensrisikos und der Versicherung sind damit gleich hoch. Davon unabhängig wird die ökonomische Analyse aber weiter

[71] Zur Einführung etwa *Schäfer, Hans-Bernd; Ott, Claus,* Lehrbuch der ökonomischen Analyse des Zivilrechts, 6. Aufl. 2020; *Cooter, Robert; Ulen, Thomas,* Law & economics, 6. Aufl. 2012; *Posner, Richard A.,* Economic analysis of law, 9. Aufl. 2014; kurz und bündig *Faust, Florian,* Comparative law and economic analysis of law, in: Reimann, Mathias; Zimmermann, Reinhard (Hrsg.), The Oxford handbook of comparative law, 2. Aufl. 2019, 826 (827 ff.).

fragen, ob eine solche Versicherungslösung auch sinnvoll ist, ob also etwa eine allgemeine Haftpflichtversicherung der Eltern für Schäden durch sehr kleine Kinder nicht den Anreiz für die Eltern herabsetzen würde, sich (auch unterhalb der Ebene eines wiederum haftungspflichtigen Verstoßes gegen die eigene Aufsichtspflicht) nach Kräften darum zu bemühen, ihre Kinder davon abzuhalten, Schäden bei Dritten zu verursachen („macht nichts, ich bin ja versichert").

Diese Sichtweise wird noch deutlicher in einem klassischen, ebenfalls vereinfachten Beispiel aus dem Schadenersatzrecht bei Autounfällen:[72] Nehmen wir an, dass Unfälle zwischen Autofahrern und Fußgängern je 100 Euro an Kosten verursachen, diese Kosten aber auf 10 Euro gesenkt werden könnten, wenn alle Autos mit weichen Schaumstoffstoßdämpfern ausgestattet würden. Die weichen Stoßdämpfer kosten 50 Euro. Jetzt soll entschieden werden, ob eher die Fußgänger oder die Autohersteller die Unfallkosten tragen sollten, oder ob es gar sinnvoll wäre, einem völlig willkürlich herausgesuchten Dritten – etwa den Herstellern von Fernsehgeräten – die Kostenlast aufzuerlegen. Um die Vereinfachung nicht zu übertreiben wird dabei berücksichtigt, dass jede Regelung, die die Kosten von den primär geschädigten Fußgängern auf andere verschiebt, ihre eigenen Zusatzkosten hat, etwa weil Briefe geschrieben, Überweisungen bezahlt, Gutachter bemüht oder Gerichte und Anwälte eingeschaltet werden. Diese Zusatzkosten (die ökonomische Analyse nennt sie Transaktionskosten) sollen 5 Euro betragen. 43

Wenn nun in einem ersten Szenario die Autohersteller hafteten, so würden sie 100 Euro plus 5 Euro Zusatzkosten, also 105 Euro zu tragen haben. Bauen sie aber weiche Stoßdämpfer ein, so kostet sie das nur 65 Euro (10 Euro Schaden plus 50 Euro Stoßdämpfer plus 5 Euro Zusatzkosten). Die Autohersteller würden also sofort die neuen Stoßdämpfer in alle Autos einbauen.

Haften hingegen in einem zweiten Szenario die Fußgänger, so bleiben sie auf den 100 Euro Unfallkosten sitzen. In Kenntnis der Situation könnten sie nun aber alternativ versuchen – und das ist wiederum ein typischer Gedankengang der ökonomischen Analyse –, die Autohersteller dazu zu bringen, die neuen Stoßdämpfer in alle Autos einzubauen, indem sie ihnen die 50 Euro dafür geben und dann nur noch 10 Euro Schaden tragen, also zusammen 60 Euro. Da 60 Euro weniger sind als 100 Euro, würde der Markt dafür sorgen, dass genau dies geschieht. Auch in diesem Szenario würden also die Stoßdämpfer eingebaut. Das funktioniert allerdings nur, wenn die Hersteller wirklich durch einfache Zahlung der 50 Euro zum Einbau der Stoßdämpfer in alle Autos bewegt werden können. Dazu müssen sich aber erst einmal die Fußgänger organisieren, sie müssen mit den Autoherstellern verhandeln und es wird immer einige Fußgänger geben, die sich an den dadurch entstehenden Kosten nicht beteiligen, obwohl sie am Ende vom Ergebnis mit profitieren (ökonomisch als „free-loader" oder „free-rider" Problem bezeichnet). Wenn die Transaktionskosten für diese Verhandlungen etwa 65 Euro betragen, so kommen die Fußgänger auf Kosten von 125 Euro, also mehr als der Schaden von 100 Euro, so dass keine weichen Stoßdämpfer eingebaut würden. Für die Gesellschaft insgesamt wäre diese Lösung allerdings nicht sinnvoll, da sie unnötige Kosten von 35 Euro mit sich bringt, nämlich die Differenz zwischen den 100 Euro Schaden mit alten Stoßdämpfern und den 65 Euro Kosten für die Gesellschaft, wenn die Autohersteller (nach Szenario 1) haften.

Würden schließlich in einem dritten Szenario die Fernsehhersteller haften, so würden sie mit den alten Stoßdämpfern Kosten von 105 Euro tragen (Schaden plus Transaktionskosten), mit den weichen Stoßdämpfern hingegen die 10 Euro Schaden, zu denen die 50 Euro kämen, die sie den Autoherstellern für die Installation der weichen Stoßdämpfer zahlten plus 5 Euro Transaktionskosten, also wiederum 65 Euro. Hinzu kämen die weiteren Transaktionskosten, die dabei entstehen, dass die Fernsehhersteller die Autohersteller in Verhandlungen dazu bringen müssten, die weichen Stoßdämpfer tatsächlich einzubauen. Betrügen

[72] Zu diesem Beispiel vgl. *Calabresi, Guido,* The costs of accidents – A legal and economic analysis, 1970, 136 ff.

diese weiteren Transaktionskosten zB 30 Euro, so ergäben sich Gesamtkosten von 95 Euro, also weniger als 105 Euro mit den alten Stoßdämpfern: Der Markt würde dafür sorgen, dass die neuen Stoßdämpfer eingebaut werden. Allerdings – und damit kommt dieses Beispiel zum Abschluss – würde der Einbau hier mit mehr Kosten (95 Euro) gesichert als bei Haftung der Autohersteller (65 Euro in Szenario 1), wäre also für die Gesellschaft insgesamt teurer und damit schlechter. Ergebnis: Die Autohersteller sollten haften.[73]

44 **(2) Grundgedanken und Grundterminologie der ökonomischen Analyse.** Das Entscheidende an diesen einfachen Beispielen ist die grundlegende Verschiebung der Betrachtungsweise. Während aus herkömmlicher Sicht hinter dem Schadensrecht vor allem das Bemühen steht, dem Geschädigten angemessenen Ersatz für seinen Schaden zu verschaffen, wird diese sog. Ausgleichsfunktion aus Sicht der ökonomischen Analyse weitgehend von der Präventionswirkung des Schadenersatzrechts verdrängt.[74] Für die Kritiker der ökonomischen Analyse ist noch ein weiterer Punkt besonders wichtig: Die Frage, welche Lösung die gerechtere ist, taucht in dieser Form von vornherein nicht auf. Davon unabhängig darf die ökonomische Analyse nicht, wie diese und viele andere Beispiele zu suggerieren scheinen, als eine Lehre missverstanden werden, die sich nur oder in erster Linie an den Gesetzgeber richtet und ihm sagen will, wie er Normen am sinnvollsten ausgestaltet. Im Gegenteil versteht sich die ökonomische Analyse gerade auch als zentrales Instrument bei der Auslegung und Anwendung des Rechts. Das erklärt sich zunächst genetisch mit der Herkunft der ökonomischen Analyse aus den USA, also dem common law, in dem die Normschöpfung durch den Richter allgemein anerkannt ist und eine besonders große Rolle spielt. Aber auch unabhängig davon ist es keineswegs ausgeschlossen, die vielen offenen, auslegungsbedürftigen Normen etwa eines kontinentaleuropäischen Rechts vor allem aufgrund einer ökonomischen Analyse zu interpretieren. So schließt beispielsweise das deutsche Recht die deliktische Haftung für Kinder unter 7 Jahren zwar – wie oben angesprochen – grundsätzlich aus, kennt aber in § 829 BGB eine Ausnahme, die ua eingreift, wenn „die Billigkeit nach den Umständen, insbesondere nach den Verhältnissen der Beteiligten, eine Schadloshaltung erfordert". Sehr umstritten ist dabei die Frage, ob und wieweit bestehende Versicherungen in diesem Rahmen zu berücksichtigen sind.[75] Hier kann die ökonomische Analyse etwa mit den zuvor für den Gesetzgeber genannten Argumenten auch dem Rechtsanwender helfen.

45 Das zentrale Credo der ökonomischen Analyse des Rechts ist das Streben nach Effizienz. Bei der Gestaltung wie bei der Auslegung des Rechts ist diejenige Lösung zu suchen, die das angestrebte Ziel mit der höchsten Effizienz erreicht. Deutlich formuliert Mattei: „Legal interpretation should not be guided by justice. It should be guided by efficiency. Consequently, lawyers – as opposed to legislators-politicians – should not be concerned with dividing the pie as much as with making it bigger. Their role is not that of helping to cut the slices in a more just way. Issues of distribution should stay outside of the scholarly analysis of laywers. They are the domain of politics."[76] Dabei verwendet die ökonomische Analyse den Begriff der Effizienz keineswegs im allgemeinsprachlichen Sinn von „besonders wirksam", sondern bezeichnet damit genau bestimmte wirtschaftswissenschaftliche Konzepte, namentlich die Pareto-Effizienz und das Kaldor-Hicks Kriterium.[77] Ein Zustand gilt als Paretoeffizient (benannt nach seinem Erfinder Vilfredo Pareto), wenn kein anderer Zustand ein Individuum besserstellen würde, ohne gleichzeitig andere Individuen schlechter zu stellen. Anders ausgedrückt wird die Pareto-Effizienz erhöht, wenn nur eine Person besser gestellt wird, ohne andere schlechter zu stellen, was zugleich den Wohlstand insgesamt (also den zu

---

73 Zur weiteren Verfeinerung dieses Beispiels vgl. *Calabresi* (Fn. 72), 138 ff.

74 Zu diesem Fokus vgl. *Schäfer/Ott* (Fn. 71), 165 f. mwN.

75 Vgl. *Wagner, Gerhard,* in: Säcker, Franz Jürgen; Rixecker, Roland (Hrsg.), Münchener Kommentar zum Bürgerlichen Gesetzbuch, Bd. 7, 9. Aufl. 2024, § 829 Rn. 20 ff.

76 *Mattei, Ugo,* Comparative law and economics, 1997, 3.

77 Vgl. zu beidem weit genauer und ausführlicher *Schäfer/Ott* (Fn. 71), 13 ff.; vgl. auch *Posner* (Fn. 71), 14 ff.; *Cooter/Ulen* (Fn. 71), 42 f.

verteilenden Kuchen im Sinne Matteis) vergrößert. Pareto-Effizienz gilt als recht enges Konzept, da es auch für die größte Besserstellung und damit Vergrößerung des allgemeinen Wohlstandes im Gegenzug nicht die geringste Schlechterstellung akzeptiert. Dem trägt das ebenfalls nach seinen Erfindern benannte Kaldor-Hicks Kriterium Rechnung. Nach Kaldor-Hicks wird die Effizienz dann erhöht, wenn diejenigen, die von der Änderung eines sozialen Zustandes profitieren, die Verlierer dieser Änderung aus ihren Gewinnen entschädigen könnten. Dabei geht es tatsächlich nur um die theoretische Möglichkeit der Entschädigung, eine tatsächliche Entschädigung ist gerade nicht erforderlich. Der allgemeine Wohlstand wird auch so erhöht. Das Kaldor-Hicks Kriterium lässt sich auch als Auktionsregel formulieren und dadurch noch klarer auf juristische Fragen anwenden: Geht es etwa darum, wem die Entscheidungsmacht über den Bau eines Chemiewerks gegeben werden soll – etwa den Betreibern oder den dagegen protestierenden Anwohnern – so ist darauf abzustellen, wer in einer hypothetischen Auktion bereit wäre, am meisten für dieses Recht zu bezahlen. Wer bereit ist, mehr zu zahlen, bekommt die Entscheidungsmacht. So bestimmen – in einer für die ökonomische Analyse typischen Formulierung und Denkweise – die Betroffenen selbst durch ihre Zahlungsbereitschaft, wie viel ihnen ihr Anliegen wert ist, und damit, wer sich durchsetzt.[78]

Die Effizienzkriterien und die Beispiele machen deutlich, dass die ökonomische Analyse des Rechts ebenso wie immer noch weite Teile der Wirtschaftswissenschaften mit einem bestimmten Modell des Menschen arbeiten, dem sog. homo oeconomicus, also dem rationalen Nutzenmaximierer. Der Mensch weiß nach diesem Modell bei allen möglichen Alternativen stets, was ihm besser, schlechter oder gleich gut gefällt und ist dabei auch konsistent im Sinne der Transitivität, dh wenn nach seiner Präferenzordnung A vor B und B vor C kommt, so kommt auch A vor C. In jeder Situation wird sich der Mensch sodann für diejenige Handlungsalternative entscheiden, die ihm selbst den größten Nutzen bringt.[79] 46

Eine weitere zentrale Kategorie der ökonomischen Analyse des Rechts sind die Transaktionskosten, die bereits im Beispiel der Unfälle zwischen Autofahrern und Fußgängern auftauchten. Sie beziffern gleichsam die Reibungsverluste des Marktes, die Kosten, die etwa für Informationsbeschaffung, Verhandlung oder Durchsetzung aufzuwenden sind, wenn zwei Marktteilnehmer sich austauschen wollen. 47

Von besonderer Bedeutung für das Denken der ökonomischen Analyse sind schließlich die sog. externen Effekte und ihre Internalisierung. Externe Effekte treten oft auf, wenn mehrere Wirtschaftsteilnehmer eine für sie sinnvolle Lösung aushandeln, die aber Dritte belastet. Typisches Beispiel ist der Umweltschutz. Würde der Benzinpreis gesenkt und dadurch der Verbrauch so weit gesteigert, dass dennoch die Gewinne der Mineralölkonzerne stiegen, so hätten sowohl die Mineralölkonzerne als auch die Autofahrer einen Wohlstandszuwachs. Leiden würde darunter aber die Allgemeinheit, die die Kosten der höheren Umweltbelastung durch vermehrte Autoabgase zu tragen hätte. Das Ergebnis wäre jedenfalls nicht Pareto-optimal, der Markt versagt insofern. Allerdings ist bei dieser Einschätzung Vorsicht geboten, denn die Anhänger der ökonomischen Analyse wollen zwischen diesen negativ zu bewertenden externen Effekten und den den Markt gerade ausmachenden, für die Erreichung des Optimums erforderlichen sog. pekuniären Effekten unterscheiden:[80] Wenn deutsche Modehäuser ihre Ware nicht mehr in Deutschland, sondern billiger in Asien einkaufen, so profitieren die Modehäuser und die Käufer davon, doch gehen Arbeitsplätze in Deutschland verloren. Die Auswirkungen auf deutsche Arbeitsplätze werden aber gerade nicht als externe Effekte bezeichnet; in der Konsequenz werden Maßnahmen, die die Arbeitsplätze schützen könnten, wie Importquoten oder Schutzzölle, abgelehnt, weil sie nicht zu einer besseren, sondern zu einer schlechteren Nutzung von Ressourcen führten: „Es liegt auf der Hand, dass in diesen Fällen das angestrebte Verteilungsziel besser mit 48

78 Vgl. zur Auktionsregel *Schäfer/Ott* (Fn. 71), 22.
79 Vgl. genauer etwa *Eidenmüller, Horst,* Effizienz als Rechtsprinzip – Möglichkeiten und Grenzen der ökonomischen Analyse des Rechts, 4. Aufl. 2015, 29 ff.
80 Vgl. *Schäfer/Ott* (Fn. 71), 472 f.

Transferzahlungen erreicht werden kann als durch Eingriffe in die Vertragsfreiheit.“[81] Liegen aber (echte) externe Effekte vor, so verlangt die ökonomische Analyse deren Internalisierung. Gerade rechtliche Maßnahmen können und sollen dann dazu eingesetzt werden, die ursprünglich nur bei Dritten auftretenden Nachteile auf die Beteiligten umzuleiten, so dass diese gezwungen sind, sie in ihr Kalkül mit einzubeziehen. Im Fall von Umweltbelastungen ist dafür etwa eine Besteuerung der Belastung oder ein Zwang, das Recht zur Umweltverschmutzung vom Staat zu kaufen, denkbar. Kostet die Umweltverschmutzung etwa den Betreiber eines Chemiewerks auf diese Weise mehr, als sein zusätzlicher Gewinn wert ist, wird er die Verschmutzung einstellen.

49 Die ökonomische Analyse des Rechts macht sich also Konzepte der Mikroökonomik zunutze. Wie weit sie dabei in der Anwendung originär wirtschaftswissenschaftlicher Modelle mit ihren vor allem mathematischen Details geht, ist bei ihren Anhängern unterschiedlich ausgeprägt. Tatsächlich finden sich sowohl Studien, die sich in komplexen mathematischen Gleichungen, Graphen und einer abstrakten Formensprache ergehen als auch solche, die sich um allgemeinverständliche Erläuterungen in Textform bemühen.

bb) Die ökonomische Analyse in der Rechtsvergleichung

50 Wie nun soll dieses Denksystem auf die Rechtsvergleichung übertragen werden? Denkbar wäre es, die Rechtsvergleichung als solche ökonomisch zu analysieren oder umgekehrt die reale Anwendung der ökonomischen Analyse in den verschiedenen Rechtsordnungen rechtsvergleichend zu betrachten. Darin lägen durchaus interessante Forschungsfelder, innerhalb derer etwa die Bedeutung der ökonomischen Analyse im common law und im civil law einander gegenübergestellt werden könnte.[82] Tatsächlich spielen diese Fragen aber eine allenfalls marginale Rolle. Der ökonomischen Analyse in der Rechtsvergleichung geht es nicht darum, das eine Gebiet mit den Mitteln des anderen zu untersuchen, sondern vielmehr beide miteinander zu verbinden, also die Grundanliegen der ökonomischen Analyse auch im Rahmen der Rechtsvergleichung zur Anwendung zu bringen.[83] Mit anderen Worten wird versucht, die Effizienz als zentrale Kategorie in die Rechtsvergleichung einzuführen. So können etwa verschiedene Rechtsordnungen speziell im Hinblick auf ihre Effizienz verglichen werden, um zum Beispiel festzustellen, ob das Kartellrecht in den USA oder in Norwegen effizienter ist. Die Effizienz wird zum tertium comparationis des Vergleichs.

51 Dieser Grundgedanke lässt sich allerdings noch erheblich verfeinern und detaillierter ausbauen, wie es namentlich Mattei getan hat, dessen Name heute regelmäßig in einem Atemzug mit der ökonomischen Analyse in der Rechtsvergleichung genannt wird. Mattei fordert als ersten Schritt die Erarbeitung einer fiktiven Norm, die das jeweilige Sachproblem am effizientesten löst. Dieses Modell kann dann zweitens mit der Realität in verschiedenen Rechtsordnungen aus dem Blickwinkel der Effizienz verglichen werden. Ein zentraler Punkt der Untersuchung ist dann drittens die Suche nach den Gründen für die regelmäßig bestehenden Abweichungen von Modell und Realität, also die Gründe für die Existenz

---

[81] *Schäfer/Ott* (Fn. 71), 474.

[82] Vgl. zu diesen Möglichkeiten Faust (Fn. 71), 842 ff.; einsichtsreiche Untersuchung bei *Dau-Schmidt, Kenneth G.; Brun, Carmen L.*, Lost in translation – The economic analysis of law in the United States and Europe, Columbia Journal of transnational law 44 (2006), 602 (602 ff.), die England insofern mehr dem restlichen Europa als den USA zuschlagen.

[83] Zum Ganzen vgl. weit ausgreifend *Mattei* (Fn. 76), passim; vgl. auch schon *Mattei, Ugo,* Efficiency in legal transplants: an essay in comparative law and economics, International Review of Law and Economics 14 (1994), 3 (3 ff.) (weitgehend identisch mit Kapitel 5 des vorgenannten Werks); konzise *Mattei, Ugo; Cafaggi, Fabrizio,* Comparative law and economics, in: Newman, Peter (Hrsg.), The new Palgrave dictionary of economics and the law, vol. 1, 1998, 346 (346 ff.); *Caterina, Raffaele,* Comparative law and economics, in: Smits, Jan M. (Hrsg.), Elgar Encyclopedia of Comparative Law, 2. Aufl. 2012, 191 (191 ff.); kurze Zusammenfassung eines Teils der Konzeption Matteis etwa bei *Brand, Oliver,* Conceptual comparisons – Towards a coherent methodology of comparative legal studies, Brooklyn Journal of International Law 32 (2007), 405 (421 ff.).

einer nicht optimal effizienten Regelung. Neben dieser Perspektive de lege lata kann aber auch eine Perspektive de lege ferenda[84] eingenommen werden. Dann werden Vorschläge ausgearbeitet, durch welche Änderung von Rahmenbedingungen, dh vor allem von Transaktionskosten, das effiziente Modell eingeführt werden kann, wenn die Gründe für seine bisherige Nichteinführung nicht gerechtfertigt erscheinen. Ein besonders wichtiges Betätigungsfeld der ökonomischen Analyse ist dabei die Rechtsänderung und -übertragung. Wiederum wird zur Beantwortung der Frage, wann und warum Übertragungen von Normen von einer Rechtsordnung in die andere vorkommen oder unterbleiben, welche Ergebnisse sie zeigen, welche wünschenswert sind und wie man sie befördern kann, die Effizienz herangezogen. Die Rechtsordnungen werden als ein Markt verstanden, auf dem Konkurrenz zwischen den verschiedenen rechtlichen Lösungen für ein Problem herrscht. Anzustreben ist die Übernahme der effizientesten Lösung und diese Effizienz erklärt auch, wann eine Rechtsübertragung stattfindet und wann nicht.[85]

Dieses Bild der ökonomischen Analyse in der Rechtsvergleichung bedarf allerdings noch 52
der Modifizierung in zwei Richtungen. Denn weder übernimmt Mattei schlicht die klassischen Denkfiguren der ökonomischen Analyse noch bleibt er bei einer solchen Übernahme unter Ausschluss anderer Ansätze stehen. Einerseits werden mikroökonomische Denkmuster zwar von der Begrifflichkeit her herangezogen, doch nicht selten weit weniger strikt angewandt oder sogar mit anderer Bedeutung gefüllt. Am deutlichsten wird dies beim Begriff der Effizienz, dem Kernbegriff der ökonomischen Analyse des Rechts. Zwar verwendet ihn auch Mattei, lehnt aber entweder in Kenntnis der bestehenden ökonomischen Bedeutungen eine Definition ausdrücklich ab,[86] oder verwendet den Begriff wie in der Alltagssprache im Sinne von „besonders wirksam" oder „besser": „(…) we can even find a workable definition of efficiency. From the point of view of a given legal system efficient is whatever avoids waste; whatever makes the legal system work better by lowering transaction costs; whatever is considered better by the consumers in the legal marketplace; that is, whatever does not pointlessly foreclose the development of a better-organized human society; whatever legal arrangement 'they' have that 'we' wish to have because by having it they are better off."[87] Andererseits wird auch eine solcherart weit verstandene Effizienz keineswegs zum einzigen Fokus rechtsvergleichender Studien stilisiert. So werden etwa im Bereich der Rechtsübertragungen neben dem Wettbewerb der Rechtsordnungen (und damit dem Streben nach Effizienz) auch noch weitere Gründe für die Übernahme fremder Rechtsinstitute als gleichwertig anerkannt. Zu einer Rechtsänderung könne es beispielsweise kommen, weil mehrere politische Akteure gemeinsam entscheiden, eine neue Regel einzuführen, oder weil ein externer Akteur eine solche Änderung erzwingt. Auch hänge die Rechtsänderung von der Geschichte und den generellen Gepflogenheiten einer Rechtsordnung ab;[88] sie könne nicht durch eine ex ante Kosten-Nutzen Abwägung hervorgerufen oder erklärt werden.[89] Wichtiger noch wird die Kontextabhängigkeit jeder ökonomischen Analyse betont. Dh die Bedingungen dafür, welche Lösung eines rechtlichen Problems funktioniert und wie gut sie funktioniert, hängen von zahllosen anderen Faktoren ab, etwa der Funktionsweise des Gerichtssystems, der Klagefreudigkeit der Bürger oder ihrer Risiko-

[84] Mattei bezeichnet diese beiden Perspektiven auf Englisch als „positive" und „normative", vgl. *Mattei/Cafaggi (Fn. 83)*, 347; vgl. auch *Mattei* (Fn. 76), 94 ff., 182.

[85] Vgl. etwa *Mattei* (Fn. 76), 129, 141, 144 f.; vgl. etwa *Ogus, Anthony,* Competition between national legal systems – A contribution of economic analysis to comparative law, International & Comparative Law Quarterly 48 (1999), 404 (404 ff.); kurz und abgewogen *Ogus, Anthony,* The economic approach – Competition between legal systems, in: Örücü, Esin; Nelken, David (Hrsg.), Comparative law – A handbook, 2007, 155, 158 ff.

[86] Vgl. *Mattei* (Fn. 76), 1997, 2, 4.

[87] *Mattei* (Fn. 76), 145; keine formale Verwendung etwa auch bei *Ogus,* The economic approach (Fn. 85), 155 ff.

[88] Deutlich zum beschränkten Wettbewerb und zum Einfluss der Rechtskultur etwa auch *Ogus,* The economic approach (Fn. 85), 160 f., 164 f.

[89] Vgl. *Mattei/Cafaggi* (Fn. 83), 349; *Mattei* (Fn. 76), 121.

freudigkeit, der Stärke der sozialen Sicherungen, der traditionellen Bevorzugung etwa strafrechtlicher oder verwaltungsrechtlicher Lösungsmodelle und nicht zuletzt den üblichen Begrifflichkeiten und rechtlichen Kategorien. Transaktionskosten werden von solchen Faktoren bestimmt, die oftmals in der Tiefenstruktur des Rechtssystems (andere würden hier vermutlich von Rechtskultur sprechen) formalisiert sind. Insgesamt stelle sich so die ökonomische Analyse als von der jeweiligen Kultur abhängiges Produkt heraus.[90] Gleichzeitig sieht Mattei ein zentrales Anliegen der ökonomischen Analyse in der Rechtsvergleichung darin, einen realistischeren Blick auf das Recht zu werfen, also über die bloßen Normen hinauszugehen. In diesem Sinne wird Saccos Theorie der rechtlichen Formanten[91] in die ökonomische Analyse integriert, das Recht als Resultat des Wettbewerbs zwischen verschiedenen rechtlichen Formanten gesehen.[92] All diese Änderungen und Ergänzungen einer schlichten Anwendung ökonomischer Denkweisen in der Rechtsvergleichung werden dabei von Mattei selbst durchaus auch als Kritik an der herkömmlichen ökonomischen Analyse des Rechts gesehen. Ihr wird beispielsweise offen vorgeworfen, sie habe lange an einem gravierenden, US-zentrierten Provinzialismus gelitten, der stets wie selbstverständlich von US-amerikanischen Verhältnissen etwa im Prozessrecht ausging.[93] Damit zusammenhängend wird als ein wichtiger Beitrag der Rechtsvergleichung zur ökonomischen Analyse der Fundus an realen rechtlichen Lösungen in den verschiedenen Staaten gesehen, die anstelle der rein theoretischen Modelllösungen untersucht werden könnten.[94]

cc) Kritik der ökonomischen Analyse

53 Die ökonomische Analyse des Rechts und ihre Ausprägung in der Rechtsvergleichung hängen im Grundsatz und in der Entwicklung zusammen, so dass die Kritik der einen die andere mit erfasst (1). Allerdings hat sich die ökonomische Analyse in der Rechtsvergleichung einen Teil der allgemeinen Kritik zu eigen gemacht und darauf reagiert, so dass sie zusätzlich auch eine eigenständige Betrachtung erfordert (2).

54 **(1) Kernprobleme der Ökonomisierung.** Die ökonomische Analyse des Rechts wird von ihren Anhängern mit großer Vehemenz verteidigt und hat vor allem in den USA einen gewissen, wenn auch keineswegs umfassenden Erfolg. In der restlichen Welt und insbesondere in Europa hingegen ist sie eine vor allem akademische Schule mit begrenzter Anhängerschaft geblieben, die schon in der Ausbildung nur eine marginale und in der Rechtsprechung und anwaltlichen Praxis so gut wie keine Rolle spielt.[95]

55 **(a) Von Fischen und Rauch: Zwei Beispiele.** Warum viele Juristen gerade auch in Europa zwar möglicherweise die technische Seite der ökonomischen Theorie, ihre Effizienzkriterien, ihr Denken in Transaktionskosten und externen Effekten intellektuell anregend finden, gegen ihr grundlegendes Denken aber meist eine spontane Abneigung entwickeln, lässt sich recht einfach an zwei Beispielen nachvollziehen, die Coase in seinem Aufsatz „The problem of social cost" gibt, der gemeinhin als der Ausgangspunkt der heutigen ökonomischen Analyse betrachtet wird. In einem Beispiel geht es um die Verseuchung eines Flusses. Sein Ansatz lautet: „If we assume that the harmful effect of the pollution is that it kills the fish, the question to be decided is: is the value of the fish lost greater or less than the value of the product which the contamination of the stream makes possible."[96] In einem zweiten Fall geht es um eine Fabrik, die neu in einem Gebiet mit bislang sauberer Luft errichtet

---

[90] Vgl. *Mattei/Cafaggi* (Fn. 83), 347 ff.; vgl. etwa auch *Faust* (Fn. 71), 846.
[91] Vgl. supra → Rn. 39 ff.
[92] Vgl. *Mattei* (Fn. 76), 101 ff.
[93] *Mattei* (Fn. 76), ix, 27, 69.
[94] *Mattei* (Fn. 76), ix, 27 f.
[95] Eingängige Analyse der Hintergründe bei *Dau-Schmidt/Brun* (Fn. 82), 602 ff.; wie weit es mit der ganz praktischen Alltagsbedeutung der ökonomischen Theorie in den USA wirklich her ist, wäre sicherlich einer genaueren Studie wert.
[96] *Coase, Ronald H.*, The problem of social cost, Journal of Law and Economics 3 (1960), 1 (2).

wurde und nunmehr Rauch ausstößt, der einen Schaden von 100 USD verursacht. Ein Rauchfilter würde 90 USD kosten, aber die Nachbarn könnten durch andere Maßnahmen – etwa indem sie umziehen – den Schaden für nur 40 USD vermeiden. Diese anderen Maßnahmen wären also nach Coase vorzuziehen. Würde ein Abgabensystem zur Steuerung eingeführt, so müsste nach Coases Meinung nicht nur der Fabrikeigentümer eine Abgabe in Höhe des Rauchschadens leisten, sondern auch die Anwohner und zwar in Höhe der Schadensvermeidungskosten für den Fabrikeigentümer (was wiederum dazu führen würde, dass die Nachbarn eher wegzögen). Ausdrücklich lehnt Coase auch eine Verbannung von emittierenden Fabriken aus Wohngegenden etwa durch einen Bebauungsplan ab, denn das Ziel der Regelung dürfe nicht die Verhinderung der Umweltverschmutzung durch den Rauch sein, sondern die Gewährleistung einer optimalen Rauchverschmutzung, also einer Verschmutzung, die den Wert der Produktion maximiert.[97]

Für die meisten Juristen und Laien werden – wie auch die Erfahrung aus der akademischen Lehre immer wieder bestätigt – diese Beispiele geradezu pervers klingen. Dass die Verschmutzung eines Flusses unproblematisch sein soll, wenn die mithilfe der Verschmutzung produzierten Waren mehr wert sind als die abgestorbenen Fische, ist selbst dann kaum zu glauben, wenn den frühen 60'er Jahren in den USA eine gänzlich andere Einstellung zur Umwelt unterstellt wird, als sie heute vorherrscht. Dass die Hauseigentümer wegziehen sollen, weil das billiger ist als Rauchfilter in die neu errichtete Fabrik einzubauen, wird bei vielen auf ebenso grundlegende Gegenwehr stoßen. Dabei ist es gar nicht so einfach, diese spontane Ablehnung genauer zu begründen. Im Flussbeispiel dürfte sie letztlich auf die Reduzierung des Schadens auf den Marktwert der Fische zurückzuführen sein – kein Wort vom inhärenten Wert sauberer Natur, von der Bedeutung der Artenvielfalt, von Respekt vor der Schöpfung. Die komplexe Frage wird auf eine Marktbetrachtung reduziert, zwei Werte einfach monetarisiert und in dieser Form verglichen. Ähnlich ist es im Rauchbeispiel, in dem der Mensch all seiner Menschlichkeit entkleidet scheint. Dass die Nachbarn zuerst dort wohnten, dass sie möglicherweise ihre Häuser nicht aufgeben wollen, weil sie sie besonders lieben oder weil sie und ihre Vorfahren dort schon immer wohnten, scheint keinerlei Rolle zu spielen. Vor allem aber fehlt bei alledem die entscheidende Kategorie, nämlich die Gerechtigkeit, die eben nicht nach mehr Geld und Gut, sondern nach Höherem strebt. Auch von Fairness oder Umweltschutz ist nicht die Rede. Diese eher intuitiven Gründe liegen tatsächlich im Kern der Kritik an der ökonomischen Analyse. Allerdings haben deren Anhänger in vielen Fällen konkrete Antworten auf die jeweiligen Bedenken, die zu berücksichtigen sind. 56

(b) Homo oeconomicus und das Denken in Modellen. Ein erstes Bedenken betrifft die Modellierung des Menschen als homo oeconomicus. Denn der Mensch ist keineswegs immer rational und maximiert keineswegs immer seinen Nutzen. Er handelt auch einmal selbstlos und gütig, er bezahlt einen höheren Preis, um den kleinen Laden um die Ecke zu unterstützen, nimmt die Bestechung trotz geringsten Entdeckungsrisikos nicht an oder hilft seinem Nachbarn auch ohne Erwartung einer Gegenleistung. Die ökonomische Analyse weist demgegenüber darauf hin, dass sie solchen Beobachtungen gar nicht widerspreche, dass es ihr aber eben nicht um ein reales Bild des Menschen gehe, sondern nur um ein Modell, mit dessen Hilfe ermittelt werden kann, wie Menschen sich insgesamt als Gruppe verhalten. 57

Doch passt ein solches, für die Wirtschaftswissenschaften typisches Modelldenken nicht zur Rechtswissenschaft. Das in den Sozialwissenschaften verbreitete Modelldenken[98] versucht nicht, die Realität vollständig und korrekt wiederzugeben, sondern bestimmte Ergebnisse zu beschreiben und vorherzusagen. Das Modell verwendet dazu bestimmte Grundannahmen und eine beschränkte Anzahl von Variablen und versucht so, mit einem hinreichenden Grad an Plausibilität etwa zu beschreiben, warum die Inflationsrate steigt, warum 58

[97] *Coase* (Fn. 96), 41 f.

[98] Zum Folgenden *Kischel, Uwe,* The State as a non-unitary actor – The role of the judicial branch in international negotiations, AVR 39 (2001), 268 (271 ff.).

Jugendkriminalität abnimmt oder eben wie Menschen auf bestimmte gesetzliche Vorgaben reagieren. Entscheidend für den Erfolg eines Modells ist seine praktische Handhabbarkeit, die aber stark leidet, wenn zu viele Variablen verwendet werden. Ein nah an die Realität geführtes Modell hätte in aller Regel eine extrem hohe Anzahl an Variablen. Es wäre damit zwar möglicherweise „richtig", aber dennoch kein gutes Modell. Juristen hingegen arbeiten gerade nicht mit Modellen. Im Gegenteil: Ein Rechtsanwalt oder Richter, der bewusst bestimmte Aspekte eines Falles, die im Einzelfall einen Einfluss auf die Lösung haben könnten, ausblendete, würde einen gravierenden Fehler begehen. Juristen müssen sich vielmehr stets ein Bild verschaffen, das im Hinblick auf die Fakten so vollständig wie möglich ist. Das dürfte nicht zuletzt mit den jeweils typischen Aufgaben zu tun haben: Viele Sozialwissenschaftler suchen nach verallgemeinernden Aussagen; Juristen lösen meist konkrete Einzelfälle. Nichtjuristen halten dem gelegentlich entgegen, dass doch auf für Juristen nicht alle Fakten relevant seien, dass es sogar eine zentrale Aufgabe des Juristen sei, die irrelevanten von den relevanten Tatsachen zu trennen. Das ist zwar richtig, hat aber mit einer Modellierung nichts zu tun. Streiten sich die Parteien etwa um die mangelhafte Reparatur einer Pkw-Kupplung, so sind Farbe des Autos und Geschlecht des Fahrers erkennbar irrelevant. Darin liegt zwar – ebenso wie beim Modell – eine Reduzierung der Realität, doch würde der Jurist niemals einen Faktor außer Acht lassen, der möglicherweise von Bedeutung sein könnte. Wäre also etwa ein Kupplungsanschluss entgegen der Reparaturanleitung für das falsche Baujahr des Fahrzeugs durchgeführt worden und hätte das Auto eine Farbe, die grundsätzlich nicht in seinem eigentlichen Baujahr, sondern nur in eben jenem falschen Baujahr verwendet wurde, so würde plötzlich auch die Farbe relevant und in die Betrachtung mit einbezogen, denn sie ist Hinweis auf einen Flüchtigkeitsfehler des Automechanikers, der möglicherweise von der Farbe auf das Baujahr geschlossen hat, ohne in die Fahrzeugpapiere zu schauen. Im Ergebnis widerspricht damit das Denken in Modellen – wie das Modell des homo oeconomicus – den Grundanforderungen an die juristische Arbeitsweise.

59 Dieses Argument wird allerdings diejenigen, die die juristische Arbeitsweise gerade ändern wollen, nicht unbedingt überzeugen. Doch ist ein jedes Modell auch nach seiner inneren Logik nur dann akzeptabel, wenn es tatsächlich die Realität zu erklären und insbesondere hinreichend verlässliche Vorhersagen zu treffen vermag. Denn genau dies – hinreichende Erklärung und Vorhersage mit reduzierten und daher handhabbaren Variablen – ist die Existenzberechtigung des Modells.[99] Nun ist dieses Verlässlichkeitskriterium speziell für ökonomische Modelle besonders prekär. Dass es noch keinem ökonomischen Modell je gelungen ist, die großen wirtschaftlichen Krisen und ihren Verlauf hinreichend vorherzusagen – also nicht nur im Nachhinein zu erläutern –, ist inzwischen fast schon zu einem bonmot geworden. Die weitgehende Unzuverlässigkeit der Vorhersage von gesamtwirtschaftlichen Entwicklungen, der Aktienkurse oder des Erfolgs eines Unternehmens ist ebenfalls jedem zeitungslesenden Bürger bekannt. Mit der Kraft ökonomischer Modelle und damit auch des homo oeconomicus scheint es nicht sehr weit her zu sein.

60 Auch das Argument, der Einzelne möge zwar nicht immer als rationaler Nutzenmaximierer handeln, in der Masse aber werde sein Verhalten so richtig beschrieben, wird heute gerade auch innerhalb der Wirtschafts- und Sozialwissenschaften zunehmend angezweifelt und durch mehrere Studien widerlegt. Im sog. Ultimatumspiel[100] bekommt ein Spieler (A) (vorläufig) einen Geldbetrag zugewiesen, von dem er einen Teil an den anderen Spieler (B) anbieten muss. Akzeptiert B das Angebot, erfolgt die Auszahlung wie vorgeschlagen; lehnt er ab, erhalten beide nichts. Ein rationaler Nutzenmaximierer müsste nun jede beliebig kleine Summe akzeptieren, da dies für ihn immer noch besser wäre, als durch Ablehnung gar nichts zu erhalten. Ebenso dürften rationale Nutzenmaximierer nur solche Kleinstbeträge anbieten. Die tatsächlichen

---

[99] Vgl. auch *Dahrendorf, Ralf,* Pfade aus Utopia – Zur Theorie und Methode der Soziologie, 4. Aufl. 1986, 198.
[100] Dazu *Caterina, Raffaele,* Comparative law and economics, in: Smits, Jan M. (Hrsg.), Elgar Encyclopedia of Comparative Law, 2006, 161, 167 f. mwN.

Resultate des Spiels sind jedoch – konstant – völlig anders. Das häufigste Angebot ist eine hälftige Teilung, der statistische Schnitt liegt bei einer Teilung von 1/3 zu 2/3. Der zweite Spieler akzeptiert solche Angebote in aller Regel. Angebote unter 20 % werden hingegen oft abgelehnt. Das Gefühl für Fairness scheint die rationale Nutzenmaximierung zu verdrängen. Weitere Untersuchungen zeigen zudem, dass das Ausmaß dieses Gefühls für Fairness in verschiedenen Kulturen verschiedenen ausgeprägt ist.[101] Menschen weisen auch eine starke Tendenz zu sog. altruistischer Bestrafung auf. Dh sie bestrafen ein als unfair, insbesondere gleichheitswidrig und egoistisch erfasstes Verhalten, obwohl sie selbst davon nur Nachteile haben, weil diese Bestrafung sie selbst kostet und sie dafür keinerlei Vorteile erhalten.[102] Durch Experimente widerlegt wurde auch das Argument, es gehe hier nicht um Altruismus und Streben nach Fairness und Gleichheit, sondern um die Förderung der Kooperation innerhalb der Gruppe, von der letztlich auch der Bestrafende profitiere. Denn dasselbe Fairnessdenken setzte sich auch in Spielen durch, die so ausgestaltet waren, dass ein kooperatives Verhalten, das hätte gefördert werden können, gar nicht existierte. Bei entsprechenden Untersuchungen stellte sich heraus, dass soziale Ungleichheit bei den Menschen negative Emotionen hervorruft, die sie dazu bringt, den Reichen zu nehmen und den Armen zu geben.[103] Ein besonders anschauliches Beispiel für die Konsequenzen dieser Forschungen gibt einer der beteiligten Wissenschaftler selbst: Wenn jeder Deutsche die Möglichkeit hätte, gegen Zahlung von einem Euro dem Vorstandsvorsitzenden der Deutschen Bank 10 Euro zu nehmen, würden viele Menschen dies tun, weil sie die hohen Managergehälter für unfair halten.[104]

Im Bereich der ökonomischen Analyse des Rechts wird die durchschlagende Kritik am homo oeconomicus teilweise bereits aufgegriffen und ein Umdenken hin zu realitätsgerechteren Modellen, zur sog. verhaltensökonomischen Analyse des Rechts gefordert.[105] **61**

(c) Effizienzkriterien. Eine verwandte Kritik ist an den beiden üblichen Effizienzkriterien möglich. Besonders deutlich trifft sie das weit verbreitete Kaldor-Hicks Kriterium. Dass es besser sein soll, wenn einige verlieren und andere gewinnen, solange nur die Gewinne insgesamt größer sind als die Verluste, leuchtet unter sozialen und Gerechtigkeitsgesichtspunkten kaum ein. Die Frage müsste dann vielmehr lauten, wer mit welchen Gründen gewinnt oder verliert. Wenn die Reichen sehr viel reicher und die Armen ein wenig ärmer werden, wird dies auch im Blick auf die Ergebnisse der Verhaltensforschung den meisten Menschen nicht als erstrebenswerte Lösung erscheinen. Insbesondere ist damit das Kaldor-Hicks Kriterium, entgegen den Beteuerungen vieler seiner Anhänger, gerade nicht neutral, sondern stark wertgeladen.[106] **62**

Wichtiger noch betrachtet es die Menschen in Gruppen und nicht als Individuen, denn entscheidend ist der gestiegene Nutzen der Gruppe, nicht des Individuums. So lautet etwa eine typische Entscheidungshilfe der ökonomischen Analyse der Rechts: „Ist es wahrscheinlicher, dass eine fehlerhaft dem Eigentümer eines Autos oder fehlerhaft dem unfallbeteiligten Fußgänger auferlegte Haftung vom Markt korrigiert wird?“[107] Für den von einem Auto **63**

[101] Vgl. *Caterina* (Fn. 100), 168 f. mwN.

[102] Vgl. etwa *Fehr, Ernst; Gächter, Simon,* Altruistic punishment in humans, Nature 415 (2002), 137 (137 ff.).

[103] Vgl. *Dawes, Christopher T.; Fowler, James H.; Johnson, Tim; McElreath, Richard; Smirnov, Oleg,* Egalitarian motives in humans, Nature 446 (2007), 794 (794 ff.).

[104] Vgl. *Annhäuser, Marcus,* Der Robin Hood im Menschen, Süddeutsche Zeitung, 12.4.2007.

[105] Mit umfassender Darstellung auch weiterer Kritikpunkte *Korobkin, Russel B.; Uhlen, Thomas S.,* Law and behavioral science – Removing the rationality assumption from law and economics, California Law Review 88 (2000), 1051 (1051 ff.); für die Anwendung in der Rechtsvergleichung etwa *Caterina* (Fn. 100), 169 f.

[106] Vgl. etwa *Mathis, Klaus,* Effizienz statt Gerechtigkeit? – Auf der Suche nach den philosophischen Grundlagen der ökonomischen Analyse des Rechts, 4. Aufl. 2019, 62 ff., 74; klar zustimmend einer der Begründer der ökonomischen Theorie, *Calabresi, Guido,* Ideals, beliefs, attitudes, and the law – Private law perspectives on a public law problem, 1985, 69: „what is efficient, or passes a cost-benefit test, is not a 'scientific' notion separated from beliefs and attitudes, and always must respond to the question of whom we wish to make richer or poorer.“; zu weiteren Gründen für die mangelnde Neutralität etwa auch *Brand* (Fn. 83), 426 f.

[107] *Calabresi, Guido,* Transaction costs, resource allocation and liability rules – A comment, Journal of Law and Economics 11 (1968), 67 (72).

angefahrenen Fußgänger, der vor Gericht „sein Recht" sucht, wird es aber wenig befriedigend sein, wenn er nur als Teil eines großen Spiels betrachtet wird, das er möglicherweise verliert, weil dies im Fall eines Fehlers leichter zu korrigieren ist als andersherum; das gilt um so mehr, als eine solche Korrektur voraussichtlich ihm persönlich gar nicht helfen würde und es nach der Definition des Kaldor-Hicks Kriteriums auch nicht müsste. Im Recht geht es aber um die Herstellung der in jedem Einzelfall angemessenen Lösung, nicht um eine Indienststellung des Einzelnen für ein vermeintlich höheres Wohl.

64 Das Pareto-Kriterium wird von dieser Kritik weniger getroffen. Doch leuchtet es ebenfalls nicht in allen Fällen ein, dass ein Mehr an Nutzen für eine Person bei gleichbleibenden Nutzen für andere immer die bessere Lösung sein soll. Ausgeblendet bleiben zahllose andere Wertungen, etwa ob der Bessergestellte seinen Vorteil auch verdient hat, ob nicht eher ein anderer ihn bekommen sollte oder ob es nicht besser wäre, wenn niemand mehr bekäme. Davon unabhängig würde die ökonomische Analyse allein mit dem Pareto-Kriterium, dessen Voraussetzungen sehr selten erfüllt sind, kaum weiterkommen.

65 **(d) Monetarisierung und Gerechtigkeit.** Eine weiteres, zentrales Problem der ökonomischen Analyse besteht darin, dass sie alles monetarisieren muss, um einen sinnvollen Nutzenvergleich anstellen zu können. Die zahllosen nicht monetarisierbaren Werte – Freiheit, Gleichheit, Brüderlichkeit, Artenvielfalt, Respekt vor der Schöpfung, Menschenwürde, Selbstlosigkeit, Rechtssicherheit usw – fallen dabei leicht unter den Tisch, obwohl ihre Bedeutung insgesamt die aller monetarisierbaren Werte weit übersteigt. Zahlreiche juristisch bedeutsame Aspekte und Thesen sind damit gar nicht erfassbar. Mit völligem Unverständnis müsste die ökonomische Analyse etwa schon der bekannten Auffassung Kants zum Zweck des Strafens begegnen, der meinte: „Selbst wenn sich die bürgerliche Gesellschaft mit aller Glieder Einstimmung auflöste (zB das eine Insel bewohnende Volk beschlösse auseinander zu gehen und sich in alle Welt zu zerstreuen), müsste der Letzte im Gefängnis befindliche Mörder vorher hingerichtet werden […]"[108]. Strafe wäre damit also völlig zweckfrei, wäre als gerechte Vergeltung eine unmittelbare Verwirklichung der Gerechtigkeit, die sich jeder Kosten-Nutzen Analyse entzöge. Man muss dieser Auffassung nicht zustimmen; aber aus Sicht einer ökonomischen Analyse ist sie nicht einmal mehr fassbar.

66 Dem Kriterium der Gerechtigkeit werfen die Anhänger der ökonomischen Analyse allerdings seine Substanzlosigkeit vor. Der Unklarheit und den zahllosen, auch philosophischen Streitigkeiten, die den Begriff der Gerechtigkeit umranken, wollen sie gerade entkommen, indem sie den handhabbaren, ja sogar mathematisierbaren Begriff der Effizienz an seine Stelle setzen. Diese Handhabbarkeit ist aber wiederum ein Aspekt des bereits angesprochenen Modelldenkens, das für das Recht nicht sinnvoll ist. Sie ist auch Ausdruck einer heute verbreiteten ökonomisierten Betrachtungsweise, der gegen alle Vernunft irgendwelche fassbaren Kriterien für eine Entscheidung selbst dann lieber sind als ein realitätsgerechtes, breites und damit nicht klar handhabbares Kriterienbündel, wenn die reduzierten Kriterien erkennbar von nur geringer Aussagekraft und sehr fehlerträchtig sind. Es ist dieselbe Denkweise, die beispielsweise die Häufigkeit der Zitierung eines wissenschaftlichen Werks oder die Anzahl (im Unterschied zu Länge oder Gedankenreichtum) von Aufsätzen eines Wissenschaftlers zum zentralen Kriterium für die Qualität machen will, weil eine echte, inhaltliche Bewertung dieser Qualität entweder zu aufwendig oder gar nicht rational machbar wäre.

67 Dass mit der Monetarisierung und Effizienzbetrachtung eine unzulässige Reduzierung der berücksichtigten Faktoren einhergeht, werden allerdings Anhänger der ökonomischen Analyse meist vehement bestreiten. Sie weisen darauf hin, dass die Monetarisierung nur eine Form der Selbstbewertung durch die Betroffenen ist, der Betroffene selbst angeben muss, was ihm ein bestimmtes Gut oder eine bestimmte Handlung wert ist, und dass damit letztlich alle Wertungsfaktoren einfließen können, auch weiche, etwa moralischer oder

[108] *Kant, Immanuel,* Die Metaphysik der Sitten, in: Kants Werke, Akademie-Textausgabe, Bd. 6, Walter de Gruyter & Co., 1968, 333.

emotionaler Natur.[109] Diese Einbeziehung aller Faktoren dürfte aber schon vom Ausgangspunkt der ökonomischen Analyse her nicht vorgesehen sein, bleibt in aller Regel ein Lippenbekenntnis und würde zudem bei konsequenter Durchsetzung zur Auflösung der ökonomischen Analyse führen:

Schon wenn man den Nutzenbegriff der ökonomischen Analyse mit dem Nutzenbegriff **68**
des Utilitarismus vergleicht, also der – sehr umstrittenen – philosophischen Strömung, die der ökonomischen Denkweise am nächsten steht und die oft als ihr intellektueller Ausgangspunkt angesehen wird, zeigt sich, dass die ökonomische Analyse Aspekte des persönlichen Glücks, der persönlichen Freude allenfalls in der Spezialform der Freude am Reichtum zu erfassen vermag.[110] Zahlreiche andere, insbesondere altruistische Motive sind nicht erfassbar. Das wird auch daran deutlich, dass viele Anhänger der ökonomischen Analyse diese anderen Wertungsfaktoren ausdrücklich *neben* die ökonomische Analyse stellen. Sie ziehen sich darauf zurück, dass die Effizienz ein sonst oft vernachlässigter Faktor unter vielen sei, den separat zu untersuchen sie sich vorgenommen hätten. Die Ergebnisse der ökonomischen Analyse seien also keineswegs schon als solche Vorschläge für den einzuschlagenden Weg. Vielmehr sei im Anschluss an die ausführliche Effizienzbetrachtung zu erörtern, ob die Ergebnisse nicht aufgrund anderer Faktoren verändert werden müssten.[111] Diese Bescheidenheit bleibt aber oft ein Lippenbekenntnis, das sich besonders in Einführungen oder anderen allgemeinen Erörterungen findet, aber nicht auf die praktischen Untersuchungsgegenstände angewandt wird. Beispielsweise bespricht Posner, einer der markantesten Vertreter der ökonomischen Analyse, den Fall einer Frau,[112] die ihr Leben als Prostituierte aufgegeben hat und ein gutbürgerliches Leben in einer anderen Stadt führt, ihr Inkognito aber nach Jahren durch einen Film aufgedeckt sieht, der ihren wahren Namen verrät. Das Gericht sprach der Frau Schadensersatzansprüche zu. Posner hält dies unter Effizienzgesichtspunkten für verfehlt. Denn so wie das Verschweigen von Mängeln eines Kaufgegenstandes die Effizienz des Gütermarktes beeinträchtige, sei auch das Verschweigen nachteiliger Fakten aus dem eigenen Leben ineffizient, da diese Fakten etwa für die Bewertung von Freundschaft, Respekt oder Vertrauen wichtig seien.[113] Eine übergreifende Betrachtung, die dieses lebensferne und unmenschliche Ergebnis relativieren würde, fehlt in auffälliger Weise. Allerdings ist es in der Tat wissenschaftlich durchaus gängig, nur einen bestimmten Aspekt eines Problems – hier die Effizienz – näher zu betrachten und andere Aspekte anderen zu überlassen. Dieses Verfahren verliert aber seine Überzeugungskraft speziell in der Rechtswissenschaft, wenn konkrete Fallgestaltungen rechtlich untersucht werden. Auch der Jurist, der sich etwa mit der Auslegung einer zivil- oder strafrechtlichen Norm beschäftigt, kann sich nicht darauf zurückziehen, diese Norm beispielsweise ausschließlich historisch auszulegen, weil ihn die historischen Aspekte des Rechts besonders interessieren, und Wortlaut oder Teleologie anderen zu überlassen. Vielmehr wird von ihm erwartet, dass er am Ende

[109] Dazu eingängig *Eidenmüller* (Fn. 79), 145 ff. mwN.

[110] Vgl. *Eidenmüller* (Fn. 79), 187 ff.

[111] Vgl. etwa *Calabresi* (Fn. 72), 24 ff.; vgl. auch *Posner, Richard A.,* The economics of justice, 1983, S. v f., der für seinen Ansatz im Vorwort (sic!) vor den „rather bizarre results that its unflinching application could produce" warnt und für eine ethische Prüfung plädiert. Nur eine Tendenz gibt insofern die Unterscheidung zwischen der Yale Schule und der Chicago Schule der ökonomischen Analyse an, bei der Chicago für einen weitgehenden Ausschließlichkeitsanspruch der ökonomischen Analyse steht, während Yale die ökonomische Analyse als einen wichtigen, aber nicht den einzigen Faktor unter mehreren möglichen betrachtet, vgl. *Ackerman, Bruce A.,* Law, economics, and the problem of legal culture, Duke Law Journal 1986, 929 (929 f.). Gleichzeitig wird der Begriff der Chicago Schule oft mit der extensiven Verwendung von mathematischen Formeln und Graphen verbunden, während die Yale Schule deutlich für eine nur sprachliche Darstellung steht. Daraus darf allerdings nicht geschlossen werden, die Yale Schule stünde originär wirtschaftswissenschaftlicher Betrachtung ferner, denn auch etwa in der Volkswirtschaftslehre lassen sich alle Konzeptionen jeweils algebraisch, graphisch oder sprachlich darstellen und lösen, wobei die sprachliche Darstellungsart oftmals die größten Anforderungen an die Fähigkeiten des Darstellenden stellt.

[112] Vgl. Melvin vs. Reid, 112 Cal.App. 285 (1931).

[113] *Posner* (Fn. 111), 260, 264; so auch schon *Posner, Richard A.,* Utilitarianism, economics, and legal theory, The Journal of Legal Studies 8 (1979), 103 (137 f.).

sagt, welche Auslegung der konkreten Norm seiner Ansicht nach im Ergebnis und unter Einbeziehung aller Methoden, die er für relevant hält, die richtige ist. Wer sich also mit Fragen etwa des Haftungsrechts, des Umweltschutzrechts oder des Strafrechts befasst und hier konkrete Vorschläge macht, kann sich nicht auf eine einseitige Sichtweise zurückziehen und seine Hände in Bezug auf das letztliche Ergebnis in Unschuld waschen.

69 Auch wenn umgekehrt behauptet wird, zahlreiche andere Faktoren könnten durchaus mit in die Effizienzkriterien eingepreist werden, bleibt es in aller Regel bei solch allgemeinen Feststellungen, ohne dass die Ergebnisse in der praktischen Anwendung signifikant beeinflusst würden. Das wiederum verwundert nicht weiter. Denn wenn die ökonomische Analyse zu einer wirklich umfassenden Einbeziehung aller Faktoren käme, so könnte sie kaum noch mit Modellen arbeiten, würde die Effizienz eines von vielen Kriterien und es würde somit letztlich kein Unterschied mehr zwischen ökonomischer Analyse und herkömmlicher Rechtswissenschaft feststellbar sein: das Gebiet hätte sich selbst aufgelöst.

70 Wie sehr die ökonomische Analyse bei der Frage der notwendigen Realitätsnähe tatsächlich mit sich selbst zu kämpfen hat, wird auch an den Ausnahmen und Einschränkungen deutlich, die sie immer wieder – meist an etwas versteckter Stelle – machen muss. Sie hat sich mit zahlreichen sog. Anomalien zu beschäftigen – von denen hier nur wenige kurz aufgegriffen wurden –, bei denen das Versagen des Homo-oeconomicus-Modells in der Realität nicht mehr zu leugnen ist und die nun vorsichtig und gegen viele Widerstände in die Theorie eingebaut werden sollen.[114] Auch sieht sich die ökonomische Analyse gezwungen, zur Vermeidung völlig inakzeptabler Ergebnisse bestimmte Fiktionen und Theorien einzubauen, die ihrem Grundansatz widersprechen. So definiert etwa die sog. Theorie der liberalen Rechte bei bestimmten Personen allein aufgrund ihrer Präferenz für einen bestimmten sozialen Zustand – etwa für eine bestimmte eigene Religion oder einen bestimmten eigenen Beruf – diesen auch als objektiv besser,[115] postuliert insofern also eine Art unwiderlegliche Fiktion. Oder es werden Abwägungsverbote aufgestellt, etwa mit der Folge, dass individuelle Präferenzen, die auf Hass, Rassismus oder Neid beruhen, nicht berücksichtigt werden.[116] Die Theorie der liberalen Rechte ebenso wie die Abwägungsverbote betreffen dabei letztlich elementare Fragen etwa des Grund- oder Menschenrechtsschutzes oder der Grenzen der Privatautonomie, die für das Recht von großer Bedeutung und für die ökonomische Analyse von großer potentieller Sprengkraft sind. Sie werden aber von der ökonomischen Analyse nur als Randfragen behandelt und gehören dabei noch in ihrer konkreten Reichweite und Bedeutung zu den am wenigsten geklärten und umstrittensten Bereichen. Im bereits angesprochenen Beispiel von Coase zur Luftverschmutzung durch eine neu gebaute Fabrik[117] stellt sich etwa dem herkömmlichen Juristen schnell die Frage, wie die ökonomische Analyse reagiert, wenn einer der Anwohner „für kein Geld der Welt" wegziehen möchte, sei es aus sentimentalen Gefühlen für sein Haus, sei es aus Trotz oder aus schlichter Abneigung gegen „die Industrie". Müsste dann nicht seine individuelle Präferenz, auf die allein die ökonomische Analyse letztlich abstellen will, auf unendlich, oder jedenfalls so hoch angesetzt werden, dass sie jedes wirtschaftliche Interesse des Unternehmens übersteigt, und müsste dann nicht auch die ökonomische Analyse die Schließung des Unternehmens für die effizienteste Lösung halten? Oder wird diese Präferenz des Anwohners zu einer neidgesteuerten oder sonst irrationalen Präferenz erklärt, die nicht zu berücksichtigen sei? Auch die nach den Forschungsergebnissen dem Menschen innewohnende Tendenz zu altruistischer Bestrafung[118] richtet sich regelmäßig gegen die Reicheren und Erfolgreicheren und könnte somit aus rein wirtschaftlicher Perspektive ohne weiteres abschätzig als neidgesteuert bezeichnet werden. Unterfällt diese Einstellung daher einem

---

[114] Vgl. *Schäfer/Ott* (Fn. 71), 117 ff.
[115] Vgl. *Schäfer/Ott* (Fn. 71), 39 f.
[116] Vgl. *Schäfer/Ott* (Fn. 71), 41 f.
[117] Vgl. supra → Rn. 55.
[118] Vgl. supra → Rn. 60.

Abwägungsverbot und wird nicht berücksichtigt? Die Antworten auf diese und viele andere Fragen stehen aus.

(e) Behandlung alternativer Kriterien. Welche Auswirkungen es hat, wenn das Effizienzkriterium mit annäherndem Ausschließlichkeitsanspruch versehen wird, illustriert die Behandlung von alternativen Kriterien durch die ökonomische Analyse, etwa in dem Lehrbuch von Schäfer/Ott:[119] 71

Dort werden zunächst die Kriterien des Umwelt- oder Verbraucherschutzes schlicht mit Effizienz gleichgesetzt. Der Verbraucher müsse die Kosten des Verbraucherschutzes ohnehin über den Markt selbst tragen, so dass es nur darum gehe, wieviel Verbraucherschutz der Verbraucher zu bezahlen bereit sei. Die effizienteste Lösung sei zugleich die den Verbraucherschutz am besten berücksichtigende. Parallel wird für den Umweltschutz gefragt, wieviel Umweltschutz die Bürger erkaufen wollen. Erklärbar sind diese Argumente letztlich nur damit, dass die ökonomische Analyse sich weigert, alle diejenigen Aspekte der Probleme wahrzunehmen, die mit ihrer Konzeption nicht oder nur schwer zu erfassen sind. So geht es im Verbraucherschutz gar nicht immer um Verhaltensänderungen bei allen Anbietern, sondern sehr oft auch um die Verhinderung von Exzessen in Einzelfällen oder um die schwarzen Schafe einer Branche, letztlich also nur darum, ein Verhalten sicherzustellen, das ein ethisch richtig handelndes Unternehmen ohnehin an den Tag legen würde. Es geht um die Sicherung einer gerechten Behandlung in jedem einzelnen Fall, nicht immer um eine Umsteuerung von Massenphänomenen. Dass ein Mehr an Verbraucherschutz sich immer im Preis niederschlüge, ist schon insofern nicht immer richtig. Wichtiger noch kann selbst bei massenwirksamen Rechtsänderungen ein Preisanstieg etwa unter den Bedingungen einer intensiven Konkurrenzlage für die Unternehmen nicht durchsetzbar sein, so dass auch hier die Grundannahme der ökonomischen Analyse im konkreten Fall nicht immer oder auch nur regelmäßig durchgriffe. Für den einzelnen Bürger stellt sich zudem die Frage, ob er das Mehr an Verbraucherschutz zu bezahlen bereit ist, so gar nicht, da etwa sein konkreter Toaster oder sein konkreter Fernseher nicht am Tag einer verbraucherfreundlichen Gesetzesänderung automatisch teurer wird. Wie so oft erklärt auch hier die ökonomische Analyse das irreale Modell des transparenten und perfekt funktionierenden Marktes zur Realität und die Realität mit ihren Intransparenzen, indirekten Wirkungen, Quersubventionierungen oder Fragen der Öffentlichkeitsarbeit zur Ausnahme, zum Marktversagen. 72

Weiteres Beispiel der Behandlung alternativer Kriterien ist das rechtliche Ziel des Abbaus von Diskriminierungen. Es wird als vielfach identisch mit einer effizienten Ressourcenallokation bezeichnet, bei der beispielsweise immer nur die Besten einen Arbeitsplatz erhalten. Dass dies nur über ein – ökonomisch nicht zu erklärendes – Herausdefinieren bestimmter, etwa rassistischer Präferenzen geht, wird interessanterweise nicht einmal angedeutet. 73

Dass weiterhin die ökonomische Analyse beim Schutz der Schwachen oder beim Schutz unantastbarer Rechte an ihre Grenzen gelangt, müssen zwar auch deren Vertreter einräumen; doch wird unausgesprochen unterstellt, dass es sich dabei um spezielle Randfragen handelt, während es doch um Kernfragen allen Rechts – auch des Zivilrechts – geht. 74

Rundheraus inakzeptabel erscheint es schließlich, wenn es zur Demokratie heißt: „Abstimmungsprozesse sind kein Wert an sich, sondern müssen sich damit legitimieren, dass es ihnen besser als anderen Verfahren gelingt, die individuellen Präferenzen abzubilden."[120] Demokratie verkommt hier vom höchsten Wert zu einem bloßen Mittel zum Zweck. Wörtlich genommen ist nach diesem Satz eine demokratische Entscheidung immer dann nicht legitimiert, wenn sie nicht zu dem im Sinne der ökonomischen Analyse effizientesten Ergebnis gelangt. Denn nur ein solches Ergebnis bildet – per Definition – die individuellen Präferenzen richtig ab. Würde dieses Ziel von einer Diktatur besser erreicht, so verlöre die Demokratie ihre Legitimation. Problematisch daran ist vor allem auch, dass die Demokratie 75

[119] Zum Folgenden *Schäfer/Ott* (Fn. 71), XIXff.
[120] *Schäfer/Ott* (Fn. 71), XX.

nun einmal keineswegs eine besonders effiziente Regierungsform ist oder dies auch nur anstrebt. Auch von einem anderen besonders hohen Wert etwa des deutschen Staates, dem Rechtsstaat, wurde schon treffend festgestellt, dass der Rechtsstaat kein Effizienzstaat sei.[121] Die Effizienz bildet, im Unterschied etwa zu Demokratie, Rechtsstaatlichkeit und Gewaltenteilung, keinen Teil der Grundlegung freiheitlich und demokratisch verfasster Gemeinwesen.[122] Bei der Demokratie geht es um andere Werte als das bestmögliche Ergebnis oder die schnellste und am wenigsten aufwendige Form der Entscheidung. Vielmehr ist die Demokratie die ethisch allein akzeptable Staatsform, obwohl sie einer zupackenden, schnellen Lösung von Problemen oft entgegensteht. Der Demokrat kann dem Hinweis auf die prinzipiell mangelnde Effizienz seiner Staatsform sorglos begegnen, da dieser Mangel der Demokratie innewohnt und mit ihr akzeptiert wird, die alleinige Ausrichtung auf Effizienz hingegen eine Gefahr für die der Demokratie zugrundeliegenden ethischen Werte darstellt. Dass damit dem Effizienzdenken Demokratiefeindlichkeit unterstellt wird, scheint auch nicht nur eine Überinterpretation ökonomischen Denkens zu sein. Beispielsweise wurde in einer hochrangig besetzten interdisziplinären Forschergruppe von wirtschaftswissenschaftlicher Seite eine Studie vorgestellt, die die Effizienz von verschiedenen Wahlsystemen untersuchte und dabei fragte, inwieweit diese sicherstellten, dass die richtige, nämlich die effektivste Entscheidung gefällt würde. Allein unter den anwesenden Juristen regte sich gegen diesen Gedankengang massiver Widerstand, dem die Wirtschaftswissenschaftler eher mit Unverständnis gegenüberstanden.

76 **(f) Psychologie, Didaktik und die selbsterfüllende Prophezeiung.** Bei aller Kritik bleibt allerdings der Grundansatz der ökonomischen Analyse, die das Recht in seiner Funktion als Anreizsystem betrachtet, hochinteressant und lehrreich, wenn auch keineswegs neu. Auch wird die ökonomische Analyse in manchen Bereichen, etwa im Wirtschaftsrecht oder bei der rechtlichen Steuerung des Verhaltens großer Wirtschaftsunternehmen, praktisch wichtigere Beiträge leisten können als in anderen, weil die dort angesprochenen Teilnehmer wahrscheinlich stärker dem homo oeconomicus entsprechen. Wird die ökonomische Analyse des Rechts tatsächlich nur als Spezialwerkzeug zur Beleuchtung eines bestimmten Einzelaspektes unter vielen betrachtet und wird ihre dann noch verbleibende Aussagekraft je nach betrachtetem Rechtsgebiet und Steuerungssubjekt differenziert, so ließe sich gegen sie nicht mehr viel einwenden und gäben ihre internen Probleme und Widersprüche[123] keinen Anlass mehr, sie generell zu bekämpfen.

77 Allein, diese Bescheidenheit im Anspruch existiert in der Realität nicht, im Gegenteil. Aufgrund ihres Anspruchs, neutrale Maßstäbe zu verwenden, ihrer scheinbar naturwissenschaftlichen Genauigkeit und ihrer ausgeprägten Tendenz, allein aufgrund einer Effizienzbetrachtung konkrete Handlungsanforderungen aufzustellen, entfalten die Aussagen der ökonomischen Analyse eine psychologische Sogwirkung, die dazu führt, dass ihre Ergebnisse mit Absolutheitsanspruch gelesen werden und wohl auch gelesen werden wollen. Mit

---

[121] Vgl. *Leisner, Walter,* Effizienz als Rechtsprinzip, 1971, 58.

[122] Vgl. *Lorz, Ralph Alexander,* Interorganrespekt im Verfassungsrecht, 2001, 529. Diese Grunderkenntnis ist dabei keineswegs auf Deutschland beschränkt, sondern kann Geltung für alle freiheitlichen Demokratien beanspruchen. Auch der U.S.-Supreme Court etwa führte aus: „the Framers ranked other values higher than efficiency. (…) The choices we discern as having been made in the Constitutional Convention impose burdens on governmental processes that often seem clumsy, inefficient, even unworkable, but those hard choices were consciously made by men who had lived under a form of government that permitted arbitrary governmental acts to go unchecked." (INS vs. Chadha, 462 U. S. 919, 959 (1983)). Für die Gewaltenteilung etwa lässt sich feststellen: „The doctrine of the separation of powers was adopted by the Convention of 1787 not to promote efficiency but to preclude the exercise of arbitrary power." Myers vs. U. S., 272 U. S. 52, 293 (1926) (Brandeis, J., dissenting). Woraus der U.S.-Supreme Court später auch ganz konkret schloss: „We therefore cannot decide this case by determining which branch of government can deal most expeditiously with the present crisis. The answer must depend on the allocation of powers under the Constitution.", Youngstown Sheet & Tube Co. vs. Sawyer, 343 U. S. 579, 630 (1952).

[123] Vgl. beispielsweise zum sog. Scitovsky-Paradox *Eidenmüller* (Fn. 79), 53; *Mathis* (Fn. 106), 66 ff.; *Coleman, Jules,* The normative basis of economic analysis – A critical review of Richard Posner's The Economics of Justice, Stanford Law Review 34 (1982), 1105 (1111).

anderen Worten werden die Anhänger der ökonomischen Analyse schnell blind gegenüber anderen als Effizienzargumenten oder bewirkt die ökonomische Analyse, dass die zahlreichen anderen, wichtigen Faktoren bei der Entscheidungsfindung allenfalls noch als kurzer Nachgedanke eine kümmerliche Existenz führen. Das ist auch allzu verständlich, denn wer erst mit viel Mühe, eventuell mit großen algebraischen oder geometrischen Modellen zu einem Ergebnis gelangt ist, wird wenig Kraft und Interesse übrig haben, dieses Ergebnis noch ausführlich auf seine Tragfähigkeit nach allen anderen Kriterien zu untersuchen und mit nicht geringer Wahrscheinlichkeit abändern zu müssen. Für die praktische Arbeit ist also eine Vorgehensweise, die das Recht zunächst ökonomisch analysiert und erst dann möglicherweise noch andere Aspekte einbezieht, gefährlich. Akzeptabel ist allein die umgekehrte Reihenfolge, bei der eine Effizienzbetrachtung in die übliche Analyse mit eingebracht werden kann, wenn und soweit davon zusätzlich erhebliche, auch im Ergebnis relevante Erkenntnisse zu erwarten sind.

Das gilt mit besonderem Nachdruck auch in der Lehre. Hier kann die ökonomische 78
Analyse für fortgeschrittene Studenten eine interessante Ergänzung darstellen. Eine frühzeitige Konzentration der Ausbildung auf die ökonomische Analyse – die auch nicht ernsthaft diskutiert wird – würde die Gefahr in sich bergen, dass Studenten nicht zunächst hinreichend in Fragen wie etwa Gerechtigkeit, Fairness, Freiheit, Rechtssicherheit trainiert werden, deren Komplexität mindestens ebenso hoch ist wie die einer fortgeschrittenen ökonomischen Analyse. Das notwendige Gespür, das erst durch Ausbildung aufbaubare Rechtsgefühl könnte erheblich leiden. Beispielsweise wurde im Rahmen einer ökonomisch ausgerichteten juristischen Vorlesung ein fiktiver Fall besprochen, bei dem im Ergebnis eine Fabrik in einer Industrienation weiter betrieben werden durfte, obwohl damit der einzige natürliche Lebensraum einer bestimmten Blume endgültig zerstört würde. Die Blume konnte jedoch in botanischen Gärten weiter gezüchtet werden. Wenn – wie geschehen – kein einziger Student in der Diskussion irgendwelche Zweifel an diesem Ergebnis äußerte, das sicherlich durchaus möglich, aber doch keineswegs evident richtig ist, so illustriert dies die Folgen einer einseitigen Ausrichtung des Unterrichts. Im schlimmsten denkbaren Fall würden junge Juristen für sich den Schluss ziehen, dass das Ergebnis komplexer Effizienzbetrachtungen ein umfassendes Endergebnis juristischer Betrachtung und dass Gerechtigkeit kein juristisches sondern allenfalls ein laienhaftes Interesse und Argument sei.

Hinter alledem steht schließlich die Gefahr, dass die ökonomische Analyse des Rechts sich 79
zu einer selbsterfüllenden Prophezeiung entwickelt. Wenn Gesetzgeber und Gerichte dauerhaft von einem homo oeconomicus ausgingen, wenn also das Recht so ausgerichtet würde, dass es für den homo oeconomicus gut funktionierte, er in diesem Sinne zum Ideal des Rechts würde, bestünde die schlichte Gefahr, dass der Bürger dies ernst nähme und sich tatsächlich in diese Richtung wandelte. Der Bürger, der jede Lücke im Gesetz ausnutzt, nur seinen Vorteil im Sinn hat, seine Verhältnisse immer so manipuliert, dass er möglichst viele Sozialleistungen erhält und möglichst wenig oder besser gar keine Steuern zahlt – wer wollte ihm noch Vorwürfe machen? Diese Bedenken in Bezug auf Gemeinsinn und gesunden Menschenverstand treffen dabei nicht nur den Bürger, sondern gerade auch Wirtschaftsunternehmen. Zwar ist für ein Unternehmen in der Marktwirtschaft die Ausrichtung an Gewinn und Eigennutz ebenso richtig wie überlebenswichtig und auch für die Gemeinschaft von Vorteil. Aber auch hier sind Verantwortung für die Arbeitnehmer, für Nachbarn, Gemeinde und Staat wichtig, ist ein gewisser altmodischer Gemeinsinn von Eigentümern wie Managern zu fordern, der sich dem schlichten ökonomischen Kalkül entzieht.

(2) Schwierigkeiten ökonomischer Betrachtung in der Rechtsvergleichung. Soweit 80
die ökonomische Analyse mit ihren Konzepten und Denkmustern spiegelbildlich auf die Rechtsvergleichung übertragen werden soll, unterliegt sie auch hier den gleichen prinzipiellen Bedenken. Doch scheinen Rechtsvergleicher zu sehr Realisten zu sein, sich zu sehr der Komplexität des Rechts und seiner schwierigen Zusammenhänge mit Kultur und Werten eines Volkes bewusst zu sein, um die simplistischen Annahmen der ökonomischen Analyse

schlicht zu übernehmen oder sich gar im Absolutheitsanspruch der Chicago Schule[124] zu verfangen. Ganz im Gegenteil haben Rechtsvergleicher wie Mattei von der ökonomischen Analyse letztlich nur einige sehr allgemeine Grundgedanken – namentlich Effizienz, Markt und Recht als Anreizsystem – und ein wenig des typischen Vokabulars – etwa Transaktionskosten, externe Effekte oder Coase-Theorem – übernommen. Wie sich schon am zentralen Begriff der Effizienz gezeigt hat, bleibt es aber in der Regel bei einer rein begrifflichen Ähnlichkeit, ohne dass die dahinterstehenden Konzepte und Analysemethoden in allen Einzelheiten mit übernommen oder auch nur im Detail diskutiert würden. Zu diesem ökonomischen Anteil addiert die ökonomische Analyse in der Rechtsvergleichung viele zentrale Forderungen moderner Rechtsvergleichung, etwa nach der Beachtung des gelebten und nicht nur des geschriebenen Rechts, nach Einbeziehung rechtlicher Faktoren außerhalb der konkret betrachteten Norm oder nach Berücksichtigung historischer und kultureller Eigenheiten.[125] Die Effizienz spielt dabei nur die Rolle eines Faktors unter vielen. Effizienz wird als die Suche nach der besten rechtlichen Lösung verstanden, also nach derjenigen Lösung, die unter den konkreten Bedingungen und Vorgaben der betrachteten Rechtsordnung die sinnvollste ist. Widerstände etwa aufgrund rechtskultureller Prägung oder des schlichten Unwillens etwa der Rechtsanwaltschaft, sich an ein anderes Denken zu gewöhnen, werden dabei ohne weiteres berücksichtigt.[126] Auch dass der Gedanke einer Konkurrenz verschiedener rechtlicher Lösungen auf einem Markt der Rechtsordnungen von vornherein nur in bestimmten abgegrenzten Bereichen wie etwa dem zivilen Vertragsrecht hinreichend funktioniert, wird klar gesehen.[127]

81 Diese gewisse Unschärfe in Methode und Begrifflichkeit, die Zurückhaltung bei der Anwendung ökonomischer Methoden ebenso wie der gewisse Synkretismus bei der Einbeziehung der verschiedensten Elemente moderner Rechtsvergleichung bis etwa hin zur Theorie der rechtlichen Formanten soll aber keineswegs kritisiert werden. Im Gegenteil greift die Rechtsvergleichung hier einige interessante Grundansätze der ökonomischen Analyse heraus und macht sie sich immer dann – aber auch nur dann – zunutze, wenn dies angezeigt erscheint.[128] Was die Rechtsvergleichung hingegen nicht übernimmt, sind strikte und realitätsferne Vorgaben wie der homo oeconomicus sowie die zahlreichen technischen Details, mit denen die ökonomische Analyse zu arbeiten und zu kämpfen hat, um sich trotz restriktiver Annahmen nicht allzuweit von der realen Welt zu entfernen. Damit verweigert sich die ökonomische Analyse in der Rechtsvergleichung erfolgreich dem Modelldenken. Sie besteht vielmehr gerade darauf, alle Faktoren, die die Untersuchung beeinflussen könnten, zu berücksichtigen, wie etwa die immer deutliche Betonung des Stellenwertes der Realität zeigt.[129] Bei einer solch weichen Anwendung besteht allerdings – wie schon bei der Einbeziehung beliebiger Präferenzen angesprochen[130] – die Gefahr einer Selbstauflösung der ökonomischen Analyse. Und tatsächlich lässt sich bei einem Blick durch das Werk etwa Matteis der Eindruck nicht vermeiden, dass die ökonomische Analyse mehr als interessantes Etikett dient denn als strenges Theoriegebäude, das mit all seinen Feinheiten, Streitigkeiten und Strukturen auf die Rechtsvergleichung übertragen werden soll.[131] Aber gerade deshalb ist gegen die ökonomische Analyse in der Rechtsvergleichung *im Grundsatz* nicht viel

[124] Zur Unterscheidung zwischen Yale und Chicago Schule vgl. supra → Rn. 83 Fn. 112.

[125] Für ein kurzes Beispiel vgl. etwa die Untersuchung zum Grenzüberbau bei *Mattei* (Fn. 76), 134 ff.

[126] Vgl. etwa *Mattei* (Fn. 76), 141; ausführlicher etwa *Ogus, Anthony,* The economic basis of legal culture – Networks and monopolization, Oxford Journal of Legal Studies 22 (2002), 419 (425 ff.).

[127] Vgl. etwa *Ogus,* The economic approach (Fn. 85), 150 f.

[128] Ähnlich die Forderung von *Faust* (Fn. 71), 849 f.

[129] Vgl. etwa *Mattei* (Fn. 76), 27 f.; vgl. auch *Faust* (Fn. 71), 838 f., der zusammenfassend festhält, die Rechtsvergleichung „brings economic analysis down form the clear, blue skies of economic theory to the varied and complex conditions on earth", ibid., 839, sowie die Forderung nach Berücksichtigung verhaltenspsychologischer Erkenntnisse bei *Caterina* (Fn. 100), 167 ff.

[130] Vgl. supra → Rn. 69.

[131] Gegen diese Einschätzung *Caterina* (Fn. 100), 166, allerdings allein mit dem Argument, dass auch die allgemeine ökonomische Theorie des Rechts von ihren Grundannahmen in Richtung einer Verhaltensökonomie abweiche oder abweichen müsse.

einzuwenden. Von ihr kann allenfalls gefordert werden, ökonomisch klar besetzte Begriffe wie etwa den der Effizienz nicht zu verwenden, es sei denn, es wäre tatsächlich einmal der ökonomisch übliche Begriffsinhalt – also etwa die Pareto- oder Kaldor-Hicks Effizienz – gemeint. Auch könnte verlangt werden, offenbar empirisch gemeinte Thesen wie die von den Rechtsordnungen als Markt der Rechtsnormen auch empirisch zu belegen. Diese Kritik aber bewegt sich bereits innerhalb des Gedankengebäudes der ökonomischen Analyse in der Rechtsvergleichung und stellt keine Kritik an deren Grundanliegen mehr dar. Ob nach alledem aber die ökonomische Analyse in der Rechtsvergleichung diesen Namen noch zu Recht trägt, ist fraglich und dürfte letztlich nurmehr eine Frage des persönlichen Geschmacks sein.

b) Konzeptuelle Vergleichung

aa) Modellentwicklung und Vergleich: Ein Zwei-Phasen-Programm

Die Idee eines abstrakten Modells will auch der von Brand entwickelte Vorschlag einer konzeptuellen Vergleichung („conceptual comparisons“) für die Rechtsvergleichung fruchtbar machen.[132] Das Modell wird hier allerdings „Konzept“ genannt und auch gänzlich anders generiert und verwendet als in der ökonomischen Analyse des Rechts. Anliegen der konzeptuellen Vergleichung ist es, Schwachpunkte anderer Ansätze zu umgehen und mit den Konzepten einen neutralen Referenzrahmen für den Vergleich zu gewinnen. Den Konzepten wird dabei eine doppelte Rolle zugeschrieben, nämlich die eines comparatum, also eines Vergleichsgegenstandes, aber auch die eines tertium comparationis, also eines Vergleichsmaßstabs.[133] Die konzeptuelle Vergleichung unterscheidet[134] zwei Phasen, die sog. konzeptuelle Orientierung und die sog. systematische Vergleichung. Hier wie bei verschiedenen weiteren Unterteilungen wird aber auch immer wieder betont, dass es keineswegs um eine strenge Trennung gehe, sondern Überschneidungen und Wechselbezüglichkeiten stets mitbedacht werden müssten. 82

In der ersten Phase wird für das zu untersuchende Rechtsinstitut aus verschiedenen Rechtsordnungen ein Konzept herausdestilliert, das sich aus den gemeinsamen Elementen der verschiedenen nationalen Rechtsinstitute zusammensetzt. Gemeint sind Konzepte wie beispielsweise „Kaufvereinbarung“ oder „moralische Straftat“. Für die Auswahl der Elemente und das resultierende Konzept werden eine Reihe von Regeln aufgestellt, etwa dass das Konzept die faktischen Situationen erfassen muss, die für den Vergleich ausgesucht wurden, oder dass sowohl die Struktur als auch die Konsequenzen der rechtlichen Institutionen bei der Auswahl der Elemente heranzuziehen sind. Wenn etwa, so Brand, drei verschiedene Rechtsordnungen „moralische Straftaten“ wie Prostitution oder Kinderpornographie jeweils gesetzlich mit Sanktionen versähen, dies aber in Rechtsordnung A als Vergehen, in B als Verbrechen und in C als Verstoß gegen Verwaltungsvorschriften angesehen werde, so könnten nur Rechtsordnungen A und B als hinreichend ähnlich angesehen werden, um in einem Konzept zusammengefasst zu werden, während C einem anderen Konzept zuzuordnen wäre.[135] Für die Entwicklung des Konzepts sollen zudem zwei Vorgehensweisen zugleich erforderlich sein, eine qualitative Analyse, bei der es um die von den jeweiligen Rechtsordnungen aufgestellten Voraussetzungen geht, und eine quantitative Analyse, bei der es um die Breite der von der Rechtsordnung erfassten faktischen Situationen geht. Die qualitative Analyse führt dabei zu einem Konzept, das ausdrücklich ein bloßer 83

[132] Zum Folgenden *Brand* (Fn. 83), 435 ff.

[133] Vgl. *Brand* (Fn. 83), 435 („concepts as comparata“) einerseits, ibid. 439 („concepts (…) as a neutral tertium comparationis“) andererseits.

[134] Die Lehre greift bewusst auf das Vokabular der Sozialwissenschaften zurück, vgl. *Brand* (Fn. 83), 435. Sie ist deshalb für den Juristen oft nur schwer nachvollziehbar, ua weil in den Sozialwissenschaften Begriffe wie Regel, Norm oder Institution einen völlig anderen und unerwarteten Begriffsinhalt bekommen können. Auf diese unnötige Erschwerung wird in der folgenden Darstellung so weit wie möglich verzichtet.

[135] Vgl. *Brand* (Fn. 83), 445.

Durchschnittstypus sein soll und kein Idealtypus wie etwa „parlamentarisches System" oder „präsidentielles System", unter den kaum ein reales System subsumierbar sei. Hingegen führt die quantitative Analyse gerade zu einem Idealtypus.[136] Beispielhaft entwickelt Brand etwa ein Konzept für den Schutz kleiner Erfindungen unterhalb der Ebene des Patents (in Deutschland insbesondere über Gebrauchsmuster), indem er die Systeme bestimmter Länder verwirft, die entweder einen allenfalls indirekten Schutz etwa als Wirtschaftsgeheimnis anbieten oder die kleine Erfindungen mit nur minimalen Änderungen vom anspruchsvollen Bruder des Patentsrechts erfassen lassen. Aus den verbleibenden beiden Gruppen von Ländern – die sich untereinander vor allem im Hinblick auf die Forderung nach einer räumlichen Form der Erfindung unterscheiden – werden die gemeinsamen zentralen Merkmale herausdestilliert und so das Konzept erschaffen.

84 Erst die zweite Phase dient sodann der systematischen Vergleichung, die ihrerseits in drei Schritte unterteilt wird. Im ersten, beschreibenden Schritt sind die nationalen rechtlichen Institutionen aus interner Sicht rein objektiv zu beschreiben, einschließlich etwaiger Meinungsstreitigkeiten, des rechtssystematischen und sozioökonomischen Kontextes. Auch der Nachweis, dass das nationale Institut unter das abstrakte Konzept fällt, gehört hierher. Im zweiten Schritt werden Unterschiede und Ähnlichkeiten der nationalen Institute untereinander sowie mit dem Konzept erfasst. Im dritten Schritt werden diese Unterschiede und Ähnlichkeiten, auch zum abstrakten Konzept, erläutert, etwa aus historischer oder funktionaler Sicht oder im Hinblick auf die beteiligten Akteure wie etwa Lobbygruppen, die eine Änderung unterstützt oder verhindert haben.

85 Für das gesamte Zwei-Phasen-Modell sieht Brand zahlreiche typische Anwendungsfälle. So könnten innerhalb eines Konzepts zwei besonders typische nationale Gegenpole verglichen werden oder ein besonders typischer nationaler Vertreter mit einem sehr atypischen. Vertreter zweier verschiedener Konzepte könnten etwa insofern zum Vergleich kommen, als sie dieselbe faktische Situation beträfen. Weitere Vergleichsformen beträfen konvergente oder divergente Entwicklungen, Bildung von Begriffspyramiden und Begriffssystemen, die historische Entwicklung oder Fallstudien, bei denen die Lösung eines konkreten sachlichen Problems in verschiedenen Rechtsordnungen untersucht würde.

bb) Bedeutung und Wirkung des Modells

86 Die konzeptuelle Rechtsvergleichung beschreibt in der Liste ihrer Anwendungsfälle zahlreiche klassische Fragestellungen und Arbeitsprogramme, die einen Rechtsvergleicher beschäftigen können. Auch das konkrete Beispiel des Schutzes kleiner Erfindungen ist in seinen Ergebnissen und Gedankengängen für jeden Rechtsvergleicher gut nachvollziehbar. Ein schwer fassbarer Fremdkörper in allen praktischen Anwendungen der Theorie bleibt jedoch gerade deren Kerngedanke: das Konzept. Was es eigentlich ist, vor allem aber was es eigentlich positiv zur Rechtsvergleichung beiträgt, bleibt letztlich unklar.

87 Das Konzept soll zugleich Vergleichsgegenstand und Vergleichsmaßstab sein. Das erscheint kaum denkbar. Werden beispielsweise zwei Fahrzeuge im Hinblick auf ihre Farbe verglichen, so ist die Farbe der Vergleichsmaßstab, das tertium comparationis. Ein Konzept kann also nur insofern Vergleichsmaßstab sein, als zwei reale Institutionen im Hinblick darauf miteinander verglichen werden, ob und wieweit sie die Merkmale des Konzepts erfüllen. Wäre das Konzept aber zugleich Vergleichsgegenstand, so müsste es anhand seiner eigenen Eigenschaften mit einer realen Institution verglichen werden. Beim Fahrzeugbeispiel entspräche das dem Versuch, ein Fahrzeug einerseits mit der Farbe Rot (als Konzept) andererseits anhand des Maßstabs der Farbe Rot zu vergleichen. Das wäre aber gar kein Vergleich mehr, sondern die schlichte Frage, ob das Fahrzeug rot ist. Für eine rechtliche Institution liefe das Vorgehen entsprechend auf die schlichte Frage hinaus, ob die nationale Institution unter das Konzept fällt. Erschwerend kommt hinzu, dass das Konzept zuvor aus nationalen Institutionen herausdestilliert wurde. Dem entspräche es, wenn zunächst das

[136] Vgl. *Brand* (Fn. 83), 441, 446.

Konzept der Farbe Rot aus der Ansicht mehrerer mehr oder weniger roter Gegenstände entwickelt worden wäre, um sodann zu fragen, ob einer dieser Gegenstände denn nun rot ist. Auch das ist ein wenig sinnvolles Vorgehen.

Ein Grundgedanke der konzeptuellen Rechtsvergleichung ist das zweiphasige Vorgehen, **88** mit der Erarbeitung eines neutralen Konzeptes anhand objektiver Maßstäbe in der ersten und dem Vergleich in der zweiten Phase. Tatsächlich aber ist schon die Erarbeitung des Konzepts ein vollständiger Rechtsvergleich: es werden die Regeln oder Institutionen verglichen, die in zwei oder mehr Rechtssystemen dieselbe faktische Situation betreffen und dann nach Gemeinsamkeiten gesucht.[137] Dass hier also letztlich zwei rechtsvergleichende Phasen hintereinandergeschaltet werden, ist an sich noch kein Grund für Kritik. Wenn aber zunächst ein Konzept rechtsvergleichend aus bestimmten nationalen Instituten durch Abstraktion und Herausarbeitung der zentralen gemeinsamen Eigenschaften entwickelt wird, um dann ua diese nationalen Institute später wieder mit dem Konzept zu vergleichen, so ist dies eine kaum sinnvolle Doppelung, die nicht erkennbar zu neuen Erkenntnissen führen kann. Wird dieser Vergleich aber nicht angestellt, so bleibt für das Konzept keine Bedeutung mehr übrig. Warum man weiterhin ein abstraktes Konzept mit einem realen Institut vergleichen sollte, das von vornherein nicht unter das Konzept fällt, ist ebenso wenig erkennbar. Die übrigen Anwendungsbeispiele aber, die die konzeptuelle Rechtsvergleichung nennt, kommen auch ohne das Konzept aus: Werden etwa zwei nationale Rechtsinstitute miteinander verglichen, die an entgegengesetzten Polen denkbarer Regelungsformen liegen oder typischerweise als Gegenpole gelten oder wird ein Rechtsinstitut mit einem anderen verglichen, das zwar anders strukturiert ist, aber ähnliche Fallgestaltungen betrifft, so kann dies ohne jeden inhaltlichen Verlust auch dann geschehen, wenn zuvor kein Konzept gebildet wurde. Dasselbe gilt für den Vergleich eines rechtsgenetischen Prototyps mit seinen Ausprägungen oder parallel existierenden Instituten oder für den Vergleich der unterschiedlichen Lösungen für dieselbe faktische Situation in verschiedenen Rechtsordnungen. Auch die Untersuchung von Konvergenzen und Divergenzen, Rechtsentwicklungen und Rechtstransfers wird nicht davon beeinflusst, ob die betrachteten Institute einem oder mehreren Konzepten zugeordnet werden können oder wie genau Konzepte gegeneinander abgegrenzt werden. Die dem gänzlich entgegengesetzte Behauptung der konzeptuellen Rechtsvergleichung, dass ua die Untersuchung von Prototypen und die Einbeziehung rechtsgeschichtlicher Entwicklungen in die Rechtsvergleichung überhaupt nur bei ihr vorkomme, wird durch die verbreiteten Studien zu solchen Aspekten widerlegt.

Besonders wichtig scheint der konzeptuellen Rechtsvergleichung auch der neutrale **89** Charakter des Konzepts zu sein, der zu einer Verobjektivierung des Vergleichs führen soll. Das Konzept aber kann als Ergebnis einer Abstrahierung aus einem Rechtsvergleich nicht neutral sein. Welche Eigenschaften dem Rechtsvergleicher so wichtig und determinierend erscheinen, dass er sie in das Modell aufnimmt, und welche nicht, ist eine Bewertungsfrage. Oft bewegen sich die möglichen rechtlichen Lösungen für eine Frage, etwa den Schutz kleiner Erfindungen, auf einer oder mehreren Skalen, etwa von sehr hohen Voraussetzungen für einen Schutz zu sehr niedrigen oder von sehr weitgehenden Schutzwirkungen zu sehr schwachen. Wo hier die Grenze eingefügt wird, die ein Konzept vom nächsten trennt, ist eine Frage der erfahrungsgestützten fachlichen Bewertung, maW Geschmackssache. Im angeführten Beispiel der moralischen Straftaten etwa ist die Einteilung in Verbrechen und Vergehen einerseits und bloße Verwaltungsverstöße andererseits zwar möglich, aber keineswegs zwingend. Nicht nur ist die Unterscheidung zwischen Verbrechen und Vergehen je nach Land unterschiedlich, werden Verwaltungsverstöße teils in, teils außerhalb des Strafrechts eingeordnet und gibt es auch durchaus noch andere Einteilungen.[138] Auch könnten etwa Vergehen regelmäßig nur mit Geldstrafen verbunden sein und so im Hinblick auf die Strafschärfe eher mit den Verwaltungsverstößen in einem Konzept verbunden werden als mit

[137] Vgl. die deutliche Beschreibung bei *Brand* (Fn. 83), 440.
[138] Vgl. dazu *Pradel, Jean,* Droit pénal comparé, 4. Aufl. 2016, 66 ff.

den Verbrechen, bei denen möglicherweise eher von Haftstrafen auszugehen ist. Welche Einteilung gewählt wird, ist dabei völlig unerheblich; wichtig ist nur die Erkenntnis, dass die Einteilung nicht wertfrei, sondern wertend ist.

90 Im Detail weist die konzeptuelle Rechtsvergleichung noch andere Probleme auf. Sie reichen von der schwer verständlichen Einordnung desselben Konzepts sowohl als Ideal- als auch als Durchschnittstypus bis hin zum Anspruch, einem möglichen Vorwurf mangelnder Dogmatik von seiten herkömmlicher Rechtswissenschaftler gegenüber der Rechtsvergleichung entgegenzuwirken,[139] der in Anbetracht der bewussten Abkehr von der unter eben diesen herkömmlichen Rechtswissenschaftlern üblichen Sprache hin zu nichtjuristischen Begrifflichkeiten der Sozialwissenschaften schwer aufrechtzuerhalten ist. Der besondere Verdienst der konzeptuelle Rechtsvergleichung liegt demgegenüber darin, die sehr verschiedenen möglichen Aufgabenstellungen in der Rechtsvergleichung herausgearbeitet zu haben, die tatsächlich weit über das bloße Vergleichen der konkreten rechtlichen Lösungen für eine exakt definierte Fallgestaltung hinausgehen.

3. Andere Untersuchungsziele

91 Die Antwort auf die Frage, wie genau Rechtsvergleichung betrieben werden sollte, hängt nicht zuletzt auch von der Art der untersuchten Frage ab. Nicht nur die klassische Rechtsvergleichung, sondern auch die anderen bisher diskutierten Vorschläge konzentrieren sich dabei weitgehend, wenn auch nicht ausnahmslos, auf einen Kerntyp rechtsvergleichender Fragen, nämlich die Gegenüberstellung bestimmter Rechtsnormen oder rechtlicher Lösungen für konkrete reale Problembereiche aus zwei oder mehr Rechtsordnungen, wobei rechtskulturelle oder nichtrechtliche Faktoren berücksichtigt, das Warum der Unterschiede untersucht und meist Wertungen abgegeben werden. Wie wird ein Vertrag in verschiedenen Rechtsordnungen geschlossen und warum ist das so? Können politisch extreme oder gesellschaftlich gefährliche Meinungsäußerungen untersagt werden und warum? Kann ein an einem Unfall nicht beteiligter Dritter vom Unfallverursacher Ersatz für Schockschäden verlangen? Was bedeutet Rechtsstaat oder rule of law in den verschiedenen Verfassungssystemen? Die vor allem auf solche Fragestellungen ausgerichtete Methodendiskussion verliert jedoch an Relevanz, wenn andere Fragestellungen in den Vordergrund treten. Rechtsvergleicher, die solche anderen Fragestellungen nicht nur mitbehandeln, sondern sie in das Zentrum der Rechtsvergleichung oder zumindest ihrer eigenen Forschung rücken, können daher nicht direkt auf die klassischen Methoden oder ihre Alternativen zurückgreifen, sondern müssen sich ihren Fragen anders nähern. Dabei wird – wie auch sonst in der Rechtsvergleichung – keineswegs immer eine eigene Methode formuliert oder auch nur die Methodendiskussion angesprochen. Dennoch dürfen diese Herangehensweisen bei der Erörterung verschiedener Methoden nicht ignoriert werden, da erst sie den Blick auf die ganze Breite der Rechtsvergleichung eröffnen.

a) Rechtsübernahmen

92 Besonders deutlich wird die fehlende Aussagekraft vieler sonst diskutierter Methoden bei Wissenschaftlern wie Watson, für den Rechtsvergleichung nurmehr untersucht, wie ein Rechtssystem ein anderes beeinflusst, und der es zu diesem Zweck für ausreichend hält, die Geschichte der beteiligten Rechtssysteme zu erforschen.[140] Da es nach dieser Sichtweise in der Rechtsvergleichung gar nicht in erster Linie um ein Vergleichen geht und zudem die ökonomischen, sozialen, moralischen oder politischen Werte und Umstände keine Rollen spielen dürfen,[141] tauchen zahllose Probleme herkömmlicher Rechtsvergleichung gar nicht

[139] Vgl. *Brand* (Fn. 83), 464.

[140] Vgl. *Watson, Alan,* Legal transplants – An approach to comparative law, 2. Aufl. 1993, 6 f.; dazu auch supra → § 1 Rn. 32, 58.

[141] Vgl. dazu supra → § 1 Rn. 57.

erst auf und müssen entsprechend auch nicht im Rahmen einer Methode angesprochen werden. Selbst innerhalb der bloßen Untersuchung von Rechtsübertragungen werden aber noch zahlreiche, sonst zentrale Probleme herausdefiniert. Denn es geht Watson ausdrücklich nur um die Frage, ob eine Rechtsregel von einem Staat in den anderen übertragen wurde und welchen Wortlautänderungen sie dabei ggf. unterlag, nicht aber welche tatsächlichen Auswirkungen sie in der Geber- und Nehmerrechtsordnung hat.[142] Auch wenn also die gleich formulierte Regel in der Nehmerrechtsordnung völlig anders wirkt, oder sie andersherum trotz Umformulierung genau gleich wirkt, stellt diese Sichtweise nur auf die Formulierung selbst ab.

Watson selbst gibt dabei keinerlei bestimmte Methode vor. Er versucht, aus ihm besonders 93 interessant erscheinenden Einzelfällen, die er ausdrücklich weder als typisch beschreiben noch in einer Klassifikation verallgemeinern will, herauszufiltern, welche Bedeutung Rechtsübertragungen zukommt und welche Bedingungen sie fördern, verhindern oder sonst beeinflussen, wobei er erkennbar einige besonders verbreitete Auffassungen zu diesen Fragen aufs Korn nimmt.[143] Seine Herangehensweise entspringt letztlich seiner Fragestellung und ist insofern – dh anders als die (sehr restriktive) Fragestellung selbst – kaum anzugreifen.

b) Vergleichende Rechtstheorie

Eine vom Herkömmlichen abweichende, ja neuartige Fragestellung beansprucht die Lehre 94 von der vergleichenden Rechtstheorie (comparative jurisprudence) für sich.[144] Ihr Begründer Ewald wirft sowohl denjenigen Rechtsvergleichern, die sich vornehmlich für die einzelnen Rechtsnormen interessieren, als auch denen, die sich mehr auf den soziologischen Kontext dieser Regeln verlegen, gleichermaßen vor, sie reduzierten die Rechtsvergleichung auf die Betrachtung von Rechtsregeln. Beide betrachteten ein fremdes Rechtssystem von außen und versuchten möglichst viele Informationen darüber anzuhäufen, sei es über die Rechtsregeln als solche oder über deren sozialen Kontext. Richtigerweise dürfe es aber nicht um das Ansammeln von Informationen gehen, sondern darum zu verstehen, wie der fremde Jurist denke. Dazu aber reiche die bloße Kenntnis von Rechtsregeln oder der jeweiligen Gesellschaftsstruktur nicht aus. Der Rechtsvergleichung müsse es also in erster Linie darum gehen, die philosophischen Prinzipien zu verstehen, die hinter den Rechtsregeln stünden.[145] Das wichtigste Hindernis für das Verständnis dieser Lehre dürfte darin liegen, dass das von ihr propagierte zentrale Erkenntnisobjekt der Rechtsvergleichung meist mit dem Wort „jurisprudence" (und gelegentlich sogar mit dem Wort „philosophy") umschrieben wird.[146] Üblicherweise bedeutet „jurisprudence" in der englischen Rechtssprache soviel wie Rechtsphilosophie.[147] Genau dies meint Ewald aber nicht. Es geht ihm gerade nicht darum, die rechtsphilosophischen Ansichten, wie sie in verschiedenen Rechtsordnungen vertreten werden, miteinander zu vergleichen. Vielmehr meint er mit „jurisprudence" die Untersuchung der zentralen Eigenheiten eines bestimmten nationalen Systems, also seiner führenden Institutionen und der sie belebenden Ideen. Untersuchungsobjekt dieser „jurisprudence" sind daher etwa Richter, Gesetzbücher, Verfassungen, Gesetzgeber, Unternehmen,

142 Deutlich etwa *Watson* (Fn. 140), 20.

143 Vgl. *Watson* (Fn. 140), 16, 19, 30, für seine Ergebnisse vgl. ibid., 95 ff.

144 Vgl. dazu und zum Folgenden *Ewald, William,* Comparative jurisprudence (I) – What was it like to try a rat?, University of Pennsylvania Law Review 143 (1995), 1889 (1889 ff.); von ihm selbst zusammengefasst in *Ewald, William,* A field guide to „Rats", American Journal of Comparative Law 46 (1998), 701 (701 ff.); zustimmend etwa *Valcke, Catherine,* Comparative law as comparative jurisprudence – The comparability of legal systems, American Journal of Comparative Law 52 (2004), 713 (716 ff.).

145 Vgl. *Ewald,* Comparative jurisprudence (Fn. 144), 1895 f.

146 Dazu in deutlicher Selbsterkenntnis *Ewald,* Comparative jurisprudence (Fn. 144), 1958 ff., 1986; *Ewald,* A field guide (Fn. 144), 704 f.

147 Zu den klassischen Unterschieden zwischen englischer jurisprudence und kontinentaleuropäischer Rechtsphilosophie allerdings *Radbruch, Gustav,* Der Geist des englischen Rechts, 1956, 50 f., der davon ausgeht, dass der damals in England vorherrschende Positivismus eine Rechtsphilosophie ausschließe.

Präzedenzfälle, Verbrechen, Verwaltungsbeamte, Rechtsanwälte, Gesetze oder trusts einschließlich ihres jeweiligen theoretischen Unterbaus. Anders ausgedrückt geht es bei „jurisprudence" um die Ideen, die Gedankengänge und Überzeugungen der jeweiligen nationalen Juristen. Die berühmte Unterscheidung Roscoe Pounds[148] aufgreifend und erweiternd formuliert Ewald auch, es gehe weder um law in books, noch um law in action, sondern um law in minds. Praktisch beschäftigt er sich insbesondere mit der Auslegung, der historischen Entwicklung des Rechts und der Auswirkung philosophischer Gedankengebäude darauf. In der deutschen Übersetzung bietet sich für „jurisprudence" am ehesten der ebenso missverständliche, aber auch ebenso terminologisch von der Rechtsphilosophie unterscheidbare Begriff der Rechtstheorie an. Mit dem Fokus auf vergleichende Rechtstheorie will Ewald auch keineswegs die Untersuchung von Rechtsregeln oder soziologischem Kontext vernachlässigen. Im Gegenteil beträfen die zu betrachtenden Prinzipien, Konzepte, Überzeugungen und Begründungsmuster besonders bei modernen Rechtssystemen gerade diese beiden Aspekte.[149] Allerdings interessierten etwa ökonomische oder soziale Beziehungen auch nur soweit, wie sie in der Gedankenwelt der Juristen eine Rolle spielten.[150] Letztlich gäben die rechtlichen Regeln ohne den rechtstheoretischen Hintergrund nicht nur ein unvollständiges Bild ab, sondern seien ohne ihn überhaupt nicht richtig zu verstehen.[151]

95 Die vergleichende Rechtstheorie betont somit im Kern, dass eine Rechtsordnung und ihre Normen nur zu verstehen sind, wenn der Rechtsvergleicher die ausgesprochenen und unausgesprochenen Hintergründe dieser Rechtsordnung kennt, insbesondere Hintergründe geschichtlicher und philosophischer Art, aber auch die dort vorherrschenden Methoden, Institutionen und Denkweisen. Die einzige Kritik, die dieser allgemeinen Aussage entgegenzubringen ist, ergibt sich mittelbar aus ihrer ohne weiteres möglichen Umformulierung: Die vergleichende Rechtstheorie betont nämlich die Bedeutung von historischer Herkunft und Entwicklung einer Rechtsordnung, die in ihr vorherrschende spezifisch juristische Denkweise, besonders kennzeichnende Rechtsinstitute, die Art der Rechtsquellen und ihre Auslegung sowie ideologische Faktoren. *Diese* Umschreibung stammt aber weitgehend wörtlich aus dem Standardlehrbuch von Zweigert/Kötz, wo sie sich auf nichts anderes bezieht als die bekannten stilprägenden Faktoren, nach denen Zweigert und Kötz die Rechtskreise einteilen.[152] Mit anderen Worten ist das Anliegen der vergleichenden Rechtstheorie weder neu, noch überraschend, noch würden ihr klassische Rechtsvergleicher im Grundsatz widersprechen. Denn dass der so beschriebene Rechtsstil ein besonders wichtiges Forschungsgebiet der Rechtsvergleichung ist, das sogar wichtiger sein kann als die schlichten Rechtsregeln für sich genommen,[153] wird kaum ein Rechtsvergleicher bestreiten. Selbst Watson etwa, dem Ewald gerade seine starke Konzentration auf die ausformulierten Rechtsnormen vorwirft,[154] ist Initiator und Herausgeber einer Buchserie, die den „Geist" verschiedener Rechtsordnungen zu beschreiben versucht; selbst einem scheinbar so wortlautfixierten Rechtsvergleicher[155] geht es also gerade nicht immer nur um die konkreten Rechtsregeln, sondern auch einmal vornehmlich um den Grad von Komplexität und Abstraktion, um Klassifizierungen, Einstellungen zu möglichen Rechtsquellen, Autorität und die dem Recht innewohnenden Werte.[156] Dass zudem ohne Kenntnisse über die jeweiligen Ele-

---

[148] Dazu supra → § 1 Rn. 16; → § 3 Rn. 27.

[149] Vgl. *Ewald,* A field guide (Fn. 144), 706.

[150] Vgl. *Ewald,* A field guide (Fn. 144), 706.

[151] Vgl. *Ewald,* Comparative jurisprudence (Fn. 144), 1989, 2105.

[152] Vgl. *Zweigert/Kötz* (Fn. 19), 68; vgl. dazu auch *Ewald,* A field guide (Fn. 144), 704: „law is best understood as a *style* of conscious thought" (Hervorhebung hinzugefügt).

[153] Vgl. etwa *Kötz, Hein,* Abschied von der Rechtskreislehre?, ZEuP 6 (1998), 493 (505).

[154] Vgl. etwa *Ewald,* Comparative jurisprudence (Fn. 144), 1991 („he, too, concentrates his attention almost exclusively on the black-letter rules of the private law").

[155] Vgl. zu diesem Aspekt Watsons soeben supra → Rn. 92.

[156] Vgl. aus dieser Serie etwa *Weiss, Bernard G.,* The spirit of islamic law, 2006; die Beschreibung des Zwecks der Serie findet sich im Serienvorwort, das ohne Paginierung in der Titelei abgedruckt ist.

mente des Rechtsstils kaum ein echtes Verständnis der materiellen Rechtsnormen möglich ist, gehört zu den Basiserkenntnissen jedes Rechtsvergleichers. Deutlich wird dies etwa an dem autobiographischen Beispiel, das Ewald zur Erklärung seines Ansatzes bringt:[157] Dass es in Deutschland im Unterschied zu den USA keine Präjudizienbindung gibt, dass Fälle als solche eine weit geringere Rolle spielen, dass vielmehr Gesetzbücher und Kommentare besonders wichtig sind, dass letztlich sogar die Antwort auf die Frage, was eigentlich Recht ist, von Juristen beider Länder verschieden beantwortet werden dürfte, dass Richtern in Frankreich mit einem gewissen Misstrauen begegnet wird und Rechtswissenschaftler in Deutschland eine größere Autorität genießen sowie formaler argumentieren als in den USA – all dies und mehr war und ist eben deshalb Gegenstand jeder sinnvollen Einführungsvorlesung in die Rechtsvergleichung, weil ohne dieses Hintergrundwissen eine Einordnung des Wissens über den materiellen Inhalt fremder Rechtsnormen nicht möglich ist. Dass Ewald dieses Wissen – wie er anschaulich beschreibt – komplett fehlte, als er 1985 einen Studienaufenthalt in Göttingen begann, rechtfertigt ohne weiteres Kritik an der von ihm in den USA besuchten rechtsvergleichenden Einführungsvorlesung, hat jedoch nichts mit dem damaligen – und heutigen – Stand rechtsvergleichender Forschung und Didaktik zu tun. Was Ewald beschreibt und verlangt, ist ein wichtiger Aspekt rechtsvergleichender Forschung, der vielleicht nicht in allen Studien[158] hinreichend beachtet wird. Ihn nochmals betont zu haben, ist sein Verdienst.

c) Rechtstraditionen

aa) Die Offenheit von Traditionen

Auf den ersten Blick scheint die Untersuchung der Rechtstraditionen, wie sie Glenn fordert,[159] auf nichts weiter als eine – inhaltlich ebenso originelle wie reiche, gut lesbare und spannend ausgeführte – Rechtskreisunterteilung in anderer Verpackung hinauszulaufen. Glenn beschreibt der Sache nach ausführlich verschiedene Traditionen: eine stammesrechtliche, eine talmudische, eine des civil law, eine islamische, eine des common law, eine hinduistische und eine asiatische. Dabei liegt sein Fokus nicht auf der Beschreibung konkreter Rechtsregeln etwa des Zivil- oder Verfassungsrechts, sondern auf der historischen Entwicklung sowie auf grundlegenden Prinzipien, Institutionen und Denkweisen,[160] also dem was vielfach als Rechtskultur oder Rechtsstil bezeichnet wird. Glenn stünde demnach in der Tradition Constantinescos, der ebenfalls die Rechtskreiseinteilung zum eigentlichen Gegenstand rechtsvergleichender Forschung erklärt.[161] 96

Glenn selbst allerdings hätte eine solche Beschreibung seines Anliegens von sich gewiesen, da er sich mit dem Begriff der Rechtstradition gerade von Rechtskultur und ähnlichen Wendungen absetzen will und auch keine Einteilung der existierenden staatlichen Rechtsordnungen in eine Klassifikation anstrebt. Wie kann der äußere Anschein so trügen? Kurz gesagt weil Rechtstraditionen – immer im Sinne Glenns – nicht von staatlichen Rechtsordnungen abhängen, sondern sich nur in diesen niederschlagen, wobei mehrere Rechtstraditionen in verschiedenster Weise in einer staatlichen Rechtsordnung zusammentreffen können. Rechtstraditionen sind – anders als Rechtskulturen – ohnehin nicht auf eine genaue Abgrenzung, sondern im Gegenteil auf ein Miteinander und auf eine Entwicklung angelegt. 97

[157] Vgl. *Ewald,* Comparative jurisprudence (Fn. 144), 1966, 1969 ff.

[158] Vgl. auch *Kötz, Hein,* Alte und neue Aufgaben der Rechtsvergleichung, JZ 2002, 257 (264) („will ich nicht bestreiten, dass es hier und da Arbeiten gibt, für die diese Kritik zutreffen mag").

[159] Vgl. ausführlich *Glenn, H. Patrick,* Legal traditions of the world, 5. Aufl. 2014, passim; zur Theorie der Rechtstraditionen ibid., 1 ff., 361 ff.; zur Abgrenzung gegenüber der Rechtskultur *Glenn, H. Patrick,* Legal cultures and legal traditions, in: van Hoecke, Mark (Hrsg.), Epistemology and methodology of comparative law, 2004, 7 (7 ff.); zur Abgrenzung gegenüber den Rechtsfamilien *Glenn, H. Patrick,* Comparative legal families and comparative legal traditions, in: Reimann, Mathias; Zimmermann, Reinhard (Hrsg.), The Oxford handbook of comparative law, 2. Aufl. 2019, 423 (423 ff.).

[160] Vgl. *Glenn,* Legal traditions (Fn. 159), 60 ff.

[161] Vgl. zu diesem Aspekt Constantinescos supra → § 1 Rn. 59 f.

Aus Sicht staatlicher Rechtsordnungen ähneln die Traditionen somit eher einem Typus, der mehr oder minder verwirklicht ist und mehr oder minder viel Einfluss besitzt – auch wenn Glenn selbst diese Beschreibung kaum akzeptieren würde. Die Lehre von den Rechtstraditionen hat konsequenterweise mit hybriden Rechtssystemen, personalen Rechten oder Minderheiten mit eigenem Recht nicht die geringsten Probleme, sondern hält solche Mischsituationen gerade für den Normalfall.

98 Im Einzelnen erschließt sich der Begriff der Rechtstradition vor allem in Abgrenzung zu dem der Rechtskultur: Rechtskultur ist – so Glenns Gedankengang – ein Begriff der Abgrenzung. Er hebt das Trennende und Statische hervor, die jeweils eigene Identität im Gegensatz zum Anderen und ist insofern stets konfliktgerichtet. Denn es geht um die Bewahrung, Verteidigung oder Verbreitung der eigenen Kultur gegen andere. Staaten sollten nach dieser Konzeption möglichst kulturell einheitlich sein, obwohl das in der Praxis für kaum einen Staat zutrifft. Auch deshalb ist der Begriff der Rechtskultur ein typisches Produkt westlichen Denkens, ist selbst ein Teil der westlichen Tradition (und eben nicht umgekehrt, wie vielfach angenommen). Der Begriff der Tradition hingegen ist weder trennend noch statisch noch konfliktgerichtet, sondern im Gegenteil offen, dynamisch, multivalent und von gegenseitigen Abhängigkeiten geprägt. Die Offenheit schlägt sich auch darin nieder, dass die Lehre von den Rechtstraditionen wann immer möglich nur den unbestimmten Artikel verwendet, also etwa von „einer" und nicht von „der" Tradition des civil law spricht. Inhaltlich ist Tradition definiert als einfache Information, die die Zeit überdauert, als das was aus der Vergangenheit zu uns gelangt.[162] Dabei ist ein langer Zeitablauf nicht zwingend, ist selbst eine Sofort-Tradition denkbar, doch wäre sie dann aus sich heraus zerbrechlicher, es fehlte ihr die Bewährung durch Zeitablauf. Grundsätzlich allerdings geht Glenn davon aus, dass eine Tradition dauerhaft übertragen worden sein muss, um relevant zu sein und dass es speziell bei Rechtstraditionen um Prinzipien, Normen oder Institutionen geht, die über die gegenwärtige politische Organisation hinausgehen.[163] Der Begriff der Rechtskultur ist demgegenüber zu „gegenwärtig"; die Rechtskultur vermag insbesondere ihre eigene Herkunft nicht zu erklären und trägt auch nicht die Mittel ihrer eigenen Veränderung in sich. Die Weite des Begriffs der Tradition führt dazu, dass alle Traditionen undefinierbar und unvollständig sind, dass sie sich als lose Zusammenstellung von Daten erweisen, die noch der Bearbeitung („massaging") bedarf, ohne dadurch jemals eine endgültige Form erhalten zu können. Interne Widersprüche und unterschiedliche Ansätze sind Teil von Traditionen. Traditionen werden dabei als etwas Normatives angesehen, also etwas das vorgibt, wie man handeln sollte. Das soll auch für Rechtstraditionen gelten, wenn Glenn auch ohne weiteres sieht, dass speziell civil law und common law ihren Rechtstraditionen die Normativität zu einem gewissen Grade absprechen.[164]

99 Aus diesem Traditionsbegriff ergibt sich zugleich ein Grund, warum Glenn sich nicht mit Rechtskreisen befasst. Denn diese ordnen fest ein, setzen Grenzen und halten allein den Status zu einem bestimmten Zeitpunkt fest. Mit der flexiblen, nicht abgrenzenden und nicht klassifizierenden Natur der Tradition ist dies unvereinbar. Auch wenn viele Rechtskreise als Traditionen wieder auftauchen, geht es doch bei den Traditionen nicht um Kategorisierung, sondern darum zu fragen, in welchem *Ausmaß* sie jeweils Einfluss auf den Aufbau eines bestimmten nationalen Rechts haben.[165] Hinter der Ablehnung der Rechtskreislehre stehen aber auch bestimmte weitreichende Grundannahmen: Glenn hält den Staat, Rationalität, Rechtssystem und Kultur für Ergebnisse allein westlichen, in der Aufklärung fußenden Denkens; das Rechtssystem kann so etwas polemisch als „Great White Lie of Western legal theory" beschrieben werden.[166] Mit einem Projekt der Einteilung staatlicher Rechtsordnungen in Kategorien sind diese Grundannahmen weitgehend unvereinbar.

---

[162] Vgl. *Glenn,* in: van Hoecke (Fn. 159), 19, 12.
[163] Vgl. *Glenn,* Legal traditions (Fn. 159), 12 f., 6.
[164] Vgl. *Glenn,* Legal traditions (Fn. 159), 366.
[165] Vgl. *Glenn,* Oxford handbook (Fn. 159), 426, 433.
[166] Vgl. *Glenn,* Legal traditions (Fn. 159), xxv, 1 ff., 54 f., 161 ff.

bb) Die Begrifflichkeit des Traditionsdenkens

All diese Gedanken sind in ihrer genauen Bedeutung und konkreten Anwendung nicht immer leicht zu verstehen. Hier liegt auch ein gewisser stilistischer Bruch innerhalb der Schriften Glenns: Seine theoretischen Ausführungen zur Tradition und ihren Konsequenzen bleiben vielfach abstrakt und oft begrifflich, ganz im Gegensatz zu den anschaulichen, lebhaften, eingängigen und geradezu spannenden Beschreibungen des Inhalts der einzelnen Traditionen. **100**

Den Kernanliegen der Lehre von den Rechtstraditionen ist dabei kaum zu widersprechen: Die Rechtskreise sollten nicht als monolithische Blöcke verstanden werden, die um Macht und Einfluss kämpfen und versuchen, sich durchzusetzen, etwa indem das common law als die natürliche Ordnung des freien Wirtschaftens verstanden oder das islamische Recht als unmoralisch und primitiv abgelehnt wird. Vielmehr wirken in vielen nationalen Rechtsordnungen verschiedene Einflüsse, die miteinander und nebeneinander bestehen, wie etwa in Indien das common law und das hinduistische Recht, in Quebec das französische und das common law Denken oder in Japan deutsche, japanische und US-amerikanische Ansätze. Auch wäre es erstrebenswert, die Rechtskreislehren weniger eurozentrisch zu sehen[167] und etwa den verschiedenen religiösen und Stammesrechten oder dem asiatischen Raum mehr Aufmerksamkeit zu schenken. **101**

Ob für all das ein Herangehen über den Begriff der Tradition und ein Theoretisieren um diesen Begriff herum erforderlich ist, kann hingegen bezweifelt werden. Der von Glenn gerade abgelehnte Begriff der Rechtskultur etwa lässt sich ohne weiteres genauso offen und konfliktfrei verstehen wie der der Tradition, ebenso wie umgekehrt der Traditionsbegriff als Instrument der Abgrenzung und Einigelung aufgefasst werden kann.[168] Es dürfte letztlich nur eine Frage der persönlichen Sozialisation sein, ob nicht mit der Kultur gerade die Vorstellung eines Miteinander und der gegenseitigen Befruchtung verbunden wird, in der etwa die Kultur der Renaissance aus Italien nach Deutschland übergriff, die griechische Kultur ganz Europa erfasste, asiatische Kulturelemente von Heilsvorstellungen über Inneneinrichtung bis zur Küche in Westeuropa und Nordamerika einsickern oder Kultur und insbesondere Sprache Mittelamerikas einen immer bedeutenderen Platz im Leben der USA einnehmen. Dass Kulturen keineswegs notwendig nur als abgegrenzte Sphären denkbar sind, sondern ohne weiteres auch als miteinander verbunden und im Austausch, zeigt etwa auch das geläufige Stufendenken, das zwar die nationalen Kulturen etwa Deutschlands, Frankreichs und Schwedens kennt, diese dann aber mit anderen zusammen zu einer (west-) europäischen Kultur zusammenfasst, die wiederum Teil der westlichen Kultur ist; auch in die umgekehrte Richtung lässt sich diese Reihe verlängern, wenn etwa bayerische und norddeutsche, bretonische und elsässische, lappländische und südschwedische Kulturen unterschieden werden. Tradition hingegen könnte entlang dieser gedanklichen Linie für das ängstliche Bewahren des Erreichten, für die Abschottung gegenüber fremden Einflüssen und Neuerungen, für die Einstellung „wir gegen die anderen" stehen. Das muss nicht so sein, ist aber nicht weniger plausibel als die Auffassung Glenns. Letztlich ist es ein Streit um Worte statt um Inhalte, also eine im schlechtesten Sinne begriffliche Debatte. **102**

Auch an der immer wieder beklagten Weite des Begriffs der Rechtskultur ändert sich durch ein Umschwenken auf die Rechtstradition nichts. Denn die Tradition als alles, was aus der Vergangenheit an Information zu uns gelangt, ist mindestens ebenso weit und uferlos. **103**

Weiterhin dürfte die Abgrenzung der Traditionen untereinander, ihre Kategorisierung, bei kritischer Betrachtung nicht weniger problemgeladen sein als die Rechtskreiseinteilung. Der für die Rechtskreise kritischen Frage nach den Kriterien der Einteilung entzieht sich Glenn durch den Hinweis, die jeweiligen Traditionen ergäben sich aus sich selbst **104**

[167] Zum Vorwurf des Eurozentrismus vgl. auch infra → § 4 Rn. 21; zu Glenns Vorwurf insofern vgl. *Glenn,* Oxford handbook (Fn. 159), 433 f.

[168] Dass das Konzept der Tradition möglicherweise denselben Vorwürfen unterliegt wie das der Kultur, akzeptiert auch *Glenn,* in: van Hoecke (Fn. 159), 19.

heraus.[169] Darin aber liegt letztlich nur der nicht ganz befriedigende Hinweis, es sei nun einmal so, wie es ist. Ob wirklich alle Stammesrechte und alle ostasiatischen Rechte je einer einzigen Tradition zugeordnet werden können oder ob innerhalb des civil law oder des common law nicht Untertraditionen unterschieden werden müssen, etwa das skandinavische Rechtsdenken nicht starke Eigenständigkeit aufweist, lässt sich mit dem Hinweis auf die Natur der Sache nicht beantworten. Dass die Lehre innerhalb einer Tradition verschiedene, auch einander widersprechende Strömungen zulässt und die Traditionen schon vom Ansatz her nicht fixieren will, löst diese Probleme zwar aus der internen Sicht, vermag aber aus der Außenperspektive nicht völlig zu befriedigen, da in Bezeichnung, Beschreibung und vor allem Bearbeitung („massaging") der Traditionen doch eine Form der Fixierung liegt.

105 Letztlich bleibt auch offen, ob mit den Rechtstraditionen zwei wesentliche Funktionen der Rechtskultur vollständig erfüllt werden können, nämlich die Beschreibung des Wesens, der Besonderheiten und Eigenarten bestimmter Rechtsordnungen sowie die richtige Einordnung der praktischen Bedeutung und Tragweite vorhandener oder auch nicht vorhandener rechtlicher Lösungen im Vergleich zu anderen. Hierfür scheint, abstrakt gesprochen, eine mehr gegenwärtige Betrachtungsweise sinnvoller als eine auf Überlieferung und zumindest tendenziell längere Bewährung reduzierte, wie sie in den Rechtstraditionen verkörpert wird.

d) Große Fragen

106 Ganz explizit verbindet Reimann den Ruf nach einer vertieften, vor allem auch interdisziplinär inspirierten Methode mit einer Neuorientierung im Hinblick auf die Untersuchungsgegenstände.[170] Ihm geht es dabei vor allem um eine Konzentration der Bemühungen aller Rechtsvergleicher auf einen gemeinsamen, inhaltlich beschränkten und damit handhabbaren Satz von langfristigen Zielen. Die zufällige Befassung eines jeden Rechtsvergleichers mit individuell gesuchten Fragen solle ein Ende haben, da sie nicht dazu beitragen könne, gemeinsame Arbeit zu tragen und einen gemeinsamen Fundus an gesichertem Wissen zu erarbeiten, der dann wiederum Ausgangspunkt für weitere Forschungen wäre. Ein solches gemeinsames Vorgehen sei gerade in Anbetracht der Komplexität der Rechtsordnungen der Welt unabdingbar. Inhaltlich müsse es bei diesen Zielen um Einsichten in die Grundstrukturen, die Natur und die Entwicklung des Rechts ebenso gehen wie um seine Beziehung zu Wirtschaft und Gesellschaft. Um seinen Ansatz zu illustrieren, gibt Reiman auch konkrete Beispiele für die Art von Untersuchungszielen, die er anstrebt: „On the level of micro comparison, they can consist of testing limited falsifiable hypotheses (e.g., all democratic societies will sooner or later develop a system of judicial review), pursuing explanations of the data found (e.g., this is because no society is willing completely to trust the political process) or seeking to understand discrepancies (e.g., why does the strength of judicial review vary?). On the level of macro comparison, we can pursue broader inquiries into the basic structure of legal systems (e.g., patterns of division of labor), the relationship between these systems (e.g., the extent to which they follow similar paths) or into the relationship between law and politics (e.g., the influence of conceptions of the state on the character of private law)."[171] Entscheidend ist für ihn aber nicht, dass gerade diese Fragen überhaupt untersucht werden, sondern dass sie dann Teile einer weithin akzeptierten, gemeinsamen Agenda darstellen. Die erfolgreiche Realisierung einer solchen Agenda wiederum setze Einvernehmen über eine anspruchsvolle Methodik voraus.

107 Die Suche nach einer neuen, einheitlichen Agenda dürfte nicht zuletzt etwas mit den speziellen universitären Problemen zu tun haben, von denen US-amerikanische Rechts-

[169] Vgl. *Glenn,* Oxford handbook (Fn. 159), 426.
[170] Vgl. zum Folgenden *Reimann, Mathias,* The progress and failure of comparative law in the second half of the twentieth century, American Journal of Comparative Law 50 (2002), 671 (697 ff.).
[171] *Reimann* (Fn. 170), 698.

vergleicher berichten. Dort scheint die Rechtsvergleichung immer wieder als ein eher praxisfernes, akademisches Gebiet betrachtet zu werden, dem es vor allem an konkreten Fragen und Antworten sowie Methoden mangelt, die denen etwa der Politikwissenschaften, der Soziologie oder der Anthropologie vergleichbar wären. In einer vom Rechtsrealismus[172] geprägten Umgebung, in der der wissenschaftliche Charakter der Juristerei nicht recht akzeptiert wird, wiegt ein solcher Vorwurf naturgemäß besonders schwer und scheint im Ergebnis den Rechtsvergleichern den Zugang zu Fördergeldern und akademischem Ansehen zu erschweren.[173] Die Suche nach einer gemeinsamen Agenda und nach großen Fragen erscheint so aus ganz praktischer Sicht sehr verständlich.

Davon unabhängig ist die Rechtsvergleichung auch ohne weiteres geeignet, große Fragen, **108** wie sie Reimann vorschweben, letztlich zu beantworten. Dass schon im Hinblick auf die Anzahl der dabei zu untersuchenden Rechtsordnungen und die Breite der Fragestellungen umfassende Kooperationen und langfristige Bindungen vonnöten sein könnten, leuchtet ebenfalls schnell ein. Durchgreifende Bedenken bestehen jedoch insofern, als Reimann hier offensichtlich eine Art wissenschaftlicher Planwirtschaft vorschwebt: Es soll eine ausdrücklich beschränkte Anzahl bestimmter Themen zu einer Agenda zusammengestellt werden, an der dann alle Rechtsvergleicher über Jahre oder Jahrzehnte mitarbeiten. Darin läge nicht nur das Ende der stets individuellen Freiheit der Wissenschaft, sondern auch eine Garantie für allenfalls uninspirierte, oberflächliche und vermutlich politisch korrekt weichgespülte Ergebnisse. Denn das echte wissenschaftliche Interesse, die unabdingbare Freude an der Forschung, der Wunsch und Wille zu vertieftem Verständnis und der dafür erforderliche persönliche Einsatz lässt sich nicht programmieren oder fordern. Der Wissenschaftler arbeitet nur dann gut und mit Herzblut, wenn er etwas untersucht, das ihn ganz persönlich interessiert. Die Qualität so mancher geisteswissenschaftlicher Drittmittelprojekte, die mehr um der Fördergelder als um des Themas willen durchgeführt werden, oder das Ergebnis von in großem Maßstab angelegten, aber nie befriedigend beendeten Projekten belegt dies ebenso wie der glänzende Erfolg von vielen Forschungsprojekten, die ganz offenbar im Kern des Interesses des oder der beteiligten Wissenschaftler liegen. Mit anderen Worten: Exzellente Forschung ist nicht planbar, zu untersuchende Fragestellungen sind nicht vorgebbar, die Individualität liegt im Kern des wissenschaftlichen Erfolges. Wem es gelingt, auch andere für sein Projekt zu begeistern, ist zu beglückwünschen; für die Organisation des Wissenschaftsbetriebes insgesamt hingegen eignen sich Planvorgaben nicht.

4. Kausalitäten, Zahlen und sozialwissenschaftliche Tendenzen

In den vergangenen Jahren entstand eine zunehmende Anzahl vergleichender Untersuchun- **109** gen, die traditionelle Rechtsvergleicher zunächst zu irritieren vermögen. Diese Untersuchungen arbeiten oft mit Zahlen und fortgeschrittenen statistischen Techniken, oder sie stützen sich auf andere Methoden, die in den Sozialwissenschaften weit verbreitet, aber den meisten Juristen weltweit wenig vertraut sind. Ein genauerer Blick zeigt, dass ihr Fokus im Wesentlichen auf Kausalitätsfragen liegt: Wenn A verändert wird, was passiert mit B? Oder umgekehrt: B fällt auf diese Weise aus, weil A jene Form angenommen hat.[174] Dabei fällt sogleich ins Auge, dass dies gerade nicht die Art von Fragen ist, mit denen die meisten Juristen sich beschäftigen. Die vielfältigen Ansätze und Studien dieser Art sind nicht immer leicht zu systematisieren und oder eindeutig zu bezeichnen, auch weil ihre Anhänger oft einen weniger juristischen als vielmehr sozial- oder wirtschaftswissenschaftlichen Hinter-

[172] Dazu infra → § 5 Rn. 258 ff.

[173] Vgl. dazu *Gerber, David J.,* System dynamics – Toward a language of comparative law?, American Journal of Comparative Law 46 (1998), 719 (723 f., 733, 736 f.); *Reimann* (Fn. 170), 685, 695; zum Bemühen um die Entwicklung eines von Europa abgesetzten rechtsvergleichenden Programms in den USA vgl. auch *Reimann, Mathias,* Stepping out of the European shadow – Why comparative law in the United States must develop its own agenda, American Journal of Comparative Law 46 (1998), 637 (637 ff.).

[174] Für einige Beispiele vgl. infra → Rn. 130 ff.

grund haben und insofern einfach das anwenden, was in ihrem angestammten Fach üblich ist. Die ersten Vertreter dieser Richtung scheinen aber jedenfalls aus den Wirtschaftswissenschaften gekommen zu sein; ihr Ansatz ist unter der Bezeichnung law and finance oder statistische Rechtsvergleichung bekannt geworden (a). Eine weiterer Ansatz, der später auftrat und im auffälligen Kontrast weitgehend auf Zahlen und Statistik verzichtet, ist die vergleichende Verfassungsforschung, die mit dem Verfassungsrecht einen ganz anderen und eigenen Untersuchungsgegenstand besitzt und diesen aus politikwissenschaftlich inspirierter Sicht betrachtet (b). Beide Ansätze wurden gemeinsam mit vielen anderen Studien, die vergleichbare Perspektiven einnehmen, unter dem gemeinsamen Oberbegriff der empirischen Rechtsvergleichung zusammengefasst (c).

a) Statistische Rechtsvergleichung

aa) Numerische Darstellung und Korrelierung des Rechts

110 Ursprünglich hat die statistische Rechtsvergleichung – gelegentlich auch als law and finance bezeichnet – in einigen kleineren Bereichen des Wirtschaftsrechts für Aufsehen gesorgt, blieb aber in der breiten Rechtsvergleichung weitgehend unbekannt und unbeachtet.[175] Sie fasst beliebige Aspekte von Rechtsordnungen in Zahlen, setzt diese mit statistischen Mitteln in Form großer Tabellen ins Verhältnis zu anderen, vorzugsweise ökonomischen Daten und zieht aus den sich so ergebenden Zusammenhängen Schlussfolgerungen sowohl für die gegenwärtige Funktionsfähigkeit von Rechtsordnungen als auch für notwendige zukünftige Änderungen.

111 Soll beispielsweise[176] das Kapitalmarktrecht in verschiedenen Staaten betrachtet werden, so wird es zunächst in verschiedene Aspekte – etwa Offenlegungspflichten oder Prospekthaftungsrecht – zerlegt und diese wiederum in Unteraspekte aufgeteilt, beim Aspekt der Offenlegungspflicht ua in die Pflicht zur Aushändigung von Emissionsprospekten, zur Offenlegung des Gehalts der Unternehmensleitung, zur Offenlegung von Verträgen außerhalb des üblichen Geschäftsverlaufs etc. Diese Unteraspekte werden sodann meist mit 1 (= Pflicht besteht), 0 (= Pflicht besteht nicht) oder 0,5 (= Pflicht besteht teilweise) bewertet, wobei die Voraussetzungen dieser Bewertungen für jeden Unteraspekt noch etwas genauer definiert werden. Aus dem Mittel dieser einfachen Werte ergibt sich dann der Zahlenwert für die jeweiligen Aspekte, etwa die Offenlegungspflicht insgesamt. Dieser Wert kann durch die schlichte Mittelung schon sehr krumm werden und so viel detailgeladener wirken als die drei möglichen Ausgangswerte vermuten lassen; für die Offenlegungspflicht in Deutschland lautet der Wert etwa 0,4166667, für Großbritannien 0,8333333.

Die jeweils so bewerteten, verschiedenen Aspekte des Kapitalmarktrechts werden dann in einem zweiten Schritt in einer umfassenden Tabelle zusammengeführt, in der die Werte für jeden gewählten Aspekt des Kapitalmarktrechts leicht gerundet für jeden Staat niedergelegt sind: Für die Offenlegungspflicht in Großbritannien ergibt sich eine 0,83, für Deutschland 0,42, für die USA (als einziges Land) der Höchstwert 1,0; das Prospekthaftungsrecht in Großbritannien wird mit 0,66 bewertet, in Deutschland mit 0,00, in den USA mit 1,0. So kann nicht nur eine Art Rangfolge der Staaten aufgestellt, sondern können diese Staaten auch in Gruppen, insbesondere Rechtsfamilien, eingeteilt, ein Gruppendurchschnitt errechnet

[175] Vgl. zur folgenden Darstellung und Kritik die sehr klaren Ausführungen von *Siems, Mathias,* Statistische Rechtsvergleichung, RabelsZ 72 (2008), 354 (354 ff.), auf den nach eigener Aussage, ibid., 356, auch der eingängige Begriff „statistische Rechtsvergleichung" zurückgeht; gebräuchlich, aber weniger klar ist teilweise auch die Bezeichnung „law and finance"; positiver in der Grundtendenz, allerdings unter Einbeziehung verschiedenster weiterer Elemente der Empirie in die Darstellung *Siems, Mathias,* Comparative law, 3. Aufl. 2022, 207 ff.

[176] Vgl. *La Porta, Rafael; Lopez-de-Silanes, Florencio; Shleifer, Andrei,* What works in Securities Laws?, The Journal of Finance 61 (2006), 1 (5 ff.), wobei die detaillierten Daten sich nicht in diesem Aufsatz finden, sondern in das Internet ausgelagert wurden, vgl. web.archive.org/web/20060902194628/http://post.economics.harvard.edu/faculty/shleifer/papers/Securities_data.xls (zuletzt abgerufen am 18.7.2025); ausführlich zu diesem Beispiel *Siems,* Statistische Rechtsvergleichung (Fn. 175), 356 ff.

und so die Über- oder Unterlegenheit der Gruppen belegt werden. Nicht nur im Kapitalmarkt-, sondern auch im sonstigen Wirtschaftsrecht ergeben die praktisch durchgeführten Studien mit erstaunlicher Regelmäßigkeit eine Überlegenheit von Ländern des common law und eine Unterlegenheit insbesondere von Ländern des französischen Rechtskreises.[177]

In einem dritten Schritt folgt nunmehr der Kern der statistischen Rechtsvergleichung: Die verschiedenen Einzelaspekte (etwa Offenlegungspflichten) werden statistisch über sämtliche Länder zu einem Wert zusammengefasst und dann im Wege einer sog. Regressionsanalyse mit anderen, insbes. wirtschaftlichen Daten in Zusammenhang gebracht. Im Beispiel des Kapitalmarktrechts sind dies Kennziffern für das Funktionieren des Kapitalmarkts, wie etwa Marktkapitalisierung oder Anzahl der Unternehmen. Es ergibt sich eine Tabelle, die den globalen statistischen Zusammenhang zwischen jedem der rechtlichen Aspekte einerseits und jedem der wirtschaftlichen Faktoren andererseits in einer Kennziffer samt Angabe der statistischen Signifikanz des Zusammenhangs ausdrückt. Für die genaue Interpretation der sich so ergebenden Daten sind genauere Kenntnisse der Stochastik erforderlich. Etwas vereinfacht lässt sich dann etwa schließen, dass und welche rechtlichen Faktoren gute Indikatoren für das Funktionieren des Kapitalmarkts sind. So ergab die Statistik in unserem Beispiel etwa, dass Offenlegungspflichten von Bedeutung sind, das Eingreifen der öffentlichen Hand zur Rechtsdurchsetzung hingegen nicht.[178]

Die statistische Rechtsvergleichung wagt sich allerdings keineswegs nur an wirtschafts- **112**
rechtliche Fragestellungen. Sie untersucht vielmehr ebenso die Bedeutung der Formalisierung gerichtlicher Verfahren für deren Qualität[179] oder gar die Qualität von Regierungssystemen.[180] Für die Regierungssysteme etwa werden Aspekte wie die Einmischung in den privaten Sektor, die Größe des öffentlichen Sektors, die Effizienz (nicht im wirtschaftswissenschaftlichen Sinne, sondern ua bestimmt durch den Einfluss von Korruption) oder die politische Freiheit jeweils wieder über Unteraspekte in Zahlenwerten erfasst und dann mit – ebenfalls in Zahlen erfassten – Faktoren wie der ethnischen und sprachlichen Zersplitterung, der vorherrschenden Religion oder der zugehörigen Rechtsfamilie statistisch in Verbindung gebracht. Dabei ergibt sich etwa, dass Staaten ein schlechter funktionierendes Regierungssystem haben, die arm sind, nahe am Äquator liegen, ethnisch-linguistisch heterogen sind, dem französischen oder dem sozialistischen Rechtskreis angehören oder einen hohen Anteil von Katholiken oder Moslems in der Bevölkerung haben.[181] Zugehörigkeit zum common law ist erneut ein positives Zeichen. Die Studie zu den Gerichten hingegen empfiehlt abschließend einen Abbau des von ihr so bezeichneten gerichtlichen Formalismus. Nicht mehr erforderlich sollten demnach etwa sein: professionelle Richter, Schriftlichkeit von Anträgen und Urteilsbegründungen, Begründung des Urteils im Hinblick auf bestimmte Gesetze oder Präzedenzfälle oder die Bindung an das Recht. Das Idealbild eines Gerichts ist – ausdrücklich! – die Entscheidung durch Laien ohne nennenswertes Verfahrensrecht und ohne Bindung an das geltende Recht allein nach „fairness".[182]

---

[177] Vgl. *Siems,* Statistische Rechtsvergleichung (Fn. 175), 362; zur berechtigten Kritik an der evident wenig sachverständigen Verwendung und Einteilung der Rechtsfamilien durch die statistische Rechtsvergleichung ibid., 384 ff.; *Vagts, Detlev,* Comparative company law – The new wave, in: Schweizer, Rainer; Burkert, Herbert; Gasser, Urs (Hrsg.), Festschrift für Jean Nicolas Drueg zum 65. Geburtstag, 2002, 595 (598 f.).

[178] Vgl. *La Porta/Lopez-de-Silanes/Shleifer* (Fn. 176), 27 f.

[179] Vgl. *Djankov, Simeon; La Porta, Rafael; Lopez-de-Silanes, Florencio; Shleifer, Andrei,* Courts, The Quarterly Journal of Economics 118 (2003), 453 (453 ff.).

[180] Vgl. *La Porta, Rafael; Lopez-de-Silanes, Florencio; Shleifer, Andrei; Vishny, Robert,* The quality of government, Journal of Law, Economics, and Organization 15 (1999), 222 (222 ff.).

[181] So wörtlich *La Porta/Lopez-de-Silanes/Shleifer/Vishny* (Fn. 180), 222.

[182] *Djankov/La Porta/Lopez-de-Silanes/Shleifer* (Fn. 179), 511, 462 ff., 455; die völlige Außerachtlassung aller juristischer Aspekte nicht nur von Rechtskultus, sondern auch von rechtsstaatlicher Sicherung und Rechtssicherheit gerichtlicher Verfahren, das Plädoyer für ein Richterbild, das letztlich nur als willkürliche Kadijustiz bezeichnet werden kann, und der damit einhergehende Mangel an jeglichem juristischen Sachverstand in dieser Studie lässt dem Juristen nur die Wahl zwischen Lachen und Verzweiflung.

113 Der Fokus der statistischen Rechtsvergleichung bleibt bei alledem in aller Regel wirtschaftlich, selbst wenn die Methode auch unabhängig davon angewandt werden könnte.[183] Nicht nur wird im Wirtschaftsrecht stets untersucht, wie die rechtlichen Faktoren sich auf das Funktionieren der Wirtschaft im Sinne eines freien Marktes auswirken. Auch außerhalb des Wirtschaftsrechts, wenn etwa die Qualität von Regierungssystemen hinterfragt wird, gilt eine Regierung nur und genau dann als gut, wenn sie die wirtschaftliche Entwicklung fördert, während alle anderen Aspekte in keiner Weise in die Bewertung einfließen.[184] Außer Acht bleibt etwa die soziale Gleichheit, die Diversität einer Gesellschaft, die Aufrechterhaltung der eigenen Kultur und Traditionen, der Schutz des Bürgers vor überlegener wirtschaftlicher Macht, der Schutz von Minderheiten oder die Erhaltung des Friedens.

bb) Der Teufel im Detail

114 Die statistische Rechtsvergleichung gelangt zu spannenden Resultaten, die eine Debatte geradezu herausfordern. Dass sie ihre Ergebnisse, etwa zur Qualität von Regierungen, ohne Zurückhaltung und ohne Rücksicht auf die jede rationale Diskussion lähmende Geißel der politischen Korrektheit ausspricht und veröffentlicht, ist ihr dabei besonders hoch anzurechnen. Die Zuverlässigkeit ihrer Ergebnisse als Aussagen über die Realität ist jedoch recht zweifelhaft. Für diese Einschätzung bedarf es keines Rückgriffs auf die schon generell problematische Interpretation statistischer Aussagen[185] oder die allgemeinen Stolpersteine statistischer Analysen. Das Problem liegt vielmehr in der Anwendung der Statistik auf das Recht selbst begründet.

115 **(1) Reduktion komplexer Sachverhalte auf einfache Zahlen.** Das Kernproblem besteht in dem Versuch, die Komplexität rechtlicher Normen auf simplistische Aussagen zu reduzieren, um sie so in einfachen Zahlen ausdrücken zu können. Wird etwa im bereits mehrfach verwendeten Beispiel des Kapitalmarktrechts die Offenlegung des Gehalts der Unternehmensführung nur mit ja (= 1), nein (= 0) oder teils-teils (= 0,5) bewertet, so wird jedenfalls der weite Bereich des Teils-Teils auf nur einen Punkt der Skala reduziert und damit völlig vereinfacht. So mag die Gehaltsoffenlegungspflicht in einem Land zwar nicht völlig, aber doch fast vollständig sein, in einem anderen Land zwar nicht völlig, aber doch fast inexistent: beide müssen mit 0,5 bewertet werden. Selbst wenn solche Grenzfälle stattdessen noch einem vollen ja oder nein zugeordnet würden, änderte dies nichts, denn so würden nur neue Grenzfälle und neue (Un-)Gleichbehandlungen geschaffen. Die rechtsvergleichende Erfahrung lehrt zudem, dass die Vielfalt rechtlicher Regelungen sich nicht nur gelegentlich, sondern in aller Regel einem schlichten ja/nein Schema entzieht, der Bereich der Zwischentöne also zumeist überwiegt. Werden im weiteren Verlauf mehrere solcher zweifelhaften Einzelbewertungen, etwa verschiedene Offenlegungspflichten, zu einem Gesamtwert gemittelt, so steigt das Ausmaß der möglichen Fehler immer weiter an. Länder A und B können nach der simplifizierten Erhebung mit einem Mittel von 0,5 gleich dastehen, würden aber bei differenzierter Betrachtung im einen Fall mit 0,22, im anderen mit 0,86 gänzlich verschieden sein, ja sich voneinander weit mehr unterscheiden als von den in eine andere Stufe eingeordneten Länder mit Werten von 1 oder 0. Bei weiterer Aggregation auf höheren Stufen steigt die Fehlermöglichkeit noch. Für die vage Hoffnung, die Fehler würden sich schon irgendwie gegenseitig ausgleichen, besteht keinerlei Anhaltspunkt. Es verwundert daher nicht, dass beispielsweise eine bloße Überprüfung und Neukodierung der rechtlichen Grunddaten einer der einflussreichsten Studien im Bereich law and finance zu

[183] Vgl. zB zum statistischen Beleg der These, dass die Legalisierung des Schwangerschaftsabbruchs bis zu 50 % des Fallens der Kriminalitätsrate in den USA erklären kann, *Donohue, John J. III; Levitt, Steven D.*, The impact of legalized abortion on crime, The Quarterly Journal of Economics 116 (2001), 379 (391 ff.), für die sich allerdings das Kernproblem der Umwandlung von Rechtsnormen in Zahlen nur am Rande stellt.
[184] Deutlich *La Porta/Lopez-de-Silanes/Shleifer/Vishny* (Fn. 176), 223.
[185] Vgl. sehr anschaulich *Gigerenzer, Gerd,* Das Einmaleins der Skepsis, 2004, passim.

Korrekturen bei mehr als 2/3 der untersuchten Staaten geführt und die meisten zentralen Ergebnisse dieser Studie widerlegt hat.[186]

Der deshalb zu erhebenden Forderung nach einer realitätsgerechten Bewertung wird aber 116
selbst von moderaten Kritikern der statistischen Rechtsvergleichung entgegengehalten, dann würde der für die Kodierung in Zahlen verantwortlichen Person ein großes Ermessen eingeräumt, die Kodierung werde so als willkürlich angreifbar.[187] Ermessen und Willkür sind aber bei der Reduktion auf wenige Werte noch erheblich größer. Denn der Kodierer muss jeweils entscheiden, wie er die vielfältigen Zwischenformen einordnet, etwa ob schon eine winzige Abweichung von der theoretisch perfekten Offenlegung nurmehr eine 0,5 rechtfertigt oder doch noch eine 1, oder ob zwei ähnlich schwache, aber doch nicht ganz gleiche Offenlegungspflichten beide mit 0, beide mit 0,5 oder beide verschieden bewertet werden.

Die Probleme bei der schlichten Generierung von Zahlenwerten aus der rechtlichen 117
Realität enden hier nicht. Beispielsweise leuchtet auch die übliche Bildung von einfachen Mittelwerten bei der Aggregation oft nicht ein. Denn es ließe sich ohne weiteres behaupten, dass beispielsweise nicht alle einzelnen Offenlegungspflichten gleich wichtig seien, dass also zur Bildung eines Mittelwertes die einzelnen Werte zunächst gewichtet werden müssten. Auch kann diese Gewichtung etwa aufgrund rechtskultureller Gegebenheiten in jedem betrachteten Land anders ausfallen. Dem wird erneut – und ebenso wenig einsichtig – die dann mögliche Willkürlichkeit der Bewertung entgegengehalten. Zusätzlich wird auf die mangelnde Vergleichbarkeit bei je nach Land unterschiedlicher Gewichtung hingewiesen.[188] Aber gerade die Gleichbehandlung real ungleicher Gewichtungen führt zur Bedeutungslosigkeit der so ermittelten Werte und damit zu deren Unvergleichbarkeit, die erst durch Differenzierung wiederhergestellt werden kann.

Die Basisdaten der statistischen Rechtsvergleichung sind aber nicht nur im Hinblick 118
darauf, wie ermittelt wird, zweifelhaft, sondern auch im Hinblick darauf, was ermittelt wird. Denn die ausgewählten Aspekte und Unteraspekte sind oft unvollständig, die Ergebnisse daher zweifelhaft bis zufällig.[189] Während also etwa in einer bekannten Untersuchung des Aktienrechts der Aktionärsschutz anhand von acht Faktoren beschrieben wird, hat eine genauere Untersuchung ergeben, dass erst sechzig Faktoren eine hinreichend genaue Aussage erlauben.[190] Wenn aber bereits vergleichsweise simple rechtliche Institute so vieler Faktoren bedürfen, wird leicht deutlich, wie komplex die Ermittlung bei vielschichtigen Fragen wie der Effektivität von Gerichten oder gar bei der Freiheit in einem Staat werden müsste. Durch die Unvollständigkeit werden nicht nur die Bewertungen der einzelnen Staaten und die aggregierten Werte verfälscht, es kann auch leicht zu fehlerhaften Schlussfolgerungen kommen. Ein einfaches Beispiel: Würde nicht das Wachstum der Wirtschaft, sondern das von Tannensetzlingen untersucht, so könnte dieses mit dem Ausmaß des Gießens korreliert werden. Würde sich dann herausstellen, dass Setzlinge, die wenig gegossen werden, besser wachsen als solche, die viel gegossen werden, so ergäbe sich die (überraschende) Konsequenz, dass Gießen das Wachstum behindert. Dieses Ergebnis würde denn auch sofort zweifelhaft, wenn etwa zusätzlich auch auf die Gabe von Dünger, auf die Qualität des Bodens und seine natürliche Durchfeuchtung, auf die Qualität der einzelnen Setzlinge, auf die Sonneneinstrahlung am Standort oder auf die Sorgfalt beim Pflanzen abgestellt würde. Denn wenn einer oder mehrere dieser Faktoren ebenfalls bei den besser wachsenden Setzlingen anders ausgeprägt ist als bei den schlechter wachsenden, dann kann auch dieser

[186] Vgl. *Spamann, Holger,* The „Antidirector Rights Index" Revisited, The Review of Financial Studies 23 (2010), 467 (467 ff.).
[187] Vgl. *Siems,* Statistische Rechtsvergleichung (Fn. 175), 378.
[188] Vgl. *Siems,* Statistische Rechtsvergleichung (Fn. 175), 380.
[189] Eingängig aus rechtsvergleichender Sicht *Vagts* (Fn. 177), 596 ff.; aus wirtschaftswissenschaftlicher Sicht vgl. etwa *Berndt, Markus,* Global differences in corporate governance systems – Theory and implications for reform, 2002, 16 ff., der beispielhaft zeigt, wie durch Auswahl anderer Variablen eine genau entgegengesetzte Rangskala erzeugt werden kann.
[190] Vgl. *Lele, Priya P.; Siems, Mathias M.,* Shareholder protection – A leximetric approach, Journal of Corporate Law Studies 7 (2007), 17 (23).

Faktor und nicht das Gießen der entscheidende gewesen sein (auch wenn es tatsächlich nicht ausgeschlossen ist, Tannensetzlinge „totzugießen"). Wie jeder Gärtner weiß, ergeben erst alle diese und ggf. noch weitere Faktoren zusammen das richtige Bild.

119 Betrachtet die statistische Rechtsvergleichung nicht alle Faktoren, kann das unter anderem darauf beruhen, dass etwa funktionale Äquivalente zu bestehenden Regeln übersehen werden, ein rechtsvergleichender Grundlagenfehler, der um so näher liegt, als die Vertreter der statistischen Rechtsvergleichung zumeist keine Juristen, sondern Ökonomen sind. Wenn etwa für Deutschland davon ausgegangen wird, dass Aktionäre ihre Stimme nicht per Brief abgeben können, dann wird schlicht übersehen, dass hier zahlreiche Aktionäre ihre Aktien in einem Bankdepot haben und so ihr Stimmrecht über eine schriftliche Anweisung an die Bank auf der Hauptversammlung nach ihrem Willen ausüben lassen können.[191] Auch kann die Auswahl der Faktoren stark von der Heimatrechtsordnung der Rechtsvergleicher beeinflusst werden. So wird etwa darauf hingewiesen, dass in der bereits angesprochenen Studie zum Aktionärsschutz einer der (ohnehin wenigen) acht Faktoren das sog. kumulative Stimmrecht sei, über das in den USA, dem Stammland der Studie, sehr viel debattiert werde, das aber in den meisten anderen Ländern völlig bedeutungslos sei.[192] Dass sich aus einer solchen Einfärbung der Vorgehensweise auch leicht eine Einfärbung der Ergebnisse, insbesondere die so oft konstatierte Überlegenheit des common law ergeben kann, liegt auf der Hand.

120 Auf der Basis der bislang geäußerten Kritik ließe sich also theoretisch eine statistische Rechtsvergleichung durchführen, die in ihren Basisdaten kaum mehr angreifbar wäre, da umfassend alle relevanten Aspekte berücksichtigt und auf einer völlig gleitenden Skala bewertet würden. Eine statistische Rechtsvergleichung, die so vorgeht, gibt es allerdings nicht. Neben den bereits erwähnten Einwänden wird einem solchen Verlangen nämlich entgegengehalten, es sei praktisch kaum umsetzbar.[193] Wenn aber ein unvollständiges und stark fehlerträchtiges Vorgehen praktikabel, ein realitätsnäheres Vorgehen hingegen unpraktikabel ist, so ist die Konsequenz keineswegs, das praktikable Vorgehen trotz seiner Fehler zu wählen, sondern vielmehr das Vorgehen schlicht zu lassen und auf andere Techniken der Rechtsvergleichung zu setzen. Allerdings ist nicht zu übersehen, dass so umfassende Studien wie die der statistischen Rechtsvergleichung mithilfe der traditionellen Rechtsvergleichung kaum möglich wären oder nur „with a tome of 2000 pages and 6000 footnotes filled with caveats and qualifications that would have rendered it unreadable".[194] Auch daraus ergibt sich aber keineswegs, wie selbst Kritiker der statistischen Rechtsvergleichung oft zu unterstellen scheinen, dass dann die fehlerhafte, aber einfachere Methode anzuwenden wäre. Im Gegenteil: Wenn eine korrekte Darstellung der untersuchten Fragen nur mit langer Darstellung, also vielen Details der beteiligten Rechtsordnungen, und vor allem nur mit zahllosen Vorbehalten und Einschränkungen möglich ist, dann ergibt sich daraus, dass eine verkürzte Darstellung mit pauschalen Ergebnissen eben vollkommen unangemessen ist und daher von vornherein nicht in Betracht kommt. Hier zeigt sich erneut eine auch schon in der ökonomischen Analyse vorherrschende,[195] äußerst seltsame und bedenkliche Grundeinstellung: Einer schlecht funktionierenden Methode mit potentiell oder auch nachweisbar falschen Ergebnissen[196] wird allein deshalb die Stange gehalten, weil sie eben durchführbar ist: besser falsche als gar keine Ergebnisse; besser eine fehlerhafte Erfassung in Zahlenwerten als gar keine. Für eine solche Einstellung kann auch nicht der Verweis darauf ins Feld geführt

[191] Dazu *Vagts* (Fn. 177), 600.
[192] *Siems,* Statistische Rechtsvergleichung (Fn. 175), 371.
[193] Vgl. *Siems,* Statistische Rechtsvergleichung (Fn. 175), 383 f.
[194] So die Kritik bei *Vagts* (Fn. 177), 604; zustimmend etwa *Association Henri Capitant des Amis de la Culture Juridique Française* (Hrsg.), Les droit de tradition civiliste en question – À propos des rapports Doing Business de la Banque Mondiale, Bd. 1, 2006, 31 f.
[195] Vgl. supra → Rn. 58 ff.
[196] Vgl. etwa das Urteil von *Vagts* (Fn. 177), 602: „the difference between a nation with a total score of 0 and one with a total of 10 is not such as to concern an internationally sophisticated lawyer advising a client where to invest.".

werden, dass vereinfachte Modelle auch in den Naturwissenschaften verbreitet und wichtig sind. Denn jeder Naturwissenschaftler, dessen Modell ihm für die gerade anstehenden Fragen erkennbar nicht die richtigen Ergebnisse liefert, wird sich von diesem Modell verabschieden. Dass dies in der Ökonomie oder etwa in der statistischen Rechtsvergleichung nicht geschieht, dürfte letztlich psychologisch zu erklären sein. Denn die notwendige Verbreiterung und Verfeinerung der Datenbasis würde die Methode für ihre Befürworter nur noch schwer handhabbar machen, könnte zu sehr viel weniger plakativen Ergebnissen führen und würde vor allem die Relativität, Wertgeladenheit und Fehlerträchtigkeit des Vorgehens offenlegen.

(2) Suggestion naturwissenschaftlicher Genauigkeit. Dem traditionellen Rechtsvergleicher, der mit dieser Kritik der statistischen Rechtsvergleichung gegenübertritt, könnte allerdings vorgehalten werden, er sitze im Glashaus und werfe mit Steinen. Denn schließlich muss er zugeben, dass auch seine eigene Vorgehensweise fehlerbelastet ist. Alle einschlägigen Einflüsse insbesondere rechtskultureller Art zu berücksichtigen, ist außerordentlich schwierig und in der Praxis oft kaum machbar. Wenn aber die traditionelle Rechtsvergleichung sich durch diese Beschränktheit und Fehlerträchtigkeit nicht von der Forschung abhalten lässt, warum sollte es die statistische Rechtsvergleichung tun? Die Antwort liegt darin, dass der traditionelle Rechtsvergleicher seine Beschränkungen stets hervorhebt und sich von vornherein stets *bemüht,* alle relevanten Faktoren, rechtskulturellen Einflüsse, rechtliche und nichtrechtliche funktionale Äquivalente etc zu berücksichtigen. Wird er im Verlauf oder nach einer Studie auf solche Faktoren aufmerksam gemacht, die er übersehen hat und deren reale Bedeutung er anerkennen muss, so wird er seine Studie und ggf. seine Ergebnisse stets entsprechend abändern. Die statistische Rechtsvergleichung hingegen hat die Beschränkungen in ihre Methode integriert, sie hat das Streben nach einer vollständigen und richtigen Darstellung aufgegeben. Anders ausgedrückt: Fehler und Unvollständigkeiten sind in der traditionellen Rechtsvergleichung das Resultat menschlicher Fehlleistung und beschränkter menschlicher Erkenntnis, in der statistischen Rechtsvergleichung hingegen Teil der Methode. 121

Auch dies erklärt aber nicht ganz die ausgeprägte Abneigung, mit der nicht nur die meisten Rechtsvergleicher sondern auch ganz allgemein die meisten Juristen auf die statistische Methode reagieren. Sie dürfte letztlich auf der enormen Suggestivwirkung von Zahlen beruhen. Eine juristische Methode, die man persönlich ablehnt und für falsch hält, ist in aller Regel doch nur eine Methode unter vielen, ein subjektiver Vorschlag, dessen Überzeugungskraft sich in der Debatte mit anderen Vorschlägen erweisen wird, der sich im Kampf der Worte behaupten muss oder untergehen wird. Die detaillierten Zahlenreihen hingegen, die eine statistische Analyse hervorbringt, die Berechnung von Verhältniszahlen auf mehrere Stellen hinter dem Komma, die Angaben von Signifikanzwerten und prozentualen Anteilen stehen scheinbar außerhalb der ideologischen Debatten. Sie scheinen „wissenschaftlich" und sehr genau zu sein. Eine Aussage wie „die Existenz kapitalmarktrechtliche Offenlegungspflichten und die Anzahl von Unternehmen in einem Land sind mit dem Faktor 0,8735 und einer Signifikanz von 10% positiv korreliert" scheint eine mathematische Gewissheit auszudrücken, nicht eine Meinung. Da eventuelle Gegner zudem gezwungen werden, Details der zugrundeliegenden Einzeldaten sowie die Methoden ihrer statistischen Auswertung zu kritisieren, erscheint die Kritik leicht als auf Kleinigkeiten und unwichtige Unterpunkte fixiert und damit wenig interessant. Bei alledem ist die statistische Rechtsvergleichung aber keinesfalls weniger wertungsabhängig, weniger subjektiv und weniger fehlerträchtig als andere Methoden. Dies wird auch durchaus immer wieder eingeräumt, doch – ähnlich wie bei der ökonomischen Analyse – oft eher versteckt in Einleitungen oder Randbemerkungen und ohne dass dies in den Ergebnissen seinen Niederschlag fände. So räumt etwa der auf Methoden statistischer Rechtsvergleichung beruhende Doing Business Report der Weltbank von 2006 Frankreich im Gesamtranking den 44. Platz, zwischen Ländern wie Jamaica (Platz 43) und Botswana (Platz 40) auf der einen und Kiribati (Platz 45) und Armenien (Platz 122

46) auf der andern Seite ein.[197] Dass jemand, der ein neues Unternehmen aufbauen will, wirklich besser in Botswana als in Frankreich und nicht viel schlechter in Armenien aufgehoben wäre, erscheint jedoch mehr als zweifelhaft. Die äußerst verärgerten Reaktionen französischer Wissenschaftler, die sich zu einem eigenen Gegenbericht gezwungen sahen,[198] erscheint insofern verständlich. Wenn etwa das vom Bürgerkrieg zerrissene Ruanda im Rahmen statistischer Rechtsvergleichung als besonderes Vorbild für den ganzen afrikanischen Kontinent dargestellt wird,[199] zeigt sich ebenfalls eine etwas seltsame und einseitige Sichtweise. Interessanterweise sehen die Autoren des Doing Business Reports das offenbar genauso. Sie weisen nicht nur (sogar zweimal wortgleich) darauf hin, dass sie weder die Nähe eines Landes zu großen Märkten, noch die Qualität der Infrastruktur, noch die Absicherung von Privateigentum gegen Diebstahl und Plünderung, noch makroökonomische Bedingungen oder die Stärke der einschlägigen Institutionen berücksichtigt haben. Sie sprechen auch offen aus, dass die annähernd gleiche Einstufung etwa von Frankreich und Jamaica in Bezug auf die Leichtigkeit wirtschaftlicher Aktivität („doing business") keineswegs bedeute, dass Unternehmen besser stünden, wenn sie in Kingston anstelle von Paris tätig würden.[200] Der gesunde Menschenverstand legt dann allerdings nicht nur die schon allgemein angesprochene Frage nahe, warum die als relevant erkannten Faktoren nicht einbezogen werden, sondern auch die Frage, welche Aussage der Rang in der Skala der Leichtigkeit wirtschaftlicher Aktivität dann überhaupt noch haben soll.

123 **(3) Kausalitäten.** Kausalitäten sind in mehrfacher Hinsicht ein besonderes Manko der statistischen Rechtsvergleichung. Zunächst arbeitet die Methode über die sog. Regressionsanalyse mit Korrelationen, dh dem regelmäßigen Zusammentreffen zweier oder mehrerer Variablen. Erhöht sich also, vereinfacht gesagt, regelmäßig der Wert von Variable A, wenn Variable B sich erhöht, und umgekehrt, so besteht eine positive Korrelation zwischen A und B. Nach einer unter Statistikern verbreiteten Legende ließ sich aber auf diese Weise auch schon eine signifikante positive Korrelation zwischen der Anzahl der Störche und der Geburtenrate in einem Gebiet nachweisen. Mit anderen Worten: Korrelationen sagen nicht das geringste über Kausalitäten aus. Werden Kausalitätsaussagen dennoch getroffen, beruhen sie allein auf einer entsprechenden Bewertung des Forschers, der sich dafür gerade nicht auf seine Statistik stützen kann.[201] Wenn also etwa Offenlegungsvorschriften und Börsenkapitalisierung von Unternehmen positiv korreliert sind, heißt das keinesfalls, dass die Offenlegungsvorschriften die Börsenkapitalisierung gefördert haben. Dennoch werden Korrelationen in der Praxis der statistischen Rechtsvergleichung regelmäßig wie Kausalitäten behandelt, werden also etwa Schlüsse über die Qualität der Gesetzgebung oder über notwendige Reformen aus der statistischen Analyse gezogen.[202] Das reine Ergebnis dieser Schlüsse ist dabei durchaus diskussionswürdig und mag sogar richtig sein, doch hat dies mit der dahinterstehenden Statistik, die ihnen scheinbar besonderen Wert verleiht, nichts zu tun.

124 Selbst wenn aber die Korrelation gegen einen statistischen Lehrsatz als Kausalität interpretiert wird, stellt sich – neben dem bereits angesprochenen Einfluss dritter Faktoren –

---

[197] Vgl. *World Bank* (Hrsg.), Doing business in 2006 – Creating jobs, 2006, 91.

[198] Vgl. *Association Henri Capitant des Amis de la Culture Juridique Française* (Fn. 194); 2 Jahre später lag Frankreich dann auf Platz 31 mit sehr viel weniger zweifelhaften Nachbarn, vgl. *World Bank* (Hrsg.), Doing business 2008, 2008, 6.

[199] Vgl. *World Bank* (Fn. 197). 4; scharfe Kritik in *Association Henri Capitant des Amis de la Culture Juridique Française* (Fn. 194), 125.

[200] Vgl. *World Bank* (Fn. 197). 3, 91; wortgleich *World Bank* (Fn. 199), Vorwort, 5; vgl. ähnlich auch *La Porta, Rafael; Lopez-de-Silanes, Florencio; Shleifer, Andrei; Vishny, Robert,* Law and Finance, Journal of Political Economy 106 (1998), 1113 (1152), die darauf hinweisen, dass eventuelle Mängel im rechtlichen Schutz von Investoren wahrscheinlich gerade nicht unüberwindliche Konsequenzen haben müssen, denn „France and Belgium, after all, are both very rich countries".

[201] Vgl. dazu etwa *Association Henri Capitant des Amis de la Culture Juridique Française* (Fn. 194), 18 ff.; zu Kausalitätsfragen s. auch infra → Rn. 140 f.

[202] Deutliche Unterscheidung hingegen in *Donohue/Levitt* (Fn. 183), 382, 386 ff., 408 ff., die auch vorbildlich deutlich davor warnen, aus ihren Ergebnissen direkte Konsequenzen zu ziehen, ibid., 415.

regelmäßig die Frage, in welche Richtung diese Kausalität verläuft. So kann es etwa sein, dass bestimmte Kapitalmarktregeln wie Offenlegungsvorschriften oder Haftungsregime zu einer gut funktionierenden Unternehmenslandschaft und damit zum wirtschaftlichen Wachstum beitragen. Ebenso gut kann es aber auch sein, dass in Ländern mit einer gut entwickelten Wirtschaft das Bedürfnis nach guten Kapitalmarktvorschriften steigt, das dann vom Gesetzgeber befriedigt wird. Wiederum kann die statistische Rechtsvergleichung dazu nichts sagen.

Schließlich kann die statistische Rechtsvergleichung zu einer der Kernfragen der Rechtsvergleichung kaum etwas beitragen, nämlich zu der Frage, *warum* sich zwei Rechtsordnungen in bestimmter Weise voneinander unterscheiden. Warum also hat Frankreich andere Vorschriften zum Kapitalmarkt als die USA? Die Frage stellt sich sogar um so dringender, wenn das Ergebnis statistischer Untersuchungen akzeptiert und davon ausgegangen wird, dass die Vorschriften etwa der USA die besseren und wachstumsfreundlicheren sind. Warum machen es dann nicht alle Staaten wie die USA? Und warum versuchen die USA nicht, die Wirtschaftsregeln von Singapur zu übernehmen, das noch besser abschneidet? Warum orientieren sich die Länder der Europäischen Union nicht zumindest an Hongkong, das ihnen allen den Rang abläuft, Österreich und Puerto Rico an Saudi-Arabien und Spanien an den Fidschi-Inseln?[203] Entsprechend trifft die statistische Rechtsvergleichung auch keine Aussagen etwa zur Funktionsweise und Funktionsfähigkeit von Rechtsübertragungen, obwohl sie oft gerade die Übernahme des Vorbilds bestimmter Länder empfiehlt. **125**

(4) Wirtschaftspolitische Einfärbung und rechtspolitisches Programm. Bei alledem ergeben genauere Analysen der statistischen Rechtsvergleichung, dass ihre Vorgehensweise und Grundannahmen oft ideologisch klar von einem ausgeprägten Wirtschaftsliberalismus eingefärbt sind. Einmischungen des Staates werden grundsätzlich abgelehnt.[204] Das Fehlen fester Arbeitszeiten, das Fehlen wirksamer Kündigungsschutzvorschriften oder die Erhöhung des Rentenalters gelten als positiv und werden mit Nachdruck empfohlen: der beste Arbeitnehmerschutz seien flexible Vorschriften.[205] Insbesondere betrifft diese Einfärbung den regelmäßig unter Führung der Weltbank herausgegebenen Doing Business Report, dessen Autoren auch sonst im Rahmen der statistischen Rechtsvergleichung hervortreten.[206] Dass etwa Frankreich mit seinem sehr viel aktiveren Staatsverständnis in einer Untersuchung auf dieser Grundlage eher schlecht abschneidet und die eher interventionsfeindlichen Staaten des common law besser, stellt sich dann in erster Linie als das Ergebnis der entsprechenden Grundeinstellungen und Vorgaben dar. Dementsprechend harsch fällt auch die Kritik französischer Wissenschaftler aus.[207] Die zahlreichen Fehlerquellen in Verbindung mit dieser ideologischen Vorbelastung und der Suggestivkraft der Zahlen macht die Verwendung der statistischen Rechtsvergleichung gerade durch eine so einflussreiche Institution wie die Weltbank besonders zweifelhaft. Denn hier setzen sich die nur scheinbar sicheren Ergebnisse der Studien schnell in konkrete Empfehlungen an Investoren und in einen möglichen Reformdruck auf wirtschaftlich weniger mächtige Länder um. Auch die erwähnten Vorbehalte des Reports gegen die eigenen Ergebnisse wiegen bei einer solchen politischen Verwendung der Resultate umso schwerer. **126**

Allerdings ist eine klar wirtschaftsliberale Ausrichtung zwar regelmäßig, aber nicht in allen Fällen festzustellen. Gerade die Studien außerhalb rein wirtschaftsrechtlicher Themen betonen auch Ergebnisse, die wirtschaftsliberale Einstellungen nicht bestätigen. So wird in einer Studie zum Arbeitsrecht festgestellt, dass die Intensität staatlicher Regulierung im **127**

[203] Vgl. *World Bank* (Fn. 199), 6.

[204] Vgl. die Analyse bei *Association Henri Capitant des Amis de la Culture Juridique Française* (Fn. 194), 23 ff.; allgemein auch *Siems,* Statistische Rechtsvergleichung (Fn. 175), 383.

[205] Vgl. *World Bank* (Fn. 199), 19, 22.

[206] Zu den personellen Zusammenhängen *Association Henri Capitant des Amis de la Culture Juridique Française* (Fn. 194), 14 ff.

[207] Vgl. *Association Henri Capitant des Amis de la Culture Juridique Française* (Fn. 194), 25 ff.; vgl. auch ibid., 125 („une part d'hypocrisie dans la démarche, et même une certaine fraude intellectuelle dans la démonstration").

Bereich von Arbeits- und Tarifvertragsrecht nicht mit der ökonomischen Entwicklung zusammenhängt, insbesondere geringe Regelungsdichte nicht typisch für reiche Staaten ist.[208] In der Studie zur Regierungsqualität wird ausdrücklich betont, dass aktivere, einmischungsfreudigere Regierungen („big government") die besseren seien.[209] Dass dies allerdings nicht unbedingt die Grundeinstellung der Autoren wiedergibt, zeigt sich schon daran, dass daraus – anders als sonst und ohne erkennbare Begründung – ausdrücklich keine Empfehlung abgeleitet wird, diesen Faktor guten Regierens zu stärken.[210]

128 Eine ideologische Ausrichtung besteht aber nicht nur in wirtschaftlicher Hinsicht. So greift etwa die Studie zur Regierungsqualität für die Bestimmung des Ausmaßes der politischen Freiheit schlicht zurück auf den US-amerikanischen sog. Freedom House Report.[211] Dieser wiederum bemängelt beispielsweise bei der Bewertung der Meinungsfreiheit in Deutschland die Strafbarkeit der Äußerung bestimmter nationalsozialistischer Gedanken, etwa der sog. Auschwitz-Lüge.[212] Diese Einschätzung beruht letztlich auf der US-amerikanischen Vorstellung von Meinungsfreiheit als freiem Markt der Ideen und der dort fehlenden verfassungsmäßigen Verankerung der Menschenwürde. Dass das Verbot der sog. Auschwitz-Lüge eine effektive Beschränkung der Meinungsfreiheit ist, lässt sich natürlich ohne weiteres behaupten. Ebenso gut lässt sich aber der Grundgedanke heranziehen, dass der Schutz der Freiheit des einen oft die Freiheit des anderen beeinträchtigt und umgekehrt. Das Verbot der sog. Auschwitz-Lüge könnte also gerade dem Schutz wichtiger anderer Freiheitsgüter dienen und so das Freiheitsniveau insgesamt nicht berühren oder gar heben. Entscheidend dabei ist nicht, welche Position die richtige ist, sondern nur, dass es sich dabei um eine offene, stark rechtkulturell geprägte Debatte handelt. Die doch eher schlichte Konsequenz, bei Strafbarkeit etwa der Auschwitz-Lüge Punktabzüge bei der Freiheitsnote vorzunehmen, ist jedenfalls ideologisch eingefärbt und kann leicht den Geruch des rechtskulturellen Imperialismus annehmen. Ebenso deutlich wird diese Einfärbung etwa, wenn der Freedom House Report Deutschland dafür rügt, dass es sich ua mithilfe von Geheimdienstüberwachung gegen die gefährlichen Aktivitäten der menschenverachtenden und demokratiefeindlichen Scientology-Organisation wehrt, die sich mit dem Mantel einer Religionsgemeinschaft tarnt.[213]

129 Zusammengefasst kann die statistische Rechtsvergleichung interessante Thesen liefern, die hinreichend plausibel sind, um eine nähere Untersuchung zu rechtfertigen. Sie vermag dabei vor allem auch sehr breite Ansätze zu unterstützen, die eine Vielzahl von Ländern und Faktoren miteinbeziehen. Solange ihre Korrelationen nicht als Kausalitäten und ihre Ergebnisse als bloße Ideen mit einer gewissen Plausibilität verstanden werden, die für sich genommen völlig ungeeignet sind, Bewertungen oder gar Handlungsempfehlungen zu stützen, kann die statistische Methode einen Platz am Rande der Rechtsvergleichung beanspruchen.

b) Vergleichende Verfassungsforschung

130 Die methodischen Vorschläge der vergleichenden Verfassungsforschung („comparative constitutional studies") beschränken sich auf den Vergleich von Verfassungen, also ein

[208] Vgl. *Botero, Juan C.; Djankov, Simeon; La Porta, Rafael; Lopez-de-Silanes, Florencio; Shleifer, Andrei,* The regulation of labor, The Quarterly Journal of Economics 119 (2004), 1339 (1364).

[209] Vgl. *La Porta/Lopez-de-Silanes/Shleifer/Vishny* (Fn. 180), 239 („This result, that the larger governments tend to be the higher quality ones, is one of our key findings").

[210] *La Porta/Lopez-de-Silanes/Shleifer/Vishny* (Fn. 180), 239 („It does not imply, *of course,* that it is often desirable to expand a government of a given quality."), Hervorhebung hinzugefügt.

[211] Vgl. *La Porta/Lopez-de-Silanes/Shleifer/Vishny* (Fn. 180), 237 f.; die jährlichen Reports des Freedom House sind einsehbar unter www.freedomhouse.org.

[212] Vgl. *Freedom House* (Hrsg.), Freedom in the World 2021, Teil D1, freedomhouse.org/country/germany/freedom-world/2021 (zuletzt abgerufen am 18.7.2025).

[213] Vgl. die Kritik bei *Freedom House* (Hrsg.), Freedom in the World 2013, freedomhouse.org/sites/default/files/2020-02/Freedom_in_the_World_2013_complete_book.pdf, 273 (zuletzt abgerufen am 18.7.2025).

einzelnes, wenn auch wichtiges Gebiet der Rechtsvergleichung. Sie sind dennoch von allgemeinerem Interesse, weil es sich um den seltenen Fall eines umfänglich sozialwissenschaftlich inspirierten, analytischen Ansatzes handelt, der sich nicht auf nur negative Kritik der traditionellen Rechtsvergleichung beschränkt,[214] sondern positiv Vorschläge für eine konkrete rechtsvergleichende Herangehensweise macht.

aa) Auf der Suche nach Kausalitäten

Nach der von Hirschl entwickelten Grundidee soll die Verfassungsrechtsvergleichung mit den vergleichenden Sozialwissenschaften fusionieren und so ein neues Fachgebiet schaffen, eben die vergleichende Verfassungsforschung.[215] Hirschl akzeptiert zunächst einen methodischen Pluralismus oder Synkretismus, indem er anerkennt, dass verschiedene Rechtsvergleicher auch verschiedene Ziele verfolgten und es daher keinen für alle einheitlichen methodischen Ansatz geben könne.[216] Dennoch kritisiert er die Verfassungsrechtsvergleichung, weil es ihr an kohärenten methodischen und erkenntnistheoretischen Grundlagen fehle, weil sie unscharf und theorielos bleibe, und weil es ihr nicht gelinge, Wissen zu erzeugen, wie es von den meisten Sozialwissenschaftlern gesucht werde.[217] Die vergleichende Verfassungsforschung konzentriert sich demgegenüber auf einen bestimmten Fragentyp, den sie für herausragend wichtig hält, den zu erfassen aber die Verfassungsrechtsvergleichung nicht fähig sei, nämlich die Suche nach kausalen Verbindungen. Diese Kausalitätsfrage wird auf verschiedenste Weise umschrieben, teils als Testen von Theorien und Erklärung durch kausale Schlüsse, teils als auf Schlussfolgerungen ausgerichteter Vergleich, als Theoriebildung, als Produktion verallgemeinerbarer Ergebnisse oder oft schlicht als „Erklärung".[218] Hauptanwendungsbeispiel scheinen Rechtsübertragungen zu sein.[219] Hirschl geht es bei alledem um Fragen, die nicht das Sollen, sondern das Sein betreffen,[220] mit anderen Worten um empirische und nicht um normative Fragen. Konkret scheint der Fokus auf kausale Verbindungen solche Fragen in den Blick zu nehmen, die eine direkte Wenn-Dann Beziehung in der sozialen Wirklichkeit betreffen: Wird Faktor A in dieser Weise verändert, dann ändert sich Faktor X auf jene Weise; oder umgekehrt, Faktor X hat jene Form angenommen, weil Faktor A diese Form hat. Wie, um einige Beispiele zu nennen, beeinflusst die Stabilität einer Regierung die Bereitschaft von Richtern, gegen die Regierung gerichtete Entscheidungen zu treffen? Wie wird die Verantwortlichkeit der Gerichte beeinflusst, wenn statt einer Ministerialüberwachung der Justiz eine Selbstverwaltung eingeführt wird? Welche Verbindungen bestehen im Einzelnen zwischen dem Triumph der Demokratie, der Entstehung eines globalen Dorfs und der transnationalen Wanderungsbewegung von Verfassungsideen? Warum haben manche Verfassungen eine längere Lebensdauer als andere?[221] Das dahinterstehende Kausalitätskonzept scheint nicht das in der Rechtswissenschaft übliche deterministische im Sinne einer conditio sine qua non zu sein, sondern ein probabilistisches. Mit anderen Worten ist Faktor A nicht erst dann kausal für X, wenn A 131

[214] Zu dieser Art von Kritik vgl. infra → Rn. 150 ff.; zu analytischen Fragen vgl. infra → Rn. 225 ff.

[215] Vgl. *Hirschl, Ran,* Comparative Matters, 2014, passim, insbes. 6 ff., 224 ff.

[216] Vgl. *Hirschl* (Fn. 215), 280.

[217] Vgl. *Hirschl* (Fn. 215), 244, 278; zur Bedeutung von „theorielos" („under-theorized") und der Verbindung zu analytischen Fragestellungen vgl. auch infra → Rn. 223 ff.

[218] Vgl. zB *Hirschl* (Fn. 215), 242, 239, 279, 14, 226 f. Obwohl Hirschl versucht, Verbindungslinien zwischen Verfassungsrechtsvergleichung und vergleichender Politikwissenschaft aufzuzeigen, indem er betont, dass Erklärung schon immer ein Grundanliegen auch der Rechtsvergleichung sei, ibid., 279, beschreibt „Erklärung" in der traditionellen Rechtsvergleichung üblicherweise im weitesten Sinne die Suche nach Gründen für festgestellte Unterschiede und Gemeinsamkeiten. Das aber unterscheidet sich stark von einer auf Kausalitäten und Theoriebildung fixierten Verwendung des Begriffs. Hirschls eigene Definition von „Erklärung", ibid., 226 f., führt dabei nicht weiter, da sie mehr Fragen aufwirft als beantwortet.

[219] Vgl. *Hirschl* (Fn. 215), 231, 281; zu Rechtsübertragungen im Allgemeinen vgl. supra → § 2 Rn. 34 ff.

[220] Vgl. *Hirschl* (Fn. 215), 15.

[221] Zu diesen Beispielen vgl. *Hirschl* (Fn. 215), 252, 250, 281, 270.

nicht hinweggedacht werden kann, ohne dass X entfiele, sondern es reicht aus, dass A das Auftreten von X irgendwie wahrscheinlicher macht.[222]

132 Der zentrale Gedanke der vergleichenden Verfassungsforschung liegt nun darin, dass es für die Beantwortung von Kausalitätsfragen notwendig sei, auf sozialwissenschaftliche Forschungsdesigns zum kontrollierten Vergleich und zu Prinzipien der Fallauswahl zurückzugreifen, die in der Verfassungsrechtsvergleichung weithin unbeachtet blieben. Auf einer ersten Ebene besteht dabei die Auswahl zwischen sog. small-N Ansätzen, die eine begrenzte Anzahl von Rechtsordnungen betrachten, und sog. large-N Ansätzen, die eine sehr große Anzahl von Rechtsordnungen betrachten.[223] Bei large-N Ansätzen geht es im Wesentlichen um die bereits beschriebene, im juristischen Bereich sogenannte statistische Rechtsvergleichung.[224] Bei small-N Ansätzen besteht die Wahl zwischen mehreren grundlegenden Prinzipien der Fallauswahl, anhand derer entschieden wird, welche konkreten Rechtsordnungen in die Untersuchung aufgenommen werden sollten, nämlich das Prinzip der ähnlichsten Fälle, das Prinzip der unähnlichsten Fälle, das Prinzip der prototypischen Fälle, das Prinzip des schwierigsten Falles und das Prinzip der Ausreißerfälle. Die Grundgedanken und jeweiligen Vorteile dieser Methoden werden dabei durch Beispiele erläutert, bei denen sie mit gutem Erfolg angewandt wurden.

bb) Sozialwissenschaftliche Fragen, sozialwissenschaftliche Methoden

133 Der Ansatz der vergleichenden Verfassungsforschung ist auf harsche Kritik gestoßen.[225] Insbesondere wird ihm vorgeworfen, die Bedeutung von Kausalität bei weitem überzubewerten und zugleich die Bedeutung eines hermeneutischen Verstehens und Erklärens außer Acht zu lassen, die im Zentrum rechtsvergleichenden Erkenntnisstrebens steht. Kausalität wird als hochgradig problematisches Konzept entlarvt, da Vergleiche üblicherweise nur Korrelationen aufzeigten[226] und der Vergleich realer Phänomene nur in den seltensten Fällen zweifelsfrei einen oder mehrere konkrete Kausalfaktoren identifizieren könne, wie es den Naturwissenschaften durch entsprechend konstruierte Experimente möglich sei. Weiterhin vermöchten die Prinzipien der Fallauswahl ihr Versprechen methodischer Klarheit und Eindeutigkeit nicht zu erfüllen, da keine konkreten Kriterien angegeben würden, anhand derer eine klar gesteuerte Entscheidung für das eine und gegen das andere Prinzip möglich wäre. Vor allem aber hebt die Kritik hervor, dass Hirschl zwar eine Fülle von hochinteressanten Beispielen verfassungsvergleichender Untersuchungen und Erkenntnisse liefert, diese aber ganz überwiegend gerade nicht auf der Grundlage der strengen sozialwissenschaftlichen Methoden gewonnen wurden, für die er sich nachdrücklich einsetzt, sondern schlicht mit Hilfe des üblichen hermeneutisch-spekulativen Verstehens.[227] Diese Kritik ist durchaus treffend.

134 Kurz zusammengefasst will die vergleichende Verfassungsforschung die Verfassungsrechtsvergleichung auf Fragestellungen hin umlenken, wie sie in den Sozialwissenschaften üblich sind, und dabei zugleich in einem Zug das Gebiet umbenennen. Daraus wird dann gefolgert, dass die Beantwortung der neuen, aus den Sozialwissenschaften übernommenen Fragen nur

---

[222] So *Petersen, Niels; Chatziathanasiou, Konstantin,* Empirical Resarch in Comparative Constitutional Law – The Cool Kid on the Block or All Smoke and Mirrors?, ICON 19 (2021), 1810 (1811 ff.).

[223] Dazu und zum Folgenden vgl. *Hirschl* (Fn. 215), 244 ff.

[224] Vgl. supra → Rn. 110 ff.

[225] Dazu und zum Folgenden vgl. *Bogdandy, Armin von,* Zur sozialwissenschaftlichen Runderneuerung der Verfassungsvergleichung – Eine hegelianische Reaktion auf Ran Hirschls Comparative Matters, Der Staat 55 (2016), 103 (103 ff.); zur Einordnung sollte angemerkt werden, dass von Bogdandy gegenüber neuen Ideen in der Rechtsvergleichung keineswegs unaufgeschlossen ist. Vgl. auch die Beschreibung und Kritik der vergleichenden Politikwissenschaft supra → § 1 Rn. 47 ff.

[226] Zum Unterschied zwischen Korrelation und Kausalität vgl. auch supra → Rn. 123 f.

[227] Zu diesen Kritikpunkten vgl. im Einzelnen *von Bogdandy* (Fn. 225), 110 f., 111 f., 106 f. Eine englischsprachige Version dieser Kritik ist erschienen als *Bogdandy, Armin von,* Comparative Constitutional Law as a Social Science? – A Hegelian Reaction to Ran Hirschl's Comparative Matters, Verfassung und Recht in Übersee 49 (2016), 278.

möglich sei, wenn zugleich auf die sozialwissenschaftlichen Methoden zurückgegriffen werde. Mit anderen Worten: wer deren Fragen stellt, muss auch deren Methoden verwenden. Das ist kein besonders überraschender Vorschlag, nicht zuletzt aus der Feder eines bekannten Wissenschaftlers mit im Wesentlichen sozialwissenschaftlicher Ausbildung. Und in diesem Sinne macht der Vorschlag auch Sinn. Denn wenn ein Rechtsvergleicher sich mit Fragen befassen will, die aus dem Gebiet der Sozialwissenschaften stammen, ist er in der Tat gut beraten, die dort entwickelten methodischen Optionen genauer anzuschauen und zu erwägen. Schließlich behauptet die vergleichende Verfassungsforschung in keiner Weise, die von ihr vorgeschlagenen Methoden erfunden zu haben, sondern verweist den Rechtsvergleicher schlicht auf die methodischen Standarddiskussionen, wie sie seit langem etwa in der vergleichenden Politikwissenschaft geführt werden.[228] Tatsächlich sollte dieser gute Ratschlag im Übrigen ganz selbstverständlich auch in die umgekehrte Richtung gelten: Jeder Sozialwissenschaftler, der sich mit Recht und Rechtsvergleichung beschäftigt, muss ebenso die spezifisch juristischen, normativen Herangehensweisen genauer anschauen und erwägen und in diesem Sinne das Sollen und nicht nur das Sein verstehen (ein Vorschlag der noch bedeutend seltener beherzigt wird als sein Gegenstück).

Zwei Fragen bleiben offen. Erstens, warum sollte ein Rechtsvergleicher überhaupt sein **135**
Fachgebiet verlassen und sich einem anderen zuwenden? Zwar stellen die Sozialwissenschaften tatsächlich interessante Fragen. Das gilt aber auch für viele andere Fächer jenseits des Rechts, ohne dass Rechtswissenschaftler sich dazu veranlasst sähen, nunmehr in der Theologie, der Geographie, der Klimatologie, der Epidemiologie oder der Psychologie zu forschen. Letztlich geht es hier um die Frage des Selbstandes der Rechtswissenschaft,[229] und des Versuchs der Sozialwissenschaften, die Führung zu übernehmen, ein Versuch der gerade im nordamerikanischen akademischen Milieu, aus dem der Vorschlag der vergleichenden Verfassungsforschung stammt, auf leider fruchtbaren Boden trifft. Selbst wenn es zweitens um typisch sozialwissenschaftliche Fragestellungen geht, ist der von Hirschl vorgeschlagene Fokus auf empirische Kausalität und auf das Sein anstelle des Sollens nicht notwendig der einzige oder auch nur immer ein guter Ansatz. Stattdessen wird ein vertieftes, hermeneutisches Verstehen oft zu mindestens gleich wertvollen Ergebnissen führen; zudem wird die Kausalität einer oder weniger Variablen in so komplexen Gebieten wie dem Verfassungsrecht oft unmöglich nachzuweisen sein.[230] Aus ganz praktischer Perspektive kommt abschließend hinzu, dass nicht nur large-N Ansätze,[231] sondern auch small-N Ansätze mit ihren Fallauswahlprinzipien unterstellen, dass es wirklich eine freie und uneingeschränkte Wahl gebe, dass also jeder Rechtsvergleicher alle Voraussetzungen mitbringe, um jede beliebige Rechtsordnung der Welt wissenschaftlich fundiert zu untersuchen. Das mag aus einer allein auf das Sein konzentrierten Perspektive richtig sein, wie sie für die Sozialwissenschaften typisch ist, die sich mit empirisch erkennbaren Tatsachen befassen. Da jedoch jeder Rechtsvergleicher den normativen und nicht-normativen Kontext einbezieht, den Einfluss des jeweiligen rechtlichen Stils und der rechtlichen Denkweisen, rechtlicher Konstruktionen und Argumentationsweisen berücksichtigen muss,[232] bedarf er einer gewissen grundlegenden, ggf. noch zu erarbeitenden Vertrautheit mit der zu betrachtenden Rechtsordnung, den Eigenheiten der zugehörigen Gesellschaft und – nicht das geringste der Probleme – mit der jeweiligen Sprache. Diese Voraussetzungen beeinträchtigen die Arbeit eines jeden Rechtsvergleichers, aber sie sind unerlässlich, um das fremde Recht aus vergleichender Perspektive wirklich zu verstehen, ohne in groben Vereinfachungen oder Fehler zu verfallen. Das Recht

[228] Vgl. die kritische Betrachtung der Methoden in der vergleichenden Politikwissenschaft supra → § 1 Rn. 47 ff.

[229] Zur Rechtswissenschaft und Rechtsvergleichung als eigenständige Disziplinen insbesondere auch im Hinblick auf die Sozialwissenschaften vgl. infra → Rn. 239 ff.; zum Problem der Kausalität vgl. auch infra → Rn. 123 f.

[230] Vgl. zu beiden Gedanken *von Bogdandy* (Fn. 225), 110 ff.; zur Rolle der Hermeneutik in der Rechtsvergleichung vgl. infra → Rn. 225 ff.

[231] Zu deren Problemen vgl. supra → Rn. 95 ff.

[232] Zur Bedeutung des Kontexts vgl. infra → Rn. 212 ff.

als einen komplexen Vorgang zu verstehen und nicht nur als eine black box, die „irgendwie" bestimmte Ergebnisse produziert, ist Teil der normativen Ausrichtung der (vergleichenden) Rechtswissenschaft, die ihr zentrales proprium bleibt.

c) Empirische Rechtsvergleichung

aa) Ein Sammelbegriff und seine Grenzen

136 Auf den ersten Blick nehmen sich statistische Rechtsvergleichung und vergleichende Verfassungsforschung sehr unterschiedlich aus. Law and finance erscheint sehr deutlich als eine Fingerübung in fortgeschrittener Kodierung und Statistik, während die vergleichende Verfassungsforschung ohne Mathematik auszukommen scheint und auf sehr viel anschaulicherer, politikwissenschaftlicher Grundlage arbeitet. Dennoch sind die Gemeinsamkeiten groß. Nicht nur geht es der vergleichenden Verfassungsforschung ua um large-N Studien, womit im Wesentlichen auf die statistische Rechtsvergleichung Bezug genommen wird. Beide Ansätze konzentrieren sich zudem auf Kausalitätsfragen sowie auf das Sein anstelle des Sollens. Daher war überfällig, dass Spamann den Begriff der „empirischen Rechtsvergleichung" prägte, der diese und zahlreiche weitere Studien erfasst, die länderüberschreitende Daten verwenden, um kausale Theorien mit Bezug auf das Recht im Rahmen expliziter Hypothesentests zu überprüfen.[233] Auch wenn der gewählte Begriff nicht frei von Kritik geblieben ist,[234] scheint er doch treffend und dürfte sich bewähren.[235] Er erfasst beispielsweise Ansätze wie das comparative constitutions project, mit dem versucht wird, eine sehr große Anzahl von Verfassungstexten aus Gegenwart wie Vergangenheit datenmäßig zu erfassen (kodieren). Alle ihre Bestimmungen werden stichwortartig bestimmten Verfassungsaussagen zugeordnet, die sich ergebenden Datensätze veröffentlicht und diese Daten dann auch analysiert.[236] Ein anderes typisches Beispiel sind statistische Untersuchungen zum Wie und Warum der Übertragung von Rechtsnormen und rechtlichen Ideen von einem Land in ein anderes.

137 Empirische Rechtsvergleichung ist ein Untergebiet der empirischen Rechtsforschung[237] und teilt deren spezifische Eigenheiten und Probleme. Sie überschneidet sich in weiten Bereichen mit der vergleichenden Politikwissenschaft und anderen vergleichenden Sozialwissenschaften. Da ihr Untersuchungsgegenstand das Recht ist, bestehen auch viele Berührungspunkte mit der Rechtsvergleichung. Jedoch besteht insofern ein zentraler Unterschied: Der klare Fokus der empirischen Rechtsvergleichung liegt auf Kausalitätsfragen, die in der Rechtsvergleichung traditionell eher als allenfalls randständig angesehen werden; zudem beruht ihre Methode auf der Überprüfung von Hypothesen anstelle detaillierter Einarbeitung und vertiefter Beschreibung. In diesem Sinne greift zunächst die bereits zur vergleichenden Verfassungsforschung benannte Kritik[238] durch. Insbesondere tendieren empirische Ansätze dazu, die Bedeutung des hermeneutischen Verstehens und Erklärens außer Acht zu lassen, das im Zentrum rechtsvergleichenden Erkenntnisstrebens steht. Auch ist es wenig überraschend, dass Wissenschaftler, die typisch sozialwissenschaftliche Fragen stellen und in den Sozialwissenschaften ausgebildet sind, wie selbstverständlich auf die Methoden zurückgreifen, die in diesen Fachgebieten vorherrschen.

---

[233] Vgl. *Spamann, Holger,* Empirical Comparative Law, Annual Review of Law and Social Science 11 (2015), 131 (132).

[234] *Michaels, Ralf,* Transnationalizing Comparative Law, Maastricht Journal of European and Comparative Law, 23 (2016), 352 (357) bezeichnet ihn als „somewhat grandiosely (…), as though statistical data were the only empirical data we have".

[235] Eine andere mögliche Bezeichnung wäre numerische Rechtsvergleichung (numerical comparative law), vgl. *Siems,* Comparative Law (Fn. 175), 207 ff., die jedoch die weniger auf Zahlen beruhenden Aspekte nicht ganz wiedergibt.

[236] Vgl. zu diesem Projekt comparativeconstitutionsproject.org/ (zuletzt abgerufen am 18.7.2025).

[237] Dazu und zum Folgenden sehr klar *Spamann* (Fn. 233), 132 f.; zur empirischen Rechtsforschung vgl. etwa *Petersen, Niels; Chatziathanasiou, Konstantin,* Empirische Verfassungsrechtswissenschaft, AöR 144 (2019), 501 (504 ff.).

[238] Vgl. infra → Rn. 131 ff.

Das Hauptproblem der empirischen Rechtsvergleichung liegt jedoch darin, das sie selbst innerhalb ihres begrenzten Anwendungsfeldes weitgehend nicht in der Lage zu sein scheint, die eigenen Versprechen einzulösen. Es ist das besondere Verdienst Spamanns – als eines erfahrenen Insiders der empirischen Rechtsvergleichung – nachdrücklich darauf aufmerksam gemacht zu haben, wie außerordentlich schwer und in den meisten Fällen schlicht unmöglich es ist, Kausalitäten gerade bei rechtlichen Themen auf der Basis von Daten nachzuweisen. Schließlich sind Experimente im Wesentlichen ausgeschlossen, individuelle Einflussfaktoren ebenso wie die verschiedenen Rechtsordnungen untereinander eng verbunden, die Zahl der Rechtsordnungen begrenzt, Replikationen zweck Überprüfung der Streuung im Allgemeinen unmöglich und eine Falsifikation durch kontrollierte Experimente keine Gefahr, um nur einige der möglichen Hindernisse zu nennen.[239] Zwar bestehen einer Reihe statistischer Techniken, mit denen versucht werden kann, diese und andere Probleme zu umgehen. Aber obwohl diese Techniken für den Uneingeweihten beeindruckend klingen und auch regelmäßig in verschiedensten Untersuchungen verwendet werden, versagen Sie fast immer. Das Problem aller empirischen Rechtsvergleichung ist daher ein doppeltes: Einerseits sollten nur Fachleute mit vertiefter Ausbildung in Statistik versuchen, solche Studien durchzuführen, was zahlreiche Rechtsvergleicher ausschließt, die allenfalls oberflächliche Grundkenntnisse der Statistik und ihrer Fallstricke besitzen. Andererseits ist auch die bloße Verwendung der Ergebnisse bestehender Studien alles andere als einfach. Sie mögen mit ihrer Fachterminologie oft beeindruckend klingen und auch erkennbar darauf angelegt sein, den Eindruck wissenschaftlicher Objektivität und Neutralität zu vermitteln. Aber sie können dennoch oft an schwerwiegenden Problemen leiden, die der jeweilige Autor für sich beiseite geschoben hat, die aber unter Fachleuten zur erheblichen Diskussionen führen würden, während sie für den Laien schwer zu erkennen oder auch nur zu verstehen sind. 138

Im Ergebnis können empirisch vergleichende Studien die Rechtsvergleichung gelegentlich sinnvoll ergänzen; dies aber nur, wenn sie von kritischen Fachleuten mit großer Sorgfalt gelesen und ausgewertet werden. Zwar können sie Kausalitäten fast nie positiv belegen, aber möglicherweise dazu dienen, die eine oder andere anderweitig behauptete Kausalität auszuschließen.[240] Auch können sie gelegentlich Tatsachen oder zusätzliche Erkenntnisse in die rechtsvergleichende Arbeit einspeisen. Für die meisten Rechtsvergleicher aber, denen die notwendige vertiefte Ausbildung in Statistik fehlt, stellt die empirische Rechtsvergleichung keine realistische Option für die eigene Arbeit und noch weniger eine Alternative zu einem umfassenderen Verständnis der rechtsvergleichenden Forschung dar. 139

bb) Rein deskriptive Statistik?

Ergänzend kann auch das bloße Sammeln von Daten, eine nur deskriptive Statistik als Teil der empirischen Rechtsvergleichung angesehen werden.[241] Doch erweisen sich Daten als solche oft als wenig interessant oder weiterführend. So ist es zwar schön zu wissen, wie oft Gerichte oder Rechtswissenschaftler in verschiedenen Staaten ausländische Quellen zitiert haben, wie oft ein bestimmtes höheres Gericht ausdrücklich auf eigene Entscheidungen 140

[239] Dazu und zum Folgenden vgl. *Spamann* (Fn. 233), 132, 138 ff.; zu einigen der Probleme vgl. auch *Petersen/Chatziathanasiou* (Fn. 237), 508 ff.; *Petersen/Chatziathanasiou* (Fn. 237), 1813 ff.; zu einigen Beispielen irreführender Studien vgl. *Petersen/Chatziathanasiou* (Fn. 237), 511 ff.; *Petersen/Chatziathanasiou* (Fn. 222), 1817 ff.; zu den Schwierigkeiten, Kausalität zu beweisen vgl. auch *Engel, Christoph,* Challenges in the Interdisciplinary Use of Comparative Law, Discussion Papers of the Max Planck Institute for Research on Collective Goods, 2020/29, 1 ff.

[240] *Spamann* (Fn. 233), 131 f., 138 geht davon aus, dass das realistische Hauptziel der empirischen Rechtsvergleichung darin liege, die Anzahl der jeweils zur Auswahl stehenden, plausiblen kausalen Theorien weiter einzuschränken.

[241] Vgl. *Siems,* Comparative Law (Fn. 175), 208 ff., der ausdrücklich von „descriptive statistics" spricht, die nicht auf Kausalität fixiert seien, ibid. 209; die erste Auflage dieses Buches von Siems bezeichnet *Spamann* (Fn. 233), 133 Fn. 7, sogar als „a textbook-length attempt to integrate ‚numerical' findings into comparative law".

verweist oder wie oft bestimmte Schlüsselworte in verschiedenen Kodifikationen verwendet werden.[242] Eigentlich interessant wird es aber erst, wenn es um die Schlüsse geht, die aus diesen Daten gezogen werden – das aber sind erneut Fragen kausaler Art. Wenn behauptet wird, es gehe um die bloße Sammlung von Daten, um reine Deskription, besteht stets die Gefahr, dass Autor wie Leser nur allzu leicht implizite kausale Schlüsse ziehen, ohne diese mit derselben mathematischen Präzision zu unterfüttern, wie sie bei der reinen Sammlung von Daten an den Tag gelegt wird. So zählt etwa eine Studie,[243] wie oft bestimmte Rechtsbegriffe wie Vertrag, Person oder Leistung im Draft Common Frame of Reference (DCFR)[244] und in bestimmten nationalen Kodifikationen auftauchen. Dabei wird ua festgestellt, dass sechs der 10 meistverwendeten deutschen Begriffe, aber nur vier der meistverwendeten französischen, indischen und US-amerikanischen Begriffe unter den 10 meistverwendeten des DCFR auftauchen, und dass die fünf meistverwendeten Begriffe des DCFR sich alle zugleich unter den zehn meistverwendeten deutschen Begriffen wiederfinden. Das sind recht klare, aber nicht wirklich besonders spannende Tatsachen. Wirklich interessant wird erst die daraus zu ziehende Schlussfolgerung. Gerade dabei aber lässt die Studie jede statistische Analyse mit ihren strengen Anforderungen hinter sich und stellt ebenso schlicht wie vage fest, dass „it may not be unreasonable to assume that the BGB has been particularly influential".[245] Ein weiteres Beispiel bietet eine Untersuchung, bei der gezählt wird, welche Staaten der Welt ein Zivilgesetzbuch besitzen oder nicht, um das Ergebnis dann in Beziehung zu der Frage zu setzen, in welchen dieser Staaten Englisch Amtssprache ist. Das Ergebnis soll offenbar die altbewährte Auffassung bestätigen, dass Länder des common law typischerweise englischsprachig, Zivilgesetzbücher hingegen typisch für Staaten des kontinentaleuropäischen Rechts seien, wenn dabei auch einige interessante Unregelmäßigkeiten aufträten.[246] Aber selbst dieses besonders einfache Beispiel weist zahlreiche Probleme auf. Die Daten als solche können nur eine zahlenmäßige Korrelation[247] zwischen zwei Aspekten darstellen: Sprache und Kodifikation. Diese Korrelation zu verwenden, um etwas über andere Aspekte, nämlich den Unterschied zwischen kontinentaleuropäischem Recht und common law, zu beweisen, würde voraussetzen, dass common law mit englischer Sprache und kontinentaleuropäisches Recht mit Zivilgesetzbuch gleichgesetzt wird. Damit aber würde unterstellt, was man erst beweisen will, und die ganze Studie wäre überflüssig. Was als interessante Unregelmäßigkeiten bezeichnet wird – englischsprachige Staaten mit Zivilgesetzbuch und nicht englischsprachige Staaten ohne Zivilgesetzbuch – weist eher auf gerade diese Unterstellungen und ihre Schwächen hin.

141 Zusammengefasst ist das bloße Sammeln von Daten eine notwendige Voraussetzung für empirische Rechtsvergleichung und mit ganz eigenen Gefahren verbunden.[248] Hinter dem Vorschlag aber, in rein deskriptiver Weise Statistiken aufzustellen, verbergen sich oft nur implizite oder explizite kausale Schlussfolgerungen, die nicht mit den strengen statistischen Methoden ermittelt und abgesichert werden, die den Kern einer empirischen Rechtsvergleichung bilden müssen.

5. Strukturell, linguistisch, rechtssoziologisch, dekolonial ...: immer weitere methodische Ansätze?

142 Der bisherige Überblick über die Alternativen zur funktionalen Rechtsvergleichung könnte manchem unvollständig vorkommen. Gar nicht ausdrücklich erwähnt wurden – von der

[242] Vgl. die Zusammfassungen solcher Untersuchungen bei *Siems,* Comparative Law (Fn. 175), 209 ff.
[243] Vgl. *Siems,* Comparative Law (Fn. 175), 215 ff.
[244] Zum DCFR vgl. auch supra → § 2 Rn. 50.
[245] *Siems,* Comparative Law (Fn. 175), 216.
[246] Vgl. *Siems,* Comparative Law (Fn. 175), 221 f.
[247] Zum Unterschied zwischen Korrelation und Kausalität vgl. supra → Rn. 123 f.
[248] Zu einigen dieser Gefahren vgl. supra → Rn. 114 ff.

später noch anzusprechenden Postmoderne einmal abgesehen[249] – etwa strukturelle, linguistische oder systemische Ansätze, rechtssoziologische oder dekoloniale Vergleichung, Tiefenvergleichung („deep level comparison") oder „comparative law and development", um nur einige der Begriffe zu nennen, die ein Teil der neueren Literatur gelegentlich als eigenständige Ansätze analysiert.[250] Diese Analysen und die sich daraus ergebende Flut scheinbar weiterer methodischer Herangehensweisen können nicht nur für Anfänger, sondern auch für erfahrene Rechtsvergleicher außerordentlich verwirrend sein. Die Verwirrung ist durchaus verständlich. Denn was hier als Ansätze oder Methoden bezeichnet wird, erweist sich bei näherer Betrachtung nurmehr als eine breite und bunt zusammengewürfelte Mischung von Aspekten, Ideen und Problemen der Rechtsvergleichung.

a) Fragen statt Ansätze

Einige der Begriffe, die dazu verwendet werden, scheinbar eigenständige rechtsvergleichende Ansätze zu bezeichnen, beschreiben letztlich nur die verschiedenen Fragestellungen,[251] **143**
denen sich die Rechtsvergleichung widmen kann. Selbst in diesem sehr beschränkten Rahmen aber ist die vorgeschlagene Systematisierung eher unklar und wenig hilfreich. Der Begriff der „strukturellen Rechtsvergleichung"[252] etwa nimmt eine ganze Reihe völlig unterschiedlicher Bedeutungen an. Im Wesentlichen scheint er die Möglichkeit widerzuspiegeln, über den bloßen Vergleich von bestimmten, sachlich beschriebenen Problemen (in der hier verwendeten Terminologie[253] also den Problemvergleich) hinauszugehen und stattdessen bereits vorgegebene rechtliche Konzepte, beispielsweise den trust oder zwei oberste Gerichtshöfe, zu vergleichen (Konzeptvergleich). Der Begriff bezieht sich aber auch auf die Möglichkeit, unterhalb der Ebene der Rechtsfamilien Kategorien zu bilden, etwa um zwischen punitiven und opferorientierten Strafrechtssystemen zu unterscheiden (sytematisierende Fragen). Er scheint ebenso Fragen zu den Funktionsbedingungen des Rechts in den Blick zu nehmen, etwa die Bedeutung von Präzedenzfällen unter den Rechtsquellen. Schließlich kann er sich auf Strukturen beziehen, die entweder einem Rechtssystem implizit sind (etwa die auf das römische Recht zurückgehende Unterscheidung zwischen Personen, Sachen und actiones) oder aus theoretischen Ideen abgeleitet werden (etwas Kelsens Grundnorm, Hohfelds Analyse von Rechten und Pflichten oder Luhmanns Systemtheorie), und die dann als Muster Verwendung finden, anhand derer das Recht in verschiedenen Staaten analysiert wird.[254] Er kann sogar nur die einfache Notwendigkeit ausdrücken, über das bloße Ergebnis von Fällen hinaus auch die rechtliche Argumentation, die rechtlichen Konzepte und die Systematik der jeweiligen Rechtsordnung zu berücksichtigen, die erst zu diesem Ergebnis führen.[255] Demgegenüber scheint etwa der Begriff der „systemischen Vergleichung" sich weitgehend mit dem der strukturellen Rechtsvergleichung zu überschneiden, indem systemische Vergleiche sich auf Fragestellungen beziehen, bei denen unterschiedliche rechtliche Lösungsangebote in einen übergeordneten konzeptionellen Rahmen eingeordnet

[249] Vgl. infra → Rn. 168 ff.

[250] Für eine ganz andersartige Einteilung rechtsvergleichender Methoden vgl. insbes. *Siems,* Comparative Law (Fn. 175), 139 ff.; *Husa* (Fn. 14), 132 ff.; vgl. auch die kritischen Anmerkungen von *Frankenberg, Günter,* Rechtsvergleichung, ZaöRV 2016, 1001 (1003) zur Bedeutung des Strukturalismus.

[251] Zu den Typen rechtsvergleichender Fragestellungen vgl. infra → Rn. 196 ff.

[252] Dazu und zum Folgenden vgl. *Husa* (Fn. 14), 132 ff., insbes. 132 f., 134, 135, 156, der ibid. 134 bezeichnenderweise betont: „Sometimes it is difficult to tell structural comparison apart from other types of comparative approaches.".

[253] Für die hier und im Folgenden verwendete Terminologie zur Beschreibung der verschiedenen rechtsvergleichenden Fragestellungen vgl. infra → Rn. 196 ff.

[254] Vgl. dazu *Samuel, Geoffrey,* An Introduction to Comparative Law Theory and Method, 2014, 96 ff., 106 f.

[255] Vgl. *Samuel, Geoffrey,* Comparative Law and the Courts, in: Andenas, Mads; Fairgrieve, Duncan (Hrsg.), Courts and Comparative Law, 2015, 54 (62 ff.); für ein praktisches Beispiel vgl. infra → § 3 Rn. 11a; offen bleibt, ob die erheblich abstraktere Vorstellung von struktureller Rechtsvergleichung, die im vorhergehenden Satz des Textes beschrieben wurde und die vom selben Autor stammt, wirklich einen anderen Ansatz darstellt oder nur mit erheblich komplizierteren Formulierungen denselben einfachen Gedanken ausdrückt.

werden, etwa in ein nordisches, ein common law und ein kontinentaleuropäisches Strafrechtsregime;[256] es geht hier also erneut um eine Form der abstrahierenden und systematisierenden Fragen. Andere verstehen unter systemischer Vergleichung die Untersuchung bestimmter Rechtsinstitute in mehreren Rechtsordnungen.[257]

144 Diese terminologischen Differenzierungen zwischen unterschiedlichen „Ansätzen" leisten insofern einen wertvollen Beitrag als sie aufzeigen, dass die Rechtsvergleichung Antworten auf eine große Vielzahl verschiedenster Probleme anbieten kann und keinesfalls auf den klassischen Problemvergleich reduziert werden darf. Aber diese verschiedenen Ausrichtungen von Rechtsvergleichung spiegeln nur die verschiedenen Fragestellungen wider, die ihrerseits Ausdruck der unterschiedlichen Forschungsinteressen sind, die jeder einzelne Rechtsvergleicher anhand seiner persönlichen Vorlieben verfolgt. Diese Ausrichtungen sind aber keine alternativen Ansätze oder Herangehensweisen im Sinne konkreter positiver Gegenvorschläge zur funktionalen Methode; sie entwickeln keine Alternative, wie bei der Rechtsvergleichung vorgegangen werden sollte, wie rechtsvergleichende Fragestellungen ganz praktisch und Schritt für Schritt anzugehen sind. Es ist daher zumindest missverständlich, sie als eigenständige Ansätze oder Methoden der Rechtsvergleichung zu behandeln.

b) Anliegen statt Ansätze

145 Nichts anderes gilt für bloße spezielle Anliegen innerhalb der Rechtsvergleichung. Es kann uneingeschränkt sinnvoll sein, wenn ein Rechtsvergleicher davon ausgeht, dass bestimmte Aspekte, die für den Vergleich und insbesondere für die Erklärung von Unterschieden und Übereinstimmungen bedeutsam sein mögen, besonderer oder jedenfalls mehr als der üblichen Aufmerksamkeit bedürfen. Bestimmte Anliegen zu betonen, ist jedoch nicht gleichbedeutend mit dem Vorschlag einer neuen Methode. Wenn etwa die aus der konkreten Falllösung resultierende Praxisnähe des internationalen Privatrechts als herausragender Mehrwert für die Rechtsvergleichung betont wird, ergibt sich daraus nicht sogleich eine neue „kollisionsrechtlich-vergleichende Methode".[258] Wenn etwa in manchen rechtsvergleichenden Situationen Sprach- oder Übersetzungsprobleme in den Fokus rücken, führt dies nicht zu einem neuen oder eigenständigen „linguistischen Ansatz".[259] Ebenso wenig ergibt sich automatisch ein neuer Ansatz aus den vielen Stimmen, die – durchaus zu recht – dazu aufrufen, rechtskulturellen Aspekten größere Aufmerksamkeit zu schenken. Verwirrenderweise werden diese Stimmen oft sogar noch weiter in eine ganze Reihe unterschiedlich bezeichneter Ansätze unterteilt, ohne dass letztlich ganz klar würde, worin sie sich überhaupt untereinander unterscheiden sollen. Auf diese Weise erklären sich etwa Begriffe wie „Tiefenanalyse", „Recht als notwendige Immersion", „Tiefenvergleich", „rechtstheoretische Ansätze", „strukturelle Ansätze", „kulturelle Ansätze", „rechtssoziologische Rechtsvergleichung" oder „gesellschafts- und kulturvergleichende Studien".[260] Auch die

---

[256] Vgl. *Husa* (Fn. 14), 138 ff.

[257] Vgl. *Scarcigla* (Fn. 29), 115 f.

[258] Vgl. *Michaels, Ralf,* Internationales Privatrecht und Rechtsvergleichung, in: Jansen, Nils et al. (Hrsg.), Iurium Itinera – Historical Comparative Law and Comparative Legal History, 2022, 149 (153, 175).

[259] Vgl. *Siems,* Comparative Law (Fn. 175), 156 f.

[260] Vgl. dazu *Siems,* Comparative Law (Fn. 175): eine Tiefenanalyse („deep-level analysis") in Form von „Recht als notwendige Immersion" („law as requiring immersion") verpflichte den Rechtsvergleicher die Rechtskultur zu betrachten und die Sichtweise des je fremden Juristen anzunehmen, ibid., 142 ff.; ein Tiefenvergleich („deep-level comparison") in Form von „rechtstheoretischen Ansätzen" („jurisprudential approaches") schaue auf die vor Ort bestehende juristische Methodenlehre und die dortigen philosophischen Hintergründe, ibid., 149 ff.; in Form von „strukturellen Ansätzen" („structural approaches") erfordere er ein Verständnis der dem jeweiligen Problem zugrundeliegenden Rechtsprinzipien und damit zusammenhängenden Elemente des Rechtssystems ebenso wie der philosophischen Grundlagen, ibid., 152; in Form von „kulturellen Ansätzen" („cultural approaches") werde Recht als kulturelles Phänomen angesehen, ibid., 154 ff.; eine „rechtssoziologische Rechtsvergleichung" („socio-legal comparative law") befasse sich eingehend mit dem Begriff der Rechtskultur und frage, wie Recht und Gesellschaft auf kausale Art verbunden seien, ibid., 174 ff.; zu den „gesellschafts- und kulturvergleichenden Studien" („comparative

Tatsache, dass einige dieser Konzepte zusätzlich Ausdruck einer nachdrücklich kritischen Haltung gegenüber der traditionellen Rechtsvergleichung sind, lässt sie nicht zu eigenständigen methodischen Ansätzen werden. Für einen neuen Ansatz reicht es nicht aus, nur einen bestehenden zu kritisieren.[261]

Ein weiteres spezielles Anliegen in diesem Sinne ist der Kolonialismus. Gelegentlich wird **146** versucht, postkoloniales und dekoloniales Denken in die Rechtsvergleichung zu integrieren, um nicht mehr zu vermessen und zu bewerten, sondern sich auf die Machtverhältnisse zwischen Rechtssystemen und Traditionen zu konzentrieren.[262] Nach diesem Ansatz geht die traditionelle Rechtsvergleichung in all ihren Spielarten von bestimmten problematischen Positionen aus, nämlich der zentralen Rolle von Rechtsnormen, der Fokussierung auf nationales Recht, der unterstellten relativen Homogenität innerhalb jedes Rechtssystems und der impliziten Überlegenheit des globalen Nordens. Weder kritische Strömungen innerhalb der Rechtsvergleichung noch die postkoloniale Rechtsvergleichung schafften es, die Strukturen der Rechtsvergleichung zu überwinden, an die sie gebunden blieben. Zur Lösung werden stattdessen dekoloniale Ideen herangezogen. Zu diesen Ideen gehören die Ablehnung der Moderne, die als untrennbar mit dem Kolonialismus verbunden angesehen wird, die Ablehnung universalistischer Annahmen, die durch eine noch zu entdeckende Pluriversalität von Ideen ersetzt werden sollten, und das Ziel, sich vom Eurozentrismus zu lösen. Die Grundannahme lautet dann, dass die problematischen Positionen der traditionellen Rechtsvergleichung auf epistemischen Annahmen beruhten, die aus der Kolonialität hervorgingen. All diese Positionen könnten durch Pluriversalität aufgelöst werden. Demgegenüber müsse Methoden, die unvermeidlich zur Überlegenheit modernen Rechts führten, mit Mißtrauen begegnet werden. Schließlich gelte es, umfassendere Definitionen von Recht zu entwickeln, möglicherweise unter Rückgriff auf „folk law". So könne der vorherrschenden Vorstellung von Rechtsfamilien begegnet werden, die koloniale Annahmen widerspiegele.

Auch bei diesem Ansatz geht es im Kern nicht um die Entwicklung einer neuen rechts- **147** vergleichenden Methode. Vielmehr will er einen bestimmten Aspekt – die Dekolonialität – in die Rechtsvergleichung einführen und deren Forschungsfragen und Ergebnisse auf Grundlage dieser einen Idee neu gestalten. Da es sich bei Postkolonialismus/Dekolonialität[263] im Wesentlichen um eine politische Meinung handelt, hängt vieles schlicht davon ab, ob man deren eher radikale und politisch linksgerichtete Ideen teilt. Zentraler Teil dieser Ideen ist es, Modernität, Fortschritt und universelle moralische Standards abzulehnen, nach Alternativen zum modernen Nationalstaat zu suchen und davon auszugehen, dass für die Gesetzgebung weder Parlament noch Exekutive, Gericht oder Polizei erforderlich seien.[264] All dies wird für die meisten Menschen eher wenig attraktiv klingen und erscheint teilweise – wie bei der Ablehnung universeller Menschenrechte zugunsten pluriverseller, lokaler Lösungen – im Hinblick auf die Sicherung individueller Freiheit geradezu gefährlich.[265] Eher enttäuschend ist auch die Erkenntnis, dass es dem dekolonialen Denken nicht um die durchaus respektable Idee geht, wissenschaftlichen Stimmen aus nicht-westlichen Ländern angemessene Aufmerksamkeit zu schenken, da diese Stimmen oft als von westlichen, kolonialen Ideen beeinflußt und entstellt angesehen werden. Vielmehr suchen die Anhänger

---

studies of societies and cultures"), vgl. ibid., 431; in jeder dieser Kategorien geht es um sich weitgehend überschneidende Aspekte der Rechtskultur.

261 Zu solcher Kritik vgl. infra → Rn. 150, 176; dazu dass bloße Kritik noch keinen neuen Ansatz bedeutet vgl. auch infra → Rn. 213.

262 Dazu und zum Folgenden vgl. die klare Beschreibung von *Salaymeh, Lena; Michaels, Ralf,* Decolonial Comparative Law, RabelsZ 86 (2022), 166 (166 ff.) mwN.

263 Zum umstrittenen Unterschied zwischen diesen beiden Konzepten vgl. etwa *Colpani, Gianmaria; Mascat, Jamila M.H.; Smiet, Katrine,* Postcolonial Responses to decolonial interventions, Postcolonial Studies 25 (2022), 1 (1 ff.); *Bhambra, Gurminder K.,* Postcolonial and Decolonial Dialogues, Postcolonial Studies 17 (2014), 115 (115 ff.).

264 Zu diesen Grundannahmen vgl. *Salaymeh/Michaels* (Fn. 262), 177 f., 187, 180, 179, 184.

265 Zur Universalität der Menschenrechte vgl. auch supra → § 1 Rn. 81 ff.

dekolonialen Denkens entweder nach unverfälschten, ursprünglichen Wissenssystemen oder versuchen selbst, antikoloniale Epistemologien zu entwickeln.[266] Mit anderen Worten akzeptieren sie nur Ideen, die mit ihren Ansichten übereinstimmen, unabhängig davon, wer sie vertritt. Geht es um die Anwendung dekolonialen Denkens auf die Rechtsvergleichung, so wäre zu fragen, ob man die Analyse der vermeintlich problematischen Positionen der traditionellen Rechtsvergleichung akzeptiert oder sie vielmehr ablehnt, entweder weil diese Positionen (wie die implizierte Überlegenheit des Nordens) so nicht existieren oder weil sie gar nicht als problematisch anzusehen wären.

c) Missverständnisse

148 Viele Missverständnisse bei der Identifikation alternativer rechtsvergleichender Ansätze oder Methoden könnten letztlich eben das sein – Missverständnisse. Schließlich ist es nicht einmal völlig sicher, ob die einschlägigen Stimmen wirklich alternative rechtsvergleichende Methoden auflisten oder nicht schlicht auf unterschiedliche rechtsvergleichende Interessen und Ergänzungen hinweisen wollen.[267] Weiterhin ist die zur Beschreibung der verschiedenen Ansätze verwendete Terminologie und Klassifizierung weitgehend individuell und in höchstem Maße inkonsistent.[268] Um nur ein Beispiel zu nennen: „Struktureller Ansatz" kann – wie schon gesehen[269] – als im Wesentlichen auf den Vergleich abstrakter Konzepte bezogen verstanden werden,[270] kann sich aber ebenso auf die Notwendigkeit beziehen, die zugrundeliegenden Rechtsprinzipien und damit zusammenhängenden Elemente des ganzen Rechtssystems zu verstehen,[271] oder auf die Verwendung einer weitgehend theoretischen, allgemeinen Struktur des Rechts als Muster oder Blaupause zur Durchführung des Vergleichs.[272] Damit aber nicht genug wird dieser strukturelle Ansatz teils vom Strukturalismus unterschieden, wie er in den Sozialwissenschaften besteht, während andere Stimmen strukturalistische Rechtsvergleichung als eine Abwandlung struktureller Rechtsvergleichung ansehen und wieder andere gar keine Verbindung sehen.[273]

149 Insofern verwundert es auch nicht, dass einige dieser zusätzlichen „Ansätze" hier bereits behandelt wurden, wenn auch unter je anderen Bezeichnungen. Saccos Lehre von den rechtlichen Formanten[274] etwa wird gelegentlich auch als „dynamischer Ansatz" bezeichnet und formell als Teilaspekt der strukturellen Rechtsvergleichung betrachtet, wobei er materiell zwischen funktionaler und struktureller Rechtsvergleichung stehe.[275] Gelegentlich werden Formanten sogar als der zentrale Ausdruck struktureller Rechtsvergleichung betrachtet.[276] Ewalds vergleichende Rechtstheorie[277] wird manchmal als ein Beispiel rechts-

---

[266] Vgl. *Salaymeh/Michaels* (Fn. 262), 179 f., 178.

[267] So besteht etwa *Husa* (Fn. 14), 122 darauf, dass die von ihm unterschiedenen Arten des Vergleichs „basic theoretical-methodological alternatives" seien. Gleichzeitig aber bezeichnet er sie auch als bloße „dimensions of comparative studies", ibid., 140, und weist darauf hin, dass es möglich sei, diese methodologischen Dimensionen schlicht dadurch zu erfassen, dass man von den Interessen des jeweiligen Rechtswissenschaftlers ausgehe, ibid., 146; sogar *Siems,* Comparative Law (Fn. 175) nennt die unterschiedlichen Ansätze an einer Stelle bloße „'extensions' to the method of comparative law", die dazu dienten, den Rechtsvergleicher von vorschnellen Schlussfolgerungen abzuhalten, ibid., 140, 139, macht aber auch deutlich, dass unterschiedliche Fragestellungen für ihn auf unterschiedliche Methoden hinausliefen, ibid., 447.

[268] Vgl. zB die äußerst weite und vage Verwendung des Konzepts der Postmoderne durch *Siems,* Comparative Law (Fn. 175) 142 ff.; zur Postmoderne im eigentlichen Sinn des Wortes vgl. infra → Rn. 168 ff.

[269] Supra → Rn. 143, 270.

[270] Vgl. *Husa* (Fn. 14), 132.

[271] Vgl. *Siems,* Comparative Law (Fn. 175), 152 f.; *Samuel* (Fn. 255), 62 ff.

[272] Vgl. *Samuel* (Fn. 254), 96 ff., 106 f.

[273] Vgl. *Husa* (Fn. 14), 137 f. und *Siems,* Comparative Law (Fn. 175), 152 f.; bemerkenswerterweise zitiert *Siems,* Comparative Law (Fn. 175), 153 Fn. 78 Husa für die strukturalistische Rechtsvergleichung.

[274] Supra → Rn. 18 ff.

[275] Vgl. *Husa* (Fn. 14), 137.

[276] Vgl. *Scarcigla* (Fn. 29), 105 ff.

[277] Supra → Rn. 94 f.

theoretischer Ansätze behandelt, die wiederum zur Tiefenvergleichung gehören sollen;[278] aber seine vergleichende Rechtstheorie könnte ebenso gut zu den strukturellen Ansätzen gezählt werden, da sie verlangt, die dem Recht zugrundeliegenden Prinzipien und zusammenhängenden Elemente des Rechtssystems zu beachten.[279] Legrands postmodernes Denken[280] ist gelegentlich schon als „hermeneutisch" bezeichnet worden,[281] ein Begriff der hier in völlig anderer Weise verwendet wird, vor allem um die diesem Buch zugrundeliegende kontextuelle Rechtsvergleichung zu beschreiben.[282] Missverständnisse können manchmal auch eher vom Leser denn vom Autor selbst ausgehen. So können Begriffe wie „comparative law and development" oder „vergleichendes internationales Recht" schnell als Bezugnahme auf bestimmte Herangehensweisen oder Methoden der Rechtsvergleichung verstanden werden, obwohl sie nach Auffassung des betreffenden Autors nur besondere Rechts- oder Interessengebiete bezeichnen, auf die die Rechtsvergleichung angewandt werden kann.[283] Insgesamt sollte also nicht so sehr auf die für bestimmte Ideen verwendeten Etiketten geschaut werden, sondern auf deren Inhalte und die Rechtswissenschaftler, die sie hauptsächlich vertreten. Im Sinne der Klarheit sollten vorzugsweise die von den jeweiligen Vertretern selbst verwendeten Bezeichnungen übernommen und umgekehrt solche Bezeichnungen vermieden werden, die die Vertreter selbst ablehnen würden.[284]

V. Die Kritik an der funktionalen Rechtsvergleichung

Ein Teil der Kritik an der funktionalen Rechtsvergleichung setzt bereits bei den einzelnen Schritten der traditionellen Methode an und sucht sie gleichsam von innen heraus anzugreifen (1). Ein anderer Teil analysiert die funktionale Rechtsvergleichung von außen und wendet sich gegen die ihr – zu Recht oder zu Unrecht – unterstellten Hintergründe, Ziele und Wirkungen (2). Eine schon im sprachlichen Ausdruck erkennbare, andere Qualität gewinnt die Kritik, wenn sie sich zugleich auf die Gedanken postmoderner Strömungen stützt und nicht mehr nur die klassische Methode, sondern die gesamte Rechtsvergleichung und letztlich das herkömmliche Wissenschaftsverständnis insgesamt in Frage stellt (3). Ein erheblicher Teil der Kritik geht hingegen fehl, weil er die Grundsätze der funktionalen Rechtsvergleichung missversteht und überinterpretiert (4). Insgesamt fällt auf, dass Kritik an der traditionellen, funktionalen Rechtsvergleichung keineswegs notwendig mit der Formulierung einer konkreten, positiven Gegenthese im Sinne einer alternativen Methode einhergeht[285] und diese wenig konstruktive Einstellung oft umso deutlicher aufzutreten scheint, je grundlegender und radikaler die Kritik ausfällt. 150

[278] Vgl. *Siems,* Comparative Law (Fn. 175), 149 ff.
[279] Für diese Definition struktureller Ansätze vgl. *Siems,* Comparative Law (Fn. 175), 152.
[280] Vgl. infra → Rn. 176.
[281] *Samuel* (Fn. 254), 108 ff.
[282] Zum hermeneutischen Charakter der kontextuellen Rechtsvergleichung vgl. infra → Rn. 221 ff.
[283] Vgl. *Siems,* Comparative Law (Fn. 175), 379 ff.; allerdings unterstellt Siems zugleich, dass unterschiedliche Fragestellungen auf unterschiedliche Methoden verwiesen und unterscheidet dabei in keiner Weise zwischen eher methodologischen und klar materiellrechtlichen Fragestellungen, ibid. 448 ff.
[284] Für die Gegenansicht vgl. *Siems,* Comparative Law (Fn. 175), 142, der selbst solche Autoren als postmodern bezeichnen würde, die sich selbst gar nicht als Anhänger dieses Gedankengebäudes ansehen würden.
[285] Ebenso etwa *Piek* (Fn. 25), 87 f.; *Husa* (Fn. 14), 123; vgl. beispielhaft *Samuel* (Fn. 254), 173, der seine Untersuchung mit den Worten abschließt: „it has to be admitted that the preceding chapters do not immediately reveal any coherent and schematic model of comparative law methodology.".

1. Kritik an der Vorgehensweise

a) Die Funktion im Recht

151 Die funktionale Rechtsvergleichung unterstellt, dass Recht eine Funktion hat, also der rationalen Lösung bestimmter gesellschaftlicher Probleme dient. Dem lässt sich aber entgegenhalten, dass diese Funktion kaum sinnvoll zu bestimmen sei. Eine Rechtsnorm kann ganz verschiedene Funktionen haben; entscheidend ist dann, für wen und gegen wen sie diese Funktionen erfüllt, im Hinblick auf welche Werte dies geschieht und wer wiederum diese Werte wie und mit welchem Ergebnis bestimmt.[286] Tatsächlich macht es beispielsweise einen großen Unterschied, ob die Regeln der Meinungsfreiheit zumindest unter anderem dem Persönlichkeitsschutz und der Menschenwürde dienen sollen, wie tendenziell in Deutschland, oder im Kern der Aufrechterhaltung eines freien Marktes der Ideen, wie tendenziell in den USA:[287] unter der deutschen Auffassung fällt es weit leichter, radikale Meinungsäußerungen wie etwa die sog. Auschwitz-Lüge unter Strafe zu stellen, um die Opfer zu schützen, obwohl damit sogar ganz bewusst der freie Wettstreit zwischen Faschismus und Freiheit beschränkt wird. Noch ganz anders wird der Schutz der Meinungsfreiheit ausfallen, wenn sie gar nicht individualistisch gesehen wird, sondern, wie in sozialistischen Staaten, als Instrument zur Formung des gesellschaftlichen Denkens, zur Förderung der sozialistischen Gesellschaftsordnung:[288] erlaubt sind dann letztlich nur die Meinungsäußerungen, die dem Staat gefallen.

152 Ein weiterer Einwand stellt darauf ab, dass das Recht vielfach gar nicht bestimmte Probleme rational löst. Das beginnt bei Effektivitätsproblemen, wenn ein Gesetz in der Praxis nicht das bewirkt, was es bewirken soll. Weiterhin sind manche Gesetze nur symbolisch, dh der Gesetzgeber versucht, seine Ohnmacht oder seinen Unwillen hinter ein wenig Aktionismus zu verbergen, etwa wenn auf vermeintlich schlechten Leistungen des eigenen Schulsystems mit einer – kostensenkenden – Verkürzung der Schulzeit reagiert wird, obwohl der Erfolg solcher Maßnahmen mehr als zweifelhaft ist. Auch kann schon der Erlass eines funktional notwendigen Gesetzes an ideologischen Hindernissen scheitern, können Gesetze ungewollte Funktionen annehmen, eine Funktion mit der Zeit verloren gehen und natürlich mehrere Funktionen nebeneinander bestehen.[289] Beispielsweise haftet der Staat in Deutschland dem Bürger gegenüber für Fehlverhalten nach dem sog. Amtshaftungsanspruch aus § 839 BGB iVm Art. 34 GG. Die Haftung greift aber für fahrlässiges Handeln nach § 839 Abs. 1 S. 2 BGB nicht ein, wenn der geschädigte Bürger für seinen Schaden auch noch von anderen Personen Ersatz verlangen kann. Die Funktion dieser sog. Subsidiaritätsklausel hat sich seit ihrem Erlass grundlegend verändert. Ursprünglich sollte sie die Entscheidungsfreude des Beamten stärken, der weniger fürchten sollte, für jeden Fehler persönlich mit einer Haftungsklage überzogen zu werden. Diese Gefahr bestand, weil die Haftung ursprünglich tatsächlich den Beamten selbst traf. Dies änderte sich aber schon wenige Jahre nach Inkrafttreten der Vorschrift, indem der Staat die Haftung des Beamten insgesamt übernahm, der Beamte also Amtshaftungsklagen nicht mehr persönlich zu fürchten brauchte. Die haftungsbeschränkende Subsidiaritätsklausel verlor so ihren ursprünglichen Sinn, doch die Rechtsprechung gab ihr bald eine neue Funktion, nämlich die schlichte

[286] Vgl. *McDougal, Myres S.,* The comparative study of law for policy puposes – Value clarification as an instrument of democratic world order, in: Butler, William Elliot (Hrsg.), International Law in Comparative Perspective, 1980, 191 (219 Fn. 24).

[287] Vgl. dazu etwa *Kommers, Donald P.,* Kann das deutsche Verfassungsrechtsdenken Vorbild für die Vereinigten Staaten sein?, Der Staat 37 (1998), 335 (338 ff.); *Brugger, Winfried,* Der moderne Verfassungsstaat aus Sicht der amerikanischen Verfassung und des Grundgesetzes, AöR 126 (2001), 337 (359 ff.).

[288] Vgl. dazu etwa *Sommermann, Karl-Peter,* Funktionen und Methoden der Grundrechtsvergleichung, in: Merten, Detlef; Papier, Hans-Jürgen (Hrsg.), Handbuch der Grundrechte, Bd. 1, 2004, § 16 Rn. 59; zu den Grundrechten im Sozialismus insgesamt vgl. *Brunner, Georg,* Grundrechtstheorie im Marxismus-Leninismus, in: Merten, Detlef; Papier, Hans-Jürgen (Hrsg.), Handbuch der Grundrechte, Bd. 1, 2004, § 13 Rn. 49 ff.

[289] Vgl. *Brand* (Fn. 83), 415 ff.

Entlastung des Staates von Schadenersatzforderungen, eine Funktion, die von der Literatur heftig bekämpft wurde. Die neue Entlastungsfunktion steht jedoch heute wiederum auf dem Prüfstand, nachdem die Rechtsprechung seit Jahren daran arbeitet, die Reichweite der Subsidiaritätsklausel in wichtigen Bereichen radikal einzuschränken. Das ist mit der Entlastungsfunktion kaum vereinbar, da der Staat auch in diesen Bereichen sparen könnte, wenn er nicht haften müsste. Wollte man also heute die Subsidiaritätsklausel rechtsvergleichend untersuchen, so hätte man größte Schwierigkeiten, überhaupt eine reale Funktion dieser Klausel zu finden, die dem Vergleich im funktionalen Verständnis zugrundegelegt werden könnte.

Als problematisch lässt sich schließlich die Annahme der funktionalen Methode ansehen, **153** ohne gleiche soziale Funktion zweier Rechtsinstitute sei ein Vergleich ausgeschlossen. Denn das würde streng genommen bedeuten, dass ein Vergleich schon dann scheitern müsste, wenn die jeweilige Funktion nicht universell wäre, beispielsweise wenn einem Problem wie der gleichgeschlechtlichen Ehe in verschiedenen Gesellschaften verschiedene soziale Bedeutungen zugemessen würde.[290] Auch sind die Probleme und Bedürfnisse nicht in allen Ländern gleich, sondern hängen etwa von Gesellschaftsstruktur, Kulturkreis und Auffassung der Staatsgewalt ab.[291]

b) Der Vergleichsvorgang

Die funktionale Methode sagt nach Ansicht von Kritikern auch nicht genügend über den **154** eigentlichen Vergleichsvorgang und die hier einzuhaltenden, konkreten Forschungsstrategien aus.[292] Tatsächlich haben die großen alten Rechtsvergleicher wie etwa Ernst Rabel nie eine Art Kochrezept hinterlassen, haben nie detailliert ausgeführt, wie genau so herausragende Ergebnisse wie die ihren reproduziert werden könnten.[293] Darüber hinaus wird die Rechtsvergleichung anderen vergleichenden Wissenschaften gegenübergestellt und behauptet, diese anderen hätten Theorien über den Vergleich entwickelt, während die Rechtsvergleichung die Antwort auf elementare Fragen offenlasse: Was ist eigentlich Vergleichung, wie verhält sie sich zu Beschreibung, Abstraktion, Klassifikation, Induktion und Generalisierung? Was sind die Bedingungen der Vergleichbarkeit? Kann man zwischen expliziter und impliziter Vergleichung klar unterscheiden? Rechtsvergleicher haben nach dieser Auffassung keinen theoretischen Rahmen, der erklären könnte, welche Art von Recht zu welchem Zweck zu vergleichen sei, was damit bewiesen oder widerlegt werden solle und wie man dabei genau vorzugehen habe.[294] So fehlten festgelegte, allgemeine Kriterien dafür, wann etwas – zB das common law und das civil law – ähnlich oder unähnlich sei oder wann genau zwei Funktionen ähnlich genug seien, um sinnvoll vergleichen zu können.[295] Davon unabhängig wird auch hervorgehoben, dass die übliche Vergleichstechnik auf die Eigenheiten der beteiligten Rechtskreise abstelle, dies aber nur im Zivilrecht gangbar sei, da die Rechtskreise etwa auf das Verfassungsrecht nicht richtig passten.[296] Generell komme der eigentliche Vergleich bei Anwendung der funktionalen Methode zu kurz, liege der Fokus vielmehr auf der Darstellung der jeweiligen Rechtsordnungen. Selbst wenn der Vergleich einmal in den Mittelpunkt gerückt werde, würden kaum hilfreiche Informationen vermittelt. Hintergrund sei die von der funktionalen

---

290 Vgl. *Husa, Jaakko,* Farewell to functionalism or Methodological Tolerance?, RabelsZ 67 (2003), 419 (431); Brand (Fn. 83), 417.
291 *Constantinesco, Léontin-Jean,* Rechtsvergleichung, Bd. 3, Die rechtsvergleichende Wissenschaft, 1983, 54 ff.
292 *Husa* (Fn. 290), 433.
293 *Markesinis* (Fn. 5), 22.
294 Vgl. *Reimann* (Fn. 170), 689 f.; zur Vergleichung in anderen Disziplinen *Jansen, Nils,* Comparative law and comparative knowledge, in: Reimann, Mathias; Zimmermann, Reinhard (Hrsg.), The Oxford handbook of comparative law, 2. Aufl. 2019, 291 (302 ff.).
295 Vgl. *Reimann* (Fn. 170), 690; *Husa* (Fn. 290), 428.
296 Vgl. *Tschentscher* (Fn. 54), 810.

Methode vorgegebene aber letztlich wenig sinnvolle Trennung von Länderbericht und wertendem Vergleich.[297]

c) Der kulturelle und rechtliche Kontext

155 An das Argument des fehlenden echten Vergleichs schließt sich nahtlos der Vorwurf an, der kulturelle Kontext, in den das jeweilige Recht eingebunden sei, werde nicht genügend beachtet, die Normen würden so entwurzelt. Das sei auch nicht weiter verwunderlich, denn die traditionellen Ziele der Rechtsvergleichung gäben kaum Anlass, den Kontext vertieft zu analysieren. Der Rechtsvergleicher betätige sich hier nur als außenstehender Beobachter und dringe schon deshalb nicht tief genug in die fremde Rechtsordnung und ihre Bedingungen ein.[298] So verkenne schon die funktionale These, derzufolge die Bedürfnissen der Menschen überall gleich seien, dass diese Bedürfnisse sowohl von der betroffenen Gesellschaft als auch von der Staatsgewalt abhingen und so gerade völlig verschieden sein könnten.[299] Letztlich sei der Funktionalismus auf das je eigene Recht fokussiert und trage die Gefahr juristischer Vorurteile und eines juristischen Ethnozentrismus in sich.[300] Für die Untersuchung rechtskultureller Elemente als solcher – etwa Stile, Verfahren, Techniken, Mentalitäten oder Wertungen – gebe die funktionale Methode nichts her, könne davon sogar ablenken.[301]

156 Manche Stimmen sind sogar der Ansicht, dass die funktionale Rechtsvergleichung nicht einmal den *rechtlichen* Kontext berücksichtige. Sie sei aufgrund ihrer Fokussierung auf das eigentliche Ergebnis der Fälle blind für die dahinterstehende rechtliche Argumentation, für das Zusammenspiel rechtlicher Regeln und Konzepte, kurz: für die innere Struktur der jeweiligen Rechtsordnung.[302] Beispielsweise könne vom Ergebnis her der Eindruck entstehen, dass ein Rückgriff auf die Vorverhandlungen sowohl im französischen als auch im englischen Vertragsrecht zulässig sei. Allein auf dieses Ergebnis abzustellen, missachte jedoch einen grundlegenden strukturellen Unterschied. Denn in Frankreich werde wie selbstverständlich auf die Vertragsverhandlungen abgestellt, um den Willen der Vertragsparteien und damit den Vertragsinhalt zu bestimmen. In England hingegen sehe das common law diese Möglichkeit gerade nicht vor; es sei zwar möglich, sich gegen einen Vertragsinhalt zu wenden, der vom in den Vertragsverhandlungen ausgedrückten Willen der Parteien abweiche, dies aber nur in equity, nicht in law. Eine Fokussierung auf das bloße Ergebnis würde so den elementaren Unterschied zwischen law und equity[303] ebenso missachten wie die zentrale Erkenntnis, dass ein Vertrag in England etwas deutlich anderes sei als ein Vertrag in Frankreich.[304]

d) Die Neutralität

157 Die funktionale Methode geht nach Auffassung ihrer Kritiker davon aus, dass der Rechtsvergleich zunächst von einem neutralen Standpunkt aus durchgeführt werden müsse. Tatsächlich wird der Rechtsvergleicher aufgefordert, sich zunächst wertungsfrei an die

[297] Vgl. *Chodosh, Hiram E.,* Comparing comparisons – In search of methodology, Iowa Law Review 84 (1999), 1025 (1056 f.); *Tschentscher* (Fn. 54), 810, 812.

[298] Vgl. *Gerber* (Fn. 173), 722; *Husa* (Fn. 290), 428; vgl. auch die kritisch gemeinte Forderung von *Lasser, Mitchel de S.-O.-l'E.,* Comparative law and comparative literature – A project in progress, Utah Law Review 1997, 471 (475 ff.), fremde Literatur zu lesen und Informationen von Insidern der fremden Rechtsordnung zu besorgen, die sich allerdings nicht gegen die funktionale Methode, sondern eher gegen oberflächliche Rechtsvergleichung richtet.

[299] Vgl. *Constantinesco* (Fn. 291), 57 ff.

[300] Vgl. *Demleitner, Nora V.,* Combating legal ethnocentrism – Comparative law sets boundaries, Arizona State Law Journal 31 (1999), 737 (741 ff.); *Frankenberg, Günter,* Critical comparisons – Re-thinking comparative law, Harvard International Law Journal 26 (1985), 411 (421).

[301] *Kötz* (Fn. 153), 504 f.

[302] Vgl. *Samuel* (Fn. 255), 61 ff.

[303] Zur Unterscheidung zwischen law und equity vgl. infra → § 5 Rn. 72 ff.

[304] Auf dieses Beispiel stellt *Samuel* (Fn. 255), 62 ff. ab.

Darstellung der jeweiligen Rechtsordnungen zu machen und sich hierbei auch von den eigenen rechtlichen Konzeptionen zu befreien, eben auf die Funktion abzustellen. Dies nun halten einige nicht für notwendig, andere jedenfalls für kaum erreichbar: Ein neutraler Standpunkt sei nur dann notwendig, wenn die rechtsvergleichende Arbeit im Einzelfall Anspruch auf Vollständigkeit und Unparteilichkeit erhebe, wie es etwa bei der Erstellung eines Gutachtens zur Vorbereitung eines rechtsvereinheitlichenden Projekts der Fall sei. Wenn hingegen beispielsweise ein Schwachpunkt im eigenen Recht vergleichend herausgearbeitet und analysiert werden soll, so könne der Rechtsvergleicher ohne weiteres parteiisch sein.[305] Im Übrigen sei ein neutraler Standpunkt, unabhängig von seiner Wünschbarkeit, kaum erreichbar, wenn es an entwickelten Techniken der Kontrastierung und Unterscheidung fehle; schon die Wahl des in den Länderbericht einzubeziehenden Inhalts beeinflusse wertungsmäßig den Vergleich und sei daher nicht mehr neutral.[306] Auch sei in bestimmten Rechtsgebieten wie etwa der Grundrechtsdogmatik ein neutraler Standpunkt schwieriger einzunehmen als in anderen.[307] Tatsächlich mag etwa für die rechtlichen Voraussetzungen eines erfolgreichen Vertragsschlusses wie Angebot und Annahme noch recht einfach ein neutraler Standpunkt zu finden sein. Dasselbe für den Vergleich der westlichen Konzeptionen der Meinungsfreiheit mit denen des Sozialismus oder für den Vergleich der Gleichheit aller Menschen nach heutiger deutscher Rechtslage und nach den Nürnberger Rassegesetzen zu verlangen, kann jedoch sehr schwer fallen. Der Versuch, Neutralität im Vergleich von Recht und Unrecht wie in diesen Beispielen zu wahren, müsste sich letztlich sogar den Vorwurf unethischer Wissenschaft gefallen lassen.[308]

Unabhängig davon würde eine vollständig neutrale Umschreibung rechtlicher Phänome- **158**
ne etwa mit soziologischen Kategorien voraussetzen, dass alle denkbaren rechtlichen Aspekte und Konstellationen in allen betrachteten Rechtsordnungen vorab bekannt wären. So ließe sich etwa die juristische Frage nach der Normverwerfungskompetenz des Verfassungsgerichts zunächst durch die scheinbar neutrale Frage nach der Durchsetzung des Vorrangs der Verfassung ersetzen – bis England und die Schweiz in die Diskussion mit einbezogen werden, die beide keinen durchsetzbaren Vorrang der Verfassung gegenüber den Parlamenten kennen.[309] Nunmehr wäre die Frage noch weiter zu neutralisieren, etwa dahingehend, welche Mechanismen die Einhaltung der Verfassung durch den Gesetzgeber sicherstellen. Aber auch eine solche Formulierung wäre nicht mehr neutral, wenn etwa das Völkerrecht oder Stammesrechte mit einbezogen würden, da sich hier die Begriffe des Gesetzgebers und der Verfassung als juristisch vorbelastet und nicht klar identifizierbar erweisen.

Auch dass die funktionale Methode den Vergleich zunächst rein faktisch betreiben will, **159**
führt nicht automatisch zur Neutralität. Denn schon die Frage, ob ein Faktum als Problem gelten kann und wer es als Problem ansieht, beinhaltet ihrerseits eine Wertung.[310] Ob also etwa die Adoption eines Kindes durch ein homosexuelles Paar ein Problem ist oder nicht, ergibt sich nicht schlicht aus der Tatsache, dass hier zwei sexuell gleichgeschlechtlich orientierte Menschen ein Kind annehmen wollen, sondern aus einer entsprechenden Wertung. Noch deutlicher: Dass gemischtrassige Ehen ein Problem sein sollen, war eine Wertung etwa des südafrikanischen Apartheid-Regimes und des deutschen Nationalsozialismus, während es in der freien Welt dazu keinerlei Regeln gibt, eben weil solche Ehen in einer freien Gesellschaft von vornherein gar nicht erst als Problem wahrgenommen werden. Dieser Wertbezug bei der Wahrnehmung als Problem kann dabei zu größeren Überraschungen führen: Dass etwa die Adoption von Kindern die Rasse von Kind und Eltern nicht berücksichtigen darf, wird wohl jedem deutschen Juristen gerade vor dem Hintergrund des Dritten Reichs als völlige Selbstverständlichkeit erscheinen. Rasse wird nicht als Problem

---

305 *Tschentscher* (Fn. 54), 812.
306 *Chodosh* (Fn. 297), 1050 f.
307 *Tschentscher* (Fn. 54), 811.
308 Vgl. auch supra → § 1 Rn. 79.
309 Vgl. *Tschentscher* (Fn. 54), 812.
310 Vgl. *Brand* (Fn. 83), 419.

gesehen. In den USA hingegen wird eine rassenbezogene Adoptionspolitik ernsthaft diskutiert und offenbar teilweise sogar praktiziert,[311] worauf der europäische Beobachter regelmäßig mit Erschrecken reagieren wird.

2. Kritik an den Hintergründen

a) Fixierung auf Einheit

160 Der funktionalen Rechtsvergleichung wird in zweierlei Hinsicht eine Fixierung auf Einheit statt Vielheit vorgeworfen: Erstens interessiere sie sich letztlich nur für Übereinstimmungen zwischen den Rechtsordnungen statt für deren Unterschiede.[312] Dies gipfele in der offen ausgesprochenen praesumtio similitudinis – der Vermutung der Ähnlichkeit –, der zufolge das Ergebnis eines Rechtsvergleichs immer dann nochmaliger Überprüfung bedürfe, wenn Unterschiede festgestellt worden seien. Der Anwendungsbereich der funktionalen Methode werde so aber auf kulturell ähnliches Recht reduziert, da anderenfalls die Vermutung der Ähnlichkeit nicht mehr gelten könne. Auch missachte die praesumtio similitudinis die Vielfältigkeit der möglichen Regelungen, die sich durch den Einfluss der Politik auf alle Bereiche des Rechts ergibt. Die praesumtio sei letztlich nur aufrechtzuerhalten, wenn relevante Details, die zu Unterschiedlichkeit führten, ignoriert würden. Wenn gleiche Ergebnisse letztlich über die Einbeziehung nichtrechtlicher Faktoren herbeigeführt würden, wie etwa im berühmten Beispiel der title insurance,[313] so dürfe dabei nicht außer acht bleiben, dass es keineswegs unbedeutend sei, ob eine Lösung rechtlicher oder außerrechtlicher Natur sei.[314]

161 Zweitens zeige sich die Fixierung auch in der praktischen Hauptanwendung der funktionalen Methode, nämlich bei der Vorbereitung und Herstellung von harmonisiertem oder Einheitsrecht, sowie bei dem verbreiteten Glauben an eine Konvergenz der Rechtssysteme.[315] Wiederum wolle die traditionelle Rechtsvergleichung nicht mit Unterschieden leben, sondern strebe nach Einheitlichkeit.[316]

b) Positivismus statt Realismus

162 Vorwerfen lässt sich der klassischen Rechtsvergleichung auch ihre Konzentration auf Normen, ihre Gesetzeszentrierung. Recht werde als eine Zusammenfassung von Institutionen, Techniken und Regeln aufgefasst, die dazu bestimmt sind, individuelle Rechte auf neutrale und rationale Weise zu garantieren und einzufordern.[317] Der in diesem Sinne positivistischen Rechtsvergleichung wird etwa das klassische, jedoch in Europa kaum

[311] Vgl. zur Lage in den USA etwa *McLaughlin, Barbara,* Transracial Adoption in New York State, Albany Law Review 60 (1996), 501.

[312] Vgl. *Grosswald Curran, Vivian,* Cultural immersion, difference and categories in U.S. comparative law, American Journal of Comparative Law 46 (1998), 43 (67 ff.); *Grosswald Curran, Vivian,* Dealing in Difference: Comparative Law's potential for broadening legal perspectives, American Journal of Comparative Law 46 (1998), 657 (666); *Legrand, Pierre,* The return of the repressed – Moving comparative legal studies beyond pleasure, Tulane Law Review 75 (2001), 1033 (1033 f.); *Frankenberg* (Fn. 300), 436 f.; zurückhaltender auch *Gerber* (Fn. 173), 723.

[313] Vgl. dazu *Zweigert/Kötz* (Fn. 19), 38.

[314] Vgl. zur praesumtio die Darstellung bei *Michaels, Ralf,* The functional method of comparative law, in: Reimann, Mathias; Zimmermann, Reinhard (Hrsg.), The Oxford handbook of comparative law, 2. Aufl. 2019, 345 (375 ff.); *Dannemann, Gerhard,* Comparative law – Study of similarities or differences?, in: Reimann, Mathias; Zimmermann, Reinhard (Hrsg.), The Oxford handbook of comparative law, 2. Aufl. 2019, 390 (394 f.); dazu auch *Brand* (Fn. 83), 418 f.

[315] Zur Konvergenzthese etwa *de Cruz* (Fn. 34), 449 ff.; *Gordley, James,* Common law und civil law – Eine überholte Unterscheidung, ZEuP 1993, 498 (498 ff.); infra → § 7 Rn. 255 ff.

[316] Vgl. etwa *Gerber* (Fn. 173), 723.

[317] Vgl. *Frankenberg* (Fn. 300), 421, 433, 445; ähnlich etwa aus Sicht des sonst besonders im Völkerrecht fruchtbar gemachten New Haven Approach *McDougal* (Fn. 286), 194 („law (…) is still too often regarded as a body of doctrine and rules, divorced from power and social processes").

rezipierte Modell des Rechtsrealismus US-amerikanischer Prägung entgegengehalten. Der Rechtsvergleichung gehe es zu sehr um die bereits existierende Norm und zu wenig um die Frage, wie die Handelnden denken und wie die „Entscheidungen" wirklich gefällt würden, maW zu sehr um das Ergebnis und zu wenig um den Prozess. Hier bestehe noch viel Nachholbedarf, die Erkenntnisse der kognitiven Wissenschaft und der Soziologie zu verarbeiten. Das gelte nicht nur für die Theorie, sondern gerade auch für die Praxis. Denn für den Praktiker seien weniger die zahllosen Details fremder rechtlicher Regeln interessant als vielmehr Kenntnis darüber, wie das fremde System eigentlich funktioniere.[318] Wer nicht in der Tradition des Rechtsrealismus aufgewachsen ist – also fast jeder Rechtswissenschaftler außerhalb der USA – muss zum Verständnis der Tragweite dieses Einwands auch die spezielle Terminologie des Rechtsrealismus verstehen: Unter Entscheidung wird keineswegs nur eine formale Entscheidung verstanden, also etwa der Erlass eines Gesetzes, Urteils oder Verwaltungsakts. Vielmehr fallen darunter alle Entscheidungen irgendeines rechtlich Handelnden, also etwa auch die Entscheidung des Anwalts, welche Prozessstrategie er verfolgen will, die Entscheidung des Lobbyisten, wie er einem Parlamentarier eine bestimmte Rechtslage erklären will oder die Entscheidung, wie ein Text auszulegen sei. Entsprechend weit werden unter dem Begriff des Rechtssystems alle Entscheidungen juristisch Handelnder und alle Faktoren verstanden, die diese regelmäßig beeinflussen.[319]

c) Zielabhängigkeit

Schon der Positivismusvorwurf stellt letztlich auf die mit der Rechtsvergleichung anzustrebenden Ziele ab. Er stellt nicht infrage, dass die traditionelle Methode für die ebenso traditionellen, positivistischen Ziele geeignet sein mag; vielmehr werden diese Ziele selbst als uninteressant und verfehlt betrachtet, woraus sich naturgemäß neue Anforderungen an die Methode ergeben. Dieser Zusammenhang zwischen Zielen und Methode[320] wird aber auch unabhängig vom Positivismusvorwurf vielfach betont. 163

Zunächst geht es darum, dass die funktionale Methode für bestimmte Forschungsziele nicht sinnvoll anwendbar ist. So untersuchen etwa auf Rechtsübernahmen[321] spezialisierte Rechtsvergleicher die entstehungsgeschichtlichen Zusammenhänge zwischen Rechtsordnungen, die sich in Mechanismen der Übernahme von Rechtsinstituten von einer Rechtsordnung in die andere niederschlagen, sowie die Voraussetzungen und Wirkungen solcher Übernahmen. Dabei geht es also von vornherein nicht um die Frage, welche Funktionen einer Rechtsnorm in Rechtsordnung A durch welche Phänomene in Rechtsordnung B erfüllt werden, so dass diese typisch funktionale Vorgehensweise unmittelbar nicht passt. Ähnliches lässt sich für die vergleichende Rechtsgeschichte, für den Vergleich von Rechtskulturen oder für eine vergleichende Untersuchung über die Entstehungsgeschichte eines Problems oder einer Lösung feststellen.[322] 164

So ist es möglich, die funktionale Methode zu verabschieden, indem neue Ziele an die Stelle der alten gesetzt werden. Dabei wird teilweise gar nicht in Abrede gestellt, dass für Ziele wie insbesondere die Rechtsvereinheitlichung in Europa die funktionale Methode hervorragende Ergebnisse zeigt und so eine Erfolgsgeschichte darstellt.[323] Dennoch fehlt es manchem Beobachter an den Großen Fragen, zu deren Lösung die einzelnen Teilergebnisse der Rechtsvergleichung beitragen können. Ohne solche Ziele sei die Rechtsvergleichung wirklich nur Methode und nicht Wissenschaft.[324] Als solche Großen Fragen werden etwa 165

[318] Vgl. *Gerber* (Fn. 173), 722, 725 f., 733; zur Untersuchung von Verfahren und der geringen Eignung der funktionalen Methode dafür vgl. auch *Kötz* (Fn. 153), 504 f.
[319] Vgl. *Gerber* (Fn. 173), 728 f.
[320] Vgl. etwa auch *Husa* (Fn. 290), 424.
[321] Dazu schon supra → § 1 Rn. 57 f., → § 2 Rn. 34 ff., supra → Rn. 92 f.
[322] Vgl. *Michaels* (Fn. 314), 347; *Brand* (Fn. 83), 417, 420.
[323] Vgl. *Reimann* (Fn. 170), 691 ff.
[324] Zum Streit über die Einordnung der Rechtsvergleichung vgl. supra → § 1 Rn. 55 ff.

vorgeschlagen die grundlegenden Strukturen, die Natur und die Entwicklung des Rechts sowie die Beziehung von Recht zu Wirtschaft und Gesellschaft.[325] Bei verstärkt rechtsrealistischer Ausrichtung kann es auch zu einer Aufgabe der Rechtsvergleichung werden, Vorhersagen darüber zu ermöglichen, was die juristisch Handelnden wahrscheinlich in Zukunft tun werden, eine Frage die vor allem für Praktiker von eminenter Bedeutung sei.[326]

d) Isolation

166 Mit Zieldefinition und Positivismusvorwurf hängt eine weitere Kritik zusammen, die der traditionellen Rechtsvergleichung eine zu starke Isolation vorwirft. Das betrifft zunächst die Isolation gegenüber anderen geisteswissenschaftlichen Disziplinen. Die Rechtsvergleichung solle sich stärker etwa mit Soziologie, Politikwissenschaften oder Kulturwissenschaften vernetzen und dabei nicht nur Ergebnisse austauschen, sondern sich vor allem auch methodisch an dem in diesen Disziplinen erreichten Stand orientieren.[327] Für die neuen Fragestellungen der Rechtsvergleichung seien alle Nachbarwissenschaften wichtig, aber je für sich genommen zu eng, um alle Aspekte erfassen zu können.[328]

167 Eine isolationistische Tendenz wird aber auch innerhalb der klassischen Rechtsvergleichung konstatiert. Es gebe diverse Unterdisziplinen, die kaum Kontakt untereinander hätten. Die jeweiligen Länderspezialisten redeten ebenso wenig miteinander wie die Fachleute für spezielle Fragen wie Vertragsrecht oder Prozessrecht. Es gebe kein Gruppengefühl, viele Rechtsvergleicher sähen sich nicht in erster Linie als Rechtsvergleicher sondern als Vertreter ihrer Spezialdisziplin, und die Arbeiten bauten kaum aufeinander auf. Wer sich mit der Gültigkeit von Wertpapierkaufverträgen beschäftige, könne nicht von Erfahrungen aus dem Bereich des Vormundschaftsrechts profitieren. Es fehle gleichsam eine gemeinsame Sprache, die eine Übertragung ermögliche. Dies beruhe nicht zuletzt auf dem fehlenden theoretischen Fundament, das die funktionale Methode gerade nicht liefern könne und – speziell in den USA – auf den geringen Kontaktmöglichkeiten und dem geringeren Ansehen, das mit der weniger ausgeprägten Praxisorientierung zusammenhänge.[329] Andere sehen den Grund für die fehlende Kommunikation gerade auch in dem Nebeneinander verschiedener Methoden, denen insbesondere die herrschenden Traditionalisten, die Vertreter neuerer Ansätze und die Länderspezialisten folgten.[330] Als Ausweg wird die gemeinsame Definition von Zielen und der zu ihrer Erreichung einzuhaltenden Methoden durch die Rechtsvergleicher insgesamt sowie eine intensive Kooperation anstelle von individueller Forschung angesehen, ein Vorgehen, das nicht nur verallgemeinerbares Wissen produzieren, sondern auch den Zugang der Forscher zu Fördermitteln und Stellen erhöhen könnte.[331]

3. Postmoderne Kritik

a) Das Problem der Darstellung und Selbstdarstellung postmoderner Schriften

168 Die bisher dargestellte Kritik bewegt sich in vielerlei Hinsicht noch in Bahnen, die dem gewöhnlichen Juristen verständlich und nachvollziehbar erscheinen. Auch Herausforderungen wie die des Rechtsrealismus lassen sich noch ohne weiteres erfassen, an Beispielen

[325] Näher supra → Rn. 106 ff.
[326] Vgl. *Gerber* (Fn. 173), 726.
[327] Vgl. dazu zB *Jansen* (Fn. 294), 302 ff., der die Vergleichsinteressen und -methoden in der vergleichenden Linguistik, Religion und Sozialwissenschaft mit Blick auf die Rechtsvergleichung analysiert; vgl. auch die Herangehensweise von *Michaels* (Fn. 314), 350 ff., der die verschiedenen Konzepte des Funktionalismus in den unterschiedlichsten Wissenschaftsdisziplinen untersucht, um daraus Folgerungen für die Rechtsvergleichung zu ziehen; vgl. etwa auch *Samuel* (Fn. 254), passim, zB 5, 23 f., 79.
[328] Vgl. *Gerber* (Fn. 173), 731.
[329] Vgl. *Reimann* (Fn. 170), 687 f.; *Gerber* (Fn. 173), 722 ff.
[330] Vgl. *Riles, Annelise,* Wigmore's treasure box – Comparative law in the era of information, Harvard International Law Journal 40 (1999), 221 (230 ff.).
[331] Vgl. *Gerber* (Fn. 173), 736 f.; *Reimann* (Fn. 170), 695 ff.

verdeutlichen und in ihrem praktischen Anliegen verstehen, auch wenn die Strömung selbst vielleicht abgelehnt wird. Für die wohl radikalste Kritik der Rechtsvergleichung, die oft als postmodern bezeichnet wird,[332] lässt sich das leider nicht mehr behaupten. Die Postmoderne stellt – und das ist ihr Kernanliegen – die üblichen Kategorien (rechts-)wissenschaftlichen Denkens radikal in Frage. Dh es geht ihr weniger um einzelne Aspekte etwa der funktionalen Methode, sondern um das Ganze. Der durchschnittliche Leser wird sich schnell fragen, was denn nun die genaue These der Postmoderne ist, welche genauen rechtswissenschaftlichen Sätze sie angreift, welchen alternativen Ansatz sie in der Rechtspraxis durchsetzen möchte und was „das Ganze" sein soll, um das es der Postmoderne geht. Die Antworten auf diese Fragen dem postmodernen juristischen Schrifttum zu entnehmen, ist jedoch schwierig. Das dürfte zum Teil daran liegen, dass die Postmoderne einen Teil der gestellten Fragen bereits ablehnt, dass sie sich gerade gegen das hinter diesen Fragen stehende Bedürfnis nach Systematisierung, Kategorisierung und Vereinheitlichung von Wissen richtet. Vor allem aber gehören zu den primären Identifikationsmerkmalen postmoderner Schriften leider auch eine kaum mehr verständliche Sprache[333] sowie das Fehlen konkreter Beispiele und lebensnaher Veranschaulichungen des eigentlich Gewollten. Wie ein Beobachter feststellte: „some scholars seem to delight in the creation of a 'language' that is opaque to all but the initiated."[334] Der Versuch, den Vertretern der Postmoderne das für die Wissenschaft grundlegende Postulat Karl Poppers nahezulegen „Wer's nicht einfach und klar sagen kann, der soll schweigen und weiterarbeiten, bis er's klar sagen kann"[335] dürfte allerdings von vornherein zum Scheitern verurteilt sein, da es selbst wieder zu den Aspekten des herkömmlichen Wissenschaftsverständnisses gehört, das zu bekämpfen die Postmoderne gerade unternimmt.[336] Der Versuch, die postmoderne Theorie einfach und verständlich, dh insbesondere ohne Verwendung des dort üblichen Fachjargons darzustellen, kann dieser Theorie also vermutlich nicht gerecht werden,[337] da die sprachliche Fassung einen erheblichen Teil ihres Inhalts darstellt. Er kann daher auch kaum neutral sein (wobei die Postmoderne selbst die Möglichkeit der Neutralität gerade verneint) und muss zwangsläufig über alles sonst akzeptable Maß hinaus vereinfachen. Dennoch kann diese Randströmung nicht schlicht ignoriert werden.

b) Grundgedanken der Postmoderne

Die postmoderne Rechtsvergleichung[338] ist nur ein Aspekt der postmodernen Strömungen **169**
insgesamt. Was aber mit dem allgemeinen Begriff der „Postmoderne" eigentlich ge-

[332] Einen weiteren Begriff der Postmoderne, der noch andere Strömungen der Rechtsvergleichung mit umfasst, vewendet *Siems,* Comparative Law (Fn. 175), 141 ff.

[333] Vgl. die Beispiele oben → § 2 Rn. 38 in den Fußnoten; vgl. etwa auch *Arnaud, André-Jean,* Some challenges to law through post-modern thought, RT, Beiheft 19, 157 (158 f.): „A solution can be qualified as 'satisficing' when it leads to an issue suitable with respect to the teleological perspective constitutive of a constructivist approach."; das die Überkomplexität weitgehend rein sprachlich ist, zeigt sich auch an inhaltlich kaum überfordernden Sätzen wie „Complexity is the only way to represent systematically a phenomenon perceived as complex (…)", ibid., 160, oder „Postmodernism is grounded on a network of concepts the product of which constitutes its paradigmatic conjunction.", ibid., 162.

[334] *Markesinis* (Fn. 5), 52.

[335] *Popper, Karl R.,* Gegen die großen Worte, in: ders., Auf der Suche nach einer besseren Welt, 9. Aufl. 1997, 99 (100) mit höchst unterhaltsamer Anwendung ibid., 110 ff.

[336] Vgl. etwa *Welsch, Wolfgang,* Unsere postmoderne Moderne, 7. Aufl. 2008, 196 („Wer Popper nicht aufsaß…").

[337] Vgl. auch den Hinweis von *Hebdige, Dick,* Hiding in the light – On images and things, 1988, 183, dass nach postmoderner Auffassung der Versuch, einen Überblick zu geben, abgelehnt wird, da er den Anspruch der Beherrschung ebenso impliziere wie dominante „specularity" – ein unklarer Neologismus der an sich in der englischen Sprache nicht existiert.

[338] Gelegentlich wird bei kritischen Stimmen, die sich bewusst vom Mainstream der klassischen Rechtsvergleichung absetzen wollen, eine Tendenz gesehen, statt von „Rechtsvergleichung" von „vergleichender Rechtslehre" („comparative legal studies") zu sprechen, vgl. *Husa* (Fn. 14), 20; eine solche Terminologie scheint aber weder allgemein akzeptiert noch allgemein verstanden zu werden; Husa selbst lehnt sie ab und betont zu recht, dass es wichtiger sei, Methoden anzuwenden, die die eigenen rechtsvergleichenden Studien weiterbrächten, als Haarspaltereien über die Begrifflichkeit zu betreiben.

meint,[339] wie die Postmoderne zu definieren ist, gehört zu den üblicherweise als besonders schwierig geltenden Fragen, deren Beantwortung nicht zuletzt vor dem Problem steht, dass jeder darunter etwas anderes zu verstehen scheint.[340]

170 Als Literaturströmung ist die Postmoderne gekennzeichnet durch eine Mehrsprachigkeit, dh durch das Nebeneinander mehrerer Deutungsmöglichkeiten desselben Textes, der so von jedem Leser, ob Experte oder Laie, ob gebildet oder nicht, anders verstanden, anders gelesen werden kann. Das bedeutet zugleich, dass der Inhalt des Textes nicht objektiv feststeht, sondern bei jedem Leser erst neu und anders entsteht. So kann etwa der internationale Bestseller „Der Name der Rose“ von Umberto Eco sowohl als intellektuelles Spiel mit Zitaten und Querbezügen als auch als Krimi oder als historischer Roman gelesen werden.[341] Auch in der Architektur ist die Ablehnung von Einheit, die Verwendung verschiedener Elemente und Betrachtungsmöglichkeiten, die Vielsprachigkeit und Doppelkodierung typisch postmodern[342] und wendet sich so vor allem gegen den Internationalen Stil und seine rechtwinkligen, glatten, weißen, strengen und ornamentlosen Formen.[343] In der Philosophie geht es postmodernen Strömungen um die Wahrnehmung und Wahrung der Vielfältigkeit der Lebenswelten. Die Postmoderne wendet sich gegen alle Philosophien und Deutungen, die versuchen, alles theoretische und praktische Verhalten einer Epoche als Leitidee zu umgreifen und zu dirigieren, also Allgemeingültigkeit für sich zu beanspruchen,[344] also gegen Ideen wie den Sozialismus, den Kapitalismus oder den Sozialstaat. Solche, im postmodernen Jargon gern „Meta-Erzählungen“ genannten Philosophien können fortbestehen, aber jeweils nur in bestimmten Gemeinschaften, ohne absoluten Anspruch. Es gibt also keine universellen Werte wie Freiheit, Gleichheit, Brüderlichkeit, Menschenwürde, soziale Grundversorgung oder Demokratie mehr; auch die Rationalität, die Vernunft ist nicht allgemeingültig, sondern existiert in vielerlei gleichwertigen Formen; selbst der Konsens als solcher gilt als veraltet.[345] In Auflösung befinden sich nach postmoderner Sichtweise also etwa Wahrheit, Vernunft, Moral, Gott, Tradition und Geschichte.[346] Mythologie, Theologie, Metaphysik und Kunst, ja sogar Esoterik sollen neben und statt Wissenschaft und Vernunft in ihrer Bedeutung ernst genommen werden.[347] Die Postmoderne richtet sich somit gegen die Aufklärung, die von der Möglichkeit ausging, allgemeingültiges Wissen durch die Anstrengung des menschlichen Verstandes zu erarbeiten,[348] und für die nur dasjenige Geltung beanspruchen kann, das vor der Vernunft bestehen kann. So schließt sich der Zirkel zur Vielfältigkeit, zum Pluralismus als Grundgedanke der Postmoderne: Denn wer gegen die Aufklärung davon ausgeht, dass es keine Wahrheit gibt und dass sich kein bestimmtes (zB politisches oder kulturelles) System als besser bezeichnen lässt, muss zwangsläufig für Pluralität plädieren.[349] Wer sich also beim Wort „Postmoderne“ in der Philosophie fragt, was darin die „Moderne“ sein soll, der die

---

339 Vgl. zum Folgenden auch die allgemeinverständliche Darstellung und Kritik bei *Habel, Marc,* Postmoderne Ansätze der Rechtserkenntnis, ARSP 83 (1997), 217 (217 ff.); kurze Zusammenfassung bei *Richers, Dominik,* Postmoderne Theorie in der Rechtsvergleichung?, ZaöRV 67 (2007), 509 (514 ff.).

340 Vgl. etwa die Auflistung von Themen und anschließend die Auseinandersetzung mit Bedeutungen bei *Hebdige* (Fn. 337), 181 ff.

341 Zum Ganzen und zu diesem Beispiel *Habel* (Fn. 339), 218 f.; *Welsch* (Fn. 336), 15 ff.

342 Vgl. *Welsch* (Fn. 336), 19 ff., 104 f., 114 f., 117 f.

343 Vgl. *Mattei/di Robilant* (Fn. 38), 1058.

344 Vgl. etwa *Welsch* (Fn. 336), 172; *Lyotard, Jean-François,* Das postmoderne Wissen – Ein Bericht, 9. Aufl. 2019, 23, die beide als Beispiele die Dialektik des Geistes, die Hermeneutik des Sinns und Emanzipation des vernünftigen und arbeitenden Subjekts nennen.

345 Vgl. dazu etwa *Welsch* (Fn. 336), 5, 186 f., 263 ff.; *Lyotard* (Fn. 344), 153; *Menski, Werner,* Hindu law – Beyond tradition and modernity, 2003, 13.

346 Vgl. die Kritik bei *Sardar, Ziauddin,* Postmodernism and the Other – The new imperialism of Western culture, 1998, 8.

347 Vgl. *Mattei/di Robilant* (Fn. 38), 1077; *Welsch* (Fn. 336), 196; interessant auch *Feyerabend, Paul,* Against method, 4. Aufl. 2010, 1 ff., etwa 47 f., 128 f., Zusammenfassung S. xix ff.

348 Vgl. *Menski* (Fn. 345), 12; vgl. auch *Lyotard* (Fn. 344), 103 f.

349 Grundgedanke bei *Sardar* (Fn. 346), 173.

Post-Moderne nachfolgt, erhält hier seine Antwort: Die Postmoderne will das aufgeklärte Denken ablösen.[350]

Eine typische Methode postmodernen Denkens, die sich gut zur Veranschaulichung ihres Stils eignet, ist die auf den französischen Philosophen Jacques Derrida zurückgehende sog. Dekonstruktion. Nach klassischer Auffassung ist die Bedeutung eines Wortes dasjenige, was es uns im täglichen Gebrauch zu verstehen gibt. In der Begrifflichkeit der Sprachanalyse: die Bedeutung eines Prädikators ist der Begriff, den er uns zu verstehen gibt. Die Bedeutung des Wortes „Pferd" ist also das, was wir uns unter einem Pferd vorstellen. Wir kennen die Bedeutung der alltagssprachlichen Worte aus dem täglichen Sprachgebrauch, können Wort und Gegenstand daher einander genau zuordnen. Für andere Worte, etwa aus der Fachsprache, ergibt sich so die Forderung, sie wiederum durch Worte erläutern, also definieren zu können, deren Bedeutung wir bereits kennen. Auch Fachsprache muss sich also letztlich auf alltagssprachliche Begriffe zurückführen lassen. Jede wissenschaftliche Sprache muss in dem Sinne verständlich sein, dass sie zwar Fachbegriffe und Fremdwörter verwenden darf, aber nur insoweit als diese jeweils klar definiert und damit letztlich auf allgemeinverständliche Begriffe zurückführbar sind:[351] ein Ergebnis der sog. logischen Propädeutik, das fast jedem deutschen Juristen aus der Seele gesprochen sein dürfte. Ganz anders der Dekonstruktivismus. Er geht davon aus, dass die Bedeutung eines Wortes – oder: das Signifikat des Signifikanten – niemals genau zu bestimmen sei. Denn jedes Wort verweise ständig auf viele andere Worte, so dass es zu einer Streuung des Sinns komme, der auch aus dem Kontext heraus nicht entscheidbar sei.[352] Die Dekonstruktion ist damit eine Art, einen Text zu lesen, bei der es um den Nachweis von inneren Widersprüchen, begrifflichen Inkonsistenzen und mehreren Aussageschichten geht, gerade auch dann, wenn der Verfasser des Textes versucht, klare Aussagen zu treffen und Kategorien zu verwenden. Aus dieser Lesart ergibt sich dann auch, dass die Bedeutung eines Textes letztlich nicht mehr viel mit den subjektiven Zielen des Verfassers zu tun hat. 171

c) Postmoderne Kritik an der Rechtsvergleichung

Die Wirkungen der Postmoderne auf die Rechtsvergleichung liegen in ihrem Kern auf der Hand: Die Betonung der Vielheit von Werten und Auffassungen richtet sich bei Anwendung auf die Rechtsvergleichung gegen alle Vereinheitlichungsbestrebungen, gegen die Thesen einer Konvergenz der Rechtssysteme, gegen rechtskulturellen Imperialismus und vor allem gegen jede Sicht fremder Rechtsordnungen durch die Brille der eigenen. Der Versuch, neutrale oder allgemeingültige Begriffssysteme etwa funktionaler Natur aufzustellen, muss der Postmoderne von vornherein als sinnlos erscheinen. Völlig ablehnen muss eine postmoderne Rechtsvergleichung zudem jeden Versuch der Wertung, etwa bei der abschließenden Suche nach der besseren, geeigneteren rechtlichen Lösung für ein Problem. Die Dekonstruktion von Texten wird in der Rechtsvergleichung dazu führen, alle Begrifflichkeiten und Kategorisierungen als in sich widersprüchlich zu entlarven. Da Texte keine eindeutige Bedeutung haben können, muss zudem jede Konzentration auf geschriebenes Recht in Form von Gesetzen oder Rechtsprechung abgelehnt werden, ebenso der Versuch, solchen Quellen bestimmte klare, übereinstimmende Rechtssätze entnehmen zu wollen. 172

Tatsächlich sind damit Kernanliegen der postmodernen Rechtsvergleichung beschrieben. Genauere Analysen haben im einzelnen verschiedene postmoderne Grundannahmen herausgearbeitet – wobei es sich naturgemäß um Analysen von Kritikern der Postmoderne handelt, da die Postmoderne selbst gerade nicht analysiert, zusammenführt und vereinheitlicht, sondern dekonstruiert und dabei Vielfalt und Widersprüche besonders betont.

---

[350] Zur Bedeutung in anderen Bereichen vgl. *Hebdige* (Fn. 337), 183.

[351] Vgl. *Seiffert, Helmut,* Einführung in die Wissenschaftstheorie, Bd. 1, 13. Aufl. 2003, 43, 98 ff.; zur Kritik etwa *Lyotard* (Fn. 344), 109.

[352] Vgl. *Habel* (Fn. 339), 222; *Zima, Peter V.,* Die Dekonstruktion, 2. Aufl. 2016, 52, 56 f.

173 So werden beispielsweise drei prägende Merkmale postmoderner Rechtsvergleichung genannt: organische Rechtsauffassung, erkenntnistheoretischer Skeptizismus und moralischer Relativismus.[353] *Organisch* ist die postmoderne Rechtsauffassung insofern, als unter Recht jeder intersubjektive Satz verstanden wird, der für den Einzelnen ein Sollen begründet. Recht und bloße gesellschaftliche Erwartung („das macht man so") werden also ebenso wenig getrennt wie Recht und Politik.[354] Recht kann auch als Bewusstsein oder als Anhäufung von Glaubenssätzen aufgefasst werden.[355] Daraus folgt vor allem auch eine besondere Betonung der Kulturgebundenheit des Rechts, des sozialen Kontextes, der bei der Rechtsvergleichung zu beachten ist.[356] Zudem besteht der Anspruch, gerade die Teile des Materials ins Zentrum der Analyse zu rücken, die von der herkömmlichen Lehre ausgelassen, unterdrückt oder an den Rand gedrängt werden.[357] Der erkenntnistheoretische Skeptizismus beschreibt die von Seiten der Postmoderne betonte Unmöglichkeit, einen wirklich neutralen Standpunkt einzunehmen, einen archimedischen Punkt des Vergleichs außerhalb des eigenen Denksystems zu finden.[358] Schon die Fragestellung eines Rechtsvergleichers ist demnach immer von seinem Vorverständnis und damit von seiner heimatlichen Rechtskultur beeinflusst. Der Rechtsvergleicher betrachtet alles durch die heimische Brille, die er nicht absetzen kann und die deshalb seine Sicht verzerrt.[359] Das gilt nicht zuletzt auch für die Sprache, die kulturgebunden und damit unübersetzbar ist. Diese Unübersetzbarkeitsthese haben wir bereits an anderer Stelle näher betrachtet, denn sie führt konsequent zu der Ansicht, dass eine Rechtsübertragung unmöglich sei.[360] Wenn dem Vorverständnis aber nicht zu entkommen ist, bleibt dem Rechtsvergleich nur noch eines: er kann versuchen, die herrschenden Texte der Rechtsvergleichung zu dekonstruieren, ihre versteckten Zwecke und Bedeutungen offenzulegen.[361] Kernfrage der Rechtsvergleichung ist dann nicht mehr, wie das fremde Recht am besten verstanden werden kann, sondern welche kritischen Ressourcen innerhalb des eigenen und des fremden Referenzrahmens bestehen, die zu emanzipatorischen Zwecken eingesetzt werden können.[362] Mit *moralischem Relativismus* schließlich wird die Einstellung beschrieben, nach der alle Lösungswege der verschiedenen Rechtsordnungen gleichberechtigt sind, also ein Vergleich mit dem Ziel, die beste Lösung zu finden, abzulehnen ist. Der Versuch beispielsweise, in Afghanistan rechtsstaatliche Elemente einzuführen, wird als Ausdruck des fehlgeleiteten juristischen Traums von einer gesetzeszentrierten Macht der Rechtsetzung, als neue Form des rechtlichen

[353] Zu dieser Einteilung im einzelnen *Richers* (Fn. 339), 521 ff. mwN.

[354] Vgl. *Sausa Santos, Boaventura de,* Law: A map of misreading – Toward a postmodern conception of law, Journal of Law and Society 14 (1987), 279 (297); *Friedman, Lawrence M.,* The legal system – A social science perspective, 1975, 15 f.; *Galanter, Marc,* Justice in many rooms – Courts, private ordering, and indigenous law, Journal of Legal Pluralism 19 (1981), 1 (17 ff.); *Henry, Stuart,* The construction and deconstruction of social control – Thoughts on the discursive production of state law and private justice, in: Lowman, John; Menzies, Robert J.; Palys, T. S. (Hrsg.), Transcarceration – Essays in the sociology of social control, 1987, 89 (107); *Menski* (Fn. 345), 18.

[355] In diese Richtung *Frankenberg* (Fn. 300), 438.

[356] Vgl. *Legrand, Pierre,* Le droit comparé, 5. Aufl. 2016, 123; *Legrand, Pierre,* The impossibility of „legal transplants", Maastricht Journal of European and Comparative Law 4 (1997), 111 (124); *Ainsworth, Janet E.,* Categories and culture – On the „rectification of names" in comparative law, Cornell Law Review 82 (1996), 19 (28); *Frankenberg* (Fn. 300), 442 ff.

[357] Vgl. *Frankenberg* (Fn. 300), 446, 454.

[358] *Berman, Nathaniel,* Aftershocks – Exoticization, normalization, and the hermeneutic compulsion, Utah Law Review 1997, 281 (282); *Frankenberg* (Fn. 300), 439 f.

[359] Vgl. *Demleitner, Nora V.,* Challenge, Opportunity and risk – An era of change in comparative law, American Journal of Comparative Law 46 (1998), 647 (654); *Grosswald Curran,* Cultural Immersion (Fn. 312), 58; *Ainsworth* (Fn. 356), 30 f.; für die Suche nach Funktionen von Rechtsinstituten unabhängig von der Rechtsvergleichung vgl. *Hill, Jonathan,* Comparative law, law reform, and legal theory, Oxford Journal of Legal Studies 9 (1989), 101 (104); allgemein zum Problem der Neutralität im Recht *Schlag, Pierre J.,* Normativity and the politics of form, University of Pennsylvania Law Review 139 (1991), 801 (808, 812).

[360] Vgl. dazu supra → § 2 Rn. 38.

[361] Dazu *Peters, Anne; Schwenke, Heiner,* Comparative law beyond post-modernism, International and Comparative Law Quarterly 49 (2000), 800 (812); vgl. etwa *Riles* (Fn. 330), 248.

[362] *Berman* (Fn. 358), 281.

Kolonialismus[363] angesehen. Menschenrechte können sich so in ihrer gegenwärtigen Form beispielsweise als bloße Legitimation der unterdrückenden und disziplinierenden Effekte europäischer, maskulinistischer, heterosexueller und kapitalistischer Machtregime darstellen.[364]

Daraus ergibt sich ein weiteres Kernanliegen der postmodernen Rechtsvergleichung, das 174 von anderen Analysen in den Vordergrund gerückt wird:[365] die Entlarvung der klassischen Rechtsvergleichung als hegemoniales Projekt. Bei der Rechtsvergleichung geht es nicht um Wahrheit – ein Wert den die Postmoderne ablehnt – sondern um Ideologie und Macht. Das Fremde wird daher entweder assimiliert oder als „exotisch" ausgegrenzt.[366] Nur auf den ersten Blick im Widerspruch dazu steht der postmoderne Vorwurf, den traditionellen Rechtsvergleichern fehle es an einer kritischen Einstellung zur Rechtslage in ihrem Heimatland und zu den ideologischen Grundlagen der westlichen Rechtssysteme.[367] Denn gerade aufgrund dieser unkritischen Einstellung identifizieren sich die klassischen Rechtsvergleicher mit der herrschenden Einstellung, die sie dann in neokolonialistischer Weise,[368] auch unbewusst, auf andereStaaten übertragen wollen.

Was die praktischen Konsequenzen dieser Grundgedanken angeht, lassen sich etwa ver- 175 einfachend und idealtypisch zwei Grundeinstellungen bei postmodernen Autoren unterscheiden,[369] die sich gegenseitig nicht ausschließen: Die eine verlangt eine gesteigerte Sensibilität gegenüber dem Kontext des fremden Rechts, bis hin zur Aufforderung, in das Fremde so sehr einzutauchen, dass das ursprünglich Eigene als fremd empfunden wird. Die andere dekonstruiert die traditionellen rechtsvergleichenden Texte und will dabei vor allem die dahinterstehenden, unausgesprochenen und teils unbewussten Wertungen und kulturellen Vorverständnisse offenlegen, die die Arbeiten negativ beeinflusst haben.

d) Postmoderne Methoden der Rechtsvergleichung?

Die Postmoderne formuliert die wohl vehementeste und grundlegendste Kritik an der 176 herkömmlichen Rechtsvergleichung. Aber welche Alternativen hat sie anzubieten? Welche Ansätze oder Methoden propagiert sie oder will sie zumindest entwickeln? Die Frage ist in gewisser Weise unfair, da sie sich außerhalb des postmodernen Denkens stellt, für sie innerhalb der Postmoderne – soweit erkennbar – kein Raum ist. Methode setzt feste Begrifflichkeiten, einen akzeptierten oder zumindest akzeptierbaren Kanon voraus, dem zu folgen die Wissenschaft gehalten ist. Die Postmoderne wendet sich aber gerade gegen Einheitlichkeit und Begrifflichkeit und tritt stattdessen für Vielsprachigkeit und Doppelkodierung ein. Allgemeingültigkeit wird ebenso abgelehnt wie universelle Werte. Ein neutraler Standpunkt etwa bei der Betrachtung fremder Rechtssysteme wird für unmöglich gehalten. Anhänger der Postmoderne weisen beispielsweise mit der Dekonstruktion die inneren Widersprüche rechtsvergleichender Texte nach oder sie versuchen, die klassische Rechtsvergleichung als hegemoniales Projekt zu entlarven.[370] Mit anderen Worten: die Postmoderne gibt keine Methode vor oder strebt sie auch nur an. Ihr Anliegen ist auf weiten Strecken negativ kritisch, nicht positiv aufbauend. Soweit nicht die negativ kritische, etwa dekonstruktive oder politisch entlarvende Befassung mit dem Recht oder der Rechtsver-

---

[363] Vgl. *Menski* (Fn. 345), 575 mit Fn. 77.
[364] So *Otto, Dianne,* Rethinking universals – Opening transformative possibilities in international human rights law, Australian Year Book of International Law 18 (1997), 1 (35).
[365] Vgl. *Peters/Schwenke* (Fn. 361), 822 ff.
[366] *Berman* (Fn. 358), 282; *Frankenberg* (Fn. 300), 442; in der Umsetzung etwa bei *Legrand,* Legal transplants (Fn. 356), 122.
[367] Vgl. *Hill* (Fn. 359), 106 f.; *Frankenberg* (Fn. 300), 450 ff.
[368] Vgl. *Frankenberg, Günter,* Stranger than paradise – Identity & politics in comparative law, Utah Law Review 1997, 259 (262 f.).
[369] Vgl. dazu *Richers* (Fn. 339), 532 f. mwN.
[370] Zum Ganzen supra → Rn. 172 ff., insbes. 174.

gleichung schon selbst als Methode angesehen wird, wäre also eine postmoderne rechtsvergleichende Methode ein Widerspruch in sich.

177 Insofern verwundert es nicht, dass es kaum angewandte rechtsvergleichende Studien gibt, die sich als postmodern verstehen.[371] Wenn aber ein zur Postmoderne tendierender Autor sich doch einmal mit konkreten rechtsvergleichenden Fragen beschäftigt, kann das Ergebnis erstaunlich klar und überraschungsfrei sein, ohne sich signifikant von herkömmlichen Studien zu unterscheiden. So untersucht etwa Legrand, inwieweit im common law überhaupt von richterrechtlichen Regeln die Rede sein dürfe, obwohl Richter im common law nur den konkreten Fall entschieden und nicht die Befugnis hätten, Entscheidungen von allgemeiner Anwendbarkeit mit beschränkender Wirkung für spätere Richter zu fällen.[372] Dabei zitiert er einschlägige Äußerungen aus der US-amerikanischen wie englischen Literatur und Rechtsprechung und sucht anhand konkreter Entscheidungen nachzuweisen, dass Richter mit scheinbaren Regeln aus früheren Fällen ganz offen und frei umgehen. Bis auf Einführung und Schluss, die etwas zur Rechtsvergleichung im Allgemeinen sagen und entsprechend in dem für Legrand typischen Jargon geschrieben sind, weicht der Beitrag inhaltlich in keiner Weise von Vorgehensweise oder Schreibstil ab, wie sie auch bei einem traditionellen Rechtsvergleicher zu erwarten wären. Ähnliches gilt etwa für die zwar nicht rechtsvergleichende, aber auslandsrechtskundige Untersuchung Menskis zum hinduistischen Recht, die nach eigener Aussage postmodern angelegt ist.[373] Sie liest sich als eine sehr detailreiche, stark historisch und soziologisch geprägte Studie der Entwicklung und des heutigen Zustandes des hinduistischen Rechts, ohne dass der für abstrakte postmoderne Schriften so typische Jargon oder die so typischen Verständnisprobleme beim durchschnittlichen Leser auftauchten. Auch dieses Werk würde der nicht vorgewarnte Leser also zwar als durch und durch interdisziplinär, aber kaum als von herkömmlichen Standards und Herangehensweisen abweichend erkennen.

4. Die Fehler der Kritik: Ein Zerrbild funktionalen Denkens

a) Funktionale Methode in Feind- und Selbstbild

178 Als gemeinsames Feindbild aller Kritik an der Rechtsvergleichung fungiert die funktionale Methode, die sich dafür nicht zuletzt aufgrund ihrer praktischen Dominanz und weiten Beliebtheit besonders zu eignen scheint. Nicht klar ist allerdings, ob das von der Kritik gezeichnete Bild der funktionalen Methode tatsächlich uneingeschränkt dem Ansatz entspricht, den etwa Zweigert und Kötz umreißen wollen und den zahlreiche Rechtsvergleicher in der Praxis anwenden.

179 Das Feindbild ist eine funktionale Methode, die für jede Rechtsnorm eine einzelne, klare Funktion benötigt, nur hinreichend ähnliche Funktionen als vergleichbar ansieht, im Kern nur für das Zivilrecht konzipiert ist, von gleichen Bedürfnissen und gleichen rechtlichen Lösungen in allen Gesellschaften ausgeht, eine Harmonisierung des Rechts anstrebt, den kulturellen Kontext kaum beachtet, nur das Ergebnis von Fällen berücksichtigt und nicht ihm zugrundeliegenden rechtlichen Strukturen, einen völlig neutralen

---

[371] Vgl. *Richers* (Fn. 339), 531, der vorsichtig auf einige mögliche Kandidaten hinweist; *Palmer, Vernon Valentine,* From Lerotholi to Lando – Some examples of comparative law methodology, American Journal of Comparative Law 53 (2005), 261 (271), der kein Beispiel erkennt.

[372] Vgl. *Legrand, Pierre,* Alterity – About rules, for example, in: Birks, Peter; Pretto, Arianna (Hrsg.), Themes in Comparative Law, 2002, 21 (21 ff.). Dabei geht Legrand allerdings erkennbar von einem sehr mechanistischen Verständnis von „Regel" im Sinne eines auslegungs- und ermessensfreien wenn-dann Schemas aus, das in einem konkreten Fall entweder nur richtig oder falsch angewandt wird. Auch seine Beispiele für die mangelnde Bindungskraft von common law Regeln ließen sich meist direkt auf den Umgang von kontinentaleuropäischen, etwa deutschen Richtern mit Gesetzen übertragen und müssten dann konsequent zu dem – wenig überzeugenden – Ergebnis führen, dass auch diese Gesetze keine Regeln darstellten.

[373] *Menski* (Fn. 345), Bezeichnung als postmodern ibid., 545.

Standpunkt des Rechtsvergleichers verlangt und den eigentlichen Vergleich vernachlässigt.[374] Dass eine solche Methode Widerspruch hervorruft, verwundert nicht.

Bei aller durchaus möglichen Kritik,[375] ist das Selbstbild der zahlreichen Rechtsvergleicher, die sich am funktionalen Ansatz orientieren, aber durchaus ein anderes. Denn Kern aller funktionalen Rechtsvergleichung ist schlicht der Gedanke, dass der Rechtsvergleicher sich von den engen Denkstrukturen und Fesseln seines Heimatrechts lösen muss, da ansonsten unweigerlich Fehler drohen und eine sinnvolle Rechtsvergleichung nicht möglich ist.[376] Der deutsche, der die ungerechtfertigte Bereicherung oder noch spezieller die condictio causa data causa non secuta in Deutschland und ihr „Gegenstück" in den USA vergleichen will, wird ebenso unweigerlich fehlgehen wie der US-Amerikaner, der schlicht amerikanischen trust und deutsche Treuhand nebeneinander stellt. Der Vergleich darf weder auf den bloßen Wortlaut von Normen abstellen noch auf die zufällige Parallelität von Rechtsbegriffen (zB ungerechtfertigte Bereicherung/unjust enrichment, Ermessen/discretion) oder deren Fehlen (zB für rule against perpetuities, Abstraktionsprinzip).[377] Wenn aber nicht auf diese Äußerlichkeiten abgestellt werden darf, so bleibt als Vergleichsgegenstand nur der dahinterstehende Lebenssachverhalt, also das, was die Norm regelt und tatsächlich bewirkt, die wirklichen oder zumindest angenommenen Konflikte oder Probleme, die sie löst. Diese faktische Herangehensweise – und nicht mehr – wird mit dem Satz umschrieben, dass Ausgangspunkt der Rechtsvergleichung die Funktion der Norm sein müsse.[378] Darin liegt deshalb auch kein Rückgriff auf eines der zahlreichen, theoriegeladenen Konzepte des sog. Funktionalismus innerhalb der Soziologie.[379] Die auf die Sachfrage bezogene Vorgehensweise setzt sich dann bei der Suche nach Gemeinsamkeiten und Unterschieden und deren Erklärung, also beim eigentlichen Vergleich fort. Auch hier können scheinbare Abweichungen oder Übereinstimmungen sich der Sache nach stark relativieren und erklären, weil die – nicht nur rechtlichen – Rahmenbedingungen in den beteiligten Rechtsordnungen je anders ausgestaltet sind. So kann die Funktion, die eine Norm oder ein Normkomplex in der einen Rechtsordnung erfüllt, in der anderen ganz oder teilweise von anderen Normen übernommen, als weniger bedeutend angesehen oder mit einer anderen Wertung versehen werden. Das eigentliche Ergebnis von Fällen ist wichtig, aber die rechtliche Argumentation, die rechtlichen Strukturen, die zu diesem Ergebnis führen, sind mindestens ebenso bedeutsam und bilden einen zentralen Faktor jedes Vergleichs. 180

b) Nichtbeachtung der Vielfalt von Kulturen und Funktionen?

181 In der funktionalen Betrachtung liegt daher eine Ausweitung der Perspektive und keine Verkürzung. Der Vorwurf, dass der kulturelle Kontext oder der eigentliche Vergleich vernachlässigt würden, mag in Einzelfällen durchaus einmal zutreffen; er zielt dann aber auf eine schlechte Ausführung und nicht auf die funktionale Methode als solche, die gerade das genaue Gegenteil fordert. Der funktionalen Methode geht es auch nicht darum, allgemeine rechtstheoretische Aussagen über die Beziehung einer Norm zu ihrer Funktion zu treffen, etwa dergestalt, dass jede Norm immer genau eine, klare Funktion haben müsse. Ist eine Funktion nicht auszumachen oder gibt es mehrere Funktionen, so ist dies beim Vergleich nur deutlich herauszuarbeiten und zu berücksichtigen; der Vergleich kann dann beispielsweise entsprechend ausgeweitet oder eingeschränkt werden oder sich auf eine ausdrücklich

[374] Vgl. dazu und zum Folgenden die Kritik an der funktionalen Methode supra → Rn. 6 ff., die hier wieder aufgegriffen wird.
[375] Vgl. infra → Rn. 189, 210 f.
[376] Vgl. nur *Kötz* (Fn. 153), 504 f.
[377] Vgl. zu diesen Beispielen supra → § 1 Rn. 23, infra → § 6 Rn. 289 ff., 273 ff., → § 5 Rn. 181 f.
[378] Deutlich etwa *Bogdan, Michael,* Komparativ rattskunskap, 2. Aufl. 2003, 58 f.; vgl. auch die Gleichsetzung von Wirkung und Funktion einer Norm bei *Constantinesco* (Fn. 27), 284.
[379] Im Ergebnis ebenso *Michaels* (Fn. 314), 365 ff.; zu den einzelnen soziologischen Konzepten ibid., 350 ff.

gekennzeichnete Funktion beschränken. Der funktionale Rückgriff auf den geregelten Lebenssachverhalt wird dadurch nicht in Zweifel gezogen.

c) Fixierung auf Einheitlichkeit?

182 Die Auffassung, dass in allen Gesellschaften gleiche rechtliche Bedürfnisse und grundsätzlich gleiche rechtliche Lösungen bestünden, wurde tatsächlich gelegentlich von Anhängern der funktionalen Methode vertreten.[380] Auch befürworten oder betreiben sie nicht selten eine Harmonisierung, insbesondere im europäischen Rahmen. Beides folgt aber nicht zwingend aus den Grundgedanken der funktionalen Methode oder wird von ihr vorausgesetzt. Ob, wann und wo eine Harmonisierung für sinnvoll gehalten wird, ist letztlich eine rechtspolitische Frage. Die funktionale Rechtsvergleichung ist ein Mittel, das zur Harmonisierung eingesetzt werden kann. Sie kann Hinweise darauf geben, wie einfach oder schwierig die Umstellung in den beteiligten Rechtsordnungen voraussichtlich sein wird. Zur Wünschbarkeit als solcher sagt sie nichts.

183 Ähnlich neutral steht das funktionale Vorgehen der praesumtio similitudinis[381] gegenüber, die es in jedem Einzelfall sowohl bestätigen als auch widerlegen kann. Entsprechend stellen auch Zweigert und Kötz sie nicht als Ausfluss funktionaler Betrachtungsweise, sondern ausdrücklich als Ergebnis ihrer praktischen rechtsvergleichenden Erfahrung dar. Sie ist zudem von vornherein auf das Zivilrecht beschränkt und selbst hier werden noch alle stark von Wertvorstellungen und Moralgeboten geprägten Fragen insbesondere des Erb- und Familienrechts ausgenommen.[382] Dass aber für eher neutrale zivilrechtliche Fragen wie den Verkauf mangelhafter Sachen oder den Zahlungsverzug in den meisten Rechtsordnungen in der Sache (dh funktional betrachtet) ähnliche Ergebnisse erzielt werden, ist durchaus keine Ansicht, die von vornherein Ablehnung hervorrufen dürfte. Dass es auch hier durchaus einmal Unterschiede geben kann, etwa je nachdem wie stark der Gedanke des Verbraucherschutzes hineinspielt, widerspricht der praesumtio similitudinis als bloßer Vermutung oder Arbeitshypothese von vornherein nicht.

184 Da praesumtio similitudinis und funktionale Herangehensweise keine enge Verbindung zueinander aufweisen, bedeutet die Ausnahme bei kulturell sehr verschiedenem Recht und sogar bei Teilen des Zivilrechts nicht, dass die funktionale Herangehensweise insgesamt entsprechend beschränkt wäre. Im Gegenteil verliert die funktionale Loslösung vom heimatlichen Rechtsdenken und Hinwendung zu den Sachfragen gerade auch im öffentlichen Recht oder im Strafrecht nichts von ihrer Relevanz und gewinnt bei kulturell stark abweichendem Recht sogar noch erheblich an Bedeutung.

d) Neutraler Standpunkt?

185 Der typisch funktionale Bezug auf die Sachfrage verlangt, von heimatlichem Rechtsdenken und heimatlicher Begrifflichkeit zu abstrahieren. Dies kann, wie es gerade Kritiker gelegentlich tun, als Forderung nach einem neutralen Standpunkt bezeichnet werden. Dass die Abstraktion nicht immer leicht ist, insbesondere wenn die betrachteten Rechtsordnungen stark oder überraschend voneinander abweichen, wird niemand bezweifeln. Welches Maß an Abstraktion gefordert ist, hängt wiederum von der Sachfrage und vor allem von den betrachteten Rechtsordnungen ab. Soll die Stellung der Richter in Deutschland und Österreich verglichen werden, muss die Abstraktion aufgrund der historischen Nähe weniger weit gehen als beim Vergleich zwischen Deutschland und den USA, wo etwa schon zu

---

380 Vgl. etwa *Neumayer, Karl Heinz,* Rechtsvergleichung als Unterrichtsfach an deutschen Universitäten, in: Bernstein, Herbert (Hrsg.), Festschrift für Konrad Zweigert zum 70. Geburtstag, 1981, 501 (502, 504 f.), der meint, hinter der Vielfalt der nationalen Rechte das eine und ewige Recht, die gemeinsame Rechtsidee, die beste Lösung finden zu können, deren Ausdruck diese Vielfalt nur ist.

381 Vgl. supra → Rn. 160.

382 Vgl. *Zweigert/Kötz* (Fn. 19), 38 f.

entscheiden ist, ob administrative law judges überhaupt noch als Richter gelten, und ob bejahendenfalls auch die in manchen deutschen Ländern bestehenden verwaltungsrechtlichen Widerspruchsausschüsse mit einbezogen werden müssen. Noch weit höher liegt das notwendige Abstraktionsniveau, wenn auch die Stellung der „Richter" bei einem Stamm im Amazonasbecken mit einbezogen wird. Solche Fragen und Probleme sind Teil des funktionalen Vorgehens, sie widersprechen ihm nicht.

Der Begriff der Neutralität birgt allerdings die Gefahr, mehr in ihn hineinzulesen als den 186
schlichten Abstraktionsanspruch, für den er im Rahmen des funktionalen Denkens steht. Genau diesem Missverständnis unterliegt ein Teil der Kritik, wenn sie davon ausgeht, die funktionale Methode verlange konzeptionell einen wertungsmäßig oder ideologisch neutralen Standpunkt. Das ist nur insofern richtig, als der Rechtsvergleicher aufgefordert ist, sich bei der Untersuchung der beteiligten Rechtsordnungen nicht von eigenen Vorurteilen beeinflussen zu lassen, sondern mit offenen Augen alle möglicherweise einschlägigen Gesichtspunkte zu sammeln. Wer sich mit dem islamischen Erbrecht im Iran beschäftigt und feststellt, dass den Frauen im Vergleich zu Männern nur der halbe Erbteil zusteht, sollte nicht gleich voller Indignation über den typischen Ausdruck von männlichem Chauvinismus weitere Nachforschungen einstellen, sondern sich fragen, welche Gründe aus iranischer Sicht für eine solche Ungleichbehandlung angeführt werden. Tatsächlich werden iranische Juristen die Ungleichbehandlung weniger als Missachtung der Frau ansehen, sondern als Teil eines Schutzkonzepts, da auch nur die voll erbenden Männer gemeinsam und ohne Schuldnachweis für die vererbten Verbindlichkeiten haften, nicht aber die Frauen. Die so verstandene Neutralität ist auch der Grund für die gelegentlich gescholtene, technische Trennung zwischen darstellendem und vergleichendem Teil einer rechtsvergleichenden Studie. Sie erleichtert dem Anfänger ebenso wie dem Fortgeschrittenen die Sicht auf das fremde Recht möglichst ohne die eigenen rechtlichen oder ideologischen Scheuklappen. Gleichzeitig ist die aufbautechnische Trennung aber auch keineswegs ein Dogma. Ebenso gut oder sogar besser kann es im Einzelfall sein, Darstellung und Vergleich zu mischen, was auch in der Praxis durchaus nicht unüblich ist. Unabhängig von der schriftlichen Endfassung einer Studie ist jedenfalls bei den Vorarbeiten eine strenge Trennung von Untersuchung des fremden Rechts und Vergleich regelmäßig kaum möglich, ja oft sogar schädlich; das Hin- und Herschweifen des Blickes zwischen Darstellung und Vergleich dürfte hier jedem praktisch tätigen Rechtsvergleicher bekannt sein.

All dies bedeutet aber gerade nicht, dass der Rechtsvergleicher sich letztlich einer Wertung 187
zu enthalten hätte oder ihm ein Vorwurf gemacht werden könnte, wenn etwa schon die Auswahl des Untersuchungsobjekts oder die Fokussierung auf bestimmte Fragen Ausdruck einer bestimmten Werthaltung ist. Nichts an der funktionalen Vorgehensweise verbietet etwa dem an der Gleichberechtigung von Mann und Frau interessierten Wissenschaftler, diese Thematik zu untersuchen und schon dadurch oder durch die ständige Suche nach Rechtfertigungen für Ungleichbehandlungen deutlich zu machen, dass ihm die Gleichberechtigung wichtig ist. Insbesondere darf auch die Suche nach der besten Lösung durchaus von bestimmten Werten geprägt sein. Auch wer beispielsweise die Lösung des eigenen Rechts für wenig überzeugend hält und deshalb fremde Rechte nach Alternativen durchforstet, stellt sich damit nicht außerhalb funktionalen Vorgehens, sondern ist gerade darauf angewiesen, um nicht auf nur scheinbar andere oder bessere Lösungen im fremden Recht hereinzufallen.

VI. Von der funktionalen zur kontextuellen Rechtsvergleichung

Somit gehen zwar große, aber keineswegs alle Teile der Kritik an der funktionalen Rechts- 188
vergleichung fehl. Eine Reihe von Grenzen und Fehlern funktionalen Denkens bestehen fort (1). Auch sind viele hinter der Kritik stehende Anliegen zumindest legitim. Zwar wäre es

nicht ausgeschlossen, die funktionale Rechtsvergleichung anders aufzufassen und so anzupassen, dass diese Anliegen aufgegriffen und zugleich die fortbestehenden Grenzen und Fehler umgangen würden. Jedoch wären die dafür notwendigen Änderungen zu groß, ist die Abwehrreaktion, die allein die Verwendung des Begriffs „funktional" bei manchen hervorruft, zu tiefgehend, als dass solch eine einfache Nachbesserung oder Umdefinierung sinnvoll wäre. Letztlich ist es auch nur die dem funktionalen Denken zugrundeliegende Grundidee – im Unterschied zu ihren eher technischen Aspekten –, die bewahrt bleiben soll, eine Grundidee die gegen die beschriebene Kritik immun ist und allen Bedenken ohne weiteres Rechnung trägt: die Idee des Kontexts. Jede rechtsvergleichende Fragestellung erfordert demnach die umfassende Berücksichtigung des Kontextes, in dem die rechtlichen Vergleichsobjekte sich bewegen und überhaupt erst verstanden werden können (2). Als Methode ist diese kontextuelle Rechtsvergleichung hermeneutischer Natur, indem sie auf einem langsamen Einarbeiten und Einspüren in das fremde Rechtssystem mit dem Ziel beruht, ein besseres intuitives Verständnis seines Stils, seiner spezifischen Atmosphäre zu erlangen (3). Jedoch bleibt sie stets ein juristischer Ansatz, der zwar für Erkenntnisse und Ergebnisse der Sozialwissenschaften offen ist, jedoch nicht versucht, sich selbst in ein Teilgebiet der Sozialwissenschaften zu verwandeln oder deren Methoden und Ziele zu kopieren (4). Der Kontext, der stets im Zentrum der Rechtsvergleichung steht, wird üblicherweise positiv durch Informationen über die Eigenheiten der beteiligten Rechtsordnungen vermittelt.[383] Aus didaktischer Sicht ist diese Vermittlung aber gerade wegen der Unzahl denkbarer Fragestellungen und Untersuchungstypen auch negativ zu erreichen, dh in Form einer Fehlerlehre (6).

1. Verbleibende Grenzen und Fehler funktionalen Denkens

189 Bei aller grundsätzlichen Berechtigung findet die funktionale, dh sachbezogene Herangehensweise jedoch auch ihre Grenzen. Ein eng verstandener Funktionalismus kann zu unhaltbaren, übertriebenen Schlussfolgerungen führen (a) und ist nicht in der Lage, eine erhebliche Anzahl typischer rechtsvergleichender Fragestellungen zu erfassen (b).

a) Übertriebene Schlussfolgerungen

190 Einige allzu allgemeine Behauptungen, die wie beschrieben im Namen der funktionalen Rechtsvergleichung aufgestellt werden, halten einer näheren Betrachtung nicht stand. Irreführend ist so zunächst der funktionale Standardsatz, dass nur dasjenige verglichen werden könne, das dieselbe Funktion erfülle.[384] So mögen etwa die Regeln zum Schwangerschaftsabbruch in der einen Rechtsordnung der Begrenzung des Bevölkerungswachstums dienen, in einer anderen hingegen dessen Förderung. Obwohl sie insofern genau entgegengesetzte „Funktionen" erfüllen, sind sie aber keineswegs unvergleichbar. Nur ist der unterschiedliche rechtspolitische Sinn beim Vergleich zu berücksichtigen.[385] Ebenso wenig verhindert die unterschiedliche soziale Bedeutung des gleichgeschlechtlichen Zusammenlebens etwa in Kalifornien und Russland den Vergleich der einschlägigen Regeln, solange diese soziale Bedeutung berücksichtigt wird. Mit anderen Worten erweist sich ein zentraler Lehrsatz der funktionalen Rechtsvergleichung so als nicht haltbar.

191 Verfolgt man allerdings den Gedankengang weiter, der bereits hinsichtlich der Fehler der Kritik begonnen wurde,[386] so bedeutet die Zurückweisung zentraler Lehrsätze der funktionalen Rechtsvergleichung keineswegs notwendig, dass damit auch die Arbeit der zahlreichen Rechtsvergleicher in Zweifel gezogen würde, die der funktionalen Herangehensweise

---

383 Vgl. infra → § 5 Rn. 1 ff.
384 Vgl. *Zweigert/Kötz* (Fn. 19), 33.
385 Deutlich *Bogdan* (Fn. 378), 59.
386 Vgl. supra → Rn. 178 ff.

folgen.[387] Schließlich wird die Forderung nach derselben Funktion in der Praxis gar nicht wörtlich verstanden, sondern zielt dort auf etwas sehr viel Beschränkteres ab: Wird für ein heimatliches Rechtsinstitut der passende Vergleichsgegenstand im fremden Recht gesucht, so kann es sein, dass ein scheinbar passendes, etwa gleichnamiges fremdes Rechtsinstitut doch ganz anders eingesetzt und verstanden wird, so dass es letztlich als Vergleichsobjekt nicht oder nur am Rande in Betracht kommt. Die deutsche Treuhand etwa umfasst allenfalls einen kleinen Randaspekt des common law trust (obwohl Treuhand eine mögliche Übersetzung von trust ist); die mangelnde Allzuständigkeit des französischen Gesetzgebers zwingt oft zur Einbeziehung der règlements autonomes, also von Verordnungen, in einen Vergleich, der zunächst nur Gesetze in den Blick nahm; statutory rape ist mit vollem Einverständnis der Betroffenen möglich und hat so mit einer Vergewaltigung im deutschen Sinne recht wenig zu tun. Entsprechend können scheinbar völlig andere Rechtsinstitute, auch aus anderen Rechtsgebieten, heranzuziehen sein, weil sie ähnliche Wirkungen erzielen und denselben Zielen dienen, etwa wenn der trust ua den deutschen Regeln zur Nacherbfolge und Testamentsvollstreckung gegenübergestellt wird. Insofern, und nur insofern, ist tatsächlich die gleiche Funktion für den Vergleich erforderlich. Der Rechtsvergleicher soll auf diese Weise aber nur vor Fehlern bewahrt, nicht aber daran gehindert werden, die ihn interessierenden Fragen zu verfolgen.

Gelegentlich wird die Frage aufgeworfen, ob und ab wann genau zwei Funktionen hinreichend ähnlich seien, um im Sinne der funktionalen Rechtsvergleichung einen Vergleich zu ermöglichen. Wie die bisherigen Erwägungen zur angeblichen Notwendigkeit gleicher Funktionen zeigen, erweist sich diese Frage – so sie denn überhaupt Teil funktionalen Denkens sein sollte – als sinnlos. Beim Vergleich der Regeln über den Schwangerschaftsabbruch etwa drohen nicht deshalb rechtsvergleichende Fehler, weil die Regeln jeweils unterschiedliche rechtspolitische Ziele verfolgen. Das wäre nur dann anders, wenn den Rechtsvergleicher nicht der Schwangerschaftsabbruch als solcher interessieren würde, sondern ganz allgemein die staatlichen Mittel zur Begrenzung des Bevölkerungswachstums. Dann dürfte er tatsächlich die Regeln desjenigen Staates, der das Recht des Schwangerschaftsabbruchs zur Förderung des Wachstums einsetzt, nicht mit einbeziehen, müsste sie sogar ausdrücklich ausgrenzen. Anderenfalls könnte er sich etwa zu der Aussage versteigen, die konkrete Ausgestaltung der fremden Regeln (zB ausnahmsloses Verbot der Abtreibung) sei dem Ziel der Begrenzung nicht angepasst. Wiederum zeigt sich: der Rechtsvergleicher untersucht, was ihn interessiert; die funktionale Betrachtung hilft ihm, begrenzt ihn aber nicht in seinen Interessen. 192

Entsprechend ist es auch nicht zwingend, wie die funktionale Rechtsvergleichung behauptet,[388] das soziale Problem, die Funktion der Norm sogleich am Anfang der Untersuchung herauszuarbeiten und ihr dann das entsprechende soziale Problem in der fremden Rechtsordnung gegenüberzustellen. Dies entspricht auch keineswegs der Vorgehensweise vieler klassisch aufgebauter rechtsvergleichender Studien. Die Funktion der Norm ist ein zentrales Hilfsmittel beim Vergleich, aber nicht selbst der zentrale Vergleichsgegenstand. Bereitet das Auffinden von Vergleichsgegenständen im fremden Recht erkennbar größere Schwierigkeiten, so kann ein anfängliches Herausarbeiten der Funktionen allerdings durchaus einmal sehr hilfreich sein. Ebenso oft kann es aber sein, dass der Vergleichsgegenstand eher offensichtlich ist und die Sachfragen nur bei der genauen Bearbeitung nicht aus den Augen verloren werden dürfen. Wer etwa die Regeln zur Religionsfreiheit in Deutschland, Frankreich, Russland und den USA vergleicht, muss nicht zunächst die Funktionen der Religionsfreiheit herausarbeiten, um seine Vergleichsgegenstände korrekt zu bestimmen. Wohl aber spielen beim Vergleich etwa die unterschiedlichen Beziehungen von Staat und Kirche in diesen drei Staaten in ihrem Einfluss auf die Religionsfreiheit eine bedeutende Rolle. 193

[387] Zu der Möglichkeit, solche Kritik abzuwenden, vgl. auch infra → Rn. 213.
[388] Vgl. *Zweigert/Kötz* (Fn. 19), 33 f.

194 Deutlich wird daran auch, dass Gegenstand eines sinnvollen Rechtsvergleichs keineswegs nur – wie es der Gedankengang der funktionalen Rechtsvergleichung nahelegt – diejenigen Rechtsinstitute sein können, die einer bestimmten, einheitlichen Funktion jeweils zuordbar sind. Im Gegenteil ist es ebenso zulässig – und üblich – zwei vorgegebene Rechtsinstitute – etwa die Meinungsfreiheit in Deutschland und den USA, den Rechtsschutz gegen Normen in Schweden und Deutschland oder die gesellschaftsrechtlichen Offenlegungspflichten in Frankreich und den USA – miteinander zu vergleichen, etwa weil sich ihre Ähnlichkeit aus sprachlichen oder historischen Gründen aufdrängt. Ein Ergebnis eines solchen Vergleichs kann dann sein, dass die Rechtsinstitute sich insgesamt oder hinsichtlich ganz bestimmter Einzelaspekte in ihrer Funktion unterscheiden. Rechtsvergleichende Fehler werden auch so vermieden. Dass die in der einen Rechtsordnung fehlenden Funktionen in der anderen von anderen Rechtsinstituten erfüllt werden, würde in der Regel zu erwähnen sein, ohne dass diese anderen Rechtsinstitute damit in das Zentrum der Untersuchung rückten. Tatsächlich ist ein solches Vorgehen gerade bei kulturell ähnlichen Rechtsordnungen eher die Regel als die Ausnahme. Von dinglichen Sicherungsrechten über Staatshaftung für normatives Unrecht bis zum Verwaltungsakt: rechtsvergleichende Studien werden sich hier meist an den auf den ersten Blick erkennbaren Bezeichnungen orientieren, ohne dadurch von vornherein an Qualität zu verlieren.

b) Begrenzte Reichweite funktionaler Vergleichung

195 Eine eng verstandene, mit ihren Aussagen wörtlich genommene funktionale Rechtsvergleichung ist nur auf eine recht begrenzte Anzahl von Fragestellungen anwendbar. Während in der Rechtsvergleichung tatsächlich eine sehr große Vielzahl von Fragen untersucht wird (aa), bleibt der funktionale Ansatz auf einen hochspezifischen, wenn auch sehr verbreiteten Fragentyp konzentriert (bb).

aa) Vielfalt rechtsvergleichender Fragestellungen: Eine Typologie

196 Um zu prüfen, ob bestimmte methodische Vorstellungen auch wirklich alle Fragen abdecken, die in der Rechtsvergleichung in Betracht kommen, ist es zunächst notwendig, sich über diese Fragen Rechenschaft abzulegen. Eine solche Typologie rechtsvergleichender Fragen erhebt dabei keinen Anspruch auf Vollständigkeit, sondern will nur die allgemein verbreitetsten Kategorien erfassen. Auch ist es leicht, Überschneidungen und fließende Übergänge zwischen den einzelnen Typen zu konstruieren. Da die Typologie aber kein Selbstzweck, sondern nur ein Hilfsmittel ist, kommt es nicht darauf an, dass bestimmte Fragen sich möglicherweise mehrfach oder nicht völlig eindeutig zuordnen lassen.

197 **(1) Klassischer Vergleich: Problemvergleich und Konzeptvergleich.** Die sich in erster Linie aufdrängende Art rechtsvergleichender Fragestellungen, die auch oft als Prototyp behandelt wird, ist der klassische Vergleich. Er bezieht sich im Kern auf Rechtsnormen, die einen bestimmten Bereich regeln und dort Lösungen für Interessenkonflikte bereithalten. Hier kann es um Fragen des Vertrags- oder Deliktsrechts ebenso gehen wie um die Bestrafung fahrlässigen Handelns, um einstweiligen Rechtsschutz oder die Entscheidungsspielräume der Verwaltung in verschiedenen Rechtsordnungen. Betrachtet man die konkreten Fragestellungen allerdings genauer, so ergeben sich weitere, deutliche Unterschiede innerhalb dieser Kategorie. So zielt die Frage, wie der Grundstückskäufer in Deutschland und den USA gegen die Risiken eines Erwerbs vom Nichtberechtigten abgesichert wird, auf ein bestimmtes, sachlich beschriebenes Problem ab (Problemvergleich). Welche konkreten Rechtsnormen oder sonstigen Lösungen – etwa das deutsche Grundbuch und die bekannte US title insurance – in den Vergleich einbezogen werden, ergibt sich erst aus dieser Problemformulierung. Wird hingegen gefragt, wie der Föderalismus in Deutschland und den USA funktioniert oder was in den USA und Frankreich unter Eigentum verstanden und wie es verfassungsrechtlich geschützt wird, so geht es um den eher abstrakten Vergleich

zwischen zwei bereits vorgegebenen rechtlichen Konzepten (Konzeptvergleich). Beim Problemvergleich ist also die konkrete Sachfrage Ausgangspunkt und steht im Vordergrund, beim Konzeptvergleich das abstrakte rechtliche Konzept.

Aber auch beim Problemvergleich wird das Problem gemeinhin mehr oder minder stark 198
mit rechtlichen Begriffen umschrieben. So verwendet die Frage nach dem Grundstückserwerb den rechtlich aufgeladenen Begriff des „Nichtberechtigten", der etwa den Nichteigentümer mit hinreichender Vollmacht ausschließt. Auch in der scheinbar rein sachverhaltsbezogenen Frage, ob sich ein Käufer vom Kauf lösen kann, wenn er irrtümlich glaubte, etwas ganz anderes zu kaufen, taucht mit dem Kauf ein Rechtsbegriff auf. In beiden Fällen aber kann zunächst mit der Vermutung gearbeitet werden, dass jedenfalls in entwickelten Rechtsordnungen Begriffe wie Kauf und Nichtberechtigter hinreichend neutral sind, um den dahinterstehenden Sachverhalt hinreichend einheitlich zu umreißen. Dass dies beispielsweise bei einem Stammesrecht, das auf der Grundlage des Gemeinschaftseigentums beruht, möglicherweise nicht mehr funktioniert, wäre im Einzelfall zu berücksichtigen, stellt aber die grundsätzliche Eignung von Umschreibungen mit rechtlichen Begriffen nicht in Frage. Wer dies ablehnt, wäre darauf angewiesen, jede rechtsvergleichende Frage in Form eines Fallsachverhalts zu formulieren. Wie schwierig dies wäre, zeigt sich, sobald der Bereich besonders grundlegender und alltagsnaher Fragen des Zivilrechts verlassen wird. Eine rechtsvergleichende Untersuchung etwa der Rechte von Minderheitsaktionären dürfte in der Fragestellung ebenso wenig ohne Rechtsbegriffe auskommen wie eine Untersuchung der Wahlmodi für Parlamentsabgeordnete, der speziellen Regeln zur Berücksichtigung mangelnder Rechtskenntnisse oder Prozesserfahrungen bei Laienrichtern oder des Schutzes von Verbrauchern gegen Schäden durch gekaufte Verbrauchsgüter bei fehlender Nachweisbarkeit der Kausalität. Das Bedürfnis nach einer völlig neutralen Umschreibung der Frage, das vor allem bestehen kann, wenn Rechtsordnungen mit stark abweichenden Strukturen einbezogen werden, taucht in diesen und zahlreichen anderen Fällen schon deshalb nicht auf, weil bei so starker Abweichung kaum noch ein Bedürfnis nach Vergleich besteht. Rechtsordnungen, die keine Aktiengesellschaft oder keine Wahl von Parlamentsabgeordneten kennen, werden für die einschlägigen Vergleichsfragen von vornherein außer Betracht bleiben. Zwar ließen sich die Fragen mit einiger Mühe sachbezogener formulieren, ließe sich etwa nicht nach Aktiengesellschaften fragen sondern nach Zusammenschlüssen von Menschen, die im Rechtsverkehr als Einheit auftreten und für diese Einheit Rechte und Pflichten begründen können. Damit wären aber schnell auch ganz andere Erscheinungsformen juristischer Personen, etwa die GmbH oder die Inc. erfasst und das spezifisch aktienrechtliche Interesse der Fragestellung bliebe auf der Strecke.

Kann sich also der Problemvergleich auf einer gleitenden Skala von rein faktischer bis hin 199
zu rein rechtlicher Problembeschreibung bewegen, so geht er am rechtlichen Ende der Skala ebenfalls gleitend in den Konzeptvergleich über. Wird nach dem Umfang des verfassungsrechtlichen Schutzes der Meinungsfreiheit in zwei Staaten gefragt, steht das Konzept der Meinungsfreiheit im Vordergrund und nicht so sehr faktische Fragen wie die geistige Selbstverwirklichung oder die Ermöglichung der Meinungsbildung durch zwischenmenschliche Kommunikation. Dasselbe gilt etwa für die Frage nach der rechtlichen Bedeutung des Demokratieprinzips und seinen konkreten Rechtsfolgen in verschiedenen Staaten. Soll andererseits etwa das deutsche Verhältnismäßigkeitsprinzip mit entsprechenden Instituten anderer Staaten verglichen werden, so klingt diese Formulierung nach einem Vergleich rechtlicher Konzepte, ließe sich aber ohne weiteres durch die schon eher problemorientierte Frage ersetzen, wie etwa England die Probleme und Fallkonstellationen löst, die in Deutschland das Verhältnismäßigkeitsprinzip erfasst. Konzeptvergleiche können zudem verschiedene Formen annehmen. Sie können etwa historische Entwicklungen oder abstrakte Einheiten erfassen (Welche Parallelen und Unterschiede bestehen zwischen der Entwicklung der Europäischen Union und der historischen Entstehung der USA? Was sind die zentralen Unterschiede zwischen dem common law in England und den USA?). Sie können vergleichende Elemente hinter einer auslandsrechtlichen Frage verstecken (Welche Formen von

Eigentum kennt der Stamm X in Papua-Neuguinea?) oder nach Gemeinsamkeiten oder Tendenzen suchen (Welche gemeinsamen Kerngedanken bestehen im Bereich des Vertragsrechts zwischen den Ländern A bis E? Ist international eine Tendenz zu größerer Unabhängigkeit von Gerichten zu beobachten?).

200 Bei allen klassischen Vergleichen sind – wie auch sonst – stets Fragen nach dem Warum der Unterschiede und Gemeinsamkeiten sowie ggf. nach der besseren Lösung als Teil der Untersuchung möglich und oft sinnvoll.

201 **(2) Vergleich von Funktionsbedingungen des Rechts.** Funktionsbedingungen des Rechts können bei jedem Vergleich relevant werden. Sie betreffen die zahlreichen Randfragen, bei denen es besonders leicht ist, unbewusst von den heimatlichen Bedingungen auszugehen und so das fremde Recht grundlegend misszuverstehen. Um dies zu vermeiden, sind rechtsvergleichende Studien besonders wichtig, die diese Funktionsbedingungen nicht nur mitbetrachten, sondern unmittelbar zum Gegenstand haben.

202 Dabei kann es erstens um einen Vergleich zwischen Methoden des Rechts oder rechtsphilosophischen Grundlagenfragen in den jeweiligen Rechtsordnungen gehen: Welche Rechtsquellen kennen die Staaten A bis K? Wie werden Gesetze in England und Deutschland ausgelegt? Inwieweit ist Richterrecht dort eine Rechtsquelle? Wie unterscheiden sich US-amerikanischer und skandinavischer Rechtsrealismus? Kennt Stamm X im Amazonasbecken einen Unterschied zwischen Recht und sonstigen Pflichten, der unserem vergleichbar wäre? Zweitens können rechtskulturell bedeutsame Phänomene verglichen werden, die nicht selbst notwendig Teil des materiellen Rechts sein müssen: Wie unterscheidet sich die juristische Ausbildung in Polen und Frankreich? Welches Ansehen haben Professoren und ihre Ansichten in Deutschland und den USA? Welchen Einfluss haben Ministerien auf die Gesetzgebung in den Staaten A bis D? Welche Einstellung haben Japaner zur Konfliktlösung durch Gerichte? Wie schwer ist der Zugang zu Gerichten für Arme in Deutschland, Venezuela und Südafrika? Drittens kann es auch um die praktische Funktionsweise oder die praktische Wirkung des Rechts in verschiedenen Rechtsordnungen gehen: Wie werden Urteile in Deutschland, Frankreich und England abgefasst und warum ist das so? Welche Durchsetzungschancen haben Gerichtsurteile in England, der Volksrepublik China und Russland? Wie löst der Stamm X in Papua-Neuguinea trotz fehlender Gerichtsstruktur seine Probleme, wie wird Recht dort erzeugt?

203 **(3) Typische Teilfragen.** Fragen, die üblicherweise als Einzelschritte eines Rechtsvergleichs auftauchen, können auch separat gestellt werden und so den Fokus der Untersuchung beeinflussen.

Das gilt insbesondere, wenn von Anfang an nur nach dem Warum eines Unterschieds gefragt wird: Warum unterscheidet sich das System des Grundeigentums und der Rechte daran in England und Deutschland so grundlegend? Warum ist die jury in den USA bedeutsamer als in England? Der sorgfältige Rechtsvergleich wird durch diese Art der Fragestellung nicht überflüssig. Doch kann so möglicherweise auf bereits vorliegende Untersuchungen zu den bestehenden Unterschieden zurückgegriffen werden. Auch kann auf diese Weise die Suche nach Unterschieden darstellungsmäßig in die Suche nach dem Warum integriert werden, statt sie voranzustellen und so Gefahr zu laufen, das Warum zu vernachlässigen. Hier wie auch sonst muss das eigentlich Vergleichende an der Frage nicht unbedingt schon direkt in der Formulierung vorgegeben sein, sondern kann sich auch erst aus deren Inhalt ergeben. Die Frage etwa, warum die Bewegung der critical legal studies in Deutschland so wenig Anhänger fand, kann ohne Kenntnis und Vergleich der rechtlichen Rahmenbedingungen einerseits in den USA als Herkunftsland der Bewegung andererseits in Deutschland nicht beantwortet werden.

204 Aber auch etwa auslandsrechtliche Fragen können als sinnvolle Teilfragen aus einem Rechtsvergleich ausgekoppelt werden, insbesondere wenn sie Wertungselemente beinhalten: Gibt es in Russland ein effektives Recht auf Kriegsdienstverweigerung? Wie wirkt sich

die Allmacht der Kommunistischen Partei auf das Rechtssystem in China aus? Inwieweit gewährleistet die Scharia die Gleichheit von Mann und Frau? Ist China ein Rechtsstaat?

(4) Freiwillige Einbeziehung fremder Rechtsgedanken. Geht es darum, ganz bestimmte fremde Rechtsgedanken auf freiwilliger Basis in das heimische Recht zu integrieren, so können zunächst vielerlei Fragen in Bezug auf Harmonisierung oder Rechtsübertragung gestellt werden. Sie können etwa deren Voraussetzungen betreffen (Wie kann das Scheidungsrecht innerhalb der Europäischen Union harmonisiert werden?), deren Sinnhaftigkeit überprüfen (Wird die Übertragung des adverserial process in das italienische Recht erfolgreich sein? Welches System des Patentrechts ist für Deutschland das geeignetste?) oder nach den Folgen fragen (Wie stark sind die schweizerischen Elemente im heutigen türkischen Zivilrecht?). Ebenso können hier abstraktere Probleme untersucht werden (Welche Teile eines Rechtssystems sind besonders veränderungsresistent?). 205

Aber auch unabhängig von Rechtsübertragungen und Harmonisierungen lässt sich die Frage stellen, wieweit eine Rechtsordnung von der anderen lernen kann. So können etwa Vor- und Nachteile bestehender Lösungen vor ausländischem Erfahrungshintergrund neu bewertet werden: Sollte für Kinder, die nach fehlgeschlagener Sterilisation geboren wurden, ein Schadenersatzanspruch der Mutter bestehen? Wann sollte Abtreibung erlaubt sein? Sollten Kopftücher bei moslemischen Lehrerinnen in der Schule zugelassen werden? Fremde Rechtsordnungen können aber auch nach ganz neuen Lösungen durchsucht werden, wenn der heimatliche Lösungskanon unbefriedigend erscheint: Welche Alternativen gibt es zum deutschen Wahlmodus für Verfassungsrichter? Auf welche Arten könnten homosexuelle Partnerschaften oder Ehen staatlich anerkannt werden? Welche Möglichkeiten der Streitbeilegung ohne Gerichte gibt es, und welche Vor- und Nachteile haben sie? Ob das ausländische Recht gänzlich neue Lösungsvorschläge enthält oder nur neue Argumente im Hinblick auf die bereits bekannten, lässt sich naturgemäß nicht immer im Vorhinein bestimmen. Die Frage kann deshalb auch entsprechend offen formuliert werden: Was können wir aus den Abtreibungsentscheidungen des U. S. Supreme Court lernen? Welche Lehren können wir aus seiner Quotenrechtsprechung in Bezug auf Schwarze und Frauen für deutsche Frauenquoten ziehen? Möglich sind schließlich auch direkte Fragen nach dem besser oder schlechter von Lösungen: Ist die strafrechtliche Entscheidung durch eine jury der Entscheidung durch Berufsrichter vorzuziehen? Braucht Deutschland eine green card nach Vorbild der USA? Ist eine öffentliche Anhörung der Kandidaten für das Amt eines Verfassungsrichters sinnvoll? 206

(5) Erzwungene Rechtsvergleichung. Ein Rechtsvergleich kann auch zur Ermittlung des anwendbaren Rechts zwingend vorgeschrieben sein. Das gilt vor allem dort, wo eine Norm selbst die Herleitung von unmittelbar geltenden Rechtssätzen durch Vergleich vorsieht. Das ist etwa bei den allgemeinen Rechtsgrundsätzen des Völkerrechts der Fall: Gibt es einen allgemeinen Rechtsgrundsatz, der Staaten eine einseitige Änderung ihrer mit ausländischen Privatpersonen geschlossenen Verträge erlaubt? Welche allgemeinen Rechtsgrundsätze bestehen hinsichtlich der Verjährung von Ansprüchen? Ein Zwang zum Rechtsvergleich besteht im Prinzip auch für die Herleitung der außervertraglichen Haftung nach Art. 340 Abs. 2 AEUV, selbst wenn hier in der sehr pragmatischen Praxis der an sich erforderliche, sorgfältige Vergleich aller Rechtsordnungen der EU-Mitgliedstaaten nicht recht zu erkennen ist. Rechtsvergleichende Untersuchungen können aber nicht nur unmittelbar zur Normerzeugung, sondern auch mittelbar erzwungen werden. Das ist etwa im Internationalen Privatrecht der Fall, soweit es im Ergebnis dazu zwingt, ein nationales Äquivalent zu einem fremden Rechtsinstitut zu finden: Wie soll ein trust aufgrund englischen Erbrechts in das deutsche Grundbuch eingetragen werden? Ist eine common law marriage in Deutschland als Ehe zu behandeln? 207

(6) Abstrahierende und systematisierende Fragen. Zu den Fragen, denen sich Rechtsvergleicher oft widmen, gehören schließlich auch große Überblicksfragen, die zu einem nicht 208 geringen Teil die Ergebnisse zahlreicher anderer Untersuchungen aggregieren. In Betracht kommen zunächst eher akademische Systematisierungsfragen, insbesondere zu den Rechtsfamilien (Gehört Indien zum Rechtskreis des common law? Was ist aus dem sozialistischen Rechtskreis geworden?) oder zu spezielleren Gruppierungsmöglichkeiten (Was für Typen von Regierungssystemen bestehen innerhalb demokratischer Staaten?). Ebenso in Betracht kommen aber auch abstrahierende Gesamtschauen, die etwa nach bestimmten Tendenzen oder Gemeinsamkeiten fragen: Welche Besonderheiten weisen religiös begründete Rechtssysteme auf? Welchen Einfluss hat die Existenz oder Nichtexistenz einer Staatsreligion auf die Religionsfreiheit Andersgläubiger? Wie verändern sich Rechtssysteme?

209 Nicht jede Frage passt klar in die hier vorgestellten Kategorien. So ist etwa die Untersuchung des Einflusses deutscher Immigranten aus der Mitte des 20. Jahrhunderts auf das rechtliche Denken in England und den USA fachlich nur von einem Rechtsvergleicher zu leisten, aber dennoch keinem der hier vorgestellten Typen unmittelbar zuzuordnen. Eine solche Vollständigkeit wird aber ebenso wenig angestrebt wie eine stets eindeutige Abgrenzung der einzelnen Typen untereinander. Fragen der verschiedenen Kategorien stehen in vielfältigen Beziehungen zueinander, können im Einzelfall fast beliebig untereinander kumuliert werden, sich gegenseitig ergänzen oder noch weitere Aspekte mit einbeziehen. Letztlich belegen sie vor allem die große Vielfalt legitimer und üblicher Fragestellungen, die wohl jedem Rechtsvergleicher bewusst ist, die aber bei methodischen Diskussionen leicht aus dem Blick gerät.

bb) Funktionales Denken und Problemvergleich

210 Der Gedankengang der funktionalen Rechtsvergleichung ist im Kern nur auf einen dieser sechs Typen rechtsvergleichender Fragestellungen hin ausgerichtet, nämlich auf den klassischen Vergleich oder noch beschränkter auf den Unterfall des Problemvergleichs. Nur beim Problemvergleich wird im Grundsatz auf ein weitgehend sachlich beschriebenes Problem abgestellt. Schon bei der anderen Variante des klassischen Vergleichs, dem Konzeptvergleich, wird die Ausgangsfrage nicht mehr funktional gestellt, sondern gerade mithilfe von Systembegriffen, indem zwei rechtliche Konzepte abstrakt in einen Vergleich eingebracht werden. Das wird noch deutlicher, wenn der Konzeptvergleich anders eingekleidet wird, er etwa nach historischen Entwicklungen, nach Gemeinsamkeiten oder nach Tendenzen fragt. Eine im strengen Sinn funktionale Frage müsste jedoch gänzlich frei von rechtlichen Konzepten sein, also entweder rein sachbezogen oder in einer noch zu entwickelnden funktionalrechtlichen Kunstsprache gestellt werden. Wie gesehen gelingt dies allerdings in Reinform selbst beim Problemvergleich nur selten und ist auch meist nicht notwendig.[389]

211 Wird der klassische Vergleich verlassen und etwa zweitens nach den Funktionsbedingungen des Rechts gefragt oder drittens sonstige typische Teilfragen gestellt, so könnte dies aus Sicht einer streng verstandenen funktionalen Methode nur als Unteraspekt eines Problemvergleichs eine Rolle spielen und dort etwa der Relativierung rechtlicher Ähnlichkeiten und Unähnlichkeiten dienen oder das Warum eines Unterschieds mit erklären. Denn Fragen etwa nach den Methoden der Gesetzesauslegung in Deutschland und England oder nach dem Grund für die unterschiedliche Bedeutung der jury in England und den USA lassen sich nicht selbst auf reale Sachprobleme zurückführen. Geht es viertens um die freiwillige Einbeziehung fremder Rechtsgedanken – etwa im Rahmen von Rechtsübertragungen oder Harmonisierungen oder ganz allgemein bei dem Versuch, aus fremdem Recht zu lernen – so ist eine funktionale Betrachtung teilweise möglich. Die einschlägigen Fragestellungen setzen sich aber nicht nur in je unterschiedlicher Weise aus den übrigen bislang erwähnten zusammen und teilen somit deren nicht-funktionale Anteile, sondern beinhalten auch ein besonders ausgeprägtes Wertungselement, zu dem die funktionale Methode direkt keine Aussage trifft. Der fünfte, zur Ermittlung des anwendbaren Rechts zwingend vorgeschriebene Rechtsvergleich wird regelmäßig als klassischer Vergleich durchgeführt, wobei oftmals

[389] Vgl. supra → Rn. 198 f.

rechtliche Konzepte wie etwa die außervertragliche Staatshaftung vorgegeben sind, die eine vollständige Funktionalisierung verhindern dürften. Abstrahierende und systematisierende Fragen, etwa nach den Rechtsfamilien schließlich entziehen sich als sechster Typus der funktionalen Betrachtungsweise, ja einem Großteil des ganzen Methodenstreits vollständig.

2. Kontext als zentrales Konzept der Rechtsvergleichung

a) Legitime Anliegen der Kritik

Neben den fortbestehenden Grenzen und Fehlern der funktionalen Methode sind einige der 212
Anliegen, die hinter den kritischeren Stellungnahmen zum Funktionalismus stehen, durchaus legitim und verdienen Beachtung. Hauptanliegen ist hier die Notwendigkeit, stets den kulturellen Hintergrund mit zu berücksichtigen.[390] Wie Jaakko Husa formuliert, „the focus [...] of modern comparative law, is legal culture".[391] Andere Rechtsvergleicher benennen zwar eine ganze Reihe von neueren methodischen Ansätzen, die jedoch zum größten Teil schlicht auf dasselbe hinauslaufen, nämlich die Notwendigkeit, kulturelle Aspekte in die Untersuchung fremden Rechts mit einzubeziehen.[392] Und tatsächlich ist es von zentraler Bedeutung, dass jegliche rechtsvergleichende Tätigkeit die zahlreichen rechtlichen und außerrechtlichen Faktoren berücksichtigt, die auf die zu untersuchende Rechtslage, ihre Hintergründe und praktischen Resultate einwirken können. Der Rechtsvergleicher muss aufgeschlossen bleiben und darf nicht Opfer seiner eigenen rechtlichen und kulturellen Vorprägungen werden. Die Kritiker beklagen zurecht, dass es immer noch rechtsvergleichende Studien gibt, die sich im Wesentlichen darauf beschränken, die Rechtslage in zwei oder mehr Staaten jeweils getrennt zu beschreiben, und allenfalls einen kurzen und kursorischen Abschnitt zum eigentlichen Vergleich anfügen, ohne auch nur zu versuchen, die rechtlichen und außerrechtlichen Gründe für die festgestellten Ähnlichkeiten und Unterschiede ausführlich zu durchleuchten. Ebenso betonen die Kritiker zurecht, dass für die Einbeziehung außerrechtlicher Aspekte ein Blick über die Grenzen des Rechts hinaus in die möglichen Beiträge und Ergebnisse anderer Wissenschaften unerlässlich ist. So kann Kultur, beispielsweise im Sinne von Religion oder Mentalität, ebenso eine Rolle spielen wie Wirtschaftswissenschaften, Geschichte oder sogar Geographie.[393] Nichts anderes gilt für Linguistik oder Statistik.[394] In diesem Sinne ist Interdisziplinarität ein unverzichtbares Werkzeug, ist Rechtsvergleichung, anders als rein nationale Rechtswissenschaft, unter rein positivistischen Vorzeichen nicht sinnvoll möglich.

Solche und andere Anliegen sind zwar berechtigt, bilden aber nicht schon als solche 213
eigenständige und neue methodische Ansätze der Rechtsvergleichung.[395] Keines dieser Anliegen bietet dem Rechtsvergleicher eine neue Herangehensweise mit neu vorgegebenen Handlungsanweisungen oder einer alternativen Perspektive darauf, wie Rechtsvergleichung ganz praktisch durchzuführen ist.[396] Vielmehr liefern die Anliegen nur weitere Aspekte, die

[390] Vgl. supra → Rn. 155.

[391] *Husa* (Fn. 14), 119; vgl. auch ibid., 163 („all serious comparative law study is simultaneously the study of foreign legal culture").

[392] Vgl. *Siems,* Comparative Law (Fn. 175), 143 ff.; zu dieser scheinbaren Vielzahl von Ansätzen vgl. supra → Rn. 142 insbes. Fn. 250.

[393] Zu diesen Faktoren vgl. zB *Husa* (Fn. 14), 163 ff.; zur ökonomischen Analyse in der Rechtsvergleichung vgl. supra → Rn. 56 ff.; zu Rechtsgeschichte und Rechtsvergleichung vgl. supra → § 1 Rn. 27 ff.; zu Soziologie, Ethnologie, Ethologie und Anthropologie vgl. supra → § 1 Rn. 34 ff., 37 ff.; zur vergleichenden Politikwissenschaft vgl. supra → § 1 Rn. 47 ff.

[394] Vgl. zB *Siems,* Comparative Law (Fn. 175), 156 f., 207 ff.; zur Rechtsübersetzung und ihrem Verhältnis zur Rechtsvergleichung vgl. supra → § 1 Rn. 20 ff.; zur statistischen Rechtsvergleichung supra → § 3 Rn. 106 ff.

[395] Demgegenüber scheint *Siems,* Comparative Law (Fn. 175), 139 ff., jegliche Anliegen, Themen oder Anwendungsfelder in der Rechtsvergleichung sogleich als eigene „Ansätze" anzusehen; zum Problem des Übermaßes an „Ansätzen" im Allgemeinen vgl. supra → Rn. 143 ff.

[396] Zu solchen alternativen Sichtweisen vgl. supra → Rn. 102 ff.

bei der Auswahl geeigneter Vergleichsgegenstände, vor allem aber beim eigentlichen Vergleich und der Erklärung von Unterschieden und Ähnlichkeiten berücksichtigt werden sollten. Sie liefern Ideen, wo nach zu berücksichtigenden Aspekten gesucht werden und welche nichtjuristischen Disziplinen sich als hilfreich erweisen könnten. Sie sind zudem schon deshalb nicht mit bestimmten methodischen Ansätzen verknüpft, weil keines der Anliegen in dem Sinne universell ist, dass es stets und in jedem Fall berücksichtigt werden müsste. So wurde beispielsweise schon oft darauf hingewiesen, dass manche Rechtsgebiete sehr viel stärker kulturbezogen sind als andere, insbesondere stärker rechtstechnisch geprägte wie etwa das Gesellschaftsrecht. Umgekehrt lassen sich die Anliegen der Kritik ohne weiteres in die unterschiedlichsten methodischen Ansätze integrieren. Insbesondere sind sie keinesfalls unvereinbar mit der funktionalen Rechtsvergleichung, sondern würden von vielen traditionellen Rechtsvergleichern ohne weiteres als Teil ihrer Arbeitsweise angesehen werden.[397]

b) Kontext als integratives Konzept

214 Trotz alledem ist „funktionale Rechtsvergleichung" als Begriff untunlich geworden und sollte vermieden werden. Darin liegt keine grundlegende Kritik der rechtsvergleichenden Arbeit, die im Namen der funktionalen Rechtsvergleichung geleistet wurde, oder der praktischen Vorgehensweise der traditionellen Rechtsvergleichung. Das Problem der funktionalen Rechtsvergleichung liegt nicht in ihrer praktischen Anwendung,[398] sondern in ihren abstrakten Vorgaben. Auf der Funktion als Ausgangspunkt jeglicher Rechtsvergleichung zu bestehen, führt wie gesehen zu übertriebenen Schlussfolgerungen, die schlicht unhaltbar sind, und würde die Rechtsvergleichung auf einen kleinen Ausschnitt aus der Fülle möglicher rechtsvergleichender Fragestellungen reduzieren. Mit anderen Worte liegt der Kern des Problems gerade im Begriff der „Funktion". Wenn aber gerade die „Funktion" ihren zentralen Status verliert, wäre es verwirrend und sogar irreführend, den Begriff der funktionalen Rechtsvergleichung aufrechtzuerhalten.

215 Allerdings sind die Vertreter der funktionalen Rechtsvergleichung selbst sich dieses Problems durchaus bewusst. Etwas anderes zu vermuten, wäre schon in Anbetracht der Evidenz der Beschränkungen und der praktischen Erfahrung dieser Rechtsvergleicher ein etwas ungewöhnlicher Schluss. So hebt etwa Kötz selbst in aller Deutlichkeit hervor, dass es gerade die besonders interessanten Fragen nach Stilen, Verfahren, Techniken, Mentalitäten und Wertung seien, die vom Funktionalitätsprinzip nicht recht erfasst würden.[399] Konsequenz ist für ihn – und damit dürfte er exemplarisch für alle Anhänger dieser Methode sprechen – aber nicht, den funktionalen Ansatz zu verwerfen, sondern sich nur „vor den Gefahren [zu] hüten, die ein allzu absolut gesetztes Funktionalitätsprinzip mit sich bringt".[400] Diese Nonchalance ist zwar durchaus sympathisch, hilft aber im Hinblick auf die offensichtlichen Grenzen der funktionalen Rechtsvergleichung und die mit ihr verbundenen, möglichen Missverständnisse nicht wirklich weiter. Sie trägt auch der gravierenden Kritik nicht Rechnung, die der Funktionalismus hervorgerufen hat. Selbst unabhängig von den tatsächlich bestehenden Unzulänglichkeiten der funktionalen Rechtsvergleichung ist nicht zu über-

[397] Vgl. supra → Rn. 154 f.; vgl. zB *Siems,* Comparative Law (Fn. 175), 153, der die von ihm so genannten strukturellen und rechtstheoretischen Ansätze als Teil funktionalen Denkens ansieht. Er sieht einen Unterschied allein insofern, als die funktionale Rechtsvergleichung einen Platz für Theorien und Konzepte nur in der Phase des eigentlichen Vergleichs offenlasse, während die alternativen Herangehensweisen sie auch bereits als Ausgangspunkt zuließen. Damit weist er der Sache nach auf die beschränkte Reichweite der funktionalen Rechtsvergleichung jenseits des schlichten Problemvergleichs hin, vgl. dazu supra → Rn. 210 ff. Einen weiteren Unterschied sieht Siems darin, dass manchen traditionellen Studien ein angemessener vergleichender Teil jenseits der bloßen Beschreibung der einschlägigen Rechtsregeln fehle, vgl. dazu supra → Rn. 18.

[398] Vgl. schon supra → Rn. 191.

[399] *Kötz* (Fn. 153), 505.

[400] *Kötz* (Fn. 153), 504.

sehen, dass schon das Wort „funktional" bei vielen Kritikern einen Abwehrreflex und eine bestimmte, teils verzerrte Vorstellung auslöst (an der allerdings die Anhänger nicht immer ganz unschuldig sind). Tatsächlich ist gerade der vielschichtige und auch in anderen Wissenschaftszweigen beheimatete Begriff der Funktion besonders geeignet, Missverständnisse hervorzurufen und vom eigentlichen Kern des Anliegens abzulenken.

Anerkannt werden muss aber auch, dass der Kern der funktionalen – oder besser: traditionellen – Rechtsvergleichung seinen Wert immer wieder bewiesen hat und bewahrt werden sollte. Aber dieser Kern liegt nicht im Begriff der Funktion. Kern ist vielmehr der Grundgedanke, stets das rechtliche und außerrechtliche Umfeld zu berücksichtigen, in dem jede rechtliche Regelung steht. Der Rechtsvergleicher muss erkennen, in welchem etwa begrifflichen, dogmatischen oder kulturellen Umfeld die eigene Norm steht und sie gegebenenfalls von diesem Kontext abstrahieren; er muss kontextunabhängig die Sachfragen erkennen, die geregelt werden; er muss auch bei fremden Rechtsinstituten etwa deren Geschichte, Bedeutung oder Wirkung berücksichtigen; und er muss vor allem bei der Klärung des Warum von Unterschieden und Gemeinsamkeiten alle einschlägigen Informationen etwa rechtlicher, gesellschaftlicher, historischer oder politischer Art über das Umfeld berücksichtigen. Kern der Rechtsvergleichung ist also stets die Berücksichtigung des Kontexts: es geht um *kontextuelle Rechtsvergleichung.* 216

Somit vermeidet die kontextuelle Rechtsvergleichung nicht nur die vielen übertriebenen funktionalen Schlussfolgerungen und integriert die zahlreichen, der Kritik zugrundeliegenden Anliegen. Sie umgeht auch die engen Beschränkungen der funktionalen Rechtsvergleichung bezüglich der Arten rechtsvergleichender Fragestellungen: Im Vordergrund aller denkbaren Fragestellungen[401] steht die zentrale Forderung, stets alle rechtlichen und außerrechtlichen Rahmenbedingungen mit zu bedenken. Geht es etwa um Funktionsbedingungen, so können beispielsweise beim Vergleich der Gesetzesauslegung historische Einflüsse ebenso bedeutsam sein wie unterschiedliche Qualität der Gesetzgebung, ein unterschiedliches Selbstverständnis der Richter oder eine unterschiedliche Auffassung dazu, wer die Gesetze in erster Linie verstehen soll. Beim Vergleich der Juristenausbildung kann es neben historischen Faktoren auch auf die Einstellung zur Systematisierung des Rechts oder auf typische Berufsbilder ankommen. Im Bereich der freiwilligen Einbeziehung fremder Rechtsgedanken ist etwa bei der Frage nach einer möglichen Harmonisierung des Scheidungsrechts in der Europäischen Union das Erbrecht unter Geschiedenen ebenso mit zu bedenken wie die statistische Verbreitung von Doppelverdienerehen und die jeweilige Einstellung der Bevölkerung zur Ehe als Institution. Der kontextuelle Rechtsvergleicher wird sich stets des möglichen Einflusses all solcher Faktoren bewusst und jederzeit bereit sein, sie in allen Situationen und bei allen denkbaren Fragestellungen zu berücksichtigen. 217

c) Kontext und Rechtskultur

Der Kontext umfasst alle rechtlichen und nichtrechtlichen Aspekte, die beim Rechtsvergleich berücksichtigt werden müssen. Aber wäre es nicht naheliegender, dafür den Begriff der Rechtskultur zu verwenden? Auf den ersten Blick scheint er doch genau das erforderliche Maß an Flexibilität und inhaltlicher Offenheit zu bieten, scheinbar verbunden mit dem zusätzlichen Vorteil, einen in der Rechtsvergleichung bereits etablierten Terminus aufzugreifen. Eine genauere Analyse – auf deren Einzelheiten später einzugehen ist[402] – zeigt jedoch schnell, dass Rechtskultur alles andere als ein klares und etabliertes Konzept darstellt. Im Gegenteil ist es durch seine Herkunft aus der Rechtssoziologie stark vorbelastet, mit für Juristen wenig interessanten Streitigkeiten beladen und ignoriert die spezifisch juristische Herangehensweise.[403] 218

---

401 Zur Typologie rechtsvergleichender Fragestellungen vgl. supra → Rn. 165 ff.

402 Vgl. infra → § 4 Rn. 27 ff.

403 Für weitere Einzelheiten vgl. → § 4 Rn. 28 ff., insbes. zu den Lehren für die Rechtsvergleichung → § 4 Rn. 39 ff. und zur Präferenz für den Begriff des Kontexts → § 4 Rn. 46.

219 Darüber hinaus wird der Begriff der Kultur in der rechtsvergleichenden Literatur oft in einem eher beschränkten, keinesfalls umfassenden Sinn verstanden. Diese oft nur implizite Tendenz zeigt sich etwa deutlich bei Jaakko Husa, der im Rahmen der Diskussion unterschiedlicher Faktoren zur Erklärung von Unterschieden und Übereinstimmungen in der Rechtsvergleichung klar zwischen einerseits kulturellen Faktoren wie Religion, Ideologie und Mentalität und andererseits wirtschaftlichen, geschichtlichen, geographischen und „anderen Faktoren" unterscheidet.[404] Auch wenn also die genaue Bedeutung und der inhaltliche Umfang von „Rechtskultur" vage und gleichzeitig höchst umstritten ist,[405] wird der Begriff jedenfalls oft nicht so verstanden, dass er die Gesamtheit aller beim Vergleich einzubeziehenden rechtlichen und nichtrechtlichen Faktoren erfassen könnte. Genau darin liegt der Vorteil des Begriffs „Kontext", der sowohl inhaltlich weit genug als auch frei von Vorbelastungen durch unnötige Streitigkeiten ist.

d) Kontext und Rechtskreise: Der doppelte Bedeutungsgehalt von Kontext

220 Ein weiterer Vorteil der kontextuellen Rechtsvergleichung liegt darin, dass der Kontext zum Dreh- und Angelpunkt nicht nur des Einzelvergleichs (Mikrovergleichs), sondern auch des typisierenden (Makro-)Vergleichs wird.[406] Auch wenn auf nähere Einzelheiten der Verbindung von Kontext und Rechtskreis noch an anderer Stelle einzugehen ist,[407] hilft sie doch, schon das Konzept des Kontexts als solches zu verstehen: Wenn für jeden Einzelvergleich – also für fast alle betrachteten, typisch rechtsvergleichenden Fragestellungen[408] – der Kontext eine zentrale Rolle spielt, dann kommt es entscheidend darauf an, die konkreten, einzelnen Elemente dieses Kontextes bei den in die jeweilige Untersuchung einbezogenen Rechtsordnungen zu verstehen. Mit anderen Worten benötigt der Rechtsvergleicher zumindest eine Grundvorstellung von den spezifischen Eigenheiten der verschiedenen Rechtsordnungen, die etwa die Entstehung, das Verständnis oder die Folgen der konkret betrachteten Rechtsinstitute beeinflussen könnten. Werden bestimmte strafprozessuale Normen in Deutschland und den USA verglichen, so stellt sich die Frage, welche typischen Aspekte des deutschen und des US-amerikanischen Rechts zu berücksichtigen sind, die bestehende Unterschiede erklären und die Grundlage für vertiefte Fragen bilden könnten. Werden die Verfassungsgerichte in Japan, Taiwan und Indien verglichen, so stellt sich die Frage, was man über diese Länder wissen sollte, um typische rechtsvergleichende Fehler möglichst zu vermeiden. Und wie soll der Rechtsvergleicher bei allen seinen Vorhaben ein Gefühl für den relevanten Kontext bekommen, wenn es schlicht unmöglich ist, alle Umstände zu kennen, die für das Verständnis jeder Rechtsordnung der Welt wichtig sein könnten? Die Antwort liegt in dem, was üblicherweise als Rechtskreise bezeichnet wird. Sie verdichten und aggregieren die Aspekte des Kontexts, die für den Einzelvergleich wichtig sind, indem sie Gruppen von Rechtsordnungen bilden, die auf einer allgemeineren Ebene hinreichend ähnlich sind, um ähnliche Eigenheiten aufzuweisen und den Rechtsvergleich vor ähnliche Probleme zu stellen. So wird in der Praxis ein amerikanischer Jurist, der die grundsätzliche Denkweise und die allgemeinen Eigenheiten des kontinentaleuropäischen Rechts etwa in Deutschland und Frankreich versteht, gut gerüstet sein, um den notwendigen Kontext der Rechtsnormen nicht nur in diesen beiden Ländern, sondern etwa auch in Spanien oder Argentinien zu berücksichtigen.[409]

---

[404] *Husa* (Fn. 14), 163 ff. („other factors"); vgl. aber auch seine allgemeine Beschreibung ibid., 5 f., die teils breiter, teils beschränkter ausfällt.

[405] Vgl. zB infra → § 4 Rn. 30 f.; für eine außerordentlich ansprechend geschriebene und sehr detailreiche Typologie und Zusammenstellung der möglichen Aspekte der Rechtskultur vgl. *Mankowski, Peter,* Rechtskultur, 2016, passim.

[406] Zum Einzelvergleich und typisierenden Vergleich im Allgemeinen vgl. supra → § 1 Rn. 17 f.

[407] Vgl. infra → § 4 Rn. 47 ff.

[408] Vgl. die Typologie supra → Rn. 196 ff.

[409] Vgl. auch infra → § 7 Rn. 180.

Aus diesem Grund werden diese Gruppen von Rechtsordnungen ebenfalls als Kontexte 221 bezeichnet, so dass es beispielsweise möglich ist, von einem Kontext des common law, einem skandinavischen Kontext, einem afrikanischen Kontext oder einem südostasiatischen Kontext zu sprechen. Die Zusammenstellung und Beschreibung solcher Kontexte erspart es den Rechtsvergleichern, das Rad jedesmal neu erfinden zu müssen, wenn sie sich einer neuen Rechtsordnung zuwenden, und erlaubt ihnen stattdessen, auf den von anderen bereits gewonnenen Kenntnissen und Erfahrungen aufzubauen. „Kontext" hat somit zwei verschiedene, aber eng miteinander verbundene Bedeutungen: Beim Einzelvergleich bezieht er sich auf alle rechtlichen und außerrechtlichen Faktoren, die berücksichtigt werden müssen; beim typisierenden Vergleich bezieht er sich auf Gruppen von Rechtsordnungen, in denen diese Faktoren ähnlich genug sind, um ähnliche allgemeine Probleme und Lösungen zu bieten, wenn es um die Einbeziehung des Kontexts in den Einzelvergleich geht.[410]

3. Kontextuelle Rechtsvergleichung als hermeneutische Methode

Der kontextuelle Ansatz ist zwar fest in der weithin vorherrschenden traditionellen Rechts- 222 vergleichung verankert. Doch wird es ihm kaum gelingen, solche Rechtsvergleicher zu überzeugen, die den Mainstream schon immer abgelehnt haben, insbesondere wenn sie der Postmoderne oder den critical legal studies anhängen.[411] Sie werden voraussichtlich weiterhin die Methoden- und Theorielosigkeit beklagen und den gesamten Mainstream der Rechtsvergleichung als bloßen Ausdruck des gesunden Menschenverstandes ohne analytische Strenge anprangern. Es bleibt aber die Frage, was genau mit dieser Kritik eigentlich gemeint ist und auf welchen Grundannahmen sie basiert. Tatsächlich scheinen diejenigen, die besonders kritisch nach der fehlenden Methode suchen, nicht einfach nur eine zielgerichtete und planmäßige Vorgehensweise zur Erlangung neuer Erkenntnisse zu verlangen, sondern eine Art universelles Kochrezept (a). Die Ablehnung der traditionellen Rechtsvergleichung ist oft auf analytische Fragen und die sich aus ihnen ergebenden Methoden konzentriert und ignoriert, dass es bei der Rechtsvergleichung weit mehr um Fragen eines historischen Typs geht, dh Fragen die darauf abzielen, einen vorgegebenen Erkenntnisgegenstand aus sich selbst heraus zu verstehen. Die passendere Methode für solche Fragen aber ist die Hermeneutik als Verstehenslehre. Der Versuch, nur analytische Herangehensweisen als wissenschaftlich zu akzeptieren, wird der Vielfalt der Herangehensweisen nicht gerecht, die selbst innerhalb der Sozialwissenschaften bestehen, und versucht, einen älteren und wenig ergiebigen Schulenstreit aus den Sozialwissenschaften in die Rechtsvergleichung zu übertragen (b). Entsprechend beruht die Kritik an der traditionellen Rechtsvergleichung einschließlich des kontextuellen Ansatzes nicht zuletzt auf unterschiedlichen Denkstilen (c).

a) Die Suche nach dem Kochrezept

Wenn vielfach beklagt wird, der Rechtsvergleichung fehle es an einer Methode oder Theorie, 223 so stellt sich bald die Frage, was dabei mit Methode oder Theorie gemeint sein soll. Denn ein praktisch denkender Rechtsvergleicher würde auf den Vorwurf möglicherweise mit einer einfachen Erklärung antworten: Wenn er zwei Rechtsordnungen im Hinblick auf eine bestimmte Rechtsfrage vergleichen wolle, so suche er umfassend die in der jeweiligen Rechtsordnung vorgegebenen Lösungen, so wie sie in der Praxis wirken, stelle Gemeinsamkeiten und

410 Für weitere Einzelheiten vgl. infra → § 4 Rn. 47 ff.; zum Vorschlag, für unterschiedliche Rechtsgebiete wie etwa Strafrecht oder Verfassungsrecht auch unterschiedliche Rechtskreise zu definieren vgl. infra → § 4 Rn. 13 ff., 21.

411 Zur Postmoderne vgl. supra → Rn. 168 ff.; als Beispiel einer auf solchen rechtstheoretischen Positionen beruhenden Kritik vgl. *Frankenberg, Günter,* „Rechtsvergleichung" – A New Gold Standard?, ZaöRV 76 (2016), 1001 (1001 ff.) mit einer direkten Erwiderung durch *Kischel, Uwe,* Critical Legal Studies, Postmodernism and the Contextual Method in Comparative Law – A Reply to Günter Frankenberg, ZaöRV 76 (2016), 1009 (1009 ff.).

Unterschiede fest und versuche dann, die rechtlichen, politischen, sozialen oder sonstigen Gründe für diese Gemeinsamkeiten und Unterschiede zu finden. Das sei seine Methode; wo also liege das Problem? Tatsächlich steckt in dieser Antwort viel Wahrheit. Sicherlich kann das genaue Vorgehen im Einzelfall noch sehr viel genauer beschrieben werden und wird auch von Fall zu Fall immer wieder variieren. Versteht man unter einer Methode aber schlicht eine zielgerichtete und planmäßige Vorgehensweise zur Erlangung von zumindest subjektiv neuen Erkenntnissen, so liegt in dieser Vorgehensweise sicherlich eine „Methode".

224 Wenn dennoch etwa kritisiert wird, man wisse nicht, wie die bekannten älteren Rechtsvergleicher zu ihren hervorragenden Ergebnissen gelangt seien, und die rechtsvergleichende Vorgehensweise erscheine eher einzelfallbezogen als systematisch, so klingt darin unverkennbar der Wunsch nach einer Art universeller Gebrauchsanleitung an. Damit bewaffnet könnte dann jeder Jurist wie bei einem Kochrezept durch einfaches Abarbeiten der vorgesehenen Schritte interessante, weiterführende und kreative[412] Rechtsvergleichung auf der Höhe der gegenwärtigen Wissenschaft betreiben – eine verlockende, aber leider auch völlig realitätsferne Vorstellung. Man muss nicht zu einer Fundamentalkritik ausholen, sich gar Mythologie oder Esoterik öffnen[413] oder sich in wissenschaftstheoretische Tiefen begeben, um zu erkennen, dass es nicht das Einhalten einer Methode im Sinne eines Kochrezepts ist, das die Wissenschaft zu Neuerungen und tieferen Erkenntnissen führt und geführt hat. Die besonderen Leistungen vieler bekannter Rechtsvergleicher bestehen nicht im äußerst exakten und kleinteiligen Abarbeiten von Schemata an zahlreichen Einzelfragen, sondern in neuen Ideen, ihrer argumentativen Vertiefung und Anwendung. Solche Ideen selbst beruhen aber teils auf Erfahrung, oft genug auch auf spontanen und nicht näher zu erklärenden Eingebungen. Als Zweigert und Kötz den Stilbegriff einführten oder Glenn den Begriff der Tradition für die Rechtsvergleichung fruchtbar machte, da waren diese Neuerungen eines sicher nicht: Ergebnis eines beliebig und von jedermann kopierbaren Abarbeitens einer Liste von Arbeitsschritten. Damit steht die Rechtsvergleichung keineswegs allein. Auch in den Naturwissenschaften und selbst in der Mathematik steht am Anfang oft die geniale Idee, die Hypothese, die Eingebung. Mit dem Einhalten vorgegebener Prüfungsschritte können Ideen belegt oder widerlegt, nicht aber selbst erzeugt werden. Man denke nur beispielhaft an den bekannten großen Satz des Fermat, demzufolge die Gleichung $a^x + b^x = c^x$ mit ganzen Zahlen für alle Variablen bei $x > 2$ nicht lösbar ist. Fermat stellte diesen Satz im 17. Jahrhundert auf, er konnte aber erst Ende des 20. Jahrhunderts bewiesen werden. Dass Fermat die Idee zu dem Satz durch Abarbeiten vorgegebener Schritte gekommen ist, kann so als ausgeschlossen gelten. (Fermat selbst glaubte zwar, einen Beweis gefunden zu haben, doch gilt dies unter Mathematikern in Anbetracht der enormen Komplexität der Lösung als nicht möglich.) Auch jeder nationale Rechtswissenschaftler ist mit dem Phänomen der Eingebung gut vertraut. Keine noch so ausgeklügelte rechtswissenschaftliche Methodenlehre bringt neue Gedanken etwa zur Bedeutung der Religionsfreiheit, zum Verhältnismäßigkeitsprinzip, zur Anwendung ökonomischer Vorstellungen im Schadensersatzrecht oder zur Strafbarkeit von Unternehmen hervor. Noch viel weniger ist eine Methode geeignet, dem Juristen, der ein Buch über Enteignungen zugunsten Privater oder einen Aufsatz zur unionsrechtlichen Staatshaftung schreiben will, zu erklären, wie er dies gut und erfolgreich tun kann. Trotz alledem gibt es aber durchaus Versuche, für die Rechtsvergleichung Gebrauchsanleitungen zu verfassen, wie etwa die methodischen Ausführungen von Constantinesco oder de Cruz[414] zeigen. Gerade solche Autoren sind sich aber immer auch der Grenzen ihrer Anleitungen bewusst, betonen die stets notwendigen Anpassungen an den Einzelfall und die gegenseitige Abhängigkeit der jeweiligen Arbeitsschritte voneinander, die also keineswegs schlicht hintereinander abgearbeitet werden können.

---

[412] Ruf nach einer kreativitätsfördernden Methodik etwa bei *Tschentscher* (Fn. 54), 810, der allerdings konsequent eine „Reihung von Arbeitsschritten" gerade nicht als Methode akzeptieren will.

[413] Vgl. etwa *Feyerabend* (Fn. 347), 1 ff., 47 f.

[414] Vgl. supra → Rn. 11 ff., 15 ff.; vgl. etwa auch *Sachsen-Gessaphe, Karl-August Prinz von,* Rechtsvergleichung, 2025, 95 ff.

b) Analytisches Vorgehen vs. Hermeneutik

Viele praktisch tätige Rechtsvergleicher sehen also durchaus keine methodische Lücke, und 225
mancher Rechtsvergleicher hat sich sogar daran gemacht, die bei der Rechtsvergleichung einzuhaltenden Arbeitsschritte einmal genauer aufzulisten, auch wenn die Grenzen eines solchen Vorgehens ihm deutlich vor Augen stehen. Interessanterweise werden gerade diese detaillierteren Arbeitsanleitungen von den scharfen Kritikern der fehlenden Methodik in aller Regel nicht einmal erwähnt. Tatsächlich drängt sich schnell der Eindruck auf, dass es oftmals nicht detaillierte Kochrezepte sind, die sie vermissen. Hinter der Kritik an der fehlenden Methode muss also noch mehr stehen.

Betrachten wir beispielhaft die folgende Kritik: Es gebe eine 226

„wachsende Einsicht in die viel berufene 'Theoriebedürftigkeit' […]. Dabei geht es zunächst einmal um die notwendige Reflexion der methodischen Voraussetzungen und Regeln der wissenschaftlichen Arbeit, um die Überwindung des 'common sense approach', des naiven Vertrauens auf den gesunden Menschenverstand bei der Analyse [der] Sachverhalte. Gerade in dieser Hinsicht konnte und kann der [Rechtsvergleicher] von den systematischen Sozialwissenschaften lernen. Darüber hinaus muß er für seine Arbeit die in diesen Wissenschaften entwickelten Forschungstechniken, Methoden der Hypothesen- und Modellbildung und speziellen Theorieentwürfe zur Kenntnis nehmen […].“[415]

Die Aussagen werden jedem kundigen Rechtsvergleicher vertraut erscheinen. Um so erstaunlicher ist es, dass sie weder aktuell sind noch sich auf die Rechtsvergleichung beziehen (die Klammerzusätze verfälschen das scheinbar wörtliche Zitat). Sie stammen vielmehr aus dem Jahr 1977 und betreffen die Geschichtswissenschaft, die in der Zeit nach 1968 ganz ähnlichen Attacken aufgrund angeblicher Theorielosigkeit ausgesetzt war wie heute teilweise die Rechtsvergleichung. Der Hintergrund ist – zusammengefasst – der gleiche: Die analytischen, von den Naturwissenschaften entlehnten Methoden der Sozialwissenschaften werden als die einzig wissenschaftlichen deklariert. Damit erscheint die Geschichte ebenso wie die Rechtsvergleichung, soweit sie nicht analytisch vorgeht, sondern phänomenologisch und hermeneutisch, unmittelbar als methoden- und theorielos.[416] Die Rechtvergleichung ebenso wie die Geschichte soll am Geist der Sozialwissenschaften genesen. Dieser wissenschaftstheoretische Gedankengang, dem es letztlich um den Unterschied zwischen analytischer und historischer Fragestellung und damit einhergehend um die spezifisch geisteswissenschaftliche Methode geht, soll im Folgenden näher erläutert werden:[417]

aa) Analytische und historische Fragestellungen

Die typisch analytische Fragestellung geht von einem aktuellen Problemzusammenhang aus 227
und sucht dafür nach einer Lösung. Beiträge zu der Frage werden gesammelt, in den Problemzusammenhang gestellt und daraufhin untersucht, ob sie richtig oder falsch sind, die Lösung voranbringen oder nicht. Thomas Morus' konkrete Ideen zur perfekten Gesellschaft, Arno Schmidts Anwendung Freudscher Gedanken auf die Literatur in Form der Etym-Theorie oder Montesquieus genaue Aufteilung der drei Staatsgewalten beispielsweise würden – gewissermaßen respektlos – allein im Lichte aller heutigen Erkenntnisse mitbetrachtet – und dabei diese Betrachtung wohl kaum überstehen. Denn Morus' Vorstellungen, dass Ehebruch mit Sklaverei bestraft wird, die Frau dem Mann gehorchen muss oder Reisen nur mit Erlaubnis der Obrigkeit zulässig sind,[418] werden uns aus heutiger Sicht ebenso wenig

[415] *Rürup, Reinhard,* Zur Einführung, in: ders. (Hrsg.), Historische Sozialwissenschaft, 1977, 5 (8 f.) (Zitat abgewandelt).

[416] Deutlich für die Rechtsvergleichung etwa *Samuel* (Fn. 254), 19 f., der allerdings unter Hermeneutik ein anderes Vorgehen zu verstehen scheint, als hier angenommen, vgl. ibid., 86 ff., 108 ff.

[417] Zum Folgenden ausführlich und eingängig Seiffert, Helmut, Einführung in die Wissenschaftstheorie, Bd. 2, 11. Aufl. 2006, 57 ff., 234 ff.; vgl. auch die klare Aussage bei *Husa* (Fn. 14), 129 („problem functionalism is (…) characterised by a downright lack of theoreticalness“).

[418] Vgl. *Morus, Thomas,* Utopia, in: Heine, Alexander (Hrsg.), Bibliothek der Philosophie, Bd. 14, 1997, 2. Buch, 137, 104, 109.

einleuchten wie Schmidts Behauptung, literarischen Werken liege eine unbewusste, vorzugsweise sexuelle, und daher durch unverfängliche Worte verborgene Aussage zugrunde,[419] oder Montesquieus Aussage, zur Exekutive zähle nur die Kriegsführung, die Sicherheit und die auswärtige Gewalt.[420]

228 Ganz anders ausgeprägt ist demgegenüber die historische Fragestellung, wie sie sich auch in vielen Geisteswissenschaften wiederfindet. Sie betrachtet andere, insbesondere frühere Äußerungen nicht als bloßen Beitrag zur Lösung eines konkreten Problems, der entweder akzeptiert oder verworfen wird, sondern nimmt den anderen Beitrag als solchen und zunächst ohne Bewertung zur Kenntnis, macht ihn so zum Gegenstand seiner Forschung. Die Thesen von Morus, Schmidt und Montesquieu erweisen sich dann nicht als richtig oder falsch, akzeptabel oder inakzeptabel, sondern werden in ihrer Zeit, mit ihrer Bedeutung für ihre jeweilige Umgebung – eben historisch – untersucht. Wie neu und revolutionär waren die Gedanken Thomas Morus' und wo kamen sie her? Inwieweit sind Schmidts Gedanken Ausdruck seiner Rebellion gegen den kleinbürgerlichen Geist der Nachkriegszeit, was hat er genau sagen wollen und wie sehen Anwendungen seiner Lehren aus? Wie reagierten Zeitgenossen auf Montesquieu, beschrieb er wirklich entsprechend der Formulierung seiner Kapitelüberschriften die Verhältnisse in England zur damaligen Zeit und welche äußeren Anlässe brachten ihn zu seinen Äußerungen? Das wären typische historische Fragestellungen. Ein ähnliches Denken findet sich beispielsweise auch in der Kunst- oder Musikwissenschaft, wo analytische Fragen – etwa ob die Rolling Stones, die Beatles oder Bach die bessere Musik machen, Henry Moore, Ernst Barlach oder Michelangelo die besseren Skulpturen – schon auf den ersten Blick völlig sinnlos wären.

229 Um die politisch eingefärbte Bedeutung der Unterscheidung zwischen analytischer und historischer Fragestellung gerade im Kontext der Zeit nach 1968 zu erfassen, ist zu beachten, dass eine historische Fragestellung nicht „kritisch" in dem Sinne ist, dass sie sich beispielsweise einer Situation des Mittelalters mit heutigen Begriffen (Mittelschicht, Emanzipation, Freiheit, Menschenrechte) nähern, sie aus heutiger Sicht bewerten oder unmittelbar versuchen würde, daraus Schlüsse für heutige Fragen zu ziehen. Ihr geht es in erster Linie weder um die historische Dimension von Gegenwartsfragen noch um eine entsprechende Problemorientierung oder bestimmte erkenntnisleitende Interessen. Jede Situation wird vielmehr als gleichwertig betrachtet und vor allem jeder Versuch abgelehnt, der Geschichte insgesamt eine bestimmte Richtung zu geben oder ein ihr zugrundeliegendes Grundprinzip (etwa den Klassenkampf) zu behaupten. Kurz gesagt: dieser gelegentlich auch als „Historismus" bezeichneten Geschichtswissenschaft geht es darum, das jeweils andere (frühere) eben als etwas anderes und aus sich selbst heraus zu verstehen. Die analytische und sozialwissenschaftliche Kritik daran liegt auf der Hand:

„Zu oft hat auch die bloße Verstehenslehre des Historismus dazu geführt, daß sich die Geschichte sowohl auf zustimmendes Nachempfinden beschränkt, als auch mit einem bereitwilligen Kniefall vor der normativen Kraft des Faktischen den jeweiligen Status quo in Gesellschaft und Politik gebilligt hat. Anders gesagt: sie hat sich zu lange mit der Interpretation intentionalen Handelns mit Hilfe zeitimmanenter Maßstäbe (…) zufrieden gegeben, aber übersehen bzw. geleugnet, daß Vergangenheit auch jeweils unter den theoretischen Gesichtspunkten von heute aufgeschlüsselt werden muß und kann."[421]

Das bedeutet allerdings nicht, dass es historischen Fragestellungen nicht auch um die Unterscheidung zwischen wahr und falsch geht, aber eben nur um historisch wahr oder historisch falsch: Ob der trojanische Krieg wirklich stattgefunden hat, ob Shakespeare seine

---

[419] Vgl. etwa *Schmidt, Arno,* Zettel's Traum, Taschenbuchausgabe digitalisiert nach der 4. Aufl. 1986, 2002, 25 ff., 909mu; Schmidt, Arno, Das Buch Jedermann, James Joyce zum 25. Todestage, in: ders., Nachrichten aus dem Leben eines Lords, 1975, 254 (279 ff.); Beispiel für eine solche Verschlüsselung in *Schmidt, Arno,* Kühe in Halbtrauer, Das erzählerische Werk in 8 Bänden, Bd. 8, 1985, 28: „die herrlich-einsamen […] <samen?>: <herrlich Herr & ein-samen>?".

[420] *Montesquieu, Charles de,* De l'esprit des lois, Bd. 1, Ausgabe GF Flammarion, 1979, Buch 11, Kap. 6, 294.

[421] *Wehler, Hans-Ulrich,* Einführung, in: ders. (Hrsg.), Geschichte und Soziologie, 2. Aufl. 1984, 11 (20).

Dramen selbst schrieb oder welche Gemälde wirklich von Rembrandt persönlich stammen, sind typisch historische Fragestellungen, bei denen es um die Wahrheit geht.

bb) Historische Fragestellung und hermeneutische Methode

Entscheidend ist nun, dass den unterschiedlichen Fragestellungen auch unterschiedliche Methoden zuordenbar sind. Für analytische Fragestellungen bieten sich Methoden wie Induktion und Deduktion an. Auch etwa Modellbildung, Statistik oder monetarisierte Effizienzbetrachtungen gehören dazu. Für historische Fragestellungen hingegen haben sich insbesondere die Methoden der Hermeneutik herausgebildet.[422] Ihnen geht es um ein phänomenologisches Vorgehen, also den Versuch, konkrete Phänomene möglichst frei von vorgefassten Kategorien so gut wie möglich, ganzheitlich zu erfassen und zu beschreiben. Dem historisch forschenden Wissenschaftler geht es etwa darum, seine Quellen richtig zu verstehen, aus widersprüchlichen oder unvollständigen Texten, die auch lügen oder gefälscht sein können, oder aus sonstigen Indizien ein möglichst vollständiges und richtiges Bild der früheren Verhältnisse zu bilden. Es geht nicht zuletzt darum, die Atmosphäre eines Textes zu erkennen, einen Riecher für den Zeitstil zu bekommen, den Stil, das Typische zu erfassen, eine Vielfalt von Gesichtspunkten der verschiedensten Art bei der Beurteilung griffbereit zu haben, Neues in einen bestehenden Sinnzusammenhang einzuordnen und diesen so zu erweitern. Die klassische Methode dafür ist eben die sog. Hermeneutik. Der Begriff leitet sich aus dem griechischen Wort für „auslegen" oder „erklären" ab und bezeichnet eine Vorgehensweise, bei der Sachverhalte aus sich heraus in ihrem jeweiligen Zusammenhang verstanden werden sollen. Dabei müssen viele Einzeltatsachen und Hintergründe bekannt sein, um ein immer besseres Verständnis, ein besseres Gespür für den Erkenntnisgegenstand zu bekommen. Bei der Hermeneutik geht es auch um ein Verstehen im Sinne eines Sicheinfühlens, dh objektiv nachvollziehen zu können, wie etwa ein Mensch im Mittelalter dachte, ein bestimmter Künstler malte oder die Aufgabe der Kunst in der Romantik gesehen wurde. Dieses Sicheinfühlen setzt ein langfristiges und intensives Einarbeiten etwa in die betreffende Periode oder in das Werk des betreffenden Künstlers voraus. Es geht also um genaue Kenntnis der Quellen, der Kunst ihrer Edition, der Quellenbegriffe und ihrer Begriffsgeschichte. Dabei muss stets darauf geachtet werden, das eigene Denken und die eigenen Kategorien nicht – ahistorisch – in die betrachteten Lebenssachverhalte hineinzutragen. Beispielsweise muss die jeweils in einer bestimmten Zeit verwendete Begrifflichkeit in ihrer damaligen Bedeutung sehr genau verstanden, darf nicht vorschnell durch aktuelle Begriffe ersetzt werden. Die Methodik hier ist also gegenstandsbezogen und entwickelt sich aus der zunehmenden Vertrautheit des Wissenschaftlers mit seinem Gegenstand und seinem Fach. 230

Kennzeichnend für die Hermeneutik ist auch der sog. hermeneutische Zirkel. Er besagt, dass der Wissenschaftler von allem, was er erforscht, schon vorher Wissen haben muss. Wer also die Fortpflanzung der Barsche untersucht, muss schon wissen, was Barsche sind und was Fortpflanzung bedeutet. Wer etwas über Thomas Morus wissen will, muss das England seiner Zeit verstehen, für dessen Verständnis wiederum Thomas Morus einen Teilaspekt darstellt. Der Geschichtswissenschaftler kann dem nur entgehen, indem er an einer Stelle zu studieren anfängt, sich so ein erstes ungefähres Bild verschafft, das ihm dann bei weiteren, vertieften Studien weiterhilft, aber auch selbst differenziert und teilweise sogar revidiert wird. Diesen Vorgang muss er aber meist nicht ganz allein aus den Primärquellen neu beginnen, sondern kann in vielerlei Hinsicht auf die bereits angestellten Forschungen, also Sekundärquellen, zurückgreifen, die zu kennen und zu berücksichtigen, aber auch zu kritisieren deshalb ein wichtiger Teil seiner Arbeit ist.[423] 231

---

422 Zum Folgenden ausführlich und eingängig *Seiffert* (Fn. 417), 41 ff., 69 ff., 197 ff.; zur Hermeneutik allgemein aus Sicht eines Rechtswissenschaftlers vgl. *Isensee, Josef,* Hermeneutik, 2023, passim, insbes. auch 117 ff. zum hermeneutischen Zirkel, 119 f. zur Intutition.

423 Deutlich *Seiffert* (Fn. 417), 123 f.; für ein sehr eingängiges und lesenswertes Anwendungsbeispiel der hermeneutischen Methode in der Geschichtswissenschaft vgl. ibid., 125 ff.

232 In diesem Sinne ist die geschichtliche Wissenschaft tatsächlich theorielos: Ihr fehlt es an einem oder mehreren übergeordneten Gedanken oder Konstrukten, die dazu dienen könnten, die ganze Geschichte zu erklären, sie (nur) unter einem bestimmten modernen Blickwinkel zu betrachten oder sie quer zu allen Epochen und Entwicklungen in einheitliche, abstrakte Begriffs- oder Kategoriensysteme zu pressen. Denn sie geht eben nicht analytisch vor. Sie sieht nicht die ganze Geschichte als Ausdruck des Klassenkampfes, sie sucht nicht nur nach einer zunehmenden Emanzipation der Menschen von fremdbestimmter Herrschaft, nach einem Kampf der Kulturen, vorherrschend männlichem Denken oder wirtschaftlichem Fortschritt. Von Theorielosigkeit lässt sich vor allem dann mit Nachdruck sprechen, wenn an den Begriff der Theorie ein sehr rigoroser Maßstab angelegt wird. So wird zT etwa verlangt, Theorien müssten „erklärungskräftig" sein, so dass etwa schon Wahrscheinlichkeitsaussagen (also zB: bei Rollenkonflikten geben 60 % der Menschen der Rolle mit den stärkeren Sanktionen den Vorrang, 25 % orientieren sich an moralischen Prinzipien ohne Rücksicht auf Sanktionen) nicht mehr als Theorie anerkannt werden.[424] Gerade realistische Aussagen werden dann aber aufgrund ihrer mangelnden Erklärungskraft für die Sozialwissenschaft leicht abgelehnt:

„In dem Maße, in dem die wissenschaftlichen Theorien zugrunde liegenden Annahmen 'realistisch' werden, werden sie differenziert, eingeschränkt, mehrdeutig; im gleichen Maße aber verbieten sie die Deduktion bestimmter Erklärungen oder Prognosen. In diesem Sinne sind Theorien desto besser, je unrealistischer, nämlich stilisierender, bestimmter, eindeutiger ihre Annahmen sind."[425]

Differenzierte Aussagen, die die vielschichtige, komplexe Realität so genau wie möglich beschreiben, sind aber das Kerngeschäft der Geschichte. Theorien im Sinne von Erklärungsmustern und Kategorien sind zwar nicht vollständig ausgeschlossen. Im Gegenteil können sie interessante Arbeitsanregungen und Ergänzungen liefern, die von außen an die Geschichte herangetragen werden. Sie stehen aber stets unter dem Vorbehalt der historischen Erkenntnis und ordnen sich ihr in allen Belangen unter.

233 Im Ergebnis können die analytischen Methoden der Sozialwissenschaft schon in Anbetracht der Existenz nichtanalytischer Methoden wie der Hermeneutik also keinesfalls für sich beanspruchen, allein wissenschaftlich zu sein, oder gar von anderen Wissenschaftszweigen verlangen, sich ihren Herangehensweisen und Denkmustern anzupassen. Interessanterweise lässt sich diese klare Ablehnung eines Alleinvertretungsanspruchs und die – mindestens – Gleichwertigkeit anderer, etwa hermeneutischer Herangehensweisen sogar innerhalb der Soziologie feststellen. Der deutsche Wissenschaftsrat hat in einer im Jahr 2008 veröffentlichten Pilotstudie zur Beurteilung wissenschaftlicher Leistungen die Soziologie untersucht und dabei 9 von 254 Forschungseinheiten als „exzellent" bezeichnet. Im Abschlussbericht heißt es dazu:

„Bemerkenswert ist, dass die im Forschungsrating als exzellent ausgewiesenen Forschungseinheiten ein breites Spektrum an methodischen Ausrichtungen und theoretischen Orientierungen abdecken. Herausragende Bewertungen werden von vornehmlich qualitativen wie auch von streng quantitativen Methodologien erzielt. Und sowohl hermeneutische, konstruktivistische, systemtheoretische und „rational-choice"-Theoretiker als auch eher pragmatisch orientierte Synkretisten sind an der Spitze vertreten."[426]

Mit anderen Worten: Den Vorwurf der Methoden- und Theorielosigkeit müssen und werden bestimmte Sozialwissenschaftler auch einigen ihrer Kollegen machen, ohne dass dadurch im Ergebnis die Wissenschaftlichkeit oder Qualität der Arbeit der so Kritisierten in

424 So insbes. *Dahrendorf* (Fn. 99), 199 f.

425 *Dahrendorf* (Fn. 99), 200.

426 *Steuerungsgruppe der Pilotstudie Forschungsrating im Auftrag des Wissenschaftsrates,* Forschungsleistungen deutscher Universitäten und außeruniversitärer Einrichtungen der Soziologie, Ergebnisse der Politstudie Forschungsrating des Wissenschaftsrats, www.wissenschaftsrat.de/download/archiv/pilot_ergeb_sozio.pdf?__blob=publicationFile&v=1 (zuletzt abgerufen am 18.7.2025), 33 f.

Frage gestellt werden könnte. Der Vorwurf der Methoden- und Theorielosigkeit etwa gegenüber hermeneutisch oder pragmatisch synkretistisch vorgehenden Wissenschaftlern ist Teil eines gerade auch innerhalb der Sozialwissenschaften bestehenden Schulenstreits, der letztlich ideologischen Charakter trägt. Wissenschaftler auf anderen Gebieten, etwa der Geschichte oder der Rechtswissenschaft, die sich diesem Vorwurf aus sozialwissenschaftlich geprägter Sicht ausgesetzt sehen, brauchen ihn also nur als das zu nehmen, was er ist: Kein ernsthafter, objektiver Zweifel an der Berechtigung oder gar der Wissenschaftlichkeit ihres Schaffens, sondern der Versuch, einen von mehreren innerhalb der Sozialwissenschaften bestehenden und auch dort keinesfalls allein führenden Standpunkten in andere Wissenschaftszweige hineinzutragen und hier möglicherweise neue Anhänger zu finden.

cc) Hermeneutik und Rechtsvergleichung

Der Rechtsvergleicher kann schon aus diesen Gründen mit großer Gelassenheit auf den Vorwurf eines fehlenden, übergreifenden theoretischen Rahmens reagieren und sich zudem mit der Vielfalt und teils Widersprüchlichkeit der angebotenen rechtsvergleichenden Ansätze auch im Vergleich zur Sozialwissenschaft in bester Gesellschaft fühlen. Daneben aber zeigt sich eine ausgeprägte Parallele zwischen geschichtlichem und rechtsvergleichendem Erkenntnisinteresse, die es der Rechtsvergleichung ermöglicht, sich letztlich in die höchst ehrbare Familie der hermeneutisch geprägten Wissenschaften einzureihen.[427] **234**

235 Schon die beschriebene historische Fragestellung wird jedem Rechtsvergleicher sofort vertraut vorkommen. Die Suche nach der Atmosphäre, dem Stil ist auch hier von besonderer Bedeutung.[428] Ein englisches und ein deutsches Gerichtsurteil etwa sind nicht nur völlig anders geschrieben, sie müssen auch völlig anders gelesen und verwertet werden, dh ihr Stil und der Stil der zugehörigen Rechtsordnung müssen bekannt sein. Die Einordnung in den Sinnzusammenhang und die Berücksichtigung einer Vielzahl von Gesichtspunkten ist in der Rechtsvergleichung ebenso elementar wie in der Geschichte. Auch der Rechtsvergleicher benötigt ein erfahrungsgestütztes Gespür, auch für ihn ist das Verstehen ein Sicheinarbeiten. Ebenso ist der hermeneutische Zirkel präsent: Wer das Beweisrecht in Deutschland, England und den USA vergleichen will, muss bereits etwas über diese Rechtssysteme insgesamt, aber auch speziell über das Beweisrecht in den drei Staaten wissen, um überhaupt Ansatzpunkte für seine Forschung zu bekommen. Er muss dann ebenfalls an einer Stelle zu studieren anfangen und seine Kenntnisse nach und nach vertiefen, differenzieren und auch relativieren. Die historische Interpretation, bei der es erforderlich ist, sich solange in einen fremden Zusammenhang hineinzudenken und hineinzuarbeiten, bis er vertraut wird, beschreibt das zentrale rechtsvergleichende Vorgehen. Selbst das Element des Vergleichs, die Beschäftigung mit dem Anderen, dem aus heimatlicher Sicht nicht auf Anhieb Verständlichen, ist typisch auch für die Geschichte.[429] So wie es in der Geschichtswissenschaft darum geht, sich etwa in das mittelalterliche Leben und Denken einzuarbeiten, ein Gespür für sein spezifisches Anderssein zu entwickeln, ohne die eigenen Maßstäbe des 21. Jahrhunderts hineinzutragen, um so die damaligen Vorgänge und Zusammenhänge besser zu verstehen, geht es in der Rechtsvergleichung etwa darum, sich in US-amerikanische oder japanische Rechtsinstitute und dortiges Rechtsdenken einzuarbeiten, ein Gespür für ihr spezifisches Anderssein zu entwickeln, ohne etwa typisch deutsches Rechtsdenken und Rechtsmaßstäbe hineinzutragen, um die dortigen Rechtsnormen, Entscheidungen und Zusammenhänge besser zu verstehen. Rechtsvergleichendes Vorgehen ist daher hermeneutisch, die bisherigen Aussagen zum Verhältnis der Geschichtswissenschaft zu analytischen Fragestellungen und

[427] Zur Rechtsvergleichung als einem hermeneutischen Unterfangen vgl. auch *Husa* (Fn. 14), 100 f., 103, 162, 201, der ebenso eine auf gesundem Menschenverstand beruhende Herangehensweise bevorzugt, ibid., 147 f., 214.

[428] Vgl. etwa zur Stiltheorie nach Zweigert/Kötz infra → § 4 Rn. 3.

[429] Vgl. *Seiffert* (Fn. 417), 61 („Von ‚Geschichte' können wir nur dort sprechen, wo wir es mit mindestens zwei verschiedenartigen Lebenssituationen zu tun haben, die wir vergleichen und die wir als gegeneinander ‚atmosphärisch' ‚anders' empfinden können." Hervorhebung aus dem Original entfernt).

Methoden insofern unmittelbar übertragbar. Bezeichnenderweise wird von soziologischer Seite etwa auch dasselbe Kant-Zitat abgewandelt, um den Vorwurf an Geschichte und an Rechtswissenschaft (hier ganz allgemein) zu verdeutlichen: „Geschichte/Dogmatik ohne Soziologie ist blind; Soziologie ohne Geschichte/Dogmatik ist leer."[430]

236 Analytisch wird die Fragestellung der Rechtsvergleichung allerdings immer dann, wenn sie als Mittel bei der konkreten Suche nach der besten Lösung eingesetzt wird, etwa bei rechtsvergleichender Auslegung nationalen Rechts oder bei Harmonisierungsprojekten. Hier wird nach der besten Lösung gesucht und geht es nicht in erster Linie darum, die fremden Rechtsordnungen aus sich selbst heraus zu verstehen und zu untersuchen, sondern sie als Steinbruch von Lösungsvorschlägen zu verwenden. Dennoch bleibt die Grundfrage im genannten Sinn historisch. Denn die jeweiligen Lösungsvorschläge müssen zunächst richtig verstanden und in ihrer heimatlichen Bedeutung und Wirkung eingeordnet werden. Die Frage nach der besseren Lösung – als zulässiger, aber keinesfalls zwingender Abschluss einer rechtsvergleichenden Untersuchung – ist erst danach möglich und wird von dieser rechtsvergleichenden Vorarbeit umfänglich vorgeprägt. Wer etwa das Verbot des Beweises vom Hörensagen im US-amerikanischen Recht auf seine Vorzüge hin untersuchen wollte, ohne die enge Verbindung zu Existenz, Zusammensetzung und Kompetenzen der jury zu beachten, würde schnell in die Irre gehen. Nun könnte daran gedacht werden, gerade diese analytischen Anteile der Rechtsvergleichung für methodisch eigenständig und offen für neue, eben analytische Methoden zu halten. Interessanterweise aber sehen gerade die Methodenkritiker der Rechtsvergleichung dies offenbar nicht so. Denn sie räumen oft sogar ausdrücklich ein, dass gerade im Bereich der Rechtsharmonisierung die herkömmliche funktionale Methode besonders gute Arbeit leistet und gerade für solche Fragen besonders gut geeignet ist.[431]

237 Nicht selten sind gewisse Vorbehalte gegen historische Fragestellungen aber durchaus gut nachvollziehbar. In vielen Bereichen will der Mensch eher wissen, wie eine Frage heute am besten beantwortet wird und interessiert sich allenfalls am Rande und zweckgebunden dafür, was dazu schon alles einmal gesagt wurde. Schon von einer Philosophievorlesung werden sich viele eher die Erörterung konkreter philosophischer Fragen erhoffen als einen wertungsfreien Gang durch die Philosophiegeschichte. In der Rechtswissenschaft würde eine Anfängervorlesung zum Verfassungsrecht, die rein historisch aufgebaut wäre, bei den Studenten zu Recht kaum auf Gegenliebe stoßen. Für die Rechtsvergleichung gilt dies jedoch weit weniger. Hier steht das Verständnis der verschiedenen Rechtsordnungen aus sich heraus und in ihrem Verhältnis zueinander im Vordergrund, ohne dass dadurch die Fragen, wie denn beispielsweise strafwürdiges Verhalten von Unternehmen, der Schwangerschaftsabbruch oder die Religionsfreiheit zu handhaben wären, zu weit verdrängt würden. Denn mit ihnen beschäftigt sich der Jurist ohnehin im Rahmen seines nationalen Rechts zur Genüge und kann, wenn ihm das nicht ausreicht, dabei noch zusätzlich auf die Ergebnisse rechtsvergleichender Arbeit zurückgreifen. Die übliche Beschäftigung sowohl mit Rechtsvergleichung als auch mit nationaler Dogmatik führt so zu einem angemessenen Ausgleich und sogar zu gegenseitiger Befruchtung.

---

430 Vgl. etwa für die Geschichte *Dreitzel, Hans-Peter,* Theorielose Geschichte und geschichtslose Soziologie, in: Wehler, Hans-Ulrich (Hrsg.), Geschichte und Soziologie, 2. Aufl. 1984, 37 (41); für die Rechtswissenschaft *Raiser, Thomas,* Grundlagen der Rechtssoziologie, 6. durchgesehene und erweiterte Auflage von „Das lebende Recht", 2013, 11 jeweils mwN; für den juristischen Leser sei zum besseren Verständnis angemerkt, dass deutsche Rechtssoziologen die Tendenz haben, das, was den meisten Juristen als der eigentliche Kern der Rechtswissenschaft erscheint und mit ihr in aller Regel terminologisch gleichgesetzt wird, als (bloße) „Rechtsdogmatik" zu bezeichnen.

431 Vgl. etwa *Reimann* (Fn. 170), 691 ff.; *Chodosh* (Fn. 297), 1027 f.; *Gerber* (Fn. 173), 723.

c) Verschiedene Denkstile

Zusammengefasst scheint die Kritik an der traditionellen Rechtsvergleichung einschließlich des kontextuellen Ansatzes nicht zuletzt auf einem Zusammentreffen verschiedener Denkstile zu beruhen. Traditionelle Rechtsvergleicher suchen ohne großen Dogmatismus nach einer praxisnahen Vorgehensweise, die Fehler möglichst zu vermeiden hilft. Dabei haben sie das hermeneutische Bild eines Wissenschaftlers vor Augen, der sich nach und nach in die verschiedenen Rechtsordnungen einarbeitet, um deren Grundzüge und Denkweisen zu verstehen und ein Gespür für den jeweiligen Stil zu entwickeln. Viele Gegner hingegen gehen bewusst oder unbewusst von einer kritischen, analytischen Herangehensweise aus, bei der die Methode wie ein Kochrezept detailliert und mit exakten Vorgaben arbeitet und der Wissenschaftler letztlich versucht, übergreifende, möglichst kritische und oft abstrakte Fragen zu beantworten.[432] So wundert es nicht, dass die gelegentlichen methodischen Äußerungen der klassischen Rechtsvergleicher aus ihrem konkreten Zusammenhang gerissen und Wort für Wort auf die Goldwaage gelegt werden, auf die sie nach deren eigener Auffassung gar nicht gehören.[433] Eine praxis- und problemnahe, flexible Herangehensweise, die jedem Rechtsvergleicher die Freiheit zur Bestimmung seines Erkenntnisgegenstandes und Erkenntnisinteresses gibt, sehen die Kritiker – nicht ganz zu Unrecht – als synkretistisches Vorgehen nach gesundem Menschenverstand an, das sie deshalb – zu Unrecht – gar nicht als Methode akzeptieren und dem sie gelegentlich sogar den wissenschaftlichen Charakter absprechen.[434] 238

4. Kontextuelle *Rechts*vergleichung

a) Die Grenzen der Rechtsvergleichung

Bei aller Offenheit gegenüber einer Vielzahl von Fragestellungen und Berücksichtigung einer großen Vielfalt von Faktoren hat auch die kontextuelle Rechtsvergleichung ihre Grenzen. Diese Grenzen beruhen aber nicht auf einer inneren Beschränkung gerade des kontextuellen Ansatzes, sondern sind der Rechtsvergleichung als solcher immanent: ihre Gegenstände müssen rechtlicher Art sein. Rechtsvergleichung ist ebenso wenig vergleichende Religionswissenschaft wie vergleichende Politik- oder Sozialwissenschaft. So verlockend es für jeden Juristen sein mag, sich eine unbegrenzte Fähigkeit zur Beantwortung jeglicher Fragen zuzusprechen, die mit der Gesellschaft und ihrer Funktionsweise zusammenhängen, ist doch einzuräumen, dass Juristen Experten mit einer spezifischen Ausbildung und spezifischen Kenntnissen in einem bestimmten Gebiet sind: dem Recht. Es mag ohne weiteres sein, dass das Recht offen gegenüber Ergebnissen oder sogar Einfluss anderer Disziplinen wie Soziologie, Politikwissenschaft, Wirtschaftswissenschaften oder Theologie sein sollte. Jedoch sind Rechtswissenschaftler in der Regel nicht dafür ausgebildet, in diesen Bereichen selbständig zu forschen, und würden vermutlich bestenfalls Mittelmaß produzieren, wenn sie es versuchten.[435] Daher sollten Rechtsvergleichung und Rechtsvergleicher bei ihren Leisten bleiben und sich auf juristische Fragen konzentrieren.[436] Fragen hingegen, die etwa darauf 239

[432] Zur zentralen Unterscheidung zwischen hermeneutischer und analytischer Vorgehensweise vgl. ausführlicher supra → Rn. 225 ff.

[433] Kritisch zu dieser Vorgehensweise der Kritik auch *Piek* (Fn. 25), 85.

[434] Zum Streit um die Wissenschaftlichkeit zwischen beiden Denkschulen vgl. supra → Rn. 226 ff., insbes. 233.

[435] Zu möglichen Folgen vgl. zB *Edwards, Harry T.,* The Growing Disjunction Between Legal Education and the Legal Profession, Michigan Law Review 91 (1992), 34 (36): „Our law reviews are now full of mediocre interdisciplinary articles. Too many law professors are ivory tower dilettantes, pursuing whatever subject piques their interest, […] whether or not they have the scholarly skills to master it.".

[436] Wie hier etwa *Schmidt-Aßmann, Eberhard,* Comparative Administrative Law – Concepts and Topics, in: von Bogdandy, Armin; Schmidt-Aßmann, Eberhard (Hrsg.), Theorizing Comparative Public Law, 2024, 333 (350); anders *Siems,* Comparative Law (Fn. 175), 450 f., dessen Auffassung, dass rechtswissenschaftliche Untersuchungen ohne weiteres Fragen betreffen könnten, die sich nicht auf das Recht bezögen, bezeichnenderweise in einem Aufsatz entwickelt wurde, der sich damit befasst, wie ein Rechtswissenschaftler sich als möglichst „originell" etablieren kann, vgl. *Siems, Mathias M.,* Legal Originiality, Oxford Journal of Legal Studies 28 (2008), 147 (162 f.).

abzielen, wie die Staaten bestimmte ökonomische oder soziale Probleme lösen können oder wie die Unterschiedlichkeit von Gesellschaften und Kulturen zu verstehen ist,[437] liegen ebenso eindeutig jenseits rechtswissenschaftlicher Kompetenz wie vergleichende Fragestellungen in Theologie, Soziologie oder Anthropologie. Das bedeutet nicht, dass Juristen nicht mit Wissenschaftlern anderer Disziplinen bei der Lösung nichtrechtlicher oder übergreifender Probleme zusammenarbeiten sollten. Im Gegenteil könnten Juristen hier einen wichtigen Beitrag zu den allfälligen rechtlichen Aspekten solcher Themen leisten, für die wiederum den anderen Wissenschaftlern die Kompetenz fehlt. Darüber hinaus können und sollten Rechtsvergleicher die Ergebnisse nichtrechtlicher Forschungen berücksichtigen, wenn sie Rechtsfragen bearbeiten und Rechtsvergleichung betreiben. Aber sie sollten nicht versuchen, die anderen Disziplinen, für die es ihnen an der notwendigen Ausbildung und vertieften Kenntnissen fehlt, selbst zu usurpieren.

240 Die diesem Ansatz zugrundeliegende Vorstellung von Recht und Rechtswissenschaft geht davon aus, dass das Recht – und damit auch die Rechtsvergleichung – eine eigenständige Disziplin bildet. Diese Vorstellung wird von den meisten Juristen der Welt geteilt, allerdings mit einer besonders herausragenden Ausnahme: Speziell in den USA wird zumindest in akademischen Kreisen oft die Meinung vertreten, dass die Schlüssel zum Verständnis des Rechts in anderen Gebieten zu finden sind.[438] Das Recht wird nicht mehr als eine wirklich unabhängige Disziplin angesehen.[439] Davon ausgehend könnten rechtliche Entscheidungen und Werturteile nicht mehr allein auf rechtswissenschaftlicher Grundlage gefällt werden, sondern nur unter zwingender Einbeziehung anderer Wissenschaftszweige wie Politikwissenschaft, Soziologie, Wirtschaftswissenschaften oder Psychologie. Diese Selbstverleugnung der Rechtswissenschaft würde ihr zwar tatsächlich den Zugang zu allen nichtrechtlichen Fragen, Methoden und Ideen eröffnen, aber letztlich zu ihrer Selbstzerstörung führen.

b) Rechtsvergleichung und rechtswissenschaftliche Methoden

241 Die Rechtsvergleichung ist ein Teil der Rechtswissenschaft. Ihr methodischer Orientierungspunkt ist mithin diese Rechtswissenschaft und nicht etwa die Soziologie, Politologie oder Ökonomie. Das gilt zunächst ganz unmittelbar für das Verständnis fremden Rechts, ohne dass Rechtsvergleichung nicht möglich wäre. Beim hermeneutischen Sicheinarbeiten in die fremde Rechtsordnung, bei der Suche nach Zusammenhängen, in die dann neue Erkenntnisse eingebettet werden können, die ihrerseits wieder Teil dieser Zusammenhänge werden können, ist der Rechtsvergleicher darauf angewiesen, die fremde Rechtsordnung mit deren eigenen Mitteln kennenzulernen. Er muss sich also mit den fremden rechtswissenschaftlichen Methoden und Rechtsquellen vertraut machen, die stark vom Bekannten abweichen können. Wer das schwedische Recht verstehen will, muss sich etwa mit dem dortigen pragmatischen Umgang mit dem Recht sowie der besonderen Bedeutung der Gesetzesmaterialien vertraut machen. Wer ein englisches Gesetz mit deutschen Maßstäben, insbesondere nach Sinn und Zweck auslegt, wird schnell scheitern. Eine zentrale Basis der Rechtsvergleichung ist also die Kenntnis der in jedem Land vorherrschenden juristischen Methode und Quellenlehre, der juristischen Streitkultur, der Bedeutung von höchstrichterlichen Entscheidungen, kurz: der kundige Umgang mit dem jeweils fremden Recht und seinem Kontext. Nur soweit die juristische Methode in einem Land analytische Methoden mit einbezieht, wie es etwa in den USA jedenfalls in Teilen der Literatur der Fall ist, werden sie auch für die Rechtsvergleichung relevant.

242 Für den auslandsrechtskundlichen Teil der Rechtsvergleichung ist die Kenntnis der typisch juristischen Denkweisen also zentral. Das gilt aber auch darüber hinaus. Wie bereits

[437] Solchen Fragen werden von *Siems,* Comparative Law (Fn. 175), 450 gestellt.
[438] Deutlich etwa *Posner, Richard A.,* The Decline of Law as an Autonomous Discipline: 1962–1987, Harvard Law Review 100 (1987), 761 (763); vgl. auch zB *Michaels* (Fn. 234), 356 f.
[439] Zur Beschreibung dieser Entwicklung vgl. *Posner* (Fn. 438), 761 ff.

dargelegt hängen Auslandsrechtskunde und Rechtsvergleichung auf vielschichtige Weise eng zusammen.[440] Bei der Ermittlung des Vergleichsmaßstabs, der Bewertung der einzelnen nationalen Resultate im Rahmen ihres nationalen Rechts und der Einordnung der Unterschiede und Gemeinsamkeiten vor dem Hintergrund der jeweiligen Rechtsordnung und Rechtskultur bedarf es jeweils spezifisch juristischer Denkweisen. Es geht um die Kenntnis von und Einordnung in Sinnzusammenhänge, die zwar oft erst bei spezifisch rechtsvergleichender Betrachtung deutlich werden; dies aber nicht, weil der nationale Jurist sie nicht kennte, sondern weil sie für ihn oft völlig selbstverständlich sind oder sogar nur unbewusst mitgedacht werden. Aktuelle Kenntnisse über die Zusammenhänge etwa des Ausmaßes der Delegation von Gesetzgebungsbefugnissen an die Verwaltung mit der üblichen Karriereplanung in der Ministerialverwaltung[441] sind für den nationalen Juristen zur kundigen Anwendung und Auslegung der Delegationsbefugnis kaum erforderlich, werden aber bei rechtsvergleichender Betrachtung schnell relevant. Dabei handelt es sich um eine spezifisch juristische Perspektive und spezifisch juristische Zusammenhänge, die auch juristisch zu betrachten sind. Nur ein Beispiel ist hier etwa die Terminologie. Die Verwendung von Fachbegriffen wie „Norm" nicht mehr in ihrer jeweiligen (nationalen) juristischen, sondern in ihrer gänzlich anderen, sozialwissenschaftlichen Bedeutung oder die Verwendung von sozialwissenschaftlichen Begriffen wie Akteur, Strategie oder Institution, die im Recht keine oder eine andere Bedeutung haben, behindert nicht nur die Kommunikation unter Rechtswissenschaftlern, sondern verhindert von vornherein die juristisch exakte Durchdringung von Sachverhalten.

Ebenso wenig, wie sich typischerweise Soziologen, Politologen und Ökonomen im **243**
Rahmen ihrer Forschungsgebiete für das juristische Denken und die juristischen Methoden interessieren oder sich gar vertieft damit auseinandersetzen, ist es also zwingend erforderlich, dass sich Juristen bei rechtlichen – und damit auch rechtsvergleichenden – Fragestellungen an diese anderen Wissenschaften anlehnen und ihre eigenen Herangehensweisen über Bord werfen.[442] Nicht gänzlich geleugnet werden kann und sollte dabei, dass die Ablehnung sozialwissenschaftlicher Methoden am Rande auch etwas mit dem typisch juristischen Streben nach klarer, gut nachvollziehbarer Ausdrucksweise und anschaulichen Beispielen zu tun hat. Hinzu kommt mit gleichem Gewicht der Wunsch, bei allen abstrakteren oder allgemeinen Ausführungen stets exakt zu wissen, was sie in der konkreten Anwendung genau bedeuten sollen. Dass bei Anwendung dieser Maßstäbe so manche etwa soziologische Äußerung nicht mehr recht akzeptabel erscheint, hat schon ein berufener Beobachter wie der Philosoph und Wissenschaftstheoretiker Karl Popper mit Bedauern festgestellt: „Das grausame Spiel, Einfaches kompliziert und Triviales schwierig auszudrücken, wird leider traditionell von vielen Soziologen, Philosophen usw als ihre legitime Aufgabe angesehen. So haben sie es gelernt, so lehren sie es. Da kann man gar nichts machen."[443]

[440] Vgl. supra → § 1 Rn. 3 ff.

[441] Vgl. dazu etwa *Kischel, Uwe,* Delegation of legislative power to agencies – A comparative analysis of United States and German law, Administrative Law Review 46 (1994), 213 (254 f.).

[442] Dass sich beispielsweise einige Juristen intensiv mit ökonomischer Theorie befassen, sich aber umgekehrt kaum jemals ein Ökonom ernsthaft um rechtswissenschaftliche Kenntnisse bemüht, ist ein schwer zu erklärendes Phänomen. Für die Geschichtswissenschaft wird leicht ironisch darauf hingewiesen, dass ein Wechsel des akademischen Gebiets bei verändertem Interesse schon aus Karrieregründen kaum in Betracht kommt und deshalb „[a]nstatt das Haus zu wechseln und das alte Zimmer zu lassen wie es ist, versucht [wird,] das alte Zimmer neu zu tapezieren", *Seiffert* (Fn. 417), 191.

[443] *Popper* (Fn. 335), 112; noch plakativer ibid., 103: „Das Kochrezept ist: Tautologien und Trivialitäten gewürzt mit paradoxem Unsinn. Ein anderes Kochrezept ist: Schreibe schwer verständlichen Schwulst und füge von Zeit zu Zeit Trivialitäten hinzu. Das schmeckt dem Leser, der geschmeichelt ist, in einem so 'tiefen' Buch Gedanken zu finden, die er schon selbst einmal gedacht hat.".

5. Bilanz: Was ist kontextuelle Rechtsvergleichung?

244 Die kontextuelle Rechtsvergleichung[444] geht davon aus, dass jede rechtsvergleichende Fragestellung eine umfassende Einbeziehung des gesamten Kontexts fordert, innerhalb dessen Recht und Rechtsinstitute jeweils operieren und ohne den sie nicht wirklich verstanden werden können. Dieser Kontext umfasst alle rechtlichen und nichtrechtlichen Aspekte, die die rechtsvergleichende Frage beeinflussen. Dieser Einfluss kann sich etwa auf Art und Umfang der Fragestellung, auf die Feststellung von Unterschieden und Übereinstimmungen oder auf deren Erklärung beziehen. Kontextuelle Rechtsvergleichung ist eine Methode, die die Notwendigkeit betont, sich nach und nach in die betrachteten Rechtsordnungen und Sachgebiete einzuarbeiten, nach Zusammenhängen zu suchen und dabei insbesondere auf die spezifische Atmosphäre und den Stil der fremden Rechtsordnung zu achten, für die es ein erfahrungsgestütztes Gespür zu entwickeln gilt. In diesem Sinn handelt es sich um einen hermeneutischen Ansatz. Kontextuelle Rechtsvergleichung strebt also nicht nach übergeordneten, etwa politischen oder ökonomischem Leitgedanken (steht ihnen aber auch nicht per Definition ablehnend gegenüber). Sie ist offen für alle Arten von rechtlichen Fragestellungen, ohne dem Rechtsvergleicher bestimmte Fragen, Antworten oder Vorgehensweisen zu untersagen. Sie weigert sich allerdings, die vielschichtige, komplexe Realität in Form eines Modells zu vereinfachen und zu reduzieren. Methode wird nicht im Sinne eines einfach zu befolgenden, gar noch für die verschiedenen Fragestellungen einheitlichen Kochrezepts verstanden. Vom Problemvergleich über den Vergleich von Funktionsbedingungen bis hin zu systematisierenden Fragen etwa nach der Rechtskreiseinteilung: jeder dieser Typen, vor allem aber jede einzelne Fragestellung bedarf immer wieder einer eigenständigen Analyse und des Versuchs, alle relevanten Aspekte des Kontextes mit einzubeziehen. Die Methode ist erfahrungsbasiert, das Vorgehen ergibt sich aus der individuellen Fragestellung, der es jeweils angepasst werden muss. Dies ist zugleich der Grund, warum es eine konkretere Definition des Kontexts weder gibt noch geben kann: Die jeweils zu berücksichtigenden Aspekte hängen vollständig von der jeweiligen Fragestellung, vom genauen Untersuchungsgegenstand im Einzelfall ab.[445]

245 Der Begriff des Kontexts wird auf zwei unterschiedliche, aber eng miteinander verbundene Weisen verwendet: Erstens bezieht er sich auf alle rechtlichen und nichtrechtlichen Aspekte, die beim Einzelvergleich (Mikrovergleich) berücksichtigt werden müssen. Zweitens beschreibt Kontext jede Gruppe von Rechtsordnungen, jeden Rechtskreis, in dem diese Aspekte hinreichend ähnlich sind, um eine gemeinsame Betrachtung dieser Rechtsordnungen zu rechtfertigen. Damit dienen Kontexte im generischen, zweiten Sinn des Wortes dazu, dem Rechtsvergleicher dabei zu helfen, den Kontext im auf den Einzelvergleich bezogenen, ersten Sinn des Wortes zu finden und anzuwenden. Die Beschreibung verschiedener Kontexte im zweiten Teil dieses Buches ergibt sich daher als unmittelbare Konsequenz und Forderung aus dem hier entwickelten kontextuellen Ansatz. Die Beschreibung dient zugleich als standard-

---

[444] Für eine etwas kürzere Darstellung der kontextuellen Rechtsvergleichung in verschiedenen Sprachen vgl. auch *Kischel, Uwe,* Метод в сравнительном праве – контекстуальный подход, Сравнительное конституционное обозрение, 2020, №2 (135), 18 (18 ff.); *Kischel, Uwe,* La méthode en droit comparé – L'approche contextuelle, Revue Internationale de Droit Comparé 68 (2016), 907 (907 ff.); *Kischel, Uwe,* Jak normativní je právní komparatistika?, Časopis pro právní vědu a praxi 28 (2020), 171 (174 ff.); *Kischel, Uwe,* Method in Comparative Law – The Contextual Approach, in: von Bogdandy, Armin; Schmidt-Aßmann, Eberhard (Hrsg.), Theorizing Comparative Public Law, 2024, 225 (225 ff.); zustimmend etwa *Grote, Rainer,* Contextual Comparison and Shifting Paradigms in Comparative Public Law, in: von Bogdandy, Armin; Schmidt-Aßmann, Eberhard (Hrsg.), Theorizing Comparative Public Law, 2024, 247 (247 ff.); für eine andere Analyse kontextueller Rechtsvergleichung vgl. zB *Poldnikov, Dmitry,* Two Divergent Approaches to Comparative Legal Studies in Europe and Their Implications for Legal History, Journal on European History of Law 10 (2019), 68 (74).

[445] Betonung dieses Zusammenhangs auch bei *Husa* (Fn. 14), 29 f.; vgl. auch *Scarcigla* (Fn. 29), 179, der betont, daß die konkrete Herangehensweise an rechtsvergleichende Fragestellungen („Methode" in seinem sehr weiten Begriffsverständnis) völlig vom jeweiligen Einzelfall und von den jeweils angestrebten Zielen abhängt; ähnlich auch *Sachsen-Gessaphe, Karl-August Prinz von,* Rechtsvergleichung, 2025, 94.

mäßiger Ausgangspunkt, um den Problemen des hermeneutischen Zirkels zu entgehen. Zusätzlich bietet sie in Ermangelung einer konkreteren Definition einen praxisnahen Einblick in die Vielfalt der Aspekte, die je nach Fallkonstellation beim Rechtsvergleich ggf. zu berücksichtigen sind und die deshalb gemeinsam den Kontext bilden.

6. Einheit in der Vielfalt: Kontextuelle Fehlerlehre der Rechtsvergleichung

Der Ansatz der kontextuellen Methode kann – je nach Standpunkt mit positiver oder negativer Konnotation – als pragmatisch, als common sense orientiert oder als umfassend realitätsbezogen beschrieben werden. So ist er zwar einerseits ungeeignet, allgemeingültige Anleitungen für richtiges rechtsvergleichendes Vorgehen in der Art von Kochrezepten abzugeben (die bislang – mit gutem Grund – auch kein anderer methodischer Vorschlag je hat liefern können). Denn was der Rechtsvergleicher positiv bei jeder einzelnen Untersuchung zu beachten hat, lässt sich kaum mit der notwendigen Präzision formulieren, sondern ergibt sich erst aus den Besonderheiten der jeweils untersuchten Frage. Wo überall beispielsweise bei einem Vergleich der US-amerikanischen pre-trial discovery mit dem deutschen Recht nach Äquivalenten zu suchen ist,[446] kann keine Methode konkret vorgeben. Anstelle einer solchen positiven Anleitung bietet die kontextuelle Rechtsvergleichung sich aber andererseits umso mehr für eine ergänzende, negative Anleitung, also eine Fehlerlehre an. Schon in den bisherigen Ausführungen wurde immer wieder deutlich, dass ein Kernanliegen der kontextuellen Rechtsvergleichung – und insofern auch einer richtig verstandenen funktionalen Methode – darin liegt, den Rechtsvergleicher vor Fehlern zu bewahren, wie sie sich gerade aus einer allein auf heimatliches Rechtsdenken bezogenen oder sonst verengten Sichtweise fast unweigerlich ergeben. Solche Fehler zu sammeln und aus Gründen der besseren Übersichtlichkeit zu systematisieren ist die Aufgabe einer kontextuellen Fehlerlehre, die den Rechtsvergleicher nicht in seiner Kreativität einschränkt, ihn aber vor den wichtigsten Fallstricken bewahrt.[447] **246**

a) Fehler bei der Begriffserfassung

aa) Lese- und Übersetzungsprobleme

Eine erste Fehlerquelle liegt in der Rechtsübersetzung.[448] Wer „Cortes Generales" aus dem Spanischen wörtlich als „Allgemeine Gerichte" übersetzt wird unweigerlich fehlgehen, denn gemeint ist das spanische Parlament.[449] „Sentence" ist im Englischen die Strafe, „sentencia" im Spanischen das Gerichtsurteil. Erzählt der englischsprachige Jurist in einer Verhandlungspause, dass „jurisprudence" zu den Gebieten gehörte, um die er stets einen großen Bogen gemacht habe, so sollte sein deutscher Prozessgegner nicht auf einen schnellen Sieg hoffen. Denn der anglophone Jurist hat keineswegs gerade gestanden, dass die „Jurisprudenz", im deutschen Sinn also die ganze Rechtswissenschaft, ihm weitgehend unbekannt geblieben ist. Vielmehr hat er nur eine Abneigung gegen Rechtstheorie und Rechtsphilosophie. Ein spanischsprachiger Jurist würde das Ganze möglicherweise überhaupt nicht verstehen, denn „jurisprucencia" bedeutet für ihn üblicherweise einfach die Rechtsprechung. Aber auch in der heimischen Sprache kann es einmal zu Missverständnissen kommen. So ist der Satz, dass in der Schweiz wie auch in Deutschland ein Bundesrat bestehe, gleichzeitig richtig und falsch: richtig, weil es eine Institution dieses Namens in beiden Ländern gibt; falsch, weil es sich dabei in Deutschland um die zweite Gesetzgebungskammer, die Ländervertretung, in **247**

[446] Vgl. zu diesem Beispiel supra → § 1 Rn. 15.

[447] Die folgenden Gedanken beruhen im Wesentlichen auf *Kischel, Uwe,* Vorsicht, Rechtsvergleichung!, ZVglRWiss 104 (2005), 10 (11 ff.); vgl. auch die plastische Fehlerlehre bei *de Cruz* (Fn. 34), 219 ff.

[448] Dazu mit weiteren Beispielen supra → § 1 Rn. 20 ff.

[449] Vgl. Art. 66 der spanischen Verfassung; die Fehlübersetzung würde zugleich den Unterschied zwischen lateinamerikanischem und europäischem Gebrauch der spanischen Sprache missachten.

der Schweiz hingegen um die Regierung handelt.[450] Die Ländervertretung heißt dort Ständerat.[451] Aus rechtlicher Sicht ist daher innerhalb von Sprachen wie Deutsch, Englisch oder Französisch nach den jeweiligen rechtlichen Untersprachen zu unterscheiden.[452] Daneben kann die Minderheitensprache in einem Land anders eingefärbt sein als die entsprechende Mehrheitssprache in einem anderen Land. So würde etwa ein in den USA lebender spanischer Muttersprachler in der Regel verstehen, was in einem spanischen Satz „aplicar" bei einer Universität oder die Pflicht, „colateral" für einen Kredit zu geben, bedeutet, nicht aber ein Muttersprachler aus Südamerika, wo es diese aus dem Englischen übergesprungenen Bedeutungen nicht gibt.[453] Übersetzungsfehler unterlaufen zwar zumeist Anfängern. Aber auch Fachleute sind nicht davor gefeit. Das zeigt etwa der Bericht aus einer englisch-französischen Arbeitsgruppe, in der vom „Code des Marchés Publics" die Rede war. Die englischen Teilnehmer verstanden darunter einen „Code of Public Markets" und nahmen dies auch so in das Protokoll auf. So wurden durch diese Übersetzung jedoch aus Fragen der verwaltungsrechtlichen Verträge des Staates[454] plötzlich Fragen des Rechts der Gemüse-, Floh- und Krammärkte.[455]

248 Auch unabhängig von Übersetzungsfragen kann etwa das Lesen von Gesetzestexten schwierig sein, insbesondere wenn die Gesetzessystematik mit hineinspielt. Beispielsweise wird immer wieder einmal recht pauschal darauf hingewiesen, dass zahlreiche Länder wie etwa Spanien die Menschenwürde – einen rechtlichen Exportschlager Deutschlands – in ihrer Verfassung besonders schützen. Tatsächlich findet sich die Menschenwürde in Art. 10 Abs. 1 der spanischen Verfassung. Doch sollte schon zu denken geben, dass zur Menschenwürde keine spanische Rechtsprechung zu finden ist.[456] Und tatsächlich findet sich die Crux in Art. 53 spanVerf, demzufolge die Menschenwürde im Gegensatz zu zahlreichen anderen Grundrechten die staatliche Gewalt gar nicht bindet.[457] Systematisches Textverständnis kann auch beim Lesen von Verträgen wichtig werden. So sind in common law Verträgen alle großgeschriebenen Worte in einem speziellen Sinn zu verstehen, der sich aus einer Definitionsbestimmung oder aus einem Anhang zum jeweiligen Vertrag ergibt.[458] Solche definierten Begriffe werden regelmäßig verwendet, um einem Wort eine Bedeutung zu geben, die sich gerade und nur auf den vorliegenden, konkreten Vertrag bezieht, etwa „Purchase Price", „Title" oder „Know How". Wird der Begriff dann einmal kleingeschrieben, so ist gerade nicht dieses spezifische Verständnis gemeint. Kontinentaleuropäische Juristen können solche Feinheiten leicht einmal übersehen, und auch Übersetzer können dadurch vor gravierende Probleme gestellt werden, wenn in der Zielsprache – etwa im Deutschen – ohnehin alle Substantive großzuschreiben sind.

bb) Quellenprobleme

249 Die systematische Auslegung von Gesetzen ist allerdings nur dann zu beachten, wenn Sie – wie im Beispiel Spanien – auch tatsächlich zum dort anerkannten Auslegungskanon zählt und einen entsprechend hohen Stellenwert aufweist. Wer etwa an englische Gesetze mit

450 Vgl. Art. 174 BV.
451 Vgl. Art. 150 BV.
452 Vgl. dazu *Kischel, Uwe,* Legal cultures – legal languages, in: Olsen, Frances; Lorz, Alexander; Stein, Dieter (Hrsg.), Translation issues in language and law, 2009, 7 (9).
453 Vgl. *Garro, Alejandro M.,* On some practical implications of the diversity of legal cultures for lawyering in the Americas, Revista Juridicia Universidad de Puerto Rico 64 (1995), 461 (468).
454 Vgl. Code des Marchés Publics, Art. 1er: „ I. – Les marchés publics sont les contrats conclus à titre onéreux avec des personnes publiques ou privées par les personnes morales de droit public mentionnées à l'article 2, pour répondre à leurs besoins en matière de travaux, de fournitures ou de services.".
455 Vgl. *Tallon, Denis,* Les faux amis en droit comparé, in: Basedow, Jürgen (Hrsg.), Festschrift für Ulrich Drobnig zum sechzigsten Geburtstag, 1998, 677 (677).
456 Vgl. *Sommermann* (Fn. 288), Rn. 58.
457 Vgl. *Sommermann* (Fn. 288), Rn. 58; *Sommermann, Karl-Peter,* Der Schutz der Grundrechte in Spanien nach der Verfassung von 1978, 1984, 128, 142 ff.
458 Zu diesem Beispiel eingängig *Babeck, Wolfgang,* Einführung in das australische Recht, 2. Aufl. 2017, 49 f.

einer typisch kontinentaleuropäischen Auslegung nach Sinn und Zweck herangeht, wird der englischen Realität kaum gerecht. So würde ein Gesetz, das es für strafbar erklärte „to stab, cut, or wound any person" wohl nach Sinn und Zweck ohne weiteres auf eine Person anzuwenden sein, die einer anderen die Nasenspitze abbeißt, da darin jedenfalls eine Verwundung liegt. Im einem als Klassiker geltenden Fall[459] sah das englische Gericht dies in Anwendung der sog. literal rule aber keineswegs so. Vielmehr ging es davon aus, dass nach dem Wortlaut des Gesetzes irgendein Instrument verwendet werden musste, was beim Abbeißen nun einmal nicht der Fall sei.[460] Die herrschenden Regeln der Gesetzesauslegung sind aber nur ein kleiner Teil der jeweiligen nationalen Rechtsquellenlehre, mit der der Rechtsvergleicher vertraut sein muss. Welche Stellung haben Gerichtsurteile? Sind Verfassung oder Gesetze bereits unmittelbar bindend oder bedarf es dazu Ausführungsvorschriften? Besteht eine rechtliche Bindung an Präzedenzfälle? Ohne solche Grundkenntnisse kann die Untersuchung nicht sinnvoll betrieben werden. Wer etwa den Verhältnismäßigkeitsgrundsatz untersucht und dafür im deutschen Recht nur den Text des Grundgesetzes heranzieht, wird nur auf Art. 19 Abs. 2 GG stoßen, dem zufolge in keinem Fall ein Grundrecht in seinem Wesensgehalt angetastet werden darf.[461] Wer nicht weiß, wie unergiebig der Wortlaut des Grundgesetzes in vielen Fällen ist und welche zentrale Bedeutung hier der Rechtsprechung des Bundesverfassungsgerichts zukommt, wird deshalb leicht übersehen, dass Art. 19 Abs. 2 GG dogmatisch wie praktisch kaum eine Rolle spielt und dass er vor allem gerade nicht die einschlägige Vorschrift zur Lokalisierung des Verhältnismäßigkeitsgrundsatzes oder sonst einer praktisch relevanten Beschränkung von Grundrechten ist.

Ebenso wichtig wie formale Rechtsquellen, ihre Bedeutung und Auslegung, ist aber oft **250**
die Kenntnis der praktisch wirksamen Rechtserkenntnisquellen: Gibt es und wie sind Ansehen und Stellenwert von Lehrbüchern, casebooks, Kommentaren oder Fachzeitschriften? Ein Fehler wie der zur Lokalisierung der Verhältnismäßigkeit in Art. 19 Abs. 3 GG ist leicht zu vermeiden, wenn man weiß, dass zu jeder Grundgesetznorm ein Blick in einen der Standardkommentare schnell alle zentralen Informationen zu Tage fördert. Der US-Amerikaner, der auf einem bestimmten Rechtsgebiet in Deutschland nur ein einziges casebook findet und dies dann für das führende Standardwerk hält, wird genauso Probleme bekommen wie der Deutsche, der in US law reviews nach mehreren leicht verständlichen Einführungs- und Überblicksaufsätzen zu bestimmten Rechtsfragen oder gar nach einem Kommentar sucht. So können etwa US-amerikanische Rechtsvergleicher es als ein Beispiel für die oft unvollständige Verfügbarkeit von Rechtsinformationen außerhalb der Vereinigten Staaten ansehen, dass Länder des civil law die Entscheidungen von Berufungsgerichten nicht vollständig veröffentlichen.[462] Aus dieser völlig richtigen Beobachtung aber den durchaus naheliegenden Schluss zu ziehen, es fehlten deshalb im civil law relevante Informationen, die der Rechtsvergleicher sich dann auf andere Weise beschaffen müsste, würde grob die Quellenlehre verkennen. Denn die nicht veröffentlichten und damit auch nicht verfügbaren Berufungsentscheidungen spielen nach der nationalen Auffassung eben auch keine Rolle für die Kenntnis und Entwicklung des Rechts. Sie werden in der Regel deshalb nicht abgedruckt, weil sie keinen über die bloße Rechtsanwendung hinausgehenden Beitrag leisten. Sich über die unvollständige Veröffentlichungspraxis zu beschweren, entspräche also umgekehrt einer Beschwerde etwa des österreichischen Juristen über die Abwesenheit von Kommentaren in Neuseeland.

---

[459] Vgl. R vs. Ann Harris [1836] 173 ER 198 (KB).

[460] Zu englischen Regeln der Gesetzesauslegung vgl. infra → § 5 Rn. 160 ff.

[461] So offenbar *Schauer, Frederick,* Freedom of expression adjudication in Europe and the United States – A case study in comparative constitutional architecture, in: Nolte, Georg (Hrsg.), European and US constitutionalism, 2005, 49 (53 f.).

[462] Vgl. *Reitz, John C.,* How to do comparative law, American Journal of Comparative Law 46 (1998), 617 (630 f.).

cc) Erfassen des Begriffsinhalts

251 Weit komplexere Schwierigkeiten ergeben sich aus dem möglichen unterschiedlichen Inhalt von Begriffen in verschiedenen Staaten.[463]

252 Ein typisches Beispiel sind hier das deutsche Rechtsstaatsprinzip und die US-amerikanische rule of law. Nicht selten wird der englische Begriff hier sogar als Übersetzung des deutschen verwendet. Dennoch wäre der Glaube, es gäbe in den USA ein Äquivalent zum Rechtsstaatsprinzip, erheblich verkürzt. Rechtsstaat geht vielmehr erheblich weiter als rule of law.[464] Rule of law geht, soweit überhaupt definierbar, davon aus, dass staatliche Gewalt als von Rechtsnormen beschränkt angesehen werden sollte, die soweit wie möglich im voraus bekanntgemacht wurden, insbesondere durch die Legislative.[465] Dies ist aber nur einer von zahlreichen Aspekten des Rechtsstaatsprinzips, das etwa auch die *inhaltliche* Verfassungsmäßigkeit der Gesetze fordert und die Konzepte von Menschenwürde, Freiheit, Gerechtigkeit und Rechtssicherheit ebenso umfasst[466] wie die Existenz von Grundrechten und Rechtsschutz oder die Gewaltenteilung und das Verhältnismäßigkeitsprinzip.[467] All dies sind Aspekte, die ein amerikanischer Jurist in ihrer Breite so kaum mit der rule of law in Verbindung bringen würde.[468]

253 Die Unterscheidung lässt sich an der Gewaltenteilung verdeutlichen, die nach deutscher Konzeption ein Aspekt des Rechtsstaats ist. Man könnte hier etwa die Frage untersuchen, ob und inwieweit der parlamentarische Gesetzgeber befugt ist, seine Normsetzungskompetenz an die Verwaltung zu delegieren, dh in welchen Grenzen also etwa den Ministerien erlaubt werden kann, gesetzgeberisch zu handeln und Verordnungen wie die Straßenverkehrsordnung oder Versetzungsordnungen für Schulen zu erlassen.[469] Nach deutschem Verständnis ist eine solche Delegation mit der Gewaltenteilung im Grundsatz vereinbar. Denn auch die Verwaltung ist eine Staatsgewalt, der ein eigener Entscheidungsbereich verbleiben muss; und vor allem bedeutet Gewaltenteilung keinesfalls Gewaltentrennung, sondern ein System von checks and balances, bei dem durchaus die eine Gewalt – hier die Verwaltung – auch einmal

[463] Zur Problematik der Übersetzung bestimmter französischer Fachbegriffe des öffentlichen Rechts (Etat, volonté générale, service public, fonction public) vgl. *Braibant, Guy,* La place de la francophonie dans la coopération administrative internationale, in: Institut international d'administration publique (Hrsg.), L'administration publique des pays francophones à l'aube des années 2000, 1998, 15 (15 ff.).

[464] Zum Folgenden vgl. *Kischel* (Fn. 441), 246 ff. mwN; vgl. ibid., 248 f. auch zur Vergleichbarkeit des in der Lehre entwickelten due process of lawmaking.

[465] Vgl. etwa *Sargentich, Thomas O.,* The delegation debate and competing ideals of the administrative process, American University Law Review 36 (1987), 419 (423); vgl. auch *Thomas, Jeffrey E.,* Legal culture and the practice – A postmodern depiction of the rule of law, UCLA Law Review 48 (2001), 1495 (1498); *Fallon, Richard H., Jr.,* „The rule of law" as a concept in constitutional discourse, Columbia Law Review 97 (1997), 1 (3): „[…] the law – and its meaning – must be fixed and publicly known in advance of application, so that those applying the law, as much as those to whom it is applied, can be bound by it."; zu der Problematik, ob im US-Recht überhaupt eine greifbare Definition von rule of law zu finden ist, vgl. zB *Lovett, Frank,* A positivist account of the rule of law, Law and Social Inquiry 27 (2002), 41 (41 ff.); *Lawson, Gary,* An empirical test of Justice Scalia's commitment to the rule of law, Harvard Journal of Law and Public Policy 26 (2003), 803 (803 ff.); *Radin, Margaret Jane,* Reconsidering the rule of law, Boston University Law Review 69 (1989), 781 (781); zu Vorschlägen, die rule of law materiell aufzufüllen *Charlow, Robin,* American constitutional analysis and a substantive understanding of the rule of law, in: Silkenat, James R.; Hickey, James E. Jr.; Barenboim, Peter D. (Hrsg.), The legal doctrine of the rule of law and the legal state (Rechtsstaat), 2014, 251 (252 ff.).

[466] Vgl. *Stern, Klaus,* Staatsrecht, Bd. 1, 2. Aufl. 1984, 781: „Rechtsstaatlichkeit bedeutet, dass Ausübung staatlicher Macht nur auf der Grundlage der Verfassung und von formell und materiell verfassungmäßig erlassenen Gesetzen mit dem Ziel der Gewährleistung von Menschenwürde, Freiheit, Gerechtigkeit und Rechtssicherheit zulässig ist.".

[467] Vgl. etwa *Sachs, Michael,* in: ders., Grundgesetz Kommentar, 9. Aufl. 2021, Art. 20 Rn. 77 f.; zur historischen Entwicklung und zum Vergleich mit anderen Staaten auch *Grote, Rainer,* The German Rechtsstaat in a comparative perspective, in: Silkenat, James R.; Hickey, James E. Jr.; Barenboim, Peter D. (Hrsg.), The legal doctrine of the rule of law and the legal state (Rechtsstaat), 2014, 193 (193 ff., 201 ff.), deutliche Zusammenfassung auch ibid., 206: „In this contest between the formal and the substantive concepts of the rule of law, the German Rechtsstaat constitutes one of the „thickest" versions of the substantive concept.".

[468] Zur Lehre vom due process of lawmaking vgl. *Kischel* (Fn. 441), 248 f.

[469] Umfassend *Kischel* (Fn. 441).

typische Funktionen der anderen – hier den Normerlass – übernehmen darf.[470] Nun könnte man annehmen, dass das in den USA ähnlich wäre. Schließlich ist Gewaltenteilung ein weltweit bekanntes Konzept und der Begriff der checks and balances sogar direkt dem Englischen entnommen. Dennoch spricht in den USA die Gewaltenteilung ganz anders als in Deutschland radikal gegen die Möglichkeit der Delegation. Das liegt nicht zuletzt daran, dass die Verwaltung, deren Existenz nach deutscher Auffassung durch die Gewaltenteilung klar legitimiert wird, nach US-Auffassung nur schwer überhaupt mit der Gewaltenteilung zu vereinbaren ist, gerade weil sie Funktionen aller drei Gewalten ausübt. Unter der Exekutive wird in erster Linie der Präsident verstanden. Die Verwaltung hingegen wird nicht selten sogar als vierte Gewalt bezeichnet[471] – eine in deutschen Augen doch etwas ungewöhnliche Sichtweise. Teile der Verwaltung, die sog. independent agencies, wurden sogar eigens geschaffen, um sie vor der Exekutive – deren Teil sie nach deutscher Auffassung doch gerade sind – abzuschirmen.[472] Wer also bei der Betrachtung des pro und contra der Delegation von Normsetzungsbefugnissen unreflektiert auf die Gewaltenteilung zurückgreift, wird unweigerlich fehlgehen.

dd) Vorverständnis der Begriffe: Die Bedeutsamkeit

Oft ist es aber nicht nur der Inhalt der Begriffe, der Schwierigkeiten bereitet, sondern das mit **254**
ihnen verbundene Vorverständnis. Die Gefahren für den Rechtsvergleicher liegen nicht nur an der Oberfläche des Begriffsinhalts, sondern – weit schwieriger – auch in der Tiefe des juristischen Bewusstseins. Unter Vorverständnis soll dabei hier die Bedeutsamkeit verstanden werden, die einem Rechtsbegriff zugemessen wird. Kann der genaue Begriffsinhalt letztlich noch aus einschlägigen Gerichtsentscheidungen, Aufsätzen oder Monographien ermittelt werden, ist die Bedeutsamkeit oft nur hermeneutisch, aus langer Erfahrung heraus zu erfassen. Sie kann einerseits im Ausmaß, andererseits in der Richtung sehr verschieden ausfallen:

Für das *Ausmaß* kann auf den eben angesprochenen Fall von Rechtsstaat und rule of law **255**
zurückgegriffen werden. Denn über die schon recht komplexen inhaltlichen Unterschiede hinaus unterscheidet sich – vielleicht noch wichtiger – die psychologische Bedeutung in den Köpfen der jeweiligen Juristen stark. Rechtsstaat ist ein überragendes Thema in der Lehre, ein gewichtiges Kapitel in allen Lehrbüchern zum Verfassungsrecht, ein vielfach eingesetztes Stichwort in den verschiedensten Rechtsbereichen. Rule of law hingegen spielt in den USA keine hervorgehobene Rolle, ist keineswegs ein Standardthema in der Ausbildung oder ein allzeit gängiger topos der Fachdiskussion. Ähnliches ließe sich mit umgekehrten Vorzeichen etwa vom due process, dem „rechten Verfahren" behaupten, einem für das US-Verfassungsrecht zentralen Thema, das sich für Deutschland vielleicht mit Verfahrensgarantien und Grundrechtsschutz durch Verfahren umschreiben ließe, jedenfalls aber ein völlig anderes Gewicht besitzt und gänzlich andere Assoziationen hervorruft.

Eine Abweichung in der *Richtung* des Vorverständnisses hingegen, also eine unterschied- **256**
liche emotionale Besetzung der Begriffe, kann noch weit auffälliger sein. So lässt sich in Russland etwa das Phänomen beobachten, dass Begriffe „semantisch unterwandert" werden, nachdem sie im Zuge der Transformation importiert auf bestehende, von westlichen Üblichkeiten oft immer noch weit entfernte Realitäten treffen.[473] So ist etwa die Unabhängigkeit der Gerichte ein aus westeuropäischer Sicht besonders hohes Gut, für das historisch lange gekämpft wurde: Der Richter ist nur dem Recht unterworfen, frei von Weisungen

---

[470] Vgl. *Brugger* (Fn. 287), 388 f.; vgl. auch etwa BVerfGE 3, 225 (247); 34, 52 (59); 7, 183 (188); 95, 1 (15).

[471] *Kischel* (Fn. 441), 244; *Strauss, Peter L.*, The place of agencies in government – Separation of powers and the fourth branch, Columbia Law Review 84 (1984), 573; FTC vs. Ruberoid Co., 343 U. S. 470 (1952) 487–488 (Jackson, J., dissenting).

[472] Zu den independent agencies vgl. etwa *Pierce, Richard J., Jr.; Shapiro, Sidney A.; Verkuil, Paul R.*, Administrative law and process, 6. Aufl. 2014, 88 ff.

[473] Vgl. *Nußberger, Angelika,* Die Frage nach dem tertium comparationis – Zu den Schwierigkeiten einer rechtsvergleichenden Analyse des russischen Rechts, Recht in Ost und West 42 (1998), 81 (83).

und Einmischungen. Richterliche Unabhängigkeit stellt so eine zentrale Garantie von Freiheit und Gerechtigkeit dar. In Russland hingegen kann die Unabhängigkeit schlicht als Freibrief zur Untätigkeit – zur richterlichen Entscheidungsscheu oder schlichten Faulheit – verstanden werden. Ebenso mag etwa unter russischen Bedingungen die Immunität der Parlamentsabgeordneten vor Strafverfolgung nicht als Absicherung der Demokratie, sondern als Schutz für Kriminalität angesehen werden.[474] Nur in Kenntnis dieser Konnotationen lassen sich zum Teil die Diskussionen verstehen, etwa wenn eine Einschränkung der Meinungsfreiheit gefordert wird, weil unter Meinungsfreiheit nicht zuletzt die Möglichkeit faschistischer und abergläubischer Propaganda verstanden wird.[475] Dabei zeigt gerade das Beispiel Meinungsfreiheit, dass solche Bewertungsunterschiede keineswegs auf Staaten beschränkt sind, deren gesellschaftliche und politische Realität so stark voneinander abweicht wie zwischen Deutschland und Russland. Denn gerade bei der Meinungsfreiheit stehen sich etwa Deutschland und die USA mit ihren historisch gewachsenen, sehr unterschiedlichen Konzeptionen fast paradigmatisch gegenüber: Deutschland mit seinem auch auf Persönlichkeitsschutz und Menschenwürde ausgerichteten Konzept, die USA mit dem Grundgedanken des free marketplace of ideas.[476] So bleibt aus deutscher Sicht der Schutz nationalsozialistischer, antisemitischer Propaganda in den USA ebenso schwer verständlich wie aus amerikanischer Sicht umgekehrt die Bestrafung der Leugnung des Holocaust nach dem deutschen StGB.

b) Übersehen funktionaler Äquivalente

257 Eine weitere typische Fehlerquelle liegt in dem schon häufig angesprochenen Übersehen funktionaler Äquivalente. Es gilt also, erfahrungsgestützt die Augen offenzuhalten, die eigentlichen Wirkungen einer Norm zu beachten und dafür auch weit außerhalb des einschlägig scheinenden Normkomplexes und Rechtsgebiets nach entsprechenden Regeln zu suchen. Auf diese Weise gelangt der Rechtsvergleicher etwa vom US-amerikanischen Beweisrecht in Form der pre-trial discovery zur deutschen verschuldensunabhängigen Haftung.[477] Wo genau der Rechtsvergleicher aber im Einzelfall suchen soll, kann niemand ihm vorab erläutern. Kenntnisse, Nachdenken, Geduld und vielleicht ein Quäntchen Glück kommen hier zusammen.

c) Verengung des Blickfelds

258 Dieser weite Blick geht aber erheblich über das bloße Suchen und Auffinden eines funktionalen Äquivalents in der fremden Rechtsordnung hinaus. Der Blick in das dogmatische Umfeld fördert vielmehr auch das rechte Verständnis der Tragweite einer festgestellten Abweichung und bewahrt zudem vor Fehlinterpretationen (aa). Er muss aber auch über die Dogmatik hinaus in den Bereich der Rechtskultur (bb) und in den Bereich des Nichtrechts (cc) führen.

aa) Das dogmatische Umfeld

259 **(1) Relativierung von Abweichungen.** Das dogmatische Umfeld dient zunächst der Relativierung von Abweichungen. So mag etwa das Problem der Arzthaftung in der deutschen Lebenswirklichkeit und damit im deutschen Recht eine bedeutsame Rolle spielen. Wenn jedoch, wie etwa in einigen früheren Teilstaaten der Sowjetunion, das reale Problem darin besteht, überhaupt eine medizinische Grundversorgung für die Mehrheit der

[474] Vgl. *Nußberger* (Fn. 473), 83.
[475] Vgl. *Nußberger* (Fn. 473), 84.
[476] Dazu etwa *Brugger* (Fn. 287), 359 ff.; *Kommers* (Fn. 287), 338 ff.
[477] Dazu supra → § 1 Rn. 15.

Bevölkerung zu tragbaren Konditionen zu bekommen, erlangen eventuelle Defizite beim Arzthaftungsrecht einen völlig anderen Stellenwert.[478]

Nicht nur diese äußere Tragweite von Abweichungen, die einem Problem zuzumessende 260 Wichtigkeit, kann sich jedoch relativieren, sondern auch die inhaltliche Tragweite, der Grad der Abweichung. So wird zB der kontinentaleuropäische Jurist immer wieder von ihm wenig sinnvoll und sehr formal erscheinenden Eigenheiten des US-amerikanischen Beweisrechts überrascht. Ein klassisches Beispiel ist hier das grundsätzliche Verbot des Beweises vom Hörensagen, demzufolge ein Zeuge seine Beobachtungen selbst im Prozess mitteilen muss und es grundsätzlich nicht zulässig ist, wenn ein anderer Zeuge nur wiedergibt, was der direkte Zeuge berichtet hat.[479] Dass bei einer solchen, indirekten Zeugenaussage Vorsicht in der Bewertung angebracht wäre, leuchtet unmittelbar ein. Aber daraus ein grundsätzliches Verbot herzuleiten, wird etwa in Deutschland gar nicht erst vorgeschlagen. Ist darin also eine grundlegend andere Denk- und Herangehensweise in Bezug auf Zeugenaussagen oder ein Misstrauen gegenüber der Urteilsfähigkeit des Gerichts zu sehen? So unmittelbar lässt sich das nicht behaupten. Denn ein Blick auf das prozessuale Umfeld zeigt, dass in den USA nicht in erster Linie der Richter, sondern die jury entscheidet – also Laien, die im Gegensatz zum deutschen Richter nicht typischerweise über jahrelange Erfahrungen im Bewerten von Zeugenaussagen verfügen. So erscheint das hearsay-Verbot bereits in einem anderen Licht, das bei weiterer Vertiefung noch deutlicher wird. Denn tatsächlich gilt das hearsay-Verbot – wie übrigens auch viele andere uns zunächst seltsam anmutende prozessuale Regeln – immer dann nicht, wenn einmal doch nicht die jury, sondern – wie in Deutschland – der Richter selbst entscheidet.[480] Bei vergleichbaren Prozessbedingungen stimmen also auch Beweisgrundsätze überein. Der Unterschied liegt gar nicht so sehr beim Hörensagen, sondern bei der jury.

(2) Typische Fehlinterpretationen. Die Berücksichtigung des dogmatischen Umfelds 261 kann aber auch erforderlich sein, um typische Fehlinterpretationen zu verhindern. National geprägte Juristen sind geneigt, bestimmte Stichworte oder Zusammenhänge unwillkürlich in bekannte Kategorien einzubauen, sie so fortzudenken und bestimmte Schlüsse zu ziehen. Speziell für deutsche Juristen etwa ist diese Fähigkeit zu Gesamtsicht ein herausragendes, in der Ausbildung stets gefördertes Qualitätsmerkmal. In der Rechtsvergleichung jedoch kann dieses schon reflexhafte Vorgehen zu erheblichen Schwierigkeiten führen.

So wird ein deutscher Jurist, der von der Einrichtung von Regionalparlamenten mit 262 beschränkten Gesetzgebungsbefugnissen in Schottland, Wales und Nordirland sowie der entsprechenden Übertragung von Verwaltungskompetenzen und Finanzmitteln hört, unweigerlich davon ausgehen, dass das Vereinigte Königreich sich langsam zum Föderalismus bekehre und bereits deutlich föderale Elemente in seinen Staatsaufbau eingefügt habe. Ein britischer Jurist hingegen wird diese Einschätzung keineswegs teilen; für ihn geht es nicht um federalism sondern um devolution. Dahinter steht ein unterschiedliches Vorverständnis: Föderalismus hat in Deutschland einen grundsätzlich positiven Klang, man spricht sogar von vertikaler Gewaltenteilung, in Großbritannien – und nicht nur dort – ist der Begriff hingegen eher negativ besetzt.[481] Vor allem aber ist devolution tatsächlich etwas fundamental anderes als Föderalismus, wenn der für den britischen Staatsaufbau zentrale Satz von der supremacy, der Vorherrschaft des Parlaments beachtet wird. Für das deutsche Föderalismusverständnis so zentral, dass sie kaum einmal ausgesprochen wird, ist die Erkenntnis, dass der Bund nicht in

[478] Vgl. zum russischen Recht etwa *Nußberger* (Fn. 473), 87.

[479] Hearsay ist „testimony in court of a statement made out of court, the statement being offered as an assertion to show the truth of matters asserted therein, and thus resting for its value upon the credibility of the out-of-court asserter", Mutyambizi vs. State of Maryland, 33 Md.App. 55, 65 (1976).

[480] Vgl. etwa U.S. vs. Matlock, 415 U.S. 164, 172–175 (1974); Fed. R. Evid. 104(a): „Preliminary questions concerning the qualification of a person to be a witness, the existence of a privilege, or the admissibility of evidence shall be determined by the court, subject to the provisions of subdivision (b). In making its determination it is not bound by the rules of evidence except those with respect to privileges.".

[481] Vgl. *Dicey, Albert Venn,* Einführung in das Studium des Verfassungsrechts, 10. Aufl. 2002, 229 ff.

die Kompetenzen der Länder eingreifen darf, also beispielsweise kompetenzwidrige Bundesgesetze rechtswidrig sind. Das entspricht jedoch nicht dem britischen Rechtsdenken. Dort mag das Parlament den Regionen zwar Kompetenzen verleihen. Wenn es diese aber anschließend missachtet, dann ist dies kein Rechtsbruch, sondern schlichter Ausdruck seiner Vorherrschaft.[482] Devolution ist tatsächlich eine eigenständige Figur.

263 Die Notwendigkeit, zur Vermeidung von Fehlinterpretationen das Umfeld zu berücksichtigen, zeigt sich auch am Beispiel der Abtreibung. Scheinbar geht es etwa in Deutschland und den USA bei allen Abweichungen in den Lösungen und Positionen stets um ähnliche Fragen: Grenzen des Bestimmungsrechts der Mutter, Schutz des ungeborenen Lebens, Fristen, Verbote, medizinische oder soziale Indikationen. Bei so viel Übereinstimmung wird ein grundlegender verfassungsrechtlicher Unterschied leicht übersehen: Nach der klassischen Rechtsprechung des Supreme Court ist – ganz anders als bei uns – das ungeborene Leben keine „Person" iSd 14. Verfassungszusatzes, hat also kein durch diese Bestimmung garantiertes Recht auf Leben.[483] Zwar besteht ein wichtiges und legitimes Interesse daran, das potentielle Leben zu schützen; dies ist jedoch ein Interesse des Staates.[484] Insofern hat der Staat das Recht, die Abtreibung zu reglementieren und einzuschränken;[485] von einer Pflicht dies zu tun ist aber – gerade im Gegensatz zu Deutschland – gar nicht erst die Rede.[486] Würde dieser Grundansatz zuende gedacht,[487] wäre an einer staatlichen Nichtregelung, dh an einer völligen Freigabe der Abtreibung bis zur Geburt, aus Sicht der US-Verfassung nichts zu beanstanden. So können sich in diesem Punkt viele deutsche Abtreibungsbefürworter ganz unerwartet in einem Boot mit amerikanischen Abtreibungsgegnern wiederfinden.[488]

bb) Das rechtskulturelle Umfeld

264 Das zu beachtende Umfeld betrifft aber keineswegs nur die Rechtsdogmatik, sondern auch die Rechtskultur,[489] dh die – zumindest für den praktisch oder dogmatisch orientierten Juristen – oft unausgesprochenen Grundannahmen über Recht, seine Bedeutung und seine Funktionsweise.

265 **(1) Rolle des Rechts und rechtlicher Institutionen.** Betrachten wir zunächst die möglichen Unterschiede in der Rolle, die Recht oder rechtlichen Institutionen zugemessen wird, zB die unterschwelligen Auffassungen zur Rolle der Richter. Nach verbreiteter deutscher Auffassung verhilft der Richter dem Bürger zu seinem Recht, er spricht Recht im Wortsinne. Bei französischen Staatsbürgern hingegen ist nicht selten auch ein anderes Richterbild anzutreffen, das aus der historischen Erfahrung heraus den Richter eher als

[482] Vgl. dazu *Phillips, O. Hood; Jackson, Paul; Leopold, Patricia,* Constitutional and administrative law, 8. Aufl. 2001, 89; *Alder, John; Syrett, Keith,* Constitutional and administrative law, 12. Aufl. 2021, 310 ff.; *Rawlings, Richard,* The Shock of the New – Devolution in the United Kingdom, in: Riedel, Eibe (Hrsg.), Aufgabenverteilung und Finanzregimes im Verhältnis zwischen dem Zentralstaat und seinen Untereinheiten, 2000, 65 (77 ff., 69).

[483] Roe vs. Wade, 410 U.S. 113 (1993), 156 ff.; zwar wurde das in Roe vs. Wade hergeleitete Recht auf Abtreibung durch Dobbs (Dobbs vs. Jackson Women's Health Organization, 597 U.S. 215) wieder aufgehoben, doch änderte Dobbs nichts am Status des Fötus oder am Charakter des einzelstaatlichen Interesses, das potentielle Leben zu schützen; diese beiden Aspekte werden gegenwärtig nur schlicht nicht benötigt, um in der Abwägung gegen ein Recht auf Abtreibung gestellt zu werden.

[484] Roe vs. Wade, 410 U.S. 113 (1993), 162.

[485] Roe vs. Wade, 410 U.S. 113 (1993), 163 f.

[486] *Kommers, Donald P.,* The constitutional law of abortion in Germany – Should Americans pay attention?, Journal of Contemporary Health Law & Policy 10 (2003), 1 (9).

[487] Dazu aber noch infra → Rn. 269.

[488] Vgl. dazu auch *Kommers* (Fn. 486), 28.

[489] Zum Begriff der Rechtskultur vgl. etwa *Heyen, Erk Volkmar,* Kultur und Identität in der Verwaltungsrechtsvergleichung, 2000, 15 ff.; *Heiss, Helmut,* Hierarchische Rechtskreiseinteilung – Von der Rechtskreislehre zur Typologie der Rechtskulturen?, ZVglRWiss 100 (2001), 396 (402); *Scholler, Heinrich,* Die Bedeutung der Lehre vom Rechtskreis und der Rechtskultur, in: Scholler, Heinrich; Tellenbach, Silvia (Hrsg.), Die Bedeutung der Lehre vom Rechtskreis und der Rechtskultur, 2001, 7 (7 ff.).

Teil und Vertreter des Staatsapparates sieht.[490] Geht es nun um konkrete Fragen, wie zB nach dem wünschenswerten Ausmaß verfassungsgerichtlicher Kontrolle oder des Einflusses von Schöffen, so überrascht es in Kenntnis dieses Hintergrundes weit weniger, wenn in Deutschland tendenziell eine starke Rolle des Richters akzeptiert, in Frankreich hingegen eher davon ausgegangen wird, dass die staatlichen Richter einer gewissen Kontrolle oder Begrenzung bedürfen, damit der Staat nicht zuviel Macht über die Menschen erhält.

Auch Institutionen wie die Grundrechte können rechtskulturell verschieden betrachtet 266
werden. So gab es etwa in Ostdeutschland auch vor 1989 ein Grundrecht auf Meinungs- und Versammlungsfreiheit. Jedoch dienten in den sozialistischen Staaten[491] Grundrechte gar nicht dazu, die individuelle Sphäre des Einzelnen gegenüber dem Staat zu sichern. Sie waren vielmehr Instrumente des Staates zur Formung des gesellschaftlichen Denkens, dienten also in erster Linie Agitation und Propaganda.[492] Speziell Meinungs- und Versammlungsfreiheit sollten nicht, wie heute, einen offenen und freien Willensbildungsprozess des Volkes sichern, sondern die sozialistische Gesellschaftsordnung fördern.[493] Wer dies nicht beachtete, musste die Grundrechtsgarantien der DDR grundlegend missverstehen.

Rechtskulturell bedingte Bedeutungsunterschiede können sich sogar auf die Funktion des 267
Rechts insgesamt beziehen. So kann es für die Bewertung des Vorhandenseins oder Fehlens einer rechtlichen Regelung eine erhebliche Rolle spielen, wenn – wie etwa in Russland – das Recht in der Bevölkerung nicht als zentrales stabilisierendes und freiheitssicherndes Element angesehen wird, dessen Einhaltung grundsätzlich von besonderer Bedeutung ist, sondern eine Ablehnung gegenüber dem Recht als Ordnungsfaktor besteht und sogar von einem Rechtsnihilismus gesprochen werden kann.[494]

(2) Rechtliches Denken und rechtliches Handwerkszeug. Rechtskulturelle Unter- 268
schiede können neben den Institutionen aber auch die rechtliche Vorgehensweise und Rechtstheorie, also Denken und Handwerkszeug des Juristen betreffen.

Beurteilung und Vergleich rechtlicher Argumentationen, die Beurteilung der Konsequenzen bestimmter Lösungsvorschläge oder gar die Suche nach einer Systematik gehen besonders leicht fehl, wenn der Rechtsvergleicher sich nicht von der ihm vertrauten Art, mit Rechtsproblemen umzugehen, löst. Für die meisten deutschen Juristen ist ein Vorgehen völlig selbstverständlich, das ausgehend vom Normtext auf ein Ergebnis zu schließen versucht.[495] Dabei wird nicht jedes beliebige Argument akzeptiert, sondern nur ein juristisches, das sich innerhalb bestimmter Denk- und Argumentationsstrukturen bewegt. Entsprechend gehört es zur deutschen Juristenausbildung, den Studenten schnellstmöglich das unbegrenzte, unstrukturierte, bedenkenlos soziale, wirtschaftliche und politische Argumente mit einbeziehende Denken nach Art eines Besinnungsaufsatzes abzutrainieren. Amerikanische Rechtslehrer hingegen kennen dieses Problem weit weniger. Der deutsche Standardansatz, der inhärent auf einer Trennung von Recht und Politik beruht, wird dort als Formalismus

[490] Zum historischen Hintergrund vgl. etwa *Chifflot, Nicolas; Tourbe, Maxime,* Droit administratif, 18. Aufl. 2023, 53 f.

[491] Zur späteren Lage vgl. *Kahl, Wolfgang,* Grundrechtsverständnis der postsozialistischen Verfassungen, 1994, 67 ff.

[492] Vgl. *Brunner* (Fn. 288), Rn. 76 f., 81; vgl. auch Brunner, Georg, in: Isensee, Josef; Kirchhof, Paul (Hrsg.), Handbuch des Staatsrechts, Bd. 1, 3. Aufl. 2003, § 11 Rn. 82 ff.

[493] Vgl. *Sommermann* (Fn. 288), Rn. 59; zur sozialistischen Grundrechtskonzeption vgl. *Brunner* (Fn. 492), Rn. 76.

[494] Vgl. *Nußberger, Angelika,* Die Grundrechte in der Rechtsprechung des russischen Verfassungsgerichts, EuGRZ 25 (1998), 105 (105); *Nußberger* (Fn. 473), 83; *Milej, Tomasz,* Some general impressions on judiciary and fair trial in central and eastern European countries, in: Alleweldt, Ralf; Dimitrova, Petja; Drohla, Jeannine; Milej, Tomasz (Hrsg.), Human Rights and the Rule of Law, 2004, 503 (511); die Lage wird hier noch komplizierter, wenn beachtet wird, dass der Umbruch Anfang der 90'er Jahre gerade auch als Kampf gegen ein rein positivistisches Rechtsverständnis verstanden werden kann, so mit einer Lockerung der Gesetzesbindung einherging und damit den Rechtsnihilismus noch weiter stärkte; vgl. *Nußberger* (Fn. 473), 84.

[495] Zum Subsumtions- und Gutachtenstil vgl. infra → § 6 Rn. 109 ff.

bezeichnet und steht in schlechtem Ansehen.[496] In den USA wird heute ein Ansatz bevorzugt, der weit weniger auf der Notwendigkeit einer formalen rechtlichen Begründungsstruktur besteht.[497] Das ergibt sich auch aus dem vielzitierten Satz von Oliver Wendell Holmes, wonach das Recht nicht mehr sei als die Prophezeiung, was die Gerichte tun würden.[498] Denn konsequent zuende gedacht geht es dann im Recht um nichts anderes als um die Vorhersage richterlichen Verhaltens, und sei es mithilfe tiefenpsychologischer Ansätze. Dass unter diesen Umständen ein Satz wie „diese Argumentation wäre systemwidrig" in den USA für genauso seltsam gehalten würde wie in Deutschland etwa eine – in den USA mustergültige – Klausur mit dem Ergebnis „es ist eher unwahrscheinlich, dass ein Gericht in dem Verhalten des X Fahrlässigkeit sehen würde", leuchtet ein. Klarer werden vor diesem Hintergrund auch die typischen Kommunikations- und Verständnisprobleme zwischen deutschen und US-amerikanischen Juristen. Wenn etwa der deutsche Jurist dem amerikanischen eine der detaillierten dogmatischen Differenzierungen des Zivil- oder Verwaltungsrechts erklärt, so kann es ihm passieren, dass der Kollege spontan zurückfragt: „How do you go about establishing that in court?", eine Frage die dem Deutschen in der Regel völlig unverständlich bleiben wird.[499]

269 Wie groß die Gefahr rechtskultureller Verkürzung ist, mag sich auch daran zeigen, dass ihr bei genauerer Betrachtung auch zwei der zuvor angeführten Beispiele zum Opfer gefallen sind: So wurde erstens im Zusammenhang mit der Abtreibung das nach US-Lesart bloße Recht – im Unterschied zur Pflicht – des Staates zum Schutz des ungeborenen Lebens systematisch zuende gedacht und geschlossen, an einer staatlichen Totalfreigabe der Abtreibung wäre aus Sicht der US-Verfassung nichts zu beanstanden. Dabei ist gerade dieses rechtslogische, theoretische Zuendedenken eine typisch deutsche Vorgehensweise. Ein amerikanischer Jurist sucht stattdessen den Fallbezug, stellt auf die faktischen Einzelheiten des Falles ab[500] und würde die Frage weit weniger leicht in dieser Form stellen oder gar in dieser Form beantworten. Zweitens wurde bei der britischen devolution die Frage nach der möglichen Rechtswidrigkeit eines kompetenzwidrigen Aktes des Zentralparlaments aufgeworfen. Diese aus kontinentaleuropäischer Sicht evidente Frage würde sich dem britischen Verfassungsjuristen aber kaum in solcher Weise aufdrängen. Er würde eher die Funktionsweise von devolution untersuchen und grundsätzlich davon ausgehen, dass das Parlament sich an die einschlägigen Regeln hielte. Das zeigt sich etwa auch in der Existenz sog. Konkordate. Darunter werden Vereinbarungen zwischen der britischen Regierung und den Regionalverwaltungen über die Grundsätze ihrer sich aus der devolution ergebenden Beziehungen verstanden.[501] Solche Konkordate sind aber nicht rechtlich bindend.[502] So heißt es im einschlägigen Konkordat mit Schottland: „the U. K. Government will proceed in accordance with the convention that the U. K. Parliament would not normally legislate with regard to devolved matters except with the agreement of the devolved legislature".[503] Damit ist ein weiterer Fall anders geprägten Rechtsdenkens zum Ausdruck gebracht, das britische Denken in sog. Verfassungskonventionen. Sie sollen einerseits kein Recht, sondern Regeln der politischen Praxis darstellen, die aber andererseits von den Beteiligten als bindend angesehen werden, obwohl sie wiederum von der dauerhaften politischen Anerkennung der Betroffe-

---

[496] Vgl. nur beispielsweise den Tenor bei *Linarelli, John,* Anglo-american jurisprudence and Latin America, Fordham International Law Journal 20 (1996), 50 (54, 62 f.); *Jamieson, Nigel,* Source and target-oriented comparative law, American Journal of Comparative Law 44 (1996), 121 (127).

[497] Zum Begriff des formalism und des funktionellen Ansatzes im US-Recht vgl. kurz *Kischel* (Fn. 441), 249 mwN.

[498] *Holmes, Oliver Wendell,* The path of the law, Harvard Law Review 10 (1896/97), 457 (461) („The prophecies of what the courts will do, and nothing more pretentious are what I mean by the law"); zum legal realism infra → § 5 Rn. 254 ff.

[499] Vgl. dazu *Damaška, Mijan,* A continental lawyer in an American law school – Trials and tribulations of adjustment, Pennsylvania Law Review 116 (1968), 1363 (1368 Fn. 8).

[500] Vgl. nur instruktiv *Damaška* (Fn. 499), 1367 ff.

[501] Vgl. dazu auch *Rawlings* (Fn. 482), 83 ff.

[502] *Ganz, Gabriele,* Understanding public law, 3. Aufl. 2001, 87; vgl. aber auch *Rawlings* (Fn. 482), 85.

[503] Cm 4444, para 13, zit. nach *Ganz* (Fn. 502), 88; Hervorhebung hinzugefügt.

nen abhängen.[504] Dieser Gedankengang ist etwa einem kontinentalen Verfassungsjuristen nur mit größten Schwierigkeiten überhaupt zu vermitteln.

cc) Außerrechtliche Aspekte

Dass schließlich eine Frage, die in einem Land als Rechtsproblem behandelt wird, in einem **270** anderen Land außerrechtlichen Lösungsmechanismen unterliegen kann, ist eine zentrale Erkenntnis, die bereits mehrfach Erwähnung fand und die besonders anschaulich mit dem Beispiel der sog. title-insurance belegt werden kann.[505]

d) Die eigene Brille: Regel vs. Ausnahme

Zusammengefasst ist es also der Blick durch die Brille der eigenen Rechtsordnung und **271** Rechtskultur, der eigenen Üblichkeiten und Selbstverständlichkeiten, der besonders leicht zu Fehlern in der Rechtsvergleichung führt. Der deutsche Jurist hört, dass eine Interessenabwägung durchgeführt wird und denkt an sein Verhältnismäßigkeitsprinzip, er hört „proportionality" und glaubt, die eigene Gedankenwelt wiedergefunden zu haben, auch wenn dies keineswegs der Fall sein muss.[506] Der getrübte Blick durch die eigene Brille birgt aber noch eine weitere Gefahr: Regel und Ausnahme zu verwechseln. Der ausländische Jurist läuft stets Gefahr, sich auf jedes bekannte Element, jede geistig verwandte Meinungsäußerung zu stürzen und sie für das Normale, für den Regelfall halten zu wollen. Das ist um so gefährlicher, als komplexe Rechtsordnungen zahllose Elemente der verschiedensten Art aufweisen und in vielen Ländern zu Rechtsfragen die verschiedensten Ansichten vertreten werden. Die Auswahl für den Rechtsvergleicher ist also groß. Dennoch darf er den Blick für die rechtlichen Grundtendenzen, für Gewicht der Tradition bei der Mehrheit einerseits und den nur modischen Trend bei der – manchmal selbsternannten – Avantgarde andererseits nicht verlieren.

Beispielsweise wird ein deutscher Jurist auch in den Vereinigten Staaten den einen oder **272** anderen Autor finden, der sich systematischer Argumentation, Normtext und verallgemeinerbaren Aussagen verschrieben hat. Das kann ihn leicht zu dem fehlerhaften Glauben verleiten, das dortige Rechtsdenken sei doch nicht gar so anders. Auf derselben Linie liegt etwa die nicht ganz selten anzutreffende Annahme, zwischen dem Fallrecht des common law und dem gesetzten Recht des civil law bestehe letztlich kaum mehr ein Unterschied. Denn das common law sei heute mit einer Vielzahl von Gesetzen durchsetzt, das civil law hingegen sei in vielen Bereichen stark vom Richterrecht und richterlicher Auslegung geprägt.[507] Vor lauter Freude über bekannte Elemente darf aber auch hier die fortbestehende und stilprägenden Grundtendenz nicht übersehen werden. Sie zeigt sich etwa in der berühmte Forderung Calabresis, Gesetze wie Fallrecht zu behandeln und damit den Gerichten zu erlauben, überholte Gesetze gegebenenfalls auch einmal beiseitezuschieben.[508] Solche Auffassungen ließen sich ohne Akzeptierung der stilprägenden Grundtendenz kaum verstehen.

[504] Vgl. *Phillips/Jackson/Leopold* (Fn. 482), 136, 140.

[505] Vgl. zur title insurance *Zweigert/Kötz* (Fn. 19), 38; zum System und seinen Ausnahmen etwa speziell in Iowa vgl. *Strickler, Shannon S.,* Iowa's title guaranty system – Is it superior to other states ' commercial title insurance?, Drake Law Review 51 (2003), 385.

[506] Vgl. zur Verhältnismäßigkeit im Europarecht *Kischel, Uwe,* Die Kontrolle der Verhältnismäßigkeit durch den Europäischen Gerichtshof, EuR 35 (2000), 380 (380–402); zum weighing of interests und den sog. Wednesbury principles im englischen Recht vgl. *Craig, Paul P.,* Administrative law, 9. Aufl., 2021, 650 ff.; *Bailey, S.H.; Ching, J. P. L.; Taylor, N.W.,* Smith, Bailey and Gunn on the modern English legal system, 5. Aufl. 2007, 529 ff.; zur proportionality im Europarecht und im Recht der Mitgliedstaaten der Europäischen Union vgl. die Beiträge in Ellis, Evelyn (Hrsg.), The principle of proportionality in the laws of Europe, 1999.

[507] Vgl. sogar *Rabel, Ernst,* Deutsches und amerikanisches Recht, RabelsZ 16 (1951), 340 (345).

[508] Vgl. *Calabresi, Guido,* A common law for the age of statutes, 1982, 82.

e) Gelehrtes und gelebtes Recht, Rechtsmeinungen

273 Schließlich darf der Unterschied zwischen dem Recht wie es sich aus Büchern und Gerichtsentscheidungen ergibt, und dem, was in einem Land wirklich gilt, nicht übersehen werden.[509] In vielen entwickelten, westlichen Staaten ist hier kein wirklich eklatanter Unterschied festzustellen. Das muss aber keineswegs überall so sein. In Brasilien etwa ist der Unterschied zwischen Rechtsordnung und Rechtswirklichkeit so deutlich, dass es einen eigenen Fachterminus dafür gibt: „jeito",[510] ein Begriff, der nicht einmal zwingend negativ besetzt ist und einige juristische Aufmerksamkeit auf sich gezogen hat.

274 Auch in Russland ist die Differenz zwischen Rechtsordnung und Rechtswirklichkeit ein verbreitetes Phänomen. So bedurfte etwa in der Sowjetzeit ein Bürger, der einen neuen Wohnsitz an einem anderen Ort begründen wollte, einer Erlaubnis, der sog. propiska, die zugleich Voraussetzung für Arbeitsgenehmigung und Schulunterricht war. Dieses System wurde bereits 1990 vom Komitee für Verfassungsaufsicht, dem Vorläufer des Verfassungsgerichts, für verfassungswidrig erklärt.[511] Obwohl es später formal nicht mehr bestand, wurde es jedoch weiter angewandt; ja, es bedurfte sogar einige Jahre später einer erneuten Entscheidung des Verfassungsgerichts, um die Verfassungswidrigkeit festzustellen, nachdem selbst die Instanzgerichte das propiska-System weiter angewendet hatten.[512] Für den ausländischen Betrachter, der nur mit den einschlägigen Gesetzen, der Verfassung und der einschlägigen Verfassungsgerichtsentscheidung über Fragen des Rechts auf Freizügigkeit in Russland arbeitete, bot sich vorher also leicht ein völlig falscher Eindruck. Auch wäre er wohl kaum darauf gekommen, dass Art. 54 des russischen Wohnrechtsgesetzes, dem zufolge ein Wohnungsinhaber andere Personen in seine Wohnung „nach dem vorgesehenen Verfahren" aufnehmen durfte, in diesen vier Worten nach Auffassung der Behörden und Fachgerichte einen Verweis auf das an sich abgeschaffte propiska-System enthielt.[513] Das Problem scheint aber selbst mit der wiederholten verfassungsgerichtlichen Entscheidung noch nicht behoben: Nach Auskunft von Russlandkennern ist das propiska-System auch heute noch ein besonders aktiver lebender Leichnam des Rechts.[514]

275 Ähnliches kann einem unaufmerksamen Beobachter passieren, der etwa der Frage nachgeht, ob auch Russland ein Recht auf Kriegsdienstverweigerung kennt. Ausweislich der Verfassung von 1993, Art. 59 Abs. 3, lautet die Antwort klar: ja. Dennoch gab es in Russland keine Kriegsdienstverweigerer, da die Verfassungsregel schlicht nicht umgesetzt wurde und eine direkte Anwendung der Verfassung offenbar außer Frage stand. Erst nach fast 10 Jahren, im Juni 2002 beschloß die Duma ein Gesetz über den Zivildienst.[515] Aber auch damit war das Thema noch nicht erledigt. Denn auch das Gesetz führte noch nicht zur Einführung eines

---

[509] Zur auf Roscoe Pound zurückgehenden Unterscheidung zwischen „law in books" und „law in action" – vgl. *Pound, Roscoe,* Law in books and law in action, American Law Review 44 (1910), 12 ff. – vgl. etwa *Sommermann* (Fn. 288), Rn. 66 f.; *Nußberger* (Fn. 473), 84 f.

[510] *Reitz* (Fn. 462), 630; *Nadorff, Norman,* Book Review – O jeito na cultura juridica brasileira by Keith S. Rosenn, University Of Miami Inter-American Law Review 32 (2001), 605, passim, insbes. 607; *Linarelli* (Fn. 496), 72 ff. auch zu ähnlichen Phänomenen in anderen lateinamerikanischen Länder; kritisch zu der angenommenen Sonderstellung eines solchen Phänomens *Esquirol, Jorge L.,* Continuing fictions of Latin American law, Florida Law Review 55 (2003), 46 (83 ff.); zum Ganzen schon *Rosenn, Keith S.,* The jeito – Brazil's institutional bypass of the formal legal system and its development implications, American Journal of Comparative Law 19 (1971), 514 (514 ff.).

[511] Vgl. Gutachen des Komitees für Verfassungsaufsicht, EuGRZ 18 (1991), 19; zu weiteren Entscheidungen *Nußberger* (Fn. 494), 117 Fn. 114.

[512] Vgl. SZ RF 1995, Nr. 18, Pos. 1708; SZ RF 1996, Nr. 16, Pos. 1909; vgl. dazu *Nußberger* (Fn. 494), 118.

[513] Zum Ganzen vgl. *Nußberger* (Fn. 494), 117 ff.

[514] So bieten auch heute noch Agenturen die Erteilung einer „propiska" gegen Entgelt an, vgl. etwa für Moskau yes-propiska.site/ (zuletzt abgerufen am 18.7.2025) oder für Sankt Petersburg propiskinet.ru/ (zuletzt abgerufen am 18.7.2025).

[515] Vgl. *Veser, Reinhard,* An einem Tisch mit den Alternatiwtschiki, Frankfurter Allgemeine Zeitung, 12.4.2003, 3.

Zivildienstes.[516] Dazu bedurfte es eines Erlasses von Präsident Putin, der ein Jahr später kam und das Gesetz zum 1.1.2004 umsetzte.[517]

Der Unterschied zwischen Sein und Sollen, der den Rechtsvergleich so erschweren kann, geht aber noch weiter. Zu den durchaus nicht untypischen Schwierigkeiten der legislativen Umsetzung kommen in der juristischen Ausgestaltung und realen Bedeutung der Zivildienstregelungen noch zahlreiche Faktoren hinzu. So ist der Zivildienst mit eher schikanösen Bedingungen versehen, wie etwa einer fast doppelten Länge gegenüber dem Kriegsdienst, dem Einsatz fern der Heimat und dem weitgehenden Ausschluss von zivildienstlicher Tätigkeit in sozialen Einrichtungen und Krankenhäusern.[518] Entsprechend verwundert es nicht, dass trotz der allgemein bekannten Unbeliebtheit und Angst vor dem Militärdienst in Russland zum Einberufungstermin Herbst 2004 nur etwa 4.000 Kriegsdienstverweigerer erwartet wurden[519] und diese Zahl sich für 2013 auf 880 reduzierte.[520] Schließlich darf auch nicht übersehen werden, dass nach Auskunft des Komitees der Soldatenmütter für die Annahme eines Verweigerungsantrags durch das Militär zunächst bis zu 800 USD Schmiergeld verlangt wurden,[521] und das Bestechungsgeld für falsche Papiere oder etwa dafür, schlicht übersehen zu werden, später noch weit höher ausfiel.[522] Zusammengefasst: Je weiter man sich vom Text der Verfassung entfernt und je näher man an die Realität der Umsetzung kommt, desto weniger erscheint das Recht auf Kriegsdienstverweigerung in Russland garantiert zu sein. Der Rechtsvergleicher, der sich hier mit einem Blick ins Gesetz begnügt, geht leicht fehl, muss aber zumindest den Vorbehalt der praktischen Umsetzung anbringen. 276

Probleme des Unterschieds zwischen law in the books und law in action sind nicht nur, aber vor allem auch für viele Staaten auf dem Gebiet der ehemaligen Sowjetunion als Dauerphänomen zu beachten. Die bestformulierten Gesetze kommen gegen den Einfluss der Praxis nicht an, wenn etwa Richter sich nicht selbst als kritische Dritte Gewalt verstehen, ihr kritisches Denken schwach ausgeprägt ist.[523] Welche Bedeutung etwa der in den Rechtsnormen ansehnlich gewährte grundrechtliche Schutz von Angeklagten und die Unabhängigkeit der Gerichte in der Praxis haben kann, wird deutlich, wenn in Usbekistan statistisch weniger als 0,01 % der Strafprozesse mit einem Freispruch enden und die Strafurteile oft weitgehend den Wortlaut der Anklageschrift übernehmen.[524] Der neutralen Umsetzung des Rechts kaum förderlich ist es auch, wenn etwa in Aserbaidschan Richter vor der Urteilsfindung einen engen Kontakt mit dem Ministerium pflegen, maW das Urteil zwischen 3. und 2. Gewalt abgestimmt wird[525], in Usbekistan Richter wegen angeblicher, mit ihrem 277

---

[516] Nach sowjetischem Rechtsdenken waren Gesetze erst durch Ausführungsvorschriften anwendbar, eine Einstellung die zu einer bis heute verbreiteten exekutivische Praxis vor allem in den Regionen und vielfach zu Widersprüchen zwischen Ausführungsvorschriften und Gesetzen führte, vgl. *Reitemeier, Christian,* Untergesetzliche Rechtsakte, Normenhierarchie und Normenkontrollrechtsschutz in der Russländischen Föderation, in: Luchterhand, Otto (Hrsg.), Rechtskultur in Russland – Tradition und Wandel, 2011, 133 (146 f.).

[517] Vgl. Wenn Zivildienst Strafe wird, Süddeutsche Zeitung, 23.7.2003, 6.

[518] Vgl. *Veser* (Fn. 515); Wenn Zivildienst Strafe wird (Fn. 517).

[519] Vgl. Bislang kaum Andrang für russischen Zivildienst, dpa-Europadienst, 20.1.2004.

[520] Vgl. *Butkow, Makar,* Die Alternativen: Zivildienstleistende in Russland, Russia Beyond, 23.2.2015, de.rbth.com/gesellschaft/2015/02/23/die_alternativen_zivildienstleistende_in_russland_32905, (zuletzt abgerufen am 18.7.2025).

[521] Vgl. Bislang kaum Andrang für russischen Zivildienst (Fn. 519).

[522] Vgl. *Hans, Julian,* Kämpfer ohne Waffe, Zeit-Online vom 28.3.2008, www.zeit.de/campus/2008/02/russland-zivildienst (zuletzt abgerufen am 18.7.2025) (5.000 USD); *Albrecht, Erik,* Wehrdienst in Russland bleibt Folter für die Rekruten – Trotz Halbierung der Dienstzeit, Deutsche Welle vom 10.11.2008, p.dw.com/p/FoPI (zuletzt abgerufen am 18.7.2025) (ca. 3.800 Euro); Bildungswerk für Friedensarbeit (Hrsg.), Der Zivildienst in Russland – ein Randphänomen?, 2015, 13, www.ebco-beoc.org/sites/ebco-beoc.org/files/attachments/Broschu%CC%88re%20Zivildienst%20Russland.pdf (zuletzt abgerufen am 18.7.2025) (700 bis 5.000 USD).

[523] Vgl. *Luchterhandt, Otto,* Russlands unsicherer Weg zum Rechtsstaat, Osteuropa 49 (1999), 1108 (1117 f.).

[524] Vgl. *Abdullaev, Timur,* Fair trial in Uzbekistan, in: Alleweldt, Ralf; Dimitrova, Petja; Drohla, Jeannine; Milej, Tomasz (Hrsg.), Human Rights and the Rule of Law, 2004, 357 (366, 370, 360 ff.).

[525] Vgl. *Milej* (Fn. 524), 511; allgemein zur Lage in Aserbaidschan *Mushteidzada, Mahir,* Azerbaijan – Development of justice in a new democracy, in: Alleweldt, Ralf; Dimitrova, Petja; Drohla, Jeannine; Milej, Tomasz (Hrsg.), Human rights and the rule of law, 2004, 443 (448 ff.).

Amt nicht zu vereinbarender Aktivitäten vom Dienst suspendiert werden können[526], oder in Russland Richter aufgrund ihres früher niedrigen Gehalts Zuwendungen von den Prozessparteien annahmen[527].

278 Neben law in books und law in action sollte der Rechtsvergleicher aber auch stets eine dritte Kategorie im Blick behalten, nämlich law in debate, dh die Rechtsmeinungen. Denn das Recht lebt nicht nur von klaren Vorgaben und Entscheidungen, sondern gerade auch vom Streit über das, was als Recht gelten soll.[528] Ob und ggf. wie sehr eine Rechtsauffassung in einem Land umstritten ist, sagt oft weit mehr über die Rechtslage aus als der schlichte Hinweis auf eine einschlägige Entscheidung oder ein einschlägiges Gesetz. So ist etwa im US-Verfassungsrecht seit der Entscheidung in Marbury vs. Madison aus dem Jahr 1803[529] klar, dass Gerichte in den USA die Befugnis haben, Gesetze auf ihre Verfassungsmäßigkeit zu prüfen und bei Verstößen außer acht zu lassen. In Deutschland ist dies grundsätzlich ebenso, nur dass die Verwerfungskompetenz allein dem Bundesverfassungsgericht zukommt. Eine solche schlichte Gegenüberstellung der tatsächlich geltenden Rechtslage würde jedoch in äußerstem Maße unvollständig sein. Der eigentlich interessante Unterschied liegt nämlich darin, dass die Entscheidung Marbury vs. Madison bis heute in der US-Literatur auf einer sehr grundlegenden Ebene hochgradig umstritten ist, praktisch jede Vorlesung und jedes Buch zum Verfassungsrecht mit dieser Entscheidung beginnt und sie bis heute zu immer neuen Stellungnahmen herausfordert. Die Existenz einer Verwerfungskompetenz des Bundesverfassungsgerichts hingegen war von Anfang im Grundsatz völlig unbestritten, wird in Vorlesungen und Lehrbüchern so gut wie nicht thematisiert und auch nicht auf einer grundlegenden Ebene hinterfragt. Wer sich hier also nicht mit der Literatur und den bestehenden Meinungsstreitigkeiten beschäftigt, geht an den interessanten Fragen vorbei.

VII. Praxistipps für rechtsvergleichende Untersuchungen

279 Der Ratschlag, sich sorgfältig in den Kontext des fremden Rechts einzuarbeiten und bei der Arbeit auf mögliche Fehlerquellen zu achten, wird allerdings gerade den Anfänger oder den Gelegenheitsrechtsvergleicher nicht uneingeschränkt befriedigen, der für seine Zwecke schlicht wissen will, was er denn jetzt konkret tun soll. Dieser Wunsch nach einer praktischen Handreichung ist nur allzu verständlich und soll deshalb hier ungeachtet aller Vorbehalte und Einschränkungen erfüllt werden. Die Handreichung zu liefern, wird dadurch erleichtert, dass sich Neulinge und Gelegenheitsrechtsvergleicher in der Regel mit dem klassischen und immer noch häufigsten Typ der Rechtsvergleichung, also dem Konzept- oder Problemvergleich[530] beschäftigen. Dafür aber lassen sich tatsächlich einige ganz praktische, verallgemeinerungsfähige Hinweise geben. Wer sie erst einmal verinnerlicht hat, wird anschließend weit weniger Schwierigkeiten haben, die Vorgehensweise für andere Fragetypen unter Beachtung des Kontextes abzuwandeln und anzupassen. Die Hinweise betreffen die zwei Aspekte, die typischerweise in jeder Frage nach dem praktischen rechtsvergleichenden Vorgehen verborgen sind und die trotz aller Verbindungen analytisch stets auseinandergehalten werden sollten: die Frage nach dem Aufbau der rechtsvergleichenden Studie, also der Struktur des Aufsatzes oder Buches (1), und die Frage nach der Arbeitsweise, die auf dem Weg zu diesem Resultat eingehalten werden sollte (2).

---

[526] Vgl. *Abdullaev* (Fn. 524), 363.

[527] Vgl. zur früheren Lage *Hussner, Manja,* Proper administration of justice and fair trial in Russia. Impartial, independent tribunal established by law – Normative standards and reality, in: Alleweldt, Ralf; Dimitrova, Petja; Drohla, Jeannine; Milej, Tomasz (Hrsg.), Human Rights and the Rule of Law, 2004, 423 (439).

[528] Vgl. dazu schon supra → Rn. 23.

[529] Marbury vs. Madison, 5 U.S. 137 (1803).

[530] Dazu supra → Rn. 197.

1. Aufbaumöglichkeiten einer klassischen rechtsvergleichenden Studie

a) Schlichte Gegenüberstellung und Vergleich

Der einfachste denkbare Aufbau einer rechtsvergleichenden Studie stellt erst Rechtsordnung A, dann Rechtsordnung B (und C etc) vor und vergleicht sie anschließend. Das ist keineswegs der Aufbau, der sich stets oder auch nur überwiegend als der geeignetste erweisen wird, doch kann er durchaus zu guten Resultaten führen, wenn der eigentliche Vergleich hinreichend sorgfältig und ausführlich ausfällt. 280

Hier wie auch sonst besteht dieser Vergleich keineswegs nur darin, die Gemeinsamkeiten und Unterschiede der verglichenen Rechtsordnungen herauszuarbeiten. Zentral für die rechtsvergleichende Studie ist vielmehr die Erläuterung und Bewertung dieser Gemeinsamkeiten und vor allem Unterschiede, also die Antwort auf die Frage nach dem Warum. Ähnlich wie bei den verschiedenen Ebenen potentieller rechtsvergleichender Fehler ist dabei umfassend der rechtliche wie nichtrechtliche Kontext mit einzubeziehen. Wird beispielsweise die verfassungsrechtliche Möglichkeit untersucht, legislative Befugnisse etwa in Form der Verordnungsgebung vom Parlament auf die Verwaltung zu übertragen, so ergeben sich deutliche Unterschiede zwischen den USA und Deutschland.[531] Erst der Versuch, diese Unterschiede zu erklären, führt aber zu den wirklich interessanten Erkenntnissen. Die Unterschiede hängen nicht nur damit zusammen, dass die Delegation in Art. 80 Abs. 1 GG, nicht aber in der US-Verfassung ausdrücklich erwähnt ist. Sie lassen sich auch auf die je unterschiedlichen Auffassungen von der Gewaltenteilung und dem Platz der Verwaltung darin zurückführen, stehen in Deutschland vor dem Hintergrund eines komplexen Zusammenspiels von Rechtsstaats- und Demokratieprinzip, das so in den USA keine Entsprechung findet, und berühren – neben rechtstheoretischen Grundüberzeugungen – auch den in Deutschland mehr materiell, in den USA mehr prozedural ausgebauten Schutz von Rechten. Ebenso bedeutsam für die Unterschiede ist aber auch der politische Rahmen. So beeinflusst das einerseits präsidentielle, andererseits parlamentarische Regierungssystem die Machtstrukturen und -kämpfe, innerhalb derer die Delegation sich bewegt. Das unterschiedliche Wahlsystem kann den Drang nach sehr detaillierten Gesetzen aus Abgeordnetensicht mitbestimmen. Die Wünschbarkeit von Verordnungsermächtigungen wird beeinflusst vom unterschiedlichen Einfluss und typischen Erfahrungsschatz der Ministerialverwaltung bei der Abfassung von Parlamentsgesetzen ebenso wie von den grundlegenden Auffassungen zu Charakter und Aufgabenerfüllung der Verwaltung. Mit anderen Worten erklären sich die Unterschiede in den Delegationsmöglichkeiten letztlich erst vor dem Hintergrund des gesamten Verfassungsrechts, der politischen Realität und der Rechtskultur in den beteiligten Staaten. Dies herauszuarbeiten ist die eigentliche Aufgabe einer rechtsvergleichenden Studie. 281

Zu Recht wird davor gewarnt, bei einer schlichten Gegenüberstellung könne der eigentliche Vergleich leicht zu kurz kommen.[532] Tatsächlich besteht die Gefahr, dass dem Rechtsvergleicher nach umfangreichen Studien zum Inhalt der beteiligten Rechtsordnungen ein wenig die Kraft oder die Lust verlässt, zumal ja regelmäßig bereits viele Seiten gefüllt sind. Damit aber geht es letztlich nur um eine Frage der Arbeitsweise und vor allem der Selbstdisziplin, nicht jedoch um ein Problem, das in dem Aufbau selbst begründet liegt. 282

Der Unterschied zwischen der Erklärung von Unterschieden (im Vergleich) und dem Auffinden funktionaler Äquivalente (in der Darstellung) ist aufbautechnisch eher fließend. Denn die Erklärung, worauf ein Unterschied im Gesamtsystem beruht, wird vielfach zugleich die Bedeutung und Ergebnisrelevanz dieses Unterschieds relativieren. So erklärt sich das Verbot des Beweises vom Hörensagen in den USA im Unterschied zu Deutschland nicht zuletzt aus der Existenz einer jury.[533] Diese Erklärung kann aber ebenso gut als ein 283

[531] Vgl. zu diesem Beispiel ausführlich *Kischel* (Fn. 441), 213 ff.
[532] Vgl. beispielhaft für Deutschland und die Schweiz *Tschentscher* (Fn. 54), 807 f.
[533] Vgl. supra → Rn. 260.

funktionales Äquivalent formuliert und eingebaut werden: Die inhärenten Unsicherheiten des Hörensagens werden in der einen Rechtsordnung durch ein Verbot des entsprechenden Beweises, im anderen durch die Zuweisung der Beweiswürdigung an den professionellen Richter gelöst. Ob Erklärung eines Unterschiedes oder funktionales Äquivalent hängt somit oft schlicht von der genauen Formulierung der Ausgangsfrage ab. Wird nach den Grenzen der Delegation von Legislativbefugnissen an die Verwaltung in Deutschland und den USA gefragt, so ist die systembedingt unterschiedliche technische Qualität von Parlamentsgesetzen ein Erklärungsfaktor;[534] wird hingegen gefragt, wie die technische Qualität der Rechtsetzung in beiden Staaten sichergestellt wird, so ist eine weite Delegationsmöglichkeit auf die verordnungsgebende Verwaltung funktionales Äquivalent einer höheren Qualitätssicherung bei den Parlamentsgesetzen selbst. Jedoch wird sich kaum ein Rechtsvergleicher in dieser Genauigkeit auf eine bestimmte Formulierung seiner Fragestellung festlegen lassen, da auch die Fragestellung bei der Bearbeitung einem steten Überprüfungs- und Wandlungsprozess unterzogen ist. Die Antwort auf die Frage, ob ein bestimmter Punkt schon als funktionales Äquivalent bei der Darstellung oder erst als Erklärung von Unterschieden beim eigentlichen Vergleich genannt werden soll, lässt sich daher nur annäherungsweise in einer je-desto-Formel beschreiben: Je mehr es um einen Konzept- statt Problemvergleich geht, je juristisch-technischer der Punkt und je näher er nach den Einteilungs- und Darstellungsgepflogenheiten der betroffenen Rechtsordnung an das konkret untersuchte Rechtsinstitut heranrückt, desto eher gehört er bereits zur Darstellung.

284 Die schlichte Gegenüberstellung mit anschließendem Vergleich hat sogar einen großen Vorteil: Sie vermeidet regelmäßig das Problem der verzerrten Darstellung. Zu verzerrten Darstellungen kann es kommen, weil oft demselben Aspekt eines Problems in unterschiedlichen Rechtsordnungen ein völlig verschiedener Stellenwert zugemessen wird. So spielt etwa in Deutschland für die Grenzen der Delegation von Gesetzgebungsbefugnissen die Frage eine große Rolle, ob die zu delegierenden Normen Grundrechte betreffen. Auch in den USA finden sich Entscheidungen, die diesen Gesichtspunkt erwähnen, doch spielt er in den üblichen Darstellungen und auch in der Praxis kaum eine Rolle. Würde ihm also in der rechtsvergleichenden Darstellung der USA ebensoviel oder auch nur ähnlich viel Raum eingeräumt wie bei Deutschland, so würde der fehlerhafte Eindruck entstehen, es handele sich auch in beiden Rechtsordnungen um ähnlich bedeutsame Phänomene. Zu einer solchermaßen verzerrten Darstellung kommt es besonders leicht, wenn beide Rechtsordnungen gemeinsam statt getrennt dargestellt werden, oder wenn der Rechtsvergleicher trotz getrennter Darstellung versucht, gleichsam als Vorbereitung auf den späteren Vergleich schon bei der Darstellung jeweils dasselbe Darstellungsschema, gar mit denselben Überschriften zu wählen. In solchen Fällen hilft nur der stete und ausdrückliche Hinweis auf den realen, von der Darstellung abweichenden Stellenwert. Eleganter ist dann aber eine Darstellung, die nicht nur beide Rechtsordnungen völlig trennt, sondern auch jede Rechtsordnung so darstellt, wie es typischerweise ein einheimischer Jurist tun würde. Hier haben schon Gliederung und Darstellungsart als solche eigenen Informationswert. Allerdings ist bei dieser Vorgehensweise nicht mehr auf den ersten Blick für den Leser erkennbar, wo genau die Unterschiede und Gemeinsamkeiten der verglichenen Rechtsordnungen liegen. Der Rechtsvergleicher ist daher stets gut beraten, zu diesem Zweck vor den eigentlichen Vergleich eine vergleichende Zusammenfassung in die Gliederung einzustellen. Ihre innere Gliederung orientiert sich nicht mehr an den dogmatischen Kategorien der einen oder anderen Rechtsordnung, sondern an den zentralen Punkten von Übereinstimmung und Abweichung, die beschreibend erfasst werden.

285 Nachteil der Aufteilung in Darstellung und vergleichende Zusammenfassung ist der damit verbundene Platzbedarf. Das gilt nicht nur, wenn der Verfasser der stets bestehenden Versuchung erlegen ist, mehr zu beschreiben als für den eigentlichen Vergleich notwendig. Vielmehr muss der Inhalt der Darstellung für die vergleichende Zusammenfassung naturge-

[534] Vgl. *Kischel* (Fn. 441), 253 ff.

mäß kurz wiederholt werden. Da aber diese notwendigen Rückbezüge jeweils nur in Form von Kurzfassungen und Andeutungen sinnvoll sind, wird der Leser dennoch regelmäßig gezwungen, beim Lesen entweder den gesamten Inhalt der Darstellung im Kopf zu haben – was gerade bei längeren Arbeiten kaum gelingt – oder ständig hin und her zu blättern. Die Lösung dieses Problems liegt auf der Hand: Warum nicht die Darstellung streichen und deren Inhalt in ausladende Fußnoten der vergleichenden Zusammenfassung verlagern, deren Text zugleich etwas ausführlicher ausfallen darf? Tatsächlich ist dies ein gängiger Weg. Er ist mehr auf den eigentlichen Vergleich zentriert und vermindert zugleich das Problem der Wiederholungen. Nur gegen die mögliche verzerrte Darstellung muss sich der Rechtsvergleicher hier besonders wappnen, etwa durch mehrfache ausdrückliche Erläuterungen des jeweiligen Stellenwerts der Probleme. Das Hauptproblem einer solchen komprimierten Darstellung ist rein praktischer Natur: Er setzt eine Arbeitsweise voraus, bei der die darzustellenden Elemente der beteiligten Rechtsordnungen bereits weitgehend fest und vollständig in Gedächtnis und Notizen des Rechtsvergleichers vorhanden sind, bevor Gliederung und Niederschrift begonnen werden. Denn die einschlägigen Stichpunkte für die Gliederung erschließen sich erst aus der endgültigen Kenntnis der Unterschiede und Gemeinsamkeiten. Mit anderen Worten: Die jeweiligen Darstellungen müssen geistig oder sogar real schon geschrieben sein, werden aber nicht gedruckt. Hier wie bei anderen juristischen Projekten ist ein strenges Nacheinander von Forschung und Niederschrift jedoch unüblich und auch nur schwer zu realisieren. Vielmehr beeinflussen sich Forschung und Niederschrift gegenseitig, sind von einem Hin und Her des Blickes geprägt. Auch kann die komprimierte Art der Darstellung so manchen Leser enttäuschen, der neben dem Vergleich eben doch auch immer schlichte Informationen über die fremde Rechtslage sucht, die hier zwar vorhanden, aber schon hochgradig abstrahiert und verarbeitet sind. Ein Teil der auslandsrechtlich wichtigen Informationen – beispielsweise zu den wichtigsten Präzedenzfällen und ihrem genauen Inhalt oder zur dogmatischen Herleitung und bestehenden Meinungsstreits – geht entweder verloren oder erschließt sich nur indirekt bei Auswertung der Fußnoten.

b) Verzahnter Vergleich

Die übliche Alternative zur schlichten Gegenüberstellung ist daher auch nicht die Kom- **286**
primierung, sondern der verzahnte Vergleich. Bei ihm werden die zuvor getrennten Darstellungen abschnittsweise und oft auch unterabschnittsweise ineinandergeschoben. Die Einteilung der Abschnitte orientiert sich dabei an einer Zusammenschau der beteiligten nationalen Einteilungsgepflogenheiten: Ähnliche dogmatische Teilfiguren oder Normen können so im unmittelbaren Zusammenhang miteinander dargestellt werden. Wird also beispielsweise der Irrtum in seinen Auswirkungen auf den Vertragsschluss untersucht, so könnten ua die Definitionen von Irrtum, die Unterscheidung zwischen Irrtum nur einer oder beider Parteien, die schuldhafte Herbeiführung des Irrtums oder die genauen Irrtumsfolgen wie Nichtigkeit oder Vernichtbarkeit je separat untersucht werden. Je ähnlicher dabei die jeweilige Dogmatik, desto weniger Probleme bereitet die Verzahnung und desto feiner kann sie ausfallen. Größere dogmatische Divergenzen müssen durch Ausweichen auf eine eher grobe Verzahnung unter sehr weitreichenden Abschnittsüberschriften oder auf eine mehr problembezogene Darstellung, etwa nach Fallgruppen ausgeglichen werden. Das Ausmaß der Verzahnung kann also von großen Abschnitten bis hin zu einem Wechsel der Rechtsordnung von Satz zu Satz oder sogar innerhalb eines Satzes reichen. Die Verzahnung muss auch keineswegs auf allen Ebene stets gleich ausfallen. Im Gegenteil wird sich oft für verschiedene Teilaspekte auch eine verschieden starke Verzahnung anbieten. Bei grober Verzahnung wird auch hier gelegentlich eine vergleichende Zusammenfassung sinnvoll sein.

Die Verzahnung sollte regelmäßig nicht nur die Darstellung, sondern auch den Vergleich **287**
erfassen. Insbesondere bei größeren Projekten wie etwa Dissertationen, die einen größeren Rechtskomplex (zB den einstweiligen Rechtsschutz gegen Einzelakte der Verwaltung)

erfassen, der ohne weiteres in mehrere Teilaspekte und Teilfragen unterteilbar ist, bietet es sich an, unmittelbar nach Darstellung des Teilaspekts sogleich einen Teilvergleich anzustellen. Der besondere Vorteil dieses Vorgehens liegt darin, dass Wiederholungen überflüssig werden, da Darstellung und Vergleich eng genug beieinander stehen, so dass dem Leser keine größeren Gedächtnisleistungen abverlangt werden. Auch hier hängt die Feinheit der Verzahnung wieder vom Einzelfall ab. Sie kann ohne weiteres auch so fein werden, dass der Vergleich bei der Darstellung gleichsam kontinuierlich mitläuft, Vergleich und Darstellung zu einer Einheit verschmelzen. Oftmals sind dies die am besten lesbaren rechtsvergleichenden Arbeiten.[535]

288 Schwierigkeiten bereitet die Verzahnung des Vergleichs vor allem dann, wenn beim Vergleich ausgeprägte Querbezüge zwischen den einzelnen Abschnitten notwendig sind. Hier kann manchmal eine geschickte Anordnung in der Reihenfolge der Abschnitte helfen, manchmal Verweise nach unten, manchmal aber auch schlicht nur der Verzicht auf eine feine Verzahnung, also die Verwendung größerer und separater Vergleichsteile nach längeren Abschnitten. Wiederum muss die Verzahnung keinesfalls auf allen Ebenen einheitlich intensiv ausfallen. Greift der eigentliche Vergleich fast ausschließlich auf übergreifende Gesichtspunkte zurück, so kann sich sogar allein die völlige Trennung von Darstellung und Vergleich als einzig gangbare Lösung erweisen.

c) Darstellung aus heimatlicher Sicht

289 Vor allem wenn der Vergleich das heimatliche Recht und eine weitere Rechtsordnung in den Blick nimmt und sich hauptsächlich an heimatliche Leser wendet, kann ein weiteres praktisches Problem auftauchen: Die Darstellung des heimatlichen Rechts (zB des eigenen föderalen Staatsaufbaus) ist möglicherweise für den Leser weitgehend uninteressant. Je nach Art des untersuchten Rechtsgebiets und der Zielgruppe können die Grundzüge oder sogar die Details der heimatlichen Rechtslage als allgemein bekannt vorausgesetzt werden.[536] Davon unabhängig kann die Darstellung der heimatlichen Rechtslage zwischen zwei Polen gefangen sein: Soll sie als solche für den heimatlichen Leser ergiebig sein, müsste sie so weit in die Streitigkeiten eindringen, Linien herausarbeiten und eigene Ansätze entwickeln, dass sie für den Rechtsvergleich zu lang und in Teilen sogar überflüssig würde. Soll sie sich hingegen auf das für den Rechtsvergleich Wesentliche konzentrieren, so bekäme sie einen hand- oder lehrbuchähnlichen Charakter ohne eigenständigen Wert und ohne herausgehobene intellektuelle Eigenleistung.

290 Sieht sich der Rechtsvergleicher, etwa der Doktorand, mit seinem konkreten Forschungsvorhaben vor dieses Problem gestellt, so bietet sich als weiterer Aufbau die Darstellung des fremden Rechts aus heimatlicher Sicht an. Dabei wird auf eine separate Darstellung des heimatlichen Rechts, ob getrennt oder verzahnt, weitgehend verzichtet. Stattdessen wird nur das fremde Recht beschrieben, dabei aber stets und durchlaufend vergleichende Bezüge zum Heimatrecht hergestellt, der Vergleich also vollständig integriert. Zielgruppengerecht muss der Inhalt des zum Vergleich gestellten Heimatrechts regelmäßig nur noch jeweils kurz angedeutet oder in wenigen Sätzen erläutert werden; Nachweise und genauere Einzelheiten werden über die Fußnoten in Bezug genommen. Anders gesagt liegt eine völlige Ver-

[535] Ein schönes Beispiel bietet *Marsch, Nikolaus; Vilain, Yoan; Wendel, Matthias* (Hrsg.), Französisches und Deutsches Verfassungsrecht – Ein Rechtsvergleich, 2015, bei dem mit Erfolg der interessante Ansatz verfolgt wurde, jedem deutschen oder französischen Autor einen Tutor aus dem jeweils anderen Land an die Seite zu stellen, um typische rechtsvergleichende Fehler zu vermeiden; die französische Ausgabe dieses Buches ist erschienen als *Gaillet, Aurore* et al. (Hrsg.), Droits constitutionnels français et allemand – Perspective comparée, 2019.

[536] Aus diesem Grund wurde etwa eine renommierte rechtsvergleichende Untersuchung des deutschen und französischen Verfassungsrechts nicht einfach übersetzt, sondern an die neue Zielgruppe angepasst, als die ursprüngliche deutsche Version auch auf französisch veröffentlicht wurde, vgl. *Marsch, Nikolaus; Vilain, Yoan; Wendel, Matthias* (Hrsg.), Französisches und Deutsches Verfassungsrecht – Ein Rechtsvergleich, 2015, 4 und passim mit *Gaillet, Aurore et al.* (Hrsg.), Droits constitutionnels français et allemand – Perspective comparée, 2019, 30 und passim.

zahnung unter radikaler Reduzierung der Darstellung einer Rechtsordnung vor. Die Gefahr bei diesem Vorgehen besteht darin, die Grenze zur bloßen Auslandsrechtskunde zu überschreiten, indem die vergleichenden Anteile zu sehr in den Hintergrund treten. Wie bei der völlig getrennten Darstellung mit anschließendem Vergleich ist hier Selbstdisziplin verlangt.

Andererseits sind scheinbar auslandsrechtskundliche Arbeiten nicht selten nur kupierte **291**
Darstellungen aus heimatlicher Sicht. Denn es fällt verständlicherweise schwer, bei der Darstellung fremden Rechts die eigene Brille völlig abzusetzen und es nur durch die Brille des fremden Juristen zu sehen und zu beschreiben. Eine wirklich rein auslandsrechtskundige Arbeit müsste also im betroffenen Ausland als Lehrbuch oder sonstige Darstellung durchgehen und nicht weiter auffallen. Das aber ist nur selten der Fall. Wird aber das fremde Recht ohnehin durch die eigene Brille betrachtet, so ist es besser, dies gleich explizit zu tun und eine rechtsvergleichende Arbeit – möglicherweise in der reduzierten Form der Darstellung aus heimatlicher Sicht – zu verfassen. Denn auf diese Weise lassen sich etwaige Fehler leichter vermeiden. Obwohl auch rein auslandsrechtskundige Arbeiten einen hohen Wert haben – insbesondere wenn sie anderen, der Landessprache nicht mächtigen Juristen den Zugang überhaupt erst ermöglichen – liegt in ihnen doch gelegentlich eine gewisse Verschwendung von Arbeitskraft. Denn wenn der Jurist sich schon die meist sehr aufwendige Arbeit gemacht hat, sich das fremde Recht zu erarbeiten, liegt mit dem umfassend bekannten eigenen Recht automatisch schon der andere Vergleichsgegenstand bereit. Auch ist es für Juristen kaum möglich, sich intensiv mit fremdem Recht zu beschäftigen, ohne sich zugleich Gedanken über die Unterschiede und Gemeinsamkeiten, ihre Bedeutung und ihre Gründe zu machen. Damit aber sind die Kernelemente einer rechtsvergleichenden Studie bereits vorhanden.[537]

Zusammengefasst gibt es eine Vielzahl von Aufbaumöglichkeiten für eine rechtsverglei- **292**
chende Arbeit, die untereinander keineswegs streng getrennt sind und im Einzelfall beliebig miteinander vermischt werden können. Das Auffinden eines angemessenen Aufbaus gehört dabei zu den typischen Grundschwierigkeiten bei der Konzeptionierung jeder rechtsvergleichenden Arbeit. Das liegt nicht zuletzt daran, dass die beste Lösung völlig von den Einzelheiten des Untersuchungsgegenstandes abhängt und so jedesmal wieder neu gesucht werden muss. Es gibt kein Patentrezept, aber zum Ausgleich auch keine in Erz gegossenen Aufbauregeln, die den Rechtsvergleicher – auch den Anfänger – einengen. Es kommt allein darauf an, dass der Aufbau zu einer gut lesbaren Arbeit mit klar nachvollziehbarer Struktur führt, mit anderen Worten, dass es passt. Einen optimalen Aufbau, der zu keinerlei Problemen führt, gibt es dabei kaum jemals. Wenn aber die strukturellen Probleme, mit denen der Verfasser sich lange abmühte, dem Leser am Ende gar nicht auffallen, weil er die Arbeit einfach durchliest und versteht, dann hat der Rechtsvergleicher das schwierige Aufbauproblem gemeistert.

2. Eine klassische rechtsvergleichende Arbeitsweise

Dass die Arbeitsweise eines Juristen eine sehr persönliche, auch von Land zu Land sehr **293**
unterschiedliche Sache ist, in die er sich meist auch nur ungern hineinreden lässt, dürfte kaum besonderer Betonung bedürfen. Dennoch soll hier für alle, die nach einer ersten rechtsvergleichenden Hilfestellung suchen, *eine* erfolgversprechende Form klassischer rechtsvergleichender Arbeitsweise beschrieben werden. Besonders wichtig ist dabei allerdings die Erkenntnis, dass die rechtsvergleichende wie jede juristische Arbeitsweise sich nicht in eine Sequenz von inhaltlich klar getrennten und hintereinander abzuhakenden Einzelschritten zerlegen lässt. Es handelt sich vielmehr um einen hermeneutischen Ansatz,[538] der davon geprägt ist, dass bei der Ausführung des einen Schritts stets schon in verschiedenem Ausmaß die anderen Schritte mitbedacht werden und werden müssen, also nicht nur frühere Schritte spätere, sondern ebenso spätere Schritte frühere beeinflussen. Der Rechtsvergleicher wird

[537] In diese Richtung auch *Reitz* (Fn. 462), 620.
[538] Dazu näher supra → Rn. 234 ff., 216 ff.

also auch ganz bewusst immer wieder einmal zwischen den Schritten wechseln, bis die Arbeit nach seiner Auffassung (oder nach den zeitlichen Vorgaben) hinreichend abgeschlossen ist. *Ganz* abgeschlossen ist ein rechtsvergleichendes ebenso wie jedes andere juristische Projekt erfahrungsgemäß ohnehin nie, weitere Ergänzungen und Vertiefungen sind immer möglich.

a) Finden eines Themas

294 Zur ersten Frage, die vor allem Studenten bei Abschlussarbeiten oder Dissertationen bewegt, lässt sich leider allgemein fast nichts sagen: Das Finden und Einengen eines Themas. Ist das Thema vorgegeben, was im Zusammenhang mit Prüfungsarbeiten ebenso der Fall sein kann wie etwa bei Mitarbeit in einer internationalen Forschergruppe oder bei einer Auftragsarbeit, so stellt sich das Problem ohnehin nicht. In vielen anderen Fällen wird die Themenwahl vor allem von den spezifischen Forschungsinteressen des Juristen bestimmt. Ist der Verfasser, insbesondere der Student, aber noch auf der Suche nach einem Thema, so hilft ihm letztlich nur die intensive Einzelberatung durch den Betreuer, der die Erfolgsaussichten ebenso wie die Machbarkeit in Zusammenarbeit mit dem Kandidaten beurteilen kann. All dies gilt auch für die Auswahl der zu betrachtenden Rechtsordnungen als Unteraspekt der Themenwahl. Bestehen hier keine Vorgaben, wird die Wahl oft und legitimerweise von pragmatischen Gesichtspunkten bestimmt sein. Vorkenntnisse über bestimmte Rechtsordnungen sowie die Beherrschung der einschlägigen Fremdsprachen stehen im Vordergrund; die Verfügbarkeit der notwendigen Quellen ist ein weiterer wichtiger Aspekt. Soll die Pragmatik keine Rolle spielen, so besteht die Aufgabe darin, sich einen Überblick über die Lage in den verschiedensten Rechtsordnungen zu verschaffen und tendenziell diejenigen auszuwählen, die besonders interessant erscheinen, bei denen also mit den bekannten Worten von Zweigert/Kötz die „Quecksilbersäule des Sichwunderns“[539] besonders hohe Werte annimmt. Bei Untersuchung einer großen Zahl von Rechtsordnungen kann es auch sinnvoll sein, sie anhand der von ihnen präferierten Lösungen in Gruppen einzuteilen.

b) Einlesen

295 Von zentraler Bedeutung für den Erfolg der Arbeit ist das Einlesen. Damit ist zunächst einmal noch gar nicht das meist selbstverständliche spezielle Einlesen in das eigentliche Thema (zB einstweiliger Rechtsschutz gegen Einzelakte der Verwaltung in Frankreich und Deutschland) gemeint, sondern das zunächst gerade für den Anfänger noch viel wichtigere allgemeine Einlesen. Denn für einen erfolgreichen Vergleich müssen allgemeine Kenntnisse über die Rechtsvergleichung, insbesondere auch ihre Methoden vorhanden sein. Wer nicht weiß, was ein funktionales Äquivalent ist, welche typischen Fehlerquellen bestehen oder dass bei der Rechtsvergleichung Unterschiede und Gemeinsamkeiten nicht nur gefunden, sondern vor allem auch erklärt werden müssen, sollte mit der Arbeit an einem konkreten Thema gar nicht erst beginnen. Der geneigte Leser dieser Zeilen hält gerade eine Möglichkeit in der Hand, sich diese Kenntnisse – soweit noch nötig – zu verschaffen.

296 Ebenso unverzichtbar sind aber auch Grundkenntnisse über die allgemeinen Eigenheiten der zu untersuchenden Rechtsordnung oder, falls sich dies als schwierig erweist, zumindest über die Rechtsfamilie, der sie gemeinhin zugeordnet wird. Wer nichts über die Bedeutung der Rechtsprechung, die vorhandenen Gerichte, Einfluss und Eigenarten der rechtswissenschaftlichen Literatur, allgemeine Auffassungen zu Bedeutung und Eigenart des Rechts oder typische juristische Arbeitsmethoden in einer Rechtsordnung weiß, kann sich kaum erfolgreich mit einem Spezialproblem befassen. So ist es beispielsweise in der Praxis durchaus schon vorgekommen, dass der Wortlaut von Gesetzen in den Vereinigten Staaten aus sich heraus als hinreichender Beleg für eine entsprechende Rechtslage angesehen wurde; auch hat schon einmal ein Student, der sich rechtsvergleichend mit der Abgrenzung von Mord

[539] Vgl. *Zweigert/Kötz* (Fn. 19), 67.

und Totschlag „in den USA“ beschäftigen wollte, die ersten Wochen mit dem Problem gekämpft, dass die zahlreichen einschlägigen Gerichtsentscheidungen offensichtlich von völlig verschiedenen Voraussetzungen und Abgrenzungsmöglichkeiten ausgingen. Eine auch nur oberflächliche Beschäftigung im ersten Fall mit den allgemeinen Eigenheiten des common law und im zweiten Fall mit der föderalen Struktur und ggf. der Existenz von Modellgesetzen in den USA hätten hier den Fehler verhindern bzw. viel Arbeit einsparen können. Hilfreich ist es, wenn solche Informationen bereits aufgrund eines Auslandsstudiums vorliegen; sie finden sich aber regelmäßig auch schon in den allgemeinen Lehrbüchern der Rechtsvergleichung.

Für das spezielle Einlesen in das eigentliche Thema der geplanten Studie bieten sich 297
zunächst Bücher oder Aufsätze aus der fremden Rechtsordnung an, die einen Überblick über den Stand der Diskussion geben. Nicht immer existieren solche Werke allerdings. Dann kann es sinnvoll sein, auf Darstellungen von außerhalb zurückzugreifen. Soweit sie aus der eigenen Heimatrechtsordnung oder -rechtsfamilie stammen, haben Sie manchmal sogar den unschätzbaren Vorteil, bereits auf spezielle rechtskulturelle Verständnisprobleme und Differenzen genauer einzugehen und so zahlreichen anfänglichen Missverständnissen vorzubeugen. Nicht nur aus diesem Grund ist es jedenfalls auch unabdingbar, sich so früh wie möglich einen Überblick über Existenz und Inhalt eventuell bereits vorhandener rechtsvergleichender Studien zum eigenen Themenkreis zu verschaffen. Zu warnen ist hier auch vor nationaler Verengung der Suche, denn vergleichende Studien etwa zum französischen Prozessrecht kann der deutsche Rechtsvergleicher ohne weiteres auch in England oder Spanien finden.

Zwischen dem allgemeinen und dem speziellen Einlesen steht aber noch eine dritte Form, 298
die ebenso wenig vernachlässigt werden darf: Das Einlesen in das erweiterte Rechtsgebiet, in dem sich das Thema positioniert. Diese bereichsbezogene Form des Einlesens wird um so wichtiger, je mehr die untersuchte Rechtsordnung auf systematische Zusammenhänge zwischen verschiedenen Rechtsfragen baut. Wer etwa über Grundrechtsschutz in Frankreich schreiben will, sollte wissen, dass nach französischer Auffassung das Parlament als Träger des Volkswillens die Aufgabe hat, die vagen Grundrechte durch Gesetze näher zu definieren, und er sollte sich mit den verschiedenen ungeschriebenen Quellen des französischen Verfassungsrechts im Rahmen des sog. bloc de constitutionalité auskennen. Wer sich mit der Meinungsfreiheit im Verfassungsrecht der Vereinigten Staaten befasst und eine Verhältnismäßigkeitsabwägung im Rahmen von Schranken sucht, wird leicht verzweifeln. Ebenso wird es für einen ausländischen Rechtsvergleicher schlicht unmöglich sein, sich mit speziellen Fragen des deutschen Verwaltungsrechts, etwa des Umwelt-, Bau- oder Beamtenrechts zu befassen, wenn er nicht einen Überblick über die Grundlagen des allgemeinen Verwaltungsrechts hat, also etwa weiß, dass unbestimmte Rechtsbegriffe in aller Regel von Gerichten voll überprüft werden, die Ausübung des Ermessen hingegen nur in bestimmten Grenzen und wann und wofür genau ein solches Ermessen überhaupt angenommen wird.

Gerade auch beim Einlesen zeigt sich erneut der hermeneutische Charakter der Arbeits- 299
weise: Ein vollständiger Einblick in die allgemeinen Lehren der Rechtsvergleichung, die Grundzüge der betreffenden Rechtsordnung und des einschlägigen erweiterten Rechtsgebiets ist mit vertretbarem Aufwand überhaupt nicht zu erreichen. Außerhalb einiger Generalia wird sich das Einlesen also schon an den Erfordernissen des speziellen Themas ausrichten. Diese Erfordernisse sind aber ihrerseits noch gar nicht vollständig bekannt, zumal sie vom allgemeinen rechtlichen Umfeld abhängen, in das der Rechtsvergleicher sich ja gerade erst einliest. Auch hier hilft wieder nur ein stetes Hin- und Her des Blickes und das Bewusstsein der zeitlichen Entzerrung, bei der je nach Bedarf auch in späteren Forschungsphasen immer wieder auf ein erneutes und vertieftes Einlesen in bestimmte Aspekte zurückgegriffen werden kann und muss.

In einer Hinsicht ist allerdings jedenfalls ein allgemeines oder bereichsbezogenes Einlesen 300
nicht oder nur sehr beschränkt erforderlich: bei der eigenen, heimatlichen Rechtsordnung. Eine umfassende und nicht nur punktuelle Ausbildung im eigenen Recht – entsprechend

den durchaus unterschiedlichen nationalen Vorstellungen davon, was eine vollständige juristische Ausbildung darstellt – ist unabdingbar für jede erfolgreiche Rechtsvergleichung, um in Anbetracht der zahllosen Fehlerquellen und vor allem der Grenzen jeder Rechtsvergleichung zumindest in einem Teilbereich festen Boden unter den Füßen zu haben. Entsprechend wären an dieser Stelle Belehrungen über das spezielle Einlesen in die zu untersuchende Thematik und eventuelle Streitstände im Heimatrecht überflüssig.

c) Studium fremder Quellen

301 Das Studium der ausländischen Quellen zur konkret gewählten Thematik (aber natürlich auch zum allgemeinen Einlesen) stellt hingegen nicht selten eine besondere Herausforderung dar. Nicht nur gilt es, überhaupt an die Quellen heranzukommen. Dabei liefern gut sortierte Bibliotheken unschätzbare Dienste. Für manche Staaten, insbesondere die USA, bestehen auch große juristische Fachdatenbanken, die tatsächliche Bibliotheken zu einem größeren Teil zu ersetzen vermögen. Der Zugang allerdings ist meist sehr teuer und setzt daher realistisch betrachtet doch wieder den Zugang zu einer entsprechend ausgestatteten Bibliothek voraus. Für zahlreiche andere Länder hingegen bestehen solche Datenbanken nicht, oder sie bieten nur mehr oder minder beschränkte Hilfe. Über das kostenfreie Internet ist es oft möglich, an Gesetze, teilweise auch an Gerichtsentscheidungen heranzukommen. Auch die eine oder andere netzbasierte Zeitschrift bietet ihre Dienste kostenfrei an. Im Grundsatz aber ist das Internet außerhalb der Fachdatenbanken für den Rechtsvergleicher, wie auch sonst oft für den Juristen, nur in Ansätzen hilfreich.

302 Weit schwieriger als die körperliche Beschaffung ist die kunstgerechte Verwertung. Das gilt zunächst für die Primärquellen, insbesondere Gesetze und Gerichtsentscheidungen. Hier sollte bereits das allgemeine Einlesen in die Eigenheiten der fremden Rechtsordnung oder zumindest ihrer Rechtsfamilie hinreichend weiterhelfen. Welchen Stellenwert etwa Gesetze oder Gerichtsentscheidungen überhaupt haben, sollte dadurch ebenso bekannt sein wie etwa die jeweiligen Regeln der Auslegung, die oftmals überraschend deutlich voneinander abweichen können. Besondere Vorsicht ist deshalb stets geboten, wenn direkt auf den Wortlaut von Gesetzen zurückgegriffen wird. Die Wahrscheinlichkeit, hier ohne Kenntnis der einschlägigen Gerichtsentscheidungen oder Literatur als Außenstehender die genaue Bedeutung der Norm nicht richtig zu verstehen, ist besonders hoch. Bekannt sein sollte etwa auch der Rang verschiedener Primärquellen untereinander, Aufbau und Zuständigkeitsverteilung in der Gerichtsbarkeit oder das Ausmaß der Bindung an Präzedenzfälle.

303 Ebenso wertvoll sind aber auch Kenntnisse über Sekundärquellen, also vor allem Aufsätze und Bücher. Hier geht es etwa darum, vorab zu wissen, in welchem Ausmaß und in welcher Form überhaupt Sekundärquellen zu erwarten sind, ob es etwa Lehrbücher oder große Abhandlungen im klassischen Sinne gibt, wie praxisnah oder -fern Sekundärquellen üblicherweise sind und welchen Einfluss sie auf die Rechtsprechung haben. So mancher rechtsvergleichende Anfänger hatte schon länger damit zu kämpfen, dass er im schwedischen Recht kaum aktuelle große Abhandlungen fand, ihm in der russischen Literatur die umfangreichen Nachweise aller einschlägigen Veröffentlichungen in den Fußnoten fehlten, in deutschen Fachaufsätzen die empirischen, soziologischen und politischen Aspekte der Rechtsnormen viel zu kurz kamen, in den Vereinigten Staaten kaum Überblicksaufsätze über den Meinungsstand zu finden waren oder die erwartungsfroh angeforderten Bücher mit dem vielversprechenden Titel „Evidence“ oder „Administrative law“ sich als bloße Sammlungen von gekürzten Gerichtsentscheidungen und Ausschnitten aus Aufsätzen erwiesen. Für den Umkreis der konkreten Thematik sollte der Rechtsvergleicher zudem versuchen, nach und nach herauszufinden, welchen Autoren im fremden Recht welcher Stellenwert zugemessen wird. Es kann einen erheblichen Unterschied machen, ob der gerade gelesene Aufsatz mit seinen speziellen Aussagen und Lösungsvorschlägen von einem Anfänger oder einem seit langem anerkannten Experten stammt, von einem Universitätsprofessor oder einem praktisch tätigen Rechtsanwalt, von einem Autor des jeweiligen

Mainstream oder von einem radikalen Abweichler. Mit diesen Unterscheidungen sind keineswegs notwendig feste Wertungen verbunden: Der Anfänger kann einen besonders sorgfältig recherchierten Überblick oder eine besonders gut begründete Analyse abgeben; der Praktiker kann in Gebieten wie dem Energiewirtschafts- oder Telekommunikationsrecht die Problematik weit besser kennen als der Universitätsprofessor; der radikale Abweichler kann die unausgesprochenen Grundannahmen der herrschenden Meinung besonders klar sezieren. Dennoch ist es in jedem Einzelfall sinnvoll zu wissen, auf wen man sich gerade einlässt.

Die in der fremden Rechtsordnung bestehenden Regeln über die Verwertung juristischer Quellen sollten ebenfalls bekannt sein. Sie können aber in der rechtsvergleichenden Arbeit nicht immer uneingeschränkte Geltung verlangen. Ob etwa die jeweiligen fremden Zitiergepflogenheiten und Abkürzungen eingehalten oder im Hinblick auf Einheitlichkeit und Verständlichkeit an die heimatlichen Regeln angepasst werden, ist eine Einzelfall- und teils auch Geschmacksfrage. Ob etwa der US-amerikanische Rechtsvergleicher den Bundesgerichthof nach deutschen Regeln als „BGHZ 131, 332 (336)" zitiert oder für seine Leser umwandelt etwa in „Sammlung der Entscheidungen des Bundesgerichtshofs, vol. 131, 332, at 336 (1995)" oder in „Caroline von Monaco vs. B-GmbH, 131 BGHZ 332, 336 (1995)" sollte je nach Leserkreis und Umfang der ausländischen Bezüge entschieden werden. Für gelegentliche Bezüge auf ein fremdes Rechtssystem oder bei geringem Bekanntheitsgrad der dortigen Gepflogenheiten ist eine Anpassung an den heimatlichen Verständnishorizont eher sinnvoll; bei umfangreichen Studien zu einer speziellen fremden Rechtsordnung, über die auch allgemein viel veröffentlicht wird, spricht vieles für eine Beibehaltung. Weiterhin können für den Rechtsvergleicher bei entsprechender Vorsicht auch Sekundärquellen von Interesse sein, die im fremden Recht selbst gemieden werden. So gelten etwa die Kurzdarstellungen einzelner Rechtsgebiete in sog. nutshells in den USA als nicht zitierfähig, was den ausländischen Juristen aber nicht daran hindern sollte, sie doch umfänglich zu zitieren, zumal sie in aller Regel von eminenten und bekannten Experten auf den jeweiligen Fachgebieten verfasst sind. 304

Bei der Analyse der Quellen ist es keineswegs notwendig, alle Unklarheiten und Widersprüche glattzubügeln. Im Gegenteil kann es gerade sinnvoll und richtig sein, unbeantwortete Fragen, offene Flanken, widersprüchliche Entscheidungen oder Meinungsstreitigkeiten klar herauszuarbeiten. Unter Umständen bietet der Vergleich am Ende sogar neue, klärende Ansätze. Gleichzeitig sollte aber auch immer deutlich werden, welche von mehreren Lösungsmöglichkeiten und Ansätzen im fremden Recht als vorherrschend oder üblich betrachtet werden und welche nicht. Bei der Analyse der Quellen kann hier wie auch sonst die Rücksprache mit einem ausländischen Juristen, der auf das Thema spezialisiert ist, hilfreich und manchmal heilsam wirken. Entgegen den ganz überwiegenden juristischen Gepflogenheiten auf nationaler Ebene ist in der Rechtsvergleichung zudem auch ein Interview oder eine mündliche Auskunft bei entsprechend klarer Kennzeichnung in der Fußnote ohne weiteres zitierfähig. 305

Für den gesamten Umgang mit Quellen kann ein Auslandsaufenthalt oft hilfreich sein. Je nach Ausstattung der heimatlichen Bibliotheken und zu untersuchender fremder Rechtsordnung ist er aber keinesfalls immer unabdingbar. Soll ein solcher Auslandsaufenthalt effizient genutzt werden, sollte er in der Regel nicht am Anfang der Forschung stehen und zudem sorgfältig vorbereitet werden, da das sonst übliche Wechseln zwischen Allgemeinem und Speziellem, die allmählich zunehmende Detailkenntnis und insgesamt das Hin und Her des Blickes auf den so meist nicht wiederholbaren, oft nur kurzen Auslandsaufenthalt nicht übertragbar ist. 306

d) Unterschiede, Gemeinsamkeiten und erste Gliederungen

Die Einarbeitung in die gewählte Thematik wird untrennbar begleitet von der Suche nach Unterschieden und Gemeinsamkeiten, Gedanken über die innere und äußere Tragweite der 307

Unterschiede[540] und sogar schon ersten Erklärungsversuchen. Dabei sollte so früh wie möglich mit ersten Gliederungen begonnen werden. Sie werden anfänglich noch sehr grob, unvollständig und fehlerträchtig sein, unterliegen aber einem dauerhaftem Verbesserungsprozess. Die Lesefrüchte sollten also immer zeitnah in Verbesserungen und Vertiefungen der Gliederung oder zumindest in Fundstellenvermerke und Randnotizen dazu umgesetzt werden. Gleichzeitig sollte recht bald die Entscheidung für das grundsätzliche Aufbauschema[541] oder eine Kombination fallen und bei Verzahnung fortlaufenden über den angemessenen Grad der Verzahnung aller Teile nachgedacht werden. Ein solches Vorgehen hat den Vorteil, das zu Recht gefürchtete Festlesen in Einzelpunkten zu verhindern, da stets vor Augen steht, worin die Gesamtarbeit besteht, wo noch vertiefte Kenntnisse fehlen und wo möglicherweise bereits ein hinreichender Einblick und hinreichend Gedanken gewonnen wurden. Auch können Ideen, die beim Lesen und Nachdenken kommen, sofort und unverlierbar eingearbeitet werden. Insgesamt zwingt dieses Vorgehen dazu, das Gesamtvorhaben stets im Blick zu haben und beugt so auch effektiv einer Vernachlässigung bestimmter Teile – insbesondere des eigentlichen Vergleichs – vor.

e) Erweiterung des Blicks

308 Spätestens wenn die Grundzüge des fremden Rechts bekannt sind, bei Bedarf aber auch schon früher, gilt es den Blick zu erweitern, um allerlei rechtsvergleichende Fehler zu vermeiden.[542] Es geht um die Suche nach funktionalen Äquivalenten, aber auch ganz allgemein darum, alle möglicherweise einschlägigen rechtlichen und außerrechtlichen Aspekte des Problems weit über die scheinbar entsprechenden Rechtsinstitute im fremden Recht hinaus zu suchen. Für die entscheidende Frage, wie und vor allem in welchen Bereichen danach zu suchen ist, gibt es allerdings keinerlei Anleitungen, da alles vom Einzelfall abhängt. Es geht letztlich vor allem darum, jedes Kleben am typisch heimatlichen Rechtsdenken und an der typisch heimatlichen Systematik soweit wie möglich zu vermeiden. Allein das Bewusstsein der zahlreichen möglichen Fallstricke, der verschiedenen Kategorien von Fehlern hilft oft schon weiter.

309 Ein Teil des erweiterten Blicks ist auch die Berücksichtigung des Unterschieds zwischen geschriebenem und gelebtem Recht, dessen Ermittlung meist besonders große Schwierigkeiten bereitet. Eher einfach liegt es, wenn sich abweichendes gelebtes Recht noch aus Gerichtsentscheidungen herleiten lässt, etwa wenn Gesetze nicht angewandt werden oder wenn die Entscheidungen der Untergerichte denen der Obergerichte aus Unkenntnis oder bewusst nicht folgen, so dass im Alltagsleben eine andere Rechtslage gilt, als sie sich aus der Lektüre der Gesetzestexte oder gerichtlicher Leitentscheidungen ergibt. Vielfach geht es bei abweichendem gelebten Recht aber auch um die fehlende Durchsetzungskraft selbst untergerichtlicher Entscheidungen, um die fehlende Anrufung der Gerichte, um ungeschriebene Gepflogenheiten, um den praktischen Vorrang von sozialen Regeln des Zusammenlebens vor staatlichem Recht oder um Korruptions- und Zerfallserscheinungen. In diesen Fällen hilft – neben eigenen Feldstudien vor Ort – nur die Lektüre eher rechtssoziologisch oder rechtsethnologisch orientierter Literatur, längere Blicke in Tageszeitungen und Nachrichtenmagazine oder das Gespräch mit Experten für die lokalen Verhältnisse. Dass die Ermittlung dieser Formen des gelebten Rechts nur unter größten Schwierigkeiten möglich ist und oft eher auf Zufallsfunden beruht, ist dabei jedem Rechtsvergleicher bewusst und dürfte einer der Hauptgründe für die immer wieder beklagte Konzentration vieler Arbeiten auf bestimmte Rechtsordnungen oder bestimmte Rechtsgebiete sein, in denen Abweichungen zwischen geschriebenem und gelebtem Recht nur selten eine Rolle spielen.

---

[540] Vgl. dazu supra → Rn. 259 f.
[541] Zu den Aufbauschemata soeben supra → Rn. 280 ff.
[542] Vgl. zur Erweiterung des Blicks und den Fehlern ausführlicher supra → Rn. 258 ff., 246 ff.

Schließlich ist auch mit zunehmender Kenntnis der relevanten Unterschiede und Gemeinsamkeiten der Blick mehr und mehr auch auf die dahinterstehenden Gründe zu lenken, ein Aspekt der – wie gesehen[543] – eng mit der Einbeziehung erweiterter rechtlicher und nichtrechtlicher Aspekte zusammenhängt. Dabei wird es in den statistisch meisten Fällen um die Gründe für Unterschiede gehen. Doch kann es genauso gut notwendig sein, die Gründe für Gemeinsamkeiten offenzulegen, wenn deren Existenz oder Ausmaß im Hinblick auf die sonst bestehenden Unterschiede des rechtlichen und außerrechtlichen Kontexts intuitiv überraschen. Auch hier gibt es keine allgemeine Anleitung, wie und wo nach den Gründen zu suchen wäre, da alles vom Einzelfall abhängt. Der Rechtsvergleicher ist auch hier vor allem auf ein sorgfältiges Einlesen angewiesen, wird aber oft auch über Zufallsfunde glücklich sein. Oftmals ist es aber auch sinnvoll, aufgrund von Intuition oder Vermutungen, die ihrerseits auf (auch angelesener) Erfahrung beruhen, ganz gezielt Arbeitshypothesen über mögliche Gründe aufzustellen und dann zu versuchen, diese entweder positiv zu bestätigen oder zumindest negativ zu widerlegen. Gelingt beides trotz aller Bemühungen letztlich nicht, lässt sich die Arbeitshypothese aber als nachvollziehbarer Ausfluss feststehender Erkenntnisse – etwa über grundlegende Eigenschaften des Kontexts der betreffenden Rechtsordnung – darstellen, so ist es durchaus zulässig und sogar wünschenswert, die solchermaßen nur schwach abgestützte Arbeitshypothese in den Text der rechtsvergleichenden Studie aufzunehmen. Auf diese Weise haben zukünftige Forscher die Möglichkeit, sich mit diesen Gedanken weiter und vielleicht erfolgreicher zu beschäftigen. 310

f) Endgliederung und Niederschrift

An einer, nicht zu späten, Stelle müssen Einarbeitung in die Thematik und parallele Gliederung abgebrochen und die Niederschrift angegangen werden. Als Faustformel kann gelten, dass die Niederschrift auch bei sorgfältigen Vorarbeiten ca. 2/3 der Gesamtzeit in Anspruch nimmt. Die Niederschrift wird also auf keinen Fall erst begonnen, wenn sämtliche einschlägige Literatur und Rechtsprechung tatsächlich vollständig gelesen wurde. Vielmehr kann es aus Gründen der Zeitökonomie nur darum gehen, sich möglichst mithilfe von größeren Darstellungen, den wichtigsten Aufsätzen und den Leitentscheidungen einen möglichst guten Überblick über die zu erwartenden Punkte und Argumente zu verschaffen, eigene Gedanken über Inhalt und Aufbau zu entwickeln und in eine handhabbare Struktur zu bringen, die ohne Wiederholungen, innere Widersprüche oder gedankliche Brüche auskommt. Ziel ist eine Gliederung, die eine hinreichend klare Grundstruktur besitzt, so dass an ihr entlang mit der Ausformulierung begonnen werden kann. Mit anderen Worten sollte das Arrangement des gesamten Materials vorab so weit durchdacht sein, dass bei der Niederschrift möglichst selten die Situation auftaucht, dass aufgrund neuer Erkenntnisse oder Gedanken das bisher Geschriebene erheblich umarrangiert oder gar teilweise verworfen werden muss. 311

Ein solcher Überblick über die Grundgedanken ist besonders schwierig für den eigentlichen Vergleich, da er auch von einer genauen Kenntnis gerade der vielen Einzelheiten abhängen kann, die sich aber erst bei der Niederschrift richtig herausschälen. Falls dies so ist, kann für den eigentlichen Vergleich eine etwas gröbere Gliederung hingenommen werden als für den Rest der Darstellung. Die Gefahr eines solchen Vorgehens besteht darin, dass dann möglicherweise der eigentliche Vergleich bei der Ausformulierung doch zu kurz kommt, insbesondere wenn der Aufbau einer schlichten Gegenüberstellung mit anschließendem, umfassendem Vergleich anstelle eines verzahnten Vergleichs gewählt wurde. Einen Ausweg aus diesem Dilemma bietet nur eine gewisse Selbstdisziplin sowie der Versuch, möglichst viele Ideen für den eigentlichen Vergleich zumindest als Arbeitshypothesen vorab zu entwickeln. 312

[543] Vgl. supra → Rn. 281, 283.

313 Bei der Niederschrift sind dann entsprechend der Verarbeitung in den Fußnoten alle einschlägigen Quellen vollständig und im Original durchzusehen und einzuarbeiten. Dabei wird es schon aufgrund der menschlichen Schwächen des Gedächtnisses in der Regel erforderlich sein, auch die bereits bei der Vorbereitung gelesenen Quellen nochmals neu anzuschauen. Darum wird hier auch davon abgeraten zu versuchen, umfassend alle Quellen schon vor der Niederschrift zu lesen: Nicht nur geraten die Details ohnehin leicht in Vergessenheit, es muss ohnehin alles noch einmal wiederholt werden.

§ 4. Rechtskreise, Rechtskultur und Kontext

Übersicht

	Rn.
I. Der Gedanke der Rechtskreise	1
II. Einige Rechtskreislehren	3
1. Herkömmliche Einteilungsversuche	3
2. Ungewöhnliche Einteilungsversuche	6
3. Hierarchische Einteilungsversuche	8
4. Kontextuelle Einteilung	9
5. Zur Terminologie von Rechtskreis, Rechtsfamilie, Rechtssystem und Kontext	10
III. Sinn und Unsinn der Rechtskreiseinteilung	11
1. Klassifikationsaufgabe?	11
2. Auswahl von Vergleichsrechtsordnungen und Arbeitsersparnis?	12
3. Kenntnis des Kontexts	19
4. Didaktik	20
5. Weitere Kritik an der Rechtskreislehre	21
6. Praktische Bedeutung der Kontexte	26
IV. Die Debatte um die Rechtskultur	28
1. Rechtsvergleichender Ansatz	28
2. Rechtssoziologische Debatte	31
a) Vielzahl von Definitionen	31
b) Der Streit um den Sinn	33
3. Lehren für die Rechtsvergleichung	39
a) Abweichende rechtssoziologische Interessen und Herangehensweisen	39
b) Spezifisch juristischer Ansatz	41
V. Pragmatische kontextuelle Betrachtung	46
1. Kontext statt Rechtskultur	46
2. Beispielhaftes statt idealtypisches Vorgehen	48
3. Elemente des Kontexts	50
a) Relative Bedeutung historischer Aspekte	51
b) Nichtrechtliche Elemente und ihre Ermittlung	52
c) Vielzahl von Einzelelementen	53
VI. Gemischte Rechtsordnungen	54
1. „Gemischt" und seine Bedeutungen: Ein Überblick	55
a) Begriffliche Ausweitungen	55
b) Hintergrund der Ausweitungen	57
c) Neue Untergliederungen	59
d) Ein unbefriedigender Zustand	60
2. Gemischte Rechtsordnungen als dritte Rechtsfamilie	62
3. Gemischte Rechtsordnungen in kontextueller Perspektive	65

I. Der Gedanke der Rechtskreise

Die zahlreichen Rechtsordnungen der Welt stehen nicht plan- und beziehungslos nebeneinander. In vielfacher Weise haben sie sich über Jahrzehnte oder Jahrhunderte gegenseitig beeinflusst oder weisen in ihrer Herkunft gemeinsame Wurzeln auf. So sind viele kontinentaleuropäische Rechtsordnungen mehr oder minder stark vom römischen Recht beeinflusst, das hingegen in England oder Skandinavien eine weit geringere Rolle gespielt hat. Rechtsordnungen können auch durch je verschiedene Ideologien geformt sein, etwa wenn sie für ein marktwirtschaftliches System geschaffen wurden, totalitäre sozialistische Systeme stützen, 1 feudalistischen oder religiösen Ursprungs sind. Methodische Herangehensweisen an das Recht können sich unterscheiden, etwa wenn die Juristen stärker von der Norm zum Ergebnis denken und zu Abstraktionen neigen, wie in Deutschland, oder einer Entwicklung des Rechts von konkretem Fall zu konkretem Fall den Vorzug geben, wie in England und den USA. Damit hängen auch Unterschiede in der praktisch wirksamen Rechtsphilosophie zusammen, ob also das Recht als ein möglichst systematisches Konglomerat vorgegebener Normen angesehen wird oder schlicht als das, was die Richter für Recht erklären. Ebenso unterschiedlich kann etwa die allgemeine Einstellung zum Recht sein: von einer großen Rechtsgläubigkeit, ja sogar einem Selbstverständnis als Juristennation, wie es etwa für Ungarn berichtet wird, über eine gewisse Abneigung gegen kompromissferne und hart durchsetzbare Problemlösungen mithilfe des Rechts, wie sie oft für asiatische Länder behauptet wird, bis hin zu einer skeptischen Haltung gegenüber der Steuerungsfähigkeit des Rechts, die in einen Rechtsnihilismus übergehen kann, wie er etwa für Russland beschrieben wird.

2 Was liegt deshalb näher, als zu versuchen, die Vielfalt der Rechtsordnungen zu bändigen, indem sie anhand solcher Ähnlichkeiten und Unterschiede in Gruppen eingeteilt werden? Statt der Kenntnis von mehreren hundert Rechtsordnungen bedarf es dann für einen Überblick nur noch der Kenntnis dieser Gruppen, am einfachsten je eines typischen Vertreters. Der Engländer, der das französische Recht kennt, wird dann vermutlich auch mit dem spanischen oder italienischen Recht zurechtkommen; der Italiener, der das Recht von England und vielleicht der USA kennt, muss sich bei Kontakten mit Australien oder Neuseeland keine grundlegenden Sorgen mehr machen; wer das sowjetische Recht kannte, hatte auch wenig Probleme mit dem früheren sozialistischen polnischen Recht. Tatsächlich ist dies der verbreitete Grundgedanke der Rechtskreislehren (II). Ob und vor allem wieweit dieser Grundgedanke aber tatsächlich trägt, ist eine ganz andere Frage (III, IV). In der heutigen kontextuellen Rechtsvergleichung[1] aggregieren die jeweiligen Gruppen von Rechtsordnungen Elemente des Kontexts, wie sie für den Einzelvergleich unabdingbar sind; diese Gruppen werden daher sinnvollerweise nicht als Familien oder Kreise, sondern selbst wieder als Kontexte bezeichnet (V). Gemischte Rechtsordnungen bilden eine besondere und vieldiskutierte Kategorie, die aber aus kontextueller Sicht leicht zu erfassen ist (VI).

II. Einige Rechtskreislehren

1. Herkömmliche Einteilungsversuche

3 Rechtskreiseinteilungen existieren in großer Zahl.[2] Die heute wohl international bekanntesten gehen auf Zweigert/Kötz und auf David zurück. Konrad Zweigert und Hein Kötz unterscheiden den romanischen, den deutschen, den nordischen und den common law Rechtskreis. Darüber hinaus werden sie in ihrer Einteilung aber sehr vorsichtig: Von einem fernöstlichen Rechtskreis nahmen sie zuletzt (anders als in Vorauflagen) ausdrücklich Abstand[3] und stellen nurmehr das chinesische und das japanische Recht je für sich dar, geeint nur noch durch eine gemeinsame Überschrift „Recht im fernen Osten". Je für sich beschreiben sie auch das islamische Recht und das Hindu-Recht, ohne dass es jenseits der gemeinsamen Überschrift „Religiöse Rechte" einen Hinweis auf einen zugehörigen Rechtskreis gäbe. Allein einen (schwarz-)afrikanischen Rechtskreis für die südlich der Sahara gelegen Staaten halten Zweigert/Kötz noch für möglich, ohne jedoch detailliert Stellung zu beziehen.[4] Einteilungskriterien für die Rechtskreise sind bei ihnen Rechtsstil und stilprägende Faktoren. Zu diesen Faktoren zählen nur die wesentlichen Eigenheiten, die sich –

1 Zur kontextuellen Rechtsvergleichung vgl. supra → § 3 Rn. 188 ff.
2 Tabellarische Übersicht einer Auswahl bei *Siems, Mathias,* Comparative law, 3. Aufl. 2022, 87.
3 Vgl. *Zweigert, Konrad; Kötz, Hein,* Einführung in die Rechtsvergleichung, 3. Aufl. 1996, 281 f.
4 Vgl. *Zweigert/Kötz* (Fn. 3), 65 f.

nach der mittlerweile klassisch gewordenen Formulierung – dadurch auszeichnen, dass „die Quecksilbersäule des Sichwunderns bei einem Rechtsvergleicher, der einem anderen System entstammt, hohe Grade erreicht“.[5] Stilbildende Faktoren können insbesondere die geschichtliche Herkunft, die spezifische juristische Denkweise, kennzeichnende Rechtsinstitute, die Art der Rechtsquellen und ihre Auslegung sowie ideologische Faktoren sein. Dabei ist die Bedeutung dieser Faktoren keineswegs immer gleich hoch. So spielen geschichtliche Herkunft ebenso wie spezifisch juristische Denkweise, in beschränktem Maße auch die Rechtsquellen und ihre Auslegung insbesondere für die Unterscheidung zwischen common law und civil law eine große Rolle. Besonders die spezifisch juristische Denkweise trennt westliches und fernöstliches Recht, während die Ideologie vor allem für religiöse Rechte und das sozialistische Recht zum entscheidenden Faktor wird.

Das Lehrbuch René Davids – nunmehr von Marie Goré übernommen – unterscheidet 4
klar drei Rechtsfamilien, nämlich die romanisch-germanische, die des common law und die ehemals sozialistische. Daneben betrachtet es religiöse Rechtsordnungen (moslemisch, hinduistisch, jüdisch) sowie fernöstliche (China, Japan) und afrikanische Rechte. Sie werden aber nicht als Rechtsfamilien bezeichnet, sondern nur als „systèmes“ oder „droits“; für Asien wird der Begriff der Familie auch ausdrücklich zurückgewiesen.[6] In einer früheren Auflage erklärte David, dass es sich nicht um Rechtsfamilien handele, weil die jeweiligen Rechtsordnungen sich untereinander fremd seien und nur gemein hätten, dass sie sich grundlegend von westlichen Rechtsvorstellungen unterschieden.[7] Für das afrikanische Recht scheinen David und Goré diese Auffassung jedoch wieder zu revidieren, wenn sie zustimmend einen anderen Autor zitieren, der die Ähnlichkeiten in Verfahren, Prinzipien, Institutionen und Techniken für hinreichend hält, um von einer eigenen afrikanischen Rechtsfamilie zu sprechen.[8] Dabei verweigern sich David und Goré bewusst der Diskussion über die richtigen Einteilungskriterien ebenso wie über die Vorzüge und Nachteile abweichender Einteilungsvorschläge. Für sie steht nur fest, dass es bei der Familienbildung nicht um den jederzeit änderbaren Inhalt der Normen gehe, sondern um die weitgehend unveränderlichen Elemente einer Rechtsordnung wie insbesondere Rechtserzeugungswege, Normkategorien, Bedeutung von Rechtsbegriffen und Auslegungsregeln.[9]

Weitere Rechtskreiseinteilungen finden sich in großer Zahl, wobei die Unterschiede in 5
aller Regel nur im Detail oder in der Terminologie[10] liegen. Neben der Frage, ob religiöse und traditionelle Rechtsordnungen separat aufgeführt werden, geht es vor allem auch darum, ob Gruppen wie die kontinentaleuropäischen, asiatischen und afrikanischen Rechtsordnungen auf dieser sehr allgemeinen Ebene als Familien deklariert oder je noch weiter unterteilt werden sollen.[11] Wer die verschiedenen Einteilungen durchgeht, hat deshalb schnell das Gefühl, immer wieder dasselbe in je leicht abgewandelter Verpackung und Terminologie zu lesen, ohne dass es zu einem grundlegenden Zugewinn an Erkenntnis käme.

[5] *Zweigert/Kötz* (Fn. 3), 67.

[6] Vgl. *David, René; Jauffret-Spinosi, Camille; Goré, Marie,* Les grands systèmes de droit contemporains, 12. Aufl. 2016, 21 ff., insbes. 23.

[7] Vgl. *David, René; Jauffret-Spinosi, Camille,* Les grands systèmes de droit contemporains, 11. Aufl. 2002, 348.

[8] Vgl. *David/Jauffret-Spinosi/Goré* (Fn. 6), 483.

[9] Vgl. *David/Jauffret-Spinosi/Goré* (Fn. 6), 14 ff.; die Ähnlichkeit mit den Einteilungskriterien von Zweigert/Kötz sieht David dabei selbst und erklärt sogar, deren Sichtweise voll und ganz zu teilen, vgl. *David, René,* Besprechung von: Zweigert, Konrad; Kötz, Hein, Einführung in die Rechtsvergleichung, Bd. 1, 1971, in: Revue internationale de droit comparé 24 (1972), 516 (517).

[10] So etwa bei *Mattei, Ugo,* Three patterns of law – Taxonomy and change in the world's legal systems, American Journal of Comparative Law 45 (1997), 5 (19 ff.), der zwischen der Herrschaft des professionellen Rechts (= westlich), des politischen Rechts (= Entwicklungs- und Transformationsländer) und des traditionellen Rechts (= orientalisch) unterscheidet, die allerdings in jeder Rechtsordnung in unterschiedlicher Ausprägung nebeneinander bestünden; Beispiel einer weiteren, eher traditionellen Rechtskreiseinteilung etwa bei *Moura Vicente, Dário,* Direito Comparado, Bd. 1, 6. Aufl. 2025, 68 ff.

[11] Übersichtliche Zusammenstellung etwa bei *Mänhardt, Franz; Posch, Willibald,* Internationales Privatrecht, Privatrechtsvergleichung, Einheitsprivatrecht, 2. Aufl. 1999, 137 ff.; sehr viel ausführlicher zu zahlreichen Einteilungsversuchen *Constantinesco, Léontin-Jean,* Rechtsvergleichung, Bd. 3, Die rechtsvergleichende Wissenschaft, 1983, 82 ff.

2. Ungewöhnliche Einteilungsversuche

6 Aus dem Rahmen fallen demgegenüber vor allem die früheren sozialistischen Rechtsvergleicher. Eörsi etwa unterschied zwischen sozialistischen und kapitalistischen („bourgeoisen") Systemen. Innerhalb der sozialistischen Systeme hielt er weitere Unterteilungen aufgrund der kurzen Zeit ihrer Existenz für schwierig, wollte aber aufgrund der unterschiedlichen historischen Entwicklung jedenfalls zwischen einer fernöstlichen und einer europäischen Gruppe unterscheiden.[12] Die kapitalistischen Systeme teilte er in drei Gruppen ein, die sich in der Art des Übergangs vom Feudalismus zum Kapitalismus unterschieden: erstens eine frühe bourgeoise Transformation, ein ununterbrochener Übergang wie in England oder in den nordischen Staaten; zweitens ein radikaler revolutionärer Übergang wie etwa in Frankreich, aber auch in den USA oder den Niederlanden; drittens ein verzögerter Übergang mit einem langandauernden rechtlichen Anpassungsprozess und einem längeren Nebeneinander von alten und neuen Elementen wie etwa in Deutschland oder Österreich. Ebenso wie in der zweiten gab es auch in dieser dritten Gruppe eine ganze Reihe von Staaten, die ihr Recht in der heutigen Form nicht selbst entwickelten, sondern übernahmen, so dass hierher auch die italienische, spanische und alle lateinamerikanischen Rechtsordnungen ebenso gehören wie etwa die moslemischen Rechte, bei denen gleichzeitig noch feudale Elemente fortbestanden, und die Rechte der ehemaligen französischen und britischen Kolonien, bei denen gleichzeitig noch stammesrechtliche Elemente fortbestanden.[13] Ganz bewusst stellt Eörsi bei dieser Einteilung des kapitalistischen Rechts die technische Herkunft der Regeln, also etwa die Anlehnung an den französischen code civil oder das deutsche BGB, in den Hintergrund, da es dabei nur um die moderne Oberflächenschicht des Rechts gehe, also um die von einer Rechtsgruppe gefundenen Lösungswege. Viel wichtiger sei demgegenüber die Natur der Rechtsgruppe, die von der Natur der Gesellschaft abhänge, der die jeweilige Rechtsordnung diene, und für die sich die drei genannten Formen unterscheiden ließen.[14]

7 Weit aus dem üblichen Rahmen fällt auch die von Wigmore in der Zeit zwischen den beiden Weltkriegen entwickelte Einteilung. Er unterscheidet das ägyptische, mesopotamische, hebräische, chinesische, hinduistische, griechische, römische, maritime, japanische, mohammedanische, keltische, germanische, slawische, kanonische, romanische und anglikanische Rechtssystem.[15] Damit nimmt er in Anspruch, so gut wie alle historischen und aktuellen Rechtssysteme abschließend zu nennen. Entsprechend geht er davon aus, dass von den 16 Rechtsystemen der Welt sechs vollständig verschwunden seien (ägyptisch, mesopotamisch, griechisch, hebräisch, keltisch, kanonisch), fünf als Hybriden überlebt hätten (römisch, germanisch, slawisch, maritim, japanisch), drei eher unvermischt (chinesisch, hinduistisch, mohammedanisch) und dass zwei als Hybriden neu entstanden seien (romanisch und anglikanisch).[16] Die Einteilung der Rechtssysteme insgesamt ist bei Wigmore rein entstehungsgeschichtlich, dh es geht um die Existenz hinreichend ausgeprägter, voneinander unabhängiger Rechtssysteme und ihre historische Entwicklung, die wiederum abhängig aber

[12] Vgl. *Eörsi, Gyula,* Comparative civil (private) law, 1979, 203 ff.

[13] Vgl. *Eörsi* (Fn. 12), 100 ff., zusammenfassend 110, 202; zum Phänomen des Nebeneinanders gänzlich verschiedener Rechtskonzepte aufgrund einer Transformation („doubling") vgl. ibid., 457 ff.

[14] Vgl. *Eörsi* (Fn. 12), 201.

[15] Vgl. *Wigmore, John Henry,* A panorama of the world's legal systems, library edition 1936, 1125; die Rechtssysteme der Inkas, Azteken und Mayas werden aufgrund der zu dünnen Quellenlage nicht mit genannt, das malayische Recht sieht Wigmore allenfalls im Falle Madagaskars als hinreichend eigenständig entwickelt an, ibid., 1125 Fn. 1.; dass noch weitere alte Systeme entdeckt würden, schließt Wigmore nicht aus, hält es aber allenfalls für die Hittiter und die frühen amerikanischen Völker für wahrscheinlich, ibid., 1122.

[16] Vgl. *Wigmore* (Fn. 15), 1127 f.; der Untergang des kanonischen und hebräischen Rechts wird letztlich postuliert, weil beide den territorialen Vorrang vor staatlichem Recht mit eigenständigem Durchsetzungsmechanismus verloren hätten, vgl. ibid., 132, 965 (der Staat Israel bestand noch nicht; der Vatikanstaat war – nach der Eingliederung der Reste des Kirchenstaates 1870 in Italien – erst durch die Lateranverträge 1929, also nach Erscheinen der Erstauflage des Buches gegründet worden und findet auch in der hier zitierten library edition von 1936 keine Erwähnung).

auch unabhängig von der Entwicklung der zugehörigen Völker sein kann. Die Rechtssysteme werden also in ähnlicher Weise eingeteilt wie Sprachfamilien.

3. Hierarchische Einteilungsversuche

8 Rechtskreiseinteilungen müssen aber nicht zwangsläufig eindimensional, sondern können ebenso gut hierarchisch sein. Als Grundgedanke ist dies keinesfalls neu, werden doch schon herkömmlich etwa von Rheinstein innerhalb des kontinentaleuropäischen Rechtskreises eine romanische, eine deutsche, eine skandinavische und eventuell eine sozialistische Untergruppe unterschieden.[17] Zu einer eigenständigen hierarchischen Rechtskreiseinteilung ausgearbeitet hat ihn aber erst Heiss, der bis zu vier Einteilungsebenen unterscheidet.[18] Auf der obersten Ebene differenziert er zwischen säkular-staatlichem Recht, religiösen Rechten und Gewohnheitsrecht. Innerhalb des Gewohnheitsrechts werden geführte von nicht geführten Gesellschaften unterschieden und innerhalb beider wiederum patrilineare von matrilinearen Systemen. Bei den religiösen Rechten werden hinduistisches, islamisches, jüdisches und kanonisches Recht genannt. Das säkular-staatliche Recht schließlich teilt er zunächst in individualistische und kollektivistische Rechte. Zu den individualistischen zählt das common law mit England, USA, Australien und Neuseeland sowie die kontinentaleuropäischen Rechte mit den romanischen Rechten, den deutschen Rechten und den nordischen Rechten. Innerhalb der kollektivistischen Rechte bestehen einerseits die sozialistischen Rechte (China, Nordkorea, Kuba), andererseits die traditionell verhafteten Rechte (Japan, andere asiatische Rechte).

4. Kontextuelle Einteilung

9 Die kontextuelle Rechtsvergleichung bildet Gruppen aus Rechtsordnungen, bei denen die rechtlichen und außerrechtlichen Elemente, die in der Regel als Teil des Kontexts beim Einzelvergleich herangezogen werden, hinreichend ähnlich sind.[19] Um diese Verbindung zwischen Einzelvergleich und typisierendem Vergleich herauszustreichen, werden auch die sich ergebenden Gruppen als Kontexte bezeichnet. Gleichzeitig hebt der kontextuelle Ansatz hervor, dass die Frage der genauen Abgrenzung zwischen verschiedenen Kontexten nicht überbetont, sondern eher pragmatisch gehandhabt werden sollte. Insbesondere weist er stets auf die internen Differenzierungen und Unterkontexte innerhalb der Gruppen hin.[20] Wie die meisten anderen Einteilungsversuche unterscheidet dieser Ansatz zunächst zwischen dem Kontext des kontinentaleuropäischen Rechts und dem Kontext des common law. Deutschland und Frankreich werden trotz ihrer Unterschiede als die typischen Grundbeispiele des kontinentaleuropäischen Rechts angesehen, wobei jedoch Osteuropa, Skandinavien und Lateinamerika spezifische Unterkontexte bilden. Innerhalb des common law Kontexts wird der deutliche Unterschied zwischen englischem und US-amerikanischem Rechtsdenken betont, wobei sich eine Reihe weiterer Staaten an verschiedenen Stellen zwischen diesen beiden Polen positionieren. Jenseits von civil law und common law bestehen weitere eigenständige Kontexte: ein afrikanischer Kontext; verschiedene Kontexte innerhalb der geographischen Grenzen Asiens, von denen drei jeweils durch China, Indien und Indonesien repräsentiert werden, ein weiterer, südostasiatischer Kontext gemeinsam durch Japan, Taiwan, und Südkorea; ein Kontext islamischen Rechts, bei dem zwischen dem klassischen islamischen Recht und dem Recht in heutigen islamischen Staaten unterschieden wird; und schließlich verschiedene Kontexte des transnationalen Rechts, insbesondere das Völkerrecht, ein supranationaler Kontext der seinen deutlichsten (wenn auch nicht notwen-

[17] Vgl. *Rheinstein, Max,* Einführung in die Rechtsvergleichung, 2. Aufl. 1987, 78.

[18] Dazu *Heiss, Helmut,* Hierarchische Rechtskreiseinteilung – Von der Rechtskreislehre zur Typologie der Rechtskulturen, ZVglRWiss 100 (2001), 396 (416 ff.).

[19] Zu Einzelheiten vgl. infra → § 5 Rn. 1 ff.

[20] Vgl. zB infra → § 6 Rn. 4 ff.

dig einzigen) Ausdruck im EU-Recht findet, und ein möglicher Kontext von Rechtsordnungen, die sich ganz unabhängig von staatlichem Einfluss entwickelt haben sollen, typischerweise repräsentiert durch die lex mercatoria.

5. Zur Terminologie von Rechtskreis, Rechtsfamilie, Rechtssystem und Kontext

10 Bei alledem wird gelegentlich versucht, das Problem auch begrifflich aufzuschlüsseln und zwischen Rechtskreisen, Rechtsfamilien und Rechtssystemen zu unterscheiden. So soll die Rechtsfamilie nach einer Ansicht genealogisch strukturiert sein, also eine Elternrechtsordnung und ihre historischen Abkömmlinge oder Geschwister umfassen. Demgegenüber soll das Rechtssystem an rechtstechnische Kriterien wie Normstruktur, Normentstehung oder übliche Gliederungen der Rechtsmasse anknüpfen, während mit dem Begriff der Rechtskreise eine Lösung von Rechtsfamilie und Rechtssystem hin zu einer mehr (rechts-)kulturellen Einteilung verbunden sein soll.[21] Andere betrachten die Rechtsfamilien als Unterkategorien innerhalb der Rechtskreise.[22] Auch hier kann dann wieder die Rechtsfamilie im Unterschied zum Rechtskreis als genealogischer Begriff betrachtet werden. Solch feinziselierte Begrifflichkeiten sind allerdings – gerade außerhalb Deutschlands – nicht jedermanns Sache und finden daher auch nur wenige Anhänger. In aller Regel werden die Begriffe synonym verwendet; wer etwas anderes mit ihnen verbindet, muss dies also eigens klarstellen. Das bedeutet nicht, dass die mit einer differenzierten Begrifflichkeit verbundenen Gedanken nicht akzeptiert würden, nur wollen die wenigsten Rechtsvergleicher diese Gedanken fest mit bestimmten Worten verknüpfen. Wie schwierig es wäre, bestimmten Autoren aufgrund ihrer Begrifflichkeit bestimmte Grundgedanken unterstellen zu wollen,[23] zeigt sich schon daran, dass etwa Zweigert/Kötz in der deutschen Ausgabe ihres Lehrbuchs von „Rechtskreisen" sprechen, in der englischen Übersetzung hingegen ohne weiteres von „legal families". Tatsächlich ist der deutsche Begriff „Rechtskreis" kaum sinnvoll ins Englische zu übertragen. Ähnlich spricht David im Text seines Lehrbuchs von „familles de droit", im Titel aber ohne weiteres von „systèmes de droit". Hinzu kommt, dass der Begriff des „Rechtssystems" in der deutschen ebenso wie in der englischen und französischen Sprache im Singular fast ausnahmslos auf eine einzelne Rechtsordnung und gerade nicht auf eine Gruppe verweist. Wie schon gesehen bevorzugt die kontextuelle Rechtsvergleichung den Begriff des Kontexts anstelle von Rechtsfamilie oder Rechtskreis, um den Grundgedanken dieser Gruppenbildung ebenso zu betonen wie die enge Verbindung von Einzelvergleich und typisierendem Vergleich. Die übrigen Begriffe stehen jedoch in keinerlei Gegensatz zu dieser Sichtweise und können daher ebenso verwendet werden.

III. Sinn und Unsinn der Rechtskreiseinteilung

1. Klassifikationsaufgabe?

11 Wozu soll nun die Aufteilung der Rechtsordnungen in Kontexte (oder Rechtskreise) dienen, welche Vorteile verspricht man sich davon? Immer wieder genannt wird etwa die theoretische Ordnungsaufgabe, dh das in vielen Wissenschaften verbreitete Streben, den eigenen Erkenntnisgegenstand zu ordnen und zu klassifizieren, wie etwa in der biologischen Taxonomie, in den Sprachfamilien der Linguistik oder in den Zeitaltern der Geschichts-

[21] So etwa *Scholler, Heinrich,* Bedeutung der Lehre vom Rechtskreis und die Rechtskultur, ZVglRWiss 99 (2000), 373 (378, dazu auch 380, 385 f.).

[22] So etwa *Constantinesco, Léontin-Jean,* Über den Stil der „Stiltheorie" in der Rechtsvergleichung, ZVglRwiss 77/78 (1978/79), 154 (162); *Constantinesco* (Fn. 11), 77.

[23] *Scholler* (Fn. 21), 378 etwa stellt seine Differenzierung genau genommen nicht als eigene Meinung dar, sondern als allgemein akzeptierte Terminologie.

wissenschaft. Manche gehen gar davon aus, dass erst diese Ordnungsfunktion ein Gebiet zur Wissenschaft mache.[24] Damit ist allerdings die gerade im Hinblick auf das Recht hochabstrakte und kaum sinnvoll beantwortbare Frage gestellt, was Wissenschaft eigentlich ist.[25] Unabhängig davon dürfte zudem eine Auffassung, die Klassifikationen zur zentralen und unabdingbaren Aufgabe jeder Wissenschaft erklärt, zu eng sein und etwas zu sehr an bestimmten, vereinfachten Beispielen aus anderen Wissensbereichen hängen. Dennoch steht es jeder Wissenschaft natürlich gut an, eine gewisse Ordnung in ihren Erkenntnisgegenstand zu bringen. Das gilt aber nur, weil und soweit damit andere Zwecke befördert, die Erkenntnis erleichtert wird, ist also nicht etwa ein Selbstzweck oder gar eine zweckfreie Notwendigkeit.

2. Auswahl von Vergleichsrechtsordnungen und Arbeitsersparnis?

Einen praktischen Zweck der Rechtskreislehre sehen viele in der praktischen Hilfe bei der **12** Auswahl von Vergleichsrechtsordnungen und in der damit verbundenen Arbeitsersparnis. Wer ein bestimmtes Thema rechtsvergleichend untersuchen will, muss nicht alle Rechtsordnungen der Welt durchforsten (was ohnehin kaum zu bewältigen wäre), sondern kann jeweils einen oder zwei Vertreter der verschiedenen Rechtskreise – vorzugsweise die jeweiligen Mutterrechtsordnungen – auswählen und wird so einen hinreichenden Überblick bekommen. Das klingt auf den ersten Blick gut und entspricht auch der Erfahrung, dass bei einem Vergleich oftmals Frankreich, Deutschland und England/USA als typische Vertreter bestimmter Rechtskreise nicht nur sehr beliebte, sondern auch sinnvolle Vergleichsobjekte abgeben. Zusätzlich oder alternativ das italienische, das österreichische oder das neuseeländische Recht mit einzubeziehen, ist hingegen eher selten, wird aber auch – so bedauerlich es natürlich ist – im allgemeinen weniger vermisst.

Dennoch ist die Rechtskreislehre für die Auswahl von Vergleichsobjekten nur beschränkt **13** hilfreich. In der Praxis dominiert bei der Auswahl vielmehr neben pragmatischen Gesichtspunkten vor allem die Suche nach auffälligen Unterschieden.[26] Wer beispielsweise den Schutz geistigen Eigentums unterhalb der Ebene von Patenten untersucht, kann zu dem Ergebnis gelangen, dass sich hier innerhalb Europas vier Gruppen von typischen Schutzkonzepten unterscheiden lassen. So schützen Spanien, Italien und Portugal vor allem räumliche Formen etwa von Werkzeugen und definieren die Schutzschwelle weicher als bei Patenten, während Frankreich und Belgien zu einer anderen Gruppe gehören, da sie keine räumliche Form fordern und die Schutzschwelle ebenso hoch ansetzen wie im Patentrecht. Deutschland und Österreich wiederum bilden eine eigene Gruppe (ohne Erfordernis räumlicher Form, aber mit abgeschwächter Schutzschwelle), die jedoch den drei südeuropäischen Rechtsordnungen inhaltlich näher steht. Auch Irland lässt sich diesen beiden Gruppen zuordnen, während England einen ganz anderen Ansatz wählt. Die Niederlande wiederum gehören zur Gruppe von Frankreich und Belgien.[27] Die klassische Unterscheidung von germanischen, romanischen und common law Rechtsordnungen wird so umfänglich durchbrochen und hat kaum noch Aussagekraft.

Dieses Beispiel stellt dabei keineswegs einen Ausnahmefall dar. Für die inhaltlichen **14** Aspekte des Strafrechts und des Strafverfahrensrechts etwa sind die üblichen Rechtskreise kaum aussagekräftig.[28] Viel sinnvoller ist es hier, idealtypisch auf einer ersten Ebene zu unterscheiden zwischen einem autoritären Modell, das dem Gedanken der Repression vertraut, und einem liberalen Modell, das ihm nicht vertraut und ihn deshalb zurück-

---

[24] Vgl. *Heiss* (Fn. 18), 398 f.; *Constantinesco* (Fn. 11), 34 ff.
[25] Vgl. dazu auch supra → § 1 Rn. 55; zum damit teilweise zusammenhängenden Problem der wissenschaftlichen Methode vgl. supra → § 3 Rn. 225 ff.
[26] Vgl. auch supra → § 3 Rn. 294.
[27] Vgl. *Brand, Oliver,* Conceptual comparisons – Towards a coherent methodology of comparative legal studies, Brooklyn Journal of International Law 32 (2007), 405 (447 ff.).
[28] Zum Folgenden ausführlich *Pradel, Jean,* Droit pénal comparé, 4. Aufl. 2016, 881 ff.

zudrängen versucht. Innerhalb des autoritären Modells wiederum steht eine traditionelle Auffassung, derzufolge harte Strafen notwendig sind, um die öffentliche Ordnung aufrechtzuerhalten, neben einer etwas neueren, insbesondere im sozialistischen Denken verbreiteten, die mit harten Strafen politische und soziale Änderungen herbeiführen will. Beim liberalen Modell hingegen existiert eine moderate Variante, die weiterhin auf den Repressionsgedanken vertraut, aber seine extremen Konsequenzen verhindern will, und eine radikalere Variante, die das strafrechtliche System insgesamt zurückzudrängen versucht, etwa indem auf Prävention gesetzt wird oder indem außerjuristischen Lösungen (zB Mediation), Begrenzung strafrechtlicher zugunsten anderer Sanktionen oder eine vollständige Entkriminalisierung angestrebt werden. Diese Einteilung weist allerdings die Besonderheit auf, dass sie sich einer klaren Zuordnung einzelner Staaten zu je genau einem System weitgehend widersetzt. Vielmehr finden sich – mit Ausnahme klar autoritärer Regime – regelmäßig Elemente verschiedener Modelle in einem Staat nebeneinander, so dass eine Einteilung eher für bestimmte strafrechtliche Teilfragen und nach historischen Epochen möglich ist. So lässt sich etwa der US Patriot Act 2001 ohne weiteres als autoritär einordnen,[29] ohne dass damit das gesamte Strafrecht der Vereinigten Staaten diesem Modell zuzurechnen wäre.

15 Eigenständige Kategorien lassen sich auch ohne weiteres für das Verfassungsrecht bilden. Beispielsweise sind sich hier Deutschland und die USA mit ihren geschriebenen Verfassungen und ihrer starken Verfassungsgerichtsbarkeit sehr viel ähnlicher als die USA und Großbritannien. Ebenso macht die übliche Trennung von England (common law) und Schottland (civil law) aufgrund des einheitlichen britischen Verfassungsrechts in diesem Bereich wenig Sinn.[30] Werden religionsrechtliche Fragen untersucht, ist es ua von großem Interesse zu wissen, ob der jeweilige Staat eine strikte Trennung von Kirche und Staat verlangt, stattdessen eine Staatskirche besitzt oder einer Zwischenlösung anhängt. Auch dies hängt mit den üblichen Rechtskreisen nicht zusammen.

16 Um also wirklich hilfreich zu sein, müsste letztlich für jedes Rechtsgebiet, ja sogar für einzelne Untergebiete jeweils eine eigene Rechtskreiseinteilung gefunden werden. Das aber ist gerade nicht das Anliegen der Rechtskreislehre. Konzentriert sich eine vorgeschlagene Rechtskreiseinteilung aber doch einmal in diesem Sinne auf die inhaltlichen Regelungen, wird dies im Gegenteil sogar regelmäßig zu einem berechtigen Vorwurf. Denn immer wieder wird auch herkömmlichen Rechtskreiseinteilungen entgegengehalten, sie beruhten ausgesprochen[31] oder unausgesprochen auf einer zivilrechtlichen – also inhaltlich stark beschränkten – Sicht, obwohl sie in der Regel einen sehr viel generelleren Anspruch für sich erheben und sich gerade nicht als Spezialeinteilung für nur eines von vielen denkbaren Rechtsgebieten betrachten.

17 Aber selbst wenn diese Fragen außer Acht gelassen werden, helfen die Rechtskreiseinteilungen jedenfalls bei gemischten Rechtsordnungen nicht weiter, die Elemente verschiedener Rechtskreise in sich verbinden, wie etwa im Fall von Mauritius und den Seychellen, in denen common law und französisches Rechtsdenken miteinander kombiniert sind.[32] Dabei handelt es sich auch keineswegs um eine eher unbedeutende Randfrage. Eine Studie etwa kommt zu dem Ergebnis, dass über 40 % der weltweit existierenden Rechtsordnungen als gemischt einzustufen sind.[33] Die Gemischtheit der Rechtsordnung kann sich dabei zusätzlich

---

[29] Vgl. *Pradel* (Fn. 28), 915 f.

[30] Zu Forderungen nach eigenen Rechtskreisen für das öffentliche Recht ausführlich – im Ergebnis aber kritisch – *Grote, Rainer,* Rechtskreise im öffentlichen Recht, Archiv des öffentlichen Rechts 126 (2001), 10 (10 ff.); vgl. auch *Wieser, Bernd,* Vergleichendes Verfassungsrecht, 3. Aufl. 2024, 155 ff., der die Forderung für das Verfassungsrecht umzusetzen versucht.

[31] Ausdrückliche Beschränkung etwa bei *Arminjon, Pierre; Nolde, Baron Boris; Wolff, Martin,* Traité de droit comparé, Bd. 1, 1950, 52.

[32] Vgl. dazu *Bogdan, Michael,* The law of Mauritius and Seychelles – A study of two small mixed legal systems, 1989, 14 ff.; allgemein zu gemischten Rechtsordnungen vgl. infra → Rn. 54 ff.

[33] Vgl. die Zählung der JuriGlobe Arbeitsgruppe der Universität Ottawa unter www.juriglobe.ca/eng/syst-onu/tab-repartition.php (zuletzt abgerufen am 18.7.2025); zur Einstellung der Lehre von den Rechtstraditionen, die die Mischung als das Normale und die fehlende Mischung als die Ausnahme sieht vgl. supra → § 3 Rn. 97 ff.

gerade in bestimmten Rechtsgebieten auswirken. So herrscht etwa in Indien zwar grundsätzlich das common law vor, jedoch nicht im Familien- und Erbrecht. Argentinien wird gemeinhin dem romanischen Rechtskreis zugeordnet, doch ist sein Verfassungsrecht sehr stark von den USA beeinflusst.

Selbst wenn aber all diese Probleme nicht bestünden, so bliebe doch die Erkenntnis, dass 18
bei konkreten rechtsvergleichenden Einzelstudien oftmals gerade ungewöhnliche, nicht kategorisierbare Einzelregelungen in einzelnen Staaten den Rechtsvergleich besonders interessant und ergiebig machen. Der Versuch, über die Rechtskreislehre die Auswahl nur ganz bestimmter Rechtsordnungen für den Vergleich zu rechtfertigen, erscheint so zumindest unter anderem auch als der verständliche Versuch, die inhärenten Beschränkungen und Unzulänglichkeiten der Rechtsvergleichung wissenschaftlich zu verbrämen. Dass etwa Frankreich, England und die USA bei deutschen Rechtsvergleichern so hoch im Kurs stehen, dürfte nicht zuletzt schlicht darauf zurückzuführen sein, dass über diese Rechtsordnungen sehr viel geschrieben wurde, so dass das Einlesen und Einfühlen in das fremde Rechtsdenken stark erleichtert wird, dass hier über vielerlei Rechtsfragen Material verfügbar ist und dass die zugehörigen Sprachen den Rechtsvergleichern meist gut vertraut sind.

3. Kenntnis des Kontexts

Die Hilfestellung der Rechtskreislehre lässt sich aber auch weniger konkret auf die gerade 19
untersuchte Rechtsfrage beziehen, sondern allgemeiner fassen. Über den jeweiligen Rechtskreis werden die für einen sinnvollen Rechtsvergleich stets notwendigen Grundkenntnisse über die rechtlichen und außerrechtlichen Elemente des Kontexts vermittelt. So können die zahlreichen möglichen Fehler bei der Rechtsvergleichung leichter vermieden werden. Der Zugang zum fremden Recht, das langsame Sich-Einfühlen in die fremde rechtliche Denkweise wird durch die Grundinformationen zum jeweiligen Kontext vereinfacht. Wer etwa straf- und teilweise auch zivilrechtliche Regeln im common law von außen betrachtet, wird in Kenntnis der Eigenheiten dieses Kontexts nicht vergessen, ggf. über den Einfluss der jury-Entscheidung auf das Recht nachzudenken. Wer mit Osteuropa zu tun hat, wird sich im Rahmen dieses Unterkontexts des kontinentaleuropäischen Rechts der Möglichkeit und des Einflusses eines textuellen Positivismus ebenso bewusst sein wie der teilweise noch viele Jahre nach der politischen Wende nachwirkenden Unsicherheiten und Widersprüche durch radikale rechtliche Brüche. Vielfach sind damit natürlich nur erste, grobe Anhaltspunkte gegeben, die für die speziell betrachteten Rechtsordnungen der Verfeinerung bedürften. Diese ersten Anhaltspunkte, das Grundwissen des Rechtsvergleichers, sind aber von umso größerem Wert.

4. Didaktik

Den Aspekt des rechtsvergleichenden Grundwissens betont schließlich der didaktische 20
Aspekt der Rechtskreislehre. Bei der Zusammenfassung von Rechtsordnungen zu Kontexten geht es nicht zuletzt darum, typische Gemeinsamkeiten und Unterschiede herauszuarbeiten und so dem Anfänger wie dem Fortgeschrittenen dabei zu helfen, sich einen gewissen Überblick zu verschaffen. Auf diese Weise werden nicht nur Kenntnisse über den rechtlichen wie außerrechtlichen Kontext vermittelt, sondern dem Rechtsvergleicher auch ein Einblick in Art und Ausmaß der möglichen Verschiedenheiten zwischen den Rechtsordnungen vermittelt, der es ihm erleichtert, die scheinbar so zwingenden heimatlichen Denkweisen zu relativieren und ggf. hinter sich zu lassen.

5. Weitere Kritik an der Rechtskreislehre

21 Eine Reihe von üblichen Kritikpunkten an der Rechtskreislehre[34] wurden bereits implizit angesprochen: Immer wieder betont wird vor allem die sog. materielle Relativität der Rechtskreise, also ihre Abhängigkeit vom jeweils betrachteten Rechtsgebiet, so dass es statt einer einheitlichen eine Vielzahl von verschiedenen Rechtskreiseinteilungen geben müsste, die parallel nebeneinander bestehen. Diese Konsequenz muss allerdings nur derjenige ziehen, der die Funktion der Rechtskreise als Arbeitserleichterung und Auswahlhilfe für bestimmend hält, was, wie gesehen, keinesfalls zwingend ist. Einen Unteraspekt der materiellen Relativität stellt auch der Vorwurf dar, dass eine Reihe von bekannten Rechtskreiseinteilungen zu stark auf das Zivilrecht zentriert seien.[35] Neben die materielle Relativität tritt terminologisch die zeitliche Relativität, also der mögliche Wechsel einer Rechtsordnung von einem Rechtskreis in den anderen. Waren beispielsweise bis Ende der 80'er Jahre des vorigen Jahrhunderts die Staaten Osteuropas dem sozialistischen Rechtskreis zuzuordnen, so ist dies heute nicht mehr der Fall. Auch gilt es, Konvergenzprozesse zu berücksichtigen, beispielsweise den stetigen Anpassungsdruck auf das englische Recht, wie er von der EMRK sowie früher vom Unionsrecht ausging, das schon aufgrund der zahlenmäßigen Übermacht kontinentaler Mitgliedstaaten eher vom civil law geprägt ist. Jede Rechtskreiseinteilung kann also nur für einen gegebenen Zeitpunkt Gültigkeit beanspruchen.

22 Immer wieder wird den Rechtskreislehren neben der Zivilrechtszentrierung eine weitere Form der Einseitigkeit vorgeworfen, nämlich eine zu sehr westlich orientierte Betrachtungsweise. Tatsächlich werden eher geringfügige Unterschiede wie die zwischen dem deutschen und dem französischen Recht zu unterschiedlichen Rechtskreisen hochgespielt, während etwa ganz grundlegende Differenzierungen innerhalb der asiatischen Staaten, zB zwischen Japan, China, Indonesien und Thailand, kaum Beachtung finden. Während die Besonderheiten der nordeuropäischen Staaten noch gelegentlich erwähnt werden, versinken die Rechtsordnungen Afrikas in der Rechtskreiseinteilung weitgehend in einem Meer von Unkenntnis, von dem sich kaum ein Rechtsvergleicher freisprechen kann. Dass dennoch gerade Südafrika des Öfteren einmal näher betrachtet wird, bestätigt nur den Befund, da dieses Land gemeinhin als der westlichen Welt weit näherstehend empfunden wird. Ein Standardlehrbuch wie das von Zweigert/Kötz widmet den germanischen und romanischen Rechten 104 Seiten, dem Recht im fernen Osten hingegen nur 16 Seiten, den Stammesrechten allenfalls Randbemerkungen. Diese Kritik wurde in der Literatur schon vielfach wiederholt, ist allgemein bekannt und letztlich kaum zu widerlegen. Die Gründe für diese gewisse Einseitigkeit liegen aber keinesfalls in einem westlichen Chauvinismus oder Überlegenheitsgefühl, sondern sind oft ganz praktischer Natur. Umfassende Informationen über das Rechtssystem vieler nichtwestlicher Staaten zu bekommen ist gerade von außen oft ausgesprochen schwierig. Das beginnt schon bei Gesetzestexten und Gerichtsentscheidungen, gilt aber in besonderem Maße für Lehrbücher und Aufsätze, die einzelne Rechtsgebiete und Rechtsfragen in all ihren Details und mit allen etwaigen Streitigkeiten aufarbeiten. Oft kommen auch sprachliche Probleme hinzu, da etwa Chinesisch, Indonesisch oder Arabisch als Fremdsprachen weit weniger verbreitet sind als insbesondere Englisch. Von einem fehlenden Interesse im Übrigen kann aber kaum die Rede sein. Im Gegenteil finden Vorträge oder Aufsätze über die Besonderheiten nichtwestlicher Rechtsordnungen bei vielen Rechtsvergleichern sogar besondere Aufmerksamkeit, schlicht weil stark von bekannten westlichen Mustern abweichende Vorstellungen ein besonders Maß an Neugier hervorrufen.

---

[34] Zusammenfassend zur Kritik jetzt etwa auch *Siems* (Fn. 2), 92 ff.

[35] Für *Zeno-Zencovich, Vincenzo,* Comparative Legal Systems, 2. Aufl. 2019, 96, 98 f. liegt darin sogar der Grund, die Idee der Rechtskreise einschließlich der Unterscheidung zwischen kontinentaleuropäischem Recht und common law insgesamt abzulehnen; seine Ablehnung bleibt allerdings rein formal, da er ibid. 99 ff. alternative Kriterien zur Gruppenbildung bei Rechtsordnungen vorschlägt, die deutlich näher an der vorherrschenden Sichtweise der Rechtskreiseinteilung und an einer kontextuellen Sichtweise liegen.

23 Anlass zu Kritik gibt auch immer wieder eine gewisse methodische Beliebigkeit der Merkmale, anhand derer die Rechtskreise eingeteilt werden. Teils werden die ausschlaggebenden Merkmale nicht genau benannt, teils ihre jeweilige Wertigkeit im Verhältnis zueinander nicht geklärt, vor allem aber kaum je dargelegt, warum gerade diese und keine anderen Eigenheiten von zentraler Bedeutung sein sollen. Nicht selten werden auch bestimmte Merkmale zur Differenzierung etwa zwischen common law und civil law verwendet, für die Abgrenzung zu und zwischen anderen Rechtskreisen hingegen ganz andere. In ihrer ungewöhnlichen Schärfe geradezu klassisch ist hier die Kritik Constantinescos an Zweigert/Kötz.[36] Er weist etwa darauf hin, dass Zweigert/Kötz zur Abgrenzung des fernöstlichen Rechtskreises keines der von ihnen selbst genannten Stilelemente verwendeten und dass im Übrigen ein Hinwegdenken bestimmter, von Zweigert/Kötz als stilprägend bezeichneter Rechtsinstitute – etwa Wegfall der Geschäftsgrundlage oder consideration – wohl kaum dazu führen würde, dass die deutsche oder englische Rechtsordnung nicht mehr zum germanischen bzw. common law Rechtskreis gehörte. Besonders plakativ ist auch sein Hinweis, dass der als stilprägend angeführte Status nichtehelicher Kinder im französischen Recht nicht nur in steter Abschwächung begriffen war, sondern auch durch eine Reformgesetz 1972, also nur ein Jahr nach Erscheinen der Erstauflage von Zweigert/Kötz, grundlegend verändert worden sei.[37] Bei aller Berechtigung solcher Einzelkritik ist jedoch der Vorwurf methodischer Beliebigkeit insgesamt von einem sehr hehren Wissenschaftsbild geprägt. Wer – wie etwa Constantinesco – die Wissenschaftlichkeit gerade und nur in der Kategorisierung sieht,[38] wird hier tatsächlich genaueste Begründungen für und gegen jedes möglicherweise in Betracht kommende Merkmal sowie eine genaue Anwendung in jedem Einzelfall verlangen, entsprechend etwa dem Vorbild der Taxonomie in der Biologie. Teilt man dieses Wissenschaftsbild hingegen nicht, so kommt es weniger auf die genaue Methodik bei Herleitung und Anwendung der Abgrenzungsmerkmale an, als vielmehr darauf, ob die Rechtskreislehre ganz praktisch ihren Zweck hinreichend erfüllt und was eigentlich dieser Zweck sein soll. Das gilt umso mehr, als die Rechtsvergleichung keine Naturwissenschaft ist, sich also Klassifizierungsmerkmale nicht unbedingt aus der Natur der betrachteten Gegenstände selbst heraus ergeben und nur noch entdeckt werden müssten.

24 Bereits angesprochen wurde das vielfach kritisierte Problem der gemischten Rechtsordnungen, die trotz ihrer großen praktischen Bedeutung ein wenig durch das Raster der Rechtskreislehren fallen. Sie schlicht als eigenen Rechtskreis anzusehen, wäre kaum eine tragfähige Lösung, da sie über ihren Mischcharakter hinaus keine gemeinsamen Merkmale aufweisen.[39]

25 Eine weitere Kritik setzt an der oft genealogischen Einteilung der Rechtskreise an. So werden etwa gewöhnlich alle Rechtsordnungen, die den französischen Code Civil übernommen haben, kurzerhand dem romanischen Rechtskreis zugerechnet. Diesem pauschalen Vorgehen widerspricht aber der bekannte Gedanke[40], dass eine Rechtsübernahme oft einhergeht mit einer Veränderung und Anpassung des Übernommenen an die vorgefundenen Zustände in der Empfängerrechtsordnung. Ob die bloße Übernahme eines bestimmten Gesetzbuches hinreichendes Kriterium für die Annahme eines gemeinsamen Rechtskreises ist, kann daher mit Fug und Recht bezweifelt werden.

---

36 Vgl. *Constantinesco* (Fn. 11), 125 ff.; vorab veröffentlicht in *Constantinesco* (Fn. 22), 159 ff.; zu seiner Generalkritik an den üblichen Rechtskreislehren vgl. *Constantinesco* (Fn. 11), 158 ff.

37 Vgl. *Constantinesco* (Fn. 11), 133 f.; dazu schon *David* (Fn. 9), 518, der dies für eine unglückliche Eingebung hielt.

38 Vgl. dazu schon supra → § 1 Rn. 59 ff.

39 Vgl. etwa *Plessis, Jacques du,* Comparative law and the study of mixed legal systems, in: Reimann, Mathias; Zimmermann, Reinhard (Hrsg.), The Oxford handbook of comparative law, 2006, 477 (482).

40 Vgl. dazu supra → § 2 Rn. 36, 38.

6. Praktische Bedeutung der Kontexte

26 Interessanterweise sind sich gerade diejenigen Rechtsvergleicher, die sich ausführlich nicht nur mit abstrakten Aspekten der Rechtskreiseinteilung beschäftigt, sondern die einzelnen Rechtskreise auch durchgearbeitet und detailliert vorgestellt haben, in besonderem Maße der Probleme und Beschränkungen ihrer eigenen wie auch jeder anderen Einteilung bewusst. Das zeigt sich nicht nur implizit etwa daran, dass teils größte Zurückhaltung besteht, bestimmte dargestellte Gruppen von Rechtsordnungen als Rechtskreise zu charakterisieren,[41] sondern wird auch ohne Umschweife direkt angesprochen. Im Ergebnis stellen etwa Zweigert/Kötz unmissverständlich klar, dass „die Lehre von den Rechtskreisen oft zu gewaltsamen Vereinfachungen führt und deshalb nicht allzu ernst genommen werden sollte",[42] und David hält zu den Streitigkeiten um die Rechtskreise, ihre Bedeutung und Einteilungskriterien lakonisch fest „Ces discussions (…) n'ont pas beaucoup de sens."[43] De Cruz hält die Rechtskreislehre letztlich für „at least an accessible and managable, *ab initio* way of enabling comparatists to take the first steps in exploring and analysing foreign law".[44] Und selbst die noch weitgehend vom Denken des frühen 20. Jahrhunderts geprägten Arminjon, Nolde und Wolff räumten nicht nur ihre Beschränkung auf das Zivilrecht offen ein, sondern wollten ihrer eigenen Einteilung auch ausdrücklich keine besondere Genauigkeit, Objektivität und Konsequenz unterstellen, die schließlich nicht einmal die biologische Taxonomie von sich behaupten könne.[45] Gleichzeitig herrscht aber bei allen grundlegenden Zweifeln doch große Einigkeit in zentralen Ergebnissen: Dass das Rechtsdenken des common law ein anderes ist als das des civil law; dass die deutsche oder österreichische Herangehensweise an das Recht sich von der französischen in typischer Weise unterscheidet; dass chinesisches oder islamisches Recht ebenso wie afrikanisches Stammesrecht nicht einfach mit den Kategorien westlichen Rechts zu erfassen sind – all dies wird im Kern kaum je ernsthaft bestritten.

27 Die Lehren von den Rechtskreisen oder Kontexten haben also schon vom Ergebnis her ihre klare Berechtigung und ihren klaren Platz. Sie sind in erster Linie ein didaktisches Hilfsmittel, sie schaffen Grundkenntnisse und dienen der ersten Einführung in die Weite des rechtlichen und außerrechtlichen Kontexts, der bei jeder Rechtsvergleichung beachtet werden muss: nicht mehr, aber sicher auch nicht weniger. Darüber hinaus können sie sicher auch an anderen Stellen gelegentlich helfen, etwa bei der Auswahl zu vergleichender Rechtsordnungen. Hier ist jedoch vor einer Überbewertung und theoretischen Überhöhung der Rechtskreislehren zu warnen, die dann leicht selbst wieder zu Fehlern führen kann.

IV. Die Debatte um die Rechtskultur

1. Rechtsvergleichender Ansatz

28 In der Rechtsvergleichung spielt der Begriff der Rechtskultur schon lange eine bedeutsame Rolle. Das ergibt sich schon aus dem klassischen funktionalen Ansatz, dem zufolge ua die in verschiedenen Rechtsordnungen gefundenen Lösungen einander ohne Rücksicht auf die nationale Dogmatik im Hinblick auf die gestellte *Sach*frage gegenüberzustellen sind.[46]

[41] Vgl. supra → Rn. 3, 4.
[42] *Zweigert/Kötz* (Fn. 3), 293.
[43] *David/Jauffret-Spinosi/Goré* (Fn. 6), 16.
[44] *de Cruz, Peter,* Comparative law in a changing world, 3. Aufl. 2007, 35.
[45] Vgl. *Arminjon/Nolde/Wolff* (Fn. 31), 52 f. Als wichtige Ausnahme könnte in dieser Reihe Constantinesco zu nennen sein (dazu supra → § 1 Rn. 59 ff., → § 4 Rn. 22), der jedoch die offenbar ursprünglich geplante Anwendung seiner Rechtskreiskriterien in einer detaillierten Darstellung der einzelnen Rechtskreise aufgrund seines Todes nicht mehr ausführen konnte.
[46] Vgl. supra → § 3 Rn. 7, 197, 185, 216.

Lösungsäquivalente können also ohne weiteres auch im außerrechtlichen, rechtskulturell geprägten Raum zu finden sein. Wird gefragt, warum die Lösungen verschieden sind, so gilt es, alle einschlägigen Faktoren rechtlicher oder außerrechtlicher Art mit einzubeziehen – der von der kontextuellen Rechtsvergleichung aufgegriffene Kerngedanke. Dass etwa zur Erklärung einiger typisch japanischer Rechtsphänomene vielfach auf eine im Konfuzianismus begründete, streitfeindliche Konsenskultur der japanischen Gesellschaft abgestellt wird, also auf außerjuristische, allgemein gesellschaftliche Phänomene – eben auf eine spezifisch japanische Rechtskultur – empfindet kein Rechtsvergleicher von der Herangehensweise her als ungewöhnlich. Der Begriff der Rechtskultur dient hier schlicht der Abgrenzung von der klassischen Rechtsdogmatik oder, wenn man so will, vom allein geschriebenen Recht.

Die Rechtskultur kann aber auch mehr ins Zentrum der Betrachtung rücken und Basis für eine neue Einteilung der Rechtsfamilien werden. So sprechen sich etwa van Hoecke/Warrington für eine Aufteilung in vier rechtskulturelle Familien aus, nämlich die westliche, die asiatisch, die islamische und die afrikanische. Die Gemeinsamkeiten der jeweiligen Rechtskultur ergäben sich dabei aus übereinstimmenden Auffassungen in mindestens sechs Punkten, nämlich der Konzeption von Recht insgesamt, der Quellenlehre, der Methodenlehre, der Begründungslehre, den Legitimationsquellen des Rechts und – als wichtigstem Punkt – der Grundideologie im Hinblick auf Grundwerte und allgemeine Weltanschauung. Daraus sollen unmittelbare Folgerungen für die konkrete rechtsvergleichende Arbeit zu ziehen sein. Denn zwischen verschiedenen Kulturen sei nur ein Vergleich aus anthropologischer oder soziologischer Perspektive[47] sinnvoll, ein klassischer Vergleich hingegen nur innerhalb der Kulturen, wobei ein rein technischer Vergleich konkreter rechtlicher Einzelregelungen zusätzlich voraussetze, dass die betrachteten Rechtsordnungen in den sechs genannten Grundaspekten gleichen Ansichten unterlägen.[48] 29

Letztlich allerdings stammt der Begriff der Rechtskultur aus der Rechtssoziologie. Entsprechend wird auch in der rechtsvergleichenden Literatur immer wieder auf die rechtssoziologischen Schriften und Streitigkeiten zu diesem Thema Bezug genommen,[49] erschließen sich Sinn und Sinnhaftigkeit des Begriffs also erst durch einen Seitenblick in die rechtssoziologische Debatte. 30

2. Rechtssoziologische Debatte

a) Vielzahl von Definitionen

Was genau die Rechtskultur eigentlich sein soll, ist dabei in der Rechtssoziologie keinesfalls klar. Lawrence Friedman, der nach Aussage namhafter Rechtssoziologen[50] den Begriff in das Gebiet eingeführt hat, beschreibt damit „ideas, values, expectations and attitudes towards law and legal institutions, which some public or some part of the public hold".[51] Dabei unterscheidet er analytisch zwischen Kultur und Struktur des Rechts und zählt zur Struktur etwa die Frage nach der Organisation der Gerichte, der Existenz einer jury, der Größe und Zusammensetzung der Anwaltschaft oder der Existenz gerichtlicher Normenkontrolle.[52] 31

[47] Zur begrifflichen Trennung von Soziologie und Anthropologie vgl. supra → § 1 Rn. 41 mit 39.

[48] Vgl. *Hoecke, Mark van; Warrington, Mark,* Legal cultures, legal paradigms and legal doctrine – Towards a new model for comparative law, International & Comparative Law Quarterly 47 (1998), 495 (502 ff., 513 ff., 532 f.).

[49] Soweit sich in diesem Bereich Rechtssoziologie und Rechtsvergleichung überhaupt noch sinnvoll trennen lassen, was etwa in Anbetracht des Beitrags von *Nelken, David,* Defining and using the concept of legal culture, in: Örücü, Esin; Nelken, David (Hrsg.), Comparative law – A handbook, 2007, 109 schwierig wird.

[50] Vgl. etwa *Nelken* (Fn. 49), 109.

[51] *Friedman, Lawrence M.,* The concept of legal culture – A reply, in: Nelken, David (Hrsg.), Comparing legal cultures, 1997, 33 (34).

[52] Vgl. *Friedman, Lawrence M.,* The place of legal culture in the sociology of law, in: Freeman, Michael D. A. (Hrsg.), Law and sociology – Current legal issues 8 (2006), 185 (198 f.).

Thomas Raiser definiert Rechtskultur hingegen als den „empirisch erforschbaren Inbegriff der in einer Gesellschaft bestehenden, auf das Recht bezogenen Wertvorstellungen, Normen, Institutionen, Verfahrensregeln und Verhaltensweisen" und will so explizit alle Erscheinungen des Rechts und des Rechtslebens erfassen.[53] Erhard Blankenburg benutzt den Begriff zwar vielfach und beschreibt ihn auch, scheint seinen Inhalt aber vom jeweils angestrebten Ziel abhängig zu machen und keine einheitliche Definition liefern zu wollen. Blankenburg versucht, die reale Funktionsweise eines Rechtssystems anhand von empirisch ermittelbaren Daten zu beschreiben, etwa indem er die Prozesshäufigkeit in verschiedenen geographischen Gebieten differenziert untersucht. Der Vergleich solcher Indikatoren führe von der vergleichenden Betrachtung allein von Rechtssystemen zur Betrachtung von Rechtskulturen. Den Begriff der Rechtskultur verwendet er dabei ausdrücklich aus „polemischen" Gründen. Er will darauf hinweisen, dass er im Unterschied zu vielen anderen weniger die Einstellungen der Allgemeinheit zum Recht für relevant hält, sondern die Rechtskultur vor allem als ein Produkt juristisch-institutioneller Faktoren ansieht.[54] Mit anderen Worten geht es ihm um alle Institutionen, die Rechtlichkeit von politischer Willkür unterscheiden, allerdings mit einem rein beschreibenden und keinem normativen, auf das Sollen gerichteten Anspruch.[55] Eine umfassende Beschreibung versucht schließlich etwa Nelken: „one way of describing relatively stable patterns of legally-oriented social behaviour and attitudes. The identifying elements of legal culture range from facts about institutions such as the number and role of lawyers or the way judges are appointed and controlled, to various forms of behaviour such as litigation or prison rates, and, at the other extreme, more nebulous aspects of ideas, values, aspirations and mentalities. Like culture itself, legal culture is about who we are, not just what we do".[56]

32 Schon aus diesen Beispielen wird eine zentrale Differenzierungsmöglichkeit im Begriff der Rechtskultur deutlich: Er kann sich einerseits auf die Einstellung der allgemeinen Bevölkerung zu rechtlich relevanten Fragen beziehen, aber auch nur auf die Einstellung speziell juristischer Kreise. In der ersten Konzeption ginge es dann der Sache nach etwa um die Prozessfreudigkeit oder Konfliktbereitschaft der Bevölkerung, um ihre konkreten Einstellungen zu Gerechtigkeitsfragen oder zu bestimmten Werten, in der zweiten Konzeption hingegen etwa um Ausbildung, Wertekanon, Denkweisen oder Schreibstil von Juristen. Friedman etwa hat diese Zweiteilung als Unterscheidung zwischen externer und interner Rechtskultur ausdrücklich aufgenommen, hält die interne für besonders bedeutsam, warnt aber zugleich ausdrücklich vor Überinterpretationen.[57] Blankenburg etwa scheint es vor allem um den internen Aspekt zu gehen. Daneben kann die Rechtskultur aber auch noch andere Begriffsnuancen entwickeln. So wird nicht nur von bestimmten nationalen Rechtskulturen, sondern ebenso von einerseits lokalen, andererseits regionalen und sogar einer weltweiten Rechtskultur gesprochen.[58] Ebenso lässt sich Rechtskultur aber auch ganz anders im Sinne einer „Kultur des Rechts" verwenden, also einem Ideal, das dem Recht eine positiv besetzte, ordnende und freiheitssichernde Funktion zuweist und diese einfordert.[59] Damit

[53] *Raiser, Thomas,* Grundlagen der Rechtssoziologie, 6., durchgesehene und erweiterte Auflage von „Das lebende Recht", 2013, 330.

[54] *Blankenburg, Erhard,* Civil litigation rates as indicators for legal culture, in: Nelken, David (Hrsg.), Comparing legal cultures, 1997, 41 (64 f.); *Blankenburg, Erhard; Bruinsma, Freek,* Dutch legal culture, 1991, 3; abgewandelt später *Bruinsma, Freek,* Dutch internal legal culture, in: Brand, Jürgen; Strempel, Dieter (Hrsg.), Soziologie des Rechts – Festschrift für Erhard Blankenburg zum 60. Geburtstag, 1998, 369 (369 f.), der im Gegensatz zu Blankenburg nunmehr zumindest die Einstellung der Berufsjuristen zum Rechtssystem (die sog. internal legal culture) berücksichtigt wissen will.

[55] Vgl. *Blankenburg, Erhard,* Patterns of legal culture – The Netherlands compared to neighboring Germany, American Journal of Comparative Law 46 (1998), 1 (39), zu einem konkreten Untersuchungsschema ibid., 40 f.

[56] *Nelken* (Fn. 49), 113.

[57] Vgl. *Friedman* (Fn. 51), 35 f.

[58] Zur weltweiten Rechtskultur vgl. etwa *Koch, Charles H.,* Envisioning a global legal culture, Michigan Journal of International Law 25 (2003), 1 (1 ff.).

[59] Vgl. etwa *Nelken* (Fn. 49), 111; *Blankenburg* (Fn. 54), 66 Fn. 20.

wird aber bereits der engere soziologische Begriffszusammenhang verlassen. Dass bei alledem die Probleme einer genauen Definition nicht zuletzt darauf beruhen, dass mit „Recht" und „Kultur" zwei der denkbar schwierigsten und streitanfälligsten Begriffe zu einem neuen verbunden werden, ist eine wenig überraschende Beobachtung.

b) Der Streit um den Sinn

Bedeutung und Sinnhaftigkeit der Rechtskultur werden innerhalb der Rechtssoziologie verschieden gesehen und sind teilweise heftig umstritten. Für einige Rechtssoziologen ist die Rechtskultur nur ein Begriff unter vielen,[60] für andere die angewandte Seite der Rechtssoziologie,[61] für Friedman etwa der Kern seiner Forschung. 33

aa) Theorie vs. Pragmatismus

Besonders eingängig und illustrativ ist in diesem Zusammenhang aber der bekannte Streit zwischen Cotterrell und Friedman, bei dem Cotterrell in einem Aufsatz einen Generalangriff gegen die Lehren Friedmans begann, auf den Friedman direkt, im selben Sammelband und schon im stilistischen Kontrast lesenswert antwortete:[62] 34

Cotterrell lehnt Friedmans Konzept der Rechtskultur ab, weil es ihm an Schärfe mangele und es theoretisch inkohärent sei. Es fehle die substantielle Nützlichkeit als rechtstheoretische Komponente und als signifikante erläuternde Variable in der rechtssoziologischen empirischen Forschung. Das liege etwa an den unklaren und voneinander abweichenden Definitionen, die Friedman über die Jahre gegeben habe, und an den verschiedenen Einheiten (etwa nationale und regionale Einheiten, aber auch soziale Gruppen wie Arme, Konservative, Schwarze etc), denen jeweils eine eigene Rechtskultur zugesprochen werde. Unklar sei etwa auch das Verhältnis zwischen interner und externer Rechtskultur und ihre jeweilige Bedeutung. Rechtskultur solle nach Friedman nicht zuletzt kausale Entstehungsmechanismen bestimmen, dh festlegen, wann, warum und wo Menschen das Recht, rechtliche Institutionen oder rechtliche Verfahren benutzen oder nicht benutzen. Doch gelinge dies letztlich nicht. Denn das Konzept der Rechtskultur sei so allumfassend, dass es einerseits alles in einem Rechtssystem erkläre, dies aber andererseits nicht könne, weil es nicht die individuellen Faktoren nenne, die den rechtssoziologischen Unterschied machten. Hinter Ausführungen zur Rechtskultur stünden letztlich Folgerungen und Vorschläge anstelle von Erklärungen; es gehe um eine Beschreibung allgemeiner Eindrücke, wenn eine systematische empirische Analyse nicht möglich sei. Das ganze Konzept erfülle eher eine künstlerische als wissenschaftliche Funktion. Für akzeptabel hält Cotterrell die Arbeit mit der Rechtskultur nur dann, wenn es um sehr kleine Gemeinschaften – etwa einen Stamm oder eine Rechtsanwaltskanzlei – gehe, bei denen es noch möglich sei, alle Aspekte ihrer Rechtskultur vollständig ethnographisch zu ermitteln und zu beschreiben. 35

Gegenüber diesen Anwürfen weist Friedman anschaulich und in allgemeinverständlicher Sprache zunächst darauf hin, dass nicht nur Rechtskultur, sondern auch viele andere Grundbegriffe der Sozialwissenschaften (zB Struktur, Institution, System) sehr vage, allgemein und schwer zu definieren seien. Es dürfe deshalb nicht das Kind mit dem Bade ausgeschüttet werden. Schließlich sei es durchaus sinnvoll, eine ganze Reihe von – klareren – Einzelphänomenen, die die rechtlichen Reaktionen auf sich ändernde Umstände erklären könnten, untere einen allgemeinen Oberbegriff wie den der Rechtskultur zu bringen. Im Hinblick auf einzelne Kritikpunkte erläutert Friedman, dass sein Grundgedanke der Rechtskultur trotz bewusster oder auch unachtsamer Veränderungen in den Definitionen immer gleich geblieben sei. Auf den Vorwurf, das Konzept lasse sich nicht als theoretische 36

[60] Vgl. etwa *Röhl, Klaus F.,* Rechtssoziologie, 1987, 60.
[61] In diese Richtung wohl *Raiser* (Fn. 53), 329 ff.
[62] *Cotterell, Roger,* The concept of legal culture, in: Nelken, David (Hrsg.), Comparing legal cultures, 1997, 13; *Friedman* (Fn. 51), 33.

Komponente in einer vergleichenden Rechtssoziologie verwenden, antwortet Friedman mit entwaffnender Klarheit: „I am not sure what he means by this." Ganz praktisch sei es sinnvoll, auch einzelne rechtskulturelle Fragen vergleichend zu analysieren. Wenn etwa eine Studie ergäbe, dass die Opfer sexueller Belästigung in einem Land Angst hätten, die Polizei zu rufen, in einem anderen hingegen nicht, so wäre das schon für sich genommen ein sinnvoller Beitrag zur Rechtssoziologie, der natürlich noch ausgeweitet und hinterfragt werden könne. Entsprechend plastisch erklärt Friedman auch die Unterscheidung zwischen interner und externer Rechtskultur, und bemerkt: „I think he puts too much weight on a rather minor phrase in something I wrote." Dem Vorwurf mangelnder Wissenschaftlichkeit schließlich begegnet Friedman mit dem Hinweis, dass er die darin indirekt zum Ausdruck kommende Definition von Wissenschaft nicht unbedingt akzeptiere. Es gehe ihm beispielsweise darum, Tendenzen im heutigen Recht zu erklären und dabei (empirisch) überprüfbare Vorschläge zu machen.

37 In dem Streit zwischen Friedman und Cotterrell scheinen für den außenstehenden Nichtsoziologen zwei Welten aufeinanderzutreffen: Hier eine strenge, theorielastige, auf umfassende Beschreibung und Konstruktion eines allgemeingültigen Erklärungs- und Forschungsgebäudes bedachte Herangehensweise in abstrakter Sprache, dort eine auf die Lösung konkreter Einzelfragen, auf schrittweise Entwicklung von unten nach oben bedachte, pragmatische Sicht in anschaulichen Worten. Für den unbedarften Beobachter erscheint Cotterrell eher kontinentaleuropäisch abstrakt zu argumentieren, Friedman hingegen sehr pragmatisch und angelsächsisch – ein schönes Beispiel dafür, wie falsch Clichés sein können (Cotterrell lehrte in London, Friedman in Kalifornien), zumal etwa der tatsächlich kontinentaleuropäische Blankenburg im Vergleich auch wieder ausgeprägt pragmatisch und problemorientiert vorgeht. Entscheidend für das Verständnis des Streits dürften letztlich gerade diejenigen Punkte sein, die Friedman nach eigener Aussage nicht recht versteht oder nicht unbedingt teilt: Cotterrells Hinweise auf Theorie und Wissenschaftlichkeit. Cotterrell sucht nach der „theoretischen" Nützlichkeit der Rechtskultur, wirft dem Konzept „theoretische" Inkohärenz vor, sieht große Probleme in seiner „theoretischen" Anwendung und bei der „theoretischen" Identifikation einer spezifisch rechtlichen Kultur.[63] Von eben solcher Theorie ist hingegen bei Friedman (oder auch bei Blankenburg) nirgendwo die Rede. Ihm geht es um praktisch verwertbare und überprüfbare Resultate. Das erinnert nicht von ungefähr an den Streit zwischen einerseits der einfühlenden, hermeneutischen Herangehensweise und andererseits den Theorieforderungen bestimmter Strömungen der analytischen Sozialwissenschaften, die sogar so weit gehen, Theorien für umso besser zu halten, je unrealistischer ihre Annahmen sind.[64] Auch dort wird gern die Wissenschaftlichkeit der weniger theorielastigen Herangehensweise bezweifelt. Für Cotterrell ist die Rechtskultur als eine Art Auffangbegriff nur solange akzeptabel, wie damit nichts zu erklären versucht wird. Sobald Rechtskultur jedoch als ein kausaler Faktor eingesetzt wird, der das Ob und Wie konkreter rechtlicher Entwicklungen mitbestimmt, kann damit für Cotterrell offenbar ganz selbstverständlich nur eine theoretische rechtssoziologische Form der Erklärung gemeint sein. Als deren essentielles Element bedürfte Rechtskultur dann einer sehr viel schärferen Beschreibung.[65] Kein Platz scheint hingegen in Cotterrells Denken und Wissenschaftsbegriff für den – auch einem Juristen naheliegenden – Gedanken zu sein, dass mit der kausalen Erklärung einer Entwicklung nichts theoretisches, sondern schlicht etwas ganz praktisches gemeint sein könnte: Eine konkrete Änderung wie eine technische Neuerung oder ein Umweltproblem führt nach Friedman nicht *unmittelbar* selbst zu einer Rechtsänderung, sondern verändert zunächst bestimmte Aspekte der Rechtkultur, die dann ihrerseits zu einer Normänderung führen. Diese Prozesse will er aufdecken und beschreiben.[66] Für Cotterrell

---

[63] Vgl. *Cotterrell* (Fn. 62), 14, 17, 29.

[64] Vgl. supra → § 3 Rn. 232; zu der vergleichbaren Unterscheidung zwischen positivistischer und interpretativer Schule innerhalb der Rechtssoziologie vgl. *Nelken* (Fn. 49), 123 f.

[65] Vgl. *Cotterrell* (Fn. 62), 15 f.

[66] So *Friedman* (Fn. 51), 35; *Friedman* (Fn. 52), 189 f.

hingegen geht die Verwendung eines Konzepts wie der Rechtskultur offenbar mit dem Zwang einher, dieses Konzept vorab als eine geschlossene Einheit, dh in all seinen Elementen und deren zahllosen gegenseitigen Beziehungen vollständig zu erfassen und ebenso allgemeingültig wie abschließend zu beschreiben.[67] So erklärt sich auch zwanglos die Beschränkung der Rechtskultur auf sehr kleine, eben vollständig erfassbare Einheiten.

bb) Weitere Probleme der Rechtskultur

Die mögliche Kritik an der Verwendung der Rechtskultur innerhalb der Rechtssoziologie 38
betrifft daneben aber auch noch zahlreiche weitere Aspekte:[68] So scheint die Rechtskultur als Konzept zunächst nur auf ein Beschreiben angelegt zu sein, doch mutiert dies leicht zu einem Vorschreiben, wenn die Rechtskultur zum Maßstab dafür wird, ob etwas mit den Vorgaben oder Idealen einer Gemeinschaft übereinstimmt oder nicht. Weiterhin kann eine Kultur zugleich nicht nur Gegenstand, sondern gerade das Ergebnis ihrer Beschreibung sein. Möglicherweise wird sie auch nicht ge-, sondern erfunden, vielleicht sogar nur zu bestimmten politischen oder sonstigen Zwecken. Als Ergebnis von Kämpfen können Rechtskulturen auch kaum eine in sich widerspruchslose, kohärente Einheit bilden. Die Verwendung des Begriffs könnte dazu dienen, eine gar nicht vorhandene Unabänderlichkeit gegenüber Einflüssen von außen zu behaupten. Auch wird ein Rechtkulturargument leicht zirkulär, wenn etwa die Art, Recht in Japan anzuwenden, mit der dortigen Rechtskultur erklärt wird, aber zugleich auch Teil der dortigen Rechtskultur ist. Dieses Problem könnte sich besonders dann stellen, wenn die konkreten Reaktionen eines Rechtssystems vorhergesagt werden sollen, hingegen weniger, soweit es nur um vertiefte Beschreibungen und die ganzheitliche Suche nach der Bedeutung von Phänomenen geht. Schließlich kann auch stets gefragt werden, ob und wie kulturelle von anderen, nichtkulturellen Einflussfaktoren auf das Recht abgegrenzt werden können und sollen.

3. Lehren für die Rechtsvergleichung

a) Abweichende rechtssoziologische Interessen und Herangehensweisen

Der soziologische Streit um die Rechtskultur macht die Unterschiede deutlich, die zwischen 39
einer rechtssoziologischen und einer rechtsvergleichenden Herangehensweise bestehen. Das gilt schon ganz oberflächlich, da es der Rechtsvergleichung in erster Linie um das Recht geht, so wie es ein Jurist üblicherweise versteht und im Rahmen seiner Ausbildung lernt, dh um geschriebene und ungeschriebene Rechtsnormen, Rechtsinstitute iSv Normkomplexen (zB Eigentum, Vertrag, Verwaltungsakt, Anfechtung, Ermessen) und ihre Anwendung. Rechtskulturelle Argumente haben hingegen nur eine dienende Funktion, indem sie insbesondere zur Erklärung von Unterschieden und Gemeinsamkeiten, zur Bewertung der realen Bedeutung der rechtlichen Vergleichsgegenstände oder gelegentlich auch zur Auffüllung von scheinbaren Lücken bei der Suche nach äquivalenten Problemlösungen im fremden Recht herangezogen werden. Im Rahmen der einschlägigen Strömungen der Rechtssoziologie hingegen ist die Rechtskultur der zentrale Erkenntnisgegenstand, während das Recht im herkömmlich juristischen Sinn zu einem Randaspekt wird, zu „the little tricks and quirks of formal law, which law professors treasure“.[69] An die Stelle der Untersuchung von Rechtsnormen und Rechtsinstituten tritt die Untersuchung von Funktionen, sozialen Normen und institutionellen Verhaltensmustern, wobei etwa unter sozialen Normen recht weit Ideen und Prinzipien einer Gesellschaft über richtiges und falsches Verhalten verstanden

[67] In diese Richtung *Cotterrell* (Fn. 62), 26.
[68] Zu den folgenden Kritikpunkten vgl. *Nelken* (Fn. 49), 111, 114 f., 121, 123 f., 126 mwN.
[69] *Friedman* (Fn. 51), 36, 38; vgl. auch *Friedman, Lawrence M.*, Some thoughts on comparative legal culture, in: Clark, David S. (Hrsg.), Comparative and private international law – Essays in honor of John Henry Merryman on his seventieth birthday, 1990, 49 (49 f.).

werden.[70] Das verwundert letztlich nicht, entspricht es doch dem Fokus der Rechtssoziologie im allgemeinen, die die gesellschaftlichen Wurzeln und die gesellschaftlichen Auswirkungen des Rechts untersucht.[71] Rechtssoziologen interessieren sich also vor allem etwa für die genauen Mechanismen, aufgrund derer außerrechtliche Ereignisse zu Rechtsänderungen führen, und in entgegengesetzter Richtung dafür, wie rechtliche Einflüsse die Gesellschaft formen und woher diese Einflüsse kommen.[72] Wichtiger noch gehen Rechtssoziologen regelmäßig von einem gänzlich anderen Rechtsbegriff aus als Juristen. Unter dem Stichwort des Rechtspluralismus sehen sie eine relative Bedeutungslosigkeit des staatlichen Rechts gegenüber den – ebenfalls zum Recht gezählten – Sitten, Gebräuchen und Gewohnheiten der verschiedensten kleinen und großen gesellschaftlichen Gruppen. Zumindest unterschwellig kann es dabei auch um eine Kritik am staatlichen Recht gehen, dem vorgeworfen wird, Minderheiten zu marginalisieren.[73] Den Juristen interessieren juristische Debatten und Meinungsstreits im Hinblick auf ihren juristischen Gehalt, der Rechtssoziologe fragt hingegen von außen, wer hier wann zu wem spricht, wer zuhört, wen das interessiert und was die Debatte insgesamt für die Gedanken und Handlungen der Öffentlichkeit bedeutet.[74]

40 Das Selbstverständnis der kulturvergleichenden Rechtssoziologen gegenüber der Rechtsvergleichung bringt Friedman auf ein schönes Bild:[75] Traditionelle Rechtsvergleichung habe alle Vorzüge und Nachteile eines Wörterbuchs. Es sei unverzichtbar, aber niemand könne eine Sprache aus dem Wörterbuch lernen. Es zerteile die Sprache in Tausende von Splittern ohne Leben. Die eigentliche, lebende Sprache finde sich in der Alltagssprache realer Menschen. Entsprechend sei das Recht nicht eine Ansammlung von Lehren, Regeln, Begriffen und Phrasen, sondern eben eine ganze Kultur. Ein Wörterbuch enthalte nebeneinander obsolete und unübliche Wörter, sehr förmliche Wörter und Slang. Daher sei der Muttersprachler nicht zu ersetzen. So schön dieses Bild auch sein mag, wird doch aus juristischer Sicht schnell klar, dass es ein wenig verkürzt ist. Wichtig und unzureichend zugleich, wie das Wörterbuch, wäre auf rechtlicher Seite nicht das ganze Recht, sondern der nackte Text einer Gesetzeskodifikation. Tatsächlich würde aber auch kein Jurist jemals behaupten, aus dem Text etwa des Code civil allein ließe sich das französische Recht verstehen; kein Rechtsvergleicher würde die Gegenüberstellung zweier Gesetzeswortlaute für ausreichend halten. Schon so löst sich Friedmans bildhafter Vergleich auf. Will man ihn beibehalten und verbessern, so wäre das Äquivalent zum Recht, wie es die Rechtsvergleichung traditionell betrachtet, nicht ein Wörterbuch, sondern die Zusammenschau aller Wörterbücher, Grammatiken, Lehrbücher und sonstigen Medien zu den jeweiligen Sprachregeln und ihrer Anwendung. Dann aber wäre die Aussagekraft in beiden Gebieten sehr hoch. Die Sprache ließe sich aus diesen Quellen durchaus erlernen, das Recht aus seinen Quellen erkennen. Geht es, um weiter im Bild zu bleiben, bei Sprache wie Rechtsvergleichung um Übersetzungsprobleme, so reichen die jeweiligen Quellen völlig aus. Denn wieweit etwa Deutsche in der Praxis gegen die Regeln der Kommasetzung verstoßen oder tatsächlich Morde begehen, ist für den Übersetzer ebenso irrelevant wie für den strafrechtlichen Rechtsvergleicher, auch wenn es für einen Sprachsoziologen oder Kriminologen sicherlich von größtem Interesse wäre. Von alledem unabhängig nimmt das Bild vom Wörterbuch aber auch den entscheidenden Unterschied zwischen Recht und Sprache nicht auf: die Normativität. Die Regeln der Sprache sind grundsätzlich[76] keine rechtsverbindli-

[70] *Friedman* (Fn. 51), 54.
[71] Vgl. supra → § 1 Rn. 34.
[72] Vgl. *Friedman* (Fn. 51), 34, 35, 37, 38.
[73] Vgl. *Röhl, Klaus F.,* Auflösung des Rechts, in: Lorenz, Stephan et al. (Hrsg.), Festschrift für Andreas Heldrich zum 70. Geburtstag, 2005, 1161 (1162, 1163 f.); zum Rechtspluralismus etwa auch *Friedman* (Fn. 69), 52; *Raiser* (Fn. 53), 335 f.
[74] Vgl. *Friedman* (Fn. 51), 53.
[75] Vgl. *Friedman* (Fn. 651), 49 f., 53.
[76] Zur verfassungsrechtlichen Möglichkeit des Staates, dennoch einmal Sprachregeln zu treffen vgl. BVerfGE 98, 218 (246 ff.).

chen Anweisungen. Niemand kann den Bürgern letztlich vorschreiben, wie sie miteinander sprechen und wie sie schreiben. So sprechen die Menschen ihren Dialekt oder den Jargon ihrer Subkultur oder entwickeln eigene Schreibgewohnheiten. Denn letztlich kommt es nur darauf an, verstanden zu werden. Sprachliche Konventionen sind nicht einmal moralischer Natur. Der Amerikaner, der „ya ain't seen nothin' yet", der Deutsche, der „hier haste den ganzen brass" sagt oder schreibt, wird richtigerweise von keinerlei Unrechtsbewusstsein geplagt werden. Auch das deutsche Bundesverfassungsgericht sah für sich offenbar kein Problem, den „Einzelnen" schon vor der Rechtsschreibreform regelwidrig, aber mit gutem Grund groß zu schreiben. Das Recht hingegen schreibt den Menschen ihr Handeln vor und stellt spezifische Mechanismen der Durchsetzung zur Verfügung. Dem Regelwerk/Wörterbuch kommt also im Recht ein ungleich größerer Stellenwert zu. Eine Rechtsregel, die oft nicht eingehalten wird (eine keineswegs ungewöhnliche Situation), bleibt dennoch eine vollgültige Rechtsregel; eine Schreibweise, an die sich kaum noch jemand hält, verschwindet hingegen. Letztlich geht es zwischen Juristen und Soziologen also wieder nicht um ein richtig oder falsch, sondern schlicht um unterschiedliche Interessen: Der Jurist will gleichsam die Sprache verstehen und anwenden, der Rechtsvergleicher sie übersetzen (was teilweise ein Verstehen auch des nichtsprachlichen Umfelds, also der Kultur voraussetzt). Der Soziologe hingegen will wissen, wie und warum die Sprache so wurde, wie sie ist, wer sie beeinflusst und wer, wie, zu welchem Zweck und mit welchem Machtanspruch spricht, fast ohne Rücksicht darauf, ob dieses Sprechen irgendwelchen Regeln entspricht oder nicht. Wenn beispielsweise zwei Personen sich entscheiden, ihre zwischenmenschlichen Probleme ohne Rückgriff auf Recht und Rechtsdurchsetzung zu lösen, so ist das für den Juristen im Grundsatz irrelevant, für den Rechtssoziologen hingegen Kerninteresse.

b) Spezifisch juristischer Ansatz

Wer als Rechtsvergleicher den Begriff der Rechtskultur verwendet, muss und sollte deshalb **41** also keineswegs die rechtssoziologischen Debatten, Probleme und Antworten mit importieren. Der rechtsvergleichende Begriff der Rechtskultur ist kein anspruchsvoller Begriff im Sinne einer theoretischen Aufladung, sondern ein einfacher Sammelbegriff für vielerlei Phänomene.[77] Der Rechtsvergleicher wird immer dann von Rechtskultur sprechen, wenn er auf etwas anderes als Rechtsdogmatik zurückgreift. Kernpunkt der Rechtsvergleichung bleibt aber das Normative, auch wenn andere Aspekte durchaus Beachtung finden, soweit sie für ein Verständnis des normativen Vergleichs notwendig sind. Während die Rechtssoziologie die Rechtsanwendung durch Richter oder Verwaltungen, die Bemühungen der Rechtsdogmatik, letztlich die ganze Rechtsordnung als eine Art black box ansieht und sich auf das davor und danach liegende konzentriert, ist der Inhalt dieser Box, also wie Rechtsfragen gelöst werden, welche Regeln und Meinungsstreitigkeiten hier bestehen, der Kern der Rechtsvergleichung.

Auch die übrige rechtssoziologische Kritik am Begriff der Rechtskultur[78] lässt sich vor **42** diesem Hintergrund juristisch auffangen. Durch die Wahl des Rechts (im juristischen Sinne)[79] als Ausgangspunkt bleibt etwa der Unterschied zwischen Erklärendem und Erklärtem klar, so dass die von Rechtssoziologen gesehene Gefahr zirkulärer Argumente nicht auftritt. Es wäre aber für rechtsvergleichende Zwecke auch gar nicht störend, wenn dieselbe Erkenntnis in einem Fall etwas erklärt, während sie in einer anderen Untersuchung selbst als

77 Implizit ebenso die Beschreibung der Aspekte von Rechtskultur bei *Mankowski, Peter,* Rechtskultur – Eine rechtsvergleichend-anekdotische Annäherung an einen schwierigen und vielgesichtigen Begriff, JZ 2009, 321 (322 ff.); vgl. etwa auch die eher formalisierte Herangehensweise an Rechtskultur bei *Øyrehagen Sunde, Jørn,* Managing th Unmanageable – An Essay Concerning Legal Culture as an Analytical Tool, in: Koch, Sören; Øyrehagen Sunde, Jørn (Hrsg.), Comparing Legal Cultures, 2. Aufl. 2020, 23 (33).

78 Vgl. die Kritikpunkte supra → Rn. 37.

79 Zum üblichen Argument, dass Juristen gar nicht wissen, was Recht ist, eingängig *Röhl* (Fn. 73), 1161 f., der deutlich darauf hinweist, dass dies für die tägliche Arbeit des Juristen gerade nicht zutreffe.

erklärungsbedürftig angesehen würde. Dass Elemente eines Systems sich gegenseitig erklären, erscheint sogar eher der Normalfall. So ist es etwa selbst ohne Rückgriff auf die Rechtskultur möglich, die weitreichende Zulässigkeit anwaltlicher Erfolgshonorare im US-Recht durch die grundsätzlich fehlende Kostentragungspflicht der unterlegenen Prozesspartei zu erklären, aber möglicherweise auch umgekehrt die fehlende Kostentragungspflicht durch die Erfolgshonorare. Für Juristen ist das auch „theoretisch" kaum bemerkenswert.

43 Die von Rechtssoziologen gestellte Kausalitätsfrage, ob also etwa das komplexe deutsche Rechtsschutzsystem zur hohen Zahl von Rechtsstreitigkeiten geführt hat oder umgekehrt, ist letztlich eine Huhn-Ei Frage[80] und für die Erklärung der Zusammenhänge ohne Belang. Ohne Belang ist für Juristen auch die Frage, ob die Rechtskultur eine Einheit oder nur einen Sammelbegriff darstellt, denn es geht nur jeweils und immer wieder um die Erklärung juristischer Einzelphänomene durch rechtskulturelle Einzelaspekte. Auch eine fehlende innere Konsistenz ist dafür ohne Belang, wenn also etwa wie im Strafrecht innerhalb einer Rechtsordnung in manchen Teilen autoritäre, in anderen Teilen liberale Elemente vorherrschen.[81]

44 Dass Rechtskulturen vielleicht erst von denen erfunden werden, die davon sprechen, erweist sich als typisch postmoderner Gedankengang, auf den es aus juristischer Sicht ebenso wenig ankommt wie auf einen möglicherweise präskriptiven Charakter der Rechtskultur. Die verschiedenen denkbaren Zuordnungsobjekte der Rechtskultur (zB lokal, national, regional, weltweit) bereiten wenig Probleme, denn das grundsätzliche Zuordnungsobjekt stellt juristisch gesehen die jeweilige Rechtsordnung[82] dar, in erster Linie also die nationalen Rechtsordnungen, aber auch subnationale Rechte etwa in föderalen Staaten, das Europarecht, das Völkerrecht oder das kanonische Recht. Sollten sich aber einmal rechtskulturelle Elemente als bedeutsam erweisen, die nur einer bestimmten Gruppe ohne eigene Rechtsordnung zugewiesen werden können, etwa den englischen Kaufleuten oder den Bewohnern brasilianischer Slums, so sind auch sie – mangels „theoretischer" Vorbehalte – ohne weiteres heranzuziehen.

45 So bleibt als einziges soziologisch begründetes Grundlagenproblem noch die Unterscheidung zwischen interner und externer Rechtskultur. Aber auch hier fällt die juristische Antwort pragmatisch und einfach aus: Dass etwa die rechtsvergleichende Rechtskreiseinteilung allein auf eine interne Rechtskultur abstelle, wie mancher Rechtssoziologe meint,[83] erweist sich schon im Hinblick auf die dabei zu berücksichtigenden ideologischen Elemente wie Religion oder politische Ideen[84] als Fehlinterpretation. Für den Einzelvergleich steht im Übrigen zwar tendenziell zu vermuten, dass die Rechtskultur der Juristen vielfach eher eine Erklärung für Rechtsunterschiede oder -gemeinsamkeiten liefern wird als die allgemeine Rechtskultur der Bevölkerung. Das liegt auch an dem spezifisch normativen, nicht nur allgemein-kulturellen Charakter des Rechts.[85] Ein von dieser Vermutung abweichendes Ergebnis stellt jedoch keinerlei Problem dar. Der Rechtsvergleicher sucht Antworten auf seine konkreten Fragen; wo er sie findet, ist ihm gleichgültig. Eine Erklärung oder ein Äquivalent kann nicht deshalb ausgeschlossen werden, weil es aus einer unerwarteten Richtung kommt oder einer bestimmten, unerwünschten Kategorie angehört. Auch hier wieder wäre ein an die Sozialwissenschaften angelehntes Denken in Modellen[86] der Feind sorgfältiger Rechtsvergleichung.

---

[80] Vgl. *Blankenburg* (Fn. 55), 40.
[81] Vgl. dazu *Pradel* (Fn. 28), 883 f.
[82] Deutlich etwa *Mankowski* (Fn. 77), 329, allerdings sehr zurückhaltend gegenüber nationenübergreifender Rechtskultur, vgl. aber auch ibid., 331 zu einer europäischen Rechtskultur; dem Begriff der Rechtsordnung ist dabei der Begriff der Gesellschaft im Sinne einer gewissen Anzahl von Rechtssubjekten immanent, deren Verhalten zu regeln versucht wird, vgl. *Kischel, Uwe,* State Contracts – Völker-, schieds- und internationalprivatrechtliche Aspekte des anwendbaren Rechts, 1992, 223 mwN.
[83] So etwa *Friedman* (Fn. 51), 51.
[84] Vgl. nur *Zweigert/Kötz* (Fn. 3), 71.
[85] Vgl. dazu *Whitman, James Q.,* The neo-romantic turn, in: Legrand, Pierre; Munday, Roderick (Hrsg.), Comparative legal studies – Traditions and transitions, 2003, 312 (343 f.).
[86] Zur Modellbildung vgl. supra → § 3 Rn. 58.

V. Pragmatische kontextuelle Betrachtung

1. Kontext statt Rechtskultur

Rechtskultur ist damit ein für die Rechtsvergleichung sinnvoller Begriff, der jedoch mit 46
dem Problem belastet ist, aus seiner rechtssoziologischen Herkunft heraus stark vorbelastet zu sein. Er ist beladen mit Streitigkeiten, die Juristen wenig interessieren, kann das irreführende Bild eines in sich geschlossenen Forschungsgegenstandes hervorrufen, der den normativen Fokus der Rechtsvergleichung ersetzt, und trägt die Wurzeln einer analytischen Theoretisierung in sich, die nicht zu den Anliegen der meisten Rechtsvergleicher zählt. Gelegentlich wird mit der Rechtskultur auch – ungewöhnlich verengt – ein spezifischer postmoderner Ansatz[87] assoziiert.[88] Nicht zuletzt aufgrund der begrifflichen Vorprägung stellt sich zudem schnell die Frage, wie genau Rechtskultur von anderen Konzepten wie Traditionen, law in action, Rechtsstil oder Rechtsideologie abzugrenzen ist, Begriffe die heute oftmals mit bestimmten Personen wie Glenn oder Zweigert und Kötz verbunden sind, aber nicht unbedingt verbunden werden müssen und so auch wieder ungenau werden. Um diese Probleme zu umgehen, bietet es sich erneut an, den Begriff des Kontexts zu verwenden. Er ist kaum vorbelastet und weist vor allem die notwendige Offenheit auf, um einerseits alle notwendigen Aspekte, die sich jetzt oder in Zukunft in der Rechtsvergleichung als praktisch relevant erweisen, zu erfassen und um andererseits nicht zu praxisfernen, einem rein analytischen Wissenschaftsverständnis entspringenden Theoretisierungen zu verleiten.

Der Kontext wird so zum Kernbegriff nicht nur des Einzelvergleichs, sondern auch des 47
typisierenden Gesamtvergleichs.[89] Im Einzelvergleich ging es darum, mit dem Kontext das gesamte rechtliche und außerrechtliche Umfeld zu berücksichtigen, in dem jede rechtliche Regelung steht.[90] Beim typisierenden Vergleich, also der Bildung von Rechtskreisen, werden die Elemente dieses Umfelds aggregiert. Selbstverständlich wäre es unmöglich, hier tatsächlich alle je gefundenen und je in Betracht kommenden Elemente zu addieren. Doch wenn das Kernanliegen der Rechtskreiseinteilung ein didaktisches ist,[91] dann muss es hier darum gehen, sinnvoll ausgewählte, auch beispielhafte Elemente zusammenzustellen, die nach der praktischen Erfahrung regelmäßig als Kontext für den Einzelvergleich relevant werden können. Ganz im Sinne einer hermeneutischen Herangehensweise[92] soll die Rechtskreiseinteilung dem Rechtsvergleicher Grundkenntnisse und Grunderfahrungen anderer Rechtsvergleicher zum Kontext der jeweiligen Rechtsordnungen vermitteln, damit er nicht selbst wieder bei Null beginnen muss, sondern eine Basis bekommt, von der aus er sich selbst weiter in das fremde Recht und Rechtsdenken hineinarbeiten kann. Beispielsweise macht es schlicht keinen Sinn, wenn jeder Rechtsvergleicher wieder für sich selbst neu entdecken muss, dass die Gesetzesbegründung im schwedischen Recht einen herausragenden Platz bei

87 Insbesondere der immer wieder auf die Rechtskultur abstellende Ansatz von Legrand, vgl. etwa *Legrand, Pierre,* Comparative legal studies and commitment to theory, The Modern Law Review 58 (1995), 262 (262 f.). Dass es sich dabei um einen typisch postmodernen Ansatz handelt und nicht einfach um eine moderne, kultursensitive Rechtsvergleichung oder eine schlichte Anwendung der rechtssoziologischen Rechtskulturlehren, zeigen schon die mit dem Ansatz verbundenen Kernfragen: „how does a more profound insight into one's self relate to one's understanding of others? (…) How is the interpreter able to penetrate a situation and subsequently to withdraw from it? (…) is the sentiment of sensitivity to cultural differences ever more than an illusion?", ibid., 262. Kultur wird dabei definiert als „the framework of intangibles within which individuals operate in a given society", ibid., 263. Zu postmodernen Ansätzen in der Rechtsvergleichung im allgemeinen vgl. supra → § 3 Rn. 168 ff., 176 f.

88 In diese Richtung etwa *Husa, Jaakko,* Farewell to functionalism or methodological tolerance?, RabelsZ 67 (2003), 419 (434, 439 ff.).

89 Zu Einzelvergleich und typisierendem Vergleich supra → § 1 Rn. 17 f.

90 Vgl. dazu zusammenfassend supra → § 3 Rn. 216 f.

91 Vgl. supra → Rn. 27, 20.

92 Dazu zusammenfassend supra → § 3 Rn. 235 f.; zur Hermeneutik allgemein supra → § 3 Rn. 230 ff.

der Auslegung einnimmt, dass die Meinung von Rechtsgelehrten in der deutschen gerichtlichen Praxis einen höheren Stellenwert hat als in der US-amerikanischen oder dass in Japan teilweise weniger offen gerichtlich gestritten wird als in den USA.

2. Beispielhaftes statt idealtypisches Vorgehen

48 Für alle oder auch nur die meisten existierenden Rechtsordnungen wäre das allerdings in einem sinnvollen, für den Leser noch verarbeitbaren Umfang nicht zu leisten. Dies muss einzelnen monographischen Bearbeitungen vorbehalten bleiben. Der Sinn einer Rechtskreiseinteilung ist es aber auch gerade, der Vielfalt der Kontexte Herr zu werden, indem sie Kontexte verschiedener Rechtsordnungen, die sich ähneln, zu Gruppen zusammenfasst. Dabei sind zwei verschiedene Grundansätze denkbar. Es können entweder bestimmte reale Rechtsordnungen als Beispiele für jeweils eine Gruppe beschrieben werden, etwa die englische und US-amerikanische für das common law. Oder es können Idealtypen gebildet werden, die die typischsten und wichtigsten Elemente aus allen Rechtsordnungen der Gruppe zusammenfassen. Die beispielhafte Vorgehensweise prägt die bisherigen größeren Darstellungen von Rechtskreisen, die idealtypische wird gelegentlich in der übrigen Literatur bevorzugt.[93]

49 Die Bildung eines echten Idealtypus mit all seinen Schwierigkeiten, etwa den Fragen, welche Elemente realer Rechtsordnung schon zum Idealtypus gehören und welche nicht oder ob bei einem mit vielen Ausnahmen versehenen Rechtsgrundsatz dieser Grundsatz oder der hinter den Ausnahmen stehende Gedanke der idealtypische ist, erscheint für ein eher praktisch orientiertes, didaktisches Hilfsmittel zu aufwendig. Das gilt umso mehr, als mit dem Idealtypus letztlich eine fiktive und stark vereinfachte Rechtsordnung beschrieben würde, so dass die Erkenntnis der Komplexität, Vielschichtigkeit und zeitlichen Entwicklung realer Rechtsordnungen zu leicht in der Darstellung untergehen kann. So würde etwa eine idealtypische Beschreibung des englischen common law vermutlich die sehr viel strenger am Wortlaut und weniger am Zweck orientierte Methode der Gesetzesauslegung betonen. Eine realistische Beschreibung hingegen müsste hier auf die zahlreichen, einander auch widersprechenden Auslegungsgrundsätze und Gerichtsentscheidungen hinweisen, auf die sich beschleunigende Entwicklung einer Zweckorientierung und auf die Untersuchungen, denen zufolge ein signifikanter Unterschied zwischen kontinentaler und englischer Gesetzesauslegung in der Praxis sogar gar nicht mehr feststellbar ist.[94] Auch ganz praktisch sollte die Beschreibung selbst eines idealtypisch konstruierten Rechtskreises immer mit lebendigen Beispielen arbeiten, die jedoch nur in den jeweiligen realen Rechtsordnungen zu finden sind. Gleichzeitig muss der Grundgedanke einer idealtypischen Herangehensweise ohnehin bei jeder Rechtskreisbeschreibung mitberücksichtigt werden: die Konzentration auf das Wesentliche, also auf das, was Zweigert und Kötz so plastisch die stilbildenden und Constantinesco die determinierenden Elemente genannt haben. Denn es werden stets einzelne Rechtsordnungen als typisch für ihren Rechtskreis beschrieben und die Beschreibung dabei notwendigerweise weitgehend auf typische Elemente reduziert. Gleichzeitig ist es aber keinesfalls unzulässig, auch auf Eigenheiten gerade einer einzelnen Rechtsordnung einzugehen, sei es um einen bekannten Unterschied zu anderen Rechtsordnungen desselben Rechtskreises zu illustrieren, sei es um eine in der rechtsvergleichenden Praxis oft verwendete Rechtsordnung noch etwas genauer zu charakterisieren.

---

[93] Für eine idealtypische Herangehensweise etwa *Husa, Jaakko,* Legal families and research in comparative law, Global Jurist Advances 1 (2001), No. 3, Article 4, 1 (4 ff.).

[94] Dazu sehr ausführlich *Vogenauer, Stefan,* Die Auslegung von Gesetzen in England und auf dem Kontinent, 2 Bde., 2001, passim, insbes. 963 ff., 1254 ff.

3. Elemente des Kontexts

50 Der Anspruch der Rechtskreisbildung ist also ein eher bescheidener, didaktischer. Die Frage, welche Elemente beschrieben werden, ist jenseits eines gewissen Kerns ebenso wenig wissenschaftlich zwingend wie die Auswahl von Beispielen.

a) Relative Bedeutung historischer Aspekte

51 Nicht zwingend ist allerdings auch die Suche nach historischen Mutterrechtsordnungen, auf die sich die Beschreibung dann konzentrieren müsste. Die historische Perspektive spielt sicherlich eine gewichtige Rolle. Die Beschreibung etwa des common law wäre ohne ein Eingehen auf die Entwicklung des englischen Rechts als Mutterrecht ebenso wenig sinnvoll wie die Beschreibung des civil law ohne deutsches und französisches Recht. Dennoch ist die Geschichte nur insoweit relevant, als sie den allein ausschlaggebenden heutigen Kontext noch wahrnehmbar prägt. Denn tatsächlich hätten sich – wie von einem Rechtssoziologen bemerkt[95] – zwei heutige Rechtsanwälte aus England und Frankreich mehr zu sagen, würden einander eher verstehen und sich über konkrete Schwierigkeiten wie die Planung von Verkehrsprojekten, den Einfluss des Gemeinschaftsrechts oder die Probleme der Krankenversicherung problemloser austauschen können als ein heutiger englischer Anwalt, der wundersamerweise einem englischen Kollegen des Jahres 1600 begegnete – obwohl beide dann derselben Rechtsfamilie angehörten.

b) Nichtrechtliche Elemente und ihre Ermittlung

52 Da der Kontext neben rechtlichen auch aus nichtrechtlichen Elementen besteht, die von Soziologen der internen und externen Rechtskultur zugeordnet werden könnten, ist der Rechtsvergleicher als Jurist nicht in allen Fällen dafür ausgebildet und methodisch gerüstet, diese Elemente selbst zu erfassen. Für empirische Untersuchungen und Statistiken ebenso wie empirische oder anthropologische Studien zur Alltagskultur und zu den Einstellungen fremder Völker kann also auf einschlägige sozialwissenschaftliche Untersuchungen zurückgegriffen werden. Der Rechtsvergleicher ist aber keineswegs auf Empirie beschränkt, sondern kann ebenso gut die Beobachtungen oder Erfahrungen anderer Rechtsvergleicher oder ausländischer Juristen verwenden. Beschreibt etwa ein japanischer Jurist die japanische Einstellung zum Recht oder kommentiert gar kritisch bekannte westliche Beschreibungen, so wäre dies eine hervorragende Erkenntnisquelle. Auch beim Rückgriff auf sozialwissenschaftliche Untersuchungen darf der Rechtsvergleicher die Ergebnisse keinesfalls unbesehen übernehmen, sondern muss sie stets durch seine juristische Brille filtern. Der spezifisch juristische Blick auf alle – ja rechtlich relevanten – Sachverhalte, den etwa ein Soziologe oder Kulturwissenschaftler nicht haben kann, ist stets von besonderer Bedeutung. Das gilt umso mehr, als dem Juristen bei nicht rechtsdogmatischen Fragen als Fachfremdem zwar ohne weiteres Fehler unterlaufen können, aber umgekehrt einem Sozialwissenschaftler mit mindestens gleicher Wahrscheinlichkeit die juristischen Einflüsse und Aspekte fremd bleiben. Die allgemeine juristische Erfahrung im interdisziplinären Arbeiten zeigt zudem immer wieder, dass die Bereitschaft der Juristen, sich etwa mit fachfremden soziologischen, politologischen oder wirtschaftswissenschaftlichen Denkweisen näher zu befassen, meist ausgeprägter ist als umgekehrt die Bereitschaft, die genaue rechtsdogmatische Herangehensweise zu verstehen oder sich juristisches Grundwissen anzueignen. Zusammengefasst sind die nichtjuristischen Aspekte des Kontexts für die Rechtsvergleichung bedeutsam, sollten aber auch gerade deshalb und wegen ihres immer vorhandenen Bezugs zum Recht nicht allein anderen Fachdisziplinen überlassen werden. Ein reales Alltagsproblem liegt darin allerdings

---

[95] Vgl. *Friedman* (Fn. 51), 51 f.; *Friedman* (Fn. 52), 188.

nicht, da es Rechtsvergleichern in der Regel an der dafür notwendigen Portion Selbstvertrauen nicht mangelt.

c) Vielzahl von Einzelelementen

53 Ganz konkret können zum Kontext die verschiedensten Elemente zählen. Hierher können etwa Form und Inhalt der Juristenausbildung gehören, einschließlich beispielsweise der Frage ob und von wem die Ausbildung – etwa in den USA – als zu praxisfern bemängelt wird[96] oder wie weit sie frühzeitige Spezialisierungen fördert. Weiterhin kann es um Ausbildung, Auswahl, Rechtssprechungsstil und Selbstverständnis der Richterschaft gehen, um die Rolle der Rechtsanwälte, um den allgemeinen juristischen Schreibstil, aber auch um die grundlegenden Einstellungen zu Recht und Staat, wie beispielsweise das Ausmaß des Missrauens gegenüber dem Staat oder bestimmten Staatsteilen. Die allgemeine Streitkultur kann ebenso von Bedeutung sein wie diejenige Rechtstheorie, die das Wirken der praktisch tätigen Juristen (im Unterschied zu dem der Rechtsphilosophen) tatsächlich prägt. Dazu gehört auch die Bedeutung der Rechtslehre und der Rechtsdogmatik für die insbes. gerichtliche Praxis, also etwa auch die Frage, ob und wieweit das Recht von Theologen, Richtern oder Rechtsprofessoren dominiert wird.[97] Die praktische Durchsetzungsfähigkeit und alltägliche Wirksamkeit von Recht im Unterschied zu schlichter Macht in einer Rechtsordnung kann ebenso wichtig werden wie die geschichtliche Entwicklung und die lebendigen Traditionen oder der Grad der Aufklärung und Demokratisierung einer Gesellschaft und ihre damit zusammenhängende Akzeptanz der Menschenrechte. Nicht zuletzt können auch bestimmte typische oder besonders wichtige Elemente des geltenden Rechts für das rechte Verständnis einer Vielzahl von rechtlichen Regelungen so wichtig werden, dass sie ohne weiteres zum (rechtlichen) Kontext gehören; dazu können beispielsweise Institutionen wie die jury ebenso zählen wie die Auslegungsmethoden, die Konzentration auf Verfahrensrichtigkeit oder auf Ergebnisrichtigkeit oder die Öffnung für den Einfluss supranationalen Rechts, etwa in der Europäischen Union.

VI. Gemischte Rechtsordnungen

54 Gemischte Rechtsordnungen (mixed legal systems) sind als Thema schon seit einiger Zeit wieder en vogue.[98] Das gestiegene Interesse scheint zum Teil allerdings auf ein immer weiter ausuferndes Verständnis dieses Begriffs zurückzuführen zu sein, das zu viele ganz unterschiedliche Fragen und Probleme mit zu erfassen sucht (1). Wird der Begriff in einem engeren Sinne verstanden, könnte sich die Untersuchung gemischter Rechtsordnungen als durchaus nützlich erweisen, auch wenn ihre Bezeichnung als „dritte Rechtsfamilie“ eher veraltet ist (2). Für eine kontextuelle Sicht auf die Rechtskreislehre, wie sie hier vorgeschlagen wird, stellen gemischte Rechtsordnungen allerdings von vornherein kein besonderes Problem dar, da sie die einschlägigen Schwierigkeiten und Fragen schon konzeptionell mit erfasst (3).

---

96 Vgl. zu dieser Debatte in den USA etwa *Demleitner, Nora V.,* Challenge, opportunity and risk – An era of change in comparative law, American Journal of Comparative Law 46 (1998), 647 (647 f.).

97 Zu dieser klassischen Dreiteilung *Weber, Max,* Wirtschaft und Gesellschaft, 1922, 455 ff.

98 Vgl. zB die Betrachtung bei *Plessis, Jacques du,* in; Reimann, Mathias; Zimmermann, Reinhard, Comparative law and the study of mixed legal systems, in: The Oxford handbook of comparative law, 2. Aufl. 2019, 474 (477 f.).

1. „Gemischt" und seine Bedeutungen: Ein Überblick

a) Begriffliche Ausweitungen

Ursprünglich wurde der Begriff „gemischte Rechtsordnung" verwendet, um eine begrenzte Anzahl von Rechtsordnungen zu beschreiben, die aus historischen Gründen Elemente des common law und des kontinentaleuropäischen Rechts miteinander kombinierten, zB Louisiana, Südafrika, Schottland oder Québec.[99] Diese Rechtsordnungen schienen keiner der beiden großen Rechtsfamilien vollständig anzugehören. Sie wurden oft als Kuriosität betrachtet, am Rande erwähnt oder als interessanter Sonderfall beschrieben, zum Beispiel weil die meisten von ihnen (mit Ausnahme Québecs) den Kontakt zu aktuelleren Entwicklungen verloren hatten und eine eher antiquierte Version des Zivilrechts pflegten.[100] Darin liegt auch heute noch der Ausgangspunkt für das Verständnis so manchen Rechtsvergleichers, der sich nicht vertieft mit dem Thema befasst. 55

Die Rechtsvergleichung erkannte jedoch bald, dass mögliche Mischungen keineswegs auf common law und kontinentaleuropäisches Recht beschränkt sein müssen. Ebenso gut können etwa islamisches Recht, traditionelle Rechte oder sogar überkommene Rechtsordnungen wie das römische Recht in Betracht kommen. Auf diese Weise wurde der Begriff gemischter Rechtsordnungen auf Mischungen beliebigen Rechts ausgeweitet.[101] Definiert man jedoch gemischte Rechtsordnungen als alle Rechtsordnungen, die Elemente aus anderen Rechtsfamilien enthalten, und akzeptiert man, dass solche Mischungen sich meist historisch über längere Zeiträume entwickelt haben, dann stellen sich alsbald schlicht alle Rechtsordnungen als gemischt dar.[102] Schließlich enthält selbst das englische Recht Elemente des römischen Rechts, des Kirchenrechts und des überkommenen Gewohnheitsrechts,[103] und auch das deutsche Recht ist klar eine Mischung mit vielen Wurzeln, nicht zuletzt im römischen Recht.[104] 56

b) Hintergrund der Ausweitungen

Diese uferlose Begriffserweiterung ist teilweise auch Ausdruck eines tiefen Misstrauens schon gegenüber dem Ansatz, die Rechtsordnungen der Welt überhaupt mithilfe von Rechtskreisen kategorisieren zu wollen.[105] Tatsächlich kann der Wunsch nach Kategorisierung sinnlos erscheinen, wenn alle Rechtsordnungen gemischt sind und es keine reinen Rechtsordnungen gibt,[106] die sich eindeutig bestimmten Gruppen zuordnen lassen. Liegt das 57

[99] Zur historischen Entwicklung der Befassung mit dem Thema vgl. *Palmer, Vernon Valentine,* Mixed Legal Systems – The Origin of the Species, Tulane European and Civil Law Forum 28 (2013), 103 (104 ff.).

[100] Vgl. zB *Reid, Kenneth G.C.,* The idea of Mixed Legal Systems, Tulane Law Review vol. 78 (2003), 7 (8 f.); *Ritaine, Eleanor Cashin,* Mixed and Hybrid Jurisdictions: Comparative and Methodological Considerations, in: Ritaine, Eleanor C.; Donlan, Sean P.; Sychold, Martin (Hrsg.), Comparative Law and Hybrid Legal Traditions, 2010, 141 (158).

[101] Zur Frage, welche Elemente der verschiedenen Rechtskreise in welcher Weise gemischt sind und wie diese Mischung sich im Laufe der Zeit entwickelt hat vgl. *Ritaine* (Fn. 100), 146 ff., 157 f.

[102] Vgl. dazu im allgemeinen zB *Örücü, Esin,* What is a Mixed Legal System: Exclusion or Expansion, Journal of Comparative Law 3 (2008), 34 (35, 38); zum gemischten Charakter aller heutigen europäischen Privatrechtsordnungen vgl. zB *Zimmermann, Reinhard,* Roman Law, Contemporary Law, European Law, 2001, 159.

[103] Vgl. zB *Zimmermann, Reinhard,* Der europäische Charakter des englischen Rechts – Historische Verbindungen zwischen civil law und common law, Zeitschrift für Europäisches Privatrecht, Fachzeitschrift 1 (1993), 4 (7 ff.); vgl. auch *Watson, Alan,* Legal Change – Sources of law and legal culture, University of Pennsylvania Law Review 131 (1983), 1121 (1122), dem zufolge der Einfluss des römischen Rechts auf das englische Recht regelmäßig unterschätzt werde; vgl. auch die Darstellung infra → § 7 Rn. 265 f.

[104] Für einen kurzen Überblick zum deutschen Recht vgl. infra → § 6 Rn. 177 ff.

[105] Vgl. zB *Farran, Sue; Örücü, Esin; Seán Patrick, Donlan,* Endnote to Mixed Legal Systems, in: Farran, Sue; Örücü, Esin; Seán Patrick, Donlan (Hrsg.): A Study of Mixed Legal Systems – Endangered, Entrenched or Blended, 2014, 241 (241 f.); vgl. auch *du Plessis,* in Oxford handbook comp law, 2. Aufl., 474 (476).

[106] Zu reinen Rechtsordnungen als Mythos vgl. *Palmer, Vernon Valentine,* Mixed Legal Systems… and the Myth of Pure Laws, Louisiana Law Review 67 (2007), 1205 (1208 f.).

Augenmerk hingegen weniger auf dem Ergebnis als auf dem fortlaufenden Prozess der Vermischung, dann verweist die Idee gemischter Rechtsordnungen direkt auf das Phänomen, das üblicherweise unter dem Stichwort der Rechtsübertragung behandelt wird.[107] In diesem Sinne kann die Untersuchung gemischter Rechtsordnungen für die Untersuchung aller zeitgenössischen Prozesse der Übertragung und Vermischung von Recht Bedeutung gewinnen.[108]

58 Darüber hinaus hat die Erweiterung auch einen ideologischen Hintergrund. Einige Rechtsvergleicher sehen in der anfänglichen Konzentration auf common law und kontinentaleuropäisches Recht eine gewisse Form von Eurozentrismus oder ein typisches Beispiel westlicher Ignoranz gegenüber nichtwestlichen Rechtsordnungen oder sogar einen Ausdruck von Kolonialismus. Insofern stellt sich die Begriffsausweitung nur als notwendige Folge einer „progressiveren" Haltung dar. Diese Sichtweise führt schnell zu der Forderung, nicht nur das indigene Traditionsrecht mit in die Betrachtung einzubeziehen, sondern auch andere Arten nichtstaatlicher und möglicherweise sogar nichtrechtlicher Regeln, die das Handeln der Menschen effektiv beeinflussen. Auf diese Weise kann letztlich das gesamte Feld des Rechtspluralismus unter dem Begriff der gemischten Rechtsordnungen behandelt werden.[109]

c) Neue Untergliederungen

59 Bei einem so weiten Begriffsverständnis kommt bei so manchem Rechtsvergleicher allerdings sogleich wieder der Wunsch nach neuen Untergliederungen auf. Eher leicht haben es dabei diejenigen, die den Bereich möglicher Mischungen nur über solche aus common law und kontinentaleuropäischem Recht hinaus ausdehnen wollen, ohne aber den Schritt zu einem allumfassenden Verständnis von Gemischtheit zu gehen. Sie können einfach die genaue Herkunft der jeweiligen Komponenten aus unterschiedlichen Rechtsfamilien als Ansatzpunkte für neue Untergliederungen verwenden.[110] Radikalere Stimmen verlangen jedoch, dass der Begriff der Rechtskreise verabschiedet und durch Unterteilungen nach den verschiedenen Arten der Vermischung ersetzt werden müsse.[111] Daraus ergeben sich dann „offene Mischungen" (overt mixes), bei denen der Mischcharakter offensichtlich ist, und „verdeckte Mischungen" (covert mixes), bei denen er verborgen ist. Verdeckte Mischungen werden weiter unterteilt je nachdem, wie sie entweder aus ähnlichen Kulturen oder durch elitären oder politischen Druck entstehen; bei offenen Mischungen hingegen werden einfache (nur aus common law und kontinentaleuropäischem Recht) und komplexe (auch aus anderen Elementen) unterschieden.[112] Gemischte Rechtsordnungen können auch „verfestigt" (entrenched) sein, wenn ihre verschiedenen Elemente stabil sind; „gefährdet" (endangered), wenn sich die Identität des Systems zu verändern scheint; oder „verschmolzen" (blended), wenn sie nicht mehr gemischt erscheinen.[113] Sie können sogar „verschmiert" (muddled) sein, wenn Unsicherheit über die Richtung besteht, in die sie sich bewegen.[114] Sie können „einfach" (simple) sein, wenn die Integration der verschiedenen Ideen reibungslos funktioniert hat, oder „komplex" (complex), wenn die verschiedenen Elemente mal mehr,

[107] Zu dieser Wechselbeziehung vgl. zB *Farran/Örücü/Donlan* (Fn. 104), 243; zu legal transplants auch supra → § 2 Rn. 34 ff.

[108] Vgl. auch *Örücü* (Fn. 102), 45 f.

[109] Zur pluralistischen Sichtweise vgl. zB *Palmer* (Fn. 99), 112 ff.; *du Plessis* (Fn. 98), 478 ff.

[110] Vgl. die Ergebnisse der Forschungsgruppe JuriGlobe unter www.juriglobe.ca/eng/sys-juri/index-syst.php (zuletzt abgerufen am 18.7.2025); vgl. auch *Fathally, Jabeur; Mariani, Nicola,* Les systèmes juridiques dans le monde, 2. Aufl. 2008.

[111] Zusammenfassung der verschiedenen von Örücü vorgeschlagenen Untergliederungen vgl. *Örücü* (Fn. 102), 51 ff.

[112] Vgl. *Örücü* (Fn. 102), 51 f.

[113] Vgl. *Farran, Sue; Örücü, Esin; Seán Patrick, Donlan,* An introductory overview, in: Farran, Sue; Örücü, Esin; Seán Patrick, Donlan (Hrsg.): A Study of Mixed Legal Systems – Endangered, Entrenched or Blended, 2017, 1 (2 ff.).

[114] Vgl. *Farran/Örücü/Donlan* (Fn. 113), 7.

mal weniger getrennt bleiben; und wenn die Mischung nicht funktioniert, gilt sie als „geronnen" (curdled).[115]

d) Ein unbefriedigender Zustand

Angesichts dieser höchst unterschiedlichen Tendenzen ist es schwierig, eine Einschätzung zum Thema gemischter Rechtsordnungen abzugeben, denn jeder scheint dabei über etwas anderes zu sprechen. Wird der Begriff in einem engeren Sinne verstanden, bleibt fraglich, welchem Zweck es dienen soll, die erfassten Rechtsordnungen unter einer einheitlichen Kategorie der Gemischtheit zusammenzuführen.[116] Denn zwar ist der gemischte Charakter ein wichtiges Element für das bessere Verständnis einer Rechtsordnung, und es ist für die eigene Arbeit hilfreich, eine Liste zumindest potentieller Kandidaten zu haben, bei denen dies zum Tragen kommen kann. Daraus folgt aber nicht, dass die so beschriebenen Rechtsordnungen irgendwelche für das Verständnis wichtige Gemeinsamkeiten aufwiesen. So ist sehr zweifelhaft, dass beispielsweise die Rechtsordnungen der Länder Nordafrikas, Indonesiens, Chinas, der Philippinen, Südafrikas und Israels – die alle auch nach eher restriktiver Auffassung als gemischt anzusehen wären[117] – jeweils viel voneinander lernen könnten oder dass ein Rechtsvergleicher, der eines dieser Systeme kennt, einen Vorteil beim Verständnis der anderen hätte. 60

Wird der Begriff hingegen denkbar weit verstanden, so verliert er automatisch seine klassifikatorische Rechtfertigung. Dem kann zwar zumindest teilweise durch die Aufnahme weiterer Unterteilungen entgegengewirkt werden.[118] Das ist jedoch unbefriedigend, wenn diese Unterteilungen im Ergebnis hauptsächlich die angeblich überholten Kategorien wiederbeleben, die das weite Begriffsverständnis gerade bekämpfen will, etwa wenn die Unterteilung in offene und verdeckte Mischungen im Ergebnis weitgehend deckungsgleich ist mit der Unterscheidung zwischen nicht gemischten und gemischten Rechtsordnungen.[119] Die umfassendsten Konzeptionen gemischter Rechtsordnungen erfüllen vor allem das mögliche Bedürfnis, sowohl auf die vielfältigen Wurzeln aller Rechtsordnungen hinzuweisen als auch zu betonen, dass sich nicht die ganze Welt um europäische Rechtsvorstellungen dreht. Das ist jedoch ohne weiteres auch auf anderem Wege möglich, ohne gleich das ganze, didaktisch und praktisch wertvolle Instrument der Rechtskreise zu verwerfen. Der rechtspluralistische Ansatz schließlich spielt zwar bei einigen,[120] aber sicher nicht bei allen Ländern eine wichtige Rolle für das Verständnis des Rechts; universellere Bedeutung kommt ihm nur zu, wenn er verwendet wird, um generell die Schranken zwischen Recht und anderen sozialen Normen einzureißen. Zusammengefasst ist es damit besser, klarer und zielführender, die verschiedenen Ideen und ideologischen Strömungen als solche und unter ihrem jeweils eigenen Etikett zu erörtern, anstatt zu versuchen, sie in den ganz anders geprägten Begriff der gemischten Rechtsordnungen zu integrieren, der dann so überdehnt werden müsste, dass er nicht mehr sinnvoll einsetzbar wäre. 61

2. Gemischte Rechtsordnungen als dritte Rechtsfamilie

Eine spezifische, zu gemischten Rechtsordnungen vertretene Auffassung hat nicht nur im Laufe der Jahre besondere Aufmerksamkeit erregt, sondern versucht auch der Kritik zu entgehen, die jedem breiteren Verständnis entgegengehalten werden kann: Palmer geht von 62

---

115 Vgl. *Örücü* (Fn. 102), 47.

116 Zur engsten Sichtweise, die nur Mischungen aus common law und kontinentaleuropäischem Recht erfassen will – und auch dies nur unter weiteren, einschränkenden Voraussetzungen – vgl. infra → Rn. 61 ff.

117 Vgl. die Listen der JuriGlobe Forschungsgruppe unter www.juriglobe.ca/eng/sys-juri/index-syst.php (zuletzt abgerufen am 18.7.2025).

118 Zu dieser Notwendigkeit vgl. zB *Örücü* (Fn. 102), 34 f.

119 Zu dieser Deckungsgleichheit vgl. *Örücü* (Fn. 102), 52 (mit Ausnahme der dort genannten Kategorie „covert mixes 2"); entsprechende Einschätzung auch bei *du Plessis* (Fn. 98), 490.

120 Vgl. etwa infra → § 7 Rn. 224 ff.; infra → § 9 Rn. 245 ff.

der traditionellen Sicht gemischter Rechtsordnungen als Kombination von kontinentaleuropäischem Recht und common law aus, fügt aber einige zusätzliche Anforderungen hinzu und bezeichnet die daraus resultierende Gruppe als „mixed jurisdictions". Dieser Begriff kann – jedenfalls in englischer Sprache – natürlich auch als schlichtes Synonym für gemischte Rechtsordnungen („mixed legal systems") verwendet werden; aus rein praktischen Erwägungen heraus soll er hier aber als Kurzform die spezifische Lehre Palmers bezeichnen.

63 Palmer stellt drei zusätzliche Anforderungen an gemischte Rechtsordnungen:[121] Erstens muss ihr Privatrecht sowohl auf common law als auch auf kontinentaleuropäischem Recht aufbauen. Zweitens muss diese doppelte Anbindung für einen gewöhnlichen Beobachter offensichtlich sein. Drittens muss gerade das Privatrecht vom kontinentaleuropäischen Recht, das öffentliche Recht hingegen vom common law beeinflusst sein (und nicht umgekehrt). Zu den gemischten Rechtsordnungen in diesem Sinne zählt Palmer ungefähr 16 politische Einheiten, nämlich Schottland, Israel, Québec, Louisiana, Mauritius, Südafrika, Sri Lanka, Puerto Rico, die Philippinen, Botswana, die Seychellen, St. Lucia, Lesotho, Namibia, Swasiland und Simbabwe.[122] Auf den ersten Blick scheinen diese Anforderungen nicht nur ungewöhnlich restriktiv zu sein, sondern auch wenig Sinn zu ergeben. Denn warum sollte ein Land ausgeschlossen sein, in dem gerade das Privatrecht vom common law beeinflusst ist, das öffentliche Recht hingegen vom kontinentaleuropäischen Recht?[123] Bei näherer Betrachtung zeigt sich jedoch, dass Palmer eine sehr klare Linie mit ebenso klaren Zielen verfolgt: Er versucht, gemischte Rechtsordnungen so zu definieren, dass der Begriff in der rechtsvergleichenden Praxis tatsächlich nutzbringend eingesetzt werden kann. Dazu verlangt er, dass die darunter zusammengefassten Rechtsordnungen einander ähneln und gemeinsame Probleme, Entwicklungen und Herausforderungen aufweisen müssen, so dass jede von ihnen tatsächlich von den Erfahrungen der anderen profitieren kann. Im Hinblick auf dieses Ziel stellt Palmer eine Liste von Ländern auf und stellt dann fest, dass alle dafür in Betracht kommenden Rechtsordnungen *tatsächlich* die drei genannten Merkmale aufweisen. Mit anderen Worten sind diese Merkmale nicht der Ausgangspunkt, sondern das Ergebnis seiner umfangreichen Studien über gemischte Rechtsordnungen.

64 Palmer geht sogar so weit, diese mixed jurisdictions als dritte Rechtsfamilie zu bezeichnen.[124] Das leuchtet insofern ein, als gerade der seiner Kategorisierung zugrundeliegende Aspekt praktischer Verwertbarkeit von vielen auch als Grundgedanke von Rechtskreiseinteilungen insgesamt angesehen wird. Offen bleibt jedoch, ob Palmer sein Ziel tatsächlich erreicht hat. Denn auf den ersten Blick ist es nicht wirklich überzeugend anzunehmen, dass etwa ein Kenner des südafrikanischen Rechts damit schon gut gerüstet sei, um auch besser mit dem Recht in Québec, Schottland oder Louisiana umzugehen.[125] Zu groß scheinen dafür die historisch gewachsenen Unterschiede zwischen diesen Rechtsordnungen zu sein: die Rolle des traditionellen afrikanischen Rechts in Südafrika,[126] das starke Selbstbewusstsein des kontinentaleuropäischen Rechts in Québec mit seinem Zivilgesetzbuch,[127] die Dominanz des common law in Schottland[128] und Louisiana.[129] Aber auch unabhängig von diesen offenen Fragen ist die Bezeichnung als „dritte" Rechtsfamilie etwas unglücklich. Denn sie

---

121 Vgl. *Palmer, Vernon Valentine,* Introduction to the mixed jurisdictions, in: Palmer, Vernon Valentine (Hrsg.), Mixed Jurisdictions Worldwide: The Third Legal Family, 2. Aufl. 2012, 3 (7 ff.); kurz auch Palmer (Fn. 99), 110.

122 Vgl. *Palmer* (Fn. 121), 5 f., Appendix B 625 ff.

123 Zu diesem und anderen Kritikpunkten vgl. etwa *du Plessis* (Fn. 98), 484 f., 487.

124 *Palmer* (Fn. 121), 15 f. („third legal family").

125 Vgl. etwa den Hinweis, dass Schottland und Louisiana kaum etwas gemein haben, bei *Ritaine* (Fn. 100), 153.

126 Vgl. infra → § 8 Rn. 24 ff.

127 Vgl. etwa *Morin, Sophie,* Quebec: 'First Impressions can be Misleading', in: Farran, Sue; Örücü, Esin; Seán Patrick, Donlan (Hrsg.), A Study of Mixed Legal Systems – Endangered, Entrenched or Blended, 2014, 165 (165 ff.); vgl. auch die sehr kurzen Anmerkungen infra → § 5 Rn. 265.

128 Vgl. infra → § 5 Rn. 275 ff.

129 Zur Vorherrschaft der englischen Sprache als einem Hauptgrund für die Schwäche des kontinentaleuropäischen Rechts in Louisiana vgl. *Tetley, William,* Mixed Jurisdictions: Common Law vs. Civil Law (Codified and Uncodified), Louisiana Law Review 60 (2000), 678 (729).

unterstellt implizit, dass es nur zwei andere Rechtskreise – civil law und kontinentaleuropäisches Recht – gibt oder dass zumindest nur diesen beiden eine größere weltweite Bedeutung zukommt als den von Palmer definierten gemischten Rechtsordnungen.[130] Damit aber wird die Bedeutung beispielsweise des islamischen Rechts ebenso ignoriert wie die spezifischen Eigenheiten etwa des Rechts in Afrika oder in China.[131]

3. Gemischte Rechtsordnungen in kontextueller Perspektive

Aus kontextueller Sicht ist die Berücksichtigung der spezifischen Eigenheiten gemischter **65**
Rechtsordnungen eine Selbstverständlichkeit; der Begriff selbst jedoch hat wenig zu bieten. Kontext beschreibt zunächst alle rechtlichen und außerrechtlichen Aspekte, die beim Vergleich berücksichtigt werden müssen; zugleich kann der Begriff des Kontexts verwendet werden, um jede Gruppe von Rechtsordnungen zu beschreiben, bei denen diese Aspekte ähnlich genug sind, um die Zusammenfassung in einer Gruppe zu rechtfertigen.[132] Folglich – und ohne dass dies besonderen Aufhebens bedürfte – ist ein etwaiger Einfluss anderer Rechtsordnungen oder auch nichtrechtlicher Aspekte mit in die Betrachtung einzubeziehen, wenn dies notwendig ist, um die reale Funktionsweise der jeweiligen Rechtsordnung besser zu verstehen. In diesem Sinne ist, um nur einige Beispiele und Aspekte zu nennen, der Einfluss des traditionellen Rechts wichtig für den Kontext des afrikanischen Rechts; die Mischung aus common law und Hinduismus für Indien; eine gewisse Kultur der Nichtbefolgung für Lateinamerika; der Einfluss zunächst des kontinentaleuropäischen Rechts, später des common law mit zusätzlichen Einwirkungen etwa traditioneller Werte für das Recht in Südostasien; oder die vielfältigen und sich verändernden Wechselwirkungen zwischen islamischem und staatlichem Recht in islamischen Ländern.

Auf gewisse Weise sind all diese Rechtsordnungen gemischt, und nur das Bewusstsein **66**
ihres Gemischtseins ermöglicht es dem Rechtsvergleicher, sie hinreichend zu verstehen. Zusammengewürfelt unter einem Oberbegriff der gemischten Rechtsordnungen führt dieses Gemischtsein als solches jedoch zu keinem größeren Erkenntnisgewinn und trägt nicht zu einem besseren Verständnis der einzelnen Rechtsordnungen bei. Dies gilt umso mehr, als das Gemischtsein weder in der Gesetzgebung noch in der alltäglichen Rechtspraxis notwendig eine bedeutsame Rolle spielt.[133] Den Einfluss anderer Rechtsordnungen, Rechtskreise und sogar außerrechtlicher Faktoren zu erkennen, ist eine Frage der rechtsvergleichenden Methode, nicht der Klassifikation. Dass eine Rechtsordnung gemischt ist, ist nichts Ungewöhnliches; das Gemischtsein durchzieht vielmehr als Merkmal zumindest potentiell alle Rechtsordnungen und damit auch jeden Einteilungsversuch. Das ist jedoch kein Grund, diesen Aspekt über seine praktische Nützlichkeit hinaus zu strapazieren, nur um damit Aussagen zu verbinden, mit denen schon seit geraumer Zeit offene Türen eingerannt werden.

---

[130] Palmer erkennt die Existenz weitere Rechtskreise ausdrücklich an, geht aber davon aus, dass diese noch der „Untersuchung und Entdeckung harren" („awaiting investigation and discovery"), *Palmer* (Fn. 99), 109; diese Entdeckung hat aber schon längst stattgefunden, vgl. nur supra → § 3 Rn. 7 ff.

[131] Zu diesen drei selbständigen Kontexten und ihren Eigenheiten vgl. infra → § 10 Rn. 1 ff.; infra → § 8 Rn. 1 ff.; infra → § 9 Rn. 7 ff.

[132] Vgl. supra → § 3 Rn. 244 ff., 220 ff.

[133] Eine Zusammenfassung persönlicher Erfahrungen bietet *Tetley* (Fn. 129), 724.

2. Teil. Die Kontexte der Rechtsordnungen

§ 5. Der Kontext des common law

Übersicht

	Rn.
I. Common law als Fallrecht	1
1. Begriff	1
2. Der klassische Kern des common law	3
a) Entwicklung aus Fällen	4
b) Präzedenzfall und distinguishing	21
c) Rolle des Gesetzesrechts	33
d) Rolle der akademischen Literatur	37
3. Die Denkweise des Common law	40
a) Common law als richterlich geschaffenes Recht	41
b) Fälle als Argumente	43
c) Prozessorientierung	44
d) Systematik, abstraktes Denken und Recht	45
e) Recht und Tatsache	49
II. Geschichtliche Entwicklung	54
1. Entstehung des common law nach 1066	55
2. Königliche Gerichte in Westminster	59
3. Writs	62
a) Eigenschaften und Entstehung der writs	62
b) Prozessuales vs. materielles Denken	65
c) Ende und Fortwirken der writs	69
4. Equity	72
a) Grundgedanke: equity als Gewissensentscheidung	72
b) Typische Regeln der equity	73
c) Praktische Probleme der equity	75
d) Equity heute	78
III. Gerichte und Juristen	82
1. Gerichtsaufbau	82
a) England: Komplexität und Modernisierung	82
b) USA: Föderale Struktur	99
2. Juristische Ausbildung	106
a) England	106
b) USA	114
3. Richter und Anwälte	120
a) England: Die Macht der Tradition	120
b) USA: Das moderne Umfeld	130
IV. Der common law Prozess	132
1. Gegnerschaftlicher Prozess	132
a) Klassische Form	133
b) Kritik und Veränderungen	137
c) Gegnerschaftlicher vs. inquisitorischer Prozess?	139
2. Jury	141
a) Die jury als tatsächliche und rechtliche Entscheidungsinstanz	141
b) Historische Entwicklung der jury	142
c) Die jury zwischen freier Entscheidung und rechtlicher Einbindung	146
d) Rechtskontextuelle Verwurzelung der jury	155

	Rn.
V. Typische materielle Rechtsinstitute	158
1. Gesetzesauslegung	159
a) Gesetzesauslegung als umstrittenes Kernproblem	159
b) Klassische Auslegungsregeln	161
c) Zweifelhafte Heranziehung von Gesetzgebungsmaterialien	164
d) Andersartigkeit der Gesetzesauslegung im common law	167
2. Grundeigentum	168
a) Feudale Wurzeln von Sprache und Denken	169
b) Moderne Aspekte des Grundstücksrechts	176
c) Formalistische Struktur	179
d) Die peinliche rule against perpetuities	181
3. Trust	183
a) Grundgedanke des trust	183
b) Flexibilität des trust	184
c) Fiktive trusts als Mittel zum Zweck	185
4. Consideration	187
a) Consideration und Form	187
b) Komplexitäten und Widersprüche	189
c) Der Gegenspieler: promissory estoppel	194
5. Öffentliches Recht und Privatrecht	197
a) Der Mythos des fehlenden Verwaltungsrechts	197
b) Historische Hintergründe: Star Chamber, Dicey, laissez-faire	199
c) Die Andersartigkeit des Verwaltungsrechts im common law	202
6. Grundrechte in der Abwägung: levels of scrutiny	210
a) Rational basis, strict scrutiny, intermediate scrutiny	210
b) Vorprägung des Ergebnisses durch Wahl des Prüfungsmaßstabs	214
7. Überprüfung administrativer Rechtsauslegung	218
a) Der Chevron Test	218
b) Offenheit des Chevron Tests	221
c) Loper Bright und das Ende von Chevron	224
VI. Englisch oder amerikanisch? – Gravierende Unterschiede im Kontext	227
1. Inhaltliche und institutionelle Unterschiede	230
a) Unterschiede im materiellen Recht und seiner Bedeutung	230
b) Institutionelle und prozessuale Unterschiede	233
c) Unterschiede aufgrund föderaler Struktur	237
2. Insbesondere: Verfassungsrecht	240
a) Herausragende Rolle des U.S.-Verfassungsrechts	241
b) Verfassungsrecht in England?	242
3. England unter dem Einfluss Europas	251
a) Der langfristige Einfluss	251
b) Brexit und die englische Rechtsordnung	256
4. Rechtstheoretische Grundgedanken: U.S.-amerikanischer Rechtsrealismus	258
a) „We are all realists now"	259
b) Fehlende Bedeutung in England	262
VII. Common law im Rest der Welt	263
1. Zwischen anglo und amerikanisch: Das Kontinuum des common law	263
2. Einige frühere Kolonien	265
a) Kanada	265
b) Australien	269
c) Neuseeland	273
3. Und Schottland ...?	275

I. Common law als Fallrecht

1. Begriff

1 Unter dem common law wird in erster Linie das Rechtssystem verstanden, das sich in England nach der normannischen Eroberung 1066 in Abgrenzung zum kanonischen Recht und zu den noch einige Zeit fortbestehenden, örtlichen Gewohnheitsrechten entwickelte und das später im Zuge der Expansion des britischen Weltreichs in zahlreichen weiteren Staaten eingeführt wurde. Zum Bereich des common law zählen heute die USA ebenso wie etwa Australien, Kanada, Neuseeland oder Irland.[1] Vom common law geprägt ist das Recht aber etwa auch in Indien oder einer Reihe von afrikanischen Staaten.[2] Wenn dabei vom englischen Recht die Rede ist, so ist dies recht wörtlich zu nehmen, sollten also die Unterschiede zwischen England einerseits und Großbritannien (also England, Schottland, Wales) oder dem Vereinigten Königreich (das zusätzlich Nordirland umfaßt) andererseits beachtet werden.[3] Zwar teilen sich England und Wales seit der Zeit Heinrichs VIII. ein gemeinsames Recht[4] („The common law of England is the common law of Wales")[5]. Auch zählt Nordirland trotz begrenzter Eigenständigkeit zweifelsfrei zum common law.[6] Doch gilt das Recht Schottlands, das erst 1707 seine Unabhängigkeit verlor, gemeinhin als Teil des civil law,[7] auch wenn der englische common law Einfluss immer stärker zu werden scheint.[8] In ähnlicher Weise werden auch Louisiana in den USA und Quebec in Kanada nicht zum Bereich des common law gezählt.

2 Daneben bestehen auch noch engere Begriffe des common law:[9] Erstens kann mit common law statt des gesamten Rechtssystems auch nur das richterlich entwickelte Fallrecht gemeint sein. Common law ist dann nicht mehr die Beschreibung einer Rechtsfamilie, die im Gegensatz insbesondere zum kontinentaleuropäischen Recht, dem civil law steht, sondern die Beschreibung des Rechts aus einer bestimmten Rechtsquelle im Gegensatz zum Gesetzesrecht (statutory law). Zweitens kann auch nur derjenige Teil dieses Fallrechts

[1] Zu Irland vgl. etwa *Byrne, Raymond; McCutcheon, J. Paul; Cahillane, Laura; Roche-Cagney, Emma,* The Irish legal system, 7. Aufl. 2020, 4; zur immer noch starken praktischen Bedeutung des englischen Fallrechts für irische Gerichte vgl. ibid., 434 ff.

[2] Dazu infra → § 9 Rn. 194 ff., → § 8 Rn. 4 ff.

[3] Der Vollständigkeit halber sei angefügt, dass die Kanalinseln (mit den beiden bailwicks Jersey und Guernsey, wobei zum letzteren auch die Inseln Alderney und Sark gehören) ebenso wie die Isle of Man zwar als crown dependency zur britischen Krone, streng genommen aber nicht zum Vereinigten Königreich gehören. Guernsey und Jersey haben ihr eigenes Rechtssystem bewahrt, während das der Isle of Man zwar nicht mit dem englischen identisch, ihm aber ähnlich ist, vgl. *Gretton, George L.,* Besprechung von: Watkin, Thomas Glyn, The legal history of Wales, Edinburgh Law Review 11 (2007), 460 (460).

[4] Vgl. *Blackstone, William,* Commentaries on the laws of England, Bd. 1, 1765 (Faksimile der 1. Aufl. 1979), 94 f.

[5] *Jones, Timothy H.; Williams, Jane M.,* Wales as a jurisdiction, Public Law 2004, 78 (82); aufgrund der heute partiellen Eigenständigkeit durch die devolution halten allerdings viele Beobachter eine größere Eigenständigkeit des walisischen Rechts in der Zukunft für eine Möglichkeit.

[6] Nordirland bildet zwar formal einen eigenständigen Rechtsraum, der auch unterhalb des Supreme Court über ein eigenes, dem englischen aber paralleles Gerichtssystem verfügt, doch folgen irische Gerichte in aller Regel den Entscheidungen gleichhoher oder höherer englischer Gerichte und werden Supreme Court/House of Lords Entscheidungen in der Praxis auch dann als bindend behandeln, wenn sie nicht nordirischen Ursprungs sind, vgl. *Dickson, Brice,* The legal system of Northern Ireland, 5. Aufl. 2005, 19, 90, 92.

[7] Zu den Besonderheiten des schottischen Rechts vgl. etwa die Beiträge in: *Carey Miller, David L.; Zimmermann, Reinhard* (Hrsg.), The civilian tradition and Scots law, 1997; ablehnend zur Einordnung im civil law infra → Rn. 275 ff.

[8] Vgl. etwa *Birks, Peter B.H.,* More logic and less experience – The difference between Scots law and English law, in: Carey Miller, David L.; Zimmermann, Reinhard (Hrsg.), The civilian tradition and Scots law, 1997, 167 (174).

[9] Vgl. zum Folgenden *Bailey, S.H.; Ching, J. P. L.; Taylor, N.W., Smith,* Bailey and Gunn on the modern English legal system, 5. Aufl. 2007, 5 f.; *Rheinstein, Max,* Einführung in die Rechtsvergleichung, 2. Aufl. 1987, 89.

gemeint sein, der zum Bereich von law und nicht von equity zählt. Unter equity fallen dabei eine ganze Reihe von Rechtsfiguren wie die Verurteilung zur Vertragserfüllung oder einstweilige Verfügungen, deren separate Entwicklung und Behandlung im englischen Recht sich vor allem historisch und aufgrund der früher bestehenden Trennung der für law und für equity zuständigen Gerichte erklärt.[10] Welcher dieser Begriffe gemeint ist, ergibt sich in der Regel aus dem Kontext.

2. Der klassische Kern des common law

3 Die Beschreibungen, die schon seit weit über einem Jahrhundert für das common law als Rechtssystem gegeben werden,[11] zentrieren sich immer wieder auf ähnliche Punkte – den Charakter als Fallrecht, die Besonderheiten der Bindung an Präzedenzfälle, die schwächere Rolle des Gesetzesrechts und meist auch die weniger ausgeprägte Bedeutung der juristischen Literatur. Auch heute noch sind diese Punkte für ein Verständnis der Eigenheiten des common law unerläßlich. Sie müssen aber stets mit einer gewissen Vorsicht betrachtet werden. Die Konzepte sind hier im Fluss, unterscheiden sich von Land zu Land und lassen sich vielfach nicht (mehr) auf einfache Merkformeln bringen, die möglicherweise noch vor einigen Jahrzehnten angebracht waren. Unverändert bleibt die Beschreibung des common law jedoch in ihren steten Querbezügen zum civil law: Das common law definiert sich in seinen Besonderheiten gerade in Abgrenzung zum großen Nachbarn auf dem europäischen Kontinent. Dabei ist dies nicht nur eine Sichtweise der klassischen rechtsvergleichenden Lehrbücher, sondern prägt gerade in England weit mehr als auf dem Kontinent auch die Binnensicht nationaler Juristen. Nicht nur Einführungen in das englische Rechtssystem oder zur juristischen Methode heben in der Darstellung immer wieder auf die Unterschiede insbesondere zum französischen Rechtsdenken ab, sondern auch Lehrbücher zu bestimmten Rechtsgebieten.[12]

a) Entwicklung aus Fällen

4 Das common law zeichnet sich in erster Linie als ein aus Fällen, dh aus richterlichen Entscheidungen entwickeltes Recht aus. Stark vereinfacht entnimmt der kontinentaleuropäische Richter das Recht im Wege der Auslegung den Gesetzen, der common law Richter hingegen den früheren Entscheidungen anderer Richter. Das führt allerdings schon bei kurzem Nachdenken zu dem Problem, dass auch diese anderen Richter ihre Entscheidungen auf frühere Fälle gegründet haben müssen, die wiederum ihre Basis in noch früheren Entscheidungen haben und so weiter. Woher kommt das Recht dann aber letztlich? Schließlich ist ausgeschlossen, dass das common law bereits im Jahre 1066 mit genauen Rechtssätzen für alle zukünftigen Fälle ins Leben gesprungen ist. Woher also kommt die Entwicklung, woher vor allem auch Änderungen und Anpassungen der vergangenen fast tausend Jahre? Wieso konnte in England noch 1571 ein Streit über Grundeigentum durch Zweikampf zweier Champions entschieden werden,[13] heute aber definitiv nicht mehr? Auch wenn der Zeithorizont weniger radikal gewählt und das common law etwa erst ab 1900 oder 1950 betrachtet wird, ist dennoch nicht davon auszugehen, dass die zu diesem Stichtag vorhandenen Gerichtsentscheidungen allumfassende, abstrakte Rechtssätze aufgestellt hätten, die in den Folgejahren nur angewandt und ausgefüllt werden mussten. Das hätte nicht nur jede weitere Änderung des common law verhindert. Vielmehr stellen common law Gerichte auch typischerweise gerade keine abstrakten Rechtssätze für zukünftige Fälle auf, sondern entscheiden nur den vor ihnen liegenden, konkreten Fall: Die Methode des

---

[10] Näher infra → Rn. 72 ff.

[11] Vgl. etwa die heute schon klassische, erstmals 1946 veröffentlichte Beschreibung durch *Radbruch, Gustav,* Der Geist des englischen Rechts, 3. Aufl. 1956.

[12] Vgl. etwa *Rogers, W. V. H.,* Winfield and Jolowicz on tort, 18. Aufl. 2010, 59 f., 67; Samuel, Geoffrey, Contract law – Cases and materials, 2007, 1 f., 6 ff.

[13] Vgl. *Wigmore, John Henry,* A panorama of the world's legal systems, library edition 1936, 1091 f.

common law ist nicht deduktiv auf die Ableitung von Ergebnissen aus allgemeinen Rechtssätzen, sondern induktiv auf die Ableitung aus Einzelfallentscheidungen gerichtet. Damit aber bleibt als einzig denkbarer Rechtsschöpfer im Bereich des Fallrechts letztlich nur der Richter selbst übrig. Das common law wäre demnach richterlich geschaffenes Recht, eine auch unter Rechtsvergleichern verbreitete Einschätzung. Interessanterweise wird sie aber gerade in England klassisch nicht geteilt. Schon Blackstone schrieb im 18. Jh., der Richter sei „sworn to determine, not according to his own private judgement, but according to the known laws and customs of the land: not delegated to pronounce a new law, but to maintain and expound the old one."[14] Entsprechend ist es keineswegs nur eine Eigenheit von Richtern des civil law, gelegentlich zu bekennen, dass die von Ihnen gefundene Fallösung zwar unbefriedigend, eine Anpassung des Rechts aber nicht Sache der Richter, sondern des Gesetzgebers sei.[15] In der gleichzeitigen Betonung von fallrechtlicher Entwicklung und fehlender richterlicher Rechtsschöpfung liegt ein gewisses Paradox der Rechtsentwicklung, das ein Kernproblem nicht nur für den außenstehenden Betrachter, sondern ebenso für jeden Juristen innerhalb des common law darstellt.[16]

aa) Induktives Denken: Von bunten Wänden

5 Fallrecht beruht auf induktivem Denken. Die Lösung eines Falles wird also nicht aus einem vorgegebenen, allgemeinen Rechtssatz deduziert und so vom Allgemeinen auf das Besondere geschlossen, sondern es werden frühere Einzelfälle solange untersucht und abstrahiert, bis sich aus ihnen die Fallösung erschließen lässt. In einer klassischen Formulierung durch Parke J.:

„Our common-law system consists in the applying to new combinations of circumstances those rules of law which we derive from legal principles and judicial precedents; and for the sake of attaining uniformity, consistency and certainty, we must apply those rules, where they are not plainly unreasonable and inconvenient, to all cases which arise; and we are not at liberty to reject them, and to abandon all analogy to them, in those to which they have not yet been judicially applied, because we think that the rules are not as convenient and reasonable as we ourselves could have devised."[17]

6 Diese Formulierung, die zugleich die Bindung an Präzedenzfälle umfasst,[18] macht deutlich, dass es beim Fallrecht keineswegs um bloße Analogieschlüsse ohne jedes deduktive Element geht. Nehmen wir beispielsweise die Frage, in welchem Zustand eine Mietwohnung nach Ablauf der Mietzeit an den Vermieter zurückzugeben ist und unterstellen, es gäbe zwei frühere Gerichtsentscheidungen, denen zufolge hier weder gelb noch blau gestrichene Wände zulässig sind. Daraus ließe sich dann im Wege der Analogie schließen, dass auch gelbblau gestreifte und möglicherweise (als Mischfarbe) grüne Wände unzulässig wären, weil hier eine hinreichende Ähnlichkeit zu den bereits entschiedenen Fällen vorläge. Diese schlichte Analogie würde aber schon in Schwierigkeiten geraten, wenn es nurmehr um rote oder schwarze Wände ginge. Das common law geht daher einen anderen Weg. Ihm geht es darum, aus den vorhandenen Fällen eine Regel zu entnehmen (das ist der induktive Schluss), aus der dann deduktiv die Lösung des vorliegenden Falles ableitbar ist.[19] Im Beispiel wäre also

[14] *Blackstone* (Fn. 4), 69.

[15] Vgl. etwa Lord Herschell in Derry vs. Peek [1889] LR 14 App Cas 337 (HL) 376.

[16] Dazu noch infra → Rn. 41 ff.

[17] Mirehouse vs. Rennell (1833) 6 ER 1015 (HL) 1023.

[18] Dazu noch näher infra → Rn. 21 ff.

[19] Für die praktischen Schwierigkeiten eines common law Juristen, Induktion, Analogie und Deduktion zu trennen vgl. etwa *Vandevelde, Kenneth J.,* Thinking like a lawyer – An introduction to legal reasoning, 2. Aufl. 2010: Er trennt Analogie und Deduktion zwar begrifflich und sieht in der Analogie den Schluss von einem Einzelfall auf den anderen (68 Fn. 10), erklärt dann aber ebenso deutlich, dass im Rahmen der Analogie zunächst aus dem einen Einzelfall (induktiv, 68) eine Regel abgeleitet werde (116). Ob der zweite Einzellfall dann unter diese Regel fällt, will Vandevelde allerdings mithilfe eines Vergleichs der Tatsachen in beiden Fällen feststellen (116). Die Frage, welche Bedeutung dann aber die abgeleitete Regel noch haben soll, beantwortet er nicht. Wichtiger noch läuft seine Darstellung der gedanklichen Vorgänge im Rahmen

zu fragen, welche Regel hinter dem Ausschluss von blauem und gelbem Anstrich steht, und diese Regel dann auf den neu zu beurteilenden roten oder beigen Anstrich anzuwenden.

7 Auf den ersten Blick scheint ein solches Vorgehen dem Juristen des civil law durchaus nicht unvertraut. Bei genauerer Betrachtung ergeben sich aber zentrale Unterschiede. Denn der common law Jurist wird stets davor zurückschrecken, aus den Fällen eine Regel abzuleiten, die weiter geht als zur Lösung des vorliegenden Falles unbedingt notwendig.[20] Es geht also, anders als ein civil law Jurist instinktiv unterstellen würde, gar nicht darum, möglichst schnell eine allgemeingültige Regel zu finden, unter die dann alle zukünftigen Fälle passen. Auch ist die Entscheidung, die die Regel aufstellt, selbst nicht etwa automatisch eine Leitentscheidung in dem Sinne, dass nunmehr in Zukunft alle Juristen auf sie zurückgreifen und die fallrechtliche Vorgeschichte nur im Notfall hinzuziehen. Im Gegenteil ist auch die neue Entscheidung anschließend nur wieder ein weiterer der zahlreichen Fälle, die in Zukunft beachtet werden wollen. Vor allem aber werden sich in allen nicht ganz einfachen Fragen immer Präzedenzfälle für verschiedene, einander widersprechende Aussagen finden lassen, der Prozess der Rechtsfindung also auch unabhängig von dem stets möglichen Rechtswandel nie abgeschlossen sein und immer noch für unterschiedliche Ansätze Raum lassen.

8 Die Denkweise, mit der der Jurist des common law sich durch die Vielzahl keineswegs einheitlicher Einzelfallentscheidungen arbeitet, gehört zu den zentralen und für den Außenstehenden mit am schwersten nachvollziehbaren Eigenheiten des common law.[21] Denn die aus den Einzelfällen herausdestillierte Regel muss notwendigerweise über das hinausgehen, was diese Einzelfälle selbst hergeben, denn nur so kann der neue Fall – der gerade nicht klar mit einem der früheren Fälle identisch ist – unter die Regel fallen. Daraus ergibt sich zugleich, dass der induktive Schluss von den Einzelfällen auf die Regel nicht streng logisch zwingend und unwiderlegbar sein kann. Von induktiver Logik zu sprechen, ist daher aus heutiger Sicht nur historisch richtig, denn unter Logik wird heute die deduktive Logik verstanden, die Induktion hingegen eher als eine Methodenfrage angesehen.

9 Nehmen wir zur Verdeutlichung der Vorgehensweise im common law wieder das simple Beispiel der Farbe, mit der ein Mieter die Wände seiner Wohnung bei Auszug versehen hat. Was folgt aus den beiden bereits ergangenen Entscheidungen, nach denen blaue oder gelbe Wände unzulässig sind? Es gibt zahllose Möglichkeiten. Das absolute Minimum wäre eben die Regel, dass Wände bei Auszug nicht blau oder gelb sein dürfen. Das würde aber in dem jetzt zu entscheidenden Fall, in dem die Wände in einer anderen Farbe gestrichen sind, gerade nicht weiterhelfen. Möglicherweise lautet die Regel aber auch, dass Wände nur weiß gestrichen werden dürfen, oder nicht farbig, oder nur in wohnungsüblichen Farben, oder jedenfalls nicht in knalligen Farben. Für den zur Entscheidung anstehenden Fall können diese Varianten entscheidend sein, je nachdem ob der Mieter die Wohnung etwa in einem Beigeton gestrichen hat (wohnungsüblich, aber nicht weiß), in einem ganz sanft lila getönten Weiß (keine knallige Farbe, aber nicht wohnungsüblich) oder in Schwarz (nicht weiß, aber möglicherweise nicht als Farbe zu bezeichnen). Genaugenommen werden bei der Suche nach der Regel zwei eng miteinander verwobene Entscheidungen getroffen. Erstens ist zu entscheiden, welche Tatsachen in den früheren Fällen als relevant angesehen werden: Ging es um blaue und gelbe Wände, um farbige Wände, um unüblich gestrichene Wände? Zweitens ist zu entscheiden, wie verallgemeinernd die Regel sein soll: „Mieter dürfen beim Auszug keine Wände in intensiven Primärfarben hinterlassen" oder „Mieter haben beim

---

der Regelanwendung bei Deduktion und Analogie, insbesondere hinsichtlich der anwaltlichen Manipulationsmöglichkeiten, weitgehend parallel (73 ff., 121 ff.), was dafür spricht, dass die Analogie auch deduktives Denken umfaßt. Davon unabhängig hält auch Vandevelde die Deduktion gegenüber der Analogie für die vorherrschende Methode, insbesondere wenn es um die Verarbeitung nicht nur eines sondern mehrerer Präzedenzfälle geht (93, 127 f.).

[20] Vgl. aber auch die Beschränkungen, die sich aus der Ausweitung der nicht präjudizfähigen Tatsachenentscheidungen weit in den Bereich der Rechtsanwendung hinein ergeben, infra → Rn. 49 ff.

[21] Vgl. zum Folgenden die eingängige Beschreibung bei *Vandevelde* (Fn. 19), 67 ff.; vgl. auch ibid., 121 ff.

Auszug die Wände so zu hinterlassen, dass potentielle Nachmieter dadurch nicht in ihren Interessen beeinträchtigt werden". Die zweitgenannte Regel ließe sich nicht nur auf die Wandfarbe beziehen, sondern etwa auch auf Stuckornamente, Strukturtapeten oder Rauputz. Je allgemeiner die Regel ist, desto weniger Einzelheiten aus den Präzedenzfällen werden zur Herleitung verwendet und umgekehrt.

Bei der Entscheidung, welche der zahllosen denkbaren Regeln den Präzedenzfällen denn nun konkret entnommen werden soll, ist zunächst die Begründung des Gerichts selbst von Bedeutung. Hat das Gericht also erklärt, dass der Ausschluss von Blau gerade darauf beruht, dass Blau eine in Wohnungen unübliche Farbe ist, so muss dies bei der Formulierung berücksichtigt werden. Fehlen solche klaren Vorgaben, so wird für die Entscheidung auf den hinter den Entscheidungen stehenden Grundgedanken zurückgegriffen. Sollte das Verbot von Blau das Problem verhindern, dass diese Farbe nur sehr schwer durch den Nachmieter deckend zu überstreichen ist, so spricht dies für eine engere Regel als wenn das Verbot dem Nachmieter erlauben sollte, ohne weitere Arbeiten in eine neutral gestrichene Wohnung zu ziehen. Allerdings werden diese Grundgedanken in den früheren Entscheidungen oftmals nicht explizit ausgesprochen sein, so dass hier wiederum ein erheblicher Spielraum für den Juristen entsteht. Was den Verallgemeinerungsgrad angeht, muss die aufgestellte Regel in jedem Fall breit genug sein, um alle bislang entschiedenen Fälle (und den neuen Fall) zu umfassen. Schon das erweist sich bei der in der Realität oftmals bestehenden Vielzahl früherer Fälle und der sich stets stellenden Frage, welche Fälle überhaupt einbezogen werden müssen, oft als weit schwieriger, als es zunächst klingt. Zulässig ist es allerdings auch, die Regel über dieses Minimum hinaus etwas weiter zu formulieren als zwingend notwendig. Soll also etwa die grüne Wand ausgeschlossen werden, so ist es nicht zwingend, die Regel so eng zu formulieren, dass wirklich nur Blau, Gelb und deren Mischfarben ausgeschlossen sind. Vielmehr kann die Regel durchaus auch als Ausschluss aller bunten Farben oder als Beschränkung auf wohnungsübliche Farben formuliert werden. Diese Generalisierungsmöglichkeit endet jedoch bei überschießenden Regeln (sog. „overreaching"), dh bei Regeln, die so breit formuliert sind, dass sie auch Fallkonstellationen erfassen, die den Grundgedanken der früheren Fälle widersprechen. Sollen die Regeln zur Wandfarbe also vor allem erreichen, dass ein Nachmieter die Wände ohne übermäßige Schwierigkeiten überstreichen kann, so wäre eine Regel überschießend und damit unzulässig, die nur wohnungsübliche Farbtöne zuließe. Denn damit wären auch sanfte Tönungen etwa in einem Hauch von Lila verboten, obwohl dies leicht zu überstreichen ist und so gar nicht vom Grundgedanken erfasst würde. 10

Das induktive Denken bietet somit schon dem Richter zahlreiche Gestaltungsmöglichkeiten. Erst recht erweist es sich aber als eine machtvolle Waffe in der Hand geschulter Anwälte, die versuchen, eine ihrem Mandanten genehme Entscheidung zu erlangen. Natürlich wird der Anwalt sich zunächst an den genannten Stellen jeweils für diejenige Vorgehensweise entscheiden, die seinem Mandanten am meisten hilft. Er wird bei der Formulierung der Regel etwa entweder auf alle Einzelheiten der Präzedenzfälle abstellen („es ging um ein intensives Blau in einer Jugenstilwohnung in München, die anschließend von einem Architekten bezogen werden sollte"), um die Regel so eng wie möglich zu halten, oder im Gegenteil möglichst stark abstrahieren („die Wände der Wohnung waren nicht weiß"). Er wird entweder einen weitreichenden Grundgedanken formulieren („die Wohnung wurde nicht wie erforderlich in einem üblichen Zustand übergeben") oder den Grundgedanken ganz eng halten („es ging nur um Blau und Gelb" oder „es ging um den Ausschluss störender Primärfarben"). In letzter Konsequenz kann sogar behauptet werden, es gebe gar keine allgemeine Regel, sondern eben nur bestimmte Einzelfälle. Weiterhin wird der Anwalt versuchen, die von ihm behauptete Regel so zu formulieren, dass sie von möglichst vielen Präzedenzfällen unterstützt wird; so wirkt sie dann für den Richter gar nicht mehr wie etwas Neues, sondern wie ein seit langem bestehender Rechtssatz, der schon immer unausgesprochen in den Fällen angelegt war. Der gegnerische Anwalt hingegen wird versuchen, solch breite Regeln für überschießend zu erklären, indem er 11 möglichst viele zusätzliche Urteile mit einbezieht. Eine andere Abwehrmöglichkeit besteht darin, in früheren Fällen nach bestimmten Tatsachen zu suchen, auf die das Gericht ausdrücklich oder erkennbar abgestellt hatte, die aber in der neuen Regel nicht erfasst sind. Geht es etwa um grüne Wände in einer Neubauwohnung und soll nach Auffassung des Gegners die einschlägige Regel lauten, dass Wohnungen bei Rückgabe nur in unbunten Farben gestrichen sein dürfen, so wird es den gegnerischen Anwalt freuen, wenn es in den früheren Fällen um bauhistorisch wertvolle Wohnungen in Jugendstilhäusern mit Stuckdecken oder historischen Kaminöfen ging, die Regel sich also darauf beschränken ließe. Sich im Gegenzug wieder gegen ein solches Argument zu wehren, ist naturgemäß vor allem dann schwierig, wenn das Gericht eine bestimmte Tatsache ausdrücklich als relevant bezeichnet hat. Aber auch dann kann der Gegner immer noch versuchen zu begründen, dass das Vorliegen dieser Tatsache sicherlich hilfreich war, aber das Gericht auch ohne sie zum selben Ergebnis gekommen wäre. Dazu kann – um beim Beispiel zu bleiben – etwa darauf hingewiesen werden, dass es zwar in einigen, nicht aber in allen Fällen um Jugendstilwohnungen ging, oder dass der hinter den Entscheidungen stehende Grundgedanke Nachmieter vor zusätzlichen Ausgaben schützen wollte, was zwar auch, aber nicht nur bei Jugenstilwohnungen von Belang ist.

bb) Rechtsentwicklung im common law: Die Schnecke im Ginger Ale

12 Wie das Fallrecht sich nach dieser induktiven Methode wirklich entwickelt, lässt sich am besten anhand eines praktischen Beispiels verstehen. Klassisch geworden ist hier die Entscheidung des House of Lords in Donoghue vs. Stevenson aus dem Jahr 1932.[22] Darin verlangte Frau May Donoghue Schadenersatz vom Hersteller einer Flasche Ginger Ale. Eine Freundin hatte an einem lauen Sonntagabend im August das Ginger Ale im Wellmeadow Café in Paisley (in der Nähe von Glasgow) für sie bestellt. Die Flasche war aus dunklem, undurchsichtigem Glas und mit einem Metalldeckel verschlossen. Der Betreiber des Cafés schenkte zunächst etwas aus der Flasche ein und die Klägerin trank davon. Als dann die Freundin weiter nachschenkte, geschah das Unerwartete: Aus der Flasche floss nicht nur Ginger Ale, sondern auch eine vermodernde Schnecke. Die Klägerin war geschockt und erkrankte aufgrund ihres Ekels und des bereits getrunkenen Ginger Ales an einem Magen-Darm-Katarrh. Sie klagte auf Schadenersatz gegen den Hersteller (der in Paisley ansässig war), gewann in der ersten, scheiterte aber in der zweiten Instanz. Der Fall ging (unter Inanspruchnahme des Armenrechts) an das House of Lords, vor dem es aus prozessualen Gründen nur darum ging, ob die Klägerin überhaupt rechtlich einen Anspruch haben *könnte,* wenn ihr gesamter Tatsachenvortrag als wahr unterstellt und insbesondere angenommen würde, dass der beklagte Hersteller nicht ausreichende Maßnahmen ergriffen habe, um sicherzustellen, dass keine Schnecken in seine Flaschen geraten könnten.[23]

13 Um die Entscheidung und ihre Bedeutung zu verstehen, ist ein wenig Wissen über den rechtlichen Hintergrund, wie er 1932 bestand, erforderlich. Zwischen Kläger und Beklagtem bestanden nach den Umständen des Falles keinerlei vertragliche Beziehungen. Schadenersatzansprüche konnten sich also nicht aus Vertrag, sondern nur aus unerlaubter Handlung (tort) ergeben. Das englische Recht der unerlaubten Handlung kennt aber – im Unterschied zum civil law – keine Generalklauseln, sondern nur eine ganze Reihe unterschiedlichster und je eigenständiger torts, die in ihrer Vielzahl selbst umfangreichere Abhandlungen kaum

[22] Donoghue vs. Stevenson [1932] AC 562 (HL); über das Leben von Frau Donoghue berichtet *Rodger, Alan,* Mrs. Donoghue and Alfenus Varus, Current Legal Problems 41 (1988), 1 (3 ff.). Der offizielle, aber selten verwendete Titel der Entscheidung lautet „M'Alister (or Donoghue) (Pauper) v Stevenson", der sich daraus erklärt, dass in schottischen Fällen zur damaligen Zeit der Mädchenname vorangestellt und der Ehename mit einem „or" nachgestellt wurde, vgl. *Heuston, R. F. V.,* Donoghue vs. Stevenson in retrospect, The Modern Law Review 20 (1957), 1 (1); die Schreibweise des Mädchennamens ist allerdings fehlerhaft, sie hieß „McAllister", vgl. *Rodger* (Fn. 22), 4.

[23] Tatsächlich wurden die Tatsachen niemals aufgeklärt, da es nach dem Tod des Beklagten zu einem Vergleich über 100 £ kam, vgl. *Heuston* (Fn. 22), 2.

je abschließend aufzuzählen versuchen.[24] Das Problem in Donoghue bestand darin, einen passenden tort zu finden, für den zudem eine nur fahrlässige Schädigung ausreichen musste. Das aber war nach dem damaligen Stand der Rechtsentwicklung kaum möglich. Denn eine allgemeine Pflicht (duty of care), andere nicht an ihrer Gesundheit zu schädigen, bestand (und besteht auch heute) gerade nicht. Vielmehr musste eine spezielle Pflicht des Beklagten gerade gegenüber dem Kläger gefunden werden. In aller Deutlichkeit galt: „A man is entitled to be as negligent as he pleases towards the whole world if he owes no duty to them."[25] Für Auto- und Schiffsunfälle hatte die Rechtsprechung solche Pflichten bereits konstruiert. Im Übrigen aber war auch im Ergebnis weithin anerkannt, dass der außerhalb eines Vertragsverhältnisses stehende Dritte aufgrund einer fahrlässigen Schädigung keinen Schadenersatz geltend machen konnte. Wurde etwa ein Haus fehlerhaft errichtet, konnte zwar der Käufer, nicht aber ein sonstiger Bewohner des Hauses den Baumeister verklagen.[26] Das war indirekt auch ein Ergebnis der (spätestens seit 1999 auch in England stark abgeschwächten)[27] Lehre von der privity of contract, derzufolge ein Vertrag nicht nur keine Pflichten, sondern auch keine Rechte für Dritte begründen konnte. In Donoghue stellte sich so zumindest mittelbar auch die Frage, ob die Existenz eines Vertrages – hier ua zwischen Cafébetreiberin und Gast oder zwischen Lieferant und Cafébetreiberin – nicht auch den Anspruch aus tort ausschloss.[28] Das lag rechtspolitisch nahe, da damals viele Richter davon ausgingen, dass vertragliche Bindungen, wo vorhanden oder zumindest möglich, die einzige zulässige Basis für Haftung sein sollten.[29] Anders ausgedrückt war der heute anerkannte tort namens „negligence"[30] noch nicht erfunden. Das sollte nach üblicher Sichtweise Lord Atkin in Donoghue vs. Stevenson vorbehalten bleiben. Er schrieb:

„It is remarkable how difficult it is to find in the English authorities statements of general application defining the relations between parties that give rise to the duty. The Courts are concerned with the particular relations which come before them in actual litigation, and it is sufficient to say whether the duty exists in those circumstances. The result is that the Courts have been engaged upon an elaborate classification of duties as they exist in respect of property, whether real or personal, with further divisions as to ownership, occupation or control, and distinctions based on the particular relations of the one side or the other, whether manufacturer, salesman or landlord, customer, tenant, stranger, and so on. In this way it can be ascertained at any time whether the law recognizes a duty, but only where the case can be referred to some particular species which has been examined and classified. And yet the duty which is common to all the cases where liability is established must logically be based upon some element common to the cases where it is found to exist. To seek a complete logical definition of the general principle is probably to go beyond the function of the judge, for the more general the definition the more likely it is to omit essentials or to introduce non-essentials. The attempt was made by Brett M. R. in Heaven vs. Pender, in a 14

[24] Ein Autor hat eine alphabetische Liste der bekannten torts aufgestellt und über 70 gezählt vgl. *Rudden, Bernard,* Torticles, Tulane Civil Law Forum 6/7 (1991/1992), 105 (110 ff.); zum teilweise verfolgten Zusammenhang zwischen der theoretischen Frage, ob tort law auf einem allgemeinen Grundprinzip von Haftung beruht, und der Bezeichnung als „law of tort" oder „law of torts" vgl. etwa *Barker, Kit,* The law of torts in Australia, 5. Aufl. 2012, 2 ff.

[25] Le Lievre vs. Gould [1893] 1 QB 491 (CA) 497.

[26] Vgl. die Darstellung durch den unterlegenen Lord Buckmaster in Donoghue vs. Stevenson [1932] AC 562 (HL) 567 ff., insbes. 577 f.

[27] Zur entscheidenden Schwächung der Lehre durch den englischen Contracts (Rights of Third Parties) Act 1999 vgl. etwa *Peel, Edwin,* Treitel on the law of contract, 15. Aufl. 2020, 694 f., 765 ff.

[28] Vgl. Candler vs. Crane [1951] 2 KB 164 (CA) 177: „the great case of Donoghue vs. Stevenson, which decided that the presence of a contract did not defeat an action for negligence by a third person"; vgl. auch Heuston (Fn. 22), 10.

[29] Vgl. dazu *Howarth, David,* Textbook on tort, 1995, 26 f.; vgl. in diese Richtung bereits Lord Alness in Mullen vs. Barr & Co [1929] SC 461, 469 f.

[30] „Negligence" (also Fahrlässigkeit) hat dabei im englischen Recht eine doppelte Bedeutung: Erstens kann es ein geistiges Element verschiedener torts bezeichnen, zweitens aber auch – wie hier – einen eigenständigen tort, der ua auch dieses geistige Element enthält. Für eine harsche Kritik dieser Art der Einteilung vgl. Birks (Fn. 8), 168 f.

definition to which I will later refer. As framed, it was demonstrably too wide, though it appears to me, if properly limited, to be capable of affording a valuable practical guide.
At present I content myself with pointing out that in English law there must be, and is, some general conception of relations giving rise to a duty of care, of which the particular cases found in the books are but instances. The liability for negligence, whether you style it such or treat it as in other systems as a species of „culpa,„ is no doubt based upon a general public sentiment of moral wrongdoing for which the offender must pay. But acts or omissions which any moral code would censure cannot in a practical world be treated so as to give a right to every person injured by them to demand relief. In this way rules of law arise which limit the range of complainants and the extent of their remedy. The rule that you are to love your neighbour becomes in law, you must not injure your neighbour; and the lawyer's question, Who is my neighbour? receives a restricted reply. You must take reasonable care to avoid acts or omissions which you can reasonably foresee would be likely to injure your neighbour. Who, then, in law is my neighbour? The answer seems to be – persons who are so closely and directly affected by my act that I ought reasonably to have them in contemplation as being so affected when I am directing my mind to the acts or omissions which are called in question. This appears to me to be the doctrine of Heaven v. Pender, as laid down by Lord Esher (then Brett M.R.) when it is limited by the notion of proximity introduced by Lord Esher himself and A. L. Smith L. J. in Le Lievre v. Gould. (…) I think that this sufficiently states the truth if proximity be not confined to mere physical proximity, but be used, as I think it was intended, to extend to such close and direct relations that the act complained of directly affects a person whom the person alleged to be bound to take care would know would be directly affected by his careless act. (…) This is obviously to exclude the possibility of goods having their condition altered by lapse of time, and to call attention to the proximate relationship, which may be too remote where inspection even of the person using, certainly of an intermediate person, may reasonably be interposed. With this necessary qualification of proximate relationship as explained in Le Lievre v. Gould, I think the judgment of Lord Esher expresses the law of England; without the qualification, I think the majority of the Court in Heaven v. Pender were justified in thinking the principle was expressed in too general terms. (…) It is said that the law of England and Scotland is that the poisoned consumer has no remedy against the negligent manufacturer. If this were the result of the authorities, I should consider the result a grave defect in the law, and so contrary to principle that I should hesitate long before following any decision to that effect which had not the authority of this House. I would point out that, in the assumed state of the authorities, not only would the consumer have no remedy against the manufacturer, he would have none against any one else. (…) I confine myself to articles of common household use, where every one, including the manufacturer, knows that the articles will be used by other persons than the actual ultimate purchaser (…). (…) I do not think so ill of our jurisprudence as to suppose that its principles are so remote from the ordinary needs of civilized society and the ordinary claims it makes upon its members as to deny a legal remedy where there is so obviously a social wrong.
(…) it is of particular importance to guard against the danger of stating propositions of law in wider terms than is necessary, lest essential factors be omitted in the wider survey and the inherent adaptability of English law be unduly restricted. For this reason it is very necessary in considering reported cases in the law of torts that the actual decision alone should carry authority, proper weight, of course, being given to the dicta of the judges. (…)
In my opinion several decided cases support the view that in such a case as the present the manufacturer owes a duty to the consumer to be careful. (…)
My Lords, if your Lordships accept the view that this pleading discloses a relevant cause of action you will be affirming the proposition that by Scots and English law alike a manufacturer of products, which he sells in such a form as to show that he intends them to reach the ultimate consumer in the form in which they left him with no reasonable possibility of intermediate examination, and with the knowledge that the absence of reasonable care in the preparation or putting up of the products will result in an injury to the consumer's life or property, owes a duty to the consumer to take that reasonable care.“[31]

15 Diese Entscheidung ist auch im englischen Rechtsunterricht das vermutlich meistverwendete Beispiel, um zu illustrieren, wie das common law sich entwickelt. Zum 60. Jahres-

[31] Donoghue vs. Stevenson [1932] AC 562 (HL) 579 – 599 (Fußnoten nicht mit abgedruckt).

tag der Entscheidung organisierte die University of British Columbia sogar eine Pilgerfahrt mit illustren Teilnehmern nach Paisley, bei der jeder Teilnehmer eine undurchsichtige Flasche Ginger Ale erhielt (die sich nicht jeder zu öffnen traute).[32] Gleichzeitig aber ist die Entscheidung auch geeignet, nicht nur den ausländischen Leser mit mehr Fragen als Antworten zurückzulassen. Gerade diese seltsame Multidimensionalität und Offenheit, derer sich auch englische Juristen völlig bewusst sind, bietet aber einen besonders plastischen Einblick in das Rechtsdenken des common law, das sehr viel mehr von Pragmatismus als von dem Bedürfnis nach Vereinheitlichung und Systematisierung geprägt ist.

Wie hat Lord Atkin die üblicherweise auf ihn zurückgeführte Änderung des common law 16
durch Einführung von negligence als tort begründet? So gefragt: gar nicht! Denn Lord Atkin stellt seine Neuerung nicht als Neuerung, sondern im Gegenteil als schon längst geltendes Recht dar. Er beruft sich auf ein allgemeines Prinzip, das zuvor schon in Heaven vs. Pender[33] aufgestellt und in Le Lievre vs. Gould[34] beschränkt worden sei und führt zur Unterstützung seines Ergebnisses abschließend nochmals eine ganze Reihe von Fällen an (im einzelnen nicht oben abgedruckt). Wer also nur Lord Atkin läse, würde sich gar nicht unbedingt der Neuerung bewusst. Damit befände der Leser sich tatsächlich in allerbester Gesellschaft. Denn in England selbst erregte die Entscheidung zunächst eher wenig Aufmerksamkeit;[35] ihre weitergehenden Ausführungen wurden in der Literatur teilweise geradezu feindselig aufgenommen.[36]

Das Problem, die Neuerung in Lord Atkins Ausführungen zu finden, hängt auch damit 17
zusammen, dass – typisch für induktives Denken – alles andere als klar ist, was genau der sich aus Donoghue ergebende Rechtssatz sein könnte: Donoghue könnte ganz eng verstanden werden und sich auf tote Schnecken in undurchsichtigen Getränkeflaschen, Hersteller, deren Produkte über Zwischenhändler an eine breite Öffentlichkeit verteilt werden, physische Schäden, die fehlende Überprüfungsmöglichkeit und geschädigte schottische Witwen beschränken; es könnte aber auch um jede unerwartete Eigenheit eines jeden Gegenstandes, die Haftung eines jeden Verkäufers für jeglichen Schaden gegenüber jedem, der in Kontakt mit dem Gegenstand kommt und von dem vernünftigerweise keine Überprüfung erwartet werden kann, gehen.[37] Es wäre möglich gewesen, die Reichweite der Entscheidung auf Konsumprodukte für den Haushalt zu begrenzen; es ging möglicherweise nur um Produkthaftung, möglicherweise aber auch um die Aufstellung eines Nachbarprinzips („You must take reasonable care to avoid acts or omissions which you can reasonably foresee would be likely to injure your neighbour", s. oben) als Grundlage für die Feststellung einer duty of care.[38] Für jeden dieser Vorschläge lassen sich in der Entscheidung Belege finden. Tatsächlich setzte sich die weite Bedeutung des in Donoghue aufgestellten Nachbarprinzips und des Grundsatzes der Vorhersehbarkeit, für die der Fall so berühmt wurde, erst ab 1970 durch.[39]

Aber zurück zur Argumentation von Lord Atkin: Er stützt sich einerseits auf sehr 18
allgemeine Prinzipien und bedauert, wie selten sie in England herausgearbeitet werden.

---

[32] Vgl. *Hope of Craighead, Lord,* James McGhee – A second Mrs. Donoghue?, Cambridge Law Journal 62 (2003), 587 (587).

[33] Heaven vs. Pender [1882-83] LR 11 QBD 503 (CA).

[34] Le Lievre vs. Gould [1893] 1 QB 491 (CA).

[35] Vgl. Lewis, Geoffrey, Lord Atkin, Nachdruck 1999, 65 ff.

[36] Vgl. Heuston (Fn. 22), 4; *Buxton, Richard,* How the common law gets made – Hedley Byrne and other cautionary tales, Law Quarterly Review 125 (2009), 60 (61) mwN.

[37] Vgl. die zahlreichen Kombinationsmöglichkeiten bei *Stone, Julius,* The province and function of law – Law as logic, justice, and social control, 2. Aufl. 1950, 187 f.

[38] Vgl. *Adams, John N.; Brownsword, Roger,* Understanding law, 4. Aufl. 2006, 121 f.

[39] Vgl. *Goudkamp, James; Nolan, Donal,* Winfield and Jolowicz on tort, 20. Aufl. 2020, 83 ff. Später wurde eine duty of care für Zwecke der neglicence angenommen, wenn die Voraussetzungen bestimmter Tests erfüllt waren. Mittlerweile aber wurden diese Tests zugunsten einer inkrementellen Herangehensweise aufgegeben, die der im common law allgemein üblichen Art richterlicher Rechtsfindung näher steht, indem sie Analogieschlüsse aus bestehenden Fällen verlangt, in denen eine duty of care angenommen oder gerade nicht angenommen wurde; Faktoren rechtspolitischer Einschätzung hingegen, denen zuvor noch große Bedeutung zukam, spielen nurmehr eine ergänzende Rolle, vgl. ibid., 90 ff.

Hier arbeitet er also auf hohem Abstraktionsniveau und zielt letztlich mehr auf Deduktion als Induktion – Denkweisen die üblicherweise gerade nicht mit einem common law Richter assoziiert werden. Vom üblichen Bild weicht auch der grundsätzlich fehlende Wille ab, eine (für ihn hypothetische) andere, damit aber fehlerhafte Rechtslage zu akzeptieren, wo doch so klar ein soziales Unrecht vorliege. Andererseits bezieht sich Lord Atkin für seine allgemeinen Ausführungen unterstützend auf zwei Entscheidungen durch Lord Esher, für sein konkretes Ergebnis auf zahlreiche Einzelfälle und erfüllt so die übliche Erwartungshaltung an einen englischen Richter. Das wird besonders deutlich, wenn er ausdrücklich vor den Gefahren der Feststellung weiter Prinzipien durch den Richter warnt. In diesem Zwiespalt zwischen allgemeinen Prinzipien und Einzelfall hinterlässt die Entscheidung jedoch klar den Eindruck, dass es die allgemeinen Prinzipien sind, die Lord Atkin besonders interessieren und die ihn letztlich zur Weiterentwicklung des common law befähigen. Dass dieser Eindruck von Lord Atkin als einem in abstrakten Rechtssätzen denkenden Juristen nicht trügt, zeigt auch die Laudatio, die 1939 anlässlich der Verleihung der Ehrendoktorwürde der Universität Liverpool an ihn gehalten wurde: er sei „what is very rare in England, a legal scientist, a judge who is not content merely to settle present disputes, but seeks always to expand and develop those underlying principles which are to be applied to other disputes".[40] Diese Eigenschaft dürfte er mit einem anderen Richter teilen, nämlich Lord Esher, der noch vor seinem Ritterschlag als Brett, M.R. an der wichtigen Vorgängerentscheidung Heaven vs. Pender[41] mitwirkte, auf die sich Lord Atkin in Donoghue zentral stützte. Auch Lord Esher suchte[42] und fand in Heaven vs. Pender ein sehr allgemeines Prinzip: „whenever one person is by circumstances placed in such a position with regard to another that every one of ordinary sense who did think would at once recognise that if he did not use ordinary care and skill in his own conduct with regard to those circumstances he would cause danger of injury to the person or property of the other, a duty arises to use ordinary care and skill to avoid such danger."[43] Doch gerade in Bezug auf dieses Prinzip mochten sich ihm die beiden mitentscheidenden Richter nicht anschließen.[44] Die Unterstützung eines zweiten von drei Richtern konnte Lord Esher erst in Le Lievre vs. Gould gewinnen, zum Preis allerdings einer deutlichen Einschränkung seines ursprünglichen Prinzips über das zusätzliche Erfordernis der Nähe (proximity). Allerdings herrschte unter den beteiligten Richtern zugleich Einigkeit darüber, dass dieses Prinzip ebenso wie der ganze Fall Heaven vs. Pender zur Lösung des ihnen vorliegenden Problems gar nichts beitrug.[45] Kurz gesagt berief sich Lord Atkin in Donoghue zentral auf ein Minderheitsvotum sowie ein stark eingeschränktes, aber immerhin mehrheitsfähiges obiter dictum, das er jedoch für seine Zwecke wiederum ausweiten musste, indem er das Näheerfordernis weit über physische Nähe hinaus ausdehnte.

19 Damit soll die Vorgehensweise von Lord Atkin keineswegs kritisiert werden. Sie illustriert vielmehr eindrücklich die Probleme, mit denen ein auf Einzelfallentscheidungen fixiertes Fallrecht bei der Rechtsänderung, bei Neu- und Weiterentwicklungen zu kämpfen hat. Sie widerlegt auch das nicht nur in der Außenansicht gepflegte Bild des common law als ein sich ganz langsam aus der konkreten Fallanschauung und per Analogie von Entscheidung zu Entscheidung relativ bruchlos entwickelnden Rechts – zumindest soweit dieses Bild Allein-

---

40 Zit. nach *Lewis* (Fn. 35), 62.

41 Heaven vs. Pender [1882-83] LR 11 QBD 503 (CA).

42 Vgl. Heaven vs. Pender [1882-83] LR 11 QBD 503 (CA) 507 f.: „The questions which we have to solve in this case are – what is the proper definition of the relation between two persons (…), which imposes on the one of them a duty towards the other to observe, with regard to the person or property of such other, such ordinary care or skill as may be necessary to prevent injury to his person or property; and whether the present case falls within such definitions.".

43 Heaven vs. Pender [1882-83] LR 11 QBD 503 (CA) 509.

44 Vgl. Heaven vs. Pender [1883-83] LR 11 QBD 503 (CA) 516.

45 Vgl. Le Lievre vs. Gould [1893] 1 QB 491 (CA) 497, 504; vgl. insofern auch die eher ironische Bemerkung von Richter Bowen, ibid., 502: „It is idle to refer to cases which were decided under totally different aspects, and upon totally different considerations of law.".

gültigkeit beansprucht.[46] Die Beschreibung mag für das Tagesgeschäft der Gerichte gelten, die über Fälle entscheiden, die so oder ähnlich schon früher aufgetaucht sind und die allenfalls kleine Präzisierungen in Details erfordern.[47] Für die (seltenen aber aufsehenerregenden) großen Durchbrüche, die Änderungen und Neuerungen hingegen bedarf es einer eigenständigen, schöpferischen Tätigkeit des Richters. Dabei drängt sich der Eindruck auf, dass der Weg dieser zentralen Weichenstellungen über allgemeine Prinzipien und anschließende Deduktion geht, für die die induktive Absicherung anhand von Fällen weder die treibende noch die letztlich bestimmende Kraft ist.

Dennoch bleibt die fallrechtliche Vorgehensweise des common law auch bei weichen- 20
stellenden Entscheidungen eine ganz eigene. Die allgemeinen Prinzipien, mit denen hier teilweise gearbeitet wird, haben mit allgemeinen Rechtssätzen und Definitionen, wie sie das civil law kennt, nur wenig zu tun. Es geht nicht um allumfassende Prinzipien, die in der Art eines Gesetzestextes Wort für Wort angewandt werden und so jeweils zu einem konkreten Ergebnis führen könnten,[48] sondern um Hinweise und Hilfen für die Einzelfallentscheidung: „such phrases are not precise definitions. At best they are but labels or phrases descriptive of the very different factual situations which can exist in particular cases and which must be carefully examined in each case before it can be pragmatically determined (…)".[49] Die Regeln dürfen niemals von den ihnen im einzelnen Fall zugrundeliegenden Tatsachen getrennt betrachtet werden.[50] Auch die Entwicklung von negligence als tort geschah in Form eines langanhaltenden Dialogs der Gerichte und Richter untereinander. Die Debatten begannen mit ersten, noch erfolglosen Vorschlägen in Heaven vs. Pender und gingen weiter über Le Lievre, Donoghue und zahlreiche weitere Fälle, die immer wieder einige Schritte zurückwichen, um dann wieder vorzupreschen. Das Herausarbeiten der Lösung aus früheren Fällen etwa im Wege der Induktion wird dabei von den einander in der Analyse widersprechenden Entscheidungen, von der steten Möglichkeit, die früheren Fälle in entgegengesetzte Richtungen auszulegen, nicht behindert, sondern ist genau dadurch gekennzeichnet. So ist etwa auch heute die Suche nach einer duty of care im Bereich von neglicence ein ausgeprägt pragmatischer Vorgang.[51] Versuche, allgemein zu erklären, warum etwa eine Analogie zu früheren Fällen in manchen Entscheidungen gezogen wurde, in anderen hingegen nicht, sind bislang zum Scheitern verurteilt.[52] Das Denken von Fall zu Fall, das den fremden Juristen immer wieder fasziniert und verblüfft, das intellektuelle Spiel mit Fällen und Gegenfällen, Aussagen und Gegenaussagen, bleibt so zentrales Kennzeichen des rechtlichen Denkens im common law.

b) Präzedenzfall und distinguishing

Die Bindung an Präzedenzfälle, die sog. Stare-decisis-Regel, gilt gemeinhin als ein typisches 21
Merkmal des common law. Ein Richter ist danach im Grundsatz verpflichtet, den Entscheidungen früherer Richter in ähnlichen Fällen Folge zu leisten. Im Unterschied zu den klassischen Formulierungen[53] gilt die stare decisis Regel heute unabhängig davon, ob der

46 Für diese Sichtweise spricht sich etwa der australische Richter *Brennan, J.* in Sutherland Shire Council vs. Heyman (1985) 157 CLR 424, 481 (HCA) aus: „It is preferable, in my view, that the law should develop novel categories incrementally and by analogy with established categories, rather than by a massive extension of a prima facie duty of care restrained only by indefinable 'considerations which ought to negative, or to reduce or limit the scope of the duty or the class of person to whom it is owed'.".

47 Vgl. dazu auch etwa Perrett vs. Collins [1998] 2 Lloyd's Rep 255 (CA) 263: „It is a truism to say that any case must be decided taking into account the circumstances of the case, but where those circumstances comply with established categories (…) the law cannot be re-made for every case.".

48 So für Lord Atkins Grundkonzeption *Lewis* (Fn. 35), 63, unter Verweis auf Hedley Byrne & Co Ltd. vs. Heller & Partners Ltd. [1964] AC 465 (HL) und Home Office vs. Dorset Yacht Co Ltd. [1970] AC 1004 (HL).

49 Caparo Industries Plc vs. Dickman [1990] 2 AC 605 (HL) 628.

50 Vgl. *Samuel, Geoffrey,* The foundations of legal reasoning, 1994, 145.

51 Vgl. Rowling vs. Takaro Properties Ltd. [1988] AC 473 (PC) 501.

52 Vgl. Brodie vs. Singleton Shire Council (2001) 206 CLR 512, 624 ff. (HCA).

53 Vgl. etwa das Zitat von Parke J. supra → Rn. 5.

Richter das Präjudiz für vernünftig oder sinnvoll hält. Sie besagt also, dass die Rechtsregel aus Fall A auch in Fall B bindend ist, wenn sie erstens Teil der ausschlaggebenden Entscheidungsgründe (ratio decidendi) ist (aa), zweitens die Entscheidungen des Gerichts in Fall A hierarchisch bindend für das Gericht in Fall B sind (bb) und es drittens keine relevanten Unterschiede zwischen den Fällen A und B gibt (cc).[54]

aa) Ratio decidendi und obiter dictum

22 Die Feststellung, welche Entscheidungsgründe notwendig waren (ratio decidendi) und welche nicht (sog. obiter dictum), ist nur auf den ersten Blick leicht. Nicht mehr zu den rationes decidendi zählen aber jedenfalls Zusatzausführungen, etwa wenn ein Richter seine Entscheidung begründet und dabei nebenbei noch erläutert, welche Konsequenzen sich daraus für andere Fälle ergeben könnten, oder er die Gelegenheit wahrnimmt, zusätzlich allgemeine Ausführungen zum vorliegenden Rechtsproblem zu machen („was ich immer schon einmal sagen wollte…"). Der Hintergrund für den geringeren Stellenwert von obiter dicta ist die Vermutung, dass der Richter sich über sie weniger genaue Gedanken gemacht hat und sie eventuell auch selbst für nicht ganz so überzeugend hält, da sie eben nicht für das Ergebnis des Falles entscheidend waren. Aber auch die eigentliche Begründung für die konkret gefällte Entscheidung zählt nicht vollständig zur ratio; denn zu rationes decidendi werden nur Aussagen über den Inhalt von Rechtsregeln, nicht hingegen die für solche Aussagen angegebenen Gründe, etwa zur Sinnhaftigkeit oder zu früher entschiedenen Fällen.[55] Nicht immer sind dabei Aussagen zu Rechtsregeln und Nebenausführungen im Entscheidungstext klar getrennt oder zumindest klar trennbar.

23 Aber auch wenn eine ratio identifiziert wurde, wird nur der Kerngedanke der Rechtsregel als verbindlich betrachtet und keinesfalls seine genaue Formulierung.[56] So hat etwa Lord Atkin in Donoghue seine eigene Meinung am Ende für die anderen Richter klar zusammengefaßt („if your Lordships accept the view… you will be affirming the proposition that…"[57]); dennoch wurde diese Zusammenfassung in der Folge keineswegs als eine Art authentische Auslegung und damit als Dreh- und Angelpunkt jeder Diskussion betrachtet. Das liegt nicht zuletzt daran, dass der allgemein praktizierte, ständige Rückbezug auf die Fakten bei Anwendung der Normen es den Richtern auch erlaubt, bei der Formulierung einer Regel sowohl weiter als auch enger zu formulieren, als sie es getan hätten, wenn die Fakten ein wenig anders gewesen wären;[58] die Berücksichtigung dieser Zusammenhänge ist dem System immanent. Ebenso können die Rechtsregel und die für sie angeführten Gründe sprachlich miteinander verwoben sein. Dann sind erhebliche Auslegungsbemühungen erforderlich, insbesondere wenn die Entscheidungsbegründung einmal unvollständig, widersprüchlich oder verworren ist.

24 Auch kann ein Richter sein Ergebnis auf zwei (oder mehr) Weisen begründen, so dass fraglich ist, ob die eine, die andere oder beide Regeln die Entscheidung tragen sollen. Theoretisch hat es hier ein Richter in der Hand, gleich eine ganze Reihe paralleler und zum selben Ergebnis führender Gedankengänge zur ratio zu machen. In der Praxis allerdings ist das kaum zu erwarten, da englische Richter generell nur ungern allgemeine Rechtsaussagen für zukünftige Fälle machen und weil wiederum die spätere Auslegung des Falles nicht unbedingt alles akzeptieren muss, was der Richter behauptete.[59] Vor allem aber steht jede einzelne Entscheidung potentiell für zahlreiche verschiedene Rechtsregeln, unter denen

[54] Vgl. etwa *Bailey/Ching/Taylor* (Fn. 9), 475.
[55] Deutlich *Bailey/Ching/Taylor* (Fn. 9), 479; *Goodhart, Arthur L.*, Essays in jurisprudence and the common law, 1931, 5.
[56] *Smith, A. T. H.*, Glanville Williams – Learning the law, 17. Aufl. 2020, 78 ff.
[57] Vgl. Zitat supra → Rn. 14.
[58] Deutlich etwa Roberts Petroleum Ltd. vs. Bernard Kenny Ltd. [1983] 2 AC 192 (HL) 201 (per Lord Diplock).
[59] Vgl. *Cross, Rupert; Harris, J.W.*, Precedent in English law, 4. Aufl. 1991, 42 f.

auszuwählen – wie gesehen[60] – eine sehr komplexe und alles andere als eindeutig zu lösende Aufgabe ist.

Die Schwierigkeiten können sogar noch ausgeprägter werden, wenn nicht ein, sondern mehrere Richter an der Entscheidung beteiligt waren, wie es oft gerade bei höheren Gerichten der Fall ist. So haben wir im Rahmen der ohnehin schon komplexen Donoghue Entscheidung bislang allein die Meinung von Lord Atkin betrachtet. Die Entscheidung des House of Lords erging aber 3:2, und jeder der beteiligten Richter gab seine eigene Meinung ab. Wie schwierig das Auffinden und Bewerten relevanter Präzedenzfälle sein kann, zeigt hier etwa die abweichende Meinung von Lord Buckmaster zu zwei Entscheidungen, auf die Lord Atkin entscheidend abstellt: „So far, therefore, as the case of George vs. Skivington and the dicta in Heaven vs. Pender are concerned, it is in my opinion better that they should be buried so securely that their perturbed spirits shall no longer vex the law."[61] Die Begründungen von Lord Thankerton und Lord Macmillan, die im Ergebnis mit Lord Atkin übereinstimmen, sind völlig eigenständig geschrieben und geben völlig eigenständige Rechtssätze und Begründungen an. Das Nachbarprinzip, für das Donoghue gemeinhin zitiert und das oft als der wohl wichtigste Beitrag zum Recht der torts bezeichnet wird, taucht dabei in auffälliger Weise gerade nicht auf.[62] Es wurde daher schon früh festgestellt, dass es wohl kaum Teil der ratio decidendi von Donoghue insgesamt ist.[63] Soweit sich nicht klar eine Mehrheit der beteiligten Richter für eine bestimmte ratio ausgesprochen hat, ist die Feststellung der ratio decidendi erneut mit zahllosen Unwägbarkeiten verbunden; es ist nicht einmal ausgeschlossen, dass sich gar keine finden lässt.[64] 25

Zusammengefaßt ist die Feststellung der ratio decidendi ein oft schwieriges und keinesfalls eindeutiges Unterfangen. Weder herrscht Einigkeit darüber, wie Richter dabei gemeinhin in der Praxis vorgehen, noch wie sie es in der Theorie tun sollten; eine bestimmte Methode besteht nicht.[65] Letztlich entscheidet sich die Frage auch hier wieder ganz pragmatisch: Was die ratio decidendi ist, ergibt sich letztlich nur daraus, was spätere Entscheidungen als ratio decidendi ansehen.[66] 26

bb) Gerichtshierarchie

Bindend ist eine ratio decidendi allerdings nur dann, wenn die Entscheidung des einen Gerichts das andere überhaupt zu binden vermag. Nicht bindend sind demnach Entscheidungen hierarchisch niedriger stehender Gerichte. In England also kann das zwischenzeitlich in Supreme Court umbenannte House of Lords den Court of Appeal binden und dieser den High Court, aber nicht umgekehrt.[67] Interessanterweise wurden die Entscheidungen des EuGH – vor dem Brexit – mit in diese Hierarchie und damit in die stare decisis Regel einbezogen – und zwar am obersten Ende.[68] Die Entscheidungen unterhalb der Ebene des High Court hingegen sind nicht bindend und werden auch selten publiziert. 27

Interessant wird es dann bei der Frage, inwiefern Gerichte an die eigene Rechtsprechung gebunden sind. Das House of Lords bejahte seine Bindung an eigene Präjudizien über Jahrzehnte, bis es sich im Jahr 1966 mit einem sog. practice statement – also gerade nicht in einem konkreten Einzelfall – selbst die Möglichkeit von Abweichungen einräumte. Der Grund dafür geht klar aus der Äußerung selbst hervor: 28

---

[60] Vgl. supra → Rn. 8 ff.
[61] Donoghue vs. Stevenson [1932] AC 562 (HL) 576.
[62] Dabei werden Voten im House of Lords durchaus vorher abgesprochen vgl. *Bailey/Ching/Taylor* (Fn. 9), 121 f.; *Paterson, Alan,* The law Lords, 1982, 109 ff.
[63] Vgl. *Heuston* (Fn. 22), 8, 9.
[64] So etwa in Harper vs. National Coal Board [1974] QB 614 (CA).
[65] *Cownie, Fiona; Bradney, Anthony; Burton, Mandy,* English legal system in context, 6. Aufl. 2013, 91; *Bailey/Ching/Taylor* (Fn. 9), 479.
[66] Vgl. etwa *Adams/Brownsword* (Fn. 38), 129.
[67] Zur englischen Gerichtsstruktur vgl. infra → Rn. 82 ff.
[68] Zur Stellung der Entscheidungen des EGMR vgl. Kay vs. Lambeth [2006] 2 AC 465 (HL) 496 ff.

„Their Lordships nevertheless recognise that too rigid adherence to precedent may lead to injustice in a particular case and also unduly restrict the proper development of the law. They propose, therefore, to modify their present practice and, while treating former decisions of this House as normally binding, to depart from a previous decision when it appears right to do so. In this connection they will bear in mind the danger of disturbing retrospectively the basis on which contracts, settlements of property and fiscal arrangements have been entered into and also the especial need for certainty as to the criminal law."[69]

Die sehr weiche Formulierung des Maßstabs für eine Abweichung ist erneut kennzeichnend für das common law. In der Praxis zeigte sich das House of Lords allerdings sehr zurückhaltend und benutzte die neue Möglichkeit nur selten. Der Court of Appeal bejaht ebenfalls im Grundsatz eine Bindung an die eigenen Präjudizien, sieht dabei jedoch vor allem drei Ausnahmen: wenn eine spätere Entscheidung des House of Lords mit dem Präjudiz unvereinbar ist, ohne dass ein formelles overruling erforderlich wäre; wenn frühere abweichende Präjudizien des Court of Appeal bestehen; oder wenn das Präjudiz per incuriam aufgestellt wurde.[70] Die per incuriam Ausnahme ist dabei die potentiell weitreichendste, denn sie greift immer dann ein, wenn die frühere Entscheidung ihrerseits einschlägige Präjudizien oder gesetzliche Vorgaben nicht beachtet und deshalb falsch ist.[71] Speziell für strafrechtliche Fälle wird dies im Hinblick auf die mit ihnen möglicherweise verbundenen Freiheitsbeschränkungen sogar noch ausgeweitet und eine Präjudizienbindung auch dann verneint, wenn es einmal im Interesse der Gerechtigkeit erforderlich ist.[72] Wiederum ist zu beachten, dass das englische[73] System ausgesprochen flexibel und facettenreich ist und es auch immer wieder Entscheidungen gibt, die nicht ohne weiteres mit den soeben genannten Grundsätzen in Übereinstimmung zu bringen sind.

cc) Distinguishing

29 Zusätzliche Flexibilität gewinnt die Bindung an Präzendenzfälle durch das sog. distinguishing. Danach muss ein Präzedenzfall nicht angewandt werden, wenn ein materieller Unterschied zwischen dem ihm zugrundeliegenden und dem jetzt zu beurteilenden Sachverhalt besteht. Dies kann als Ausnahme von der stare decisis Regel konstruiert werden, stellt aber letztlich nichts anderes dar als die schon mehrfach angesprochene Möglichkeit, einem früheren Fall über eine entsprechende Einengung der für ihn ausschlaggebenden Fakten und damit auch der aus ihm abzuleitenden Rechtsregel den Charakter als relevanter Präzedenzfall von vornherein abzusprechen. Damit wird zugleich klar, dass das distinguishing in der Hand von Richtern und Anwälten ein besonders wirksames Mittel ist, um sich von früheren Entscheidungen zu distanzieren und das jeweils gewünschte Ergebnis zu erreichen. Für die „richtige" Durchführung eines distinguishing gibt es keinerlei feste Regeln. Wie bei der (damit ja eng zusammenhängenden) Feststellung der ratio decidendi hängt die Bewertung letztlich allein von der späteren Reaktion anderer Gerichte ab. Ein kreatives distinguishing kann so entweder als verfehlt oder nicht nachvollziehbar kritisiert, ebensogut aber als mutiger Schritt begrüßt werden, wenn die frühere Entscheidung von vielen als wenig sinnvoll angesehen wurde.[74]

30 Der Begriff des distinguishing ist von zwei anderen Begriffen zu trennen: Von einem overruling wird gesprochen, wenn das Präjudiz von einem höheren oder – falls möglich – dem gleichen Gericht später als falsch bezeichnet und deshalb nicht beachtet wird. Das Präjudiz verliert dadurch für die Zukunft seinen Wert. Von einem reversal spricht man

69 Practice Statement (Judicial Prededent) [1966] 1 WLR 1234 (HL) 1234.
70 Vgl. Young vs. Bristol Aeroplane Co Ltd. [1944] KB 718 (CA) 725 f.
71 Vgl. Morelle vs. Wakeling [1955] 2 QB 379 (CA) 406.
72 Vgl. R vs. Spencer Alan Widdison [1985] QB 771 (CA) 771 f.
73 Zu den Besonderheiten der USA insbes. auch im Hinblick auf den föderalen Staatsaufbau vgl. *David, René; Jauffret-Spinosi, Camille; Goré, Marie,* Les grands systèmes de droit contemporains, 12. Aufl. 2016, 356 ff.
74 Vgl. *Bailey/Ching/Taylor* (Fn. 9), 515.

hingegen, wenn derselbe Fall im Instanzenzug von der höheren Instanz anders entschieden wird als von der niedrigeren.

dd) Überzeugende Präjudizien

Ist ein Präjudiz nicht bindend, so verhindert das allerdings keinesfalls seine Verwertung. Es ist dann zwar kein binding precedent, kann aber durchaus als sog. persuasive precedent noch großen Einfluss ausüben. Kurz gesagt: ein Richter muss bindende Präjudizien und kann überzeugende Präjudizien beachten. Wie groß die Überzeugungskraft ist, hängt von zahlreichen Faktoren ab, etwa der hierarchischen Stellung oder dem Herkunftsland des Präjudiziengerichts (Entscheidungen der Gerichte anderer Länder des common law können überzeugende Präzedenzfälle sein), vom persönlichen Ruf des Richters, von der Häufigkeit der entsprechenden Rechtsansicht in der Entscheidungspraxis, davon ob ein Mehrheits- oder Minderheitsvotum vorliegt[75] oder schlicht von der inneren Überzeugungskraft der Entscheidung. Geht man beispielsweise davon aus, dass die Formulierung des Nachbarprinzips durch Lord Atkin in Donoghue[76] mangels Zustimmung der anderen Richter nicht Teil der ratio decidendi der gesamten Entscheidung war, so handelte es sich nicht um ein bindendes Präjudiz, doch kam ihm erkennbar eine sehr überzeugende Wirkung zu. 31

Zusammengefaßt erweist sich das Fallrecht mit seiner Präjudizienbindung bei näherer Betrachtung keineswegs als das rigide und eng begrenzte Entscheidungssystem, als das es auf den ersten Blick erscheinen mag. Die Präjudizienbindung wird, mit den bekannten Worten von Lord Denning, von den Richtern gern akzeptiert, wenn sie zu einem als fair und gerecht empfundenen Ergebnis führt; anderenfalls aber stehen ihnen die verschiedensten Wege zur Verfügung, um das Präjudiz zu umgehen.[77] 32

c) Rolle des Gesetzesrechts

Das Fallrecht bildet die Basis des common law. Das Gesetzesrecht dient demgegenüber vor allem dazu, das Fallrecht punktuell zu präzisieren und unpassende oder rechtspolitisch unerwünschte Ergebnisse des Fallrechts punktuell zu ändern. Mit der klassischen Formulierung Blackstones aus dem 18. Jahrhundert: „Statutes also are either declaratory of the common law, or remedial of some defects therein."[78] Das common law wird insofern als eine Art naturrechtlicher Ausdruck der speziellen Vorstellungen und Lebensumstände des englischen Volkes angesehen, als ein überlegenes, demokratisches Produkt, das die Freiheit des einzelnen schützt.[79] Ob aber wirklich ein Fallrecht, das über Jahrhunderte von Richtern aus der Oberschicht entwickelt wurde, besonders demokratisch oder gar demokratischer ist als die Produkte eines seit entsprechender Reformen in allgemeiner, gleicher und geheimer Wahl gewählten Parlaments, darf mit Fug und Recht bezweifelt werden; es dürfte sich eher um einen hübschen und sympathischen, aber nichtsdestoweniger irrealen nationalen Mythos handeln. Dennoch hat diese Grundvorstellung auch heute noch tiefgreifende Auswirkungen auf die Art und Weise, wie Gesetze gesehen werden. Zwar ist allgemein anerkannt, dass ein Gesetz dem common law vorgeht; dennoch bildet das Gesetz eine Art zweitrangige, gewissermaßen suspekte Quelle.[80] Denn da das Gesetz vom guten und vernünftigen, der Eigenart des englischen Volkes entsprechenden Recht abweicht (anderenfalls bedürfte es ja 33

75 Ob ein obiter dictum persuasive precedent sein kann oder eine davon zu unterscheidende, eigene Kategorie darstellt, die aber ebenfalls Beachtung in späteren Entscheidungen finden kann, scheint terminologisch nicht ganz klar zu sein vgl. einerseits *Bailey/Ching/Taylor* (Fn. 9), 512 (für Unterfall), andererseits *Cross/Harris* (Fn. 59), 41 (für Unterscheidung).

76 Vgl. supra → Rn. 14, 17.

77 Vgl. *Denning, Lord Alfred Thompson,* The discipline of law, 1979, 285.

78 Vgl. *Blackstone* (Fn. 4), 86.

79 Vgl. etwa die Darstellung in *Goodrich, Peter,* Reading the law– A critical introduction to legal method and techniques, 1986, 66.

80 Zum Ganzen vgl. *Goodrich* (Fn. 79), 40 f.

keines Gesetzes), wird der Richter es leicht für einen Störfaktor halten, der mit gewisser Vorsicht zu genießen ist. In einem vielzitierten Urteil aus dem 17. Jahrhundert vertrat Lord Coke deshalb sogar die Ansicht, Parlamentsgesetze, die „against common right and reason, or repugnant, or impossible to be performed" wären, brauche der Richter nicht zu beachten.[81] Auch im 18. Jahrhundert wurde noch davon ausgegangen, dass unvernünftige Parlamentsgesetze nichtig seien.[82] Diese Auffassung konnte sich zwar nicht halten. Doch gehen die heutigen Regeln zur Gesetzesauslegung[83] weiterhin davon aus, dass Gesetze das nahtlose Netz des common law durchbrechen und deshalb restriktiv ausgelegt werden müssen. So wird etwa vermutet, dass das Parlament das gesamte Recht kennt und es daher nur bewusst ändert, oder dass entsprechend den Grundgedanken des common law grundsätzlich keine Haftung ohne Schuld auferlegt wird.[84]

34 Solche Versuche, den Gesetzgeber in die Schranken zu weisen, führen im Gegenzug zu einem sehr komplexen und detailreichen Gesetzesstil. Denn der Gesetzgeber wird versuchen, seinen Willen weniger in allgemeinen Prinzipien als in genauen Einzelanweisungen niederzulegen und die Gesetze so gerichtsfest zu machen. Da die Gesetze zudem im Grundsatz als nurmehr punktuelle Ausnahmen vom common law gelten, legen sie auch weit weniger als etwa kontinentaleuropäische Gesetze Wert auf eine innere Systematik und Geschlossenheit. Die Verwendung von Synonymen oder ähnlichen Begriffen ist ebenso verbreitet wie vorangestellte Definitionsteile, die aber regelmäßig nur für das spezielle Gesetz gelten. Selbst alphabetisch sortierte Aufzählungen kommen vor.[85] Wer mit anderen Worten als Jurist des kontinentaleuropäischen Rechts die Unverständlichkeit der heimischen Gesetze beklagt, wird nicht selten durch einen Blick in common-law-Gesetze belehrt, dass es durchaus noch schlimmer kommen kann.

35 Ein weiterer, zentraler Unterschied zwischen Gesetzen im common law und im civil law liegt darin, dass auch nachdem ein einschlägiges Gesetz gefunden wurde, der Blick des Rechtsanwenders nicht in erster Linie diesem Gesetz, sondern weiterhin dem Fallrecht gilt. Denn der durch Auslegung zu ermittelnde Inhalt der Gesetze wird von Fall zu Fall entwickelt und die dabei über diesen Inhalt aufgestellten Rechtssätze unterliegen ihrerseits wieder vollumfänglich den Regeln über Präjudizien. Was gilt, ergibt sich so nicht aus dem Gesetz, sondern aus den das Gesetz anwendenden Fällen.

36 Nichtsdestotrotz spielen Gesetze bereits seit langem im common law eine enorme und kaum zu unterschätzende praktische Rolle. Der moderne Interventionsstaat hat auch hier zu einer immer schneller rotierenden Gesetzgebungs- und Reformmaschinerie geführt, die hinter der in Staaten des civil law üblichen in nichts zurücksteht.

d) Rolle der akademischen Literatur

37 Die klassische Einstellung des common law zur rechtswissenschaftlichen Literatur zeigt sich am klarsten in der überkommenen Regel, nach der englische Gerichte einen Autor nur dann zitieren, wenn er bereits tot ist. Diese Einstellung hat sich allerdings seit der Mitte des 20. Jahrhunderts allmählich geändert und ist heute aufgegeben. Dennoch findet eine weitreichende Berücksichtigung von und Auseinandersetzung mit Literaturmeinungen, wie sie etwa aus dem deutschen Recht bekannt ist, selten statt.[86] Offengelegte Quellen der

---

[81] Vgl. Dr. Bonham's case (1609) 77 ER 646 (KB) 653.

[82] Vgl. *Blackstone* (Fn. 4), 91, der selbst allerdings diese weite Auffassung beschränken will.

[83] Dazu noch näher infra → Rn. 160 ff.

[84] Vgl. dazu *Goodrich* (Fn. 79), 40.

[85] Vgl. dazu auch *Denning* (Fn. 77), 18: „They have tried to foresee all possible circumstances that may arise and to provide for them. They have sacrificed style and simplicity. They have foregone brevity. They have become long and involved.".

[86] Vgl. etwa *Paterson* (Fn. 62), 14 ff., der ua anschaulich darauf hinweist, dass sich die Zahl der Literaturzitate der in Appeal Cases abgedruckten Entscheidungen von 1955 bis 1971 verdreifacht hat; Beispiel für eine Ausnahme etwa in R vs. Shivpuri (Pyare) [1987] AC 1 (HL) 23, in der das House of Lords ausdrücklich auf den Zeitschriftenaufsatz eines Professors Bezug nimmt.

Inspiration für Neuerungen, Änderungen und Meinungsverschiedenheiten sind in erster Linie Sondervoten oder abweichende Meinungen anderer, auch unterer oder fremder Gerichte. Einen besonders hohen Bekanntheitsgrad erreichen so einzelne Richterpersönlichkeiten, wie etwa Lord Atkin als Autor von Donoghue vs. Stevenson[87] oder später Lord Denning, die als unabhängige Geister dem Recht entscheidende Impulse gegeben haben. Lord Denning etwa hat in seiner Zeit am Court of Appeal durchaus schon einmal die Bindungswirkung von Entscheidungen des House of Lords in Frage gestellt, wenn er sie für verfehlt hielt,[88] oder sich nachdrücklich für eine Modernisierung der englischen Auslegungsregeln ausgesprochen.[89] 1977 schrieb die Times über ihn: „The past 25 years will not be forgotten in our legal history. They are the age of legal aid, law reform, and Lord Denning."[90] So wie im kontinentaleuropäischen Recht jeder Student und jeder ausgebildete Jurist die Namen der wichtigsten Lehrbuchautoren und Kommentatoren zumindest auf seinem Fachgebiet kennt, kennt etwa in den USA jeder Jurist die Namen der Richter am Supreme Court. Die unterschiedliche Stellung der Literatur spiegelt sich sogar in dieser Literatur selbst wieder. Denn während ein juristisches Lehrbuch im common law ohne weiteres auf ein Literaturverzeichnis verzichten kann, wird ein Entscheidungsverzeichnis – wie es im kontinentaleuropäischen Recht oftmals so gut wie unbekannt ist – kaum je fehlen.

Dennoch gibt es auch das umgekehrte Phänomen – wenn es auch in der heutigen Praxis **38** allenfalls noch eine marginale Rolle spielt: Bestimmte klassische Bücher über das common law (sog. books of antiquity) gelten offiziell selbst als Rechtsquelle, haben also einen Status inne, den kein Buch im kontinentaleuropäischen Recht heute für sich beanspruchen kann. Es handelt sich dabei um neun Bücher, die zeitlich von Glanvill, De Legibus et Consuetudinibus Angliae aus dem Jahr 1189 über Coke, Institutes of the Laws of England aus dem Jahr 1628 bis zu Blackstones für Studenten geschriebenem Lehrbuch[91] Commentaries on the Laws of England aus den Jahren 1765–1769 reichen.[92] Warum kein späteres Werk mehr diesen Status erreichen konnte, lässt sich nur vermuten. Es könnte daran gelegen haben, dass nach Blackstones Zeit die Fallsammlungen vollständiger und leichter verfügbar wurden und dass nach ihm die Grundprinzipien des common law als vollständig etabliert galten.[93]

In England sind bei alledem heute Lehrbücher verschiedensten Umfangs, die das Recht in **39** bestimmten Gebieten umfassend aufzubereiten und darzustellen versuchen, ebenso verbreitet wie Aufsätze in Zeitschriften, die sich mit einzelnen Rechtsfragen auseinandersetzen und dabei Rechtsprechung und andere Literaturmeinungen kritisch aufarbeiten. Für ausländische Juristen ist der Zugang zum englischen Recht anhand der englischen Literatur insofern gut möglich. Wer dasselbe beim U.S.-amerikanischen Recht versucht, wird hingegen enttäuscht. Zeitschriftenaufsätze,[94] die eine klare, überblicksartige Synthese der Rechtslage und des Meinungsstandes in bestimmten Bereichen oder zu bestimmten Einzelfragen geben, sind schwer zu finden. Aufsätze sind oft außerordentlich lang und ausführlich; sie analysieren umfassend soziale, historische und politische Hintergründe; sie sezieren und hinterfragen mit

---

[87] Vgl. dazu supra → Rn. 12 ff.

[88] Vgl. Broome vs. Cassell & Co Ltd. [1971] 2 QB 354 (CA) 382 ff.

[89] Vgl. etwa *Denning* (Fn. 77), 1979, 15 ff.

[90] The Times, 5.1.1977, zit. nach: *Denning* (Fn. 77), 315; vgl. aber auch *Atiyah, P.S.; Summers, Robert S.,* Form and substance in Anglo-American law, 1987, Neudruck 2002, 133, nach deren Einschätzung „most English judges thought that Lord Denning simply did not operate according to the rules which they felt to be bindung upon them, and that this was inappropriate behaviour in a judge"; sie betonen ibid. die Bedeutung der üblichen Verhaltensweisen von Richtern für das Recht und schließen: „Anyone who thinks that English law could survive as substantially the same system of law if it had a whole benchful of Lord Dennings is failing to pay adequate attention to these considerations.".

[91] Die Commentaries resultierten aus einem einjährigen Universitätskurs über das englische Recht, den Blackstone am 6.11.1753 begann, vgl. *Wigmore* (Fn. 13), 1094, 1096.

[92] Vollständige Auflistung bei *Darbyshire, Penny,* Darbyshire on the English legal system, 13. Aufl. 2020, 41.

[93] So *Darbyshire* (Fn. 92), 42.

[94] Zur U.S.-amerikanischen Zeitschriftenlandschaft anregend und unterhaltsam: *Zimmermann, Reinhard,* Law Reviews – Ein Streifzug durch eine fremde Welt, in: ders. (Hrsg.), Amerikanische Rechtskultur und europäisches Privatrecht, 1995, 87, passim.

größter Genauigkeit die Argumentationen und Gedankengänge gerichtlicher Entscheidungen. In einer immer wieder anzutreffenden, radikalen Form geht es sogar nur noch darum, Gerichtsentscheidungen, Rechtsregeln und juristische Methoden als Ausdruck etwa des Rassismus, des männlichen Chauvinismus oder sonst der Interessen der herrschenden Klasse zu entlarven; das mag im Einzelfall durchaus berechtigt sein, doch fehlen meist konkrete, positive Vorschläge, wie genau es besser zu machen sei.[95] Auch eine Kultur verständlicher Lehrbücher, die einen Überblick über bestimmte Rechtsgebiete für Anfänger wie Fortgeschrittene bieten, besteht in den USA kaum. Große Lehrbücher („treatise") existieren zwar gelegentlich noch,[96] können aber auch völlig veraltet sein oder fehlen. Eine besondere Bedeutung in Lehre und Praxis kommt ihnen jedenfalls nicht zu. Dem Lehrbuch am nächsten kommen noch die umfangreichen sog. hornbooks und die kurzen sog. nutshells,[97] die zwar regelmäßig von bekannten Experten auf dem jeweiligen Gebiet geschrieben wurden, aber etwa in Zeitschriftenaufsätzen üblicherweise nicht als zitierfähig gelten. Wer eine ergebnisorientierte Synthese und ausführliche Erläuterung des geltenden Rechts und der wichtigsten Gerichtsentscheidungen einschließlich einer kompakten Zusammenfassung der zugehörigen Meinungen und Argumente in der Literatur sucht, kann sich zumeist nur mit kommerziell angebotenen Studierhilfen und Skripten behelfen, die sich auch bei amerikanischen Jurastudenten größter Beliebtheit erfreuen. Die im akademischen Unterricht der USA verwendeten Bücher hingegen, die so vielversprechende Titel wie „Contracts" oder „Administrative Law" tragen, sind als Nachschlagewerke und für rechtsvergleichende Zwecke wenig geeignet. Es handelt sich in der Regel um sog. casebooks, dh um Sammlungen von Ausschnitten vor allem aus Fällen, daneben oft auch aus Büchern und Aufsätzen, mit kurzen Fragenkatalogen (ohne Antworten) und gelegentlich kurzen, einführenden Zwischentexten der Herausgeber. Die Hintergründe dieser Besonderheit der U.S.-amerikanischen Literatur, auf die später noch genauer einzugehen ist, liegen ua in der dortigen Ausbildungstechnik, im praktischen Einfluss des sog. legal realism, im Selbstverständnis der Hochschullehrer[98] und dem Einfluss zahlreicher kritischer rechtstheoretischer Schulen.[99] Zusammengefaßt lässt sich für die USA – im Unterschied zu England[100] – eine ausgeprägte Praxisferne der akademischen Literatur feststellen, dh sie hilft dem Richter oder Anwalt bei der Lösung seiner rechtlichen Probleme meist nicht konkret weiter. Das wird auch von Praktikern in den USA so empfunden, so dass die gegenseitige Befruchtung von universitärer Rechtswissenschaft und praktischer Rechtsanwendung ebenso gering ist wie der Einfluss von Rechtsprofessoren auf die Praxis. In manchen Zirkeln kann das so weit gehen, dass die akademische Auseinandersetzung mit dem Recht weitgehend in ihrer eigenen Welt schwebt und sich vornehmlich mit sich selbst befaßt. Dabei scheinen die mangelnde Bedeutung in der Praxis und die mangelnde Anschlussfähigkeit an die Praxis einen sich selbst verstärkenden Zirkel zu bilden.

[95] Zu diesen critical legal studies und ihren Nachfolgern vgl. etwa den Überblick bei *Klarmann, Tobias,* Der Einfluss der Critical Legal Studies in den USA, Greifswalder Halbjahresschrift für Rechtswissenschaft 2012, 113 (113 ff.).

[96] Vgl. etwa im Verfassungsrecht *Tribe, Laurence H.,* American constitutional law, 2. Aufl. 1988, dessen dritte Auflage in zwei Bände geteilt wurde, von denen nur der erste im Jahr 2000 erschien; aktueller *Chemerinsky, Erwin,* Constitutional law – Principles and policies, 7. Aufl. 2023; vgl. weiter etwa im Verwaltungsrecht *Hickman, Kristin E.; Pierce, Richard J.,* Administrative law treatise, 7. Aufl. 2024.

[97] Dass auch sie dem Juristen des civil law oft nicht bieten, was er sucht, betont *Damaška, Mirjan,* A continental lawyer in an American law school – Trials and tribulations of adjustment, University of Pennsylvania Law Review 116 (1968), 1363 (1372).

[98] Vgl. etwa *Ulen, Thomas S.,* A nobel prize in legal science – Theory, empirical work, and the scientific method in the study of law, University of Illinois Law Review 2002, 875 (916), der darauf hinweist, dass praktisch verwertbare Aufsätze in den USA in jüngerer Zeit eher als schädlich für die Karriere eines Hochschullehrers gelten.

[99] Vgl. auch die kritische Analyse bei *Edwards, Harry T.,* The growing disjunction between legal education and the legal profession, Michigan Law Review 91 (1992), 34 (42 ff.).

[100] Vgl. für England aber auch die kritische Bestandsaufnahme etwa bei *Paterson* (Fn. 62), 14 ff., der einen grundsätzlich geringen Einfluss der akademischen Literatur auf das House of Lords sieht und nur für eine Handvoll besonders namhafter Autoren eine Ausnahme macht.

3. Die Denkweise des Common law

Die Art, wie das Recht im common law hergeleitet und entwickelt wird, zeigt eindrücklich, dass die Besonderheiten des common law vor allem in einer spezifischen Art des Nachdenkens über Recht und in rechtlichen Kategorien liegen. Ohne Anspruch auf Vollständigkeit lassen sich dabei fünf Merkmale herausarbeiten: 40

a) Common law als richterlich geschaffenes Recht

Ein in der Rechtsvergleichung immer wieder betontes Spezifikum liegt im Charakter des common law als richterlich geschaffenes Recht, als judge-made law.[101] Das Richterrecht, so heißt es immer wieder, sei im common law – im markanten Unterschied zum kontinentaleuropäischen Recht – ohne weiteres als Rechtsquelle anerkannt. Tatsächlich kommt bei einer allmählichen Entwicklung von Fall zu Fall und ohne gesetzliche Vorgaben nur noch der Richter als Rechtsschöpfer in Betracht. 41

Dass der Richter das Recht schafft, ist aber interessanterweise eine Sichtweise, die gerade in England traditionell mit Vehemenz abgelehnt wurde. Das common law wird nach über Jahrhunderte gepflegter Auffassung vom Richter nicht geschaffen, sondern nur entdeckt: „what before was uncertain, and perhaps indifferent, is now become a permanent rule"; der Richter ist „not delegated to pronounce a new law, but to maintain and expound the old one".[102] Blackstone sieht mit dieser Auffassung nur dann ein Problem, wenn sich altes Recht ausnahmsweise einmal als unvernünftig erweist und daher tatsächlich verändert werden muss. Aber „even in such cases the subsequent judges do not pretend to make a new law, but to vindicate the old one from misrepresentation. (…) it is declared, not that such a sentence was *bad law,* but that it was *not law;* that is, that it is not the established custom of the realm, as has been erroneously determined."[103] Kaum anders als im civil law konnte deshalb der Richter eine als unbefriedigend empfundene Rechtslage nicht selbst ändern, sondern musste dazu auf den Gesetzgeber hoffen.[104] Diese traditionelle Auffassung hat sich bis weit in die Mitte des 20. Jahrhunderts insbesondere unter den Richtern gehalten,[105] wurde dann aber mit Macht fallengelassen: „We do not believe in fairy tales any more. (…) judges do make law."[106] Eine Erklärung für diese Änderung liegt in der zunehmend dauerhaften und verschriftlichten Kommunikation:[107] Zunächst erlaubte der ungeschriebene Charakter des common law es noch, die immer wieder auftretenden Neuerungen im Gebäude des Rechts aufgehen zu lassen und so gar nicht mehr als individuelle Änderungen wahrzunehmen. Wenn nur die seit unvordenklicher Zeit überkommenen Gebräuche als Recht anerkannt werden,[108] dann ist es natürlich hilfreich, wenn etwa im Mittelalter ein Gebrauch nach 10 bis 20 Jahren als langandauerd und nach zwei bis drei Generationen als unvordenklich gelten konnte. Im Laufe der Zeit aber wurde das kollektive Gedächtnis immer besser, so dass die Fiktionen des common law immer weniger aufrechtzuerhalten waren und schließlich recht abrupt zusammenbrachen. Aber auch heute noch wirkt die klassische deklaratorische Theorie nach. Nicht nur haben sich Richter noch lange dafür ausgesprochen, die rechtsschöpferische 42

[101] Vgl. *Will, Michael,* Das Common Law, in: David, René; Grasmann, Günther (Hrsg.), Einführung in die großen Rechtssysteme der Gegenwart, 2. deutsche Aufl. 1989, 431 (475, 480, 490); *David/Jauffret-Spinosi/Goré* (Fn. 73), 302.

[102] *Blackstone* (Fn. 4), 69.

[103] *Blackstone* (Fn. 4), 70, Hervorhebungen im Original.

[104] So etwa in Derry vs. Peek [1889] LR 14 App Cas 337 (HL) 376.

[105] Vgl. *Bailey/Ching/Taylor* (Fn. 9), 281 f.

[106] *Reid, Lord,* The judge as law maker, Journal of the Society of Public Teachers of Law 12 (1972/1973), 22 (22); aus der neueren Literatur vgl. etwa auch deutlich *Darbyshire, Penny,* Darbyshire on the English legal system, 8. Aufl. 2005, 47: „Of course judges do make law. That is the nature of the common law. To pretend otherwise is silly.".

[107] Vgl. zu dieser Erklärung *Cotterrell, Roger,* The politics of jurisprudence – A critical introduction to legal philosophy, 2. Aufl. 2003, 28 f.

[108] Vgl. nur *Blackstone* (Fn. 4), 73.

Funktion in der Öffentlichkeit möglichst nicht zu erwähnen.[109] Vor allem trat ein gravierender Verlust an Sicherheit ein, denn nunmehr bestand das bis heute nicht abschließend gelöste Problem, die plötzlich entdeckte Macht der Richter rechtstheoretisch und verfassungsrechtlich zu rechtfertigen. Das hat zugleich zu einer andauernden und grundlegenden Debatte über die Grenzen richterlicher Macht sowie über die Wünschbarkeit und die Bedingungen richterlicher Selbstbeschränkung geführt.[110] Bei alledem bleibt die erstaunliche Tatsache bestehen, dass eine der zentralsten Aussagen zum Charakter des common law noch 1950 auf vehementen Widerstand gestoßen wäre und dass die Grundlagen der neuen Sichtweise ebenso wie die Grenzen der sich aus ihr ergebenden Konsequenzen weiterhin Anlaß zu kontroversen Debatten geben.

b) Fälle als Argumente

43 Im common law sind Entscheidungen in früheren Fällen als solche Argumente bei der Lösung späterer Rechtsfragen. Dabei ist der frühere Fall nicht etwa – wie tendenziell im civil law – nur ein Kürzel für die hinter ihm stehende sachliche Begründung, für die Überzeugungskraft seiner Gedankenführung, sondern bildet tatsächlich als solcher eine Autorität. Überspitzt ausgedrückt sucht der Jurist im common law nicht nach dem besten Argument, sondern nach der hierarchisch höchstrangigen Autorität. Wie bereits gesehen, gilt dies allerdings, im Unterschied zur großen Masse der Durchschnittsfälle, nicht unbedingt für zentrale Präzedenzfälle wie Donoghue vs. Stevenson oder für besonders herausragende Richter und Juristen wie Lord Atkin.[111] Entsprechend finden sich unterschiedliche Schwerpunkte auch in der Ausbildung, je nachdem welche Art von Juristen den Zielvorstellungen der jeweiligen law school entspricht. Das illustriert vielleicht eine Anekdote, die Guido Calabresi als Dekan der hochangesehenen Yale Law School mit verschmitztem und wohlwollendem Lächeln seinen Studenten zu erzählen pflegte: Am ersten Arbeitstag in der New Yorker Großkanzlei wird der frischgebackene Yale-Absolvent gefragt, wie denn die Rechtslage in Bezug auf ein bestimmtes Problem sei. Der antwortet ohne zu zögern: „Ich habe keine Ahnung, wie die Rechtslage ist; aber ich weiß ganz sicher, wie sie sein sollte." Die Suche nach den inhaltlich besten Argumenten hat also auch im common law ihren Platz. Technisch wird sie allerdings erst möglich, wenn Fälle als Autoritäten nicht zu finden sind oder es gelungen ist, sie zB im Wege des distinguishing aus dem Feld zu räumen.

c) Prozessorientierung

44 Das common law Denken ist stärker auf das Verfahren, auf den Streit der Anwälte hin orientiert als das civil law. Das Beweisrecht etwa nimmt bereits in der Ausbildung einen hohen Rang ein und zählt neben Fächern wie torts oder contracts zu den Grundvorlesungen. Bis in das 19. Jahrhundert hinein spielte aufgrund des writ-Systems[112] das materielle Recht sogar insgesamt nur eine untergeordnete Rolle. Die wichtigste Aufgabe des Anwalts bestand darin, den richtigen Klageweg zu finden und die zahllosen prozessualen Fallstricke zu umgehen. Gelang dies, so konnte er für eine gerechte Entscheidung auf die jury vertrauen.[113] Das materielle Recht war auf diese Weise in den Falten des Prozessrechts verborgen, wie sich etwa auch deutlich im dritten Buch von Blackstones Commentaries mit dem Untertitel „Of Private Wrongs" zeigt, das in weiten Teilen nicht etwa von torts als solchen handelt, sondern das englische Prozessrecht darstellt. Allerdings dürfen – wie so oft – diese historischen Aspekte auch nicht überbewertet werden. Das typische englische Lehrbuch etwa zu torts

[109] Vgl. die Darstellung bei *Atiyah, P.S.*, Judges and policy, Israel Law Review 15 (1980), 346 (356 ff.) mwN.
[110] Vgl. dazu kurz *Bailey/Ching/Taylor* (Fn. 9), 285 ff.; vgl. weiter zum legal realism infra → Rn. 258 ff.
[111] Vgl. dazu supra → Rn. 18 f., 37.
[112] Zu diesen historischen Zusammenhängen näher infra → Rn. 65 ff.
[113] *David/Jauffret-Spinosi/Goré* (Fn. 73), 285; für die historische Entwicklung vgl. *Baker, J.H.*, An introduction to English legal history, 5. Aufl. 2019, 83 ff.

oder contracts enthält heute so gut wie nichts mehr zum Prozessrecht.[114] Auch in der heutigen Praxis spielt aber neben den materiellrechtlichen Fragen das Problem eine zentrale Rolle, wie die jeweils bevorzugte Lösung dieser Fragen prozessual und argumentativ vor Gericht am besten eingebracht werden kann. Würde etwa ein österreichischer oder schweizer Jurist einem amerikanischen Kollegen eine feinsinnige materiellrechtliche Differenzierung erklären, so müßte er am Ende mit der Frage rechnen „How do you go about establishing that in court?" – eine Frage, die dem Juristen des common law ebenso selbstverständlich wie dem Juristen des civil law rätselhaft erscheint.[115] Entsprechend werden sich Buchtitel wie „Courtroom Persuasion: Winning with Art, Drama and Science"[116] im kontinentaleuropäischen Recht kaum finden. Dass das common law weniger auf allgemeine materiellrechtliche Grundsätze konzentriert ist sondern auf die praktische Durchsetzung im Verfahren, zeigt sich auch in der besonderen Bedeutung, die in Ausbildung wie Praxis dem tatsächlichen Sachverhalt einer Entscheidung zugesprochen wird. Das geht so weit, dass sich durchaus behaupten lässt, der Begriff der Rechtsnorm bedeute im common law klassisch etwas grundlegend anderes als im kontinentaleuropäischen Recht, da die Norm keine abstrakte Regel darstelle, sondern immer untrennbar mit einem konkreten Fall verbunden sei.[117] Ein anderer Aspekt des Verfahrensbezugs zeigt sich beispielsweise im U.S.-amerikanischen Verwaltungsrecht.[118] Zentrale Begriffe, um die sich dieses Rechtsgebiet dreht, sind verfahrensrechtlicher Natur, wie etwa Anhörung, Kreuzverhör oder Verfahrensakte. Hat die Verwaltung ein umfangreiches Verfahren korrekt durchgeführt und lässt sich ihre Entscheidung auf die Verfahrensakten zurückführen, so sind elementare Voraussetzungen erfüllt, um eine gerichtliche Überprüfung zu überstehen.[119]

d) Systematik, abstraktes Denken und Recht

Systematik und Verallgemeinerungsfähigkeit in der rechtlichen Argumentation sind keine zentralen Anliegen eines Juristen im common law. Rechtliche Entscheidungen sind geprägt vom konkreten Sachverhalt, nicht von allgemeinen, abstrakten Rechtsregeln. Die Argumentation von Fall zu Fall setzt eine genaue Kenntnis von und ein Arbeiten mit den faktischen Details der Lösung voraus.[120] Das Recht lebt von den Fakten, ja nach klassischer Sicht ergibt es sich letztlich aus den Fakten.[121] Aus englischer Sicht ist dies zwar keineswegs zwingend. Denn englische Juristen weisen gern darauf hin, dass etwa im Recht der torts das 45

[114] Deutlich *Cane, Peter,* The anatomy of tort law, 1997, 4 f.

[115] Beispiel nach *Damaška* (Fn. 97), 1368 Fn. 8.

[116] *Herman, Russ M.,* Courtroom persuasion – Winning with art, drama and science, 2. Aufl. 2010.

[117] Vgl. etwa *David/Jauffret-Spinosi/Goré* (Fn. 73), 287 f.; *Legrand, Pierre,* European legal systems are not converging, International and Comparative Law Quarterly 45 (1996), 52 (67 f.); aufgrund des fließenden Charakters des common law gegen ein Verständnis als Gebilde aus Regeln auch *Cotterrell* (Fn. 107), 22 ff., 27.

[118] Zur ähnlichen Lage im US-Verfassungsrecht etwa *Kischel, Uwe,* Delegation of legislative power to agencies – A comparative analysis of United States and German law, Administrative Law Review 46 (1994), 213 (250); *Linde, Hans A.,* Due process of lawmaking, Nebraska Law Review 55 (1976), 197 (255).

[119] Vgl. etwa *Aman, Alfred C.; Rookard, Landyn W.; Mayton, William T.,* Administrative law, 4. Aufl. 2023, 388: „courts rarely substitute their judgment for that of the agency, provided the agency has used the proper procedures in making those judgments"; *Mashaw, Jerry L; Merrill, Richard A.; Shane, Peter M.; Magill, M. Elizabeth; Cuéllar, Mariano-Florentino; Parrillo, Nicholas R.,* Administrative Law – The American public law system, cases and materials, 8. Aufl. 2019, 562: „a process of transforming rationality review into a search for an adequate reasoning process while simultaneously harnessing procedural protection to the information demands of complex technical decision making. The result is a proceduralized substantive review that seeks to move agency decision making processes toward the pursuit of substantive rationality." Bei aller Bedeutung des Verfahrensrechts, hat hier aber auch das materielle Recht und die gerichtliche Kontrolle auf materielle Fehler ihren klaren Platz, vgl. die berühmte Debatte zwischen den Richtern Leventhal und Bazelon über verfahrensmäßige oder materielle Kontrolle in Ethyl Corp. vs. EPA, 541 F.2d 1, 66–69 (C. A. D.C. 1976), cert. denied 426 U. S. 941 (1976).

[120] Vgl. Masterson vs. Holden [1986] 1 WLR 1017 (QB) 1022 (per Glidewell LJ): „Every decision must be read in the light of the facts on which it is based.".

[121] Vgl. dazu *Samuel* (Fn. 50), 145.

englische Rechtsystem sich nie recht hat entscheiden können, ob es eher auf allgemeinen Prinzipien oder auf spezifischen Interessen und Umständen beruhen sollte.[122] Auch diese allgemeinen Prinzipien aber sind nicht im kontinentaleuropäischen Sinn eines abstrakten, von Fakten abstrahierten Regeldenkens gemeint; zudem wird eingeräumt, dass ein prinzipiengeleiteter Ansatz jedenfalls nicht die alltägliche Sichtweise des praktizierenden Juristen wiedergibt.[123] Ganz praktisch werden etwa Urteile, ganz anders als im civil law, regelmäßig mit ausführlichem oder gar vollständigem Sachverhalt abgedruckt und vor allem auch von Juristen in dieser Form gelesen. Juristische Diskussionen sind nicht auf den Inhalt und die Formulierung von Normen zentriert, so dass Fälle allenfalls der Illustration dienen, sondern betreffen regelmäßig konkrete Einzelfälle und die Anwendung von Normen in diesem konkreten Kontext, wobei Sachverhaltsfragen auf einer Ebene mit abstrakten juristischen Fragen in die Debatte eingebracht werden können. Gleichzeitig spielt die für den civil law Juristen so zentrale Logik keine völlig zentrale Rolle: „The life of the law has not been logic: it has been experience"[124] lautet eines der berühmtesten Zitate zur Charakterisierung des common law, und es sorgt nicht für größte Unruhe, wenn ein Richter am House of Lords eine akademische Rechtsansicht mit der Begründung zurückweist sie sei „excessively logical".[125] Dem entspricht es auch, dass die Induktion, die immer wieder als typisch für das common law Denken angesehen wird,[126] aus heutiger Sicht und im Unterschied zur Deduktion gar kein logisches, sondern nurmehr ein erfahrungswissenschaftliches Verfahren darstellt.

46 Dieser Abneigung gegen die Abstraktion entspricht das Fehlen übergreifender Systematisierungen. Natürlich lassen sich auch im common law Regeln zu Systemen zusammenfassen, in Hierarchien bringen und aufeinander beziehen. Immer wieder sprechen sich auch einmal Juristen genau dafür aus.[127] Zum üblichen, alltäglichen Standard gehört dieses Denken jedoch nicht. Eine Abstraktion von Rechtsregeln über enge Bereiche hinaus wird regelmäßig auf größeren Widerstand stoßen. So würde etwa kaum jemand auf die Idee kommen, im U.S.-Verfassungsrecht die verschiedenen Tiefen der gerichtlichen Kontrolldichte (sog. levels of scrutiny)[128] für alle Grundrechte in einem allgemeinen Teil zusammenzufassen, um generell zu klären, aufgrund welcher Kriterien wann welche Kontrolldichte eingreift und mithilfe dieser Verallgemeinerung alle nicht erklärbaren Abweichungen von den erarbeiteten Regeln als falsch zu verwerfen. Einen allgemeinen Teil des Schuldrechts, der die gemeinsamen Prinzipien etwa von torts und contracts vor die Klammer zieht, gibt es nicht und er würde vor allem aufgrund seines viel zu hohen Abstraktionsgrades auch gemeinhin nicht als wünschenswert angesehen. Aber auch innerhalb eines Rechtsgebiets wie torts besteht etwa defamation – für die das geschützte Interesse am guten Ruf charakteristisch ist – als tort neben negligence, das nach dem Verschuldensmaßstab benannt wird. Da nun aber keinesfalls fahrlässiges Verhalten immer und ausschließlich unter negligence fällt und da die verschiedenen, von negligence geschützten Interessen in einem letztlich nicht geklärten Verhältnis zu den von den verschiedenen anderen torts geschützten Interessen stehen, kommt es zu erheblichen systematischen Unklarheiten, einem „conundrum of disorderly categories".[129] Auch der Umgang mit Fällen insgesamt ist davon gekennzeichnet, Fälle mit anderen Fällen in Verbindung zu bringen, nicht mit übergeordneten Grundsätzen. Fälle werden nicht nur deshalb untersucht, um sie in das Muster aller anderen bislang entschiedenen Fälle einzufügen und aus ihnen allgemeingültige Regeln für alle zukünftigen Fälle abzuleiten; der umfassende Vergleich von Fällen, das Entwickeln der ratio decidendi

[122] Vgl. etwa *Howarth* (Fn. 29), 162 ff.; vgl. dazu auch *Cane* (Fn. 114), 7 f.
[123] Vgl. *Goudkamp/Nolan* (Fn. 39), 11 ff.
[124] *Holmes, Oliver Wendell,* The common law, 1881, 1.
[125] Vgl. *Cane* (Fn. 114), 18.
[126] Vgl. supra → Rn. 4 ff.
[127] So etwa für eine vereinheitlichte Sicht der torts und sogar einen Übergang zu einer allgemeineren, schuldrechtlichen Betrachtung *Cane* (Fn. 114), passim, etwa 1, 237 f.
[128] Dazu noch infra → Rn. 210.
[129] *Birks* (Fn. 8), 168.

und das distinguishing etwa, sind vielmehr im Grundsatz auf die Entscheidung eines neuen Einzelfalls gerichtet. Rechtsnormen stehen nicht in einem hierarchischen Verhältnis zueinander, bei dem sich sehr spezielle Normen als Ausdruck allgemeiner und diese als Ausdruck noch allgemeinerer Normen erweisen. Die rechtlichen Begriffe und Kategorien werden nicht routinemäßig abgeglichen und geordnet.

Dieses Fehlen einer Systematik schlägt zugleich auf die Argumentationsweise durch. Der **47** Hinweis etwa, dass eine bestimmte Sichtweise des Rechts systemwidrig wäre, die innere Ordnung des Rechtsgebiets durchbrechen oder in einem ganz anderen Rechtsgebiet zu untragbaren Konsequenzen führen würde, ist für den Juristen des common law bestenfalls ein schwaches Argument, schlimmstenfalls nur noch zu belächeln. Wenn Normen nicht möglichst bruchlos aus allgemeineren Normen folgen und möglichst eng verzahnt mit allen anderen Normen desselben und auch aller anderen Rechtsgebiete ein möglichst lücken-, vor allem aber widerspruchsfreies Ganzes bilden sollen, dann ist es eben auch im Einzelfall nicht möglich, unter Hinweis auf diese gar nicht vorhandene und auch nicht unbedingt erwünschte Systematik zu argumentieren.[130]

Mit der Annahme fehlender Systematik und fehlender allgemeiner Teile im common law **48** darf aber auch nicht zu weit gegangen werden. So ist es im Schuldrecht durchaus üblich, für den Vertragsabschluss allgemeine Regeln unabhängig von der jeweiligen Art des Vertrags aufzustellen, etwa zu den genauen Voraussetzungen von Angebot und Annahme, der objektiven oder subjektiven Auslegung des Angebots oder seiner Unterscheidung von einer invitatio ad offerendum.[131] Die Abneigung gegen übergreifende Systematisierungen zeigt sich aber erneut daran, dass eine so grundlegende Frage, wie der genaue Zeitpunkt, zu dem ein Angebot unter Abwesenden bindend wird, in einem klassischen Lehrbuch[132] zunächst mit dem Hinweis auf eine spezielle Einzelfallentscheidung beantwortet wird und daraus anschließend sehr vorsichtig einige mögliche Konsequenzen für andere Fallgestaltungen abgeleitet werden, ohne dass es zu einer klaren Festlegung oder gar der Bestimmung von allgemeinen Regeln käme, mit denen potentiell alle oder zumindest die meisten dieser Zugangsprobleme gelöst werden könnten. So stellt denn auch ein prominenter britischer Beobachter in parallelen Zusammenhängen erkennbar entnervt fest: „It is symptomatic of the common law's worrying indifference to system that academic literature has not eliminated this kind of intellectual trap."[133]

e) Recht und Tatsache

Eine weniger beachtete Besonderheit des common law, die leicht zu größeren Mißverständ- **49** nissen führen kann, liegt in seiner speziellen Einstellung zur Abgrenzung zwischen Recht und Tatsachen.[134] Die Unterscheidung ist wichtig für das Verständnis des Denkens in Fällen, denn Präjudiz kann von vornherein nur eine Entscheidung über Rechtsfragen, nicht aber über tatsächliche Fragen sein.[135] Ob es um Recht oder Tatsachen geht, spielt daneben ua auch für die Kompetenzen der jury[136] sowie für ein auf Rechtsfragen beschränktes Rechtsmittel eine Rolle.[137]

Auf den ersten Blick scheint der Unterschied äußerst klar zu sein: Tatsachenfragen **50** beziehen sich auf das Sein, Rechtsfragen auf das Sollen. Tatsachen sind grundsätzlich dem Beweis zugänglich. Es geht darum, ob ein bestimmter Zustand in der Realität existiert hat,

130 Zu diesen unterschiedlichen Erwartungen im civil law und im common law sehr anschaulich und lesenswert *Damaška* (Fn. 97), 1365 ff.
131 Vgl. etwa Peel (Fn. 27), 10 ff.
132 *Peel* (Fn. 27), 18.
133 *Birks* (Fn. 8), 169.
134 Vgl. zum Folgenden die klare Darstellung der Problematik bei *Bailey/Ching/Taylor* (Fn. 9), 11 ff., 476 f.; vgl. etwa auch *Craig, Paul P.,* Administrative law, 9. Aufl. 2021, 251 ff.
135 Vgl. etwa *Cross/Harris* (Fn. 59), 40.
136 Vgl. infra → Rn. 142.
137 Dazu infra → Rn. 103, auch → Rn. 92.

eine bestimmte Handlung vorgenommen wurde oder eine bestimmte geistige Einstellung bei Personen vorlag. Rechtsfrage ist hingegen, ob eine Rechtsregel besteht und wie sie auszulegen ist. Das wird auch im common law so gesehen. Größte Schwierigkeiten bereitet dem common law jedoch die Frage, wie die Verbindung von Tatsachen und Recht, also die Entscheidung, ob ein bestimmter Sachverhalt unter eine bestimmte Regel fällt, zuzuordnen ist. Jedenfalls für den deutschen Juristen[138] wäre die Lage klar: Die Frage, ob zB ein einmal festgestelltes Verhalten die Voraussetzungen der Fahrlässigkeit erfüllt, ist ihrerseits nicht mehr dem Beweis zugänglich; also handelt es sich um eine Rechtsfrage. Sie kann schließlich nur von Juristen beantwortet werden und ist ohne weiteres der Revision, also der auf Rechtsfragen beschränkten Überprüfung in der höheren Instanz, zugänglich. Diese Antwort wird dem deutschen Juristen im Regelfall sogar so selbstverständlich erscheinen, dass er noch niemals bewusst darüber nachgedacht hat und auf die entsprechende Frage üblicherweise erst einmal verdutzt reagiert. Die Antwort wird aber auch näherem Nachdenken standhalten, da die Anwendung des Rechts auf einen feststehenden Sachverhalt letztlich nichts anderes ist als eine immer genauere Konkretisierung des Inhalts der Regel und zwar so lange, bis der Sachverhalt im Wege eines Evidenzschlusses mit der Regel übereinstimmt.[139] Bei der Rechtsanwendung wäre also stets klar, welche Teile des Gedankengangs Recht und welche Tatsache sind. Würde etwa im Hinblick auf den Fahrlässigkeitsmaßstab (Rechtsfrage) gefragt, wie ein durchschnittlicher Handwerker sich in entsprechender Situation verhalten hätte, so müßten dazu weitere Tatsachen geklärt und etwa Sachverständige befragt werden; würde hingegen gefragt, wie ein durchschnittlicher Handwerker sich hätte verhalten müssen, so ginge es um eine weitere Rechtsfrage.

51 Genau hier beginnen die Probleme des common law. Würden alle Fragen der Rechtsanwendung selbst wieder als Recht eingeordnet, so wären nicht nur sehr viel mehr Rechtsmittel eröffnet, sondern es käme auch zu einer unüberschaubaren Vermehrung der Präzedenzfälle, die von jedem späteren Richter zu beachten wären. Es bestünde die Gefahr, dass das Präjudiziensystem an Übersättigung stürbe[140] und die Richter unter dem Gewicht ihrer eigenen Entscheidungssammlungen erdrückt würden.[141] So gilt denn etwa unzweifelhaft die Frage, ob ein Verhalten „unvernünftig" und damit eine Verletzung der duty of care im Rahmen von negligence darstellt, als Tatsachenfrage. Manche sprechen hier auch von „secondary facts", die sich erst durch Ableitung aus dem Rohmaterial, den „primary facts" ergeben.[142] Ebenso als (sekundäre) Tatsache wurde etwa schon die Frage behandelt, ob bestimmte Worte als „beleidigend" zu gelten hätten, was „Handel" im Sinne eines Steuergesetzes darstelle, oder ob ob eine Hubinsel ein „Schiff" sei.[143] Anders als es sich der Jurist außerhalb des common law gern vorstellt, führt also das Präjudiziensystem nicht nach und nach zu einer immer weiteren Verfeinerung der Begriffe, zu immer mehr klaren Vorgaben für bestimmte Fallkonstellationen. Im Gegenteil soll genau das verhindert werden. Als etwa ein Gericht feststellte, der Vernünftigkeitsstandard im Rahmen von negligence verlange von einem Reiter bei Dunkelheit so zu reiten, dass er innerhalb seiner Sichtweite anhalten könne, so wurde dieser Aussage der rechtliche Charakter und damit die Präjudizwirkung ebenso abgesprochen[144] wie der Feststellung, dass es fahrlässig sei, wenn ein Arbeitgeber seinem Arbeitnehmer nicht erkläre, wie Schutzkleidung zu verwenden sei.[145]

---

[138] Zur etwa abweichenden Lage in Frankreich vgl. infra → § 6 Rn. 142 f.

[139] Zur Rechtsanwendung als Arbeit am Recht, nicht an den Tatsachen vgl. *Larenz, Karl,* Methodenlehre der Rechtswissenschaft, 6. Aufl. 1991, 211 f.; *Pawlowski, Hans-Martin,* Einführung in die Juristische Methodenlehre, 2. Aufl. 2000, 55 ff.

[140] So Qualcast (Wolverhampton) Ltd. vs. Haynes [1959] AC 743 (HL) 758 (per Lord Somervell).

[141] So Qualcast (Wolverhampton) Ltd. vs. Haynes [1959] AC 743 (HL) 761 (per Lord Denning).

[142] Vgl. etwa *Devlin, Patrick,* Trial by jury, 1956, 138, 141 f.

[143] Vgl. *Bailey/Ching/Taylor* (Fn. 9), 12 f. mwN.

[144] Tidy vs. Battman [1934] 1 KB 319 (CA) 319, 322 f.; Morris vs. Luton Corporation [1946] 1 KB 114 (CA) 116.

[145] Vgl. Qualcast (Wolverhampton) Ltd. vs. Haynes [1959] AC 743 (HL) 748.

52 Das bedeutet aber keineswegs, dass die Anwendung von Recht auf Tatsachen immer als Tatsache eingeordnet würde. Im Gegenteil herrscht hier ein für den Außenstehenden erstaunliches Chaos, das aus der Binnensicht gern als pragmatische Herangehensweise umschrieben wird. Ob etwa ein „Gegenstand mit einer Klinge" vorliegt, wurde als Rechtsfrage angesehen.[146] Die typischen Argumente in diesem Zusammenhang stellen darauf ab, ob ein gewöhnliches Wort der englischen Sprache vorliegt, das von jedermann angewandt werden könne, ob die korrekte Schlussfolgerung nur von einem ausgebildeten Juristen gezogen werden könne, und ob es um eine klare Ja/Nein Frage im Unterschied zu einer graduellen Frage gehe. Bei genauerer Betrachtung lassen sich all diese Argumentationsfiguren kritisieren; keine von ihnen vermag aber auch die Ergebnisse vollständig zu erklären. Letztlich ist man sich in England durchaus bewusst, dass es nicht um die allgemeine theoretische Richtigkeit der Einordnung, sondern in jedem Einzelfall vor allem auch um das erwünschte Endergebnis geht. Hält ein Gericht es also für unzweckmäßig, eine von der Vorinstanz bereits entschiedene Frage wieder von vorn aufzurollen, so wird es sie als Tatsachen- und nicht als Rechtsfrage einordnen und umgekehrt.[147]

53 In den USA wird die Unterscheidung zwischen Recht und Tatsachen insbesondere im Verwaltungsrecht problematisiert, wo sie über die gerichtliche Kontrolldichte mitentscheidet. Auch hier wird die meist als Mischfrage von Recht und Tatsache bezeichnete Anwendung teils als Recht, teils als Tatsache behandelt.[148] Vermehrt setzt sich bei Kommentatoren allerdings eine Analyse durch, die diese Anwendung nicht weiter als eine Mischung betrachtet, die dann mehr dem Recht oder mehr den Tatsachen zuzuordnen wäre, sondern als eine eigene, dritte Kategorie, die eigenen Regeln folgt.[149] Die Unterscheidung zwischen Recht und Tatsachen bleibt somit eine der schwierigsten Fragen des common law.

II. Geschichtliche Entwicklung

54 Immer wieder betonen gerade Rechtsvergleicher, dass das common law nur in Kenntnis seiner Geschichte verstanden werden kann. Dass es sich dabei nicht nur um eine reflexhafte Selbstversicherung rechtsgeschichtlich interessierter Juristen oder ein Ausweichen gegenüber der komplexen Gegenwart auf die scheinbar klare Vergangenheit handelt, zeigt schon die simple Tatsache, dass das heutige common law auf eine bruchlose, fast eintausendjährige Geschichte zurückblicken kann. Während etwa in Deutschland Gerichtsentscheidungen und Literatur aus der Zeit vor den großen Kodifikationen des 19. Jahrhunderts keine über das anekdotische hinausgehende Bedeutung mehr für die gegenwärtige Rechtspraxis haben, da damals in der Realität schlicht ein anderes Recht galt als heute (eine Aussage, die nur bei Rechtsgeschichtlern auf Widerstand stoßen könnte), lassen sich solche Aussagen für das common law nicht treffen. Zwar mochte schon Blackstone nicht mehr der vor seiner Zeit vertretenen Ansicht glauben, dass die Gepflogenheiten der frühen, primitiven Britannier sich ohne jede Änderungen über die Jahrhunderte erhalten hätten.[150] Dennoch ist, zumindest theoretisch, das common law des 21. Jahrhunderts dasselbe wie etwa das des 16. Jahrhunderts – wenn auch mit zahlreichen Weiterentwicklungen, die in der Praxis völlig dominieren. Der Jurist des civil law kann sich diese Situation vielleicht am ehesten verdeutlichen, wenn er sich

146 Vgl. R vs. Davis (Reginald) [1998] Crim L R 564 (CA) 564.

147 Vgl. dazu Moyna vs. Secretary of State for Work and Pensions [2003] 1 WLR 1929 (HL) 1936 (per Lord Hoffmann).

148 Vgl. die Darstellungen bei *Aman/Rookard/Mayton* (Fn. 119), 385 ff.; zur Rolle im Rechtsmittelverfahren vgl. infra → Rn. 103.

149 Vgl. *Gellhorn, Ernest; Levin, Ronald M.*, Administrative law and process, 5. Aufl. 2006, 74 ff.; *Aman/Rookard/Mayton* (Fn. 119), 393 f.; für die Unterscheidung in Bezug auf die jury vgl. *Vandevelde* (Fn. 19), 20 ff.

150 Vgl. *Blackstone* (Fn. 4), 64.

vorstellt, der Code civil oder das BGB wäre trotz steter Änderungen und Ergänzungen bereits seit mehreren Jahrhunderten in Kraft. So ist es im common law zumindest in schwierigen und grundlegenden Fällen durchaus möglich, auch heute noch auf Präzedenzfälle etwa aus dem 17. oder 18. Jahrhundert zu verweisen; einige sehr alte Bücher, die zeitlich bis in das 12. Jahrhundert zurückreichen, gelten sogar, wie gesehen,[151] als echte Rechtsquelle. Vor allem aber werden gerade einige der für den civil law Juristen am schwersten zu verstehenden Eigenheiten des common law erst richtig klar, wenn sie in ihrer historischen Bedingtheit und Entwicklung betrachtet werden.[152]

1. Entstehung des common law nach 1066

55 Kurz zusammengefaßt galten bis 1066 auf dem Gebiet des heutigen England zahlreiche angelsächsische Stammesrechte, die sich aus geschriebenen Gesetzen und Gewohnheitsrecht zusammensetzten und nur jeweils für ein bestimmtes Stammesgebiet Geltung beanspruchten. Mit Wilhelm dem Eroberer und der normannischen Herrschaft begann dann eine Zeit der Zentralisierung und der nationalen Einigung. Unter Wilhelm wurde ein feudales System eingeführt, in dem alles Land dem König gehörte, aber gegen Dienste und Treue an seine Gefolgsmänner abgetreten wurde, die es später ihrerseits weitergeben konnten. So entwickelte sich die typische feudale Lehnspyramide, allerdings grundsätzlich ohne die großen, für die Macht des Königs gefährlichen Lehen, wie es sie auf dem Kontinent gab. Den administrativen Reifegrad dieses Systems zeigt vielleicht am deutlichsten das bis heute erhaltene sog. Domesday Book,[153] in dem im Jahre 1086 der gesamte, in über 200.000 Einheiten aufgeteilte Grundbesitz des Königreichs samt seiner Eigentümer, der Zahl der landwirtschaftlichen Arbeitskräfte, der Produktionsstätten wie Mühlen oder Fischteiche und des jeweiligen Werts erfasst wurde. Die lehensrechtlichen Ursprünge lassen sich noch heute im klassischen Eigentumsrecht des common law sehr deutlich erkennen. Sie führen bei Juristen des civil law zu besonders ausgeprägten Verständnisschwierigkeiten, wenn er etwa feststellt, dass sich für das scheinbar so simple Konzept des Grundeigentums nicht einfach ein klares rechtliches Gegenstück finden lässt, hier vielmehr immer nur von interests in land die Rede ist, von denen es viele verschiedene Formen gibt. Dass der Satz „Schmidt ist Eigentümer des Grundstücks" sich vermutlich am besten mit „Smith has an estate in fee simple absolute" übersetzen lässt, wird in aller Regel für Verblüffung sorgen. Der Begriff „fee" geht dabei unmittelbar auf das feudale Lehen (lat. feudum) zurück, das eben kein absolutes Grundeigentum im modernen Sinn war.[154]

56 Unabhängig von den lehnsrechtlichen Fragen blieben die lokalen Rechtsgewohnheiten zunächst bestehen und wurden von ebenfalls lokalen Gerichten der einzelnen Feudalherren angewandt. Diese Gerichte bestanden noch lange fort und konnten sich in kleinsten Resten bis 1925 halten, als die feudale Besitzform des copyhold abgeschafft wurde, bei der Land aufgrund der Eintragung in das örtliche Gerichtsbuch gehalten wurde. Die lokalen Rechtsgewohnheiten spielten noch im 18. Jahrhundert eine nicht unbedeutende Rolle. Beispielsweise wurde in Kent nicht der älteste Sohn zum Erben des Vaters, sondern alle Söhne zu gleichen Teilen.[155]

57 Daneben aber entwickelte sich seit der normannischen Eroberung langsam eine königliche Gerichtsbarkeit, die nach und nach ihre Zuständigkeiten ausweitete und an Einfluss gewann. Das lag ua daran, dass die königlichen Gerichte in Bezug auf Zeugenladung und Vollstre-

---

151 Vgl. supra → Rn. 38.

152 Zum Folgenden in diesem Abschnitt vgl. etwa die Darstellungen von *David/Jauffret-Spinosi/Goré* (Fn. 73), 246 ff.; *Zweigert, Konrad; Kötz, Hein,* Einführung in die Rechtsvergleichung, 3. Aufl. 1996, 177 ff.; Darbyshire (Fn. 92), 145 ff.; *Bailey/Ching/Taylor* (Fn. 9), 49 ff.; eigenständig und aufschlussreich, wenn auch gelegentlich spekulativ *Glenn, H. Patrick,* Legal traditions of the world, 5. Aufl. 2014, 236 ff.; detailliert *Baker* (Fn. 113), 15 ff.

153 Abbildung einer Originalseite bei *Wigmore* (Fn. 13), 1057.

154 Zum Grundeigentum im common law vgl. noch infra → Rn. 168 ff.

155 Vgl. *Blackstone* (Fn. 4), 74 f.

ckung effektivere Verfahren bereithielten und so für Kläger besonders attraktiv waren. Aber auch das Geld spielte eine Rolle. Denn einerseits wurden die Richter aus den Gerichtsgebühren bezahlt, so dass sie ein unmittelbares Eigeninteresse an einer Erhöhung ihrer Fallzahlen hatten. Andererseits war die Übernahme der Strafjustiz für den König mit neuen Einnahmequellen durch Geldstrafen und Konfiszierung von Vermögen verbunden. Diese königlichen Gerichte und Richter wandten nun aber nicht das lokale Recht an, sondern entwickelten ein einheitliches Recht – eben im Wortsinn ein common law. „Common law" ließe sich so ohne weiteres als „gemeines Recht" übersetzen, doch wird davon aufgrund der spezifischen historischen Besetzung dieses deutschen Begriffs allgemein Abstand genommen. Der Entstehungsprozess des common law war also ein allmählicher, bei dem nicht etwa das partikulare Recht formell aufgehoben wurde, sondern es schlicht mehr und mehr an Bedeutung verlor, bis es heute zwar theoretisch noch bestehen kann, aber nur noch äußerst selten praktische Bedeutung erlangt. Da damit aber das Ideal eines Einheitsrechts schon früh erreicht wurde, verwundert es wenig, dass die nicht zuletzt von diesem Ideal getragene Kodifikationsidee in England niemals recht Fuß fassen konnte.

Die königlichen Gerichte verwendeten im Übrigen die Sprache des Hofes, und das hieß **58**
bis zum Ende des 15. Jahrhunderts: Französisch. Seit dem 16. Jahrhundert aber befand sich das Englische wieder auf dem Vormarsch, bis es sich 1731 auch offiziell vollständig gegen das Französische und Lateinische durchsetzen konnte. Dennoch erklären sich noch heute einige Rechtsbegriffe des common law, die keineswegs nur dem Ausländer seltsam vorkommen (zB profit a prendre, life estate pur autre vie, lien), aus dieser französischen Überlieferung.

2. Königliche Gerichte in Westminster

Ursprung der zentralen Gerichtsbarkeit war die curia regis, also das königliche Gericht, in **59**
dem der König mit einigen Edelleuten über die großen Streitigkeiten des Landes entschied, ohne dass es wie ein normales Gericht für alltägliche Rechtsfälle offengestanden hätte. Daraus entwickelten sich im Laufe des 12. und 13. Jahrhunderts drei Gerichte:

– „Exchequer", das ursprüngliche königliche Schatzamt, mit Zuständigkeiten für alle Schulden gegenüber dem König, insbes. also Steuern, aber auch für alle Schulden gegenüber des Königs Schuldnern;
– „Common Pleas", das zivilrechtliche Fälle zwischen gewöhnlichen Bürgern (eben common pleas) verhandelte, die keine Interessen des Königs berührten; und
– „King's Bench", das für „pleas of the Crown" zuständig war, also für zivil- und strafrechtliche Verfahren, die einen Bruch des königlichen Friedens oder sonst Interessen der Krone betrafen, und bei denen ursprünglich der König mit seinen Richtern gemeinsam auf der Gerichtsbank (bench) saß.

Seit dem 13. Jahrhundert hatten alle drei Gerichte mit je eigenen Richtern ihren Sitz in Westminster Hall. Sie erwiesen sich als äußerst langlebig und blieben über fünf Jahrhunderte bis zur Schaffung des bis heute bestehenden High Court of Justice durch die Judicature Acts 1873–1875 in ihrer Grundstruktur bestehen. Allerdings gab es zahlreiche positive Jurisdiktionskonflikte, dh alle Gerichte versuchten auch auf Kosten der anderen ihre Zuständigkeiten auszuweiten, wiederum nicht zuletzt weil die Richter aus den Gerichtsgebühren bezahlt wurden. Das führte letztlich dazu, dass im 18. Jahrhundert aufgrund einer Reihe rechtlicher Fiktionen (etwa der Fiktion, eine Schuld gegenüber dem König wegen einer Privatforderung nicht bezahlen zu können, um so zum Court of Exchequer zu gelangen) weitgehend parallele Zuständigkeiten bestanden, die nur durch verschiedene Formanforderungen verdeckt wurden.[156]

Die königlichen Gerichte waren damit zwar zentralisiert, doch mussten Kläger und **60**
Beklagte deshalb nicht zwingend immer nach Westminster reisen, um ihr Recht zu verlangen. Vielmehr reisten umgekehrt königliche Richter durch das Land und hielten dort

[156] Zur weiteren Entwicklung und zum heutigen Gerichtssystem infra → Rn. 82 ff.

regelmäßig Gericht. In Straf- und einigen Zivilfällen hatten sie dazu ad hoc Aufträge der Krone. In anderen Zivilfällen, die in Westminster begannen, wurde die jury zwar formal dorthin geladen, allerdings nur unter der Bedingung, dass nicht vorher (daher sog. nisi prius) ein Richter vor Ort anreiste, was dann routinemäßig und vorhersehbar auch eintrat. Dieses sog. assize System trug ebenfalls zur Verbreitung und Vereinheitlichung des englischen Rechts im common law bei. Es wies eine fast noch erstaunlichere Dauerhaftigkeit auf und hielt sich über rund 800 Jahre bis 1971. Auch heute noch fahren allerdings Richter des High Court in die Regionen, wenn sie auch mittlerweile von örtlichen Richtern unterstützt werden.

61 An die Stelle der bisherigen Gerichte trat am 1.11.1875 der Supreme Court of Judicature, der sich aus einer Eingangsinstanz in Form des High Court of Justice und einer Rechtsmittelinstanz in Form des Court of Appeal zusammensetzte. Der High Court bestand ursprünglich aus fünf divisions, die zunächst den drei alten common law Gerichten (Exchequer, Common Pleas, King's/King's Bench) und der Chancery[157] entsprachen. Hinzu kam eine Probate, Divorce, and Admiralty Division, die sich von den übrigen historisch dadurch unterschied, dass das hier angewandte Recht ursprünglich nicht das common law war, sondern entweder kirchliches Recht im Fall von Erbschaft und Scheidung oder aber internationale Seehandelsbräuche im Fall von admiralty. Ihre etwas zusammengewürfelte Zuständigkeit wurde oft auch scherzhaft als „wills, wifes and wrecks" bezeichnet. Der ursprüngliche Plan, die drei alten common law Gerichte zu einem einzigen zusammenzulegen, wurde zunächst zurückgestellt, da man es vermeiden wollte, deren jeweilige Vorsitzende abzusetzen und so gegen das Verfassungsprinzip zu verstoßen, dem zufolge höhere Richter unabsetzbar waren. Als dann aber zufällig die Vorsitzenden sowohl von Common Pleas als auch von Exchequer im selben Jahr 1880 verstarben, wurden ihre Gerichte abgeschafft und deren Befugnisse auf die allein verbleibende King's Bench übertragen. Ursprünglich war sogar überlegt worden, den Court of Appeal zur letzten Instanz zu machen, doch wurde dieser Gedanke schnell fallengelassen und das House of Lords blieb als Rechtsmittelinstanz erhalten.

3. Writs

a) Eigenschaften und Entstehung der writs

62 Die Funktionsweise des englischen Rechtssystems war über Jahrhunderte von den sog. writs geprägt, die trotz ihrer Abschaffung im 19. Jahrhundert auch heute noch im juristischen Denken nachwirken.[158] Jede Klage begann mit der Ausstellung eines königlichen writ durch den Chancellor. Der (original)[159] writ war dabei letztlich ein königlicher Befehl, der vom Kläger bei der chancery gekauft wurde und der den zuständigen Sheriff anwies, den Beklagten vor Gericht zu laden, damit die Sache dort verhandelt würde.[160] Die writs werden auch „forms of action" genannt und genau das waren sie: formularmäßig vorgefertigte Texte, in die nur noch wenige Details des konkreten Falls eingesetzt wurden. Je nachdem, worauf die Klage gerichtet war, gab es verschiedene writs. So klagte beispielsweise mit dem writ of right der Lehnsmann darauf, ihn nicht in Besitz und Nutzung seines Lehens zu beeinträchtigen. Wer hingegen etwa mit Gewalt oder unter Bruch des königlichen Friedens an den in seinem Besitz befindlichen Sachen oder in seiner körperlichen Unversehrtheit verletzt wurde, klagte mit einem writ of trespass. In dieser Weise hatten alle writs jeweils Kurznamen, unter denen sie bekannt waren. Ein writ of trespass for battery konnte etwa lauten:

[157] Zur für equity zuständigen Chancery vgl. infra → Rn. 72, 78.

[158] Zum Folgenden vgl. – über die supra → Rn. 54 Fn. 152 genannnten hinaus – *Maitland, F.W.,* The forms of action at common law, Neudruck 1989, 1 ff.

[159] Zu den daneben bestehenden, hier nicht näher behandelten judicial writs, die nach Beginn des Prozesses für weitere Verfahrenshandlungen verwendet wurden vgl. *Baker* (Fn. 113), 71 ff.

[160] Zu Entwicklung und Einzelheiten dieser Anweisung vgl. *Baker* (Fn. 113), 61 f.

„The king to the sheriff of S., greeting. If A. shall give you security for pursuing his claim, then put by gage and safe pledges B. that he be before us on the octave of Michaelmas, wheresoever we shall then be in England, to show why with force and arms he made assault on the selfsame A. at N., and beat, wounded and ill treated him so that his life was despaired of, and offered other outrages against him, to the grave damage of the selfsame A. and against our peace. And have there the names of the pledges and this writ. Witness etc.“[161]

Im Original wurde der König stets mit vollem Namen und Titel bezeichnet. Die Register konnten sehr spezielle Abwandlungen eines writs als Vorlagen vorsehen. Ging es etwa um das Mähen einer fremden Wiese, so konnte es im Rahmen des o. g. writs heißen: „(t)o show why with force and arms he mowed the grass lately growing in the meadow of the said A. at N. and took etc. that grass (*or* hay arising therefrom) to the value of so much.“[162] Wurde ein brütender Schwan getötet hieß es stattdessen: „(t)o show why with force and arms he maliciously killed a certain nesting swan of the said A. of such a price found at N. and [inflicted] other etc.“.[163] Ging es nicht mehr um trespass, sondern um trespass on the case,[164] so hieß es nach „why“ im o. g. writ of trespass stattdessen etwa „he fixed piles across the water of Lim along which, between the Humber and Gaunt, there is a common passage for ships and boats, whereby a certain ship, with thirty quarters of malt of him the said A, was sunk under water, and twenty quarters of the malt of the price of one hundred shillings perished, and other wrongs“ usw wie bei trespass.[165]

Die Formalisierung der writs führte bald zu Problemen. Anfangs erfand man durchaus **63** noch neue writs, wenn neue Fälle auftraten, auf die die bisherigen writs nicht zu passen schienen. Diese Praxis fand jedoch bereits 1258 mit den Provisions of Oxford ihr Ende. Denn nicht nur war die Schaffung neuer writs bei den Richtern nicht immer beliebt. Auch wurde mit den neuen writs der Sache nach zugleich neues Recht geschöpft, was den Feudalherren mißfiel, die daran nicht mitwirken konnten und die Konkurrenz für ihre lokalen Gerichte sahen. Das strikte Verbot neuer writs erwies sich allerdings schnell als wenig hilfreich, so dass mit der Statute of Westminster 1285 eine – wenn auch kleine – Hintertür geöffnet wurde: Erlaubt waren nunmehr writs „in consimili casu“. Ein writ durfte demnach auch bei neuartigen Fällen ausgestellt werden, wenn sie den von einem bestehenden writ erfassten stark ähnelten. Dadurch wurde eine vorsichtige Aktualisierung und Erweiterung der writs in den kommenden Jahrhunderten ermöglicht. Ob und wie weit die Anpassungen von writs wirklich auf das Statute of Westminister zurückgehen, ist allerdings heute umstritten.[166] In jedem Fall führten solche Anpassungen aber zu der für das ganze common law zentralen Fortentwicklung des writ of trespass zu trespass on the case und hier zu speziellen Formen wie etwa assumpsit, durch die erst ein moderneres Vertragsrecht ausgearbeitet werden konnte.[167]

Wie viele (original) writs es eigentlich gab, ist eine offene Frage, deren Beantwortung **64** nicht zuletzt davon abhängt, welche Unterformen man als eigenen writ akzeptiert. Das zeigt sich etwa deutlich in Fitzherberts grundlegendem Werk, das nach 195 verschiedenen writs gegliedert ist, aber in den zugehörigen Abschnitten jeweils zahlreiche Varianten vermerkt.[168] Maitland als einer der bekanntesten späten Experten etwa gibt an, dass es 1830 ungefähr 72 writs gegeben habe.[169] Andererseits finden sich in einem überlieferten Register aus dem

[161] Zit. nach *Baker* (Fn. 113), 585; für weitgehend gleichlautende Versionen vgl. *de Haas, Elsa; Hall, G. D. G.* (Hrsg.), Early registers of writs, 1970, 177 Nr. 299; *Fitzherbert, Anthony,* The new natura brevium, 8. Aufl. 1755, 196 (86 I).

[162] Zit. nach *de Haas/Hall* (Fn. 161), 179 Nr. 312.

[163] Zit. nach *de Haas/Hall* (Fn. 161), 179 Nr. 313; für zahlreiche weitere Abwandlungen vgl. *Fitzherbert* (Fn. 161), 196 ff. (ab 86 K).

[164] Dazu infra → Rn. 71.

[165] Zit. nach *Maitland* (Fn. 158), 73.

[166] Insbes. zur Entwicklung von trespass on the case *Baker* (Fn. 113), 69.

[167] Vgl. dazu näher *Maitland* (Fn. 158), 41 f.

[168] Vgl. *Fitzherbert* (Fn. 161), passim.

[169] Vgl. *Maitland* (Fn. 158), 7.

frühen 14. Jahrhundert 886 writs mit Variationen,[170] im gedruckten Registrum Brevium von 1531 schon 2.500.[171] Ein Grund für eine gewisse Unsicherheit dürfte nicht zuletzt in der überraschenden Tatsache liegen, dass es nicht *das* Register der writs gibt, sondern viele, in der Regel private, die voneinander oft deutlich abweichen. Ob es ursprünglich überhaupt ein einziges, offizielles Zentralregister der chancery gab, ist unter Historikern umstritten; gefunden hat es jedenfalls nie jemand.[172]

b) Prozessuales vs. materielles Denken

65 Entscheidend für das Verständnis des writ-Systems ist letztlich das dahinterstehende Grundkonzept eines nicht auf das materielle Recht, sondern ganz auf das Verfahren konzentrierten Rechtssystems. Die entscheidende und allein zu stellende Frage war nicht, ob A ein Recht gegen B auf Zahlung, Unterlassen, Herausgabe etc hatte, sondern allein, welches Klageverfahren zur Verfügung stand, um Zahlung, Unterlassen, Herausgabe etc im konkreten Fall zu erreichen. Ohne Klage gab es kein Recht, nicht umgekehrt. Das materielle Recht wurde einer berühmten Formulierung zufolge nur in den Zwischenräumen des Verfahrens abgesondert.[173] So endete denn auch die Wiedergabe von Fällen in alten Fallsammlungen regelmäßig mit den Worten „and so to judgement"; das (materiellrechtliche) Ergebnis war also für die Nachwelt uninteressant.[174] Die writs waren der Sache nach Wege, einen Fall vor eine jury zu bringen. Diese jury, und nicht der Richter, entschied den Fall in materieller Hinsicht, ohne dass es hier ursprünglich klare materielle Regeln gegeben hätte, an die sie gebunden gewesen wäre. Aus Sicht der normannischen Eroberer war die Einführung der jury so ein politisch kluger Schachzug, um die Akzeptanz der Entscheidungen zu erhöhen. Denn die Einheimischen konnten schwerlich die Gerichte der Eroberer ablehnen, wenn es die Eroberten selbst waren, die die Entscheidungen in der Sache fällten.[175] Der Richter hatte „nur" darauf zu achten, dass der Fall mit dem vom Kläger gewünschten Ergebnis und den vorgetragenen Tatsachen innerhalb des vorgegebenen writs blieb und die Parteien sich beim Herausarbeiten der von der jury zu entscheidenden Fragen im Wege der pleadings prozessual korrekt verhielten. Mit dem „materiellen Recht" hatte er nichts zu tun, ja wollte dies oft gerade nicht.[176]

66 Dennoch war die richterliche Rolle zentral: Ohne writ gab es keine Klagemöglichkeit, jedenfalls nicht vor königlichen Gerichten.[177] War nicht der richtige writ beantragt, dann wurde die Klage ohne weiteres abgewiesen, ohne dass es auf eine materielle Berechtigung (um die es eben auch rechtlich gar nicht ging) angekommen wäre. Ein Wechsel des writs während des Verfahrens war unmöglich, selbst wenn völlig neue Tatsachen bekannt wurden. Dabei wurde die Wahl des richtigen writs in Anbetracht ihrer Vielzahl und ihres Variantenreichtums mit der Zeit immer schwieriger. Für jeden writ bestanden darüber hinaus eigene Verfahrensregeln. Wie das Erscheinen des Gegners vor Gericht erzwungen werden konnte, welche Beweisregeln galten, ob eine jury entschied, ob ein Unterlassungsurteil möglich war, welche Prozesshandlungen vorzunehmen waren, welche Vollstreckungsmöglichkeiten bestanden: alles hing vom writ ab. Wie streng der Formalismus nicht nur in der Wahl des richtigen writ, sondern auch in dessen genauer Formulierung war, veranschaulicht ein Fall aus der Zeit Edward I. (1272 – 1307).[178] Dort erging im Streit um das Vorschlagsrecht für ein

[170] Mit englischer Übersetzung abgedruckt in: *de Haas/Hall* (Fn. 161), 108 ff.
[171] Vgl. *Hall, G. D. G.,* Commentary, in: de Haas, Elsa; Hall, G. D. G. (Hrsg.), Early registers of writs, 1970, xxxi (cviii).
[172] Vgl. zum Streit die Darstellung bei *Hall* (Fn. 171), cxvi ff.
[173] Vgl. *Maine, Henry Summer,* Dissertations on early law and custom, 1883, 389.
[174] Vgl. *Glenn* (Fn. 152), 251.
[175] Vgl. *Glenn* (Fn. 152), 247.
[176] Zu den Einzelheiten und zur Entwicklung *Baker* (Fn. 113), 83 ff.
[177] Zur anfänglichen Abgrenzungsfunktion zu den lokalen Gerichten vgl. *Baker* (Fn. 113), 63.
[178] Wiedergegeben in: *de Haas, Elsa,* General introduction, in: de Haas, Elsa; Hall, G. D. G. (Hrsg.), Early registers of writs, 1970, xi (xxi).

Kirchenamt ein writ, in dem es hieß, der Sheriff solle zwölf freie und rechtschaffene Männer „of the neighbourhood of the county of Carmarthen" zum „next court of the king in Carmarthen" laden. Der Beklagte wandte ein, es hätte heißen müssen „of the neighbourhood of the place where the church is situated" und „before the justice or the sheriff". Wegen dieser Abweichung im Wortlaut wurde die Klage abgewiesen und der Kläger nur darauf hingewiesen, er könne ja mit einem neuen, formal richtigen writ die Klage von vorn beginnen.

Viele Eigenheiten des klassischen common law – etwa Denken in Analogien, geringer Systematisierungsgrad, die ursprünglich in der Praxis statt an Universitäten stattfindende Ausbildung, ausgeprägt prozessuales Denken – lassen sich vor dem Hintergrund der writs erheblich besser einordnen und verstehen. Schon dem unbefangenen Betrachter mit elementaren rechtsgeschichtlichen Vorkenntnissen fällt zudem schnell auf, dass das writ-System eine starke Ähnlichkeit mit dem Aktionensystem des römischen Rechts aufweist.[179] Beide stellen eine Vielzahl von Klageformen und nicht etwa die dahinterstehenden materiellen Ansprüche in den Vordergrund rechtlichen Denkens. So werden die writs denn auch gelegentlich als eine unbewusste Kopie des römischen Aktionensystems bezeichnet,[180] was umso bemerkenswerter ist, als nach üblichem Verständnis das römische Recht in England, ganz anders als auf dem Kontinent, gerade niemals Fuß fassen konnte.[181] **67**

Entscheidend für das prozessuale, aktionenrechtliche Denken ist dabei auch, dass es nicht um Rechte oder gar um subjektive Rechte geht. Nach kontinentaler Rechtsauffassung hat A ein Recht gegen B auf Zahlung, auf Schadensersatz, auf Unterlassen, das B aber nicht erfüllt und das deshalb von A vor Gericht durchgesetzt wird. Das Recht des A besteht so oder so, B ist so oder so verpflichtet, das Gericht stellt dies nur verbindlich fest und setzt es durch. Das prozessuale Denken hingegen operierte allein mit der Kategorie der gerichtlichen Klagemöglichkeit. Solange das writ-System existierte, ging es nicht um Rechte; selbst später stießen sie noch einige Zeit auf Widerstand.[182] Das Recht der unerlaubten Handlungen (torts) etwa ist noch heute nicht um Rechte (rights), sondern um Haftung (liability) herum organisiert und verliert diese Struktur trotz Drucks der Europäischen Menschenrechtskonvention nicht.[183] Im kontinentaleuropäischen Recht lässt sich solch aktionenrechtliches Denken nur noch selten finden. Ein markantes Beispiel ist allerdings die deutsche Anfechtungsklage, mit der der Kläger die Aufhebung eines Verwaltungsakts, also einer an ihn oder an einen Dritten gerichteten staatlichen Anweisung oder Erlaubnis, wegen Rechtswidrigkeit begehrt. Klassisches Beispiel ist etwa die Klage gegen die Baugenehmigung des Nachbarn. Hier geht es nicht um die gerichtliche Durchsetzung eines Aufhebungsanspruchs des Klägers gegen die Verwaltung; denn solche Ansprüche bestehen zwar, unterliegen jedoch engeren gesetzlichen Grenzen, die etwa das Vertrauen des Adressaten (im Beispiel: des Nachbarn, der bauen möchte) auf den Bestand der erteilten Genehmigung schützen (§ 48 VwVfG). Die Aufhebung durch das Gericht stellt hingegen allein auf die Frage der Rechtswidrigkeit ab und kann auch dann ausgesprochen werden, wenn dies der beklagten Behörde selbst rechtlich nicht möglich wäre. Diese Konstruktion ist jedoch auch in Deutschland so ungewöhnlich, dass sie dem Juristen im Alltagsgeschäft regelmäßig kaum bewusst ist.[184] **68**

---

[179] Dazu etwa *Peter, Hans,* Actio und writ – Eine vergleichende Darstellung römischer und englischer Rechtsbehelfe, 1957.

[180] *Zweigert/Kötz* (Fn. 152), 193.

[181] Zum römischrechtlichen Einfluss kurz infra → § 7 Rn. 265 f.

[182] Vgl. etwa *Goudkamp/Nolan* (Fn. 39), 33; allgemeiner *Glenn* (Fn. 152), 251 f. mwN.

[183] *Goudkamp/Nolan* (Fn. 39), 34 f.

[184] Vgl. zur deutschen Diskussion um diese Grundlagenfrage *Kischel, Uwe,* Folgen von Begründungsfehlern, 2004, 105 ff., insbes. 111 f.

c) Ende und Fortwirken der writs

69 England verabschiedete sich zwischen 1832 und 1875 in mehreren Schritten vom writ-System.[185] Zunächst wurden 1832 und 1833 eine Reihe von writs – erstmals in der englischen Geschichte – offiziell abgeschafft und durch vorhandene oder ein neu geschaffenes writ ersetzt. Dennoch mussten in dem neuen writ etwa noch die alten forms of action vorab angegeben und entsprechend plädiert werden. 1852 entfiel diese Beschränkung, der writ enthielt gar keine Bezeichnung der form of action mehr und wandelte sich so zu einer schlichten Ladung. Dennoch hatte die form of action weiterhin große Bedeutung, da etwa die einschlägigen Präzedenzfälle sich nur nach ihr und nicht etwa nach dem materiell geltend gemachten Anspruch richteten. Mit den Judicature Acts 1873-75 entfiel schließlich jeglicher Bezug auf die forms of action. Der writ wurde zur bloßen äußeren Form, die allerdings noch lange lebte, bis am 2.6.1980 der letzte prozesseröffnende writ als Befehl der Königin erlassen wurde. Danach gab es nur noch die leere Bezeichnung „writ", die allerdings ebenfalls 1999 zu Grabe getragen wurde. Heute wird das gerichtliche Verfahren mit einer prosaischen „claim form" eröffnet.[186]

70 Im Ergebnis konnte nach den Reformen der Judicature Acts offen plädiert, also Tatsachen und Recht ohne Beschränkungen durch irgendwelche Formeln vorgebracht werden; das Gericht wendete das – nunmehr materielle – Recht an. Aus der form of action wurde der (good) cause of action.[187] In England ging diese Entwicklung einher mit einem starken Bedeutungsverlust der jury, so dass mehr und mehr die Richter selbst über die materiellen Rechtsfragen entschieden. Hier also entstand die Notwendigkeit, das materielle Recht aus den Zwischenräumen des Verfahrensrechts zu extrahieren. So brachten diese Reformen einen ausgeprägten Paradigmenwechsel mit sich, weg vom alten prozessualen und hin zum neuen materiellen Denken.[188] Entsprechend verwundert es nicht, wenn in der Rechtsvergleichung die Ansicht vertreten wird, dass seit der Mitte des 19. Jahrhunderts nicht nur das Verhältnis zwischen Recht und Verfahren weitgehend dem civil law angeglichen ist, sondern dass ganz allgemein das rechtliche Denken im common law und im civil law in weiten Teilen kompatibel wurde.[189] Tatsächlich hat der ausländische Beobachter immer wieder den Eindruck, dass das englische Recht zwischen traditionellem prozessualen und neuem materiellen Denken ebenso stehengeblieben ist wie zwischen prinzipienorientiertem und rein fallorientiertem Denken, und dass es sich dabei je nach Zeit, Rechtsgebiet und Meinung des Autors oder Richters je verschieden positioniert. So manches Verständnisproblem eines civil law Juristen beruht nicht zuletzt darauf, dass er immer wieder auf Sachverhalte und Beschreibungen stößt, die ihm völlig vertraut erscheinen, nur um im nächsten Satz oder vom nächsten Autor wieder mit etwas ganz andersartigem aus der Bahn geworfen zu werden.

71 Keinesfalls aber ist das von den writs geprägte Denken im 19. Jahrhundert sang- und klanglos aus dem common law verschwunden. Mit einem vielzitierten Bonmot erklärte vielmehr Maitland: „The forms of action we have buried, but they still rule us from their graves."[190] Das gilt insbesondere für torts, das wohl noch am ausgeprägtesten an den forms of action orientierte Gebiet des englischen Privatrechts:[191] Das Recht der torts geht letztlich auf

---

[185] Vgl. *Maitland* (Fn. 158), 6 f., 65 f.; allerdings haben im Vollstreckungsrecht einige writs wie etwa der writ of fieri facias –2014 umbenannt in „writ of control" – neben modernen Vollstreckungsformen bis heute überlebt, vgl. *Baker* (Fn. 113), 74.

[186] Zur Entwicklung im 20. Jahrhundert *Baker* (Fn. 113), 75, 101 f.

[187] *Cane* (Fn. 114), 4; typisch ist bei dieser Formulierung auch, dass im Begriff „cause of action" die Rechtsgrundlage mitschwingt, vgl. ibid., 4 („A cause of action provides a court with a legally recognized ground for granting a remedy to a claimant"), obwohl es sich streng genommen nur um diejenigen Tatsachen handelt, die die Voraussetzungen einer Rechtsgrundlage erfüllen, vgl. *Goudkamp/Nolan* (Fn. 39), 36 Fn. 18; Letang vs. Cooper [1965] 1 QB 232 (CA) 242–244.

[188] Vgl. auch *Baker* (Fn. 113), 60.

[189] So *Glenn* (Fn. 152), 255 f., 258.

[190] *Maitland* (Fn. 158), 1.

[191] Vgl. *Cane* (Fn. 114), 9; besonders geprägt sind im Übrigen das Strafrecht und das Verwaltungsprozessrecht, vgl. ibid., 9 Fn. 11, 4 Fn. 4.

zwei eng verwandte writs zurück, den writ of trespass und den writ of trespass on the case (oder einfach „case").[192] Beide waren geeignet, Schadenersatz für Verletzungen von Grundbesitz, sonstigen Sachen oder Personen einzuklagen, unterschieden sich aber darin, dass trespass nur für unmittelbare, case nur für mittelbare Schäden einschlägig war. Warf A ein Holzstück auf die Straße und traf B, ging es um trespass, hinterließ er einen Holzhaufen auf der Straße, über den B stolperte, ging es um case.[193] Beide writs unterschieden sich aber auch darin, dass für case ein Schaden nachgewiesen werden musste, für trespass hingegen nicht („actionable per se"), weil der bloße Übergriff schon das Recht auf Schadenersatz gab. Zwar existieren beide writs heute nicht mehr, aber ihre Differenzierung lebt fort: Für die Verletzung einer Person stehen heute ua zwei torts zur Verfügung, nämlich battery, der Vorsatz fordert, und negligence, der Fahrlässigkeit fordert. Für battery bedarf es allerdings keines Schadensnachweises, wohl aber für negligence. Warum? – schlicht weil battery als Klage zu trespass gehört, negligence zu case. Ebenso erfordert battery immer einen direkten Schaden, weil es ein Fall von trespass ist. Damit stellt sich dann die weitergehende Frage, wie denn ein Fall der vorsätzlichen Herbeiführung eines indirekten Schadens zu behandeln sei: Er gehört nicht zu negligence, weil eben Vorsatz vorliegt und nicht zu battery, weil ein indirekter Schaden vorliegt. Dennoch erkennen auch englische Juristen schnell, dass es kaum hinnehmbar wäre, für eine vorsätzliche Handlung keinen Schadenersatz zu gewähren, wenn er unter sonst gleichen Umständen bei nur fahrlässigem Handeln jedenfalls zugesprochen werden müßte.[194] Diese gemischte Kategorie bereitet aber dennoch solche Schwierigkeiten, dass sie über Jahrzehnte nur mit dem Namen des Falles beschrieben wurde, der scheinbar die Haftung dafür begründete.[195] Dabei zeigt sich aber zugleich, dass die fortwirkenden Konsequenzen des writ Systems auch nicht überbetont werden dürfen. Denn da negligence ein Fall von case ist, aber der writ of trespass on the case auch die vorsätzliche Schadenszufügung umfaßte, wäre es aus diesem historischen Grund durchaus möglich gewesen, die vorsätzliche Herbeiführung eines indirekten Schadens als Fall von negligence anzusehen. Dennoch wurde diese Argumentation offenbar nicht ernsthaft erwogen, weil Vorsatz eben nicht ein Fall von Fahrlässigkeit ist. Die Tatsache, dass all dies für den englischen Juristen ein Problem war und ist, dass hier nicht schlicht in einem Umkehrschluss von der fahrlässigen auf die vorsätzliche Haftung geschlossen und beide Haftungsformen zu einer systematisch übergeordneten Kategorie synthetisiert werden, ist zugleich ein eingängiges Beispiel für den geringeren Hang des common law zu Systematisierung und Abstrahierung.

4. Equity

a) Grundgedanke: equity als Gewissensentscheidung

Das common law war teilweise sehr formal und rigide. Nicht immer führte es im Einzelfall 72
zu einer Lösung, die als gerecht empfunden wurde. Das konnte schon an den einschlägigen Rechtsregeln selbst liegen. Klassisches Beispiel ist hier der Geldverleih gegen eine vom Schuldner unterzeichnete, gesiegelte Schuldurkunde (sealed bond). Wurde die Schuld zurückgezahlt, aber diese Urkunde nicht aufgehoben, so konnte der Gläubiger die Rückzahlung ein zweites Mal verlangen, da die Urkunde nach common law den unwiderleglichen Beweis darstellte, dass die Schuld bestand. Das galt selbst dann, wenn der Schuldner die Urkunde zurückerhalten, der Gläubiger sie ihm anschließend aber wieder gestohlen hatte.[196]

192 Zum Folgenden vgl. *Goudkamp/Nolan* (Fn. 39), 33 f., 55 ff.
193 Vgl. zu diesem klassischen Beispiel auch deutlich Reynolds vs. Clarke (1724) 93 ER 747 (KB) 748, in dem es um gesammeltes Wasser ging: „The difference between trespass and case is, that in trespass the plaintiff complains of an immediate wrong, and in case, of a wrong that is the consequence of another act.".
194 Vgl. auch den bei diesem Gedankenschritt ausdrücklichen Hinweis in *Rogers* (Fn. 12), 140 Fn. 283 auf die „simple [German] provision" in § 823 Abs. 1 BGB.
195 Es handelt sich um Wilkinson vs. Down [1897] 2 QB 57; zu den heutigen Zweifeln an der Einschlägigkeit des Falles vgl. *Goudkamp/Nolan* (Fn. 39), 69 ff.
196 Dazu genauer etwa *Baker* (Fn. 113), 346.

Das common law nahm hier lieber gravierende Nachteile in Einzelfällen hin, als von einer klaren Regel abzuweichen. Die Ungerechtigkeit konnte aber auch auf prozessualen Hindernissen, etwa dem Fehlen eines einschlägigen writ, beruhen oder schlicht darauf, dass es sich als praktisch unmöglich erwies, ein Urteil gegen einen besonders machtvollen Gegner zu erlangen. Die Lösung für all diese Fälle lag darin, neben die Rechtsprechung „in law" eine Rechtsprechung aufgrund von Billigkeit – eben im Wortsinn „equity" – zu setzen, um ein gerechtes Ergebnis für den Betroffenen zu finden.[197] Die übliche Vorstellung von der historischen Entwicklung dieser Lösung geht davon aus, dass sich Betroffene zunächst an den König wandten und ihn um eine Entscheidung baten. Mit der Zeit nahm die Anzahl der Anfragen zu, und der König übertrug die Entscheidung seinem Lord Chancellor. Das hatte zugleich den Vorteil, dass der Lord Chancellor ursprünglich meist dem Klerus angehörte,[198] so dass ihm eine vom Gewissen geprägte Gerechtigkeitsentscheidung besonders leicht zugetraut wurde. Mit der Zeit formalisierte sich das Verfahren, entwickelten sich auch für equity Präzedenzfälle und nahm das ganze Verfahren einen klar gerichtsförmigen Charakter an. Der Lord Chancellor entschied nun im sog. Court of Chancery. Dabei handelte es sich aber nach allgemeiner Auffassung weiterhin nicht um ein Gericht des Rechts (court of law) sondern ein Gericht des Gewissens (court of conscience).

b) Typische Regeln der equity

73 Inhaltlich entstanden eine Reihe von Regeln, die aus heutiger Sicht für jedes entwickelte Rechtssystem elementar sind, erst im Rahmen von equity. So kannte etwa das common law als Rechtsfolge grundsätzlich nur den Schadenersatz. Wer aber aus einem Vertrag klagt, ist nicht selten weniger an Geld interessiert als vielmehr daran, dass der Vertragspartner seine vertraglichen Pflichten erfüllt, also zum Beispiel ein Grundstück oder ein Gemälde übereignet. Erst equity kam diesem Interesse entgegen, indem sie die sog. specific performance als Rechtsfolge akzeptierte. Ebenso kann der Beklagte unter equity dazu verurteilt werden, eine bestimmte Handlung zu unterlassen oder vorzunehmen (sog. injunction). Dies ist bei Verträgen denkbar, etwa wenn ein Nachbar sich vertraglich verpflichtet hat, sein Grundstück nicht zu bebauen, aber ebensogut ohne vertragliche Verbindung, etwa wenn ein Dritter daran gehindert werden soll, ein fremdes Grundstück zu betreten und dort Holz zu schlagen, oder wenn es gilt, die Verbreitung vertraulicher Informationen durch eine (ehemalige) Vertrauensperson zu verhindern. Equity ermöglicht es auch, einen rechtsgültigen Vertrag nachträglich aufzulösen (sog. recission), beispielsweise wenn ein Irrtum einer oder beider Parteien vorliegt, der nicht ausreicht, um den Vertrag als von vornherein ungültig zu behandeln, oder in bestimmten Fällen von Sittenwidrigkeit (sog. unconscionable bargains). Auch wenn eine Urkunde nicht den wahren, durch Zeugenbeweis ermittelbaren Willen der Vertragsparteien wiedergibt, kann ein equitable relief eingreifen, nämlich die sog. rectification, die eine Änderung der Urkunde ermöglicht.

74 Das wichtigste Rechtsinstitut aber, das im Rahmen von equity entwickelt wurde, ist der trust.[199] Er zeichnet sich nicht zuletzt dadurch aus, dass in anderen Rechtssystemen, insbes. im kontinentaleuropäischen Recht für ihn kein auch nur annähernd passendes, einheitliches Äquivalent zu finden ist. Wenn überhaupt, lässt er sich aus Sicht des kontinentaleuropäischen Rechts noch am ehesten als ein Treuhandverhältnis beschreiben. Bedenkt man jedoch, dass der trust unter anderem auch Funktionen erfüllt, die etwa im deutschen System der Vor- und Nacherbschaft, der ungerechtfertigten Bereicherung oder dem Stiftungsrecht zuzurechnen wären, so werden schnell die Grenzen dieses Vergleichs klar. Der trust entwickelte sich historisch aus seinem grundsätzlich funktionsgleichen Vorläufer,

[197] Vgl. zum Folgenden – neben den bereits supra → Rn. 54 Fn. 152 genannten – auch *Glister, Jamie; Lee, James,* Hanbury and Martin on modern equity, 21. Aufl. 2018, 3 ff.

[198] Vgl. *Baker* (Fn. 113), 107; *Strauch, Severin,* House of Lords – Geschichte und Stellung des höchsten Gerichts im Vereinigten Königreich, 2003, 126 f.

[199] Dazu näher infra → Rn. 183 ff.

dem sog. use.[200] Im Kern ging und geht es um eine rechtliche Konstruktion, bei der A Eigentum, insbesondere an einem Grundstück, erlangte, aber im Innenverhältnis dazu verpflichtet war, die Eigentumsrechte nur zugunsten von B auszuüben. Auf den ersten Blick mag es verwunderlich erscheinen, dass eine so komplexe Konstruktion schon vor vielen Jahrhunderten nicht nur aufgekommen sein, sondern sogar eine prominente Rolle gespielt haben soll. Doch gab es dafür tatsächlich zahlreiche, mehr oder minder ehrenwerte Anlässe: Vielleicht am wichtigsten war die Möglichkeit für den feudalen Landbesitzer, sein vom Feudalherrn erhaltenes Land entgegen den Regeln des common law zu vererben, indem er es vor seinem Tod an Dritte übertrug, die gehalten waren, es nach seinem Tod etwa an einen Nachkommen zurückzuübertragen. Es konnte aber auch ein Edelmann an einem Kreuzzug teilnehmen und dabei sicherstellen wollen, dass ein anderer seine feudalen Rechte ausübte und Pflichten erfüllte; ein katholischer Orden konnte einem Armutsgebot unterliegen, so dass er nicht selbst Eigentümer seines Klosters sein konnte; ebenso konnte ein Eigentümer aber auch versuchen, sein Hab und Gut dem Zugriff seiner Gläubiger zu entziehen oder zu verhindern, dass er sein Land aufgrund der Verurteilung wegen eines Verbrechens verlor. Das common law sah allerdings in all diesen Fällen nur den A als Eigentümer an, so dass die Interessen des B vielfach schutzlos blieben, ua wenn A das Eigentum nicht direkt von B, sondern von einem Dritten erhalten hatte, so dass unter dem common law gar keine rechtlichen Beziehungen zwischen A und B bestanden, oder wenn ein Dritter die Interessen des B beeinträchtigte. Equity hingegen erkannte nicht nur die Interessen des B an, sondern ging sogar so weit, ihn neben A – dem Eigentümer „at law" – als Eigentümer „in equity" anzusehen. Der Titel auf das Land wurde so gespalten. Dass diese Grundkonstruktion heute nicht mehr als use, sondern als trust bekannt ist, beruht letztlich auf dem Versuch Heinrichs VIII., den use 1535 per Gesetz zu untersagen, um seine Steuereinnahmen (denen viele seiner Untertanen durch Konstruktion eines use zu entgehen versuchten) zu retten. Für die Finanzen Heinrichs VIII. war das Gesetz ein großer Segen. Es stellte jedoch zugleich eine Herausforderung an den Erfindergeist der damaligen Juristen dar, die eine Reihe von Möglichkeiten entwickelten, das Gesetz zu umgehen. Der wichtigste dieser Umgehungsversuche war der trust, der zunächst auf einer komplexen Verdoppelung des use beruhte, auf die dann im Laufe der Zeit der Sache nach verzichtet wurde.[201]

c) Praktische Probleme der equity

Die Entwicklung von equity und ihre Anwendung im Court of Chancery darf aber nicht als 75
eine allein segensreiche Geschichte mißverstanden werden, die stets von allgemeiner Zustimmung geprägt gewesen wäre.[202] Schon im klassischen Beispiel der gezahlten Schuld, aber nicht zurückgeforderten gesiegelten Schuldurkunde, lässt sich durchaus auch eine Lanze für das common law brechen, das mit seiner formalen Regel schlicht der Rechtssicherheit einen hohen Rang einräumte – ein Anliegen, das in unsicheren mittelalterlichen Zeiten durchaus verständlich war. Das common law zwang den Schuldner, nur gegen Rückgabe oder besser noch Zerstörung der Schuldurkunde zu zahlen und machte es unmöglich, eine Zahlung etwa mit bestochenen Zeugen einfach nur zu behaupten.[203] Im ewigen Kampf zwischen Rechtssicherheit und Einzelfallgerechtigkeit, der auch heute noch viele Rechtsfragen durchzieht, war das common law ein besonders intensiver Ausdruck der Rechtssicherheit

200 Vgl. anschaulich, auch zu den folgenden Beispielen, *Glister/Lee* (Fn. 197), 8 ff.; *Baker* (Fn. 113), 267 ff., 309 ff., 328 ff.

201 Vgl. zur ursprünglichen Konstruktion *Glister/Lee* (Fn. 197), 9 ff.; *Baker* (Fn. 113), 309 ff.

202 Vgl. zum Folgenden insbes. *Baker* (Fn. 113), 114 ff.

203 Es war „better to suffer a mischief to one man than an inconvenience to many, which would subvert a law: for if matter in writing may be so easily defeated, and avoided by such surmise and naked breath, a matter in writing would be of no greater authority than a matter of fact", Waberley vs. Cockerel (1542) 1 Dyer 51a (KB).

und damit zugleich einer gewissen Starrheit, umgekehrt aber equity ein mindestens ebenso intensiver Ausdruck der Einzelfallgerechtigkeit, damit zugleich aber auch der Unsicherheit. Wer einen equity Prozess gewinnen würde, war oft unvorhersehbar, hing doch vieles davon ab, was der jeweilige Chancellor als gerechte Lösung ansehen würde. Zum geflügelten Wort ist dabei John Seldens Bemerkung geworden, der Entscheidungsstandard könne ebensogut die Fußlänge des Chancellors sein.[204] Immer wieder kam es so zu Vorwürfen von Willkür, insbesondere etwa unter der Kanzlerschaft von Kardinal Wolsey (1515 – 1529), der selbst keinerlei juristische Ausbildung besaß und Juristen gern lächerlich machte. In späterer Zeit wurden dann in der Regel, ab 1673 ausschließlich, rechtlich vorgebildete Persönlichkeiten zum Chancellor ernannt. Potentiell konfliktgeladen und unsicher war auch das Verhältnis der chancery zu den common law Gerichten, insbesondere wenn ein Chancellor, wie etwa Lord Ellesmere zu Beginn des 17. Jahrhunderts, Klagen in equity gegen bereits gefällte Urteile anderer Gerichte zuließ, anstatt – wie sonst üblich – allenfalls im Wege der injunction in ein laufendes Verfahren des common law einzugreifen, um es bis zur Entscheidung in equity auszusetzen. Das führte zu einem regelrechten Justizkrieg, in dem Lord Ellesmere Personen wegen Mißachtung einer injunction verhaften ließ, Sir Edward Coke als Chief Justice der King's Bench sie dann aber im habeas corpus Verfahren wieder freiließ und anschließend sogar dazu ermunterte, ihre Klagegegner strafrechtlich wegen Anzweiflung der Urteile königlicher Gerichte zu verfolgen.

76 Der Vorwurf fehlender Rechtssicherheit schwand jedoch im Laufe der Zeit mit der zunehmenden Juridifizierung von equity. Seit dem 17. Jahrhundert wurden Entscheidungen der chancery regelmäßig gesammelt und veröffentlicht, so dass eine genaue Analyse und Kenntnis der Rechtsprechung möglich wurde und equity weniger als individuelle Gewissensentscheidung denn als Entscheidung aufgrund fester Regeln angesehen werden konnte. Gerechtigkeit allein reichte nicht mehr aus, um einen Anspruch geltend zu machen, ja man kann sogar im Gegenteil von einer gewissen rigor aequitatis sprechen, die die Entwicklung neuer Ideen weitgehend verhinderte.

77 Equity hatte noch ein anderes Problem: Seit dem 17. Jahrhundert war der Begriff chancery zu einem Synonym von Kosten, Verzögerung und Verzweiflung geworden.[205] Die Entscheidung lag beim Chancellor allein, der zwar nach und nach gewisse Delegationsmöglichkeiten, etwa auf den Master of the Rolls, entwickelte, aber doch stark überlastet war. Da es keine jury und damit keine Notwendigkeit gab, das Verfahren in einem Rutsch durchzuführen, kam es immer wieder zu Vertagungen, etwa wenn neue Fragen geklärt werden mussten. So konnte das Verfahren durchaus auch einmal dreißig Jahre beanspruchen. Dabei halfen auch sehr clevere Fiktionen nicht weiter, mit denen versucht wurde, zumindest die Ermittlung von Tatsachen und common law Vorfragen zu delegieren. Kam es beispielsweise im chancery Verfahren darauf an, ob A der Erbe von B war oder nicht, so behaupteten die Parteien einfach, über diese Frage eine Wette über fünf GBP abgeschlossen zu haben. Diese sog. feigned issue wurde dann vor ein common law Gericht gebracht und im Ergebnis von einer jury entschieden, deren Entscheidung der Chancellor dann zu folgen pflegte.[206] Im Verlauf des Verfahrens kam es zudem zu enormen Kosten, etwa schon deshalb, weil die Parteien verpflichtet waren, Kopien von Dokumenten anzufordern, die pro Seite bezahlt wurden, so dass sich bei den Sekretären eine überaus große Handschrift mit überaus breiten Rändern durchsetzte. Unter Lord Eldon (Lord Chancellor 1801 – 1827), der einerseits für seine überaus klaren, genauen und glänzenden Entscheidungen bekannt war, andererseits für seinen Delegationsunwillen, seine Detailversessenheit und Langsamkeit bei der Erledigung,

[204] „equity is according to the conscience of him that is Chancellor, and as that is larger or narrower, so is equity. 'Tis all one as if they should make the standard for the measure we call a foot, a chancellor's foot.", *Reynolds, Samuel Harvey,* The table talk of John Selden, 1892, 61.

[205] *Baker* (Fn. 113), 120.

[206] Vgl. *Blackstone, William,* Commentaries on the laws of England, Bd. 3, 1768 (Faksimile der 1. Aufl. 1979), 452; zur Frage der Bindungswirkung der verdicts aufgrund solcher Delegationen vgl. etwa *Langbein, John H.,* Fact finding in the English Court of Chancery – A rebuttal, Yale Law Journal 83 (1974), 1620 (1625 ff.).

benötigte ein einfacher Fall rund fünf Jahre bis zur Entscheidung. Gleichzeitig lag die damals unglaubliche Summe von 39 Millionen GBP (nach heutigen Preisen rund 2,5 Milliarden GBP) bei Gericht im Streit. Der 1808 begonnene Fall Morgan vs. Lord Clarendon etwa befand sich 1824 immer noch im Vorverfahren, doch schon waren 3.719 GBP (nach heutigen Preisen etwa 330.000 GBP)[207] an Gebühren angefallen.[208]

d) Equity heute

Die Probleme des Chancery Verfahrens wurden im 19. Jahrhundert mit Nachdruck angegangen. In praktischer Hinsicht wurde das Personal sowohl auf der richterlichen als auch auf der Verwaltungsseite aufgestockt und die bisherigen gebührenfinanzierten Ämter abgeschafft. Weit revolutionärer noch wurden law und equity in mehreren Schritten fusioniert, indem die Chancery auch über law, die übrigen Gerichte auch über equity entscheiden durften. Für den Fall eines inhaltlichen Konflikts gab es eine Reihe von Vorgaben sowie eine Generalklausel, der zufolge die equity-Regeln Vorrang genossen. **78**

Bis heute ist allerdings umstritten, ob law und equity mit dieser Entwicklung nur – wie die eher traditionelle Meinung glaubt – prozessual miteinander verbunden wurden oder ob es auch zu einer materiellen Verschmelzung kam. Die Diskussion mutet (nicht nur) dem Außenseiter leicht akademisch an, da unklar bleibt, was mit einer materiellen Verschmelzung genau gemeint sein soll.[209] Dass equity kein eigenständiges Rechtsgebiet mehr darstellt, sondern schlicht in den anderen aufgegangen ist, wird sich jedenfalls kaum behaupten lassen: Schon äußerlich wird equity in England auch heute noch als separates Rechtsgebiet mit eigenen Lehrbüchern (deren dominantes Kapitel der trust ist) gelehrt. Auch inhaltlich unterscheidet sich equity weiterhin von law, ist equitable ownership etwas anderes als legal ownership, haben equitable remedies andere Voraussetzungen als andere, so dass sich etwa damages (law) und compensation (equity) weiterhin unterscheiden. Es lassen sich Gerichtsentscheidungen finden, die sich weigern, für den Bruch einer in equity bestehenden Pflicht Schadenersatz (damages) als common law Rechtsfolge zu gewähren.[210] Auch vom Prozessablauf her bleibt ein Chancery Verfahren etwas anderes als ein common law Prozess.[211] Andererseits hat equity seit dem 19. Jahrhundert die Entwicklung des common law immer wieder einmal in seinem Sinne beeinflusst oder es wurden die Lösungen beider Rechtsmaterien durch die Gerichte vereinheitlicht. Auch können in vielen Fällen common law Rechtsfolgen an den Bruch eines nur in equity bestehenden Rechts anknüpfen. Das Verhältnis von law und equity ist somit vielschichtig und lässt sich nicht auf eine simple Formel wie die der nur prozessualen oder auch materiellen Verschmelzung reduzieren. **79**

In den USA gilt equity trotz einheitlicher Gerichte ebenfalls noch als eigenständiges Gebiet, nicht zuletzt, weil der 7. Verfassungszusatz zwar ein Recht auf Entscheidung durch eine jury bei einem Streitwert über 20 USD[212] vorsieht, dies aber nur für common law Streitigkeiten, also nicht für equity. Zudem steht jede Rechtsfolge in equity – ebenso wie in England[213] – anders als solche des common law im Ermessen des Richters. So wird etwa ein Gericht in New York seine Gerichtsbarkeit in equity nur ausüben, wenn das Urteil auch praktisch durchsetzbar ist, also zB tendenziell nicht, wenn das streitbefangene Grundstück im Ausland liegt oder wenn der Beklagte sich ohne weiteres aus dem Einflussbereich des **80**

[207] Umrechnung in heutige Preise nach www.measuringworth.com/calculators/ppoweruk/index.php (zuletzt abgerufen am 18.7.2025); bei einer Umrechnung auf der Basis von Durchschnittseinkommen fiele der heutige Äquivalenzbetrag noch um ein vielfaches höher aus.
[208] Vgl. *Baker* (Fn. 113), 122.
[209] Zum Problem ausführlicher *Glister/Lee* (Fn. 197), 19 ff.
[210] Vgl. etwa Swindle vs. Harrison [1997] PNLR 641 (CA) 650 ff.
[211] So *Darbyshire, Penny,* Darbyshire on the English legal system, 10. Aufl. 2011, 200.
[212] Erneut war dies 1787 eine sinnvollere Regel als es heute erscheint, da der Betrag nach heutigen Preisen etwa 580 USD entspricht; Umrechnung nach www.measuringworth.com/uscompare/ (zuletzt abgerufen am 18.7.2025).
[213] Vgl. *Darbyshire* (Fn. 92), 149.

Gerichts entfernen kann, auch wenn diese Vorbehalte in Abschwächung begriffen sind. Im Allgemeinen wird das Gericht bei der Ermessensfrage, ob es einen equitable relief gewähren will, alle beteiligten Interessen ebenso wie das Gemeinschaftsinteresse abwägen. Beispielsweise wird es eine Abrißverfügung für ein großes Gebäude verweigern, das unrechtmäßig auch auf einem Nachbargrundstück errichtet wurde, wenn dieser Grenzüberbau nur von ganz untergeordneter Bedeutung ist, etwa nur wenige Zentimeter beträgt.

81 Bei alledem ist equity heute nur ein Rechtsgebiet unter vielen, wenn auch mit einigen speziellen Regeln und Charakteristika. Es ist ein präzises, regelgeleitetes Gebiet,[214] das gerade nicht mehr von einem unstrukturierten Gerechtigkeitsempfinden angeleitet wird und so eine Art „palm-tree justice" anstrebt,[215] selbst wenn es durchaus auch bei ihm noch Neuerungen geben kann und gibt.[216] So ist denn die Unterscheidung zwischen law und equity ein für das historische Verständnis der Besonderheiten des common law (iwS) wichtiger Punkt, der auch heute noch eine gewisse Bedeutung hat. Nicht mehr gerechtfertigt dürfte es aber sein, sie zu einem der auch im heutigen Recht noch völlig zentralen Strukturunterschiede zwischen common law und civil law zu erklären, oder gar zu dem einen, das ganze common law prägenden Dualismus, der in seiner Bedeutung der Abgrenzung von Privatrecht und öffentlichem Recht im französischen Recht entspräche.[217] Equity wird – insbesondere in den USA, aber erkennbar auch in England – als ein weiteres von vielen Rechtsgebieten wahrgenommen, das von eigenständigen Strukturen und Denkweisen geprägt ist: nicht mehr, aber auch nicht weniger.

III. Gerichte und Juristen

1. Gerichtsaufbau

a) England: Komplexität und Modernisierung

82 Das englische Gerichtssystem ist gekennzeichnet durch einen gut sichtbaren, in der englischen Bevölkerung ebenso wie in der Rechtsvergleichung viel beachteten Oberbau in Form von High Court, Court of Appeal und Supreme Court (House of Lords), dem ein weit weniger beachteter Unter- und Nebenbau in Form lokaler Gerichte und sog. tribunals gegenübersteht. Durch diese ungleich verteilte Aufmerksamkeit ist der Eindruck vom englischen Gesamtsystem in der Regel nur von einem Teil der Gerichtsbarkeit geprägt, der jedoch nicht einmal für sich in Anspruch nehmen kann, zahlenmäßig den Großteil der entstandenen Rechtsstreitigkeiten zu entscheiden oder etwa diejenigen gerichtlichen Institutionen zu beherbergen, mit denen der durchschnittliche Engländer in der Regel einmal konfrontiert sein wird. Dabei ist die allgemeine Zurückhaltung in der Wahrnehmung und Behandlung des Unter- und Nebenbaus nur allzu verständlich. Denn sind, bei aller Komplexität im Detail, Aufbau und Zuständigkeiten etwa von High Court und Court of Appeal noch vergleichsweise klar, findet sich außerhalb dieser klassischen Gerichte eine kaum noch überschaubare Vielfalt unterschiedlichster Institutionen von unterschiedlichster Bedeutung und mit unterschiedlichen Verfahren, Besetzungen und Zuständigkeiten. Diese Unübersichtlichkeit und die für Außenstehende kaum mehr zu durchschauende, geradezu barocke Vielfalt wird auch in England selbst immer wieder einmal erkannt und erklärt zB gelegentlich auftauchende Überlegungen, sowohl im Zivilrecht[218] als auch im Strafrecht[219] ein neues, einheitliches Gericht einzuführen.

---

[214] Vgl. Bridge vs. Campbell Discount Co Ltd. [1961] 1 QB 445 (CA) 459.
[215] Deutlich Edlington Properties Ltd. vs. JH Fenner & Co Ltd. [2006] 1 WLR 1583 (CA) 1596 f.
[216] Vgl. die Ausführungen von *Lord Denning* in Eves vs. Eves [1975] 1 WLR 1338 (CA) 1341: „Equity is not past the age of child bearing.".
[217] So aber *David/Jauffret-Spinosi/Goré* (Fn. 73), 274.
[218] Vgl. zu diesen Plänen noch *Darbyshire, Penny,* Darbyshire on the English legal system, 9. Aufl. 2008, 175 f.
[219] Vgl. dazu *Bailey/Ching/Taylor* (Fn. 9), 106.

aa) Tribunals

Ein spezieller Aspekt des gerichtlichen Unterbaus in England sind die sog. tribunals.[220] Ihre Zuständigkeiten liegen insbesondere im Bereich des Verwaltungsrechts, aber auch etwa des Arbeitsrechts. Dabei gab es zumindest bis in die jüngste Vergangenheit nicht ein einheitliches System, sondern im Gegenteil eine Vielzahl unterschiedlichster tribunals, die in ihrem Prozessrecht, ihrer Zusammensetzung, ihren Befugnissen, ihrer Bezeichnung (etwa auch als committee, commission oder authority) und ihrem Verhältnis zu Verwaltung und common law Gerichten jeweils stark voneinander abwichen. Entscheidende Gemeinsamkeit ist bei alledem, dass die tribunals nach englischem Verständnis gerade keine Gerichte (courts) sind. Im Gegenteil werden sie ihnen gerade als Alternative gegenübergestellt. 83

Nach traditioneller Sichtweise haben tribunals gegenüber courts eine Reihe von Vorteilen: die Ansammlung spezialisierten Wissens im jeweiligen Zuständigkeitsbereich; eine größere Informalität und Flexibilität, etwa durch die fehlende Präzedenzfallbindung oder durch die Möglichkeit, bei der Entscheidung auch auf eigene Vorkenntnisse zurückzugreifen; höhere Geschwindigkeit und geringere Kosten, ua durch die fehlende Notwendigkeit anwaltlicher Vertretung und durch die Umgehung der komplexen Mechanismen des common law Prozesses. Ob und wieweit diese Vorteile wirklich bestehen, ist allerdings alles andere als sicher. Kritiker sehen etwa in der fehlenden Präzedenzfallbindung einen Mangel an Rechtssicherheit, oder betonen im Gegenteil, dass sich in der Praxis vielfach doch eine faktische Orientierung an eigenen Präzedenzfällen herausgebildet habe. Andere weisen auf fehlende Prozesskostenhilfe hin oder führen an, dass auch die tribunals teilweise technisch komplexe oder langwierige Verfahren aufwiesen und dass auch bei ihnen regelmäßig anwaltlicher Beistand sachlich notwendig sei. 84

In der rechtsvergleichenden Perspektive ist die Unterscheidung zwischen courts und tribunals letztlich nur eine technische Eigenheit des englischen Systems; beide entscheiden Rechtsstreitigkeiten bindend, durchsetzbar und auf rechtlicher Grundlage, beide sind somit in der Außenperspektive Gerichte. Auch in England selbst wird die faktische Übereinstimmung immer wieder gesehen, etwa wenn der nicht qualitative, sondern nur quantitative Charakter der Unterscheidung betont[221] oder sogar hervorgehoben wird, tribunals seien nur eine moderne Form von courts.[222] Insgesamt gab es über 130 tribunals, die zusammen über eine halbe Million Fälle im Jahr entschieden.[223] Die Zuständigkeiten der tribunals reichen von Sozialhilfe über Individualarbeitsrecht oder Einwanderung und Asyl bis hin zu Einkommen- oder Umsatzsteuer – Fälle also, die etwa in Deutschland ohne weiteres von normalen Gerichten entschieden werden. 85

Die Unübersichtlichkeit und Verschiedenheit der tribunals, ihr jeweils sehr unterschiedliches und nicht immer effektives Prozessrecht und ihre unklare Beziehung zur sonstigen Verwaltung will allerdings auch England nicht länger hinnehmen. Aufgrund des nach seinem Autor benannten Leggatt Report wurde im Jahr 2007 der Tribunals, Courts and Enforcement Act erlassen, der den Weg zu einem vereinheitlichten und unabhängigen tribunal System öffnete. Das Gesetz schuf zwei neue tribunals, das First-tier Tribunal und das Upper Tribunal, auf die dann die Zuständigkeiten zahlreicher, bislang bestehender tribunals (mit Ausnahme etwa des Employment Tribunals) übertragen wurden.[224] Beide neuen tribunals erhielten eine Kammerstruktur, so dass Spezialisierungen weitergeführt werden konnten, und arbeiten in verschiedenen lokalen Niederlassungen. Scheinbar rein äußerlicher Natur, in der psychologischen Aufwertung aber vielleicht doch von Bedeutung ist darüber hinaus die neue Bezeichnung der Entscheidungsträger als Richter, etwa als „Tribunal Judge" oder 86

[220] Vgl. dazu und zum Folgenden etwa *Craig* (Fn. 134), 239 ff.; *Phillips, O. Hood; Jackson, Paul; Leopold, Patricia,* Constitutional and administrative law, 8. Aufl. 2001, 686 ff.; *Darbyshire* (Fn. 92), 205 ff.; *Bailey/Ching/Taylor* (Fn. 9), 52 ff.

[221] Vgl. etwa *Craig* (Fn. 134), 241; *Bailey/Ching/Taylor* (Fn. 9), 59 f.

[222] So schon *Abel-Smith, Brian; Stevens, Robert,* In search of justice, 1968, 228.

[223] Zahlen nach *Darbyshire* (Fn. 92), 205; detaillierte Statistik bei *Bailey/Ching/Taylor* (Fn. 9), 66 ff.

[224] Für eine Übersicht der tribunals vgl. *Darbyshire* (Fn. 92), 204 ff.

„Tribunal Appellate Judge". Im Grundsatz ist das First-tier Tribunal die Eingangsinstanz, das Upper Tribunal die auf Rechtsfragen[225] beschränkte Rechtsmittelinstanz, über dem als weitere Rechtsmittelinstanz der Court of Appeal steht. Parallel zu diesen gesetzlich geregelten Rechtsmitteln in Form der sog. appeals, die in ihrer Struktur stark an die Revision in civil law Staaten erinnern, steht allerdings der traditionelle sog. judicial review durch den High Court, der im Grundsatz alle Entscheidungen der tribunals betreffen kann. Das genaue Verhältnis von judicial review zu den appeals ist alles andere als klar, doch besteht eine gewisse Tendenz, den judicial review bei Überschneidungen zurücktreten zu lassen und vorrangig eine Ausschöpfung der appeals zu verlangen.[226]

bb) Magistrates' Courts, County Courts

87 Von enormer Bedeutung im juristischen Alltag sind auch die Magistrates' Courts und die County Courts. Die seit Jahrhunderten bestehenden Magistrates' Courts stellen hauptsächlich die strafrechtliche Eingangsinstanz für zahlreiche Vergehen (misdemeanours) dar, die ohne formale Anklageschrift (indictment) in etwas vereinfachter Form vor Gericht gelangen, aber auch für viele Verbrechen (felonies) und Vergehen, die ein indictment ermöglichen. Sie sind entweder mit Laienrichtern (magistrates) besetzt, die meist zu dritt oder zu zweit arbeiten, oder mit einem professionellen district judge als Einzelrichter. Beide werden auch als Friedensrichter bezeichnet. Die Mitte des 19. Jahrhunderts geschaffenen County Courts sind entsprechend die allgemeine Eingangsinstanz in Zivilsachen, ohne dass hier etwa eine Streitwertgrenze bestünde. Entscheidungen werden von einem sog. circuit judge oder in kleineren Angelegenheiten von einem sog. district judge getroffen. In kleineren Angelegenheiten entscheiden auch sog. recorders, die neben ihrer anwaltlichen Tätigkeit als Richter in Teilzeit arbeiten. Die laufende Aufwertung des gerichtlichen Unterbaus zeigt sich hier beispielsweise darin, dass den County Courts seit 1990 fast alle Zuständigkeiten übertragen wurden, die zuvor allein dem High Court vorbehalten waren. Auch wurden die heutigen district judges in früherer Zeit einfach als registrars bezeichnet.

88 Die Fallzahlen sind sehr hoch: So wurden 2005 in den Magistrates' Courts über eine Million Verfahren über Straftaten und Ordnungswidrigkeiten eingeleitet, selbst wenn Verkehrsdelikte (nochmals über 800.000) nicht mit eingerechnet werden. Bei den County Courts wurden im selben Jahr über 1,8 Millionen Fälle anhängig, von denen allerdings nur rund 75.000 bis zur Verhandlung samt Urteil geführt wurden. Zum Vergleich: Die Eingangszahlen des High Court in allen Bereichen (Zivil-, Straf- und Verwaltungsrecht) außer Familienrecht lagen bei rund 57.000, die des Court of Appeal bei etwas über 8.000, die des House of Lords bei unter 100.[227]

cc) Crown Court

89 Der Crown Court wurde erst 1971 ins Leben gerufen, gehört aber bereits, ebenso wie etwa der High Court, zum Supreme Court of England and Wales. Er ersetzt sowohl die alten Courts of Assize[228] als auch die alten Courts of Quarter Sessions. Obwohl es sich formal um ein einziges Gericht handelt, sind seine sog. centres über das ganze Land verteilt, einschließlich des berühmtesten in Form des Old Bailey in London, der offiziell „Central Criminal Court" heißt. Der Crown Court ist in erster Linie die strafrechtliche Eingangsinstanz für besonders schwerwiegende Verbrechen, die aufgrund einer formalen Anklageschrift vor Gericht gebracht werden (trial by indictment). Die Gerichtsbarkeit am Crown Court kann von jedem High Court judge, circuit judge, district judge oder recorder ausgeübt werden.

225 Zur Unterscheidung zwischen Recht und Tatsachen im englischen Recht supra → Rn. 49 ff.

226 Vgl. *Craig* (Fn. 134), 255 ff.; zur Unterscheidung zwischen appeal und judicial review vgl. *Bailey/Ching/Taylor* (Fn. 9), 1108 f., 1179 f.; *Bromby, Michael,* English legal system – The fundamentals, 5. Aufl. 2022, 418, 428 ff.

227 Alle Zahlen nach *Bailey/Ching/Taylor* (Fn. 9), 65.

228 Zum assize system vgl. supra → Rn. 60.

Anders als in vielen anderen Staaten gilt es also in England von der Vorstellung Abstand zu nehmen, jeder Richter sei genau und nur einem Gericht zuzuordnen. Der Crown Court ist zugleich die Rechtsmittelinstanz für die Magistrates' Courts.

dd) High Court

Mit dem High Court beginnt die Reihe der klassischen common law Gerichte, die nicht nur **90** auf eine lange Geschichte zurückblicken können, sondern die vor allem in der allgemeinen Wahrnehmung innerhalb wie außerhalb Englands als *die* englischen Gerichte schlechthin gelten, ein Status den mit Abstrichen allenfalls noch der Crown Court teilt. Der High Court ist aufgrund seiner geschichtlichen Entwicklung[229] in drei divisions aufgeteilt: Chancery, Family und King's Bench (als Queen's Bench bezeichnet, wenn eine Königin regiert). Die Chancery Division befaßt sich entsprechend ihres historischen Bezugs zur equity insbesondere mit trusts und Grundeigentum, aber auch etwa mit Insolvenz-, Steuer- und Patentrecht. Ihr höchster Richter ist der Chancellor of the High Court (bis 2005 war dies formal der Lord Chancellor, in der Praxis der sog. Vice-Chancellor). Die Family Division unter dem sog. President of the Family Division befaßt sich, wie der Name schon sagt, mit Familienrecht. Ihre früheren Zuständigkeiten[230] für admiralty sind auf die Chancery Division, für Erbrecht auf die King's Bench Division übergegangen, soweit sie nicht bei geringen Streitwerten auch bei den County Courts liegen. Die King's Bench Division stand bis 2005 unter der Leitung des Lord Chief Justice, heute jedoch unter der ihres eigenen Präsidenten. Sie ist die bei weitem größte der drei divisions und besitzt eine umfassende Zuständigkeit für alle nicht den anderen divisions vorbehaltenen Zivilrechtsstreitigkeiten, insbesondere für Verträge und torts. Soweit es zu Überschneidungen zwischen King's Bench und County Court kommt, hat der Kläger die Wahl, doch gelten dann für den Weg zum High Court bestimmte Mindeststreitwerte, zB bei Geldforderungen mehr als 15.000 Pfund, bei Personenschäden mehr als 50.000 Pfund. Jede division ist gleichzeitig Rechtsmittelinstanz für untergeordnete Gerichte, die King's Bench also etwa für bestimmte appeals von den County Courts, den Magistrates' Courts und dem Crown Court. Im Zivilrecht geht es dabei um kleinere Verfahren (sog. small claims track und fast track), im Strafrecht um sog. appeals by way of case stated, bei denen ein Magistrates' Court der King's Bench einen Fall vorlegt, um dessen Meinung zu einer Rechtsfrage einzuholen. Diese Rechtsmittelfunktion wird in jeder division von einem verwirrenderweise sog. Divisional Court wahrgenommen. Auch sonst werden bestimmte Spezialisierungen innerhalb der divisions wiederum selbst als court bezeichnet, so dass es etwa ein Admiralty Court, ein Commercial Court, ein Technology and Construction Court und ein Administrative Court gibt, die aber alle Teil der King's Bench sind.

ee) Court of Appeal

Über dem High Court steht der Court of Appeal (mit „Appeal" im Singular, im Unterschied **91** zum U. S. Court of Appeals), mit einer civil division unter dem Master of the Rolls und einer criminal division unter dem Lord Chief Justice. Der Lord Chief Justice steht dabei zugleich seit 2006 an der Spitze der gesamten Gerichtsbarkeit von England und Wales, eine Funktion die zuvor der Lord Chancellor innehatte. Im Zivilrecht ist der Court of Appeal zuständig für Rechtsmittel sowohl vom High Court als auch von den County Courts, im Strafrecht vom Crown Court. Die eigenen Richter des Court of Appeal, zur Zeit 37, werden als Lord oder Lady Justices bezeichnet.[231] Jedoch sind es – wiederum typisch für die englische Justiz – keineswegs nur solche Lord Justices, die Fälle am Court of Appeal entscheiden. Im Gegenteil können etwa auch die Präsidenten der King's Bench und Family Divisions sowie der

[229] Vgl. supra → Rn. 59.
[230] Vgl. supra → Rn. 61.
[231] Für eine Darstellung der verschiedenen Kategorien von Richtern nach ihren eigenen Bezeichnungen und nicht nach ihren jeweiligen Gerichten vgl. *Bromby* (Fn. 226), 183 ff.

Chancellor des High Court, Judges des Supreme Court, High Court judges und sogar ehemalige Richter des Court of Appeal und des High Court mit auf der Richterbank des Court of Appeal sitzen.[232] Klassischerweise bilden je drei Richter die Richterbank, heute sind es oft aber auch nur ein oder zwei, in seltenen Fällen von besonderer Bedeutung auch einmal fünf.

92 Die im civil law weit verbreitete Unterscheidung zwischen der tatsächlichen und rechtlichen Neuverhandlung in Form der Berufung und der auf Rechtsfragen reduzierten Revision oder Kassation findet im englischen Rechtssystem keine genaue Entsprechung.[233] Im Grundsatz ist der appeal allerdings keine Neuverhandlung, sondern eine Überprüfung des vorinstanzlichen Urteils auf Fehler – das rückt ihn in die Nähe der Revision. Die gesuchten Fehler können aber nicht nur im rechtlichen sondern ebenso im tatsächlichen liegen – das rückt ihn in die Richtung einer Tatsacheninstanz.[234] Die dann zentrale Frage allerdings, inwieweit vor dem Court of Appeal auch neue Tatsachen oder neue Beweismittel eingeführt werden können, ist in ihrer Antwort hochdifferenziert und lässt sich nicht mit wenigen Sätzen abhandeln.[235] Im Grundsatz sind neue Beweismittel im Strafrecht in bestimmten Situationen durchaus möglich, im Zivilrecht hingegen meist – aber keineswegs immer[236] – ausgeschlossen. Wie so oft in der Rechtsvergleichung führt der Versuch, ein System mit den Kategorien eines anderen zu beschreiben auch hier zu mehr Verwirrung als Klärung.

ff) House of Lords und Supreme Court

93 Von EuGH und EGMR abgesehen stand das Appellate Committee of the House of Lords bis Mitte 2009 als oberstes Rechtsmittelgericht an der Spitze der britischen Gerichtshierarchie. Es bestand aus zwölf Lordrichtern (formal: Lords of Appeal in Ordinary, üblicherweise: Law Lords), von denen mindestens zwei aus Schottland und einer aus Nordirland stammen musste. Formal betrachtet konnten auch die übrigen, parlamentarischen Mitglieder des House of Lords an den Verfahren teilnehmen und mitentscheiden, doch hätte dies seit der Mitte des 19. Jahrhunderts gegen eine seitdem bestehende Verfassungskonvention verstoßen. Lord Denmans Versuch, im Jahr 1883 als bloßes Mitglied des House of Lords in einem Fall gemeinsam mit den Lordrichtern zu entscheiden, war der letzte seiner Art. Dabei war Lord Denman als barrister mit 50 Jahren Berufserfahrung rechtlich durchaus vorgebildet, wenn auch als eher exzentrisch bekannt. Sein Versuch scheiterte daran, dass er in den Verhandlungen vom Lord Chancellor und später beim Abdruck in den Law Reports schlicht ignoriert wurde.[237] Die Law Lords trugen, anders als die Richter unterer Gerichte, keine Robe. Eine Richterbank war üblicherweise mit fünf Law Lords oder anderen hohen Richtern besetzt, in besonders wichtigen Fällen ausnahmsweise auch einmal mit neun. Ein Rechtsmittel zum House of Lords setzte voraus, dass es um eine Rechtsfrage von allgemeiner, öffentlicher Bedeutung ging. Vorinstanz war üblicherweise, wenn auch nicht immer, der englische Court of Appeal oder sein Äquivalent, dh der schottische Court of Sessions oder der Court of Appeal of Northern Ireland. Das House of Lords war somit nicht nur das höchste englische, sondern auch das höchste Gericht des Vereinigten Königreichs.

94 Für eine ganze Reihe von Staaten des Commonwealth besteht daneben im Übrigen das Judicial Committee of the Privy Council als oberste Rechtsmittelinstanz, das ebenfalls mit den Law Lords besetzt ist. Die Entscheidungen des Privy Council sind für britische Gerichte

[232] Vgl. Section 2 (2), 9 (1) Senior Courts Act 1981.

[233] So gehen etwa die Darstellungen der appeals bei *Bromby* (Fn. 226), 408 ff. oder bei *Darbyshire* (Fn. 92), 171 ff., 276 ff. auf die dahinterstehende Unterscheidung so gut wie nicht ein; am nächsten kommt der Unterscheidung zwischen Rechts- und Tatsachenfragen noch die in allen Darstellungen breit debattierte Frage, inwieweit neue Beweismittel zulässig sind; vgl. aber auch die graphische Darstellung bei *Darbyshire* (Fn. 92), 108, die allgemein von appeals on law und on fact spricht.

[234] Vgl. zur historischen Entwicklung anschaulich *Devlin* (Fn. 142), 136 f.

[235] Vgl. etwa *Bromby-Kemp* (Fn. 226), 419 ff., 427; *Darbyshire* (Fn. 92), 173, 279; *Bailey/Ching/Taylor* (Fn. 9), 1119 ff., 1149 f., 1155 ff.

[236] Zur Ausnahmemöglichkeit und zur Möglichkeit eines re-hearing vgl. *Bailey/Ching/Taylor* (Fn. 9), 1149.

[237] Vgl. die Darstellung bei *Bailey/Ching/Taylor* (Fn. 9), 120.

nicht bindend, genießen jedoch mit guten Gründen eine sehr hohe überzeugende Autorität.[238] Denn wenn die Law Lords im Privy Council eine bestimmte Rechtsmeinung vertreten, liegt es sehr nahe, davon auszugehen, dass sie sich im House of Lords nicht umentscheiden werden.

Das Appellate Committee of the House of Lords ist heute Geschichte; es trat zum letzten Mal am 30.7.2009 zu einer öffentlichen Sitzung zusammen. Mit dem Constitutional Reform Act 2005 wurde seine Abschaffung und Ersetzung durch einen mit gleichen Kompetenzen ausgestatteten Supreme Court beschlossen, der am 1.10.2009 seine Arbeit aufnahm.[239] Die zwölf Richter des Supreme Court werden als Justices bezeichnet, der höchste Richter als Präsident. Die ersten Justices waren die bisherigen Lordrichter. Neue Richter werden danach jeweils durch ein weitgehend unpolitisches ad hoc Komitee ausgewählt und dem Lord Chancellor vorgeschlagen, der in seinen Möglichkeiten, sich über den Vorschlag hinwegzusetzen, stark eingeschränkt ist. 95

Hintergrund dieser sehr grundlegenden Reform ist, dass die bisherige Struktur des House of Lords nur schwer mit dem Grundsatz der Gewaltenteilung in Übereinstimmung zu bringen war, so dass in England die allgemeine Befürchtung herrschte, in Zukunft Probleme im Hinblick auf die Einhaltung von Art. 6 der Europäischen Menschenrechtskonvention zu bekommen. Tatsächlich waren ja die Law Lords gleichzeitig oberste Richter und peers, dh Mitglieder des Parlaments in Form des House of Lords. Diese nicht nur zufällige, sondern institutionell vorgegebene Vermischung zeigt sich etwa auch daran, dass im Appellate Committee of the House of Lords auch andere Richter wie etwa der Master of the Rolls mitentscheiden durften, allerdings nur wenn sie ihrerseits peers waren, was auch in der Praxis gelegentlich zu entsprechenden Ausschlüssen führte. Zwar bestand eine Verfassungskonvention, der zufolge Law Lords nicht an den politischen Debatten im House of Lords teilnehmen durften, doch wurde dagegen auch durchaus schon verstoßen.[240] Solange die bisherigen Lordrichter am neuen Supreme Court tätig sein werden, dürfen sie entsprechend nicht mehr an Sitzungen und Abstimmungen des House of Lords teilnehmen. 96

Noch auffälliger war die Abweichung vom Gewaltenteilungsgrundsatz im Hinblick auf den Lord Chancellor.[241] Er war bis 2005 nicht nur Oberster Richter des Appellate Committee of the House of Lords sowie zumindest nominell des High Court, seiner Chancery division und des Court of Appeal, sondern zugleich speaker des House of Lords als Teil des Parlaments und Minister im Kabinett des Premierministers mit der effektiven Kontrolle über die meisten Ernennungen zum Richteramt. Mit anderen Worten nahm er in allen drei Gewalten höchste Ämter ein. Gerade deshalb existiert das Amt des Lord Chancellor seit 2006 in dieser Form nicht mehr; nur aufgrund starker Widerstände gegen die Pläne der englischen Regierung blieb zumindest die Bezeichnung erhalten. All dies ist umso bemerkenswerter, als das Amt des Lord Chancellor das älteste Englands ist, das im Jahr 1068 erstmals dokumentiert wurde und das möglicherweise bis ins 7. Jahrhundert zurückgeht.[242] Der heutige Lord Chancellor hat seine judikativen Funktionen vollständig verloren und ist nicht mehr speaker des House of Lords, sondern steht nurmehr an der Spitze des neu geschaffenen Justizministeriums. Zugleich ist sein zentraler Einfluss auf die Berufung von Richtern durch die Schaffung sog. Judicial Appointment Committee weitgehend aufgehoben. Tatsächlich war der 2007–2010 amtierende Lord Chancellor, Jack Straw, der erste Inhaber dieses Amtes seit langem, der keinen Sitz im House of Lords hat. Viele Traditionen leben aber dennoch im Supreme Court fort, so dass die Richter zwar in einem neuen, eigenen Gebäude tagen, aber weiterhin keine Roben tragen und an Tischen statt auf erhöhten Podesten sitzen. 97

[238] Zur überzeugenden Autorität vgl. supra → Rn. 31.
[239] Zum ganzen eingängig *Darbyshire* (Fn. 92), 116 ff., 333 ff.
[240] Vgl. *Darbyshire* (Fn. 92), 116.
[241] Dazu auch *Bromby* (Fn. 226), 189 ff.
[242] Vgl. *Woodhouse, Diana,* The office of Lord Chancellor, 2001, 2.

98 Insgesamt zeichnet sich so das Bild eines hochkomplexen, in den genauen Zuständigkeiten und Rechtswegen nicht immer leicht zu durchschauenden Gerichtssystems, das – wie manch anderer Aspekt des englischen Rechtssystems[243] – in der jüngeren und jüngsten Vergangenheit großen Umbrüchen unterworfen war.

b) USA: Föderale Struktur

aa) Einzelstaatliche Gerichte und Bundesgerichte

99 Das Gerichtssystem der USA ist zugleich erheblich komplexer und erheblich einfacher ausgestaltet als das Englands. Es ist zunächst einfacher, indem es keine grundsätzliche Trennung zwischen Zivil- und Strafrecht gibt. Auch verwaltungsrechtliche Streitigkeiten gelangen vor die allgemeinen Gerichte, ohne dass etwa eine dem englischen System vergleichbare Struktur von tribunals vorangestellt wäre. Zwar gibt es auch in den USA einen sog. administrative law judge, der auch eine dem Richter angenäherte Unabhängigkeit besitzt. Doch ist er Teil des speziellen, förmlichen Verfahrens zum Erlaß einer Einzelfallentscheidung (order) oder einer untergesetzlichen Norm (rule) durch die *Verwaltung* und entscheidet hier auch oft nicht bindend und endgültig. Seine Existenz verdankt er damit letztlich nur der auffallenden Ähnlichkeit, die das förmliche Verwaltungsverfahren in den USA mit einem traditionellen gerichtlichen Verfahren des common law aufweist.[244] Der administrative law judge ist also auch funktionell weniger der Judikative als der Verwaltung zuzuordnen. Der wichtigste Unterschied zu England ist aber die föderale Struktur der USA, die sich deutlich in ihrem Gerichtsaufbau niederschlägt. Die gerichtliche Bundesebene ist in ihren Grundzügen schnell zu durchschauen und wartet mit weit weniger Überraschungen für den Außenstehenden auf als die englische Struktur. In den Gliedstaaten hingegen herrscht ein je völlig eigenständiger Aufbau mit je verschiedenen Stufen und gänzlich eigenständigen Bezeichnungen; so kommt es hier zu einem fünfzigfach differenzierten Gesamtgebilde, das nur wenige im Detail kennen, das allerdings auch in der Rechtsvergleichung selten verstärkte Aufmerksamkeit erfährt.

100 Beispielhaft soll hier nur der Gerichtsaufbau des Staates New York am Beispiel des Zivilrechts grob skizziert werden: Die allgemeine zivilrechtliche Eingangsinstanz ist der Supreme Court. Daneben bestehen allerdings eine Reihe kleinerer Gerichte mit eigener, begrenzter Zuständigkeit, wie die county courts und der Civil Court of the City of New York (die etwa beide bei Klagen auf eine Geldsumme nur bis zu 25.000 USD zuständig sind), der Family Court, der Surrogate's Court (etwa für Vormundschaft über Minderjährige oder erbrechtliche Fragen), der Court of Claims (für Klagen gegen den Staat) oder verschiedene City Courts, Village Courts und Town Courts. Die nächsthöhere Instanz ist grundsätzlich die Appellate Division of the Supreme Court, über der wiederum der New Yorker Court of Appeals steht.

bb) Gerichtshierarchie im Bund

101 **(1) Federal District Court und Court of Appeals.** Auf der Bundesebene besteht ein dreistufiger Aufbau, der mit den 94 Federal District Courts als universeller Eingangsinstanz beginnt. Auf dem Gebiet jedes Bundesstaates gibt es, je nach Größe, mindestens eines und höchstens vier solcher Gerichte. Daneben bestehen noch andere erstinstanzliche Gerichte mit allerdings sachlich beschränkter Zuständigkeit, nämlich der Court of Federal Claims, der Court of International Trade und die in den jeweiligen Distrikten bestehenden Bancruptcy Courts.

---

243 Vgl. insbes. infra → Rn. 138 zum Prozessrecht; vgl. auch etwa supra → Rn. 86, 87.

244 Dass eine so aufwendige Vorgehensweise insbesondere für den Erlass einer rule oft wenig angemessen ist, wird auch in den USA immer wieder kritisiert, vgl. etwa *Gellhorn/Levin* (Fn. 149), 329.

Darüber stehen 13 Courts of Appeals, jeweils einer für den 1.–11. Gerichtsbezirk (sog. circuits), einer für den District of Columbia sowie ein sog. Court of Appeals for the Federal Circuit, der für einige spezielle Sachgebiete wie Klagen gegen den Bund oder das Patent-, Marken- und Urheberrecht zuständig ist. Je nach Zuschnitt der Gerichtsbezirke ist jeder Court of Appeals zuständig für Rechtsmittel gegen die Entscheidungen von einem bis zwölf District Courts. Urteile werden hier grundsätzlich von drei Richtern gemeinsam gefällt. 102

(2) Der appeal zwischen Tatsachen- und Rechtsprüfung. Irreführend ist die in fremdsprachlichen Texten immer wieder anzutreffende Bezeichnung der Courts of Appeals als Berufungsgerichte.[245] Denn auf bundes- wie einzelstaatlicher Ebene geht es in aller Regel nicht um eine Überprüfung der Vorinstanz auf Tatsachen- und Rechtsfehler, noch weniger um eine schlichte Neuverhandlung, sondern im Grundsatz nur um eine Überprüfung hinsichtlich Rechtsfragen, also eher das, was kontinentaleuropäische Juristen unter Revision oder Kassation verstehen.[246] Dennoch sollte auch diese vorzugswürdige Bezeichnung vermieden werden, da sowohl das Verständnis der Abgrenzung von Recht und Tatsachen[247] als auch der darauf aufbauende Prüfungsmaßstab gänzlich eigenständig sind. Nur bei stark vereinfachender Reduzierung auf den Kern ergibt sich ein einigermaßen klares Bild: Rechtsfragen werden eigenständig neu (de novo) erörtert; reine Tatsachenfeststellungen hingegen werden nur dann zum Gegenstand einer Überprüfung im Wege des appeal, wenn sie sich als offenkundig falsch (clearly erroneus) erweisen.[248] Als Rechtsfrage gelten dabei oft auch die Anwendung von Rechtsprinzipien auf Tatsachen sowie Feststellungen, die eine Bewertung erfordern.[249] Dennoch ist die Frage, ob in einem Einzelfall Fahrlässigkeit vorlag[250] oder ob mit der üblichen Sorgfalt vorgegangen wurde,[251] auch schon als Tatsache eingeordnet worden. Im Hinblick auf den Prüfungsmaßstab existiert neben dem strengen de novo und dem sehr schwachen clearly erroneous auch noch ein mittlerer Maßstab im appeal, der nach einem Ermessensmißbrauch (abuse of discretion) sucht und immer dann einschlägig ist, wenn der Vorinstanz Ermessen eingeräumt war, etwa im Rahmen einer Interessenabwägung. Dabei ist der abuse of discretion Maßstab seinerseits keinesfalls klar, sondern erfasst als Oberbegriff eine ganze Reihe von verschieden strengen Prüfungen.[252] Zurück auf der Klassifikationsebene wird die Rechtsanwendung allerdings heute zumeist als eigenständige dritte Kategorie von „mixed questions of law and fact" angesehen.[253] Das Rechtsmittelgericht kann sich hier zwar seine eigene Meinung bilden, wird aber üblicherweise, wenn auch nicht immer,[254] der Vorinstanz einen gewissen Beurteilungsspielraum (deference) einräumen.[255] Wann nun aber eine solche mixed question vorliegt und wann eine bloße Tatsachenfrage, steht nicht allgemein fest, sondern hängt vom jeweiligen materiellen Recht 103

[245] Deutlich gegen diese Bezeichnung auch *Hay, Peter; Kern, Christoph A.*, US-Amerikanisches Recht, 8. Aufl. 2024, 55.

[246] Vgl. dazu etwa auch *Kerameus, Konstantinos D.*, A civilian lawyer looks at common law procedure, Louisiana Law Review 47 (1987), 493 (505 ff.); gelegentlich bestehen Abweichungen, etwa bei der New Yorker Appellate Division of the Supreme Court, die Rechts- und Tatsachenfragen neu verhandeln kann, vgl. Art. 55 § 5501 (c) NY Code – Civil Practice and Rules; für England vgl. supra → Rn. 92.

[247] Vgl. schon supra → Rn. 49 ff., insbes. 53.

[248] Vgl. auch rule 52(a) Federal Rules of Civil Procedure.

[249] Vgl. etwa In re A.B., 179 N. C. App. 605, 611 f. (2006).

[250] Vgl. etwa Alexander vs. Hagedorn, 148 Tex. 565, 569 (1950).

[251] Vgl. Lose vs. Fitzgerald, 105 Conn. 247, 247 (1926).

[252] Vgl. *Edwards, Harry T.; Elliott, Linda, A.*: Federal courts – Standards of review, 2007, 68; *Friendly, Henry J.*, Indiscretion about discretion, Emory Law Journal 31 (1982) 747 (763 f.).

[253] Vgl. etwa Crocker National Bank vs. City and County of San Francisco, 49 Cal. 3d 881, 888 (1989); Citizens Right to Recall vs. State ex rel. McGrath, 333 Mont. 153, 155 (2006); allgemein dazu schon *Louis, Martin B.*, Allocating adjudicative decision making authority between the trial and appellate levels – A unified view of the scope of review, the judge/jury question, and procedural discretion, North Carolina Law Review 64 (1986), 993 (993 ff.).

[254] Anders zB im strafrechtlichen Kontext U. S. vs. Szur, 289 F.3d 200, 213 (C. A. N.Y. 2002); anders auch insbesondere wenn verfassungsrechtliche Fragen im Raum stehen U. S. vs. McConney, 728 F.2d 1195, 1203 (C. A. Cal. 1984).

[255] Vgl. etwa Wayment vs. Howard, 144 P.3d 1147, 1149 (S. C. Utah 2006).

ab. Das bedeutet aber ganz pragmatisch: „Regarding certain largely factual questions in some areas of the law, the stakes – in terms of impact on future cases and future conduct – are too great to entrust them finally to the judgment of the trier of fact.“[256] Was und mit welchem Maßstab – insbesondere auch welchem Maß an deference – das Rechtsmittelgericht im Einzelfall prüft,[257] ist somit insgesamt keinesfalls immer klar. Der Prüfungsumfang kann dabei zB auch davon abhängen, wieweit eine endgültige Entscheidung gerade durch eine jury als sinnvoll angesehen wird oder nicht.

104 **(3) U. S. Supreme Court.** Über den Courts of Appeals steht der U. S. Supreme Court, der mit 9 Richtern besetzt ist, die als Justices (nicht: judge) bezeichnet werden. Höchster Richter ist der Chief Justice. Das Gericht entscheidet in voller Besetzung, dh mit allen 9 Richtern. Der Supreme Court ist dabei sowohl oberste Rechtsmittelinstanz in allen Rechtsgebieten als auch Verfassungsgericht, wenn diese Bezeichnung auch wieder etwas missverständlich ist, da auch alle anderen Gerichte etwa über die Verfassungsmäßigkeit von Gesetzen entscheiden dürfen. Um eine völlige Überlastung zu vermeiden, ist der Supreme Court aufgrund des sog. certiorari-Verfahrens weitgehend Herr über die eigenen Fälle: Er kann – von einigen internen Richtlinien einmal abgesehen – völlig frei entscheiden, welche Fälle er zur Entscheidung annimmt und welche nicht.[258] Mit den jeweiligen Erfolgsaussichten muss das nichts zu tun haben, sondern kann ebensogut an den jeweiligen Interessen der Richter oder an der aktuellen gesellschaftlichen Bedeutung einer Frage hängen. So wurde beispielsweise zu bestimmten Zeiten immer wieder einmal das fehlende Interesse des Supreme Court am Verwaltungsrecht beklagt, das gleichzeitig dazu führte, dass seine wenigen Entscheidungen auf diesem Gebiet besonders hohe Aufmerksamkeit erlangten.[259] Certiorari wird erteilt, dh der Fall angenommen, wenn mindestens vier Richter sich dafür aussprechen.

cc) Zuständigkeiten von Bund und Einzelstaaten

105 Die jeweilige Zuständigkeit (jurisdiction) von Bundesgerichten und einzelstaatlichen Gerichten beurteilt sich nach einem umfangreichen System von Zuständigkeitsregeln, insbesondere nach der sachlichen Zuständigkeit (subject matter jurisdiction). Zwei besonders wichtige Zuständigkeitsgründe für den Bund sind diversity und federal question. Eine federal question liegt vor, wenn es um eine Frage geht, die unter der Verfassung, den Gesetzen oder den Staatsverträgen des Bundes entsteht. Diversity liegt im Kern vor, wenn die streitenden Parteien aus verschiedenen Staaten stammen; gleichzeitig muss der Streitwert über 75.000 USD liegen. Historisch sollte so vermieden werden, dass sich beispielsweise ein Texaner eventuell vorhandenen Vorurteilen vor Gerichten in Connecticut stellen musste. In diesen Fällen wendet also das Bundesgericht das jeweils einschlägige einzelstaatliche Recht an und unterliegt damit beispielsweise auch einer Präjudizienbindung an Entscheidungen einzelstaatlicher Gerichte. Soweit kein Gesetzesrecht besteht, ist auch das common law in seiner jeweils einzelstaatlichen Ausprägung anzuwenden, da seit der insofern berühmten Erie-Entscheidung von 1938 feststeht, dass es, mit bis heute nicht endgültig geklärten Ausnahmen, kein common law des Bundes gibt.[260] Von einigen Ausnahmen abgesehen ist die Verteilung der Zuständigkeiten nicht ausschließlich; ein Fall, für den eine Bundeszuständigkeit besteht, kann also grundsätzlich ebensogut vor ein einzelstaatliches Gericht gebracht und dort entschieden werden, wenn auch dessen Zuständigkeitsvoraussetzungen

---

256 So Bose Corp vs. Consumers Union of U.S., 466 U. S. 485, 501 (1984).

257 Vgl. nur beispielhaft zum seltener angewandten Prüfungsmaßstab der reasonableness *Hessick, Carissa Byrne; Hessick, F. Andrew,* Appellate review of sentencing decisions, Alabama Law Review 60 (2008), 1 (1 ff., insbes. 14 ff.).

258 „Writs of certiorari are matters of grace.“, Wade vs. Mayo, 334 U. S. 672, 680 (1948) (per Justice Murphy).

259 Vgl. etwa *Sargentich, Thomas O.,* The Supreme Court's administrative law jurisprudence, Administrative Law Journal of The American University 7 (1993), 273 (286); *Wald, Patricia M.,* A response to Tiller and Cross, Columbia Law Review 99 (1999), 235 (249); *Merrill, Thomas W.,* Article III, agency adjudication, and the origins of the appellate review model of administrative law, Columbia Law Review 111 (2011), 939 (972).

260 Erie R. Co. vs. Tompkins, 304 U. S. 64, 78 (1938).

erfüllt sind. Dann kann aber jede Partei versuchen, den Fall im Wege des sog. removal an ein Bundesgericht abgeben zu lassen, was aber zB nicht möglich ist, wenn zwar diversity jurisdiction vorliegt, aber einer der Beklagten Bürger des Einzelstaates ist, vor dessen Gerichten geklagt wurde.[261]

2. Juristische Ausbildung

a) England

Auch wer sonst wenig an Rechtsvergleichung interessiert ist, wird oft einige Allgemeinplätze über die englische (und natürlich walisische) Juristenausbildung kennen: Sie sei besonders praxisnah und wenig akademisch; man könne in England sogar ohne Universitätsstudium durch eine Art Lehre Anwalt werden; als Ausbildung zum Anwaltsberuf sei das englische System beispielhaft. Wie so oft liegt in solchen Binsenweisheiten, gerade auch in historischer Perspektive, ein Körnchen Wahrheit. So war es noch im 19. Jahrhundert durchaus üblich, zur Vorbereitung auf den barrister Altertumswissenschaften zu studieren,[262] und auch im 20. Jahrhundert hatte etwa Lord Denning als einer der bekanntesten englischen Juristen an der Universität nicht Rechtswissenschaft, sondern Mathematik belegt. Dennoch erweist sich die scheinbar so typisch englische, in der Praxis und für die Praxis stattfindende Juristenausbildung bei näherer Betrachtung als Ergebnis einer sehr einseitigen Deutung. 106

aa) Zwischen Universität und Praxis: Die historische Entwicklung

Historisch gesehen fand die Ausbildung ab etwa dem 14. Jahrhundert tatsächlich außerhalb von Universitäten statt.[263] Auch bestand sie für die untere Klasse der Anwaltschaft, die sog. attorneys, die etwa den heutigen solicitors entsprachen, tatsächlich in einer Lehre, die bereits mit 14 Jahren bei einem Praktiker, etwa einem erfahreneren attorney oder auch einem Richter begann. Die Oberklasse der Anwaltschaft hingegen, die heute sog. barristers, wurden in den Inns of Court, ihren Standesorganisationen, ausgebildet. Diese Inns of Court arbeiteten insofern nicht viel anders als eine mittelalterliche Universität.[264] Die Studenten lebten in den Inns. Wie etwa in Bologna gab es Vorlesungen und Disputationen, hier in der Form von moots, also fiktiv ausgetragenen Rechtsstreitigkeiten. Damals wie im Rückblick wird daher von den Inns auch als der dritten englischen Universität (neben Oxford und Cambridge) gesprochen.[265] 107

Im 17. Jahrhundert allerdings brach die quasi-universitäre Ausbildung in den Inns of Court, auch im Zusammenhang mit dem englischen Bürgerkrieg, zusammen. So entstand für angehende barristers ganz praktisch das Problem, dass sie zwar weiterhin über die Mitgliedschaft in einem Inn of Court und die Erfüllung einiger, weitgehend formell gewordener Voraussetzungen zur Anwaltschaft zugelassen werden konnten, jedoch große Schwierigkeiten hatten, überhaupt die für eine sinnvolle Ausübung des Berufs erforderlichen Kenntnisse zu erlangen. Unproblematisch war dies nur für die gar nicht wenigen Landadeligen, die nur den ehrenwerten Titel eines barrister anstrebten, den Beruf aber nicht ausüben wollten. Die übrigen jedoch suchten Auswege durch eigenständiges Studium von Büchern, vor allem aber indem sie bei anderen Juristen wie den special pleaders (die gegen Gebühr Plädoyers für andere entwarfen) oder sogar den attorneys eine Art Praktikum (später sog. pupillage) aufnahmen, für das sie selbstverständlich bezahlen mussten. Die Qualität 108

[261] Vgl. 28 U. S. C. § 1441(b).
[262] Vgl. *Abel-Smith, Brian; Stevens, Robert,* Lawyers and the Courts – A sociological study of the English legal system 1750 – 1965, 1967, 166.
[263] Zum folgenden historischen Überblick vgl. ausführlicher *Lobban, Michael,* Geschichte der Juristenausbildung in England seit dem Mittelalter, in: Baldus, Christian; Finkenauer, Thomas; Rüfner, Thomas (Hrsg.), Juristenausbildung in Europa zwischen Tradition und Reform, 2008, 73 (74 ff.).
[264] Plastisch zum universitätsähnlichen Leben und Lernen in den Inns *Wigmore* (Fn. 13), 1065 ff.; für das 19. Jahrhundert vgl. ibid., 1085 ff.
[265] Vgl. *Baker* (Fn. 113), 170; vgl. auch *Wigmore* (Fn. 13), 1067.

dieser Praktika war keineswegs immer besonders hoch; manch engagierte Jungjuristen gründeten deshalb in ihrer Not eigene mooting clubs, um sich gleichsam selbst zu trainieren.

109 Die wenig strukturierte, eher zufällige und in ihrer Qualität stark schwankende Ausbildung der barristers und auch der attorneys wurde im 18. und 19. Jahrhundert von vielen Seiten als Mißstand erkannt. Insbesondere barristers konnten ihre Zulassung erhalten, auch wenn sie kaum über nennenswerte Rechtskenntnisse verfügten. Das Bedürfnis nach einer professionalisierten, akademischeren Ausbildung wurde vielfach gesehen. Das britische Unterhaus etwa setzte dafür 1846 sogar ein eigenständiges Komitee ein, das konkrete Vorschläge erarbeiten sollte. Die Universitäten, die bislang nur kanonisches und römisches Recht gelehrt hatten, ergriffen die sich ihnen implizit bietende Chance jedoch nicht nachhaltig. Zwar begannen sie, auch Vorlesungen zum common law anzubieten, die 1753 mit Blackstone in Oxford begannen, der 1758 den eigens dafür gestifteten Vinerianischen Lehrstuhl erhielt. Auch reagierten die Inns of Court und erließen Universitätsabsolventen zwei Jahre ihrer zur Zulassung als barrister notwendigen Mitgliedschaft. Jedoch bildeten sich aus den universitären Vorlesungen, trotz oder gerade wegen gelegentlich brillianter einzelner Professoren, keine kontinuierlichen und breit angelegten juristischen Studiengänge heraus.[266] Parallel begannen die Inns of Court erneut, Vorlesungen anzubieten. Auch die für die attorneys zuständige Law Society legte ein Vorlesungsprogramm auf (später, im Jahre 1903, erwarb sie sogar eine eigene law school). Anders als die attorneys verweigerten sich die Inns of Court jedoch lange der Idee einer verpflichtenden Prüfung der Rechtskenntnisse. Sie wurde erst 1872 eingeführt, weniger aus Einsicht denn aus Angst vor einer gesetzlichen Regelung oder gar der immer wieder debattierten Umwandlung der Inns in eine Rechtsuniversität. Beim vehementen Widerstand gegen eine solche Umwandlung ging es äußerlich um Fragen der richtigen Ausbildungsform, der Sache nach aber auch um das erhebliche Vermögen der Inns und einen gewissen Standesdünkel, da die Inns als Rechtsuniversität möglicherweise auch attorneys offengestanden hätten – eine für viele barristers unerträgliche Vorstellung. Zu grundlegenden Änderungen kam es letztlich erst in der zweiten Hälfte des 20. Jahrhunderts, in der die englischen juristischen Fakultäten ihre große Bedeutung erlangten und die universitäre juristische Vorbildung nach und nach zum Regelfall für Juristen wurde.

bb) Universitäre und praktische Phasen: Die Ausbildung heute

110 Das heutige juristische Studium in England[267] (und Wales) dauert drei Jahre und umfaßt die von den anwaltlichen Standesorganisationen bis ins Detail vorgegebenen Fächer contracts, torts, property, criminal law, public law, trusts und Europarecht, einen Einführungskurs und im dritten Studienjahr Wahlfächer, deren Bandbreite und Auswahl stark von den Forschungsschwerpunkten der jeweiligen Professoren abhängt. Der Unterricht erfolgt in großen Vorlesungen, die von Kleingruppen begleitet werden. Das oft bemühte, unter optimalen Bedingungen paradiesische Bild eines akademischen Unterrichts, bei dem es weniger um große Vorlesungen als um wöchentliche Treffen von nur zwei oder drei Studenten zum Gespräch mit dem Professor in seinem Büro geht, trifft nurmehr für Oxford und Cambridge zu. Prüfungen werden jeweils studienbegleitend zu den Vorlesungen abgelegt und können Fallfragen oder Sachfragen umfassen; eine umfassendere Prüfung am Ende des Studiums existiert nicht.

111 Der Abschluss mit einem Bachelor of Laws (LL.B.) vermittelt jedoch bei weitem noch nicht die notwendigen Rechtskenntnisse. Sie werden vielmehr erst durch ein weiteres, sehr intensives Studium erreicht, das stark von den Standesorganisationen gesteuert wird. Für den

[266] Zu den universitären Bemühungen vgl. auch *Baker* (Fn. 113), 181 f.

[267] Zur heutigen Juristenausbildung in England vgl. *Trybus, Martin,* Anwaltskammern ersetzen den Staat – Die Juristenausbildung in Großbritannien, in: Baldus, Christian; Finkenauer, Thomas; Rüfner, Thomas (Hrsg.), Juristenausbildung in Europa zwischen Tradition und Reform, 2008, 167 (168 ff.); *Darbyshire* (Fn. 92), 302 ff.; *Bailey/Ching/Taylor* (Fn. 9), 194 ff.; anschaulich *Bromby* (Fn. 226), 122 ff., 127 ff.

barrister[268] hieß die Ausbildung bis 2010 Bar Vocational Course (BVC), dann Bar Professional Training Course (BPTC) und seit 2020 Bar Training Courses. Sie wird unter unterschiedlichen Bezeichnungen wie Bar Course oder Bar Vocational Course an einer der vom Bar Standards Board anerkannten Law Schools absolviert, von denen einige sogar Teil einer Universität sind[269] und dauert entweder ein Jahr oder zwei Jahre in Teilzeit. Für solicitors hieß die Ausbildung Legal Practice Course (LPC), angeboten von den Colleges of Law der Law Society, seltener von Universitäten. Seit Herbst 2021 wird der LPC nach und nach durch die Solicitor Qualifying Examination (SQE) ersetzt, die keine Ausbildungsgang sondern eine zweiteilige Prüfung ist. Streng genommen sind dafür keine vorherigen Kurse mehr erforderlich, tatsächlich aber dürfte meist ein SQE-Vorbereitungskurs erforderlich sein, um zu bestehen. Solche Vorbereitungskurse werden von verschiedenen Institutionen angeboten, die von Universitäten bis zu einem bekannten Anbieter U.S.-amerikanischer bar review Kurse reichen. Anwaltlich tätig werden dürfen die Juristen aber erst nach einer weiteren praktischen Lehrzeit ohne formale Prüfungen, entweder für ein Jahr in den chambers eines barrister (sog. pupillage) oder einer zweijährigen Praxisphase („qualifying work experience", QWE) die einheitlich oder aufgeteilt in bis zu vier Stagen und entweder vor oder nach der SQE absolviert werden kann. Vor der Einführung der SQE waren zwei Jahre bei einem solicitor gefordert („doing one's articles", später einfach als „training contract" bezeichnet). Positiv gesehen ist das ganze Ausbildungssystem jetzt sehr flexibel, negativ betrachtet ist es eher verwirrend.

Spätestens mit Abschluss des LL.B. muss der angehende Jurist sich also für einen der beiden **112** anwaltlichen Berufszweige entscheiden und entweder der Law Society oder einem der vier Inns of Court (Gray's Inn, Lincoln's Inn, Inner Temple, Middle Temple)[270] beitreten. Für die barrister hat sich dabei aus der alten Tradition bis heute die Pflicht erhalten, vor der Berufung zwölf mal an sog. qualifying units teilzunehmen. Hinter dieser modernen Bezeichnung verbirgt sich eine nicht nur außerhalb Englands immer wieder mit gewissem Amüsement aufgenommene Eigenheit, nämlich die traditionell von den Inns veranstalteten Abendessen (dining sessions), die heute allerdings in erster Linie karriererelevante Gespräche und Workshops umfassen. Bis heute hat sich zudem die Besonderheit erhalten, dass ein juristisches Universitätsstudium nicht zwingende Voraussetzung für die weitere Juristenausbildung ist, und diese Flexibilität wurde durch die Reformen der frühen 2020er Jahre sogar wieder gestärkt. Wer einen nichtjuristischen Universitätsabschluss vorzuweisen hat und barrister werden will, kann dennoch am bar training course teilnehmen, wenn er zuvor einen einjährigen juristischen Intensivkurs, die sog. Common Professional Examination (CPE) oder das sog. Graduate Diploma in Law (GDL), absolviert hat, die ebenfalls den von den Standesorganisationen auch für das Universitätsstudium vorgeschriebenen Fächerkanon umfassen und von einigen Universitäten und spezialisierten Colleges angeboten werden. Früher galt dies auch für solicitors, von denen etwa im Jahr 2012 16 % diesen Weg gingen.[271] Unter den neuen Regeln sind solche sog. law conversion courses aber formal nicht mehr notwendig, um sich für die SQE zu durchlaufen. Da ein Bestehen ohne Rechtskenntnisse aber weiterhin nicht möglich ist, werden Anwärter mit nichtjuristischem Universitätsabschluss in der Praxis auch weiter solche Kurse besuchen oder einen SQE-Vorbereitungskurs belegen, der speziell auf ihre Bedürfnisse zugeschnitten ist. Alles in allem nimmt der akademische Unterricht in der englischen Juristenausbildung also von seiner zeitlichen Länge her etwas weniger Platz ein als in manch anderen Ländern und ist streng genommen nicht

---

[268] Zur Unterscheidung zwischen den beiden Anwaltsformen von barrister und solicitor vgl. infra → Rn. 124 ff.

[269] Liste der Institutionen sowie Informationen zum BPTC unter www.barstandardsboard.org.uk/training-qualification/bar-qualification-manual-new.html (zuletzt abgerufen am 18.7.2025).

[270] Die Bezeichnung der beiden letzteren geht darauf zurück, dass sich ihre Grundstücke vormals im Besitz der Tempelritter befanden, vgl. *Wigmore* (Fn. 13), 1064.

[271] *The Law Society* (Hrsg.), Trends in the solicitors' profession – Annual Statistical Report 2012, table 8.5; in neueren Jahren scheinen diese Daten nicht mehr erhoben worden zu sein, vgl. etwa Trends in the Solicitor's Profession—Annual Statistics Report 2021, table 7.3.

zwingend notwendig; von einem qualitativ anderen, nicht universitären sondern rein praktischen Ausbildungsweg kann aber nicht die Rede sein.

cc) Soziale Kritik an der Ausbildung

113 Eine Kritik am englischen Ausbildungssystem wäre vielleicht im Hinblick auf eine einseitige Ausrichtung am Anwaltsberuf möglich, die Perspektiven etwa des Verwaltungsjuristen, des Staatsanwalts oder des Richters vernachlässigt.[272] Die innerenglische Diskussion konzentriert sich jedoch vor allem auf die Kosten und damit das Element sozialer und ethnischer Ungleichheit.[273] Beide Ausbildungen sind teuer. Neben die oft hohen Studiengebühren der Universitäten treten zwischen 12.000 und 19.000 GBP für das Praxisstudium sowie parallel die Lebenshaltungskosten. Für solicitors sollte die Umstellung auf SQE ua die finanziellen Belastungen veringern, da die SQE nur 4.000 GBP kostet. Das setzt aber voraus, dass die Kandidaten sich selbständig und ohne Hilfe auf diese Prüfung vorbereiten. Belegen sie hingegen die (nicht verpflichtenden) SQE-Vorbereitungskurse, können sie leicht bei ähnlichen Kosten landen wie zuvor. Für barristers verschärft sich die Situation dadurch, dass sie während der pupillage oft nur wenig verdienen; die Situation war so gravierend, dass Ende 2002 sogar ein (niedriger) Mindestlohn für pupils von 10.000 Pfund, mittlerweile fast 20.000 GBP jährlich eingeführt werden musste. Auch als Berufsanfänger verdienen barristers dann oft wenig und sporadisch. Tatsächlich geben nicht wenige barristers in den ersten fünf Jahren auf. Letztlich sehen viele Engländer im Ausbildungsgang der solicitors, vor allem aber der barristers eine – statistisch belegbare – Diskriminierung ärmerer Bevölkerungsschichten, die sich etwa auch bei der Verteilung der finanziellen Unterstützung der Ausbildung durch zukünftige Arbeitgeber fortsetzt. Besonders oft vermerkt wird dabei auch die im Einklang mit dieser Tendenz stehende Bevorzugung von Absolventen der Universitäten Oxford und Cambridge („Oxbridge"). Die Frage, ob und wieweit hier finanzieller und sozialer Hintergrund unzulässigerweise an die Stelle von Interessen und intellektuellen Fähigkeiten des Einzelnen treten, wieweit letztere von ersteren abhängen und wieweit dies in der Bewertung zu berücksichtigen ist, bleibt in England mit all ihren Schwierigkeiten offen.

b) USA

aa) Universitäre Ausbildung und bar exam

114 In den USA liegt die Juristenausbildung klar in den Händen der law schools, also der juristischen Fakultäten.[274] Studenten können ihre universitäre Ausbildung jedoch nicht sogleich an der law school beginnen, sondern müssen vorab ein beliebiges, vierjähriges Universitätsstudium absolvieren und mit einem bachelor (B. A. oder B.S.) abschließen. U. S.-amerikanischen Gepflogenheiten entsprechend vermittelt dieses Studium neben einer gewissen Spezialisierung in meist einem oder zwei Gebieten im Rahmen von sog. majors und minors vor allem auch Allgemeinbildung, so dass ein college-Studium in den ersten zwei Jahren mehr der höheren Schulbildung als einem Universitätsstudium im kontinentaleuropäischen Sinne entspricht. Erst mit einem bachelor in der Hand kann der Student sich an einer law school bewerben. Unter den rund 200 law schools bestehen dabei erhebliche Unterschiede in der Qualität, die sich später in den Berufsaussichten niederschlagen. Über den Zugang zur law school entscheidet neben Note und Renommee des college-Abschlusses nicht zuletzt das Ergebnis, das der Student im bundesweit veranstalteten Law School Admission Test (LSAT) erreichte. Das Studium an der law school dauert drei Jahre und schließt mit dem J. D. (Juris Doctor) ab. Inhalte und Aufbau des Studiums unterscheiden sich stark von law school zu law school, wobei Grundfächer wie contracts, torts, constitutional

[272] In diese Richtung wohl *Trybus* (Fn. 267), 185.
[273] Vgl. dazu *Darbyshire* (Fn. 92), 302 ff.; *Bailey/Ching/Taylor* (Fn. 9), 194 ff., 200.
[274] Zur historischen Entwicklung *Langbein, John H.; Lerner, Renée Lettow; Smith, Bruce P.,* History of the common law – The developement of Anglo-American legal institutions, 2009, 942 ff.

law oder evidence überall angeboten werden. Weiterführende Abschlüsse bestehen in Form des Masters (LL.M. oder M. C. L.) und des Doktors (J. S. D.), werden aber von amerikanischen Juristen (einschließlich Professoren) selbst so gut wie nie absolviert und richten sich in der Regel nur an (zahlungskräftige) Ausländer.

Die Zulassung zur Anwaltschaft nach dem J. D. setzt das Bestehen des sog. bar exam voraus, **115**
das für jeden Bundesstaat einzeln angeboten wird und regelmäßig aus einem einzelstaatlichen und einem bundesrechtlichen Teil besteht. Zur Vorbereitung besuchen fast alle Kandidaten für rund zwei Monate ein kommerzielles Repetitorium, den sog. bar review course. Die Durchfallquoten im bar exam können dennoch bei bis zu 50 % liegen. Der Anwalt (attorney-at-law) ist sodann bei den Gerichten seines Bundesstaates sowie bei allen Bundesgerichten zugelassen. Eine Praxisausbildung ist nicht vorgesehen, so dass ein frischgebackener Anwalt selbst bei sehr guten Noten zumeist über längere Zeit in seiner Kanzlei eingearbeitet werden muss.

bb) Akademische Prägung der besten law schools

Das Niveau des Studiums kann von starker wissenschaftlicher Prägung[275] bei großer Wahl- **116**
freiheit an den top schools bis hin zu einer Art dreijährigem Repetitorium reichen, dessen einziger Zweck darin besteht, den Studenten auf die konkreten Anforderungen des bar exam vorzubereiten. An den besten law schools hingegen werden oft weniger die geltenden Normen, das sog. black letter law, diskutiert, als vielmehr die sozialen, politischen oder ökonomischen Hintergründe des Rechts, Fragen seiner Auswirkung auf Geschlecht, Rasse oder Gesellschaftsschichten und seiner Bewertung. Von einer im engeren Sinne praxisnahen Ausbildung kann daher gerade an den besseren law schools heute kaum mehr die Rede sein, eine Tatsache, die von manchen begrüßt, von anderen bedauert wird.[276] So erläuterte etwa der Leiter eines großen New Yorker Repetitoriums bei seiner Werbungsreise an der Yale Law School die Bedeutung des Repetitoriums so: Für den durchschnittlichen amerikanischen Studenten bestehe die Schwierigkeit darin, dass er innerhalb weniger Wochen den umfassenden Rechtsstoff, den er während dreier Jahre erlernt habe, geballt wiederholen, auswendig beherrschen und abschließend in examensangemessener Form wiedergeben können müsse. Das sei aber nicht das Problem des durchschnittlichen Yale Absolventen: innerhalb weniger Wochen geballt erlernen, auswendig beherrschen und anschließend in examensangemessener Form wiedergeben können müsse er einen umfassenden Rechtsstoff, von dem er während dreier Jahre meist kaum etwas gehört habe! Die gravierenden Unterschiede zwischen den law schools führen auch dazu, dass die erreichten Noten für den Karrierebeginn zwar eine Rolle spielen, die sehr viel bedeutendere und längerfristig wirkende Entscheidung jedoch bereits mit der Auswahl der law school fällt.

cc) Aspekte der Fallmethode

Das Studium selbst ist von der Fallmethode geprägt, die in den Jahren nach 1869 von **117**
Christopher Columbus Langdell an der Harvard Law School entwickelt wurde.[277] Dabei ginges im Grundgedanken darum, das Recht aus seinen Quellen, also den Fällen heraus zu erlernen. Die Studenten lasen also keine dogmatischen Darstellungen des Rechts mehr, sondern Fälle. Sie sollten lernen, entsprechend den Grundgedanken des common law selbst das Recht aus den Fällen heraus zu entwickeln. Später kamen dann zu den Fällen auch noch

[275] Zum Begriff der Wissenschaftlichkeit insofern eingängig *Dedek, Helge,* Recht an der Universität – „Wissenschaftlichkeit" der Juristenausbildung in Nordamerika, JZ 2009, 540 (543 ff.).

[276] Vgl. dazu etwa sehr eingängig bereits *Edwards* (Fn. 99), 34 ff. mwN; dass die U.S.-amerikanischen law schools in manch europäischer Diskussion, insbesondere zur Reform der Juristenausbildung, als Beispiel für besondere Praxisnähe herhalten müssen, beruht daher im besten Fall auf einem groben Missverständnis.

[277] Zu Geschichte, Entwicklung und Inhalt der Fallmethode vgl. anschaulich *Rheinstein, Max,* The case method of legal education – The first one hundred years, in: Leser, Hans G. (Hrsg.), Max Rheinstein Gesammelte Schriften, Bd. 1, 1979, 321 (323 ff.).

andere Materialien wie etwa Regierungsunterlagen, Statistiken, ökonomische Analysen und nicht zuletzt Ausschnitte aus rechtswissenschaftlichen Aufsätzen hinzu. Die für den Unterricht verwendeten sog. casebooks enthalten zusätzlich meist Fragenkataloge (ohne Antworten) und in unterschiedlichem Ausmaß kurze Zwischenbemerkungen oder Stellungnahmen des Verfassers. Aufgabe des Professors ist es dann, im Rahmen der sog. sokratischen Methode durch kritische Fragen und Diskussionen die Gedankengänge der Studenten anzuleiten und ihnen letztlich beizubringen, wie ein Jurist zu denken. Wird die sokratische Methode streng angewandt, was keineswegs durchgehend der Fall ist, so müssen die Studenten nicht nur die umfangreichen Materialien sehr genau kennen, sondern sich auch auf teils bewusst verwirrendes Nachfragen etwa zu kleinsten Details oder zu fiktiven Fallabwandlungen ebenso einstellen wie auf das kritische Zerpflücken der eigenen Positionen vor den versammelten Kursteilnehmern.[278]

118 Mit der Fallmethode kaum zu vermitteln und auch nicht angestrebt ist ein breiter Überblick über die Grundregeln eines bestimmten Rechtsgebiets oder gar des ganzen Rechts. U. S.-amerikanische Juristen würden regelmäßig sogar darauf bestehen, dass ein solcher Überblick gar nicht möglich sei.[279] Der Verzicht auf einen Überblick über die Grundstrukturen und Inhalte beruht, neben rechtstheoretischen Gründen,[280] vor allem darauf, dass kaum eine hochrangige law school sich darauf beschränken will, neben dem Bundesrecht das common law des jeweils eigenen Bundesstaates zu unterrichten. Dass man in Berkeley gerade das Recht Kaliforniens oder in Columbia das Recht New Yorks lernte, wäre eine völlig abseitige Vorstellung; entsprechend wird bei zwei voneinander abweichenden Gerichtsentscheidungen aus verschiedenen Staaten die Erklärung, dass dann eben das Recht in dem einen Staat anders sei als in dem anderen, regelmäßig nicht akzeptiert oder auch nur angedacht. Unterrichtet wird also eine Art fiktives, einheitlich amerikanisches Recht, für das es dann eben mehr auf die Art zu denken als auf die letzten Details der Rechtsprechung ankommt.[281]

119 Zusammengefaßt wird der Erstsemester also gleichsam ins kalte Wasser geworfen.[282] Er liest von der ersten Stunde an schwierige Fälle, bei denen sich komplizierte Abgrenzungs- und Wertungsfragen stellen, ohne dass ihm zuvor ein fester Rahmen vermittelt worden wäre, der eine Einordnung der Probleme ermöglichte. Er muss aus dem Fall heraus argumentieren und selbst Rechtsregeln aus dem Fall ableiten. Auf diese Weise erlernt er die für den Juristen des common law zentralen Fähigkeiten. Allerdings sollte der Erfolg der Fallmethode auch nicht überbetont werden. Gerade auch sie wird für die Praxisferne der Juristenausbildung in den USA verantwortlich gemacht.[283] Tatsächlich greifen die Studenten in der Praxis keineswegs, wie es die reine Lehre gebieten würde, nur auf casebooks zurück. Im Gegenteil gibt es in den USA eine florierende und lukrative Produktion von Hilfsmitteln für das juristische Studium, die den Studenten genau das liefern, was theoretisch entweder gar nicht existiert oder sie sich jedenfalls selbst erarbeiten sollten: Systematisierte Darstellungen des Rechtsstoffes und detaillierte Analysen der in den casebooks üblichen Fälle und ihrer Querbezüge samt Hervorhebung der wichtigsten Punkte und der einschlägigen Streitstände aus der Literatur, teilweise in Buchlänge von mehreren hundert Seiten und großem Detailreichtum, teilweise in kurzer, stichwortartiger Zusammenfassung auch mit graphischer Aufschlüsselung. Solcherart vorbereitet lassen sich nicht nur Prüfungen, sondern vor allem auch Diskussionen mit dem und Befragungen durch den Professor sehr viel leichter erfolgreich überstehen. Wer schon vorher weiß, welche Stellen einer Entscheidung mit welchen

[278] Berühmt und fast jedem juristischen Anfänger in den USA bekannt ist die Figur des Professors Perini in dem Roman von *Turow, Scott,* One L – The turbulent true story of a First Year at Harvard Law School, 1977.
[279] Zu den daraus resultierenden Schwierigkeiten insbes. für Studenten aus Ländern des civil law vgl. anschaulich und immer noch sehr lesenswert *Damaška* (Fn. 97), 1363 ff.
[280] Vgl. zum legal realism infra → Rn. 258 ff.
[281] Vgl. *Rheinstein* (Fn. 277), 325.
[282] Bekannte literarische Verarbeitung in von *Turow* (Fn. 278).
[283] Vgl. den sog. Carnegie Foundation Report: *Sullivan, William M. et al.,* Summary of the findings and recommendations from educating lawyers – Preparation for the profession of law, 2007, 8.

typischen Argumenten umstritten sind, oder dass es in einem bestimmten Fall letztlich nur auf Fußnote 4 der Entscheidung ankommt,[284] hat doch gewisse Vorteile. Die Fallmethode ist also zweifelsfrei eine speziell und paßgenau auf die Bedingungen des common law und insbesondere seiner U.S.-amerikanischen Ausprägung zugeschnittene Didaktik;[285] auch unter Berücksichtigung dieser Beschränkungen steht aber nicht fest, ob sie in Reinkultur einen angemessenen Ausbildungserfolg für die Masse der Studenten garantieren könnte.

3. Richter und Anwälte

a) England: Die Macht der Tradition

aa) Richter zwischen Tradition und Umbruch

(1) Das missverständliche klassische Bild. Wie bei den Gerichten ist auch das Bild vom **120**
englischen Richter stark von den höchsten Ämtern am Supreme Court, dem früheren House of Lords, geprägt. Höchstes Ansehen, hohes Gehalt, geringe Anzahl: dies sind die üblichen Attribute. Für die sowohl innerhalb als auch außerhalb Englands weit weniger beachteten tribunal judges,[286] die district judges, die bis vor einigen Jahren sogar nur als registrars bezeichnet wurden, aber auch für die vielen Laienrichter, die sog. magistrates, gilt diese Beschreibung kaum. Noch weniger gilt sie für die juristisch ausgebildeten magistrates' clerks (heute offiziell als legal adviser bezeichnet), auf deren Beratung die Laienrichter in Rechtsfragen angewiesen sind und die deshalb einen zentralen Einfluss ausüben. Die solcherart verschobene Perspektive ist umso bemerkenswerter, als diese Richter der unteren Eingangsinstanzen enorme und weit höhere Fallzahlen zu bewältigen haben als etwa die Richter am High Court.[287] Wer als Engländer persönlichen Kontakt mit den Gerichten bekommt, wird sich in den meisten Fällen vor einem district judge oder einem magistrate wiederfinden. Im Jahre 2022 beispielsweise gab es in England und Wales tatsächlich nur 37 Lord Justices of Appeal und 108 High Court judges, insgesamt auch nur 3.470 Richter, wenn bis hinab zum deputy district judge, aber unter Ausschluss der tribunals, alle professionellen Richter zusammengezählt werden.[288] Dem standen aber rund 12,500 magistrates gegenüber.[289] Sie erhalten auch kein Gehalt. Ein High Court judge hingegen erhielt beispielsweise 2020 192.679 GBP jährlich, ein Justice of the Supreme Court 230.717 Pfund.[290] Diese beträchtliche Einkommenshöhe relativiert sich allerdings, wenn die Einkommensmöglichkeiten herausragender barrister zum Vergleich herangezogen werden, aus deren Reihen sich die höheren Richter traditionell rekrutieren. Auch historisch gesehen ist das Einkommen nicht

[284] Vgl. den nur für diese Fußnote berühmten Fall U. S. vs. Carolene Products Co., 304 U. S. 144 (1938).

[285] Die bei U.S.-Juristen gelegentlich anzutreffende, pauschale Überzeugung von der Überlegenheit der eigenen Ausbildung ist insofern nichts anderes als ein klassischer Fall rechtsvergleichenden Imperialismus; vgl. als Beispiel für diese Auffassung etwa *Merryman, John Henry,* Legal education there and here – A comparison, Stanford Law Review 27 (1975), 859 (876) „The reader may have formed the impression by now that I consider legal education in the United States to be superior to that in most civil law universities. That is a correct impression; ours is better.".

[286] Zu den tribunals vgl. supra → Rn. 83 ff.

[287] Vgl. zu den Zahlen supra → Rn. 85, 88; für eine der seltenen kritischen Auseinandersetzungen mit den unteren Richterrängen und insbes. den Laienrichtern vgl. *Darbyshire* (Fn. 92), 386 ff.; darstellend etwa *Bromby* (Fn. 226), 154 ff.

[288] *Ministry of Justice* (Hrsg.), Diversity of the judiciary: 2022 statistics, www.gov.uk/government/statistics/diversity-of-the-judiciary-2022-statistics (zuletzt abgerufen am 18.7.2025).

[289] *Ministry of Justice* (Hrsg.), Diversity of the judiciary: 2022 statistics, www.gov.uk/government/statistics/diversity-of-the-judiciary-2020-statistics (zuletzt abgerufen am 18.7.2025); die Zahl der magistrates ist seit 2012 um rund 50 % gesunken. In der Diskussion über die Hintergründe dieses Rückgangs spielt die verringerte Anzahl von magistrates' courts ebenso eine Rolle wie die dauerhafte Unterrekrutierung und die hochgradig umstrittene Behauptung, dass Laienrichter nach und nach durch Berufsrichter ersetzt würden, vgl. *Darbyshire* (Fn. 92), 110, 386, 396 ff.

[290] *Ministry of Justice* (Hrsg.), Ministry of Justice Judicial Salaries from 1.4.2020, assets.publishing.service.gov.uk/government/uploads/system/uploads/attachment_data/file/920825/judical-fee-salary-20–21.pdf (zuletzt abgerufen am 18.7.2025).

sehr hoch, etwa wenn es mit dem 1825 auf 5.500 GBP (nach heutigen Preisen rd. 455.000 GBP, nach heutigen Durchschnittseinkommen rd. 4,8 Millionen GBP)[291] festgelegten Richtergehalt verglichen wird.[292]

121 Eine bereits kurz erwähnte Besonderheit des englischen Gerichtssystems erschwert dem ausländischen Beobachter oft das Verständnis: Anders als in vielen anderen Staaten hängt die Bezeichnung des Richters nicht zwingend mit dem Gericht zusammen, an dem er entscheidet. Natürlich gibt es beispielsweise Lord Justices of Appeal, die auch am Court of Appeals sitzen. Ebenso entscheiden dort aber auch High Court judges, Deputy High Court judges und Circuit judges. Für Circuit judges hingegen existiert nicht etwa ein „circuit court"; vielmehr sind sie in erster Linie (aber nicht ausschließlich) Richter am Crown Court. Die zahlreichen Überschneidungen und historischen Entwicklungen machen das System der Bezeichnungen von Gerichten und Richtern sowie ihrer gegenseitigen Zuordnung nur immer komplizierter, je genauer die Betrachtung wird.[293]

122 **(2) Der richterliche Urteilsstil.** Besonders auffällig für den fremden Beobachter ist auch der Stil, in dem englische Richter ihre Urteile abzufassen pflegen. Sie sind oft deutlich als die persönliche Meinung des Richters erkennbar, der durch sein Urteil nachvollziehbar darlegt, welche genauen Gedankengänge ihn innerlich und ganz persönlich zu seiner Entscheidung gebracht haben. Dabei ist die Verwendung der ich-Form ebensowenig unüblich wie einleitende Sätze, die etwa feststellen: „this is a difficult case".[294] Mancher Richter wird gar berühmt für seinen eigenen Stil. Das gilt besonders nachdrücklich für Lord Denning, der einmal ein Urteil über einen Verkehrsunfall mit einem poetischen „It was bluebell time in Kent." einleitete.[295] Er war ansonsten bekannt für seinen klaren, knappen und lakonischen Stil, den zu lesen oft eine Freude war, ohne die inhaltliche Qualität der Aussagen in irgendeiner Form zu schmälern. Den Kauf eines Parkscheins für ein Auto beschrieb er etwa so: „The customer pays his money and gets a ticket. He cannot refuse it. He cannot get his money back. He may protest at the machine, even swear at it. But it will remain unmoved. He is committed beyond recall. He was committed at the very moment when he put his money into the machine. The contract was concluded at that time."[296]

123 **(3) Der Weg auf den Richterstuhl.** Eine Richterkarriere in dem Sinne, dass jüngere Juristen von vornherein den Richterberuf ergreifen und ggf. innerhalb dieses Berufs aufsteigen, gibt es in England nicht. Ein solches System würde in England, wie gelegentliche Reformdiskussionen zeigen, grundlegend abgelehnt. Richter wird vielmehr im Grundsatz, wer auf eine zwanzig- bis dreißigjährige, erfolgreiche Karriere als Anwalt zurückblicken kann. Den Richterstuhl erreicht man also in der Regel erst in einem gesetzteren Alter und als Höhepunkt des eigenen Lebenslaufs. Traditionell war die Richterschaft zudem den barristers, meist den King's Counsels[297] vorbehalten, mit Ausnahme der früher bezeichnenderweise nur als registrars und noch nicht als district judges bezeichneten Stellen am County court. Da saß sie also, die meist schweigende, ehrwürdige und ergraute Sphinx, auf einem oft einen Meter hohen Podest, und wurde erfürchtig nur mit „may it please your lordship" angesprochen. Dieses klassische Bild entspricht allerdings weniger und weniger der Realität.[298] Im Zentrum der Änderungen standen Auswahlkriterien und Auswahlverfahren, dem einige Kritiker bewehrt mit Statistiken vorgeworfen hatten, hier hätten „white Oxbridge

---

291 Umrechnung nach www.measuringworth.com/calculators/ppoweruk/ (zuletzt abgerufen am 18.7.2025).
292 Vgl. *Darbyshire* (Fn. 92), 340.
293 So werden, um nur ein Beispiel zu nennen, die chancery Fälle des High Court im Norden Englands vor Ort durch den Vice Chancellor of the County Palatine of Lancaster behandelt; dieses Amt hielt früher ein Circuit judge, zur Zeit aber ein High Court judge, vgl. *Bailey/Ching/Taylor* (Fn. 9), 109, 236.
294 Vgl. etwa Eales vs. Dale [1954] 1 QB 539 (CA) 542; R (on the application of Butler) vs. Wychavon DC [2006] EWHC (Admin) 2977 (QB) [1]; R vs. B [2005] EWCA Crim 2991 (CA) [1].
295 Hinz vs. Berry [1970] 2 QB 40 (CA) 42.
296 Thornton vs. Shoe Lane Parking Ltd. [1971] 2 QB 163 (CA) 169.
297 Zu dieser Untergruppe der barrister vgl. infra → Rn. 129.
298 Zu den prozessualen Änderungen vgl. ergänzend infra → Rn. 138.

males selected white Oxbridge males".[299] Dabei wird sich das neue, 2006 eingeführte Auswahlverfahren erst nach und nach auswirken können, so dass etwa die Dominanz ehemaliger barristers im Richterstand zunächst faktisch weiterbesteht. Unabhängig davon scheint heute für manchen barrister die Ernennung zum Richter am High Court keineswegs mehr uneingeschränkt erstrebenswert zu sein, auch wenn ein formelles (im Unterschied zum informellen) Angebot kaum abgelehnt würde.[300] Ein erster zentraler Punkt des neuen Verfahrens ist die Verlagerung der Entscheidungsmacht vom Lord Chancellor auf eine Judicial Appointments Commission. War es vorher die weitgehend subjektive Entscheidung des Lord Chancellor, der letztlich vom Premierminister abhing, so entscheidet heute eine Kommission, in der verschiedene juristische Berufe ebenso vertreten sind wie Laien.[301] Die Kommission soll ua auf die Vielfalt, also eine gewisse Streuung der zu ernennenden Richter achten. Ein zweiter zentraler Punkt sind die Auswahlkriterien. Nachdem zwischenzeitlich die Zeit der anwaltlichen Zulassung (rights of audience) zu dem betreffenden Gericht eine bedeutende Rolle spielte, kommt es seit 2007 nur noch darauf an, dass der Kandidat überhaupt als barrister oder solicitor zugelassen war und für einen bestimmten Zeitraum (meist 7 Jahre; 15 Jahre für Justices of the Supreme Court) juristische Erfahrungen gesammelt hat. Als juristische Erfahrung zählt dabei so gut wie jede juristische Tätigkeit, einschließlich etwa der Forschung und Lehre. Höhere Richter können auch ernannt werden, wenn sie bereits für einige Zeit Richter am rangniedrigeren Gericht waren, was zum Beispiel für den Court of Appeal der übliche Weg ist.[302]

Das Ausmaß der Veränderungen, das in dem neuen Verfahren liegt, wird etwa dadurch illustriert, dass die Abschaffung der Notwendigkeit, für bestimmte Zeit gerade beim jeweiligen Gericht zugelassen gewesen zu sein, ausdrücklich damit begründet wurde, dass diese Voraussetzung „helped to foster the (inaccurate) perception that advocacy experience was a requirement for judicial appointment".[303] Genau diese, nun als falsch bezeichnete Auffassung aber hatte, gerade unter Rechtsvergleichern, über Jahrzehnte als ein Kernelement des englischen Richterbilds gegolten.

bb) Barrister und solicitor

Das englische Rechtswesen ist geprägt von der Unterscheidung zwischen den meist[304] ganz auf den persönlichen Auftritt vor Gericht spezialisierten barristers und den für alle übrigen anwaltlichen Tätigkeiten zuständigen solicitors. Berufsbild und Anforderungsprofil[305] beider Tätigkeiten sind klassischerweise getrennt, wobei die barristers, auch wenn dies nicht immer offen ausgesprochen wurde, oft als die Oberklasse der Anwaltschaft gelten. Gegen eine solche Einschätzung wehren sich allerdings die solicitors mit gutem Grund. Denn ein älterer, spezialisierter oder schlicht besonders begabter solicitor wird fachlich ohne weiteres einem weniger erfahrenen, nicht spezialisierten oder weniger begabten barrister den Rang ablaufen. Wie so viele Aspekte des englischen Rechtssystems ist aber auch die Aufspaltung der Anwaltschaft seit Ende des 20. Jahrhunderts immer mehr in Erosion begriffen. 124

(1) Traditionelle Rollenteilung. Klassischerweise durfte nur der barrister vor Gericht auftreten. Gleichzeitig war ihm jedoch jeder direkte Kontakt mit dem Mandanten verboten. Der gesamte Informationsfluss ging über den solicitor, der auch den barrister beauftragte, wenn es zur Verhandlung kam. Falls doch ausnahmsweise einmal ein direkter Kontakt erforderlich war, so durfte er nur in Anwesenheit des solicitor zustandekommen. Aber selbst 125

[299] Lord Phillips C.J., Judical Studies Board annual lecture, März 2007, zit. nach *Darbyshire, Penny,* Darbyshire on the English legal system, 11. Aufl. 2014, 353.
[300] Dazu *Bailey/Ching/Taylor* (Fn. 9), 255.
[301] Zu den Details vgl. *Bailey/Ching/Taylor* (Fn. 9), 241 ff., 253 ff.
[302] Kurzer Überblick bei *Darbyshire* (Fn. 92), 346 ff.
[303] Explanatory Notes to the Tribunals, Courts and Enforcement Bill 2007, para. 219.
[304] Eine Ausnahme stellen die auf den Bereich chancery spezialisierten barristers dar, vgl. etwa *Smith* (Fn. 56), 217 f.
[305] Anschaulich die als Entscheidungshilfe gedachten Ausführungen bei *Smith* (Fn. 56), 209 ff.

der Kontakt zwischen beiden Anwaltsständen war beschränkt; über lange Zeit etwa durften sie nicht gemeinsam zu Mittag essen, offiziell damit sich kein barrister durch engen Kontakt zu einem solicitor einen Vorteil verschaffen konnte. Klassischerweise waren es, wie gesehen, auch nur die gerichtserfahrenen barrister, die später Richter werden konnten. Ihre Anzahl war weit geringer als die der solicitors. Sie arbeiteten stets als Einzelanwalt und durften sich allenfalls Räumlichkeiten (sog. chambers) und Personal mit anderen barristers teilen. Barristers, die auch als counsel bezeichnet werden, sprachen sich untereinander mit „my learned friend" an, während ein solicitor sich mit einem einfachen „my friend" begnügen musste. Äußerlich waren die barristers schließlich daran erkennbar, dass nur sie und die Richter, nicht aber die solicitors die in der ganzen Welt bekannte Perücke trugen, für deren Beibehaltung sie sich zuletzt im Jahr 2000 ausgesprochen hatten.[306] Das Gerichtsmonopol der barristers geht dabei so weit, dass üblicherweise auch sie und nicht etwa die eigenen Juristen des Crown Prosecution Service, also der Staatsanwaltschaft, vor höheren Gerichten als Ankläger in Strafsachen auftreten. Die Arbeit der barristers ist traditionell die eines Gentleman, der einem Bürger vor Gericht hilft. So findet sich auch heute noch hinten an der Robe der barristers eine kleine Tasche, die ursprünglich dazu diente, den Lohn aufzunehmen, damit der barrister sich nicht am Geld die Hände schmutzig machte. Aber selbst rechtlich gesehen ist es erst seit 1990 möglich, überhaupt einen bindenden Vertrag über die Dienste eines barrister zu schließen. Allerdings haftet der barrister entsprechend auch erst seit dem Jahr 2002[307] für eventuelle Fehler. Solicitors hingegen decken alle außer- und vorgerichtlichen Anwaltstätigkeiten ab, auch und insbesondere in Fällen, die letztlich vor Gericht enden. Solicitors vermitteln wenn nötig den Kontakt zum barrister. Entsprechend ist ihre Anzahl weit größer (rund 220.000 im Vergleich zu rd. 17.500 barristers).[308] Wie Anwälte in vielen anderen Ländern sind sie heute oft in großen Kanzleien zusammengeschlossen.

126 **(2) Zögerliche Aufweichung der Unterschiede.** Die Unterscheidung zwischen barrister und solicitor ist seit Ende des 20. Jahrhunderts in langsamer Erosion begriffen. Dennoch besteht sie weiterhin rechtlich wie praktisch in großer Deutlichkeit fort. Das gilt nicht nur im Hinblick auf die fortbestehende getrennte Standesorganisation und Ausbildung. Es gilt auch und gerade für die typische Arbeit. Während die Tätigkeit der solicitors weitgehend dem entspricht, was auch im Rest der modernen Welt als anwaltliche Tätigkeit bekannt ist, treten vor höheren Gerichten weiterhin vor allem barristers auf. Sie bedürfen daher besonderer rhetorischer Fähigkeiten, aber auch einer besonders schnellen Auffassungsgabe, um auf die Ergebnisse der Beweisaufnahme und alle überraschenden Wendungen oder Argumentationen der Gegenseite im Gerichtssaal sofort reagieren zu können. Sie müssen sich auch sehr schnell und effektiv in einen Fall einarbeiten können. Nicht selten hat ein barrister nur wenige Tage, manchmal nur ein oder zwei Nächte, um die oft umfangreichen Akten zu lesen und seine Strategie auszuarbeiten, ohne dass es ihm möglich wäre, Teile dieser Arbeit zu delegieren. Im Gerichtssaal muss er dann möglichst alles Gelesene jederzeit reproduzierbar im Gedächtnis haben. Die manchmal nur sehr kurze Einarbeitungszeit beruht nicht nur auf einer eventuell großen Arbeitsbelastung, sondern auch auf der Praxis der sog. late briefs. Kommt es nämlich plötzlich zu einer Terminüberschneidung, etwa weil ein Prozess länger dauert als geplant, wird der an sich beauftragte barrister das Mandat zurückgeben und der solicitor sehr kurzfristig einen neuen barrister suchen müssen. Außerhalb des großen Auftritts vor Gericht ist die Arbeit des barrister also von Einsamkeit und Unabhängigkeit geprägt, von

[306] Zu dieser und den anderen angesprochenen Fragen der Standesgepflogenheiten zusammenfassend *Darbyshire* (Fn. 92), 314 f.
[307] Vgl. Arthur JS Hall & Co vs. Simons [2002] 1 AC 615 (HL) 643 ff.
[308] Detailliertere Statistik für das Jahr 2022 bzgl. der solicitors bei *The Law Society* (Hrsg.), Trends in the solicitors' profession – Annual statistical report 2022, 7 ff.; zur Gesamtzahl von solicitors und barristers vgl. www.thelawyerportal.com/careers/deciding-on-law/law-statistics-and-facts/ (zuletzt abgerufen am 18.7.2025).

Lesen und Schreiben (etwa der sog. skeleton arguments[309] oder auch schriftlicher Beratung auf Anfrage eines solicitor) und weniger vom Gespräch.

Seit Jahren ist zunehmend auch ein direkter Kontakt zwischen Mandant und barrister **127** zulässig, so dass im Übrigen auf den zusätzlichen Einsatz eines solicitor verzichtet werden könnte. Auch das Monopol auf den Gerichtsauftritt verlieren barrister langsam. Dass viele solicitors schon immer erfolgreich vor unteren Gerichten aufgetreten sind und so rein zahlenmäßig mehr Fälle erledigten als die barristers, steht dabei außer Frage. Neu eingeführt wurde aber schon 1990 die Kategorie des solicitor-advocate, zu dem sich solicitors ausbilden lassen können und dann genauso wie barristers vor höheren Gerichten auftreten dürfen. Allerdings haben sich bislang nur rund 3,1 % aller solicitors für diesen nicht ganz unbeschwerlichen Weg erwärmen können. Dennoch ist ihre Bedeutung in absoluten Zahlen beträchtlich, denn den rd. 17.500 barristers stehen bereits rd. 7.000 solicitor-advocates gegenüber.[310] Bis 2007 durften sie allerdings, im Unterschied zu den barristers, vor Gericht keine Perücke tragen und stachen so stets ein wenig heraus.[311] Ebenfalls aufgegeben wurden die zuvor bestehenden Beschränkungen für angestellte barristers: Anders als bis 1999 verlieren sie durch die Anstellung nicht mehr ihre rights of audience; dasselbe gilt, wenn ein barrister zum solicitor wird.

Wie weit der andauernde Prozess der Aufweichung von Unterschieden gehen und ob er **128** am Ende gar zu einer echten Fusion der beiden Anwaltsstände führen wird, wie sie auch in England immer wieder diskutiert wird, ist nicht abzusehen. Nächster wahrscheinlicher Kandidat für eine Angleichung ist etwa das bisherige Verbot der Bildung einer Partnerschaft zwischen barristers. Allerdings gibt es durchaus auch hörenswerte Argumente für die außerhalb Englands oft nur noch als Kuriosum wahrgenommene, für die Mandanten oft kostenintensive Trennung. Sie stellen insbesondere auf die noch bestehenden jury-Verfahren und die für den darin erfolgreichen Auftritt notwendigen, besonderen Fähigkeiten und Erfahrungen ab, aber etwa auch darauf, dass im gegenwärtigen System auch Prozessparteien aus der Provinz über ihre solicitors und deren Vorarbeit Zugang zu den besten barristers in London haben.[312]

(3) King's Counsel. Selbst innerhalb der Gruppe der barristers besteht noch eine weitere **129** traditionelle Trennung, deren hierarchische Natur anders als bei der Unterscheidung zum solicitor klar ist: Die Trennung zwischen junior counsel und King's Counsel (KC). Alle barristers sind junior counsels (selbst wenn sie bereits ein sehr reifes Alter erreicht haben), es sei denn sie seien zum KC ernannt worden, ein Übergang der auch als „taking silk" bezeichnet wird, weil nur King's Counsel seidene Roben tragen. Die King's Counsel gelten als die begabtesten und erfahrensten barristers, die entsprechend höhere Gebühren erhalten[313] und die wahrscheinlichsten Kandidaten für höhere Richterämter sind. Sie übernehmen in der Regel die besonders wichtigen und schwierigen Fälle, sitzen im Gericht in der ersten Reihe und haben das Recht, den Richter als erste anzusprechen. Bis 1977 bestand zudem die sog. two-counsel rule, der zufolge ein KC vor Gericht immer in Begleitung eines junior counsel auftrat (der natürlich ebenfalls bezahlt werden musste, bis 1966 immer 2/3 der Gebühr seines „leader"). Heute kann ein KC auch allein auftreten, doch kann er weiterhin einen junior counsel hinzuziehen, wenn er das für notwendig hält, was in der Praxis durchaus häufig vorkommt. Nach erheblicher Kritik an der geringen Transparenz des Verfahrens zur

[309] Vgl. infra → Rn. 138.

[310] Vgl. für das Jahr 2021, *Solicitors Regulation Authority* (Hrsg.), Number of practising solicitors having Higher Rights of Audience, www.sra.org.uk/sra/how-we-work/reports/statistics/regulated-community-statistics/data/higher_rights_of_audience/ (zuletzt abgerufen am 18.7.2025).

[311] Zu den Änderungen bezüglich der Perücke vgl. Practice Direction (Court Dress) (No. 4) [2008] 1 WLR 357 (SC) 357 f.

[312] Zu den Debatten vgl. etwa den Überblick bei *Bailey/Ching/Taylor* (Fn. 9), 146 ff.; *Darbyshire* (Fn. 92), 328 ff.

[313] „in the public perception, the grant of silk is tantamount to the grant of a licence to print money. (…) Indeed it is worse than that.", *Lightman, Gavin,* The civil justice system and legal profession – The challenges ahead, Civil Justice Quarterly 22 (2003), 235 (239).

Ernennung der King's Counsel, das der formalen Berufung durch die Königin vorgeschaltet war, wurde 2004 der vorher dominante Einfluss des Lord Chancellor aufgehoben und ein offenes Berufungsverfahren mit Gutachten, Vorstellungsgesprächen und der Entscheidung eines mit Richtern, barristers, solicitors und Laien besetzten Komitees ersetzt. Auch solicitor-advocates haben heute eine reale Chance, zum King's Counsel ernannt zu werden, auch wenn dies weiterhin eher selten geschieht. Über die Sinnhaftigkeit der Beibehaltung der King's Counsel wird weiterhin intensiv gestritten. Dafür sprachen sich interessanterweise gerade auch Anwälte schwarzer Hautfarbe aus, die das höchst ehrwürdige Amt nicht in dem Moment abgeschafft sehen wollten, in dem sie selbst endlich für sich den Zugang offen sahen.[314]

b) USA: Das moderne Umfeld

aa) Anwälte: Im Dienst des Mandanten

130 Die einheitliche Anwaltschaft in den USA ist in etwa den englischen solicitors vergleichbar; ein separater Beruf des barrister hat nie existiert. Wurde noch vor einigen Jahrzehnten die sehr viele größere Anzahl der Anwälte in den USA gelegentlich hervorgehoben, ist es hier zwischenzeitlich zu einer gewissen Angleichung gekommen. Während in England rd. einer von 315 Einwohnern Anwalt ist, ist es in den USA einer von 255.[315] Ein bedeutsamer Unterschied liegt aber vor allem im Selbstverständnis: Während der amerikanische Anwalt sich in der Regel vollständig als Diener seines Mandanten sieht, der insbesondere vor Gericht jeden möglichen Schritt gehen wird, um diesem zum Sieg zu verhelfen, sieht sich der englische barrister tendenziell auch als Hüter eines gewissen juristischen Ordnungsinteresses. Der barrister wird ein Rechtsmittel nur einlegen, wenn er darin ernsthaft Erfolgsaussichten sieht, einen Beweis nur beantragen, wenn das vermutete Beweisergebnis den Prozess ernsthaft weiterbringt, auf einer Formalität nur bestehen, wenn dies auch sachlich angebracht ist. Diese und ähnliche Schritte nur zu unternehmen, weil der Mandant es wünscht, weil es das Verfahren verzögert, weil es die jury verwirrt oder weil es eben möglich ist, würde tendenziell zwar dem amerikanischen Anwalt, nicht aber dem englischen barrister einleuchten. Vieles hängt hier mit einem gewissen Standesbewusstsein und ungeschriebenen, kooperativen Verhaltensgepflogenheiten nicht nur zwischen barristers, sondern auch zwischen barristers und Richtern (die ja fast alle einmal barrister und damit Kollegen waren) zusammen.[316] Dem entspricht die erheblich größere Aggressivität der auf die Prozessvertretung spezialisierten amerikanischen Anwälte[317] im Vergleich zu ihren in der Sache zwar harten, aber eher kollegial-jovialen englischen Kollegen.

bb) Richter: Die politische Dimension

131 Größere Unterschiede gegenüber England ergeben sich auch bei den Richtern. Ihr Gehalt bewegt sich zwar zumindest auf bundesstaatlicher Ebene grob in ähnlichen Regionen (2023: 232.600 USD an den U. S. District Courts, zusätzlich 14.000 USD am Court of Appeals[318]),

---

314 *Darbyshire* (Fn. 211), 415.

315 Ausgehend von rd. 1,3 Mio. Anwälten und rd. 331 Mio. Einwohnern in den USA für das Jahr 2020; zu den Zahlen vgl. *American Bar Association* (Hrsg.), Legal Profession Statistics, www.americanbar.org/resources_for_ lawyers/profession_ statistics.html (zuletzt abgerufen am 10.6.2021) und *U. S. Census Bureau* (Hrsg.), Annual Population Estimates, https://www.census.gov/data/tables/2020/dec/2020-apportionment-data.html (zuletzt abgerufen am 18.7.2025); zur Zahl der Anwälte in England vgl. supra → Rn. 125.

316 Vgl. zu diesen Unterschieden *Atiyah/Summers* (Fn. 90), 367 ff.

317 Zu den teils gravierenden Unterschieden zwischen bestimmten Gruppen von U.S.-Anwälten am Beispiel der Kläger und Beklagtenanwälte in tort Verfahren vgl. sehr plastisch und instruktiv *Fleming, John G.*, The American tort process, 1988, 140 ff.

318 *Administrative Office of the U. S. Courts* (Hrsg.), www.uscourts.gov/judges-judgeships/judicial-compensation (zuletzt abgerufen am 18.7.2025). Bei den Richtern der Einzelstaaten schwankt das Gehalt stark: ein Richter an New Mexicos Court of Appeals erhält rd. 133.000 USD, ein Richter an einem der kalifor-

doch unterscheidet sich der übliche Werdegang stark. Allgemeine Aussagen sind hier allerdings aufgrund des Nebeneinanders der zahlreichen einzelstaatlichen Gerichte und der Bundesgerichte kaum möglich. Wie in England ist das Richteramt kein Karriereberuf, für den man sich bereits am Anfang seiner Laufbahn entscheidet. Formelle Mindestanforderungen für den Richterberuf waren und sind allerdings vielfach nicht vorhanden oder wenig streng. Der entscheidende Auswahlprozess enthält überwiegend ein demokratisches Element, indem der Richter etwa direkt vom Volk gewählt oder bestätigt wird oder indem die Richterernennung die Zustimmung der Legislative erfordert. Entsprechend sind zahlreiche Richterstellen in den Einzelstaaten auch keineswegs Lebenszeitstellen, sondern auf eine bestimmte Anzahl von Jahren beschränkt, so dass eine erneute Berufung oder Wiederwahl erforderlich wird. Ein Richter in den USA kann also im Rahmen seiner Amtsführung durchaus auch seine Wiederwahl und damit politische Elemente im Blick haben. Ohnehin ist die Auswahl der Richter vielfach und insbesondere bei höheren Gerichten zumindest *auch* politisch und hängt keineswegs allein von den juristischen Qualifikationen ab. Im Unterschied zu England wird ein Richter keineswegs notwendig aus den Reihen der besonders gerichtserfahrenen Anwälte berufen oder aus der Richterschaft selbst befördert. Richter sind zwar in aller Regel ausgebildete Juristen, doch waren sie vielfach und auch bei höheren Gerichten vorher etwa in der Verwaltung, in Großunternehmen oder sogar an der Universität tätig. Eine Richterstelle kann im Übrigen zwar ohne weiteres als Höhepunkt der eigenen Karriere angesehen werden, genausogut aber kann der Richter die Stelle auch als Sprungbrett für andere, politische Ämter verwenden.[319]

IV. Der common law Prozess

1. Gegnerschaftlicher Prozess

Der Gerichtsprozess ist im common law gegnerschaftlich geprägt (sog. adversarial process) und wird meist mit Stolz als ein herausragendes Merkmal des eigenen Rechtssystems wahrgenommen. Seine Details ergeben sich allerdings erst aus den Feinheiten des jeweils nationalen und wandelbaren Prozessrechts. 132

a) Klassische Form

Der klassische gegnerschaftliche Prozess zeichnet sich vor allem durch drei Merkmale aus: die Rolle des Richters als neutraler Schiedsmann, die Zusammentragung des Prozessmaterials in sachlicher wie rechtlicher Hinsicht allein durch die Parteien und die Mündlichkeit des Verfahrens. Die Funktion des Richters ist also keine aktive, sondern eine passive. Er wacht vor allem über die Einhaltung der Spielregeln, des fair play durch die Parteien. Das wird besonders deutlich, wenn eine jury beteiligt ist, da der Richter hier nicht einmal mehr die endgültige Entscheidung in der Sache trifft. Die Parteien müssen nicht nur das notwendige Tatsachenmaterial vor Gericht bringen, sondern auch alle einschlägigen Rechtsfragen. Der Grundsatz des civil law Richters „dabo mihi factum, dabo tibi jus" (gib mir die Tatsachen, ich gebe dir das Recht) gilt also gerade nicht. Die Parteien sind sogar ausdrücklich verpflichtet, dem Richter alle relevanten Präzedenzfälle zu nennen, auch und gerade wenn sie gegen die eigene Position sprechen.[320] Ähnlich wie bei den Tatsachen wird der Richter also 133

---

nischen Courts of Appeals hingegen rd. 237.000 USD, vgl. *Council of State Gouvernement* (Hrsg.), The Book of the States 2019, 2019, 196.

319 Zur Richterberufung vgl. *Atiyah/Summers* (Fn. 90), 341 ff., 350.

320 Vgl. etwa für die USA *Deering, Christopher W.,* Candor toward the tribunal – Should an attorney sacrifice truth and integrity for the sake of the client?, Suffolk University Law Review 1997, 59 (60 ff.); *Howard, Stewart,* The duty to cite adverse authority, Journal of the Legal Profession 1991, 295 (295 ff.). Vgl. auch Rule 3.3.(a)(2) der Model Rules of Professional Conduct, die von fast allen Bundesstaaten ganz oder

bei den denkbaren rechtlichen Lösungen nur diejenigen berücksichtigen, auf die sich die Parteien auch berufen haben. Er muss idealtypisch keine eigene rechtliche Recherche anstellen. Ist ihm die Rechtslage noch nicht ganz klar, kann er jederzeit die Parteien mit einem „could you enter the law again“ zu näheren Ausführungen und Erläuterungen veranlassen. Dem entspricht der Grundsatz der Mündlichkeit, der verlangt, dass der gesamte Verfahrensstoff in der öffentlichen Verhandlung mündlich dem Richter und ggf. der jury präsentiert wird. Der Richter wird sich nach der Verhandlung typischerweise nicht für Wochen oder gar Monate in sein Amtszimmer zurückziehen um eine Lösung zu finden und zu formulieren, sondern unmittelbar nach Abschluss der Verhandlung sein Urteil bekanntgeben.

134 In Bezug auf die Tatsachen bedeutet dies aber auch, dass der Richter gar nicht erst versucht, herauszufinden und zu entscheiden, was objektiv wahr, was wirklich passiert ist.[321] Stattdessen geht es darum, welche Partei überzeugender vorgetragen hat. Speziell im Zivilprozess wird entsprechend nicht einmal eine innere Überzeugung des Richters von der Richtigkeit verlangt, wie in kontinentaleuropäischen Rechtsordnungen, sondern es reicht im englischen wie im amerikanischen Recht im Grundsatz ein bloßes Überwiegen der Beweise aus.[322] Aber auch im Strafprozess, bei dem das common law nicht zuletzt aufgrund der weit größeren Machtbefugnisse und Möglichkeiten der Anklage einen Beweis jenseits vernünftigen Zweifels verlangt,[323] zeigen sich die unterschiedlichen Grundeinstellungen etwa bei der Behandlung von Geständnissen: Im common law sind sie oft für das Gericht bindend. Wenn der Angeklagte ein freiwilliges Geständnis ablegt und sich für schuldig erklärt, wird der Richter das Schuldeingeständnis akzeptieren, ohne den Tathergang noch weiter aufzuklären. Es gibt kein trial über Schuld oder Nichtschuld mehr, und es geht nur noch darum, das Strafmaß festzusetzen.[324] Ganz anders oft im civil law, etwa in Deutschland, wo ein Geständnis bei der Suche nach der Wahrheit zwar Indizcharakter besitzt, aber keinesfalls bindend ist oder die Beweisaufnahme vollständig überflüssig macht.[325] Das Gericht kann ohne weiteres auch einen geständigen Angeklagten freisprechen, wenn der Richter nicht davon überzeugt ist, dass er wirklich der Täter ist, etwa weil er mit dem Geständnis nur einen Dritten decken will.

135 Der gegnerschaftliche Prozess wurde in England bis weit in die zweite Hälfte des 20. Jahrhunderts hinein in sehr ausgeprägter Form gehandhabt:[326] Bis zum Prozesstag wußte keine Partei, was ihr Gegner an Zeugen, Experten (auch zu Rechtsfragen), Gutachten und

---

teilweise rezipiert wurden; für eine indirekte Regelung vgl. Rule 11.(b) Federal Rules of Civil Procedure; für Sanktionsmöglichkeiten vgl. Rule 11.(c) F. R. C. P., dazu beispielhaft Jorgenson vs. Volusia County 625 F. Supp. 1543, 1548 (M. D. Fla. 1986).

[321] Vgl. etwa Lord Denning in Air Canada vs. Secretary of State for Trade (No. 2) [1983] 2 AC 394, 411 („when we speak of the due administration of justice this does not always mean ascertaining the truth of what happened“). Dass unter dem writ System nicht einmal die Parteien die objektiv richtigen Tatsachen finden mußten, betont *Glenn* (Fn. 152), 242, der daraus folgert, dass das heutige common law Denken, nach dem zunächst die Tatsachen festzustellen seien, um darauf das Recht anwenden zu können, schon weit in Richtung des civil law gewandert sei.

[322] Vgl. zu den damit zusammenhängenden rechtsvergleichenden Fragen *Engel, Christoph,* Preponderance of the evidence versus intime conviction – A behavioural perspective on a conflict between American and continental European law, Vermont Law Review 33 (2009), 435 (435 ff.).

[323] Für die Identität dieses Standards mit der inneren Überzeugung des Richters im civil law vgl. *Pradel, Jean,* Droit pénal comparé, 4. Aufl. 2016, 414.

[324] Vgl. für Großbritannien *Sprack, John; Engelhardt-Sprack, Michael,* A practical approach to criminal procedure, 16. Aufl. 2019, 237; *Bailey/Ching/Taylor* (Fn. 9), 1026 f.; für die USA *Cammack, Mark E.; Garland, Norman M.,* Advanced criminal procedure in a nutshell, 3. Aufl. 2016, 275 f.; *Hall, Daniel E.,* Criminal law and procedure, 8. Aufl. 2021, 460; *Samaha, Joel,* Criminal procedure, 8. Aufl. 2012, 462; *Siegel, Larry J.; Worrall, John L.,* Introduction to criminal justice, 17. Aufl. 2025, 406 ff.; vgl. auch Federal Rule of Criminal Procedure 11(b)(1)(F).

[325] Vgl. *Roxin, Claus; Schünemann, Bernd,* Strafverfahrensrecht – Ein Studienbuch, 29. Aufl. 2017, § 45 Rn. 47; *Schroeder, Friedrich-Christian; Verrel, Torsten,* Strafprozessrecht, 7. Aufl. 2017, § 16 Rn. 100.

[326] Vgl. zum Folgenden *Lightman, Gavin,* The case for judicial intervention, New Law Journal 1999, 1819 (1819 f.).

Argumenten aufbringen würde. Zwar konnte jeder die sog. pleadings des anderen vorab lesen, doch waren sie trotz mit der Zeit zunehmender Länge für den Gegner wenig aufschlussreich. Der barrister musste also darauf vorbereitet sein, auch auf völlig unvorhergesehene Entwicklungen zu reagieren. Allenfalls wurde ihm vom Richter mit Glück zur Vorbereitung eine Pause von einer Stunde oder für den Rest des Tages eingeräumt. Der Prozess wurde so zu einem sportlichen Ereignis. Auch für den Richter, der – anders als die Anwälte – nicht einmal das Material zumindest der einen Seite vorab kannte, konnte das Überraschungsmoment zum Problem werden. Er konnte nur dasitzen und zuhören, kaum aber aktiv eingreifen, was die Anwälte gelegentlich vor das Problem stellte zu entscheiden, ob und wo der Richter eventuell noch weitere Details oder Erläuterungen benötigte. Praktiker berichten aus der damaligen Zeit sogar von der Schwierigkeit festzustellen, ob der Richter überhaupt noch zuhörte, insbesondere nach der Mittagszeit, zu der damals ein Gläschen Wein durchaus nicht unüblich war.[327]

Bei alledem bleibt der gegnerschaftliche Prozess aber ein Idealtypus, an den sich die Realität immer nur teilweise annäherte. Die Tradition des völlig schweigenden Richters etwa, der überhaupt nicht unterbricht und keinerlei Meinung äußert, bis er sein Urteil spricht, ist in dieser radikalen Form nicht die englische; ein wenig sollte der Richter auch hier schon seine Gedankengänge und Zweifel offenlegen.[328] In England, anders als in den USA, faßte der Richter traditionellerweise sogar die Beweise für die jury vor der Entscheidungsfindung nochmals zusammen. Deutliche richterliche Worte im laufenden Prozess kamen gerade vor dem Court of Appeal oder dem House of Lords durchaus schon früher vor. Schließlich gibt es im appeal keine jury, die unzulässigerweise beeinflußt werden könnte, und kennen die Richter hier durch das Urteil der Vorinstanz den Fall bereits erheblich besser als die Eingangsinstanz. Ein Praktiker berichtet etwa aus seinem ersten Fall vor dem Privy Council, bei dem er vom vorsitzenden Lordrichter mit den Worten begrüßt wurde: „Mr. Lightman, you have no case on the law: you have no case on the facts; and you have no merits.“[329] Auch in den zahlreichen Verfahren vor den registrars, den heutigen District Judges, war die Rolle des Richters schon früh eine sehr viel aktivere. 136

b) Kritik und Veränderungen

Der gegnerschaftliche Prozess kam in England[330] selbst schon vor Jahren in die Kritik. „The adversary system has a number of disturbing features for those who are more interested in the achievement of justice than in the playing of the game.“[331] So hing der Erfolg vor Gericht 137

[327] Vgl. *Lightman* (Fn. 326), 1820.
[328] Deutlich Arab Monetary Fund vs. Hashim [1994] 6 Admin LR 348 (CA) 356.
[329] *Lightman* (Fn. 326), 1820.
[330] Zur Kritik in den USA vgl. die bemerkenswerte Abfolge von konkret aufeinander bezogenen Aufsätzen, angefangen mit der grundlegenden Kritik durch *Langbein, John H.,* The German advantage in civil procedure, The University of Chicago Law Review 52 (1985), 823 (823 ff.), der den deutschen Zivilprozess als Modell für Änderungen in den USA ansieht; ablehnend, weil gerade die Ineffektivität des U.S.-Systems ihre Vorteile habe, *Gross, Samuel R.,* The American advantage – The value of inefficient litigation, Michigan Law Review 85 (1987), 734 (734 ff.); gegen beide *Bernstein, Herbert L.,* Whose advantage after all? – A comment on the comparison of civil justice systems, U. C. Davis Law Review 21 (1987/88), 587 (587 ff.); gegen Langbein im Ton unangenehm mit in der Sache zweifelhaften Detailargumenten und soziologischen Betrachtungen *Allen, Ronald J.; Köck, Stefan; Riechenberg, Kurt; Rosen, D. Toby,* The German advantage in civil procedure – A plea for more details and fewer generalities in comparative scholarship, Northwestern University Law Review 82 (1988), 705 (705 ff.); darauf mit bemerkenswerter Direktheit antwortend *Langbein, John H.,* Trashing the German advantage, Northwestern University Law Review 82 (1988), 763 (763 ff.); ebenso direkt wieder dagegen mit ausgeprägter Einzelkritik, allerdings ohne eigenes Gesamtbild *Allen, Ronald J.,* Idealization and caricature in comparative scholarship, Northwestern University Law Review 82 (1988), 785 (785 ff.); tiefergehende rechtskulturelle Betrachtung gegen die praktische Möglichkeit einer Rechtsübertragung im Sinne von Langbein bei *Reitz, John C.,* Why we probably cannot adopt the German advantage in civil procedure, Iowa Law Review 75 (1990), 987 (987 ff.); die gesamte Artikelserie ist für jeden Rechtsvergleicher hochgradig lesenswert und aufschlussreich.
[331] *Lightman* (Fn. 313), 237; ibid., 237 ff. auch zum Folgenden.

vielfach schon von der Tagesform der Parteien und Zeugen ab. Mindestens ebenso wichtig war die Qualität des Anwalts[332] und damit die finanzielle Leistungsfähigkeit der Partei. Der Richter war in seiner Suche nach Gerechtigkeit durch die Vorgaben der Parteien beschränkt, konnte etwa kaum selbst einen Zeugen laden, auf den beide Parteien aus irgendwelchen Gründen verzichtet hatten. Das ganze System war teuer und zeitaufwendig.

138 Solche Kritik führte nach und nach zu Änderungen,[333] von denen besonders durchgreifend die sog. Woolf-Reformen waren, die auf einen 1996 von Lord Woolf vorgelegten Bericht „Access to Justice"[334] folgten, der wichtige Aspekte des gegnerschaftlichen Prozesses als Hauptgrund für die Probleme des englischen Zivilprozesses erkannte. Schon vor den Woolf-Reformen allerdings wurden die Parteien allmählich gezwungen, ihre Strategie vorab offenzulegen, etwa Zeugenaussagen und insbesondere sog. skeleton arguments auszutauschen, die die Grundlinien der Argumentation vorab darlegten, so dass die andere Partei sich darauf einstellen konnte. Auch ist es heute etwa vielfach üblich, dass die Parteien sich auf einen gemeinsamen Gutachter einigen, anstatt mit mehreren teuren Parteigutachtern aufeinander einzuschlagen. Zentralbegriff für den heutigen englischen Zivilprozess wurde das sog. active case management. Die unter diesem Begriff zusammengefaßten Verfahrensregeln erlauben heute dem Richter, Einfluss auf Dauer und Geschwindigkeit des Prozesses zu nehmen, insbesondere indem er Umfang und Art der vorgelegten Beweise steuert. Vorher gaben die Anwälte dem Gericht vorab nur eine Schätzung über die voraussichtliche Verfahrenslänge, blieben dann aber alleinige Herren über die Dauer. Ein active case management wird seit 2005 auch im Strafprozess ausgebaut. Infolge dieser und anderer Änderungen hat allerdings der Grundsatz der Mündlichkeit des Verfahrens stark gelitten. Nicht mehr alles wird in der mündlichen Verhandlung erläutert, vorgelesen oder erörtert, so dass sich für einen außenstehenden Beobachter, anders als früher, der gesamte Streit nicht mehr durch bloße Anwesenheit im Gerichtssaal erschließt. Insgesamt interveniert der englische Richter heute sehr viel mehr vor und während des Prozesses als dies noch in den 60'er Jahren des 20. Jahrhunderts überhaupt vorstellbar war.

c) Gegnerschaftlicher vs. inquisitorischer Prozess?

139 Juristen aus dem common law, insbesondere wenn sie sonst wenig rechtsvergleichend arbeiten, pflegen als Gegenmodell zu ihrem eigenen, gegnerschaftlichen Prozess regelmäßig den inquisitorischen Prozess zu nennen, der angeblich im civil law verbreitet ist. Als bloße Bezeichnung für ein anderes Modell mit aktiverem Richter bedürfte dies keiner weiteren Erwähnung. Wichtiger schon wäre die Erkenntnis, dass der gegnerschaftliche Prozess in England sich in neuerer Zeit erkennbar in die inquisitorische Richtung verschoben hat. Vor allem aber nimmt die Bezeichnung immer wieder einmal karrikaturhafte Züge an, die mit den realen Systemen des kontinentaleuropäischen Rechts wenig zu tun haben, und beruht auf einem völlig anderen Begriffsverständnis als in den Ländern des civil law selbst. Als typisches Beispiel für den inquisitorischen Prozess taucht immer wieder der französische Untersuchungsrichter auf. In der französischen Praxis wird er meist nur für schwere Delikte eingesetzt und leitet dann vor Eröffnung des eigentlichen Prozesses die Untersuchung, befragt Zeugen und stellt die Akte zusammen, versucht also unabhängig die Wahrheit zu finden. In der Vorstellung manch ausländischer Beobachter wird daraus dann ein Verstoß

[332] Dies hängt nicht zuletzt wieder mit der Zeugenbefragung zusammen: „Cases on the common law side are usually won not through counsel's address to the court, (...) but through the effective examination of witnesses.", *Smith* (Fn. 56), 216.

[333] Vgl. dazu *Lightman* (Fn. 326), 1820, 1836 f.; *Darbyshire* (Fn. 92), 158 ff.; *Bromby* (Fn. 226), 245 ff.; *Bailey/Ching/Taylor* (Fn. 9), 934 ff.

[334] *Woolf, H.,* Access to justice – Final report to the Lord Chancellor on the civil justice system in England and Wales, London, HMSO 1996, webarchive.nationalarchives.gov.uk/20060213223540/http://www.dca.gov.uk/civil/final/contents.htm (zuletzt abgerufen am 18.7.2025); Zusammenfassung in *The Law Society,* Make Woolf work – Solicitors should welcome the Woolf reforms and actively seek to have them implemented, Law Society Gazette, 2.8.1996.

gegen elementare Rechte des Angeklagten, der der Staatsmacht hilflos ausgeliefert ist.[335] Tatsächlich aber wird der kontradiktorische Charakter des Verfahrens, insbesondere das Recht, den Inhalt der Untersuchungen zu erfahren, eigene (Gegen-)Beweise zu benennen und Untersuchungen zu verlangen, nicht beeinträchtigt, zumal diese Grundsätze auch von Art. 6 der Europäischen Menschenrechtskonvention garantiert sind.[336] Die kontinentaleuropäischen Systeme sowohl im Zivil- wie im Strafprozess als weniger fair zu betrachten, ist ein klarer Fall des rechtskulturellen Imperialismus,[337] der letztlich nur aus Unkenntnis heraus zu erklären ist.[338]

Darüber hinaus ist die Bezeichnung als inquisitorischer oder gar Inquisitionsprozess für den 140 kontinentaleuropäischen Juristen völlig mißverständlich, gerade wenn sie im Zusammenhang mit Strafverfahren fällt. Sie bezeichnet nämlich das auch für ihn inakzeptable Gegenmodell zum eigenen Verfahren, den mittelalterlichen Inquisitionsprozess. Er zeichnete sich durch die Identität von Strafverfolgungsorgan und Richter aus und gilt daher zu recht allgemein als inakzeptabel, da derjenige, der längere Zeit mit der Aufklärung eines Verbrechens befaßt war, anschließend kaum noch in der Lage ist, in neutraler Weise die Beweise und vor allem Gegenbeweise zu würdigen.[339] Dass der Richter, etwa entsprechend dem deutschen Untersuchungsgrundsatz, auch das Recht und sogar die Pflicht hat, die Wahrheit eigenständig, dh auch unabhängig von den Parteien zu erforschen, steht auf einem anderen Blatt. Im Übrigen leidet die Diskussion darunter, dass für den gegnerschaftlichen Prozess meist allgemein der Zivil- und Strafprozess herangezogen, als Beispiel für den inquisitorischen Prozess aber oft nur auf Strafverfahren eingegangen wird. Dass der Richter etwa im deutschen Zivilprozess bei der Suche nach der Wahrheit ebenfalls im Kern auf das Vorbringen der Parteien beschränkt und der Prozess damit ein gegnerschaftlicher ist, wird dabei gern übersehen.[340]

2. Jury

a) Die jury als tatsächliche und rechtliche Entscheidungsinstanz

Die Funktion der jury ist für den Außenstehenden leicht misszuverstehen. Das Mißver- 141 ständnis beruht dabei auf der – innerhalb des common law Denkens völlig richtigen – Feststellung, dass die jury über die Tatsachen entscheidet, der Richter hingegen über die Rechtsfragen. Tatsächlich aber entscheidet die jury mit ihrem Verdikt in Strafverfahren, ob der Angeklagte eines bestimmten Verbrechens schuldig ist, in Zivilverfahren ob er einen Anspruch etwa aus einem tort oder einem bestimmten Gesetz hat. Um dies beantworten zu können, muss die jury zwar auch Tatsachen feststellen, vor allem aber das Recht auf die Tatsachen zur Anwendung bringen und zu diesem Zweck auch zumindest implizit von einem bestimmten Verständnis der rechtlichen Voraussetzungen ausgehen. Die jury legt insofern also auch das Recht aus.[341] Für den fremden Beobachter stellen sich damit sofort zahlreiche Fragen: Wie soll die jury dies ohne rechtliche Ausbildung tun? Was wenn die jury

[335] Zur ausländischen Sicht vgl. etwa auch *Lawday, David,* Fair's fair, unless you're French, New Statesman, 14.6.1999, 21 f.; zum französischen Untersuchungsrichter auch infra → § 6 Rn. 269 ff.

[336] Deutlich *Pradel* (Fn. 323), 937.

[337] Zum rechtskulturellen Imperialismus allgemein supra → § 2 Rn. 11 ff.

[338] Gegenbeispiel einer informativen und wohlabgewogenen Studie etwa *Nagorcka, Felicity; Stanton, Michael; Wilson, Michael,* Stranded between partisanship and the truth? – A comparative analysis of legal ethics in the adversarial and inquisitorial systems of justice, Melbourne University Law Review 29 (2005), 448 (449 ff.).

[339] Vgl. etwa *Roxin/Schünemann* (Fn. 325), § 17 Rn. 2 ff.; *Beulke, Werner; Swoboda, Sabine,* Strafprozessrecht, 17. Aufl. 2025, § 2 Rn. 48; ausführlich zum Inquisitionsprozess in Deutschland aus rechtshistorischer Sicht etwa *Ignor, Alexander,* Geschichte des Strafprozesses in Deutschland 1532 – 1846 – Von der Carolina Karls V. bis zu den Reformen des Vormärz, 2002, 41–144.

[340] Vgl. dazu *Kötz, Hein,* Civil justice systems in Europe and the United States, Duke Journal of Comparative and International Law 13 (2003), 61 (67 f.); infra → § 6 Rn. 261 f.

[341] Vgl. dazu etwa *Solan, Lawrence M.,* Jurors as statutory interpreters, Chicago-Kent Law Review 78 (2003), 1281 (1281 ff.); *Harrington, Matthew P.,* The law-finding function of the American jury, Wisconsin Law Review 1999, 377 (414, 417, 433 f.).

sich bei der Auslegung oder Anwendung des Rechts irrt? Woher soll man überhaupt wissen, ob die jury sich irrt und ob ein Irrtum Tatsachen oder Recht betrifft, da die jury ja keine Begründung abgibt? Welche Aufgabe verbleibt überhaupt noch dem Richter? Wie soll er sein Urteil begründen, wenn es letztlich nur auf einem für ihn bindenden Ergebnis der jury beruht? Wie soll das Recht sich überhaupt entwickeln, wie die Frage der richtigen Auslegung bestimmter rechtlicher Merkmale überhaupt zum Gegenstand gerichtlicher Auseinandersetzungen werden, wenn der eigentliche Entscheidungsträger nur Ergebnisse, eine Art Tenor abliefert? Und wie soll die Entscheidung einer jury im Rechtsmittel überprüft werden, wenn gar nicht klar ist, von welchen richtigen oder falschen Voraussetzungen sie in tatsächlicher wie rechtlicher Hinsicht ausgegangen ist? Diese Fragen sind nicht etwa rhetorischer Natur, sondern formulieren weitgehend echte Probleme des common law, für die teils unterschiedliche Lösungen erarbeitet wurden. Fragen wie Antworten erhellen erst einige grundsätzliche Funktionsweisen des Rechts im common law, die sich grundlegend etwa von kontinentaleuropäischen Rechtsvorstellungen unterscheiden.

b) Historische Entwicklung der jury

142 Klärend für die Funktion der jury ist nicht zuletzt ein Blick auf ihre historische Entwicklung.[342] Die mittelalterliche jury war ursprünglich eine moderne Beweismethode: Anstelle etwa von Zweikampf, Wasserprobe oder Eid entschieden 12 Geschworene einstimmig, welche der streitenden Parteien recht hatte. (Entgegen verbreiteter Laienmeinung besteht die jury heute zwar oft, aber nicht zwingend aus 12 Geschworenen und muss auch nicht zwingend immer einstimmig entscheiden.[343]) Da die jury aber aus Laien, aus einfachen Leuten bestand, musste vorab genau abgegrenzt werden, was eigentlich im Streit lag und worüber entsprechend die jury letztlich entscheiden sollte (sog. issue). Dies geschah mithilfe der sog. pleadings vor dem Richter, mit deren Hilfe geklärte wurde, auf welche Geschehnisse und Gründe sich die Parteien jeweils beriefen, welche Tatsachen eingeräumt wurden und welche im Streit standen. Dabei ist – aus moderner und nicht vom common law vorgeprägter Sicht – terminologisch stets zu beachten, dass ohne weiteres auch juristische Wertungsfragen und die Erfüllung unbestimmter Rechtsbegriffe als Tatsachen galten (und bis heute gelten können[344]). Ob also etwa eine verprügelte Person der „Diener" einer anderen war, ob der Prügelnde in seiner Eigenschaft als Sheriff handelte und ob er als Sheriff übermäßige Gewalt anwandte: all dies sind Fragen, die zur issue werden konnten.

143 Rechtsfragen nichtprozessualer Art konnten so nur auf zwei Weisen überhaupt außerhalb der jury erörtert werden: Erstens indem der Beklagte alle Behauptungen des Klägers einräumte, aber darauf bestand, dass er darauf nicht antworten müsse, weil die Behauptungen rechtlich zu nichts führten. Dieser sog. demurrer war allerdings bei Richtern hochgradig unbeliebt und blieb, selbst wenn er erhoben wurde, oft unbeantwortet. Zweitens bestand die Möglichkeit des sog. tentative pleadings, bei dem die Parteien in einem „was wäre wenn" Spiel vor Gericht ausloteten, welche Reaktionen bestimmte pleadings (etwa ein demurrer) hervorrufen würden. Hier konnte es um Rechtsfragen gehen, doch blieben solche Debatten außerhalb des Protokolls und erzeugten keinerlei Wirkung für nachfolgende Prozesse oder den allgemeinen Erkenntnisfortschritt. Insgesamt bestand eine ausgeprägte Abneigung der Richter, sich in Rechtsfragen festzulegen oder gar Ausnahmen zu allgemeinen Prinzipien des Rechts aufgrund der Umstände des Einzelfalls zu entwickeln. So erklärt es sich auch, dass die Parteien in der Regel dazu angehalten wurden, den Streit nicht etwa auf konkrete Einzelfragen zu verengen (sog. special pleading), sondern schlicht alle Behauptungen des Gegners zu bestreiten (pleading the general issue), so dass der Fall im ganzen zur jury gehen konnte.

---

342 Zum Folgenden ausführlich *Baker* (Fn. 113), 78 ff.; kurz *Bailey/Ching/Taylor* (Fn. 9), 9 f.

343 Zu verbreiteten Fehlvorstellungen über die jury auch *Kischel, Uwe,* Der menschliche Faktor – Der Mythos der Jury im common law, in: Hanschel, Dirk et al. (Hrsg.), Mensch und Recht – Festschrift für Eibe Riedel zum 70. Geburtstag, 2013, 631 (631 ff.).

344 Vgl. zur Abgrenzung zwischen Recht und Tatsache schon supra → Rn. 49 ff.

Die jury konnte dann der Gerechtigkeit genüge tun, ohne dass dadurch Auswirkungen auf den Inhalt des materiellen Rechts zu befürchten waren. Vor diesem Hintergrund klärt sich auch nochmals, warum das, was wir heute unter materiellem Recht verstehen, im common law ursprünglich kaum vorhanden und nur in den Lücken des Prozessrechts verborgen war.[345] Tatsächlich hat das bloße pleading of the general issue beispielsweise über Jahrhunderte die Entwicklung eines Vertragsrechts verhindert oder dazu geführt, dass bis zum Beginn des 19. Jahrhunderts die Frage kaum entwickelt werden konnte, ob trespass[346] denn nun von schuldhaftem Handeln abhing oder nicht.

Ab dem 16. Jahrhundert wurden dann langsam Methoden entwickelt, die es den Richtern erlaubten, trotz der oder gar gegen die jury inhaltlich zu Rechtsfragen und nicht nur zu Formfragen Stellung zu nehmen. So erlaubte die sog. motion in arrest of judgement eine eigene Entscheidung des Gerichts, dass die von der jury festgestellten Fakten keinem cause of action entsprachen. Bei vielen alten writs war dies sinnlos, da die Tatsachen hier in sehr allgemeiner und formaler Formulierung zur Entscheidung der jury gestellt wurden, die fehlende Entsprechung also kaum zu belegen war. Anders war dies jedoch beim writ of trespass on the case,[347] der verstärkt auf die Einzelheiten des Falles (eben: case) abstellte, ein Grund der auch die immer weiter zunehmende Bedeutung dieses writs erklärt. Anders war es auch, wenn ein special verdict, also Antworten der jury auf eine Reihe von ihr vorgelegten Einzelfragen, existierte, eine Praxis die an Bedeutung zunahm (sich aber dann zunächst wieder verlor). Eine zweite Methode lag in der motion for a new trial. Dadurch konnte das Verdikt beiseite geschoben und eine Neuverhandlung angeordnet werden. War dies im Mittelalter nur ganz ausnahmsweise möglich, wenn die Verfahrensakte einen Verfahrensfehler ergab, konnte sich eine Partei ab der Mitte des 17. Jahrhunderts auch auf eine Feststellung des der jury-Verhandlung vorsitzenden Richters (trial judge) berufen, der zufolge das Verdikt entweder gegen die Erläuterungen der Rechtslage verstoße, die er der jury vorab gegeben habe, oder das Verdikt nicht von den Beweisen gedeckt oder es zu Fehlverhalten der jury gekommen sei. Ab dem 18. Jahrhundert konnte eine Neuverhandlung auch dann verlangt werden, wenn der trial judge selbst bei der rechtlichen Instruktion der jury oder bei der Zulassung von Beweismitteln Fehler begangen hatte. Mit solchen Mitteln wurden die zuvor bestehenden, fast grenzenlosen Freiheiten der jury zwar beschnitten. Doch ging es keinesfalls darum, die Entscheidungen der jury nun im Einzelnen rechtlich zu kontrollieren oder die Freiheiten der jury grundlegend zu beschneiden; vielmehr sollte nur die Möglichkeit geschaffen werden, die gröbsten Fehler einer jury zu korrigieren. 144

Endpunkt der Entwicklung in England war der allmähliche, praktische Verzicht auf die jury in fast allen Zivilverfahren, der Mitte des 19. Jahrhunderts begann. Wie sehr die jury das Denken geprägt hatte, zeigt sich aber etwa daran, dass in der Anfangszeit noch von einem „verdict" des Richters (!) gesprochen wurde, das dem einer jury gleichstehen solle. Tatsächlich gaben Richter anfangs sogar ein general verdict ab und mussten sich dann fragen, ob sie sich möglicherweise selbst falsch instruiert hatten. Von dieser Herkunft aus der allgemeinen jury-Entscheidung ist noch heute etwas im Stil erstinstanzlicher englischer Zivilurteile zu spüren, die keineswegs streng zwischen einer Tatsachen- und Rechtsdarstellung trennen: „What is now called the 'judgment' combines in one piece what had once been the trial judge's notes on the evidence, a 'direction' in law, a special verdict, and the court's reasoned decision, often adding for good measure the arguments of counsel as well."[348] Entsprechend bleibt es bis heute schwierig zu unterscheiden, wieweit ein Urteil nur etwas zu den Tatsachen sagt oder wieweit dabei auch rechtliche Unterscheidungen geschaffen werden sollen.[349] Den fast vollständigen Verzicht auf die jury in Zivilverfahren konnten allerdings die 145

[345] Vgl. dazu schon supra → Rn. 65, 70.
[346] Zu diesem tort kurz supra → Rn. 71.
[347] Vgl. dazu schon supra → Rn. 71.
[348] *Baker* (Fn. 113), 100.
[349] So *Baker* (Fn. 113), 100 f., 93; zu gerichtlichen Entscheidungen in England vgl. auch schon supra → Rn. 51 f.

Vereinigten Staaten nicht mehr nachvollziehen. Hier ist die Rechtslage in dieser Hinsicht durch die U.S.-Verfassung auf den Stand des späten 18. Jahrhunderts festgeschrieben: Sie verlangt in Artikel III, Sektion 2 nicht nur dass „trial of all crimes (…) shall be by jury“, sondern vor allem im 7. Verfassungszusatz: „In suits at common law, where the value in controversy shall exceed twenty dollars, the right of trial by jury shall be preserved (…).“

c) Die jury zwischen freier Entscheidung und rechtlicher Einbindung

146 Die jury entschied also in ihrer historischen Entwicklung und entscheidet auch heute noch über weit mehr als reine Tatsachenfragen. Dass oft etwas Gegenteiliges gesagt wird, liegt erstens an der im common law sehr schwierigen und unklaren Abgrenzung zwischen Recht und Tatsachen,[350] übersieht aber auch zweitens die Bedeutung der general verdicts: Wenn der Angeklagte von der jury schlicht wegen Mordes oder wegen Untreue (und zB gerade nicht wegen Totschlags oder Betrugs) schuldig gesprochen wird, kann dies nur mit erheblicher Sophistik als etwas anderes als eine Entscheidung über Rechtsfragen gedeutet werden.

aa) Entscheidung ohne Begründung

147 Konsequenterweise ist das eigentliche Urteil in einem jury-Verfahren auch extrem kurz und reduziert sich im Kern auf eine Wiedergabe des Ergebnisses der jury. Als Beispiel kann etwa die sowohl innerhalb als auch außerhalb der USA zu recht stark kritisierte und vielfach karrikierte Entscheidung im McDonald's-Kaffee-Fall gelten. Dort hatte sich eine 79-jährige Rentnerin an einem bei McDonald's gekauften Kaffee verbrüht, als sie im Auto den Deckel von dem zwischen ihren Oberschenkeln abgestellten Pappbecher abzog und der Becher dabei umkippte. Sie erhielt von einer jury in New Mexico 160.000 USD Schadenersatz und bekam zusätzlich 2,7 Millionen USD Strafschadenersatz zugesprochen. (Solch überzogene Schadenersatzsummen werden seitdem nach dem Vornamen der Klägerin oftmals als „Stella awards“ bezeichnet.) Die Entscheidung besteht nach der Eingangsformel nur aus sechs rechtlichen Feststellungen in je einem Teilsatz, gefolgt von einer Art Tenor, also den gerichtlichen Anordnungen zur Zahlung der Summe sowie zu Zinsen und Kosten. Das ganze, vieldiskutierte Urteil passt problemlos auf eine Druckseite und ist aus sich selbst heraus vollkommen unverständlich; nicht einmal zum Sachverhalt ist ihm eine Andeutung zu entnehmen.[351] Die völlige dogmatische Bedeutungslosigkeit des Inhalts erstinstanzlicher Urteile, bei denen eine jury entschieden hat, zeigt sich vielfach auch daran, dass diese Urteile trotz der bekannten, exzessiven Veröffentlichungspraxis der USA nicht einmal elektronisch verfügbar sind. Selbst in sehr bekannten Fällen, in denen es gerade um die Auslegung eines bestimmten Rechtsbegriffs ging und die deshalb sogar bis zum Supreme Court gelangten, findet sich das erstinstanzliche Urteil allenfalls verborgen in den Materialien, zusammen etwa mit Anklageschrift, Wortprotokoll des Verfahrens und jury instructi-

[350] Vgl. dazu supra → Rn. 49 ff.

[351] Vgl. Liebeck vs. McDonald's Restaurants, No. CV-93-02419, 1995 WL 360309 (N. M. Dist. Aug. 18, 1994). Im vollen Wortlaut lautet die Entscheidung zwischen Eingangsformel („… a jury having rendered its verdict as follows…“) und abschließenden gerichtlichen Anordnungen („IT IS HEREBY ORDERED, ADJUDGED AND DECREED that Judgment is entered (…) in the amount of (…)“) nur: „1. On Plaintiff's claim for product defects, for Plaintiff; 2. On Plaintiff's claim for breach of the implied warranty of merchantibility, for Plaintiff; 3. On Plaintiff's claim for breach of the implied warranty of fitness for particular purpose, for Plaintiff; 4. On Plaintiff's claim that Plaintiff was comparatively at fault, Plaintiff determined to be twenty percent (20 %) at fault; 5. On Plaintiff's claim for compensatory damages, Plaintiff is entitled to 200,000.00 USD to be reduced by 40,000.00 USD, representing her twenty percent (20 %) comparative negligence, for a net judgment of 160,000.00 USD; 6. On Plaintiff's claim for punitive damages, punitive damages are awarded in the sum of 2,000,000.00 USD.“ Über die bloße Feststellung, dass die 2,7 Millionen USD exzessiv waren, geht übrigens auch die Begründung der anschließenden, rein richterlichen Entscheidung, den Strafschadenersatz auf 480.00 USD, also den dreifachen Schadenersatz, zu senken, nicht hinaus, vgl. Order on defendant's post-trial motion, Liebeck vs. McDonald's Restaurants, No. CV-93-02419, 1994 WL 16777706 (N. M. Dist. Sept. 16, 1994).

ons.[352] Einen Gipfel erreicht die inhaltliche Bedeutungslosigkeit, wenn das Urteil selbst aus einem Formblatt besteht, auf dem der Richter die einschlägigen Sätze schlicht ankreuzt und gelegentlich einige Worte einfügt, und dieses Formblatt auch mit allen nicht angekreuzten Varianten publiziert wird.[353]

bb) Die Instruktionen der jury

Wie aber können die Geschworenen eine zumindest auch rechtliche Entscheidung treffen, 148
obwohl sie per Definition Laien sind? Woher sollen sie wissen, was genau die Voraussetzungen eines Mordes im Unterschied zum Totschlag, eines Raubes im Unterschied zum Diebstahl sind, oder ob, um ein konkretes Beispiel zu geben, der Eintausch einer Feuerwaffe gegen Drogen ein „using a firearm during and in relation to a drug trafficking felony" im Sinne des Straftatbestandes 18 U. S. C. § 924(c)(1) darstellen kann, wenn es, um dies abschließend zu klären, letztlich einer Entscheidung des U. S. Supreme Court[354] bedurft hat? Das Problem soll durch die sog. jury instructions gelöst werden, mit denen der Richter den Geschworenen den Inhalt der einschlägigen Rechtsnormen erläutert.[355] Ob solche Instruktionen letztlich hilfreich sind und vor allem ob sie die jury tatsächlich der Notwendigkeit entheben können, eigene rechtliche Entscheidungen zu treffen, ist sehr zweifelhaft. Dabei scheint es in den USA zwei Typen von Instruktionen zu geben. Der eine bleibt sehr allgemein und überlässt der jury so weiteste Entscheidungsspielräume. Der andere bemüht sich um größte Genauigkeit. Geht es um die Anwendung eines Gesetzes, tendieren die Gerichte dazu, die Sprache des Gesetzes einschließlich dort etwa vorhandener Definitionen und anderer Details zu übernehmen, auch wenn diese Sprache hochkomplex und schwer verständlich sein sollte.[356] Gerade aufgrund ihres Detailreichtums bleiben aber solche Instruktionen besonders für Laien weitgehend obskur und können so ebenfalls kaum steuernd wirken.[357]

cc) Ansätze rechtlicher Überprüfbarkeit

Es bleibt das Problem, dass niemand weiß, wie und warum die jury eine bestimmte 149
Entscheidung gefällt hat, ob sie Beweise sorgfältig abgewogen, ob sie überhaupt präzise rechtliche Regeln herangezogen oder sich auf das Rechtsgefühl verlassen hat oder ob sie sich gar völlig irrational verhielt und beispielsweise die Schuld mithilfe einer Geisterbefragung im Rahmen einer spiritistischen Sitzung[358] ermittelte. Das Verfahren der jury ist immer geheim; ihre Veröffentlichung etwa in England eine Straftat.[359] Untersuchungen zum Verhalten sind

[352] Vgl. zB Smith vs. U. S., 508 U. S. 223 (1993), wo ein Federal District Court den Beschwerdeführer nach einem Gesetz verurteilt hatte, das die Benutzung (use) einer Feuerwaffe während und in Verbindung mit einem Drogenhandelsdelikt unter Strafe stellte; das Gericht stellte sich die Frage, ob der Tausch einer Waffe gegen Drogen eine Benutzung im Sinne des Gesetzes darstellte. Vgl. etwa auch Schmuck vs. U. S., 489 U. S. 705 (1989), wo es darum ging, ob im Sinne des Straftatbestands des sog. mail fraud ein Postversand zum Zwecke der Ausführung eines betrügerischen Plans erfolgt sein kann, wenn der Betrug schon abgeschlossen war, bevor etwas mit der Post versendet wurde. Zu beiden Fällen vgl. auch *Solan* (Fn. 341), 1286 ff., 1289 f., 1294 f.

[353] Vgl. etwa Judgement U. S. vs. Smith, No. 90–6020-Cr-PAINE-(01) (S. D. Fla. Jan. 18, 1991), Smith vs. U. S., No. 91–8674, 1992 WL 12012185 (U. S. Dec. 2, 1992).

[354] Vgl. die soeben zitierte Enscheidung Smith vs. U. S., 508 U. S. 223 (1993).

[355] Im genannten Beispiel von 18 U. S. C. § 924(c)(1) etwa lautete die jury instruction in Bezug auf das Wort „use": „You may find a defendant used a firearm within the meaning of section 924(c), that is, during and in relation to a drug trafficking felony if you find that the firearm named in the count related to the defendant was an integral part of a drug trafficking crime as I have defined it. To be an integral part of such a crime, a firearm must be, first, present, second, available to the defendant in question, and third, in some way connected to the underlying drug trafficking crime.", Jury Instructions, Smith vs. U. S., No. 91–8674, 1992 WL 12012185 (U. S. Dec. 2, 1992).

[356] Vgl. ausführlicher und mit Beispielen und Gegenbeispielen *Solan* (Fn. 341), 1284 ff.

[357] Vgl. auch *Fleming* (Fn. 317), 127 f. mit konkretem Beispiel ibid., 128 Fn. 111.

[358] Unglaublicherweise ein reales Beispiel: vgl. R vs. Young [1995] QB 324.

[359] Vgl. etwa Attorney General vs. Associated Newspapers Ltd. [1994] 2 AC 238.

meist nur mithilfe von sog. mock juries möglich, also einer nur zu Forschungszwecken parallel zur echten jury eingesetzten Scheinjury ohne jegliche Entscheidungsbefugnis, die aber intensiv überwacht wird. Erkennbar sind die Ergebnisse solcher Forschung meist hochgradig zweifelhaft und unzuverlässig.[360] Wie sollen also insbesondere Rechtsmittel funktionieren, wie überhaupt Rechtsfragen in Gerichtsentscheidungen erörtert werden?

150 Ein erster Ansatzpunkt ist die Instruktion der jury. Da zu unterstellen ist, dass die jury sich auf die rechtlichen Ausführungen in der Instruktion gestützt hat, macht ein darin enthaltener Fehler das Verfahren im Rechtsmittel angreifbar und ermöglicht so zugleich etwa die Diskussion der in der Instruktion niedergelegten rechtlichen Einzelheiten. In den USA etwa war der Inhalt der Instruktionen über lange Zeit ein so beliebtes Einfallstor für Urteilsanfechtungen, dass der Gesetzgeber sich zum Einschreiten veranlaßt sah. Neuere Regeln verlangen jetzt schriftliche Instruktionen, die auch den Parteien mitgeteilt werden. Diese können sogleich Einspruch gegen die Instruktionen einlegen; tun sie es nicht, ist ihnen insofern auch ein Rechtsmittel verwehrt.[361]

151 Gegen Entscheidungen aufgrund eines Verdikts stehen aber auch noch andere Wege offen.[362] Stets möglich ist es, die zahllosen Einzelheiten des Verfahrensablaufs der ersten Instanz, etwa Fragen des Beweisrechts, anzugreifen; erfolgreich ist ein solcher Angriff aber grundsätzlich nur, wenn der Verfahrensfehler sich auf das Verdikt der jury ausgewirkt haben kann. Die genauen Maßstäbe dafür und ihre praktische Handhabung sind unterschiedlich und komplex. Ein Angriff wegen eines materiellen Fehlers hingegen ist im Kern nur erfolgversprechend, wenn die Entscheidung klar und unzweifelhaft falsch ist, etwa weil nach der Beweis- und Rechtslage die getroffene Entscheidung zwingend ausscheidet. Der genaue Prüfungsmaßstab wird dabei zwar verschieden formuliert, aber in aller Regel äußerst streng gehandhabt. Hilfreich ist gelegentlich, wenn im Zivilrecht die jury nicht ganz allgemein entscheidet, sondern ein sog. special verdict abliefert, also einen Katalog von Einzelpunkten, etwa Anspruchsgrundlagen, abarbeitet.

152 Wie schwer es ist, ein jury-Verdikt aufzuheben, zeigt sich beispielsweise in den Fällen inkonsistenter Entscheidungen: So ist es möglich, dass ein Angeklagter wegen eines Delikts – etwa wegen der Benutzung eines Telefons während eines Drogenhandels – schuldig gesprochen wird, ausdrücklich aber nicht wegen eines anderen Delikts – etwa eben dieses Drogenhandels –, obwohl beide logisch miteinander verbunden sind.[363] Ein solches inkonsistentes Verdikt ist in einem Großteil der U.S.-Staaten nicht überprüfbar, da nicht festgestellt werden kann, worauf die Inkonsistenz beruht, ob also die jury zugunsten des Angeklagten Milde walten lassen wollte, sie zu Lasten des Angeklagten einen sachlichen Fehler beging oder ob das Verdikt gar nur einen Kompromiss darstellt, der erst eine einstimmige Entscheidung ermöglichte.[364]

---

360 Vgl. etwa *Bromby, Michael,* English legal system – The fundamentals, 5. Aufl. 2022, 228; zu einer sinnvolleren Herangehensweise, die Fallsimulationen mit tatsächlichen Juroren, breit angelegte quantitative Analysen realer Entscheidungen sowie Interviews mit Juroren nach Abschluss von Verfahren zu eher technischen Einzelfragen wie etwa der Nutzung von Internetquellen während des Verhandlungen verbindet vgl. *Thomas, Cheryl,* Are juries fair?, Ministry of Justice Research Series 1/10, 7 ff.

361 Vgl. für das Strafverfahren auf Bundesebene *Hay/Kern* (Fn. 245), 330 Fn. 192; zur einschlägigen Federal Rule of Criminal Procedure 30 vgl. Medforms, Inc. vs. Healthcare Management Solutions, Inc., 290 F.3d 98, 111 ff. (2d Cir. 2002); Fogarty vs. Near North Ins. Brokerage, Inc., 162 F.3d 74, 79 ff. (2d Cir. 1998). Die Schriftlichkeit der Instruktionen ist beispielsweise in Florida sowohl im Zivil- als auch Strafverfahren gesetzlich vorgesehen, Rule 1470 (b) Florida Rules of Civil Procedure und Rule 3390 (b) Florida Rules of Criminal Procedure, in Tennessee hingegen lediglich im Strafverfahren, Rule 30 (c) Tennessee Rules of Criminal Pocedure; auch im Zivilverfahren Tennessees aber können die Parteien seit 2009 die Schriftlichkeit fordern oder der Richter sich für die Schriftlichkeit entscheiden, Rule 51.04 Tennessee Rules of Civil Procedure.

362 Überblick bei *Gerding, Marc,* Trial by jury – Die Bewährung des englischen und des US-amerikanischen Jury-Systems, 2007, 454 ff.

363 Beispiel nach U. S. vs. Powell 469 U. S. 57 (1984).

364 Vgl. U. S. vs. Powell 469 U. S. 57, 57 f. (1984); vgl. auch schon Dunn vs. U. S. 284 U. S. 390, 393 f. (1932); für einen Überblick über inconsistent verdicts vgl. *Muller, Eric L.,* The hobgoblin of little minds? – Our foolish law of inconsistent verdicts, Harvard Law Review 111 (1998), 771 (771 ff.); vgl. auch *Cammack/*

Entscheidungen gegen die jury zu treffen, ist auch nicht unbedingt dem Rechtsmittelgericht vorbehalten. Hält etwa der trial judge in den USA das Verdikt für ernstlich fehlerhaft, kann er selbst auf Antrag ein neues Verfahren mit einer neuen jury anordnen. Der trial judge kann in Fällen eindeutiger Beweislage die Entscheidung auch in anderer Weise an sich ziehen, je nach genauem Zeitpunkt im Ablauf des Verfahrens etwa im Wege der motion to dismiss (auch im Strafrecht), des sog. summary judgment oder des directed verdict (heute auf Bundesebene der USA: motion for judgment as a matter of law[365]), und so dafür sorgen, dass die jury in der Sache nicht entscheidet.[366] Bleibt ein Antrag auf directed verdict erfolglos, kann er im Anschluss an das Verdikt der jury der Sache nach vor dem trial judge wiederholt werden; es geht dann um ein judgement notwithstanding the verdict (heute auf Bundesebene der USA: renewed motion for judgement as a matter of law).[367] Wiederum unterscheiden sich die Details von Rechtsordnung zu Rechtsordnung. 153

dd) Die Freiheit der jury: jury equity

Auch die äußerst beschränkten Anfechtungsmöglichkeiten machen deutlich, dass die jury in ihrer Entscheidung keineswegs streng rechtsgebunden ist, ein Phänomen[368] das im common law unter der Bezeichnung jury equity oder jury nullification bekannt ist.[369] Die jury steht als eine Art Puffer zwischen Staat und Bürger und entscheidet dann idealiter mehr nach Gerechtigkeitsgefühl als nach dem Buchstaben des Gesetzes, etwa wenn Cannabiskonsumenten freigesprochen werden, die die Droge nur als Schmerzmittel bei schwersten Krankheiten einsetzten,[370] oder wenn in einem Fall von Kleinkriminalität, etwa einem Kaufhausdiebstahl, der Angeklagte freigesprochen wird, weil es sich anderenfalls um seine dritte Verurteilung handeln würde, so dass die gesetzliche Rechtsfolge einer Mindeststrafe von 25 Jahren Gefängnis nach Kaliforniens berüchtigtem „three strikes and you are out" Gesetz unvermeidbar wäre.[371] Dabei kann es sogar vorkommen, dass die jury klare Vorgaben des Richters in eine bestimmte Richtung ignoriert.[372] Diese Möglichkeiten der jury sind nicht zuletzt deshalb bedeutsam, weil im Falle eines strafrechtlichen Freispruchs das common law der Anklage regelmäßig jedes Rechtsmittel verwehrt, dessen Erfolg zu einer neuen jury-Entscheidung führen müßte.[373] 154

d) Rechtskontextuelle Verwurzelung der jury

Der nicht im common law aufgewachsene Jurist steht erfahrungsgemäß dem Gedanken, einen Rechtsstreit durch eine jury entscheiden zu lassen, eher mit Zweifeln gegenüber, die oft um so weiter steigen, je mehr er über die rechtlichen und tatsächlichen Details dieser Prozessform erfährt. Die Attraktivität der jury im common law ist letztlich nur als historisch 155

Garland (Fn. 324), 452 f.; in einigen wenigen Staaten sind inconsistent verdicts dagegen überprüfbar, so wie in Maryland, das erst 2008 in Price vs. State 405 Md. 10 (2008) die neue Möglichkeit einer objection vor dem Ausgangsgericht geschaffen hat.

[365] Vgl. Federal Rules of Civil Procedure Rule 50(a)(2).

[366] Vgl. etwa *Hall* (Fn. 324), 466, 498; *Kane, Mary Kay,* Civil procedure in a nutshell, 9. Aufl. 2022, 201 ff.; *Friedenthal et al.,* Civil procedure, 6. Aufl. 2021, 549 ff.; *Samaha* (Fn. 324), 422 f.; vgl. auch *Hay/Kern* (Fn. 245), 91, 331; *Schack, Haimo,* Einführung in das US-amerikanische Zivilprozessrecht, 5. Aufl. 2020, 46, 63 f., 70.

[367] Vgl. etwa *Friedenthal et al.* (Fn. 366), 549 ff.; *Hall* (Fn. 324), 499 f.; vgl. auch *Schack* (Fn. 366), 72.

[368] Dass es sich dabei nicht sogar um ein Recht der jury handelt, stellte gegen die bis dahin verbreitete Meinung in den USA erst Sparf vs. U. S., 156 U. S. 51, 59 ff. (1895) fest.

[369] Dazu aus allgemeiner und in historischer Perspektive *Horowitz, Irwin A. et al.,* Jury nullification – Legal and psychological perspectives, Brooklyn Law Review 66 (2001), 1207 (1207 ff.).

[370] Vgl. zu diesem Beispiel *Darbyshire* (Fn. 92), 421.

[371] Vgl. zu diesem Beispiel kurz *Solan* (Fn. 341), 1307 mwN.

[372] Vgl. zB zum Ponting Fall, in dem eine jury den Angeklagten in einem klaren Fall von Geheimnisverrat nicht verurteilte, *Bailey/Ching/Taylor* (Fn. 9), 1094.

[373] Zu den heutigen Ausnahmen im englischen Recht vgl. etwa *Bromby* (Fn. 226), 412 ff.

gewachsener, in der Bevölkerung tief verwurzelter Teil der Rechtskultur, des rechtlichen Kontexts[374] zu verstehen. Gerade die potentielle Ungebundenheit der jury im Rahmen der jury equity, die dem fremden Betrachter besonders zweifelhaft erscheint, steht dabei im Kern dessen, wofür die jury im common law positiv steht. Die jury gilt als zentraler freiheitssichernder Faktor, als Hort der Freiheit.[375] Sie ist ein demokratisches Bollwerk gegen die Tyrannei, gegen die Übermacht des Gesetzgebers und der Richter, gegen staatliche Einmischung: „Each jury is a little parliament. (…) no tyrant could afford to leave a subject's freedom in the hands of twelve of his countrymen. So that trial by jury (…) is the lamp that shows that freedom lives."[376] Die jury filtert auch heute noch das gerichtliche Verfahren durch eine Art lokaler Auffassung von richtig und falsch.[377] Sie fördert die Flexibilität des Rechts, denn die jury kann, wie es oft heißt, das Recht beugen, ohne es zu brechen. Mit anderen Worten: Gerade dass die jury in ihrem Verdikt faktisch kaum gebunden und rechtlich nur in den seltensten Fällen überprüfbar ist, macht ihren besonderen Wert aus. Für Juristen und andere Bürger, gerade in den USA, ist und bleibt die jury Inbegriff des fairen Verfahrens, auch wenn der faktische Anteil der jury-Entscheidungen an allen Zivilprozessen schon seit längerer Zeit abnimmt.[378]

156 In England hingegen ist die Verankerung der jury im juristischen Bewusstsein heute erheblich schwächer. Allerdings glaubt auch der englische Mann auf der Straße, dass Strafverfahren immer vor eine jury gelangen. In Wahrheit aber werden über 80 % aller Strafverfahren, insbesondere bei kleineren Delikten, von einem magistrate ohne jury entschieden und auch in den verbleibenden Fällen wird meist auf schuldig plädiert, so dass im Ergebnis nur in rund 1 % aller Strafverfahren wirklich eine jury gebildet werden muss.[379] Prägend für die englische Einstellung ist aber nicht zuletzt die vor fast zwei Jahrhunderten begonnene Einschränkung hin zur heute fast[380] vollständigen Abschaffung der jury in allen Zivilverfahren. Hauptgründe dafür dürften erstens die tendenziell höheren Kosten eines jury-Verfahrens im Vergleich zum Verfahren vor dem Richter und zweitens die auch in England erkannten Probleme und Nachteile sein, die eine jury stets bei der Anwendung von Recht auf Tatsachen und hier insbesondere bei der für die Rechtssicherheit wichtigen Einhaltung allgemeiner Grundlinien hat.[381] Ein heute teilweise besonders hervorgehobener[382] Unteraspekt sind dabei die – allerdings auch aus den USA bekannten – inkonsistenten und zum Teil völlig überzogenen Schadenersatzsummen, die nicht selten von juries zugesprochen werden. Beispiele dafür finden sich selbst in den ganz wenigen der jury heute noch verbliebenen Bereichen. So wurden etwa dem Sänger Elton John 350.000 GBP Schadenersatz gegen eine Zeitung wegen der Behauptung zugesprochen, er habe auf einer Hollywoodparty Anzeichen einer Essstörung gezeigt. Der Court of Appeal reduzierte diese Summe auf (immer noch außerordentliche) 75.000 GBP und führte mit großer Deutlichkeit aus: „It is in our view offensive to public opinion, and rightly so, that a defamation plaintiff should recover damages for injury to reputation greater, perhaps by a significant factor, than if that same plaintiff had been rendered a helpless cripple or an insensate vegetable. The time has in our view come when judges, and counsel, should be free to draw the attention of juries

---

374 Zum Begriff des Kontexts vgl. zusammenfassend supra → § 3 Rn. 216 f., → § 4 Rn. 46 ff.
375 Vielzitiert *Hamilton, Alexander,* The Federalist No. 83, in: The Federalist Papers, Penguin edition 1961, 495 (499) („the very palladium of free government"), der diese Ansicht allerdings zunächst referiert und nur für Strafsachen im Ergebnis teilt; aus heutiger Zeit etwa *Fleming* (Fn. 317), 102.
376 *Devlin* (Fn. 142), 164; ähnlich etwa Lord Atkin in Ford vs. Blurton [1922] 38 TLR 801 (CA) 805: „the bulwark of liberty, the shield of the poor from the oppression of the rich and powerful".
377 Vgl. *Solan* (Fn. 341), 1283; zur historischen Entstehung vgl. *Yeazell, Stephen C.,* The new jury and the ancient jury conflict, The University of Chicago Legal Forum 1990, 87 (90 f.).
378 *Langbein* (Fn. 330), 865 spricht vom jury-Verfahren sogar als „comparative rarity"; von zentraler Bedeutung ist die jury hingegen im besonders prominenten Bereich der torts, vgl. *Fleming* (Fn. 317), 101.
379 *Darbyshire* (Fn. 92), 405.
380 Verblieben sind im Kern Klagen wegen fraud, libel, slander, malicious prosecution und false imprisonment, mit Ausnahmen für einige faktisch komplexe Verfahren, vgl. Section 69 Supreme Court Act 1981.
381 Vgl. *Devlin* (Fn. 142), 141 ff.
382 Deutlich *Darbyshire* (Fn. 92), 415, auch zum folgenden Beispiel.

to these comparisons."[383] Anders als in den USA ist die jury in England aber auch in den ihr verbliebenen Bereichen nicht gänzlich unangegriffen. Immer wieder wird über ihre Abschaffung auch in den Restbereichen des Zivilrechts und selbst über gewisse Beschränkungen im Strafrecht diskutiert.[384]

Letztlich lässt die Einstellung zur jury sogar gewisse Rückschlüsse auf die Grundauffassung zu der Frage zu, was Recht eigentlich ist und was ein Gerichtsverfahren bewirken soll: Wenn es im Prozess darum gehen soll, die objektiven Tatsachen festzustellen, dann die verbindlich vorgegebenen Rechtsregeln zu finden und lege artis auszulegen, um sie schließlich auf die Tatsachen anzuwenden, wenn die Gerichte insofern Diener der Staatsmacht sind, dann macht eine jury kaum einen Sinn. Wenn das Recht hingegen weniger als Sammlung hierarchischer Normbefehle angesehen wird, sondern zumindest neben solchen Befehlen auch als ein Konglomerat aus Handlungsregeln und -standards, deren Anwendung vom jeweiligen Kontext abhängt und die aus dem Volk mit all seinen Vorurteilen und Idealen heraus geschaffen werden, dann ist die jury eher ein wichtiges und sinnvolles Element.[385] **157**

V. Typische materielle Rechtsinstitute

Rechtskreise werden durch das Zusammenspiel einer Vielzahl von Elementen bestimmt. **158** Regelmäßig können einzelne von ihnen, auch besonders typische, entfallen, ohne dass die Zuordnung zum Rechtskreis insgesamt ernsthaft in Frage stünde. Das gilt besonders auch für alle materiellrechtlichen Elemente. Selbst wenn man sich beispielsweise – wenig realistisch – vorstellte, dass England auf ein Rechtsinstitut wie den trust, der gemeinhin als geradezu archetypisch für das common law gilt, verzichten würde, so wäre damit doch die Zugehörigkeit Englands zum common law in keiner Weise in Frage gestellt. Dennoch wird der Kontext eines Rechts von dessen materiellen Regeln mitgeprägt. Auch didaktisch ist die Auseinandersetzung mit ihnen unabdingbarer Teil des Sich-Hineindenkens in fremdes Recht. Welche Rechtsinstitute dabei den Kontext besonders prägen, ist eine objektiv kaum zu beantwortende Frage. Jede Auswahl muss hier stark subjektiv geprägt sein und kann sich nur an zweierlei orientieren: Erstens an Gepflogenheiten, dh an dem, was üblicherweise als besonders typisch angesehen wird, so dass zumindest rudimentäre Kenntnisse dazu als bekannt vorausgesetzt werden. Zweitens und damit teilweise zusammenhängend an der Auffälligkeit, dh am Ausmaß der Überraschung, die das entsprechende Institut beim fremden Betrachter hervorrufen kann, und an der prägenden Bedeutung für größere Bereiche des Rechts. Im common law können so – weder positiv noch negativ abschließend – zunächst die Regeln der Gesetzesauslegung näher betrachtet werden (1). Aus dem zivilrechtlichen Bereich kommen sodann Grundeigentum (2), trust (3) und consideration (4) in Betracht, aus dem öffentlichen Recht etwa die grundlegende Abgrenzung zum Privatrecht (5), die levels of scrutiny bei der Grundrechtsprüfung (6) und der gerichtliche Prüfungsmaßstab bei Rechtsauslegung durch die Verwaltung (7).

1. Gesetzesauslegung

a) Gesetzesauslegung als umstrittenes Kernproblem

Die Auslegung von Gesetzen[386] ist im common law eines der großen, hochumstrittenen **159** Themen, das sowohl die akademische Literatur als auch Ausbildung und Praxis intensiv

[383] John vs. MGN Ltd. [1997] QB 586, 614.
[384] Vgl. *Bailey/Ching/Taylor* (Fn. 9), 945 ff., 1098 ff., 1104 f.
[385] Deutlich *Atiyah/Summers* (Fn. 90), 174 f.
[386] Zur hier nicht behandelten Vertragsauslegung vgl. etwa *Burton, Steven J.*, Elements of contract interpretation, 2009, passim; *Lewison, Kim*, The interpretation of contracts, 7. Aufl. 2021, passim; *McLauchlan, David*, Contract interpretation – What is it about?, Sydney Law Review 31 (2009), 5 (5 ff.); *Kramer, Adam*,

beschäftigen. Die Auslegung von Gesetzen und die dahinterstehenden Auslegungsgrundsätze werden nicht nur von Wissenschaftlern, sondern auch von Praktikern als besonders komplexes und schwieriges Thema angesehen. Auslegungsprobleme werden also nicht nur konkret im Hinblick auf die bei einzelnen Normen erzielten Ergebnisse konträr diskutiert, sondern regelmäßig auch auf der abstrakten Ebene der einschlägigen Auslegungsgrundsätze und ihres Verhältnisses zueinander. Was fehlt, ist ein einfacher, in der Praxis weitgehend konsentierter und wenig problematisierter Kanon von Auslegungsregeln.

160 Am Beispiel Englands besteht das zentrale und für ausländische Beobachter oft überraschende Problem vor allem darin, dass die teleologische Auslegung, die Frage also nach dem Sinn des Gesetzes, alles andere als ein selbstverständlicher Teil der Gesetzesauslegung ist. Zwar werden teleologische Argumente seit Jahrzehnten mehr und mehr akzeptiert, doch ist dieser allmähliche Prozess längst nicht abgeschlossen und führt seinerseits zu weiteren Unklarheiten und inneren Brüchen. Stattdessen besteht eine Reihe von teils sehr alten Auslegungsregeln, die aber keinesfalls ein einheitliches Ganzes bilden, sondern gerade in ihrem Spiel mit- und gegeneinander größere Probleme hervorrufen. Einige britische Beobachter gehen deshalb sogar davon aus, dass es gar keine Auslegungsregeln gebe, sondern nur „1001 Interpretationskriterien".[387] Der wahre Kern dieser Kritik liegt in der allgemeinen Erkenntnis, dass sich der auslegende Richter oder Anwalt vielfach nicht an einen festen Kanon hält, sondern aus der Vielzahl der bestehenden Auslegungsregeln diejenigen heraussucht, die zum jeweils gewünschten Ergebnis führen. Öfter als in manch anderen Rechtsordnungen finden sich zwar sogar eigene Definitionsabschnitte in den Gesetzen, doch erleichtert dies die Aufgabe nur marginal, da die Problematik sich dann schlicht auf das genaue Verständnis der jeweiligen gesetzlichen Definition und ihrer einzelnen Elemente verlagert.[388]

b) Klassische Auslegungsregeln

161 Das englische Recht kennt zunächst drei klassische, vielzitierte Auslegungsregeln: Die sog. literal rule verlangt eine Auslegung nach „plain, literal, ordinary meaning".[389] Diese zunächst selbstverständlich erscheinende Forderung bedeutet allerdings in ihrer englischen Version, dass klare Worte die Auslegung determinieren, selbst und gerade wenn das so gefundene Ergebnis kaum einen Sinn macht. Der Grundgedanke dieser ungewöhnlichen Regel ist ein erzieherischer: Das Parlament soll gezwungen werden, sich bei der Formulierung von Gesetzen mehr Mühe zu geben. Klassisches Beispiel ist etwa die Entscheidung R. vs. Harris,[390] in der der Angeklagte dem Opfer die Nasenspitze abgebissen hatte. Es ging nun um die Frage, ob er damit gegen ein Gesetz verstoßen hatte, das es zum Vergehen erklärte, „to stab, cut or wound any person". Das Gericht verneinte dies unter Verweis auf die literal rule, weil der klare Wortlaut des Gesetzes den Einsatz irgendeines Instruments fordere, die eigenen Zähne aber kein solches Instrument seien. Die literal rule wurde insbesondere im 18. und 19. Jahrhundert intensiv verwendet, kommt aber auch heute durchaus noch zur Anwendung. Ein Ergebnis, das das Gericht selbst als sinnwidrig erkennt, führt dann eben

---

Common sense principles of contract interpretation (and how we've been using them all along), Oxford Journal of Legal Studies 23 (2003), 173 (173 ff.); dazu etwa auch aus praktischer Perspektive *Triebel, Volker,* Pitfalls of English as contract language, in: Olsen, Frances; Lorz, Alexander; Stein, Dieter (Hrsg.), Translation issues in language and law, 2009, 147 (147 ff.).

387 Vgl. *Bennion, Francis Alan Roscoe; Goodall, Kay; Morris, Geoffrey,* Bennion on statutory interpretation – A code, 5. Aufl. 2008, 9.

388 Zum Folgenden vgl. den Überblick bei *Bailey/Ching/Taylor* (Fn. 9), 402 ff.; *Darbyshire* (Fn. 92), 27 ff.; detailliert *Bailey, Diggory; Norbury, Luke,* Bennion, Bailey and Norbury on statutory interpretation, 8. Aufl. 2020, 573 ff.; *Bell, John; Engle, George,* Cross on statutory interpretation, 3. Aufl. 1995, 10 ff.; *Goodrich* (Fn. 79), 54 ff., 105 ff.

389 Berühmte Formulierung in Sussex Peerage case [1844] 8 ER 1034 (HL) 1057, vgl. auch 1035, 1057: „natural and ordinary sense".

390 R vs. Ann Harris [1836] 173 ER 198 (KB).

nicht zu einer anderen Auslegung, sondern nur zum Vorschlag an den Gesetzgeber, die Norm umzuformulieren.[391] Andererseits ist das Gericht zu solchen Ergebnissen keineswegs gezwungen. Es kann sich nicht nur schlicht dafür entscheiden, die betroffene Regel nicht als klar anzusehen, sondern auch eine Ausnahme greifen lassen, etwa von einem Redaktionsversehen ausgehen.[392] Sieht das Gericht den Gesetzeswortlaut als mehrdeutig an, kann die mischief rule eingreifen. Sie erlaubt es dem Gericht, auf das Problem zurückzugreifen, das das Gesetz in Abweichung vom common law beheben wollte, und der gesetzlichen Problemlösungsstrategie möglichst zum Durchbruch zu verhelfen.[393] Die sog. golden rule schließlich erlaubt eine Abweichung von der gewöhnlichen Bedeutung der verwendeten Worte, wenn es anderenfalls zu einem absurden Ergebnis käme.[394] Eine solche Verwendung der golden rule wird aber auch immer wieder einmal abgelehnt, insbesondere wenn die Bedeutung der Worte klar ist (also gerade in ihrem eigentlichen Anwendungsbereich, da bei unklaren Worten kaum ein Gericht eine Auslegung mit absurdem Ergebnis anstreben würde). In aller Deutlichkeit wird beispielsweise dagegengehalten: „If the words of an Act are clear, you must follow them, even though they lead to a manifest absurdity. The Court has nothing to do with the question whether the legislature has committed an absurdity."[395]

Insgesamt fügen die Regeln sich keineswegs zu einem einheitlichen Ganzen zusammen, **162**
vielfach widersprechen sie sich sogar in den Ergebnissen. Das ist englischen Juristen aber durchaus bewusst, die auch immer wieder betonen, dass es sich letztlich gar nicht um echte Regeln handelt, sondern eher um Bezeichnungen für verschiedene Herangehensweisen.[396] Die Gerichte mögen zwar die eine oder andere Regel heranziehen, erörtern die Regeln aber nur sehr selten ausdrücklich und als solche.[397]

Neben den sehr allgemeinen findet sich auch eine ganze Reihe spezifischer Auslegungs- **163**
regeln, die in speziellen Situationen weiterhelfen sollen. Die ejusdem generis Regel etwa besagt, dass in einer Aufzählung, in der nach einigen speziellen ein genereller Ausdruck verwendet wird, der generelle im Licht der speziellen auszulegen ist. Klassisches Beispiel ist etwa der Sunday Observance Act von 1677, wonach „no tradesman, artificer, workman, labourer or other person whatsoever, shall do or exercise any wordly labour, business, or work of their ordinary callings upon the Lord's Day". Die „other person" muss dabei nach ejusdem generis jemand sein, der einer ähnlichen Tätigkeit nachgeht wie den ausdrücklich genannten, also etwa nicht der Eigentümer einer Kutsche, ein Bauer oder Barbier.[398] Eine weitere Regel – expressio unius est exclusio alterius – schließt bei Vorliegen einer Auflistung

[391] Vgl. etwa R vs. Smith [2003] 1 WLR 1647 (CA) 1652.

[392] Vgl. zu den strengen Voraussetzungen dafür etwa Stock vs. Frank Jones (Tipton) Ltd. [1978] 1 WLR 231 (HL) 239: „If the words used by Parliament are plain, there is no room for the 'anomalies' test, unless the consequences are so absurd that, without going outside the statute, one can see that Parliament must have made a drafting mistake. [...] But mere 'manifest absurdity' is not enough: it must be an error [...] which in its context defeats the intention of the Act.".

[393] Zurückgehend auf Heydon's Case [1584] 76 ER 637 (KB) 639 mit der klassischen Formulierung der Gedankenschritte:
„1st. What was the common law before the making of the Act.
2nd. What was the mischief and defect for which the common law did not provide.
3rd. What remedy the Parliament hath resolved and appointed to cure the disease of the commonwealth.
And 4th. The true reason of the remedy; and then the office of all the Judges is always to make such construction as shall suppress the mischief, and advance the remedy, and to suppress subtle inventions and evasions for continuance of the mischief, and pro privato commodo, and to add force and life to the cure and remedy, according to the true intent of the makers of the Act, pro bono publico.".

[394] Klassisch die Formulierung in River Wear Commissioners vs. Adamson [1876-77] 2 App Cas 743 (HL) 764 f.: „we are to take the whole statute together, and construe it all together, giving the words their ordinary signification, unless when so applied they produce an inconsistency, or an absurdity or inconvenience so great as to convince the Court that the intention could not have been to use them in their ordinary signification, and to justify the Court in putting on them some other signification, which, though less proper, is one which the Court thinks the words will bear.".

[395] R vs. The Judge of the City of London Court [1892] 1 QB 273 (CA) 290.

[396] Vgl. etwa Lord Reid in Maunsell vs. Olins [1975] AC 373 (HL) 382.

[397] Vgl. *Bailey/Ching/Taylor* (Fn. 9), 407 Fn. 36.

[398] Vgl. *Bailey/Ching/Taylor* (Fn. 9), 432 mwN.

alle nicht gelisteten Gegenstände aus. Für die spezielle Situation, dass ein allgemeiner Ausdruck und spezielle Ausdrücke nebeneinander verwendet werden und der allgemeine die anderen umfaßt, ordnet die Regel an, diesem allgemeinen Ausdruck diejenige Bedeutung zu geben, die die spezielleren ausschließt. Denn anderenfalls hätten die speziellen Ausdrücke keinen Sinn. Wenn ein Gesetz also etwa von „lands, houses, tithes, coal mines" spricht, dann sind nach dieser Regel zwar Kohlebergwerke, aber keine anderen Arten von Minen erfasst, obwohl sie üblicherweise unter den allgemeinen Ausdruck „lands" fallen würden.[399] Ein letztes Beispiel bietet die Regel noscitur a sociis, der zufolge die umstehenden Worte das auszulegende Wort beeinflussen. Sind etwa nach einem Gesetz „floors, steps, stairs, passages, and gangways" von Hindernissen freizuhalten, so bezieht sich diese Vorschrift nicht auf Teile eines Fabrikbodens, der nicht – wie alle genannten Beispiele – als Durchgang, sondern nur zum Lagern verwendet wird.[400]

c) Zweifelhafte Heranziehung von Gesetzgebungsmaterialien

164 Neben diesen und anderen Auslegungsregeln oder -herangehensweisen ist für die Auslegung stets von Bedeutung, welche Umstände überhaupt mit in die Betrachtung einbezogen werden dürfen. Auch hier ist das englische[401] Recht im Grundsatz immer noch eher formal und restriktiv, indem ein Rückgriff auf Auslegungshilfen außerhalb des eigentlichen Gesetzgebungstextes, dh insbes. auf die Gesetzgebungsmaterialien, bis vor kurzer Zeit generell verboten war. Was also der Verfasser des Gesetzes eigentlich wollte, was im Parlament oder in Ausschüssen dazu gesagt wurde, war zwar in Hansard, der parlamentarischen Materialiensammlung, ohne weiteres nachzulesen, musste vor Gericht aber völlig unbeachtet bleiben. Diese auf den ersten Blick erstaunliche Regel bestand nicht nur im Hinblick auf die praktische Schwierigkeit, gerade in England den Willen des Parlaments zu ermitteln, sondern sollte erneut einem tieferen Zweck dienen: Der Bürger sollte in die Lage versetzt werden, das Recht zu kennen, indem er nur auf das Gesetz schaute.[402] Für den außenstehenden Betrachter erscheint eine solche Begründung nicht nur allgemein etwas ungewöhnlich, da Bürger kaum je Gesetzestexte lesen und sie auch oft nicht aus sich heraus vollständig verstehen können. Sie scheint vielmehr vor allem für das common law unpassend, das ja gerade im Kern aus ungeschriebenem, nur aus der Lektüre zahlreicher Gerichtsentscheidungen ableitbarem Recht besteht und so der hehren Anforderung eines für den Bürger selbständig und einfach nachlesbaren Rechts – idealerweise also eines Gesetzbuches – von vornherein nicht entsprechen kann. Möglicherweise steht dahinter ein gewisses Mißtrauen gegen Parlamentsgesetzgebung und die ebenso diffuse wie zweifelhafte Auffassung, dass demgegenüber das ungeschriebene common law ein aus dem englischen Volk heraus geschaffenes, geradezu natürliches Recht sei, das der Engländer in irgendeiner Form intuitiv erfassen könne.

165 Wie dem auch sei, die alte und strenge Regel, die den Rückgriff auf Hansard verbot, erfuhr 1993 mit der Entscheidung des House of Lords in Pepper vs. Hart[403] eine Einschränkung. Der Fall illustriert zugleich die seltsamen Ergebnisse, zu denen die alte Regel leicht führte: Im Kern ging es um die steuerrechtliche Frage, ob bei Lehrern an Privatschulen der Wert der dort ihren eigenen Kindern kostenfrei angebotenen Schulausbildung mit dem vollen Marktwert anzusetzen sei oder nur mit den weit niedrigeren Kosten, die der Privatschule tatsächlich entstanden. Das House of Lords wollte sich zunächst mehrheitlich für den vollen Wert entscheiden und dies mit dem Willen des Parlaments begründen. Dann aber

399 Vgl. R vs. The Inhabitants of Sedgley [1831] 109 ER 1068 (KB) 1069 f.
400 Vgl. Pengelley vs. Bell Punch Co Ltd. [1964] 1 WLR 1055 (CA) 1058 f.
401 Zum Ansatz in den USA, der seit Jahrzehnten den Materialien sehr offen gegenübersteht vgl. *Eskridge, William N.,* Symposium on statutory interpretation – Legislative history values, Chicago-Kent Law Review 66 (1990), 365 (365 ff.); grundlegend *Solan, Lawrence M.,* The language of statutes, 2010.
402 Vgl. *Darbyshire* (Fn. 92), 30.
403 Pepper (Inspector of Taxes) vs. Hart [1993] AC 593 (HL), insbes. 630 ff.

wurde es darauf aufmerksam gemacht, dass der Minister, auf dessen Initiative das entsprechende Gesetz zurückging, in seiner Stellungnahme ausdrücklich das Gegenteil gesagt hatte. So änderten die Lordrichter ihre Meinung und entschieden unter Bezugnahme auf Hansard. Für den Rückgriff auf die Materialien stellten sie dabei drei Voraussetzungen auf, die kumulativ erfüllt sein müssen: Erstens muss das Gesetz mehrdeutig oder obskur sein oder ins Absurde führen; zweitens muss es sich bei dem Material um eine Stellungnahme des Gesetzessponsors handeln, ggf. mit weiteren Parlamentsmaterialien, die erforderlich sind, um diese Stellungnahme und ihre Auswirkungen zu verstehen; drittens muss die Stellungnahme klar sein.

Für die Gerichte schien dies zunächst einen gewissen Befreiungsschlag zu bedeuten, der **166** freudig angenommen und vielfach verwendet wurde. Allerdings wurde auch vermehrt die Gefahr einer Kostenexplosion gesehen, da Anwälte gezwungen waren, in sehr aufwendiger Weise Hansard zu konsultieren, obwohl sich dort nur selten tatsächlich Fallentscheidendes finden lässt. Weiterhin bestand auch die Gefahr, dass die Qualität der Gesetzgebung insgesamt in Mitleidenschaft gezogen und die Machtbalance zwischen Legislative und Exekutive verschoben würde. Den kritischen Stimmen, insbesondere dem Kostenargument, folgte der Sache nach auch das House of Lords, das im Jahr 2001 die weite Anwendung der Ausnahme aus Pepper vs. Hart stark beschränkte und auf einer sehr restriktiven Lesart der dort aufgestellten Voraussetzungen beharrte.[404]

d) Andersartigkeit der Gesetzesauslegung im common law

Insgesamt sträubt sich also das englische Recht vehement dagegen, eine umfassende Aus- **167** legung zu akzeptieren, die schlicht alle relevanten Umstände mit einbezieht und alle Überlegungen zur Ermittlung des objektiven oder subjektiven Willens des Gesetzgebers anstellt, um zu einem sinnvollen und interessengerechten Ergebnis zu gelangen. Zwar gibt es durchaus Vorschläge, die mehr oder minder in diese Richtung zielen, doch hinterlassen die zahllosen Entscheidungen und Stellungnahmen dazu einen sehr gemischten, keinesfalls einheitlichen Eindruck. Umstritten ist so gut wie jeder Aspekt. Immer wieder beobachtet wird allerdings eine zunehmende, wenn auch keineswegs durchgreifende Tendenz hin zu einer auch teleologischen Auslegung, gerade auch im House of Lords. Dies scheinen auch die Lordrichter selbst so zu sehen, wie etwa die Ansicht von Lord Steyn zeigt: „During the last 30 years there has been a shift away from literalist to purposive methods of construction."[405] Die grundlegenden Debatten zu dieser Frage in England sind uferlos, aber auch in der rechtsvergleichenden Literatur herrschen sehr unterschiedliche Ansichten. In einer sehr umfassenden Studie wurde etwa mit Nachdruck und bewusst gegen die sonst ganz allgemein geteilte Auffassung die Ansicht vertreten, dass die Auslegungspraxis englischer und kontinentaleuropäischer Gerichte sich weder heute noch in der Vergangenheit signifikant voneinander unterschieden habe, dass die jeweiligen Entwicklungen im Kern parallel verlaufen seien und dass insbesondere dem Beitritt Großbritanniens zur Europäischen Gemeinschaft allenfalls eine verstärkende Rolle bei einem ohnehin laufenden Wandel in der Auslegungsmethodik zukomme.[406] Solchen, möglicherweise berechtigten Analysen stehen aber gerade englische Stimmen, wie etwa Lord Denning entgegen, der besonders betonte und bedauerte, dass das englische Recht im Hinblick auf die im Zentrum der Debatten stehende teleologische Auslegung – und damit im Unterschied zur zeitgleichen kontinentalen Praxis – ausgesprochen zurückhaltend war.[407]

---

[404] Vgl. R vs. Secretary of State for the Environment, Transport and the Regions [2001] 33 HLR 301, 316 ff.
[405] Inland Revenue Commissioners vs. McGuckian [1997] 1 WLR 991 (HL) 999.
[406] Vgl. *Vogenauer, Stefan,* Die Auslegung von Gesetzen in England und auf dem Kontinent, 2 Bände, 2001, zusammengefaßt 1295 ff., 1334.
[407] Vgl. *Denning* (Fn. 77), 9 ff.; ähnlich etwa Lord Diplock in Henn and Darby vs. Director of Public Prosecutions [1981] AC 850 HL 905 f.

2. Grundeigentum

168 Das Grundeigentumsrecht des common law ist für den Juristen des civil law zunächst besonders fremdartig, aber gleichzeitig nach einiger Einarbeitung besonders gut zu verstehen. Die Fremdartigkeit beruht auf den auch heute noch deutlich zu spürenden, feudalen Wurzeln von Denken wie Sprache auf diesem Gebiet. Ist diese Hemmschwelle erst einmal überwunden, weist das Grundeigentumsrecht aber eine sehr systematische, formale Struktur auf, die manchen modernen common lawyer geradezu abschreckt, in die sich ein im kontinentaleuropäischen Recht trainierter Jurist aber sehr gut – wenn auch immer mit gewisser Verwunderung – eindenken kann.

a) Feudale Wurzeln von Sprache und Denken

169 Dass sich das heutige Grundstücksrecht des common law *im Ergebnis* signifikant von dem anderer Rechtsordnungen, insbes. des kontinentaleuropäischen Rechts unterschiede, lässt sich nur beschränkt behaupten. Viele komplex und fremd erscheinende Konstruktionen des common law finden bei genügend intensiver Suche ein funktionales Äquivalent. Selbst etwa die höchst technische rule against perpetuities, die dem Erblasser in der Gestaltung der Erbfolge für die weiteste Zukunft zeitliche Grenzen zu setzen versucht,[408] lässt sich mit ihren Kernanliegen in der Komplexität des deutschen Erbrechts nachkonstruieren.[409] Viele Eigentümlichkeiten des frühen Grundstücksrechts sind zudem in verschiedenen Rechtsordnungen des common law entweder rechtlich überholt oder zumindest ohne praktische Bedeutung, wobei das englische Recht hier insgesamt moderner zu sein scheint als das Recht in den USA. Auch in der Alltags- und Geschäftskultur ist die Ähnlichkeit deutlich zu spüren, wenn etwa ein Engländer oder U.S.-Amerikaner sich mit gleicher Selbstverständlichkeit als „Eigentümer" seines Hauses ansieht wie ein Franzose oder Deutscher, ohne sich um die Eigenarten der rechtlichen Konstruktion zu kümmern oder sich auch nur bewusst zu sein, dass es ein Konzept des „Eigentums", wie es bei beweglichen Sachen existiert, für Immobilien streng genommen nicht gibt.[410]

170 Die unübersehbare Fremdartigkeit des Grundstücksrechts ist heute vor allem konstruktiver und sprachlicher Natur. So wäre schon das schlichte „Eigentum" am besten mit „ownership" zu übersetzen, doch ist „ownership" gerade kein übliches rechtliches Konzept. „Property" hingegen bezeichnet zwar auch das ganze Rechtsgebiet, im Übrigen aber eher den Eigentumsgegenstand („I own that piece of property."). Gesprochen wird stattdessen unter Juristen beispielsweise von „tenure", „estate" und „interests in land", ohne dass diese Begriffe sich sinnvoll in andere Sprachen übersetzen ließen. Rechtlich korrekt formulierte Aussagen zum Grundstücksrecht vermitteln dem nicht einschlägig trainierten Laien oder fremden Juristen oft nur den Eindruck sinnlosen Wortgeklingels. Anschauliche Beispiele dafür lassen sich leicht finden. Nehmen wir eine bekannte Regel, die sog. Rule in Shelley's Case[411] aus dem Jahr 1581. Sie lässt sich – in englischer Sprache – etwa so beschreiben: When a freehold estate is given to X, either inter vivos or by will, and in the same instrument a remainder is limited to the heirs or to the heirs of the body of X, and if that freehold estate and the remainer are both legal or both equitable, the intended remainder in the heirs is not recognized and X takes not only the freehold estate but also the remainder. If, for instance, A grants land „to X for life, then to Y for life, then to the heirs of X", the rule has the effect of converting what

---

408 Vgl. näher infra → Rn. 181 f.

409 Vgl. dazu *Reimann, Wolfgang,* Die „rules against perpetuities" im deutschen Erbrecht, NJW 2007, 3034 (3034 ff.).

410 Vgl. zu dieser heutigen Ähnlichkeit etwa auch *Glenn* (Fn. 152), 253 f.; zur formellen Unterscheidung aber ibid., 248 f.; sogar schon für das 13. Jahrhundert ähnlich *Baker* (Fn. 113), 257 („the tenant was in reality owner of the land").

411 Shelley's Case (1579-81) 1 CoRep 93b (QB) 104a; vgl. hierzu *Orth, John V.,* The mystery of the Rule in Shelley's Case, Green Bag 7 (2003), 45 (45 ff.).

would otherwise be a contingent remainder in the heirs of X into a vested remainder in fee simple in X. Zu erklären, was das genau bedeutet, würde hier erheblich zu weit gehen, da es einen Schnellkurs im Grundstücksrecht voraussetzte. Doch mag es tröstlich sein zu wissen, dass die Rule in Shelley's Case heute etwa in den meisten Staaten der USA gesetzlich aufgehoben ist und so in der Praxis kaum noch eine Rolle spielt.

Die sprachlichen und konstruktiven Eigenheiten des Grundstücksrechts gehen auf seine **171**
feudalen Wurzeln zurück.[412] Als Wilhelm der Eroberer 1066 die Macht in England übernahm, nahm er das Land englischer Edelleute, die gegen ihn gekämpft hatten, und übertrug es seinen normannischen Gefolgsleuten, die ihm im Gegenzug Treue und bewaffnete Unterstützung schuldeten. Rechtstechnisch beruhte die Landübertragung auf der Grundannahme, dass alles Land zunächst dem König gehört, der es aber anderen zur Nutzung überlassen kann. Diese wenigen anderen, die sog. tenants in chief, konnten nun ihrerseits die Landnutzung gegen Treue, Unterstützung und andere Pflichten (Oberbegriff: tenure) weitergeben usw – die klassische Lehnspyramide war geboren. Das Lehen konnte auch wieder entzogen werden, und es fiel mit dem Tod des Lehnsmanns an den Lehnsherrn zurück, bis dieser neue Treueschwüre – regelmäßig des Sohnes – akzeptierte und so ein neues Lehnsband entstand. Schon zu Beginn des 13. Jahrhunderts allerdings war hier vieles formalisiert und durch lokales Gewohnheitsrecht und common law in verläßlichere Bahnen gelenkt, gerade auch für den Todesfall. Die vom Lehnsmann geschuldeten Dienste waren weitgehend in Geldschulden umgewandelt. Mit der dritten Statute of Westminster Quia emptores terrarum endete 1290 schließlich auch das Recht der Feudalherren, ihrerseits durch sog. subinfeudation neue Feudalbeziehungen durch Überlassung von Land zu begründen. Schon zu dieser Zeit war die Konstruktion des Königs als letztlicher Eigentümer allen englischen Grund und Bodens reine Theorie ohne reale Bedeutung, war der Lehnsmann (tenant) in der Praxis der Grundeigentümer.[413]

Dennoch wirkt die feudale Denkweise bis heute nach. Man erwirbt nicht das Land oder **172**
das Eigentum daran sondern einen interest in land. Dabei kann es sich um einen interest handeln, der ein Besitzrecht vermittelt (possessory interest) oder nicht (nonpossessory interest). Die nonpossessory interests geben das Recht, das Land zu nutzen, ohne es zu besitzen, beispielsweise wenn ein Wege- oder Leitungsrecht (Fälle des sog. easement) oder das Recht zum Abbau von Bodenschätzen (ein Fall des sog. profit à prendre) eingeräumt wird. Die possessory interests dagegen werden auch als „estates" bezeichnet. Der weitestgehende estate, der dem Eigentum anderer Rechtsordnungen am nächsten kommt, ist die sog. fee simple absolute. „Fee" ist dabei ein Begriff, der vom lateinischen Wort für Lehen (feudum) abstammt. Die fee simple absolute ist frei vererblich und zeitlich nicht beschränkt. Sie unterscheidet sich damit beispielsweise von der (heute weitgehend obsoleten) fee tail, die beim Tode des Inhabers nur auf dessen *leibliche* Erben übergehen kann oder von der fee simple determinable, die nur besteht, bis ein bestimmtes, beliebiges Ereignis eintritt. Ist das „Eigentum" hingegen auf die Lebenszeit des Inhabers oder eines Dritten beschränkt, spricht man nicht von fee sondern von einem life estate bzw. einem life estate pur autre vie. Eine fast schon poethische Beschreibung des Grundgedankens der estates findet sich in Walsingham's Case:[414] „[...] the land itself is one thing, and the estate in the land is another thing, for an estate in the land is a time in the land, or land for a time, and there are diversities of estates, which are no more than diversities of time, for he who has a fee-simple in land has a time in the land without end, or the land for time without end, and he who has land in tail has a time in the land, or the land for time as long as he has issues of his body, and he who has an estate in land for life has no time in it longer than for his own life, and so of him who has an estate in land for the life of another, or for years."

[412] Zur historischen Entwicklung etwa *Baker* (Fn. 113), 241 ff.
[413] Vgl. *Baker* (Fn. 113), 249, 257.
[414] Walsingham's Case (1572) 75 ER 805 (QB) 817 f.

173 Endet ein estate (was nur bei fee simple absolute nicht möglich ist), so fällt er zurück an den ursprünglichen Inhaber. Dieser ursprüngliche Inhaber hat insofern schon vorher einen sog. future interest, der etwa bei der fee simple determinable „possibility of reverter" heißt. Solche future interests können auch für Dritte bestehen, etwa wenn ein life estate für X begründet wird, mit dem Tod des X dann aber fee simple absolute für Y entstehen soll. Y hat dann bereits jetzt einen sog. remainder. All diese interests, auch die future interests, können in der Regel nicht nur ihrerseits übertragen werden, sondern der jeweilige Inhaber kann auch einem oder mehreren Dritten einen beliebigen geringeren interest einräumen (was dann möglicherweise selbst wieder neue future interests erzeugt); diese Dritten haben dann ihrerseits dieselben Rechte. Es lässt sich leicht verstehen, dass dies über Jahre, Jahrzehnte und Jahrhunderte zu hochkomplexen rechtlichen Konstruktionen führen kann, die manchmal mehr den Anwälten als den jeweiligen Inhabern Freude bereiten. Dabei kann die Komplexität der verschiedenen interests in land und ihrer rechtlichen Regeln hier nicht einmal beispielhaft grob umrissen werden werden.[415]

174 Zu den estates zählen zudem noch die sog. leaseholds mit verschiedenen Kategorien von sog. tenancies (zB for year, periodic oder at will), die im wirtschaftlichen Ergebnis in etwa der Miete entsprechen, im common law jedoch zum Grundeigentumsrecht und nicht etwa zum Vertragsrecht (contracts) zählen. Konstruktiv stehen im common law etwa die Pflichten des sog. landlords, das Land verfügbar zu halten, und des sog. tenants, den Mietzins (rent) zu zahlen, gerade nicht in einem Gegenseitigkeitsverhältnis, dh wenn der tenant nicht zahlt oder der landlord nicht den Besitz einräumt, muss der jeweils andere seine Pflichten dennoch erfüllen, kann die Beziehung nicht beenden, sondern ist auf Schadenersatz angewiesen. In der heutigen Zeit sind insofern jedoch vielerlei Ausnahmen und gesetzliche Änderungen zu beachten, mit denen modernen sozialen und wirtschaftlichen Bedürfnissen Rechnung getragen wurde.

175 Insgesamt stellen die interests in land ein außerordentlich komplexes Gebiet dar. Das liegt nicht zuletzt an der enormen historischen Bedeutung, die das Land für das Selbstverständnis und das ökonomische Fortkommen der englischen Gesellschaft, dh insbesondere der Adeligen, hatte. Das gesamte common law wird deshalb von manchen in seinen Ursprüngen weitgehend als Grundstücksrecht bezeichnet.[416] Wie ein Beobachter festhielt: „real property law had become the victim of too many able minds refining too many distinctions for too long."[417] Schon die durchaus umfangreiche Darstellung durch Blackstone in Buch II der Commentaries gilt als geniale Vereinfachung, die das Grundstücksrecht zwar verständlich, aber nur auf Kosten der Details und Verwicklungen darstelle.[418] Die Komplexität besteht auch heute noch, doch wird in der Praxis oft versucht, sie zu umgehen, etwa indem man statt auf eine komplexe estate-Planung auf die Errichtung von trusts[419] zurückgreift.

b) Moderne Aspekte des Grundstücksrechts

176 Das Grundstücksrecht in moderner Lesart besteht aber keineswegs nur aus den estates und den nonpossessory interests in land. Hinzu kommen, oft zur Überraschung fremder Juristen, auch ganz andere Gebiete.[420] Zum Grundstücksrecht zählt etwa auch eminent domain, also das Recht des Staates, Grundstücke zum öffentlichen Wohl gegen angemessene Entschädigung zu enteignen. Weiterhin hat der Staat im Rahmen der police power das Recht,

[415] Für eine detailliertere, aber naturgemäß weiterhin grob vereinfachende Darstellung, die auch das im common law weit weniger bedeutsame und ausgefeilte Recht der beweglichen Sachen anreißt vgl. *Reimann, Mathias,* Einführung in das US-amerikanische Privatrecht, 2. Aufl. 2004, 131 ff.

[416] So *Glenn* (Fn. 152), 245.

[417] Vgl. *Simpson, A. W. Brian,* Introduction to Book II, in: Blackstone, William, Commentaries on the law of England, Bd. 2, 1766 (Faksimile der 1. Aufl. 1979), iii (v).

[418] Vgl. *Simpson* (Fn. 417), vi.

[419] Dazu noch infra → Rn. 183 ff.

[420] Vgl. etwa den Überblick bei *Bonfield, Lloyd,* American law and the American legal system in a nutshell, 2. Aufl. 2021, 175 ff.

bestimmte Nutzungen von Grundstücken zu beschränken, etwa wenn es um Belange des Denkmalschutzes geht. Wann diese police power eingreift und wann sie nicht mehr weiterhilft, so dass dem Eigentümer ein Entschädigungsanspruch zusteht, ist eine nur im Einzelfall zu beantwortende Frage, die immer wieder zu Rechtsstreitigkeiten Anlaß gibt. Zum Grundstücksrecht zählt auch das sog. zoning durch lokale Behörden, das den Grundstückseigentümern eines bestimmten Gebietes nur bestimmte Bau- und Nutzungsarten erlaubt, um typische Konflikte zu vermeiden, also etwa Wohngebiete oder Industriegebiete räumlich voneinander trennt.

Gerade auch im Grundstücksrecht zeigt sich gelegentlich sehr deutlich die kontextuelle 177
Abhängigkeit des Rechts. Besonders deutlich wird dies im Wasserrecht der USA, das merklich von den geographischen Gegebenheiten abhängt. Geht es etwa um die Nutzung von oberirdischen Gewässern, so gilt – stark vereinfacht – entweder die sog. riparian doctrine oder die sog. prior appropriation doctrine. Nach der riparian doctrine steht das Recht zur Wassernutzung den jeweiligen Grundstücksanliegern zu, die nur zu gewisser Rücksichtnahme aufeinander verpflichtet sind. Nach der prior appropriation doctrine hingegen stehen die Wasserrechte zunächst dem Staat zu, der dem Bürger jedoch die Nutzung nach einem meist komplexen Genehmigungssystem erlauben kann (ursprünglich wurden dabei die Nutzungsrechte schlicht nach der zeitlichen Reihenfolge der tatsächlichen Nutzung vergeben, daher die Bezeichnung der Theorie). Wie kaum anders zu erwarten, findet sich die weit weniger auf Ressourcenmanagement und das öffentliche Wohl ausgerichtete riparian doctrine vor allem in den wasserreichen Staaten der Ostküste, währen die wasserarmen und insofern konfliktträchtigeren Staaten der Westküste meist der prior appropriation doctrine unterliegen.

Ein anderes, stark kontextuell gebundenes rechtliches Phänomen ist die in den USA 178
mögliche Ersitzung von Grundstücken. Diese sog. adverse possession setzt im Kern nur voraus, dass ein fremdes Grundstück von einem Dritten für eine bestimmte Zeit (oft 20 Jahre) dauerhaft und offen, ohne Zustimmung des Eigentümers in Besitz gehalten wird. Nach Ablauf des Zeitraums verjähren nicht nur die Ansprüche wegen widerrechtlichen Betretens, sog. trespass, sondern der Dritte wird Eigentümer. Das gilt ganz unabhängig davon, ob er gutgläubig war, ja ob er vielleicht sogar ganz bewusst fremdes Land nutzte. Eine solche Rechtslage spiegelt auch heute noch die Situation einer Pioniernation wieder, in dem es vor allem darum ging, das Land zu besetzen und sinnvoll zu nutzen und in dem der (Groß-)Grundbesitzer, der sich nicht für sein Land interessierte, keinen dauerhaften rechtlichen Schutz verdiente. Sie steht so in deutlichem Gegensatz zum historisch[421] und auch in der heutigen Praxis weitgehenden Ausschluss von Ersitzungsmöglichkeiten in England.[422] Dass adverse possession in den USA bis heute überlebt hat, zeigt dabei nicht nur die Wirkmächtigkeit nationaler Gründungsmythen, sondern auch die fortbestehende Weite des Landes, in dem Grundbesitz nicht schon per se, wie etwa im heutigen Mitteleuropa, ein sehr rares und daher strengstens gehütetes Gut ist.

421 Vgl. dazu *Curry, William,* The Commentaries of Sir William Blackstone, Knt. on the laws and constitution of England; carefully abridged in a new manner and continued down to the present time: with notes, corrective and explanatory, 1796 (Nachdruck Elibron Classics 2005), II – 188 ff.

422 Zwar existiert auch im heutigen England noch die adverse possession. Für sog. unregistered land kann der Eigentumstitel des ursprünglichen Eigentümers nach zwölf Jahren der Landnutzung durch einen Dritten aufgehoben werden. Heute ist jedoch fast alles Land sog. registered land, also bei His Majesty's Land Registry eingeschrieben. Hier hat der Land Registration Act 2002 die Rechte des ursprünglichen Eigentümers erheblich gestärkt: Der Dritte kann zwar nach zehn Jahren des Landbesitzes beim Land Registry einen Antrag auf Eintragung seines Eigentums stellen, doch wird dem Eigentümer dann die Möglichkeit eines Widerspruchs innerhalb einer bestimmten Frist gewährt, Schedule 6 Land Registration Act 2002. Diese Regelung führte zur faktischen Aushöhlung der adverse possession, vgl. *Woods, Una,* The English law on adverse possession – A tale of two systems, Common Law World Review 38 (2009), 27 (28); vgl. auch *Scanlan, Gary,* Limitation and adverse possession – Dead but not forgotten, Statute Law Review 28 (2007), 119 (119 ff.).

c) Formalistische Struktur

179 Das Grundstücksrecht und insbesondere das Recht der estates bietet aber bei aller historischen Eingebundenheit und Komplexität zugleich ein Beispiel dafür, dass auch das heutige common law keineswegs immer – wie es dem allgemeinen Vorurteil entspricht[423] – durch das Streben nach einer angemessenen Lösung des Einzelfalls, durch Einbeziehung und Abwägung der beteiligten Interessen, durch offene Suche nach der richtigen Lösung vor dem Hintergrund des Fallrechts gekennzeichnet ist. Im Gegenteil ist das Recht der estates durch ein Netz von miteinander verwobenen Regeln und genau definierten Rechtsinstituten gekennzeichnet, durch strikte Normanwendung und große formale Strenge, wie sie idealtypisch eher im kontinentaleuropäischen Recht vermutet würde. Tatsächlich geht diese auch heute bestehende, formale Struktur aber weit über das hinaus, was ein heutiger Jurist des civil law für akzeptabel halten würde und rückt manchmal gefährlich in die Nähe einer übersteigerten Begriffsjurisprudenz. Hier dringt noch ein Geschmack des alten common law unter dem writ-System durch. Gerade auch deshalb ist das Grundstücksrecht ein so klassisches Beispiel für die Vielschichtigkeit des common law.

180 Das einfachste, allerdings historische Beispiel für die formale Struktur ist die Begründung einer fee simple absolute. Sie setzte unter dem common law eine ganz bestimmte Formulierung voraus: „to X and his heirs". Wurde der interest hingegen nur „to X" oder selbst „to X in fee simple" übertragen, so bestand – völlig unabhängig vom Willen der Beteiligten – keine fee simple absolute sondern nur ein life estate. Dieser Formalismus ist heute allerdings weitgehend gesetzlich abgeschafft. Nehmen wir daher ein komplizierteres Beispiel: In manchen Situationen (inbes. der gleich zu behandelnden rule against perpetuities) kommt es darauf an, ob ein remainder bereits wohlerworben („vested") oder nur bedingt („contingent") ist. Ein remainder ist – nochmals grob umschrieben – der durch Parteiwillen geschaffene future interest, der einem Dritten nach Beendigung eines vorherigen estates ein Besitzrecht verschaffen kann. Vereinfacht gesagt ist ein remainder vested, wenn er in jedem Fall entsteht, contingent wenn sein Entstehen unsicher ist, insbesondere, weil er unter einer aufschiebenden Bedingung (condition precedent) steht. Wenn also etwa bestimmt wird „to A for life, and on A's death to B, but if B predeceases A, on A's death to C" dann hat A einen life estate und B einen sog. vested remainder subject to total divestment. B hat nicht nur einen contingent remainder, obwohl sein Recht auf den Fall bedingt ist, dass er A überlebt. Das liegt nicht an irgendwelchen inhaltlichen Erwägungen, sondern allein daran, dass die Bedingung vom Wortlaut her („but if…") als eine condition subsequent, eine auflösende Bedingung ausgedrückt ist. Heißt es also hingegen „to A for life, and on A's death to B if B survives A", dann hat B nur einen contingent remainder, obwohl er in beiden Fällen gleicherweise nicht vor A sterben darf. Denn hier ist die Formulierung die einer condition precedent. Was der Sache nach gemeint war, ist hingegen rechtlich irrelevant. Die zentrale Bedeutung der äußeren Form geht sogar so weit, dass es für die Klassifizierung auf die genaue Reihenfolge der Worte ankommt. Heißt es also „to A for life, and on A's death to B if B survives A; but if B does not survive A, on A's death to C", dann wird das Verhältnis von B zu A sowohl als condition precedent („if B survives A',„) als auch als condition subsequent („but if B does not survive A") ausgedrückt. Abgestellt wird aber allein auf die condition precedent, weil sie in der Formulierung zuerst kommt und so feststeht, dass B nur einen contingent remainder hat; der nächste Satz dient dann nur noch der Einordnung von C's interest, wozu der interest von B nicht mehr in Frage gestellt wird (C hat einen sog. alternate contingent remainder). Der Formalismus dieser Einteilung ist zunächst für den fremden Beobachter seltsam und auch übertrieben, aber letztlich sehr systematisch und logisch.

---

[423] Schon *Radbruch* (Fn. 11), 36 stellte die Gegensätzlichkeit der Würdigung der englischen Methodik fest: „während englische Juristen meist ihre Starrheit hervorheben, pflegen ausländische Beobachter vielfach ihre Geschmeidigkeit zu rühmen"; die Lösung des Rätsels sieht er – auch heute noch völlig zu Recht – darin, „daß es je nach der Art der Sache und nach der Natur des Rechts bald starr ist, bald geschmeidig", ibid., 37.

d) Die peinliche rule against perpetuities

Die Einschätzung „seltsam, aber logisch" trifft auch eine der berühmtesten Regeln des common law, die sog. rule against perpetuities. Sie kann verschieden formuliert werden, lautet aber in einer klassischen Formulierung: „No interest is good unless it must vest, if at all, not later than twenty-one years after some life in being at the creation of the interest".[424] Die Regel soll verhindern, dass der ursprüngliche Eigentümer zu weit in die Zukunft festlegen kann, was mit seinem Eigentum geschieht. Eine Übertragung „To Judy Smith for life, then to such of her children as attain the age of 40" wäre ungültig, weil das einzige Kind 40 Jahre alt werden könnte (Zeitpunkt des vesting des contingent remainders), nachdem Smith mehr als 21 Jahre tot ist. Wäre statt des Alters 40 das Alter 21 verwendet worden, so wäre die Klausel gültig, weil das vesting, wenn es überhaupt eintritt, jedenfalls spätestens 21 Jahre nach Smiths Tod eintreten muss (denn nur bis zu ihrem Tod kann sie Kinder bekommen). Die Ungültigkeit der Klausel mit dem Alter 40 ist dabei völlig unabhängig von irgendwelchen Realitäten: Selbst wenn Judy Smith bereits 69 Jahre alt ist, ihre Gebärmutter entfernt wurde und sie zwei Kinder im Alter von 32 und 34 Jahren hat, geht die Regel davon aus, dass die beiden Kinder sterben, Smith doch noch ein weiteres Kind bekommen und kurz darauf selbst sterben könnte, so dass das Kind erst mehr als 21 Jahre nach ihrem Tod 40 Jahre alt würde. Solche scheinbar realitätsfernen Beispiele lassen sich in vielerlei Variationen bilden; eine andere berühmte Konstellation etwa unterstellt bei einer Übertragung „an die Witwe" eines Mannes, dass die gegenwärtige Ehefrau sterben und der Mann später eine Frau heiraten könnte, die gegenwärtig noch nicht geboren ist (also kein „life in being") und die dann seine Witwe wird. Dennoch greift die rule against perpetuities keinesfalls immer ein, wenn langfristige Festlegungen getroffen werden. So ist etwa die Übertragung „to Miller for life, then to Miller's children for their lives, and on the death of the last survivor of Miller's children, to Jones and his heirs" gültig (wir ersparen uns die Einzelheiten), obwohl Jones – oder besser seine Erben – auch in durchaus realistischen Szenarios (Miller ist ein Baby, wird erst spät Vater und hat langlebige Kinder) möglicherweise erst in 100 bis 150 Jahren in den Besitz des übertragenen Grundstücks gelangen könnte. 181

Für Jurastudenten des common law gilt die rule against perpetuities gemeinhin als Synonym für Unverständlichkeit und als der reine Horror, sollte sie in einer Prüfung tatsächlich abgefragt werden. Immer wieder wird etwa in Studentenkreisen berichtet, dass mancher bei dieser Regel von vornherein „auf Lücke" lernt und lieber das Risiko eines gewissen Punktverlustes eingeht, als sich damit abzuplagen. Es geht sogar das – wohl unbegründete – Gerücht um, dass die Regel so kompliziert sei, dass ein Anwalt bei Fehlern nicht in Haftung genommen werden könne. Aber auch unter Professoren ist die rule against perpetuities unbeliebt und berüchtigt.[425] Insbesondere in den USA gilt sie vielen, wie ein schöner Aufsatztitel es ausdrückt, als peinlich, als eine Art familiäres Problem, das man nicht in der Öffentlichkeit diskutiert.[426] Das liegt im Kern daran, dass die rule schlicht eine genaue Kenntnis all ihrer Aspekte und Unteraspekte einschließlich der verschiedenen estates verlangt, die dann streng auf den jeweiligen Sachverhalt zur Anwendung gebracht werden müssen. Es gibt nichts abzuwägen, keine Ergebnisse zu hinterfragen, keine teleologischen Erwägungen anzustellen. Der gesunde Menschenverstand führt nicht weiter, ja oft völlig in die Irre, es ist vielmehr rein formal vorzugehen. Vor allem aber entzieht sich die rule den im 182

[424] Vgl. *Gray, John Chipman,* The rule against perpetuities, 3. Aufl. 1915, § 201.

[425] Vgl. etwa schon allein den Titel von *Leach, Barton W.,* Perpetuities in perspective – Ending the rule's reign of terror, Harvard Law Review 65 (1952), 721, der die Regel ibid., 722 beschreibt als „so abstruse that it is misunderstood by a substantial percentage of those who advise the public, so unrealistic that its 'conclusive presumptions' are laughable nonsense to any sane man, so capricious that it strikes down in the name of public order gifts which offer no offense except that they are couched in the wrong words, so misapplied that it sometimes directly defeats the end it was designed to further".

[426] Zum Ganzen *Appel, Peter A.,* The embarrassing rule against perpetuities, Journal of Legal Education 54 (2004), 264 (264); zur Frage der Anwaltshaftung ibid., 264 Fn. 1; zu den teilweise bestehenden Änderungen in den USA und ihrer Gültigkeit in anderen common law Staaten ibid., 273, 274 f.

akademischen Unterricht der USA so beliebten rechtstheoretischen Grundfragen. Mit oder an ihr lassen sich kaum die ökonomische Analyse des Rechts, die public choice theory oder critical legal studies erläutern; ganz im Gegenteil widerspricht die langandauernde Existenz der Regel grundlegenden Annahmen solcher Lehren. Der Unterricht mutiert hier deshalb in aller Regel zu einem schlichten Versuch, die Regel in ihren Details zu erläutern und an Beispielen zu vertiefen – also genau zu dem black-letter Ansatz, der sonst vielfach verpönt ist.[427] Gerade dieser black-letter Ansatz führt aber auch dazu, dass ausländische Studenten aus civil law Ländern mit der rule meist weit weniger Probleme haben und oft die ganze Aufregung nur schwer verstehen können. Das ist es letztlich auch, was die rule against perpetuities für die Rechtsvergleichung interessant macht: Sie fällt aus dem Bild, das viele sich gerade vom U.S.-amerikanischen Recht machen, zeigt dessen Vielschichtigkeit, beleuchtet seine andere, formalere Seite und bestätigt die Bedeutung auch von Details und Ausnahmen in der rechtsvergleichenden Betrachtung. Nicht zuletzt vermittelt sie zudem ein lebendiges Gespür dafür, was das common law *auch* sein kann und vor allem in früheren Jahrhunderten vielfach war.

3. Trust

a) Grundgedanke des trust

183 Der Grundgedanke des trust ist einfach: Eigentum wird an eine Person, den trustee, übertragen, der es aber nicht zum eigenen Nutzen, sondern zum Nutzen anderer, der beneficiaries (Begünstigten), hält und entsprechenden Verpflichtungen unterliegt.[428] Die für das common law entscheidende und die Einzigartigkeit des trust begründende[429] Besonderheit ist dabei, dass der Eigentumstitel geteilt wird: Der trustee ist Inhaber des rechtlichen Titels, der Begünstigte des equitable Titels. Ohne die Trennung von law und equity[430] ist die Konstruktion eines trusts also nicht denkbar.[431] Ein klassisches Beispiel für den trust ist die Absicherung von Erben. Wenn ein Erblasser seinem Sohn zwar Geld aus seinem nicht unerheblichen Vermögen zukommen lassen will, den Sohn aber nicht oder noch nicht für geeignet hält, ein größeres Vermögen selbst sinnvoll zu verwalten, gar fürchtet, er würde es verschleudern, so kann er zu Lebzeiten oder testamentarisch einen trust für seinen Sohn errichten. Das Vermögen wird dann auf einen trustee übertragen, der es verwaltet und dem Sohn beispielsweise regelmäßig eine bestimmte Summe auszahlt. Die Regeln des trusts können auch vorsehen, dass der Sohn mit Erreichen eines bestimmten Alters, zB am 40. Geburtstag, oder bei Eintritt eines bestimmten Ereignisses, etwa dem Bestehen der Rechtsanwaltsprüfung, das gesamte Vermögen übertragen bekommt, so dass der trust endet. Die Gründe für die Errichtung solcher und ähnlicher trusts können außerordentlich vielfältig sein; oft spielen auch steuerrechtliche Erwägungen eine bedeutende Rolle. Für große Vermögen kann sich die Gründung eines trust im Hinblick auf die Steuerlast als geradezu zwingend erweisen. Joseph P. Kennedy etwa, der Vater des U. S. Präsidenten John F.

[427] Vgl. zum Ganzen anschaulich *Appel* (Fn. 426), 265 ff.

[428] Vgl. auch die Definition in Art. 2 der Hague Convention of 1 July 1985 on the Law Applicable to Trusts and on their Recognition: „legal relationships created – *inter vivos* or on death – by a person, the settlor, when assets have been placed under the control of a trustee for the benefit of a beneficiary or for a specified purpose". Diese Konvention wurde von Australien, Italien, Kanada, Liechtenstein, Luxemburg, Malta, Monaco, den Niederlanden, San Marino, der Schweiz, der Volksrepublik China (nur für Hong Kong anwendbar) und dem Vereinigtes Königreich ratifiziert, von Frankreich, den USA und Zypern bislang nur unterschrieben.

[429] Vgl. aber auch *de Waal, Marius J.,* Trust law, in: Smits, Jan. M. (Hrsg.), Elgar encyclopedia of comparative law, 2. Aufl. 2012, 926 (927 ff.), der genau diese Besonderheit aus dem trust herausdefinieren will und dann konsequent folgert, dass der trust nicht ein spezifisches common law Phänomen sei, weil seine Grundfunktionen auch in Rechtsordnungen des civil law erfüllt würden; letztlich setzt de Waal auf diese Weise ein funktionales Äquivalent mit dem Ausgangsinstitut gleich.

[430] Vgl. dazu supra → Rn. 72 ff.

[431] Zur historischen Entwicklung des trust aus dem sog. use vgl. schon supra → Rn. 74.

Kennedy, errichtete in der Mitte des 20. Jahrhunderts einen trust, von dem inzwischen drei Generationen seiner Abkömmlinge profitieren.[432] Der trust ist dabei grundsätzlich eher ein Instrument für größere Vermögen, doch kann er auch ohne große Formalitäten im kleineren Maßstab verwendet werden.

b) Flexibilität des trust

184 Schon in dieser einfachen Ausgangsform stellen sich beim trust zahlreiche Rechtsfragen im Detail, etwa zu seiner Begründung, Beendigung und Verwaltung. Dass etwa die Interessen des trustee und des Begünstigten nicht immer gleichlaufen und es daher leicht einmal zu rechtlichen Streitigkeiten kommen kann, liegt auf der Hand. Trusts sind aber vor allem höchst flexible und wandelbare Instrumente, die für eine Vielzahl von Zwecken eingesetzt werden können. Das betrifft schon viele kleinere Alltagssituationen. So kann beispielsweise ein Elternteil ohne Aufwand für das eigene, minderjährige Kind einen nahen Verwandten zum trustee ernennen, damit dieser dann als Begünstigter einer Lebensversicherung eingetragen werden kann, die letztlich dem Kind zugute kommen soll. Eine sehr einfache Form des trust, der sog. Totten trust,[433] kann etwa schlicht dadurch begründet werden, dass A ein Bankkonto im Namen von „A, trustee for X" eröffnet, mit Geld bestückt, sich aber selbst jederzeit das Verfügungsrecht erhält. Während A lebt, kann er dann ohne Beschränkung über das Geld verfügen (jede Abhebung ist streng genommen eine Teilaufhebung des trust). Nach A's Tod geht das Geld auf X über, der trust erlischt. Der Totten trust wird so gelegentlich bei geringem Vermögen sogar als Testamentsersatz verwendet. Ungleich größer und komplexer fallen hingegen beispielsweise die trusts aus, mit denen die Pensionen zahlreicher Arbeitnehmer als Begünstigte etwa in England gesichert werden.[434] Hier wie in vielen anderen trusts ist der trustee keine natürliche, sondern eine juristische Person, die sog. trust corporation. Ähnliches gilt, wenn mithilfe von trusts gemeinschaftliche Investitionen organisiert werden. Eine weitere, praktisch bedeutsame Form ist der charitable trust, bei dem das Einkommen des trust einem wohltätigen Zweck zu dienen bestimmt ist. Solche trusts, etwa zugunsten von Museen, Bildungseinrichtungen, Kirchen oder ganz allgemein den Armen, unterliegen rechtlich einigen Sonderregeln. Insbesondere müssen sie gerade keinen bestimmten Begünstigten, sondern eine hinreichend große Gruppe unbestimmter, potentieller beneficiaries haben. Auch unterliegt der trust nicht der rule against perpetuities, kann also auf unbestimmte Zeit laufen und ein Gericht kann bei Wegfall des wohltätigen Zwecks oder der bestimmten Wohlfahrtsorganisation einen anderen, möglichst ähnlichen Zweck oder eine möglichst ähnliche Organisation nach der sog. cy-près doctrine bestimmen.

c) Fiktive trusts als Mittel zum Zweck

185 Trusts können aber nicht nur auf einen bewussten Gründungsakt zurückgehen, sondern auch rechtliche Denkkonstruktionen sein, um bestimmte Rechtsfolgen zu erzielen. Dabei werden der resulting trust und der constructive trust unterschieden. Beim resulting trust wird in bestimmten Fallkategorien derjenige, dem Eigentum übertragen wurde, aus Billigkeitsgründen (equity) als trustee für den Übertragenden oder für denjenigen, der für die Übertragung gezahlt hat, angesehen. Ein klassisches Beispiel ist der fehlgeschlagene trust, etwa wenn die begünstigten Kinder nie geboren wurden, so dass nunmehr ein resulting trust für den Begründer des trusts oder dessen Erben entsteht. Andere Konstellationen betreffen den Ankauf von Gütern mit eigenem Geld zumindest auch für einen Dritten (sog. purchase money resulting trust) oder die Übertragung von Eigentum ohne Bezahlung, wenn jeweils kein Schenkungswille nachweisbar ist. In all diesen Fällen geht es nicht etwa darum, dass der trustee des resulting trust dem dadurch

[432] Vgl. *Bonfield* (Fn. 420), 207 f.
[433] Benannt nach Matter of Totten, 179 N. Y. 112 (1904) kann er auch als tentative trust oder bank account trust bezeichnet werden.
[434] Dazu etwa *Glister/Lee* (Fn. 197), 467 ff.

Begünstigten dauerhaft nur die Erträge auszahlen müßte, sondern dass dieser Begünstigte letztlich das Eigentum erlangen und so den resulting trust beenden kann.

186 Noch weiter auf dem Weg zu einer bloßen rechtlichen Konstruktion geht der constructive trust, der nicht mehr auf einem impliziten Parteiwillen beruht, sondern allein von Rechts wegen entsteht. Er reduziert die üblichen Pflichten des trustee oft auf die bloße Rückgabe und wird ua in Situationen angenommen, in denen eine Eigentumsübertragung unrechtmäßig, insbesondere betrügerisch herbeigeführt wurde. Wenn beispielsweise der testamentarische Erbe durch Tötung des Erblassers verhindern wollte, dass dieser sein Testament in bestimmter Weise zugunsten bestimmter Dritter ändert, so gilt zwar das alte Testament, doch halten die Erben ihr Erbe in Form eines constructive trust für die vom Erblasser gewünschten Erben.[435] Andere Fallkonstellationen umfassen etwa die Beziehung zwischen Käufer und Verkäufer eines Grundstücks bis zur formalen Eigentumsübertragung, bei der der Verkäufer zum trustee mit entsprechenden Sorgfaltspflichten gegenüber dem Käufer wird und auch beim Verkauf an einen Dritten den erhaltenen Kaufpreis wiederum als trustee für den ursprünglichen Käufer innehat.[436] Ebenso hält etwa der trustee eines gewöhnlichen trust etwaige Gewinne im Wege eines constructive trust für den Begünstigten; gleiches gilt für einen Dritten, der bewusst am Bruch eines trust mitgewirkt hat.[437] In England bestand sogar die Tendenz, einen constructive trust schlicht immer dann anzunehmen, wenn eine Partei billigerweise das Recht haben sollte, etwas zurückzufordern.[438] Auch wenn diese sehr weite Konstruktion nach dem Ausscheiden ihres Erfinders, Lord Denning, aus dem Richterdienst an Bedeutung verloren hat, zeigt sich hier doch, wie sehr der constructive trust sich vom eigentlichen, ausdrücklichen trust entfernt hat und nurmehr ein rechtliches Vehikel für bestimmte, im Einzelfall erwünschte Rechtsfolgen ist.

4. Consideration

a) Consideration und Form

187 Das common law ist im Gegensatz zum civil law von dem Grundgedanken geprägt, dass die bloße Willensübereinstimmung, dass Angebot und Annahme allein nicht ausreichend sind, um einen Vertrag zu schließen.[439] Dazu bedarf es vielmehr eines Mehr in Form der sog. consideration. Klassischerweise definiert wird die consideration als „some right, interest, profit, or benefit accruing to the one party, or some forbearance, detriment, loss, or responsibility, given, suffered, or undertaken by the other"[440] oder in der Kurzform: entweder ein Nachteil des Versprechensempfängers oder ein Vorteil des Versprechenden. Ein bloßes Versprechen („morgen zahle ich Dir 500 Euro") ist also nicht bindend, ein klassischer Kaufvertrag hingegen ist es, weil beispielsweise der Verkäufer für das Auto (oder das Versprechen es zu übereignen) das Geld (oder das Versprechen es zu zahlen) erhält und umgekehrt. Die consideration muss also nicht für den Vertrag als solchen, sondern für die jeweiligen Versprechen vorliegen und sie muss nicht zwingend in einem bereits vollzogenen Vor- oder Nachteil, sondern kann ebenso im bloßen Versprechen eines solchen bestehen.

188 Bei der consideration geht es weniger darum, den Real- vor dem Konsensualvertrag zu bevorzugen. Nur bei gewissen einseitigen Geschäften ist ein tatsächliches Handeln als

---

435 Klassischer Fall: Latham vs. Father Divine, 299 N. Y. 22 (1949).

436 Vgl. etwa *Glister/Lee* (Fn. 197), 265 f. mwN.

437 Vgl. zur dishonest assistance etwa *Glister/Lee* (Fn. 197), 704 ff. mwN.

438 Zu diesem neuen Model Hussey vs. Palmer [1972] 1 WLR 1286 (CA) 1289 f.: „a trust imposed by law whenever justice and good conscience require it. It is a liberal process, founded upon large principles of equity, (…) It is an equitable remedy by which the court can enable an aggrieved party to obtain restitution.".

439 Vgl. zum Folgenden etwa grundlegend *Peel* (Fn. 27), 78 ff.; tiefgreifende Analyse der Hintergründe und Entwicklungen bei *Benedict, Jörg,* Consideration – Formalismus und Realismus im common law of contract, RabelsZ 69 (2005), 1 (2 ff.).

440 Vgl. Currie vs. Misa [1874–75], LR 10 Ex 153 (Ex Chamber) 162.

consideration erforderlich, etwa wenn bei Auslobung eines Finderlohns für eine verlorene Brieftasche der Vertrag erst mit der tatsächlichen Rückgabe der Brieftasche zustande kommt. Bei der consideration geht es eher darum, den Rechtsbindungswillen sicher festzustellen und daneben einen gewissen Schutz vor übereilten Entscheidungen zu gewähren. Das Erfordernis einer consideration übernimmt also in manchen Bereichen Funktionen, die im civil law von Formerfordernissen erfüllt werden, etwa wenn ein Grundstückskaufvertrag im deutschen Recht nur wirksam ist, wenn er notariell beurkundet wurde. Im Unterschied zu solchen Formerfordernissen ist eine consideration allerdings immer erforderlich und nicht nur bei besonders gefährlichen oder sonst schutzwürdigen Geschäften. Der Zusammenhang von consideration und Form zeigt sich aber auch daran, dass die Einhaltung von Formvorschriften in einigen Fällen eine fehlende consideration ersetzen kann. Stellt man unter den Zwecken der consideration vor allem auf den Beleg eines Rechtsbindungswillens ab, dann liegt hier sogar die Auffassung nahe, dass die consideration stets durch Schriftform ersetzbar wäre, weil diese den Rechtsbindungswillen bereits hinreichend dokumentiert und eine separate consideration insofern überflüssig ist. Tatsächlich wurde diese Auffassung früher in England durchaus vertreten, allerdings bereits im 18. Jahrhundert aufgegeben.[441] In den USA hingegen hat sie sich in einer Minderheit von Bundesstaaten erhalten[442] und gilt unter dem bundesrechtlichen U. C. C. § 2–209 jedenfalls für eine Vereinbarung zur Vertragsänderung. Der Zusammenhang zur Form zeigt sich auch daran, dass eine consideration nach klassischem common law nicht erforderlich ist, wenn ein Versprechen förmlich als sog. deed gegeben wird. Der deed ist dabei ein schriftliches Dokument, das vor Zeugen unterzeichnet sowie gesiegelt und übergeben wurde. Genauer gesagt kommt es bei Vorliegen eines deeds auf die Existenz eines Vertrages gar nicht mehr an, da aus dem deed selbst heraus geklagt werden kann. Die Grundregel über den deed hat allerdings in neuerer Zeit vielerlei Änderungen, teils auch Ablehnung erfahren. So ist beispielsweise das scheinbar sehr formale und strenge Erfordernis eines Siegels vielfach nicht das, was es auf den ersten Blick zu sein scheint. In England etwa ist ein Siegel für deeds von natürlichen Personen gar nicht mehr notwendig. Selbst soweit ein Siegelerfordernis aber noch besteht, reicht es aus, dass auf der Urkunde eine Stelle ausgewiesen ist, an der das Siegel angebracht werden könnte; es wirklich anzubringen, ist nicht erforderlich.[443]

b) Komplexitäten und Widersprüche

Die consideration Lehre leuchtet dem fremden Betrachter im Hinblick auf ihre Funktion auf den ersten Blick durchaus ein, hat bei näherer Betrachtung aber ihre Tücken. 189

Insbesondere im Normalfall des zweiseitigen Vertrags scheint sich die consideration ein wenig zu verflüchtigen. Denn wenn gegenseitige Versprechen vorliegen, dann besteht im Normalfall eben auch automatisch eine consideration. Wenn gegenseitige Versprechen hingegen fehlen, dann gibt es prima facie von vornherein keinen Vertrag. Wo bleibt bei alledem die consideration?[444] Formal gesehen liegt sie natürlich jeweils im Versprechen des anderen; jedes Versprechen ist also zugleich consideration. Allerdings ist es dann gar nicht einfach zu sagen, wo genau im Versprechen der notwendige Vor- oder Nachteil liegt. Denn auf die scheinbar naheliegende Pflicht, dem Versprechen gemäß zu leisten, kann dazu gerade nicht abgestellt werden. Diese Pflicht entsteht nur, wenn ein Vertrag angenommen wird, was seinerseits aber consideration, also Vor- oder Nachteil voraussetzt… ein klassischer logischer Zirkel. Durchbrochen wird er durch die Annahme, dass eine Rechtspflicht gar nicht 190

441 Vgl. Rann vs. Hughes [1778] 2 ER 18 (HL) 23 gegen die zuvor vertretene Meinung etwa in Pillans vs. Van Mierop [1765] 97 ER 1035 (KB) 1039.

442 Vgl. *Bernstein, Herbert L.*, Contracts, in: Clark, David S.; Ansay, Tuğrul (Hrsg.), Introduction to the law of the United States, 2. Aufl. 2002, 159 (165); *Watson, Geoffrey R.*, In the tribunal of conscience – Mills vs. Wyman reconsidered, Tulane Law Review 71 (1997), 1749 (1803); *Hay/Kern* (Fn. 245), 130.

443 Vgl. zu den deeds in England *Peel* (Fn. 27), 178 f.

444 So die Fragestellung bei *Atiyah, Patrick S.*, The rise and fall of freedom of contract, 1979, 448.

erforderlich ist, sondern die im Geschäftsverkehr bestehende Gepflogenheit und entsprechende moralische Pflicht, Versprechen auch einzuhalten, ausreicht.[445]

191 Dabei zeigt sich, dass die consideration nicht notwenig einen besonders starken, durchgreifenden Vor- oder Nachteil voraussetzt. Das wird auch dadurch bestätigt, dass die consideration zwar nicht rein symbolisch sein darf, aber auch in keiner Weise dem erlangten Vorteil adäquat sein muss. Das in England fast sprichwörtliche Pfefferkorn kann hinreichende consideration sein. Das Versprechen eines Unternehmens beispielsweise, jedem Kunden eine Schallplatte zu geben, wenn er drei Verpackungen von Schokoriegeln zurückschickt, führt zu einem Vertrag, da die fast wertlosen, aber nicht symbolischen Papierstückchen als consideration ausreichen:[446] „A peppercorn does not cease to be good consideration if it is established that the promisee does not like pepper and will throw away the corn."[447]

192 Andererseits – und hier liegen einige der schwierigsten Detailfragen der consideration verborgen – werden immer wieder auch Leistungen nicht als consideration anerkannt, die für die Betroffenen durchaus ihren Wert haben können. Wenn beispielsweise C das Dach des D gedeckt hat, D nun aber nicht zahlen kann, haben beide ein Problem, da dem C der Verlust des Geldes, dem D Prozesse und vielleicht sogar ein schlechtes Gewissen drohen. So kann es sein, dass D anbietet, doch noch irgendwo Geld aufzutreiben und zumindest einen größeren Teil des Werklohns zu bezahlen, wenn C dies als vollständige Bezahlung akzeptiert. Für C mag dies ohne weiteres vorteilhafter als ein längerer Rechtsstreit erscheinen, der ihn nur Zeit und Nerven kosten würde. Die entsprechende Einigung stellt jedoch keinen gültigen Vertrag dar, weil D nur versprochen hat, einen Teil von dem zu zahlen, das er ohnehin schuldete, es also an der consideration fehlt.[448] Die faktischen Vorteile, die C durch die Zahlung erlangt, werden nicht als ausreichend angesehen. Genaugenommen geht es in diesen Fällen um den Unterfall der Regel, nach der die Erfüllung einer bereits bestehenden rechtlichen Schuld oder das Versprechen, dies zu tun, grundsätzlich keine hinreichende consideration darstellt. Klassischer Ausgangspunkt dieser Regel waren Fälle, in denen ein Schiffskapitän den Matrosen eine höhere Heuer versprochen hatten, wenn sie das Schiff nach Hause brächten, etwa wenn zuvor einige Matrosen ausgefallen waren.[449] Hinter der Annahme fehlender Bindungswirkung mag natürlich der Gedanke gestanden haben, den Seeleuten keinen Anreiz zu geben, in Zukunft die geschuldete Arbeit ohne Zusatzlohn zu verweigern. Doch bliebe eine solche Gefahr rein hypothetisch, zumal solche Versuche, eine Zwangslage auszunutzen, jedenfalls heute rechtliche Konsequenzen außerhalb der consideration-Lehre hätten. Jedenfalls wird auch hier der faktische Vorteil des Kapitäns, der schließlich sein Schiff rechtzeitig in den Heimathafen bekommt, nicht anerkannt. Das muss aber nicht so sein. In einem anderen Grundlagenfall sagte ein Generalunternehmer einem Tischler einen Bonus zu, wenn er 27 Wohnungen wie vereinbart sanieren würde. Dabei hatte der Generalunternehmer nicht nur erkannt, dass der ursprünglich vereinbarte Lohn zu niedrig war, sondern fürchtete vor allem, seinerseits Vertragsstrafen zahlen zu müssen, wenn der Tischler, der sich in finanziellen Schwierigkeiten befand, nicht rechtzeitig fertig würde. In dieser Situation erkannte der Court of Appeal den faktischen Vorteil als hinreichende consideration an.[450] Beide Präzedenzfälle in ihrer juristischen Argumentation und im Ergebnis miteinander zu versöhnen, gelingt allenfalls unter Schwierigkeiten; auch die

---

[445] Vgl. *Peel* (Fn. 27), 82.

[446] Vgl. Chappell & Co Ltd. vs. Nestlé Co Ltd. [1960] AC 87 (HL), bei dem allerdings zusätzlich ein geringer Betrag für die Schallplatten zu bezahlen war, die Frage, ob auch die Verpackungen consideration darstellten jedoch separat behandelt wurde.

[447] Chappell & Co Ltd. vs. Nestlé Co Ltd. [1960] AC 87 (HL) 114, per Lord Somervell.

[448] Vgl. etwa D & C Builders Ltd. vs. Rees [1966] 2 QB 617(CA) 622; die Grundregel geht zurück auf Pinnel's Case [1602] 5 Co Rep 117a (QB) und wurde bestätigt in Foakes vs. Beer [1883-84] LR 9 App Cas 605.

[449] Vgl. etwa Stilk vs. Myrick [1809] 2 Camp 317 (Assizes); Harris vs. Watson [1791] Peake 102 (Assizes); ähnlich Scotson vs. Pegg [1861] 6 H&N 295 (Ex CT) 299; Swain vs. West (Butchers) Ltd. [1936] 3 All ER 261 (CA); vgl. auch schon die Vorinstanz 1 All ER 224 (KB).

[450] Vgl. Williams vs. Roffey Brothers & Nicholls (Contractors) Ltd. [1991] 1 QB 1 (CA).

Widersprüche zu den Fällen der teilweisen Begleichung einer Schuld, bei denen faktische Vorteile grundsätzlich nicht akzeptiert werden, sind offenkundig.[451]

Insgesamt ist eine Tendenz englischer ebenso wie U.S.-amerikanischer Gerichte zu verzeichnen, das consideration Erfordernis durch technische Feinheiten zu umgehen, wenn das Ergebnis sonst unbillig erschiene. Während also beispielsweise das Versprechen einer Belohnung an einen Polizeibeamten für die Erfüllung seiner dienstlichen Pflichten weiterhin keinen bindenden Vertrag darstellt, können im Fall vertraglicher Schulden schon kleinste Änderungen in Bezug auf die geschuldete Leistung zur Annahme einer hinreichenden consideration führen, etwa eine Zahlung vor Fälligkeit oder an einen Dritten, der Verzicht auf eine Klage oder die Tatsache, dass über die Schuld ein ehrlicher Streit besteht. Letztlich konnte ein Beobachter feststellen: „any judge worth his salt could find consideration whenever he wants to find it".[452] **193**

c) Der Gegenspieler: promissory estoppel

Zu weiteren Schwierigkeiten führt schließlich, dass die praktischen Konsequenzen einer fehlenden consideration über eine Lehre aus dem Bereich der equity leicht umgangen werden können: promissory estoppel, auch detrimental reliance genannt. Das gilt insbesondere für die USA. Nach der Zusammenfassung in section 90 des Restatement (Second) of Contracts gilt: „A promise which the promisor should reasonably expect to induce action or forbearance on the part of the promisee or a third person and which does induce such action or forbearance is binding if injustice can be avoided only by enforcement of the promise. The remedy granted for breach may be limited as justice requires." Dieser Grundsatz der Vertrauenshaftung steht im Gegensatz zur ebenfalls im Restatement genannten Notwendigkeit einer consideration. Schon vor Jahrzehnten wurde von „the Restatement's schizophrenia", sogar von einem „death of contract" gesprochen.[453] Allerdings sind die Rechtsfolgen des promissory estoppel nicht mit denen eines Vertrages identisch und bleiben oft dahinter zurück, etwa wenn statt Erfüllung nur Schadenersatz verlangt werden kann. Wenn also etwa der Onkel seinem Neffen verspricht, ihm 30.000 USD zu geben, wenn dieser sich ein neues Auto kauft, und der Neffe sich tatsächlich ein Auto für 25.000 USD kauft, so kann er über promissory estoppel jedenfalls die 25.000 USD vom Onkel verlangen. Im Zusammenspiel der gegenläufigen Prinzipien ergeben sich viele Fragen. **194**

In England allerdings ist die Doktrin des promissory estoppel nicht so weit getrieben[454] und so der direkte Gegensatz zum Erfordernis einer consideration vermieden worden. Promissory (oder equitable) estoppel kann hier nur dazu eingesetzt werden, die Geltendmachung vertraglicher Rechte zu suspendieren, nicht aber selbst solche Rechte schaffen. In einem Grundlagenfall etwa hatte der Ehemann seiner Frau im Rahmen der Scheidung zugesagt, ihr jährlich 100 GBP zu zahlen. Die Frau verließ sich darauf und klagte nicht gegen ihren Ehemann auf Unterhalt. Es kam kein Vertrag zustande, weil der Verzicht auf die Klage keine hinreichende consideration darstellte. Die Frau konnte aber auch nicht aus promissory estoppel auf Zahlung der 100 GBP klagen, da anderenfalls ein neues Recht entstanden wäre: promissory estoppel ist ein Schild und kein Schwert.[455] Auch als Schild kann es aber durchaus wirksam werden. So besteht in den bereits angesprochenen Fällen der teilweisen, aber als **195**

[451] Zu beiden Problemen ausführlicher *Peel* (Fn. 27), 104 ff., 139 f.

[452] *Atiyah* (Fn. 109), 349.

[453] *Gilmore, Grant,* The death of contract, 1974, insbes. 60 ff.; die Widersprüchlichkeit schon des Restatement Contracts (1st) stellt letztlich einen Kompromiß im grundlegenden Streit zwischen den beiden U.S.-amerikanischen Juristen Williston und Corbin zu Beginn des 20. Jahrhunderts dar, vgl. ibid., 62 ff.; zur Bedeutung der ersten Version von section 90 bemerkt Gilmore plakativ: „no one had any idea what the damn thing meant", ibid., 65; zur Entwicklung seit dem Restatement Contracts (1st) ibid., 69 ff.; insgesamt bezieht sich der behauptete Tod des Vertrags auf sein Aufgehen in torts, vgl. etwa ibid., 87; zum Ganzen ausführlich und auf hoher Abstraktionsstufe *Benedict* (Fn. 439), 13 ff.

[454] Vgl. schon *Atiyah* (Fn. 444), 776 f.

[455] Vgl. Combe vs. Combe [1951] 2 KB 215 (CA) 224.

abschließend vereinbarten Begleichung einer Schuld zwar keine consideration, doch hindert in vielen Fällen promissory estoppel den Gläubiger daran, tatsächlich den ursprünglich vereinbarten, vollen Betrag zu verlangen. Wird also, wie im obigen Beispielsfall, das Dach gedeckt und anschließend ein geringerer Betrag vereinbart, weil der Auftraggeber nicht zahlen kann, so besteht zwar der ursprüngliche Vertrag und Zahlungsanspruch fort, kann aber in equity nicht durchgesetzt werden. Etwas anderes gilt jedoch – typisch für equity – wenn der Auftraggeber eine Zwangslage des Handwerkers unbillig ausnutzt.[456] Vom Schild zum Schwert kann estoppel aber auch in England werden, wenn es um den Erwerb von Rechten mit Bezug auf Grundbesitz geht, insbesondere wenn jemand im Vertrauen auf die Existenz oder das zukünftige Entstehen solcher Rechte Gebäude baut oder umbaut. Dabei handelt es sich technisch aber nicht um promissory estoppel, sondern um den sog. proprietary estoppel. Er greift etwa ein, wenn ein Mieter trotz abgelaufenen Mietvertrags Geld in das gemietete Haus investiert, weil er sich auf die Zusage des Vermieters verlässt, mit ihm einen neuen Mietvertrag zu schließen,[457] oder wenn der Sohn auf dem Land des Vaters ein Haus errichtet, weil dieser ihm zugesagt hat, dass er dort sein ganzes Leben lang bleiben könne.[458] Der Mieter hat dann ein Recht auf den Abschluss eines entsprechenden Mietvertrags, der Sohn ein Recht darauf, bis zu seinem Lebensende in dem Haus zu wohnen.

196 Insgesamt ist die in ihrem Grundgedanken scheinbar recht klare Lehre von der consideration bei näherer Betrachtung ein eher verwirrendes und teils verworrenes Konglomerat verschiedenster Erwägungen und Zwecke, deren Zusammenfassung unter einer einzigen Rubrik mehr verschleiert als erklärt. Dies ist natürlich auch den Juristen des common law nicht entgangen, so dass die Einzelheiten der consideration Lehre sich in steter Wandlung, Ergänzung und Anpassung an die jeweiligen Bedürfnisse befinden und sich entsprechend von Rechtsordnung zu Rechtsordnung in jeweils unterschiedlichen Entwicklungsstadien befinden. Dennoch oder gerade deshalb ist die consideration mit ihrer schwankenden Mischung aus formalen und an der Einzelfallgerechtigkeit orientierten Grundgedanken, mit ihrem Konflikt zwischen einander widersprechenden Prinzipien und zugehörigen Präzedenzfällen ein dauerhaftes und typisches Merkmal des common law.

5. Öffentliches Recht und Privatrecht

a) Der Mythos des fehlenden Verwaltungsrechts

197 Noch 1976 konnte Eibe Riedel in seiner Grundlagenarbeit zur englischen Verwaltungskontrolle feststellen, dass England ein System des öffentlichen Rechts fehle und das angloamerikanische Recht insgesamt keine straffe Trennung zwischen öffentlichem und Privatrecht kenne.[459] Zu den immer wieder einmal zu hörenden Mythen der Rechtsvergleichung gehört es denn auch, dass das anglo-amerikanische Recht eigentlich nur aus Privatrecht bestehe, das öffentliche Recht dort nicht recht hineinpasse, sich kaum vom Privatrecht abgrenzen lasse, insgesamt keine besondere Rolle spiele oder gar nicht existiere. Da das Verfassungsrecht in den Rechtsordnungen des common law einschließlich Englands[460] sehr lebendig ist, können sich solche Aussagen im Kern nur auf das Verwaltungsrecht beziehen. Wer aber versucht, den Mythos von der fehlenden Eigenständigkeit oder gar Existenz des Verwaltungsrechts im common law durch einen Blick auf das geltende Recht des 21. Jahrhunderts zu bestätigen, wird schnell einen gänzlich anderen Eindruck gewinnen.

198 Sowohl in den USA als auch in England stellt sich das Verwaltungsrecht als ein eigenständiges und bedeutsames Rechtsgebiet heraus, das in Praxis wie Wissenschaft einen bedeu-

---

[456] Vgl. D & C Builders Ltd. vs. Rees [1966] 2 QB 617 (CA) 621, per Lord Denning; zu den daraus resultierenden Widersprüchen ausführlich *Peel* (Fn. 27), 149 f.

[457] Vgl. J T Developments vs. Quinn [1991] 62 P & CR 33 (CA).

[458] Vgl. Inwards vs. Baker [1965] 2 QB 29 (CA).

[459] *Riedel, Eibe,* Kontrolle der Verwaltung im englischen Rechtssystem, 1976, 174.

[460] Zum englischen Verfassungsrecht infra → Rn. 242 ff.

tenden Rang einnimmt und das etwa ganz selbstverständlich ein eigenes universitäres Lehrfach mit eigenen Lehrbüchern bildet. Dass das common law dem Verwaltungsrecht feindlich gegenüberstehe und das Verwaltungsrecht um seine eigenständige Bedeutung kämpfen müsse, sind Gedanken, die in den Standardlehrbüchern keine Rolle spielen und allenfalls als kurze historische Reminiszenz auftauchen.[461] Im Gegenteil betonen etwa englische Juristen in aller Deutlichkeit, dass es immer schon unwahr gewesen sei zu behaupten, dass England kein Verwaltungsrecht besitze.[462] So findet sich denn die Trennung zwischen öffentlichem und Privatrecht beispielsweise bereits im Act of Union zwischen England und Schottland aus dem Jahre 1707, dessen Art. XVIII festlegt „that the Laws which concern publick Right, Policy and Civil Government, may be made the same throughout the whole United Kingdom; but that no alteration be made in Laws which concern private Right (…)".[463] Die Lage ist – nicht nur für den Anfänger – verwirrend: Einerseits sehen viele – aber keineswegs alle[464] – Rechtsvergleicher gravierende Probleme bei der Selbständigkeit des öffentlichen Rechts, insbesondere im Vergleich zum kontinentaleuropäischen Rechtskreis. Andererseits kommt nicht nur dem Verfassungs-, sondern auch dem Verwaltungsrecht im common law heute große Bedeutung zu, so dass es ohne Vorbehalte und Bedenken als ganz normales, eigenes Rechtsgebiet betrieben, unterrichtet und erforscht wird. Wie kann das angehen?

b) Historische Hintergründe: Star Chamber, Dicey, laissez-faire …

Tatsächlich hat sich das Verwaltungsrecht im common law spät entwickelt. Die Gründe sind **199**
in erster Linie historischer Art und können hier nur kurz angerissen werden. So stellte das frühe common law zunächst eine auf das alte normannische Recht aufgesetzte Kontrollstruktur dar und war vor allem durch seinen engen Bezug zum Landbesitz gekennzeichnet. Seine anfängliche Natur insgesamt kann so durchaus als eher öffentlich-rechtlich denn privatrechtlich beschrieben werden, eine Besonderheit, die später der Entwicklung eines separaten öffentlichen Rechts entgegenstand.[465] Zudem geriet der mit dem Verwaltungsrecht eng verknüpfte Gedanke gerichtlicher Kontrolle der Herrschaft im weiteren Geschichtsverlauf in dauerhaften Misskredit, weil er sich mit der Entwicklung der sog. Star Chamber verband. Dieses spezielle Gericht war in Teilen seiner Rechtsprechung ein anfangs durchaus erfolgreiches Instrument der Kontrolle auch hoheitlicher Gewalt, das nicht an die Formalismen des common law Prozesses gebunden war. Doch pervertierte es im frühen 17. Jahrhundert unter den Stuarts zu einem Instrument brutaler Unterdrückung, bis es schließlich 1641 aufgelöst wurde. Was blieb, war der Makel der Tyrannei, der sich mit Gerichten jenseits des common law und einer Kontrolle anhand anderer Maßstäbe als denen des common law verband.[466] Dass es damit in England vor dem 19. Jahrhundert wenig Verwaltungsrecht und noch weniger Verwaltungsgerichtsbarkeit gab, ist allerdings keineswegs eine allein auf Eng-

[461] Vgl. etwa für England *Pollard, David; Parpworth, Neil; Hughes, David,* Constitutional and administrative law, 4. Aufl. 2007, 1 ff.; *Parpworth, Neil,* Constitutional and administrative law, 11. Aufl. 2020, passim, etwa 286 ff.; ganz kurze Andeutungen in *Phillips/Jackson/Leopold* (Fn. 220), 1 ff., insbes. 9 f.; Darlegung der Fehler in der klassisch verwaltungsrechtsfeindlichen Position Diceys bei *Craig* (Fn. 134), 2 ff.; für die USA *Aman/Rookard/Mayton* (Fn. 119), 3 ff.

[462] *Bingham, Thomas Henry,* „There is a world elsewhere" – The changing perspectives of English law, International & Comparative Law Quaterly 41 (1992), 513 (523).

[463] Zit. nach *Tonson, Jacob; Goodwin, Timothy* (Hrsg.), The articles of the treaty for an Union between England and Scotland – Agreed on by the Commissioners of both Kingdoms – On the Twenty Second of July, 1706, 4; www.legislation.gov.uk/aep/Ann/6/11/part/11 (zuletzt abgerufen am 18.7.2025).

[464] Keine besonderen Grundlagenprobleme des common law erwähnen etwa *Bell, John. S.,* Comparative administrative law, in: Reimann, Mathias; Zimmermann, Reinhard (Hrsg.), The Oxford handbook of comparative law, 2. Aufl. 2019, 1250 (1252 ff.); *de Cruz, Peter,* Comparative law in a changing world, 3. Aufl. 2007, 105 ff.

[465] Näher *Riedel* (Fn. 459), 174 ff.

[466] Für diesen und weitere Gründe – wie die Wirren des 17. Jahrhunderts und die zentrale Rolle der Friedensrichter mit ihren zugleich administrativen und judiziellen Kompetenzen – vgl. ausführlich *Riedel* (Fn. 459), 188 ff.

land bezogene Besonderheit, die den kontinentaleuropäischen Beobachter überraschen müsste. Auch in Deutschland etwa ist das Verwaltungsrecht ein Rechtsgebiet, das nicht vor dem 19. Jahrhundert entstand. Als Fach im Rahmen der universitären Juristenausbildung tauchte es gar erst mit dem 20. Jahrhundert auf. Auch hier kann also mit Fug und Recht von einer „Verspätung" im Vergleich zum Privat- und Strafrecht gesprochen werden.[467]

200 In der weniger fernen Vergangenheit ist vor allem der bedeutende englische Verfassungsjurist Dicey verantwortlich für den geringen Widerhall des Verwaltungsrechts, ja für die These, dass es in England gar nicht existiere. In einer erstmals 1885 erschienenen Untersuchung zum englischen Verfassungsrecht, die Generationen von englischen Juristen entscheidend prägte, definierte Dicey das zentrale Konzept der rule of law ua unter Bezugnahme auf die Gleichheit vor dem Recht und folgert daraus:

„the 'rule of law' in this sense excludes the idea of any exemption of officials or others from the duty of obedience to the law which governs other citizens or from the jurisdiction of the ordinary tribunals; there can be with us nothing really corresponding to the 'administrative law' ('droit administratif') or the 'administrative tribunals' ('tribunaux administratifs') of France. The notion which lies at the bottom of the 'administrative law' known to foreign countries is, that affairs or disputes in which the government or its servants are concerned are beyond the sphere of the civil courts and must be dealt with by special and more or less official bodies. This idea is utterly unknown to the law of England, and indeed is fundamentally inconsistent with our traditions and customs."[468]

Diese berühmten Worte sind zugleich der Hintergrund des Mythos von der fehlenden Eigenständigkeit oder sogar Existenz des Verwaltungsrechts im common law.[469] Dicey ging dabei im Blick auf Frankreich offenbar davon aus, dass Verwaltungsrecht im Kern dazu diene, der Verwaltung unkontrollierte Macht jenseits der üblichen rechtlichen Regeln zu geben und dass Verwaltungsgerichte keinesfalls denselben Stand und dieselbe Bedeutung haben könnten wie ordentliche Gerichte. Beides dürfte schon zu Diceys Zeiten als Beschreibung der französischen Wirklichkeit so nicht haltbar gewesen sein, was um so bemerkenswerter ist, als er durchaus noch zu Lebzeiten darauf aufmerksam gemacht worden war.[470] Auch missverstand Dicey das Ausmaß an Befugnissen der englischen Verwaltung, das zu seiner Zeit bereits bestand[471] und übersah bei aller Betonung der Gleichheit die ganz erheblichen Ungleichbehandlungen und die teilweise Schutzlosigkeit, mit der sich der englische Bürger im Umgang mit der Verwaltung konfrontiert sah.[472] Die geradezu abschreckende Beschreibung der französischen Verwaltungsgerichtsbarkeit findet dabei ein berühmtes und vermutlich im englischsprachigen Raum bis heute sehr einflussreiches Vorbild in den Ausführungen Tocquevilles, der 1835 schrieb: „the Conseil d'Etat was not a judicial body (…) but an administrative council composed of men dependent of the Crown, so that the king, after having ordered one of his servants (…) to commit an injustice, has the power of commanding another of his servants (…) to prevent the former from being punished; (…) the citizen who has been injured by the order of the sovereign is obliged to solicit from the sovereign permission to obtain redress"[473].

---

[467] Zur Entstehung des deutschen Verwaltungsrechts umfassend *Stolleis, Michael,* Geschichte des öffentlichen Rechts in Deutschland, Bd. 1, 2. Aufl. 2012, 334 ff.; *Stolleis, Michael,* Geschichte des öffentlichen Rechts in Deutschland, Bd. 2, 1992, 229 ff.; zum Vorläufer im 18. Jahrhundert in Form des Polizeirechts und dem Versuch, es von nichtjuristischen Aspekten der Polizei zu trennen vgl. *Stolleis* (Fn. 467), Bd. 1, 2. Aufl. 2012, 386 ff.

[468] *Dicey, A. V.,* Introduction to the study of the law of the constitution, 10. Aufl. 1959 (im Text unveränderter Abdruck der 7. Aufl. 1908), 202 f. (Kursivdruck und interne Fußnoten nicht wiedergegeben).

[469] Zum fehlenden Einfluss Diceys in den USA, in denen der Begriff des administrative law bereits etwa ab 1890 gebräuchlich war vgl. jedoch *Lepsius, Oliver,* Verwaltungsrecht unter dem common law, 1997, 23 f.

[470] Vgl. dazu *Riedel* (Fn. 459), 246 f.; weitreichende Kritik an Diceys Demokratiemodell und den Konsequenzen seiner Auffassung bei *Craig* (Fn. 134), 2 ff.

[471] Vgl. *Craig* (Fn. 134), 4; *Wade, E. C. S.,* Introduction, in: Dicey, A.V., Introduction to the study of the law of the constitution, 10. Aufl. 1959, xix (cxvi f.).

[472] Vgl. im Einzelnen *Riedel* (Fn. 459), 239 ff., 242 ff.

[473] *Tocqueville, Alexis de,* Democracy in America – The complete and unabridged volumes I and II, translated by Henry Reeve, Bantam Classic, 2000, Bd. 1, Kap. VI, 117.

Die Notwendigkeit, ein Verwaltungsrecht und ggf. eine zugehörige Gerichtsbarkeit zu entwickeln, stellt sich mit Nachdruck erst, wenn auch die Verwaltungstätigkeit einen gewissen Umfang angenommen hat. Zwar gab es in England und den USA stets Verwaltungshandeln, ohne das schließlich ein Staat kaum denkbar ist. Doch war gerade im 19. Jahrhundert das politische und wirtschaftliche Denken vom laissez-faire Gedanken geprägt, der die Einmischung des Staates in das individuelle, insbesondere wirtschaftliche Streben der Bürger ablehnte und die Rolle des Staates in der bloßen Aufrechterhaltung von Sicherheit und Ordnung sah. Auch Diceys Weltbild war von diesem Ansatz geprägt. Als die Auswirkungen der industriellen Revolution jedoch unübersehbar wurden, wurde der Staat immer aktiver und begann, durch zunehmend verwaltendes Handeln die Wirtschaft stärker zu regulieren und soziale Standards durchzusetzen.[474] In den USA waren es dann die 30'er Jahre des 20. Jahrhunderts mit dem New Deal, während derer sich die Anzahl der Behörden und ihrer Aktivitäten vervielfachte: der verwaltende Staat, wie wir ihn heute kennen, nahm Gestalt an.[475] So beschrieb der Chief Judge des Court of Appeals for the District of Columbia, E. Barrett Prettyman, schon 1958 das Verwaltungsrecht als „the most important body of law presently current and reasonably foreseeable".[476] In England hingegen war die Entwicklung etwas langsamer. Schon 1915 allerdings war Dicey selbst gezwungen, mit allerdings erkennbar großem Widerwillen anzuerkennen, dass es in England größere Schritte auf dem Weg zu einem Verwaltungsrecht gebe.[477] Noch 1964 konnte jedoch Lord Reid behaupten: „We do not have a developed system of administrative law – perhaps because until fairly recently we did not need it."[478] Aber bereits 20 Jahre später sprach Lord Diplock von „a development that has already gone a long way towards providing a system of administrative law as comprehensive in its contents as the droit administratif of countries of the civil law", auch wenn er darauf hinwies, dass diese Entwicklung noch fortschreite.[479] Diese englische Verspätung dürfte ua darauf zurückzuführen sein, dass der Rechtsschutz gegen Verwaltungshandeln bis zur Einführung des vereinfachten, einheitlichen Verwaltungsrechtsschutzes in Form des judicial review 1977 sehr komplex, lückenhaft und veraltet war. Bis 1938 stellte er sogar noch die letzte Bastion der alten writs dar, die von den umfassenden Reformen des 19. Jahrhunderts[480] unberührt geblieben war.[481] Vor allem aber wirkte nicht nur Diceys Diktum in seinem Heimatland mit Macht fort, sondern auch ein sehr englischer Mythos, nach dem in einem freien Land wie England unter der Herrschaft des Parlaments und der Freiheitsgarantien des common law Willkürakte des Staates – deren Verhinderung ja gerade zentrales Anliegen eines Verwaltungsrechts ist – gar nicht vorkämen oder jedenfalls kein praktisches Problem darstellten.[482] 201

c) Die Andersartigkeit des Verwaltungsrechts im common law

Dass ein öffentliches Recht, genauer ein Verwaltungsrecht im common law nicht existiere oder dass es im common law eine geringere Bedeutung als anderswo habe, ist jedenfalls heute keine sinnvolle Behauptung mehr. Seit der Grundlagenentscheidung O'Reilly vs. 202

[474] Zur Geschichte in England vgl. kurz *Pollard/Parpworth/Hughes* (Fn. 461), 17 ff.; ausführlicher *Craig, Paul P.,* Administrative law, 7. Aufl., 2012, 37 ff.

[475] Zur Geschichte in den USA vgl. kurz *Aman/Rookard/Mayton* (Fn. 119), 3 ff.; *Rabin, Robert L.,* Federal regulation in historical perspective, Stanford Law Review 38 (1986), 1189 (1189 ff.).

[476] *Prettyman, Elijah Barrett,* The nature of administrative law, Virginia Law Review 44 (1958), 685 (689).

[477] *Dicey, A. V.,* The development of administrative law in England, in: ders., Introduction to the study of the law of the constitution, 10. Aufl. 1959, 493 (499).

[478] Ridge vs. Baldwin [1964] AC 40 (HL) 72.

[479] Mahon vs. Air New Zealand [1984] AC 808 (NZPC) 816; weitergehend *Denning, Lord Alfred Thompson,* The closing chapter, 1983, 119: „during the last 30 years, we have established a comprehensive system of administrative law".

[480] Dazu supra → Rn. 69 f.

[481] Vgl. *Baker* (Fn. 113), 163 f. mit Kritik auch am heutigen System; zum ganzen Rechtsschutzproblem aus der Sicht von 1976 ausführlich *Riedel* (Fn. 459), 22 ff.

[482] Zu diesem Mythos kritisch *Riedel* (Fn. 459), 237 ff.

Mackman aus dem Jahr 1983 etwa hat sich in England der im einzelnen sehr umstrittene Grundsatz etabliert, dass Fragen des öffentlichen Rechts im Wege des judicial review, solche des Privatrechts im üblichen (privatrechtlichen) Klageweg (action) zu verfolgen sind.[483] Spätestens seit dieser Zeit ist auch das englische Recht gezwungen, die Abgrenzung zwischen öffentlichem und Privatrecht ernst zu nehmen und juristisch zu erfassen. Davon völlig unberührt bleibt jedoch die Erkenntnis, dass das Verwaltungsrecht im common law in vielfacher Hinsicht ganz andere Wege geht als etwa im kontinentaleuropäischen Recht.

aa) Privatrechtliche Elemente und fehlende Verwaltungsgerichtsbarkeit

203 Gerade auf dieser Andersartigkeit beruht auch die immer noch gelegentlich zu spürende, eher unterschwellige Zurückhaltung mancher common law Juristen gegenüber dem Verwaltungsrecht:[484] Ganz in der Tradition Diceys wird von den Skeptikern unter „Verwaltungsrecht" konkret ein System verstanden, wie es auf dem europäischen Kontinent und insbesondere in Frankreich traditionell besteht – also gerade nicht ganz einfach jedes wie auch immer ausgestaltete Recht der Verwaltung, dh nicht jede Regelung der Rechtsbeziehungen im Verhältnis Staat-Bürger. Dahinter stehen keinesfalls fundierte rechtsvergleichende Untersuchungen, sondern im Kern immer noch die zwei Grundannahmen Diceys zur Andersartigkeit des englischen Rechts, nämlich erstens das Fehlen einer organisatorisch verselbständigten Verwaltungsgerichtsbarkeit und zweitens die Anwendbarkeit des auch sonst geltenden common law auf Hoheitsträger. Tatsächlich können – trotz gewisser Vorbehalte – beide Merkmale durchaus als typisch für das common law angesehen werden. Daraus folgt aber nur, dass das Verwaltungsrecht im common law anders ist und anders funktioniert als im civil law – eine wenig überaschende Erkenntnis. Aus ihr aber zu schließen, dass das Verwaltungsrecht nicht existiere oder nicht als solches bezeichnet werden könne, würde in etwa soviel Sinn machen, wie dem Zivilrecht des common law die Bezeichnung als Zivilrecht abzusprechen, weil es nicht wie im kontinentaleuropäischen Recht auf einer Kodifizierung beruht und die Richter größeren Einfluss auf die Rechtsentwicklung haben.

204 Etwas anderes könnte allenfalls gelten, wenn hinter den beiden äußeren Merkmalen auch inhaltlich etwas völlig anderes stünde, dh wenn sich tatsächlich das auf die verwaltende Tätigkeit des Staates anwendbare Recht im common law nicht vom Recht, wie es zwischen zwei Bürgern gilt, unterschiede und wenn es auch genauso gerichtlich durchgesetzt werden könnte. Das ist jedoch nicht der Fall. Das englische Verwaltungsrechtssystem, erstens, bleibt ein duales, bei dem originär verwaltungsrechtliche Kontrollinstrumente neben privatrechtlichen stehen.[485] In diesem Rahmen dominieren die privatrechtlichen Institute auch keineswegs. Sie beschränken sich vielmehr im Kern auf den Grundsatz, dass der Staat sowohl aus Vertrag als auch aus tort ebenso haftet wie eine Privatperson. Aber selbst in diesen beiden Bereichen gilt das Privatrecht nicht vorbehaltlos, sondern nur unter Berücksichtigung

[483] Vgl. O'Reilly vs. Mackman [1983] 2 AC 237 (HL); dazu und zu den Ausnahmen und Konsequenzen zusammenfassend *Parpworth* (Fn. 461), 281 ff.

[484] Vgl. etwa die Formulierung bei *Phillips/Jackson/Leopold* (Fn. 220), 29: „There may not yet be a separate *system* of Administrative Law but there are now separate procedures for enforcing public rights and private rights." (Hervorhebung im Original); vgl. auch Lord Wilberforce in Davy vs. Spelthorne BC [1984] AC 262 (HL) 276: „The expressions 'private law' and 'public law' have recently been imported into the law of England form countries which, unlike our own, have separate systems concerning public law and private law. (...) In this country they must be used with caution (...). The principle remains intact that public authorities and public servants are, unless clearly exempted, answerable in the ordinary courts for wrongs done to the individuals."; ausdrücklich gegen eine Übernahme der Unterscheidung in England *Allison, J. W. F.,* A continental distinction in the common law, 1996, passim, etwa 236, aufgrund einer stark historisch orientierten, auf einem abstrakten Modell aufbauenden, allein auf dem Vergleich mit Frankreich beruhenden und oft sehr theoretisch anmutenden Untersuchung, die vor allem die Frage nicht aufwirft, was sich am englischen Recht in der Sache genau ändert, je nachdem ob die gegenwärtige Lage als eine der Differenzierung oder Nichtdifferenzierung zwischen Verwaltungs- und Privatracht bezeichnet wird.

[485] Deutlich etwa *Phillips/Jackson/Leopold* (Fn. 220), 698 ff.

gewisser Besonderheiten, die sich eben aus der öffentlich-rechtlichen Natur einer der Parteien ergeben.[486]

205 Die fehlenden organisatorisch verselbständigten Verwaltungsgerichte, zweitens, sind zunächst ein rein formales, wenig aussagekräftiges Element. Dass es dennoch routinemäßig als gravierender Unterschied genannt wird, zeigt allerdings, dass englische Verwaltungsrechtler dazu tendieren, Verwaltungsgerichten materiell einen irgendwie andersartigen, insbesondere weniger unabhängigen Charakter zu unterstellen. Gegen eine andere, der Realität des *heutigen* kontinentaleuropäischen Rechts sehr viel näherstehende Sichtweise scheint es ganz erhebliche rechtskulturelle Widerstände zu geben. Dass also die separate Existenz von Verwaltungsgerichten heute nicht spektakulärer sein muss als die auch in England übliche Trennung zwischen Straf- und Zivilgerichtsbarkeit (zumal das Strafrecht nach kontinentaler Betrachtung ebenfalls öffentliches Recht darstellt); dass es sich um eine rein praktische Aufteilung handelt, die ebensogut innerhalb eines einheitlichen Gerichts nach spezialisierten Kammern erfolgen könnte; dass es – etwa in Deutschland – unter Richtern mit Ausnahme der persönlichen Vorliebe für bestimmte Rechtsgebiete nicht den geringsten Unterschied macht, ob man zufällig an einem ordentlichen oder einem Verwaltungsgericht tätig ist; dass Unabhängigkeit und Ansehen etwa des privatrechtlichen Bundesgerichtshofs und des öffentlich-rechtlichen Bundesverwaltungsgerichts identisch sind: all dies wird in der Diskussion kaum wahrgenommen. Möglicherweise sind diese rechtskulturellen Widerstände selbst wieder ein Ergebnis der historischen Entwicklung und der Lehren Diceys. Allerdings scheinen sie langsam aufzubrechen, wie etwa die inzwischen eingeführte Bezeichnung „Administrative Court“[487] für einen spezialisierten Teil der King's Bench andeutet. Davon unabhängig bestehen auch in England mit den tribunals eigenständige verwaltungsgerichtliche Instanzen, denen allerdings aufgrund spezifisch englischer Vorbehalte nicht oder nur zögernd Gerichtscharakter zugesprochen wird.[488]

bb) Materiellrechtliche Eigenheiten

206 Inhaltlich sind die zahlreichen Eigenheiten des common law Verwaltungsrechts nicht zu übersehen.[489] Schon ein Blick in die Gliederung typischer Lehrbücher zeigt beispielsweise eine ausgeprägte Konzentration auf prozessuale Elemente.[490] Allerdings gilt dies nur mit einem rechtsvergleichenden Vorbehalt. Denn immer wieder werden Elemente wie beispielsweise die Verhältnismäßigkeit oder der Ermessensmißbrauch im common law prozessual, in anderen Rechtsordnungen hingegen materiell eingeordnet. Dennoch findet sich auch dann noch für den außenstehenden Betrachter erstaunlich wenig zum materiellen Verwaltungsrecht, beispielsweise zu den Grundlagen des Bau- oder des Gewerberechts. Überspitzt, aber nicht ganz unrichtig, könnte man darauf hinweisen, dass die sonst für das common law so typische Abwesenheit eines „allgemeinen Teils“ gerade im Verwaltungsrecht in ihr Gegenteil verkehrt wird. Denn Verwaltungsrecht scheint – in seiner akademischen Erfassung – weitgehend nur aus allgemeinem Verwaltungs- und Verwaltungsprozessrecht zu bestehen.

207 Eine weitere Besonderheit liegt in der nicht immer klaren Trennung zwischen administrativem und judikativem Handeln.[491] So werden etwa, wie gesehen, englische tribunals der

[486] Vgl. zusammenfassend *Phillips/Jackson/Leopold* (Fn. 220), 713 ff.; ausführlich *Craig* (Fn. 134), 139 ff., 909 ff.

[487] Vgl. Practice Direction (Administrative Court: Establishment) [2000] 1 WLR 1654 (QBD) 1655; *Darbyshire* (Fn. 92), 113; *Craig* (Fn. 134), 839 f.; *Partington, Martin,* Introduction to the English legal system, 15. Aufl. 2021, 168 f.; *Cownie/Bradney/Burton* (Fn. 65), 50.

[488] Vgl. dazu supra → Rn. 83 ff.

[489] Zur Entwicklung des U.S.-Verwaltungsrechts unter dem spezifischen Einfluss des common law Denkens in den USA bis 1937 vgl. ausführlich *Lepsius* (Fn. 469), 37 ff., zusammenfassend 296 ff.

[490] Im Ergebnis ebenso *Bell* (Fn. 464), 1252.

[491] Vgl. etwa *Blasco Díaz, José Luis,* Sobre el origen y evolución de los sistemas de derecho administrativo, in: Altava Lavall, Manuel Guillermo (Hrsg.), Lecciones de derecho comparado, 2003, 163 (184).

Verwaltung zugeordnet, obwohl sie gerichtliche Funktionen ausüben.[492] Ein weiteres Beispiel bildet das sog. förmliche Verwaltungsverfahren der USA, das sowohl zum Erlass von Regeln mit allgemeiner Anwendung (rules) als auch von Einzelfallentscheidungen (orders) möglich ist. Es erfolgt „on the record after opportunity for an agency hearing" und ähnelt damit ganz auffällig dem traditionellen gerichtlichen Verfahren des common law, obwohl es allein im klassisch administrativen Bereich zum Einsatz kommt. Ebenso wie vor Gericht hat der Betroffene im Rahmen des Erlasses etwa Anspruch auf einen unvoreingenommenen Entscheider, auf Mitteilung über die vorgeschlagene rule oder order und ihre Grundlage, auf Rechtsbeistand, auf die Gelegenheit, Beweise und Argumente mündlich vorzutragen, entgegenstehende Beweismittel kennenzulernen und Zeugen ins Kreuzverhör zu nehmen sowie auf eine schriftliche Entscheidung allein aufgrund von Beweisen, die zur Verhandlung zugelassen wurden.[493] Bezeichnenderweise werden die Entscheidungsträger in den meisten formellen Verwaltungsverfahren als administrative law judges[494] bezeichnet.

208 Besonders auffällig ist weiterhin die oft stärker verfahrensrechtlich als materiellrechtlich geprägte Kontrolle im Verwaltungsrecht des common law.[495] Im U.S.-amerikanischen Verwaltungsrecht beispielsweise sind vor allem Anhörung (hearing), Kreuzverhör (cross-examination) und Verfahrensakte (administrative record) von zentraler Bedeutung. Hat die Verwaltung ein umfangreiches Verfahren korrekt durchgeführt und lässt sich ihre Entscheidung auf die Verfahrensakte zurückführen, so sind elementare Voraussetzungen erfüllt, um eine gerichtliche Überprüfung zu überstehen. Die Betonung von Verfahrensaspekten ist dem U.S.-amerikanischen Verwaltungsrecht dabei derart immanent, dass sie von einheimischen Autoren und Gerichten in dieser Form kaum einmal deutlich ausgesprochen wird.[496]

209 Damit sind keineswegs auch nur die wichtigsten Eigenheiten des common law Verwaltungsrechts erwähnt oder beschrieben. Darum kann es hier aber auch nicht gehen. Entscheidend ist nur die Illustration einer im Kern einfachen These: Das Verwaltungsrecht im common law weist deutliche Eigenheiten auf, die es insbesondere vom kontinentaleuropäischen Verwaltungsrecht unterscheiden; diese Unterschiedlichkeit bedeutet aber keinesfalls, dass es im common law kein Verwaltungsrecht gäbe oder dass es mit besonderen Vorbehalten zu betrachten wäre.

6. Grundrechte in der Abwägung: levels of scrutiny

a) Rational basis, strict scrutiny, intermediate scrutiny

210 Wieweit soll es dem Gesetzgeber erlaubt sein, Grundrechte einzuschränken? Die zwei denkbaren Extreme sind im Grundsatz gleichermaßen sinnlos: Weder ist es sinnvoll, eine Regelung immer schon deshalb abzulehnen, weil sie in den Anwendungsbereich eines

[492] Vgl. zu tribunals supra → Rn. 83 ff.; zur Abgrenzung allgemein vgl. die Formel von Lord Scarman in Attorney General vs. BBC [1981] AC 303 (HL) 359: „If the body (…) is established for a purely legislative or administrative purpose, it is part of the legislative or administrative system of the state, even though it has to perform duties which are judicial in character.".

[493] Vgl. *Pierce, Richard J., Jr.; Shapiro, Sidney A.; Verkuil, Paul R.*, Administrative law and process, 6. Aufl. 2014, 269.

[494] Dazu schon supra → Rn. 99.

[495] Vgl. dazu auch für die USA die berühmte Debatte zwischen den Richtern Leventhal und Bazelon über verfahrensmäßige oder materielle Kontrolle in Ethyl Corp. vs. Environmental Protection Agency, 541 F.2d 1, 66–69 (D. C. Cir. 1976), certiorari denied 426 U. S. 941.

[496] Vgl. aber etwa *Aman/Rookard/Mayton* (Fn. 119), 388: „courts rarely substitute their judgment for that of the agency, provided the agency has used the proper procedures in making those judgments"; *Mashaw/Merrill/Shane/Magill/Cuéllar/Parrillo* (Fn. 119), 562: „a process of transforming rationality review into a search for an adequate reasoning process while simultaneously harnessing procedural protection to the information demands of complex technical decision making. The result is a proceduralized substantive review that seeks to move agency decision making processes toward the pursuit of substantive rationality."; aus rechtsvergleichender Sicht etwa *Glenn* (Fn. 152), 248: „the common law courts still remain more distant from the merits than the administrative law courts of continental jurisdictions".

Grundrechts fällt. Ein Gesetz beispielsweise, dass den Anhängern einer bestimmten Religion verböte, aus religiösen Gründen Witwen gemeinsam mit dem verstorbenen Ehemann zu verbrennen, wäre zwar eine Beeinträchtigung der freien Religionsausübung, aber kaum allein deshalb verfassungswidrig. Noch ist es sinnvoll, jede Regelung zu akzeptieren, die in den Anwendungsbereich eines Grundrechts fällt, nur weil sie vom demokratisch legitimierten Gesetzgeber erlassen wurde – sonst könnte der Gesetzgeber tun, was er wollte, und der Sinn des Vorrangs der Verfassung vor dem einfachen Gesetz[497] wäre dahin. Die entscheidende Frage ist vielmehr, wieweit das Gesetz und der mit ihm angestrebte Zweck sich gegen die Beeinträchtigung des Grundrechts durchsetzen dürfen soll. Der Sache nach geht es also um eine Abwägung.

Diese Abwägung kann jedoch rechtlich ganz verschieden strukturiert und vor allem auch **211** konzeptionell unterschiedlich in die Prüfung eingebaut werden. Das U.S.-amerikanische Verfassungsrecht ist insofern durch eine ausgeprägte Zurückhaltung gekennzeichnet, die Abwägung offen und im Einzelfall durchzuführen.[498] Stattdessen wird etwa versucht, sie in die Voraussetzungen der Grundrechte selbst hineinzulesen, also gewissermaßen das Ergebnis einer pauschalen Vorabwägung tatbestandlich zu verfestigen. Beispielsweise werden bei der Meinungsfreiheit bestimmte Arten von Meinungsäußerungen von vornherein zu ungeschützten Kategorien erklärt: Obszönitäten, Aufforderungen zum sofortigen Rechtsbruch oder Kampfbegriffe, die eine gewalttätige Reaktion hervorzurufen pflegen („fighting words“), sind damit grundsätzlich nicht von der Meinungsfreiheit gedeckt.[499] Weit wichtiger noch für das Verständnis des gesamten grundrechtlichen Denkens der USA ist aber die Umlenkung der Abwägung in die sog. levels of scrutiny (Ebenen der Prüfungsdichte).[500] Die levels of scrutiny geben im Grundsatz an, was für Zwecke der Staat im Anwendungsbereich der Grundrechte anstreben darf und wie eng die überprüfte gesetzliche Regelung mit dem Zweck verknüpft sein muss. Dabei werden drei levels of scrutiny[501] unterschieden: Erstens der sehr schwache rational basis test. Er verlangt nur, dass das Gesetz eine rationale Beziehung zu einem legitimen staatlichen Interesse aufweist („rationally related to a legitimate government interest“). Zweitens die sehr restriktive strict scrutiny, der zufolge das Gesetz notwendig sein muss, um einen zwingenden staatlichen Zweck zu erfüllen („necessary to achieve a compelling government purpose“). Dazwischen steht drittens die sog. intermediate scrutiny, die verlangt, dass das Gesetz eine substantielle Beziehung zu einem wichtigen staatlichen Interesse aufweist („substantially related to an important government purpose“).

Wie so oft bei generellen Formulierungen und Definitionen bleibt auch hier das **212** Gemeinte aus der bloßen Wortwahl heraus weitgehend unklar und ergibt sich erst aus der konkreten Anwendung im Einzelfall: Die levels of scrutiny haben zunächst Auswirkungen

[497] Beachte, dass genau diese Aussage allerdings in England nur schwer mit der Doktrin der Vorherrschaft des Parlaments zu vereinbaren wäre, dazu etwa *Parpworth* (Fn. 461), 55 ff.; *Leyland, Peter,* The Constitution of the United Kingdom – A contextual analysis, 4. Aufl. 2021, 47 ff.; zu dieser Doktrin infra → Rn. 242, 243 ff.

[498] Für die Meinungsfreiheit sehr radikal in dieser Richtung Justice Black in Konigsberg vs. State Bar of California, 366 U. S. 36, 60 f. (1961) („the doctrine that permits constitutionally protected rights to be 'balanced' away (…) I do not subscribe to that doctrine“); dagegen die Position der Mehrheit durch Justice Harlan ibid., 49 ff.; bezeichnenderweise wird dieser Streit in der amerikanischen Literatur als Streit zwischen absoluter Sicht und Abwägung angesehen, obwohl es auch der Mehrheitsmeinung gerade nicht um eine ad hoc Abwägung im Einzelfall geht, vgl. *Nowak, John E.; Rotunda, Ronald D.,* Constitutional law, 8. Aufl. 2010, 1273 f.

[499] Vgl. dazu *Tribe, Laurence H.,* American constitutional law, 3. Aufl. 2000, 832 ff.; *Chemerinsky* (Fn. 96), 1080 ff.; zur Ausnahme bei gesetzlichen Differenzierungen im Hinblick auf den Inhalt der Rede vgl. ibid., 1037 ff.

[500] Zum Folgenden eingängig *Chemerinsky* (Fn. 96), 602 ff., der ibid., 602 auch den Bezug zur Abwägung klar herstellt.

[501] Zur Möglichkeit eines vierten levels zwischen intermediate und strict scrutiny, der sog. „exacting scrutiny“, vgl. Janus vs. American Federation of State, County, and Municipal Employees, Council 31, 138 S.Ct. 2448, 2465 (2018); dazu *Chemerinsky, Alex,* Tears of Scrutiny, Tulsa Law Review 57 (2022), 341, 348 ff., 372 ff.; *Kelso, Randall R.,* Clarifying the Four Kinds of 'Exacting Scrutiny' Used in Current Supreme Court Doctrine, Penn State Law Review 127 (2023), 375, 384 ff.

auf die Darlegungslast. Beim rational basis test muss der Bürger darlegen, dass das Gesetz verfassungswidrig ist; bei strict scrutiny und vermutlich auch bei intermediate scrutiny muss umgekehrt der Staat darlegen, dass es verfassungsmäßig ist. Mit der Darlegungslast verbunden ist die Frage nach den Auswirkungen der drei Tests in der Praxis, dh nach der praktischen Strenge ihrer Anforderungen. Hier herrscht unter amerikanischen Juristen größte Einigkeit: Den rational basis test besteht fast jedes Gesetz; strict scrutiny hingegen führt fast immer zur Verfassungswidrigkeit („strict in theory and fatal in fact"[502]). Nur bei intermediate scrutiny ist das Ergebnis ernstlich offen. So hatte etwa in der klassischen Entscheidung Railway Express Agency vs. New York[503] die Stadt New York das Anbringen von Werbung auf Kraftfahrzeugen verboten, um die Gefahr von Unfällen durch abgelenkte Autofahrer zu verringern. Mit diesem Zweck wenig vereinbar war allerdings die ebenfalls vorgesehene Ausnahme für Eigenwerbung, der gerade bei Unternehmen mit vielen Fahrzeugen durchaus große Bedeutung zukam. So durfte die klagende Speditionsfirma die Flächen ihrer zahlreichen Lastwagen nicht an Werbekunden vermieten, während eine andere Firma auf ihren ebenfalls zahlreichen Lastwagen nach Belieben Eigenwerbung anbrachte. Dennoch hielt der Supreme Court die Differenzierung nach dem rational basis test ohne Gegenstimme aufrecht. Dafür reichte es ihm aus, dass *möglicherweise* der Verordnungsgeber davon ausgegangen war, dass Eigenwerbung weniger Verkehrsprobleme verursachen würde, und dass ein solcher Effekt tatsächlich nicht völlig auszuschließen war. Die ganz anderen Folgen von strict scrutiny illustriert demgegenüber der Fall Boos vs. Barry.[504] Der Supreme Court hob hier eine Bestimmung auf, die es im District of Columbia verbot, innerhalb von 500 Fuß um eine ausländische Botschaft herum Schilder zu zeigen, deren Inhalt die ausländische Regierung öffentlich bloßstellte. Dabei ließ er sogar offen, ob der Schutz der Würde ausländischer Diplomaten überhaupt ein „compelling purpose" war. Entscheidend sei vielmehr, dass das Gesetz für einen solchen Zweck nicht notwendig sei, weil er auch durch weniger einschränkende Maßnahmen zu erreichen sei, etwa durch ein Verbot, Botschaftsangehörige zu belästigen.

213 Boos vs. Barry illustriert zugleich einen der Grundgedanken der levels of scrutiny: Wenn der Gesetzgeber eine Regelung erlässt, um bestimmte Zwecke zu erreichen, so wird dieses Gesetz aufgrund seiner Allgemeinheit in aller Regel auch Fälle mit erfassen, die nicht vollständig dem Zweck unterfallen oder umgekehrt Fälle nicht erfassen, die nach dem Zweck erfasst sein sollten. Die levels of scrutiny geben nun an, wie genau die Gerichte diesen Zusammenhang („means-end fit") prüfen, welches Maß an Übereinstimmung also gefordert wird. So heißt es denn etwa für den rational basis test „If the classification has some reasonable basis, it does not offend the Constitution simply because the classification is not made with mathematical nicety or because in practice it results in some inequality. (…) The problems of government (…) may justify (…) rough accomodations".[505]

b) Vorprägung des Ergebnisses durch Wahl des Prüfungsmaßstabs

214 Damit verlagert sich ein oft entscheidender Teil der Problemlösung auf die Frage, welches level of scrutiny im Einzelfall anzuwenden ist. Strict scrutiny etwa ist einschlägig bei Beeinträchtigungen der freien Religionsausübung oder bei inhaltsbezogenen Beschränkungen der Meinungsfreiheit. Sie ist auch einschlägig beim Gleichheitssatz, wenn es dort um eine sog. suspekte Klassifikation (inbes. Diskriminierung nach Rasse oder nationaler Herkunft) oder um ein sog. fundamentales Recht geht (insbesondere die Rechte auf Privatheit wie Ehe, Schwangerschaft und Aufziehen von Kindern). Keine Chance, die verfassungs-

502 *Gunther, Gerald,* Foreword – In search of evolving doctrine on a changing court – A model for a newer equal protection, Harvard Law Review 86 (1972), 1 (8).
503 Railway Express Agency vs. New York, 336 U. S. 106 (1949).
504 Boos vs. Barry, 485 U. S. 312 (1988).
505 City of Dallas vs. Stanglin, 490 U. S. 19, 26 f. (1989) (interne Nachweise und Anführungszeichen nicht mitzitiert).

gerichtliche Prüfung zu überstehen, hat daher beispielsweise ein Gesetz, dass die Verwendung von Empfängnisverhütungsmitteln auf Verheiratete beschränken will.[506] Was alles genau im Einzelfall als fundamentales Recht in diesem Sinne gelten kann und damit einschränkende Gesetze in aller Regel zu Fall bringt, ist oft sehr umstritten. Das gilt umso mehr als fundamentale Rechte strict scrutiny auch noch an anderer bedeutsamer Stelle auslösen, nämlich bei der Prüfung eines Verstoßes gegen den sog. substantive due process, eine Art unbenanntes Freiheitsrecht. Nicht zuletzt hier entscheiden sich viele in den USA besonders umstrittene Fragen, etwa die Rechte von Homosexuellen, Abtreibung oder sexuelle Selbstbestimmung. Aber auch in praktisch weniger bedeutsamen Bereichen finden sich interessante Einordnungen, etwa wenn das Reisen innerhalb der USA als fundamentales Recht akzeptiert wird, nicht aber das Reisen über die Landesgrenzen hinaus.[507]

Intermediate scrutiny greift in erste Linie bei sog. quasi-suspekten Kategorien im Rahmen 215
des Gleichheitssatzes, dh bei Differenzierungen nach Geschlecht oder (Un-)Ehelichkeit. Dass damit eine Geschlechterdiskriminierung weniger restriktiv behandelt wird als eine Rassendiskriminierung, führt, wie ohne weiteres einleuchtet, immer wieder einmal zu grundlegenden Diskussionen.[508] Nur dem rational basis test unterliegen schließlich insbesondere alle wirtschaftlichen Normen im Rahmen ihrer Kontrolle anhand des soeben erwähnten substantive due process. Bloße Rationalität genügt auch bei allen nicht von den beiden anderen levels erfassten Ungleichbehandlungen im Rahmen des Gleichheitssatzes. Auch hier gibt es natürlich immer wieder Debatten, etwa darüber, ob eine Differenzierung nach Reichtum oder Armut wirklich nur der ganz schwachen Überprüfung unterliegen soll und so in fast allen Fällen hinzunehmen ist.[509]

Eine rechtskontextuell auffällige Besonderheit liegt darin, dass die levels of scrutiny sich 216
durch alle Grundrechte ziehen. Sie stellen damit in gewisser Weise das dar, was es im common law sonst kaum gibt: eine Art allgemeinen Teil des Verfassungsrechts. Ganz in der common law tradition werden sie jedoch selten als solcher behandelt;[510] stattdessen werden die levels of scrutiny meist bei jedem Grundrecht einzeln erörtert. Ob dies daran liegt, dass die Behandlung der levels bei jedem Grundrecht vielfältige Besonderheiten und eigenständige Vertiefungen aufweist, oder umgekehrt diese Besonderheiten und Vertiefungen Resultat der fehlenden übergreifenden Behandlung sind, ist eine typische Huhn-Ei Frage.

Im Übrigen zeichnet sich das Denken in levels of scrutiny insbesondere dadurch aus, dass 217
gerade keine direkte Abwägung zwischen dem Gewicht der Grundrechtseinschränkung und dem Gewicht des Gesetzeszwecks angestellt wird. Das Gewicht der Grundrechtseinschränkung spielt vielmehr im Wesentlichen bei der Bestimmung des jeweiligen levels eine Rolle; es ist so weder auf den konkreten Einzelfall bezogen noch besteht eine gleitende Skala. Das Gewicht des Gesetzeszwecks spielt innerhalb des jeweiligen levels eine Rolle, da der Zweck den jeweiligen Anforderungen an das Interesse (legitimate, important oder compelling) entsprechen muss. Auch hier also gibt es keine gleitende Skala, sondern nur die drei Stufen. Die dann noch verbleibende Frage des hinreichenden Zusammenhangs von Gesetzeszweck und gesetzlicher Regelung enthält auf den ersten Blick sogar gar kein abwägendes Element, sondern scheint eher formaler und gleichheitsrechtlicher Struktur zu sein („Macht der Gesetzgeber ein gutes, sinnvoll auf sein eigentliches Ziel orientiertes Gesetz oder bezieht er Fallgruppen mit ein, die vom Gesetzeszweck gar nicht erfasst sind, oder nicht mit ein, die dem Gesetzeszweck noch unterfallen?"). Soweit allerdings mitgeprüft wird, ob es zu dem Gesetz eine weniger beschränkende Alternative gibt, wie etwa bei strict scrutiny aber nur möglicherweise bei intermediate scrutiny, kommen doch Teilaspekte einer Abwägung zum Tragen.

506 Vgl. Eisenstadt vs. Baird, 405 U. S. 438 (1972).
507 Vgl. etwa Califano vs. Aznavorian, 439 U. S. 170, 176 f. (1978).
508 Dazu etwa *Chemerinsky* (Fn. 96), 835 f. mwN.
509 Dazu etwa *Nowak/Rotunda* (Fn. 498), 1003 ff. mwN.
510 Anders namentlich *Chemerinsky* (Fn. 96), 602 ff. sowie oft die informelle Ausbildungsliteratur, ohne dass diese Analyse jedoch – in ihrer Allgemeinheit – wissenschaftlich vertieft würde.

7. Überprüfung administrativer Rechtsauslegung

a) Der Chevron Test

218 Bei der gerichtlichen Überprüfung von Verwaltungsentscheidungen differenziert das U.S.-amerikanische Verwaltungsrecht zunächst danach, ob es um Aussagen der Behörde zu Tatsachenfragen, zu Rechtsfragen oder zur Anwendung von Recht auf Tatsachen geht.[511] Auf jeder dieser Ebenen stehen dem Gericht verschieden strenge Tests zur Verfügung, deren genaue Abgrenzung untereinander Gegenstand intensiver Diskussionen und unterschiedlichster Rechtsprechung ist. In fast allen Fällen geht es allerdings nur um die Frage, *wie sehr* das Gericht Rücksicht auf die Entscheidung der Verwaltung nehmen muss. Dass das Gericht hingegen völlig eigenständig neu entscheidet (sog. de novo review), wird nur für die Tatsachenermittlung und auch hier nur für seltene Sonderfälle erörtert,[512] eine Beschränkung richterlicher Entscheidungsmacht, die bei vielen kontinentaleuropäischen Beobachtern zu größter Verwunderung Anlaß gibt und aufgrund ihrer Fremdartigkeit oft nicht einmal auf Anhieb erkannt wird. Die bei der gerichtlichen Überprüfung durchscheinende Denkweise ist prägend und typisch für das U.S.-amerikanische Verwaltungsrechtsdenken. Illustrieren lässt sie sich weiterhin etwa anhand der Überprüfung von Rechtsfragen, die 40 Jahre lang von der wohl meistzitierten und berühmtesten Entscheidung des U.S.-Verwaltungsrechts geprägt wurde: Chevron vs. NRDC.[513] Chevron wurde durch Loper Bright förmlich außer Kraft gesetzt.[514] Doch bleibt er für die über 18.000 auf seiner Grundlage zwischen 1984 und 2024 entschiedenen Fälle relevant und als stare decisis gültig. Zudem bleibt Chevron der zentrale Bezugspunkt für jeden, der verstehen will, wie die gerichtliche Überprüfung administrativer Rechtsauslegung im U. S. Recht konzeptionell erfasst wird.

219 Dabei ist zunächst auch in den USA anerkannt, dass in erster Linie die Gerichte selbst das Recht auszulegen haben: „It is emphatically the province and duty of the judicial department to say what the law is. Those who apply the rule to particular cases must of necessity expound and interpret that rule."[515] Diese Erkenntnis wurde jedoch nur auf klare und deutliche Gesetze bezogen; bei ihnen konnte das Gericht eine andere, dann also fehlerhafte Auslegung durch die Behörde ignorieren.[516] Probleme tauchten hingegen in den zahlreichen Fällen auf, in denen das Gesetz nicht klar und eindeutig war. In der Chevron Entscheidung ging es um eine Bestimmung im Clean Air Act, die eine Genehmigungspflicht für neue stationäre Quellen von Luftverschmutzung forderte. Die Environmental Protection Agency (EPA) sah in ihren den Clean Air Act auslegenden rules zunächst jedes einzelne luftverschmutzende Gerät in einer industriellen Anlage als stationäre Quelle. Später änderte sie diese rules jedoch im Sinne eines Blasen-Ansatzes (bubble approach). Danach stellte jeweils die gesamte Industrieanlage *eine* stationäre Quelle dar. Auf diese Weise konnten Unternehmen nunmehr neue Einzelgeräte einsetzen, ohne dafür jedesmal eine neue Genehmigung zu benötigen. Die Anforderungen des Clean Air Act wurden so für die betroffene Industrie weit weniger restriktiv und kostenintensiv. Die Kernfrage war, ob das Gericht diese neue Auslegung akzeptieren sollte. Der Supreme Court entwickelte dazu einen zweischichtigen Prüfungsmaßstab, den er selbst prägnant zusammenfaßte:

„When a court reviews an agency's construction of the statute which it administers, it is confronted with two questions. First, always, is the question whether Congress has directly spoken to the precise question

---

[511] Zu dieser Unterscheidung im common law allgemein supra → Rn. 49 ff.
[512] Vgl. etwa *Aman/Rookard/Mayton* (Fn. 119), 409 ff.
[513] Chevron, U. S. A. Inc. vs. NRDC, 467 U. S. 837 (1984).
[514] Loper Bright Enterprises vs. Raimondo, 603 U. S. 369, 412 (2024): „*Chevron* is overruled.".
[515] Marbury vs. Madison, 5 U. S. (1 Cranch), 137, 1, 77 (1803).
[516] Deutlich *Aman/Rookard/Mayton* (Fn. 119), 457 f.; in Loper Bright gibt der Supreme Court diesem berühmten Zitat jedoch gerade eine erheblich weitere Bedeutung, vgl. Loper Bright Enterprises vs. Raimondo, 603 U. S. 369, 385 ff., 412 (2024).

at issue. If the intent of Congress is clear, that is the end of the matter; for the court as well as the agency must give effect to the unambiguously expressed intent of Congress.[9] If, however, the court determines Congress has not directly addressed the precise question at issue, the court does not simply impose its own construction on the statute, as would be necessary in the absence of an administrative interpretation. Rather, if the statute is silent or ambiguous with respect to the specific issue, the question for the court is whether the agency's answer is based on a permissible construction of the statute.[11]"

[9] The judiciary is the final authority on issues of statutory construction and must reject administrative constructions which are contrary to clear congressional intent. If a court, employing traditional tools of statutory construction, ascertains that Congress had an intention on the precise question at issue, that intention is the law and must be given effect.

[11] The court need not conclude that the agency construction was the only one it permissibly could have adopted to uphold the construction, or even the reading the court would have reached if the question initially had arisen in a judicial proceeding."[517]

Unter Chevron war also im Kern zu fragen, ob ein eindeutiger Wille des Kongresses zu der genauen Fallfrage festgestellt werden konnte und, wenn nein, ob die Auslegung des Gesetzes durch die Behörde zulässig war.

Hintergrund dieses Chevron Tests waren Erwägungen aus der Gewaltenteilung. Dabei 220
wurde allerdings die eigenständige Rolle der Verwaltung betont und mit Erwägungen demokratischer Kontrolle verbunden, so dass die Gewaltenteilung hier nicht, wie sonst gelegentlich, zu einer uneingeschränkten Herrschaft der Gerichte über die Auslegung des Rechts führte: „When a challenge to an agency construction of a statutory provision, fairly conceptualized, really centers on the wisdom of the agency's policy, rather than whether it is a reasonable choice within a gap left open by Congress, the challenge must fail. In such a case, federal judges – who have no constituency – have a duty to respect legitimate policy choices made by those who do. The responsibilities for assessing the wisdom of such policy choices and resolving the struggle between competing views of the public interest are not judicial ones."[518] In der Literatur finden sich noch ausgreifendere Analysen. Die Rücksichtnahme auf die Auslegung der Verwaltung lässt sich demnach beispielsweise auch darauf zurückführen, dass jede Behörde die von ihr anzuwendenden Gesetze und ihre praktischen Auswirkungen meist besonders gut kennt; dass die Verwaltung flexibel auf unvorhergesehene Probleme bei der Durchführung ihres Programms reagieren können muss; dass die Verwaltung selbst eine über die Regierung vermittelte politische Verantwortung trägt; und dass die Respektierung der Behördenauslegung zu bundesweiter Einheitlichkeit in der Auslegung führt, während die gerichtlichen Auffassungen voneinander abweichen können.[519] Bei all diesen Argumenten zeigt sich deutlich die ausgeprägte Kontextabhängigkeit. Um ein kleines Beispiel zu geben, beruht der Gedanke der bundeseinheitlichen Auslegung auf der Existenz einer machtvollen zentralen Bundesverwaltung und der sehr geringen Aktivität des zentralen Supreme Court in materiellen Fragen des Verwaltungsrechts. Diese Annahmen müssen aber keineswegs auch in anderen Staaten der Welt gelten, ja sie können sich sogar in ihr Gegenteil verkehren. In Deutschland beispielsweise ist die Verwaltung auch bei der Ausführung von Bundesgesetzen in der Regel föderal dezentralisiert, während andererseits die Gerichte bis hinauf zur Bundesebene streng hierarchisch organisiert sind und das zentrale Bundesverwaltungsgericht das materielle Verwaltungsrecht intensiv mitgestaltet. Das Argument der

[517] Chevron, U. S. A. Inc. vs. NRDC, 467 U. S. 837, 842–843 (1984) (Fußnoten innerhalb des Zitats sind Teil des Originaltextes; reine Nachweise aus Rechtsprechung und Literatur wurden ausgelassen; Hervorhebungen hinzugefügt).

[518] Chevron, U. S. A. Inc. vs. NRDC, 467 U. S. 837, 866 (1984). Dass aber auch in den USA eine solche Abtretung von Entscheidungsmacht der Gerichte an die Verwaltung mit Misstrauen betrachtet wird, zeigt sich an dem – allerdings im Kongress knapp gescheiterten – Versuch, mit dem sog. „Bumpers Amendment" zum Administrative Procedure Act die Respektierung von Rechtsauslegungen der Verwaltung durch die Gerichte abzuschaffen oder stark zu reduzieren, dazu *Gellhorn/Levin,* Administrative law and process, 3. Aufl. 1990, 85; *Gellhorn/Levin* (Fn. 149), 83.

[519] So die Analyse bei *Gellhorn/Levin* (Fn. 149), 82 f.

Bundeseinheitlichkeit würde in Deutschland also gerade gegen eine Berücksichtigung der Behördenansicht sprechen.[520]

b) Offenheit des Chevron Tests

221 Der Chevron Test lässt Raum für zahlreiche unterschiedliche Interpretationen. Das galt sowohl für die Frage, ob ein eindeutiger Wille des Kongresses zu der genauen Fallfrage festgestellt werden konnte, als auch ob anderenfalls die Auslegung des Gesetzes durch die Behörde zulässig war. Entsprechend war die Rechtsprechung nach Chevron[521] facettenreich, so dass letztlich verschiedene Konzepte zum Ausmaß der gerichtlichen Kontrolle unter dem Dach von Chevron Platz finden konnten.[522] Chevron, so hieß es, glich insofern dem exzentrischen Verwandten, dessen Erscheinen bei den regelmäßigen Familientreffen sowohl unvorhersehbar als auch von unsicherer Bedeutung war.[523]

222 Wann also ist der Wille des Kongresses eindeutig? Die Antwort hängt letztlich davon ab, wie weit das Gericht bereit ist, zur Ermittlung des „eindeutigen" Willens die Mittel der Gesetzesauslegung auszuschöpfen. Denn durch hinreichend intensive Auslegung lässt sich fast immer ein Ergebnis finden, das – da umfassend belegt und reiflich überlegt – dann als eindeutig deklariert werden kann. Wäre eine vollständige Gesetzesauslegung zulässig, so würde nach einem bekannten Sondervotum von Justice Scalia im Fall Cardozo-Fonseca die Respektierung der behördlichen Auslegung zu einer Lehre der Verzweiflung („doctrine of desperation"). Denn dann dürften die Gerichte die behördliche Auslegung nur respektieren, wenn sie anderenfalls unfähig wären, selbst den Inhalt des betreffenden Gesetzes zu bestimmen.[524] Im einschlägigen Fall ging es um zwei Bestimmungen des U.S.-amerikanischen Asylrechts zur Berücksichtigung der Verfolgung Asylsuchender im Heimatland. Die eine Bestimmung verlangte, dass die Verfolgung nach Rückkehr in das Heimatland „more likely than not" sein müsse, die andere verlangte eine „well-founded fear" vor Verfolgung. Obwohl beide Standards sehr unterschiedlich formuliert sind und prima facie sehr verschiedene Ansätze verfolgen und trotz der Kritik von Justice Scalia, wandte die Mehrheit des Supreme Court die üblichen Auslegungskanones mit voller Wirkung an. Auf dieser Grundlage hielt es nicht nur beide Standards für inhaltsgleich, was durchaus noch nachvollziehbar ist, sondern erklärte dieses Ergebnis auch für eindeutig und klar im Sinne der Chevron Doktrin,[525] was doch eher überrascht. Das Gericht war aber keineswegs immer so auslegungsfreudig. In Young vs. Community Nutrition Institute beispielsweise hielt die Mehrheit die Formulierung „the Secretary shall promulgate regulations limiting the quantity […] therein or thereon to such extent as he finds necessary for the protection of public health" gerade nicht für klar, da offen bleibe, ob der Satzteil „to such extent…" sich auf „shall" oder auf „limiting" beziehe. Es sei also unklar, ob die Verpflichtung des Sekretärs, überhaupt Vorschriften zu erlassen, immer bestehe oder unter Umständen ausgeschlossen sei.[526] In seinem Sondervotum wies Justice Stevens, der Autor von Chevron, demgegenüber scharfzüngig darauf hin, dass die Auslegung eines Gesetzes mehr erfordere, als das bloße Erfinden einer Mehrdeutigkeit.[527]

---

520 Zum gänzlich anderen Ansatz in Deutschland vgl. aber infra → § 6 Rn. 291 ff.

521 Vgl. etwa die Darstellung bei *Aman, Alfred C.; Mayton, William T.*, Administrative Law, 2. Aufl. 2001, 481 ff.; vgl. zB U. S. vs. Mead Corp., 533 U. S. 218 (2001), in der typischerweise ein vorgeschalteter „step zero" für Chevrons Prüfungsfolge gesehen wird.

522 Vgl. dazu *Gellhorn/Levin* (Fn. 149), 83 ff., insbes. 85, 90.

523 *Mashaw, Jerry L.; Merrill, Richard A.; Shane, Peter M.*, Administrative law, 3. Aufl. 1992, 734; vgl. die Auflistung ibid., 735 ff.

524 INS vs. Cardozo-Fonseca, 480 U. S. 421, 454 (1987).

525 INS vs. Cardozo-Fonseca, 480 U. S. 421, 449 (1987); dabei spricht für die Mehrheit, dass bereits Chevron selbst auf die üblichen Auslegungskanones verweist, vgl. Chevron, U. S. A. Inc. vs. NRDC, 467 U. S. 837, 843 Fn. 9 (1984).

526 Young vs Community Nutrition Institute, 476 U. S. 974, 980–981 (1986).

527 Young vs. Community Nutrition Institute, 476 U. S. 974, 988 (1986); für eine beschränkte Auslegung mit besonderer Betonung des Wortlauts etwa auch K Mart Corporation vs. Cartier, Inc. 486 U. S. 281, 291

War kein klarer Wille des Kongresses zur genauen Fallfrage feststellbar, so respektierte das Gericht die Auslegung der Behörde (sog. deference), wenn sie zulässig, genauer: wenn sie vernünftig (reasonable)[528] war. Wann aber ist sie vernünftig und wie weit geht die Respektierung? Für die Vernünftigkeit einer Auslegung sollte es beispielsweise nicht darauf ankommen, dass nur diese eine Auslegung zulässig war, und auch nicht darauf, ob das Gericht zu derselben Auffassung gelangt wäre, wenn die Frage ursprünglich in einem gerichtlichen Verfahren aufgetaucht wäre.[529] Wenn die Auslegung nicht im Widerspruch zur klaren Sprache des Gesetzes stand, musste sie akzeptiert werden, auch wenn mit fast gleicher Berechtigung eine andere Lösung möglich gewesen wäre.[530] Nicht selten wurde auch davon ausgegangen, dass es nicht ausreiche, dass eine andere Auslegung nach Auffassung des Gerichts die Ziele des jeweiligen Gesetzes besser befördern würde, sondern dass Unvernünftigkeit erst dann vorliege, wenn die behördliche Auslegung diese Ziele unterlaufe.[531] Was das Ausmaß der Respektierung im Einzelfall angeht, konnte die Literatur aus der Fülle der keineswegs immer kohärenten Fälle verschiedenste Einflussfaktoren herausarbeiten:[532] Erstens wurde in Betracht gezogen, ob der Kongress der Behörde die Interpretationsmacht übertragen hatte. Das konnte der Fall sein, wenn die Behörde die Befugnis zum Erlass von Verordnungen (rulemaking) erhalten hattte, aber ebenso, wenn der Kongress – möglicherweise bewusst – nicht gegen eine seit langem bekannte Auslegung der Behörde vorging. Ein zweiter Faktor war der zeitliche Zusammenhang zwischen Auslegung und Gesetz. So wurde eine Auslegung regelmäßig dann respektiert, wenn die Behörde das ihrer Tätigkeit zugrundeliegende Gesetz bereits bei dessen Schaffung in der betreffenden Weise interpretiert hatte. Oft wurde die Auslegung auch respektiert, wenn die Behörde selbst an der Schaffung des Gesetzes beteiligt war. Drittens konnte ein Gericht einer behördlichen Auslegung besonders leicht folgen, wenn diese Auslegung über die Jahre einheitlich war. Die Auswirkungen einer Änderung der Auslegung durch die Behörde hingegen hingen regelmäßig davon ab, ob die Behörde eine angemessene Erklärung für den Wechsel gegeben hatte. War der Wechsel völlig unverständlich, so war es möglich, dass der Ansicht der Behörde keinerlei Gewicht mehr zukam. Viertens konnte ein Vertrauen der Öffentlichkeit in die Auslegung der Verwaltung deren Respektierung fördern. Fünftens schließlich war auch von Bedeutung, in welcher Form die Verwaltung ihre Befugnis zur Auslegung ausgeübt hatte. Handelte die Behörde durch sog. legislative rules, so verlangte ihre Auffassung mehr Respekt seitens der Gerichte als bei Handeln durch sog. interpretive rules, auch wenn diese interpretive rules keineswegs ohne Gewicht im gerichtlichen Verfahren waren.[533] 223

c) Loper Bright und das Ende von Chevron

Nach vielen Debatten[534] in der verwaltungsrechtlichen Literatur und nach Anzeichen von Unzufriedenheit in diversen Gerichtsentscheidungen beendete der Oberste Gerichtshof schließlich Chevrons „byzantine set of preconditions and exceptions“,[535] von denen viele 224

(1988) („In determining whether a challenged regulation is valid, a reviewing court must first determine if the regulation is consistent with the language of the statute. […] In ascertaining the plain meaning of the statute, the court must look to the particular statutory language at issue, as well as the language and design of the statute as a whole.“).

528 Chevron, U. S. A. Inc. vs. NRDC, 467 U. S. 837, 844 (1984).

529 Chevron, U. S. A. Inc. vs. NRDC, 467 U. S. 837, 843 Fn. 11 (1984).

530 Holly Farms Corp. vs. NLRB, 517 U. S. 392, 398 f. (1996).

531 Vgl. *Gellhorn/Levin* (Fn. 149), 89; deutlich auch Continental Air Lines vs. Department of Transportation, F.2d 1444, 1453 (D. C. Cir.1988).

532 Zum Folgenden umfassend *Aman/Mayton* (Fn. 521), 491 ff.

533 Diese übliche Unterscheidung in der Kontrolldichte zwischen legislative rules und interpretive rules hielten *Gellhorn/Levin* (Fn. 149), 90 Fn. 2 allerdings für „somewhat oversimplified“.

534 Für eine interessante, breiter angelegte Analyse dieser und damit verbundener ähnlicher Debatten mithilfe eines kontextuellen rechtsvergleichenden Ansatzes vgl. *Plebuch, Jonas; Pielhoff, Simon,* Verwaltungsstaat als Demokratieideal – Administrative State als Demokratiegefahr?, Der Staat 61 (2022), 167 (167 ff.).

535 Loper Bright Enterprises vs. Raimondo, 603 U. S. 369, 405 (2024).

in der obigen Darstellung gar nicht erwähnt wurden. Der Gerichtshof stellte fest, dass die gesamte Konstruktion gegen sec. 706 des Administrative Procedure Act (APA) verstoße,[536] nach der „the reviewing court shall decide all relevant questions of law". Dies ist insofern bemerkenswert, als diese Formulierung zuvor anscheinend kaum je in diesem Sinne verstanden worden war oder auch nur als solche Beachtung gefunden hatte.[537] Hinzu kommt, dass der Wortlaut des APA üblicherweise nur als Lippenbekenntnis herangezogen und nicht als zentrale Leitlinie bei der Entwicklung einer Struktur der gerichtlichen Kontrolle verwendet wird.[538]

225 Die Aufhebung von Chevron bedeutet jedoch nicht zwangsläufig, dass die Gerichte nun einfach ohne Rücksicht auf die Rechtsauffassung der Behörde ihre eigene Auslegung eines Gesetzes verwenden werden, wie es etwa in Deutschland die Regel ist. Die verwaltungsrechtliche Literatur geht vielmehr davon aus, dass rechtlich nun wieder der Zustand vor Chevron gilt, dh ein sehr unklares Hin und Her zwischen deference gegenüber der Auslegung des Gesetzes durch die Behörde und einer eigenständigen Auslegung durch die Gerichte, wobei der so genannte Skidmore Respekt einen, wenn auch höchst unbestimmten, Mittelweg darstellt.[539] Der Supreme Court selbst hat allerdings klar zum Ausdruck gebracht, dass die Gerichte sich ein unabhängiges Urteil ohne Rücksicht auf die Behörde bilden sollen, und zwar gerade wenn ein Gesetz mehrdeutig ist – also im bis 2024 von Chevron erfassten Standardfall. Er räumt ein, dass die Behörden über besondere Sachkenntnis und Erfahrung verfügen könnten und dass die Gerichte die Meinung der Behörden nicht einfach ignorieren, sondern ihr rein zur Information und Hilfe einen nur unverbindlichen „Respekt" zollen sollten.[540] Skidmore[541] wird in der Tat zustimmend als Beleg dafür zitiert.[542] Ausnahmsweise könne jedoch die eigene gerichtliche Auslegung des Gesetzes zu dem Ergebnis führen, dass das Gesetz die Anwendungsbefugnis gerade auf die Behörde delegiere, was das Gericht dann innerhalb der gesetzlichen und verfassungsmäßigen Grenzen solcher Delegationen anerkennen müsse.[543] Die Entscheidung Loper Bright selbst ist bei alledem kaum hilfreich, wenn es um die konkrete Anwendung der neuen Rechtslage geht. Denn der Oberste Gerichtshof wandte seinen neuen Standard nicht auf den Sachverhalt an, sondern hob die Urteile der Vorinstanz allein deshalb auf, weil sie sich auf Chevron stützten, und verwies die Sache zur weiteren Verhandlung zurück.

226 Insgesamt ist bei allen Aussagen zur Kontrolldichte, einschließlich der hier nicht näher betrachteten Tatsachen- und Rechtsanwendungsfragen, stets zu beachten, dass die einschlägigen Regeln kein einheitliches und kohärentes System bilden.[544] Gerade auch in diesem Bereich ist das U.S.-amerikanische Verwaltungsrecht ein Fallrecht mit all seinen möglichen Widersprüchen und Lücken. Die verschiedenen Formeln zur Kontrolldichte sind im Einzelfall nicht notwendig aussagekräftig,[545] sondern lassen bewusst ein großes Maß an Spielraum in den Händen des Richters.[546]

---

536 Vgl. Loper Bright Enterprises vs. Raimondo, 603 U. S. 369, 398 ff., (2024).

537 Vgl. Loper Bright Enterprises vs. Raimondo, 603 U. S. 369, 462 ff., (2024) (Kagan J., dissenting).

538 Bemerkenswerterweise hob der Supreme Court hervor, dass der APA dazu geschaffen wurde, „to serve as the fundamental charter of the administrative state", und dass „[t]he text of the APA means what it says", Loper Bright Enterprises vs. Raimondo, 603 U. S. 369, 392, 393 (2024).

539 Vgl. *Levin, Ronald M.; Lubbers, Jeffrey S.,* Administrative Law and Procedure in a Nutshell, 7. Aufl. 2025, 85 ff.; *Pierce, Richard J.,* Administrative Law, 4. Aufl. 2025, 99 f.

540 Vgl. Loper Bright Enterprises vs. Raimondo, 603 U. S. 369, 386, 394, 412 f. (2024).

541 Skidmore vs. Swift & Co., 323 U. S. 134.

542 Loper Bright Enterprises vs. Raimondo, 603 U. S. 369, 386, 394 (2024).

543 Loper Bright Enterprises vs. Raimondo, 603 U. S. 369, 394 f. (2024).

544 Deutlich *Levin, Ronald M.; Lubbers, Jeffrey S.,* Administrative Law and Procedure in a Nutshell, 7. Aufl. 2025, 73.

545 Vgl. *Levin, Ronald M.; Lubbers, Jeffrey S.,* Administrative Law and Procedure in a Nutshell, 7. Aufl. 2025, 79.

546 *Levin, Ronald M.; Lubbers, Jeffrey S.,* Administrative Law and Procedure in a Nutshell, 7. Aufl. 2025, 124.

VI. Englisch oder amerikanisch? – Gravierende Unterschiede im Kontext

Bislang haben wir zwar immer wieder einmal am Rande Unterschiede zwischen den beiden Leitrechtsordnungen des common law – der englischen und der U.S.-amerikanischen – festgestellt, im Grunde aber das common law als eine Einheit betrachtet. Dies entspricht einer Sichtweise, die unter Rechtsvergleichern so verbreitet ist, dass sie kaum einmal ausdrücklich festgehalten wird. Während es im kontinentaleuropäischen Recht von vielen für notwendig gehalten wird, Untergruppen zu bilden, etwa eine germanische, eine romanische und eine nordische Familie zu unterscheiden,[547] wird das common law trotz der bestehenden Unterschiede zwischen den verschiedenen Rechtsordnungen gemeinhin als eine Einheit in Rechtsdenken und -tradition angesehen. 227

Bei genauerer Betrachtung ist das aber weit weniger selbstverständlich als es zunächst scheint. So kam etwa René David, einer der Großen der Rechtsvergleichung, schon vor Jahrzehnten zu der Erkenntnis „qu'il existe beaucoup plus de raisons pour fragmenter la famille de la common law, en reconnaissent l'autonomie de droit anglais et de droit des Etats-Unis, qu'il n'en existe pour fragmenter la famille romano-germanique en y distinguant (…) droits romanistes, droits germaniques, droits nordiques".[548] Radikaler noch sieht Richard Posner – Richter und Professor in den USA – das englische Recht als ein europäisches an, das mit dem kontinentaleuropäischen civil law mehr gemein habe als mit dem U.S.-amerikanischen common law.[549] Einem bekannten Bonmot zufolge gibt es für englische Juristen nichts schlimmeres als New Yorker Anwälte, die nach London einfliegen und glauben, sie verstünden etwas vom englischen Recht. Dem entspricht durchaus die persönliche Erfahrung des außenstehenden, fest im Gedankengut des kontinentaleuropäischen Rechts verankerten Beobachters: Das U.S.-amerikanische Recht entscheidet erkennbar nicht nur in anderen Verfahren, durch andere Institutionen und auf anderer Grundlage, sondern denkt ganz anders – und zwar auf eine Weise, die oft auch nach längerer Beschäftigung nicht vertraut wird, sondern grundlegend fremd bleibt. Das subjektive Gefühl, die Funktionsweise des amerikanischen Rechts nicht wirklich zu verstehen, hält oft sehr lange an. Demgegenüber ist zwar auch das englische Recht fremd, doch ist die grundlegende Art zu denken bei aller Andersartigkeit weit eher nachvollziehbar, sie entzieht sich bei aller Verwunderung in Einzelfragen weit weniger dem einfühlenden, hermeneutischen Verständnis[550] des kontinentalen Juristen. Jenseits solch spontaner Reaktionen hat auch der bis heute wohl grundlegendste Vergleich beider Rechtsordnungen durch Atiyah und Summers einen zentralen Hauptunterschied festgestellt: den weit formaleren Charakter des englischen Rechts und Rechtsdenkens.[551] 228

Tatsächlich sollte auch die Rechtsvergleichung innerhalb des common law zwischen dem englischen und dem U.S.-amerikanischen Kontext unterscheiden. Auch bei anderen Rechtsordnungen, die dem common law angehören oder von diesem beeinflusst werden, sollte differenziert werden, ob sie sich eher am U.S.-amerikanischen oder am englischen Modell orientieren. Dabei liegen die Unterschiede teils schon auf der inhaltlichen und 229

[547] Zu Rechtskreiseinteilungen allgemein supra → § 4 Rn. 3 ff.

[548] *David, René,* Besprechung von: Zweigert, Konrad; Kötz, Hein, Einführung in die Rechtsvergleichung auf dem Gebiete des Privatrechts, Bd. 1, 1971, Revue internationale de droit comparé 1972, 516 (518) („daß sehr viel mehr Gründe bestehen, die Familie des common law zu unterteilen, indem man die Autonomie des englischen und des US-Rechts anerkennt, als dafür, die Familie des romanisch-germanischen Rechts in (…) romanische, germanische und nordische Rechte zu unterteilen").

[549] Vgl. *Posner, Richard A.,* Law and legal theory in the UK and USA, 1996, 20 ff.; er unterscheidet sogar ein anglo-kontinentales (= europäisches) von einem amerikanischen Rechtssystem, ibid., 37; ähnlich *Dedek* (Fn. 275), 544 Fn. 28.

[550] Zur hermeneutischen Vorgehensweise der Rechtsvergleichung vgl. zusammenfassend supra → § 3 Rn. 234 f.

[551] *Atiyah/Summers* (Fn. 90), passim, zusammengefasst 408 ff.; zum dort verwendeten, komplexen Begriff „formal" und seinem Gegenbegriff „substantiell" vgl. ibid., 5 ff.

institutionellen Ebene, wo sie besonders gut sichtbar sind (1), was insbesondere für das Verfassungsrecht zutrifft (2). Möglicherweise noch wichtiger aber sind die Unterschiede im Denken, die sich auf unterschiedliche rechtstheoretische Ausgangspositionen zurückführen lassen (4). Quer zu diesen Fragen liegt der zentrale Einfluss Europas, insbesondere der Europäischen Union, auf das englische Recht, das hier einem Anpassungs- und Reformdruck unterlag, dem mit Ausnahme Irlands kein anderes Land des common law ausgesetzt war (3).

1. Inhaltliche und institutionelle Unterschiede

a) Unterschiede im materiellen Recht und seiner Bedeutung

230 Die Rechtsnormen Englands und der USA unterscheiden sich inhaltlich in zahllosen Bereichen auf teils gravierende Weise. Schlicht unterschiedliche Regelungen finden sich überall. Beispielsweise bedarf es für die übereinstimmende Änderung eines Vertrages nach dem Recht praktisch aller amerikanischen Bundesstaaten (section 2–209(1) U. C. C.) keiner consideration, wohl aber nach englischem Recht.[552] In England existiert ein purchase money resulting trust,[553] im Staat New York etwa wurde er hingegen durch Gesetz abgeschafft. Umgekehrt ist in England von einem Totten trust[554] nicht die Rede. Auch Klassifikationen können sich unterscheiden. So besteht der Unterschied zwischen felonies (Verbrechen) und misdemeanours (Vergehen) im Recht der USA fort, während er in England 1967 abgeschafft wurde.[555] Solche Unterschiede zwischen zwei verschiedenen Rechtsordnungen sind allerdings von vornherein zu erwarten und wenig überraschend. Ebenso können sich Begrifflichkeiten unterscheiden: Der Kläger heißt im U.S.-Recht weiterhin plaintiff, im englischen Recht heute claimant. „Costs" bezieht in England neben den Gerichtskosten auch die Anwaltskosten mit ein, in den USA üblicherweise nicht.[556] Der Begriff des judicial review bezieht sich in England auf ein gerichtliches Verfahren zur Kontrolle staatlichen Verwaltungshandelns, in den USA auf die gerichtliche Kontrolle der Verfassungsmäßigkeit von Gesetzen. Certiorari bezeichnet in den USA im Kern das Verfahren, mit dem der Supreme Court festlegt, ob er einen Fall überhaupt zur Entscheidung annehmen will. In England hingegen ist certiorari die mittlerweile überholte Bezeichnung für ein bestimmtes Verfahren zur Überprüfung und ggf. Aufhebung von Verwaltungsentscheidungen, heute als „quashing order" bezeichnet.

231 Die Unterschiede können jedoch auch weit über solche Einzelheiten hinausgehen und ganze Gebiete und ihre Bedeutung erfassen. Grundlegend verschieden strukturiert ist etwa das Verwaltungsrecht, das sich in England und den USA schon historisch weitgehend eigenständig entwickelt hat. Die gemeinsame rechtliche Basis beider Staaten, das common law, spielt hier nur eine schwache Rolle. So finden Verwaltungsrechtler aus beiden Staaten im Unterschied zu Privatrechtlern nur schwer zusammen, sprechen keine gemeinsame, sondern zwei grundverschiedene Sprachen.

232 Aber auch hinter scheinbarer Ähnlichkeit der materiellen Rechtsregeln und Rechtsstrukturen können sich große Unterschiede in der Bedeutung verbergen. Ein wichtiges Beispiel sind hier torts (unerlaubte Handlungen). Auf den ersten Blick finden sich bei ihnen in beiden Rechtsordnungen ähnliche Strukturen mit nur kleineren Abweichungen in den Details. „But this impression would leave [the English lawyer] entirely unprepared for the abrasive, prominent and controversial role played by the tort process in American public life."[557] Torts sind in den USA nicht mehr ein Mittel der individuellen ausgleichenden Gerechtigkeit, sondern zu einem sozialen Steuerungsinstrument geworden, eine Tendenz,

---

[552] Zu England vgl. *Peel* (Fn. 27), 112 ff.
[553] Vgl. *Glister/Lee* (Fn. 197), 230; dazu auch schon kurz supra → Rn. 185.
[554] Dazu supra → Rn. 184.
[555] Vgl. dazu *Pradel* (Fn. 323), 68 ff.
[556] *Atiyah/Summers* (Fn. 90), xiii.
[557] *Fleming* (Fn. 317), v.

die durch den Einfluss der ökonomischen Analyse des Rechts[558] noch verstärkt wurde.[559] Unter dem Einfluss eines richterlichen Aktivismus und des jury-Systems wurden torts zu einem Spielfeld zwischen zwei Gruppen spezialisierter Anwälte: den aggressiven Klägeranwälten, die oft für ein erfolgsabhängiges Honorar arbeiten, und den konservativer auftretenden Beklagtenanwälten, die insbesondere für große Versicherungsunternehmen arbeiten und meist stundenweise entlohnt werden. So kam es etwa seit den 60er Jahren des 20. Jahrhunderts zu einer regelrechten Explosion von torts Prozessen, die eine wichtige Ausprägung auch in großen Massenverfahren fanden.[560] Es entwickelte sich eine sehr verbraucherfreundliche torts-Rechtsprechung mit extremen Schadenersatzsummen. Solche Exzesse haben mittlerweile aber auch ihre Kritiker gefunden. Was, fragen sie, ist etwa gewonnen, wenn die Schadenersatzklagen wegen Asbestschäden die Asbestindustrie weitgehend in den Bankrott getrieben haben und so dazu führen, dass die frühen Kläger überkompensiert werden, während zahllose spätere Kläger faktisch nichts mehr erhalten können? Oder ist die abschreckende Wirkung solcher Verfahren auf die Industrie diese Konsequenzen wert?[561] So ist das Pendel im Vergleich zu den 80'er Jahren wieder etwas zurückgeschwungen.[562] Insgesamt prägen torts heute das Bild des Rechts in der U.S.-amerikanischen Öffentlichkeit vermutlich mehr als alle anderen Rechtsgebiete. Eine entsprechende Entwicklung ist im englischen Kontext nicht zu verzeichnen.

b) Institutionelle und prozessuale Unterschiede

Wie im Bereich der torts exemplarisch aufscheint, spielen für die Unterschiede zwischen England und den USA die institutionellen Divergenzen eine ganz bedeutsame Rolle, die in den verschiedensten Zusammenhängen relevant wird. Vieles ist hier offensichtlich und teils auch schon angesprochen worden. So unterscheiden sich Richter und Rechtsanwälte in ihrer Funktion, ihrem Selbstverständnis und ihrer Handlungsweise ebenso erheblich wie die Juristenausbildung oder der Gerichtsaufbau.[563] 233

Die jury spielt in den USA jedenfalls in Zivilverfahren eine weit wichtigere Rolle als in England.[564] Aber auch soweit sie in beiden Rechtsordnungen eingesetzt wird, finden sich gravierende und strukturprägende Unterschiede. In den USA beispielsweise ist das Auswahlverfahren für Juroren ein beliebtes und hochkomplexes Tummelfeld für Anwälte, die hier in teils wochenlangen Auswahlprozessen wichtige Pflöcke für die spätere Entscheidung einzuschlagen versuchen.[565] Jede Seite versucht, eine ihr möglichst gewogene jury zu bekommen. Hat ein weißer Polizist einen Schwarzen verprügelt, ein Mann seine Frau geschlagen oder ein Student Haschisch geraucht, so mag es für das Ergebnis eben durchaus wichtig erscheinen, ob rednecks oder Schwarze, emanzipierte Frauen oder traditionell orientierte Männer, Hausfrauen oder ergraute flower-power Aktivisten in der jury sitzen. In England hingegen geht man davon aus, dass eine unvoreingenommene jury nicht durch komplexe rechtliche Verfahren der Zusammenstellung zu erreichen ist, sondern am besten durch eine schlichte Zufallsauswahl: „Our philosophy is that the jury should be selected at random – from a panel of persons who are nominated at random.“[566] In der Praxis werden Juroren seit 234

[558] Zur ökonomischen Analyse allgemein vgl. supra → § 3 Rn. 41 ff.
[559] *Fleming* (Fn. 317), vii f.
[560] Zum Ganzen *Fleming* (Fn. 317), passim; zur Verbindung dieser Entwicklung mit dem sogleich zu behandelnden Rechtsrealismus vgl. ibid., 8 f.
[561] Vgl. dazu kurz *Bonfield* (Fn. 420), 141 ff.
[562] Vgl. *Reimann* (Fn. 415), 81.
[563] Vgl. dazu jeweils supra → Rn. 120 ff., 106 ff., 82 ff.
[564] Vgl. dazu supra → Rn. 155 f.
[565] Vgl. etwa *Gobert, James J.; Kreitzberg, Ellen; Rose, Charles H. III,* Jury selection – The law, art and science of selecting a jury, 3. Aufl. 2011, 485 f., 620 f.; *Rosen, Dan; Aronson, Bruce; Litt, David G.; McAlinn, Gerald Paul; Stern, John P.,* An introduction to American law, 3. Aufl. 2017, 165.
[566] R vs. Sheffield Crown Court, ex parte Brownlow [1980] QB 530 (CA) 541, per Lord Denning, der hier gerade die entgegengesetzte U.S.-amerikanische Philosophie gegenüberstellt.

dem Jahr 2000 per Computer nach dem Zufallsprinzip aus dem Wählerverzeichnis ausgewählt.[567]

235 Auch im sonstigen Prozessrecht finden sich große Unterschiede. So dürfen englische Anwälte vor einem Strafprozess in der Regel nicht mit Zeugen über Art und Inhalt ihrer Zeugenaussage sprechen, sie also insbesondere nicht darauf vorbereiten.[568] In den USA hingegen ist dieses sog. coaching nicht nur zulässig, sondern gehört zu den elementaren Vorbereitungen jedes sorgfältigen Anwalts (ein Unterschied, der in der bekannten Komödie „Ein Fisch namens Wanda" eine entscheidende Rolle spielt).

236 Ein weiteres Beispiel ist etwa die stare decisis Regel, die in England signifikant strenger gehandhabt wird als in den USA:[569] Teilweise werden ihre Unterregeln verschieden formuliert und geben dabei den amerikanischen Richtern mehr Freiheit. Beispielsweise ist ein einzelner entschiedener Fall in den USA in der Praxis nicht automatisch ein Präzedenzfall, sondern durchläuft zunächst eine Testphase, in der das entscheidende Gericht ebenso wie Untergerichte sich fragen können, ob der Fall akzeptabel entschieden wurde und so überhaupt den Status eines anerkennenswerten Präzedenzfalles verdient. In einem Fall etwa entschied der Supreme Court of New Jersey 1982, dass die Hersteller von Asbestprodukten im Rahmen der Gefährdungshaftung auch für Schäden aus Zeiten haften müßten, in denen die Gefährlichkeit von Asbest noch gar nicht bekannt war. Die Asbestindustrie konnte sich also nicht darauf berufen, den jeweiligen Stand der Technik eingehalten zu haben.[570] Die Entscheidung wurde anschließend intensiv und meist kritisch diskutiert. Tatsächlich interpretierte dasselbe Gericht sie bereits ein Jahr später sehr eng. Nach einem weiteren Jahr wurde sie dann in ihrer Bedeutung auf den ihr zugrundeliegenden Sachverhalt reduziert, dh für die Zukunft effektiv ausgeschaltet. Damit war die Haftung wieder auf Gefahren beschränkt, die zum Schadenszeitpunkt bekannt waren oder hätten bekannt sein können.[571] Die Ausgangsentscheidung verschwand in der Versenkung. Nur in den USA besteht etwa auch die Praxis des sog. anticipatory overruling, bei der ein Gericht ein bindendes Präjudiz ignoriert, weil es davon ausgeht, dass es ohnehin vom höherrangigen Gericht overruled werden wird. Teilweise werden einzelne Aspekte der stare decisis aber auch trotz gleicher Formulierung schlicht anders gehandhabt. So tendieren etwa amerikanische Richter dazu, die ratio decidendi weniger als eine enge, rein formale Regel zu sehen,[572] sondern sie im Licht der für sie sprechenden Gründe zu betrachten und anzuwenden. Es geht ihnen also mehr darum, die hinter der Entscheidung stehenden Gedanken und Prinzipien herauszuarbeiten und anzuwenden als eine schlichte Rechtsregel herzuleiten.

c) Unterschiede aufgrund föderaler Struktur

237 Weitere wichtige Besonderheiten ergeben sich aus der föderalen Struktur der USA, die nicht nur selbst in zahlreichen Rechtsnormen detailliert geregelt ist, sondern den Juristen in vielfältiger Weise zu einem Mehrebenendenken zwingt. Das Nebeneinander von einzelstaatlichen und Bundesgerichten ebenso wie die Existenz einer separaten Rechtsordnung in jedem Einzelstaat sowie im Bund (mit Ausnahme des im Bund grundsätzlich fehlenden common law[573]) zwingen nicht nur zu ständigen Auswahlentscheidungen. Sie führen dem

---

567 Vgl. *Darbyshire* (Fn. 92), 411.

568 Vgl. *Bailey/Ching/Taylor* (Fn. 9), 1045.

569 Vgl. zum Folgenden die weit ausführlichere Analyse von *Atiyah/Summers* (Fn. 90), 118 ff.; kurz auch *Cross/Harris* (Fn. 59), 19 f.

570 Vgl. Beshada vs. Johns-Manville Products Corp., 90 N. J. 191 (1982); dazu auch *Atiyah/Summers* (Fn. 90), 48 f.

571 Vgl. O'Brien vs. Muskin Corp., 94 N. J. 169 (1983); Feldman vs. Lederle Laboratories, 97 N. J. 429 (1984).

572 Zu England vgl. supra → Rn. 22 ff.

573 Seit der Entscheidung Erie Railroad Co. vs. Tompkins, 304 U. S. 64 (1938) ist anerkannt, dass es grundsätzlich kein eigenständiges common law des Bundes gibt und daher auch Bundesgerichte immer nur das common law eines Einzelstaates anwenden, dazu und zur historischen Entwicklung *David/Jauffret-Spinosi/Goré* (Fn. 73), 337 ff.; zu den umstrittenen Sonderkategorien, in denen doch ein common law des Bundes angenommen wird vgl. *Chemerinsky, Erwin,* Federal jurisdiction, 8. Aufl. 2021, 403 ff., insbes. 408 ff.

Juristen auch stets sehr plastisch vor Augen, dass es für rechtliche Fragen nicht nur eine, sondern mehrere mögliche Lösungen gibt, die ohne weiteres mit dem gleichen Richtigkeitsanspruch auftreten können. Auch hierin dürfte ein Grund für die im Vergleich zu England weniger formale, mehr an inhaltlicher Richtigkeit orientierte, aber auch erheblich unstrukturiertere Herangehensweise liegen. Das Recht wird durch die Vielzahl der Ebenen aber auch unübersichtlich, etwa wenn Straftatbestände vom Bund, den Einzelstaaten, den Kreisen (counties), den Städten und den Dörfern erlassen werden dürfen, ohne dass es Sammlungen des Kern- und Nebenstrafrechts auf Bundes- oder auch nur einzelstaatlicher Ebene gäbe. Allein für das Bundesrecht wird auf diese Weise die Anzahl der Straftatbestände auf ca. 1.700 geschätzt, wobei die weit größere Kategorie der strafrechtlich sanktionierten Verordnungen noch gar nicht erfasst ist.[574]

Gleichzeitig führt die föderale Struktur zu verschiedenen Vereinheitlichungsphänomenen, **238**
die in England so nicht auftreten können. Besonders wichtig sind hier die von Fachleuten ausgearbeiteten Modellgesetze. Im Strafrecht etwa besteht der Model Penal Code, an den sich die große Mehrheit der Einzelstaaten bei der Reform ihres Strafrechts angelehnt haben, wenn er auch nicht vollständig und in allen Aspekten übernommen wurde. Auch in den übrigen Einzelstaaten sowie im Bund, für den eine Strafrechtsreform gescheitert ist, wird der Model Penal Code von den Gerichten in schwierigen Entscheidungen berücksichtigt.[575] Besondere Bedeutung hat vor allem auch der Uniform Commercial Code (UCC) erlangt, den alle Staaten (mit Ausnahme Louisianas) grundsätzlich übernommen haben. Er regelt den Warenkauf zusammen mit einigen allgemeinen Fragen, beeinflusst indirekt aber auch das Vertragsrecht insgesamt. Dabei wird der UCC immer wieder überarbeitet und so neuen Gegebenheiten angepasst; die Überarbeitungen werden dann von den Staaten unterschiedlich schnell übernommen.[576]

Kein Modellgesetz, aber von ähnlicher Bedeutung sind die sog. restatements. Sie werden **239**
von dem bereits 1923 gegründeten American Law Institute, also einer rein privaten Organisation, herausgegeben und bemühen sich, das Fallrecht in den wichtigsten Gebieten des Privatrechts (zB contracts, torts, property, trust, restitution, agency) in kommentierten Regeln systematisch zusammenzufassen und zu ordnen. Einige restatements existieren auch in zweiter oder sogar dritter Auflage, wobei sich die Auflagen nicht selten signifikant voneinander unterscheiden. Manche Beobachter vermuten, dass die ersten restatements einen Versuch konservativer Juristen darstellten, ihr regelgeleitetes Denken gegen die Herausforderungen der Rechtsrealisten[577] zu bewahren, während die Neuauflagen mit der Einsicht verbunden seien, dass auch die Regeln des common law sich radikal wandeln könnten und dabei ua dem Einfluss des Gesetzgebers unterlägen.[578] In der Regel sollen die restatements allerdings auch heute den realen Stand der Rechtsprechung wiedergeben. In Anbetracht der Vielzahl divergierender oder einander widersprechender Entscheidungen der verschiedenen Gerichte ist aber schon insofern oft eine Auswahl notwendig, die durchaus auch die persönliche Rechtsauffassung der Autoren widerspiegeln kann. Gelegentlich finden sich aber auch restatements, die eher versuchen, bestimmte Änderungen oder ein bestimmtes Konzept zu propagieren, als einfach nur den gegenwärtigen Stand gewissenhaft wiederzugeben. Dazu zählt etwa das einschlägig bekannte Restatement (2nd) of Conflict of Laws von 1971, das hauptsächlich versuchte, neuere Entwicklungen des Internationalen Privatrechts in New York im ganzen Land zu verbreiten und damit durchaus erfolgreich war.[579] Im Allgemeinen ist der Einfluss von restatements auf die Rechtsprechung groß, variiert aber von

574 Vgl. *Gainer, Ronald L.*, Federal criminal code reform – Past and future, Buffalo Criminal Law Review 2 (1998), 45 (72 ff.).

575 Vgl. *Dubber, Markus D.*, Einführung in das US-amerikanische Strafrecht, 2005, 16 f.; zum Inhalt des Model Penal Code vgl. den Überblick ibid., 17 ff.

576 Zum UCC vgl. kurz *Reimann* (Fn. 415), 24 f.; *Hay/Kern* (Fn. 245), 129 f.

577 Dazu sogleich infra → Rn. 258 ff.

578 Vgl. *Gilmore* (Fn. 453), 67 ff.

579 Dazu *Hay/Kern* (Fn. 245), 13, 110; *Reimann* (Fn. 415), 355 f.

restatement zu restatement und manchmal auch von Regel zu Regel.[580] Auch Gesetzgeber orientieren sich gelegentlich an ihnen. Bei alledem bleiben die restatements aber eine private, gelehrte Zusammenfassung. Sie werden zwar nicht selten von Anwälten und Gerichten zitiert, ersetzen aber nicht das dahinterstehende Fallrecht und nehmen auch nicht die Rolle einer Kodifizierung wie im kontinentaleuropäischen Recht ein.

2. Insbesondere: Verfassungsrecht

240 Einer der herausragendsten Unterschiede zwischen englischem und U.S.-amerikanischem Recht betrifft das Verfassungsrecht. Seine Natur und Rolle in beiden Rechtsordnungen ist fundamental verschieden.

a) Herausragende Rolle des U.S.-Verfassungsrechts

241 Das U.S.-amerikanische Recht ist tief vom Verfassungsrecht geprägt. Verfassungsrecht ist in den USA eine Königsdisziplin, in der einige der interessantesten und aufregendsten Fragen und Probleme behandelt werden, die das Recht zu bieten hat. In der Ausbildung gerade an den besten law schools spielt es eine herausragende Rolle. Es beeinflusst intensiv die Rechtsentwicklung in zahllosen Bereichen nicht nur des Verwaltungsrechts, sondern auch etwa des Strafrechts, des Prozessrechts, des Beweisrechts und auch so manchen Bereich des Zivilrechts.[581] Dabei entspricht das Grundkonzept des Verfassungsrechts dem, was heute in westlichen Demokratien Standard ist: Die Verfassung enthält neben Staatsorganisationsprinzipien vor allem auch Grundrechte der Bürger. Sie steht im Rang über einfachen Parlamentsgesetzen und ist nur unter erschwerten Bedingungen selbst abänderbar. Einzelakte ebenso wie Gesetze, die gegen die Verfassung verstoßen, können vor den Gerichten angefochten werden und sind ggf. unbeachtlich.[582] Die Verfassung ist also auch in ihrer praktischen Wirksamkeit nicht auf den politischen Prozess beschränkt, sondern ist Recht und in dieser Eigenschaft justiziabel.

b) Verfassungsrecht in England?

aa) Bedeutung und Existenz des englischen Verfassungsrechts

242 All dies wäre für die große Mehrheit etwa der kontinentaleuropäischen Leser kaum der Erwähnung wert, wenn nicht die Lage in England so gänzlich anders wäre.[583] Schon äußerlich fällt auf: Während keine Beschreibung des U.S.-amerikanischen Rechts, seines Charakters und seiner wichtigsten Institute, sinnvoll ohne das Verfassungsrecht auskommt, spielt das Verfassungsrecht in den typischen Einführungen in das englische Rechtssystem allenfalls eine marginale Rolle. In der klassischen, mit über 1.000 Seiten umfassendsten Einführung von Smith, Bailey und Gunn[584] etwa taucht „constitution" nicht einmal im Stichwortverzeichnis auf. Diese geringe Beachtung entspringt der objektiven Rechtslage: England kennt keine Verfassungsgerichtsbarkeit im herkömmlichen Sinn. Der Gedanke, dass ein Parlamentsgesetz verfassungswidrig sein und deshalb von einem Gericht aufgehoben

[580] Vgl. zB zu den Regel über consideration und promissory estoppel supra → Rn. 194.

[581] Vgl. nur beispielhaft *Fleming* (Fn. 317), 68 ff., der in einer grundlegenden Analyse des amerikanischen Rechts der torts eines von sieben Kapiteln dem Verfassungsrecht widmet.

[582] Grundlegend schon Marbury vs. Madison 5 U. S. (1 Cranch) 137, 178 (1803): „If then the courts are to regard the constitution; and the constitution is superior to any ordinary act of the legislature; the constitution, and not such ordinary act, must govern the case to which they both apply.".

[583] Vgl. auch die detaillierte Aufarbeitung des englischen Verfassungsverständnisses durch *Andreae, Th. Jacob von,* Devolution und Bundesstaat, 2005, 28 ff., der insbesondere zahlreiche, heute notwendige Einschränkungen der überkommenen, vereinfachten Sichtweise des englischen Verfassungsrechts hervorhebt, die hier nicht alle im Einzelnen berücksichtigt werden können.

[584] *Bailey/Ching/Taylor* (Fn. 9).

werden könnte, steht englischem Rechtsdenken völlig fern. Er würde vor allem dem zentralen englischen (Verfassungs-)Prinzip der Vorherrschaft des Parlaments widersprechen, dem zufolge das Parlament für alles und jeden Gesetze erlassen kann und dabei keinerlei inhaltlichen Beschränkungen unterliegt. Mit den Worten Diceys: „There is no person or body of persons who can, under the English constitution make rules which override or derogate from an Act of Paliament."[585] Wer also unter Verfassung per Definition solche Rechtsnormen versteht, die hierarchisch über dem einfachen Parlamentsgesetz stehen und sich auch diesem gegenüber durchsetzen können – und dies ist die Standardauffassung national arbeitender Verfassungsrechtler in Amerika und auf dem europäischen Kontinent[586] –, für den bleibt nur die Konsequenz, dass Großbritannien keine Verfassung und insbesondere keine Grundrechte besitzt.

Einer solchen Schlussfolgerung allerdings würde sich jeder Brite mit Vehemenz widersetzen. **243** Eine typisch britische Argumentation unterscheidet verschiedene Formen von Verfassungen, und stellt dabei den auch sonst üblichen Begriffspaaren (zB parlamentarisch/präsidentiell, föderal/einheitsstaatlich) in Anlehnung an Dicey[587] insbesondere zwei weitere Unterscheidungen zur Seite, nämlich die zwischen geschriebenen und ungeschriebenen sowie (bezogen auf die eventuell erschwerte Abänderbarkeit) zwischen flexiblen und unflexiblen Verfassungen.[588] Sodann wird typischerweise mit großem Nachdruck darauf hingewiesen, dass auch eine ungeschriebene, flexible Verfassung wie die britische eine Verfassung sei. Mit einem gewissen Augenzwinkern bemerkt der ausländische Jurist dabei den bewussten oder unbewussten Versuch, das Kernproblem herunterzuspielen: Kaum ein ausländischer Verfassungsrechtler wird ernsthafte Bedenken bekommen, nur weil die britische Verfassung nicht in einem einzigen Dokument niedergeschrieben ist, sondern sich aus einer Vielzahl geschriebener Dokumente[589] und ungeschriebenen traditionellen Elementen zusammensetzt. Nicht nur findet sich eine auf mehrere Dokumente verteilte Verfassung auch in anderen Staaten wie etwa Österreich oder Schweden. Vor allem ergeben sich in wohl allen westlichen Verfassungsstaaten eine Vielzahl wichtiger verfassungsrechtlicher Regeln nicht unmittelbar aus einem geschriebenen Verfassungstext, sondern wurden letztlich von der Rechtsprechung entwickelt. Auch dass die Verfassung nicht schwerer abänderbar ist als ein einfaches Gesetz, wird zwar Aufsehen oder sogar Besorgnis erregen, aber den Verfassungscharakter nicht grundlegend in Frage stellen. Der Kern des Problems liegt vielmehr in einem anderen Aspekt, nämlich dem schon theoretisch fehlenden Vorrang der Verfassung, der fehlenden Hierarchie zwischen Verfassung und Gesetz.[590] *Diese* Frage aber, in britischer

---

585 *Dicey* (Fn. 468), 40.

586 Vgl. etwa für Europa *Cruz Villalón, Pedro,* Grundlagen und Grundzüge staatlichen Verfassungsrechts – Vergleich, in: Bogdandy, Armin von; Cruz Villalón, Pedro; Huber, Peter M. (Hrsg.), Handbuch Ius Publicum Europaeum, Bd. 1, 2007, 729 (749 ff.); allgemein *Wieser, Bernd,* Vergleichendes Verfassungsrecht, 3. Aufl. 2024, 77; als Einzelbeispiel aus dem nationalen Verfassungsrecht vgl. etwa für Deutschland *Kaufhold, Ann-Kathrin; Wischmeyer, Thomas,* Staatsrecht I – Staatsorganisationsrecht, 36. Aufl. 2024, § 15 Rn. 23 „Sowie der Geltungsvorrang bestritten wird, wird im Grunde bereits die Geltung der Verfassung in Frage gestellt."; *Alexy, Robert,* Theorie der Grundrechte, 1986, 223 f., der für Deutschland Grundrechte als solche Normen definiert, die dem Zugriff des einfachen Gesetzgebers entzogen sind.

587 *Dicey* (Fn. 468), 89 f., 126 ff.

588 Vgl. etwa *Parpworth* (Fn. 461), 6 f.; *Phillips/Jackson/Leopold* (Fn. 220), 5 f.

589 Dass die englische Verfassung weitgehend ungeschrieben sei, ist jedenfalls heute eher ein Mythos; vgl. etwa *Pollard/Parpworth/Hughes* (Fn. 461), 2 f.: „In the United Kingdom enactments will be found corresponding to many, if not indeed most, provisions normally found in written constitutions."; ebenso iErg etwa *Andreae* (Fn. 583), 51.

590 Zum praktischen Zusammenhang mit der erschwerten Abänderbarkeit vgl. aber schon *Tocqueville* (Fn. 473), 111: „In England the Parliament has an acknowledged right to modify the constitution; as, therefore, the constitution may undergo perpetual changes, it does not in reality exist". Entsprechend vereint die Definition des sog. formellen Verfassungsbegriffs beide Aspekte, vgl. etwa *Jellinek, Georg,* Allgemeine Staatslehre, 3. Aufl. 1914, 531 ff.; *Grimm, Dieter,* Ursprung und Wandel der Verfassung, in: Isensee, Josef; Kirchhof, Paul (Hrsg.), Handbuch des Staatsrechts, Bd. 1, 3. Aufl. 2003, § 1 Rn. 26 ff.; die Unklarheiten in diesem Bereich illustriert auch die widersprüchlich scheinende Lage unter der Weimarer Reichsverfassung, deren Änderung eine 2/3-Mehrheit erforderte, obwohl kein Vorrang der Verfassung anerkannt war, vgl. etwa *Sauer, Heiko,* in: Dreier, Horst; Brosius-Gersdorf, Frauke, Grundgesetz, Kommentar, 4. Aufl. 2023,

Terminologie wohl am besten mit „entrenchment" umschrieben, geht in britischen Darstellungen gern ein wenig zwischen den anderen Punkten unter und wird oftmals nicht einmal als ein eigenständiges, wichtiges Einteilungskriterium von Verfassungen neben den anderen genannt, sondern nur am Rande erwähnt oder einem der anderen Einteilungskriterien zugeordnet.[591] Auch ist die Hierarchiefrage nicht etwa identisch mit der Frage, ob und unter welchen einschränkenden Bedingungen ein Gericht die Hierarchie gegenüber dem Gesetzgeber zur Geltung bringen kann, für die auch in vielen anderen Staaten teils nicht unerhebliche Einschränkungen bestehen. Es scheint, als ob es britischen Juristen widerstrebte, ihre recht extreme Außenseiterposition unter den heutigen liberalen Demokratien offen anzusprechen und dazu zu stehen.

244 Dabei besteht für so viel Zurückhaltung gar kein Anlass. Würde beispielsweise ein Deutscher auf die Idee verfallen, den geringen Schutz von Freiheitsrechten gerade auch gegenüber dem Gesetzgeber als potentielle Gefahr für Freiheit und Demokratie in England hinzustellen, könnte (und würde) ein Engländer höflich darauf hinweisen, dass England mit seiner angeblich so anfälligen Verfassung seit langer Zeit sehr gut fährt und dass Freiheit und Demokratie gerade im 20. Jahrhundert zwar auf dem Kontinent und speziell in Deutschland unter gravierenden Problemen zu leiden hatten, ganz bestimmt aber nicht in England. Gerade in früheren Zeiten waren die Freiheiten eines Engländers im europäischen Vergleich vielfach vorbildhaft. Mit anderen Worten funktioniert das englische Verfassungsrecht trotz seiner scheinbar geringen rechtlichen Durchsetzungskraft in der Praxis und unter den Bedingungen Englands ganz hervorragend. Das bedeutet zwar nicht, dass diese Erfahrung auf andere Länder mit einer anderen geschichtlichen Entwicklung übertragbar wäre, dass also eine Verfassung ohne Vorrang auch in anderen Staaten der Welt gut funktionieren könnte. Es belegt aber eindrucksvoll, dass es kaum angebracht wäre, die Existenz einer englischen Verfassung überhaupt zu leugnen. Denn auch England besitzt zahlreiche Normen, die die grundlegende Funktionsweise des Staates effektiv regeln. Streng genommen gibt es sogar *eine* englische Verfassungsregel, die den in anderen Staaten üblichen Merkmalen entspricht, nämlich den Satz, dem zufolge kein britisches Gericht die Gültigkeit eines Parlamentsakts infragestellen darf. Diese Vorherrschaft des Parlaments ist paradoxerweise nicht nur der Grund für den fehlenden Vorrang der Verfassung, sondern zugleich seine einzige Ausnahme. Denn die Vorherrschaft des Parlaments könnte auch nicht vom Parlament selbst, sondern allenfalls in einem revolutionären Akt geändert werden.[592]

bb) Die Vorherrschaft des Parlaments auf dem Rückzug

245 Davon unabhängig ist der etwas exzentrische Charakter der englischen Verfassung jedenfalls heute auf dem Rückzug. Eine genaue Analyse lässt eine Reihe von in der Praxis durchgreifenden Bindungen auch des britischen Parlaments erkennen, auch wenn deren genaue dogmatische Bedeutung vielfach umstritten ist.[593]

Vorb. Rn. 14; *Dreier, Horst,* Grenzen demokratischer Freiheit im Verfassungsstaat, JZ 1994, 741 (742 f.); differenzierend *Dreier, Horst,* Die Zwischenkriegszeit, in: Merten, Detlef; Papier, Hans-Jürgen (Hrsg.), Handbuch der Grundrechte in Deutschland und Europa, Bd. 1, 2004, § 4 Rn. 21 ff., 38 ff.

[591] Vgl. etwa *Phillips/Jackson/Leopold* (Fn. 220), 7 (Zuordnung zur Flexibilität und Gleichsetzung mit Verfassungsgerichtsbarkeit); *Parpworth* (Fn. 461), 11 (kurzerhand Gleichsetzung mit der Schriftlichkeit); *Pollard/Parpworth/Hughes* (Fn. 461), 3 (Erwähnung ganz am Rande in zwei Sätzen); *Leyland* (Fn. 497), 1 f. (Zuordnung zur Schriftlichkeit); *Bromby* (Fn. 226), 3 (Erwähnung nur der Vorteile einer flexiblen Verfassung bei notwendigen Änderungen der Gesetze); *Stychin, Carl F.; Mulcahy, Linda,* Legal methods and systems – Text and materials, 4. Aufl. 2010, 25 (Erwähnung als Aspekt der Gewaltenteilung).

[592] Zu dieser Eigenheit *Phillips/Jackson/Leopold* (Fn. 220), 47.

[593] Dazu und zum Folgenden ausführlich *Andreae* (Fn. 583), 102 ff.; vgl. auch die zusammenfassenden Überlegungen unter der bezeichnenden Überschrift „Whither, or wither, supremacy?" bei *Pollard/Parpworth/Hughes* (Fn. 461), 70 ff.

Bindungen gehen zunächst von den sog. Verfassungskonventionen (constitutional conventions) aus, die ihrerseits wieder die krassen Unterschiede zwischen U.S.-amerikanischem und englischem Verfassungsrechtsdenken belegen. Verfassungskonventionen sind der für nichtenglische Juristen wohl mit Abstand überraschendste und auch letztlich unverständlichste Teil des englischen Rechts. Denn was soll man von Regeln halten, die einerseits kein Recht darstellen, sondern Regeln der politischen Praxis, aber andererseits von den Beteiligten als bindend angesehen werden,[594] obwohl sie wiederum von der dauerhaften politischen Anerkennung der Betroffenen abhängen?[595] Dieser Gedankengang ist etwa einem kontinentalen Verfassungsjuristen nur mit größten Schwierigkeiten überhaupt zu vermitteln, bereitet aber auch britischen Juristen nicht geringe Schwierigkeiten, wie der Streit um die genaue rechtliche Einordnung der Verfassungskonventionen zeigt.[596] In jedem Fall binden Verfassungskonventionen das britische Parlament effektiv. So darf das Parlament beispielsweise für heute unabhängige Mitglieder des Commonwealth keine Gesetze mehr erlassen, es sei denn auf deren Bitte und mit deren Zustimmung; auch darf beispielsweise die Parlamentsmehrheit nicht die Minderheit unterdrücken, etwa indem sie ihr das Rederecht verweigert.[597] Insgesamt wird über Möglichkeit und Grenzen einer Selbstbindung des Gesetzgebers hinsichtlich Art und Form der Gesetzgebung heute in der englischen Literatur intensiv gestritten.[598] 246

Ebenso bedeutsam für die Bindung des Parlaments ist die Auslegung gesetzgeberischer Akte im Licht des common law. Was genau die parlamentarischen Normen bewirken, hängt so recht intensiv davon ab, was die Gerichte daraus machen, was sie also zu akzeptieren bereit sind. Auch darin liegen Ansätze einer Bindung des Parlaments. In Teilen der britischen Literatur wird dies als klare Änderung des klassischen Verständnisses von der Vorherrschaft des Parlaments verstanden und etwa von einer „bi-polar sovereignty of the Crown in Parliament and the Crown in its courts“[599] gesprochen. 247

Eine starke rechtliche Bindung auch des britischen Parlaments lag darüber hinaus zumindest vor dem Brexit im EU-Recht, dessen Vorrang auch in England anerkannt war.[600] Allerdings zeigte sich auch hier wieder die besondere englische Sichtweise. Denn der Vorrang des Unionsrechts wurde formal durch eine Auslegungsregel gesichert, der zufolge davon auszugehen war, dass das britische Parlament mit seinen Handlungen nicht gegen Unionsrecht verstoßen wollte. Praktisch hatte diese Regel denselben Effekt wie ein hierarchischer Vorrang, theoretisch hingegen wurde die Vorherrschaft des Parlaments gewahrt. Zum Schwur wäre es gekommen, wenn das Parlament mit einem Gesetz bewusst gegen Unionsrecht verstoßen und dies auch ausdrücklich so gesagt hätte. Tatsächlich wären englische Gerichte in diesem Fall dem nationalen Gesetz gefolgt.[601] Entsprechend der pragmatischen britischen Herangehensweise stand diese theoretisch zentrale Konstellation aber nicht im Mittelpunkt des auch akademischen Interesses.[602] Für bedeutsam wurde vielmehr vor allem die Einschränkung der Vorherrschaft des Parlaments durch die (neue) 248

[594] Vgl. *Phillips/Jackson/Leopold* (Fn. 220), 136.
[595] Vgl. Re Amendment of the Constitution of Canada (1981) 125 D. L. R. (3d) 1 at para 44 (SCC) („The very nature of a convention, as (…) depending on a consistent course of political recognition.“).
[596] Dazu kurz *Andreae* (Fn. 583), 58 f.; *Parpworth* (Fn. 461), 227 f.
[597] *Phillips/Jackson/Leopold* (Fn. 220), 149; für eine Aufzählung weiterer Verfassungskonventionen vgl. ibid., 146 ff.
[598] Vgl. die Darstellung bei *Andreae* (Fn. 583), 107 ff.
[599] Vgl. etwa *Sedley, Stephen,* Human rights – A twenty-first century agenda, Public Law 1995, 386 (389); vgl. in diese Richtung auch X Ltd. vs. Morgan-Grampian (Publishers) Ltd. [1991] 1 AC 1 (HL) 48 („In our society the rule of law rests upon twin foundations: the sovereignty of the Queen in Parliament in making the law and the sovereignty of the Queen's courts in interpreting and applying the law.“).
[600] Grundlegend R vs. Secretary of State for Transport, ex parte Factortame Ltd. [1991] 1 AC 603 (HL); zur Lage nach dem Brexit vgl. infra → Rn. 253, 256 f.
[601] Deutlich Macarthy's vs. Smith (No. 1) [1979] 3 All ER 325 (CA) 328, per Lord Denning.
[602] Vgl. etwa die sehr kurze Darstellung bei *Pollard/Parpworth/Hughes* (Fn. 461), 345; vgl. auch *Darbyshire, Penny,* Darbyshire on the English Legal System, 11. Aufl. 2014, 73 ff., die die theoretische Abweichungsmöglichkeit gar nicht erwähnte; vgl. zum Ganzen auch *Bailey/Ching/Taylor* (Fn. 9), 67 ff.

Regel gehalten, dass das Parlament bestimmte Arten von Bestimmungen nicht implizit zurücknehmen konnte.[603]

249 Ähnliche Wirkungen zeigt weiterhin der Human Rights Act 1998, der die Europäische Menschenrechtskonvention in das englische Recht überführte. Der Vorrang der Menschenrechte wird auch bei ihm praktisch durch eine Auslegungsregel sichergestellt, nach der Gesetze nach Möglichkeit konventionskonform zu interpretieren sind. Auch hier wird eine implizite Änderung des Human Rights Act durch spätere, mit ihm unvereinbare Parlamentsgesetze abgelehnt. Allerdings geht die Rechtsprechung hier nicht ganz so weit wie zuvor im Fall des Unionsrechts. Stellt ein englisches Gericht nämlich fest, dass eine EMRK-konforme Auslegung nicht möglich ist, so wird es das nationale Recht anwenden; gleichzeitig aber wird das Gericht die Unvereinbarkeit mit der EMRK ausdrücklich feststellen und so dem Parlament die Gelegenheit geben, die Rechtslage zu bereinigen.[604] Dass dies durchaus schon des Öfteren geschehen ist, während offenbar jeder nicht ausdrücklich vom Parlament angeordnete Verstoß gegen Unionsrecht hinweginterpretiert werden konnte, lässt nur den Schluss zu, dass englische Juristen bereit waren, bei der unionsrechtskonformen Auslegung noch zu erheblich radikaleren Mitteln zur Verhinderung eines Konflikts zu greifen als bei der konventionskonformen Auslegung.

250 Zusammengefaßt unterscheidet der grundlegende Charakter des ganzen englischen Verfassungsrechts sich vollkommen von U.S.-amerikanischen Vorstellungen. Dass England gar keine Verfassung habe, wie gelegentlich behauptet wird, schießt zwar über das Ziel hinaus und ignoriert die speziellen Wirkungsmechanismen der englischen Verfassung ebenso wie die Entwicklung der vergangenen Jahrzehnte. Dass diese Ansicht aber überhaupt vertreten werden kann und auch nicht ganz einfach zu widerlegen ist, belegt jedoch, wie vollkommen andersartig englisches Rechtsdenken in diesem für die Rechtsordnung zentralen und prägenden Bereich ist. Verfassungsrechtlich stehen sich die USA und Kontinentaleuropa (ebenso wie der große Rest der liberalen Demokratien der Welt) in kaum zu überschätzendem Ausmaß näher als die USA und England.

3. England unter dem Einfluss Europas

a) Der langfristige Einfluss

251 Mit dem Einfluss europäischen Rechts ist bereits ein weiterer Faktor angesprochen, der das englische vom U.S.-amerikanischen Rechtssystem grundlegend unterscheidet. Sowohl das Recht der Europäischen Union als auch die Europäische Menschenrechtskonvention zwangen England ein neues, teils völlig andersartiges Denken auf und nötigten zu einer intensiven Auseinandersetzung mit fremdem Rechtsdenken. Der Austritt Großbritanniens aus der Europäischen Union – aber nicht aus dem davon unabhängigen Europarat und seiner Europäischen Menschenrechtskonvention – könnte diesen Aspekt der englischen Rechtsordnung beeinflussen, doch allenfalls teilweise und auf lange Sicht. Gegenwärtig ist es weiterhin notwendig, sich den jahrzehntelangen Einfluss und die Herausforderungen vor Augen zu führen, die das Unionsrecht bot.

252 Eine erste Herausforderung bestand, wie soeben gesehen, darin, dass die europäischen Normen zur Durchsetzung gegenüber nationalem Recht verpflichten, das Unionsrecht sogar hierarchisch Vorrang vor dem nationalen Recht beansprucht, und so der für England zentrale Satz von der Vorherrschaft des Parlaments und damit des Parlamentsgesetzes untergraben wurde. England wurde auf diese Weise auch prozessual mit Situationen wie der gerichtlichen Überprüfung von Gesetzen konfrontiert, auf die es national nicht vorbereitet

[603] Vgl. Thoburn vs. Sunderland City Council [2002] EWHC Admin 195, [2003] QB 151, 185–189, per Laws L.J.; vgl. auch R (on the application of Jackson) vs. Attorney General [2005] UKHL 56, [2006] 1 AC 262 (HL) 303, per Lord Hope: „The doctrine of the supremacy of Community law restricts the absolute authority of Parliament to legislate as it wants in this area.".

[604] Zum Ganzen etwa *Parpworth* (Fn. 461), 78 ff.

war. Dieser Gesichtspunkt ist im Vergleich zu den USA allerdings weniger gravierend, da er eher eine Annäherung an U.S.-amerikanische Vorstellungen bedeutet als ein weiteres Abweichen davon.

Wichtiger ist deshalb, dass das Unionsrecht seinen inhaltlichen Einfluss auf das englische Recht in zahlreichen, insbesondere wirtschaftsbezogenen Bereichen geltend machte. Weite Teile des geltenden Rechts sind heute mittelbar oder unmittelbar Ausfluss unionsrechtlicher Normen. Dies gilt zwar auch für alle anderen Mitgliedstaaten, doch wird der Einfluss dort vielfach als weniger grundlegend und tiefgreifend wahrgenommen. Das dürfte nicht zuletzt daran liegen, dass bis auf England und Irland (sowie teilweise Zypern[605] und in wenigen Bereichen Malta) keiner der 27 Mitgliedstaaten der Union dem common law zugehörte sondern sich alle dem civil law zurechneten. Auch war England nicht etwa Gründungsmitglied der Europäischen Gemeinschaft, so dass es, anders als Frankreich, nicht schon historisch einen besonderen Einfluss auf die rechtliche Ausgestaltung der heutigen Union nehmen konnte. Mit anderen Worten ist das Rechtsdenken der Gemeinschaft tendenziell weit mehr vom civil law geprägt, jedenfalls aber in keiner Weise dem common law zuzuordnen.[606] In der sich rechtlich immer weiter verdichtenden und immer weiter zusammenwachsenden Union hatte England somit nicht nur im geographischen Sinn einen Inselstatus. Dies wirkte sich auch ganz praktisch aus. Regelmäßige Teilnehmer an europarechtlichen Tagungen, die bei national gemischter Zusammensetzung sehr oft auf Englisch abgehalten werden, berichten etwa, dass sich üblicherweise alle Teilnehmer fachlich sehr gut untereinander verstanden – mit Ausnahme oft der Engländer, die zwar als einzige ihre Muttersprache hörten, aber mit einem dahinterstehenden, kontinentaleuropäischen Denken konfrontiert wurden, das Ihnen nicht geläufig war. Hier tun sich noch weitgehend unerforschte Fragen im Bereich von Sprache und Recht auf. 253

Beispiele für den Einfluss europäischen Rechtsdenkens in England lassen sich leicht finden. Englische Zivilrechtler müssen sich im Rahmen der torts mit dem Einfluss der EMRK beschäftigen[607] und sahen sich im Vertragsrecht gezwungen, sich mit dem für sie fremden Prinzip von Treu und Glauben (good faith) auseinanderzusetzen, das über bestimmte Verbraucherschutzrichtlinien Eingang in das sich heftig wehrende englische Rechtsdenken suchte.[608] Weit größer noch war der Einfluss im Verwaltungs- und Verfassungsrecht. So entstand mit dem Human Rights Act in England ein völlig neues Rechtsgebiet mit großer und stetig wachsender Bedeutung sowohl in der Praxis als auch in der akademischen Durchdringung, etwa in Form von Hand- und Lehrbüchern. Dass das kontinentale Verständnis der Gewaltenteilung England dazu bewogen hat, das Amt des Lord Chancellor mit seinen umfassenden Kompetenzen faktisch aufzugeben, also eine seiner ältesten und traditionsreichsten Institutionen abzuschaffen, wurde bereits erwähnt.[609] Auch der vom deutschen in das europäische Recht gewanderte Grundsatz der Verhältnismäßigkeit führt seit Jahren zu intensiven Diskussionen und Anpassungstendenzen in England.[610] Die Möglichkeit einer Verpflichtung der Krone im Wege des vorläufigen Rechtsschutzes (interim injunctive relief) wurde im Anwendungsbereich des Unionsrechts erforderlich und fand erst auf diesem Weg Zugang auch zum originär englischen Recht ohne Unionsbezug.[611] 254

[605] Zur Rechtsordnung Zyperns vgl. etwa *Emilianides, Achilles C.*: Cyprus: 'Everything Changes and Nothing Remains Still', in: Farran, Sue; Örücü, Esin; Seán Patrick, Donlan, Endnote to Mixed Legal Systems, in: Farran, Sue; Örücü, Esin; Seán Patrick, Donlan (Hrsg.): A Study of Mixed Legal Systems – Endangered, Entrenched or Blended, 2014, 215 (215 ff.).

[606] Vgl. auch infra → § 11 Rn. 27 ff.

[607] Vgl. dazu etwa *Goudkamp/Nolan* (Fn. 39), 37 ff.

[608] Vgl. dazu etwa *Samuel* (Fn. 12), 40 ff., 121 ff.

[609] Vgl. supra → Rn. 97.

[610] Zur Verhältnismäßigkeit im englischen Recht vgl. *Craig* (Fn. 134), 649 ff., insbes. 661 ff.

[611] Vgl. dazu *Craig* (Fn. 134), 903 ff.; als weiteres Beispiel führte etwa *Bell, John,* The English lawyer in the Europe of 1993, University of Leeds Review 32 (1992), 181 (182 – 184) an, dass das englische Recht über

255 Über einzelne Rechtsgebiete hinaus greift der Einfluss europäischen Rechtsdenkens auf die Methodik. So wurden englische Juristen etwa über die verschiedenen europäischen Rechtsakte und die dazu ergehende Rechtsprechung des Europäischen Gerichtshofs immer wieder mit einer für das englische common law ganz untypischen Auslegungsmethode konfrontiert, bei der insbesondere die Auslegung nach Sinn und Zweck des Gesetzes und der ganz freie Rückgriff auf alle Materialien eine zentrale Rolle spielte. Weithin wird vermutet, dass der langsame Siegeszug der teleologischen Auslegung in England[612] gerade auf diese intensive Konfrontation mit einer ganz anderen Rechtstradition zurückzuführen war. Ganz praktisch spiegelte sich der Einfluss Europas auch in den Lehrbüchern, insbesondere in den allgemeinen Einführungen zum englischen Rechtssystem wieder.[613] Wie selbstverständlich wurde hier das Europarecht mitbehandelt und sein umfassender Einfluss im englischen Rechtssystem erörtert. Die Integration des Europarechts in die Darstellung und Lehre des nationalen Rechts, auch in die einzelnen Rechtsgebiete, schien dabei in der englischen Praxis erheblich weiter gediehen zu sein als in vielen anderen Mitgliedstaaten.

b) Brexit und die englische Rechtsordnung

256 Diese Veränderungen lassen sich nicht einfach mit einem Federstrich rückgängig machen. Das gilt umso mehr als Großbritanniens Austritt aus der Europäischen Union zum 31.1.2020 mit einer umfassenden Überführung praktisch aller unionsrechtlichen Bestimmungen in das nationale britische Recht einherging. Auch originär britische Rechtsregeln, die aufgrund des Unionsrechts erlassen worden waren, blieben in Kraft. Im Einzelnen sind die Bestimmungen sehr technisch und komplex, aber es spricht für sich, dass sich nach dem European Union (Withdrawal) Act 2018 die Auslegungsregeln für fortgeltendes EU-Recht weiterhin nach unionsrechtlichen Standards richten und dass selbst der Vorrang des Unionsrechts für vor dem Brexit erlassenes Recht fortgilt. Das ist im Hinblick auf die untrennbare Gemengelage, die Unionsrecht und nationales Recht in allen Mitgliedstaaten eingehen, auch nicht weiter verwunderlich. Mit anderen Worten hätte eine unvermittelte Aufhebung allen Rechts, das in irgendeiner Weise auf der Unionsmitgliedschaft Großbritanniens beruhte, schlicht zu völligem Chaos geführt. Stattdessen hat Großbritannien nunmehr die Möglichkeit, sein Recht schrittweise und langsam nach eigenen Wünschen zu gestalten.

257 Die ausgeprägte Kontinuität betrifft aber nicht nur konkrete geschriebene Rechtsnormen. Das englische Recht stand mit seinen Institutionen und seinem Rechtsdenken über Jahrzehnte unter dem teils subtilen, teils weniger subtilen Einfluss des Unionsrechts, von dem so mancher Anstoß zu Veränderungen ausging. Dasselbe gilt für die ständige Auseinandersetzung mit Einstellungen und Ideen des kontinentaleuropäischen Rechts. Das englische Rechtssystem hat solche Einflüsse und Veränderungen ebenso in sich aufgenommen wie es im Laufe seiner langen Geschichte auch andere Einflüsse absorbierte. Sie sind nun Teil des englischen Rechts und können als solche nicht einfach entfallen, nur weil die ursprünglichen Gründe für die Änderungen nicht mehr bestehen. Dies schließt nicht aus, dass das Rad wieder zurückgedreht werden könnte, aber eine solche Rückkehr zum status quo ante ist weder zwingend noch sonderlich wahrscheinlich. Darüber hinaus ist das Vereinigte Königreich nach wie vor ein enger und wichtiger Nachbar der Europäischen Union mit vielen, vor allem auch wirtschaftlichen Verbindungen, so dass es in ständigem Kontakt mit dem – nunmehr ausländischen – Recht der Europäischen Union und ihrer Mitgliedstaaten bleibt. Hinzu kommt, dass einige der Herausforderungen für das englische Recht ihren Ursprung nicht im Unionsrecht, sondern in der Europäischen Menschenrechtskonvention haben, also

---

das Europarecht auch dazu gezwungen gewesen sei, sich etwa mit dem französischen Konzept des service public auseinanderzusetzen.

[612] Vgl. dazu supra → Rn. 160, 167.

[613] Vgl. statt aller nur *Darbyshire, Penny,* Darbyshire on the English Legal System, 11. Aufl. 2014, 51 ff.; der Brexit scheint diese Art der Darstellung nicht verändert zu haben, vgl. *Darbyshire* (Fn. 92), 47 ff.

dem zentralen Instrument des Europarats. Diese Herausforderungen bestehen folglich ebenso fort wie die Pflicht Großbritanniens zur Umsetzung der Konvention, die bisher durch den Human Rights Act 1998 erfüllt wurde, der trotz gelegentlicher Änderungsversuche ebenfalls in Kraft bleibt.

4. Rechtstheoretische Grundgedanken: U.S.-amerikanischer Rechtsrealismus

Der wichtigste und für jeden Rechtsvergleicher auffälligste Unterschied zwischen England 258
und den USA liegt aber nicht in den einzelnen Rechtsnormen oder -instituten, nicht in der Existenz und Bedeutung bestimmter Rechtsgebiete, nicht in den Einzelheiten der juristischen Infrastruktur wie Gerichten oder Ausbildung, sondern in der Art des juristischen Nachdenkens über Probleme, dh in der vorherrschenden Rechtsphilosophie. Dabei sind die USA bis heute durchgreifend vom Rechtsrealismus geprägt, während sich England dieser Strömung erfolgreich verwehrt hat und deshalb als formalistisch oder positivistisch bezeichnet werden könnte. Dabei ist sogleich ein Wort der Vorsicht angebracht: Es geht hier nicht um eine genaue Definition und Abgrenzung der so bezeichneten Strömungen, was in Anbetracht ihrer zahlreichen, miteinander ringenden Unterströmungen ohnehin kaum möglich wäre.[614] Auch geht es nicht um die historisch und philosophisch korrekte Wiedergabe ihrer Entwicklung und ihres Inhalts – das muss Rechtsphilosophen vorbehalten bleiben. Für eine kontextuelle Rechtsvergleichung interessant sind nur die praktischen Auswirkungen der Philosophien, dh inwiefern und mit welchen Inhalten sie das Denken der Juristen in Ausbildung und Praxis prägen.

a) „We are all realists now"

Dass die USA entscheidend vom Rechtsrealismus geprägt sind, ist weitgehend ein Gemein- 259
platz, der seine meistzitierte Formulierung in den Worten „we are all realists now"[615] gefunden hat. Aber was bedeutet es, ein Rechtsrealist zu sein? Rechtsrealismus in seiner praktisch wirksamen Form hängt zunächst eng mit einer anderen rechtsphilosophischen Strömung zusammen, der rechtssoziologischen Schule (sociological jurisprudence). Einer ihrer Hauptvertreter, Roscoe Pound, faßt die wichtigsten Eigenheiten ihrer Anhänger wie folgt zusammen:

„1. *They look more to the working of the law than to its abstract content.*
2. *They regard law as a social institution which may be improved by intelligent human effort, and hold it their duty to discover the best means of furthering and directing such effort.*
3. *They lay stress upon the social purposes which law subserves rather than upon sanction.*
4. *They urge that legal precepts are to be regarded more as guides to results which are socially just and less as inflexible molds.*
5. *Their philosophical views are very diverse.* "[616]

---

[614] Bezeichnend insofern *LoPucki, Lynn M.,* Legal culture, legal strategy, and the law in lawyer's heads, Northwestern University Law Review 90 (1996), 1498 (1498 Fn. 3): „'Realism' has been used in such a variety of ways that it seems no longer to have a technical sense.".

[615] *Singer, Joseph William,* Legal realism now, California Law Review 76 (1988), 465 (467); vgl. etwa auch *Fleming* (Fn. 317), 8 („the scepticism of the Realist School (…) by the 1950s became the accepted gospel of opinion-makers inside and outside the classroom"); *Priel, Dan,* The Return of Legal Realism, in: Dubber, Markus D.; Tomlins, Christopher (Hrsg.), The Oxford Handbook of Legal History, 2018, 457 (457 ff.) unterscheidet zwischen zwei klassischen Schulen innerhalb des Rechtsrealismus, die sich in den heutigen rechtlichen Strömungen fortsetzten; für die gelegentlich vertretene Gegenthese, die bei Praktikern einen weit höheren Grad an „Formalismus" sieht als ihn die Lehre, insbesondere in den besten law schools, anzuerkennen bereit wäre, vgl. *LoPucki* (Fn. 614), 1498 f.

[616] *Pound, Roscoe,* The scope and purpose of sociological jurisprudence, Harvard Law Review 25 (1912), 489 (516).

Die rechtssoziologische Schule wendet sich also vor allem gegen eine enge „formalistische“ Betrachtung,[617] die Recht als eine Ansammlung von Normen betrachtet, die in eine möglichst logische Ordnung zu bringen, auf eine nur dem Recht eigene Art anzuwenden wären. Vielmehr wird das Recht als eines von vielen Systemen angesehen, die Gesellschaft zu kontrollieren. Juristen sollten sich daher vornehmlich mit den realen Auswirkungen des Rechts auf die Gesellschaft befassen, das Recht effektiver zu machen versuchen, sich in der Rechtssetzung engagieren und die gerechte Lösung des Einzelfalles über die Anforderungen der Rechtssicherheit stellen. Recht ist „social engineering“.[618]

260 Die dahinterstehende Skepsis gegenüber Regeln und ihrer deduktiven Anwendung ist auch ein zentraler Aspekt des in den 20'er Jahren des 20. Jahrhunderts aufkommenden Rechtsrealismus, der aufgrund seiner vielfältigen Ausprägungen von seinen eigenen Anhängern meist nicht als Schule, sondern als „Bewegung“ bezeichnet wird.[619] Einer ihrer Hauptvertreter war Jerome Frank, der in seiner programmatischen Schrift „Law and the modern mind“ vor allem davon ausgeht, dass es nicht in erster Linie die rechtlichen Normen sind, die den Entscheidungsprozess von Richtern bestimmen.[620] Vielmehr kämen sie zunächst aufgrund einer bestimmten Intuition („hunch“) zu einem Ergebnis, das dann im Nachhinein über die Normen rationalisiert würde. Die Konsequenz: „If the law consists of the decisions of the judges and if those decisions are based on the judge's hunches, then the way in which the judge gets his hunches is the key to the judicial process.“[621] Rechtliche Regeln und Prinzipien seien nur einer von zahlreichen Faktoren, die die Intuition produzierten. Wichtig sei nicht nur das, was oftmals oberflächlich als politische, wirtschaftliche und moralische Vorurteile beschrieben werde, sondern eine Vielzahl von oft höchst individuellen Einflüssen und Erfahrungen des einzelnen Richters, seine Vorlieben und Abneigungen sowie die Emotionen, die bei ihm durch bestimmte Handlungen – und sei es nur ein Husten oder eine Geste – hervorgerufen würden. Schon Charles Dickens wußte, dass der Grund für eine bestimmte gerichtliche Entscheidung auch darin liegen könne, was der Entscheider zum Frühstück gegessen habe.[622] Rechtsrealismus steht also auch für eine Einbeziehung anderer wissenschaftlicher Methoden, etwa der Empirie, und anderer wissenschaftlicher Disziplinen von den Sozialwissenschaften bis hin zur Psychologie. Denn wer sollte etwa das innere Denken eines Richters besser analysieren können als ein Psychologe? Ursprünglich mit dem Rechtsrealismus verbunden war auch eine Ablehnung der damals bereits üblichen Fallmethode im juristischen Studium sowie der Aufteilung des Stoffes anhand der üblichen Fächer wie contracts, torts etc[623] Insofern allerdings konnte er sich schon damals nicht durchsetzen. Dass der Rechtsrealismus im Übrigen aber gerade in den USA auf fruchtbaren Boden fiel, wird vielfach auf spezifisch amerikanische Strukturen zurückgeführt. Genannt werden hier etwa die für die damalige Zeit ungemein weitreichenden, politisch erscheinenden Befugnisse des Supreme Court als Verfassungsgericht sowie vor allem das ausgeprägte Auseinanderfallen der Rechtsregeln in den Einzelstaaten und im Bund, das auf der schwächeren Präzedenzfallbindung, der Unabhängigkeit der Obersten Gerichte der Einzelstaaten voneinander und dem oftmaligen Auseinanderfallen der Rechtsprechung der verschiedenen Courts of Appeals des Bundes beruhte. Der Glaube an eine regelgeleitete, rechtssichere und systematisierte Rechtsordnung ist unter solchen Bedingun-

---

[617] Zum Formalismus im U.S.-amerikanischen Sinn vgl. auch schon supra → § 3 Rn. 268.

[618] Vgl. etwa *Rheinstein* (Fn. 277), 326.

[619] *Llewellyn, Karl N.,* Some realism about realism – Responding to Dean Pound, Harvard Law Review 44 (1931), 1222 (1233 ff.).

[620] *Frank, Jerome,* Law and the modern mind, 1930, 100 ff.

[621] *Frank* (Fn. 620), 104.

[622] *Dickens, Charles,* The posthumous papers of the Pickwick club, 4. Aufl. 1840, 352: Rat des Anwalts Perker an Pickwick: „A good, contented, well-breakfasted juryman, is a capital thing to get hold of. Discontented or hungry jurymen, my dear Sir, always find for the plaintiff.“; vgl. auch *Frank, Jerome,* Courts on trial – Myth and reality in American justice, 1949, 161 ff., der diesen Gedanken aufgreift.

[623] Vgl. die Darstellung bei *Kalman, Laura,* Yale Law School and the sixties – Revolt and reverberations, 2005, 19 f.

gen leichter zu verlieren.[624] Dieser Regelskeptizismus ist auch der Grund, warum vielfach die berühmten, aber weit früher gefallenen Bemerkungen von Justice Holmes als bezeichnendster Ausdruck des Rechtsrealismus angesehen werden: „The life of the law has not been logic: it has been experience."[625] und „The prophecies of what the courts will do in fact, and nothing more pretentious, are what I mean by the law."[626] Das Verhältnis von Realisten und Positivisten zueinander beschreibt Freeman sehr klarsichtig (wobei er stellvertretend für Positivisten die Anhänger des deutschen Rechtsphilosophen Hans Kelsen nimmt): „If we are to understand the actual working of law in human society (…) the relevant legal norms (…) tell us little about actual 'legal behaviour,' in the sense of how legal business is in fact transacted. Of course, a follower of Kelsen might say that this is outside the field of true legal science, but he cannot and indeed would not deny that it is a legitimate field of inquiry in itself. The Kelsenite, therefore, concentrates on his norms, the realist on his facts of society, each regarding the other's activity patronisingly as a peripheral study on the fringe of his own central sphere."[627]

Als rechtsphilosophische Strömung mit zahlreichen detaillierten Anforderungen an das, was **261**
einen Juristen beschäftigen und worin er ausgebildet werden sollte, ist der Rechtsrealismus heute nicht mehr en vogue.[628] Dass etwa die Ausbildung an den law schools im Sinne des Ideals vieler Rechtsrealisten umgebildet oder Recht und Sozialwissenschaften umfassend vereint worden wären, lässt sich kaum behaupten.[629] Überlebt haben aber eine ganze Reihe von Grundgedanken, die bis heute die Ausbildung prägen, von denen die weitaus meisten U.S.-amerikanischen Juristen schon fast unbewusst ausgehen und die von ihnen auf Nachfrage regelmäßig mit dem Etikett „legal realism" versehen werden: die Skepsis gegenüber der steuernden Kraft der rechtlichen Regeln als solcher und einer deduktiven Argumentation aus den Regeln heraus; der fehlende Glaube an eine Systematik des Rechts oder auch nur an deren Wünschbarkeit; die Betonung der Bedeutung von Fakten und der Probleme ihrer Ermittlung;[630] der Glaube, dass Unsicherheit dem Recht inhärent ist; die Anerkennung der großen Bedeutung nichtnormativer, oft sehr persönlicher Faktoren wie Grundeinstellungen, Vorurteilen und persönlichen Erfahrungen für die gerichtliche Entscheidung; die Einbeziehung interdisziplinärer Elemente sowie der ausgeprägte Rückgriff auf Empirie und die Ergebnisse in anderen Wissenschaftsbereichen. Rechtsrealismus wird so zum Gegenbegriff des in den USA nicht gesellschaftsfähigen Formalismus, also all jener Strömungen, die inhärent von einer Trennung zwischen Recht und Politik ausgehen. Einige dieser Punkte, etwa die Zurückhaltung gegenüber Deduktion aus Normen, die Faktenbetrachtung und die mangelnde Systematik, gehören dabei auch zu Kennzeichen des common law Denkens

---

[624] Vgl. dazu etwa nur *Freeman, M. D. A.*, Lloyd's introduction to jurisprudence, 9. Aufl. 2014, 826.

[625] *Holmes* (Fn. 124), 1.

[626] *Holmes, Oliver Wendell,* The path of the law, Harvard Law Review 10 (1897), 457 (460 f.); das zweite Zitat wurde schon von *Llewellyn, Karl N.,* The common law tradition, 1960, 511 als „internationally, the cited goblin-painting of realism" bezeichnet.

[627] *Freeman* (Fn. 624), 834.

[628] Zum Unterschied zwischen den ursprünglichen Ansichten wichtiger Rechtsrealisten und dem, was Juristen heute darunter verstehen, vgl. etwa *Priel, Dan,* The Myth of Legal Realist Skepticism, Osgoode Digital Commons, 2022, 1 ff.

[629] Deshalb sehr kritisch zur heutigen Bedeutung der Rechtsrealisten *Kalman, Laura,* Legal realism at Yale, 1927 – 1960, 1986, 229 ff.; zur paradoxen Situation, dass die Fallmethode sich mit dem Rechtsrealismus arrangiert hat, obwohl sie ursprünglich von Langdell entwickelt worden war, um gerade den Ansprüchen einer vom Rechtsrealismus bekämpften „legal science", eines rechtlichen Formalismus, gerecht zu werden vgl. *Dedek* (Fn. 275), 545 f.; zum Zusammenhang von Fallmethode und Rechtsrealismus auch *Lepsius* (Fn. 469), 241 ff., der sich auch ibid., 248 f. gegen einen oft behaupteten, engen Zusammenhang mit der deutschen Freirechtsschule ausspricht.

[630] Zum Regel- und Faktenskeptizismus im Rechtsrealismus vgl. *Freeman* (Fn. 610), 827 f.; grundlegend für die Rezeption des Faktenskeptizismus in den zunächst nur regelskeptischen Rechtsrealismus *Frank* (Fn. 620), 116: „No one can know in advance what a judge will believe to be the 'facts' of a case. It follows that a lawyer's opinion as to the law relating to a given set of facts is a guess as to (1) what a judge thereafter will guess were the facts and (2) what that judge will consider to be the proper decision on the basis of that judge's guess as to the facts.".

insgesamt.[631] Auch dies erklärt den besonderen Erfolg des Rechtsrealismus in den USA, wenn schon nicht im Verhältnis zu England so doch im Verhältnis zum civil law. Wichtiger noch werden diese Elemente unter dem Einfluss des Rechtsrealismus nachdrücklich verstärkt und gewinnen in dieser radikaleren Version noch weiter an systemprägendem Charakter. In diesem, vielleicht etwas populärwissenschaftlichen und untechnischen Sinn sind heute tatsächlich (fast) alle Juristen der USA Rechtsrealisten. Neuere rechtstheoretische Schulen wie etwa die sog. critical legal studies, die Ende der 70'er Jahre auftauchten, kometenhaft aufstiegen, heute aber kaum mehr eine Rolle spielen,[632] und sogar die besonders in den USA weiterhin bedeutsame law and economics Bewegung[633] beruhen letztlich auf rechtsrealistischem Gedankengut.[634] Wer heute als ausländischer Jurist mit der Rechtsordnung der USA in Berührung kommt, wird unweigerlich schnell auf das Stichwort des Rechtsrealismus stoßen und oftmals bemerken, dass seine spezifischen Schwierigkeiten, das U.S.-amerikanische Rechtsdenken zu verstehen, in sehr vielen Fällen auf einen der Aspekte zurückzuführen sind, die heute als rechtsrealistisches Denken bezeichnet werden.

b) Fehlende Bedeutung in England

262 In England hingegen ist dieses in seiner Bedeutung für die U.S.-Rechtsordnung kaum zu überschätzende Element nie in der Praxis angekommen.[635] Wie ein interner Kritiker es ausdrückte: „The 'black letter' tradition continues to overshadow the way we teach, write and think about law. (...) Stated baldly it assumes that (...) law is an internally coherent and unified body of rules (...) grounded in, and logically derived form, a handful of general principles".[636] Nicht wenige traditionell gesinnte englische Juristen sehen darin gerade den besonderen Vorzug ihrer Version des common law, die von den Irrungen und Wirrungen des Realismus und vor allem seiner Nachfolger verschont geblieben ist. Diese in England vorherrschende Sicht des Rechts wird vielfach als „Positivismus" beschrieben,[637] ein schillernder Begriff, der hier aus Gründen der Vereinfachung nicht weiter in Frage gestellt werden soll. Für den ausländischen Juristen hat dies zur Folge, dass er bei der Beschäftigung mit dem englischen Recht zwar möglicherweise mit den klassischen Besonderheiten des common law zu kämpfen hat, sich ihm aber die grundlegenden Hürden, die die rechtsrealistische Betrachtung speziell für einen in Normen denkenden Juristen bereithält, nicht stellen. Mit anderen Worten ist die berühmte Quecksilbersäule des Sichwunderns weit weniger hoch, können die anfänglichen Schwierigkeiten eher überwunden werden und wird nicht zuletzt das englische Rechtsdenken weit eher als „juristisch" (im kontinentalen Sinne von dogmatisch) und nachvollziehbar erscheinen, als das amerikanische. Offen bleibt allerdings, ob diese positivistische Tradition sich weiter fortsetzen darf. Denn zentralisierte Steuerungsmechanismen wie das Research Excellence Framework (REF), die vorgeblich dazu dienen, die Qualität von Forschungsleistungen zwecks Zuweisung finanzieller Mittel festzustellen, bringen einen neuen, externen Faktor ins Spiel. Wie berichtet wird, besteht

---

631 Vgl. dazu supra → Rn. 4 ff., 45 ff.

632 Zu den critical legal studies und ihren Nachfolgern vgl. die eingängige Darstellung bei *Klarmann* (Fn. 95), 113 ff.

633 Zu ihr bereits supra → § 3 Rn. 41 ff.

634 Vgl. dazu auch *Singer* (Fn. 615), 467, der alle großen rechtstheoretischen Schulen der Gegenwart als Produkte des Rechtsrealismus ansieht.

635 Meist wird der Rechtsrealismus schlicht nicht weiter erwähnt oder beachtet; vgl. aber etwa ausdrücklich für den akademischen Bereich *Cownie/Bradney/Burton* (Fn. 65), 13 Fn. 58: „The notion that law lies in legal rules continues to underlie much academic research work in British university law schools"; mit feiner Ironie die ablehnende Darstellung bei *Cross/Harris* (Fn. 59), 49 ff., die jedoch auch deutlich werden können: „The extreme realist position can in fact only be supported on the assumption that our judges are capable of the grossest hypocrisy.", ibid., 52.

636 *Sugarman, David,* „A hatred of disorder" – Legal science, liberalism and imperialism, in: Fitzpatrick, Peter (Hrsg.), Dangerous Supplements, 1991, 34 (34).

637 Vgl. etwa *Atiyah/Summers* (Fn. 90), 258: „In England itself, it can hardly be doubted that positivism still reigns supreme.".

hier die Tendenz, gerade solche juristische Forschung als nicht originell abzuwerten, die in ihren Methoden nicht interdisziplinär inspiriert ist, sondern eine an der Auslegung und Anwendung des Rechts in der Praxis angelehnte Herangehensweise bevorzugt.[638]

VII. Common law im Rest der Welt

1. Zwischen anglo und amerikanisch: Das Kontinuum des common law

Zum common law zählen natürlich nicht nur England und die USA.[639] Die Rechtsver- 263 gleichung allerdings beschränkt sich in ihren allgemeinen Darstellungen in der Regel weitgehend auf diese beiden Rechtsordnungen. Das hat, über den bloßen Versuch einer Reduktion von Komplexität hinaus, seinen guten Grund. Denn tatsächlich stellen England und die USA die beiden Leitsterne des common law dar. Für England ist dies geradezu unvermeidlich, denn schließlich ist es das Mutterland des common law und schon historisch der Bezugspunkt für alle anderen Staaten, die das englische Recht übernommen haben. Auf Seiten der USA steht hingegen seit Jahrzehnten die überragende politische und wirtschaftliche Machtstellung, die auch dem Recht der USA große Aufmerksamkeit und besonderen Einfluss sichert. Gleichzeitig bildet das common law der USA auch inhaltlich einen Gegenpol zu England, der etwa durch die Abwendung vom Positivismus oder Formalismus, die schnelle Wechselfolge neuer rechtstheoretischer Positionen und die zentrale Rolle des Verfassungsrechts gekennzeichnet ist. Auf die Gefahr hin, zu sehr zu verallgemeinern, lassen sich daher die übrigen Rechtsordnungen des common law vor diesem Hintergrund in ein Kontinuum einordnen, das einerseits durch das englische, andererseits durch das U.S.-amerikanische Recht begrenzt wird. Daneben besteht die Möglichkeit, dass Rechtsordnungen – um im Bild zu bleiben – aus diesem Kontinuum mehr oder weniger zur Seite ausbrechen, indem sie lokale Entwicklungen oder vorgefundene rechtliche Elemente integrieren, wie es etwa für Indien oder einige afrikanische Staaten diskutiert werden kann.[640]

Mit der Leitbildfunktion Englands und der USA soll die Eigenständigkeit der anderen 264 Rechtsordnungen des common law keineswegs in Frage gestellt oder ihren Juristen die Originalität aberkannt werden. Selbstverständlich gehen die Staaten auch eigenständige Wege, entwickeln das common law und vor allem ihr Gesetzesrecht selbständig fort und blicken nicht nur gebannt nach außen. Auch haben die anderen Staaten des common law selbstverständlich neben einer eigenständigen Juristenausbildung eine eigenständige wissenschaftliche Literatur, eigene Lehrbücher und eigene Rechtsprechung, die den Vergleich nicht zu fürchten brauchen. Allerdings ist der Grad ihrer Bekanntheit und auch ihrer Verfügbarkeit im Ausland weit geringer als im Falle Englands und der USA. So kann es sogar geschehen, dass eine Innovation in einer der weniger bekannten common law Rechtsordnungen längst existiert, allgemeine Aufmerksamkeit aber erst die „Nacherfindung" durch eine der beiden Leitrechtsordnungen erregt. Geht es beispielsweise um die Frage, ob ein Schädiger auch für Schäden haftet, die nicht beim unmittelbar Geschädigten, sondern bei einem Retter eintreten, der seinerseits nicht konkret vorhersehbar war, so gilt dafür gemeinhin eine (bejahende) Entscheidung des bekannten U.S.-amerikanischen Richters Cardozo aus dem Jahr 1921 als grundlegend, obwohl dieser Gedanke bereits elf Jahre früher von einem kanadischen Richter in Manitoba entwickelt worden war.[641] Stets präsent ist in den weniger bekannten Rechtsordnungen aber gleichzeitig die durchaus offen ausgespro-

[638] Zu solcher Abwertung vgl. die Bemerkung von *Siems, Mathias,* Comparative Law, 2. Aufl. 2018, 200.
[639] Vgl. schon supra → Rn. 1.
[640] Zu Indien vgl. infra → § 9 Rn. 194 ff., zu Afrika infra → § 8 Rn. 4 ff.
[641] Vgl. Wagner vs. International Railway Company, 232 N. Y. 176 (1921) mit Seymour vs. Winnipeg Electric Railway (1910), 19 Man R 412 at para 10 (Man CA); zu dieser Nacherfindung näher *Linden, Allen M.,* The American influence on Canadian tort law, UCLA Law Review 50 (2002), 407 (419).

chene, ablehnende[642] oder zustimmende Orientierung am englischen Recht als Ursprung sowie an aktuellen englischen und amerikanischen Entwicklungen in Wissenschaft wie Praxis. Dieser Blick nach außen steht im markanten Unterschied gerade zu den USA, die kaum noch auf ihre englischen Wurzeln oder die Entwicklung in kleineren common law Jurisdiktionen zurückgreifen und sich in der rechtlichen Entwicklung weitgehend allein auf sich selbst beziehen.

2. Einige frühere Kolonien

a) Kanada

265 Kanada beispielsweise bekennt sich deutlich zu einer engen Anlehnung an die englische Tradition.[643] Das zeigt sich zum Beispiel daran, dass die Entscheidungen des britischen House of Lords (heute Supreme Court) kanadische Gerichte zwar nicht strikt binden, aber im Rahmen der stare decisis Regel[644] für alle einheimischen Gerichte bis hinauf zum Supreme Court of Canada als stark überzeugend (strongly persuasive) gelten.[645] Auch die Gerichtsatmosphäre ist nach englischem Vorbild geprägt von einer gewissen Würde und Etikette und unterscheidet sich damit aus kanadischer Sicht deutlich von U.S.-amerikanischen Gepflogenheiten.[646] Die typisch englische Differenzierung zwischen barrister und solicitor ist zwar der Sache nach aufgehoben, doch leben beide Bezeichnungen noch fort.[647] Auch die Darstellung von Rechtsfragen erinnert stark an England. So folgt etwa die Darstellung der Fragen und Probleme der Präzedenzfallbindung den üblichen englischen Ansätzen[648] ebenso wie die Erörterung der Gesetzesauslegung, die von der golden rule und mischief rule bis hin etwa zu noscitur a sociis keinen der englischen Klassiker auslässt.[649] Abgeschwächt wird der Einfluss der englischen Tradition nach kanadischer Sichtweise vor allem durch die Existenz Quebecs mit seiner civil law Tradition.[650] Gerade dass dies – und nicht eine sonstwie geartete Eigenständigkeit der common law Anteile – als zentrale Ausnahme gilt, betont die Bedeutung des englischen Vorbilds für den Rest des Landes. Die in Kanada auch innenpolitisch bedeutsame und deshalb gepflegte Sonderrolle Quebecs bezieht sich im Übrigen im Bereich des Rechts allein auf das Zivilrecht, das grundlegend durch den 1991 reformierten Code Civil du Québec geprägt ist. Hingegen zählen Verwaltungsrecht, Strafrecht, Verfassungsrecht und nicht zuletzt (Zivil-)Prozessrecht sowie Gerichtsorganisation auch in Quebec zum common law.[651] Die Bedeutung der Sonderrolle ist also schon von daher geringer, als ein erster Blick anzudeuten scheint.

266 Die Anbindung Kanadas an das englische Recht ist bei alledem nur eine generelle. In einzelnen Bereichen kann es ganz erhebliche Abweichungen oder eigenständige Entwicklungen geben.[652] Bis in die 60er Jahre des 20. Jahrhunderts hinein konnte beispielsweise von

---

[642] Zur irischen Besonderheit einer historisch ablehnenden Einstellung der Bevölkerung zum englischen Recht insgesamt, die allerdings von Juristen üblicherweise nicht geteilt wurde, vgl. *McCarthy, Niall,* Foreword to the first edition, in: Byrne, Raymond; McCutcheon, J. Paul, The Irish legal system, 5. Aufl. 2009, v (v): „The law, as it touched upon the average Irishman of a hundred years ago, was an instrument of oppression (…); it was administered by the propertied classes for the propertied classes, it was the visible instrument of British rule“. Auch mit Einführung der Republik jedoch „the structures, formal approach, and, most regrettably, attitudes of lawyers in Ireland remained English oriented.“.

[643] Vgl. *Gall, Gerald L.,* The Canadian legal system, 5. Aufl. 2004, 55 ff.

[644] Dazu allgemein supra → Rn. 21 ff.

[645] Vgl. *Gall* (Fn. 643), 64, 433 ff.

[646] Vgl. *Gall* (Fn. 643), 203 f.; dazu auch etwa *Handschug, Stephan,* Einführung in das kanadische Recht, 2003, 61.

[647] Vgl. *Handschug* (Fn. 646), 99.

[648] Vgl. *Gall* (Fn. 643), 429 ff.

[649] Vgl. *Gall* (Fn. 643), 480 ff.; zu diesen Regeln in England vgl. supra → Rn. 161 ff.

[650] Vgl. *Gall* (Fn. 643), 55.

[651] Vgl. *Gall* (Fn. 643), 265.

[652] Zur gerichtlichen Überprüfung von Verwaltungsentscheidungen und ihrer eigenständig kanadischen Struktur, aber auch zu den teilweisen strukturellen Ähnlichkeiten im Vergleich zu den USA vgl. *Lemieux, Denis,*

einem originär kanadischen Recht der torts nicht die Rede sein. Dann aber entspann sich eine gegenüber England eigenständige Entwicklung, die grundlegend von den USA beeinflusst war:[653] Kanadische Gerichte setzten sich in diesem Bereich regelmäßig mit Entscheidungen aus den USA auseinander und folgten ihnen häufig. Davon gibt es aber durchaus auch Ausnahmen. So haben etwa die meisten kanadischen Provinzen die verschuldensunabhängige Produkthaftung (strict products liability) nicht übernommen. Auch davon unabhängig gab es in Kanada sehr viel weniger Produkthaftungsklagen oder Klagen wegen Autounfällen als in den USA, eine Tatsache die wieder einmal auf die Bedeutung des rechtskulturellen Kontexts verweist. Denn aufgrund der weit stärkeren sozialen Absicherung in Kanada, insbesondere auch in den Bereichen Krankheit, Unfall und Berufsunfähigkeit, sowie durch die weit höheren Mindestsummen in der Kfz-Haftpflichtversicherung dürfte für kanadische Unfallopfer weit weniger Anlaß und Notwendigkeit bestehen, den Klageweg zu beschreiten.[654] Insgesamt wird das kanadische Recht der torts beschrieben als „a hybrid with U. K. roots, U. S. branches, and Canadian leaves sprouting on every branch".[655]

Eigenständige Wege ist Kanada etwa im Verfassungsrecht gegangen. Nach einer langen, sehr stark britisch geprägten Periode, wurde erst mit dem Constitution Act 1982 die Verfassung auf eine neue Basis gestellt, die ältere Verfassungsdokumente einschloss, vor allem aber neben einem Mechanismus zur Verfassungsänderung einen umfassenden Grundrechtekatalog (Charter of Rights) und den Vorrang der Verfassung einführte. Die besondere, historisch gewachsene Lage Kanadas, das weiterhin den britischen Monarchen als nominelles Staatsoberhaupt anerkennt, scheint allerdings auch hier noch durch, da technisch gesehen die Verfassung Teil eines britischen Gesetzes, nämlich des Canada Act of 1982 ist.[656] Die Einführung eines hierarchisch über den Gesetzen stehenden Grundrechtekatalogs hat zu einem rasanten Anstieg von Verfahren der verfassungsrechtlichen Überprüfung von Gesetzen und somit zu einer Flut von Rechtsprechung geführt.[657] In den Formulierungen und Strukturen orientiert sich der Grundrechtsteil weniger am Muster der USA (und naturgemäß nicht an Großbritannien), sondern an einer Zusammenschau anderer ausländischer Verfassungen und völkerrechtlicher Verträge. Bei seiner Auslegung hingegen spielt die oft auch kritische Auseinandersetzung mit der U.S.-Rechtsprechung eine bedeutende Rolle. Dass es auch anders geht, zeigt der Föderalismusteil, der sehr eigenständig kanadische Züge trägt, so dass der Blick bei seiner Auslegung kaum je über die kanadischen Grenzen hinaus geht.[658] 267

Auch im Grundrechtsteil ist Kanada jedoch immer wieder eigenständige, nicht von den USA beeinflusste Wege gegangen. So findet sich etwa in section 33 der Charter of Rights die sog. „notwithstanding clause",[659] die es den Parlamenten des Bundes und der Provinzen erlaubt, ein Gesetz ausdrücklich von der Geltung der meisten Grundrechte auszunehmen. Das Gesetz unterliegt dann insofern vor Gericht keiner grundrechtlichen Prüfung, tritt jedoch zum Ausgleich nach spätestens fünf Jahren wieder außer Kraft (kann aber erneut 268

Judicial deference in Canadian administrative Law – The pragmatic and functional approach – Pushpanathan vs. Canada, [1998] 1 S. C. R. 982, Administrative Law Review 54 (2002), 757 (757 ff.).

653 Zum ganzen *Linden* (Fn. 641), 408 ff.

654 Vgl. *Linden* (Fn. 641), 417.

655 *Linden* (Fn. 641), 411.

656 Vgl. *Gall* (Fn. 643), 65: „That in itself is a commentary on the importance of the British legal tradition in Canadian law and in the Canadian legal system.".

657 Vgl. *Hogg, Peter W.,* Canada – From Privy Council to Supreme Court, in: Goldsworthy, Jeffrey (Hrsg.), Interpreting constitutions – A comparative study, 2006, 55 (58).

658 Vgl. *Atrens, Jerome,* A comparison of Canadian and American constitutional law relating to search and seizure, Southwestern Journal of Law and Trade in the Americas, 1 (1994), 29 (30); *Hogg* (Fn. 657), 81; vgl. auch *Ahmad, Nadia,* The Canadian Charter of Rights and Freedoms – An example of Canadian dependence on the United States or commitment to international law, 7 Journal of International Law and Practice 7 (1998), 89 (93, 96 ff.).

659 Dazu etwa *Hogg* (Fn. 657), 69 f.; *Gall* (Fn. 643), 113 f.; *Sigalet, Geoffrey,* Legislated Rights as Trumps: Why the Notwithstanding Clause Overrides Judicial Review, Osgoode Hall Law Journal 61 (2024), 63 (63 ff.).

erlassen werden). Es handelt sich dabei um einen Versuch, den Vorrang der Verfassung mit der britischen Doktrin der Parlamentssouveränität zu versöhnen. Er ist das Ergebnis eines politischen Kompromisses, mit dessen Hilfe die Zustimmung einiger kanadischer Provinzen zur Verfassung erkauft wurde, die sich gegen einen vorrangigen Grundrechtskatalog ausgesprochen hatten. In der Praxis allerdings wird die notwithstanding Klausel nur sehr selten angewandt und hat sich ihre Verwendung als politisch schwer zu vermitteln herausgestellt. Ein weiterer Punkt der kanadischen Verfassung, der in der Literatur immer wieder hervorgehoben wird, ist das Vorhandensein einer allgemeinen Schrankenklausel in section 1 der Charter of Rights. Ihr zufolge gelten die Grundrechte „subject only to such reasonable limits prescribed by law as can be demonstrably justified in a free and democratic society". Bemerkenswert ist dies allerdings allein aus einer U.S.-amerikanisch geprägten Sicht, die das Konzept der Grundrechtsschranken in dieser Form nicht kennt.[660] Hingegen fügt sich die Schrankenklausel bei einer über Nordamerika hinausgehenden Betrachtung nahtlos und unspektakulär in zahlreiche völkerrechtliche und nationale Vorbilder ein. Tatsächlich hat der kanadische Supreme Court aus dieser Formulierung eine Schrankenprüfung anhand eines Verhältnismäßigkeitsgrundsatzes entwickelt, der ganz frappierend dem deutschen und damit europarechtlichen Vorbild von geeignet-erforderlich-angemessen[661] ähnelt: Nach dem vierteiligen sog. Oakes-test[662] muss jede Beschränkung demnach ein hinreichend wichtiges Ziel verfolgen und zur Verfolgung dieses Ziels verhältnismäßig sein. Verhältnismäßig heißt dabei, dass erstens die Regelung rational mit diesem Ziel verbunden ist, zweitens die Beeinträchtigung so gering wie möglich ausfällt und drittens dass die Rechtsbeeinträchtigung nicht so gravierend ist, dass sie sich gegenüber dem Ziel in der Abwägung durchsetzt.[663]

b) Australien

269 Noch etwas näher am englischen Vorbild bewegt sich Australien. So wurde beispielsweise der Rechtsweg zum englischen Privy Council als letzter Instanz erst 1986 durch den Australia Act beendet. Dasselbe Gesetz war es auch erst, das endgültig die Möglichkeit des britischen Parlaments aufhob, für Australien Gesetze zu erlassen, wenn diese Möglichkeit auch schon zuvor theoretisch nur noch gegenüber den Einzelstaaten und Territorien[664] Australiens bestand und praktisch nicht mehr wahrgenommen wurde.[665] Entsprechend dauert der Einfluss englischen Rechts bis heute fort, werden englische Entscheidungen in Zweifelsfragen des Öfteren herangezogen, auch wenn sie nicht formal bindend sind, und entspricht etwa das Vertragsrecht weitgehend dem Vorbild des englischen common law mit eher punktuellen Überlagerungen durch Gesetzesrecht.[666] Da der europarechtliche Einfluss in Australien naturgemäß fehlt, wird sogar vermutet, dass etwa das Vertragsrecht Australiens die Tradition des common law unverfälschter bewahrt als England selbst.[667] Anders als in den USA existiert kein je eigenes common law in den einzelnen Gliedstaaten und Territorien, sondern ein einheitliches australisches common law, für das in letzter Instanz der High Court

[660] Vgl. supra → Rn. 210 ff.
[661] Zur Verhältnismäßigkeit vgl. infra → § 6 Rn. 306 f.; zu seiner europarechtlichen Bedeutung vgl. etwa *Kischel, Uwe,* Die Kontrolle der Verhältnismäßigkeit durch den Europäischen Gerichtshof, EuR 35 (2000), 380 (380 ff.).
[662] Grundlegend: R vs. Oakes, [1986] 1 SCR 103 at para 74.
[663] Vgl. dazu etwa *Hogg* (Fn. 657), 70; *Gall* (Fn. 643), 83 f.
[664] Einzelstaaten und Territorien unterscheiden sich rechtlich im Kern dadurch, dass die Gesetzgebungszuständigkeit der Territorien im Verhältnis zum Bundesparlament, anders als die der Einzelstaaten, nicht verfassungsrechtlich garantiert ist, sondern nur einfachrechtlich eingeräumt wurde, vgl. *Hofmann, Christian,* Australisches Vertragsrecht – Eine Einführung unter besonderer Berücksichtigung der Rechtsquellenlehre, ZVglRWiss 104 (2005), 395 (397 f.).
[665] Zur historischen Entwicklung vgl. *Carvan, John,* Understanding the Australian legal system, 8. Aufl. 2012, 34 ff.
[666] Vgl. *Hofmann* (Fn. 664), 396, 404, 426.
[667] In diese Richtung *Hofmann* (Fn. 664), 426.

of Australia verantwortlich zeichnet.[668] Selbst die urenglische Unterscheidung zwischen barrister und solicitor hat sich in den östlichen Regionen Australiens erhalten, während sie in den anderen Teilen nur noch für die Standesorganisation eine Rolle spielt.[669] Das alles schließt allerdings andere, auch U.S.-amerikanische Einflüsse in Einzelbereichen nicht aus, wie sie etwa auf dem Gebiet des Gesellschaftsrechts deutlich werden.[670]

Verfassungsrechtlich orientiert sich der australische Föderalismus an U.S.-amerikanischen 270
Vorbildern, während das übrige Verfassungsdenken noch stark britisch geprägt ist. Insbesondere sieht die australische Verfassung bis heute keinen Grundrechtskatalog sondern nur sehr punktuell wenige Einzelrechte vor[671] und wird an den verschiedensten Stellen durch ungeschiebene sog. constitutional conventions ergänzt.[672] Auch in der Frage der Parlamentssouveränität ist Australien weiterhin von England beeinflusst, wenn hier auch über die Möglichkeiten und Reichweite einer Beschränkung des Gesetzgebers sowohl in der Wissenschaft als auch in der Praxis ausgiebig gestritten wird. So hat der australische High Court immer wieder betont, dass das australische common law mit der Verfassung übereinstimmen müsse.[673] Umstritten ist aber, ob dies zu einem entrenchment in dem Sinne führe, dass die Verfassung sich direkt gegen abweichendes common law durchsetze und auch gegenüber späterer Gesetzgebung immun sei, oder ob es nur einen indirekten Einfluss gebe, der eine verfassungskonforme Änderung des common law vorschlage, die später durch Gesetzgebung auch verworfen werden könne.[674] Allein die Tatsache, dass diese Frage aufkommt, zeigt überdeutlich die ausgeprägte Anbindung Australiens an das gerade England eigentümliche Verfassungsdenken.[675]

Dieses Denken scheint sich letztlich auch gegen die in Australien kurz vor der Jahr- 271
tausendwende mit Verve diskutierten Versuche einer Reihe von Richtern durchgesetzt zu haben, an die Stelle des fehlenden Grundrechtskatalogs ungeschriebene, aus der Verfassung im Wege der Auslegung abgeleitete Grundrechte zu setzen. Tatsächlich führte dieser Ansatz zunächst zur gerichtlichen Anerkennung eines Rechts auf Freiheit der politischen Kommunikation.[676] Fraglich blieb aber, ob damit der Weg zur Entwicklung weiterer Rechte, etwa eines Gleichheitssatzes, eröffnet war oder nicht. Formal stritten die Richter des High Court insofern vor allem darüber, ob die Freiheit der politischen Kommunikation in so nicht reproduzierbarer Weise aus ganz spezifischen Verfassungsbestimmungen abzuleiten sei oder ganz allgemein und verallgemeinerbar aus dem der Verfassung immanenten Prinzip der repräsentativen Demokratie. Im Ergebnis setzte sich die restriktivere Variante durch.[677]

---

[668] Dieser immer wieder einmal angezweifelte Grundsatz wurde letztlich bestätigt in John Pfeiffer Pty Ltd. vs. Rogerson [2000] HCA 36, 203 CLR 503, 514 [2], 517 [15], 535 [67]; vgl. dazu *Tate, Pamela,* Some observations on the common law and the constitution, Sydney Law Review 30 (2008), 121 (128 Fn. 53); vgl. auch schon *Gummow, William,* Full faith and credit in three federations, South Carolina Law Review 46 (1995), 979 (989 f.); *Pryles, Michael,* Interstate conflict of laws in Australia, RabelsZ 43 (1979), 708 (709 Fn. 1).

[669] Vgl. *Leins, Sara,* Anwaltsrecht und Anwaltsgesellschaften in Australien, 2004, 28 ff.

[670] Dazu etwa *Nessen, Paul von,* The americanization of Australian corporate law, Syracuse Journal of International Law and Commerce 26 (1999), 239 (239 ff.).

[671] Vgl. dazu etwa *Goldsworthy, Jeffrey,* Australia – Devotion to legalism, in: ders. (Hrsg.), Interpreting constitutions – A comparative study, 2006, 106 (155); vgl. auch *Babeck, Wolfgang:* Einführung in das australische Recht, 2. Aufl. 2017, 45 ff.

[672] Vgl. dazu *Babeck, Wolfgang:* Einführung in das australische Recht, 2. Aufl. 2017, 33 f.; zu constitutional conventions in Großbritannien vgl. supra → Rn. 246.

[673] Vgl. Lange vs. Australian Broadcasting Corporation [1997] HCA 25, 189 CLR 520, 566.

[674] Dazu die Darstellung bei *Tate* (Fn. 668), 122 ff. mwN.

[675] Zum englischen Verfassungsdenken, insbesondere zum entrenchment vgl. supra → Rn. 242 f.

[676] Grundlegend Australian Capital Television vs. Commonwealth [1992] HCA 45, 177 CLR 106; dazu ausführlicher *Goldsworthy* (Fn. 671), 145 ff.; kurz auch *Tate* (Fn. 668), 130 f.

[677] Vgl. Lange vs. Australian Broadcasting Corporation [1997] HCA 25, 189 CLR 520, 567; vgl. auch die Ablehnung eines Gleichheitssatzes in Kruger vs. Commonwealth (1997) 190 CLR 1 (HCA) („Stolen Generation case"); zur weiterbestehenden Bedeutung der Freiheit politischer Kommunikation vgl. *Stone, Adrienne; Evans, Simon,* Australia – Freedom of speech and insult in the High Court of Australia, International Journal of Constitutional Law 4 (2006), 677 (677 ff.).

272 Hinter dem Streit stand die Frage nach der richtigen verfassungsrechtlichen Auslegungsmethodik. Letztlich blieb Australien hier bei einer orthodoxen, nicht von den USA inspirierten Herangehensweise. Mehrheitlich bevorzugten die Richter also eine mehr am Normtext orientierte Vorgehensweise gegenüber subjektiven rechtspolitischen oder ideologischen Erwägungen und erteilten der Rechtswandlung durch Richterspruch im Unterschied zur Rechtsauslegung eine Absage.[678] Besonders deutlich wird diese Tendenz, wenn in einigen Urteilen sogar historische Argumente fallentscheidend werden. So kam beispielsweise eine Mehrheit des High Court zu dem Ergebnis, dass die Verfassung nicht die Wertgleichheit von Wählerstimmen („one vote, one value") verlange, weil dieses Prinzip um das Jahr 1900 nicht weithin anerkannt war.[679]

c) Neuseeland

273 Auch Neuseeland steht der englischen Tradition nahe, vielleicht noch näher als Australien. Englische Präzedenzfälle werden regelmäßig herangezogen,[680] auch wenn der englische Privy Council seit 2003 nicht mehr die oberste Rechtsmittelinstanz ist.[681] Die jury spielt vor allem im Strafrecht und nur selten im Zivilrecht eine Rolle; die Unterscheidung zwischen barrister und solicitor existiert, doch arbeiten die meisten Anwälte gleichzeitig in beiden Rollen.[682] Es finden sich aber auch spezifisch neuseeländische Besonderheiten, etwa der grundsätzliche Ausschluss von Schadenersatzansprüchen aus torts wegen Personenschäden bei Unfällen. An ihre Stelle traten Entschädigungszahlungen aus einer allgemeinen Versicherung, die sich aus Beiträgen von Fahrzeughaltern, Arbeitnehmern und Arbeitgebern finanziert.[683] Dass eine solche Lösung, die mancher Rechtsvergleicher eher in einem Land wie Schweden als im Bereich des common law vermuten würde, in den USA so gut wie undenkbar wäre, belegt nachdrücklich die rechtskulturellen Unterschiede. Eine andere Besonderheit von vielleicht eher anekdotischer Bedeutung liegt in der Volljährigkeit, die nach dem Age of Majority Act 1970 erst mit 20 Jahren erreicht wird,[684] auch wenn etwa das aktive und passive Wahlrecht bereits mit 18, das Recht, bei den Eltern auszuziehen, ebenso wie das Recht auf einen Waffenschein schon mit 16 Jahren erlangt wird.[685]

274 Verfassungsrechtlich ist Neuseeland ein sehr deutliches Kind Englands, indem es ebenfalls eine weitgehend ungeschriebene Verfassung aufweist, der hierarchisch kein Vorrang zukommt. Nach neuseeländischer Einschätzung gilt hier, auch mangels Mitgliedschaft in einer der EU vergleichbaren Organisation, der Grundsatz der Parlamentssouveränität in sogar noch reinerer Form als heute in England.[686] Interessanterweise existiert allerdings in Neuseeland ein sog. Constitution Act 1986. Doch anders als in Kanada und Australien weigern sich die Neuseeländer, ihn als ihre Verfassung zu bezeichnen.[687] Dahinter könnte ua auch

[678] Vgl. dazu *Goldsworthy* (Fn. 671), 114 ff., insbes. 133, 136 f., 158 ff., der dafür den Begriff „legalism" verwendet; zu seiner Definition dieses Begriffes vgl. *Goldsworthy, Jeffrey,* Conclusions, in: ders. (Hrsg.), Interpreting constitutions – A comparative study, 2006, 321 (321); nochmals zur Einordnung Australiens ibid., 329.

[679] Vgl. McGinty vs. Western Australia [1995] HCA 48, 186 CLR 140, 189; dazu *Goldsworthy* (Fn. 671), 146 f., 126 f.

[680] Vgl. *Lawrence, Martin,* Legal studies – A first book on New Zealand law, 7. Aufl. 2004, 60.

[681] Vgl. *Bailey/Ching/Taylor* (Fn. 9), 125.

[682] *Lawrence* (Fn. 680), 80, 78.

[683] *Babeck, Wolfgang:* Einführung in das australische Recht, 2. Aufl. 2017, 272 ff.; *Lawrence* (Fn. 680), 127 f.

[684] Vgl. Age of Majority Act 1970, sect. 4 subsect. 1.

[685] Vgl. *Lawrence* (Fn. 680), 199 f.

[686] Vgl. *Palmer, Matthew S. R.,* New Zealand constitutional culture, New Zealand Universities Law Review 22 (2007), 565 (582, 589 f.); deutlich ibid., 582: „We inherited the doctrine of parliamentary sovereignty from Westminster. Yet, as a unitary state with no supreme law, no federalism, no written constitution and no membership of a supra-national body that binds domestic laws as does the EU, New Zealand now manifests this doctrine in an even purer form than the United Kingdom.".

[687] Dazu *Palmer* (Fn. 686), 591, der vermutet, dass dies am fehlenden höheren Rang dieses Acts liegt, der nicht schwerer abzuändern sei als andere Gesetze und der mangels föderaler Strukturen schon vom Wortlaut her keinerlei Ansatzpunkt dafür gebe, ein Gesetz auf seiner Grundlage aufzuheben.

eine eigentümlich neuseeländische Einstellung zum Verfassungsrecht insgesamt stehen: „In New Zealand the word 'constitutional' has a pejorative connotation of arcane, abstract, mystery, which only pointy-headed lawyers and academics need to care about and which is divorced from the pragmatic reality of life."[688] Auch die Debatte über die Einführung eines Grundrechtekatalogs endete mit dem New Zealand Bill of Rights Act 1990 eindeutig: Inhaltlich orientierte dieses Gesetz sich zwar bewusst an einem der beiden großen internationalen Menschenrechtsinstrumente, dem Internationalen Pakt für bürgerliche und politische Rechte. Auch sollen nach section 6 des Bill of Rights Act andere Gesetze möglichst in Übereinstimmung mit den dort genannten Grundrechten ausgelegt werden. Section 4 jedoch verbietet es Gerichten sogar ausdrücklich, irgendwelche späteren und sogar früheren Gesetze aufgrund der genannten Grundrechte nicht anzuwenden oder in irgendeiner Weise für unwirksam zu erklären.[689] Tatsächlich wird in diesem Zusammenhang darauf hingewiesen, dass Neuseeländer ihren Richtern nicht übermäßig trauen. So ergab im Jahre 2004 eine Umfrage, dass Richter unter 18 Berufsgruppen im Hinblick auf den Respekt nur den siebten Platz einnahmen und damit nicht nur hinter Ärzten, Lehrern und sogar der Polizei, sondern auch hinter Milch- und Schafbauern rangierten, immerhin aber weit vor Rechtsanwälten und Politikern, die den drittletzten und letzten Platz einnahmen.[690]

3. Und Schottland …?

Zu den geradezu klassischen Allgemeinplätzen der Rechtsvergleichung gehört der Hinweis, dass Schottland zwar politisch zu Großbritannien gehöre, aber ein eigenes Rechtssystem besitze, das nicht dem common law angehöre, sondern in der Tradition des civil law stehe. Schottland gilt so als eines der klassischen Beispiele einer rechtlichen Enklave und soll diese Eigenschaft mit Quebec in Kanada und Louisiana in den USA teilen. Ob diese Sichtweise einer näheren Betrachtung standhalten kann, ist allerdings sehr zweifelhaft. **275**

Der Grund für die Zuordnung Schottlands zum civil law ist zunächst historischer Natur. **276** Über Jahrhunderte war Schottland ein von England unabhängiges Königreich mit eigenem Rechtssystem. Seine Juristen schauten nicht nach England, sondern auf den Kontinent. Sie ließen sich an französischen, später an niederländischen Universitäten ausbilden und rezipierten so das römische Recht, das zudem indirekt über kanonische Einflüsse auf das schottische Recht einwirkte.[691] Dieser römisch-rechtliche Einfluss ist terminologisch entscheidend, denn im englischen Sprachgebrauch steht „civil law" seit jeher für das römische

[688] *Palmer* (Fn. 686), 592; Rechtskulturell besonders interessant auch die damit zusammenhängende Erkenntnis ibid., 597: „The reality of the New Zealand constitution is that we do not really have, or yet want, 'a constitution' like any other country does.".

[689] Dazu *Lindell, Geoffrey,* Constitutional issues regarding same-sex marriage, A comparative survey – North America and Australasia, Sydney Law Review 30 (2008), 27 (54 f.); *Palmer* (Fn. 686), 585 f.

[690] Vgl. *UMR Research* (Hrsg.), Mood of the nation report, New Zealand 2004, 20, www.umr.co.nz/Reports/Mood%20of%20the%20Nation%202004.pdf (zuletzt abgerufen am 16.6.2011); dazu auch *Palmer* (Fn. 686), 586; neuere Umfragen beziehen sich nur noch allgemein auf Juristen oder Rechtsanwälte (lawyers) aber nicht mehr spezifisch auf Richter, vgl. *UMR Research* (Hrsg.), Annual review, Mood of the nation, New Zealand 2012, 38 f., img.scoop.co.nz/media/pdfs/1202/UMR_Mood_of_the_Nation_Final.pdf (zuletzt abgerufen am 18.7.2025), gleichzeitig finden sich dort – wenig überaschend – Banker, Investmentbanker und Immobilienmakler am untersten Ende der Skala, sogar noch unterhalb von Politikern; vgl. auch *Chartered Accountants Australia and New Zealand* (Hrsg.), The Future of Trust, 2019, 8, www.charteredaccountantsanz.com/-/media/9a59e4591204424fb4ab75128d954054.ashx (zuletzt abgerufen am 18.7.2025).

[691] Vgl. zur geschichtlichen Entwicklung die kurzen Überblicke bei *MacQueen, Hector L.,* Scots law, in: Smits, Jan. M. (Hrsg.), Elgar encyclopedia of comparative law, 2. Aufl. 2012, 789 (789 ff.); *Zweigert/Kötz* (Fn. 152), 199 f.; detaillierter zur Rezeptionsgeschichte *Cairns, John W.,* The civil law tradition in Scottish legal thought, in: Carey Miller, David L.; Zimmermann, Reinhard (Hrsg.), The civilian tradition and Scots law, 1997, 191 (196 ff.); *Robertson, J.J.,* The Canon law vehicle of civilian influence with particular reference to Scotland, in: Carey Miller, David L.; Zimmermann, Reinhard (Hrsg.), The civilian tradition and Scots law, 1997, 117 (118 ff.); *Gordon, William M.,* A comparison of the influence of Roman law in England and Scotland, in: Carey Miller, David L.; Zimmermann, Reinhard (Hrsg.), The civilian tradition and Scots law, 1997, 135 (139 ff.); *White, Robin M.; Willock, Ian D.; MacQueen, Hector L.,* The Scottish legal system, 6. Aufl. 2019, 9 ff.

Recht.[692] Wenn also gesagt wird, dass das schottische Recht anders als das common law sehr stark vom civil law geprägt sei, so bedeutet dies keineswegs zwingend im rechtsvergleichenden Sinn eine Zuordnung zum Rechtskreis des kontinentaleuropäischen Rechts, sondern kann mindestens ebensogut im rechtshistorischen Sinn auf die Wurzeln des schottischen Rechts hinweisen. Allenfalls für stark rechtsgeschichtlich fixierte Rechtsvergleicher wären beide Aussagen identisch. Die Unabhängigkeit Schottlands endete 1707 mit dem Act of Union und der Eingliederung in Großbritannien. Die Eigenständigkeit des Privatrechts, im Gegensatz zum öffentlichen Recht, wurde dabei allerdings im Grundsatz bewahrt.[693] Die hauptsächlichen privatrechtlichen Unterschiede zu England bestanden zu jener Zeit in der fehlenden Unterscheidung zwischen law und equity; der Durchsetzbarkeit einfacher Verträge oder Versprechen und damit zusammenhängend der fehlenden consideration Doktrin;[694] der Anerkennung von Verträgen zugunsten Dritter; dem Recht, vertragliche Pflichten nicht zu erfüllen, wenn der Vertragspartner seinerseits nicht erfüllt hatte; und dem schon damals anerkannten Grundsatz der ungerechtfertigten Bereicherung.[695] Der Einfluss Englands allerdings machte sich in den folgenden 300 Jahren deutlich bemerkbar. Moderne Gesetze, gerade auch im Bereich des Handelsrechts, galten für England wie Schottland gleichermaßen. Ähnliches galt weit später für die durch Richtlinien der EU geregelten Bereiche. Aufgrund der politischen, sprachlichen und weitgehenden kulturellen Einheit wurde für schottische Juristen der Blick nach England die natürliche Wahl. Hinzu kam, dass schottisches und englisches Recht einer gemeinsamen obersten Rechtsmittelinstanz unterlagen, dem früheren House of Lords und heutigen Supreme Court. An diesem Gericht aber fanden sich erst ab der 2. Hälfte des 19. Jahrhunderts Juristen, die im schottischen Recht ausgebildet waren, und auch dann nur zwei. Wie weit dieser angleichende Effekt ging, zeigt sich etwa deutlich an der Entscheidung Donoghue vs. Stevenson, die als eine der wichtigsten und bekanntesten Entscheidungen im englischen Privatrecht überhaupt gilt – aber streng genommen das schottische Recht betraf. Richter und Anwälte waren hier kurzerhand davon ausgegangen, dass das schottische Recht keine abweichenden Aussagen treffe.[696] Eine nicht geringe Schwäche des schottischen Rechts besteht schließlich auch darin, dass es anders als die kontinentaleuropäischen Rechtsordnungen niemals kodifiziert wurde und ihm so die Fahne fehlt, unter der sich schottische Juristen vereinigen könnten.

277 Wie weit das schottische Recht im Ergebnis auch heute noch als gegenüber dem common law eigenständig bezeichnet werden kann, ist eine nicht endgültig geklärte Frage. Von einer echten Selbständigkeit kann jedenfalls nicht die Rede sein. Vielfach und bestenfalls wird das schottische Recht als eine gemischte Rechtsordnung angesehen.[697] Doch lässt sich seine Stellung auch noch als weit schwächer beschreiben: „for most practical purposes, the Scottish legal system belongs firmly within the common-law family“[698]. Die Wahrheit mag irgendwo dazwischen liegen, und auch ein wenig im Auge des Betrachters. Eindeutig weist das schottische Recht auch heute noch einige Besonderheiten auf, etwa die fehlende Unter-

[692] Vgl. etwa schon *Blackstone* (Fn. 4), 4 f., 67; kritisch zur genaueren Bedeutung von „civil law“ im römischrechtlichen Kontext *Gordon* (Fn. 691), 136 f.

[693] Vgl. supra → Rn. 198.

[694] Zu diesem fortbestehenden Unterschied mit einer das wörtliche Zitat geradezu erzwingenden Deutlichkeit der schottische Jurist *Mackenzie-Stuart, Lord,* Development of civil law principles at the national and community level, in: Carey Miller, David L.; Zimmermann, Reinhard (Hrsg.), The civilian tradition and Scots law, 1997, 351 (354): „The only effect of the forms of action was that they gave rise to the totally illogical and unnecessary English doctrine that consideration was essential to found a binding obligation, a doctrine that bedevils the English lawyer to this day.“.

[695] So *MacQueen* (Fn. 691), 790.

[696] Donoghue vs. Stevenson [1932] AC 562 (HL) 566 f., 579; zum ganzen Fall ausführlich supra → Rn. 12 ff.

[697] Vgl. etwa *White/Willock/MacQueen* (Fn. 691), passim; *MacQueen* (Fn. 691), 789; *Carey Miller, David L.,* A Scottish celebration of the European legal tradition, in: Carey Miller, David L.; Zimmermann, Reinhard (Hrsg.), The civilian tradition and Scots law, 1997, 19 (49).

[698] *Edward, David,* The Scottish reactions – An epilogue, in: Markesinis, Basil S. (Hrsg.), The gradual convergence – Foreign ideas, foreign influences, and English law on the eve of the 21st century, 1994, 263 (264).

scheidung von law und equity oder die Anerkennung eines Grundprinzips von Treu und Glauben im Vertragsrecht.[699] Äußerlich besonders gut erkennbar sind etwa auch die Entscheidung durch eine 15-köpfige jury mit einfacher Mehrheit, die Existenz eines „not proven" Verdikts, die Existenz eines Staatsanwalts (public prosecutor), der von der Polizei unabhängig, ihr gegenüber aber weisungsbefugt ist, und die fast uneingeschränkte zivil- und strafrechtliche Zuständigkeit des sheriff als örtlicher Richter.[700] Dem stehen allerdings weite Bereiche der Übereinstimmung in den Rechtsnormen (zB die Übernahme des trust) und noch mehr in den Ergebnissen gegenüber,[701] ganz zu schweigen vom weiten Bereich des öffentlichen Rechts. Interessanterweise sprechen Schotten nicht einmal der Übertragung der Gesetzgebungszuständigkeit für das Privatrecht an Schottland im Wege der devolution seit 1998 eine besondere Bedeutung für die Eigenständigkeit schottischen Rechts zu.[702]

All solche Erwägungen betreffen jedoch nur den materiellen Inhalt einzelner Rechts- **278**
normen und Rechtsgebiete. Entscheidend für die Einordnung in einen Rechtskreis ist aber der gesamte Kontext des Rechts. Hier zeigt sich ein anderes Bild, das am besten mit den Worten eines renommierten schottischen Juristen wiedergegeben werden kann:

„While major areas of Scots substantive private law are civilian to one degree or another and much of substantive law in general is distinctively Scottish, in mode of operation the system's orientation is towards the Anglo-American world. This is broadly true of the adjectival law as well as the actual system of Scots law – the means and manner by which the law operates and develops. But within a general position which would be more familiar to an English or American lawyer than to one trained in a continental European system Scots law has strongly individualistic traits."[703]

Tatsächlich folgt Schottland etwa einem Präzedenzfalldenken und eben nicht einer Kodifizierung. Dass schottische Richter tatsächlich einmal auf das römische Recht zurückgreifen, kommt nur äußerst selten vor und scheint auch dann meist eher dekorativen Zwecken zu dienen.[704] Der Anwaltsstand ist ähnlich wie in England zwischen solicitors und sog. advocates aufgeteilt. Allerdings betonen einige schottische Juristen immer wieder die hohe Bedeutung, die dem – typisch kontinentalen – systematischen und begrifflichen Denken im schottischen Recht zugesprochen wird und sehen darin einen der zentralen Unterschiede zur englischen Gleichgültigkeit gegenüber Klassifikationen. Dieser Hang zur Systematik ist allerdings selbst nach Ansicht seiner Vorkämpfer in Erosion begriffen, so dass auch hier das schottische Recht englischer werde. Bezeichnenderweise ist beispielsweise das akademische Großprojekt der 26-bändigen sog. Stair Memorial Encyclopedia, die das gesamte schottische Recht darzustellen und zu analysieren versucht, alphabetisch und nicht systematisch geordnet.[705] Dass letztlich die enge geistige Verbindung des schottischen zum englischen Recht oft nicht in aller Deutlichkeit ausgesprochen wird, mag nicht zuletzt mit dem sympathischen schottischen Nationalstolz zu tun haben.[706] Diese Erklärung scheint aber

[699] Zum Prinzip von good faith vgl. Smith vs. Bank of Scotland [1997] SC 111 (HL); dazu *MacQueen* (Fn. 691), 793.

[700] Vgl. die Aufzählung bei *Edward* (Fn. 698), 263.

[701] Vgl. *MacQueen* (Fn. 691), 792, der eine Übereinstimmung der Regeln feststellt in den Bereichen „companies, financial services, taxation, intellectual poperty, consumer protection and employment, while very similar results will arise in the law of supply of goods and services, partnership, security rights and insolvency".

[702] Vgl. *MacQueen* (Fn. 691), 795.

[703] Vgl. *Carey* (Fn. 680), 45; vgl. auch *Gordon* (Fn. 691), 147: „in legal method there is not a great deal to distinguish Scots law from its larger neighbour although differences in style remain".

[704] Vgl. etwa *Rodger, Alan,* The use of the civil law in Scottish courts, in: Carey Miller, David L.; Zimmermann, Reinhard (Hrsg.), The civilian tradition and Scots law, 1997, 225 (225 f.); *MacQueen* (Fn. 691), 792.

[705] Prägnant zu diesen Aspekten *Birks* (Fn. 8), 171 ff., insbes. 174.

[706] Vgl. auch *Gordon* (Fn. 691), 148: „in part the differences stem more from a determination to appear different". Dem schottischen Nationalstolz steht gelegentlich eine gewisse englische Herablassung gegenüber; so wird Lord Maugham mit der Bemerkung zitiert, es handle sich um „those interesting relics of barbarism, tempered by a few importations from Rome, known to the world as Scots law", vgl. *Megarry R. E.,* Miscellany-at-law – A diversion for lawyers and others, 1955, 323.

nicht durchgängig zu tragen, denn schließlich wird gleichzeitig immer wieder eine gewisse Gleichgültigkeit oder sogar Unkenntnis schottischer Praktiker im Hinblick auf die Eigenheiten schottischen Rechtsdenkens und insbesondere den Einfluss des römischen Rechts beklagt, was seinerseits zu dessen Niedergang beitrage.[707] Schottische Juristen mögen also zwar etwas anders denken als englische, doch ist der Unterschied aus kontinentaleuropäischer Sicht eher marginal und sicherlich nicht größer als der zwischen England und den USA. Damit gehört das schottische Recht heute zum Rechtskreis des common law, wenn auch mit einigen Besonderheiten und vor allem römisch-rechtlichen und originär schottischen[708] Einsprengseln.

[707] Vgl. etwa *Birks* (Fn. 8), 174; *MacQueen* (Fn. 691), 792 f. auch zu einigen gegenläufigen Tendenzen in neuester Zeit.

[708] Zum teils sog. schottischen common law vgl. *Sellar, W. D. H.,* The resilience of the Scottish common law, in: Carey Miller, David L.; Zimmermann, Reinhard (Hrsg.), The civilian tradition and Scots law, 1997, 149 (149 ff.).

§ 6. Der Grundkontext kontinentaleuropäischen Rechts

Übersicht

	Rn.
I. Kontinentaleuropäisches Recht als einheitlicher Kontext?	1
II. Juristisches Denken im kontinentaleuropäischen Recht	7
1. Wo kommt das Recht her? – Die Rechtsquellen	8
a) Überragende Bedeutung des Gesetzes	8
b) Der wenig bedeutende Rest	19
c) Und der Richter?	28
2. Die Systematik des Rechts	36
a) Der Kodifikationsgedanke	36
b) Begriffliche Durchdringung	58
c) Französischer Pragmatismus	70
3. Die Gesetzesauslegung	73
a) Auslegungsziel: Objektive und subjektive Theorie	74
b) Auslegungsmethoden	77
c) Begriffs-, Interessen- und Wertungsjurisprudenz	89
d) Französische Parallelen	94
4. Praktische Rechtsanwendung	104
a) Recht und Tatsachen	105
b) Subsumtion	109
c) Gutachtentechnik	120
d) Relationstechnik	129
e) Frankreich: Gleicher Ansatz, andere Ausführung	136
5. Rechtliche Autoritäten	144
a) Gerichtsentscheidungen	144
b) Die Rolle der akademischen Literatur	156
6. Geschichtliche Entwicklung	168
a) Frankreich	169
b) Deutschland	177
III. Gerichte und Juristen	196
1. Gerichtsaufbau	196
a) Deutschland	196
b) Frankreich	207
2. Juristische Ausbildung	228
a) Deutschland: Der Einheitsjurist	228
b) Frankreich: Ausbildung in Stufen	238
3. Richter und Anwälte	243
a) Deutschland: Der direkte Einstieg	243
b) Frankreich: Spezialausbildung und Auswahl	250
4. Das gerichtliche Verfahren	257
a) Orientierung am erstinstanzlichen Verfahren	257
b) Einige typische Merkmale des deutschen Zivilprozesses	258
c) Der deutsche Verwaltungs- und Strafprozess	264
d) Der französische Untersuchungsrichter	269
IV. Typische materielle Rechtsinstitute	273
1. Das deutsche Abstraktionsprinzip	273
2. Die französische cause	276
a) Abschied von der cause?	276
b) Grundgedanke der cause	279
c) Was ist die cause?	280
d) Funktionen und Kritik der cause	282

	Rn.
3. Treu und Glauben	284
a) Praktische Auswirkungen von Treu und Glauben	285
b) Treu und Glauben als Aufforderung zur Rechtsfortbildung	286
4. Die Elemente der Straftat: Tatbestand, Rechtswidrigkeit, Schuld	287
a) Grundschema und Anwendung	287
b) Theoretische und praktische Bedeutung	289
5. Gerichtliche Überprüfung von Verwaltungsakten	291
a) Unterscheidung zwischen Ermessen und unbestimmtem Rechtsbegriff	292
b) Eigenständige gerichtliche Prüfung unbestimmter Rechtsbegriffe	293
c) Beschränkte Überprüfung des Ermessens	295
6. Menschenwürde	297
a) Grundgedanke der Menschenwürde	297
b) Rechtskulturell prägende Rolle der Menschenwürde	298
c) Konkreter normativer Gehalt der Menschenwürde	301
7. Grundrechtsschranken: Die Verhältnismäßigkeit	304
a) Schutzbereich, Eingriff und Schranke	304
b) Struktur der Verhältnismäßigkeit	306
c) Weitreichende Bedeutung der Verhältnismäßigkeit	308
8. Verfassungsbeschwerde und konkrete Normenkontrolle	309
a) Reichweite der Verfassungsbeschwerde	309
b) Verfassungsbeschwerde und Stellung des Bundesverfassungsgerichts	312
c) Schwierige Abgrenzung zum einfachen Recht	314
d) Zusammenspiel mit der konkreten Normenkontrolle	318

I. Kontinentaleuropäisches Recht als einheitlicher Kontext?

1 Das kontinentaleuropäische Recht steht als Gegenpol und stetiger Vergleichsgegenstand dem common law gegenüber. Die Unterscheidung zwischen diesen beiden Rechtskreisen ist eine der wenigen, über die weitgehende Einigkeit herrscht. Sie ist trotz aller Debatten über eine allmähliche Konvergenz[1] klassischer Dreh- und Angelpunkt der Rechtskreislehren und zahlloser Ausführungen zur Rechtsvergleichung insgesamt. Dass common law und kontinentaleuropäisches Recht verschiedene Strukturen und Denkweisen besitzen, verschieden funktionieren und sich immer wieder gut für kontrastierende Darstellungen eignen, wird zu Recht kaum grundlegend bestritten.

2 Nicht ganz einheitlich ist jedoch die Terminologie. Das kontinentaleuropäische Recht wird im englischen Sprachgebrauch in der Regel als civil law bezeichnet. Viele nicht englischsprachige Autoren haben diesen Begriff als Fremdwort übernommen, ohne dass dem eine besondere inhaltliche Bedeutung zukäme. Auch dass etwa in diesem Buch stattdessen meist (aber auch nicht immer) vom kontinentaleuropäischen Recht die Rede ist, hat kaum einen tiefergehenden Grund, sondern hängt neben der reinen Gewöhnung allenfalls mit der Abneigung des Verfassers gegen überflüssige Anglizismen zusammen. Gegen die Übernahme des Begriffs „civil law" spricht allerdings, dass für den uneingeweihten Juristen aus einem außerenglischen Sprachraum die Gefahr einer Verwechslung mit dem „Zivilrecht" iSv Privatrecht besteht und selbst für den uneingeweihten Engländer keine Eindeutigkeit herrscht, da dort auch das römische Recht oft als „civil law" bezeichnet wird.[2] Der hier bevorzugte Terminus ist allerdings auch nicht ohne Fehl, da sein geographischer Bezug Anlass zu Missverständnissen geben kann: Wie etwa Lateinamerika deutlich zeigt, muss ein Land keineswegs zwingend in Kontinentaleuropa liegen, um eine kontinentaleuropäische Rechtsordnung zu haben.

---

1 Dazu infra → § 7 Rn. 255 ff.
2 Vgl. dazu supra → § 5 Rn. 276.

Mit der Unterscheidung gegenüber dem common law enden allerdings auch die (relativen) klassifikatorischen Gewissheiten. Denn schon ob das geographische Kontinentaleuropa tatsächlich nur aus einem oder aus mehreren Rechtskreisen besteht, ist ein klassischer Streitpunkt der Rechtsvergleichung. Lässt man aus Vereinfachungsgründen zunächst die weniger oft debattierte Frage der nordischen Rechte beiseite,[3] stehen sich idealtypisch zwei Standpunkte gegenüber: Die einen nehmen keinen einheitlichen kontinentaleuropäischen Rechtskreis an, sondern unterscheiden einen germanischen (mit insbes. Deutschland, Österreich, Schweiz) und einen romanischen (mit insbes. Frankreich, Italien, Spanien, Portugal).[4] Die anderen fassen beides zu einem Rechtskreis zusammen.[5] Dazwischen gibt es auch vermittelnde Ansichten. Sie sprechen zwar einerseits von einem kontinentaleuropäischen Rechtskreis, der sich vor allem über die Unterschiede zum common law definiere, unterteilen diesen dann aber wiederum in eine germanische und eine romanische Untergruppe mit erheblichen Unterschieden untereinander.[6] Gelegentlich werden für dies Untergruppen auch andere Begriffe als „Rechtskreis" bemüht.[7] 3

Ob dieser Streit Sinn macht,[8] genauer gesagt ob er über die rein begriffliche Ebene hinaus auch eine inhaltliche Bedeutung hat, kann mit Fug und Recht bezweifelt werden. Denn hinter dem Streit steht im Kern eine allgemein geteilte Erkenntnis: Die Unterschiede zwischen common law und kontinentaleuropäischen Rechten sind weit ausgeprägter als die der kontinentaleuropäischen Rechtsordnungen untereinander. Auch die historische Betrachtung[9] führt zu keinem klaren Ergebnis. Denn einerseits lässt sich über die gemeinsamen Wurzeln im römischen Recht und die mittelalterliche Universitätskultur ein Zusammenhang, andererseits über die voneinander unabhängigen und systemprägenden Zivilrechtskodifikationen im französischen Code civil und im deutschen Bürgerlichen Gesetzbuch (BGB) auch ein Unterschied konstruieren. Alles hängt also letztlich davon ab, wie ausgeprägt der Unterschied zwischen romanischer und germanischer Gruppe nach Auffassung des jeweiligen Betrachters ist und welcher Grad an Verschiedenheit überhaupt für einen eigenen Rechtskreis gefordert wird. Beides, Bewertung wie Maßstab, sind aber nur sehr schwer konkret zu benennen und werden auch tatsächlich in aller Regel keiner detaillierten Analyse unterzogen. Welche Einteilung bevorzugt wird, scheint nicht selten eher eine Frage des Glaubens oder der Intuition als das Ergebnis einer umfassenden Untersuchung mit Anspruch auf Objektivität zu sein. 4

Dass Unterschiede insbesondere zwischen französischem und deutschem Rechtsdenken bestehen, ist dabei unverkennbar. Während etwa ein deutscher und ein österreichischer Jurist im Gespräch noch schnell eine gemeinsame Basis finden, müssen Deutsche und Franzosen auch jenseits rein sprachlicher Probleme weit intensiver an ihrer gegenseitigen Verständigung arbeiten, unterscheidet sich ihr Denken in vielerlei Hinsicht.[10] Aus der Außenperspektive eines common law Juristen aber sind diese Unterschiede vergleichsweise gering, eine Einschätzung die sich auch umgekehrt deutsche und französische Juristen schnell aneignen, sobald sie gemeinsam gegenüber einem common law Juristen auftreten. Diese Gemeinsamkeit des civil law darf aber auch nicht überzeichnet werden. So ist es für kontinentale Juristen immer wieder ärgerlich, wenn Engländer oder US-Amerikaner ihre Kenntnisse französischer Strukturen unbesehen auf Deutschland übertragen oder umgekehrt. Wie weit solch grobe Fehler verbreitet sind, zeigt sich beispielsweise daran, dass rechts- 5

[3] Dazu noch infra → § 7 Rn. 106 ff.

[4] Vgl. nur *Zweigert, Konrad; Kötz, Hein,* Einführung in die Rechtsvergleichung, 3. Aufl. 1996, 68.

[5] Vgl. nur *David, René; Jauffret-Spinosi, Camille; Goré, Marie,* Les grands systèmes de droit contemporains, 12. Aufl. 2016, 17 f.

[6] Vgl. nur *Rheinstein, Max,* Einführung in die Rechtsvergleichung, 2. Aufl. 1987, 78.

[7] Vgl. zu den begrifflichen Möglichkeiten supra → § 4 Rn. 10.

[8] Zu Sinn und Unsinn von Rechtskreiseinteilungen allgemein vgl. supra → § 4 Rn. 11 ff.

[9] Vgl. dazu noch infra → Rn. 168 ff.

[10] Deutlich etwa der Kenner beider Welten *Fromont, Michel,* Les droits français et allemand se rapprochent-ils?, Le Forum franco-allemand, 1er trimestre 1999, 135 (137): „l'état d'esprit des juristes des deux pays est resté très différent".

vergleichend erfahrene britische Autoren es – zu Recht – für notwendig halten, ausdrücklich darauf hinzuweisen, dass die Institution des machtvollen französischen Untersuchungsrichters kein allgemeines Merkmal aller kontinentaleuropäischen Rechtsordnungen sei,[11] ein Gedanke der einem kontinentaleuropäischen Juristen meist schon von vornherein abstrus erscheinen würde. Die Gefahr solcher Fehler scheint auf den ersten Blick für eine getrennte Darstellung germanischer und romanischer Rechte zu sprechen. Allerdings bestehen entsprechende Gefahren ebenso innerhalb dieser Gruppen. Wer etwa glaubt, das spanische Verfassungs- und Verfassungsprozessrechtsdenken oder das dortige Strafrecht auch nur in etwa zu verstehen, wenn er es durch die französische Brille betrachtet, nur weil beide Rechtsordnungen als romanisch bezeichnet werden, wird kaum einen Zugang zum spanischen Recht finden. Darüber hinaus ist auch die einheitsstiftende Kraft der Europäischen Union nicht zu unterschätzen, die direkt wie indirekt das in Deutschland wie Frankreich geltende Recht nachdrücklich und in zahllosen Bereichen beeinflusst, prägt und so annähert.

6 Wie bei allen Rechtskreiseinteilungen[12] sollte auch hier die Frage der genauen Abgrenzung letztlich nicht zu ernst genommen, sondern pragmatisch gehandhabt werden. Der Sinn der Rechtskreiseinteilungen ist in erster Linie ein didaktischer. Die Grenzen des damit verbundenen Unterfangens, eine Einführung in den Kontext der Rechtsordnungen zu geben, die dem Leser ein eigenständiges Weiterarbeiten ermöglicht, sind aus ganz praktischen Gründen schnell erreicht. Der kontinentaleuropäische Rechtskreis wird deshalb im Folgenden vor allem in Abgrenzung zum common law und insofern als Einheit dargestellt. Pragmatisch greift der Autor dieser Zeilen dazu einerseits auf diejenige der beiden kontinentaleuropäischen Leitrechtsordnungen zurück, die ihm die vertrauteste ist und bei der er sich am ehesten zutraut, auch die zahlreichen Aspekte des rechtskulturellen Kontexts in weiten Teilen zu erfassen und zu verstehen: die deutsche. Das französische Recht wird deshalb aber andererseits nicht vernachlässigt. Es wird vielmehr durchlaufend als Kontrastfolie verwendet, in seiner Eigenständigkeit und seinen Besonderheiten dargestellt, auch um immer wieder konkret darauf hinzuweisen, wie begrenzt Verallgemeinerungen innerhalb der kontinentaleuropäischen Rechte möglich sind und welche Vielfalt an Herangehensweisen im Detail besteht (II-IV). Erst wenn der eigenständige Charakter kontinentaleuropäischen Rechts gerade auch in Abgrenzung zum common law auf diese Weise umrissen ist, kann der Blick sinnvollerweise auf die zahlreichen weiteren Rechtsordnungen erweitert werden, die gemeinhin dem civil law zugeordnet werden. Für einzelne Länder wie Spanien, für ganze Ländergruppen wie die nordischen Staaten oder die vom Eisernen Vorhang befreiten Staaten Osteuropas und sogar für ganze Kontinente wie die Staaten Lateinamerikas ist nach der genauen Zuordnung im kontinentaleuropäischen Rechtskreis zu fragen, mit keineswegs einfachen oder klar zutage liegenden Antworten (§ 7).

II. Juristisches Denken im kontinentaleuropäischen Recht

7 In stark vereinfachenden, meist älteren Darstellungen wird die Eigenheit kontinentaleuropäischen Rechts oft in der Kodifizierung des Rechts, insbesondere des Privatrechts, gesehen. Ein Staat, der also so etwas wie den Code civil oder das Bürgerliche Gesetzbuch besitzt, würde schon allein deshalb zum kontinentaleuropäischen Recht gehören. Dass es so einfach nicht geht, wurde aber ebenfalls schon früh erkannt.[13] Das bedeutet nicht, dass die Kodifikation ohne Bedeutung wäre. Sie ist vielmehr Kulminationspunkt eines bestimmten Rechtsverständnisses, einer bestimmten Art juristischen Denkens, die ihrerseits das eigentli-

[11] Vgl. etwa den Hinweis bei *Edward, David,* The Scottish reactions – An epilogue, in: Markesinis, Basil S. (Hrsg.), The gradual convergence – Foreign ideas, foreign influences, and English law on the eve of the 21st century, 1994, 263 (265).
[12] Dazu allgemein supra → § 4 Rn. 26 f.
[13] Vgl. schon *Lawson, Frederick Henry,* A common lawyer looks at the civil law, 1953, Nachdruck 1977, 47.

che Kennzeichen des kontinentaleuropäischen Rechts ist. Die zentralen Aspekte dieser Denkart beziehen sich auf die Rechtsquellenlehre (1), die Systematik des Rechts (2), die Methode der Gesetzesauslegung (3) und die Rolle rechtlicher Autoritäten (5), die sich alle in bestimmten Formen der alltäglichen Rechtsanwendung niederschlagen können (4) und auf bestimmte Weise historisch gewachsen sind (6). Erst in ihrem Zusammenspiel erschließt sich der grundlegende Charakter des kontinentaleuropäischen Rechts.

1. Wo kommt das Recht her? – Die Rechtsquellen

a) Überragende Bedeutung des Gesetzes

Kontinentaleuropäisches Recht ist Gesetzesrecht. Die Bedeutung dieses Satzes kann kaum überbetont werden. Recht und Gesetz werden im allgemeinen Verständnis kontinentaleuropäischer Länder regelmäßig gleichgesetzt; das Recht drückt sich im Gesetz aus, das Gesetz gibt den Inhalt des Rechts wieder. Will ein Bürger die Existenz eines Rechtssatzes anzweifeln, wird er dies oft mit den Worten „Wo steht das?" tun und damit zum Ausdruck bringen, dass er nur das geschriebene Recht, also das Gesetzesrecht als bindend anerkennt. Bezeichnend ist insofern auch, dass etwa ein französischer oder deutscher Jurist, der sich ohne rechtsvergleichende Kenntnisse auf Englisch auszudrücken versucht, immer die Tendenz haben wird, das Wort „loi" oder „Gesetz" schlicht mit „law" zu übersetzen; dass es stattdessen mit „statute" einen eigenen Fachbegriff für parlamentarisch gesetztes Recht gibt, leuchtet den wenigsten auf Anhieb ein. 8

aa) Positivistische Grundeinstellung

Ganz anders als im klassischen common law werden Gesetze also nicht als gewillkürte Abweichung vom „eigentlichen" Recht angesehen, sondern sind selbst dieses Recht. Ein „eigentliches" Recht unabhängig von Gesetzen gibt es nicht. In diesem Sinne ist das kontinentaleuropäische Rechtsverständnis im Kern positivistisch. Bei dieser Aussage ist allerdings besondere Vorsicht geboten: Aus – gerade auch kontinentaleuropäischer – rechtsphilosophischer Sicht handelt es sich dabei bestenfalls um eine grobe Vereinfachung, eher sogar um eine schlichte Fehleinschätzung. Tatsächlich wird der alte Streit zwischen Naturrecht und Positivismus in Europa weiterhin geführt und kann von einem klaren Siegeszug des Positivismus insofern keinesfalls die Rede sein.[14] Allein: Dieser Grundlagenstreit bleibt weitgehend ein Internum der Rechtsphilosophie. Die praktisch tätigen Juristen betrachten ihn in aller Regel mit Respekt (wenn sie ihn denn überhaupt betrachten) und kehren dann ohne weiteres zu ihrer Arbeit zurück. Das Phänomen ähnelt dem der Methodenlehre, bei dem die Praxis ebenfalls den akademischen Streit fast vollständig ignoriert.[15] Der praktisch tätige, kontinentaleuropäische Jurist schaut bei der Suche nach Rechtsnormen in das Gesetz, ohne sich um die mögliche Existenz einer vom Naturrecht postulierten allgemeinen Gerechtigkeitsordnung zu kümmern, die unabhängig von menschlich gesetztem Recht geltende Normen hervorbringen könnte. 9

Die klassische Ausnahme von der positivistischen Grundeinstellung, die gerade in ihrem Ausnahmecharakter die Regel bestätigt, findet sich im Umgang Deutschlands mit dem Recht der beiden totalitären Unrechtsregime, die im 20. Jahrhundert mit einigem Erfolg versuchten, der Bevölkerung ihr menschenverachtendes Gedankengut aufzuzwingen: der nationalsozialistischen Diktatur im 3. Reich und der sozialistischen Diktatur in der DDR. In 10

[14] Vgl. dazu nur *Rüthers, Bernd; Fischer, Christian; Birk, Axel,* Rechtstheorie mit juristischer Methodenlehre, 12. Aufl. 2021, 168 ff., 266 ff.; *Simmonds, Nigel E.,* Central issues in jurisprudence, 5. Aufl. 2018, 141 ff.; *Seelmann, Kurt; Demko, Daniela,* Rechtsphilosophie, 7. Aufl. 2019, 158 ff. Dabei soll hier dahinstehen, dass vieles an dem Streit auch terminologischer Natur zu sein scheint, also auf den sehr unterschiedlichen möglichen Definitionen von Naturrecht und Positivismus beruht, vgl. dazu nur ibid., 33 ff.

[15] Vgl. dazu noch infra → Rn. 86, ähnlich 99; *Esser, Josef,* Vorverständnis und Methodenwahl in der Rechtsfindung, 2. Aufl. 1972, 7 f.

beiden Fällen stellte sich für die Bundesrepublik Deutschland das Problem, wie mit dem unter diesen Regimen gesetzten Recht umgegangen werden sollte. Wie also sollte man reagieren, wenn ein Angeklagter sich zur Rechtfertigung seiner während des 3. Reichs begangenen Straftaten – etwa der Ermordung von Juden, Zivilisten oder geistig Behinderten – darauf berief, dass seine Handlungen nach der während des 3. Reichs geltenden Rechtslage gesetzeskonform waren, er von Gerichten des 3. Reichs niemals verurteilt worden wäre? Sollte das deutsche Gericht nach 1945 ganz positivistisch das zum Tatzeitpunkt geltende Recht ohne Rücksicht auf seinen Inhalt anwenden und so zu einem moralisch untragbaren Ergebnis kommen, oder sollte es die Rechtfertigung ignorieren und damit gegen den elementaren Rechts- und Gerechtigkeitssatz verstoßen, dass jemand nur dann für eine Tat bestraft werden kann, wenn die Handlung auch zur Tatzeit mit Strafe bedroht war? Die Gerichte fanden einen Ausweg bei dem bekannten deutschen Rechtsphilosophen Gustav Radbruch, der dazu schrieb: „Der Konflikt zwischen der Gerechtigkeit und der Rechtssicherheit dürfte dahin zu lösen sein, daß das positive, durch Satzung und Macht gesicherte Recht auch dann den Vorrang hat, wenn es inhaltlich ungerecht und unzweckmäßig ist, es sei denn, daß der Widerspruch des positiven Gesetzes zur Gerechtigkeit ein so unerträgliches Maß erreicht, daß das Gesetz als 'unrichtiges Recht' der Gerechtigkeit zu weichen hat."[16] Diese Verbeugung vor dem Naturrecht führte im Ergebnis zu der Annahme, dass es Vorschriften und Anordnungen geben könne, denen trotz ihres Anspruchs, Recht zu setzen, der Rechtscharakter abzusprechen sei, weil sie rechtliche Grundsätze verletzten, die unabhängig von jeder staatlichen Anerkennung gälten; wer sich solchen Vorschriften entsprechend verhalte, bleibe strafbar[17]. Auch werde der Täter dabei nicht an Maßstäben gemessen, die zur Zeit seiner Handlung gar nicht galten und für ihn nicht erkennbar gewesen seien. Denn es sei davon auszugehen, dass den Tätern diese so fundamentalen, für das menschliche Zusammenleben unentbehrlichen Grundsätze jeden Rechts auch jederzeit bekannt gewesen seien.[18] Entsprechende Probleme stellten sich nach dem Untergang der DDR. Hier ging es praktisch vor allem um die juristische Aufarbeitung der Morde an der innerdeutschen Grenze, bei denen DDR-Grenzsoldaten entsprechend ihren Dienstanweisungen und den geltenden gesetzlichen Grundlagen Personen erschossen, die unbewaffnet und ohne Gefährdung allgemein anerkannter Rechtsgüter schlicht die Grenze überschreiten und so dem menschenverachtenden Regime der SED entkommen wollten. Auch hier fand die inzwischen sog. Radbruch'sche Formel Anwendung. Ihre unverkennbaren wertungsmäßigen Unbestimmtheiten konnten aber inzwischen dadurch gemildert werden, dass zur Feststellung des unerträglichen Widerspruchs zu allgemeingültigen Gerechtigkeitsvorstellungen auch der Inhalt der wichtigsten internationalen Menschenrechtspakte hinzugezogen wurde, die zur Anfangszeit der Abhandlung des Nazi-Unrechts noch nicht in Kraft getreten und noch nicht so tief ins allgemeine Bewusstsein gedrungen waren.[19] Damit ist in Deutschland der mit einem streng verstandenen Positivismus völlig unvereinbare Satz anerkannt, dass nicht nur der Gesetzgeber Unrecht setzen kann, sondern dass solchen Gesetzen in äußersten Fällen auch die Geltung abzusprechen ist.[20] Die grundsätzliche Bindung an das Gesetz wird dadurch aber nicht in Frage gestellt, denn es wurde zugleich immer wieder klargestellt, dass die mögliche Unwirksamkeit des positiven Rechts auf extreme Ausnahmefälle begrenzt bleiben muss.[21] Mit anderen Worten besteht die begründete Hoffnung, dass es nach dem Untergang der DDR in Deutschland nie wieder Anwendungsfälle für diese Ausnahmen geben wird.

[16] *Radbruch, Gustav,* Rechtsphilosophie, 4. Aufl. 1950, 353.
[17] Vgl. etwa BGHSt 1, 391 (399); 2, 173 (177); 2, 234 (238 f.).
[18] Vgl. BGHSt 2, 234 (239).
[19] Vgl. BGHSt 39, 1 (15 ff.); 39, 168 (183 f.); 40, 218 (232); 40, 241 (244 ff.); bestätigt in BVerfGE 95, 96 (135 f.).
[20] Vgl. nur BVerfGE 3, 225 (232); 6, 132 (198).
[21] Vgl. BVerfGE 95, 96 (134).

bb) Gesetz, Recht und Demokratie

Wie stark die Gleichsetzung von Recht und Gesetz sein kann, zeigt sich beispielsweise auch an der nicht enden wollenden, allerdings weitgehend akademischen Diskussion um den Wortlaut des Art. 20 Abs. 3 des deutschen Grundgesetzes, in dem es heißt, dass die vollziehende Gewalt und die Rechtsprechung „an Gesetz und Recht" gebunden seien. Der zusätzliche Verweis auf „Recht", der anzudeuten scheint, dass Recht mehr sein kann als Gesetz, ist für deutsche Rechtswissenschaftler nicht leicht nachzuvollziehen. Dem entspricht es, dass der Verweis teilweise tatsächlich als tautologisch angesehen[22] und damit letztlich weginterpretiert wird. Nicht viel anders wirkt es sich aus, wenn „Recht" nur als Hinweis auf alle geschriebenen und ungeschriebenen Rechtsnormen angesehen wird, die nicht Parlamentsgesetz sind.[23] Selbst denjenigen, die in dem Verweis eine echte Ablehnung des Gesetzespositivismus sehen,[24] geht es erkennbar nicht um die allgemeine Einbeziehung etwa naturrechtlich begründeter Normen,[25] ja nicht einmal um die Kerngedanken der Radbruch'schen Formel, sondern schlicht darum, eine enge Wortlautbindung abzulehnen und dem Richter die Möglichkeit offenzuhalten, die der Rechtsordnung immanenten Wertvorstellungen zur Geltung zu bringen, Lücken zu füllen und so schöpferische Rechtsfindung zu betreiben,[26] Anliegen also, die keineswegs jeder Rechtspositivist ablehnen würde. Alles in allem sind an dieser Diskussion nicht die Einzelheiten interessant, sondern nur die Tatsache, dass eine getrennte Erwähnung von Recht und Gesetz überhaupt zu größeren juristischen Problemen führt, Recht und Gesetz also im Grundsatz als Einheit angesehen werden. 11

Diese grundsätzliche Einheit ist zugleich Ausdruck eines spezifischen Demokratieverständnisses. Denn wer anderes als der demokratisch gewählte Gesetzgeber sollte berufen sein festzulegen, was in einer Gemeinschaft als Recht gilt? Jeder Versuch, das Recht nicht mehr auf den Gesetzgeber zurückzuführen, muss sich daher gegen den Vorwurf verteidigen, den Willen des Volkes zu missachten und somit zutiefst undemokratisch zu sein.[27] Überdeutlich ist hier der Unterschied zum Denken des common law, das etwa die potentielle Ungebundenheit der jury auch an parlamentarisch gesetztes Recht als ein demokratisches Bollwerk gegen Tyrannei ansieht.[28] Die kontinentaleuropäischen Vorbehalte hingegen treffen ein Richterrecht ebenso wie ein Naturrecht, das zudem in der praktischen Anwendung letztlich von Richtern festgelegt werden müsste. Beidem steht so auch die in Frankreich historisch gewachsene Furcht vor einem gouvernement des juges, einer Herrschaft der Richter,[29] entgegen. Letztlich läuft dies auch auf eine tief verwurzelte und vielleicht gerade deshalb selten deutlich ausgesprochene Abneigung des kontinentaleuropäischen Rechts gegen ungeschriebenes Recht hinaus. 12

[22] So zB *Schnapp, Friedrich E.,* in: Münch, Ingo von; Kunig, Philip (Hrsg.), Grundgesetz – Kommentar, Bd. 1, 6. Aufl. 2012, Art. 20 Rn. 61; *Kloepfer, Michael,* Verfassungsrecht I, 1. Aufl. 2011, § 10 Rn. 106; *Gärditz, Klaus F.,* in: Friauf, Karl Heinrich; Höfling, Wolfram (Hrsg.), Berliner Kommentar zum Grundgesetz, Loseblatt (Stand: 05/2021), Art. 20 VI Rn. 73.

[23] So *Sommermann, Karl-Peter,* in: Huber, Peter M.; Voßkuhle, Andreas (Hrsg.), Kommentar zum Grundgesetz, Bd. 2, 8. Aufl. 2024, Art. 20 Rn. 265 ff.

[24] So BVerfGE 34, 269 (286 f.); *Schulze-Fielitz, Helmuth,* in: Dreier, Horst, Grundgesetz – Kommentar, Bd. 2, 3. Aufl. 2015, Art. 20 Rn. 94.

[25] Dagegen deutlich etwa auch *Rux, Johannes,* in: Epping, Volker; Hillgruber, Christian, Beck'scher Online-Kommentar Grundgesetz, 61. Edition 2025, Art. 20 Rn. 169.1.

[26] Vgl. BVerfGE 34, 269 (287 f.); zur Rolle der Richter sowie zur Auslegung vgl. auch infra → Rn. 28 ff., 73 ff.

[27] Dies illustrierend etwa die sehr weitgehende Kritik von *Rüthers, Bernd,* Methodenrealismus in Jurisprudenz und Justiz, JZ 2006, 53 (53, 57 ff.), der der in der deutschen Praxis üblichen Auslegungsmethodik vorwirft, sich in ihrer Unbestimmtheit nicht genug an das Gesetz zu halten und so ua gegen das Demokratieprinzip zu verstoßen.

[28] Vgl. supra → § 5 Rn. 155.

[29] Dazu *Troper, Michel; Pfersmann, Otto,* Existe-t-il un concept de gouvernement des juges?, in: Brondel, Séverine; Foulquier, Norbert; Heuschling, Luc (Hrsg.), Gouvernement des juges et démocratie, 2001, 21 (21 f.); *Hübner, Ulrich; Constantinesco, Vlad,* Einführung in das französische Recht, 4. Aufl. 2001, 26; Terré, François, Introduction générale au droit, 9. Aufl. 2012, 210 f.

cc) Kein mechanisches Gesetzesverständnis

13 In der radikalsten Form würde diese Einstellung bedeuten, dass die Lösung für alle Rechtsprobleme dem Gesetz selbst entnommen werden muss, dass der Richter keinerlei eigenen Entscheidungs- oder Wertungsspielraum hat, dass er eben mit den berühmten Worten Montesquieus nur der Mund des Gesetzes ist.[30] Solche Extreme hat es im späten 18. Jahrhundert tatsächlich ganz kurzfristig gegeben. So bestand in Preußen unmittelbar nach Verabschiedung der Kodifikation des preußischen Allgemeinen Landrechts die Regel, dass der Richter sich bei seiner Entscheidung nur auf den Wortlaut des Gesetzes stützen und von diesem nicht etwa im Hinblick auf den Gesetzeszweck oder aufgrund anderer Erwägungen abweichen durfte.[31] In Zweifelsfragen hatte er nicht selbst zu entscheiden, sondern sich an die Gesetzeskommission zu wenden, damit diese die Rechtslage für ihn klären konnte.[32] Entsprechend galt in Frankreich nach einem Gesetz von 1790 die Regel, dass jeder Richter, der die Auslegung eines bestehenden (oder den Erlass eines neuen) Gesetzes für notwendig hielt, sich an den Gesetzgeber zu wenden hätte.[33] In beiden Fällen hat sich das Verfahren als völlig impraktikabel erwiesen und wurde entsprechend auch zur Zeit seiner Gültigkeit vielfach ignoriert. Auf den heutigen kontinentaleuropäischen Juristen wirken diese Versuche, die Macht des Gesetzgebers gegenüber dem Richter zu verabsolutieren, genauso seltsam, ja lächerlich wie etwa auf Juristen des common law.

14 Entscheidend ist daran, dass bei aller impliziten Gleichsetzung von Recht und Gesetz, bei aller Betonung der allein demokratisch legitimierten Gesetzgebungsmacht des Parlaments, doch kein kontinentaleuropäischer Jurist glauben würde, er wende wirklich nur geradezu mechanisch und klar vorgezeichnet das Gesetz an. Bei allen Streitigkeiten besteht in der heutigen Methodenlehre nämlich über eines Einigkeit: die Anwendung des Gesetzes ist nicht nur die logische Subsumtion unter begrifflich geformte Obersätze; das juristische Urteil folgt in vielen Fällen gerade nicht rein logisch aus der Rechtsnorm in Verbindung mit den zugrundezulegenden empirischen Tatsachen.[34] Unklarheiten und Wertungen sind bei der Rechtsanwendung unvermeidbar.[35] Mit dem scheinbar klaren Begriff des Gesetzes ist also keineswegs nur dessen Wortlaut gemeint, sondern auch jede Auslegung. Mit anderen Worten ist jede Norm, die sich durch Auslegung aus einem geschriebenen Gesetz herleiten lässt, in diesem Sinne selbst auch Gesetz. Nehmen wir etwa das deutsche Recht der allgemeinen Geschäftsbedingungen, also der für eine Vielzahl von Verträgen vorformulierten Vertragsklauseln, die eine Vertragspartei der anderen auferlegt. Die zahlreichen Probleme des Verbraucherschutzes, die sich dabei ergeben, haben die deutschen Gerichte zunächst weitgehend unter Anwendung des § 242 BGB gelöst, der sich durch einen äußerst schlichten und allgemeinen Wortlaut auszeichnet: „Der Schuldner ist verpflichtet, die Leistung so zu bewirken, wie Treu und Glauben mit Rücksicht auf die Verkehrssitte es erfordern." Später wurden die so hergeleiteten, langen und ausführlichen Regeln über allgemeine Geschäftsbedingungen zunächst in ein Spezialgesetz und zuletzt in das BGB integriert, ein Prozess der in der deutschen Rechtssprache bezeichnenderweise nicht nur Kodifizierung, sondern auch

---

30 *Montesquieu, Charles-Louis de Secondat, Baron de la Brède et de,* De l'esprit des lois, Ausgabe GF Flammarion, 1979, Bd. 1, Buch 11, Kap. VI, 301.

31 Vgl. Abschnitt XVIII des Publikations-Patents zum ALR vom 5.2.1794, in: Nauck, Carl Friedrich Wilhelm (Hrsg.), Allgemeines Landrecht für die Preussischen Staaten, Teil 1, Bd. 1, unveränderter Abdruck der Ausgabe von 1821, 1835, XIII.

32 Vgl. § 47 Einl. ALR, in: *Nauck* (Fn. 31), 6 f.: „Findet der Richter den eigentlichen Sinn des Gesetzes zweifelhaft, so muß er, ohne die prozeßführenden Parteien zu benennen, seine Zweifel der Gesetzcommission anzeigen, und auf deren Beurtheilung antragen.".

33 Vgl. dazu das Décret sur l'organisation judiciaire du 16–24 août 1790 Titel II Art. 12: „Ils ne pourront point faire de réglemens, mais ils s'adresseront au corps législatif toutes les fois qu'ils croiront nécessaire, soit d'interpréter une loi, soit d'en faire une nouvelle", abgedruckt in *Rondonneau, Louis,* Collection générale des lois, décrets, arrêtés, sénatus-consultes, avis du conseil d'état et réglemens d'administration, publiés depuis 1789 jusqu'au 1er avril 1814, Bd. 1/1, Assemblée Constituante: Mai 1789 – Février 1791, 1817, 436.

34 Deutlich *Alexy, Robert,* Theorie der juristischen Argumentation, 1983, 17.

35 Zur Auslegung noch näher infra → Rn. 73 ff.

„Positivierung" genannt werden kann. Dennoch hätte kein deutscher Jurist auch zuvor den geringsten Zweifel am Rechtscharakter der ungeschriebenen, lediglich aus den vagen Worten des § 242 BGB hergeleiteten Regeln gehabt. Solche Denkweisen zeigen auch, wie wenig aussagekräftig oft Verallgemeinerungen sind, in denen etwa kontinentaleuropäischen Juristen der Pragmatismus abgesprochen wird, der für das common law so bezeichnend sein soll. Ebenso wie das common law hochgradig formalistisch sein kann,[36] kann auch das kontinentaleuropäische Recht ganz pragmatisch vorgehen.

dd) Bedeutungsvarianten des Gesetzesbegriffs

Ganz technisch ist bei alledem zu beachten, dass der Begriff „Gesetz" sehr vieldeutig sein kann und sich oft erst aus dem Kontext ergibt, was genau gemeint ist. **15**

Das französische Recht etwa versteht unter „loi" erst einmal das prima facie naheliegendste, nämlich das Parlamentsgesetz. Doch ist hier Vorsicht angebracht. Denn in Frankreich hat das Parlament keineswegs, wie in den meisten anderen Staaten, grundsätzlich das Recht, in allen Angelegenheiten ein Gesetz zu erlassen. Statt einer solchen Allzuständigkeit besteht vielmehr nach Art. 34 franzVerf nur eine Zuständigkeit für bestimmte, besonders wichtige und im Einzelnen aufgezählte Materialien. In allen anderen Bereichen besteht hingegen eine primäre Gesetzgebungszuständigkeit der Exekutive, deren Normen aber nicht als loi, sondern als autonome Verordnung (règlement autonome) bezeichnet werden. Selbst in den enumerativ dem Parlament vorbehaltenen Bereichen kann es gesetzesvertretende Verordnungen (sog. ordonnances) geben, wenn das Parlament dazu eine Ermächtigung ausgesprochen hat, Art. 38 franzVerf. Der Hintergrund dieser außergewöhnlichen Regelungen ist historischer Natur: Die geltende französische Verfassung zog die Konsequenzen aus den praktischen Erfahrungen in der IV. Republik vor 1958, als das Parlament sich aufgrund der zerstrittenen politischen Landschaft zu oft als handlungsunfähig erwies.[37] Kurz gesagt: In Frankreich existieren häufig Verordnungen der Exekutive, wo andere Staaten mit einem Parlamentsgesetz arbeiten würden; zumindest in diesem Teilbereich ist es vielfach sinnvoll, das französische règlement autonome mit zu erfassen, wenn von Gesetzen die Rede ist. **16**

In Deutschland werden zwei Gesetzesbegriffe unterschieden, nämlich der formelle und der materielle. Formelle Gesetze sind alle Gesetze, die das Parlament (mit Allzuständigkeit) erlässt. Wie in entwickelten Rechtsordnungen üblich, ist aber das Parlament nicht in der Lage, alle regelungsbedürftigen Fragen auch im Detail selbst zu regeln. So wird denn in den (formellen) Gesetzen regelmäßig die Exekutive ermächtigt, sog. Verordnungen zu erlassen, die das Nähere regeln. Den französischen règlements autonomes sind sie ua deshalb nicht vergleichbar, weil der Parlamentsgesetzgeber nach Art. 80 Abs. 1 des deutschen Grundgesetzes selbst Inhalt, Zweck und Ausmaß der Ermächtigung regeln, also hinreichend klare Vorgaben machen muss. Die deutschen Verordnungen sind also einerseits ein Gegenbegriff zum (formellen) Gesetz, gelten aber andererseits selbst wieder als Gesetz im materiellen Sinn. Denn Gesetz im materiellen Sinn sind alle generell-abstrakten Regeln, also alle Rechtsnormen.[38] Terminologisch wird die Differenzierung zwischen formellem und materiellem Gesetz auch dadurch nicht leichter, dass der Begriff „Gesetz" in aller Regel ohne nähere Bezeichnung verwendet wird; hilfreich ist hier nur die Faustregel, dass üblicherweise nur das formelle Gesetz gemeint ist, wenn der Kontext nicht etwas anderes ergibt. **17**

Eine gewisse Einheit des Denkens zwischen Frankreich und Deutschland zeigt sich hier nicht nur daran, dass Frankreich die Allzuständigkeit des parlamentarischen Gesetzgebers bis 1958 ebenfalls kannte, sondern auch in der Existenz einer französischen Unterscheidung zwischen loi im allgemeinen und im speziellen Sinn, die in etwa der Unterscheidung von **18**

---

[36] Vgl. supra → § 5 Rn. 179 f., 182.

[37] Vgl. dazu etwa *Le Pourhiet, Anne-Marie,* Droit constitutionnel, 11. Aufl. 2021, 313 f.; *Gohin, Olivier,* Droit constitutionnel, 4. Aufl. 2019, 575 ff., 618 ff.

[38] Zum Ganzen etwa *Maurer, Hartmut; Schwarz, Kyrill-A.,* Staatsrecht I – Grundlagen, Verfassungsorgane, Staatsfunktionen, 7. Aufl. 2023, § 5 Rn. 99 ff.; *Sommermann* (Fn. 23), Art. 20 Rn. 263.

materiellem und formellem Gesetzesbegriff entspricht: loi im allgemeinen Sinn erfasst neben den Parlamentsgesetzen auch die règlements.[39]

b) Der wenig bedeutende Rest

aa) Gewohnheitsrecht

19 Neben dem geschriebenen ist allerdings auch die Existenz von ungeschriebenem Recht anerkannt, und zwar in Form des Gewohnheitsrechts. Für eine gewohnheitsrechtliche Norm müssen zwei Merkmale zusammenkommen: Übung und Rechtsüberzeugung (opinio juris). Es muss sich also um eine Regel handeln, die unter den Rechtsbetroffenen tatsächlich dauerhaft befolgt wird, und diese Befolgung muss Ausdruck der Überzeugung sein, dass es sich gerade um eine Rechtsregel handelt.

20 Die opinio juris unterscheidet das Gewohnheitsrecht von den Verkehrssitten, insbes. den sog. Handelsbräuchen. Dabei handelt es sich ebenfalls um Regeln, die üblicherweise befolgt werden, jedoch werden sie von den Betroffenen nicht als Recht, sondern nur als Usancen oder Gebote der Höflichkeit angesehen. Beispielsweise besteht in der deutschen Schmuckbranche der Handelsbrauch, nach dem der Kommissionär, der Ware übernimmt, das Verlustrisiko trägt.[40] Handelsbräuche sind also kein Recht, deswegen aber nicht notwendigerweise rechtlich unerheblich. So sehen § 346 des deutschen Handelsgesetzbuches und ähnlich art. 1135, 1159 und 1160 Code civil vor, dass Gerichte die Handelsbräuche berücksichtigen, wenn es darum geht, die Bedeutung oder Wirkung einer Handlung zu beurteilen. In Deutschland beispielsweise wird dies als einer der Gründe genannt, warum an den Landgerichten spezielle Kammern für Handelssachen bestehen, die neben einem Berufsrichter mit zwei Laien aus dem Kreis der Kaufleute besetzt sind: von diesen sog. Handelsrichtern wird angenommen, dass sie selbst mit den Handelsgepflogenheiten besonders vertraut sind.

21 So anerkannt das Gewohnheitsrecht als Rechtsquelle ist, so gering ist doch seine praktische Bedeutung. Dass eine gerichtliche Entscheidung ernsthaft auf Gewohnheitsrecht zurückgreift, hat großen Seltenheitswert. Kaum ein Jurist kann spontan ein Beispiel für eine gewohnheitsrechtliche Regel nennen. In Österreich etwa wird von einigen sogar bezweifelt, dass es überhaupt einen Rechtssatz gebe, der sinnvollerweise als Gewohnheitsrecht bezeichnet werden könnte.[41] Die minimale Bedeutung des Gewohnheitsrechts beruht nicht zuletzt darauf, dass viele ungeschriebene Rechtssätze als Ableitungen aus allgemeineren, gesetzlichen Normen angesehen werden können und ihre Geltung dann diesen Gesetzen und der ständigen richterlichen Anwendung verdanken. Beispielsweise besteht in Deutschland ein ungeschriebener sog. Folgenbeseitigungsanspruch, der den Bürgern einen Anspruch darauf gewährt, dass der Staat die tatsächlichen Folgen seines Handelns beseitigt, wenn er rechtswidrig in ein subjektives Recht eingegriffen hat. Entwickelt wurde dieser Anspruch ursprünglich zur Lösung der nach dem Zweiten Weltkrieg nicht seltenen Fälle, in denen ein Obdachloser durch eine Behörde in eine Wohnung eingewiesen worden war. War die Einweisung rechtswidrig, so konnte der Wohnungseigentümer sie zwar erfolgreich gerichtlich aufheben lassen, doch entfernte diese Aufhebung den unerwünschten Obdachlosen noch nicht körperlich aus der Wohnung. Erst der Folgenbeseitigungsanspruch nahm hier den Staat in die Pflicht und ersparte dem Wohnungsinhaber teure und aufwendige weitere Gerichtsverfahren und Vollstreckungsversuche. Die Rechtsgrundlage dieses in den verschiedensten Situationen hilfreichen Folgenbeseitigungsanspruchs ist allerdings bis heute um-

[39] Zum allgemeinen und speziellen Gesetzesbegriff in Frankreich vgl. etwa *Aubert, Jean-Luc; Savaux, Éric,* Introduction au droit et thèmes fondamentaux du droit civil, 18. Aufl. 2021, 79 f.

[40] Vgl. *Maultzsch, Felix,* in: Drescher, Ingo; Fleischer, Holger; Schmidt, Karsten, Münchener Kommentar zum Handelsgesetzbuch, Bd. 5, 6. Aufl. 2025, § 346 Rn. 39; besonders bekannte Handelsbräuche finden sich gelegentlich sogar in schriftlicher Form, etwa die sog. Tegernseer Gebräuche im Holzhandel, vgl. dazu etwa ibid., § 346 Rn. 38.

[41] Vgl. dazu die ablehnende Darstellung bei *Bydlinski, Franz,* Juristische Methodenlehre und Rechtsbegriff, 2. Aufl. 1991, 219 ff.

stritten. Manche wollen ihn aus der Verfassung herleiten, andere eine Analogie zu bestimmten Vorschriften des BGB ziehen, wieder andere sehen darin einen allgemeinen Grundsatz des Verwaltungsrechts (eine Einordnung, die mehr Fragen aufwirft als löst) und manche eben auch Gewohnheitsrecht. Eine Klärung ist kaum zu erwarten, da bezeichnenderweise – und verallgemeinerungsfähig – die Rechtsprechung ebenso wie große Teile der Literatur der Frage nach der Rechtsquelle des Folgenbeseitigungsanspruchs lustlos und gleichgültig[42] gegenüberstehen. Wie weit man bereit ist, bei der Anknüpfung ungeschriebenen Rechts an geschriebene Grundlagen zu gehen, zeigt etwa auch der deutsche sog. allgemeine Aufopferungsanspruch. Dieser spezielle Entschädigungsanspruch gegen den Staat wird nicht selten auf §§ 74, 75 der Einleitung des preußischen Allgemeinen Landrechts zurückgeführt,[43] also auf ein Gesetzbuch von 1794, das heute keinerlei Gültigkeit mehr beanspruchen kann! Bei alledem besteht nicht etwa eine bewusste Abneigung gegen das Konzept des Gewohnheitsrechts, sondern vielmehr eine mangelnde Vertrautheit, die dazu führt, dass zwar jeder Jurist schon einmal von Gewohnheitsrecht gehört hat, doch kaum einer jemals darauf käme, konkret mit diesem Konzept zu arbeiten.

Zu Einzelfragen des Gewohnheitsrechts bestehen durchaus unterschiedliche Auffassungen. Während es beispielsweise in Deutschland und Frankreich anerkannt ist, dass das Gewohnheitsrecht sich auch gegen Gesetzesrecht durchsetzen kann,[44] ist dies in Spanien überwiegend nicht der Fall.[45] Auch wird in Spanien beispielsweise aufgrund der Formulierung von Art. 1 Abs. 3 Código Civil verbreitet ein drittes Element des Gewohnheitsrecht gefordert, nämlich die sog. racionalidad; gewohnheitsrechtliche Normen dürfen demnach nicht gegen Moral, öffentliche Ordnung oder Gesetz verstoßen.[46] In allen Staaten gibt es zudem rechtstheoretische Debatten darüber, welche Rolle der Richter bei der Feststellung oder sogar im Hinblick auf die Existenz von Gewohnheitsrecht spielt; denn offenkundig hat eine Gewohnheitsrechtsnorm gerade aufgrund ihrer Ungeschriebenheit und damit Unbestimmtheit nur dann eine praktische Chance auf Durchsetzung, wenn ein Richter bereit ist, sie auch anzuerkennen.[47] 22

bb) Weitere Rechtsquellen

Weitere Rechtsquellen neben Gesetz und Gewohnheitsrecht können existieren, sind aber in rechtsvergleichender Perspektive meist wenig spektakulär. Anerkannt als Rechtsquelle ist regelmäßig zunächst das Völkerrecht und in den Staaten der Europäischen Union das Unionsrecht, wobei über die exakte hierarchische Stellung gegenüber den nationalen Gesetzen und der Verfassung viele unterschiedliche Ansichten innerhalb der Staaten ebenso wie zwischen den Staaten bestehen. 23

Recht ungewöhnlich ist demgegenüber der spanische Código Civil, der in Art. 1 Abs. 1 und Art. 4 ausdrücklich die allgemeinen Rechtsgrundsätze (prinicipios generales del derecho) als Rechtsquelle anerkennt. Allerdings gilt dies nur für das Zivil-, nicht für das Straf- 24

---

[42] So *Grzeszick, Bernd,* Staatshaftungsrecht, in: Ehlers, Dirk; Pünder, Hermann (Hrsg.), Allgemeines Verwaltungsrecht, 16. Aufl. 2022, § 45 Rn. 114; *Ossenbühl, Fritz,* Staatshaftungsrecht, 5. Aufl. 1998, 297.

[43] Vgl. etwa *Ossenbühl, Fritz; Cornils, Matthias,* Staatshaftungsrecht, 6. Aufl. 2013, 124 ff.; *Wolff, Hans J.; Bachof, Otto; Stober, Rolf; Kluth, Winfried,* Verwaltungsrecht II, 8. Aufl. 2023, § 72 Rn. 76.

[44] Vgl. für Frankreich etwa *Aubert/Savaux* (Fn. 39), 145 f.

[45] Vgl. etwa *Lacruz Berdejo, José Luis et al.,* Elementos de derecho civil, Buch I (Parte General), Bd. 1 (Introducción), 4. Aufl. 2006, 161 ff. (auch zu den Ausnahmen bei bestimmten Materien in Navarra, Aragonien und Galicien); *Ruiz Manteca, Rafael; Fernández López, Javier; Hernández Olivencia; Antonio-Rafael,* Introducción al Derecho y Derecho constitucional, 1994, 36.

[46] Art. 3 Abs. 1 Código Civil lautet: „La costumbre sólo regirá en defecto de ley aplicable, siempre que no sea contraria al la moral o al orden público y que resulte probada"; vgl. dazu etwa *Ruiz Manteca/Fernández López/Hernández Olivencia* (Fn. 45), 35; zum Gewohnheitsrecht in Spanien vgl. auch den Überblick bei *Schalk, Sebastian,* Deutsche Präjudizien und spanische „Jurisprudencia" des Zivilrechts, 2009, 324 ff.

[47] Vgl. nur statt aller *Weber, Max,* Rechtssoziologie, 2. Aufl. 1967, 209 ff., der Gewohnheitsrecht für einen „halb mystischen Begriff" hält, der in Wahrheit ein Juristenrecht bezeichnet, ibid., 337.

und Verwaltungsrecht.[48] Der Begriff der allgemeinen Rechtsgrundsätze ist sonst am ehesten noch aus dem Völkerrecht und dem Unionsrecht bekannt, wo er im Kern die rechtsvergleichend hergeleiteten Rechtsprinzipien bezeichnet, die den Rechtsordnungen der Welt bzw. der EU-Mitgliedstaaten gemein sind.[49] Ganz anders in Spanien: Während in der Literatur ein größerer, auch rechtsphilosophisch aufgeladener Streit über den Charakter der allgemeinen Rechtsgrundsätze besteht,[50] scheint die gerichtliche Praxis darunter grundlegende Prinzipien zu verstehen, die Gesetz, Gewohnheitsrecht oder rechtswissenschaftlichem Schrifttum zugrundeliegen.[51] Sie leiten nach spanischer Vorstellung insbesondere die Auslegung und die Bildung von Analogien an und kommen keineswegs selten zur Anwendung. Eine Reihe von wichtigen allgemeinen Rechtsgrundsätzen sind heute allerdings auch in Verfassung und Código Civil positiviert, etwa die Gleichheit einschließlich des Diskriminierungsverbots (Art. 1 und 14 der spanischen Verfassung), die Vertragsfreiheit (Art. 1255 Código Civil) oder die Haftung für Schäden (Art. 1902 Código Civil).[52]

25 Auch in Frankreich sind allgemeine Rechtsgrundsätze (principes généraux du droit) anerkannt, doch kommt ihnen dort, anders als in Spanien, keineswegs eine allein auf das Zivilrecht beschränkte Hilfsfunktion zu. Im Gegenteil spielen sie speziell im öffentlichen Recht eine wichtige Rolle, indem sie die Kontrolle von Gesetzen und Verordnungen durch die Gerichte ermöglichen. Sie werden seit 1945 aus dem Verfassungsrecht, aber ebenso recht frei aus allgemeinen Gedanken wie der freiheitlichen Tradition, den Notwendigkeiten sozialen Zusammenlebens oder der Billigkeit entwickelt. Üblicherweise werden die allgemeinen Rechtsgrundsätze in französischen Darstellungen als Rechtsquelle genannt, wobei wiederum viel Streit über ihren letztlichen Geltungsgrund herrscht: Während die Literatur sie oft als freie richterrechtliche Rechtsschöpfung ansieht, erkennen die Richter selbst diese Konstruktion gerade nicht an, sondern bestehen darauf, die allgemeinen Rechtsgrundsätze nicht zu schaffen, sondern nur vorzufinden.[53] Speziell im französischen Verfassungsrecht finden sich zusätzlich noch mehrere Gruppen von ungeschriebenen Rechtssätzen, wie die weithin anerkannten und in der Präambel der Verfassung von 1946 ausdrücklich erwähnten principes fondamentaux reconnus par les lois de la Republique (PFRLR), die in Rolle und Rang umstrittenen objectifs de valeur constitutionnelle sowie die insgesamt eher unklaren und selten verwendeten principes à valeur constitutionnelle.[54] Ob es allerdings in allen drei Fällen um eigene Rechtsquellen geht, kann mit Fug und Recht bezweifelt werden; eher dürfte es sich um Gruppen von durch Auslegung und Abstraktion aus geschriebenem Recht herausgefilterten allgemeinen Grundgedanken des Verfassungsrechts handeln.

26 In Deutschland schließlich finden allgemeine Rechtsgrundsätze nur sehr selten überhaupt Erwähnung und werden dann im Wesentlichen als ein Teil des problematischen Richter-

[48] Vgl. *Gete-Alonso y Calera, María del Carmen,* Las fuentes del Derecho Civil, in: Puig i Ferriol, Lluís et al. (Hrsg.), Manual de Derecho Civil, Bd. 1, Introducción y derecho de la persona, 3. Aufl. 2001, 53 (55).

[49] Dazu schon supra → § 2 Rn. 82 f.

[50] Überblick bei *Schalk* (Fn. 46), 331 f.

[51] Vgl. Tribunal Supremo vom 29.9.1997 (N° de Recourso 2369/1993, Sala de lo Civil), Fundamento jurídico N° 5: „principios generales del derecho entendidos como los principios básicos del derecho legislado o consuetudinario o de la ciencia jurídica".

[52] Dazu etwa *Gete-Alonso y Calera* (Fn. 48), 63 f.; *Almoguera Carreres, Joaquín,* Lecciones de teoría del derecho, 2. Aufl. 2002, 269 f.; *Gullón Ballesteros, Antonio,* in: Sierra Gil de la Cuesta, Ignacio (Hrsg.), Comentario del Código Civil, Bd. 1, 2. Aufl. 2006, 75 ff.; zum Ganzen näher auch *Schalk* (Fn. 46), 330 ff.; vgl. auch kurz und exemplarisch für den teils etwas vagen Umgang mit dem Konzept *Merino-Blanco, Elena,* Spanish law and legal system, 2. Aufl. 2006, 44.

[53] Zum Ganzen etwa *Favoreu, Louis et al.,* Droit constitutionnel, 24. Aufl. 2022, 267 ff.; *Waline, Jean,* Droit administratif, 28. Aufl. 2020, 336 ff., insbes. 340 f.; zur Unterscheidung von allgemeinen Rechtsgrundsätzen im Gesetzesrang (nur zur Kontrolle von Verordnungen) und im Verfassungsrang (auch zur Kontrolle von Gesetzen), vgl. einerseits die Entscheidung des Conseil Constitutionnel vom 16.7.1971 „Liberté d'association" (erstmalige Anerkennung der PFRLR) und anderseits die Entscheidung vom 26.6.1969 „Protection des sites" (Anerkennung der Abweichung von allgemeinen Rechtsgrundsätzen, die nicht Verfassungsrang haben).

[54] Vgl. dazu *Waline* (Fn. 53), 312 ff., 341 f.; *Lebreton, Gilles,* Droit administratif général, 12. Aufl. 2023, 35 ff.

rechts angesehen.[55] Stattdessen existieren aber zwei andere, geschriebene Rechtsquellen (neben Gesetz und Gewohnheitsrecht): die Satzungen und die Kollektivverträge.[56] Satzungen unterscheiden sich von Verordnungen im Wesentlichen durch ihren Normgeber. Sie werden nämlich nicht von der Exekutive (und auch nicht von der Legislative) erlassen, sondern von sog. Selbstverwaltungskörperschaften zur Regelung ihrer eigenen Angelegenheiten. Darunter fallen also so verschiedene Normen wie Bebauungspläne einer Gemeinde, Promotionsordnungen einer Universität oder das Standesrecht einer Rechtsanwaltskammer. Geltung beanspruchen diese Normen nur für die der jeweiligen Selbstverwaltungskörperschaft unterworfenen Personen, also etwa die Einwohner der Gemeinde, die Angehörigen der Universität oder die Rechtsanwälte der Kammer. Da die Selbstverwaltungskörperschaften aber letztlich dem Staat eingeordnet sind, ist die separate Aufführung von Satzungen als Rechtsquelle nur Ausdruck einer formalen Besonderheit der deutschen Staatsorganisation. Ungewöhnlicher sind da schon die Kollektivvereinbarungen: Normen in Tarifverträgen über Inhalt, Abschluss oder Beendigung von Arbeitsverhältnissen gelten nach deutschem Arbeitsrecht für die Tarifgebundenen unmittelbar und zwingend, wie ein Gesetz. Entsprechendes gilt für die in der Schweiz sog. Gesamtarbeitsverträge.[57] Eine vergleichbare Lage besteht für sog. Betriebsvereinbarungen, die zwischen einem bestimmten Arbeitgeber und der Vertretung der in seinem Betrieb beschäftigten Arbeitnehmer, dem sog. Betriebsrat, geschlossen werden. In diesen Fällen wird also letztlich einem privatrechtlichen Vertrag Rechtsnormcharakter zuerkannt.

Zusammengefasst sind Gesetz und Verordnung, also das geschriebene Recht, die in der **27**
Tradition des kontinentaleuropäischen Rechts zentralen Rechtsquellen; das Gewohnheitsrecht spielt nur eine marginale Rolle. Wie bei vielen anderen Aussagen über „das" kontinentaleuropäische Recht muss der Rechtsvergleicher aber auch hier im Blick behalten, dass es sich um eine recht grobe, wenn auch sehr nützliche Verallgemeinerung handelt. Weder kann aus ihr geschlossen werden, dass andere Rechtsquellen ausgeschlossen wären,[58] noch dass keine gravierenden Unterschiede oder Streitigkeiten hinsichtlich der Begrifflichkeiten oder in zahlreichen Detailfragen bestünden. Ebensowenig kann aus der erheblichen Bedeutung, die die Rechtsquellenlehre aus rechtsvergleichender Sicht für die Einordnung einer Rechtsordnung in die Rechtsfamilien hat, auf deren interne Bedeutung geschlossen werden. Ganz im Gegenteil spielt die Rechtsquellenlehre im kontinentaleuropäischen Recht selbst kaum eine Rolle, ist kaum Gegenstand vertiefter Reflexion oder Untersuchung, sondern in aller Regel schlicht eine unterschwellig vertraute Selbstverständlichkeit, über die nicht weiter nachgedacht wird oder nachgedacht zu werden braucht.

c) Und der Richter?

Die Aura der Selbstverständlichkeit, die die kontinentaleuropäische Rechtsquellenlehre **28**
umgibt, beginnt allerdings zu bröckeln, sobald es um die Stellung gerichtlicher Entscheidungen geht. Fragt man danach, ob und inwieweit der Richter mit seinen Entscheidungen selbst Recht setzt, das gegenüber dem Gesetzesrecht (und dem Gewohnheitsrecht) eine eigenständige Stellung einnimmt, gibt es keine klare Antwort mehr, obwohl dazu von Seiten der Rechtstheorie im Übermaß Tinte geflossen ist und zahlreiche Meinungen entwickelt wurden. Die Frage nach dem Richterrecht ist insofern der wunde Punkt der kontinentaleuropäischen Rechtsquellenlehre, der in der Praxis allerdings wiederum überaus pragmatisch gehandhabt wird und außerhalb der Rechtstheorie keine nennenswerten Schwierigkeiten bereitet.

---

55 Dazu mit allerdings positiverer Grundeinstellung *Beaucamp, Guy,* Allgemeine Rechtsgrundsätze als methodisches Problem, Die öffentliche Verwaltung 66 (2013), 41 (41 ff., 47); zum Richterrecht sogleich infra → Rn. 28 ff.

56 Zu beiden Rechtsquellen etwa kurz *Rüthers/Fischer/Birk* (Fn. 14), 150 ff.

57 Zur Schweiz vgl. nur kurz *Wittibschlager, Martina,* Einführung in das schweizerische Recht, 2000, 23.

58 So aber dennoch *Merryman, John Henry; Pérez-Perdomo, Rogelio,* The civil law tradition – An introduction to the legal systems of Europe and Latin America, 4. Aufl. 2019, 24.

29 Zunächst gibt es auf die Frage nach dem Richterrecht zwei klare Antworten: Erstens ist der Richter nicht Teil der gesetzgebenden Gewalt, sein Urteil ist nur die Entscheidung eines Einzelfalls auf Grundlage des Rechts, also Rechtsanwendung und nicht Rechtsquelle. Zweitens ist der Blick auf die bislang ergangenen gerichtlichen Entscheidungen für die Lösung von Rechtsfragen nicht nur unentbehrlich, sondern ergeben sich vielfach Detailregeln und manchmal sogar alle Normen eines Rechtsgebiets nicht schon aus Gesetzen oder Verordnungen, sondern erst aus der Rechtsprechung. Offenkundig weisen diese beiden Antworten nur einen Schönheitsfehler auf: sie widersprechen einander. Wer die Frage nach der Existenz von Richterrecht beantworten will, muss diesen Widerspruch auflösen; er kann die Grundthesen verwerfen, sie um- oder weginterpretieren, sie verschiedenen gedanklichen Ebenen zuweisen, sie im Lichte verschiedener rechtsphilosophischer Strömungen betrachten, den Widerspruch leugnen oder relativieren; oder er kann das Problem ignorieren und einfach weiterarbeiten. Die letztgenannte Lösung bevorzugen fast alle Praktiker und auch die meisten Rechtswissenschaftler, wenn sie sich nicht gerade speziell mit Methodenfragen beschäftigen.

30 Konkret betrachtet liegt das Problem des Richterrechts vor allem darin, dass der Richter zwar an das Gesetz, nach kontinentaleuropäischer Vorstellung aber grundsätzlich nicht an Präjudizien gebunden ist.[59] Regeln, die in richterlichen Entscheidungen aufgestellt wurden, unterscheiden sich insofern gravierend von gesetzlichen Regeln. Wird es also als Definitionsmerkmal einer Rechtsquelle angesehen, dass sie bindende Regeln aufstellt, so kann das Richterrecht keine Rechtsquelle darstellen. Bindend sind dann nämlich nicht die vom Richter aufgestellten Rechtssätze, sondern allein die Normen, aus denen diese letztlich abgeleitet wurden. Gerade hinsichtlich Entscheidungen oberster Gerichte oder bei langer, einheitlicher Rechtsprechungspraxis mag insofern zwar eine gewisse Vermutung ihrer Richtigkeit bestehen. Dennoch ist jeder nachfolgende Richter nur an die zugrundeliegenden gesetzlichen Normen und nicht an deren Ableitung gebunden.[60] Routinemäßig folgt einer Darstellung dieser Standardansicht meist noch ein Hinweis darauf, dass Richterrecht im Einzelfall auch einmal zu Gewohnheitsrecht erstarken und damit seinen Charakter grundlegend ändern kann. In der Rechtspraxis allerdings spielt diese Wechselmöglichkeit so gut wie keine Rolle.

31 Dass der Rechtsquellencharakter des Richterrechts von vielen kontinentaleuropäischen Juristen geleugnet wird, bedeutet allerdings keinesfalls, dass irgendwelche Zweifel an der enormen praktischen Bedeutung des Richterrechts bestünden. Dass der Richter nicht nur die Gesetze anwendet und auslegt, sondern dabei auch das Recht fortbildet, ist weitgehend anerkannt. Er darf dabei nur nicht gegen die jeweilige gesetzgeberische Grundentscheidung oder anerkannte Methoden der Gesetzesauslegung verstoßen.[61] In der Praxis anerkannt sind aber auch Gesetzesauslegungen, die dem Wortlaut oder dem ausdrücklichen Willen des historischen Gesetzgebers widersprechen. Ein bekanntes Beispiel ist etwa der ausdrückliche Ausschluss der Haftung für immaterielle Schäden, den das deutsche BGB von Beginn an in § 253 vorsah. Trotz des unmissverständlichen Wortlauts hat die Rechtsprechung aber etwa für schwerwiegende Verletzungen des allgemeinen Persönlichkeitsrechts auch Ersatz für den immateriellen Schaden gewährt.[62] Ein anderes Beispiel ist Art. 12 Abs. 1 GG, der vom

---

[59] Dazu noch infra → Rn. 144 ff.

[60] Vgl. nur beispielhaft für diese Standardansicht *Larenz, Karl,* Methodenlehre der Rechtswissenschaft, 6. Aufl. 1991, 429 ff.; typisch etwa auch BVerfGE 122, 248 (277): „Die über den Einzelfall hinausreichende Geltung fachgerichtlicher Gesetzesauslegung beruht allein auf der Überzeugungskraft ihrer Gründe sowie der Autorität und den Kompetenzen des Gerichts."; für Frankreich vgl. entsprechend *Aubert/Savaux* (Fn. 39), 224 ff.; *Steiner, Eva,* French law – A comparative approach, 2. Aufl. 2018, 64 ff.; Darstellung der ähnlichen Diskussion in Spanien bei *Schalk* (Fn. 46), 338 mwN; kurz auch *Merino-Blanco* (Fn. 52), 47.

[61] Vgl. etwa BVerfGE 122, 248 (258).

[62] Grundlegend zunächst BGHZ 26, 349 (356) (Ersatzanspruch in Analogie zu § 847 BGB aF), später BGHZ 35, 363 (367 f.) (Ersatzanspruch unmittelbar aus Art. 2 Abs. 1 iVm 1 GG); für ein weiteres Beispiel vgl. BGH NJW 1952, 1210 (1211), in dem die unwiderrufliche Vollmacht zur Vornahme eines formbedürften Geschäfts gegen den Wortlaut des § 167 II BGB seinerseits für formbedürftig erklärt wird.

Wortlaut her nur die Ausübung eines Berufs unter den Vorbehalt einer gesetzlichen Regelung stellt, nicht aber die Wahl eines Berufs. Schon früh aber hat sich das Bundesverfassungsgericht ohne größeren Widerstand über diese Trennung hinweggesetzt und den Gesetzesvorbehalt auch auf die Berufswahl erstreckt, da sich Wahl und Ausübung nicht sinnvoll trennen ließen.[63] Durch Richterrecht werden teilweise ganze Rechtsgebiete geformt. Beispielsweise ist das deutsche kollektive Arbeitsrecht, das sich insbes. mit den Rechten und Pflichten der Gewerkschaften und Arbeitgeberverbände, etwa dem Streikrecht befasst, weitgehend unkodifiziert und allein auf richterrechtlicher Grundlage entwickelt. Ähnlich gingen ursprünglich weite Teile des deutschen Wettbewerbsrechts auf die umfassende und detaillierte Rechtsprechung zu den wenigen Worten des § 1 UWG zurück.[64] In Frankreich wurden beispielsweise das Haftungsrecht der Verwaltung (responsabilité administrative) und die Rechtsfigur der ungerechtfertigten Bereicherung allein durch die Rechtsprechung entwickelt.[65]

Dabei ist den Richtern gerade an oberen Gerichten ohne Einschränkung bewusst, dass sie 32
mit ihren Urteilen keineswegs nur den Einzelfall entscheiden, sondern auch abstrakte Aussagen zum Inhalt der Normen mit Wirkung für die Zukunft und für alle anderen Fälle treffen. Sie vermeiden es zwar in aller Regel, sich selbst als Normgeber zu bezeichnen, stellen aber absichtsvoll verallgemeinerungsfähige Rechtssätze auf und machen sich dabei Gedanken über die zukünftigen Anwendungen und Auswirkungen dieser Rechtssätze weit über den vorliegenden Einzelfall hinaus. Besonders deutlich wird dies oft, wenn ein oberstes Gericht von seiner eigenen ständigen Rechtsprechung abweicht und so Teile der Rechtsordnung praktisch neu justiert.

Welche Bedeutung die Rechtsprechung in der Praxis nicht nur für die großen dogmati- 33
schen Fragen und schwierigen Auslegungsprobleme, sondern auch im alltäglichen Klein-Klein der Rechtswendung haben kann, zeigt exemplarisch die sog. Düsseldorfer Tabelle in Deutschland. Hintergrund dieser Tabelle sind die sehr allgemein gehaltenen Bestimmungen des BGB über den gesetzlichen Unterhalt, den beispielsweise ein geschiedener Ehemann seiner Frau und seinen Kindern schuldet. Um den Unterhalt zu bestimmen, sind ua die finanzielle Belastbarkeit des Mannes und der Bedarf von Frau und Kindern zu ermitteln und miteinander ins Verhältnis zu setzen, wobei in erster Linie die Kinder – diese wiederum je nach Alter verschieden – zu berücksichtigen sind. Um dies zu vereinfachen, veröffentlicht das Oberlandesgericht Düsseldorf alle zwei Jahre eine aktualisierte Tabelle, anhand derer es selbst die Unterhaltsansprüche zu berechnen pflegt, die also gleichsam seine Rechtsprechung retro- und prospektiv zusammenfasst. Für die Aufstellung dieser Tabelle gibt es keinerlei gesetzliche Grundlage, es handelt sich so gesehen um eine – vom Gericht selbst untechnisch als „Richtlinie" bezeichnete – bloße Presseinformation. Dennoch wird die Tabelle deutschlandweit als Grundlage für die Berechnung von Unterhaltsansprüchen von den Gerichten ebenso wie von Anwälten in der Beratung verwendet.

Bei alledem ist erneut zu beachten, dass die Diskussionen in den verschiedenen Rechts- 34
ordnungen des kontinentaleuropäischen Rechts keineswegs immer völlig parallel laufen. Besonders auffällig ist hier etwa die Sonderstellung des schweizerischen Rechts mit seinem Art. 1 Abs. 2 und 3 ZGB, der lautet: „Kann dem Gesetze keine Vorschrift entnommen werden, so soll der Richter nach Gewohnheitsrecht und, wo auch ein solches fehlt, nach der Regel entscheiden, die er als Gesetzgeber aufstellen würde. Er folgt dabei bewährter Lehre und Überlieferung." Die Vorschrift macht es Schweizer Juristen erheblich einfacher, das Richterrecht als Rechtsquelle anzuerkennen, ja sogar eine gewisse Präjudizienbindung zu akzeptieren. Zwingend folgt das aus dieser Vorschrift allerdings nicht, da der Richter auch

63 Vgl. BVerfGE 7, 377 (400 ff.); kritisch dazu aus neuerer Zeit *Hufen, Friedhelm,* Berufsfreiheit – Erinnerung an ein Grundrecht, NJW 1994, 2913 (2917); *Lücke, Jörg,* Die Berufsfreiheit – Eine Rückbesinnung auf den Text des Art. 12 Abs. 1, 1994, 26 ff.

64 Zur heutigen Positivierung im Gesetz vgl. *Ohly, Ansgar; Sosnitza, Olaf,* UWG Kommentar, 8. Aufl. 2023, UWG Einf. A. Rn. 46.

65 Vgl. *Aubert/Savaux* (Fn. 39), 223 f.

hier vom Wortlaut her nicht selbst zum Gesetzgeber gemacht wird, sondern nur hypothetisch wie dieser denken soll. Zusammen mit dem Hinweis auf bewährte Lehre und Überlieferung kann damit auch durchaus nur eine ausdrückliche Legitimierung von Analogie und richterlicher Rechtsfortbildung gemeint sein. Entsprechend ist die schweizerische Rechtstheorie dem Rechtsquellencharakter des Richterrechts gegenüber zwar aufgeschlossener als zB die deutsche, doch herrscht auch hier keinesfalls Einigkeit.[66]

35 In der Praxis also ist die Bedeutung der Rechtsprechung auch im kontinentaleuropäischen Recht sehr groß. Ob die Rechtsprechung damit auch zur Rechtsquelle wird, ist hingegen vielfach eine eher theoretische Frage. Allerdings kann sie in bestimmten Konstellationen auch praktische Bedeutung gewinnen: Wieweit muss ein Anwalt bei der Beratung des Mandanten nicht nur die Gesetze, sondern auch die Rechtsprechung kennen?[67] Muss ein Staatsanwalt, soweit er bei Verstößen gegen das Gesetz zur Anklage gezwungen ist, auch bei Verstößen gegen die nur höchstrichterliche Auslegung von Gesetzen anklagen, selbst wenn er diese Auslegung für falsch hält?[68] Kann sich der Bürger gegenüber Änderungen höchstrichterlicher Rechtsprechung wie bei Gesetzesänderungen auf Vertrauensschutz berufen und beispielsweise Übergangsregeln verlangen?[69] Auf solche Fragen werden jeweils pragmatische Antworten gefunden, die zwar meist die These der fehlenden Rechtssatzqualität des Richterrechts zum Ausgangspunkt nehmen, sich aber keineswegs einseitig an dieser Einschätzung orientieren, sondern die praktische Bedeutung des Richterrechts voll in den Blick nehmen und zu abgewogenen Ergebnissen gelangen. Auch wer umgekehrt das Richterrecht als Rechtsquelle akzeptiert, wird doch bei der Beantwortung solch konkreter Einzelfragen nicht mit einer pauschalen Gleichsetzung von Richterrecht und Gesetz arbeiten können, sondern die Besonderheiten des Richterrechts berücksichtigen müssen, etwa die Schwierigkeit festzustellen, wann genau ein bestimmter Richterausspruch verbindlichen Charakter annimmt und nicht nur eine vorläufige Einzelmeinung darstellt. Auch für die Lösung der seltenen praktischen Fragen ist mit anderen Worten die Einstellung zur rechtstheoretischen Grundfrage nicht letztlich entscheidend, sondern ein pragmatisches Vorgehen gefordert.

2. Die Systematik des Rechts

a) Der Kodifikationsgedanke

aa) Kodizes als typisch kontinentaleuropäisch?

36 Einer der großen, vor allem auch im common law verbreiteten rechtsvergleichenden Mythen besagt, dass die kontinentaleuropäischen Rechtsordnungen vor allem durch die Existenz von Kodizes, dh von Gesetzbüchern gekennzeichnet seien. Gemeint sind damit in aller Regel die großen (Privatrechts-)Kodifikationen, die um das 19. Jahrhundert herum entstanden, namentlich der Französische Code civil von 1806 und das deutsche Bürgerliche Gesetzbuch von 1896, daneben etwa auch das schweizerische Zivilgesetzbuch von 1907 und das österreichische Allgemeine Bürgerliche Gesetzbuch von 1811. Aus der historischen Perspektive war der Erlass dieser Gesetzbücher tatsächlich ein kaum zu überschätzendes Ereignis von prägender Bedeutung.[70] Ein größeres Missverständnis wäre jedoch die Annahme, dass es gerade oder gar nur die Existenz solcher Gesetzbücher sei, die das kontinentaleuropäische Recht im Unterschied zum common law kennzeichne. Bedeutsam für das heutige kontinentaleuropäische Recht sind vielmehr einige Grundgedanken, insbesondere

[66] Vgl. dazu den Überblick bei *Fikentscher, Wolfgang,* Methoden des Rechts in vergleichender Darstellung, Bd. 3, 1976, 760 ff.; vgl. dazu aus schweizerischer Sicht *Kramer, Ernst A.,* Juristische Methodenlehre, 6. Aufl. 2019, 271 ff.

[67] Dazu befürwortend etwa *Fischer, Detlev,* in: Hau, Wolfgang; Poseck, Roman, Beck'scher Online-Kommentar BGB, 73. Edition 2025, § 675 Rn. 20; BGH NJW 1983, 1665 (1665); 1993, 3323 (3323 f.).

[68] Dazu befürwortend BGHSt 15, 155 (158 ff.); *Beulke, Werner; Swoboda, Sabine,* Strafprozessrecht, 17. Aufl. 2025, § 5 Rn. 147 f.; aA *Roxin, Claus; Schünemann, Bernd,* Strafverfahrensrecht, 29. Aufl. 2017, § 9 Rn. 14.

[69] Vgl. BVerfGE 84, 212 (227 f.); 122, 248 (277 ff.).

[70] Zur geschichtlichen Entwicklung von Code civil und deutschem BGB vgl. noch infra → Rn. 173 ff., 190 ff.

das Bedürfnis nach Systematisierung und nach Fundierung von Entscheidungen in einem Gesetz, in deren Konsequenz jedoch wiederum die Schaffung von Gesetzbüchern liegt. Entscheidend ist insofern weniger die Existenz von Kodizes selbst als vielmehr das allgemeine Streben nach Kodifikation, dh nach der Fassung des geltenden Rechts in möglichst systematischer Gesetzesform.

Dass die Existenz eines Kodex nicht überbewertet werden sollte, zeigt sich auch daran, dass Kodifikationen auch im common law keinesfalls selten sind. Klassisches Beispiel ist hier für die USA der Uniform Commercial Code, der das Recht des Warenkaufs regelt und indirekt das ganze Vertragsrecht mit beeinflusst,[71] und für England der Children Act 1989, der alle Regeln zur Stellung von Kindern in einem komplexen Gesetzbuch zusammenführt. Daneben lässt sich für die USA leicht auf die Modellgesetze wie den Model Penal Code und die für zahlreiche Rechtsgebiete verfassten restatements verweisen. Sie stellen zwar selbst keine Gesetze dar, doch genießen sie im Fall der Modellgesetze oft starken Einfluß auf den Gesetzgeber, im Fall der restatements starken Einfluß auf die Rechtsprechung.[72] Auch wenn sich bislang niemand die Mühe gemacht hat, genau zu zählen, lässt sich doch ohne großen Realitätsverlust vermuten, dass die Anzahl der Kodifikationen der USA und möglicherweise auch einiger ihrer größeren Einzelstaaten wie etwa Kalifornien die entsprechende Anzahl etwa in Deutschland ohne weiteres übertrifft.[73] 37

bb) Was ist ein Kodex?

Der Blick auf die existierenden Kodifikationen im common law macht allerdings auch schnell ein Kernproblem der Diskussion klar: Was soll eigentlich ein Kodex sein, genauer: was soll ihn von einem beliebigen, schlichten Gesetz unterscheiden? Die Frage scheint interessanterweise Beobachter aus dem common law weit mehr umzutreiben als solche, die selbst aus dem kontinentaleuropäischen Recht stammen. Tatsächlich hat der Begriff im kontinentaleuropäischen Recht keine feste Bedeutung und ist auch nicht in irgendeiner Weise juristisch relevant. Darauf deutet auch schon hin, dass etwa in der deutschen Rechtssprache der in unseren Erörterungen immer wieder verwendete Begriff „Kodex" kaum je benutzt wird, sondern an seiner Stelle einfach von „Gesetzbuch" die Rede ist. Dass etwa das Bürgerliche Gesetzbuch (BGB), das Handelsgesetzbuch (HGB), das Strafgesetzbuch (StGB) und das Baugesetzbuch (BauGB) jeweils Gesetzbücher sind, die Zivilprozessordnung (ZPO), die Strafprozessordnung (StPO), das Aktiengesetz (AktG) und das Verwaltungsverfahrensgesetz (VwVfG) hingegen nicht diese Bezeichnung tragen, spielt jedoch weder theoretisch noch praktisch irgendeine Rolle, ja dürfte den meisten deutschen Juristen kaum aktiv bewusst sein. 38

Tendenziell wird der Ausdruck „Gesetzbuch" gewählt, um eine besonders umfassende Regelung eines ganzen Rechtsbereichs zu bezeichnen. So bestehen etwa in Deutschland bereits seit geraumer Zeit Pläne, die zahlreichen, teils selbst sehr umfangreichen umweltrechtlichen Gesetze in einem einzigen Gesetz zu vereinen, das dann entsprechend „Umweltgesetzbuch" heißen soll.[74] Eine bloße Bezeichnung als „Umweltgesetz" hätte in der Sache nichts geändert, würde aber weniger gravitätisch klingen und den Charakter als Großprojekt nicht ganz wiedergeben. Doch lässt sich keinesfalls umgekehrt schließen oder auch nur prima facie vermuten, dass ein nicht als Gesetzbuch bezeichnetes Gesetz weniger bedeutsam wäre. Das widerlegt schon der Blick etwa auf die das gesamte Zivilprozessrecht umfassend regelnde Zivilprozessordnung oder das weite Teile des Verwaltungsverfahrens bestimmende Verwaltungsverfahrensgesetz. Die gewisse Beliebigkeit der Bezeichnung belegt beispielsweise auch das heutige Baugesetzbuch, das bis zum Jahr 1987 schlicht Bundesbaugesetz hieß und 39

[71] Vgl. dazu auch schon supra → § 5 Rn. 238.
[72] Zu beidem vgl. supra → § 5 Rn. 238 f.
[73] Vgl. etwa *Merryman/Pérez-Perdomo* (Fn. 58), 27.
[74] Vgl. zur Entstehungsgeschichte und Problematik *Knopp, Lothar,* Umweltgesetzbuch – Ein Trauerspiel ohne Ende?, Umwelt- und Planungsrecht 29 (2009), 121 (121 ff.).

nur im Rahmen einer Erweiterung und teilweisen Umgestaltung um Normen ergänzt worden war, die sich bislang separat im sog. Städtebauförderungsgesetz fanden.

40 Davon unabhängig weist der Begriff der „Kodifikation", der etwa in der englisch- und französischsprachigen Diskussion oft synonym mit „code" verwendet wird, in der deutschen Sprache keinerlei linguistische Verbindung mit dem „Gesetzbuch" auf. Kodifikation ist im deutschen Sprachgebrauch vielmehr jede Niederlegung von bislang nicht ausdrücklich im Gesetz verankerten, insbesondere richterrechtlich entwickelten Rechtssätzen in einem beliebigen Gesetzestext. Den Begriff der Kodifikation auf Gesetzbücher zu beschränken, läge dem deutschen Juristen denkbar fern. So lässt sich etwa die Verankerung der zunächst von der Rechtsprechung entwickelten Grundsätze zur Behandlung allgemeiner Geschäftsbedingungen im sog. Gesetz zur Regelung des Rechts der Allgemeinen Geschäftsbedingungen als Kodifikation bezeichnen, nicht aber die spätere Integration dieses Gesetzes in das BGB, obwohl die Bestimmungen erst dadurch Teil eines Gesetzbuches wurden. In Frankreich hingegen wird der Begriff des Code etwas formaler gehandhabt. Das liegt nicht zuletzt an der Existenz spezieller Kommissionen, der Commission de Codification von 1948 und seit 1989 der Commission Supérieure de Codification, die speziell mit der Zusammenfassung von verstreuten Gesetzen in Codes betraut sind.[75] Dass die Ergebnisse ihrer Arbeit denn auch als Code bezeichnet werden, verwundert so schon institutionell nicht. Dennoch kennt auch der französische Sprachgebrauch eine weitergefasste Begriffsbedeutung. Deutlich wird dies etwa am sog. Code administratif, der nichts anderes darstellt als eine Sammlung verschiedenster verwaltungsrechtlicher Vorschriften, die von Dalloz – dem bekanntesten juristischen Fachverlag Frankreichs – unter dieser Bezeichnung zusammengefasst und als Textsammlung vertrieben werden.

cc) Verschiedene Begriffe des Kodex

41 **(1) Differenzierung nach dem Grad der Reform.** Vor diesem Hintergrund verwundert es nicht, dass gelegentlich verschiedene Begriffe des Kodex unterschieden werden. Beispielhaft sei hier Steiner aufgegriffen, die Zusammenfassung, Konsolidierung, Neufassung und Reformkodifikation nennt.[76] In einer Zusammenstellung (compilation) werden geltende Gesetze schlicht zusammengefasst und gemeinsam abgedruckt, in der Regel aufgrund privater und nicht staatlicher Initiative. Darunter fiele etwa der genannte französische Code administratif, ebenso aber die jedem deutschen Juristen bestens bekannte, rein kommerzielle Zusammenstellung deutscher privat- und strafrechtlicher Gesetze im sog. Habersack (ehemals Schönfelder). Dies schon als Kodifikation anzusehen, dürfte allerdings zu weit gehen, da inoffiziellen Zusammenstellungen als solchen keinerlei Verbindlichkeit zukommt. Dennoch ist ihre Einbeziehung nicht ganz unverständlich, denn die Zusammenstellung dient dem schnellen und zweifelsfreien Zugriff auf den Bestand des geltenden Rechts und damit einem der zentralen Ziele, die auch mit Kodifikationen erreicht werden sollen. Kontinentaleuropäischen Juristen wird dieses Ziel in der Regel so selbstverständlich erscheinen, dass sie es kaum je erwähnen. Doch wäre etwa ein deutscher Jurist ohne den Habersack und seine Brüder auf anderen Rechtsgebieten (etwa dem Sartorius im öffentlichen Recht) letztlich fast arbeitsunfähig. Denn immerhin finden sich die zahllosen Änderungen der Gesetze meist über zahllose Einzelgesetze verteilt, ohne dass es der Gesetzgeber regelmäßig für notwendig hielte, selbst eine konsolidierte Fassung herauszugeben. Den aktuellen Stand eines Gesetzes tatsächlich nur anhand der Veröffentlichungen im Gesetzblatt herauszufinden, wäre für den einzelnen Richter oder Rechtsanwalt eine Sisyphusarbeit. Wie weit sich offenbar auch der Gesetzgeber auf die Arbeit der Verlage verlässt, zeigt plakativ eine kleine Begebenheit aus dem Jahr 1998. In diesem Jahr entschied sich der Gesetzgeber dazu, erstmals seit 1871 das

---

[75] Zur deren Arbeit vgl. *Bonnard, Jérôme,* Introduction au droit, 5. Aufl. 2018, 65 ff.; *Steiner* (Fn. 60), 40 ff.

[76] Vgl. *Steiner* (Fn. 60), 30 f., die sich an Grundgedanken zu den Zielen einer Kodifikation von *Tallon, Denis,* Codification and consolidation of the law at the present time, Israel Law Review 14 (1979), 1 (3 ff.) orientiert.

deutsche Strafgesetzbuch nicht durch ein Änderungsgesetz zu reformieren, sondern durch die völlige Neubekanntmachung des ganzen Strafgesetzbuchs in seiner nunmehr gültigen Form. Dabei wies das StGB allerdings bis dato für die einzelnen Paragraphen keine Überschriften auf. Nur im Schönfelder war, wie auch sonst üblich, zum Zweck der besseren Übersicht jedem Paragraphen eine Überschrift zugeordnet worden, die allerdings in eckigen Klammern gedruckt war, um ihren inoffiziellen Charakter zu kennzeichnen. Dass die Überschriften deshalb nicht zur Auslegung der Normen mit herangezogen werden durften, war eine beliebte Falle etwa in mündlichen Prüfungen, in die Studenten auch immer wieder gern tappten. Mit der Neubekanntmachung aber konnten die bekannten eckigen Klammern plötzlich entfallen: Aus nicht ganz geklärten Gründen waren die Schönfelder-Überschriften plötzlich auch in der Neubekanntmachung aufgetaucht und hatten so von einem Tag auf den anderen offiziellen Charakter erlangt.

Als zweite Form der Kodifikation nennt Steiner die Konsolidierung (consolidation). Hier 42
bringt der Gesetzgeber selbst Vorschriften, die bislang über mehrere Gesetze verteilt waren, ohne größere Veränderungen in einem neuen Gesetz zusammen; allenfalls kleinere Korrekturen und Verbesserungen werden dabei am Rande mit vorgenommen. Solche Projekte finden sich in vielen Rechtsordnungen des civil law ebenso wie des common law; auch Neubekanntmachungen dürften darunterfallen. Von dieser Konsolidierung sollen die Neufassung (restatement) und die Reformkodifikation (codification-reform) zu unterscheiden sein. Bei der Neufassung soll es um die Zusammenfassung eines Rechtsgebiets in einem einzigen, vollständigen und kohärenten Dokument gehen, wobei Reformen integriert sein können, aber nicht müssen. Kommt eine grundlegende Neugestaltung hinzu, so soll eine Reformkodifikation vorliegen. Die bekannten Zivilrechtskodifikationen aus der Zeit um das 19. Jahrhundert herum werden als typische Beispiele genannt.

Ob eine genaue Trennung zwischen den drei letztgenannten Formen der Kodifikation 43
wirklich sinnvoll ist, kann allerdings mit Fug und Recht bezweifelt werden. Letztlich unterscheiden sie sich nur im Grad der Reform, der mit ihrem Erlass einhergeht, und dieser Grad bewegt sich auf einer gleitenden Skala und ist im Einzelfall oft schwer zu ermitteln oder sogar umstritten. So beruht etwa das scheinbar so grundlegend neue BGB auf einer Zusammenschau der gesetzgeberischen Vorarbeiten in vielen deutschen Ländern und vor allem auf den grundlegenden dogmatischen Arbeiten der deutschen Pandektistik.[77] Auch manchem sozialkritischen Beobachter der Zeit galt das BGB als ausgesprochen konservativ und viel zu sehr im alten Denken verhaftet.[78] Der französische Code civil stellte einerseits eine grundlegende, ja revolutionäre Neuerung dar. Andererseits weisen heutige Forschungen immer wieder darauf hin, wie stark die Verfasser des Code civil, die schließlich nur vier Monate Zeit für ihre Aufgabe hatten, auf das bis dahin geltende Recht und die bereits publizierten Werke großer französischer Juristen zurückgriffen.[79] Davon unabhängig ist es eher misslich, unter der Kategorie der Neufassung sowohl die U.S.-amerikanischen restatements als auch etwa englische Kodifikationsgesetze wie den Sale of Goods Act 1893 (heute 1979) zusammenzufassen, und so den Unterschied zwischen einer letztlich privaten Initiative und einem staatlichen Gesetzgebungsakt außer Betracht zu lassen, die trotz des großen Einflusses mancher restatements auf die Gerichtspraxis doch eine bedeutende Rolle spielt.

---

[77] Zur Entstehungsgeschichte des BGB und zum berühmten und jahrzehntelang erfolgreichen Widerstand der historischen Rechtsschule gegen seine Schaffung, da der Stand der Rechtswissenschaft noch nicht ausreichend sei, vgl. infra → Rn. 184 ff.

[78] Vgl. dazu etwa *Gierke, Otto von,* Der Entwurf eines bürgerlichen Gesetzbuches und das deutsche Recht, in: Jahrbuch für Gesetzgebung, Verwaltung und Volkswirtschaft im deutschen Reich, Bd. 12, 1888, 843 (843 ff.); *Menger, Anton,* Das bürgerliche Recht und die besitzlosen Volksklassen – Eine Kritik des Entwurfs eines Bürgerlichen Gesetzbuches für das deutsche Reich, 1890, 11.

[79] Vgl. dazu nur *Bonnard* (Fn. 75), 52; *Ferid, Murad; Sonnenberger, Hans Jürgen,* Das französische Zivilrecht, Bd. 1/1, Allgemeine Lehren des französischen Zivilrechts – Einführung und Allgemeiner Teil des Zivilrechts, 2. Aufl. 1994, 91 ff.; insgesamt zur teils starken inhaltlichen Kontinuität *Lawson* (Fn. 13), 34 ff.; deutlich zum BGB *Lawson* (Fn. 13), 49: „no revolution in manner, policy, or thought accompanied it"; vgl. zur Entwicklung des Code civil auch infra → Rn. 173.

Auch kann der Reformanteil der restatements durchaus sehr verschieden ausfallen und etwa im Fall des Restatement (2nd) of Conflict of Laws von 1971 durchaus den Charakter einer großen Reform annehmen.[80]

44 **(2) Differenzierung zwischen kontinentaleuropäischem und common law Kodex.** Daneben wird immer wieder betont, dass streng zwischen einem Kodex im Sinn des kontinentaleuropäischen Rechts und des common law unterschieden werden müsse. Im common law gehe es regelmäßig nur um Konsolidierung. Typische Merkmale des kontinentaleuropäischen Kodex seien hingegen sein umfassender Charakter, seine Vereinheitlichung mit Anspruch auf exklusive Autorität und seine Systematik.[81] Alle drei Merkmale können aber mit gewissen Fragezeichen versehen werden.

45 Der umfassende Charakter, erstens, soll sich daran zeigen, dass der Kodex ein ganzes Rechtsgebiet erfasst. Das ist insofern richtig, als ein Gesetz, das nur punktuell einige Vorschriften erlässt oder ändert, kaum als Kodex bezeichnet werden kann. Im Übrigen aber kann unter „umfassend" sehr verschiedenes verstanden werden. Das gesamte Privatrecht etwa wäre sicherlich in diesem Sinne umfassend, wurde aber bislang wohl noch in keinem Staat in einem einzigen Kodex zusammengefasst. Umfassend ist aber sicherlich auch das gesamte Zivilrecht (zu dem im Unterschied zum Privatrecht insbesondere das Handelsrecht nicht zählt), wie es ursprünglich das BGB und der französische Code civil umfassten. Doch finden sich auch hier schon lange zahlreiche zivilrechtliche Neben- und Sonderregeln außerhalb dieser Gesetzbücher. Wie bereits gesehen, löst sich also schon auf dieser, immer noch sehr hohen Aggregationsebene der Systematisierungswert des „Gesetzbuchs" auf, heißen umfassende Sammlungen wie die deutsche Zivilprozessordnung nicht „Gesetzbuch", kleinere Sammlungen wie das deutsche Baugesetzbuch hingegen doch. Das Merkmal „umfassend" hat hier also allenfalls einen gewissen empfehlenden Wert und schließt nur Detailregeln effektiv aus.

46 Das zweite Merkmal, die Vereinheitlichung mit Anspruch auf exklusive Autorität, ist ähnlich missverständlich. Tatsächlich sollen sich die in einem Gebiet anwendbaren Normen nunmehr im Kodex wiederfinden und dabei bisherige Verdoppelungen, Abweichungen und Widersprüche bereinigt werden. Das setzt logischerweise voraus, dass diejenigen Gesetze und Gesetzesteile, die die Materie bislang regelten, aufgehoben werden, denn anderenfalls würde der neue Kodex die Lage nicht verbessern, sondern nur noch verschlimmern, indem neue und alte Normen nebeneinander stünden. Keinesfalls aber bedeutet dies etwa das formale Verbot, auf frühere Rechtsprechung und Literatur zurückzugreifen oder gar die Notwendigkeit, alle bisherigen Konzepte über Bord zu werfen und das Recht im jeweiligen Bereich jeweils von Null aus neu aufzubauen.[82] Das gilt nicht nur in aller Deutlichkeit für das deutsche Zivilrecht nach Erlass des BGB sondern ebenso für eine oft als revolutionär bezeichnete Kodifikation wie die des französischen Code civil.[83] Im BGB wurde sogar

[80] Zu den restatements supra → § 5 Rn. 239.

[81] Vgl. *de Cruz, Peter,* Comparative law in a changing world, 3. Aufl. 2007, 48; *Steiner* (Fn. 60), 27 ff.; *Coing, Helmut,* An intellectual history of European codification in the eighteenth and nineteenth centuries, in: Stoljar, Samuel Jacob (Hrsg.), Problems of Codification, 1977, 16; *Bergel, Jean Louis,* Principal features and methods of codification, Louisiana Law Review 48 (1988), 1073 (1076 ff.); *Herman, Shael,* The fate and the future of codification in America, American Journal of Legal History 40 (1996), 407 (411 ff.); der Sache nach ähnlich auch *Merryman/Pérez-Perdomo* (Fn. 58), 28 ff.

[82] Dazu überzeugend *Kötz, Hein,* Taking civil codes less seriously, in: ders., Undogmatisches – Rechtsvergleichende und rechtsökonomische Studien aus dreißig Jahren, 2005, 49 (58 f.); vgl. für Frankreich auch *Bonnard* (Fn. 75), 66 f.; die Idee eines abschließenden Charakters von Kodizes, wie sie gelegentlich in der anglo-amerikanischen Literatur durchscheint, könnte eine Nachwirkung der Sichtweise Benthams sein, vgl. *Bentham, Jeremy,* A general view of a complete code of laws, 1802, in: Bowring, John (Hrsg.), The works of Jeremy Bentham, Bd. 3, 1843, 154 (155 ff.) („Whatever is not in the code of laws, ought not to be law", ibid., 205).

[83] Vgl. dazu etwa Lord Campbells Beschreibung seiner persönlichen Eindrücke der französischen Rechtspraxis im Jahre 1819 in *Hardcastle* (Hrsg.), Life of John Lord Campbell – Lord High Chancellor of Great Britain, Bd. 1, 2. Aufl. 1881, 363: „Joseph Hume and other such ignorant coxcombs think that the whole law of England might be comprised in an octavo volume, and that all other books connected with the law might be

ausdrücklich und bewusst auf die Regelung einer Reihe wichtiger Rechtsinstitute wie etwa die culpa in contrahendo oder die Drittschadensliquidation verzichtet, um die weitere Entwicklung Wissenschaft und Rechtsprechung zu überlassen, ohne dass also damit implizit ein Ausschluss dieser Rechtsinstitute verbunden worden wäre.[84] Auch heute bringen neuere Gesetzbücher wie beispielsweise das deutsche Baugesetzbuch keinesfalls eine grundlegende Neuorientierung des Rechts und für die betroffenen Juristen kaum einmal das Gefühl eines radikalen Bruchs mit sich, jedenfalls keines größeren Bruchs als ihn jede Gesetzesnovellierung erzeugt. Somit verbleibt als typisches Merkmal eines Kodex nur die Systematik, die jedoch das kontinentaleuropäische Rechtsdenken insgesamt kennzeichnet[85] und nicht nur das spezielle Phänomen der Kodizes.

Insgesamt ist also der spezielle Begriff des Kodex wenig hilfreich, um den spezifischen Kontext des kontinentaleuropäischen Rechts zu kennzeichnen. Das spezifisch Kontinentaleuropäische im Unterschied zum common law liegt nicht in der Rolle irgendwelcher Kodizes, sondern in der Rolle des Gesetzes im Allgemeinen. Weder steht gerade *nur* der Kodex im Unterschied zu anderen Gesetzen für eine Klarheit der äußeren Struktur und eine Einfachheit des Stils und der Sprache[86] (zumal etwa dem deutschen BGB sicherlich viel nachgesagt werden kann, aber kaum, dass es in einfacher Sprache und einfachem Stil geschrieben sei), noch enthalten Kodizes notwendig *nur* allgemeine Prinzipien,[87] wie etwa ein kurzer Blick auf die geradezu liebevolle Einzelregelung des Eigentumsrechts an Bienenschwärmen in §§ 961–964 BGB zeigt. Der Kodex ist nichts anderes als ein großes Gesetz, keine andere Art von Recht, und er verlangt keine anderen Techniken im Umgang, als sie auch sonst in der jeweiligen Rechtsordnung bestehen.[88] 47

dd) Der Aufbau eines Kodex: zwei Beispiele

Wie eine Kodex rein äußerlich aufgebaut und wie er zu lesen ist, kann von Rechtsordnung zu Rechtsordnung sehr unterschiedlich sein. Standardisierte, traditionelle Erwartungshaltungen – wie etwa die eines eleganten und leicht lesbaren französischen Code civil oder eines nur dem eingeweihten Rechtswissenschaftler verständlichen deutschen BGB – werden ebenso leicht enttäuscht wie die Hoffnung kontinentaleuropäischer Juristen, zumindest im ersten Zugriff keine besonderen Probleme mit fremden Kodizes zu haben. Ein deutscher Zivilrechtler, der beispielsweise zum ersten Mal die gedruckte Standardausgabe des Code civil aus dem Verlag Dalloz aufschlägt, wird oft geradezu schockiert reagieren. 48

(1) Frankreich und der Code civil. Französische Kodizes,[89] wie etwa der Code civil, sind – zunächst noch wenig überraschend – nach Artikeln aufgebaut, die ihrerseits nach Absätzen untereilt werden. Ein kurzer Artikel kann nur aus einem Satz bestehen, längere Artikel durchaus eine halbe Druckseite oder mehr einnehmen. Ein grammatikalischer Satz kann gelegentlich durch Semikola unterteilt mehrere Absätze enthalten. Der ganze Kodex ist nach Büchern gegliedert, diese nach Titeln und diese wiederum nach Kapiteln, die weiter nach 49

burned. Were he to attend in the Palais de Justice, he would find the advocates and judges, in the discharge of their duty, necessarily referring to the Civil Law, to the *droit coutumier* before the Revolution, to the works of Daguesseau and Pothier, and to a body of recent decided cases little less bulky than the Reports which load the shelves of an English lawyer"; aus heutiger Sicht etwa *Bonnard* (Fn. 75), 52.

[84] Vgl. *Kroeschell, Karl,* Deutsche Rechtsgeschichte, Bd. 3., 5. Aufl. 2008, 191, vgl. auch ibid., 200 f.

[85] Dazu sogleich infra → Rn. 58 ff.

[86] So aber *Steiner* (Fn. 60), 32.

[87] Gegen dieses Vorurteil überzeugend *Kötz* (Fn. 82), 55 f.

[88] Jeweils gegenteiliger Ansicht, jedenfalls bezogen auf die potentielle Auswirkung von Kodizes auf das common law, *Hahlo, H.R.,* Here lies the common law – Rest in peace, Modern Law Review 30 (1967), 241 (253); wie hier hingegen *David/Jauffret-Spinosi/Goré* (Fn. 5), 103 f.; wie immer kann eine konkrete Rechtsordnung hier natürlich auch anderes vorsehen, vgl. zu der insofern offenbar nicht ganz geklärten Lage in Quebec *Brierley, John E.C.; Macdonald, Roderick A.* (Hrsg.), Quebec civil law – An introduction to Quebec private law, 1993, 100, 116 f.

[89] Sehr eingängig zum Folgenden die Beschreibung bei *Steiner* (Fn. 60), 36 ff.

Sektionen unterteilt sind; gelegentlich findet sich vor dem ersten Buch noch ein einleitender Titel. Die Bücher des Code civil etwa lauten „I. Des Personnes“, „II. Des biens et des différentes Modifications de la Propriété“, „III. Des différentes Manières dont on acquiert la Propriété“, seit dem Jahr 2006 auch „IV. Des sûretés“ und seit dem Jahr 2002 „V. Dispositions applicables à la Mayotte“. Zitiert wird aber allein nach Artikeln (zB „art. 1384 al. 2 C. civ.“), nicht nach der Gliederung als solcher. Schwieriger wird es schon bei der Art der Nummerierung der Artikel. Hier besteht zunächst die unmittelbar einleuchtende klassische Nummerierung (1, 2, 3,...), wie sie etwa der Code civil oder der Code général des impots (CGI) aufweist. Schwieriger zu lesen wird sie nur bei später eingefügten, neuen Artikeln. Hier bestehen verschiedene Systeme. Im Code civil etwa werden arabische Zahlen mit Bindestrich hinzugefügt, bei weiteren Einfügungen ggf. auch zweimal; das führt zu Artikelfolgen wie art. 812 C. civ., art. 812-1 C. civ., art. 812-1-1, art. 812-1-2 C. civ., (…) art. 812-2 C. civ. In anderen Kodizes und Gesetzen sind hingegen lateinische Kürzel wie „bis“, „ter“, „quater“, „quinquies“ etc üblich, die zudem auch zur Bezeichnung von zwischengeschobenen Titeln oder Kapiteln verwendet werden. Sollen hier ein weiteres Mal Artikel zwischengeschoben werden, so werden zusätzlich ein oder, bei noch weiteren Einschüben, gar zwei Großbuchstaben angehängt. Es kommt dann zu so wenig erfreulichen Bezeichnungen wie art. 238 bis J CGI, gefolgt von art. 238 bis JA CGI, die nur noch durch die Anfügung von „-0“ für die nachträgliche Voranstellung eines Artikels überboten werden: art. 238 bis-0 I CGI, art. 238 bis-0 I bis CGI. Gänzlich kann die Übersichtlichkeit dann verloren gehen, wenn zusätzlich eingefügte Artikel im Nachhinein wieder entfernt werden.

50 Ganz andere Wege gehen die Kodizes, etwa der Code pénal, die anstelle der klassischen Nummerierung das gewöhnungsbedürftige dezimale System verwenden, das die Gesetzesgliederung mit einbezieht. Art. 227-33 C. pen. beispielsweise steht hier für Artikel 33 im 2. Buch, 2. Titel, 7. Kapitel des Code pénal. Da das 2. Buch mit diesem Kapitel und Titel endet und anschließend das 3. Buch beginnt, lautet der unmittelbar darauffolgende Artikel entgegen den klassischen Erwartungen art. 311-1 C. pen. Ebenso kontraintuitiv beginnen Kodizes dieser Art auch nicht mit art. 1, sondern beispielsweise mit art. L. 111-1 Code de juridictions financières. Obwohl das dezimale System grundsätzlich die Bezeichnung neu eingefügter Artikel vereinfacht, kann auch hier nicht ganz auf Zusätze verzichtet werden (zB art. 221-5 C. pen., art. 221-5-1 C. pen.).

51 Zusätzlich werden in den Kodex die verschiedenen untergesetzlichen Vorschriften integriert, die oftmals Details beinhalten. Zur Unterscheidung werden ihnen je nach Art der untergesetzlichen Norm die Buchstaben R (für réglement), D (für décret) oder A (für arrêté) hinzugefügt. Außerhalb des Code civil und des Code pénal werden die parlamentsgesetzlichen Vorschriften in entsprechender Weise mit L (für lois) gekennzeichnet. So gibt es also neben art. L. 121-1 C. com. auch art. R. 121-1 C. com. Gesetzliche und untergesetzliche Vorschriften werden dabei in den gedruckten Versionen en bloc getrennt gehalten.

52 Für besondere Verwirrung beim ersten Blick in einen gedruckten französischen Kodex des zentralen juristischen Verlags Dalloz sorgen schließlich die zahllosen, vom Verlag hinzugefügten Zusatzinformationen, die jedoch schon nach kürzester Eingewöhnungszeit ihren praktischen Wert erweisen. So wird bei Wortlautergänzungen etwa im Code civil am Anfang des hinzugefügten Absatzes das Gesetz genannt, mit dem die Ergänzung angeordnet wurde und der entsprechende Wortlaut in Anführungszeichen gesetzt. Zusätzlich finden sich zu vielen Artikeln, jeweils drucktechnisch hervorgehoben, Auszüge aus oder Vollabdrucke von relevanten gesetzlichen oder untergesetzlichen Normen, die nicht Teil der Kodifikation wurden, Hinweise auf Literaturstellen und einschlägige Gerichtsurteile zu einzelnen Aspekten sowie kurze, teilweise aber auch mehrseitige Kommentare, die die Bedeutung der Vorschrift näher erläutern. Der Anteil der Zusatzinformationen hat mit den Jahren immer weiter zugenommen, sich etwa beim Code civil seit der Mitte der 80er Jahre bis heute schätzungsweise verdoppelt, wie ein kurzer Blick auf das vergrößerte Druckformat und die erheblich gestiegene Seitenzahl zeigt. Insgesamt ergibt sich ein sehr komplexes Bild einer hochgradig verdichteten Abdrucktechnik, die für den Eingeweihten problemlos und informativ, für den Neuling hingegen zunächst unübersichtlich und verwirrend ist.

(2) Deutschland und das BGB. Ein deutsches Gesetzbuch, wie etwa das BGB, ist üblicherweise nach Paragraphen aufgebaut und nicht nach Artikeln, ohne dass dahinter ein grundlegender Unterschied stünde. Als Artikel werden die Normen vor allem im Grundgesetz bezeichnet, im Übrigen aber meist nur bei größeren Änderungsgesetzen (sog. Artikelgesetzen), deren zahlreiche ändernde Paragraphen zum besseren Verständnis inhaltlich in Artikeln zusammengefasst werden. Da üblicherweise das geänderte Gesetz und nicht das Änderungsgesetz als solches zitiert wird, spielen die Artikel auch hier kaum eine Rolle. Paragraphen werden schlicht durchnummeriert (1, 2, 3,...) und untergliedern sich in Absätze, die wiederum aus mehreren Sätzen bestehen können. Später eingefügte Paragraphen werden mit kleinen Buchstaben gekennzeichnet. Eine typische Normzitierung würde also etwa lauten: „§ 651c Abs. 3 S. 2 BGB"; die Abkürzungen können auch entfallen und Absätze durch römische Ziffern gekennzeichnet werden: „§ 651c III 2 BGB". Oftmals lässt sich das Einfügen neuer Paragraphen aber auch schlicht durch die Veränderung oder Verlängerung bestehender Paragraphen verhindern. Ein völlig neues Durchnummerieren der Paragraphen wird selbst bei größeren Reformen so weit wie irgend möglich vermieden, um nicht alle Juristen zum Umdenken zu zwingen. Denn so wie im common law bestimmte juristische Fragen mit bestimmten Fallnamen verbunden sind, stehen im deutschen Recht Paragraphen für bestimmte juristische Probleme. Sagt also ein Jurist zum anderen „in dem Fall ist § 42 Abs. 2 VwGO problematisch", so wissen beide, dass es um die Klagebefugnis im verwaltungsgerichtlichen Verfahren geht. Die staatlichen Gesetzesblätter, in denen alle (Änderungs-)Gesetze aus verfassungsrechtlichen Gründen veröffentlicht werden müssen, spielen in der Praxis allenfalls bei obskuren Randnormen eine Rolle. Im Übrigen verlassen sich alle Juristen auf die von verschiedenen privaten Verlagen herausgegebenen Gesetzessammlungen. Dass diese kommerziellen Sammlungen streng genommen keinen offiziellen Charakter haben und somit nicht verbindlich sind, ist ein Gedanke, der deutschen Juristen kaum je kommen wird; darin zeigt sich allerdings zugleich, mit welcher Sorgfalt die Verlage an diesen Veröffentlichungen arbeiten. Die bekanntesten Gesetzessammlungen sind der sog. Habersack für das Privat- und Strafrecht sowie der sog. Sartorius für das öffentliche Recht. Es handelt sich dabei jeweils um mehrere tausend Seiten lange, einbändige Loseblattsammlungen in einem roten Plastikordner, die sich auf dem Schreibtisch eines jeden Rechtsanwalts, Staatsanwalts oder Richters wiederfinden. Wer als Außenstehender darin etwa das BGB oder jedes andere beliebige Gesetz aufschlägt, wird – im Unterschied zum Abdruck des Code civil – genau das finden, was er erwartet hat, nämlich den Text der Paragraphen nahezu ohne Zusatzinformationen. 53

Größere Gesetze können in Bücher, Abschnitte, Titel, Untertitel und Kapitel (so etwa das BGB) eingeteilt sein, die ihrerseits die logische Struktur des Gesetzes wiedergeben, im Übrigen aber kaum eine Rolle spielen. Bedeutsam und zu Recht von allen Beobachtern immer wieder hervorgehoben ist jedoch die regelmäßige Existenz eines sog. Allgemeinen Teils. So unterteilt sich etwa das BGB in fünf Bücher mit den Bezeichnungen (in dieser Reihenfolge) Allgemeiner Teil, Recht der Schuldverhältnisse, Sachenrecht, Familienrecht, Erbrecht. Der Allgemeine Teil enthält all diejenigen Regeln, die für alle übrigen Bücher gemeinsam gelten. Sie werden nach der allgemein üblichen Formulierung „vor die Klammer gezogen". So kann es beispielsweise Verträge nicht nur im Schuldrecht (Kauf, Miete etc) sondern auch im Sachenrecht (Eigentumsübertragung), im Familienrecht und im Erbrecht geben. Die Regelungen zu der Frage, wie Verträge zustandekommen, wie lange also beispielsweise ein Angebot angenommen werden kann (§§ 146–150 BGB), wie ein Vertrag auszulegen ist (§§ 133, 157 BGB), oder welche Wirkungen aufschiebende Bedingungen haben (§ 158 Abs. 1 BGB), finden sich daher im Allgemeinen Teil. Abweichungen von diesen allgemeinen Regeln können sich dann für spezielle Vertragstypen in den späteren Abschnitten des BGB finden. 54

55 Der Allgemeine Teil ist aber bei Weitem nicht nur ein formeller Abschnitt in einem Gesetz, sondern ein allgemeines Aufbauprinzip, das auch mehrfach wiederholt und verschachtelt auftreten kann. So ist etwa das 2. Buch des BGB über das Recht der Schuldverhältnisse aufgeteilt in Abschnitte 1 bis 7, die üblicherweise als allgemeines Schuldrecht bezeichnet werden und die Regeln aufstellen, die für alle einzelnen Schuldverhältnisse (aber eben nicht für sachenrechtliche oder familienrechtliche Verträge) gemeinsam gelten. Diese einzelnen Schuldverhältnisse (zB Schuldverträge wie Kauf, Miete, Werkvertrag) sind dann speziell in Abschnitt 8 geregelt. Aber auch beispielsweise die speziellen Vorschriften über den Kauf (§§ 433 ff. BGB) im 8. Abschnitt beginnen wieder mit allgemeinen Vorschriften für alle Kaufverträge in Untertitel 1, denen dann Spezialvorschriften für besondere Arten des Kaufs in Untertitel 2 folgen. Wer sich also etwa mit einem Vorkauf beschäftigen will, darf keineswegs allein in die speziell dafür vorgesehenen Vorschriften der §§ 463 ff. BGB schauen, sondern muss sie im Zusammenhang mit den allgemeinen Vorschriften über den Kauf (§§ 433 ff. BGB), den Vorschriften des allgemeinen Schuldrechts (§ 241 ff. BGB) und denen des Allgemeinen Teils (§ 1 ff. BGB) lesen. Insofern spielt also die Einteilung des BGB in Bücher, Abschnitte etc doch eine zentral wichtige Rolle, da ihr ohne weiteres zu entnehmen ist, welche Vorschriften als allgemeine Vorschriften für welche anderen Vorschriften gelten. Zu betonen ist, dass dieser verschachtelte Aufbau keineswegs eine Eigenart des BGB oder auch nur des Zivilrechts ist, sondern zu den grundlegenden Organisationsprinzipien deutscher Gesetze,[90] ja sogar zu den grundlegenden Denkformen eines jeden deutschen Juristen gehört.

56 **(3) Der Sprachstil von BGB und Code civil.** Kaum eine Gegenüberstellung von Code civil und BGB kommt ohne einen Hinweis auf deren unterschiedliche sprachliche Qualität aus. Routinemäßig wird dargelegt, dass der Code civil sich durch eine volksnahe, ja schöne Sprache auszeichne, eine Eigenheit die vielfach auf den Einfluss von Napoleon selbst zurückgeführt wird. Ein berühmter Autor wie Stendhal soll[91] seinen Stil durch Lektüre des Code civil geschärft haben. Dem BGB wird hingegen eine hochgradig bis übermäßig technische Sprache attestiert, die sich weniger an den Bürger als vielmehr an den gelehrten Juristen wende. Tatsächlich lassen sich für diese übliche Einschätzung einige schöne Beispiele finden.[92] So lautet art. 212 Code civil ebenso schlicht wie anschaulich und sprachlich ästhetisch „Les époux se doivent mutuellement fidélité, secours, assistance.“ Der entsprechende § 1353 Abs. 1 S. 2 BGB liest sich um einiges prosaischer: „Die Ehegatten sind einander zur ehelichen Lebensgemeinschaft verpflichtet; sie tragen füreinander Verantwortung.“ Auch macht die im Code civil weit weniger ausgeprägte Verschachtelungstechnik seine Normen zumindest scheinbar für den Laien etwas verständlicher. Eine Vorschrift wie die des art. 214 al. 4 Code civil, die lautet „Si l'un des époux ne remplit pas ses obligations, il peut y être contraint par l'autre dans les formes prévues au Code de procédure civile“ würde sich etwa im BGB nicht finden lassen, da die prozessuale Durchsetzbarkeit von Rechten nach der Zivilprozessordnung eine systematische Selbstverständlichkeit ist, deren Erwähnung als überflüssig gälte.

57 Die größere Verständlichkeit des Code civil für den Laien bleibt allerdings letztlich eine Illusion. Denn dass das französische Zivilrecht tatsächlich einfacher und besser verständlich wäre als das deutsche, würde kaum jemand behaupten. Davon unabhängig sollte die sprachästhetische Überlegenheit des Code civil nicht als ein in Stein gemeißelter Lehrsatz angesehen werden. Hier mag einiges schon dem allgemeinen und schwer zu verifizierenden

---

[90] Als urdeutsche Erfindung sollte der Allgemeine Teil allerdings schon im Hinblick auf seine Verwendung im chinesischen Tang-Kodex von 651 n. Chr. nicht bezeichnet werden, vgl. infra → § 9 Rn. 22.

[91] Diese gängige Behauptung scheint einer genauen Überprüfung nicht standzuhalten. Wie *Lindon, Raymond,* Le style et l'éloquence judiciaires, 1968, 25 berichtet, schrieb vielmehr Stendhal in einem Brief an Balzac: „En composant *la Chartreuse,* pour prendre le ton, je lisais chaque matin deux ou trois pages du Code civil, afin d'être toujours naturel.“, wobei Lindon betont, dass diese Natürlichkeit kaum ein Merkmal des Code civil sei, ibid., 26.

[92] Vgl. etwa *Zweigert/Kötz* (Fn. 4), 90.

Vorurteil von der besonderen Schönheit der französischen Sprache geschuldet sein, das gerade in früheren Zeiten unter gebildeten Deutschen verbreitet war. Schließlich wurde die Anekdote, nach der Kaiser Karl V. Französisch nur mit seinen Freunden und Deutsch nur mit den Pferden gesprochen haben soll[93], über viele Schülergenerationen hin weitergegeben. Klares, verständliches und insofern auch volksnahes und schönes Deutsch lässt sich ohne größere Schwierigkeiten jedenfalls auch im BGB finden, etwa in § 243 Abs. 1 („Wer eine nur der Gattung nach bestimmte Sache schuldet, hat eine Sache von mittlerer Art und Güte zu leisten.") oder § 252 S. 1 („Der zu ersetzende Schaden umfasst auch den entgangenen Gewinn."). Damit soll keineswegs bestritten werden, dass sich im BGB auch schwer verständliche Sprachungetüme finden. Sie gibt es aber ohne weiteres auch im Code civil. So heißt es zB im Rahmen der immer wieder einmal gelobten Vorschriften des Deliktsrecht in art. 1384 al. 2: „Toutefois, celui qui détient, à un titre quelconque, tout ou partie de l'immeuble ou des bien mobiliers dans lesquels un incendie a pris naissance ne sera responsable, vis-à-vis des tiers, des dommages causés par cet incendie que s'il est prouvé qu'il doit être attribué à sa faute ou à la faute des personnes dont il est responsable." Schaut man in die zahlreichen Nebengesetze, so zeigt sich schnell, dass der sprachliche Stil hier noch weniger attraktiv ausfällt.[94] Alles in allem mag die ursprüngliche Sprache des Code civil schöner und sicherlich etwas weniger technisch gewesen sein; der Stil heutiger Gesetzgebung in Frankreich und Deutschland aber lässt keine an ästhetischen Kategorien orientierte, klare Differenzierung mehr zu. Der Gesetzgeber sieht sich in beiden Ländern zu Recht oder zu unrecht gezwungen, auf die zunehmend komplexeren und technischeren Probleme der Gesellschaft mit einer zunehmend komplexeren und technischeren Sprache zu reagieren.

b) Begriffliche Durchdringung

Die typische Eigenheit des kontinentaleuropäischen Rechts liegt nicht so sehr in der Existenz 58
von Gesetzen, die als Kodex oder Gesetzbuch bezeichnet werden, sondern vielmehr in dem hinter der Existenz von Kodizes stehenden Grundgedanken, der der Gesetzgebungstechnik, ja der Denkweise kontinentaleuropäischer Juristen insgesamt zugrundeliegt: die systematische, begriffliche Durchdringung des Rechts. Die Vorteile dieser Denkweise hat bereits vor über einem dreiviertel Jahrhundert der große U.S.-amerikanische Vordenker des Rechtsrealismus Karl Llewellyn formuliert: „No one who has never seen a puzzled Continental lawyer turn to his little library and then turn out at least a workable understanding of his problem within half an hour will really grasp what the availability of the working leads packed into a systematic Code can do to cheapen the rendering of respectably adequate legal service."[95] Anders als Llewellyn zu vermuten scheint, hängt das Phänomen des schnellen ersten Zugriffs zwar nicht nur mit der Existenz systematischer und begrifflicher Durch-

[93] Vgl. etwa Das Pferde-Plagiat, Die Zeit, 1.3.1963, 30; ähnlich auch Voltaire 1750 in einem Brief an den Marquis de Thibouville: „[L]'allemand est pour les soldats et pour les chevaux; il n'est nécessaire que pour la route.", zitiert nach *Keller, Rudolf E.,* Die deutsche Sprache und ihre historische Entwicklung, 2. Aufl. 1995.

[94] Herausragend abschreckendes Beispiel bei *Lindon* (Fn. 91), 29, der eine Version des art. 790 Code rural aus der Mitte des 20. Jahrhunderts zitiert:

„Lorsqu'un propriétaire bailleur d'un fonds de terre ou d'un bien rural décide ou est contraint de l'aliéner à titre onéreux, sauf le cas d'expropriation pour cause d'utilité publique, même si l'aliénation est projetée sous forme d'adjucation, à condition toutefois qu'il ne s'agisse pas de biens dont l'aliénation faite en vertu:

1° soit d'actes de partage intervenant amiablement entre cohéritiers,

2° soit de partage d'ascendants,

3° soit de mutation,

profite, quel que soit l'un des tois cas visés ci-dessus, à des parents ou alliés du propriétaire jusqu'au troisième degré inclus et sauf, dans des mêmes cas, si l'exploitant preneur en place est lui-même parent ou allié jusqu'au même degré du propriétaire, il ne peut être procédé à cette aliénation qu'en tenant compte, conformément aux dispositions de la présente section, d'un droit de préemption au bénéfice de l'exploitant preneur en place.".

[95] *Llewellyn, Karl N.,* The Bar's troubles, and poultices – and cures?, Law and Contemporary Problems 5 (1938), 104 (118).

dringung zusammen, wie sie einem Kodex zugrundeliegt, sondern ebenso mit der Ausbildung und der speziellen juristischen Fachliteratur.[96] Dennoch sind die Eigenheiten der Gesetzgebung ein zentraler Grund.

aa) Vereinheitlichung der Begriffe

59 Die Systematik des Rechts zeigt sich zunächst in einer einheitlichen Begriffsverwendung: Soweit wie irgend möglich hat derselbe Begriff innerhalb eines Gesetzes, aber auch innerhalb eines Rechtsgebietes und vorzugsweise sogar im Recht insgesamt, stets dieselbe Bedeutung. Wenn das BGB also von „Vertrag" oder von „Eigentum", von „Schadensersatz" oder von „Sachmangel" spricht, so ist stets exakt dasselbe gemeint, unabhängig davon, ob der Begriff im Kaufrecht, bei der Miete, im Hypothekenrecht, im Scheidungsrecht oder im Erbrecht auftaucht. Auch das öffentliche Recht versucht beispielsweise, soweit wie möglich die gleichen Begriffe zu verwenden und meint deshalb mit Schadenersatz oder Vertrag im Grundsatz dasselbe. Wird ein Begriff einmal in einer anderen Bedeutung verwendet, so ist dies üblicherweise jedem juristischen Autor einen ausdrücklichen Hinweis wert. Schon auf diese Weise beginnt die gesamte Rechtsordnung, sich systematisch zu vernetzen. Wer etwa einen Begriff in einem bestimmten Zusammenhang anders verstehen will, wird sich stets gezwungen sehen zu untersuchen, ob seine Änderung auch in allen anderen Zusammenhängen zu sinnvollen Konsequenzen führt. Bereichsspezifische Eigenheiten sind keineswegs ausgeschlossen, doch bedürfen sie eines besonderen Begründungsaufwandes, um sich durchsetzen zu können. Denn der inneren, begrifflich-logischen Konsistenz des Rechts und jedes Rechtsgebiets kommt ein hoher Wert zu.

60 Beispielsweise taucht der Begriff „verfassungsmäßige Ordnung" in verschiedenen Zusammenhängen des Grundgesetzes auf und bezeichnet etwa in Art. 9 Abs. 2, 98 Abs. 2 GG jeweils nur Kernbestandteile der Verfassungsordnung. Derselbe Begriff wird aber auch in Art. 2 Abs. 1 GG verwendet: „Jeder hat das Recht auf freie Entfaltung seiner Persönlichkeit, soweit er nicht (…) gegen die verfassungsmäßige Ordnung (…) verstößt." Speziell in der Anfangszeit des Grundgesetzes war umstritten, ob das Recht auf freie Entfaltung der Persönlichkeit nur die Entfaltung im Kern der Persönlichkeit umfasst, der das Wesen des Menschen als geistig-sittliche Person ausmacht, oder ob damit jede Handlung, jeder Zustand und jede Rechtsposition des Menschen geschützt ist. Ein wichtiges Argument für die erste Ansicht war, dass nur so die Schranke der „verfassungsmäßigen Ordnung" genauso eng wie auch an anderen Stellen im Grundgesetz ausgelegt werden könnte; denn bei einem sehr weiten Schutzbereich würden die sehr engen Eingriffsmöglichkeiten des Staates nur zum Schutz von Kernbestandteilen der Verfassungsordnung nicht ausreichen. Die Gegenauffassung konnte sich letztlich vor allem deshalb durchsetzen, weil sie sich sehr eindeutig auf die ungewöhnlich klare Entstehungsgeschichte der Norm berufen konnte. Denn der Verfassungsgeber wollte ursprünglich schlicht „jeder kann tun und lassen, was er will" schreiben und hat die heutige Formulierung nur deshalb gewählt, weil sie ihm weniger umgangssprachlich und damit der Würde einer Verfassung angemessener erschien.[97] Dass damit aber die „verfassungsmäßige Ordnung" in Art. 2 Abs. 1 GG tatsächlich sehr viel weiter ausgelegt werden muss als in manchen anderen Vorschriften, gilt auch heute noch als Schönheitsfehler, auf den jeder Student in den Anfangssemestern ausdrücklich hingewiesen wird.

bb) Allgemeiner Teil, abstrakte Denkweise, Begriffspyramiden

61 Die möglichst einheitliche Begriffsverwendung ist auch Grundlage des bereits beschriebenen Prinzips des Allgemeinen Teils:[98] Wenn Begriffe, Konzepte, Rechtsinstitute immer densel-

[96] Dazu noch infra → Rn. 157 ff., 228 ff.
[97] Vgl. auch BVerfGE 6, 32 (36 f.); zum Ganzen auch noch infra → Rn. 79, 81.
[98] Vgl. supra → Rn. 54 f.

ben Inhalt haben, gleich in welchem besonderen Zusammenhang sie auftreten, dann macht es wenig Sinn, sie in jedem spezifischen Zusammenhang erneut normativ zu umschreiben. Stattdessen bietet es sich an, alles Gemeinsame vor die Klammer zu ziehen und vorab zu erläutern. Mit anderen Worten wird ein deutscher Jurist sich auch dann einen oder mehrere Allgemeine Teile schaffen, wenn die jeweiligen Gesetze dies gar nicht vorsehen. Beispielsweise fehlt dem deutschen Grundgesetz formal ein Allgemeiner Teil. Dennoch entwickelt die Rechtswissenschaft wie selbstverständlich etwa sog. allgemeine Grundrechtslehren, also den Allgemeinen Teil der Grundrechte. Ebenso arbeitete das Verwaltungsrecht über Jahrzehnte mit einem sog. allgemeinen Verwaltungsrecht, das dann erst 1976 mit dem Verwaltungsverfahrensgesetz in weiten Teilen kodifiziert wurde.

Auch hinter der aus Sicht des common law ausgeprägt abstrakten Denkweise insbesondere deutscher Juristen steht letztlich bereits diese einheitliche Begriffsverwendung und damit das Denken in Allgemeinen Teilen. Wer von seiner gesamten Denkweise her ständig versucht, in speziellen Konstellationen das Allgemeingültige zu sehen und umgekehrt an spezielle Konstellationen von allgemeingültigen Begriffen aus heranzugehen, muss notwendigerweise abstrakt denken und sich oft wenig für die spezifischen Umstände etwa von einzelnen Fällen interessieren. Wer eine Lösung für einen konkreten Fall vorschlägt, wird sich automatisch Gedanken darüber machen, welche Konsequenzen sein Lösungsweg nicht nur für ähnliche, sondern auch für ganz andere Fälle, möglicherweise sogar in ganz anderen Rechtsgebieten hat, und so vernetzt denken. 62

Gleichzeitig führen einheitliche Begriffsverwendung und Allgemeine Teile oft zu ganzen Begriffshierarchien oder -netzen. So ist etwa ein Vertrag nach deutscher Auffassung ein Rechtsgeschäft, das aus mindestens zwei inhaltlich übereinstimmenden, mit Bezug aufeinander abgegebenen Willenserklärungen besteht. Diese Definition verwendet mit dem Rechtsgeschäft und der Willenserklärung zwei Begriffe, die wiederum speziell definiert sind, aber keineswegs nur bei Verträgen verwendet werden. So besteht etwa auch ein Beschluss, zB der Gesellschafter einer GmbH, aus Willenserklärungen, die in diesem Fall gleichgerichtet sein müssen. Tauchen übereinstimmende, gleichgerichtete Willenserklärungen außerhalb von Personenvereinigungen auf – zB wenn mehrere Personen eine gemeinsam angemietete Wohnung kündigen –, so spricht man hingegen von Gesamtakten. Wiederum gilt, dass rechtliche Fragen, etwa wann eine Willenserklärung wirksam abgegeben ist, in allen Fällen grundsätzlich gleich behandelt werden. Geht man zurück zum Vertrag, so ist er seinerseits nur ein Unterfall der rechtsgeschäftlichen Schuldverhältnisse und steht so neben den sog. einseitigen Rechtsgeschäften, zu denen zB die sog. Auslobung zählt, die vorliegt, wenn A öffentlich verspricht, dem Finder seiner verlorenen Uhr bei Rückgabe 100 EUR zu zahlen. Auch beim Vertrag werden aber wieder besondere Formen unterschieden, etwa der gegenseitige Vertrag – zB Kauf, Ehevertrag, Erbvertrag – und der einseitig verpflichtende Vertrag – zB Schenkungsversprechen oder Bürgschaft. Rechtsgeschäft ist aber etwa auch die willentliche Eigentumsübertragung, die ihrerseits wiederum Willenserklärungen voraussetzt, die grundsätzlich denselben Regeln unterliegen wie beim Vertrag. 63

Wie weit die systematische, begriffliche Durchdringung des Rechts geht, zeigt sich beispielsweise an der Frage der Beweislast im Zivilrecht. Dabei geht es um die im Prozess oft praktisch entscheidende Frage, welche der Parteien eine umstrittene Tatsache beweisen muss, zu wessen Lasten also die Unbeweisbarkeit geht. Ausdrücklich Regeln dazu wird man im deutschen Zivilrecht praktisch nicht finden. Denn die Beweislast ist in die gesetzlichen Formulierungen gleichsam integriert. Im Grundsatz muss jede Partei beweisen, dass der Tatbestand der für sie günstigen Rechtsnorm erfüllt ist. Soweit der Gesetzgeber die Voraussetzungen eines Anspruchs nennt, liegt die Beweislast beim Anspruchsteller (sog. klagebegründende und anspruchserhaltende Tatsachen). Nennt der Gesetzgeber hingegen rechtliche Gründe, die den Anspruch entfallen lassen, so liegt die Beweislast beim Anspruchsgegner (sog. einredebegründende Tatsachen). Wer also behauptet, einen Anspruch auf Übereignung einer Sache aus Kaufvertrag zu haben, muss die tatsächlichen Voraussetzungen des Abschlusses eines Kaufvertrages beweisen. Will der Anspruchsgegner sich hingegen nach 64

§ 119 BGB darauf berufen, dass er nicht wusste, dass die verkaufte alte Geige in Wahrheit eine wertvolle Stradivari war, oder behauptet er, die Sache längst übereignet zu haben (§ 362 BGB), dann muss er die entsprechenden Tatsachen beweisen. Das im Gesetz angelegte System von Anspruchsvoraussetzungen und Ausnahmen ist so nicht nur ein Denkschema, sondern erlangt auch eine im juristischen Alltag sehr wichtige materielle und prozessuale Bedeutung.

cc) Rechtsvergleichende Verständnisprobleme, schneller Zugriff, Gesetzessprache

65 Dieses systematische, konzeptionelle Denken erklärt letztlich auch viele der Schwierigkeiten, die einem kontinentaleuropäischen Juristen typischerweise begegnen, wenn er versucht, etwa im Rahmen eines Auslandsstudiums das common law zu verstehen.[99] Dass beispielsweise der trust nicht Teil des Vertragsrechts sein soll, obwohl er doch durch übereinstimmende Erklärungen zweier Parteien geschlossen wird und auch sonst wie ein spezieller Vertrag wirkt, bleibt ihm oft dauerhaft ein Rätsel. Ebenso wird jeder kontinentaleuropäische Jurist eine vertiefte und vereinheitlichende Analyse der levels of scrutiny[100] vermissen, die es erlauben würde, eine einheitliche Theorie der Schranken für alle civil rights in den USA zu entwickeln. Ganz allgemein wird es den kontinentaleuropäischen Juristen weithin verblüffen, dass etwa in den USA über die Frage, wann Fahrlässigkeit vorliegt, in einzelnen, sehr spezifischen Fallkonstellationen diskutiert wird, anstatt zu versuchen, zunächst einen allgemeinen Begriff der Fahrlässigkeit zu entwickeln, für den die Einzelfälle nur Illustrationen und Entwicklungshilfe darstellen, aus dem heraus dann aber auch jeder Einzelfall mit einem möglichst hohen Maß an Vorhersehbarkeit gelöst werden kann.

66 Damit klärt sich auch der Zusammenhang zwischen dem systematischen Denken und dem schnellen ersten Zugriff auf das Recht, wie ihn Llewellyn im eingangs angeführten Zitat so bewunderte: Es ist für den Juristen jedenfalls im ersten Zugriff nicht zwingend notwendig, spezifische Kenntnisse über Fallkonstellationen wie die zu lösende, über das ganz spezielle Rechtsgebiet zu haben. Stattdessen kann er sich dem Fall mit seinen allgemeinen Kenntnissen, dh vor allem mit den allgemeinen Strukturen und Begriffen beispielsweise des Verwaltungsrechts nähern, spezielle Anforderungen dem einschlägigen Gesetz – zB dem Lebensmittel- und Bedarfsgegenständegesetz oder dem Bundesseuchengesetz – entnehmen und so zu einer ersten Lösung kommen, die dann noch durch einen Blick in die einschlägige Spezialliteratur verfeinert werden kann. Geht es zB darum, dass eine lebensmittelrechtliche Genehmigung zurückgenommen werden soll, weil der Antragsteller aus Versehen fehlerhafte Angaben gemacht hatte, oder dass bei der Beschränkung einer waffenrechtlichen Genehmigung keine Anhörung durchgeführt wurde, so findet sich die Lösung dieser Probleme tatsächlich gar nicht auf der Ebene des Lebensmittel- oder Waffenrechts, sondern von vornherein in den allgemeinen Regeln des Verwaltungsverfahrensrechts, so dass Spezialkenntnisse grundsätzlich gar nicht erforderlich sind. Insgesamt schlägt das systematische Denken sich so auch in den zahlreichen weiteren Facetten des kontinentaleuropäischen Kontexts wie etwa Gesetzesauslegung oder Juristenausbildung nieder, auf die im Folgenden noch näher einzugehen sein wird.

67 Mit der begrifflichen Durchdringung des Rechts einher geht eine Gesetzessprache, die sich im Vergleich zum common law sehr viel stärker auf allgemeine Prinzipien und Grundsätze verlässt als auf detaillierte Einzelregelungen. Klassisches Beispiel ist hier § 242 BGB, aus dessen dünnem Wortlaut („Der Schuldner ist verpflichtet, die Leistung so zu bewirken, wie Treu und Glauben mit Rücksicht auf die Verkehrssitte es erfordern.") die Rechtsprechung im Laufe der Jahrzehnte eine kaum noch zu überblickende Vielzahl von Prinzipien und

[99] Immer noch die eingängigste Beschreibung bei *Damaška, Mirjan,* A continental lawyer in an American law school – Trials and tribulations of adjustment, University of Pennsylvania Law Review 116 (1968), 1363 (1365 ff.).

[100] Dazu supra → § 5 Rn. 210 ff.

Einzelregeln entwickelt hat, darunter beispielsweise bis zu seiner Kodifizierung das gesamte Recht der allgemeinen Geschäftsbedingungen.[101]

Das sollte allerdings nicht dahingehend missverstanden werden, dass im kontinentaleuropäischen Recht keine sehr detailreichen und auf eine Vielzahl spezifischer Einzelfälle hin konstruierten Gesetze bestünden. Solche Gesetze finden sich ausgeprägt etwa im Steuerrecht, aber auch sonst an zahlreichen Stellen. Auch regelrechte Kataloge von erfassten Einzelsituationen, wie sie im common nicht selten sind, lassen sich gelegentlich finden. Beispielsweise zählt § 243 des deutschen Strafgesetzbuchs (StGB) besonders schwere Fälle des Diebstahls auf, die höher bestraft werden können als einfacher Diebstahl. Doch handelt es sich bei dieser Liste nur um sog. Regelbeispiele, dh weder ist der Richter gezwungen, in jedem genannten Fall einen besonders schweren Fall anzunehmen, noch ist er daran gehindert, dies in Fällen zu tun, die nicht in der Liste auftauchen. Selbst der verfassungsändernde Gesetzgeber kann sich in der Regelungstechnik nicht immer zurückhalten und hat etwa in Art. 16a GG eine Regelung des Asylrechts geschaffen, die weit detailreicher ist, als es üblicherweise von einem Verfassungstext erwartet wird. Allerdings hatte der Verfassungsgeber hier auch einen konkreten Anlass, denn er versuchte, eine gewünschte Neukonzeption und Verschärfung des Asylrechts gegenüber der oft sehr asylfreundlichen Rechtsprechung des Bundesverfassungsgerichts abzusichern.[102] Auch besteht in manchen Bereichen detailliertes Ausführungsrecht zu den allgemein gefassten Gesetzen. In Deutschland ist dies speziell im Verwaltungsrecht in Form von sog. Verordnungen[103] der Fall. In Frankreich ist diese Tendenz durch alle Rechtsgebiete hindurch noch weit ausgeprägter, wie schon die französische Gesetzgebungstechnik mit ihren L-, D- und A- Normen zeigt.[104] 68

Der Unterschied zur generellen Tendenz des common law besteht jedoch in der Grundeinstellung: In aller Regel werden etwa vorhandene, sehr spezifische Normen durch ebenfalls vom Gesetzgeber aufgestellte allgemeine Prinzipien ergänzt, die dann in der Praxis eine bedeutsame Rolle neben und im Rahmen der spezifischen Normen spielen. Die Regelbeispielmethode des § 243 StGB ist dafür ein sehr spezielles, aber auch sehr anschauliches Beispiel. Vor allem aber herrschen keinerlei Ängste und keinerlei intellektuelle Vorbehalte gegenüber sehr allgemein gehaltenen Gesetzen, wie sie das common law kennt.[105] Im Gegenteil gelten zu detailreiche Gesetzgebungsvorhaben oft als überladen, unflexibel und wenig zielführend. Die Gefahr, der Richter könnte die Gesetze zu eng auslegen, um das „an sich" geltende, bewährte common law anwenden zu können, besteht im kontinentaleuropäischen Recht schon aus einem ganz einfachen Grund nicht: Es gibt kein „an sich" geltendes Recht jenseits der Gesetze. Natürlich stehen Richter gelegentlich vor psychologisch ähnlichen Situationen, etwa wenn ein Rechtsbereich bislang nur von allgemeinen gesetzlichen Prinzipien und ihrer richterlichen Auslegung – letztlich also vom Richterrecht – geprägt war und der Gesetzgeber eingreift, um spezielle Ergebnisse dieses Richterrechts zu verändern. Dass aber die Richter versuchen würden, sich einem solchen Anliegen des Gesetzgebers bewusst zu widersetzen, würde als ein sehr außergewöhnlicher und demokratisch höchst zweifelhafter Akt angesehen werden, mit dem in aller Regel niemand ernsthaft rechnet. 69

[101] Zu den allgemeinen Geschäftsbedingungen vgl. schon supra → Rn. 14.
[102] Vgl. dazu etwa *Voßkuhle, Andreas,* „Grundrechtspolitik" und Asylkompromiß – Zur Verfassungsänderung als Instrument politischer Konfliktbewältigung am Beispiel des Art. 16a GG, Die öffentliche Verwaltung 47 (1994), 53 (58 f.).
[103] Zu den Verordnungen vgl. supra → Rn. 17.
[104] Vgl. zu diesen Normen supra → Rn. 51.
[105] Vgl. dazu auch *Steiner* (Fn. 60), 16.

c) Französischer Pragmatismus

aa) Ähnlichkeit aus der Außenperspektive

70 Für den außenstehenden Beobachter, insbesondere aus dem common law, unterscheidet sich die französische Herangehensweise kaum von der deutschen. Zwar besitzt der Code civil keinen Allgemeinen Teil – eine Beobachtung, auf die die traditionelle Rechtsvergleichung immer wieder großen Wert gelegt hat. Doch finden sich Ansätze zu einem Vor-die-Klammer-Ziehen in moderneren Gesetzgebungswerken durchaus, etwa im Code général des collectivités territoriales, dessen erster Teil mit „Dispositions générales" überschrieben ist, im Code pénal von 1994 (1. Buch: „Dispositions générales") oder auch im Code de la défense von 2004 (1. Teil: „Principes généraux de la défense"). Auch der Code civil enthält auf einem etwas weniger stark abstrahierten Niveau allgemeine Teile, etwa im 3. Buch Titel 3 unter der Überschrift „Des contrats ou des obligations conventionnelles en général" (art. 1101 ff. Code civil). In der dogmatischen Durchdringung des französischen Rechts ist das Ziehen vor die Klammer ebenfalls keine unbekannte Technik, wie etwa der Versuch zeigt, das als zu ungeordnet empfundene französische Verwaltungsrecht über den sehr umstrittenen Schlüsselbegriff des service public zu strukturieren.[106] Aus der Perspektive des common law gelten nicht nur deutsche, sondern auch französische Gesetze als sehr viel allgemeiner,[107] und als eher begrifflich-abstrakt und systematisch. Die allgemeine Haftungsnorm für unerlaubte Handlungen des art. 1382 C. civ. („Tout fait quelconque de l'homme, qui cause à autrui un dommage, oblige celui par la faute duquel il est arrivé, à le réparer.") dürfte sogar das meistzitierte Beispiel für die Reduzierung auf ein allgemeines Prinzip sein. Speziell aus U.S.-amerikanischer Perspektive werden deutsches wie französisches Recht hochgradig formalistisch, wenig interdisziplinär und in diesem Sinne theoretisch defizitär erscheinen.[108] Verständnisprobleme beim Kontakt mit dem common law sind für französische Juristen genauso an der Tagesordnung wie für deutsche. Die relative Ähnlichkeit des deutschen und französischen Rechtsdenkens wird dabei auch historisch verständlich, nicht nur vor dem gemeinsamen Hintergrund des römischen Rechts,[109] sondern auch in Anbetracht der inhaltlichen Kontakte und der gegenseitigen Befruchtung zwischen deutscher und französischer Rechtswissenschaft[110] etwa im 19. Jahrhundert, die trotz mancher politisch angefachter Divergenzen und berühmter gegenseitiger Beschimpfungen[111] bestand.[112]

---

[106] Vgl. dazu etwa *Waline* (Fn. 53), 403 ff.; zum Begriff des service public auch *Hunze, Lars,* Verfassungsrechtliche Grenzen und Anforderungen der Privatisierung hoheitlicher Staatsaufgaben in Deutschland, Frankreich und den USA, 2017, 130 ff.

[107] Vgl. *Steiner* (Fn. 60), 15 ff.

[108] Vgl. etwa *Atias, Christian; Levasseur, Alain A.,* American legal culture and traditional scholarly order, Louisiana Law Review 46 (1986), 1117, deren an die Gedanken der critical legal studies oder der Postmoderne erinnernde Kritik des französischen Rechtsdenkens ohne nennenswerte Änderungen auf Deutschland übertragbar wäre.

[109] Vgl. zur historischen Entwicklung noch infra → Rn. 169 ff., 177 ff.

[110] Zur Frage, ob Recht eine Wissenschaft oder eine Kunst ist, aus französicher Perspektive *Terré, François; Molfessis, Nicolas,* Introduction générale au droit, 12. Aufl. 2020, 152 ff.; vgl. auch das Zitat infra → § 6 Rn. 167.

[111] Zu den „in der Sprache des Erbfeindes geschriebenen […] die ganze Oberflächlichkeit der [französischen] Nation […] an der Stirne tragenden" Aspekten des auf deutschem Boden, etwa in Baden, fortgeltenden französischen Rechts vgl. *Lang, Johann Jakob,* Der Entwurf eines Bürgerlichen Gesetzbuchs für das Königreich Bayern mit Berücksichtigung des hessischen und sächsischen Entwurfs – kritisch beleuchtet, Heft 1, 1861, 6.

[112] Vgl. dazu *Neumayer, Karl H.,* Deutsche und französische Zivilrechtswissenschaft – Besinnliches zu einem Nachbarschafts- und Partnerschaftsverhältnis unter Verwandten, in: Caemmerer, Ernst von; Mentschikoff, Soia; Zweigert, Konrad (Hrsg.), Ius privatum gentium, Festschrift für Max Rheinstein zum 70. Geburtstag, Bd. 1, 1969, 165 (166 ff.); differenzierend zur Debatte um die gegenseitige Beeinflussung und ihre Schwankungen im Laufe der Zeit vgl. etwa *Ranieri, Filippo,* Französisches Recht und französische Rechtskultur in der deutschen Zivilrechtswissenschaft heute – Eine unwiderrufliche Entfremdung?, in: Beaud, Olivier; Heyen, Erk Volkmar (Hrsg.), Eine deutsch-französische Rechtswissenschaft? Une science juridique franco-allemande?, 1999, 183 (187 ff.); *Durand, Bernard,* Regards français sur l'histoire du droit en Allemagne, in: Beaud, Olivier; Heyen, Erk Volkmar (Hrsg.), Eine deutsch-französische Rechtswissenschaft? Une science juridique franco-allemande?, 1999, 11 (14 ff.).

bb) Unterschiede aus der Binnenperspektive

Aus der deutsch-französischen Binnensicht bestehen hingegen sehr merkliche Unterschiede in der Herangehensweise.[113] Der Widerspruch zur Außenperspektive ist dabei zunächst nur natürlich. Denn zwei fremde Rechtsordnungen, die beide einem Beobachter aus dem common law fast notwendig nicht im Detail vertraut sind, erscheinen schnell ähnlich. Der deutsche oder französische Jurist hingegen vergleicht mit der eigenen, in allen Einzelheiten bekannten und in der Herangehensweise verinnerlichten Rechtsordnung, so dass jede Abweichung, mag sie auch noch so klein sein, sofort auffällt. Wollte man den Unterschied aus der Binnensicht in wenigen Worten zusammenfassen, so vermutlich dahingehend, dass das französische Rechtsdenken zwar auch, aber eben doch etwas weniger ausgeprägt systematisch und konzeptionell ist. Positiv ausgedrückt ist die französische Denkweise etwas empirischer und etwas weniger abstrakt und doktrinär als die deutsche,[114] die Begrifflichkeit teils näher an der Alltagssprache und weniger technisch aufgeladen. Nur in diesem sehr vereinfachten Sinn ist es auch möglich, das französische Recht ein wenig näher am Fallrecht des common law zu sehen.[115] Zwischen deutschem und französischem Rechtsdenken bestehen, so ein Beobachter, „tief verwurzelte Unterschiede in den rechtswissenschaftlichen, stilistischen und argumentativen Traditionen".[116] Das hat verschiedene Gründe. Die besonders ausgeprägte deutsche Tradition des Denkens in allgemeinen Teilen etwa hat dazu geführt, dass eine juristische Herangehensweise, bei der mehrere, über verschiedene Stellen verstreute Normen gemeinsam herangezogen werden, für den deutschen Juristen den Normalfall darstellt, über den nicht weiter nachgedacht wird. Französische Juristen hingegen, die echte allgemeine Teile trotz der erwähnten gewissen Ähnlichkeiten auch heute noch eher für exotisch halten,[117] tendieren mehr dazu, die einschlägigen Bestimmungen ein wenig isolierter anzuwenden; eine kombinierte Anwendung verschiedener Normen ist zwar keineswegs unbekannt, wird aber weniger systematisch angegangen.[118] Weiterhin hängt die weniger abstrakte Denkweise mit dem französischen Urteilsstil[119] zusammen. Dessen extreme Kürze verhindert eine allgemein-theoretische, dogmatische Diskussion von Rechtsfragen, ein Stil der manche Auseinandersetzung verhindert.[120] Zwar wird die Literatur so gezwungen, sich der Systematisierung und Rationalisierung der Rechtsprechung zu widmen, doch geschieht dies eher in einer dienenden und etwas weniger als in Deutschland in einer selbstbewusst kritischen Funktion.[121] 71

All diese Äußerungen über deutsch-französische Unterschiede bleiben erkennbar eher vage. Es ist außerordentlich schwer, sie an einem Beispiel unmittelbar zu verdeutlichen. Letztlich zeigt sich an dieser Frage erneut die Bedeutung der Hermeneutik für die Rechtsvergleichung:[122] Diejenigen deutschen und französischen Rechtswissenschaftler, die sich intensiv in die jeweils andere Rechtsordnung eingearbeitet haben, entwickeln mit der Zeit ein gewisses Gespür für deren spezifisches Anderssein, ohne dass sich die daraus entspringenden Einsichten in analytischer Weise beweisen ließen. Dennoch besteht kein Anlass, an ihren erfahrungsgestützten, übereinstimmenden Einschätzungen zu zweifeln. 72

[113] Vgl. nur statt aller *Ranieri* (Fn. 112), 195 f.

[114] Vgl. *Fromont, Michel,* La protection juridictionnelle des libertés garanties par la constitution française, in: ELSA Saarbrücken; CJFA (Hrsg.), Recht und Gesetz im deutsch-französischen Dialog, 1997, 65 (76); *Neumayer* (Fn. 112), 166.

[115] Zu weitgehend *Lawson* (Fn. 13), 55 („greatly resembles the Common Law"); vorsichtig *Ranieri* (Fn. 112), 195, für den das praktisch angewandte französisches Zivilrecht aufgrund der zeitlichen Ferne der Kodifikation des Code civil weitgehend zu einem „case law" geworden ist.

[116] *Ranieri* (Fn. 112), 184.

[117] Vgl. *Lasserre-Kiesow, Valérie; Luzeaux, Didier,* Le droit civil allemand dans la science juridique française – Plaidoyer pour une meilleure connaissance, in: Beaud, Olivier; Heyen, Erk Volkmar (Hrsg.), Eine deutsch-französische Rechtswissenschaft? Une science juridique franco-allemande?, 1999, 163 (173).

[118] Deutlich *Fromont* (Fn. 114), 77.

[119] Dazu noch infra → Rn. 148 ff.

[120] Vgl. *Fromont* (Fn. 114), 76 f.

[121] Vgl. *Ranieri* (Fn. 112), 195.

[122] Dazu schon zusammenfassend supra → § 3 Rn. 261 f.

3. Die Gesetzesauslegung

73 Die Gesetzesauslegung speziell im deutschen Recht unterscheidet zunächst zwischen Auslegungsziel und Auslegungsmethoden. Beide sind in der Theorie sehr umstritten. In der alltäglichen juristischen Praxis hingegen spielen diese Streitigkeiten kaum eine Rolle (a). Die Praktiker greifen bewusst meist nur auf einen seit Jahrzehnten feststehenden Kanon von Auslegungsmethoden zurück, die meist frei von jeder Berührungsangst mit weiteren Methoden verbunden werden, soweit sich diese inhaltlich anbieten und dem gesunden Menschenverstand nicht widersprechen (b). Hinter den Debatten um die Auslegung stehen einige zentrale Denkströmungen, von denen insbesondere die Begriffsjurisprudenz immer wieder Erwähnung findet, obwohl sie seit langem inhaltlich überholt ist (c). Für Frankreich lassen sich im Detail eine andere Terminologie und andere Diskussionen, im Ergebnis aber eine ähnliche Denk- und Herangehensweise feststellen (d).

a) Auslegungsziel: Objektive und subjektive Theorie

74 Der Frage, mit welchen Mitteln auszulegen ist, geht nach deutscher Auffassung die Frage voran, welches das eigentliche Ziel der Auslegung ist, was also genau ermittelt werden soll: der Wille des jeweiligen (subjektiven) Gesetzgebers oder der (objektive) Wille des Gesetzes. Die Frage spiegelt sich wider in dem bis in das 19. Jahrhundert zurückgehenden Grundlagenstreit zwischen subjektiver und objektiver Theorie. Ausgangspunkt war die zunächst weithin akzeptierte, etwa von Windscheid auf den Punkt gebrachte subjektive Ansicht, nach der die Auslegung den Sinn feststelle, „welchen der Gesetzgeber mit den vom ihm gebrauchten Worten verbunden hat“.[123] Dies leuchtet zunächst unmittelbar ein. Denn wer, wenn nicht der Gesetzgeber, steht hinter dem Gesetz, wessen Wille kann sonst das Gesetz näher erläutern und muss daher zur Auslegung herangezogen werden?[124] Dennoch trat dieser Auffassung bereits Mitte der achtziger Jahre des 19. Jahrhunderts das Dreigestirn[125] Binding, Wach und Koehler[126] mit der Auffassung entgegen, der Gesetzgeber entäußere sich mit dem Gesetzgebungsakt seines Werkes, sein publizierter Wille verselbständige sich. „Mit dem Momente der Gesetzespublikation (...) verschwindet mit einem Schlage der ganz Unterbau von Absichten und Wünschen des geistigen Urhebers des Gesetzes, ja des Gesetzgebers selbst: und das ganze Gesetz ruht von nun an auf sich, gehalten durch die eigene Kraft und Schwere, erfüllt von eignem Sinn; oft klüger, oft weniger klug als sein Schöpfer“.[127] Dem Willen des Gesetzgebers steht also der Wille des Gesetzes als objektive Macht entgegen.[128]

75 Hinter dieser auf den ersten Blick erstaunlichen Wendung stehen eine Reihe guter Gründe. Erstens bleibt der Gesetzgeber, auf dessen Willen die subjektive Theorie abstellt, unter den Bedingungen des Parlamentarismus ein rein theoretisches, letztlich unklares Konstrukt. Denn einen eigentlichen Willen haben nur Individuen. Bei Gruppen oder Organisationen kann es allenfalls zur Zurechnung eines oder mehrerer individueller Willensäußerungen kommen, wobei die genaue Zurechnungsregel bekannt sein muss. Im Parlament aber kommt es kaum in Betracht, den Willen jedes einzelnen Parlamentariers zu ermitteln, der für ein Gesetz gestimmt hat, zumal der Wille der verschiedenen Abgeordneten durchaus

---

[123] *Windscheid, Bernhard,* Lehrbuch des Pandektenrechts, Bd. 1, 1873, 51; zu seiner Bedeutung *Larenz* (Fn. 60), 28 ff.

[124] Vgl. etwa *Bydlinski* (Fn. 41), 430; *Looschelders, Dirk; Roth, Wolfgang,* Juristische Methodik im Prozeß der Rechtsanwendung, 1996, 38.

[125] *Engisch, Karl,* Einführung in das juristische Denken, 8. Aufl. 1983, 245 Fn. 96a.

[126] *Binding, Karl,* Handbuch des Strafrechts, Bd. 1, in: ders., Systematisches Handbuch der Deutschen Rechtswissenschaft, Abt. 7, Teil 1, Bd. 1, 1885, 450 ff.; *Wach, Adolf,* Handbuch des Deutschen Civilprozessrechts, Bd. 1, in: Binding, Karl, Systematisches Handbuch der Deutschen Rechtswissenschaft, Abt. 7, Teil 2, Bd. 1, 1885, 254 ff.; *Kohler, Josef,* Ueber die Interpretation von Gesetzen, Zeitschrift für das Privat- und Öffentliche Recht der Gegenwart (Grünhuts Zeitschrift) 13 (1886), 1 (1 ff.).

[127] *Binding* (Fn. 126), 454; poetischer noch *Kohler* (Fn. 126), 2 ff., 28 ff.

[128] *Binding* (Fn. 126), 455.

sehr verschieden ausfallen kann und in nicht wenigen Fällen ein solcher Wille sogar gar nicht bestehen mag, da der entsprechende Parlamentarier sich schlicht ohne Kenntnis oder Verständnis der Sachmaterie der Fraktionsdisziplin gebeugt hat. So mag das Gesetz stattdessen in realistischer Betrachtung zurückgeführt werden auf den Willen bestimmter einzelner Parlamentarier, Fraktionen oder Gruppen, die faktisch das Gesetz lanciert haben und inhaltlich hinter ihm stehen. Sie sind jedoch auch in ihrer Gesamtheit nicht identisch mit „dem" Gesetzgeber. Regelmäßig wird zudem nicht nur im Parlament, sondern auch in seinen Ausschüssen und in den mit der Gesetzesausarbeitung befassten Ministerien keine einheitliche Meinung vertreten. Zweitens wird vielfach darauf hingewiesen, dass Gesetzeskraft nur der Gesetzestext selbst, nicht aber etwaige Motive und Zielvorstellungen eines wie auch immer zu bestimmenden Gesetzgebers hätten. Der Gesetzgeber müsse also durch das Gesetz sprechen, nicht außerhalb des Gesetzes. Drittens müsse auch der Bürger allein auf den Gesetzeswortlaut und nicht auf nur schwer oder gar nicht zugängliche sonstige Äußerungen vertrauen können. Viertens müsse das Gesetz auch auf Fälle anwendbar sein, an die der Gesetzgeber gar nicht gedacht habe. Dies wird umso wichtiger, als mit dem zeitlichen Wandel in Wirtschaft, Technik, Gesellschaft, Kultur, Politik und Moral immer neue und andere Sachverhalte auftreten, an die der historische Gesetzgeber gar nicht gedacht haben kann, die aber dennoch mithilfe der bestehenden Gesetze bewältigt werden müssen. In diesem Sinne muss das Gesetz tatsächlich klüger sein als der Gesetzgeber und sich von diesem emanzipieren.[129]

Der Streit zwischen beiden Auffassungen wird bis heute geführt. Vielfach hat sich allerdings auch in der methodischen Literatur die Auffassung durchgesetzt, dass eine endgültige Lösung nicht möglich sei.[130] Entsprechend hat die Diskussion an Bedeutung verloren, das rechtswissenschaftliche Interesse an ihr stark abgenommen und einer pragmatischeren Sichtweise Platz gemacht: Im Ergebnis wird heute kaum mehr bezweifelt, dass der gesetzgeberische Wille einen wichtigen, wenn auch nicht den einzigen Platz bei der Auslegung einnimmt.[131] Beide Theorien heben je einen Teil der Wahrheit besonders hervor. Dass also keine der beiden Auffassungen für sich allein gänzlich durchzuhalten ist, deutete sich sogar schon in ihrer historischen Entstehung an. So war bereits vor Auftreten der objektiven Theorie zwar die Prämisse akzeptiert, dass es auf den Willen des Gesetzgebers ankomme, jedoch heftig umstritten, ob und wieweit dieser Wille überhaupt aus anderen Quellen als dem Gesetz selbst ermittelt werden dürfe.[132] Weiterhin hielten auch die klassischen Vertreter der objektiven und der subjektiven Theorie ihren Ausgangspunkt keineswegs immer ausnahmslos durch. So erkannte Kohler als Mitbegründer der objektiven Theorie den Gesetzgebungsmaterialien durchaus einen eigenen Stellenwert zu,[133] und akzeptierte so den Einfluss des gesetzgeberischen Willens, den auch Binding nicht ganz leugnen mochte.[134] Windscheid hingegen wollte im Rahmen der subjektiv verstandenen Auslegung auch Gedanken, die der Gesetzgeber sich „selbst nicht vollständig klar gemacht hat", zu Ende denken und damit ermitteln, was der Gesetzgeber „selbst ausgesprochen haben 76

[129] Die Zusammenfassung dieser Argumente geht zurück auf die Kritik bei *Heck, Philipp,* Gesetzesauslegung und Interessenjurisprudenz, 1914, 67 ff.; kurz *Engisch* (Fn. 125), 91; zum Ganzen auch etwa *Larenz* (Fn. 60), 32 ff.; *Baden, Eberhard,* Zum Regelungsgehalt von Gesetzgebungsmaterialien, in: Rödig, Jürgen (Hrsg.), Studien zu einer Theorie der Gesetzgebung, 1976, 369 (380 ff.); *Mennicken, Axel,* Das Ziel der Gesetzesauslegung, 1970, 22 ff.

[130] Vgl. *Engisch* (Fn. 125), 96; ähnlich *Bydlinski* (Fn. 41), 430; *Honsell, Thomas,* Historische Argumente im Zivilrecht, 1982, 20 f.; *Kischel, Uwe,* Die Begründung – Zur Erläuterung staatlicher Entscheidungen gegenüber dem Bürger, 2003, 269.

[131] Vgl. etwa die Darstellung und Untersuchung des Meinungsstandes bei *Mennicken* (Fn. 129), 19 ff., 30 ff.; vgl. aus der Methodenliteratur etwa *Bydlinski* (Fn. 41), 428 ff., 449 ff.; *Rüthers/Fischer/Birk* (Fn. 14), 430 ff., 444 ff.; *Larenz* (Fn. 60), 316 ff.; *Fikentscher* (Fn. 66), 674 ff.; zum Ganzen auch *Kischel* (Fn. 130), 269 ff.

[132] Vgl. dazu die Darstellung bei *Baden* (Fn. 129), 376 ff.

[133] Vgl. *Kohler* (Fn. 126), 33 ff., 38 f., 40.

[134] Vgl. *Binding* (Fn. 126), 455 („Es ist also der nachweisbare Wille, aus welchem heraus der Herrscher das Gesetz erlassen hat, für seine Auslegung wichtig genug, aber nicht verbindlich. Wie selten indessen ist solcher Wille nachzuweisen!").

würde, wenn er auf die Punkte, welche er sich nicht zum Bewusstsein gebracht hat, aufmerksam geworden wäre",[135] also über seinen unmittelbaren subjektiven Willen hinausgehen. Ebenso sollte bei der Lückenausfüllung aus dem „eigentlichen Gedanken", dem „Geiste des Rechtsganzen selbst" heraus vorgegangen,[136] also der objektive Gehalt der Rechtsordnung berücksichtigt werden. Diese Vermischung subjektiver und objektiver Elemente setzt sich in der heutigen Methodenlehre fort.

b) Auslegungsmethoden

aa) Der klassische Auslegungskanon

77 In der praktischen Ausbildung werden dem deutschen Juristen in aller Regel die vier klassischen Auslegungsmethoden vermittelt, die üblicherweise – wenn auch nicht in allen Details zu Recht[137] – auf Savigny zurückgeführt werden. Diese Methoden sind die grammatikalische, die systematische, die teleologische und die historische Auslegung.[138] Sie spielen auch im Denken jedes praktisch tätigen Juristen eine teils intuitive, teils bewusste, in jedem Fall aber herausgehobene Rolle.[139]

78 Ausgangspunkt jeder Auslegung ist zunächst der Wortlaut des Gesetzes. Wenn etwa Art. 8 GG das Recht schützt, sich zu „versammeln", so fragt sich, was eine Versammlung ist. Die grammatikalische Methode fragt hier nach dem üblichen Wortsinn. Schon so wird etwa klar, dass eine 1-Personen-Demonstration keine Versammlung ist, da eine einzige Person sich schon sprachlich nicht mit sich selbst „versammeln" kann. Ob dazu zwei Personen ausreichen oder schon drei erforderlich sind, ist eine der kleineren juristischen Streitigkeiten, die auch bei deutschen Juristen eher Schmunzeln hervorrufen als ernst genommen werden (auch wenn die Frage – wie fast immer – durchaus praktisch relevant und wichtig werden kann, wenn sich einmal nur zwei Personen für ihre Demonstration auf Art. 8 GG berufen wollen). In vielen problematischen Auslegungsfragen hilft der Wortlaut aber allenfalls beschränkt weiter. Als Hehlerei etwa ist es nach § 259 StGB strafbar, eine Sache anzukaufen oder sonst sich zu verschaffen, die ein anderer „gestohlen oder sonst durch eine (…) rechtswidrige Tat erlangt hat". Wenn ich mir also einen Computer schenken lasse, den ein anderer gestohlen oder unterschlagen hat, kann ich wegen Hehlerei bestraft werden. Was aber, wenn der Dieb den Computer an einen Dritten verkauft, von dem Erlös ein Fahrrad erwirbt und mir dieses Fahrrad schenkt? Ist auch das Fahrrad „durch eine rechtswidrige Tat erlangt", ist also die in der deutschen strafrechtlichen Terminologie sog. Ersatzhehlerei strafbar? Sieht man – wie etwa schon das Reichsgericht[140] – als durch die Tat erlangt nur den unmittelbaren Gegenstand der Straftat an, dann ist die Ersatzhehlerei straflos und ich darf mich rechtlich, wenn auch nicht unbedingt moralisch an dem Fahrrad erfreuen. Genausogut kann man aber der Ansicht sein, dass das Wort „durch" jede kausale Beziehung meint, so dass auch das Fahrrad erfasst ist, das schließlich ohne den Computerdiebstahl nicht über den Dieb zu mir gelangt

[135] *Windscheid* (Fn. 123), 54.

[136] *Windscheid* (Fn. 123), 57; zu objektiven Elementen bei Windscheid vgl. *Larenz* (Fn. 60), 29 f.

[137] Savigny unterschied bei der Auslegung das grammatische, das logische, das historische und das systematische Element, wobei das logische Element keineswegs dem heute üblicherweise genannten teleologischen entspricht, sondern „auf die Gliederung des Gedankens, also auf das logische Verhältniß, in welchem die einzelnen Theile desselben zueinander stehen" ging. Mit dem „Gedanken" bezeichnete Savigny „den geistigen Inhalt des Gesetzes", vgl. *Savigny, Friedrich Carl von,* System des heutigen Römischen Rechts, Bd. 1, 1840, 213 f. Den Zweck des Gesetzes erwähnt Savigny hier nicht als eigenes Element der Auslegung, sondern sucht ihn durch die Auslegung insgesamt erst zu erreichen. Dem Gebrauch des von ihm sog. Gesetzesgrundes bei der Auslegung steht er sehr zurückhaltend gegenüber, ibid., 213, 220 f.

[138] Vgl. dazu und zum Folgenden etwa *Larenz* (Fn. 60), 320 ff.; *Bydlinski* (Fn. 41), 437 ff.; *Wank, Rolf; Maties, Martin,* Die Auslegung von Gesetzen, 7. Aufl. 2023, 41 ff.; *Rüthers/Fischer/Birk* (Fn. 14), 430 ff.; sehr eingängig für den Anfänger *Engisch* (Fn. 125), 71 ff.

[139] Zur fortgeltenden Bedeutung und Benutzung der klassischen Kanones in der Theorie und Praxis vgl. *Raisch, Peter,* Vom Nutzen der überkommenen Auslegungskanones für die praktische Rechtsanwendung, 1988, 28 ff.

[140] Vgl. RGSt 2, 443 (444).

wäre. Wichtig ist an diesem Beispiel vor allem, dass es stets nur um die Ermittlung des üblichen Wortsinns und nicht etwa um den Zweck oder den systematischen Zusammenhang geht.[141] In der Regel ist dabei mit dem Wortsinn der umgangssprachliche Wortsinn gemeint, ohne dabei allerdings dem Gesetzgeber die Möglichkeit zu nehmen, ein Wort in einem speziell juristischen oder sonst fachlichen Sinn zu verwenden. Wenn also etwa das BGB von „Besitz" spricht, so ist damit die tatsächliche Herrschaft über eine Sache gemeint und nicht das Eigentum, auch wenn die Umgangssprache es durchaus zulässt, den Eigentümer eines Autos als „Besitzer" zu bezeichnen.

Bei der systematischen Auslegung wird die Vorschrift im Zusammenhang mit anderen 79
Vorschriften gelesen, die sich in demselben Gesetz finden können, aber nicht unbedingt müssen. Ein Beispiel dafür ist etwa das bereits dargestellte Problem der Auslegung des Begriffs „verfassungsmäßige Ordnung" in Art. 2 Abs. 1 GG: Systematisch gesehen könnten darunter die bloßen Kernbestandteile der Verfassungsordnung zu verstehen sein, da dies die Bedeutung ist, die dem Begriff in anderen Vorschriften, nämlich Art. 9 Abs. 2, 98 Abs. 2 GG zukommt.[142] Hier geht es also vor allem auch darum, die innere Widerspruchsfreiheit des Gesetzes sicherzustellen. Auch soll die Systematik des Gesetzes selbst mit in die Auslegung miteinbezogen werden. Für die umstrittene Frage, ob die in Art. 1 Abs. 1 GG garantierte Menschenwürde ein Grundrecht im Sinne des deutschen Grundgesetzes ist, kann also einerseits darauf abgestellt werden, dass sich Art. 1 Abs. 1 GG in einem Abschnitt findet, der die amtliche Überschrift „I. Die Grundrechte" trägt. Andersherum kann aber – genauso systematisch – darauf hingewiesen werden, dass der Art. 1 Abs. 3 GG von den „nachfolgenden Grundrechten" spricht, die Menschenwürde aber davor und nicht danach geregelt ist. Oder: § 987 Abs. 1 BGB regelt, wem im Verhältnis zwischen Eigentümer und Besitzer einer beweglichen Sache die Nutzungen zustehen, also beispielsweise die Welpen, die ein Hund des Eigentümers E bei Besitzer B geworfen hat. § 990 BGB hingegen regelt im Verhältnis zwischen Eigentümer und Besitzer die Haftung für Schäden an der Sache und unterscheidet dabei danach, ob der Besitzer bei Besitzerwerb im guten Glauben war oder nicht. Diese Unterscheidung aber macht nur Sinn, wenn der Besitzer objektiv kein Recht zum Besitz an der Sache erworben hat (denn worauf sonst soll sich sein eventueller böser Glaube beziehen?), also nach §§ 985 f. BGB zur Herausgabe verpflichtet ist. Daraus lässt sich systematisch schließen, dass alle in den §§ 987 ff. BGB geregelten Ansprüche im Eigentümer-Besitzer Verhältnis einen nicht oder jedenfalls nicht so berechtigten Besitzer voraussetzen.[143]

Eine dritte und praktisch besonders wichtige Auslegungsmethode ist die teleologische. Sie 80
legt eine Vorschrift möglichst so aus, dass sie ihrem Zweck gerecht werden kann. Der Zweck kann dabei – entsprechend dem alten Streit zwischen subjektiver und objektiver Theorie[144] – sowohl der vom Gesetzgeber ausdrücklich gewollte als auch ein sich aus einem umfassenden, objektiven Verständnis des Gesetzes insgesamt ergebender Zweck sein. Kommt man zurück auf das soeben bereits verwendete Beispiel der sog. Ersatzhehlerei, so lässt sich die Frage nach der Strafbarkeit auch mit einem Rückgriff auf den Strafzweck der Norm beantworten. Dieser Zweck könnte einerseits darin bestehen, denjenigen zu bestrafen, der hilft, die Schädigung durch die Vortat aufrechtzuerhalten, etwa indem der gestohlene Computer weiterhin nicht zu seinem Eigentümer zurückgelangt. Dann aber wäre die Ersatzhehlerei straflos, denn dass ich das vom Verkaufserlös des Computers gekaufte Fahrrad als Geschenk annehme, hält nicht die Schädigung durch den Computerdiebstahl aufrecht. Hehlerei wäre nur an genau der gestohlenen Sache möglich. Etwas anderes gälte aber, wenn der Hehlereiparagraph denjenigen bestrafen sollte, der sich eigennützig an den Früchten einer Straftat

[141] Vgl. zu diesem Beispiel *Engisch* (Fn. 125), 72 f.

[142] Dazu näher supra → Rn. 60; ein Schönheitsfehler dieser klassischen Argumentation liegt allerdings darin, dass derselbe Begriff der verfassungsmäßigen Ordnung in Art. 20 Abs. 3 GG die gesamte Verfassung, in Art. 28 Abs. 1, 3 GG sogar das ganze Recht der einzelnen Länder umfasst.

[143] Klassisches Beispiel nach *Larenz* (Fn. 60), 326.

[144] Vgl. supra → Rn. 74 ff.

beteiligt, gleichsam als „Zuhälter der Diebe" auftritt. Dann aber wäre auch die Ersatzhehlerei strafbar, denn durch die Annahme des Fahrrads als Geschenk fördere ich den Dieb und profitiere davon.[145] Welchen Sinn der Hehlereiparagraph nun „wirklich" hat, ist seit vielen Jahrzehnten umstritten. Wie weit teleologische Argumente tragen, zeigt sich beispielsweise an Art. 5 Abs. 1 S. 2 GG, der in ganz dürren Worten „die Freiheit der Berichterstattung durch Rundfunk", kurz: die Rundfunkfreiheit, gewährleistet. Sinn dieser Gewährleistung ist es, die Bildung von Meinungen und kultureller Identität in Freiheit, insbesondere in Freiheit vor einseitiger Beeinflussung zu ermöglichen und so die Funktionsfähigkeit der Demokratie zu gewährleisten. Aus diesem Sinn folgt dann aber, dass der Staat dafür Sorge zu tragen hat, dass der Rundfunk pluralistisch und staatsfrei bleibt. Die Rundfunkfreiheit ist damit im Unterschied zu anderen Grundrechten weniger individualrechtlich geprägt sondern stellt eine dienende Freiheit dar.[146] Ganz praktisch folgt daraus, dass unter den gegenwärtigen faktischen Bedingungen, insbesondere dem großen finanziellen Aufwand für das Betreiben von Fernsehsendern, jedenfalls neben dem privaten auch ein öffentlich-rechtlicher Rundfunk notwendig ist und zudem der private Rundfunk gravierenden inhaltlichen Regelungen zur Sicherung der Meinungsvielfalt unterliegt. Auf den Punkt gebracht wird so über eine teleologische Auslegung das Grundrecht der Rundfunkfreiheit von einem Argument gegen zu einem Argument für die Beschränkung (unternehmerischer) Freiheit.[147]

81 Schließlich ist auch die historische Auslegungsmethode zu beachten. Sie fragt nicht nur nach der konkreten Entstehungsgeschichte und dem darin zum Ausdruck kommenden Willen des historischen Gesetzgebers, sondern ebenso nach dem größeren geistesgeschichtlichen Zusammenhang, in dem die Norm steht. Die Entstehungsgeschichte kam etwa, wie gesehen,[148] bei der Auslegung des Begriffs „freie Entfaltung seiner Persönlichkeit" in Art. 2 Abs. 1 GG zum Tragen. Denn ursprünglich sollte die Norm „Jeder kann tun und lassen, was er will" lauten, eine Formulierung die nur aus sprachlichen, nicht aus inhaltlichen Gründen fallengelassen wurde.[149] Der geistesgeschichtliche Zusammenhang spielt beispielsweise eine Rolle, wenn aus dem Rechtsstaatsprinzip hergeleitet werden soll, dass der Staat seine Entscheidungen im Grundsatz gegenüber dem Bürger begründen muss. Denn der Rechtsstaat diente historisch dazu, das Machtverhältnis des Staates zum Untertan in ein Rechtsverhältnis des Staates zum Bürger zu verwandeln. Diese aufklärerische Emanzipation des Bürgers aus der Rolle des Untertanen stand aber zugleich Pate für die Entwicklung der Forderung nach einer Begründungspflicht seit Beginn des 18. Jahrhunderts in Deutschland, denn erst mit dem Ende der Autoritätsgläubigkeit des Untertanen setzte sich die Erkenntnis durch, dass der Bürger nicht schlicht gehorchen, sondern die Gründe für eine Entscheidung verstehen und diese so auch auf ihre inhaltliche Richtigkeit kontrollieren können müsse.[150]

bb) Methodische Probleme und Weiterungen

82 Bei genauerer Betrachtung bietet der klassische Auslegungskanon alles andere als klare und eindeutige Lösungen an. Vielmehr wirft er letztlich mehr Probleme auf, als er löst, und kann im Hinblick auf die deutsche Auslegungspraxis keinesfalls als abschließend verstanden werden. Die Probleme beginnen bereits damit, dass je nach Position im alten Streit um die Bedeutung des gesetzgeberischen Willens alle vier Auslegungsmethoden sowohl subjektiv als auch objektiv verstanden werden können; wird etwa auf Systematik oder Zweck abgestellt, so können Systematik oder Zweck sowohl des jeweiligen historischen Gesetzgebers als auch des davon unabhängig gedachten Gesetzes gemeint sein.[151] Zudem ist die Abgrenzung

[145] Beispiel nach *Engisch* (Fn. 125), 75 f.
[146] Vgl. nur BVerfGE 83, 238 (295 ff.).
[147] Zum Ganzen etwa *Kischel, Uwe,* Rundfunkfreiheit und Rundfunkmonopol, in: Hohloch, Gerhard (Hrsg.), Aspekte des Rechts der audiovisuellen Kommunikation, 1999, 75 (79 ff.).
[148] Vgl. supra → Rn. 60.
[149] Vgl. BVerfGE 6, 32 (36 f.).
[150] Zum Ganzen *Kischel* (Fn. 130), 25 ff., 73, 85 f.
[151] Vgl. eingängig *Engisch* (Fn. 125), 96 f.

zwischen den klassischen Auslegungsmethoden unklar. Wird etwa auf die Zwecksetzung des historischen Gesetzgebers abgestellt, so kann dies sowohl als historische als auch als teleologische Auslegung bezeichnet werden. Entsprechend vielfältig ist die Terminologie und die mit ihr verbundene Bedeutung. Zum Beispiel wird die historische Auslegung teilweise nur auf die konkrete Entstehungsgeschichte der Norm bezogen und kann dann auch als genetische oder historisch-genetische Auslegung bezeichnet werden. Es kann eine systematisch-logische von einer teleologisch-systematischen Auslegung unterschieden werden, oder eine objektiv-teleologische von einer subjektiv-teleologischen. Daneben sind so gut wie alle Details in irgendeiner Form umstritten, etwa welche Rolle genau Umgangs- und juristische Fachsprache jeweils im Rahmen der grammatikalischen Auslegung spielen. Keine klaren Linien sind auch für die sofort einleuchtende Frage zu erkennen, wie die vier klassischen Auslegungsmethoden sich untereinander verhalten, dh ob es ein Rangverhältnis unter ihnen gibt und wie dieses gegebenenfalls aussieht. Dabei sei betont, dass es zu dieser und allen anderen Fragen keineswegs an Stellungnahmen der Literatur mangelt; nur eine einigermaßen konsentierte oder gar vorherrschende Lösung hat sich dabei in den vergangenen anderthalb Jahrhunderten nicht herauskristallisiert.

Ähnliches gilt für zahlreiche weitere Auslegungsmethoden und -topoi. Viele sind hier **83**
ohne weiteres und auch klassischerweise anerkannt. Das gilt etwa für zahlreiche Formen der Schlussfolgerung, wie Analogie, Schluss a maiore ad minus, Umkehrschluss oder teleologische Reduktion. In der Regel werden sie allerdings von der Methodenlehre nicht mehr der Auslegung sondern der richterlichen Rechtsfortbildung, insbesondere der Lückenschließung zugeordnet. Dabei wird von der Methodenlehre herrschend angenommen, dass die Auslegung an der äußersten Grenze des umgangssprachlichen Wortlauts endet. Danach beginnt die – durchaus zulässige – richterliche Rechtsfortbildung. Zwingend ist diese Unterscheidung zwischen Auslegung und Rechtsfortbildung keinesfalls. Sie ist nicht nur in ihren Details hochumstritten, sondern auch in ihrer grundsätzlichen Sinnhaftigkeit. Selbst ihre Anhänger räumen teils ein, dass eine Auslegung eine Rechtsfortbildung darstellen und eine Rechtsfortbildung sich auslegender Methoden bedienen kann, es sich also nur um verschiedene Stufen desselben Verfahrens handele.[152] Man kann hier auch von Auslegung im engeren und im weiteren Sinne sprechen. Was mit der Rechtsfortbildung gemeint ist, macht die von Larenz vorgeschlagene Differenzierung deutlich: Ein Gesetz kann über seinen Wortlaut hinaus angewandt werden, wenn diese Fortbildung sich noch innerhalb des Plans, der Teleologie des Gesetzes selbst bewegt (Lückenfüllung, gesetzesimmanente Rechtsfortbildung), aber auch wenn sie zwar darüber hinausgeht, sich aber an den leitenden Prinzipien der Gesamtrechtsordnung orientiert (gesetzesübersteigende Rechtsfortbildung). Beispielsweise verbietet § 181 BGB das sog. Insichgeschäft eines Vertreters, so dass etwa der Vertreter des A nicht im Namen des A mit sich selbst einen Vertrag schließen kann. Dadurch soll A als Vertretener vor eventuellen Interessenkonflikten des Vertreters geschützt werden. Im Interesse der Rechtssicherheit soll es zudem nicht darauf ankommen, ob ein solcher Interessenkonflikt im Einzelfall tatsächlich vorliegt oder nicht. Im Wege der Rechtsfortbildung, genauer der sog. teleologischen Reduktion, hat der Bundesgerichtshof deshalb entschieden, den Wortlaut des § 181 BGB in den Fällen nicht zur Anwendung zu bringen, in denen es um ein Rechtsgeschäft geht, das seiner Art nach dem Vertretenen lediglich einen rechtlichen Vorteil bringen kann. Denn hier, so der BGH, greift weder der Schutzzweck noch das Argument der Rechtssicherheit ein. Erst diese Rechtsprechungsänderung machte es somit praktisch möglich, dass beispielsweise Eltern (als gesetzliche Vertreter) ihrem siebenjährigen Kind (als geschäftsunfähigem Vertretenen) ein Fahrrad oder gar ein Haus schenken können.[153] Ein anderes klassisches Beispiel ist der sog. Herrenreiter-Fall, in dem der BGH entschied, dass der immaterielle Schaden, der durch die unbefugte Verwendung eines Photos

[152] Vgl. nur *Larenz* (Fn. 60), 366 f.

[153] Vgl. dazu BGHZ 59, 236 (240), der damit einer alten Forderung von Larenz nachkam, vgl. *Larenz* (Fn. 60), 392 f.

entstand, zu ersetzen war, obwohl der damalige § 847 BGB iVm § 253 BGB den Schadenersatz für immaterielle Schäden ausdrücklich auf einige wenige, hier nicht einschlägige Sonderfälle beschränkte.[154]

84 Neben den schon lange anerkannten Methoden der Schlussfolgerung bestehen aber auch zahlreiche weitere Formen der juristischen Argumentation, die in der Praxis immer wieder auftauchen, deren genaue Zuordnung in der Theorie aber ganz erhebliche Probleme bereitet. So findet sich beispielsweise vielfach eine Folgenbetrachtung, die darauf abstellt, wieweit die über den Einzelfall hinausgehenden juristischen, aber auch nichtjuristischen Folgen einer bestimmten Rechtsauffassung tragbar wären. Verbreitet ist etwa auch die Argumentation über Praktikabilität oder Billigkeit einer Lösung, über die Rechtssicherheit und die (Einzelfall-)Gerechtigkeit, über die Sachgerechtigkeit und die Natur der Sache oder schlicht über ungeschriebene alte und allgemein anerkannte Rechtsmaximen, die üblicherweise in lateinischer Sprache ausgedrückt werden, wie das Verbot des Selbstwiderspruchs („venire contra factum proprium") oder das Verbot, etwas zu verlangen, das sofort wieder zurückgegeben werden müsste („dolo agit, qui petit, quod statim redditurus est"), und die heute gleichzeitig als Ausdruck von Treu und Glauben im Sinne von § 242 BGB angesehen werden. Die Vielzahl der bei der Auslegung heranziehbaren Elemente entzieht sich dabei letztlich einer sinnvollen oder gar vollständigen Bestandsaufnahme und Systematisierung.

85 Auf einem höheren Abstraktionsniveau schließlich lässt sich auch nach der Zuordnung der Auslegungsmethoden zu übergreifenden Gedanken fragen, also etwa ob juristische Entscheidungen vor allem als rationaler Diskurs zu begreifen sind oder welche Rolle Hermeneutik und Topik spielen.

cc) Die Nonchalance der Praxis

86 All diesen ungelösten Problemen begegnet der durchschnittliche deutsche Jurist – und damit sind ohne weiteres auch hervorragende Anwälte, Richter und Professoren gemeint – mit einer für den Außenstehenden verblüffenden Nonchalance. Man ist sich der abstrakten Probleme und manchmal sogar der Debatten innerhalb der Methodenlehre bewusst, lässt sich davon aber in der täglichen Arbeit am Gesetz in keiner Weise beunruhigen. Das Pro und Contra verschiedener juristischer Lösungen wird unter Zuhilfenahme aller einschlägigen Argumente diskutiert, ohne dass darüber nachgedacht würde, welcher Auffassung in der Methodenlehre damit gefolgt wird. Auch etwa der Frage, ob man sich noch im Rahmen der Auslegung oder schon im Rahmen der Rechtsfortbildung bewegt, wird kaum einmal besondere Aufmerksamkeit geschenkt. Nach einem vielzitierten Satz lässt der Praktiker die doktrinären Darstellungen der Rechtstheorie mit aller Achtung an ihrem Platz stehen, wird die akademische Methodenlehre vom Richter kaum beachtet.[155] Vor dem Hintergrund, dass die Methodenlehre als akademisches Spezialfach im Detail heillos zerstritten ist, ist dieses Vorgehen durchaus verständlich. Das gilt umso mehr als die genauen Unterschiede zwischen den verschiedenen Ansichten im Ergebnis der praktischen Rechtsanwendung allenfalls mit großer Mühe in etwa zu erkennen sind. Eine Gegenüberstellung praktischer Lösungen konkreter Einzelfragen, wie sie sich unter Anwendung der verschiedenen methodischen Ansätze jeweils ergeben müssten, wird man vergeblich suchen.

87 Gleichzeitig aber bedeutet diese Offenheit keinesfalls ein Abgleiten juristischer Argumentation in die Beliebigkeit, wie vielleicht aus U.S.-amerikanischer Perspektive vermutet werden könnte. Im Gegenteil herrscht unter deutschen Juristen weitgehende Einigkeit darüber, welche Argumente als juristisch gelten können und deshalb anerkannt und welche politisch, soziologisch, ökonomisch etc sind und deshalb von vornherein abgelehnt werden. Die juristischen Argumente müssen deshalb noch lange nicht in jedem Einzelfall als durchschlagend akzeptiert werden. Im Gegenteil ist es ohne weiteres möglich, dass das eine oder andere von ihnen im Einzelfall vehement abgelehnt wird. Doch wird ihnen eben nicht von

---

[154] Vgl. BGHZ 26, 349 (355 f.); dazu auch schon supra → Rn. 31.
[155] *Esser* (Fn. 15), 7 f.

vornherein der Charakter als mögliches Argument abgesprochen. Diese Unterscheidung von juristischen und nichtjuristischen Argumenten erfolgt dabei in aller Regel nicht einmal bewusst, sondern intuitiv und beruht auf jahrzehntelangem Training. Wird ein deutscher Jurist etwa von einem ausländischen Kollegen direkt gefragt, wie er Gesetze auslegt, so wird er in aller Regel auf den klassischen Auslegungskanon verweisen und bei der Frage nach einer Fundstelle fast unweigerlich das klassische und im besten Sinne hochgradig konservative Werk von Larenz[156] nennen. Der klassische Kanon erscheint den meisten deutschen Juristen so vollkommen selbstverständlich und evident, dass sie mit größter Überraschung reagieren, wenn sie erstmals hören, dass er in dieser Form nicht auch in allen anderen Rechtsordnungen gilt. Eine empirische Untersuchung hat die überragende Bedeutung der klassischen Auslegungskanones bestätigt: Die gerichtliche Praxis verwendet überwiegend die Kanones, kombiniert dabei in knapp der Hälfte der Fälle mehrere Kanones miteinander, zieht in jedem zweiten Fall sonstige Argumente wie etwa schützenwerte Interessen und in fast allen Fällen Präjudizien mit hinzu.[157]

Dass die Auslegung von Gesetzen in der Theorie heillos umstritten und unklar ist, 88
während in der Praxis ein Methodensynkretismus vorherrscht, über dessen äußere Grenzen aber weitgehende, wenn auch unausgesprochene Einigkeit herrscht, mag auch letztlich erklären, warum gerade auch die deutsche Rechtspraxis sich also so weitgehend resistent gegenüber den Angriffen etwa des Rechtsrealismus, der Postmoderne, der ökonomischen Analyse des Rechts, der critical legal studies oder der zahlreichen „law and…" Bewegungen erwiesen hat, die in erster Linie aus den USA heraus versuchen, die in ihrem Sinne „formalistische" Vorgehensweise[158] zu bekämpfen. Ihre Argumentationsschemata werden von der großen Mehrheit der deutschen Juristen spontan als nichtjuristisch, laienhaft oder politisch eingeordnet und treffen so auf eine intuitive Ablehnung. Allein die ökonomische Analyse des Rechts konnte in gewissen Bereichen des Wirtschaftsrechts Fuß fassen, ohne jedoch darüber hinaus breitere Spuren im alltäglichen methodischen Vorgehen zu hinterlassen. Auch insofern ist die Auslegungsmethode in der Praxis vor allem geprägt vom common sense: Akzeptiert wird jedes Argument, das nicht in seiner Anwendung oder im Ergebnis gegen den gesunden Menschenverstand verstößt, wobei der gesunde Menschenverstand seinerseits ein spezifisch juristischer, durch jahrelange Ausbildung, Erfahrung und Training geformter ist.

c) Begriffs-, Interessen- und Wertungsjurisprudenz

Hinter den verschiedenen Auslegungsmethoden stehen einige zentrale Denkströmungen, 89
die in ihrer Entwicklung seit dem Ende des 19. Jahrhunderts die Rechtsanwendung und damit die Ausgestaltung der Auslegungsmethodik mitbestimmen, namentlich die Begriffs-, die Interessen- und die Wertungsjurisprudenz.[159] Aus rechtsvergleichender Perspektive sind diese Strömungen vor allem deshalb wichtig, weil außerhalb des kontinentaleuropäischen Rechts immer wieder einmal ausdrücklich oder implizit ein grobes Missverständnis auftaucht, das einem echten Verständnis im Wege steht: der Gedanke, dass das deutsche Recht im Kern auch heute ein Ausdruck der formalen Begriffsjurisprudenz sei.[160] Tatsächlich aber

[156] *Larenz* (Fn. 60).

[157] Vgl. die stichprobenartige Analyse von *Raisch* (Fn. 139), 39, 91 f.; zur ähnlichen, pragmatischen Handhabung und zum Methodenpluralismus in der Schweiz vgl. hinsichtlich der Verfassungsauslegung *Biaggini, Giovani,* Verfassungsauslegung, in: Diggelmann, Oliver; Randall, Maya Hertig; Schindler, Benjamin (Hrsg.), Verfassungsrecht der Schweiz, Bd. 1, 2020, 235 (237 f.).

[158] Zum Formalismus im U.S.-amerikanischen Sinn vgl. supra → § 3 Rn. 268, → § 5 Rn. 259, 261.

[159] Vgl. dazu und zum Folgenden die besonders klare Darstellung bei *Bydlinski* (Fn. 41), 109 ff.; ausführlich auch *Fikentscher* (Fn. 66), 87 ff., 361 ff.

[160] Vgl. in diese Richtung etwa *Dalhuisen, Jan Hendrik,* Legal orders and their manifestation – The operation of the international commercial and financial legal order and its lex mercatoria, Berkeley Journal of International Law 24 (2006), 129 (151); zurückhaltender *Eberle, Edward J.,* Equality in Germany and the United States, San Diego International Law Journal 10 (2008), 63 (69); *Markesinis, Basil S.,* The legacy of history on

ist die Begriffsjurisprudenz eine seit langem von niemandem mehr vertretene Lehre, deren Niedergang schon mit den späten Schriften Jherings Ende des 19. Jahrhunderts begann und sich mit der Begründung der Interessenjurisprudenz durch Heck im ersten Drittel des 20. Jahrhunderts fortsetzte.[161] „Begriffsjurisprudenz" ist heute, abgesehen von seiner historischen Bedeutung, für den durchschnittlichen deutschen Juristen ein uneingeschränkt negativ besetzter Begriff, mit dem ein von der Realität, den Interessen und Bedürfnissen der Menschen völlig abgekoppeltes, rein formales und mechanistisches Rechtsverständnis bezeichnet wird, eine Beschreibung also, die kein Jurist auf sich sitzen lassen möchte.

90 Was aber war diese heute so geschmähte Begriffsjurisprudenz? Sie ging davon aus, dass die Rechtsfindung nichts anderes sei als ein rein logischer Vorgang der Deduktion aus rechtlichen Obersätzen. Schwierigkeiten bei der Auslegung ebenso wie bei den nicht zu leugnenden Lücken im Gesetz wird dadurch begegnet, dass aus den vorhandenen Normen eine eigenständige Begrifflichkeit entwickelt wird, die mit den Normen übereinstimmt, aber über sie hinausgeht. Diese Begrifflichkeit bildet dabei ein eigenständiges System, eine „Genealogie der Begriffe",[162] eine Begriffspyramide, bei der sich aus den Begriffen immer noch abstraktere Begriffe ergeben, die letztlich die Rechtsordnung zu einem einheitlichen Ganzen formen. Insbesondere bei Puchta, einem der Hauptvertreter dieser Lehre, darf der Vorgang der Begriffsbildung allerdings nicht als induktiv, allein aus den Normen heraus verstanden werden. Im Gegenteil ist er deduktiv, indem er vom Kantischen Freiheitsbegriff ausgeht. Aus dem Freiheitsbegriff werden das Rechtssubjekt und das subjektive Recht abgeleitet, von denen aus sich dann die gesamte „Begriffsleiter" hinab bis in die feinsten Verästelungen der Normen entwickelt.[163] Aus diesem geschlossenen Begriffssystem aber kann letztlich jede Rechtsfrage durch einfache logische Deduktion entschieden werden. Diese Denkweise ist nun nicht nur im Hinblick auf ihre theoretischen Grundlagen zweifelhaft – insbesondere fehlende Vorhersehbarkeit des Verfahrens der Begriffsentwicklung, fehlende Bestimmung über die jeweilige Abstraktionshöhe des gewählten Begriffs –, sondern kann auch leicht zu völlig praxisfernen, unbefriedigenden Ergebnissen führen.[164] Begriffsjuristisch kann beispielsweise der Schuldner nur durch Zahlung an den Gläubiger oder eine vom Gläubiger dazu beauftragte Person die Schuld tilgen. Denn Zahlung an einen Dritten wäre gar keine Zahlung, eine Tilgung dadurch also eine logische Unmöglichkeit. Das mag auf den ersten Blick noch gut nachvollziehbar erscheinen, wird aber – typisch begriffsjuristisch – auf die Spitze getrieben: Befreiung von der Schuld kann (!) auch dann nicht eintreten, wenn der Gläubiger selbst einen entsprechenden Irrtum beim Schuldner verursacht hat, ja sogar dann, wenn der Gläubiger den Dritten zunächst tatsächlich beauftragt hat, die Zahlung entgegenzunehmen, diesen Auftrag dann aber wieder zurücknimmt, ohne den Schuldner darüber zu informieren.[165] Ebenso kann die schlichte Übertragung einer Forderung auf einen anderen Gläubiger für den Begriffsjuristen als logisch unmöglich gelten, da die Forderung kein Objekt ist, sondern eine Eigenschaft, eine juristische Qualität des Gläubigers. Die Forderung eines anderen Gläubigers muss also notwendig eine andere Forderung sein, denn die Forderung ist mit der Person des Gläubigers untrennbar verbunden. Möglich wäre daher allenfalls die Übertragung der Möglichkeit zur Geltendma-

---

German contract law, in: ders., Foreign law and comparative methodology – A subject and a thesis, 1997, 68 (77).

[161] So schrieb Heck schon 1914 „Die unrichtige Begriffsjurisprudenz (…), die vor dem Inkrafttreten des BGB fast unangefochten und weit verbreitet war, hat heute kaum Verteidiger.", *Heck* (Fn. 129), 2.

[162] Berühmte Formulierung bei *Puchta, Georg Friedrich,* Cursus der Institutionen, Bd. 1, 4. Aufl. 1853, 101.

[163] Vgl. *Puchta* (Fn. 162), 101; zu diesem oft nicht erwähnten, gerade nicht positivistischen Aspekt der Begriffsjurisprudenz auch *Larenz* (Fn. 60), 22.

[164] Vgl. dazu auch die aufschlussreiche, aber ohne vertiefte rechtsgeschichtliche Detailkenntnisse heute nicht mehr in allen Einzelheiten verständliche Spottschrift *Jhering, Rudolf von,* Im juristischen Begriffshimmel, in: ders., Scherz und Ernst in der Jurisprudenz, unveränderte reprographischer Nachruck 1992 der 13. Aufl. 1924, 245 (zB 252 ff., 260 ff., 283 ff., 298 ff.), besonders aufschlussreich auch die ibid., 317 ff. abgedruckten Anmerkungen zum Text.

[165] Vgl. *Jhering* (Fn. 164), 307.

chung der Forderung oder aber deren Erlöschen bei gleichzeitiger Erschaffung einer neuen Forderung in der Person eines anderen Gläubigers.[166] Gesetzliche Bestimmungen, die etwas anderes besagen, werden gescholten und müssten in diesem Sinne uminterpretiert werden. Gerade diese Einseitigkeit und diese Weigerung, die Bedeutung von Wertungen im Recht anzuerkennen, führten letztlich zum Niedergang und zur heute allgemeinen Ablehnung der Begriffsjurisprudenz. Nicht nur aus der Außenperspektive ist aber nicht zu leugnen, dass die Tendenz zu einem deduktiven Ansatz der Rechtsanwendung[167] und zu einer möglichst widerspruchslosen, umfassenden und hierarchisch geordneten Begrifflichkeit auch heute noch fortbesteht. Das allein rechtfertigt aber nicht die Bezeichnung der heutigen Praxis als begriffsjuristisch.[168]

An die Stelle der Begriffsjurisprudenz ist die insbesondere von Philipp Heck[169] im ersten Drittel des 20. Jahrhunderts entwickelte Interessenjurisprudenz getreten. Ihr herausragendes, geradezu überraschendes Merkmal liegt gar nicht so sehr in ihrem Inhalt als vielmehr in der Tatsache, dass es ihr als einer von ganz wenigen methodologischen Ansätzen gelungen ist, die Praxis nachhaltig zu beeinflussen.[170] Das mag vor dem Hintergrund der allgemeinen Einstellung zur Methodenlehre ironischerweise gerade an ihrer gelegentlich konstatierten geringen theoretischen Vertiefung[171] liegen, dürfte aber nicht zuletzt auch damit zusammenhängen, dass sich ihre Vorgehensweise recht einfach – wenn auch theoretisch vielleicht nicht ganz passgenau – in den klassischen Methodenkanon, insbesondere in die teleologische Auslegung integrieren lässt. Der Sache nach geht die Interessenjurisprudenz davon aus, dass Rechtsnormen zur Lösung von Interessenkonflikten zwischen Privatpersonen aber auch zwischen Staat und Privaten erlassen werden; dh sie legen fest, ob und wieweit das eine Interesse gegenüber dem anderen zurücktreten muss. Diese der Norm zugrundeliegende Interessenabwägung – und nicht der manchmal eher zufällige Wortlaut – bestimmt letztlich die Auslegung ebenso wie die Anwendung im Fall von Lücken. Mit anderen Worten entscheidet der Jurist einen nicht ganz unzweifelhaft und praxisgerecht aus dem Gesetzeswortlaut lösbaren Fall, indem er den darin liegenden Interessenkonflikt entlang derselben Linien löst, die das Gesetz für Interessenkonflikte dieser Art vorsieht. Sollten solche Leitlinien einmal fehlen, so orientiert er sich an den allgemein anerkannten Wertvorstellungen. Eine solche Analyse der hinter dem Gesetz stehenden Interessenabwägung und ihr Vergleich mit der im jeweiligen Fall bestehenden Interessenkonstellation findet sich heute tatsächlich in vielfacher Weise in den verschiedensten gerichtlichen Entscheidungen und ist allgemein anerkannt. 91

Die Wertungsjurisprudenz stellt demgegenüber eine theoretische Fortentwicklung der Interessenjurisprudenz dar, die heute in der Methodenliteratur weit verbreitet und ausgefeilt ist, die allerdings aus der Sicht des praktischen Rechtsanwenders – ganz im Gegensatz zum Theoretiker der Methodenlehre – nur wenig zusätzlichen Ertrag bringt. Die Wertungsjurisprudenz kritisiert an der Interessenjurisprudenz vor allem, dass sie die gesetzliche Norm als ein rein kausales Ergebnis der beteiligten Interessen ansehe und dabei entweder übersehe, dass diese Interessen ihrerseits bewertet werden oder aber unzulässigerweise diese Wertungen ebenfalls als Interessen behandele. Die Wertungsjurisprudenz betont insofern das Eingreifen der wertenden und wählenden Menschen im Rahmen der Gesetzgebung. Ganz praktisch bedeutet dies, dass der Jurist bei der Entscheidung eben die Interessenabwägungen *und* Bewertungen, die hinter den gesetzlichen Normen stehen, zu berücksichtigen hat. Mit besonderer Sorgfalt widmen sich die Vertreter der Wertungsjurisprudenz dann der Frage, 92

[166] Vgl. *Jhering* (Fn. 164), 307 f.
[167] Zur sog. Subsumtion vgl. infra → Rn. 109 ff.
[168] Vgl. etwa auch *Fikentscher* (Fn. 66), 99, der deutlich darauf hinweisst, dass der relative Wert juristischer Begriffsbildung nicht verkannt werden sollte, solange die Rechtswissenschaft den Anspruch erhebe, Wissenschaft zu sein.
[169] Vgl. etwa *Heck, Philipp,* Das Problem der Rechtsgewinnung, 1912, 1 ff., 28 ff.; *Heck* (Fn. 129), 8 ff., 59 ff.; *Heck, Philipp,* Begriffsbildung und Interessenjurisprudenz, 1932, insbes. 106 ff.
[170] Vgl. *Fikentscher* (Fn. 66), 380; *Bydlinski* (Fn. 41), 116 f.; *Larenz* (Fn. 60), 58.
[171] So die Bewertung bei *Bydlinski* (Fn. 41), 118.

woher diese Wertungen kommen dürfen, wenn sie sich einmal nicht mit hinreichender Klarheit dem Gesetz entnehmen lassen.[172] Vielfach, wenn auch nicht immer, ist dabei das Bestreben zu erkennen, zulässige rechtliche Wertungen von unzulässigen außerrechtlichen, etwa aus dem Bereich des persönlichen Gewissens, zu trennen. Auf höchster Abstraktionsstufe werden hier Wertungen wie Rechtsfrieden, Gerechtigkeit, Rechtssicherheit oder Zweckmäßigkeit diskutiert. Auch solche Wertungen finden sich heute vielfach in gerichtlichen Entscheidungen wieder; insofern ist auch die Wertungsjurisprudenz in der Praxis angekommen.

93 Der Siegeszug von Interessen- und Wertungsjurisprudenz machen dabei auch deutlich, warum sich heute kein deutscher Jurist selbst je als Formalist bezeichnen würde. Wenn der Begriff des Formalismus überhaupt Verwendung findet, dann wird darunter gemeinhin eine rein begriffsjuristische Denkstruktur verstanden, die die hinter den Rechtssätzen stehenden Interessen und Wertungen ausblendet und so zu realitätsfernen, interessewidrigen, unbilligen, eben: rein formalistischen Ergebnissen gelangt. Die Unterscheidung von rechtlicher und nichtrechtlicher, insbesondere politischer, Sphäre und Argumentation aber, die für den U.S.-amerikanischen Formalismusbegriff so prägend ist,[173] ist der praktisch wirksamen deutschen Methodenlehre auch heute noch immanent.

d) Französische Parallelen

aa) Inhaltliche Parallelen, terminologische Unterschiede

94 Der Sache nach unterscheidet sich die französische Vorgehensweise bei der Gesetzesauslegung nicht signifikant von der deutschen. In einer Diskussion um die mögliche und richtige Auslegung eines konkreten Gesetzes werden ein deutscher und ein französischer Jurist kaum an einen Punkt grundlegenden gegenseitigen Miss- oder Unverständnisses gelangen, wie er so typisch ist für das Zusammentreffen von kontinentaleuropäischem Recht und common law. Das gilt umso mehr, als auch für die französische Praxis gern ein gewisser Eklektizismus bei der Methodenwahl konstatiert wird,[174] beide Rechtsordnungen sich also in ihrer gewissen Nonchalance gegenüber dieser Frage begegnen. Auch bleibt in der Praxis stets das Gesetz der Ausgangspunkt aller Überlegungen und aller Begründungen, von dem sich der Richter nicht lösen kann und darf. Freiheiten, wie sie schon der legal realism und oft mehr noch die ihm nachfolgenden rechtstheoretischen Schulen in den USA gewähren, werden auch in Frankreich als inkompatibel mit dem eigenen System angesehen.[175]

95 Größere Unterschiede bestehen hingegen in der Terminologie, der Systematisierung und der theoretischen Aufbereitung der Auslegungsmethodik. Denn die Theoriegebäude in beiden Rechtsordnungen haben sich weitgehend unabhängig voneinander entwickelt, hatten je ihre eigenen Vordenker und historischen Grundstreitigkeiten, die bis heute das Denken beeinflussen. Ging es in Deutschland vor allem um den Streit zwischen subjektiver und objektiver Theorie sowie den bestimmenden Einfluss des Auslegungskanons Savigny'scher Prägung, so ging es in Frankreich neben einigen anerkannten Auslegungsmaximen vor allem um die Kritik an der anfangs bestimmenden école de l'exégèse, ihre radikale Kritik durch die von Gény begründete école de libre recherche scientifique sowie die heutige, pragmatische Praxis. Daneben dürfte die französische Diskussion nicht zuletzt dadurch beeinflusst sein, dass die tatsächlich angewendeten Auslegungsmethoden der Gerichte und insbesondere des Cour de cassation sich – ganz anders als in Deutschland[176] – aus den jeweiligen Urteilen kaum ablesen lassen.

---

[172] Vgl. etwa die Darstellung bei *Larenz* (Fn. 60), 125 ff.; noch deutlicher *Bydlinski* (Fn. 41), 128 ff.
[173] Zum U.S.-amerikanischen Begriff des Formalismus vgl. auch supra → § 3 Rn. 268, → § 5 Rn. 259, 261.
[174] Vgl. *Bergel, Jean-Louis,* Méthodologie juridique, 3. Aufl. 2018, 148 ff., 288 ff.
[175] Deutlich *Bergel* (Fn. 174), 288, 290.
[176] Vgl. etwa die stichprobenartige Untersuchung bei *Raisch* (Fn. 139), 39 ff.

bb) Der klassische Schulenstreit: école de l'exégèse vs. libre recherche scientifique

Die exegetische Schule (école de l'exégèse)[177] bestimmte im ganzen 19. Jahrhundert die französische Gesetzesauslegung. Eine zentrale Stellung bei der Auslegung kam dem Wortlaut des Gesetzes zu. Dies galt insbesondere für den Code civil, der als Ausdruck des volonté générale und der nationalen Souveränität angesehen wurde. In ihrer objektiven Variante stand für die exegetische Schule daher die wörtliche Auslegung an erster Stelle, bei der die Regeln der Grammatik und des sprachlichen Aufbaus ebenso eine Rolle spielten wie die jeweils übliche Wortbedeutung. Durch eine Analyse Satz für Satz sollte die intellektuelle Kohärenz des Gesetzes erkennbar werden. Diese scheinbar sklavische Bindung an den Wortlaut wurde jedoch ergänzt durch eine subjektive Variante, die mit verschiedenen Mitteln versuchte, die historische ratio legis zu finden. Dazu wurden vor allem die Gesetzgebungsmaterialien herangezogen, aber auch die historischen Vorläufer, auf die der Gesetzgeber unweigerlich zurückgegriffen hatte, und der Geist eines ganzen Normkomplexes, der schließlich ebenfalls vom Gesetzgeber geprägt war.[178] Die exegetische Schule wird deshalb auch oft als psychologisch oder historisch bezeichnet, da es ihr um den tatsächlichen, inneren Willen des historischen Gesetzgebers ging. Die frühen Kommentatoren des Code civil (Coin-Delisle, Delvincourt, Demante, Demolombe, Duranton, Duvergier, Fenet, Locré, Merlin, Proudhon, Toullier, Troplong) waren Repräsentanten dieser Schule. Bugnet etwa wird ein berühmtes, bezeichnendes Zitat zugeschrieben: „Je ne connais pas le droit civil: j'enseigne le Code Napoléon."[179] Von diesem Geist wichen auch zwei weitere berühmte Zivilrechtler, Aubry und Rau, im Kern nicht ab, obwohl sie unter dem Einfluss deutscher Rechtswissenschaft größeren Wert auf eine Systematisierung des Code civil legten, so dass sie auch als Begründer einer eigenen (als dogmatisch, synthetisch, historisch oder wissenschaftlich bezeichneten) Schule angeführt werden können.[180] Kaum zu übersehen ist die geistige Verwandtschaft der exegetischen Schule zur deutschen subjektiven Theorie, die beide den subjektiven Willen des tatsächlichen Gesetzgebers zum ausschlaggebenden Kriterium erklärten. Diese Parallele geht sogar so weit, dass ähnlich wie bei der subjektiven Theorie[181] auch die exegetische Schule in späterer Zeit vielfach übertrieben radikal dargestellt wurde.[182] 96

Der anfängliche Erfolg der exegetischen Schule erklärt sich, ebenso wie ihre späteren Probleme und ihre heute erneuerte Bedeutung, aus der historischen Nähe zum Gesetzgebungsvorgang. Anfang des 19. Jahrhunderts war der Code civil ein umfassend angelegtes, völlig neues und im revolutionären Geist verfasstes Dokument. Die Annahme, der Gesetzgeber werde an alles gedacht haben, lag deshalb ebenso nahe wie die Auffassung, an seinen ja soeben erst geäußerten Willen gebunden zu sein: Wenn der Gesetzgeber sich soeben mit einer Frage befasst und eine Lösung vorgegeben hat, ist es nicht Aufgabe des Richters, diese in Frage zu stellen. Mit zunehmendem zeitlichem Abstand nahm diese Evidenz allerdings ab. Hinzu kamen die zahlreichen wirtschaftlichen, technischen und gesellschaftlichen Umwälzungen des 19. Jahrhunderts. Sie führten einerseits zu Verschiebungen im Wertsystem, deren auch rechtliche Berücksichtigung sich aufdrängte. Andererseits stellten sie das Recht vor völlig neue Aufgaben und Fragen, auf die der Gesetzgeber des – weitgehend unverändert gebliebenen – Code civil schon aus Unkenntnis gar keine Antwort hatte geben können. Die 97

177 Zu beiden Schulen vgl. etwa *Beignier, Bernard; Binet, Jean-René; Thomat-Raynaud, Anne-Laure,* Introduction au droit, 8. Aufl. 2022, 221 f.; ausführlicher *Bergel* (Fn. 174), 260 ff.; zusammenfassend *Molfessis/Terré* (Fn. 110), 743 ff.

178 Vgl. *Malaurie, Philippe; Morvan, Patrick,* Introduction au droit, 9. Aufl. 2022, 508 f.

179 Zit. nach *Bergel* (Fn. 174), 260.

180 Zu Aubry und Rau vgl. *Bergel* (Fn. 174), 260 f.; *Basdevant-Gaudemet, Brigitte; Gaudemet, Jean,* Introduction historique au droit – XIIIe – XXe siècles, 4. Aufl. 2016, 515 f.

181 Vgl. supra → Rn. 74 ff.

182 Vgl. dazu *Rémy, Philippe,* Éloge de l'exégèse – Droits, Revue française de théorie, de philosophie et de culture juridiques 1 (1985), 115 (117 ff.); *Rémy, Philippe,* Le rôle de l'exégèse dans l'enseignement du droit au XIXe siècle, Annales d'histoire des facultés de droit et de la science juridique – Les méthodes de l'enseignement du droit 2 (1985), 91 (91 f.); zusammenfassend *Basdevant-Gaudemet/Gaudemet* (Fn. 180), 515.

Suche nach dem realen Willen des Gesetzgebers wurde so mehr und mehr zu einer Fiktion, die auch methodisch nicht zu befriedigen vermochte. Der Code civil veraltete, die exegetische Schule drohte zu einer Versteinerung der Rechtsentwicklung zu führen.

98 In dieser Situation trat François Gény auf den Plan, der schon 1899 der exegetischen Schule den bis heute radikalsten Gegenentwurf gegenüberstellte: die Theorie der freien wissenschaftlichen Forschung (libre recherche scientifique).[183] Anders als der Name der Theorie andeutet, ging es ihm allerdings keineswegs darum, die Auslegung völlig vom Willen des Gesetzgebers zu befreien. Im Gegenteil kritisierte er, dass die exegetische Schule dazu führe, dem Gesetzgeber einen Willen zu unterstellen, den er niemals gebildet habe. Gény fordert insofern einen gewissen Realismus, der anerkennt, dass der Gesetzgeber eben nicht alles vorhersehen und regeln könne. Die Auslegung solle also durchaus den Willen des Gesetzgebers respektieren. Könne ein solcher Wille aber nicht festgestellt werden, etwa weil sich die tatsächlichen Umstände in der Zwischenzeit geändert hätten, dann sei der Richter aufgefordert, eine eigene Lösung zu entwickeln. Dies müsse allerdings auf objektiver Basis geschehen, der Richter sich also nicht auf sein ganz persönliches Dafürhalten, sondern auf Tatsachen, auf soziale, historische, politische und wirtschaftliche Gegebenheiten ebenso wie moralische und Billigkeitserwägungen seiner jeweiligen Zeit stützen.[184] Welche objektiven Elemente genau heranzuziehen seien und wie dies im Einzelnen zu geschehen habe – dies festzustellen sei gerade Aufgabe der Methodenlehre. Es geht also, in einer berühmten Formulierung von Saleilles, um eine Auslegung „au-delà du code, mais par le code".[185] Die Theorie der freien wissenschaftlichen Forschung kann damit in Abgrenzung zur exegetischen Schule als soziologisch beschrieben werden,[186] allerdings keinesfalls im Sinn der rechtssoziologischen Schule in den USA mit ihrer Skepsis gegenüber Regeln und deren deduktiver Anwendung.[187] Auch die Theorie der freien wissenschaftlichen Forschung ist vielmehr regelorientiert, auf Deduktion angelegt und begreift sich grundsätzlich als an den gesetzgeberischen Willen gebunden; nur wenn dieser Wille nicht weiter führt, ist sie zu einer freieren Entwicklung von Normen bereit, die insbesondere auf die Lebenswirklichkeit und insofern auf soziologische Tatsachen zurückgreift. Insofern bleibt auch die Ähnlichkeit zur deutschen *Frei*rechtsschule eine rein terminologische; beide unterscheiden sich gerade dadurch, dass die französischen Theorie allein auf objektive Entscheidungselemente Bezug nimmt und eben nicht das subjektive Dafürhalten des Richters als Entscheidungsbasis akzeptiert.[188]

cc) Heutige Realität der methodischen Vielfalt

99 **(1) Oszillierende Methodenlehre.** Ein grobes Missverständnis wäre es zu glauben, die Schule der libre recherche scientifique hätte sich gegen die école de l'exégèse durchgesetzt. Beide Schulen dienen vielmehr heute in Frankreich als Illustration der Endpunkte einer Skala, auf der die tatsächlich wirksame und gepflegte Auslegung sowie die einschlägige wissenschaftliche Diskussion oszilliert. Direkte Anhaltspunkte zur verwendeten Auslegungsmethode lassen sich der französischen Rechtsprechung aufgrund der extremen Kürze der Urteilsbegründungen praktisch nicht entnehmen. Insgesamt spricht jedoch nichts dafür, dass die Rechtsprechung sich der Methode der libre recherche scientifique verschrieben hätte.[189] Andererseits hat sich seit den Zeiten von Gény auch in der Gesetzgebung einiges geändert.

[183] Grundlegend *Gény, François,* Méthode d'interprétation et sources en droit privé positif – Essai critique, 2 Bände, 2. Aufl. 1919.

[184] Vgl. etwa *Gény, François,* Méthode d'interprétation et sources en droit privé positif – Essai critique, Bd. 2, 2. Aufl. 1919, 77 ff.; zusammenfassend *Bonnard* (Fn. 75), 116.

[185] *Saleilles, Raymond,* Préface, 1899, in: Gény, François, Méthode d'interprétation et sources en droit privé positif – essai critique, Bd. 1, 2. Aufl. 1919, XIII (XXV).

[186] Vgl. *Roland, H.; Boyer, L.,* Introduction au droit, 2003, 129 f.

[187] Zur rechtssoziologischen Schule in den USA vgl. supra → § 5 Rn. 259 f.

[188] Vgl. *Cornu, Gérard,* Droit civil – Introduction au droit, 13. Aufl. 2007, 208 f.

[189] Deutlich etwa *Molfessis/Terré* (Fn. 110), 745 f.

Nicht nur der Code civil, auch die zahllosen anderen Gesetze werden oft verändert oder neu erlassen und so aktuellen Entwicklungen angepasst. Für aktuelle Gesetze aber greift wieder in stärkerem Maße der ursprüngliche Gedanke der exegetischen Schule mit ihrer engen Bindung an den Willen des realen Gesetzgebers und ihrem besonderen Interesse für die Gesetzgebungsmaterialien. Tatsächlich wird in der Literatur teilweise vorgeschlagen, bei der Auslegung zwischen älteren und neueren Gesetzen zu unterschieden und sich bei älteren weniger an den Willen des historischen Gesetzgebers zu binden als bei neueren.[190] Wenn allerdings heute von einer exegetischen Auslegung die Rede ist, dann dürfte damit nicht mehr genau die Methode gemeint sein, derer sich die Kommentatoren des 19. Jahrhunderts bedienten. Tatsächlich ist der oszillierende Charakter der französischen Auslegungslehre durchaus wörtlich zu nehmen. Es geht heute weniger darum, konkrete Schulen zu bilden, die bestimmten Auslegungsmethoden anhängen, andere ablehnen und sich so von anderen Schulen abgrenzen. Vielmehr geht es um die Suche nach möglichen Ansätzen der Auslegung, die dann flexibel von Fall zu Fall angewandt werden, ohne dass sich eine konkrete Hierarchie der Methoden oder eine festgelegte Regel für deren Auswahl angeben ließe. Auch insofern bestehen erhebliche Ähnlichkeiten mit der Lage in Deutschland.[191]

(2) Zusätzliche Auslegungsmethoden und praktische Ansätze. Ganz praktisch wer- 100
den die verschiedensten Auslegungsansätze diskutiert, denen teilweise eigenständige Namen gegeben werden, die aber ebenso als schlichte Einzeltopoi bei der Auslegung verstanden werden können.

So lassen sich etwa dem Ansatz der libre recherche scientifique noch weitere als wissen- 101
schaftlich bezeichnete Ansätze hinzufügen, etwa die systematische Methode, die auf die strukturellen Zusammenhänge der Einzelnorm mit den übrigen Normen desselben Gesetzes, aber auch mit anderen Gesetzen, allgemeinen Rechtsgrundsätzen, übergeordneten Werten oder dem Völkerrecht abstellt; oder die evolutive Methode, die sich vom Willen des historischen Gesetzgebers löst und stattdessen die objektive Funktion und das objektive Ziel des Gesetzes unter den jeweils herrschenden Zeitumständen ermittelt[192] und so deutliche Parallelen zur deutschen objektiven Theorie, insbesondere in ihrer Anwendung auf die teleologische Auslegung aufweist. Oft erwähnt wird auch die von Saleilles gegen Ende des 19. Jahrhunderts entwickelte Theorie der deformierenden Auslegung (interprétation déformante), die auf ähnlicher gedanklicher Grundlage wie Gény auch dann auf den Gesetzestext abstellen will, wenn der Gesetzgeber an die zu beurteilende Situation gar nicht gedacht hat, so dass auf diese Weise der Gesetzestext durch die Auslegung letztlich deformiert werde.[193] Dies erinnert stark an die in Deutschland sog. richterliche Rechtsfortbildung, die ebenfalls die Grenze des Gesetzeswortlauts durchstößt.[194] Klassisches Beispiel ist etwa die Auslegung des art. 1384 Abs. 1 Code civil, dem zufolge eine deliktische Haftung nicht nur für eigenes Handeln (fait personnel) besteht, sondern auch „par le fait (…) des choses que l'on a sous sa garde" (fait de choses), für die in mancher Hinsicht erleichterte Bedingungen bestehen. Die Formulierung der Haftung für fait de choses nach art. 1384 Abs. 1 Code civil war aber nach dem Willen des Gesetzgebers nur als bloßer Hinweis auf die konkrete Regelung in art. 1365, 1386 Code civil gedacht, die eine solche Haftung wiederum nur für Tiere und für Ruinen eines Gebäudes vorsah, keineswegs aber als allgemeine Haftungsregel für jeden Fall, in dem irgendeine Sache an der Verursachung eines Schadens beteiligt war. Dennoch war es genau diese generelle Haftung für alle Sachen, die die Rechtsprechung letztlich aus art. 1384 Abs. 1 Code civil herauslas[195]

[190] So *Bergel* (Fn. 174), 261.
[191] Vgl. auch die Analyse bei *Hager, Günter,* Rechtsmethoden in Europa, 2009, 35 ff.
[192] Vgl. zu diesen beiden Methoden *Bergel* (Fn. 174), 280 ff.
[193] Vgl. *Saleilles, Raymond,* Quelques mots sur le rôle de la méthode historique dans l'enseignement du droit, Revue internationale de l'enseignement 19 (1890), 482; zur heutigen Darstellung dieser Schule vgl. etwa *Bonnard* (Fn. 75), 116; *Beignier/Binet/Thomat-Raynaud* (Fn. 177), 222; *Molfessis/Terré* (Fn. 110), 745.
[194] Zur Rechtsfortbildung vgl. supra → Rn. 83, 86, infra → Rn. 286.
[195] Vgl. deutlich *Terré, François; Simler, Philippe; Lequette, Yves; Chénedé, François,* Droit civil – Les obligations, 13. Aufl. 2022, 1095 f., zur Entwicklung der Rechsprechung ibid., 1096 ff.

und so den ursprünglichen Sinn des Gesetzestextes ganz im Sinne Saleilles' „deformierte".[196] Beispiele wie dieses führten zu dem in Frankreich geflügelten Wort Carbonniers „L'interprétation est la forme intellectuelle de la désobéissance."[197]

102 Auch jenseits etwaiger Schulenbildung finden sich unter den verschiedenen möglichen Ansätzen zur Auslegung zahlreiche Aspekte, die durchgängig jedem deutschen Juristen bekannt vorkommen. So werden etwa genannt:[198] die *grammatikalische* Auslegung; die *logische* Auslegung, die auf den systematischen Kontext der Norm abstellt; die *psychologische* Auslegung, die auf den realen Willen des Gesetzgebers zurückgreift; die *historische* oder *evolutive* Auslegung, die anstelle des gesetzgeberischen Willens auf die aktuellen Anforderungen des sozialen Milieus und auf den Normtext als solchen abstellt, so dass sich die Bedeutung einer Norm mit der Zeit ändern kann; die Auslegung anhand des *effet utile,* wie sie aus dem Europarecht bekannt ist, die das Ziel des Gesetzes oder Vertrages bestmöglich zu erreichen sucht; die *teleologische* Auslegung, die das soziale Ziel, den Geist des Gesetzes in den Vordergrund stellt und der heute eine besonders große Bedeutung zukommt. Bekannt ist etwa auch das Konzept der *erweiternden* Auslegung, insbesondere durch die Ausdehnung von Rechtskonzepten oder durch Analogie.[199] Der praktische Unterschied zu Deutschland scheint also vor allem in einer etwas anderen Systematisierung und teils auch Bezeichnung der Auslegungsmethoden zu liegen, ohne dass darin erkennbar ein inhaltlicher Unterschied läge.

103 Ähnliches gilt für einige logische Schlüsse und klassische Auslegungsmaximen, über deren Existenz und grundsätzliche Berechtigung weitgehende Einigkeit herrscht und die meist völlig unabhängig vom alten Schulenstreit dargestellt werden. Akzeptiert sind etwa der Schluss a pari (Analogie), a fortiori (a maiore ad minus) und e contrario.[200] Daneben stehen Auslegungsmaximen, deren lateinische Formulierung bereits ihre lange Geschichte belegt.[201] Sie werden als überlieferte Sätze von gewisser Überzeugungskraft akzeptiert, ohne dass ihnen aber eine besonders herausragende Stellung insbesondere auch gegenüber der Vielfalt der Auslegungsmethoden zuerkannt würde. Nach der Devise *ubi lex non distinguit, nec nos distinguere debemus* ist es untersagt, dort Unterscheidungen zu treffen, wo das Gesetz nicht unterscheidet. *Generalia specialibus non derogant* ordnet letztlich den Vorrang einer spezialgesetzlichen Regelung vor einer – im Grundsatz ebenfalls anwendbaren – allgemeinen Regelung an, wenn beide zu unterschiedlichen Ergebnissen führen. *Cessante ratione legis cessat ejus dispositio* legt fest, dass eine Regel nur so weit angewandt werden kann, wie ihr Sinn reicht, auch wenn ihr Wortlaut möglicherweise noch weiter geht. Die Anwendung dieser letztgenannten Regel führt naturgemäß dazu, dass zwei Fälle unterschiedlich behandelt werden, obwohl sie beide noch unter den Wortlaut des Gesetzes fallen, also zu einem klaren Verstoß gegen die zuvor genannte Regel ubi lex non distinguit. Darin zeigt sich deutlich der nur unterstützende und keinesfalls bindende Charakter all dieser Maximen. *Exceptio est stritissimae interpretationis* schließlich fordert dazu auf, Ausnahmen von einer allgemeinen Regel eng auszulegen. Auch dieser Grundsatz hat einen klassischen Gegenspieler, nämlich den bei Bedarf immer zur Verfügung stehenden Analogieschluss gerade zur jeweiligen

---

196 Ironisch zur Deformation etwa *Villey, Michel,* Seize essais de philosophie du droit dont un sur la crise universitaire, 1969, 269: „C'est vraiment une chose admirable que la logique de nos magistrats, leur aptitude à relier, avec une maîtrise consommée, à de vieux articles du Code civil des solutions de jurisprudence qui disent exactement le contraire.".

197 *Carbonnier, Jean,* Droit civil – Introduction, 27. Aufl. 2002, 315.

198 Aufzählung hier beispielhaft nach *Molfessis/Terré* (Fn. 110), 746 ff.

199 Vgl. *Bergel* (Fn. 174), 269.

200 Vgl. etwa *Bonnard, Jérôme,* Introduction au droit, 5. Aufl. 2018, 117; *Molfessis/Terré* (Fn. 110), 744. Während der Gegenschluss in Deutschland durchgehend als „argumentum e contrario" bezeichnet wird, verwendet die französische Literatur den Begriff „argument a contrario", vgl. etwa *Cornu, Gérad,* Vocabulaire juridique, 13. Aufl. 2020, 79; *Bergel* (Fn. 174), 272 f. Im angelsächsischen Sprachraum wird überwiegend „argumentum a contrario" verwendet, vgl. *Garner, Bryan A.,* Black's law dictonary, 11. Aufl. 2019, 133.

201 Zu diesen Maximen vgl. etwa *Molfessis/Terré* (Fn. 110), 742 f.; *Malinvaud, Philippe; Balat, Nicolas,* Introduction à l'étude du droit, 21. Aufl. 2021, 133 f.

Ausnahme. Nur ein in Frankreich oft genannter Satz dürfte in Deutschland auf einige Verwunderung stoßen: Interpretatio cessat in claris, also die Überflüssigkeit der Auslegung bei klarer Bedeutung. Bezeichnenderweise aber wird der Sinn dieser Maxime auch in Frankreich heute weitgehend bezweifelt.[202] Nicht nur legt die französische Rechtsprechung in der Praxis auch scheinbar klare Gesetze oft aus und passt so ihren Inhalt an die jeweilige Situation an. Auch dogmatisch ist kaum einzusehen, wie denn bestimmt werden soll, ob ein Gesetz klar ist, ohne es zuvor auszulegen. Denn schließlich ist jede Aussage über die Bedeutung eines Gesetzes, selbst wenn sie allein auf den Wortlaut abstellt, stets ein Akt der Auslegung. Auch scheint die Formel vom klaren Gesetz stark auf die umgangssprachliche Wortbedeutung abstellen zu wollen, obwohl gesetzliche Begriffe oft gerade einen spezifisch juristischen Sinn haben.[203] So konnte etwa nach der (heute aufgehobenen) Bestimmung des art. 333 Code civil ein Kind durch gerichtliche Entscheidung legitimiert werden, wenn eine Heirat der Eltern unmöglich war. Nach üblichem Wortverständnis erfasst „unmöglich" dabei nur den Fall, dass die Eltern nicht heiraten konnten, nicht aber dass sie nicht wollten. Dennoch war es nach der französischen Rechtsprechung und Lehre nicht gänzlich ausgeschlossen, in bestimmten Situationen auch für Fälle, in denen die Eltern durchaus hätten heiraten können, eine Unmöglichkeit im Rechtssinne anzunehmen,[204] etwa wenn die Eltern sich völlig auseinandergelebt und verfeindet hatten.[205]

4. Praktische Rechtsanwendung

Die Eigenheiten kontinentaleuropäischen Rechtsdenkens zeigen sich, ebenso wie die des common law, am besten in der praktischen Vorgehensweise bei der Rechtsanwendung. Gemeint ist damit nicht die Höhe theoretischer und methodischer Überlegungen, die dieser Praxis mit einer – gelegentlich berechtigten – Zurückhaltung gegenüberstehen. Gemeint ist vielmehr das tägliche Arbeiten insbesondere der Rechtsanwälte und Richter am Fall, das zugleich in enger Wechselwirkung zur akademischen Beschäftigung mit dem Recht steht.[206] Wie also agiert der soeben herausgearbeitete Grundtyp des deutschen Juristen, der noch von einer Vorliebe zu klarer Begrifflichkeit und Systematik ebenso wie von einem Denken in gesetzgeberischen Interessenabwägungen und Bewertungen geprägt ist, der sich auch der richterlichen Rechtsfortbildung etwa in Form von Analogien oder teleologischen Reduktionen nicht verschließt, der aber gleichzeitig kaum auf methodische Reinheit der Argumentation achtet, solange nicht Recht mit Politik verwechselt oder gegen den gesunden Menschenverstands verstoßen wird? **104**

a) Recht und Tatsachen

Eine erste Besonderheit, die dem deutschen Juristen aber in aller Regel so selbstverständlich erscheint, dass er kaum darüber nachdenkt, ist die Abgrenzung von Recht und Tatsachen. Anders als etwa im common law[207] wird über sie praktisch nicht reflektiert, gilt sie als vollkommen klar und unproblematisch: Tatsachen bewegen sich auf der Ebene der Realität. **105**

---

202 Vgl. etwa *Beignier/Binet/Thomat-Raynaud* (Fn. 177), 224; *Bergel* (Fn. 174), 256.

203 Die fast unlösbare Aufgabe, klare von unklaren Gesetzen zu unterscheiden und damit letztlich eine Auswahl zwischen den zur Ermittlung der Klarheit zulässigen und unzulässigen Auslegungsmethoden treffen zu müssen, ist auch eines der Grundlagenprobleme, die sich aufgrund der Chevron-Entscheidung – dazu supra → § 5 Rn. 218 ff. – im U.S.-amerikanischen Verwaltungsrecht stellen; vgl. dazu nur das Sondervotum von Justice Scalia in INS vs. Cardozo-Fonseca, 480 U. S. 421, 454 (1987) sowie allgemein zB *Gellhorn, Ernest; Levin, Ronald M.,* Administrative law and process in a nutshell, 5. Aufl. 2006, 84 ff.; *Beermann, Jack M.,* Inside administrative law, 2. Aufl. 2020, 136 f.

204 Beispiel nach *Molfessis/Terré* (Fn. 110), 737 Fn. 5.

205 Vgl. CA Paris vom 7.12.1976 und 1.7.1976, Zusammenfassung bei *Raynaud, Pierre,* Jurisprudence française en matière de droit civil – Personnes et droits de famille, Revue trimestrielle de droit civil 1977, 548 (550 f.).

206 Zur Rolle der akademischen Literatur infra → Rn. 156 ff.

207 Vgl. dazu supra → § 5 Rn. 49 ff.

Sie lassen sich auch von Nichtjuristen ermitteln und beweisen, liegen entweder vor oder nicht vor. Dabei kann es nicht nur äußere, sondern auch innere Tatsachen geben, etwa die innere Einstellung einer Person, seine Meinung, sein Denken. Tatsache ist also etwa: Das Messer drang bis ins Herz ein; die Baggerarbeiten an der Straße bewirkten den Zusammenbruch des Hauses; Meier wollte Müller umbringen; Elektriker Schulze hielt sich bei der Reparatur nicht an die etablierten Grundsätze sorgfältiger Arbeit. Unklarheiten auf der Ebene der Tatsachen können nur auftreten, wenn und soweit die menschliche Erkenntnisfähigkeit allgemein oder im konkreten Einzelfall beschränkt ist: Niemand hat den tödlichen Unfall beobachtet; kein Zeuge kann sich mehr an die konkreten Worte beim vermeintlichen Vertragsabschluss erinnern; die Gefährlichkeit genmanipulierten Saatgutes ist wissenschaftlich nicht hinreichend untersucht. Das Recht hingegen gehört nicht zur Ebene der Realität, nicht zum Sein, sondern zur Normativität, zum Sollen. Recht sind die Anforderungen und Voraussetzungen der wie auch immer ermittelten Rechtsnormen. Über den Inhalt des Rechts kann es Streit geben, wenn die Juristen zu verschiedenen Auslegungen gelangen; Rechtsfragen unterliegen nicht dem Beweis. Der Unterschied zwischen Recht und Tatsachen verläuft also entlang der Linie zwischen Sollen und Sein; eine Vermengung beider ist kaum möglich, auch wenn natürlich gesetzliche Normen (als Sollen) durch Handlungen des Gesetzgebers (als Sein) erzeugt werden.[208] Schon diese eher oberflächliche Beschreibung geht aber über die Belange und die bewusste Gedankenwelt der Praxis weit hinaus. Letztlich entspricht die Unterscheidung zwischen Recht und Tatsachen, vielleicht mit Ausnahme der Einbeziehung innerer Tatsachen, dem einfachen Alltagsverständnis auch der Nichtjuristen.

106 Ein Beispiel mag dies verdeutlichen: § 4 Abs. 1 Nr. 1 Gaststättengesetz sieht vor, dass eine Gaststättenerlaubnis versagt werden kann, wenn der Antragsteller die erforderliche Zuverlässigkeit nicht besitzt. Beantragt Meier eine solche Erlaubnis zur Eröffnung einer Bar, so ist der Begriff der „Zuverlässigkeit" Recht; Tatsache ist hingegen, dass Meier zweimal wegen Körperverletzung verurteilt wurde, weil er einmal seine Frau bei einem privaten Streit zuhause geschlagen hat und weil er als Türsteher in einer Diskothek mehrfach Gäste krankenhausreif prügelte, weil sie ihn nicht grüßten. Wird nun als „unzuverlässig" im Rechtsinn jemand angesehen, der nicht die Gewähr dafür bietet, dass er das Gewerbe in Zukunft ordnungsgemäß ausüben wird, so ist dies eine Definition und somit erneut eine rechtliche Aussage. Dasselbe gilt für die Aussage, dass es in diesem Sinne zum ordnungsgemäßen Betreiben einer Bar gehört, dass Gäste nicht damit rechnen müssen, vom Wirt rechtswidrig verprügelt zu werden. Auf der Ebene der Tatsachen bewegt sich hingegen die Wertung, dass jemand, der einmal seine Frau zuhause geschlagen hat, nicht notwendiger- oder naheliegenderweise die Gäste seiner Bar schlagen wird, da beide Situationen sehr verschieden sind und das Schlagen der Ehefrau einmalig war, so dass daraus kein Schluss auf eine generelle Tendenz zu unnötiger Gewaltanwendung gezogen werden kann. Ebenfalls eine Schlussfolgerung auf Tatsachenebene läge vor, wenn aus dem mehrfachen, grundlosen Verprügeln von Gästen als Türsteher auf eine reale Gefahr geschlossen würde, dass dies auch bei eigenständigem Betreiben einer Bar geschehen könnte. Kurz gesagt könnte die Gaststättenerlaubnis in dieser Situation nicht wegen des Schlagens der Frau, aber wegen des mehrfachen Verprügelns der Gäste versagt werden. Was an der zu diesem Schluss führenden Argumentation jeweils zu den Tatsachen und was zum Recht zählt, ist stets eindeutig. Die Verbindung von Recht und Tatsachen, die dem common law solche Schwierigkeiten bereitet,[209] wird hier gar nicht als Problem gesehen, da bei der Entscheidung, ob ein bestimmter Lebenssachverhalt unter eine bestimmte Norm fällt, für jeden Satz jeweils klar

[208] Die Nähe dieser Ausführungen zum grundsätzlichen Denken von Hans Kelsen ist dabei durchaus gewollt; jenseits der Rechtsphilosophie dürfte die Trennung von Sein und Sollen im Sinne Kelsens zum unbewussten Grundstock juristischer Überzeugungen der meisten Praktiker zählen. Vgl. zu den Grundgedanken etwa *Kelsen, Hans,* Reine Rechtslehre, 2. Aufl. 1960, 4 ff.; zur Kritik an Kelsen vgl. statt aller *Larenz* (Fn. 60), 72 ff.

[209] Vgl. dazu supra → § 5 Rn. 51 ff.

ist, ob er Recht oder Tatsache beschreibt. Entschieden ist ein konkreter Einzelfall erst, wenn die Formulierung der Norm aufgrund genauer rechtlicher Auslegung einerseits und der ermittelte Lebenssachverhalt andererseits inhaltlich so nahe beieinander stehen, dass ihre Übereinstimmung oder Nichtübereinstimmung evident ist.[210] Die Differenzierung zwischen Recht und Tatsachen ließe sich dabei im verwendeten Beispiel beliebig fortsetzen: Würde beispielsweise erwogen, dass strafrechtliche Verurteilungen nach Absitzen der Strafe oder nach Ablauf einer bestimmten Zeit aus Gründen der Rehabilitation nicht mehr berücksichtigt werden dürften: Recht. Würde erwogen, ob das Schlagen der Ehefrau wegen bestimmter Begleitumstände vielleicht doch auf einen allgemeinen Hang zur Gewalttätigkeit schließen ließe: Tatsache. Würde erwogen, dass Meier die Gäste zu einer Zeit verprügelte, als er wegen des gewaltsamen Todes seines Bruders unter außergewöhnlicher innerer Anspannung litt, die er zwischenzeitlich mithilfe eines Psychotherapeuten erfolgreich bewältigt hat, so dass er heute jedenfalls nicht mehr übermäßig zur Gewalt tendiert: Tatsache; etc.

Anders als im common law hängen an der Unterscheidung zwischen Recht und Tatsachen **107** auch keine prozessualen oder sonstigen rechtlichen Folgen, die ein Abweichen von diesem Schema erzwingen würden. Wenn also etwa in der Revision nur Rechts-, aber keine Tatsachenfragen neu erörtert werden, so gilt auch dies ganz im genannten Sinn. Beweiserhebungen etwa unterliegen grundsätzlich nicht der Revision; überprüft werden kann nur, ob der Tatrichter sich mit dem Prozessstoff und den Beweisergebnissen umfassend und widerspruchsfrei auseinandergesetzt hat, die Würdigung also vollständig und rechtlich möglich ist und nicht gegen Denkgesetze oder Erfahrungssätze verstößt,[211] denn diese Aspekte gelten wiederum als rechtlich.

Für den Rechtsvergleicher ist die Unterscheidung zwischen Recht und Tatsachen vor **108** allem deshalb so wichtig, weil die Tendenz, die eigene Einteilung für allgemeingültig zu halten, hier besonders ausgeprägt ist und so Anlass zu größeren Missverständnissen geben kann. Wer etwa aus dem common law kommend hört, dass in Deutschland nur Rechtsfragen der Revision unterliegen, wird ein völlig falsches, meist erheblich zu enges Bild von den Befugnissen des Revisionsgerichts bekommen, wenn er seine heimischen Abgrenzungsmaßstäbe zugrundelegt. Denn beispielsweise gälte der Satz, dass die duty of care/die verkehrserforderliche Sorgfalt von einem Reiter verlange, bei Dunkelheit so zu reiten, dass er innerhalb seiner Sichtweite anhalten könne, im common law als Tatsachenfrage,[212] nach deutscher Sicht aber eindeutig als rechtliche Aussage.[213]

b) Subsumtion

Mit der Unterscheidung von Recht und Tatsachen hängt auch das zentrale Verfahren **109** zusammen, dessen sich der deutsche Jurist bei der Rechtsanwendung bedient, die sog.

[210] Dies wird häufig auch so ausgedrückt, dass die Anwendung des Rechts auf die Tatsachen (also die Subsumtion) Rechtsfrage ist, vgl. etwa *Krüger, Wolfgang,* in: Krüger, Wolfgang; Rauscher, Thomas, Münchener Kommentar zur Zivilprozessordnung mit Gerichtsverfassungsgesetz und Nebengesetzen, Bd. 2, 7. Aufl. 2025, § 546 Rn. 13; ähnlich *Eichberger, Michael; Buchheister, Joachim,* in: Schoch, Friedrich; Schneider, Jens-Peter, Verwaltungsgerichtsordnung Kommentar, 39. Ergänzungslieferung 2020, § 137 Rn. 91; *May, Artur,* Die Revision in den zivil- und verwaltungsgerichtlichen Verfahren (ZPO, ArbGG, VwGO, SGG, FGO) – Eine systematische Darstellung unter besonderer Berücksichtigung der höchstrichterlichen Rechtsprechung, 2. Aufl. 1997, 347, 411 f., denn da bei dieser Anwendung die Tatsachen unverändert bleiben, werden die rechtlichen Aussagen der anzuwendenden Norm mit Blick auf den konkreten Fall konkretisiert, also genauere rechtliche Aussagen getroffen.

[211] Vgl. BGH NJW 1987, 1557 (1558).

[212] Vgl. supra → § 5 Rn. 51.

[213] Allerdings wird dem vorinstanzlichen Zivilgericht in manchen Fällen der Subsumtion – dazu sogleich infra → Rn. 109 ff. – ein Beurteilungsspielraum eingeräumt, den das Revisionsgericht respektiert; in anderen Fällen hingegen besteht kein solcher Beurteilungsspielraum, ohne dass insofern eine klare Linie oder Begründung erkennbar wäre, vgl. *Ball, Wolfgang,* in: Musielak, Hans-Joachim; Voit, Wolfgang, Kommentar zur Zivilprozessordnung, 20. Aufl. 2023, § 546 Rn. 2, 3; kein Beurteilungsspielraum besteht für Verwaltungsgerichte, vgl. *Eichberger* (Fn. 210), § 137 Rn. 91 f.

Subsumtion. Sie ist äußerlich stark angelehnt an eine rein logische Schlussfolgerung in Form eines Syllogismus („Alle Menschen sind sterblich. Sokrates ist ein Mensch. Also ist Sokrates sterblich."), auch wenn jedem heutigen Juristen klar ist, dass es bei der Rechtsanwendung keineswegs immer um einen schlichten logischen Schluss von der Norm über die Tatsachen auf das Ergebnis geht. Im Gegenteil ist die Auffassung etwa vom Richter als bloßem „Subsumtionsautomaten" mindestens ebenso verpönt wie die Begriffsjurisprudenz, mit der sie oft in Verbindung gebracht wird. Trotz der anerkannten Rolle von Wertungen und Interessenabwägungen[214] aber ist die Subsumtion weiterhin das zentrale Denkschema, zumal sie in der juristischen Ausbildung eine zentrale Rolle einnimmt. Wer die Subsumtion nicht versteht, wird letztlich das deutsche juristische Denken nicht verstehen.

aa) Grundschema der Subsumtion

110 Die Subsumtion, wie sie jedem angehenden Juristen beigebracht wird, besteht zunächst aus einem Obersatz (der Norm) und einer Definition. Ihr folgt die eigentliche Subsumtion, bei der festgestellt wird, ob die Definition und der vorliegende Lebenssachverhalt zusammenpassen (dh in der typischen Formulierung: ob „der Sachverhalt unter die Norm subsumiert" werden kann). Abschließend wird das Ergebnis festgestellt. Nehmen wir ein sehr einfaches Beispiel, bei dem der A dem B einen Zahn ausschlägt. Liegt darin objektiv eine Körperverletzung im Sinn des § 223 StGB? Die Subsumtion könnte wie folgt lauten: Nach § 223 Abs. 1 StGB begeht eine Körperverletzung, wer eine andere Person körperlich misshandelt oder an der Gesundheit schädigt [Obersatz]. Körperliche Misshandlung ist jede üble und unangemessene Behandlung, die das körperliche Wohlbefinden in nicht unerheblicher Weise beeinträchtigt [Definition]. Das Ausschlagen des Zahns durch A ist eine üble und unangemessene Behandlung, die zudem erhebliche Schmerzen erzeugt und so das körperliche Wohlbefinden des B nicht unerheblich beeinträchtigt hat [eigentliche Subsumtion]. Eine Schädigung an der Gesundheit ist zudem jedes Hervorrufen eines pathologischen Zustandes [zweite Definition]. Ein herausgeschlagener Zahn bedarf üblicherweise sogar einer ärztlichen Behandlung und führt somit zu einem krankhaften, dh pathologischen Zustand [zweite eigentliche Subsumtion]. Damit hat A objektiv eine Körperverletzung an B begangen [Ergebnis].

111 Nun ist dieses Beispiel außerordentlich einfach gewählt. Viele Standardfälle aus der Praxis, wie etwa normale Sachbeschädigungen, Körperverletzungen, Diebstähle und Betrügereien, sind aber rechtlich nicht viel komplexer. In vielen akademisch interessanten, schwierigeren Fällen wird der Bereich der eigentlichen Subsumtion erheblich weniger einfach zu bewältigen und daher ganz erheblich auszuweiten sein. So können beispielsweise die einzelnen Begriffe einer Definition ihrerseits einer Definition bedürfen, die so gewonnen Unterdefinitionen weiterer Definitionen etc. Diese stufenweise Verfeinerung der Definition wird dabei regelmäßig nicht völlig abstrakt vorgenommen, sondern gerade mit Blick auf Fälle wie den gerade vorliegenden. Dennoch bleibt klar: die verfeinerte, gestufte Definition wird zur Norm gezählt und muss sich daher in allen zukünftigen Fällen bewähren; sie ist keine bloße Einzelfallargumentation, die allein auf die Besonderheiten dieses einen Falles Rücksicht nehmen müsste. Beispielsweise fordert § 242 StGB für den Diebstahl ua, dass jemand eine Sache „wegnimmt". Wegnahme in diesem Sinn ist definiert als Bruch fremden und Begründung neuen Gewahrsams.[215] Dass mein Gewahrsam in diesem Sinne gebrochen und neuer begründet wird, wenn der Dieb ein Buch an sich nimmt, das ich gerade locker in der Hand halte, und damit auf Nimmerwiedersehen verschwindet, ergibt sich ohne großen

[214] Dass etwa auch die Interessenjurisprudenz dem deduktiven Denkschema der Subsumtion nicht grundsätzlich ablehnend gegenübersteht betont etwa *Heck* (Fn. 129), 89 f.

[215] Für eine linguistische Analyse vgl. *Busse, Dietrich,* Interpreting law: Text understanding – text application – working with texts, in: Olsen, Frances; Lorz, Alexander; Stein, Dieter (Hrsg.), Law and language – Theory and society, 2008, 239 (250 ff.), die sich besonders dadurch auszeichnet, dass sich hier – im interdisziplinären Bereich leider nicht selbstverständlich – ein Nichtjurist ernsthaft und sorgfältig in das typisch juristische Denken in Deutschland eingearbeitet und es auch tatsächlich verstanden hat.

Aufwand. Was aber ist zB mit dem Traktor, den der Bauer für mehrere Tage auf der Weide stehen lässt, die 5 km von seinem Haus entfernt hinter einem Hügel liegt: gibt es hier noch einen Gewahrsam des Bauern, der gebrochen werden könnte? Dazu existiert eine Definition des Gewahrsams als der vom Herrschaftswillen getragenen tatsächlichen Sachherrschaft, die nach den Anschauungen des täglichen Lebens zu beurteilen ist. Der Bauer hat in diesem Sinne noch Gewahrsam, da er den Aufenthaltsort des Traktors kennt und faktisch über ihn verfügen kann (Kenntnis und Verfügenkönnen sind zugleich die beiden Elemente der Definition der tatsächlichen Sachherrschaft) und weil er den Traktor auch weiterhin beherrschen will. Damit liegt auch hier Wegnahme und somit Diebstahl vor. Natürlich könnte man fragen, ob der Herrschaftswille auch noch besteht, wenn der Bauer zur Zeit des Diebstahls schläft und in diesem Zustand vielleicht gar keinen aktiven Willen hat; doch diese Frage löst man erneut mit einer Unterdefinition, der zufolge für den Herrschaftswillen jeder natürliche Wille ausreicht, der nur generell und potentiell zu sein braucht, wobei mit „potentiell" gerade der Fall von Schlafenden oder Bewusstlosen gemeint ist.

Die in schwierigen Fällen oft notwendige Verfeinerung einer Definition geht letztlich auf 112 den Grundgedanken jeder Subsumtion zurück: Die rechtlichen Ausführungen einerseits und die Beschreibung der tatsächlichen Begebenheiten andererseits müssen solange einander angenähert werden, bis ihre Übereinstimmung evident ist. Das kann in einfach gelagerten Fällen schneller der Fall sein als in schwierigen. Wie gesehen wird etwa kaum jemand bezweifeln, dass der (zunächst umgangssprachliche) Diebstahl meines Buches, das ich gerade zur Vorlesung trage, eine „Wegnahme" iSd § 242 StGB ist. Eine Definition ist dafür kaum erforderlich, da schon der Oberbegriff „Wegnahme" hier evident den Lebenssachverhalt erfasst (eine echte Subsumtion würde in einem solchen Fall deshalb auch nur von juristischen Studienanfängern zu Übungszwecken erwartet, nicht aber von Fortgeschrittenen). Beim Traktor auf der entfernten Wiese hingegen können schon Zweifel auftauchen, so dass eine Definition, beim schlafenden Bauern sogar eine weitere Unterdefinition erforderlich wäre. Diesem Denken in Schwierigkeitsgraden entspricht eine methodologische Unterscheidung, die zwar als solche vielen Juristen kaum bekannt ist, der die meisten aber spontan zustimmen, wenn sie ihnen erläutert wird: der Unterscheidung zwischen Begriffskern und Begriffshof.[216] Zum Begriffskern gehören dabei alle Gegenstände, die ohne weiteres als unter den Begriff fallend erkennbar sind und insofern keinen sinnvollen Zweifeln unterliegen. Der Begriffshof hingegen beschreibt diejenigen Gegenstände, bei denen die Anwendung des Begriffs mehr oder minder zweifelhaft ist, also ein erhöhter Klärungs- und Argumentationsbedarf besteht.[217] Definitions- und Subsumtionsaufwand nehmen also immer weiter zu, je mehr man sich in den Begriffshof hinaus begibt, wobei alle Definitionen sich zugleich immer auch am Begriffskern messen lassen müssen.

bb) Meinungsstreitigkeiten und Subsumtion

Vielfach wird es Streit um die richtige Lösung geben, der – wenn es nicht um Tatsachen geht 113 – immer auch ein Streit um die richtige Definition oder Unterdefinition ist. Miteinander streiten können etwa verschiedene Gerichte, oder die Literatur mit den Gerichten, oder verschiedene Gruppen innerhalb der Literatur miteinander und mit oder gegen die Gerichte. Die verschiedenen Ansichten zur richtigen Auslegung einer Norm werden oft auch etwas pompös als „Theorien" bezeichnet. Gegebenenfalls ist also im Rahmen der Subsumtion ein „Theorienstreit" auszuführen, dh umfassend das Pro und Contra der jeweiligen Auslegungsvorschläge im Hinblick auf den konkreten Fall, aber auch allgemein abzuwägen. Um wieder ein einfaches Beispiel aus dem Bereich des Diebstahls zu nehmen: A nimmt in der Caféteria

[216] Sie geht auf den Begründer der Interessenjurisprudenz, Philipp Heck, zurück, vgl. *Heck, Philipp,* Grundriß des Schuldrechts, 3. Neudruck der Ausgabe Tübingen 1929, 1994, 40; *Heck,* Begriffsbildung (Fn. 169), 52, 60.

[217] Zu dieser Unterscheidung etwa *Bydlinski* (Fn. 41), 118 f.; *Engisch* (Fn. 124), 108 f.; kurze Kritik an ihrer mangelnden Differenziertheit und Vertiefung bei *Koch, Hans-Joachim; Rüßmann, Helmut,* Juristische Begründungslehre, 1982, 199 f.

das kleine Buch des B an sich, indem er es unter Hose und Hemd schiebt und weggeht. B hat den Vorgang aus der Entfernung beobachtet und ist bereit, den A zu stellen, um sein Buch zurückzuerlangen. Liegt objektiv bereits ein vollendeter Diebstahl vor? Das Problem liegt im Rahmen der og Definition der Wegnahme bei der Frage, ob der Gewahrsam des B tatsächlich gebrochen wurde, obwohl B alles beobachtet hat. Im Rahmen der ebenfalls bereits angesprochenen Unterdefinitionen stellt sich nämlich die Frage, ob B faktisch nach den Anschauungen des täglichen Lebens weiterhin über das Buch verfügen kann; dann hätte er weiterhin Gewahrsam und es läge keine Wegnahme vor. Hierzu gibt es einen kleinen Streit, der sich der Sache nach darum dreht, ob zu berücksichtigen ist, dass es eine gewisse körperliche Tabuzone – hier den Hosenbund – gibt, in die nach den Anschauungen des täglichen Lebens nicht von außen eingegriffen werden kann, so dass an allen darin befindlichen Gegenständen exklusiver Gewahrsam besteht. Die vorherrschende Meinung befürwortet dies und würde daher auch eine vollendete Wegnahme durch A bejahen. Die Gegenansicht weist darauf hin, dass es darauf ankomme, dass ggf. das Opfer – wie hier der B – faktisch willens war, das Buch wieder an sich zu nehmen, die Tabuzone insofern also keine tatsächliche Bedeutung hatte. Weitere Argumente für die herrschende Meinung lauten etwa, dass ein Diebstahl nicht heimlich geschehen müsse, sondern durchaus auch bei Beobachtung vorliegen könne und dass eine bestimmte Dauer und Sicherung des neuen Gewahrsams nicht Teil des Gewahrsamsbegriffs sei. Die Mindermeinung weist etwa auf mögliche unerwünschte Konsequenzen hin, weil viele Diebe, die gestellt werden, zur Herausgabe des Diebesguts bereit seien und dann möglicherweise rechtlich gar keinen vollendeten Diebstahl mehr begangen hätten.[218] Der scheinbar etwas kleinliche Streit hat übrigens – wie fast jeder Streit – durchaus gewichtige Konsequenzen: Nach der herrschenden Meinung wäre A wegen vollendeten Diebstahls zu bestrafen, nach der Mindermeinung nur wegen versuchten Diebstahls, also merklich geringer.

cc) Subsumtion als allgemeines Denkschema

114 Diese Subsumtionstechnik ist dabei nicht etwa bloß eine formale Form der Beantwortung von Prüfungsfragen, die von Juristen am Anfang ihrer Ausbildung gelernt und dann wieder vergessen würde. Ganz im Gegenteil geht sie den Juristen mit den Jahren in Fleisch und Blut über, wird zu einer generellen Art des Denkens, die fast unbewusst bei jeder juristischen Frage angewandt wird. Viele Juristen stellen sogar fest, dass sie auch außerhalb ihres Metiers in ähnlichen Bahnen denken. Dabei geht es nicht um die exakte Einhaltung der äußeren Form mit den verschiedenen Teilen einer Subsumtion, die ganz selbstverständlich verkürzt und den jeweiligen Notwendigkeiten angepasst wird und werden soll. Wichtig ist vielmehr der Grundgedanke, dass die Gesetzesanwendung immer von den Worten der Norm ausgeht. Diese Worte können die realen Worte eines Gesetzes sein, aber ebensogut die sich erst durch Auslegung des Gesetzes ergebenden Begriffe und die sich stets durch Auslegung ergebenden Definitionen und Unterdefinitionen. Dass der Wortlaut des Gesetzes oft nur der erste Ansatzpunkt ist, zeigt sich zB beim Betrug, dessen objektiver Tatbestand nach seit Jahrzehnten einhelliger Ansicht aus vier Merkmalen besteht, nämlich Täuschungshandlung, Irrtumserregung, Vermögensverfügung und Vermögensschaden. Nur drei dieser Merkmale lassen sich aber dem Wortlaut des zugehörigen § 263 StGB[219] entnehmen, während das Merkmal der Vermögensverfügung erst durch Auslegung entwickelt wurde, heute aber so selbstverständlich mitgeprüft wird, als ob es eindeutig zum Wortlaut des § 263 StGB gehörte. Ebenso werden die im Wortlaut des § 263 StGB erwähnten Details der Täuschungshandlung in der Praxis meist nicht weiter beachtet, bei der Subsumtion also nur der Begriff der

[218] Vgl. zu diesem kleinen Problem etwa *Bosch, Nikolaus,* in: Tübinger Kommentar Strafgesetzbuch, 31. Aufl. 2025, § 242 Rn. 40.

[219] § 263 Abs. 1 StGB lautet: „Wer in der Absicht, sich oder einem Dritten einen rechtswidrigen Vermögensvorteil zu verschaffen, das Vermögen eines anderen dadurch beschädigt, daß er durch Vorspiegelung falscher oder durch Entstellung oder Unterdrückung wahrer Tatsachen einen Irrtum erregt oder unterhält, wird mit Freiheitsstrafe bis zu fünf Jahren oder mit Geldstrafe bestraft.".

„Täuschungshandlung" verwendet.[220] Unabhängig davon, wo die Worte der Norm genau herkommen, ist aber entscheidend, dass es jedem deutschen Juristen für die Anwendung einer Norm zwingend notwendig erscheint, eine Definition der darin verwendeten Begriffe zu erhalten, um dann entscheiden zu können, ob jeder einzelne Teil der Definition erfüllt oder nicht erfüllt ist, wozu gelegentlich – aber keineswegs immer – Unterdefinitionen erforderlich sind. Die Gefahr einer regressio ad infinitum, einer uferlosen Ausdehnung durch immer weitere Definition der Definition der Definition usw wird dabei gemeinhin gar nicht gesehen. Denn es geht schlicht darum, die technische juristische Begrifflichkeit durch eine Definition in alltagssprachliche Begrifflichkeit aufzulösen, über deren Vorliegen oder Nichtvorliegen im Einzelfall dann mithilfe des natürlichen Sprachgefühls und des gesunden Menschenverstands entschieden werden kann. Ausrutscher wie etwa der berüchtigte Versuch des Reichsgerichts, die Eisenbahn zu definieren,[221] oder ein Versuch des Bundesgerichtshofs, das Fenster zu definieren,[222] bleiben vereinzelt und rufen auch bei deutschen Juristen meist eher ein ironisches Lächeln hervor.

Dieses Denken in Definitionen erklärt etwa die häufig anzutreffende, entgeisterte Reaktion eines deutschen Juristen, der in einem Anfängerkurs an einer amerikanischen law school erlebt, wie die Studenten ganz frei über die Frage diskutieren, ob ein bestimmtes Verhalten zB fahrlässig war oder nicht. Dass dies ohne eine Definition als Basis geschieht, erscheint ihm völlig unjuristisch, ja abstrus. Dahinter steht eine generelle Tendenz, die durch das Subsumtionsdenken gefördert wird: Jedes Problem wird möglichst genau an einer bestimmten Stelle, dh an einem Merkmal der Norm und dort an einem Wort der Definition verankert. Nicht nur wird die juristische Debatte auf diese Weise sehr stringent. Es ist vielmehr auch klar, dass ein Problem, das nicht an einer bestimmten Stelle festzumachen ist, rechtlich gesehen kein Problem darstellen kann. Dies führt auch keineswegs zu unhaltbaren Ergebnissen, denn es bleibt stets möglich, bei einem unbillig erscheinenden Ergebnis ein Merkmal umzudefinieren oder ein zusätzliches Merkmal – zur Not ein allgemeines Prinzip wie Treu und Glauben oder einen Verfassungsgrundsatz wie den Rechtsstaat – heranzuziehen. Aber auch dann bleibt eine entscheidende Eigenschaft des Subsumtionsdenkens erhalten: In der Debatte um die richtige Lösung steht fest, über was genau gestritten wird, also zB nicht über die Einschlägigkeit der Gewährleistungsregeln und ihrer einzelnen Voraussetzungen beim Kauf, sondern über den Einfluss von Treu und Glauben darauf. Diese genaue Lokalisierung der Diskussion an einer oder mehreren Stellen ist eine typische Eigenheit deutscher juristischer Diskussionen. **115**

dd) Definitionen als geronnenes juristisches Wissen

Bei alledem stellt sich für den Außenstehenden unweigerlich die Frage, woher denn die Definitionen kommen, die den deutschen Juristen so wichtig sind. Die einfache, aber nicht ganz befriedigende Antwort lautet: aus der Literatur und der Rechtsprechung. Genauer betrachtet sind die Definitionen und ihr jeweiliger Wortlaut oft das Ergebnis oder zumindest der Ausdruck einer langen Auseinandersetzung über die richtige Lösung verschiedenster Fälle. Da Definitionen sich in allen Fällen bewähren müssen, kann streng genommen jeder neuartige, problematische Fall Auswirkungen auf die Definition oder zumindest auf das genaue Verständnis ihrer einzelnen Teile haben. Die vielfach ganz unumstrittenen Definitionen sind so gesehen das Destillat jahrelanger Bewältigung praktischer Fälle. **116**

Auf diese Weise löst sich in der Praxis auch ein weiteres, der Arbeit mit Definitionen auf die Stirn geschriebenes, linguistisches Problem: die große Unbestimmtheit von Begriffen. So kann der Begriff der „üblen und unangemessenen Behandlung" aus der zuvor verwendeten **117**

[220] Vgl. zu beiden Aspekten etwa *Perron, Walter,* in: Tübinger Kommentar Strafgesetzbuch (Fn. 218), § 263 Rn. 6 ff., 54.
[221] Vgl. RGZ 1, 247 (252).
[222] BGH JZ 1961, 494 (495); der Versuch ist übrigens weit weniger lächerlich, als er auf den ersten Blick scheinen mag, denn die dort konkret zu beantwortende Frage, ob eine mit Glasbausteinen gefüllte Maueröffnung als Fenster gelten kann, ist keinesfalls ohne weiteres zu beantworten.

Definition der Körperverletzung, ganz allgemein betrachtet, schon bei sehr geringfügigen Beeinträchtigungen eingreifen, es wäre aber auch möglich, ihn sehr streng zu verwenden und nur auf ganz gravierende Taten anzuwenden. Die Frage nach der richtigen Bedeutung stellt sich aber so nicht, da der Begriff nicht im luftleeren Raum schwebt, sondern immer im Hinblick auf bestimmte Fälle und Fallkonstellationen entwickelt und angewandt wurde, über deren Zuordnung oder Nichtzuordnung jeweils allgemeiner Konsens herrscht. Dass beispielsweise eine Ohrfeige nach allgemeiner Auffassung eine Körperverletzung darstellt, macht deutlich, dass die Schwelle der „üblen und unangemessenen Behandlung" recht niedrig anzusetzen ist. Die Begriffe können also nicht getrennt von ihrem juristischen Kontext betrachtet werden.

118 Herrscht unter den Juristen einmal keine Einigkeit, wie eine bestimmte Frage zu lösen ist, so wird dieser Streit meist an einer genau bestimmten Stelle einer allgemein anerkannten Definition ausgetragen; die Definition ist dann gleichsam der kleinste gemeinsame Nenner. So wird etwa der verfassungsrechtliche Begriff des Berufs in Art. 12 GG unter anderem als eine „erlaubte" Tätigkeit definiert, obwohl oder gerade weil umstritten ist, ob mit „erlaubt" Tätigkeiten gemeint sind, die unabhängig von ihrer beruflichen Ausübung erlaubt wären oder ob damit nur schlechthin gemeinschaftsschädliche Tätigkeiten ausgeschlossen werden sollen. Gelegentlich kann es aber ebenso vorkommen, dass gerade über die Existenz eines bestimmten Merkmals innerhalb der Definition oder über die Definition insgesamt gestritten wird. So bestehen beispielsweise eine ganze Reihe stark unterschiedlicher Vorschläge für die Definition der in Art. 4 GG geschützten Religion.

119 Um abschließend ein Missverständnis zu verhindern: Über diese und ähnliche abstrakte Fragen – Wo kommen die Definitionen her? Wieso gibt es keine unendlichen Unterdefinitionen? In welchem Verhältnis stehen Meinungsstreitigkeiten zur Definition? etc – macht sich ein deutscher Jurist kaum je Gedanken, zumal ihm das Subsumtionsdenken auch kaum je abstrakt, sondern eher in der konkreten Anwendung am Fall beigebracht wird. Dass diese Fragen hier dennoch aufgeworfen wurden, beruht also allein auf dem Anliegen, das deutsche Denken einem fremden Juristen verständlich zu machen und ggf. einige der sich für ihn spontan ergebenden Fragen zu beantworten.

c) Gutachtentechnik

120 Die Subsumtionstechnik wird ergänzt durch die sog. Gutachtentechnik, die ebenso prägend für das Denken jedes deutschen Juristen ist. Die Gutachtentechnik ist eine Fortsetzung der Subsumtionstechnik auf allgemeinerer Ebene, so dass es vielfach schwierig ist zu bestimmen, wo genau die eine aufhört und die andere beginnt.

aa) Inhalt der Gutachtentechnik

121 Bei der Gutachtentechnik geht es darum, die Lösung eines praktischen Falles in einem geordneten Verfahren zu gewinnen, das nicht nur eine angemessene Diskussion aller Fragen ermöglicht, sondern auch möglichst verhindert, dass relevante Probleme übersehen werden. Dies geschieht zunächst durch eine Aufspaltung und Schematisierung der jeweils gestellten Ausgangsfrage, die dann in einzelnen Stücken der Reihenfolge nach abgearbeitet werden kann.

122 Beispielsweise wird in verwaltungsrechtlichen Fällen in der Regel gefragt, ob eine Klage vor dem Verwaltungsgericht Aussicht auf Erfolg hätte. Der Erfolg der Klage setzt voraus, dass sie (prozessual) zulässig und (in der Sache) begründet ist. Die Zulässigkeit verlangt ua, dass der Rechtsweg zum Verwaltungsgericht eröffnet ist, dass eine bestimmte Klageart einschlägig ist, dass die spezifischen Voraussetzungen gerade dieser Klageart gegeben sind, dass der Kläger allgemein beteiligtenfähig ist etc. Die Voraussetzungen der Begründetheit hängen von der Klageart ab. Wenn der Kläger etwa eine Abrissverfügung für sein Haus angreift, so ist die Klage begründet, wenn die Abrissverfügung rechtswidrig ist und den Kläger in seinen

Rechten verletzt. Die Rechtswidrigkeit ihrerseits setzt voraus, dass entweder gar keine gesetzliche Ermächtigung für solche Abrissverfügungen vorliegt oder deren Voraussetzungen nicht erfüllt sind oder die Grenzen des eventuell bestehenden behördlichen Ermessens nicht eingehalten wurden. Schon an dieser sehr verkürzten Darstellung wird deutlich, dass sich die Ausgangsfrage in vorgegebener Weise in zahlreiche, oft mehrfach gestaffelte Einzelfragen zerlegen lässt. So bestehen für die verschiedensten Klagearten, Ansprüche, Straftatbestände etc jeweils detaillierte sog. Aufbauschemata, die zur Lösung eines Falls miteinander kombiniert werden.

Das ganze Gutachten durchläuft das Schema in der äußeren Form einer in sich geschlos- 123
senen, gestaffelten Subsumtion, die jeweils mit den für den Gutachtenstil kennzeichnenden Konditionalsätzen („könnte", „müsste", etc) beginnt und mit (Zwischen-)Ergebnissen endet. Stark vereinfacht und verkürzt kann ein Gutachten etwa folgendermaßen lauten: „Die Klage könnte zulässig und begründet sein. Für die Zulässigkeit müsste zunächst der Verwaltungsrechtsweg eröffnet ist. Der Verwaltungsrechtsweg ist nach § 40 VwGO eröffnet, wenn eine öffentlich rechtliche Streitigkeit nichtverfassungsrechtlicher Art vorliegt. Öffentlich-rechtlich ist eine Streitigkeit, wenn… [es folgen Definition, Subsumtion]. Damit liegt eine öffentlich-rechtliche Streitigkeit vor. Sie wäre verfassungsrechtlicher Art, wenn...[es folgen Definition, Subsumtion, Ergebnis]. Damit ist der Verwaltungsrechtsweg eröffnet. Statthafte Klageart könnte die Anfechtungsklage sein. Die Anfechtungsklage ist statthaft, wenn… [es folgen Voraussetzungen, Definitionen, Subsumtionen, Ergebnis] …." Auf diese Weise wird der gesamte Fall abgearbeitet.[223] Sobald sich an irgendeiner Stelle ergibt, dass eine der Voraussetzungen nicht erfüllt ist, etwa die für die Statthaftigkeit der Anfechtungsklage erforderlich Klagebefugnis fehlt oder eine Frist nicht eingehalten wurde, bricht die Prüfung sofort ab, denn damit steht bereits endgültig fest, dass die Klage keinen Erfolg haben kann. Etwas anderes gilt nur, wenn anstelle der nicht erfüllten Voraussetzung alternativ eine andere Voraussetzung treten kann, etwa eine andere als die bislang geprüfte Klageart ebenfalls in Betracht kommt. Gelegentlich wird aber auch in Form eines sog. Hilfsgutachtens weitergeprüft, da es in der Praxis für die Parteien oft sinnvoller ist zu wissen, dass ihr Begehren nicht nur an einer sondern an mehreren Stellen scheitert.

bb) Gutachtenstil als allgemeines Denkschema

Das alles wird aus der Außenperspektive manchem sehr formalistisch erscheinen. Allerdings 124
wird der Gutachtenstil in seiner sehr ausführlichen Reinform nur von Anfängern verlangt, die ihn noch einüben sollen. Schon in den höheren Semestern der Ausbildung gilt es als sehr ungeschickt, unproblematische Punkte langatmig im vollen Gutachtenstil abzuhandeln; stattdessen sind oft kurze, rein feststellende Sätze gewünscht. Dies gilt allerdings nur für die Ausformulierung, nicht für die eigentliche geistige Prüfung. Das entscheidende am Gutachtenstil ist nämlich, dass es sich – ebenso wie bei der Subsumtion – letztlich um eine Denk- und Prüfstruktur handelt, die durch dauerhaftes Training verinnerlicht wird. Ob eine Frage ernstlich problematisch ist oder nicht, ergibt sich so erst nach einer genauen und detaillierten inneren Subsumtion. Ausführlich auszuformulieren aber ist diese Subsumtion nur, wenn sich dabei ernsthafte Probleme stellen. Offenkundigkeiten sollten sogar gar nicht erwähnt werden, etwa dass bei einer Körperverletzung des A durch einen Schlag ins Gesicht des B dieser B „ein anderer" iSd § 223 StGB ist. Mit anderen Worten wird jeder gut ausgebildete deutsche Jurist, der sich einem unbekannten oder schwierigen Problem gegenübersieht, automatisch in einen schrittweisen, systematischen und gründlichen Denkprozess verfallen, um zu einem Ergebnis zu gelangen.

Die prägende Wirkung des Gutachtenstils beruht dabei nicht zuletzt darauf, dass so gut wie 125
alle relevanten Prüfungen im juristischen Studium aus Fällen bestehen, die zwingend im

[223] Skizzenhafte Widergabe einer vollständigen deutschen Fallösung in englischer Sprache bei *Markesinis, Basil S.*, Tutorial and Repetitorium – Parallel and different techniques of teaching law in England and Germany, in: ders. (Hrsg.), The British contribution of the twenty-first century, 2002, 63 (83 ff.).

Gutachtenstil zu lösen sind. Die Nichteinhaltung dieses Stils gilt als gröbster Fehler und kann schon für sich genommen zum Durchfallen führen. Die prägende Wirkung setzt sich dann auch im Berufsleben fort. Wer als Anwalt über einen Fall nachdenkt, etwa um seinen Schriftsatz vorzubereiten, wird dies letztlich in einem Gutachtenschema tun. Urteile werden zwar nicht im Gutachtenstil sondern im sog. Urteilsstil geschrieben, der oft als dessen Gegenpol bezeichnet wird. Tatsächlich aber besteht der relevante Unterschied nur darin, dass im Urteilsstil die Prüfung jeder Voraussetzung mit dem jeweiligen Ergebnis und nicht mit einer Frage in Form eines Konditionalsatzes beginnt. Das Denkschema aber ist uneingeschränkt gleich.

cc) Schematisierung als geronnenes juristisches Wissen

126 Wiederum wird sich der Außenstehende die Frage stellen, wo diese Prüfungsschemata denn herkommen und ob sie wirklich geeignet sind, alle juristischen Fragen in sich aufzunehmen.

Dass ein Schema nicht alle juristischen Fragen aufnehmen kann, liegt recht nahe. Um dies zu erreichen, müsste es mithilfe zahlreicher Einzelpunkte, die nur in ganz seltenen Fällen einmal einschlägig wären, so weit aufgebläht werden, dass es nicht mehr praktisch zu handhaben wäre. Zugleich wäre auch dann nicht gesichert, dass neu auftauchende Probleme erfasst würden. Entsprechend wird auch in Deutschland zu Recht den Studenten geraten, nicht am Schema zu kleben, sondern für neue Fragen offen zu bleiben. Andererseits wird aber mit noch größerer Berechtigung immer wieder betont, dass diese Loslösung vom Schema zunächst voraussetzt, dass das Schema vollständig verstanden wurde. Denn anderenfalls schleichen sich zu leicht Fehler ein und das Loslösen wird zur Ausrede für unsauberes, unsystematisches Arbeiten. Letztlich aber wird das Problem des unzureichenden Schemas kaum je praktisch relevant. Denn fast alle Probleme lassen sich zumindest in den allgemeineren Prüfungspunkten verorten. Dass ein Problem gar nicht zu verorten ist, bleibt hingegen die ganz seltene Ausnahme. Dennoch gibt es auch hierfür Beispiele. So wird beispielsweise im Verfassungsrecht bei der Frage nach einem Grundrechtsverstoß üblicherweise schlicht ein Grundrecht nach dem anderen durchgeprüft und jeweils festgestellt, ob es verletzt ist oder nicht. Erst sehr spät in der Entwicklung ist aufgefallen, dass es aber Konstellationen geben kann, in denen der staatliche Eingriff in jedes einzelne Grundrecht gerade noch gerechtfertigt ist, aber die multiplen Grundrechtseingriffe in ihrer Gesamtheit nicht mehr rechtfertigungsfähig sind, da ihr Gesamtgewicht, im Unterschied zum Gewicht der einzelnen Eingriffe, das Gewicht der rechtfertigenden Elemente übersteigt.[224] Für diese Feststellung aber muss ein eigener Platz geschaffen werden, der in der üblichen Prüfung nicht vorgesehen ist.

127 Die Antwort auf die Frage nach den Grenzen des Prüfungsschemas beinhaltet zugleich den Ansatz zur Frage nach seiner Herkunft: Prüfungsschemata ergeben sich meist implizit aus Literatur und Rechtsprechung. Grundgerüste werden vor allem im juristischen Studium vermittelt. Für später neu auftretende Rechtsgebiete und -fragen wird der Jurist aus dem Gesetz heraus eigene Schemata entwickeln. Das Schema ist dabei aber mehr als eine Formalie, die es abzuarbeiten gilt. Es ist vielmehr – ebenso wie die Definitionen[225] – in vielen Fällen geronnenes juristisches Wissen. Nicht nur gibt das Schema die üblichen normativen Voraussetzungen etwa einer Klage, eines Anspruchs oder eines Straftatbestandes wieder. Selbst der genauen Reihenfolge kommt nicht selten ein eigener Aussagegehalt zu. So beginnt etwa die Prüfung der Rechtmäßigkeit eines sog. Verwaltungsaktes – also etwa einer behördlichen Genehmigung (zB Baugenehmigung, Gaststättenerlaubnis) oder eines behördlichen Verbots (zB Baustopp, Betriebsschließung) – stets mit der Suche nach einer gesetzlichen Ermächtigungsgrundlage, deren einzelne Voraussetzungen dann später geprüft werden.

---

[224] Vgl. dazu *Hofmann, Ekkehard,* Grundrechtskonkurrenz oder Schutzbereichsverstärkung? – Die Rechtsprechung des Bundesverfassungsgerichts zum „additiven" Grundrechtseingriff, Archiv des öffentlichen Rechts 133 (2008), 523 (523 ff., inbes. 534 f.).

[225] Vgl. soeben supra → Rn. 116 ff.

In aller Regel geht es hier nur darum, die möglicherweise einschlägigen Normen zu nennen. Hinter diesem unscheinbaren Punkt und seiner Stellung am Beginn der Prüfung steht aber nichts weniger als das Rechtsstaatsprinzip in seiner Ausformung als sog. Gesetzesvorbehalt. Dieser Gesetzesvorbehalt verlangt im Grundsatz, dass die Verwaltung nur dann den Rechtskreis des Bürgers beschränkt, wenn sie dazu durch ein Gesetz ermächtigt wurde. Findet sich keine solche Ermächtigungsgrundlage, so ist der Verwaltungsakt schon deshalb rechtswidrig, ohne dass es auf einen Verstoß gegen irgendwelche Vorschriften ankäme. Der Prüfungspunkt „Ermächtigungsgrundlage" und sein genauer Standort geben all dies unausgesprochen wieder. Die Reihenfolge des Schemas kann sogar Aufschluss über grundlegende rechtstheoretische Positionen geben. Im deutschen Strafrecht etwa bestand in der Mitte des 20. Jahrhunderts ein sehr grundlegender, philosophisch aufgeladener Streit zwischen der sog. kausalen und der sog. finalen Handlungslehre. Aus kausaler Sicht war Handlung im Sinne des Strafrechts jedes gewillkürte Körperverhalten, aus finaler Sicht, die sich seit langem der Sache nach durchgesetzt hat, nur das bewusst vom Ziel her gelenkte Wirken. Welcher dieser Lehren ein Jurist anhing, ließ sich schnell an seinem strafrechtlichen Aufbauschema erkennen: Die finale Handlungslehre prüft den Vorsatz bereits als Teil der tatbestandlichen Handlung (also etwa bei der Frage, ob A den B getötet hat), die kausale Handlungslehre hingegen prüfte ihn erst später, als Teil der Schuld.[226]

dd) Prägende und praktische Wirkung des Gutachtenstils

Aus rechtsvergleichender Sicht ist der Gutachtenstil samt Subsumtionstechnik insofern **128**
relevant, als er das grundlegende, systematische und vorgeordnete Denken deutscher Juristen besonders klar zutage treten lässt. Fast jeder deutsche Jurist wird bei allen sich stellenden Rechtsfragen stets das Bedürfnis verspüren, das Problem in eine sinnvolle Abfolge von Gedankenschritten zu zerlegen, und dabei unweigerlich die Lösung anderer, aber vergleichbarer Probleme aus demselben Rechtsbereich mit in die Betrachtung einbeziehen. Eine Lösung oder ein Denkschema, das nur auf die konkret gestellte Frage passt und bei anderen Fragen zu keiner oder keiner sinnvollen Lösung führt, wird er immer mit größter Skepsis betrachten. Die Vielfalt der existierenden Rechtsfragen lässt sich so zudem nur durch eine Art Baukastendenken bewältigen, indem viele allgemein gehaltene und ebenso viele spezifische Einzelschemata bereitstehen, die je nach den Erfordernissen des Einzelfalls miteinander kombiniert werden können. Bei einem solchen Vorgehen fallen wiederum Widersprüche in den Begrifflichkeiten und Vorgehensweisen verschiedener Rechtsbereiche schnell auf und stören, weil sie die zu bewältigende Komplexität stark erhöhen. Die deutsche Tendenz, Begriffe innerhalb und sogar über die Grenzen eines Rechtsgebiets hinweg möglichst einheitlich zu definieren und zu prüfen[227] hängt insofern auch eng mit dem Gutachtenstil zusammen. Das gleiche gilt etwa für die Tendenz zu einer stark an bestimmten Begriffen orientierten juristischen Diskussion anstelle einer gänzlich freien Abwägung betroffener Interessen und Wertungen. Mehr noch dürfte auch die starke Widerstandkraft gegen zahlreiche neue rechtstheoretische und methodische Strömungen vor allem aus den USA (zB legal realism, critical legal studies, law and…) nicht zuletzt auf der Verinnerlichung des Gutachtenstils beruhen. Denn in seinem Rahmen ist schon für die Denkweise der neuen Strömungen kaum Platz. Sie sind weithin schlicht inkompatibel mit einem Stil, der stets danach fragt, welche genaue rechtliche Voraussetzung mit welchen Argumenten bezweifelt und welche exakte Alternative vorgeschlagen wird, und inwieweit die konkrete neue Lösung von der angegriffenen abweicht. Aus Sicht des im Gutachtenstil ausgebildeten Juristen sind diese Strömungen also nicht einfach neue Angebote auf einem breiten Markt juristischer Herangehensweisen, sondern völlig neuartige Denkweisen, die gegen elementare und

---

[226] Vgl. zu diesen Lehren einführend *Eisele, Jörg,* in: Tübinger Kommentar Strafgesetzbuch (Fn. 218), Vorbemerkungen zu den §§ 13 ff. Rn. 25 ff.; zur Bedeutung des Streits im spanischen Strafrecht vgl. *Cerezo Mir, José,* Problemas fundamentales del derecho penal, 1982, 104 ff.

[227] Dazu schon supra → Rn. 59, 61 ff., 79.

vielfach unbewusste Regeln der juristischen Argumentation verstoßen und so kaum mehr als im eigentlichen Sinne juristische Ansätze wahrgenommen werden.

d) Relationstechnik

129 Eine letzte Steigerung der Gutachtentechnik ist die sog. Relation,[228] die vor allem im Zivilrecht, abgeschwächt auch im öffentlichen Recht eine Rolle spielt. Die Relationstechnik wird nicht im Studium, sondern erst während der Praxisausbildung im Referendariat vermittelt. Sie bildet die Denkvorgänge des Richters ab. Während die Gutachtentechnik von einem feststehenden Sachverhalt ausgeht, bezieht die Relationstechnik offene und vor allem zwischen den Beteiligten umstrittene Sachverhalte mit ein. Der rein rechtliche Teil einer Relation unterscheidet sich daher nicht wesentlich von einem Gutachten. Darüber hinaus aber werden die Grundanliegen der Gutachtentechnik auf den Sachverhalt übertragen: möglichst systematische Erfassung der klaren und unklaren Fragen; systematische Klärung; Vermeidung von Gedankenarbeit, die nicht zwingend für die Lösung des Falles erforderlich ist.

aa) Vorgehensweise der Relation

130 Der Grundgedanke der Relation ist es, zwei Gutachten zu schreiben: eines, das den Sachverhalt aus Klägersicht unterstellt, und ein anderes, das den Sachverhalt aus Beklagtensicht unterstellt. Der Vergleich zeigt dann eindeutig, was zu geschehen hat. Wenn etwa beide Gutachten dazu kommen, dass das Urteil mit demselben Tenor ergehen müsste, so wird ohne weiteres dieses Urteil abgesetzt, obwohl der Sachverhalt noch längst nicht aufgeklärt ist. Dass trotz unterschiedlicher Sachverhaltsdarstellungen keine Unterschiede im rechtlichen Ergebnis bestehen, kann aus verschiedenen Gründen der Fall sein. Erstens können die bestrittenen Sachverhaltsteile für die anzuwendenden Normen schlicht irrelevant sein. Oder die bestrittenen Sachverhaltselemente beziehen sich zwar auf mehrere, aber nicht auf alle in Betracht kommenden Anspruchsgrundlagen. Oder es kann sein, dass nach einer Sachverhaltsversion zwar andere Normen einschlägig sind als nach der anderen, diese aber dasselbe gewähren, etwa jeweils derselbe Betrag zu zahlen, ein Gegenstand herauszugeben oder die Klage abzuweisen ist. So kann beispielsweise eine Klage auf Rückgabe eines Autos nach dem klägerischen Vortrag begründet sein, weil niemals ein Kaufvertrag abgeschlossen wurde, nach dem Beklagtenvortrag hingegen weil der Kaufvertrag zwar abgeschlossen wurde, aber aufgrund eines Irrtums angefochten und damit nichtig ist. Ebenso könnte dieselbe Klage nach dem Beklagtenvorbringen unbegründet sein, weil der Beklagte das Auto wirksam gekauft hat, nach dem Klägervorbringen hingegen, weil es zwar keinen wirksamen Kaufvertrag gibt, aber Verjährung eingetreten ist. Kommen beide Gutachten hingegen zu unterschiedlichen Ergebnissen, so zeigt ein genauer Vergleich, welches von den möglicherweise sehr zahlreichen bestrittenen Sachverhaltselementen noch aufgeklärt werden muss, um eine Übereinstimmung herbeizuführen und so den Fall zu beenden. Nur über diese Punkte wird der Richter Beweis erheben lassen, während alle anderen Sachverhaltsfragen offen bleiben können und im Sinne eines preiswerten und schnellen Verfahrens sogar offen bleiben müssen. Werden beispielsweise zahlreiche Gewährleistungsansprüche gegen einen Bauunternehmer geltend gemacht, der die Arbeiten an einem Haus nicht vertragsgerecht erledigt haben soll, so können alle Streitigkeiten über den genauen Umfang der Schäden oder das jeweilige Verschulden der Handwerker völlig offen bleiben, wenn der Bauunternehmer auch behauptet, gar nicht Vertragspartner zu sein, sondern offen in Vertretung für einen anderen gehandelt zu haben. Denn wenn sich dies als wahr erweist, haftet er nicht aus dem Vertrag. Nur über diese Frage wird also zunächst Beweis erhoben werden.

[228] Vgl. zu ihrer historische Entwicklung seit dem 16. Jahrhundert kurz *Ranieri, Filippo*, Relationstechnik, in: ders., Das europäische Privatrecht des 19. und 20. Jahrhunderts – Studien zur Rechtsgeschichte und Rechtsvergleichung, 2007, 321 (321 ff.).

131 Im Vorfeld setzt der Relationsstil eine sehr genaue Durchsicht der Akten voraus, um insbesondere festzustellen, welche Tatsachen überhaupt ausdrücklich oder konkludent vorgetragen wurden und welche ausdrücklich oder konkludent als bestritten oder nicht bestritten gelten. Auch dazu gibt es zahlreiche praktische ebenso wie rechtliche Regeln.[229] Beispielsweise ist ein pauschales Bestreiten aller vom Gegner behaupteten Tatsachen unzulässig. Eine Tatsachenbehauptung des Gegners kann auch konkludent, durch Schweigen zugestanden werden (§ 138 Abs. 3 ZPO). Ein Bestreiten mit Nichtwissen ist nur unter bestimmten Umständen zulässig (§ 138 Abs. 4 ZPO). In vielen Fällen kann auch ein schlichtes Bestreiten einer behaupteten Tatsache unbeachtlich und vielmehr ein sog. qualifiziertes Bestreiten notwendig sein, also eine nähere und detaillierte Darlegung, was aus eigener Sicht denn wirklich geschehen sei. Damit hängt auch zusammen, dass schon an das Behaupten von Tatsachen, dh an die sog. Substantiierung, verschieden strenge Anforderungen gestellt werden. Reicht es etwa anfänglich aus, wenn der Kläger behauptet, dass er einen Kaufvertrag mit dem Beklagten über eine Auto zum Preis von 1.000,- EUR geschlossen hat, so kann er bei Bestreiten durch den Beklagten gezwungen sein, Details über das Wann und Wie des Vertragsschlusses nachzuliefern und bei weiterem Bestreiten dieser Details wiederum mit noch genaueren Gegendetails zu antworten. Es entstehen also in einer Art Ping-Pong jeweils neue sog. Darlegungslasten mit je ansteigendem Grad an Substantiierung. Kommt eine Partei ihrer Darlegungslast nicht nach, so kann unter Umständen eine Tatsache als gar nicht mehr behauptet oder ein Bestreiten als nicht hinreichend gelten, ohne dass es jemals einer Beweisaufnahme bedürfte. Alles in allem gilt diese hier nur in aller Kürze angedeutete Arbeit am Sachverhalt als gerade für Anfänger besonders schwierig, oft schwieriger als die „eigentlichen" rechtlichen Fragen, aber dennoch als besonders wichtig für eine erfolgreiche Arbeitsweise.

132 Rein äußerlich setzt die Relation zunächst die Anfertigung eines Tatbestandes voraus, der weit mehr ist als eine bloße Nacherzählung des Inhalts der Parteienschriftsätze darstellt, sondern bereits implizit eine Reihe rechtlicher Wertungen zu den Regeln des Behauptens und Bestreitens enthält. Daran schließt sich ein Relationsgutachten an. Es beginnt meist mit der sog. Klägerstation, also der Untersuchung von Zulässigkeit und Begründetheit der Klage auf der Basis des unstreitigen Sachverhalts plus des Vortrags des Klägers zum streitigen Sachverhalt. Sollte sich schon hier ergeben, dass die Klage keine Aussicht auf Erfolg hat, also nicht schlüssig ist, bricht das Gutachten mit diesem Ergebnis ab. Anderenfalls folgt die Beklagtenstation, dh die Zulässigkeit und Begründetheit der Klage wird auf der Basis des unstreitigen Sachverhalts plus des Beklagtenvortrags zum streitigen Sachverhalt untersucht. Erweist sich das Vorbringen des Beklagten als im Ergebnis unerheblich, bricht die Prüfung – wie bereits beschrieben – mit dieser Feststellung ab und die Klage ist erfolgreich. Weichen hingegen beide Stationen im Ergebnis voneinander ab, so werden als Abschluss der Beklagtenstation die sog. entscheidungserheblichen oder beweiserheblichen Tatsachen aufgelistet, auf deren Klärung es zwingend ankommt. In der folgenden sog. Beweisstation wird dann geprüft ob und wieweit diese Tatsachen ggf. bereits hinreichend bewiesen wurden. Das Ergebnis kann dann eine Entscheidung des Falls durch Klagabweisung oder (teilweise) Stattgabe sein, aber auch ein (weiterer) Beweisbeschluss, wenn noch nicht über alle erforderlichen Tatsachen hinreichend Beweis erhoben wurde. Abschließend wird in der sog. Tenorierungsstation der genaue Wortlaut und Inhalt des Tenors zur Sache und ggf. auch zu den Kosten und zur vorläufigen Vollstreckbarkeit festgelegt.

bb) Bedeutung des Relationsdenkens

133 Schon aus dieser kurzen Darstellung der Relationstechnik ergibt sich, dass sie keineswegs erst am Ende eines Gerichtsprozesses von Bedeutung ist, sondern bereits von Anfang an. Wenn etwa schon in der ersten Klagebegründung der Vortrag des Klägers zu den Tatsachen gar

[229] Vgl. dazu etwa sehr genau und eingängig *Siegburg, Peter,* Einführung in die Urteils- und Relationstechnik, 4. Aufl. 1989, 124 ff.; *Schneider, Egon,* Der Zivilrechtsfall in Prüfung und Praxis, 7. Aufl. 1988, 47 ff.

nicht ausreicht, um rechtlich sein Begehren zu stützen, kann der Prozess schon an dieser Stelle enden. Hat der Beklagte erstmals erwidert, so ergibt die Relation, zu welchen Punkten der Kläger überhaupt noch Stellung nehmen muss und zu welchen nicht. Wenn dem Kläger die Möglichkeit zur Stellungnahme eingeräumt wird, können diese Punkte genauer bezeichnet und so ein übermäßiges Anwachsen der Akte verhindert werden. Dasselbe gilt dann umgekehrt nach Eingang der Stellungnahme des Klägers für die eventuelle weitere Stellungnahme des Beklagten. Ebenso klärt die Relation für die mündliche Verhandlung, über welche Punkte überhaupt noch gesprochen werden muss und über welche nicht, sowie natürlich wann und worüber Beweis zu erheben ist.

134 Die Relation ist somit die grundlegende Arbeits- und Denktechnik vor allem des Zivilrichters.[230] Dabei geht es weniger um die schriftliche Ausarbeitung mit den zahlreichen Formalien eines Relationsgutachtens, die eher Ausbildungszwecken dient. Der Richter wird dazu kaum je die Zeit haben oder das Bedürfnis verspüren. Selbst in der Ausbildung der Referendare ist heute die Abfassung eines ausführlichen Relationsgutachtens nicht zwingend vorgesehen. Jedem Zivilurteil jedoch liegt gedanklich ohnehin eine Relation zugrunde. Ein Richter, der nicht bewusst oder unbewusst in der Relationstechnik denkt, kann nicht sinnvoll arbeiten und vor allem sein Urteil hinsichtlich der Arbeit am Sachverhalt und der rechtlichen Bewertung nicht lege artis abfassen:[231] „Der Richter muß diese Gutachtenmethode beherrschen, wenn er rationell arbeiten und auf dem einfachsten und schnellsten Weg erfahren will, ob ein Rechtsstreit (…) entscheidungsreif ist oder wie die Entscheidungsreife mit dem geringsten Zeit- und Kostenaufwand herbeizuführen ist.“[232] Eine praktische Rolle spielt die Relation auch in ihrer äußeren Form noch in einigen Kollegialgerichten, soweit die Richter die Fälle tatsächlich noch in gemeinsamen Treffen mündlich durchsprechen. Hier wird der jeweilige Berichterstatter, dh derjenige Richter, der die Akten führt, mit den Parteien spricht etc, seinen Kollegen in der Regel in einer Form über den Stand des Verfahrens und die seiner Meinung nach anstehende Entscheidung berichten, die sich am Relationsdenken orientiert. Aber auch Rechtsanwälte können ohne Beherrschung dieses Denkschemas nicht angemessen und effektiv arbeiten, denn schließlich müssen sie verstehen, wie der Richter bei seiner Arbeit vorgeht. Nicht zu unrecht gilt die Relation als intellektueller Höhepunkt der klassischen Referendarausbildung und spielt gerade für die Ausbildung an höheren Gerichten, insbesondere einem Oberlandesgericht, eine wichtige Rolle.

135 Die Relationstechnik ist für den fremden Juristen nicht wegen ihrer zahlreichen Einzelheiten relevant, die als solche erst bei einem zivilprozessual geprägten Rechtsvergleich Bedeutung gewinnen können. Die Relationstechnik zeigt aber mit größtem Nachdruck welch grundlegende Rolle das strukturierte, systematische Denken für den deutschen Juristen spielt und wie weit es in dem Bestreben durchgesetzt wird, Entscheidungen auf möglichst effektive Art zu treffen, weder in tatsächlicher noch rechtlicher Hinsicht Überflüssiges zu erörtern und ein Verfahren in möglichst schlanke Bahnen zu lenken. Erst die Kenntnis des Relationsdenkens ermöglicht eine realistische Einschätzung, wie weit etwa ein deutscher Schadenersatzprozess wirklich vom entsprechenden Jury-Verfahren in den USA entfernt ist. Sie ermöglicht auch einen ersten Blick in die stark vom common law abweichende Bedeutung und Funktionsweise der Richter insgesamt. Das ist umso wichtiger als die Relations- ebenso wie die Gutachtentechnik[233] außerhalb des deutschen Rechtskreises auch unter Rechtsvergleichern kaum bekannt ist.

---

[230] Vgl. etwa *Schellhammer, Kurt,* Die Arbeitsmethode des Zivilrichters, 18. Aufl. 2019, 16 ff.; vgl. auch die aus dem Leben gegriffene Beschreibung der Vorgehensweise ibid., 22 ff.

[231] Vgl. etwa *Schneider, Egon,* Richterliche Arbeitstechnik, 3. Aufl. 1991, 80; *Schuschke, Winfried; Kessen, Martin; Höltje, Björn,* Zivilrechtliche Arbeitstechnik im Assessorexamen – Bericht, Votum, Urteil, Aktenvortrag, 35. Aufl. 2013, 1 f., 100; *Anders, Monika; Gehle, Burkhard,* Das Assessorexamen im Zivilrecht, 15. Aufl. 2022, 3; zur Unterscheidung zwischen dem notwendigen harten Kern der Relationstechnik und ihren unverbindlichen Anregungen *Schellhammer* (Fn. 230), 19 f.

[232] *Siegburg* (Fn. 229), 110; ebenso etwa OVG Münster NJW 1980, 1483 (1483).

[233] Vgl. jedoch die kurzen, kritischen Bemerkungen bei *Markesinis* (Fn. 223), 71, 79.

e) Frankreich: Gleicher Ansatz, andere Ausführung

Deutsche und französische Juristen haben bei Fragen der praktischen Rechtsanwendung üblicherweise wenig gegenseitige Verständnisschwierigkeiten, denn sie teilen miteinander den Grundansatz syllogistischer Herangehensweise (aa). Im Detail allerdings werden Unterschiede deutlich: Subsumtion, Gutachten- oder gar Relationsstil sind in Frankreich als Techniken vollkommen unbekannt (bb). Eine leicht zu übersehende Abweichung im Denken findet sich bei der Abgrenzung zwischen Recht und Tatsachen über den Begriff der Qualifikation, wobei diese Qualifikation wiederum derjenige Begriff ist, der der deutschen Subsumtion am nächsten zu kommen scheint (cc). **136**

aa) Syllogismus

Auch in Frankreich wird die Anwendung des Rechts klassischerweise als Syllogismus **137** beschrieben,[234] ist also im Kern deduktiv. Ebenso wie in Deutschland und anders als im common law ist Ausgangspunkt stets eine Rechtsregel, die der richterlichen Rechtsanwendung vorausliegt und sich nicht etwa erst aus ihr ergibt. Die Tatsachen erfüllen im Einzelfall entweder die Voraussetzungen dieser Rechtsregel oder sie tun es nicht; dies zu bestimmen, ist Aufgabe des Juristen. Dabei gehen namhafte Beobachter davon aus, dass die syllogistische Tradition in Frankreich sogar noch stärker nachwirkt als in Deutschland.[235] Rein äußerlich bestätigt dies der Stil der Gerichtsurteile. Denn ihnen fehlt in Frankreich traditionell jegliche Auseinandersetzung mit verschiedenen Lösungsalternativen, jede Abwägung von Pro und Contra, jede offene Auseinandersetzung mit Wertungsfragen. Das aber ist typisch für ein rein syllogistisches Denken, das seinen Schluss gerade als logisch zwingend und alternativlos darstellt. Ob das syllogistische Denken aber auch über diese äußerliche Form hinaus in Frankreich ausgeprägter ist als in Deutschland, mag bezweifelt werden. Denn dass die Rechtsanwendung insgesamt nicht auf eine rein logische, deduktive, wertungsfreie Operation reduziert werden kann, ist in Frankreich eine ebenso allgemein geteilte und verbreitete Erkenntnis wie in Deutschland.[236] Darüber hinaus hat das syllogistische Denkschema in Deutschland über die zumindest im Ansatz aus ihm abgeleitete Subsumtion und den Gutachtenstil deutliche Auswirkungen in der täglichen Arbeit.

bb) Pragmatische Lösung statt Subsumtion und Gutachten

Soweit die Subsumtion nur Ausdruck des deduktiven Denkens und des Syllogismus ist, **138** existiert sie auch in Frankreich. Auch Definitionen spielen durchaus eine Rolle.[237] Dennoch finden deutsche Subsumtion und Gutachtenstil in Frankreich kein echtes Äquivalent. Das gilt zunächst ganz klar für das äußere Schema, etwa für die Konditionalsätze, für die Verfeinerungen und ggf. Staffelung von Definitionen, für die Einhaltung vorgegebener Denk- und Ablaufschemata und den damit einhergehenden Versuch, Fälle umfassend zu erfassen und keine eventuellen Probleme zu übersehen. Noch mehr gilt dies für die darauf aufbauende, komplexe Relationstechnik der parallelen Gutachten. Aber auch schon die Funktion der Definitionen scheint eine andere zu sein. Ihnen fehlt die Rolle als geronnenes juristisches Wissen, an deren weiterer Ausarbeitung alle Juristen mitarbeiten und die oft der Fokussierpunkt für Meinungsstreitigkeiten über die richtige Auslegung und Anwendung rechtlicher Regeln sind. Strebt der deutsche Jurist in aller Regel nach einer „subsumtions-

---

[234] Vgl. *Bergel* (Fn. 174), 152, 157 f.; *Terré* (Fn. 29), 24; *Aubert/Savaux* (Fn. 39), 63 f.; deutliche Beispiele aus der Rechtsprechung bei *Steiner* (Fn. 60), 115 ff.

[235] Vgl. *Zweigert/Kötz* (Fn. 4), 258.

[236] Vgl. etwa die vielschichtige Darstellung bei *Bergel* (Fn. 174), 150 ff.; vgl. auch *Aubert/Savaux* (Fn. 39), 64 ff. mit einigen moderenern Aspekten; deutlich zusammenfassend *Steiner* (Fn. 60), 114 („no lawyer in France today would seriously maintain the view that judicial decisions are only determined by the formal, not to say mechanistic, operation of a syllogism"); zu Deutschland supra → Rn. 14.

[237] Vgl. etwa *Champeil-Desplats, Véronique,* Méthodologies du droit et des sciences du droit, 2016, 299 ff.; ausführlicher *Bergel* (Fn. 174), 111 ff.

fähigen" Definition, die also alle von der Norm umfassten Fälle einschließen und – soweit dafür nicht andere Tatbestandsmerkmale zuständig sind – alle nicht umfassten Fälle ausschließen muss, gilt in Frankreich, dass nicht alle Variationen eines Konzepts von der Definition erfasst sein müssen, da sonst ihre Bedeutung verdunkelt würde.[238] Nach französischer Auffassung bleibt eine juristische Definition oft mehr oder minder angenähert, kurzerhand und summarisch. Denn es sei nicht die Aufgabe des Juristen, wissenschaftlich korrekte Definitionen aufzustellen, sondern praktikable Regeln herauszuarbeiten. Diese Praktikabilität verlange nach vergleichsweise einfachen, handhabbaren Definitionen.[239] Einen solchen Gedankengang würde kaum ein deutscher Jurist so unterschreiben. Das Streben nach handhabbaren Definitionen würde zwar auf Verständnis stoßen, drückt sich bei ihm aber eher in der weiteren Verfeinerung durch Unterdefinitionen aus, die den Wortlaut der Definition entlasten, ohne sie inhaltlich zu verkürzen.

139 Eine Subsumtions- und Gutachtentechnik, die so gar nicht existiert, kann natürlich nicht zu Aufbauschemata als geronnenem juristischen Wissen führen und sich vor allem nicht insgesamt prägend auf das juristische Denken auswirken. Zudem ist die Subsumtions- und Gutachtentechnik elementar verbunden mit der Falllösung, die in der deutschen Juristenausbildung traditionell den zentralen Platz einnimmt. Auch hier aber ist die Lage in Frankreich eine andere. Traditionell kam der zentrale Platz in der Ausbildung vor allem der abstrakt wissenschaftlichen Abhandlung (dissertation) zu.[240] Daneben tritt heute allerdings nicht nur die Kommentierung von Einzelentscheidungen (commentaire d'arrêt) sondern eben auch die Falllösung (cas pratique).[241] Für die Falllösung existiert durchaus ein allgemeines Aufbauschema. Vorgeschlagen wird beispielsweise folgendes Vorgehen: erstens aus dem Fall die praktische Frage herausarbeiten; zweitens diese Frage in eine juristische umformulieren; drittens alle möglicherweise einschlägigen rechtlichen Regeln zusammenstellen und gegebenenfalls diejenigen isolieren, die von vornherein ausscheiden; viertens, die Anwendung der einschlägigen Regeln auf die Tatsachen.[242] Die Antwort muss dabei keineswegs immer eindeutig sein, sondern kann auch aus Alternativen oder schlichten Zweifeln bestehen,[243] auch wenn dies in neuerer Zeit weniger akzeptiert zu werden scheint.[244] Dieses Schema ist aber nicht nur weit weniger rigoros und weit weniger in die Tiefe gestaffelt als das deutsche. Es besteht auch keineswegs ein allgemeiner oder gar traditioneller Konsens über seine genauen Schritte.[245] Letztlich wird die Falllösung in Frankreich weniger schematisch, weniger rigoros sondern vielmehr pragmatisch gehandhabt. Sie ähnelt insofern durchaus den Falllösungen, wie sie in Prüfungen im common law üblich sind.[246] Es geht darum, ähnlich etwa dem U.S.-amerikanischen issue spotting, die praktischen und rechtlichen Probleme eines Falles zu erkennen und sie unter Heranziehung gelernter Rechtsregeln argumentativ angemessen zu einer Lösung zu führen. Eine ganz spezifisch juristische Argumentations- und Schreibweise ist dabei nicht vorgeschrieben. Vielmehr geht

[238] So *Bergel* (Fn. 174), 113.

[239] Vgl. Dabin, Jean, Théorie générale du droit, 1969, 288 f.

[240] Vgl. etwa *Gridel, Jean-Pierre,* La dissertation, le cas pratique et la consultation en droit privé, 4. Aufl. 1996; Beignier, Bernard; Bléry, Corinne, Introduction au droit – Premier semestre L1, 3. Aufl. 2011, 557.

[241] Vgl. dazu zB *Diruit, Mathieu,* Méthode efficace des exercices juridiques avec 100 corrigés, 3. Aufl. 2019, 213 ff.

[242] Vgl. etwa *Beignier, Bernard; Bléry, Corinne,* Introduction au droit – Premier semestre L1, 3. Aufl. 2011, 563 ff.; zu einem alternative Schema in sechs Schritten vgl. *Pansier, Frédéric-Jerôme,* Méthodologie du droit, 8. Aufl. 2019, 160 ff.; zu einem möglichen Aufbauschema für den commentaire d'arrêt vgl. *Aubert/Savaux* (Fn. 39), 372 ff.

[243] Vgl. *Gridel* (Fn. 240), 173; *Beignier, Bernard; Bléry, Corinne,* Introduction au droit – Premier semestre L1, 3. Aufl. 2011, 564 f.

[244] Vgl. zB *Pansier, Frédéric-Jerôme,* Méthodologie du droit, 8. Aufl. 2019, 162, der eine eindeutige Lösung jedenfalls dann verlangt, wenn es sich um einen echten cas pratique handele, der aus der Sicht eines Richters geschrieben wird, im Gegensatz zum Sonderfall einer sog. consultation, also einer Anwaltsklausur, die entsprechend Eventualitäten abdecken müsse.

[245] Vgl. etwa das im Einzelnen abweichende Schema bei *Gridel* (Fn. 240), 166 ff.

[246] Für England noch deutlicher *Steiner, Eva,* French Law – A Comparative Approach, 2010, 221.

es um eine umfassende, aber auch sprachlich ansprechende und elegante Darstellung. Gerade in früheren Zeiten wurde hier sogar – mit Ausnahme des sehr technischen commentaire d'arrêt – schlicht auf die schulische Ausbildung zurückgegriffen und vom Studenten erwartet, dass er sich die notwendigen Techniken selbst erarbeitete.[247] Demgegenüber muss der deutsche Gutachtenstil in jedem Fall eigens erlernt werden und weicht stark von den sonst üblichen Schreib- und Argumentationstechniken ab – auch wenn mancher voll ausgebildete deutsche Jurist ihn so verinnerlicht hat, dass er sich das kaum mehr vorstellen kann. Darüber hinaus ist der Gutachtenstil zwar – wenn fortgeschritten und kompetent angewandt – nicht nur klar sondern auch gut lesbar. Dennoch würde wohl kein deutscher Professor seinen Studenten ernsthaft die Lektüre von Victor Hugo oder Stendhal empfehlen, um ihren Schreibstil für das Examen zu verbessern.[248] Und tatsächlich: liest der deutsche Jurist eine mustergültige französische Falllösung, so fällt ihm vor allem die ausgefeilte sprachliche Eleganz auf (die er aber innerlich oft als ein wenig unangemessen und zu wenig neutral empfinden wird und bei der er im Übrigen vor allem den zwingenden Bezug jedes einzelnen Satzes und Satzteils zur Lösung des konkreten Falls vermisst). Umgekehrt dürfte einem Franzosen an einem deutschen Gutachten vor allem die mustergültige Logik und Klarheit der Argumentation auffallen (die ihm aber innerlich viel zu kantig, ja plump dargestellt erscheinen wird und bei der ihm die wissenschaftliche Einbettung in den größeren dogmatischen Hintergrund fehlt). Mit anderen Worten: was im einen Land als perfekte Lösung gilt, würde im anderen kaum akzeptiert.

Die gravierenden Unterschiede lassen sich vielleicht abschließend am einfachsten mit dem **140**
Auszug aus einer Musterlösung illustrieren. Im Fall geht es um diverse Probleme von Nicolas, der einen Kaufvertrag im Ausland abgeschlossen, für seinen abwesenden Nachbarn eine Rettungsmaßnahme an dessen Grundstück eingeleitet und schließlich Geld verliehen hat. Die Lösung beginnt im Wortlaut wie folgt:[249]

„Idem est non esse et non probari: selon l'adage, il est identique de ne pas avoir de droit ou de ne pas pouvoir le prouver. Si l'affirmation est excessive, elle rélève l'importance déterminante du droit de la preuve dans la vie judiciaire. Les difficultés rencontrées dans le cas pratique renvoient à la diversité du droit de la preuve: preuve du droit, d'abord (1), preuve des faits, ensuite (2).
1. La preuve du droit
Nicolas doit-il établir lui-même le contenu de la loi étrangère? Sur ce point, la jurisprudence est émaillée de coups de théâtre. Dans un arrêt Amerford, la Cour de cassation a affirmé qu'en matière de droits disponibles, 'il incombe à la partie [es folgt ein längeres Zitat]'. En revanche, lorsque le litige mettait en jeu des droits indisponibles, il appartenait au juge tenu d'appliquer d'office la règle de conflit et d'en rechercher la teneur. La Cour de cassation avait rapidement complété ces solutions en faisant peser une obligation identique sur le juge qui, de son plein gré, déclarait d'office applicable la loi étrangère en matière de droit disponibles. Or, dans un arrêt du 18 septembre 2002 […]. En l'espèce, le litige mettait en jeu des droits disponibles et l'application du droit étranger avait été invoquée par le demandeur. Par conséquent, l'obligation du juge d'établir la teneur de la loi étrangère n'est désormais plus liée à sa seule initiative. Cette approche semble se confirmer dans deux arrêts […]. Les craintes de Nicolas peuvent être rapidement écartées…"

Natürlich handelt es sich dabei nur um die Musterlösung einer universitären Prüfung, nicht um den direkten Blick in den Kopf eines Richters oder Anwalts. Doch dürfte in

[247] Vgl. *Gridel* (Fn. 240), vi; im Gegensatz dazu warnen an Jurastudenten gerichtete Internetseiten heute ausdrücklich davor zu versuchen, die in der Schule gelernten Techniken der dissertation auf die spezifisch juristische dissertation anzuwenden, vgl. juriswin.com/2015/04/22/reussir-sa-l1-de-droit-dissertation-juridique-commentaire-darret-cas-pratique-ce-quon-attend-de-vous-pour-avoir-une-bonne-note-en-td-et-aux-exams/ (zuletzt abgerufen am 18.7.2025).

[248] So aber für Frankreich *Beignier, Bernard; Bléry, Corinne,* Introduction au droit – Premier semestre L1, 3. Aufl. 2011, 555.

[249] Auszug aus *Beignier, Bernard; Bléry, Corinne,* Cours d'introduction au droit, 2. Aufl. 2008, 649 (Hervorhebungen im Original); für ein weiteres markantes Beispiel, das möglicherweise etwas extravaganter als üblich ausfällt, vgl. *Pansier, Frédéric-Jerôme,* Méthodologie du droit, 8. Aufl. 2019, 177.

Frankreich ebenso wie in Deutschland die in der Universität gelernte Herangehensweise an juristische Fragen prägend für die gesamte spätere Karriere und eben für die Art des juristischen Denkens sein, das auch später in der Praxis angewandt wird.

cc) Qualifikation als Schnittstelle von Recht und Tatsachen

141 Die im syllogistischen Denken notwendige Zusammenführung von Recht und Tatsachen wird in Frankreich üblicherweise als Qualifikation (qualification) bezeichnet: Ist ein Unfall mit einem Aufsitzrasenmäher ein accident de la circulation mit einem véhicule terrestre à moteur mit den entsprechenden Haftungsfolgen? Gehört es zum vie personnelle eines Verkäufers, bei der Arbeit im Hochsommer Bermuda-Shorts zu tragen, mit der Folge dass er deshalb nicht entlassen werden kann? Ist die Ansteckung mit AIDS beim Geschlechtsverkehr eine administration de substance nuisible im strafrechtlichen Sinn?[250] Dies sind nach deutschem Verständnis typische Subsumtionsfragen. Ihr scheint die Qualifikation also der Sache nach zu entsprechen. Dafür spricht auch, dass die Qualifikation ebenso wie Rechtsfragen vom Cour de cassation geprüft wird[251] und auch insofern der revisiblen Rechtsanwendung des deutschen Rechts entspricht.[252] Sogar der Begriff der Subsumtion lässt sich in diesem Zusammenhang mit einiger Mühe in der französischen Literatur finden, wird dort allerdings nur in seltenen Ausnahmefällen gebraucht und selbst dann eher der philosophischen Sphäre zugerechnet.[253] Schließlich lassen sich in jedem Text über die Qualifikation Beschreibungen finden, die ohne weiteres auch in Deutschland akzeptiert würden.[254]

142 Dennoch bestehen Unterschiede in Begriffsverwendung und -inhalt. Schon in den Beschreibungen des Vorgangs[255] der Qualifikation findet sich neben Bekanntem auch viel für deutsche Ohren Ungewöhnliches. Zunächst geht es schon rein sprachlich um eine Qualifikation von Tatsachen als etwas, um die Bestimmung der juristischen Natur der Tatsachen.[256] Das Zusammenbringen von Definition und Fakten wird also eher von den Fakten her beschrieben und weniger als ein technischer Transmissionsvorgang, der sich mit immer genauerer Definition gleichsam verflüchtigt.[257] So kommt auch in vielen Beschreibungen der Eindruck auf, dass die Qualifikation ein tertium neben Recht und Tatsachen sei. Im Verwaltungsprozessrecht etwa wird im Rahmen des Klagegrundes (cas d'ouverture) der violation de la loi unterschieden zwischen Fehlern beim Recht als solchen sowie seiner Auslegung (erreur de droit), der Existenz der zugrundeliegenden Tatsachen (exactitude matérielle des motifs de fait) und eben der Qualifikation (qualification des faits).[258] Gleichzeitig wird die Qualifikation nicht dem Recht, sondern eher den Tatsachen zugeordnet, ein Qualifikationsfehler also als erreur de fait angesehen (der aber dennoch zum Klagegrund der violation de la loi zählt).[259]

143 Eine weitere Besonderheit besteht darin, dass weniger von einer Subsumtion unter bestimmte Merkmale oder Voraussetzungen einer Norm gesprochen wird, sondern vielmehr

---

[250] Näher zu diesen Beispielen *Beignier, Bernard; Bléry, Corinne,* Introduction au droit – Premier semestre L1, 3. Aufl. 2011, 21 ff.

[251] Vgl. etwa *Aubert/Savaux* (Fn. 39), 208 f.; die fehlerhafte Rechtsanwendung ist ebenso kassationsfähig wie die fehlerhafte Rechtsauslegung, vgl. *Lefort, Christophe,* Procédure civile, 5. Aufl. 2014, 510.

[252] Vgl. dazu supra → Rn. 108 Fn. 213.

[253] Einmalige Verwendung von „subsomption" und „subsumer" in diesem Sinne bei *Bergel* (Fn. 174), 107.

[254] Vgl. etwa *Molfessis/Terré* (Fn. 110), 160: „À la charnière du fait et du droit, la qualification est un mode de réalisation méthodique de celui-ci. Mode de logique appliquée (…)"; oder *Aubert/Savaux* (Fn. 39), 69: „la qualification qui consiste à donner aux faits concernés la traduction juridique qui leur convient".

[255] Zur weiteren möglichen Betrachtung der Qualifikation als Ergebnis vgl. *Molfessis/Terré* (Fn. 110), 160.

[256] Vgl. *Molfessis/Terré* (Fn. 110), 160.

[257] Vgl. zu dieser Sichtweise der Subsumtion supra → Rn. 106, 112.

[258] Vgl. etwa *Waline* (Fn. 53), 748; vgl. auch *Lebreton* (Fn. 54), 531 ff.

[259] Vgl. *Lebreton* (Fn. 54), 532 f.; entsprechend *Waline* (Fn. 53), 748; zur systematisch wenig überzeugenden aber historisch gewachsenen Unterscheidung der verschiedenen Klagegründe, darunter der Auffangkategorie der violation de la loi, vgl. etwa *Waline* (Fn. 53), 748 f.

davon, die Tatsachen an eine bestimmte juristische *Kategorie* anzubinden.[260] Hinter diesem zunächst nur terminologischen Unterschied scheint auch inhaltlich eine etwas andere Vorstellung zu stehen. Die Qualifikation erscheint weniger kleinteilig sondern als Zuordnung zum breiten und allgemeinen Hauptmerkmal der gesetzlichen Voraussetzungen, ob also beispielsweise ein Gebäude eine „perspective monumentale" beeinträchtigt oder ob eine Versammlung „de nature à troubler l'ordre public" ist.[261] Die für Deutschland so typische Zerlegung des Wortlauts der Norm, Vertiefung der Definition im Verlauf der Anwendung, Existenz von genaueren, manchmal sogar gestaffelten Unterdefinitionen (die dann Teil des Rechts sind) und die Subsumtion eben unter diese zahlreichen Einzelbestandteile der Definition wird in Frankreich nicht erwähnt. Sie würde auch der gewünschten Flexibilität der Qualifikation entgegenstehen. Entsprechend würde ein Satz wie „la qualification est l'instrument par excellence d'une politique au sens large"[262] in Deutschland vielleicht in Bezug auf die Auslegung, nicht aber in Bezug auf die Subsumtion zu finden sein. Tatsächlich wird in Frankreich der subjektive Charakter der Qualifikation betont. Denn es hänge eben von der individuellen Einschätzung ab, ob beispielsweise ein Platz eine im Gesetz verlangte „monumentale Perspektive" biete oder ob ein bestimmtes Gerät noch als „vehicule" bezeichnet werden könne.[263] Vom scheinbar objektiven Charakter der Subsumtion bleibt so nicht viel übrig. Folgerichtig ist eine Qualifikation der französischen Verwaltung zwar meist, aber keineswegs immer vor dem Verwaltungsgericht überprüfbar; genau darin unterscheiden sich vielmehr zwei zentrale Kategorien der Kontrolldichte, die sog. Normal- und die Minimalkontrolle.[264] Ein solche, eigene Kontrolldichtekonzeption für die Rechtsanwendung kennt das deutsche Verwaltungsrechtsdenken hingegen nur an eher versteckter Stelle für die sehr seltenen Ausnahmefälle eines sog. Beurteilungsspielraums.[265] Die französische Qualifikation ist also aus deutscher Sicht ein eher schillernder Begriff, der mit dem heimischen Instrumentarium nur schwer zu erfassen ist.

5. Rechtliche Autoritäten

a) Gerichtsentscheidungen

aa) Fehlende Präzedenzfallbindung

Für den außenstehenden Juristen, insbesondere aus dem common law, ist die fehlende **144** Präzedenzfallbindung kontinentaleuropäischer Gerichte eine der auffälligsten und ungewöhnlichsten Merkmale. Tatsächlich ist in aller Regel etwa ein deutsches oder französisches Gericht in keiner Weise formell gehalten, sich an Entscheidungen irgendwelcher anderen Gerichte zu halten.[266] Eine Bindung an die eigene Rechtsprechung liegt ihnen gedanklich sogar so fern, dass diese Konstellation bei Diskussionen der Präjudizienbindung meist nicht einmal erwähnt wird.[267] Insofern gibt es im kontinentaleuropäischen Recht nichts, das den komplexen Regeln und Problemen des common law zur Bestimmung der ratio decidendi, zum distinguishing oder zu den unterschiedlichen Bindungsgraden verschiedener Präjudi-

[260] Vgl. etwa *Bergel* (Fn. 174), 105 („consiste à revêtir une donnée concrète des qualités qui déterminent son régime et ses conséquences juridiques en la rattachant par nature aux catégories abstraites dont elle possède les critères distinctifs"), 128 („on sait que les juristes procédent par qualifications pour découvrier les concepts et les catégories auxquels se rattachent les cas concrets"); vgl. auch *Molfessis/Terré* (Fn. 110), 160.

[261] Beispiele nach *Lebreton* (Fn. 54), 535 f. mwN.

[262] *Jestaz, Philippe,* La qualification en droit civil, Droits – Revue française de théorie, de philosophie et de culture juridiques 18 (1993), 45 (52); zustimmend *Bergel* (Fn. 174), 128.

[263] Vgl. *Waline* (Fn. 53), 748 f.; *Bergel* (Fn. 174), 135. Welche Kontrolldichte anzuwenden ist, hängt dabei stark von Kriterien des Einzelfalls ab.

[264] Vgl. dazu etwa *Lebreton* (Fn. 54), 543 ff.; *Waline* (Fn. 53), 750 f.

[265] Zum unbestimmten Rechtsbegriff in Abgrenzung zum Ermessen und zur dabei jeweils möglichen gerichtlichen Kontrolle vgl. infra → Rn. 291 ff.

[266] Für Frankreich vgl. etwa *Bonnard* (Fn. 75), 179 ff.

[267] Ausnahme etwa *Bonnard* (Fn. 75), 179.

zien entspräche.[268] Natürlich bestehen zur fehlenden Präzendenzfallbindung einige spezielle Ausnahmen und ebenso klar sorgt eine faktische Einhaltung von Präjudizien dafür, dass das Recht nicht in einer chaotischen Vielfalt von Einzelentscheidungen versinkt. Bevor diese Aspekte aber näher beschrieben werden, sollte betont werden, dass der Grundsatz fehlender Bindung dennoch allgemeine Akzeptanz findet, im Bewusstsein der Richter präsent ist und bei Bedarf in die Praxis umgesetzt wird. Teilweise gilt der Grundsatz sogar als Aspekt der Unabhängigkeit der Richter und ist so verfassungsrechtlich abgesichert.[269] Wenn also etwa einem deutschen Richter am Amtsgericht in Zivilsachen die für seinen Fall einschlägige Rechtsprechung des Bundesgerichtshofs unverständlich, verworren, obskur oder schlicht völlig falsch erscheint, so kann es durchaus passieren, dass er sich anders entscheidet. Das wird ihm leichter fallen, wenn auch andere Gerichte oder die Literatur sich deutlich von der höchstrichterlichen Rechtsprechung distanzieren, kann aber auch ohne solche Unterstützung einmal geschehen. Noch weit leichter fällt ein Abweichen beispielsweise, wenn keine höchstrichterliche, sondern nur obergerichtliche Rechtsprechung – etwa der Oberlandesgerichte – existiert, diese aber in sich nicht einheitlich ist. Geht es um neuartige Rechtsfragen, zu denen sich die Gerichte – auch die oberen Gerichte – bislang nur sehr vereinzelt äußern konnten, so wird sich der Richter an einem unteren Gericht oft eher als Teilnehmer einer noch laufenden juristischen Diskussion ansehen denn als Abweichler von Meinungen einzelner höherer Gerichte und entsprechend oft eine eigene rechtliche Meinung entwickeln. Bei höheren Gerichten, etwa bei Oberverwaltungsgerichten, kann das rechtliche Selbstbewusstsein gegenüber höchsten Gerichten, etwa dem Bundesverwaltungsgericht, oft recht gut ausgeprägt sein. All diese Aussagen können allerdings nur als statistische, praktische Annäherungen ohne jeden Bindungswert verstanden werden, nicht etwa als erste Ansätze einer sich doch entwickelnden Präzedenzfalllehre.

145 Dass Richter sich dennoch in der Regel und vor allem in den zahllosen Routinefällen an die obergerichtliche Rechtsprechung halten, hat vor allem einen praktischen Grund: In vielen Fällen stehen den Betroffenen eine oder mehrere weitere Instanzen offen. Jeder Richter muss sich also der Tatsache bewusst sein, dass sein Abweichen von höherer Rechtsprechung voraussichtlich nur den Effekt hat, den Prozess zu verlängern und zu verteuern, nicht aber zu dem gewünschten Ergebnis zu führen. Auch führt die Abweichung dazu, dass verschiedene Bürger in der gleichen Situation unterschiedlich behandelt werden, je nachdem, vor welchem Richter sie zufällig stehen, was unter Gleichheitsgesichtspunkten problematisch sein kann.[270] Für manche Richter mag zudem von Bedeutung sein, dass häufige Aufhebungen in der nächsten Instanz nicht gerade als besonderer Qualitätsnachweis angesehen werden und sich entsprechend Karrierechancen innerhalb der Justiz verschlechtern können. Nicht wenige Richter hingegen sind von einer Karriereorientierung weitgehend frei, zumal gelegentliches Abweichen von höherer Rechtsprechung sich hier noch kaum auswirkt. Im Übrigen verhindern Abweichungen gerade von der höchstrichterlichen Rechtsprechung eine Versteinerung des Rechtssystems, indem sie auch obersten Gerichten die Möglichkeit geben, ihre Rechtsprechung zu ändern oder zumindest zu modifizieren. Gerade auf diese Weise können auch untere Gerichte den Stein zu größeren Änderungen ins Rollen bringen.[271]

---

[268] Zu diesen Fragen des common law vgl. supra → § 5 Rn. 21 ff.

[269] Vgl. für Deutschland etwa *Morgenthaler, Gerd,* in: Epping, Volker; Hillgruber, Christian, Beck'scher Online-Kommentar Grundgesetz, 61. Edition 2025, Art. 97 Rn. 11.

[270] In Deutschland allerdings werden solche Ungleichbehandlungen gerade wegen der Unabhängigkeit der Richter ausdrücklich als verfassungsrechtlich gerechtfertigt angesehen, vgl. BVerfGE 87, 273 (278); *Kischel, Uwe,* in: Epping, Volker; Hillgruber, Christian, Beck'scher Online-Kommentar Grundgesetz, 61. Edition 2025, Art. 3 Rn. 106.

[271] Für ein berühmtes französisches Beispiel vgl. etwa die Änderung der Rechtsprechung zur Frage, ob der Eigentümer oder der Dieb eines gestohlenen Fahrzeugs der Hüter (gardien) der Sache sei und deshalb nach Art. 1384 Abs. 1 Code civil hafte von Cass. Civ., 3.3.1936, DP 1936, I, 81 (83) (Eigentümer) zur berühmten Entscheidung Franck Cass. Chbres. réun., 2.12.1941, D.C. 1942, II, 25 (25) (Dieb); dazu *Terré/Simler/Lequette/Chénedé* (Fn. 195), 1127 ff.

Soweit kontinentaleuropäische Richter sich in der Praxis ganz überwiegend an Präjudizien zu halten pflegen, geht diese freiwillige Selbstverpflichtung der Sache nach sogar weiter als die Präjudizienbindung im common law. Denn aufgrund der unterschiedlichen Trennlinien zwischen Recht und Tatsachen[272] gelten zahlreiche einzelfallbezogene Verfeinerungen von Rechtsbegriffen und ihren Definitionen hier als Recht und werden insofern getreulich nachvollzogen. Wenn etwa ein deutsches Gericht feststellte, dass der Fahrlässigkeitsmaßstab im Rahmen der Haftung für unerlaubte Handlungen nach § 823 BGB von einem Reiter bei Dunkelheit verlange, so zu reiten, dass er innerhalb seiner Sichtweite anhalten könne, so wäre dies – im Unterschied zu einer entsprechenden Entscheidung im common law – zweifelsfrei ein rechtliches Präjudiz.[273] Hinzu kommt, dass etwa deutsche höhere Gerichte weit eher bereit sind, bei erkannten Unklarheiten oder Lücken im Recht nicht nur den jeweiligen Einzelfall zu lösen, sondern sogleich eine allgemeine Regel aufzustellen, die möglichst auch alle weiteren Fälle für die Zukunft mitklärt.[274] Die stärkere formale Bindung bei geringerer Präjudiziendichte im common law und die schwächere, meist informelle Bindung bei hoher Präjudiziendichte im kontinentaleuropäischen Recht mögen dabei auf ein ähnliches Ergebnis hinauslaufen; sie sind aber vor allem Ausdruck völlig unterschiedlicher Grundeinstellungen, die das Denken prägen. 146

Nur in bestimmten, seltenen Situationen existieren formale Präjudizienbindungen. Besonders ragt hier § 31 Abs. 2 BVerfGG heraus, der Entscheidungen des deutschen Bundesverfassungsgerichts über die Verfassungsmäßigkeit eines Gesetzes selbst wieder Gesetzeskraft zuspricht und sogar die Veröffentlichung der Entscheidungsformel im Bundesgesetzblatt anordnet. Diese Entscheidung bindet also nicht nur alle Gerichte, sondern wirkt sogar erga omnes. Eine gezielte Bindung spezieller unterer Gerichte besteht hingegen, wenn ein Rechtsmittelgericht eine Entscheidung aufhebt und zurückverweist; das aufgehobene Gericht darf dann nicht von der Rechtsauffassung des aufhebenden Gerichts abweichen, denn alles andere widerspräche dem eigentlichen Sinn eines Rechtsmittels. Zu mittelbaren Präjudizienwirkungen führen daneben die gelegentlich zu findenden Vorlagepflichten. So ordnet etwa § 121 Abs. 2 GVG in Deutschland an, dass bei bestimmten strafrechtlichen Verfahrenkonstellationen ein Oberlandesgericht, das von der Entscheidung eines anderen Oberlandesgerichts oder des Bundesgerichtshofs abweichen will, die Sache dem Bundesgerichtshof zur Entscheidung der Rechtsfrage vorzulegen hat. Auch freiwillige Vorlagen sind denkbar, etwa in Art. 267 Abs. 2 AEUV für nicht letztinstanzliche Gerichte; sie müssen jedoch nicht in jedem Fall formal die anfragende Instanz binden, wie etwa die 1991 eingeführte, freiwillige Vorlage an den Cour de cassation nach art. L441-1 Code de l'organisation judiciaire zeigt.[275] Vorlagen können auch innerhalb eines Gerichts notwendig werden. Will etwa ein Senat eines obersten deutschen Bundesgerichts von den Entscheidungen eines anderen Senats abweichen, so muss der sog. Große Senat angerufen werden, der aus Richtern aller Senate zusammengesetzt wird. Der Große Senat kann aber auch freiwillig bei Fragen von grundsätzlicher Bedeutung angerufen werden.[276] In Frankreich bestehen mit den Chambres mixtes und der assemblée plénière de la Cour de cassation Instanzen mit ähnlichen, wenn auch noch weitergehenden Funktionen, die jedoch anders als meist in Deutschland nicht nur in einem zwischengeschalteten Verfahren über die Rechtsfragen entscheiden, sondern den Fall insgesamt zur endgültigen Entscheidung zugewiesen bekommen,[277] so dass es zu keiner Präjudizienbindung kommt. Ein gewisses Bedürfnis nach Einheitlichkeit der Rechtsprechung existiert also ohne weiteres, doch setzt es sich nur in 147

[272] Dazu zum kontinentaleuropäischen Recht supra → Rn. 105 ff., zum common law supra → § 5 Rn. 49 ff.
[273] Zu diesem Beispiel vgl. supra → § 5 Rn. 51, → § 6 Rn. 108.
[274] Zu dieser Funktion als „bewußter Ersatzgesetzgeber" vgl. deutlich *Rüthers, Bernd,* Rechtstheorie, 2. Aufl. 2005, 178 f.; zur praktisch ähnlichen Lage in Frankreich trotz des Verbots der sog. arrêts de règlement in Art. 5 Code civil vgl. *Beignier/Binet/Thomat-Raynaud* (Fn. 177), 81 ff.
[275] Dazu etwa *Molfessis/Terré* (Fn. 110), 282 ff.; *Beignier, Bernard; Binet, Jean-René; Thomat-Raynaud, Anne-Laure,* Introduction au droit, 8. Aufl. 2022, 75.
[276] Vgl. zB für das Bundesverwaltungsgericht § 11 VwGO.
[277] Vgl. dazu art. L431-5, 431-6 Code de l'organisation judiciaire; dazu *Molfessis/Terré* (Fn. 110), 278.

einigen, als besonders wichtig angesehenen Einzelfällen im Sinne einer Präjudizienbindung durch.

bb) Urteilsstil

148 **(1) Frankreich.** Der traditionelle französische Urteilsstil ist unter Rechtsvergleichern berühmt, manche würden sagen berüchtigt. Bis vor kurzer Zeit bestand ein solches Urteil grammatikalisch aus einem einzigen, oft extrem langen Satz, der sowohl die tatsächlichen als auch die rechtlichen Entscheidungsgrundlagen zusammenfasste und dabei in Absätze unterteilt war, die jeweils mit den Worten „attendue que" oder „considérant que"[278] eingeleitet wurden. Der eigentliche Tenor bildete den Abschluss dieses einen Satzes, begann mit den Worten „par ces motifs" und fuhr dann entsprechend der jeweiligen Gerichts- und Verfahrensart fort (zB „casse…", „reçoit l'appel…", „déclare X. coupable…").[279] Dieser sog. indirekte Stil reduziert die Darstellung aufs äußerste, ein Urteil ist oft kaum mehr als eine Seite lang. Die rechtliche Begründung besteht oft nur aus dem Hinweis auf die je einschlägigen Vorschriften. Es fehlt jegliche Auseinandersetzung mit verschiedenen Lösungsalternativen, jede Abwägung von Pro und Contra, jede offene Auseinandersetzung mit Wertungsfragen, so dass sie gedanklich einen reinen Syllogismus zu verkörpern scheint.[280] Ebenso fehlen jegliche Zitate sowohl der eigenen Rechtsprechung als auch der Literatur. Ein Hintergrund dieses Stils dürfte, gerade im Vergleich zu Deutschland, darin liegen, dass gerade obergerichtliche Urteile in Frankreich mehr der bloßen Sicherung der Einzelfallgerechtigkeit als der Rechtseinheit dienen.[281]

149 Ein solches Urteil zu verstehen, ist für jeden nicht am Prozess und an der richterlichen Beratung Beteiligten einschließlich der anderen Gerichte ungemein schwierig. Möglich ist es meist nur wenigen Experten des jeweiligen Rechtsgebiets; aber selbst bei hochrangigen und erfahrenen Juristen kann es vorkommen, dass sie ein Urteil schlicht nicht verstehen.[282] Insofern hat sich eine eigene Literaturgattung entwickelt, die sog. notes, die die Entscheidungen insbesondere des Cour de cassation in tatsächlicher, vor allem aber in rechtlicher Hinsicht aufbereiten, verständlich machen und in den dogmatischen Kontext einordnen, zusätzlich aber auch kritisieren oder gelegentlich Alternativen aufzeigen.[283] Dass eine solche Urteilsanmerkung wirklich das vom Gericht Gemeinte wiedergibt, ist dabei wahrscheinlich, aber keineswegs garantiert. Wird eine Entscheidung einmal falsch verstanden, so sind dem Gericht bis zu einer möglichen erneuten Anrufung in derselben Rechtsfrage die Hände gebunden. Gerade in früheren Zeiten kam es allerdings gelegentlich vor, dass einer der beteiligten Richter selbst eine Urteilsanmerkung schrieb. Später wurde ein solches Vorgehen unter Richtern jedoch als unethisch betrachtet und kam daher kaum noch vor. Eines der wenigen Mittel gegen die Gefahr von Missverständnissen, dass die Richter sehen, ist der Versuch einer großen Konsistenz in der Wortwahl. Denn schon minimale Änderungen, etwa von „principalement" zu „essentiellement", können von den Untergerichten und der Literatur als Andeutungen einer Rechtsprechungsänderung gewertet werden. Andere Mittel

[278] Warum einmal die eine, einmal die andere Einleitung üblich war, ist nicht bekannt, vgl. *Lindon* (Fn. 91), 22; es bestand die klare Tendenz zu „attendu que" am Cour de cassation und zu „considerant que" am Conseil d'Etat und Conseil constitutionnel.

[279] Vgl. etwa speziell für den Cour de cassation die ältere Darstellung bei *Beignier, Bernard; Bléry, Corinne,* Introduction au droit, 3. Aufl. 2011, 566 ff.; allgemeiner und detailliert die Anleitung bei *Mimin, Pierre,* Le style des jugements, 4. Aufl. 1978, 185 ff.; *Tricot, Daniel,* L'élaboration d'un arrêt de la Cour de cassation, La semaine juridique – Édition générale 78 (2004), 225 (225 ff.); die stilistische Schönheit solcher Entscheidungen verteidigend *Lindon* (Fn. 91), 21 ff., 31 ff., insbes. 52 ff.; aus auch historischer Sicht *Ranieri* (Fn. 112), 193 ff.; kritisch zur in den USA üblichen Darstellung des französischen Urteilsstils *Lasser, Mitchel de S.-O.-l'E.,* Comparative law and comparative literature – A project in progress, Utah Law Review 1997, 471 (472 ff.).

[280] Dazu schon supra → Rn. 71, 137.

[281] Vgl. *Classen, Claus Dieter,* Der Richter zwischen Dialog und Entscheidung, JZ 80 (2025), 581 (587).

[282] Vgl. dazu mit einigen unterhaltsamen Anekdoten *Tunc, André,* Conclusions – La cour suprême idéale, Revue internationale de droit comparé 30 (1978), 433 (461 ff.).

[283] Zum typischen Aufbau und Inhalt der notes vgl. *Steiner* (Fn. 60), 152 ff.

– wie die für Außenstehende zumindest nachdenkenswerte Veränderung des Urteilsstils – wurden vom Cour de cassation selbst erkennbar nicht ins Auge gefasst oder auch nur diskutiert. So blieb die kompetente Lektüre französischer Urteile, insbesondere des Cour de cassation, eine Geheimwissenschaft für Eingeweihte.

Während der letzten Jahrzehnte wurde dieser Stil selbst innerhalb Frankreichs heftig **150**
kritisiert, aber auch ebenso leidenschaftlich verteidigt.[284] Schon 1977 fand die Kritik ihren offiziellen Niederschlag in einem Bericht der Commission de Modernisation du Langage Judiciaire.[285] Der Bericht empfahl, die „attendu que"-Formulierungen zwar nicht aus der rechtlichen Begründung, aber aus der Sachverhaltsdarstellung zu streichen, woraufhin die Entscheidungspraxis unterer Instanzen teilweise modifiziert wurde.[286] Zu einem deutlichen Bruch mit der Tradition kam es dann in der zweiten Hälfte der 2010'er Jahre. Nach einer mehrjährigen Experimentier- und Bewertungsphase wechselte der Conseil d'État vom sog. indirekten zum direkten Stil, gab also das „considerant que" auf und formulierte seine Entscheidungen stattdessen als Abfolge vollständiger Sätze. Während der Conseil d'État noch überlegte, entschied der Präsident des Conseil constitutionnel, auf jede Art der Erprobung zu verzichten, und führte 2016 mit sofortiger Wirkung den direkten Stil ein. Der Cour de cassation zögerte zunächst, kam aber schließlich zum selben Ergebnis.[287] Aus historischer Sicht mag der Wechsel vom indirekten zum direkten Stil schon als solcher revolutionär erscheinen. Und tatsächlich erleichtert er die schlichte Lesbarkeit und bringt logische Beziehungen zwischen Gedanken zum Ausdruck, die bislang eher unverbunden nebeneinander standen. Wie aber die ein wenig enttäuschenden Beispiele von Entscheidungen

[284] Vgl. etwa bereits die Zusammenfassung bei *Tunc* (Fn. 282), 464: „elle méconnaît le devoir moral et parfois politique qu'ont les juges d'expliquer leur décision; l'emploi de formules brèves, comportant des mots qui prêtent à toutes les interprétations, ne permet pas de savoir ce qu'est la règle de droit et engendre, en définitive, une grande incertitude; la possibilité de reprendre dans les mêmes termes un principe déjà énoncé sans avoir à se soucier des études dont il a pu faire l'objet est un facteur d'immobilisme; l'absence d'explication conduit à présenter comme une évidence un principe si contestable que, dans des cas posant en réalité le même problème juridique, on admet comme étant d'une égale évidence le principe contraire; plus généralement, une motivation abstraite méconnaît la vie, les aspirations des hommes et même les institutions et les phénomènes de la vie sociale". Zur Verteidigung vgl. etwa *Mimin* (Fn. 279), 14 ff.; *Lindon* (Fn. 91), 23: „L'attendu constitue, non pas à la vérité un carcan, mais un corset, dont la rigueur est en même temps la vertu. Il joue, à l'égard du prosateur judiciaire, le rôle que jouait l'alexandrin à l'égard du poète dramatique du grand siècle. De même qu'en s'obligeant à écrire en phrases de douze pieds (…), les grands auteurs classiques sont parvenus à la perfection dans l'expression de la pensée et dans l'élégance de la forme, de même le magistrat ou le practicien, tenu de fournir ses raisons sous forme d'attendus, est astreint par là même au respect de la logique et de l'ordre dans les idées."; kurz *Deumier, Pascale;* Attendu que la phrase unique est progressivement abandonnée, Revue trimestrielle de droit civil 2019, 67 (67): „incarne à elle seule la concision de la décision, la rigueur du raisonnement syllogistique, l'autorité du ton et la neutralité du discours"; zur möglichen sprachlichen Eleganz solcher Entscheidungen aus französischer Sicht vgl. ibid., 52 ff.

[285] Vgl. Recommendations de la commission de modernisation du langage judiciaire sur la présentation des jugements, veröffentlicht mit dem Circulaire du 31 janvier 1977 relative à la présentation des jugements, J. O. 1977, 886.

[286] Vgl. *Steiner* (Fn. 60), 138 f.

[287] Zusammenfassend zur ganzen Entwicklung *Deumier, Pascale,* Attendu que la phrase unique est progressivement abandonnée, Revue trimestrielle de droit civil 2019, 67 (67 ff.); für die einschlägigen Richtlinien vgl. Conseil d'État: Vade-mecum sur la rédaction des décision de la juridiction administrative of Dec 10, 2018, www.conseil-etat.fr/Media/CDE/Francais/Documents/communique/Vade-mecum-redaction-des-decisions (zuletzt abgerufen am 16.9.2021), dessen Vorgaben seit Anfang 2019 für alle Verwaltungsgerichte bindend sind; *Cour de cassation,* Guide des nouvelles règles relatives à la structure et la rédaction des arrêts (5.6.2019), www.courdecassation.fr/institution_1/reforme_cour_7109/travaux_reforme_2014_2019_9706/redaction_decisions_9223/regles_relatives_42949.html (zuletzt abgerufen am 16.9.2021); die Reform im Conseil constitutionnel basiert schlicht auf einem äußerst knappen, aus nur drei Sätzen bestehenden Kommuniqué seines Präsidenten, vgl. *Conseil constitutionnel,* Communiqué du Président du 10 mai 2016, www.conseil-constitutionnel.fr/actualites/communique/communique-du-president-du-10-mai-2016 (zuletzt abgerufen am 18.7.2025); für eine Bewertung der neuen Praxis des Conseil constitutionnel durch den Cour de cassation (!) vgl. *Service de documentation, des études et du rapport de la Cour de Cassation,* Les modifications de rédaction et de motivation des décisions du Conseil constitutionnel, 2016 www.courdecassation.fr/IMG/36_SDER_BDP_Redaction_motivation_CC_1216.pdf (zuletzt abgerufen am 16.9.2021).

deutlich machen, die schlicht anhand der Vorgaben des neuen Stils umformuliert wurden,[288] bleiben die Veränderungen weitgehend äußerlich, wenn die Begründungen nicht zugleich deutlich erweitert und vertieft werden. Dementsprechend haben die Gerichte ergänzend beschlossen, ihre Begründungen zumindest für wichtigere Entscheidungen auch inhaltlich auszuweiten, indem sie beispielsweise zu den Auslegungsmethoden Stellung beziehen oder manchmal sogar einschlägige Präzedenzfälle zitieren.[289] Hier spielt sich die wahre Revolution ab. Zwar bleiben Verständlichkeit und Argumentationstiefe deutlich hinter dem Erwartungshorizont von Juristen aus Ländern wie England, den USA oder Deutschland zurück.[290] Aber von den bereits jetzt sichtbaren Verbesserungen einmal abgesehen hat der Abschied vom indirekten Stil die französischen Gerichte aus einer Zwangsjacke befreit und so die Tür für zukünftige Änderungen geöffnet, die nun nicht mehr notwendig offiziell verkündet werden müssen, sondern sich auch allmählich aus der Praxis heraus entwickeln können. Bemerkenswerterweise hat der Wunsch nach verständlicheren Urteilen den Cour de cassation sogar dazu veranlasst, seine wichtigeren Entscheidungen auf seinen Webseiten in Form von sog. notes explicatives und lettres de chambre selbst zu erläutern und zu kommentieren. Er scheint sich damit an der Praxis der sog. commentaires zu orientieren, die der Conseil constitutionnel bereits einige Jahr zuvor eingeführt hatte.[291] Dass es dann vielleicht sinnvoller wäre, diese offiziellen Erläuterungen gleich in das Urteil selbst zu integrieren, scheint dem Denken vieler französischer Juristen, anders als ihren ausländischen Kollegen, weniger nahe zu liegen.

151 **(2) Deutschland.** Deutsche Urteile sind traditionell in vielerlei Hinsicht das kontinentaleuropäische Gegenmodel zur klassischen französischen Schule.[292] Sie beginnen, nach der Benennung der Parteien, mit dem Tenor, dh dem genauen und ggf. vollstreckbaren Ergebnis der Entscheidung. Daran schließt sich der sog. Tatbestand an, also die detaillierte Darstellung der Tatsachen. Diese ist, im klassischen Fall des Zivilurteils, unterteilt in den unstreitigen Sachverhalt, den anschließenden streitigen Tatsachenvortrag des Klägers, die Anträge von Kläger und Beklagtem, das Verteidigungsvorbringen des Beklagten und schließlich – soweit

[288] Vgl. die Beispiele in *Cour de cassation,* Guide des nouvelles règles relatives à la structure et la rédaction des arrêts (5.6.2019), 12 ff., www.courdecassation.fr/institution_1/reforme_cour_7109/travaux_reforme_2014_2019_9706/redaction_decisions_9223/regles_relatives_42949.html (zuletzt abgerufen am 16.9.2021).

[289] Für den Cour de cassation vgl. Note relative à la structure des arrêts et avis et a leur motivation en forme developpée, décembre 2018, passim, insbes. 8 ff. (zu Auslegungsmethoden), 10 ff. (zu Präzedenzfällen), www.courdecassation.fr/institution_1/reforme_cour_7109/travaux_reforme_2014_2019_9706/redaction_decisions_9223/structure_arrets_41983.html (zuletzt abgerufen am 16.9.2021); für den Conseil d'État vgl. Conseil d'État: Vade-mecum sur la rédaction des décision de la juridiction administrative of Dec 10, 2018, 5 ff., insbes. 10 f. (zu Auslegungsmethoden), 11 (sehr restriktiv zu Präzedenzfällen), www.conseil-etat.fr/Media/CDE/Francais/Documents/communique/Vade-mecum-redaction-des-decisions (zuletzt abgerufen am 16.9.2021); zur Diskussion und restriktiven Praxis bezüglich der Zitierung von Präzedenzfällen innerhalb des Conseil d'État vgl. schon Conseil d'État: Groupe de travail sur la rédaction des decisions de la juridiction administrative, Rapport, Avril 2012, 30 ff., www.conseil-etat.fr/Media/actualites/documents/2012/rapport_redaction_decisions_juradm_2012 (zuletzt abgerufen am 18.7.2025).

[290] Zu ähnlichen, innerfranzösischen Reaktionen auf den Stilwechsel des Conseil constitutionnel vgl. *Service de documentation, des études et du rapport de la Cour de Cassation (SDER),* Les modifications de rédaction et de motivation des décisions du Conseil constitutionnel, 2016, 3 f. mwN, www.courdecassation.fr/IMG/36_SDER_BDP_Redaction_motivation_CC_1216.pdf (zuletzt abgerufen am 16.9.2021); vgl. auch *Weber, Ruth Katharina,* Der Begründungsstil von Conseil constitutionnel und Bundesverfassungsgericht, 2019, 123 ff.

[291] Zur Entwicklung dieser commentaires, die seit 2010 systematisch verwendet und auf den Webseiten des Conseil constitutionnel selbst veröffentlicht werden, vgl. *Weber, Ruth Katharina,* Der Begründungsstil von Conseil constitutionnel und Bundesverfassungsgericht, 2019, 291 ff., insbes. 293.

[292] Vgl. den detaillierten Vergleich zwischen dem Urteilsstil des französischen Conseil constitutionnel und des deutschen Bundesverfassungsgerichts in *Weber Ruth Katharina,* Der Begründungsstil von Conseil constitutionnel und Bundesverfassungsgericht, 2019; für eine Kurzfassung vgl. *Weber, Ruth,* Le style c'est la Cour même! – Une analyse comparative du style de motivation du Conseil constitutionnel et du Bundesverfassungsgericht, Revue française de droit constitutionnel, 2021, 189 (189 ff.).

erforderlich – die Prozessgeschichte.[293] Die Unterscheidung zwischen streitigem und unstreitigem Sachverhalt ist ein Ausfluss der bereits beschriebenen Relationstechnik.[294] Sie wird auch rein sprachlich deutlich hervorgehoben, indem Unstreitiges im Indikativ, Streitiges hingegen in der indirekten Rede, also im Konjunktiv wiedergegeben wird. Rechtsansichten der Parteien werden nur soweit referiert, wie sie für das Verständnis des Streits notwendig sind oder soweit das Gericht anschließend auf sie eingeht, obwohl dies nach seiner rechtlichen Lösung gar nicht erforderlich wäre. Bei alledem gilt die Regel, dass der Tatbestand kurz, aber vollständig sein sollte, dh er muss all diejenigen, aber auch nur diejenigen Tatsachen enthalten, auf die das Gericht anschließend in den rechtlichen Entscheidungsgründen zurückgreift. In diesen Entscheidungsgründen wird stets zunächst die Zulässigkeit geprüft, ob also alle Prozessvoraussetzungen erfüllt sind. In klaren Fällen kann dies auf einen Teilsatz reduziert werden, der die Zulässigkeit schlicht feststellt. Anschließend folgen die Ausführungen zur Begründetheit, also zur materiellen Frage, ob der Kläger mit seinem Begehren durchdringt. Die Ausführungen im Rahmen der Entscheidungsgründe werden stets im sog. Urteilsstil verfasst, dh sie beginnen im Gegensatz zum Gutachtenstil[295] stets mit dem Ergebnis oder Zwischenergebnis, das anschließend begründet wird. Überschriften werden zur Gliederung nicht verwendet, wohl aber Gliederungspunkte (A, I, 1, a…) an geeigneter Stelle vor die Absätze gestellt.

Das Urteil eines deutschen Gerichts ist also typischerweise klar strukturiert und ungleich **152** ausführlicher als sein französisches Gegenstück. Der Schreibstil ist sachlich und unpersönlich, dh es spricht nicht der Richter als Person sondern das Gericht im Namen des Volkes; das Pronomen „ich" wird nicht verwendet. Inhaltlich folgt das Urteil den Grundgedanken der Subsumtion, dh es erläutert, welche rechtlichen Normen erfüllt oder nicht erfüllt sind, indem es sie in ihre Bestandteile zerlegt, diese definiert und die Definitionen und ggf. Unterdefinitionen auf die Tatsachen anwendet. Dabei setzt es sich aber üblicherweise nicht nur mit den Gegenauffassungen der unterlegenen Partei auseinander, sondern analysiert auch Rechtsprechung und Literatur, die außerhalb von Routinefällen oft ausgiebig zitiert werden. Nicht selten fühlen Beobachter mit auswärtiger Perspektive sich gerade durch höchstrichterliche Urteile an rechtswissenschaftliche Abhandlungen erinnert.[296] Alle Urteile sind also üblicherweise zumindest für Juristen ohne Weiteres aus sich heraus verständlich. Gerade bei erstinstanzlichen Verfahren und wenn kein Anwalt eingeschaltet ist, wird das Gericht sich darüber hinaus oft bemühen, auch für die juristisch nicht vorgebildeten Parteien verständlich zu schreiben.[297] Abdrucke der Urteile in Fachzeitschriften sind – im Unterschied zu den offiziellen Entscheidungssammlungen – regelmäßig gekürzt, wobei insbesondere der Tatbestand oft gestrichen und durch eine wenige Zeilen umfassende, redaktionelle Zusammenfassung ersetzt wird.

Der deutsche Urteilsstil wird allen Juristen im Rahmen ihrer praktischen Ausbildung im **153** sog. Referendariat im Detail vermittelt; seine Beherrschung ist Voraussetzung für gute Examensnoten. Es geht dabei also keineswegs um ungeschriebene, nur durch Nachahmung vermittelte praktische Gepflogenheiten. Im Gegenteil können die Details des Urteilsstils in zahlreichen Lehrbüchern nachgelesen werden. Auch ist der Urteilsstil keineswegs eine neuere Erfindung, sondern – wie in anderen Rechtsordnungen – auch historisch geprägt. Eines der heute in neuester Auflage verwendeten Lehrbücher zur Urteils- und Relationstechnik etwa findet seine Ursprünge bereits im 19. Jahrhundert.[298] Wie tief die rechtskulturelle Verwurzelung des Urteilsstils reicht, zeigte sich schon im 19. Jahrhundert in

[293] Dazu im Detail etwa *Siegburg* (Fn. 229), 59 ff.
[294] Supra → Rn. 129 ff.
[295] Dazu supra → Rn. 120 ff.
[296] Vgl. etwa *Ranieri* (Fn. 112), 193; den seltenen Einblick eines Insiders in die Praxis der Urteilsberatung und -niederschrift beim deutschen Bundesverfassungsgericht bietet *Lübbe-Wolff, Gertrude,* Beratungskulturen, 2022, 31 ff.
[297] Zur Frage der Wünschbarkeit allgemeinverständlicher Urteile vgl. etwa *Kischel* (Fn. 130), 340 ff.
[298] Vgl. *Schuschke/Kessen/Höltje* (Fn. 231) mit seiner ersten Auflage, Daubenspeck, Hermann, Referat, Votum und Urtheil – Eine Anleitung für praktische Juristen im Vorbereitungsdienst, 1884.

denjenigen deutschen Territorien, in denen das französische Zivilrecht und Zivilprozessrecht als sog. Rheinisches Recht fortgalt: Trotz rein französischer Rechtsgrundlagen waren die deutschen Gerichte hier nicht bereit, den französischen Urteilsstil zu übernehmen.[299]

154 Was besonders Beobachtern aus dem common law immer wieder auffällt, ist die Abwesenheit jeglichen Zweifels im Urteilstext. Tatsächlich: Auch wenn ein Richter sich einmal nicht sicher sein sollte, wird sich dies nicht in der Urteilsbegründung niederschlagen. Denn der Richter muss nach deutscher Auffassung solange suchen und nachdenken, bis er die richtige Lösung gefunden hat, um dann entsprechend zu entscheiden; für Zweifel ist hier kein Raum. Dies mag aus psychologisierender Sicht als völlig realitätsferne Fiktion erscheinen, entspricht aber doch weitgehend den Erwartungen des Bürgers an seine Gerichte und wirkt so stabilisierend auf das Vertrauen der Bürger in die Rechtsprechung. Davon unabhängig sorgt die gesamte fachliche Prägung deutscher Juristen und insbesondere Richter dafür, dass sie tatsächlich in Rechtsfragen[300] fast immer eine klare Meinung haben und echte innere Zweifel insofern nicht auftauchen. Gerade die übliche Trennung zwischen relevanten rechtlichen und irrelevanten nichtrechtlichen, insbesondere also rechtspolitischen Argumenten unterstützt diese Tendenz zusätzlich. Tatsächlich ist es für deutsche ebenso wie für andere kontinentaleuropäische Juristen eine immer wieder auftretende Erfahrung, dass sie als Juristen eine bestimmte Lösung klar für richtig halten, die sie als Bürger nicht unbedingt mittragen oder sogar bekämpfen würden.

155 Ein zentraler Kritikpunkt selbst grundsätzlich wohlgesonnener Beobachter aus dem common law ist darüber hinaus die Unterstellung, die Richter würden ihre eigentlichen, wahren Gründe, seien sie politischer, sozialer oder ökonomischer Art, hinter den formalen Begründungstrukturen verstecken.[301] Darin dürfte ein gewisses Missverständnis der prägenden Wirkung der deutschen Subsumtions- und Gutachtentechnik sowie ihrer engen Wechselbeziehung mit dem juristischen Denken liegen.[302] Tatsächlich ist zwar kaum zu bestreiten, dass der innere Prozess der Entscheidungsfindung beim Richter jedenfalls in schwierigeren Fällen oft nicht in einer schlichten Ableitung aus einer Norm besteht. Die Entscheidungsfindung ist vielmehr hermeneutischer Natur, beruht auf einem Hin- und Herwandern des Blickes zwischen Sachverhalt und Norm, wird vom Rechtsgefühl mitbestimmt. Die strikte Anwendung des Gesetzes, die Subsumtionsregeln hingegen dienen dann dazu, in einem mehr oder minder schnell folgenden zweiten Schritt das Ergebnis daraufhin zu überprüfen, ob es rechtlich haltbar ist. Dadurch wird die Anbindung an das Gesetz aber keineswegs zweitrangig. Denn die ihr oft vorgeschaltete Intuition ist keineswegs nur Ausdruck rein subjektiver Wertungen, sondern durch Ausbildung und Praxis gewachsen und geformt, also selbst wiederum juristisch determiniert. Diese Wechselwirkung zwischen Intuition und rechtlicher Prüfung ist nichts anderes als der berühmte hermeneutische Zirkel, wie er sich in allen Wissenschaften nachweisen lässt: der Wissenschaftler muss von allem, was er erforscht, schon vorher Wissen haben. Mit den Worten Humboldts: „Überall geht ein früheres Ahnen dem späteren Wissen voraus."[303] Die Entscheidungsbegründung ist also tatsächlich gerade in schwierigen Fällen oft nicht ein schlichtes Abbild des Vorgangs der Entscheidungsfindung. Das ist aber auch nicht ihre Aufgabe. Wichtig ist vielmehr, dass die

---

[299] Vgl. *Ranieri* (Fn. 112), 194.

[300] Bei Tatsachenfragen taucht dieses Problem so nicht auf, denn hier greifen bei den durchaus des Öfteren möglichen Zweifeln die verschiedenen Regeln der Darlegungs- und Beweislast ein; zu diesen supra → Rn. 64, 131.

[301] Vgl. nur Markesinis, Basil S., Judicial style and judicial reasoning in England and Germany, in: ders., Always on the same path – Essays on foreign law and comparative methodology, Bd. 2, 2001, 305 (318): „the pronouncements that justify these distinctions as a smoke screen, which conceals the real thoughts of the German judge", „a smokescreen for judicial 'social engineering'".

[302] Vgl. zum Folgenden *Kischel* (Fn. 130), 10 ff. mwN.

[303] Zitiert nach *Meyer, Hans,* Das Deutsche Volkstum, 2. Aufl. 1903, 406 (trotz der Bekanntheit dieses Zitats war es in den Schriften Humboldts nicht zu finden); zur hier relevanten wissenschaftstheoretischen Unterscheidung Poppers zwischen Entdeckungszusammenhang (context of discovery) und Begründungszusammenhang (context of justification) vgl. *Popper, Karl Raimund,* Logik der Forschung, 11. Aufl. 2005, 7 f.

Notwendigkeit der Begründung, dh der Anknüpfung an das Gesetz, zugleich die Entscheidungsfindung diszipliniert. Es geht also nicht nur um eine abschließende Kontrolle des anderweitig gefundenen Ergebnisses, sondern um ein stetes Hin- und Herwandern des Blickes zwischen dem inneren Prozess der Entscheidungsfindung und der äußeren Begründung. Alle Schritte und Gedanken werden immer wieder auf ihre Vereinbarkeit mit dem Gesetz, den gesetzlichen Wertungen, der dogmatischen Struktur geprüft und ggf. korrigiert. Rein subjektives oder rechtspolitisches Wünschen etwa mögen daher in die Entscheidungsfindung hineinspielen – denn auch der Richter ist nur ein Mensch – werden aber durch den Begründungszwang so weit wie möglich wieder herausgefiltert. Im Ergebnis mag die Begründung also teilweise eine nachträgliche Rationalisierung sein, doch wird diese Rationalisierung gerade durch die Begründung selbst Teil der Entscheidungsfindung und liefert nicht etwa nur Scheingründe. Anders gesagt: Der Richter schreibt diejenigen Gründe, die er für relevant und ausschlaggebend hält, auch in sein Urteil. Daneben mag das Urteil noch andere Wünsche, Bedürfnisse oder Werte des Richters befriedigen, doch ergeht das Urteil nicht auf ihrer Grundlage. Reicht die juristische Begründung, wie sie sich im Urteil wiederfindet, für das Ergebnis nicht aus, wird der Richter sich unabhängig von seinen persönlichen Wünschen, Bedürfnissen oder Werten anders entscheiden. Diese selten ausgesprochene, aber inhaltlich weit verbreitete Grundeinstellung deutscher Juristen geht auch nicht an der Realität vorbei. Sie ist vielmehr eine selbsterfüllende Prophezeiung: Gerade weil die Juristen und Richter glauben, dass es so ist, ist es auch so. Dass in anderen Rechtsordnungen und Kontexten Richter und Juristen nicht an eine so eng verstandene juristische Bindung glauben und sie gerade deshalb auch nicht besteht, bleibt davon völlig unberührt.

b) Die Rolle der akademischen Literatur

Die hohe Bedeutung, die der Literatur im kontinentaleuropäischen Recht zukommt, ist oft **156**
besonders für Beobachter aus dem common law überraschend. Aufsätze und Bücher sind nicht reduziert auf rein didaktisch inspirierte Ausbildungsliteratur einerseits und eine hochtheoretische und deshalb für den Praktiker nur in seltenen Fällen interessante Wissenschaftsliteratur andererseits. Im Gegenteil herrscht ein reger Austausch zwischen der wissenschaftlichen Beschäftigung mit dem Recht und seiner praktischen Anwendung. Nicht nur treten Praktiker oft als Autoren auf und betätigen sich Wissenschaftler immer wieder einmal in der Praxis. Auch inhaltlich befruchten sich beide gegenseitig.

aa) Literaturgattungen: Kommentar, Lehrbuch, Zeitschrift …

Besonders plastisch lässt sich dies am Beispiel Deutschlands illustrieren. Eine besondere **157**
Stellung nehmen hier die sog. Kommentare ein. Sie befassen sich jeweils mit einem oder mehreren, thematisch zusammengehörigen Gesetzen, die Paragraph für Paragraph erläutert werden. Die Erläuterung ist systematisch angelegt und beinhaltet zugleich eine zusammenfassende Darstellung der Rechtsprechung und meist auch der einschlägigen Literatur. Dabei wird der Autor der jeweiligen Kommentierung immer wieder auch eigene Ansichten entwickeln oder sich in Einzelfragen auch einmal klar gegen die Rechtsprechung positionieren. Dem guten Ruf eines Kommentars tut dies keinesfalls Abbruch, im Gegenteil wird es oft als Beleg für hohe wissenschaftliche Qualität angesehen. Die Länge eines Kommentars kann von wenigen hundert bis zu vielen tausend Seiten schwanken, die Länge einer einzelnen Kommentierung von wenigen Zeilen bis hin zu vielen hundert Seiten. Kommentare bilden das Hauptarbeitsmittel des Juristen. Taucht ein rechtliches Problem auf, sucht er als erstes einen oder mehrere Kommentare und versucht über sie, die Antwort zu ermitteln. Auch die einschlägige Rechtsprechung wird vor allem über diese Kommentare erschlossen; ein Urteil, das nicht in den Kommentierungen auftaucht, wird so oft nur geringen Einfluss auf die Praxis erlangen.[304] Für Richter bilden vor allem auch diejenigen

[304] Zum Einfluss von Datenbanken vgl. allerdings infra → Rn. 160.

Kommentare ein zentrales Arbeitsmittel, für die sie sich nicht eigens in die Gerichtsbibliothek begeben müssen, sondern die sie als Teil ihrer Büroausstattung direkt auf ihrem Schreibtisch vorfinden. Im Zivilrecht etwa ist dies der sog.Grüneberg (der bis zur 80. Auflage unter dem Namen Palandt erschien),[305] ein Kommentar zum BGB, der Nichtjuristen vor allem dadurch zu faszinieren pflegt, dass er aus Platzgründen zahllose Worte nur abgekürzt abdruckt, so dass das flüssige Lesen ein wenig Übung verlangt. Dass der Einfluss solcher Standardkommentare besonders hoch ist, liegt auf der Hand, zumal auch kein Anwalt ohne sie auskommt. Kommentare werden dabei nicht nur als Informations- und Inspirationsquelle genutzt, sondern auch oft in Gerichtsentscheidungen zitiert. Autoren von Kommentaren können sowohl Praktiker als auch Rechtswissenschaftler sein, wobei diese Kategorisierung keinerlei Einfluss auf die Bedeutung und den praktischen Einfluss einer Kommentierung hat, ja üblicherweise kaum als solche wahrgenommen wird.

158 Neben die Kommentare treten die Lehrbücher. Hier lässt sich der Sache nach zwischen studentischen Lehrbüchern, wissenschaftlichen Lehrbüchern und Praktikerlehrbüchern unterscheiden, obwohl dies nicht etwa übliche Kategorien sind und es auch zahlreiche Zwischen- und Mischformen gibt. Studentische Lehrbücher richten sich, wie der Name sagt, in erster Linie an Studenten und versuchen, ihnen die Grundlagen des jeweiligen Faches zu vermitteln. Erfahrene Praktiker werden sie nur noch selten zu Rate ziehen, bei einem gewissen wissenschaftlichen Anspruch oder einem gewissen Bekanntheitsgrad aber durchaus noch gelegentlich zitieren.[306] In jedem Fall eignen sie sich bei fehlenden Vorkenntnissen besonders gut zur Einarbeitung. Wissenschaftliche, große Lehrbücher wollen in erster Linie den Stoff systematisch aufbereiten, oft auch zusätzlich eine eigene Linie, einen eigenen roten Faden markieren und dabei die vorhandene Meinungsvielfalt aufgreifen, komplexe Fragen vertiefen und die Rechtsprechung nicht nur einarbeiten, sondern auch kritisch hinterfragen. Trotz ihrer Bezeichnung als Lehrbücher sind sie gelegentlich für Studenten in den Anfangssemestern zu schwierig, können dafür aber auch erfahrenen Praktikern in Grenzfällen oder bei vertiefter Betrachtung eines Problems weiterhelfen (meist allerdings im Umweg über einen Kommentar).[307] Die Tradition der großen Lehrbücher hat allerdings nicht zuletzt aufgrund der auch juristischen Schnellebigkeit in den vergangenen Jahrzehnten ein wenig gelitten; zunehmend treten in manchen Bereichen Sammelwerke mehrerer Autoren an ihre Stelle.[308] Praktikerlehrbücher schließlich finden sich vor allem in Bereichen, die in der universitären Ausbildung eine geringe Rolle spielen oder in denen Kommentare rar sind oder ganz fehlen. Nicht selten ist der systematisierende, wissenschaftliche Anspruch hoch. Sie dienen vor allem der kundigen Einführung und Vertiefung für erfahrene Praktiker und fortgeschrittene Studenten.[309] Eine ähnliche Rolle nehmen oft sog. Handbücher ein,[310] auch

---

[305] Vgl. *Grüneberg, Christian,* Bürgerliches Gesetzbuch mit Nebengesetzen, 83. Aufl. 2024.

[306] Beispiele besonders bekannter und renommierter studentischer Lehrbücher – mit teils erheblichem wissenschaftlichen Anspruch – sind etwa im Zivilrecht *Brox, Hans; Walker, Wolf-Dietrich,* Allgemeiner Teil des BGB, 48. Aufl. 2024; im Verfassungsrecht *Kingreen, Thorsten; Poscher, Ralf,* Grundrechte – Staatsrecht II, 38. Aufl. 2022; im Verwaltungsrecht *Maurer, Hartmut; Waldhoff, Christian,* Allgemeines Verwaltungsrecht, 21. Aufl. 2024; im Strafrecht *Wessels, Johannes; Beulke, Werner; Satzger, Helmut,* Strafrecht Allgemeiner Teil, 54. Aufl. 2024.

[307] Beispiele bekannter großer Lehrbücher sind etwa im Zivilrecht als Klassiker *Flume, Werner,* Allgemeiner Teil des Bürgerlichen Rechts, Bd. 1/1 1977, Bd. 1/2 1983, Bd. 2, 4. Aufl. 1992; *Larenz, Karl,* Allgemeiner Teil des deutschen Bürgerlichen Rechts – Ein Lehrbuch, 7. Aufl. 1989, heute etwa *Neuner, Jörg,* Allgemeiner Teil des Bürgerlichen Rechts, 23. Aufl. 2023; *Baur, Jürgen F.; Stürner, Rolf,* Sachenrecht, 18. Aufl. 2009; im Strafrecht als Klassiker immer noch *Jescheck, Hans-Heinrich; Weigend, Thomas,* Lehrbuch des Strafrechts – Allgemeiner Teil, 5. Aufl. 1996; heute etwa *Roxin, Claus; Greco, Luís,* Strafrecht – Allgemeiner Teil, Bd. 1, 5. Aufl. 2020; im Medienrecht: *Beater, Axel,* Medienrecht, 2. Aufl. 2016; im Staatshaftungsrecht *Ossenbühl/Cornils* (Fn. 43).

[308] Vgl. etwa *Schoch, Friedrich; Eifert, Martin* (Hrsg.), Besonderes Verwaltungsrecht, 2. Aufl. 2023; *Ehlers, Dirk; Pünder, Hermann* (Hrsg.), Allgemeines Verwaltungsrecht, 16. Aufl. 2022.

[309] Vgl. etwa *Sauthoff, Michael,* Öffentliche Straßen – Straßenrecht, Straßenverkehrsrecht, Verkehrssicherungspflichten, 3. Aufl. 2020.

[310] Vgl. etwa *Aust, Manfred; Jacobs, Rainer; Pasternak, Dieter,* Die Enteignungsentschädigung – Handbuch, 8. Aufl. 2021.

wenn dieser Begriff nicht eindeutig ist und zum Teil auch zur Bezeichnung wissenschaftlich vertiefter Grundlagenwerke verwendet wird.[311] Ohnehin ist die hier vorgenommene Einteilung nur idealtypisch zu verstehen; der wissenschaftliche Gehalt und die praktische Verwendbarkeit beispielsweise eines Lehrbuchs sind dadurch nicht vorgeprägt und lassen sich nur im Einzelfall ermitteln.

Neben Kommentare, Lehrbücher und Handbücher treten Aufsätze, die sich vor allem in Zeitschriften und Festschriften finden. Festschriften werden oft zu hohen und runden Geburtstagen (typischerweise dem 70. und 80.) für Professoren, seltener für hochrangige Richter oder gar eine Institution herausgegeben. Traditionell wird den Aufsätzen in Festschriften eine besonders hohe Qualität und ein besonders hoher Stellenwert unterstellt, da die Autoren sich oft für den Geehrten besondere Mühe gäben. Diese Sonderstellung befindet sich allerdings mit dem Anwachsen der Zahl von Professoren und damit von Festschriften seit längerem in Erosion; heute ist die Qualität kaum noch von der guter Fachzeitschriften zu unterscheiden. Fachzeitschriften werden in Deutschland nicht von Fakultäten herausgegeben oder gar von Studenten betreut,[312] wie dies namentlich in den USA der Fall ist, sondern kommerziell von Verlagen und deren Mitarbeitern, meist unter Mithilfe eines Herausgebergremiums, dem verschiedene Professoren und Praktiker angehören. Meist handelt es sich um mehr oder minder spezialisierte Zeitschriften, etwa zum öffentlichen Recht, zum Verwaltungsrecht oder zum Umweltrecht. Zeitschriften, die das gesamte Recht abdecken, sind selten geworden. Die bekannteste deutsche Zeitschrift etwa, die sog. Neue Juristische Wochenschrift (NJW), deren Lektüre für Anwälte praktisch – und sogar rechtlich[313] – Pflicht ist, erhält den Anspruch umfassender Abdeckung allenfalls noch der Form halber aufrecht, hat sich der Sache nach aber zu einer zivilrechtlichen Zeitschrift entwickelt. Zeitschriften sind darauf ausgerichtet, gerade auch von Praktikern abonniert zu werden. Sie drucken daher keineswegs nur Aufsätze, sondern auch gekürzte gerichtliche Entscheidungen ab, die ohne weiteres nach der Zeitschrift und nicht nur nach einer eventuell bestehenden offiziellen Entscheidungssammlung zitiert werden können. Eine gewisse Sonderstellung unter den Zeitschriften nehmen die sog. Archivzeitschriften ein, die durch ein kleineres Druckformat, meist nur vierteljährliche Erscheinungsweise und oft auch die Bezeichnung „Archiv" im Titel gekennzeichnet sind.[314] Sie haben einen explizit wissenschaftlichen Anspruch, drucken keine Entscheidungen ab, veröffentlichen oft umfassendere Aufsätze und genießen besonders hohes Ansehen, gelten bei manchen Praktikern aber – zu Recht oder zu Unrecht – auch als etwas praxisfern. Davon unabhängig ist eine genaue Differenzierung von Zeitschriften nach Niveau oder Ansehen kaum möglich und weitgehend auch Geschmackssache. Tendenziell ist das Ansehen kleinerer, neuerer und hochspezialisierter Zeitschriften etwas niedriger, doch kann dies keinesfalls verallgemeinert werden und hat zudem keinen nennenswerten Einfluss auf die Wertschätzung einzelner Beiträge: Niemand ist überrascht, wenn sich in einer allgemein geschätzten Zeitschrift ein weniger guter oder in einer weniger etablierten Zeitschrift ein ganz hervorragender Aufsatz findet. Redaktionelle Überarbeitungen oder detaillierte Anregungen zur Überarbeitung, wie sie etwa in den USA üblich sind, kommen in dieser Form kaum vor; die Qualität der Aufsätze einschließlich der Fußnoten ist so unmittelbar auf den Autor zurückzuführen. 159

Juristische Datenbanken spielen zunächst insofern eine Rolle, als sie Kommentare, Lehrbücher und einige Zeitschriften beinhalten und so einen schnelleren und direkteren Zugriff vom Schreibtisch aus ermöglichen. Ein auch nur annäherndes Äquivalent zu den großen 160

311 Vgl. zB *Kischel, Uwe; Kube, Hanno* (Hrsg.), Handbuch des Staatsrechts, ab 2023.

312 Ausnahmen, die die Regel bestätigen, sind die von Greifswalder Studenten herausgegebene Zeitschrift GreifRecht oder die von Heidelberger Studenten herausgegebene Zeitschrift StudZR; ihr Renommee entspricht allerdings eher dem einer Ausbildungszeitschrift.

313 Nichtkenntnis eines Falles, der in der NJW veröffentlicht wurde, führt zur Anwaltshaftung, vgl. dazu aus der Rechtsprechung BGH NJW 1952, 425 (425).

314 Beispielsweise Archiv des öffentlichen Rechts (AöR), Archiv für die civilistische Praxis (AcP), Goltdammer's Archiv für Strafrecht (GA).

U.S.-amerikanischen Datenbanken bieten sie aber keinesfalls. Da die unterschiedlichen Verlage aus verständlichen Gründen nicht bereit sind, ihre Bücher und Zeitschriften in einen großen Pool zu stellen, ist der Aufbau einer umfassenden Literatursammlung im Netz auf absehbare Zeit nicht zu erwarten. Lösungen einzelner Verlage haben zT größeren, zT geringen Erfolg. Neben den rein kommerziellen Datenbanken besteht bereits seit Mitte der 80er Jahre des 20. Jahrhunderts die noch heute mehrheitlich im Eigentum der Bundesrepublik Deutschland stehende Datenbank juris, die insbesondere einen Großteil der deutschen Rechtsprechung dokumentiert und die jedem Richter zur Verfügung steht. Aufgrund der systematischen und nicht fallrechtlichen Struktur des Rechts[315] ist die Bedeutung einer solchen Sammlung jedoch eine andere als etwa in den USA. Heutigen, oft computeraffinen Studenten etwa muss meist nachdrücklich erläutert werden, dass der Einstieg in die Lösung eines Falles über Kommentare und Lehrbücher, nicht hingegen über eine Rechtsprechungsrecherche im Netz gelingt. In der Praxis spielt juris vor allem bei der Lösung ganz spezifischer Einzelprobleme eine Rolle, dh wenn es darum geht festzustellen, welches Ergebnis einer Subsumtion in ganz konkret beschriebenen Einzelfällen in der bisherigen, besonders der obergerichtlichen Rechtsprechung akzeptiert wurde. Ebenso wird juris oft in weniger gut durch Kommentare oder Lehrbücher erschlossenen Teil- oder Randgebieten des Rechts verwendet. Ein Richter, der sich beispielsweise mit der baurechtlichen Zulässigkeit von Friedhöfen beschäftigt, wird kaum um eine juris-Recherche herumkommen. Nicht zuletzt ermöglicht juris den unverzögerten Zugriff auf all diejenigen Entscheidungen, die in Kommentaren und anderer Literatur besprochen und verarbeitet werden, und erspart so den Gang in die Bibliothek. Üblicherweise werden in juris vorgefundene Entscheidungen nicht als solche sondern mit einer gedruckten Fundstelle zitiert, da sie mangels Seitenzahlen keine einfache, genauere Lokalisierung des Zitats in der Entscheidung zulassen. Als Ausnahme von dieser Regel gelten Entscheidungen, die nicht an anderer Stelle zu finden sind. In der Praxis gerade der unteren Gerichte und anwaltlicher Schriftsätze allerdings sind reine juris-Zitate oft zu finden, da hier vielfach der zusätzliche Aufwand der Lokalisierung in einer offiziellen Entscheidungssammlung oder einer Zeitschrift gescheut wird.

161 Für Frankreich ergibt sich ein in vielen Details abweichendes, in den Grundzügen jedoch vergleichbares Bild. Ein zentraler Unterschied zur deutschen Lage ist allerdings das weitgehende Fehlen und die allenfalls marginale Bedeutung von Kommentaren. Stattdessen existieren die sog. Encylopédies und Jurisclasseurs, mit denen sich jeder Praktiker schnell einen Überblick über die Rechtslage in den verschiedensten Gebieten verschaffen kann.[316] Die Lehrbuchliteratur ist etwas weniger vielfältig, nicht zuletzt da Studenten weit mehr auf den exakten Stoff ihrer Vorlesung, so wie von ihrem Dozenten vorgetragen, fixiert sind.[317] Im Gegenzug besteht mit den bereits beschriebenen notes[318] eine zentral wichtige Literaturgattung, die in Deutschland kaum ein Äquivalent findet. Zwar existieren auch in Deutschland sog. Urteilsanmerkungen, die gemeinsam mit den zugehörigen Entscheidungen in

[315] Vgl. supra → Rn. 58 ff., → § 5 Rn. 45 ff.

[316] Dazu näher *Hübner/Constantinesco* (Fn. 29), 33; dort auch ein kurzer Überblick über die existierenden Literaturgattungen, ibid., 31 ff.

[317] Zur Lehre in Frankreich vgl. infra → Rn. 240 f.; entsprechend existieren in Deutschland mehrere, meist seit langem etablierte und allein an Studenten und Referendare gerichtete Ausbildungszeitschriften, insbes. Juristische Schulung (JuS), Juristische Ausbildung (JURA) und Juristische Arbeitsblätter (JA); als reine Onlinezeitschrift zudem die Zeitschrift für das Juristische Studium (ZJS), vgl. www.zjs-online.com (zuletzt abgerufen am 18.7.2025). Das französische Onlineportal dalloz-étudiant enthält zwar ebenfalls Klausuren mit Musterlösungen, aber keine Fachaufsätze und ist insofern mit den deutschen Ausbildungszeitschriften nicht vergleichbar, vgl. www.dalloz.fr/etudiants (zuletzt abgerufen am 18.7.2025). Das kostenlose Magazin „Le petit juriste" gibt fast ausschließlich Hinweise zu Prüfungsvorbereitung, Studienorganisation und Karrieremöglichkeiten, vgl. die Onlineausgaben unter www.lepetitjuriste.fr/category/journaux/ (zuletzt abgerufen am 18.7.2025). Die im Jahr 2000 gegründete Ausbildungszeitschrift „Diplôme" ist seit längerem wieder verschwunden.

[318] Vgl. supra → Rn. 149.

Zeitschriften abgedruckt werden, doch handelt es sich dabei im Vergleich um eine eher kleine und vor allem weit weniger bedeutsame Untergattung der Aufsätze.[319]

162 Ganz praktisch folgt aus alledem für den fremden Juristen, der sich mit dem deutschen Recht beschäftigen will, der Ratschlag, sich zunächst Grundkenntnisse über das Rechtsgebiet mit einem studentischen oder einem großen Lehrbuch zu verschaffen. Ist dies gelungen oder sind solche Kenntnisse schon vorhanden, hilft in aller Regel ein Kommentar oder, falls nicht vorhanden, ein Praktikerlehrbuch oder ein Handbuch weiter. Erst wenn die Fragen so aufbereitet sind, lohnt es sich, die einschlägigen gerichtlichen Entscheidungen selbst nachzulesen. Ein umgekehrtes Vorgehen, zu dem vor allem Juristen aus dem common law tendieren, würde nur allzu leicht das systematische, dogmatische Umfeld verkennen, in dem sich die Urteile bewegen und ohne das diese Urteile mit großer Sicherheit missverstanden werden. Wer beispielsweise eine Entscheidung des Bundesverfassungsgerichts zu einem beliebigen Grundrecht liest, ohne zumindest Kenntnisse über die Unterscheidung zwischen Schutzbereich, Eingriff und Schranken sowie über die Verhältnismäßigkeitsprüfung zu haben, wird die Entscheidung nicht verstehen und einordnen können, denn sie setzt solche Kenntnisse als selbstverständlich voraus. Für das französische Recht gilt entsprechendes aufgrund der weit geringeren Verständlichkeit der Urteile mit noch größerem Nachdruck. Hier führt der Weg über die einschlägigen Lehrbücher und ggf. Aufsätze zu den notes.

bb) Einfluss der Literatur

163 Schon die Vorstellung der verschiedenen Literaturgattungen hat den großen Einfluss der Literatur auf die Praxis der Gerichte gezeigt. Der Richter, der zur Vorbereitung seiner Entscheidung in einen Kommentar oder einen spezialisierten Aufsatz schaut, wird die Meinung des Autors zumindest zur Kenntnis nehmen. In vielen Fällen wird es keine oder zumindest keine veröffentlichte Gerichtsentscheidung geben, die bis ins Detail auf das zu lösende Problem passt. Gerade auch in solchen Fällen erlangen die generalisierenden und systematisierenden Ausführungen der Literatur besonderes Gewicht, denn sie sind gerade darauf angelegt, auf breite Kategorien von Fällen angewandt zu werden. Oftmals wird so die Meinung der Rechtsprechung durch die Brille der Literatur betrachtet und gewinnt erst auf mittelbare Weise ihren Einfluss. Aber auch wenn der Richter sich bewusst gegen die Literatur entscheidet, wird er dies oft in seinem Urteil mit Zitaten verdeutlichen und so in Dialog mit der Literatur treten. Gleichzeitig tauchen auch Richter nicht selten als Autoren von Kommentierungen und Aufsätzen auf, wodurch der Zirkel sich schließt. Anwälte folgen naturgemäß dem Beispiel der Richter und verwenden die Literatur zur Vorbereitung und in ihren Schriftsätzen. Zudem gilt es unter Anwälten, gerade auch in größeren Kanzleien, als Qualitätsmerkmal, gelegentlich auch mit einem Aufsatz oder einer Urteilsbesprechung an der wissenschaftlichen Diskussion teilzunehmen.

164 Daneben bleibt es natürlich bei der besonders großen Bedeutung der Professoren für alle Literaturgattungen. Dennoch ist zu betonen, dass mit „der Literatur“ und ebenso „der Wissenschaft“ in der rechtlichen Diskussion keineswegs notwendig nur die Professoren und ggf. Habilitanden gemeint sind, sondern dass sich auch Praktiker aus Gerichten, Anwaltschaft und Behörden regelmäßig und teils mit großem Erfolg und Bekanntheitsgrad an der wissenschaftlichen Diskussion beteiligen und sie mit prägen. Dabei sind die Professoren keineswegs notwendig auf den theorielastigen, praxisfernen Teil der Diskussion beschränkt. Zwar haben sie in diesem speziellen Bereich ein gewisses Prä, doch ist den meisten von ihnen gerade auch die praktische Verwertbarkeit ihrer Beiträge ein besonderes Anliegen. Wie nahe die Professorenschaft an der Praxis steht, zeigt sich etwa auch daran, dass in größeren, bedeutenderen Fällen gern auch auf Gutachten von Professoren zurückgegriffen wird. Sie

[319] Zu den Unterschieden etwa auch *Ranieri, Filippo,* Eine Dogmengeschichte des europäischen Zivilrechts?, in: Schulze, Reiner (Hrsg.), Europäische Rechts- und Verfassungsgeschichte – Ergebnisse und Perspektiven einer Forschung, 1991, 81 (97).

werden sowohl in der vor- oder außergerichtlichen Diskussion eingeholt und verwendet als auch direkt den Gerichten vorgelegt. Vor dem Bundesverfassungsgericht etwa treten Professoren sogar in den mündlichen Verhandlungen regelmäßig neben den oder sogar anstelle von Anwälten auf. Auch im Rahmen umfassenderer Gesetzgebungsprojekte wird oft auf Stellungnahmen von Professoren zurückgegriffen. Die klassische Wertschätzung für den deutschen – nicht nur juristischen – Professor hat also zwar seit dem Beginn des 20. Jahrhunderts abgenommen, ist aber immer noch hoch.[320] Gerade im Vergleich zum Bereich des common law sind Stellung und Ansehen speziell der rechtswissenschaftlichen Professoren innerhalb der juristischen Zunft auch aus praktischer Sicht ungleich höher.

165 Die Bedeutung der Literatur für die Praxis zeigt sich zB an der immer wieder zu hörenden Forderung von Praktikern an die Literatur, insbes. an Kommentare, gerade nicht nur die bisherige Rechtsprechung zu verarbeiten und ggf. kritisch zu beleuchten, sondern auch vorauszudenken, neue Probleme zu suchen, die bislang noch keinen Niederschlag in der Rechtsprechung gefunden haben, und dafür Lösungsstrategien bereitzuhalten. Denn der Praktiker braucht die Hilfe der Literatur nicht nur, um herauszufinden, was bereits wie entschieden wurde und welche Alternativen dazu bestehen, sondern auch als Denkanstoß und Inspiration für Fragen, die sich so bislang noch nicht gestellt haben. Eine reaktive, nur die existierende Rechtsprechung reflektierende Vorgehensweise gehört zwar auch, aber eben nicht allein zu den Aufgaben der Literatur. Noch weniger akzeptiert würde eine Haltung, die die Rechtsprechung sogar nur nachvollzöge und weiterdächte, nicht aber kritisch hinterfragte und Alternativen entwickelte. Eine solche Haltung ist der deutschen Rechtswissenschaft aber tatsächlich eher fremd. Eine Ausnahme fand sich für eine gewisse Zeit im ausgehenden 20. Jahrhundert in Bezug auf den Europäischen Gerichtshof, dessen Entscheidungen meist nur erläutert und fortgedacht wurden. Dass sich dagegen Widerstand formierte und diese Einstellung heute weit weniger ausgeprägt ist als damals, belegt jedoch die kritische Grundtendenz der deutschen Rechtswissenschaft. Für die vormalige Haltung wurde sogar mit dem „EuGH-Positivismus" ein eigener, pejorativer Begriff gebildet.[321]

166 Besonders deutlich wird die gegenseitige Befruchtung von Literatur und Praxis, wenn die Gerichte Kerngedanken der Literatur übernehmen. So hat etwa das Bundesverfassungsgericht bei der Frage, was unter der in Art. 1 Abs. 1 GG geschützten Menschenwürde zu verstehen sei, auf die sog. Objektformel zurückgegriffen, nach der der Mensch nicht zum bloßen Objekt im Staat gemacht werden dürfe,[322] eine Formulierung die auf Dürig[323] zurückgeht. Ähnlich hat der Bundesgerichtshof bei der Aufarbeitung der totalitären Unrechtsregime des 3. Reichs und der DDR die nach ihrem Schöpfer benannte Radbruch'sche Formel herangezogen.[324] Genauso wichtig und fruchtbar ist es aber auch, wenn ein Gericht eine Lösung der Literatur ausdrücklich ablehnt. So hatte etwa der umstrittene deutsche Jurist Féaux de la Croix in einem Aufsatz Anfang der 60er Jahre die Meinung vertreten, die Regelung von Reparationen bleibe zwischenstaatlichen Friedensverträgen vorbehalten, um so die unübersehbare Geltendmachung zahlreicher Einzelforderungen zu verhindern. Individuelle Ansprüche im Zusammenhang mit Kriegsfolgen konnten demnach nicht vor deutschen Gerichten eingeklagt werden. Dieser Ansicht folgten nicht nur große Teile der Literatur sondern auch die Bundesregierung, bis das Bundesverfassungsgericht sie Ende der

[320] Vgl. zur Professorenschaft allgemein und eingängig *Craig, Gordon A.*, Über die Deutschen, 1991, 194 ff.; zu den früheren Besonderheiten des deutschen akademischen Milieus insgesamt vgl. *Ringer, Fritz K.*, The decline of the German mandarins – The German academic community, 1890 – 1933, 1969, reprint 1990.

[321] Vgl. dazu *Bast, Jürgen,* Handlungsformen, in: Bogdandy, Armin von; Bast, Jürgen (Hrsg.), Europäisches Verfassungsrecht – Theoretische und dogmatische Grundzüge, 1. Aufl. 2003, 479 (489); dazu auch infra → § 11 Rn. 33.

[322] Vgl. BVerfGE 45, 187 (228); 27, 1 (6).

[323] Vgl. Dürig, Günter, Der Grundrechtssatz von der Menschenwürde – Entwurf eines praktikablen Wertsystems der Grundrechte aus Art. 1 Abs. I in Verbindung mit Art. 19 Abs. II des Grundgesetzes, AöR 81 (1956), 117 (127); *Dürig, Günter,* in: Maunz, Theodor; Dürig, Günter, Grundgesetz Kommentar, Erstbearbeitung 1960, Art. 1 Abs. 1 Rn. 28.

[324] Dazu bereits supra → Rn. 10.

90er Jahre umfassend analysierte und verwarf.[325] Natürlich ist der Dialog zwischen Literatur und Praxis auch nicht auf verfassungsrechtliche, rechtsphilosophische oder völkerrechtliche Grundlagenfragen beschränkt, sondern erfasst alle juristischen Bereiche. So stellte sich beispielsweise im Zusammenhang mit der Wohnungsnot und der Einweisung obdachloser Personen und Familien nach dem Zweiten Weltkrieg in Deutschland das Problem, dass Wohnungseigentümer zwar gegen eventuell rechtswidrige Einweisungen mit Erfolg Klage erheben konnten, dieser Erfolg ihnen aber in der Praxis wenig nützte, da die Eingewiesenen sich faktisch weiterhin in der Wohnung befanden. Dazu entwickelte ein Wissenschaftler in einer Schrift den sog. Folgenbeseitigungsanspruch,[326] der es ermöglichte, die Behörde zugleich mit der Aufhebung der Einweisungsverfügung dazu zu verurteilen, deren faktische Folgen zu beseitigen, sprich die Eingewiesenen wieder aus der Wohnung zu entfernen. Die Gerichte griffen diese neue Konstruktion schnell auf und weiteten sie in der Folge sogar noch weit über ihren ursprünglichen Anwendungsbereich hinaus aus.[327]

In Frankreich ist die kritische und vorpreschende Tendenz der Literatur erheblich geringer **167**
ausgeprägt. Die französische Literatur sieht ihre Hauptaufgabe vor allem – wenn auch keineswegs ausschließlich – in einer Systematisierung und Rationalisierung der Rechtsprechungsergebnisse, also in einer eher dienenden Funktion, die sich recht deutlich von der vergleichsweise selbstbewussten Haltung der deutschen Rechtswissenschaft unterscheidet.[328] Die große, vor allem auch praktische Bedeutung der notes ist hier das beste Beispiel. Diese Besonderheit schlägt sich auch deutlich im Verhältnis zum Richter nieder. Hier ist der Einfluss der Literatur einerseits sehr groß, denn auch die Richter etwa der unteren Gerichte sind oft für das rechte Verständnis der obergerichtlichen Rechtsprechung insbesondere des Cour de cassation auf eine Erläuterung in den notes und damit auf die Beiträge der Literatur angewiesen. Gerade Beobachtern aus dem common law fällt dieser Aspekt immer wieder besonders ins Auge.[329] Andererseits ist dieser Einfluss ein sehr indirekter und letztlich auch wieder dienender. Ein herausragender Kenner beider Welten beschrieb die Lage mit Worten, denen nichts hinzuzufügen ist:

„alors que le juge français réduit le syllogisme judiciaire à sa plus simple expression et laisse à la doctrine une fonction d'analyse et de commentaire somme toute modeste, le juge allemand se laisse fortement guider par la doctrine qui n'hésite pas à échafauder des théories très abstraites et souvent complexes et à les lui proposer ainsi d'ailleurs qu'au législateur. Bref, en France, le droit est un art et, de surcroît, un art modeste; en Allemagne, il est une science, et de surcroît, une science ambitieuse. C'est pourquoi la communication entre les systèmes juridiques des deux pays est difficile et donc limitée: chacun a du mal à se faire connaître et apprécier de l'autre.“[330]

6. Geschichtliche Entwicklung

Im kontinentaleuropäischen Recht ist die Geschichte weniger präsent als im common law.[331] **168**
Der von Rechtshistorikern zu hörende Standardsatz, dass eine genaue Kenntnis des his-

---

[325] Vgl. BVerfGE 94, 315 (328 ff.); *Féaux de la Croix, Ernst,* Schadensersatzansprüche ausländischer Zwangsarbeiter im Lichte des Londoner Schuldenabkommens, NJW 1960, 2268 (2268 ff.); dazu etwa *Kischel, Uwe,* Wiedergutmachungsrecht und Reparationen – Zur Dogmatik der Kriegsfolgen, JZ 1997, 126 (126 ff.).

[326] *Bachof, Otto,* Die verwaltungsgerichtliche Klage auf Vornahme einer Amtshandlung – Zugleich eine Untersuchung über den öffentlichrechtlichen Folgenbeseitigungsanspruch nach Aufhebung eines rechtswidrigen Verwaltungsaktes, 2. Aufl. 1968, 98 ff.

[327] Zur Rezeption des Folgenbeseitigungsanspruchs vgl. etwa *Schoch, Friedrich,* Folgenbeseitigung und Wiedergutmachung im Öffentlichen Recht, Verwaltungsarchiv 79 (1988), 1 (19 ff.).

[328] So sehr deutlich *Ranieri* (Fn. 112), 195; eine im Vergleich zu Deutschland eher ähnliche Aufgabe sehen hingegen *Hübner/Constantinesco* (Fn. 29), 12, die allerdings den größeren Bezug zur Praxis im Unterschied zum deutschen Bezug auf die Dogmatik hervorheben.

[329] Vgl. etwa *Steiner* (Fn. 60), 149 ff.

[330] *Fromont* (Fn. 10), 138; zur Frage des Rechts als Wissenschaft oder als Kunst aus französischer Perspektive vgl. auch *Molfessis/Terré* (Fn. 110), 152 ff.

[331] Vgl. zur Bedeutung der Geschichte des common law supra → § 5 Rn. 54.

torischen Kontexts für das Verständnis des geltenden Rechts unabdingbar sei,[332] entspricht – bei aller wissenschaftlichen Bedeutung der Rechtsgeschichte – eher einem vom eigenen fachlichen Interesse geleiteten Wunsch als der Wirklichkeit.[333] Das zeigt sich auch in dem seit Jahren abnehmenden Anteil rechtsgeschichtlicher Vorlesungen an der universitären Ausbildung. In der deutschen Praxis etwa kommen die meisten jungen Juristen heute allenfalls in einer einzigen zweistündigen Vorlesung im ersten Semester mit rechtsgeschichtlichen Fragen in Berührung, und auch dies keineswegs zwingend.[334] Dies dürfte im Sinne einer umfassenden wissenschaftlichen Grundlegung der Ausbildung bedauerlich sein, hindert die heutigen Juristengenerationen jedoch keinesfalls an einem vertieften Verständnis des Rechtsstoffs. Dennoch sind für den Rechtsvergleicher auch im kontinentaleuropäischen Recht gewisse Grundlagenkenntnisse hilfreich, um die heutigen Grundeinstellungen und Institutionen zu verstehen. Das Zentrum der Darstellung liegt dabei üblicherweise im Zivilrecht und hier bei der Entwicklung hin zu den großen Kodifikationen.[335]

a) Frankreich

aa) Gewohnheitsrecht und römisches Recht

169 Das Recht in Frankreich war über Jahrhunderte geprägt von einer Teilung des Landes in einen römisch-rechtlichen Süden und einen gewohnheitsrechtlichen Norden etwa entlang der Loire.[336] Nach der Eroberung ganz Galliens durch Gaius Julius Caesar (58-50 v. Chr.) wurde das zuvor in viele Stammesgebiete, Herrschaftsbereiche und Städte aufgeteilte Land schnell und außerordentlich erfolgreich romanisiert. Gerade die führenden Schichten übernahmen gern die römischen Gebräuche und die römische Sprache, ohne dass größere Widerstände zu verzeichnen gewesen wären. Damit einher ging eine Übernahme des römischen Rechts, insbesondere im Süden, der dem römischen Einfluss am stärksten ausgesetzt war. Dieses Recht galt als geschriebenes Recht, da es im Laufe der Zeit zunehmend kodifiziert wurde. (Tatsächlich geht der Begriff des Kodex auf die römische Zeit zurück, wo er eine gebundene Ansammlung beschriebener Papyrusblätter bezeichnete. Gegenüber den sonst gebräuchlichen Wachstafeln und Papyrusrollen hatte der Kodex den Vorteil, dass er an beliebiger Stelle aufgeschlagen, auf beiden Seiten beschrieben werden und von erheblich größerer Länge sein konnte.) Von besonderer Bedeutung für Gallien war hier etwa das Breviarium Alaricianum des westgotischen Königs Alarich II. von 506 n. Chr., das

[332] Vgl. beispielhaft *Schmoeckel, Mathias; Stolte, Stefan,* Examinatorium Rechtsgeschichte, 2008, Klappentext.

[333] Auch hier kann allerdings weiter differenziert werden; so wird etwa die Wirkung des vom 16. bis 19. Jahrhundert bestehenden ius commune – dazu infra → Rn. 178 ff. – auf die deutsche Nachwelt auch aus rechtshistorischer Sicht teilweise als gering eingeschätzt, vgl. *Meder, Stephan,* Rechtsgeschichte – Eine Einführung, 7. Aufl. 2021, 257.

[334] Vgl. etwa die kritschen Bemerkungen aus Sicht eines passionierten Experten des römischen Rechts bei *Zimmermann, Reinhard,* Roman law, contemporary law, European law – The civilian tradition today, 2001, 11, 40 ff.

[335] Eine darüber hinausgehende Darstellung der mindestens ebenso bedeutenden Verwaltungs-, Verfassungs- oder Strafrechtsgeschichte würde den Rahmen dieses Buchs sprengen, vgl. dazu etwa die für Frankreich übergreifende Darstellung von *Szramkiewicz, Romuald; Bouineau, Jacques,* Histoire des institutions 1750 – 1914, 4. Aufl. 1998; zur französischen Verfassungsgeschichte vgl. *Hartmann, Peter Claus,* Französische Verfassungsgeschichte der Neuzeit (1450 – 2002), 2. Aufl. 2003; *Rigaudière, Albert,* Introduction historique à l'étude du droit et des institutions, 3. Aufl. 2006; für Deutschland *Stolleis, Michael,* Geschichte des öffentlichen Rechts in Deutschland, Bd. 4, 1938 – 2012; in französischer Sprache etwa *Jouanjan, Olivier,* Une histoire de la pensée juridique en Allemagne (1800 – 1919) – Idéalisme et conceptualisme chez les juristes allemands du XIXe siècle, 2005, 187 ff.; zur spannenden Frage der weiteren gegenseitigen Beeinflussung deutscher und französischer Rechtswissenschaft vgl. *Ranieri* (Fn. 112), 187 ff.; *Neumayer* (Fn. 112), 166 ff.; zur Geschichte der Begriffs-, Interessen- und Wertungsjurisprudenz vgl. supra → Rn. 89 ff.

[336] Zum Folgenden vgl. etwa die zusammenfassenden Darstellungen bei *Zweigert/Kötz* (Fn. 4), 74 ff.; *Bonnard* (Fn. 75), 39 ff.; *David/Jauffret-Spinosi/Goré* (Fn. 5), 29 ff.; *Molfessis/Terré* (Fn. 110), 179 ff.; zum Code civil auch *Szramkiewicz/Bouineau* (Fn. 335), 325 ff.; größere Darstellungen etwa bei *Olivier-Martin, François,* Histoire du droit français – Des origines à la révolution, 3. Aufl. 2010; *Leca, Antoine,* Les métamorphoses du droit français – Histoire d'un système juridique des origines au XXIe siècle, 2011.

eine vereinfachte und kommentierte Zusammenstellung der wichtigsten römischen Quellen, insbesondere des Codex Theodosianus (438 n. Chr.), darstellte.

Mit dem langsamen Niedergang des weströmischen Reiches und dem Einfall germanischer Stämme (der Barbaren) über den Rhein geriet der nördliche Teil Galliens unter germanischen Einfluss insbes. der Franken und Merowinger, die hier ihre eigenen Dynastien errichteten. Im rechtlichen Bereich wurde auf diese Weise das römische Recht zugunsten der ungeschriebenen, germanischstämmigen Gewohnheitsrechte, der sog. coutumes, verdrängt. Nur wenige von ihnen waren verschriftlicht. Besonders bekannt geworden ist hier die unter Clovis zu Beginn des 6. Jahrhunderts herausgegebene Lex Salica, da sie unter anderem auch eine Bestimmung enthielt, derzufolge Frauen kein Land erben konnten und aus der sehr viel später im 14. Jahrhundert die Regel abgeleitet wurde, dass die Königswürde nicht über weibliche Erben vermittelt werden könne. Die zahlreichen coutumes galten zunächst als Personalstatut für die jeweiligen Angehörigen des betroffenen Stammes, wo immer sie sich aufhielten. Mit der zunehmenden Vermischung der Stämme wurde dieses System immer impraktikabler und ging in ein Territorialrecht über, das jeweils für alle Einwohner des Gebiets galt. 170

Sehr viel später wurden die coutumes der jeweiligen Gebiete in ihrem dann erreichten Entwicklungsstand aufgezeichnet, zunächst ab dem 12. Jahrhundert vereinzelt durch Privatpersonen, wie etwa im Fall des Grand Coutumier de Normandie. Erst ab dem 15. Jahrhundert wurden auf der Grundlage einer Anordnung Karls VII. (ordonnance de Montils-lès-Tours, 1454) die coutumes auch offiziell niedergeschrieben. Wie groß die Rechtszersplitterung war, zeigt sich dabei allein schon an der Anzahl der so entstandenen Rechtssammlungen, nämlich rund 65 großräumig geltender coutumes générales und rund 300 räumlich stärker begrenzter coutumes locales. Allerdings gab es in den Grundzügen weitgehende inhaltliche Übereinstimmungen zwischen ihnen und kam insbesondere der coutume von Paris Vorbild- und Lückenfüllungsfunktion weit über ihr eigentliches Geltungsgebiet hinaus zu. 171

Bei alledem darf allerdings die Unterscheidung von römischrechtlichem und gewohnheitsrechtlichem Einfluss in Nord und Süd keinesfalls als trennscharf angesehen werden. So galt auch im Süden ungeschriebenes Gewohnheitsrecht und wurden auch die coutumes des Nordens im Laufe der Zeit vom römischen Recht beeinflusst. Zudem wurde das römische Recht auch im Norden zur Lückenfüllung verwendet, was ihm zu einem starken Einfluss auf das Vertragsrecht verhalf, zu dem die coutumes kaum Bestimmungen enthielten. Dennoch verwundert es nicht, dass in Anbetracht der großen Rechtszersplitterung das Kollisionsrecht in Frankreich eine besondere Bedeutung gewann. Das Recht in Frankreich war darüber hinaus auch nicht nur vom römischen Recht und den coutumes bestimmt. Vielmehr hatte auch das kanonische Recht teils großen Einfluss, spielte die Gesetzgebungsmacht des Königs eine zunehmende Rolle und besaßen auch die parlements genannten Gerichtshöfe, insbesondere das parlement von Paris, eine wichtige gesetzgeberische Funktion, die mit den sog. arrêts de règlement ausgeübt wurde. 172

bb) Entstehung des Code civil

Mit der französischen Revolution gewann der Wunsch nach einem einheitlichen, übersichtlichen und durch Kodifikation gesicherten Recht an politischer Bedeutung. Zunächst kam es aber zu einer ganzen Reihe von tiefgreifenden Veränderungen im Recht, nicht zuletzt zur Abschaffung des Feudalismus, aber etwa auch zur Einführung der Zivilehe und der Scheidung oder zur weitgehenden Gleichstellung unehelicher Kinder im Erbrecht. Für diese Zeit wird gemeinhin vom droit intermédiaire gesprochen. Die drei ersten Versuche zur Schaffung eines einheitlichen Zivilgesetzbuches, die jeweils durch Cambacérès – der später Zweiter Konsul unter Bonaparte wurde – ausgearbeitet worden waren, scheiterten jedoch. Es war dem Einfluss Napoleon Bonapartes vorbehalten, das Projekt eines Code civil im Jahre 1804 zu seiner Vollendung zu führen. Er setzte dazu im Jahr 1800 eine Redak- 173 tionskommission ein, die aus vier erfahrenen Praktikern bestand, nämlich Tronchet und Bigot de Préameneu als Vertreter des Gewohnheitsrechts sowie Maleville und Portalis als Vertreter des römischen Rechts. Die Kommission, die auf erhebliche Vorarbeiten zurückgreifen konnte, legte innerhalb von nur vier Monaten ihren Vorschlag vor. Napoleon nahm selbst immer wieder an den Sitzungen teil und saß mehr als der Hälfte der späteren Sitzungen des Conseil d'État vor, in denen der vorgeschlagene Code im Einzelnen beraten wurde. Obwohl er selbst nicht Jurist war, wird Napoleon gemeinhin ein nicht unerheblicher Einfluss zugesprochen, der sich insbesondere auf eine verständliche Sprache, klare Lösungen sowie gelegentlich eigene Interessen, etwa an einem Scheidungsrecht, bezogen haben dürfte. Darüber hinaus war es Napoleon Bonaparte, der den Code civil letztlich gegen Widerstände vor allem im Tribunat durchsetzte. Dort waren zahlreiche überzeugte Revolutionäre und Widersacher Napoleons vertreten, die dem Code vor allem vorwarfen, er sei zu wenig revolutionär, zu sehr eine bloße Zusammenstellung römisch- und gewohnheitsrechtlicher Regeln. Bonaparte zog daraufhin das Projekt kurzerhand zurück. Er reduzierte sodann die Mitgliederzahl im Tribunat von 100 auf 50 und unterteilte es in Sektionen; die Gesetzgebungssektion war dadurch weitgehend mit seinen Anhängern besetzt. Zudem führte er einen frühzeitigen Konsultationsmechanismus zwischen Tribunat und Conseil d'État ein. Auf diese Weise konnte das Gesetzbuch dann in einem neuen Anlauf ohne größere Probleme jeweils in seinen 36 Titeln durch das Gesetzgebungsverfahren gebracht werden. Es trat mit Gesetz von 21.3.1804 (30 ventôse an XII) unter dem offiziellen Namen „Code civil des Français" in Kraft und ersetze ausdrücklich alle auf den von ihm abgedeckten Gebieten bestehenden Regeln etwa der coutumes oder des römischen Rechts des Ancien Régime und implizit auch des droit intermédiaire. Die auch heute noch gelegentlich verwendete Bezeichnung „Code Napoléon" wurde ihm offiziell erst 1807 verliehen und 1814 wieder entzogen, erhielt ihn jedoch durch ein Dekret von 1852 erneut, das formell niemals aufgehoben wurde.[337]

cc) Eigenheiten und Kritik des historischen Code civil

174 Die ursprüngliche Aufteilung des Code civil in Bücher[338] ist angelehnt an die römischrechtliche Gliederung der Institutionen des Gaius, wobei das 3. Buch mit dem eher irreführenden Titel „Des différentes manières dont on acquiert la propriété" zahlreiche Zivilrechtsgebiete wie etwa das Schuld- und Vertragsrecht, das Erbrecht oder das Hypothekenrecht umfasst. Wie bereits gesehen stellte der Code civil keineswegs eine völlige Neuschöpfung dar, sondern eine geordnete Zusammenschau der römischrechtlichen (etwa in Bezug auf das Schuld- und Eigentumsrecht) und gewohnheitsrechtlichen (etwa in Bezug auf das Familienrecht) Elemente des Ancien régime. Inhaltlich wird ihm aus französischer Sicht gemeinhin ein individualistischer („triomphe de l'individualisme"[339]) und liberaler Geist zugesprochen, die von ihm vollendete Säkularisierung des Zivilrechts insbesondere im Familienrecht und die Betonung der Vertragsfreiheit gelobt. Es handele sich um eine ausgleichende Kodifikation, die weder zu revolutionären noch reaktionären Exzessen neige und zutiefst von einem praktischen Geist durchzogen sei („non une oeuvre dogmatique, mais une oeuvre pragmatique, une oeuvre de modération et de sagesse"[340]). Stolz auf den Code civil war nicht nur Napoleon Bonaparte, dem aus der Verbannung auf St. Helena die Worte zugeschrieben werden: „Ma vraie gloire n'est pas d'avoir gagné quarante batailles et d'avoir fait la loi aux rois qui osèrent défendre au peuple français de changer la forme de son gouvernement. Waterloo effacera le souvenir de tant de victoires [...]. Mais ce que rien n'effacera, ce qui vivra éternellement, c'est mon Code civil [...]."[341] Stolz auf den Code civil sind Franzosen auch

[337] *Tallon* (Fn. 76), 6 Fn. 17; *Szramkiewicz/Bouineau* (Fn. 335), 329.
[338] Zum heutigen Code civil supra → Rn. 49; zum Sprachstil des Code civil supra → Rn. 56 f.
[339] *Bonnard* (Fn. 75), 53.
[340] *Terré/Simler/Lequette/Chénedé* (Fn. 195), 14.
[341] Niedergeschrieben von *Montholon, Charles-Tristan de,* Récits de la captivité de l'empereur Napoléon à Sainte-Hélène, Bd. 1, 1847, 401; allerdings glaubt Napoleon nicht nur an die ewige Bedeutung seines Code

heute noch. So schreibt etwa Terré „il a été la véritable Constitution de la France" und fährt fort:

„Dans le fond, le Code portait la marque du génie de la France, fait de l'esprit de progrès et du sens de la mesure. Il concilait les courant juridiques (...), empruntant à chaque système ses meilleures solutions. Il maintenait les conquêtes de la Révolution, la liberté et l'égalité des individus, la libération des terres à l'encontre des emprises féodales, la liberté contractuelle, débarrassée des entraves religieuses, étatiques et corporatives, la sécularisation des institutions juridiques. En même temps, il restaurait une famille solide et conservait la plupart des institutions techniques du droit de l'Ancien Régime, auxquelles la pratique était accoutumée tout en les rajeunissant."[342]

Dass die Einschätzung des Code civil aus historischer Sicht keineswegs zwingend so positiv 175
ausfallen muss, zeigte schon der erhebliche anfängliche Widerstand im Tribunat. Tatsächlich kann die Ausgewogenheit des Code civil auch als ein Abweichen von den Idealen der Revolution und eine zu tiefe Verbeugung vor den Werten des Ancien Régime angesehen werden. Sehr viel konkreter und deutlicher kann diese Kritik[343] vor allem im Bereich des Familienrechts ausfallen. Hatte das droit intermédiaire sich noch die Gleichberechtigung von Mann und Frau und die individuelle Freiheit auf die Fahnen geschrieben, so kehrte der Code civil zu einer klar patriarchalischen Familienstruktur zurück. Die Frau hatte ihrem Ehemann zu gehorchen und war ohne seine Zustimmung nicht geschäftsfähig. So lautete der alte – bis 1938 unveränderte – art. 213: „Le mari doit protection à sa femme, la femme doit obéissance à son mari." Selbst in Bezug auf die gemeinsamen Kinder spielt die Frau erst nach einer Scheidung oder dem Tod des Ehemanns eine Rolle, zuvor kommt allein dem Mann die puissance paternelle zu. Die Scheidung aufgrund beiderseitiger Einwilligung wurde verfahrenstechnisch erheblich erschwert, die Scheidung wegen Ehebruchs war bei Ehebruch durch die Frau an erheblich geringere Voraussetzungen gebunden als beim Ehebruch des Mannes, der dazu die Geliebte ins eheliche Heim bringen musste. Die patriarchalische Familienstruktur zeigt sich aber etwa auch darin, dass der Mann seine unehelichen Kinder zwar freiwillig anerkennen, dazu aber nicht gerichtlich gezwungen werden konnte. Die Eheschließung ohne Zustimmung der Eltern, die das droit intermédiaire durchgesetzt hatte, war nach dem Code civil auch bei Volljährigen nicht oder nur unter größeren Mühen möglich. Außerhalb des Familienrechts kann dem Code civil vorgeworfen werden, er sei ein Gesetzbuch des bürgerlichen Kapitalismus, das sich vor allem mit dem absolut verstandenen Privateigentum beschäftige und dabei weder das Allgemeinwohl noch kollektive Eigentumsformen hinreichend berücksichtige. Insgesamt stand der Code civil Vereinigungen im Unterschied zu Individuen eher gleichgültig bis ablehnend gegenüber. Als zu einseitig kann schließlich auch die Betonung der Vertragsfreiheit betrachtet werden, die auf faktische Ungleichheiten in der Verhandlungs- oder Durchsetzungsmacht und auf die Interessen der sozial Schwächeren nicht hinreichend Rücksicht nahm.

dd) Andere napoleonische Kodizes

Bei alledem ist der Code civil keineswegs die einzige napoleonische Kodifikation aus den 176
Jahren nach der Revolution. Vielmehr wurde auch der Code de commerce (1807), der Code de procédure civile (1806), der Code pénal (1791 und 1810) und der Code d'instruction criminelle (1808) erlassen.[344] Keiner von ihnen hat aber auch nur annähernd eine ähnliche

civil, sondern auch noch weiterer Hinterlassenschaften, denn das bekannte Zitat zählt ibid. unmittelbar weiter auf: „ce sont les procès-verbaux de mon conseil d'Etat; ce sont les recueils de ma correspondance avec mes ministres; c'est enfin tout le bien que j'ai fait comme administrateur, comme réorganisateur de la grande famille française.".

342 *Terré* (Fn. 29), 74.

343 Vgl. dazu etwa die Zusammenstellung bei *Terré* (Fn. 29), 74; speziell zum Familienrecht auch *Zweigert/Kötz* (Fn. 4), 85 f.

344 Überblick bei *Molfessis/Terré* (Fn. 110), 197 ff.; *Szramkiewicz/Bouineau* (Fn. 335), 276 f., 334 ff.

Anerkennung und Bedeutung für das Selbstverständnis französischer Juristen erlangt. In vielerlei Hinsicht wurden die übrigen Kodizes sogar nachdrücklich kritisiert, vielleicht gerade weil sie so sehr im Schatten des übermächtigen Code civil standen. So wurde dem als mittelmäßig geltenden Code de commerce etwa insbesondere vorgeworfen, auf zahlreiche Anforderungen des schon damals bestehenden Handelsverkehrs keine Antworten bereit zu halten, letztlich also schon zur Zeit seines Inkrafttretens veraltet gewesen zu sein. Er befasste sich nur kursorisch mit Aktiengesellschaften, gar nicht mit der Börse, unter den Kreditinstrumenten nur mit dem Wechsel und zB nicht mit dem Scheck, unter den Versicherungen nur mit der Seeversicherung. Dies ist auch wenig verwunderlich, denn der Code de commerce stellte letztlich nur eine Überarbeitung einer sehr viel älteren, auf Colbert zurückgehenden Verordnung von 1673 dar.[345] Mindestens ebenso stark an das Vorbild einer 1667 unter Minister Colbert erlassenen Verordnung lehnte sich auch der Code de procédure civile an. Der Code pénal war der Nachfolger eines schon kurz nach der Revolution 1791 erlassenen. Er beruhte im Kern auf einer eher utilitaristischen, auf Bestrafung und nicht Wiedereingliederung gerichteten Sicht, die zu einer repressiveren Tendenz führte. So wurden etwa körperliche Bestrafungen wie Verstümmelung oder Halseisen wieder eingeführt, gleichzeitig aber auch dem Richter wieder ein Ermessen bei der Festsetzung des Strafmaßes eingeräumt und die Existenz mildernder Umstände anerkannt. Der Code d'instruction criminelle wandte sich in vielen Teilen von den Neuerungen der Revolution ab und den Grundgedanken des Ancien Régime zu. Insbesondere die Rolle der jury wurde wieder zurückgefahren, etwa indem es bei der Anklage ihrer nicht mehr bedurfte und bei der Verurteilung die einfache Mehrheit der Juroren ausreichte. Trotz aller Kritik waren all diese Kodizes, wenn natürlich auch mit Änderungen, außerordentlich lang in Gebrauch. Eine neuer Code de commerce wurde erst im Jahr 2000 erlassen, ein neuer Code de procédure civile 1975, eine neuer Code pénal 1992 und eine neuer Code de procédure pénale 1959.

b) Deutschland

aa) Die Zersplitterung des deutschen Rechts

177 Deutschland war über Jahrhunderte gekennzeichnet von einer Zersplitterung in vielfältige, große wie kleine, sich im Verlauf der Zeit auch wandelnde Herrschaftseinheiten, von kleinen Grafschaften oder Abteien über Herzogtümer, Bistümer und Städte bis hin zu großen Königreichen, die alle nur lose unter dem Dach des bis 1806 bestehenden Heiligen Römischen Reiches zusammengehalten wurden, für das sich um 1600 herum der Zusatz „Deutscher Nation“ durchzusetzen begann. Noch sein Nachfolger, der Deutsche Bund (1815-48), bestand aus 39 Bundesstaaten, zusammengesetzt aus einem Kaiser- und 5 Königreichen, 1 Kurfürstentum, 7 Großherzogtümern, 10 Herzogtümern, 11 Fürstentümern und 4 freien Städten. Darunter befanden sich Großmächte wie Preußen und Österreich ebenso wie unbedeutende bis operettenhafte Zwerggebilde wie etwa Schaumburg-Lippe oder Schwarzburg-Sondershausen. Vor diesem Hintergrund ist es zunächst wenig verwunderlich, dass es an einem einheitlichen Recht in Deutschland fehlte. Denn in jedem Herrschaftsgebiet konnten die jeweiligen Machthaber eigenes Recht setzen.

178 Das ist jedoch nur die halbe Wahrheit, denn neben diesen sog. Partikularrechten bestand durchaus ein reichseinheitlicher Rechtsbestand, das sog. gemeine Recht (ius commune).[346]

[345] Vgl. *Szramkiewicz/Bouineau* (Fn. 335), 334 ff.; *Mariage, Henri,* Évolution historique de la législation commerciale – De l'ordonnance de Colbert à nos jours, 1673 – 1949, 1951, 126; *Bureau, Dominique; Molfessis, Nicolas,* Le bicentenaire d'un fantôme, in: Teyssié, Bernard (Hrsg.), Le Code de Commerce 1807 – 2007 – Livre du bicentenaire, 2007, 61 (64); *Escarra, Jean,* À propos de la révision du Code de commerce, Revue trimestrielle de droit commercial et de droit économique 1948, 3 (3).

[346] Zum ganzen Thema vgl. aus der Fülle rechtshistorischer Literatur nur die einführenden Darstellungen bei *Eisenhardt, Ulrich; Amend-Traut, Anja,* Deutsche Rechtsgeschichte, 8. Aufl. 2024, insbes. 132 ff., 155 ff.; *Meder* (Fn. 333), 243 ff.; *Gmür, Rudolf; Roth, Andreas,* Grundriss der deutschen Rechtsgeschichte, 16. Aufl.

Es handelte sich dabei letztlich um eine deutlich abgewandelte, auf die damaligen Verhältnisse zugeschnittene Version des römischen Rechts mit kanonischen Einflüssen. Dass römisches Recht in Deutschland galt, beruhte auf der Annahme, dass die Kaiser des Heiligen Römischen Reiches Deutscher Nation die Nachfolger der römischen Kaiser seien. Römisches Recht war also kein fremdes, sondern eigenes, kaiserliches Recht. Weiterhin wurde lange Zeit aufgrund der heute sog. Lotharischen Legende angenommen, Kaiser Lothar III. habe 1135 in einem Gesetz die Anwendung des römischen Rechts vorgeschrieben – eine These, die allerdings schon 1643 durch Hermann Conring widerlegt wurde. Auch die katholische Kirche spielte eine wichtige Rolle, denn es galt der Satz, dass die Kirche nach römischem Recht lebte.

Das Verhältnis von gemeinem Recht und Partikularrecht war vielschichtig. Grundsätzlich 179
galt nach der sog. Statutentheorie das gemeine Recht nur subsidiär, trat also hinter eventuell vorhandenes Partikularrecht zurück. Dieser Grundsatz wurde aber in vielerlei Hinsicht ausgehöhlt und umgekehrt. So wurde beispielsweise das Partikularrecht restriktiv ausgelegt; Rechtslücken wurden nicht aus dem Partikularrecht selbst, sondern aus dem gemeinen Recht gefüllt. Es bestanden sogar Tendenzen, dass Partikularrecht nur dann gelten zu lassen, wenn es vernünftig erschien. Von besonderer Bedeutung war auch, dass Juristen, soweit sie universitär geschult waren, in der Ausbildung nur mit dem gemeinen Recht in Berührung kamen. Damit liegt nahe, worauf sie in nicht völlig zweifelsfreien Fällen zurückgriffen und wie sie sich den Rechtsstoff einigermaßen systematisch erschlossen. Das deutsche Partikularrecht hatte so gesehen keine gelehrten Fürsprecher. Dennoch kann auch nicht von einer völligen Dominanz des gemeinen Rechts gesprochen werden, denn es gab etwa auch Rückwirkungen des partikularen auf das gemeine Recht.

Wie nun aber die Abwandlung des römisch-kanonischen Rechts und sein Zusammen- 180
wirken mit den Partikularrechten genau vonstatten ging, was in welchen Bereichen wieweit überwog und wie die praktische Rechtsanwendung gerade auch auf der unteren Ebene davon im Laufe der Zeit beeinflusst wurde, wie weit die oft behauptete Einheitlichkeit des ius commune in ganz Europa ging und wie sie sich entwickelte, über all dies scheint auch in der rechtshistorischen Forschung keine letzte Klarheit zu herrschen. Die gewisse Verwirrung, die jedenfalls den nicht umfassend rechtsgeschichtlich geschulten Juristen bei allen Beschreibungen des gemeinen Rechts umfängt, muss aber keineswegs an seinem mangelnden historischen Einfühlungsvermögen liegen. Denn schon ein kundiger Beobachter aus dem 18. Jahrhundert, der Schöpfer des bayerischen Zivilgesetzbuchs von 1756, merkte an: „Was unter dem gemeinen Recht eigentlich verstanden seye, darüber seynd die Rechtsgelehrten selbst noch nicht einmal einig."[347]

Ab dem 16. Jahrhundert war das gemeine Recht von einer neuen Stilepoche geprägt, dem 181
sog. Usus modernus Pandectarum. Die Bezeichnung geht zurück auf das ab 1690 in vier Bänden erschienene gleichnamige Werk des in Halle tätigen Professors Samuel Stryk. Er ging aufgrund der Widerlegung der Lotharischen Legende davon aus, dass das römische Recht in Deutschland nur schrittweise und in Teilen Geltung erlangt habe. Es spreche zwar jeweils eine begründete Vermutung für seine Anwendung, doch könne diese Vermutung durch gewohnheitsrechtliche Derogation oder einen spezielleren deutschen Rechtssatz widerlegt werden. Praktisch erläuterte Stryk bei einzelnen Rechtsfragen jeweils zunächst, wie diese nach dem römischen Recht des Corpus iuris zu entscheiden gewesen wären, um dann zu fragen, ob und wieweit diese Lösung auch dem deutschen Gerichtsgebrauch entspreche. Der Usus modernus brach also die Vorherrschaft des tradierten römischen Rechts zugunsten einer gleichberechtigten Stellung des deutschen Rechtsgebrauchs auf. Gleichzeitig ist er gekennzeichnet von einem stark praxisbezogenen, dh auf die Lösung

2024, 60 ff., 82 ff., 130; hilfreich auch *Schmoeckel/Stolte* (Fn. 332), 351 ff.; aus den großen Lehrbüchern vgl. statt aller *Coing, Helmut,* Europäisches Privatrecht, Bd. 1, Älteres gemeines Recht (1500 – 1800), 1985, 7 ff.

[347] *Kreittmayr, Wiguläus Xaverius Aloysius,* Anmerkungen über den Codicem Maximilianeum Bavaricum Civilem, Erster Theil, 1758, Neudruck 1985, § XII. S. 41.

konkreter praktischer Rechtsfälle ausgerichteten Wissenschaftsstil. Seine Wirkung wird weniger revolutionär als vielmehr konsolidierend eingeschätzt.

182 Die Wirkung dieser frühen Periode des deutschen Rechts auf die heutige Zeit wird selbst von einigen Rechtsgeschichtlern als eher gering eingeschätzt.[348] Eine gewisse Bedeutung kommt ihr jedoch heute wieder insofern zu, als die Bewegung für eine europäische Vereinheitlichung im Zivil- und Strafrecht sich gern auf das ius commune als Vorbild eines europaweit einheitlichen Rechtsdenkens beruft.[349]

bb) Der Kodifikationsstreit

183 **(1) Frühere Kodifikationen.** Vor dem Hintergrund der staatlichen wie rechtlichen Zersplitterung, der Aufklärung und der Naturrechtslehre entstanden auf deutschem Gebiet die ersten Kodifikationen, namentlich das bayerische Zivilgesetzbuch (Codex Maximilianeus Bavaricus civilis, 1756), das Allgemeine Landrecht für die Preußischen Staaten (ALR, 1794) und das österreichische Allgemeine Bürgerliche Gesetzbuch (ABGB, 1811). Sie markierten jeweils in ihrem Geltungsbereich das Ende des gemeinen Rechts und werden gemeinhin als die naturrechtlichen Kodifikationen bezeichnet. Das ist insofern verwirrend, als mit „Naturrecht" meist die Idee eines überpositiven Rechts bezeichnet wird, es hier aber gerade um gesetztes, positives Recht geht. Tatsächlich wird Naturrecht hier in einem etwas anderen Sinne verstanden, nämlich als historisches Recht im Sinne eines Vernunftrechts, wie es im 17. und 18. Jahrhundert bedeutenden Einfluss auf Wissenschaft und Gesetzgebung erlangte: Jahrhundertelang war die heute selbstverständliche Vorstellung, der Gesetzgeber könne im Recht beliebig wirken und auch etwas gänzlich Neues schaffen, dem Denken der Menschen fremd geblieben, die im Recht mehr die gewachsenen, traditionellen Strukturen sahen. Die Naturrechtslehrer entwickelten demgegenüber die Idee eines auf der Vernunft basierenden und auch neuen Rechts. Dieses neue Recht sollte das im Kern noch römische gemeine Recht ablösen und in Form einer Kodifikation Lückenlosigkeit und allgemeine Rechtssicherheit bringen.[350] Die auf dieser gedanklichen Vorarbeit basierenden Einzelkodifikationen in bestimmten Gebieten konnten aber naturgemäß kein für Deutschland einheitliches Recht schaffen; im Gegenteil wurden die Rechtsunterschiede durch die Abkehr vom gemeinen Recht insgesamt eher noch erhöht.

184 Zu Beginn des 19. Jahrhunderts wurde der Ruf nach einer Einheit Deutschlands immer lauter; zentrale Ereignisse der europäischen Geschichte wie das Ende des Heiligen Römischen Reiches Deutscher Nation 1806, der Sieg über Napoleon in der Völkerschlacht bei Leipzig 1813, die Neuordnung Europas im Wiener Kongress 1814/15 und die Gründung des Deutschen Bundes 1815 beförderten diesen Wunsch nur. Auf juristischer Seite hatte die Einführung von Gesetzbüchern in einigen Staaten gezeigt, welche Möglichkeiten die Kodifikation bot. So verwundert es nicht, dass auch der Ruf nach einem einheitlichen deutschen bürgerlichen Gesetzbuch erklang.[351] Neben dem Nationalgefühl traten aber auch erhebliche wirtschaftliche Interessen auf den Plan, da die rechtliche Zersplitterung die Entwicklung von Handel, Verkehr und aufkommender Industrie merklich behinderte. Die Kodifikation mit ihrer Idee freier und gleicher Bürger sowie gewerblicher Freiheit war daher auch ein Programm des damaligen bürgerlichen Liberalismus, tendenziell bekämpft von konservativen Gruppierungen. Auf Seiten der Juristen stehen für die einander bekämpfenden Positionen in diesem sog. Kodifikationsstreit zwei Namen: Thibaut und Savigny.

---

[348] Vgl. nur *Meder* (Fn. 333), 257.

[349] Zur rechtshistorischen Fundierung der Europäisierung des Privatrechts vgl. etwa *Zimmermann* (Fn. 334), 107 ff.

[350] Deutlich zu diesem spezifischen Naturrechtsverständnis *Meder* (Fn. 333), 262 f., 277 f.

[351] Zum ganzen Abschnitt vgl. etwa *Eisenhardt/Amend-Traut* (Fn. 346), 359 ff.; *Meder* (Fn. 333), 299 ff.; hilfreich auch *Schmoeckel/Stolte* (Fn. 332), 370 f., 375 f.; aus den großen Lehrbüchern vgl. statt aller *Coing, Helmut,* Europäisches Privatrecht, Bd. 2, 19. Jahrhundert – Überblick über die Entwicklung des Privatrechts in den ehemals gemeinrechtlichen Ländern, 1989, 7 ff., insbes. 39 ff.; aus französicher Sicht etwa *Jouanjan* (Fn. 335), 11 ff.

(2) Thibaut vs. Savigny. Anton Friedrich Justus Thibaut (1772–1840), Professor in Heidelberg, brach mit seiner Schrift „Ueber die Nothwendigkeit eines allgemeinen bürgerlichen Rechts für Deutschland" im Jahr 1814 die Lanze für eine einheitliche Kodifikation. Er beklagte den „Wust einander widerstreitender, vernichtender, buntschäckiger Bestimmungen", die „Richtern und Anwälden die gründliche Kenntniß des Rechts unmöglich" machten,[352] und forderte die Regierungen der verschiedenen deutschen Teilgebiete dazu auf, an der Abfassung eines für ganz Deutschland geltenden Gesetzbuches mitzuwirken, da „die Deutschen nicht anders in ihren bürgerlichen Verhältnissen glücklich werden können."[353] Dieses Anliegen entsprach dem Zug der Zeit und erscheint aus heutiger Sicht naheliegend, wenn auch in Anbetracht der staatsrechtlichen Zerspaltung Deutschlands nur schwer zu verwirklichen. Dennoch war die Zeit offenbar noch nicht reif, stand ein gewisser Zeitgeist ihm entgegen. 185

Fokus dieses Zeitgeists war Friedrich Carl von Savigny, Professor an der Universität zu Berlin. Mit seiner schon früher geplanten Schrift „Vom Beruf unsrer Zeit für Gesetzgebung und Rechtswissenschaft" antwortete Savigny 1814 machtvoll auf Thibaut. Er verweigert sich der Ansicht, dass alles Recht aus den Gesetzen entstehe. Vielmehr sieht er einen der Sprache vergleichbaren „organischen Zusammenhang des Rechts mit dem Wesen und Character des Volkes"; eigentlicher Sitz des Rechts sei das gemeinsame Bewusstsein des Volkes (der später oft sog. Volksgeist[354]), das bei höherer Kultur von den Juristen und ihrem Bewusstsein repräsentiert werde. Das Recht führe sodann ein doppeltes, aufeinander einwirkendes Leben, „einmal als Theil des ganzen Volkslebens (…) dann als besondere Wissenschaft in den Händen der Juristen."[355] Jedes Kodifikationsprojekt setzt also nach Savigny voraus, dass die juristische Technik im jeweiligen Zeitalter entsprechend weit gediehen sei, um das gewachsene Recht angemessen abbilden zu können. Genau das aber sei noch nicht der Fall. Das ganze 18. Jahrhundert sei sehr arm an großen Juristen gewesen; es habe zwar fleißige Leute gegeben, denen es jedoch am historischen Sinn zur rechten Erkenntnis der Eigenheiten ihrer Zeit und gleichzeitig am systematischen Verständnis gefehlt habe. Alles, was also jetzt in einem Kodex fixiert werden könnte, wäre ein unvollkommener Zustand der Rechtskenntnis.[356] Mit einer geharnischten Kritik an den drei großen Gesetzbüchern seiner Zeit – Code civil, Preußisches Allgemeines Landrecht und österreichisches ABGB –, an denen er kaum ein gutes Haar lässt, versucht Savigny seine Position noch zusätzlich zu untermauern.[357] Den Code civil etwa bezeichnet er als „eine überstandene politisch Krankheit (…) wovon wir freylich noch manche Uebel nachempfinden werden".[358] Seine Konsequenz: „Erst wenn wir durch ernstliches Studium vollständigere Kenntniß erworben, vorzüglich aber unsren geschichtlichen und politischen Sinn mehr geschärft haben, wird ein wahres Urtheil über den überlieferten Stoff möglich seyn."[359] Erst wenn die Rechtswissenschaft ihre geschichtliche Aufgabe vollendet habe, und daraus ein eigenes, nationales Recht hervorgegangen sei, könne, so Savigny, auch für zukünftige, schwächere Zeiten gesorgt werden, wobei selbst dies nicht notwendig in Form von Gesetzbüchern geschehen müsse.[360] 186

(3) Historische Rechtsschule, Germanisten und Pandektistik. Mit dieser Sicht setzte Savigny, der manchen gar als der bedeutendste deutsche Jurist gilt, sich nicht nur durch, sondern begründete zugleich die sog. historische Rechtsschule, die ihr Forschungsprojekt eben in der Verbesserung der von Savigny kritisierten Schwäche der deutschen Rechts- 187

[352] *Thibaut, Anton Friedrich Justus,* Ueber die Nothwendigkeit eines allgemeinen bürgerlichen Rechts für Deutschland, 1814, 14.
[353] *Thibaut* (Fn. 352), 12.
[354] Als Begriff eingeführt von *Puchta, Georg Friedrich,* Das Gewohnheitsrecht, Erster Theil, 1928, 133 ff. (insbes. 138 ff.); 148 ff. (insbes. 155), auch wenn das Wort in anderer Bedeutung schon bei Hegel auftauchte.
[355] *Savigny, Friedrich Carl von,* Vom Beruf unsrer Zeit für Gesetzgebung und Rechtswissenschaft, 1814, 11 f., 14.
[356] *Savigny* (Fn. 355), 48 ff.
[357] *Savigny* (Fn. 355), 55 ff., 81 ff., 95 ff.
[358] *Savigny* (Fn. 355), 135.
[359] *Savigny* (Fn. 355), 114.
[360] *Savigny* (Fn. 355), 133 f.

wissenschaft, im Füllen der bestehenden Lücke sah. Die Bedeutung dieser Schule war so groß, dass in ihrem Aufkommen gemeinhin das Ende des Usus modernus Pandectarum im gemeinen Recht gesehen wird. Ihr ging es darum, das gemeine Recht und die Landesrechte als Rechtsquelle durch eine „strenge historische Methode" erst richtig brauchbar zu machen. Dabei sollten weder das römische noch das germanische Recht noch ihre neueren Modifikationen bevorzugt werden, vielmehr ging es ganz grundlegend darum, „jeden gegebenen Stoff bis zu seiner Wurzel zu verfolgen und so sein organisches Princip zu entdecken, wodurch sich von selbst das, was noch Leben hat, von demjenigen absondern muß, was schon abgestorben ist, und nur noch der Geschichte angehört."[361] In diesem Sinne entfernt Savigny sich von der Aufklärung und ihrem Rationalismus, indem er sich mehr der organisch gewachsenen nationalen Identität zuwendet. Insofern steht er auch der Romantik nahe und ist ein Kind seiner Zeit. Andere Vertreter der historischen Rechtsschule, wie etwa Jakob Grimm, standen dem romantischen Denken mit seinen teils auch irrationalen Elementen noch deutlich näher.

188 Standen im anfänglichen Grundgedanken der historischen Rechtsschule noch römisches und deutsches Rechts gleichberechtigt und einträglich nebeneinander, entstand hier im weiteren Verlauf eine für die deutsche Rechtswissenschaft in der Mitte des 19. Jahrhunderts prägende Trennung zwischen Romanisten und Germanisten. Für die Germanisten war die Rezeption des dem deutschen Recht fremden römischen Rechts ein nationales Unglück, zumal dieses römische Recht stark von den Juristen und weniger vom lebendigen Wirken des Volkes geprägt war. Dass die Juristen im Sinne Savignys das Volk repräsentieren sollten, war den Germanisten zunehmend wenig geheuer. Im Unterschied zu den Romanisten betonten die Germanisten auch die Bedeutung parlamentarischer Gesetzgebung, die ein Ausdruck des Volkswillens ist. Sie versuchten in wissenschaftlicher Hinsicht, aus den vielen vereinzelten Quellen der verschiedensten Zeiten die Grundgedanken und Leitsätze des deutschen Rechtsdenkens herauszudestillieren und so ein geschlossenes System zu formen. Besonderes Interesse galt dabei zeitlich dem Mittelalter, das als typisch deutsch begriffen wurde, und inhaltlich dem Handels- und Gesellschaftsrecht, bei dem ein besonders geringer Einfluss des römischen Rechts angenommen wurde. Die Heftigkeit des Streits mit den Romanisten wird heute auch vielfach mit einer politischen Komponente erklärt, da die Germanisten mehr zu nationalen und liberalen Ideen tendierten.

189 Auf Seiten der Romanisten sticht die für das deutsche Recht prägende Entwicklung der sog. Pandektistik hervor. Bei den Pandekten (synonym: Digesten) handelt es sich um einen Teil des unter dem oströmischen Kaiser Justinian I. im 6. Jahrhundert n. Chr. geschaffenen Corpus Iuris Civilis, mit dem das damals geltende römische Recht zusammengefasst und als Gesetz erlassen wurde. Die Pandekten sind der Hauptteil dieses Werks; der Sache nach handelte es sich um überarbeitete Exzerpte aus den damals verfügbaren Schriften römischer Juristen. Auf der Basis dieses umfangreichen Materials machten sich die Pandektisten wie etwa Puchta oder Windscheid daran, ein vollständiges und widerspruchsfreies (römisches) Privatrechtssystem mit praxisnah anwendbaren Rechtssätzen zu entwickeln. Dabei ging es keineswegs um eine sklavische Texttreue, sondern auch ohne weiteres um einen kreativen, auf die heutigen Bedürfnisse ausgerichteten Umgang mit den Quellen und etwa eine Anerkennung der Bedürfnisse des Geschäftsverkehrs.[362] Daraus entwickelte sich ua eine Stoffgliederung, die sich noch im BGB widerspiegelte und die ua den für das deutsche Rechtsdenken noch heute so typischen allgemeinen Teil[363] vorsah. Ihrem Anspruch ent-

[361] *Savigny* (Fn. 355), 117 f.

[362] AA etwa *Glendon, Mary Ann; Carozza, Paolo G.; Picker, Colin B.,* Comparative legal traditions, 4. Aufl. 2016, 44 („Pandectists tended to neglect social, ethical, economic and practical considerations"), eine Aussage die jedoch nach neueren Forschungen jedenfalls für den einflussreichsten Pandektisten, Windscheid, gerade nicht zutrifft, vgl. etwa *Falk, Ulrich,* Der Gipfel der Pandektistik – Bernhard Windscheid (1817 – 1892), in: Lege, Joachim (Hrsg.), Greifswald – Spiegel der deutschen Rechtswissenschaft 1815 bis 1945, 2009, 129 (131 ff.); *Meder* (Fn. 333), 328 ff.

[363] Zum Prinzip des allgemeinen Teils vgl. supra → Rn. 54 f., 61 ff.

sprechend kam den berühmtesten Werken der Pandektistik auch in der Praxis eine überragende Bedeutung zu, wurden Sie zur Lösung von Rechtsfällen so oft und regelmäßig konsultiert wie heute ein Kommentar. Das gilt in besonderem Maße für Bernhard Windscheids[364] seit 1862 vielfach aufgelegtes „Lehrbuch des Pandektenrechts", das die Pandektistik gleichsam auf den Gipfel führte. Gleichzeitig wird gerade der Pandektistik ein Hang zur Begriffsjurisprudenz[365] nachgesagt, ein Vorwurf, der allerdings in der heutigen Forschung zunehmend als überzogen erkannt wird.[366]

cc) Die Schaffung des BGB

Kritik und Anliegen Thibauts waren zwar von der historischen Rechtsschule zunächst beiseite geschoben worden. Das politische Einheitsstreben Deutschlands und die damit zusammenhängende, wirtschaftliche ebenso wie ideologische Bedeutung eines einheitlichen Privatrechts waren aber als reale Faktoren so stark, dass sie sich nicht auf Dauer verdrängen ließen.[367] Ob Thibaut mit der Ausarbeitung des BGB doch noch einen späten Sieg errang oder ob vielmehr die materiellen Voraussetzungen, die rund 60 Jahre zuvor nach Savignys Auffassung noch gefehlt hatten, jetzt durch die unermüdliche Arbeit der deutschen Rechtswissenschaftler doch vorlagen, darüber lässt sich trefflich streiten. Inhaltlich war die Aufgabe jedenfalls kaum einfacher geworden. In Deutschland herrschte größte Vielfalt an Rechten; nicht nur gab es das gemeine Recht mit seinen zahlreichen Partikularrechten, sondern auch die Gebiete des Sachsenspiegels und des gemeinen Sachsenrechts, des jütschen Rechts oder des Badischen Landrechts sowie die durchaus selbstbewussten, großen Kodifikationen des Codex Maximilianeus Bavaricus, des Preußischen Allgemeinen Landrechts und linksrheinisch den französischen Code civil.[368] 190

Ein entscheidender Wendepunkt lag 1871 in der Verwirklichung der politischen Einheit durch Gründung des deutschen Kaiserreichs, denn nun standen der Rechtseinheit nicht mehr die ganz praktischen Gründe entgegen, die ein solches Vorhaben in einem nur losen Staatenbund ungemein erschwert hätten. Wohin der Zug ging, zeigte sich überdeutlich auch 1873, als dem Deutschen Reich die Gesetzgebungskompetenz für das gesamte bürgerliche Recht und nicht mehr, wie zuvor, nur für einzelne Teilbereiche zugestanden wurde. Tatsächlich begannen schon im darauffolgenden Jahr die ersten Vorarbeiten durch die sog. Vorkommission, die zunächst einen Plan zur Vorgehensweise bei der Schaffung des Bürgerlichen Gesetzbuchs ausarbeitete. In der daraufhin eingesetzten ersten Kommission mit ihren 11 Mitgliedern, die sich aus Richtern, Ministerialbeamten und zwei Professoren (darunter Windscheid) zusammensetzte, waren entsprechend der buntgescheckten deutschen Landkarte die wichtigsten bisherigen Rechte vertreten. Die erste Kommission legte nach 13 Jahren Arbeit 1887 dem Reichskanzler den sog. Ersten Entwurf vor, der im folgenden Jahr samt einer ausführlichen Begründung in Form der sog. Motive veröffentlicht wurde. Der Erste Entwurf wurde unter Juristen lebhaft diskutiert und heftig kritisiert. Die Kritik konzentrierte sich auf zwei Aspekte: Erstens wurde der Entwurf vielfach als zu sperrig, zu abstrakt, zu schwer zugänglich und zu wenig volksnah empfunden. Von germanistischer Seite wurde ihm mit einem berühmt gewordenen Zitat vorgeworfen, es handele sich um ein 191

[364] Zu Leben, Werk und Bedeutung kurz *Falk* (Fn. 362), 129 ff.

[365] Zur Begriffsjurisprudenz vgl. supra → Rn. 89 f.

[366] Vgl. insofern insbes. zur herausragenden Person Windscheids *Falk* (Fn. 362), 147 ff.; ausführlich zur Rolle Windscheids als Rechtsdogmatiker *Falk, Ulrich,* Ein Gelehrter wie Windscheid – Erkundungen auf den Feldern der sogenannten Begriffsjurisprudenz, 1989.

[367] Zum Folgenden aus den vielen Darstellungen eingängig etwa *Schulte-Nölke, Hans,* Die schwere Geburt des bürgerlichen Gesetzbuchs, NJW 1996, 1705 (1705 ff.); *Meder* (Fn. 333), 343 ff. mwN; in englischer Sprache umfassend etwa *John, Michael,* Politics and the law in late nineteenth-century Germany – The origins of the Civil code, 1989, 42 ff.; *Sherman, Charles Phineas,* Roman law in the modern world, Bd. 1 – History of Roman law and its descent into English, French, German, Italian, Spanish, and other modern law, 2. Aufl. 1924, 323 ff.

[368] Kleine Karte etwa bei *Kroeschell* (Fn. 84), 174.

in „Gesetzesparagraphen gegossenes Pandektenkompendium."[369] Zweitens wurde immer wieder bemängelt, dem Entwurf fehle der sprichwörtlich gewordene „Tropfen sozialistischen Öls"[370]; insbesondere würden die faktisch unterschiedliche Machtstruktur in vielen Bereichen des Vertragsrechts sowie das Individualarbeitsrecht nicht hinreichend berücksichtigt.[371] Dies alles wurde allerdings nicht als Grund angesehen, das Projekt insgesamt abzulehnen. Dass ein BGB jedenfalls geschaffen werden müsse und dass der Erste Entwurf jedenfalls eine taugliche Arbeitsgrundlage darstelle, darüber war man sich weitgehend einig. So wurde eine zweite Kommission mit neuen Mitgliedern gegründet, die auf die Kritik zumindest teilweise reagierte, den gesamten Text nochmals überarbeitete und nach vier Jahren Mitte 1895 den sog. Zweiten Entwurf samt Materialien in Form der sog. Protokolle vorlegte.[372] In der folgenden Beratung des Bundesrats wurden nur noch punktuelle Änderungen vorgenommen und der dann sog. Dritte Entwurf dem Reichstag zugeleitet, der ihn mit einigen weiteren Änderungen annahm. Zu den letzten Änderungen zählten etwa die politisch bedeutsame, konservativere Fassung des Eherechts, die praktisch wichtige Aufnahme der Möglichkeit, ein Testament eigenhändig zu verfassen, oder die eher kuriose Einfügung der Paragraphen zum Bienenrecht, die auf das besondere persönliche Interesse des Abgeordneten Paul Letocha, eines Imkers, an diesen Fragen zurückgingen. 1896 wurde das BGB als Gesetz angenommen und trat nach einer bewusst gesetzten Übergangsfrist am 1.1.1900 in Kraft.

192 Zentraler Kritikpunkt, vor allem von Seiten der Sozialdemokratie, die im Reichstag geschlossen gegen das BGB stimmte, war weiterhin die mehr liberale als soziale Grundhaltung des BGB sowie das konservative Weltbild, das sich etwa in der Rechtsstellung der Frauen und der unehelichen Kinder widerspiegelte. Damit dürfte das BGB aber schlicht ein Kind seiner Zeit gewesen sein, zumal die Literatur aus der größeren zeitlichen Entfernung heraus heute durchaus auch soziale Elemente festzustellen vermag.[373] Inhaltliche Änderungs- und Ergänzungswünsche insbesondere wirtschaftlichen oder sozialen Inhalts wurden auch vielfach deshalb nicht berücksichtigt, weil auf die Möglichkeit zur Regelung in Spezialgesetzen verwiesen wurde. Dieser Verweis war auch keineswegs nur ein politisches Ablenkungsmanöver. Bekannt geworden ist etwa das sog. Abzahlungsgesetz, das sich mit der damals sozial sehr wichtigen Frage des Kaufs auf Raten beschäftigte und bereits 1894 in Kraft trat – gleichsam ein schon vor Erlass des BGB beschlossenes Ergänzungsgesetz, das tatsächlich fast einhundert Jahre in Kraft blieb, bevor es der Sache nach in das BGB integriert wurde.

193 In sprachlicher Hinsicht war die Endfassung des BGB im Vergleich zum Ersten Entwurf erheblich verbessert. Eines der zentralen Anliegen der Zweiten Kommission und des in ihr vielfach tonangebenden Reichsjustizamts[374] war es schließlich gewesen, die unübersichtlichen, überlangen und verschachtelten Sätze mit ihren zahllosen Querverweisen sprachlich zu überarbeiten, ohne vielfach inhaltlich etwas zu ändern. Die verbleibende, gewisse Abstraktion des BGB gerade auch in der Sprache[375] ist dabei keineswegs Ausdruck gesetzgeberischen Unvermögens, sondern im Gegenteil einer sehr bewussten – und verständlichen – Entscheidung. Zu Recht wurde bemerkt, dass das BGB nicht wegen seiner abstrakten

[369] *Gierke, Otto von,* Der Entwurf eines bürgerlichen Gesetzbuchs und das deutsche Recht, 1889, 2.

[370] Die Formulierung geht zurück auf *Gierke, Otto von,* Die soziale Aufgabe des Privatrechts, 1889, 13 („[…] unser Privatrecht muss ein Tropfen sozialistischen Oeles durchsickern!"); interessanterweise findet sich in der sprichwörtlichen Verwendung oft „sozial" anstelle von „sozialistisch".

[371] Vgl. *Menger* (Fn. 78), 1 ff. (insbes. 17 ff., 143 ff., 153 f.); *Gierke* (Fn. 360), 24 Fn. 1 mwN, 103 f., 192 f.

[372] Motive und Protokolle finden sich in *Mugdan, Benno* (Hrsg.), Die gesammten Materialien zum Bürgerlichen Gesetzbuch für das Deutsche Reich, 5 Bde., 1899; erst sehr viel später kam reiches weiteres Material hinzu, veröffentlicht in *Jakobs, Horst Heinrich; Schubert, Werner* (Hrsg.), Die Beratung des Bürgerlichen Gesetzbuchs in systematischer Zusammenstellung der unveröffentlichten Quellen, 13 Bde. 1978–2002.

[373] Vgl. etwa *Meder* (Fn. 333), 349, 399 f.; *Benöhr, Hans-Peter,* Fast vier Tropfen sozialen Öls – Zum Arbeitsrecht im BGB, in: Köbler, Gerhard; Nehlsen, Hermann (Hrsg.), Wirkungen europäischer Rechtskultur – Festschrift für Karl Kroeschell zum 70. Geburtstag, 1997, 17 (17 ff.).

[374] Kaum haltbar und jedenfalls in bezug auf die Zusammensetzung der Kommissionen unrichtig *Lawson* (Fn. 13), 53 („drafted mainly by Professors").

[375] Zur angeblich schwerfälligen Sprache des BGB gerade im Vergleich zum Code civil vgl. supra → Rn. 56 f.

Begrifflichkeit, sondern deshalb schwer zugänglich ist, weil es diese Begrifflichkeit oft gar nicht ausspricht und stillschweigend auf seinen dogmatischen Unterbau verweist.[376] Das BGB versuchte – ganz im Geiste Savignys – nicht, die Dogmatik in Gesetzesform zu fassen oder den Gesetzgeber zum Lehrbuchschreiber zu machen.[377] Es sollte weder allgemeine Prinzipien formulieren noch umgekehrt versuchen, die Lösung für jeden irgend denkbaren Einzelfall im Detail vorzusehen. Beides – Herausarbeitung der zugrundeliegenden Prinzipien und kleinteilige Ausdifferenzierung im Hinblick auf die zahllosen denkbaren Fallkonstellationen – wurde vielmehr der Rechtswissenschaft und den Gerichten überlassen. Manche Fragen wurden im Hinblick auf diese spätere Entwicklungsmöglichkeit sogar bewusst nicht mit aufgenommen. In diesem Sinne ist das BGB tatsächlich ein Professorenrecht oder besser: ein Recht für Fachleute. Das Ideal eines Volksgesetzbuchs, das jeder interessierte Bürger tatsächlich lesen (!) könnte, um dann recht genau und ohne weiteres über seine Rechte und Pflichten informiert zu sein, stand den Schöpfern des BGB gar nicht erst vor Augen. Das ist auch aus heutiger Sicht keineswegs bedauerlich. Denn die Idee eines solcherart allgemeinverständlichen Gesetzbuchs ist in jeder auch nur einigermaßen entwickelten und damit komplexen Rechtsordnung unrealistisch. Ihr dennoch hinterherzulaufen hätte im besten Fall schlicht nichts bewirkt, im schlimmsten Fall aber den Bürger erst in die Illusion und dann zwangsläufig in die Frustration gestürzt.

Insgesamt fand das BGB in der für Deutschland von größter geschichtlicher Unruhe **194**
geprägten ersten Hälfte des 20. Jahrhunderts nicht immer nur unumschränkte Bewunderer. Dies änderte sich überdeutlich nach dem Ende des Zweiten Weltkriegs: In der Bundesrepublik galt und gilt das BGB der überwältigenden Mehrheit der Juristen als ein großartiges Monument der Gesetzgebungskunst und geradezu als Inbegriff der deutschen Rechtswissenschaft. Dies gilt gerade auch in der Rückschau. Denn dieselben Juristen stehen den oft hektischen Änderungsbemühungen der Gegenwart mit größerer Skepsis gegenüber und sprechen ihnen – ganz unabhängig von inhaltlichen Fragen – nicht selten die gediegene Gesetzgebungstechnik ab, die noch die Schöpfung des BGB kennzeichnete. Die große Wertschätzung des BGB nach 1945 lässt sich aber auch damit erklären, dass sein liberales Leitbild des freien, wirtschaftlich unabhängigen und gebildeten Bürgers in der Bundesrepublik mit ihrer Mittelschichtgesellschaft ohne subjektiv wahrgenommene Klassenschranken auf einen sehr viel größeren Teil der Menschen zutraf als im Kaiserreich oder in der Weimarer Republik. Wie ein Beobachter etwas überspitzt aber prägnant bemerkte: „Dem 'Bürgerlichen' Gesetzbuch fehlten im ersten halben Jahrhundert seines Bestehens die 'Bürger', für die es gemacht war."[378]

dd) Weitere Kodifikationen

Bei aller Bedeutung des BGB für das Verständnis und auch das Selbstverständnis der **195**
deutschen Juristen und des deutschen Rechtsdenkens sollte allerdings keinesfalls übersehen werden, dass es sich in eine lange Reihe vielfältiger Kodifikationen einreiht, die schon einige Zeit vorher begann und die bis heute nicht abgeschlossen ist.[379] So ergingen schon 1877, wenige Jahre nach der Reichsgründung, vier große Reichsjustizgesetze, mit denen zentrale Rechtsgebiete einheitlich geregelt wurden, nämlich das Zivilprozessrecht in der Zivilprozessordnung (ZPO), das Strafprozessrecht in der Strafprozessordnung (StPO), das Gerichtswesen insgesamt im Gerichtsverfassungsgesetz (GVG) und das Konkursrecht in der Konkursordnung (KO). Sie alle gelten in veränderter Form bis heute fort, nur die Konkursordnung wurde 1999 durch die Insolvenzordnung abgelöst. Bereits 1871 war das materielle Strafrecht im ebenfalls bis heute fortgeltenden Strafgesetzbuch (StGB) vereinheitlicht worden. Wie so oft dauerte die Entwicklung im Verwaltungsrecht erheblich

[376] *Meder* (Fn. 333), 348.
[377] Größeres Missverständnis insofern bei *Lawson* (Fn. 13), 53 (BGB als „really an advanced textbook").
[378] *Schulte-Nölke* (Fn. 367), 1710.
[379] Zu den Kodizes und dem Kodifikationsgedanken vgl. schon supra → Rn. 36 ff.

länger:[380] Eine Verwaltungsgerichtsordnung (VwGO) wurde erst 1960, ein Verwaltungsverfahrensgesetz (VwVfG) erst 1976 erlassen; zuvor behalf man sich mit Teilgesetzen und richterrechtlich entwickelten Rechtssätzen. Und die Geschichte geht weiter: Der Erlass eines Umweltgesetzbuchs etwa ist vorläufig gescheitert,[381] der Erlass eines Arbeitsgesetzbuchs wird seit Jahrzehnten diskutiert und steht dennoch in weiter Ferne.[382]

III. Gerichte und Juristen

1. Gerichtsaufbau

a) Deutschland

aa) Die Gerichtszüge

196 Der Gerichtsaufbau in Deutschland ist rechtsgebietsbezogen, hierarchisch und unitär. Gerade der unitäre Aspekt kann den auswärtigen Beobachter verwundern, denn schließlich ist Deutschland im Allgemeinen geprägt von seinen föderalen Strukturen. Streng genommen besteht dieser Föderalismus auch bei den Gerichten, denn nur die höchsten Gerichte sind Bundesgerichte, alle darunterstehenden Gerichte hingegen den Ländern zugeordnet. Merkliche Auswirkungen hat diese Aufteilung aber kaum, insbesondere gibt es keine hier nennenswerten,[383] gar den USA vergleichbare Kompetenzabgrenzungen mit föderal getrennten Gerichtszügen oder getrennten Zuständigkeiten für Bundes- und Landesrecht.

197 Grundsätzlich bestehen fünf parallel und unabhängig voneinander laufende Gerichtszüge, deren Zuständigkeit sich nach den betroffenen Rechtsgebieten richtet: die sog. ordentliche Gerichtsbarkeit für das Zivil- und Strafrecht, die Verwaltungsgerichtsbarkeit, die Arbeitsgerichtsbarkeit, die Sozialgerichtsbarkeit und, für das Steuer- und Zollrecht, die Finanzgerichtsbarkeit. An der Spitze steht jeweils ein oberstes Bundesgericht. Die Sitze dieser obersten Bundesgerichte sind, getreu der föderalen Tradition, über ganz Deutschland verteilt: der Bundesgerichtshof (Zivil- und Strafrecht) in Karlsruhe, das Bundesverwaltungsgericht in Leipzig (vor der Wiedervereinigung: Berlin), das Bundesarbeitsgericht in Erfurt (vor der Wiedervereinigung: Kassel), das Bundessozialgericht in Kassel und der Bundesfinanzhof in München. Auch unterhalb dieser Ebene geht es im Grundsatz sehr geordnet zu: Mit Ausnahme der nur zweistufigen Finanzgerichtsbarkeit bestehen in jedem Gerichtszug regelmäßig jeweils insgesamt drei Instanzen. Die erste Instanz ist als Eingangsinstanz ausgeformt, hier beginnen in fast allen Fällen die Prozesse. Die zweite Instanz ist zuständig für sog. Berufungen, bei denen der Prozess sowohl in sachlicher als auch in rechtlicher Hinsicht noch einmal neu verhandelt wird. Die dritte Instanz – also die genannten obersten Bundesgerichte – ist für die sog. Revision zuständig, bei der das Urteil allein in rechtlicher, nicht aber in tatsächlicher Hinsicht überprüft wird.

---

[380] Zur geschichtlich späten Entwicklung des Verwaltungsrechts vgl. die Erklärungen bei *Stolleis, Michael,* Geschichte des öffentlichen Rechts in Deutschland, Bd. 2 – Staatsrechtslehre und Verwaltungswissenschaft 1800 – 1914, 1992, 281.

[381] Vgl. etwa *Knopp* (Fn. 74), 121 ff.

[382] Zu den Forderungen nach einem Arbeitsgesetzbuch vgl. etwa *Griese, Thomas,* Die Gesetzentwürfe der Länder für ein Arbeitsvertragsgesetz, NZA 1996, 803 (803 ff.).

[383] Die Revision zu den obersten Bundesgerichten kann allerdings grundsätzlich nur auf die Verletzung von Bundesrecht, nicht von Landesrecht gestützt werden, eine Einschränkung, die vor allem im Verwaltungsrecht eine Rolle spielen kann, vgl. dazu *Kirchhof, Paul,* Revisibles Verwaltungsrecht, in: Erichsen, Hans-Uwe; Hoppe, Werner; Mutius, Albert v. (Hrsg.), System des verwaltungsgerichtlichen Rechtsschutzes – Festschrift für Christian-Friedrich Menger zum 70. Geburtstag, 1985, 813 (814 ff.).

bb) Ausgangsverfahren, Berufung, Revision am Beispiel des Verwaltungsprozesses

Als typisches Beispiel mag hier das verwaltungsgerichtliche Verfahren dienen. Es beginnt in der Regel vor einem der 51 Verwaltungsgerichte.[384] Nur in einigen besonders umfangreichen und wirtschaftlich bedeutsamen Großverfahren, etwa beim Bau von Kernkraftwerken, Flughäfen oder Bundesstraßen, ist Eingangsinstanz das nächsthöhere Oberverwaltungsgericht. Das Verwaltungsgericht ist in Kammern aus je drei (Berufs-)Richtern und zwei ehrenamtlichen Richtern organisiert, die im Grundsatz gemeinsam entscheiden. Die Laienrichter, die auch an anderen Gerichten gelegentlich vorgesehen sind, spielen in der Praxis eine sehr geringe, im Bewusstsein der Bevölkerung so gut wie gar keine Rolle. In der Praxis wird zudem häufig von der gesetzlichen Möglichkeit Gebrauch gemacht, einen Rechtsstreit auf einen der (hauptamtlichen) Richter als sog. Einzelrichter zu übertragen. 198

Das erstinstanzliche Urteil des Verwaltungsgerichts kann sodann vor dem örtlich zuständigen Oberverwaltungsgericht im Wege der sog. Berufung angefochten werden. Grundsätzlich besteht in jedem Bundesland ein solches Oberverwaltungsgericht; gelegentlich heißt es aus historischen Gründen Verwaltungsgerichtshof. Die Berufung war bis 1996 grundsätzlich ohne weiteres möglich, bedarf seit dieser Zeit aber einer Zulassung – der Gesetzgeber wollte die Gerichte entlasten. Die Zulassung kann entweder das Verwaltungs- oder das Oberverwaltungsgericht selbst erteilen. Voraussetzung dafür ist, dass besondere Gründe vorliegen, beispielsweise dass die Sache besonders schwierig oder bedeutsam ist oder dass ernstliche Zweifel an der Richtigkeit des Urteils bestehen (§ 124 Abs. 2 VwGO). Mit der Berufung können sowohl rechtliche als auch tatsächliche Fehler geltend gemacht werden. Allerdings wird in der Berufung nicht etwa die Entscheidung der Vorinstanz auf Fehler hin untersucht, sondern im Gegenteil aufgrund einer neuen Verhandlung eine in rechtlicher wie tatsächlicher Hinsicht ganz neue Entscheidung getroffen. Vereinfacht gesagt findet der Prozess also in der Berufung ein zweites Mal statt.[385] Stimmt das Ergebnis des Oberverwaltungsgerichts mit dem des Verwaltungsgerichts überein, so wird die Berufung zurückgewiesen. Anderenfalls entscheidet das Oberverwaltungsgericht im Normalfall die Sache mit seinem Urteil selbst neu und hebt als Begleiterscheinung das erstinstanzliche Urteil auf. Diese Selbstentscheidung entspricht dem der Berufung zugrundeliegenden Grundgedanken, demzufolge ja die Sache ganz neu verhandelt wird. Das Berufungsgericht hat allerdings auch die Möglichkeit, das vorinstanzliche Urteil aufzuheben und die Sache zur erneuten Entscheidung an das Verwaltungsgericht zurückzuverweisen. Das ist aber die seltene Ausnahme, die etwa in Betracht kommt, wenn die Vorinstanz gravierende Verfahrensfehler begangen hat. 199

Die Entscheidung des Berufungsgerichts kann sodann mit der Revision zum Bundesverwaltungsgericht angegriffen werden, das mit fünf Richtern besetzt ist. Auch hier besteht der Filter eines Zulassungsverfahrens, das allerdings für die Revision – anders als für die Berufung – eine lange Tradition hat. Die Revision kann nur zugelassen werden, wenn der Rechtsfrage grundsätzliche Bedeutung zukommt, von einer höchstgerichtlichen Entscheidung abgewichen wurde oder relevante Verfahrensfehler vorliegen. Mit der Revision können nur Rechtsfehler geltend gemacht werden; der Sachverhalt hingegen wird so zugrundegelegt, wie ihn die Vorinstanz ermittelt hat. Ein praktisch sehr seltener, aber aus didaktischen Gründen immer wieder hervorgehobener Sonderfall illustriert diesen zentralen Unterschied zur Berufung: Wenn sich die Parteien nach einem verwaltungsgerichtlichen Urteil einig sind, dass sie sich nur über Rechtsfragen streiten und sie an der Sachverhaltsfeststellung des Verwaltungsgerichts nichts auszusetzen haben, so müssen sie nicht erst Berufung einlegen, sondern können im Wege der sog. Sprungrevision (§ 134 VwGO) sogleich in die 200

---

[384] Zahlen nach Angaben des Statistischen Bundesamtes auf dem Stand vom 20.8.2020, www.destatis.de/DE/Themen/Staat/Justiz-Rechtspflege/Publikationen/Downloads-Gerichte/verwaltungsgerichte-2100240197004.pdf?__blob=publicationFile (zuletzt abgerufen am 7.7.2021).

[385] Zu dieser Besonderheit und zur 2001 eingeführten, teilweisen Verschiebung in Richtung auf eine Fehlerkontrolle bei der Feststellung von Tatsachen im Zivilverfahren vgl. *Kischel, Uwe,* Folgen von Begründungsfehlern, 2004, 46 f., 58 ff.

Revision gegen das erstinstanzliche Urteil zum Bundesverwaltungsgericht gehen. Entsprechend der Konzeption der Revision verhandelt das Revisionsgericht nicht völlig neu, sondern untersucht die Vorentscheidung auf rechtliche Fehler. Werden solche Fehler gefunden, hat das Revisionsgericht zwei Möglichkeiten zu entscheiden (§ 144 Abs. 3 VwGO): Es kann die Sache entweder selbst entscheiden oder an die Vorinstanz zurückverweisen. Denn da das Revisionsgericht keine Tatsacheninstanz ist, ist es darauf angewiesen, dass bereits nach den untergerichtlichen Entscheidungen alle Tatsachen feststehen, die nunmehr für die Rechtsanwendung benötigt werden. Stehen sie fest, so wird die Sache als „entscheidungsreif" bezeichnet und das Revisionsgericht entscheidet in aller Regel selbst. In vielen Fällen aber stehen noch nicht alle notwendigen Tatsachen fest, denn die Vorinstanz ging ja von einer anderen Rechtslage aus und wird meist nur diejenigen Tatsachen festgestellt haben, die für die Anwendung der nach seiner Auffassung einschlägigen Rechtsnormen erforderlich waren. In diesem Fall verweist das Bundesverwaltungsgericht die Sache an die Vorinstanz zurück, die dann – natürlich unter Beachtung der vom Revisionsgericht festgestellten Rechtslage – die Tatsachen ermittelt und neu entscheidet.

cc) Besonderheiten im Zivil- und Strafverfahren

201 Ähnlich verläuft auch das typische zivilrechtliche Verfahren. Besonderheiten ergeben sich hier vor allem dadurch, dass die Eingangsinstanz zweigeteilt ist, dh aus 638 Amtsgerichten und 115 Landgerichten[386] besteht. Vereinfacht gesagt sind meist die Amts- und nicht die Landgerichte als Eingangsinstanz zuständig, es sei denn, es geht um größere Verfahren. Dabei gilt ein Verfahren regelmäßig als ein größeres, wenn mehr als 5.000 Euro im Streit stehen (die sog. Streitwertgrenze).[387] Ist das Amtsgericht Eingangsinstanz, so ist die Berufung regelmäßig an das Landgericht zu richten. Ist hingegen das Landgericht Eingangsinstanz, so geht die Berufung zu einem der 24 Oberlandesgerichte. An den Amtsgerichten entscheiden Einzelrichter, am Landgericht eine mit drei Richtern besetzte Kammer, die jedoch seit dem Jahr 2002 aufgrund einer Reform in der Regel durch einen einzelnen Richter entscheidet. Anders als im Verwaltungsprozess ist die Berufung in jedem Fall zulässig, wenn es um mehr als 600 Euro geht; nur für kleinere Beträge bedarf es einer ausdrücklichen Zulassung, die etwa erteilt wird, wenn die Rechtssache grundsätzliche Bedeutung hat. Die – zulassungsbedürftige – Revision geht sodann an den Bundesgerichtshof, dessen Senate mit fünf Richtern besetzt sind. Beispiel für eine Ausnahme sind etwa alle familienrechtlichen Angelegenheiten, für die einerseits unabhängig vom Streitwert die Amtsgerichte zuständig sind, die aber andererseits in der Revision zum Oberlandesgericht gehen.

202 In Strafsachen ist ebenfalls für kleinere Delikte das Amtsgericht, für größere das Landgericht in erster Instanz zuständig. Wo die Grenze genau liegt, richtet sich ua nach einem Straftatenkatalog sowie danach, ob konkret eine Freiheitsstrafe von über vier Jahren zu erwarten ist.[388] Ist das Amtsgericht zuständig, so wird erneut nach der Schwere differenziert: bei kleineren Verfahren (zu erwartende Freiheitsstrafe bis 2 Jahre) entscheidet der Einzelrichter, ansonsten ein Berufsrichter gemeinsam mit zwei Laienrichtern. Diese werden im strafrechtlichen Bereich als Schöffen bezeichnet, das Gericht auch als Schöffengericht. Tatsächlich besteht hier rechtlich die Möglichkeit, dass zwei besonders aktive und selbstbewusste Laienrichter den Berufsrichter überstimmen. In der Praxis kommt dies jedoch aufgrund der sehr viel höheren Autorität und Erfahrung der Berufsrichter kaum vor. Die reale Funktion der Laienrichter beschränkt sich meist auf eine gewisse Plausibilitätskontrolle und das Einbringen gewisser Ideen oder Beobachtungen in den Entscheidungsprozess. Die – stets zulässige – strafrechtliche Berufung geht von den Amtsgerichten zu den sog. kleinen

---

[386] Stand: 22.6.2020, Zahlen nach Angaben des Bundesministeriums der Justiz und für Verbraucherschutz auf www.bmjv.de/SharedDocs/Downloads/DE/PDF/Anzahl_der_Gerichte_des_Bundes_und_der_Laender.pdf?__blob=publicationFile&v=3 (zuletzt abgerufen am 7.7.2021).
[387] Details vgl. §§ 23 ff. GVG.
[388] Details in §§ 24, 74 Abs. 2, 74a GVG.

Strafkammern am Landgericht, die mit einem Richter und zwei Schöffen besetzt sind; die Revision dann zum Oberlandesgericht, dessen zuständige Strafsenate mit drei Berufsrichtern besetzt sind. Ist hingegen das Landgericht in erster Instanz zuständig, so entscheidet hier eine sog. große Strafkammer, die mit drei Richtern und zwei Schöffen besetzt ist. Die Berufung geht sodann zum Oberlandesgericht (3 Richter), die Revision zum Bundesgerichtshof (5 Richter); beide sind stets zulässig und bedürfen keiner Zulassung.

Insgesamt bestehen für den genauen Weg durch die Instanzen immer wieder Spezial- und Detailregeln, die im Einzelfall beachtet werden müssen, für einen ersten Überblick aber von ebenso geringem Interesse sind wie die Abweichungen zwischen den verschiedenen Gerichtszügen. Im Grundsatz ist das System der Rechtsmittel aber seit Jahrzehnten etabliert und unverändert. Nur die zunehmende Klageflut und der damit einhergehende Wunsch des Gesetzgebers, aus vor allem finanziellen Gründen den Instanzenzug zu beschränken und zu beschleunigen, führen seit längerem immer wieder zu kleinen Reformen. Zwei typische Baustellen sind hier etwa der Ausbau der Zuständigkeit von Einzelrichtern bei grundsätzlich kollegial organisierten Gerichten oder die immer weitere Beschränkung der Möglichkeit, Rechtsmittel einzulegen, durch die Schaffung von mehr oder minder restriktiven Zulassungsvoraussetzungen und -verfahren. 203

dd) Das Bundesverfassungsgericht

Außerhalb der fünf Gerichtsbarkeiten steht das Bundesverfassungsgericht (in Karlsruhe), das ausschließlich über Verfassungsfragen entscheidet. Es wird zwar auch im deutschen Sprachgebrauch oft als das höchste Gericht bezeichnet, doch ist dies zumindest missverständlich: Im Straf-, Zivil- oder Verwaltungsrecht, allgemeiner im gesamten Recht außerhalb der Verfassung,[389] sind der Bundesgerichtshof und die übrigen obersten Bundesgerichte die letzte und allein ausschlaggebende Instanz. Das Bundesverfassungsgericht ist gerade kein (Super-)Revisionsgericht; darin unterscheidet es sich grundlegend von der ursprünglichen Konzeption des U.S. Supreme Court. In diesem Sinne steht es nicht über den anderen Gerichten. Dennoch kann jede, auch höchstrichterliche gerichtliche Entscheidung vor dem Bundesverfassungsgericht mit der sog. Verfassungsbeschwerde angegriffen werden. Allerdings muss sich der Beschwerdeführer darauf berufen, dass er in seinen Grundrechten verletzt ist. Schon früh hat das Bundesverfassungsgericht diesen Grundsatz durch eine geschickte Argumentation faktisch auf das gesamte Verfassungsrecht ausgeweitet.[390] Dennoch bleibt es dabei, dass vor dem Bundesverfassungsgericht nicht gerügt werden kann, ein Gericht habe die Tatsachen fehlerhaft ermittelt oder das einfache Recht falsch ausgelegt und angewandt, auch wenn immer wieder einmal versucht wird, einen solchen einfachrechtlichen Fehler durch geschickte Argumentation zu einem Verstoß gegen Verfassungsrecht umzudefinieren.[391] Vereinfacht könnte man sagen, dass das Bundesverfassungsgericht nur in der Weise im Instanzenzug über den anderen Gerichten steht, in der dies auch der Europäische Gerichtshof für Menschenrechte in Straßburg tut. 204

Die Möglichkeit, letztinstanzliche Gerichtsentscheidungen wegen Verfassungsverstoßes anzugreifen, ist allerdings auch nur eine von vielen Zuständigkeiten des Bundesverfassungsgerichts. Zunächst kommt ihm die klassische Funktion eines Staatsgerichtshofs zu, der die Streitigkeiten zwischen Teilen und Organen des Staates entscheidet. Wenn also etwa der Bund und ein Land sich darüber streiten, wer in einem konkreten Fall zuständig zum Erlass eines Gesetzes ist, oder wenn Bundestag und Bundesregierung sich nicht einig sind, wem 205

[389] Dafür hat sich unter Verfassungsrechtlern der Begriff „einfaches Recht" eingebürgert, der allerdings als etwas herablassend angesehen werden könnte, so dass auch von „Fachrecht" die Rede ist; dieser Begriff lehnt sich an die gebräuchliche Bezeichnung für alle Gerichte außer Verfassungsgerichten als „Fachgerichte" an. Der für den unbefangenen Betrachter naheliegende Begriff der „ordentlichen Gerichte" ist hingegen aus historischen Gründen als Sammelbezeichnung allein für die Zivil- und Strafgerichtsbarkeit (also ohne Verwaltungs-, Sozial-, Finanz- und Arbeitsgerichte) reserviert.

[390] Vgl. BVerfGE 6, 32 (41).

[391] Dazu auch infra → Rn. 314 ff.

von ihnen welche Rechte zukommen, wer also beispielsweise einen Einsatz der deutschen Bundeswehr im Ausland genehmigen darf und muss, oder wenn ein Abgeordneter sich dagegen wehrt, dass das Parlament ihm die Immunität entzieht, so kann jeweils das Bundesverfassungsgericht angerufen werden. Das Bundesverfassungsgericht ist aber grundsätzlich auch das einzige Gericht, das solche Fragen entscheidet. Besonders deutlich wird diese Exklusivität, wenn ein Fachgericht ein Gesetz anwenden müsste, das es für verfassungswidrig hält: Es darf das Gesetz, anders als etwa die Gerichte in den USA, nicht aus eigener Machtbefugnis heraus unangewendet lassen, sondern muss sein Verfahren aussetzen und das Gesetz dem Bundesverfassungsgericht vorlegen, an dessen Entscheidung es dann gebunden ist.[392]

206 Das Bundesverfassungsgericht besteht aus 2 Senaten mit jeweils 8 Richtern. Der erste Senat ist im Grundsatz für die Grundrechte zuständig, der zweite Senat für das Staatsorganisationsrecht.[393] Die gerade Zahl der Richter im Senat führt schon auf den ersten Blick zum Problem der Stimmengleichheit. Die deutsche Lösung liegt hier nicht etwa darin, dem jeweiligen Vorsitzenden des Senats ein Übergewicht einzuräumen, sondern eleganter in der Regelung, dass eine Verfassungs*widrigkeit* immer nur mit Stimmenmehrheit festgestellt werden kann. Geht eine Entscheidung 4:4 aus, so ist die angefochtene Handlung also nicht verfassungswidrig. Nur beim Bundesverfassungsgericht sind in Deutschland solche Stimmenverhältnisse auch überhaupt nachweisbar. Denn nur bei ihm ist es zulässig, das interne Abstimmungsergebnis offenzulegen. Die für das deutsche Richterbild typische Zurückhaltung schlägt aber auch hier durch: Das Bundesverfassungsgericht ist keineswegs verpflichtet, ein Abstimmungsergebnis offenzulegen. Es tut dies manchmal durch Angabe des Stimmenverhältnisses oder umgekehrt durch den Hinweis auf die Einstimmigkeit. Vielfach aber fehlt jeglicher Hinweis, woraus dann weder auf Einstimmigkeit noch auf deren Fehlen geschlossen werden kann; auch außerhalb des Urteilstexts sind die Richter aufgrund des Beratungsgeheimnisses daran gehindert, entsprechende Fragen zu beantworten. Selbst bei Angabe eines Stimmenverhältnisses wird aber nicht zugleich mitgeteilt, welcher Richter wie abgestimmt hat. Die Meinung eines einzelnen Richters wird vielmehr nur dann offenbar, wenn dieser sich entschließt, ein sog. Sondervotum zu schreiben, dass dann gemeinsam mit dem eigentlichen Urteil veröffentlicht wird. Auch diese Möglichkeit zur Abgabe von Sondervoten wird jedoch von den Richtern außerordentlich zurückhaltend gehandhabt. Richtern außerhalb des Bundesverfassungsgerichts ist sie von vornherein nicht eingeräumt.[394] Der Hintergrund dieser restriktiven Regeln dürfte schlicht im traditionellen deutschen Rechtsverständnis liegen: Die Rechtsanwendung wird – auch und gerade beim Bundesverfassungsgericht – nicht als ein politischer Akt angesehen. Der Richter schafft das Recht auch nicht, sondern wendet es eben an, dh er versucht, die dem Recht innewohnende, richtige Lösung zu finden.[395] Vor diesem Hintergrund ist für den Richter als Individuum naturgemäß kaum Platz; das richterliche Urteil stellt sich nicht als eine offene Entscheidungssituation dar, in der jeder nach seiner freien Wertung und letztlich die Mehrheit entscheidet, sondern als die Frage, welche Lösung juristisch richtig und welche juristisch falsch ist.[396] Eine generelle Offenlegung von Stimmenverhältnissen, etwa auch an Oberlandesgerichten oder am Bundesgerichtshof, würde auf diese Weise das Vertrauen in die Objektivität des Rechts und der richterlichen Entscheidung beeinträchtigen.

---

[392] Zu dieser sog. konkreten Normenkontrolle vgl. auch infra → Rn. 318 f.

[393] Details der Abgrenzung finden sich in § 14 BVerfGG sowie – zu den Ausnahmen nach § 14 Abs. 4 BVerfGG – im Beschluss des Plenums des BVerfG vom 15.11.1993, der üblicherweise in Gesetzessammlungen als Anlage zu § 13 Nr. 11 BVerfGG abgedruckt wird.

[394] Zur Stellung der Bundesverfassungsrichter insgesamt vgl. *Kischel, Uwe,* Amt, Unbefangenheit und Wahl der Bundesverfassungsrichter, in: Isensee, Josef; Kirchhof, Paul (Hrsg.), Handbuch des Staatsrechts, Bd. 3, 3. Aufl. 2005, 1233 (1276 ff.).

[395] Insgesamt zur Rechtsanwendung im Sinne der Subsumtion supra → Rn. 109 ff.; zum Richterrecht supra → Rn. 28 ff.

[396] Zu den Grenzen dieses einfachen Bildes und zu seiner dennoch bestehenden Wirkkraft vgl. supra → Rn. 154 f.

b) Frankreich

aa) Gerichtsbarkeiten

Auch der Gerichtsaufbau in Frankreich ist hierarchisch und unitär,[397] wie es aufgrund der einheitsstaatlichen Struktur Frankreichs auch kaum anders zu erwarten steht. Aus französischer Sicht ist die Gerichtsbarkeit zweigeteilt in die ordentliche (judiciaire) und die Verwaltungsgerichtsbarkeit. Diese Unterteilung wird als eine Errungenschaft der französischen Revolution angesehen. Zu ihrer Einhaltung ist sogar ein eigenes Gericht geschaffen worden, das Tribunal des conflits.[398] Es soll sowohl negative Kompetenzkonflikte lösen, bei denen also Gerichte beider Gerichtsbarkeiten sich für unzuständig erklären, als auch positive Kompetenzkonflikte, diese allerdings interessanterweise nur bei Gefahren für die Verwaltungsgerichtsbarkeit, also bei Übergriffen der ordentlichen Gerichte auf das Verwaltungsrecht. Schließlich soll das Tribunal des conflits auch inhaltlich unvereinbare Entscheidungen verhindern und entscheidet in dieser Konstellation sogar über die Sache selbst. Diese eher seltene Konstellation wurde 1932 aufgrund der berühmt gewordenen Rechtssache Rosay eingeführt: Rosay war Passagier eines Pkw und wurde bei einem Unfall mit einem Lkw des Militärs verletzt. Er versuchte daraufhin Schadenersatz für seine Verletzungen zu erhalten. Jedoch wiesen die Zivilgerichte die Klage gegen den Fahrer des Pkw ab, weil sie schuldhaftes Handeln nur beim Fahrer des Militärfahrzeugs sahen, die Verwaltungsgerichte hingegen mit umgekehrter Begründung die Klage gegen den Staat. Für sich genommen war jede dieser Entscheidungen nachvollziehbar. Gemeinsam aber waren sie absurd, denn es stand fest, dass weder Rosay selbst noch einen Dritten ein Verschulden an dem Unfall traf und auch kein Fall höherer Gewalt vorlag. Entweder der Halter des Pkw oder der Staat als Verantwortlicher für das Militärfahrzeug musste deshalb in jedem Fall haften. Beide zugleich von der Verantwortung freizusprechen war inhaltlich widersprüchlich und kam einer Rechtsverweigerung gleich. Der Fall Rosay war dann auch der erste Anwendungsfall der neuen Zuständigkeit des Tribunal des conflits, das in salomonischer Weise die Schuld bei beiden Fahrern sah und den Staat sowie den Fahrer des Pkw zur Zahlung je der Hälfte des Schadens verurteilte.[399] 207

Innerhalb der ordentlichen Gerichtsbarkeit wird die Zivil- von der Strafgerichtsbarkeit unterschieden. Weitere Spezialisierungen existieren zwar durchaus, gelten jedoch nicht als eigene Gerichtsbarkeit sondern nur als Sonderfälle. So besteht etwa innerhalb der Zivilgerichtsbarkeit das Handelsgericht (tribunal de commerce) oder das Arbeitsgericht (conseil de prud'homme); auch die Sozialgerichte (tribunal des affaires de sécurité sociale, tribunal de contentieux de l'incapacité) gehören dazu (während sie etwa in Deutschland jedenfalls dem öffentlichen Recht zugerechnet würden). Ähnliche Spezialisierungen bestehen in der Verwaltungsgerichtsbarkeit, etwa in Form des Finanzgerichts (Cour des comptes), der Sozialhilfegerichte (commissions départementales d'aide sociale) oder diverser Disziplinargerichte.[400] Die Frage, ob bestimmte spezialisierte Gerichte als eigene Gerichtsbarkeit gelten oder nicht, spielt dabei hier wie auch in Deutschland einerseits eine große Rolle für die Selbstwahrnehmung und das rechtskulturelle Verständnis der jeweiligen Rechtsordnung, macht in der Praxis jedoch oft keinen zentralen Unterschied. Allerdings ist im Bereich der verwaltungsrechtlichen Spezialgerichte die Abgrenzung von gerichtlicher und verwaltender Tätigkeit nicht immer ganz einfach durchzuführen und kann sogar dazu führen, dass bestimmte Institutionen beide Arten von Tätigkeiten parallel ausüben.[401] 208

[397] Zum Folgenden insgesamt vgl. ausführlich *Beignier/Binet/Thomat-Raynaud* (Fn. 177), 477 ff.
[398] Dazu näher etwa *Waline* (Fn. 53), 635 ff.; *Lebreton* (Fn. 54), 373 ff.
[399] Vgl. TC 8.5.1933, Rosay, Rec. 1236 (1236 f.).
[400] Vgl. *Lebreton* (Fn. 54), 421 ff.
[401] Vgl. *Lebreton* (Fn. 54), 423 ff.

bb) Berufung und Kassation

209 Die Gerichtszüge sind ähnlich wie in Deutschland in drei Instanzen aufgebaut, wobei die oberste Instanz aus französischer Sicht diese Bezeichnung nicht verdient, da kein echtes Rangverhältnis zwischen ihr und den ersten beiden Instanzen bestehe: Die zweite Instanz entscheidet in der Berufung (appel), dh sie führt das Verfahren noch einmal durch, betrachtet die Sach- und Rechtsfragen neu und kommt so zu einem gänzlich neuen Urteil, das dasjenige der ersten Instanz ersetzt.

210 Gegen die Entscheidung der zweiten Instanz ist hingegen nicht die Berufung, sondern nur die Kassation (cassation) möglich, die allein Rechtsfragen betrifft. In der Kassation wird also aus französischer Sicht nicht über die Sache, sondern über ein Urteil entschieden, was eine Einordnung als dritte Instanz ausschließe. In der klassischen, heute allerdings vielfach durchbrochenen Sichtweise wird in der Kassation nur überprüft, ob die von der Vorinstanz vertretenen Rechtsauffassungen richtig sind. Erweisen sie sich als fehlerhaft, wird das Urteil der Vorinstanz aufgehoben und die Sache an ein Berufungsgericht zurückverwiesen, das dann neu entscheidet. Hier liegt auch der klassische Unterschied zur Revision etwa im Sinn des deutschen Prozessrechts: Die Revision ist grundsätzlich nicht schon deshalb begründet, weil die Vorinstanz einen Rechtsfehler begangen hat. Vielmehr muss dieser Fehler zusätzlich auch für das Ergebnis von Bedeutung gewesen sein.[402] Das Revisionsgericht wendet das Recht insofern selbst auf die Tatsachen an und entscheidet. Gibt es also beispielsweise einen alternativen Lösungsweg, für den der Rechtsfehler der Vorinstanz keine Rolle spielt und der zum selben Ergebnis führt, so wird das Urteil der Vorinstanz in der Revision – im Gegensatz zur Kassation – trotz seiner Fehler nicht aufgehoben.[403]

211 Diese Unterscheidung zwischen Revision und Kassation ist dabei in jedem Fall nur als idealtypische zu verstehen. So existieren in Deutschland etwa die sog. absoluten Revisionsgründe, bei deren Vorliegen das Urteil der Vorinstanz in kassationsähnlicher Weise ohne weitergehende Prüfung, ob auch das Ergebnis falsch ist, aufgehoben und zurückverwiesen wird. Dies geschieht beispielsweise bei fehlerhafter Besetzung der Richterbank oder wenn gegen den Grundsatz der Öffentlichkeit des Verfahrens verstoßen wurde, §§ 138 VwGO, 547 ZPO. Schließt also etwa der Hausmeister aus Versehen das Gerichtsgebäude ab, obwohl noch ein Prozess läuft, so wird das Urteil auch dann aufgehoben, wenn sein Tenor völlig richtig erscheint. Andersherum erlaubt heute art. 627 CPC dem Cour de cassation den Fall abschließend selbst zu entscheiden, soweit er dazu nicht neu über die Tatsachen entscheiden muss. Die Kassation wird in diesen Fällen der Sache nach zur Revision, der Kassationshof eine echte dritte Instanz, auch im französischen Sinn. Begrifflich ist hier allerdings aus französischer Sicht Vorsicht geboten: Auch der Kassationshof kennt ein Verfahren, das als „révision" bezeichnet wird; dahinter verbirgt sich aber nicht etwa eine Revision im Sinne des deutschen Modells, sondern eine außerordentliche Wiederaufnahme von Strafverfahren (art. 622 – 626 Code de procédure pénale), wenn sich nach der endgültigen Verurteilung neue Tatsachen ergeben, die Zweifel an der Richtigkeit der Verurteilung aufkommen lassen. Ist diese révision begründet, kann der Kassationshof entweder selbst entscheiden und wird damit sogar zuständig für die Entscheidung über Tatsachen, oder er kann die Sache zur erneuten Entscheidung zurückverweisen.

212 Der Cour de cassation entscheidet allerdings seit 1991 nicht nur über Kassationen, sondern kann auch von jedem ordentlichen Gericht angerufen werden, um in einem laufenden Verfahren eine Rechtsfrage gleichsam vorab zu klären (saisine pour avis). Voraussetzung ist, dass es sich um eine neue Rechtsfrage handeln, die ernsthafte Schwierigkeiten bereitet und sich in vielen Rechtsstreitigkeiten stellt (art. L151-1 CPC).

---

[402] Dazu und zu den Ausnahmen *Kischel* (Fn. 394), 40 ff., 53.

[403] Vgl. zum Ganzen aus deutscher Sicht *Bettermann, Karl August,* Anfechtung und Kassation – Vom rechten Verständnis der Rechtsbehelfe unserer Zivilprozeßordnung, ZZP 88 (1975), 365 (372 f.).

cc) Der Instanzenzug vor ordentlichen Gerichten

Terminologisch nicht ganz einfach sind zunächst die französischen Bezeichnungen für Gerichte und Urteile. Generisch und juristisch korrekt können alle Gerichte als juridiction bezeichnet werden. Jedes einzelne Gericht wird dann aber entweder tribunal, cour, conseil oder gar nur commission genannt, ohne dass die Verteilung dieser Begriffe festen Regeln folgte. Was gerichtliche Entscheidungen anbelangt, so können sie generisch als jugements bezeichnet werden, wobei eben dieser Begriff auch oft in einem engeren Sinne nur für erstinstanzliche Entscheidungen verwendet wird. Entscheidet allerdings erstinstanzlich ein Einzelrichter, so wird stattdessen oft von einer ordonnance gesprochen; diese Ausnahme gilt jedoch nicht für die zivilrechtliche Eingangsinstanz des tribunal d'instance und der juridiction de proximité.[404] Die Entscheidungen der höheren Instanzen werden als arrêts bezeichnet, nur die des Conseil constitutionnel als décision. Der Begriff sentence ist – ganz anders als sein englisches Äquivalent – gemeinhin für Schiedsentscheidungen reserviert. 213

(1) Zivilverfahren. In der ordentlichen Gerichtsbarkeit bestehen drei reguläre Eingangsinstanzen, die sich eine gemeinsame Generalzuständigkeit im Zivilrecht teilen: das tribunal de grande instance, das tribunal d'instance und die im Jahr 2002 geschaffene juridiction de proximité. Dem tribunal de grande instance kommt dabei auch traditionell ein gewisser Vorrang zu, da es immer dann zuständig ist, wenn sich keine andere Zuständigkeit feststellen lässt (art. L211-3 COJ). Im Normalfall aber grenzen sich die drei Eingangsinstanzen durch den Streitwert ab: Die juridiction de proximité ist bis 4.000 Euro zuständig, das tribunal d'instance bis 10.000 Euro, darüber hinaus das tribunal de grande instance (art. L231-3 COJ, art. L221-4 COJ). Daneben bestehen eine ganze Reihe von streitwertunabhängigen Sonderzuständigkeiten, etwa des tribunal de grande instance für Scheidungs- oder Erbrecht. Intern entscheidet die juridiction de proximité ebenso wie das tribunal d'instance stets durch Einzelrichter, das tribunal de grande instance hingegen traditionell durch Kammern mit drei Richtern, obwohl auch hier mehr und mehr von der Möglichkeit des Einzelrichters Gebrauch gemacht wird. Die Größe der einzelnen Gerichte ist sehr unterschiedlich. Bis 2008 etwa hatten rund 40 tribunaux de grande instance weniger als acht Richter,[405] andere waren ganz erheblich größer. Aufgrund einer großen Justizreform, die 2011 abgeschlossen war, wurden jedoch zahlreiche Gerichte geschlossen oder umorganisiert,[406] so dass es heute nurmehr 164 tribunaux de grande instance und 304 tribunaux d'instance und juridictions de proximité gibt. 214

Berufungsinstanz für alle Zivilgerichte einschließlich der spezialisierten Gerichte sind die 35 cours d'appel. Seine Richter werden als conseillers bezeichnet, ein Begriff der letztlich auf das Ancien régime zurückgeht, als der „Hof" (cour) der des Königs war, dem formal betrachtet bei der Rechtsprechung einige „Berater" (conseillers) zur Seite standen. Auch bei den cours d'appel bestehen spezialisierte Kammern, etwa die chambre social für das Sozialrecht. Die Richter entscheiden regelmäßig kollegial mit drei, in einigen Fällen auch fünf Richtern. Die Berufung ist im Grundsatz erst ab einem Streitwert von 4.000 Euro zulässig, so dass in der Praxis Entscheidungen der juridiction de proximité nicht berufungsfähig sind. 215

Der Cour de cassation besteht aus 5 Zivil- und einer Strafkammer; seine Richterschaft setzt sich zusammen aus einem Präsidenten, sechs Kammerpräsidenten, rd. 120 conseillers und rd. 70 conseillers référandaires.[407] Bei letzteren handelt es sich um jüngere, für höchstens 10 Jahre ernannte Richter, die in den Fällen, in denen sie nicht selbst Berichterstatter sind, nur mit 216

---

404 Zu diesen Instanzen vgl. sogleich infra → Rn. 214, 217.

405 Vgl. web.archive.org/web/20110709000852/http://www.gouvernement.fr/gouvernement/la-reforme-de-la-carte-judiciaire (zuletzt abgerufen am 18.7.2025).

406 Vgl. www.vie-publique.fr/parole-dexpert/38542-la-carte-judiciaire-et-sa-reforme (zuletzt abgerufen am 18.7.2025).

407 Vgl. web.archive.org/web/20181220163921/www.courdecassation.fr/institution_1/composition_56/ (zuletzt abgerufen am 18.7.2025).

beratender Stimme an den Verhandlungen teilnehmen; ihre Amt wurde vor allem zur Entlastung des Kassationshofs eingeführt. Die Zivilkammern sind jeweils auf bestimmte Rechtsgebiete spezialisiert. Eine Gruppe von jeweils drei Richtern untersucht jeden Fall und entscheidet ihn, falls die Entscheidung sich aufdrängt; anderenfalls entscheidet die Kammer als solche (art. L431-1 Code de l'organisation judiciaire) in ihrer üblichen Zusammensetzung von mindestens fünf conseillers. Nur in Fällen, denen der Kammerpräsident besondere Bedeutung zuspricht, entscheiden alle Richter einer Kammer gemeinsam. Hebt der Cour de cassation eine Entscheidung auf und verweist sie an ein anderes Gericht zurück, ist dieses andere Gericht bemerkenswerterweise nicht formell an die Rechtsauffassung des Cour de cassation gebunden. Weicht es aber davon ab, so ist eine erneute Kassation möglich. Der Cour de cassation entscheidet über diese zweite Kassation aber nicht mehr durch eine Kammer, sondern durch das Plenum (assemblée plénière), das allerdings trotz seiner Bezeichnung nicht aus allen Richtern besteht, sondern aus 19 Personen: dem Präsidenten, den Kammerpräsidenten, den jeweils dienstältesten Richtern jeder Kammer (den sog. doyens) und je einem weiteren Mitglied jeder Kammer. Erst die Entscheidungen des Plenums binden auch den cour d'appel, an den der Fall zurückverwiesen wird. In diesen Fällen entscheidet übrigens auch der cour d'appel vielfach – früher zwingend – in besonders feierlicher Form nicht durch eine Kammer, sondern durch ein vergrößertes Gremium, wobei die Richter traditionell nicht ihre üblichen schwarzen, sondern ihre feierlichen roten Roben tragen; die getroffene Entscheidung trägt daher auch die traditionelle Bezeichnung „arrêt en rouge".

217 **(2) Strafverfahren.** In strafrechtlichen Fällen gilt im Grundsatz derselbe Instanzenzug wie in Zivilsachen. Eingangsinstanz für die vier niedrigeren Klassen von Ordnungswidrigkeiten (contraventions) und für Bußgelder (amendes) bis zu 750 Euro ist die juridiction de proximité, für die fünfte Klasse, also für Bußgelder bis 1.500 Euro oder bei Wiederholungstätern bis 3.000 Euro das tribunal de police als Teil des tribunal d'instance. Für Vergehen (délits), also Straftaten die mit einer Freiheitsstrafe von bis zu 10 Jahren oder mit einer Geldstrafe ab 3.750 Euro bedroht sind, ist hingegen das tribunal de grande instance in Form des tribunal correctionnel zuständig. Es entscheidet grundsätzlich durch drei Richter, in zunehmendem Maße aber auch durch Einzelrichter. Die Berufung geht zur Strafkammer des cour d'appel; ausgeschlossen ist die Berufung nur im Fall sehr geringfügiger Strafen. Die Kassation geht zum Cour de cassation und folgt im Grundsatz denselben Regeln wie im Zivilverfahren.

218 Die besonders gravierenden Verbrechen (crimes) mit einer Mindeststrafe von 10 Jahren gelangen hingegen vor ein Geschworenengericht (cour d'assises), von denen es in jedem département eines gibt. Vorbild für diese in der Revolutionszeit geschaffenen Gerichte war die englische jury. Tatsächlich entscheiden im cour d'assises drei Berufsrichter gemeinsam mit 9 Geschworenen (jurés), also Laien die aus den Wahllisten per Los ermittelt werden. Der Sache nach handelt es sich aber weniger um Juroren im anglo-amerikanischen Sinn als vielmehr um Laienrichter: Schon äußerlich sitzen sie während der Verhandlung nicht separat sondern gemeinsam mit den Berufsrichtern auf der Gerichtsbank. Sie dürfen genauso wie die beisitzenden Berufsrichter mit Erlaubnis des vorsitzenden Richters auch aktiv an der Verhandlung mitwirken, etwa indem sie Fragen an den Angeklagten oder an die Zeugen richten. Sie beraten abschließend auch gemeinsam mit den Berufsrichtern sowohl über Rechts- als auch Tatsachenfragen und stimmen gemeinsam darüber ab. Jede für den Angeklagten nachteilige Entscheidung bedarf einer Mehrheit von 8 Stimmen, so dass neben den drei Berufsrichtern die Mehrheit der Geschworenen (fünf) gesichert sein muss. Die Entscheidung der Geschworenen gilt, ganz auf der Linie der anglo-amerikanischen Grundgedanken, als Ausdruck des Volkswillens,[408] der nationalen Souveränität. Entsprechend unterlagen die Entscheidungen des cour d'assises bis zum Jahr 2000 keiner Berufung. Diese Regelung geriet allerdings in Konflikt mit der Europäischen Menschenrechtskonvention. Seit 2001 ist die Berufung auch gegen Geschworenenentscheidungen eröffnet, die jedoch

[408] Zur Bedeutung der Geschworenen als Kontrollinstrument gegenüber den staatlichen Richtern vgl. schon supra → § 3 Rn. 265.

nicht etwa zum höherrangigen cour d'appel geht, sondern zu einem anderen cour d'assises, der von der Strafrechtskammer des Cour de cassation bestimmt wird. Ein cour d'assises als Berufungsinstanz unterscheidet sich von einem üblichen cour d'assises nur insofern, als hier zwölf statt neun Geschworene beteiligt sind und eine für den Angeklagten nachteilige Entscheidung mit einer Mehrheit von 10 statt 8 Stimmen ergehen muss.

Obwohl die Jury nach wie vor fester Bestandteil des französischen Rechtsdenkens ist, haben sich in den letzten Jahren einige Nachteile der Geschworenengerichte bemerkbar gemacht. Insbesondere war die Verfahrensdauer oft zu lang, und Staatsanwälte fühlten sich deshalb veranlasst, Verbrechen im Wege der sog. correctionnalisation als bloße Vergehen vor dem tribunal correctionnel zu verhandeln. Diese Vorgehensweise führte regelmäßig zu Unmut, insbesondere bei Opferorganisationen in Vergewaltigungsfällen.[409] Deshalb wurde mit dem cour criminelle ein neues Gericht geschaffen und, nach einer anfänglichen Versuchsphase, seit 2023 verstetigt. Die cours criminelles sind grundsätzlich für Fälle zuständig, in denen eine Freiheitsstrafe von 15 bis 20 Jahren verhängt werden kann. Ihr Verfahren entspricht im Wesentlichen dem der cours d'assises, doch sind sie mit fünf Berufsrichtern besetzt, die mit einfacher Mehrheit entscheiden. Auch Berufungen gehen zum cour d'assises. Diese Reform war und ist sehr umstritten. Ihre Gegner berufen sich vor allem darauf, dass die sie ihre praktischen Versprechen nicht einhalte, den Bürgern ihre Rechte und Einflussmöglichkeiten nehme und die Grundsätze der Revolution verrate. 219

dd) Der Instanzenzug im Verwaltungsverfahren

In erster Instanz entscheidet über verwaltungsrechtliche Streitigkeiten das tribunal administratif, das immer dann zuständig ist, wenn die Sache nicht ausdrücklich einem Spezialgericht übertragen wurde (man spricht hier wie auch sonst in diesen Fällen von einer juridiction de droit commun).[410] Dass diese Verwaltungsgerichte historisch gesehen aus der Verwaltung selbst hervorgegangen sind, ist ihnen auch heute noch in einer Hinsicht anzumerken: Sie sind gleichzeitig dafür zuständig, den Präfekten des départements zu beraten, eine Befugnis der jedoch heute kaum noch praktische Bedeutung zukommt. In Frankreich existieren 40 tribunaux administratifs, davon 11 in den überseeischen Gebieten; für das kontinentale Frankreich wird diese Zahl vielfach als zu gering eingeschätzt. Grundsätzlich entscheiden die tribunaux administratifs durch ihre mit drei Richtern besetzten Kammern, doch überwiegt heute klar der Einzelrichter.[411] Umgekehrt werden besonders wichtige Fälle durch größere Spruchkörper bis hin zum Plenum entschieden. Die Größe der verschiedenen Gerichte variiert stark, von Gerichten mit nur einer Kammer bis hin zum Pariser tribunal administratif mit siebzehn. 220

Appelationsinstanz für die Verwaltungsgerichte ist in der Regel ein cour administrative d'appel, kann aber auch der Conseil d'État sein. Diese ungewöhnliche Vermischung geht darauf zurück, dass bis zum Ende des Jahres 1988 der Conseil d'État alleinige Berufungsinstanz war. Erst als seine Überlastung immer drängender wurde – zuletzt bestand 73 Prozent seiner Tätigkeit aus Berufungen[412] – schuf der Gesetzgeber zu seiner Entlastung die cours administratives d'appel, denen er aber nicht vollständig alle, sondern eben nur einen großen Teil der Berufungen übertrug. Geht es heute beispielsweise um einen sog. recours en appréciation de légalité, bei dem etwa ein ordentliches Gericht eine entscheidungsnotwendige Vorfrage aus dem Verwaltungsrecht klären muss und diese daher dem Verwaltungsgericht vorlegt, so geht die Berufung weiterhin direkt an den Conseil d'État (und ist eine weitere Kassation entsprechend ausgeschlossen). Es bestehen acht cours administratives d'appel, deren Präsidenten jeweils ihrerseits Mitglied im Conseil d'État sind. Sie sind 221

---

[409] Dazu und zum Folgenden vgl. *Pradel, Jean,* La cour criminelle départementale, Recueil Dalloz 2021, 128 (128).
[410] Zur Verwaltungsgerichtsbarkeit vgl. ausführlicher etwa *Lebreton* (Fn. 54), 400 ff.; *Waline* (Fn. 53), 675 ff.
[411] Kritisch zu dieser Entwicklung *Waline, Jean,* Droit administratif, 28. Aufl. 2020, 681 ff.
[412] *Hübner/Constantinesco* (Fn. 29), 21.

untereilt in drei bis fünf Kammern, von denen jede in der Regel aus fünf Richtern besteht, aber auch mit nur drei Richtern entscheiden kann. Auch kann das Gericht als Plenum entscheiden, das sich aus dem Gerichtspräsidenten und den Kammerpräsidenten zusammensetzt. Ähnlich wie die tribunaux administratifs haben auch die cours administratives d'appel eine beratende Funktion, hier für den Präfekten der Region, die jedoch in der Praxis kaum eine Bedeutung hat.

222 Kassationsinstanz schließlich ist der Conseil d'État, der jedoch keinesfalls ein bloßes Gericht ist. Historisch handelte es sich im Wortsinn um einen Staatsrat, dessen Mitglieder die Regierungsgewalt berieten, dabei zunehmend selbständiger wurden, sich auch von Fall zu Fall mit Eingaben Privater beschäftigten und so in eine rechtsprechende Funktion hineinwuchsen. Tatsächlich aber ist die Beratung auch heute noch eine zentrale Funktion des Conseil d'État; sechs seiner sieben Abteilungen sind allein dafür zuständig. So muss der Conseil d'État etwa nach Art. 37–39 franzVerf beim Erlass von Gesetzen und gesetzesvertretenden Verordnungen hinzugezogen werden und kann die Regierung sich jederzeit in Rechtsfragen vom Conseil d'État beraten lassen. Seit 2008 kann auch das Parlament auf die beratende Funktion zurückgreifen. Die rechtsprechende Funktion des Conseil d'État übt demgegenüber die 7. Abteilung, die section du contentieux, mit ihren 10 Kammern (den früheren sous-sections) aus. Für besonders wichtige Fälle besteht daneben noch die „section du contentieux en formation de jugement" und als höchstrangiges Gremium die assemblée du contentieux. Die praktischen Folgen dieser komplexen Aufgabenverteilung werden aus den Erledigungszahlen deutlich: Von den rund 10.000 Entscheidungen des Conseil d'État ergehen rund je die Hälfte entweder durch Einzelrichter. Nur rund 30 Entscheidungen ergehen durch die section du contentieux en formation de jugement (die section du contentieux im engeren Sinn) und nur rund 10 durch die assemblée du contentieux.[413] Der Conseil d'État ist im übrigen neben all seinen übrigen Funktionen in bestimmten, besonders wichtigen Fälle auch erst- und gleichzeitig letztinstanzliches Gericht. Die regulären Mitglieder des Conseil d'État sind, in aufsteigender hierarchischer Reihenfolge, die auditeurs, die maîtres des requêtes und die conseillers d'État; sein Präsident ist der Premierminister, der in der Praxis jedoch nur repräsentative Funktionen wahrnimmt, während die Leitungsaufgaben dem Vizepräsidenten zukommen. In der Regel gehören die Mitglieder des Conseil d'État sowohl der section du contentieux als auch gleichzeitig einer der sechs Verwaltungsabteilungen an. Entsprechend sind sie in der Regel keine Karriererichter und nicht einmal zwingend Juristen, sondern meist Absolventen der École nationale d'adminstration (ENA) und nicht selten auch verdiente Mitarbeiter der Regierung. Nur ein geringer Teil der Positionen ist für Verwaltungsrichter der ersten und zweiten Instanz reserviert.

ee) Die Verfassungsgerichtsbarkeit

223 **(1) Verfassungsgerichtliche Funktionen des Conseil d'État?** Der Conseil d'État fungiert zwar ua als oberstes Verwaltungsgericht,[414] ist aber kein Verfassungsgericht in dem Sinne, dass er Einzelakte und Normen nachträglich auf ihre Verfassungsmäßigkeit hin prüfen würde.[415] Dies geschieht auch nicht inzident, etwa durch Außerachtlassung verfassungswidriger Rechtsakte. Lebendiger Ausdruck dieser Beschränkung ist die Lehre vom gesetzgeberischen Schirm (écran législatif). Danach kann der Conseil d'État zwar Bescheide und Verordnungen wegen Verfassungsverstoßes aufheben, dies aber nur, wenn ihnen die gesetzliche Grundlage gänzlich fehlt, dh wenn sie nicht auf einem Gesetz beruhen. In allen anderen Fällen nämlich müsste der Fehler beim Gesetzgeber liegen, der jedoch abgeschirmt, also keiner nachträglichen Kontrolle unterworfen ist.

[413] Zahlen nach *Lebreton* (Fn. 54), 412 und *Waline* (Fn. 53), 682.
[414] Dazu soeben supra → Rn. 222.
[415] Zur Rolle des Conseil d'État hier vgl. etwa *Genevois, Bruno,* Le Conseil d'État et l'application de la constitution, in: Drago, Guillaume (Hrsg.), L'application de la constitution par les cours suprêmes – Conseil constitutionnel, Conseil d'État, Cour de cassation, 2007, 31 (33 ff.); *Waline* (Fn. 53), 352 ff.; *Lebreton* (Fn. 54), 39.

Dennoch wäre es zu kurz gegriffen, dem Conseil d'État jegliche verfassungsgerichtliche Rolle abzusprechen. So ist er natürlich nicht daran gehindert, im Rahmen seiner beratenden Funktion im Laufe des Gesetzgebungsverfahrens auf eine eventuelle Verfassungswidrigkeit des geplanten Gesetzes hinzuweisen. Darüber hinaus kann der Conseil d'État Verwaltungshandeln zwar nicht anhand der Grundrechte (libertés publiques) prüfen, wohl aber anhand der die Grundrechte konkretisierenden Gesetze, so dass ihm insofern eine grundrechtssichernde Funktion zukommt. An dieser Stelle scheint eine Eigenheit des französischen Grundrechtsverständnisses auf, das die Gesetze weniger als Einschränkung und den Gesetzgeber weniger als mögliche Gefahr für die Grundrechte ansieht, wie es namentlich in Deutschland unausgesprochen unterstellt wird, sondern positiv eine Aufgabe der speziellen Gesetze etwa über die Versammlungsfreiheit oder über die Vereinigungsfreiheit darin sieht, die sehr vage formulierten Grundrechte zu konkretisieren und so handhabbar zu machen, eine Aufgabe die auch in Art. 34 franzVerf ihren Niederschlag gefunden hat. Weiterhin kontrolliert der Conseil d'État zwar nicht Gesetze, wohl aber Verordnungen auf ihre Verfassungsmäßigkeit. Dies dringt in Frankreich deshalb in den Bereich der Verfassungsgerichtsbarkeit vor, weil anders als in vielen anderen Staaten keine prinzipielle Allzuständigkeit der französischen Legislative besteht, sondern Gesetze nur zur Regelung bestimmter wichtiger Materien ergehen können, die in Art. 34 franzVerf abschließend aufgezählt sind. Für alle andern Bereiche erlässt die Exekutive Verordnungen, die also keineswegs nur der Ausführung von Gesetzen dienen, sondern in vielen Bereichen eine diesen vergleichbare, originäre Normsetzungsfunktion haben. Kurz gesagt: Aufgrund der Sonderstellung französischer Verordnungen kommt aus rechtsvergleichender Sicht die Kontrolle von Verordnungen auf ihre Verfassungsmäßigkeit, wie sie der Conseil d'État durchführen kann, in vielen Bereichen einer Kontrolle von Gesetzen in anderen Staaten gleich. 224

(2) Der Conseil constitutionnel. In weit stärkerem Maße lässt sich der Conseil constitutionnel als Verfassungsgericht einordnen.[416] Einziges, wenn auch wichtiges Hindernis wäre hier die Sicht der französischen Rechtswissenschaft, die seit langem darüber streitet, ob der Conseil constitutionnel überhaupt ein gerichtliches oder nicht vielmehr ein politisches Organ ist. Der Gerichtscharakter wird von manchen etwa deshalb bezweifelt, weil es keine mündlichen Verhandlungen gibt und auch sonst das Verfahren nicht öffentlich ist. Die sogleich noch zu erwähnende Einführung der konkreten Normkontrolle im Jahre 2008 dürfte den gerichtlichen Charakter aber recht deutlich unterstrichen haben. 225

Der Conseil constitutionnel besteht aus 9 Mitgliedern, von denen je drei vom Staatspräsidenten und den Präsidenten der beiden Kammern des Parlaments ernannt werden. Formal ist zusätzlich jeder ehemalige französische Staatspräsident gleichzeitig Mitglied im Conseil constitutionnel; vor Jacques Chirac im Jahre 2007 hat jedoch kein Staatspräsident dieses Amt tatsächlich beansprucht. Dass dies heute anders ist, führt auch in Frankreich gelegentlich zu Debatten über die Trennung von Politik und Justiz.[417] Dem Conseil constitutionnel obliegt, neben der Kontrolle über Wahlen und Volksentscheide, in erster Linie die präventive, also vor Abschluß des Gesetzgebungsverfahrens einsetzende Kontrolle der Verfassungsmäßigkeit von Gesetzen. Bei verfassungsausführenden Gesetzen (lois organiques) und den Geschäftsordnungen der parlamentarischen Kammern ist diese Kontrolle obligatorisch, bei allen anderen Gesetzen wird sie nur auf Antrag durchgeführt. Den Antrag können etwa der Präsident oder der Premierminister stellen, aber auch eine Gruppe von mindestens 60 Senatoren oder Abgeordneten, so dass diese präventive Kontrolle ein Überprüfungsrecht der Opposition geworden ist. Stellt der Conseil constitutionnel die Ver- 226

[416] Zum Conseil constitutionnel vgl. ausführlich *Le Pourhiet* (Fn. 37), 562 ff.; *Favoreu et al.* (Fn. 53), 333 f., 375 ff.; *Mathieu, Bertrand; Verpeaux, Michel,* Contentieux constitutionnel des droits fondamentaux, 2002, 27 ff.; 147 ff.; *Jacqué, Jean Paul,* Droit constitutionnel et institutions politiques, 14. Aufl. 2022, 253 ff.; rechtsvergleichend mit dem Bundesverfassungsgericht Gaillet, Aurore et al. (Hrsg.), Droits constitutionnels français et allemand – Perspective comparée, 2019, 311 ff.

[417] Sehr kritisch und informativ etwa der frühere Präsident des Conseil constitutionnel *Badinter, Robert,* L'exception française de trop, Le Monde, 20.5.2012, 14 (14).

fassungswidrigkeit fest, wird das Gesetz nicht verkündet und nicht angewandt, Art. 62 franzVerf.

227 Seit dem Jahr 2008 ist nach langer Debatte und mehreren gescheiterten Versuchen erstmals ein Verfahren eingeführt worden, das auch in Frankreich eine nachträgliche Kontrolle von Gesetzen ermöglicht. Vor dem Hintergrund der klassischen französischen Angst vor eine gouvernement des juges und der französischen Tradition der Souveränität des Gesetzes, die ein einmal beschlossenes Gesetz als unantastbaren Ausdruck des Volkswillen verstand, kam diese Änderung einer Revolution im Denken gleich. Diese Revolution wurde ua dadurch befördert, dass für die Einführung der konkreten Normenkontrolle (question prioritaire de constitutionnalité, QPC) nicht nur praktische Gründe sprachen, sondern auch ein eher emotionaler Aspekt der französischen Souveränität: Denn schließlich war es seltsam, dass nach Art. 55 franzVerf alle Gerichte die französischen Gesetze auf ihre Völkerrechtswidrigkeit hin kontrollieren und Bürger sich so vor Gericht auch auf die Menschenrechte der Europäischen Menschenrechtskonvention berufen konnten, nicht aber auf die originär französischen Grundrechte. Dadurch, dass nun erstmals Gesetze nicht nur abstrakt, sondern in einem konkreten Fallzusammenhang überprüft werden, könnten sich aus der QPC auch langfristige Änderungen im französischen Verfassungsrechtsdenken weg von einer gewissen gedanklichen Trennung zwischen dem Gesetz als solchem und seiner Auslegung durch die Gerichte, hin zu einer etwas subjektiveren und kasuistischeren Herangehensweise ergeben. Im Detail ist die konkrete Normenkontrolle aber eher zurückhaltend ausgestaltet: Materiell ist sie auf Verstöße gegen individuelle Rechte („droits et libertés, que la Constitution garantit"), vor allem also Grundrechte beschränkt und erfasst somit zumindest grundsätzlich keine Verstöße gegen verfassungsrechtliche Verfahrens- oder Kompetenzvorschriften. Formell ist sie nur auf Antrag und nicht von Amts wegen möglich. Auch können zwar grundsätzlich alle erst- und zweitinstanzlichen Gerichte vorlegen, müssen dafür aber zunächst erfolgreich einen entsprechenden Antrag an den Cour de cassation bzw. den Conseil d'État stellen. Gleichzeitig ist aber durch enge Fristregelungen sichergestellt, dass nicht nur der Conseil constitutionnel sehr schnell – innerhalb von drei Monaten – entscheidet, sondern auch, dass die obersten Gerichte einen an sie gerichteten Vorlageantrag nicht über drei Monate hinaus verzögern können.[418]

2. Juristische Ausbildung

a) Deutschland: Der Einheitsjurist

228 Die juristische Ausbildung in Deutschland[419] folgt einer langen Tradition, die bis in das 19. Jahrhundert zurückgeht, und die sich auch wenig durchdachten Reformversuchen wie etwa der Vereinigung von universitärer und praktischer Ausbildung (in den 70er/80er Jahren des 20. Jahrhunderts) oder der Umstellung auf Bachelor-/Master-Strukturen (nach der Jahrtausendwende) erfolgreich widersetzt hat. Die Ausbildung zum Juristen beginnt zunächst im Anschluss an den Schulabschluss mit einem Universitätsstudium, ist also schon deshalb von ihrem Selbstverständnis her keine berufspraktische sondern eine wissenschaftliche. Insofern ähnelt sie im Anspruch der Ausbildung an den besseren law schools der USA, auch wenn dort der Begriff „wissenschaftlich" nicht verwendet würde.[420] Dennoch ist die Ausbildung inhaltlich sehr stark auf den späteren Beruf eines Rechtsanwalts oder Richters

[418] Zur QPC vgl. etwa auch *Guillaume, Marc,* La question prioritaire de constitutionnalité, Justice et cassation – Revue annuelle des avocats au Conseil d'État et à la Cour de cassation 2010, 279 (279 ff.); kurz *Sonnenberger, Hans Jürgen; Classen, Claus Dieter,* Einführung in das französische Recht, 4. Aufl. 2012, 73 f.; rechtsvergleichend mit Deutschland Gaillet, Aurore et al. (Hrsg.), Droits constitutionnels français et allemand – Perspective comparée, 2019, 344 ff.

[419] Für eine Beschreibung in spanischer Sprache vgl. *Liebrecht, Johannes,* Formando Juristas en Alemania, Academia. Revista sobre Enseñanza de Derecho, 13 (2015), 37 (37 ff.).

[420] Vgl. dazu auch *Dedek, Helge,* Recht an der Universität – „Wissenschaftlichkeit" der Juristenausbildung in Nordamerika, JZ 2009, 540 (540 ff.).

ausgerichtet. Denn im Zentrum steht, insbesondere in so gut wie allen relevanten Prüfungen, die Lösung konkreter Fälle. Praxisfern sind diese Fälle nur insofern, als die Studenten nicht mit Fragen der Tatsachenklärung und praktischen Beweisproblemen konfrontiert werden, sondern einen feststehenden Sachverhalt vorgelegt bekommen. Im Übrigen aber geht es im Kern darum, den Fall mithilfe der Gutachten- und Subsumtionstechnik[421] so zu lösen, wie ihn auch der Richter lösen würde. Der wissenschaftliche Aspekt spielt vor allem insofern eine Rolle, als von den Studenten verlangt wird, sich in Kenntnis abweichender Literatur- und Rechtsprechungsansichten zu den einzelnen Fragen kritisch und argumentativ mit allen einschlägigen Problemen auseinanderzusetzen. Die vom Studenten bevorzugte Lösung muss auch nicht mit der in der Rechtsprechung üblichen übereinstimmen; die gute Argumentation ist wichtig, die „richtige" Lösung nicht.

aa) Studienablauf

Das Studium selbst dauert in etwa fünf Jahre. Feste Studienstrukturen bestehen als Vorschläge **229** in Form von Musterstudienplänen sowie durch die Vorgabe einer unverbindlichen sog. Regelstudienzeit, die meist 9 Semester beträgt. Doch ist der Student gerade auch in höheren Semestern in seiner Organisation sehr frei, so dass die genaue Studiendauer von Fall zu Fall verschieden ist. Die gerade aus ausländischer Sicht naheliegende Vermutung, dass ein Student, der sich mehr Zeit für sein Studium nimmt, tendenziell schlechter sein wird, bewahrheitet sich in der Praxis nicht. Viele besonders gute Studenten nehmen sich für die Examensvorbereitung Zeit und schauen auch vorher im Studium gern einmal über den Tellerrand, ohne sich allzusehr unter Druck setzen zu lassen. Klassischerweise endet das Studium nicht mit einem Universitätsabschluss sondern mit dem sog. Staatsexamen, bei dem sowohl Professoren als auch Praktiker, insbesondere Richter, als Prüfer auftreten.[422] Es besteht mit gewissen Abweichungen in jedem Bundesland aus einer Reihe von Klausuren (in Mecklenburg-Vorpommern beispielsweise sechs) und einer abschließenden mündlichen Prüfung, bei der üblicherweise 3–5 Kandidaten 3–4 Prüfern gegenübersitzen und einige Stunden lang befragt werden. Die früher ebenfalls oft übliche Hausarbeit mit etwa vier Wochen Bearbeitungszeit, die in der Regel ebenfalls in einer Falllösung bestand, ist heute flächendeckend abgeschafft. Hinzugekommen ist stattdessen aber seit einigen Jahren eine sog. Schwerpunktprüfung, die von den Universitäten selbst abgenommen wird und deren Ergebnis zu 30 Prozent in die Endnote einfließt. Ab den mittleren Semester belegen Studenten dazu vertiefte Vorlesungen in speziell angebotenen Schwerpunktbereichen, die von Universität zu Universität sehr verschieden ausfallen und alle juristischen Gebiete von der Rechtsgeschichte über das Arbeits-, Gesellschaftsrecht oder Wirtschaftsverwaltungsrecht bis hin zur Rechtsvergleichung betreffen können. Die Schwerpunktprüfung besteht in der Regel aus einer Mischung aus Klausuren, mündlichen Prüfungen und einer Seminararbeit, also einer wissenschaftlichen Abhandlung über ein – nicht fallbezogenes – Rechtsproblem.

bb) Bedeutung der Benotung

Die Endnote spielt für den Berufseinstieg der Juristen eine kaum zu überschätzende Rolle. **230** Wer auf einer Punkteskala von 0–18 mindestens 9 Punkte und damit die Note „vollbefriedigend" erreicht, hat ein informell sogenanntes Prädikatsexamen und gehört damit zu den 10–15 Prozent besten Juristen. Das Prädikatsexamen wird vielfach für den Einstieg bei besseren Rechtsanwaltskanzleien oder in den Staatsdienst etwa als Richter verlangt, doch lässt sich diese Anforderung je nach Marktlage nicht immer durchsetzen. Dass die Examensnote die juristischen Fähigkeiten jeder Person zumindest in der Regel gut wiedergibt, wird

[421] Vgl. dazu supra → Rn. 109 ff.

[422] Zum Staatsexamen als weitgehendem Alleinstellungsmerkmal der deutschen Juristenausbildung vgl. etwa *Ranieri, Filippo,* Juristen für Europa – Wahre und falsche Probleme in der derzeitigen Reformdiskussion zur deutschen Juristenausbildung, in: ders., Das europäische Privatrecht des 19. und 20. Jahrhunderts – Studien zur Rechtsgeschichte und Rechtsvergleichung, 2007, 243 (251).

gemeinhin angenommen. Noch bessere Noten als vollbefriedigend, also ein gut (ab 11,5 Punkten) oder gar ein sehr gut (ab 14 Punkten), sind außerordentlich selten – beim „sehr gut" etwa bewegt man sich im Promille-Bereich – und erleichtern ggf. den Berufseinstieg ungemein. Die Durchfallquoten liegen ungefähr bei 30 Prozent, wobei die Staatsprüfung grundsätzlich einmal wiederholt werden kann. Die Einführung der Schwerpunktbereichsprüfungen hat dieses seit Jahrzehnten etablierte und gleichbleibende Bewertungssystem etwas beeinträchtigt, da die Noten im Schwerpunktbereich in der Regel – aber nicht immer – signifikant, in Einzelfällen geradezu lächerlich besser ausfallen als im Staatsexamen und zudem statistisch erhebliche Abweichungen zwischen der Notengebung verschiedener Schwerpunktbereiche sowohl innerhalb einer als auch zwischen verschiedenen Universitäten bestehen, über die niemand einen Überblick hat. Die meist unausgesprochene, aber weithin akzeptierte Lösung des Problems besteht darin, dass in der Praxis nicht die Endnote, sondern die stets separat ausgewiesene Note allein im staatlichen Teil des Staatsexamens von besonderer Bedeutung ist, während die Note im Wahlschwerpunkt nur marginale Beachtung findet. Da die Noten im Wahlschwerpunkt allein von den Professoren der Universität abhängen, läge hier bei unbefangener Betrachtung die Vermutung nahe, dass die Professoren sich gegen diese „Herabsetzung" ihrer Notengebung aussprächen. Interessanterweise ist in aller Regel das Gegenteil der Fall.

cc) Inhalt und Form des Studiums

231 Inhaltlich deckt das Studium im Kern vier Bereiche ab: Die philosophischen, geschichtlichen und gesellschaftlichen Grundlagen, das Zivilrecht, das öffentliche Recht und das Strafrecht. Die Grundlagen werden dabei, zum Missfallen nicht weniger Professoren, in der Praxis meist in den ersten ein bis zwei Semestern nebenher abgehandelt und spielen danach kaum noch eine Rolle. Das Zivilrecht macht vom Studienvolumen wie vom Staatsexamen her rund die Hälfte des Studiums aus, die zweite Hälfte teilt sich ungleich zwischen dem überwiegenden öffentlichen Recht und dem weniger bedeutsamen Strafrecht auf. Alle drei Rechtsbereiche werden aber in der Regel vom ersten Semester an parallel studiert, so dass sich eine gewisse Gleichwertigkeit in den Köpfen deutscher Juristen etabliert hat. Es fällt ihnen daher oft schwer, sich an ausländische Studiensysteme zu gewöhnen, in denen etwa das Strafrecht nur als ein Fach unter vielen und nicht als ein dem Zivil- und öffentlichen Recht gleichwertiger großer Rechtsbereich angesehen wird. Zu den Vorlesungen in den drei Kernbereichen kommt ab den mittleren Semestern der Wahlschwerpunkt mit spezialisierten Vorlesungen und einem Seminar hinzu. Das klassische Leitbild der Ausbildung ist damit – trotz der Wahlschwerpunkte – der sog. Einheitsjurist, der seine Ausbildung nicht etwa als Spezialist auf bestimmten Gebieten mit wenigen oder gar keinen Kenntnissen auf anderen Gebieten beendet, sondern der im Grundsatz auf alle Tätigkeiten in allen Rechtsgebieten vorbereitet ist.

232 Ein großer Teil des Studiums besteht aus Vorlesungen, die den Stoff zwar abstrakt, aber meist mit vielen Fallbeispielen und anhand der üblichen Schemata zur Fallösung[423] vermitteln. Das Studium setzt dabei die Lektüre von Lehrbüchern voraus, die auch dadurch gefördert wird, dass traditionell und auch heute noch regelmäßig die studienbegleitenden Prüfungen nicht von denjenigen gestellt und benotet werden, die die entsprechenden Vorlesungen halten. Das Konzept einer vorlesungsabschließenden Klausur, das in vielen Ländern völlig selbstverständlich erscheint, ist der klassischen deutschen Juristenausbildung völlig fremd, wenn es auch in den vergangenen Jahren gelegentlich für Anfangssemester eingeführt wurde. Prüfungen werden vielmehr in eigenen Veranstaltungen – sog. Übungen – abgelegt, die jeweils den Stoff mehrerer Semester gemeinsam abdecken.

233 Von der systematischen Form, in der der Stoff durch Vorlesung und Lehrbücher vermittelt wird, weicht die Prüfung des Stoffes in Form von Fallösungen stark ab. Der intellektuelle Übergang von systematischer Vermittlung zur konkreten Fallanwendung stellt daher eine

[423] Zur Fallösung und den Schemata vgl. supra → Rn. 121 ff.

der größten Hürden für angehende Juristen dar. Zur Erleichterung werden die Vorlesungen in den ersten Semestern von zahlreichen sog. Arbeitsgemeinschaften begleitet, in denen Doktoranden oder Praktiker den Studenten in Kleingruppen parallel zum Vorlesungsstoff die zugehörige Technik der Fallösung vermitteln. Dennoch dürfte neben den allgemein hohen Anforderungen des juristischen Studiums in diesem Übergangsproblem einer der Gründe dafür liegen, dass schätzungsweise 1/3 der Anfänger das juristische Studium aufgeben, wobei diese Entscheidung meist in den ersten Semestern fällt. Das Problem des Auseinanderfallens von Stoffvermittlung und Prüfung ist den Professoren dabei seit langem bekannt, wird aber meist ebenso bewusst in Kauf genommen wie die wenig verschulte und freie Studienstruktur mit ihren Gefahren für weniger disziplinierte oder motivierte Studenten. Beides wird als Vorbereitung auf die spätere berufliche Praxis angesehen, in der Juristen ebenfalls in aller Regel selbstorganisiert arbeiten und sich sehr oft ihnen noch unbekannte Aspekte oder Rechtsgebiete mithilfe von systematisch aufgebauten Lehrbüchern oder Kommentaren selbst erschließen und dann auf konkrete Probleme anwenden müssen. Die große Mehrheit der Professoren fühlt sich durch den Erfolg, gemessen an der Qualität der Absolventen und nicht an der Bestehensquote, bestätigt.

dd) Repetitorien

Ein kleiner Wermutstropfen in dieser Einschätzung ist die Existenz von sog. Repetitorien, **234**
dh kleineren privaten Unternehmen, die gegen Entgelt Unterricht zur Vorbereitung insbesondere auf das 1. Staatsexamen anbieten. Solche Repetitorien haben eine ähnlich lange Tradition wie die heutige juristische Ausbildung, dh sie existieren schon weit über ein Jahrhundert.[424] Repetitorien dauern heute meist rund ein Jahr, kosten etwa 100–200 Euro monatlich und werden von der großen Mehrheit der Juristen besucht. Daran hat auch die Einführung spezieller Examensvorbereitungskurse an den Universitäten, die oft gerade als kostenfreie Alternative zu den Repetitorien gedacht sind, nichts zu ändern vermocht. Dass der Besuch eines Repetitoriums für ein erfolgreiches Staatsexamens notwendig wäre, lässt sich nicht behaupten, doch erleichtert er den Weg. Immer wieder einmal wird behauptet, dass die Existenz von Repetitorien die mangelnd didaktische Qualität von Universitätsprofessoren belege; aus Sicht moderner Didaktik allerdings dürften die Repetitorien mit ihrem ausgeprägt vortragslastigen Frontalunterricht und ihrem Grundprinzip des schlichten Einpaukens eher eine Katastrophe darstellen. Ihre große Beliebtheit und ihr großer Erfolg sagt insofern mehr über die Sinnhaftigkeit moderner Didaktik als über die didaktischen Qualitäten der Professoren.[425]

ee) Praktische Ausbildung im Referendariat

Schon im Studium werden Praktika im Umfang von insgesamt 3 Monaten verlangt, die **235**
jedoch in der Realität meist nicht mehr als einen kurzen Einblick in die praktische Tätigkeit vermitteln. Die praktische Ausbildung ist stattdessen in das sog. Referendariat nach dem 1. Staatsexamen verlegt. Das Referendariat nicht zu durchlaufen, ist keine realistische Alternative; wer nur das 1. Staatsexamen absolviert hat, ist zwar Jurist, wird aber nicht als solcher wahrgenommen und akzeptiert. Er könnte keinen der klassischen juristischen Berufe ergreifen und würde auch in anderen Berufen mit seiner „halben" Ausbildung nicht recht ernst genommen. Das Referendariat dauert heute zwei Jahre. Jeder, der das 1. Staatsexamen bestanden hat, hat ein Anrecht auf Teilnahme, wenn auch gelegentlich mit Wartezeiten zu rechnen ist. Referendare sind beim jeweiligen Bundesland angestellt und erhalten ein für den Lebensunterhalt ausreichendes, wenn auch keinesfalls üppiges Gehalt. Die Referendare durchlaufen mehrere sog. Stationen, die sie jeweils bei verschiedenen Praktikern verbringen.

[424] Vgl. zur Geschichte der Repetitorien *Martin, Wolfgang,* Juristische Repetitorien und staatliches Ausbildungsmonopol in der Bundesrepublik Deutschland, 1993, 163 ff.
[425] Kenntnisreich und unterhaltsam, wenn auch aus etwas eigentümlicher Sicht zu den Repetitorien *Markesinis* (Fn. 223), 71 ff.

Zwingend vorgesehen ist die Ausbildung bei einem Zivilgericht, bei einer Staatsanwaltschaft oder einem Strafgericht, bei einer Verwaltungsbehörde und bei einem Rechtsanwalt. Abgeschlossen wird das Referendariat mit dem sog. 2. Staatsexamen (Assessorexamen). Es verläuft im Grundsatz ebenso wie das 1. Staatsexamen, wenn auch meist Urteile oder Anklageschriften statt Gutachten verfasst werden, die Prüfer ausschließlich Praktiker sind, keine Wahlschwerpunktsprüfung existiert und die zu lösenden Fallkonstellationen nicht mehr als feststehend vorgegeben werden, sondern aus Aktenauszügen bestehen, aus denen der Sachverhalt erst ermittelt werden muss.

236 Das Referendariat selbst dient der Vorbereitung auf die jeweilige praktische Tätigkeit. Die Referendare schreiben also etwa Urteile, erledigen die alltägliche Aktenarbeit, entwerfen Verwaltungsakte oder schreiben Anklageschriften. Ausdruck dieses Anspruchs ist es etwa, dass Referendare nach einer gewissen Einarbeitung auch ohne Begleitung als Staatsanwälte vor Gericht plädieren, dass sie Beweisaufnahmen vor dem Zivilgericht leiten dürfen und nach einiger Zeit auch offiziell die vorübergehende, selbständige Vertretung ihres ausbildenden Anwalts übernehmen können. Der Anspruch wird auch in der Realität verwirklicht: Für kaum einen juristischen Beruf ist nach dem Referendariat noch eine weitere Ausbildung vorgesehen. Wer etwa wenige Tage nach Beendigung des Referendariats eine Stelle als Richter antritt, wird vom ersten Tag an mit der vollen Arbeitslast und den vollen Aufgaben eines Richters konfrontiert; wer als Rechtsanwalt anfängt, hat alle Rechte und Pflichten eines Rechtsanwalts. Dass den Berufsanfängern naturgemäß noch dasjenige Wissen fehlt, das erst mit jahrelanger Praxiserfahrung erworben werden kann, ist dabei ebenso selbstverständlich wie die Hilfe und gewisse Rücksichtnahme, die etwa erfahrene Richter ihrem jungen Kollegen am Anfang anbieten werden. Dennoch wird jeder gut ausgebildete Jurist in der Lage sein, seine Aufgaben etwa als Richter, Rechtsanwalt oder Staatsanwalt vom ersten Tag an zu erfüllen.

ff) Kritik an der Ausbildung

237 Nach Meinung der großen Mehrheit der deutschen Juristen hat sich die Ausbildung insgesamt bewährt. Dies liegt naturgemäß nicht nur an der tatsächlich und auch im internationalen Vergleich sehr hohen Qualität dieser Ausbildung, sondern auch daran, dass diese Juristen gerade diese Ausbildung mit Erfolg durchlaufen haben und ihr ihren beruflichen Status verdanken. Wenige Menschen werden ein System kritisieren, von dem sie selbst profitiert haben. Dennoch finden sich auch Kritiker der deutschen Juristenausbildung, wobei die Kritik vermutlich genauso alt und traditionell ist wie die Ausbildung selbst.[426] Im Kern geht es immer wieder um einige zentrale Aspekte. Kritisiert wird etwa die strenge Trennung von universitärer und praktischer Ausbildung. Sie wird durch die Praktika ein wenig aufgelockert, während eine echte Verschränkung beider Abschnitte, wie sie Ende der 70er Jahre des 20. Jahrhunderts an einigen Universitäten versucht worden ist, allgemein als gescheitert angesehen wird. Beklagt wird auch oft eine angeblich einseitige Ausrichtung auf den Richterberuf. Das Lösen von Fällen und das Abfassen von Gutachten trainiere genau die Fähigkeiten, die ein Richter brauche, der über einen Fall entscheide. Etwas ganz anderes sei es, als Rechtsanwalt nur für seinen Mandanten Partei zu ergreifen; darauf werde nicht vorbereitet. Dem wird – zu Recht und auch von vielen Anwälten – entgegengehalten, dass die Ausbildung zentral auf das Auffinden von Argumenten pro und contra sowie auf das Erwägen verschiedener Lösungsmöglichkeiten abzielt. Der Übergang zum anwaltlichen Denken ist dabei kein großer, denn der Anwalt muss sich ebenfalls mit allen denkbaren Argumenten pro und contra auseinandersetzen, um einerseits diejenigen zu finden, die für seinen Mandanten günstig sind, andererseits abschätzen zu können, wie der jeweilige Gegner

[426] Zu früher Kritik an der Juristenausbildung vgl. nur *Jhering, Rudolf von,* Dritter Brief, Deutsche Gerichtszeitung IV (1862), Heft Nr. 55, abgedruckt in: Leitner, Max (Hrsg.), Rudolf v. Jhering – Scherz und Ernst in der Jurisprudenz, 2009, 35 (42) („Wofür hat einer armer Student seinem Kopfe Gewalt angethan, um alle die vielen Dinge aufzunehmen, die er im späteren Leben garnicht gebrauchen kann […]?").

argumentieren kann, um sich darauf angemessen vorzubereiten. Was die oft wichtige außergerichtliche Tätigkeit von Anwälten angeht, so ist zentrale Voraussetzung auch hier eine solide Kenntnis des Rechts, wie sie durch die scheinbar richterzentrierte Ausbildung vermittelt wird. Noch eine Stufe weiter geht die Kritik, wenn sie der deutschen Juristenausbildung ganz allgemein Praxisferne vorwirft. In der Kombination aus Studium und Referendariat sowie in Anbetracht der praktisch sofortigen Einsetzbarkeit jedenfalls der besseren Kandidaten im Berufsleben erscheint jedoch vielen dieser Vorwurf kaum nachvollziehbar. Ebenfalls kritisiert wurde oft die mangelnde Spezialisierungsmöglichkeit im Studium; dieser Kritik wurde aber durch die Einführung der Schwerpunktbereiche – deren Sinn sich durchaus bezweifeln lässt – Rechnung getragen. Kritisiert und in Einzelheiten oft reformiert wird schließlich auch das Referendariat. Hier geht es aber weniger um Fragen der Qualität als der Finanzen: Manche Politiker sehen keinen Sinn darin, alle angehenden Juristen während ihrer praktischen Ausbildung zu bezahlen, obwohl nur ein kleiner Teil von ihnen später tatsächlich in den Staatsdienst treten wird. Entsprechend ist das Referendariat über die Jahrzehnte kürzer und die Bezahlung ganz erheblich abgesenkt worden. Der Vorschlag, das Referendariat ganz abzuschaffen und die Mehrheit der Universitätsabgänger in Anwaltskanzleien ausbilden zu lassen, konnte jedoch bislang nie eine größere Anhängerschaft finden. Er wird auch vor allem von einigen Funktionären der Anwaltschaft gelegentlich vorgebracht, die sich dadurch nicht nur preiswerte Arbeitskräfte, sondern auch eine größere Kontrolle über den Umfang der zukünftigen jungen Konkurrenz versprechen dürften.

b) Frankreich: Ausbildung in Stufen

aa) Studienablauf

Die französische Juristenausbildung weicht in Aufbau und Inhalt so stark von der deutschen **238**
ab, dass Studenten aus beiden Ländern, die sich über ihren Studiengang unterhalten, oft sehr lang brauchen, um zu verstehen, wovon der jeweils andere überhaupt spricht. Seit den Reformen aus dem Jahr 2002, mit denen der sog. Bologna-Prozess in Frankreich umgesetzt wurde, werden die gravierenden Unterschiede rein äußerlich ein wenig kaschiert, da Frankreich formal auf ein zweistufiges Bachelor-/Master-System umgestiegen ist, das in Deutschland zwar nicht aus der Rechtswissenschaft, aber aus fast allen anderen Studiengängen bekannt ist. Tatsächlich allerdings war die Umstellung in Frankreich kaum mit einem Systemwechsel, sondern weitgehend nur mit einer Umettiketierung verbunden. Insofern ist es auch heute noch wichtig, sich das bis 2002 bestehende französische System des juristischen Studiums vor Augen zu führen. Es bestand aus fünf Abschnitten (cycles) mit jeweils eigenen Abschlüssen: dem DEUG (Diplôme d'études universitaires générales) nach 2 Jahren, der Licence nach 3 Jahren, der Maîtrise nach 4 Jahren, dem DEA (Diplôme d'études approfondies) oder dem DESS (Diplôme d'études supérieures spécialisées) nach 5 Jahren und dem Doctorat nach offiziell 8 Jahren. Mit der Reform wurden das – auch vorher schon wenig angesehene – DEUG und die Licence zur neuen Licence zusammengezogen, die Maîtrise und das DEA/DESS zum Master. Beim Master wird zudem deutlich zwischen dem sog. Master 1 und dem Master 2 unterschieden, die – man hätte es sich fast gedacht – jeweils der Maîtrise einerseits und DEA/DESS andererseits entsprechen, wobei beim Master 2 sogar zusätzlich unterschieden wird zwischen einem forschungsorientierten Master 2 de recherche, dem Äquivalent des DEA, und dem berufsorientierten Master 2 professionnel, dem Äquivalent des DESS.[427]

[427] Zu diesen und den folgenden Einzelheiten vgl. sehr anschaulich und detailliert *Deckert, Katrin,* Die Juristen-, Anwalts- und Richterausbildung in Frankreich, unveröffentlichtes Manuskript, 2 ff.; *Walther, Julien,* Die französische Juristenausbildung im Fegefeuer des Bolognaprozesses?, in: Baldus, Christian; Finkenauer, Thomas; Rüfner, Thomas (Hrsg.), Juristenausbildung in Europa zwischen Tradition und Reform, 2008, 227 (227 ff.); *Seul, Otmar,* Vorreiter bei der Umsetzung – Die Einführung von Bachelor- und Masterstudiengängen in Frankreich, Forschung und Lehre 3 (2004), 144 (144 ff.).

239 Unabhängig von allen Details sind einige Eckpunkte zum rechten Verständnis dieses gestaffelten Systems notwendig: Für den Einstieg in die klassischen juristischen Berufe des Anwalts oder Richters ist regelmäßig mindestens ein Master 1 notwendig. Höhere Abschlüsse und Zusatzstudien sind aufgrund der sehr hohen Absolventenzahlen und der entsprechend großen Konkurrenz für die Karriere sinnvoll und werden oft angestrebt. Ein Master 2 etwa wird sehr oft von Arbeitgebern verlangt.[428] Gleichzeitig ist das Studium bis einschließlich des Master 1 im Kern kostenfrei und ohne Zulassungsbeschränkungen für jedermann mit der schulischen Hochschulzugangsberechtigung des baccalauréat général (ca. 60 Prozent eines Schuljahrgangs) an jeder juristischen Fakultät nach freier Wahl möglich. Dass dies je nach Universität zu völlig überfüllten Anfangssemestern mit Studentenzahlen weit jenseits der Tausend und zu sehr unterschiedlich motivierten und befähigten Studenten führt, gehört zu den Grundbedingungen des juristischen Studiums in Frankreich. Die Studienbedingungen sowie strenge Benotungen führen aber zu einer kräftigen Reduktion der Studentenzahlen im Laufe des Studiums. Mit dem Master 2 setzt dann auch eine offizielle und oft sehr strenge Auswahl ein. Das Doctorat schließlich dient vor allem auch der Vorbereitung einer wissenschaftlichen Karriere, dauert in der Realität oft erheblich länger als die offiziell vorgesehenen 3 Jahre und weist ein besonders hohes Niveau auf.

bb) Studieninhalte und Bedeutung

240 Inhaltlich wird der französischen Juristenausbildung gemeinhin und zu Recht eine sehr theoretische, wenig praxisbezogene Ausrichtung ebenso nachgesagt wie eine Tendenz zu Frontalunterricht und Auswendiglernen. Studenten wie Professoren aus Ländern des common law oder aus Deutschland etwa sind bei Gastaufenthalten in Frankreich immer wieder überrascht, wie fleißig französische Studenten fast jedes Wort einer Vorlesung mitschreiben, und dass sie kaum eigenständig Fragen stellen, es sei denn die gelegentliche Bitte, das Gesagte zur besseren Mitschrift zu wiederholen. Massenvorlesungen mit vielen hundert Studenten sind zwar beispielsweise auch in Deutschland nicht unbekannt, doch versuchen die Professoren hier heute meist, zumindest etwas ähnliches wie eine Diskussion mit den Studenten einzubauen und fordern aktiv zu kritischen Fragen auf. Die Eigenheiten französischer Studenten beruhen allerdings nicht nur auf den Bedingungen der Massenuniversität, sondern sind auch eine Reaktion auf die Prüfungsanforderungen. Regelmäßig wird hier vom jeweiligen Dozenten genau und auch nur der Stoff abgeprüft, der in der Vorlesung behandelt wurde. Die parallele Lektüre von Lehrbüchern oder die Beschäftigung mit anderen Meinungen und Sichtweisen ist dazu nicht erforderlich; so mancher Student geht schlicht und durchaus nicht ohne Erfolg dazu über, seine Vorlesungsmitschriften auswendigzulernen.

241 Neben den Vorlesungen existieren die sog. travaux dirigés, in denen der Stoff in Kleingruppen, meist unter Leitung von Doktoranden oder Anwälten, wiederholt und in die üblichen drei Prüfungsformen gebracht wird. Die beiden wichtigsten Prüfungsformen sind dabei die Kommentierung einer Entscheidung (commentaire d'arrêt) und die rechtswissenschaftliche Abhandlung (dissertation), weniger das Lösen von Fällen (cas pratique), das allerdings heute keine völlig unbedeutende Rolle mehr spielt.[429] Inhaltlich steht im Rahmen der licence eine breite und allgemeine Grundausbildung in den wichtigsten Rechtsgebieten mit begrenzten Wahl- und Spezialisierungsmöglichkeiten im Vordergrund. Die echte Spezialisierung beginnt mit dem Master 1 (zB Droit public général oder droit public des affaires) und wird im Master 2 noch weiter auf den Punkt gebracht (zB Droit public comparé européen oder Droit de la sécurité sanitaire et alimentaire). Der Praxisbezug einschließlich Pflichtpraktika wird im Rahmen eines Master 2 professionnel intensiviert.

---

428 Deutlich *Deckert* (Fn. 427), 6.

429 Zu diesen drei Prüfungsformen und insbesondere zu den Eigenheiten der Fallösung vgl. supra → Rn. 138 ff., 241.

Unabhängig von allen Details besteht eine grundlegende französische Besonderheit in der Stellung der Juristen. Während in vielen Ländern der typische oder zumindest ein typischer Weg zur Elitenbildung das juristische Studium ist, werden die französischen Eliten typischerweise nicht an den Universitäten und damit auch nicht an den juristischen Fakultäten ausgebildet, sondern an den sog. Grandes Écoles, etwa der École nationale d'administration (ENA), der École polytechnique oder der École normale supérieure.[430] Einem klassischen, wenn auch überspitzten und nicht ganz richtigen Satz entsprechend sind in Deutschland vor allem Juristen für höchste Ämter prädestiniert, in Frankreich hingegen Ingenieure. 242

3. Richter und Anwälte

a) Deutschland: Der direkte Einstieg

Die zentrale Besonderheit der Karriere deutscher Anwälte und Richter liegt in ihrer relativen Voraussetzungslosigkeit: jeder erfolgreiche Absolvent des 2. Staatsexamens kann sofort einer Rechtsanwaltskammer beitreten und als Rechtsanwalt arbeiten oder sich um eine Stelle als Richter bewerben. 243

aa) Richter: Karriere und Ansehen

Für den Richterberuf ist der direkte Einstieg auch in der Praxis der übliche Weg. Quereinsteiger, die zunächst in anderen Berufen als Jurist tätig waren, sind zwar nicht völlig unbekannt, aber sehr selten. Einzige, auch unter deutschen Juristen nicht allgemein wahrgenommene größere Ausnahme sind hier die Finanzrichter, die sich in aller Regel aus Finanzbeamten mit einigen Jahren Berufserfahrung rekrutieren. Dabei wird diese Ausnahme teilweise kritisch gesehen, da sie zwar sicherstellt, dass die Richter auch die Praxis der Steuerverwaltung aus eigener Anschauung kennen, diese einseitige Sozialisierung aber auch zu einer zu verwaltungsfreundlichen Grundeinstellung führen könnte. Die Auswahl aus den Bewerbern geschieht in erster Linie über die Examensnote. Das erforderliche Niveau schwankt nach Marktlage, doch gilt der Grundsatz, dass ein Prädikatsexamen[431] das Tor zum Richterberuf öffnet. Über die Einstellung ebenso wie die Beförderung entscheidet letztlich die Exekutive in Form des (Landes-)Justizministeriums. Zwar gibt es in vielen Bundesländern auch sog. Richterwahlausschüsse, die meist aus Parlamentariern und Fachvertretern zusammengesetzt sind; in der Realität ist ihre Funktion aber eher marginal. Da es sich bei der deutschen Richterberufung aber weitgehend um ein reines Karrieresystem ohne politische oder persönliche Präferenzen handelt und dies auch in der Praxis so funktioniert, wird die Dominanz der Exekutive zwar immer wieder einmal problematisiert, aber im allgemeinen hingenommen.[432] Die politische Einstellung oder das Parteibuch kommen als Kriterien erst bei höchsten Gerichten und bei Leitungsämtern, etwa bei den Präsidenten der Oberlandesgerichte, hinzu. Für das Bundesverfassungsgericht, dessen Richter theoretisch vom Parlament, praktisch von einem Parlamentsausschuss und letztlich von ganz wenigen, dazu informell berufenen Vertretern der großen politischen Parteien bestimmt werden, existiert sogar eine klare Zuordnung jedes Richterpostens zu einer politischen Partei, der das jeweilige Vorschlagsrecht zukommt. Zu einer irgendwie gearteten Politisierung der Justiz oder gar einer Einschränkung der Unabhängigkeit hat dies, wie Beobachter immer wieder mit gewissem Erstaunen feststellen, nicht geführt.[433] 244

[430] Zur Rolle der Grandes Écoles und ihrem historischen Hintergrund vgl. etwa *Walther* (Fn. 427), 227 ff.

[431] Dazu supra → Rn. 230.

[432] Vgl. zur Kritik etwa *Prantl, Heribert,* Die Entfesselung der dritten Gewalt, Süddeutsche Zeitung, 6.4.2006, 28 („Die deutsche Justiz ist ein einziges Wunder. Sie funktioniert, obwohl sie eigentlich gar nicht funktionieren dürfte.").

[433] Zu Formalitäten und Realitäten dieses Wahlverfahrens sowie seiner Bewertung vgl. ausführlich *Kischel* (Fn. 385), 1236 ff.

245 Keineswegs jeder Richter steigt im Laufe seines Lebens in höhere Richterämter auf. Dies ist nicht nur rein zahlenmäßig nicht möglich, sondern entspricht auch dem Wunsch mancher, wenn auch keineswegs aller Richter. Nicht jeder ist bereit, etwa die große Freiheit eines allein entscheidenden Amtsrichters gegen die Stellung eines bloßen sog. Beisitzers am Landgericht zu tauschen, der unter der mehr oder minder sanften Herrschaft seines Vorsitzenden Richters steht. Ähnliches kann etwa für einen Vorsitzenden Richter am Oberlandesgericht gelten, der die Möglichkeit hätte, als Beisitzer an den Bundesgerichtshof zu wechseln (und damit auch samt Familie nach Karlsruhe umzuziehen).

246 Das Ansehen der Richter in der Bevölkerung ist sehr hoch, wenn auch das Bild vom Richter vielleicht – und nur im Vergleich zum common law – etwas weniger abgehoben ist. Das Bundesverfassungsgericht etwa findet sich in Umfragen immer noch in der Spitzengruppe derjenigen Institutionen wieder, denen die Deutschen am meisten vertrauen, obwohl dieses Vertrauen im vergangenen Jahrzehnt abgenommen hat und nun etwa auf dem Niveau des Vertrauens in die allgemeinen Gerichte liegt.[434] Laienrichter, sog. Schöffen, existieren zwar, spielen in der Wahrnehmung von Gerichten seitens der Bevölkerung aber keinerlei Rolle; ein großer Teil der Bürger dürfte nicht einmal von ihrer Existenz wissen. Dem großen Gerichtsapparat entspricht eine nicht geringe Anzahl von Richtern. So waren 2021 allein an den Amts- und Landgerichten rund 8.200 Amtsrichter[435] und 5.700 Landrichter tätig,[436] in der gesamten Verwaltungsgerichtsbarkeit rund 2.400, insgesamt an allen deutschen Gerichten rund 22.000 Richter, daneben rund 6.200 Staatsanwälte.[437] Die Bezahlung ist im Vergleich zu den Einkommensmöglichkeiten hervorragender Anwälte gering, wird im Vergleich zum allgemeinen Gehaltsniveau aber gemeinhin als angemessen angesehen. So erhält ein Richter der Eingangszinstanz im Jahre 2023 abhängig von seinen Dienstjahren ein monatliches Grundgehalt von etwa 4.300-7.500 Euro, ein Richter am Oberlandes- oder Oberverwaltungsgericht etwa 5.200-8.100 Euro. Die Richter an den Obersten Bundesgerichten erhalten 10.622,22 Euro, wenn sie einem Senat vorsitzen 11.717,33 Euro. Die Höhe der Richtergehälter an den Ländergerichten ist seit vielen Jahren nicht mehr einheitlich geregelt, wobei der Unterschied zwischen der höchsten und niedrigsten Besoldung zwischen den Bundesländern ohne weiteres 500–600 Euro betragen kann. Bei aller Schwierigkeit, Gehälter etwa im Hinblick auf unterschiedliche Steuerniveaus oder Sozialleistungen zu vergleichen, liegen diese Beträge erkennbar unter dem, was ein hauptberuflicher Richter in England oder den USA verdient.[438]

434 Vgl. zur heutigen Lage etwa *forsa,* „Anteil der Personen in Deutschland mit großem Vertrauen in folgende Institutionen zur Jahreswende 2022/2023", abrufbar unter: de.statista.com/statistik/daten/studie/1283706/umfrage/vertrauen-in-institutionen-in-deutschland/ (zuletzt abgerufen am 18.7.2025); bis vor etwa 10 Jahren führte das Bundesverfassungsgericht die Liste stets an, kommt aber jetzt nur noch auf einen Vertrauenswert von 70 Prozent, während Gerichte im allgemeinen bei 68 Prozent liegen; den ersten Platz nehmen nunmehr Ärzte mit 81 Prozent ein.

435 Vgl. im Einzelnen *Bundesamt für Justiz* (Hrsg.), Personalbestand der Amtsgerichte, Stand 12.1.2023, www.bundesjustizamt.de/SharedDocs/Downloads/DE/Justizstatistiken/Personalbestand_AG.pdf?__blob=publicationFile&v=55 (zuletzt abgerufen am 18.7.2025).

436 Vgl. *Bundesamt für Justiz* (Hrsg.), Personalbestand der Landgerichte, Stand 12.1.2023, www.bundesjustizamt.de/SharedDocs/Downloads/DE/Justizstatistiken/Personalbestand_LG.pdf?__blob=publicationFile&v=5 (zuletzt abgerufen am 18.7.2025).

437 Vgl. *Bundesamt für Justiz* (Hrsg.), Zahl der Richter, Richterinnen, Staatsanwälte, Staatsanwältinnen und Vertreter, Vertreterinnen des öffentlichen Interesses in der Rechtspflege der Bundesrepublik Deutschland 31.12.2020, www.bundesjustizamt.de/SharedDocs/Downloads/DE/Justizstatistiken/Richterstatistik_2020.pdf?__blob=publicationFile&v=5 (zuletzt abgerufen am 18.7.2025).

438 Vgl. zum dortigen Gehaltsniveau supra → § 5 Rn. 120, 131; für Europa vgl. *European Commission for the Efficiency of Justice (CEPEJ)* (Hrsg.), European judicial systems CEPEJ Evaluation Report – 2020 Evaluation cycle, rm.coe.int/rapport-evaluation-partie-1-francais/16809fc058 (zuletzt abgerufen am 18.7.2025); für die USA auch *United States Courts* (Hrsg.), JudicialCompensation, www.uscourts.gov/judges-judgeships/judicial-compensation (zuletzt abgerufen am 18.7.2025).

bb) Anwälte und Notare

Die Anwaltschaft ist, wie in den meisten Staaten und anders als in England, einheitlich, also nicht etwa nach Prozess- und Nichtprozessanwälten getrennt. Eine solche Trennung ist nicht einmal in Großkanzleien verbreitet; auch hier kommt es auf die jeweilige fachliche Spezialisierung an, der eventuelle Auftritt vor Gericht wird als selbstverständlicher Teil der Arbeit angesehen. Eine gewisse Spezialisierung findet sich heute, anders als früher, schon aus ökonomischen Gründen bei den meisten Anwälten, wobei die Bandbreite der von einem einzelnen Anwalt abgedeckten Rechtsgebiete bei kleineren Kanzleien tendenziell weiter ist. Auch offizielle Spezialisierungen sind möglich. Dabei wird nach einer Zusatzausbildung und dem Nachweis einer Mindestanzahl von Fällen die Bezeichnung „Fachanwalt für…" in einem von 20 Rechtsgebieten verliehen. Die Anzahl der Rechtsanwälte ist recht hoch. Am 1.1.2021 waren es 167.092.[439] **247**

Das klassischerweise hohe Ansehen der Rechtsanwälte hat in den letzten Jahrzehnten wohl auch aufgrund der stetig zunehmenden Anwaltszahl etwas abgenommen; Anwälte – meist eher freundlich – als „Rechtsverdreher" zu titulieren ist nicht unüblich. Dennoch gehören die Anwälte weiterhin zu den klassischen Honoratioren der Gesellschaft, die im persönlichen Umgang respektiert werden. Von dem teilweise außerordentlich schlechten Bild, das etwa in den USA vom Anwalt besteht, ist man in Deutschland sehr weit entfernt. Das dürfte ua daran liegen, dass deutsche Anwälte sich zwar auch überwiegend als Interessenwahrer ihrer Mandanten verstehen, jedoch zugleich immer noch dem klassischen, gesetzlichen Leitbild eines „unabhängigen Organs der Rechtspflege" (§ 1 BRAO) anhängen, sich also auch um die Wahrung des Rechts als solchem bemühen. **248**

Neben den Anwälten existieren als Besonderheit die sog. Notare. Sie sind insbesondere für die Beurkundung etwa von Grundstücksgeschäften, Testamenten oder Eheverträgen zuständig und dabei zu neutraler Aufklärung und Beratung verpflichtet. Der Beruf ist lukrativ und hochangesehen. Je nach Region sind Notare gleichzeitig Anwälte, sog. Anwaltsnotare, oder üben ihr Amt im Hauptberuf aus. **249**

b) Frankreich: Spezialausbildung und Auswahl

Sind die Unterschiede zwischen Deutschland und Frankreich schon im Bereich der universitären Juristenausbildung erheblich, so sind sie für den Weg zum Anwalts- oder Richterberuf enorm. In Bezug auf Anwälte etwa stehen sich selbst Deutschland und die USA erheblich näher als Deutschland und Frankreich. Der Zugang zu beiden Berufen geht in Frankreich im Kern über die erfolgreiche Absolvierung spezieller und langer Ausbildungen in spezialisierten Schulen, die keineswegs zwingend ein gerade juristisches Studium voraussetzen. Hinzu kommt in der Regel, dass der Zugang zu diesen Schulen selbst wieder das Bestehen einer meist sehr schwierigen Eingangsprüfung voraussetzt, für die es ihrerseits wieder eigene Vorbereitungskurse gibt.[440] Dabei wird eines von vornherein klar: Jeder Vergleich der juristischen Ausbildungszeiten zwischen Frankreich und Deutschland, der diese Spezialausbildung nicht berücksichtigt, ist von vornherein fehlerhaft. **250**

aa) Richterausbildung und concours

Die Richterausbildung ist in Frankreich nur an der École nationale de la magistrature in Bordeaux möglich. Dabei wird zwischen Richtern und Staatsanwälten nicht unterschieden, auch terminologisch können beide als magistrats bezeichnet werden, nämlich als magistrat du siège (der eigentliche Richter) einerseits und magistrat du parquet (Staatsanwalt) andererseits. Zentrales Hindernis auf dem Weg zum Richterberuf ist dabei nicht die **251**

[439] Vgl. *Bundesrechtsanwaltskammer* (Hrsg.), Mitglieder 2021, www.brak.de/w/files/04_fuer_journalisten/statistiken/2021/2021_brak-mg_statistik.pdf (zuletzt abgerufen am 18.7.2025).

[440] Dazu und zum Folgenden detailliert *Deckert* (Fn. 427), 11 ff.

Abschlussprüfung dieser Schule, sondern der Zugang zu ihr. Es gibt zwar einen direkten Weg ohne Aufnahmeprüfung (recrutement sur titres) für die Inhaber eines Master 1 mit mindestens 4-jähriger Berufserfahrung, die auf ihren Antrag hin vom Justizminister nach Stellungnahme einer Kommission berufen werden können. Auf diese Weise dürfen aber nicht mehr als 1/3 der Absolventen des Vorbereitungsdienstes ausgewählt werden. 2022 etwa waren es tatsächlich 24,9 Prozent von insgesamt 261.[441] Die übrigen bestehen drei verschiedenen Aufnahmeprüfungen, sog. concours. „Concours" ist dabei ein sehr französischer Begriff, mit dem nicht nur die zahllosen Aufnahmenprüfungen für verschiedenste Positionen beschrieben werden, sondern der auch eine ganz konkrete Besonderheit aufweist: Es geht bei einem concours nicht darum, eine vorab festgelegte Mindestleistung zu erreichen und so zu bestehen. Vielmehr werden die zu besetzenden Positionen anhand der durch den concours aufgestellten Leistungsliste an die jeweils besten Kandidaten vergeben; oftmals haben die besten Kandidaten das Recht des ersten Zugriffs und können sich so beispielsweise die für sie attraktivsten Standorte (zB Paris statt die Provinz) aussuchen. Die wichtigste Aufnahmeprüfung für die École nationale de la magistrature ist der sog. erste concours, mithilfe dessen etwa 2022 57,85 Prozent der Kandidaten berufen wurden.[442] Hier bewerben sich die Hochschulabgänger, die entweder einen Master 1, einen Abschluss einer Hochschule für Politikwissenschaften (sog. Science Po, in Paris oder in der Provinz) oder der École normale supérieur haben. Ein juristischer Abschluss ist also nicht Pflicht. Die beiden anderen, weit weniger bedeutenden concours wenden sich an Verwaltungsbeamte mit mindestens vier Jahren Berufserfahrung und an Personen mit mindestens 8-jähriger Berufs-, Mandats- oder Laienrichtererfahrung. Die Vorbereitung auf die Aufnahmeprüfung findet entweder an den Universitäten in speziellen Instituts d'études juridiques statt oder in Vorbereitungskursen an der Richterschule selbst (für die es wiederum ein Auswahlverfahren gibt); sie dauert meist ein Jahr, bei fehlendem juristischem Studium zwei Jahre. Die Aufnahmeprüfung selbst umfasst nicht nur juristische Fragen, sondern auch etwa Zeitgeschehen und Allgemeinwissen. So war etwa im ersten concours 2022 ein Aufsatz zum Thema „Consensus et compromis" zu schreiben.[443] Es wird sogar ein psychologisches Gutachten erstellt. Die Prüfung gilt als einer der schwersten concours in Frankreich überhaupt; durch den Prüfungsinhalt werden die stets nichtjuristischen Absolventen der Grands Écoles keineswegs benachteiligt, sondern haben im Gegenteil sogar einen mit 10–15 Prozent recht hohen Anteil an den Aufgenommenen.[444] Insgesamt wurden etwa im Jahre 2022 von 2.474 Kandidaten des ersten concours nur 275 (also ca. 11 Prozent) aufgenommen.[445] Die Anzahl der Aufzunehmenden wird vorab anhand des abzusehenden Bedarfs der Justiz festgelegt.

252 Die Ausbildung selbst umfasst sodann 31 Monate und besteht aus theoretischem Unterricht und verschiedensten Praktika im Wechsel; die Richter in Ausbildung (sog. auditeurs de justice) erhalten ein geringes, aber zum Leben ausreichendes Gehalt. Am Ende steht – wie bei allen concours – eine Prüfung, die eine Rangfolge der auditeurs festlegt und darüber entscheidet, wer jeweils das erste Zugriffsrecht auf freiwerdende Stellen hat.

253 Von diesem Verfahren ausgenommen sind allein die juges de proximité, die ihr Amt an der juridiction de proximité[446] ausüben. Sie sind nur im Nebenamt und zeitlich befristet tätig, gelten nicht als magistrats und haben auch keine entsprechende Ausbildung durchlaufen. Juge de proximité kann vielmehr jeder Jurist mit mindesten 4 Jahren Berufserfahrung

441 Vgl. *École nationale de la magistrature* (Hrsg.), Profil de la promotion 2022, web.archive.org/web/20220210101711/https://www.enm.justice.fr/sites/default/files/Profil_promotion_ADJ_2022.pdf (zuletzt abgerufen am 18.7.2025).

442 Vgl. *École nationale de la magistrature* (Fn. 441); beim zweiten concours waren es 13,41 Prozent, beim dritten 3,83 Prozent, ibid.

443 Für eine Übersicht der Themen seit 1975, meist mit Lösungsmustern, vgl. web.archive.org/web/20250123042937/https://www.prepa-isp.fr/annale/enm-ecrits/ (zuletzt abgerufen am 18.7.2025).

444 Vgl. *Deckert* (Fn. 427), 16 f.

445 Vgl. *École nationale de la magistrature* (Fn. 441).

446 Dazu supra → Rn. 214, 217.

werden; vorab ist nur ein zweiwöchiger Kurs an der École nationale de la magistrature und ein einmonatiges Praktikum zu durchlaufen.

Während die genaue Anzahl von Richtern in Frankreich früher erstaunlich schwierig zu ermitteln war, werden die Zahlen heute durch das französische Justizministerium veröffentlicht.[447] Ende 2021 gab es 7.743 Berufsrichter, 18 Prozent davon in der Verwaltungsgerichtsbarkeit. Davon waren 1.855 Richter auf der Berufungsebene tätig, 426 auf der höchsten Ebene.[448] Das ist in der Gesamtzahl trotz des Bevölkerungsunterschieds deutlich weniger als in Deutschland, was in der Literatur teilweise auch in Zusammenhang mit einer geringeren Klageneigung französischer Unternehmen und Bürger gesehen wird.[449] Das Einstiegsgehalt eines französischen Richters an einem erstinstanzlichen Gericht lag 2024 bei rund 47.232 Euro brutto im Jahr, gegenüber bis zu 117.903 Euro brutto für Richter am Cour de cassation.[450] 254

bb) Anwaltsausbildung und Vereinheitlichung der Berufsbilder

Die Ausbildung zum Anwalt kann in einer von mehreren regionalen Anwaltsschulen absolviert werden, für die nicht der Staat, sondern die Anwaltschaft die organisatorische und finanzielle Verantwortung trägt. Ähnlich wie bei der Richterschule ist hier die Zugangsprüfung – die nicht als concours organisiert ist – mit Durchfallquoten von 65–70 Prozent eine entscheidende Hürde. Die Kandidaten können sich darauf an einem universitären Institut d'études judiciaires parallel zu oder nach dem Master 1 oder in einem kommerziellen Kurs vorbereiten. Fast alle Kandidaten können in der Praxis einen Master 2 vorweisen. Inhaber eines juristischen oder politikwissenschaftlichen Doktortitels benötigen gar keine Zugangsprüfung; bis zum Jahr 2005 war ihnen sogar die Anwaltsschule (nicht aber die Abschlussprüfung) insgesamt erlassen. Die Ausbildung dauerte bis 2005 zehn Monate, gefolgt von einem zweijährigen Anwaltspraktikum. Heute dauert sie 18 Monate und verbindet drei Phasen miteinander: Sie konzentriert sich im ersten Drittel im juristischen Bereich vor allem auf Verfahrensrecht und Standesrecht und legt im Übrigen den Schwerpunkt auf die praktische Vorbereitung auf den Anwaltsberuf durch Kurse etwa in Rhetorik oder anwaltlichen Arbeitstechniken. Es folgt ein sog. individuelles pädagogisches Projekt, das etwa in einem langen Unternehmenspraktikum oder der Beendigung eines Master 2 bestehen kann. Das letzte Drittel besteht meist aus einem Anwaltspraktikum, für das in der Regel nur eine geringe Bezahlung gewährt wird. Am Ende steht die Anwaltsprüfung, die keine echte Hürde mehr darstellt und meist bestanden wird. Der Kandidat erhält sodann das Certificat d'aptitude à la profession d'avocat (CAPA), mit dem er ohne weiteres zur Anwaltschaft zugelassen werden kann. 255

Im Jahre 2021 gab es 70.894 Anwälte in Frankreich,[451] also rd. 2/3 weniger als in Deutschland. Historisch gesehen gab es in Frankreich eine Trennung des Anwaltsstandes in zwei Professionen, die grob der englischen Trennung von barrister und solicitor vergleichbar war: der avocat als vor Gericht auftretender Prozessanwalt und der avoué, dem die schriftliche Prozessführung oblag.[452] Die Trennung wurde 1971 weitgehend aufgegeben, allerdings 256

[447] Vgl. zB für 2022 www.justice.gouv.fr/statistiques-10054/references-statistiques-justice-12837/ (zuletzt abgerufen am 18.7.2025); zur früheren Situation vgl. die Vorauflage.

[448] Kurze statistische Zusammenfassung in *Ministère de la Justice* (Hrsg.), Moyens, aide juridictionnelle et professions pour la justice, 2022, 17, www.justice.gouv.fr/art_pix/RSJ2021_Chapitre1.pdf (zuletzt abgerufen am 18.7.2025).

[449] Vgl. *Fromont* (Fn. 10), 137 f.

[450] Für eine verständliche Auflistung vgl. fiches-droit.com/salaire-juge (zuletzt abgerufen am 18.7.2025); für eine offizielle Gehaltstabelle, die zugleich die Komplexität der Gehaltszusammensetzung illustriert vgl. www.enm.justice.fr/api/getFile/sites/default/files/grille_des_traitements_01-01-2020.pdf (zuletzt abgerufen am 18.7.2025).

[451] Vgl. *Références statistiques justice,* année 2019, année 2021, 31, www.justice.gouv.fr/art_pix/RSJ2021%20ed2022_20230303.pdf (zuletzt abgerufen am 18.7.2025); dabei ist die Einwohnerzahl Frankreichs rund 20 Prozent geringer als die Deutschlands.

[452] Dazu näher *Zweigert/Kötz* (Fn. 4), 125 f.

für die cours d'appel aufrechterhalten.[453] So wurden etwa 2010 noch 430 avoués près les cours d'appel gezählt.[454] Seit dem 1.1.2012 aber wurde die Unterscheidung gänzlich aufgegeben und der Beruf des avoué abgeschafft.[455] Bereits 1990 endgültig abgeschafft und in die Gruppe der avocats integriert wurden zudem die bis dahin sog. juristischen Berater (conseils juridiques), die nach abgeschlossener juristischer Ausbildung ohne weiteres ihre Tätigkeit aufnehmen und juristisch beraten, nur eben nicht vor Gericht vertreten durften.[456] Eine französische Besonderheit allerdings hat bis heute überlebt: Das Selbstverständnis oder Standesbewusstsein der Juristen bezieht sich, anders als in vielen anderen Ländern, nicht auf ihre allgemeine Position als Jurist sondern auf ihre jeweilige Berufsgruppe: „Man ist Anwalt oder Richter und eben nicht *Jurist*."[457]

4. Das gerichtliche Verfahren

a) Orientierung am erstinstanzlichen Verfahren

257 Das gerichtliche Verfahren des civil law, das hier weitgehend am Beispiel Deutschlands erläutert werden soll, zeichnet sich vor allem durch die überragende Rolle des Richters und die unterschiedliche Ausprägung je nach betroffenem Gerichtszweig aus. Daneben besteht ein übergreifender, aber wenig beachteter rechtskultureller Unterschied in der Perspektive der Selbstreflektion: Wer etwa über einen englischen Prozess spricht, hat in der Regel mindestens den High Court oder den Court of Appeal vor Augen, also Gerichte, die in der Hierarchie bereits weit oben stehen und größere Fälle behandeln. Auch wer den Prozessverlauf etwa in den USA erläutern will, wird sich oft auf die renommierten Bundesgerichte beziehen und gern etwa größere Schadenersatzprozesse als Beispiel nehmen. Wer hingegen als deutscher Jurist darüber nachdenkt, wie ein Prozess typischerweise abläuft, wird ohne weiteres an schlichte Verfahren vor Amts- oder Landgerichten denken, die stets das klassische Beispiel abgeben. Und tatsächlich lassen sich die Eigenheiten der deutschen Prozesstradition anhand einer Klage über 700 Euro wegen Mängeln eines verkauften Gebrauchtwagens oder anhand einer Anklage wegen Betrugs mit einem Schaden in ähnlicher Höhe mindestens ebensogut, vermutlich sogar weit besser darstellen als anhand von Großverfahren oder gar den Vorgehensweisen vor dem Bundesgerichtshof. Anders ausgedrückt sind die charakteristischen Merkmale des deutschen Prozesses nicht vornehmlich oder gar allein auf große Verfahren zugeschnitten, sondern durchdringen das ganze System von unten nach oben. Deutlich wurde dies etwa auch am Versuch des Gesetzgebers, mit der Einführung des § 495a ZPO das Zivilverfahren an Amtsgerichten bei einem Streitwert bis 600 Euro zu lockern und weitgehend dem Ermessen des Richters zu überlassen: die Auswirkungen der Norm in der Praxis blieben insgesamt eher marginal, die Strukturen des Prozessrechts weitgehend erhalten.[458]

---

[453] Zur weiteren Eigentümlichkeit der Anwälte am Cour de cassation und am Conseil d'État (sog. avocats aux conseils), die ihr Amt an einen Nachfolger übergeben können, kurz *Bonnard* (Fn. 75), 159.

[454] Vgl. Annuaire statistique de la justice, édition 2011 – 2012, www.justice.gouv.fr/sites/default/files/migrations/portail/art_pix/stat_annuaire_2011-2012.pdf, 305.

[455] Vgl. Loi n 2011-94 du 25 janvier 2011 portant réforme de la représentation devant les cours d'appel; *Beignier/Binet/Thomat-Raynaud* (Fn. 177), 542; zum Hintergrund vgl. etwa noch *Beignier/Bléry* (Fn. 247), 357 Fn. 6.

[456] Dazu näher *Zweigert/Kötz* (Fn. 4), 126 f.

[457] *Walther* (Fn. 427), 231, Hervorhebung im Original.

[458] Zu den geringen praktischen Auswirkungen vgl. *Deppenkemper, Gunter,* in: Krüger, Wolfgang; Rauscher, Thomas, Münchener Kommentar zur Zivilprozessordnung mit Gerichtsverfassungsgesetz und Nebengesetzen, Bd. 2, 7. Aufl. 2025, ZPO § 495a Rn. 2.

b) Einige typische Merkmale des deutschen Zivilprozesses

aa) Überragende Rolle des Richters

Die im Vergleich zum common law überragende Rolle des Richters ist in Frankreich etwas weniger,[459] in Deutschland hingegen besonders stark ausgeprägt. Das beginnt bereits im schriftlichen Teil des Verfahrens. Der Richter sendet die Klage, die Klagerwiderung und alle weiteren Schriftsätze dem jeweiligen Gegner zu. Ab der Klagerwiderung gehört es dabei aber zur guten Praxis eines effizient arbeitenden Richters, steuernd einzugreifen und der jeweiligen Partei mit der Übersendung Hinweise darauf zu geben, welche Punkte er noch als klärungsbedürftig ansieht. Mit anderen Worten weist der Richter – schon aufgrund seiner Aufklärungspflicht nach § 139 ZPO – die Parteien auf eventuelle Fehler in ihren bisherigen Schriftsätzen hin und muss ihnen ggf. auch sagen, welche Anträge die richtigen sind und welche Tatsachen noch vorgetragen werden müssen.[460] So wird das Verfahren ebenso wie die sich entwickelnde Akte schlanker. Für das Verfahren gilt dabei der Grundsatz „da mihi factum, dabo tibi ius", also: „gib mir die Tatsachen, ich gebe Dir das Recht." Aufgabe der Parteien und ihrer Anwälte ist es also – in der Theorie – in erster Linie, die Tatsachen vorzutragen und ggf. darüber zu streiten. In der Praxis wird es selbstverständlich mindestens ebenso oft zu einer Erörterung von Rechtsfragen kommen, schon weil ohne Kenntnis der Rechtsfragen nicht klar ist, auf welche Tatsachen es eigentlich ankommt, und weil der Streit um Rechtsfragen auch in Deutschland oft im Mittelpunkt des Verfahrens steht. Die lateinische Maxime ist aber insofern von Bedeutung, als es – im Unterschied etwa zu den USA – keinerlei, gar sanktionsbewehrte Pflichten für die Parteien gibt, die Rechtslage vollständig darzulegen. Es ist ohne weiteres zulässig, etwa Entscheidungen oder Literaturstellen, die gegen die eigene Position sprechen, nicht zu erwähnen. Wenn Gegner oder Richter diese Stellen kennen und heranziehen wollen, besteht schließlich immer noch die Möglichkeit, dazu Stellung zu nehmen. Allein aus praktischer Sicht kann es geschickter sein, bereits von Anfang an vorbeugend auf Gegenansichten einzugehen, wenn ohnehin mit großer Wahrscheinlichkeit anzunehmen ist, dass diese in das Verfahren eingeführt werden. 258

Oft möglichst zeitnah wird der Richter sodann einen Termin anberaumen.[461] Ist er gut vorbereitet, so hat er den Fall in der Art einer Relation[462] durchdacht und weiß bereits genau, welche tatsächlichen und rechtlichen Probleme sich stellen oder ob möglicherweise die Entscheidung schon jetzt auf der Hand liegt. In der Verhandlung nimmt der Richter dann von Anfang an die Zügel in die Hand. Zu einem filmreifen Plädoyer, in dem die Anwälte den Fall jeweils umfassend aus ihrer Sicht darstellen, kommt es kaum einmal. Die kurze Zusammenfassung des Falls übernimmt vielmehr der Richter selbst, doch wird sie in vielen Fällen zwar dazu dienen, Parteien und Anwälte zu fokussieren, doch selten eine für Außenstehende verständliche Erläuterung des ganzen Falls beinhalten. Stattdessen stellt der Richter den Parteien konkrete Fragen zu Punkten, die aufgrund der Schriftsätze noch unklar geblieben sind, und macht vor allem darauf aufmerksam, von welchen Punkten seine Entscheidung im Kern abhängen wird, oft auch in welche Richtung er nach gegenwärtigem Stand tendiert. Da Überraschungsentscheidungen rechtswidrig sind, ist der Richter teilweise sogar verpflichtet, seine Rechtsansichten zum Fall vorab offenzulegen. Die meist anwaltlich vertretenen Parteien nehmen dazu Stellung. Insgesamt also wird ein externer Zuhörer im Gerichtssaal, der den Fall nicht kennt, oft größte Schwierigkeiten haben zu verstehen, worum es überhaupt geht. Richter können ohne weiteres fast einleitungslos an die für sie 259

[459] Dazu näher *Classen, Claus Dieter,* Der Richter zwischen Dialog und Entscheidung, JZ 80 (2025), 581 (582 ff.).

[460] Vgl. etwa *Schellhammer, Kurt,* Zivilprozess, Gesetz – Praxis – Fälle, 16. Aufl. 2020, 199, 207, zur Aufklärungspflicht insgesamt ibid., 199 ff.

[461] Zum geringen praktischen Unterschied zwischen den gesetzlich vorgesehenen Alternativen des sog. frühen ersten Termins, der sogleich nach Eingang der Klage anberaumt wird, und dem in der Praxis meist bevorzugten sog. schriftlichen Vorfahren, § 272 Abs. 2 ZPO, vgl. etwa *Pantle, Norbert; Kreissl, Stephan,* Die Praxis des Zivilprozesses, 4. Aufl. 2007, 72.

[462] Zum für das Verständis des Zivilprozesses grundlegenden Relationsdenken vgl. supra → Rn. 133 ff.

wichtigste Stelle des Falles springen. Am Ende dieses Termins kann der Richter eine ganze Reihe von Entscheidungen treffen, etwa einer Partei noch die Einreichung eines weiteren Schriftsatzes nachlassen, einen Beweistermin anberaumen oder auch sogleich ein Urteil fällen. Eine gute Praxis besteht darin, schlicht einen Termin zur Verkündung „einer" Entscheidung anzuberaumen. Damit gewinnt der Richter Zeit, darüber nachzudenken, ob er etwa noch eine Beweisaufnahme verlangen sollte oder den Fall bereits jetzt entscheiden kann, und ggf. wie und mit welcher Begründung.

bb) Vergleich

260 Allerdings wird der Richter, auch aufgrund entsprechender Anweisungen des Gesetzgebers, regelmäßig zunächst versuchen, die Parteien zu einem Vergleich zu bewegen. Dabei kann es ohne weiteres sein, dass er sich gegenüber den Anwälten in die Karten schauen lässt und andeutet, in welche Richtung seine Entscheidung ohne Vergleich gehen oder welche Prozessrisiken er etwa im Hinblick auf eine Beweisaufnahme mit unsicherem Ausgang oder einzuholende Gutachten sieht. Für den Richter hat ein mit einem Vergleich beendeter Prozess zudem den handfesten Vorteil, dass das Verfahren nicht nur schnell vom Tisch ist, sondern er auch nicht gezwungen ist, Zeit und Arbeitskraft in die Abfassung eines Urteils zu stecken. Zudem zählt ein erledigtes Verfahren als erledigtes Verfahren, unabhängig davon, ob es langsam oder schnell, durch Urteil oder Vergleich erledigt wurde. Die Anzahl der erledigten Verfahren aber ist für die Richter intern von großer Bedeutung, da seine Arbeitsbelastung auf diese Weise ermittelt und bei eventuell anstehenden Veränderungen der internen Zuständigkeiten ebenso wie bei internen Bewertungen seiner Leistung oder bei Beförderungen berücksichtigt wird.

cc) Beibringungsgrundsatz und Beweisaufnahme

261 Im Zivilprozess gilt der sog. Beibringungsgrundsatz, dem zufolge die Parteien Herren des Verfahrens (sog. Dispositionsmaxime) sind. Sie und nicht der Richter bestimmen, über was verhandelt wird und über was nicht. Dies gilt im Kern auch für die Tatsachenermittlung: Wenn beide Parteien ihren Ausführungen dieselbe Tatsache zugrundelegen, diese also unstreitig ist, so ist es nicht am Gericht, die Wahrheit dieser Tatsache zu bezweifeln, selbst wenn es etwa zufällig genaueres dazu weiß. Etwas anderes gilt nur, wenn die Tatsache offensichtlich falsch ist;[463] dass also die Sonne im Westen aufgeht, braucht das Gericht den Parteien nicht zu glauben, auch wenn beide dies übereinstimmend behaupten.

262 Auch die Beweise für streitige Tatsachen werden entsprechend zunächst von den Parteien angeboten. Welcher Beweis wie erhoben wird, unterliegt dann allerdings der Entscheidung des Richters. Im klassischen Fall des Zeugenbeweises ist zudem er es, der die Zeugen in erster Linie vernimmt. Erst wenn der Richter seine Befragung abgeschlossen hat, erhalten die Parteien die Gelegenheit, die Zeugen ihrerseits zu befragen. Je nachdem wie die Befragung durch den Richter verlaufen ist, fällt die anwaltliche Befragung oft eher kurz aus. Meist geht es nur noch um die Klärung des einen oder anderen Einzelpunkts. Nicht selten verzichtet ein Anwalt auch einmal ganz auf eine eigene Befragung. Die Zeugenbefragung verläuft dabei in der großen Mehrzahl der Fälle ruhig und kollegial. Genaues Nachfragen ist zwar ohne weiteres vorgesehen, aggressive Techniken aber sind unüblich. Klassischerweise beginnt die Zeugenbefragung zudem mit der Aufforderung an den Zeugen, die ganze Geschichte einmal am Stück aus seiner Sicht zu erzählen, § 396 Abs. 1 ZPO. Dazu erhält der Zeuge dann auch tatsächlich reichlich und grundsätzlich ohne Unterbrechung Gelegenheit. Mit anderen Worten: Dem an U.S.-amerikanische Gerichtsspielfilme und Fernsehserien gewohnten deutschen Zuschauer wird eine reale deutsche Zeugenbefragung meist sehr unspektakulär erscheinen; andererseits wird er auch selten bis nie die Winkelzüge, Unterbrechungen

[463] Vgl. für diese Ausnahme *Rosenberg, Leo; Schwab, Karl Heinz; Gottwald, Peter,* Zivilprozessrecht, 18. Aufl. 2018, § 113 Rn. 24 ff.

(„Einspruch, Euer Ehren!") und sonstigen Eigenarten wiederfinden, die ihn in diesen Filmen immer verwundert haben. Der unspektakuläre Umgang mit Zeugen beruht letztlich auf der einzigen Zielperson des ganzen Verhörs: dem professionellen Richter. Er allein würdigt die Zeugenaussagen und macht sich so ein Bild von den tatsächlichen Vorgängen. Da er dies von Berufs wegen und meist mit viel Erfahrung tut, führen etwa emotionale Beeinflussungsversuche oder Ablenkungsmanöver bei ihm kaum zum Erfolg. Es handelt sich insofern um ein common sense Verfahren, was auch erklärt, dass weder Richter noch Anwälte in der Regel Anlass sehen, sich für die Zeugenvernehmung speziell schulen zu lassen oder hier speziell komplexe Techniken zu entwickeln.[464] Entscheidet sich ein Anwalt, doch einmal „auf den Tisch zu hauen", so in den meisten Fällen eher, um den anwesenden Mandanten zu beeindrucken als um der Sache willen. Nicht selten zeigen dieselben Anwälte ein ganz anderes Verhalten, sobald die Mandanten nicht oder nicht mehr mit im Gerichtssaal sind.

dd) Kosten

Der Prozess schließt mit dem Urteil, das zugleich eine Entscheidung über die Kosten enthält. **263**
Damit sind nicht nur die Gerichtskosten, also die an den Staat für das Verfahren abzuführenden Gebühren gemeint, sondern gerade auch alle übrigen, den Parteien für das Verfahren entstandenen Kosten, insbesondere also die Anwaltsgebühren. Die einfache Grundregel lautet: Der Unterlegene trägt alle Kosten des Verfahrens. Wer anteilig unterliegt, trägt die Kosten anteilig. Wer also den Prozess gewinnt, hat nicht nur einen Anspruch auf Zahlung all seiner Anwaltskosten durch den Gegner, sondern dazu auch gleich einen Titel, den er notfalls vollstrecken kann. Deutschen Juristen erscheint die Regel der Kostentragung fast immer so selbstverständlich, dass sie sich kaum vorstellen können, dass es – wie etwa in den USA – auch anders sein könnte. Die Regeln über die Kostentragung werden als elementare Gebote der Gerechtigkeit angesehen: Niemand, der unberechtigt verklagt wird, muss fürchten, dadurch einen Nachteil zu erleiden; umkehrt wird niemand durch eventuelle Kostenprobleme davon abgehalten, sein berechtigtes Anliegen im Klagewege durchzusetzen. Unterstützt wird dieser Grundgedanke noch für ärmere Bürger durch ein System der Prozesskostenhilfe. Natürlich ist jede Klage dennoch ein Kostenrisiko, jedenfalls dann, wenn der Ausgang aus rechtlichen oder tatsächlichen Gründen nicht sicher vorherzusehen ist. In diesem Fall übt das Kostenrecht eine hemmende Wirkung auf die Klagebereitschaft aus, die um so größer ausfällt, je weniger erfolgversprechend die Klage ist. Dieser Effekt wird in Kauf genommen und sogar begrüßt. Dies benachteiligt – bei unsicherem Klageausgang – einerseits finanziell Schwächere, die gegen Wohlhabende klagen wollen, schützt diese Schwächeren aber umgekehrt auch besser, denn dem Wohlhabenden ist es weitgehend nicht möglich, andere mit Klagen zu überziehen, um sie allein durch die Prozessführung dauerhaft finanziell in den Ruin zu treiben.

c) Der deutsche Verwaltungs- und Strafprozess

aa) Verwaltungsprozess und Amtsermittlung

Der Verwaltungsprozess unterliegt einer eigenen Prozessordnung und unterscheidet sich in **264**
zahllosen Details, beispielsweise bei den Klagearten, vom Zivilprozess. Dennoch herrscht hier kein völlig anderer Geist, sondern folgt der Verwaltungsprozess aus der Außenperspektive ganz ähnlichen Grundlinien. Selbst die für das Verständnis des Zivilprozesses elementare Relationstechnik wird ebenso im Verwaltungsprozess verwendet. Leicht unterschiedliche Tendenzen, die mehr auf Traditionen denn auf rechtlichen Erwägungen beruhen, ergeben sich aber beispielsweise dadurch, dass nicht wenige Verwaltungsrichter größeren Wert auf eine zusammenfassende Darstellung des Streits am Anfang des ersten Termins

[464] Beispiel einiger kurzer, typischer Erläuterungen zur Zeugenbefragung etwa bei *Schellhammer* (Fn. 460), 307 ff.

legen. Hintergrund mag hier die Überlegung sein, dass der Zivilprozess in erster Linie nur die beiden Parteien betrifft, während im Verwaltungsprozess stets auch ein gewisses öffentliches Interesse besteht, so dass die Vorgänge transparenter sein müssen. Auch werden etwa im verwaltungsgerichtlichen Urteil immer wieder einmal Fragen erörtert und entschieden, die bei strenger Betrachtung für das Ergebnis nicht zwingend sind. Solche obiter dicta werden vor allem damit gerechtfertigt, dass von ihnen eine erzieherische und damit weitere Klagen vermeidende Wirkung gegenüber der verklagten Behörde ausgeht. Neben solchen eher atmosphärischen Besonderheiten besteht der zentrale Unterschied zum Zivilprozess jedoch darin, dass hier nicht der Beibringungsgrundsatz, sondern der Amtsermittlungsgrundsatz gilt. Er verpflichtet das Gericht, die objektive Wahrheit selbst zu suchen. Es ist an Behauptungen und Anträge der Parteien nicht gebunden. Erkennbar kann sich dies in vielen Einzelfragen auswirken. Ebenso erkennbar allerdings ist der praktische Unterschied weit geringer als die abstrakte Formulierung andeutet. Denn weder ist es im Zivilprozess zwischen den Parteien üblich, unwahre Tatsachen unstreitig zu stellen, noch kann das Verwaltungsgericht in seinen Ermittlungen auf das Vorbringen der Parteien verzichten. Worum der Streit geführt wird und an welchen Stellen die Wahrheit zu ermitteln ist, ergibt sich hier ebenso wie im Zivilprozess in aller Regel aus einer Analyse des Vorbringens der Parteien und bedarf kaum einmal eigener Nachforschungen des Gerichts, gar gegen deren expliziten Willen.

bb) Eigenheiten des Strafprozesses und der deal

265 Dieser Amtsermittlungsgrundsatz gilt auch im Strafprozess. Auch und gerade der Strafrichter soll also die materielle Wahrheit ermitteln und ist dabei keineswegs an das Vorbringen oder auch nur die Beweisanträge von Staatsanwaltschaft oder Verteidigung gebunden. Die Stellung des Richters ist hier also noch stärker als im Zivilprozess. Er kann etwa – ganz im Unterschied zu den USA – im Laufe des Prozesses auch zum Nachteil des Angeklagten von der Anklage abweichen, § 265 StPO. Er kann aus eigenem Antrieb zu ihm unklar erscheinenden Punkten Zeugen laden und vernehmen. Auch ist beispielsweise ein Geständnis des Angeklagten zwar ein wichtiger Aspekt bei der Wahrheitsfindung, doch reicht es – ganz anders als etwa in den USA – keineswegs zwingend als Beweis aus und verhindert auch nicht etwa die Durchführung einer Hauptverhandlung. So kann es trotz Geständnisses des Angeklagten durchaus einmal zu einem langen Prozess und sogar zu einem Freispruch kommen.

266 Anders als im Zivil- und Verwaltungsrecht gilt im Strafrecht auch der Grundsatz der Mündlichkeit des Verfahrens. Eine Bezugnahme auf die Akten ist weitgehend nicht möglich, Schriftstücke müssen verlesen[465] und Zeugen grundsätzlich in der Verhandlung befragt werden. Anders gesagt bekommt der Zuschauer im Strafprozess und letztlich nur hier durch schlichtes Zuhören ein weitgehend vollständiges Bild vom Fall und allen Vorgängen. Dies gilt auch für eventuelle Diskussionen mit dem Richter, zB über Verfahrensfragen. Das etwa in den USA gebräuchliche Vorgehen, bestimmte Fragen leise und direkt am Richtertisch zu klären, heute technisch ergänzt durch ein weißes Rauschen über die Lautsprecher-

[465] Eine wichtige Ausnahme bildet bei umfangreichen Urkunden insbes. in Wirtschaftsstrafverfahren das sog. Selbstleseverfahren gem. § 249 Abs. 2 StPO, wonach die Richter die Schriftstücke außerhalb der Hauptverhandlung lesen und die sonstigen Beteiligten Einsicht erhalten, vgl. *Volk, Klaus; Engländer Armin,* Grundkurs StPO, 9. Aufl. 2020, § 21 Rn. 39; *König, Stefan; Harrendorf, Stefan,* in: Dölling, Dieter; Duttge, Gunnar; Rössner, Dieter, Gesamtes Strafrecht – StGB, StPO, Nebengesetze – Handkommentar, 5. Aufl. 2022, StPO § 249 Rn. 29 f.; dem weitergehenden Versuch des Gesetzgebers, dem Missbrauch der zeitaufwendigen Pflicht, alle Anträge vorzulesen, gerade auch in Großverfahren vorzubeugen und so die Mündlichkeit durch den etwas unklar formulierten § 257a StPO aus dem Jahr 1994 zusätzlich aufzuweichen – vgl. dazu *Krahl, Matthias,* Mißachtung rechtsstaatlicher Verfahrensgrundsätze durch die schriftliche und selbstlesende Hauptverhandlung, Goltdammer's Archiv 1998, 329 (329 ff.) – hat sich die Praxis fast einhellig widersetzt, vgl. *Eschelbach, Ralf,* in: Graf, Jürgen Peter, Beck'scher Onlinekommentar Strafprozessordnung, 55. Edition 2025, vor § 257a; *Senge, Lothar,* Missbräuchliche Inanspruchnahme verfahrensrechtlicher Gestaltungsmöglichkeiten – Wesentliches Merkmal der Konfliktverteidigung? – Abwehr der Konfliktverteidigung, NStZ 2002, 225 (232).

anlage des Gerichtssaals, das ein Mithören auch scharfen Ohren unmöglich macht, ist in Deutschland so nicht bekannt.

Eine andere Rolle als im common law nimmt auch die Staatsanwaltschaft ein. Sie ist ebenso wie der Richter auf die Ermittlung der Wahrheit verpflichtet und sucht deshalb – nicht nur in der Theorie – stets auch nach Momenten, die den Angeklagten entlasten könnten. Ist es zum Prozess gekommen, folgt allerdings die routinemäßige Rollenverteilung weitgehend dem zu erwartenden Schema: die Verteidigung verteidigt, der Staatsanwalt klagt an. Dennoch spielt die Verpflichtung des Staatsanwalts auf Neutralität eine nicht unerhebliche unterschwellige, atmosphärische Rolle. Plädiert etwa ein Staatsanwalt am Ende des Prozesses auf Freispruch, so wird dies weder als Niederlage für ihn noch als völlig ungewöhnlich angesehen. Umgekehrt kommt es gerade in vielen Routineprozessen nicht selten vor, dass der Verteidiger vor dem Schlussplädoyer recht wenig sagt und auch kaum Fragen an die Zeugen hat. Zu einem verbissenen Zweikampf zwischen Verteidiger und Staatsanwaltschaft kann es im Strafprozess durchaus einmal kommen, doch ist dies keinesfalls das Leitbild. Denn wiederum ist der Adressat aller Äußerungen letztlich nur der professionelle Richter. So hat denn auch ein Angeklagter ohne Verteidiger in kleineren Verfahren vielfach keine schlechteren Erfolgsaussichten als mit Verteidiger; im Gegenteil kann es sogar vorkommen, dass der Richter dem nicht anwaltlich vertretenen Angeklagten an problematischen Stellen helfend unter die Arme greift, während er dies bei Anwesenheit eines Verteidigers nicht tun würde, auch wenn der Anwalt erkennbar einen Fehler macht. 267

Die Eigenheiten des deutschen Strafprozesses werden besonders an einer Stelle deutlich, an der ein klassisches anglo-amerikanisches Rechtsinstitut Eingang in die Praxis gefunden hat: der sog. deal. Dabei geht es im Kern darum, dass eine Vereinbarung zwischen Angeklagtem und Staat getroffen wird, wonach der Angeklagte ein Geständnis ablegt und ihm im Gegenzug ein bestimmtes Strafmaß oder eine bestimmte Höchststrafe zugesagt wird. Für Gericht und Staatsanwaltschaft hat ein solches Vorgehen den Vorteil, dass weitere, eventuell sehr schwierige, teure und aufwendige Beweisaufnahmen vermieden werden. Der Angeklagte hingegen kann auf diese Weise sein Strafmaß steuern, dh vor allem herabsetzen. In den USA ist eine solche Absprache grundsätzlich eher problemlos, da es hier die Staatsanwaltschaft in der Hand hat, den Prozessstoff zu begrenzen. In Deutschland hingegen wird dies durch den Amtsermittlungsgrundsatz und die Verpflichtung des Richters auf die materielle Wahrheit verhindert.[466] Dennoch konnte sich der deal in der Praxis durchsetzen, wenn auch nur unter Beschränkungen und nach intensivem Streit, der letztlich sogar zu einer der seltenen Entscheidungen des Großen Strafsenats des Bundesgerichtshofs führte.[467] Nach vielen Jahren der Diskussion wurde die Möglichkeit des deals 2009 in § 257c StPO mit gewissen Beschränkungen auch gesetzlich kodifiziert. Die Bedenken allerdings sind weiterhin gravierend und viele Rechtswissenschaftler ebenso wie eine Reihe von hochrangigen Praktikern, darunter etwa die langjährige Generalbundesanwältin, gehören zu seinen Gegnern.[468] Denn schließlich wird hier der Grundanspruch, die materielle Wahrheit zu suchen, 268

[466] Zum deal aus rechtsvergleichender Perspektive vgl. *Hertel, Florian,* „Deal" gleich „bargain"? – Verständigungen im deutschen und angelsächsischen Strafverfahren, Zeitschrift für das Juristische Studium 3 (2010), 198 (198 ff.); *Peters, Julia,* Urteilsabsprachen im Strafprozess – Die deutsche Regelung im Vergleich mit Entwicklungen in England & Wales, Frankreich und Polen, 2011; aus der früheren Literatur etwa *Weigend, Thomas,* Absprachen in ausländischen Strafverfahren, 1990.

[467] BGHSt (GS) 50, 40 (40 ff.).

[468] Vgl. etwa *Schünemann, Bernd,* Ein deutsches Requiem auf den Strafprozess des liberalen Rechtsstaats, Zeitschrift für Rechtspolitik 42 (2009), 104 (104 ff.); *Hassemer, Winfried,* Die Geschäfte mit der Wahrheit – Warum der sogenannte Deal in Strafverfahren viele Fürsprecher hat – und doch sehr problematisch ist, Süddeutsche Zeitung, 24./25.1.2009, 2 (2); *Fischer, Thomas,* Regelung zur Urteilsabsprache – Ein Appell zum Innehalten, NStZ 2007, 433 (433 ff.); *Duttge, Gunnar,* Möglichkeiten eines Konsensualprozesses nach deutschem Strafprozeßrecht, *Zeitschrift für die gesamte Strafrechtswissenschaft* 115 (2003), 539 (539 ff.); *Salditt, Franz,* Möglichkeiten eines Konsensualprozesses nach deutschem Strafprozeßrecht – Ergänzende Überlegungen aus forensischer Sicht, Zeitschrift für die gesamte Strafrechtswissenschaft 115 (2003), 570 (570 ff.); positive Einstellung zum deal etwa bei *Jahn, Matthias,* Zurück in die Zukunft – Die Diskurstheorie des Rechts als Paradigma des neuen konsensualen Strafverfahrens, Goltdammer's Archiv 2004, 272 (272 ff.,

der Sache nach aufgegeben; der deal soll ja gerade die vollständige Ermittlung der Wahrheit im Prozess überflüssig machen. Zudem entscheidet der Richter über den deal auf der Grundlage der staatsanwaltschaftlichen Ermittlungsakten und nicht aufgrund seines eigenen, in der Hauptverhandlung erlangten Eindrucks. Manche sprechen deshalb hier von einem Rückfall in den Inquisitionsprozess. Das gilt umso mehr, als aufgrund der sonst unangetasteten Struktur des deutschen Strafverfahrens die Rechte der Verteidigung im staatsanwaltschaftlichen Ermittlungsverfahren eher schwach ausgestaltet sind und Möglichkeiten der Überprüfung der Ermittlungsergebnisse vor der Hauptverhandlung für die Verteidigung kaum bestehen. Dies wird beim deal plötzlich zum Problem. Ebenfalls außerhalb der Hauptverhandlung findet die Aushandlung und Einigung über den deal statt – ein Verstoß gegen die in früheren Zeiten lange erkämpfte Öffentlichkeit des Strafverfahrens. Zwar müssen die Inhalte des deals in der Hauptverhandlung öffentlich gemacht werden,[469] doch wird dies von vielen nur als ein unzureichender Ausgleich angesehen. Auch kommt dem Geständnis im Rahmen des deals unter Verstoß gegen das Schuldprinzip eine zwar nicht rechtlich aber faktisch sehr starke Rolle zu, ohne dass sicher wäre, dass der Angeklagte die Tat auch in jedem Fall wirklich begangen hat. Schließlich wird ein zentrales Problem darin gesehen, dass der Richter nicht mehr neutral sei, sondern selbst Verhandlungspartner werde, dem naturgemäß eine weit größere Verhandlungsmacht zukomme als dem Angeklagten. Denn schließlich muss der Angeklagte mit demjenigen verhandeln, der die Macht hat, ihn bei Scheitern der Verhandlungen zu bestrafen. So wird auch aus der Praxis von Fällen berichtet, in denen Richter mit besonders hohen Strafandrohungen und entsprechend sehr hohen, in Aussicht gestellten Strafnachlässen Druck ausüben, um den Angeklagten zu einem deal zu bewegen. Scheitert der deal, ist der Richter psychologisch nicht mehr völlig unvoreingenommen gegenüber dem Angeklagten. Alles in allem sehen viele kritische Stimmen den deal zwar grundsätzlich durchaus als eine mögliche Neuerung auch in Deutschland an, beklagen aber, dass er aufgrund der hinter ihm stehenden, völlig anderen Grundeinstellung zum Strafverfahren nicht in das gegenwärtige strafprozessuale Umfeld passe, er also jedenfalls nur eingeführt werden könne, wenn dieses Umfeld grundlegend reformiert und verändert werde. Anders gesagt erweist sich der deal als Beispiel einer unbedachten Rechtsübertragung, die die grundlegenden Unterschiede zwischen deutschem und U.S.-amerikanischem Strafprozess schlaglichtartig beleuchtet.

d) Der französische Untersuchungsrichter

269 Besonderer Erwähnung wert[470] ist die Institution des französischen Untersuchungsrichters (juge d'instruction), weniger weil seine Existenz besonders systemprägend wäre, als vielmehr weil er sich ungewöhnlicher und teils verfehlter Aufmerksamkeit im Bereich des common law erfreut.[471] Ein Teil dieser Aufmerksamkeit mag Honoré de Balzac geschuldet sein, der in der Mitte des 19. Jahrhunderts schrieb: „Aucune puissance humaine, ni le Roi, ni le Garde-de-sceaux, ni le premier ministre ne peuvent empiéter sur le pouvoir d'un juge d'instruction, rien ne l'arrête, rien ne lui commande. C'est un souverain soumis uniquement à sa conscience et à la loi."[472] Tatsächlich vereinigt der französische Untersuchungsrichter richterliche und strafverfolgungsbehördliche Funktionen in einer Person, was manchem Beobachter von vornherein suspekt erscheint.

---

insbes. 287); *Landau, Herbert; Eschelbach, Ralf,* Absprachen zur strafrechtlichen Hauptverhandlung, NJW 1999, 321 (323 f.).

[469] Dasselbe gilt für die Mitteilung, ob überhaupt Gespräche stattgefunden haben, vgl. BVerfGE 133, 168 (223 f.).

[470] Zur ebenfalls typisch französischen Institution des Generalanwalts (avocat général), der in Zivilverfahren vor höheren Gerichten seine unabhängige Meinung zum Fall dem Gericht gegenüber präsentiert vgl. etwa *Lasser, Mitchel de S.-O.-l'E,* Judicial (self-) portraits – Judicial discourse in the French legal system, Yale Law Journal 104 (1995), 1325 (1355 ff.); *Steiner* (Fn. 60), 143 f.

[471] Vgl. bereits supra → § 5 Rn. 139.

[472] *Balzac, Honoré de,* Splendeurs et misères des courtisanes, Elibron Classics, 2006, 284.

Allerdings ist der Untersuchungsrichter keineswegs ein für das ganze civil law typisches Institut. In Deutschland etwa wurde er zum Jahresbeginn 1975 abgeschafft und hat selbst unter Juristen kaum Erinnerungsspuren hinterlassen. Die Strafverfolgung in Deutschland liegt heute allein in der Hand der Staatsanwaltschaft, die sich der Polizei bedient. Durchsuchungsanordnungen, Haftbefehle oder Telefonüberwachungen allerdings bedürfen als schwerwiegende Eingriffe in die grundrechtlich geschützten Freiheiten des Beschuldigten einer richterlichen Anordnung, die der Staatsanwalt beim sog. Ermittlungsrichter beantragen muss. Dieser Ermittlungsrichter ist im Übrigen nicht mit dem Fall befasst. Es handelt sich regelmäßig um einen regulären Strafrichter, der nebenher auch diese Funktion miterfüllt. In Haftsachen wird er oft auch Haftrichter genannt, während die Bezeichnung als Untersuchungsrichter zwar gelegentlich informell verwendet wird, aber rechtlich gesehen fehlerhaft ist. Erhebt der Staatsanwalt Klage, so ist damit ebenfalls nicht sogleich das für den Betroffenen sehr belastende Strafverfahren eröffnet. Vielmehr wird die vom Staatsanwalt verfasste Anklageschrift zusammen mit den Ermittlungsakten dem zuständigen Richter übersandt, der (im sog. Zwischenverfahren) entscheidet, ob es tatsächlich zum Hauptverfahren, also zum eigentlichen öffentlichen Strafprozess, kommt. Insbesondere entscheidet der Richter dabei, ob auch er einen hinreichenden Tatverdacht sieht. Dieses System der Strafverfolgung wird im Kern allgemein und ohne nennenswerte Diskussion akzeptiert.[473] 270

In Frankreich übernimmt der Untersuchungsrichter zahlreiche Aufgaben der Strafverfolgung, vereinigt also – grob vereinfacht – in sich die Aufgaben der Staatsanwaltschaft, des Ermittlungsrichters und des Richters im Zwischenverfahren. Würde diese Aussage ohne Vorbehalte gelten, so wären die Bedenken gegenüber der Rolle des Untersuchungsrichters in Frankreich gut nachvollziehbar. Es bestehen aber zahlreiche, sich regelmäßig verändernde und vor allem verschärfende Einschränkungen.[474] Zunächst wird der Untersuchungsrichter nur in rund 5 Prozent aller Strafverfahren überhaupt aktiv. Vereinfacht gesagt sind ihm die gravierendsten und schwierigsten Verfahren vorbehalten. In allen anderen Fällen kommt es nicht zu der sog. instruction unter dem juge d'instruction, sondern leitet der Staatsanwalt (procureur) selbst die Ermittlungen. Schon dies relativiert die Macht des Untersuchungsrichters. Allerdings ist er, im Gegensatz zu dem dem Justizministerium unterstehenden Staatsanwalt, tatsächlich unabhängig. Seine Entscheidungen können aber grundsätzlich vor der sog. chambre de l'instruction am cour d'appel angefochten werden. Auch kann er die Untersuchung nicht etwa aus eigenem Antrieb beginnen, sondern ist auf eine Eröffnung durch den Staatsanwalt angewiesen. Daneben führen die – chronisch überlasteten – Untersuchungsrichter die Untersuchung nur selten wirklich eigenständig durch. Vielmehr ist es üblich, die Befugnisse mittels einer sog. commission rogatoire an die Polizei zu delegieren, die dann weitgehend eigenständig handelt; nur die Befragung des Beschuldigten bleibt dem Untersuchungsrichter selbst vorbehalten. Dass die Untersuchung unter richterlicher Aufsicht stattfindet, bleibt insofern vielfach reine Theorie. 271

Einer der zentralen Hintergründe der Kritik gerade auch von Beobachtern aus dem common law scheint darin zu liegen, dass die Befugnis zur Anordnung der Untersuchungshaft lange beim Untersuchungsrichter selbst lag. Tatsächlich ist ein solch inquisitorisches 272

[473] Zur gelegentlichen Diskussion um die Weisungsgebundenheit und Abhängigkeit der Staatsanwaltschaft in einer Hierarchie, an deren Spitze der (Landes-)Justizminister steht vgl. etwa *Roxin, Claus,* Zur Rechtsstellung der Staatsanwaltschaft damals und heute, Deutsche Richterzeitung 1997, 109 (116 ff.); *Maier, Winfried,* Wie unabhängig sind Staatsanwälte in Deutschland?, Zeitschrift für Rechtspolitik 36 (2003), 387 (387 ff.).

[474] Zur Rolle des Untersuchungsrichters in Frankreich vgl. etwa *Delmas-Marty, Mireille,* The juge d'instruction – Do the English really need him?, in: Markesinis, Basil S. (Hrsg.), The gradual convergence, 1994, 46 (47 ff.); kurz, aber aktuell *Beignier/Binet/Thomat-Raynaud* (Fn. 177), 511 f.; *Décarpes, Pascal,* France, in: Cape, Ed et al. (Hrsg.), Effective criminal defence in Europe, 2010, 203 (205 ff.); *Bell, John; Boyron, Sophie; Whittaker, Simon,* Principles of French law, 2. Aufl. 2008, 127 ff.; aus der französischen Fachliteratur vgl. etwa *Guinchard, Serge; Buisson, Jacques,* Procédure pénale, 15. Aufl. 2022, 1081 ff., 201 ff., 267 f.; *Fourment, François,* Procédure pénale, 13. Aufl. 2012, 221 ff.; für eine ausführliche, auch rechtsvergleichende Analyse, die zu grundlegenden Reformvorschlägen geführt hat vgl. *La documentation française* (Hrsg.), La mise en état des affaires pénales – Commission justice pénale et droits de l'homme, 1991.

Element[475] sehr bedenklich, da derjenige, der sich um die Verfolgung und Anklage eines Beschuldigten bemüht, psychologisch nur schwer in der Lage sein dürfte, eine neutrale und unabhängige Entscheidung über die Notwendigkeit der Haft zu treffen. Diese Bedenken allerdings sahen auch die Franzosen[476] und haben die Zuständigkeit zur Anordnung der Untersuchungshaft daher seit dem Jahr 2000 auf einen anderen Richter, den sog. juge des libertés et de la detention übertragen, der sogar im Rang über dem Untersuchungsrichter steht. Entscheidungen über Durchsuchungen etwa fällt jedoch weiterhin der Untersuchungsrichter oder in vielen Fällen sogar im Wege der Delegation die Polizei selbst. Ein weiterer klassischer Kritikpunkt ist die Tatsache, dass Untersuchungsrichter typischerweise nicht nur eher jung sind, sondern vor allem auch allein arbeiten und ihnen so die Möglichkeit zur Diskussion, internen Kontrolle und Verteilung großer Arbeitslasten fehlt. Nach Zwischenreformen unternahm es der Gesetzgeber 2010, Fälle einem Kollegium aus drei Untersuchungsrichtern (collège d'instruction) zuzuteilen. Diese Reform wurde jedoch nie umgesetzt und 2016 wieder zurückgenommen.[477] Um das Problem an der Wurzel zu packen gab es schließlich Bestrebungen, den Untersuchungsrichter in seiner gegenwärtigen Form gänzlich abzuschaffen. Aber offizielle Vorschläge in diese Richtung 1949, 1990 und 2009 konnten ihr Ziel niemals durchsetzen.[478]

IV. Typische materielle Rechtsinstitute

1. Das deutsche Abstraktionsprinzip

273 Ein nicht für das ganze civil law, aber speziell für Deutschland immer wieder genanntes, typisches[479] Rechtsinstitut ist das sog. Abstraktionsprinzip.[480] Die eingängigste und üblichste Illustration dieses Prinzips ist der Warenkauf. Hier wird streng zwischen dem eigentlichen Kaufvertrag einerseits und der Übereignung der Ware (sowie des Geldes) anderseits unterschieden; Kaufvertrag und Übereignung sind zwei verschiedene, rechtlich getrennte Geschäfte. Mit anderen Worten erlangt der Käufer nach diesem sog. Trennungsprinzip mit Abschluss des Kaufvertrages gerade kein Eigentum, kann der Kaufvertrag als solcher niemals Eigentum verschaffen. Die Übertragung des Eigentums setzt vielmehr nach § 929 BGB eine zusätzliche, rechtlich eigenständige Einigung zwischen Käufer und Verkäufer sowie die Übergabe der gekauften Sache voraus. Das Abstraktionsprinzip baut auf diesem Trennungsprinzip (das in der juristischen Umgangssprache oft nicht vom Abstraktionsprinzip geschieden wird) auf und postuliert darüber hinaus, dass der Kaufvertrag und die Eigentumsübertragung grundsätzlich auch inhaltlich nicht voneinander abhängen, dass also Fehler oder gar Unwirksamkeit des einen keinen Einfluss auf das andere haben. Wird also der Kaufvertrag beispielsweise wegen eines Irrtums oder Betrugs angefochten und verliert so seine Wirksamkeit, so bleibt der Käufer

[475] Zum kontinentalen Verständnis des Inquisitionsprozesses vgl. supra → § 5 Rn. 140.

[476] Zu empirischen Untersuchungen über die mangelnde Neutralität der Entscheidung vgl. *Hodgson, Jacqueline,* French criminal justice – A comparative account of the investigation and prosecution of crime in France, 2005, 215 f.

[477] Zu diesem Fehlschlag vgl. *Cassuto, Thomas,* La fin du collège de l'instruction – Beaucoup de bruit pour rien ou La Comédie des erreurs?, Dalloz actualité 31 mai 2016.

[478] Vgl. etwa *Aubert, Jean-Luc; Savaux, Éric,* Introduction au droit et thèmes fondamentaux du droit civil, 18. Aufl. 2021, 197.

[479] Zur allgemeinen Bedeutung typischer Rechtsinstitute vgl. schon supra → § 5 Rn. 158.

[480] Zum Abstraktionsprinzip vgl. etwa kurz und lehrreich *Oechsler, Jürgen,* in: Säcker, Franz Jürgen; Rixecker, Roland, Münchener Kommentar zum Bürgerlichen Gesetzbuch, Bd. 8, 9. Aufl. 2023, § 929 Rn. 8 ff.; vgl. auch *Olzen, Dirk,* in: Staudinger, Kommentar zum Bürgerlichen Gesetzbuch, Neubearbeitung 2024, Einleitung zum Schuldrecht Rn. 26 ff.; vgl. weiter *Jahr, Günther,* Romanistische Beiträge zur modernen Zivilrechtswissenschaft, Archiv für die civilistische Praxis 168 (1968), 9 (14 ff.); *Jauernig, Othmar,* Trennungsprinzip und Abstraktionsprinzip, JuS 1994, 721 (721 ff.); *Strack, Astrid,* Hintergründe des Abstraktionsprinzips, JURA 2011, 5 (5 ff.); *Medicus, Dieter; Petersen, Jens,* Allgemeiner Teil des BGB, 11. Aufl. 2016, 105 ff.

dennoch Eigentümer. Er hat nur einen schuldrechtlichen Anspruch auf Rückübereignung nach den Regeln der ungerechtfertigten Bereicherung, §§ 812 ff. BGB, da der Übereignung mit dem Wegfall des Kaufvertrags der Rechtsgrund fehlt. Das scheint nur auf den ersten Blick letztlich auf dasselbe hinauszulaufen wie ein direkter Rückfall des Eigentums. Denn wenn der Käufer zwischenzeitlich in die Insolvenz gegangen ist oder die gekaufte Sache an einen Dritten weiterverkauft hat, steht der Verkäufer mit einem bloßen Anspruch auf Rückübereignung ganz anders, nämlich schlechter da als bei einem automatischen Rückfall. Aus rechtshistorischer wie rechtsphilosophischer Sicht geht es also darum, dass der freie Wille der verfügenden Vertragspartner voraussetzungslos ist, er also schon als solcher die gewünschte Rechtsfolge herbeiführt und nicht an weitere objektive Anforderungen gebunden ist.[481]

Das deutsche Recht wäre aber nicht das deutsche Recht, wenn diese Zusammenhänge nicht 274
sehr viel abstrakter, aber auch allgemeingültiger beschrieben werden könnten. Schließlich gilt das Abstraktionsprinzip keineswegs nur für Kaufverträge und für die Übertragung des Eigentums an Sachen, sondern durchzieht das ganze deutsche Zivilrecht. Generell unterscheidet das Abstraktionsprinzip zwischen dem Verpflichtungsgeschäft, durch das die Verpflichtung zu einer Leistung begründet wird – im Beispiel der Kaufvertrag – und dem Verfügungsgeschäft, durch das bestehende Rechte unmittelbar übertragen, belastet, aufgehoben oder verändert werden – im Beispiel die Eigentumsübertragung.[482] Das Abstraktionsprinzip führt nun dazu, dass sich der Inhalt der Verfügung allein auf die Rechtsänderung bezieht und insbesondere keine Einigung über den Rechtsgrund (auch als causa bezeichnet) für die Verfügung voraussetzt. Gleichzeitig bewirkt das Abstraktionsprinzip, dass die Wirksamkeit der Verfügung unabhängig ist von der Wirksamkeit des zugrundeliegenden, kausalen Verpflichtungsgeschäfts. Theoretischer Gegenbegriff zum Abstraktionsprinzip ist daher das Kausalitätsprinzip, bei dem die Wirksamkeit der Verfügung von der Wirksamkeit des kausalen Verpflichtungsgeschäfts abhängen würde. Das Abstraktionsprinzip kommt an den verschiedensten Stellen zum Tragen. Beispielsweise ist der Vertrag über die Abtretung einer Forderung nicht gleichbedeutend mit dieser Abtretung selbst, erlangt der Käufer durch den Kaufvertrag noch kein Eigentum an der Kaufsache, ist das Schicksal der Grundschuld von dem der damit gesicherten Forderung getrennt[483] und ist die vertraglich einem Dritten eingeräumte Vertretungsmacht gegenüber den internen Vereinbarungen zwischen ursprünglichem Vertreter und Vertretenem, etwa über die rein internen Grenzen seiner Befugnis, verselbständigt. Sinn des Abstraktionsprinzips ist in erster Linie der Schutz des Rechtsverkehrs, dh es erleichtert weitere Verfügungen, zB den Weiterverkauf, da beispielsweise zweite und ggf. weitere Käufer sich nicht mit der ganzen Erwerbsgeschichte des betroffenen Gegenstands auseinandersetzen müssen.

Zentraler Kritikpunkt ist eine gewisse Lebensfremdheit, da auch der durchschnittliche 275
Deutsche einen Kaufvertrag nicht streng von der zugehörigen Übereignung trennt, und eine gewisse Überflüssigkeit, da bereits die Regeln über den gutgläubigen Erwerb vom Nichtberechtigten die meisten Zwecke des Abstraktionsprinzips zu erfüllen vermögen. Die Verteidiger des Abstraktionsprinzips weisen demgegenüber darauf hin, dass die Lebensfremdheit

[481] Vgl. *Oechsler* (Fn. 480), § 929 Rn. 8.

[482] Streng genommen bezieht sich das Abstraktionsprinzip allerdings auf die Unterscheidung zwischen kausalem und abstraktem Geschäft, vgl. *Brox/Walker* (Fn. 306), 59 ff.; *Lorenz, Stephan,* Grundwissen – Zivilrecht – Abstrakte und kausale Rechtsgeschäfte, JuS 2009, 489 (489 ff.). Bei kausalen Geschäften zählt der Rechtsgrund der Zuwendung zum Inhalt des Geschäfts, während abstrakte Geschäfte vom Rechtsgrund der Zuwendung losgelöst sind. Dabei sind jedoch fast alle Verfügungsgeschäfte zugleich abstrakt und fast alle Verpflichtungsgeschäfte kausal, so dass auch in der deutschen Literatur aus Vereinfachungsgründung immer wieder einmal – wie hier – mit diesem anschaulicheren Begriffspaar gearbeitet wird. Unterschiede bestehen nur in Form der seltenen kausalen Verfügungsgeschäfte, etwa der Dereliktion, und abstrakten Verpflichtungsgeschäfte, etwa dem abstrakten Schuldversprechen, vgl. dazu etwa ibid., 490; zu letzterem *Habersack, Mathias,* in: Säcker, Franz Jürgen; Rixecker, Roland, Münchener Kommentar zum Bürgerlichen Gesetzbuch, Bd. 7, 9. Aufl. 2024, § 780 Rn. 1 f.

[483] Zu den Problemen in Abgrenzung zur Hypothek und im Hinblick auf den 2008 eingefügten § 1192 Abs. 1a BGB vgl. *Wolfsteiner, Hans,* in: Staudinger, Kommentar zum Bürgerlichen Gesetzbuch, Neubearbeitung 2019, Vorb. zu §§ 1191 ff. Rn. 2 ff., dessen Ausführungen gleichzeitig die Komplexitäten des Abstraktionsprinzips illustrieren.

vielleicht beim alltäglichen Einkauf im Supermarkt zum Tragen komme, nicht aber bei komplizierten Geschäften, bei denen zB erst ein schriftlicher Vertrag geschlossen und später die Sache übergeben wird. Zudem ließen sich die gewünschten Folgen unter dem Abstraktionsprinzip sehr viel genauer und eleganter konstruieren als unter dem Kausalitätsprinzip, bei dem größere dogmatische Schwierigkeiten aufträten.[484] Dabei ist es für den auswärtigen Beobachter wichtig zu verstehen, dass das Abstraktionsprinzip in der deutschen juristischen Praxis wie Theorie weitgehend unangefochten verwendet wird; die schon seit der Entstehung des BGB vorgetragene Kritik ist gelegentlichen Grundlagenaufsätzen vorbehalten und bleibt ohne Konsequenzen. Dies mag nicht zuletzt daran liegen, dass durch gesetzgeberisches Eingreifen oder dogmatische Konstruktionen immer dann konkrete Ausformungen oder Abweichungen vom Abstraktionsprinzip einschlägig sind, wenn dies aus praktischen Gründen erforderlich erscheint.

2. Die französische cause

a) Abschied von der cause?

276 Lange Zeit war die cause, der Rechtsgrund, ein fester Bestandteil jedes rechtsvergleichenden Überblicks über das französische Recht. Als Grundprinzip des Privatrechts spielte sie in Frankreich eine ungleich größere Rolles als in Deutschland. Gleichzeitig war der Begriff der cause nicht nur aus der französischen Binnenperspektive einer der umstrittensten, sondern vor allem auch aus der Außenperspektive einer der schwierigsten, bei dem ein echtes Verständnis nur selten gelang.[485] Seine Eigentümlichkeiten[486] aus internationalem und insbesondere europäischem Blickwinkel ebenso wie die andauernde interne Kritik waren denn auch die hauptsächlichen Gründe, aus denen der französische Gesetzgeber die cause schließlich 2016 abschaffte und sie vollständig aus dem Text des Code civil strich.

277 Auf den ersten Blick könnte diese Entwicklung bedeuten, dass jede Diskussion über die cause ihren Sinn verloren hat und sie vor allem auch aus der Liste typisch französischer Rechtsinstitute zu streichen wäre. Einmal mehr wäre bewiesen, dass ein Federstrich des Gesetzgebers ganze Bibliotheken überflüssig machen kann. Jedoch war und ist die cause zu tief im französischen Rechtsdenken verwurzelt, um derart schnell aufgegeben zu werden. Das gilt nicht nur im Hinblick auf alle Verträge, die vor dem 1.10.2016 geschlossen wurden und auf die daher die früheren Bestimmungen des Code civil weiterhin anwendbar sind. Es gilt auch für alle späteren Verträge. Wie der offizielle staatliche Bericht zur Reform von 2016 deutlich formuliert, war Ziel der Reform, nur das Wort „cause“ zu streichen, aber gleichzeitig alle von den Gerichten im Laufe der Jahre entwickelten Funktionen dieses Rechtsinstituts zu erhalten. Der Bericht nimmt dabei ausdrücklich Bezug auf das Tatbestandsmerkmal „contenu licite et certain“, das neu in art. 1128 des Code civil eingefügt wurde, um den Begriff der cause zu ersetzen.[487] Letztlich wurde die

---

[484] Vgl. etwa auch im Vergleich mit dem französischen Recht *Ferrari, Franco,* Vom Abstraktionsprinzip und Konsensualprinzip zum Traditionsprinzip – Zu den Möglichkeiten der Rechtsangleichung im Mobiliarsachenrecht, ZEuP 1993, 52 (72 ff.); *Witz, Claude,* Analyse critique des règles régissant le transfert de propriété en droit français à la lumière du droit allemand, in: Martinek, Michael; Schmidt, Jürgen; Wadle, Elmar (Hrsg.), Festschrift für Günther Jahr zum siebzigsten Geburtstag – Vestigia iuris, 1993, 533 (533 ff.).

[485] So erklärt sich auch die oft kurze und wenig verständnisvolle Reaktion in der deutschen Literatur auf Aspekte der cause, vgl. etwa *Hübner* (Fn. 29), 165 („bis heute nicht völlig geklärt“); *Zweigert/Kötz* (Fn. 4), 375 („solche Unterscheidungen sind gekünstelt“); aus dem common law vgl. etwa *Bell, John; Boyron, Sophie; Whittaker, Simon,* Principles of French law, 2. Aufl. 2008, 317 („difficulty is exacerbated by the uncertainty, dispute and disparateness which surrounds it“).

[486] Für eine weniger kritische Sicht vgl. *Albers, Gregor; Patti, Francesco Paolo; Perrouin-Verbe, Dorothée,* The Future of Causa, in: Gregor Albers, Francesco Paolo Patti, Dorothée Perrouin-Verbe (Hrsg.), Causa contractus, 2022, 705 (705 ff.).

[487] Vgl. Rapport au Président de la République relatif à l'ordonnance no 2016-131 du 10 février 2016 portant réforme du droit des contrats, du régime général et de la preuve des obligations, Journal Officiel de la République Française n 0035 du 11/02/2016.

cause subjective[488] durch das Ziel („but") des Vertrages ersetzt (art. 1162 Code civil), die cause objective entweder durch den Motivirrtum (art. 1135 Code civil) oder durch „la contrepartie (…) illusoire ou dérisoire" (art. 1169 Code civil).[489] Alles in allem behalten nicht nur alle früheren Gerichtsentscheidungen zur cause ihre Bedeutung, sondern lassen sich die neuen Bestimmungen des Code civil auch kaum ohne Kenntnis des früheren Rechts verstehen.[490]

Die cause war nie eine rein französische Eigenheit, sondern ein charakteristisches Merkmal der meisten romanischen Staaten, die ihr Privatrecht auf den Code civil zurückführen. Insofern berührt das terminologische Ende der cause im französischen Recht nicht ihre fortgesetzte Bedeutung in anderen romanischen Rechtsordnungen. Im italienischen Recht beispielsweise findet die cause weiterhin ihren bedeutsamen Platz in art. 1325, 1343 und 1344 Codice Civile.[491] Das neue 5. Buch des belgischen Zivilgesetzbuchs, das 2023 in Kraft trat, hat die cause als Gültigkeitsbedingung von Verträgen in seinen art. 5.26 und 5.53 ff. beibehalten. Auch Art. 1385 Code civil du Québec erwähnt die cause. Aus rechtsvergleichender Sicht hat die Abschaffung der cause durch den französischen Gesetzgeber die allgemeine und traditionelle Bedeutung dieses Themas nur am Rande berührt. 278

b) Grundgedanke der cause

Grundlage der cause im französischen Recht war ursprünglich der frühere art. 1108 Code civil, der vier essentielle Bedingungen für die Wirksamkeit eines Vertrags aufzählte, nämlich die Zustimmung des Verpflichteten – also die Willensübereinstimmung –, die Vertragsfähigkeit, ein bestimmtes Vertragsobjekt und eben „une cause licite dans l'obligation". Einfach ausgedrückt ist die cause also der Grund, warum die Parteien wollten, was sie vereinbart haben, warum etwas geschuldet wird.[492] Die cause war zugleich ein weiteres notwendiges Element beim Vertragsschluss, wie es etwa das deutsche Recht von vornherein nicht kennt. Hinzu kam art. 1131 Code civil: „L'obligation sans cause, ou sur une fausse cause, ou sur une cause illicite, ne peut avoir aucun effet." Historisch gesehen versuchten die mittelalterlichen Kanonisten mithilfe der causa, die Preisgabe der Formerfordernisse für vertragliche Bindungen gegenüber dem römischen Recht zu rechtfertigen; die causa sollte also anstelle dieser Formerfordernisse dazu dienen, rechtlich bindende von nicht ernst gemeinten oder unvernünftigen Erklärungen abzugrenzen.[493] 279

c) Was ist die cause?

Das Problem besteht nun darin, dass an keiner Stelle im Code civil erläutert wurde, was diese so wichtige cause genau ist. Entsprechend gab es nicht enden wollende Debatten, die zwischen zwei extremen Gegenpolen schwankten: der Gruppe der Antikausalisten, die der cause jegliche Bedeutung absprachen, und der Gruppe der Kausalisten, die die Rolle der cause gar nicht hoch genug einschätzen konnten.[494] Das Grundproblem der cause ist dabei 280

[488] Zum Konzept der cause subjective und der cause objective vgl. infra → § 6 Rn. 80 ff.

[489] Vgl. dazu näher *Terré/Simler/Lequette/Chénedé* (Fn. 195), 455 ff.; für eine ähnliche Sichtweise vgl. zB *Fabre-Magnan, Muriel,* Droit des obligations, 6. Aufl. 2021, 481 ff.; zu dieser Ersetzung vgl. auch *Dehaye, Olivier; Genichon, Thomas; Laithier, Yves-Marie,* La Cause a-t-elle réellement disparu du Droit français des Contrats?, European Review of Contract Law 13 (2017), 418 (418 ff.); *Buffelan-Lanore, Yvaine; Larribau-Terneyre, Virginie,* Droit civil – Les obligations, 18. Aufl. 2022/2023, 434 ff.

[490] *Terré/Simler/Lequette/Chénedé* (Fn. 195), 444.

[491] Für eine vergleichende Analyse mit Frankreich vgl. die ausführlich Zusammenfassung von *Fornasari, Ricardo,* Cause et meritevolezza en droit contractuel contemporain, 2020, bdr.parisnanterre.fr/theses/internet/2020/2020PA100024/2020PA100024_resume.pdf (zuletzt abgerufen am 18.7.2025).

[492] Vgl. etwa *Flour, Jacques; Aubert, Jean-Luc; Savaux, Éric,* Droit civil – les obligations, Bd. 1 – L'acte juridique, 17. Aufl. 2022, Rn. 403 ff.

[493] Vgl. *Meder* (Fn. 333), 161 ff.

[494] Vgl. dazu und zum Ganzen etwa *Terré/Simler/Lequette/Chénedé* (Fn. 195); *Flour, Jacques; Aubert, Jean-Luc; Savaux, Éric,* Droit civil—les obligations, Bd. 1 —L'acte juridique, 15. Aufl. 2012, 245 ff.; *Malaurie, Philippe; Aynès, Laurent; Stoffel-Munck, Philippe,* Droit civil – les obligations, 5. Aufl. 2011, 303 ff.; in vielen Lehr-

noch einfach zu verstehen: Auf die Frage, warum eine Schuld vereinbart wurde, sind eben immer mehrere, gestaffelte Antworten möglich. Beim Kauf eines Brillantrings etwa ist auf einem ersten Niveau der Käufer gerade deshalb seine Zahlungsverpflichtung eingegangen, weil er den Ring erwerben wollte. Auf weiteren Niveaus aber hielt er den Kauf für ein gutes Schnäppchen, wollte den Ring seiner Geliebten schenken, wollte sie damit davon überzeugen, dass er sich doch von seiner Frau scheiden lassen würde, wollte sich damit auch weiterhin seine Männlichkeit beweisen etc. Der Grund auf dem ersten Niveau wird in Frankreich cause objective oder abstraite oder auch cause de l'obligation genannt, die dahinterstehenden Gründe auf den weiteren Niveaus cause subjective, cause concrète oder cause du contrat. Die cause objective wäre innerhalb jeden Vertragstyps wie Kauf oder Miete immer gleich, würde gleichsam diesen Typus beschreiben und wäre leicht zu ermitteln. Zur Ermittlung der cause subjective hingegen müsste auf die innere Motivation der jeweils Vertragsschließenden zurückgegriffen werden.

281 Über die Frage, ob die cause nun cause subjective oder cause objective sei, wurde lange und ausführlich gestritten. Später allerdings wurde nicht mehr von einer solch monistischen Konzeption ausgegangen, derzufolge die cause einheitlich definiert werden müsste, sondern von einer dualistischen, derzufolge die Definition je nach Situation variieren kann, auch wenn immer wieder gern – und schwer verständlich – darauf hingewiesen wurde, dass sich dahinter doch ein einheitlicher Begriff der cause verberge. Die Probleme beginnen hier allerdings erst. Denn nicht nur war für jeden gesetzlich relevanten Fall zu fragen, ob cause subjective oder objective gemeint war, und war bei der cause subjective zu bestimmen, wie weit zurück in den Niveaus die Motivforschung überhaupt gehen durfte, sondern es herrschten auch im Ergebnis keineswegs klare Linien. Vielmehr wurden die Begriffe je nach Bedarf im konkreten Fall in die eine oder andere Richtung hin aufgeweicht. Wenn etwa nach dem früheren art. 1131 Code civil die Verpflichtung ohne cause unwirksam war, so wurde die cause hier gemeinhin objektiv verstanden, um so Rechtssicherheit zu gewährleisten. Denn anderenfalls hätte beispielsweise jeder Käufer seinen Kaufvertrag für unwirksam erklären können, weil er die (Fern-)Ziele, die er mit dem Kauf verbunden hatte – mit dem neuen Auto den Chef zu beeindrucken, mit dem Fitnessgerät abzunehmen –, nicht erreichen konnte. Die Rechtsprechung zögerte aber dennoch nicht, die cause auch einmal subjektiv zu verstehen. In einem Fall etwa hatten einigen Personen für acht Monate 200 Videokassetten ausgeliehen, um damit in ihrem Heimatdorf eine Videothek aufzubauen. Die Videothek scheiterte an fehlender Kundschaft. Der Leihvertrag über die Videokassetten wurde daraufhin für unwirksam erklärt, weil die Ausführung des Vertrags aus den von den Parteien gewünschten ökonomischen Gründen nicht möglich war und es deshalb an einer cause für die Zahlungspflicht fehlte.[495] Die cause wurde hier zu einem Mittel der richterlichen Wahrung eines gewissen ökonomischen Vertragsgleichgewichts und hätte, konsequent zu Ende gedacht, das wirtschaftliche Risiko eines Unternehmens auf dessen Vertragspartner verlagern können. Das wäre in vielen (welchen?) Fällen zu weit gegangen. Einigkeit herrschte jedoch darüber, dass die Rechtsprechung die cause als allgemeines Kontrollinstrument für vertragliche Vereinbarungen verwendete.

büchern finden sich auch nach der Reform von 2016 weiterhin ausdrückliche Darstellungen zur cause, auch wenn diese Abschnitte in neueren Auflagen kürzer zu werden scheinen, vgl. zB *Terré/Simler/Lequette/Chénedé* (Fn. 195), 444 ff.; *Buffelan-Lanore, Yvaine; Larribau-Terneyre, Virginie,* Droit civil – Les obligations, 18. Aufl. 2023, 425 ff.; für die folgende Darstellung wurden Verweise auf die vor 2016 erschienene Literatur beibehalten.

[495] Cass. 1re Civ., 3.7.1996, D. 1997, 500 (500 ff.), note Philippe Reigné; dazu auch *Terré/Simler/Lequette/Chénedé* (Fn. 195) 387 f.

d) Funktionen und Kritik der cause

Dies ist umso bedeutender, als die cause zahlreiche Funktionen übernahm. Über sie konnten nicht nur ganze Verträge, sondern ebenso einzelne Klauseln für ungültig erklärt werden. Sie diente beispielsweise der Kontrolle der Gesetzes- oder Sittenwidrigkeit und wurde ebenso herangezogen, um Probleme wie das Scheingeschäft, die Abgrenzung von Vertrag und bloßer Gefälligkeit oder Fragen der Unmöglichkeit zu lösen.[496] An den verschiedensten Stellen ergaben sich dabei Komplikationen. So kann die cause objective etwa bei der Schenkung nicht in der – gerade nicht existenten – Gegenleistung gesehen werden, so dass die Suche schwieriger wird.[497] Wenn hingegen bei schlicht gegenseitigen Verträgen die cause in der synallagmatischen Gegenleistung liegt, stellt sich unmittelbar die Frage, warum dann über das Synallagma hinaus überhaupt noch separat von einer cause gesprochen werden sollte. Diese Frage stellten sich auch französische Autoren insbesondere aus der Gruppe der Antikausalisten, denen zufolge die Funktionen der cause problemlos durch andere, bereits existierende rechtliche Konstruktionen übernommen werden konnten. Wie gesehen, setzte sich diese Sichtweise in der Reform von 2016 durch. 282

Die Antikausalisten beriefen sich im Übrigen auch mit Erfolg auf die Vereinheitlichungsbestrebungen in Europa, für die es ein gravierendes Hindernis dargestellt habe, dass die cause in vielen europäischen Rechtsordnungen unbekannt gewesen sei.[498] Tatsächlich ist die cause für den außenstehenden Beobachter – nicht nur aus dem common law sondern auch etwa aus dem deutschen Recht[499] – einer der komplexesten, unsystematischsten und am wenigsten verständlichen Aspekte des romanischen Zivilrechts. Gleichzeitig illustriert die cause, wie leicht eine übermäßig historische Sicht der Rechtsordnungen deren heutigen Charakter verfehlen kann. Tatsächlich war die causa bereits im kanonischen Recht bekannt, so dass zu vermuten wäre, dass sie auch im deutschen Zivilrechtsdenken ihrer Spuren hinterlassen hätte. Dies ist, bei vertiefter Analyse, tatsächlich der Fall und auch in der Praxis wird der etwa für die ungerechtfertigte Bereicherung wichtige Begriff des Rechtsgrunds gelegentlich mit causa umschrieben. Dennoch spielt die causa im aktuellen, praktischen deutschen Rechtsdenken keine Rolle,[500] stößt der Gedanke, dass es für die Gültigkeit eines Vertrages auf mehr als die Willensübereinstimmung ankäme, auf Unverständnis und führen die typisch romanischen Ausführungen zur cause bei deutschen Zivilrechtlern regelmäßig zu größter Verwirrung. Gerade deshalb aber dürfte die cause als ein so typisch romanisches Rechtsinstitut gegolten haben und auch weiterhin gelten, auch wenn der Begriff als solcher mittlerweile aus dem französischen Code civil gestrichen wurde. 283

3. Treu und Glauben

Das Prinzip von Treu und Glauben ist in Deutschland weit über den Wortlaut des § 242 BGB[501] hinaus als ein das gesamte Rechtsleben beherrschender Grundsatz anerkannt, dem zufolge jedermann in Ausübung seiner Rechte und in Erfüllung seiner Pflichten eben „nach 284

[496] Vgl. *Hübner* (Fn. 29), 166.

[497] Vgl. dazu etwa *Terré/Simler/Lequette/Chénedé* (Fn. 195), 399 f.; zu den komplexen Problemen des im französischen Verständnis einseitigen Vertrags vgl. ibid., 364 ff.

[498] Kurze Darstellung der Argumente bei *Terré/Simler/Lequette/Chénedé* (Fn. 195), 382 mwN; die Argumente wurden im offiziellen Bericht zur Reform von 2016 aufgegriffen, vgl. Rapport au Président de la République relatif à l'ordonnance no 2016-131 du 10 février 2016 portant réforme du droit des contrats, du régime général et de la preuve des obligations, Journal Officiel de la République Française n 0035 du 11/02/2016.

[499] Aber auch die berechtigte Kritik aus Frankreich selbst ist oft sehr hart, vgl. etwa *Malaurie, Philippe; Aynès, Laurent,* Cours de droit civil – les obligations, Bd. 2 – Contrats, quasi-contrats, 11. Aufl. 2001, 140 („d'une subtilité parfois inutile qui tourne au verbalisme").

[500] Vgl. etwa *Meder* (Fn. 333), 164 („stillschweigend ad acta gelegt").

[501] § 242 BGB lautet: „Der Schuldner ist verpflichtet, die Leistung so zu bewirken, wie Treu und Glauben mit Rücksicht auf die Verkehrssitte es erfordern.".

Treu und Glauben" zu handeln hat.[502] Über den Begriff von Treu und Glauben erhalten die zur jeweiligen Zeit in der Gemeinschaft herrschenden, sozialethischen Wertvorstellungen Eingang in das Recht. Treu und Glauben verlangt eine Interessenabwägung, ist Einfallstor für die verfassungsrechtlichen Grundrechte und grundsätzlich auch für die Verkehrssitte.

a) Praktische Auswirkungen von Treu und Glauben

285 Die praktische Bedeutung des § 242 BGB ist kaum zu überschätzen. Seit 1945 wurden etwa 10 Prozent der zivilrechtlichen Urteile mithilfe der Norm begründet.[503] Beispielsweise entspringen aus Treu und Glauben zahllose Nebenpflichten. So ist etwa bei der Forderungsabtretung der Zedent aufgrund von § 242 BGB verpflichtet, alles zu unterlassen, das die Einziehung der Forderung durch den Zessionar beeinträchtigen könnte.[504] Ebenso ist ein Juwelier, der Schmuckstücke für andere bearbeitet, dazu verpflichtet, seine Kunden auf etwaiges Fehlen einer Versicherung gegen Einbruch und Raub hinzuweisen.[505] Beispiel eines wichtigen Rechtsprinzips, das als Fall von Treu und Glauben verortet wird, ist etwa das Verbot widersprüchlichen Verhaltens (venire contra factum proprium). So kann sich etwa ein Erbe nicht darauf berufen, dass der Verkauf eines Grundstücks durch den Erblasser wegen dessen Geschäftsunfähigkeit nichtig sei, wenn dieser Erbe selbst an dem Verkauf mitgewirkt hat.[506] Daneben wurden ganze Rechtsmaterien zunächst aus § 242 BGB entwickelt, wie etwa ursprünglich der arbeitsrechtliche Kündigungsschutz, der dann bereits 1951 in § 1 Kündigungsschutzgesetz kodifiziert wurde.[507] Entsprechendes gilt für das bekannte Beispiel des Rechts der allgemeinen Geschäftsbedingungen: Während das BGB von der freien Aushandlung der Vertragsbedingungen und der grundsätzlichen Gleichmächtigkeit der Vertragspartner ausgeht, waren diese Voraussetzungen schon bei seiner Schaffung insbesondere im sich entwickelnden Massenkonsum nicht mehr gegeben. Wichtige Vertragsklauseln fanden sich vielmehr in formularmäßig vorgefertigten Vertragsbedingungen, die von der wirtschaftlich mächtigeren Partei ohne echte Verhandlungen verwendet und vorgegeben wurden. Regelmäßig dienten sie insbesondere der Verlagerung von Risiken auf die andere Vertragspartei. Die Rechtsprechung begann daher, solche Klauseln unter Berufung auf Treu und Glauben einer genaueren Kontrolle zu unterziehen um sicherzustellen, dass sie die andere Partei nicht ungebührlich benachteiligten. Die so entwickelten Grundsätze wurden dann zunächst 1976 im AGB-Gesetz kodifiziert und im Jahr 2002 in §§ 305 ff. BGB übernommen.[508]

b) Treu und Glauben als Aufforderung zur Rechtsfortbildung

286 Gerade wegen dieser umfassenden Bedeutung und Einwirkung auf das gesamte Zivilrecht und weit darüber hinaus ist der Grundsatz von Treu und Glauben besonders geeignet, etwa der im common law gelegentlich noch anzutreffenden, eher karikaturhaften Auffassung entgegenzuwirken, das civil law und insbesondere das deutsche Recht lasse es an richterlicher Kreativität und Einwirkungsmacht mangeln und bestehe im Kern aus einer schlichten Anwendung der detailreich im jeweiligen Kodex niedergelegten Vorschriften. Dieses Vorurteil lässt sich an zahllosen Stellen widerlegen, besonders gut und allgemeingültig jedoch

[502] Vgl. BGHZ 85, 39 (48); zum Ganzen etwa *Schubert, Claudia,* in: Säcker, Franz Jürgen; Rixecker, Roland, Münchener Kommentar zum Bürgerlichen Gesetzbuch, Bd. 2, 10. Aufl. 2025, § 242 Rn. 1 ff.; *Looschelders, Dirk; Olzen, Dirk,* in: Staudinger, Kommentar zum Bürgerlichen Gesetzbuch, Neubearbeitung 2024, § 242 Rn. 1 ff., 8 ff.

[503] Zahl nach *Looschelders/Olzen* (Fn. 502), § 242 Rn. 79.

[504] Vgl. RGZ 111, 298 (303).

[505] Vgl. OLG Frankfurt a. M. NJW-RR 1986, 107 (107).

[506] Vgl. BGHZ 44, 367 (371).

[507] Vgl. dazu *Looschelders/Olzen* (Fn. 502), § 242 Rn. 96.

[508] Zur Geschichte etwa *Fornasier, Matteo,* in: Säcker, Franz Jürgen; Rixecker, Roland, Münchener Kommentar zum Bürgerlichen Gesetzbuch, Bd. 2, 10. Aufl. 2025, Vorb. zu § 305 Rn. 1 ff.

hier. So ist der Grundsatz von Treu und Glauben schon nicht in der sonst für das deutsche Recht so prägenden Form der Subsumtion[509] zu erfassen. Es handelt sich vielmehr um eine nur grob lenkende Generalklausel, gleichsam eine gesetzgeberische Aufforderung an Rechtswissenschaft und Rechtsprechung, Recht fortzubilden, zu korrigieren und neu zu schaffen. In nicht wenigen Fällen hat der Gesetzgeber dann Jahre später die aufgrund von § 242 BGB entwickelte Rechtsprechung zu konkreten Rechtsfragen oder Rechtsbereichen im BGB oder in Sondergesetzen kodifiziert. Wenn bei der Anwendung des § 242 BGB gemeinhin von den jeweiligen sozialethischen Wertvorstellungen der Gemeinschaft die Rede ist, so sind damit keinesfalls empirische Erhebungen über die tatsächlichen Vorstellungen in der Gemeinschaft gemeint, sondern eine wertgeprägte Betrachtung durch den Richter – was etwa die besondere Bedeutung der verfassungsrechtlichen Grundrechte in diesem Bereich erklärt, da diese nach verbreiteter Ansicht eine Wertordnung vorgeben, von der der Richter nicht abweichen kann. Damit entbehrt die Anwendung des § 242 BGB letztlich einer strengen Methodik. Die stets um Verallgemeinerung bemühte deutsche Rechtswissenschaft belässt es hier im Kern bei verschiedenen Formen der Systematisierung und gelegentlich Fortentwicklung der vorhandenen, äußerst umfangreichen Rechtsprechung. Aus der Außenperspektive auffällig – aus der deutschen Perspektive hingegen kaum beachtenswert – begegnet diese weiche Form der Rechtsbeeinflussung zwar gelegentlich der Mahnung zu vorsichtiger Handhabung und wird in der einen oder anderen konkreten Anwendung auch einmal abgelehnt, trifft aber auf keine grundlegenden, in der Praxis wirksamen Bedenken.

4. Die Elemente der Straftat: Tatbestand, Rechtswidrigkeit, Schuld

a) Grundschema und Anwendung

287 Prägend für das deutsche strafrechtliche Denken ist die Unterteilung jeder Straftat in die Elemente von Tatbestand, Rechtswidrigkeit und Schuld.[510] Dieser Dreiteilung kommt nicht nur erhebliche theoretische, sondern auch eine kaum zu überschätzende praktische Bedeutung zu. Auf der mehr theoretischen Ebene entspringt die Dreiteilung der allgemeinen und weithin akzeptierten Definition der Straftat als tatbestandsmäßige, rechtswidrige und schuldhafte Handlung.[511] Hinter der genauen Ausformung ihrer Elemente steht zudem die klassische Frage nach der Natur menschlichen Handelns, die lange zu den zentralen Grundlagenfragen des deutschen Strafrechts mit einem klassisch gewordenen Streit in der Literatur zählte. Auf der mehr praktischen Ebene wird jede strafrechtliche Prüfung eines Falls sich stets am Schema von Tatbestand, Rechtswidrigkeit und Schuld einschließlich seiner Details orientieren. Das Schema ist also der typische Fall eines von der Dogmatik an das Gesetz herangetragenen Denkmodells, das sich über das Gesetz legt und ohne dass das Gesetz und seine Bedeutung kaum richtig verstanden werden kann.

288 Die praktische Ebene lässt sich am einfachsten anhand eines schlichten Beispielfalls illustrieren: Der volltrunkene A greift den B mit Faustschlägen an, woraufhin dieser sich ebenfalls mit Faustschlägen wehrt und dem A so einige Prellungen zufügt. Auf die Frage, ob B sich wegen Körperverletzung strafbar gemacht hat, gibt der einschlägige § 223 Abs. 1 StGB („Wer eine andere Person körperlich mißhandelt oder an der Gesundheit beschädigt, wird (…) bestraft.") nur eine unvollständige Antwort. Die gutachterliche Prüfung[512] beginnt

---

[509] Dazu supra → Rn. 109 ff.

[510] Dazu grundlegende etwa *Jescheck/Weigend* (Fn. 307), 194 ff., insbes. 232 ff.; *Roxin, Claus; Arzt, Gunther; Tiedemann, Klaus,* Einführung in das Strafrecht und Strafprozessrecht, 6. Aufl. 2013, 13 ff.; *Eisele* (Fn. 226), Vorb. zu §§ 13 ff. Rn. 12 ff., 25 ff.; *Gaede, Karsten,* in: Kindhäuser, Urs; Neumann, Ulfried; Paeffgen, Hans-Ulrich; Saliger, Frank Strafgesetzbuch, 6. Aufl. 2023, Vor §§ 13 ff. Rn. 5 ff.

[511] Sie geht zurück auf *Beling, Ernst,* Die Lehre vom Verbrechen, 1906, 5 ff., der allerdings noch von fünf Elementen ausgeht („Verbrechen ist die tatbestandsmäßige, rechtswidrige, schuldhafte, einer auf sie passenden Strafdrohung unterstellbare und den Strafdrohungsbedingungen genügende Handlung.", ibid., 7).

[512] Zum Gutachten- und Subsumtionsstil vgl. supra → Rn. 109 ff.

mit dem Tatbestand, der in objektiven und subjektiven Tatbestand unterteilt wird. Zum objektiven Tatbestand gehören die im Gesetz niedergelegten Merkmale des jeweiligen Deliktstyps, hier also die körperliche Mißhandlung oder Beschädigung an der Gesundheit einer anderen Person, die hier unproblematisch erfüllt sind.[513] Der Tatbestand setzt allerdings in seinem subjektiven Teil zusätzlich Vorsatz voraus, also Wissen und Wollen der Verwirklichung der dem objektiven Tatbestand zugrundeliegenden, tatsächlichen Sachverhaltselemente. Auch dann sind die Merkmale der Körperverletzung aber noch nicht erfüllt. Damit das tatbestandmäßige Handeln auch rechtswidrig ist, muss vielmehr danach gefragt werden, ob Rechtfertigungsgründe wie etwa Notwehr, § 32 StGB, einschlägig sind. Dabei wäre im Beispielsfall vor allem die Frage nach den sozialethischen Einschränkungen des Notwehrrechts (die im Wortlaut der Norm an dem Wort „geboten" festgemacht werden) zu stellen, da der Angreifer hier volltrunken war.[514] Auch im Rahmen der Rechtfertigung besteht im übrigen regelmäßig neben den objektiven Elementen ein subjektives Element, da beispielsweise der in Notwehr handelnde einen Verteidigungswillen haben, also zumindest die der Notwehrlage zugrundeliegenden Tatsachen kennen muss. Schließlich setzt jede Straftat auch Schuld voraus, also die subjektive Vorwerfbarkeit der Tat. Die tatbestandliche und rechtswidrige Handlung begründet nur ein Unwerturteil, der Täter hätte also objektiv anders handeln *sollen;* bei der Schuld hingegen geht es um die persönliche Verantwortlichkeit, dass der Täter also subjektiv anders hätte handeln *können.* Der Sache nach kann es hier, um ein einfaches Beispiel zu nennen, ua um die Schuldfähigkeit etwa von Kindern unter 14 Jahren, von Geistesgestörten oder von hochgradig alkoholisierten Personen gehen, §§ 19, 20 StGB. Dieses – im Detail sehr viel komplexere – Denk- und Prüfungsschema gilt bei allen Straftaten und führt dazu, dass im Strafrecht nicht etwa nur der Wortlaut einer Norm Begriff für Begriff nacheinander durchsubsumiert werden kann. So finden sich in manchen Normen beispielsweise auch Elemente des subjektiven Tatbestandes – wie etwa die Zueignungsabsicht beim Diebstahl, § 242 StGB – oder der Schuld – wie etwa nach verbreiteter Auffassung die „niedrigen Beweggründe" als eines der Mordmerkmale nach § 211 StGB –, die entsprechend erst an den zugehörigen Stellen im Schema erwähnt werden dürfen.

b) Theoretische und praktische Bedeutung

289 Wie so oft ist auch dieses Schema Ausdruck geronnenen juristischen Wissens.[515] So ist beispielsweise die Frage der Einordnung des Vorsatzes beim Tatbestand anstelle der Schuld Ergebnis einer langen und intensiv geführten Diskussion um die Frage, was unter einer „Handlung" als Ausgangspunkt einer strafrechtlichen Bewertung zu verstehen ist. Klassisch standen sich hier die kausale und die finale Handlungslehre gegenüber.[516] Stark vereinfacht sieht die kausale Handlungslehre in jedem gewillkürten Körperverhalten eine Handlung. Willenselemente wie etwa der Vorsatz gehören nicht dazu, so dass diese nicht im Tatbestand sondern in der Schuld einzuordnen wären. Die finale Handlungslehre hingegen sieht in der Handlung jedes bewusst vom Ziel her gelenkte Wirken, so dass der Vorsatz zur Handlung gehört und im Tatbestand einzuordnen wäre. Der hier dargestellte Verbrechensbegriff und das mit ihm einhergehende Schema ist also Ausdruck der finalen Handlungslehre und steht so im Gegensatz zum noch etwas über die erste Hälfte des 20. Jahrhundert hinaus vorherrschenden klassischen System der kausalen Handlungslehre, das den Tatbestand als rein objektiv, deskriptiv und wertfrei ansah und alle subjektiven oder psychologisierenden Elemente der Schuld zuschrieb.

290 Aus der Außensicht allerdings müssen sich die Fragen von Verbrechensaufbau und Handlungsbegriff immer wieder dem Vorwurf stellen, ein Glasperlenspiel zu sein, das

513 Zur Subsumtion gerade unter diese Merkmale vgl. das Beispiel supra → Rn. 110.

514 Zur Notwehr gegen schuldlos handelnde vgl. etwa *Perron, Walter, Eisele, Jörg,* in: Tübinger Kommentar Strafgesetzbuch (Fn. 218), § 32 Rn. 52 f.

515 Dazu allgemein schon supra → Rn. 126 f.

516 Dazu und zu weiteren Handlungslehren vgl. *Eisele* (Fn. 226), Vorb. zu §§ 13 ff. Rn. 25 ff.

zwar für den Prüfungsaufbau, nicht aber für das reale Ergebnis bei der Lösung strafrechtlicher Probleme eine Rolle spielt. In manchen Teilen ist der Vorwurf allerdings nur beschränkt aufrechtzuerhalten. Denn die Gedanken der verschiedenen Handlungslehren tauchen bei zahllosen praxisrelevanten Fragen immer wieder als Argumente auf. Diese Lehren erfüllen also die typische rechtswissenschaftliche Funktion der Abstraktion und Systembildung. Dennoch steht die Lösung rechtspraktischer Fragen oft nicht gerade im Mittelpunkt der Erörterungen und werden die gerade aus den Handlungslehren abgeleiteten Argumente zu solchen Fragen auch von deren Vertretern keinesfalls immer für zwingend gehalten. Dennoch ist wohl gerade diese Mixtur aus theoretischer Überhöhung und teilweiser praktischer Bedeutung für das deutsche strafrechtliche Denken typisch. An manchen Stellen wird die Praxisferne allerdings auch aus der deutschen Binnensicht zu groß. So ist etwa seit Jahrzehnten heftig umstritten, ob Tatbestand und Rechtswidrigkeit tatsächlich zwei getrennte Stufen darstellen oder nicht vielmehr in einem Gesamt-Unrechtstatbestand zusammengefasst werden müssen, so dass eine etwa durch Notwehr gerechtfertigte Körperverletzung schon nicht als tatbestandsmäßig – und nicht etwa als tatbestandsmäßig, aber gerechtfertigt – anzusehen wäre. Von praktischer Bedeutung ist dieser Unterschied nur bei einer einzigen Frage, deren Lösung aber keineswegs zwingend an diesen Streit gekoppelt ist,[517] so dass selbst in einem deutschen Standardkommentar bemerkt wird, hier stünden theoretischer Aufwand und praktische Bedeutung im umgekehrten Verhältnis zueinander[518] – ein Vorwurf, der in der deutschen Rechtswissenschaft in der Regel als sehr gravierend angesehen wird.

5. Gerichtliche Überprüfung von Verwaltungsakten

Bei der gerichtlichen Überprüfung von Verwaltungshandeln geht es stets auch um die **291**
Abgrenzung eigenständiger Macht- und Entscheidungsbereiche der Verwaltung gegenüber der Kontrolle und damit Einmischung durch die Rechtsprechung. Die stark von systematischen Gesichtspunkten geprägte deutsche Herangehensweise an diese Frage lässt sich am deutlichsten am Beispiel der Anfechtung von Verwaltungsakten klären. Unter Verwaltungsakten werden dabei in Deutschland – von den zahllosen dogmatischen Feinheiten einmal abgesehen – im Kern alle Entscheidungen der Verwaltung in Einzelfällen verstanden, im Unterschied zur Normsetzung durch die Verwaltung für eine unbestimmte Vielzahl von Fällen. Beispiele können so alltäglich sein wie etwa die Erteilung einer Gaststättenerlaubnis oder eines Führerscheins, das Verbot, einen bestimmten Platz zu betreten oder die Aufforderung, sein Auto anzuhalten, ebenso aber beschränkende Auflage für eine Großdemonstration, die Baugenehmigung für eine Einfamilienhaus oder ein Einkaufszentrum oder die Genehmigung zur Errichtung eines Atomkraftwerks. Wer einen solchen Verwaltungsakt für ganz oder teilweise rechtswidrig hält und ihn daher ganz oder teilweise aus der Welt schaffen will, ist vor Gericht auf die sog. Anfechtungsklage angewiesen.

a) Unterscheidung zwischen Ermessen und unbestimmtem Rechtsbegriff

Die Grundregel zum Prüfungsmaßstab der Anfechtungsklage ist einfach zu formulieren: Das **292**
Gericht prüft die Erfüllung der tatbestandlichen, dh gesetzlichen Voraussetzungen des Verwaltungsakts grundsätzlich vollständig selbst, nicht aber das Ermessen, bei dem es nur die Einhaltung bestimmter äußerster Grenzen untersucht. Damit ist die Frage der Abgrenzung des Einflussbereichs von Verwaltung und Rechtsprechung gleichsam – und in für das deutsche Rechtsdenken typischer Weise – umgelenkt auf Kernbegriffe des materiellen deutschen Verwaltungsrechts und die zugehörigen Strukturen: Ermessen und unbestimmter

[517] Es geht um die Frage, wie der Irrtum über das Vorliegen der tatsächlichen Voraussetzungen eines Rechtfertigungsgrundes (sog. Erlaubnistatbestandsirrtum) zu behandeln ist, vgl. dazu *Sternberg-Lieben, Detlev; Schuster, Frank,* in: Tübinger Kommentar Strafgesetzbuch (Fn. 218), § 16 Rn. 14 ff.

[518] *Eisele* (Fn. 226), Vorb. zu §§ 13 ff. Rn. 19.

Rechtsbegriff. Diesem Begriffspaar liegt die Vorstellung zugrunde, dass Normen im Allgemeinen nach einem Wenn-dann-Schema konditional aufgebaut sind. Sie haben also auf der einen Seite einen Tatbestand mit gesetzlich festgelegten Voraussetzungen, den sog. unbestimmten Rechtsbegriffen, auf der anderen Seite die bei Erfüllung dieser Voraussetzungen eintretende Rechtsfolge. Diese Rechtsfolge kann in genau zwei Formen auftreten: als sog. gebundene Rechtsfolge, wenn der Verwaltung eine bestimmte Handlungsweise konkret vorgeschrieben wird, oder eben als Ermessen, bei dem die Verwaltung die Wahl hat, ob sie handelt (sog. Entschließungsermessen) oder wie sie handelt (sog. Auswahlermessen). Lautet beispielsweise die Norm „Ist der Gewerbetreibende unzuverlässig, so ist ihm die Ausübung des Gewerbes zu untersagen", so sind „Gewerbetreibender" und „unzuverlässig" die beiden Elemente des Tatbestandes, aus denen die gebundene Rechtsfolge der Untersagung folgt. Lautete der zweite Teilsatz der Norm hingegen „…, so kann ihm die Ausübung des Gewerbes untersagt werden", so bestünde als Rechtsfolge ein Ermessen, ob und – in einem Schluss a maiore ad minus – inwieweit die Verwaltung das Gewerbe untersagen will. In beiden Fällen aber muss *zunächst* festgestellt werden, dass ein Gewerbetreibender unzuverlässig ist. Ob Ermessen vorliegt, wird durch Auslegung der Norm ermittelt, wobei in fast allen Fällen klare und unumstrittene Ergebnisse erzielt werden, nicht zuletzt auch, weil der Gesetzgeber die beiden möglichen Rechtsfolgen in aller Regel klar vor Augen hat und deshalb eindeutige Worte wählt, insbesondere „kann" für Ermessen und „ist zu" oder „muss" für gebundene Entscheidungen.

b) Eigenständige gerichtliche Prüfung unbestimmter Rechtsbegriffe

293 Alle unbestimmten Rechtsbegriffe auf der Tatbestandsseite sind im Grundsatz[519] voll überprüfbar. Bei genauer Betrachtung ist diese volle Überprüfung nicht einmal eine Überprüfung im Wortsinn. Denn der Richter fragt sich nicht, ob die Definition und Anwendung dieser Begriffe durch die Verwaltung richtig war, sondern definiert ohne weiteres selbst und wendet die Definition auf den – von ihm ebenfalls ganz selbständig festgestellten – Lebenssachverhalt an. Dabei mag dann dasselbe Ergebnis herauskommen, wie bei der Verwaltung, oder eben nicht. Eine „deference" gegenüber der Rechtsauffassung der Verwaltung, wie sie etwa für das U.S.-amerikanische Verwaltungsrecht typisch ist,[520] ist so schon systematisch gar nicht erst vorgesehen. Das Gericht prüft also nicht nach, sondern fällt die Entscheidung selbst noch einmal. Das zeigt sich beispielsweise auch daran, dass das Gericht den Verwaltungsakt aufrechterhält, selbst wenn die Begründung, die die Verwaltung dafür gegeben hat, rechtlich (oder tatsächlich) verfehlt ist, also etwa einen unbestimmten Rechtsbegriff fehlerhaft (das heißt: anders als das Gericht) definiert. Da das Gericht das Recht selbst anwendet, muss es sich mit der Begründung der Verwaltung gar nicht auseinandersetzen. In der Praxis allerdings wird ein Gericht die Verwaltung dennoch im Urteil auf solche Fehler aufmerksam machen, dies aber aus mehr verwaltungspolitischen, erzieherischen Gründen, um eine Wiederholung der Fehler und damit auch weitere Prozesse zu vermeiden.

294 Als Nebeneffekt ist auch das von der Verwaltung durchgeführte Verfahren und insbesondere seine Rechtmäßigkeit für die verwaltungsgerichtliche Prüfung weit weniger bedeutend als etwa in den USA. Denn wenn zwar Verfahrensfehler begangen wurden, etwa eine Anhörung des Betroffenen fehlt, aber auch ohne diesen Fehler dieselbe Entscheidung zu treffen gewesen wäre, machte es keinen Sinn, den Verwaltungsakt wegen des Verfahrensfehlers aufzuheben, da er mit gleichem Inhalt sogleich wieder erlassen werden könnte oder sogar müsste. Dieser § 46 VwVfG zugrundeliegende Grundgedanke ist aber in seinen Auswirkungen nicht zuletzt auf die Bereitschaft der Verwaltung, Verfahrensvorschriften überhaupt einzuhalten, so klar problematisch, dass hier auf vielerlei Weise erweiterte Prüfungs-

[519] Zur klassischen, aber sehr seltenen Ausnahme des sog. Beurteilungsspielraums, der nur in bestimmten Fallgruppen auftaucht, vgl. *Maurer/Waldhoff* (Fn. 306), 162 ff.

[520] Zum U.S.-Verwaltungsrecht und dem Chevron-Test vgl. supra → § 5 Rn. 206 ff., 218 ff.

möglichkeiten von den Gerichten gefunden und oft noch mehr von der Literatur vorgeschlagen werden.[521] Gleichzeitig zeigt das deutsche Verwaltungsrecht gewisse, auch dem europäischen Einfluss geschuldete Tendenzen weg von einem sehr stark an materiellen, also inhaltlichen Kriterien orientierten und hin zu einem etwas mehr verfahrensbezogenen Denken,[522] die jedoch weit davon entfernt sind, die Grundhaltung anzutasten.

c) Beschränkte Überprüfung des Ermessens

Die große Ausnahme vom Grundsatz der vollen Prüfung ist das Ermessen. Hier darf das **295**
Gericht nach einer immer wieder verwendeten Formulierung gerade nicht sein Ermessen an die Stelle des Ermessens der Verwaltung setzen. Der Verwaltung wird zugetraut, besser als das Gericht eine einzelfallangemessene, zweckmäßige Entscheidung zu treffen. Dennoch muss es – jedenfalls aus deutscher Sicht – Grenzen dieser Entscheidungsfreiheit geben, die ihrerseits wieder gerichtlich überprüfbar sein müssen. Diese Grenzen sind die sog. Ermessenfehler. Sie werden üblicherweise, wenn auch terminologisch nicht immer einheitlich, eingeteilt in Ermessensnichtgebrauch, Ermessensüberschreitung und Ermessensfehlgebrauch. Beim Ermessensnichtgebrauch prüft das Gericht, ob die Verwaltung möglicherweise ihr Ermessen gar nicht ausgeübt oder nicht alle möglichen Entscheidungsalternativen gesehen hat, etwa wenn ein Polizist glaubte, zur Auflösung einer Demonstration (gebunden) verpflichtet zu sein, obwohl ihm Ermessen zukam. Eine Ermessenüberschreitung liegt vor, wenn die Verwaltung eine Rechtsfolge wählt, die von der Norm gar nicht oder nicht rechtmäßigerweise vorgesehen ist. Hierher gehören etwa unverhältnismäßige[523] oder verfassungswidrige Rechtsfolgen, wenn also beispielsweise bei einer Verkehrskontrolle aus berechtigtem Anlass nach Drogen gesucht wird, dazu aber die Verdächtigen aufgefordert werden, sich unmittelbar neben der Straße ohne Sichtschutz vollständig zu entkleiden. Der Ermessensfehlgebrauch schließlich kann in verschiedenen Konstellationen einschlägig sein, etwa wenn bei der Ermessensabwägung nicht alles berücksichtigt wurde, das hätte berücksichtigt werden müssen (sog. Abwägungsdefizit), wenn also zB bei der Ausweisung eines Ausländers gar nicht erst erwogen wird, dass er mit einer Deutschen verheiratet ist und so der Schutz der Ehe nach Art. 6 GG einschlägig sein könnte. Ähnliches gilt bei Berücksichtigung sachfremder Zwecke (sog. Ermessensmissbrauch), etwa wenn eine Demonstration beendet wird, weil dem Polizisten die politische Meinung der Demonstranten nicht passt. Dogmatisch gesehen besonders gefährlich ist schließlich als Unterfall des Ermessensfehlgebrauchs die sog. Disproportionalität, denn hier wird die Entscheidung der Verwaltung allein deshalb fehlerhaft, weil sie auf einer völlig fehlerhaften Gewichtung der Gesichtspunkte beruht. Diese spezielle Fallgruppe könnte daher potentiell die grundsätzlich fehlende Überprüfbarkeit des Ermessens wieder aushebeln, denn hier setzt das Gericht, wenn auch nur für extreme Fälle, seine Abwägung, sein Ermessen an die Stelle des Ermessens der Verwaltung. Diese Fallgruppe wird deshalb üblicherweise sehr restriktiv gehandhabt. All diese Ermessensfehler können übrigens auch dazu führen, dass letztlich nur noch eine einzige Entscheidung der Verwaltung ermessensfehlerfrei ist; in diesem Fall spricht man von einer Ermessensreduzierung auf Null, die dann im Ergebnis der gebundenen Entscheidung gleichsteht.[524]

---

[521] Zum Thema insgesamt vgl. *Hufen, Friedhelm; Siegel, Thorsten,* Fehler im Verwaltungsverfahren, 8. Aufl. 2025, Rn. 792 ff., insbes. 896 ff.

[522] Vgl. dazu etwa *Ziekow, Jan,* Von der Reanimation des Verfahrensrechts, NVwZ 2005, 263 (263 ff.); *Schmidt-Aßmann, Eberhard,* Verwaltungsverfahren und Verwaltungskultur, NVwZ 2007, 40 (40 ff., insbes. 41); als Beispiel einer mehr verfahrenszentrierten Sichtweise dient auch das Baurecht, bei dem Abwägungsfehler – der Sache nach also Ermessensfehler – in weiten Teilen nicht mehr als materielle, sondern als Verfahrensfehler behandelt werden, vgl. etwa *Stelkens, Ulrich,* Planerhaltung bei Abwägungsmängeln nach dem EAG Bau – Zugleich Versuch einer Abgrenzung zwischen § 1 Abs. 7 und § 2 Abs. 3 BauGB, Umwelt und Planungsrecht 25 (2005), 81 (81 ff.); *Battis, Ulrich,* in: Battis, Ulrich; Krautzberger, Michael; Löhr, Rolf-Peter, Baugesetzbuch – BauGB, 15. Aufl. 2022, § 2 Rn. 5.

[523] Zur Verhältnismäßigkeit vgl. noch sogleich infra → Rn. 306 ff.

[524] Zum sehr vielschichtigen Thema des Ermessens vgl. statt aller nur *Maurer/Waldhoff* (Fn. 306), 150 ff.

296 Insgesamt halten deutsche Juristen zwar nicht notwendig alle Feinheiten und Details dieser Konzepte, wohl aber den Grundsatz der Trennung von unbestimmten Rechtsbegriffen auf der Tatbestandsseite und Ermessen auf der Rechtsfolgenseite meist für so selbstverständlich, dass sie unbewusst unterstellen, es handele sich um eine in allen Rechtsordnungen verbreitete Denkweise, die sich aus der Logik der Norm heraus ergebe. Dass dieser Anspruch auf Allgemeingültigkeit weitgehend an den deutschen Grenzen endet und etwa weder Frankreich noch die Europäische Union die Unterscheidung kennt, gehört zu den klassischen Augenöffnern in einer rechtsvergleichenden Vorlesung vor deutschem Publikum.

6. Menschenwürde

a) Grundgedanke der Menschenwürde

297 Das Konzept der Menschenwürde steht zu Recht in Art. 1 Abs. 1 S. 1 GG am Anfang der deutschen Verfassung. Es stellt den obersten Wert, eine Art Leitmotiv des heutigen deutschen Verfassungsdenkens dar. Die Aufnahme der Menschenwürde in die Verfassung wird dabei üblicherweise als Reaktion auf die Schrecken des Dritten Reichs angesehen, als ein verfassungsrechtliches „Nie wieder!". Sklaverei, Folter, Menschenhandel, Gehirnwäsche, systematisch erniedrigende Behandlung – all dies sind klassische Beispiele eines Verstoßes gegen die Menschenwürde, die uneingeschränkt verboten und keiner Rechtfertigung fähig sind. Neben diesen weitgehend klaren Beispielen[525] werden aber auch eine Reihe von Fallkonstellationen unter dem Aspekt der Menschenwürde diskutiert, die ausländischen ebenso wie deutschen Beobachtern mindestens ambivalent oder diskutabel erscheinen: die Fortpflanzungsmedizin, die Forschung an embryonalen Stammzellen oder die Frage, ob für ein Kind, das aufgrund eines ärztlichen Kunstfehlers – etwa einer fehlgeschlagene Sterilisation – überhaupt erst geboren wurde, Schadenersatz vom Arzt verlangt werden kann („Kind als Schaden"). Auch die in Deutschland geltenden Verbote des Einsatzes von Lügendetektoren oder von Peep-Shows sind – umstrittene – Folgen der Menschenwürde. Eine kurze Zeit lang wurde sogar ernsthaft gefragt, ob die international verbreitete Fernsehshow „Big Brother" mit der Menschenwürde vereinbar sei.

b) Rechtskulturell prägende Rolle der Menschenwürde

298 Dabei kommt der Menschenwürde weit über solche konkreten Rechtsfolgen hinaus eine mehr indirekt prägende Rolle zu, die oft erst die rechtsvergleichende Betrachtung offenlegt. Deutlich und vielbeachtet ist diese Rolle im Rahmen der Meinungsfreiheit, wenn es darum geht, ob radikale, für die freie Gesellschaft oder für bestimmte Gruppen bedrohliche Meinungsäußerungen untersagt werden können.[526] Klassisches Beispiel ist hier eine Verherrlichung der nationalsozialistischen Herrschaft in Deutschland zwischen 1933 und 1945, etwa im Rahmen von Demonstrationen oder politischen Reden. In den USA ist der Umgang mit diesen meist unter dem Stichwort hate speech zusammengefassten Fragen gekennzeichnet durch den Grundgedanken des free marketplace of ideas. Auf diesem freien Markt der Ideen stellt der demokratische Willensbildungsprozess selbst sicher, dass undemo-

[525] Nur bei der Folter wird gelegentlich versucht, eine Ausnahme für extreme Gefährdungslagen zu schaffen, vgl. dazu etwa *Dreier, Horst,* in: ders., Grundgesetz – Kommentar, Bd. 1, 3. Aufl. 2013, Art. 1 Rn. 133 ff.; diese Versuche stoßen meist auf ausgeprägte Gegenwehr, vgl. zum ganzen auch *Brugger, Winfried,* May government ever use torture? Two responses from German law, American Journal of Comparative Law 48 (2000), 661 (661 ff.), der bemerkenswerterweise ibid., 677 feststellt: „No German law professor in the last fifty years has ever, to my knowledge, publicly advocated the use of torture in general or even in exceptional circumstances. (…) The long and menacing shadow of the Third Reich with its pervasive and abhorrent use of torture has prevented an open reflection of the conflict at hand.".

[526] Detaillierter Vergleich mit den USA bei *Brugger, Winfried,* Ban on or protection of hate speech? Some observations based on German and American Law, Tulane European and Civil Law Forum 17 (2002), 1 (1 ff.).

kratische Vorstellungen und Meinungen sich nicht durchsetzen können. In die Funktionsfähigkeit dieses Selbstreinigungsmechanismus herrscht größtes Zutrauen.[527] Dieses Grundvertrauen wurde in Deutschland durch die Erfahrungen von 1933 erschüttert, die gezeigt haben, dass eine Demokratie durch totalitäres Gedankengut zerstört werden kann. Es herrscht daher die Ansicht vor, dass die Demokratie sich verteidigen muss und dass bestimmte Beschränkungen der Freiheit sich durch den Schutz eben dieser Freiheit rechtfertigen lassen, wenn auch die Grenzen dieser Einschränkungsmöglichkeit in den verschiedensten Zusammenhängen immer wieder kontrovers diskutiert werden. Speziell im Bereich der Meinungsfreiheit bei hate speech wird der Schutz des betroffenen Individuums nicht selten stärker gewichtet als die Freiheit desjenigen, der andere verbal angreift. Diese Konzentration auf das Individuum, sein Persönlichkeitsrecht und seine Ehre, lässt sich als Ausfluss des Menschenwürdegedankens betrachten, auch wenn die konkrete rechtliche Anwendung des Art. 1 Abs. 1 S. 1 GG hier oft nur eine Nebenrolle spielt.[528]

Dass die Menschenwürde hier vielfach nur als eine Metapher für die stärkere Betonung der **299**
privaten „Opfer“ einer Freiheitsbetätigung dient, zeigt sich noch deutlicher beim Schutz der Privatsphäre. Hier wird gern und nicht zu Unrecht festgestellt, dass der kontinentaleuropäische Schutz der Privatsphäre im Kern ein Schutz des Rechts auf Respekt und Menschenwürde sei, während in den USA die Abwehr von staatlichem Eindringen, insbesondere in das eigene Heim im Vordergrund stehe.[529] Respekt, Ehre und Würde werden hier weitgehend austauschbar verwendet, die Würde zudem weit über Deutschland hinaus als gesamtkontinentales Konzept angesehen, was in dieser Form für das rechtliche Konzept des Art. 1 Abs. 1 S. 1 GG nicht ohne weiteres behauptet werden könnte. Ähnliches lässt sich etwa für das Recht der sexuellen Belästigung feststellen, das in Deutschland und Europa als Schutz der Würde betroffener Frauen angesehen werden kann, während es in den USA das berufliche Fortkommen und den wirtschaftlichen Erfolg von Frauen und gegen Diskriminierung schützt.[530]

Besonders gut sichtbare Auswirkungen hat das vom Menschenwürdekonzept beeinflusste **300**
Denken schließlich auch im Bereich der Strafrechtspflege. Gefängnisinsassen in Deutschland werden im Hinblick auf ihre Würde und Privatsphäre in einem Ausmaß geschützt, das für U.S.-Amerikaner kaum noch verständlich ist, ebenso wie umgekehrt die Behandlung von Strafgefangenen in den USA, etwa die fehlende Anrede mit dem Nachnamen oder die Unterbringung in nur durch Gitter vom Gang getrennten Zellen, in Deutschland bei vielen für Kopfschütteln sorgt. Die Unterschiede im Strafvollzug können erneut auf zahlreiche Faktoren zurückgeführt werden, etwa auf den Einfluss eines eher fundamentalistischen

---

[527] Zum Begriff des freien Markplatzes der Ideen vgl. etwa *Krotoszynski, Ronald J. Jr.,* The first amendment in cross-cultural perspective – A comparative legal analysis of the freedom of speech, 2006, 14 f.; *Brugger, Winfried,* Meinungsfreiheit im Recht der Vereinigten Staaten von Amerika, in: Schwartländer, Johannes; Willoweit, Dietmar (Hrsg.), Meinungsfreiheit – Grundgedanken und Geschichte in Europa und USA, 1986, 219 (221 ff.); zum freien Marktplatz der Ideen in der Rechtsprechung des U. S. Supreme Court vgl. *Hopkins, W. Wat,* The Supreme Court defines the marketplace of ideas, Journalism & Mass Communication Quarterly 73 (1996), 40 (40 ff.).

[528] Dies galt bereits vor 2009, als die Menschenwürde meist nur als zusätzliches Argument herangezogen wurde, um die auch sonst abstützbaren Entscheidungen noch zu bestätigen, vgl. exemplarisch als Höhe- und Endpunkt BVerwGE 131, 216 (219 ff.). Seit November 2009 hat sich mit BVerfGE 124, 300 die Struktur der Meinungsfreiheit stark verändert und spielt die Menschenwürde hier eine noch weiter herabgesetzte Rolle; zu der Entscheidung des Bundesverfassungsgerichts vgl. etwa *Lepsius, Oliver,* Einschränkung der Meinungsfreiheit durch Sonderrecht, JURA 2010, 527 (527 ff.); *Kischel, Uwe,* La liberté d'opinion au défi du néonazisme – la culture juridique allemande évolue, Revue française de droit constitutionnel 2012, 63 (63 ff.).

[529] Vgl. eingängig und schon vom Titel her deutlich *Whitman, James Q.,* The two Western cultures of privacy – Dignity versus liberty, Yale Law Journal 113 (2004), 1151 (1161 und passim), der insbes. die gerade in Deutschland verbreitete Erklärung über die Erfahrungen des Nationalsozialismus bestreitet, ibid., 1165 f., 1187 ff.

[530] Vgl. kurz *Whitman, James Q.,* The neo-romantic turn, in: Legrand, Pierre; Munday, Roderick (Hrsg.), Comparative legal studies – traditions and transitions, 2003, 312 (338); ausführlicher *Friedman, Gabrielle S.; Whitman, James Q.,* The European transformation of harassment law – Discrimination versus dignity, Columbia Journal of European Law 9 (2003), 241 (242 ff.).

christlichen Denkens oder die Bedeutung der Politik im Strafrechtssystem.[531] Die Menschenwürde ist jedoch ein weiterer Faktor. Auch schon im Vorfeld strafrechtlicher Verurteilung wird die unterschiedliche Herangehensweise deutlich. So stößt etwa die teils bewusste öffentliche Vorführung von Beschuldigten, möglichst noch in Handschellen, wie sie in den USA üblich ist,[532] in Deutschland weitgehend auf Unverständnis. Ebenso wird Beschuldigten und Angeklagten in Deutschland wie selbstverständlich aufgrund der Menschenwürde keinerlei Pflicht auferlegt, die Wahrheit zu sagen, wenn sie freiwillige Aussagen machen.[533] Der Gedanke, ähnlich wie in den USA einen Angeklagten (freiwillig) als Zeugen zu verhören und Falschaussagen zu bestrafen, hätte so in Deutschland von vornherein keine Chance; dass der Angeklagte lügt, um sich zu schützen, wird vielmehr als völlig selbstverständlich vorausgesetzt. In den USA hingegen würde es als ausreichender Schutz angesehen, daß der Angeklagte auch einfach schweigen kann, um sich nicht selbst zu belasten; entscheidet er sich aber zu reden, müsse er auch die Wahrheit sagen.

c) Konkreter normativer Gehalt der Menschenwürde

301 Jenseits der kulturell prägenden Funktion, in der „Würde" mehr als Stichwort für eine vielschichtige Einstellung dient, steht die Menschenwürde als konkretes Grundrecht,[534] das etwa Sklaverei, Folter oder Menschenhandel unmittelbar verbietet. Die Übergänge können dabei fließend sein, wie etwa das gerade angesprochene Recht zur Lüge zeigt, das rechtlich unmittelbar vom Grundrecht der Menschenwürde gefordert wird. Auch im konkreteren, normativen Bereich nimmt die Menschenwürde allerdings eine gewisse Sonderstellung ein. Diese zeigt sich vielleicht am deutlichsten daran, dass keine subsumtionsfähige Definition[535] der Menschenwürde existiert – eine aus deutscher Perspektive ganz und gar ungewöhnliche Feststellung. Was besteht, ist der Versuch einer Annäherung an den Begriff in Form der weithin akzeptierten sog. Objektformel. Danach verbietet die Menschenwürdegarantie, den Menschen zum bloßen Objekt, zu einem bloßen Mittel, zur vertretbaren Größe herabzuwürdigen.[536] Der Staat darf also keinen Menschen so behandeln, dass seine Subjektsqualität prinzipiell in Frage gestellt wird. Unzulässig ist jede Behandlung, die Ausdruck der Verachtung des Wertes ist, der dem Menschen kraft seines Personseins zukommt.[537] Den Kern dieser Objektformel, der auf Kant zurückgeht,[538] hat aber bereits Schopenhauer als zwar bedeutend klingenden, aber höchst vagen Satz gekennzeichnet, der für jeden Fall

---

[531] Vgl. zum Würdebezug *Whitman* (Fn. 529), 1195; zu den weiteren Erklärungsmustern *Whitman, James Q.*, The comparative study of criminal punishment, Annual Review of Law and Social Science 1 (2005), 17 (25 ff.); *Whitman, James Q.*, Harsh Justice – Criminal Punishment and the Widening Divide between America and Europe, 2003, 191 ff. (dort auch zu den Unterschieden im Strafvollzug, ibid., 59 ff., 74 ff., 84 ff.); *Whitman, James Q.*, Comment expliquer la peine aux États-Unis?, Archives de politiques criminelle 27 (2005), 225 (225 ff.).

[532] Vgl. dazu *Häntzschel, Jörg,* Die Handschellen zieren jeden Verdacht – Der „perp walk" und seine Gründe – Warum in den Vereinigten Staaten vor Gericht Beschuldigte öffentlich vorgeführt werden, Süddeutsche Zeitung, 18.5.2011, 11.

[533] Vgl. etwa *Fezer, Gerhard,* Hat der Beschuldigte ein „Recht auf Lüge"?, in: Küper, Wilfried; Welp, Jürgen (Hrsg.), Beiträge zur Rechtswissenschaft – Festschrift für Walter Stree und Johannes Wessels zum 70. Geburtstag, 1993, 663 (663 ff.), auch zu den Gründen, warum dennoch nur ungern von einem Recht auf Lüge gesprochen wird.

[534] Zum Streit, ob die Menschenwürdegarantie formal ein Grundrecht darstellt, vgl. kurz supra → Rn. 79; im Ergebnis ist dies unerheblich, da eine Gleichstellung mit den Grundrechten in jedem Fall durch die – ebenfalls formale – Kombination der Menschenwürde mit dem Grundrecht der allgemeinen Handlungsfreiheit nach Art. 2 Abs. 1 GG erreicht wird, dazu etwa *Herdegen, Matthias,* in: Maunz, Theodor; Dürig, Günter; Herzog, Roman; Scholz, Rupert, Grundgesetz Kommentar, Loseblatt (Stand: 108. Ergänzungslieferung 2025), Art. 1 Abs. 1 Rn. 29 (der dem Streit allerdings eine gewisse Bedeutung beimisst).

[535] Zur Bedeutung von Subsumtion und Definition supra → Rn. 109 ff.

[536] Grundlegend *Dürig,* in: Maunz/Dürig (Fn. 323), Rn. 28; vgl. BVerfGE 27, 1 (6); 45, 187 (228).

[537] Vgl. BVerfGE 30, 1 (26).

[538] Vgl. dazu nur *Lorz, Ralph Alexander,* Modernes Grund- und Menschenrechtsverständnis und die Philosophie der Freiheit Kants, 1993, 283.

seiner Anwendung erst besonderer Erklärung, Bestimmung und Modifikation bedürfe.[539] Auch Dürig, der den Satz in die verfassungsrechtliche Dogmatik eingeführt hat, macht einleitend deutlich, dass „hierbei jeder Definitionsversuch naturgemäß simplifizieren muß".[540] Ebenso wies das Bundesverfassungsgericht, das die Objektformel in ständiger Rechtsprechung verwendet, bereits früh darauf hin, dass solch allgemeine Formeln lediglich die Richtung andeuten könnten, in der Fälle der Verletzung der Menschenwürde gefunden werden können.[541] Und tatsächlich: Streng genommen ist der Mensch nicht selten Objekt staatlichen Handelns und insbesondere des Rechts, dem er sich ohne Rücksicht auf eigene Interessen fügen muss,[542] etwa wenn auch nachts an einer menschenleeren Kreuzung vor einer roten Ampel anzuhalten ist, oder wenn auch ein noch so reifer und intelligenter Jugendlicher unter 18 Jahren keinen rechtsgültigen Vertrag schließen kann, selbst wenn er dessen Bedeutung und Folgen besser zu übersehen vermag als mancher Erwachsene. Mit anderen Worten könnte die Objektformel bei formaler Anwendung zahlreiche, ganz unproblematische Fallkonstellationen mit einbeziehen, liefert aber andererseits in schwierigen Grenzfällen allenfalls eine gewisse Argumentationshilfe.[543]

Der Schutzbereich der Menschenwürde ist jedenfalls recht eng auf den Kernbereich 302
menschlicher Existenz beschränkt. Andererseits verpflichtet die Menschenwürde nicht nur den Staat, sondern gilt uneingeschränkt auch zwischen den Bürgern und geht so weit über andere Grundrechte hinaus. Sobald die Menschenwürde aber – wie so oft – nur instrumental zur Auslegung anderer Normen herangezogen wird, kann die enge Umschreibung der Objektformel nicht aufrechterhalten werden. Denn anderenfalls käme der Würde bei der Auslegung kaum noch eine nennenswerte Bedeutung zu. Für die Instrumentalfunktion der Menschenwürde kann die entscheidende Frage also nicht wie sonst lauten, ob dem Menschen die Würde genommen wird, sondern ob ein anderes staatliches Verhalten dem Menschen ein Mehr an Würde gäbe.[544] Das wird noch deutlicher, wenn eine weitere Eigenheit des Art. 1 Abs. 1 S. 1 GG berücksichtigt wird: Da die Menschenwürde nach dem Wortlaut dieser Norm „unantastbar" ist, gibt es – anders als bei allen anderen Grundrechten – für ihre Beeinträchtigung keine Rechtfertigungsmöglichkeit. Sobald also der Schutzbereich der Menschenwürde berührt ist, ist sie automatisch auch verletzt, das staatliche Handeln also verfassungswidrig. Eine Abwägung ist nicht möglich. So mag etwa unter Menschenwürdeaspekten die Frage gestellt werden, ob der Staat ein mit Unschuldigen besetztes Passagierflugzeug abschießen darf, das von Terroristen gekapert wurde, um es als Waffe einzusetzen.[545] Streng genommen wäre es hier schon normstrukturell nicht möglich, das Leben der gefährdeten Zivilbevölkerung mit in die Argumentation einzubeziehen, denn der Vergleich mit der Würde der Passagiere liefe auf eine Abwägung der Menschenwürde mit dem Recht auf Leben nach Art. 2 Abs. 2 S. 1 GG hinaus. Dennoch wird diese Argumentation zwar meist im Ergebnis abgelehnt, nicht aber schon von vornherein als unzulässig angesehen. Strukturell betrachtet wird die Abwägung dabei schlicht von der Rechtfertigung in den Schutzbereich[546] verlagert,[547] also argumentiert, dass die Menschenwürde der Passagiere möglicherweise deshalb schon gar nicht betroffen sei, weil der Abschuss des Flugzeugs eine sehr große Anzahl von Menschenleben retten könnte. Mit der Objektformel ist diese Argumentation kaum zu vereinbaren.

---

[539] Vgl. *Schopenhauer, Arthur,* Die Welt als Wille und Vorstellung, Bd. 1, Teilband 2, Ausgabe Diogenes 1977, § 62 (S. 434 f.).

[540] *Dürig,* in: Maunz/Dürig (Fn. 323), Rn. 28.

[541] BVerfGE 30, 1 (25); zustimmend etwa *Lorz* (Fn. 538), 283; dagegen das Sondervotum der Richter Geller, v. Schlabrendorff, Rupp, BVerfGE 30, 33 (40).

[542] Vgl. BVerfGE 30, 1 (25 f.).

[543] Zusammenfassend zum Ganzen und zu den verschiedenen, letztlich ebenso wenig gängigen Lösungsvorschlägen *Kischel* (Fn. 130), 117 f.

[544] Vgl. dazu *Kischel* (Fn. 130), 122 mwN.

[545] Zur klar ablehnenden Antwort des Bundesverfassungsgerichts vgl. BVerfGE 115, 118 (151 ff.).

[546] Zu Schutzbereich und Rechtfertigung (Schranken) sogleich infra → Rn. 304 ff.

[547] Vgl. dazu beispielsweise *Herdegen* (Fn. 534), Art. 1 Abs. 1 Rn. 50.

303 Die Menschenwürde erweist sich so einerseits als besonders grundlegend für das Verständnis des deutschen Rechtsdenkens, andererseits aber als ein rechtliches Konzept, das mit diesem Rechtsdenken besonders schwer zu erfassen ist. In der Menschenwürde wächst so in mehrfacher Hinsicht das deutsche Recht über sich selbst hinaus.

7. Grundrechtsschranken: Die Verhältnismäßigkeit

a) Schutzbereich, Eingriff und Schranke

304 Die Frage, ob ein beliebiges Grundrecht verletzt ist, wird in Deutschland stets nach einem einheitlichen Schema geprüft, das gemeinhin mit den Begriffen Schutzbereich, Eingriff und Schranke bezeichnet wird. Der dahinterstehende Gedankenapparat ist durchaus komplex, lässt sich aber im Kern recht einfach beschreiben: Der Schutzbereich beschreibt, was geschützt wird, der Eingriff, wogegen geschützt wird.[548] Beim Schutzbereich der Religionsfreiheit beispielsweise wäre also festzustellen, ob überhaupt eine Religion vorliegt oder ob etwa auch wirtschaftliche Betätigungen religiöser Organisationen darunter fallen, bei der Berufsfreiheit ob etwa professionelles Glückspiel oder Prostitution als Beruf gelten können. Der Begriff des Eingriffs ist dann heute denkbar weit gefasst, da grundsätzlich jede Beeinträchtigung des Schutzbereichs eines Grundrechts durch staatliches Handeln ein Eingriff sein kann. In vielen Fällen ist ein Eingriff daher auch ganz unproblematisch, etwa wenn der Staat ein bestimmtes Handeln verbietet oder gebietet, also beispielsweise die Einnahme von Drogen im Rahmen einer religiösen, kultischen Handlung untersagt oder nur Juristen mit zweitem Staatsexamen als Rechtsanwalt arbeiten lässt. Manche Fälle aber sind außerordentlich problematisch und bis heute kaum geklärt, etwa mögliche Eingriffe durch Begünstigung Dritter, wenn beispielsweise einem Konkurrenten eine staatliche Subvention gewährt wird, oder die mittelbare Beteiligung an beschränkenden Handlungen Dritter, etwa wenn der Staat einen Verein bezuschusst, der vor bestimmten Jugendsekten warnt. Ob und wann in solchen Situationen ein Eingriff vorliegt, ist bis heute nicht gänzlich geklärt.

305 Anders als bei der Menschenwürde reicht bei den übrigen Grundrechten der Eingriff in den Schutzbereich nicht aus, um von einer Verletzung des Grundrechts zu sprechen. Vielmehr ist zusätzlich stets zu fragen, ob der Eingriff nicht gerechtfertigt ist. Diese Prüfung der Rechtfertigung wird auch als Schrankenprüfung bezeichnet.[549] Stark vereinfacht verlangt die Rechtfertigung zunächst ein Gesetz. Das Grundrecht darf also nur direkt durch ein Gesetz oder durch sonstiges staatliches Handeln auf der Grundlage eines Gesetzes eingeschränkt werden. Dies ist der sog. Gesetzesvorbehalt. Würde es zur Rechtfertigung aber ausreichen, dass der Gesetzesvorbehalt beachtet wurde, so stünden die Grundrechte letztlich zur Disposition des Gesetzgebers und würden so leerlaufen. Daher hat sich schon sehr früh die Erkenntnis durchgesetzt, dass das beschränkende Gesetz seinerseits wieder an dem Grundrecht zu messen ist. Man spricht von einer Wechselwirkung, bei der das einschränkende Gesetz die wertsetzende Bedeutung des Grundrechts zu beachten hat. Um aber hier nicht bei Allgemeinplätzen wie „Wechselwirkung“ oder „praktische Konkordanz“ stehenbleiben zu müssen, wurde als konkreter Ausdruck und Prüfungsschema dieser Wechselwirkung der Grundsatz der Verhältnismäßigkeit entwickelt, der genau hier seinen Ursprung und seinen zentralen Anwendungsbereich findet.

---

548 Formulierung nach *Manssen, Gerrit,* Staatsrecht II – Grundrechte, 20. Aufl. 2024, § 7 Rn. 159.

549 Zum Fehlen der Unterscheidung zwischen Schutzbereich und Schranken im französischen Recht vgl. *Fromont* (Fn. 114), 78; vgl. dazu auch die Anmerkung von *Hochmann, Thomas,* Grundrechte, in: Marsch, Nikolaus; Vilain, Yoan; Wendel, Mattias (Hrsg.), Französisches und Deutsches Verfassungsrecht – Ein Rechtsvergleich, 2015, 323 (329): „die französische Grundrechtsdogmatik jedenfalls steckt noch in den Kinderschuhen“.

b) Struktur der Verhältnismäßigkeit

Bei der Verhältnismäßigkeit geht es also darum, in strukturierter Weise abzuwägen zwischen der Beeinträchtigung des Grundrechts einerseits und den von den Maßnahmen verfolgten Zwecken andererseits. Dies geschieht in drei Stufen, die mit den Begriffen „geeignet", „erforderlich" und „angemessen" beschrieben werden.[550] Für die Geeignetheit reicht es dabei aus, dass das Mittel den Zweck irgendwie fördert. Erforderlichkeit ist gegeben, wenn kein milderes, aber mindestens gleich wirksames Mittel zur Erreichung des Zwecks besteht. Die Prüfung der Angemessenheit (auch: Zumutbarkeit, Verhältnismäßigkeit im engeren Sinne) ist dann die eigentliche Abwägung zwischen Zweck und Mittel. 306

Eine weitere Strukturierung und Konkretisierung erfährt dieser Grundsatz etwa dadurch, dass bei der Ermittlung des Gesetzeszweckes zunächst zu fragen ist, welche Zwecke der Gesetzgeber selbst im Blick hatte. Diese Zwecke hat das Gericht dann hinzunehmen und darf sie nicht etwa ignorieren, weil es sie für zu altmodisch, zu progressiv oder sonst für wenig sinnvoll hält. Allein verfassungswidrig darf der Zweck nicht sein.[551] Denn in der Demokratie bestimmt das Volk durch den Gesetzgeber, welche Werte es verfolgt. Diese Einschätzungsprärogative des Gesetzgebers ist auch für die drei weiteren Stufen der Verhältnismäßigkeit von Bedeutung. So kann die Eignung des Mittels zur Förderung des Zwecks nur dann verneint werden, wenn die entsprechende Prognose des Gesetzgebers offensichtlich fehlsam ist. Dass man also beispielsweise ganz allgemein daran zweifeln kann, ob die Strahlung von Handys oder der Einsatz von Gentechnik in der Landwirtschaft gefährlich ist, würde nicht ausreichen, wenn der Gesetzgeber entsprechende Gefahren annimmt; denn seine Einschätzung ist dann aufgrund der wissenschaftlich nicht abschließend geklärten Lage zwar möglicherweise, aber nicht offensichtlich fehlsam. Entsprechendes gilt für die Bewertungen im Rahmen der Erforderlichkeit und insbesondere auch für die Angemessenheit. Sie ist etwa nur dann nicht gewahrt, wenn das Abwägungsergebnis *offensichtlich* fehlsam oder mit der Wertordnung des Grundgesetzes unvereinbar ist; die Zumutbarkeit für den Grundrechtsträger muss gerade noch gewahrt sein.[552] Weitere Konkretisierungen des Verhältnismäßigkeitsgrundsatzes können sich aus anderen Verfassungsgrundsätzen ergeben. Ein wichtiges Beispiel ist hier etwa die alleinige Befugnis des Parlaments, über den Haushalt zu entscheiden. Aufgrund dieser sog. Haushaltsprärogative können beispielsweise einem Gesetz grundsätzlich keine milderen Mittel entgegengehalten werden, die zu gravierenden Mehrbelastungen des Haushalts führen würden. 307

c) Weitreichende Bedeutung der Verhältnismäßigkeit

Der so verstandene Verhältnismäßigkeitsgrundsatz ist weit über die Grundrechtsprüfung hinaus von Bedeutung, da er heute grundsätzlich bei allen Entscheidungsspielräumen der 308

[550] In aller Deutlichkeit erstmals BVerfGE 30, 292 (316 f.) (noch mit dem ebenfalls gebräuchlichen Begriff der Zumutbarkeit anstelle der Angemessenheit) mwN der früheren Rechtsprechung; grundlegend in der Literatur *Lerche, Peter,* Übermaß und Verfassungsrecht – Zur Bindung des Gesetzgebers an die Grundsätze der Verhältnismäßigkeit und der Erforderlichkeit, 1961 (Nachdruck 1999 mit einer neuen Einleitung des Autors), passim, insbes. 19 ff.

[551] Zur zusätzlich möglichen Außerachtlassung des gesetzgeberischen Zwecks, wenn der Gesetzgeber dabei von unzweifelhaft unzutreffenden tatsächlichen Voraussetzungen ausgegangen ist vgl. BVerfGE 13, 97 (107, 113); *Schwerdtfeger, Gunther; Schwerdtfeger, Angela,* Öffentliches Recht in der Fallbearbeitung – Grundfallsystematik, Methodik, Fehlerquellen, 15. Aufl. 2018, 192; zur möglichen und oft nötigen Berücksichtigung von Zwecken, auf die der Gesetzgeber sich nicht nachweisbar berufen hat vgl. etwa *Wernsmann, Rainer,* Wer bestimmt den Zweck einer grundrechtseinschränkenden Norm – BVerfG oder Gesetzgeber?, NVwZ 2000, 1360 (1360 ff., insbes. 1362 ff.); *Vollmeyer, Jens,* Zweckprüfung und Zwecksetzung – Wie weit gehen die legislativen Befugnisse des Bundesverfassungsgerichts?, DÖV 2009, 55 (55 ff.); zur Verfassungswidrigkeit von Zwecken, die das dem jeweiligen Grundrecht zugrundeliegende Freiheitsprinzip aufheben vgl. BVerfGE 124, 300 (331).

[552] Zum Ganzen vgl. nur *Sauer, Heiko,* in: Dreier, Horst; Brosius-Gersdorf, Frauke, Grundgesetz Kommentar, Bd. 1, 4. Aufl. 2023, Vorb. Rn. 162 ff.; *Sommermann, Karl-Peter,* in: Huber, Peter M.; Voßkuhle, Andreas, Kommentar zum Grundgesetz, Bd. 2, 8. Aufl. 2024, Art. 20 Rn. 316 ff.

Staatsgewalt zu beachten ist, sei es etwa bei der Ausübung des Ermessens[553] durch die Verwaltung oder der Strafzumessung durch die Rechtsprechung. Die Verhältnismäßigkeit durchdringt so das gesamte deutsche öffentliche Recht. Allerdings gibt es auch Grenzen. So gilt die Verhältnismäßigkeit nach herrschender Meinung nicht innerhalb des Staates, dh bei Konflikten zwischen staatlichen Teileinheiten oder Organen, denn dort geht es nicht um Eingriffe in Freiheit, sondern um Kompetenzabgrenzung.[554] Ebenso ist zu beachten, dass bei der Anwendung des Verhältnismäßigkeitsgrundsatzes auf die Verwaltung dieser – anders als dem Gesetzgeber – kein Einschätzungsspielraum zukommt, die Verhältnismäßigkeit in der Hand der Gerichte also zu einem schärferen Schwert wird. Dennoch ist das Denken deutscher Juristen im öffentlichen Recht stark von der Verhältnismäßigkeit geprägt, werden sie immer wieder intuitiv darauf zurückgreifen und in der Regel völlig erstaunt reagieren, wenn der Verhältnismäßigkeit in Staaten wie den USA keine entsprechende Rolle zukommt. Das gilt nicht nur für den Grundsatz als solchen, sondern auch für seine Ausprägung in den drei Stufen von Geeignetheit, Erforderlichkeit und Angemessenheit. Wenn ein deutscher Jurist von „Verhältnismäßigkeit" spricht, meint er gerade nicht ein eher loses Konzept allgemeiner Abwägung, sondern in aller Regel genau die ihm aus dem deutschen Recht vertraute Struktur. Dass der Verhältnismäßigkeitsgrundsatz in weitgehend gleicher Form über das deutsche Recht auch Eingang in das Unionsrecht gefunden hat,[555] und sich von hier aus beispielsweise langsam im englischen Recht etabliert[556] wird daher von deutschen Juristen meist mit Genugtuung aufgenommen.

8. Verfassungsbeschwerde und konkrete Normenkontrolle

a) Reichweite der Verfassungsbeschwerde

309 Besonders prägend für das deutsche Recht und nicht selten Vorbild oder zumindest Bezugspunkt für ausländische Diskussionen ist die Verfassungsbeschwerde.[557] Mit ihr kann jedermann, der glaubt, durch die Staatsgewalt in seinen Grundrechten verletzt zu sein, dagegen das Bundesverfassungsgericht anrufen, Art. 93 Abs. 1 Nr. 4a GG. Es herrscht nicht einmal Anwaltszwang. Der Betroffene kann keineswegs nur gegen Handlungen der Verwaltung vorgehen, sondern gegen Akte jeder staatlichen Gewalt, also auch Gerichtsurteile und sogar Gesetze.

310 Darüber hinaus kann mit der Verfassungsbeschwerde zwar nicht formal, aber im Ergebnis jede Verfassungswidrigkeit eines belastenden Aktes und nicht nur ein Verstoß gegen Grundrechte geltend gemacht werden, obwohl das Grundgesetz zunächst etwas anderes vorschreibt. Die dahinterstehende Argumentation ist ein Musterstück strukturierten Rechtsdenkens: Sie beruht auf der Erkenntnis, dass die Rechtfertigung eines Grundrechtseingriffs grundsätzlich eines Gesetzes bedarf. Der Eingriff muss entweder bereits unmittelbar in einem Gesetz liegen, das etwa ein bestimmtes Handeln bei Strafe verbietet, oder er liegt in einem Tätigwerden beispielsweise der Verwaltung, das dann seinerseits auf einem Gesetz beruhen muss, um überhaupt für eine Rechtfertigung in Betracht zu kommen.[558] Die rechtfertigende

[553] Zum Ermessen im deutschen Recht vgl. supra → Rn. 292, 295 f.

[554] Vgl. dazu etwa BVerfGE 81, 310 (338); ähnlich *Grzeszick, Bernd,* in: Dürig, Günter; Herzog, Roman; Scholz, Rupert, Grundgesetz Kommentar, Loseblatt (Stand: 108. Ergänzungslieferung 2025), Art. 20 Abschn. VII Rn. 109 ff.; aA *Sommermann* (Fn. 23), Art. 20 Rn. 318.

[555] Zur Verhältnismäßigkeit im Unionsrecht vgl. *Kischel, Uwe,* Die Kontrolle der Verhältnismäßigkeit durch den Europäischen Gerichtshof, EuR 35 (2000), 380 (382 ff.); zur Herkunft aus dem deutschen Recht ibid., 382; zum inhaltlichen Vergleich mit dem deutschen Recht ibid., 390 ff.

[556] Vgl. etw mwN *Jowell, Jeffrey,* Is proportionality an alien concept?, European Public Law 2 (1996), 401 (408 ff.); aus neuerer Zeit etwa *Cohn, Margit,* Legal transplant chronicles – The evolution of unreasonableness and proportionality review of the administration in the United Kingdom, American Journal of Comparative Law 58 (2010), 583 (616 ff.).

[557] Für eine klassische und detaillierte Darstellung der Verfassungsbeschwerde vgl. *Schlaich, Klaus; Korioth, Stefan,* Das Bundesverfassungsgericht – Stellung, Verfahren, Entscheidungen, 13. Aufl. 2025, Rn. 463 ff.

[558] Zu diesen Folgen der Schrankenlehre vgl. auch schon supra → Rn. 305.

Wirkung eines Gesetzes kommt aber von vornherein nicht in Betracht, wenn dieses Gesetz selbst wieder verfassungswidrig ist. Beispielsweise kann ein Eingriff in die Berufsfreiheit nicht über ein Gesetz gerechtfertigt werden, bei dem die Regeln über das Gesetzgebungsverfahren missachtet, etwa der Bundesrat nicht wie vorgeschrieben beteiligt wurde, oder das unter Verstoß gegen das Rechtsstaatsprinzip zeitlich vor den Tag seines Inkrafttretens zurückwirkt. Daher muss das Bundesverfassungsgericht im Rahmen der Verfassungsbeschwerde – genauer: bei der Rechtfertigung des geltend gemachten Grundrechtseingriffs – umfassend prüfen, ob das dem Grundrechtseingriff zugrundeliegende Gesetz aus welchen Gründen auch immer verfassungswidrig ist.[559]

311 Selbstverständlich wäre das Bundesverfassungsgericht aber völlig überlastet, wenn es in der unübersehbaren Menge möglicher Grundrechtsverletzungen tatsächlich immer sogleich angerufen werden könnte. Daher sind einige prozessuale Sperren – insbesondere die Grundsätze von Rechtswegerschöpfung und Subsidiarität – eingebaut, die dafür sorgen, dass der Bürger zunächst versuchen muss, sein Recht vor den Fachgerichten (dh allen Nichtverfassungsgerichten) zu bekommen. Er muss also zunächst mit allen anderen zur Verfügung stehenden Mitteln klagen. Speziell bei Gesetzen ist der Bürger zusätzlich gehalten, zunächst Durchführungsakte der Verwaltung abzuwarten, soweit solche vorgesehen oder üblich sind. Wird etwa eine berufliche Tätigkeit per Gesetz verboten, kann jeder Betroffene innerhalb eines Jahres nach Inkrafttreten Verfassungsbeschwerde unmittelbar gegen das Gesetz erheben; erlaubt das Gesetz hingegen nur der Verwaltung, die berufliche Tätigkeit zu verbieten, so muss der ja nur potentiell Betroffene zunächst auf einen solchen Akt der Verwaltung warten, gegen den er dann wiederum zunächst vor den Fachgerichten klagen muss. Der Verweis auf die Fachgerichte hat einen doppelten Sinn. Erstens besteht immer die Möglichkeit, dass der belastende Akt aus Gründen des einfachen Rechts[560] aufgehoben wird, seine gesetzlichen Voraussetzungen also gar nicht vorlagen. Der Bürger erhält dann auch ohne verfassungsgerichtliches Einschreiten das, was er will. Auch wenn dies nicht geschieht und der Fall letztlich zum Bundesverfassungsgericht geht, verschaffen die vorangegangenen Verfahren aber dem Bundesverfassungsgericht die „Fallanschauung der Fachgerichte". Dies ist besonders in vielen Fällen erforderlich, in denen das einfache Recht sehr komplex und für den nicht spezialisierten Juristen in seinen Details schwer zu durchschauen ist, etwa im Steuerrecht, im Rentenrecht oder im übrigen Sozialrecht. Erst durch die Vorinstanzen wird der Rechtsstoff hier so aufgearbeitet, dass das Bundesverfassungsgericht eine sichere Grundlage für seine Entscheidung hat.

b) Verfassungsbeschwerde und Stellung des Bundesverfassungsgerichts

312 In der Praxis steht daher der Gang zum Bundesverfassungsgericht regelmäßig am Ende einer Klageserie durch alle Instanzen, vorausgesetzt natürlich, der Kläger hat nicht schon zuvor gewonnen. Der Beschwerdeführer greift dann sowohl den ursprünglichen Akt an, mit dem er sich in seinen Grundrechten verletzt sieht, als auch zugleich alle weiteren Akte, insbesondere Urteile, die im Laufe des Verfahrens gegen ihn ergangen sind. Dennoch ist das Bundesverfassungsgericht weder die letzte Instanz noch das hierarchisch höchste Gericht. Denn es entscheidet den Fall nicht neu, es überprüft auch nicht die Auslegung und Anwendung des Fachrechts, es ist, mit einem Wort, keine Superrevisionsinstanz.[561] Das Bundesverfassungsgericht prüft vielmehr nur, ob gerade Verfassungsrecht verletzt wurde.

313 Die deutschen Erfahrungen mit diesem sehr weitgehenden, individuellen Verfassungsrechtsschutz sind außerordentlich positiv. Bei allen Diskussionen über Detailfragen, ist die Existenz der Verfassungsbeschwerde für Juristen in aller Regel ein Grund zum Stolz. Nicht

---

[559] Vgl. grundlegend BVerfGE 6, 32 (41) (sog. Elfes-Urteil).

[560] Daneben besteht die Möglichkeit der sog. verfassungskonformen Auslegung des Fachrechts, zu der auch jedes Fachgericht befugt und sogar verpflichtet ist, sowie einer erfolgreichen Vorlage im Wege der konkreten Normenkontrolle, zu beidem sogleich infra → Rn. 315, 318 f.

[561] Dazu schon supra → Rn. 204.

zuletzt aufgrund der Verfassungsbeschwerde wird das Verfassungsrecht in Deutschland, anders als in manchen anderen Staaten, unter Juristen ebenso wie vom normalen Bürger nicht als ein eher abstraktes Staatsinternum, sondern als unmittelbar geltendes Recht wahrgenommen, das sich insofern nicht wesentlich vom BGB oder dem Strafrecht unterscheidet. In der Presse und im Gespräch unter normalen Bürgern ist der „Gang nach Karlsruhe", gemeint ist das Bundesverfassungsgericht, ein völlig gängiger Begriff. Die so erreichte Volksnähe der Verfassung und damit des Verfassungsgerichts dürfte entscheidend dazu beigetragen haben, dass in Umfragen regelmäßig das Bundesverfassungsgericht als eine staatliche Institution genannt wird, der die Bürger viel Vertrauen entgegenbringen.[562] Tatsächlich ist die Verfassungsbeschwerde das zahlenmäßig mit Abstand wichtigste Verfahren vor dem Bundesverfassungsgericht. Im Jahre 2020 etwa waren von 5.529 eingegangenen Verfahren 5.194, also rund 94 Prozent, Verfassungsbeschwerden.[563] Dabei ist die Anzahl der Bürger, die sich mit ihren Wünschen an das Bundesverfassungsgericht wendet, noch deutlich höher, als diese Zahlen vermuten lassen. Denn viele von vornherein völlig aussichtslose Anliegen werden im Vorfeld durch ein Schreiben der Verwaltung des Bundesverfassungsgerichts beantwortet; sie werden dann gar nicht erst als Verfassungsbeschwerden registriert sondern nur im wenig bekannten, sog. Allgemeinen Register. Nur wenn der Bürger sich nach Erhalt dieses Schreibens nochmals an das Bundesverfassungsgericht wendet und sein Begehren aufrechterhält – auf diese Möglichkeit wird er ausdrücklich aufmerksam gemacht – wird daraus eine Verfassungsbeschwerde.

c) Schwierige Abgrenzung zum einfachen Recht

314 Einer der unter Juristen verbreitetsten, wenn auch keineswegs allgemein geteilten Kritikpunkte am Bundesverfassungsgericht liegt in dem Vorwurf, das Gericht mische sich zu sehr in das Fachrecht ein. Tatsächlich ist der Einfluss des Bundesverfassungsgerichts in vielen Bereichen des einfachen Rechts sehr groß. Das kann auf den ersten Blick verwundern, da das Bundesverfassungsgericht doch gerade nicht über einfaches Recht entscheidet, sondern eben nur über Verfassungsrecht. Dennoch gibt es eine Reihe von Einfallstoren des Verfassungsrechts.

315 Eines davon ist die verfassungskonforme Auslegung. Sie beruht auf der Erkenntnis, dass eine Norm meist mehreren Auslegungen zugänglich ist, von denen nicht notwendig jede verfassungswidrig sein muss. Besteht aber sowohl eine verfassungswidrige als auch eine verfassungsgemäße Auslegungsmöglichkeit, so zwingt das Grundgesetz dazu, die verfassungsgemäße zu wählen. Zu dieser Art der Auslegung sind alle Fachgerichte berechtigt und verpflichtet, doch kann sie ebensogut vom Bundesverfassungsgericht durchgesetzt werden.

316 Ein weit schwierigeres Einfallstor des Verfassungsrechts ist die Rechtsprechung zum sog. spezifischen Verfassungsrecht. Ihr Ausgangspunkt ist der gleiche wie bei der bereits erwähnten Rechtsprechung zur Bedeutung des gesamten Verfassungsrechts im Rahmen der Verfassungsbeschwerde:[564] Die Rechtfertigung eines Grundrechtseingriffs durch Handeln etwa der Verwaltung bedarf grundsätzlich einer gesetzlichen Grundlage. Wenn die Verwaltung nun aber das Gesetz falsch angewendet hat, dann beruht ihr konkretes Handeln gar nicht auf diesem Gesetz, erlaubt das Gesetz bei genauer Betrachtung das konkrete Handeln gerade nicht. Daher müsste das Bundesverfassungsgericht streng genommen bei jedem Grundrechtseingriff auch immer mitprüfen, ob das einfache Recht richtig angewendet wurde. Dieser Gedanke erlangt noch größere Reichweite über das Grundrecht der allgemeinen Handlungsfreiheit in Art. 2 Abs. 1 GG: jede Belastung des Bürgers mit einem Nachteil greift in dieses universelle Auffanggrundrecht ein. Die Konsequenzen dieses von ihm grundsätzlich

562 Zu diesem Vertrauen etwa *forsa* (Fn. 434).
563 Vgl. Jahresstatistik des BVerfG, 2020, 7, abrufbar unter web.archive.org/web/20210716090242/www.bundesverfassungsgericht.de/DE/Verfahren/Jahresstatistiken/2020/gb2020/Gesamtstatistik%202020.pdf?__blob=publicationFile&v=2 (zuletzt abgerufen am 18.7.2025).
564 Vgl. supra → Rn. 310.

geteilten Ansatzes aber ist das Bundesverfassungsgericht berechtigterweise nicht bereit zu ziehen. Denn dadurch würde es in der Tat zu einem Superrevisionsgericht, was vom Grundgesetz, das von einem reinen Verfassungsgericht ausgeht, erkennbar nicht gewollt ist. Aus rein funktionalen, institutionellen Gründen also prüft das Bundesverfassungsgericht nicht das einfache Recht, sondern nur „spezifisches Verfassungsrecht". Die genaue Abgrenzung aber fällt äußerst schwer. Nach der vom Bundesverfassungsgericht in ständiger Rechtsprechung verwendeten sog. Heck'schen Formel (benannt nach dem Verfassungsrichter Heck), umfasst das zu prüfende spezifische Verfassungsrecht auch alle fehlerhaften Auslegungen des einfachen Rechts, „die auf einer grundsätzlich unrichtigen Anschauung von der Bedeutung eines Grundrechts, insbesondere vom Umfang seines Schutzbereichs beruhen und auch in ihrer materiellen Bedeutung für den konkreten Rechtsfall von einigem Gewicht sind."[565] Eine präzise handhabbare Konkretisierung dieser Formel ist weder dem Bundesverfassungsgericht noch der Literatur bislang gelungen und dürfte letztlich infolge der Vielschichtigkeit der denkbaren Fallkonstellationen auch kaum möglich sein. Für das Verfassungsgericht bedeutet dies einen nicht unerheblichen Spielraum bei der Auseinandersetzung mit Fragen des einfachen Rechts, den es in die eine oder andere Richtung nutzen kann.

Ein mindestens ebenso bedeutsamer Spielraum ergibt sich schließlich aus dem Gleich- 317
heitssatz und dem Rechtsstaatsprinzip, die ua staatliche Willkür verbieten. Verfassungswidrig ist somit auch die willkürliche Rechtsanwendung, gleich ob durch die Exekutive oder die Gerichte. Anders ausgedrückt wird eine schlicht fehlerhafte Auslegung des einfachen Rechts dann zu einer Verfassungswidrigkeit, die auch vom Bundesverfassungsgericht festgestellt werden kann, wenn der Fehler sich als so gravierend erweist, dass er als Willkür bezeichnet werden kann.[566] Wann und unter welchen Voraussetzungen diese Grenze aber genau überschritten wird, ist sehr umstritten und auch im Einzelfall kaum vorherzusagen.

d) Zusammenspiel mit der konkreten Normenkontrolle

Von den zahlreichen weiteren Verfahrensarten vor dem Bundesverfassungsgericht soll nur 318
noch die konkrete Normenkontrolle[567] hier kurz betrachtet werden, da sie in einem gewissen Komplementaritätsverhältnis zur Verfassungsbeschwerde steht und für die Stellung des Bundesverfassungsgerichts im Kontext aller Gerichte von besonderer Bedeutung ist. Bei der konkreten Normenkontrolle legt im Kern ein Fachgericht dem Bundesverfassungsgericht die Frage vor, ob ein Gesetz, auf das es in einem konkreten Verfahren ankommt, verfassungswidrig ist. Grundlegend dafür ist der Gedanke, dass in Deutschland kein Fachgericht die Befugnis hat, sich über den Willen des Gesetzgebers hinwegzusetzen, indem es ein Gesetz wegen angeblicher Verfassungswidrigkeit für nichtig erklärt oder auch nur schlicht unangewendet lässt. Sieht ein Fachgericht also eine Norm, auf die es für seine Entscheidung ankommt, als verfassungsrechtlich problematisch an, so darf und muss es zwar selbständig prüfen, ob die Norm verfassungswidrig ist. Falls es diese Frage jedoch bejaht (und nur dann), muss es sein Verfahren aussetzen und sich an das Verfassungsgericht wenden. Daher wird üblicherweise formuliert, der Fachrichter habe zwar die verfassungsrechtliche Prüfungskompetenz, nicht aber die Verwerfungskompetenz. Grund für das daraus resultierende Verwerfungsmonopol des Bundesverfassungsgerichts ist es, die Autorität des demokratisch legitimierten Gesetzgebers zu schützen und eine Rechtszersplitterung durch voneinander abweichende Entscheidungen verschiedener Fachgerichte zur Verfassungsmäßigkeit einer Norm zu verhindern. Die konkrete Normenkontrolle spielt, statistisch gesehen, eine eher geringe Rolle, auch wenn sie die zweithäufigste Verfahrensart (nach der Verfassungsbeschwerde) darstellt. Im Jahr 2020 beispielsweise waren es von 5.529 eingegangenen Ver-

[565] BVerfGE 18, 92 (93).
[566] Dazu zusammenfassend etwa *Kischel* (Fn. 270), Art. 3 Rn. 84 ff.
[567] Klassische und detaillierte Darstellung bei *Schlaich/Korioth* (Fn. 557), Rn. 349 ff.

fahren nur 36.[568] Die Tatsache aber, dass all diese Verfahren von Gerichten nach sorgfältiger Prüfung initiiert wurden, macht deutlich, dass jedem einzelnen von ihnen tendenziell eine größere Bedeutung zukommt.

319 Nicht übersehen werden sollte dabei das ganz praktische Zusammenspiel mit der Verfassungsbeschwerde: Da Verfassungsbeschwerden in der Regel voraussetzen, dass zunächst die Fachgerichte angerufen wurden, verdoppelt die konkrete Normenkontrolle die Möglichkeiten eines Klägers, der ein Gesetz für verfassungswidrig hält, sein Anliegen vom Bundesverfassungsgericht entschieden zu sehen. Denn der Kläger wird seine verfassungsrechtlichen Bedenken schon vor dem Fachgericht vortragen, das diese dann umfassend prüfen muss; kommt es zu dem Ergebnis, dass das Gesetz verfassungswidrig ist, so legt es die Frage dem Verfassungsgericht vor. So kann der Kläger indirekt schon in der ersten und jeder weiteren Instanz verfassungsrechtlich obsiegen. Umgekehrt beseitigt ein erfolglos vor dem Verfassungsgericht durchgeführtes Vorlageverfahren die praktische Notwendigkeit und Sinnhaftigkeit, das Verfahren vor den einfachen Gerichten weiter zu betreiben. Gleichzeitig kann der Zwang zur verfassungsrechtlichen Prüfung dem Fachgericht die Möglichkeit einer verfassungskonformen Auslegung vor Augen führen. Wenn der Kläger hingegen mit seinen Anträgen auf Vorlage an das Bundesverfassungsgericht und mit seiner Anregung einer verfassungskonformen Auslegung in keiner Instanz durchdringt, kann er am Ende des Instanzenzugs Verfassungsbeschwerde erheben und sich damit nicht nur gegen das Gesetz, sondern auch gegen alle zu seinen Lasten ergangenen Gerichtsentscheidungen wehren, die schon dadurch seine Grundrechte verletzen, dass sie die Verfassungswidrigkeit des Gesetzes oder die Notwendigkeit einer verfassungskonformen Auslegung fehlerhaft verneint haben. In diesem Zusammenspiel mit der Verfassungsbeschwerde ist auch die konkrete Normenkontrolle ein für das deutsche Rechtsdenken typisches Institut.

---

[568] Vgl. Jahresstatistik des BVerfG, 2020, 6, 7, abrufbar unter web.archive.org/web/20210716090242/www.bundesverfassungsgericht.de/DE/Verfahren/Jahresstatistiken/2020/gb2020/Gesamtstatistik%202020.pdf?__blob=publicationFile&v=2 (zuletzt abgerufen am 18.7.2025).

§ 7. Die Vielfalt des kontinentaleuropäischen Kontexts

Übersicht

Rn.

I. Die vergröbernde Zuordnung anderer westeuropäischer Staaten ... 2
1. Österreich und Schweiz ... 2
a) Deutscher Rechtskreis – mit Vorbehalten ... 2
b) Österreichische Verfassungskultur: Zersplitterung, Flexibilität und Hans Kelsen ... 4
c) Schweizerische Verfassungskultur: Volksrechte, Föderalismus, Konkordanz. 10
2. Spanien ... 16
a) Die zivilrechtliche Nähe zum französischen Recht: historischer Kern und heutige Grenzen ... 17
b) Abnehmender französischer Einfluss im Verwaltungs- und Strafrecht ... 21
c) Das deutsche Vorbild im Verfassungsrecht ... 23
d) Insbesondere: Autonomiestatuten und Monarchie ... 29
II. Osteuropa: Differenzierungen nach der Transformation ... 36
1. Das einfache Bild des Transformationsprozesses ... 37
2. Die komplexe Realität des Transformationsprozesses ... 39
a) Die mehrfache Transformation ... 40
b) Gesetze mit der heißen Nadel ... 42
c) Reste „sozialistischen" Denkens ... 46
d) Probleme der Rechtsanwendung ... 48
e) Der Einfluss alter Eliten ... 56
f) Rechtsnihilismus ... 59
g) Gelebtes Recht in der rechtswissenschaftlichen Literatur ... 61
3. Zwei Gruppen im Kontext Osteuropas ... 63
a) Die östlichen EU-Staaten: Die europäische Chance ... 65
b) Osteuropäische Staaten außerhalb der EU: langsame Entwicklung ... 71
4. Russland als eigenständiger Kontext ... 72
a) Grundlegende Einstellungen und Widersprüche ... 73
b) Typische Rechtsinstitute ... 87
c) Verfassungsrecht ... 101
d) Der russische Kontext in weiteren Staaten ... 105
III. Skandinavien: Das nordische Rechtsdenken ... 106
1. Geschichtliche Besonderheiten ... 107
a) Staatliche Zusammenhänge in Skandinavien ... 107
b) Rechtseinflüsse von außen ... 112
c) Der Wohlfahrtsstaat ... 116
2. Eigenheiten des skandinavischen Kontexts ... 118
a) Fehlende Kodifikation ... 118
b) Rechtsquellenlehre ... 121
c) Skandinavische Zusammenarbeit ... 126
d) Besonderheiten der Juristen ... 133
e) Geringe Klageneigung? ... 136
3. Spezifische materiellrechtliche Institute ... 138
a) Der Ombudsmann ... 139
b) Öffentlichkeitsprinzip ... 148
c) Verfassungsrecht ... 154
4. Der skandinavische Rechtsrealismus ... 161
a) Skandinavischer Rechtsrealismus als philosophisches Projekt ... 162
b) Praktische Bedeutung heute? ... 170
c) Beziehungen zum U.S.-amerikanischen Rechtsrealismus ... 174
5. Skandinavien als Teil des kontinentaleuropäischen Kontexts ... 177

	Rn.
IV. Jenseits Europas: Lateinamerika	179
1. Lateinamerika als Teil des kontinentaleuropäischen Kontexts	179
a) Gemeinsamkeiten und Unterschiede im Kontext	180
b) Frühe Vorreiterschaft: Kodifikationen des 19. Jahrhunderts	182
c) Einflüsse von außen	187
d) Modifizierte Sichtweisen	189
2. Verfassungsrecht und lateinamerikanisches Selbstverständnis	193
a) Historische Vorbilder Frankreich und Europa	194
b) Eigenständige Weiterentwicklung	195
c) Paradigmenwechsel mit Ende der Militärdiktaturen	197
3. „Gehorchen, aber nicht folgen“: Die Realität des Rechts	207
a) Gelebtes vs. geschriebenes Recht	207
b) Historische, politische und soziale Hintergründe der mangelhaften Rechtsbefolgung	219
4. Rechtspluralismus: Der Aufstieg indianischer Rechte und Rechtsordnungen	224
a) Kolonisierung – Assimilation – Integration – Pluralismus	225
b) Indianische Rechte und Grad ihrer Anerkennung	230
c) Bewertung und Durchsetzung des Schutzes	236
d) Die Bedeutung der indianischen Rechtsordnungen	240
V. Konvergenz von civil law und common law?	255
1. Der grundlegende Konvergenzstreit	256
a) Konvergenz ist unverkennbar	256
b) Konvergenz existiert nicht	258
c) Eine überbewertete Debatte	259
2. Die Vielfalt der Konvergenzhypothesen	261
a) Eine Frage der Wertung	261
b) Konvergenz aus historischer Perspektive	263
c) Konvergenz aus europäischer Perspektive	267
d) Konvergenz einzelner Rechtsregeln und Rechtsgebiete	270
e) Konvergenz von Rechtskontexten	276
f) Keinerlei Unterschied?	278

1 Das kontinentaleuropäische Recht beschränkt sich nicht auf Deutschland und Frankreich, obwohl schon diese Zweiteilung gerade in Abgrenzung zum common law keineswegs einfach zu handhaben ist.[1] Die Einordnung der übrigen Staaten Kontinentaleuropas erweist sich dann aber schnell als mindestens ebenso schwierig, wobei die Schwierigkeit mit immer detaillierterer Betrachtung nicht ab-, sondern zunimmt. Betrachtet man zunächst nur die westeuropäischen Staaten, so erweist sich die verbreitete Zuordnung entweder zum deutschen oder zum französischen Rechtsdenken als zumindest beschränkt hilfreich, solange nur die Grenzen dieser groben Vereinfachung nicht aus dem Blick geraten (I). Für Osteuropa ist eine so einfache Lösung nicht wirklich sinnvoll, da die dortigen Staaten sich in einer eigenen Sondersituation befinden, die zudem von Land zu Land stark schwankt und sich Verallgemeinerungen weitgehend entzieht (II). Schon klassisch werden die nordeuropäischen, insbesondere skandinavischen Staaten als eigenständige Gruppe behandelt, die teilweise sogar Besonderheiten gegenüber dem gesamten kontinentaleuropäischen Rechtsdenken aufweist (III). Schließlich endet das kontinentaleuropäische Denken nicht an den geographischen Grenzen Europas: Lateinamerika befindet sich in einer Situation, die trotz bestimmter Eigenheiten durchaus mit Westeuropa vergleichbar ist (IV). Bei all dieser Vielfalt im common law und im civil law stellt sich dann abschließend die klassische Frage, ob von einer Konvergenz beider Kontexte gesprochen werden kann (V).

[1] Vgl. supra → § 6 Rn. 3 ff.

I. Die vergröbernde Zuordnung anderer westeuropäischer Staaten

1. Österreich und Schweiz

a) Deutscher Rechtskreis – mit Vorbehalten

Österreich und die Schweiz weisen ausgeprägte Ähnlichkeiten mit Deutschland auf. Das betrifft vielfach konkrete Rechtsinstitute und Begrifflichkeiten, vor allem aber viele Aspekte der juristischen Kommunikation und der Rechtskultur. Deutsche, österreichische und schweizerische Juristen haben – von einer verbreiteten, gewissen Unkenntnis der Details des jeweils anderen Rechts abgesehen – keine grundlegenden Schwierigkeiten, sich über rechtliche Fragen miteinander auszutauschen und einander zu verstehen. Die Ähnlichkeiten prägen das Bild weit mehr als die Unterschiede, so dass letztere bei Gespräch oder Lektüre meist schnell auffallen. Ein besonders augenfälliges, äußeres Kennzeichen dieser gegenseitigen Verbundenheit liegt darin, dass sich traditionell und mit einer gewissen Routine die juristischen Universitätsprofessoren der drei Länder auch im jeweils anderen Land erfolgreich bewerben können. Ein Zivilrechtler etwa, der in Österreich habilitiert, dann nacheinander an zwei verschiedenen Universitäten in Deutschland einen Lehrstuhl erhält, um schließlich an eine schweizerische Universität zu wechseln, kommt ebenso vor, wie ein in Deutschland habilitierter Öffentlichrechtler, der dann nacheinander von zwei österreichischen Universitäten einen Ruf erhält. Ebenso schließt etwa auch die 1922 gegründete Vereinigung der Deutschen Staatsrechtslehrer, in der so gut wie alle deutschen Professoren des öffentlichen Rechts vereinigt sind, schon traditionell auch österreichische und schweizerische Kollegen mit ein. 2

Gerade in einer solchen Situation ist allerdings auch die Gefahr groß, Unterschiede in vielen kleinen oder manchen großen Einzelpunkten zu übersehen. Manches ist hier bekannt und wird nicht selten sogar in einem rein deutschen Rechtsunterricht als Kontrast erwähnt. So folgt beispielsweise das schweizerische Zivilrecht nicht dem Abstraktions- sondern dem Kausalitätsprinzip, so dass das Verfügungsgeschäft – etwa die Eigentumsübertragung – von der Gültigkeit des zugrundeliegenden Verpflichtungsgeschäfts – etwa des Kaufvertrags – abhängt.[2] Ebenso formuliert etwa Art. 41 Abs. 1 des schweizerischen Obligationenrechts für die Haftung aus unerlaubter Handlung eine Generalklausel („Wer einem andern widerrechtlich Schaden zufügt, sei es mit Absicht, sei es aus Fahrlässigkeit, wird ihm zum Ersatze verpflichtet.") statt wie in Deutschland § 823 BGB eine ausdrückliche Beschränkung auf bestimmte Rechte und Rechtsgüter.[3] In Österreich etwa bedeutet „Verwaltungsakt" keineswegs nur die administrative Regelung eines Einzelfalls, die vielmehr als Bescheid bezeichnet wird, sondern bezieht sich auf das Verwaltungshandeln im weiteren Sinn.[4] 3

b) Österreichische Verfassungskultur: Zersplitterung, Flexibilität und Hans Kelsen

Wie leicht die verbreitete Ähnlichkeit aber dazu führen kann, auch grundlegende Unterschiede zu übersehen, lässt sich beispielhaft am Verfassungsrecht ablesen. Über zahlreichen Ähnlichkeiten, etwa in der Grundrechtsdogmatik bei der Trias von Schutzbereich, Eingriff und Schranke oder bei der Verhältnismäßigkeit[5], ist es etwa für einen 4

2 Vgl. nur *Wittibschlager, Martina,* Einführung in das schweizerische Recht, 2000, 87, 143 Fn. 512; zum Abstraktionsprinzip in Deutschland vgl. supra → § 6 Rn. 273 ff.

3 Vgl. nur *Wittibschlager* (Fn. 2), 136 f.

4 Vgl. *Lohaus, Marianne,* Recht und Sprache in Österreich und Deutschland, 2000, 175 f.

5 Dazu für Deutschland supra → § 6 Rn. 304 f. und supra → § 6 Rn. 306 f.; für Österreich etwa die Ausführungen bei *Kucsko-Stadlmayer, Gabriele,* Die allgemeinen Strukturen der Grundrechte, in: Merten, Detlef; Papier, Hans-Jürgen (Hrsg.), Handbuch der Grundrechte in Deutschland und Europa, Bd. VII/1, 2. Aufl. 2014, § 3 Rn. 1 ff., die dem deutschen Leser unmittelbar vertraut vorkommen werden.

deutschen Verfassungsrechtler leicht, strukturelle Abweichungen[6] gar nicht zur Kenntnis zu nehmen.

5 Nehmen wir als Beispiel dafür schlicht die österreichische Verfassung als solche, die – völlig anders als die deutsche – nicht in einem einheitlichen Text konzentriert ist. Die Beschreibung der bis 2008 vorherrschenden Situation durch einen namhaften österreichischen Verfassungsrechtler spricht hier Bände: „Im Kern besteht sie aus einer nahezu hundert Mal novellierten Stammurkunde. Daneben existieren an die hundert Bundesverfassungsgesetze, die Nebenverfassungen für bestimmte Sachbereiche enthalten, sodann gegen fünfhundert Verfassungsbestimmungen in einfachen Bundesgesetzen, weiters einige Staatsverträge im Verfassungsrang und schließlich ungefähr sechshundert Verfassungsbestimmungen in Staatsverträgen."[7] In den üblichen Textausgaben wurde daher, mit einer Ausnahme, gar nicht der gesamte Verfassungstext abgedruckt. Nicht einmal die genaue Zahl der bislang ergangenen Verfassungsänderungen ist bekannt. Die Verfassung insgesamt galt als nur noch Experten verständlich[8] und wurde gern mit einer Ruine verglichen. Das österreichische Verfassungsrecht war so schon aufgrund des Textumfangs – anders als viele andere Verfassungen – gekennzeichnet durch ein hohes Maß an Regelungsdichte, das es dem einfachen Gesetzgeber schwer macht, grundlegende Reformen zu beschließen.[9] Eine Reform von 2008 versuchte, diese Lage zumindest ein wenig zu verbessern, indem die Anzahl von bis dahin insgesamt rund 1.300 Verfassungsbestimmungen um nicht mehr benötigte Texte bereinigt und so auf rund 300 reduziert wurde. Das Grundproblem wurde dadurch aber nicht beseitigt.

6 Gleichzeitig Grund und Ausgleich für diese Situation ist eine markante Leichtigkeit im Umgang mit Verfassungsänderungen. Dies fällt rein normativ zunächst kaum auf, denn mit dem Erfordernis einer 2/3-Mehrheit der abgegebenen Stimmen bei Anwesenheit von mindestens der Hälfte der Parlamentsmitglieder, Art. 44 Abs. 1 B-VG, liegen die Grundanforderungen im Bereich der strengen internationalen Üblichkeiten. Zwar besteht keine Ewigkeitsgarantie und ist auch die Beteiligung der zweiten Kammer eher schwach ausgestaltet, doch scheint Art. 44 Abs. 3 B-VG Verfassungsänderungen sogar noch zusätzlich zu erschweren, indem einer Minderheit von 1/3 der Abgeordneten die Möglichkeit eingeräumt wird, jede Änderung einer Volksabstimmung zuzuführen. Dennoch sind geradezu beiläufige Änderungen der Verfassung aufgrund des spezifischen politischen Kontextes zu einem Alltagsphänomen geworden: In der österreichischen Politik stellten über viele Jahre immer wieder große Koalitionen die Regierung, hinter denen dann stets eine verfassungsändernde 2/3-Mehrheit des Parlaments (also des Nationalrats) stand. Zu Volksabstimmungen über

[6] Zu Gemeinsamkeiten und Unterschieden vgl. auch *Huber, Peter M.; Guttner, Michael,* 100 Jahre österreichisches Bundes-Verfassungsgesetz aus deutscher Perspektive, in: Balthasar, Alexander; Vincze, Attila (Hrsg.), Hundert Jahre österreichisches Bundes-Verfassungsgesetz, 2021, 55 (55 ff.); über das Folgende hinaus vgl. insbesonder *Lachmayer, Konrad,* Eine Sprache, zwei Rechtskulturen – Deutsches und österreichisches Verfassungsrechtsdenken, in: Kischel, Uwe (Hrsg.), Der Einfluss des deutschen Verfassungsrechtsdenkens in der Welt – Bedeutung, Grenzen, Zukunftsperspektiven, 2014, 65 (73 ff.), der das österreichische Verfassungsrecht vor allem durch ein Verwaltungsdenken charakterisiert sieht, das sich in der fragmentierten Verfassung, der geringen Bedeutung von Grundrechten, dem spezifisch österreichischen Legalitätsprinzip, dem hierarchischen Organisationsverständnis und der zentralistischen Kompetenzverteilung widerspiegele, sich aber seit 30 Jahren signifikant verändere.

[7] *Wiederin, Ewald,* Grundlagen und Grundzüge des staatlichen Verfassungsrechts – Österreich, in: Bogdandy, Armin von; Cruz Villalón, Pedro; Huber, Peter M. (Hrsg.), Handbuch Ius Publicum Europaeum, Bd. 1, 2007, § 9 Rn. 44; zu dieser Zersplitterung etwa auch *Jakab, András:* Begriffe und Funktionen der Verfassung, in: Jakab, András (Hrsg.): Methoden und theoretische Grundfragen des österreichischen Verfassungsrechts, 2021, 339 (354 ff.).

[8] Vgl. *Lachmayer* (Fn. 6), 74 f.

[9] Zu diesen und den folgenden Aspekten vgl. die gerade für Ausländer lehrreiche Analyse von *Wiederin* (Fn. 7) Rn. 27 ff., 42 ff., 132 ff.; vgl. weiter etwa *Berka, Walter,* Verfassungsrecht – Grundzüge des österreichischen Verfassungsrechts für das juristische Studium, 8. Aufl. 2021, 22 ff.; *Stelzer, Manfred,* The constitution of the Republic of Austria – A contextual analysis, 2011, 21 ff.; Jakab, András: Begriffe und Funktionen der Verfassung, in: Jakab, András (Hrsg.): Methoden und theoretische Grundfragen des österreichischen Verfassungsrechts, 2021, 339 (354 ff.).

Verfassungsänderungen kam es hingegen fast nie. So war es für längere Zeit auch durchaus üblich, politisch unliebsame Urteile des Verfassungsgerichts durch Verfassungsänderungen zu korrigieren. Dass sich zudem nicht einmal eine rechtskulturelle Bremse gegen stetige Verfassungsänderungen entwickelt hat, wie sie in nicht wenigen Staaten besteht, dürfte nicht zuletzt auf der historisch gewachsenen Zersplitterung der Verfassung beruhen. Denn noch unter der monarchischen Verfassung war es üblich, einfache Gesetze, die gegen die Verfassung verstießen, zuzulassen, wenn sie nur mit verfassungsändernder Mehrheit beschlossen worden waren. Unter dem B-VG wird in Abweichung davon eine ausdrückliche Kennzeichnung als „Verfassungsgesetz" oder „Verfassungsbestimmung" verlangt, Art. 44 Abs. 1 2. Hs. B-VG. Die ungewöhnliche Möglichkeit aber, Verfassungsbestimmungen nicht nur in einfachen Gesetzen (und sogar Staatsverträgen) unterzubringen, sondern den resultierenden normativen Verfassungskomplex auch nicht in einem oder mehreren überschaubaren Verfassungstexten gesammelt zu dokumentieren, bleibt ein österreichisches Spezifikum.

Die übergroße Flexibilität und Zerrissenheit ist aber nicht das letzte Wort im österreichischen Verfassungsrecht. Vielmehr hat sich mit der sog. verfassungsrechtlichen Grundordnung eine Art Kernverfassung etabliert, die in ihrer inhaltlichen Übersichtlichkeit und erschwerten Abänderbarkeit weit eher an die sonst in Kontinentaleuropa üblichen Verfassungsordnungen erinnert als die österreichische Verfassung insgesamt. Ihre Existenz verdankt die verfassungsrechtliche Grundordnung dem Art. 44 Abs. 3 B-VG, der für jede Gesamtänderung der Bundesverfassung, im Unterschied zur Teiländerung, *stets* eine Volksabstimmung verlangt. Für die Abgrenzung zwischen beiden Formen der Verfassungsänderung hat sich statt einer formalen Unterscheidung danach, ob der Verfassungstext insgesamt oder nur einzelne Teile ersetzt werden, eine materielle Betrachtung durchgesetzt, die danach fragt, ob grundlegende, fundamentale Prinzipien der Verfassung wesentlich geändert werden. Eben die damit erfassten, leitenden Verfassungsprinzipien wie Demokratie, Bundesstaat und Rechtsstaat bilden die verfassungsrechtliche Grundordnung, die eine hierarchisch höhere Normschicht innerhalb des Verfassungsrechts darstellt und von Rechtsprechung und Literatur ausgeformt wird. 7

Österreichische Besonderheiten finden sich auch im Bereich der Grundrechte, hier aber weniger bei der Dogmatik als vielmehr bei den Rechtsquellen. Neben einigen wichtigen älteren Verfassungsgesetzen aus dem 19. und frühen 20. Jahrhundert sowie punktuellen neueren Gewährleistungen[10] spielt die EMRK in der Praxis eine zentrale Rolle. Sie ist in Österreich durch ein Verfassungsgesetz erlassen worden und stellt so selbst Verfassungsrecht dar. Der österreichische Verfassungsgerichtshof wendet ihre Verbürgungen daher ebenso an wie die originär österreichischen Grundrechte, wobei er sich ausgeprägt an die Rechtsprechung des EGMR anlehnt. Die Lektüre dieser Entscheidungen ist also für den österreichischen Verfassungsjuristen auf dem Gebiet der Grundrechte von ebenso großer Bedeutung wie die der Entscheidungen des Verfassungsgerichtshofs selbst. Eine ähnliche Entwicklung ist nunmehr aufgrund eines Urteils des Verfassungsgerichtshofs für die Europäische Grundrechtecharta zu erwarten.[11] In einem wichtigen Bereich allerdings sind Kläger aus Österreich unmittelbar auf den EGMR angewiesen und können sich nicht an den Verfassungsgerichtshof wenden: Zwar ist eine Beschwerde zum Verfassungsgerichtshof etwa gegen Bescheide der Verwaltung auch in Österreich erst nach Erschöpfung des Instanzenzugs zulässig; jedoch ist, wie sich aus Art. 144 Abs. 1 B-VG im Gegenschluss ergibt, eine Beschwerde wegen Verfassungswidrigkeit von Gerichtsurteilen selbst – also das was in Deutschland Urteilsverfassungsbeschwerde genannt wird – nicht möglich. Hier hilft nur der direkte Gang nach Straßburg. 8

[10] Dass auch Grundrechte sich beispielsweise in einfachen Gesetzen verstecken können, führt immer wieder einmal zu Fehlern bei der Behandlung des österreichischen Verfassungsrechts. So gewährt beispielsweise § 1 des österreichischen Datenschutzgesetzes ein – für den Uneingeweihten leicht zu übersehendes – Grundrecht auf Datenschutz, vgl. *Berka* (Fn. 9), 496; *Fuchs, Claudia et al.,* Europäisches und öffentliches Wirtschaftsrecht, Bd. 1, 14. Aufl. 2025, 83 f.

[11] Dazu kurz *Lachmayer* (Fn. 6), 87 f. mwN.

9 Insgesamt zeichnet sich die österreichische Herangehensweise an das Verfassungsrecht im Vergleich zur deutschen durch einen stärkeren Hang zum Positivismus aus. Einer Ableitung von rechtlich relevanten Werten aus der Verfassung schlägt Ablehnung entgegen, und selbst verfassungsgerichtliche Abwägungen mussten sich erst durchsetzen und sind auch heute noch von einer gewissen Zurückhaltung geprägt. Ebenso ist die Verfassungsrechtslehre bei aller Vertiefung praxisnäher und anwendungsorientierter, in diesem Sinne auch bodenständiger als bestimmte Teile der deutschen Staatsrechtslehre, die sich gern in staatstheoretischen Allgemeinplätzen ergehen, ohne dass auf die zentrale Frage nach dem cui bono, den praktischen Auswirkungen, eine klare Antwort ersichtlich wäre.[12] In diesem Sinne macht sich auch heute noch der große Einfluss des bekannten österreichischen Positivisten Hans Kelsen und seiner Schule[13] bemerkbar. Sehr konkret deutlich wird dieser fortdauernde Einfluss beispielsweise bei der Gewaltenteilung. Während hier weltweit vorwiegend unter Rückgriff auf Montesquieu die drei Gewalten der Legislative, Exekutive und Judikative unterschieden werden, sprechen viele österreichische Verfassungsrechtler nurmehr von zwei: der Gesetzgebung und der Vollziehung. Erst auf einer weiteren Ebene wird die vollziehende Gewalt dann unterteilt in Exekutive und Judikative. Beide Trennungen werden zudem formal verstanden, beinhalten also beispielsweise kein materielles Gebot, etwa typisch verwaltende Tätigkeiten der Verwaltung vorzubehalten oder ihr gegenüber der Gesetzgebung einen eigenständigen Kernbereich zu garantieren, wie es in Deutschland für selbstverständlich gehalten wird.[14] Eine weitere überraschende Konsequenz ist der grundsätzliche Ausschluss gerichtlicher Kontrolle von Verwaltungshandeln, weil die Trennung zwischen Exekutive und Judikative Instanzenzüge zwischen beiden verbiete; Ausnahmen kann nur die Verfassung selbst vorsehen, wie in Art. 130 ff. B-VG geschehen – ein radikaler Gegensatz zur allgemeinen Garantie effektiven Rechtsschutzes wie er sich für Deutschland in Art. 19 Abs. 4 GG findet.[15] Erst 2014 wurden durch eine grundlegende Reform der Verwaltungsgerichtsbarkeit Verwaltungsgerichte erster Instanz eingeführt.[16]

c) Schweizerische Verfassungskultur: Volksrechte, Föderalismus, Konkordanz

10 Das schweizerische Verfassungsrecht teilt weder den Hang des österreichischen zum Positivismus noch lässt sich eine Zersplitterung der Verfassung feststellen. Im Gegenteil hat die neue Bundesverfassung von 1999 sich erfolgreich bemüht, den teils lückenhaften und oft unübersichtlichen Flickenteppich, der auf der Grundlage der Verfassung von 1874 auch unter dem Einfluss zahlreicher Verfassungsänderungen entstanden war, in geordnete Strukturen umzugießen, ohne dabei aber grundstürzende Neuerungen einzuführen. Verfassungsrecht und Verfassungswirklichkeit der Schweiz werden jedoch vor allem von drei spezifisch schweizerischen Elementen geprägt, die sich so in keinem anderen Land wiederfinden dürften: Der großen Bedeutung der direkten Demokratie in Form der in der Schweiz sog. Volksrechte, der historisch gewachsenen und bis heute sehr ausgeprägten Bedeutung der Kantone sowie dem gerade in der Regierung besonders sichtbaren schweizerischen Hang zur Konkordanz.

[12] Zu diesen Tendenzen in Österreich vgl. kurz *Wiederin* (Fn. 7), Rn. 3, 61 ff., 65, 67, 117 ff.; vgl. auch kritisch *Somek, Alexander,* Wissenschaft vom Verfassungsrecht – Österreich, in: Bogdandy, Armin von; Cruz Villalón, Pedro; Huber, Peter M. (Hrsg.), Handbuch Ius Publicum Europaeum, Bd. 2, 2008, § 33 Rn. 40.

[13] Zum Einfluss Kelsens und seiner Reinen Rechtslehre auf das österreichische Verfassungsrecht insgesamt vgl. *Somek* (Fn. 12), Rn. 5 ff., 24 ff.; *Jakab, András:* Rechtstheoretische Grundlagen des österreichischen Verfassungsdenkens, in: Jakab, András (Hrsg.): Methoden und theoretische Grundfragen des österreichischen Verfassungsrechts, 2021, 37 (37 ff.); zu ihrem Einfluss auf das österrreichische Verwaltungsrecht vgl. *Leitl-Staudinger, Barbara,* Wissenschaft vom Verwaltungsrecht – Österreich, in: Bogdandy, Armin von; Cassese, Sabino; Huber, Peter M. (Hrsg.), Handbuch Ius Publicum Europaeum, Bd. 4, 2011, § 62 Rn. 39 ff.

[14] Zur deutschen Rechtslage vgl. etwa *Schulze-Fielitz, Helmuth,* in: Dreier, Horst, Grundgesetz – Kommentar, Bd. 2, 3. Aufl. 2015, Art. 20 (Rechtsstaat) Rn. 71 ff.

[15] Zur Gewaltenteilung in Österreich vgl. *Wiederin* (Fn. 7), Rn. 98 ff.; *Berka* (Fn. 9), 119 ff.

[16] Vgl. etwa kurz *Lachmayer* (Fn. 6), 79.

11 Die große Bedeutung der direkten Demokratie in der Schweiz ist heute auch außerhalb von Juristenkreisen weitbekannt, dient die Schweiz doch gemeinhin als das Musterbeispiel für die Möglichkeiten, die ein solches Demokratiemodell bietet. Referenden sind auf Verfassungs- wie einfachgesetzlicher Ebene, im Bund wie in den Kantonen und Gemeinden, teils fakultativ, teils obligatorisch, teils mit bestätigenden und teils mit Initiativcharakter zu finden. Für diese Vielzahl rechtlich durchaus komplexer Instrumente hat sich in der Schweiz der Oberbegriff der Volksrechte durchgesetzt. Änderungen der Verfassung etwa bedürfen trotz der verschiedenen, dafür vorgesehenen Verfahren letztlich stets einer Volksabstimmung und können bekanntermaßen auch vom Volk initiiert werden. Dabei sind keine Teile der Verfassung von der Änderungsmöglichkeit ausgenommen; eine materielle Grenze besteht nur im völkerrechtlichen ius cogens.[17] Die Volksrechte insgesamt gelten als zentraler Ausdruck des Demokratieprinzips und sind prägend für das Selbstverständnis der Schweizer. Dies ist umso wichtiger als nach verbreiteter schweizerischer Auffassung kein einheitliches schweizerisches Volk im ethnischen, sprachlichen oder kulturellen Sinn existiert (eine Aussage, die von Nichtschweizern im Hinblick auf die kulturelle Einheit mit Fug und Recht angezweifelt werden kann). Nach diesem Verständnis wird die Schweiz vor allem durch die gemeinsame Geschichte der Schweizer zusammengehalten und bildet so eine Art Willensnation, die auch durch das gemeinsame, traditionelle Element der Volksrechte geprägt ist.

12 Über ihre unmittelbare Wirkung im Erfolgsfall hinaus haben die vielschichtigen direktdemokratischen Mitwirkungsrechte eine grundlegende politische Einbindungs- und Befriedungsfunktion: Die Bürger bleiben auch zwischen den Wahlen an der Entscheidungsfindung beteiligt und können sich andersherum auch nicht durch Verweis auf ihre geringen Einflussmöglichkeiten aus der Verantwortung für staatliche Maßnahmen stehlen. Mindestens ebenso wichtig ist zudem die Auswirkung auf das Verhalten von Regierung und Parlament, die stets mit einem Referendum rechnen und so schon im Vorfeld auch bei Einzelfragen sehr viel stärker Rücksicht auf den erkennbaren Mehrheitswillen der Bevölkerung nehmen müssen als dies in den meisten anderen Staaten der Fall ist. Dass den Volksrechten eine starke Kontrollfunktion zukommt und nicht nur, wie bei bloßen Plebisziten, eine Legitimationsfunktion, erklärt auch, warum die oft nur geringe Beteiligung an den zahlreichen Abstimmungen in der Schweiz weniger als Problem wahrgenommen wird.

13 Vor allem aber lassen sich nur unter Berücksichtigung der hohen Bedeutung der Volksrechte eine ganze Reihe von schweizerischen Eigenheiten verstehen und einordnen. Beispiel hierfür ist etwa die teilweise schwache Ausprägung der verfassungsrechtlichen Kontrolle, die es den Bundesgerichten verbietet, als verfassungswidrig erkannte Bundesgesetze unangewendet zu lassen, Art. 190 BV.[18] Versuche, eine verfassungsrechtliche Kontrolle auch des Bundesrechts einzuführen, sind immer wieder gescheitert. Ein wichtiger Grund dafür dürfte gerade in den weitreichenden Kontrollmöglichkeiten liegen, die bereits aufgrund der Volksrechte bestehen. Auch das sogleich noch zu beschreibende Streben nach parteiübergreifender Konkordanz in der Regierungspolitik ist ua eine Reaktion auf diese stetige demokratische Kontrollmöglichkeit, die eine Erziehung des Volkes durch vermeintlich höhere, aber nicht klar mehrheitsfähige Einsichten der Regierung stark erschwert.

14 Der schweizer Föderalismus ist trotz immer weitergehender Verlagerung von Kompetenzen auf den Bund auch heute noch stark ausgeprägt und – auch jenseits aller juristischen Überlegungen – zentral für das schweizerische Selbstverständnis. Die starke Stellung der

[17] Dazu und zum Folgenden vgl. eingängig *Biaggini, Giovanni,* Grundlagen und Grundzüge staatlichen Verfassungsrechts – Schweiz, in: Bogdany/Cruz Villalón/Huber (Fn. 7), § 10 Rn. 30ff., 58ff., 97ff. mwN; *Rhinow, René; Schefer, Markus; Uebersax, Peter,* Schweizerisches Verfassungsrecht, 3. Aufl. 2016, 33ff., 44ff., 385ff., 413ff.; *Häfelin, Ulrich; Haller, Walter; Keller, Helen; Thurnherr, Daniela,* Schweizerisches Bundesstaatsrecht, 10. Aufl. 2020, 41ff., 455, 558ff.

[18] Vgl. dazu kurz etwa *Betschart, Gerold,* Rechtsfolgen der Normenkontrolle – Aus der Sicht des Schweizerischen Bundesgerichts, EuGRZ 2006, 515 (515f.); *Oesch, Matthias,* Constitutional Law, in: Thommen, Marc (Hrsg.), Introduction to Swiss Law, 2022, 113 (130f.).

Kantone zeigt sich dabei schon in sprachlicher Hinsicht etwa daran, dass die Schweiz in den drei nichtdeutschen Landessprachen weiterhin als bloße Konföderation bezeichnet wird und dies auch Teil der lateinischen Bezeichnung Confoederatio Helvetica (mit der berühmten Abkürzung: CH) ist. Auch werden die Kantone in Art. 3 BV ausdrücklich als souverän bezeichnet, soweit ihre Souveränität nicht durch die Bundesverfassung beschränkt ist. Dass den Kantonen somit Staatlichkeit zukommt, ist weniger verwunderlich, zumal dies etwa ohne weiteres auch für die deutschen Länder gilt. Das Bewusstsein der Eigenständigkeit sowie der Wille, sie zu verteidigen, ist aber bei den schweizer Kantonen besonders stark ausgeprägt. Bezeichnenderweise basiert etwa nach Art. 37 Abs. 1 BV das schweizer Bürgerrecht auf dem kantonalen Bürgerrecht (und dieses regelmäßig auf dem der Gemeinden), so dass die Einzelheiten der Einbürgerung Fragen des kantonalen und nicht des Bundesrechts sind.[19] Den Kantonen kommt auch auf vielen anderen Gebieten eine große Autonomie zu, etwa bei der Wahl und Ausgestaltung des Regierungssystems, das nicht dem auf Bundesebene entsprechen muss, solange es nur demokratisch ist, Art. 51 BV. Die Kantonsverfassungen mit ihren Neuerungen und Ideen dienen auch nicht selten als Vorbild bei Verfassungsänderungen auf Bundesebene. Auch dürfen Kantone beispielsweise nach Art. 48 BV weitreichend miteinander kooperieren und zB gemeinsame Organisationen schaffen, ohne dass diese Einführung einer dritten Ebene zwischen Kantonen und Bund als gravierendes Problem wahrgenommen würde. Ebenso ist zwar eine Bundesaufsicht für die Einhaltung des Bundesrechts durch die Kantone vorgesehen, Art. 49 Abs. 2 BV, wird jedoch traditionell sehr zurückhaltend ausgeübt, obwohl beispielsweise der Vollzug des Bundesrechts in den einzelnen Kantonen unterschiedlich streng gehandhabt wird.

15 Dieser Hang zum Konsens, eine gewisse Abneigung gegen Streit findet ihren wohl markantesten Ausdruck in der sog. Konkordanzdemokratie: Die schweizerische Regierung, der siebenköpfige sog. Bundesrat, setzt sich traditionell aus Vertretern der größten Parteien in einem festen, wenn auch ungeschriebenen Verhältnis zusammen, das gemeinhin unter der Bezeichnung „Zauberformel" bekannt ist. In den Jahren ab 2003 kam es immer wieder zu Querelen und Änderungen, die auch immer wieder einmal als Abschied von der Zauberformel angesehen werden,[20] jedoch eher zur Etablierung neuer, den Wahlergebnissen angepasster Zauberformeln führten – denen allerdings ein gewisser Zauber fehlt, da die unveränderte Beibehaltung ein und desselben Proporzschlüssels über anderthalb Generationen (von 1959 bis 2003) offenbar nicht mehr möglich ist. Jedoch zeigten sich auch bei den Anpassungen erhebliche Beharrungskräfte, die im Zweifel zu einer Beibehaltung der tradierten Formeln führten. So bleibt es letztlich dabei, dass alle großen Parteien, mit einem Gesamtstimmenanteil von weit über 2/3 gemeinsam die Regierung bilden, die formale parlamentarische Opposition also auf eine kleine Gruppe reduziert ist. Auch die Institution des Bundespräsidenten führt keineswegs zu mehrheitsdemokratischeren Verhältnissen. Er ist vielmehr nur der Vorsitzende des Bundesrats; ihm kommen in diesem kollegial entscheidenden Organ keine Vorrechte zu, zumal er von der Bundesversammlung jeweils nur für ein Jahr gewählt wird und seine Wiederwahl für das Folgejahr ausdrücklich ausgeschlossen ist, Art. 176, 177 BV. Abweichende politische Ansichten sind im Rahmen der Konkordanzdemokratie dennoch nicht erstickt. Es kommt vielmehr ohne weiteres vor, dass einzelne Abgeordnete einer Regierungspartei oder auch eine Regierungspartei als solche gegen Maßnahmen der Regierung ankämpft; der Bundesrat muss sich seine Mehrheiten also immer wieder suchen und ähnelt so in gewisser Weise, trotz der rechnerisch komfortabelsten Mehrheit, einer Minderheitsregierung.[21] Die Besetzung nach Konkordanz ist umso bedeutender, als der einmal gewählte Bundesrat und seine einzelnen Mitglieder in der laufenden Legislaturperiode nicht mehr vom Parlament, der Bundesversammlung, abhängen, also

[19] Vgl. *Biaggini* (Fn. 17), Rn. 96; zu den genannten und folgenden Aspekten der Bundesstaatlichkeit ibid., Rn. 42 ff., 87 ff., 98; *Rhinow/Schefer/Uebersax* (Fn. 17), 53, 113 ff., 134 ff., 152 ff., 158 ff.; *Häfelin/Haller/Keller/Thurnherr* (Fn. 17), 319 ff., 388 ff.

[20] Vgl. etwa *Zitzelsberger, Gerd,* Stiller Abschied von der Zauberformel, Süddeutsche Zeitung, 3.6.2008.

[21] Vgl. dazu und zum Folgenden *Biaggini* (Fn. 17), Rn. 63, 72, 77.

weder abgewählt noch ersetzt werden können. Der schweizerische Hang zu Stabilität und Kontinuität geht sogar so weit, dass Bundesratsmitglieder, die sich entschließen, erneut zu kandidieren, nur in ungewöhnlichen Ausnahmefällen nicht wiedergewählt werden.

2. Spanien

Das spanische Recht wird nicht selten kurzerhand als dem französischen ähnlich angesehen und so ohne größere Bedenken dem französischen Rechtskreis zugeordnet.[22] Als Beleg dient meist schlicht die enge historische Beziehung zwischen dem französischen Code civil und dem spanischen Código civil. Diese Zuordnung mag zwar im Zivilrecht tatsächlich eine gewisse Berechtigung haben (a), führt jedoch in vielen anderen, ebenso wichtigen Rechtsgebieten in die Irre und übersieht spanische Besonderheiten (b–d). Insgesamt dürfte die spanische Rechtskultur, neben eigenständigen Elementen, zumindest eine Mischform darstellen, vermutlich aber sogar näher am deutschen Recht stehen. Treffen Juristen dieser beiden Länder aufeinander, ist oft ein gewisses Grundverständnis gegeben, trifft die Kommunikation weniger schnell auf inhaltliche Schwierigkeiten als es im Kontakt von deutschen und französischen Juristen der Fall ist (eine Beobachtung die auch auf Portugal zutreffen dürfte[23]). 16

a) Die zivilrechtliche Nähe zum französischen Recht: historischer Kern und heutige Grenzen

Der spanische Código civil weist in der Tat teilweise frappante Ähnlichkeiten mit dem französischen Code civil auf.[24] Obwohl aufgrund interner Widerstände der Regionen erst 1889 erlassen und trotz der dem französischen Recht gegenüber eher feindlich eingestellten Lehre, übernahm das spanische Zivilgesetzbuch nicht nur seine Grundstruktur aus Frankreich, sondern stellte an vielen Stellen ursprünglich eine schlichte Übersetzung des Code civil dar. Umgekehrt war der historische Einfluss der deutschen Pandektenwissenschaft[25] gering, auch wenn das römische Recht, vor allem in Form der Institutionen, auch heute noch in der Lehre eine große Rolle spielt.[26] Dennoch bestehen auch merkliche Unterschiede, etwa wenn die Eigentumsübertragung beim Kauf nicht wie in Frankreich rein konsensual durchgeführt wird, also allein einer Willensübereinstimmung bedarf, sondern nach Art. 609 Código civil ähnlich wie in Deutschland auch einer Übergabe der Sache.[27] Auch das Familien- und Erbrecht orientiert sich – wie in vielen Ländern – stärker an den eigenen Traditionen. 17

Nicht zuletzt die Lehre trug ihren Teil dazu bei, das spanische Zivilrecht vom französischen abzukoppeln. Zunächst allerdings dominierte bis in die 30er Jahre des 20. Jahrhunderts 18

22 Anders aber *Glenn, H. Patrick.,* On common laws, 2005, 82, der Spanien im weiteren Kreis des deutschen pandektistischen Einflusses sieht.

23 Zu den engen Beziehungen zwischen portugiesischem und deutschem Recht im Bereich des Privatrechts und den weniger ausgeprägten Beziehungen im öffentlichen Recht vgl. *Moura Vicente, Dário,* Direito Comparado, Bd. 1, 6. Aufl. 2025, 87 ff.

24 Vgl. dazu etwa *Legeais, Raymond,* Grands systèmes de droit contemporains – Approche comparative, 3. Aufl. 2016, 164 f.; *Zweigert, Konrad; Kötz, Hein,* Einführung in die Rechtsvergleichung, 3. Aufl. 1996, 105 f.

25 Dazu supra → § 6 Rn. 189.

26 Vgl. *Adomeit, Klaus; Frühbeck, Federico; Frühbeck, Fernando; Frühbeck Olmedo, Guillermo,* Einführung in das spanische Recht, 4. Aufl. 2018, 33; zum Einfluss des germanischen Rechts vgl. *Hinojosa y Naveros, Eduardo de,* El elemento germánico en el derecho español, 1915, Nachdruck mit Einleitung von Francisco Tomas y Valiente 1993, passim.

27 Vgl. *Harke, Jan Dirk,* Vertragsversprechen und Übereignungsmodus – Zur Rolle der Vorverträge in den romanischen Rechtsordnungen, RabelsZ 72 (2008), 326 (339 f.); *Adomeit et al.* (Fn. 26), 64; Beispiel eines weiteren Unterschieds ist etwa die ausdrückliche Anerkennung der allgemeinen Rechtsgrundsätze als eigenständiger Rechtsquelle in Art. 1 Abs. 1, 4 Código civil, wie sie sich wohl nur in Spanien findet, vgl. dazu *Schalk, Sebastian,* Deutsche Präjudizien und spanische „Jurisprudencia" des Zivilrechts, 2009, 330 ff. mwN.

die französische Zivilrechtsliteratur, was aufgrund der engen Beziehung der Kodifikationen zueinander auch nahe lag. Ausgangspunkt des Wandels war dann das damals sehr wichtige deutsche Lehrbuch von Enneccerus, Kipp und Wolff, das ins Spanische übersetzt und von zwei namhaften spanischen Zivilrechtlern mit Anmerkungen versehen wurden, die die Anwendungsmöglichkeiten der deutschen Dogmatik auf das spanische Zivilrecht beleuchteten. Von hier aus fand deutsches zivilrechtliches Denken zunehmend Einfluss in Spanien.[28] So wurde etwa der sehr deutsche, systematisierende Oberbegriff des Rechtsgeschäfts übernommen. Auch tendieren systematische Darstellungen des spanischen Zivilrechts bis heute zu einer an deutsche Gepflogenheiten angelehnten Aufteilung mit einem allgemeinen und einem besonderen Teil, der wiederum in Schuld- und Vertragsrecht, Sachenrecht, Familienrecht und Erbrecht unterteilt ist. Diese Darstellungsweise fällt besonders deshalb auf, weil sie so stark von der Systematik des Código civil abweicht, dessen vier Bücher weitgehend nach französischem Muster nach dem Schema Personen – Sachen – Eigentumserwerb – Schuldrecht/Vertragsrecht, ohne allgemeinen Teil, aufgeteilt[29] sind. Die Übersetzung des Lehrbuchs von Enneccerus, Kipp und Wolff blieb nicht vereinzelt; auch danach wurden immer wieder deutsche Werke ins Spanische übersetzt und gelangten zu größerem Einfluss. Beispielsweise folgt die spanische Zivilrechtswissenschaft in vielen Punkten den Ansichten, die im deutschen Lehrbuch des Schuldrechts von Karl Larenz vertreten werden.[30] Ebenso hat beispielsweise ganz konkret die deutsche Lehre von der Verwirkung Eingang ins spanische Recht gefunden.[31] Selbst der deutschen Pandektenwissenschaft[32] blieb keineswegs die Bedeutung verwehrt: Ihr kam vielmehr maßgeblicher Einfluss auf das katalanische Zivilrecht zu, für das insofern von eine „zweiten Rezeption" des römischen Rechts, vermittelt durch die deutsche historische Schule, gesprochen wird.[33]

19 Damit ist zugleich eine weitere Eigenheit des spanischen Zivilrechts angesprochen, die den Einfluss Frankreichs relativiert: Die Weitergeltung regionalen Zivilrechts insbesondere auf der Basis der alten Foralrechte. Nach Art. 13 (2) Código civil gilt das spanische Zivilgesetzbuch bei Vorhandensein spezieller oder foraler Rechte nur subsidiär.[34] Diese Foralrechte gehen zurück auf die Partikularrechte der fueros, die sich im Mittelalter ausgebildet hatten. Vor Schaffung des Código civil waren sie zentrale Quelle des spanischen Zivilrechts. Sie wurden später vielfach gesammelt, aufgezeichnet, in Kompilationen zusammengefasst, sprachlich und inhaltlich modernisiert und gesetzlich bestätigt.[35] Dabei handelt es sich keineswegs um vereinzelt bleibende, unsystematische oder veraltete Reste überkommenen Rechts, das im Schatten des großen Código civil eine Randexistenz führt. Im Gegenteil spielen die Foralrechte praktisch ebenso wie im Bewusstsein der Juristen eine bedeutende Rolle, auch weil sie zwar keineswegs in ganz Spanien, aber ua in so bedeutenden Regionen wie Katalonien, Galizien und dem Baskenland fortbestehen. Dabei unterscheiden sich die verschiedenen Foralrechte nicht nur rein inhaltlich, sondern auch in den abgedeckten

---

[28] Dazu und zum Folgenden *Puig Ferriol, Luis,* Hundert Jahre deutsches Bürgerliches Gesetzbuch – Das deutsche Bürgerliche Gesetzbuch und das spanische Zivilrecht, ZEuP 8 (2000), 195 (195 f.); einen großen Einfluss der deutschen Lehre sehen auch *Vaquer, Antoni,* Importing foreign doctrines – Yet another approach to the unification of European private law? – Incorporation of the Verwirkung doctrine into Spanish case law, ZEuP 8 (2000), 301 (302); *Glenn* (Fn. 22), 82.

[29] Zur Aufteilung des Código civil vgl. *Adomeit et al.* (Fn. 26), 39 ff.; zum zentralen Unterschied gegenüber dem Grundaufbau des Code civil, der Aufspaltung des dortigen 3. Buches, vgl. *Merino-Blanco, Elena,* Spanish law and legal system, 2. Aufl. 2006, 228 f.

[30] *Puig Ferriol* (Fn. 28), 196.

[31] Vgl. dazu detailliert *Vaquer* (Fn. 28), 302 ff.

[32] Dazu supra → § 6 Rn. 189.

[33] So *Puig Ferriol* (Fn. 28), 196; zu weiteren konkreten Einflüssen auf das katalanische Recht etwa im Erbrecht ibid., 97 f.

[34] Art. 13 (2) Código civil: „En lo demás y con pleno respeto a los derechos especiales o forales de las provincias o territorios en que están vigentes, regirá el Código Civil como derecho supletorio, en defecto del que lo sea en cada una de aquéllas, según sus normas especiales."; die wenigen Ausnahmen, insbes. die allgemeinen Anwendungsregeln und den ehelichen Güterstand, nennt Art. 13 (1) Código civil.

[35] Vgl. kurz etwa *Zweigert/Kötz* (Fn. 24), 105 f.

Rechtsfragen erheblich voneinander. Während einige sich auf familien- und erbrechtliche Grundfragen konzentrieren, besitzt etwa Katalonien nicht nur eine Kompilation, sondern ein eigenes, vollwertiges Zivilgesetzbuch, das auf sechs Bücher angelegt ist (Allgemeines, Person und Familie, juristische Personen, Erbrecht, Eigentum, Schuld- und Vertragsrecht), deren letztes 2018 in Kraft trat.

Auch der spanische Urteilsstil hat sich vom französischen Vorbild[36] emanzipiert und bewegt sich mit der Zeit zunehmend in Richtung auf einen ausführlicheren, diskursiveren und allgemeinverständlicheren Text.[37] Alte Entscheidungen hängen noch dem Ideal eines einzigen, langen Satzes an, der zunächst die Prozessgeschichte und die Tatsachen – jeweils eingeleitet mit dem Wort „resultando" – dann die rechtlichen Argumente – jeweils eingeleitet mit dem Wort „considerando" – und schließlich den Tenor samt einschlägigen Rechtsvorschriften nennt. Neuere Entscheidungen hingegen ersetzen die Einleiteformulierungen der Teilsätze durch Nummerierungen und eine Vielzahl grammatikalisch eigenständiger Sätze. Die Tradition einer eher gedrängten, grammatikalisch komplexen Sprache wirkt jedoch des öfteren noch nach. Eine ganz einheitliche Linie ist allerdings nicht auszumachen, da die Urteilstechnik in Spanien nicht in der Ausbildung gelehrt, sondern im Wege des learning by doing von den Richtern selbst unter Mithilfe erfahrener Kollegen entwickelt wird, so dass viel Raum für persönliche Vorlieben bleibt.[38] Jedoch geht die Tendenz klar weg von den französischen Eigenheiten, hin zu längeren und diskursiveren Entscheidungen, besonders ausgeprägt sichtbar beim spanischen Verfassungsgericht, das sich um einen allgemeinverständlichen Stil bemüht. 20

b) Abnehmender französischer Einfluss im Verwaltungs- und Strafrecht

Außerhalb des Zivilrechts ist schon der historische Einfluss französischen Rechtsdenkens weit geringer oder kaum vorhanden, so dass sich der deutsche Jurist hier oft erstaunlich heimisch fühlt. Gewisse Ähnlichkeiten zur Lage im Zivilrecht weist aber noch das spanische Verwaltungsrecht auf. Es war historisch an Frankreich orientiert, zu dem es heute materiellrechtlich noch immer eine gewisse Nähe aufweist, während es prozessual näher am deutschen System steht und sich so insgesamt als Mischung aus deutschen und französischen Elementen darstellt.[39] 21

Ausgeprägt gering ist hingegen der französische Einfluss im Strafrecht, das sich bereits seit den 30er Jahren des 20. Jahrhundert stark an der deutschen Dogmatik orientiert und deren Entwicklung mitvollzogen hat.[40] So können deutsche und spanische Juristen sich ohne weiteres kundig über so scheinbar urdeutsche Themen wie den dreistufigen Aufbau der Straftat und sogar über die Vorzüge und Nachteile der verschiedenen Handlungslehren unterhalten.[41] Deutsche Strafrechtslehrbücher sind bekannt und beliebt, einige in spanischer 22

36 Zum französischen Urteilsstil vgl. supra → § 6 Rn. 148 ff.

37 Dazu und zum Folgenden ausführlich *Schalk* (Fn. 27), 97 ff.; deutlich zu den Unterschieden im Vergleich zu Frankreich auch *Ranieri, Filippo,* Juristenausbildung und Richterbild in der Europäischen Union, Deutsche Richterzeitung 76 (1998), 285 (292 f.).

38 Vgl. dazu schon die Klassifizierung bei *Díez-Picazo, Luis,* La justicia y el sistema de fuentes del derecho, Anuario de la facultad de derecho de la Universidad autónoma de Madrid 1 (1997), 205 (207 ff.).

39 *Fromont, Michel,* Typen staatlichen Verwaltungsrechts in Europa, in: Bogdandy, Armin von; Cassese, Sabino; Huber, Peter M. (Hrsg.), Handbuch Ius Publicum Europaeum, Bd. 3, 2010, § 55 Rn. 36, 58; zu den Änderungen des Verwaltungsprozessrechts von 1998 vgl. die jeweils in deutscher und spanischer Version abgedruckten Beiträge in: *Sommermann, Karl-Peter* (Hrsg.), Die Reform des Verwaltungsprozessrechts in Spanien, 2005; zu den engen Kontakten zwischen deutschem und spanischem Verwaltungsrecht schon Anfang und Mitte des 20. Jahrhundert vgl. *López Castillo, Antonio,* Das deutsche Vorbild in Spanien – Kontinuität oder schwindende Bedeutung?, in: Kischel, Uwe (Hrsg.), Der Einfluss des deutschen Verfassungsrechtsdenkens in der Welt – Bedeutung, Grenzen, Zukunftsperspektiven, 2014, 49 (49 ff.).

40 Vgl. zu diesem starken Einfluss schon *Peron, Walter,* Rechtfertigung und Entschuldigung im deutschen und spanischen Recht, 1987, 157 ff., zusammenfassend 172; zusammenfassend zur Entwicklung und zur heute zunehmenden Verselbständigung des spanischen Strafrechts *López Castillo* (Fn. 39), 61 ff.

41 Zu diesen Fragen in Deutschland supra → § 6 Rn. 284 ff.

Übersetzung verfügbar. Deutsche Austauschstudenten können sich in der ungewöhnlichen Situation wiederfinden, dass der Dozent ihnen zur Vorbereitung auf die spanische Strafrechtsklausur schlicht den Rückgriff auf deutsche Lehrbücher empfiehlt – und dies auch durchaus zum Erfolg führt.

c) Das deutsche Vorbild im Verfassungsrecht

aa) Die Ähnlichkeiten zum deutschen Verfassungsrecht

23 Von Ähnlichkeiten mit dem deutschen System geprägt ist das in Spanien besonders wichtige Verfassungsrecht. Das deutsche Grundgesetz hatte herausragenden Einfluss auf die Ausarbeitung der spanischen Verfassung von 1978 (Constitución española, CE). Das spanische Verfassungsgericht wird jedem deutschen – teilweise aber auch jedem italienischen[42] – Juristen sehr vertraut vorkommen. Auch der Einfluss der deutschen Verfassungsrechtswissenschaft ist groß.[43] Ähnlichkeiten und Anleihen finden sich immer wieder im Bereich der Grundrechte,[44] wie bei der Aufnahme der Würde des Menschen und der freien Entfaltung der Persönlichkeit (Art. 10 CE) oder der Wesensgehaltsgarantie (Art. 53 Abs. 1 CE) in den Verfassungstext, aber auch im Staatsorganisationsrecht, in dem etwa das konstruktive Misstrauensvotum rezipiert (Art. 113, 114 Abs. 2 CE) oder Spanien bereits in Art. 1 Abs. 1 CE als demokratischer und sozialer Rechtsstaat bezeichnet wird. Diese Nähe verwundert wenig. Sie beruht nicht nur auf einer gewissen Affinität spanischer Juristen zum theoretischen und systematischen deutschen Rechtsdenken. Gerade in Bezug auf die Verfassung zeigen sich auch klare Ähnlichkeiten im historischen Hintergrund: So wie das deutsche Grundgesetz nach dem Ende von Diktatur und Barbarei im Dritten Reich den Weg zurück in den liberalen Rechtsstaat weisen sollte, suchten die Spanier eben diesen Weg nach dem Ende der faschistischen Diktatur Francos. Bei der Ausgestaltung von Demokratie, Rechtsstaat und Grundrechten sowie deren gerichtlicher Absicherung nach Deutschland zu schauen, lag daher nahe, zumal auch die in Spanien notwendige Rücksichtnahme auf die historisch gewachsenen und stark ausgeprägten regionalen Strukturen und Befindlichkeiten im deutschen Föderalismus gewisse Parallelen fand.

24 Die Anlehnung an Deutschland beschränkte sich aber keineswegs auf die Entstehung des Verfassungstextes. Auch in der spanischen verfassungsrechtlichen Literatur trifft man vielmehr auf zahlreiche Querverweise auf deutsche Verfassungsrechtsdogmatik, beispielsweise auf die in Deutschland sehr einflussreiche Statuslehre Jellineks, der die Grundrechtsfunktionen unterteilte in den status negativus (Abwehrrechte), status positivus (Leistungsrechte) und den status activus (Beteiligungsrechte).[45] Ebenso findet sich die deutsche Einteilung der Grundrechte in Freiheitsrechte, Leistungsrechte, institutionelle Garantien und Rechte auf Organisation und Verfahren mit genau dieser Begrifflichkeit wieder.[46] Deutsche Autoren von Rudolf Smend über Hermann Heller bis Peter Häberle spielen eine erhebliche Rolle.[47] Selbst die spanische Verfassungsrechtsprechung wird dem deutschen Juristen bis in die

[42] Zum italienischen Einfluss vgl. *Medina Guerrero, Manuel,* Grundlagen und Grundzüge des staatlichen Verfassungsrechts – Spanien, in: Bogdany/Cruz Villalón/Huber (Fn. 7), § 11 Rn. 11.

[43] Dazu und zum Folgenden vgl. etwa *Medina Guerrero* (Fn. 42), Rn. 9 f.; zum geringeren, aber auch deutlichen Einfluss der italienischen Verfassung vgl. ibid., Rn. 11; zum deutschen Einfluss auch *López Castillo* (Fn. 39), 56 ff.

[44] Vgl. etwa auch *Pérez Royo, Javier; Carrasco Durán, Manuel,* Curso de derecho constitucional, 16. Aufl. 2018, 198: „La 'germanización' de la Constitución española en este punto ha sido muy intensa.".

[45] Vgl. etwa *Álvarez Conde, Enrique; Tur Ausina, Rosario,* Curso de derecho constitucional, 11. Aufl. 2023, 301 f.; entsprechende Parallelitäten ergeben sich auch im Hinblick auf die heute verbreitete Einteilung der Grundrechtsfunktionen, vgl. zur spanischen Sicht *Bastida Freijedo, Francisco J. et al.,* Teoría general de los derechos fundamentales en la constitución española, 2005, 71 ff., zur parallelen deutschen etwa *Böckenförde, Ernst-Wolfgang,* Grundrechtstheorie und Grundrechtsinterpretation, in: ders. (Hrsg.), Staat, Verfassung, Demokratie – Studien zur Verfassungstheorie und zum Verfassungsrecht, 1991, 115 (119 ff.).

[46] Vgl. *Bastida Freijedo* (Fn. 45), 108 ff.; für Deutschland vgl. nur *Sachs, Michael,* in: ders., Grundgesetz Kommentar, 10. Aufl. 2024, Vor Art. 1 Rn. 27 ff., 39 ff.

[47] Deutlich *López Castillo* (Fn. 39), 59 f.

Wortwahl hinein immer wieder einmal bekannt vorkommen, etwa wenn sie betont, dass Grundrechte in erster Linie subjektive Rechte des Bürgers, gleichzeitig aber wesentliche Elemente einer objektiven Ordnung der Gemeinschaft seien.[48] Ebenso hat das spanische Verfassungsgericht nach dem Vorbild der deutschen Rechtsprechung etwa aus der Verfassung ein ungeschriebenes Recht der informationellen Selbstbestimmung (autodeterminación informativa) hergeleitet.[49]

bb) Die Eigenständigkeit des spanischen Verfassungsrechts

Wie immer sollten die Ähnlichkeiten aber auch nicht überbetont werden. Das spanische **25** Verfassungsrecht ist in seinen normativen Grundlagen wie in seiner dogmatischen Entwicklung selbstverständlich – und zunehmend[50] – eigenständig. Dies zeigt sich nicht nur in so augenfälligen Merkmalen wie der besonderen Konzeption des Föderalismus und der früheren Bedeutung der Monarchie[51] oder in der Existenz von Organgesetzen zur Entwicklung von Grundrechten, Art. 81 CE,[52] sondern auch schon im Text der Verfassung etwa an der Existenz von Grundpflichten, Art. 30 ff. CE.

Davon unabhängig bestehen auf den zweiten Blick auch wichtige Abweichungen im **26** Bereich der scheinbaren Parallelen. So findet sich die Menschenwürde zwar tatsächlich in Art. 10 Abs. 1 der Verfassung wieder. Während sie aber in Deutschland eindeutig ein Grundrecht ist oder zumindest im Ergebnis so behandelt wird,[53] ist dies in Spanien gerade nicht der Fall. Das ergibt sich schon aus Wortlaut und Systematik der spanischen Verfassung. Denn Art. 10 Abs. 1 lautet sehr weich: „La dignidad de la persona, los derechos inviolables que le son inherentes, el libre desarrollo de la personalidad, el respeto a la ley y a los derechos de los demás son fundamento del orden político y de la paz social." Die Aufzählung der einzelnen Grundrechte beginnt denn auch tatsächlich erst mit dem zweiten Kapitel des ersten Titels, Art. 14 ff. CE. Entsprechend findet sich die Menschenwürde auch in spanischen Lehrbüchern nicht als Grundrecht dargestellt.[54] Vielmehr handelt es sich bei Art. 10 Abs. 1 CE um eine allgemeine Definition der Grundrechte, die dann in den folgenden Artikeln einzeln aufgezählt werden. Entsprechend ist der Staat auch nur an die dort aufgezählten Grundrechte gebunden, wie Art. 53 Abs. 1 CE unmissverständlich klarstellt. Die Menschwürde mag so zur Interpretation der Grundrechte herangezogen werden, hat aber selbst – ganz anders als in Deutschland – keine Grundrechtsfunktion. In spanischen

---

48 Vgl. STC 25/1981, v. 14.7.1981, Fundamento Jurídico (FJ) 5 („En primer lugar, los derechos fundamentales son derechos subjectivos, derechos de los individuos (…). Pero al propio tiempo, son elementos esenciales de un ordenamiento objetivo de la comunidad nacional (…)"); vgl. dazu die ständige Rechtsprechung des deutschen Bundesverfassungsgerichts seit BVerfGE 7, 198 (Leitsatz 1): „Die Grundrechte sind in erster Linie Abwehrrechte des Bürgers gegen den Staat; in den Grundrechtsbestimmungen des Grundgesetzes verkörpert sich aber auch eine objektive Wertordnung, die als verfassungsrechtliche Grundentscheidung für alle Bereiche des Rechts gilt"; in der detaillierten Ausarbeitung, wie sie sich schon in den hier nicht wiedergegebenen Teilen des spanischen Zitats findet, ergeben sich aber dennoch erhebliche Unterschiede; zum Ganzen auch *Bastida Freijedo* (Fn. 45), 50 ff.

49 Vgl. STC 254/1993, v. 20.7.1993, FJ 6; zu diesem Grundrecht und seiner deutschen Herkunft sowie zur Frage der Herleitung aus geschriebenem Recht *Pérez Royo/Carrasco Durán* (Fn. 44), 312 ff.

50 Vgl. *López Castillo* (Fn. 39), 54 f., 61, 63 f., der betont, dass im Rahmen des oft rechtsvergleichend geprägten, spanischen Zugriffs auf das Verfassungsrecht das deutsche Rechtsdenken zwar ein wichtiger Einflussfaktor bleibt, aber zunehmend nur eine unter mehreren Optionen darstellt.

51 Dazu sogleich infra → Rn. 29 ff.

52 Vgl. dazu *Bastida Freijedo* (Fn. 45), 164 ff.; *López Guerra, Luis et al.*, Derecho constitucional, Bd. 1, 11. Aufl. 2018, 414 ff.

53 Zur Menschenwürde in Deutschland supra → § 6 Rn. 79, 297 ff.; zum eher sinnlosen Streit um den Grundrechtscharakter vgl. etwa *Herdegen, Matthias,* in: Dürig, Günter; Herzog, Roman; Scholz, Rupert, Grundgesetz Kommentar, Loseblatt (Stand: 108. Ergänzungslieferung 2025), Art. 1 Abs. 1 Rn. 29 (der dem Streit allerdings eine gewisse Bedeutung beimisst).

54 Vgl. etwa die Auflistung und detaillierte Erläuterung aller Grundrechte bei *Pérez Royo/Carrasco Durán* (Fn. 44), 211 ff., der die Menschenwürde, ibid. 219, in beschränkter Weise als universelles anthropologisches Prinzip beschreibt; *Álvarez Conde/Tur Ausina* (Fn. 45), 305 ff.; *López Guerra et al.* (Fn. 52), 177 ff.; aus der Rechtsprechung vgl. STC 120/1990, v. 27.6.1990, FJ 4.

Standardlehrbüchern finden sich zu ihr deshalb auch nur wenige Aussagen.[55] Entsprechend ist auch die freie Entfaltung der Persönlichkeit zwar dem Art. 2 Abs. 1 GG entnommen, jedoch wie die Menschenwürde in Art. 10 Abs. 1 CE nicht als eigenes Grundrecht ausgestaltet, sondern nur als Grundlage der politischen Ordnung und des sozialen Friedens erwähnt. Eine allgemeine Handlungsfreiheit als Auffanggrundrecht für jedes menschliche Tun, wie sie kennzeichnend für die deutsche Grundrechtsordnung ist, wurde daraus nicht entwickelt, die freie Entfaltung als solche wird in den Lehrbüchern auch kaum erwähnt.

27 Anderen, scheinbar ähnlichen Regelungen kommt in Spanien eine ganz andere Bedeutung zu als in Deutschland. Das gilt etwa für die Wesensgehaltsgarantie des Art. 53 Abs. 1 CE. In Deutschland besteht zum entsprechenden Art. 19 Abs. 2 GG ein klassischer, bis heute nicht letztlich gelöster, aber im Ergebnis auch bedeutungsloser Streit. Nach einer Ansicht schützt die Wesensgehaltsgarantie einen absoluten Kerngehalt, der für jedes Grundrecht einzeln zu bestimmen und keiner Abwägung mehr zugänglich ist. Innerhalb dieser Ansicht verlangen einige, dass dieser Kerngehalt in jedem Einzelfall gewahrt bleiben muss (sog. absolut-individuelle Theorie), andere lassen es genügen, wenn das Grundrecht wenigstens noch Bedeutung für das soziale Leben im Ganzen behält (sog. absolut-kollektive Theorie). Diese Unterscheidung hat durchaus erhebliche praktische Bedeutung, da etwa der gezielt tödliche Schuss eines Polizisten auf einen Geiselnehmer zur Rettung der Geiseln nach der ersten Unteransicht gegen die Wesensgehaltsgarantie des Rechts auf Leben verstieße, nach der zweiten Unteransicht nicht. Die Gegenansicht zu beiden absoluten Theorien, die sog. relative Theorie, verlangt hingegen zur Bestimmung des Wesensgehalts für jedes Grundrecht und für jeden Einzelfall eine Abwägung des geschützten mit den entgegenstehenden Interessen.[56] Dass dieser Streit in Wissenschaft und Praxis heute kaum noch auf Interesse stößt und auch das Bundesverfassungsgericht nie eindeutig Stellung bezogen hat, klärt sich letztlich damit, dass das hinter der Wesensgehaltsgarantie stehende Problem heute anderweitig gelöst werden kann: Ursprünglich ging es Art. 19 Abs. 2 GG um die Notwendigkeit, der möglichen und notwendigen Einschränkung von Grundrechten durch oder aufgrund von Gesetzen ihrerseits wieder Grenzen zu setzen, um zu verhindern, dass die Grundrechte letztlich leerlaufen. Genau zu diesem Zweck aber wurde nach der Schaffung des Grundgesetzes die Verhältnismäßigkeitsprüfung ausgearbeitet.[57] In Spanien hingegen spielt die Wesensgehaltsgarantie weiterhin die ihr ursprünglich zugedachte Rolle. Das spanische Verfassungsgericht hat sich bereits 1981 damit auseinandergesetzt und zwei praktische Herangehensweisen zur Bestimmung des Wesensgehalts entwickelt, die die Lehre aufgreift: Einerseits kann demnach zunächst der abstrakte Typus festgestellt werden, wie er sich aus den Überzeugungen der Juristen ergibt. Zum Wesensgehalt gehören dann diejenigen Realisierungsmöglichkeiten des betreffenden Rechts, die notwendig sind, damit das Recht als dem abstrakten Typus zugehörig wiedererkannt werden kann. Zusätzlich kann der Wesensgehalt aber auch über die rechtlich geschützten Interessen bestimmt werden, so dass er betroffen ist, wenn die Einschränkungen das Recht nicht mehr praktikabel sein ließen, seine Ausübung über ein vernünftiges Maß hinaus erschwerten oder ihm den notwendigen Schutz entzögen.[58] Dies ähnelt einer einerseits absoluten, andererseits relativen Sicht, ohne aber deckungsgleich mit den in Deutschland vertretenen Thesen zu sein. Anders als in Deutschland jedenfalls spielt die Wesensgehaltsgarantie also keine allenfalls marginale Rolle, sondern steht im Zentrum der Debatte und füllt die ihr ursprünglich auch in Deutschland zugedachte Rolle aus, wie ihre dauerhafte Verwendung in der Rechtsprechung belegt.

---

55 Vgl. etwa *Bastida Freijedo* (Fn. 45), 38; *Álvarez Conde/Tur Ausina* (Fn. 45), 278 f.; auch *Pérez Royo/Carrasco Durán* (Fn. 44), 198 ff., die auf S. 199 zusätzlich darauf hinweisen, dass die spanische Verfassung klar zwischen Definition und Aufzählung von Grundrechten unterscheidet und dass Art. 10 CE die Definition enthält.

56 Zum Ganzen etwa *Alexy, Robert,* Theorie der Grundrechte, 2. Aufl. 1994, 267 ff.

57 Dazu supra → § 6 Rn. 305.

58 Vgl. STC 11/1981, v. 8.4.1981, FJ 8; dazu etwa *López Guerra et al.* (Fn. 52), 416 ff.; *Pérez Royo/Carrasco Durán* (Fn. 44), 453 f.; *Álvarez Conde/Tur Ausina* (Fn. 45), 556 ff.

Entsprechend schwächer ausgeprägt ist denn auch die Rolle der Verhältnismäßigkeit. Zwar ist auch sie Teil der spanischen Verfassungsrechtsdogmatik und wurde vom Verfassungsgericht ganz nach deutschem Model ausgeformt.[59] Doch spielt sie dabei erkennbar eine weit geringere Rolle, wie ihre oft nur ganz kurze Erwähnung in spanischen Lehrbüchern anschaulich belegt.[60] Auch ist beispielsweise sehr umstritten, ob der Grundsatz der Verhältnismäßigkeit über grundrechtsbeschränkende Anwendungen des Gesetzes hinaus auch, wie das spanische Verfassungsgericht annimmt, für das Gesetz selbst und damit für den Gesetzgeber gilt;[61] mit typisch deutschem Gedankengut wäre dieser Streit kaum zu erklären, da dort gesetzliche Grundrechtsbeschränkungen geradezu der Ausgangspunkt der Entwicklung des Verhältnismäßigkeitsgrundsatzes sind.

Das spanische Verfassungsrecht zeigt sich so zwar einerseits sehr nah an der deutschen rechtlichen Struktur und Denkweise, doch kann andererseits nur vehement vor der simplen Annahme einer Übereinstimmung in den Einzelheiten gewarnt werden, gerade auch dann, wenn die intellektuelle und materiellrechtliche Nähe in bestimmten Punkten besonders frappant zu sein scheint. 28

d) Insbesondere: Autonomiestatuten und Monarchie

Prägend nicht für die spanische Rechts-, sondern auch Gesellschaftsordnung sind – oder waren – vor allem zwei spezifisch spanische Institutionen: der ausgeprägte Föderalismus in der Sonderform der autonomen Gemeinschaften (aa) und die Monarchie (bb). 29

aa) Autonome Gemeinschaften

Die fortdauernde, besondere Bedeutung der autonomen Gemeinschaften für Spanien zeigt sich schon rein äußerlich daran, dass sie bereits in Art. 2 CE als Grundlage des spanischen Staatswesens definiert werden: „La Constitución se fundamenta en la indisoluble unidad de la Nación española, patria común e indivisible de todos los españoles, y reconoce y garantiza el derecho a la autonomía de las nacionalidades y regiones que la integran y la solidaridad entre todas ellas.“ Welch tiefe Gefühle diese Autonomie hervorruft und wie weitreichend der inhärente Konflikt zwischen Autonomie und Einheit sein kann, wurde in der gravierenden politischen und verfassungsrechtlichen Krise deutlich, die sich um die Unabhängigkeitserklärung Kataloniens von 2017 rankte und deren Auswirkungen auch heute noch spürbar sind. Das historisch gewachsene und tief verankerte Bewusstsein der Eigenständigkeit in den Regionen prägt selbst die formal richtige, in Art. 3 CE verankerte Bezeichnung der Sprache, die im Ausland gemeinhin „Spanisch“ genannt wird: „castellano“. Denn als „spanisch“ gelten auch die anderen in Spanien gesprochenen Muttersprachen wie etwa das Katalanische oder das Baskische. Die formale, aber bedeutsame Besonderheit des spanischen Konzepts der Autonomie liegt vor allem darin, dass die autonomen Gemeinschaften sich weder aus eigenem Recht heraus eine Verfassung geben noch ihre rechtlichen Befugnisse einheitlich in der spanischen Verfassung niedergelegt sind. Vielmehr geben Art. 143 ff. CE nur den äußersten Rahmen vor, innerhalb dessen sich die Autonomie bewegen darf.[62] Die Details 30

[59] Vgl. STC 76/1990, v. 26.4.1990, FJ 9A; aus der späteren Rechtsprechung etwa STC 14/2003, v. 23.1.2003, FJ 9; zu den einzelnen Voraussetzungen der Verhältnismäßigkeit vgl. etwa STC 207/1996, v. 16.12.1996, FJ 4; *Bastida Freijedo* (Fn. 45), 147 f.; vgl. auch *Ferreres Comella, Victor,* The constitution of Spain – A contextual analysis, 2013, 248, der zusätzlich darauf hinweist, dass diese Rezeption vor allem auf den Beschreibungen der Verhältnismäßigkeit durch den deutschen Verfassungsrechtler Robert Alexy beruhte.

[60] Vgl. nur die ganz kurze Erwähnung bei *Álvarez Conde/Tur Ausina* (Fn. 45), 280 f.; *López Guerra et al.* (Fn. 52), 140; *Pérez Royo/Carrasco Durán* (Fn. 44), 254 f. (im Zusammenhang mit dem Grundrecht auf physische Integrität); ausführlicher aber *Bastida Freijedo* (Fn. 45), 145 ff.

[61] Vgl. dazu *Bastida Freijedo* (Fn. 45), 149.

[62] Vgl. zum Ganzen etwa den kurzen Überblick bei *Merino-Blanco* (Fn. 29), 49 ff., mit einer aus rechtsvergleichender Sicht interessanten Gegenüberstellung von Föderalismus und Autonomie, der etwa mit dem deutschen Föderalismus nicht in Übereinstimmung zu bringen ist; ausführlich auch *Ferreres Comella* (Fn. 59), 161 ff.

finden sich für jede autonome Gemeinschaft im jeweiligen Autonomiestatut, das aufgrund spezieller Verfahren auf Antrag der Gemeinschaft durch Organgesetz des spanischen Staates verabschiedet wird.[63] Die Autonomie ist also ein Recht, auf das sich Regionen berufen können, aber nicht müssen; die Verfassung gibt keine bestimmte territoriale Struktur vor, sondern ermöglicht sie nur.[64]

31 Auch das Autonomiestatut selbst ist rechtlich gesehen eine ungewöhnliche Konstruktion: Einerseits ist es zwar ein Organgesetz des spanischen Staates, doch kann es nicht einfach durch ein anderes Organgesetz verändert werden. Es unterliegt nicht mehr der Disposition des einfachen Gesetzgebers, sondern könnte von zentralstaatlicher Seite aus nurmehr mithilfe einer Verfassungsänderung, im Übrigen nur auf dem im Autonomiestatut selbst festgelegten Weg geändert werden, Art. 147 Abs. 3, 152 Abs. 2 CE.[65] Auch wenn die Autonomiestatuten so der Sache nach einen verfassungsrechtlichen Charakter – wenn auch hierarchisch unterhalb der spanischen Verfassung – haben, werden sie doch rechtlich nicht als Verfassungen anerkannt. Um ihre Sonderstellung zu umschreiben bezeichnet man sie jedoch gemeinsam mit der spanischen Verfassung als „bloque de la constitucionalidad“, ein aus dem französischen Verfassungsrecht übernommener, aber mit gänzlich anderem Inhalt gefüllter Begriff.[66] Jeder Teil des spanischen Staatsgebiets gehört heute einer autonomen Gemeinschaft an, doch ist das Ausmaß nicht nur ihres Autonomiebewusstseins, sondern auch des rechtlichen Ausmaßes ihrer Autonomie verschieden.[67] Immer wieder kommt es auch zu Revisionen des Statuts, so dass etwa das sehr selbstbewusste Katalonien 2006 mit einem neuen Statut mehr Autonomie gewann, während der politisch bedeutsame baskische Vorschlag eines neuen Statuts von 2004 nicht erfolgreich war, da er die verfassungsrechtlichen Grenzen der Autonomie überschritt und die Beziehungen zum spanischen Staat in Form einer freien Assoziation regeln wollte.[68]

bb) Das Ende einer Ära: Die Normalisierung der Monarchie

32 Die Monarchie, genauer: der frühere König Juan Carlos I, spielte in Spanien fast 40 Jahre lang eine historisch und emotional einzigartige Rolle, die sich aus einer Lektüre der einschlägigen Art. 1 Abs. 3, 56 ff. CE ebenso wenig erschloss wie aus einer Betrachtung seiner (geringen) juristischen Befugnisse. Sie zeigte sich auf der politischen Ebene beispielhaft in der Art, wie Juan Carlos seine Position als höchster Repräsentant des spanischen Staates in internationalen Beziehungen (Art. 56 CE) ausfüllte. Er übernahm anfänglich eine bedeutsame Rolle in der spanischen Außenpolitik und bewegte sich dabei oft auf Augenhöhe mit gewählten politischen Führungspersönlichkeiten anderer Staaten.[69] Sein Status war insofern einzigartig, als er sich nur aus seiner Lebensgeschichte und der ganz und gar ungewöhnlichen Rolle ergab, die er persönlich bei der Rückkehr Spaniens zur Demokratie spielte. Und tatsächlich scheint diese Eigenheit der spanischen Monarchie mit seiner Abdankung 2014 ein Ende gefunden zu haben.

33 Dennoch soll die bemerkenswerte Geschichte des früheren Königs hier in aller Kürze und grob vereinfacht zusammengefasst werden: Juan Carlos war in vielerlei Hinsicht ein Ziehkind des spanischen Diktators Franco, der ihn förderte und seine Ausbildung unterstützte.

---

63 Zu den verschiedenen Verfahren vgl. etwa *Pérez Royo/Carrasco Durán* (Fn. 44), 798 f. (für eine ausführlichere Beschreibung, vgl. die früheren Auflagen dieses Werks).

64 Deutlich etwa *Pérez Royo/Carrasco Durán* (Fn. 44), 798.

65 Dazu STC 76/1983, v. 5.8.1983, FJ 4a; dazu und zum Streit über die Rechtsnatur der Autonomiestatuten vgl. *Pérez Royo/Carrasco Durán* (Fn. 44), 808 ff.; *Álvarez Conde/Tur Ausina* (Fn. 45), 179 ff., 189 ff.

66 Vgl. dazu *Pérez Royo/Carrasco Durán* (Fn. 44), 812 f.; zum bloque de constitucionalidad zählen auch noch einige andere Gesetze, die auf die Abgrenzung der Kompetenzen einwirken, vgl. *Medina Guerrero* (Fn. 42), Rn. 47.

67 Dazu und zum Hintergrund *López Guerra, Luis et al.,* Derecho constitucional, Bd. 2, 6. Aufl. 2003, 301 ff.

68 Zum baskischen Vorschlag vgl. *Medina Guerrero* (Fn. 42), Rn. 38 f.

69 Vgl. *Powell, Charles,* State Visits Made and Received by King Juan Carlos I and King Felipe VI of Spain, in: Hazell, Robert; Morris, Bob (Hrsg.), The Role of Monarchy in Modern Democracy – European Monarchies Compared, 2020, 148 (149 ff.).

Für den Fall seines Todes ließ Franco schon 1969 Juan Carlos per Gesetz zum künftigen König Spaniens und zu seinem Nachfolger ernennen. Juan Carlos' Vater, der in der Thronfolge formal Vorrang genoss, sich aber politisch gegen Franco gestellt hatte, wurde damit übergangen. Der faschistische Diktator schuf so einen monarchischen Staat, der nach seiner Vorstellung jedoch die Prinzipien des spanischen Faschismus fortführen würde, auf die Juan Carlos vereidigt wurde. Nur zwei Tage nach Francos Tod am 20.11.1975 bestieg Juan Carlos den Thron und tat, was niemand vorhersehen konnte: Er leitete gegen den Widerstand erheblicher Teile des alten, fortbestehenden Systems den Übergang zur Demokratie und damit nicht nur das Ende des Faschismus, sondern auch das Ende seiner eigenen Macht ein.[70] Der so eingeleitete Prozess war gekennzeichnet durch einen enormen geistigen, kulturellen und wirtschaftlichen Aufschwung des Landes, sein Ergebnis war die heute geltende Verfassung und das moderne Spanien. Das letzte, fast operettenhaft anmutende, aber dennoch real sehr bedrohliche Aufbegehren der alten, totalitären Kräfte wurde dann durch den ganz persönlichen Einsatz des Königs beendet: Am 23.2.1981 (daher: „23-F") drang Colonel Antonio Tejero mit etwa 200 Mitgliedern der Guardia Civil in das spanische Parlament ein, das dort versammelt war, um einen neuen Regierungspräsidenten zu wählen, setzte alle Abgeordneten und die Regierung fest und versuchte den Staatsstreich. Die entscheidende Frage nach der Haltung des Militärs in dem so entstandenen Machtvakuum wurde faktisch durch das entschlossene Eingreifen des Königs beantwortet: In militärischer Uniform stellte er sich in seiner Eigenschaft als Oberbefehlshaber der Streitkräfte in einer Fernsehansprache auf die Seite der Demokratie und befahl den Streitkräften und zivilen Stellen, die notwendigen Maßnahmen zu ergreifen, um die verfassungsrechtliche Ordnung aufrechtzuerhalten: „La Corona, símbolo de la permanencia y unidad de la patria, no puede tolerar en forma alguna acciones o actitudes de personas que pretendan interrumpir por la fuerza el proceso democrático que la Constitución votada por el pueblo español determinó en su día a través de referéndum."[71] Der Putsch war damit gescheitert, der Spuk nach 18 Stunden beendet und eine Rückkehr Spaniens zum Faschismus ein für alle Mal aus der Welt geschafft.

All das angesammelte Prestige und die emotionale Verbundenheit des spanischen Volks 34
mit seinem Monarchen wurden allerdings aufgrund einiger Skandale stark beeinträchtigt, die 2014 zu Juan Carlos' Rücktritt führten. Sein Sohn und Nachfolger König Felipe VI. konnte zwar das Ansehen der Monarchie wiederherstellen.[72] Doch gelang es ihm nie, auch die außergewöhnliche moralische und politische Stellung zu übernehmen, die seinem Vater ursprünglich als Verteidiger und Wächter der Demokratie zukam. So zeigte Felipe etwa auch deutlich weniger außenpolitische Aktivitäten und beanspruchte ein deutlich geringeres Ausmaß an Autonomie als sein Vater.[73]

Unabhängig von moralischer Autorität und Symbolkraft als Staatsoberhaupt war die rein 35
juristische Rolle des Königs unter der spanischen Verfassung stets eine sehr kleine. Ziel der Verfassung war es gerade, den König nicht als eine echte staatliche Macht auszugestalten, ihm gerade keine formale politische Rolle zu geben.[74] Zwar listet die Verfassung durchaus eine ganze Reihe von Befugnissen auf, etwa die Ausfertigung und Verkündung der Gesetze, die

[70] Zu einigen Schritten dieses Prozesses vgl. etwa kurz *Medina Guerrero* (Fn. 42), Rn. 1 ff.

[71] Die sehr kurze Rede kann etwa angesehen werden unter www.rtve.es/alacarta/videos/television/archivo-mensaje-del-rey-juan-carlos-tras-intentona-golpista-del-23-f/393739/ (zuletzt abgerufen am 18.7.2025).

[72] Das Vertrauen in Juan Carlos auf einer Skala von 0 bis 10 sank von seinem höchsten Stand bei 7,46 auf nurmehr 3,7 im April 2013, vgl. *Hernández, Enrique; Torre, Margarita; De Moragas, Antoni-Italo,* The Crown: A Survey about the Spanish Monarchy, Political Research Exchange 3 (2021), 1 (2); 2024 lag das Vertrauen mit 3,4 sogar noch niedriger, während König Felipe VI. einen Wert von 6,9 erreichte, dessen Tochter und Thronfolgerin Prinzessin Leonor sogar 8,1, vgl. *Ensor, John,* What Does Spain Think About its Monarchy?, Euroweekly, 6.1.2024, euroweeklynews.com/2024/01/06/what-does-spain-think-about-its-monarchy/ (zuletzt aufgerufen am 18.7.2025); vgl. auch *Ferreres Comella* (Fn. 59), 72, 75, 88, der bereits 2013 ibid., 72 anmerkte: „The monarchy needs some fresh air, as the memory over the successfull transition to democracy fades away".

[73] Vgl. *Powell* (Fn. 69), 148 (152 f.).

[74] Dazu und zum Folgenden *Pérez Royo/Carrasco Durán* (Fn. 44), 147 ff., 591 ff.; *López Guerra et al.* (Fn. 67), 17 ff.; *Ferreres Comella* (Fn. 59), 75 ff.; kurz *Medina Guerrero* (Fn. 42), Rn. 62.

Einberufung und Auflösung des Parlaments oder den Oberbefehl über die Streitkräfte (vgl. Art. 62, 63 CE). Jedoch bedürfen alle seine Handlungen – mit Ausnahme der Ernennung und Entlassung der Mitglieder des Königshauses und der Entscheidung über die Verwendung seiner Apanage – der Gegenzeichnung (refrendo), Art. 64 CE. Mit anderen Worten liegt die Entscheidungsmacht allein bei den jeweiligen Mitgliedern der Regierung, die auch die Verantwortung tragen, während die jeweilige Handlung des Königs ein reines Ritual darstellt. Dies ist im Übrigen eine der bemerkenswerten Eigenheiten der Ereignisse des 23.2.1981: Der entscheidenden Anweisung Juan Carlos' in seiner Fernsehbotschaft fehlte streng genommen die Gegenzeichnung, die ja auch gerade unmöglich war, da die gegenzeichnungsbefugten Regierungsmitglieder sich in der Gewalt des Putschisten befanden. Der König handelte hier aber in einem unvorhergesehenen verfassungsrechtlichen Notstand,[75] zwar nicht nach dem Wortlaut, aber ganz im Sinne der Verfassung, so dass juristische Spitzfindigkeiten hier wenig sinnvoll wären. Auch in diesem Sinne war die Zeit unter Juan Carlos einzigartig. Heute präsentiert sich die Monarchie nicht mehr als herausragende Eigenheit des spanischen Verfassungslebens, sondern hat sich normalisiert; ihre Rolle unterscheidet sich im Wesentlichen kaum von denen anderer Monarchien in demokratischen Staaten.

II. Osteuropa: Differenzierungen nach der Transformation

36 Von einem sozialistischen Rechtskreis, der über Jahrzehnte als der klare und unbestrittene dritte Rechtskreis neben civil law und common law galt, kann seit dem politischen Ende des Ostblocks und seines „real existierenden Sozialismus" nicht mehr gesprochen werden. Wie aber sollen die Staaten, die auf seinem früheren Territorium fortbestehen oder neu geschaffen wurden, heute eingeordnet werden? Gehörten Sie schlicht und ohne Besonderheiten wieder dem kontinentaleuropäischen Rechtskreis an, dem sie in vorkommunistischer Zeit mit einer je unterschiedlichen Mischung aus deutschen, französischen und heimischen Elementen zuzurechnen waren? Daran bestehen einige Zweifel, zwar nicht in Bezug auf die Zuordnung zum kontinentaleuropäischen Kontext, denn hier liegt – mit der Ausnahme Russlands[76] – klar ihre nicht nur geographische, sondern auch geistige Heimat, wohl aber in Bezug auf das Fehlen spezifischer Eigenheiten, die ihnen eine gemeinsame Sonderstellung zukommen ließen. Denn zwar ist das einende Element des Sozialismus als politischer und wirtschaftlicher Ordnung entfallen, doch traten an seine Stelle eine Vielzahl von spezifischen Problemen und Merkmalen, die es den meisten Beobachtern angemessen erscheinen ließen, die postsozialistischen Staaten (Mittel- und) Osteuropas[77] weiterhin einer gemeinsamen Gruppe zuzuordnen und sie als Transformationsstaaten zu bezeichnen, auch wenn dieser Begriff mit der Zeit seltener wird. Dabei ließ sich vor allem in den ersten Jahren des Übergangs ein einfaches, positives und sehr zielgerichtetes Bild der Transformation aufzeigen, das die Staaten bald wieder vorbehaltslos in den kontinentaleuropäischen Schoß zurückkehren sah (1). Später wurde deutlich, dass dieses Bild die Probleme und Besonderheiten in ihrer Beständigkeit unterschätzte und zu wenig differenzierte (2). Die früheren Transformationsstaaten dürften sich heute in drei kontextuell unterschiedliche Gruppen

[75] Vgl. *Cruz Villalón, Pedro,* Zehn Jahre spanische Verfassung, Jahrbuch des öffentlichen Rechts nF 37 (1988), 87 (108).

[76] Zu Russland als eigenständigem Rechtskontext vgl. infra → Rn. 72 ff.

[77] Im Folgenden wird der Einfachheit halber nur von Osteuropa gesprochen und damit alle Staaten des früheren sozialistischen Einflussbereichs beschrieben, die eben gerade nicht zum Westen gehörten. Diese Wortwahl ist nicht ganz ohne Bedenken, da viele Einwohner der westlicher gelegenen osteuropäischen Staaten gesteigerten Wert auf eine Einordnung als mittel- und nicht osteuropäisch legen. Allerdings ist die genaue Abgrenzung Mitteleuropas ihrerseits alles andere als klar. Auch im Hinblick darauf, dass es hier vor allem um die postsozialistische Entwicklung geht, wird auf eine weitere rein sprachliche Differenzierung verzichtet.

einteilen lassen, die verschiedene Wege genommen oder ihre Wege verschieden schnell beschritten haben (3).

1. Das einfache Bild des Transformationsprozesses

Mit dem teils allmählichen, teils abrupten Ende der kommunistischen Regime in Osteuropa 37
begann eine Zeit des Aufbruchs und der Erneuerung. Die marxistisch-leninistische Ideologie wurde ersetzt durch Demokratie, Rechtsstaat und Markwirtschaft. Dieser Übergang stellte die betroffenen Staaten nicht nur, aber auch rechtlich vor ganz erhebliche praktische Probleme. Denn das bisherige Recht war für die neue Situation teils völlig unzureichend, teils ihr sogar entgegengesetzt. So waren nicht nur neue Verfassungen zu schreiben, sondern vor allem auch die Privatrechtsordnungen an das neue Wirtschaftmodell anzupassen, um die freie und erfolgreiche wirtschaftliche Entwicklung nicht zu gefährden. Gerade im Bereich des Privatrechts konnte dabei aber vielfach auch auf frühere Erfahrungen und Kodifikationen insbesondere aus vorkommunistischer Zeit zurückgegriffen werden, teils sogar auf Privatrechtskodifikationen, die auch in kommunistischer Zeit formal fortgegolten hatten, wenn Sie auch oft eine Schattenexistenz führten. Rumänien beispielsweise konnte gleich nach dem Ende des kommunistischen Regimes im Dezember 1989 wieder auf sein formal noch bestehendes Zivilgesetzbuch von 1864 und das Handelsgesetzbuch von 1889 zurückgreifen.[78] Polen verwendete sein Zivilgesetzbuch von 1964, das zwar unter kommunistischer Herrschaft erlassen worden war, aber auf umfangreiche Vorarbeiten aus vorkommunistischer Zeit zurückgegriffen hatte und so recht modern mit nur oberflächlichen sozialistischen Spuren war.[79] Dennoch bedurfte es in jedem Fall auch zahlreicher, oft umfassender Anpassungen an die aktuellen Bedürfnisse. Gesellschafts- und Kapitalmarkrecht, Verbraucherschutz und Kreditsicherungen, moderne Vertragsformen und gerichtlicher Rechtsschutz waren oft nicht hinreichend geregelt, um den Anforderungen der modernen Wirtschaftswelt gerecht zu werden.

Der Übergang gelang dabei nicht zuletzt auch mithilfe rechtsvergleichender Vorgehens- 38
weise bei der Gesetzgebung, tatkräftig unterstützt von zahlreichen ausländischen Beraterteams, die im Auftrag westlicher Partnerstaaten ihr Know-how zur Verfügung stellten. Die neuen Regeln wurden teilweise im Wege einer Bestenauslese aus ausländischen und internationalen Elementen zusammengestellt, teils sogar direkt von ausländischen oder internationalen Vorbildern übernommen und bei alledem an die bestehenden nationalen Traditionen angepasst. In Rumänien etwa orientierte sich das Verbraucherschutz, Kapitalmarkt-, Wettbewerbs- und Produkthaftungsrecht am entsprechenden EU-Recht, das Sicherungsrecht an beweglichem Vermögen an kanadischen und U.S.-amerikanischen Vorbildern.[80] In Russland wurden für das neue Zivilgesetzbuch unter anderem die Regeln der UN-Konvention über den Warenkauf (CISG) und die UNIDROIT Prinzipien für Internationale Handelsverträge berücksichtigt,[81] in Kroatien im gesamten Privatrecht vor allem österreichische, aber auch deutsche und schweizer Vorbilder verwendet.[82] Daneben wurden auch Juristen, insbesondere Richter, vom Ausland geschult, um die Umsetzung des Rechtsstaats in

[78] Vgl. *Toader, Camelia,* Contract law in Romania, in: Jessel-Holst, Christa; Kulms, Rainer; Trunk, Alexander (Hrsg.), Private law in Eastern Europa – Autonomous developments or legal transplants?, 2010, 109 (112 f.); zum neuen 2011 in Kraft getretenen Zivilgesetzbuch von 2009 vgl. etwa *Alunaru, Christian,* Die Entwicklung des Zivilrechts in Rumänien, Osteuropa Recht, 63 (2017), 283 (291 ff.).

[79] Vgl. *Liebscher, Marc; Zoll, Fryderyk,* Einführung in das polnische Recht, 2005, 107 ff.

[80] Vgl. *Toader* (Fn. 78), 114; zum nur noch teilweise französischen, teils auch deutschen Einfluss auf das neue Zivilgesetzbuch von 2009 vgl. *Alunaru, Christian,* Der Einfluß des deutschen Rechtsdenkens auf das rumänische Zivilrecht, in: Hamza, Gábor; Hlavačka; Takii, Kazuhiro (Hrsg.), Rechtstransfer in der Geschichte, Internationale Festschrift für Wilhelm Brauneder zum 75. Geburtstag, 2019, 11 (33 ff.).

[81] Vgl. *Komarov, Alexander,* Development of private law on contracts in the Russian Federation, in: Jessel-Holst/Kulms/Trunk (Fn. 78), 65 (77 f.).

[82] Vgl. *Josipović, Tatjana,* Property law reform in Croatia between legal transplants and autonomous development, in: Jessel-Holst/Kulms/Trunk (Fn. 78), 171 (176).

die Praxis zu sichern. Naturgemäß ergaben sich bei so monumentalen Umwälzungsprozessen gerade am Anfang ganz erhebliche Probleme, da eine Anpassung sowohl der Gesetzeslage als auch der juristischen Institutionen wie Verwaltung, Rechtsanwälte und Richter nicht von heute auf morgen gelingen konnte. Mit der Zeit jedoch gelang eine immer weitere Annäherung an westeuropäische Verhältnisse, eine Anpassungsleistung die einen ihrer Höhepunkte in der Integration einer Reihe osteuropäischer Staaten in die Europäische Union fand.

2. Die komplexe Realität des Transformationsprozesses

39 Nichts an dem so gezeichneten, einfachen Bild des Transformationsprozesses ist wirklich falsch. Dennoch ist es ein einseitiges, überoptimistisches Bild, das die reale Lage in Osteuropa nicht oder jedenfalls nicht flächendeckend korrekt wiedergibt. Es ist ein Bild, wie es sich in der berechtigten Freiheitseuphorie der ersten Jahre nach dem Umbruch als Zukunftsperspektive darbot, das sich aber, wenn ihm unumschränkt zu glauben wäre, inzwischen überlebt haben müsste, da für einen solch glatten Transformationsprozess mehr als drei Jahrzehnte hätten ausreichen müssen. Dabei geht es weniger um die nicht zu übersehende Tatsache, dass der Transformationsprozess auch viele, vor allem soziale Probleme mit sich brachte und zudem keineswegs von allen Bürgern begrüßt wurde.[83] Vielmehr bestanden und bestehen eine Reihe von Problemen, die heute das Rechtsleben in Osteuropa kennzeichnen, sich so in keinem anderen kontinentaleuropäischen Land stellen und die deshalb die Staaten Osteuropas in einer Gruppe zusammenfassen. Diese Gruppe ist jedoch in sich keineswegs einheitlich. Ihre spezifischen Merkmale liegen je nach Staat in unterschiedlichem Ausmaß vor und prägen auch in ihrer Gesamtheit die einzelnen Staaten unterschiedlich stark. Die Abgrenzung vom westlichen Kontext des kontinentaleuropäischen Rechts ist deshalb mal deutlich, mal zunehmend weniger zu bemerken. Noch aber bestätigt auch das persönliche, hermeneutische Gespür die Existenz typisch osteuropäischer Gemeinsamkeiten. Zwischen allen Merkmalen bestehen dabei enge Zusammenhänge, so dass sie einander vielfach gegenseitig bedingen und verstärken.[84]

a) Die mehrfache Transformation

40 Die Transformation war zunächst kein singuläres Phänomen, das allein durch das Ende der kommunistischen Herrschaft in Osteuropa ausgelöst wurde und das nur die spezifischen Probleme des Übergangs von einer politisch totalitären und planwirtschaftlichen zu einer demokratischen und marktwirtschaftlichen Ordnung lösen musste. Schon dieser Umbruch allerdings stellte für Staaten und Bürger eine enorme Herausforderung dar. Für eine ganze Reihe von Staaten kam aber einige Jahre später als zweite Herausforderung die Umstellung auf die Vorgaben der EU hinzu. Alle Kandidaten für eine Aufnahme in die EU mussten den sog. acquis communautaire akzeptieren, also den Stand aller rechtlichen Vorgaben, wie er sich in den Jahrzehnten zuvor in der Union entwickelt hatte.[85] Auch Staaten, deren Aufnahme in die EU nicht unmittelbar zur Debatte stand, begannen aus wirtschaftlichen

[83] Selten deutlich dazu, dass nicht wenige Bürger der Transformationsstaaten tatsächlich an die marxistischen Werte geglaubt hatten und den Änderungen daher mit Ablehnung gegenüber standen, *Osipova, Sanita,* Rechtsbewusstsein in Lettland, in: dies. (Hrsg.), Developing the rule of law in Latvia, 2008, 3 (16).

[84] Deutlich etwa *Franek, Jacek,* Der Zugang des Bürgers zum Recht – Die Sicht des Rechtsanwalts, in: Classen, Claus Dieter; Heiss, Helmut; Suproń-Heidel, Anna (Hrsg.), Polens Rechtsstaat am Vorabend des EU-Beitritts, 2004, 131 (151), der von einem qualifizierten Teufelskreis zwischen vier grundsätzlichen Mängeln spricht: unzureichende Ausbildung, unpräzise und lückenhafte Rechtsnormen, schlechte Organisation und verbreitete Korruption.

[85] Zur doppelten Anpassung vgl. etwa nur *Holländer, Pavel,* Hypertrophie der Gesetzgebung – Entmachtung der Richter?, in: Schwarze, Jürgen (Hrsg.), Globalisierung und Entstaatlichung des Rechts, Teilband 1, 2008, 91 (94); *Kühn, Zdeněk,* Comparative law in central and eastern Europe, in: Reimann, Mathias; Zimmermann, Reinhard (Hrsg.), The Oxford handbook of comparative law, 2. Aufl. 2019, 181 (193).

Gründen oder wegen einer erhofften späteren Aufnahme, sich an EU-Vorgaben anzupassen. Selbst Russland versucht, seine Privatrechtsordnung mit den entsprechenden Regeln der EU zu harmonisieren.[86] Das schon anfänglich sehr hohe Reformtempo wurde so sogar noch weiter beschleunigt. Eine zeitlang schien es, als ob die Staaten aus dem Reformieren gar nicht mehr herauskämen.

Hinzu kamen – weniger deutlich – noch etwas subtilere Erkenntnisprozesse. Immer 41
wieder wurden in verständlicher Freiheitseuphorie die für eine gedeihlich funktionierende Gesellschaft notwendigen Grenzen der wirtschaftlichen Freiheit übersehen, wurde der wirtschaftliche Liberalismus anfänglich idealisiert oder herrschten vereinfachte und überholte Vorstellung über die Realität des Kapitalismus in westlichen Ländern.[87] Auch zeigten sich Fehler, Lücken und Ungenauigkeiten in den neuen Gesetzen, die zu neuen Problemen führten. Beides machte immer wieder Reformen der Reformen notwendig. So entstanden Rechtsordnungen, die weit über das auch in westlichen Ländern bekannte Maß hinaus in ständiger Veränderung, ja manchmal ständigem Aufruhr begriffen waren und sind. Natürlich steht zu erwarten, dass hier eines Tages eine relative Ruhe einkehrt, doch deuten die Berichte aus den osteuropäischen Staaten nicht darauf hin, dass dieser Tag unmittelbar bevorstünde.

b) Gesetze mit der heißen Nadel

Viele der neuen Gesetze waren mit der heißen Nadel gestrickt und wiesen in vielerlei 42
Hinsicht Defizite auf. Das beginnt bereits auf einfachstem Niveau damit, dass bei direkter Übernahme ausländischer Rechtsvorschriften die Qualität der Übersetzung nicht selten stark zu wünschen übrig ließ.[88] Gute Fachübersetzer, gar mit einer juristischen Ausbildung, sind weltweit rar,[89] in Osteuropa aber reichte ihre Kapazität schon aufgrund der Normflut schlicht nicht aus. Oft schlechte Übersetzungen ersetzten auch vielfach eine echte Integration unionsrechtlicher Vorschriften in das heimatliche Recht, wodurch teilweise etwa dem nationalen Recht ganz unbekannte Rechtskonzepte importiert und bestehende Wahlmöglichkeiten schlicht ignoriert wurden.[90] Rechtsvergleichende Vorarbeiten blieben oft sehr formal und bezogen die verschiedenen Kontexte nicht mit ein. Auch um die ausländische juristische Beratung stand es bei weitem nicht immer zum Besten. Für viele Staaten und Expertengruppen war die Beratung ein Prestigeobjekt, bei dem auch das eigene Recht und die eigenen Ideen vermittelt werden sollten und nicht immer die langfristigen Interessen des zu beratenden Landes uneingeschränkt im Vordergrund standen.[91] Offenbar waren weder gute Kenntnisse der Landessprache noch ein vertieftes Verständnis des je nationalen Rechtssystems oder der lokalen Kultur bei den Beratern selbstverständlich.

So wurde beispielsweise 2003 in Georgien der strafrechtliche deal,[92] wie er im Kern aus 43
den USA bekannt ist, eingeführt, was zunächst dazu führte, dass Angeklagte im Tausch gegen Straffreiheit dazu gezwungen wurden, auf die weitere Verfolgung von Foltervorwürfen gegen den Staat zu verzichten; hier reagierte Georgien allerdings recht schnell mit speziellen gesetzlichen Verboten. Vor allem aber fand der deal in der Praxis anfänglich nur bei Korruptionsprozessen Verwendung und führte unter anderem dazu, dass Angeklagte große Summen zahlten, um im Gegenzug nicht verurteilt zu werden. In der Bevölkerung entstand

---

[86] Vgl. *Komarov* (Fn. 81), 84.
[87] Vgl. etwa *Galič, Aleš,* Die „Richtermacht" im slowenischen Zivilprozess, in: Oberhammer, Paul (Hrsg.), Richterbild und Rechtsreform in Mitteleuropa, 2001, 90 (95); *Osipova* (Fn. 83), 14 f.
[88] Vgl. etwa nur *Holländer* (Fn. 85), 98; zu Übersetzungsproblemen am Beispiel des acquis communautaire in Lettland vgl. *Suprón-Heidel, Anna,* Dritter Diskussionsbericht, in: Heiss, Helmut (Hrsg.), Zivilrechtsreform im Baltikum, 2006, 159 (163 f.); *Kühn* (Fn. 85), 193.
[89] Zum Problem der Rechtsübersetzung vgl. schon supra → § 1 Rn. 20 ff.
[90] Vgl. für Polen *Czapliński, Władysław,* Harmonisation of laws in the European Community and approximation of Polish legislation to Community Law, Polish Yearbook of International Law 25 (2001), 45 (54).
[91] Vgl. dazu auch schon supra → § 2 Rn. 32.
[92] Zum deal näher im Zusammenhang mit Deutschland supra → § 6 Rn. 268.

so – möglicherweise nicht ganz zu Unrecht – der Eindruck, es gehe hier um eine institutionalisierte Form der Korruption in einem ohnehin korrupten System, ein Eindruck der auch nach dem gesetzlichen Verbot der Annahme von Zahlungen für die Einstellung der Strafverfolgung nicht ganz verschwand.[93] Auch in Bosnien-Herzegowina litt die Einführung von deals mit der neuen Strafprozessordnung von 2003 an dem rechtskulturellen Problem, dass die Verhandlungsmacht der Angeklagten praktisch weit geringer war als die der Richter, zumal Angeklagte auch sehr oft ohne Anwalt verhandeln mussten.[94] In anderen Fällen herrschte schlichte Unkenntnis der nationalen Rechtslage. So erließ die internationale Verwaltung im Kosovo 2001 ein neues Warenkaufrecht, das weitgehend die Vorschriften des Einheitlichen UN-Kaufrechts (CISG) kopierte. Dabei schien die Verwaltung – in einem für das tägliche Wirtschaften aller Bürger so grundlegenden Bereich – zu übersehen, dass im Kosovo bereits durchaus gute und nicht veraltete jugoslawische Vorschriften über den Kaufvertrag existierten. Das neue Gesetz setzt zudem pauschal alles mit ihm unvereinbare Recht außer Kraft, ohne die damit gemeinten Vorschriften genauer zu benennen, ein sowohl gesetzgebungstechnisch als auch im Hinblick auf die Rechtssicherheit wenig sinnvolles Vorgehen.[95]

44 Eine zu direkte Übernahme ausländischer Vorbilder kann aber auch als solche zu erheblichen Problemen führen, wenn sich diese Vorbilder entweder nicht systematisch in die nationalen Rechtstraditionen einfügen lassen oder wenn den späteren Rechtsanwendern die notwendige Basis für ihre Arbeit genommen wird. So ist es für das kontinentaleuropäisch geprägte Denken osteuropäischer Juristen wichtig, dass sich Rechtsgebiete und ihre Einzelregelungen auf einheitliche Grundprinzipien und eine erkennbare Systematik zurückführen lassen, um das Recht anwenden und die unvermeidlichen Lücken schließen zu können. Auch spielt die Existenz von Präzedenzfällen und einer einschlägigen Literatur für die Richter und Anwälte eine bedeutsame Rolle. Wenn hingegen etwa das erwähnte neue Kaufrecht im Kosovo ausdrücklich regelt, dass seine Bestimmungen in Übereinstimmung mit den veröffentlichten Entscheidungen zum UN-Kaufrecht auszulegen seien, so ist dies wenig durchdacht, da diese Entscheidungen den durchschnittlichen Rechtsanwendern im Kosovo nicht zur Verfügung stehen und ihnen zudem aufgrund sprachlicher Barrieren auch nicht wirklich verständlich sind. Für das zuvor geltende, jugoslawische Kaufrecht hingegen war hinreichend Literatur in einer bekannten Sprache vorhanden.[96]

45 Die Qualitätsprobleme bei der Gesetzgebung waren aber auch oft schlicht hausgemacht, wenn dies auch im Hinblick auf die jeweilige politische und soziale Lage durchaus verständlich ist. In Lettland etwa führte die verbreitete Normflut, bei der nicht einmal der Gesetzgeber selbst den Überblick behielt, dazu, dass bei einer Änderung des Strafgesetzbuchs plötzlich kleine Diebstähle bis zu einem Wert von 80 Lats (rd. 120 Euro) nicht mehr strafbar waren.[97] In Russland stellte ein offizieller staatlicher Bericht allgemein fest: „Viele Unzulänglichkeiten entstehen durch die Schwächen oder das Fehlen von Instrumenten und Prozeduren beim Gesetzgeber …. Oft fehlt es an einer systematischen Aufarbeitung der Gesetzgebungsentscheidungen …. Dazu kommen chronische Unzulänglichkeiten wie eine große Anzahl von Einzelfallgesetzen …. Die Tendenz zur unbegründeten Festlegung von Bereichen untergesetzlicher Regulierung dauert an… Dazu leidet der Gesetzgeber an umfangeichen rechtlichen Kollisionen sowohl innerhalb eines Gesetzes wie auch zwischen

---

[93] Vgl. zu diesen Fragen in Georgien *Alkon, Cynthia,* Plea bargaining as a legal transplant – A good idea for troubled criminal justice systems?, Transnational Law & Contemporary Problems 19 (2010), 355 (365 f.); kritisch zur Übertragbarkeit des deals auf postsozialistische Staaten wie Georgien auch *Thaman, Stephen C.,* Königin Absprache – Erzwungene oder konsensuelle Justiz in Russland und den postsowjetischen Republiken, in: Küpper, Herbert (Hrsg.), Von Kontinuitäten und Brüchen – Ostrecht im Wandel der Zeiten, Festschrift für Friedrich-Christian Schroeder zum 75. Geburtstag, 2011, 23 (41).

[94] Dazu näher Georgien *Alkon* (Fn. 93), 372 ff.

[95] Vgl. *Pürner, Stefan,* Der „rote" Osten ist tot – Muß deshalb auch die Ostrechtswissenschaft sterben?, in: Küpper (Fn. 93), 431 (442 f.).

[96] Deutlich *Pürner* (Fn. 95), 443 f.

[97] Vgl. *Osipova* (Fn. 83), 19 f.

Gesetzen und zwischen Gesetzen und untergesetzlichen Rechtsakten …."[98] So wird der Schluss auf eine insgesamt schlechte Qualität der Gesetzgebung gezogen, die dort, wo sie unbestimmt sein müsse, überbestimmt sei, hingegen dort, wo sie bestimmt sein müsse, unbestimmt bleibe.[99]

c) Reste „sozialistischen" Denkens

In sehr unterschiedlichem Ausmaß finden sich auch noch Reste eines vom Sozialismus geprägten Denkens. Ein sich wiederholendes Thema ist die in den Köpfen noch nicht überall gefestigte Unabhängigkeit der Richter. In sozialistischer Zeit war die Rolle des Richters gegenüber exekutiven und legislativen Gewalten eine sehr beschränkte und unterwürfige, eine Einstellung die teils noch heute bei den Richtern,[100] aber auch bei den Politikern fortwirkt. So setzte etwa der Präsident der Tschechischen Republik noch 2006 die Präsidentin des Tschechischen Obersten Gerichtshofs per Dekret ab und konnte erst vom tschechischen Verfassungsgericht daran gehindert werden.[101] In Rumänien kam es im Zusammenhang mit dem Machkampf zwischen Präsidenten und Regierungschef 2012 zu massiven Einmischungsversuchen der Regierung in die Entscheidung des rumänischen Verfassungsgerichts bis hin zu persönlichen Bedrohungen der Richter und ihrer Familien, die vom Präsidenten des Gerichts öffentlich gemacht wurden.[102] Neben solchen Ausfallerscheinungen bestehen aber auch systematische Bedenken, etwa wenn alle tschechischen Richter sich alle 5 Jahre einer Überprüfung ihrer Fachkenntnisse durch eine vom Justizminister ernannten Kommission stellen und bei Nichtbestehen ihren Posten räumen müssen.[103] In Russland hat sich insgesamt eine gerichtsinterne Hierarchie vom einfachen Richter über den Gerichtsvorsitzenden hin zur höchsten Richterführung und dem russischen Präsidenten entwickelt, die die richterliche Unabhängigkeit in Theorie wie Praxis aufs äußerste gefährdet.[104] Die mangelnde Trennung der Richter von der politischen Macht wird teilweise sogar offensiv vertreten.[105] 46

[98] Doklad Soveta Federacii Federal'nogo Sobranija Rossijskoj Federacii 2004 goda „O sostojanii zakonodatel'stva v Rossijskoj Federacii. Zakonodatel'noe obespečenie osnovnych napravlenij vnutrennej i vnešnej politiki", Moskau 2007, 117 ff., Übersetzung zit. nach *Baller, Oesten,* Die Qualität der Gesetze aus der Sicht von Normenklarheit und Vollziehbarkeit im Verwaltungsrecht, in: Luchterhand, Otto (Hrsg.), Rechtskultur in Russland – Tradition und Wandel, 2011, 109 (115); die Lage hatte sich nach dem Folgebericht 2007 nicht wesentlich verändert, vgl. ibid., 115.

[99] So *Baller* (Fn. 98), 130 f. jedenfalls für das öffentliche Recht; allgemeiner und differenziert *Luchterhand* (Fn. 98), 89 (96 ff.).

[100] Vgl. *Łętowska, Ewa,* Der Zugang zum Recht in Polen, in: Classen/Heiss/Suprón-Heidel (Fn. 84), 107 (112); vgl. auch *Klimaszewska, Anna; Machnikowa, Anna; Koch, Sören,* An Introduction to Polish Legal Culture, in: Koch, Sören; Øyrehagen Sunde, Jørn (Hrsg.), Comparing Legal Cultures, 2020, 273 (297).

[101] Vgl. Entscheidung des tschechischen Verfassungsgerichts ÚS 18/06 v. 11.7.2006, www.usoud.cz/fileadmin/user_upload/ustavni_soud_www/Decisions/pdf/Pl%20US%2018-06.pdf (zuletzt abgerufen am 18.7.2025); zur Bewertung und Reaktion kurz *Holländer* (Fn. 85), 92.

[102] Vgl. *Cáceres, Javier,* Brandbrief aus Bukarest, Süddeutsche Zeitung, 9.8.2012.

[103] Vgl. *Holländer* (Fn. 85), 100 ff.

[104] Vgl. etwa *Kudeškina, Ol'ga Borisovna,* Strukturen und Mechanismen der richterlichen Abhängigkeit im Gerichtswesen Russlands, in: Luchterhand (Fn. 98), 255 (passim, insbes. 275 ff.) mit erschreckenden Beispielen; zu den Problemen etwa in Georgien vgl. *Chanturia, Lado,* Rechtsstaatliche Rahmenbedingungen für eine neue Justiz im Lichte der Systemtransformation in Georgien, in: Lankosz, Kazimierz; Müller-Graf, Peter-Christian; Fink, Udo (Hrsg.), Osteuropäische Nachbarschaft der Europäischen Union, 2009, 41 (54 ff.).

[105] Vgl. die offizielle Erwiderung des Vorsitzenden des Obersten Wirtschaftsgerichts auf einen UN-Menschenrechtsbericht zur Lage der Gerichte in Russland, dass „die Ansprüche der Rechtsprechung, ihre Unabhängigkeit gegenüber der politischen Macht zu demonstrieren, nicht gerechtfertigt seien, da das Gerichtssystem einen untrennbaren Bestandteil der politischen Macht bilde, die im Interesse der Allgemeinheit handle", zit. nach *Morščakova, Tamara G.,* Verfassungsgerichtsbarkeit – Ein Neubeginn in Russland, in: Nußberger, Angelika; Schmidt, Carmen; Morščakova, Tamara G. (Hrsg.), Verfassungsrechtsprechung in der Russischen Föderation, 2009, 1 (9).

47 Andere Beispiele[106] zeugen von einer sehr viel direkter planwirtschaftlich geprägten Einstellung, wenn eine Verordnung in Bosnien-Herzegowina eine Mindestbeschäftigtenzahl für Unternehmen festsetzt, die sich nach dem Geschäftsfeld, aber nicht nach dem Umfang des Unternehmens richtet, oder wenn in Montenegro für Reisebüros eine bestimmte Mindestquadratmeterzahl sowie die genaue Raumgestaltung der Toiletten geregelt ist, wodurch die Neugründung von (Konkurrenz-)Unternehmen klar behindert wird.[107] Nur mit dem noch nicht überwundenen, alten Gedankengut lässt es sich etwa auch erklären, wenn das kroatische Arbeitsgesetz von 2009 festlegte, dass Gewerkschaftsbeiträge vom Arbeitgeber eingezogen und an die Gewerkschaft weitergeleitet werden mussten.[108]

d) Probleme der Rechtsanwendung

48 Aus der sozialistischen Vergangenheit heraus erklären sich auch zahlreiche Schwierigkeiten, die sich bei der konkreten Rechtsanwendung insbesondere durch Richter, aber auch durch die Verwaltung typischerweise ergeben und für die in allen osteuropäischen Staaten mehr oder minder ausgeprägte Beispiele zu finden sind. Das Auseinanderfallen von geschriebenem und gelebtem Recht ist auch deshalb ein wiederkehrendes Standardthema für jeden, der sich näher mit osteuropäischen Rechtsordnungen befasst.

aa) Übertriebener Formalismus

49 Ein zentrales, immer wieder genanntes Problem ist der Hang zu übermäßigem Formalismus.[109] Das kann sich auf eine Tendenz beziehen, Entscheidungen möglichst selten, und dann nur aus formalen Gründen und nicht in der materiellen Sache zu treffen.[110] Meist ist aber eine außerordentlich rigide Form des Positivismus gemeint, die Entscheidungsspielräume kaum akzeptiert oder ausfüllt und sich ohne Rücksicht auf Sinn und Zweck oder das praktische Ergebnis an den Wortlaut der Norm klammert. In Russland etwa haben von Beginn der Arbeiten an einem neuen Zivilgesetzbuch bis heute eine Vielzahl der praktisch tätigen Juristen und insbesondere Richter nicht verstanden oder akzeptiert, dass auch das russische Zivilrecht sich vor allem aus dispositiven Regeln zusammensetzt, die die Parteien in ihren vertraglichen Beziehungen weitgehend nach Belieben modifizieren oder abbedingen dürfen. Entsprechend werden Handelsgeschäfte, die das Gesetz nicht direkt vorsieht, oft nicht akzeptiert und auch ganz allgemein in Zweifelsfällen diejenige Entscheidung getroffen, die die Vertragsfreiheit am wenigsten gewährleistet.[111] In Tschechien etwa sah sich das Verfassungsgericht gezwungen, wiederholt auf das Verbot eines überzogenen Formalismus bei der Anwendung und Auslegung des einfachen Rechts hinzuweisen.[112] Ganz praktisch kann es in Polen passieren, dass eine Behörde einen eingereichten Antrag mangels Vollmacht des Antragstellers nicht akzeptiert, weil im Verwaltungsverfahrensgesetz bestimmt ist, dass die Partei „von einem Bevollmächtigten" vertreten werden könne, die Vollmacht aber mehreren Personen erteilt wurde. Noch absurder ist es, wenn dem Bevollmächtigten die

---

[106] Für Polen und das auch dort noch verbreitete Denken in sozialistischen Mustern vgl. etwa die Ausführungen von Mirosław Wyrzykowski, wiedergegeben in *Supron-Heidel, Anna,* Zweiter Diskussionsbericht – Normativ-institutionelle Aspekte des polnischen Verwaltungsrechts, in: Classen/Heiss/Suprón-Heidel (Fn. 84), 95 (102).

[107] Vgl. dazu *Pürner* (Fn. 95), 433 f.

[108] Vgl. *Pürner* (Fn 95), 436.

[109] Vgl. etwa nur *Holländer* (Fn. 85), 97 f.; *Küpper, Herbert,* Einführung in das ungarische Recht, 2011, 30; *Łętowska* (Fn. 100), 110; *Franek* (Fn. 84), 143 ff.; *Klimaszewska, Anna; Machnikowa, Anna; Koch, Sören,* An Introduction to Polish Legal Culture, in: Koch, Sören; Øyrehagen Sunde, Jørn (Hrsg.), Comparing Legal Cultures, 2020, 273 (294 ff., 299, 301).

[110] So *Uzelac, Alan,* Survival of the third legal tradition?, Supreme Court Law Review (2d) 49 (2010), 377 (383); zu dieser Entscheidungsschwäche in Polen etwa *Łętowska* (Fn. 100), 113; für die dortige Verwaltung *Franek* (Fn. 84), 144 f.

[111] Vgl. *Komarov* (Fn. 81), 71, 81.

[112] *Holländer* (Fn. 85), 100 mwN.

Akteneinsicht verweigert wird, weil der Vollmachtgeber nicht persönlich anwesend ist. Die – im Unterschied etwa zu England[113] – theoretisch ohne weiteres bestehende teleologische Auslegung wird selten praktiziert.[114] In Bosnien-Herzegowina besteht in der Verwaltung die verbreitete Tendenz, Kann-Vorschriften in Gesetzen nicht zu beachten und als Muss-Vorschriften zu lesen.[115] Zivilrechtlich dürfte dem in Russland das Phänomen entsprechen, dass die Gerichte in der Praxis kaum mit den für eine gut funktionierende Rechtspraxis zentralen Generalklauseln wie Treu und Glauben oder Vernünftigkeit im Gesetzestext zurechtkommen. Zwar gab es solche Klauseln auch schon in sowjetischer Zeit, doch waren die Juristen nicht daran gewöhnt, sie auch tatsächlich anzuwenden. Entsprechend tendieren sie auch heute dazu, sich stattdessen an starre Regeln zu halten, die den Interessen des Geschäftsverkehrs oft wenig entgegenkommen. Kompetente Beobachter bezeichnen diese Nichtanwendung von Generalklauseln heute sogar als das zentrale Rechtsprechungsproblem in Russland.[116]

Ein spezieller Aspekt des Formalismus ist der mangelnde Blick für die größeren Zusam- 50
menhänge mehrerer Rechtsebenen. Probleme werden auf möglichst eine Norm reduziert und nicht etwa gefragt, wie die Norm im Lichte der Verfassung auszulegen oder ob sie überhaupt verfassungsgemäß ist, welchen Einfluss die Europäische Menschenrechtskonvention darauf hat und wie es sich ggf. mit dem Unionsrecht, insbesondere der Frage einer Vorlage an den EuGH verhält. In Polen etwa ist das Recht auf Zugang zu den Gerichten verfassungsrechtlich umfassend gewährleistet, doch fehlt den Gerichten regelmäßig das Gespür für diese Dimension, so dass etwa bei übermäßig rigiden Regeln über die Klagezustellung, bei negativen Kompetenzstreitigkeiten zwischen Gerichten oder im Hinblick auf die Regeln der Prozesskostenhilfe nicht darauf geachtet wird, diese auch praktisch im Lichte der Verfassung zu betrachten.[117]

bb) Entscheidungsschwäche und Führung

Die typische Entscheidungsschwäche der Gerichte ebenso wie der Verwaltung vereint sich 51
also mit einer Tendenz zu Entscheidungen, die den Interessen der Parteien und einem gesunden Rechtsgefühl nicht entsprechen. Beide Aspekte widersprechen einander nur scheinbar, denn ihnen ist eine gewisse Angst gemein, eigene Verantwortung für die getroffene Entscheidung zu übernehmen – auch dies ein Überbleibsel von Grundeinstellungen, die unter sozialistischer Knute für das eigene Wohlergehen wichtig waren.[118] Denn auch wenn die Entscheidung zwar nicht interessengerecht ist, sich aber auf eine feste Regel ohne inhaltlichen Spielraum zurückführen lässt, so kann der Entscheidungsträger sich schlicht darauf zurückziehen, zu dieser Entscheidung durch das Gesetz, dh den Gesetzgeber gezwungen gewesen zu sein.

Als Ausdruck dieser Tendenz kann auch eine Suche nach Führung von oben bestehen. So 52
spielten etwa in Russland die Entscheidungen des früheren Obersten Arbitragegerichts eine zentrale Rolle, obwohl die Arbitragegerichte unabhängig von der sonstigen Gerichtsbarkeit bestanden. In der Praxis ging es hier aber nicht um ein Präzedenzfallsystem in dem Sinne, dass untere Gerichte die Entscheidungen des Obersten Arbitragegerichts im Hinblick auf

113 Vgl. supra → § 5 Rn. 160, 167, 255.
114 Dazu und zum Beispiel *Franek* (Fn. 84), 143, 145 f. sowie sein Diskussionsbeitrag in: *Suproń-Heidel, Anna,* Dritter Diskussionsbericht – Die polnische juristische Infrastruktur, in: Classen/Heiss/Suproón-Heidel (Fn. 84), 153 (165).
115 *Pürner* (Fn. 95), 437, 447.
116 Vgl. *Komarov* (Fn. 81), 82; zu ähnlichen Problemen in Ungarn etwa *Küpper* (Fn. 109), 30.
117 Zum Ganzen *Łętowska* (Fn. 100), 113 ff.
118 Typisch etwa *Uzelac* (Fn. 110), 383: „a decision that had once been desirable could become undesirable, and the safest way to go forward was to make no decision at all (…). Therefore, most of the socialist judiciary has developed, over time, numerous methods aiming at evading responsibility (…)"; in diese Richtung auch *Milej, Tomasz,* Some general impressions on judiciary and fair trial in central and eastern European countries, in: Alleweldt, Ralf; Dimitrova, Petja; Drohla, Jeannine; Milej, Tomasz (Hrsg.), Human rights and the rule of law, 2004, 503 (511 f.).

ihre Fälle gelesen und ausgewertet hätten, sondern sehr viel direkter um Informationsbriefe, die das Oberste Arbitragegericht an die unteren Gerichte sandte, um diesen mitzuteilen, wie die Normen auf der Basis der Rechtsprechung der verschiedenen Instanzen auszulegen seien. Obwohl diese Briefe keine formelle Bindungswirkung besaßen, waren die unteren Gerichte in der Praxis kaum je bereit, von ihnen abzuweichen und hielten sich nicht selten unhinterfragt daran.[119] Tatsächlich gehörte die Befugnis oberster Gerichte, neben konkreten Einzelfallentscheidungen auch abstrakt-generelle Beschlüsse zu fassen und so die nachgeordneten Gerichte zu lenken, schon zu den typischen Kennzeichen des sozialistischen Rechts.[120]

cc) Vollstreckungsschwierigkeiten

53 Recht zu bekommen ist in der Praxis oft schwer, etwa weil die Kosten des Rechtsschutzes im Vergleich zu den typischen Einkommen hoch sind, weil Behörden wie Gerichte sehr langsam arbeiten und weil auch die Vollstreckung von einmal erlangten Urteilen teuer und wenig effektiv ist.[121] So betragen die Vollstreckungskosten bei kleinem bis mittlerem Gegenstandswert in Polen 20 Prozent dieses Werts, bei einem zu leistenden Vorschuss von 7 Prozent. Hinzu kommt, dass Gerichtsvollzieher meist nach dem ersten Vollstreckungsversuch aufgeben und keineswegs kreativ auf die Suche nach Vermögenswerten gehen, so dass die Erfolgsaussichten gering sind.[122]

dd) Ausbildung und Fortbildung

54 Dass die typisch osteuropäischen Probleme vielfach auf der praktischen Anwendungsebene des Rechts liegen, ist auch für die Entwicklung der Gesetzgebung von besonderer Bedeutung. Denn die Lösung vieler Schwierigkeiten liegt entsprechend nicht in immer mehr und nicht einmal in immer besseren Regelungen, sondern in dem vielschichtigen Versuch, den Unterschied zwischen geschriebenem und angewandtem Recht zu verringern.[123]

55 Allgemeiner betrachtet leidet die Rechtsanwendung in Teilen Osteuropas an Problemen der Aus- und Fortbildung. Der Erfolg umfassender Rechtsreformen hängt nicht nur von der Qualität der so geschaffenen Gesetze, sondern vor allem davon ab, dass qualitätsvolle Gesetze umfassend und richtig umgesetzt und weniger qualitätsvolle Gesetze in der Anwendungspraxis soweit möglich auf ein akzeptables Niveau gebracht werden. Praktizierende ebenso wie Nachwuchsjuristen müssen daher umfassend und langfristig im neuen Recht ebenso wie in der Technik der Anwendung geschult werden. Gerade die stetige Nachschulung praktizierender Juristen scheint aber nicht überall in Osteuropa ein primäres Ziel gerade der ausländischen Berater gewesen zu sein. Ebenso wird immer wieder bemerkt, dass die neuen Gesetze zwar oft auf intensiven Studien ausländischer und internationaler Vorbilder beruhen, dass dieser internationale Hintergrund nach Erlass aber weitgehend ignoriert wird, die Rechtslehre den dahinterstehenden Erfahrungsschatz nicht transportiert und das notwendige rechtsvergleichende Material in den jeweiligen Ländern auch nicht verfügbar ist.[124] Die

---

119 Vgl. *Komarov* (Fn. 81), 81 f.; detaillierter und auch zu anderen anwendungsanleitenden Beschlussformen *Trunk, Alexander,* Qualität und Stil der Rechtsprechung des Höchsten Wirtschaftsgerichts der Russländischen Föderation, in: Luchterhand (Fn. 98), 231 (232 ff., 238 f., 242 f., 244); das Oberste Arbitragegericht wurde in der deutschen Literatur auch oft als Höchstes oder Oberstes Wirtschaftsgericht bezeichnet; es wurde 2014 mit dem Obersten Gerichtshof fusioniert; zu den Arbitragegerichten vgl. auch infra → § 7 Rn. 67l f.

120 Vgl. *Brunner, Georg,* Rechtsprechung und Richterrecht in Ungarn, Osteuropa Recht 26 (1980), 1 (26); für Russland heute vgl. infra → § 7 Rn. 67n.

121 Vgl. etwa für Polen *Franek* (Fn. 84), 147 ff.; *Łętowska* (Fn. 100), 109 f., 115 f.

122 *Franek* (Fn. 84), 150.

123 Vgl. nur *Łętowska* (Fn. 100), 129.

124 Vgl. in diese Richtung *Pürner* (Fn. 95), 436 Fn. 17, 439, 443 f., 449 f.; *Kühn* (Fn. 85), 194; zum Problem der Implementierung in den baltischen Staaten *Heiss, Helmut,* Rechtsrezeption und Rechtsmischung als Gesetzgebungstechnik – Chancen und Risiken, in: ders. (Hrsg.), Zivilrechtsreform im Baltikum, 2006, 137 (155 ff.); zur problematischen Richterfortbildung etwa in Ungarn *Küpper* (Fn. 109), 31.

Juristenausbildung insgesamt ist meist sehr theoretisch; die praktische Anwendung des Gesetzes, die Lösung von Fällen, das Auffinden von, der Umgang mit und die Entscheidung zwischen verschiedenen Auslegungsmöglichkeiten spielen oft nur eine untergeordnete bis gar keine Rolle.[125] Diese Tendenz spiegelt sich teilweise auch in der juristischen Literatur wider.

e) Der Einfluss alter Eliten

In engem Zusammenhang mit der Aus- und Fortbildung stand auch der verbreitet fortbestehende Einfluss der alten, von sozialistischen Regimes geprägten Eliten. Verwaltungsbeamte, Richter, Staatsanwälte, Rechtsanwälte,[126] Universitätsprofessoren – sie alle arbeiteten in der Regel unter dem neuen Regime weiter, trugen ihre Einstellungen weiterhin mit sich und konnten teils Seilschaften bilden, die sich gegenseitig unterstützten. Dieser Einfluss perpetuierte sich immer dann, wenn den alten Eliten direkt oder indirekt Einwirkungsmöglichkeiten auf Ausbildung oder Auswahl des Nachwuchses zugestanden wurde. In Russland etwa betrug das Durchschnittsalter der Professoren im Jahr 2008 57 Jahre, dh sie hatten ihre Ausbildung unter sowjetischer Ideologie abgeschlossen, was ihnen, wie ein Beobachter bemerkte, „in ihrer individuellen Biographie chamäleonhafte Qualitäten" abnötigte.[127] So überrascht es nicht, dass etwa in Russland, aber auch in anderen osteuropäischen Staaten eine gute juristische Streit- und Diskurskultur fehlt. In manchen osteuropäischen Staaten hatten die alten sozialistischen Eliten klar die Kontrolle übernommen, wobei ihnen seltsamerweise gerade die aus westlichen Demokratien übernommenen Elemente wie Unabhängigkeit der Richter, Selbstverwaltung etwa im Hinblick auf die Einstellung von Nachwuchs, Einfluss der juristischen Praktiker auf die Gesetzgebung oder Ausbildung durch Praktiker geholfen haben.[128] Wie sehr diese Probleme trotz des Wechsels von alten Eliten zu jüngeren Generationen auch heute noch fortbestehen, ist schwer zu sagen. Vieles spricht dafür, dass die Antwort sich von Staat zu Staat erheblich unterscheidet. **56**

Pauschalisierungen sind aber auch hier mit Vorsicht zu genießen. So ist es etwa der Anwaltschaft[129] in Polen durch eine sehr restriktive Auswahlstrategie lange gelungen, ein enges Monopol zu wahren und ihre Reihen personell geschlossen zu halten, was durchaus kritisiert wird. Dennoch kann die Rechtsanwaltschaft zwar als alte, nicht aber als sozialistische Elite bezeichnet werden, denn die schon zu sozialistischer Zeit bestehende, strenge Beschränkung des Berufszugangs war vor allem zur Abschottung gegenüber dem Regime genutzt worden. Ganz praktisch war der Rechtsanwalt im sozialistischen Polen ein in der Familie weitergereichter Beruf; Kinder von Parteifunktionären hingegen wurden meist nicht **57**

[125] Vgl. etwa für Polen *Franek* (Fn. 84), 139 f.; eine positive Entwicklungstendenz sieht *Dajczak, Wojciech,* Juristenausbildung in Polen – Landesbericht, in: Baldus, Christian; Finkenauer, Thomas; Rüfner, Thomas (Hrsg.), Juristenausbildung in Europa zwischen Tradition und Reform, 2008, 307 (312 f.); positivere Sichtweise bei *Klimaszewska, Anna; Machnikowa, Anna; Koch, Sören,* An Introduction to Polish Legal Culture, in: Koch, Sören; Øyrehagen Sunde, Jørn (Hrsg.), Comparing Legal Cultures, 2020, 273 (305); den Unterschied zwischen üblicher Ausbildung und den an U.S.-Vorbildern orientierten praktischen clinics betont *Liebscher/Zoll* (Fn. 79), 5; zur Theorielastigkeit etwa in Ungarn vgl. *Földi, András,* Der Bologna-Prozess und die Juristenausbildung in Ungarn, in: Baldus, Christian; Finkenauer, Thomas; Rüfner, Thomas (Hrsg.), Juristenausbildung in Europa zwischen Tradition und Reform, 2008, 145 (162 f.).

[126] Zur Anfangszeit nach dem Umbruch und dem damals teils ausgeprägten Einfluss ausländischer Rechtsanwälte vgl. beispielhaft für Tschechien *Boldizar, Alexander; Korhonen, Outi,* Out of a tangled skein into the international – The development of legal culture, Annual Survey of International and Comparative Law 5 (1999), 163 (173 ff.).

[127] *Geistlinger, Michael,* Die Rechtswissenschaft – Institutionelle Strukturen und typische Züge ihrer Literatur, in: Luchterhand (Fn. 98), 349 (359 f.; Zitat 386) (Satzfehler im Originaltext korrigiert).

[128] Deutlich und kritisch *Uzelac* (Fn. 110), 394 ff.; zustimmend *Pürner* (Fn. 95), 447 f.; für russische Richter etwa *Kudeškina* (Fn. 104), 263 f.

[129] Zur Zweiteilung der polnischen Anwaltschaft in Rechtsanwälte und Rechtsbeistände, die sich heute aber weitgehend nur noch im Bereich von Straf- und Familienrecht auswirkt, vgl. *Suprón-Heidel, Anna,* Kontinuität und Umbruch im polnischen Zivilrecht, ZfRV 41 (2000), 217 (228).

zur Ausbildung aufgenommen.[130] Umgekehrt sind Maßnahmen, mit denen die Vorherrschaft alter sozialistischer Eliten in der Justiz beendet werden sollen, keineswegs zwingend und immer positiv zu bewerten. So wurden die nachdrücklich kritisierten Justizreformen der von 2015 bis 2023 regierenden Konservativen in Polen offiziell oft als Schritte zur Eindämmung des Einflusses der alten Eliten gerechtfertigt, mit denen ein Justizsystem geschaffen werden sollte, das dem Mehrheitswillen des Volkes Rechnung trage. Gegner dieser Maßnahmen hingegen sahen darin einen Versuch, Demokratie und Rechtsstaat zu zerstören.

58 Welch enorme Bedeutung ein Fortwirken alter Eliten hat, zeigt sich etwa am Kontrast mit der Entwicklung in der ehemaligen DDR, deren juristisches Personal ebenfalls durch typisch sozialistische Verhaltens- und Denkweisen geprägt war, mit preußischer Gründlichkeit teils sogar intensiver als in manch anderen osteuropäischen Staaten. Dies konnte sich jedoch nach dem Beitritt zur Bundesrepublik Deutschland 1990 kaum auswirken, da Richter, Staatsanwälte, Anwälte, hohe Verwaltungsbeamte und Rechtsprofessoren – von ganz marginalen Ausnahmen abgesehen – unmittelbar nach der meist sog. Wende aus dem Westen importiert wurden. Implementierungs- und Ausbildungsprobleme in Bezug auf das neue Recht – das ganz überwiegend das alte westdeutsche war – spielten in der Folge in Ostdeutschland kaum eine Rolle. Einzige, gelegentlich bis heute am Rande zu spürende Ausnahme war bezeichnenderweise die Verwaltung unterhalb der Leitungsebene, in der es kaum zu einem Austausch und aufgrund des aufgeblähten Verwaltungsapparats der DDR auch nicht zu großen Veränderungen durch Neueinstellungen kam. Dass also beispielsweise Verwaltungsangestellte in Fortbildungen auch bei komplexen Fragen stets nur wissen wollten, welche Lösung der jeweiligen Rechtsprobleme im Ergebnis die richtige sei, anstatt nach den dahinterstehenden Wertungen und den vielfältigen Lösungsmöglichkeiten zu fragen, war ebenso ein in Ostdeutschland verbreitetes, typisch sozialistisches Phänomen wie der schwierige Umgang mit behördlichem Ermessen oder der Notwendigkeit, in jedem Einzelfall über Generalklauseln oder komplexere Normzusammenhänge eine Abwägungsentscheidung zu treffen. Beispielsweise konnte es zu größter Verwunderung führen, wenn Beamten der Baubehörden erläutert wurde, dass nach § 31 Abs. 2 BauGB unter bestimmten Bedingungen Bauvorhaben zulässig sein können, obwohl sie dem Bebauungsplan schlicht widersprechen, und dass insofern dann eine Ermessensentscheidung zu fällen ist. Denn wie die Teilnehmer der Schulung bemerkten, war es dann ja tatsächlich bei jedem Bauantrag, der gegen den Bebauungsplan verstieß, notwendig, sich Gedanken über eine solche sog. Befreiung zu machen: ein Vorgehen, das dem formalistischen Denken sozialistischer Prägung schlicht kaum verständlich zu machen war. Von solchen Marginalien abgesehen gab und gibt es allerdings aufgrund der umfassenden Einverleibung der ehemaligen DDR keinen Zweifel daran, dass Ostdeutschland nach der Wende auch rechtsvergleichend in der Bundesrepublik Deutschland aufgegangen ist und keinerlei gesonderter Betrachtung bedarf: eine bemerkenswerte Reformleistung.

f) Rechtsnihilismus

59 Ein sowjetisches Phänomen, das den Regimewechsel ohne weiteres überlebte und ohne das die Funktionsweise und der Alltag jedenfalls des russischen Rechts, aber auch des Rechts in Osteuropa insgesamt heute kaum zu verstehen ist, ist der sog. Rechtsnihilismus.[131] Damit

[130] Vgl. *Franek* (Fn. 84), 138 und seine Ausführungen wiedergegeben in *Suprón-Heidel* (Fn. 129), 159; vgl. als weiteres Beispiel etwa die Richterschaft in Slowenien, die von vielen als weit weniger durch das sozialistische Regime kompromittiert und politisiert angesehen wird als in anderen Staaten, *Galič* (Fn. 87), 109 f.

[131] Vgl. dazu und zum Folgenden etwa *Nußberger, Angelika,* Die Frage nach dem tertium comparationis – Zu den Schwierigkeiten einer rechtsvergleichenden Analyse des russischen Rechts, Recht in Ost und West 42 (1998), 81 (83); *Nußberger, Angelika,* Die Grundrechte in der Rechtsprechung des russischen Verfassungsgerichts, EuGRZ 25 (1998), 105 (106); *Yakovlev, Alexander M.,* The rule-of-law ideal and Russian reality, in: Frankowski, Stanislaw; Stephan, Paul B. (Hrsg.), Legal reform in post-communist Europe – The view from within, 1995, 5 (6 f.); *Gall, Caroline von,* Macht und Recht in Russland – Das sowjetische Erbe, Aus Politik

wird eine Einstellung umschrieben, die dem Recht sowohl die Steuerungsfunktion als auch die Verwirklichung der Gerechtigkeit abspricht und die durch verbreitete Rechtsunkenntnis in der Bevölkerung ergänzt wird. Das Recht wird nicht als zentrales, stabilisierendes und freiheitssicherndes Element angesehen, dessen Einhaltung deshalb von besonderer Bedeutung für die ganze Gesellschaft ist. Vielmehr wird das Recht als Ordnungsfaktor abgelehnt, es wird als ein bloßes Werkzeug betrachtet, das den Interessen der jeweils herrschenden Klasse dient. Diese Einstellung findet ihren Widerhall in vielzitierten russischen Sprichwörtern wie „Das Gesetz ist wie eine Deichsel, wohin Du sie drehst, dorthin führt sie dich",[132] aber auch in Äußerungen russischer Intellektueller wie Tolstoj: „in Wirklichkeit wird Recht genannt inbezug auf diejenigen, die die Macht haben, die selbstgegebene Bewilligung, die Menschen, über die sie Macht haben, zu zwingen, das zu tun, was für sie, für die Herrschenden, vorteilhaft ist; inbezug auf die Unterordneten aber wird Recht genannt, die Bewilligung, alles das zu tun, was ihnen nicht untersagt ist."[133] Diese Grundeinstellung wurde durch den Kommunismus weiter bestärkt, der etwa mit seiner Theorie der sozialistischen Gesetzlichkeit jeder Rechtssicherheit entgegenstand und eine unüberschaubare Menge oft unveröffentlichten untergesetzlichen Rechts produzierte, das effektive Rechtskenntnisse der Bürger verhinderte.[134]

Der Nihilismus setzte sich aber auch mit dem Umbruch der 80er und 90er Jahre des 20. Jahrhunderts unverändert fort. Denn gerade insofern, als dieser Umbruch auch in einem gewissen, wenn auch nicht recht erfolgreichen Kampf gegen ein übertrieben positivistisches Rechtsverständnis bestand, ging damit in russischen Augen eine weitere Lockerung der Gesetzesbindung einher. Hinzu kamen die durch Reformen und ein zeitweiliges, gewisses Chaos erneut unübersichtliche Rechtslage und der weitere Autoritätsverlust des Staates.[135] Bei alledem ist der Rechtsnihilismus in Russland nicht etwa nur eine Kategorie rechtssoziologischer Analyse, sondern ein unter einschlägig interessierten Russen allgemein bekannter und verbreiteter Begriff. So setzte sich etwa der ehemalige Präsident Medwedew im Rahmen seiner mit viel Aufmerksamkeit bedachten, öffentlichen Forderung nach mehr Rechtsstaatlichkeit auch ausdrücklich für eine Überwindung des Rechtsnihilismus ein.[136] 60

g) Gelebtes Recht in der rechtswissenschaftlichen Literatur

Ein Problem aller genannten Besonderheiten liegt allerdings schlicht darin, dass sie meist weniger das geschriebene als vielmehr das gelebte Recht betreffen. Die meisten osteuropäischen Juristen aber beschäftigen sich mehr mit dem geschriebenen Recht und seiner Theorie als mit dem rechtlichen Alltag und seinen Hintergründen, erwähnen die hier in den Mittelpunkt gestellten Probleme also keineswegs immer oder auch nur überwiegend. Dies liegt zunächst schon auf einer Linie mit der kontinentaleuropäischen Tradition wie sie etwa auch in Frankreich oder Deutschland besteht. Dort zeigt diese Selbstbeschränkung aber weit 61

und Zeitgeschichte 61 (2011), 22 (26 f.); die Erstreckung auf Osteuropa durch die sowjetische Herrschaft betont etwa *Brunner, Georg,* Rechtskultur in Osteuropa – Das Problem der Kulturgrenzen, in: ders. (Hrsg.), Politische und ökonomische Transformation in Osteuropa, 3. Aufl. 2000, 111 (120 f.) („die nihilistischen Schäden der Rechtskultur, die die Kommunisten hinterlassen haben, sind überall beträchtlich"); für Polen ohne Nennung des Begriffs *Franek* (Fn. 84), 148; vgl. auch *Milej* (Fn. 118), 511; zur Idee eines „verfassungsrechtlichen Nihilismus" in Polen unter der konservativen PiS Regierung 2015 – 2023 vgl. *Klimaszewska, Anna; Machnikowa, Anna; Koch, Sören,* An Introduction to Polish Legal Culture, in: Koch, Sören; Øyrehagen Sunde, Jørn (Hrsg.), Comparing Legal Cultures, 2020, 273 (317 f.).

132 Vgl. etwa *Geistlinger* (Fn. 127), 386.

133 *Tolstoi, Leo N.,* Über das Recht – Briefwechsel mit einem Juristen, Erste vollständige autorisierte Ausgabe, übersetzt von Dr. Albert Skarvan, 1910, 5.

134 Vgl. *Nußberger, Angelika,* Rechtsstaatlichkeit und Rechtskultur – Zu unterschiedlichen Leitbildern und Traditionen bei der Umgestaltung der Rechtssysteme in Russland und Ungarn, in: Chronowski, Nóra (Hrsg.), „Adamante Notare" – Essays in honour of Professor Antal Ádám on the occasion of his 75th birthday, 2005, 116 (125); vgl. auch *Brunner* (Fn. 131), 120 f.

135 Vgl. *Nußberger,* tertium comparationis (Fn. 131), 84.

136 Nachweis bei *Gall* (Fn. 131), 26; zum russischen Rechtsnihilismus auch noch infra → Rn. 75 ff.

weniger Nebenwirkungen, da geschriebenes und gelebtes Recht vergleichsweise sehr wenig auseinanderfallen. Die oft eher theoretische Darstellung in Osteuropa beruht aber auch auf dem noch aus sozialistischer Zeit stammenden Formalismus und Positivismus, der für die osteuropäische juristische Debatte bis heute kennzeichnend ist. Hinzu kommt auch die – menschlich sehr verständliche – Zurückhaltung mancher Beobachter, die durchaus negativen Seiten des gelebten Rechts im eigenen Land gegenüber ausländischen Zuhörern und Lesern zu sehr zu betonen. Schließlich gibt es innerhalb der nationalen Juristenschaft immer wieder Personen und Einrichtungen, die von den typisch osteuropäischen Besonderheiten individuell kaum betroffen sind und deren Rechtsanwendung den Vergleich mit beliebigen westeuropäischen Staaten in keiner Weise zu scheuen braucht; ein typisches, wenn auch nicht exklusives Beispiel sind hier regelmäßig die Verfassungsgerichte und ihre Richter. Oft sind es aber gerade solche Juristen, mit dem der ausländische Rechtswissenschaftler in Kontakt gerät und die sich an der internationalen juristischen Debatte beteiligen.

62 So lesen sich denn nicht wenige Beiträge zu konkreten Rechtsgebieten in osteuropäischen Staaten als eher trockene, systematische und letztlich im positivsten Sinne ganz unauffällige Standarddarstellungen, wie sie ohne weiteres auch in Deutschland oder Frankreich zu finden sind. Beiträge hingegen, die auf die realen Probleme und Befindlichkeiten eingehen, sind weit seltener. Teils ist der Rechtsvergleicher hier auch auf das persönliche Gespräch angewiesen. Dennoch fällt schnell auf, dass alle Darstellungen, die sich zumindest am Rande auch den Problemen des gelebten Rechts in Osteuropa widmen, sich letztlich stark ähneln und dass ausdrücklicher Widerspruch gegen diese Darstellungen oder auch nur die Behauptung, das gelebte Recht in Osteuropa weise keine im Vergleich etwa zu Deutschland oder Frankreich bemerkenswerten Besonderheiten auf, soweit erkennbar nie erhoben wird.

3. Zwei Gruppen im Kontext Osteuropas

63 Auch das so gezeichnete Bild der komplexeren Realität des Transformationsprozesses ist noch holzschnittartig, grob vereinfacht und vor allem im Hinblick auf die verschiedenen osteuropäischen Staaten undifferenziert. Durchaus denkbar ist es etwa, dass so mancher estnische oder polnische Leser sich darin zumindest überzeichnet sehen wird, manch russischer Jurist alle Hinweise auf die Europäische Union für unpassend hält und mancher Kosovare die spezielle Situation seiner Heimat nicht hinreichend wiederfindet. Andererseits aber werden bei genauerem Nachfragen Juristen aus allen Ländern Osteuropas für die meisten der genannten Eigenheiten einräumen müssen, davon teils mehr, teils weniger, teils vor allem nach dem revolutionären Umbruch, teils auch noch heute stark betroffen zu sein.

64 Unter allen sich daraus ergebenden Vorbehalten lässt sich das heutige Osteuropa in zwei Gruppen[137] – plus Russland – einteilen, die sich im Kern deutlich voneinander unterscheiden, wenn es auch in Randbereichen immer wieder größere Annäherungen geben kann. Eine Gruppe besteht dabei im Kern aus Russland, dessen Eigenheiten heute (wieder) so stark ausgeprägt sind, dass es letztlich nicht mehr als Teil des kontinentaleuropäischen Kontexts betrachtet werden kann, sondern ganz eigenständig für sich steht (unter 4). Die übrigen osteuropäischen Staaten hingegen sind bei allen Eigenheiten in den Schoß des kontinentaleuropäischen Kontexts zurückgekehrt. Sie differenzieren sich jedoch untereinander nach dem Grad ihrer Annäherung an den kontinentaleuropäischen Grundkontext, der bei den heutigen Mitgliedstaaten der EU am höchsten ist (a), während sich die übrigen Staaten in einer unterschiedlich ausgeprägten Mittelposition befinden (b).

---

[137] Einteilung auf weitgehend historischer Grundlage in sechs Gruppen hingegen bei *Brunner* (Fn. 131), 121 ff.; als noch ungelöste Frage bei *Gotthardt, Peter,* Rechtsfamilien, Rechtsvergleichung und der Gedanke eines Europäischen Gemeinen Rechts, Greifswalder Halbjahresschrift für Rechtswissenschaft 2009, 65 (65); Tendenz zu einheitlicher Betrachtung etwa bei *Zoll, Fryderyk,* Das „Ostrecht" aus polnischer Perspektive unter besonderer Berücksichtigung der russischen Rechtsordnung, in: Lankosz/Müller-Graf/Fink (Fn. 104), 35 (36).

a) Die östlichen EU-Staaten: Die europäische Chance

Den Gegenpol zu Russland bilden die osteuropäischen Mitgliedstaaten der Europäischen Union. In Staaten wie Tschechien, Estland oder Polen tritt ein Rechtsnihilismus weit weniger ausgeprägt auf. Das Verfassungsgericht etwa Polens oder Tschechiens spielt eine zentrale und wichtige, wenn auch manchmal umstrittene Rolle im rechtlichen wie im politischen Leben des Landes. Demokratie und Rechtsstaat sind keine mittel- oder langfristigen Ziele, an denen intensiv gearbeitet werden müsste, sondern eine schlichte Realität; die allfälligen Zweifel an ihrer optimalen Verwirklichung sind Ausdruck einer kritischen Diskussion, wie es sie auch in den alten Mitgliedstaaten der Union immer wieder gibt. In Bezug auf Polen waren viele ausländische wie einheimische Beobachter überzeugt, dass das Land unter der konservativen Regierung und ihren Justizreformen ab 2015 seinen rechtsstaatlichen und demokratischen Weg verlassen habe. Aber schon die geradezu leidenschaftliche öffentliche Diskussion dieser Frage gerade in Polen selbst bezeugte einen ausgeprägt demokratischen Geist, der seinen Ausdruck in dem uneingeschränkt demokratischen Wechsel durch die Parlamentswahlen von 2023 fand. Spezifisch osteuropäische Probleme tauchen zwar auch hier immer wieder auf; aus Polen beispielsweise wird von einem mangelnden Vertrauen in die Gerichtsbarkeit berichtet, so dass „nach allgemeiner Meinung ein vernünftig denkender Mensch nur im äußersten Notfall die Einreichung einer Klage erwägen sollte".[138] Die Schwierigkeiten dominieren jedoch nicht mehr völlig den juristischen Alltag. Wie ein kritischer polnischer Beobachter schon vor rund 20 Jahren formulierte, steht man nicht mehr vor einer allgemeinen Lawine von Problemen, sondern ist bereits in der Lage, Einzelprobleme zu präzisieren und daher auch anzugehen.[139] 65

Letztlich hat sich hier die doppelte Transformation zum westlichen und kurz darauf zum EU-Standard positiv ausgewirkt. Denn die feste Einbindung in die Union zwang schnell zu einem entsprechend hohen rechtsstaatlich-demokratischen Standard und zu einer ausgefeilteren Rechtswissenschaft und -praxis, die sich im Austausch und teils in der Konkurrenz – etwa um Fördergelder – mit den anderen Mitgliedstaaten bewähren musste. Nicht zuletzt darf auch der vereinheitlichende Effekt des Unionsrechts selbst nicht unterschätzt werden. Mit seiner enormen praktischen Bedeutung in fast allen Rechtsgebieten und weit über das früher in diesem Zusammenhang stets angeführte Wirtschaftsrecht hinaus führen die unionsrechtlichen Vorschriften schon als solche zu nicht unerheblichen Gemeinsamkeiten zwischen den Mitgliedstaaten. Damit wird auch eine gemeinsame Diskussionsbasis geschaffen, so dass beispielsweise auf einer deutsch-polnischen Konferenz zu Unionsgrundrechten und Diskriminierungsverboten schnell eine gemeinsame rechtliche Sprache und ein gemeinsames Problembewusstsein geschaffen werden.[140] Auch die zentralen Diskussionen etwa um die Zukunft der Union, um ihre Verfassung und die möglichen Grenzen ihres Einflusses gestalten sich in weitem Maße unionsweit,[141] mit zwar nationalen Besonderheiten, aber gemeinsamen rechtlichen und kulturellen Grundlagen. 66

Bei alledem verbleiben auch innerhalb dieser Gruppe erhebliche Eigenheiten in der individuellen Situation der Staaten. Estland beispielsweise zeichnet sich aus durch eine ganz außergewöhnlich schnelle und radikale Verjüngung des gesamten Staatsapparats, einschließlich etwa der Richter, sowie durch eine ähnlich schnelle und radikale Umsetzung der notwendigen rechtlichen Angleichungsleistungen, die das Land in mancher Hinsicht zu einem Musterbeispiel gelungener Integration, wenn auch unter Inkaufnahme klarer sozialer Probleme machten. Hinzu kommt rein psychologisch, dass sich Esten, die ethnisch wie sprachlich nicht zu den slawischen Völkern zählen, üblicherweise eher mit Skandinavien als mit Osteuropa vergleichen und eher dort ihre geistige Heimat sehen. Nicht nur deshalb ist es 67

[138] *Franek* (Fn. 84), 148.
[139] Vgl. *Franek* (Fn. 84), 152.
[140] Vgl. zu diesem Beispiel etwa die polnischen und deutschen Beiträge in *Kischel, Uwe; Masing, Johannes* (Hrsg.), Unionsgrundrechte und Diskriminierungsverbote im Verfassungsrecht, 2012.
[141] Vgl. beispielhaft *Baach, Florian,* Parlamentarische Mitwirkung in Angelegenheiten der Europäischen Union – Die Parlamente Deutschlands und Polens im europäischen Verfassungsverbund, 2008, passim.

irreführend, die baltischen Staaten Estland, Lettland und Litauen als eine relativ einheitliche Untergruppe zu betrachten, wie es im Ausland nicht selten geschieht. Zwar teilt das Baltikum eine lange gemeinsame Okkupationsgeschichte und vor allem die schmerzvolle Erfahrung der völkerrechtswidrigen Annexion durch die Sowjetunion von 1940 bis 1991. Dennoch sind alle drei Staaten auch in ihrer rechtlichen Entwicklung eigenständig.[142] Während beispielsweise in Estland der innere Widerstand gegen die Sowjetherrschaft sehr tief war und die Bevölkerung nach der Selbstbefreiung dazu veranlasste, auch größere soziale Verwerfungen und persönlich schwierige Zeiten hinzunehmen, um sich besonders fest und dauerhaft im Westen zu verankern, wird für Lettland von einer spezifischen Form des Rechtsnihilismus berichtet, die sich aus drei ganz unterschiedlichen Bevölkerungsgruppen speist:[143] erstens ein Teil der Bevölkerung, der weiterhin den sozialistischen Idealen anhängt; zweitens ein Teil, der die lettische Rechtslage zwischen den Weltkriegen und die nationale Idee verklärt und deshalb die modernen Anpassungen ablehnt; drittens ein Teil, der Recht und Moral ohnehin für relative, dem eigenen Vorteil je anzupassende Kategorien hält. Diese lettische Form des Rechtsnihilismus erfasst nicht nur das Volk, sondern auch die Rechtsanwender und die Regierung.

68 In eine ganz andere Richtung gehen die Besonderheiten etwa bei Bulgarien, das mit ganz erheblichen rechtsstaatlichen Problemen und Defiziten zu kämpfen hat. Hintergrund dürfte hier nicht zuletzt die kaum zu überschätzenden Probleme mit der organisierten Kriminalität sein. Ein Mitglied des bulgarischen Parlaments und früherer Leiter des Geheimdienstes wird mit den Worten zitiert „other countries have the mafia; in Bulgaria the mafia has the country."[144] Eine ungewollt an die Öffentlichkeit gelangte diplomatische Depesche der USA aus dem Jahr 2005 stellt fest, dass die organisierte Kriminalität in Bulgarien Einfluss auf Regierung, Parlament und Gerichte habe und zur Sicherung ihres Einflusses allen politischen Parteien spende. Unterhalb der nationalen Ebene habe sie einige Städte und Gemeinden ebenso übernommen wie einzelne Parlamentarier. Es gehe also um die direkte Beteiligung der organisierten Kriminalität an der Politik, nicht mehr nur um Schmiergeldzahlungen.[145] Wenn solche Tendenzen nicht erfolgreich bekämpft werden, droht ein Rechtsnihilismus nicht nur zu einer verbreiteten Einstellung, sondern schlicht zur Realität zu werden.

69 Ungarn etwa hat sich stets als Juristennation verstanden und bildet so in Bezug auf den historischen Rechtsnihilismus einen Kontrapunkt zu Russland.[146] Das Recht entwickelte sich hier über lange Zeiträume organisch von unten, mit einer starken Tendenz zum Gewohnheitsrecht und zu Gesetzessammlungen, die trotz ihres nur vorläufigen oder informellen Charakters wie Gesetzbücher behandelt wurden.[147] So wurde ein erstes ungarisches Zivilgesetzbuch erst 1959 geschaffen, orientierten sich die Gerichte aber umfänglich an einem nie in Kraft getretenen Entwurf von 1928.[148] Ganz anders als in Russland waren

[142] Tendenziell ablehnend gegenüber der Annahme einer gemeinsamen baltischen Rechtstradition etwa *Osipova, Sanita,* Baltische Rechtstradition, in: Heiss, Helmut (Hrsg.), Zivilrechtsreform im Baltikum, 2006, 3 (3 ff., 10); zur durchaus unterschiedlichen Transformation im Bericht des Zivilrechts in den drei baltischen Staaten vgl. etwa jeweils *Varul, Paul,* The new Estonian civil code, in: Heiss, Helmut (Hrsg.), Zivilrechtsreform im Baltikum, 2006, 51 (51 ff.); *Balodis, Kaspars,* Wiederinkrafttreten und Reformen des lettischen Zivilgesetzbuchs, in: Heiss, Helmut (Hrsg.), Zivilrechtsreform im Baltikum, 2006, 59 (59 ff.); *Nekrošius, Vyautas,* Grundzüge der Reform des Zivilrechts in der Republik Litauen (unter besonderer Berücksichtigung des Sachenrechts), in: Heiss, Helmut (Hrsg.), Zivilrechtsreform im Baltikum, 2006, 83 (83 ff.).

[143] Vgl. zu Lettland *Osipova* (Fn. 83), 16 ff.

[144] Vgl. *Naím, Moisés,* Mafia states – Organized crime takes office, Foreign Affairs 91 (2012), 100 (105); aus neueren Stellungnahmen ähnlich etwa *Vassileva, Radosveta,* Bulgaria's Mafia State and the Failure of the CVM, Verfassungsblog 13.6.2023, verfassungsblog.de/bulgarias-mafia-state-and-the-failure-of-cvm/ (zuletzt abgerufen am 18.7.2025).

[145] Zit. in: *Naím* (Fn. 144), 104.

[146] Vgl. zum Folgenden *Nußberger,* tertium comparationis (Fn. 131), 117 ff.

[147] Ausführlicher *Brunner* (Fn. 120), 11 ff.

[148] Vgl. dazu auch *Küpper* (Fn. 109), 93.

Juristen in Ungarn schon früh gesellschaftlich angesehen. Aufgrund der Vielzahl gut ausgebildeter Juristen wird Ungarn schon im 17. Jahrhundert als „Juristennation" bezeichnet. Im Jahr 1900/1901 etwa waren 47,7 Prozent aller Studenten in Ungarn Juristen, nicht zuletzt, weil ein rechtswissenschaftlicher Abschluss schon seit 1869 Voraussetzung für die Einstellung in der Verwaltung war. Mit dem Kommunismus kam dann allerdings Mitte des 20. Jahrhundert auch der Rechtsnihilismus nach Ungarn und sorgte hier aufgrund der tief verwurzelten Rechtstradition für einen besonders deutlichen Bruch. Nachdem die sozialistische Herrschaft abgeworfen war, kehrte Ungarn aber wieder zu seinen alten, rechtsfreundlichen Traditionen, etwa in Form eines sehr aktiven Verfassungsgerichts zurück.[149]

Gleichzeitig zeigt sich am Beispiel Ungarns aber auch, wie wenig aussagekräftig eine rein historische Betrachtung für die heute aktuelle Lage sein kann und dass in allen Staaten Osteuropas die typischen Probleme der postsozialistischen Transformation noch bestehen. Denn trotz der Tradition als Juristennation herrscht in Ungarn, insbesondere bei den unteren Gerichten, ein starker Hang zu übermäßig positivistischer und formalistischer Vorgehensweise; ein starres Kleben an Formalien und am Wortlaut des Gesetzes bei unterentwickelter Berücksichtigung der übergreifenden Systematik und insbesondere des Gesetzeszwecks; eine Vielzahl an oft wenig aufeinander abgestimmten oder handwerklich nicht voll entwickelten Gesetzen, die sich mit so großer Geschwindigkeit verändern, dass sie selbst Juristen überfordern können; Überreste sozialistischer Rechtskultur und ein vergleichsweise großer Unterschied zwischen geschriebenem und gelebtem Recht.[150] Auch die verfassungsrechtliche und -politische Entwicklung Ungarns im Zusammenhang mit der neuen Verfassung von 2011 wird in mancher Hinsicht von vielen Beobachtern als ein Rückschritt im Hinblick auf Demokratie, Freiheit und Gewaltenkontrolle – auch und gerade durch das Verfassungsgericht – angesehen.[151] Aus juristischer Perspektive besteht ein zentrales Problem der Analyse darin, dass das System – wie Kritiker immer wieder betonen – nicht notwendig auf den ersten Blick undemokratisch erscheint; vielmehr sind viele seiner Elemente auch aus gut funktionierenden Demokratien wohlbekannt, werden aber subtil verändert oder angewandt, um unerwünschte Resultate zu erzielen. Bei alledem dürfte aber gerade die Mitgliedschaft Ungarns in der Europäischen Union dauerhaften Schaden verhindern. Ungarn zeigt so exemplarisch, wie notwendig eine je eigenständige und aktuelle Betrachtung der osteuropäischen EU-Mitgliedstaaten ist, wie sehr sie aber dennoch von ihrem gemeinsamen Kontext geprägt sind und auf absehbare Zeit geprägt bleiben dürften. 70

b) Osteuropäische Staaten außerhalb der EU: langsame Entwicklung

Noch weniger homogen ist schließlich die dritte Gruppe, also diejenigen osteuropäischen Staaten, die nicht oder noch nicht in die Europäische Union aufgenommen wurden. Trotz ihrer eher klaren Zugehörigkeit zum kontinentaleuropäischen Kontext[152] nehmen sie eine gewisse Mittelposition zwischen dem eigenständigen russischen Kontext und dem der osteuropäischen EU-Mitgliedstaaten ein. Die typischen Merkmale der Transformationsstaaten finden sich bei ihnen ausgeprägt wieder, ohne dass eine Mitgliedschaft in der Europäischen Union zu einer gewissen Vereinheitlichung und Stabilisierung geführt hätte. Insofern scheint ihre Entwicklung hin zu stabilen und verlässlichen Rechtsstrukturen, zu 71

[149] Vgl. die positive Bewertung bei *Nußberger,* tertium comparationis (Fn. 131), 126; zur sehr aktiven ungarischen Verfassungsggerichtsbarkeit *Kerek, Angela,* Verfassungsgerichtsbarkeit in Ungarn und Rumänien, 2010, 52 ff., 499 ff.

[150] Deutlich *Küpper* (Fn. 109), vi, 30 f.

[151] Vgl. dazu etwa *Kovacs, Kriszta; Toth, Gabor Atilla,* Hungary's constitutional transformation, European Constitutional Law Review 7 (2011), 183 (183 ff.); *Küpper* (Fn. 109), 295 ff.; aus den heute sehr zahlreichen kritischen Stellungnahmen vgl. beispielhaft *Fleck, Zoltán et al.,* The Changes Undermining the Functioning of a Constitutional Democracy, MTA Law Working Papers 2022/9, 1 ff.

[152] *Uzelac* (Fn. 110), 388 ff., der von einer Zugehörigkeit aller postsozialistischen Staaten zu einer eigenen Gruppe ausgeht, sich dabei aber in seinen Beispielen vor allem auf die Nachfolgestaaten des ehemaligen Jugoslawiens bezieht.

einem Ende aller sozialistischen Überbleibsel und zu einem selbstbewussten Rechtsstaat im Vergleich etwa zu Tschechien oder Polen noch weniger fortgeschritten. Erneut ist nicht auszuschließen, dass etwa die weniger entwickelten EU-Mitgliedstaaten und die entwickeltsten sonstigen osteuropäischen Staaten in einer weitgehend vergleichbaren Situation sind. Dennoch bleibt hier die EU-Mitgliedschaft und der damit einhergehende, weitreichende Einfluss des Unionsrechts in allen Rechtsbereichen als zentrales Unterscheidungsmerkmal bestehen.

4. Russland als eigenständiger Kontext

72 Russland[153] hat nach einem kurzen Flirt mit den Grundlagen und Werten des kontinentaleuropäischen Rechts wieder zu einer eigenständigen Stellung zurückgefunden, wie sie schon während und vor der kommunistischen Zeit bestand.[154] Nicht nur treffen die beschriebenen Probleme und Besonderheiten der Transformationsstaaten, mit Ausnahme der EU-bezogenen, hier in besonderer Weise und in besonderem Ausmaß zusammen, auch setzt sich Russland durch seine nicht nur politisch, sondern auch kulturell begründete Ablehnung von Rechtsstaat, Demokratie und Grundrechten in ihrer westlichen, individualistischen Bedeutung vom kontinentalen Rechtsdenken ab.

a) Grundlegende Einstellungen und Widersprüche

73 Der russische Kontext ist durch eine Reihe von miteinander verknüpften, allgemeinen Einstellungen zum Recht gekennzeichnet, die keineswegs eindeutig sind, sondern gegensätzliche Standpunkte umfassen und innere Widersprüche aufweisen. Zu diesen Haltungen gehört erstens der Rechtsnihilismus, ein Begriff der zugleich angemessen und missverständlich zu sein scheint (aa); zweitens der Dualismus zwischen einem funktionierenden Rechtssystem für alltägliche Fälle und dem Bereich des nicht Alltäglichen, der vielen äußeren Einflüssen unterliegt (bb); und drittens die Wechselwirkung zwischen ausgeprägtem Formalismus und Dezisionismus in gerichtlichen Entscheidungen (cc).

aa) Der russische Rechtsnihilismus: Zwei Sichtweisen

74 Nicht nur externe Beobachter, sondern auch russische Fachleute und die breite Bevölkerung sehen einen engen Zusammenhang zwischen russischem Recht und Rechtsnihilismus. Zugleich bestehen aber ernsthafte Zweifel, ob dieser Nihilismus nicht zu einem gewissen Grad ein bloßer Mythos ist, der auf einer sehr begrenzten Wahrnehmung beruht. Diese beiden Sichtweisen des Rechtsnihilismus betreffen sowohl seine traditionelle Entwicklung (1) als auch seine Rolle im heutigen Russland (2).

75 **(1) Rechtsnihilismus als traditionelles Merkmal des russischen Rechts?** Für viele Beobachter stellte der Rechtsnihilismus von Anfang an ein spezifisch russisches Phänomen dar, das auch heute noch besonders wichtig für das Verständnis des Landes ist. Die mit ihm

[153] Zur hier aus rein sprachlichen Gründen nicht verwendeten, in der speziell ostrechtlichen Literatur aber verbreiteten Unterscheidung zwischen den Adjektiven „russisch" und „russländisch" auch im Hinblick auf die offizielle Bezeichnung der Föderation vgl. nur *Schlage, Anja,* Die Verteilung der Staatsmacht zwischen der Russländischen Föderation und ihren Subjekten, 2011, 1 Fn. 1.

[154] Für eine gegenüber dem kontinentaleuropäischen Rechtskreis eigenständige Stellung auch *Nußberger, Angelika,* Rechts- und Verfassungskultur in der Russischen Föderation, Jahrbuch des öffentlichen Rechts nF 54 (2006), 35 (55); in eine ähnliche Richtung *Utjašev, Marat Mucharovič,* Das Rechtsbewusstsein der Bevölkerung Russlands aus soziologischer Sicht, in: Luchterhand (Fn. 98), 65 (66), der davon ausgeht, dass der Unterschied im Rechtsbewusstsein zwischen Russen und dem restlichen Europa weit größer sei als der der übrigen europäischen Länder untereinander oder sogar gegenüber Asien; zu weitgehend demgegenüber *Uzelac* (Fn. 110), 388 ff., der alle Transformationsstaaten gerade aufgrund des sozialistischen Erbes weiterhin einheitlich einem eigenen, von civil law und common law geschiedenen Rechtskreis zuordnen will.

einhergehende, gewisse Verachtung des Rechts ist geschichtlich bedingt:[155] Das russische Recht entwickelte sich ab dem 17. Jahrhundert kaum aus dem Volk und der Rechtsanwendung heraus, sondern als ein von oben aufgegebenes und zudem weitgehend steriles Recht, dem keine lebendige Rechtsprechung zur Seite stand. Zusammenstellungsversuche im 19. Jahrhundert führten zu dem kaum handhabbaren Kompendium der 56-bändigen sog. Vollständigen Sammlung der Gesetze von 1830 mit über 800 Seiten je Band, aus der dann plangemäß die sog. Sammlung der Gesetze des Russischen Reiches extrahiert und in Gesetzeskraft gebracht wurde, die aber immer noch 15, später 16 Bände umfasste und dabei noch immer nicht vollständig war.[156] Ob und wieweit das Recht in der Realität angewandt wurde und wirkte, ist unklar; eine systematisierende Rechtsprechung mit einem zumindest informellen Präjudiziencharakter fehlte jedenfalls. Die Rechtsanwendung war vielfach willkürlich. Wichtiger noch waren die Juristen von niedrigem Stand und besaßen geringes Ansehen. Als Rechtspraktiker traten die sog. d'jaki auf, die teils sogar Sklaven waren, wenn auch gebildete, also des Lesens und Schreibens mächtige Sklaven, die später sozial aufstiegen. Sie konnten auch richterlich tätig werden. Die daneben vorhandenen adeligen Richter waren vielfach Analphabeten und deshalb ihrerseits auf die Dienste der d'jaki angewiesen. Die d'jaki selbst bedienten sich zur Verwaltung von Urkunden und Dokumenten ihrer Untergebenen, der sog. Podjačii. Eine echte juristische Ausbildung besaßen aber auch die d'jaki nicht. Ihr Ruf war schlecht, der Juristenstand etwa für den Adel nicht attraktiv. Schon das scheint bis heute nachzuwirken: Nur jeder sechzehnte Russe hielt in jüngerer Zeit Richter für ehrliche und ordentliche Menschen.[157]

Der Versuch einer universitären Behandlung des eigentlichen russischen Rechts scheiterte **76**
im 18. Jahrhundert daran, dass die eingesetzten Professoren aus dem Ausland stammten und kein Russisch sprachen. So wird der Beginn einer russischen Rechtswissenschaft dennüberhaupt erst auf das 19. Jahrhundert datiert, war auch hier von ausländischen Einflüssen mitgeprägt und weiterhin von der Rechtspraxis weit entfernt.[158] Die sich aus alledem ergebende Willkürlichkeit des real wirkenden und angewandten Rechts gehört zu den Eigenheiten, die schon im 19. Jahrhundert als Rechtsnihilismus kritisiert wurden.[159] Die Idee des Rechtsnihilismus wurde von verschiedenen Aspekten des volkstümlichen Rechtsbewusstseins unterstützt, die als unvereinbar mit modernem Rechtsdenken angesehen werden konnten: einer Kombination von autokratischer und paternalistischer Vorgehensweise; kaum vorhandenem Wissen über das Recht, verbunden mit Misstrauen gegenüber den Staatsdienern; und dem verbreiteten Glauben an einen tiefen Graben zwischen Recht (pravo) und Gerechtigkeit (pravda).[160] Einen zusätzlichen Verbündeten fand der Rechtsnihilismus in der Bewegung der Slawophilie und ihren Nachfolgern, die die russische, auf der orthodoxen Kirche basierende Kultur gegen die als dekadent betrachtete westliche Kultur verteidigten, ihre Eigenständigkeit betonten und nur in ihr, nicht aber in Rationalismus und Individualismus die Zukunft Russlands sahen. Diese Grundeinstellung, die sich auch heute, lange nach dem Ende der eigentlichen slawophilen Bewegung im 19. Jahrhundert, noch immer wieder finden lässt, ging historisch einher mit einer romantischen Verklärung des bäuerlichen Lebens und der Bejahung autokratischer Herrschaft. Eine Herrschaft des Rechts wird dabei als Teil westlicher Irrungen abgelehnt; Recht und Gerechtigkeit werden als zwei

---

155 Vgl. zum Folgenden detailliert *Silnizki, Michael,* Geschichte des gelehrten Rechts in Russland, 1997, 38 ff.; zusammenfassend *Nußberger,* tertium comparationis (Fn. 131), 119 f., 123 f.

156 Vgl. *Schultz, Lothar,* Russische Rechtsgeschichte, 1951, 199 ff.

157 Zahl nach *Nußberger, Angelika,* Verfassungsgerichtsbarkeit als Krönung des Rechtsstaats oder als Feigenblatt autoritärer Regime, in: Luchterhand (Fn. 98), 203 (221).

158 *Nußberger* (Fn. 134), 124.

159 Zur dem (zaristischen) Recht gegenüber feindlichen Einstellung der russischen Bauern vgl. eingängig *Heller, Klaus,* Dominante Prägungen der Rechtskultur in Russland – Der Blick des Historikers, in: Luchterhand (Fn. 98), 37 (46).

160 Vgl. die Darstellung bei *Poldnikov, Dimitry,* Overcoming 'Cultural thesis' in Comparative Legal Studies of Non-Western Societies – The Case of the Nineteenth Century Modernisation in Japan and Russia, Journal on European History of Law 13 (2022), 174 (178 f.).

klar getrennte Bereiche angesehen, von denen der russische Geist die Gerechtigkeit anstrebe und nicht sinnlos versuche, diese über das Recht tatsächlich zu verwirklichen.[161]

77 Diese historische, sowohl unter russischen als auch ausländischen Beobachtern weit verbreitete Perspektive auf den Rechtsnihilismus ist in neuerer Zeit in die Kritik geraten: Denn einerseits gab es in der russischen Geschichte immer wieder Zeiten, zu denen das Recht aufzublühen schien. Dies gilt vor allem für die zweite Hälfte des 19. Jahrhunderts, die von manchen als das Goldene Zeitalter des russischen Rechts bezeichnet wird. Es habe, so wird berichtet, hervorragende juristische Praktiker ebenso wie Rechtswissenschaftler hervorgebracht; Geschworenenprozesse dieser Zeit hätten die zaristische Autokratie erfolgreich herausgefordert.[162] Dem ließe sich allerdings leicht entgegenhalten, diese Phänomene beträfen bloße Randerscheinungen innerhalb einer sehr kleinen juristischen Elite; die breite Bevölkerung sei gar nicht betroffen. Jedoch haben neuere Untersuchungen zu den Protokollen der Gemeindegerichte (Volost-Gerichte) – einer im Wesentlichen auf Bauern ausgerichteten und auf bäuerlichen Gewohnheiten basierenden Klassengerichtsbarkeit – ein reichhaltiges Rechtsbewusstsein auch dieser Schichten offenbart. Die Einhaltung des gegebenen Wortes und die Erfüllung der eigenen Verpflichtungen wurden hoch geschätzt. Und obwohl diese positive Einstellung vor allem die eigenen Rechtsgebräuche der einfachen Leute betraf, gibt es auch Belege dafür, dass einige zaristische Gesetze Eingang in ihre Rechtsauffassung fanden.[163] Aus dieser Perspektive erweist sich der Rechtsnihilismus als fehlerhaftes Stereotyp in dem Sinne, dass zwar kulturelle Faktoren durchaus vorhanden sein mögen, aber ein Großteil des Verhaltens, das gemeinhin dem Rechtsnihilismus zugeschrieben wird, nicht Ausdruck einer angeborenen Kultur, einer Andersartigkeit der Russen ist, sondern eher eine pragmatische, skeptische Reaktion der Bevölkerung auf institutionelle wie materiellrechtliche Verhältnisse darstellt.[164] Mit anderen Worten könnten künftige Änderungen dieser Verhältnisse durchaus zu Änderungen im Verhalten und in den Einstellungen führen, ohne dass eine angeborene russische Denkweise dem im Wege stünde. Damit wird zu Recht darauf hingewiesen, dass bestimmte Einstellungen wie der Rechtsnihilismus üblicherweise aus einem bestimmten Grund, aufgrund bestimmter realer Umstände, entstehen und existieren. Eine Änderung dieser Umstände kann so ohne weiteres zu einer Änderung der entsprechenden Einstellungen führen, auch wenn gerade diese Einstellungen ihrerseits eine Änderung der Umstände erschweren und jegliche Änderungen Teil eines langfristigen Prozesses sein dürften. Dass der russische Rechtsnihilismus ein Ausdruck spezifischer, historischer und rechtlicher Bedingungen ist, ist damit sicherlich richtig. Doch gilt dies für die meisten, wenn nicht sogar alle charakteristischen Merkmale eines Volkes; schließlich lassen sich solche Merkmale in aller Regel auf bestimmte Bedingungen zurückführen, ohne dadurch weniger charakteristisch zu werden. Für alle Ewigkeit unveränderlich sind sie nie.

---

161 Vgl. dazu auch *Gall* (Fn. 131), 26 f.; *Nußberger* (Fn. 134), 44 f.; deutlich heute etwa *Solženicyn, Aleksandr,* Как нам обустроить Россию, www.lib.ru/PROZA/SOLZHENICYN/s_kak_1990.txt (zuletzt abgerufen am 18.7.2025): „Keine Verfassungen, Gesetze und Abstimmungen als solche schaffen eine ausgeglichene Gesellschaft, da die Menschen gar nicht anders können, als stur ihre eigenen Interessen zu verfolgen. (…) Eine stabile Gesellschaft kann nicht erreicht werden durch die Gleichberechtigung der sich entgegenstehenden Interessen, sondern durch die bewusste Selbstbeschränkung, dadurch dass wir immer verpflichtet sind, der sittlichen Gerechtigkeit den Vorzug zu lassen." („Никакие конституции, законы и голосования сами по себе не сбалансируют общества, ибо людям свойственно настойчиво преследовать свои интересы. (…)Устойчивое общество может быть достигнуто не на равенстве сопротивлений – но на сознательном самоограничении: на том, что мы всегда обязаны уступать нравственной справедливости."), dt. Übersetzung nach *Nußberger, Angelika,* Der „Russische Weg" – Widerstand gegen die Globalisierung des Rechts?, in: Schwarze, Jürgen (Hrsg.), Globalisierung und Entstaatlichung des Rechts, Teilband 1, 2008, 71 (83); deutlich auch etwa *Tolstoi* (Fn. 133), 7 ff.

162 Vgl. *Butler, William Elliott,* Russian law and legal institutions, 3. Auflage 2021, 68.

163 Zu dieser Argumentation vgl. *Poldnikov* (Fn. 160), 174 (182) mwN; vgl. auch *Burbank, Jane,* Russian Peasants Go to Court – Legal Culture in the Countryside 1905–1917, 2004, passim, zB 166: „Legal culture in Russian townships was built on revelatory and equitable court process, informed use of statute law, and the engaged participation of rural people.".

164 Vgl. *Poldnikov* (Fn. 160), 174 (182 f., 184).

(2) Rechtsnihilismus heute. In der heutigen Realität Russlands ist der Rechtsnihilismus prägend.[165] Das Ansehen des Rechts und der rechtlichen Institutionen wie etwa der Gerichte oder der Polizei bei den russischen Bürgern ist katastrophal. Dies erklärt sich auch aus der praktischen Lebenserfahrung: „Nehmen sie eine beliebige Lebenssituation, in welcher sie mit den staatlichen Strukturen oder mit dem Gesetz in Berührung kommen (…). Sie begegnen tausenderlei Schwierigkeiten, Korruption, Nichtachtung, Unvollkommenheit der Gesetze. Und umgekehrt: wohin sie sich auch nur begeben, um eine für sie wichtige Frage zu lösen (…) – sie werden mit langen Schlangen, mit Herzlosigkeit, mit Formalismus und mit Rechtsverdrehung konfrontiert".[166] So war es etwa zur Umwandlung der noch aus sowjetischer Zeit stammenden unbefristeten Nutzungsrechte an Datschen – den bei Russen sehr beliebten Ferienhäusern auf dem Lande – in Privateigentum notwendig, diese zu registrieren. Dieses Verfahren war ungemein aufwendig, da rund 30 verschiedene Unterlagen vorzulegen waren. Die Bürger waren gezwungen, sich wieder und wieder tagelang in Schlangen einzureihen (man erschien ggf. täglich, um seinen Platz in der Schlange nicht zu verlieren) oder zu Bestechung zu greifen. Manche Beamte akzeptierten keine Verfügungen aus der Sowjetzeit (auf denen das Recht an der Datscha in der Regel gerade beruhte), was zu kaum überwindbaren Problemen führte. Nicht zuletzt aufgrund der besonderen Beziehung der Russen zu ihren Datschen wurde diese Lage als so unerträglich angesehen, dass die Regierung mit der in Russland vielbeachteten sog. Datschen-Amnestie reagierte, die das Registrierungsverfahren speziell für Datschen erheblich vereinfachte. Der große Erfolg dieser Maßnahme dürfte aber nicht zuletzt auf der großen medialen und auch offiziellen Aufmerksamkeit beruhen, die der Datschen-Frage plötzlich zuteilwurde und die zu entsprechendem offiziellen Druck und damit zu einer effizienten Erledigung der Anträge führte.[167] 78

Empirische Untersuchungen belegen die Konsequenzen des Rechtsnihilismus. So haben 89 Prozent der Moskauer Angst vor der Macht.[168] Bei Verletzung von Menschenrechten würden sich nur 20 Prozent der Bürger an die Gerichte, nur 9 Prozent an die Polizei, immerhin 3,3 Prozent an kriminelle Autoritäten und ein Drittel an niemanden wenden.[169] Rund 80–90 Prozent der Bürger glauben nicht, dass in Russland alle vor dem Gesetz und dem Gericht gleich sind; nach manchen Erhebungen glauben nur 8 Prozent der Russen an die Ehrlichkeit der Gerichte, 72 Prozent trauen weder Rechtsschutzorganen noch Gerichten,[170] 69 Prozent sind überzeugt, dass Richter Bestechungsgelder annehmen.[171] Tatsächlich sind in Russland nicht nur die Bürger, sondern auch die Behörden oft nicht bereit, die Gesetze zu befolgen,[172] und ist es etwa keineswegs unüblich, dass selbst ein einmal erstrittenes Gerichtsurteil ohne Konsequenzen bleibt, weil es nicht vollstreckt wird.[173] Bis 2022, als Russland noch Vertragsstaat der Europäischen Menschenrechtskonvention war, gelangten Fälle von Vollstreckungsdefiziten nicht selten vor den Europäischen Gerichtshof für Menschenrechte. Aber auch dort tratt das Problem auf, dass Russland im Fall seiner Verurteilung zwar stets die verhängte Entschädigungssumme zahlte, aber im Übrigen keine Konsequenzen 79

[165] Teils skeptisch aber *Butler, William E.,* Russian law, in: Smits, Jan M. et al (Hrsg.), Elgar encyclopedia of comparative law, 367 (367), der entgegenhält, dass „Russians can be as legalistic and formalistic as any", ohne dass allerdings klar würde, warum darin ein Widerspruch liegen sollte.

[166] *Utjašev* (Fn. 136), 66; für eine praktische Beschreibung der alltäglichen Probleme anhand der Registrierung nichtkommerzieller Organisationen und der Immobilienregistrierung vgl. *Marenkov, Dmitry,* Gesetzesanwendung am Beispiel der Registrierungsbehörde des Justizministeriums Russlands (RosRegistracija), in: Luchterhand (Fn. 98), 171 (187 ff., 192 ff.); zur Realität des russischen Rechtslebens klar auch *Hussner, Manja,* Proper administration of justice and fair trial in Russia – Impartial, independent tribunal established by law – Normative standards and reality, in: Alleweldt/Dimitrova/Drohla/Milej (Fn. 118), 423 (434 ff.).

[167] Zum Ganzen näher *Marenkov* (Fn. 166), 194 ff.

[168] *Écho Moskvy,* 15.4.2008, zit. nach: *Utjašev* (Fn. 136), 69.

[169] *Utjašev* (Fn. 136), 69.

[170] *Utjašev* (Fn. 136), 70 f.

[171] *Nußberger* (Fn. 134), 221.

[172] Deutlich *Luchterhand* (Fn. 98), 102.

[173] *Utjašev* (Fn. 136), 72.

zog und die Mahnungen des Gerichtshofs zu strukturellen Änderungen verhallten.[174] Letztlich stellt sich der russische Rechtsnihilismus als eine selbsterfüllende Prophezeiung dar: Die oftmalige Wirkungslosigkeit des Rechts führt zu seiner grundsätzlichen Missachtung, seine grundsätzlich Missachtung bestärkt seine Wirkungslosigkeit.

80 Kritiker des Begriffs des Rechtsnihilismus[175] weisen darauf hin, dass es nicht etwa nihilistische Grundeinstellungen sind, die Menschen beispielsweise davon abhalten, vor Gericht zu ziehen, sondern objektive, empirisch ermittelbare Gründe, wie zB hohe Anwalts- und Gerichtskosten, lange Verzögerungen, Nichtbefolgung von Urteilen oder voreingenommene Richter. Deshalb, so die Kritiker, seien Russen keine Nihilisten, sondern Rechtspragmatiker, die das Rechtssystem durchaus in Anspruch nehmen und sich darauf verlassen würden, wenn nur dessen wesentliche Mängel behoben werden könnten.[176] Erneut liegt darin aber nur der Hinweis, dass Russen gute Gründe haben, Rechtsnihilisten zu sein, dass ihr Nihilismus eine pragmatische und vielleicht sogar rationale Reaktion auf objektive Umstände ist, die in der einen oder anderen Form schon seit sehr langer Zeit bestehen. Das macht sie jedoch nicht weniger nihilistisch. Es unterstreicht jedoch, dass der Rechtsnihilismus keine angeborene und unveränderliche nationale Eigenschaft ist – was erneut wenig verwundert, da derart ewige nationale Eigenschaften sich stets als Mythen zu erweisen pflegen.

bb) Der russische Dualismus

81 Die Vorstellung, dass russische Gerichte faire und unparteiische Urteile allein auf der Grundlage des Gesetzes fällten, stößt in Russland wie im Ausland regelmäßig auf große Vorbehalte. In vielen Fällen ist dies auf die internationale Berichterstattung über Gerichtsentscheidungen zurückzuführen, die ganz offensichtlich nicht auf dem Gesetz, sondern dem Wunsch der Regierung beruhen, ihre eigenen Pläne durchzusetzen und ihre Gegner zu verfolgen (zB Michail Chodorkowski, Aleksej Navalny). Aber auch jenseits solch eher offensichtlicher Fälle ist politische Einflussnahme auf Gerichtsentscheidungen ein in Russland seit langem bekanntes Phänomen, das oft als „Telefonjustiz" bezeichnet wird.[177] Damit wird beschrieben, dass Regierungsbeamte der verschiedensten Ebenen inoffiziell mit dem Richter Kontakt aufnehmen, wenn die jeweiligen Fälle für sie von besonderem Interesse sind; sie machen den Richter auf ihre Wünsche aufmerksam, die dann befolgt werden. Der Begriff der Telefonjustiz ist jedoch insofern etwas irreführend, als die Beeinflussung auch auf sehr viel subtilere Weise erfolgen kann. Richter werden vielfach die Wünsche der Obrigkeit in heiklen Fällen kennen, auch ohne direkt daran erinnert zu werden. Sie werden einfach wissen, was erwartet wird. Eine Rolle kann in diesem Zusammenhang auch der Einfluss von Gerichtspräsidenten oder anderen vorgesetzten Richtern spielen.[178] Schließlich sind gelegentlich bestimmte Richter oder bestimmte Gerichte besonders empfänglich für den Einfluss der Regierung, und mögen aus persönlicher Überzeugung oder aus Karrieregründen bereitwillig mitspielen.

82 Dass Telefonjustiz in einigen Bereichen existiert, vor allem in bedeutsamen Fällen, die die Interessen politischer oder wirtschaftlicher Eliten betreffen, ist kaum zu bezweifeln. Fraglich bleibt aber, ob dieses Bild des gelebten russischen Rechts verallgemeinert werden kann, ob also Recht in Russland sich größtenteils oder insgesamt als bloße Farce erweist, die der Laune

[174] Vgl. *Gall* (Fn. 131), 25.
[175] Vgl. supra → Rn. 77; vgl. auch die ausdrückliche geänderte Meinung von *Henderson, Jane,* The Constitution of the Russian Federation, 2. Auflage 2022, 5.
[176] Vgl. *Poldnikov* (Fn. 160), 174 (183 f.).
[177] Zur Telefonjustiz vgl. etwa *Hendley, Kathryn,* Everyday law in Russia, 2017, 1, 3, 10 et passim; *Antonov, Mikhail,* Formalism, Decisionism and Conservatism in Russian Law, 2021, 7, 39, 41; *Esakov, Gennady,* The Russian Criminal Jury, AJCL 60 (2012), 665 (670); *Smith, Gordon B.,* The Russian Legal System in Comparative Perspective, in: Muravyeva, Marianna (ed.), The Foundations of Russian Law, 2023 3 (14).
[178] Zur Macht von Gerichtspräsidenten vgl. *Hendley, Kathryn,* The Judicial System of the Russian Federation, in: Muravyeva, Marianna (ed.), The Foundations of Russian Law, 2023, 155 (158 f.).

und Willkür der Richter und Machthaber unterliegt. Selbst auf den ersten Blick wäre dies überraschend, denn ein solcher Mangel an Rechtssicherheit würde bedeuten, dass Russland letztlich kein funktionierendes Gemeinwesen bildet, dass das juristische Studium an den russischen Universitäten eine Täuschung ist und dass Probleme zwischen Bürgern nicht durch Gerichte gelöst werden. Es würde, mit den bekannten Worten des früheren Vorsitzenden der US-amerikanischen Federal Reserve, Alan Greenspan, beispielsweise bedeuten, dass Russland kein Vertragsrecht hätte.[179] Jenseits der Bereiche, die von Telefonjustiz betroffen sind, steht jedoch die große Masse gewöhnlicher, alltäglicher Fälle, in denen Gerichte und Richter ihre gesetzlichen Pflichten erfüllen, in denen die Gesetze angewandt und die Parteien im Allgemeinen fair behandelt werden. Es ist dieser Gedanke zweier unterschiedlicher Ebenen im Recht, der gewöhnlich als Dualismus bezeichnet wird.[180] Er greift auf Ideen zurück, die Ernst Fraenkel zur Beschreibung der Situation im Dritten Reich entwickelte, und spielt auf Studien an, die diese Begrifflichkeit auf die Sowjetunion übertragen und denen zufolge das Recht selbst während der stalinistischen Säuberungen für alltägliche Fälle relevant blieb.[181]

Damit ist nicht gesagt, dass auf dieser zweiten, alltäglichen Ebene keine Probleme **83**
bestünden.[182] Aber trotz aller Schwächen bemühen sich die Richter hier, das Recht zu befolgen und gleichmäßig anzuwenden. Alan Greenspans Bemerkung etwa ist zweifellos falsch: Es gibt ohne weiteres ein Vertragsrecht in Russland.[183] Tatsächlich haben sich die praktischen Arbeitsbedingungen von Richtern und Gerichten seit den 1990er Jahren stark verbessert. So haben die Richter beispielsweise Zugriff auf umfassende Datenbanken zum russischen Recht ebenso wie auf elektronische Formularsammlungen.[184] Empirische Studien deuten darauf hin, dass beispielsweise die Parteien vor Friedensrichtern (mirovye sudy), die einen großen Teil der alltäglichen Fälle verhandeln, ihre Erfahrungen meist als zufriedenstellend und die Richter zumeist als unabhängig ansehen.[185] Generell gehen einige Rechtswissenschaftler davon aus, dass in Bezug auf die Gerichte ein deutlicher Unterschied bestehe zwischen der verallgemeinernden Auffassung der Bürger, die eher zum juristischen Nihilismus neige, und ihren häufig sehr viel positiveren persönlichen Erfahrungen.[186]

---

[179] „There is no law of contracts": *Alan S. Greenspan,* Thoughts About the Transitioning Market Economies of Eastern Europe and the Former Soviet Union, DePaul Business Law Journal 6 (1994), 1 (8), der erklärte, Russland sei keine Marktwirtschaft sondern ein Schwarzmarkt; zu den Gründen für die nur marginale Rolle des Vertragsrechts im russischen Wirtschaftsleben der 1990er Jahre vgl. *Kathryn Hendley,* Coping with Uncertainty: The Role of Contracts in Russian Industry during the Transition to the Market, Northwestern Journal of International Law & Business 30 (2010), 416 (416 ff.), die ibid., 419, 460 betont, dass dieses Phänomen wenig mit den Unzulänglichkeiten des Vertragsrechts oder der gerichtlichen Praxis zu tun gehabt und die übergroße Mehrheit der Unternehmen sich weitgehend auf Verträge verlassen habe.

[180] Vgl. insbes. *Hendley* (Fn. 177), 1 ff.; vgl. auch zB *Smith* (Fn. 177) 3 (23).

[181] Vgl. *Ernst Fraenkel,* The Dual State – A Contribution to the Theory of Dictatorship, 1941, reprint 2017; deutsche Rückübersetzung: *Ernst Fraenkel,* Der Doppelstaat, 4. Aufl. 2019; *Robert Sharlet,* Stalinism and Soviet Legal Culture, in: Robert C. Tucker (Hrsg.), Stalinism – Essays in Historical Interpretation, 155 (155 f.); zum Rückgriff auf diese beiden Autoren *Hendley* (Fn. 177), 4, 10.

[182] Zur Sicht eines Rechtspraktikers auf solche Probleme vgl. zB im Strafrecht *Esakov, Gennady,* Criminal Law and Procedure, in: Muravyeva, Marianna (Hrsg.), The Foundations of Russian Law, 2023, 407 (430 f.).

[183] Für eine Einführung in das moderne russische Vertragsrecht vgl. *Sasso, Lorenzo,* Russian Civil Law – Contract Law, in: Muravyeva, Marianna (Hrsg.), The Foundations of Russian Law, 2023, 191 (191 ff.); detailliertere Darstellung bei *Yefremova, Maria; Yakovleva, Svetlana; Henderson, Jane,* Contract Law in Russia, 2014.

[184] *Hendley* (Fn. 178), 155 (156).

[185] Vgl. *Hendley* (Fn. 177), 2017, 179 ff., esp. 217 f.

[186] Vgl. *Hendley* (Fn. 178), 155 (170 f.); vgl. aber auch die gegenteilige Einschätzung von Козырева П.М., Смирнов А.И. Российские суды – трудности развития Социологические исследования № 5 (361) (2014). p. 68 (76 f.), die sich auf eine empirische Untersuchung beziehen, nach der die Bürger Richter umso eher für korrupt halten, je intensiver ihre eigenen Erfahrungen mit dem Gerichtssystem und seiner Arbeitsweise sind.

cc) Formalismus vs. Dezisionismus

84 Auf den ersten Blick mag es seltsam erscheinen, dass einerseits das russische Recht, genau wie sein sowjetischer Vorgänger, als formalistisch gilt,[187] zugleich aber das geschriebene Recht in bestimmten, nicht alltäglichen Fällen missachtet oder gebeugt wird. Ein strenger Formalismus würde bedeuten, dass Richter sich an den Wortlaut des Gesetzes halten und nach rigiden, positivistischen Lösungen suchen, die nicht durch teleologische Erwägungen, offene Abwägungen mit entgegenstehenden Prinzipien oder den möglichen Einfluss höherrangigen Rechts verkompliziert werden. Wollen die Richter hingegen bei der Auslegung des Rechts auf bestehende politische Wünsche Rücksicht nehmen, sind sie gezwungen, sich über den Wortlaut des Gesetzes hinwegzusetzen und flexible Lösungen zu finden. Dieser scheinbare Widerspruch wird in Russland begrifflich als Dichotomie zwischen Formalismus und Dezisionismus erfasst.[188] Diese Dichotomie ist nicht mit dem Dualismus identisch.[189] Denn erstens erfasst sie weit mehr als nur die Telefonjustiz, indem sie nicht nur direkte politische Einmischungen in konkreten Einzelfällen in den Blick nimmt, sondern den allgemeinen Einfluss der grundlegenden Machtinteressen des Staates auf die Auslegung und Anwendung des Rechts. Zweitens bezieht sich der Begriff der Telefonjustiz im Wesentlichen auf außerrechtliche Praktiken, bei denen sich die rohe politische Macht über rechtliche Regeln hinwegsetzt, während die Dichotomie zwischen Formalismus und Dezisionismus den Einfluss der vorherrschenden staatlichen Machtinteressen und Werte als rechtstheoretische Frage betrachtet, als ein rechtliches, nicht außerrechtliches Phänomen.

85 Der Formalismus, wie er hier verstanden wird, betrachtet das geschriebene Recht als Rechtsbefehle des Souveräns. Dieser Wille des Souveräns muss so respektiert werden, wie er im historischen und wörtlichen Sinn der Norm zum Ausdruck kommt. Diese grundsätzlich positivistische Haltung unterliegt jedoch einer besonderen russischen Modifikation: den Normbefehlen des Staates wird Vorrang vor den Rechten des Individuums eingeräumt, da der Staat seine Macht aus der Gemeinschaft beziehe.[190] In diesem Gedankengang scheint kein Platz für die bei vielen westlichen Juristen verbreitete Vorstellung zu sein, dass individuelle (Grund-)Rechte auch selbst staatliche Normbefehle sind und der souveräne Wille selbst ihnen Vorrang vor anderen staatlichen Geboten gibt. Demgegenüber bezieht sich der Dezisionismus, wie er hier verstanden wird, auf die ungeschriebenen Ausnahmen, auf die der Richter zurückgreift, wenn er davon ausgeht, dass eine formalistische Auslegung gesetzlicher oder verfassungsrechtlicher Normen kollektiven Interessen widerspricht. In diesem Fall kann sich der Richter über Rechtsnormen hinwegsetzen, wenn sie nicht mit den vorherrschenden sozialen und politischen Werten der Gesellschaft und ihrer Führung übereinstimmen. Diese Werte wiederum beruhen auf konservativen Philosophien, sind traditionell und gemeinschaftsbezogen. Richter und ihre Entscheidungen müssen in dieser Perspektive nicht nur das Recht anwenden, sondern vor allem zu einer besseren sozialen Ordnung beitragen. Schlüsselwörter, die in diesen Situationen verwendet werden, sind zB „traditionelle Werte" und „Souveränität".[191]

86 Die Wechselwirkung zwischen Formalismus und Dezisionismus ist paradox und führt zu schwerwiegenden Problemen. Erstens widersprechen sich Formalismus und Dezisionismus auf einer sehr grundlegenden Ebene. Denn wer auf einer positivistischen Auffassung von Rechtsnormen beharrt, schließt kreative Auslegungen auf der Grundlage von Werten oder Prinzipien aus; wer umgekehrt den Einfluss solcher Werte und Prinzipien anerkennt, schließt damit eine formalistische Normanwendung aus. Zweitens führt dieser Widerspruch zu einer beunruhigenden Frage: Wenn der Dezisionismus zulässt, dass Werte und Prinzipien

[187] Zum Formalismus als Teil des sozialistischen Erbes vgl. supra → § 7 Rn. 49 f.
[188] Dazu und zum Folgenden vgl. *Antonov* (Fn. 177), passim.
[189] Zum Dualismus vgl. supra → Rn. 81 ff.
[190] Vgl. *Antonov* (Fn. 177), 3, 9.
[191] Vgl. *Antonov* (Fn. 177), 3 f., 9 f., 14, 193, der ibid., 190, 193 f. zusätzlich betont, dass die allgemeine Kombination von Formalismus und Dezisionismus keineswegs eine allein russische Eigenheit darstelle, wohl aber ihre spezifische Kombination gerade mit traditionellen russischen Werten.

in hoheitliche Normbefehle eingreifen, wo liegen dann die Grenzen eines solchen Eingriffs, und was verhindert, dass das Recht zur bloßen Ansammlung willkürlicher Entscheidungen wird, die nur auf dem Willen der Richter beruhen? Russische Gerichte und Rechtsgelehrte neigen dazu, dieser Frage auszuweichen und sich hinter formalistischen Formulierungen zu verstecken. In der Praxis versuchen die Richter, ein Gleichgewicht zwischen formalistischen Regeln und dezisionistischen Ausnahmen herzustellen, indem sie der Tradition folgen, die Integrität des Staates schützen und die Einzigartigkeit Russlands verteidigen. „Souveränität" wird als Argument verwendet, das diese drei Aspekte umfasst.[192] Schlüsselelemente dieser Souveränität wurden im Rahmen der Verfassungsänderungen von 2020 sogar in den Wortlaut der russischen Verfassung aufgenommen, etwa der Glaube an Gott (Art. 67 Abs. 2), der Respekt vor Älteren (Art. 67 Abs. 4), die traditionelle Ehe zwischen Mann und Frau (Art. 72 Abs. 1 lit. g), traditionelle Familienwerte (Art. 114 Abs. 1 lit. c) und Verfassungsnormen, die über dem internationalen Recht stehen (Art. 78, 125 Abs. 6 russVerf).

b) Typische Rechtsinstitute

aa) Kontinentaleuropäisches Erbe

Auf einer weit weniger theoretischen Ebene ist Russland durch eine Reihe typischer Rechtsinstitute gekennzeichnet. Zugleich steht das russische Recht aber auch dem kontinentaleuropäischen Rechtsdenken sehr viel näher als dem des common law. Daher entpuppen sich viele Elemente des russischen Rechts, die einem englischen oder amerikanischen Juristen ungewöhnlich und insofern „typisch russisch" vorkommen mögen, bei näherer Betrachtung als einfacher Ausdruck des kontinentaleuropäischen Erbes.[193] Das Vertragsrecht zum Beispiel stützt sich größtenteils auf kontinentaleuropäische Begrifflichkeiten. Der Begriff des Vertrags und seiner Durchsetzung basiert auf dem Grundgedanken der Vereinbarung, nicht des Versprechens, und consideration ist ein unbekanntes Konzept.[194] Ebenso werden viele Aspekte des Strafrechts einen kontinentalen Juristen nicht überraschen, der an sehr formale und strukturierte Ansätze gewöhnt ist, etwa in Bezug auf die gemeinsamen Elemente aller Straftaten oder die Unterschiede zwischen allgemeinem und besonderem Teil.[195] Die Ähnlichkeiten gerade mit dem deutschen Strafrechtssystem sind dabei besonders ausgeprägt.[196] Darüber hinaus leidet die juristische Ausbildung unter einem sehr abstrakten und theoretischen Ansatz,[197] wie er auch in einer Reihe anderer kontinentaleuropäischer Rechtsordnungen bekannt ist. 87

bb) Die russische Staatsanwaltschaft

Demgegenüber wird die Staatsanwaltschaft oft als ein besonders überraschendes und typisch russisches Rechtsinstitut angesehen, da sie über außerordentlich weite Befugnisse verfügt. Im Wesentlichen obliegt es den Staatsanwälten, jede Tätigkeit der gesamten Verwaltung auf allen staatlichen Ebenen ebenso wie der Bürger rechtlich zu überwachen. Dass dies zu großer Überraschung führt, beruht nicht zuletzt auf einer sprachlichen Besonderheit: Der russische Begriff des Prokurators (Прокурор) wird im Französischen oder Deutschen mit „procureur" oder „Staatsanwalt" übersetzt. In den jeweiligen nationalen Kontexten wird unter diesen 88

[192] Vgl. *Antonov* (Fn. 177), 19, 92 ff., 191.

[193] So etwa in Bezug auf die Erwartung, dass das Recht vollständig sein müsse, *Henderson* (Fn. 173), 8 f.

[194] Vgl. *Sasso* (Fn. 183), 191 (197, 205 ff.); für eine eindeutig englische Sichtweise auf das russische Vertragsrecht vgl. *Yefremova, Maria; Yakovleva, Svetlana; Henderson* (Fn. 183), mit Erörterung möglicher funktionaler Äquivalente zur consideration ibid., 108 f.; zur consideration im common law vgl. supra → § 5 Rn. 187 ff.

[195] Zu solchen Grundstrukturen vgl. zB *Esakov* (Fn. 182), 407 (412 ff.); zur jury in Russland vgl. hingegen infra → Rn. 82.

[196] Vgl. *Esakov* (Fn. 182), 407 (412 Fn. 14).

[197] Vgl. *Khodzhaeva, Ekatarina; Titaev, Kirill,* Legal Profession and Education in Russia, Muravyeva, Marianna (Hrsg.), The Foundations of Russian Law, 2023, 173, (178, 187); zur russischen Juristenausbildung vgl. auch *Butler* (Fn. 162), 239 ff.

Begriffen jedoch in der Regel allein der öffentliche Ankläger in Strafsachen verstanden, was nicht einmal ansatzweise die Bandbreite der Kompetenzen eines russischen Staatsanwalts abdeckt. Für Juristen des common law besteht diese zusätzliche Hürde nicht.

89 Die Staatsanwaltschaft wurde 1722 von Zar Peter dem Großen eingeführt.[198] Sie sollte als juristischer Wachhund des Zaren über alle Teile des Staatsapparats, einschließlich der Gerichte, fungieren. Diese sehr weitreichenden Überwachungsfunktionen wurden von Peters Nachfolgern erheblich eingeschränkt. In den 1920er Jahren setzte das kommunistische Regime jedoch die Staatsanwaltschaft mit vollen Befugnissen als einheitliche und hierarchische, von allen regionalen und lokalen Behörden unabhängige Institution wieder ein, die die Rechtmäßigkeit der Handlungen der gesamten staatlichen Verwaltung, der staatlichen Unternehmen und der Bürger überwachte. Ihre Zuständigkeiten erstreckten sich beispielsweise auf Gerichte, Gefängnisse, Polizei, Geheimpolizei, Verwaltungsbehörden und die staatlichen Unternehmen. Die Verfolgung von Straftaten war bei alledem nur eine Aufgabe unter vielen.

90 Bemerkenswerterweise hat diese zaristische und sowjetische Institution den Untergang der Sowjetunion unbeschadet überlebt. Nur ihre Aufsichtsbefugnis über die Gerichte wurde gestrichen, die als unvereinbar mit Gewaltenteilung und Rechtsstaat galt. Die moderne Staatsanwaltschaft hat eine komplexe Organisationsstruktur mit mehr als 50.000 Mitarbeitern[199] und dem Generalstaatsanwalt der Russischen Föderation an ihrer Spitze. Mit der Einführung eines Ordnungswidrigkeitengesetzes in den Jahren 2001/2002[200] erhielt die Staatsanwaltschaft sogar noch zusätzliche Aufsichtsbefugnisse über die mit der Verhängung sog. Verwaltungssanktionen betrauten Behörden. Nur im Bereich der Strafverfolgung wurden die Befugnisse der Staatsanwaltschaft mit der Einrichtung des Investigativkommittees der Russischen Föderation im Jahr 2011 beschnitten, das von der Staatsanwaltschaft unabhängig ist und direkt dem russischen Präsidenten untersteht. Dieses Kommittee hat die Zuständigkeiten bezüglich vorgerichtlicher Ermittlungen übernommen[201] und damit eine Trennung von Ermittlungs- und Strafverfolgungsbefugnissen eingeführt.

cc) Arbitragegerichte

91 Arbitragegerichte[202] sind keine Schiedsgerichte, sondern gewöhnliche staatliche Gerichte, die für wirtschaftliche Streitigkeiten, insbesondere zwischen Unternehmen oder zwischen Unternehmen und Staat, zuständig sind. Anstelle einer wörtlichen Übersetzung des russischen Арбитражные суды (arbitrashnye sudy) würden Begriffe wie „Handelsgerichte" oder „Wirtschaftsgerichte" wahrscheinlich weniger Verwirrung stiften und werden von einigen Autoren bevorzugt. Die sachliche Zuständigkeit dieser Gerichte reicht von Vertrags- oder Gesellschaftsrecht bis hin zu Steuer- und Insolvenzrecht. Sie wurden Anfang der 1990er Jahre als judikative Antwort auf die Erfordernisse der neu eingeführten Marktwirtschaft geschaffen und auf der Grundlage der früheren staatlichen Arbitrage organisiert, einer sowjetischen Einrichtung, die sich mit Streitigkeiten zwischen staatlichen Unternehmen befasste. Alle Arbitragegerichte sind föderale Gerichte, sie arbeiten auf der Grundlage einer eigenen Arbitrageprozessordnung und verfügen über eigene Berufungs- und Kassationsebenen. Der genaue Umfang ihrer Zuständigkeit in Abgrenzung zu den allgemeinen

---

198 Zur Staatsanwaltschaft und zum Folgenden vgl. *Burger, Ethan S.; Holland, Mary,* Law as Politics: The Russian Procuracy and its Investigative Committee, Columbia Journal of European Law 2 (2008), 142 (153 ff.); *Butler* (Fn. 162), 285 ff.; *Smith* (Fn. 177) 3 (11 ff.); vgl. auch zB *Chaliulin, Aleksandr Germanovič,* Stil und Arbeitsmethoden, Selbsteinschätzung und Autorität der Staatsanwaltschaft (prokuratura) Russlands, in: Luchterhand (Fn. 98), 291 (291 ff.).

199 *Burger/Holland* (Fn. 198), 142 (153) erwähnen 54.000 Angestellte im Jahr 2008.

200 Zur zweigleisigen Struktur von Straf- und Verwaltungsverstößen im russischen Strafrecht vgl. *Esakov* (Fn. 182), 407 (409).

201 Vgl. auch *Esakov* (Fn. 182), 407 (425).

202 Zu Arbitragegerichten vgl. *Sasso, Lorenzo,* Russian Civil Law – Dispute Resolution in Commercial Law, in: Muravyeva, Marianna (Hrsg.), The Foundations of Russian Law, 2023, 265 (265 ff.); *Hendley* (Fn. 178), 155 (165 ff.); *Butler* (Fn. 162), 278 ff.

Gerichten wird anhand einer Mischung von Kriterien bestimmt, etwa den beteiligten Parteien und dem materiellen Inhalt des Streits.

92 Die Arbitragegerichte wurden allgemein als großer Erfolg gewertet. Dies ist nicht zuletzt auf die professionelle Leistung des Obersten Arbitragegerichts zurückzuführen, das allerdings 2014 aufgelöst wurde. Seine Zuständigkeiten gingen an den Obersten Gerichtshof, der damit jetzt das alleinige höchste Gericht (abgesehen vom Verfassungsgericht) im russischen Rechtssystem darstellt. Diese Auflösung traf bei vielen Beobachtern auf große Skepsis. Vorgeblich sollten mit ihr die Probleme aufgrund widersprüchlicher Urteile der beiden obersten Gerichtshöfe gelöst werden, aber es könnte auch eine Reaktion auf den großen Erfolg des Obersten Arbitragegerichts und seine liberaleren Tendenzen gewesen sein.

dd) Regulatorische Entscheidungen des Obersten Gerichtshofs

93 Ein weiteres, typisch sowjetisches Erbe ist die Befugnis des Plenums des Obersten Gerichtshofs der Russischen Föderation, regulatorische Entscheidungen zu erlassen,[203] die unter verschiedenen Bezeichnungen wie Erläuterungen, Resolutionen oder Anordnungen bekannt sind. Dies Entscheidungen sollen die unteren Gerichte unterstützen und Einheitlichkeit in einem bestimmten Rechtsgebiet herstellen, indem sie detaillierte Hinweise darauf geben, wie die einschlägigen Rechtsvorschriften richtig zu verstehen sind und wie Fälle in Zukunft gelöst werden sollten. Dies geschieht auf der Grundlage einer Analyse von Entscheidungen der unteren Instanzen sowie des Obersten Gerichtshofs selbst. In der Form ähneln diese Anordnungen jedoch eher einem kurzen Lehrbuch zum jeweiligen Thema, das zwar Verweise auf die einschlägigen Normen, aber keine Zitate aus früheren Gerichtsentscheidungen enthält.[204] Formal beruhen die Entscheidungen auf Art. 126 russVerf, der festlegt, dass der Oberste Gerichtshof „Erläuterungen zu Fragen der Gerichtspraxis“ abgibt; ihr potentiell verbindlicher Charakter wurde während der Ausarbeitung der Verfassung erörtert.[205] Gegenwärtig mag ihnen zwar keine formale Verbindlichkeit als Rechtsnorm zugesprochen werden, aber sie haben letztlich die gleiche Wirkung, da sie von Instanzrichtern als in der Praxis verbindlich angesehen werden und ein sie missachtendes Urteil mit Sicherheit in der nächsthöheren Instanz aufgehoben würde.[206] Obwohl die regulatorischen Entscheidungen des Obersten Gerichtshofs in rein praktischer Hinsicht sogar das Recht zu ändern vermögen, legen Instanzrichter die Bezugnahme darauf nicht notwendig offen, selbst wenn sie Inhalte daraus wörtlich übernehmen.

ee) Die jury

94 Die russische Version der jury zog zumindest für eine gewisse Zeit viel Aufmerksamkeit auf sich. Dies lag zum Teil daran, dass die jury Teil des common law Kontexts und eng mit dem gegnerschaftlichen Prozess im Strafverfahren verbunden ist,[207] so dass jede Übertragung in einen kontinentaleuropäischen Kontext besondere Beachtung findet. Wenig überraschend neigen Beobachter aus dem common law dazu, solche Übertragungen als besonders wichtige Ereignisse zu betrachten, nicht zuletzt weil im common law eine enge Verbindung zwischen

[203] Zu diesen Entscheidungen und zum Folgenden vgl. *Burkov, Anton L.,* Regulations by the Plenum of the USSR and Russian Federation Supreme Courts as Non-Judge-Made Law, Russian Law – Theory and Practice 7 (2011), 85 (85 ff.); kurz *Hendley* (Fn. 178), 155 (170); *Butler* (Fn. 162), 143 f.; für einen eher formalen Überblick über die Verwendung solcher Entscheidungen in den Nachfolgestaaten der Sowjetunion vgl. *Stetsyk, Nazar,* Case Law of the Supreme Courts in Post-Soviet Legal Systems, Juridiskā zinātne 11 (2018), 62 (62 ff.).

[204] Für ein ausführliches Beispiel im Bereich des geistigen Eigentums vgl. Resolution of the Plenary Session of the Supreme Court of the Russian Federation No. 10, 23.4.2019, englische Übersetzung in: GRUR International, 69 (2020) 928 (928 ff.); zum Inhalt dieser Resolution vgl. *Kapyrina, Natalia,* Clarifications of the Russian Supreme Court on General Aspects of Intellectual Property Protection – A Summary, GRUR International 69 (2020), 925 (925 ff.).

[205] *Burkov* (Fn. 203), 85 (98 f.).

[206] Zu ihrer praktischen Bedeutung vgl. *Burkov* (Fn. 203), 85 (98 ff., 104 f.).

[207] Zur jury vgl. supra → § 5 Rn. 141; zum gegnerschaftlichen Prozess vgl. supra → § 5 Rn. 132.

jury und Fairness gesehen wird. Darüber hinaus fiel die (Wieder-)Einführung der jury in das russische Rechtssystem gerade in die frühen 1990er Jahre, als die allgemeine Aufmerksamkeit für die Ereignisse im ehemaligen Ostblock ebenso wie die damit verbundenen Hoffnungen besonders groß waren. In heutiger Zeit besteht die jury als funktionstüchtiges Element fort, doch scheint sie keinen großen Einfluss auf den Charakter des russischen Rechts im Allgemeinen oder des russischen Strafrechts im Besonderen gehabt zu haben.

95 Die jury wurde 1864, kurz nach der Emanzipation der Leibeigenen, von Zar Alexander II. in Russland eingeführt. Beides war als Instrument im Rahmen des Übergangs von Feudalismus und despotischer Herrschaft zu moderneren Regierungsformen gedacht.[208] Die Befugnisse der jury wurden später unter den Zaren wieder eingeschränkt, nach der Februarrevolution von 1917 für wenige Monate stark ausgeweitet und mit der Machtübernahme durch die Bolschewiki im November 1917 vollständig abgeschafft. Die Bolschewiki hielten die jury für eine bürgerliche Institution und ersetzten sie durch ein gemischtes Gericht, das sich aus einem Berufsrichter und zwei Schöffen zusammensetzte und so bis 2004 bestand. Unter Präsident Jelzin wurde die jury 1993 versuchsweise in nur 9 von 89 Regionen wieder eingeführt, dann 2003 auf das ganze Land ausgeweitet. Bis 2018 war sie auf Verfahren vor den regionalen Obergerichten mit zunächst 12, dann 8 Geschworenen beschränkt; später wurde sie zusätzlich in mehr als zweitausend unteren Gerichtsinstanzen eingeführt, bei denen die jury aus sechs Geschworenen besteht.

96 Die russische jury ist keine schlichte Kopie ihres Gegenstücks im common law, sondern weist eine Reihe von Eigenheiten auf. Das betrifft beispielsweise[209] Beweismittel über den Charakter des Angeklagten, wie kriminelle Vorgeschichte oder Alkohol- und Drogenmissbrauch, die der jury nicht präsentiert werden und die sie nicht in Betracht ziehen darf. Die von den Geschworenen zu beantwortenden Fragen dürfen keine juristischen Begriffe wie „Mord“ oder Bezeichnungen seiner verschiedenen Unterformen enthalten. Der Spruch der Geschworenen ist nicht notwendig endgültig und bindend. Im Falle eines Freispruchs ist der Richter zwar daran gebunden; im Falle eines Schuldspruchs aber kann er den Angeklagten dennoch freisprechen, wenn die nachgewiesenen Taten keinen Straftatbestand erfüllen, oder er kann den Spruch der jury aufheben und den Fall zur Neuverhandlung zurückverweisen. Im Übrigen können nicht nur Schuldsprüche, sondern auch Freisprüche in der Berufung von einem höheren Gericht aufgehoben werden.

97 Befugnisse, Zusammensetzung und Grundregeln der jury wurden häufig verändert. Das galt nicht nur in der Gegenwart, sondern bereits unter den Zaren und in den ersten Monaten nach der Revolution. Verallgemeinernd lassen sich drei Arten von häufiger auftrendenden Einschränkungen unterscheiden:[210] Erstens versuchen Regierungen häufig, jede Politisierung der jury zu verhindern. Insbesondere der Katalog von Straftaten, die vor die jury gelangen können, wird häufig eingeschränkt. Dass dieser Katalog während des kurzen Intermezzos der provisorischen Regierung im Jahr 1917 auf alle Arten von schweren Straftaten erweitert worden war, stellt nur die Ausnahme dar, die die Regel bestätigt. Im Jahr 2008 beispielsweise wurde der damals bereits begrenzte Katalog möglicher Straftaten noch weiter eingeschränkt, indem etwa terroristische Handlungen, Massenunruhen und Sabotage ausgeschlossen wurden. Zweitens ist der Einfluss der Verteidigung auf die jury begrenzt. Dies gilt sowohl für die Auswahl der Geschworenen als auch für die Vorlage von Beweisen; ebenso wie in der Vorbereitungsphase der Verhandlung ist die Position der Staatsanwaltschaft (und häufig des vorsitzenden Richters) hier deutlich stärker. Drittens steht die Zusammensetzung der Geschworenen häufig unter offenem oder indirektem Einfluss der

---

[208] Zur historischen jury vgl. zB *Kovalev, Nikolai; Nasonov, Sergei,* The Russian Jury Trial, in: Ivković Sanja Kutnjak et al. (Hrsg.), Juries, Lay Judges, and Mixed Courts: A Global Perspective, 2021, 237 (239 ff.); *Esakov* (Fn. 177), 665 (667 ff.).

[209] Zum Folgenden und zu anderen Eigenheiten vgl. zB *Esakov* (Fn. 182), 407 (427 ff.); *Esakov* (Fn. 177), 665 (676 ff.).

[210] Zu dieser Analyse vgl. *Kovalev* (Fn. 208), 237 (238, 241 f., 246, 251, 253 f.).

Regierung, der gelegentlich bis hin zu Fällen manipulierter Geschworenenlisten reichen kann.

98 Die zahlreichen öffentlichen Diskussionen über die jury ebenso wie die zahlreichen Reformen und Beschränkungen, denen sie im Laufe der Jahre in Russland unterworfen war, erklären sich nicht zuletzt aufgrund ihrer Freispruchquote.[211] Geschworene sprechen Angeklagte in etwa 10–20 Prozent der Fälle frei, also klar häufiger als Berufsrichter mit weniger als 1 Prozent.[212] Hinzu kommt eine politische Dimension, da die Geschworenen Freisprüche nutzen können, um entweder ihre Abneigung gegen eine bestimmte Regierungspolitik zum Ausdruck zu bringen oder um eine solche Politik schlicht zu missachten. Für die Befürworter der jury ist die höhere Freispruchquote einer ihrer größten Vorteile. Sie halten das russische Strafsystem oft für zu hart, zu punitiv und zu sehr auf die Interessen der Anklage ausgerichtet. Diejenigen hingegen, die die jury beschränken wollen, bezweifeln regelmäßig, dass Russland zu punitiv ist, und halten milde jury-Entscheidungen für unbegründet oder sogar skandalös. Diese Grundlinien bestimmten die Diskussion schon seit dem ersten berühmten Streit um einen jury Freispruch – oder sogar eine jury nullification –,[213] kurz nachdem die jury im zaristischen Russland erstmals eingeführt worden waren: Im Jahr 1878 schoss Vera Sassulitsch auf den Generalgouverneur von Sankt Petersburg und verwundete ihn schwer; sie gab diese Tat zu, doch die Geschworenen sprachen sie unter dem Jubel der Massen frei.[214]

99 Die hinter der Diskussion stehende Grundfrage, wie stark die Verzerrung zugunsten der Anklage (accusatorial bias) im russische Strafrechtssystem nun ist, lässt sich nicht so einfach beantworten, wie es auf den ersten Blick scheinen mag. Freispruchquoten von weniger als 1 Prozent mögen extrem klingen, wenn man sie mit der entsprechenden Zahl für England und Wales vergleicht, die bei etwas unter 20 Prozent liegt.[215] Das relativiert sich aber stark, sobald die Freispruchquote in Frankreich mit etwas über 5 Prozent[216] oder in Deutschland mit nur 2,5 bis 3 Prozent ins Spiel kommt.[217] Sehr niedrigen Freispruchquoten können allgemein auch auf eine gründliche Vorbereitung durch die Staatsanwaltschaft zurückzuführen sein, bei der alle Beweise gegen und für den Verdächtigen Berücksichtigung finden; dasselbe gilt für Vorbereitungsphasen, die sicherstellen, dass nur Fälle mit hoher Verurteilungswahrscheinlichkeit tatsächlich vor Gericht gelangen. Speziell in Russland ist es unwahrscheinlich, dass die Polizei Fälle auch nur aufgreift, die möglicherweise nicht zu einer Verurteilung führen, da solche „erfolglosen" Verfahren sich negativ auf die Karriere auswirken würden. Aus ähnlichen Gründen haben russische Staatsanwälte einen starken Anreiz, einmal begonnene Fälle zu Ende zu führen und für eine Verurteilung zu sorgen.[218] Insgesamt dürfte bei alledem klar sein, dass das russische Strafrecht in der gelebten Praxis weit weniger positiv und neutral daherkommt als das geschriebene Recht.[219] Die jury ist dabei zu einem etablierten Teil des Systems geworden, hat sich aber nicht als Mittel zur Verbesserung der Lage erwiesen.

211 Vgl. dazu *Esakov* (Fn. 177), 665 (693 ff., 700); vgl. auch *Hendley* (Fn. 178), 155 (164); zum accusatorial bias in Russland im Allgemeinen vgl. etwa *Smith* (Fn. 177), 3 (15 f.).

212 Vgl. Russian Legal information Agency, Problems with trial by jury in Russia, www.rapsinews.com/legislation_publication/20120911/264633744.html (zuletzt aufgerufen am 18.7.2025); vgl. auch *Esakov* (Fn. 177), 665 (688 ff.); zu den Auswirkungen der Ausdehnung der jury-Verfahren auf untere Instanzen vgl. auch *Kovalev* (Fn. 208), 237 (253).

213 Zu historischen Beispielen von jury nullification in Russland vgl. *Thaman, Stephen C.,* The Nullification of the Russian Jury, Cornell International Law Journal 40 (2007), 355 (397 ff.); zur jury nullification im common law vgl. supra → § 5 Rn. 154.

214 Zu diesem Fall vgl. *Kovalev* (Fn. 208), 237 (240).

215 Die Verurteilungsquote im ersten Quartal 2023-24 in England and Wales betrug 82,8 %, vgl. CPS data summary Quarter 1 2023–2024, www.cps.gov.uk/publication/cps-data-summary-quarter-1–2023-2024 (zuletzt abgerufen am 18.7.2025).

216 Vgl. Ministère de la Justice, Références statistiques justice, 2022, 100 www.justice.gouv.fr/sites/default/files/migrations/portail/art_pix/RSJ2021.pdf (zuletzt abgerufen am 18.7.2025).

217 Zu Deutschland vgl. *Kinzig, Jörg; Vester, Thaya,* Der Freispruch, Strafverteidiger 35 (2015), 261 (262).

218 Vgl. *Smith* (Fn. 177), 3 (16).

219 Vgl. die vorsichtigen Anmerkungen aus einer eher praxisnahen Perspektive bei *Esakov* (Fn. 182), 407 (430 f.).

ff) Die russisch-orthodoxe Kirche

100 Die russisch-orthodoxe Kirche spielt eine wichtige, wenn auch leicht zu übersehende Rolle im Getriebe des russischen Staates.[220] Die Beziehung zwischen Kirche und Staat wird manchmal mit dem auf byzantinische Zeit zurückgehenden Konzept der Symphonie beschrieben,[221] das in den letzten Jahren von der Kirche wieder aufgegriffen wurde, um ideologischen Einfluss zu gewinnen. Der Symphonie liegt die Idee zugrunde, dass die Kirche soziale, spirituelle und andere Ziele für die Gesellschaft definiert, während der Staat entscheidet, wie diese Ziele am besten erreicht werden können. In der typischen und traditionellen Bildsprache zu dieser angenommenen Einheit bildet der Staat den Körper und die Kirche die Seele Russlands. Die Kirche beansprucht für sich selbst und für ihre Gläubigen, vom staatlichen Recht abzuweichen, wenn dieses Recht gegen Gottes Gebote verstößt, insbesondere wenn es zu schwerer Sünde führte; darüber hinaus stellt die Kirche eine recht lange und umfassende Liste von Bereichen auf, in denen Kirche und Staat gemeinsam handeln können, aber eine eher kurze Liste von Bereichen, in denen der Staat allein handelt.[222] Im Gegenzug stimmen einige von der russisch-orthodoxen Kirche verteidigte Grundwerte mit den vom russischen Staat und Präsident Putin propagierten Grundwerten überein, wie etwa der Vorrang kollektiver vor individuellen Interessen, die Familie bestehend aus Mann, Frau und Kindern sowie andere traditionelle Werte. Offen bleibt, inwieweit die Bestrebungen der Kirche im Sinne einer Symphonie ihr echte Macht verleihen und wie viel ihres Einflusses auf die derzeitige – und vielleicht vorübergehende – Übereinstimmung zwischen ihren und den von der Regierung vertretenen Grundwerten zurückzuführen ist.

c) Verfassungsrecht

101 Einige Besonderheiten des russischen Rechts zeigen sich mit besonderer Deutlichkeit im Verfassungsrecht. Zu nennen sind hier die komplexe und vielschichtige Struktur des Föderalismus,[223] der etwas unklare Status der zahlreichen untergesetzlichen Rechtsnormen,[224] der Superpräsidentialismus, der durch die Verfassungsänderungen von 2020 noch verstärkt wurde,[225] oder, aus einer eher sprachlichen Perspektive, die Schwierigkeiten, den Begriff „Rechtsstaat" überhaupt ins Russische zu übersetzen.[226] Eine zentrale Rolle dürfte der Diskussion über die russischen Werte (aa) und das Überwiegen von Gemeinwohlinteressen (bb) zukommen.

aa) Staatsverständnis und „russische Werte"

102 Die Andersartigkeit russischen Rechtsdenkens zeigt sich besonders deutlich auch im grundlegenden Staatsverständnis und hier besonders bei der Einstellung zu Freiheit, Demokratie

---

[220] Dazu und zum Folgenden vgl. die ausführliche Analyse bei *Antonov, Mikhail,* Russian Symphonia vs. Rule of Law?, Brigham Young University Law Review 46 (2021), 1183 (1183 ff.); zur heutigen theologischen Grundlage dieser Beziehung vgl. Bases of the Social Concept of the Russian Orthodox Church, 2000, orthodoxeurope.org/page/3/14.aspx (zuletzt abgerufen am 18.7.2025).

[221] Zur Symphonie vgl. auch Bases of the Social Concept of the Russian Orthodox Church, 2000, Punkt III.4, orthodoxeurope.org/page/3/14.aspx (zuletzt abgerufen am 18.7.2025); zu einem anderen Aspekt der Symphonie vgl. Antonov (Fn. 177), 7.

[222] See Bases of the Social Concept of the Russian Orthodox Church, 2000, Punkt III.5 und III.8, orthodoxeurope.org/page/3/14.aspx (zuletzt abgerufen am 18.7.2025).

[223] Vgl. etwa *Schlage* (Fn. 153), passim.

[224] Vgl. etwa *Reitemeier, Christian,* Untergesetzliche Rechtsakte, Normenhierarchie und Normenkontrollrechtsschutz in der Russländischen Föderation, in: Luchterhand (Fn. 98), 133 (133 ff.).

[225] Vgl. etwa *Henderson, Jane,* The Constitutional Foundation of the Russian State, in: Muravyeva, Marianna (Hrsg.), The Foundations of Russian Law, 2023, 57 (65, 70 ff.); zu einer detaillierten Darstellung der Machtbefugnisse des Präsidenten vgl. auch *Henderson* (Fn. 173), 82 ff., insbes. 95 ff.

[226] Vgl. das Vorwort zu *Henderson* (Fn. 173), viii f.; *Lukyanova, Elena,* On the Rule of Law in the Context of Russian Foreign Policy, Russian Law Journal, 3 (2015), 10 (13).

und Rechtsstaatlichkeit, also zu den für das kontinentaleuropäische Recht prägenden Grundwerten. Nur für eine kurze Zeit, Ende der 80er, Anfang der 90er Jahre des 20. Jahrhunderts, bestanden ernstzunehmende Bestrebungen, Russland auf diese Werte hin zu orientieren. Russland strebte ausdrücklich die Rückkehr in die damals in Russland so bezeichnete „zivilisierte Welt“ an; man wollte sich an den anerkannten Grundwerten der westlichen Zivilisation, den sog. Weltstandards orientieren und schuf auch tatsächlich eine Verfassung, die Grundlage eines so orientierten Staatswesens hätte werden können.[227] Diese Entwicklung aber erodierte schon ab Mitte der 90er Jahre. So setzte Wladimir Putin schon 1999 in einem programmatischen Beitrag zum Jahrtausendwechsel auf eine starke Staatsmacht anstelle einer westlichen Demokratie und stellte fest: „Russland wird in der nächsten Zeit nicht, wenn überhaupt je, eine zweite Auflage sagen wir der Vereinigten Staaten oder Englands, wo liberale Werte eine große historische Tradition haben. (…) Ein starker Staat ist für Russen keine Anomalie, nicht etwas das angegangen werden müsste, sondern im Gegenteil Quelle und Garant der Ordnung, Initiator und treibende Kraft hinter jeder Veränderung.“[228] Insgesamt kam es zu einer Gegenbewegung, die sich auf russische Werte und russische Kultur statt auf den sog. Weltstandard zurückbesann, also auf die unangefochtene Autorität des Herrschers, die orthodoxe Religion und die Sakralisierung des Staates.[229] Demokratie, Rechtsstaat und individualistische Grundrechte passen nach Ansicht der russischen Eliten (die gleichzeitig die neuen und die alten sind) nicht nach Russland; stattdessen wird in Russland die Demokratie „gelenkt“, die Gemeinschaft über das Individuum gestellt, Recht und Moral ebenso wie Recht und Gerechtigkeit in einen Gegensatz gesetzt und so letztlich wieder zu einer slawophilen Grundeinstellung[230] zurückgekehrt. Rechtsstaat und Demokratie werden so zu einem dem diplomatischen Erfolg und der internationalen Darstellbarkeit dienenden Lippenbekenntnis[231] oder, rechtsvergleichend gesagt, nach ihrer Übertragung aus dem westlichen Recht mit neuen, dem russischen Kontext angepassten Inhalten gefüllt.

Verfassungsrechtlich spiegelt sich diese Entwicklung etwa in der Stellung des russischen **103**
Verfassungsgerichts, das nach vielversprechenden Anfängen und zwei bahnbrechenden Entscheidungen zur KPdSU und zu Tschetschenien Mitte der 90er Jahre seine Kontrollfunktion gegenüber der Staatsmacht zurücknahm und so letztlich in der Bedeutungslosigkeit versank, was sich unter russischen Verhältnissen schon äußerlich an seiner Verlegung weg vom Machtzentrum Moskau nach St. Petersburg oder an den Problemen beim Vollzug seiner Entscheidungen ablesen lässt. Die teils noch kritischen Sondervoten wurden seit 2001 nicht mehr in der gut zugänglichen Rossijskaja Gazeta, sondern nurmehr im selten gelesenen Amtsblatt des Gerichts selbst veröffentlicht.[232]

---

[227] Zu dieser Entwicklung und ihren Anfängen noch in der Sowjetzeit deutlich *Nußberger,* tertium comparationis (Fn. 131), 73 ff.

[228] *Putin, Wladimir,* Rossija na rubeže tysjačeletij, Nezavisimaya Gazeta, 30.12.1999, www.ng.ru/politics/1999-12-30/4_millenium.html (zuletzt abgerufen am 18.7.2025) („Россия не скоро станет, если вообще станет, вторым изданием, скажем, США или Англии, где либеральные ценности имеют глубокие исторические традиции. (…) Крепкое государство для россиянина не аномалия, не нечто такое, с чем следует бороться, а, напротив, источник и гарант порядка, инициатор и главная движущая сила любых перемен.“); zur Ablehnung von der Verfassung als oberstem Wert, der Demokratie und der Gewaltenteilung vgl. *Nußberger,* tertium comparationis (Fn. 131), 210 ff.

[229] Deutlich dazu und zum Folgenden *Nußberger,* tertium comparationis (Fn. 131), 79 ff. mwN.

[230] Deren Fortwirken heute bejaht etwa *Brunner* (Fn. 131), 130.

[231] Vgl. etwa zur Illustration die niederschmetternde Beurteilung durch *Luchterhand, Otto,* Das zweite Strafurteil gegen die JUKOS-Manager Chodorkovskij und Lebedev, in: *Küpper* (Fn. 93), 45 (60 f.) zu der im Titel genannten Entscheidung: „ein weiteres, bestürzendes Dokument von Rechtsnihilismus und auch von Zynismus der russischen Justiz, da es den willkürlichen Umgang mit dem Gesetz und die böswillige Verdrehung des Rechts kaum noch verschleiert.“.

[232] Vgl. die detaillierte Analyse zur Stellung des russischen Verfassungsgerichts bei *Nußberger,* tertium comparationis (Fn. 131), 223 ff.; auch *Nußberger,* tertium comparationis (Fn. 131), 126; im Ergebnis ähnlich die ehemalige russische Verfassungsrichterin *Morščakova* (Fn. 105), 8 f.

bb) Gemeinwohlinteressen und umgekehrte Verhältnismäßigkeit

104 Wie schon im Zusammenhang mit dem Dezisionismus erwähnt,[233] wird den russischen Werten und ganz allgemein den Gemeinwohlinteressen Vorrang vor individuellen Rechten eingeräumt.[234] In einer seiner vielen Bedeutungen wird der Begriff „Souveränität" verwendet, um sowohl die traditionellen Werte zu beschreiben, wie sie der Staat propagiert, als auch ihr Übergewicht gegenüber dem Individuum.[235] Im Bereich der Grundrechte zeigt auch das russische Verfassungsgericht eine klare Tendenz, die Interessen der Gemeinschaft über die des Einzelnen zu stellen.[236] Dies kann durchaus als sozialistisches Erbe angesehen werden, das im Gegensatz zum westlichen Rechtsdenken steht, wie es etwa in Deutschland oder den Vereinigten Staaten vorherrscht. Es führt zum Phänomen der umgekehrten Verhältnismäßigkeit, bei dem nicht von individuellen Rechten ausgegangen wird, die nur eingeschränkt werden können, wenn dies für das öffentliche Wohl erforderlich ist, sondern umgekehrt vom öffentlichen Wohl, das den Bereich beschreibt, in dem individuelle Rechte verwirklicht werden können.[237]

d) Der russische Kontext in weiteren Staaten

105 Die Eigenständigkeit des russischen Kontexts schließt es keineswegs aus, dass auch andere Staaten, die ähnliche Wege gehen, ihm zuzurechnen wären. Unter den Kandidaten befinden sich so unterschiedliche Staaten wie Weißrussland, Aserbaidschan,[238] Kirgisistan oder Kasachstan. Bei allen handelt es sich um GUS Staaten, die bis Anfang der 90er Jahre zur Sowjetunion gehörten und in denen sich folglich die spezifisch russischen Besonderheiten, die die Sowjetunion insgesamt prägten, mit ähnlicher Deutlichkeit niederschlagen konnten. Ihnen allen sind zudem erhebliche demokratische und rechtsstaatliche Mängel und eine anhaltende Instabilität gemein. Nicht wenige der GUS Staaten wurden schlicht zu Diktaturen.

III. Skandinavien: Das nordische Rechtsdenken

106 Die skandinavischen Rechtsordnungen nehmen eine rechtsvergleichende Sonderstellung ein. Dass dies so ist, wird kaum je bestritten. Wie weit die Besonderheiten gehen, ob Skandinavien gar einen ganz eigenständigen Kontext neben dem des common law und des civil law bildet, wird hingegen seit langem diskutiert. Eine genauere Betrachtung zeigt, dass bei allen geschichtlichen, rechtskulturellen, materiellrechtlichen und möglicherweise auch rechtstheoretischen Eigenheiten der Norden Europas letztlich zweifelsfrei Teil des kon-

[233] Vgl. supra → Rn. 84 f.

[234] Vgl. *Belov, Sergei; Partlett, William; Troitskaya, Alexandra,* Socialist Constitutional Legacies, Russian Law Journal 9 (2021), 8 (13 ff.).

[235] Vgl. *Antonov* (Fn. 177), 19, 92 ff., 191.

[236] Vgl. im einzelnen *Nußberger,* tertium comparationis (Fn. 131), 82 ff.; vgl. auch *Troitskaya, Alexandra,* The Proportionality Principle in the Jurisprudence of the Russian Constitutional Court, in: Review of Central and East European Law 46 (2021), 203 (207).

[237] Zu beiden Aspekten und ihrer Beziehung untereinander vgl. *Belov, Sergei; Partlett, William; Troitskaya, Alexandra* (Fn. 234), 8 (13 ff.); für eine Analyse des Verhältnismäßigkeitsgrundsatzes in der Rechtsprechung des Russischen Verfassungsgerichts, die den Begriff der „umgekehrten Verhältnismäßigkeit" nicht erwähnt, sich aber sehr kritisch zur Unbestimmheit, Widersprüchlickeit und Unvorhersehbarkeit der Anwendung äußert vgl. *Troitskaya, Alexandra,* The Proportionality Principle in the Jurisprudence of the Russian Constitutional Court, in: Review of Central and East European Law 46 (2021), 203 (204 ff., 214 ff.).

[238] Vgl. beispielhaft die Beschreibungen des rechtlichen Alltags von *Melzer, Thomas,* Entwicklung des Verwaltungsrechts in den postsozialistischen Staaten am Beispiel Aserbaidschans, Wirtschaft und Recht in Osteuropa 21 (2012), 33 (35 ff.), die sich so ohne weiteres auch für Russland finden ließen; vgl. auch *Mushteidzada, Mahir,* Azerbaijan – Development of justice in a new democracy, in Alleweldt/Dimitrova/Drohla/Milej (Fn. 118), 443 (446 ff.).

tinentaleuropäischen Kontexts ist, wenn er auch Besonderheiten aufweist, die ihn in diesem Rahmen genauso eigenständig erscheinen lassen wie etwa den französischen oder den deutschen Kontext. Bei alledem ist „Skandinavien" die zwar übliche, aber nicht unbedingt ganz richtige Sammelbezeichnung, denn geographisch betrachtet liegen nur Norwegen und Schweden auf der skandinavischen Halbinsel. Gemeint ist aber hier wie auch sonst bei vielen Autoren der Norden Europas mit den Staaten Dänemark, Finnland, Island, Norwegen und Schweden.

1. Geschichtliche Besonderheiten

a) Staatliche Zusammenhänge in Skandinavien

Dass Skandinavien nicht nur unter Rechtswissenschaftlern gern als eine gewisse Einheit betrachtet wird, ist nicht zuletzt historisch begründet. Denn nicht nur teilt das ganze Gebiet die Eigenheit einer über Jahrhunderte politisch wie geographisch eher randständigen Lage, einer weiträumig verteilten, bäuerlich geprägten und eher armen Bevölkerung sowie einer spät einsetzenden industriellen Entwicklung.[239] Auch staatsrechtlich bildeten die Nationen über die Jahrhunderte keineswegs immer getrennte Einheiten, sondern waren trotz klarer kultureller Abgrenzung auf die verschiedensten Weisen miteinander verbunden. **107**

So gehörte Finnland zunächst für über 650 Jahre, bis 1809, zum Königreich Schweden. Schwedisches Recht galt in Finnland und die adlige Oberschicht sprach traditionell Schwedisch. Aufgrund dieser langen Einheit wird Skandinavien aus rechtlicher Perspektive auch nicht selten in Ostskandinavien, mit Finnland und Schweden, sowie Westskandinavien, mit den übrigen Staaten, eingeteilt.[240] 1809 gelangte Finnland unter russische Herrschaft, konnte sich aber auch erstmals als eine politische Einheit mit gewissen eigenen Rechten in Form eines russischen Großfürstentums etablieren. Gerade auch in rechtlicher Hinsicht hinterließ dieses russische Intermezzo allerdings praktisch keine Spuren, vor allem da Finnland sein schwedisches Rechtssystem beibehalten konnte.[241] Im Zuge der russischen Revolution erlangte Finnland 1917 erstmals in seiner Geschichte staatliche Selbständigkeit, die von der russischen Regierung unter Lenin auch anerkannt wurde. In der Zeit nach dem 2. Weltkrieg nahm es eine vorsichtige Mittlerposition zwischen Ost und West ein, konnte seine Eigenständigkeit gegenüber dem übermächtigen Nachbarn Sowjetunion halten, war aber immer wieder zu Kompromissen gezwungen und wurde keineswegs vorbehaltlos zum freien Westen gezählt, wie auch das im Kalten Krieg verbreitete Stichwort der Finnlandisierung belegt. Mit dem Ende der Sowjetunion kehrte Finnland dann jedoch schnell in den zweifelsfreien Kreis des Westens ein. **108**

Dänemark und Norwegen bildeten für über 400 Jahre von 1387 bis 1814 einen von Kopenhagen aus unter einem Herrscher geführten Staat mit weitgehend gleicher Rechtsordnung und sich immer weiter angleichender Kultur. Bis 1523 gehörte unter der sog. Kalmarer Union sogar Schweden dazu, so dass alle skandinavischen Staaten hier zumindest formal eine Einheit bildeten, denn Island gehörte zur norwegischen Krone. 1814 trat zunächst Dänemark Norwegen an Schweden ab, behielt aber die norwegischen Besitzungen Island, Färöer und Grönland. Norwegen rebellierte mit Unterstützung aus Dänemark gegen die Union mit Schweden und gab sich im Versuch, unabhängig zu werden, noch im selben Jahr 1814 eine – heute noch gültige – eigene Verfassung. Schweden griff einige Wochen später Norwegen erfolgreich an, akzeptierte allerdings die neue Verfassung, so dass sich nunmehr Norwegen als konstitutionelle Monarchie mit Schweden vereinigte, aber – für die **109**

[239] Vgl. eingängig *Strömholm, Stig; Hirschfeldt, Johan,* General features of Swedish law, in: Bogdan, Michael; Wong, Christoffer (Hrsg.), Swedish legal system, 2. Aufl. 2022, 1 (1 f., 4 f.).

[240] Vgl. etwa *Bernitz, Ulf,* What is Scandinavian law? – Concept, characteristics, future, Scandinavian Studies in Law 50 (2007), 13 (16); *Tamm, Ditlev,* The nordic legal tradition in European context, in: Letto-Vanamo, Pia (Hrsg.), Nordisk identitet – Nordisk rätt i Europeisk Gemenskap, 1998, 15 (15).

[241] Vgl. *Aarnio, Aulis,* Introduction, in: Pöyhönen, Juha (Hrsg.), An introduction to Finnish law, 2. Aufl. 2002, 1 (3).

Norweger sehr wichtig – eine ausgeprägte Eigenständigkeit in inneren Angelegenheiten einschließlich der Rechtsetzung durch das norwegische Parlament, den Storting, und vor allem die eigene Verfassung behielt. Der Storting verteidigte und erweiterte verbissen die nationale Autonomie Norwegens, bis er 1905 einseitig die Union mit Schweden für aufgelöst erklärte. Der dadurch drohende Krieg mit Schweden wurde durch eine vertragliche Einigung beider Staaten über die Unabhängigkeit noch im selben Jahr verhindert.

110 Island kämpfte lange für seine Eigenständigkeit gegenüber Dänemark, konnte ab 1904 seine inneren Angelegenheiten selbst bestimmen, bis es sich 1944 offiziell für unabhängig erklärte. Rechtlich ist das isländische Recht bis heute dem Dänischen besonders ähnlich.[242] Grönland gehört bis heute zu Dänemark, genießt aber weitreichende Autonomie, die mittlerweile alle Bereiche, bis auf Außen- und Sicherheitspolitik, umfasst. Ähnliches gilt für die Faröer Inseln, deren Eigenständigkeit noch weiter geht und sich auf Teile der Außenpolitik erstreckt.

111 In der jüngsten Geschichte spielt insbesondere die Europäische Union eine Rolle, die scheinbar eine neue rechtliche Spaltung Skandinaviens in Mitglieder und Nichtmitglieder bewirkt: Dänemark ist sei 1972 Mitglied, nicht aber Faröer und auch nicht mehr Grönland, das 1985 aufgrund einer entsprechenden Volksabstimmung wieder austrat und nurmehr assoziiert ist. Schweden und Finnland sind seit 1995 EU-Mitglieder. Norwegen und Island hingegen sind nie beigetreten. Von einer echten, dadurch bewirkten Spaltung kann aber allenfalls sehr beschränkt die Rede sein. Denn Norwegen und Island sind über den Europäischen Wirtschaftsraum EWR stark in das EU-Recht eingebunden und vor allem zur Übernahme des wirtschaftlich einschlägigen acquis communautaire auf seinem jeweiligen Stand verpflichtet.[243]

b) Rechtseinflüsse von außen

112 Einer der Hauptgründe, warum das nordische nicht immer zum kontinentaleuropäischen Recht gezählt wird, dürfte im mangelnden Einfluss des römischen Rechts liegen. Wer Rechtskreise – anders als hier – vor allem historisch-genetisch bestimmt oder wer von der Doppeldeutigkeit des Begriffs „civil law" in der englischen Sprache ausgeht, der nicht nur das heutige kontinentaleuropäische Recht, sondern auch das römische Recht bezeichnet,[244] hat in der Tat einen guten Grund, Skandinavien auszuschließen.[245] Allerdings ist der mangelnde Einfluss des römischen Rechts zu einem gewissen Teil auch ein vor allem im 19. Jahrhundert aus ideologischen Gründen forcierter Teil skandinavischer Selbstdarstellung, der in den vergangenen Jahrzehnten teilweise revidiert werden musste.[246]

113 Tatsächlich wurde allerdings das römische Recht in Skandinavien niemals formell rezipiert. Stattdessen galt das alte Gewohnheitsrecht. Auch die größeren Gesetzbücher, die 1683 in Dänemark, 1687 in Norwegen und 1734 in Schweden erarbeitet worden waren, stellen im Kern Kompilationen des bisher geltenden Rechts dar. Sie waren also nicht etwa römischrechtlich und nur wenig naturrechtlich beeinflusst und führten so die mittelalterliche Rechtstradition fort.[247] Andererseits hat sich heute die Erkenntnis durchgesetzt, dass bereits die Landschaftsrechte des 13. und 14. Jahrhunderts keineswegs nur Ausdruck germanischer Rechtskultur waren, sondern auch stark von ausländischem Gedankengut, sowohl des kanonischen als auch des römischen Rechts beeinflusst waren, wie sich etwa schon an der

[242] Vgl. *Bernitz* (Fn. 240), 16.

[243] Allein das Verzeichnis der darunterfallenden Rechtsakte der EU umfasste 2021 über 1.200 Seiten, vgl. Stabsstelle EWR der Regierung des Fürstentums Liechtenstein (Hrsg.), EWR Rechtssammlung, Register 2021.

[244] Zur Doppeldeutigkeit schon supra → § 5 Rn. 274, → § 6 Rn. 2.

[245] So etwa *Arminjon, Pierre; Nolde, Baron Boris; Wolff, Martin,* Traité de droit comparé, Bd. 2, 1950, 440.

[246] Deutlich *Jägerskiöld, Stig,* Roman law influence on Swedish case law in the 17th century, Scandinavian studies in law 11 (1967), 176 (178); *Strömholm/Hirschfeldt* (Fn. 239), 10; *Tamm* (Fn. 240), 30 f.

[247] Vgl. *Jørgensen, Stig,* Grundzüge der Entwicklung der skandinavischen Rechtswissenschaft, JZ 1970, 529 (530).

dem römischen Recht ähnlichen Systematik der Landschaftsgesetze zeigte. Nicht ganz unbedeutend ist es sicherlich auch, dass jedenfalls bis zur Mitte des 14. Jahrhunderts rechtliche Urkunden meist in lateinischer Sprache und nicht wie später auf Schwedisch oder Deutsch abgefasst wurden.[248] So wird die Rezeption europäischen Rechtsdenkens um das Jahr 1300 als die „gewaltigste Europaanpassung, die das schwedische Recht seither erlebt hat" bezeichnet.[249] Erneut ab dem 16. Jahrhundert spielte das römische und auch das kanonische Recht eine nicht unerhebliche Rolle. Allerdings wurde es – im Gegensatz etwa zu Deutschland – stets als ein *fremdes* Recht angesehen, das eine gewisse Gefahr für das organisch gewachsene heimische Recht darstellte.[250] Gleichzeitig aber wurde das römische Recht in den nordischen Staaten gelehrt, etwa an der Universität Kopenhagen seit ihrer Gründung 1497. Es galt in Dänemark als eine Quelle zur Erschließung des Naturrechts und so zum besseren Verständnis des eigenen Rechts, auch wenn dieses nach damaligem Verständnis das Naturrecht anders wiedergab. In Schweden war der Einfluss des römischen Rechts etwas größer; insbesondere an den obersten Gerichten wurde es zur Ergänzung des heimischen Rechts herangezogen, durfte dieses aber in der Theorie nicht ersetzen, auch wenn dies in der Praxis gelegentlich geschah.[251] Während also die erste Welle fremden Einflusses des 13. und 14. Jahrhunderts vor allem die Gesetzgebung betraf, setzte sich der Einfluss nunmehr vor allem durch die obergerichtliche Praxis durch.[252]

Hinderlich für eine echte Rezeption des römischen Rechts war allerdings auch die sehr 114
späte Entwicklung eines akademischen Juristenstandes in Skandinavien. Allerdings finden sich zB schwedische Studenten an ausländischen kontinentaleuropäischen Rechtsfakultäten schon im frühen 13. Jahrhundert – ein Grund für den schon frühen Einfluss fremden Rechtsdenkens.[253] Trotz bereits bestehender Universitäten mit Unterricht im römischen, kanonischen und Naturrecht, später auch im heimischen Recht, entwickelte sich aber eine eigene rechtswissenschaftlich zu nennende Literatur erst langsam mit dem Beginn des 18. Jahrhunderts. Als Begründer einer eigentlichen nordischen Rechtswissenschaft gilt denn auch erst Anders Sandøe Ørsted (1778 – 1860), dessen Bedeutung mit der von Savigny und Blackstone für ihre jeweiligen Rechtsordnungen verglichen wird, der aber interessanter- und bezeichnenderweise trotz entsprechender Bemühungen niemals einen Lehrstuhl an einer Universität erhielt, sondern als hochrangiger Verwaltungsjurist tätig war.[254] Mit der Schaffung akademisch gebildeter Juristen ging denn auch ein gestiegener Einfluss kontinentalen und hier vor allem deutschen Gedankenguts einher. Im 19. Jahrhundert bestand ein starker Einfluss des deutschen Pandektenrechts[255] in ganz Skandinavien. Viele Rechtswissenschaftler, aber auch Studenten studierten an deutschen Universitäten, die Schriften von Savigny, Jhering oder Windscheid wurden gelesen und diskutiert. Die deutschen Rechtsfakultäten zogen die besten skandinavischen Studenten an. Die deutsche Rechtswissenschaft stand somit Pate bei der Bildung einer nordischen Rechtswissenschaft und hinterließ auf diese Weise erhebliche Spuren.[256]

Wie so oft gab es aber auch hier von Land zu Land Unterschiede. Manche nehmen an, dass 115
etwa das Interesse dänisch-norwegischer Juristen nach den beiden schleswig-holsteinischen Kriegen von 1848 und 1864 zugunsten von Frankreich und England abnahm,[257] ohne dass

[248] Vgl. *Nygren, Rolf,* Vad är egentligen „riktigt svenskt" i den svenska rätten?, Svensk Juristtidning 1998, 103 (104 f., 106); zurückhaltender in Bezug auf den Einfluss römischen Rechts *Tamm* (Fn. 240), 19.
[249] *Nygren* (Fn. 248), 105 („var receptionen runt 1300 den väldigaste europaanpassning som svensk rätt någonsin varit med").
[250] Vgl. *Tamm* (Fn. 240), 17, der allerdings den früheren Einfluss so nicht erwähnt.
[251] Zum Ganzen *Tamm* (Fn. 240), 20 ff.; für einen eher weitreichenden Einfluss in Schweden auch *Aarnio* (Fn. 241), 3; ausführlich und detailreich zum Einfluss des römischen Rechts auf die Praxis des Svea Hovrätt im 17. Jahrhundert am Beispiel des Handelsrechts *Jägerskiöld* (Fn. 246), 178 ff.
[252] *Nygren* (Fn. 248), 106 für Schweden.
[253] *Nygren* (Fn. 248), 104 f.
[254] Dazu *Jørgensen* (Fn. 247), 530.
[255] Zur Pandektistik kurz supra → § 6 Rn. 189.
[256] Vgl. *Tamm* (Fn. 240), 24, 25, 27, 28 f.
[257] So *Jørgensen* (Fn. 247), 530.

dies allerdings größere erkennbare Spuren zu hinterlassen haben scheint. In Finnland hingegen wurde das deutsche Gedankengut des 19. Jahrhunderts, wie es insbesondere von Puchta und Windscheid repräsentiert wurde, besonders ausgeprägt rezipiert. So entstand eine stark begriffsjuristisch geprägte finnische Rechtswissenschaft, die auch die weitere Entwicklung in Deutschland parallel nachvollzog, etwa die Interessenjurisprudenz[258] zumindest als Warnung vor übertrieben begriffjuristischen Figuren akzeptierte. Dabei hatten finnische Juristen um die Wende zum 20. Jahrhundert auch sehr praktische Gründe für eine stark formalistische Sicht des Rechts: Sie erlaubte Ihnen einen geschickten Widerstand gegen die steten Übergriffsversuche des russischen Zaren durch ein formales – und daher schwer angreifbares – Beharren auf den Vorgaben des Rechts und insbesondere der finnischen Verfassung.[259] Aber auch in Schweden hatte etwa im 19. Jahrhundert die deutsche historische Schule einen ganz erheblichen Einfluss und gehörten, mit den Worten eines schwedischen Rechtshistorikers, um die anschließende Jahrhundertwende herum „viele unserer höchsten Richter und Rechtsprofessoren geistig deutschen Rechtsfakultäten an".[260]

c) Der Wohlfahrtsstaat

116 Für das Verständnis nordischer Besonderheiten im 20. Jahrhundert zentral ist, weit über den nur rechtlichen Bereich hinaus, der spezifisch skandinavische Wohlfahrtsstaat. Darunter wird ein Staat verstanden, der sich für das allgemeine Wohlergehen seiner Bürger verantwortlich fühlt, dafür umfassend aktiv tätig wird, weitreichende soziale Leistungen anbietet oder organisiert, andererseits aber auch in der Regel seinen Bürgern die Finanzierung dieser Leistungen in Form von hohen Steuern und Abgaben zumuten muss. Schweden war in dieser Hinsicht über Jahrzehnte nach dem 2. Weltkrieg das klassische Beispiel eines Wohlfahrtsstaates, dem aber die anderen skandinavischen Staaten[261] in vielerlei Hinsicht folgten. In Schweden selbst wird dieser Wohlfahrtsstaat vor allem mit der bis 1976 andauernden 44-jährigen sozialdemokratischen Regierungsherrschaft verbunden, die dann noch einmal von 1982 bis 1991 andauerte.[262] Das Recht war ein zentrales Mittel beim Ausbau des Wohlfahrtsstaates und wurde so zentral zur Steuerung der gesellschaftlichen Entwicklung insgesamt eingesetzt.

117 Der Wohlfahrtsstaat führte, verallgemeinernd von außen betrachtet, zu einer sozial sehr homogenen, wenig konfliktgeneigten Bevölkerung, einer Kultur des Miteinanders, der gegenseitigen Unterstützung und der Offenheit, einer gewissen Unaufgeregtheit aufgrund eines starken Gefühls der sozialen Sicherheit,[263] aber auch zu einem subtilen Konformitätsdruck sowie einem gewissen Übergewicht der Gemeinschafts- vor den Individualinteressen. Beispielsweise waren Unterschiede in der sozialen Stellung und im Einkommen etwa zwischen einem einfachen Angestellten und einem Arzt, die in den meisten Staaten recht ausgeprägt ausfallen, in Schweden weit geringer. Auch in der schwedischen Sprache etwa ist die Höflichkeitsform „ni" zugunsten des informellen „du" fast vollständig entfallen. Der Machtverlust der Sozialdemokratie in Schweden war gleichzeitig Anzeichen für eine Krise des Wohlfahrtsstaates, der zugunsten marktliberalerer Ideen zurückgefahren wurde. Im Kern

[258] Vgl. dazu supra → § 6 Rn. 89, 91.

[259] Zum Ganzen *Aarnio* (Fn. 241), 5 ff.

[260] *Nygren* (Fn. 248), 107 („många av våra högsta domare och juris professorer mentalt tillhörde tyska fakulteter"); zum weiteren deutschen Einfluss nach 1945 vgl. *Nylund, Anna,* An Introduction to Finnish Legal Culture, in: Koch, Sören; Øyrehagen Sunde, Jørn (Hrsg.), Comparing Legal Cultures, 2nd ed 2020, 149 (177 f., 183).

[261] Zum Wohlfahrtsstaat und seinen egalitären Konsequenzen in Norwegen vgl. *Kjølstad, Marius Mikkel; Koch, Sören; Øyrehagen Sunde, Jørn,* An introduction to Norwegian Legal Culture, in: Koch, Sören; Øyrehagen Sunde, Jørn (Hrsg.), Comparing Legal Cultures, 2nd ed 2020, 105 (107 f.).

[262] Sehr deutlich zur Bedeutung des sozialdemokratischen Einflusses für das schwedische Recht *Carlson, Laura,* The fundamentals of Swedish law, 3. Aufl. 2019, 52.

[263] Vgl. auch *Husa, Jaakko,* A new introduction to comparative law, 2015, 134: „The Nordic legal culture is characterised by its communal nature and social-political basic emphasis.".

aber sind viele seiner Aspekte und vor allem viele seiner sozialen Auswirkungen bis heute erhalten geblieben. So wurde und wird der ausgeprägte Gleichheitsaspekt des Wohlfahrtsstaates in Schweden bis heute zugleich als Ausdruck einer demokratischen Grundhaltung angesehen.

2. Eigenheiten des skandinavischen Kontexts

a) Fehlende Kodifikation

Dass die skandinavischen Staaten keine Kodifikationen im Sinne eines BGB oder Code civil besitzen, gilt oft als eine besonders auffällige Besonderheit. Ob diese Feststellung, die ohnehin nur das Privatrecht betrifft, aber tatsächlich von großer Bedeutung ist, lässt sich mit Fug und Recht bezweifeln. Sie spielt vielmehr ein wenig mit der Bedeutungsvielfalt des Begriffs des Kodex.[264] Das zeigte sich schon sehr früh bei Bentham, der bemerkte, der dänische Kodex von 1683 sei keineswegs vollständig, denn er befasse sich ua nicht mit Steuern, Berufsrecht, Thronfolge, Befugnissen untergeordneter Beamter außerhalb der Justiz oder Völkerrecht und beinhalte keine Formulare etwa für Verträge oder Verfahrenshandlungen.[265] Von einem solchen Standpunkt aus betrachtet, gibt es nirgendwo auf der Welt eine vollständige Kodifikation und wird es sie auch vermutlich nie geben. Die heute übliche Kritik geht nicht von solch umfassenden Anforderungen aus, unterlegt den Begriff des Kodex aber dennoch mit einem sehr restriktiven Inhalt. Gemeint ist letztlich nur, dass keine Privatrechtskodifikationen bestehen, die mit einem mehr oder minder wissenschaftlichen Anspruch eine systematische Wiedergabe des Privatrechts in seiner Gesamtheit anstreben. 118

Aus heutiger Sicht aber finden sich auch in Deutschland und Frankreich keineswegs alle privatrechtlichen Normen auch in den jeweils großen Kodifikationen wieder, sondern bestehen durchaus nicht wenige Nebengesetze, die wichtige Aspekte separat regeln. Zentral für das kontinentaleuropäische Rechtsdenken insgesamt ist weniger die große Kodifikation als vielmehr das geschriebene Gesetz – im Gegensatz zum Richterrecht – als Ausgangspunkt aller Überlegungen.[266] Andersherum kommt etwa das schwedische Gesetz von 1734 (1734 års lag)[267] durchaus mit einem eher umfassenden Anspruch einher, beinhaltet also ua Abschnitte zum Handelsrecht, zum Bodenrecht, zum Baurecht, zum Strafrecht und zum Prozessrecht, die auch in sich jeweils keineswegs nur Stückwerk darstellen.[268] So können diese Gesetzeswerke in gewisser Weise einen umfassenderen Charakter für sich in Anspruch nehmen als die berühmten Privatrechtskodifikationen, wenn es auch vielfach an im Gesetz niedergelegten, allgemeinen Grundsätzen fehlt und auch in den geregelten Bereichen kein Anspruch auf Vollständigkeit besteht.[269] 119

Allerdings sind tatsächlich gerade aus privatrechtlicher Sicht zentrale Teile wie das Vertragsrecht, Warenkaufrecht oder das Recht der unerlaubten Handlung jeweils in Spezialgesetzen geregelt.[270] Wer sich etwa mit dem Schuldrecht beschäftigen will, hat es in 120

---

[264] Zur Bedeutungsvielfalt supra → § 6 Rn. 38 ff., 41 ff.

[265] Vgl. *Bentham, Jeremy,* A general view of a complete code of laws, in: Borrowing, John (Hrsg.), The works of Jeremy Bentham, Bd. 3, 1843, Nachdruck 1995, 155 (206), der gleichzeitig aber die Leistung aller frühen Kodizes lobt.

[266] Vgl. supra → § 6 Rn. 47.

[267] Hingegen ist „Sveriges Rikes Lag" die Bezeichnung der privaten Veröffentlichung wesentlicher Gesetzestexte, die sich allerdings an der Struktur des Gesetzes von 1734 orientiert, vgl. *Carlsson, Mia,* Författningar, in: Bernitz, Ulf et al. (Hrsg.), Finna rätt, 15. Aufl. 2020, 92 (104); zu den Hintergründen der Struktur von Sveriges Rikes Lag vgl. *Vogel, Hans-Heinrich,* Sources of Swedish law, in: Bogdan/Wong (Fn. 239), 18 (24 f.); missverstanden in *Zweigert/Kötz* (Fn. 24), 273.

[268] Deutlich schon *Sundberg, Jacob W.F.,* Civil law, common law and the Scandinavians, Scandinavian Studies in Law 13 (1969), 179 (201) („It is not true that Scandinavian law has no codes.").

[269] Vgl. etwa für die Fragmentierung des schwedischen Vertragsrechts *Ramberg, Christina,* Obligations, contracts and sales, in: Bogdan/Wong (Fn. 239), 273 (273, 274).

[270] Vgl. dazu mwN *Bernitz* (Fn. 240), 20 ff.

Schweden von vornherein mit 13 größeren Gesetzen zu tun.[271] Tatsächlich kann die Suche nach dem im Einzelfall anzuwendenden Gesetz durchaus einmal recht kompliziert werden.[272] Genau diese Vielfalt der Regelungen dürfte ein zentraler Grund für die stete Betonung fehlender Kodizes sein. Hinzu kommt, dass im 19. Jahrhundert in den skandinavischen Staaten Bestrebungen bestanden, neue Kodizes zu schaffen, die aber alle gescheitert sind.[273] Ein anderer dürfte darin liegen, dass die vorhandenen Kodifikationen aus dem 17. und 18. Jahrhundert gerade im Vergleich zum BGB eher kasuistisch gehalten sind und beispielsweise nur in Ausnahmefällen allgemeine Prinzipien enthalten. Dennoch konnten Lücken oder innere Widersprüche im Laufe der Zeit durch die Rechtsprechung gefüllt und behoben werden.[274] Entsprechend ist die Analogie in Skandinavien weniger eine mit gewisser Vorsicht verwendete Ausnahme als vielmehr ein regelmäßig notwendiges und verwendetes Hilfsmittel.[275] Entscheidend bei der Bewertung ist aber letztlich, dass die Existenz von Kodizes mit umfassendem Anspruch allenfalls aus einer die historischen Aspekte überhöhenden Perspektive für das kontinentaleuropäische Rechtsdenken entscheidend ist, während es im Kern eher um die primäre Bedeutung von geschriebenen Gesetzen unabhängig von ihrer genauen Zahl und Aufteilung und im Gegensatz insbesondere zum Richterrecht geht, die aber für Skandinavien kaum weniger festgestellt werden kann als für das übrige Kontinentaleuropa.

b) Rechtsquellenlehre

121 Mit der Bedeutung der Gesetze ist ein weiterer Aspekt skandinavischer Eigenheiten angesprochen: die Rechtsquellenlehre. Auf den ersten Blick unterscheidet sie sich allerdings kaum von der etwa in Deutschland üblichen. Gelegentlich als Besonderheit hervorgehoben wird die Befugnis der Tarifparteien zur Setzung echter Normen im Arbeitsrecht,[276] die aber, wie gesehen,[277] auch zum Beispiel in Deutschland ohne weiteres besteht. Eine echte Besonderheit stellt hingegen die herausgehobene Bedeutung der Gesetzgebungsmaterialien dar. Skandinavische, insbesondere schwedische[278] Gerichte und Juristen werden zur Lösung von Auslegungsfragen in erster Linie auf die Vorarbeiten zum jeweiligen Gesetz zurückgreifen, die zudem umfassend öffentlich verfügbar sind. Dies erinnert zwar auf den ersten Blick an die subjektiv-teleologische Auslegung, wie sie in anderen kontinentaleuropäischen Ländern verbreitet ist, geht aber in doppelter Hinsicht weit darüber hinaus.

122 Erstens sind die Materialien nicht ein Auslegungsmittel unter vielen, sondern es kommt ihnen eine überragende, in der Regel entscheidende Bedeutung zu. Das gilt bis hin zur Auslegung von Verfassungsbestimmungen. So bestimmte etwa in Schweden Kap. 11, § 14 S. 2 Regeringsformen (RF)[279] in seiner bis 2010 geltenden Fassung zur Normenkontrolle,

[271] Vgl. *Ramberg* (Fn. 269), 273 f.; zur ähnlichen Lage in Norwegen vgl. *Kjølstad/Koch/Øyrehagen Sunde* (Fn. 261), 105 (116 f.).

[272] Vgl. *Carlsson* (Fn. 267), 102.

[273] Vgl. *Tamm* (Fn. 240), 30; zu den ideologischen Gründen des Scheiterns in Schweden näher *Nygren* (Fn. 248), 107.

[274] Vgl. etwa zum dänischen Gesetzbuch von 1683 *Tamm* (Fn. 240), 23 f.

[275] Deutlich *Ring, Gerhard; Olsen-Ring, Line,* Einführung in das skandinavische Recht, 1999, 9; vgl. auch *Zweigert/Kötz* (Fn. 24), 277.

[276] Vgl. etwa *Carlson* (Fn. 262), 40.

[277] Vgl. supra → § 6 Rn. 26.

[278] Zur Ähnlichkeit zwischen Schweden und Finnland bei den Rechtsquellen etwa *Timonen, Pekka,* Sources of law and material on the sources of law, in: Pöyhönen, Juha (Hrsg.), An introduction to Finnish law, 2. Aufl. 2002, 21 (23); zur einheitlichen Bedeutung in allen nordischen Staaten *Bernitz* (Fn. 240), 20; zur Bedeutung der Vorarbeiten in Norwegen vgl. *Kjølstad/Koch/Øyrehagen Sunde* (Fn. 261), 105 (118).

[279] Die schwedische Verfassung besteht aus vier Dokumenten, der Regierungsform (regeringsformen), der Thronfolgeregelung (successionsordningen), der Druckfreiheitsverordnung (tryckfrihetsförordningen) und dem Grundgesetz über die Meinungsfreiheit (yttrandefrihetsgrundlagen), vgl. § 3 RF. Zur Kennzeichnung ihres verfassungsrechtlichen Status werden sie als Grundgesetze („grundlagar") bezeichnet. Bemerkenswert auch im Hinblick auf die geschwächte Bedeutung des Verfassungsrechts – dazu infra → Rn. 127 ff. – ist, dass der Begriff „författning" keineswegs nur Verfassung, sondern ebenso Gesetz bedeuten kann. Es sei darauf

dass die Gerichte ein Gesetz nur dann nicht anwenden dürften, wenn der Verstoß gegen höherrangiges Recht „offensichtlich" (uppenbart) war. In den Materialien findet sich dazu der Hinweis des Verfassungsausschusses, dass die gesetzgeberische Anwendung einer Verfassungsnorm respektiert werden müsse, solange sich diese im Rahmen einer möglichen Auslegung halte.[280] An diese Vorgabe hielten sich die Gerichte,[281] obwohl sicherlich auch andere Auslegungen des Offensichtlichkeitskriteriums möglich gewesen wären. Hinter der Auslegung anhand der Gesetzesmotive treten andere Auslegungsmethoden besonders in Schweden, aber auch in anderen skandinavischen Ländern weitgehend in den Hintergrund, teilweise so weit, dass Juristen gelegentlich vergessen, dass die primäre Erkenntnisquelle der Gesetzestext selbst ist.[282] Die herausragende Bedeutung der Materialien kann dabei möglicherweise auch als Ausdruck der ausgeprägt egalitär-demokratischen Grundhaltung schwedischer Juristen oder, anders ausgedrückt, der gewissen Vorrangstellung der Politik vor dem Recht[283] gesehen werden, da so ein außergewöhnlicher Einfluss des demokratisch gewählten Gesetzgebers nicht nur auf den Gesetzestext, sondern auch auf dessen Anwendung sichergestellt ist. Dass dabei aufgrund der Vielfalt der Vorarbeiten keineswegs nur die Stimmen unmittelbar demokratisch gewählter Stellen Einfluss auf die Auslegung gewinnen und selbst die Meinungsäußerungen im Parlament nie zur Abstimmung gestellt werden, ist ein Problem, das auch in Skandinavien durchaus gesehen wird.[284]

Zweitens ist die Fülle der Materialien überaus groß. Es besteht ein vielschichtiger und komplexer Gesetzgebungsweg mit verschiedensten Formen der Beteiligung von Regierungsstellen, Ausschüssen, Experten etc, deren Stellungnahmen alle zu den Materialien gezählt werden.[285] Die Vielzahl der einander durchaus auch widersprechenden Äußerungen in den Materialien lassen den Gerichten allerdings gelegentlich einen gewissen Spielraum, sich das ihnen Genehme herauszusuchen. Dabei gibt es keine vorgegebene Rangfolge der Materialien untereinander, auch wenn oftmals dem der Verabschiedung der Norm unmittelbar vorausgegangenen Stellungnahmen größere Bedeutung zukommt,[286] die Materialien an Bedeutung verlieren, je älter das Gesetz ist,[287] gleichzeitig aber sogar noch Materialien zu Vorläufergesetzen für die Nachfolgevorschriften herangezogen werden können.[288] Letztlich entwickeln schwedische Juristen mit der Zeit ein Gefühl für die jeweilige Bedeutung der Vorarbeiten im Einzelfall, ein Gefühl das sich nicht einfach in Regeln fassen und ausländischen Juristen vermitteln lässt.[289] Im Vergleich etwa zur sehr restriktiven englischen Einstellung zu den Vorarbeiten bewahrheitet sich der Sache nach die Besorgnis englischer Juristen, es könne die Aussagekraft und Qualität der Gesetze leiden:[290] Tatsächlich geht man in Schweden davon aus, dass der Gesetzestext einfach und kurz bleiben kann, weil die näheren, für die Anwendung notwendigen Details den Vorarbeiten entnommen werden 123

hingewiesen, dass nicht die schwedische Zitierweise übernommen wird, die grundsätzlich die Bezeichnungen der Gesetze, Paragraphenzeichen etc vor die zugehörige Ziffer setzt und die hier beispielsweise RF 11:14 lauten würde.

280 Bet. KU 1978/79:39, S. 13, zit. nach *Holmberg, Erik; Stjernquist, Nils et al.*, Grundlagarna, 3. Aufl. 2012, 548 f.

281 Vgl. ausführlich *Kessel, Robert,* Die Kontrolldichte der Normenkontrolle in Skandinavien aus deutscher Sicht, 2011, 69 ff.; näher auch *Holmberg/Stjernquist et al.* (Fn. 280), 519 ff. zu den Entwicklungen die zur Streichung des Offensichtlichkeitskriteriums aus dem Wortlaut der Regeringsformen führten.

282 Deutlich etwa *Bode, Hagen,* Das Gesetzgebungsverfahren in Schweden und Deutschland, 2007, 18 mwN; für Schweden deutlich etwa auch *Vogel* (Fn. 267), 30.

283 Vgl. dazu im Zusammenhang mit den Grundrechten *Nygren* (Fn. 248), 108.

284 Vgl. etwa für Schweden etwa *Vogel* (Fn. 267), 33 f.

285 Ausführliche Darstellung bei *Carlsson, Mia,* Förarbeten, in: Bernitz (Fn. 267), 119 (124 ff.); kürzer etwa bei *Vogel* (Fn. 267), 30 ff.

286 Vgl. dazu *Carlson* (Fn. 262), 47 f.

287 *Bernitz* (Fn. 240), 20.

288 *Carlson* (Fn. 262), 48.

289 *Bogdan, Michael,* Komparativ rättskunskap, 2. Aufl. 2003, 44.

290 Dazu supra → § 5 Rn. 164 ff., insbes. 166.

können[291] – nur dass dies in Schweden eben nicht als ein Qualitätsmangel, sondern umgekehrt als ein besonderer Vorteil angesehen wird.

124 Neben den Vorarbeiten werden nicht selten auch die Rechtspraxis und die Rechtslehre als Rechtsquellen genannt.[292] Ob es sich dabei aber wirklich um Rechtsquellen oder um bloße, wenn auch wichtige Hilfsmittel zur Feststellung des Rechts handelt, ist im Detail auch in Skandinavien nicht abschließend geklärt. Hier kommt jedoch, wie schon bei der genauen Einordnung der Vorarbeiten, der typisch skandinavische Pragmatismus zum Tragen: Es kommt den skandinavischen Juristen erkennbar nicht so sehr darauf an, wie Vorarbeiten, Rechtspraxis und Rechtslehre quellentheoretisch genau einzuordnen sind, solange nur klar ist, dass und wie mit ihnen in der Praxis gearbeitet wird. So findet sich beispielsweise auch ohne weiteres die Feststellung, dass in der Praxis die Lehre, besonders in der Form von Lehrbüchern, sogar die chronologisch erste Rechtsquelle darstellt.[293] Schon eine dogmatische Unterscheidung zwischen Rechtsquellen im engeren Sinne und bloßen Rechtserkenntnisquellen, wie sie etwa im deutschen Recht üblich ist, findet regelmäßig keine Erwähnung.[294] Die gewisse Nonchalance, die sich in Deutschland und Frankreich in Bezug auf die Auslegungslehren findet,[295] erstreckt sich also in Skandinavien auch auf die Rechtsquellenlehre. Dabei scheint die besondere Offenheit gegenüber dem Rechtsquellencharakter der Rechtspraxis, also vor allem gerichtlicher Entscheidungen, ein besonderer Grund zu sein, warum manche Beobachter eine Zwischenstellung des skandinavischen Rechts zwischen common law und civil law annehmen wollen.[296] Im Ergebnis, wenn auch nicht in der pragmatischen Einstellung zur Theorie, unterscheidet sich die skandinavische Haltung zum Richterrecht jedoch kaum von der im restlichen Europa und kommt vor allem in keiner Weise den sehr spezifischen Vorstellungen des common law nahe.

125 Die spezifisch skandinavische Rechtsquellenlehre, insbesondere hinsichtlich der Materialien, gerät jedoch seit Jahren unter einen indirekten, gesamteuropäischen Einfluss, da eine vergleichbar hohe Bedeutung der Vorarbeiten weder im Recht der EU oder der EMRK noch in den nationalen Rechtsordnungen der übrigen Mitgliedstaaten besteht.[297] Entsprechend scheint man heute davon auszugehen, dass die Verwendung von Vorarbeiten nicht nur bei Unionsrecht, sondern auch auch bei allen auf Unionsrecht beruhenden schwedischen Vorschriften nur im Rahmen der deutlich abweichenden Auslegungsregeln des Unionsrechts möglich ist und dass sie vom Handlungsspielraum abhängt, der dem nationalen Gesetzgeber in jedem Einzelfall noch verbleibt.[298] Die Diskussion ist bei weitem nicht abgeschlossen, wie etwa ein bekanntes Beispiel für eine sehr direkte Einwirkung in einer Entscheidung des obersten schwedischen Gerichts (Högsta Domstolen) aus dem Jahr 2005 illustriert. Dabei war der Priester einer Pfingstgemeinde wegen volksverhetzender Äußerungen in einer Predigt angeklagt. Der Högsta Domstolen entschied, dass die Vorarbeiten zur einschlägigen Strafrechtsnorm nicht berücksichtigt werden dürften, da sie gegen die Religionsfreiheit der EMRK verstießen.[299]

---

[291] Deutlich *Carlsson* (Fn. 285), 119.

[292] Vgl. etwa *Eliason, Marianne,* Rättsuppfattning, rättskällor och rättsbildning, Svensk Juristtidning 2004, 291 (292); bezeichnend etwa auch die entsprechenden Ausführungen in dem von der schwedischen Steuerverwaltung herausgegebenen an interessierte Laien gerichteten Buch Sverige, Skatteverket (Hrsg.), Rätt handlagt, 5. Aufl. 2011, 31.

[293] Zu diesen Aspekten *Sandström, Marie,* Den svenska modellen – en juridisk metodlära i tre platta paket, in: Kekkonen, Jukka et al. (Hrsg.), Norden, rätten, historia – Festskrift till Lars Björne, 2004, 291 (292).

[294] Nicht ganz unvermutet findet sich eine gewisse Systematisierung aber im finnischen Recht, vgl. *Timonen* (Fn. 278), 22, 25.

[295] Vgl. supra → § 6 Rn. 86 ff., 94, 99.

[296] So wohl *Sandström* (Fn. 293), 292 f.

[297] Vgl. etwa *Bode* (Fn. 282), 18 f. mwN; als Gefahr gesehen etwa bei *Sandström* (Fn. 293), 309; vgl. auch *Eliason* (Fn. 292), 291 ff.

[298] Vgl. Carlsson (Fn. 267), 123 f., insbes. auch zur Nutzung von Präambeln.

[299] Vgl. HD, Entscheidung vom 29.11.2005, B 1050-05, S. 15 f.; dazu *Carlsson* (Fn. 285), 122.

c) Skandinavische Zusammenarbeit

Ein wichtiger Hintergrund und Ausdruck der Gemeinsamkeiten der skandinavischen Rechtsordnungen ist die intensive skandinavische Zusammenarbeit in Rechtsfragen, insbesondere bei der Gesetzgebung. 126

aa) Nordischer Juristentag und Nordischer Rat

Schon seit 1872 treffen sich skandinavische Juristen alle drei Jahre abwechselnd in einem der fünf beteiligten Staaten zu einer mehrtägigen Konferenz, dem Nordischen Juristentag, um über die verschiedensten, vorab untereinander abgestimmten juristischen Themen zu beraten.[300] Zumindest in der rechtlichen Zusammenarbeit sollte so ein kleiner Ersatz für die gescheiterten Ideen einer politischen Einheit Skandinaviens geschaffen werden. Es ging also von Anfang an um die Herausarbeitung und Entwicklung von Gemeinsamkeiten. Und tatsächlich waren die gefundenen Ergebnisse nicht selten der Ausgangpunkt späterer, weitgehend aneinander angeglichener Gesetzesinitiativen vor allem im Bereich des Privatrechts, aber teilweise auch des Straf- und Verfahrensrechts. So wurden beispielsweise bereits 1905–1907 weitgehend identische Gesetze zum Warenkauf in Schweden, Dänemark und Norwegen erlassen, schon vorher zu Warenzeichen, über Handelsregister, Firma und Prokura, später zu vermögensrechtlichen Verträgen.[301] Die wichtige, vereinheitlichende und vorbereitende Funktion kommt den Nordischen Juristentagen auch heute noch zu. Die Interessengruppen, die seine gegenwärtige Arbeit in besonderem Maße beeinflussen, sind dabei von Land zu Land verschieden: in Schweden vor allem das Justizministerium mit einem gewissen Übergewicht der Richter, in Dänemark vor allem die Anwälte, in Norwegen und Finnland eher gemischt, vermutlich mit einer gegenüber Schweden höheren Beteiligung der akademischen Rechtswissenschaft.[302] 127

Die konkrete Vorbereitung von Gesetzesvorhaben wurde allerdings nach dem Zweiten Weltkrieg auf eine etwas formalere Basis im Rahmen des 1952 gegründeten Nordischen Rates gestellt und 1962 im Rahmen des sog. Helsinki-Abkommens noch etwas präzisiert.[303] Insgesamt bleibt aber auch diese Zusammenarbeit im Nordischen Rat ein eher informeller und vielgestaltiger Prozess, worin vermutlich ein Grund für seine praktischen Erfolge, gleichzeitig aber auch seine gewisse Verletzlichkeit liegt. In der Praxis besteht die Zusammenarbeit meist in Treffen etwa zwischen den beteiligten Ministerien oder Gesetzgebungskommissionen, es kann aber ebensogut etwa zur Beauftragung von Expertengruppen oder sogar einzelner Experten kommen.[304] Als Ergebnis entstehen einheitliche Normtexte, die aber nicht etwa 1:1 in das jeweilige nationale Recht übernommen werden, sondern als Grundlage für die je eigenständige nationale Gesetzgebung dienen. Dennoch ist der erzielte Grad an Übereinstimmung im Ergebnis naturgemäß sehr hoch, sind aber einzelne Abweichungen und nationale Besonderheiten keinesfalls ausgeschlossen. Auch werden die Normen von den jeweiligen nationalen Gerichten eigenständig angewandt, was durchaus auch zu unterschiedlichen Entwicklungen aufgrund einheitlicher Texte führen kann.[305] 128

[300] Zu diesen Treffen eingängig und aus der Insiderperspektive *Strömholm, Stig,* The Scandinavians – Reluctant and enthusiastic club members, Scandinavian Studies in Law 50 (2007), 303 (306, 311 ff.); vgl. auch *Tamm* (Fn. 240), 29; zur historischen Entwicklung auch *Carsten, Gebhard,* Hundert Jahre Nordischer Juristentag 1872 – 1972, RabelsZ 37 (1973), 80 (80 ff.).

[301] Zu diesen Gesetzen etwa näher *Zweigert/Kötz* (Fn. 24), 275 ff.

[302] Vgl. dazu *Strömholm* (Fn. 300), 313 f.

[303] Vgl. dazu eingehender *Bernitz* (Fn. 240), 23 ff.

[304] Für eine praxisnahe Beschreibung der Arbeit solcher Experten vgl. *Strömholm* (Fn. 300), 306 ff.

[305] Vgl. zB zum Schadenersatz für unerlaubte Handlungen *Sisula-Tulokas, Lena,* Harmonisation of Nordic law – Is it needed?, in: Wetterstein, Peter; Beijer, Anders (Hrsg.), Essays in honour of Hugo Tiberg, 1996, 557 (560 ff.); Gegenbeispiel in *Bernitz* (Fn. 240), 21.

bb) Sprachliche Gemeinsamkeiten

129 Eine wichtige praktische Grundlage der nordischen Kooperation ist die Möglichkeit der Juristen, in ihrer jeweiligen Muttersprache miteinander zu kommunizieren. Tatsächlich sind sich Schwedisch, Norwegisch und Dänisch einander so ähnlich, dass für die Muttersprachler nicht nur die Texte in der jeweils anderen Sprache lesbar sind, sondern sie einander auch mündlich verstehen können, ohne auf Dolmetscher angewiesen zu sein, zumindest wenn deutlich und langsam gesprochen wird. Finnisch allerdings gehört nicht demselben Sprachraum an, ja ist nicht einmal eine indogermanische Sprache. In Finnland jedoch ist Schwedisch auch heute noch zweite Amtssprache, existiert eine schwedischsprachige Minderheit und werden etwa Gesetze stets auch auf Schwedisch veröffentlicht. Mit anderen Worten passen sich die finnischen Juristen auf diesem Wege den anderen skandinavischen Staaten an. Zusammen mit der gemeinsamen Rechtsentwicklung und den nicht selten gleichen Gesetzen, also einer auch materiell ähnlichen Ausgangsbasis, ergeben sich so fast optimale Voraussetzungen für eine Verständigung.

130 Allerdings darf das Bild auch nicht zu rosig gezeichnet werden. Das Ausmaß des gegenseitigen Verstehens hängt etwa davon ab, welche Sprachvarietät genau gesprochen wird, beispielsweise das ältere sog. Neunorwegisch oder die ganz mehrheitlich verwendete norwegische sog. Buchsprache. Dänisch liegt sprachlich eher am Rande des Spektrums, so dass vor allem Finnen besondere Probleme haben können, es zu verstehen. Immer wieder kommt es sogar zur Forderung, Englisch zu sprechen, teils geschieht dies auch.[306] Isländisch schließlich gehört zwar auch zu den skandinavischen Sprachen, doch ist es für die übrigen Skandinavier nicht verständlich. Neben der Verwendung der Muttersprachen besteht auch die Möglichkeit, dass etwa Dänen und Schweden auf ein Sprachgemisch ausweichen, das gern als „Skandinavisch" bezeichnet wird. Doch scheint auch dies seine Tücken zu haben, da die dabei notwendige Anpassung an die Eigenheiten der jeweils anderen Sprache auch als ironische Übertreibung missverstanden werden können[307] (bei allen Gemeinsamkeiten in der Außenperspektive sprechen sich Skandinavier aus der Binnenperspektive gern untereinander gewisse nationale Eigenheiten, nicht nur im Hinblick auf die Sprache, zu, die in den jeweils betroffenen Staaten wohlbekannt, wenn auch nicht unbedingt gern gehört sind).

cc) Abnehmende Bedeutung der skandinavischen Zusammenarbeit

131 Die nordische Zusammenarbeit spielt auch noch heute nicht nur aufgrund ihrer früher erzielten Ergebnisse, sondern auch in der weiteren Entwicklung eine nicht unerhebliche Rolle. Dennoch hat ihre Bedeutung deutlich abgenommen. Schon von Anfang an allerdings spielte die Zusammenarbeit im öffentlichen Recht nur eine sehr begrenzte Rolle, da hier die historisch gewachsenen Unterschiede und Zielsetzungen als besonders ausgeprägt angesehen werden.[308] Aber auch in ihren eigentlichen Bereichen wurde die nordische Kooperation schon ab den 70er Jahren des 20. Jahrhunderts nicht zuletzt durch den Wunsch nach politischer Eigenständigkeit abgeschwächt.[309] Tonangebend war insofern Schweden mit seiner sozialdemokratischen Regierung und ihren stetigen wohlfahrtsstaatlichen Reformprojekten. Für deren Umsetzung war die eher langatmige und kompromissbeladene nordische Kooperation ein Hemmschuh. So verkündete der schwedische Ministerpräsident Olof Palme schon 1972 auf der Feier zum 100-jährigen Bestehen des Nordischen Juristentages, dass Schweden nicht länger am Harmonisierungsprojekt teilnehmen, sondern seine eigenen

---

[306] Vgl. etwa *Hondius, Ewoud,* Pro-active comparative law – The case of Nordic law, Scandinavian Studies in Law 50 (2007), 143 (146); *Strömholm* (Fn. 300), 313, der auch beobachtet, dass die mündliche Verständnisfähigkeit untereinander in der jüngeren Generation abgenommen zu haben scheint.

[307] Vgl. deutlich *Strömholm* (Fn. 300), 310.

[308] Vgl. *Strömholm* (Fn. 300), 314; *Ring/Olsen-Ring* (Fn. 275), 5.

[309] Zum Folgenden *Bernitz* (Fn. 240), 25.

Ziele schnellstmöglich verwirklichen wolle.[310] Das Ende der sozialdemokratischen Herrschaft in Schweden hat diese eher radikale Position zwar weitgehend verstummen lassen,[311] an der Tendenz aber nichts zu ändern vermocht. Besonders frappierend ist etwa das Beispiel der im Rahmen der nordischen Kooperation in den 70er Jahren entstandenen, weitgehend einheitlichen Gesetze zum Gesellschaftsrecht: Sie wurden nach der Jahrtausendwende in jedem Land eigenständig und verschieden durch neue Gesetze ersetzt. Bei der Bewertung des heutigen Zustands kommt es, wie so oft, auf den Ausgangspunkt an: Aus nordischer Sicht der 60er Jahre hat die nordische Kooperation einen ausgeprägten Niedergang erfahren. Von Süden aus betrachtet ist hingegen ihr Ausmaß auch heute noch beeindruckend und die aus ihr resultierende Ähnlichkeit der nordischen Rechtsordnungen und des Rechtsdenkens insbesondere im Privatrecht selbst dann nicht zu übersehen, wenn etwa einzelne Normen voneinander abweichen.

Unverkennbar ist die nordische Kooperation auch durch die EU-/EWR-Mitgliedschaft 132
der skandinavischen Staaten unter Druck geraten. Soweit die Vorgaben des EU-Rechts reichen, ist eine eigenständige skandinavische Harmonisierung ausgeschlossen. Mit der immer ausladenderen, immer weitere Bereiche erfassenden Gesetzgebung der EU ist daraus eine sehr ernstzunehmende Beschränkung geworden. Gleichzeitig besteht auch nicht etwa eine einheitliche nordische Umsetzungsstrategie für EU-Vorgaben; im Gegenteil ist es sogar vorgekommen, dass vereinheitlichtes nordisches Recht etwa im Bereich des Verbraucherschutzes oder des geistigen Eigentums durch solche Umsetzungen an Einheitlichkeit verliert.[312] Dennoch ist natürlich auch die Wirkung des EU-Rechts in aller Regel eine vereinheitlichende, so dass die Vereinheitlichungstendenz speziell zwischen Schweden, Dänemark und Finnland noch weiter gefördert und für ganz Skandinavien nur dann gestört wird, wenn das EU-Recht nicht auch über den EWR Geltung beansprucht. Nicht berücksichtigt wird durch eine gesamteuropäische Harmonisierung allerdings das spezifisch nordische an der Vereinheitlichung, die nordische Identität und die Frage spezifisch nordischer Wertvorstellungen, so dass sich diese Punkte heute mit neuem Nachdruck zur Diskussion stellen.[313]

d) Besonderheiten der Juristen

aa) Der Vorteil der kleinen Zahl

Alle nordischen Länder sind, an der Einwohnerzahl gemessen, eher klein; selbst im ver- 133
gleichsweise großen Schweden liegt sie nur bei 10,5 Millionen. Entsprechend gering ist die Zahl der Juristen und nicht zuletzt auch der akademisch in Forschung und Lehre tätigen Juristen. Dies führt zum einen dazu, dass etwa der Umfang der juristischen Literatur im Vergleich zu Frankreich oder Deutschland deutlich geringer ausfällt. Oft gibt es auf akademischer Ebene für spezielle Rechtsfragen nur eine Handvoll, nicht selten auch nur ein oder zwei ausgewiesene Experten. Wer, um nur ein Beispiel zu nennen, im schwedischen Verfassungsrecht mehrere umfangreiche Lehrbücher oder Kommentare erwartet, wird leicht enttäuscht von dem im Umfang eher schmalen oder selten erneuerten Angebot.[314]

Zum anderen hat gerade die Überschaubarkeit der Gruppe erhebliche Vorteile. Kurz 134
gesagt: man kennt und schätzt sich. Der Kommunikation untereinander ist das sehr förderlich, wie sich etwa auch in der engen gegenseitigen Befruchtung nicht nur von Wissenschaft und Rechtsprechung, sondern auch von Wissenschaft und Gesetzgebung

[310] Zit. nach *Modéer, Kjell Å.*, Rechtskultur im Ostseeraum – Rechtshistorische und forschungspolitische Perspektiven, Greifswalder Universitätsreden nF 97 (2001), 19 (30).
[311] Vgl. *Strömholm* (Fn. 300), 313.
[312] Vgl. *Bernitz* (Fn. 240), 26 f.
[313] Vgl. dazu *Modéer* (Fn. 310), 31; in diese Richtung auch *Hondius* (Fn. 306), 146.
[314] Der zentrale Verfassungskommentar von Holmberg/Stjernquist etwa erschien 1980 in erster Auflage und trotz Verfassungsreformen erst über ein Vierteljahrhundert später wieder in zweiter, 2012 dann in dritter Auflage: *Holmberg/Stjernquist et al.* (Fn. 280).

zeigt.[315] Nicht selten wirken die wichtigsten Experten für bestimmte Teilrechtsgebiete im Rahmen der Vorarbeiten an den entsprechenden Gesetzgebungsvorhaben mit und sind deshalb anschließend auch besonders befähigt, die Resultate wissenschaftlich auszuwerten. Dies gilt natürlich besonders vor dem Hintergrund der besonderen Bedeutung aller Vorarbeiten für die Gesetzesauslegung. Gleichzeitig dürfte die geringe Anzahl der Juristen eine treibende Kraft bei der skandinavischen Zusammenarbeit in Rechtssachen sein; es liegt schlicht nahe, sich zum Zweck des Austauschs mit den Juristen aus anderen, aber sehr ähnlichen Rechtsordnungen zusammenzutun. Diese Tendenz geht aber weit über die beschriebene institutionalisierte Zusammenarbeit hinaus. Skandinavische Autoren zitieren einander viel und gern über Landesgrenzen hinweg;[316] nicht selten wird nicht einmal gesondert vermerkt, dass die jeweilige Aussage streng genommen eine fremde Rechtsordnung betrifft. Dies kann im Einzelfall einmal problematisch sein, wenn bestehende Unterschiede nicht hinreichend verdeutlicht werden. Im Allgemeinen aber führt es zu einer ganz erheblichen gegenseitigen Befruchtung, bei der Ideen und Grundaussagen Ländergrenzen ohne großen Aufwand überschreiten.

bb) Skandinavischer Pragmatismus: lagom

135 Die geringe Anzahl der Experten verhindert aber auch effektiv eine Überfeinerung der Dogmatik und sorgt so dafür, dass Rechtswissenschaft und Rechtspraxis nahe beim gesunden Menschenverstand bleiben. Damit ist die wohl herausragendste Eigenschaft der meisten skandinavischen Juristen angesprochen, die als Lebensnähe, Pragmatismus oder wenig ausgeprägte Verwissenschaftlichung bezeichnet werden kann. Auch in Skandinavien werden dazu gern und oft die Worte von Zweigert/Kötz zitiert: „Aber der Realismus der skandinavischen Juristen und ihr gesunder Sinn für das praktisch Brauchbare und Notwendige haben es verhindert, dass die Neigung zu übertriebener Begrifflichkeit und zur Konstruktion großer, streng durchdachter theoretischer Systeme im Norden jemals rechten Anklang gefunden hat."[317] Ein bezeichnender Ausdruck dieser Haltung zeigte sich bereits bei der sehr pragmatischen Haltung zu den Rechtsquellen, die Marie Sandström sehr passend als „en alldeles lagom rättskällelära"[318] bezeichnete, also eine Rechtsquellenlehre, die in jeder Hinsicht „lagom" ist. Das sehr schwedische Wort „lagom" wird gemeinhin als gerade recht, angemessen, gemäßigt, passend oder ausreichend übersetzt, gilt aber den meisten Schwedenkennern letztlich als unübersetzbar. Es bezeichnet zugleich eine in der schwedischen – und wohl insgesamt skandinavischen – Gesellschaft verbreitete Einstellung oder Anforderung, in keine Richtung über die Stränge zu schlagen, sich einzupassen, aber eben auch nach gesundem Menschenverstand im Hinblick auf die jeweils vorgefundenen Umstände, eben „gerade recht" zu handeln.[319] Diese lagom-Haltung, die nach allen Seiten offen bleibt, auch äußere Einflüsse gern aufnimmt, aber alles stets in Maßen hält, dürfte den skandinavischen Umgang mit dem Recht insgesamt am besten kennzeichnen. Das zeigt sich auch in vielen alltäglichen Kleinigkeiten, etwa wenn in Schweden statt komplizierter behördlicher Beglau-

---

[315] Dazu etwa *Ring/Olsen-Ring* (Fn. 275), 12.

[316] Vgl. auch *Bernitz* (Fn. 240), 18.

[317] *Zweigert/Kötz* (Fn. 24), 280; deutlich etwa auch *Nergelius, Joakim,* Konstitutionellt rättighetsskydd – Svensk rätt i ett komparativt perspektiv, 1996, 729, der auch gerade den Vergleich mit Deutschland zieht; für Dänemark und die deutsche Grundrechtstheorie entsprechend *Rytter, Jens Elo,* Grundrettigheder – Domstolenes fortolkning og kontrol med lovgivningsmagten, 2000, 38 Fn. 25, der aber zugleich ibid., 38 auch die große Bedeutung dieser Theorie betont; zur Rolle von wertbasierten Einschätzungen (reelle hensyn) im norwegischen Recht vgl. *Kjølstad/Koch/Øyrehagen Sunde* (Fn. 261), 105 (123 f.).

[318] *Sandström* (Fn. 293), 307.

[319] Vgl. auch das in diesem Zusammenhang gern zitierte fiktive dänische Janteloven als Ausdruck eines egalitären Denkens und Konformitätsdrucks, dazu etwa *Bondeson, Ulla V.,* Nordic moral climates – Value continuities and discontinuities in Denmark, Finland, Norway, and Sweden, 2003, 261 f.; aus lebenspraktischer Sicht *Bengts, Marie; Bruno, Uli; Nilson-Puccio, Silvia,* Den svenska koden, 2001, 15 ff., zum Zusammenhang von Janteloven und lagom ibid., 15; die Idee, „lagom" zur Bezeichnung der pragmatischen Gesamthaltung zu verwenden, verdanke ich meiner ehemaligen Mitarbeiterin Simone Böhne.

bigungen einfach zwei Mitbürger ein Dokument zwecks Beglaubigung unterzeichnen können[320] oder wenn es zwar den Beruf des „advokat", also des Rechtsanwaltes mit besonderen gesetzlichen Zulassungsvoraussetzungen gibt, aber auch andere Juristen Mandanten vor Gericht vertreten dürfen, da es bis hinauf zum Obersten Gerichtshof mit wenigen Ausnahmen keinen Anwaltszwang gibt und der „jurist" deshalb mit dem advokat konkurriert und insbesondere als Unternehmensjurist oder in Bürogemeinschaften mit Nichtjuristen zu finden ist.[321]

e) Geringe Klageneigung?

Mit dieser lagom-Einstellung mag teilweise die immer wieder einmal konstatierte geringe Klageneigung in Skandinavien zu tun haben:[322] man einigt sich eben „gerade recht". Aspekte wie ein hohes Ausmaß von Sozialkontrolle, ein immer noch erkennbares bäuerliches Grundmuster und die egalitären Züge der Gesellschaft werden dafür als Gründe genannt.[323] Gleichzeitig werden die Kosten der Rechtsberatung etwa in Schweden von der Bevölkerung als hoch empfunden, was die Kompromissbereitschaft und den Verzicht auf Klagen befördert.[324] Auch die Statistik scheint zu belegen, dass in Skandinavischen Staaten signifikant weniger geklagt wird als etwa in Deutschland, auf 1.000 Einwohner berechnet in Schweden etwas weniger als die Hälfte, in Dänemark etwas mehr als die Hälfte, in Norwegen ein knappes Sechstel.[325] 136

Wie so oft bei Aussagen über die Klageneigung ist aber auch hier erhebliche Vorsicht geboten, wenn daraus auf die Mentalität eines Volkes geschlossen werden soll. Denn vielfach wird die Streitneigung der Menschen nur anders kanalisiert oder durch Maßnahmen der Obrigkeit verdrängt. So ist in Schweden etwa der Rechtsweg gegen Verwaltungsentscheidungen nicht selten gesetzlich versperrt. Zum Beispiel ist die in Deutschland durchaus beliebte Klage gegen Prüfungsentscheidungen in Schweden von vornherein nicht möglich. Dass solche Ausschlussklauseln mit der Rechtsweggarantie des Art. 6 EMRK in Konflikt geraten können, ist schwedischen Juristen durchaus bewusst, so dass sich im schwedischen Verwaltungsgesetz eine salvatorische Klausel findet, die für den Fall eines Verstoßes den Rechtsweg doch wieder eröffnet – eine Regelung die der Rechtssicherheit nicht sehr zuträglich ist.[326] Weit wichtiger noch aber bestehen zahlreiche andere Wege, Streitigkeiten auszutragen. So existieren in Skandinavien zahlreiche Ausschüsse, die in den verschiedensten Gebieten wie etwa Prüfungsentscheidungen und vielen anderen Verwaltungsangelegenheiten, aber auch im Verbraucherschutz-, Reise-, Miet oder Arzthaftungsrecht die gerichtlichen Klagen teils ersetzen, teils ihnen vorgeschaltet sind oder teils als Alternative angeboten werden. Sind Alternativen eingeräumt, so bestehen oft Anreize, insbesondere in Bezug auf die Kosten, von Klagen Abstand zu nehmen. Selbst eine Ehescheidung lässt sich, wenn sich die Eheleute einig sind, in Norwegen und Dänemark vor einer Behörde statt vor einem Gericht durchführen. Auch Handelsstreitigkeiten werden oft nicht gerichtlich, sondern vor Schiedsgerichten ausgetragen, so dass schon ein gewisser Mangel an Gerichtsentscheidungen zum Handelsrecht beklagt wurde.[327] Dass also die Zahl gerichtlicher Klagen in Skandinavien 137

[320] Vgl. *Tönsfeldt, Volker,* Vieles ist unkomplizierter – Im Land des Öffentlichkeitsprinzips, Anwalt 2001, 20 (22).

[321] Vgl. dazu *Kilian, Matthias,* Der schwedische Advokat, Anwaltsblatt 51 (2001), 678 (679).

[322] Dazu näher *Kessel* (Fn. 281), 262 ff. mwN.

[323] *Ring/Olsen-Ring* (Fn. 275), 12; zu den Hintergründen der Kompromiss- und Konsenskultur speziell für Schweden vgl. *Bode* (Fn. 282), 11 f.

[324] *Tönsfeldt* (Fn. 320), 22.

[325] Berechnung und weitere Nachweise bei *Kessel* (Fn. 281), 263.

[326] Dazu, zu weiteren Beispielen fehlenden Rechtsschutzes und zum Folgenden *Kessel* (Fn. 281), 254 f., 265 ff.; zum Verwaltungsrechtsschutz in Norwegen und der teilweise schon als peripher bezeichneten Rolle der Gerichte *Sperr, Anneken Kari,* Verwaltungsrechtsschutz in Deutschland und Norwegen, 2009, passim, zusammenfassend 432 f.

[327] So *Bernitz* (Fn. 240), 23.

vergleichsweise gering ausfällt, ist statistisch nachweisbar; dass sie Ausdruck einer geringeren Streitneigung oder auch nur einer geringeren Anzahl von Streitverfahren im weiteren Sinn wäre, bleibt hingegen Spekulation.

3. Spezifische materiellrechtliche Institute

138 Auch materiellrechtlich weist Skandinavien eine Reihe von Spezifika auf. Das Zivilrecht insgesamt wird etwa gelegentlich als besonders von sozialen Gedanken bestimmt angesehen.[328] Beispiele dafür bietet die Existenz eines eigenen Verbraucherombudsmanns ebenso wie das schwedische Schadenersatzgesetz.[329] So enthält Kap. 6 § 2 des Schadenersatzgesetzes eine allgemeine ökonomische Anpassungsklausel, die eine Reduzierung des Schadenersatzes an die wirtschaftlichen Verhältnisse des Schädigers unter Berücksichtigung aller Umstände ermöglicht. Zudem wird der Schadenersatz weitgehend vom Versicherungsrecht überlagert und bestimmt, etwa wenn eine bestehende Haftpflichtversicherung des Schädigers die Haftung begründet oder umgekehrt eine bestehende Schadenversicherung des Geschädigten die Haftung ausschließt. Das Verwaltungsrecht etwa ist erheblich verfahrenszentrierter als etwa das deutsche, verlagert wichtige Teile des Rechtsschutzes auf verwaltungsinterne Gremien und Überprüfungsverfahren und weitet die Möglichkeiten gerichtlichen Vorgehens gegen die Verwaltung erst in jüngster Zeit weiter aus, ohne hier bislang einen umfassenden gerichtlichen Rechtsschutz erreicht zu haben.[330] Etwas näher sollen hier aber nur drei skandinavische Besonderheiten erläutert werden: der weltweit bekannte Ombudsmann (a), das schwedische Öffentlichkeitsprinzip (b) und die schwache Rolle von Verfassungsrecht und Verfassungsgerichtsbarkeit (c).

a) Der Ombudsmann

139 Die im Ausland wohl bekannteste skandinavische Rechtsinstitution ist der Ombudsmann, nicht zuletzt, weil dieser Begriff sich als Fremdwort in vielen Sprachen etabliert hat. Was aber genau ein Ombudsmann sein soll, darüber herrscht kaum Einigkeit.[331] Meist wird darunter recht weit und unbestimmt ein staatlicher Repräsentant verstanden, der die Befugnis hat, das Verhalten anderer staatlicher Stellen, insbesondere der Verwaltung, zu untersuchen und zu überprüfen und der zu diesem Zweck zumindest unter anderem auf entsprechende Eingaben von Bürgern reagieren kann.

aa) Vielfalt der Ombudsmänner

140 Nun ließe sich darauf hinweisen, dass diese vage Umschreibung der genauen Funktion des Ombudsmanns in Skandinavien und insbesondere in seinem Ursprungsland Schweden zwar nicht widerspricht, seiner genauen Bedeutung und den detailreichen Regeln über seine Arbeit aber auch keinesfalls gerecht wird. Auch eine solche Aussage bedürfte aber wieder eines Vorbehalts. Denn auch in den skandinavischen Ländern gibt es in der Regel nicht nur jeweils einen, sondern mehrere, in ihren Funktionen durchaus verschiedene Ombudsmänner. Im internationalen Vergleich ist – wenn man überhaupt so genau wird – in aller Regel

[328] Vgl. zum Folgenden zusammenfassend *Heiss, Helmut,* Eine Region – Drei Rechtskulturen – Rechtsvergleichende Aspekte der Integration im Ostseeraum, in: ders. (Hrsg.), Brückenschlag zwischen den Rechtskulturen des Ostseeraums, 2001, 15 (27 f.) mwN.

[329] Dazu ausführlich *Fasterling, Björn,* Versicherungsverhältnisse in der Haftpflichtprüfung – Ein Blick nach Schweden zum außervertraglichen Haftungsrecht, ZEuP 8 (2000), 229 (229 ff.).

[330] Vgl. zur Entwicklung in Schweden *Kessel* (Fn. 281), 246 ff., zum Ausschusswesen ibid., 265 ff.; zu Norwegen *Sperr* (Fn. 326), passim, zusammenfassend ibid., 432 f.; für Dänemark sieht *Holm, Niels Eilschou,* The Ombudsman – A gift from Scandinavia to the world, in: Gammeltoft-Hansen, Hans; Axmark, Flemming (Hrsg.), The Danish Ombudsman, 1995, 13 (17) den Rechtsschutz gegen Verwaltungsentscheidungen nahe beim Modell des common law.

[331] Vgl. etwa *Holm* (Fn. 330), 13.

nur der in Kap. 13 § 6 RF erwähnte parlamentarische Justizombudsmann (justitieombudsman) gemeint, der nicht zuletzt aufgrund seiner langen Geschichte und seiner verfassungsrechtlichen Verankerung auch in Schweden im Zentrum der Diskussion steht. Dennoch sollte nicht vergessen werden, dass es eigenständig geregelte Ombudsmänner auch in anderen Bereichen und keineswegs nur im Verwaltungsrecht gibt, etwa den Diskriminierungsombudsmann (früher in getrennten Ämtern als Gleichstellungs- oder Behindertenombudsmann, Ombudsmann gegen ethnische Diskriminierung sowie gegen Diskriminierung aufgrund der sexuellen Ausrichtung), Verbraucher-[332] oder Gewerbefreiheitsombudsmann, den Kinderombudsmann zur Durchsetzung der UN-Kinderrechtskonvention, aber auch den Presseombudsmann, der von der Presse selbst zur Überwachung der Einhaltung ihrer ethischen Grundsätze eingesetzt wird. Selbst der schwedische Justizkanzler ist genaugenommen der Ombudsmann der Regierung.[333]

Die weiteren Ombudsmänner haben geringere Befugnisse als der Justizombudsmann, sind 141
– soweit sie staatlich sind – nicht dem Parlament, sondern der Regierung zugeordnet und dienen vielfach mindestens ebenso der Information der Öffentlichkeit wie der echten Kontrolle, erfassen aber umgekehrt auch das Verhalten von Privatpersonen.[334] Der Begriff des Ombudsmanns wird hier, wie auch schwedische Beobachter deutlich sehen, nur benutzt „in the vague sense of defender of this or that group or interest – [who have] (…), for a couple of decades, been soaring like ever-watching vultures above the Swedish public scene".[335] Schweden steht mit dieser Vielzahl auch nicht allein. In Finnland etwa muss in jeder Gesundheitseinrichtung ein Patientenombudsmann, in jeder Gemeinde ein Sozialombudsmann bestellt werden.[336] Aber auch diese Breite erschöpft den Begriff des Ombudsmanns noch nicht. Denn jenseits der im Ausland bekannten Institution hat der Begriff „ombudsman" in der schwedischen Sprache gleichzeitig die allgemeine juristische Bedeutung von „Bevollmächtigter" oder „Beauftragter" (auch ganz im privatrechtlichen Sinn).[337]

bb) Das Grundmodell des schwedischen Justizombudsmanns

Ursprungsmodell des Ombudsmanns bleibt der schwedische Justizombudsmann, wie er in der 142
schwedischen Verfassung (Regeringsformen) von 1809 erstmals erwähnt wurde.[338] Er wurde anfänglich als Justizbevollmächtigter der Reichsstände (daher die ursprüngliche Bezeichnung „riksens ständers justizieombudsman" in § 97 RF von 1809) als Teil eines Systems geschaffen, das ein Gleichgewicht zwischen dem Reichstag als Vertretung der Reichsstände und dem König wahren sollte. Der Justizombudsmann war also ein Kontrollorgan, das die Einhaltung der Gesetze durch die königliche Verwaltung und Gerichtsbarkeit sicherstellen sollte; er stellt insofern das parlamentarische Gegenstück zum Justizkanzler dar, der diese Funktion für den König ausübte. Nach seiner ursprünglichen, streng genommen auch heute noch bestehenden[339] Konstruktion war es primäre Aufgabe des Justizombudsmanns, Beamte strafrechtlich zu verfolgen, die in Ausübung ihres Amtes Gesetze gebrochen hatten. Dies lief auf eine weitreichende Rechtmäßigkeitskontrolle hinaus, da die Beamten aufgrund einer schwedischen

[332] Dazu näher *Olsson, Katarina,* Market and consumer law, in: Bogdan/Wong (Fn. 239), 273 (284 f.).
[333] Vgl. nur *Carlson* (Fn. 262), 30; *Lundell, Bengt; Strömberg, Håkan,* Sveriges författning, 23. Aufl. 2019, 171 f.
[334] *Call, Horst,* Grundrechtsschutz in Schweden unter rechtsvergleichenden Gesichtspunkten, 2003, 344 Fn. 302; *Bull, Thomas,* The original Ombudsman – Blueprint in need of revision or a concept with more to offer?, European Public Law 6 (2000), 334 (341 ff.).
[335] *Strömholm/Hirschfeldt* (Fn. 239), 17.
[336] Vgl. *Tuori, Kaarlo,* Social law, in: Pöyhönen, Juha (Hrsg.), An introduction to Finnish law, 2. Aufl. 2002, 467 (497).
[337] Zur Vielzahl der Wortbedeutungen schon *Haller, Walter,* Der schwedische Justitieombudsman, 1964, 33 f.; entsprechend wurde das nach dem Vorbild des damaligen schwedischen Militärombudsman geschaffene Amt in Deutschland mit der Bezeichnung „Wehrbeauftragter" versehen, vgl. dazu ibid., 261 f.
[338] Zur Entstehungsgeschichte vgl. *Haller* (Fn. 337), 81 ff.; *Bull* (Fn. 334), 335; *Call* (Fn. 334), 343 f.
[339] Vgl. deutlich *Strömholm/Hirschfeldt* (Fn. 239), 16 („was, and still is, nothing but a public prosecutor"); dem entspricht auch der heutige Verfassungstext, der in Kap. 13 § 6 RF bestimmt „En ombudsman får föra talan i de fall som anges i instruktionen." also „Der Ombudsmann erhebt die Klage in den durch die Instruktionen vorgesehenen Fällen.".

Besonderheit für die Rechtmäßigkeit ihres dienstlichen Handelns tatsächlich weitgehend strafrechtlich verantwortlich waren.[340] In der heutigen Realität aber spielt diese spezielle Funktion, vor allem nach der Entkriminalisierung des Dienstrechts 1976, praktisch keine Rolle.[341] Der Justizombudsmann (es handelt sich genauer gesagt um gegenwärtig vier Justizombudsmänner samt ihrer Mitarbeiter) hat vielmehr zwar weiterhin umfassende Untersuchungsrechte gegenüber anderen staatlichen Stellen, sein übliches Handlungsmittel ist jedoch nicht der Zwang, sondern der schlichte Bericht. Das hohe Ansehen des Ombudsmanns führt jedoch dazu, dass seinen Meinungsäußerungen in so gut wie allen Einzelfällen gefolgt wird. Seine an alle Gerichte und Behörden versendeten Jahresberichte haben zudem großen Einfluss auf deren allgemeine Rechtspraxis.[342] In Dänemark etwa steht ihm als weiteres Druckmittel auch die Bitte an den Justizminister zur Verfügung, einem betroffenen Bürger umfassende Prozesskostenhilfe zur gerichtlichen Durchsetzung seiner Rechte auf der Grundlage des Berichts des Ombudsmanns zu gewähren – eine Bitte der ihrerseits immer entsprochen wird.[343]

143 Dass der schwedische Justizombudsmann auch das Verhalten der Gerichte überprüfen darf, wird gerade auch im Ausland immer wieder einmal kritisiert, weil deren Unabhängigkeit so in Gefahr geraten kann; es besteht sogar die Möglichkeit, dass der Ombudsmann selbst ein gerichtliches Verfahren einleitet und dann die Tätigkeit eben dieses Gerichts wieder kontrolliert. Der historische Sinn der Regelung lag darin, die Kontrollmöglichkeit des Parlaments über den König auch auf die diesem zugeordnete Gerichtsbarkeit zu erstrecken.[344] Viele schwedische Stimmen verteidigen sie aber auch heute ua mit dem Hinweis, dass von dieser Befugnis in der Praxis nur zurückhaltend, dann aber immer wieder mit guten Gründen Gebrauch gemacht wird.[345]

144 Eine weitere schwedische Besonderheit liegt darin, dass die Minister selbst nicht der Kompetenz des Justizombudsmanns unterfallen. Diese scheinbar grobe Kontrollücke erklärt sich aber nicht etwa aus einem Wunsch, die Kleinen zu hängen und die Großen laufen zu lassen; im Gegenteil ist der Ombudsmann rechtlich gehalten, vorrangig die höherrangigen Beamten zu verfolgen.[346] Vielmehr folgt die Ausnahme aus einer Eigenheit des schwedischen Staatsaufbaus, bei dem die Minister nicht an der Spitze der jeweiligen Verwaltung stehen. Für eine effektive Kontrolle der Verwaltung ist es also in Schweden nicht notwendig, die Minister miteinzubeziehen, wie es in Staaten der Fall wäre, in denen Verwaltungsentscheidungen letztlich auf die ministerielle Verwaltungsspitze zurückführbar sind. Entsprechend verwundert es nicht, dass etwa in Dänemark, das 1953 das Amt des Justizombudsmanns von Schweden übernahm, das aber dem ministeriellen Gegenmodell folgt, die Minister ohne weiteres der Aufsicht des Ombudsmanns unterstellt wurden. Im Übrigen entschied Dänemark sich auch zugleich, die Gerichte von der Kontrolle auszunehmen.[347]

cc) Ombudsmann und Kontrolle der Verwaltung

145 Zentrales Betätigungsfeld des Justizombudsmanns ist in der Praxis die Überwachung der Verwaltung, vor allem auf entsprechende Eingaben des Bürgers hin. Daneben kann er jedoch entsprechend seiner ursprünglichen Konstruktion auch aus eigenem Antrieb tätig werden.

---

340 Vgl. für die frühere Rechtslage etwa kurz *Herlitz, Nils,* Elements of Nordic public law, 1969, 146.

341 Vgl. dazu etwa *Bull* (Fn. 334), 337; *Strömholm/Hirschfeldt* (Fn. 239), 16; zur ähnlichen Entwicklung in Dänemark etwa *Holm* (Fn. 330), 15 f.

342 Vgl. *Lundell/Strömberg* (Fn. 333), 170.

343 Vgl. *Nielsen, Lars Nordskov,* The Ombudsman in the future, in: Gammeltoft-Hansen, Hans; Axmark, Flemming (Hrsg.), The Danish Ombudsman, 1995, 117 (126 f.).

344 Vgl. *Haller* (Fn. 337), 84 f., dort auch zur anfänglich größeren Bedeutung dieser Möglichkeit ibid., 143; *Call* (Fn. 334), 348.

345 Vgl. etwa *Bull* (Fn. 334), 339; zur enstsprechenden Kompetenz des finnischen Ombudsmanns vgl. *Scheinin, Martin,* Constitutional law and human rights, in: Pöyhönen, Juha (Hrsg.), An introduction to Finnish law, 2. Aufl. 2002, 31 (54).

346 Vgl. *Bull* (Fn. 334), 338.

347 Zum Ganzen *Busck, Lars,* The history and development of the institution of Ombudsman, in: Gammeltoft-Hansen, Hans; Axmark, Flemming (Hrsg.), The Danish Ombudsman, 1995, 23 (25 f.).

Auch ist er keineswegs gezwungen, allen Eingaben von Bürgern nachzugehen.[348] Im Kern ist seine Tätigkeit letztlich der Ausgleich für eine als unvollkommen empfundene gerichtliche Überprüfung der Verwaltung.[349] Tatsächlich war der Verwaltungsrechtsweg etwa in Schweden noch weit in das 20. Jahrhundert hinein sehr lückenhaft und geht auch heute noch deutlich weniger weit als etwa in Deutschland.[350] Dass der Zusammenhang mit dem lückenhaften Verwaltungsrechtsschutz trotz aller Ausweitungen weiterhin besteht, zeigt sich auch an den üblichen Erläuterungen, die für die Notwendigkeit eines Ombudsmanns gegeben werden. So wird regelmäßig darauf hingewiesen, dass der Gesetzgeber vielfach der Verwaltung eigenständige Entscheidungsspielräume einräumt, die der gerichtlichen Prüfung entzogen seien. Wenn hier Unrecht geschehe, könne daher nur der Justizombudsmann helfen.[351] Dass solche Entscheidungsspielräume der Verwaltung damit offenbar weder als in dem Sinne praktisch notwendig oder im Sinne der Gewaltenteilung völlig legitim angesehen werden, dass sie auch wirklich geachtet werden müssten, noch umgekehrt der Schluss gezogen wird, soweit dies nicht der Fall sei, müsse eben eine gerichtliche Überprüfung möglich sein, zeigt die spezifisch skandinavische, zurückhaltende Sichtweise des Verwaltungsrechtsschutzes. Gleichzeitig wurde die Existenz des Ombudsmanns früher sogar oft als Argument gegen eine Ausweitung des Verwaltungsrechtsschutzes verwendet.[352]

Gegenüber den Gerichten hat das Verfahren vor dem Ombudsmann daneben auch den **146** zusätzlichen Vorteil, dass es kostenlos und weitgehend informell ist, so dass die Bürger jedenfalls subjektiv das Gefühl bekommen, mit seiner Hilfe sehr viel einfacher gegen Unrecht der Verwaltung vorgehen zu können. Das genaue Verhältnis von Ombudsmann und Gerichten ist dabei vielschichtig und nur schwer zu bestimmen.[353] Letztlich laufen beide Kontrollmöglichkeiten in der Praxis weitgehend parallel. In Dänemark wird die Tätigkeit des Ombudsmanns sogar als faktisch verwaltungsgerichtlich angesehen,[354] so dass ein Bürger nur selten versuchen wird, sein Recht noch gerichtlich durchzusetzen, wenn er beim Ombudsmann erfolglos blieb.[355] Hinzu kommt, dass der Ombudsmann nicht nur Rechtsfragen, sondern auch die Einhaltung der Regeln guter Verwaltungspraxis überprüfen kann.[356]

Insgesamt wird die Arbeit des Ombudsmanns in Schweden positiv gesehen. Dass er **147** allerdings einen hinreichenden subjektiven Rechtsschutz für den Bürger gewährleisten könnte oder wollte, ist schon im Hinblick auf seine Kapazitätsbegrenzung, aber auch sein Selbstverständnis – wie es sich etwa in den meist äußerst kurzen Begründungen bei Ablehnung einer Eingabe des Bürgers ausdrückt – kaum möglich, was auch etwa in Schweden teilweise kritisch gesehen wird.[357]

b) Öffentlichkeitsprinzip

Für das Verständnis speziell schwedischer Rechtsregeln und der dahinterstehenden Einstel- **148** lungen ist in den verschiedensten Bereichen oft ein Grundsatz von besonderer Bedeutung:

[348] Vgl. auch mit Zahlen *Call* (Fn. 334), 344, 346; für Dänemark *Holm* (Fn. 330), 17.
[349] Vgl. etwa *Kessel* (Fn. 281), 152, der auch darauf hinweist, dass der Ombudsmann dabei nur stichprobenhaft vorgehen kann; als historischer Grund für die Einführung des Ombudsmanns *Strömholm/Hirschfeldt* (Fn. 239), 16; ähnlich *Busck* (Fn. 347), 24, mit entsprechenden Hinweisen für die Gegenwart ibid., 27; *Holm* (Fn. 330), 14 f.; vgl. etwa auch für Norwegen *Sperr* (Fn. 326), 93.
[350] Ähnlich etwa für Norwegen, vgl. *Sperr* (Fn. 326), passim, zusammenfassend 432 f.
[351] Deutlich etwa für Dänemark *Holm* (Fn. 330), 15; ähnlich bezeichnend die Bemerkung des früheren dänischen Ombudsmanns *Nielsen* (Fn. 343), 127, dass der Ombudsmann durch seine Empfehlung zur Gewährung von Prozesskostenhilfe die Gerichte dazu bringen könne, Testfälle in Bereichen wie dem Sozialrecht zu entscheiden, in dem dies sonst kaum eine Rolle gespielt habe – eine Aussage die nur dann verständlich ist, wenn der subjektive Rechtsschutz vor Gerichten lückenhaft ist.
[352] Vgl. *Herlitz* (Fn. 340), 195.
[353] Vgl. etwa für Dänemark *Holm* (Fn. 330), 17 ff.; für Norwegen *Sperr* (Fn. 326), 93 f.
[354] *Busck* (Fn. 347), 28.
[355] Vgl. *Holm* (Fn. 330), 18.
[356] Vgl. für Schweden *Kessel* (Fn. 281), 152; für Dänemark *Nielsen* (Fn. 343), 123 f.
[357] Vgl. etwa *Bull* (Fn. 334), 341.

das sog. Öffentlichkeitsprinzip. Welch hohen Stellenwert dieses Prinzip gerade auch in der schwedischen Bevölkerung hat, zeigt sich etwa daran, dass seine Aufrechterhaltung einer der zentralen Diskussionspunkte vor dem schwedischen Beitritt zur EU war und zum eigentlichen Beitrittsvertrag sogar eine besondere Erklärung abgegeben wurde, in der der Öffentlichkeitsgrundsatz und seine Auswirkungen ausdrücklich als „grundlegende Prinzipien, die Bestandteile des verfassungsrechtlichen, politischen und kulturellen Erbes Schwedens sind“, bezeichnet werden.[358] Erstmals rechtlich verankert wurde das Öffentlichkeitsprinzip bereits in der Druckfreiheitsverordnung von 1766, dann 1809 in das Verfassungsrecht übernommen, wo es sich heute in Kap. 2 § 1 der Druckfreiheitsverordnung (tryckfrihetsförordning, TF) findet.[359]

149 Der Inhalt des Öffentlichkeitsprinzips ist schnell umschrieben: Jeder schwedische Bürger hat das Recht, behördliche Akten einzusehen. Ausnahmen ermöglicht Kap. 2 § 2 TF ua zum Schutz der Sicherheit des Landes oder der Beziehungen zu ausländischen Staaten, zur Verhütung von Straftaten, zum Schutz bestimmter wirtschaftlicher Interessen oder der Unantastbarkeit des Privatlebens. Dies klingt auf den ersten Blick für eine westliche Demokratie nicht sonderlich ungewöhnlich oder überraschend. Ungewöhnlich und überraschend ist erst die Handhabung in der Praxis und die entsprechende Festigung im Bewusstsein der Bürger: Es ist tatsächlich eine denkbar weitgehende, gerichtlich durchsetzbare Akteneinsicht ohne versteckte Hürden oder implizite Beschränkungen und mit sehr eng verstandenen Ausnahmen gemeint! Erfasst sind nicht nur alle Akten aller Gerichte und Behörden bis hinauf zur Regierung und dem in Kap. 2 § 5 TF gleichgestellten Parlament, sondern es gehört auch so gut wie alles zu diesen Akten, was ein auf die Rechte der Bürger gegen den Staat bedachter Beobachter gern dazu zählen würde: Jedes Schreiben an eine Behörde, jedes Schriftstück oder (elektronische) Dokument das irgendwie zur Behörde gelangt ist, die Kommunikation der Behörden und Beamten untereinander und alle gefällten Entscheidungen – und das alles auch schon bevor eine endgültige Entscheidung gefällt wurde und natürlich bevor die Akte abgeschlossen wird. Auch wird nicht etwa vom Bürger verlangt, irgendein Interesse an den Vorgängen nachzuweisen, ja überhaupt irgendeinen Grund für seinen Wunsch auf Akteneinsicht zu geben. Es ist den Behörden sogar ausdrücklich verboten, eine Anfrage zum Anlass zu nehmen, den Antragsteller und seine möglichen Gründe einer genaueren Prüfung zu unterziehen, die über die Frage, ob der Einsichtnahme möglicherweise Gründe entgegenstehen, hinausgeht. Auch zahlreiche andere, für jeden Juristen leicht vorstellbare und bei Behörden wohl weltweit beliebte Hindernisse bestehen nicht: Auskünfte müssen auch mündlich und telefonisch gegeben werden; der Bürger darf die Akten auch abschreiben oder kopieren; er kann sich auch schlicht Kopien zusenden lassen. Selbst das Auffinden der Akten wird nicht künstlich erschwert, denn jede Behörde ist verpflichtet, ein Verzeichnis ihrer Akten zu führen (das selbstverständlich wieder öffentlich ist) und der Bürger muss weder Namen noch Nummer des gesuchten Dokuments angeben, sondern es nur hinreichend beschreiben, so dass die Behörde es suchen kann.

150 Auch wenn über die Ausnahmen zum Akteneinsichtsrecht natürlich gestritten werden kann und auch gestritten wird, bleiben sie sehr eng begrenzt und stehen vor allem nicht im Ermessen der Behörden. Dies ist schon formal dadurch sichergestellt, dass alle Ausnahmen sich in einem Gesetz finden, dem sog. Geheimhaltungsgesetz (sekretesslag). Als sich etwa herausstellte, dass der Schutz seltener Tier- und Pflanzenarten gefährdet war, weil deren genaue Standorte für jedermann aus öffentlichen Akten genau erkennbar waren, musste eigens die Verfassung in Kap. 2 § 2 TF ergänzt werden, um dies verhindern zu können. Auch

[358] 47. Förklaring av Sverige om offentlighetsprincipen och svarsförklaring av de nuvarande medlemstaterna, ABl. 1994 C 241, 397 („grundläggande principer som utgör en del av Sveriges konstitutionella, politiska och kulturella arv“).

[359] Zum Inhalt und zum Folgenden vgl. *Call* (Fn. 334), 45 ff.; immer noch instruktiv und grundlegend aus älterer Sicht *Herlitz* (Fn. 340), 196; kurz *Bode* (Fn. 282), 9 f.; praxisnah *Carlson* (Fn. 262), 58 ff.; „tryckfrihetsförordning“ wird in der Literatur auch des öfteren mit dem moderneren Begriff „Pressegesetz“ übersetzt; ihr Verfassungsrang ergibt sich aus Kap. 1 § 3 RF.

reicht es keineswegs aus, eine Akte als vertraulich oder geheim zu kennzeichnen, um sie dem Öffentlichkeitsgrundsatz zu entziehen. Stattdessen muss auf jeden einzelnen Antrag hin wieder neu geprüft werden. Ein Beispiel für die sehr enge Sicht der Ausnahmen hat auch international eine gewisse Berühmtheit erlangt: Die Wahrung der Unantastbarkeit des Privatlebens hat keineswegs die – in fast allen anderen Staaten unmittelbar naheliegende – Konsequenz, dass etwa ein breites Steuergeheimnis bestünde. Im Gegenteil: Jeder Schwede kann ohne besondere Mühe herausfinden, wieviel exakt sein Nachbar, sein Chef oder ein beliebiger Politiker bis hinauf zum Ministerpräsidenten im Jahr verdient. Dass etwa das Auffinden der Adressen beliebiger Personen in öffentlichen Registern ebenfalls kein Problem darstellt, überrascht dann kaum noch.

Das Öffentlichkeitsprinzip bewirkt also etwa, dass Bürger nicht nur die Gründe und 151
Hintergründe einer bereits ergangenen Verwaltungsentscheidung herausfinden können, sondern gibt ihnen auch die Gelegenheit, schon während des laufenden Entscheidungsprozesses den Informationsstand der Behörde nachzuvollziehen und sich so vorab ein Bild zu machen. Ausnahmen sind hier Vorentwürfe zu Entscheidungen, die vor Ergehen der endgültigen Entscheidung nicht einsehbar sind; der Bürger kann also nicht gleichsam dem Beamten oder Richter beim Schreiben zusehen. Dennoch ist unübersehbar, welche Bedeutung solch umfassende Informationsmöglichkeiten für die Bildung der öffentlichen Meinung – das Einsichtsrecht wird gerade und vor allem auch durch Pressevertreter ausgeübt – und ihren Einfluss auf die Entscheidungsträger bei vielen Projekten haben kann. So hat der Bürger zB auch die Möglichkeit, die Stellungnahmen, Gutachten und Meinungsäußerungen verschiedener beteiligter Behörden mitzulesen, auch und gerade wenn die entscheidende Behörde später davon abweichen will. Umgekehrt haben Beamte die verfassungsrechtlich abgesicherte Möglichkeit, anonym Informationen über ihre Arbeit an die Presse weiterzugeben, ohne dass ihre Vorgesetzten die Befugnis hätten, auch nur zu versuchen, die Identität eines solchen Beamten in Erfahrung zu bringen.[360]

Schon aus diesen kurzen Andeutungen ergibt sich schnell, welche Bedeutung das Öffent- 152
lichkeitsprinzip für die politische und rechtliche Kultur in Schweden haben muss und auch tatsächlich hat. Nicht nur geht jeder Bürger, der sich an eine Behörde wendet, wie selbstverständlich davon aus, dass seine Schreiben gleichsam unmittelbar öffentlich werden. Eine mittelbare Folge davon ist, dass der Datenschutz, wie er etwa im restlichen Europa verstanden wird, in Schweden auf völlig andere Grundbedingungen und Einstellungen trifft. Für einen schwedischen Bürger war es etwa schon in den 80er Jahren des 20. Jahrhunderts völlig selbstverständlich, dass zahlreiche öffentliche Register mit teils sehr persönlichen Daten elektronisch miteinander vernetzt und für jeden Beamten zugänglich waren, der die entsprechenden Einwahlkennwörter kannte, dass jeder einzelne Börsengewinn dem Staat ebenso schnell bekannt war wie dem Anleger selbst oder dass Schulnoten manchmal schneller im staatlichen Datennetz standen als der Schüler von ihnen erfuhr. Das alles wurde und wird erleichtert durch die jedem Schweden zugeteilte Personenkennziffer, unter der seine Daten in den verschiedensten privaten und öffentlichen Lebensbereichen registriert sind. Vor allem aber sind alle Amtsträger sich ständig der Tatsache bewusst, dass sie in voller Sicht der Öffentlichkeit arbeiten, so dass sie gezwungen sind, sich entsprechend zu verhalten. Schon die bloße Möglichkeit der Akteneinsicht prägt so das gesamte Verhalten und Klima in der Verwaltung.

Das wird, gerade von den Betroffenen, nicht immer nur positiv gesehen; doch sitzt die 153
über 200-jährige Tradition so tief im allgemeinen Bewusstsein, dass über den Grundsatz der Öffentlichkeit und seine Berechtigung weitestgehende Einigkeit herrscht. Das klassische Argument, dass ein so offenes Informationssystem die staatliche Arbeit unangemessen behindere und so gar nicht funktionieren könne, träfe in Schweden auf das unangenehmste aller Gegenargumente: die diese Befürchtung seit Generationen widerlegende Realität. In Schweden gilt denn auch das Öffentlichkeitsprinzip als ein grundlegender Garant einer demokratischen Ordnung, der Meinungsfreiheit sowie einer funktionierenden, sorgfältigen,

[360] Deutlich dazu *Nergelius, Joakim,* Constitutional law, in: Bogdan/Wong (Fn. 239), 38 (56 f.).

willkür- und korruptionsfreien Verwaltung. Dass zahlreiche Rechtsfiguren im Verwaltungsrecht, aber auch im Privat- und Strafrecht von einer so weitgehenden Informationsmöglichkeit beeinflusst werden, ist unmittelbar deutlich. Gern wird das Öffentlichkeitsprinzip auch von schwedischen wie ausländischen Beobachtern als rechtlicher Exportartikel empfohlen, ohne dass andere Staaten – mit Ausnahme Finnlands – dem bislang in vergleichbarer Radikalität gefolgt wären.[361] Dies ist auch nicht weiter verwunderlich, denn in allen anderen Staaten würde die Einführung eines so weitreichenden Öffentlichkeitsprinzips einen grundlegenden Wandel der Verwaltungskultur und vielfach auch der Einstellung der Bürger verlangen, der nur schwer zu erreichen wäre, während Schweden seit über 200 Jahre mit diesem Grundsatz und seinen Folgen lebt.

c) Verfassungsrecht

154 Eine besonders auffällige skandinavische Besonderheit ist die vergleichsweise geringe Bedeutung des Verfassungsrechts in Theorie und Praxis, die erst in neuester Zeit in Bewegung zu geraten scheint.

aa) Geringe Bedeutung des Verfassungsrechts

155 So konnte noch 1982 ein bedeutender schwedischer Jurist und zeitweiliger stellvertretender Justizombudsmann behaupten „in Schweden gibt es niemanden, der sich für die Verfassung interessiert. Niemand kennt sie."[362] Auch noch 2007 werden zwei ranghohe Juristen zitiert, die „beide betonen, dass die Idee, sie könnten sich vor einem schwedischen Gericht auf die Verfassung berufen, nahezu kontraproduktiv wäre. In Gerichtsverfahren auf Paragrafen der Verfassung hinzuweisen, werde von schwedischen Richtern eher als rechthaberische Argumentation angesehen, die die Qualität der juristischen Darstellung herabsetze. (…) Meine Bemerkung, dass Verstöße gegen Festsetzungen der Verfassung besonders ernsthaft seien, hielten beide für sehr fragwürdig. Zumindest meinten sie, dass das für die schwedische Richterschaft kein gültiges Argument sei."[363] Trotz dieser Skepsis bestätigte letztlich aber auch der schwedische Staatsrechtslehrer, von dem dieses Zitat stammt, die Aussage: Eine Norm, die nur in der Verfassung, nicht aber in einem einfachen Gesetz steht, sei in der Praxis unanwendbar.[364] Ein spezieller Aspekt dieser gewissen Verfassungsblindheit ist dabei die große Zurückhaltung gerade gegenüber den Grundrechten, die nicht den zentralen Platz im Verfassungsrecht einnehmen, der ihnen in anderen westlichen Staaten üblicherweise zukommt.[365] Über lange Zeit wurden sie, wie auch die Menschenrechte, sogar als etwas angesehen, das zwar für andere Staaten, nicht aber für den schwedischen Wohlfahrtsstaat ein Thema sei.[366]

[361] Das Öffentlichkeitsprinzip in Finnland ist vergleichbar weit, während es schon in Norwegen und Dänemark schwächer ausgeprägt ist, vgl. *Pöysti, Tuomas,* Scandinavian idea of international fairness in law – Encounters of Scandinavian and European freedom of information and copyright law, Scandinavian Studies in Law 50 (2007), 221 (233). Selbst in Bezug auf das Steuergeheimnis geht Finnland ähnlich weit, vgl. das Beispiel in *Hins., Wouter,* Urteilsbesprechung zu Case C-73/07, Tietosuojavaltuutettu vs. Satakunnan Markkinapörssi Oy and Satamedia Oy, Judgment of the Court of Justice (Grand Chamber) of 16 December 2008, not yet reported, Common Market Law Review 47 (2010), 215 (216 f., 223 f., 232).

[362] Gustaf Petrén im Interview mit Hans Magnus Enzensberger 1982, zit. nach *Nergelius* (Fn. 317), 23 („i Sverige är det ingen människa som intresserar sig för författningen. Ingen känner till den.").

[363] *Rothstein, Bo,* Ta grundlagen på allvar, Advokaten [Schweden] 73 (2007), 14 (14): „De framhöll båda att idén att de inför en svensk domstol skulle åberopa grundlagen skulle fungera närmast kontraproduktivt. Att i rättsprocesser hänvisa till paragrafer i grunlagen uppfattades enligt dem av svenska domare närmast som en rättshaveristisk argumentation och som demeriterande för den jurdidiska framställningen. (…) Inför mitt påpekande att man faktiskt kan anse att brott mot vad som stadgas i grundlagen aär särskilt allvarliga, ställde sig de båda tämligen frågande. Åtminstone menade de att för den svenska domarkåren var detta inte ett giltigt argument."; die zitierten Juristen sind Lars Korsell und Christer van der Kwast.

[364] *Rothstein* (Fn. 363), 15.

[365] Deutlich dazu *Nygren* (Fn. 248), 108 f.

[366] Vgl. zu den Menschenrechten *Sundberg, Jacob W. F.,* Scandinavian unrealism – Co-report on Scandinavian legal philosophy, in: Kamenka, Eugene; Summers, Robert S.; Twining, William L. (Hrsg.), Soziologische Jurisprudenz und realistische Theorien des Rechts (= Rechtstheorie, Beiheft 9), 1986, 305 (319 f.).

Auch in den übrigen nordischen Staaten – mit gewissen Ausnahmen für Norwegen – war das Verfassungsrecht über lange Zeit kein wichtiges Thema.[367] Aber selbst in Norwegen bleibt die Anzahl verfassungsrechtlicher Streitigkeiten gering und herrscht größte Zurückhaltung, ein Parlamentsgesetz einmal für verfassungswidrig zu erklären.[368] Jedoch ist die Verfassung hier – ganz anders als etwa in Schweden – aus historischen Gründen ein nationales, unantastbares Symbol der Unabhängigkeit (nicht zuletzt von Schweden). Dieser oft sog. Verfassungskonservatismus zeigt sich etwa auch daran, dass die Grundstruktur der Verfassung noch heute der des frühen 19. Jahrhunderts entspricht, ihre altertümliche Sprache auch bei den nicht seltenen Änderungen beibehalten wird und eine grundlegende Neuschöpfung zur Anpassung an heutige Bedürfnisse keine Aussicht auf Erfolg hat.[369] 156

bb) Wohlfahrtsstaatlicher Hintergrund und moderne Gegentendenzen

Ein wichtiger Hintergrund der insgesamt geringen Bedeutung des Verfassungsrechts liegt im ausgeprägten Wohlfahrtsstaat[370] und der aus ihm folgenden Einstellung zur Staatsmacht. Der Staat wird nicht als potentielle Gefahr für die Freiheit der Bürger, sondern als Garant für deren Wohlergehen gesehen, der in seinen gesetzlichen und administrativen Bemühungen um die Gesellschaft keiner besonderen Einhegung durch höherrangige Vorgaben bedürfe. Über Themen wie Gewaltenteilung,[371] Zwei-Kammer-Systeme oder Föderalismus wird klassischerweise kaum diskutiert, stattdessen die Herrschaft von Volk, Parlament und Mehrheit betont.[372] Demokratie wird vor allem als Mehrheitsherrschaft begriffen, und weniger vom Minderheitenschutz durch Verfassungsrecht her gedacht, der Legislative entsprechend ein nicht unerheblicher Vorrang zugestanden.[373] 157

In den letzten Jahren allerdings hat diese Einstellung langsam begonnen, sich zumindest unter jüngeren Juristen zu ändern, ohne dass es hier bislang aber erkennbar zu einem grundstürzenden Umbruch gekommen wäre.[374] Die Veränderung scheint weniger mit dem gewissen Abrücken vom wohlfahrtsstaatlichen Modell zu tun zu haben, zumal der Höhepunkt dieser Tendenz schon wieder überschritten sein dürfte. Vielfach hingewiesen wird vielmehr darauf, dass die Gesellschaft aufgrund von Zuwanderung und zunehmender Individualisierung nicht mehr schlicht von einem gemeinsamen „normativen Kitt"[375] ausgehen kann, auf dessen Basis im Zweifel etwaige Probleme ohnehin gelöst werden können. Hinzu kommen die Langzeitfolgen der EMRK und des Beitritts zur EU. Auf beiden Wegen findet der Grundgedanke einer höherrangigen Ordnung, die vor Gericht unmittelbar anwendbar ist, an der sich auch Gesetze konkret messen lassen müssen und die durchaus nicht ganz selten zur Verwerfung auch des parlamentarischen Willens führt, unmittelbar Eingang in das skandinavische Rechtsdenken. Ob es allerdings speziell in Schweden heute 158

[367] Deutlich *Nergelius, Joakim,* New tendencies in modern Nordic constitutional doctrine or the development of Nordic constitutional law – Introduction and general background, Scandinavian Studies in Law 50 (2007), 11 (11); größere Betonung der besonderen Lage Schwedens bei *Modéer, Kjell Å.,* Harmonization or separation? – Deep structures in Nordic legal cultures, Scandinavian Studies in Law 50 (2007), 179 (180 f.).

[368] Vgl. auch *Smith, Eivind,* Courts and parliament – The Norwegian system of judicial review of legislation, in: ders. (Hrsg.), The constitution as an instrument of change, 2003, 171 (176, 185), demzufolge es höchstens um zwei bis drei Fälle pro Jahr vor dem Obersten Gerichtshof geht.

[369] Vgl. dazu *Kessel* (Fn. 281), 259 ff.

[370] Zum Wohlfahrtsstaat vgl. supra → Rn. 116 f.

[371] Zur besonders schwachen Ausformung der Gewaltenteilung und dem Primat des Parlaments in Schweden kurz *Nergelius* (Fn. 360), 41; *Vogel, Hans-Heinrich,* Grundlagen und Grundzüge des staatlichen Verfassungsrechts – Schweden, in: Bogdany/Cruz Villalón/Huber (Fn. 7), § 9 Rn. 106 f.

[372] Zu diesen Gründen *Nergelius* (Fn. 367), 11 f.; speziell mit Bezug auf die Grundrechte *Nygren* (Fn. 248), 109; *Carlson* (Fn. 262), 68 ff.; *Nergelius* (Fn. 360), 45.

[373] Ausführlicher *Kessel* (Fn. 281), 169 ff., 175 ff.

[374] Zu dieser Frage und zum Folgenden *Nergelius* (Fn. 367), 12 f.; zur gewissen Renaissance des Staatsrechts in Schweden auch *Modéer, Kjell Å.,* Wissenschaft vom Verfassungsrecht – Schweden, in: Bogdany/Cruz Villalón/Huber (Fn. 12), § 35 Rn. 28.

[375] So *Rothstein* (Fn. 363), 15.

weiterhin ungewöhnlich ist, sich vor Gericht auf die Verfassung zu berufen, darüber gehen die Meinungen auseinander.[376]

cc) Schwache gerichtliche Normenkontrolle

159 Die skandinavische Einstellung zum Verfassungsrecht wird besonders deutlich in der fehlenden Einrichtung einer eigenständigen Verfassungsgerichtsbarkeit und an der außerordentlich schwach ausgeprägten gerichtlichen Normenkontrolle. Eigene Verfassungsgerichte gibt es in Skandinavien nicht.[377] Die Verfassung kann aber von allen anderen Gerichten angewandt werden, wenn auch nicht mit Wirkung erga omnes, so doch für die Parteien des jeweiligen Prozesses. Zentraler praktischer Anwendungsbereich der Verfassung vor Gericht wäre damit die inzidente Normenkontrolle. Stellte sich eine Norm dabei als verfassungswidrig heraus, so käme im Kern entweder eine Nichtanwendung der Norm oder eine verfassungskonforme Auslegung in Betracht, wobei beide Möglichkeiten in Skandinavien nur schwer voneinander abzugrenzen sind. All dies bleibt aber weitgehend theoretisch. Zwar ist die Normenkontrolle keineswegs ein für Skandinavien neuartiger Gedanke, denn schließlich ist sie insbesondere in Norwegen bereits seit über 150 Jahren, in Dänemark jedenfalls seit den 1920er Jahren akzeptiert.[378] Doch ist sie an so eng gefasste Voraussetzungen gebunden, dass sie in der Praxis nur äußerst selten einmal zum Erfolg führt:[379]

160 So galt in Schweden nach Kap. 11 § 14 S. 2 RF aF lange Zeit, dass Gerichte Gesetze nur außer Acht lassen durften, wenn ihre Verfassungswidrigkeit „offensichtlich" (uppenbart) war. In Dänemark müssen sie aufgrund der sog. Sicherheitsdoktrin des Obersten Gerichtshofs (Højesteret)[380] mit „Sicherheit" (sikkerhed) gegen die Verfassung verstoßen. In Finnland wird seit der Verfassungsreform von 2000 nach schwedischem Vorbild in § 106 der Verfassung ein „offensichtlicher Widerspruch" (ilmeinen ristiriita; uppenbart […] strida mot grundlagen) verlangt.[381] All dies läuft im praktischen Ergebnis darauf hinaus, dass der Einschätzung des Gesetzgebers von der Verfassungsmäßigkeit des Gesetzes grundsätzlich gefolgt wird und die dem entgegenstehenden Gründe fast nie ausreichen, um diese Vermutung zu widerlegen. In Schweden wurde zwar das Offensichtlichkeitskriterium 2011 aus der Verfassung gestrichen und stattdessen der etwas kryptische Hinweis eingefügt, bei der Normenkontrolle solle „besonders beachtet werden, dass der Reichstag der vornehmste Vertreter des Volkes ist und dass die Verfassung dem Gesetz vorgeht."[382]. Doch ist trotz einiger Diskussionen auch im Vorfeld nicht erkennbar, dass damit eine grundlegende Änderung eingeleitet worden wäre. Nur die norwegische Rechtsprechung schließlich steht der Normenkontrolle etwas offener gegenüber und geht von einer dreifach abgestuften Kontrolldichte aus, die bei staatsorganisationsrechtlichen und wirtschaftlichen Vorschriften am geringsten, bei Rechten zum Schutz der Freiheit und Sicherheit des Einzelnen am höchsten ist; zu keiner verschärften Kontrolle kommt es aber, wenn dem Gesetz politische Wertungen zugrundeliegen.[383] Auch aufgrund dieser spezifischen Einschränkung führt die abgestufte Kontrolldichte nicht zu einer weitreichenden und geradezu routinemäßigen Kontrolle wie sie etwa in Deutschland oder den USA üblich ist.

---

[376] Vgl. einerseits das Zitat supra → Rn. 155 Fn. 363 von 2007, andererseits im gleichen Jahr *Nergelius* (Fn. 367), 13 („it is no longer necessarily considered as strange to invoke the constitution itself in legal proceedings").

[377] Zum Folgenden für Schweden, Dänemark und Norwegen *Kessel* (Fn. 281), 36 ff.; für Finnland etwa *Scheinin* (Fn. 345), 45 ff.

[378] Zur geschichtlichen Entwicklung in beiden Staaten und zur zeitlich späteren Anerkennung in Schweden vgl. ausführlich *Kessel* (Fn. 281), 27 ff. mwN.

[379] Zum Folgenden vgl. die detaillierte Analyse bei *Kessel* (Fn. 281), 65 ff., zusammenfassend 272 ff.

[380] Højesteret, Ugeskrift for Retsvæsen 1921 A, 644 (646).

[381] Vgl. *Husa, Jaakko,* The constitution of Finland – A contextual analysis, 2011, 160 ff.

[382] „Vid prövning enligt första stycket av en lag ska det särskilt beaktas att riksdagen är folkets främsta företrädare och att grundlag går före lag", Kap. 11 § 14 S. 2 RF.

[383] Vgl. dazu das grundlegende Kløfta Urteil: Høyesterett, Norsk Retstidende 1976, 1 (5 f.).

4. Der skandinavische Rechtsrealismus

Um das typisch skandinavische Denken zu erfassen, wird vielfach auf den sog. skandinavischen Rechtsrealismus zurückgegriffen. Das liegt, jedenfalls auf den ersten Blick, aus zwei Gründen nahe: Erstens scheint der Begriff des Realismus den typisch skandinavischen Pragmatismus einzufangen. Zweitens liegt eine Parallele mit dem gleichnamigen legal realism nah, der für die Rechtsordnung der USA so prägend ist.[384] Ob beide Annahmen einer näheren Untersuchung standhalten, erscheint allerdings ebenso zweifelhaft wie die Unterstellung, dass der Rechtsrealismus heute überhaupt noch merkliche Auswirkungen auf das skandinavische Rechtsleben in der Praxis hat. 161

a) Skandinavischer Rechtsrealismus als philosophisches Projekt

aa) Die Schwierigkeiten einer Annäherung

Die Frage nach dem konkreten Inhalt des skandinavischen Rechtsrealismus ist zugleich sehr schwer und sehr einfach zu beantworten. Einfach ist die Antwort, weil diese Strömung sich letztlich auf ein klares Grundanliegen zurückführen lässt: den Kampf gegen alle Metaphysik im Recht. Hägerström selbst setzte einen entsprechenden lateinischen Satz – in etwas pompöser Anlehnung an Cato – einem als Selbstdarstellung gedachten Aufsatz voran: „Praeterea censeo metaphysicam esse delendam."[385] Was dies aber genau bedeutet, ja sogar was eigentlich mit „Metaphysik" gemeint sein soll, ist nie recht geklärt worden.[386] Schwer ist die Antwort hingegen schon insofern, als Rechtsrealismus die Konzeptionen mehrerer Personen bezeichnet, die miteinander durchaus nicht in allem übereinstimmen. Ausgangspunkt und Kern bilden dabei die Gedanken des Schweden Axel Hägerström (1868 – 1939), auf denen Vilhelm Lundstedt (1882 – 1955) und Karl Olivecrona (1897 – 1980) sowie der Däne Alf Ross (1889 – 1979) aufbauten. Aber schon insofern herrscht keine völlige Einigkeit. Vereinzelt wird Alf Ross nicht als Teil des skandinavischen Rechtsrealismus angesehen[387] und der Rechtsrealismus auch weiter gefasst, so dass er bereits früher mit Ørsted (1778 – 1860) beginnt.[388] In Norwegen werden die von Torstein Eckhoff um 1970 entwickelten Gedanken teils als Rechtsrealismus bezeichnet, obwohl sie kaum etwas mit Hägerströms Schule zu tun haben und auf dem an den amerikanischen Rechtsrealismus erinnernden Grundgedanken beruhen, dass für ein rechtes Verständnis des norwegischen Rechts die rechtlichen Argumentationsstrukturen der obersten Gerichte analysiert werden müssen.[389] 162

Wichtiger aber ist, dass die Gedankengänge der oft auch sog. Uppsala-Schule alles andere als einfach und leicht nachzuvollziehen sind. Gerade der Urvater Hägerström gilt allgemein als nur schwer lesbar und sprunghaft in der Gedankenführung, so dass seine Äußerungen die verschiedensten Interpretationen zulassen und selbst Fachleute die Verständnisprobleme offen einräumen.[390] Denn was soll man beispielsweise von einer Aussage halten, der zufolge 163

[384] Zum legal realism in den USA supra → § 5 Rn. 258 f.

[385] Vgl. *Hägerström, Axel,* in: Schmidt, Raymund (Hrsg.), Die Philosophie der Gegenwart in Selbstdarstellungen, Bd. 7, Leipzig 1929, 111 (111) (sep. pag. 1) („Außerdem bin ich der Meinung, dass die Metaphysik zerstört werden sollte.").

[386] Vgl. etwa *Wedberg, A.,* Hägerström, Axel, in: Edwards, Paul (Hrsg.), The encyclopedia of philosophy, Bd. 3, 1967, 402 (402); *Vogel, Hans-Heinrich,* Der skandinavische Rechtsrealismus, 1972, 19 f.

[387] So *Jørgensen, Stig,* Scandinavian legal philosophy, in: Kamenka, Eugene; Summers, Robert S.; Twining, William L. (Hrsg.), Soziologische Jurisprudenz und realistische Theorien des Rechts (= Rechtstheorie, Beiheft 9), 1986, 289 (289, 298); zu den Besonderheiten bei Ross auch *Martin, Michael,* Legal realism – American and Scandinavian, 1997, 125.

[388] Vgl. *Jørgensen* (Fn. 387), 290 ff., der insofern von „nordic realism" spricht.

[389] Zu Eckhoff und seinem Einfluss vgl. *Kjølstad/Koch/Øyrehagen Sunde* (Fn. 261), 105 (127 ff.).

[390] Vgl. etwa allgemein *Schmidt, Folke,* The Uppsala school of legal thinking, Scandinavian Studies in Law 22 (1978), 149 (153, 164); vgl. etwa auch die Suche nach der genauen Bedeutung bei *Sandström, Marie,* Law – Fact, fiction or in between? – Axel Hägerström's quest for legal realism, Scandinavian Studies in Law 48 (2005), 329 (passim, insbes. 331, 335); für eine zentrale Aussage Lundstedts sogar *Olivecrona, Karl,* The legal theories of Axel Hägerström and Vilhelm Lundstedt, Scandinavian Studies in Law 3 (1959), 125 (138);

Metaphysik – und damit zu bekämpfen – jede Anschauung sei, „die aus der Wirklichkeit selbst – der Wirklichkeit an sich – etwas Wirkliches macht"?[391] Ausländische Beobachter haben – unbeschränkt durch skandinavische Zurückhaltung – gelegentlich schon regelrecht böse reagiert: „The one significant contribution of the Scandinavian realists would appear to reside in their development of the art of verbal windmill jousting."[392]

164 Zentral für das Verständnis ist gerade für den Neuling die Erkenntnis, dass die Uppsala-Schule eine rechts*philosophische* Strömung ist und ihre Gedanken auf komplexen philosophischen Grundlagen beruhen, die einem Juristen ohne extensive Vorbildung auf diesem Gebiet nur schwer verständlich und vermittelbar sind. Gerade Hägerström war Philosoph und nicht Jurist.[393] Ihm ging es nie darum, praktische Vorschläge für das Handeln von Juristen zu machen oder auch nur die sich ihnen immer wieder stellenden Probleme zu lösen. Im Gegenteil lässt sich mit Fug und Recht behaupten, dass selbständig wertende Vorschläge an praktisch arbeitende Juristen, wie sie etwa ein Rechtslehrer macht, aber auch die entsprechende Arbeit eines Richters von vornherein außerhalb der Rechtswissenschaft stehen, wie sie die Uppsala-Schule begreift.[394]

bb) Versuch einer Annäherung

165 **(1) Rechte als mystische Begriffe.** Was also soll die Kernthese des skandinavischen Rechtsrealismus, die Verbannung der Metaphysik aus dem Recht, konkret bedeuten? Hägerström hält schon die Annahme von Rechten (und Pflichten), zB des Eigentumsrechts, für metaphysisch und lehnt sie deshalb ab.[395] Grundlage ist dabei, dass für Hägerström nur dasjenige wissenschaftlich sein kann, das auf Tatsachen basiert; insofern geht es um „Realismus". Auch Begriffe müssten stets auf Fakten basieren. Welche Fakten also, fragt Hägerström, stehen hinter der Behauptung, dass mein Haus mir gehört, ich also ein Eigentumsrecht daran habe? Die erste Möglichkeit besteht darin, dass hinter dem Eigentum das Faktum steht, dass der Staat das Eigentum gegen Verletzungen schützt. Das lehnt Hägerström aber ab. Erstens stehe der staatliche Schutz unter der Bedingung einer Verletzung, so dass das Recht nicht in diesem Schutz bestehen könne. Das Eigentumsrecht sei Vorbedingung staatlichen Schutzes und könne daher nicht identisch mit eben diesem Schutz sein. Der Staat könne auch nur die Rückgabe im Fall einer Verletzung garantieren, nicht aber das eigentliche Eigentumsrecht, nämlich gar nicht erst verletzt zu werden. Zweitens muss ich in jedem Fall auch erst beweisen, dass ich wirklich Eigentümer bin, was nicht zwingend immer gelingt. Es könne aber nicht sein, dass die Existenz eines Rechts von der Möglichkeit des Beweises abhänge. Rechte sollen schließlich unabhängig davon existieren, ob es mir gelingt, deren Existenz auch vor Gericht zu beweisen; sie bestehen also auch, wenn die entsprechenden Dokumente oder Zeugen fehlen. Eine zweite Möglichkeit, das Eigentum auf Tatsachen

---

Olivecrona selbst gilt dabei als positive Ausnahme, vgl. *Schmidt* (Fn. 390), 164; zu den rein sprachlichen Schwierigkeiten sehr deutlich *Broad, C.D.,* Translator's preface, in: Hägerström, Axel (Hrsg.), Inquiries into the nature of law and morals, 1953, vii (viii).

[391] Vgl. *Hägerström* (Fn. 323), 136 (sep. pag. 26); zu den Deutungsversuchen vgl. *Vogel* (Fn. 386), 20 f.

[392] *McDougal, Myres,* Jurisprudence for a free society, Georgia Law Review 1 (1966), 1 (12); McDougals Schriften allerdings sind ebenfalls nicht immer in allgemeinverständlicher Sprache geschrieben, sondern erschließen sich nur demjenigen, der sich zunächst mit dem sog. New Haven approach und dem damit verbundenen Sprachcode vertraut gemacht hat; das genannte Zitat beruht allerdings letztlich darauf, dass McDougal die Grundannahme einer fehlenden Gültigkeit und Bindungswirkung von Regeln für selbstverständlich hält.

[393] Hägerström war ab 1893 Dozent, ab 1911 Professor für praktische Philsophie, vgl. *Wedberg* (Fn. 386), 402.

[394] Vgl. *Vogel* (Fn. 386), 61.

[395] Zum Folgenden vgl. die Versuche einer verständlichen Darstellung bei *Olivecrona* (Fn. 390), 127 ff.; *Schmidt* (Fn. 390), 153 ff.; *Alexander, Gregory S.,* Comparing the two legal realisms – American and Scandinavian, American Journal of Comparative Law 50 (2002), 131 (149 ff.); anhand des Beispiels der Willenserklärung auch *Sandström* (Fn. 390), 330 ff.; Hägerström selbst legt den hier wiedergegebenen Gedankengang ausführlich dar als Einleitung in *Hägerström, Axel,* Der römische Obligationenbegriff im Lichte der allgemeinen römischen Rechtsanschauungen, 1927, 1 ff.; englische Übersetzung dieser Einleitung in *Hägerström, Axel,* Inquiries into the nature of law and morals, 1953, 1 ff.

zurückzuführen, liegt sodann in den tatsächlich existierenden Rechtsregeln des Staates, die das Eigentumsrecht schützen. Das Eigentum bestünde dann in den staatlichen Eigentumsregeln und wäre mit ihnen identisch. Auch dies akzeptiert Hägerström aber nicht. Denn wenn im juristischen oder im Alltagsleben von Rechten die Rede ist, wird offenbar davon ausgegangen, dass ein Recht unter bestimmten Umständen geschaffen wird, übertragen werden kann etc. Was dort geschaffen oder übertragen wird, ist eine Machtbefugnis. Die vor allem privatrechtlichen Rechtsregeln über Schaffung oder Übertragung etwa eines Eigentumsrechts beziehen sich auf solche Rechte; diese Rechte können daher nicht identisch mit den Rechtsregeln sein. Nun ließe sich noch darauf abstellen, dass üblicherweise das Eigentum an meinem Haus mit einer faktischen Gewalt über dieses Haus verbunden ist, weil Verletzungen üblicherweise nicht eintreten und anderenfalls üblicherweise erfolgreich vor Gericht dagegen vorgegangen werden kann. Diese faktische Gewalt darf jedoch nach Hägerström nicht mit dem Eigentumsrecht verwechselt werden, denn das Recht setzt nur bestimmte rechtliche Tatsachen voraus, die faktische Gewalt noch Weiteres. Damit aber kommt Hägerströms Gedankengang zum Ende: Wer von seinen Rechten spricht, meint eine gewisse Machtbefugnis. Diese Machtbefugnis hat aber nichts mit den Tatsachen des Lebens zu tun. Es ist deshalb eine übernatürliche, mystische, magische oder eben metaphysische Kraft.

Wirklich zu überzeugen vermocht hat diese Art der Gedankenführung außerhalb des engen Kreises skandinavischer Rechtsrealisten kaum jemanden.[396] Auch sind an den verschiedensten Stelle Einwände möglich.[397] Für den eher praktisch orientierten Juristen entsteht auch unweigerlich ein wenig der Eindruck von Wortgeklingel. In gewisser Weise würde Hägerström damit aber Unrecht getan, denn sein Interesse war eben gerade kein praktisches. Schon die sich unmittelbar aufdrängende Frage, wie denn jetzt der Begriff der Rechte in der juristischen Praxis eigentlich verwendet wird, hat Hägerström nie ausführlich beschäftigt.[398] Noch weniger finden sich Antworten darauf, welche Konsequenzen sich für Richter, Anwälte und Bürger daraus ergeben, dass zB ein Eigentumsrecht wissenschaftlich betrachtet gar nicht existiert. Dieselbe Frage stellt sich etwa in Bezug auf Lundstedts stete Betonung, dass es so etwas wie „Rechtsregeln" gar nicht gebe, zu der aber selbst Olivecrona zugeben musste, dass er nicht so recht verstehe, was Lundstedt damit eigentlich gemeint habe, zumal Lundstedt selbst ständig von Rechtsregeln gesprochen habe.[399] 166

(2) Der Kampf gegen das Naturrecht. Dennoch sollte versucht werden zu verstehen, was Hägerström eigentlich sagen wollte und warum er es sagte. Hägerströms Lehre war zu seiner Zeit in Skandinavien vor allem deshalb radikal, weil sie gegen die ganz herrschende rechtsphilosophische Grundhaltung ankämpfte, die von Christopher Jacob Boström (1797 – 1866) begründet wurde.[400] Boström setzt das Sein und das Wahrgenommenwerden gleich. So fragte er in Universitätsprüfungen die Kandidaten gern, ob der Kachelofen dort drüben in ihnen oder außerhalb von ihnen sei. Wer „außerhalb" antwortete, fiel durch.[401] Das Wesen der Dinge sah Boström im vollkommen Wahrgenommenen und nennt es Idee. Jedem Menschen ebenso wie dem Staat entspreche eine solche Idee, hinter der letztlich immer Gott als letzter Grund stehe. Rechtlich geht es Boström vor allem darum, dass der Staat zwar die Gesetze gebe, dabei aber selbst durch die Idee des Staates beschränkt sei. Ein Gesetz, das mit dieser Idee in Konflikt trete, sei faktisch kein Gesetz. Die Idee des Staates aber sei mit der 167

[396] Vgl. auch die bezeichnende Bemerkung von *Sundberg* (Fn. 366), 307: „In Uppsala, Hägerström's followers were held to be fanatics.".

[397] Vgl. etwa *Schmidt* (Fn. 390), 158 f.; Argumente gegen weitere Aspekte der Uppsala-Schule ibid., 162, 163, 172 ff.; vgl. auch *Alexander* (Fn. 395), 151 f.

[398] Deutlich *Olivecrona* (Fn. 390), 132; vgl. auch am Beispiel der Willenserklärung *Sandström* (Fn. 390), 334 („Hägerström had no intention of answering the legal question involved (…). This issue, according to Hägerström, must be resolved by academic jurists.").

[399] Vgl. *Olivecrona* (Fn. 390), 138.

[400] Zum Folgenden vgl. etwa *Bjarup, Jes*, Skandinavischer Realismus, 1978, 20 ff.; *Vogel* (Fn. 386), 10 f.; *Sundberg* (Fn. 366), 310 f.

[401] *Vogel* (Fn. 386), 10.

Vernunft erkennbar. Boströms Gedankengut war tiefgreifend konservativ. Mit dem Anspruch auf absolute Richtigkeit verteidigte er die Monarchie, wandte sich gegen Reformen und verwehrte sich gegen den Gedanken, der Staat könne eine kompromisshafte Vereinbarung zwischen freien Individuen mit unveräußerlichen Rechten sein. Der Mensch war für das Recht da, nicht das Recht für den Menschen.

168 Hägerström hingegen befreite gleichsam den Staat von den Fesseln, die Boström ihm auferlegt hatte: Der Staat kann Gesetze machen, wie er will. Auf ethische Fragen kommt es nicht an, denn sie sind metaphysisch.[402] Damit wendete sich Hägerström auch und vor allem gegen jegliche Form des Naturrechts.[403] Er akzeptierte beispielsweise nicht, dass einer Willenserklärung[404] – etwa Angebot oder Annahme beim Vertragsschluss – deshalb rechtliche Wirkungen zukomme, weil es die jeweilige Partei so wolle. Denn dazu müsste dieser Wille übernatürlich sein, da kein menschliches Wesen die Folgen der Willenserklärung herbeibefehlen könne. Stattdessen resultierten die Folgen der Willenserklärung aus dem entsprechenden Willen des Gesetzgebers. In diesem Sinne ist Hägerström also Positivist. Es liegt nahe, auch Hägerströms Ausführungen zur Nichtexistenz von Rechten entsprechend zu verstehen: Er will nicht leugnen, dass staatliche Regeln etwa über das Eigentum existieren und reale Folgen haben. Nur die zwischengeschaltete Figur des Eigentumsrechts, das dem Individuum zugeordnet wird und über dessen Schicksal dieses Individuum frei entscheiden kann, hält er für metaphysisch und damit abzulehnen. Das Recht wird somit zurückgeführt auf seinen positiven Kern: ein Konglomerat staatlicher Regeln mit dem dahinterstehenden Durchsetzungsapparat, nicht hingegen etwa vorgefundene, unabhängige, natürliche Positionen, mit denen das staatliche Recht nur arbeitet.[405]

169 Eines der großen Hindernisse beim Verständnis von Hägerströms Argumentationen für den heutigen Juristen mag also schlicht darin liegen, dass Hägerström mit Akribie und großer Anstrengung eine Vorstellung durchzusetzen und zu beweisen versucht, mit der viele heutige Juristen letztlich wenig Schwierigkeiten haben, jedenfalls sehr viel weniger Schwierigkeiten als seine im Sinne Boströms erzogenen Zeitgenossen. Denn die Vorstellung, dass etwa ein Vertrag mit all seinen spezifisch rechtlichen Folgen erst einmal unabhängig von staatlichen Rechtsregeln durch die Parteien und ihren Willen geschlossen wird, oder dass das Eigentum unabhängig von einem Rechtssystem als natürliches Recht eines Menschen vorgegeben und vom Recht nur anerkannt wird, würde vielen heutigen Juristen mindestens ebenso „magisch" erscheinen wie Hägerström. Der skandinavische Rechtsrealismus erweist sich so als ein rechtspositivistisches System in dem Sinne, dass keine notwendige Verbindung zwischen Rechtsnormen und ethischen Normen akzeptiert wird, dass weiterhin eine Analyse der Grundbegriffe des Rechts wichtig ist und von historischen, soziologischen oder psychologischen Untersuchungen unterschieden werden muss, und auch in dem Sinne, dass Wertaussagen nicht als rational begründbar angesehen werden.[406] Die Befreiung des Staates von naturrechtlichen Beschränkungen und damit die Möglichkeit zu demokratischen

---

[402] Vgl. *Bjarup* (Fn. 400), 37; deutlich auch für die Folgen für die Einstellung der Verwaltung gegenüber Bürger und Macht *Sundberg* (Fn. 366), 312.

[403] Dazu und zum folgenden Beispiel der Willenserklärung *Sandström* (Fn. 390), 336 ff.

[404] Zur Übereinstimmung des schwedischen Konzepts der Willenserklärung mit dem deutschen vgl. *Sandström* (Fn. 390), 330 Fn. 2.

[405] Deutlich für das Werk Lundstedts auch *Alexander* (Fn. 395), 154 („What Lundstedt is trying to express here is that it is the power of the state as the constantly looming presence in the background of all private legal relations."); vgl. auch *Sundell, Jan-Olof,* Vilhelm Lundstedt – a biographical sketch, Scandinavian Studies in Law 48 (2005), 465 (469 f.).

[406] Vgl. näher *Bjarup* (Fn. 400), 179 ff., auch zu weiteren möglichen Konzepten des Rechtspositivismus, die nicht auf den skandinavischen Rechtsrealismus passen; wenn *Pihlajamäki, Heikki,* Against metaphysics in law – The historical background of American and Scandinavian legal realism compared, American Journal of Comparative Law 52 (2004), 469 (471) den skandinavischen Rechtsrealismus als anti-formalistisch beschreibt, scheint dies hingegen auf einer so nicht akzeptablen Gleichsetzung von Formalismus und Begriffsjurisprudenz zu beruhen, vgl. zur Begriffsjurisprudenz auch supra → § 6 Rn. 89 f.; zum U.S.-amerikanischen Verständnis von Formalismus supra → § 3 Rn. 268, → § 5 Rn. 259, 261.

Reformen kann dabei durchaus als ein bewusster Hintergrund der Lehren Hägerströms angesehen werden.[407] Schließlich galt er zu seiner Zeit stets als politisch links stehend.[408]

b) Praktische Bedeutung heute?

Welche Bedeutung hat der skandinavische Rechtsrealismus für das heutige skandinavische[409] Rechtsdenken? Eine einfache – und nicht ganz falsche – Antwort lautet: keine. Heutige skandinavische Jurastudenten, gerade auch in Schweden, haben regelmäßig nie etwas von Hägerström oder der Uppsala-Schule gehört. Das ist auch weniger verwunderlich, als es auf den ersten Blick scheinen mag, denn schließlich geht es nicht um konkrete Aussagen zu Fragen, die sich dem praktizierenden Juristen stellen, sondern um philosophische Grundfragen des Rechts,[410] für die Studenten sich in vielen Staaten allenfalls marginal interessieren. Bezeichnend ist aber auch, dass ein von Professoren geschriebenes Standardwerk zur Einführung in das schwedische Recht problemlos ohne jeden Hinweis auf den Rechtsrealismus oder seine Vertreter auskommt.[411] **170**

Der Einfluss kann so allenfalls ein indirekter sein. In erster Linie wird hier der fortbestehende Fokus der skandinavischen Rechtswissenschaft auf das geltende Recht, seine Anwendung und seine Strukturen sowie der Fokus der Ausbildung auf die Berufsvorbereitung späterer Richter und Rechtsanwälte gesehen. Soziale, politische, philosophische oder wirtschaftliche Aspekte werden nicht als rechtswissenschaftliche Fragen betrachtet und entsprechend den jeweiligen anderen Disziplinen überlassen.[412] Dies mag durchaus in der Konsequenz der anti-metaphysischen Haltung der Rechtsrealisten liegen, wenn es auch seltsam erscheint, dass eine rechtsphilosophische Schule darauf hinauslaufen soll, unter anderem die Rechtsphilosophie aus dem Recht zu verdrängen. Eine entsprechende Beschreibung von Forschung und Lehre ließe sich aber in weiten Teilen etwa auch auf Deutschland übertragen, das vom skandinavischen Rechtsrealismus gänzlich unbeeinflusst geblieben ist. Jedoch wird diese positivistische Grundhaltung in Skandinavien deutlich ausgeprägter gelebt als in Deutschland, was sich gerade in der verbreiteten Kritik deutscher Gedankengänge etwa im Verfassungsrecht als überkomplex, theoretisch und realitätsfern[413] niederschlägt. **171**

Gelegentlich wurde in der Vergangenheit auch ein unangenehmes Zusammenwirken der Gedanken Boströms und Hägerströms auf die Einstellung der schwedischen Verwaltung gerade zu Hochzeiten des Wohlfahrtsstaates gesehen, in der sich Arroganz gegenüber den Bürgern mit Unterwürfigkeit gegenüber den jeweiligen Machthabern verband.[414] Umgekehrt kann die besondere Rolle der Materialien, also des gesetzgeberischen Willens, in der schwedischen Auslegungslehre ebenfalls als eine Konsequenz der realistischen, anti-meta- **172**

[407] So etwa *Alexander* (Fn. 395), 133, 166 f.
[408] *Sundberg* (Fn. 366), 309.
[409] Zur Frage, welchen Einfluss die Uppsala-Schule schon rechtsphilosophisch außerhalb Schwedens hatte, vgl. einerseits *Jørgensen* (Fn. 387), 289; *Olivecrona* (Fn. 390), 125, die kaum einen Einfluss in Finnland oder Norwegen sehen; bestätigt für Finnland mit einigen Ausnahmen in *Aarnio* (Fn. 241), 8 f.; anders für Norwegen hingegen *Slagstad, Rune,* Norwegian legal realism since 1945, Scandinavian Studies in Law 35 (1991), 215 (passim).
[410] Aufbauend auf Hägerströms Grundthese zur Metaphysik und darüber hinausgehend betreffen die Probleme, mit denen sich die skandinavischen Rechtsrealisten und insbesondere Olivecrona im Kern beschäftigten, nach *Schmidt* (Fn. 390), 165 zwei Fragenkomplexe: Erstens, welche Ideen stehen hinter einer Rechtsregel? Ist die Rechtsregel ein Befehl, und wenn ja, in welchem Sinn? Zweitens, was sind die notwendigen Bedingungen für die Existenz von Recht und Ordnung in einem moderenen Staat?; kurze Darstellung der Kerngedanken von Lundstedt und Olivecrona ibid., 160 ff.; entsprechend für Lundstedt, Olivecrona und Ross mit besonderer Berücksichtigung des Eigentumsrechts vgl. *Alexander* (Fn. 395), 153 ff.
[411] Vgl. Bogdan, Michael (Hrsg.), Swedish law in the new millenium, 2000, passim.
[412] Deutlich *Carlson* (Fn. 262), 53; *Skogh, Göran,* Law and economics in Sweden, International Review of Law and Economics 11 (1991), 319 (321); in diese Richtung auch *Jørgensen* (Fn. 387), 300, der allerdings bezeichnenderweise den Begriff „realist" insofern in Anführungszeichen setzt.
[413] Zu dieser Einstellung vgl. supra → Rn. 135.
[414] So *Sundberg* (Fn. 366), 312.

physischen und damit auch gegen eigenständige Wertungen der Juristen gerichteten Lehre der Uppsala-Schule gesehen werden.

173 Schließlich liegt auch die äußerst zurückhaltende Einstellung gegenüber gerichtlicher Kontrolle des Gesetzgebers und damit einhergehend die geringe Bedeutung des Verfassungsrechts, insbesondere der Grundrechte, auf der Linie des skandinavischen Rechtsrealismus. Denn die Beschränkung des Gesetzgebers durch übergeordnete Ideen, gar dem Staat vorgelagerte Menschenrechte, und das Einbringen letztlich eigenständiger Wertungen im Rahmen richterlicher Entscheidungen – wie sie insbesondere die Grundrechte kennzeichnen – sind gerade klassische Angriffsziele der Lehre Hägerströms und seiner Nachfolger. So wird denn heute auch der Niedergang des skandinavischen Rechtsrealismus als rechtsphilosophische Schule nicht zuletzt damit begründet, dass sie mit den immer weiter vordringenden Gedanken des Rechtsstaats, der individuellen Rechte gegenüber dem Staat und vor allem der Menschenrechte nicht zurechtkam und sie schlicht ignorierte.[415]

c) Beziehungen zum U.S.-amerikanischen Rechtsrealismus

174 Erste, offenkundige Unterschiede zum U.S.-amerikanischen Rechtsrealismus ergeben sich bereits in Bezug auf soeben angesprochene, aktuelle Wirkungen: Zwar ist auch der U.S.-amerikanische Rechtsrealismus heute *als rechtstheoretische Schule* nicht mehr recht up-to-date, denn er wird von zahlreichen modernen Strömungen verdrängt. Doch bleibt er nicht nur als deren historische Grundlage erhalten, sondern ist auch im Denken U.S.-amerikanischer Juristen stets präsent: „We are all realists now."[416] So dürfte es nicht übertrieben sein anzunehmen, dass jeder Jurist in den USA mit dem Stichwort legal realism etwas anfangen kann.

175 Auch inhaltlich erscheinen U.S.-amerikanischer und skandinavischer Rechtsrealismus zunächst einmal mehr als Gegensätze denn als geistige Verwandte: So ist die skandinavische Strömung nicht nur gekennzeichnet durch komplexe rechtsphilosophische Erörterungen ohne direkten Praxisbezug, sondern auch durch eine strenge Form des Positivismus, unter der sich eine – im U.S.-Sinne – ausgeprägt formalistische Auffassung vom Recht durchgesetzt hat, die Recht und Politik strikt trennt. All dies steht der U.S.-amerikanischen Strömung diametral entgegen. Äußerliche Kontakte der jeweiligen Vertreter oder ein gegenseitiger Austausch sind ebenfalls kaum nachweisbar.[417] Dennoch wird immer wieder versucht, Gemeinsamkeiten beider Strömungen herauszuarbeiten – wobei bezeichnenderweise die Gegensätze als klar, die Gemeinsamkeiten als erst noch zu suchen behandelt werden.[418] So wird etwa der Versuch beider Schulen hervorgehoben, auf je eigene Weise die Vorherrschaft des demokratischen Gesetzgebers zu betonen.[419] Gerade bei den Anhängern Hägerströms lassen sich zudem gelegentlich Einstellungen finden, die an die U.S.-amerikanische Strömung erinnern. Beispielsweise kann Ross so verstanden werden, dass das geltende Recht Ausdruck einer Ideologie sei, die den Richter und seine Entscheidungen motiviere.[420] Er schreibt: „It follows that the legal phenomena as the counterpart of the norms must be the decisions of the courts. It is here that we must seek for the effectiveness that is the validity of

[415] Dazu näher *Sundberg* (Fn. 366), 312 ff., 321.
[416] Vgl. dazu supra → § 5 Rn. 259.
[417] Vgl. nur *Martin* (Fn. 387), 125 f., 155 Fn. 6, der betont, dass Hägerström und die U.S.-amerikanischen Rechtsrealisten die jeweils andere Strömung kaum wahrnahmen, die übrigen skandinavischen Rechtsrealisten allerdings durchaus die Entwicklungen in den USA kommentierten; für die übliche Sichtweise vgl. etwa auch *Pihlajamäki* (Fn. 406), 470.
[418] Vgl. etwa *Alexander* (Fn. 395), 132; vgl. auch *Martin* (Fn. 387), 123 ff.; *Pihlajamäki* (Fn. 406), 487, der selbst eine gemeinsame Tradition ablehnt und nur eine ähnliche Grundeinstellung zur Rolle des Rechts in der Gesellschaft feststellen kann; zur abweichenden Situation im Hinblick auf Torstein Eckhoff in Norwegen vgl. supra → § 5 Rn. 135.
[419] *Alexander* (Fn. 395), 166 ff.
[420] So *Jørgensen* (Fn. 247), 533; vgl. auch *Bjarup* (Fn. 400), 182, der betont, für alle skandinavischen Rechtsrealisten sei die Zuordnung eines Sachverhalts zu einer Norm eine psychologische Frage.

law."[421] Jedoch machte Ross nie den nächsten, aus amerikanischer Sicht entscheidenden Schritt hin zu echten empirischen Untersuchungen über das Verhalten von Richtern, sondern blieb bei einem positivistischen Normverständnis.[422] Möglicherweise sind solche und ähnliche Aussagen auch in erster Linie als Reaktion auf eine damals noch verbreitete Form der Begriffsjurisprudenz zu verstehen,[423] eine Reaktion die heute jedoch im kontinentaleuropäischen Mainstream aufgegangen ist. Interessanterweise hat Ross selbst sich auch klar gegen den U.S.-Rechtsrealismus abgegrenzt.[424]

Letztlich also bleiben beide Strömungen einander, vom Namen einmal abgesehen, fremd: 176
Während die eine konkrete Auswirkungen auf die gerade auch gerichtliche Rechtsanwendung und Praxis anstrebt, bleibt die andere ein im Kern auf philosophische Grundfragen gerichtetes Gedankengebäude.[425] Kurz gesagt ist der U.S.-amerikanische Rechtsrealismus ein Kampf gegen Positivismus und Formalismus, der zu einer empirischen Ausrichtung des Rechts unter Einbeziehung insbesondere der Sozialwissenschaften geführt hat. Der skandinavische Rechtsrealismus hingegen war ein Kampf gegen das Naturrecht und die damit einhergehende Metaphysik, der selbst zu einer positivistischen und formalistischen Ausrichtung der Rechtswissenschaft führte, die nie zu empirischem Vorgehen geführt hat.

5. Skandinavien als Teil des kontinentaleuropäischen Kontexts

Die skandinavischen Rechtsordnungen gehören zweifelsfrei zum kontinentaleuropäischen 177
Kontext.[426] Ihnen eine Art Mittelstellung zwischen common law und civil law im Sinne eines Mischcharakters zusprechen zu wollen,[427] entbehrte weitgehend jeder Grundlage. Weder historisch noch in der praktischen Vorgehensweise, der Grundeinstellung zum Recht oder spezifischen Rechtsinstituten bestehen nennenswerte Parallelen zum common law, wie es insbesondere in England verstanden wird. Gelegentlich finden sich zwar einzelne Autoren, die erkennbar stärker von neueren rechtlichen Denkschulen der USA beeinflusst sind; vor allem manche finnischen Autoren scheinen dem Einfluss der critical legal studies und der diversen „law and…" Bewegungen zu unterliegen. Doch finden sich solch individuelle Rezeptionsphänomene heute in zahlreichen Rechtsordnungen. Prägend für Skandinavien sind sie jedenfalls nicht.

Innerhalb des kontinentaleuropäischen Rechts stehen die skandinavischen Staaten schon 178
aufgrund der historischen Einflüsse dem deutschen Recht näher als dem französischen.[428] Dafür spricht auch die starke Anwendungsorientierung und Praxisnähe der skandinavischen

[421] *Ross, Alf,* On law and justice, 1959, Nachdruck 2007, 34 f.
[422] Vgl. *Dalberg-Larsen, Jørgen,* Alf Ross and the sociology of law, Scandinavian Studies in Law 48 (2005), 39 (44 f., 50).
[423] So wohl bei *Bjarup* (Fn. 400), 181 f.
[424] Deutlich *Ross* (Fn. 421), 73.
[425] Vgl. *Sundberg* (Fn. 366), 306.
[426] Dies entspricht heute der ganz überwiegenden Einschätzung in der Rechtsvergleichung, vgl. etwa *Bogdan* (Fn. 227), 82 f.; *Bernitz* (Fn. 240), 28; *Sundberg* (Fn. 268), 204; *Gomard, Bernhard,* Civil law, common law and Scandinavian law, Scandinavian Studies in Law 5 (1961), 27 (27); *David, René; Jauffret-Spinosi, Camille;* Goré, Marie, Les grands systèmes de droit contemporains, 12. Aufl. 2016, 26; *Zweigert/Kötz* (Fn. 24), 271 (die Meinung von Zweigert/Kötz wird gelegentlich anders wiedergegeben, offenbar weil dort manchmal nur die Überschrift und nicht der Text gelesen wird); *Legeais* (Fn. 24), 197; *Aymerich Ojea, Ignacio,* Parte primera – Introducción general, in: Altava Lavall, Manuel Guillermo (Hrsg.), Lecciones de derecho comparado, 2003, 23 (47); für eine ganz eigenständige Rolle *Arminjon, Pierre; Nolde, Baron Boris; Wolff, Martin,* Traité de droit comparé, Bd. 1, 1950, 50; *Sandström* (Fn. 293), 291; *Tamm* (Fn. 240), 17; *Malmström, Åke,* The system of legal systems – Notes on a problem of classification in comparative law, Scandinavian Studies in law 13 (1969), 127 (147, 148); wohl auch *Gomard* (Fn. 426), 33 f., dem zufolge es keine sinnvolle Antwort auf die Frage gibt, ob Skandinavien zum civil law oder zum common law gehört.
[427] So heute *Kjølstad/Koch/Øyrehagen Sunde* (Fn. 261), 105 (119); dagegen auch *Tamm* (Fn. 240), 17; *Sandström* (Fn. 293), 291. Viele der für den Mischcharakter zitierten Autoren wie Malmström – zitiert bei *Hondius* (Fn. 306), 145 – sehen tatsächlich nur einen eigenständigen Platz gegenüber civil law und common law, vgl. *Malmström* (Fn. 426), 147, 148; *Nylund, Anna,* An Introduction to Finnish Legal Culture, in: Koch, Sören; Øyrehagen Sunde, Jørn (eds), Comparing Legal Cultures, 2nd ed 2020, 149 (185 f.).
[428] Ebenso *Bernitz* (Fn. 240), 28.

Rechtswissenschaft in Verbindung mit den – im U.S.-Sinne – formalistischen und positivistischen Tendenzen, die sogar noch ausgeprägter sind als in Deutschland und das nordische Recht so noch weiter von den USA entfernen. In Finnland beispielsweise findet sich sogar etwas so deutsches wie die Subsumtion oder die allgemeinen Lehren eines Rechtsgebiets wieder.[429] Insgesamt wird sich ein in Deutschland ausgebildeter Jurist im skandinavischen Recht zwar an eine Reihe von Besonderheiten, gerade auch im öffentlichen Recht, gewöhnen müssen, sich jedoch andererseits in vielerlei Hinsicht schnell heimisch fühlen. Gleichzeitig sind die aufgezeigten Besonderheiten des skandinavischen Rechts letztlich so ausgeprägt, dass man es nicht schlicht im kontinentaleuropäischen Kontext oder einem seiner Unterkontexte aufgehen lassen kann. Skandinavische Juristen werden untereinander stets eine sehr viel engere Verwandtschaft spüren als mit anderen Ländern Europas. Nicht außer Acht bleiben darf aber auch, dass Skandinavien zwar von außen betrachtet ein relativ einheitliches Bild bietet, sich aus der Binnenperspektive aber auch erhebliche Unterschiede zwischen den einzelnen Staaten ergeben können. Auch die skandinavische Zusammenarbeit hat keineswegs zu einer allgemeinen Vereinheitlichung geführt. Alles in allem lässt sich aber keine der skandinavischen Rechtsordnungen recht verstehen, ohne das Konglomerat aus Pragmatismus, Wohlfahrtsstaat und Bürgersinn, aber auch einem gewissen Konformismus und einer gewissen Schwäche individueller Rechte gegen den Staat zu berücksichtigen, die den skandinavischen Kontext prägen.

IV. Jenseits Europas: Lateinamerika

1. Lateinamerika als Teil des kontinentaleuropäischen Kontexts

179 Lateinamerika gehört zum kontinentaleuropäischen Kontext. Diese Erkenntnis mag aus geographischer Sicht zunächst etwas wirr erscheinen, ist aber rechtsvergleichend nur schwer zu bestreiten. Vereinzelte Ausnahmen bestehen etwa für Puerto Rico – das mit den USA assoziiert ist und in dem neben Elementen des civil law, insbesondere im Privatrecht, ein starker Einfluss des common law vorherrscht[430] –, für das niederländisch geprägte Suriname oder das britisch geprägte Belize, wobei die nicht primär spanisch- oder portugiesischsprachigen Staaten Mittel- und Südamerikas ohnehin je nach Sprachgebrauch nicht mehr zu Lateinamerika zählen.

a) Gemeinsamkeiten und Unterschiede im Kontext

180 Wie nah sich Lateinamerika und Europa rechtlich stehen, wird weniger aus der Binnenperspektive deutlich, die sich naturgemäß schnell auf bestehende Unterschiede fixiert, sondern vielmehr aus der Außenperspektive eines common law Juristen. Besonders lehrreich sind hier die Hinweise, Warnungen und Empfehlungen, die typischerweise U. S. Juristen gegeben werden, wenn sie mit Lateinamerika in Kontakt treten wollen. Die vom common law geprägten Juristen werden dabei auf die unterschiedlichen Sprachgebräuche hingewiesen, auf die abweichenden Klassifikationen – etwa wenn die Miete sich nicht im Eigentums-, sondern im Vertragsrecht findet –, auf die Verwendung abstrakter und scheinbar unspezifischer Konzepte wie den Rechtsakt oder die causa ebenso wie die verwirrende Anbindung des ganzen Rechts der torts an einige wenige Randbestimmungen im Schuldrecht, auf die Tendenz zu deduktivem, abstraktem Denken, auf den viel kürzeren Vertragsstil, der sich auf die im Übrigen bestehenden gesetzlichen Regeln verlässt, auf die Unterschiede in der

---

[429] Vgl. *Aarnio* (Fn. 241), 17, 20.

[430] Vgl. dazu *Viguri Perea, Agustín,* Derecho civil – En torno a la posible unificación entre el derecho español y el derecho angloamericano en el ámbito de Latinoamérica – Consideración especial del caso de Puerto Rico, in: Altava Lavall, Manuel Guillermo; Aymerich Ojea, Ignacio; Blasco Díaz, José Luis; Górriz Royo, Elena (Hrsg.), Lecciones de derecho comparado, 2003, 392 (392).

Behandlung von Recht und Tatsachen, die Tendenz zur Analogie und teleologischer Auslegung, die unterschiedliche Bedeutung von Präzedenzfällen und den unterschiedlichen Urteilsstil.[431] All diese Hinweise auf eminente und für den insofern unerfahrenen U. S. Juristen verwirrende Unterschiede werden jedem europäischen Rechtsvergleicher in ganz erstaunlicher Weise bekannt vorkommen: Sie ließen sich praktisch wortgleich und im Detail auf das Verhältnis der USA zu Frankreich, Spanien oder Deutschland übertragen.

Ebenso aufschlussreich sind allerdings die Stellen, an denen die Beschreibung der lateinamerikanischen Rechtskultur sich nicht mit der des europäischen Kontinents decken kann.[432] So weist etwa auch Südamerika Bestrebungen zu supranationalen Strukturen und zu einer Rechtsharmonisierung auf, die sich in Organisationen wie dem Andenpakt und dem Mercosur manifestieren und die sich oft ganz bewusst an der Europäischen Union als Vorbild orientierten.[433] In ihrer praktischen Bedeutung allerdings reichen sie an dieses Vorbild nicht einmal annähernd heran, auch wenn neue Anläufe zu einer verbesserten Integration immer wieder mit erheblichem Jubel begonnen werden. Als weitere Besonderheit ließe sich auch auf die Bedeutung exekutiver Rechtssetzung selbst bei bloßen de facto Regimen hinweisen.[434] Vertiefter Betrachtung bedürfen aber vor allem drei zentrale Merkmale lateinamerikanischen Rechtsdenkens: das für das lateinamerikanische Selbstverständnis heute besonders wichtige Verfassungsrecht, wie es sich vor allem seit dem Ende der Militärdiktaturen entwickelt hat (unten 2), der oft gravierende Unterschied zwischen geschriebenem und gelebtem Recht als besonders typisches, historisch gewachsenes Kennzeichen (unten 3) und die speziellen Rechte und Rechtsordnungen indigener Völker (unten 4). Grundlage bleibt aber bei alledem die traditionelle Verwurzelung Lateinamerikas im kontinentaleuropäischen Recht: **181**

b) Frühe Vorreiterschaft: Kodifikationen des 19. Jahrhunderts

Während der Kolonialzeit[435] galt anfänglich das jeweilige spanische Recht auch in den lateinamerikanischen Gebieten, wurde aber verdrängt, soweit speziellere Normen bestanden, die eigens für diese Besitzungen erlassen worden waren. Dieses Sonderrecht ist als Derecho Indiano oder Leyes de Indias bekannt, wobei „indias" der spanische Ausdruck für Hispanoamerika ist und sich nicht etwa auf die Indios, also die Ureinwohner bezieht. 1614 endete die automatische Anwendbarkeit allen kastilischen Rechts; stattdessen galten nur noch solche Gesetze, die speziell für Hispanoamerika formuliert waren.[436] Der Umfang des Derecho Indiano nahm mit der Zeit immer weiter zu. Als es schließlich nach mehreren Versuchen, die schon 1510 begannen, im Jahr 1680 durch León Pinelo zusammengefasst wurde, bestand diese sog. Recopilación de las Leyes de Indias bereits aus neun Büchern mit 218 Titeln und 6.447 Gesetzen.[437] Hinzu kamen zahllose Rechtsnormen, die durch örtliche Organe vom Vizekönig bis zum Bürgermeister erlassen wurden.[438] **182**

Die meisten lateinamerikanischen Staaten erlangten zu Beginn des 19. Jahrhunderts ihre Unabhängigkeit. Mit dem Streben nach Unabhängigkeit war in der Regel auch der Wunsch nach Schaffung einer eigenen, vom früheren Mutterland unabhängigen Rechtsordnung **183**

[431] Vgl. sehr eingängig *Garro, Alejandro M.,* On some practical implications of the diversity of legal cultures for lawyering in the Americas, Revista Juridicia Universidad de Puerto Rico 64 (1995), 461 (467 ff.).

[432] Vgl. zu Rechtsharmonisierung, exekutiver Rechtssetzung und Realität des Rechts *Garro* (Fn. 431), 477 ff., 472, 476 f.

[433] Vgl. etwa zum Mercorsur die Beiträge in *Samtleben, Jürgen* (Hrsg.), Rechtspraxis und Rechtskultur in Brasilien und Lateinamerika, 2010, 171 ff.; zum Andenpakt, insbes. zum Andengerichtshof vgl. *Marwege, Renata,* Der Andengerichtshof, 1996, passim.

[434] Dazu noch infra → Rn. 222.

[435] Dazu näher *Aymerich Ojea, Ignacio,* Derecho latinoamericano – Introducción general, in: Altava Lavall/ Aymerich Ojea/Blasco Díaz/Górriz Royo (Fn. 430), 381 (383 ff.); ausführlich zur Rezeption des gemeinen Rechts *Barrientos Grandon, Javier,* La cultura jurídica en la Nueva España, 1993.

[436] Vgl. *Cutter, Charles R.,* The legal culture of northern New Spain, 1700 – 1810, 1995, 32.

[437] Zur Recopilación *Muro Orejón, Antonio,* Lecciones de historia del derecho hispano-indiano, 1989, 117 ff.

[438] Vgl. *Cutter* (Fn. 436), 32.

verbunden. Dieser Wunsch wurde noch verstärkt durch die erhebliche Rechtsunsicherheit, die die Vielfalt der über lange Zeit zusammengekommenen Rechtsquellen hervorrief. Die Rechtswissenschaft dieser Zeit war weiterhin von ihren romanischen Wurzeln geprägt.[439] An den lateinamerikanischen Rechtsfakultäten wurde, wie damals üblich, vor allem auch römisches Recht gelehrt. So ergab sich, ganz in Übereinstimmung mit dem europäischen Zeitgeist, der Wunsch nach einer Kodifikation insbesondere des Zivilrechts. Als Vorbild dafür eignete sich die frühere Kolonialmacht Spanien und seine in weiten Teilen Lateinamerikas geltende Novísima Recopilación de Leyes de Castilla von 1805[440] schon politisch wenig, zumal in Spanien selbst zu dieser Zeit noch keine Kodifikation existierte und das Recht stark zersplittert war. Hingegen bestand in Lateinamerika größte Sympathie und Bewunderung für Frankreich mit seiner ebenfalls revolutionären Vergangenheit und Hinwendung zur Republik und mit dem großen Vorbild des Code civil. Tatsächlich wurde denn auch der Code civil in einigen Ländern mit allenfalls geringen Anpassungen übersetzt und als Gesetz erlassen, so etwa bei der Zivilrechtskodifikation von Haiti 1826, an die sich 1884 die Dominikanische Republik anlehnte.[441]

184 Die lateinamerikanische Rechtswissenschaft ging jedoch mit ihren eigenständigen Leistungen[442] weit darüber hinaus. Besonderen Einfluss, nicht nur im jeweils eigenen Land, erlangten dabei die herausragenden Arbeiten von vier Juristen in Chile, Brasilien und Argentinien.[443]

Bis heute nicht nur unter Rechtswissenschaftlern besonders bekannt ist der Schriftsteller, Philologe, Philosoph, Politiker und Jurist Andrés Bello (1781 – 1865), der auch enge Kontakte mit zwei anderen für Südamerika ungemein bedeutsamen Geistesgrößen hatte, Alexander von Humboldt und Simón Bolivar. Bello durchlief die juristische Ausbildung in seiner Heimatstadt Caracas, lebte lange in London und zog erst mit 47 Jahren nach Chile. Obwohl die juristische Arbeit nur einen Teil seiner Tätigkeit ausmachte und dabei nicht einmal überwog, schuf er das chilenische Zivilgesetzbuch von 1855. Es folgt äußerlich in etwa dem Code civil, weist aber schon in der Systematik viele eigenständige Merkmale auf, etwa die Trennung von Erb- und Obligationenrecht in zwei Bücher oder die Grundaufteilung des Sachenrechts nicht nach beweglichen und unbeweglichen, sondern nach körperlichen und unkörperlichen Sachen, wobei letztere die subjektiven Rechte umfassen. Auch versuchte Bello sprachlich einen größeren Detailreichtum zu erreichen, etwa durch die Einfügung von Beispielen. Bei alledem orientierte er sich keineswegs nur am Code civil, sondern verwendete ebenso Vorbilder aus dem spanischen, deutschen und englischen Recht sowie aus der Rechtstradition zahlreicher anderer Staaten.[444]

185 In Brasilien entwarf Augusto Teixeira de Freitas (1816 – 1883) in offiziellem Auftrag von 1860 bis 1864 ein Zivilgesetzbuch. De Freitas konnte es aus gesundheitlichen Gründen nie gänzlich vollenden, doch war es im Wesentlichen vollständig und mit zuletzt 4.908 Artikeln

---

[439] Zum Einfluss römischen Rechts auch *Schipani, Sandro,* Los códigos latinoamericanos de la „transfusión del derecho romano y de la independencia – Hacia códigos de la „mezcla" y „códigos tipo", in: Bravo Lira, Bernardino et al. (Hrsg.), Fuentes ideológicas y normativas de la codificación latinoamericana, 1992, 15 (50 ff.).

[440] Dazu *Bravo Lira, Bernardino,* Codificación civil en Iberoamérica y en la península ibérica (1827 – 1917) – Derecho nacional y europeización, in: Bravo Lira, Bernardino et al. (Hrsg.), Fuentes ideológicas y normativas de la codificación latinoamericana, 1992, 79 (97 ff.).

[441] Vgl. *Bravo Lira* (Fn. 440), 101; ebenso *Bucher, Eugen,* Zu Europa gehört auch Lateinamerika!, ZEuP 12 (2004), 515 (526 Fn. 33), der aber zusätzlich noch das Zivilgesetzbuch Boliviens und das daran angelehnte Costa Ricas erwähnt, die jedoch erheblich eigenständiger waren, vgl. im einzelnen *Bravo Lira* (Fn. 440), 102.

[442] Gegen die noch zu Anfang des 19. Jahrhunderts übliche Annahme mangelnder Originalität des lateinamerikanischen Rechts schon *David, René,* L' originalité des droits de l'Amérique latine, 1950, passim.

[443] Vgl. zum Folgenden den Überblick bei *Bucher* (Fn. 441), 526 ff.; weiterreichender Überblick auch zur Kodifikation in anderen Staaten bei *Bravo Lira* (Fn. 440), 101 ff.

[444] Vgl. dazu kurz *Aymerich Ojea* (Fn. 372), 390; ausführlicher *Mirow, Matthew Campbell,* Borrowing private law in Latin America – Andrés Bello's use of the Code Napoléon in drafting the Chilean civil code, Louisiana Law Review 61 (2001), 291 (301 ff.).

von ganz erheblichem Umfang. Tatsächlich strebte de Freitas eine auch in den Details vollständige Regelung an und zeigte dabei einen ausgeprägten Hang zu abstraktem und systematischem Denken, der weit mehr an den späteren deutschen denn an den damaligen französischen Kodifikationsstil erinnert. So sah sein allgemein sogenannter Esboço (portug. „Entwurf") nicht nur schon weit vor dem deutschen BGB einen Allgemeinen Teil vor,[445] sondern spann diesen Gedanken auch noch konsequenter weiter, indem durchgängig auch in den besonderen Teilen den speziellen jeweils die allgemeinen Regeln vorangestellt wurden. Insgesamt gilt de Freitas' Werk als ganz eigenständig, vor allem gegenüber dem Code civil, aber auch gegenüber dem chilenischen Zivilgesetzbuch,[446] wenn es auch seine grundsätzlich römisch-rechtlichen Wurzeln nicht verleugnen kann.[447] Obwohl der Esboço nie Gesetzeskraft erlangte, kam ihm große Vorbildwirkung in Lateinamerika, insbesondere in Brasilien, aber auch in Argentinien und Uruguay zu. Tatsächlich erhielt Brasilien erst mit Wirkung vom 1.1.1917, also lange nach de Freitas, eine Zivilrechtskodifikation auf der Basis des von Clóvis Bevilaqua (1859 – 1944) im Jahr 1900 publizierten Entwurfs.[448] Entsprechend konnten bei den Vorarbeiten zu diesem Gesetzeswerk auch schon die deutschen und schweizerischen Kodifikationen berücksichtigt werden. Bevilaqua war zugleich der erste Kommentator des brasilianischen Código Civil. Inhaltlich griff er etwa mit der Einteilung in Allgemeinen und Besonderen Teil auf de Freitas zurück, stützte sich aber auch sehr stark auf das deutsche BGB[449] und betonte seine kritische Distanz zum französischen Code civil.[450]

Für Argentinien von eminenter Bedeutung war der von Dalmacio Vélez Sársfield (1800 – **186**
1875) als alleinigem Redaktor geschaffene Entwurf des Zivilgesetzbuches.[451] Dieser Entwurf wurde im August 1869 fertiggestellt und schon im darauffolgenden Monat vom Parlament mit einer ungewöhnlichen Verbeugung vor der Person des Verfassers verabschiedet. Denn Art. 1 des erlassenden Gesetzes lautet: „El Código Civil redactado por el doctor Dalmacio Vélez Sársfield se observará como ley en la República Argentina desde el 1° de enero de 1871".[452] Eine vermutlich einzigartige Besonderheit dieses Zivilgesetzbuchs liegt entsprechend auch darin, dass es zu den Artikeln jeweils Fußnoten gibt, die den Inhalt und seine Herkunft ebenso erläutern wie die Frage, warum der Autor sich jeweils gerade für diese und keine andere Lösung entschieden hat. Für die spätere Anwendung waren diese Fußnoten ein ideales Hilfsmittel, auch wenn einige ihrer gelegentlichen Fehler große Bekanntheit erlangt haben. Inhaltlich ist der argentinische Código Civil umfassend rechtsvergleichend abgestützt. Inspirationsquellen waren insbesondere das Werk de Freitas', der französische Code civil[453]

---

[445] Deutlich etwa *Pereira Serracín, Graciano Eduardo,* El derecho romano – Fuente viva del derecho latinoamericano, in: Iustitia et pulchritudo, Revista de la Facultad de Derecho y Ciencias Políticas, Universidad Santa María La Antigua, Panamá 12 (1996), 199 (206).

[446] Vgl. *Bucher* (Fn. 441), 528, 532; *Paul, W.,* Freitas, Augusto Teixeira de, in: Stolleis, Michael (Hrsg.), Juristen, 2006, 225 (226).

[447] Vgl. *Pereira Serracín* (Fn. 445), 206.

[448] Dazu im Detail *Bravo Lira* (Fn. 440), 123 ff.

[449] *Aymerich Ojea* (Fn. 372), 390; *Paul, W.,* Bevilaqua, Clóvis, in: Stolleis, Michael (Hrsg.), Juristen, 2006, 85 (85 f.).

[450] Vgl. *Bucher* (Fn. 441), 529, 533; zum neuen brasilianischen Zivilgesetzbuch von 2002 vgl. etwa *Lima Marques, Claudia,* Das neue brasilianische Zivilgesetzbuch von 2002 – Bemerkungen zum neuen Unternehmensrecht (Direito de Empresa) und der Quellendialog mit dem Verbraucherschutzgesetzbuch von 1990, in: Jayme, Erik; Schindler, Christian (Hrsg.), Portugiesisch – Weltsprache des Rechts, 2004, 127 (127 ff.); *Araujo, Nadia de,* Die Auswirkung des neuen brasilianischen Zivilgesetzbuches auf das brasilianische internationale Privatrecht, in: Jayme, Erik; Schindler, Christian (Hrsg.), Portugiesisch – Weltsprache des Rechts, 2004, 155 (157 ff.).

[451] Zur Entstehungsgeschichte auch *Levaggi, Abelardo,* Alberdi-Vélez Sarsfield – Una polémica trascendental sobre la codificación civil argentina, in: Bravo Lira, Bernardino et al. (Hrsg.), Fuentes ideológicas y normativas de la codificación latinoamericana, 1992, 241 (262 ff.).

[452] Sanción Ley 340 v. 29.9.1869 („Das von Dr. Dalmacio Vélez Sársfield verfaßte Zivilgesetzbuch tritt ab dem 1. Januar 1871 als Gesetz der Republik Argentinien in Kraft.").

[453] Speziell zum Einfluss der französischen Rechtswissenschaft vgl. *Urbano Salerno, Marcelo,* Un retorno a las fuentes del Código Civil argentino – La doctrina francesa, in: Bravo Lira, Bernardino et al. (Hrsg.), Fuentes ideológicas y normativas de la codificación latinoamericana, 1992, 217 (219 ff.).

und das gemeine Recht Deutschlands, aber auch etwa die schon bestehenden lateinamerikanischen Kodifikationen.[454]

c) Einflüsse von außen

187 Insgesamt bewiesen die großen lateinamerikanischen Kodifikationen des 19. Jahrhunderts das ausgeprägt hohe Niveau der dortigen Rechtswissenschaft und, bei aller Einbindung in kontinentaleuropäisches Rechtsdenken, den hohen Grad an Originalität der dortigen Juristen. Dabei ist der Einfluss des französischen Code civil sicherlich groß, aber keineswegs so überragend, wie es ein erster Blick suggerieren mag. Nicht nur wurde der Code civil, wie andere Vorbilder, oft nicht unmittelbar, sondern vielfach gefiltert durch das spanische Recht und die spanische Rechtswissenschaft wahrgenommen.[455] Auch wird jedenfalls für die großen lateinamerikanischen Kodifikationen darauf hingewiesen, dass sie inhaltlich keinen Bruch mit dem zuvor geltenden Recht bewirkten, sondern es eher in veränderter Form bestätigten.[456] Allerdings war beispielsweise der venezolanische Rechtsunterricht im Privatrecht noch in der ersten Hälfte des 20. Jahrhunderts von der Lektüre der französischen Klassiker geprägt.[457] Neben eigenständigen Entwicklungen spielte aber auch das deutsche Rechtsdenken eine nicht unerhebliche Rolle. Das zeigt sich auch in anderen Rechtsgebieten. Insbesondere im Strafrecht ist im 20. Jahrhundert eine ausgeprägte Rezeption – manche sprechen gar von Hegemonie[458] – gerade der deutschen Strafrechtswissenschaft festzustellen, die nicht nur direkt wirkte, sondern ebenso indirekt über das stark deutsch beeinflusste spanische Strafrecht, während zwar zusätzliche italienische, nicht aber französische Einflüsse vermerkt werden.[459] Selbst so scheinbar typisch deutsche, hochabstrakte Diskussionen wie die Streitigkeiten zwischen Kausalisten und Finalisten[460] stießen in Lateinamerika auf Interesse und Widerhall.[461]

188 Wenn lateinamerikanische Juristen heute von der zentralen Bedeutung des französischen Code civil in Lateinamerika sprechen, so meinen sie damit meist nicht den historischen Code Napoléon von 1804 oder gar einen direkten Einfluss der heutigen französischen Zivilrechtswissenschaft, sondern beziehen sich auf den positivistischen Grundgedanken der Kodifikationsidee und die eigenständige große Tradition Lateinamerikas, die beide vor allem gegenüber dem großen Nachbarn USA verteidigt werden. Der Code Napoléon steht so weniger für spezifisch französisches Rechtsdenken als vielmehr für die Anbindung an das kontinentale Rechtserbe insgesamt, etwa an seine Systematisierungen, seinen gerichtlichen Stil oder seine Unterrichtsmethoden.[462] Bei alledem ist eine Quantifizierung der etwa französischen, spanischen oder deutschen Einflüsse in dieser Allgemeinheit kaum möglich oder sinnvoll. Die genauen Anteile, die von eigenen Entwicklungen sowie von den verschiedenen ausländischen Inspirationsquellen sowohl historisch als auch in der heutigen Rechtswissenschaft

---

[454] Vgl. *Bucher* (Fn. 441), 528 f.; *Aymerich Ojea* (Fn. 372), 390; *Pereira Serracín* (Fn. 445), 207.

[455] Vgl. *Murillo Rubiera, Fernando,* Codificación y sistema jurídico iberoamericano, in: Bravo Lira, Bernardino et al. (Hrsg.), Fuentes ideológicas y normativas de la codificación latinoamericana, 1992, 139 (152).

[456] Zusammenfassend *Bravo Lira* (Fn. 440), 130.

[457] Vgl. *Mirow, Matthew Campbell,* The Code Napoléon – Buried but ruling in Latin America, Denver Journal of International Law and Policy 33 (2005), 179 (184) mwN.

[458] So *Couso, Javier A.,* The globalization of Latin American constitutional law, Verfassung und Recht in Übersee 41 (2008), 56 (57).

[459] Vgl. *Górriz Royo, Elena,* Derecho penal – Presupuestos del derecho penal latinoamericano, in: Altava Lavall/Aymerich Ojea/Blasco Díaz/Górriz Royo (Fn. 430), 404 (406, 408, 415); zum deutschen Einfluss auf das lateinamerikanische Modellgesetz Strafprozessordnung *Llobet Rodríguez, Javier,* El nuevo proyecto de código procesal penal para Iberoamérica (en comparación con el derecho alemán), Revista judicial (Costa Rica) 1993, 33 (40 ff., insbes. 65); speziell zum Strafverfahrensrecht *Santistevan de Noriega, Jorge,* Reform of the Latin American judiciary, Florida Journal of International Law 16 (2004), 161 (163).

[460] Dazu für Deutschland supra → § 6 Rn. 289 f.; für Spanien supra → Rn. 22.

[461] Vgl. *Górriz Royo* (Fn. 459), 408.

[462] Vgl. zu diesen Gedanken deutlich *Mirow* (Fn. 394), 191 f.

jeweils eingenommen werden, sind letztlich nur für einzelne Rechtsgebiete in je einzelnen lateinamerikanischen Rechtsordnungen mit einiger Genauigkeit zu bestimmen.

d) Modifizierte Sichtweisen

aa) Spanisch-portugiesische Rechtsfamilie?

Nur gelegentlich wird die Anbindung Lateinamerikas an das kontinentaleuropäische Recht wenn auch nicht bezweifelt, so doch modifiziert. Dies geschieht einerseits durch die Postulierung einer spanisch-portugiesischen Rechtsfamilie, der auch Lateinamerika angehört und die sich von der französischen nicht nur deutlich absetzen, sondern letztlich sogar näher an der deutschen als an der französischen stehen soll. Dahinter steht vor allem auch der Gedanke, dass Frankreich letztlich sehr eigene Wege ohne ausgeprägten Einfluss des Auslands ging, während Lateinamerika die Entwicklungen in anderen Ländern umfangreich mit verwertete.[463] Dies lässt sich durchaus hören, zumal gerade Spanien sich zunehmend vom französischen Rechtsstil emanzipiert hat.[464] Letztlich dürfte es aber mehr eine graduelle und damit letztlich auch eine Geschmacksfrage sein, wie stark die Verselbständigungstendenzen nicht nur in Lateinamerika, sondern gleichzeitig und parallel in Spanien und Portugal gesehen werden. 189

bb) Abnehmende Bedeutung der Kodifikation?

Eine zweite, in der Literatur vertretene Modifikation liegt in der Behauptung, Lateinamerika habe sich von der reinen Lehre des civil law, von der Fixierung auf den Kodex abgewandt.[465] Dafür wird ua sehr allgemein auf die Auswirkungen der Globalisierung abgestellt, die die Bedeutung einzelner Staaten und damit auch ihrer Rechtsordnungen einschließlich der Kodifikationen herabsetze. Auch würden zunehmend Methoden alternativer Streitbeilegung verwendet, die letztlich gar nicht auf bestimmte materielle Rechtsregeln zurückgriffen. Das Kernargument dieser Ansicht stellt jedoch darauf ab, dass die Kodizes aufgrund der Entwicklung der juristischen Literatur, der zunehmenden Bedeutung von Fallrecht und der sog. De- und Rekodifikation an Bedeutung abgenommen hätten. Die juristische Literatur Lateinamerikas entwickle sich immer weiter und habe sich von den alten europäischen Klassikern gelöst. Das Fallrecht nehme weiter zu und werde intensiv zur Rechtsfindung herangezogen. Auf diese Weise werde die Autonomie des Kodex als alleiniger Rechtsquelle abgebaut. Dies gelte in besonderer Weise im Hinblick auf das Verfassungsrecht, wo der Kodex durch richterlich geschaffenes Recht aus seiner Vorrangstellung verdrängt werde und insgesamt die Macht des Richters vergrößere. Schließlich gebe es nicht nur immer mehr Kodizes, sondern auch immer mehr Recht außerhalb des Kodex, etwa im Arbeitsrecht, bei Agrarreformen, im Berg-, Versicherungs- oder Umweltschutzrecht. Es würden so legislative Mikrosysteme geschaffen, die die Bedeutung der Kodizes verringerten. Auch komme die Kodifizierung so erkennbar an ihre Grenzen, da sie die Komplexität und den Umfang des Regelungsbedarfs nicht mehr auffangen könne. Zwar gebe es auch eine Tendenz, für die neuen Regeln neue Kodizes zu schaffen oder sie wieder in die vorhandenen Kodizes zu integrieren. Diese sog. Rekodifikation sei aber künstlich und könne den Kodex nicht wiederbeleben. 190

Für den etwa in Deutschland oder Frankreich sozialisierten Juristen muss diese Argumentation äußerst merkwürdig erscheinen. Sie ist einerseits richtig, beruht aber andererseits auf einem wenig sinnvollen Radikalbild des kontinentaleuropäischen Kontexts und insbesondere der Kodifikationsidee. Nicht nur wird offenbar der Kodex als solcher – und nicht die 191

[463] So *Bucher* (Fn. 441), 538 f.; im Ergebnis ähnlich *Murillo Rubiera* (Fn. 455), 153; sogar für eine eigenständige lateinamerikanische Rechtsfamilie *Catalano, Pierangelo,* Sistemas jurídicos – Sistema jurídico latinoamericano y derecho romano, Revista general de legislación y jurisprudencia 85 (1982), 161 (169, 173 f.).

[464] Dazu supra → Rn. 17 ff., 21 f., 23 ff.

[465] Vgl. dazu *Mirow* (Fn. 394), 188 ff.; vgl. etwa auch *Linarelli, John,* Anglo-american jurisprudence and Latin America, Fordham International Law Journal 20 (1996), 50 (59, 68 f.).

dahinterstehenden Grundgedanken – zum Dreh- und Angelpunkt des kontinentaleuropäischen Rechtsdenkens gemacht. Auch wird offenbar gefordert, dass der Kodex alleinige Rechtsquelle in dem Sinne sein müsse, dass der Richter nur der Mund des Gesetzes ohne eigenen Spielraum wäre und dass die juristische Fachliteratur ihrerseits keine große Rolle in der Rechtsfindung spielen dürfe. Dies aber ist ein Bild des civil law, das völlig an der heutigen Realität vorbeigeht und das auch schon in früherer Zeit, etwa gleich nach Inkrafttreten des deutschen BGB, weder den Rechtsalltag wiedergab noch in der Theorie gefordert wurde. Dabei hilft es nichts, dass die neuen, antikodifikatorischen Tendenzen keineswegs nur in Lateinamerika, sondern im ganzen Bereich des civil law gesehen werden.[466] Denn wie gesehen[467] ist nicht der Kodex als solcher entscheidend für das kontinentaleuropäische Recht, sondern die Fassung des geltenden Rechts in möglichst systematischer Gesetzesform. Auch ist es zumindest missverständlich, dem kontinentaleuropäischen Kodex umfassenden Charakter und ein Vereinheitlichungsstreben mit Anspruch auf exklusive Autorität zuzuschreiben. Die legislativen Mikrosysteme beispielsweise sind also nicht Gegenpol, sondern Ausdruck des hinter den Kodizes stehenden Denkens, ja werden nicht selten ihrerseits als Kodizes bezeichnet.

192 Letztlich beruht die Argumentation vom Ausklingen des Kodex auf dem entsprechenden Gedankengebäude des gerade in den USA sehr einflussreichen Werks von Merryman zur Tradition des civil law.[468] Merryman betont dabei zwar immer wieder, dass er ein gewissermaßen idealisiertes Bild des civil law beschreibe und nicht das eines real existierenden Systems. Gleichzeitig aber hält er speziell Deutschland und Frankreich nicht für typische Vertreter des civil law, ja gewissermaßen sogar für die untypischsten von allen.[469] Dieses Ausmaß an Isolierung eines „Idealbilds" von der heutigen wie historischen Realität hat den Vorteil, dass zugehörige Gedankengebäude fast unangreifbar zu machen, beraubt es aber gleichzeitig seines Werts als Vergleichsgegenstand oder Bewertungsmaßstab in der konkreten rechtsvergleichenden Arbeit.

2. Verfassungsrecht und lateinamerikanisches Selbstverständnis

193 Das Verfassungsrecht ist heute zentral für die Rechtsentwicklung in Lateinamerika und für das Verständnis des dortigen Kontexts. Das war keineswegs immer so. Bis in die 70er Jahre des 20. Jahrhunderts hinein wurde das Verfassungsrecht in Lateinamerika weniger als Recht denn als ein Weg zur Bildung einer Nation angesehen. So mag es sich auch erklären, warum vielfach jede politische Veränderung oder Machtverschiebung schon fast reflexhaft zu einer neuen Verfassung führte. Verfassungen wurden als politische Instrumente angesehen, nicht als rechtliche Sicherungen, die die staatliche Gewalt zugunsten der Bürger und ihrer Freiheit in möglicherweise sogar einklagbarer Weise begrenzen würden. Auch eine Verfassungsrechtswissenschaft konnte sich unter diesen Bedingungen kaum entwickeln.[470]

a) Historische Vorbilder Frankreich und Europa

194 Dennoch ist die historische Entwicklung des Verfassungsrechts bedeutsam. Sie beginnt mit der Unabhängigkeit, die die lateinamerikanischen Staaten weitgehend zu Beginn des 19. Jahrhunderts erlangten. Die politischen und rechtlichen Vordenker in Lateinamerika waren intellektuell stark nach Europa hin orientiert und wurden daher auch intensiv von der

[466] Deutlich *Mirow* (Fn. 394), 185; *Linarelli* (Fn. 465), 68.
[467] Zum Ganzen supra → § 6 Rn. 36 ff.
[468] Vgl. *Merryman, John Henry; Pérez-Perdomo, Rogelio,* The civil law tradition – An introduction to the legal systems of Europe and Latin America, 4. Aufl. 2019, passim, insbes. 145 ff.
[469] Vgl. das Vorwort zur Erstauflage in *Merryman/Pérez-Perdomo* (Fn. 468), xi.
[470] Zum Ganzen *Couso* (Fn. 458), 57 f.; auch *Garcia-Huidobro Correa, Joaquín,* Der schwierige hispanoamerikanische Konstitutionalismus, Rechtsgeschichte 16 (2010), 40 (40).

europäischen Verfassungsdiskussion der damaligen Zeit beeinflusst.[471] Nach der Loslösung vom Mutterland kam für die Staaten grundsätzlich nur eine republikanische Verfassung in Betracht (nur Brasilien war bis 1889 Monarchie). Als großes Vorbild bot sich einerseits die erfolgreiche französische Revolution, andererseits die Verfassung des großen Nachbarn im Norden, der Vereinigten Staaten von Amerika an.[472] Die zumeist auf einen machtvollen Präsidenten ausgerichtete staatsorganisationsrechtliche Grundstruktur ebenso wie die Schaffung eines obersten Gerichts nach dem Vorbild des Supreme Court gehen insofern auf die U. S. Verfassung zurück. Von den USA inspiriert war auch eine grundlegende Debatte über eine einheits- oder bundesstaatliche Struktur,[473] selbst wenn im Ergebnis heute nur vier Staaten (Argentinien, Brasilien, Mexiko und Venezuela) föderal strukturiert sind.[474] Die Betonung von Grundrechten hingegen hatte nicht zuletzt französische Wurzeln, wenn auch die Verfassungszusätze der USA und die dortige freiheitliche Realität, wie sie im einflussreichen Werk Tocquevilles über die Demokratie in Amerika[475] beschrieben und in den Federalist Papers diskutiert wurde,[476] ihren Teil dazu beigetragen haben.

b) Eigenständige Weiterentwicklung

Die Entwicklung des Verfassungsrechts verlief dann jedoch weitgehend unabhängig von den USA. Allerdings zeigten die Vereinigten Staaten gerade auch im 20. Jahrhundert großes Interesse an Lateinamerika, das politisch bis hin zu direkten oder verdeckten Eingriffen ging, die aufgrund des sog. Roosevelt Corollary zur Monroe-Doktrin sogar offiziell verteidigt wurden. Zu eher trauriger Berühmtheit gelangte die ursprüngliche Law and Development Bewegung der 60er und 70er Jahre des 20. Jahrhunderts, mit der bestimmte Juristen und Institutionen aus den USA versuchten, ihre verfassungsrechtlichen Vorstellungen nach Lateinamerika zu exportieren. Die Bewegung gilt heute gemeinhin als wohlgemeinter Fehlschlag und als klassisches Beispiel für die Gefahren eines versuchten Rechtstransfers ohne hinreichende Berücksichtigung der je lokalen rechtlichen, wirtschaftlichen und kulturellen Besonderheiten.[477] Mit positiveren Erwartungen verbunden wird hingegen seit den 90er Jahren der Versuch, rechtsstaatliche Grundsätze im Sinne der rule of law nicht zuletzt durch Gerichtsreformen in Lateinamerika zu etablieren.[478] 195

[471] Vgl. *Waldmann, Peter,* Nachahmung mit begrenztem Erfolg – Zur Transformation des europäischen Staatsmodells in Lateinamerika, in: Wolfgang Reinhard (Hrsg.), Verstaatlichung der Welt? – Europäische Staatsmodelle und außereuropäische Machtprozesse, 1999, 53 (53).

[472] Vgl. dazu etwa *Couso* (Fn. 458), 57; *García Belaunde, Domingo,* Verfassungsgerichte in Lateinamerika, in: Blankenagel, Alexander; Pernice, Ingolf; Schulze-Fielitz, Helmuth (Hrsg.), Verfassung im Diskurs der Welt – Liber Amicorum für Peter Häberle zum siebzigsten Geburtstag, 2004, 595 (596); *Barker, Robert S.,* Constitutionalism in the Americas – A bicentenial perspective, University of Pittsburgh Law Review 49 (1988), 891 (895 ff.); die zusätzliche Bedeutung auch der liberalen spanischen Verfassung von 1812 betonen *Aymerich Ojea* (Fn. 372), 391; *Segovia, Juan Fernando,* Die Entkräftung des hispanoamerikanischen Konstitutionalismus, Rechtsgeschichte 16 (2010), 35 (35); zu Textübereinstimmungen mit der U.S.-Verfassung *Barker* (Fn. 472), 892.

[473] Zu diesen Aspekten vgl. etwa *Aymerich Ojea* (Fn. 372), 391.

[474] Zum Föderalismus dort *Serna de la Garza, José María,* Constitutional federalism in Latin America, California Western International Law Journal 30 (2000), 277 (passim); speziell zu Brasilien und Argentinien auch *Samtleben, Jürgen,* Föderale Gerichtsverfassung in Brasilien und Argentinien – Zwei unterschiedliche Modelle, RabelsZ 66 (2002), 250 (passim).

[475] *Tocqueville, Alexis de,* Democracy in America, The complete and unabridged volumes I and II, translated by Henry Reeve, Bantam Classic, 2000.

[476] Zu Einfluss und Bekanntheit beider Werke in Lateinamerika *García Belaunde* (Fn. 472), 596.

[477] Zu dieser Bewegung *Esquirol, Jorge L.,* Continuing fictions of Latin American law, Florida Law Review 55 (2003), 41 (46 ff.); zu ihren Nachfolgern *Esquirol, Jorge L.,* The failed law of Latin America, American Journal of Comparative Law 56 (2008), 75 (94 ff.).

[478] Aus der umfangreichen Literatur vgl. nur beispielhaft *Hammergren, Linn,* Envisioning reform – Improving judicial performance in Latin America, 2007; *Santistevan de Noriega* (Fn. 396), 161 ff.; *Sousa, Mariana,* A brief overview of judicial reform in Latin America – Objectives, challenges, and accomplishments, in: Lora Torres, Eduardo (Hrsg.), The state of state reform in Latin America, 2007, 87 (87 ff.); zur praktischen Seite

196 Eine grundsätzliche Übertragung U.S.-amerikanischer Denkschulen auf der Basis des Rechtsrealismus[479] nach Lateinamerika hat bei alledem jedoch nicht stattgefunden. Aufgrund der persönlichen wie akademischen Kontakte und der nicht unbedeutenden Anzahl von lateinamerikanischen Studenten an U. S. law schools sind die soziologisch inspirierten Rechtstheorien in Lateinamerika zwar grundsätzlich bekannter als in Europa und finden hier durchaus auch ihre individuellen Verfechter, doch hat sich die kontinentaleuropäische Denkweise auch in Lateinamerika bei der großen Mehrheit der praktizierenden Juristen und der Rechtswissenschaftler als widerstandfähig erwiesen.[480]

c) Paradigmenwechsel mit Ende der Militärdiktaturen

197 Ein Paradigmenwechsel im lateinamerikanischen Verfassungsrecht zeichnete sich in den 80er Jahren des 20. Jahrhunderts mit dem Ende der zahllosen Militärdiktaturen ab, die vor allem in den 60er und 70er Jahren Lateinamerika dominiert hatten.[481] Die neu errungene Freiheit führte zu einem ausgeprägten Umdenken. Erstmals wurde das Verfassungsrecht als echte Begrenzung der Macht und als Schutz des Bürgers gesehen und ausgebaut. Dabei spielten eher internationale und europäische als U. S. Vorbilder eine Rolle. Insbesondere die freiheitliche spanische Verfassung von 1978 hatte großen Einfluss,[482] nicht nur aufgrund der sprachlichen Nähe, sondern vor allem weil auch Spanien sich von einer Militärdiktatur befreit hatte. Auch Deutschland diente gelegentlich als Vorbild.[483] Der Paradigmenwechsel zeigte sich insbesondere an zwei Aspekten, dem ausgeprägten Ausbau von Grundrechten (aa) und von prozessualen Durchsetzungsmöglichkeiten (bb).[484]

äußerer Einflussnahme *Ahrens, Helen,* Möglichkeiten und Grenzen externer Unterstützung rechtsstaatlicher Reformen am Beispiel Lateinamerikas, in: Kappel, Rolf; Tobler, Hans Werner; Waldmann, Peter (Hrsg.), Rechtsstaatlichkeit im Zeitalter der Globalisierung, 2005, 473 (473 ff.); etwas frühere Perspektiven etwa bei *Dakolias, Maria,* A strategy for judicial reform – The experience in Latin America, Virginia Journal of International Law 36 (1995), 167 (167 ff.); *Sáez García, Felipe,* The nature of judicial reform in Latin America and some strategic considerations, American University International Law Review 13 (1998), 1267 (1267 ff.).

[479] Dazu supra → § 5 Rn. 258 ff.

[480] Vgl. etwa die kritische Analyse von *León Pastor, Ricardo,* ¿Cómo se expresa el formalismo judicial en América Latina? – Introducción teórica para una investigación comparada, Enlace – Revista de Sociología Jurídica 3 (1998), 37 (52 ff.); jedenfalls für die Zeit bis 1990 zusammenfassend *López Medina, Diego Eduardo,* Teoría impura del derecho, 2004, 401 f.; für die Gegenwart abwartend ibid., 460 f.; bei entgegengesetzten Aussagen durch Juristen aus den USA ist erneut darauf zu achten, dass möglicherweise mit einem realitätsfernen Bild des civil law gearbeitet wird, so dass etwa jede Aufwertung des Richterrechts, jede wertende Auslegung und jedes Abweichen vom simplen Wortlaut einer Norm zB zugunsten ihres Zwecks als Schritt hin zum juristischen Denken der USA gesehen wird, vgl. nur beispielhaft in diese Richtung *Barker* (Fn. 472), passim, insbes. 904, der davon auszugehen scheint, dass die Überprüfung der Verfassungsmäßigkeit von Gesetzen für das civil law untypisch sei.

[481] Dazu *Couso* (Fn. 458), 58 f.; *Garcia-Huidobro Correa* (Fn. 470), 40 f. mit dem konkreten Beispiel Chiles; einen Rückschritt seit Beginn des neuen Jahrtausends konstatiert jedoch *Ferreira Rubio, Delia M.,* The constitution – Latin America 2010, Rechtsgeschichte 16 (2010), 50 (50).

[482] Vgl. etwa *Santistevan de Noriega* (Fn. 396), 161; *Garcia-Huidobro Correa* (Fn. 470), 40.

[483] Vgl. am Beispiel Brasiliens *Hennig Leal, Mônia Clarissa,* Die brasilianische Verfassungsgerichtsbarkeit zwischen U.S.-amerikanischer Institutionalisierung und deutschem Rechtsdenken, in: Kischel, Uwe (Hrsg.), Der Einfluss des deutschen Verfassungsrechtsdenkens in der Welt – Bedeutung, Grenzen, Zukunftsperspektiven, 2014, 27 (32 ff.), die als Beispiele die deutschen Konzepte der Menschenwürde, der Verhältnismäßigkeit, des Existenzminimums, des Vorbehalts des Möglichen, der vertikalen und horizontalen Wirkung der Grundrechte, der normativen Kraft der Verfassung und der offenen Gesellschaft der Verfassungsinterpreten analysiert.

[484] Fünf typische Eigenheiten der neueren Verfassungsentwicklung in Lateinamerika unterscheidet *Lixinski, Lucas,* Constitutionalism and the other – Multiculturalism and indigeneity in selected Latin American countries, Anuario Iberoamericano de Justicia Constitucional 14 (2010), 235 (238): Verfassungsgerichte nach europäischem Vorbild, Rechte neuer Generationen, zunehmende Bedeutung des Völkerrechts, neue verfassungsrechtliche Klagemöglichkeiten zur Durchsetzung von Grundrechten, Stärkung der Rolle der Justiz; letztlich ähnlich, aber mit zehn Kategorien *Uprimny, Rodrigo,* The recent transformation of constitutional law in Latin America – Trends and challenges, Texas Law Review 89 (2011), 1587 (1589 ff.).

aa) Grundrechte aller Generationen

Die Ausweitung des Grundrechtsschutzes betraf materiell nicht nur die klassischen Freiheitsrechte wie Meinungs-, Versammlungs- oder Religionsfreiheit, also die sog. Rechte der 1. Generation, sondern noch ausgeprägter Rechte der 2. und sogar 3. Generation.[485] Die Terminologie der Generationen ist dabei dem heutigen Standardvokabular der internationalen Menschenrechte entnommen.[486] Rechte der 1. Generation stehen dort für die (negativen) Freiheitsrechte, die vor allem Freiheit *von* etwas, insbesondere Freiheit von staatlicher Einmischung garantieren. Die Rechte der 2. Generation sind hingegen positive Rechte *auf* etwas, also auf staatliches Tätigwerden, etwa Rechte auf Gesundheitsfürsorge, Nahrung oder Bildung. Im nationalen Zusammenhang werden sie auch oft soziale Grundrechte genannt. Die dritte Generation schließlich ist schwerer fassbar; sie umfasst nicht mehr Rechte des Einzelnen, sondern von Gruppen oder Völkern, im völkerrechtlichen Zusammenhang oft auch gerichtet gegen eine Mehrheit von Staaten. Gemeint sind etwa das Recht auf Frieden, auf Umwelt, auf Selbstbestimmung der Völker, das Recht auf Entwicklung und das gemeinsame Erbe der Menschheit. Im verfassungsrechtlichen Kontext Lateinamerikas sind damit vor allem die besonderen Rechte der indigenen Bevölkerung gemeint.[487] 198

Von der indigenen Bevölkerung abgesehen spielen heute aber – gerade auch vor dem Hintergrund der verbreiteten Armut – vor allem die ökonomischen, sozialen und kulturellen Rechte der 2. Generation eine ausgeprägte, für Lateinamerika typische Rolle. Beispielhaft gewähren etwa Art. 19 §§ 9, 10, 16, 18 der chilenischen Verfassung die Rechte auf Gesundheit, Bildung, gerechte Entlohnung und soziale Sicherheit, Art. 16, 17, 18, 19 der bolivianischen Verfassung die Rechte auf Wasser, Nahrung, Bildung, Gesundheit und Wohnung, Art. 20 bolivVerf sogar ein Recht auf allgemeinen und gleichen Zugang zur Grundversorgung mit Trinkwasser, Abwasserentsorgung, Strom, Gas, Post und Telekommunikation. Insgesamt lesen sich die Art. 13 – 107 bolivVerf wie der Wunschkatalog eines jeden Menschenrechtsaktivisten. Ecuador gibt in Art. 71 ecuadVerf sogar der Pacha Mama als solcher, also dem traditionellen göttlichen Prinzip der Natur, ein Recht auf Existenz und Erhaltung, das von jedermann eingefordert werden kann. Vorreiter dieser Entwicklungen, nicht nur in Lateinamerika, war Mexiko, das schon 1917 wirtschaftliche, soziale und kulturelle Verfassungsrechte anerkannte.[488] 199

Trotz der inhärenten Probleme bei der Finanzierung und Durchsetzung haben soziale Grundrechte in Lateinamerika durchaus einigen Erfolg gezeigt. So konnten etwa HIV-Positive in Venezuela aufgrund des dort verfassungsrechtlich garantierten Rechts auf Gesundheit gerichtlich durchsetzen, dass der Staat ihnen die notwendigen und ärztlich verschriebenen Medikamente in regelmäßigen Abständen bereitstellen sowie spezielle Untersuchungen durchführen und bezahlen musste.[489] Dabei steht Venezuela mit dieser konkreten Auslegung des grundsätzlich in allen lateinamerikanischen Staaten anerkannten Grundrechts auf Gesundheit nicht allein. Auch etwa in Kolumbien, Peru oder Costa Rica kam es zu entsprechenden gerichtlichen Entscheidungen, während beispielsweise Chile und El Salvador erst durch die Inter-Amerikanische Kommission für Menschenrechte zu entsprechenden Gewährleistungen gezwungen werden mussten.[490] Ein solcher Einfluss internationaler Menschenrechtsverträge auf das lateinamerikanische Verfassungsrecht ist dabei auch sonst ty- 200

---

[485] Vgl. etwa *Uprimny* (Fn. 484), 1589 ff.; *Oquendo, Ángel R.*, Möglichkeiten und Grenzen – In Richtung einer ganzheitlichen Auffassung und Umsetzung von Rechten in Lateinamerika, in: Häublein, Martin; Utz, Stephen (Hrsg.), Rechtsgeschäft, Methodenlehre und darüber hinaus – Liber amicorum für Detlef Leenen zum 70. Geburtstag, 2012, 189 (191 f.).

[486] Dazu etwa *Riedel, Eibe,* Der internationale Menschenrechtsschutz – Eine Einführung, in: Bundeszentrale für politische Bildung (Hrsg.), Menschenrechte – Dokumente und Deklarationen, 4. Auflage 2005, 11 (26 ff.).

[487] Dazu noch infra → Rn. 230 ff.

[488] *Aymerich Ojea* (Fn. 372), 391.

[489] Vgl. im Detail *Oquendo* (Fn. 485), 192 ff.

[490] Vgl. ausführlich *Oquendo* (Fn. 485), 196 ff. mwN.

pisch;[491] manche sprechen insofern von einem lateinamerikanischen „bloque de constitucionalidad".[492]

bb) Verfassungsgerichtliche Durchsetzungsmöglichkeiten

201 Grundrechte ohne Möglichkeit der gerichtlichen[493] Durchsetzung bleiben letztlich inhaltsleer. Dass Lateinamerika am gerichtlichen Vollzug mit einigem Erfolg gearbeitet hat, zeigte sich schon an dem soeben angeführten Beispiel der medizinischen Versorgung HIV-Infizierter.

202 Ursprünglich war ab der Mitte des 19. Jahrhunderts ein judicial review nach U.S.-amerikanischem Modell eingeführt worden, also eine implizite Prüfung der Verfassungsmäßigkeit durch die allgemeinen Gerichte im Rahmen der Entscheidung über konkrete Einzelfälle. Ab dem 20. Jahrhundert kam es dann zu eigenständigen Entwicklungen hin zu einem europäischer geprägten Modell der Verfassungsgerichtsbarkeit mit eigenen Verfassungsklagen und oft eigenen Verfassungsgerichten.[494] Die Verfassungsgerichte sind dabei gerade seit der Jahrtausendwende oft sehr aktiv und keineswegs zurückhaltend in ihrer Rechtsprechung – auch dies ist ein Paradigmenwechsel.[495] Als eine typische Verfahrensart gerade im Unterschied zum U.S.-amerikanischen Modell findet sich dabei unter je verschiedenen Bezeichnungen eine Art abstrakte Normenkontrolle, mit der die Verfassungswidrigkeit eines Gesetzes geltend gemacht werden kann.[496] Teils ist eine solche Überprüfung nur vor Inkrafttreten des Gesetzes möglich, wie etwa in Chile, oft aber auch später, mit unterschiedlichen Fristen von beispielsweise 30 Tagen in Mexiko (Art. 105 Abs. 2 mexVerf) oder 60 Tagen in Nicaragua (Art. 12 Ley de Amparo [Nicaragua]) bis hin zu 6 Jahren in Peru (Art. 100 Código Procesal Constitucional [Peru]), oft aber auch gänzlich ohne Frist. Im Unterschied etwa zu Deutschland sind in einer ganzen Reihe von Staaten keineswegs nur bestimmte Staatsorgane berechtigt, den Normenkontrollantrag zu stellen, sondern auch Gruppen von Bürgern – beispielsweise 5.000 Personen in Peru (Art. 203 Nr. 5 peruVerf) – oder sogar jeder Interessierte oder jeder Bürger, wie etwa nach Art. 132 bolVerf, Art. 436 Nr. 2, 439 ecuadVerf oder Art. 241 Nr. 4, 242 Nr. 1 kolumbVerf.

203 Insgesamt wäre es allerdings verfehlt, in den lateinamerikanischen Verfassungsrechtsordnungen jeweils nach genauen Gegenstücken für die aus etwa deutscher oder U.S. Sicht typischen Verfahrensarten, insbesondere die abstrakte und konkrete Normenkontrolle, die Verfassungsbeschwerde und den judicial review zu suchen. Vielmehr haben sich von Land zu Land verschiedene Kontrollmechanismen ausgeprägt, die oft verschiedene Elemente dieser Typen kombinieren und durch vielfache Regelungen verändern. Sie dabei als bloße Mischformen zu bezeichnen, wäre allerdings bereits ein Ausdruck eurozentrischer Sichtweise, denn was hier Reinform, was Mischung ist, liegt weitgehend im Auge und in der Vorbildung des Betrachters.

204 In Brasilien beispielsweise[497] besteht bei der Normenkontrolle zunächst eine Befugnis jedes Bundesgerichts, ein in einem beliebigen konkreten Fall einschlägiges Gesetz auf seine

[491] Vgl. etwa *Couso* (Fn. 458), 58 ff.; *Oquendo* (Fn. 485), 190, 209 f.

[492] Vgl. *Uprimny* (Fn. 484), 1592; die Bezeichnung dürfte eine Parallele zum französischen bloque de constitutionalité und zum spanischen bloque de constitucionalidad darstellen, die jedoch beide eine andere inhaltliche Bedeutung haben, vgl. zur spanischen Rechtslage supra → Rn. 31.

[493] Zur Einführung von Ombudsmanninstitutionen vgl. kurz *Uprimny* (Fn. 484), 1593 f.; *Santistevan de Noriega* (Fn. 396), 161 f.

[494] Zur ganzen Entwicklung *García Belaunde* (Fn. 472), 596 ff.; detailliert zur Entwicklung in einigen Staaten *Segado, Francisco Fernández,* La justicia constitucional – Una visión de derecho comparado, Bd. 3, 2009, 95 ff.; kurz *Uprimny* (Fn. 484), 1593 f.; zu den eigenständigen Verfassungsgerichten auch *Santistevan de Noriega* (Fn. 396), 161.

[495] *Oquendo* (Fn. 485), 200 f.

[496] Zum Folgenden vgl. den Überblick bei *Oquendo* (Fn. 485), 201 ff. mit konkreten Listen der Rechtsgrundlagen in den verschiedenen Ländern.

[497] Zum Folgenden vgl. *Krukowski, Konstantin,* Supremo Tribunal Federal und Verfassungsprozessrecht in Brasilien, 2011, 104 ff.; weiterführend *Hennig Leal* (Fn. 483), 27 ff.; für einige weitere Beispiele aus U.S.-Sicht vgl. *Barker* (Fn. 472), 905, dessen Grundgedanke allerdings die nicht überzeugende und allein

Verfassungsmäßigkeit zu überprüfen und ggf. außer acht zu lassen. Die Außerachtlassung steht allerdings unter einem Plenarvorbehalt, dh es muss jeweils das Plenum des Gerichts oder ein speziell dafür geschaffener Spruchkörper angerufen werden, der nur mit absoluter Mehrheit entscheiden kann, Art. 97 brasilVerf. Die entsprechende Entscheidung eines Instanzgerichts kann dann wie jede andere Entscheidung auch im Instanzenzug angefochten werden. Entscheidet letztinstanzlich das Oberste Bundesgericht (Supremo Tribunal Federal, STF), so gelten im Grundsatz dieselben Regeln wie zuvor, einschließlich etwa des Plenarvorbehalts. Auch normverwerfende Entscheidungen des STF gelten in diesem Verfahren aber nur zwischen den Parteien und nicht erga omnes, das Gesetz wird also nicht etwa aus den Gesetzbüchern gestrichen. Allerdings fordert der STF bei einer Normverwerfung die Legislative in Form des Bundessenats auf, das Gesetz aufzuheben. Der Bundessenat wiederum sieht sich allerdings nicht als gezwungen an, dem Urteil zu folgen, sondern beansprucht ein eigenes Ermessen.

Daneben besteht eine sog. direkte Verfassungswidrigkeitsklage (ação direta de inconstitucionalidade), Art. 102 Abs. 1 lit. a, 103 brasilVerf. Mit ihr können eine beschränkte Anzahl von Verfassungsorganen vor dem STF ohne Frist gegen ein Gesetz oder auch gegen das Unterlassen eines Gesetzes vorgehen; eine entsprechende Entscheidung wirkt dann auch erga omnes. Eine in denselben Verfassungsbestimmungen mitgeregelte Unterart dieser Klage ist die Klage auf Feststellung der Verfassungsmäßigkeit (ação declaratória de constitucionalidade). Sie dient dazu, die Nachteile der indirekten Normenkontrolle auszugleichen, wenn mangels Wirkung erga omnes, mangels Konzentration auf ein Gericht oder mangels zwingender Bindung des Bundessenats an eine Verfassungswidrigkeitsentscheidung des STF eine unsichere Rechtslage entsteht. Die ação declaratória ermöglicht hier eine abstrakte und allgemeingültige Entscheidung des STF, die die Unsicherheit endgültig bereinigt. **205**

Ein allgemeines Verfahren nach Art der deutschen Verfassungsbeschwerde, mit dem der Bürger die Verletzung seiner Grundrechtspositionen gegenüber der Staatsmacht nach Ausschöpfung des Rechtswegs geltend machen könnte, besteht hingegen nicht.[498] Dies erklärt sich schon daraus, dass das STF ohnehin oberstes Rechtsmittelgericht, eine besondere Verfassungsbeschwerde insofern strukturell überflüssig ist. Dennoch bestehen durchaus einige spezielle Verfahren zur Geltendmachung individueller Grundrechte vor dem STF. Dazu zählen insbesondere im Bereich der Freiheitsentziehung das sog. Habeas Corpus Verfahren, das Mandado de Segurança als Auffangverfahren bei der Beeinträchtigung von Rechten (nicht nur aus der Verfassung) durch bestimmte staatlich Stellen sowie das Mandado de Injunção, mit dem eine unterbliebene Normgebung gerade auch im Bereich der sozialen Grundrechte geltend gemacht werden kann. Diese speziellen Rechtsbehelfe sind dabei erkennbar am common law orientiert und werden tatsächlich auch in Brasilien als writs bezeichnet. Das brasilianische Gesamtsystem verfassungsrechtlichen Rechtsschutzes ist aber dennoch aus keiner fremden Systematik, sondern nur aus sich selbst heraus zu erfassen. **206**

3. „Gehorchen, aber nicht folgen": Die Realität des Rechts

a) Gelebtes vs. geschriebenes Recht

aa) Grundeinstellung

„Se obedece, pero no se cumple": man gehorcht, aber man führt nicht aus. Mit diesem klassischen Satz wird schon die Einstellung der lokalen spanischen Machthaber im Lateinamerika des 16. Jahrhunderts beschrieben, die sich durch die Gesetze der spanischen Krone oft eher gestört fühlten, beispielsweise wenn Spanien die Ausnutzung der Indios einzudämmen versuchte, oder wenn die dort erdachten Gesetze sich als nicht auf lateinamerikanische **207**

historisch begründete These zu sein scheint, dass die verfassungsgerichtliche Überprüfung von Gesetzen nicht zum Gedankengut des civil law gehöre, vgl. ibid., passim, insbes. 904.

[498] Dazu und zum Folgenden vgl. *Krukowski* (Fn. 497), 177 ff.

Verhältnisse übertragbar erwiesen.[499] Dieses tiefgreifende Grundproblem des Auseinanderfallens von geschriebenem und gelehrtem Recht einerseits und Rechtsrealität andererseits kann bis heute als kennzeichnend für das lateinamerikanische Recht insgesamt gelten. Dabei sind gewisse Vorbehalte angebracht, da das Problem keineswegs zu allen Zeiten und in allen Staaten in gleicher Stärke auftritt. So wird etwa darauf hingewiesen, dass der Rechtsstaat – der oft als Stichwort zur Kennzeichnung dieses Problemkreises verwendet wird – in Uruguay und Costa Rica durchaus funktioniere[500] oder dass die Gerichte in Brasilien recht effizient arbeiteten und gutes Ansehen genössen.[501] Dennoch wird es kaum ein Autor, der sich aus der Binnen- oder Außenperspektive vertieft mit lateinamerikanischem Recht befasst, unterlassen darauf hinzuweisen, welch große Schwierigkeiten die Wirksamkeit und Durchsetzung des geschriebenen Rechts in diesem Kulturkreis hat. Dabei fallen durchaus auch deutliche Worte etwa wenn von einer regelrechten „culture of noncompliance",[502] einem „vordemokratischen Skeptizismus, manchmal sogar Zynismus, gegenüber dem Recht"[503] oder einer „(Un)rule of law"[504] die Rede ist, Minister mit der Bemerkung zitiert werden „Wen interessiert die Verfassung? Es ist nur ein altes Stück Papier"[505] oder das Versickern der immer wieder versuchten Reformen beklagt wird. Manche Aspekte sind so bekannt, dass sich für sie bereits eigene Begriffe eingebürgert haben. So bezeichnet etwa impunidad (wörtl. Straflosigkeit) das Phänomen, dass die politischen und wirtschaftlichen Führungsschichten eines Landes in der Regel nicht damit rechnen müssen, für ihre Vergehen zur Rechenschaft gezogen zu werden, sie also de facto Straffreiheit genießen.[506]

208 Das Auseinanderfallen von gelebtem und geschriebenem Recht kann dabei durchaus verschiedene Formen annehmen. Teils geht es um schlichte Nichtbeachtung, teils um mangelhafte Durchsetzungsmöglichkeiten etwa mithilfe der Gerichte, teils aber auch um das Entstehen regelrechter Parallelwelten mit eigenen Regeln, die das Verhalten der Menschen anleiten.[507] All dies und mehr kann zudem teils alle Bürger und sogar den Staat selbst erfassen, oft aber auch nur für bestimmte soziale Gruppen gelten. Der mangelnde Rechtsgehorsam ist dabei den Lateinamerikanern völlig bewusst und wird oft auch – in abstracto – bedauert. Gleichzeitig aber wird darin typischerweise kein Grund zur Beunruhigung gesehen.[508] Man hat sich im Alltagsleben mit den Schwierigkeiten arrangiert, hofft auf Besserung, trägt aber meist durch die persönlichen Problemlösungsstrategien selbst zur Perpetuierung bei. Wenn beispielsweise bestimmte behördliche Entscheidungen und Dokumente auf dem offiziellen Weg nur mit großer Mühe und Zeitaufwand zu erhalten sind, bei Einschaltung eines freundlichen, privaten und natürlich ganz inoffiziellen Vermittlers hingegen viel einfacher und schneller, wird kaum jemand, der sich die Dienste des Vermittlers leisten kann, auf ihn verzichten. Individuell ist das völlig verständlich, aus gesamtgesellschaftlicher Perspektive aber in gleichem Maße katastrophal.

---

[499] Vgl. nur kurz *Ambos, Kai,* Breves comentarios sobre la reforma judicial en América Latina, in: Bodemer, Klaus; Carillo Flóres, Fernando (Hrsg.), Gobernabilidad y reforma política en América Latina y Europa, 2007, 255 (257); zum Ganzen aus heutiger Sicht etwa *Waldmann* (Fn. 471), 56 ff.

[500] Vgl. *Krumwiede, Heinrich-W.,* Probleme sozialer Rechtsstaatlichkeit in Lateinamerika, in: Kappel, Rolf; Tobler, Hans Werner; Waldmann, Peter (Hrsg.), Rechtsstaatlichkeit im Zeitalter der Globalisierung, 2005, 319 (335); positiv für Chile, Mexiko, Uruguay und Brasilien etwa *Ferreira Rubio* (Fn. 481), 50; für Brasilien und Chile *Garcia-Huidobro Correa* (Fn. 470), 46.

[501] Vgl. *Santistevan de Noriega* (Fn. 396), 164.

[502] Schon im Titel *García Villegas, Mauricio,* Disobeying the law – The culture of non-compliance with rules in Latin America, Wisconsin International Law Journal 29 (2011), 263 (263).

[503] *Oquendo* (Fn. 485), 215.

[504] Vgl. schon im Titel Méndez, Juan E.; O'Donnell, Guillermo; Pinheiro, Paulo Sérgio (Hrsg.), The (un)rule of law and the underprivileged in Latin America, 1999.

[505] *Ferreira Rubio* (Fn. 481), 50; für ein ähnliches, historisches Zitat vgl. *Garcia-Huidobro Correa* (Fn. 470), 43.

[506] Statt aller *Krumwiede* (Fn. 500), 321.

[507] Zu einer Typologie alternativer Normsysteme mit anschaulichen Beispielen vgl. *Waldmann, Peter,* Der anomische Staat – Über Recht, öffentliche Sicherheit und Alltag in Lateinamerika, 2002, 88 ff.

[508] Vgl. *Krumwiede* (Fn. 500), 321.

bb) Beispiel Verfassungslyrik

Wenn etwa im Verfassungsrecht schon auf den ersten Blick die umfassende Gewährleistung von wirtschaftlichen, sozialen und kulturellen Rechten auffällt, die sogar umfassend klagefähig gestellt sein können,[509] so steht dies – ebenso auf den ersten Blick – im krassen Gegensatz zur sozialen Realität in fast allen Ländern Lateinamerikas. Verfassungen wie die bolivianische oder die ecuadorianische beschreiben, wenn man sie denn als Reflexion der Realität läse, geradezu paradiesische Zustände. Die U.S.-amerikanische oder deutsche Verfassung klingen dagegen kalt, leer und freudlos, scheinen viel weniger Rechte zu geben und den Menschen viel weniger Sicherheit, Wohlstand und Gleichheit zu garantieren. Mit der Unsicherheit, Armut und Ungleichheit sowie dem gravierenden Problem der Verwirklichung von Rechten, die in Bolivien und Ecuador herrschen, von denen aber die USA und Deutschland weit entfernt sind, hat dies erkennbar nichts zu tun.[510] Wenn also beispielsweise in ganz Lateinamerika die Unabhängigkeit der Gerichte vom geschriebenen Recht umfassend garantiert wird, so bedeutet dies keineswegs, dass diese Unabhängigkeit auch nur überwiegend so verwirklicht wäre. 209

Diese groben Widersprüche sollten aber nicht etwa dazu führen, den Lateinamerikanern insofern Blindheit oder bösen Willen zu unterstellen. Im Gegenteil sehen Politiker wie Juristen die Verfassung oft als ein zentrales Dokument ihrer höchsten Ziele und ihres Strebens an.[511] Wie beim Recht allgemein liegt in fast paradoxer Weise und ganz im Gegensatz etwa zum russischen Rechtsnihilismus[512] in der verbreiteten Nichtbeachtung keineswegs ein Ausdruck der Missachtung. Im Gegenteil wird das Recht weithin als eine ideale Möglichkeit angesehen, die vorhandenen Probleme zu lösen,[513] der Verfassung größtes Vertrauen als Faktor sozialer Steuerung entgegengebracht.[514] Anders ausgedrückt gelten Verfassungen in Lateinamerika als Instrument sozialen Fortschritts und nicht so sehr, wie in vielen anderen Ländern, als bloßer Schutz der Bürgerrechte und gegen Machtmissbrauch.[515] Erst so lässt sich auch die große Häufigkeit verstehen, mit der in Lateinamerika Verfassungen ergänzt oder grundlegend verändert werden, insbesondere, aber keineswegs nur, bei einem Regimewechsel. Für Brasilien etwa wird für die Zeit von 1993 bis 2010 von Verfassungsreformen im durchschnittlich mehr als halbjährlichen Rhythmus berichtet,[516] Mexiko hat seine Verfassung von 1917 mehr als fünfhundertmal reformiert, so dass heute so gut wie nichts vom ursprünglichen Text übriggeblieben ist.[517] 210

Ein ganz eigenes und krasses Beispiel des Auseinanderfallens von Verfassungsrecht und Verfassungswirklichkeit bietet etwa die Lage in Venezuela aufgrund der sog. bolivarischen Revolution seit 1998 unter ihrem 2013 verstorbenen Führer Hugo Chavez. In wohlmeinenden Kreisen gerade außerhalb Lateinamerikas wird die bolivarische Revolution oft vor allem als eine Einführung grundlegender sozialer Garantien und realer politischer Macht für die zuvor unterprivilegierten Klassen Venezuelas angesehen, die sich vor allem gegen die 211

509 Vgl. auch supra → Rn. 199 ff.

510 Zur politikwissenschaftlichen Debatte um die Gründe für das langandauernde Versagen der Demokratie in Lateinamerika trotz guter Verfassungen vgl. die Darstellung bei *Schor, Miguel,* Constitutionalism through the looking glass of Latin America, Texas International Law Journal 41 (2006), 1 (14 ff.).

511 Vgl. aber zur Debatte, ob die „chronische Anormalität" nicht zum Anlass genommen werden sollte, in der Verfassungstheorie nicht mehr auf den Verfassungstext, sondern auf die eigentliche Realität abzustellen *Segovia* (Fn. 472), 37 f. mwN.

512 Dazu supra → Rn. 59 f., 75 ff.

513 Vgl. *Linarelli* (Fn. 465), 59; vgl. auch *Segovia* (Fn. 472), 37, der von der formellen Gültigkeit von Institutionen spricht, „die unabhängig von ihrer tatsächlichen Funktionsfähigkeit intellektuell gestützt werden".

514 Vgl. *Krumwiede* (Fn. 500), 320 f.; vgl. etwa auch die positiven Bemerkungen von *Garcia-Huidobro Correa* (Fn. 470), 46.

515 Ausführlich *Garcia Villegas, Mauricio,* Law as hope – Constitutions, courts, and social change in Latin America, Florida Journal of International Law 16 (2004), 133 (133 ff.).

516 *Garcia-Huidobro Correa* (Fn. 470), 44.

517 *Soler Vilar, Anna,* Derecho administrativo – El derecho administrativo latinoamericano, in: Altava Lavall/Aymerich Ojea/Blasco Díaz/Górriz Royo (Fn. 430), 399 (399).

zuvor über allen parteipolitischen Streit hinweg herrschende und bevorzugte kleine Oberschicht richtet und so der Mehrheit des Volkes eine effektive Stimme gibt. Die demokratischen Strukturen werden nach dieser Betrachtungsweise vermutlich gestärkt, bleiben aber jedenfalls erhalten, denn schließlich werden in Venezuela weiterhin periodische Wahlen durchgeführt und grundlegende Entscheidungen etwa zu Verfassungsreformen dem Volk vorgelegt, das sich, wie im Dezember 2007 geschehen, auch durchaus erfolgreich gegen Veränderungen im Sinne des Präsidenten ausspricht.

212 An dieser Sichtweise ist vieles richtig, doch blendet sie einen zentralen Teil der sog. bolivarischen Revolution aus.[518] Das Kernanliegen Hugo Chavez' war die Verwandlung Venezuelas von einem marktwirtschaftlichen Bundesstaat in einen marxistisch orientierten Zentralstaat. Die Macht sollte dabei direkt vom Volk ausgehen, dh nicht durch Abstimmungen oder Wahlen, sondern von organisierten Gruppen ausgeübt werden, die die Basis der Bevölkerung bildeten. Die Kernelemente dieser Reformen einschließlich der ausdrücklichen Formulierung der bolivarischen Ideologie sollten und mussten in einer neuen Verfassung niedergelegt werden. Dieser Vorschlag fand jedoch im Rahmen der Volksabstimmung im Dezember 2007 nicht die notwendige Mehrheit und war damit endgültig gescheitert. Entscheidend ist nun, dass die Regierung Chavez dennoch umfassend mit der Umsetzung aller abgelehnten Vorschläge begann oder schon begonnen hatte, und sich dabei teils auf Organgesetze, teils auf Dekrete des Präsidenten stützte. Mit der weitergeltenden, nicht bolivarischen Verfassung waren diese Maßnahmen in grundlegender Weise unvereinbar.[519] Ein Beispiel dafür ist die Durchsetzung des Prinzips der direkten Volksherrschaft im Sinne Chavez'. Der damit anvisierte sog. kommunale Staat beruht auf der Grundeinheit der sog. Kommunen (comunas), die die Stelle der Gebietskörperschaften und Bundesstaaten einnehmen. Die Repräsentanten in diesen Kommunen gehen aber nicht aus einer allgemeinen Wahl im Sinne einer repräsentativen Demokratie hervor, sondern werden in Bürgerversammlungen durch Handzeichen gewählt. Sie sind deshalb im Ergebnis Vertreter der bolivarischen Ideologie, denn das System wird von einem Bundesministerium strukturiert und direkt kontrolliert, die Benennung der Repräsentanten von dieser Exekutiven und der Regierungspartei kontrolliert. Hier wie auf den verschiedensten Ebenen kommt es so zu einem Nebeneinander des verfassungsmäßigen Staates und seiner Organe mit den Organen des kommunalen Staates (estado comunal). Das Machtverhältnis zwischen beiden ist dabei klar, denn jede Ausübung der öffentlichen Gewalt durch Staatsorgane unterliegt dem Mandat der Organisationen der Volksherrschaft (poder popular). Auf diese Weise besteht der alte Staat mit seinen Organen zwar fort, die eigentliche Macht geht jedoch von einer parallelen und gänzlich anders strukturierten Staatsorganisation aus, die geschaffen wurde, obwohl das Volk die entsprechenden Verfassungsänderungen abgelehnt hatte.

cc) Beispiel barrios und informeller Sektor

213 Ganz anders gelagert ist die Trennung von geschriebenem und gelebtem Recht im Beispiel der Armensiedlungen, die unter verschiedenen Namen wie barrios oder favelas in ganz Lateinamerika bestehen und weltweit bekannt sind. Dabei ist jedoch vorab ein gerade in der westlichen Weltöffentlichkeit verbreitetes Missverständnis zu korrigieren: Die barrios sind meist keine Slums aus Pappkartonhütten, in denen die Ärmsten der Armen ohne Arbeit, Schulen oder sonstige soziale Versorgung vor sich hin vegetieren. Auch solche Viertel gibt es gelegentlich, vor allem am Anfang der Besiedelung, doch wohnen in den eigentlichen barrios bei allen sozialen Problemen viele Menschen, die einer regelmäßigen Arbeit als

[518] Vgl. zum Folgenden ausführlich und äußerst kritisch *Brewer-Carías, Allan R.*, The „Bolivarian Revolution" in Venezuela and the regime's contempt for constitutional law, in: Kischel, Uwe; Kirchner, Christian (Hrsg.), Ideologie und Weltanschauung im Recht, 2012, 121 (passim, insbes. 125 ff.); umfassend *Brewer-Carías, Allan R.*, Dismantling democracy in Venezuela, 2010; jeweils mwN.

[519] Zur unrühmlichen Rolle der Verfassungskammer des Obersten Gerichtshofs vgl. *Casal Hernández, Jesús Maria*, The Constitutional Chamber and the Erosion of Democracy in Venezuela, ZaöRV 80 (2020), 913 (914 ff.).

Verkäufer, Hausangestellter, Automechaniker oder Polizist nachgehen. Die Häuser sind nach einiger Zeit meist ernstzunehmende, wenn auch selbst konstruierte Gebäude mit Küche, Fenstern und Fernseher, die Menschen gehen ihrem normalen Leben nach. Dass es dabei für Außenstehende, übrigens auch für Einheimische aus anderen barrios, in der Regel nicht empfehlenswert ist, diese Viertel ohne besondere Begleitung oder gar nachts zu betreten, steht auf einem anderen Blatt.

Barrios werden nicht auf Bauland oder gar erschlossenem Bauland errichtet, sind also illegal, doch pflegen sie sich informell zu verstetigen und zu verrechtlichen[520]. Schon anfänglich kann das Land zwar schlicht besetzt worden sein, doch ist es ebenso möglich, dass es vom früheren Eigentümer – oder jemandem, der sich als solcher geriert – gekauft wurde, allerdings eben nicht als Bauland und damit erheblich preiswerter. Gerade bei Entstehung eines neuen barrios spielt oft auch eine mehr oder minder gewählte Junta eine herausgehobene Rolle, die Ordnungsfunktionen wahrnimmt und beispielsweise die Verteilung von Land an Neuankömmlinge übernehmen kann.[521] Im späteren Verlauf bemühen sich die Bewohner dann typischerweise durch kollektive politische Aktionen um die notwendige Grundversorgung, also um Wasser, Kanalisation, Schulen, öffentliche Verkehrsmittel etc. Schon vorher kann hier aber vieles improvisiert werden, etwa wenn Elektrizität abgeleitet wird oder private Minibussysteme sich ganz natürlich auf die Wohnorte der neuen Kundschaft erstrecken. Auf faktische Anerkennung und rechtliche Einbindung kann dann vielfach auch die völlige Legalisierung der Siedlung folgen, erneut oft auf vielfachen politischen Druck der Bewohner. In den vielen Jahren vor einer solchen Legalisierung besteht aber keineswegs eine reale, tägliche Angst vor der sofortigen Räumung. Vielmehr wird mit zunehmender Verstetigung und Einbindung eines barrios eine Räumung immer unwahrscheinlicher, besteht so aufgrund von Erfahrungswerten eine Erwartungssicherheit.[522] So entsteht schnell Legalität in der Illegalität. Vom ganzen System der Entstehung der barrios und ihrer langsamen Verstetigung profitieren alle: Die Bewohner könnten sich echtes Bauland und letztlich ein eigenes Haus sonst gar nicht leisten; selbst eine frühzeitige Legalisierung könnte ihren Interessen widersprechen, etwa weil sie dann zur Grundsteuer herangezogen würden. Die eventuellen Verkäufer des Landes erhalten Geld für Land, das sonst niemanden besonders interessiert. Für den Staat löst sich das durch Zuwanderung und Bevölkerungswachstum[523] bedingte Wohnungsproblem in den Großstädten, das anderenfalls völlig unüberwindbar wäre. Die Parteien und Politiker schließlich, an die sich die Forderungen der Bewohner richten, finden hier eine gute Klientel und potentielle Wähler. 214

Ganz ähnliche Phänomene einer im Alltag angekommenen und angenommenen Illegalität bietet der sog. informelle Sektor am Arbeitsmarkt,[524] der sich insbesondere aus Kleinselbständigen, Haushaltsangestellten und in Mikrobetrieben Angestellten zusammensetzt.[525] Ein wenn auch nur beschränkt aussagekräftiger Anhaltspunkt für den Umfang dieses Sektors dürfte darin liegen, dass beispielsweise um das Jahr 2010 herum 56,9 Prozent aller Beschäf- 215

[520] Vgl. zum Folgenden eingängig *Krumwiede* (Fn. 500), 329 ff.; ausführlich und empirisch *Karst, Kenneth L.; Schwartz, Murray L.; Schwartz, Audrey J.*, The evolution of law in the barrios of Caracas, 1973, 17 ff.; vgl. auch *Pérez-Perdomo, Rogelio,* Venezuela, 1958 – 1999 – The legal system of an impaired democracy, in: Friedman, Lawrence M.; Pérez-Perdomo, Rogelio (Hrsg.), Legal culture in the age of globalization, 2003, 414 (434 f.).

[521] Vgl. *Karst/Schwartz/Schwartz* (Fn. 520), 19 ff.

[522] Vgl. schon *Karst/Schwartz/Schwartz* (Fn. 520), 18 ff., insbes. 27 ff.

[523] Gegen die These, es gehe überwiegend um zugewanderte Landbevölkerung, *Karst/Schwartz/Schwartz* (Fn. 520), 1 f.

[524] Zum Folgenden vgl. *Krumwiede* (Fn. 500), 331 ff.; kurzer Überblick bei *Perticara, Marcela; Fontoura, Joana,* Introducción, in: Konrad-Adenauer-Stiftung (Hrsg.), Sector informal y políticas públicas en América Latina, 2010, 4 (4 ff.); umfassende soziale und wirtschaftliche Analyse in Perry, Guillermo E. et al. (Hrsg.), Informality – Exit and exclusion, World Bank – Latin America and Caribbean Studies, 2007, passim.

[525] Zu den Details der üblichen Definition und zur Differenzierung zwischen informeller Beschäftigung und informellem Sektor vgl. International Labour Office (Hrsg.), Labour overview 2011 – Latin America and the Caribbean, 2011, 96 f.; vgl. auch ILO Resolution Concerning Decent Work and the Informal Economy, 2002.

tigten in Lateinamerika nicht bei den Sozialversicherungssystemen gemeldet waren; bei den Hausangestellten waren es sogar 76,3 Prozent.[526] Die ILO ging für 2011 davon aus, dass die Hälfte der arbeitenden Bevölkerung informell beschäftigt werde, davon ein Viertel allerdings im formellen Sektor, aber ohne sozialen Schutz.[527] 2024 lag die Durchschnittsquote informeller Beschäftigung in ganz Lateinamerika bei 47,6 Prozent und bewegte sich zwischen 72,5 Prozent für Peru und 21,5 Prozent für Uruguay.[528] Schriftliche Arbeitsverträge werden im informellen Sektor nicht geschlossen, die bestehenden und oft sogar sehr strengen Normen des Arbeitsrechts, etwa zu Kündigungsschutz, Arbeitszeit oder Arbeitsschutz werden nicht beachtet. Einkommen allerdings können durchaus sogar höher sein als im formellen Sektor.[529]

216 Dabei ist der informelle Sektor für viele ärmere Menschen die einzige reale Möglichkeit, überhaupt Arbeit zu finden. Umgekehrt ermöglicht erst er es ihnen als Kunden, bezahlbare Waren und Dienstleistungen zu erhalten. Der formelle Sektor sieht im informellen nicht notwendig eine unliebsame Konkurrenz, sondern auch eine Möglichkeit, einen Teil der anfallenden Arbeit preiswert auszulagern. Auch die reicheren Schichten der Bevölkerung nutzen den informellen Sektor oft ausgiebig, etwa in Form von Hausangestellten.[530] Von der Existenz des informellen Sektors profitieren somit fast alle: ein zentraler Grund für seine Beständigkeit. Bei alledem entzieht sich der informelle Sektor zwar vielerlei staatlichen Regeln, ist aber keineswegs ein Raum völliger Ausbeutung und Willkür. Vielmehr werden auch hier gewisse ungeschriebene Regeln über das Zulässige und Unzulässige eingehalten.[531] So lassen sich beispielsweise Normen über Eigentum, Handel, Streitbeilegung und die Selbstverwaltung der Gemeinden finden.[532]

dd) Mangelnde Effektivität der Gerichte

217 Die Effektivität der Gerichte in Lateinamerika ist notorisch gering. Prozesse sind lang und kostenintensiv. Reformen nützen oft wenig, da sie nicht in der Praxis ankommen, zB Richter Fristenregelungen schlicht ignorieren und auch verfristete Anträge und Stellungnahmen zulassen.[533] Gerade in früherer Zeit war auch das Prozessrecht sehr veraltet. Besonders berüchtigt war hier der Strafprozess. Während die Bezeichnung des civil law Strafprozesses als „inquisitorisch" für Europa, insbesondere Frankreich und Deutschland, weitgehend auf Missverständnissen beruht und wenig angemessen ist,[534] haben in Lateinamerika tatsächlich über Jahrzehnte hinweg noch echte inquisitorische Elemente überlebt. Beschuldigte fanden sich regelmäßig während der Untersuchung in Haft wieder und hatten größte Schwierigkeiten freizukommen. Die Untersuchung dauerte sehr lang, war sehr formalistisch und vor allem weitgehend geheim. Das ganze Verfahren war auf Schriftlichkeit statt Mündlichkeit angelegt. Sinnvolle Verteidigungsmöglichkeiten und Waffengleichheit mit der Staatsanwaltschaft oder dem Untersuchungsrichter bestanden während der Untersuchungsphase nicht. Dieser inakzeptable Rechtszustand hat sich jedoch schon seit einiger Zeit erheblich verbessert. Das lateinamerikanische Strafprozessrecht wurde umfassend refor-

---

526 Vgl. UN Economic Comission for Latin America and the Carribean (Hrsg.), Social panorama for Latin America 2012, 37.

527 *International Labour Office* (Fn. 525), 3.

528 Vgl. Organzación Internacional del Trabajo (ed), Panorama laboral 2024 – América Latina y el Caribe, 2025, 56 f.

529 Vgl. auch *Portes, Alejandro; Schauffler, Richard,* Perspectives on the Latin American informal sector, Population and Development Review 19 (1993), 33 (45).

530 Zu den Zusammenhängen beider Sektoren vgl. *Portes/Schauffler* (Fn. 529), 48 ff.

531 Vgl. etwa aus soziologischer Sicht am Beispiel von Straßenverkäufern in Kolumbien *Galeano-Rojas, Sonia Marcela; Beltrán-Camacho, Arley Bernardo,* Ciudad, informalidad y políticas públicas – Una reflexión desde la sociología de lo cotidiano, Cuadernos de Vivienda y Urbanismo 1 (2008), 280 (288 ff.).

532 *Linarelli* (Fn. 465), 55; vgl. *de Soto, Hernando,* The other path – The invisible revolution in the Third World, 1989, (13 f., 19).

533 Vgl. dazu auch *Waldmann* (Fn. 507), 89.

534 Vgl. supra → § 5 Rn. 139 f.; vgl. auch zum französischen Untersuchungsrichter supra → § 6 Rn. 269 ff.

miert, wobei vor allem deutsche Regelungen Modell standen und auch die Grundlage für das Lateinamerikanische Modellgesetz zur Strafprozessordnung bildeten.[535]

218 Das Ansehen der Justiz ist sehr niedrig. So vertrauten im Jahr 2024 nur 28 Prozent der Bürger der Justiz. Es finden sich allerdings deutliche Unterschiede je nach Land: in Argentinien sind es 22 Prozent, in Chile und Ecuador 18 Prozent und in Bolivien sogar nur 13 Prozent, hingegen in Brasilien 35 Prozent, in Uruguay und El Salvador sogar je 51 Prozent.[536] Dabei bestand spätestens seit der Jahrtausendwende politisch durchaus wieder ein Wille zur Verbesserung der Situation und zu größerer Unabhängigkeit der Gerichte, doch haben alle damit verbundenen Versuche und Reformen nicht zu einem signifikant verbesserten Eindruck in der Bevölkerung geführt.[537] Reformen auch der Justiz scheinen weiterhin ohne durchschlagenden Erfolg zu bleiben. Sie sind vor allem auch in ihren Ergebnissen nicht voraussehbar, denn die Erfahrung zeigt, dass selbst parallel laufende Reformen in verschiedenen lateinamerikanischen Staaten und sogar in verschiedenen Gebieten eines Staates zu unterschiedlichen Ergebnissen führen können.[538] Hintergrund dieser Probleme ist einerseits – wie auch bei anderen Reformen –, dass erfolgreiche Änderungen nicht nur eines dauerhaften politischen Willens bedürfen, sondern letztlich auch einer gewissen Änderung der Rechtskultur; daneben fehlt es vielfach schlicht am Vertrauen und nicht zuletzt an den notwendigen finanziellen Mitteln.[539]

b) Historische, politische und soziale Hintergründe der mangelhaften Rechtsbefolgung

219 Wie das klassische Eingangszitat „se obedece, pero no se cumple" belegt, war die mangelnde Rechtsbefolgung schon in der Kolonialzeit in Lateinamerika verbreitet. Die revolutionären Umbrüche änderten in der Folge wenig an den sozialen Problemen. Weiterhin war es zumeist eine kleine, überwiegend weiße Minderheit in den Städten und dichter bevölkerten Regionen, die die Macht ausübte und das Recht setzte. In vielen Ländern war aber schon aufgrund der Größe des Territoriums und der geringen Bevölkerungszahl die effektive Machtausübung in weiten Teilen des Landes mehr eine Fiktion.[540] Auch bestanden keine ethnisch oder kulturell hinreichend homogenen Bevölkerungen, die sich mit ihren Staaten identifizierten. Während Europa also Probleme vor allem mit der äußeren Souveränität hatte, lagen die Probleme in Lateinamerika vor allem bei der inneren Souveränität; in Europa waren Kriege die Folge, in Lateinamerika nicht effektiv funktionierende Staaten.[541] Schon die ersten Verfassungen und Zivilgesetzbücher waren das Produkt der kleinen, vor allem nach Europa orientierten intellektuellen Elite des Landes; mit den realen Verhältnissen

[535] Dazu kurz *Santistevan de Noriega* (Fn. 396), 163; insbes. zur Lage vor den Reformen vgl. *Pérez-Perdomo* (Fn. 520), 431; *Hammergren* (Fn. 478), 30 ff.

[536] Zahlen nach Corporación Latinobarómetro (Hrsg.), Informe 2024, 61 f., www.latinobarometro.org/lat.jsp (zuletzt abgerufen am 18.7.2025); dass solche Zahlen allerdings mit Vorsicht zu genießen sind, zeigt sich auch daran, dass in der entsprechenden Studie für 2010, die zu ähnlichen Prozentsätzen kam, der Vergleichswert für Spanien nur 39,7 Prozent betrug, ein hoher Wert der vor allem auf die zunehmende Zahl der Bürger ohne jedes Vertrauen in die Justiz zurückging, die seit Beginn der jährlichen Erhebung 1996 stetig von 16,5 auf 24,9 Prozent gestiegen war.

[537] Vgl. *Sousa* (Fn. 478), 95, 99; zur Korruption in der Justiz vgl. nur anschaulich *Pérez-Perdomo* (Fn. 520), 451 f.; das Gesamtvertrauen in die Justiz schwankte zwischen 1996 und 2024 schlicht hin und her und reichte dabei von 37 Prozent im Jahr 2006 bis herunter zu 22 Prozent im Jahr 2017 bei einem Wert von 28 Prozent im Jahr 2024, vgl. Corporación Latinobarómetro (Hrsg.), Informe 2024, 61 f., www.latinobarometro.org/lat.jsp (zuletzt abgerufen am 18.7.2025).

[538] Vgl. *Sousa* (Fn. 478), 100.

[539] Vgl. *Santistevan de Noriega* (Fn. 396), 164 f.; Analyse der Hintergründe des oftmaligen Scheiterns auch bei *Hartmann Arboleda, Mildred,* Apuntes sobre las experiencias de reforma judicial en América Latina, in: Bodemer, Klaus; Carillo Flóres, Fernando (Hrsg.), Gobernabilidad y reforma política en América Latina y Europa, 2007, 241 (242 ff.).

[540] Vgl. *Waldmann* (Fn. 471), 55.

[541] Vgl. *Pietschmann, Horst,* Anmerkungen zum Thema „200 Jahre lateinamerikanische Verfassungen", Rechtsgeschichte 16 (2010), 62 (64).

hatten sie wenig zu tun und wollten es auch gar nicht unbedingt, denn diese Eliten waren bei aller Rhetorik vor allem am eigenen Machterhalt interessiert.[542]

220 Die historische Fundierung der mangelhaften Rechtsbefolgung sollte bei alledem auch zur Vorsicht gemahnen: Verbesserungen, wie sie in verschiedenen Ländern oder auch in ganz Lateinamerika zu verschiedenen Zeiten immer wieder auftauchten, sind – leider – nicht notwendig von Dauer. Ein Beispiel dafür bietet etwa die zunehmende reale Bedeutung der Verfassung und ihrer Garantien, wie sie gerade in den 90er Jahren des 20. Jahrhunderts mit den Anstrengungen zur Festigung des Rechtsstaats konstatiert wurde. Nach der Jahrtausendwende wird hier in manchen Staaten schon wieder ein Rückschritt gesehen.[543] Ohnehin sind Gesamtbeurteilungen für Lateinamerika stets nur Momentaufnahmen, die auch stark von der jeweiligen politischen Meinung, aber auch den Wünschen und Hoffnungen des Beobachters eingefärbt sind. Verallgemeinerungen im Sinne einer stetigen und dauerhaften Verbesserung der Lage werden mit großer Regelmäßigkeit nach Jahren oder Jahrzehnten widerlegt.

221 Ein weiterer, zentraler Aspekt zur Erklärung des Auseinanderfallens von geschriebenem und gelebtem Recht ist die Korruption. Sie stellt nach allgemeiner Auffassung ein auch für Lateinamerika typisches Grundproblem dar, das alle Teile des Staates durchzieht, wenn auch mit je nach Land unterschiedlicher Ausformung und Intensität. Gemeinsam mit der Ineffektivität des Rechtssystems erklärt sich so beispielsweise auch ein Teil des informellen Sektors, wie ein ganz praktischer Feldversuch aus Peru anschaulich macht: Ein peruanischer Wirtschaftswissenschaftler versuchte, auf offiziellem Wege ein fiktives Kleinunternehmen zu gründen. Dies gelang ihm zwar, dauerte aber 289 Tage, wurde von zehn Forderungen nach Bestechungsgeldern begleitet, von denen zwei auch zwingend gezahlt werden mussten, und kostete 1.231 USD an Gebühren und verlorenem Gehalt.[544]

222 Ein stabiles politisches Umfeld, das vielfach erst eine stabile Rechtsordnung, darauf gründendes Vertrauen und eine daraus resultierende Effektivität möglich machen würde, fehlte und fehlt in Lateinamerika weitgehend. Aus soziologischer Sicht ist gar von anomischen Staaten die Rede.[545] Die traurige Geschichte der einander abwechselnden Revolutionen und Putsche und der regelmäßig wechselnden Regierungen ist bekannt. So wird immer wieder einmal ironisch bemerkt, dass manche Staaten wie etwa Bolivien mehr Staatsstreiche als Jahre eigener Geschichte hätten.[546] Auch die ständigen Neuerfindungen und Reformen der Verfassungstexte sind fast legendär und haben etwa dazu geführt, dass der Begriff der Verfassungsgeschichte für Lateinamerika über lange Zeit nur als Geschichte der schriftlichen Verfassungstexte verstanden wurde.[547] Unter diesen Bedingungen lernen die Bürger fast unvermeidlich, der jeweiligen Rhetorik ebenso wie den zahllosen Reformen zu misstrauen und ihr Leben nach eigenen Regeln einigermaßen stabil auszurichten. Zudem setzte sich das historische Phänomen der mangelnden Identifizierung der Bevölkerung mit ihrem Staat in den zahllosen diktatorischen Regimen fort, verbesserte sich aber auch in der Demokratie nicht übermäßig, da vielfach eine über das formale hinausgehende, demokratische Realität und eine starke Zivilgesellschaft fehlte.[548] Die Tendenz zur Instabilität der politischen Verhältnisse führt auch zu der aus Gründen der Rechtssicherheit verständlichen, aber aus Sicht der Gerechtigkeit und dem Glauben an das Recht eher kontraproduktiven Regel über de facto Regime. Nach dieser in Lateinamerika verbreiteten Regel werden gesetzgeberische Akte, Dekrete, Verordnungen etc auch dann als rechtsverbindlich anerkannt, wenn sie von einem Regime erlassen wurden, das unter Verstoß gegen das Ver-

[542] Vgl. *Bernecker, Walther L.; Zoller, Rüdiger,* Mimesis und fehlender Konsens – Anmerkungen zur Verfassungswirklichkeit in Lateinamerika, Rechtsgeschichte 16 (2010), 18 (18 f.).

[543] Vgl. *Ferreira Rubio* (Fn. 481), 50; in diese Richtung auch *Santistevan de Noriega* (Fn. 396), 164, der wenig Fortschritt bei den zuvor angegangenen Reformen sieht.

[544] *de Soto* (Fn. 532), 133 f.

[545] Ausführlich *Waldmann* (Fn. 507).

[546] Vgl. etwa *Aymerich Ojea* (Fn. 372), 391.

[547] Vgl. *Pietschmann* (Fn. 541), 63.

[548] Vgl. *Oquendo* (Fn. 485), 214.

fassungsrecht, also unrechtmäßig an die Macht gekommen ist, etwa durch einen Militärputsch oder sonstige Gewaltanwendung. Dies gilt auch und gerade für eine nachfolgende, wieder demokratisch legitimierte Herrschaft.[549]

Der mangelnde Rechtsgehorsam ist zugleich eng verbunden mit den ausgeprägten sozialen 223
Unterschieden in Lateinamerika, der objektiv ungleichen Einkommensverteilung und ihrer Beurteilung durch die Bevölkerung. Gemessen anhand des sog. Gini Index ist die Einkommensungleichheit in der Region Lateinamerika und Karibik die höchste der Welt.[550] Nicht überraschend sahen entsprechend im Jahr 2011 79 Prozent der Lateinamerikaner die Einkommensverteilung in ihrem Land als unfair oder sehr unfair an.[551] Diese sozialen Unterschiede führen erneut zu einer fehlenden Solidarität der Bürger untereinander[552] und zu einer mangelnden Identifizierung mit dem Staat. Daneben aber sind die Bürger auch je unterschiedlich von den Problemen mangelnder Rechtsdurchsetzung und mangelnder Verlässlichkeit der Staatsorgane betroffen. Für die reicheren Schichten der Gesellschaft spielt das Recht eine sehr viel realere Rolle als für die unteren Schichten, die das Recht auch nicht als Verteidigung ihrer Interessen wahrnehmen. Lateinamerika ist insofern eine Klassengesellschaft.[553] Besonders frappierend ist etwa das Beispiel der Polizei.[554] Sie stellt vielfach für die bessergestellten Schichten einen realen Schutz dar, während die Unterschichten sie eher als Bedrohung wahrnehmen. Das Verhalten der Polizei gegenüber den Unterschichten tendiert weit eher zu mangelndem Respekt, inhärentem Misstrauen, Willkür und Machtmissbrauch als gegenüber gehobenen Schichten.[555] Aber auch in der Mittelschicht gilt es oft als beschränkt sinnvoll, sich an die Polizei zu wenden. Nach einem Wohnungseinbruch etwa kann es durchaus vorkommen, dass nach der polizeilichen Untersuchung noch mehr Gegenstände fehlen als zuvor. Insgesamt gilt derjenige, der Gesetze befolgt, obwohl er es sich anders leisten könnte, nicht selten als schwach oder dumm.[556] Der Staat insgesamt steht in schlechtem Ruf: 60 Prozent aller Lateinamerikaner hatten 2011 sehr geringes oder gar kein Vertrauen in staatliche Institutionen. Dabei besteht eine statistische Korrelation zwischen dem jeweiligen Misstrauen und sowohl der objektiven Ungleichverteilung des Einkommens im jeweiligen Land als auch dem Ausmaß, in dem Bürger dies als unfair ansehen. Mit anderen Worten gilt: je größer die Ungleichheit desto größer das Misstrauen.

4. Rechtspluralismus: Der Aufstieg indianischer Rechte und Rechtsordnungen

Die Bedeutung der indianischen Bevölkerung für das Recht in Lateinamerika hat in den 224
vergangenen Jahrzehnten rapide zugenommen.[557] Dabei geht es um zwei parallele Phänomene: einerseits die Anerkennung spezifischer Rechte der Indios etwa im Hinblick auf

549 Vgl. dazu *Linarelli* (Fn. 465), 74 ff.; beispielhaft zur Entwicklung in Argentinien *Dockery, Tim,* The rule of law over the law of the rulers – The treatment of de facto laws in Argentina, Fordham International Law Journal 19 (1996), 1578 (1609 ff.).

550 Vgl. *Ortiz, Isabel; Cummins, Matthew,* Global inequality – Beyond the bottom billion, UNICEF Social and Economic Policy Working Paper, April 2011, 26; *Weinmann, Nico,* Exklusive Sozialpolitik? – Alte Muster und neue Trends in Lateinamerika, in: Burchardt, Hans-Jürgen; Tittor, Anne; Weinmann, Nico (Hrsg.), Sozialpolitik in globaler Perspektive, 2012, 141 (142 ff.), auch zu einem gewissen Verbesserungstrend.

551 Statistiken nach *UN Economic Commission for Latin America and the Carribean* (Fn. 462), 24 f.

552 Deutlich *Oquendo* (Fn. 485), 217.

553 Vgl. dazu *Gabbert, Wolfgang,* Rechtsstaat und Rechtspluralismus in Lateinamerika, in: Kappel, Rolf; Tobler, Hans Werner; Waldmann, Peter (Hrsg.), Rechtsstaatlichkeit im Zeitalter der Globalisierung, 2005, 301 (306 ff.); *Krumwiede* (Fn. 500), 326; *Waldmann* (Fn. 507), 25.

554 Zur Polizei in Lateinamerika insgesamt eingängig *Waldmann* (Fn. 507), 143 ff.; detailreich *Schmidt, Carola,* Die Polizei als Akteurin des (Rechts-)Staats – Die chilenische und venezolanische Polizei im Vergleich, in: Kappel, Rolf; Tobler, Hans Werner; Waldmann, Peter (Hrsg.), Rechtsstaatlichkeit im Zeitalter der Globalisierung, 2005, 499 (499 ff.).

555 Vgl. etwa *Krumwiede* (Fn. 500), 321 mwN; *Waldmann* (Fn. 507), 158 ff.

556 Vgl. *Gabbert* (Fn. 553), 307; *Schmidt* (Fn. 554), 515; *Krumwiede* (Fn. 500), 322.

557 Vgl. nur *Barié, Cletus Gregor,* Pueblos indígenas y derechos constitucionales en América Latina – Un panorama, 2003, 548.

Sprache, Kultur oder Bodenschätze, andererseits – als für Juristen wichtigen Unterfall – die Anerkennung der jeweiligen, spezifisch indianischen Rechtsordnungen und ihrer Eigenständigkeit. Allerdings ist die praktische Bedeutung der indianischen Bevölkerung in den verschiedenen Staaten Lateinamerikas schon von den Bevölkerungsanteilen her sehr unterschiedlich. Die Anteile reichen geschätzt von deutlich unter 1 Prozent in Brasilien und El Salvador über Kolumbien mit rund 4 Prozent und Mexiko mit rund 19 Prozent bis hin zu den Spitzenreitern Bolivien und Guatemala mit über 40 Prozent.[558] Dennoch sehen sich alle lateinamerikanischen Staaten der Forderung nach Anerkennung indigener[559] Rechte ausgesetzt, die erheblich über den bloßen Schutz von Minderheiten oder den Integrationsgedanken hinausgeht, wie ein kurzer Blick in die historische Entwicklung zeigt (a). Die lateinamerikanischen Staaten haben diese Anerkennung in sehr unterschiedlichem Ausmaß in ihren Verfassungsordnungen realisiert (b). Bei aller möglichen Debatte über die Formulierung der einschlägigen Normen und ihre inhaltliche Bedeutung sollte aber weder die Frage, welche Form des Schutzes die beste ist, noch die hinter den Verfassungstexten stehende einfachrechtliche und tatsächliche Situation völlig aus dem Blickfeld geraten (c). Die rechtsvergleichend besonders interessante Frage, wie die eigenen Rechtsordnungen der Indios genau aussehen, welche Regeln sie bereithalten und was ihre Charakteristika sind, bleibt bei alledem zumindest aus westlicher Sicht unbefriedigend offen, wenn auch konkrete Beispiele durchaus zu finden sind (d).

a) Kolonisierung – Assimilation – Integration – Pluralismus

225 Hinter dem Stichwort des Rechtspluralismus steht die Forderung nach einem weitreichenden Paradigmenwechsel in der Behandlung der indigenen Bevölkerung, weit über einen bloß paternalistischen Schutz hinaus. Dies wird besonders in der historischen Entwicklung der Behandlung der Indios deutlich,[560] die mit den europäischen Eroberern begann. Ihnen ging es zunächst um die Besetzung der indianischen Gebiete, die Zerstörung übergeordneter indianischer Herrschaftsstrukturen und die Unterwerfung der Indios. Später errichteten sie ein koloniales Trennungssystem, in dem die Sphären der Ureinwohner und der Kolonisten grundsätzlich separat gehalten und behandelt wurden. Als Konsequenz der Trennung wurde den Indios allerdings zugleich ein gewisser Schutz ihrer Territorien gewährt und das Recht zugestanden, kleinere rechtliche Probleme untereinander eigenständig zu lösen, nicht aber zum Beispiel gravierende Straftaten zu verfolgen. Über diese relative Eigenständigkeit hinweg blieben die Ureinwohner im Übrigen der Vorherrschaft der Kolonialherren und ihres Rechts unterworfen, die sich zur Machtausübung auch indianischer Strukturen bedienten. Nicht alle Völker wurden allerdings vom kolonialen System erreicht; mit einigen wurden nur Verträge geschlossen, zu anderen Missionare geschickt.

226 Mit der Unabhängigkeit vom Mutterland erlangte dann der Gedanke der Einheit der Nation erhebliche Bedeutung für die neu geschaffenen Staaten Lateinamerikas. Auch die Indios sollten Bürger der Republiken werden. So begann der Versuch ihrer Assimilierung, der einherging mit der Aufhebung sowohl der zuvor bestehenden kolonialen Schutzrechte als auch der beschränkten Autonomie. Das kulturelle und politische Verschwinden der

[558] Zahlen nach Congressional Research Service (Hrsg.), Indigenous Peoples in Latin America: Statistical Information, 2023, 4, crsreports.congress.gov/product/pdf/R/R46225 (zuletzt abgerufen am 18.7.2025) mit Informationen zu unterschiedlichen Definitionen und Quellen ibid., 2 ff.; zur Verteilung auch anschaulich *Gabbert* (Fn. 553), 305.

[559] In diesem Beitrag werden der international verbreitete Begriff „indigen" sowie die teils spezifisch deutschen Begriffe Indianer, Indio und indianisch ohne weiteres synonym verwendet.

[560] Vgl. zum Folgenden etwa *Yrigoyen Fajardo, Raquel,* Hitos del reconocimiento del pluralismo jurídico y el derecho indígena en las políticas indigenistas y el constitucionalismo andino, in: Berraondo, Mikel (Hrsg.), Pueblos indígenas y derechos humanos, 2006, 537 (538 ff.), die zusätzlich noch zwischen drei Gruppen indigener Völker unterscheidet, den im 16. Jahrhundert kolonisierten, den nicht unterworfenen, mit denen die spanische Krone Verträge abschloss, und den nicht kolonisierten, zu denen Missionare gesandt wurden; für eine etwas andere Sicht vgl. etwa *Lixinski* (Fn. 484), 244 ff.

indianischen Bevölkerungsgruppen – mit der möglichen Ausnahme gewisser folkloristischer Elemente – war nicht nur akzeptiert, sondern sogar gewollt. Teilweise wurde der Versuch einer „Zivilisierung" der Indios zunächst übergangsweise mit einer Fortführung der Politik kolonialer Trennung bei gleichzeitiger Einschränkung ihrer Rechte verbunden, wobei diese Übergangsphase zur Verstetigung neigte.[561] Welch unterschiedliche Bedeutung die Assimilationspolitik in der Praxis haben konnte, zeigt etwa das Beispiel Brasiliens: Während in den übrigen lateinamerikanischen Staaten die faktische Trennung der weißen und indianischen Bevölkerung die Regel blieb, förderte Brasilien schon früh mit letztlich erheblichem Erfolg die Vermischung beider Gruppen. Nebeneffekt dieser demographischen Entwicklung war das faktisch fast vollständige Verschwinden einer indianischen Urbevölkerung, die sich auch als solche verstand.[562] Je nach Betrachtungsweise erübrigte sich die Assimilierung so von vornherein oder wurde im Gegenteil zu ihrer durchgreifendsten Form gebracht.

In der Mitte des 20. Jahrhunderts veränderte sich die Assimilationspolitik hin zu einem Ansatz der Integration, der gekennzeichnet war durch die Anerkennung gewisser spezifischer und kollektiver Rechte der Indios. Es wurde erkannt, dass die Aufhebung der kolonialen Schutzrechte nicht zu einer Befreiung der Indios, sondern zu einer Konzentration des Landbesitzes in der Hand weniger weißer Oligarchen, zu Unterdrückung und zu fehlender, auch landwirtschaftlicher Entwicklung geführt hatte. Dem wollte der zeitgleich konstitutionalisierte Sozialstaat[563] mit den für ihn typischen Mitteln entgegenwirken. Dazu gehörten etwa sozialer Schutz gegen Ausbeutung, aber auch teilweise die Anerkennung der Existenz spezifisch indianischer Organisationen, kollektiv genutzten Grundeigentums, des Rechts zur Verwendung der eigenen Sprache und zur Praktizierung der eigenen Kultur. Gleichzeitig aber blieb es beim Konzept der *einen* Nation und bei der Anerkennung nur einer, nämlich der staatlichen, Rechtsordnung. Allenfalls wurden gewisse indianische Gebräuche eben als Gebräuche akzeptiert. Indios galten weiter als schwache Minderheiten, die besonders geschützt werden müssten. 227

Erst nach dem Ende der Militärdiktaturen in vielen lateinamerikanischen Staaten gegen Ende des 20. Jahrhunderts war der Boden für eine neue Denkweise bereitet:[564] das rapide an Boden gewinnende pluralistische Konzept. Ihm ging es nicht mehr nur um die Anerkennung besonderer Rechte der Indios, um ihren speziellen Schutz oder selbst die Anerkennung ihrer spezifischen Organisationen und Einheiten, sondern um die Anerkennung als gleichberechtigte Völker innerhalb eines plurinationalen und multikulturellen Staates mit einer Mehrzahl an nebeneinander bestehenden Rechtsordnungen. Besonders deutlich wird diese Entwicklung schon in der heutigen offiziellen Bezeichnung Boliviens als „Estado Plurinacional de Bolivia". Andere in unterschiedlichem Ausmaß pluralistisch inspirierte Verfassungen finden sich heute etwa in Ecuador, Kolumbien, Mexiko, Paraguay und Peru. Erneut kann die Lage aber von Staat zu Staat erheblich variieren. So erwähnt die Verfassung Chiles die indianische Bevölkerung bis heute nicht und ist somit aus verfassungsrechtlicher Perspektive weiterhin bei einer Assimilationspolitik verblieben.[565] Auf völkerrechtlicher Ebene findet der Pluralismus Unterstützung insbesondere in der 1989 verabschiedeten und 1991 in Kraft getretenen ILO-Konvention Nr. 169 über den Schutz indigener Völker.[566] Sie löste die 1957 verabschiedete ILO-Konvention Nr. 107 ab, die oft als Ausdruck assimilierender Tendenzen gesehen wird.[567] 228

---

561 Zu den verschiedenen Modellen der Assimilierung *Yrigoyen Fajardo* (Fn. 560), 546 ff.

562 Vgl. dazu *Lixinski* (Fn. 484), 249.

563 Dazu supra → Rn. 198 f.

564 Gelegentlich bestand diese Denkweise aber auch schon zuvor und war durch die Diktatur nur unterbrochen worden, vgl. für Guatemala *Ordóñez Cifuentes, José Emilio Rolando,* Las demandas constitucionales en Guatemala y México, in: Gonzáles Galván, Jorge Alberto (Hrsg.), Constitución y derechos indígenas, 2002, 93 (93 f.).

565 Deutlich *Yrigoyen Fajardo* (Fn. 560), 553.

566 Überblicksartige Darstellung etwa bei *Gómez, Magdalena,* El convenio 169 de la Organización Internacional del Trabajo, in: Berraondo, Mikel (Hrsg.), Pueblos indígenas y derechos humanos, 2006, 133 (133 ff.).

567 So etwa *Lixinski* (Fn. 484), 245.

229 Die pluralistische Sicht wird gelegentlich auch als multikulturell bezeichnet und so in einen weltweiten Zusammenhang gebracht, der einen pluralen Charakter aller Verfassungen fordert, um insbesondere auch dem Phänomen der Zuwanderung Rechnung zu tragen.[568] Dies kann, muss aber keineswegs so gesehen werden, denn zwischen beiden Phänomenen besteht ein ebenso simpler wie weittragender Unterschied: Bei indigenen Völkern, wie in Lateinamerika, geht es um die Anerkennung der besonderen Rechte von Gruppen, die schon vor den Kolonisten dort waren und ihre eigenen sozialen und rechtlichen Organisationsstrukturen besaßen. Von ihnen kann kaum mit derselben Argumentation Integration oder gar Assimilation verlangt werden, wie viele es bei Einwanderern tun. Gleichzeitig ist der Gedanke des Pluralismus aber auch in Lateinamerika nicht auf die Indios beschränkt, sondern kann insbesondere auch die Bevölkerung schwarzafrikanischen Ursprungs erfassen, die sich nicht selten diskriminiert fühlt. Mangels eines ausgeprägten verfassungsrechtlichen Schutzsystems für Minderheiten wird hier gelegentlich der überraschende und ungewöhnliche Weg gewählt, Schwarze den Indios verfassungsrechtlich gleichzustellen, etwa auch was spezielle Landrechte angeht.[569] Andere Staaten wie etwa Kolumbien wählten den Weg über einfachrechtlichen Schutz.[570]

b) Indianische Rechte und Grad ihrer Anerkennung

230 Die Rechte, die den indianischen Ureinwohnern im Einzelnen verliehen werden, sind sehr vielfältig.[571] Für das pluralistische Verständnis elementar ist zunächst die Verwendung des Begriffs „Volk", also die Anerkennung indigener Gruppen als Völker, die in der Konsequenz erheblich mehr Rechte beanspruchen können als schlichte Minderheiten.[572] Die Bezeichnung als Völker findet sich in der Verfassung Boliviens (Art. 2, 3), die zusätzlich auch von Nationen spricht, sowie etwa in den Verfassungen Argentiniens (Art. 75 Abs. 17), Ecuadors (Art. 56), Kolumbiens (Art. 246), Mexikos (Art. 2, insbes. Abs. 2), Nicaraguas (Art. 5), Paraguays (Art. 62) oder Venezuelas (Art. 119). Mit dieser Bezeichnung ist allerdings ein Kernproblem des Pluralismus verbunden. Denn ein Volk im völkerrechtlichen Sinn könnte ein Recht auf Selbstbestimmung für sich beanspruchen und damit möglicherweise auch die Bildung eines eigenen Staates anstreben. Solch sezessionistischen Bestrebungen aber stehen die Staaten schon traditionell äußerst reserviert gegenüber.[573] Bereits die ILO-Konvention Nr. 169 geht dieses Problem in ihrem Art. 1 Abs. 3 an, der ausdrücklich feststellt, dass die Bezeichnung als indigene Völker gerade nicht im völkerrechtlichen Sinn zu verstehen sei – ein in einem ja völkerrechtlichen Instrument eher bemerkenswerter Satz. Entsprechend wird die Einheit des Staates auch in den Verfassungen Lateinamerikas bei allen Bekenntnissen zur Vielfalt der Völker und Nationen niemals in Frage gestellt. Während also die Anerkennung als Völker regelmäßig mit der ausdrücklichen Anerkennung kultureller Vielfalt einhergeht, zB Art. 1, 56 ecuadVerf, findet sich ein Recht auf Selbstbestimmung allenfalls sehr zurückhaltend. So erwähnt die Verfassung Ecuadors zwar die Selbstbestimmung indigener Völker, jedoch nur für den Fall, dass diese in selbstgewählter Isolation bleiben wollen (Art. 57 Abs. 2 ecuadVerf). Bolivien als Vorreiter des Pluralismus hingegen verwendet in seiner Verfassung

[568] Vgl. *Lixinski* (Fn. 484), 263 f.

[569] Vgl. deutlich Art. 3, 32, 100 Abs. 2, 395 Abs. 1 bolivVerf, Art. 56, 58, 60, 257 ecuadVerf.

[570] Vgl. Ley 70 de 1993, Diario Oficial No. 41.013 vom 31.8.1993, das sich insbesondere mit Landrechten befasst; zu diesem Gesetz und seinen praktischen Wirkungen vgl. etwa *Agier, Michel; Hoffmann, Odile,* Las tierras de las comunidades negras en el pacífico colombiano – Interpretaciones de la ley, estrategias de los actores, Territorios – Revista de estudios regionales y urbanos 1999, 53 (53 ff.).

[571] Vgl. zum Folgenden etwa die geordnete Übersicht bei *Aguilar, Gonzalo et al.,* The constitutional recognition of indigenous peoples in Latin America, Pace International Law Review Online Companion 2/2 (2010), 44 (47 ff.); exemplarische Darstellung der Entwicklung in Nicaragua, Ecuador, Mexiko, Guatemala und Bolivien bei *Hausotter, Carola,* Das Recht indigener Völker Lateinamerikas auf interne Selbstbestimmung, 2010, 147 ff.

[572] Ausführlich zur Unterscheidung von Minderheiten *Hausotter* (Fn. 571), 30 ff.

[573] So spricht *Barié* (Fn. 557), 550 bezeichnend von der ewigen Angst vor dem Separatismus („el eterno temor al separatismo").

nicht einmal das Wort „autodeterminación", sondern spricht nur von einer freien Bestimmung im Rahmen der Einheit des Staates;[574] ähnliches gilt für Mexiko.[575]

Spezielle Rechte indigener Völker an ihrem Grund und Boden werden mit verschiedensten, oft recht vorsichtigen Formulierungen anerkannt.[576] Rechte an Bodenschätzen werden seltener und dann meist noch vorsichtiger formuliert, etwa in Art. 57 Abs. 1 Nr. 6, 7 ecuadVerf als bloßes Recht auf Beteiligung an der Nutzung, Verwaltung und Erhaltung erneuerbarer Ressourcen, für nicht erneuerbare Ressourcen sogar nur als Recht auf vorherige und freie, aber nicht bindende Konsultation. 231

Als Teil des Rechts auf Selbstbestimmung schützen die meisten lateinamerikanischen Verfassungen die indigenen Sprachen. Dabei reichen die Formulierungen von einem Schutz indigener Sprachen als Teil des nationalen Erbes (so Art. 140 paragVerf, Art. 9 venezVerf) bis hin zur Anerkennung aller 36 im Land gesprochenen indigenen Sprachen als offizielle Landessprachen und der Verwendung von mindestens zwei offiziellen Sprachen bei der nationalen und lokalen Verwaltung, wobei eine davon Spanisch sein muss (Art. 5 bolivVerf). Gar keinen Schutz erwähnt hingegen etwa die Verfassung Argentiniens. Von besonderer Bedeutung für einen effektiven Schutz der Sprache ist die Verwendung im Schulunterricht, ebenso wie umgekehrt der Schulunterricht eines der effektivsten Mittel der faktischen Durchsetzung einer gemeinsamen Sprache darstellt. Besonders deutlich wird hier die Verfassung Ecuadors, die eine interkulturelle, bilinguale Bildung garantiert und dabei klarstellt, dass in diesem Rahmen die Hauptsprache der jeweiligen Kultur zu verwenden ist, während Spanisch die Sprache der interkulturellen Beziehung darstellt.[577] 232

In manchen Verfassungen spielen auch die politischen Beteiligungsrechte der Indios eine besondere Rolle. So kann in Kolumbien in beiden Häusern des Parlaments eine Abgeordnetenquote für indigene Völker reserviert werden, Art. 171, 176 kolumbVerf. Die mexikanische Verfassung schützt das ausdrückliche Recht zur Wahl der Autoritäten und Repräsentanten für die indianische Selbstverwaltung oder in Gemeinden mit indigener Bevölkerung und statuiert eine Pflicht aller staatlichen Ebenen zur Konsultation der indigenen Bevölkerung, Art. 2.A.III, 2. A.VII, 2.B.IX mexVerf. 233

Um die Vielfalt der Einbeziehung oder Nichteinbeziehung indianischer Rechte in den lateinamerikanischen Verfassungen in den Griff zu bekommen, bietet sich eine Gruppenbildung an, wie sie in der Rechtsvergleichung verschiedentlich versucht wurde. Eine gewisse Klarheit und Einigkeit herrscht dabei vor allem an den beiden äußersten Enden des Spektrums: Während die Verfassungen von Belize, Chile, Uruguay und Suriname indianische Rechte gar nicht erst erwähnen, gilt Bolivien allgemein als Speerspitze und Vorbild eines pluralistischen Staatsverständnisses. Dementsprechend werden teilweise drei Gruppen 234

574 „Dada la existencia precolonial de las naciones y pueblos indígena originario campesinos y su dominio ancestral sobre sus territorios, se garantiza su libre determinación en el marco de la unidad del Estado, que consiste en su derecho a la autonomía, al autogobierno, a su cultura, al reconocimiento de sus instituciones y a la consolidación de sus entidades territoriales, conforme a esta Constitución y la ley.", Art. 2 bolivVerf.

575 „El derecho de los pueblos indígenas a la libre determinación se ejercerá en un marco constitucional de autonomía que asegure la unidad nacional.", Art. 2 Abs. 5 mexVerf.

576 Beispielhaft garantiert Art. 2.A.VI mexVerf folgendes, mehrfach relativiertes Recht: „Acceder, con respeto a las formas y modalidades de propiedad y tenencia de la tierra establecidas en esta Constitución y a las leyes de la materia, así como a los derechos adquiridos por terceros o porintegrantes de la comunidad, al uso y disfrute preferente de los recursos naturales de los lugares que habitan y ocupan las comunidades, (...)." Sehr viel weitergehend lautet Art. 394 Abs. 3 bolivVerf: „ El Estado reconoce, protege y garantiza la propiedad comunitaria o colectiva, que comprende el territorio indígena originario campesino, las comunidades interculturales originarias y de las comunidades campesinas. La propiedad colectiva se declara indivisible, imprescriptible, inembargable, inalienable e irreversible y no está sujeta al pago de impuestos a la propiedad agraria. Las comunidades podrán ser tituladas reconociendo la complementariedad entre derechos colectivos e individuales respetando la unidad territorial con identidad."; weniger zurückhaltend hingegen Art. 57 Abs. 1 Nr. 4 ecuadVerf: „Conservar la propiedad imprescriptible de sus tierras comunitarias, que serán inalienables, inembargables e indivisibles. Estas tierras estarán exentas del pago de tasas e impuestos.".

577 „Garantizar el sistema de educación intercultural bilingüe, en el cual se utilizará como lengua principal de educación la de la nacionalidad respectiva y el castellano como idioma de relación intercultural", Art. 347 Nr. 9 ecuadVerf.

von Staaten unterschieden: erstens die soeben genannten, deren Verfassungen indigene Völker gar nicht erwähnen; zweitens solche, die sie in unvollständiger Form erwähnen (Costa Rica, El Salvador, Guyana, Honduras); und drittens die Vorreiter der Anerkennung, die die ethnische Identität der Indios als Teil ihrer Nationalität schützen (Argentinien, Bolivien, Brasilien, Kolumbien, Ecuador, Guatemala, Mexiko, Nicaragua, Panama, Paraguay, Peru, Venezuela).[578] Andere Untersuchungen lassen diejenigen Staaten, die indianische Rechte verfassungsrechtlich schlicht ignorieren, sogleich außen vor und teilen die verbliebenen Staaten danach ein, wie viele von neun Typen indianischer Rechte dort jeweils anerkannt sind. So werden ebenfalls drei Gruppen unterschieden und auch innerhalb der Gruppen folgende Ordnung geschaffen: mit 9-7 anerkannten Rechten Bolivien, Ecuador, Mexiko, Nicaragua, Paraguay, Venezuela; mit 6-4 anerkannten Rechten Argentinien, Panama, Peru, Guatemala, Brasilien; mit 3-1 anerkannten Rechten Costa Rica, El Salvador, Honduras. Dass es sich dabei um ein stark vereinfachtes Vorgehen handelt, da schon der jeweilige Grad der Anerkennung eines Rechts nicht beachtet wird, ist den Autoren dieser Studie völlig bewusst.[579]

235 Andere Herangehensweisen versuchen beispielsweise eine mehr inhaltliche Strukturierung und unterscheiden die Konzepte der Assimilierung, des Schutzes durch Ausschluss und des Schutzes durch Anerkennung.[580] Assimilierung kann nach dieser Einteilung heute allenfalls noch denjenigen Staaten unterstellt werden, die indigene Rechte gar nicht erwähnen.[581] Beim Schutz durch Ausschluss werden die Indios zwar nicht als autonome Einheiten anerkannt, aber durch bestimmte Maßnahmen aktiv ihre Trennung von der restlichen Gesellschaft gefördert. In ähnlicher Weise wie beim frühen kolonialen Trennungssystem sollen indianische Gruppen also gerade mithilfe dieser Trennung geschützt werden.[582] Dabei geht es, wie das Hauptbeispiel Brasilien zeigt, im Kern um den Schutz kleiner verbliebener Stämme, die weiterhin in großer Isolation von der modernen Gesellschaft leben und dies auch wollen. Obwohl dieses Schutzmodell durchaus nachvollziehbar ist, verbleibt ein gewisser schaler Nachgeschmack[583] aufgrund einer gewissen Entmündigung der Indianer. Dabei ist diese „Entmündigung“ durchaus auch im wörtlichen Rechtssinne zu verstehen, denn nach Art. 7 des brasilianischen Estatuto do Índio stehen Indianer und indianische Gemeinschaften, die noch nicht in die nationale Gemeinschaft integriert sind, unter der Vormundschaft des Staates,[584] eine Vorschrift auf die Art. 4 Abs. 4 § 1 des brasilianischen Zivilgesetzbuches im Ergebnis verweist.[585] Ob diese Rechtslage tatsächlich noch aufrechtzuerhalten ist, obwohl Art. 232 brasVerf den Indianern und indianischen Gemeinschaften und Organisationen ausdrücklich das Recht gibt, zur Verteidigung ihrer Rechte vor Gericht zu klagen, ist auch in Brasilien durchaus umstritten.[586] Dem Schutz durch Trennung steht das Modell des Schutzes durch Anerkennung mit zwei Varianten, die einander nicht ausschließen, gegenüber. In der ersten Variante wird die Möglichkeit indianischer Gruppen anerkannt, sich durch Anwendung ihres eigenen Rechtssystems Freiräume zu schaffen. Bei der

---

[578] Vgl. *Barié* (Fn. 557), 548 ff., jeweils mit kurzen, prägnanten Anmerkungen zu den Gründen.

[579] Vgl. *Aguilar et al.* (Fn. 571), 99 ff.

[580] Vgl. *Lixinski* (Fn. 484), 244 ff.

[581] Insofern allerdings widersprüchlich *Lixinski* (Fn. 484), 244, 248, der einerseits von einer bloßen Abnahme assimilierender Tendenzen, andererseits davon spricht, dass dieses Modell von keiner Verfassung mehr angenommen werde.

[582] Zu dieser Ähnlichkeit vgl. auch *Yrigoyen Fajardo* (Fn. 560), 552 f.

[583] Sehr kritisch zu den praktischen Folgen *Yrigoyen Fajardo* (Fn. 560), 552 Fn. 18.

[584] Vgl. Art. 7, 8 Estatuto do Índio, Gesetz 6.001; nach Art. 9 ist bei Nachweis einer Integration unter dort genannten Voraussetzungen eine individuelle Befreiung jedes Indianers von dieser Vormundschaft möglich.

[585] Art. 4 Abs. 4 § 1 des brasilianischen Zivilgesetzbuches lautet: „A capacidade dos índios será regulada por legislação especial“.

[586] Vgl. dazu den Procurador do Ministério Público Federal, *Beckhausen, Marcelo,* Questões de cidadania e o diálogo entre o jurídico e a antropologia – As consequências do reconhecimento da diversidade cultural, Humanas – Revista do Instituto de Filosofia e Ciências Humanas (Universidade Federal do Rio Grande do Sul) 2004, 1 ff., www.ufrgs.br/naci/documentos/humanas_beckhausen.pdf (zuletzt abgerufen am 18.7.2025).

zweiten Variante werden den Indios spezielle Anreize und Rechte zur Teilnahme am staatlichen politischen Prozess gegeben, etwa durch Quotenregelungen für Vertretungsorgane, aber auch etwa durch einen für Indios vorteilhaften Neuzuschnitt von Wahlbezirken. Beide Varianten können beispielsweise gemeinsam auftreten, wenn ein Staat eigenständige föderale Einheiten innerhalb eines Staates mit zumindest überwiegend indianischer Bevölkerung schafft.

c) Bewertung und Durchsetzung des Schutzes

Welche rechtliche Behandlung der Indios die beste ist, bleibt bei alledem durchaus umstritten. Während zum Teil ein möglichst weitgehender Rechtspluralismus als klare Lösung favorisiert wird,[587] sehen andere beispielsweise die Möglichkeit, dass jedes System seine spezifischen Vorteile hat und für jeweils bestimmte Länder angemessen ist.[588] So ließe sich etwa das brasilianische System des Schutzes durch Ausschluss mit der beschriebenen, spezifisch brasilianischen Situation der Ureinwohner[589] erklären. In Uruguay könnte das weitgehende Fehlen jeder Anerkennung schlicht damit begründet werden, dass die Indios dort nicht nur vom Anteil her eine sehr geringe Rolle spielen, sondern es – anders als etwa in Brasilien – aufgrund der ohnehin geringen Bevölkerungszahl auch absolut nur um wenige tausend Personen geht. Die sehr weitgehende bolivianische Lösung schließlich könnte speziell nur für Staaten geeignet sein, in denen die indianische Bevölkerung tatsächlich die Mehrheit stellt. 236

Dass die Bewertung der verschiedenen Vorgehensweisen so schwer fällt, dürfte nicht zuletzt auch damit zusammenhängen, dass die subjektiven Interessen der betroffenen Indios sehr verschieden sein können. Wollen sie sich anpassen oder im Gegenteil völlig separat bleiben, um ihre Kultur bestmöglich zu schützen? Oder wollen sie Teil der Gesellschaft werden und an ihr voll teilhaben, aber gleichzeitig ihre indianische Identität wahren – und wie soll so etwas vor allem in der Praxis funktionieren? Und was soll geschehen, wenn einzelne indianische Gruppen oder Dörfer selbst wieder in dieser Frage gespalten sind? Ein entscheidender und richtiger Kerngedanke des Pluralismus ist dabei, dass es nicht Sache der Nichtindios ist, diese und ähnliche Fragen zu entscheiden, dass der Staat die richtige Lösung nicht kennt, sie nicht paternalistisch fixieren darf und dass „objektive" Interessen der Indios hier ebenso wenig existieren wie sonst im Leben. Aber auch wenn klar ist, dass die Indios selbst entscheiden, stellt sich doch sogleich wieder die Frage, ob es um kollektive oder individuelle Entscheidungen geht, auf welchem Niveau (zB Dorf, Region, Volk, alle Indios in einem Staat) das jeweilige Kollektiv angesiedelt wird und wie sich abweichende Entscheidungen zwischen einem Kollektiv und einer kleineren Einheit bis hinab zum Individuum miteinander vereinbaren lassen. 237

Für den Schutz indianischer Rechte bietet der bloße Blick in das Verfassungsrecht nur ein beschränktes Bild. Dass dennoch vielfach die verfassungsrechtliche Lage im Mittelpunkt der Betrachtungen steht, hängt nicht zuletzt damit zusammen, dass ein einfachrechtlicher Unterbau, der die verfassungsrechtlichen Gewährleistungen detaillierter ausformen und konkretisieren würde, keineswegs immer vorhanden ist. Brasilien mit seinem Estatuto do Índio ist insofern eine Ausnahme, auch wenn dieses teils eher als Rückschritt denn als Fortschritt gegenüber der Verfassung gesehen wird.[590] Dennoch eröffnet der Blick in das einfache Recht viele interessante Details. Das gilt nicht nur für Kolumbien, wo – wie schon gesehen[591] – der Schutz von Landrechten der afrokolumbianischen Bevölkerung sich nicht in 238

587 Vgl. *Yrigoyen Fajardo* (Fn. 560), passim.

588 Vgl. dazu und zum Folgenden *Lixinski* (Fn. 484), 248 ff., 244 Fn. 21, 265, der jedoch die Lage in Brasilien kritisch bewertet.

589 Vgl. supra → Rn. 226.

590 So *Lixinski* (Fn. 484), 250, 252; zu diesem Gesetz schon supra → Rn. 235; zur fehlenden Konkretisierung der Anerkennung indianischer Rechtsordnungen auch *Gabbert* (Fn. 553), 310.

591 Supra → Rn. 229.

der Verfassung, sondern in einem Spezialgesetz findet. Auch Chile beispielsweise, das für die fehlende Berücksichtigung seiner indigenen Bevölkerung in der Verfassung gern einmal gescholten wird, erfasst und schützt Indios rechtlich durch das Ley Indígena von 1993.[592] Ganz unabhängig von solchen breit angelegten Spezialgesetzen wird der Sonderstellung der indianischen Bevölkerung auch in den allgemeinen Gesetzen immer wieder einmal Rechnung getragen. Für das Strafrecht etwa fordert schon Art. 10 der ILO-Konvention 169, dass bei der Anwendung auf indianische Angeklagte deren besondere wirtschaftliche, soziale und kulturelle Bedingungen berücksichtigt werden müssten und dass andere als Gefängnisstrafen bevorzugt verhängt werden sollten. Entsprechend findet sich etwa in Art. 15 des peruanischen Strafgesetzbuchs von 1991 eine Regelung für kulturbedingte Irrtümer, der zufolge Personen, die durch Beachtung ihrer Kultur und ihrer Gepflogenheiten gegen das Gesetz verstoßen, nicht bestraft werden können.[593] Es geht hier also um eine Entkriminalisierung kultureller Unterschiede.[594]

239 Aber auch die einfachrechtliche Ebene ist erneut nicht das Ende der Erkenntnis. Denn ebenso wie sonst im lateinamerikanischen Recht[595] weichen geschriebenes und gelebtes Recht oft stark voneinander ab. Der Schutz indianischer Rechte mag auf dem Papier sehr gut klingen, die Realität ist oft eine ganz andere. Der indigenen Bevölkerung fehlt oft faktisch der Zugang zum Rechtssystem und die Möglichkeit zur Verteidigung ihrer Rechte.[596] Besonders deutlich wird dies etwa, wenn die Interessen von landwirtschaftlichen Großgrundbesitzern oder von Industrieunternehmen zur Ausbeutung von Bodenschätzen denen der indigenen Bevölkerung gegenüberstehen.

d) Die Bedeutung der indianischen Rechtsordnungen

aa) Probleme des verfassungsrechtlichen Schutzes indianischer Rechtsordnungen

240 Als Teil der indianischen Kultur besonders bedeutsam und für den Rechtsvergleicher besonders interessant sind die indianischen Rechtsordnungen und ihre Anerkennung durch die lateinamerikanischen Staaten. Hier liegt zugleich eines der deutlichsten Konfliktfelder mit dem Staat und seiner inneren Souveränität. Denn die Macht des Staates drückt sich in erster Linie durch das Recht aus. Wenn er rechtliche Enklaven akzeptiert, nimmt er sich selbst in seinem Kernanspruch zurück. Für viele Indios hingegen sind die Anforderungen ihrer eigenen Rechtskultur mindestens ebenso verbindlich, oft sogar verbindlicher als die des Staates. Auch ist das indigene Recht ihnen näher, für sie einfacher durchschaubar und weit besser erreichbar. Entsprechend ist die Anerkennung der eigenen Rechtsordnung regelmäßig ein zentraler Bestandteil ihrer Forderungen zum Schutz von Identität und Kultur.

241 Das Zusammenspiel von indianischen und staatlichen Rechtsordnungen führt zu einer ganzen Reihe von Problemen, die durch eine eher unklare und pauschale Anerkennung indigener Bräuche, wie etwa in Art. 231 brasVerf,[597] nur notdürftig überdeckt werden. Zunächst stellt sich die Frage, ob die Anerkennung indianischen Rechts auch dessen eigene

[592] Ley No 19253 de octubre de 1993 sobre Protección, Fomento y Desarrollo de los Indígenas; dazu *Aylwin, José,* El derecho de los pueblos indígenas a la tierra y al territorio en América Latina – Antecedentes Históricos y Tendencias Actuales, 2002, 13 ff., www.archivochile.com/Ideas_Autores/aylwino_j/aylwinoj0002.pdf (zuletzt abgerufen am 18.7.2025).

[593] Art. 15 lautet „El que por su cultura o costumbres comete un hecho punible sin poder comprender el carácter delictuoso de su acto o determinarse de acuerdo a esa comprensión, será eximido de responsabilidad. Cuando por igual razón, esa posibilidad se halla disminuída, se atenuará la pena.".

[594] *Yrigoyen Fajardo, Raquel,* Peru – Pluralist constitution, monist judiciary – A post-reform assessment, in: Sieder, Rachel (Hrsg.), Multiculturalism in Latin America – Indigenous rights, diversity and democracy, 2002, 157 (166).

[595] Vgl. supra → Rn. 207 ff.

[596] Vgl. *Gabbert* (Fn. 553), 305 f.; kritisch zur Realität etwa auch *Aguilar* et al. (Fn. 571), 103 f.

[597] Art. 231 brasVerf: „São reconhecidos aos índios sua organização social, costumes, línguas, crenças e tradições (…)" [Die soziale Organisation, die Gewohnheiten, Sprachen, der Glauben und die Traditionen der Indianer werden anerkannt (…)].

Rechtsprechungsorganisation mit umfassen soll. Schon die Fragestellung selbst dürfte allerdings rechtsvergleichend fehlerhaft sein. Denn die darin als selbstverständlich vorausgesetzte Trennung von materiellen und organisatorischen Aspekten des Rechts entspricht zwar typisch westlichem Rechtsdenken, wird aber dem eher flexiblen, von sozialen Strukturen nicht deutlich getrennten Inhalts des indianischen Rechts[598] kaum gerecht. Eine getrennte Anerkennung allein des „materiellen Rechts" wäre somit kaum denkbar. Wenn etwa ein staatlicher Richter versuchen wollte, einen Fall „nach indianischem Recht" zu lösen, so könnte ihm das per Definition nicht gelingen. Entsprechend verbindet auch das lateinamerikanische Verfassungsrecht mit einer klaren Anerkennung des indigenen Rechts regelmäßig die Anerkennung indigener Rechtsprechungsstrukturen. Beispielsweise garantiert Art. 246 kolumbVerf die Ausübung der rechtsprechenden Gewalt durch die entsprechenden indigenen Autoritäten in Übereinstimmung mit ihren eigenen Normen und prozeduralen Regeln.[599]

Ein weiteres Problem betrifft den Geltungsbereich indianischen Rechts in persönlicher, **242**
örtlicher und sachlicher Hinsicht.[600] Sachlich findet sich vielfach keine Beschränkung, so dass etwa auch schwere Verbrechen vor indigene Autoritäten gebracht werden könnten. Allerdings können Bestimmungen, die wie etwa Art. 171 ecuadVerf das indianische Recht nur auf „interne Konflikte" zur Anwendung bringen wollen, durchaus auch als sachliche Beschränkung gelesen werden. Deutlicher sind demgegenüber die Regeln zur örtlichen Geltung. Vielfach findet sich eine territoriale Beschränkung, die die indigene Rechtsprechung jeweils auf ihr territoriales Umfeld begrenzt („dentro de su ámbito territorial").[601] Das leuchtet zunächst ein, lässt aber viele Detailfragen offen. Beispielsweise kann es durchaus schwierig sein zu bestimmen, was genau ein indianisches Gebiet ist; Art. 231 brasVerf sieht deshalb etwa ausdrücklich eine Grenzziehung durch den Staat vor. Die bolivianische Verfassung spricht die Frage an, worin genau der territoriale Bezug liegen muss, und stellt dazu alternativ auf den Ausführungsort oder die Wirkung der Handlungen ab.[602] Im ecuadorianischen Verfassungsrecht hingegen kommt es erneut darauf an, was unter „internen Konflikten" im Sinne des Verfassungstexts zu verstehen ist. In Bezug auf den persönlichen Geltungsbereich schließlich besteht eine Möglichkeit darin, nur Konflikte, die allein Indios betreffen, zu erfassen, wie etwa in Art. 260 venezVerf. Eine solche Lösung legt auf den ersten Blick auch die Beschränkung auf „interne Konflikte" in Ecuador nahe. Sie könnte aber auch so ausgelegt werden, dass es dem jeweiligen indigenen Recht überlassen bleibt, was es als einen internen Konflikt ansieht. Die letztgenannte Lösung drängt sich auch auf, wenn Bestimmungen zum personalen Geltungsbereich gänzlich fehlen, wie etwa in Kolumbien oder Peru. Denn zwar besteht dann auch die Möglichkeit, alle Konflikte im indianischen Gebiet ohne Rücksicht auf die beteiligten Personen zu erfassen, doch wäre es sehr ungewöhnlich und wohl auch dem Charakter des indianischen Rechts unangemessen, ihm eine Rechtsprechung über Personen zu überlassen, die es selbst gar nicht beansprucht. Einen weiteren Weg geht Art. 191 Abs. 2 Nr. 1 bolivVerf, der zunächst nur die Indios selbst der indigenen Gerichtsbarkeit unterwirft, dann aber klarstellt, dass dies unabhängig davon gelte,

598 Dazu noch infra → Rn. 249 f.

599 Art. 246 columbVerf: „Las autoridades de los pueblos indígenas podrán ejercer funciones jurisdiccionales dentro de su ámbito territorial, de conformidad con sus propias normas y procedimientos, siempre que no sean contrarios a la Constitución y leyes de la República. La ley establecerá las formas de coordinación de esta jurisdicción especial con el sistema judicial nacional."

600 Vgl. zum Folgenden *Yrigoyen Fajardo, Raquel,* Legal pluralism, indigenous law and the special jurisdiction in the Andean countries, Beyond Law – Informal Justice and Legal Pluralism in the Global South 10 (2004), 32 (37 ff.).

601 Vgl. etwa Art. 246 kolumVerf, Art. 149 peruVerf, Art. 260 venezVerf.

602 Art. 191 Abs. 3 bolivVerf: „Esta jurisdicción se aplica a las relaciones y hechos jurídicos que se realizan o cuyos efectos se producen dentro de la jurisdicción de un pueblo indígena originario campesino"; der im Kern gleichlautende Art. 11 des zugehörigen Ausführungsgesetzes (Ley de Deslinde Jurisdiccional, Ley 073 vom 29.12.2010) stellt dabei durch seine Überschrift klar, dass es um die territoriale Reichweite geht.

ob sie etwa als Kläger oder Beklagte aufträten.[603] Es reicht also aus, wenn nur auf einer Seite des Rechtsstreits ein Indio steht.

243 Diese hier nur kurz angedeuteten Probleme des indigenen Rechts werden aber weitgehend von der ganz zentralen Frage nach seinem konkreten Verhältnis zum staatlichen Recht in den Schatten gestellt. In der Konsequenz des Pluralismusgedankens läge eine echte Gleichstellung mit dem staatlichen Recht aller Stufen, dh einschließlich des Verfassungsrechts. Nicht einmal Bolivien ist aber bereit, so weit zu gehen. Die bolivianische Verfassung spricht sich zwar ua deutlich für eine Gleichberechtigung der ordentlichen mit der indigenen Gerichtsbarkeit aus, Art. 178 bolivVerf, und verpflichtet alle staatlichen Autoritäten auf die Befolgung indigener Urteile, Art. 192 Abs. 1 bolivVerf. Dennoch wird die indigene Rechtsprechung eindeutig der staatlichen Verfassung unterworfen, art. 190 Abs. 2 bolivVerf.

244 Dahinter steht das Problem, dass das indigene Recht keineswegs notwendig ein ideales und gerechtes Naturrecht darstellt, das die indianischen Gesellschaften zu einem harmonischen Ganzen zusammenfassen würde, wenn man es nur ließe. Solch romantische Verklärungen übersähen die zahllosen Probleme, die gerade das indigene Recht mit sich bringt. Insbesondere elementare Menschenrechte werden von ihm keineswegs notwendig gewährleistet. Nicht nur die Gleichheit von Mann und Frau ist oft alles andere als verwirklicht, auch die persönliche Freiheit muss oft gegenüber kollektiven Interessen zurücktreten. Für uns archaische Verhaltensweisen wie die Zwangsverheiratung von Frauen können durchaus üblich sein. Auch werden nicht selten Kollektive wie etwa Familien für die Handlungen ihrer Mitglieder haftbar gemacht. Schließlich spielen auch Machtfaktoren bei Bildung und Anwendung des indigenen Rechts ihre Rolle, so dass durchaus verschiedenste Ansichten beispielsweise zwischen Jung und Alt über seinen Inhalt und seine Anwendung bestehen können und sich gerade bei der Anwendung oft die sozial Stärkeren durchsetzen.[604] Die Einschränkung durch die Verfassung kann so als das notwendige Minimum an Schutz gemeinsamer oder schlicht übergeordneter Werte angesehen werden, auch wenn darin klar ein Abweichen vom Kerngedanken des Pluralismus liegt.[605] Eine entsprechende Grenze ziehen etwa auch Art. 171 ecuadVerf oder Art. 149 peruVerf. Andere lateinamerikanische Verfassungen begnügen sich hingegen nicht mit der Sicherung dieses Minimalstandards, sondern unterwerfen das indigene Recht zusätzlich auch dem gesamten staatlichen Recht.[606]

bb) Widerstände in der Praxis

245 Erneut bedeutet die Absicherung der Geltung und Anwendung indigener Rechtsordnungen durch das geschriebene staatliche Recht keineswegs zwingend, dass dies auch in der Realität reibungslos funktioniert. Schon politisch ist die Anerkennung weiterhin umstritten. Immer wieder wird in der alltäglichen Diskussion auch in den Medien das indigene Recht auf eine Stufe mit Selbstjustiz gestellt und die Missachtung elementarer Verfahrensgarantien und Menschenrechte beklagt. Dabei Übertreibungen von echten Schwierigkeiten zu trennen fällt besonders schwer, zumal der Grundkonflikt zwischen Menschenrechten und indigenem Recht nicht zu leugnen ist.

246 Auch außerhalb politischer Diskussionen können erhebliche Schwierigkeiten auftreten, wie sich etwa an einem gut dokumentierten Beispiel aus Peru aufzeigen lässt.[607] In den 70er Jahren des 20. Jahrhunderts bildeten sich hier aufgrund steigender Fallzahlen bei Raub und Viehdiebstahl sowie eines wenig effektiven staatlichen Schutzes sog. rondas campesinas als

603 Art. 191 Abs. 2 Nr. 1 bolivVerf: „Están sujetos a esta jurisdicción los miembros de la nación o pueblo indígena originario campesino, sea que actúen como actores o demandado, denunciantes o querellantes, denunciados o imputados, recurrentes o recurridos.".

604 Deutlich zu diesen Problemen *Gabbert* (Fn. 553), 312 ff.

605 Zum Teil wird deshalb vorgeschlagen, auch die geschützten Verfassungsrechte interkultureller Auslegung zu unterwerfen, etwa durch die Schaffung gemischter Entscheidungsgremien für diese Fragen, vgl. *Yrigoyen Fajardo* (Fn. 600), 43 f.

606 Vgl. etwa Art. 246 kolumbVerf; Art. 260 venezVerf, die auch noch den ordre public hinzufügt.

607 Vgl. zum Folgenden *Yrigoyen Fajardo* (Fn. 594), insbes. 162 ff.

eine Art nachbarschaftlicher Wachschutz mit einer gewählten Führungsstruktur.[608] Die rondas campesinas nahmen das Recht in ihre Hand und setzten gegen die jeweiligen Rechtsbrecher vor allem Schadenersatzansprüche durch, verprügelten diese aber auch durchaus gelegentlich. Von weitergehenden Formen der Strafe distanzierten sie sich allerdings und zogen vielfach auch offiziell andere als physische Strafen vor, etwa gemeinnützige Arbeiten insbesondere in Form der Beteiligung an den Wachgängen. Damit war die Saat des Konflikts gelegt, denn natürlich wurden die rondas campesinas von staatlicher Seite oder auch von den ertappten Rechtsbrechern beschuldigt, durch ihre Vorgehensweise selbst Straftaten wie Körperverletzung oder Entführung zu begehen. Der Konflikt zwischen rondas campesinas und Staat hielt an; immer wieder wurden die Mitglieder der rondas strafrechtlich verfolgt. Erst 1986 sollte dem mithilfe eines Gesetzes ein Ende bereitet werden, das die Patrouillen und das Recht auf Selbstverteidigung der rondas campesinas anerkannte, nicht aber ihre rechtsprechende Befugnis. Dies holte später die Verfassung von 1993 zumindest vom Wortlaut her nach, indem sie in Art. 149 feststellte: „Las autoridades de las Comunidades Campesinas y Nativas, con el apoyo de las Rondas Campesinas, pueden ejercer las funciones jurisdiccionales dentro de su ámbito territorial de conformidad con el derecho consuetudinario, siempre que no violen los derechos fundamentales de la persona. La ley establece las formas de coordinación de dicha jurisdicción especial con los Juzgados de Paz y con las demás instancias del Poder Judicial.“[609]

Kurz zuvor allerdings waren die rondas campesinas der Kontrolle durch das Militär unterstellt worden, was ihre durch die Verfassung garantierte Eigenständigkeit erheblich in Frage stellte. Manche rondas verweigerten sich dieser Kontrolle, so dass ihren Angehörigen strafrechtliche Verfolgung drohte, wenn sie ihren Aufgaben nachgingen. Denselben Effekt hatte es, wenn lokale Behörden sich weigerten, einzelne rondas anzuerkennen, wie es das Gesetz von 1986 vorsah. Teilweise wurde diese Weigerung damit begründet, dass die Vorschrift über die notwendige Anerkennung durch die spätere Unterstellung unter militärische Kontrolle überflüssig geworden sei. Die peruanische Justiz schützte die Rechte der rondas, wie sie in Art. 149 peruVerf vorgesehen waren, nicht; insbesondere wurde in zahlreichen Fällen eine Verurteilung der Beteiligten wegen Selbstjustiz aufrechterhalten und polizeiliche Gewalt gegen sie stillschweigend akzeptiert.[610] Beispielsweise hatte eine ronda einen Viehdieb festgenommen und zu mehrtägiger Teilnahme an den Wachgängen verurteilt. Das staatliche Gericht sah darin eine Freiheitsberaubung. Den Hinweis auf Art. 149 peruVerf tat es mit der schlichten Bemerkung ab, hier werde die persönliche Freiheit und damit ein Grundrecht im Sinne der Ausnahmeklausel eben dieser Bestimmung verletzt – eine Argumentation die der Verfassungsbestimmung keinen nennenswerten Inhalt mehr belassen würde.[611] Erst eine Entscheidung des peruanischen Verfassungsgerichts von 2004 markierte eine deutliche Abkehr von diesen Tendenzen.[612] 247

[608] Zur Entwicklung und Bedeutung etwa auch *Guerrero Figueroa, Luis,* Administración de justicia y rondas campesinas, in: Defensoría del Pueblo (Hrsg.), Consulta nacional – Hacia una ley de rondas, 2002, 41 (41 ff.).

[609] „Die Autoritäten der Gemeinschaften der Campesinos und Einheimischen können, mit Unterstützung der Rondas Campesinas, die rechtsprechenden Funktionen innerhalb ihres territorialen Bereichs in Übereinstimmung mit dem Gewohnheitsrecht ausüben, solange sie nicht die Grundrechte der Person verletzen. Das Gesetz legt die Formen der Koordination dieser speziellen Rechtsprechung mit den Friedensrichtern und mit den übrigen Teilen der justiziellen Gewalt fest.“ Der dabei verwendete Begriff der Campesinos wurde in Peru eingeführt, um den negativen, kolonialen Konnotationen des Begriffs der Indios zu entgegnen, vgl. dazu *Yrigoyen Fajardo* (Fn. 594), 161.

[610] Vgl. die ausführliche Darstellung von Beispielsfällen bei *Yrigoyen Fajardo* (Fn. 594), 171 ff.

[611] Vgl. die Darstellung bei *Yrigoyen Fajardo* (Fn. 594), 173 f.

[612] Wiedergabe der Entscheidung und Kommentar in: *Yrigoyen Fajardo, Raquel,* Hacia una jurisprudencia pluralista, Anuario de Derecho Penal 2006, 377 (378 ff.).

cc) Materieller Inhalt des indianischen Rechts

248 Eine Frage allerdings, die sich dem Juristen sofort aufdrängen sollte, wird erstaunlich selten gestellt: Was ist eigentlich der Inhalt der indigenen Rechtsordnungen, welche Rechtssätze stellen sie in materieller wie prozessualer Hinsicht auf? Tatsächlich scheint die Antwort darauf allenfalls tentativ möglich und wird vor allem aus Sicht des westlichen Juristen stets unbefriedigend bleiben, denn schon die Fragestellung wird dem indigenen Recht nicht wirklich gerecht.

249 **(1) Umfassender und flexibler Charakter indianischen Rechts.** Indigenes Recht ist kaum mit den Maßstäben und Begrifflichkeiten des westlichen Rechts zu fassen. Für uns besteht eine Rechtsordnung aus Rechtssätzen, die in einem möglichst ebenfalls rechtlich geregelten Verfahren auf einen Sachverhalt zur Anwendung gebracht werden. Schon der Gedanke isoliert benennbarer Rechtssätze, ist aber nicht auf das indigene Recht übertragbar. Jeder Versuch, indigenes Recht unabhängig von Einzelfällen zu fixieren, wird seinem Charakter nicht gerecht. Entsprechend ist es auch schwer, überhaupt von einer „Anwendung" indigener Rechtssätze zu sprechen. Das indigene Recht entwickelt sich vielmehr als Ausdruck von Erfahrung und Kultur in der konkreten Lösung einzelner Probleme. Der Prozess seiner Anwendung ist kaum von seinem Inhalt zu trennen, so dass es etwa auch unmöglich wäre, über kollisionsrechtliche Regeln ein staatliches Gericht nach indigenem Recht entscheiden zu lassen. Der typische Charakter einer umfassenden, möglichst alle Aspekte einbeziehenden Regelung des jeweiligen Problems und seiner sozialen Folgen für die jeweils eigene Gruppe setzt vielmehr gerade genaue Kenntnis dieser Gruppe und persönliche Teilhabe an der jeweiligen Kultur voraus. Das indigene Recht ist damit auch nicht statisch, sondern entwickelt sich stets weiter. Seine Wandelbarkeit ist gerade eines seiner bestimmenden Merkmale, das etwa durch eine schriftliche Fixierung verloren gehen würde. Dasselbe gilt für Versuche einer Standardisierung oder Anpassung an staatliches Recht, etwa durch von außen aufgegebene Systeme der Landregistrierung oder der Wahl von Vertretungspersonen.[613] Aufgrund der Anpassungsfähigkeit und des ständigen Wandels indianischen Rechts wäre es auch verfehlt, es als Überbleibsel der indianischer Kultur aus der Zeit vor der Kolonisierung Lateinamerikas zu sehen. Das damalige Recht dürfte vielmehr endgültig verloren gegangen sein, das heutige indigene Recht stattdessen ein Produkt und eine Entwicklung der Kolonisierung und der Zeit danach darstellen.[614]

250 Letztlich ist nicht einmal klar, ob die Kategorie des Rechts im Unterschied etwa zu nur sozialen Normen dem indigenen Recht völlig gerecht wird. Denn gerade diese Unterscheidung steht im Gegensatz zu seinem Anspruch, Probleme umfassend in all ihren sozialen Aspekten zu lösen und nicht, wie etwa das kontinentaleuropäische Recht oder das common law, nur einen bestimmten Ausschnitt aus den sozialen Beziehungen der Beteiligten zu berücksichtigen und das übrige der Gesellschaft und ihren Mechanismen zu überlassen. Auch dass die Aktivitäten beispielsweise der rondas campesinas in Peru[615] implizit als ein klares Beispiel indigenen Rechts gelten, zeigt, dass hier die aus westlicher Sicht bestehenden Grenzen des Rechtsbegriffs erprobt werden. Denn diese Aktivitäten ließen sich auch ebensogut als eine Art nachbarschaftliche Selbsthilfe als Reaktion auf mangelnde Effektivität der staatlichen Justizorgane ansehen. Solche Phänomene sind aber keineswegs auf Lateinamerika beschränkt, wie etwa die vielfach kritisierten neighborhood watches in den USA belegen. Deren Aktivitäten würden Juristen aber kaum je als Ausdruck einer eigenen Rechtsordnung mit Anspruch auf Anerkennung und Gleichwertigkeit ansehen, sondern meist als Gefahr für das Recht und als Tendenz zur Selbstjustiz, jedenfalls aber als rein gesellschaftliches, nicht rechtliches Phänomen.

---

613 Vgl. *Aguilar* et al. (Fn. 571), 92.
614 Vgl. *Gabbert* (Fn. 553), 311 f.; *Aymerich Ojea* (Fn. 372), 386; *Waldmann* (Fn. 507), 96.
615 Dazu soeben supra → Rn. 246 f.

(2) Das Beispiel Az Mapu. Diese Beschreibung indigenen Rechtsdenkens wird allerdings so manchen Juristen, der trotz allem nicht davon lassen will, nach den inhaltlichen rechtlichen Maßstäben zu fragen, weiterhin unbefriedigt zurücklassen. Tatsächlich lassen sich aber auch inhaltliche Beschreibungen finden, etwa für das Recht der Mapuche, eines indigenen Volkes, dessen Gebiet sich in Chile und Argentinien befindet. Wenn hier ein Angehöriger der Mapuche seine Rechtsordnung aus der Binnenperspektive erläutert, wird allerdings erneut die starke Verwebung des Rechts mit dem sozialen Leben und der übrigen Kultur deutlich, die eine Betrachtung aus westlicher Perspektive und mit westlicher Begrifflichkeit kaum ermöglicht:[616] **251**

Aus der Binnenperspektive ist die kosmologische Weltsicht der Mapuche unteilbare Grundlage ihres Rechts. Sehr allgemein enthält das Recht der Mapuche, das Az Mapu, individuelle wie kollektive Verhaltensnormen, die die Mapuche beachten müssen, um die kosmische Harmonie aufrechtzuerhalten. Jede Nichtbeachtung der Verhaltensnormen stört das kosmische Gleichgewicht, das dann auf verschiedenen Wegen wiederhergestellt werden kann. Recht sprechen bedeutet daher Wiederherstellung des kosmischen Gleichgewichts. Schon hier wird deutlich, dass es keineswegs nur um Recht im westlichen Sinn geht, sondern ganzheitlich um alle sozialen Beziehungen und darüber hinaus um die Beziehungen zur Natur und zur Geisterwelt. Teil des Az Mapu sind deshalb auch die kosmologischen Ideen der Mapuche, wie die Einheit von Mensch, Erde und Natur, die vier Naturkräfte Erde, Wasser, Luft und Feuer oder die vier göttlichen Wesenheiten. Der Mensch ist für die Mapuche nicht Herr der Erde, sondern umgekehrt die Erde Herr der Menschen. Das Land ist weit mehr als nach westlicher Konzeption. Es ist eingebunden in den Kreislauf der Welt und unterliegt positiven wie negativen Kräften, die zu ihm gehören. Das Land umfasst nicht nur das Territorium als solches. Vielmehr gehören Untergrund, Wasser, Pflanzen, Tiere und ihre Produkte ebenfalls dazu. **252**

Kleinste Einheit des politischen Systems der Mapuche ist der Lof, die Dorfgemeinschaft, mit ihrem gewählten Anführer, dem Logko. Dabei ist der Begriff der Dorfgemeinschaft mit Vorsicht zu verwenden, denn die Lof sind nicht notwendig identisch mit den staatlichen Gemeinden und auch innerhalb eines realen Dorfes gehören nicht alle Familien notwendig zum Lof, etwa wenn sie Christen sind und daher nicht dem Az Mapu unterliegen. Der Logko ist für alle traditionellen Zeremonien und damit auch für die Anwendung des Az Mapu in konkreten Fällen zuständig. Jeweils neun Lof verbinden sich über patrilineare Verwandtschaften zu einem Rewe Mapu, dessen Anführer, der Ülmen Logko, aus den neun beteiligten Logkos gewählt wird. Wiederum neun Rewe Mapu bilden einen Aillarewe oder Fütalmapu, einen kleinen Staat der Mapuche, unter der Führerschaft des gewählten Ülmen Fütxa Logko. Das Az Mapu reguliert auch das Wirtschaftsleben der Mapuche und enthält Normen etwa über die gemeinsame Arbeit, die gemeinsame Errichtung von Häusern, aber auch über die Arbeitsaufteilung in der Familie. So sind etwa Männer ua für Fischfang und Ernte zuständig, Frauen für den Haushalt, die Verwendung der vorhandenen Mittel und kleinere Anpflanzungen. Für außenstehende, westliche Juristen klingt dies alles nur zum kleinen Teil nach Recht und zum großen Teil nach einer Beschreibung der gesamten Sozialstruktur der Mapuche; für einen Angehörigen dieses Volkes ist es hingegen untrennbarer Bestandteil des Az Mapu. **253**

Konkreter wird das Recht der Mapuche in der Beschreibung realer Fälle und ihrer Lösung,[617] die den westlichen Juristen aber letztlich ebenfalls etwas ratlos zurücklässt. So wurde etwa ein Mörder nach nur drei Monaten im staatlichen Gefängnis freigelassen und kehrte in sein Heimatdorf zurück. Die Dorfgemeinschaft verurteilte nicht nur ihn, sondern seine ganz Familie zu einem zweijährigen Ausschluss aus der Gemeinschaft. Denn die Familie hatte der Dorfgemeinschaft in der zu diesem Zweck einberufenen Versammlung **254**

[616] Vgl. zum Ganzen aus der Binnensicht *Sanchéz Curihuentro, Juan,* El Az Mapu o sistema jurídico mapuche, Revista Crea 2 (2001), 28 (28 ff.).

[617] Dazu *Sanchéz Curihuentro* (Fn. 616), 35 ff., der dabei von drei Fällen aus seinem eigenen Heimatdorf berichtet.

das Recht abgesprochen, so zu handeln, und damit das Az Mapu verleugnet. Ein solcher Ausschluss gilt dabei in einer kollektiv orientierten Gemeinschaft als gravierende Strafe und hat ua auch eine soziale Isolation im Alltag zur Folge, bei der selbst der Gruß auf der Straße untersagt ist. Die engen Beziehungen der Mapuche zu ihrer Gemeinschaft werden deutlich, wenn ein Mapuche sein Dorf verlässt und in die Stadt zieht, sich aber bei größeren Problemen immer noch an den Logko wendet. So geschah es im Fall einer Frau, die schon seit 20 Jahren nicht mehr im Dorf wohnte. Sie musste eine Woche im staatlichen Gefängnis verbringen, weil ihre Nichte beim Verkauf von Marihuana gefasst worden war und dabei den Personalausweis der Tante vorzeigte, den sie zuvor an sich genommen hatte. Der Vater der Nichte erklärte vor der versammelten Dorfgemeinschaft, dass er keinen Einfluss auf seine Tochter habe und ihn ihr Verhalten auch nichts anginge, auch wenn er es sehr bedaure. Als Sanktion wurde die Familie nur aufgefordert, ihre Kinder anzuweisen und alle darauf hinzuweisen, dass man keinem anderen Familienmitglied Schaden zufügen dürfe. Ein letzter Fall zeigt die kollektive Wirtschaftsweise der Mapuche, die sich auch gegenüber individuellen Maßnahmen des Staates durchsetzt. So gewährte der chilenische Staat zur Förderung der Mapuche auf Antrag individuelle Beihilfen zur Landwirtschaft. Die Dorfgemeinschaft hatte beschlossen, dass alle so erlangten Beihilfen in einen gemeinsamen Topf fließen sollten, aus dem Dünger und Saatgut gekauft würden, um sie dann unter den 35 Familien der Gemeinschaft zu verteilen. 15 Personen erhielten Beihilfen, aber eine davon behielt das Geld für sich. Der gemeinsame Topf wurde also zunächst nur für 34 Familien verwendet. Aus der Sicht der Mapuche aber war die Nichteinzahlung in den Gemeinschaftstopf die unrechtmäßige Aneignung eines Gemeinschaftsguts durch ein Individuum. Der Täter wurde wegen dieses Verrats an der Gemeinschaft in einer Versammlung der Dorfgemeinschaft solange von allen Vorteilen und Aktivitäten der Gemeinschaft ausgeschlossen, bis er sein Verhalten erklären und zumindest einen Teil des Geldes wieder herausgeben würde, was im Übrigen nie geschah.

V. Konvergenz von civil law und common law?

255 Die auf den ersten Blick unverkennbaren Unterschiede zwischen common law und kontinentaleuropäischem Recht sind nach einer häufig zu hörenden These allenfalls idealtypisch zu verstehen und in der Realität auf dem Rückzug. Beide Rechtskreise nähern sich also einander im Zeitablauf immer weiter an, sie konvergieren. Sowohl diese These als auch die Gegenthese der Nichtkonvergenz kann einige Plausibilität für sich in Anspruch nehmen. Ihr Abstraktionsniveau ist aber jeweils so hoch, dass weder eine klare Entscheidung für die eine oder andere möglich ist, noch sich der praktische Sinn des Streits recht erschließen will (1). Bei genauerer Betrachtung wird auf verschiedenen Ebenen und über verschiedene Einzelfragen gestritten, die besser auseinandergehalten statt unterschiedslos miteinander vermengt werden sollten (2).

1. Der grundlegende Konvergenzstreit

a) Konvergenz ist unverkennbar

256 Ein Plädoyer für die Konvergenzthese wird typischerweise unter anderem die folgenden Elemente enthalten:[618] Der zentrale Unterschied zwischen common law und civil law, die unterschiedliche Rechtsquellenlehre, hat in der Praxis erheblich an Bedeutung verloren.

618 Für diese Meinungen vgl. beispielsweise *Markesinis, Basil S.,* Learning from Europe and learning in Europe, in: ders. (Hrsg.), The gradual convergence, 1994, 1 (20 ff.); *Cappelletti, Mauro,* The doctrine of stare decisis and the civil law – A fundamental difference – or no difference at all?, in: Bernstein, Herbert; Drobnig, Ulrich; Kötz, Hein (Hrsg.), Festschrift für Konrad Zweigert zum 70. Geburtstag, 1981, 381 (381 ff., 392); *de Cruz, Peter,* Comparative law in a changing world, 3. Aufl. 2007, 514 ff.

Tatsächlich ist das common law heute weit davon entfernt, ein reines Richterrecht zu sein, sondern kennt in früher ungeahntem Ausmaß Gesetzesrecht. Umgekehrt ist das kontinentaleuropäische Recht heute ohne umfassendes Richterrecht kaum mehr vorstellbar; auf manchen Spezialgebieten dominiert das Richterrecht sogar völlig. Dementsprechend kann auch die stare decisis Regel heute nicht mehr als der Kern der Unterscheidung zwischen beiden Rechtskreisen[619] angesehen werden. Während diese Regel sich im common law immer weiter abschwächt – in England etwa mit dem Wegfall der Bindung des House of Lords an seine eigene Rechtsprechung,[620] in den USA mit der von vornherein viel laxeren Handhabung – setzt sich im civil law eine stärkere faktische Bindung an höchstrichterliche Entscheidungen durch.[621] Auch die Methoden der Rechtsanwendung folgen diesem Trend. So setzt sich etwa in England die in den USA ohnehin schon etablierte Auslegung nach Sinn und Zweck der Norm durch. Umgekehrt reagiert das civil law auf das Richterrecht mit einer Übernahme der einschlägigen Methoden des common law etwa zum prospective overruling und lässt zudem nach U.S.-Vorbild rechtspolitische und andere außerrechtliche Argumente zu.[622] Auch der Siegeszug der ökonomischen Analyse des Rechts,[623] die von den USA ausgehend die Länder des civil law für sich einnimmt, zeigt die zunehmende Annäherung. Typische Konzepte, wie etwa die strikte Trennung zwischen öffentlichem und Privatrecht im civil law verlieren zunehmend an Bedeutung.

Insgesamt stellen sich sowohl ganz allgemein bei der Anwendung der verschiedenen Arten unbestimmter Regeln[624] als auch bei konkreten Rechtsfragen gerade im Zivilrecht meist ähnliche Probleme und werden entsprechend auch ganz ähnliche Lösungen gefunden, etwa im Bereich des Vertragsrechts.[625] Manche Rechtsgebiete wie etwa das Arzthaftungs-, Produkthaftungs-, Verbraucher-, Kapitalmarkt- oder Gesellschaftsrecht stehen im kontinentaleuropäischen Recht ganz besonders ausgeprägt unter dem Einfluss der USA. Aber auch in anderen Bereichen ist ein solcher Einfluss nicht zu übersehen, etwa wenn in vielen Staaten der für den U.S.-Strafprozess so typische deal eingeführt wird[626] oder, um nur ein Beispiel zu nennen, Italien seinen Strafprozess im Sinne eines gegnerschaftlichen Prozesses reformiert.[627] Besonders deutlich wird die Konvergenz schließlich in der Europäischen Union. Rechtsangleichung und -harmonisierung, die Wirkung von europäischen Verordnungen und Richtlinien, aber auch die sanfte Wirkung[628] der täglichen Zusammenarbeit europäischer Juristen auf einem gemeinsamen Rechtsgebiet erzwingen geradezu eine Konvergenz. So wird den kontinentaleuropäischen Staaten über die kasuistische, fallweise Rechtsprechung des EuGH der Umgang mit Richterrecht und die Analyse von Fällen nahegebracht, umge- 257

[619] So die immer wieder aufgegriffene und zitierte These von *Goodhart, Arthur Lehman,* Precedent in English and continental law, Law Quarterly Review 50 (1934), 40 (42), der allerdings selbst sehr deutlich die faktische, intensive Bindung an eine über mehrere Fälle verfestigte Rechtsprechung auch im civil law betonte, diese aber von der rechtlichen Bindung gerade an *individuelle* Präzedenzfälle im common law unterschied, ibid., 42 f.

[620] Vgl. supra → § 5 Rn. 28.

[621] Vgl. dazu supra → § 6 Rn. 144 ff.

[622] So zum civil law tatsächlich *Kramer, Ernst A.,* Konvergenz und Internationalisierung der juristischen Methode, in: Assmann, Hans-Dieter; Brüggemeier, Gert; Sethe, Rolf (Hrsg.), Unterschiedliche Rechtskulturen – Konvergenz des Rechtsdenkens, 2001, 31 (34 ff.); zum purposive approach in England supra → § 5 Rn. 160, 167, 253.

[623] Zur ökonomischen Analyse vgl. supra → § 3 Rn. 56 ff.

[624] Dazu *Gordley, James,* Legal reasoning – Some parallels in common law and civil law, in: Assmann, Hans-Dieter; Brüggemeier, Gert; Sethe, Rolf (Hrsg.), Unterschiedliche Rechtskulturen – Konvergenz des Rechtsdenkens, 2001, 63 (64 ff.).

[625] Vgl. etwa *Canivet, Guy,* The interrelationship between common law and civil law, Louisiana Law Review 63 (2004), 937 (938); speziell zum Vertragsrecht *Hermida, Julian,* Convergence of civil law and common law contracts in the space field, Hong Kong Law Journal 34 (2004), 339 (339 ff., zusammenfassend 375).

[626] Vgl. etwa für Deutschland supra → § 6 Rn. 268, für Osteuropa supra → Rn. 43.

[627] Zu dieser italienischen Reform vgl. etwa *Grande, Elisabetta,* Italian criminal justice – Borrowing and resistance, American Journal of Comparative Law 48 (2000), 227 (227 ff.).

[628] Zu dieser soft convergence *Weick, Günter,* Some aspects of competition and convergence in contract law, in: ders. (Hrsg.), Competition or convergence – The future of European legal culture, 1999, 177 (178 ff.).

kehrt das in der Union numerisch klar unterlegene England an so kontinentale Konzepte wie die Verhältnismäßigkeit oder den Vorrang von Grundrechten herangeführt. Dabei ist auch insgesamt nicht zu unterschätzen, dass gerade der Einfluss der Europäischen Union dazu führt, dass zahllose Regeln in Europa ohne Rücksicht auf die Teilung in civil law und common law überall einheitlich gelten. Die großen Projekte der Vereinheitlichung des Zivilrechts, die seit längerer Zeit und mit großem Interesse der Wissenschaft auf europäischer Ebene betrieben werden,[629] zeigen bei alledem, wie weit die Suche nach einem common core schon gediehen ist und wie groß die Ähnlichkeiten bereits geworden sind. Beide großen Rechtskreise nähern sich somit klar einander an; der Zeitpunkt, zu dem keine signifikanten Unterschiede mehr erkennbar sein werden, ist nah, für manchen sogar schon aktuell erreicht.

b) Konvergenz existiert nicht

258 Für die Kritiker der Konvergenzthese ist demgegenüber vor allem die Erkenntnis zentral, dass diese These sich in viel zu großem Ausmaß auf den schlichten Inhalt bestimmter Rechtsregeln konzentriert und dabei die entscheidenden rechtkulturellen Faktoren, die Mentalität der Juristen außer Acht lässt:[630] Die Art, in der Juristen des common law und des civil law mit dem Recht umgehen, über das Recht nachdenken und es für sich erfahren, ist und bleibt sehr verschieden. Das gilt nicht zuletzt für den Hang der Juristen des civil law zu systematischem, deduktivem Denken im Gegensatz zum tatsachenorientierten, induktiven Denken des common law. Wenn beispielsweise im civil law Gerichtsentscheidungen etwa im Hinblick auf Richterrecht analysiert werden, so folgt dies nicht nur kaum vorgegebenen Regeln, wie sie das common law entwickelt hat, sondern beginnt auch sofort, von den Tatsachen zu abstrahieren, nurmehr mit einer der Entscheidung entnommenen, abstrakten Rechtsregel zu arbeiten und diese in den systematischen Zusammenhang des Rechtsgebiets und sogar der Gesamtrechtordnung einzufügen. Auch im Prozess etwa ist die Unterscheidung zwischen gegnerschaftlichem und sog. inquisitorischem Verfahren weiterhin grundlegend, ebenso wie die unterschiedliche Bedeutung der rechtswissenschaftlichen Literatur für die Gerichte oder der unterschiedliche Stil gerichtlicher Entscheidungen.

c) Eine überbewertete Debatte

259 Der Streit um die Konvergenz von civil law und common law ist ein beliebtes, aber letztlich wenig hilfreiches Thema. Das zentrale Problem liegt darin, dass hier auf höchstem Abstraktionsniveau versucht wird, eine ganze Reihe von komplexen Einzelphänomenen zu einer einzigen These zu vereinen und zu vereinfachen, die in ihrer Allgemeinheit kaum noch konkrete Aussagen oder Schlüsse zulässt. Denn was soll es heißen, dass common law und civil law konvergieren? Sollen keine relevanten Unterschiede mehr bestehen,[631] der Rechtsvergleicher sich also nicht mehr mit den üblichen Problemen unterschiedlicher Kontexte befassen müssen? Soll die Rechtsangleichung bereits so fortgeschritten sein, dass es sich bei den Unterschieden zwischen einzelnen Regeln nur noch um kleine und bald ganz aufgelöste Randdetails handelt? Soll die Kommunikation zwischen Juristen aus civil law und common law heute weitgehend ungestört ablaufen[632] und in absehbarer Zeit Einigkeit über die jeweils beste, angemessenste oder effizienteste Regelung bestehen? All dies werden Rechtsverglei-

---

[629] Zu diesen Projekten kurz supra → § 2 Rn. 48 ff.

[630] Auf den Punkt gebracht insbesondere von *Legrand, Pierre,* European legal systems are not converging, International and Comparative Law Quarterly 45 (1996), 52 (60 ff.); *Schlesinger, Rudolf B.,* The past and future of comparative law, American Journal of Comparative Law 43 (1995), 477 (480 f.).

[631] So tatsächlich *Neate, Francis,* Mystification of the law, International Business Lawyer 25 (1997), 5 (7) („There is no difference between civil law and common law which matters.").

[632] So tatsächlich *Foucaud, Alain de,* Civil law and common law in Paris as in New York, International Business Lawyer 25 (1997), 15 (15) („There is no longer a fundamental difference between French and Anglo-Saxon attorneys in their approach to and the treatment of their affairs. The differences of common law and civil law

cher wohl nur in den seltensten Fällen behaupten wollen.[633] Die ganze bisherige Darstellung des Kontexts von common law und civil law und alle dazu hier angestellten Überlegungen sprechen beredt für das Gegenteil. Letztlich fordert die Konvergenzthese nichts weniger als eine rechtsvergleichende Auseinandersetzung mit allen Merkmalen des civil law und des common law. Wer sich also den bislang in diesem Buch zu beiden Kontexten gemachten Bemerkungen anzuschließen vermag, wird der Konvergenzthese von vornherein mit einiger Skepsis begegnen.

Bestenfalls geht es bei der Konvergenzthese also um die Beschreibung eines generellen Trends, bei dem zwei unterschiedliche Systeme sich mit den Jahren ähnlicher geworden sind. **260**
Dann aber stellt sich zunächst spontan die noch zu erörternde Frage, ob dies für alle beteiligten Einzelrechtsordnungen, für alle in Betracht kommenden Rechtsgebiete und für alle Aspekte der Rechtskultur gleichermaßen gilt und wie ggf. eine Aggregation verschiedener Tendenzen und Geschwindigkeiten vorzunehmen wäre. Vor allem aber erweist sich die Aussage, dass beide Systeme sich aufeinander zubewegen, als wenig inhaltsreich. Zunächst kommt es darauf an, von welchem Ausgangspunkt aus und in welcher Geschwindigkeit diese Bewegung sich vollzieht. Geht es um einen anfänglich sehr großen Abstand und eine eher langsame Annäherung, so kann der heutige Abstand immer noch so groß sein, dass die Bewegung sich als marginal erweist und beide Systeme grundlegend unterschiedlich bleiben. So schwingt denn auch in der Konvergenzthese oft der Gedanke mit, dass die Konvergenzbewegung von civil law und common law nicht nur in der Vergangenheit stattgefunden hat, sondern sich auch in Zukunft mit großer oder gar wachsender Geschwindigkeit fortsetzen wird, ja dass es sich möglicherweise um einen natürlichen, in der Natur der Sache liegenden Trend handelt. Solche Prophezeiungen, die Jahrzehnte oder gar Jahrhunderte in die Zukunft weisen, sind jedoch notorisch unzuverlässig, schwer zu belegen und vor allem für die heutige Befassung mit der Rechtsvergleichung ohne großen praktischen Wert.

2. Die Vielfalt der Konvergenzhypothesen

a) Eine Frage der Wertung

Ein zentraler Mangel des Konvergenzstreits liegt darin, dass er ganz unterschiedliche Aspekte **261**
und Erkenntnisgegenstände nicht nur zusammenfasst, sondern zu einer amorphen, kaum noch zu fassenden Masse verbindet. Dabei geht es dann nicht mehr um überprüfbare Tatsachen, um das Vorliegen oder Nichtvorliegen bestimmter Änderungen, sondern im Kern nurmehr um deren Bewertung, die auch Objekt gewisser modischer Wellen[634] ist. Diese Bewertung aber fällt schwer, weil zahlreiche Einzelaspekte zusammengeführt werden müssen, die letztlich ein überaus vielschichtiges und in sich keineswegs einheitliches Bild ergeben. Vielfach geht es dann nur noch darum, ob der Blick sich eher auf die trennenden oder auf die einander ähnlich gewordenen Aspekte konzentriert. Dies wiederum kann durchaus auch mit den ganz persönlichen Vorlieben des Betrachters zusammenhängen: Wer intensiv an Rechtsvereinheitlichungsprojekten beteiligt ist, wird leicht einen ganz anderen Fokus haben als ein auf die Verschiedenheit der Rechtskulturen spezialisierter Rechtsvergleicher.

Dabei lässt sich die These von der Konvergenz zwischen civil law und common law auch **262**
als Teil noch viel weiter gesteckter Konvergenzthesen auffassen, etwa der These von der

no longer create communication problems […].“), der dennoch ibid., 16 die großen prozessualen Unterschiede betont.

633 Vgl. nur *Kötz, Hein,* Der Einfluss des common law auf die internationale Vertragspraxis, in: Lorenz, Stephan; Trunk, Alexander; Eidenmüller, Horst; Wendehorst, Christiane; Adolff, Johannes (Hrsg.), Festschrift für Andreas Heldrich, 2005, 771 (771): „Allein, mir fehlt der Glaube.“.

634 Vgl. dazu *Schlesinger* (Fn. 630), 479 ff.; zustimmend etwa *Mattei, Ugo; Pes, Luca G.,* Civil law and common law – Toward convergence?, in: Whittington, Keith E.; Kelemen, R. David; Caldeira, Gregory A. (Hrsg.), The Oxford handbook of law and politics, 2008, 267 (271 f.).

rechtlichen Evolution oder naturrechtlich geprägter Auffassungen, die das Recht insgesamt auf dem Weg zu einer Vereinheitlichung sehen oder die gar ein Ende der Geschichte postulieren.[635] Mit dem ihm eigenen, pragmatischen Blick hat *Hein Kötz* den Konvergenzstreit mit der Geschichte der Ehefrau verglichen, die gefragt wird, wer bei ihnen die Probleme des Familienlebens löse. Das sei ganz einfach, antwortete sie. Die kleinen Probleme – wie etwa die Kinder erzogen würden oder wofür das Geld ausgegeben werde – löse sie; ihr Mann hingegen sei für die großen Probleme zuständig, wie die Reform des staatlichen Sozialsystems oder die Verhinderung des 3. Weltkriegs.[636] Im Detail also ergeben verschiedene Aspekte der Konvergenzthese – die sich immer noch auf sehr hohem und damit angreifbarem Abstraktionsniveau bewegen – ganz verschiedene Ergebnisse:

b) Konvergenz aus historischer Perspektive

263 Eine relativ klare Aussage ist aus historischer Perspektive möglich. Betrachtet man das common law in seiner ursprünglichen Entwicklung ab 1066 und in seiner Gestalt unter dem writ-System, so ergibt sich eine vom heutigen, aber wohl weitgehend auch vom damaligen rechtlichen Denken auf dem Kontinent radikal abweichende Grundstruktur und Denkweise:[637] Das materielle Recht spielte kaum eine Rolle, ja war kaum bekannt. Richter entschieden nicht über die Sache selbst, sondern nur über den Zugang zur jury. Nur dieser formale Teil des Rechts war für Juristen interessant und wurde gelehrt. In der Konsequenz ergab sich ein aktionenrechtliches Denken, dem es gar nicht um Rechte oder gar subjektive Rechte ging. Erst im 19. Jahrhundert veränderte sich dieses prozessuale hin zu einem materiellen Denken, wurde nach und nach das materielle Recht aus den Zwischenräumen des Prozessrechts herausdestilliert.

264 Damit aber verlor das common law seinen einmaligen Charakter, der es auf eine ganz grundlegende Weise vom civil law und vom heutigen westlichen Rechtsdenken unterschied. Wie groß dieser Unterschied war, lässt sich auch heute noch an den Schwierigkeiten ermessen, die es der großen Mehrheit der Juristen nicht nur des civil law bereitet, den Charakter des ursprünglichen common law zu verstehen. Je größer das Wissen, desto größer ist hier oft das Erstaunen und das Gefühl der Andersartigkeit. Aus dieser Perspektive also ist die Konvergenz, genauer die Bewegung des common law in Richtung auf das typisch materielle Rechtsdenken des civil law, kaum mehr zu bestreiten und ist auch im Ergebnis eine starke Annäherung zu konstatieren.[638] Für einen englischen Juristen etwa des 17. Jahrhunderts wäre das heutige common law nicht nur kaum wiederzuerkennen. Ihm würden vermutlich auch nur noch marginale Unterschiede zum civil law auffallen. Das erstaunliche an dieser historischen Sichtweise der Konvergenz ist dabei weniger, wie gut sie zu belegen ist, als vielmehr wie selten sich die Vertreter der Konvergenzthese auf sie berufen.

265 Eine andere, mehr vom civil law ausgehende historische Sichtweise der Konvergenz versucht allerdings, noch ein ganz anderes Licht auf das Problem zu werfen. Ihr zufolge darf von einer fundamentalen Andersartigkeit des englischen gegenüber dem kontinentaleuropäischen Recht nicht nur für die heutige Zeit – mit den üblichen Argumenten – keine Rede sein, sondern ist sie auch historisch in Frage zu stellen. Die intellektuellen Kontakte zwischen englischem und kontinentalem Recht seien von Anfang an und auf zahlreichen Ebenen erheblich intensiver gewesen als gemeinhin angenommen. Römisches wie kanonisches Recht hätten großen Einfluss gehabt. Blackstone etwa sei im Grunde ein „civilian" gewesen.

[635] Vgl. *Mattei/Pes* (Fn. 634), 270; *de Cruz* (Fn. 553), 507 ff., jeweils für das „Ende der Geschichte" mit Verweis auf die bekannten Thesen von *Fukuyama, Francis,* The end of history and the last man, 1992; zu diesen weiterreichenden „Konvergenzphilosophien" auch schon *Merryman, John Henry,* On the convergence (and divergence) of the civil law and the common law, Stanford Journal of International Law 17 (1981), 357 (359 ff.).

[636] *Kötz* (Fn. 633), 771 f.

[637] Zu dieser Denkweise ausführlicher supra → § 5 Rn. 65 ff.

[638] Zum Ganzen deutlich *Glenn, H. Patrick,* La civilisation de la common law, Revue internationale de droit comparé 45 (1993), 559 (560 ff.); zur Entwicklung des common law insofern supra → § 5 Rn. 69 ff.

Auch bei den Umschwüngen des 19. Jahrhunderts habe man sich vom Kontinent beeinflussen lassen.[639] So seien bis zum Inkrafttreten des BGB die verschiedenen regionalen Rechte in Deutschland Ausprägungen derselben übergreifenden Tradition gewesen; „und diese Tradition eines auf denselben geistesgeschichtlichen Grundlagen aufbauenden, mit denselben Methoden, Systemen und Institutionen operierenden und dieselben Gedanken variierenden europäischen Rechts erfasst auch England."[640] Der Versuch, England gleichsam in den Bestand des kontinentaleuropäischen ius commune einzubeziehen, ist gewagt. Eine einheitliche, auch England ergreifende Rechtstradition in Europa wird von vielen Beobachtern gerade auch aus dem common law abgelehnt.[641] Auch ist die Frage, ob es ein einheitliches ius commune im kontinentaleuropäischen Raum gab, das etwa Frankreich und Deutschland zugleich erfasst hätte, sehr umstritten. Das gilt umso mehr als schon für Deutschland die genaue Bedeutung des ius commune, gerade auch in seiner Beziehung zu den Partikularrechten, schwer zu erfassen ist.[642] Nicht selten scheint hier eine gewisse rechtshistorische Verklärung auf der Basis des Wünschenswerten und des auch damals theoretisch Diskutierten vorzuherrschen.

Davon ganz unabhängig wird allerdings auch außerhalb der Konvergenzdebatte immer **266**
wieder einmal festgestellt, dass englische Juristen und sogar englische Rechtshistoriker den Einfluss des römischen auf das englische Recht unterschätzten.[643] Auch ähneln sich in der rechtstechnischen Herangehensweise römisches und früheres englisches Recht sehr viel mehr als römisches Recht und die besonders für das deutsche Recht so wichtige Pandektistik.[644] Wer nun also römisches Recht und römischrechtlichen Einfluss mit civil law gleichsetzt,[645] wird schnell zur These einer sehr frühzeitigen Annäherung beider Systeme kommen. Auch wenn aber insgesamt der Einfluss kontinentalen Rechtsdenkens und kontinentaler Juristen auf England größer gewesen sein mag als gemeinhin angenommen, so sind konkrete Auswirkungen dieses Einflusses auf die Substanz des englischen Rechts kaum nachzuweisen[646] und ändert der Einfluss auch nichts an der Andersartigkeit des klassischen common law Denkens als solchem.

c) Konvergenz aus europäischer Perspektive

Als Sonderthema streng von der allgemeinen Frage der Konvergenz zwischen civil law und **267**
common law zu trennen sind die durch die Europäische Union hervorgerufenen Effekte. Denn selbst unterstellt, dass es in der Union eine bemerkenswert deutliche Konvergenz der Normen und der Methoden gäbe, so beträfe sie doch auf Seiten des common law im Wesentlichen nur Irland und früher England.[647] England als historischem Mutterland des common law kommt dabei zwar besonderes Gewicht zu. Dennoch kann eine frühere spezifisch englische Entwicklung heute nicht stellvertretend für das ganze common law stehen. Denn bei aller notwendigen Reduzierung von Komplexität sollte doch zumindest die Lage in den USA mit in Betracht gezogen werden, denen bei weltweiter Betrachtung

---

[639] Zum Ganzen ausführlich *Zimmermann, Reinhard,* Der europäische Charakter des englischen Rechts – Historische Verbindungen zwischen civil law und common law, ZEuP 1 (1993), 4 (7 ff.), zu Blackstone ibid., 17.

[640] *Zimmermann* (Fn. 574), 51.

[641] Deutlich etwa *Merryman* (Fn. 570), 360 („artificial to treat England as a true adherent of the jus commune"); zustimmend *de Cruz* (Fn. 553), 504 f.

[642] Vgl. supra → § 6 Rn. 179 f.

[643] Deutlich etwa *Watson, Alan,* Legal change – Sources of law and legal culture, University of Pennsylvania Law Review 131 (1983), 1121 (1122).

[644] Vgl. *Zweigert/Kötz* (Fn. 24), 183 f. mwN; zur Pandektistik supra → § 6 Rn. 189.

[645] Zu dieser Eigenheit vgl. supra → § 5 Rn. 278; → § 6 Rn. 2.

[646] So *Kötz, Hein,* Abschied von der Rechtskreislehre?, ZEuP 6 (1998), 493 (498), der zudem darauf hinweist, dass beispielsweise Zitate französischer Autoren in englischen Gerichtsentscheidungen auch eher dem Nachweis der Bildung des Richters gedient als einen echten Einfluss auf die Entscheidung gehabt haben könnten.

[647] Zum Brexit vgl. supra → § 5 Rn. 256 f.

heute ein mindestens ebenso großes, wahrscheinlich erheblich größeres Gewicht als Repräsentant (und Rechtsexporteur) des common law zukommt. Dass aber der vereinheitlichende Einfluss des Unionsrechts sich weitgehend auf die Mitgliedstaaten der Union beschränkt und sich jedenfalls nicht auf die USA – ebenso wenig wie etwa auf Australien oder Neuseeland – erstreckt, dürfte kaum auf Widerspruch stoßen.

268 In der Europäischen Union überwiegen klar Staaten der kontinentaleuropäischen Tradition. England gehörte nicht einmal zu den ursprünglichen sechs Gründungsmitgliedern. Es verwundert also nicht weiter, dass der Einfluss des Unionsrechts stark kontinentaleuropäisch eingefärbt ist. Ebenso wenig verwundert, dass das Unionsrecht aufgrund seiner kaum zu überschätzenden praktischen Bedeutung und seiner prägenden Wirkung in zahlreichen und immer noch weiter anwachsenden Rechtsbereichen auch das Rechtsdenken in den Mitgliedstaaten beeinflusst. Dass dieser Einfluss besonders auch in England spürbar war, wird immer wieder betont.[648] Oft zitiert wird hier Lord Denning, der bereits Anfang der 70er Jahre bemerkte „the Treaty is like an incoming tide. It flows into the estuaries and up the rivers. It cannot be held back."[649] Auch nach dem Austritt Englands aus der Europäischen Union endet dieser Einfluss nicht einfach.[650] Konkret festmachen lässt sich der frühere europäische Einfluss in England etwa an der zunehmenden Berücksichtigung teleologischer Gesichtspunkte bei der Gesetzesauslegung,[651] an der Entwicklung eines Verhältnismäßigkeitsprinzips[652] oder an der notwendigen Anerkennung der Existenz von über dem einfachen Parlamentsgesetz stehendem Recht insbesondere in Form von Grundrechten.[653] Die daraus folgende Auseinanderentwicklung von englischem und U.S.-Recht geht so weit, dass ein namhafter Beobachter aus den USA dem amerikanischen Rechtssystem ein *anglo*-kontinentales gegenüberstellt, also zwischen England und dem Kontinent mehr Übereinstimmungen sieht als zwischen England und den USA.[654] Dass somit in Europa nach verbreiteter Meinung das kontinentaleuropäische Rechtsdenken größeren Einfluss auf das common law hat als umgekehrt, zeigt erneut, wie sehr auf etwaige europäische Sonderwege geachtet werden muss. Denn wird statt Europas die weltweite Lage betrachtet, so ist nach ebenso verbreiteter Meinung der gegenteilige Effekt zu konstatieren, nämlich ein klares Überwiegen des common law in Form U.S.-amerikanischen Rechtsdenkens.[655]

269 Dass der europäische Blickwinkel ein beschränkter ist, kann sich unter Umständen aber nicht nur im Hinblick auf England und das common law, sondern auch hinsichtlich der zahlreichen Staaten des civil law zeigen. Denn wer insbesondere Deutschland und Frankreich nicht für typische Vertreter des civil law, sondern möglicherweise sogar für die untypischsten von allen hält,[656] wird auch andere und vor allem auch außereuropäische Staaten mit in den Vergleich einbeziehen müssen. Dabei besteht eine markante Tendenz dieser Staaten zu einem in der Praxis noch erheblich ausgeprägteren Formalismus als er

[648] Zum Ganzen schon supra → § 5 Rn. 251 ff.
[649] H. P. Bulmer Ltd. vs. J. Bollinger S. A. [1974] Ch. 401 (418).
[650] Vgl. supra → § 5 Rn. 257.
[651] Vgl. supra → § 5 Rn. 160, 167, 253.
[652] Zur Verhältnismäßigkeit im englischen Recht vgl. *Craig, Paul,* Administrative law, 9. Aufl. 2021, 649 ff., insbes. 661 ff.; vgl. etwa auch schon *Jowell, Jeffrey,* Is proportionality an alien concept?, European Public Law 2 (1996), 401 (401 ff., insbes. 406 ff.).
[653] Vgl. supra → § 5 Rn. 248 f.
[654] Vgl. *Posner, Richard A.,* Law and legal theory in the UK and USA, 1996, 20 ff., 37, allerdings ohne den Einfluss der Europäischen Union hervorzuheben; wie schwer solch generalisierende Aussagen fallen, zeigt beispielhaft die genau gegenteilige Ansicht von *Glenn* (Fn. 573), 574, der in den USA einen weit größeren Einfluss des kontinentaleuropäischen Rechts konstatiert als in England; vgl. etwa auch *Lawson, F.H.,* Comparative judicial style, American Journal of Comparative Law, 25 (1977), 364 (366), der eine Konvergenz zwischen U.S.-amerikanischem und französischem Gerichtsstil sieht, weil beide tendenziell auf einer Beratung der Richter basierten, die in England so gut wie unbekannt sei, und beide nach vorherrschenden Rechtsmeinungen suchten; zu den Unterschieden zwischen USA und England insgesamt supra → § 5 Rn. 227 ff.
[655] Vgl. etwa *Mattei/Pes* (Fn. 634), 272.
[656] So *Merryman/Pérez-Perdomo* (Fn. 468), xi, 145 ff.; ablehnend zu dieser Ansicht schon supra → Rn. 192.

bereits Deutschland und Frankreich[657] kennzeichnet. Die unterschiedliche Grundhaltung von civil law und common law wird dann sogar noch deutlicher, die Konvergenzthese also angreifbarer. Auch eine solche Sichtweise wäre aber möglicherweise verengt. Denn zwar kann die Rechtsordnung der USA als weitgehend antiformalistisch bezeichnet werden, doch ist aus deren Sicht schon das Recht Englands ebenfalls hochgradig formalistisch[658] und wäre damit dem civil law wieder ähnlicher.

d) Konvergenz einzelner Rechtsregeln und Rechtsgebiete

Ein weiterer, zentraler Grund für die so unterschiedlichen Meinungen zur Konvergenz liegt 270 in den ganz unterschiedlichen Bezugspunkten: Geht es um eine Konvergenz von Regeln oder von Rechtskulturen?[659] Geht es, plastisch gesagt, um Normen etwa zur Mängelhaftung im Vertragsrecht und zur Haftung des Vorstands im Gesellschaftsrecht oder um Faktoren wie das Ansehen der jeweiligen rechtlichen Berufsstände und die verbreitete Einstellung zum Recht?[660]

Schon auf der bloßen Ebene der Regeln verbergen sich bei genauerer Betrachtung weitere 271 mögliche Differenzierungen. So kann es erstens allein um das materielle Recht gehen. Schon dabei wäre aber zwischen den letztlich erzielten rechtlichen Ergebnissen und dem genauen Weg dorthin zu unterscheiden. Denn es kann einen Unterschied machen, ob beispielsweise ein Anspruch auf Schadenersatz wegen Mangels einer gekauften Sache im jeweiligen Rechtssystem an vertraglichen oder an deliktischen Voraussetzungen scheitert, ob diese Voraussetzungen auf subjektive Faktoren wie den Grad der Fahrlässigkeit oder auf objektive Faktoren wie das Ausmaß des Mangels Bezug nehmen oder ob bereits im Vorfeld auf Fehler des Kaufvertrags oder gleichsam im Nachhinein auf Verjährung abgestellt wird. Zweitens kommen auch prozessuale Regeln in Betracht, die zugleich die Rechtskultur sehr direkt beeinflussen können, beispielsweise wenn sie die Rolle von Richtern und Anwälten im Prozess determinieren. Drittens kann es aber auch um Rechtsanwendungsmethoden gehen, über deren Zuordnung noch zu den Regeln oder schon zur Rechtskultur man trefflich streiten könnte. All diese Aspekte des Rechts sind jeweils für sich mögliche Kandidaten für eine Untersuchung im Hinblick auf Konvergenz.

Dabei ist weder eine eventuelle Übereinstimmung des Inhalts materieller Rechtsregeln 272 noch eine Übereinstimmung der jeweils zur Lösung eines realen Problems erzielten Ergebnisse geeignet, eine Konvergenzthese letztlich zu belegen. Das ergibt sich schon aus dem Grundgedanken der Rechtsvergleichung, dem zufolge eine bloße Befassung mit dem schlichten Normbestand, etwa den Gesetzen und den aus richterlichen Entscheidungen ableitbaren Regeln, unter Außerachtlassung ihres Kontexts regelmäßig in die Irre führt. Ein dem widersprechender, schlichter Schluss aus übereinstimmenden materiellen Regeln oder Ergebnissen würde im Rahmen der Konvergenzfrage zudem zu einer Art überhöhten praesumptio similitudinis führen: Von einer Konvergenz könnte deshalb gesprochen werden, weil entwickelte westliche Rechtsordnungen, die vor ähnliche Probleme gestellt werden, auch zu ganz ähnlichen Lösungen der Probleme tendieren. Dieser Ansatz würde aber auch die Grenzen und Schwächen der praesumptio similitudinis teilen.[661] Denn obwohl die Tendenz zu ähnlichen Lösungen in manchen Bereichen durchaus der Erfahrung entspricht, ändert dies doch nichts am oft gänzlich unterschiedlichen Lösungsweg und dem dahinterstehenden unterschiedlichen Rechtsstil, die eben nicht konvergieren. Wichtiger kann die praesumptio und die ihr folgende Konvergenzthese von vornherein nur in eher

---

[657] Zum Formalismus dort vgl. etwa supra → § 6 Rn. 70, 93.

[658] Vgl. dazu supra → § 5 Rn. 262; bezeichnend etwa auch *Posner* (Fn. 654), 21: „receptivity (…) to social science, to which the Germans, for example, are as hostile as the English".

[659] Vgl. etwa den Kerngedanken von *Legrand* (Fn. 630), 55 f., 60 ff.

[660] Zu den kontextuellen Fragen sogleich infra → Rn. 276 ff.; zu den beiden genannten Faktoren im Rahmen einer rechtsvergleichenden Fehlerlehre vgl. supra → § 3 Rn. 265, 267.

[661] Zur praesumptio similitudinis vgl. schon supra → § 3 Rn. 160, 183.

neutralen Rechtsgebieten, wie etwa in vielen Bereichen des Schuldrechts, Plausibilität beanspruchen, nicht aber in zahllosen anderen und mindestens ebenso wichtigen Bereichen des Rechts wie dem Strafrecht, dem Verwaltungsrecht, dem Verfassungsrecht, dem Erbrecht oder dem Familienrecht. Davon unabhängig wäre es aber schon für den grundsätzlich plausiblen Bereich des Schuldrechts vermessen, von einer deutlichen Ähnlichkeit zwischen civil law und common law zu sprechen. Selbst in einem so zentralen Gebiet wie dem des Vertragsrechts finden sich Bereiche, in denen das kontinentale Recht nicht nur zu anderen Einzelregeln, sondern sogar zu anderen Ergebnissen tendiert als das englische, etwa bei vorvertraglichen Aufklärungspflichten, bei Vertragsaufhebung wegen Irrtums oder bei den Grenzen der Berufung auf die Formgültigkeit eines Vertrags.[662]

273 In bestimmten, meist international besonders bedeutsamen Bereichen mag allerdings die internationale Kooperation tatsächlich bereits zu gleichartigen Grundstrukturen geführt haben. Gern genannt werden hier Materien wie das Gesellschaftsrecht, das Kapitalmarktrecht oder das Kartellrecht; doch auch hier streiten die Fachleute, ob und wieweit wirklich von Konvergenz gesprochen werden kann.[663] In Einzelbereichen haben sich bewusste Konvergenzversuche sogar als Fehlschläge erwiesen, etwa bei der Übernahme des gegnerschaftlichen Prozesses im Strafrecht durch Italien.[664] Dennoch bleibt festzuhalten, dass in manchen Bereichen, etwa im Schiedsrecht, die jeweiligen Fachleute sich über Länder- und Rechtskreisgrenzen hinweg mit erheblich größerer Leichtigkeit verstehen und auf gemeinsames Wissen und gemeinsame Problemlösungsvarianten zurückgreifen können als in vielen anderen Rechtsgebieten.

274 Eine Bewegung von materiellen oder prozessualen Regeln des civil law und des common law aufeinander zu mag es also in manchen Bereichen geben, sie mag in manchen Bereichen auch sehr deutlich sein. Daraus aber auf eine generelle Konvergenz zu schließen, wäre voreilig. In jedem Fall müssten die aus einer Konvergenzthese gezogenen Schlüsse auf die speziellen Bereiche beschränkt bleiben, in denen die Konvergenz tatsächlich nachgewiesen wurde. Eine Angleichung bestimmter Institute des Verbraucherschutzrechts beispielsweise lässt nicht automatisch den Schluss auf eine Konvergenz des gesamten Verbraucherschutzrechts, noch weniger natürlich des Schuldrechts zu. Im Verfassungsrecht beispielsweise wäre eine Konvergenzbehauptung an kaum einer Stelle sinnvoll oder auch nur hilfreich. Nur bei einem sachlich beschränkten Anliegen kann die Konvergenzthese sinnvoll und auch hilfreich sein, etwa wenn es im Rahmen eines europäischen Rechtsvereinheitlichungsprojekts darum geht, für einen kleinen Teilbereich – meist innerhalb des Privatrechts – den Nachweis zu erbringen, dass ein gemeinsamer Kernbestand an materiellen Regeln zwischen den beteiligten Staaten – auch des common law – besteht, der ein solches Vereinheitlichungsprojekt überhaupt erst ermöglicht.

275 Auch bei der Betrachtung fremder Rechtsregeln im Zusammenhang mit der Konvergenz schleicht sich zudem gern ein klassischer Fehler ein, indem Einzeläußerungen oder seltene Randmeinungen vor lauter Entdeckerfreude mit der allgemeinen Tendenz einer Rechtsordnung verwechselt werden. So finden sich beispielsweise Stimmen, die die Bewegung des civil law hin zum common law konkret zu belegen versuchen, indem sie in Bezug auf den

[662] Mit diesen Beispielen *Kötz* (Fn. 646), 503; zu den Unterschieden etwa auch *Farnsworth, E. Allan,* Comparative contract law, in: Reimann, Mathias; Zimmermann, Reinhard (Hrsg.), The Oxford handbook of comparative law, 2006, 899 (907 ff., 934); vgl. auch *Kötz, Hein,* Comparative Contract Law, in: Reimann, Mathias; Zimmermann, Reinhard (Hrsg.), The Oxford handbook of comparative law, 2. Aufl. 2019, 902 (zB 921 ff., 923 ff.); zu den großen Unterschieden im Bereich der ungerechtfertigten Bereicherung ausführlicher *Visser, Daniel,* Unjustified enrichment in comparative perspective, in: Reimann, Mathias; Zimmermann, Reinhard (Hrsg.), The Oxford handbook of comparative law, 2. Aufl. 2019, 961 (962 ff.).

[663] Vgl. zu diesen Diskussionen nur *Hopt, Klaus J.,* Comparative company law, in: Reimann, Mathias; Zimmermann, Reinhard (Hrsg.), The Oxford handbook of comparative law, 2. Aufl. 2019, 1137 (1164 f.); *Gerber, David J.,* Comparative competition law, in: Reimann, Mathias; Zimmermann, Reinhard (Hrsg.), The Oxford handbook of comparative law, 2. Aufl. 2019, 1168 (1169 ff.).

[664] Vgl. *Grande* (Fn. 627), passim, insbes. ibid., 251 („The result seems to be the worst of both worlds."), 256 („transplant (…) generally unsuccessful").

Umgang mit dem Richterrecht in Deutschland auf die Entwicklung einer „Rechtsprechungswissenschaft" hinweisen, auf eine intensive Diskussion des Problems des prospective overruling in Auseinandersetzung mit U.S.-amerikanischen Konzeptionen, auf eine das common law auswertende Analyse des Umgangs mit Präjudizien im Sinne eines „reasoning from case to case" und sogar auf eine am U.S.-Recht orientierte Öffnung der Rechtsprechung gerade im Fall der Rechtsfortbildung gegenüber außerrechtlichen Argumenten.[665] In jedem dieser Punkte aber werden vereinzelt geblieben Sondermeinungen und spezielle rechtswissenschaftliche Analysen kurzerhand mit allgemeinen Tendenzen in der Rechtswissenschaft, vor allem aber im rechtlichen Alltag gleichgesetzt, obwohl solche Tendenzen klar nicht bestehen. Dass der Rechtsalltag anders ist, wird letztlich sogar eingeräumt, wenn auch mit dem Ausdruck des Bedauerns über ein so rückständiges Verhalten.[666] Ebenso wäre vor den Einschätzungen von Rechtsanwälten aus Großkanzleien mit internationalem Tätigkeitsschwerpunkt zu warnen, die kaum repräsentativ für die ganz überwiegende Zahl der praktisch in einem Land tätigen Juristen sind.[667] Mehr der Entdeckerfreude geschuldet dürften auch die zahlreichen Ausführungen dazu sein, dass es auch im civil law Richterrecht, im common law Gesetzesrecht gibt. Daraus zu folgern, es bestehe letztlich kaum mehr ein Unterschied, würde aber die jeweils stilprägende und in ihrer Gegensätzlichkeit fortbestehende Grundtendenz übersehen. Beispielhaft dafür mag die berühmte Forderung Calabresis verwendet werden, statutes wie Fallrecht zu behandeln, sie also auch einmal beiseitezuschieben, wenn sie sich als überholt erweisen, und so den Gerichten die Möglichkeit zu geben, die Last der Unbeweglichkeit entweder sich selbst oder dem Gesetzgeber zuzuschieben.[668] Diese Forderung lässt sich in ihrer Besonderheit nur vor dem Hintergrund des klassischen common law Denkens verstehen und würdigen. Das gilt umso mehr, wenn Calabresi behauptet, seine Auffassung unterscheide sich kaum von dem, was Gerichte schon traditionell täten.

e) Konvergenz von Rechtskontexten

Ist schon die Konvergenz der Regeln sehr vielschichtig, in wenigen Bereichen wirklich **276**
deutlich, in anderen zweifelhaft, in weiteren kaum zu finden, so findet die Konvergenzthese beim Kontext der Rechtsordnungen schnell ihre Grenzen. Dass sich die Denkweise der nationalen Juristen einander angenähert hätte, ist, wie gesehen, aus historischer Perspektive über die vergangenen knapp zweihundert Jahre hinweg richtig. Die verbleibenden Unterschiede sind aber weiterhin so gravierend, dass von einer Nähe nur unter Zugrundelegung äußerst weiter Maßstäbe gesprochen werden könnte. Im Gegenteil sind die Unterschiede so groß, dass oft das gegenseitige Verständnis fehlt und – scheinbar paradox – gerade deshalb das Ausmaß des Unterschieds nicht hinreichend deutlich gesehen wird.[669] Die gesamte bisherige Darstellung des Kontexts von common law und kontinentaleuropäischem Recht sollte die tiefen Unterschiede bereits hinreichend belegt haben. Nur beispielhaft seien dabei nochmals auf Seiten des common law die Besonderheiten des

---

665 So *Kramer* (Fn. 622), 37, 38.

666 Vgl. *Kramer* (Fn. 622), 38 („vor allem die in der Theorie propagierten Ideen noch viel zuwenig auf die Praxis (…) durchgeschlagen haben"); ibid., 39 („noch relativ selten"); für ein weiteres Beispiel vgl. etwa *Del Duca, Louis F.,* Developing global transnational harmonization procedures for the twenty-first century – The accelerating pace of common and civil law convergence, Texas International Law Journal 42 (2007), 625 (647 f.), der die Konvergenz innerhalb des EuGH zu belegen versucht, aber über den Hinweis auf die gemischte Richterschaft hinaus nur Vorgehensweisen des EuGH, insbesondere auch den Umgang mit Präzedenzfällen, beschreibt, wie sie bei Gerichten kontinentaleuropäischer Tradition ohne weiteres zu finden wären.

667 Deutliche Warnung etwa bei *Kötz* (Fn. 646), 500; die supra → Rn. 259 Fn. 631 f. zitierten, eher radikalen Meinungen von Neate und de Foucaud zur Konvergenz stammen von solchen international tätigen Anwälten.

668 Zum Ganzen *Calabresi, Guido,* A common law for the age of statutes, 1982, 82 ff., 163 ff.; dazu auch schon supra → § 3 Rn. 272.

669 Deutlich *Legrand* (Fn. 630), 76.

induktiven Denkens,[670] die genaue Rolle des Gesetzesrechts und der akademischen Literatur,[671] Fälle als Argumente, Prozessorientierung, weniger systematisches Denken oder die Abgrenzung von Recht und Tatsachen,[672] die Juristenausbildung in England und den USA,[673] Bild und Aufgaben der Anwälte,[674] die jury[675] oder der Rechtsrealismus[676] genannt, auf Seiten des civil law die überragende Bedeutung des Gesetzes einschließlich einer positivistischen Grundeinstellung,[677] die Eigenheiten der systematischen und begrifflichen Durchdringung des Rechts,[678] der klassische Auslegungskanon bei Nonchalance der Praxis,[679] Subsumtion, Gutachenstil und die formale Anbindung an einen Syllogismus,[680] die Rolle der akademischen Literatur,[681] die juristische Ausbildung[682] und die Bedeutung des Karriererichters[683]. Diese und ähnliche Aspekte aber sind es, die weit mehr als einzelne Normen eine Einteilung in verschiedene Kontexte oder Rechtskreise erst ermöglichen, die den Kern dessen bestimmen, was einen Rechtskreis ausmacht.

277 Eine Konvergenz von civil law und common law ist historisch nachweisbar, besteht in Bezug auf konkrete materiellrechtliche Regelungen in einigen begrenzten Untergebieten vor allem des Privatrechts und mag in der Europäischen Union eine auf deren Mitgliedstaaten begrenzte, größere Bedeutung entfalten. Insgesamt geht es jedoch nicht um ein Phänomen, das auch nur ansatzweise in der Lage wäre, die gravierenden Unterschiede zwischen common law und civil law auch in Bezug auf das materielle Recht, mehr noch aber in Bezug auf den Kontext des Rechts so sehr abzumildern, dass von einer echten Ähnlichkeit, von einer vergleichbaren Denkungsart, von einem hinreichenden gegenseitigen Verständnis der jeweiligen Juristen untereinander gesprochen werden könnte.

f) Keinerlei Unterschied?

278 Dieser differenzierte Konvergenzansatz bietet auch die Antwort auf eine neue und radikale These, die den Unterschied zwischen common law und kontinentaleuropäischem Recht ganz allgemein als Mythos, als reine „Quacksalberei" betrachtet.[684] Zur Unterstützung dieser gewagten Annahme wird angeführt, dass es einfach keine Beweise gebe, die die Behauptung eines Unterschieds stützten. Die angeführten Beispiele blieben vereinzelt und bildeten kein einheitliches Ganzes, das einen wesentlichen Unterschied zwischen beiden Rechtssystemen belegen könnte. Es bleibe sogar unklar, welche Länder eigentlich die typischsten Beispiele für die jeweiligen Systeme darstellten. Es gebe keinen Unterschied in den Traditionen, da sich beide Systeme im Laufe ihrer Geschichte so stark verändert hätten, dass heutige Juristen jeweils kaum hinreichend Gemeinsamkeiten mit ihren Kollegen aus früheren Zeiten hätten, um mit ihnen kommunizieren zu können. Nicht zuletzt behauptet die radikale Sichtweise, dass die Meinung einiger großer Rechtsvergleicher, die die Trennung zwischen common law und kontinentaleuropäischem Recht unterstützten, nicht zähle, da ihrem intuitiven Urteil ganz allgemein nicht zu trauen sei und weil ihnen entweder die Fähigkeit fehle, die

---

[670] Supra → § 5 Rn. 4 ff.
[671] Supra → § 5 Rn. 33 ff., 37 ff.
[672] Supra → § 5 Rn. 43 ff.
[673] Supra → § 5 Rn. 106 ff.
[674] Supra → § 5 Rn. 124 ff.
[675] Supra → § 5 Rn. 141 ff.
[676] Supra → § 5 Rn. 258 ff.
[677] Supra → § 6 Rn. 8 ff.
[678] Supra → § 6 Rn. 58 ff.
[679] Supra → § 6 Rn. 77 ff., für die ähnliche Lage in Frankreich supra → § 6 Rn. 94 ff.
[680] Supra → § 6 Rn. 109 ff., 136 ff.
[681] Supra → § 6 Rn. 156 ff.
[682] Supra → § 6 Rn. 228 ff.
[683] Supra → § 6 Rn. 243 ff., 251 ff.
[684] Zu dieser These vgl. *Spamann, Holger,* Civil v. Common Law – The Emperor has no Clothes, Harvard Public Law Working Paper No. 24-11, 2024, ssrn.com/abstract=4937647 (zuletzt abgerufen am 7.7.2025), für das wörtliche Zitat („quackery") vgl. ibid., 84.

erforderliche, hochkomplexe Analyse durchzuführen, oder weil ihre Behauptungen voller Absurditäten seien.[685]

Dieser Generalangriff auf eine der Grundannahmen, die die gesamte Rechtsvergleichung seit Jahrzehnten prägen, bleibt in vielen Punkten zweifelhaft. Viele dieser Punkte betreffen Details der Argumentation. Nur beispielhaft steht dafür etwa die These, dass schon unklar sei, welche Rechtsordnungen für die Kontexte von common law und kontinentaleuropäischem Recht am typischsten seien. Zum Beleg wird auf die Meinung verwiesen, der zufolge das deutsche und das französische Recht gar nicht die typischsten, sondern die am wenigsten typischen Rechtsordnungen im kontinentaleuropäischen Kontext seien.[686] Das aber blieb stets eine höchst eigenwillige Position, die von kaum einem anderen Rechtsvergleicher weltweit aufgegriffen wurde. Abgesehen von solchen Detailpunkten beruht der Angriff auf eine der traditionellen Kernthesen der Rechtsvergleichung aber auf zwei ebenso zentralen wie schwachen Säulen: 279

Schon auf den ersten Blick überrascht, wie sehr ein Beitrag, der die Unterscheidung zwischen common law und kontinentaleuropäischem Recht als Quacksalberei bezeichnet, diese angeblich mythische These doch unterstützt. So wird unmissverständlich festgehalten, dass die Unterscheidung einen wahren und nützlichen Kern habe. Es wird klar eingeräumt, dass es für einen Juristen viel einfacher sei, das Recht eines anderen Landes zu erlernen und zu verstehen, wenn er aus derselben Rechtsfamilie stamme, und dass die Ähnlichkeiten innerhalb von Rechtsfamilien die Kommunikation innerhalb der Familie erheblich erleichterten. In diesem Sinne ähnelten sich Rechts- und Sprachfamilien sehr.[687] Es wird eingeräumt, dass sich die Rechtsordnungen des common law und des kontinentaleuropäischen Rechts in Bezug auf die Organisation der Gerichte, die Anzahl der Richter, die Anzahl und Form der veröffentlichten Urteile und die Funktion der Rechtswissenschaft deutlich unterschieden. Auch Richter unterschieden sich etwa in ihrer Rolle bei der Zulassung von Beweisen oder bei der Befragung von Zeugen. Anwälte aus beiden Rechtsfamilien müssten unterschiedlich behandelt werden.[688] All diese Fakten scheinen eindeutig auf genau den Unterschied in der Denkweise hinzuweisen, der gleichzeitig so nachdrücklich abgelehnt wird. Die dahinterstehende Haltung scheint der eines Menschen zu ähneln, die sich weigert, einen Wald als „Wald" zu bezeichnen, weil er nur die einzelnen Bäume und Sträucher in all ihren Unterschieden sieht und darauf besteht, dass diese so unterschiedlich und auf so unterschiedlich Art zusammengestellt seien, dass die sich daraus ergebenden, vielgestaltigen Gruppen unmöglich mit dem gleichen, einfachen Begriff „Wälder" erfasst werden könnten. 280

Die Auflösung des scheinbaren Widerspruchs liegt in der Erkenntnis, dass die hier besprochene These offenbar nicht gegen die Unterscheidung zwischen common law und kontinentaleuropäischem Recht als solche kämpft, sondern gegen deren „Essentialisierungen".[689] Dieser etwas vage und unklare Begriff scheint den Gedanken auszudrücken, dass keine der feststellbaren innerfamiliären Ähnlichkeiten zu unterschiedlichen Kulturen oder Wahrnehmungen der Realität zwischen den beiden Familien führten, dass die Unterschiede nur historische Zufälle seien und dass Essentialia – wie „das common law hat eine größere Affinität zur Wirtschaft" oder „kontinentaleuropäische Regierungen neigen eher dazu, die Gesellschaft zu lenken" – größtenteils nutzlos seien.[690] Vor diesem Hintergrund führt die These des fehlenden Unterschieds einen Kampf gegen Windmühlen. So mag „Essentialisierung" einerseits auf extrem weitreichende soziale und politische Schlussfolgerungen – wie die Affinität zur Wirtschaft – verweisen, die nichts mit der Denkweise von Juristen zu tun haben. Diese Schlussfolgerungen sind jedoch weder Teil der Definition von common law 281

[685] Vgl. *Spamann* (Fn. 684), 7, 85, 15, 17, 30 ff., 35, 52 ff. et passim.
[686] Vgl. *Spamann* (Fn. 684), 31 f.; zu dieser von Merryman und Pérez-Perdomo vertretenen Ansicht vgl. see supra → Rn. 192, 269.
[687] *Spamann* (Fn. 684), 83, 16 f., 8, 65.
[688] Vgl. *Spamann* (Fn. 684), 26 f., 73, 45 n. 181.
[689] Vgl. *Spamann* (Fn. 684), 7.
[690] Vgl. *Spamann* (Fn. 684), 8 f., 80 ff., 83.

oder kontinentaleuropäischem Recht noch stützt sich diese Differenzierung überhaupt darauf. Das Argument der Affinität zur Wirtschaft beispielsweise wird typischerweise von Anhängern statistischer Rechtsvergleichung verwendet, deren Methoden aber höchst zweifelhaft sind.[691] Andererseits mag „Essentialisierung" auch verallgemeinernd auf die Existenz verschiedener Kulturen jenseits bloßer historischer Zufälle verweisen. Dann aber geht das Argument ins Leere. Abgesehen von der Debatte über die Bedeutung des Begriffs der Rechtskultur[692] ist „Kultur" nämlich lediglich ein gängiger Begriff, um diejenigen Unterschiede zu beschreiben, die es Juristen derselben Rechtsfamilie erheblich leichter machen, untereinander als mit Juristen einer anderen Rechtsfamilie zu kommunizieren. In diesem Sinne sind Rechtsfamilien tatsächlich wie Sprachfamilien. Dabei ist klar, dass solche Unterschiede – wie alle Unterschiede zwischen Rechtsfamilien oder sogar Kulturen im Allgemeinen – in irgendeiner Form historisch bedingt sind.[693] Etwas anderes könnte nur gelten, wenn „Kultur" sich auf Eigenschaften bezöge, die unveränderlich und nicht in historischen Erfahrungen und Ereignissen begründet einem bestimmten Volk und all seinen Nachkommen einfach angeboren wären – eine seltsame Vorstellung, die es kaum wert wäre, widerlegt zu werden, und die sicherlich wenig bis gar keine Unterstützung in der modernen Rechtsvergleichung findet. Wenn Rechtsvergleicher über die unterschiedlichen Denkweisen von Juristen sprechen, beziehen sie sich nicht auf irgendeine allgemeine Art zu denken, die über das Recht hinausginge und die auf mysteriöse Weise bei verschiedenen Völkern anders wäre, sondern beispielsweise auf das, was an amerikanischen law schools als „thinking like a lawyer" bezeichnet wird – eine Denkweise, die sich deutlich von der beispielsweise deutscher oder französischer Juristen unterscheidet. Kurz gesagt hat die weithin anerkannte Unterscheidung von common law und kontinentaleuropäischem Recht nichts mit Essentialisierungen zu tun.

282 Auf einer anderen Ebene beharrt die hier diskutierte These darauf, dass die Kluft zwischen common law und kontinentaleuropäischem Recht nur als empirische Frage und nur aus empirischer Sicht betrachtet werden könne und werde.[694] Dadurch aber werden wichtige Aspekte von vornherein außer Acht gelassen. Das gilt beispielsweise für den Unterschied zwischen Fallrecht und Gesetzesrecht, der schlicht mit der Begründung nicht weiter beachtet wird, es handele sich dabei um eine rein analytische Unterscheidung.[695] Darüber hinaus geht die These von der Annahme aus, dass es unmöglich sei, komplexe Informationen anders als durch quantitative Messgrößen zusammenzufassen.[696] Aus einer allgemeineren Perspektive betrachtet, ist dies ein weiteres Beispiel für eine methodische Haltung zur Rechtsvergleichung, die von vornherein nur einen einzigen, ganz bestimmten Ansatz als akzeptabel betrachtet,[697] in diesem speziellen Fall den empirischen. Eine Erkenntnis, die nicht auf Empirie, sondern auf analytischen oder hermeneutischen Denkweisen basiert – wie die Unterscheidung zwischen common law und kontinentaleuropäischem Recht –, muss naturgemäß scheitern, wenn sie ausschließlich anhand von ihr fremden empirischen Maßstäben beurteilt wird. In diesem Sinne führt eine ausschließlich empirische Betrachtung der Frage schnell zu sich selbst erfüllenden Prophezeiungen.

---

691 Zur statistischen Rechtsvergleichung vgl. supra → § 3 Rn. 110 ff., 126 ff.
692 Vgl. supra → § 4 Rn. 27 ff.
693 Für ein ähnliches Argument in Bezug auf Russland vgl. supra → Rn. 77, 80.
694 Vgl. *Spamann* (Fn. 684), 9 f.
695 Vgl. *Spamann* (Fn. 684), 10 mit Fn. 15.
696 *Spamann* (Fn. 684), 63 Fn. 255.
697 Vgl. auch supra → § 3 Rn. 233; zur empirischen Rechtsvergleichung vgl. auch supra → § 3 Rn. 136 ff.

§ 8. Der Kontext afrikanischen Rechts

Übersicht

Rn.

I. Pluralität als Kennzeichen afrikanischen Rechts 1
II. Staatliches Recht 3
1. Der schöne Schein 3
a) Common law und civil law in Afrika 4
b) Einfluss des islamischen Rechts 12
c) Afrikanische Zusammenarbeit: OHADA 14
2. Probleme praktischer Wirksamkeit 16
a) Mangelnde Funktionsfähigkeit des Rechtswesens 16
b) Hintergründe 19
III. Traditionelles Recht 24
1. Funktionierendes Recht und Rechtsbewusstsein 24
2. Begriffe des traditionellen Rechts 25
3. Entwicklung traditioneller Rechte im Aufriß 30
a) Grundcharakter des traditionellen Rechts 30
b) Stammesrecht in der Kolonialzeit und nach der Unabhängigkeit 44
c) Renaissance des traditionellen Rechts 47
4. Typische Inhalte traditionellen Rechts 49
a) Ubuntu 50
b) Imbizo 54
c) Heirat und Brautgeld 56
d) Verfahrensrechtliche Aspekte 61
e) Exkurs: Hexerei 62
5. Traditionelles Recht zwischen Stadt und Land, Mehrheit und Eliten 70
a) Vielschichtigkeit und Komplexität der gesellschaftlichen Verteilung 70
b) Insbesondere: Traditionelles Recht in der Stadt 74
6. Einbindung traditionellen Rechts in den Staat 77
a) Grade der Anerkennung 77
b) Staatliche Einflussnahme auf traditionelles Recht 82
c) Traditionelles Recht und moderne Grundrechte 85

I. Pluralität als Kennzeichen afrikanischen Rechts

Das afrikanische Recht südlich der Sahara[1] weist einen grundlegenden gemeinsamen Faktor auf: die Pluralität. In Afrika treffen die verschiedensten Rechtsordnungen und Rechtskonzepte aufeinander und müssen versuchen, miteinander zu kooperieren oder einander zumindest zu tolerieren. Damit ist keineswegs in erster Linie das Zusammentreffen einer **1**

[1] Wie vielfach in der Literatur wird der Begriff „Afrika" im Folgenden in der Regel als Kürzel für Schwarzafrika verwendet, also nicht für die nordafrikanischen Staaten des Maghreb. Gerade in der französischen und englischen Literatur wird diese Region heute üblicherweise als sub-saharien/sub-Saharan bezeichnet, ein in der deutschen Sprache nur schwerfällig übersetzbarer Begriff, der jedoch nicht selten aus Gründen der sog. politischen Korrektheit dem eingängigen, sofort verständlichen und keineswegs im Alltagsgebrauch negativ konnotierten „schwarzafrikanisch" vorgezogen wird. Die gleichen Gründe, die gegen den Begriff Schwarzafrika sprechen, werden auch gegen die Verwendung so gängiger Begriffe wie „Häuptling" ins Feld geführt, vgl. etwa *Arndt, Susan,* Kolonialismus, Rassismus und Sprache, web.archive.org/web/20250319103704/https://www.bpb.de/themen/migration-integration/afrikanische-diaspora/59407/kolonialismus-rassismus-und-sprache/?p=all (zuletzt abgerufen am 18.7.2025). Begriffe wie „afrique noire" finden sich allerdings auch in der Literatur, vgl. etwa *Sacco, Rodolfo,* Le droit africain – Anthropologie et droit positif, 2009, 128 und auch bei Autoren, die selbst Schwarzafrikaner sind, vgl. etwa *Boshab, Évariste,* Pouvoir et droit coutumier à l'épreuve du temps, 2007, 144.

am englischen und einer am französischen Recht orientierten offiziellen Rechtstradition gemeint, die geographisch in etwa mit der Trennlinie zwischen anglophonen und frankophonen Staaten zusammenfällt. Eine auf diese vereinfachte Zweiteilung reduzierte Betrachtung würde nicht nur den historischen wie aktuellen Einfluss des islamischen Rechts und die zeitweise Bedeutung sozialistischer Rechtsgedanken ignorieren, sondern auch die ausgeprägten Probleme der praktischen Wirksamkeit allen staatlichen Rechts in Afrika (unten II). Die Pluralität afrikanischen Rechts ergibt sich vielmehr im Kern aus der überragenden Bedeutung des traditionellen afrikanischen Rechts in allen Staaten, unabhängig davon, ob seine Existenz offiziell anerkannt wird oder nicht (unten III): Die ganz überwiegende Masse der Rechtsprobleme werden in Afrika nach traditionellen Mustern gelöst, so dass verallgemeinernd durchaus behauptet werden kann, dass nicht das traditionelle Recht gegenüber dem staatlichen eine Reservefunktion innehat, sondern umgekehrt das staatliche gegenüber dem traditionellen. Dabei gibt es keineswegs nur eine einzige traditionelle Rechtsordnung, sondern eine unüberschaubare Vielzahl. Allein für Nigeria wird von über 300 traditionellen Rechtsordnungen ausgegangen.[2] So kann es denn in Afrika passieren, dass drei Brüder jeweils traditionell, islamisch bzw. westlich orientiert leben und dadurch drei völlig verschiedenen Rechtsordnungen unterfallen.[3] Im Alltag wechseln Afrikaner ständig von einer Rechtsordnung zur anderen.[4] Ein solches Nebeneinander, das nicht nur die Rechtsordnungen, sondern auch die Gerichtsbarkeit betrifft, führt dabei zu einer Vielzahl von potentiellen Konflikten, die aber ganz im Sinne eines gelebten Pluralismus in der Regel nicht mit Nachdruck ans Licht gezerrt und zu lösen versucht, sondern pragmatisch gehandhabt werden, wenn und soweit sie denn einmal ein echtes Problem darstellen.

2 Dass vor diesem Hintergrund im Folgenden vielfach zu verallgemeinernden Aussagen und Beschreibung von allgemeinen Tendenzen gegriffen werden muss, versteht sich fast von selbst. Die Vielfalt afrikanischen Rechts, die die Vielfalt der Kulturen und des Lebens in Afrika widerspiegelt, wäre selbst in umfangreichen Monographien nicht angemessen zu erfassen. Immer werden sich zahllose Besonderheiten, zB bestimmter Staaten oder bestimmter traditioneller Rechtsordnungen, finden lassen, die die begrenzte Aussagekraft jeder Aussage über „das" afrikanische Recht deutlich vor Augen führen. Ob es überhaupt möglich ist, von einem afrikanischen Rechtskreis zu sprechen, wird nicht selten bezweifelt.[5] Die gemeinsame Erfahrung der Pluralität, speziell im Hinblick auf die Bedeutung des traditionellen Rechts, prägt aber eine gemeinsame und unverwechselbare Erfahrung afrikanischen Rechts und damit einen gemeinsamen afrikanischen Kontext.

II. Staatliches Recht

1. Der schöne Schein

3 Aus einer rein westlichen Sicht, bestärkt durch die Ausführungen und Arbeiten nicht weniger westlich orientierter und oft auch westlich ausgebildeter afrikanischer Juristen, könnte leicht ein idealisiertes Bild afrikanischen Rechts entstehen, in dem die afrikanischen Staaten heute je nach kolonialem Erbe zumeist entweder dem französischen oder dem englischen Rechtsdenken zuzuordnen wären, möglicherweise mit gewissen Einsprengseln islamischen Rechts und einigen Bestrebungen zur Schaffung afrikanischen Einheitsrechts.

[2] *Mwalimu, Charles,* The Nigerian legal system, Bd. 1, Public law, 2007, 136.
[3] *Sacco* (Fn. 1), 70.
[4] *Frémont, Jacques,* Legal pluralism, customary law and human rights in francophone African countries, Victoria University of Wellington Law Review 40 (2009), 149 (165).
[5] Dagegen zB *Legeais, Raymond,* Grands systèmes de droit contemporains – Approche comparative, 3. Aufl. 2016, 259; unentschieden *Zweigert, Konrad; Kötz, Hein,* Einführung in die Rechtsvergleichung, 3. Aufl. 1996, 65 f.; für die Möglichkeit einer gewissen Globalbetrachtung *Sacco* (Fn. 1), 269 f.

Dieser Eindruck ist auch nicht völlig falsch, taugt jedoch für die Betrachtung des gelebten Rechts in Afrika nur als erster Ausgangspunkt.

a) Common law und civil law in Afrika

aa) Kolonisation und Unabhängigkeit

Mit der langen Zeit kolonialer Besetzung haben die europäischen Staaten das staatliche Rechtssystem der afrikanischen Staaten dauerhaft geprägt. Allerdings haben sie ihr heimatliches Recht in der Regel nicht schlicht auf die Kolonien übertragen. In den französischen Besitzungen etwa galt französisches Recht nur, soweit es ausdrücklich per Dekret in Kraft gesetzt worden war; ähnlich war die Lage in spanisch, portugiesisch und belgisch beherrschten Gebieten. Unter britischer Herrschaft hingegen wurde weniger auf Assimilation als vielmehr auf die sog. indirekte Verwaltung gesetzt, bei der die Einheimischen – zumindest formell – ihre eigenen Angelegenheiten nach eigenem Recht regelten, während für die Nichteinheimischen ein eigenes Rechtsregime galt. Dieses bestand im Kern entweder aus dem englischen Recht – also common law, equity und Gesetzesrecht allgemeiner Anwendbarkeit – wie es zu einem bestimmten Stichtag in England gegolten hatte (zB im heutigen Ghana, Sierra Leone, Gambia, Somalia) oder aus dem im britischen Indien zu einem bestimmten Stichtag geltenden Recht mit subsidiärem Rückgriff auf originär englisches Recht (zB in Kenia, Uganda, Togo). Durch zusätzliche lokale Gesetzgebung und die Befugnis der Gerichte vor Ort, einzelne Regeln außer Acht zu lassen, die nicht zu den lokalen Gegebenheiten passten, entwickelte sich so durchaus ein je nach Land eigenständiges Recht. In keinem Fall aber konnte es seine Herkunft verleugnen, wie sich gerade nach der Unabhängigkeit zeigte: Die vormals französischen Kolonien zählten sich nunmehr zur französischen Rechtsfamilie, die vormals britischen zum common law.[6] 4

Tatsächlich wurden nach dem Ende der Kolonialherrschaft wie selbstverständlich und schon aus Gründen der Praktikabilität die Grundzüge und meist auch die Einzelheiten des bislang geltenden Rechts beibehalten, oft einschließlich der damit verbundenen Formen und Institutionen. Afrikanische Richter in typisch englischen Gerichtsperücken beispielsweise waren nichts Ungewöhnliches. Einzig die verbliebenen Reste kolonialer Differenzierung zwischen Einheimischen und Kolonialherren wurden ausgemerzt. Dieser Vorgang aber stärkte die Anlehnung an das ererbte Rechtssystem noch weiter. Die Alternative eines Rückgriffs auf vorkoloniales Recht stellt sich gar nicht erst, denn aufgrund der stammesmäßigen Vielfalt und Zersplitterung erschien es für die Bildung einer neuen Nation von vornherein ungeeignet.[7] Auch ganz praktisch wäre eine Orientierung an anderen als den kolonialen Vorbildern kaum sinnvoll gewesen, denn die vor Ort vorhandenen Juristen waren naturgemäß jeweils im bisher geltenden Recht ausgebildet und auch sozialisiert worden. Für sie ergab sich oft überhaupt kein Anlass, vom erlernten abzugehen, insbesondere da sie es jetzt nicht mehr als Kolonisierte, sondern als Herren im eigenen Haus anwenden und wo nötig modifizieren konnten. Einen völligen Neuanfang versprachen allein sozialistische Vorbilder, die gelegentlich im Rahmen revolutionärer Umbrüche vorübergehend die Oberhand gewannen,[8] aber letztlich zu keinen grundlegenden Änderungen in den Rechtssystemen führten[9] und heute mit dem weltweiten Verschwinden sozialistischer Staaten und sozialistischer Rechtsordnungen keine Bedeutung mehr haben. Die Tendenz zur Übernahme des kolonialen Rechtssystems war so stark, dass sie sich sogar gegenüber Gedanken der nationalen Einheit durchsetzte. So war Kamerun ursprünglich eine deutsche Kolonie, die 5

---

6 Vgl. eingängig zum Ganzen *David, René; Jauffret-Spinosi, Camille; Goré, Marie,* Les grands systèmes de droit contemporains, 12. Aufl. 2016, 488 f., 492 f.

7 Vgl. auch infra → Rn. 45.

8 Vgl. etwa zu Mosambik *Menesses, Maria Paula,* Framing the complex legal plurality in Mozambique, in: Hinz, Manfred O. (Hrsg.), In search of justice and peace – Traditional and informal justice in Africa, 2010, 285 (288 ff.).

9 Vgl. *David/Jauffret-Spinosi/Goré* (Fn. 6), 497.

dann im Verlauf und in Folge des Ersten Weltkriegs teils an Großbritannien, teils an Frankreich fiel. Britisch-Kamerun teilte sich dann im Zusammenhang mit der Unabhängigkeit 1961 aufgrund einer Volksabstimmung auf. Der Norden verblieb bei Nigeria, dem es von den Briten angegliedert worden war, während der Süden sich mit der ehemals französischen Republik Kamerun vereinigte. So ist Kamerun auch heute noch grundsätzlich vom französischen Recht geprägt, jedoch auf einem kleinen Teil seines Staatsgebiets, in zwei westlichen Provinzen, vom common law.[10]

bb) Sonderfall Südafrika

6 Eine gewisse Sonderrolle spielte stets Südafrika. Seine Rechtsordnung konnte über lange Zeit als römisch-holländisch beschrieben werden. Heute allerdings gilt diese Beschreibung als überholt, da der große Einfluss des englischen Rechts ebenso wie originär südafrikanischer Präjudizien und Literatur zur Ausbildung einer eher originär südafrikanischen Rechtsordnung geführt haben.[11] Das alte römisch-holländische Recht – dessen Einfluss auch heute noch durchaus zu bemerken ist – bestand einerseits aus ungeschriebenem holländischen Gewohnheitsrecht, wie es bis zum 13. Jahrhundert galt. Ab dem 14. Jahrhundert geriet dieses Gewohnheitsrecht unter den Einfluss des römischen Rechts und bildete gemeinsam mit ihm eine eigentümliche Mischung, in der diejenigen Aspekte des römischen Rechts, die mit den holländischen Gewohnheiten unvereinbar waren oder zu technisch erschienen, verworfen wurden. Ab dem 15. Jahrhundert kamen in größerem Umfang holländisches Gesetzesrecht und juristische Literatur hinzu. Der Einfluss englischen Rechtsdenkens machte sich dann in Südafrika insbesondere im 19. und frühen 20. Jahrhundert bemerkbar.

7 Das heutige südafrikanische Recht mischt somit auf ganz eigene Weise Aspekte des römischen Rechts und in diesem Sinne des civil law[12] mit dem englischen Recht entlehnten Regeln. Die Herangehensweise an das Recht insgesamt erinnert stark an das common law, beispielsweise im Hinblick auf die südafrikanische Doktrin der Präzedenzfälle. Hinzu kommt heute als weiteres, eigenständiges Element die Verfassung, die in Südafrika seit 1994 eine ganz herausragende Rolle spielt und nach Auffassung südafrikanischer Juristen in vielerlei Hinsicht zu einer grundlegenden Neuorientierung in allen Bereichen des Rechts führt. Dass mit der Verfassung die englische Grundregel der Parlamentssouveränität[13] ad acta gelegt wurde, ist dabei nur ein besonders auffälliger Aspekt des grundlegenden Perspektivwechsels.[14]

8 In terminologischer Hinsicht sind in Südafrika zwei für den Außenstehenden gelegentlich verwirrende Besonderheiten zu beachten: Erstens hat der Begriff des common law hier eine ganz eigene und aus internationaler Perspektive ungewöhnliche Bedeutung erlangt: Er beschreibt das ganze in Südafrika geltende, ungeschriebene Recht europäischer Herkunft, also eben die so eigene Mischung aus römisch-holländischem und englischem Recht.[15] Die

[10] Vgl. etwa *Mancuso, Salvatore,* The new African law – Beyond the difference between common law and civil law, Annual Survey of International and Comparative Law 14 (2008), 39 (41); *Legeais* (Fn. 5), 297 f.; leicht misszuverstehen ist die Bezeichnung als gemischtes System ohne klaren Hinweis auf die geographische Teilung bei *Sacco* (Fn. 1), 315.

[11] Deutlich *Du Bois, François,* in: ders., Wille's principles of South African law, 9. Aufl. 2007, Nachdruck 2012, 67; zu früheren Bestrebungen, das römisch-holländische Recht von englischen Einflüssen zu befreien vgl. *du Plessis, Lourens,* Learned Staatsrecht from the Heartland of the Rechtsstaat, Potchefstroom Electronic Law Journal 8 (2005), 77 (78).

[12] Zur Mehrdeutigkeit des Begriffs civil law vgl. supra → § 5 Rn. 276, → § 6 Rn. 2.

[13] Dazu supra → § 5 Rn. 242, 245 ff.

[14] Zum Ganzen ausführlicher *Du Bois* (Fn. 11), 64 ff.

[15] Vgl. *Du Bois* (Fn. 11), 64; mit welcher Vorsicht der Begriff des common law in Afrika betrachtet werden muß, zeigt etwa auch die Begriffsverwendung in Ghana, wo es in sect. 17 (1) des Interpretation Act, 1960 (C. A. 4) heißt, das common law bestehe „in addition to the rules of law generally known as the common law, of the rules generally known as the doctrines of equity *and of the rules of customary law* included in the common law under any enactment providing for the assimilation of such rules of customary law as are suitable for general application." (Hervorhebung hinzugefügt), zit. nach *Akamba, Joseph B.; Tufuor, Isidore Kwadwo,* The

zweite Besonderheit ist eher kultureller und oft unbewusster Natur: Nicht selten verwenden Südafrikaner auch im Alltagsleben das Adjektiv „afrikanisch“, wenn sie allein ihr eigenes Land meinen. Die vielfältigen rechtlichen, geschichtlichen und kulturellen Besonderheiten Südafrikas gegenüber der ganz überwiegenden Mehrheit der afrikanischen Staaten gebieten jedoch besondere Vorsicht gegenüber einer solchen Gleichsetzung.

Bei allen politischen Unterschieden findet sich eine ähnliche rechtliche Ausgangslage auch **9** in anderen, von Südafrika beeinflussten Staaten des südlichen Afrika. In Botswana etwa gilt im Kern das zur Kolonialzeit auf sein heutiges Territorium erstreckte römisch-holländische Recht, verbunden mit zahlreichen Ideen des englischen Rechts, wobei diese Verbindung ebenfalls als „common law“ bezeichnet wird.[16] Auch hier ist dieses Amalgam im Stil stark englisch beeinflusst. Beispielsweise finden sich so typisch englische Institute wie die Gesetzesauslegung mithilfe von literal rule, golden rule und mischief rule sowie lateinischen Maximen wie ejusdem generis oder noscitur a sociis wieder.[17] Das gleiche juristische Erbe findet sich ebenso in Namibia, Lesotho, Swasiland und Zimbabwe.[18]

cc) Heutiger Einfluss der kolonialen Heimatrechtsordnung

Die Anbindung des offiziellen staatlichen Rechts an die jeweiligen Heimatrechtsordnungen **10** ist dabei auch in der heutigen Praxis noch deutlich zu spüren. Wie in fast allen common law Staaten[19] ist es auch in Afrika möglich und nicht unüblich, auf die Rechtsprechung anderer Jurisdiktionen des common law, insbesondere Englands zurückzugreifen. Für das nigerianische Recht etwa ist das englische Recht bis heute ein wichtiger Einflussfaktor, der dauerhafte Spuren hinterlässt. Auch größere Teile englischen Gesetzesrechts aus Zeiten bis hin zur Unabhängigkeit gelten bis heute in solchem Maße fort, dass es als unmöglich gilt, ihre Zahl genau zu bestimmen und sie positiv aufzulisten. Auf nigerianischer Bundesebene wurde im Gegenteil der Weg gewählt, in der Revised Laws Order von 1990 eine Reihe von britischen Gesetzen aufzulisten, die heute gerade *nicht* mehr gelten.[20]

Aber auch für die am französischen Recht orientierten Staaten lassen sich entsprechende **11** Phänomene feststellen.[21] Der Einfluss der französischen Kodifikationen ist deutlich zu spüren. Im Senegal etwa wurden nicht nur die an Frankreich angelehnten Gerichtsstrukturen stets beibehalten, sondern standen auch bei eigenen Kodifikationen die französischen Vorbilder Pate; Reformen kopieren meist ebenfalls nur mehr oder minder genau die Gesetzgebung in Frankreich.[22] Auf Madagaskar erfreut sich etwa die typisch französische Theorie der cause,[23] trotz gelegentlicher Anfeindungen in Frankreich selbst, dauerhafter Bewunderung.[24] Wenn der Gesetzgeber notwendige Aktualisierungen und Anpassungen an veränderte Gegebenheiten nicht vornimmt oder nicht vornehmen kann, zögert die Rechtsprechung der obersten Gerichte etwa in Togo oder Kamerun nicht, die Gesetze im Wege

---

future of customary law in Ghana, in: Fenrich, Jeanmarie; Galizzi, Paolo; Higgins, Tracy (Hrsg.), The future of African customary law, 2011, 202 (216 Fn. 71).

[16] Zum Ganzen ausführlich *Fombad, Charles,* The Botswana legal system, 2. Aufl. 2013, 56 ff., 72 ff.

[17] Vgl. *Fombad* (Fn. 16), 208 ff., 231 ff.; zur Bedeutung im englischen Recht supra → § 5 Rn. 161 ff.

[18] Vgl. *Fombad* (Fn. 16), 56 Fn. 2; zur fortbestehenden rechtlichen Anlehnung Namibias an Südafrika, auch im Hinblick auf das Ende der Parlamentssouveränität vgl. etwa *Glinz, Cornelia,* Notwendigkeit und Herausforderungen der Verwaltungsrechtsreform in Namibia – Von der Idee eines namibischen Verwaltungsverfahrensgesetzes, in: Ruppel, Oliver C.; Winter, Gerd (Hrsg.), Recht von innen – Rechtspluralismus in Afrika und anderswo, Festschrift für Manfred O. Hinz anlässlich seines 75. Geburtstages, 2011, 375 (377).

[19] Vgl. dazu auch supra → § 2 Rn. 57, → § 5 Rn. 31.

[20] Vgl. *Mwalimu* (Fn. 2), 21 f.

[21] Zum Folgenden *Legeais* (Fn. 5), 295, 296 f.

[22] *Camara, Fatou Kiné,* La justice au Sénégal – Des tentatives pour remédier à l’opposition entre les modèles autochtones et importés, in: Hinz, Manfred O. (Hrsg.), In search of justice and peace – Traditional and informal justice in Africa, 2010, 73 (78, 89).

[23] Dazu supra → § 6 Rn. 279 ff.

[24] Vgl. *Delebecque, Philippe,* L’actualité de la théorie générale des obligations malgache (TGO), in: Cadoux, Charles (Hrsg.), Regards sur le droit malgache – Mélanges en l’honneur du professeur Alisaona Raharinarivonirina, 2010, 187 (191).

der Auslegung fortzuentwickeln. Dabei betrachten die Gerichte die zwischenzeitlich in Frankreich durchgeführten Gesetzesänderungen und versuchen, sie trotz des unveränderten Wortlauts der heimischen Gesetze per Auslegung zu übernehmen. Davon unabhängig besteht auch auf der akademischen Ebene ein reger Austausch mit Frankreich und französischen Universitäten.

b) Einfluss des islamischen Rechts

12 Das kontinentaleuropäische und das common law sind aber keineswegs die beiden einzigen großen Rechtskontexte der Welt, die in Afrika nach Einfluss streben. Auch das islamische Recht[25] gehört historisch wie aktuell dazu. Der Islam in seiner sunnitischen Spielart ist die in Afrika und insbesondere in Westafrika am meisten verbreitete Religion und stellt etwa in Senegal, Gambia, Guinea, Mali, Niger, Tansania oder Somalia sogar die Mehrheitsreligion dar,[26] auch wenn kein zwingender Schluss von der Präsenz des Islam auf die Geltung islamischen Rechts möglich ist.[27] Die Realität des islamischen Rechts in Afrika ist ihrerseits wieder von Pluralität gekennzeichnet und zeigt sich je nach Region und Volk, aber auch innerhalb bestimmter Regionen und Völker sehr unterschiedlich.[28] Möglich ist etwa eine echte Geltung der Scharia, ein von islamischen Gedanken mehr oder minder stark beeinflusstes traditionelles Recht (oder umgekehrt), der Versuch des staatlichen Gesetzesrechts, sich mehr und mehr auch gegen islamische Traditionen durchzusetzen oder die schlichte Nichtgeltung der Scharia, all dies wiederum durchaus auch innerhalb eines Staates zeitlich, geographisch oder personell abgegrenzt.

13 In Nigeria beispielsweise gilt islamisches Recht in den nördlichen Landesteilen mit ihrem großen Anteil an Muslimen, spielt hingegen in den südlichen Landesteilen kaum eine Rolle.[29] Details sind aufgrund der föderalen Struktur Sache der Einzelstaaten. Verfassungsrechtlich ist allerdings vorgegeben, dass das islamische Recht vor Gericht mindestens in allen Fragen des persönlichen Status Anwendung findet, genauer für jede nach islamischem Recht geschlossene Heirat und ihre Folgen einschließlich Scheidung; ebenso wenn alle Parteien eines Rechtsstreits über die Heirat und ihre Folgen Muslime sind; für alle Fragen hinsichtlich wakf (eine Art religiöser Stiftung), Schenkungs- und Erbrecht, wenn Stifter, Schenker oder Erblasser Muslim ist; für Betreuungs- und Vormundschaftsrecht über Muslime; und schließlich für alle anderen Fragen wenn die Parteien schriftlich die Anwendung islamischen Rechts durch das Gericht verlangt haben.[30] Aber auch im Norden Nigerias gilt vorrangig das

25 Dazu noch allgemein infra → § 10 Rn. 1 ff.

26 Zahlen für viele afrikanische Staaten bei *Mwalimu* (Fn. 2), 152 f.

27 Vgl. *Sacco* (Fn. 1), 127 f.; kurzer Abriss der Geschichte des Islam in Afrika ibid., 128 ff., 206 f.; *Mwalimu* (Fn. 2), 154 ff.

28 Vgl. *Sacco* (Fn. 1), 132.

29 Zum Folgenden vgl. *Mwalimu* (Fn. 2), 37, 158, 172 ff.; zur Situation in anderen Staaten und insbesondere in Kamerun etwa *Ebi, Joseph Nzalie,* The place of Muslim law in Cameroon's legal system, Verfassung und Recht in Übersee 45 (2012), 432 (435 ff.).

30 Art. 262 nigerianVerf bestimmt für den Sharia Court of Appeal of the Federal Capital Territory:
„(1) The Sharia Court of Appeal shall, in addition to such other jurisdiction as may be conferred upon it by an Act of the National Assembly, exercise such appellate and supervisory jurisdiction in civil proceedings involving questions of Islamic personal law.
(2) For the purpose of subsection (1) of this section, the Sharia Court of Appeal shall be competent to decide
(a) any question of Islamic personal law regarding a marriage concluded in accordance with that law, including a question relating to the validity or dissolution of such a marriage or a question that depends on such a marriage and relating to family relationship or the guardianship of an infant;
(b) where all the parties to the proceeding are Muslims, any question of Islamic personal law regarding a marriage, including the validity or dissolution of that marriage, or regarding family relationship, a foundling or the guardianship of an infant;
(c) any question of Islamic personal law regarding a wakf, gift, will or succession where the endower, donor, testator or deceased person is a Muslim;
(d) any question of Islamic personal law regarding an infant, prodigal or person of unsound mind who is a Muslim or the maintenance or the guardianship of a Muslim who is physically or mentally infirm; or

staatliche Recht, also Gesetzesrecht und englisches common law. Das islamische Recht wird von staatlich eingerichteten, speziellen Schariagerichten und Scharia-Berufungsgerichten, angewandt, die eine parallele Struktur zu den üblichen staatlichen Gerichten bilden. Bevor diese spezialisierten Gerichte geschaffen wurden, wandten ihre Vorgänger, die Bezirksgerichte, das islamische Recht als Teil des traditionellen Rechts an, für das sie also ebenfalls zuständig waren. Dies änderte sich mit der Schaffung der Schariagerichte um die Jahrtausendwende. Sie wenden nunmehr allein das nicht kodifizierte islamische Recht an. Etwas anderes gilt nur für das Strafrecht, für das die Parlamente eigene Schariagesetzbücher erlassen haben.[31] Letztlich werden mehr als 3/4 aller Rechtsfälle in Nordnigeria von islamischen Gerichten entschieden.

c) Afrikanische Zusammenarbeit: OHADA

Auch in Afrika besteht ein Bedürfnis nach supranationaler Zusammenarbeit. Ein besonders auffälliges Beispiel ist hier die Organisation pour l'Harmonisation en Afrique du Droit des Affaires, OHADA.[32] Sie wurde durch einen völkerrechtlichen Vertrag gegründet, der 1995 in Kraft trat. Die heute 17 Mitgliedstaaten – zuletzt trat die Demokratische Republik Kongo (das frühere Zaire) 2012 bei – sind ganz überwiegend frankophon. Ziel der Organisation ist es, durch Verbesserung und Vereinheitlichung der Rechtssysteme der Mitgliedstaaten die Rechtssicherheit zu erhöhen und so vermehrt Investoren anzuziehen. OHADA hat dazu die Befugnis, Einheitsrecht zu setzen, das unmittelbar in allen Mitgliedstaaten gilt und automatischen Vorrang vor allem entgegenstehenden nationalen Recht genießt. Dabei sind die nationalen Parlamente nicht einmal in das Verfahren eingebunden, werden die Einheitsrechtsakte nur vom Ministerrat der OHADA erlassen. Die einheitliche Auslegung dieses Rechts soll durch das Gericht der OHADA, den Cour commune de Justice et d'Arbitrage, sichergestellt werden, der auch den Ministerrat bei der Abfassung neuer Einheitsrechtsakte unterstützt. Tatsächlich hat die OHADA im Rahmen ihres wirtschaftsrechtlichen Auftrags durchaus weitreichende Rechtsakte erlassen, etwa zum allgemeinen Handelsrecht, zum Recht der Handelsgesellschaften, zum Sicherungsrecht, zum Schiedsrecht und zur Buchführung,[33] so dass das Recht der OHADA heute fast alle handelsrechtlichen Fragen in den Mitgliedstaaten erfasst.[34] 14

OHADA strebt eine Erweiterung seines Mitgliederkreises an, wobei sich der ausgeprägt frankophone Charakter sowie die grundsätzlich kontinentaleuropäische Tradition des staatlichen Rechts in allen Mitgliedstaaten als größtes Hindernis erweist: Nur in Guinea Bissau ist nicht Französisch, sondern Portugiesisch Amtssprache, in Äquatorialguinea praktisch ganz überwiegend Spanisch; nur in den zwei anglophonen Provinzen Kameruns gilt common law. Offizielle Arbeitssprache innerhalb der OHADA ist jedenfalls nur Französisch, alle Rechtsakte sind im Original nur auf Französisch verfasst.[35] 15

(e) where all the parties to the proceedings, being Muslims, have requested the court that hears the case in the first instance to determine that case in accordance with Islamic personal law, any other question."
Nach Art. 275 nigerianVerf muß zudem in jedem Bundesstaat ein entsprechender Sharia Court of Appeal bestehen, für das Art. 277 nigerianVerf entsprechende Mindestbefugnisse vorsieht.

31 Detailierte Analyse der Struktur und realen Funktionsweise der Schariagerichte bei *Ostien, Philip; Garba, Ahmed S.; Abubakar, Musa U.*, Nigeria's Sharia Courts, in: Tabiu, M.; Mustapha, A.R.; Ostien, P., Sharia Implementations in Northern Nigeria Twenty Years On, 2027, ssrn.com/abstract=3370453 (zuletzt abgerufen am 18.7.2025).

32 Einführend zu OHADA *Mancuso* (Fn. 10), 40 ff.; kurze Einführung etwa bei *David/Jauffret-Spinosi/Goré* (Fn. 6), 475 ff.

33 Übersicht und Texte jeweils aktuell unter www.ohada.com/actes-uniformes.html (zuletzt abgerufen am 18.7.2025).

34 Vgl. *Wabnitz, Hans-Werner,* Reforming legal reform in francophone Africa – World Bank's project experience, Recht in Afrika 11 (2008), 147 (170 f.).

35 Vgl. *Mancuso* (Fn. 10), 46 ff.

2. Probleme praktischer Wirksamkeit

a) Mangelnde Funktionsfähigkeit des Rechtswesens

16 Das soeben gezeichnete Bild des geschriebenen Rechts ist denkbar weit von der Realität des Rechts in großen Teilen Afrikas entfernt. Eine oft desolate politische Lage, grassierende Armut bei oft enormen Einkommensunterschieden innerhalb der Bevölkerung, zahlreiche Verstöße gegen elementare Menschenrechte – die Nachrichten, die die interessierte Öffentlichkeit aus Afrika erreichen, lassen die Erwartungen im Hinblick auf ein funktionsfähiges staatliches Rechtssystem von vornherein nicht allzu hoch ausfallen. Die Probleme sind dabei den Afrikanern selbst nur allzu bewusst, auch wenn manch gelehrter Aufsatz zu komplexen rechtsdogmatischen Fragen die Bedeutung der Ausführungen für die rechtliche und insbesondere gerichtliche Realität völlig auszuklammern scheint. Dennoch fallen oft klare Worte. So stellt ein offizieller Bericht aus dem Senegal fest: „Les différentes enquêtes sur la justice menées au Sénégal font apparaître un constat sévère. Pour une grande majorité de la population, la justice ne remplit pas son rôle. Elle est lente, chère, complexe, inaccessible, inéquitable et, parfois inadapté à l'environnement socioculturel."[36] Weiter ausgreifend wird etwa aus einer mehr wirtschaftsrechtlichen Perspektive von einer allgemein rechtlich unsicheren Lage in ganz Schwarzafrika gesprochen. „This juridical insecurity stems from the overall antiquity of the laws in force in almost all sub-Saharan countries, the inadequacy of such texts with respect to the needs of the modern economy, and the extreme delay, or even absence of publication of legal rules. The judicial insecurity mainly comes from the decay in justice due to the slowness of the cases, the unpredictability of the courts, the corruption of the judicial system, and the difficulty in enforcing the judgements."[37] Das Problem betrifft aber nicht nur die Justiz, sondern den Staat insgesamt. So wird für ganz Afrika eine allgemein anerkannte bittere Bilanz der freiheitlichen Demokratie, das Fehlen einer gefestigten demokratischen Kultur und eine generelle Dysfunktionalität staatlicher Institutionen festgestellt.[38]

17 Die Gesetze bleiben oft tote Buchstaben. Wenn sie überhaupt umgesetzt werden, geschieht dies langsam und unvollständig. So ist das Recht, an dem der Gesetzgeber feilt, nicht das Recht, mit dem die Bevölkerung lebt. Das Recht wird mehr als Ziel, als ein Ideal denn als eine Beschreibung und Steuerung der realen Funktionsweise der Gesellschaft angesehen.[39] Beliebige Beispiele für mangelnde Effektivität des Rechts lassen sich ohne Weiteres finden: Der immer wieder einmal zitierte Code civil Äthiopiens beispielsweise, dessen Bekanntheitsgrad nicht zuletzt darauf beruht, dass er von René David, einem der Granden der französischen Rechtsvergleichung, entscheidend mitgestaltet wurde, findet weitgehend keine Anwendung. In den ländlichen Gegenden Madagaskars beispielsweise spielt die offiziell bestehende Zivilehe keine Rolle.[40] Im Strafprozessrecht Malis ist zwar eine Untersuchung über die persönlichen und sozialen Umstände des Angeklagten ebenso vorgesehen wie etwa psychologische, graphologische oder ballistische Gutachten, doch werden diese Untersuchungen kaum je einmal korrekt durchgeführt.[41] Die akademisch zu recht vielgelobten Initiativen der OHADA finden ebenfalls oft kaum Beachtung.[42] So schreibt ein Einheitsrechtsakt der OHADA etwa für gerichtliche Maßnahmen der einst-

[36] *République du Sénégal* (Hrsg.), Programme national de bonne gouvernance, avril 2002, 46, web.archive.org/web/20210604122700/www.proddel.sn/IMG/doc_Plan_National_Bonne_Gouvernance.doc (zuletzt abgerufen am 18.7.2025).

[37] *Mancuso* (Fn. 10), 39 f.

[38] Vgl. *Medhanie, Tesfatsion,* Liberal democracy and African political cultures – Can they be compatible?, in: Ruppel, Oliver C.; Winter, Gerd (Hrsg.), Recht von innen – Rechtspluralismus in Afrika und anderswo, Festschrift für Manfred O. Hinz anlässlich seines 75. Geburtstages, 2011, 243 (243); *Frémont* (Fn. 4), 165.

[39] Deutlich *Sacco* (Fn. 1), 241; *Alliot, Michel,* Un droit nouveau est-il en train de naître en Afrique?, in: Conac, Gérard (Hrsg.), Dynamique et finalités des droits africains, 1980, 465 (485).

[40] Zu beidem vgl. *Sacco* (Fn. 1), 242.

[41] *Sidibe, Adama Yoro,* Droit et pratique du droit au Mali, 2007, 40, mit Details 40 ff.

[42] *Wabnitz* (Fn. 34), 170 ff.

weiligen Sicherung ein schnelles Verfahren vor, das höchstens 14 Tage dauern darf. In der Realität etwa Malis dauert das Verfahren hingegen Monate.[43] Ähnliches gilt auch in anderen afrikanischen Staaten und für andere internationale Verträge zum Einheitsrecht.[44] In Namibia hat die Verwaltung bis heute nicht zu rechtsstaatlichen Standards gefunden. Grundsätze wie die Begründungspflicht oder audiatur et altera pars existieren zwar, werden aber nicht konsequent befolgt, so dass beispielsweise sogar von einer regelrechten „Kultur der Nichtbegründung" die Rede ist.[45] Ebenso gibt es etwa im ganzen frankophonen Afrika in der Theorie eine Staatshaftung, die aber praktisch keine Anwendung findet[46] – nur ein Ausdruck dafür, dass dort von einem professionellen, effizienten Justizsystem nicht die Rede sein kann.[47]

Wird ein Gesetz doch einmal etwa vor Gericht angewandt, so bestehen ganz erhebliche 18
Probleme bei der Durchsetzung einmal erlangter Urteile, schon weil diese teils nicht einmal schriftlich ergehen oder nicht begründet werden, aber auch weil Durchsetzungsmechanismen nicht funktionieren.[48] In der Konsequenz ist das Ansehen des staatlichen Rechts und der Gerichte in Afrika niedrig,[49] sind Afrikaner überwiegend der Ansicht, dass die Gerichte sie nicht effektiv vor Unrecht beschützen.[50] Das geschriebene staatliche Recht wird eher als ein Recht der gebildeten, oft europäisierten Elite angesehen, die es kennt und für die es eine positive Bedeutung hat, nicht aber für die große Masse der weniger gebildeten und insbesondere der ländlichen Bevölkerung.[51]

b) Hintergründe

aa) Demokratische Kultur und Staatswesen in Afrika

Die Gründe für diesen Befund sind vielschichtig. Auf einem sehr allgemeinen Niveau 19
könnte an die Diskussion angeschlossen werden, wieweit die grundlegenden Probleme mit der freiheitlichen Demokratie in den meisten afrikanischen Staaten auf traditionell gewachsene, kulturelle Besonderheiten Afrikas zurückzuführen sind.[52] So besteht beispielsweise die Möglichkeit, dass die verbreitete Vetternwirtschaft Ausdruck der traditionell definierten Beziehungen innerhalb von Familie und Gemeinschaft ist; dass das westlich geprägte, individualistische Recht nicht zu einer gemeinschaftsgeprägten afrikanischen Grundeinstellung passt, in der ein Sprichwort der Zulu allgemeine Geltung beanspruchen kann: „umuntu ngumuntu ngabantu" – „Ein Mensch ist ein Mensch durch andere Menschen"; oder dass Probleme im Verhältnis Bürger-Staat darauf beruhen, dass traditionell ein Individuum die Entscheidungen und Meinungen Höhergestellter nicht hinterfragt.[53]

Konkreter ließe sich an eine Reihe von Eigenheiten anknüpfen, die in der Literatur als 20
typisch für das politisch-juristische System in Afrika beschrieben werden:[54] Es überwiegt ein

[43] Vgl. *Sidibe* (Fn. 41), 19 f.
[44] Vgl. *Wabnitz* (Fn. 34), 169 ff.
[45] Vgl. *Glinz* (Fn. 18), 376, 385; zur offiziellen Rechtslage 381 f.
[46] *Gnangui, Adon,* La responsabilté administrative et ses implications en Afrique francophone, Recht in Afrika 12 (2009), 69 (69 ff.).
[47] Vgl. *Wabnitz* (Fn. 34), 176.
[48] Vgl. allgemein etwa *Frémont* (Fn. 4), 158; *Wabnitz* (Fn. 34), 148, 151; *Mancuso* (Fn. 10), 40.
[49] Vgl. etwa für Nigeria *Guobadia, Osahon O.,* The relevance of the judiciary in a democratic Nigeria, African Journal of International and Comparative Law 20 (2012), 301 (316), der ibid., 317 gar von einem „present 'judicial holocaust'„ spricht; vgl. etwa für Liberia *Carlowitz, Leopold von,* Local ownership and the rule of law in Liberia, Recht in Afrika 11 (2008), 71 (77 f.); umfassend dazu *Le Roy, Étienne,* Les africains et les institutions de la justice – Entre minimétisme et métissages, 2004, 205.
[50] Vgl. nur für Tansania *Laltaika, Eliamani,* Court assessors, received laws and informal justice in Tanzania, in: Hinz, Manfred O. (Hrsg.), In search of justice and peace – Traditional and informal justice in Africa, 2010, 167 (176).
[51] Vgl. etwa allgemein *Mwalimu* (Fn. 2), 165 f.; für Senegal *Camara* (Fn. 22), 89.
[52] Vgl. dazu etwa den Überblick bei *Medhanie* (Fn. 38), 243, 249 ff.
[53] Dazu *Medhanie* (Fn. 38), 252 f., 254.
[54] Eigenheiten nach *Sacco* (Fn. 1), 269 f.

Regierungssystem, bei dem die Macht auf den Staatschef konzentriert ist, ohne dass ihm Gegengewalten auf Augenhöhe entgegengesetzt wären.[55] Insbesondere die Justiz stellt kein solches Gegengewicht dar, sondern bildet vielfach sogar einen Teil des politischen Machtapparats. Weiterhin besteht regelmäßig ein machtvoller Militärapparat, dessen Einfluss und Bedeutung deutlich über dem der zivilen Staatsmacht liegt und mit dessen direkter oder indirekter Einflussnahme auf die Regierung bis hin zur (Drohung mit) Übernahme der Macht stets zu rechnen ist. Innerhalb des zivilen Staatsapparats wiederum ist der politische Machtapparat in aller Regel der Justiz übergeordnet, entweder ganz direkt oder aufgrund faktischer Einflussnahme. Mehrparteiensysteme stehen oft unter dem Druck der herrschenden Partei, mit der Möglichkeit des Parteienverbots oder der Einführung von Einparteienregimen. Schließlich ist ein für Afrika typisches Phänomen auch die direkte Einflussnahme des Staates auf die Wirtschaft. Sacco, auf den diese Analyse zurückgeht, betont dabei, dass diese Merkmale einerseits der traditionellen moralischen und intellektuellen Denkweise Afrikas entsprechen, aber andererseits auch denjenigen Verhaltensweisen, die die früheren europäischen Kolonialmächte ihrerseits in Afrika an den Tag gelegt hätten.[56]

bb) Arbeitsumgebung und Qualität der Justiz

21 Wird schließlich nurmehr das Rechtswesen als solches betrachtet, so findet sich zunächst ohne große Überraschung das Zentralübel der Korruption, das auch in Afrika nicht vor der Justiz halt gemacht hat.[57] Dass Rechtsschutz ohnehin teuer ist, da ua Kosten für Anwälte – die auch keineswegs in allen Regionen hinreichend zu Verfügung stehen – entstehen und Gerichte oft sehr weit entfernt sind, wird durch die Korruption noch verschlimmert, da für ein erfolgreiches Verfahren Bestechungsgelder anfallen, die ggf. umso höher werden, je finanzkräftiger der Gegner ist. Auch Probleme wie die verbreitete Straflosigkeit der Oberschicht („impunity"),[58] die Existenz von Elendsvierteln und eines großen informellen Sektors sind allgemein bekannt.[59] Diese Probleme, wie sie etwa auch in Lateinamerika zur Genüge auftreten,[60] sind aber bei Weitem nicht die einzigen oder auch nur die frappantesten. Typisch afrikanisch kommt vielfach ein ausgeprägtes Sprachproblem hinzu, da die Einwohner, insbesondere in den ländlichen Gebieten, oft die Gerichtssprache nicht oder nicht hinreichend verstehen. Das alltägliche Leben eines größeren Teils der Bevölkerung spielt sich gänzlich ohne Englisch oder Französisch ab, während die – gebildeten – Richter oft die jeweilige Lokalsprache nicht sprechen. Dies ist insbesondere in Staaten mit einer besonders hohen Sprachenvielfalt auch sehr verständlich. So müssen ggf. Übersetzer eingeschaltet werden, die aber ihrerseits nicht notwendig kompetent sind oder die gar bewusst fehlerhaft übersetzen.[61]

22 Ein zusätzliches Problem stellt nicht selten auch der wenig überzeugende juristische Kenntnisstand der Richter und Anwälte dar. Es fehlt an Kenntnissen über den aktuellen Stand der Gesetze und am Willen, die anwendbaren Gesetze vollständig zusammenzutragen und aus ihnen systematisch eine sinnvolle Entscheidung zu entwickeln. Stattdessen wird auf ganz allgemeine Konzepte zurückgegriffen, deren juristische Bedeutung sich schlicht daraus ergibt, dass sie immer wieder verwendet werden, ohne dass diese Konzepte einer näheren Überprüfung unterzogen oder auf ihre Vereinbarkeit mit dem geltenden Recht überprüft

55 Dazu etwa auch *Hessebon, Gedion T.*, Some major themes in the study of constitutionalism and democracy in Africa, Vienna Journal on International Constitutional Law 7 (2013), 28 (35 ff.).

56 Vgl. *Sacco* (Fn. 1), 271.

57 Vgl. nur beispielhaft *Sidibe* (Fn. 41), 74 ff., 96 (für Mali); *Camara* (Fn. 22), 79 (für Senegal); *Wabnitz* (Fn. 34), 154, der auch darauf hinweist, dass die Korruption auch darauf zurückgeht, dass private und öffentliche Sphäre in Afrika miteinander verschmelzen.

58 Vgl. nur *Wabnitz* (Fn. 34), 155; zum Fall Burundis etwa *Makoroka, Stanislas,* Lutte contre l'impunité au Burundi et dans la région des Grands Lacs, in: Lespinay, Charles de; Mworoha, Emile (Hrsg.), Construire l'état de droit – Le Burundi et la région des Grands Lacs, 2000, 95 (95 ff.).

59 *Mancuso* (Fn. 10), 55, 57, 59.

60 Vgl. supra → § 7 Rn. 207, 213 ff.

61 Vgl. *Frémont* (Fn. 4), 158; zum Sprachproblem etwa auch *Menesses* (Fn. 8), 290 (für Mosambik).

würden. Bezeichnenderweise wird als primärer Ausweg aus dieser Lage den Juristen schlicht empfohlen, bei der Lösung von Fällen auch einmal die Gesetze zu lesen.[62] Das Problem mangelnder Kompetenz betrifft dabei keineswegs nur Anwälte und staatliche Richter. Auch Scharia-Richter sind keineswegs notwendig Experten des islamischen Rechts, sondern können ebenso gut schlicht der Meinung sein, dass eine genaue Kenntnis des Wortlauts des Koran ausreicht, um jeden Rechtsfall zu lösen.[63]

Dabei ist die mangelnde Rechtskenntnis oft gar nicht so unverständlich. Sie geht oft 23 weniger auf schlichte Faulheit zurück – obwohl auch diese existiert, insbesondere wenn der Richterberuf vor allem wegen der damit verbundenen Machtposition und finanziellen Möglichkeiten gewählt wurde[64] –, sondern auf völlig untragbare äußere Umstände: „Comment peut-on espérer qu'un Magistrat mal payé, socialement déconsidéré, travaillant sans documentations dans des juridictions dépourvues de l'équipement minimum, secondé par le personnel judiciaire œuvrant depuis trop longtemps dans des juridictions d'un autre âge, sans machine à écrire, voire sans papier, puisse rendre une justice sereine et à la hauteur des enjeux essentiels qu'il a la charge de préserver?"[65] Andere berichten von „situations where the judge lacks any copy of the law, where the only item in the library is a Juris Classeur dated 1930, where decisions are neither motivated nor delivered in writing – for lack of paper, lack of judicious and ethical zeal, where audiences are not held at the date fixed (…), where the judicial personnel is not paid for months at a time, and even then only a pittance".[66] In jeder Beschreibung solcher und ähnlicher Zustände aber wird auch immer wieder betont, dass es durchaus Ausnahmen gibt. Das betrifft am Rande natürlich auch insgesamt weit besser funktionierende Rechtssysteme, wie das des in vielerlei Hinsicht außergewöhnlichen Südafrika. Es betrifft vor allem aber immer wieder auch individuelle Juristenpersönlichkeiten auf allen Ebenen, die trotz widrigster Umstände ein hohes professionelles Niveau aufrechterhalten.[67]

III. Traditionelles Recht

1. Funktionierendes Recht und Rechtsbewusstsein

Der Rechtsbefund in Afrika fällt also auf den ersten Blick ernüchternd aus. Tatsächlich kann 24 es so scheinen, als ob das Recht in Afrika eine eher marginale Rolle spielte, nicht recht funktionierte und auch das Vertrauen der Bevölkerung in das Recht und damit das allgemeine Rechtsbewusstsein nicht sehr ausgeprägt wäre. Vieles erinnert hier – auf den ersten Blick – an Lateinamerika, wenn auch die Lage noch weit weniger erfreulich zu sein scheint. Tatsächlich aber täuscht dieser Eindruck, denn die große Mehrheit der Bevölkerung lebt mit dem Recht, lässt sich von ihm leiten und vertraut ihm auch weitgehend – nur ist es nicht das staatliche Recht. Hier greift vielmehr das traditionelle afrikanische Recht (Tradi-

62 Sehr deutlich aus richterlicher Sicht für das Recht in Mali *Sidibe* (Fn. 40), 138 ff., vgl. auch 11, 17; deutlich auch ibid., 26: „le pays souffre moins de la corruption que de la médiocrité".

63 Vgl. *Wabnitz* (Fn. 34), 155; anders die Situation in Nigeria, wo Schariarichter heute oft eine spezielle akademische Ausbildung durchlaufen haben, vgl. *Ostien, Philip; Garba, Ahmed S.; Abubakar, Musa U.*, Nigeria's Sharia Courts, in: Tabiu, M.; Mustapha, A.R.; Ostien, P., Sharia Implementations in Northern Nigeria Twenty Years On, 2027, 9, 24 f., ssrn.com/abstract=3370453 (zuletzt aufgerufen am 18.7.2025).

64 So berichtet *Wabnitz* (Fn. 34), 155 von einem Richter, der bis zu fünf neue Fälle monatlich für nicht mehr handhabbar hielt.

65 So der Justizminister von Kamerun, Duala Moutome, in einer Eröffnungsrede 1994, Synthèse des Travaux de la Table Ronde „Justice et Institutions Financières", édition spéciale, 1994, 201, zit. nach *Wabnitz* (Fn. 34), 149.

66 *Wabnitz* (Fn. 34), 148 f.

67 So berichtet der ansonsten sehr kritische *Wabnitz* (Fn. 34), 154 f. mit Fn. 22 von einem hervorragend arbeitenden Richter einer Provinzstadt in Mali, der in einem zum Gericht umgebauten Privathaus arbeitete, das überflutet war und nur eine einzige Glühlampe zur Beleuchtung aufwies, und der nur durch eine kaum einmal anwesende Sekretärin unterstützt wurde.

tionsrecht) ein, dem eine stets sehr große, aber erst seit einigen Jahren auch von Juristen und Politikern wiederentdeckte Bedeutung für große Teile der Bevölkerung zukommt, das in der alltäglichen Realität der Menschen gut und erkennbar funktioniert und das auch durchsetzbar ist. Ganz anders als in den meisten Staaten Lateinamerikas[68] ist die völlig überwiegende Mehrheit der Bevölkerung nicht europäischen Ursprungs, sondern schwarz. In unterschiedlichem Ausmaß hält sie auch an der traditionellen afrikanischen Kultur fest und lebt so nach Maßgabe des Traditionsrechts. Wenn also kritisch angemerkt wird, dass das staatliche Recht weitgehend das Recht einer kleinen, westlich orientierten und gebildeten Elite geblieben ist, so führt dies unter den Bedingungen des afrikanischen Rechtspluralismus nicht zur fehlenden Bedeutung des Rechts für den großen Rest der Bevölkerung, sondern nur dazu, dass anderes Recht hier einspringt. So steht Afrika letztlich weitaus stärker unter der Herrschaft des Rechts als eine erste Betrachtung aus einem verengten, westlichen Blickwinkel vermuten lässt.

2. Begriffe des traditionellen Rechts

25 Dabei ist schon der Begriff des traditionellen Rechts mehrdeutig und mit potentiellen Missverständnissen behaftet. Dies betrifft zunächst schon die Wortwahl: Vielfach wird statt von traditionellem von Gewohnheitsrecht gesprochen. Der damit jedenfalls in westlicher Sichtweise einhergehende Gedanke einer lang andauernden Übung, der sich auch in dem Wortteil „Gewohnheit" niederschlägt, führt aber allzu leicht zu Missverständnissen. Denn das afrikanische Traditionsrecht ist sehr viel spontaner und wandelbarer als das langsam wachsende und schwer veränderbare Gewohnheitsrecht westlicher Prägung, zumal es durchaus auch hoheitlichen Änderungen etwa durch schlichte Entscheidungen eines Häuptlings unterliegt.[69] Der Begriff der „Tradition" gibt diese Aspekte zwar auch nicht angemessen wieder, deutet aber zumindest darauf hin, dass es um etwas Urafrikanisches geht.

26 Eine zweite Unklarheit betrifft das Verhältnis zum islamischen Recht. Es tritt vielfach nicht in einer ohnehin schwer definierbaren reinen Form auf, sondern ist in den islamisch beeinflussten Teilen Afrikas vielfach und nicht selten in untrennbarer Weise mit dem traditionellen Recht verwoben. Beispielsweise erlaubt die Rechtsprechung islamischer Gerichte in Nordnigeria weiterhin die Scheidung durch Rückgabe des Brautpreises, wie sie das traditionelle Recht vorsieht. Entsprechend ist es in Afrika nicht unüblich, das islamische ebenso zu behandeln wie das traditionelle Recht und es so effektiv dazuzuzählen.[70] Soweit es bei allen Abgrenzungsschwierigkeiten nur darum geht, islamische Einflüsse auf ein im Kern traditionelles Recht zu beschreiben, ist dies ohne Weiteres berechtigt. Wenn es aber um die Anwendung islamischen Rechts als solches geht, das sich auch gerade in Abgrenzung zum etwa vorhandenen traditionellen Recht versteht, wird diese Terminologie hier aus Gründen der Klarheit nicht übernommen.

27 Innerhalb des Traditionsrechts wird gemeinhin zwischen dem offiziellen und dem lebenden Traditionsrecht unterschieden („official customary law" und „living customary law").[71] Lebend in diesem Sinne ist dabei das traditionelle Recht, wie es heute in der zugehörigen Bevölkerungsgruppe verstanden und angewandt wird. Speziell bei der Anwendung geht es um die Anwendung durch eigene, selbst wieder traditionelle Instanzen, dh ohne staatlichen Einfluss. Wie später noch genauer zu sehen sein wird,[72] nimmt der Staat aber auf ver-

[68] Zu den Zahlen dort supra → § 7 Rn. 224.
[69] Dazu noch infra → Rn. 33 f.
[70] So etwa *Mwalimu* (Fn. 2), 31, 37, 133, 165, 169 f., 174; ähnlich *Ebi* (Fn. 29), 435 f.; zur daraus folgenden Anwendbarkeit etwa der repugnancy-Klausel vgl. ibid., 438 ff.
[71] Vgl. etwa *Woodman, Gordon R.,* A survey of customary laws in Africa in search of lessons for the future, in: Fenrich, Jeanmarie; Galizzi, Paolo; Higgins, Tracy (Hrsg.), The future of African customary law, 2011, 9 (24 f.); *Himonga, Chuma,* The future of living customary law in African legal systems in the twenty-first century and beyond, with special reference to South Africa, in: Fenrich, Jeanmarie; Galizzi, Paolo; Higgins, Tracy (Hrsg.), The future of African customary law, 2011, 31 (33 ff.); *Akamba/Tufuor* (Fn. 15), 220 f.
[72] Vgl. infra → Rn. 44, 82 ff.

schiedene Weise Einfluss auf das traditionelle Recht, insbesondere indem er es verschriftlicht oder indem er es durch staatliche oder staatlich beeinflusste Institutionen, insbesondere Gerichte, anwenden lässt. Dabei werden Inhalt und Charakter des traditionellen Rechts teils implizit, teils ganz gezielt verändert. Dies ist dann das offizielle Traditionsrecht, das vereinzelte Stimmen gelegentlich sogar zum staatlichen Recht zählen wollen.[73] Entscheidend ist nun, dass beide Versionen parallel nebeneinander bestehen.[74] Keinesfalls ist mit der terminologischen Trennung also etwa die Vorstellung verbunden, es sei ein ursprüngliches, lebendes Recht durch das nunmehr offizielle abgelöst worden.

Die Zweiteilung des traditionellen Rechts wird allerdings seiner Vielschichtigkeit immer 28
noch nicht gerecht. Denn das heutige, lebende Traditionsrechts ist keineswegs identisch mit dem ursprünglichen Traditionsrecht („traditionalist customary law"), wie es vor der Kolonisation bestand.[75] Das ursprüngliche Traditionsrecht beschreibt dabei vor allem auch die traditionellen Werte der afrikanischen Kulturen, von denen einige heute mehr und mehr in Frage gestellt werden. Erneut geht es aber nicht nur um eine rein zeitliche Abfolge, in der das ursprüngliche durch das lebende Traditionsrecht ersetzt worden wäre. Dies wäre schon deshalb unpassend, weil das traditionelle Recht insgesamt in steter Veränderung und Anpassung begriffen ist, es also nicht anginge, zwei willkürlich herausgesuchte Zeitpunkte einander als Gegensatz gegenüberzustellen. Wichtiger noch würde erneut die Pluralität des afrikanischen Rechts missverstanden, die sich auch darin niederschlägt, dass über den gegenwärtigen Stand des traditionellen Rechts keineswegs einhellige Ansichten bestehen. So wird einem sehr konservativ gesinnten Afrikaner das lebende Traditionsrecht, wie es von einigen moderner gesinnten Stimmen verstanden wird, als eine korrumpierte, fehlgeleitete Verdrehung erscheinen,[76] umgekehrt einem modern gesinnten Afrikaner die traditionelle Vorstellung als überholt und entgegen den Grundsätzen des traditionellen Rechts nicht an veränderte Vorstellungen und Bedürfnisse angepasst.

Die unterschiedliche Begriffsverwendung führt dabei leicht zu überraschenden Aussagen 29
oder Missverständnissen. So verwundert es auf den ersten Blick, wenn erklärt wird, offizielles Traditionsrecht werde oftmals verurteilt, weil es überholt sei,[77] oder es stehe oft im Widerspruch zu Menschenrechten, die hingegen vom lebenden Traditionsrecht eher gewahrt würden.[78] Denn schließlich läge es nahe, dass der staatliche Einfluss beim offiziellen Traditionsrecht sich gerade im Hinblick auf eine Modernisierung und Anpassung an verfassungs- und menschenrechtliche Forderungen bemerkbar machen würde, was allenfalls eine Kritik im genau umgekehrten Sinn nahelegen könnte. Die beiden genannten Bemerkungen allerdings beziehen sich auf eine spezifisch südafrikanische Rechtslage. Dort war das Traditionsrecht in der Kolonialzeit und vor allem auch in der Zeit des Apartheidregimes durch verschiedene Kodifikationsbemühungen und durch Gerichtsurteile in einer Weise festgelegt worden, die die Grundhaltungen von Kolonialismus und Apartheid wiedergab.[79] Dieses tatsächlich veraltete, und nicht etwa das heute auch von staatlicher Seite akzeptierte und mit staatlicher Unterstützung angewandte Recht wird im südafrikanischen Sprachgebrauch als offizielles Traditionsrecht bezeichnet. Diese Akzentverschiebung setzt sich dann fort in einer Tendenz, das heute insbesondere durch Gerichte durchgesetzte Traditionsrecht als lebendes Traditionsrecht zu bezeichnen. Die Grenze zum echten lebenden Traditions-

73 Für diese Zuordnung etwa *Woodman* (Fn. 71), 25.

74 Dazu auch noch etwa infra → Rn. 84, 95 f.

75 Vgl. zur damit vorgeschlagenen Dreiteilung *Molokomme, Athaliah L.*, The challenges and opportunities of legal pluralism in Botswana, in: Ruppel, Oliver C.; Winter, Gerd (Hrsg.), Recht von innen – Rechtspluralismus in Afrika und anderswo, Festschrift für Manfred O. Hinz anlässlich seines 75. Geburtstages, 2011, 223 (224 f.).

76 Deutlich *Molokomme* (Fn. 75), 225.

77 So *Bennett, Thomas W.; Bleazard, J.*, The re-invention of customary law – South African courts as constitutional law makers, Recht in Afrika 12 (2009), 1 (1), der die im folgenden angesprochenen Probleme aber auch sieht.

78 So *Himonga* (Fn. 71), 46 ff.

79 Vgl. *Bennett/Bleazard* (Fn. 77), 1 f.

recht, das sich möglicherweise um neue verfassungsrechtliche Vorgaben nicht schert, wird dadurch allerdings verwässert. Besonderheiten weist dabei aber nicht nur Südafrika auf. In Namibia beispielsweise versuchen manche Gruppen, wichtige Aspekte ihres eigenen Rechts selbst niederzuschreiben.[80] Das Ergebnis könnte einerseits als eine Spielart des offiziellen, weil geschriebenen Traditionsrechts angesehen werden, dürfte aber andererseits weitgehend mit dem lebenden Traditionsrecht identisch sein, das es aufgrund der besonderen Art seiner Entstehung als Eigeninitiative der betroffenen Gemeinschaft besonders gut und zeitnah wiedergeben sollte. Letztlich bleibt dem Beobachter nur die Möglichkeit, bei Aussagen zum Traditionsrecht und seinen verschiedenen Spielarten im Zweifelsfall genau zu hinterfragen, von welcher Begrifflichkeit und welchen ggf. lokalen Besonderheiten der Autor jeweils ausgeht.

3. Entwicklung traditioneller Rechte im Aufriß

a) Grundcharakter des traditionellen Rechts

30 Wie die afrikanischen Rechtsordnungen in den Jahrhunderten vor der Kolonisierung genau aussahen, ist schon aufgrund ihres weitgehend ungeschriebenen Charakters heute nur schwer auszumachen. Berichte über das Recht bestimmter Stämme existieren zwar,[81] stammen jedoch aus der Kolonialzeit, vielfach aus dem frühen 20. Jahrhundert, und werden aus heutiger Sicht oft kritisch betrachtet, da die Autoren regelmäßig stark von ihrer westlichen Vorbildung beeinflusst waren und der Versuch der Systematisierung und Verschriftlichung selbst dem ursprünglichen Traditionsrecht nicht gerecht werden konnte.[82] Dennoch bestehen eine Reihe von Merkmalen afrikanischer Traditionsrechte, die dem Außenstehenden zumindest ein Grundverständnis ihrer Eigenheiten vermitteln können.[83]

aa) Mündlichkeit

31 Ein erstes Kennzeichen ist die Mündlichkeit des Traditionsrechts. Es wird von Generation zu Generation weitergegeben und überlebt etwa mithilfe von eingängigen Sprichwörtern,[84] aber auch schlicht durch die Erfahrung des täglichen Miteinanders und der üblichen Vorgehensweisen. Die Mündlichkeit geht fast zwangsläufig einher mit einer gewissen Vagheit und einer Anpassung an die jeweils konkrete Anwendungssituation. Das Rechts steht nicht klar ermittelbar im Wortlaut fest, sondern es kommt darauf an, wer gerade wann und mit wem redet. Die Mündlichkeit erstreckt sich dabei nicht nur auf die Normen, sondern auf alle Aspekte des Rechtssystems: Streitlösungsverfahren ebenso wie Streitentscheidungen sind ebenso mündlich wie etwa Vereinbarungen oder sonstige rechtlich relevante Handlungen. Ein schriftlicher Kaufvertrag, ein Eigentumsregister oder eine Heiratsurkunde wären dem Traditionsrecht grundsätzlich fremd.

---

[80] Vgl. *Hinz, Manfred O.,* Traditional courts in Namibia – Part of the judiciary? Jurisprudential challenges of traditional justice, in: Horn, Nico; Bösl, Anton (Hrsg.), The independence of the judiciary in Namibia, 2008, 149 (155 f. mit Fn. 41), der den Unterschied zwischen diesem Vorgehen und einer offiziellen Kodifizierung betont.

[81] Insbesondere *Schapera, Isaac,* A handbook of Tswana law and custom, 1938; vgl. auch die rechtlichen Anteile bei *Evans-Pritchard, Edward Evan,* The Nuer, 1940, first American printing 1969, 162 ff.

[82] Vgl. zur Entwicklung der anthropologischen Sichtweisen etwa *Bennett, Thomas W.,* Comparative law and African customary law, in: Reimann, Mathias; Zimmermann, Reinhard (Hrsg.), The Oxford handbook of comparative law, 2. Aufl. 2019, 652 (656 ff., 662 ff.); vgl. auch *Boshab* (Fn. 1), 30: „les études ethnologiques et anthropologiques feront fortune dans les colonies pour détruire, de manière irrémédiable, les bases de la civilisation négro-africaine.“.

[83] Vgl. zum Folgenden insbesondere *Cuniberti, Gilles,* Grands systèmes de droit contemporains, 5. Aufl. 2024, 396 ff.; *Woodman* (Fn. 71), 12 ff.; *Bennett* (Fn. 82), 656 ff.

[84] Vgl. *Schapera* (Fn. 81), 34; zahlreiche Beispiele bei *Schapera, Isaac,* Tswana legal maxims, Africa – Journal of the International African Institute 36 (1966), 121 (122 ff.).

bb) Entstehungsweisen

Mündlichkeit ist auch Kennzeichen der Entstehung traditioneller Normen. Wie schon erwähnt ist das Traditionsrecht eine Art Gewohnheitsrecht, ohne dass dies jedoch im üblichen westlichen Sinne von lang andauernder Übung plus Rechtsüberzeugung zu verstehen wäre. Zwar kann beides durchaus vorliegen, insbesondere ein Satz des Traditionsrechts auf eine lange Geschichte zurückblicken und allgemein als rechtlich verbindlich gelten. Doch zeichnet sich das Traditionsrecht gerade auch durch seine große Wandelbarkeit und Anpassungsfähigkeit aus. Soziale, ethische oder wirtschaftliche Änderungen können schnell aufgegriffen werden, ein Traditionssatz sich spontan wandeln, ohne dass es dazu erst einer lang andauernden Übung bedürfte. Ob darin aber tatsächlich ein so grundlegender Unterschied zum westlichen Gewohnheitsrecht liegt, kann durchaus bezweifelt werden. Denn das westliche Gewohnheitsrecht verlangt zwar theoretisch für die Entstehung eines neuen Gewohnheitsrechtssatzes eine lang andauernde Übung mit einhergehender Rechtsüberzeugung. Doch führt diese Anforderung in der Praxis zu einem Paradox. Denn die ersten Fälle einer neuen Übung können per Definition noch nicht zu Gewohnheitsrecht erstarkt sein. Sie müssen aber dennoch bereits von der Überzeugung, dass es sich um Rechtssätze handele, begleitet sein, da diese Übung anderenfalls nicht zum späteren Beleg eines Gewohnheitsrechtssatz herangezogen werden könnte. Diese anfängliche Überzeugung muss also entweder eine Lüge oder ein Missverständnis darstellen; anderenfalls könnte es letztlich niemals zur Entstehung von Gewohnheitsrecht kommen, da Übung ohne Rechtsüberzeugung nicht ausreicht.[85] Einziger Ausweg aus diesem Dilemma ist die Annahme eines unscharfen, allmählichen Prozesses der Herausbildung von Gewohnheitsrecht, oder eben das Eingeständnis, dass neues Gewohnheitsrecht doch – wie in Afrika – sehr viel spontaner entstehen kann als gemeinhin angenommen. Interessanterweise wird aber auch für afrikanisches Traditionsrecht immer wieder beobachtet, dass neue oder veränderte Regeln keineswegs auch als solche gesehen und bezeichnet werden, sondern dass im Gegenteil gern und oft behauptet wird, sie seien schon immer vorhanden gewesen und stellten einen Teil der überkommenen Kultur dar.[86] 32

Für das afrikanische Traditionsrecht würde daneben auch das zweite Element herkömmlichen Gewohnheitsrechts, die Rechtsüberzeugung, zu einem Problem werden. Denn aufgrund der Mündlichkeit und der Verwobenheit mit dem Alltagsleben der Menschen ist es oft außerordentlich schwierig, zwischen Recht und bloßer Sitte zu unterscheiden. Zu Recht wird zwar darauf hingewiesen, dass eine solche Unterscheidung notwendig sei. Denn wenn man bloße soziale Praktiken wie Recht behandelte, Traditionsrecht damit einen ähnlichen Rang wie die internen Regeln in einer Fabrik oder im Bankgewerbe innehätte, dann würde es seinen Wert als Teil des kulturellen Erbes Afrikas verlieren.[87] Andererseits aber sind vielfach Grenzbereiche festzustellen, bei denen es jedenfalls unangebracht wäre, mit positivistischen Grundvorstellungen heranzugehen, wie sie etwa in Deutschland völlig berechtigt sein mögen. Erneut zeigt sich hier, dass eine allgemeine, weltumspannende Rechtstheorie in manchen Bereichen eine Chimäre bleiben muss, dass es also Antworten auf Grundfragen wie die Abgrenzung von Recht und bloßer sozialer Praxis nicht unabhängig von der betrachteten Rechtsordnung und ihren eigenen Vorstellungen geben kann. 33

Das Traditionsrecht entsteht aber keineswegs nur aus der jeweiligen Übung heraus, sondern kann ebenso gesetzt sein. Das gilt nicht nur insofern, als seine Anwendung in vielen Fällen bestimmten Institutionen wie etwa einem Ältestenrat oder dem Häuptling vorbehalten ist und sich das Recht gerade aufgrund seines mündlichen und vagen Charakters erst in der Anwendung konkret herauskristallisiert. Vielmehr ist es durchaus nicht ungewöhnlich,

---

85 Vgl. dazu schon *Akehurst, Michael,* Custom as a source of international law, British Yearbook of International Law 47 (1974/75), 1 (32, 36 f.).

86 Vgl. *Menesses* (Fn. 8), 302; vgl. dazu auch schon *Schapera* (Fn. 81), 39 f.

87 So *Bennett, Thomas W.,* Comparative law and African customary law, in: Reimann, Mathias; Zimmermann, Reinhard (Hrsg.), The Oxford handbook of comparative law, 2006, 641 (670).

dass insbesondere dem Häuptling das Recht zusteht, allgemeingültige Normen zu erlassen.[88] Dabei geht es gerade und ganz offen um neues, vom bisherigen abweichendes Recht. Im nördlichen Namibia beispielsweise haben in jüngerer Zeit die Oshiwambo sprechenden traditionellen Führer neue Regeln des Traditionsrechts aufgestellt, um Witwen und deren Kinder besser zu schützen. Die Witwe erhält darin das Recht, nach dem Tod des Ehemanns auf dem bisherigen Land zu bleiben und es weiter landwirtschaftlich zu nutzen.[89] Das so gesetzte Recht beansprucht Geltung auch keineswegs nur ad hoc, sondern ganz in der Art westlicher Normsetzung im Grundsatz für alle Zukunft.

cc) Anpassungsfähigkeit und umstrittener Inhalt

34 Beispiele für die so typische Anpassungsfähigkeit des Traditionsrechts sind unschwer zu finden, insbesondere im Hinblick auf die gesellschaftlichen Wandlungen, die Individualisierung und Ökonomisierung im 20. Jahrhundert mit sich brachten und auch weiterhin mit sich bringen. Solche Wandlungen führten nicht nur zu einer Zunahme von Streitigkeiten überhaupt, etwa innerhalb der Familie.[90] Es kam auch etwa zu einer Zunahme von Individualeigentum im Unterschied zum Gemeineigentum, die die Ausbildung eines umfassenden traditionellen Regelwerks zum Erbrecht erst notwendig machte. Ebenso führte der teilweise Umschwung von einer Subsistenzwirtschaft auf eine auf Verkauf ausgerichtete Landwirtschaft zur Herausbildung neuer Rechtsformen im Hinblick auf das Grundeigentum und seine Nutzung.[91]

35 Anpassungsfähigkeit und Mündlichkeit führen zugleich dazu, dass über den genauen Inhalt des Traditionsrechts zu jedem beliebigen Zeitpunkt oft keine Einigkeit besteht – jedenfalls soweit es um das lebende Traditionsrecht geht. Je nach Gruppenzugehörigkeit, Alter oder persönlichen Einstellungen können durchaus verschiedene Ansichten zu den geltenden Rechtssätzen vorherrschen. Davon abgesehen ist das Recht auch gar nicht etwa notwendig innerhalb seines gesamten Anwendungsbereichs einheitlich. Vielmehr kann es zB zB je nach Region, Dorf oder Familie unterschiedlich gesehen werden und damit auch unterschiedlich sein.[92]

dd) Einfachheit und Komplexität

36 Scheinbar widersprüchliche Aussagen lassen sich zu der Frage finden, ob das Traditionsrecht einfach oder komplex strukturiert ist. Zum Teil wird argumentiert, dass es gerade aufgrund seiner Mündlichkeit keinen Platz für komplexe und verschachtelte Rechtssätze sowie entsprechende Strukturen lasse, da die Merkfähigkeit des menschlichen Geists dem potentiellen Inhalt schlicht Grenzen setze.[93] Tatsächlich gehört auch das Fehlen spezialisierter Juristen zu den typischen Merkmalen des traditionellen Rechts. Grundsätzlich jeder kann etwas zu seinem Inhalt sagen, auch wenn die Anwendung letztlich bestimmten Personen oder Gremien vorbehalten sein mag (aber nicht muss). Mangels Juristen und aufgrund der Mündlichkeit bestehen zudem geringe Chancen auf eine vertiefte Systematisierung des vorhandenen Rechtsbestandes. Eine einfache Struktur ist dem Traditionsrecht insofern immanent. Dennoch bezeichnen andere das Traditionsrecht ausdrücklich als ein komplexes Normengebilde.[94] Diese Komplexität ergibt sich aus dem unterschiedlichen Grad von Bindungswirkung, den Normen haben können, sowie aus den verschiedenen und unterschiedlich gravierenden Rechtsfolgen je nach den genauen Umständen des Falles und den

88 Vgl. etwa schon *Schapera* (Fn. 81), 35, 70.
89 Vgl. *Hinz* (Fn. 80), 155.
90 Vgl. *Bakhoum, Mor,* Commentaires sur la communication – La place des droits coutumiers dans les législations foncières rurales au Sahel – Une analyse comparative du Burkina Faso, Mali et Niger, Recht in Afrika 15 (2012), 45 (49).
91 Zu beiden Beispielen vgl. *Woodman* (Fn. 71), 15 f. mwN.
92 Vgl. *Woodman* (Fn. 71), 17.
93 Vgl. *Cuniberti* (Fn. 83), 397.
94 Vgl. *Woodman* (Fn. 71), 13 f.

Verhältnissen der beteiligten Personen. Beide scheinbar widersprüchlichen Aussagen sind also gleichzeitig völlig korrekt, denn sie nehmen jeweils einen anderen Aspekt in den Blick: Auf der Ebene der Normen selbst, also dem, was abstrakt vorab formulierbar ist, kommt das traditionelle Recht eher einfach daher. Auf der Ebene der Anwendung hingegen ergeben sich sehr vielschichtige und komplexe Resultate. Denn das Traditionsrecht stellt nicht nur auf die „rechtlich relevanten" Tatsachen ab, sondern nimmt die gesamten Beziehungen der beteiligten Personen untereinander und mit Dritten in den Blick.[95] Die zahllosen Faktoren des Einzelfalls führen aber zu einer Vielzahl an möglichen Konstellationen mit den verschiedensten Ergebnissen.

ee) Ungleichheiten

All diese, aus herkömmlich westlicher Sicht durchaus ungewöhnlichen Merkmale des Traditionsrechts begründeten zwar in früheren Zeiten immer wieder einmal Akzeptanzprobleme unter westlichen Juristen,[96] führen aber heute nicht mehr zu grundlegenden Problemen. Umgekehrt gibt es aber auch Merkmale, die heutige Beobachter eher unangenehm berühren, während sie früher kaum auffällig waren: die im Kern des Traditionsrechts liegenden Ungleichheiten. Gemeint sind damit hierarchische Ungleichheiten im Allgemeinen und die Ungleichbehandlung nach dem Geschlecht und dem Alter im Besonderen.[97] **37**

Die erste Form der Ungleichheit im traditionellen Recht ist die zwischen mächtigen und weniger mächtigen Mitgliedern der Gemeinschaft. Afrikanische Stämme sind keine parlamentarischen Demokratien. Gemeinhin werden unter ihnen zwei Arten von Gemeinschaften unterschieden: ungeführte, die ohne eine übergeordnete Leitungsinstanz auskommen, und zentralisierte.[98] Wichtige Unterschiede ergeben sich daraus vor allem für die Rechtsdurchsetzung,[99] kaum aber für Ausmaß der Ungleichheit. Denn keineswegs stellen die führerlosen Gemeinschaften eine geradezu utopische Gesellschaft aus völlig gleichgestellten Menschen dar, die in größter Harmonie und unter demokratischer Entscheidungsfindung miteinander lebten. Vielmehr fehlt hier schlicht eine zentrale Führungsfigur für die ganze Gemeinschaft, während innerhalb der Untergruppen, wie Clans oder Familien, durchaus ausgeprägte Machtstrukturen bestehen. In zentralisierten Gemeinschaften kommt vor allem die hervorgehobene Position des Häuptlings und anderer Notabeln oder der Unterhäuptlinge hinzu. Der Häuptling etwa hat die Macht, Recht zu setzen und Güter zu verteilen. Wie weit er dabei Grenzen unterliegt und wie weit diese Grenzen als rechtlich zu qualifizieren sind, darüber herrscht keine einhellige Ansicht,[100] sicherlich auch weil die Situation in den zahllosen Stammesgesellschaften Afrikas sehr verschieden sein dürfte. Daneben bestehen oft Machtunterschiede zwischen verschiedenen Familien oder Clans, teilweise existieren sogar ganze Gruppen von Underdogs mit einem ausgeprägt niedrigen Status. **38**

Elementare Ungleichbehandlungen ergeben sich im Übrigen in Bezug auf das Alter und das Geschlecht. Vielfach kommt nur einem Rat der Ältesten (und gemeint sind damit fast ausnahmslos: älteste Männer) die Befugnis zu, das Recht anzuwenden.[101] Insgesamt ist der Vorrang Älterer vor Jüngeren allgemein akzeptiert. Dies gilt etwa auch im Erbrecht, in dem jedenfalls im südlichen Afrika der Vorrang des Erstgeborenen den allgemeinen Grundsatz **39**

---

[95] Vgl. infra → Rn. 41.

[96] Beispiele für negative Einstellungen bei *Bennett* (Fn. 82), 654 f.

[97] Vgl. etwa *Woodman* (Fn. 71), 12 f.

[98] Vgl. etwa *Mwalimu* (Fn. 2), 80, der daneben noch die islamischen Theokratien stellen will; für die Grundunterscheidung etwa auch *Cuniberti* (Fn. 83), 394 f.

[99] Vgl. infra → Rn. 43.

[100] Vgl. *Cuniberti* (Fn. 83), 408 mwN; Beschreibung der Begrenzungsstrategien auch schon bei *Schapera* (Fn. 81), 84 ff.; vgl. etwa auch *Woodman* (Fn. 71), 14.

[101] Vgl. etwa *Owor, Maureen,* Creating an independent traditional court – A study of Jopadhola clan courts in Uganda, Journal of African Law, 56 (2012), 215 (222 f., 228); *Cuniberti* (Fn. 83), 399 f.

bildet. Väter haben Vorrechte gegenüber ihren Söhnen, die auch keineswegs enden, wenn die Söhne erwachsen sind und sogar selbst schon Erhebliches geleistet haben. Frauen haben in fast ganz Afrika eine rechtlich schwächere Position inne. Oftmals sind sie beispielsweise von der Erbfolge ausgeschlossen, kaum jemals können sie mit gleichem Recht an den Beratungen der Gemeinschaft teilnehmen oder gar leitende Funktionen einnehmen.[102]

ff) Rechtliche Asymmetrie

40 Eine ganz andere Form der Ungleichheit liegt in einer gewissen Asymmetrie, die vor allem westlichen Beobachtern das Verständnis von Stammesrechten erschwert: Das rechtliche Denken betont Verantwortung und Pflichten mehr als Rechte. So hat etwa das Familienoberhaupt traditionell die Verpflichtung, Streitigkeiten gerecht zu entscheiden, für die übrigen Familienmitglieder zu sorgen oder für sie angemessene Entscheidungen zu treffen. Der westliche Jurist würde hier sofort an individuelle Rechte und Machtbefugnisse denken, das traditionelle afrikanische Recht hingegen an Verantwortung. Diese Sichtweise kann auch ganz konkrete Konsequenzen haben. Wenn etwa nach traditionell afrikanischer Sichtweise die Pflicht eines jeden besteht, anderen nicht zu schaden, und ein Schaden festgestellt wurde, so obliegt es dem wahrscheinlichen Schädiger zu beweisen, dass er nicht dafür verantwortlich ist; es kommt also zu einer Art Beweislastumkehr.[103]

gg) Streitentscheidung

41 Signifikante Besonderheiten weist schließlich die Streitentscheidung traditionellen Rechts auf. Mehrere Formen mit in der Praxis fließenden Übergängen lassen sich hier unterscheiden, die in verschiedenen Situationen zum Einsatz kommen: Urteil, Schlichtung, Verhandlung und Gewalt.[104] Dabei wird vielfach davon ausgegangen, dass das Verständnis des afrikanischen Traditionsrechts das Verfahren und weniger die materiellen Regeln in den Blick nehmen muss. Ausgangspunkt ist die große Bedeutung der Harmonie für das Recht. Das rechtliche Problem, der Rechtsbruch, wird in erster Linie als eine Störung der Harmonie begriffen, keineswegs nur der Harmonie zwischen den Parteien, sondern ebenso in der ganzen Familie oder der Gemeinschaft, teils auch mit den Vorfahren, Geistern oder sonstigen höheren Mächten.[105] Der Rechtsstreit wird also sehr viel umfassender wahrgenommen, sehr viel weniger auf seinen „eigentlichen" rechtlichen Kern reduziert. Entsprechend umfassend werden auch die Beziehungen unter den Parteien betrachtet und in die Entscheidungsfindung mit einbezogen. Sinn des Verfahrens ist es dann, nicht nur die konkrete Einzelfrage zu lösen, sondern die Harmonie insgesamt wieder herzustellen. In letzter Konsequenz geht es damit bei der Streitentscheidung weniger um die Anwendung bestehender Regeln auf festzustellende Tatsachen, sondern darum, die angemessene Lösung des Problems zu finden, wofür die Regeln ein guter Ausgangspunkt sein können. Die dieser Sichtweise angemessenste Art der Streitentscheidung ist erkennbar die Schlichtung, bei der der Streit umfassend und auch mit seiner Geschichte und in seinem Umfeld aufgearbeitet wird, um dann zu einer Lösung zu finden, die die harmonischen Beziehungen möglichst dauerhaft wiederherstellt. Dabei kann es auch durchaus zu komplexeren, gestaffelten Verfahren kommen, etwa, wenn zunächst der Kriegshäuptling angerufen wird und danach noch die Möglichkeit besteht, die Sache vor den Häuptling zu bringen.

42 Der Gedanke der Harmonie sollte aber auch nicht übertrieben werden. Nicht nur sind keineswegs immer alle Beteiligten mit dem Ergebnis einer Schlichtung zufrieden oder ist der

---

[102] Vgl. aber auch noch infra → Rn. 85 ff., 91 ff.

[103] Zum Ganzen *Bennett, Thomas W.*, Comparative law and African customary law, in: Reimann, Mathias; Zimmermann, Reinhard (Hrsg.), The Oxford handbook of comparative law, 2006, 641 (651, 660).

[104] Zum Folgenden vgl. *Bennett* (Fn. 82), 666 ff.; *Cuniberti* (Fn. 83), 402 ff.

[105] Teilweise wird das sakrale Element ebenfalls als kennzeichnend für das afrikanische Tradtionsrecht angesehen, vgl. etwa *Cuniberti* (Fn. 83), 400 f., dort auch zu den unterschiedlichen Auffassungen zur Bedeutung dieses Merkmals, ibid., 394.

Schlichter immer frei von Parteilichkeit oder unbeeinflusst von Machtstrukturen. Wichtiger noch findet die Suche nach einer einvernehmlichen Lösung auch durchaus ihre Grenzen. So werden die Streitentscheider oft zunächst versuchen, den Streit zu schlichten; wenn dies aber nicht gelingt, werden sie auch schlicht eine Entscheidung, ein Urteil, treffen, das dann auch einmal klar der einen Partei Recht und der anderen Unrecht geben kann. Weiterhin setzt eine Störung der Harmonie eine vorab bestehende, gewisse soziale Beziehung zwischen den Parteien voraus. Je enger die Beziehung und je mehr die Beziehung insgesamt im Streit steht, desto mehr spricht für eine Schlichtung. Je fremder hingegen die Parteien sich sind, je mehr es um konkret definierte Einzelfragen geht, desto weniger besteht das Bedürfnis nach einer umfassenden Schlichtung und desto eher wird schlicht der konkrete Streitpunkt in der Art eines Urteils entschieden.

Einen gewissen Unterschied macht es auch, ob es um das Recht einer führerlosen oder einer zentralisierten Gemeinschaft geht. Denn in der führerlosen stehen zentrale Streitentscheidungsinstanzen, die auch die Fähigkeit haben, ihre Entscheidungen durchzusetzen, weit weniger zur Verfügung.[106] Soweit der Streit dann also nicht innerhalb einer straffer organisierten Untergemeinschaft, etwa einer Familie, entsteht und dort etwa vom Familienoberhaupt entschieden werden kann, steht als Streitentscheidungsmittel in erster Linie die Gewalt, also die Rache zur Verfügung. Dabei bestehen allerdings die verschiedensten Beschränkungen, um den potentiell zerstörerischen Wirkungen des Gewalteinsatzes vorzubeugen. So können Kämpfe etwa enden, sobald einer der Beteiligten schwer verletzt ist. Oder die Dorfältesten greifen frühzeitig ein, um zu großes Blutvergießen zu verhindern. Auch können etwa innerhalb eines Familienverbandes weniger gefährliche Waffen verwendet werden, etwa Stöcke anstelle von Speeren, oder es wird schon vorab versucht, die Streitenden über Verhandlungen zu einer gewaltlosen Lösung zu bewegen. Solche Verhandlungen können etwa durch einen religiösen Führer angestoßen werden und ihrerseits allerlei ungeschriebenen Regeln und Ritualen unterliegen. 43

b) Stammesrecht in der Kolonialzeit und nach der Unabhängigkeit

Während der Kolonialzeit standen die Kolonialherren dem traditionellen Recht teils mit kultureller Ablehnung, teils mit einer paternalistischen, teils mit einer schlicht pragmatischen Einstellung gegenüber. Die Einstellungen änderten sich zum Teil mit der Zeit, hingen teilweise aber auch von der Herkunft der Kolonialherren ab. So überließ das britische System der indirekten Verwaltung dem einheimischen Recht und den einheimischen Herrschaftsstrukturen tendenziell mehr Raum als das stärker auf Assimilation ausgerichtete französische Kolonialsystem.[107] Die Ergebnisse waren in beiden Fällen aber erstaunlich ähnlich; beide Systeme sahen sich tendenziell gezwungen, das Traditionsrecht in gewissem Grade anzuerkennen, versuchten aber auch beide intensiv, es in ihrem Sinne zu beeinflussen. Dies geschah beispielsweise indirekt über staatliche Einflussnahme auf die traditionellen Institutionen, etwa wenn die Wahl eines Häuptlings der Zustimmung der Kolonialmacht bedurfte. Eine andere äußerst verbreitete Einflussmöglichkeit war die übliche, wenn auch immer wieder etwas anders formulierte,[108] sog. repugnancy Klausel, derzufolge traditionelles Recht nicht gegen Gerechtigkeit und Moral[109] oder gegen die Prinzipien des ordre public oder der natürlichen Gerechtigkeit[110] verstoßen durfte. Die Klausel diente vor allem dazu, alles Traditionsrecht auszumerzen, das mit britischen Moralvorstellungen und juristischen 44

[106] Zur Rolle der Ältesten als Streitenscheidungsinstanz in solchen Fällen vgl. *Owor* (Fn. 101), 222.

[107] Vgl. supra → Rn. 4.

[108] Selbst stark abweichende Formulierungen wie etwa in Ghana, wo die Supreme Court Ordinance of 1876 nur vermerkte „These customs must not be contrary to public policy", wurden als Synonym des repugnancy Tests angesehen, vgl. zu diesem Beispiel *Akamba/Tufuor* (Fn. 15), 209 mit Fn. 36.

[109] Vgl. für das heutige Kenia *Ochich, George Otieno,* The withering province of customary law in Kenya, in: Fenrich, Jeanmarie; Galizzi, Paolo; Higgins, Tracy (Hrsg.), The future of African customary law, 2011, 103 (107).

[110] Vgl. für Südafrika sect. 11 Black Administration Act von 1927; vgl. auch *Cuniberti* (Fn. 83), 415 f.

Grundideen unvereinbar war.[111] Sehr verbreitet waren zudem Versuche, das Traditionsrecht zu verschriftlichen. Diese Verschriftlichung selbst enthielt bereits ein erhebliches Moment der rechtskulturellen Beeinflussung, da mit der Schriftform zugleich eine Festlegung des Wortlauts, eine Verfestigung in der Zeit und eine gewisse Systematisierung verbunden waren, die alle dem traditionellen Recht als solchem fremd waren.[112] Eine noch stärkere Beeinflussung und Verformung lag naturgemäß in jeder Übertragung der Gerichtsbarkeit über Traditionsrecht auf staatliche Gerichte. Teilweise wurde das traditionelle Recht sogar bewusst verändert. Eine Kodifikation des Eherechts der Kolonie Natal (im heutigen Südafrika) von 1869 beispielsweise beschränkte den Brautpreis (lobolo)[113] der Höhe nach und verlangte die Zustimmung der Ehefrau zur Ehe.[114]

45 Die Unabhängigkeit verbesserte den Status des traditionellen Rechts zunächst nicht, im Gegenteil. Für die neugegründeten Staaten standen anfänglich die nationale Einheit und der Gedanke der Modernität im Vordergrund. Beides schien zumindest aus damaliger Sicht gegen das partikularisierte traditionelle Recht zu sprechen, ganz unabhängig davon, ob der jeweilige Staat einem westlich-kapitalistischen oder dem damaligen Zeitgeist entsprechend einem marxistisch inspirierten Modell folgte. Die Geltung des Traditionsrechts wurde zwar, jedenfalls in den zuvor britisch dominierten Staaten, toleriert, doch galt es als ein Übergangs- und Auslaufmodell, das sich im Zuge der Modernisierung Afrikas schnell als überflüssig erweisen würde. So gilt denn heute die Literatur über das traditionelle Recht aus der Zeit unmittelbar nach der Unabhängigkeit manchen als weniger brauchbar, da die Rechtswissenschaft damals davon ausging, dass das traditionelle Recht in das allgemeine Justizsystem integriert werden würde.[115] Gänzlich verschwunden ist diese Grundeinstellung bis heute nicht. Insbesondere wird sie immer wieder einmal den Rechtswissenschaftlern aus den Ländern Afrikas attestiert: Sie lehnen aufgrund ihrer westlich geprägten Vorbildung und oft auch ihres westlichen Lebensstils das Traditionsrecht nicht nur vielfach ab, sondern beschäftigen sich auch gar nicht erst mit ihm oder leugnen sogar seine Bedeutung.[116]

46 Auch heute noch finden sich ganz unterschiedliche Herangehensweisen an das Traditionsrecht, die sich im Wesentlichen an zwei Modellen orientieren. Eines ist die offizielle Ablehnung und Ignorierung des Traditionsrechts, wie sie vor allem in den frankophonen Staaten verbreitet ist.[117] Der Staat besitzt dann sein eigenes, staatliches Rechtssystem mit eigenen Gerichten und sonstigen Institutionen, ohne irgendeine Rücksicht auf das traditionelle Recht zu nehmen, es anzuerkennen, seine Gerichte darüber entscheiden zu lassen oder den traditionellen afrikanischen Streitentscheidungsinstanzen offiziell irgendeinen rechtlich relevanten Status zuzuerkennen. Das Gegenmodell findet sich vor allem im anglophonen Afrika. Hier wird das traditionelle Recht als eigene Rechtsordnung neben dem staatlichen Recht anerkannt, der Staat also als ein pluraler Staat gesehen. Teilweise steht den herkömmlichen staatlichen Gerichten die Befugnis zu, Rechtsstreitigkeiten anhand von Traditionsrecht zu entscheiden, teilweise bestehen eigene Gerichte für Traditionsrecht, teilweise werden die traditionellen Streitentscheidungsinstanzen und ihre Ergebnisse akzeptiert und

---

[111] Vgl. *Fombad* (Fn. 16), 90; *Ochich* (Fn. 109), 114 ff.; konkrete Beispiele bei *Ocran, Modibo,* The Clash of legal cultures – The treatment of indigenous law in colonial and post-colonial Africa, Akron Law Review 39 (2006), 465 (470 ff.); zur heutigen Bedeutung infra → Rn. 82.

[112] Vgl. dazu auch supra → Rn. 27, 30; für indianische Rechtsordnungen Lateinamerikas auch supra → § 7 Rn. 249.

[113] Zur umstrittenen Frage, ob traditionsrechtliche Institutionen mit westlichen Ausdrücken umschrieben werden dürfen oder nur in ihrer Ursprungsterminologie angemessen wiedergegeben werden können vgl. *Bennett* (Fn. 82), 660 ff.

[114] Vgl. *Cuniberti* (Fn. 83), 418.

[115] Vgl. *Hinz* (Fn. 80), 152 f.

[116] Vgl. etwa *Mancuso* (Fn. 10), 54; *Boshab* (Fn. 1), 121; bezeichnend auch die Beschreibung bei *Wabnitz* (Fn. 34), 170 Fn. 83; für die Eliten insgesamt *Oba, Abdulmumini A.,* The future of customary law in Africa, in: Fenrich, Jeanmarie; Galizzi, Paolo; Higgins, Tracy (Hrsg.), The future of African customary law, 2011, 58 (72); *Camara* (Fn. 22), 89.

[117] Vgl. nur etwa *Frémont* (Fn. 4), 157; vgl. auch *Woodmann* (Fn. 71), 22.

ggf. vom Staat durchgesetzt.[118] Diese Pluralität setzte sich ursprünglich meist weniger aufgrund eines erneuten Respekts vor den eigenen Traditionen oder zum Schutz der traditionellen Kultur durch, sondern vielmehr aus Gründen der Zweckdienlichkeit. Denn das traditionelle Recht versprach ein bezahlbares Rechtswesen, das auch auf dem Lande zur Verfügung stand und das in einer den Einwohnern verständlichen Sprache, anhand eines ihnen vertrauten Rechts und einer ihnen vertrauten Vorgehensweise abgewickelt wurde.[119]

c) Renaissance des traditionellen Rechts

In jüngster Zeit hat das traditionelle Recht einen zuvor ungeahnten Aufstieg erlebt.[120] Das gerade auch rechtswissenschaftliche Interesse an Afrika konzentrierte sich zunehmend auf das Traditionsrecht, die Anzahl der Veröffentlichungen nahm rapide zu. Ein Auslöser dieser Entwicklung dürfte das Ende des Apartheidregimes in Südafrika zu Beginn der 90er Jahre des 20. Jahrhunderts gewesen sein. In der anschließenden Verfassungsdebatte war das traditionelle Recht zwar nur ein Nebenpunkt. Doch entschied man sich dafür, es mit dem geltenden staatlichen Recht gleichzustellen, wenn es sich auch der Herrschaft des Verfassungsrechts unterwerfen musste und dem Gesetzgeber die Möglichkeit eingeräumt wurde, auch das Traditionsrecht zu ändern.[121] Entsprechend wurde das Gewohnheitsrecht zu einem Standardthema im südafrikanischen Recht. Die enorme Aufmerksamkeit, die der Entwicklung Südafrikas auch unter Juristen zukam, und die von vielen ausländischen Juristen subjektiv als leichter empfundene Zugänglichkeit des südafrikanischen Rechtssystems dürften das Interesse am Traditionsrecht insgesamt auf diesem Umweg angefacht haben. **47**

Die Renaissance betrifft aber auch die inhaltliche Bewertung des Traditionsrechts und der traditionellen Institutionen. Sie werden heute nicht mehr als eine eher rückschrittliche Ordnung angesehen, die toleriert werden muss, sondern nicht selten als ein besonders wertvolles kulturelles wie juristisches Gut, das gerade unter den spezifischen Bedingungen Afrikas geeignet ist, den Menschen effektiv zu helfen, bestehende Probleme zu lösen, und sogar als Vorbild für die staatliche Gesetzgebung zu dienen. Schließlich findet eine gewisse Renaissance selbst in denjenigen Staaten statt, in denen das Traditionsrecht offiziell gar nicht anerkannt ist. Auch hier wird zunehmend akzeptiert, dass das traditionelle Recht inoffiziell und keineswegs im Verborgenen weiterwirkt, dass viele Menschen sich lieber an traditionelle als staatliche Autoritäten wenden, um ihre Konflikte zu lösen, und dass sie ihr Leben in vielerlei Hinsicht weiterhin an traditionellen Werten und traditionellem Recht ausrichten. **48**

4. Typische Inhalte traditionellen Rechts

Die Vielfalt des traditionellen Rechts ist enorm groß. Dies zeigt sich schon daran, dass es so unterschiedliche Gesellschaften wie etwa führerlose und zentralisierte, patrilineare und matrilineare umfasst. Dennoch können einige konkrete afrikanische Rechtsinstitute vor- **49**

[118] Beispielhaft zur Entwicklung in Südafrika *Cuniberti* (Fn. 83), 414 ff.; zur heutigen Lage infra → Rn. 77 ff.
[119] Vgl. *Bennett, Thomas W.,* Traditional justice under the South African constitution, in: Hinz, Manfred O. (Hrsg.), In search of justice and peace – Traditional and informal justice in Africa, 2010, 67 (67).
[120] Vgl. nur *Oba* (Fn. 116), 72; eingängig etwa *Sacco* (Fn. 1), 242: „Le droit traditionnel a triomphé.".
[121] Vgl. Art. 211 Abs. 2, 3 südafrVerf.:
„(2) A traditional authority that observes a system of customary law may function subject to any applicable legislation and customs, which includes amendments to, or repeal of, that legislation or those customs.
(3) The courts must apply customary law when that law is applicable, subject to the Constitution and any legislation that specifically deals with customary law."; vgl. auch Art. 39 Abs. 2 südafrVerf: „When interpreting any legislation, and when developing the common law or customary law, every court, tribunal or forum must promote the spirit, purport and objects of the Bill of Rights."; zur Entwicklung in Südafrika vgl. statt aller *Bennett, Thomas W.,* Re-introducing African customary law to the South African legal system, The American Journal of Comparative Law 57 (2009), 1 (7 ff.); *Himonga* (Fn. 71), 39 ff.; zur Entwicklung der Stellung der Häuptlinge vgl. etwa *Salcedo, Cécile,* Le statut constitutionnel des chefs traditionnels en Afrique du Sud, Revue française de droit constitutionnel 98 (2014), 445 (447 ff.).

gestellt werden, die oft typisch für einen größeren Teil der Traditionsrechtsordnungen sind und teilweise sogar einen besonderen Bekanntheitsgrad erreicht haben.

a) Ubuntu

50 Die auch außerhalb Afrikas vielleicht bekannteste, traditionelle juristische Institution ist Ubuntu. Ihre Bekanntheit dürfte im Kern darauf zurückzuführen sein, dass sie im Epilog der südafrikanischen Interimsverfassung von 1993 als Mittel angesprochen wird, die Meinungsverschiedenheiten und Streitigkeiten der Vergangenheit beizulegen: „These can now be addressed on the basis that there is a need for understanding but not for vengeance, a need for reparation but not for retaliation, a need for ubuntu but not for victimisation." Obwohl Ubuntu in der endgültigen Verfassung nicht mehr erwähnt wurde, hat es sich heute als ein zentrales Prinzip des südafrikanischen Verfassungsrechts durchgesetzt.[122] In der Zeit von 1993 bis 2007 beispielsweise wurde es in 31 Gerichtsverfahren verwendet, davon 8 vor dem Verfassungsgericht.[123] Sprachlich wird Ubuntu gemeinhin auf das Zulu-Sprichwort „umuntu ngumuntu ngabantu" – also: „Ein Mensch ist ein Mensch durch andere Menschen" – zurückgeführt, dessen Entsprechung auf isiXhosa „ubuntu ungamntu ngabanye abantu" lautet.[124] Auch wenn die Diskussion sich oft vor allem auf Südafrika konzentriert, wird oft davon ausgegangen, dass Ubuntu ein in ganz Afrika verbreitetes Konzept ist.[125]

51 Sein genauer Inhalt aber ist nur schwer wiederzugeben und auch diejenigen Autoren, die sich näher mit Ubuntu befassen, kämpfen erkennbar um eine hinreichend klare Umschreibung.[126] Keinesfalls enthält Ubuntu einen klaren Rechtssatz in Form eines Wenn-dann-Schemas, also mit bestimmten Voraussetzungen und bestimmten Rechtsfolgen. Es scheint sich eher um einen allgemeinen Grundsatz, einen Verfassungswert, zu handeln, der an den verschiedensten Stellen in die Argumentation eingebracht werden kann. Hilfreich für die Bestimmung ist auch eine empirische Betrachtung, die ergibt, dass Ubuntu von südafrikanischen Gerichten gerade dann verwendet wird, wenn es um die verändernde Rolle der Verfassung geht, um die Notwendigkeit, den Gesetzen zugrundeliegende Strukturen oder das Handeln der Regierung zu verändern.[127] Entsprechend wurde Ubuntu auch schon als „metanorm for finding just results in hard cases" bezeichnet.[128] Unabhängig von allen Definitionsproblemen betont Ubuntu die Rolle der Gemeinschaft gegenüber der des Individuums und geht davon aus, dass der Einzelne seine Persönlichkeit vor allem in der Gemeinschaft verwirklicht und deshalb vom Einzelnen ein gemeinschaftsfreundliches, auf harmonisches Zusammenleben gerichtetes Verhalten gefordert ist. Diese Gemeinschaftsbezogenheit soll mithilfe von Ubuntu bei der Auslegung des Rechts berücksichtigt werden.

---

[122] Vgl. zum Ganzen etwa *Keep, Helen; Midgley, Rob,* The emerging role of ubuntu-botho in developing a consensual South African legal culture, in: Bruinsma, Fred; Nelken, David (Hrsg.), Explorations in legal cultures, 2007 (= Recht der Werkelijkheid, special issue 28 [2007]), 29 (29 ff.); *Himonga, Chuma,* Exploring the concept of ubuntu in the South African legal system, in: Kischel, Uwe; Kirchner, Christian (Hrsg.), Ideologie und Weltanschauung im Recht, 2012, 1 (1 ff.); *Cornell, Drucilla; Marle, Karin van,* Exploring ubuntu – Tentative reflections, African Human Rights Law Journal, 5 (2005), 195 (195 ff.).

[123] Vgl. *Keep/Midgley* (Fn. 122), 37.

[124] Vgl. *Keep/Midgley* (Fn. 122), 31.

[125] So weisen *Cornell/Marle* (Fn. 122), 196 darauf hin, dass ubuntu oder zumindest sehr ähnliche Konzepte in den meisten afrikanischen Sprachen existieren; ebenso *Bennett, Thomas W.,* Africanising the common law – IMBIZO/leKOGTLA/PITSO and the principle of public participation, in: Ruppel, Oliver C.; Winter, Gerd (Hrsg.), Recht von innen – Rechtspluralismus in Afrika und anderswo, Festschrift für Manfred O. Hinz anlässlich seines 75. Geburtstages, 2011, 177 (177 Fn. 3); ubuntu als über die ethnischen Grenzen hinweg geteilter Wert auch bei *Hessebon* (Fn. 55), 34; vielfach wird ubuntu schlicht als ein afrikanischer Wert oder ein afrikanisches Konzept bezeichnet, eine Aussage die aber durch die in Südafrika verbreitete Verwendung des Adjektivs „afrikanisch" anstelle von „südafrikanisch" – dazu schon supra → Rn. 8 – unklar wird.

[126] Vgl. nur die Zusammenfassung von *Himonga* (Fn. 122), 22: „the notion of *ubuntu* is yet to receive a precise definition"; die Unklarheit wird besonders deutlich in *Cornell/Marle* (Fn. 122), 195 ff.

[127] Zur Empirie *Keep/Midgley* (Fn. 122), 37.

[128] *Bennett* (Fn. 125), 179.

In diesem Sinne ist auch die Menschenwürde Teil von Ubuntu, eine Menschenwürde die den Menschen in der Gemeinschaft sieht.

52 Im Detail ist hier allerdings vieles unklar und umstritten. Konsentierter Ausgangspunkt von Ubuntu sind die Aussagen mehrerer Richter in S vs. Makwanyane – der ersten Entscheidung des südafrikanischen Verfassungsgerichts überhaupt – mit der 1995 die Todesstrafe für verfassungswidrig erklärt wurde. Aufgrund der fortbestehenden Unklarheit des ganzen Themas können hier nur einige wörtliche Zitate weiterhelfen, mit denen verschiedene Richter das Konzept von Ubuntu zu beschreiben versuchen:

„It is a culture which places some emphasis on communality and on the interdependence of the members of a community. It recognises a person's status as a human being, entitled to unconditional respect, dignity, value and acceptance from the members of the community such person happens to be part of. It also entails the converse, however. The person has a corresponding duty to give the same respect, dignity, value and acceptance to each member of that community. More importantly, it regulates the exercise of rights by the emphasis it lays on sharing and co-responsibility and the mutual enjoyment of rights by all. (…) Respect for the dignity of every person is integral to this concept. During violent conflicts and times when violent crime is rife, distraught members of society decry the loss of ubuntu. Thus heinous crimes are the antithesis of ubuntu. Treatment that is cruel, inhuman or degrading is bereft of ubuntu."[129]

„The concept carries in it the ideas of humaneness, social justice and fairness."[130]

„'The need for ubuntu' expresses the ethos of an instinctive capacity for and enjoyment of love towards our fellow men and women; the joy and the fulfilment involved in recognizing their innate humanity; the reciprocity this generates in interaction within the collective community; the richness of the creative emotions which it engenders and the moral energies which it releases both in the givers and the society which they serve and are served by."[131]

„Generally, ubuntu translates as humaneness. In its most fundamental sense, it translates as personhood and morality. Metaphorically, it expresses itself in umuntu ngumuntu ngabantu, describing the significance of group solidarity on survival issues so central to the survival of communities. While it envelops the key values of group solidarity, compassion, respect, human dignity, conformity to basic norms and collective unity, in its fundamental sense it denotes humanity and morality. Its spirit emphasises respect for human dignity, marking a shift from confrontation to conciliation. In South Africa ubuntu has become a notion with particular resonance in the building of a democracy. It is part of our 'rainbow' heritage, though it might have operated and still operates differently in diverse community settings."[132]

„The spirit of ubuntu, part of the deep cultural heritage of the majority of the population, suffuses the whole constitutional order. It combines individual rights with a communitarian philosophy. It is a unifying motif of the Bill of Rights, which is nothing if not a structured, institutionalised and operational declaration in our evolving new society of the need for human interdependence, respect and concern."[133]

Die Stellungnahmen in der Literatur kreisen meist um die in diesen Zitaten angesprochenen Gedanken. Sie befassen sich mit den philosophischen und rechtstheoretischen Implikationen sowie etwa der Frage, inwieweit Ubuntu ein typisch afrikanischer oder ein universeller Beitrag zur Menschenrechtsdebatte ist.[134] Auch ist durchaus umstritten, ob Ubuntu auch für die junge Generation noch von Bedeutung ist.[135]

53 In der Praxis[136] wurde Ubuntu etwa verwendet, um Räumungsklagen gegen die formell illegale Besetzung von Grundstücken oder Häusern abzuwenden, indem entweder auf die

[129] S vs. Makwanyane 1995 (3) SA 391 (CC) par 224 f. per Langa J.

[130] S vs. Makwanyane 1995 (3) SA 391 (CC) par 237 per Madala J.

[131] S vs. Makwanyane 1995 (3) SA 391 (CC) par 263 per Mahomed J.

[132] S vs. Makwanyane 1995 (3) SA 391 (CC) par 308 per Mokgoro J.

[133] Port Elizabeth Municipality vs. Various Occupiers 2005 (1) SA 217 (CC) para 37 per Sachs J. (Fußnote nicht mit wiedergegeben).

[134] Vgl. etwa *Himonga* (Fn. 122), 3 ff., 15 ff.; vgl. auch den Hinweis auf die universelle Bedeutung der hinter ubuntu stehenden Gedanken in S vs. Makwanyane 1995 (3) SA 391 (CC) par 308 f. per Mokgoro J.; deutliche Unterschiede zur indivdualistischeren westlichen Sichtweise sehen *Keep/Midgley* (Fn. 122), 33.

[135] Vgl. kurz *Cornell/Marle* (Fn. 122), 196.

[136] Vgl. zum Folgenden die detaillierte und umfassendere Analyse bei *Keep/Midgley* (Fn. 122), 39 ff.

Notwendigkeit einer Mediation im Geiste von Ubuntu hingewiesen wurde[137] oder indem die Wohnraumpolitik einer Gemeinde für verfassungswidrig erklärt wurde, weil sie Personen nicht hinreichend half, die aufgrund einer Krise oder aus anderen Gründen ein verzweifeltes Bedürfnis nach Unterkunft hatten.[138] Im Recht der unerlaubten Handlungen etwa wollten einige Richter, die aber letztlich in der Minderheit blieben, den Schadenersatz im Fall von Beleidigungen im Sinne von Ubuntu weg von rein monetären Erwägungen und hin zu einem größeren Ausgleich des eigentlich angerichteten Schadens, insbesondere durch Entschuldigungen, ausrichten.[139]

b) Imbizo

54 Etwas konkreter ist das afrikanische Konzept von Imbizo.[140] Der Begriff bezeichnet in seiner ursprünglichen Bedeutung das Treffen der Erwachsenen einer Gemeinschaft, in dem über anstehende Frage diskutiert und Entscheidungen getroffen werden. Traditionell treffen sich meist nur die Männer und wird intern eine strikte Hierarchie nach dem Alter eingehalten. Diese Form des Imbizo findet sich auch heute noch, teils sogar in modernen Institutionen, in denen spezifisch afrikanische Interessen überwiegen. So hielt etwa in Südafrika das sog. Forum for Black Journalists Imbizos ab, die allein schwarzen Journalisten vorbehalten waren, bis die South African Human Rights Commission die entsprechende Praxis für verfassungswidrig erklärte.[141] Unabhängig von dieser traditionellen Rolle findet Imbizo aber auch Verwendung als Rechtsgrundsatz des südafrikanischen Verfassungsrechts. Hier wird es verbunden mit dem Gedanken der partizipatorischen und nicht nur repräsentativen Demokratie, wie sie die südafrikanische Verfassung anstrebt. Über Imbizo wird die partizipatorische Demokratie also vom möglichen Vorwurf befreit, ein rein westliches Konstrukt zu sein, und stattdessen als Teil der afrikanischen Denkweise und Tradition darstellbar. Im Ergebnis führt Imbizo hier etwa dazu, dass der Gesetzgeber in nicht unerheblichem Ausmaß zu einer Beteiligung der Öffentlichkeit am Gesetzgebungsverfahren verpflichtet ist und anderenfalls seine Gesetze aufgehoben werden können.[142]

55 Die Verwendung des Begriffs Imbizo kann aber durchaus auch kritisch gesehen werden. Einerseits ist die bloße Beteiligung und die Möglichkeit, seine Meinung im Entscheidungsprozess zu sagen und einzubringen, weit weniger als ein echtes demokratisches Mitspracherecht, das sich in der Wahl der Entscheidungsträger oder der Notwendigkeit einer Abstimmung über die Frage ausdrückt und das damit die Möglichkeit gewährt, bestimmte Ergebnisse schlicht mehrheitlich zu erzwingen.[143] Auch besteht die Gefahr, dass Imbizo nurmehr als vage Umschreibung beliebiger – und damit auch beliebig manipulierbarer – Formen der Einbeziehung der Öffentlichkeit verwendet wird, um den Bürgern das Gefühl zu geben, ihre Stimme werde gehört und vor allem die Traditionen der schwarzen Bevölkerung würden befolgt.[144]

---

[137] Vgl. Port Elizabeth Municipality vs. Various Occupiers 2005 (1) SA 217 (CC) para. 37, 59, 61 per Sachs J.
[138] Vgl. City of Johannesburg vs. Rand Properties (Pty) Ltd. [2006] 2 All SA 240 (W) para. 63 f. per Jajbhay J.
[139] Vgl. Dikoko vs. Mokhatla 2006 (6) SA 235 (CC) para 68 f. per Mokgoro J.
[140] Zum Folgenden vgl. *Bennett* (Fn. 125), 177 ff.; „imbizo" ist der Begriff auf isiXhosa und isiZulu, entsprechende Begriffe bestehen auf seTswana („lekogtla") und seSotho („pitso"), vgl. ibid. (177).
[141] Vgl. Forum for Black Journalists vs. Katopodis [2009] 2 All SA 499 (500, 509) (SAHRC).
[142] Grundlegend Doctors for Life International vs. The Speaker of the National Assembly and Others, 2006 (6) SA 416 (CC) para 100 f., 110 ff. per Ngcobo J, 228 ff. per Sachs J; dazu die Darstellung bei *Bennett* (Fn. 125), 182 ff.
[143] Vgl. deutlich auch Doctors for Life International (DFL) vs. The Speaker of the National Assembly and Others, 2006 (6) SA 416 (CC) para. 244 (5) per van der Westhuizen J: „The apartheid rulers could still afford to have imbizos (…) with traditional leaders and interest groups and, in fact, had some. They could, after all, ignore the inputs made. They could never affort to have fair and free general elections.".
[144] Kritik in diese Richtung bei *Bennett* (Fn. 125), 184 f.; 190 ff.

c) Heirat und Brautgeld

Die Voraussetzungen einer wirksamen Heirat sind oft von entscheidender Bedeutung für das Leben der Menschen, etwa wenn es um das Erbrecht nach dem Tod eines Ehegatten geht. Die traditionellen Rechte Afrikas sehen für eine gültige Ehe verschiedene, oft auch in Bewegung begriffene Bedingungen vor. In Ghana beispielsweise wurden die elementaren Voraussetzungen aufgrund einer Untersuchung der verschiedenen Stammespraktiken schon 1961 wie folgt zusammengefasst: 56

„(1) agreement by the parties to live together as man and wife;
(2) consent of the family of the man that he should have the woman to be his wife; that consent may be indicated by the man's family acknowledging the woman as wife of the man;
(3) consent of the family of the woman that she should be joined in marriage to the man; that consent is indicated by the acceptance of drink from the man or his family, or merely by the family of the woman acknowledging the man as the husband of the woman; and
(4) consummation of the marriage, i. e. that the man and the woman are living together in the sight of all the world as man and wife. "[145]

Eine strenge Anwendung dieser Voraussetzungen kann allerdings, wie sich schnell herausstellte, zu größeren Unbilligkeiten führen, insbesondere wenn die beiden betroffenen Personen lange als Mann und Frau zusammenwohnten, sich als solche betrachteten und von ihrer Umgebung betrachtet wurden, aber formal eine der Voraussetzungen nicht vorlag. Wenn dann beispielsweise die Frau starb und den Mann mit zwei Kindern zurückließ, aber die Mutter und die Schwester der Verstorbenen das Erbe für sich beanspruchten, tendierten die ghanaischen Gerichte zunehmend zu einer etwas weicheren Auslegung: Für Fälle, in denen die Heirat nicht ganz klassisch darauf zurückzuführen ist, dass der Mann um die Hand der Frau warb, die Familie der Frau zustimmte und die notwendigen Zeremonien durchgeführt wurden, wird von einer zweiten Form der gültigen Ehe nach traditionellem Recht ausgegangen. Dafür reicht es aus, dass die Parteien übereingekommen sind, vor den Augen der Welt als Mann und Frau zu leben, ihre Familien dem zugestimmt haben und die Parteien auch tatsächlich als Mann und Frau vor den Augen der Welt zusammenleben.[146] In der Praxis ergeben sich letztlich vier verschiedene Arten, eine ghanaische Ehe nach traditionellem Recht zu schließen. Teilweise müssen nicht einmal die Eheschließenden anwesend sein. Hintergrund der ganzen eherechtlichen Debatte ist, dass die traditionelle Ehe nicht nur einen Mann und eine Frau, sondern zwei Familien miteinander verbindet.[147] Dies kann so weit gehen, dass die jüngeren Schwestern der Ehefrau und die jüngeren Brüder des Ehemanns als eine Art Ehegatten zweiter Ordnung gelten. Die Eheleute sind in diesem Sinne gleichsam als Vertreter ihrer Familien verheiratet. Und tatsächlich kann im Todesfall ein anderes Familienmitglied an die Stelle des Verstorbenen treten, um die Verbindung aufrechtzuerhalten, insbesondere der Bruder des verstorbenen Ehemanns dessen Frau heiraten (sog. Leviratsehe).[148] Nur zum besseren Verständnis sei darauf hingewiesen, dass ganz im Sinne des pluralistischen Rechtsverständnisses neben der traditionellen auch noch die bürgerliche und die muslimische Ehe gleichwertig nebeneinander bestehen und die Eheleute die Wahl haben, welchem Recht sie sich unterwerfen wollen.[149] 57

[145] Yaotey vs. Quaye [1961] 2 Ghana Law Reports 573 (578 f.); ähnlich Re Caveat by Clara Sackitey [1962] 1 Ghana Law Reports 180 (181 f.).

[146] Vgl. Essilfie and Another vs. Quarcoo [1992] 2 Ghana Law Reports 180 (183 f.); zum Ganzen *Akamba/Tufuor* (Fn. 15), 217 ff.; zu den Voraussetzungen in Südafrika vgl. *Himonga, Chuma,* in: Du Bois, François, Wille's principles of South African law, 9. Aufl. 2007, Nachdruck 2012, 236 ff.

[147] Vgl. die Expertise vor dem britischen Asylum and Immigration Tribunal in NA (Customary marriage and divorce, evidence) Ghana [2009] UKAIT 00009 para 11; für den Kongo etwa Code de la famille, Exposé des motifs, Journal officiel de la République démocratique du Congo, numéro spécial, 25.4.2003, 16; für Ghana Yaotey vs. Quaye [1961] 2 Ghana Law Reports 573 (579); in diese Richtung für Südafrika Fanti vs. Boto and others 2008 (2) All SA 533 (541) (C).

[148] Vgl. *Boshab* (Fn. 1), 143 f.

[149] Vgl. die Expertise in NA (Customary marriage and divorce, evidence) Ghana [2009] UKAIT 00009 para 11.

58 Ein weitverbreitetes, typisches Merkmal traditioneller afrikanischer Ehen ist das Brautgeld, das der Ehemann der Familie der Ehefrau versprechen und zumindest später auch zahlen muss.[150] Das Brautgeld kann je nach Lebensumständen des Stammes in den verschiedensten Gütern bestehen, in Südafrika etwa in Rindern, in Ghana in Getränken, Kleidung oder Goldstaub, heute aber überall auch schlicht in Geld. Seine Höhe kann, muss aber nicht von Vermögen und Status des Ehemanns oder der Ehefrau abhängen. Das Brautgeld kann sehr hoch ausfallen.[151] Spätere Bezahlung, Ratenzahlung und komplexe Geschäfte zur Beschaffung des Geldes sind nicht selten und können zu einem verschachtelten Geflecht von Schulden zwischen verschiedenen Familien und Generationen führen. Möglich ist beispielsweise, dass das Geld von einer dritten Familie geliehen, aber die Rückzahlung erst für den Zeitpunkt vereinbart wird, zu dem der Sohn der dritten Familie die Tochter der schuldnerischen Familie heiratet, die dann ihrerseits ein Brautgeld erhält. Weitere Gewohnheitsrechtsinstitute setzen am Brautgeld an. Das sog. Theleka etwa erlaubt für den Fall unvollständiger Zahlung des vereinbarten Brautgelds dem Vater, die Braut und ihre eventuellen Kinder gleichsam zu beschlagnahmen bis weitergezahlt wird.[152] Wichtig ist das Brautgeld etwa auch für die Scheidung: Sie setzt traditionell die Rückgabe des Brautgelds voraus oder wird sogar durch diese Rückgabe erklärt.[153]

59 Eine Reihe von Autoren wenden sich allerdings in sprachlicher Hinsicht gegen die Verwendung westlicher Begriffe wie Brautpreis oder brideprice und bestehen stattdessen darauf, einen der oft zahllosen afrikanischen Begriffe wie hier etwa lobolo (oder lobola) zu verwenden. Hintergrund ist die Befürchtung, das Brautgeld könne als Kaufpreis für die Braut missverstanden und deshalb ethisch abgelehnt werden. Tatsächlich haben in der Vergangenheit die Gerichte in manchen Kolonien genau dies getan, das Brautgeld also als Verstoß gegen die Grundprinzipien der Zivilisation im Sinne der repugnancy Klausel[154] angesehen und den einschlägigen Regeln daher die Anwendung versagt. Der Effekt war die rechtliche Zerstörung vieler Familien.[155] Welche Einstellung zum Brautgeld besteht, ist allerdings völlig unabhängig davon, welches Wort dafür benutzt wird; wer das Brautgeld für unzivilisiert hält, wird dies auch tun, wenn er es nur als lobolo kennt. Zudem kann das Brautgeld jedenfalls unter dem Gesichtspunkt der Gleichberechtigung von Mann und Frau durchaus auch von einheimischen afrikanischen Stimmen kritisch gesehen werden.[156] Tatsächlich weisen auch afrikanische Stimmen darauf hin, dass der historische Gedanke hinter dem Brautgeld die Frau als Vermögenswert ist, die Frau insofern auch heute noch durch das Brautgeld verdinglicht werde. Dem könne auch nicht mit Erfolg entgegengehalten werden, das Brautgeld habe speziell in Afrika den Sinn, die Ernstlichkeit des geschlossenen Bundes zu dokumentieren. Denn dagegen spreche nicht nur die exzessive Höhe des Brautgeldes und der Bruch mit traditionellen Formen seiner Begleichung: Bierkästen statt Palmwein, am liebsten aber Geld. Auch die Alltagssprache etwa in Kinshasa spreche hier Bände, wenn statt vom Brautgeld von der „Rechnung" gesprochen werde, einem Begriff der klar auf Handelsgüter verweise.[157]

60 In der auch staatlichen Praxis aber ist das Brautgeld weithin anerkannt, ja gilt als elementarer Bestandteil traditionellen Rechts. In Südafrika etwa verweist das Gesetz für Eheschließungen nicht nur pauschal auf die Bestimmungen des traditionellen Rechts – also implizit auch auf das Brautgeld –, sondern verlangt sogar ausdrücklich für die notwendige Eintragung der Ehe zwingend die Eintragung des Brautgelds, so dass eine traditionelle Ehe

[150] Vgl. zum Folgenden etwa *Cuniberti* (Fn. 83), 416; *Bennett* (Fn. 82), 659.
[151] *Boshab* (Fn. 1), 140 beispielsweise spricht von Tausenden von US-Dollar.
[152] Vgl. aus Südafrika Fanti vs. Boto and others 2008 (2) All SA 533 (542 f.) (C).
[153] Vgl. etwa für Ghana die Expertise in NA (Customary marriage and divorce, evidence) Ghana [2009] UKAIT 00009 para 13; für Nigeria *Mwalimu* (Fn. 2), 169 f., 519 f.
[154] Zur repugnancy Klausel supra → Rn. 44 und infra → Rn. 82.
[155] Vgl. dazu *Bennett* (Fn. 82), 659 mwN.
[156] Vgl. etwa die Andeutungen von *Himonga* (Fn. 146), 238.
[157] Vgl. *Boshab* (Fn. 1), 139 f.; kritische Bemerkungen auch bei *Cuniberti* (Fn. 83), 416.

ohne Brautgeld nichtig wäre.[158] Ebenso verlangt Art. 361 des Familiengesetzbuchs der Demokratischen Republik Kongo für alle Hochzeiten, auch nach staatlichem Recht[159] „(1) Le futur époux et sa famille doivent convenir avec les parents de la future épouse d'une remise de biens ou d'argent qui constituent la dot au bénéfice des parents de la fiancée. (2) Le mariage ne peut être célébré que si la dot a été effectivement versée au moins en partie. (…)" und stellt in Art. 426 klar: „Est nul le mariage contracté sans convention relative à la dot. (…)"

d) Verfahrensrechtliche Aspekte

Im traditionellen Recht finden sich auch verschiedene, typische Grundgedanken, die nach westlicher Systematik dem Verfahrensrecht zugeordnet werden können. Der für westliche Rechtsordnungen prägende Grundsatz der Verjährung etwa ist dem traditionellen Recht nicht nur fremd, sondern gälte als geradezu unmoralisch. Eine Schuld wird von Generation zu Generation weitergegeben und muss ggf. noch von den Enkeln beglichen werden. Dasselbe gilt für Verfristungen, etwa wenn Rechtsmittel gegen eine klar fehlerhafte Gerichtsentscheidung nach Ablauf eines bestimmten Zeitraums nicht mehr möglich sind.[160] Ein weiteres westliches Institut, das das afrikanische Traditionsrecht nicht kennt, ist die Vertretung durch Dritte, insbesondere Rechtserfahrene, im Rahmen einer Streitbeilegung.[161] Dies erklärt sich ohne weiteres aus dem geringen Komplexitätsgrad der Rechtsregeln, der Vertrautheit der Betroffenen mit dem Recht, dem überschaubaren und volksnahen Verfahren sowie dem Fehlen von professionellen Juristen sowohl auf Seiten der Beteiligten als auch unter den Entscheidungsträgern. Eine Vertretung vor Entscheidungsinstanzen, gar durch einen Anwalt, erweist sich so als schlicht unnötig und unpassend. Ein drittes Beispiel ist schließlich die Unschuldsvermutung, die im traditionellen Recht eher durch eine Schuldvermutung ersetzt wird. Dies erweist sich als Konsequenz der mehr auf Pflichten denn auf (individuelle) Rechte orientierten Denkweise des traditionellen Rechts: Da ein jeder die Pflicht hat, andere nicht zu schädigen, obliegt es dem wahrscheinlichen Verursacher zu beweisen, dass er für den Anlass des Schadens nicht verantwortlich ist. Zudem passt der Gedanke der Beweislast ohnehin nur wenig zu den typischen traditionellen Schlichtungsverfahren.[162] 61

e) Exkurs: Hexerei

aa) Gesellschaftliche Verbreitung des Hexereiglaubens

Überall in Afrika muss die Justiz sich mit dem weitverbreiteten Glauben an Hexerei auseinandersetzen.[163] Große Teile der Bevölkerung sind der Überzeugung, dass Zauberer, Hexen und ähnliche Personen die Möglichkeit haben, ihnen durch Anrufung höherer Mächte zu schaden oder sonst durch Gedankenkraft Veränderungen in der physischen Welt hervorzurufen. Dieser Glaube ist auch nicht etwa auf die einfache und ungebildete Landbevölkerung beschränkt. Er findet sich vielmehr ebenso unter durchaus gebildeten Menschen, Politikern oder Stammesführern, auch wenn diese nicht immer auch nach außen zu 62

158 *Himonga* (Fn. 146), 238; zur Nichtigkeit der Ehe ohne Brautgeldvereinbarung etwa in der Demokratischen Republik Kongo vgl. *Boshab* (Fn. 1), 138.

159 Vgl. dazu auch Code de la famille, Exposé des motifs, Journal officiel de la République démocratique du Congo, numéro spécial, 25.4.2003, 15 f.

160 Vgl. *Boshab* (Fn. 1), 168 f.; *Bayona ba Meya Muna Kimvimba,* Le recours à l'authenticité dans la reforme du droit au Zaïre, in: Conac, Gérard (Hrsg.), Dynamique et finalités des droits africains, 1980, 229 (247).

161 Zum Ganzen kurz *Bennett* (Fn. 119), 69 f.

162 Vgl. *Bennett* (Fn. 119), 69; *Bennett, Thomas W.,* Comparative law and African customary law, in: Reimann, Mathias; Zimmermann, Reinhard (Hrsg.), The Oxford handbook of comparative law, 2006, 641 (660).

163 Zum Ganzen vgl. etwa *Diwan, Mohammed A.,* Conflict between State legal norms and norms underlying popular beliefs – Witchcraft in Africa as a case study, Duke Journal of Comparative & International Law, 14 (2004), 351 (351 ff.); *Boshab* (Fn. 1), 2007, 121 ff.

ihrem Glauben stehen.[164] Zahlt beispielsweise ein Schuldner nicht, so bieten Zauberkundige ihre Dienste an, die behaupten, den Blitz auf den Schuldner herunterrufen zu können. Die vorherige Warnung an den säumigen Schuldner wird dabei, wenn nötig, auch über lokale Radiostationen verbreitet. In der Demokratischen Republik Kongo etwa ist es schon vorgekommen, dass Politiker auf diese Weise ihre Bestechungsgelder an Provinzabgeordnete zurückforderten, nachdem diese nicht wie versprochen für sie abgestimmt hatten.[165] Selbst im französischen Überseedepartement La Réunion kam es 2017 zu einem Fall von schwarzer Magie, mit der die laufende Wahl zum französischen Parlament beeinflusst werden sollte.[166]

63 Dass auch die Justiz ihre Probleme mit der Hexerei hat, belegt augenfällig ein Urteil des Strafgerichts Boué im Nordosten Gabuns aus dem Jahr 1964, das aufgrund seiner eher ungewöhnlichen Argumentation zu einem Standardzitat für afrikanischen Hexereiglauben geworden ist. Der Angeklagte Étienne Biyeke hatte das Opfer Joseph Akoué auf der Jagd durch einen Kopfschuß getötet. Biyeke behauptete aber, Akoué sei ihm nicht als Mensch, sondern als Schimpanse gegenübergetreten. Erst nach dem Schuß habe er sich wieder in einem Menschen verwandelt, sei noch 1.000 Meter gelaufen und dann gestorben, ohne noch etwas zu sagen. Das Strafgericht begründete seinen Freispruch im Kern wie folgt:

„Attendu qu'il est de notoriété publique au Gabon que les hommes se changent soit en panthère soit en gorille, soit en éléphant, etc… pour accomplir des exploits, éliminer les ennemis ou attirer sur eux de lourdes responsabilités, défendre leurs plantations et ravager celles des voisins et des amis; que ce sont des faits qui sont inconnus du droit occidental et dont le juge Gabonais doit tenir compte (…);
(…)
Attendu qu'il faut encore faire savoir que les transformations des hommes en animaux féroces sont encore en vue de ne pas effrayer le gibier, pour s'en saisir plus facilement;
(…)
Attendu que le Tribunal à l'entière conviction qu'Akoué Joseph s'est transformé en chimpanzé en forêt ou il aurait été en chasse sans arme et à l'insu de personne, (…);
(…)
par ces motifs, déclare Biyeke Étienne non coupable des faits qui lui sont reprochés.“[167]

Ob dieses Urteil mit seiner direkten Bejahung einer aus westlich aufgeklärter Sicht völlig irrationalen Annahme eine seltene Ausnahme darstellt oder nicht, ist kaum objektiv zu entscheiden, da die Veröffentlichungspraxis afrikanischer Urteile allenfalls einen sehr lückenhaften Einblick erlaubt und Urteile gerade unterer Gerichtsinstanzen nicht einmal durchgängig schriftlich abgefasst oder begründet werden. Allerdings wird gemeinhin davon ausgegangen, dass ein echter Glauben an Hexerei sich eher selten in den Urteilen staatlicher Gerichte niederschlägt, während er bei traditionellen Streitentscheidungsinstanzen durchaus öfter oder gar regelmäßig vorkommt.[168]

---

[164] Gegenbeispiel etwa der damalige Präsident des Obersten Gerichtshofs von Zaire *Bayona ba Meya* (Fn. 160), 253: „Lors que l'on réflechit (…) à la possibilité d'agir contre quelqu'un à distance par la pensée et *de créer réellement par la parole,* l'on se rend compte que pareille conception des choses est vérifiable aujourd'hui sur le plan même de la science officielle. En effet (…) des savants (…) ont pris conscience de la réalité de l'univers de la parapsychologie.“ (Hervorhebung im Original).

[165] Dazu und zu den Beispielen *Boshab* (Fn. 1), 123; für den Versuch von Politikern, Wahlen durch Zauberei zu beeinflussen vgl. etwa auch *Kusimba, Simbi,* Kenya – Bishop Mechumo condemns sorcery and witchcraft in campaigns, The Star, 28.2.2013, allafrica.com/stories/201302281401.html (zuletzt abgerufen am 18.7.2025).

[166] Vgl. *Adaoust, Camille,* Législatives – des „actes de sorcellerie“ constatés devant des bureaux de vote de La Réunion, www.francetvinfo.fr/elections/legislatives/legislatives-des-actes-de-sorcellerie-constates-devant-des-bureaux-de-vote-de-la-reunion_2231683.html (zuletzt abgerufen am 18.7.2025).

[167] Tribunal correctionnel de Boué, 22.4.1964, abgedruckt in: Gabonec – Le quotidien d'information en ligne, web.archive.org/web/20120526025049/http://www.gaboneco.com/show_article.php?IDActu=15850 (zuletzt abgerufen am 18.7.2025).

[168] Vgl. etwa *Boshab* (Fn. 1), 121; *Bayona ba Meya* (Fn. 160), 251, 253; *Chavunduka, G.L.,* Witchcraft and the law in Zimbabwe, Zambezia – The Journal of Humanities of the University of Zimbabwe 8 (1980), 129 (129).

bb) Hexerei und Strafrecht

Für die Justiz stellt der Glaube an Hexerei eine größere Herausforderung dar. Dabei treten in der Praxis vor allem drei problematische Konstellationen auf: Hexerei als Rechtfertigungsgrund, Hexerei als Straftat und umgekehrt die unterstellte Hexerei als Straftat. Als potentieller Rechtsfertigungsgrund findet sich Hexerei nicht nur in der soeben zitierten Entscheidung des Strafgerichts Boué, sondern vor allem in den immer wiederkehrenden Fällen, in denen Menschen umgebracht wurden, weil sie angeblich Zauberei praktizierten. Im Kern geht es hier beispielsweise unter dem common law darum, ob die Hexerei als Provokation und damit als Strafmilderungsgrund angesehen werden kann, was wiederum davon abhängt, ob eine vernünftige Person die Lage – also etwa die Bedrohung durch eine Hexe – ebenso eingeschätzt hätte wie der Angeklagte. Afrikanische Gerichte tendieren dazu, dies gelegentlich zu bejahen.[169] 64

Hexerei als Straftat kann vor allem in zwei Konstellationen auftreten. Einerseits kann eine Straftat angeblich durch Hexerei begangen worden sein: der Blitz wurde vom Zauberer auf das Opfer gelenkt oder der Täter hat das Opfer durch Gedankenkraft getötet. Dabei kann es durchaus auch vorkommen, dass der Täter selbst zugibt, die Tat auf diese Weise begangen zu haben. Aus westlich-rationaler Sicht handelt es sich zweifelsfrei um Hirngespinste, allenfalls um einen untauglichen Versuch. Afrikanische Autoren weisen demgegenüber immer wieder relativierend darauf hin, dass etwa auch in Europa der Glaube an Hexerei in früheren Jahrhunderten verbreitet gewesen sei, dass beispielsweise auch die Bibel von Geistern und Dämonen spreche und dass auch heute noch viele Europäer an paranormale Erscheinungen wie Astrologie oder Wahrsagerei glaubten. Dies aber wird den Rationalisten kaum überzeugen, denn es handelt sich dabei gerade um den Aberglauben vergangener Zeitalter und seine bedauerlicherweise heute noch verbliebenen Reste. Es gibt aber durchaus auch Stimmen, die aus anderen Gründen fordern, angeblich durch Hexerei begangene Straftaten nicht zu ignorieren. Denn letztlich handele es sich auch hier um sozial gefährliche Einstellungen, die ernsthafte soziale Schwierigkeiten hervorriefen; auch hätten solche Delikte im afrikanischen soziologischen Kontext nichts Absurdes an sich; und schließlich würden solche Delikte vor traditionellen Gerichten anerkannt, so dass es auch im Sinne der Befriedungsaufgabe des Rechts keinen Sinn machte, wenn die staatlichen Gerichte sie ignorierten.[170] 65

Das in Fällen dieser Art liegende Problem, Hexerei ggf. als Realität anerkennen zu müssen, wird weitgehend umgangen, wenn andererseits nicht allgemeine Delikte wie insbesondere Mord bestraft werden, die durch Hexerei begangen wurden, sondern das Praktizieren von Hexerei als solches. So heißt es beispielsweise im Strafgesetzbuch von Kamerun: 66

„Article 251 — Sorcellerie.

Est puni d'un emprisonnement de deux à dix ans et d'une amende de 5.000 à 100.000 francs celui qui se livre à des pratiques de sorcellerie, magie ou divination susceptibles de troubler l'ordre ou la tranquillité publics ou de porter atteinte aux personnes, aux biens ou à la fortune d'autrui même sous forme de rétribution.“[171]

Anklagen aufgrund dieser Norm gehen meist mit Anklagen wegen anderer Delikte einher. Wie selten oder häufig es insgesamt zu Verurteilungen aufgrund dieser Norm kommt, lässt sich nur schwer belegen, doch gibt es jedenfalls immer wieder Fälle, in denen sogar gravierende Strafen verhängt werden.[172] In der Literatur werden Normen wie diese teils als Fortschritt bezeichnet, weil sie die Auffassungen eines großen Teils der Bevölkerung ernst nehmen, das Problem demystifizieren und auch dem staatlichen Richter erlauben, sich in der

[169] Vgl. die Rechtsprechungsanalyse bei *Diwan* (Fn. 163), 368 ff.
[170] *Bayona ba Meya* (Fn. 160), 253.
[171] Journal Officiel de la République du Cameroun, Code Penal, n 67/LF/1, 12 juin 1967, www.vertic.org/media/National%20Legislation/Cameroon/CM_Code_Penal_Cameroun.pdf (zuletzt abgerufen am 18.7.2025).
[172] Vgl. etwa *Diwan* (Fn. 163), 356.

Gesellschaft zu rehabilitieren.[173] Umgekehrt wird aber auch darauf hingewiesen, dass die Bestrafung von Hexerei als solcher gerade nicht mit den sozialen Normen übereinstimme, weil es vielfach üblich sei, geständige Hexen und Zauberer wieder in die Gemeinschaft zu integrieren, wobei ihre übernatürlichen Kräfte neutralisiert würden.[174]

67 In die genau umgekehrte Richtung geht schließlich der verbreitete Versuch, nicht die Hexerei als solche, sondern den Vorwurf der Hexerei als Ehrdelikt zu bestrafen. So wird beispielsweise aufgrund des südafrikanischen Witchcraft Suppression Act jeder bestraft, der ua „imputes to any other person the causing, by supernatural means, of any disease in or injury or damage to any person or thing, or who names or indicates any other person as a wizard."[175] Entsprechende Fälle scheinen nicht selten zu sein. Im November 2012 etwa wurde in Tansania ein Angeklagter verurteilt, weil er nach dem Tod seines jüngeren Bruders im Krankenhaus aufgrund von Malaria und Typhus seinen zweiten Bruder bei den Trauerfeierlichkeiten vor der Familie beschuldigt hatte, den Tod des jüngeren Bruders durch Zauberei herbeigeführt zu haben. Der bislang unbescholtene Angeklagte, der zusätzlich noch trotz Kaution zu fliehen versucht hatte, wurde zu sieben Jahren Haft verurteilt. Der Staatsanwalt begründete seine entsprechende Forderung damit, dass es gelte, ein Exempel zu statuieren, um andere abzuschrecken, die ähnlichen Gedanken anhingen, die den gesellschaftlichen Frieden bedrohten.[176] Erneut liegt das Kernproblem hier darin, dass aus westlich aufgeklärte Sicht weder die Behauptung, jemand hexe, noch die Furcht des angeblichen Hexers vor körperlichen oder sonstigen Schäden aufgrund dieses Vorwurfs irgendeinen Sinn machen würde. Dass diese Einstellung in Afrika nicht geteilt und der Hexereivorwurf deshalb unter Strafe gestellt wird, beruht – ganz unabhängig davon, dass manche Gesetzgeber möglicherweise wirklich an Hexerei glauben – vermutlich darauf, dass so dem Glauben an Hexerei entgegengewirkt werden kann und dass bei vorhandenem Glauben an Hexerei in der Gesellschaft die entsprechenden Vorwürfe tatsächlich ein persönliches Risiko für die angeblichen Hexen und Zauberer darstellen.[177] Tatsächlich drohen Hexen und Zauberern gravierende Repressalien seitens der Bevölkerung bis hin zur Lynchjustiz, etwa durch die berüchtigten brennenden Autoreifen um den Hals, über die afrikanische Zeitungen immer wieder berichten. Gleichzeitig aber stellen Gesetze dieser Art ein Problem für den staatlichen Richter dar, denn die Bevölkerung kann eine Verurteilung wegen Hexereivorwurfs durchaus so interpretieren, dass der Richter sich auf die Seite des Zauberers schlägt.[178] Tatsächlich gibt es immer wieder Stimmen, etwa von Seiten der jeweiligen Vereinigungen traditioneller Heiler, die eine Änderung dieser Gesetze fordern, damit es möglich sei, die Aktivitäten von Hexern aufzudecken, die Hexer zu jagen und ggf. zu bestrafen.[179]

68 Wenn Hexerei vor Gericht in Rede steht, stellt sich zudem regelmäßig ein spezifisches Beweisproblem. Denn Hexerei lässt sich „naturgemäß" nicht mithilfe üblicher, gar naturwissenschaftlicher Methoden nachweisen, sondern ihrerseits nur mithilfe von übernatürli-

---

[173] So *Boshab* (Fn. 1), 126.

[174] So *Diwan* (Fn. 163), 356.

[175] Vgl. Point 1(a) Witchcraft Suppression Act 3 of 1957 (as amended in 1997), www.justice.gov.za/legislation/acts/1957-003.pdf (zuletzt abgerufen am 18.7.2025), der im Übrigen auch etwa jede Behauptung, selbst Zauberkräfte zu haben oder jeden Versuch, solche von anderen verwenden zu lassen, bestraft; ähnlich etwa in Simbabwe, vgl. 3 Witchcraft Suppression Act of 1890 (Ch. 9:19) (as amended in 2001): „Any person who imputes to any other person the use of non-natural means in causing any disease in any person or animal or in causing any injury to any person or property, that is to say, who names or indicates any other person as being a wizard or witch shall be guilty of an offence and liable to a fine not exceeding level six or to imprisonment for a period not exceeding one year or to both such fine and such imprisonment.", zit. nach *Diwan* (Fn. 163), 357 Fn. 25; für den Abdruck einer älteren, aber vollständigen Version dieses Gesetzes vgl. *Chavunduka* (Fn. 168), 145 ff.

[176] Vgl. *Siyame, Peti,* Tanzania – Man jailed for calling his brother a wizard, Tanzania Daily News, 17.11.2012, allafrica.com/stories/201211170290.html (zuletzt abgerufen am 18.7.2025); für eine Analyse anderer Fälle vgl. *Diwan* (Fn. 163), 381 ff.

[177] Zum Ganzen *Diwan* (Fn. 163), 380 f.

[178] Zu diesen Aspekten *Boshab* (Fn. 1), 126.

[179] Vgl. *Diwan* (Fn. 163), 381 mwN.

chen Methoden, etwa durch spiritistische Sitzungen, die sich jedoch nicht verifizieren lassen. Entsprechend sind auch staatliche Gericht in Afrika dieser Art der Beweisführung (sog. spectral evidence) gegenüber sehr zurückhaltend, wenn sie auch gelegentlich durchaus auch vor Gericht anerkannt wird.[180]

cc) Bedeutung allgemeinen Aberglaubens

Hexerei ist letztlich nur ein Aspekt der gegenüber dem Westen erhöhten Bedeutung des **69**
Aberglaubens, die in den verschiedensten rechtlichen Zusammenhängen beachtet werden muss. Ein Beispiel bietet hier die schlichte Einführung einer Krankenversicherung, um die sehr schlechte Versorgung großer Teile der Bevölkerung mit westlicher Medizin zu verbessern. Eines der zahlreichen Probleme der Einführung einer solchen Versicherungslösung ist das in Afrika verbreitete Tabu, künftige negative Ereignisse zu erwähnen. Ob Schwangerschaften oder Dürre: darüber wird nicht gesprochen, denn auf diese Weise könnte das Unglück erst herbeigeredet werden. Ebenso kann das Unglück gerade heraufbeschwören, wer Vorkehrungen dagegen trifft. Krankenversicherungen treffen daher in so geprägten Gesellschaften auf sehr hohe Akzeptanzprobleme, da sie ein Nachdenken über und Vorkehrungen gegen zukünftige Krankheiten voraussetzen, damit das Tabu brechen und nach Auffassung vieler Menschen die Gefahr einer Krankheit überhaupt erst heraufbeschwören können.[181]

5. Traditionelles Recht zwischen Stadt und Land, Mehrheit und Eliten

a) Vielschichtigkeit und Komplexität der gesellschaftlichen Verteilung

Dass dem Traditionsrecht in Afrika heute insgesamt eine große Bedeutung zukommt, ist **70**
allgemein anerkannt. Hier werden keine veralteten Rechtsideen von westlichen Beobachtern romantisiert, sondern wird eine anpassungsfähige, moderne, manchmal aber auch störende oder gar verstörende Realität zur Kenntnis genommen. Weniger klar ist hingegen, wie diese Bedeutung sich gesellschaftlich verteilt. Dass das Traditionsrecht unter der ländlichen und oft ungebildeten Bevölkerung eine große Rolle spielt, leuchtet schnell ein und wird auch erkennbar von niemandem bestritten. Wie aber sieht die Lage unter den neuen Eliten und im sich entwickelnden Mittelstand aus, oder auch unter den städtischen Armen, die heute einen großen und stets wachsenden Teil der Bevölkerung ausmachen?

Das vielfach beobachtete Phänomen, dass gerade in der westlichen Denkweise geschulte **71**
afrikanische Juristen das Traditionsrecht unterschätzen oder ablehnen, legt die Vermutung nahe, dass das Traditionsrecht in städtischen und gebildeten Kreisen zumindest eine geringere Rolle spielt. Tatsächlich finden sich immer wieder einmal entsprechende Stellungnahmen, die beispielsweise in den Städten nur das staatliche Recht aktiv sehen, während den Landbewohnern ein Wahlrecht zugestanden wird.[182] Andere Stimmen sehen eine entsprechende Verteilung eher als statistische Tendenz an und lokalisieren die Trennlinie zwischen beiden Rechtsmassen vor allem im Bildungsgrad der Betroffenen.[183] Dabei liegt die Unterstellung nahe, dass die Bildung auf dem Lande in aller Regel gering ist, es in den Städten hingegen auf den Einzelnen und seinen genauen Wohnbezirk ankommt. In manchen Staaten ist es aber auch nicht ausgeschlossen, dass Traditionsrecht sogar auf Fremde, insbesondere auch Nichtafrikaner Anwendung findet,[184] während es etwa in Südafrika klar auf schwarze eingeborene Gemeinschaften beschränkt ist.[185] All diese Aussagen bleiben aber

[180] Vgl. die Rechtsprechungsanalyse bei *Diwan* (Fn. 163), 359 ff.
[181] Vgl. *Fleßa, Steffen,* Krankenversicherung in Afrika – Ein Strohhalm für das kirchliche Gesundheitswesen, Das Gesundheitswesen 60 (1998), 52 (54).
[182] So etwa *Legeais* (Fn. 5), 295.
[183] Vgl. *Mwalimu* (Fn. 2), 165 f.
[184] Vgl. für Nigeria *Mwalimu* (Fn. 2), 33; für Kenia *Ochich* (Fn. 109), 121 f.
[185] *Du Bois* (Fn. 11), 100 f.

sehr im Vagen und an der Oberfläche. So ist es etwa keineswegs gesagt, dass Angehörige der afrikanischen Eliten in ihrem Denken und ihrer Lebensweise verwestlicht sein müssen und daher das Traditionsrecht ablehnen. Dies kommt zwar nicht selten vor, doch findet sich ebenso die umgekehrte Einstellung, bei der gerade ein besonderer Stolz auf die afrikanische Herkunft und Tradition gepflegt wird.[186] Bei alledem kommt es zudem darauf an, ob Gegenstand der Betrachtung ein offizielles Traditionsrecht ist, das feste Regeln über seinen Anwendungsbereich kennen und von der Existenz anerkannter und lokal zuständiger traditioneller Instanzen abhängen mag, oder das lebende Traditionsrecht, dessen Anwendungsbereich sich allein empirisch, dh aus seiner realen Wirkung und Bedeutung bestimmt.

72 Auch eine genauere Betrachtung führt weniger zu einer Lösung der Frage nach der gesellschaftlichen Verteilung, sondern allenfalls zu einer etwas strukturierteren und klareren Sicht auf die Vielschichtigkeit und Komplexität des Problems. Eine sowohl empirische als auch normative, umfassende Analyse der exakten heutigen Verbreitung und Bedeutung des Traditionsrechts innerhalb aller afrikanischer Staaten wurde, soweit erkennbar, nie in Angriff genommen. Schon vertiefte und genaue Aussagen über die Lage in einem einzigen Staat scheitern offenbar regelmäßig an der Komplexität Afrikas mit seinen unterschiedlichen und immer wieder wechselnden politischen Regimen, seiner Vielzahl von Ethnien und seinen bedeutenden Wanderungsbewegungen. Selbst wenn die Betrachtung auf das offizielle Traditionsrecht reduziert und der damit einhergehende Verlust an Realitätsnähe in Kauf genommen wird, finden sich kaum befriedigende Antworten. Für Kenia beispielsweise lässt sich hier zunächst ganz global ein Niedergang des offiziellen Traditionsrechts seit der Unabhängigkeit feststellen. Er beruhte zunächst auf offen traditionsrechtsfeindlichen Aktionen des Staates, die zwar heute einer offiziell positiven Haltung gewichen sind, die ihrerseits jedoch nur eine Realität staatlichen Handelns kaschiert, die langsam und schweigend versucht, das Traditionsrecht weiter zu marginalisieren.[187] Das spezifische Problem, wer genau in Kenia dem verbliebenen Traditionsrecht unterliegt, findet seinen gesetzlichen Niederschlag hingegen nur in der eher vagen Formulierung, es erfasse alle „ihm unterworfenen oder von ihm betroffenen" Personen („subject to or affected by"),[188] die das Problem eher beschreibt als einen Beitrag zu seiner Lösung zu bieten.

73 Wie wenig selbst kleinere Unteraspekte der Frage nach dem persönlichen Anwendungsbereich des Traditionsrechts gelöst sind, zeigt etwa auch die Suche nach einem Kollisionsrecht für die innerhalb eines Staates nebeneinander bestehenden Rechtsordnungen. In Botswana beispielsweise bestehen solche Regeln zwar für das Verhältnis von staatlichem zu traditionellem Recht. Sie erweisen sich aber in der Praxis nicht immer als angemessen und werden auch von den Streitparteien nicht immer beachtet.[189] Weit unklarer noch ist die Lage im Hinblick auf das Verhältnis der verschiedenen (offiziellen) Traditionsrechte Botswanas untereinander: Dazu existieren keinerlei veröffentlichte Fälle, obwohl anerkanntermaßen die Wanderungsbewegungen zwischen den ursprünglichen Stammesgebieten und die intensivierten Kontakte zwischen den Stämmen Kollisionsfälle haben alltäglich werden lassen. Auch für das rechtliche Miteinander der verschiedensten Stämme in den Städten als Resultat der zunehmenden Landflucht der Bevölkerung findet sich nur die zwar richtige, aber nicht sehr hilfreiche Bemerkung, dass darin eine potentielle Quelle komplexer Probleme liege.[190]

[186] Vgl. etwa *Oba* (Fn. 116), 71 f.
[187] Vgl. *Ochich* (Fn. 109), passim, insbesondere 125 ff.
[188] Vgl. *Ochich* (Fn. 109), 120 ff.
[189] Vgl. *Molokomme* (Fn. 75), 228 f.
[190] Vgl. *Fombad* (Fn. 16), 91; zur Lösung von Kollisionsproblemen in Namibia vgl. etwa sect. 13 Community Courts Act 2003 (No. 10 of 2003), wiedergegeben bei *Amoo, Sam K.,* The structure of the Namibian judicial system and its relevance for an independent judiciary, in: Horn, Nico; Bösl, Anton (Hrsg.), The independence of the judiciary in Namibia, 2008, 69 (92): „(…) a community court shall apply the customary law of the traditional community residing in its area of jurisdiction: Provided that if the parties are connected with different systems of customary law, the community court shall apply the system of customary law which the court considers just and fair to apply in the determination of the matter.".

b) Insbesondere: Traditionelles Recht in der Stadt

74 In der wachsenden Stadtbevölkerung liegt auch der Kern des Problems, das sich im Hinblick auf das lebende Traditionsrecht stellt.[191] Dieses Wachstum ergibt sich einerseits aus der Landflucht der Bevölkerung, andererseits aber auch aus der Verstädterung mancher Dörfer. Die Konsequenz ist in beiden Fällen die gleiche: In der Stadt leben die verschiedensten Stammesgruppen zusammen, teilweise in stark durchmischten Stadtteilen, teilweise aber auch in Vierteln, die klar von einer bestimmten Ethnie dominiert werden. Teils haben die Bewohner ihre Dörfer nur körperlich verlassen, hängen im Übrigen aber mehr oder minder ausgeprägt den alten Traditionen an, teils hingegen sind sie auch in ihren Einstellungen verstädtert. Dies kann – muss aber nicht – auch damit zusammenhängen, ob die Betroffenen zur ersten oder einer folgenden Generation neuer Stadtbewohner gehören. Für die Häuptlinge als einer zentralen Instanz des traditionellen Rechts bieten sich entsprechend zwei Optionen: Sie können ihre verbliebene Autorität vom Heimatdorf aus ausüben[192] oder sie gehen selbst in die Städte. Ihre Autorität ist hier zwar in der Regel aufgrund der vielfältigen anderen Einflüsse und Ausweichmöglichkeiten geringer. Auch werden sie oft versuchen, vor allem den Kontakt zu reicheren Stammesangehörigen zu suchen. Dies ermöglicht einerseits größere finanzielle Zuwendungen an die Häuptlinge, kann jedoch gleichzeitig deren Ansehen bei den übrigen Stammesangehörigen schaden. Positiv betrachtet bilden die Häuptlinge in der Stadt ein Verbindungsglied zwischen den Stammesangehörigen, bieten eine Gelegenheit zu Treffen und zur Vertiefung von Traditionen, sozialen Bindungen und Solidarität. Auch die Häuptlinge selber unterliegen dabei einem Veränderungsprozess; so kann es heute etwa sein, dass der Häuptling eines Stammes eine städtische Schulausbildung genossen hat oder sogar einen Universitätsabschluss besitzt.

75 Auch das städtische Leben folgt damit in der Praxis vielfach dem traditionellen Recht. Ehescheidungen etwa werden keineswegs nur auf dem Lande, sondern auch in den Städten oft nicht wie vorgesehen von einem staatlichen Gericht ausgesprochen, sondern vor traditionellen Autoritäten beschlossen.[193] Auch das traditionelle Strafrecht spielt in den städtischen Slums ebenso eine Rolle wie auf dem Lande.[194] Demgegenüber bildet das geschriebene staatliche Recht aus Sicht vieler einfacher Bürger das Recht einer kleinen Elite, das ihren eigenen Alltag allenfalls teilweise zu bestimmen vermag. Umgekehrt bleibt das traditionelle Recht aber keineswegs eine Domäne der Armen.[195] Wenn etwa im Geschäftsleben, auch bei großen Projekten, ein ernsthafter Konflikt auftritt und die Beteiligten bemerken, dass sie zum selben Stamm gehören, kann es plötzlich heißen „vergessen wir das Recht der Weißen", so dass der Streit nach dem gemeinsamen traditionellen Recht gelöst wird. Ebenso kann etwa selbst ein Minister, der sich üblicherweise ganz modern gibt, beim Bau eines öffentlichen Gebäudes plötzlich die traditionellen Regeln einhalten, also etwa den für das Land zuständigen Häuptling befragen, Zeremonien abhalten und eine symbolische Pacht bezahlen.[196] Diese Einstellung sollte allerdings keinesfalls romantisiert werden: „Man kann es nicht genug betonen: Wenn wohlgebildete Führungskräfte ihre klimatisierten Büros zugunsten einer seltsamen Aufmachung verlassen, Vogelfedern auf dem Kopf, Leoparden- oder Büffelfell um die Hüften, dann handelt es sich nicht um eine tiefe

---

191 Zum Folgenden vgl. umfassend *Boshab* (Fn. 1), 61 ff.

192 Die Bedeutung der Häuptlinge auch für Stammesangehörige in den Städten oder im Ausland betont etwa auch *Frémont* (Fn. 4), 155.

193 Vgl. *Boshab* (Fn. 1), 146, 151.

194 Vgl. *Boshab* (Fn. 1), 121 f.

195 Die Rolle von Imbizo – dazu supra → Rn. 54 f. – auch in städtischer Umgebung betont etwa *Bennett* (Fn. 125), 181.

196 Zu beiden Beispielen vgl. *Wabnitz* (Fn. 34), 152; zu der unter Afrikanern verbreiteten Einstellung, Staat und Gemeinwesen als etwas vom Volk geschiedenes, fremdes und in letzter Konsequenz immer noch als eine Sache der Weißen zu sehen, eine Einstellung die sich auch sprachlich immer wieder niederschlägt (zB wenn der öffentliche Dienst als „Arbeit des Weißen" bezeichnet wird) vgl. *Tassou, Tarj*, La „chose publique" dans les États Africains – Sens et contresens, Revue juridique et politique 54 (2000), 301 (302 ff., insbesondere 303, 305).

Liebe zum Naturalismus, sondern vielmehr um politisches Kalkül. Tatsächlich ist die gewohnheitsrechtliche Autorität ein sicheres Mittel, um ohne viel Mühe eine politische Karriere zu beginnen."[197] Und auch in der Politik spielen der Stamm und sein Recht eine Rolle, die keineswegs vernachlässigt werden darf. Als sich etwa in der Provinz Kananga der Demokratischen Republik Kongo 2007 zwei Politiker derselben Partei auf den Posten des Vizepräsidenten der Provinzversammlung bewarben und trotz tagelanger Diskussion keine innerparteiliche Einigung möglich war, wandte man sich schließlich an den Häuptling des Dorfs, aus dem beide Kandidaten stammten. Der Häuptling entschied für den einen, ohne das der andere daran Anstoß genommen hätte.[198]

76 Die Ausgangsfrage, für welche Personengruppen auf dem Lande, aber vor allem auch in den Städten das offizielle wie das gelebte Traditionsrecht genau gilt, in welchem Umfang es gegebenenfalls gilt, welche traditionellen Autoritäten welchen Einfluss haben, wie verschiedene Traditionsrechte und traditionelle Autoritäten sich untereinander verhalten und ob das ganze zum staatlichen Recht in einem Verhältnis der Alternativität, Komplementarität oder eines schlichten Nebeneinanders steht: all dies lässt sich heute kaum exakt beantworten. Das kann bedauert und eine größere Lücke in der Forschung konstatiert werden. Möglichweise aber beruht schon die Fragestellung zu sehr auf einem systematischen, regelgeleiteten und deduktiven Denken westlicher Prägung und wird deshalb dem besonderen Charakter des traditionellen Rechts gar nicht gerecht.

6. Einbindung traditionellen Rechts in den Staat

a) Grade der Anerkennung

aa) Staatliche Grundhaltungen zum traditionellen Recht

77 Die Grundeinstellung der afrikanischen Staaten zum Traditionsrecht ist sehr verschieden. Schon aus der historischen Entwicklung heraus ergibt sich zunächst eine grobe Zweiteilung in frankophone Staaten, die sich dem Traditionsrecht weitgehend verweigern, und anglophone Staaten, die es in unterschiedlichem Ausmaß anerkennen.[199] Beiden gemein ist aber, dass das traditionelle Recht sich vom Ausmaß staatlicher Anerkennung wenig beeindrucken lässt und jedenfalls in seiner Variante als lebendes Traditionsrecht auch ohne oder gar gegen den Staat existiert. Im (frankophonen) Senegal beispielsweise ist die traditionelle Justiz in keiner Weise anerkannt; dennoch wenden sich die meisten Menschen an sie und nicht an die staatlichen Gerichte.[200] Auch in der Demokratischen Republik Kongo herrscht auf faktisch 80 % des Gebiets das traditionelle Recht.[201] Überall im frankophonen Afrika sind die traditionellen Mittel der Streitbeilegung zwar versteckt, aber präsent.[202] Im anglophonen Afrika liegt das Problem weniger in der möglichen Unterdrückung als vielmehr in der Vereinnahmung des traditionellen Rechts durch den Staat. Auch dies gelingt aber nur teilweise. So bestehen in Nigeria, Uganda oder Ghana zwar staatliche Gerichte mit Zuständigkeit für das Traditionsrecht; dennoch arbeiten die traditionellen Streitbeilegungsinstanzen weiter, tragen die Menschen ihre Probleme beispielsweise lieber zu ihren Häuptlingen.[203] Auch in Botswana bestehen traditionelle Gerichte und staatliche Gerichte für

---

[197] *Boshab* (Fn. 1), 85 („On ne le dira jamais assez, lorsque les cadres bien formés désertent leurs bureaux climatisés au profit des accoutrements bizzares, plumes d'oiseaux sur la tête, peau de léopard et de buffle autour des hanches, il ne s'agit pas d'un amour profond pour le naturalisme, mais plutôt d'un calcul politique. En effet, le pouvoir coutumier est un moyen sûr de débuter sans beaucoup d'efforts, une carrière politique.").

[198] Vgl. *Boshab* (Fn. 1), 64.

[199] Vgl. schon supra → Rn. 4, 46.

[200] Vgl. *Camara* (Fn. 22), 73.

[201] *Wabnitz* (Fn. 34), 168, der ein unveröffentlichtes Manuskript von *Altit, Emmanuel,* Audit organisationnel de la justice de la République Démocratique du Congo, Rapport d'état des lieux, Synthèse, 2003, 73 f. zitiert.

[202] *Wabnitz* (Fn. 34), 152.

[203] Vgl. etwa für Uganda und Nigeria *Owor* (Fn. 101), 225, 227; für Ghana *Sacco* (Fn. 1), 243.

Traditionsrecht nebeneinander; hier sind die „inoffiziellen" traditionellen Gerichte aber sogar offiziell anerkannt.[204]

In Mosambik wurde nach Jahren der versuchten Unterdrückung des Traditionsrechts unter marxistischen Vorzeichen schließlich 2004 eine Verfassung erlassen, die den Rechtspluralismus anerkennt.[205] Dennoch sind dort weitergehende Versuche, das traditionelle Recht in das offizielle Gerichtssystem zu integrieren, gescheitert. Auch hat der Staat zwar die eigenständigen Anführer der jeweiligen lokalen Gemeinschaften (community authorities) anerkannt, doch sind dies nur teilweise die traditionellen Führer, in vielen Fällen aber auch die verschiedensten anderen politischen Kräfte. Letztlich besteht der Eindruck, dass die vollmundige verfassungsrechtliche Anerkennung der Pluralität weniger auf einem echten Willen zur Berücksichtigung der für weite Teile der Bevölkerung maßgeblichen Rechtssätze beruhte, als vielmehr auf dem Bemühen, die staatliche Einflusssphäre zu erweitern.[206] Ein weiteres Beispiel bietet Tansania, das trotz seiner britischen Vergangenheit zu den Ländern Afrikas mit dem geringsten Grad von offizieller Anerkennung traditioneller Institutionen gehört. So sind dort etwa vor staatlichen Gerichten der unteren Ebene zwei sog. assessors vorgesehen, die den Richter zu Fragen des traditionellen oder islamischen Rechts beraten sollen. In der Praxis hat dies jedoch kaum Auswirkungen. Denn nicht nur können die assessors keine bindende Entscheidung treffen. Vor allem ist die Einstellung der Richter zu ihnen wenig positiv, so dass sie sich oft gar nicht erst ihrer Dienste bedienen.[207] 78

bb) Konfliktfall traditionelles Strafrecht

Wie unterschiedlich die Rolle sein kann, die das staatliche Recht dem offiziellen Traditionsrecht überlässt, zeigt sich etwa am Beispiel des Strafrechts. In einigen Staaten wie etwa Uganda wird traditionelles Strafrecht generell nicht anerkannt, also ein entsprechendes Monopol des staatlichen Rechts postuliert, da für eine Verurteilung ein Verstoß gegen geschriebenes Recht verlangt wird.[208] In anderen Ländern wird das traditionelle Strafrecht eng umgrenzt.[209] In Ghana etwa verlangt das Richterrecht, dass alle einschlägigen Regeln bei der Definition der Straftatbestände mit den Definitionen der geltenden staatlichen Strafgesetze übereinstimmen müssen.[210] Ein bekannter Fall dazu illustriert nicht nur, was damit gemeint ist, sondern auch, wie weit traditionelles Strafrecht inhaltlich gehen kann: Der Angeklagte, ein Maurer, sammelte an einem Morgen im Juli 1990 Steinstücke vor dem Palast des Häuptlings, die er zu Schleifsteinen verarbeiten wollte. Da dies angeblich ein Verstoß gegen Traditionsrecht darstellte, wurde er angeklagt, vom Häuptling und den Ältesten für schuldig befunden und zur Zahlung von vier Flaschen Schnaps, einem Schaf und einem Krug Palmwein verurteilt. Der Angeklagte sprach daraufhin den Häuptling direkt und nicht durch seinen Berater (den sog. linguist) an, um zu erklären, dass er die Strafe nicht zahlen werde, und verließ ohne weitere Erlaubnis den Palast des Häuptlings. Die Sache wurde daraufhin über die Polizei vor ein staatliches Gericht gebracht, das den Angeklagten wegen dreier traditioneller Delikte für schuldig erklärte, nämlich erstens den Häuptling direkt und nicht über den Berater angesprochen zu haben, zweitens den Palast ohne Erlaubnis des Beraters verlassen zu haben und drittens ohne Erlaubnis vor dem Palast des Häuptlings Steine 79

[204] Vgl. *Fombad* (Fn. 16), 114 ff.

[205] Art. 4 mozambVerf: „The State recognises the different normative and dispute resolution systems that co-exist in Mozambican society, insofar as they are not contrary to the fundamental principles and values of the Constitution.".

[206] Vgl. *Menesses* (Fn. 8), 285 f., 295 f., 301 f.

[207] Vgl. *Laltaika* (Fn. 50), 171 f.

[208] Vgl. für Uganda *Owor* (Fn. 101), 225; zum früher entsprechenden Ausschluss traditionellen Strafrechts in Kenia vgl. *Ochich* (Fn. 109), 111; allerdings hat die verfassungsrechtliche Lage sich hier mit Art. 159 Abs. 3 der neuen kenianischen Verfassung von 2010 verändert.

[209] Zur Lage in Südafrika vgl. *Bennett, Thomas W.*, Customary criminal law in the South African legal system, in: Fenrich, Jeanmarie; Galizzi, Paolo; Higgins, Tracy (Hrsg.), The future of African customary law, 2011, 363 (365 ff.).

[210] Vgl. *Akamba/Tufuor* (Fn. 15), 215.

gesammelt zu haben. Erst in der zweiten Instanz wurde diese Entscheidung aufgehoben: Unabhängig davon, dass Delikte wie das Aufheben von Steinen vor dem Palast in der heutigen Gesellschaft ohnehin keinen Platz mehr haben dürften und deshalb unbeachtlich seien, dürfe niemand für Handlungen verurteilt werden, die nicht klar in einem staatlichen Gesetz dargelegt seien. Die Beleidigung des Häuptlings sei zwar in einem Gesetz ausdrücklich geregelt, doch sei nicht alles eine Beleidigung, was der Häuptling als solche empfinde.[211] Die Entscheidung endet mit der deutlichen Feststellung, es gehe zweifelsfrei nicht um eine Beleidigung, sondern um die Nichtbezahlung einer Strafe, die im Rahmen eines Verfahrens verhängt wurde „which was nothing but a travesty of justice. The chief and his elders sat on a complaint in respect of which they were really the prosecutors and the judges."[212]

80 In Botswana schließlich ist selbst das traditionelle Strafrecht weiterhin anwendbar, wenn das Land sich auch bemüht, internationaler Kritik insbesondere an der Prügelstrafe zumindest durch gewisse Beschränkungen Rechnung zu tragen. So darf etwa keine Peitsche, sondern nur ein genau spezifizierter Stock verwendet werden, dürfen Schläge nur das Gesäß treffen, muss ein Mediziner anwesend sein und darf die Prügelstrafe nicht an über vierzigjährigen Männern oder an Frauen vollzogen werden. Obwohl die Möglichkeit der Prügelstrafe aus westlicher Sicht immer noch sehr weit geht, beschweren sich einige Häuptlinge in Botswana über die unangebrachte Beschränkung der traditionellen Prügelstrafe durch diese Regeln und verstoßen auch gelegentlich dagegen.[213]

cc) Anerkennung traditioneller Streitbeilegungsinstanzen

81 Im Hinblick auf die Stellung traditioneller Streitentscheidungsinstanzen – die durchaus komplex und mit mehreren Instanzen daherkommen können[214] – bestehen selbst dort, wo sie offiziell anerkannt sind, verschiedene Herangehensweisen. Die Rechtsprechung staatlicher Gerichte in Namibia beispielsweise tendiert dazu, die Gleichwertigkeit traditioneller Streitentscheidungsinstanzen nicht anzuerkennen, etwa indem diese auf eine Ebene mit Schiedsgerichten gestellt werden. Werden ihre Entscheidungen vor staatlichen Gerichten angefochten, so können sie zwar nicht aufgehoben, gleichzeitig aber auch nicht inhaltlich bestätigt und so Teil einer – vollstreckbaren – staatlichen Gerichtsentscheidung werden.[215] Mit der Anerkennung des traditionellen Rechts durch die namibische Verfassung ist diese Haltung nur schwer zu vereinbaren. Entsprechend kritisch reagiert teilweise die Literatur, die vor dem Hintergrund der Gleichwertigkeit von staatlichem und traditionellem Recht schon daran Anstoß nimmt, dass Rechtsmittel von einem traditionellen Gericht überhaupt zu einem erstinstanzlichen, also gleichrangigen, und nicht zu einem zweitinstanzlichen staatlichen Gericht gehen.[216] Auch in Südafrika beispielsweise besteht keine echte Gleichwertigkeit traditioneller und staatlicher Streitentscheidung. Dort wurde argumentiert, vor den traditionellen Gerichten sei der Rechtsschutzstandard herabgesetzt, ua, weil die Entscheidungsträger mit ihren zugleich exekutiven Funktionen nicht im Sinne der Gewaltenteilung unabhängig seien und weil die Möglichkeit eines Rechtsbeistandes nicht bestünde. Für zivilrechtliche Entscheidungen wurde diese Kritik hinsichtlich der Gewaltenteilung von staatlichen Gerichten zurückgewiesen, im Strafrecht hingegen akzeptiert.[217]

---

[211] Vgl. Debrah vs. The Republic [1991] 2 Ghana Law Reports 517 (527 ff., 531 f. 533).
[212] Debrah vs. The Republic [1991] 2 Ghana Law Reports 517 (534).
[213] Vgl. *Molokomme* (Fn. 75), 226 ff.
[214] Vgl. *Hinz* (Fn. 80), 151; *Cuniberti* (Fn. 83), 403; vgl. auch schon *Schapera* (Fn. 81), 279 ff.
[215] Vgl. S vs. Haulondjamba, 1993 NR 102 (102 f.).
[216] *Hinz* (Fn. 80), 172 f.
[217] Vgl. Bangindawo & Others vs. Head of the Nyanda Regional Authority & Another, 1998 (3) SA 262 (271 ff.) (Tk) (zum Zivilrecht), zum verfassungswidrigen Ausschluss eines Rechtsbeistands vgl. ibid., 275 ff.; Mhlekwa vs. Head of the Western Tembuland Regional Authority & Another, 2001 (1) SA 574 (609 ff., 617) (Tk) (zum Strafrecht), zum Rechtsbeistand ibid., 617 ff.; zum Ganzen kritisch *Bennett* (Fn. 119), 68 ff.

b) Staatliche Einflussnahme auf traditionelles Recht

82 Jedenfalls dort, wo das traditionelle Recht nicht ohnehin ignoriert oder offiziell abgelehnt wird, lassen sich die verschiedensten Formen der inhaltlichen Einflussnahme durch das staatliche Recht feststellen. Eine klassische Form dieser Einflussnahme wurde von den Kolonialherren übernommen: die sog. repugnancy Klausel.[218] Sie begleitet in Schwarzafrika vielfach[219] die offiziell anerkannte Anwendung des Traditionsrechts. Trotz je nach Staat leicht abgewandelter Formulierungen hat sie im Kern den immer gleichen Inhalt. In Botswana beispielsweise wird ihr zufolge eine Regel des traditionellen Rechts nur dann anerkannt und durchgesetzt, wenn „it is not incompatible with the provisions of any written law or contrary to morality, humanity or natural justice".[220] Ähnlich heißt es etwa in Art. 159 Abs. 3 der kenianischen Verfassung von 2010: „Traditional dispute resolution mechanisms shall not be used in a way that – (a) contravenes the Bill of Rights; (b) is repugnant to justice and morality or results in outcomes that are repugnant to justice or morality; or (c) is inconsistent with this Constitution or any written law." Bereits die Unterwerfung unter die Verfassung wird in vielen Fällen weitreichende Anpassungen des Traditionsrechts ermöglichen.[221] Die weitergehende Unterwerfung unter jegliches staatliche Gesetz und darüber hinaus noch den undefinierten Standard der Moral, Menschlichkeit und der natürlichen Gerechtigkeit kann letztlich in der Hand des Richters zu einer fast vollständigen Kontrolle und potentiellen Aushebelung des Traditionsrechts führen. Entsprechend kritisch äußern sich Teile der Literatur, die vor allem bemängeln, der Maßstab werde zu subjektiv angewandt, er importiere weiterhin westliche (englische) Werte anstelle der heimischen und führe zu unvorhersehbaren Entscheidungen.[222] Immer wieder wird dabei ein Problem auch in den Unterschieden im Leben und Denken zwischen staatlichen Richtern und gewöhnlicher Bevölkerung gesehen, das durchaus dem der Kolonialzeit vergleichbar sei: „the judicial system may have moved from a problem of race and ethnicity to one of class."[223]

83 Änderungen des traditionellen Rechts aufgrund von Einwirkungen des Staates lassen sich vielfältig belegen. Sie können zunächst schlicht darauf beruhen, dass der Staat die Rahmenbedingungen ändert. In manchen Stämmen der Elfenbeinküste beispielsweise orientierte sich traditionell das ganze gesellschaftliche und politische Leben an der Jagd. Sie stand im Mittelpunkt zahlreicher Riten, war ein zentrales Mittel des sozialen Zusammenhalts, war Grundlage des sozialen Prestiges einzelner Personen und führte zu einer klaren Abstufung gegenüber den nicht jagenden Frauen. Aus Gründen des Naturschutzes versuchte die Elfenbeinküste dann zunächst, die Jagd zu reglementieren. Als diese Maßnahmen nicht fruchteten, griff der Staat alternativ zur Beschlagnahmung von Waffen und zur Einführung von Waffenscheinen, die nur Erwachsenen ab 21 Jahren verliehen wurden. Die Folgen waren gravierend. Ua verschwanden die traditionsrechtlichen Initiationsriten für Jugendliche ebenso wie die Methoden der Auswahl des Häuptlings; die Stellung von Mann und Frau, die nun beide zu Bauern wurden, näherten sich an.[224] Beispiele wie dieses haben teilweise zu der

[218] Vgl. schon supra → Rn. 44.

[219] Über die genaue Verbreitung gehen die Stimmen in der Literatur erstaunlich auseinander. Von ihrer allgemeinen Geltung in Schwarzafrika geht etwa *Mwalimu* (Fn. 2), 132 aus. Auf die Ausnahmen Ghana und Tansania weist hingegen *Ochich* (Fn. 109), 118 hin. Als Beispiele für eine generelle Tendenz zur Abschaffung der repugnancy Klausel nennt *Ocran* (Fn. 111), 477 Sierra Leone, Ghana und Botswana. Demgegenüber weisen *Akamba/Tufuor* (Fn. 15), 209, 212 ff. speziell für Ghana darauf hin, dass der repugnancy Test zwar nach der Unabhängigkeit nicht mehr gesetzlich vorgesehen war, die Gerichte ihre Einstellung aber nicht geändert hätten und den Test faktisch weiter anwendeten. Für die Weitergeltung etwa in Uganda vgl. *Owor* (Fn. 101), 225; vgl. auch die Beispiele im weiteren Text, insbesondere zu Botswana.

[220] Vgl. *Fombad* (Fn. 16), 90.

[221] Vgl. auch *Fombad* (Fn. 16), 90, die die Unterwerfung unter Moral etc im Hinblick auf die Verfassung letztlich für überflüssig halten.

[222] Vgl. nur *Ochich* (Fn. 109), 113 f., 116 ff.

[223] *Ocran* (Fn. 111), 480.

[224] Vgl. *Sacco* (Fn. 1), 235; ausführlicher *Sylla, Lanciné,* Le droit – Élément essentiel du changement social en Afrique (Étude de cas), in: Conac, Gérard (Hrsg.), Dynamique et finalités des droits africains, 1980, 314 (321 ff.).

Einschätzung geführt, das Traditionsrecht müsse weniger die bewussten Eingriffsversuche und Verbote des Gesetzgebers fürchten als vielmehr diejenigen Gesetze, die ihr die soziale Basis entziehen.[225] Diese pessimistische Grundhaltung scheint aber die – auch traditionelle – Flexibilität des Traditionsrechts zu unterschätzen. Schon immer hat es sich neuen Gegebenheiten angepasst und entspricht daher keinesfalls mehr eher romantischen Vorstellungen eines für naturnahe dörfliche Gemeinschaften konzipierten Rechts.

84 Manche Änderungen des traditionellen Rechts kommen auch gänzlich modern einher. So erteilen etwa in Namibia traditionelle Führer Urkunden über traditionelle Eheschließungen und -scheidungen. Sie verwalten Wälder im Gemeinschaftseigentum und beteiligen sich an der Registrierung von gemeinschaftlichem Grundeigentum.[226] In Südafrika folgt die Scheidung von nach Traditionsrecht geschlossenen Ehen heute letztlich denselben Regeln wie im südafrikanischen common law.[227] Manche Gemeinschaften, etwa in Namibia, versuchen aus eigener Kraft, wenn auch mit staatlicher Unterstützung, ihr Gewohnheitsrecht zu verschriftlichen.[228] Auf den ersten Blick erkennbar betreffen solche Modernisierungen aber vor allem das offizielle traditionelle Recht und seine Beziehung zum Staat sowie die Indienstnahme traditioneller Autoritäten als ausgelagerte staatliche Behörden. Dennoch ist bereits die Verschriftlichung und Beurkundung etwa von Eheschließungen ein Akt, der dem ursprünglich mündlichen Charakter des Traditionsrechts widerspricht und potentiell durchgreifende Auswirkungen auf seinen Inhalt und Charakter haben kann. Gleichzeitig stellt sich in allen Fällen dieser Art die Frage nach den Auswirkungen auf das reale Leben der Menschen, also auf das lebende Traditionsrecht. Staatliche Einwirkungen sowie Änderungen des offiziellen Traditionsrechts können hier durchaus durchschlagende Erfolge haben, können aber ebenso gut ignoriert werden, wie etwa ein Beispiel aus der Demokratischen Republik Kongo veranschaulicht. Dort bestimmt Art. 547 des Familiengesetzbuchs, dass eine Ehescheidung durch gewohnheitsrechtliche oder familiäre Autoritäten keinerlei Rechtsfolgen habe. Dennoch entscheiden in der Mehrheit der Scheidungsfälle überhaupt keine staatlichen Gerichte. Vielmehr wird die Scheidung rein traditionell durchgeführt und auch gelebt.[229] Auch die bloße Registrierung traditioneller Scheidungen und Ehen stößt dabei auf Widerstand. In Ghana etwa wurde eine zwingende Registrierung 1985 eingeführt, aber 1991 in eine nicht zwingende Möglichkeit umgewandelt.[230]

c) Traditionelles Recht und moderne Grundrechte

aa) Unlösbares Grundproblem?

85 Der gravierendste und zugleich problematischste Einfluss auf das traditionelle Recht geht heute aber vom Verfassungsrecht aus. Insbesondere der Gleichheitssatz führt hier zu enormen praktischen Verwerfungen, sei es im Hinblick auf die Gleichbehandlung von Mann und Frau, auf Unterschiede zwischen Jung und Alt oder allgemein auf die Nichtberücksichtigung einer besonderen Macht- oder Rangstellung. Ebenso kann es aber auch zu Problemen im Bereich des Rechtsstaats kommen, etwa wenn das traditionelle Streitentscheidungsverfahren keine rechtliche Vertretung zulässt oder der Streitentscheider zugleich der Häuptling ist und so die Gewaltenteilung[231] nicht respektiert wird.

86 Für den aufgeklärt denkenden Beobachter, sei er aus dem Westen oder aus Afrika, stellt sich hier ein kaum lösbares Dilemma: Einerseits besteht vor allem vor dem Hintergrund der Kolonialisierung ein Bedürfnis, die Entscheidungen der Afrikaner für ein eigenes Wert- und Rechtssystem zu unterstützen, ihnen nicht länger westliches Gedankengut aufzuzwingen

225 So *Sacco* (Fn. 1), 234.
226 Vgl. zu diesen Beispielen *Hinz* (Fn. 80), 154.
227 Vgl. *Himonga* (Fn. 146), 320 ff., insbesondere 323.
228 Vgl. *Hinz* (Fn. 80), 155 ff.
229 Vgl. *Boshab* (Fn. 1), 146.
230 Vgl. NA (Customary marriage and divorce, evidence) Ghana [2009] UKAIT 00009 para 14 ff.
231 Ausführlich etwa *Owor* (Fn. 101), 215 ff.

und sie so nach ihren eigenen, auch traditionellen Werten leben zu lassen. Genau dieselbe aufgeklärte Einstellung aber verlangt zugleich die Beachtung der universellen[232] und unveräußerlichen Menschenrechte und rechtsstaatlicher Grundsätze. Beides gleichzeitig ist nun aber nicht voll zu verwirklichen, denn die traditionellen afrikanischen Rechtssysteme in ihrer ursprünglichen Gestalt beachteten Menschenrechte und Rechtsstaat, wie sie heute verstanden werden, kaum.[233] Und bei aller Achtung vor den Traditionen, „the days when a chief looking through his window could decree that a particular woman walking down the street is his wife irrespective of the wishes and marital status of that woman, is gone and gone forever."[234] Paradigmatisch im Kern der Debatte steht die Gleichberechtigung der Frau in Afrika. Wer sie uneingeschränkt einfordert, setzt sich unweigerlich dem Vorwurf aus, afrikanische Traditionen nicht nur nicht zu achten, sondern sie sogar zerstören zu wollen. Wer umgekehrt das Hohelied des traditionellen Rechts singt, kommt nicht umhin zuzugeben, dass er damit die Frauen weitgehend in einer Position der Unterordnung belässt.

Dieses Dilemma lässt sich auch nicht einfach hinwegargumentieren, auch wenn dies auf 87
vielerlei Art versucht wird. So wird gelegentlich behauptet, das traditionelle Recht sei gar nicht so frauenfeindlich wie vielfach behauptet. Die Berücksichtigung der Meinung der Frauen sei vielmehr schon früher ein Grundprinzip der traditionellen Streitbeilegung gewesen, insbesondere über die beratende Funktion der Mutter, Schwester oder Cousine des Herrschers.[235] Diese im Gesamtspektrum eher ungewöhnliche Ansicht mag nicht zuletzt besonderen lokalen Gewohnheiten geschuldet sein: Die als Beispiel herangezogenen Gemeinschaften waren matrilinear organisiert.[236] Im Übrigen sind solche unverbindlichen, beratenden Rollen der Frau immer schon ein typisches Argument all derer gewesen, die sich gegen eine echte Gleichstellung richten. Andere weisen beispielsweise darauf hin, dass die originär afrikanischen Werte in der afrikanischen Banjul Charta der Menschenrechte und Rechte der Völker niedergelegt seien.[237] Tatsächlich findet sich hier beispielsweise in Art. 18 Abs. 3 eine klare Verpflichtung zur Beseitigung jeder Diskriminierung der Frauen. Ob die Banjul Charta aber wirklich das traditionelle Denken wiedergibt oder nicht vielmehr Ausdruck einer westlich inspirierten und aufgeklärten, wenn auch afrikanisch beeinflussten Grundhaltung afrikanischer Eliten ist, kann mit Fug und Recht bezweifelt werden. Dies gilt umso mehr, als bei der effektiven Umsetzung der Banjul Charta, ebenso wie anderer Menschenrechtsinstrumente in Afrika, ein großes Defizit konstatiert wird.[238] Eine weitere Argumentationsmöglichkeit besteht etwa darin, den Menschenrechten insgesamt den universellen Charakter abzusprechen und sie als westliche Idee generell abzulehnen.[239] Diese auch in anderen Regionen der Welt zu findende Einstellung muss sich allerdings stets fragen lassen, ob hier nicht schlicht die Werte und Wünsche einer kleinen, vor allem am Erhalt ihrer historisch gewachsenen Macht und der ihr zugrundeliegenden Bedingungen interessierten Gruppe von Führern verallgemeinert und gegen Minderheiten oder – vor allem bei Frauen – sogar Mehrheiten durchgesetzt werden.[240]

Es bleibt also nichts anderes, als das Dilemma anzuerkennen und eine eigene Gewissens- 88
entscheidung zu treffen, nicht nur über die grundsätzliche Bedeutung von Tradition und Verfassungsrecht, sondern auch über Möglichkeiten und Ausmaß eventueller Kompromisse. Ein wichtiger Aspekt, der dabei jedenfalls nicht außer Acht gelassen werden darf, sind die praktischen Folgen einer Ablehnung traditioneller Lösungen, dh die mögliche Nichtbeachtung

[232] Zur Frage der Universalität der Menschenrechte vgl. schon supra → § 1 Rn. 83 ff.
[233] Deutlich etwa *Medhanie* (Fn. 38), 250.
[234] Debrah vs. The Republic [1991] 2 Ghana Law Reports 517 (533).
[235] Vgl. *Camara* (Fn. 22), 74 ff.
[236] Vgl. *Camara* (Fn. 22), 77.
[237] Vgl. *Frémont* (Fn. 4), 162.
[238] Vgl. *Frémont* (Fn. 4), 162 ff., 165.
[239] Vgl. dazu etwa *Sippel, Harald,* „Rechtsstaat" and the heritage of different legal systems in Namibia and Tanzania, in Rösel, Jakob; Trotha, Trutz von (Hrsg.), The reorganisation or the end of constitutional liberties?, 2005, 153 (153 ff., 168 f.) mwN.
[240] Vgl. auch schon supra → § 1 Rn. 87.

in der Praxis. Gelegentlich mag sich so eine weniger radikale Zwischenlösung anbieten, die zwar das gewünschte Optimum nicht erreicht, aber gerade deshalb größere Chancen hat, überhaupt durchgesetzt zu werden. In der Demokratischen Republik Kongo etwa wurden zwar die Probleme gesehen, die das Brautgeld dann mit sich bringt, wenn die Familie es zur ungebremsten Bereicherung einsetzt, darauf aber bewusst nicht mit einem Verbot des Brautgelds reagiert – das ohnehin kaum Chancen auf praktische Beachtung gehabt hätte[241] –, sondern mit einer Obergrenze für das Brautgeld, deren Verletzung auch sanktioniert werden kann.[242] Wichtiger noch kann die Ablehnung traditioneller Lösungen durch den Staat zu ungewollten, gravierenden Beeinträchtigungen der Betroffenen führen. Wenn beispielsweise die Polygamie untersagt, die Verbindung des Mannes mit weiteren Frauen also nicht als Ehe angesehen wird, so werden die Kinder aus faktisch polygamen Beziehungen nicht mehr als ehelich angesehen und können damit erheblich an Rechten verlieren. Die Polygamie im Namen der Gleichberechtigung zu verbieten, weil sie üblicherweise nur Männern das Recht auf mehrere Frauen gibt und nicht umgekehrt, ist daher nicht unbedingt eine gute Lösung.[243] Auch die Leviratsehe[244] kann durchaus unter verschiedensten Blickwinkeln gesehen werden,[245] etwa weil sie das wirtschaftliche Überleben der Witwe und ihrer Kinder sicherstellt. In beiden Fällen kann diese vermittelnde Sichtweise natürlich als Relativierung der Menschenrechte an den Pranger gestellt werden. Gegenüber dieser Kritik wird von afrikanischer Seite allerdings ein zwar keineswegs immer durchschlagendes, aber doch bedenkenswertes Argument angeführt: Die Kritiker „se complaisent dans leurs bureaux climatiesés et ignorent tout de la réalité des villages oú habitent la majorité des Africains. (…) la loi devient, une forme d'hypocrisie qui ne résout aucun problème."[246] Immer wieder bestehen aber auch indirekte, weniger einschneidende Wege, für einen gewünschten Wandel in den gesellschaftlichen Einstellungen und im traditionellen Recht zu sorgen. In Uganda beispielsweise wurde für (offizielle) traditionelle Gerichte eine Frauenquote und teilweise auch eine Jugendquote eingeführt.[247]

89 Zu einer gewissen Zurückhaltung bei der schnellen Einforderung aktueller westlicher Wertvorstellungen im afrikanischen Alltagsleben mahnt auch die historische Entwicklung im Westen: Vielfach scheint das Bewusstsein dafür kaum ausgeprägt, dass die heutigen Wertvorstellungen insbesondere zur Gleichberechtigung von Mann und Frau – so berechtigt sie sind! – auch im Westen erst seit recht kurzer Zeit ihren Siegeszug angetreten haben. Dabei geht es nicht nur darum, dass selbst so elementare – und in Afrika durchgehend verwirklichte – Grundsätze wie das Wahlrecht für Frauen in Europa auf eine kaum hundertjährige Tradition zurückblicken kann, in Deutschland etwa erst 1918 durchgesetzt wurde, in den USA 1920, in Frankreich erst 1944, in der Schweiz erst 1971, im Schweizer Kanton Appenzell Ausserrhoden sogar erst 1989 und in Appenzell Innerrhoden erst 1990. Weitere allgemein bekannte Beispiele streiten gegen ein westliches Überlegenheitsdenken: So wurde etwa die Benutzung der Antibabypille unverheirateten Frauen in den USA erst 1972 durch die Entscheidung Eisenstadt vs. Baird[248] allgemein ermöglicht und war es Frauen bis 1969

[241] Vgl. *Boshab* (Fn. 1), 139.
[242] Vgl. Code de la famille, Exposé des motifs, Journal officiel de la République démocratique du Congo, numéro spécial, 25.4.2003, 16.
[243] Vgl. dazu auch *Bennett* (Fn. 82), 659; die rechtliche Behandlung der Polygamie ist dabei durchaus unterschiedlich, Südafrika erkennt sie im Rahmen des Traditionsrechts an, vgl. *Himonga* (Fn. 146), 237 (mit Hinweis auf die verfassungsrechtliche Problematik der Ungleichbehandlung von Männern und Frauen), während die Demokratische Republik Kongo sie ebenso wie die Polyandrie bei Strafe verbietet, vgl. Art. 408, 412 des kongolesischen Code de famille; zur Situation in Namibia kurz *Ruppel-Schlichting, Katharina; Ruppel, Oliver C.*, Applicable law and jurisdiction on the local, national and regional level – Facets of legal and judicial pluralism in Namibia, in: Ruppel, Oliver C.; Winter, Gerd (Hrsg.), Recht von innen – Rechtspluralismus in Afrika und anderswo, Festschrift für Manfred O. Hinz anlässlich seines 75. Geburtstages, 2011, 287 (311 f.).
[244] Vgl. schon supra → Rn. 57.
[245] Vgl. ausführlich *Boshab* (Fn. 1), 141 ff.
[246] *Boshab* (Fn. 1), 145.
[247] Vgl. *Owor* (Fn. 101), 218, 238 f.
[248] Eisenstadt vs. Baird, 405 U. S. 438 (1972).

untersagt, am Yale College zu studieren. In Deutschland benötigten Frauen bis 1977 die Genehmigung des Ehemanns, um eine Arbeit aufzunehmen und verloren bis 1953 mit der Heirat ihre Anstellung im öffentlichen Dienst, wenn ihr Ehemann ebenfalls im öffentlichen Dienst stand. Ähnliches gilt oft auch in anderen menschenrechtlichen Bereichen. So wurde etwa die uns heute oft völlig selbstverständliche Ächtung der Prügelstrafe in Nordirland erst 1968 gesetzlich verankert und es bedurfte 1978 einer Entscheidung des Europäischen Gerichtshofs für Menschenrechte, um dies auch auf der Isle of Man (die zwar nicht zu Großbritannien gehört, aber eine dependency of the Crown darstellt) durchzusetzen.[249] Ebenso wurde die allgemeine Strafbarkeit der Homosexualität etwa in der Bundesrepublik Deutschland erst 1969 abgeschafft, und der U. S. Supreme Court erklärte erst 2003 einzelstaatliche Regelungen, die homosexuelle Handlungen unter Strafe stellten, für verfassungswidrig.[250]

Ein letzter, allgemeiner Aspekt ist der Rechtspluralismus, der die Situation in Afrika 90
gegenüber Europa oder den USA verändert. Denn von der Kritik erfasst ist zunächst nur das Traditionsrecht in seinem jeweiligen personellen Anwendungsbereich. Von ihm betroffen sind also im Grundsatz nur Personen, die ihr Leben ohnehin an den traditionellen Werten ausrichten. Wer in den Städten einen westlichen Lebensstil gewählt hat, unterliegt hingegen nur dem staatlichen Recht. Dass dieses sich aber an die universellen Menschenrechte und besonders an die Vorgaben des nationalen Verfassungsrechts halten muss, steht außerhalb der hier geführten Diskussion. Aber auch diese Ausweichmöglichkeit ins staatliche Recht ist keineswegs immer ein durchschlagendes Argument.[251] Denn möglicherweise wollen zB Frauen auf dem Lande durchaus eine gleichberechtigte Stellung einnehmen, sind aber keineswegs bereit, dafür ihre sonstigen traditionellen Werte, ihre gewohnte soziale Umgebung, gar ihre Kinder und ihre Familie aufzugeben, um in die Stadt zu ziehen und sich so der Herrschaft des traditionellen Rechts zu entziehen.

bb) Beispiel Gleichberechtigung im Erbrecht

Die Frage der Durchsetzung von Verfassungsrecht und insbesondere Menschenrechten 91
gegenüber dem Traditionsrecht bleibt eine vielschichtige und komplexe Frage, die zwar einfache Antworten nicht ausschließt – es könnte das gesamte Traditionsrecht anerkannt oder umgekehrt die volle Wirksamkeit des Verfassungsrechts verlangt werden –, die aber in der Praxis eher zu komplexen Zwischenlösungen tendiert. Das Problem stellt sich letztlich in allen afrikanischen Staaten und wird überall intensiv diskutiert. Nur zur Illustration sollen hier abschließend einige konkrete Beispiele für die vor allem gerichtliche Umsetzung[252] aus dem Bereich der Gleichberechtigung der Frau gegeben werden.

In einer Entscheidung des südafrikanischen High Court beispielsweise ging es um die 92
Frage, ob das für eine wirksame Eheschließung erforderliche Brautgeld (lobolo)[253] auch von der Mutter verhandelt und entgegengenommen werden konnte.[254] Nach bis dahin herkömmlichem Verständnis war dies den ältesten Männern der Familie vorbehalten. Das Gericht entschied gegen diese überkommene Regel. Es berief sich dazu auf eine veränderte Praxis des Gewohnheitsrechts und wies zugleich auf die richterliche Pflicht hin, das sich ständig ändernde Gewohnheitsrecht in Übereinstimmung mit der Verfassung zu entwickeln (Art. 35 (3) InterimVerf; Art. 39 (3) südafrVerf). Das Gericht nahm also gerade nicht ausdrücklich für sich in Anspruch, aufgrund der Verfassung in das an sich bestehende Gewohnheitsrecht einzugreifen, dieses also teilweise zu verwerfen. Im Gegenteil behauptete

[249] Vgl. EGMR 25.4.1978 Rn. 28 – Tyrer/UK; zu Nordirland ibid., Rn. 14.
[250] Vgl. Lawrence vs. Texas, 539 U. S. 558 (2003).
[251] Vgl. zu den Problemen auch ausführlich *Higgins, Tracy E.; Fenrich, Jeanmarie,* Customary law, gender equality, and the family, in: Fenrich, Jeanmarie; Galizzi, Paolo; Higgins, Tracy (Hrsg.), The future of African customary law, 2011, 423 (427 ff.).
[252] Für weitere Beispiele vgl. etwa *Higgins/Fenrich* (Fn. 251), 432 ff.
[253] Zur Terminologie vgl. supra → Rn. 59.
[254] Vgl. Mabena vs. Letsoalo 1998 (2) SA 1068 (1073 ff.) (T).

es, das Gewohnheitsrecht habe sich selbst verändert.[255] Interessanterweise blieb es den dafür an sich erforderlichen empirischen Beleg schuldig. Stattdessen beriefen es sich im Kern auf einen Zeitschriftenaufsatz, eine Empfehlung der South African Law Reform Commission und die Behauptung einer der Streitparteien.[256] Dass hier eher der Wunsch der Vater des Gedankens war und eine Art verfassungskonformer Auslegung kaschiert wurde, hat auch unter südafrikanischen Juristen zu kritischen Betrachtungen geführt.[257]

93 Dass es auch sehr viel direkter geht, zeigt die Entscheidung des südafrikanischen Verfassungsgerichts im Fall Bhe.[258] Darin ging es um die Verfassungsmäßigkeit von zwei staatlichen Gesetzen, die noch aus der Zeit der Apartheid stammten und die im Ergebnis die Geltung der patrilinearen Primogenitur im traditionellen Recht bestätigten, also der Regel, der zufolge allein der älteste männliche Abkömmling zum Erben wird. Das Gericht hielt diese Regelung für unvereinbar insbesondere mit der verfassungsrechtlichen Gleichheit von Mann und Frau und bezeichnete sie im Mehrheitsvotum als unfaire Diskriminierung von Frauen und nichtehelichen Kindern. Noch bemerkenswerter als diese Entscheidung selbst sind aber die Konsequenzen, die das Gericht – gegen eine Minderheit der Richter[259] – daraus zog. Denn es erkannte zwar an, dass es üblicherweise wünschenswert sei, wenn die Gerichte langsam, von Fall zu Fall, neue Regeln des afrikanischen Gewohnheitsrechts entsprechend dem gelebten Gewohnheitsrecht entwickelten. Dies sei aber hier nicht möglich, da die verfassungswidrige Regelung grundlegenden Charakter für das ganze traditionelle Erbrecht trage und daher nicht von Fall zu Fall ersetzt werden könne. Stattdessen sei bis zur Neuregelung durch den Gesetzgeber eine gerichtliche Zwischenlösung erforderlich. Das Gericht ordnete daher an, dass nunmehr die Regeln des südafrikanischen common law in Form des Intestate Succession Act (mit einigen Zusatzregeln für polygame Ehen) auch für traditionelle Rechtsbeziehungen gälten.[260]

94 Die anschließende gesetzliche Neuregelung durch den Reform of Customary Law of Intestate Succession and Regulations of Related Matters Act 11 of 2009 (RCLSA) folgte im Kern dieser Interimslösung.[261] Der RCLSA erklärt im Grundsatz die Regeln des Intestate Succession Act auch auf Personen für anwendbar, die dem traditionellen Recht unterliegen. Entgegen dem ersten Eindruck wird damit aber nicht schlicht das traditionelle Recht zugunsten des westlich inspirierten südafrikanischen common law beiseite gedrängt. Vielmehr versucht der RCLSA in gewissem Umfang, den besonderen Eigenheiten traditioneller Rechtsbeziehungen Rechnung zu tragen. Beispielsweise enthält er eine eigene Definition des Abkömmlings (descendant) im Sinne des Intestate Succession Act, die erheblich über den üblichen Begriff hinausgeht und etwa auch Nebenfrauen sowie Ehen zwischen Frauen (die der Zeugung von Nachkommen für den Haushalt dienen) umfasst. Andererseits bringt schon die Einführung der Testierfreiheit einen gravierenden Einbruch in traditionelle Strukturen mit sich, die einer solchen Möglichkeit tendenziell ablehnend bis feindlich gegenüberstehen. Die südafrikanische Rechtslage zeigt dabei beispielhaft, wie schwierig es sein kann, ein so scheinbar schlichtes Konzept wie die Gleichheit der Geschlechter im traditionellen Recht durchzusetzen. Es konnte nicht einfach die gleichheitswidrige Regel gestrichen, sondern es musste ein vollständig neues Regelungsregime entwickelt werden, um die entstehende

[255] Ebenso in einem obiter dictum Fanti vs. Boto and others 2008 (2) All SA 533 (540 f.) (C).

[256] Vgl. Mabena vs. Letsoalo 1998 (2) SA 1068 (1073 f.) (T).

[257] Vgl. *Bennett/Bleazard* (Fn. 77), 4 ff.

[258] Bhe and Others vs. The Magistrate, Khayelitsha and Others, 2005 (1) SA 580 (CC), Originaltext verfügbar unter www.saflii.org/za/cases/ZACC/2004/17.pdf (zuletzt abgerufen am 18.7.2025).

[259] Vgl. Bhe and Others vs. The Magistrate, Khayelitsha and Others, 2005 (1) SA 580 (CC), para. 139 ff. (per Ngcobo J.), Originaltext verfügbar unter www.saflii.org/za/cases/ZACC/2004/17.pdf (zuletzt abgerufen am 18.7.2025).

[260] Vgl. Bhe and Others vs. The Magistrate, Khayelitsha and Others, 2005 (1) SA 580 (CC), para. 109 ff. (per Langa DCJ), Originaltext verfügbar unter www.saflii.org/za/cases/ZACC/2004/17.pdf (zuletzt abgerufen am 18.7.2025).

[261] Dazu und zum Folgenden näher *Rautenbach, Christa; du Plessis, Willemien,* Reform of the South African Customary Law of Succession – Final nails in the customary law coffin?, in: Fenrich, Jeanmarie; Galizzi, Paolo; Higgins, Tracy (Hrsg.), The future of African customary law, 2011, 336 (346 ff.).

Lücke zu füllen.[262] Dass dies auch bei intensivem Bemühen wie etwa mit dem RCLSA nicht einfach ist, zeigt etwa die Einführung der Testierfreiheit: Die Regel der patrilinearen Primogenitur ging traditionell einher mit der Verpflichtung des ältesten Sohnes, bestimmte Familienmitglieder in ihrem Unterhalt zu unterstützen. Die Erbschaft war gleichsam der finanzielle Ausgleich für diese Pflicht. Welche Auswirkungen die neu eingeführte Testierfreiheit auf diese Unterhaltsregel für den Fall hat, dass der älteste Sohn nicht erbt, ist aber eine Frage, die der RCLSA nicht klärt.[263]

Das Beispiel der Erbfolge in Südafrika zeigt allerdings auch die Schwierigkeiten, die tatsächlich bestehende Rechtspraxis korrekt festzustellen und einzuschätzen. Wie so oft in Südafrika stellte sich das Problem nicht unmittelbar, weil die angegriffene Primogenitur nicht so sehr als Teil eines ungeschriebenen, lebenden Traditionsrechts vor das Verfassungsgericht gelangte, sondern vor allem als geschriebenes und vom staatlichen Recht sogar unmittelbar anerkanntes offizielles Traditionsrecht. Im Hinblick auf die soziale Realität jedoch belegen empirische Untersuchungen, wie weit die südafrikanische Rechtspraxis vom geschriebenen Recht und selbst von wohlmeinenden neuen Lösungen entfernt war.[264] So kam es trotz der Primogenitur oft vor, dass Witwen, insbesondere solche mit kleinen Kindern, die Kontrolle über das Vermögen ihres verstorbenen Ehemanns übernahmen, um die Familie weiter zu ernähren. Ebenso hatten Witwen oft großen Einfluss auf die Entscheidungen bezüglich des Erbes. Umgekehrt kam es aber auch oft vor, dass Witwen unter dem Einfluss der männlichen Verwandten des verstorbenen Ehemanns litten. Aber auch in anderer Hinsicht war das Bild der allein geltenden Primogenitur unvollständig. So konnte es durchaus geschehen, dass neben dem ältesten Sohn auch andere Kinder einen Anteil am Erbe erhielten, ja die Regel konnte sogar zur Ultimogenitur umgekehrt werden, so dass nicht der älteste, sondern nur der jüngste Sohn erbte, der damit Ausgleich und Anreiz für die ihm zufallende Pflege der alten Eltern erhielt. **95**

Die Anpassung des Gewohnheitsrechts an die Grundrechte und insbesondere an den Gleichheitssatz ist trotz allem ein langsamer und komplexer Prozess. Keineswegs etwa kann aus dem Beispiel Südafrikas darauf geschlossen werden, dass auch in anderen afrikanischen Staaten die Ungleichbehandlung aufgrund des Geschlechts im traditionellen Erbrecht beseitigt worden wäre.[265] Dies dürfte zum Teil auch daran liegen, dass es dort weniger um die Änderung eines offiziellen als vielmehr des lebenden Traditionsrechts gehen müsste. Dieses aber erweist sich gerade auch im Bereich des Erbrechts als äußerst resistent gegenüber Einmischungen des Gesetzgebers.[266] Dieser Effekt ist zudem – wie oft im Bereich des lebenden Traditionsrechts – selbstverstärkend: Der staatliche Gesetzgeber scheut vor einer aufwendigen Anpassung des Traditionsrechts zurück, weil ein großer Teil der Bevölkerung solche Änderungen gar nicht bemerken würde. Zudem gibt es durchaus auch aktiven Widerstand etwa von Seiten der traditionellen Führer oder von Gruppen, die westlichen Einflüssen von vornherein mit Misstrauen begegnen.[267] **96**

Schließlich ist der Selbstand des traditionellen gegenüber dem staatlichen Recht auch im Hinblick auf Verfassungsfragen teilweise sogar in den Verfassungen festgeschrieben. In der bis 2013 geltenden Verfassung Zimbabwes beispielsweise war das traditionelle Recht in sect. 23 (3) (b) ausdrücklich von den Auswirkungen der Diskriminierungsverbote (nicht nur in bezug auf Frauen) geschützt. Erst in der neuen Verfassung von 2013 fehlt eine entsprechende Bestimmung und wird die Gleichberechtigung in sect. 4.13 und 2.9 nachdrücklich ver- **97**

[262] *Bennett/Bleazard* (Fn. 77), 18.

[263] Vgl. *Rautenbach/du Plessis* (Fn. 261), 349 f.; zur weiteren Frage der Nachfolge von traditionellen Anführern, die ursprünglich ebenfalls der patrilinearen Primogenitur folgte und der im Vergleich zu Bhe zurückhaltenderen Rechtsprechung des südafrikanischen Verfassungsgerichts vgl. ibid., 350 ff.

[264] Zum Folgenden *Bennett* (Fn. 82), 676, der über Studien der privaten Organisation Women and Law in Southern Africa (WLSA) berichtet.

[265] Vgl. etwa für die fehlende Änderung in Tansania *Higgins/Fenrich* (Fn. 251), 436; vgl. auch *Boshab* (Fn. 1), 153 ff.

[266] Vgl. etwa *Boshab* (Fn. 1), 153: „la succession (...) n'obéit que fort rarement au droit écrit".

[267] Zu solchen Gründen vgl. *Mwalimu* (Fn. 2), 166.

ankert. In Botswana hingegen besteht die entsprechende Vorbehaltsklausel in sect. 15 (4) (d) botswVerf fort, ebenso in Sierra Leone, sect. 27 (4) (e) sierraVerf. Solche Vorbehaltsklauseln sind im Übrigen nicht nur für Gleichheitsfragen ein bekanntes Mittel, um verfassungsrechtlichen Problemen aus dem Weg zu gehen. Beispielsweise nimmt sect. 10 (12) (b) und (e) botswVerf die traditionelle Justiz von bestimmten rechtsstaatlichen Garantien aus, um das Verbot rechtlicher Vertretung vor traditionellen Gerichten zu schützen, und erklärt das Gebot des nullum crimen sine lege scripta auf traditionelles Strafrecht für unanwendbar.

§ 9. Kontexte in Asien

Übersicht

Rn.

I. Die Vielfalt Asiens 1
1. Was ist Asien? 1
2. Entwicklungsoffene Gruppenbildung 4
II. China: Die Herrschaft der Partei 7
1. Geschichtliche Entwicklung des chinesischen Rechts 8
a) Die Zeit des traditionellen chinesischen Rechts 8
b) Die Zeit der westlichen Reformen 37
c) Die kommunistische Herrschaft unter Mao 43
d) China nach Mao 50
2. Oberflächliche rechtliche Strukturen im Überblick 54
a) Staatsorganisation 54
b) Gerichtsaufbau 57
c) Rechtsquellen 61
d) Anbindung an das kontinentale Rechtsdenken 65
3. Zentrale rechtliche Tiefenstrukturen 66
a) Partei und Staat 67
b) Jenseits staatlichen Gesetzesrechts 75
c) Sozialistische Grundstrukturen 83
d) Zentralisierte Auslegung des Rechts 86
e) Abhängigkeit der Gerichtsbarkeit 92
f) Einfluss traditionellen chinesischen Rechtsdenkens? 100
g) Vielfalt der Machtebenen in Stadt und Land 105
h) Korruption 108
i) Vertrauen auf alternative Mechanismen? 111
4. Der lange Marsch zum Rechtsstaat? 119
a) Zwei Grundpositionen 119
b) Fazhi vs. fazhi: Linguistische Grundlagen der Debatte 122
c) Worum geht es eigentlich?: Der Begriff des Rechtsstaats 125
d) Sequenzbildung 132
e) Die Hoffnung bleibt 134
III. Japan, Taiwan, Südkorea: Der südostasiatische Weg auf kontinentaleuropäischer Basis 135
1. Eigenständigkeit des südostasiatischen Kontexts 135
2. Historische Verwestlichung des Rechts 137
a) Bestimmender Einfluss des kontinentaleuropäischen Rechts 137
b) Nach dem Zweiten Weltkrieg: Einfluss U.S.-amerikanischen Rechts 155
3. Konfuzianismus und Streitaversion 165
a) Kultureller und politischer Hintergrund 165
b) Debatten um die Streitaversion: Japan im Fokus 169
c) Empirie der Streitaversion: Gerichtliche Fallzahlen 173
4. Einige südostasiatische Eigenheiten 178
a) Traditionelle Wertvorstellungen 179
b) Interessenabwägungslehre 182
c) Juristenausbildung 184
5. Verfassungsrechtsdenken 186
a) Entwicklung der Demokratie aus diktatorischen Wurzeln 186
b) Machtvolle Verfassungsgerichtsbarkeit 188
c) Grundrechte gegen konservative Traditionen 189
d) Gesellschaftliche Veränderungen und Rechtsbewusstsein 192
e) Zwischen westlicher Prägung und südostasiatischen Eigenheiten 193

Rn.
IV. Indien: Common law und Hinduismus 194
1. Indisches Recht zwischen Realität und Romantik 194
2. Indisches common law 196
a) Historische Entwicklung 196
b) Common law Denken in Gesetzgebung und Rechtsprechung 200
c) Die Wichtigkeit des Rechts in Indien 205
d) Religiöses Familienrecht heute 228
3. Traditionelles Hindu-Recht 235
a) Dharma, Vedas und Smritis 235
b) Sadachar 238
c) Kommentare, Digesten und Rechtsschulen 239
d) Kastenwesen: varna und jati 242
e) Verblasstes Potential 244
V. Indonesien: Pluralismus im Vielvölkerstaat 245
1. Geschichte: Die Vielfalt der Einflüsse 246
a) Vorkoloniale Zeit: Die Rechte Javas 246
b) Kolonialzeit: Die Herrschaft der Niederländer 248
c) Unabhängigkeit: Der lange Weg zur Demokratie 251
2. Indonesisches Recht heute 253
a) Staatliches Recht in kontinentaleuropäischer Form 253
b) Adat 255
c) Islam 259
3. Der schwere Stand des Rechts 266
a) Widersprüche und Unklarheiten im staatlichen Recht 267
b) Ineffizienz der Rechtsprechung 268
c) Korruption 270

I. Die Vielfalt Asiens

1. Was ist Asien?

1 Asien ist eine geographische und keine rechtliche Kategorie. Schon die schlichte Erkenntnis, dass große Teile der Türkei und Russlands, die arabische Halbinsel, Israel, der Iran, Indien, China, Indonesien, die Philippinen und Japan dazugehören, macht deutlich, dass unter keinen Umständen von irgendeiner kulturellen, politischen oder gar rechtsvergleichenden Einheit gesprochen werden kann. Gemeinhin wird der Begriff Asien in der Umgangssprache wie auch unter Rechtsvergleichern aber eher mit Ostasien, Südostasien und dem Osten Südasiens[1] gleichgesetzt. In diesem Sinne soll Asien auch hier als der Raum verstanden werden, der in etwa von Indien im Westen, China im Norden, Japan im Osten und Indonesien im Süden begrenzt wird. Gleichbedeutend, aber noch ungenauer und heute weniger üblich wären die Begriffe Fernost oder Orient.

2 Auch in diesem beschränkten Sinn ist Asien kein einheitlicher Kontext. Zu verschieden sind Kulturen, Religionen, Geschichte und politische Systeme, zu verschieden auch die fremden ebenso wie einheimischen Einflüsse auf die heute in den Staaten vorherrschenden Rechtssysteme. Dies zeigt ein kurzer Blick auf bekannte Beispiele: Japan trat erst Mitte des 19. Jahrhunderts aus einer mehr als 200 Jahre währenden, selbstgewählten kulturellen Isolation heraus, reformierte bald darauf radikal sein Rechtssystem nach kontinentaleuropäischem, vor allem deutschen Vorbild, entwickelte sich nach dem Zweiten Weltkrieg zu einer der vorherrschenden Wirtschaftsnationen der Welt und gelangte rechtlich unter den Einfluss der USA, ohne dass das kontinentale Rechtsdenken völlig verdrängt worden wäre. Ganz anders war die Entwicklung in Indien, das bereits ab dem 17. Jahrhundert unter dem

[1] Zur geographischen Gliederung Asiens etwa durch die UN vgl. die Liste unter unstats.un.org/unsd/methodology/m49/ (zuletzt abgerufen am 18.7.2025).

zunehmenden Einfluss der späteren Kolonialmacht Großbritannien stand, von der es sich erst nach dem 2. Weltkrieg befreien konnte. Rechtlich setzte sich in Indien das englische common law durch, neben dem das klassische hinduistische Recht ebenso wie andere religiöse Rechte sich nur im Bereich des Familien- und Erbrecht halten konnten. Im Kern hat sich daran seit der Unabhängigkeit Indiens und trotz der Einführung einer für das politische wie rechtliche Leben sehr bedeutsamen Verfassung nichts geändert. Dem wiederum steht China mit seiner jahrtausendealten, ua vom Konfuzianismus geprägten Rechts- und Moralordnung gegenüber. China schwenkte jedoch nach einer kurzen, später nur in Taiwan fortgesetzten Periode der Übernahme westlichen, kontinentaleuropäischen Rechtsdenkens nach dem Zweiten Weltkrieg zu einem sozialistisch geprägten Recht um, das die alten, insbesondere konfuzianischen Traditionen mit teils größter Radikalität auszumerzen versuchte. Heute ist daraus ein ganz eigentümliches rechtlich-politisches System entstanden, das eine autoritäre, politisch repressive Einparteiendiktatur, die unter größeren Korruptionsproblemen leidet, mit erheblichen wirtschaftlichen Freiheiten einer kapitalistischen Wirtschaftsordnung und sogar einer merklichen Reisefreiheit verbindet. Rechtlich finden sich Elemente sozialistischen und kontinentaleuropäischen Rechts in einer von diesem System geprägten Umgebung.

Vor dem Hintergrund einer solchen Diversität wird nur noch selten ein einheitlicher 3
asiatischer Kontext angenommen. Wer dennoch übergreifende Zusammenhänge sieht, verweist dafür gemeinhin auf einen angeblichen Vorrang der Konfliktlösung durch Mediation und Vergleich vor gerichtlichen Streitverfahren, auf eine überragende Bedeutung der sozialen Harmonie gegenüber individuellen Ansprüchen und auf die allgemeine Einbettung des Individuums in ein soziales Netz.[2] Eine gewisse kulturelle Tendenz asiatischer Länder zu Harmonie und eher konservativen Werten, zu denen auch etwa die hohe Bedeutung der Familie und der Respekt vor Höherrangigen (Eltern, Lehrer, staatliche Stellen) gehören, mag dabei durchaus festzustellen sein. Wie schwierig, wie umstritten selbst unter asiatischen Stimmen aber alle näheren Aussagen dazu sind, und welche Probleme auftauchen, wenn daraus konkrete Konsequenzen abgeleitet werden sollen, hat beispielhaft die vor allem in den 90'er Jahren des 20. Jahrhunderts geführte Debatte über asiatische Werte gezeigt.[3] Wie verbreitet diese traditionellen „asiatischen Einstellungen" sind, wie stark sie auch heute noch die Gesellschaft durchdringen und vor allem welche Bedeutung sie konkret für das Recht haben, sind jedoch Fragen, die differenzierter und je nach Land auch durchaus verschiedener Antworten bedürfen. Zu Recht hat sich heute in der Rechtsvergleichung mehrheitlich die Ansicht durchgesetzt, dass von einem asiatischen oder fernöstlichen Rechtskreis nicht gesprochen werden könne.[4] Tatsächlich wäre es erkennbar sinnlos, etwa China und Indien

---

[2] So etwa *Aymerich Ojea, Ignacio,* Introducción general, in: Altava Lavall, Manuel Guillermo (Hrsg.), Lecciones de derecho comparado, 2003, 23 (55 f.); ähnlich *David, René; Jauffret-Spinosi, Camille; Goré, Marie,* Les grands systèmes de droit contemporains, 12. Aufl. 2016, 20, 22 f., 429 f.; *Warrington, Mark; Van Hoecke, Mark,* Legal cultures, legal paradigms and legal doctrine – Towards a new model for comparative law, International and Comparative Law Quarterly 47 (1998), 495 (505 ff.).

[3] Zu dieser Debatte, bei der es nicht zuletzt um eine Verteidigung autoritärer Regime in Asien gegen westliche, menschenrechtlich begründete Angriffe ging, vgl. etwa *Milner, Anthony,* What happened to „Asian values?", in: Segal, Gerald; Goodman, David S. G. (Hrsg.), Towards recovery in Pacific Asia, 2000, 56 (56 ff.); vgl. auch ibid., 62 ff. zum Bestehen gewisser kultureller Besonderheiten in Asien; aktueller zur Volksrepublik China etwa *Le, Uyen P.,* A culture of human rights in East Asia – Deconstructing „asian values" claims, U. C. Davis Journal of International Law and Policy 18 (2012), 469 (469 ff.).

[4] Vielzitiert insofern vor allem der Meinungswechsel gegenüber den Vorauflagen in *Zweigert, Konrad; Kötz, Hein,* Einführung in die Rechtsvergleichung, 3. Aufl. 1996, 281 f.; gegen einen asiatischen Rechtskreis etwa auch *Legeais, Raymond,* Grands systèmes de droit contemporains – Approche comparative, 3. Aufl. 2016, 256; implizit *Fromont, Michel; Perroud, Thomas,* Grands systèmes de droit étrangers, 9. Aufl. 2023, 10 ff., die allerdings das japanische und das chinesische Recht zugleich zu den romanischen Rechten zählen, ibid., 217 ff.; auch *Cuniberti, Gilles,* Grands systèmes de droit contemporains, 5. Aufl. 2024, 30, 270 ff., der den Begriff der Rechtsfamilie ablehnt, ibid. 22, die Annahme von Ähnlichkeit zwischen chinesischem und japanischem Recht für eine gefährliche Vereinfachung hält, ibid., 26. und der auch die noch in seiner 2. Auflage vertretene Einteilung der Welt in westliche, östliche und afrikanische Rechte aufgegeben zu haben scheint; für einen beschränkten, ostasiatischen Rechtskreis etwa *Igarashi, Kiyoshi,* Gibt es einen

als Teil eines gemeinsamen Kontexts zu behandeln und damit zu behaupten, die Kenntnis des einen Rechtssystems ließe aufgrund der Ähnlichkeiten signifikante Schlüsse auf das andere zu oder könnte auch nur das Verständnis des anderen erleichtern.

2. Entwicklungsoffene Gruppenbildung

4 Bei aller gebotenen Vorsicht lassen sich aber in Asien einzelne ebenso wie Gruppen von Rechtsordnungen herausarbeiten, die sich in ihrem Kontext untereinander stark unterscheiden, die aber gemeinsam den rechtlichen Kosmos Asiens erschließen und so als Blaupause für das Verständnis aller asiatischen Rechtsordnungen dienen können. Die Volksrepublik China bildet dabei einen ganz eigenen Kontext (II). Demgegenüber weisen eine Reihe von marktwirtschaftlichen Demokratien in Südostasien trotz durchaus bedeutender kultureller Unterschiede größere Ähnlichkeiten untereinander auf, als auf den ersten Blick zu vermuten stünde: Japan, Taiwan und Südkorea sollen hier beispielhaft für diesen Kontext betrachtet werden (III). Für sich steht wiederum Indien, das weitgehend als Land des common law gelten kann, aber schon aufgrund seiner Größe und Bedeutung, jedenfalls aber aufgrund des beschränkten Fortbestehens des jahrtausendealten hinduistischen Rechts eigenständig erwähnt werden sollte (IV). Indonesien schließlich ist als nach der Einwohnerzahl viertgrößter Staat der Welt mit einer kulturell sehr gemischten Bevölkerung, einem kontinentaleuropäisch geprägten staatlichen Rechtssystem, einem teilweise fortwirkenden, einheimischen Gewohnheitsrecht (adat) und nicht unerheblichen islamischen Einflüssen ebenfalls als eigener Kontext zu betrachten (V).

5 Diese Einteilung ist keinesfalls abschließend, sondern im Gegenteil als ein entwicklungsoffener Vorschlag gemeint. Welcher der zahlreichen hier nicht näher betrachteten asiatischen Staaten genau wo zuzuordnen ist und inwieweit sich möglicherweise noch weitere eigenständige Kontexte ergeben, kann hier nicht vollständig geklärt werden. Schon ein kurzer Blick zeigt die Vielfalt, die außerhalb der betrachteten Kontexte liegt. Vietnam beispielsweise weist zahlreiche Strukturen auf, die denen Chinas sehr ähneln,[5] so dass Vietnam vermutlich schlicht dem chinesischen Kontext zugeordnet werden kann. Malaysia weist über das örtliche adat-Recht und die Bedeutung des islamischen Rechts Ähnlichkeiten mit Indonesien auf, ist aber in seinem staatlichen Recht nicht kontinentaleuropäisch, sondern – wie Indien – auf das englische common law ausgerichtet. Prägend für das heutige malaysische Recht ist etwa die umstrittene Eigenständigkeit der Sharia-Gerichte, die einen eigenen, parallelen Rechtszug neben den staatlichen Gerichten bilden, und der Kampf zwischen Regierung und Justiz um die gerichtliche Unabhängigkeit, bei dem die Justiz auf der Verliererseite zu stehen scheint.[6] Brunei hingegen ist auch ganz offiziell keine Demokratie, sondern eine absolute Monarchie mit einem vom common law geprägten Rechtssystem. Bis 2009 gab es nicht einmal eine eigene Juristenausbildung, so dass etwa Rechtsanwälte ihre Zulassung zunächst im common law Ausland, insbesondere in England, erlangen mussten. Das Rechtssystem Bruneis ist aber zugleich umfassend von der islamisch und traditionell geprägten Staatsideologie der Malayischen Islamischen Monarchie (Melayu Islam Beraja) durchzogen, weitgehend korruptionsfrei und weist in neuerer Zeit Tendenzen

---

ostasiatischen Rechtskreis?, in: Ascheri, Mario et al. (Hrsg.), „Ins Wasser geworfen und Ozeane durchquert“, Festschrift für Knut Wolfgang Nörr, 2003, 419 (419 ff.); vgl. etwa auch schon *Wigmore, John Henry,* A panorama of the world's legal systems, library edition 1936, 1139.

[5] Zu den Ähnlichkeiten *Gillespie, John; Chen, Albert H.Y.,* Comparing legal development in China and Vietnam – An introduction, in: dies. (Hrsg.), Legal reforms in China and Vietnam – A comparison of Asian communist regimes, 2010, 1 (1 ff.).

[6] Für einen Überblick vgl. *Tey, Tsun Hang,* Malaysia – The undermining of its fundamental institutions and the prospects for reform, in: Black, E. Ann; Bell, Gary F. (Hrsg.), Law and legal institutions of Asia – Traditions, adaptations and innovations, 2011, 212 (212 ff.); zur Rolle des islamischen Rechts und islamischer Gerichte in Malaysia vgl. *Shuaib, Farid S.,* The Islamic legal system in Malaysia, Pacific Rim Law and Policy Journal 21 (2012), 85 (87 ff.).

zu einer Stärkung des – eher moderat verstandenen – islamischen Rechts und sogar zu einer gewissen, darauf bezogenen Harmonisierung des common law auf.[7] Bhutan schließlich hat erst in der zweiten Hälfte des 20. Jahrhunderts vorsichtig begonnen, das bis dahin völlig traditionelle, bis heute kaum erforschte Rechtssystem vorsichtig in Richtung westlicher, vor allem common law Rechtsvorstellungen zu entwickeln. Erst 1953 etwa wurden Sklaverei und Leibeigenschaft abgeschafft; in den späten 1980er Jahren wurde das international vielbeachtete Konzept des „gross national happiness" entwickelt.[8] Dies und vieles mehr kann im vorliegenden Rahmen nicht weiter vertieft werden. Es bleibt bei einer Auswahl, die sich im Wesentlichen an der Bedeutung der Staaten und am Ausmaß der Aufmerksamkeit orientiert, die ihnen bislang von rechtlicher Seite zuteil wurde.

Die Vielfalt aber, die sich schon unter diesen Bedingungen ergibt, zeigt, dass Asien ein 6
Paradies für Rechtsvergleicher[9] sein könnte. Die verschiedensten rechtlichen Traditionen, politischen und kulturellen Systeme treffen hier auf immer wieder andere Weise zusammen und befinden sich in teils rasanter Entwicklung. Gerade dieses Zusammentreffen und diese Entwicklungsgeschwindigkeit aber machen vielen Rechtsvergleichern die Arbeit erkennbar – und verständlicherweise – schwer. Letztlich sind asiatische Länder vor allem für westliche, aber auch für asiatische Rechtsvergleicher viel schwerer zu fassen als die vergleichsweise stabilen und homogenen Kontexte, wie sie im Bereich des common law oder in Westeuropa vorherrschen. Hinzu kommt ein ganz praktisches, aber keinesfalls zu unterschätzendes Problem: die Sprachenvielfalt. Nur wenige Staaten wie etwa Indien machen es dem westlichen Juristen vergleichsweise leicht und wählen Englisch als Rechtssprache (vgl. insbes. Art. 348 indischVerf). Im Übrigen sind die meisten nicht einheimischen Juristen – auch aus anderen asiatischen Staaten – auf Berichte aus dritter Hand, auf Übersetzungen und fremdsprachige Darstellungen angewiesen und den damit verbundenen, typischen Schwierigkeiten[10] unterworfen. Nicht zuletzt dieses Sprachenproblem dürfte die bis heute vergleichsweise geringe rechtsvergleichende Durchdringung asiatischer Rechte erklären.

II. China: Die Herrschaft der Partei

Was kennzeichnet das chinesische Recht und seinen Kontext gerade heute, im zweiten 7
Viertel des 21. Jahrhunderts? Die besonderen Schwierigkeiten bei der Beantwortung dieser Frage verführen leicht dazu, einen Schwerpunkt vor allem auf die historische Situation früherer Jahrhunderte zu legen. Denn bei aller Komplexität ist das jahrtausendealte, traditionelle chinesische Recht noch gut fassbar und vor allem abgegrenzt, ist die nationale Übergangsperiode Anfang des 20. Jahrhunderts rechtlich eher einfach geblieben, ist die Zeit des sozialistischen Rechts unter Mao einschließlich der Rechtlosigkeit der sog. Kulturrevolution aufgrund der eindeutigen Ideologie klar einordbar. Welche genaue Bedeutung all dies aber in der heutigen Realität des chinesischen Rechts noch hat, ist unklar und wird sehr verschieden gesehen. Dies zeigt sich schon an der gänzlich unterschiedlichen Einordnung des chinesischen Rechts in der Literatur, teils als sozialistisch, teils als kontinentaleuropäisch, teils als traditionell chinesisch.[11] Dennoch ist zwar vielleicht das heutige chinesische Recht,

[7] Für einen Überblick vgl. *Black, Ann E.,* Brunei Darussalam – Ideology and law in a Malay sultanate, in: Black, E. Ann; Bell, Gary F. (Hrsg.), Law and legal institutions of Asia – Traditions, adaptations and innovations, 2011, 299 (299 ff.).

[8] Für einen kurzen Überblick vgl. *Simoni, Alessandro; Whitecross, Richard W.,* Gross national happiness and the heavenly stream of justice – Modernization and dispute resolution in the kingdom of Bhutan, American Journal of Comparative Law 55 (2007), 165 (169 ff.).

[9] So etwa *Black, E. Ann; Bell, Gary F.,* Introduction, in: dies. (Hrsg.), Law and legal institutions of Asia – Traditions, adaptations and innovations, 2011, 1 (22).

[10] Zu solchen Problemen allgemein supra → § 1 Rn. 20 ff., 63, → § 3 Rn. 247.

[11] Vgl. nur den Überblick bei *Yin, Bo; Duff, Peter,* Criminal procedure in contemporary China – Socialist, civilian or traditional?, International Comparative Law Quarterly 59 (2010), 1099 (1102 ff., 1118 ff.); dazu auch infra → Rn. 65 ff., 83 ff., 100 ff.

keinesfalls aber die einschlägige rechtsvergleichende Literatur ohne einen gewissen Überblick über die geschichtlichen Hintergründe zu verstehen.

1. Geschichtliche Entwicklung des chinesischen Rechts

a) Die Zeit des traditionellen chinesischen Rechts

8 In der frühen Geschichte des chinesischen Rechts,[12] beginnend mit der Xia-Dynastie (2070 – 1600 v.Chr.), ist es schwer, zwischen Mythen, späteren Interpretationen und Fakten zu trennen, nicht zuletzt weil wichtige Informationsquellen oft in erst hunderte Jahre später verfassten Beschreibungen liegen. Dennoch zeichnen sich typische Elemente späterer Perioden schon frühzeitig ab. So entwickelten sich bereits in der Xia-Dynastie umfassende gesellschaftliche Verhaltensregeln, die als li („Riten") bezeichnet wurden. Der Verstoß gegen diese Riten wurde dabei nicht nur als gesellschaftlich unangebracht oder unmoralisch betrachtet, sondern unter dem Konzept des xing als Straftat, für die teils sehr drakonische Strafen verhängt wurden. Xing diente also der Durchsetzung des li.[13] Ebenso werden bereits früh besondere hierarchische Beziehungen zwischen den Menschen betont. In einem der ältesten überlieferten Dokumente, dem K'ang Kao aus dem 12. Jahrhundert v.Chr., gab ein König der Shang-Dynastie einem Prinzen Anweisungen für die Verwaltung eines Lehens. Als eines der schlimmsten Vergehen wird darin fehlender Respekt gegenüber dem Vater oder dem älteren Bruder bezeichnet.[14] Damit sind elementare Aspekte des Konfuzianismus bereits vorgezeichnet.

aa) Konfuzianismus und Legismus

9 **(1) Konfuzianische Ethik.** Der Konfuzianismus ist Dreh- und Angelpunkt des klassischen chinesischen Rechtsdenkens und Kern zahlreicher Auseinandersetzungen.[15] Konfuzius (551 – 479 v.Chr.) wuchs als Spross einer verarmten Adelsfamilie auf. Er war einige Zeit Beamter des Staates Lu und gründete später eine erfolgreiche Privatschule. Dass jedoch seine Lehren die chinesische Politik und Gesellschaft 2.500 Jahre lang prägen und zur offiziellen Staatsphilosophie werden sollten, dass er persönlich bis heute als Gottheit in Tempeln verehrt wird, war zu seinen Lebzeiten kaum absehbar.[16]

10 Der Konfuzianismus besteht im Kern aus den Lehren des Konfuzius, teils von ihm selbst, teils von späteren Generationen aufgeschrieben und durch einige ihm nachfolgende große Gelehrte wie Menzius oder Xunzi ausgebaut. Der Konfuzianismus geht von drei sozialen Pflichten aus: der Untertanentreue, der kindlichen Verehrung der Eltern und Ahnen und der Verehrung des Ehemanns. Die dadurch bestimmte Gesellschaftsordnung soll durch Einhaltung der sog. fünf Tugenden aufrechterhalten werden: der Menschlichkeit, der Gerechtigkeit, der Riten, der Weisheit und der Integrität. Ausdruck der Menschlichkeit beispielsweise ist der auch im Konfuzianismus zentrale Lehrsatz, dass jeder so handeln soll, wie er selbst behandelt werden will. Insgesamt postuliert der Konfuzianismus die Existenz von fünf

---

[12] Zur Frage, ob die ersten schriftlich niedergelegten chinesischen Rechtsvorschriften aus dem Jahr 536 v.Chr. oder noch früher aus der ersten Hälfte des ersten vorchristlichen Jahrtausends oder später aus der Zeit um 350 v.Chr. herum stammen, vgl. *Johnson, Wallace,* The T'ang Code, Bd. 1, General principles, 1979, 6 f. mwN.

[13] Vgl. etwa *Zhang, Mo,* The socialist legal system with Chinese characteristics – China's discourse for the rule of law and a bitter experience, Temple International and Comparative Law Journal 24 (2010), 1 (9 f.).

[14] Vgl. *MacCormack, Geoffrey,* The spirit of traditional Chinese law, 1996, 2, 73 f.

[15] Gegen die ganz überwiegende Ansicht zum Einfluss des Konfuzianismus auf die historische Entwicklung des chinesischen Rechts vgl. die sehr kritische Darstellung bei *Friedman, Daniel Butler,* „Confucius" and America's dangerous myths about Chinese law, University of Pennsylvania Journal of International Law 45 (2024), 681 (681 ff.).

[16] Dazu und zum Folgenden vgl. etwa *Gao, Xujun,* Konfuzianismus und die Rechtsordnung Chinas, in: Kischel, Uwe; Kirchner, Christian (Hrsg.), Ideologie und Weltanschauung im Recht, 2012, 23 (23 ff.); *Zhang* (Fn. 13), 13 ff.; *Cuniberti* (Fn. 4), 176 ff.

zentralen Beziehungen,[17] nämlich denen zwischen Vater und Sohn, Ehemann und Ehefrau, Herrscher und Untergebenen, älteren und jüngerem Bruder sowie zwischen Freunden. Bis auf die zwischen Freunden sind all diese Beziehungen hierarchisch: der Untergeordnete schuldet dem Übergeordneten Respekt und Gehorsam. Die oberste und unumschränkte Macht lag beim Kaiser als Sohn des Himmels. Diese soziale Ordnung gilt als unabänderlicher Ausdruck der Harmonie und entsprach in ihren Regeln der kosmischen Ordnung.[18] Die so verewigte Abfolge strenger Hierarchien diente nicht zuletzt, ja sogar ganz bewusst, der Aufrechterhaltung der einmal etablierten, autoritären und patriarchalischen Herrschaftsordnung und ermöglichte es, ein Reich von der Größe Chinas zu führen. Zweifel an der etablierten Ordnung und insbesondere an der Macht der Kaiser waren nicht vorgesehen und traten – trotz gelegentlicher und auch konfuzianisch begründbarer[19] Aufstände – nur selten auf.

(2) Li vor fa. Zentral für das Verständnis des Konfuzianismus gerade auch in seinen Auswirkungen auf das Recht ist der Begriff des li, gemeinhin übersetzt als „Riten".[20] Herkömmlich umschreibt li sakrale Regeln, im konfuzianischen Denken aber darüber hinaus die Summe aller Regeln, die das menschliche soziale Leben anleiten, die Sittlichkeit. Es handelt sich also um Gewohnheitsnormen, die das Zusammenleben in Harmonie ermöglichen sollten. In ihrer Herkunft wurden sie mythischen Heroen und Kaisern sowie letztlich dem Himmel zugeschrieben. Ein ursprüngliches Anliegen des li lag darin, den Menschen in seinen Wünschen so zu beschränken, dass er auch die Möglichkeit hätte, diese zu erfüllen. Bei unbegrenzten Wünschen, also ohne Erfüllungsmöglichkeit, drohten Streit und Unordnung, sodass die Harmonie beeinträchtigt wäre. Der Inhalt des li lässt sich auch heute noch vor allem im sog. Buch der Riten (Li Ji) nachlesen, einem der fünf klassischen Bücher des Konfuzianismus. Dazu zählten so unterschiedliche Regeln wie die über die Tee- oder Musikzeremonie (zB: „Music, coming from within, produces the stillness [of the mind]; ceremonies, coming from without, produce the elegancies [of manner]."),[21] über das innerfamiliäre Zusammenleben, über das Verhältnis der Beamten zum Kaiser oder über die jedem nach seinem Stand zustehenden Kleider, Häuser und Begräbnisriten. Beispielsweise wird vorgeschrieben: „Sons, in serving their parents, on the first crowing of the cock, should all wash their hands and rinse their mouths, comb their hair, draw over it the covering of silk, fix this with the hair-pin, bind the hair at the roots with the fillet, brush the dust from that which is left free, and then put on their caps, leaving the ends of the strings hanging down."[22] oder: „in the intercourse of friends, if the master of the house be not in, a visitor, unless there is some great cause, does not enter the door."[23] 11

Die Regeln, die das menschliche Zusammenleben anleiteten, waren also in erster Linie die des li und nicht etwa das Recht. Rechtlichen Regeln, dem fa, kam nur eine begrenzte, unterstützende Funktion zu: Sie dienten der Durchsetzung und Sicherung des li, indem sie in Form von Strafgesetzen (xing) Verstöße gegen das li mit Strafe bedrohten. Xing ist daher die Außenseite von li. Entscheidend für das konfuzianische Denken war nun allerdings eine 12

[17] Die drei sozialen Pflichten heben dabei diejenigen der fünf Beziehungen hervor, die für die Familie und die Gesellschaft als besonders wichtig galten, vgl. *MacCormack* (Fn. 14), 73.

[18] Zur anthropozentrischen Sicht und den Zusammenhängen von menschlichem Verhalten und Natur vgl. *Johnson* (Fn. 12), 10 f., 14; so herrschte etwa die Vorstellung, dass die Bestrafung von Unschuldigen zu Naturkatastrophen führen könne, ibid., 15; vgl. zum Ganzen auch *Bodde, Derk; Morris, Clarence,* Law in imperial China – Exemplified by 190 Ch'ing dynasty cases, 1967, 43 ff.

[19] Vgl. etwa *Senger, Harro von,* Einführung in das chinesische Recht, 1994, 19.

[20] Zum Folgenden sowie zu den Legisten vgl., neben den bereits Genannten, ausführlich *Heuser, Robert,* Einführung in die chinesische Rechtskultur, 3. Aufl. 2008, 65 ff.; *Bodde/Morris* (Fn. 18), 19 ff.

[21] Vgl. *Sturgeon, Donald* (Hrsg.), Chinese text project, Liji, Yue Ji, Nr. 11, ctext.org/liji/yue-ji (zuletzt abgerufen am 18.7.2025); ebenso *Legge, James* (Übers.), Li chi – Book of rites, Bd. 2, 1967, 98; Klammerzusätze im Original.

[22] *Sturgeon, Donald* (Hrsg.), Chinese text project, Liji, Nei Ze, Nr. 2, ctext.org/liji/nei-ze (zuletzt abgerufen am 18.7.2025); ebenso *Legge, James* (Übers.), Li chi – Book of rites, Bd. 1, 1967, 449.

[23] Vgl. *Sturgeon, Donald* (Hrsg.), Chinese text project, Liji, Fang Ji, Nr. 37, ctext.org/liji/fang-ji (zuletzt abgerufen am 18.7.2025); ebenso *Legge* (Fn. 21), 298.

ausgeprägte Abneigung gegen fa. Diese Abneigung beruhte nicht etwa auf den oft grausamen Strafen. Sie wurden ohne weiteres akzeptiert. Vielmehr geht der Konfuzianismus davon aus, dass in einer guten und vor allem gut regierten Gesellschaft das li nicht des fa bedürfe, um beachtet zu werden. Dies wird nicht zuletzt von der Legende unterstützt, der zufolge die Gesetze (fa) von einem nichtchinesischen – also barbarischen – Volk, den Miao, erfunden wurden und diese Gesetze letztlich zu dessen Untergang führten. Entsprechend wurde der vermehrte Erlass von Gesetzen als Zeichen für den Niedergang des Staates gesehen. Der Versuch, durch Gesetz und Strafe zu regieren, führe nur dazu, dass die Menschen sich beidem zu entziehen versuchten. Ganz anders bei einer Regierung durch li, dem die Menschen aus Überzeugung folgen und das sie nur mit Skrupeln brechen würden. Idealbild war also das Regieren durch Moral, das heißt durch einen Herrscher, der selbst in vorbildhafter Weise die Regeln des li einhielt. Dieses Regieren durch das li ist ein Kernsatz des Konfuzianismus.

13 Bei alledem wird die Existenz staatlicher Anordnungen aber nicht etwa ignoriert. Soweit sie bestehen, werden sie vielmehr in das li integriert. Mit anderen Worten ist alles durch Gesetze Verbotene auch durch das li verboten. Typisch konfuzianistisch ist in dieser Hinsicht aber auch der Gedanke, dass es sinnvoll sei, Gesetze gar nicht erst zu veröffentlichen, um auf diese Weise Streitigkeiten über deren genaue Auslegung zu vermeiden. Darüber hinaus waren nicht nur die Regeln des li je nach Stand verschieden, sondern auch die Strafen des fa. Nach einem bekannten Satz aus dem Li Ji: „The rules of ceremony do not go down to the common people. The penal statutes do not go up to great officers.“[24] Von Personen niedrigeren Standes wurde nicht die Einhaltung aller Feinheiten des li erwartet; andersherum waren die Strafen für Personen höheren Standes teils weniger gravierend.

14 **(3) Fa statt li: Der legistische Gegenentwurf.** Diesem hochanspruchsvollen, rechtsfeindlichen System mit seiner asymmetrischen Kombination aus li und fa stand schon in der frühen Geschichte Chinas eine andere Denkschule entgegen, die der Legisten. Sie lehnten fa nicht ab, hatten ihm gegenüber auch keine Vorbehalte, sondern sahen im Gegenteil gerade in den Gesetzen die beste Möglichkeit, den Staat zu leiten. Li wurde dafür nicht nur als weniger hilfreich, sondern in extremer Formulierung sogar als Ursache von Unordnung angesehen. In jedem Fall stand fa, ganz im Gegensatz zum Konfuzianismus, für die Legisten in keiner Beziehung zu li. In diesem Sinne sind die Legisten aus westlicher Sicht Positivisten. Entsprechend kennen sie auch keine Grenzen der Gesetzgebungsbefugnis, sondern nur die Pflicht die Befehle des Herrschers zu befolgen. In Bezug auf diese Gehorsamspflicht allerdings unterscheiden sie sich gerade nicht von den Konfuzianern. Auch in anderen Beziehungen finden sich durchaus Gemeinsamkeiten. So waren auch die Legisten – trotz der etwas irreführenden Bezeichnung – nicht etwa Juristen, sondern Staatsphilosophen. Denn für den konkreten Inhalt der Gesetze, ihre Auslegung und praktische Anwendung interessierten sie sich nicht.

15 Eine besonders wichtige Übereinstimmung zwischen Legisten und Konfuzianern ergibt sich erst aus der westlichen Perspektive: Das Recht (ebenso wie das li) wird von beiden Denkschulen als Pflichtenlehre betrachtet, also als etwas, das dem Staatswohl zu dienen bestimmt ist. Der Gedanke individueller Rechte oder Rechtspositionen hingegen, die durch das Recht in Ausgleich gebracht würden und über die vor staatlichen Instanzen gestritten werden könnte, ist beiden völlig fremd – so fremd, dass er als Punkt der internen Diskussion nicht einmal am Rande auftauchte. Bezeichnend für die allgemeine Ablehnung individueller Rechte im traditionellen chinesischen Rechtsdenken ist auch die Sprache: Der alte Ausdruck für subjektives Recht „quanli“ hatte die Bedeutung von „um die Macht (quan) streiten und nach Profit (li) streben“. Er war entsprechend äußerst negativ besetzt.[25]

---

[24] *Sturgeon, Donald* (Hrsg.), Chinese text project, Liji, Qu Li I, Nr. 68, ctext.org/liji/qu-li-i (zuletzt abgerufen am 18.7.2025); ebenso *Legge* (Fn. 22) 90.

[25] Vgl. *Guyuan, Chen,* Cong Zhongguo wenhua benwei shang lun Zhongguo fazhi ji qi xingchen fazhan bing yu yi chongxin pingjia [Erörterung des chinesischen Rechtssystems und seiner Herausbildung aus dem

16 Inwieweit noch weitere Übereinstimmungen zwischen Konfuzianern und Legisten bestanden, darüber ließe sich vor allem in Anbetracht der langen Entwicklungsgeschichte des Konfuzianismus, seiner vielen Vertreter und daher der Vielfalt der ihm zuordbaren Ansichten lange streiten. So sprechen sich zB die Legisten für eine Veröffentlichung der Gesetze aus, damit sich weder Beamte noch Untertanen auf Unkenntnis berufen könnten. Dies steht zwar im Widerspruch zu derjenigen Stelle in den sog. Frühlings- und Herbstannalen (einem weiteren der sog. fünf klassischen Bücher des Konfuzianismus), die gegen eine solche Öffentlichkeit argumentiert. Andererseits hat der große konfuzianische Gelehrte Menzius später gefordert, dass Politik und Strafen bekanntgemacht werden sollten, worin durchaus auch eine Forderung nach Veröffentlichung der Gesetze gesehen werden kann.[26] Ebenso sprachen sich die Legisten klar für eine Wandelbarkeit der Gesetze, für ihre stetige Anpassung an die Verhältnisse aus, während dies zwar auch für die Konfuzianer behauptet werden kann,[27] aber in Anbetracht der Starre des li mit einem Fragezeichen zu versehen ist. Im Allgemeinen sind die Äußerungen der Legisten zum Gesetz oft sehr viel eindeutiger und klarer als die der Konfuzianer. Vor dem Hintergrund ihrer ganz unterschiedlichen Grundeinstellung zur Bedeutung der Gesetze verwundert das auch nicht weiter. Ein sehr klarer und kaum wegzuinterpretierender Unterschied aber besteht in jedem Fall in der von den Legisten betonten – und von den Konfuzianern verworfenen – Gleichheit vor dem Gesetz:[28] Alle haben nach dem Gesetz zu gehorchen und für alle gelten dieselben Strafen.

bb) Die imperiale Rechtsentwicklung zwischen Konfuzianismus und Legismus

17 **(1) Die Integration von li in fa.** Der Streit zwischen Konfuzianern und Legisten kann nicht mit dem schlichten – für sich genommen durchaus richtigen – Hinweis abgetan werden, der Konfuzianismus habe sich durchgesetzt und sei später unter der Han-Dynastie zur chinesischen Staatsphilosophie aufgestiegen.[29] Vielmehr erwies sich die konstitutive Abneigung des Konfuzianismus gegen die Gesetze und der Anspruch auf weitgehend moralische Führung als wenig praktikabel. Stattdessen erfreuten sich Gesetzgebung und Regieren durch Gesetze in der Praxis größter Beliebtheit und beeinflussten auch das konfuzianische Denken. Zudem wurde legistisches Gedankengut über die Jahrhunderte hinweg immer wieder in die Debatten eingebracht:[30] „Die Geschichte der Gesetzgebung ist die Geschichte von fa (…) in ihrem Verhältnis zu li".[31] Auch terminologisch haben die Legisten dauerhafte Spuren hinterlassen: Beginnend etwa um 350 v.Chr. nannten die Herrscher die von ihnen erlassenen Gesetzbücher nicht mehr fa, sondern lü,[32] ein Ausdruck,

Blickwinkel der chinesischen Kultur sowie seiner neuerlichen Einschätzung], in: ders., Zhongguo wenhua yu Zhongguo faxi [Chinesische Kultur und chinesisches Rechtssystem], Tapei, 3. Aufl. 1977, 55, zit. nach *Heuser* (Fn. 20), 121 f.; dazu auch *Heuser* (Fn. 20), 133 f.; vgl. auch *Lee, Chien-Liang,* Rechtsrezeption und chinesische Sprache, in: Hain, Karl E. (Hrsg.), Wanderungen und Wandlungen des Rechts, 2017, 35 (47).

26 Vgl. zu diesem Beispiel *Heuser* (Fn. 20), 70, 73 f. mwN.

27 Zu diesem Beispiel *Heuser* (Fn. 20), 74 f.

28 Für *Liu, Chenglin,* Confucius and the Chinese legal tradition, Michigan State International Law Review 28 (2020), 477 (515 ff.) bildet Ungleichheit den Kern des Konfuzianismus und die Aufrechterhaltung der Ungleichheit das zentrale Thema des von Konfuzius inspirierten Rechts.

29 Zum Folgenden vgl. vor allem detailreich *Heuser* (Fn. 20), 85 ff.; vgl. auch *Zhang* (Fn. 13), 20 ff.; *Bodde/Morris* (Fn. 18), 27 ff.; nachdrücklich für eine wichtige Rolle des legistischen Erbes *Yin/Duff* (Fn. 11), 1119 ff.

30 Zu diesem Punkt vgl. *Wang, Boqi,* Jindai falü sichao yu zhongguo guyou wenhua [Modernes Rechtsdenken und alte chinesische Kultur], Taipei 1956, zit. nach der Übersetzung des 1. Kapitels abgedruckt in: *Heuser* (Fn. 20), 78.

31 *Heuser* (Fn. 20), 86; für eine Bedeutung bis heute vgl. etwa *Grosse-Ruyken, Jari,* Die chinesische Rechtskultur im Spiegel der Verfassungsgeschichte Chinas vom Beginn des 20. Jahrhunderts bis in die Gegenwart, in: Conermann, Stephan; Schaffar, Wolfram (Hrsg.), Die schwere Geburt von Staaten – Verfassungen und Rechtskulturen in modernen asiatischen Gesellschaften, 2007, 19 (33 f.).

32 Allerdings kann „lü" auch die Teile eines Gesetzbuches und einzelne Gesetze bezeichnen, vgl. *Bodde/Morris* (Fn. 18), 63.

der die – legistische – Allgemeinheit der Gesetze verdeutlichen sollte und der bis in das 19. Jahrhundert für alle Gesetzbücher verwendet wurde.

18 Ganz praktisch begann schon die imperiale Periode Chinas unter der Qin-Dynastie (ab 221 v.Chr.) mit einer Flut von oft detaillierten Gesetzen. Berühmt und berüchtigt, weil zuerst bekannt geworden, waren die aus heutiger Sicht sehr grausamen Strafgesetze, die nicht nur Zwangsarbeit und Prügel vorsahen, sondern auch Amputation der Nase oder der Füße, Auseinanderreißen, lebendiges Begraben, Kochen in einem Kessel und als schwerste Strafe die Ausrottung der ganzen Familie in drei Generationen (Eltern, Brüder, Kinder) – Vorgehensweisen die, das sollte betont werden, auch einem nur oberflächlich mit der europäischen Rechtsgeschichte Vertrauten nicht ganz unbekannt vorkommen. Daneben fanden sich aber auch zahlreiche Gesetze zu so alltäglichen Fragen wie Kontrollen von Getreidevorräten, Rückzahlung von Darlehen an die Regierung, Postverkehr, Beamtenernennung oder der Jagd. Dieser legistisch geprägte Versuch der Herrschaft durch Gesetze (fazhi) bei Vernachlässigung des li trug denn auch – zumindest nach Auffassung der siegreichen Nachfolger in der Han-Dynastie – zur Revolte und zum schnellen Untergang der Qin-Dynastie bei.

19 Die Han-Dynastie (206 v.Chr. – 220 n.Chr.) forcierte dann auch den Gedanken des li und begann zu diesem Zweck mit einer populären Maßnahme: der radikalen Reduktion der Strafgesetze. Dennoch kehrte die Han-Dynastie später zu einem weit umfassenderen Strafrecht zurück und begann, das li in Gesetze zu fassen, eine Tendenz, die die nachfolgenden Dynastien fortsetzten. Es folgte eine überaus detaillierte und kasuistische Gesetzgebung, ergänzt durch vielerlei Kommentierungen, die aber auch zur Unübersichtlichkeit neigte und daher in der Rechtspraxis durch die Klassiker des Konfuzianismus als Entscheidungsgrundlage ergänzt wurde. Dass die Gesetze dabei stark nach dem gesellschaftlichen Stand der Beteiligten unterschieden, war ein zentraler Aspekt ihrer Konfuzianisierung.

20 **(2) Der Tang-Kodex: Hochstehende Gesetzgebungs- und Kommentarkultur.** Als Höhepunkt dieser Tendenz und zugleich der ganzen traditionellen chinesischen Gesetzgebung gilt allgemein der sog. Tang-Kodex von 651 n.Chr.[33] Er stellt zugleich das älteste noch vollständig erhaltene chinesische Gesetzbuch dar und hatte große Vorbildwirkung im ostasiatischen Raum, etwa in Japan, Vietnam oder Korea. Vietnam etwa übernahm noch im 15. Jahrhundert große Teile ohne oder mit nur geringen Änderungen. Aus historischer Sicht konnte damals also in der Tat von einer chinesischen Rechtsfamilie gesprochen werden.[34]

21 Entsprechend den traditionellen chinesischen Rechtsvorstellungen enthält der Tang-Kodex im Wesentlichen Strafvorschriften, einschließlich Strafverfahrens- und Strafvollzugsregeln. Dass es dabei im Kern darum ging, das li und seine Grundgedanken in Gesetzesform zu gießen, belegt etwa die typische Differenzierung der Strafe nach dem Stand. Wer beispielsweise seine Eltern oder Großeltern schlug, wurde mit Enthauptung bestraft (Art. 329 Tang-Kodex), wer hingegen einen neutralen Dritten schlug, erhielt nur 40 Hiebe mit dem leichten Stock (Art. 302 Tang-Kodex). Wer die Eltern beschimpfte, wurde mit dem Tod durch Erdrosseln bestraft (Art. 329 Tang-Kodex), wer andere Personen beschimpfte, gar nicht.[35]

22 Wie hoch entwickelt die Gesetzgebungstechnik schon damals war, zeigt sich etwa daran, dass der 502 Artikel umfassende Kodex mit einem 57 Artikel umfassenden allgemeinen Teil (ming-li) beginnt, der im Umfang rund ein Drittel des ganzen Kodex ausmacht. Der ming-li enthält Regeln zu den Arten der Strafe, zu den Taten, für die keine Milderung möglich ist (die sog. „zehn schimpflichen Verbrechen"), zu den möglichen Strafmilderungen für bestimmte hochrangige Personengruppen (ba yi, nicht wenn es um die Person des Kaisers oder eine Gefährdung des Staates ging), zur Schuldfähigkeit, zum Strafnachlass bei Geständ-

[33] Dazu eingängig auch *Johnson* (Fn. 12), 5 ff.; der vollständige Text des Tang-Kodex findet sich in englischer Übersetzung ibid., 49 ff. plus *Johnson, Wallace,* The T'ang Code, Bd. 2, Specific articles, 1997, 15 ff.

[34] Vgl. etwa *Tao, Jingzhou,* Le droit chinois contemporain, 1991, 7.

[35] Zu diesen Beispielen auch *Heuser* (Fn. 20), 109; *Johnson* (Fn. 12), 21.

nis vor Entdeckung der Tat, zur Mittäterschaft, zu den Konkurrenzen und sogar zum Kollisionsrecht.[36] Bedenkt man, dass solch allgemeine Teile viele hundert Jahre später als eine besondere intellektuelle Errungenschaft des deutschen Rechts gelten sollten, wird die dahinterstehende Leistung erst recht deutlich. Das gilt umso mehr, als auch die Verfasser des Tang Kodex solche allgemeinen Teile keineswegs erfunden haben, sondern auf noch ältere chinesische Vorbilder zurückgreifen konnten, wie etwa das Xin lü der Wei-Dynastie (234 n.Chr.), in dem etwa auch das System des ba yi erstmals kodifiziert wurde, oder das Tishi lü der Jin-Dynastie (268 n.Chr.).

Ebenfalls auf eine sehr hochstehende Gesetzestechnik weist die Existenz eines amtlichen 23
Kommentars zum Tang-Kodex hin, der bereits zwei Jahre nach dessen Inkrafttreten erschien.[37] Genau genommen handelte es sich dabei um den Unterkommentar (shu-yi), der neben dem sehr viel kürzeren Kommentar (chu) stand. Der Kommentar diente in erster Linie der Ergänzung und manchmal Klärung. Er blieb in der Regel sehr kurz und las sich ähnlich wie ein Gesetzestext. Der Unterkommentar hingegen enthielt echte, teils lehrbuchhafte Erläuterungen nicht nur zu weiteren Details, sondern auch etwa zu Sinn und Zweck der Vorschriften. Er wurde bei manchen Artikeln ergänzt durch Fragen und Antworten zur Lösung spezifischer Fallkonstellationen. Im Kern ähnliche amtliche Kommentare gab es auch in späterer Zeit.[38] Schon während der Tang-Dynastie, ebenso wie später etwa unter den Ming- und Ching-Dynastien, wurden diese Kommentare schlicht in kleinerer Schrift in den eigentlichen Text des Kodex hineingeschrieben.

Wer in dem immerhin fast 1.400 Jahre alten Tang-Kodex und seinen Kommentaren mehr 24
oder minder simple, breit angelegte Normen und Äußerungen erwartet, wird sehr überrascht. Der Kodex und seine Kommentare sind vielmehr überaus detailliert und genau. Ein in der deutschen Kultur juristischer Kommentare[39] sozialisierter Jurist dürfte sich nicht nur spontan heimisch fühlen, sondern auch seine Freude an der Genauigkeit haben. Beispielhaft sei nur ein – hier erheblich gekürzter – Ausschnitt aus Art. 292 des Tang-Kodex über die Entführung und den Verkauf einer Person angeführt:

„292.1a – All cases of kidnapping a person or of kidnapping and selling a person: (1) as a slave are punished by strangulation; (2) as a personal retainer are punished by life exile at a distance of 3,000 li; (3) as wife or concubine, or son or grandson in the male line, are punished by three years of penal servitude.
Commentary: Not having a person's consent is considered to be kidnapping. For persons ten years of age or less, even if they consent, the punishment is the same as under this law on kidnapping.
292.1b – If as a result of this crime a person is killed or wounded, the punishment is the same as under the law on robbery by force.
Subcommentary: Kidnapping a person refers to devising a plan to kidnap and then seizing the person …. The commentary states: „(…)". Becoming a slave is not something that people want and so they have to be kidnapped. Those ten years of age or less do not yet have knowledge and so are easily deceived. So even if such persons do fully consent, it is treated the same as under this law on kidnapping. (…)
With regard to being punished the same as under the law on robbery by force, if during the kidnapping a bystander is killed or wounded, this also is punished the same as under the law on robbery by force.
If a person is wounded during the kidnapping, even if the intended victim of the kidnapping is not seized, the punishment is still strangulation. (…)"[40]

Auch private Kommentare existierten jedenfalls seit der Ming-Dynastie und wurden den 25
veröffentlichten Versionen des Kodex von den Herausgebern angefügt.[41] Hinzu kamen

[36] Detaillierte Erläuterungen zu diesen Punkten bei *Johnson* (Fn. 12), 17 ff.
[37] Dazu auch schon die Älteren T'ang Annalen von 945 n.Chr., übersetzt in *Bünger, Karl,* Quellen zur Rechtsgeschichte der T'ang Zeit, 1946, neue erweiterte Ausgabe 1996, 99 f.; dazu auch ibid., 30.
[38] Ausführlich zur etwas abweichenden Praxis des Ching-Kodex etwa *Bodde/Morris* (Fn. 18), 68 ff.
[39] Dazu supra → § 6 Rn. 157.
[40] Zit. nach *Johnson* (Fn. 33), 307 f.
[41] Näher *Bodde/Morris* (Fn. 18), 71 ff.

zahlreiche Untergesetze (li[42]), die die Kodizes ergänzten, Lücken füllten, aber auch sanfte Änderungen herbeiführen konnten.[43] Um diese riesige Rechtsmasse zu bändigen, wurden auch Enzyklopädien verfasst, die die Rechtsvorschriften nach ihren jeweiligen Themen ordneten und zusammenfassten.[44] Das genaue Zusammenwirken der jeweiligen Vorschriften ist heute nicht mehr im Detail nachzuvollziehen, nicht zuletzt weil viele Texte im Laufe der Jahrhunderte verlorengegangen und allenfalls noch durch Berichte aus zweiter Hand bekannt sind.

26 Allerdings darf dadurch nicht der Eindruck entstehen, es habe nur dieses Gesetzbuch (lü) und seine Untergesetze (li) gegeben. Im Gegenteil waren mindestens noch drei weitere Quellen von Normen bekannt: die Gesetze (ling) mit Normen über Jung und Alt, Hoch und Niedrig und über das Staatssystem, die Dekrete (ko) über die von den Beamten kontinuierlich auszuübenden Tätigkeiten und die Regulationen (shih) über die von den Beamten regelmäßig zu beobachtenden Vorschriften.[45] Die Dekrete (ko) stellten dabei Sammlungen der kaiserlichen Dekrete dar, die auf die jeweils aktuellen rechtlichen Bedürfnisse reagierten und in heutiger Terminologie sowohl abstrakte Normen als auch konkrete Einzelfallentscheidungen, Urteile und Befehle des Kaisers beinhalteten.[46] Ebenso gab es als umfassendes Verwaltungsgesetz das Tang liu dian, das sich unter anderem mit den Verwaltungsstrukturen beschäftigte. In heutigen Worten ausgedrückt, existierten also umfassende Straf-, Verwaltungs- und staatsorganisationsrechtliche Vorschriften. Was fehlte, war – typisch für das damalige Rechtsdenken – vor allem das Privatrecht. Hinzu kam der typisch konfuzianische, unmittelbare Rückgriff auf die Regeln des li. So konnten klassische konfuzianische Schriften nicht nur zur Auslegung und Kommentierung der geschriebenen Regeln herangezogen werden, sondern dienten auch der Lückenfüllung.[47] In Art. 450 des Tang Kodex findet sich sogar eine Art Generalklausel, die den Rückgriff auf das li ermöglicht, indem sie bestimmt: „All cases of doing what ought not to be done are punished by forty blows with the light stick. If it is reasonable that the crime should be punished more heavily, the punishment is eighty blows with the heavy stick." Der Kommentar erläutert dazu: „This refers to where neither the Code nor the Statutes have an article dealing with the behavior, but which it is resonable should not be done." und der Unterkommentar fügt an: „Various less serious crimes need to be dealt with by analogy. If (…) there is no text to which analogy can be made, then (…) the circumstances of the crime are weighed to decide a punishment."[48]

27 Nach der Tang-Dynastie erließ jede spätere – wie auch schon jede frühere – Dynastie einen eigenen Kodex und eigene Verwaltungsgesetze. Grundlegende Änderungen gegenüber der Herangehensweise des Tang-Kodex waren aber nicht zu verzeichnen. So blieb das chinesische Recht über Jahrhunderte seinen ganz eigenen Traditionen treu.

[42] Dass hier scheinbar dasselbe Wort „li" für Untergesetze und die konfuzianischen Moralnormen verwendet wird, liegt an der schlichten Unzulänglichkeit der lateinischen Transkription, die ua nicht in der Lage ist, die unterschiedlichen Betonungen der Worte wiederzugeben; vgl. nur beispielhaft für die fünf verschiedenen chinesischen Zeichen, die mit „li" transkribiert werden können, *Heuser* (Fn. 20), 485.

[43] Zu den Kommentaren und Untergesetzen *MacCormack* (Fn. 14), 30 f.; konkretes Beispiel eines Untergesetzes etwa ibid., 65; ausführlicher zu den Untergesetzen *Bodde/Morris* (Fn. 18), 64 ff. mit konkretem Beispiel ibid., 68.

[44] Vgl. dazu *Bünger* (Fn. 37), 44.

[45] So die Beschreibung in den Neueren Tang Annalen aus der Mitte des 11. Jahrhunderts, übersetzt in: *Bünger* (Fn. 37), 142; zu den Gründen für die mangels direkter Entsprechung letztlich willkürlich gewählten Übersetzungen vgl. ibid., 21 Fn. 27a; nähere Beschreibung der einzelnen Quellen ibid., 32 ff.; vgl. dazu auch *Johnson* (Fn. 12), 6 (mit der englischen Übersetzung als statutes (ling), regulations (ko) und ordinances (shih)).

[46] Vgl. *Bünger* (Fn. 37), 36 ff., 53; kurz auch *Johnson* (Fn. 12), 6.

[47] Vgl. dazu auch *Bünger* (Fn. 37), 61 ff.

[48] Zit. nach *Johnson* (Fn. 33), 510; für ein Anwendungsbeispiel aus der Rechtsprechung vgl. *Bodde/Morris* (Fn. 18), 215; zur weiteren Analogieklausel des Art. 50 Tang-Kodex vgl. *Johnson* (Fn. 12), 37 f.

cc) Wichtige Aspekte des traditionellen Rechts

(1) Fehlendes Privatrecht. Ein typisches, übergreifendes Merkmal des traditionellen chinesischen Rechts ist das Fehlen einer genuinen Privatrechtsgesetzgebung. Das Recht wird als ein staatliches Mittel zur Aufrechterhaltung einer bestimmten Moral und einer bestimmten Sozialordnung angesehen, die ihrerseits letztlich dem Erhalt der bestehenden Machtstrukturen dienen. Das Recht bleibt so gleichsam innerhalb der Staatsorganisation, besteht aus Anweisungen an die Beamtenschaft, Regelverstöße zu sanktionieren, ist mit modernen Worten allein öffentlich-rechtlich. Die dahinterstehende Philosophie macht ein Satz deutlich, der Li Shimin, einem Kaiser der Tang Zeit, zugesprochen wird: Ein weiser Kaiser regiert seine Beamten, nicht sein Volk.[49] In der Tang-Zeit ging dies so weit, dass vermutlich nur die Beamten überhaupt Zugang zum Tang-Kodex hatten.[50] 28

Allerdings blieb das Privatrecht keineswegs vollständig ungeregelt. So bestanden gerade im Familienrecht sehr detaillierte Regeln des li, die durch fa kodifiziert und sanktioniert waren. Dies verwundert nicht weiter, da drei der fünf zentralen Beziehungen des Konfuzianismus[51] innerhalb der Familie lagen, ihr also eine besonders hohe Bedeutung zukam. Andere privatrechtliche Aspekte, wie etwa das Erbrecht, waren für die Verwaltung wichtig. Sie musste beispielsweise wissen, wer Eigentümer eines Grundstücks war, um von ihm die Steuern eintreiben zu können. Entsprechend finden sich indirekt erbrechtliche Regeln auch im Verwaltungsrecht. Der Qing-Kodex enthielt in seinem Abschnitt über Haushalte durchaus auch erbrechtliche und sogar schuldrechtliche Regeln, wenn auch wiederum in strafrechtlicher Einkleidung.[52] So wurde etwa die Nichtbezahlung einer Schuld mit zehn Stockhieben bestraft, eine Strafe die nach Ablauf von drei Monaten für jeden weiteren Monat der Nichtbezahlung um einen Stockhieb erhöht wurde.[53] Solche Regelungen wurden als wichtig angesehen, um den öffentlichen Frieden aufrechtzuerhalten. 29

Dennoch herrscht unter Rechtssinologen Einigkeit, dass innerhalb des Privatrechts gerade ein Vermögensrecht kaum existierte und hier wiederum gerade das Vertragsrecht so gut wie keine Rolle spielte. In die Lücke sprangen in erster Linie gewohnheitsrechtliche Regelungen, die sich auf der Ebene der Dörfer, Familienclans oder Gilden fanden.[54] Dieses Gewohnheitsrecht aber wurde nicht durch staatliche Institutionen angewandt, sondern in erster Linie durch private Streitschlichtungsinstanzen wie etwa Dorfälteste oder Familienoberhäupter. 30

(2) Reduzierte staatliche Rechtsdurchsetzung. Das mangelnde staatliche Interesse am Privatrecht spiegelte sich in einem mangelnden Interesse an staatlicher Rechtsprechung zur Beendigung von Streitigkeiten unter Bürgern wider.[55] Es herrschte die Einstellung vor, dass staatliche Entscheidungen solcher Konflikte nicht zu gesellschaftlichem Frieden und Harmonie beitragen würden, sondern im Gegenteil die Streitigkeiten nur noch intensiviert und vermehrt würden. Die Bürger würden nur dazu angestachelt, sich um den genauen Wortlaut der Gesetze und um die Details des Geschehenen zu streiten, anstatt nach einer einvernehmlichen Lösung zu suchen. Dies würde dem Sinn des Rechts, eine gute Moral- und Sozialordnung aufrechtzuerhalten, gerade widersprechen. Untrennbar mit dem Aspekt der Sozialordnung verbunden war auch die bereits beschriebene Grundeinstellung: Recht wurde aus der Pflichtenperspektive betrachtet und gerade nicht als eine Ordnung, die individuelle 31

[49] Vgl. *Cuniberti* (Fn. 4), 181.
[50] Vgl. *Heuser* (Fn. 20), 120 mit dem Hinweis, dass dies für spätere Dynastien nicht mehr angenommen werde.
[51] Dazu supra → Rn. 10.
[52] Zu erb- und familienrechtlichen Regeln vgl. *MacCormack, Geoffrey,* Traditional Chinese penal law, 1990, 259 ff.; zu vertragsrechtlichen Regeln ibid., 235 ff.
[53] Zu diesen Aspekten *Cuniberti* (Fn. 4), 182.
[54] Vgl. *Cuniberti* (Fn. 4), 183 f.; *Heuser* (Fn. 20), 120; zu zwei zu Beginn des 20. Jahrhunderts verfassten Untersuchungen bestehender Gewohnheitsrechte in bestimmten Teilen Chinas vgl. *MacCormack* (Fn. 14), 26 f.; eine dieser beiden Sammlungen, die sich auf Formosa, das heutige Taiwan bezieht, ist auch in englischer Sprache erschienen: *Oyamatsu, Santoro,* Laws and customs in the island of Formosa, 1902.
[55] Zum Folgenden etwa *MacCormack* (Fn. 14), 23 ff.; *Cuniberti* (Fn. 4), 182 f.

Rechte der Einzelnen untereinander zum Ausgleich bringen sollte.[56] Der Ausrichtung auf Harmonie entsprach es, dass die Tätigkeit von Rechtsbeiständen nicht gern gesehen war. Denn sie drohten, die Streitigkeiten noch zu vermehren. Rechtlich kam dies nicht zuletzt in Gesetzen zum Ausdruck, die jeden mit gravierenden Strafen bedrohten, der anderen dabei half, falsche Anschuldigungen bei staatlichen Instanzen vorzubringen. Wer also als Rechtsbeistand tätig war, befand sich in ständiger Gefahr und musste sehr darauf achten, nicht selbst etwas zum Streit beizutragen.

32 Daneben aber bestand auch ein ganz praktisches Interesse daran, den Staat aus solchen Streitigkeiten herauszuhalten: Jede andere Lösung hätte in einem Reich von der Größe Chinas entweder zur völligen Überlastung der in gerichtlicher Funktion auftretenden Instanzen geführt oder eine enorme und kostspielige Aufwertung dieses Sektors nach sich ziehen müssen. Die Richter selbst teilten dieses Interesse, denn sie waren für die Aufrechterhaltung von Ruhe und Ordnung in ihrem Bezirk persönlich verantwortlich. Gerichtsentscheidungen aber wurden als Beleg nicht für die Beilegung, sondern für das Aufkommen von Streit und Unruhe gesehen. Zu viele Streitigkeiten hätten also gezeigt, dass der Richter seinen Aufgaben vor Ort nicht gerecht wurde. Die Richter hatten somit jedes Interesse, Streitigkeiten möglichst nicht selbst zu entscheiden, sondern gütlich zu regeln, und waren auch von Staats wegen dazu angehalten. Denn trotz aller staatlichen Abschreckung versuchten die Bürger oft, ihre Streitigkeiten vor staatliche Instanzen zu bringen. Die Lösung bestand darin, dass der Richter die Streitenden entweder auf eine Schlichtung durch Honoratioren wie Clanführer oder Dorfälteste verwies oder selbst einen Vermittlungsvorschlag unterbreitete. Immer wieder versuchte die kaiserliche Verwaltung auch, die für die lokale Streitschlichtung zuständigen Instanzen offiziell zu benennen und mit entsprechenden Befugnissen auszustatten. Diese Versuche schlugen jedoch immer wieder fehl. Erfolgreich konnte der Grundgedanke interner Streitbeilegung allerdings im Bereich des Handels für die Gilden durchgesetzt werden, die ihre eigenen, offiziell anerkannten Streitschlichtungsmechanismen entwickelten.

33 All diese Aspekte von der starken Zurückhaltung der staatlichen Instanzen, der Tendenz zur Schlichtung bis zum schlechten Ruf der Rechtsbeistände trugen das ihre dazu bei, dass ein geordnetes Normsystem außerhalb der staatlichen Gesetze und insbesondere im Bereich des Privatrechts nicht entstehen konnte. Umso mehr war es für den Einzelnen notwendig, anderweitige Möglichkeiten zu finden, seine individuellen Ziele zu erreichen und gegenüber anderen abzusichern. Dazu dienten vor allem Beziehungen, sowohl familiärer Art als auch zu mächtigen und einflussreichen Persönlichkeiten. Große Bedeutung hatten aber durchaus auch List und Täuschung. Solche unter chinesischen Bedingungen unentbehrlichen Verhaltensweisen waren deshalb sehr entwickelt und wurden Teil der bis heute prägenden Rechtskultur.[57]

34 **(3) Richter als Verwaltungsbeamte.** Wenn von Richtern im kaiserlichen China die Rede ist, so handelte es sich dabei um staatliche Beamte, deren richterliche Funktion nur eine von vielen war. Sie waren die jeweiligen örtlichen Repräsentanten der kaiserlichen Zentralgewalt und umfassend für alle Verwaltungsaufgaben in ihrem Bezirk zuständig. In klassischen chinesischen Detektivgeschichten beispielsweise sind diese Verwaltungsbeamten die Helden.[58] Sie galten als ehrenwerte „elterliche Beamte" (fu mu guan) mit umfassender – und für Missbrauch anfälliger – Macht über alle Menschen ihres Bezirks.[59] Ihre Ausbildung beruhte vor allem auf den Prinzipien des Konfuzianismus und war nicht notwendig eine

56 Dazu schon supra → Rn. 15.

57 Vgl. *Heuser* (Fn. 20), 122 f.; *Chiao, Chien,* Chinese strategic behaviour, in: Seyschab, Carl-Albrecht; Sievers, Armin; Szynkiewicz, Stawoj (Hrsg.), Society, culture, and patterns of behaviour, 1990, 71 (73 ff.); vgl. etwa auch *Senger, Harro von,* 36 Strategeme – Lebens- und Überlebenslisten aus drei Jahrtausenden, Bd. 1, 2011, 31, 35, 25; *Gu, Sharron,* Law and politics in modern China, 2009, 3 f., 6, 14.

58 Vgl. *Johnson* (Fn. 12), 1979, 4.

59 Vgl. *Zhang* (Fn. 13), 27; vgl. auch *Peerenboom, Randall,* China's long march toward rule of law, 2002, 400.

spezifisch juristische. Allerdings wurden sie regelmäßig durch einen juristisch ausgebildeten Sekretär unterstützt.[60]

35 Dennoch war das Gerichtssystem insgesamt durchaus komplex und hochentwickelt. Zwar nahmen alle Fälle vor dem örtlichen Richter ihren Anfang. Bei schwerwiegenderen Strafen aber oblag etwa in der Ching-Dynastie die endgültige Entscheidung der nächsthöheren Instanz auf Ebene der Präfektur. Ging es um Exilierung oder Todesstrafe, war sodann sogar eine automatische Überprüfung durch den Provinzgouverneur vorgesehen. Alle Fälle, in denen die Todesstrafe verhängt wurde, sowie unabhängig von der Strafe alle Tötungsdelikte wurden zudem zum obersten Zentralgericht (in der Ching-Dynastie dem Strafausschuss, in der Tang-Dynastie dem Revisionsgericht) gesandt. Über die Verhängung der Todesstrafe musste gar der Kaiser selbst entscheiden.[61]

36 Wie unter anderem dieses System andeutet, versuchte der Staat stets, den Richtern möglichst wenig eigene Entscheidungsspielräume einzuräumen.[62] Schon in Anbetracht der enormen Größe Chinas hätte anderenfalls stets die Gefahr einer Verwässerung und Zersplitterung der zentralen kaiserlichen Macht bestanden. So war etwa die Entwicklung eines Richterrechts nicht erwünscht, der Richter – bei Strafe – gehalten, in seinen Entscheidungen stets die genaue Rechtsgrundlage im Gesetz oder einem Untergesetz anzugeben. Noch gravierender dürfte sich ausgewirkt haben, dass die Richter, legistisch inspiriert, persönlich für die Richtigkeit ihrer Entscheidungen hafteten. Bei bewussten Fehlentscheidungen wurden sie beispielsweise in der Ching-Dynastie ebenso wie nach Art. 342 des Tang-Kodex selbst mit der von ihnen fehlerhaft verhängten Sanktion bestraft, bei unbewussten Fehlentscheidungen griffen Strafmilderungen.[63]

b) Die Zeit der westlichen Reformen

aa) Opiumkriege, ungleiche Verträge und die Reform des Rechts

37 Das Ende der über 2000jährigen Geschichte des imperialen China begann im 19. Jahrhundert. Für den Westen ist der Beginn dieser Veränderungen, wie so vieles in der Kolonialgeschichte, ein bis heute tiefschwarzer Fleck auf der ohnehin nicht sehr weißen Weste. Kurz gesagt machten britische Händler, anfänglich noch unter der East India Company, enorme Gewinne, indem sie Opium von Indien nach China verschifften und dort verkauften. In China gab es Widerstände gegen diesen Drogenhandel, der auf chinesischer Seite nicht nur die Drogenabhängigkeit mit all ihren negativen Konsequenzen, sondern auch Korruption und Kriminalität massiv beförderte. Aufgrund der hohen Gewinne wuchs zudem die Macht der korrupten Beamten und der Drogenbanden. Die Versuche der kaiserlichen Verwaltung, sich gegen den Drogenhandel zu wehren, waren trotz der korruptions- und kriminalitätsbedingten Widerstände teilweise erfolgreich. Sie konnten aber die Wurzel des Übels, die britischen Drogenhändler, nicht erreichen. Eine besonders erfolgreiche Aktion, die Zerstörung von über 20.000 Kisten Opium durch einen Abgesandten des Kaisers im März 1839, führte zu einer britischen Militärexpedition im Februar 1840, bei der England seine Forderungen mit Kanonenbooten unterstrich. China hatte dem technisch wie taktisch wenig entgegenzusetzen. Dennoch brach so der sog. Erste Opiumkrieg aus, zu dessen Rechtfertigung die Briten sich darauf beriefen, dass die chinesische Führung das Volk unterdrücke und misshandele. Der Erste und Zweite Opiumkrieg führten im Ergebnis zu einer erzwungenen Öffnung Chinas für Ausländer und ausländische Handelsinteressen sowie zum Abschluss der sog. ungleichen Verträge[64] mit westlichen Mächten. In diesen Verträgen

[60] Zum Ganzen *Bodde/Morris* (Fn. 18), 113; *Cuniberti* (Fn. 4), 182 f.

[61] Vgl. *MacCormack* (Fn. 14), 40, 165 f.; zum Zusammenspiel des Gerichtssystems ausführlicher auch *Bodde/Morris* (Fn. 18), 114 ff.; dort auch zur erstaunlichen Art der eigentlichen kaiserlichen Entscheidung über die Todesstrafe, ibid., 140 f.

[62] Dazu etwa auch *Johnson* (Fn. 12), 12.

[63] Zum Ganzen *MacCormack* (Fn. 14), 163 ff.

[64] Dazu etwa *Wang, Dong,* Unequal treaties – Narrating national history, 2005, passim.

wurden China Handelsprivilegien, territoriale Zugeständnisse sowie in Bezug auf Ausländer Extraterritorialität und Unterwerfung nur unter die eigene Gerichtsbarkeit abgepresst.

38 Aus der engeren juristischen Perspektive waren die ungleichen Verträge ein zentraler Anlass für rechtliche Reformen. Denn die westlichen Mächte stellten in Aussicht, die extraterritoriale Anwendung ihres eigenen Rechts beenden und das chinesische Recht akzeptieren zu können, wenn dieses den westlichen Standards gerecht werde[65] – ein Versprechen das tatsächlich erst 1943 eingelöst wurde.[66] Aber auch soziale und politische Unruhen innerhalb Chinas schufen ein Klima, das nach Reformen verlangte und sogar bis zu konkreten kaiserlichen Projekten einer Verfassung für China führte. 1904 schuf der Kaiser ein Amt für die Abfassung von Gesetzen unter der Leitung des rechtsvergleichend geschulten Shen Jiaben. Es hatte die Aufgabe, das chinesische Recht nach westlichem Modell zu reformieren.[67] Dabei spielten auch japanische Vorbilder und Berater eine größerer Rolle, denn Japan hatte entsprechende Reformen bereits erfolgreich durchgeführt. So wurde bereits 1910, also noch im Kaiserreich, der erste Entwurf eines neuen Zivilgesetzbuchs vorgestellt, der im Kern auf deutschen und japanischen Vorbildern beruhte, wobei das japanische Recht seinerseits wieder stark von Deutschland inspiriert war.[68] An eine Umsetzung des Reformprojekts war aber aufgrund der chinesischen Revolution, der Abdankung des letzten Kaisers Pu Yi 1912 sowie der anschließenden, langandauernden politischen Wirren nicht zu denken. Ein zweiter Entwurf von 1926, der wesentlich auf dem ersten Entwurf beruhte, teilte dieses politische Schicksal und ging in den politischen Wirren unter.

39 Von Erfolg gekrönt war dann erst das Zivilgesetzbuch von 1930.[69] Es basierte, wie sein Vorgänger, vor allem auf deutschem und schweizerischem Recht und importierte diese Rechtsmassen in umfassendster Weise. Deutsche Berater oder Regierungsstellen waren allerdings, anders als in anderen Ländern, nicht beteiligt.[70] Chinesischen Beobachtern zufolge waren 95 Prozent der Artikel entweder direkt oder mit kleineren Anpassungen ausländischen Zivilgesetzbüchern entnommen, 60–70 Prozent dem deutschen und 30–40 Prozent dem schweizerischen Recht, mit einigen Einsprengseln aus Frankreich, Japan und der Sowjetunion.[71] Die Übernahme deutscher Konzepte zeigte sich schon in der Einteilung des chinesischen Zivilgesetzbuchs in fünf Bücher (Allgemeiner Teil, Schuldrecht, Sachenrecht, Familienrecht, Erbrecht) in Analogie zum BGB. Die Übernahme etwa der Lehre vom Rechtsgeschäft in einem allgemeinen Teil (der dem chinesischen Rechtsdenken aber, wie gesehen, durchaus vertraut war[72]) oder des Sachenrechts zeigen die inhaltliche Anlehnung.

[65] Vgl. dazu und zum Folgenden etwa *Chen, Tsung-Fu,* Transplant of civil code in Japan, Taiwan, and China – With focus of legal evolution, National Taiwan University Law Review 6 (2011), 389 (398 ff.); *Zhang* (Fn. 13), 27 ff.; *Heuser* (Fn. 20), 127 ff.; zur außenpolitischen Einbettung vgl. *Bünger, Karl,* Die Rezeption des europäischen Rechts in China, Zeitschrift für ausländisches und internationales Privatrecht – Sonderausgabe, 1950, 166 (167 ff.); zum Versprechen des Endes der Extraterritorialität vgl. auch etwa Art. 12 des sog. Mackay Treaty, des Handelsvertrags zwischen Großbritannien und China: „China having expressed a strong desire to reform her judicial system and to bring it in accord with that of Western nations, Great Britain agrees to give every assistance to such reforms, and she will also be prepared to relinquish her extraterritorial rights when she is satisfied that the state of Chinese laws, the arrangement for their administration, and other considerations warrant her in so doing.", zit. nach *Wang* (Fn. 64), 22; für die fast wortgleiche Klausel etwa im Vertrag zwischen China und den USA von 1903 vgl. das wörtliche Zitat in Reid vs. Covert, 354 U. S. 1, 61 f. (1957).

[66] Vgl. *Bünger* (Fn. 65), 174.

[67] Für eine zeitgenössische Selbstdarstellung der Entstehungsgeschichte des Zivilgesetzbuchs vgl. *Ping-Sheung, Foo,* Introduction, in: The Civil Code of the Republic of China, translated into English by Ching-Lin Hsia, James L. E. Chow, Yukon Chang, 1930, ix (ix ff.).

[68] Zu den japanischen Reformen vgl. infra → Rn. 143 ff.

[69] Im Hinblick auf seine politische Zielsetzung wurde es sogleich ins Englische übersetzt: The Civil Code of the Republic of China, translated into English by Ching-Lin Hsia, James L. E. Chow, Yukon Chang, 1930.

[70] Deutlich dazu *Bünger* (Fn. 65), 178.

[71] Vgl. dazu die Zitate aus chinesischen Quellen bei *Chen* (Fn. 65), 400.

[72] Vgl. supra → Rn. 22.

Aufgrund der sozialen Ziele der herrschenden Partei der Kuomintang[73] waren einige zusätzliche Tropfen sozialen Öls[74] eingefügt worden. So sah etwa Art. 218 chinZGB 1930 die Möglichkeit vor, bei nur leicht fahrlässig verursachtem Schaden den Schadenersatz herabzusetzen, wenn anderenfalls die Grundlagen des Lebensunterhalts des Schuldners erheblich beeinträchtigt würden. Art. 318 chinZGB 1930 ermöglichte es dem Gericht, dem Schuldner nach Abwägung der beteiligten Interessen eine bloße Teilleistung oder bei unteilbaren Schulden einen Aufschub zu gewähren. Der schweizerische Einfluss zeigte sich ua in dem Verzicht auf ein eigenständiges Handelsgesetzbuch. Das neue Zivilgesetzbuch war bei alledem nur ein Teil des großen Reformprojekts der sog. sechs Gesetzbücher, die zusätzlich die Verfassung, die Zivilprozessordnung, das Strafgesetzbuch, die Strafprozessordnung sowie diverse handelsrechtliche und Verwaltungsgesetze umfassten.

bb) Revolution des Rechtsdenkens

Entscheidend waren aber weniger diese Details, sondern der sehr viel grundlegendere Wandel, der mit den neuen Gesetzen und insbesondere mit dem Zivilgesetzbuch verbunden war. Es ging auch schon nach damaliger Einschätzung um nicht weniger als „a complete departure from the general structure and principles of the traditional Chinese law".[75] Mit der Durchsetzung des li durch fa, der grundsätzlichen Pflichtstruktur, der Ungleichheit der Rechtsfolgen nach der Person, der auf der Familie statt auf dem Individuum aufbauenden Struktur oder dem mangelnden Willen zur staatlichen Durchsetzung privater Rechtspositionen (die eben gar nicht erst bestanden), hatte das nunmehr übernommene, deutsche Rechtsdenken nicht mehr das Geringste zu tun. Das war auch im Hinblick auf die an den Reformen beteiligten Personen wenig verwunderlich, denen vertiefte Kenntnisse des alten Rechts oder gar Erfahrungen seiner Praxis weitgehend fehlten.[76] Daran vermochten auch einige eher politisch motivierte Lippenbekenntnisse der Kuomintang[77] nichts zu ändern. Das vorher abgelehnte subjektive Recht wurde zum zentralen Rechtsbegriff. Für das konfuzianische Wertsystem so entscheidende Aspekte wie die Familienordnung wurden im westlichen Sinn völlig umgestaltet. Es gab keine Gewalt des Hausältesten über die Familie und ihr Vermögen mehr, keine erbrechtliche Vorrangstellung des ältesten Sohnes, sondern vielmehr eine Gleichstellung von Mann und Frau und die aus konfuzianischer Sicht geradezu schockierende Möglichkeit der Familienmitglieder, ihre jeweiligen Rechte auch im Klageweg gegeneinander durchzusetzen. Die Reformen des frühen 20. Jahrhunderts sind letztlich auch heute noch der Grund, warum das chinesische Recht kaum Ähnlichkeiten mit dem common law aufweist, aber vielfach eine mehr oder minder große Nähe zum kontinentaleuropäischen Recht gesehen wird. 40

cc) Effektivität der Reformen

Bei einer so grundstürzenden Änderung des Rechts durch Initiativen von oben stellt sich natürlich schnell die Frage nach der Effektivität. Erstaunlicherweise wird insofern immer wieder festgestellt, dass es kaum Widerstände gegen den umfassenden Transfer westlichen Rechts nach China gab. Das lag zum einen daran, dass man sich stark am japanischen Vorbild orientierte und so annahm, ein solcher Import sei mit der asiatischen Lebensweise durchaus vereinbar. Zum anderen existierte in China kein starker, traditioneller Juristenstand, der sich hätte wehren können. Im Gegenteil wurde eine ganze Reihe junger und 41

[73] Vgl. auch *Han-Min, Hu,* Preface, in: The Civil Code of the Republic of China, translated into English by Ching-Lin Hsia, James L. E. Chow, Yukon Chang, 1930, v (vi).

[74] Zu dieser Formulierung in Bezug auf das BGB vgl. supra → § 6 Rn. 191.

[75] *Ping-Sheung* (Fn. 67), xi; zu den revolutionären Änderungen auch schon *Bünger* (Fn. 65), 181 ff., 189, auch mit Hinweis auf die wenigen erhaltenen chinesischen Rechtsinstitute, ibid., 185 f.

[76] Deutlich *Bünger* (Fn. 65), 187.

[77] Vgl. etwa *Ping-Sheung* (Fn. 67), xx f.: „The Kuomintang doctrine considers therefore men not as self-contained entities, but in relation to the society which they form. It assigns to them rights and duties only in so far as the exercise of such rights and duties tends to the pacific and orderly progress of the community.".

aktiver Juristen gerade im westlichen Ausland ausgebildet, so dass sie den Reformen eher positiv gegenüberstanden. Das Volk schließlich hatte zu diesen revolutionären Zeiten andere Probleme, als sich mit der Schaffung eines neuen Zivilgesetzbuchs zu befassen. Beobachter aus der damaligen Zeit berichten, dass zwar die Gerichte, insbesondere in größeren Städten mit ausländischen Bevölkerungsanteilen, die neuen Gesetze weitgehend korrekt angewandt hätten, diese Bewertung jedoch nicht für die Verwaltungsbehörden gelte. Die eingeführten Grundbücher beispielsweise spielten in der Realität kaum eine Rolle; das Eigentum an Grundstücken werde weiterhin in den alten Formen durch schlichte Übergabe der Eigentums- und Steuerpapiere übertragen. In der allgemeinen Bevölkerung, bei den chinesischen Familien und Händlern wirkten die alten Regeln ebenfalls fort. Da jedoch weiterhin der Gang zum Gericht gemieden und die nach geltendem Recht zulässige, private Streitvermittlung bevorzugt werde, zudem das geltende Recht vielfach dispositiv sei, falle es sehr schwer die Lage klar einzuschätzen.[78] Dennoch gab es auch keinen echten Widerstand. Die veränderten Regeln über das Erbrecht von Frauen beispielsweise scheinen durchaus akzeptiert worden zu sein,[79] eine Grundeinstellung die ihrerseits wieder mit der vom Konfuzianismus geforderten Unterordnung unter die Gesetze als Teil des li erklärt werden kann.

42 Eine der ersten Handlungen nach der kommunistischen Machtübernahme 1949 war die Aufhebung der unter der Kuomintang erlassenen Gesetze. Das neue Rechtsdenken hatte somit wenig Zeit, sich in den Köpfen der Menschen festzusetzen. Die Frage nach der realen Bedeutung der neuen Gesetze im Rechtsalltag der Menschen stellte sich so nurmehr für die Republik China (Taiwan)[80], in der die sechs Gesetzbücher erhalten blieben und nach und nach auch ihren Weg in das Rechtsdenken fanden.[81]

c) Die kommunistische Herrschaft unter Mao

aa) Die frühen Jahre: Von Akzeptanz zur Ablehnung des Rechts

43 Die kommunistische Herrschaft unter Mao war aus juristischer Perspektive gekennzeichnet durch eine Abneigung gegen das Recht als Instrument der Steuerung und der Herstellung von Gerechtigkeit. Diese Abneigung trat zunächst in der für das marxistische Denken ohnehin typischen Form auf, wurde dann aber zunehmend radikal.

44 Aus allgemein marxistischer Sicht war das alte, als bourgeoises Mittel der Unterdrückung geltende Recht – wie insbesondere die sechs Gesetzbücher – abzuschaffen.[82] Auf dem Weg zur kommunistischen Gesellschaft, die kein Recht mehr nötig haben würde, war das Recht in der Übergangsphase des Sozialismus jedoch noch teilweise notwendig, um die Diktatur des Proletariats abzusichern. Dieser rein dienende Charakter des Rechts als bloßes Mittel zum Zweck – und dabei auch nur als eines von vielen Mitteln – bleibt bis heute grundlegend für das Verständnis von Recht in der Volksrepublik China. Die durch die Aufhebung der bestehenden Gesetze aufgerissenen Lücken wurden nur teilweise durch Einzelgesetze wieder geschlossen. Arbeiten an umfassenderen Gesetzbüchern wurden für kurze

---

78 Vgl. *Bünger* (Fn. 65), 180 f.; vgl. aber auch das Beispiel einer Klan-Regelung bei *Hu, Hsien Chin,* The common descent group in China and its functions, 1948, 162, die aber zugleich deutlich macht, dass Klagen durchaus nicht selten waren: „Often members of the tsu quarrel incessantly because of slight causes, going as far as to sue each other in court. This is not the way to maintain coridal relations.".

79 Vgl. das Beispiel einer Klan-Regelung bei *Hu* (Fn. 78), 162 („The civil code which is in force at present is to be accepted. (…) if in any branch of the tsu quarrels break out about the succession, the present civil code should be consulted"); zum Ganzen auch *Heuser* (Fn. 20), 137 ff.

80 Allein aus Gründen der sprachlichen Vereinfachung wird die Volksrepublik China im Folgenden mit dem Adjektiv „chinesisch" und dem Substantiv „China" bezeichnet, die Republik China hingegen mit dem Adjektiv „taiwanesisch" und dem Substantiv „Taiwan".

81 Zu Taiwan noch infra → Rn. 147, 158 f.

82 Aufhebung jedenfalls durch Art. 17 der Allgemeinen Richtlinien des Politischen Volksrates vom 29.9.1949 („Sämtliche Gesetz und Verordnungen sowie das Justizsystem der reaktionären Kuomintang-Regierung, die das Volk unterdrücken, werden aufgehoben."), zit. nach *Bünger* (Fn. 65), 166 Fn. 1.

Zeit aufgenommen, aber wieder eingestellt. Eine herausragende praktische Rolle spielte hingegen die nach sowjetischem Vorbild bestehende, ungeschriebene Befugnis aller Ebenen der Verwaltung und der Partei, sog. zhengce, also normative Dokumente, politische Richtlinien oder Politnormen, zu erlassen, mit denen auf vielen Gebieten rechtliche Regeln vorgegeben wurden.[83] Letztlich waren es aber die übergeordneten politischen Leitlinien und Vorgaben der Partei,[84] die in die Bresche sprangen, zur Konfliktlösung herangezogen wurden und sich letztlich – natürlich – auch gegen staatliche Normen durchsetzten.

War das Recht zu Anfang der Herrschaft Maos zwar nicht hoch angesehen, so existierte es **45**
doch und wurde auch in gewisser Weise gepflegt. Dies änderte sich jedoch schon Ende der 1950er Jahre, als der Aufruf der Partei zur Kritik unter dem Slogan „Lasst hundert Blumen blühen, lasst hundert Schulen miteinander wetteifern" einen weit größeren Erfolg hatte, als offenbar vorausgesehen (oder: als diese Kritik den gesellschaftsimmanenten Rahmen verließ, der ihr von vornherein systemimmanent gesetzt war).[85] Die Folge war 1957 eine große Säuberungswelle, die insbesondere Juristen betraf, die sich als besonders kritikfreudig erwiesen hatten. Zugleich wurden grundlegende Aspekte des Rechtssystems als westlich-dekadent verabschiedet, wie etwa Unabhängigkeit der Justiz, Einhaltung von Verfahrensnormen, Gleichheit vor dem Gesetz, die Unschuldsvermutung oder der Grundsatz „keine Strafe ohne Gesetz." Gerichte wurden in die Sicherheitsorgane integriert, Rechtsfakultäten in politikwissenschaftliche Fakultäten umgewandelt, das Justizministerium abgeschafft. Bis zum Ende der 1970er Jahre wurden keine Gesetze mehr im dafür vorgesehenen Verfahren erlassen, sondern allein mit normativen Dokumenten gearbeitet.[86] Für die Entscheidung von Streitigkeiten zwischen verschiedenen Staatsorganen wurde das sowjetische Vorbild der Arbitragegerichte abgelehnt und auf eine Lösung durch hierarchisch übergeordnete Stellen gesetzt.[87]

Zur Lösung von Streitigkeiten zwischen Bürgern waren vornehmlich Schlichtungsver- **46**
fahren vorgesehen, die vor den dafür bestellten Aktivisten und Komitees auf lokaler Ebene, aber auch vor Gerichten stattfinden konnten. Der Begriff der Schlichtung sollte hier aber nicht im westlichen Sinne verstanden werden. Die Schlichtung war vielmehr in erster Linie ein Mittel zur Erziehung der Beteiligten im Sinne der marxistischen Ideologie und zur Durchsetzung der Ziele der Kommunistischen Partei. Die Schlichter analysierten den Streit entsprechend nicht aus Perspektive der Beteiligten, sondern aus ideologischer Perspektive, und entschieden anhand der politischen Vorgaben der Partei. Beispielsweise beantragte ein jungverheiratetes Paar die Scheidung mit der Begründung, der Ehemann arbeite tagsüber, die Ehefrau aber nachts. Die Ehefrau verweigere deshalb regelmäßig den vom Ehemann abends geforderten Geschlechtsverkehr, weil sie zur Arbeit müsse. Der Schlichter hielt dem Ehepaar einen Vortrag über Frauenrechte, über den wichtigen Beitrag der Frau zum nationalen Aufbau sowie die Notwendigkeit eines zweiten Einkommens für das Paar, verweigerte die Scheidung und gab dem Ehepaar auf, selbst eine Lösung zu suchen. In einem anderen Fall klagte ein Vermieter auf Zahlung der rückständigen Miete. Er bekam daraufhin erläutert, dass ihm als Vertreter der Bourgeoisie eine Pflicht obliege, den Mieter als Mitglied der Arbeiterklasse zu unterstützen. Die Ergebnisse der Schlichtung konnten auf diese Weise leicht an den realen Problemen vorbeigehen. Das wirkte sich umso gravierender aus als es sich dabei keineswegs um bloß unverbindliche Vorschläge handelte. Vielmehr blieb

83 Zu diesen normativen Dokumenten vgl. *Cuniberti* (Fn. 4), 187 f.; zur abweichenden Terminologie vgl. etwa *Heuser* (Fn. 20), 206 (politische Richtlinie); *Senger* (Fn. 19), 198, der auch ibid., 199 Fn. 3 auf die übliche englische Bezeichnung „policies" hinweist.

84 Zur Typologie der Parteinormen vgl. *Senger* (Fn. 19), 290 ff.

85 Zu diesem gesellschaftsimmanenten Rahmen kurz *Senger* (Fn. 19), 298; zum Ganzen etwa auch *Chen, Albert Hung-yee,* An introduction to the Chinese legal system, 5. Aufl. 2019, 33 f.; Gu (Fn. 57), 140 ff.

86 Zu diesen normativen Dokumenten vgl. etwa *Keller, Perry,* Sources of order in Chinese law, American Journal of Comparative Law 42 (1994), 711 (722 ff.).

87 Zum Ganzen *Cuniberti* (Fn. 4), 188 f.

den Streitparteien in der Praxis kaum eine andere Möglichkeit, als die Ergebnisse zu akzeptieren und umzusetzen.[88]

bb) Die Kulturrevolution

47 Es kam aber noch schlimmer, als Mao aufgrund interner Auseinandersetzungen der Machtverlust drohte und er daraufhin 1966 die verniedlichend sog. Kulturrevolution ausrief. Es handelte sich dabei um schlichten Terror der von Mao organisierten sog. roten Garden, die insbesondere aus der jungen, städtischen Bevölkerung bestanden. Der Terror richtete sich gegen die nach Maos Ansicht zunehmend bourgeoisen Tendenzen in der Bevölkerung, im Staat und nicht zuletzt in der Partei selbst. Mao richtete also die städtische Jugend Chinas gegen das System, das er selbst errichtet hatte, mit dessen Zustand er aber zunehmend unzufrieden war und das seiner Macht zu entgleiten drohte. Die Kulturrevolution führte zu einem Zusammenbruch der Strukturen. Intellektuelle und Alte ebenso wie bewährte Revolutionäre, Parteimitglieder und frühere Mitstreiter Maos wurden gefoltert, ermordet, deportiert oder in Lager gezwungen. Bildungseinrichtungen wie Schulen wurden geschlossen, die Bildung lag danieder. Revolutionäre Versammlungen, Demonstrationen, Propaganda und Bespitzelung bestimmten den Alltag. Kinder denunzierten ihre Eltern, Ehemänner ihre Ehefrauen. Kämpfe zwischen rivalisierenden Gruppen führten zu kriegsähnlichen Zuständen. Auch die roten Garden selbst wurden wieder aufgelöst und vom Militär aufs Land geschickt. Das Militär übernahm die Macht, bis seine Führung ihrerseits von einer Welle der „Säuberung" getroffen wurde. Die politische Führung war gespalten und bekämpfte sich untereinander; die zu einem Zeitpunkt verlangten Maßnahmen konnten im nächsten Moment wieder aufgehoben werden oder gar als konterrevolutionär gelten. Es regierten Chaos und Schrecken.

48 Ob dieser Zustand aber als „rechtlos" bezeichnet werden kann, ist weit weniger eindeutig zu beantworten, als es auf den ersten Blick den Eindruck macht. Allerdings verwenden chinesische wie westliche Stimmen für die Situation während der Kulturrevolution immer wieder einmal den Begriff des Rechtsnihilismus im Sinne einer Abwesenheit von Recht.[89] Tatsächlich spielte Recht im Sinne staatlicher, gar verlässlicher Rechtssetzung oder der Möglichkeit, Rechte etwa vor einem Gericht einzufordern, keine Rolle. Das Recht war gerade eines der bourgeoisen Systeme, gegen die die Kulturrevolution sich richtete. Andererseits herrschte keineswegs ein regelfreier Zustand. Denn es galten die Regeln, die vom Großen Vorsitzenden Mao oder sonst von Parteifunktionären gesetzt waren, auch wenn diese Vorgaben schnell wechseln konnten und willkürlicher Anwendung unterlagen. Solche Parteinormen,[90] insbesondere die sog. revolutionäre Linie, lenkten vielfach die Handlungen.[91] Aus typisch rechtsvergleichender Sicht wären nun aber solche real geltenden, von den Herrschenden gesetzten Normen als Recht zu bezeichnen, die Zeit der Kulturrevolution also in diesem Sinne keinesfalls rechtsfrei. Dass dies der chinesischen Sichtweise widerspricht, die unter Recht nur das staatliche Gesetzesrecht versteht und dieses terminologisch von den Parteinormen abgrenzt,[92] ist aus rechtsvergleichender Perspektive zwar zu berücksichtigen, aber nicht ausschlaggebend. Das eigentliche Problem der Debatte, ob die Kulturrevolution als rechtloser Zustand bezeichnet werden sollte, dürfte letztlich auch eher

---

[88] Vgl. zum Ganzen *Lubman, Stanley S.*, Bird in a cage – Legal reform in China after Mao, 1999, 40 ff.; zu den beiden Beispielen ibid., 53; zur Politisierung der Schlichtung ibid., 59 ff.; vgl. zum Ganzen auch *Cuniberti* (Fn. 4), 191 ff.

[89] Vgl. etwa schon *Tao* (Fn. 34), 23; *Keller* (Fn. 86), 714; vgl. auch *Heuser, Robert*, The legal status of the Chinese Communist Party, Occasional Papers/Reprint Series in Contemporary Asian Studies, No. 4 1987, 2, der jedoch selbst die Existenz von Parteinormen, die einen Großteil des damaligen Rechtssystems ausmachten, hervorhebt, ibid., 1; zur anderen Bedeutung von „Rechtsnihilismus" in Bezug auf Osteuropa vgl. supra → § 7 Rn. 59 f., 75 ff.

[90] Zu Parteinormen und Politnormen noch infra → Rn. 76 ff.

[91] Vgl. *Senger* (Fn. 19), 301 Fn. 1.

[92] Vgl. *Senger* (Fn. 19), 176 mit Fn. 6, 301 Fn. 1, der sich deshalb für eine Übernahme der chinesischen Terminologie ausspricht.

emotionaler Natur sein. Denn der Begriff des Rechts ist aus westlicher Sicht uneingeschränkt positiv besetzt, so dass es schwer fällt, einen menschenverachtenden und chaotischen Zustand wie die Kulturrevolution als einen rechtlichen und nicht einen rechtsfreien oder unrechten anzusehen.

Die Kulturrevolution endete faktisch 1976 mit dem Tode Maos. Sie hinterließ ein wirtschaftlich, kulturell und auch rechtlich daniederliegendes Land und ein weitgehend desillusioniertes Volk. Die einfache Bevölkerung ebenso wie Mitglieder des Staatsapparats hatten in dieser Zeit gelernt, dass ein allzu forsches Eintreten, ein allzu eifriger persönlicher Einsatz für die gerade herrschenden Ziele und Ideologien nicht honoriert wird, sondern im Gegenteil zu gravierenden persönlichen Konsequenzen führen kann. Die chaotischen Zustände und die individuelle Rechtlosigkeit (trotz Existenz obrigkeitlicher Vorgaben) waren zudem Anlass gewesen, wieder vermehrt auf informelle Kanäle, auf Beziehungen in der Familie oder zu hochgestellten Persönlichkeiten zu setzen und – nur insofern – auf alte chinesische Traditionen zurückzugreifen.[93] 49

d) China nach Mao

Auf den Tod Maos folgte ein Machtkampf, aus dem schließlich Deng Xiaoping siegreich hervorging, der zuvor mehrfach bei Mao von Gnade in Ungnade gefallen und unter der Kulturrevolution verbannt worden war. Unter Deng Xiaoping begann die schrittweise Wiederbelebung des Landes, vor allem auch in wirtschaftlicher Hinsicht, die nach seinem altersbedingten Rückzug aus der Politik Anfang der 1990er Jahre fortgesetzt wurde. China warb ausländische Investoren an, förderte den Aufbau der eigenen Wirtschaft und erzielte enorme Zuwächse an Wohlstand. An die Stelle des Bildes vom radfahrenden Chinesen im blauen Mao-Anzug traten die Bilder ultramoderner Bauten, modisch gekleideter, gebildeter junger Menschen und vom Autoverkehr verstopfter Städte. Das sozialistische Wirtschaftssystem wurde letztlich durch ein kapitalistisches ersetzt, das in seiner Ungebremstheit und seinen fehlenden sozialen Sicherungen sogar vielfach kapitalistischer daherkommt als in vielen westlichen Staaten. In der Folge stiegen die Ungleichheiten in der Bevölkerung an. Gewaltigem Reichtum bei einigen steht ein kleiner Mittelstand und Armut bei vielen gegenüber. Die Unterschiede zwischen Stadt und Land sind enorm. 50

Mit Deng Xiaoping kehrte auch das Recht wieder in das chinesische Denken zurück, ja begann, einen wichtigen Platz einzunehmen.[94] Eine neue Verfassung und zahllose neue Gesetze wurden geschaffen. Rechtssicherheit sollte ausländischen Investoren das notwendige Vertrauen geben und im Inneren für Ruhe und Wohlstand sorgen. Das Recht wurde ganz bewusst als Steuerungssystem anerkannt, der Weg von einer Herrschaft der Menschen zur Herrschaft des Rechts gewählt, ja von einem Rechtsstaat chinesischer Prägung gesprochen.[95] 51

Diese wirtschaftlichen und rechtlichen Änderungen veranlassten westliche Beobachter immer wieder, China nicht mehr zu den sozialistischen Staaten zu zählen und den Weg in eine kapitalistische Wirtschaftsordnung zugleich als Weg in die Demokratie zu sehen. Damit wurde aber einerseits übersehen, dass die Reformen den exklusiven und totalen Machtanspruch der Kommunistischen Partei Chinas in keiner Weise in Zweifel ziehen. Im Gegenteil wird gestern wie heute die ganze wirtschaftliche Entwicklung ebenso wie der ganze chinesische Staat und die chinesische Gesellschaft allein von der Partei gesteuert. Andererseits scheint ein in manchen westlichen Kreisen verbreitetes Missverständnis durch, das wirtschaftliches und politisches System miteinander gleichsetzt. Freie Märkte und 52

93 Zu einem typisch chinesischen Teilaspekt solcher Traditionen vgl. *Senger* (Fn. 57), passim.

94 Vgl. nur *Fu, Hualing,* Access to justice in China, in: Gillespie, John; Chen, Albert H. Y. (Hrsg.), Legal reforms in China and Vietnam – A comparison of Asian communist regimes, 2010, 163 (176): „ambitious goal to legalize social life. (…) Law was replacing the failed political ideology to legitimize the Party-State."; *Liebman, Benjamin L.,* Assessing China's legal reforms, Columbia Journal of Asian Law 23 (2009), 17 (19 f.).

95 Dazu noch kritisch infra → Rn. 119 ff.

politische Freiheit der Bürger werden vielleicht nicht als identisch, aber doch als so eng miteinander verbunden begriffen, dass das eine nicht auf Dauer ohne das andere existieren kann. Dass diese Gleichsetzung keineswegs zwingend ist, belegen die wirtschaftlich erfolgreichen, aber politisch autoritären Regime nicht weniger Staaten in Asien und anderswo. Ebenso wie politische Freiheit nicht zwingend einen unbeschränkten Markt und unbeschränkte Unternehmerfreiheit voraussetzt, führt ein kapitalistisches Wirtschaftssystem nicht notwendig zu politischen Freiheiten. Davon unabhängig hat die Kommunistische Partei Chinas auch keinerlei Interesse an der Einführung echter Demokratie mit konkurrierenden politischen Parteien.[96] Sieht die Partei ihre Macht bedroht, beschneidet sie zwischenzeitlich gewährte Freiheiten schnell wieder oder agitiert gegen westlich dekadente Ideen wie universelle Menschenrechte, konstitutionelle Demokratie, Unabhängigkeit der Medien oder Beteiligung der Zivilgesellschaft.[97] Dabei ist unverkennbar, dass zahllose Aspekte des heutigen China mit kommunistischen Idealen nichts mehr zu tun haben, ja im eklatanten Widerspruch zu diesen stehen. Doch gehört es gerade zu den Eigenheiten marxistischer Systeme und insbesondere des chinesischen Marxismus, mit Widersprüchen nicht nur zu leben, sondern sie sogar in sich aufzunehmen und in ihnen zu denken.[98] Bis um das Jahr 2010, als die Erstauflage dieses Buchs geschrieben wurde, war diese realistische Einschätzung der Eigenheiten des chinesischen Staatswesens nicht unbedingt Allgemeingut. Heute hingegen scheint sie deutlich verbreiteter zu sein, vermutlich auch aufgrund der unverhohlen autokratischen, ideologischen und klar nicht-westlichen Staatsführung unter Xi Jinping.

53 Damit stellt sich die Frage nach dem heutigen Kontext des chinesischen Rechts rund vier Jahrzehnte nach dem Tod Maos und dem Beginn der Reformpolitik. Eher schnell lassen sich zunächst einige oberflächliche rechtliche Strukturen erkennen, die bei westlichen Beobachtern wenig Erstaunen hervorrufen werden (2). Erst ein vertiefter Blick eröffnet demgegenüber zentrale Elemente des Rechtssystems, die für das heutige China typisch sind und seinen gegenüber westlichen wie auch sonstigen asiatischen Rechtsordnungen verschiedenen Charakter deutlich hervortreten lassen (3). Auf der Basis all dieser Punkte lässt sich schließlich die seit vielen Jahren geführte Debatte, ob China auf dem Weg in einen Rechtsstaat ist, verstehen und bewerten (4).

2. Oberflächliche rechtliche Strukturen im Überblick

a) Staatsorganisation

54 Wer an der Oberfläche bleibt, findet in den staatlichen Strukturen der Volksrepublik China wenig Überraschendes. Oberstes Organ ist der Nationale Volkskongress, Art. 57 chinVerf.[99] Er besteht aus rund 3.000 gewählten Abgeordneten der verschiedenen lokalen Einheiten der Volksrepublik sowie der Nationalen Volksarmee, Art. 59 chinVerf. Er tagt allerdings nur einmal pro Jahr für rund zwei Wochen. Während der restlichen Zeit übernimmt der aus rund 150 Personen bestehende sog. Ständige Ausschuß des Nationalen Volkskongresses die Arbeit. Beiden obliegt nach Art. 58 chinVerf die Gesetzgebung. Der Nationale Volkskongreß besitzt eine Reihe von spezialisierten Ausschüssen, etwa für Wirtschaft und Finanzen, für Auslandsbeziehungen, für Recht oder für Umweltschutz. Den Vorsitz dieser Ausschüsse

---

[96] Deutlich etwa *Shambaugh, David,* China's Communist Party – Atrophy and adaption, 2008, 3.

[97] Vgl. zB die Agitation der Partei im sog. Dokument Nr. 9, dazu *Buckley, Chris,* China takes aim at Western ideas, The New York Times, 20.8.2013; für eine englische Übersetzung des Dokuments vgl. www.chinafile.com/document-9-chinafile-translation (zuletzt abgerufen am 18.7.2025).

[98] Zum Fortwirken sinomarxistischer Grundsätze und der Parteiherrschaft vgl. ausführlich *Senger* (Fn. 19), passim, etwa 207 ff., 318 ff.; zum Umgang mit Widersprüchen ibid., 230 ff.; vgl. zB auch infra → Rn. 85, 98.

[99] Zum Folgenden vgl. etwa *Zhang, Qianfan,* The constitution of China – A contextual analysis, 2012, 121 ff.; *Cuniberti* (Fn. 4), 200 f.; *Heuser* (Fn. 20), 272 ff.; *Wang, Jiangyu,* Legal reform in an emerging socialist market economy, in: Black, E. Ann; Bell, Gary F. (Hrsg.), Law and legal institutions of Asia, 2011, 24 (41 ff.).

haben üblicherweise die stellvertretenden Vorsitzenden des Ständigen Ausschusses inne. Die Mehrheit ihrer Mitglieder sind jeweils zugleich Mitglieder des Ständigen Ausschusses.

Staatsoberhaupt ist der Präsident der Volksrepublik China mit weitgehend repräsentativen Funktionen. Daran hat sich auch durch eine Verfassungsänderung von 2004 nichts geändert, mit der die Aufzählung seiner Funktionen in Art. 81 chinVerf durch den generalklauselartigen Hinweis ergänzt wurde, er betätige sich in staatlichen Angelegenheiten. Regierung der Volksrepublik China ist der Staatsrat, Art. 85 chinVerf. Ihr gehören der Premierminister als Chef der Regierung, daneben Vizepremierminister, Staatsräte, Minister, der oberste Rechnungsprüfer und ein Generalsekretär an. Der Staatsrat hat umfassende Exekutivbefugnisse (Aufzählung in Art. 89 chinVerf). Nur für das Militär besteht eine eigene, Zentrale Militärkommission, Art. 93 f. chinVerf, deren genaues Verhältnis zur Regierung aber weder auf der verfassungsrechtlichen noch auf der einfachrechtlichen Ebene geregelt ist. 55

China ist formal ein Einheits- und kein Bundesstaat. Dennoch ist schon ganz praktisch deutlich, dass ein Staat dieser Größe nicht ohne regionale und lokale Unterstrukturen zu führen ist. China ist deshalb zunächst in 22 Provinzen und fünf autonome Gebiete (Guangxi, Innere Mongolei, Ningxia, Tibet, Xinjiang) unterteilt. Offizieller Zählung zufolge existiert allerdings noch eine weitere „Provinz“: Taiwan. Die autonomen Gebiete sollen eine verstärkte Rücksichtnahme auf die dort vornehmlich lebenden ethnischen Minderheiten (in der obigen Reihenfolge: die Zhuang, die Mongolen, die Hui, die Tibeter und die Uiguren) ermöglichen. Vier Städte unterstehen ebenfalls unmittelbar der Zentralregierung, nämlich neben der Hauptstadt Peking auch Chongqing, Shanghai und Tianjin. Daneben bestehen im Rahmen der Doktrin „ein Land, zwei Systeme“ noch die beiden Sonderverwaltungszonen Hongkong und Macao. Unterhalb dieser Ebene gibt es weitere Unterteilungen, insbesondere in Präfekturen und diesen gleichgestellte Städte, Distrikte und diesen gleichgestellte Dörfer. Die komplexen Verwaltungsstrukturen dieser Untereinheiten spiegeln im Kern die der Zentrale wider: Es bestehen lokale Volksregierungen und lokale Volkskongresse mit ihren Ständigen Ausschüssen. Die Volksregierungen verantworten sich formal nicht nur gegenüber den Volkskongressen und ihren Ständigen Ausschüssen, sondern auch gegenüber den ihnen jeweils übergeordneten Verwaltungseinheiten, Art. 110 chinVerf. Diese pyramidale Hierarchiestruktur mildert die faktische politische Föderalisierung des Landes und die sehr große faktische Machtfülle der administrativen Untereinheiten ab. Auf dem Lande spielen zudem die Dorfkomitees eine größere Rolle, die im Wesentlichen den verlängerten Arm der übergeordneten Verwaltung bilden. Theoretisch existiert auch hier in Analogie zum Volkskongress die Dorfversammlung, der alle erwachsenen Mitglieder des Dorfes angehören. Allerdings treten diese Dorfversammlungen schon aufgrund ihrer Größe von oft über 1.000 Personen nur selten zusammen. 56

b) Gerichtsaufbau

Höchstes Rechtsprechungsorgan ist das Oberste Volksgericht in Peking mit über 250 Richtern.[100] Es ist für eine einheitliche Rechtsprechung aller Volksgerichte verantwortlich. Dazu kann es nicht nur über Vorlagen unterer Gerichte und über Berufungen wie Beschwerden entscheiden, sondern sogar Fälle der unteren Gerichte an sich ziehen und so in deren Rechtsprechung eingreifen. Zudem ist es für die Verwaltung aller Volksgerichte sowie für die Auslegung der Gesetze zuständig und arbeitet Pläne für Gesetzesreformen aus. Im Übrigen muss das Oberste Volksgericht – wie früher der Kaiser[101] – jeder Verhängung einer Todesstrafe zustimmen. Ein Verfassungsgericht ist es allerdings nicht.[102] 57

[100] Vgl. zum Folgenden insbes. *Binding, Jörg,* Das Gerichtssystem der VR China – Ein Beitrag zur Bestimmung des Rechtswahlstatuts, ZVglRWiss 109 (2010), 153 (158 ff.); *Zhang* (Fn. 99), 178 ff.

[101] Vgl. supra → Rn. 35.

[102] Zu einem letztlich abgeblockten Versuch, eine indirekte Überprüfung der Verfassungsmäßigkeit staatlicher Handlungen einzuführen vgl. *Zhang* (Fn. 99), 173 ff.

58 Die darunterliegende Instanz bilden die Oberen Volksgerichte, die auf der Ebene der direkt der Zentralregierung unterstellten Verwaltungseinheiten angesiedelt sind, also der Provinzen, autonomen Gebiete und regierungsunmittelbaren Städte. Auf der Ebene der jeweils nächstniedrigeren Verwaltungseinheiten finden sich dann die Mittleren Volksgerichte und auf der letzten Stufe die Unteren Volksgerichte. Die instanziellen Zuständigkeiten sind nicht nach einfachen, objektiven Kriterien wie etwa dem Streitwert festgelegt, sondern müssen in jedem Einzelfall anhand der Art des Falles, seinen Auswirkungen und seiner Komplexität bestimmt werden. Alle Gerichtsebenen haben deshalb auch erstinstanzliche Kompetenzen, alle ab der mittleren Ebene auch Rechtsmittelzuständigkeiten. Hinzu kommt, dass niedrigere Gerichte den höheren nicht nur Rechtsfragen – sogar mündlich – vorlegen, sondern auch das höhere Gericht um Übernahme des Falles bitten können. Trotz des organisatorisch vierfachen Instanzenzugs gilt in China aber das Prinzip der zwei Instanzen, dh es ist grundsätzlich in jedem Einzelverfahren nur ein Rechtsmittel gegeben.

59 Zwei weitere Gerichtstypen spielen noch eine besondere Rolle: Volkstribunale und Sondervolksgerichte. Volkstribunale können von den Unteren Volksgerichten als Zweigstellen eingerichtet werden. Sie spielen vor allem auf dem Lande und in Kleinstädten eine wichtige Rolle und entscheiden nach Schätzungen rund die Hälfte aller erstinstanzlichen Fälle in China. Die Sondervolksgerichte sind fachlich spezialisierte Gerichte in Form der Militärgerichte, der Eisenbahn- und Transportgerichte und der Seegerichte. Da die äußere Organisation der Gerichtsbarkeit eine weitere fachliche Aufgliederung nicht vorsieht, sind die Gerichte intern stark spezialisiert. Üblicherweise bestehen innerhalb der Volksgerichte zivilrechtliche, strafrechtliche und verwaltungsrechtliche Abteilungen sowie eine Rechtsmittelabteilung, die jeweils praktisch wie eigenständige Gerichte arbeiten.

60 Neben den Gerichten spielen die Volksstaatsanwaltschaften als „Organ der rechtlichen Aufsicht", Art. 129 chinVerf, eine wichtige Rolle. Die Volksstaatsanwälte haben nicht nur die in vielen Staaten übliche Funktion der Strafverfolgung, sondern dienen auch insgesamt der Aufsicht über die Ausübung der Justiz, dh über die Volksgerichte. Sie zählen daher nicht nur zu den Justizorganen, sondern stehen sogar letztlich hierarchisch wie in ihrer Macht über den Gerichten. Ihr Vorbild finden sie sowohl in der Staatsanwaltschaft sowjetischer Prägung als auch in der chinesischen Tradition, in der Staatsanwälte ein wichtiges Mittel gegen staatlichen Machtmissbrauch darstellten.

c) Rechtsquellen

61 Die Vielzahl der offiziellen Rechtsquellen in der Volksrepublik China ist groß, ihr Verhältnis untereinander schon in der Theorie und mehr noch in der Praxis nicht immer klar. Schon aufgrund dieser Vielfalt können hier nur einige grobe Umrisse[103] nachgezeichnet werden.[104] Der chinesische Begriff des Gesetzes (falü) ist dabei für Normen der Zentralebene reserviert. Beim Erlass von Gesetzen steht an oberster Stelle der Nationale Volkskongress, der nach Art. 62 chinVerf die grundlegenden Gesetze im Bereich des Strafrechts, des Zivilrechts, der Staatsorgane „und anderer Angelegenheiten" erlassen darf. Gesetzgebende Funktionen hat

[103] Vgl. zusätzlich zur möglichen Bedeutung von Gewohnheitsrecht im ländlichen Raum *Heuser, Robert,* Subjektives Recht und rule of law in China – Rechtstheorie und Rechtssystem, in: Kötter, Matthias; Schuppert, Gunnar Folke (Hrsg.), Normative Pluralität ordnen, 2009, 231 (235 ff.) mit Übersetzung eines einschlägigen chinesischen Aufsatzes ibid., 244 ff.; Fu (Fn. 94), 176 ff.; *Gao, Qicai,* On the customary law of ethnic minorities in contemporary China, in: Li-Kotovtchikhine, Xiao-Ying (Hrsg.), Sources of law and legal reform in China, 2003, 183 (183 ff.).

[104] Vgl. zum Folgenden *Zhang* (Fn. 99), 84 ff.; *Cuniberti* (Fn. 4), 211 ff.; *Heuser* (Fn. 20), 186 ff.; vgl. etwa auch *Li-Kotovtchikhine, Xiao-Ying,* Development of the sources of Chinese law – From the first to the second modernization, in: ders. (Hrsg.), Sources of law and legal reform in China, 2003, 23 (30 ff.); *Wang* (Fn. 99), 33 ff.; praktische Anleitung zur juristischen Recherche bei Kopania, Zuzanna; Szpotakowski, Igor (Hrsg.), Chinese Law Research Guide, 2020; für eine Fallstudie zum Zusammenspiel von zentralen und lokalen, rechtlichen und nichtrechtlichen Instrumentarien vgl. *Renninger, Philipp,* The „People's Total War on Covid-19" – Urban Pandemic Management through (Non-)Law in Wuhan, China, Washington International Law Journal 30 (2020), 63 (63 ff.).

aber auch der Ständige Ausschuß des Nationalen Volkskongresses. Er kann nach Art. 67 chinVerf nicht nur alle Gesetze erlassen, die nicht dem Nationalen Volkskongress vorbehalten sind. Wenn der Nationale Volkskongress nicht tagt – also fast immer – darf der Ständige Ausschuß auch die bestehenden Gesetze ergänzen und ändern, solange nicht deren Grundprinzipien tangiert werden. Weit detaillierter als in der Verfassung ist die Normsetzung allerdings im Gesetz über die Gesetzgebung[105] geregelt. Beispielsweise zählt Art. 11 dieses Gesetzes eine Reihe von Rechtsmaterien auf, zu denen nur nationale Gesetze erlassen werden dürfen, beispielsweise den Entzug politischer Rechte eines Bürger, die Enteignung nichtstaatlichen Vermögens, das Gerichts- und Schiedsgerichtssystem.

Zwar darf nur die nationale Ebene in China Gesetze im Wortsinn erlassen, doch ist sie **62**
keineswegs auf diese Art von Normen beschränkt. Hier kommt der Staatsrat ins Spiel, der die Befugnis hat, Verordnungen (xingzheng fagui) zu erlassen, Art. 89 chinVerf. In der Praxis finden sich in diesem Zusammenhang eine Reihe von Bezeichnungen ohne ganz klare Abgrenzung: tiaoli (Bestimmungen), guiding (Vorschriften) und banfa (Maßnahmen). Die Verordnungsbefugnis des Staatsrats ist primärer Natur, dh er bedarf keiner gesetzlichen Ermächtigung. Verordnungen können in drei unterschiedlichen gesetzgeberischen Situationen ergehen. Erstens kann es sich um eigenständige Regelungen handeln. Zweitens können die Verordnungen dazu dienen, Normen des Nationalen Volkskongresses oder seines Ständigen Ausschusses auszufüllen und zu ergänzen. Drittens können sie aufgrund einer vom Nationalen Volkskongress oder seinem Ständigen Ausschuss an den Staatsrat delegierten Gesetzgebungsbefugnis ergehen. Ausgeschlossen ist diese Delegationsmöglichkeit nach Art. 12 des Gesetzes über die Gesetzgebung nur in wenigen, für die Freiheit des Bürgers wichtigen Bereichen wie etwa dem Strafrecht oder dem Justizsystem; im Übrigen bestehen keine Beschränkungen etwa der Dauer oder des Ausmaßes der Delegation. Unabhängig von diesen Befugnissen bereitet der Staatsrat mit seinem Beamtenapparat einen großen Teil der Gesetze inhaltlich vor. Auch unterhalb der Ebene des Staatsrats bestehen Normsetzungsbefugnisse für Verwaltungsregeln (bumen guizhang), die bei den verschiedensten Ministerien und Kommissionen, der chinesischen Zentralbank etc liegen und die sich von Volkskongress, Ständigem Ausschuss oder Staatsrat ableiten. Dabei handelt es sich im Kern um Anwendungserlasse, die die Bestimmungen von Gesetzen oder Verordnungen weiter konkretisieren.

Auch die unterschiedlichen lokalen Ebenen besitzen weitreichende Normsetzungsbefug- **63**
nisse, wenn auch nur innerhalb der Grenzen des jeweils höherrangigen Rechts. Als höherrangig gelten dabei allerdings nicht diejenigen Verwaltungsregeln, die zwar auf nationaler Ebene, aber von Organen unterhalb des Staatsrats erlassen werden. Nach Art. 102 Gesetz über die Gesetzgebung stehen beide vielmehr auf derselben Stufe. Schon diese offene Flanke in der Hierarchie zeigt, dass die lokalen Autoritäten in China durchaus mit großem Selbstbewusstsein an die Gesetzgebung herangehen. Tatsächlich war die Entstehung des Gesetzes über die Gesetzgebung im Jahr 2000 gekennzeichnet durch einen Kampf zwischen nationalen und lokalen Interessen und zeigt insofern zum Teil mehr Formelkompromisse als klare Abgrenzungen auf. Lokale Regelungen können sowohl eigene lokale Angelegenheiten als auch die Durchführung anderer, auch nationaler Normen betreffen, Art. 82 Gesetz über die Gesetzgebung. Nicht selten kommt es auch vor, dass der lokale Gesetzgeber bei neuartigen, vom nationalen Gesetzgeber noch nicht aufgegriffenen Fragen die Initiative ergreift. Die nationale Ebene kann auf diese Weise auch verschiedene lokale Lösungen als Feldversuche begreifen, bevor eine übergreifende nationale Regel gefunden wird. Letztlich ist die Normsetzung staatlicher Instanzen in China deshalb aufgrund der formal fehlenden föderalen Struktur im Grundsatz keinen inhaltlichen Beschränkungen, etwa auf bestimmte Regelungsgegenstände, unterworfen, solange die Normen nur nicht gegen höherrangiges Recht verstoßen.

---

[105] Legislation Law of the People's Republic of China, last amended March 13, 2023, englische Übersetzung en.moj.gov.cn/2023-12/15/c_948358.htm (zuletzt abgerufen am 18.7.2025).

64 Auf allen staatlichen Ebenen bestehen weiterhin zahlreiche und ganz verschieden bezeichnete normative Dokumente (guifanxing wenjian). Sie haben oft sehr direkte und konkrete Auswirkungen auf die Bürger, beispielsweise wenn darin Bebauungspläne aufgestellt werden. Sie dienen vielfach sehr spezifischen Interessen der sie erlassenden Organe und werden daher nicht selten effektiver umgesetzt als andere Normen mit formal höherem Rang. Trotz dieser großen praktischen Bedeutung werden sie oft, auch unter Verstoß gegen entsprechende chinesische Vorschriften, nicht veröffentlicht.

d) Anbindung an das kontinentale Rechtsdenken

65 Die nach dem Ende des Kaiserreichs beginnende, enge Anlehnung Chinas an das deutsche Rechtsdenken gerade auch im Zivilrecht hat sich bis heute bewahrt.[106] Dabei kam es nicht nur zu direkten Rezeptionen aus Deutschland, sondern auch vielfach zu mittelbaren Rezeptionen über Taiwan und insbesondere Japan. Bei der Übersetzung zahlreicher deutscher Fachbegriffe in die chinesische Sprache spielte Japan ebenfalls eine bedeutende Rolle. Japanische Juristen hatten bereits früher versucht, japanische Begriffe für das zuvor unbekannte deutsche Fachvokabular zu finden, und dabei chinesische Schriftzeichen, die Bestandteil der japanischen Schrift sind, verwendet. Die Nähe Chinas zum deutschen Recht zeigt sich etwa daran, dass selbst über so ungewöhnliche und typisch deutsche Rechtsinstitute wie das – letztlich nicht übernommene – Abstraktionsprinzip[107] in China ausgiebig gesprochen wurde und bis heute wird. Auch etwa die intensive Debatte über die Frage, in welche Rechtsgebiete das chinesische Recht unterteilt werden könne und welche Kriterien dafür bestünden,[108] deutet in ihrer Systematisierungstendenz und Abstraktheit sehr auf deutsches Rechtsdenken hin. Wie in vielen Ländern einschließlich Deutschlands macht sich heute allerdings auch der Einfluss der USA deutlich bemerkbar. Tatsächlich scheint die sich daraus ergebende Konkurrenzsituation zur Entwicklung zweier Denkschulen im chinesischen Recht mit ebenso unerwarteten wie interessanten ideologischen Hintergründen geführt zu haben.[109] Der amerikanische Einfluss wird vor allem im Wirtschaftsrecht deutlich. Beispiele lassen sich aber auch in anderen Bereichen finden. So diskutierten chinesische Juristen eine Zeitlang, ob das Gebiet der unerlaubten Handlungen möglicherweise nicht mehr wie in Deutschland als Teil des Schuldrechts zu sehen sei, sondern wie im common law unabhängig daneben stehe.[110] Tatsächlich findet sich nunmehr im neuen Chinesischen Zivilgesetzbuch ein eigenes, vom Vertragsrecht getrenntes Buch zu unerlaubten Handlungen. Einfluss nimmt manchmal aber auch das europäische Recht, etwa beim Verbraucherschutz. Dennoch spielen weiterhin das deutsche und japanische Recht im Zivilrecht eine dominierende, im Verwaltungs- und Zivilprozessrecht[111]

[106] Zum Folgenden *Bu, Yuanshi,* Die Rezeption des ausländischen Rechts in China, in: ders. (Hrsg.), Deutsche und europäische Elemente des chinesischen Rechts, 2012, 1 (1 ff.); ebenso *Chen* (Fn. 65), 418 ff.; vgl. auch als anekdotischen Beleg die Aussage eines Richters am Obersten Volksgericht, jedem chinesischen Jurastudenten seien Namen wie Larenz oder Canaris – also Autoren sehr renommierter deutscher Zivilrechtslehrbücher – bekannt, wiedergegeben in der unterhaltsamen Beschreibung aus der Praxis von *Diller, Martin,* Beweisaufnahme à la Peking, Fachanwalt Arbeitsrecht 16 (2012), 326 (328).

[107] Dazu für Deutschland supra → § 6 Rn. 273 ff.; zur Rolle des Abstraktionsprinzips im Chinesischen Zivilgesetzbuch vgl. die kurzen Erläuterungen bei *Pißler, Knut Benjamin,* Das Zivilgesetzbuch der Volksrepublik China im Spiegel einer Kommentierung des Obersten Volksgerichts, Zeitschrift für Chinesisches Recht 28 (2021), 85 (86 f.).

[108] Dazu *Cheng, Hinhe,* The division and different branches of Chinese law, in: Li-Kotovtchikhine, Xiao-Ying (Hrsg.), Sources of law and legal reform in China, 2003, 39 (insbes. 39 ff., 52 ff.).

[109] Eine hochinteressante Beschreibung des internen Wettstreits zwischen der deutschen und amerikanischen Denkschule in China und seiner ideologischen Hintergründe bietet *Zhang, Taisu,* The Development of Comparative Law in Modern China, in: Reimann, Mathias; Zimmermann, Reinhard (Hrsg.), The Oxford Handbook of Comparative Law, 2. Aufl. 2019, 228 (244 ff.).

[110] Vgl. *Bu, Yuanshi, Tort,* in: ders. (Hrsg.), Chinese civil law, 2013, 117 (118 Rn. 1).

[111] Zum Erlass von Beweisregeln nach U.S.-amerikanischem Vorbild und ihrer Einbindung in die grundsätzlich kontinentaleuropäische Prozessrechtsstruktur vgl. *Capowski, John J.,* China's evidentiary and procedural reforms, the Federal Rules of Evidence, and the harmonization of civil and common law, Texas International Law Journal 47 (2012), 455 (473 ff.) mit dem interessanten Hinweis, dass die auf die

eine wichtige Rolle.[112] Schließlich hat die Volksrepublik China nunmehr ein Zivilgesetzbuch nach kontinentalem Vorbild, das am 1.1.2021 in Kraft trat[113] und auf langandauernden Vorarbeiten basiert.[114] Es ist in weiten Teilen eine Zusammenstellung bereits existierender Teilkodifikationen etwa des Erbrechts (1985), des Vertragsrechts (1999), des Sachenrechts (2007), der unerlaubten Handlungen (2009), des Internationalen Privatrechts (2010) und des Allgemeinen Teils des Zivilrechts (2017),[115] aber gelegentlich auch von Rechtsregeln, die zuvor in allgemeinverbindlichen Auslegungen durch das Oberste Volksgericht zu finden waren.[116] Im Ergebnis verbindet das Chinesische Zivilgesetzbuch viele Elemente des kontinentaleuropäischen Rechts, insbesondere aus Deutschland und Frankreich, mit einigen Aspekten des sozialistischen Rechts und gelegentlichen Anklängen an das common law und des UN-Kaufrechts.[117]

3. Zentrale rechtliche Tiefenstrukturen

Die oberflächlichen Rechtsstrukturen, wie sie sich insbesondere aus der Verfassung ergeben 66
und hier in ihrer Komplexität nur angedeutet werden konnten, sind keineswegs nur eine Fassade, sondern spielen im rechtlichen Alltag durchaus ein große Rolle. Dennoch vermitteln sie allein ein nicht nur unvollständiges, sondern sogar grob falsches Bild vom Kontext des Rechts in der Volksrepublik China. Gerade für den westlichen Betrachter ergäbe sich leicht das Bild eines im Großen und Ganzen vertrauten Rechtssystems kontinentaleuropäischer Prägung, wie es sich etwa auch in Osteuropa oder Lateinamerika finden ließe.[118] Damit aber würden – ganz abgesehen von Fragen der bürgerlichen und politischen Freiheiten – zentrale Aspekte übersehen, die gerade die Eigenheiten des chinesischen Kontexts prägen.

a) Partei und Staat

aa) Die Partei als primärer Inhaber der Macht

An erster Stelle dieser Eigenheiten steht die überragende Bedeutung der Kommunistischen 67
Partei Chinas.[119] Auf einer sehr grundlegenden Ebene fällt es gerade westlichen Beobachtern schwer, diese Rolle einzuschätzen und zu akzeptieren. Dies mag zum Teil an einem geringeren Informationsstand liegen, da nicht nur manche chinesische Stellen im Rahmen ihrer Kontakte mit dem Westen, sondern auch manche westliche Beobachter[120] gelegentlich

Unzulänglichkeiten der jury zurückgehenden Beweisbeschränkungen in China die Unzulänglichkeiten der Richterschaft ausgleichen können ibid., 494 f.

112 *Bu* (Fn. 106), 1.

113 Englische Übersetzung bei npcobserver.com/legislation/civil-code/ (zuletzt abgerufen am 18.7.2025); deutsche Übersetzung in ZChinR 27 (2020), 207 (207 ff.).

114 Vgl. zu den Vorarbeiten *Chen* (Fn. 65), 412 ff.

115 Zu diesen Gesetzen mit Ausnahme des Erbrechts vgl. die Beiträge in *Bu, Yuanshi* (Hrsg.), Chinese civil law, 2013; vgl. auch *Yuanshi Bu,* Die Kodifikation des chinesischen Zivilgesetzbuches – ausgewählte Fragen, Zeitschrift für Chinesisches Recht 24 (2017), 183 (183 ff.).

116 *Pißler, Knut Benjamin,* A Codification Puzzle – Piecing Together the (New) Chinese Civil Code, Korean Private International Law Journal (Special issue: Liber Amicorum Kwang Hyun) 28 (2022), 775 (782 ff.); *Pißler, Knut Benjamin,* Das Zivilgesetzbuch der Volksrepublik China im Spiegel einer Kommentierung des Obersten Volksgerichts, Zeitschrift für Chinesisches Recht 28 (2021), 85 (111).

117 Vgl. *Pißler* (Fn. 116), 778 ff.

118 Beispielhaft für eine solche Selbstbeschränkung vgl. etwa die Darstellungen in *Bu* (Fn. 110).

119 Vgl. dazu etwa *Zhang* (Fn. 13), 49 ff., 58 ff.; ausführlich auch *Chen* (Fn. 85), 74 ff.; vgl. auch *Clarke, Donald C.,* Order and Law in China, University of Illinois Law Review, 2022, 542 (543, 554, 559, 694 f.), der die These aufstellt, das für das Verständnis Chinas zentrale Paradigma sei nicht die Gesetzmäßigkeit sondern die Aufrechterhaltung der Ordnung, worunter in allererster Linie die dauerhafte Sicherung der politischen Vorherrschaft der Partei zu verstehen sei.

120 Scharfe Kritik dieser Tendenz etwa bei *Senger* (Fn. 19), 203 ff., 207 ff.; kritisch zu Tendenzen der Selbstzensur im allgemeinen *Piquet, Hélène,* Le „rêve chinois" en question – Le débat sur le constitutionnalisme en Chine, Revue française de droit constitutionnel 98 (2014), 389 (410).

mehr die vorhandenen staatlichen Strukturen als die Parteistrukturen betonen. Einen wichtigen Anteil an den Verständnisproblemen hat aber auch die verständliche Tendenz, die eigenen, oft unausgesprochenen fundamentalen Vorstellungen auf fremde Rechtsordnungen und politische Systeme zu übertragen. Zu diesen fundamentalen, westlichen Vorstellungen gehört, dass primärer Inhaber der Macht in einem Land die staatlichen Institutionen sind, anschaulich ausgedrückt in dem Schlagwort vom Machtmonopol des Staates. In der Volksrepublik China aber sind die staatlichen Institutionen, ja ist der Staat an sich nur ein – wenn auch bedeutsames – Instrument in der Hand eines dahinterstehenden, primären Inhabers der Macht: der Kommunistischen Partei Chinas. Diese Partei entscheidet über das Schicksal des Landes. Sie lenkt nicht nur die staatlichen Institutionen, sondern hat sie selbst geschaffen, bleibt deren Geltungsgrund und Machtquelle. Anders ausgedrückt mag zwar alle Macht im Sinne von Art. 2 Abs. 1 chinVerf vom Volke ausgehen. Dies geschieht jedoch im Rahmen einer „demokratischen Diktatur" unter der Führung der Arbeiterklasse, Art. 1 Abs. 1 chinVerf. Diese Arbeiterklasse aber wiederum wird von der Partei geführt und repräsentiert, wie der erste Erwägungsgrund der Präambel sowie Art. 2 Abs. 1 der Satzung der Kommunistischen Partei Chinas[121] deutlich erklären. Verdeutlichend kommt hinzu, dass der chinesische Begriff „Volk", anders als „Bürger", Klassenfeinde gar nicht erst mitumfasst.[122] Wer also nicht auf der Parteilinie ist, gehört gar nicht erst zum Volk, von dem die Macht ausgeht. Kurz gesagt: Alle Macht geht vom Volk aus, das aber durch die Partei repräsentiert wird, die sich des Staates zur Ausübung dieser Macht bedient. Bis in die frühen 2010'er Jahre, als die erste Auflage dieses Buchs geschrieben wurde, war diese realistische Einschätzung chinesischer Machtstrukturen in westlichen Kreisen nicht notwendig vorherrschend. Heute scheint sie hingegen weitgehend akzeptiert zu sein.[123] Hinter dieser Veränderung dürfte Xi Jinpings unmissverständlich autokratische, ideologische und eindeutig nicht-westliche Form der Machtausübung stehen.[124] Unter seiner Führung legt China weit weniger Wert darauf, nach außen eine Trennung von Partei und Staat zu suggerieren.[125]

68 Dass die Partei sich die Möglichkeit vorbehält, in Ausübung ihrer Macht jederzeit die Gesetze oder eben auch die Verfassung zu ändern, ist diesem Denken immanent: „in der VR China ist die Verfassung ein juristisches Echo der jeweiligen politischen Linie der Partei".[126] Dies zeigt sich etwa ganz praktisch daran, wie große Veränderungen der Parteiideologie sich in der Präambel der Verfassung niedergeschlagen haben. Mit der dritten Verfassungsänderung von 1999 etwa wurde die Aufzählung der grundlegenden Theorien des chinesischen Staates in der Präambel, die bereits den Marxismus-Leninismus und das Denken Maos umfasste, um die Theorie Deng Xiaopings erweitert. Fünf Jahre später kamen mit der vierten Verfassungsänderung die „Drei Repräsentationen" hinzu, also eine von Generalsekretär Jiang Zemin entwickelte, 2002 offiziell in die Parteidoktrin übernommene Theorie.[127] 2018 wurde die von Generalsekretär Hu Jintao entwickelte „Wissenschaftliche Sicht auf die

---

[121] Satzung der Kommunistischen Partei Chinas vom 23.10.2022, englische Übersetzung unter english.www.gov.cn/news/topnews/202210/26/content_WS635921cdc6d0a757729e1cd4.html (zuletzt abgerufen am 18.7.2025).

[122] *Senger* (Fn. 19), 204; vgl. auch Mao Tse-tung, Worte des Vorsitzenden Mao Tse-tung, 1967, 56.

[123] Zur Entwicklung der unterschiedlichen Konzeptionalisierungen des Verhältnisses zwischen Recht und Partei vgl. *Fu, Hualing,* Understanding the Evolving Relationship between the Party and the Law – The Case of China's National Supervision Commission, University of Hong Kong Faculty of Law Research Paper No. 2020/072, verfügbar auf SSRN: ssrn.com/abstract=3743636 (zuletzt abgerufen am 18.7.2025) 1, 2 ff.; für einen kurzen historischen Abriss vgl. *Creemers, Rogier; Trevaskes, Sue,* Ideology and Organisation in Chinese Law, in: Creemers, Rogier; Trevaskes, Sue (Hrsg.), Law and the Party in China, 2020, 1 (1 f.).

[124] Zur historischen Entwicklung des Verhältnisses zwischen Partei und Recht von Mao über Deng Xiaoping bis Xi Jinping vgl. *Chen, Jianfu:* Chinese Law and Legal Reform: Where to from Here?, Hong Kong Law Journal, 50 (2020), 243 (246 ff., 250 ff.).

[125] Vgl. *Clarke, Donald,* Law and the Political System in Xi Jinping's China – The Decline of the Party/State Distinction, in: Rosen, Stanley; Lynch, Daniel C., Chinese Politics – The Xi Jinping Difference, 2. Aufl. 2024, 17 (17 ff., insbes. 30 f., 32 f.).

[126] *Senger* (Fn. 19), 50 f.

[127] Zu dieser Übernahme etwa *Zhang* (Fn. 13), 50 f.

Entwicklung" ebenso inkorporiert wie „Xi Jinping Gedanken zum Sozialismus Chinesischer Prägung für ein Neues Zeitalter". Souverän ist in der Praxis die Partei.[128]

Simplistische Versuche, China durch die westliche Brille unter Außerachtlassung der Partei zu betrachten, sollten aber auch nicht durch eine ebenso simplistische Tendenz ersetzt werden, die offiziellen, staatlichen Institutionen als eine bloße Kulisse, ein potemkinsches Dorf anzusehen, das nur die Allmacht der Partei zu verdecken suchte. Denn die staatlichen Institutionen haben ebenfalls reale Bedeutung und Macht. Die Partei hat beschlossen, die direkte Ausübung der Macht mehr und mehr auf staatliche Institutionen zu verlagern. Diese sollen ohne direkte Eingriffe der Partei tätig werden.[129] Dies bedeutet aber keinesfalls einen Abschied von der Macht auf Raten, sondern ist nur ein Mittel zum Zweck der Verwirklichung des Sozialismus chinesischer Prägung, wie ihn Art. 1 und die Präambel der chinesischen Verfassung als Ziel postuliert. Dabei wird sichergestellt, dass der Staat nie so mächtig werden kann, dass er sich gegen die Partei stellen könnte. Um dies zu erreichen, werden verschiedene Mittel eingesetzt. Augenfällig ist etwa die weitreichende personelle Identität von Staat und Partei. Daneben werden staatliche und parteiinterne Strukturen parallelisiert, so dass für staatliche Gremien vielfach ein zugehöriges Parteigremium existiert. Schließlich werden Befugnisse zwischen mehreren, oft miteinander konkurrierenden staatlichen Stellen verteilt – divide et impera –, beispielsweise zwischen lokaler und nationaler Ebene, zwischen Ständigem Ausschuß und Staatsrat oder – weit weniger bedeutsam – zwischen Gerichten und Volksstaatsanwaltschaften. 69

Seit der Verfassungsänderung von 2018 stellt Art. 1 Abs. 2 der chinesischen Verfassung unmissverständlich klar, dass „(l)eadership by the Communist Party of China is the defining feature of socialism with Chinese characteristics." Zuvor hatte die chinesische Verfassung die Partei in keinem einzigen ihrer Artikel ausdrücklich genannt. Auch darin lag jedoch kein Widerspruch zur besonderen Bedeutung der Partei, sondern eine Bestätigung. Denn die Verfassung ist die höchste Organisationsnorm des Staates und seiner Einrichtungen, die Partei aber ist der Schöpfer eben dieses Staatsapparats und daher seinen Organisationsnormen nicht unterworfen. Die Partei ist auch nicht etwa in irgendeiner Weise in China als juristische Person registriert, rechtlich also auch insofern nicht fassbar.[130] Der richtige Ort, um die Partei zu erwähnen, wäre demnach nur die Präambel der Verfassung. Tatsächlich wird genau dort die historische Führungsrolle der Partei mehrfach erwähnt.[131] In die Zukunft gewandt heißt es zudem, dass das System der Mehrparteienkooperation[132] und der politischen Konsultation, geführt von der Kommunistischen Partei Chinas, noch für lange Zeit bestehen und sich entwickeln werde. Nicht weniger aufschlussreich ist etwa die Präambel der Satzung der Kommunistischen Partei,[133] die die Partei in ihrem ersten Erwägungsgrund als „leadership core for the cause of socialism with Chinese characteristics" – also dem in der Präambel der Verfassung ausdrücklich erklärten Staatziel – bezeichnet und die nochmals in ihrem letzten Erwägungsgrund deutlich wird: „The Party must, acting on the principle of guiding the overall situation and coordinating the work of all sides, assume the role of leadership core among all other organizations at the corresponding levels." Nur ein scheinbarer Widerspruch liegt darin, dass gleichzeitig nach Art. 5 Abs. 4 chinVerf alle politischen Parteien an die Verfassung und das Gesetz gebunden sind und sogar die Parteisatzung im letzten Erwägungsgrund ihrer Präambel festhält: „The Party must act within the scope of the country's Constitution and the law." Damit wird nicht etwa eine Unterwerfung 70

128 Von „KP-Souveränität" spricht etwa *Heuser* (Fn. 20), 271 f.

129 Vgl. *Heuser* (Fn. 20), 272 f.; vgl. auch die 2005 vom damaligen Generalsekretär der Partei, Hu Jintao, entwickelten Lehre von der sozialistischen harmonischen Gesellschaft, die ein durch das Recht geleitetes Land anstrebt, dazu kurz *Shambaugh* (Fn. 96), 115 f.

130 Vgl. *Zhang* (Fn. 99), 99.

131 Kurze Aufschlüsselung etwa bei *Zhang* (Fn. 99), 50.

132 Zur Existenz anderer Parteien in China sogleich infra → Rn. 71.

133 Satzung der Kommunistischen Partei Chinas vom 23.10.2022, englische Übersetzung unter english.www.gov.cn/news/topnews/202210/26/content_WS635921cdc6d0a757729e1cd4.html (zuletzt abgerufen am 18.7.2025).

der Partei unter die Verfassung und den Staat erklärt. Vielmehr sind diese Feststellungen nur ein Ausdruck des von der Partei gewählten Wegs, ihre Macht und ihre Führungsrolle im Kern über die staatlichen Institutionen und staatliches Recht auszuüben. Letztlich verpflichten diese Normen die Partei sogar gerade dazu, ihre Führungsrolle auszuüben und eben nicht aufzugeben.[134]

bb) Parallelität und Durchdringung von staatlichen und innerparteilichen Strukturen

71 Die Führungsrolle der Partei lässt sich zunächst exemplarisch anhand der zentralen Staatsleitung aufzeigen. Beginnend auf der theoretisch höchsten Ebene wird die Zusammensetzung des Nationalen Volkskongresses in der Praxis von der Partei gesteuert. Das bedeutet nicht, dass alle Abgeordneten auch selbst Mitglieder der Kommunistischen Partei Chinas wären. Neben formal unabhängigen Personen finden sich dort tatsächlich auch Vertreter anderer politischer Parteien. Von diesen gibt es in China offiziell acht. Sie bilden jedoch in keiner Weise eine Opposition, sondern werden von der Kommunistischen Partei überwacht, mit der sie offiziell eine sog. – aus dem weltweiten realsozialistischen Vokabular bekannte – Einheitsfront bilden. Zum Teil sind ihre Mitglieder sogar personenidentisch.[135] All dies spielt aber letztlich ohnehin kaum eine Rolle, denn der Nationale Volkskongress ist anerkanntermaßen kaum mehr als eine machtlose Schauveranstaltung zur Absegnung von anderweitig längst gefassten Beschlüssen.[136] Weit wichtiger und machtvoller ist der Ständige Ausschuß des Nationalen Volkskongresses. Anders als von der Verfassung vorgesehen ist er nicht ein gegenüber dem Nationalen Volkskongress rechenschaftspflichtiges Unterorgan, sondern eine zweite, kleinere und sehr viel effektivere Gesetzgebungskammer, die zudem letztlich den Nationalen Volkskongress kontrolliert und nicht umgekehrt.

72 Deutlich werden die Machtverhältnisse aber erst unter Berücksichtigung der Kommunistischen Partei.[137] Ihr Führungsgremium ist das Zentralkomitee, das aus rund 200 Mitgliedern und rund 150 Stellvertretern besteht, gewählt für jeweils fünf Jahre vom eher zeremoniellen Parteitag. Während sich dieses Zentralkomitee nur selten, mindestens einmal jährlich trifft, wird das Tagesgeschäft vom Politbüro mit seinen rd. 25 Mitgliedern geführt. Dessen Macht wiederum ist in der Hand des typischerweise unter zehn Personen umfassenden Ständigen Ausschusses des Politbüros konzentriert. Wie die Mitglieder des Ständigen Ausschusses des Politbüros in der Praxis ausgewählt werden, gehört zu den großen Geheimnissen der chinesischen Politik. Nach außen dringt nur das Ergebnis, und zwar in dem Moment, in dem auf dem jeweiligen Parteitag die neuen oder alten Führer das Podium in ihrer genauen hierarchischen Reihenfolge betreten.[138] Dieses Ergebnis aber ist entscheidend für die Verteilung der politischen Macht in China. Der im Zusammenhang mit dem 20. Parteitag der Kommunistischen Partei Chinas im Jahr 2022 gewählte Ständige Ausschuß des Politbüros mit seinen sieben Mitgliedern kann als Beispiel dienen: Der Starke Mann Chinas blieb Xi Jinping. Er ist nicht nur Generalsekretär der Kommunistischen Partei, sondern zugleich Präsident der Volksrepublik China. Dass der Präsident verfassungsrechtlich eine weitgehend nur repräsentative Rolle innehat, ist somit in der Praxis ohne Aussagekraft. Fast noch deutlicher wird die typische Verquickung von staatlichen und Parteifunktionen dadurch, dass Xi Jinping nicht nur Vorsitzender der (staatlichen) Zentralen Militärkommission ist – ein

[134] Zu dieser Auslegung *Senger* (Fn. 19), 1994, 205.

[135] Vgl. zu diesen weiteren Parteien etwa *Shambaugh* (Fn. 96), 137 f.; *Heuser* (Fn. 20), 273 f.; *Cuniberti* (Fn. 4), 198.

[136] Vgl. nur das Ergebnis der differenzierten Analyse von *Zhang* (Fn. 99), 147 für den Nationalen wie die lokalen Volkskongresse: „remain 'rubber stamps', incapable of efficient law-making or vigorous supervision of government officials in ways that are stipulated in vain in the Constitution and relevant laws.".

[137] Vgl. auch *Wang, Jiangyu,* The party in the legislature and the judiciary, in: Gore, Lance L.P.; Yongnian, Zheng (Hrsg.), The Chinese Communist Party in Action, 2019, 181 (183 ff.).

[138] Vgl. etwa *Strittmatter, Kai,* Die letzten Kaiser, Süddeutsche Zeitung, 2.11.2012.

Amt, das als das einflussreichste in China gilt[139] –, sondern zugleich Vorsitzender der parallel dazu bestehenden Zentralen Militärkommission der Partei. Der Premierminister Li Qiang ist ebenfalls Mitglied des Ständigen Ausschusses des Politbüros. Gleichzeitig fungiert er innerhalb des Staatsrats auch als Parteisekretär. Entsprechendes gilt für Ding Xuexiang als zugleich Erster Vizepremierminister im Staatsrat und stellvertretender Parteisekretär im Staatsrat. Ähnlich ist Zhao Leji zugleich Vorsitzender und Parteisekretär des Ständigen Ausschusses des Nationalen Volkskongresses.

Ähnliche Parallelstrukturen und Verschränkungen finden sich überall innerhalb der staatlichen Organisation. Staatlichen Stellen stehen auf allen Ebenen Parteiorganisationen gegenüber: „the party is an omnipotent and omnipresent shadow over every branch of public power"[140]. Die Partei kontrolliert letztlich die Besetzung aller politischen Ämter.[141] Aber auch der eigene Apparat der Partei ist nicht zu unterschätzen: Sie beschäftigt mehrere Millionen Angestellte und Kader, die parallel zu den staatlichen Beamten gruppiert und bezahlt werden.[142] In manchen Fällen, wie etwa den eben erwähnten Militärkommissionen, sind die scheinbar parallelen Partei- und Staatsinstitutionen tatsächlich nur „eine Institution mit zwei Namen", wie diese Eigenheit in China beschrieben wird.[143] Personal und Ressourcen sind dabei identisch. Ein Name bezieht sich auf die Partei, der andere auf den Staat, und ihre Verwendung in den Außenbeziehungen wird als Frage der Zweckmäßigkeit im Einzelfall angesehen, etwa wenn es politisch sinnvoller erscheint, die Beziehung zur Kommunistischen Partei Chinas nicht deutlich werden zu lassen. Diese Art der Verschmelzung macht deutlich, dass unter Xi Jinping die vollständige Doppelung von Staat und Partei zunehmend als ineffizient angesehen wird und explizite Machtausübung durch die Partei zu einer gangbaren Alternative geworden ist.[144] 73

Der mit alledem einhergehenden Konzentration umfassender Machtbefugnisse steht der Gedanke der Gewaltenteilung nicht einmal rein formal entgegen. Denn das Prinzip der Gewaltenteilung, das im Kern des westlichen Verfassungsrechtsdenkens verankert ist und das etwa in deutscher Sichtweise ein zentrales Element des Rechtsstaats darstellt, ist in China auch ganz offiziell nicht anerkannt. Wie schon in der Kaiserzeit liegt rechtlich gesehen alle Macht, ob legislativ, exekutiv oder judikativ, letztlich in der Hand eines einzigen Organs, nämlich heute des Nationalen Volkskongresses.[145] Weder erwähnt die Verfassung die Gewaltenteilung als Prinzip, noch finden sich in der Aufzählung der Organe, die für das Volk die staatliche Macht ausüben, andere Organe als der Nationale Volkskongreß und seine lokalen Pendants, Art. 2 Abs. 2 chinVerf. 74

b) Jenseits staatlichen Gesetzesrechts

Die normative Landschaft Chinas ist noch weit komplexer, als ein reiner Blick auf das – bereits alles andere als einfach strukturierte – staatliche, gesetzte Recht suggeriert. Insbesondere sind hier die staatlichen Politnormen sowie die eigenen Normen der Kommunistischen Partei Chinas zu nennen. Daneben bestehen schwach geregelte Bereiche, die den staatlichen Organen weitgehende Handlungsfreiheit lassen. 75

139 *Bu, Yuanshi,* Einführung in das Recht Chinas, 2. Aufl. 2017, 32; zur faktischen Identität der Militärkommissionen des Staates und der Partei im Rahmen der in China sog. Praxis von „einer Institution mit zwei Namen" vgl. infra → Rn. 73.

140 *Zhang* (Fn. 99), 54; vgl. etwa auch *Peerenboom* (Fn. 59), 214.

141 Vgl. zu der einschlägigen Regelung der Partei (!) *Zhang* (Fn. 99), 100 ff.

142 *Zhang* (Fn. 99), 2012, 84.

143 Zu dieser Praxis im Allgemeinen vgl. *Lyhne-Gold, Bertie,* One Institution with Two Names, China Media Projekt, 23.7.2024, chinamediaproject.org/the_ccp_dictionary/one-institution-with-two-names/ (zuletzt abgerufen am 18.7.2025).

144 Zur letztgenannten Entwicklung vgl. *Clarke, Donald,* Law and the Political System in Xi Jinping's China-The Decline of the Party/State Distinction, in: Rosen, Stanley; Lynch, Daniel C., Chinese Politics – The Xi Jinping Difference, 2. Aufl. 2024, 17 (31).

145 Deutlich *Cuniberti* (Fn. 4), 194; kurz *Zhang* (Fn. 99), 52; *Binding* (Fn. 100), 165; *Li-Kotovtchikhine* (Fn. 104), 34; zum sowjetischen Ursprung des Gedankens *Gillespie/Chen* (Fn. 5), 17; *Bu* (Fn. 139), 27 f.

aa) Politnormen

76 Politnormen (zhengce) werden zwar vom Staat gesetzt, zählen jedoch nach chinesischer Auffassung nicht zum Gesetzesrecht.[146] Sie werden in der Übersetzung etwa auch als politische Richtlinien, normative Dokumente oder (state) policies bezeichnet. Sie zeichnen sich unter anderem durch eher globale Formulierungen, ihre entsprechend dehnbare Bedeutung, ihren vorübergehenden, anpassungsfähigen Charakter und ihre oft fehlende Veröffentlichung aus. Politnormen finden sich auf allen Ebenen und in allen Lebensbereichen. Sie können von sehr allgemeinen Appellen (zB in den 70er Jahren „Spät heiraten!"), bis hin zu sehr konkreten Regeln etwa über Adoption oder Staatsangehörigkeit gehen. Unter Mao waren Politnormen ein zentraler Aspekt des Rechtssystems. Später allerdings hat ihre Bedeutung mit der zunehmenden Vergesetzlichung weiter Bereiche stark abgenommen. Dennoch könnten sie weiterhin eine gewisse Rolle spielen. So bestimmte etwa Art. 6 der bis 2017 geltenden Allgemeinen Grundsätze des Zivilrechts der Volksrepublik China: „Privatrechtliche Handlungen müssen in Übereinstimmung mit dem Gesetz sein; wo einschlägige gesetzliche Bestimmungen fehlen, müssen sie mit den staatlichen Politnormen übereinstimmen."[147] Dabei ist die Frage des genauen Verhältnisses von Politnormen zum Gesetzesrecht lange diskutiert worden. Im Ergebnis wurde überwiegend ein Vorrang der Politnormen angenommen. Art. 6 der früheren Allgemeinen Grundsätze des Zivilrechts deutete allerdings in die entgegengesetzte Richtung.

77 Dass Politnormen nach chinesischer Auffassung nicht zum Gesetzesrecht zählen, sollte also keinesfalls dazu verleiten, sie aus der Kategorie des Rechts auszuschließen. Denn auch bei ihnen handelt es sich um gesetzte Normen, die das Verhalten von Bürger und Staat effektiv regeln. So können sie ohne weiteres auch über das Internationale Privatrecht vor ausländischen Gerichten zu beachten sein, beispielsweise im Fall der Adoption, die vor Inkrafttreten des Adoptionsgesetzes von 1992 weitgehend Gegenstand von Politnormen war.[148]

bb) Parteinormen

78 Politnormen können aber auch von der Partei ausgehen. Sie sind dann ein Unterfall der Parteinormen,[149] die in zahlreichen verschiedenen Formen bestehen und die sich in der Kategorisierung wie in ihren Bezeichnungen – zhunze, tiaolì, guiding, banfa, guize, oder xìze[150] – in etwa an den Kategorien staatlicher Normen orientieren. Einen generischen Ausdruck für die Parteinormen insgesamt scheint die chinesische Rechtssprache allerdings nicht zu kennen; regelmäßig wird stattdessen etwas ungenau und pars pro toto von Politnormen der Partei (dang de zhengce) gesprochen.[151] Im Prinzip gelten Parteinormen nur für Parteimitglieder.

79 Theoretisch gilt heute – anders als zu Maos Zeiten – die Regel, dass sich die Parteinormen im Rahmen der staatlichen Gesetze bewegen müssen. Das bedeutet aber zunächst einmal nicht mehr, als dass Parteinormen später in staatliche Gesetze umgesetzt werden.[152] Da der

[146] Vgl. zum Ganzen *Senger* (Fn. 19), 198 ff.; *Heuser* (Fn. 20), 206 ff.

[147] Englische Version unter www.npc.gov.cn/zgrdw/englishnpc/Law/2007-12/12/content_1383941.htm (zuletzt abgerufen am 18.7.2025): „Civil activities must be in compliance with the law; where there are no relevant provisions in the law, they shall be in compliance with state policies.".

[148] Vgl. beispielhaft die österreichische Entscheidung OGH 1 Ob 21/04a, SZ 2004/174, S. 448 f.; vgl. beispielhaft für Politnormen im Zusammenhang mit der Mauterhebung im Straßenrecht *Yu, Wenguang,* Praktische Erfahrungen und rechtliche Probleme mit Public Private Partnership in der Verkehrsinfrastruktur in Deutschland und China, 2010, 189 ff.

[149] Zu den Parteinormen und zum Folgenden vgl. etwa im Zusammenhang mit Disziplinarnormen *Sapio, Flora,* Sovereign power and the law in China, 2010, 72 ff.; vgl. auch *Liebmann, Benjamin L. et al,* Out from the shadows – Party documents in Chinese courts, Berkeley Journal of International Law, 43 (2025), 99 (106 ff.); allgemein *Senger* (Fn. 19), 301 ff.

[150] So die nach *Liebmann* (Fn. 149), 107 Fn. 27 vorgesehenen Formen (准则, 条例, 规定, 办法, 规则 und 细则); zur staatlichen Parallele vgl. supra → Rn. 62.

[151] *Senger* (Fn. 19), 300.

[152] Dazu auch *Peerenboom* (Fn. 59), 213.

Staat aber seine Macht von der Partei ableitet und nicht umgekehrt, kann es hier ohne weiteres bei Lippenbekenntnissen bleiben. So existiert beispielsweise ein parteiinterner Disziplinarkodex, der auf zentraler Ebene durch die Zentrale Disziplinarkommission vollzogen wird (deren Vorsitzender wiederum üblicherweise Mitglied des Ständigen Ausschusses des Politbüros ist), im Übrigen durch ihre lokalen Pendants.[153] Theoretisch dürften unter diesen Kodex nur reine Verstöße gegen die Parteidisziplin fallen, während strafrechtlich relevantes Verhalten allein in die Kompetenz der staatlichen Strafverfolgungsbehörden fiele. In der Praxis dupliziert die Parteinorm über Disziplinarverstöße aber viele Straftatbestände und nimmt sie damit bei entsprechendem Wunsch der Partei faktisch aus der Kompetenz der Strafverfolgungsbehörden heraus.[154] Im Zusammenhang mit dem Disziplinarkodex verfügt die Partei über eigene, in Parteinormen geregelte Untersuchungsbefugnisse, die auch die Befragung von Nichtparteimitgliedern ermöglichen und vor allem – wenn auch politisch immer wieder einmal bekämpft – bis hin zur Möglichkeit der Inhaftierung (shuanggui) gehen. Ein weiteres frappantes Beispiel für das bisweilen prekäre Verhältnis von Parteinormen und Gesetzesrecht bietet etwa die parteiinterne Regel, nach der die Führungspositionen in allen großen privaten und öffentlichen Unternehmen Chinas allein von der Parteizentrale vergeben werden. Naturgemäß wird unterstellt, dass alle Führer solcher Unternehmen auch Parteimitglieder sind. Die Partei kann also jederzeit Unternehmensführungen auswechseln und hat dies durchaus auch schon getan. Die einschlägigen Regeln und Verfahrensvorschriften des chinesischen Gesellschaftsrechts ebenso wie etwa einschlägiger ausländischer Rechtsordnungen werden dann schlicht ignoriert.[155]

Die Partei und ihre Normen können auch sehr viel direkter in das Recht eingreifen. So **80**
können Parteigremien gelegentlich rechtliche Stellungnahmen, etwa zur Strafzumessung, ausgeben oder kann staatliches Recht ausdrücklich Einrichtungen der Partei ermächtigen.[156] Umgekehrt können Gerichte sich in ihren Entscheidungen ausdrücklich auf Konzepte der Parteiideologie beziehen.[157] Ein direkter Rückgriff der Gerichte auf Parteinormen galt in der Reformzeit nach Mao lange als unangebracht. Dies hat sich seit der Machtübernahme durch Xi Jinping deutlich geändert. Empirische Studien konnten schon für die Zeit von 2014 bis 2018 einen Rückgriff der Gerichte auf Parteidokumente in einer Vielzahl von Fällen verschiedenster Art nachweisen. Auch in der chinesischen Literatur wird dieser Umschwung von vielen, wenn auch keineswegs allen unterstützt und nachvollzogen. Der gerichtliche Rückgriff auf Parteinormen dürfte in Zukunft noch weiter zunehmen.[158] Die Partei kann auch nicht nur punktuell, sondern ganz global normativ in das Recht eingreifen. So hat das Oberste Volksgericht etwa noch 2013 alle lokalen Richter dazu aufgefordert, die sog. Massenlinie zu studieren, zu beachten und alles aus dieser Perspektive zu betrachten. Die Massenlinie ist dabei eine offizielle Richtschnur oder Erkenntnismethode der Kommunistischen Partei Chinas, die die ständige Berücksichtigung der Interessen der Masse verlangt. Was hier also als Richtschnur jeder richterlichen Entscheidung vorgegeben wird, ist auch nach offizieller Auffassung nichts anderes als die „Lebenslinie der Partei".[159] So wird einer alten, gerade im maoistischen China wichtigen Institution,[160] die in der Literatur zum

[153] Zum Folgenden eingängig und ausführlich *Sapio* (Fn. 149), 73 ff.

[154] Vgl. auch *Peerenboom* (Fn. 59), 214.

[155] Dazu *Cuniberti* (Fn. 4), 222 mit konkretem Beipiel.

[156] Vgl. die Beispiele bei *Clarke, Donald,* Law and the Political System in Xi Jinping's China- The Decline of the Party/State Distinction, in: Rosen, Stanley; Lynch, Daniel C., Chinese Politics – The Xi Jinping Difference, 2. Aufl. 2024, 17 (31 f.).

[157] Analyse dieses Phänomens bei *Ahl, Björn:* Why Do Judges Cite the Party? – References to Party Ideology in Chinese Court Decisions, China: An International Journal 18 (2020), 175 (175 ff.).

[158] Zum Ganzen *Liebmann* (Fn. 149), 117 ff., 141 ff.

[159] Zum Ganzen und zu diesem Zitat („lifeline of the party"), vgl. Supreme People's Court of the People's Republic of China, The Supreme People's Court to promote the „mass line" education campaign, Judicial News, 1.8.2013, web.archive.org/web/20131011061155/http://en.chinacourt.org/public/detail.php?id=4796 (zuletzt abgerufen am 18.7.2025).

[160] Vgl. dazu etwa *Mao Tse-tung* (Fn. 122), 140 ff., insbes. 152 („Die Meinungen der Massen sammeln und konzentrieren, sie wieder in die Massen tragen, damit sie konsequent verwirklicht werden, wodurch sich die

aktuellen chinesischen Rechtsleben kaum noch Erwähnung fand, plötzlich wieder neue Bedeutung zugesprochen. Erneut zeigt sich, wie wenig die Partei im Recht Chinas ignoriert werden darf. Das gilt umso mehr, als die Wiederbelebung der Massenlinie keineswegs auf die Gerichte beschränkt blieb, sondern die gesamte Partei erfasste.[161]

cc) Schwach normativierte Bereiche

81 Das zentrale Beispiel eines nur schwach durch Normen geregelten und damit staatlicher Willkür Tür und Tor öffnenden Bereichs war das System der sog. Umerziehung durch Arbeit (laojiao),[162] das im Dezember 2023 offiziell abgeschafft wurde. Im Rahmen dieses Systems konnte die Polizei ohne oder sogar gegen einen anderslautenden richterlichen oder staatsanwaltschaftlichen Beschluss Personen für längere Zeit in Arbeitslager sperren. Im Ursprung eine Repressalie gegen politische Gegner, weitete laojiao sich später zu einer allgemeinen Maßnahme gegen unerwünschte Personen aus, deren Abweichungen vom gesellschaftlich vorgegebenen Soll ein gewisses Ausmaß nicht überschritten. Faktisch betroffen waren Obdachlose und Prostituierte ebenso wie Mitglieder der in China scharf verfolgten Falun Gong Gemeinschaft, politisch Andersdenkende oder schlicht Menschen, die demonstrierten, protestierten oder Petitionen einreichten. Die praktische Bedeutung war groß. Die Anzahl der Internierten ging in die Hunderttausende. Ob die formale Abschaffung von laojiao nur kosmetischer Natur war, weil Internierungslager und andere Formen willkürlicher Inhaftierung fortbestehen, bleibt offen.

82 Gelegentlich wurde die sog. Umerziehung durch Arbeit sogar als eine außerhalb des geschriebenen Rechts stehende Maßnahme beschrieben, die nirgendwo festgelegt sei.[163] Doch gab es tatsächlich normative Grundlagen in Form einer Verwaltungsverordnung von 1957,[164] die sich jedoch mit äußerst vagen Umschreibungen wie „Störung der öffentlichen Ordnung" begnügte. Es handelte sich also formal betrachtet um eine Verwaltungssanktion, die auch durchaus einigen Beschränkungen unterlag. Insbesondere durfte die Lagerhaft nicht über drei Jahre dauern, mit möglicher Verlängerung von bis zu einem Jahr. Formal gesehen konnte gegen die Umerziehung sogar ein Verwaltungswiderspruch eingelegt werden, was jedoch nur äußerst selten geschah (1996 etwa in rd. 2 Prozent der Fälle) und insbesondere bei politischen Häftlingen kaum Aussicht auf Erfolg zu haben schien.[165] Bis zur endgültigen Abschaffung waren alle offiziellen Ankündigungen und Anstrengungen, diese Form der Lagerhaft zumindest zu reformieren,[166] stets am erheblichen Widerstand der Sicherheitsbehörden gescheitert.

c) Sozialistische Grundstrukturen

83 Schon diese ersten Eindrücke zeigen, dass sozialistische – oder genauer: sinomarxistische – Grundstrukturen auch heute noch eine erhebliche Rolle spielen. Dem scheint auf den ersten Blick die ökonomische Realität entgegenzustehen. Denn schließlich hat sich China nach Mao eindeutig weg von einem sozialistischen, planwirtschaftlichen hin zu einem kapitalis-

richtigen Ansichten der Führung herausbilden – das ist die grundlegende Führungsmethode."); vgl. zur damaligen Massenlinie auch kurz *Senger, Harro von,* Partei, Ideologie und Gesetz in der Volksrepublik China, 1982, 87.

161 Vgl. *Strittmatter, Kai,* Machterhalt mit dem Mao-Revival, Süddeutsche Zeitung, 22.8.2013.

162 Vgl. dazu etwa *Altmeyer, Katrin; Nan, Xia,* Das System der Umerziehung durch Arbeit und der Prozess der Formulierung des „Gesetzes zur Korrektur illegalen Verhaltens", in: Heinrich Böll Stiftung (Hrsg.), „Der Käfig, in den die Macht eingesperrt werden soll", 2013, 15 (15 ff.); *Strittmatter, Kai,* Durch das Tor der Willkür, Süddeutsche Zeitung, 8.1.2013; *Cuniberti* (Fn. 4), 221.

163 So *Cuniberti* (Fn. 4), 221 („ne fait l'objet d'aucun texte", dann aber widersprüchlich ibid.: „font (…) l'objet de réglementations officieuses").

164 Deutlich *Altmeyer/Nan* (Fn. 162), 15.

165 Vgl. *Peerenboom* (Fn. 59), 90, 404, 440 Fn. 24.

166 Vgl. dazu *Altmeyer/Nan* (Fn. 162), 15 ff.

tischen Wirtschaftssystem entwickelt, ja wird die wirtschaftsliberale Ausprägung mit ihren nur geringen sozialen Sicherungen vielen kapitalistischer erscheinen als die etwa in Europa verbreiteten marktwirtschaftlichen Systeme. Dem chinesischen System deshalb den sozialistischen Charakter abzusprechen, würde aber auf eine romantisierende Sicht des Sozialismus hinauslaufen. Sozialismus würde mit der reinen marxistischen Lehre entsprechend den Schriften von Marx und Engels, zumindest aber mit einem gewissen idealistischen Wunsch zur Formung der Gesellschaft gleichgesetzt, gleichzeitig aber in unzulässiger Weise auf ein wirtschaftliches System reduziert. Mit anderen Worten ist das Wirtschaftssystem und die Auffassung davon in China eindeutig nicht sozialistisch, das Herrschafts- und Denksystem der Partei jedoch sehr wohl. Durchaus möglich ist, dass die Partei oder bestimmte ihrer Teile eine sozialistische Rhetorik nur vorschieben, letztlich aber allein ihre eigenen Machtinteressen verfolgt. Nur bei romantisierender Sicht könnte dies aber als ein Argument gegen den sozialistischen Charakter und nicht – viel näherliegend – als gerade typisch für ihn angesehen werden.

Einen konkreten Ausdruck des sozialistischen Charakters bietet schon die Selbstbe- **84**
schreibung sowohl des Staates als auch der Kommunistischen Partei Chinas, die in den Präambeln von chinesischer Verfassung und Parteisatzung ausgiebig den Sozialismus feiern (und daneben ohne weiteres das Ziel der sozialistischen Marktwirtschaft verkünden). Dies mag allerdings noch als reines Lippenbekenntnis abgetan werden. Aber auch viele aktuelle Einzelmerkmale des Rechtssystems lassen sich heute noch auf sozialistische Grundgedanken zurückführen.[167] Das gilt klar schon für die fehlende Gewaltenteilung und die offizielle Konzentration der Macht bei einem Volkskongress, dem – entsprechend dem sozialistischen Prinzip des demokratischen Zentralismus – auch die Überwachung etwa von Regierung und Gerichten obliegt, Art. 3 chinVerf. Das gilt beispielsweise ebenso für die umfassende Rolle der Staatsanwaltschaft als allgemeiner Kontrollinstanz weit über die bloße Strafverfolgung hinaus.[168] Auch das Strafprozessrecht ist in seiner Grundstruktur sozialistisch geprägt.[169] Unterschiedliche Auffassungen herrschen allerdings darüber, ob die in der Verfassung angesprochenen, auf Deng Xiaoping zurückgehenden vier Kardinalprinzipien (Führung der Partei, demokratische Diktatur des Volkes, sozialistischer Weg in der Wirtschaft, Ideologie des Marxismus-Leninismus und der Gedanken Maos) insgesamt noch eine wichtige Rolle im Recht spielen.[170] Dieser Streit bezieht sich jedoch gerade nicht auf die Führung der Partei, an deren überragender Bedeutung kaum Zweifel bestehen können. Unter Xi Jinping, der als Chinas dominantester Führer seit Mao gesehen werden kann, hat der Sozialismus erneut Aufschwung erfahren. „Xi Jinpings Ideen des Sozialismus chinesischer Prägung" haben sogar Eingang in den Text der Präambel der chinesischen Verfassung gefunden. Erneut typisch für das sozialistische Rechtsdenken ist, dass die staatlichen Gesetze auf den Willen der Partei zurückgehen, die sich einerseits nicht selbst mit der eigentlichen Gesetzgebung befasst, die es sich aber andererseits nicht nehmen lässt, parallele und teils auch gegenläufige eigene Normen aufzustellen und durchzusetzen.[171] Auch dass das Recht nicht als Geltungsgrund und Grundlage der Macht angesehen wird, sondern nur als ein Mittel neben vielen anderen zur Erreichung bestimmter Zwecke, entspricht sozialistischem Denken. Denn das Recht gehört im Sinne der marxistischen Basis-Überbau Theorie nicht zur Basis, also zu den Produktionsverhältnissen und Produktionsbeziehungen, sondern zu dem davon im Grundsatz determinierten Überbau der gesellschaftlichen Anschauungen und Institutionen. Das Recht kann also wie alle anderen Teile des Überbaus zur Veränderung der Basis eingesetzt werden, weil zwar

[167] Zum Folgenden etwa deutlich *Yin/Duff* (Fn. 11), 1105 ff.; für einen weiterhin sozialistischen Charakter Chinas etwa auch kurz *Cuniberti* (Fn. 4), 208 f.
[168] Zur ähnlichen Rolle im heutigen Russland vgl. kurz supra → § 7 Rn. 104.
[169] Zum Strafprozess im einzelnen *Yin/Duff* (Fn. 11), 1111 ff.
[170] Dafür *Yin/Duff* (Fn. 11), 1126; tendenziell dagegen *Zhang* (Fn. 99), 50.
[171] Vgl. zu den Parteinormen schon supra → Rn. 78 ff.

die Basis im Grundsatz überwiegt, der Überbau aber im Rahmen eines dialektischen Prozesses auf die Basis zurückwirken kann.[172]

85 Dass China nicht nur die sozialistische Planwirtschaft, sondern auch viele Kerngedanken des Maoismus aufgegeben oder verwässert zu haben scheint,[173] ist kein ausreichendes Argument gegen den Fortbestand sozialistischer Grundelemente. Insbesondere die tiefgreifende Analyse von Senger weist darauf hin, dass der Kern des Sinomarxismus in den Methoden politischer Führung liegt, also nicht im Was, sondern im Wie der erstrebten Ziele.[174] Mit dem Tode Maos hat der von der Partei anvisierte Hauptwiderspruch schlicht von dem zwischen Bourgeoisie und Proletariat zu dem zwischen den stetig wachsenden materiellen und kulturellen Bedürfnissen des Volkes einerseits und der unausgeglichenen und unangemessenen Entwicklung andererseits gewechselt.[175] Dass die Ziele wechseln, etwa eine sozialistische Marktwirtschaft anstelle einer autarken Planwirtschaft angestrebt wird, ist damit ohne weiteres möglich, ohne dass die sozialistischen Charakteristika der Führung durch die Partei verlorengingen.

d) Zentralisierte Auslegung des Rechts

aa) Auslegungsbefugnis des Obersten Volksgerichts

86 Die Gerichte der Volksrepublik China sind bei der Auslegung der Gesetze nicht frei. Im Gegenteil ist das heutige chinesische Recht von dem schon aus der Kaiserzeit vertrauten Versuch[176] gekennzeichnet, den Gerichten aller unteren Instanzen möglichst wenig Entscheidungsspielraum zu gewähren und die Auslegung möglichst bei wenigen obersten Organen zu zentralisieren.[177] Ursprüngliche Grundlage dieser Zentralisierung war ein Beschluss des Ständigen Ausschusses des Nationalen Volkskongresses über die Stärkung der Gesetzesinterpretation vom 10.6.1981.[178] Danach besteht zunächst eine Interpretationskompetenz des Ständigen Ausschusses selbst, die kurz darauf auch in Art. 67 Nr. 4 chinVerf ihren Niederschlag fand. In der Praxis wird sie jedoch so gut wie nicht wahrgenommen, es sei denn man zählte schon den schlichten Erlass von Definitionsnormen oder späteren Gesetzen dazu. Praktisch keine Rolle spielt auch die ebenso vorgesehene Möglichkeit des Staatsrats zur Auslegung im Rahmen der verwaltungsmäßigen Anwendung von Gesetzen. Dennoch zeigen beide Bestimmungen bereits deutlich das Ausmaß der Zentralisierungsbemühungen. Für das umfangreiche lokale Recht bestehen im Übrigen entsprechende Vorschriften auf lokaler Ebene, über deren reale Bedeutung wenig bekannt ist.

87 Von überragender Bedeutung ist hingegen die extensiv gehandhabte Auslegungsbefugnis des Obersten Volksgerichts[179] (und, für ihren Zuständigkeitsbereich, der Obersten Volks-

[172] Vgl. zu dieser Stellung des Rechts auch *Senger* (Fn. 19), 221 f.; zur Rückwirkung von Überbau auf Basis vgl. etwa deutlich Engels, Friedrich, Engels an Joseph Bloch in Königsberg, Brief v. 21.9.1890, in: Institut für Marxismus-Leninismus beim ZK der SED (Hrsg.), Karl Marx, Friedrich Engels, Werke, Bd. 37, 1967, 462 (463).

[173] Zur Neubelebung maoistischen Gedankenguts vgl. *Piquet* (Fn. 120), 400, 411.

[174] Zum Ganzen *Senger* (Fn. 19), 207 ff., insbes. 217; zu den einzelnen Methoden ibid., 230 ff.

[175] Vgl. die Präambel der Satzung der Kommunistischen Partei Chinas vom 23. Okotober 2022, englische Übersetzung unter english.www.gov.cn/news/topnews/202210/26/content_WS635921cdc6d0a757729e1cd4.html (zuletzt abgerufen 18.7.2025): „At the present stage, the principal contradiction in Chinese society is that between the ever-growing needs of the people for a better life and unbalanced and inadequate development. (…) a certain amount of class struggle will continue to exist (…), however, it is no longer the principal contradiction."; dazu auch *Senger, Harro von,* Die VR China und die Menschenrechte, in: Rehbein, Boike (Hrsg.), Identitätspolitik und Interkulturalität in Asien – Ein multidisziplinäres Mosaik, 2006, 119 (125 f.).

[176] Vgl. supra → Rn. 35 f.

[177] Zum Folgenden vgl. *Binding* (Fn. 100), 160 f., 165 f.; *Heuser* (Fn. 20), 202 ff.; *Cuniberti* (Fn. 4), 215 ff.; *Chen, Chunlong,* The status and functions of Chinese judicial interpretation, in: Li-Kotovtchikhine, Xiao-Ying (Hrsg.), Sources of law and legal reform in China, 2003, 211 (211 ff.); *Chen* (Fn. 85), 118 ff.

[178] In deutscher Übersetzung wiedergegeben bei *Heuser* (Fn. 20), 202 f.

[179] Vgl. nur *Chen* (Fn. 177), 216: „play a role as important as that of laws, and (…) are used as a direct basis by the Chinese judges in their rulings"; dazu etwa auch *Bu* (Fn. 139), 3 f., 21 ff.; allgemein zu diesen

staatsanwaltschaft). So verfasst das Oberste Volksgericht aus eigener Initiative umfassende Interpretationen, die oft schon sprachlich als abstrakt-generelle Regeln formuliert sind. Es schafft damit faktisch neue Normen, die nicht nur weit über die Gesetze hinausgehen, sondern diesen gelegentlich sogar widersprechen. Gesetze werden teils schon kurz nach ihrem Erlass durch eine umfassende Interpretation ergänzt, die im Umfang durchaus länger als das Gesetz selbst ausfallen kann. So traten beispielsweise die schon einmal erwähnten Allgemeinen Grundsätze des Zivilrechts der Volksrepublik China[180] am 1.1.1987 in Kraft und umfassten 156 Artikel, während die zugehörige Interpretation bereits mit Wirkung vom 26.1.1988 erging und 200 Artikel umfasste.[181] Interpretationen können auch kürzer ausfallen. So steht etwa dem allgemeinen Teil des Zivilgesetzbuchs von 2020 mit seinen 204 Artikeln eine Interpretation von 2022 mit nur 39 eher kurzen Artikeln gegenüber.[182] Neben diesen Interpretationen (jieshi)[183] stehen die sog. schriftlichen Antworten (pifu), mit denen das Oberste Volksgericht auf Einzelfragen der Untergerichte antwortet.[184] Das Oberste Volksgericht gibt auch sog. guiding Entscheidungen aus, deren Zweck es ist, die Anwendung und Auslegung der Gesetzgebung durch untere Gerichte zu vereinheitlichen. Bis November 2024 wurden 236 solcher Entscheidungen veröffentlicht. Seit ihrer Einführung im Jahr 2011 haben sie im In- und Ausland beträchtliches rechtswissenschaftliche Interesse geweckt.[185] Das ganze System der Auslegungsbefugnis ist durchaus komplex. Tatsächlich wird etwa der Begriff der gerichtlichen Interpretation sowohl zur Beschreibung einer ganzen Kategorie von Dokumenten als auch einer ihrer fünf Untertypen verwendet.[186] Zudem bilden diese Interpretationen nur ein Beispiel der verwirrenden Vielfalt verschiedenster gerichtlicher, administrativer und politischer Dokumente, die von den Gerichten verfasst werden und die unter den unterschiedlichsten Bezeichnungen bekannt sind.[187] In jüngerer Zeit hat die politische Rolle des Obersten Volksgerichts, genauer seine Rolle bei der Übersetzung von Parteivorgaben in die Gerichtsbarkeit, zugenommen. Die Integration juristischer Aufgaben in die Gesamtplanung der Partei wurde zu einem ausdrücklichen Punkt im Reformprogramm des Obersten Volksgerichts.[188]

Auslegungen *Pißler, Knut Benjamin,* Höchstrichterliche Interpretationen als Mittel der Rechtsfortbildung in der Volksrepublik China, Rabels Zeitschrift für ausländisches und internationales Privatrecht 80 (2016), 372 (372 ff.); zu den unterschiedlichen Arten gerichtlicher Dokumente, die vom Obersten Volksgericht, aber auch von anderen Gerichten ausgegeben werden vgl. *Wang, Shucheng,* The Judicial Document as Informal State Law – Judicial Lawmaking in China's Courts, Modern China 48 (2022), 617 (617 ff.).

180 Vgl. supra → Rn. 76.

181 Zu beiden Dokumenten vgl. www.lawinfochina.com/search/SearchLaw.aspx?Subject=074 (zuletzt abgerufen am 18.7.2025); zur Artikelzahl der Interpretation vgl. *Chen* (Fn. 85), 125; zu weiteren im Zivilrecht relevanten Auslegungen vgl. *Zheng, Hui,* General part, in: Bu, Yuanshi (Hrsg.), Chinese civil law, 2013, 1 (3 f. Rn. 8).

182 Interpretation of Several Issues Concerning the Application of the General Provisions of the Civil Code of the PRC, Englische Übersetzung unter www.chinalawtranslate.com (zuletzt abgerufen am 18.7.2025).

183 Vgl. *Wang, Shucheng,* Law as an Instrument – Sources of Chinese Law for Authoritarian Legality, 2022, 60 ff.

184 Deutsche Übersetzung einer dieser meist sehr kurzen und lakonischen Antworten bei *Bu* (Fn. 139), 359.

185 Zu den guiding Entscheidungen vgl. etwa *Wang* (Fn. 183), 109 ff.; *Dong, Jiang,* An Introduction to Chinese Legal Culture, in: Koch, Sören; Kjølstad, Marius Mikkel, Handbook on Legal Cultures, 2023, 197 (220 ff.); aus einem eher praktischen Rechercheblickwinkel vgl. etwa *Kopania/Szpotakowski* (Fn. 104), 39 ff.; zum Unterschied zwischen guiding Entscheidungen und typischen Entscheidungen vgl. *Kohtz, Rong T.,* Current State, Developments and Trends of Chinese Family Law from Recent Cases Reported by the Supreme People's Court, Asian-Pacific Law & Policy Journal 20 (2019), 29 (30).

186 Vgl. die Begriffsverwendung durch *Wang* (Fn. 183), 60, 66 f.

187 Vgl. *Wang* (Fn. 183), 84 f., insbes. Fn. 3.

188 Zu diesen Entwicklungen vgl. *Finder, Susan,* Decoding the Supreme People's Court's Services and Safeguards Opinions, USALI Perspectives No. 7, 3 (2022), usali.org/usali-perspectives-blog/decoding-the-supreme-peoples-courts-services-and-safeguards-opinions (zuletzt abgerufen am 18.7.2025); unter dem neuen Präsidenten des Gerichts könnte diese Tendenz wieder zurückgehen, vgl. *Finder, Susan,* New Directions for the Supreme People's Court?, USALI Perspectives No. 3, 4 (2023), usali.org/usali-perspectives-blog/new-directions-for-the-supreme-peoples-court (zuletzt abgerufen am 18.7.2025).

88 In der Literatur werden teilweise zwei Formen der Auslegung in der Volksrepublik China unterschieden, die gesetzliche oder offizielle und die akademische oder inoffizielle.[189] Danach ist die offizielle Auslegung staatlichen Organen kompetenzmäßig übertragen und hat verbindliche Wirkung. Sie hat vielfach eine quasi-gesetzgeberische Funktion und ist so nicht an bestimmte, strenge Auslegungsregeln gebunden. Anders die akademische Auslegung, die zwar durchaus von Einfluss sein kann, aber eben in keiner Weise offiziell oder verbindlich. Sie beruht auf bestimmten Interpretationsmethoden, wie sie auch etwa westlichen Juristen insbesondere aus dem kontinentaleuropäischen Recht ohne weiteres vertraut sind, beispielsweise der philologischen oder systematischen, der restriktiven oder extensiven Auslegung. Andere Stimmen in der Literatur verwenden eine differenziertere Analyse der Bindungswirkung und der spezifischen Auswirkungen gerichtlicher Dokumente im Allgemeinen und gerichterlicher Interpretationen im Besonderen.[190]

89 Die Auslegungsbefugnis des Obersten Volksgerichts ist auch eine Reaktion auf die bis heute bestehende Tendenz, gesetzliche Normen eher vage zu formulieren und damit problematische Fragen möglichst zu umgehen. Es gilt der traditionelle Satz: „Ein grobes Gesetz ist besser als ein detailliertes". Im Ausgleich können Gesetze durch untergesetzliche Normen und offizielle Auslegungen konkretisiert und den jeweiligen Bedürfnissen angepasst werden. Letztlich bestehen so für fast jedes Gesetz eine oder mehrere Auslegungen des Obersten Volksgerichts, zusätzlich zu den ohnehin üblichen, konkretisierenden Vorschriften.[191]

bb) Funktionale und praktische Zweifel

90 Die umfassende, letztlich legislativ wirkende Auslegungsbefugnis des Obersten Volksgerichts mag auf den ersten Blick verwundern, da sie mit der im westlichen Sinne klassischen richterlichen Funktion wenig zu tun hat. Erneut liegt die Erklärung aber darin, dass die chinesische Verfassung keine Gewaltenteilung, sondern allenfalls eine praktische Aufteilung von Staatsaufgaben kennt. Das wird auch daran deutlich, dass das Oberste Volksgericht ohnehin intensiv in die eigentliche Gesetzgebung eingebunden ist. Es arbeitet nicht nur seine eher als politische Richtlinien fungierenden Fünfjahrespläne aus, die vor allem die Funktionen der Rechtsprechung und ihr Verhältnis zu anderen Organen betreffen. Es verfasst auch im Auftrag des Staatsrats oder des Ständigen Ausschusses des Nationalen Volkskongresses Gesetzesentwürfe oder nimmt zu den an anderer Stelle erarbeiteten Entwürfen im Detail Stellung. Es kommt sogar vor, dass normative Lösungen gemeinsam vom Obersten Volksgericht und anderen staatlichen Stellen veröffentlicht werden.

91 Erhebliche Zweifel werden dem westlichen Beobachter zudem im Hinblick auf die Durchführbarkeit des groß angelegten Versuchs der Zentralisierung der Gesetzesauslegung kommen. Schließlich sind entsprechende europäische Versuche in früheren Jahrhunderten, etwa in Preußen oder Frankreich,[192] sang- und klanglos gescheitert. Auch die Erfahrungen mit dem Vorlageverfahren beim Gerichtshof der Europäischen Union zeigen deutlich, dass eine vollständige Monopolisierung der Auslegung schon in Anbetracht der schieren Masse der Fälle schnell an ihre Grenzen gelangt. Denn letztlich beruht jede beliebige Rechtsanwendung durch ein Gericht auf zahlreichen Auslegungen aller einschlägigen Normen. Es ist daher zu vermuten, dass auch in China die Monopolisierung der Auslegung zwar eine wichtige staatspolitische Tendenz darstellt, aber in der Praxis nicht streng durchführbar ist. Ein deutliches Indiz dafür kann darin gesehen werden, dass seit 2014 viele chinesische Gerichtsentscheidungen über eine zentrale Datenbank im Internet öffentlich verfügbar sind.[193] Im April 2025 etwa umfasste sie über 150 Millionen Dokumente und verzeichnete

[189] Vgl. dazu *Heuser* (Fn. 20), 203 ff.; *Chen* (Fn. 177), 211 ff.; vgl. auch schon *Senger* (Fn. 19), 175 ff.
[190] Vgl. *Wang* (Fn. 183), 60 ff.
[191] Eingängig *Bu* (Fn. 139), 3 f.
[192] Dazu supra → § 6 Rn. 13.
[193] China Judgements Online, in chinesischer Sprache, wenshu.court.gov.cn/ (zuletzt abgerufen am 18.7.2025).

insgesamt mehr als 117 Milliarden Aufrufe. Darin liegt eine klare Abweichung von früheren, sehr restriktiven Praktiken, bei denen Gerichtsentscheidungen nur in Auswahl und oft stark umformuliert gedruckt verfügbar waren.[194] Aber auch der heute scheinbar erreichte, hohe Stand an Transparenz geht wieder zurück. Berichten zufolge werden manche veröffentlichten Fälle wieder aus der Datenbank entfernt.[195] Der Anteil der veröffentlichten Urteile nahm zudem ganz erheblich ab, von über 90 Prozent im Jahr 2017 auf rd. 12 Prozent im Jahr 2023.[196] Für kurze Zeit bestand unter Juristen sogar der Eindruck, dass die Datenbank insgesamt eingestellt und durch eine sehr erheblich reduziertere Version ersetzt werden sollte.[197] Vor Einführung der Veröffentlichung von Entscheidungen im Internet zitierten chinesische Gerichte einander in ihren Entscheidungen nicht.[198] Die heutige Situation ist vielschichtiger. Gerichte sind verpflichtet, nicht nur die guiding Entscheidungen[199] zu berücksichtigen, sondern zur Vorbereitung ihrer Urteile auch nach ähnlichen Vorentscheidungen zu suchen, diese anzuwenden und dieses Vorgehen in der Gerichtsakte zu dokumentieren.[200] Davon ganz abgesehen wird das hinter dem Versuch der Monopolisierung stehende Ziel – die zentrale Steuerung der Rechtsanwendung – noch durch einen weiteren Faktor hinreichend sichergestellt, nämlich durch die hierarchische, verwaltungsähnliche Struktur der Gerichtsbarkeit und ihre fehlende Unabhängigkeit.

e) Abhängigkeit der Gerichtsbarkeit

Diese fehlende Unabhängigkeit ist ein zentrales Merkmal der chinesischen Gerichtsbarkeit.[201] Sie beginnt auf der Ebene der einzelnen Richter und setzt sich über Spruchkörper, Gerichte und Gerichtszüge bis hinauf zu den obersten Gerichten fort. Letztlich sind die Gerichte insgesamt wie eine Verwaltung pyramidal hierarchisch durchorganisiert. Sowohl in ihrem Selbstverständnis als auch in dem nach außen wirkenden Eindruck ihrer Autorität sind sie Behörden – was in China sowohl Weisungsgebundenheit als auch Eifer für politische Kampagnen impliziert.[202] 92

194 Für die insofern eindeutige frühere Lage vgl. *Lubman* (Fn. 88), 284 f., 288, 374 f. mit Fn. 160; zur sehr selektiven und beschränkten Veröffentlichung auch *Liebman, Benjamin L.*, China's courts – Restricted reform, Columbia Journal of Asian Law 21 (2007), 1 (26).

195 Zu diesen Vorkommnissen und ihren möglichen Gründen vgl. *Liebman, Benjamin et al.*, Rolling Back Transparency in China's Courts, Columbia Law Review 123 (2023), 2407 (2407 ff.); gleiche Kritik bereits bei *Finder, Susan*, China's Evolving Case Law System in Practice, Tsinghua China Law Review 9 (2017), 245 (258).

196 Zur Entwicklung der Veröffentlichungsrate zwischen 2013 und 2023 vgl. *Ma, Qin (Sky)*, Legal Dialogue, Chinese Style, USALI Perspectives No. 9, 4 (2024), 2, usali.org/usali-perspectives-blog/legal-dialogue-chinese-style (zuletzt abgerufen am 18.7.2025).

197 Zu diesen Plänen und den Reaktionen chinesischer Juristen vgl. *Ma, Qin (Sky)*, Legal Dialogue, Chinese Style, USALI Perspectives No. 9, 4 (2024), 1 ff., usali.org/usali-perspectives-blog/legal-dialogue-chinese-style (zuletzt aberufen am 18.7.2025).

198 Für die entsprechende schriftliche Auskunft vom 16.9.2013 in Bezug auf die damalige Veröffentlichungspraxis im Internet und die weiterhin fehlende Zitierung der Gerichte untereinander danke ich Prof. Xujun Gao, Rechtswissenschaftliche Fakultät der Tongji Universität, Shanghai.

199 Zu den guiding Entscheidungen vgl. supra → Rn. 87.

200 Für eine kurze praxisnahe Beschreibung vgl. *Du, Guodong; Yu, Meng*, Similar Case Retrieving, China Justice Observer, January 16, 2021 www.chinajusticeobserver.com/a/similar-case-retrieving-does-china-move-towards-case-law (zuletzt abgerufen am 18.7.2025); praxisnahe Beschreibung durch einen Insider bei Ye, Yuan, How „Case Law" Works in the Chinese Courts, Supreme People's Court Monitor May 29, 2022, supremepeoplescourtmonitor.com/2022/05/29/how-case-law-works-in-the-chinese-courts/ (zuletzt abgerufen am 18.7.2025); für eine frühere und breiter angelegte Einschätzung vgl. *Finder* (Fn. 195), 246 ff., 256 ff.

201 Vgl. zum Folgenden etwa die gradlinig die Praxis beschreibende, sehr lehrreiche Darstellung von *Binding* (Fn. 100), passim, inbes. 165 ff., 170 f., 173 ff., 182 f., 192 ff.; vgl. auch schon *Lubman* (Fn. 88), 261 ff.

202 Deutlich *Bu, Yuanshi*, Gestalten, Schlichten, Richten, oder Abweisen – Gegenwärtige Reformströmungen im Lichte der anstehenden Novelle des Zivilprozessrechts in China, Zeitschrift für Zivilprozess International 15 (2010), 359 (375).

aa) Abhängigkeiten der Richter

93 Bis Mitte der 2010er Jahre scheiterte die Unabhängigkeit einzelner Richter schon daran, dass alle Entscheidungen an Volksgerichten vom abteilungsleitenden Richter, Vizepräsidenten oder Präsidenten des Gerichts genehmigt werden mussten. Dieses Vorgehen wurde im Rahmen durchaus erfolgreicher Bemühungen abgeschafft, den Richtern in ihren eigenen Verfahren mehr Eigenständigkeit einzuräumen. Andere Einflussmöglichkeiten waren davon aber nicht betroffen.[203] Nicht nur gibt es neuere Forderungen, die Aufsicht durch Richter in Führungspositionen zu verstärken.[204] Auch existieren an den Gerichten die sog. juristischen Komitees (shenpan weiyuanhui)[205] unter dem Vorsitz des jeweiligen Gerichtspräsidenten. Sie entscheiden insbesondere, wenn Unsicherheiten des Richters nicht durch Vorlage an den abteilungsleitenden Richter oder anschließend an einen Vizepräsidenten beseitigt werden können oder wenn innerhalb einer Kammer eine anders nicht ausräumbare Uneinigkeit auftaucht. Sie können aber auch selbständig Fälle an sich ziehen und entscheiden, insbesondere in wichtigen und schwierigen Angelegenheiten. Nach außen hin, etwa gegenüber den Verfahrensbeteiligten, wird die Einschaltung des juristischen Komitees aber nicht offengelegt; das Komitee entscheidet also, ohne dass seine Mitglieder selbst beim Prozess zugegen wären, Zeugen oder Anwälte gehört hätten. Die juristischen Komitees sind selbstverständlich eines von vielen Mitteln, Richter auf der Linie des Staates und der Partei zu halten. Gleichzeitig dienen oder dienten sie aber auch durchaus positiven Zwecken. Erstens glichen sie die unterschiedliche juristische Ausbildung und Qualifikation aus, die in früheren Jahren vor allem bei älteren Richtern und auf dem Lande nicht immer vorbildlich war.[206] Seit der Einführung eines Staatsexamens im Jahr 2001 und weiteren Reformen der Juristenausbildung hat sich die Qualität der Juristen aber ganz erheblich verbessert.[207] Zweitens versehen juristische Komitees die richterliche Einzelentscheidung mit dem Gewicht des ganzen Gerichts und vermindern so die Einflussmöglichkeiten hochrangiger Einzelpersonen, insbesondere lokaler Parteikader.

94 Die Stellung einzelner Richter ist auch noch in anderer Hinsicht schwach. So werden sie nicht auf Lebenszeit ernannt, können jederzeit versetzt und aufgrund eines sehr weit gefassten Katalogs aus fast beliebigen Gründen abberufen werden. Dienstrechtlich sind sie als Verwaltungsbeamte ohnehin weisungsgebunden. Ihre Gehälter sind nicht zentral geregelt und können je nach Region sehr unterschiedlich ausfallen. Schließlich sind die Richter und ihre Vorgesetzten lebenslang auch persönlich für eventuelle Fehlurteile verantwortlich.[208]

---

[203] Zu diesen Reformen und den Versuchen, ihre Auswirkungen empirisch zu erfassen *Chan, Peter C.H.,* Old Wine in a New Bottle? – An Empirical Evaluation of the Judicial Reforms in China in the 2010s, Hastings International and Comparative Law Review 47 (2024), 87 (102 f., 115, 117 ff.).

[204] Vgl. *Finder,* New Directions? (Fn. 188), 1 (3); *Dong* (Fn. 185), 212 f.

[205] Dazu auch *Wang* (Fn. 99), 49 f.; *Heuser* (Fn. 20), 243; zum Fortbestehen dieser Komitees vgl. kurz *Chan* (Fn. 203), 91.

[206] So besaßen noch in den späten 90er Jahren nur 5,6 % der Richter einen Bachelor – selbst in der Hauptstadt nur 10 % – und weit unter 1 % einen Master, wobei nicht einmal von einem spezialisierten juristischen Abschluss die Rede ist, vgl. *Zhang* (Fn. 99), 187 mwN; bekanntermaßen wurden in früheren Zeiten auch gern altgediente Offiziere ohne weiteres zu Richtern gemacht, vgl. etwa *Lubman* (Fn. 88), 253; zur radikalen Verbesserung in der Ausbildung, aber gleichzeitig deutlicheren Tendenzen zu populistischen statt professionellen Entscheidungen vgl. *Liebman* (Fn. 94), 22; diese Verbesserungen sind aber oft in weniger entwickelten Regionen des Landes noch nicht angekommen, ibid., 27.

[207] Zum heutigen, stark verbesserten Ausbildungssystem etwa *Bu* (Fn. 139), 11 ff.; *Dong* (Fn. 185), 232 ff.; *Conner, Alison W.,* China's lawyers and their training, in: Gillespie, John; Chen, Albert H. Y. (Hrsg.), Legal reforms in China and Vietnam – A comparison of Asian communist regimes, 2010, 276 (279 ff.).

[208] Zu den Auswirkungen der lebenslangen Haftung vgl. *Chan* (Fn. 203), 107 ff., 122 ff.; vgl. für ein Fallbeispiel *Chen, Jianfu,* Constitutional judicialization and popular constitutionalism in China – Are we there yet?, in: Yu, Guanghua (Hrsg.), The development of Chinese legal system – Change and challenges, 2011, 3 (8).

bb) Abhängigkeiten der Gerichte

Die fehlende Unabhängigkeit zeigt sich aber ebenso auf der Ebene ganzer Gerichte. Sie unterliegen zunächst der Aufsicht der jeweils hierarchisch höheren Gerichte.[209] Auf der Grundlage dieser Aufsicht hat sich ohne nähere gesetzliche Verankerung ein Vorlageverfahren eingebürgert. Dabei legen die Gerichte ihnen problematisch erscheinende Fälle intern schriftlich oder sogar mündlich höheren Gerichten vor und holen sich verbindliche Anweisungen für die Behandlung. Mit Fragen des Rechtsmittels hat diese Vorgehensweise nichts zu tun. Vielmehr handelt es sich um eine Art vorauseilenden Gehorsam, der allerdings in der Praxis Rechtsmittel vielfach überflüssig macht, da schwierige Fragen bereits vorentschieden sind. **95**

Abhängigkeiten bestehen aber auch gegenüber den anderen Staatsgewalten. Die der jeweiligen Gerichtsebene korrespondierenden Volkskongresse haben nicht nur das Recht zur Ernennung und Entlassung der Richter und der Mitglieder der juristischen Komitees, sondern können auch Fragen zu laufenden Verfahren stellen und Entscheidungen überprüfen. Ebenso sind die Gerichte jeweils direkt den Volksregierungen der korrespondierenden Ebene unterstellt, von denen sie insbesondere finanziell abhängen. Die Möglichkeiten formellen wie informellen Einflusses auf lokaler Ebene wurde in neuerer Zeit durch die Einführung von Bezirksgerichten verringert, die überregional organisiert und deshalb weniger abhängig von lokalen staatlichen Institutionen sind.[210] Demgegenüber waren Versuche, die Befugnisse hinsichtlich der Gerichtsbudgets auf der regionalen statt der örtlichen Ebene zu zentralisieren offenbar in der Praxis deutlich weniger erfolgreich.[211] Des Weiteren stehen Gerichte zugleich unter der Aufsicht der Volksstaatsanwaltschaften, die die Urteile überprüfen, ggf. dagegen Protest einlegen und ohne Fristbeschränkungen eine Wiederaufnahme auch bei rechtskräftigen Entscheidungen herbeiführen können. **96**

Schließlich stehen die Gerichte in jeder Hinsicht unter der Herrschaft der Partei.[212] Das beginnt damit, dass die Richter zwar formal durch die Ständigen Ausschüsse der jeweiligen Volkskongresse ernannt werden, dies aber der Sache nach jeweils nur auf Vorschlag der Partei. Entsprechend stellt auch jede andere Kontrolle der Richter durch staatliche Organe zugleich eine Kontrolle durch die Partei dar. Diese hat eigene, sog. juristisch-politische Komitees (zhengfa weiyuanhui) gebildet, die der Überwachung der Volksgerichte dienen. Bei alledem sind die Richter natürlich in der Regel selbst Mitglied der Partei; in nicht wenigen, gerade in früherer Zeit noch mehr als heute verbreiteten Fällen ist es sogar vor allem diese Mitgliedschaft und nicht etwa die juristische Befähigung, die zu ihrer Ernennung geführt hat. **97**

cc) Eigenständigkeit der Gerichtsbarkeit

Bei alledem darf die Abhängigkeit der Gerichte aber auch nicht dazu führen, ihnen die Eigenschaft als eigenständige Institution abzusprechen und zu einem bloßen Ausführungsorgan des Willens anderer staatlicher und parteilicher Institutionen zu erklären. Hier wie so oft in China sind die Machtverhältnisse letztlich nicht rein linear hierarchisch, sondern **98**

[209] Zu neueren Forderungen, diese Aufsicht zu stärken vgl. *Finder,* New Directions? (Fn. 188), 1 (3).

[210] Zur Einführung von Bezirksgerichten vgl. *Chan* (Fn. 203), 100 ff., 124.

[211] Vgl. *Clarke, Donald,* Law and the Political System in Xi Jinping's China- The Decline of the Party/State Distinction, in: Rosen, Stanley; Lynch, Daniel C., Chinese Politics – The Xi Jinping Difference, 2. Aufl. 2024, 17 (29); Chan (Fn. 203), 99 f., 116 ff.

[212] Zu den Wegen, auf denen die Partei die Gerichtsbarkeit kontrolliert, vgl. *Wang, Jiangyu,* The party in the legislature and the judiciary, in: Gore, Lance L.P.; Yongnian, Zheng, The Chinese Communist Party in Action, 2019, 181 (187 ff.); für eine typisch chinesische Kritik an der westlichen Anprangerung der fehlenden Unabhängigkeit, die allerdings die bestimmende Rolle insbes. der Kommunistischen Partei selbst betont, wenn auch positiv bewertet vgl. *Zhu, Suli,* The Party and the courts, in: Peerenboom, Randall (Hrsg.), Judicial independence in China – Lessons for global rule of law promotion, 2010, 52 (52 ff.); in dieselbe Richtung etwa typischerweise *Peerenboom, Randall,* Judicial independence in China – Common myths an unfounded assumptions, in: ders. (Hrsg.), Judicial independence in China – Lessons for global rule of law promotion, 2010, 69 (69 ff.).

komplex und vielfältig. Das ist nicht nur in Anbetracht der Größe des Landes naheliegend, sondern durchaus auch ein typisches Mittel der politischen Führung, indem Machtkonzentrationen auf unteren Ebenen verhindert werden. Die sich daraus ergebenden Widersprüche gehören dabei, wie schon erwähnt,[213] zum sinomarxistischen Denken. So zeigt die weitausgreifende Praxis der institutionalisierten und verbindlichen Auslegungen auf der Ebene des Obersten Volksgerichts verbunden mit seinen intensiven Aktivitäten im Rahmen der Gesetzgebung einen durchaus lebendigen Willen der Rechtsprechung, die eigene Bedeutung im Staat ebenso wie das eigene Prestige zu fördern und gegen andere Organe zu verteidigen.[214]

99 Aber auch auf unterer Ebene lassen sich Beispiele finden, in denen die Gerichte ihre eigenen Interessen selbst gegen Widerstände durchzusetzen in der Lage sind. Beispielsweise stehen die Unteren Volksgerichte seit Jahren unter erheblichem Druck von Staat und Partei, sich des Problems der sog. auswärtig verheirateten Frauen (waijianü) anzunehmen. Dabei geht es, sehr vereinfacht, um Frauen, die einen Mann aus einem anderen Dorf geheiratet haben und zu ihm gezogen sind. Wenn nun entweder ihr Heimatdorf oder das Dorf ihres Mannes Einkünfte aus dem staatlichen Erwerb von Land erzielt, so stellt sich die Frage, ob und unter welchen genauen Bedingungen die Frau bei der Verteilung des Gewinns mit zu berücksichtigen ist. Das Problem hat in China auch weiterhin große Bedeutung und wird oft an die Gerichte herangetragen.[215] Diese aber weigern sich mit einer Reihe von juristischen ebenso wie justizpraktischen Argumenten, die Fälle schlicht zu übernehmen. Unter anderem weisen sie darauf hin, dass ihnen anderenfalls aufgrund der Vielzahl der Fälle eine völlige Überlastung drohte und dass die effektive Durchsetzung etwaiger Urteile auf größte Schwierigkeiten stoßen würde. Wie dieses Beispiel zeigt, haben die Gerichte in manchen Situationen durchaus die Möglichkeit, sich politischem Druck und politischen Anweisungen zu entziehen und ihre eigenen institutionellen Interessen durchzusetzen.[216] Rechtstechnisch gesehen gelingt dies nicht zuletzt durch schlichte Verweigerung der Annahme der Klage. Diese Klagannahme ist nach chinesischem Prozessrecht Voraussetzung dafür, dass eine Klage überhaupt als eingelegt gilt; gleichzeitig unterliegt die Nichtannahme zwar formal der Berufung, ist aber praktisch nicht angreifbar. Das Annahmeverfahren ist so das typische Mittel, um politisch heikle, die Bevölkerung erregende Verfahren von den Gerichten fernzuhalten, bis möglicherweise eine akzeptable Lösung in Kooperation mit politischen Stellen gefunden wurde.[217]

f) Einfluss traditionellen chinesischen Rechtsdenkens?

aa) Zerstörung kultureller Traditionen

100 Hat das traditionelle chinesische Rechtsdenken, wie es bis zum Beginn der westlichen Rechtsreformen und dem Ende des Kaiserreichs im frühen 20. Jahrhundert bestand, noch einen nennenswerten Einfluss auf das chinesische Recht im 21. Jahrhundert? Oder haben die Phase der Verwestlichung, die anschließende kommunistische Herrschaft und der Umschwung zu einem kapitalistischen Wirtschaftssystem seit dem Tode Maos eine Zäsur bewirkt und das Band der Geschichte gleichsam durchschnitten? Die Antworten auf diese Frage sind sehr vielfältig.[218] Eine mögliche Herangehensweise bestünde darin, die jeweiligen

[213] Vgl. supra → Rn. 52.
[214] Zu diesem Willen etwa *Cuniberti* (Fn. 4), 217 f.
[215] Vgl. etwa *Zhang, Phoebe,* Lie of the Land: China's Rural Women Struggle for Land Rights in the Courts, Despite Legal Protections, South China Morning Post, 1.1.2024.
[216] Dazu umfassend *He, Xin,* The judiciary pushes back – Law, power, and politics, in: Peerenboom, Randall (Hrsg.), Judicial independence in China – Lessons for global rule of law promotion, 2010, 180 (180 ff.).
[217] Zur Nichtannahme und ihrer Funktion näher *Bu* (Fn. 202), 373 ff.
[218] Vgl. nur beispielhaft *Yin/Duff* (Fn. 11), passim, insbes. 1122 ff. für einen sozialistischen und gegen einen traditionellen Charakter; *Senger, Harro von,* Bedeutung der Lehre vom Rechtskreis und die Rechtskultur – Das Beispiel der Volksrepublik China, in: Scholler, Heinrich; Tellenbach, Silvia (Hrsg.), Die Bedeutung der Lehre vom Rechtskreis und der Rechtskultur, 2001, 55 (55 f., 59 ff.; 75) gegen einen traditionellen,

Änderungen im Zeitablauf genau zu untersuchen, also zu fragen, wieviel vom klassischen chinesischen Rechtsdenken in den jeweils anschließenden Phasen übrig geblieben ist. Denn sicherlich ist es einfacher, auch heute noch einen Einfluss dieses Denkens zu finden, wenn es auch in den Zwischenphasen von Bedeutung gewesen sein sollte. Klare und unumstrittene Ergebnisse wären aber auch von einer solchen historischen Betrachtung kaum zu erwarten. So herrschte schon in der zeitgenössischen Literatur etwa zur republikanischen Phase Unsicherheit, welche Wirkungen die Reformen hatten.[219] Für die Zeit unter Mao hingegen liegt eine Einordnung als sozialistisches Rechtssystem – wenn auch mit chinesischen Eigenheiten – klar auf der Hand; dennoch haben sich zeitgenössische Stimmen immer wieder einmal für eine Einordnung in einen fernöstlichen Rechtskreis ausgesprochen.[220]

Konzentriert man sich deshalb sogleich auf die Gegenwart, so scheint in vielen juristischen **101** wie nichtjuristischen Diskussionen die Auffassung mitzuschwingen, mit der Wendung Chinas vom Sozialismus zum Kapitalismus habe sich die Zeit Maos als ein nunmehr überwundenes Zwischenspiel erwiesen. Da China aber weiterhin klar nicht dem westlichen Kulturkreis angehöre, sei es gleichsam naturgemäß auf seine eigenen Traditionen zurückgefallen. Diese Traditionen wirkten also auch im Recht als einem Aspekt der Kultur fort. Tatsächlich fällt es einerseits schwer zu glauben, dass eine über 2000jährige, ausgeprägte und eigenständige Rechtstradition sich schlicht in Luft aufgelöst haben könnte. Andererseits dürfen auch Dauer und vor allem Ausmaß des Umbruchs nicht aus dem Blick geraten. Seit der Abdankung des letzten Kaisers vor über einem Jahrhundert befanden sich die alten Ideen im Niedergang. Nicht nur wurde China zeitweise von auswärtigen Mächten dominiert. Die ganze Zeit bis zum endgültigen Sieg Maos war geprägt von Unruhen, Revolutionen und Kämpfen. In solchen Zeiten hat die Bewahrung der alten Kultur einen schweren Stand, vor allem wenn es sich, wie im Fall Chinas, vor allem um eine Hochkultur der höheren, im Untergang begriffenen Gesellschaftsschichten gehandelt hatte. Unter Mao dann wurde insbesondere der Konfuzianismus bewusst und nachdrücklich bekämpft. Die Kulturrevolution sah eine weitgehende, physische oder psychische Zerstörung aller verbliebenen Reste der alten Eliten. Auch von einem gewissen bürgerlichen Mittelstand, der sich den Erhalt der überkommenen Kultur hätte auf die Fahnen schreiben können, blieb kaum etwas.[221] Mit anderen Worten spricht vieles dafür, dass sowohl die konkrete Bewahrung des traditionellen Erbes – insbesondere des dafür zentralen Konfuzianismus – über Bildungsinstitutionen und in den bildungsnahen Familien als auch die unterschwellige Weitergabe entsprechender

---

östlichen Charakter und für die zentrale Prägung durch den Sinomarxismus, der jedoch legistische und konfuzianische Fundamente habe; *Capowski* (Fn. 111), 466 ff., der das traditionelle Recht kaum erwähnt und China dem civil law zuordnet, dessen Untergruppe das sozialistische Recht darstelle; *Keller* (Fn. 86), 714 ff., der Parallelen zum traditionellen Denken insbes. in der Ausformung eher symbolischer Gesetze durch flexible und pragmatische untergesetzliche Normen sieht; *Lau, K. L. Alex; Young, Angus,* In search of Chinese jurisprudence – Does Chinese legal tradition have a place in China's future?, International Company and Commercial Law Review 2009, 155 (156 ff., 163 ff.), die davon ausgehen, dass China zwar zum civil law gehöre, jedoch vorschlagen, dass die Gesetzgebung mehr auf traditionelle Werte achten solle; *Liebman* (Fn. 94), 30 ff., der alle Einflüsse anerkennt und die Eigenständigkeit des resultierenden chinesischen Rechtsystems betont.

219 Vgl. nur *Wigmore* (Fn. 4), 200 („Whether these recent changes will supplant materially the principles and the spirit of the oldest and solidest legal system that the world has known, remains for the future to disclose."); aus heutiger Sicht für einen Fortbestand der Tradition *David/Jauffret-Spinosi/Goré* (Fn. 2), 441 f.; zum revolutionären Umbruch vgl. schon supra → Rn. 40.

220 Vgl. insofern die nunmehr kritische Wiedergabe der früheren eigenen Meinung in *Zweigert/Kötz* (Fn. 4), 281; in der ersten Auflage wurde diese Meinung zwar einerseits im Abschnitt über den fernöstlichen Rechtskreis vertreten, andererseits China aber, wenn auch „mit großen Einschränkungen" dem sozialistischen Rechtskreis zugeordnet, *Zweigert, Konrad; Kötz, Hein,* Einführung in die Rechtsvergleichung, Bd. I, 1971, 427, 377; für den fernöstlichen Rechtskreis wohl auch noch *Stricker, Sabine,* Das Recht der Volksrepublik China, in: David, René; Grasmann, Günther (Hrsg.), Einführung in die großen Rechtssysteme der Gegenwart, 2. Aufl. 1989, 546 (532); zum Problem aus damaliger Sicht etwa auch *Constantinesco, Léontin-Jean,* Rechtsvergleichung, Bd. 3, Die rechtsvergleichende Wissenschaft, 1983, 504 ff.

221 Die Unterscheidung zwischen Konfuzianismus als Philosophie und Konfuzianismus als Kultur wird betont von *Lai, Chen,* Confucius And The Modern World, 2019, 128.

Denkmuster, Wertvorstellungen und Handlungsweisen durch Erziehung und Alltagsleben aller Menschen im Laufe der Zeit immer weiter erschwert wurde und zuletzt ganz verschwand. Dass in neuerer Zeit die Pflege der klassischen chinesischen Kultur im Allgemeinen und des Konfuzianismus im Besonderen zunächst von der kleinen reichen Oberschicht Chinas neu entdeckt wurde und sich dann in die Mittelschicht hinein verbreitet zu haben scheint, bestärkt diese Vermutung nur. Denn die Traditionen werden keineswegs in der Familie gepflegt und vermittelt. Teils werden sie den Kindern in sehr teuren Kulturpflegekursen als eine Art Standesemblem vermittelt,[222] teils in konfuzianistischen Schulen gelehrt, die von Eltern bevorzugt zu werden scheinen, die ihren Kindern gern mehr Gemeinsinn vermitteln möchten und die den staatlichen Schulen mit ihrer Betonung von Prüfungen und praktischem Wissen kritisch gegenüberstehen.[223]

102 Hinzu kommt, dass die politische und wirtschaftliche Führungsschicht des Landes weiterhin von der Kommunistischen Partei mit ihrer ganz eigenen, sinomarxistischen Ideologie gestellt wird. Zwar wäre einem verbreiteten Bonmot zufolge das Kürzel „KPC“ heute vielleicht besser als „Kapitalistische“ oder „Konfuzianische“ Partei Chinas zu deuten.[224] Doch hat sich die dahinterstehende Erwartung jedenfalls im Hinblick auf ein Ende sozialistischer Einparteienherrschaft als Fehldeutung erwiesen.[225] Heute steht die Partei dem Konfuzianismus nicht mehr feindlich gegenüber, sondern fördert ihn sogar. Dabei geht es keineswegs nur um den Konfuzianismus als solchen. Xi Jinping etwa verwendet ebenso Gedankengut der Legalisten, und einige Stimmen sprechen ohne Weiteres von einem konfuzianistisch-legalistischen Staat.[226] Diese Hinwendung zur Tradition dürfte ebenfalls wenig mit einem echten inneren Umschwenken zu tun haben. Vielmehr ist der Konfuzianismus zunächst schlicht geeignet, eine gewisse philosophische Leere zu füllen, die mit der Fixierung auf den rein wirtschaftlichen Erfolg der Menschen einhergeht. Er tut dies auch in einer mit den zentralen Bedürfnissen der Partei höchst kompatiblen Form: Strikter Gehorsam gegenüber Autoritäten, hierarchischer Aufbau der Gesellschaft, keine Zweifel an überkommenen und hierarchisch abgesicherten Lösungen – wenn eine solche Philosophie nicht schon existierte, hätte sie für die Zwecke der Partei geradezu erfunden werden müssen. Schließlich[227] gilt der Konfuzianismus als probates Mittel gegen die Unzulänglichkeiten liberaler demokratischer Verfassungen. Er passt weder zu Revolutionen noch zu bahnbrechenden Reformen, sondern eher zu beständiger Verwaltung, langfristiger Entwicklung und Stabilität. Und er ergänzt in hervorragender Weise die Tendenzen der Partei, spezifisch chinesische Vorgehensweisen und Charakteristika besonders zu betonen.

bb) Fehlende Übernahme rechtlicher Einzeltraditionen

103 Von den typischen Elementen des traditionellen chinesischen Rechts ist heute kaum etwas übriggeblieben; der denkbare Restbestand kann ohne weiteres auf andere Hintergründe als gerade das traditionelle Erbe zurückgeführt werden. So ist beispielsweise ein Kernargument

[222] Vgl. dazu etwa *Neshitov, Tim,* Kultur ist wie Salz, das eine innere Leere stopft, Süddeutsche Zeitung, 10./11.8.2013.

[223] Zu den Gründen, aus denen Eltern sich für ein konfuzianistische Schule entscheiden, vgl. die Untersuchung von *Wang, Canglong,* Resurgence of Confucian education in contemporary China, Journal of Moral Education 52 (2023), 325 (331 ff.); zu diesen Entwicklungen vgl. auch etwa *Lai* (Fn. 221), 7.

[224] Vgl. zB *Senger* (Fn. 175), 122, mit zusätzlichen klaren Aussagen zum nichtkonfuzianistischen Charakter des chinesischen Menschenrechtskonzepts ibid., 123 ff.; bekannt auch das Interview mit Helmut Schmidt, in dem der frühere deutsche Bundeskanzler erzählte, Deng Xiaoping 1984 gesagt zu haben, es müsse doch eigentlich „Konfuzianische Partei“ heißen, womit an sich aber mehr Deng als die ganze Partei gemeint gewesen sei. Deng habe darauf mit einem lapidaren „So what“ geantwortet, vgl. *Jocks, Heinz-Norbert,* „China ist ein gigantisches Experiment“, Der Tagesspiegel, 6.4.2008, www.tagesspiegel.de/kultur/interview-china-ist-ein-gigantisches-experiment/1204526.html (zuletzt abgerufen am 18.7.2021).

[225] Vgl. dazu supra → Rn. 52, 67 ff.

[226] Vgl. *Lin, Delia; Trevaskes, Susan,* Law-Morality Ideology in the Xi Jinping Era, in: Creemers, Rogier; Trevaskes, Sue (Hrsg.), Law and the Party in China, 2020, 121 (139 f.).

[227] Zum Folgenden vgl. *Sun, Lei:* The Relation between Confucianism and Chinese Politics, Journal of Law and Religion 35 (2020), 138 (145); *Lai* (Fn. 221), 8 f.

für das Fortwirken traditionellen Rechts die chinesische Tendenz, Konflikte nicht vor Gericht zu bringen, sondern auf nichtrechtlichem Wege zu lösen. Diese Tendenz mag kulturell tatsächlich auch heute noch bestehen,[228] auch wenn sie sich aufgrund früherer und aktueller Entwicklungen wie der zunehmend materialistischen Gesellschaft, der früheren Ein-Kind-Politik (die später durch eine Zwei-Kind-, dann durch eine lockere Drei-Kind-Politik ersetzt wurde) oder der allgemeinen Aufwertung des Rechts auf dem Rückzug befindet.[229] Jedenfalls aber handelt es sich um eine Tendenz, die keineswegs nur in chinesisch oder auch nur in konfuzianisch geprägten Gesellschaften zu finden ist, sondern um eine ganz allgemeine Einstellung, die außerhalb der individualistisch orientierten westlichen Welt weit verbreitet ist. Zudem wird eine gewisse Abneigung gegen gerichtliche Streitbeilegung gerade in engen nachbarschaftlichen und familiären Zusammenhängen auch in vielen westlichen Staaten immer wieder festgestellt.[230]

Davon ganz unabhängig wäre es äußerst seltsam, die informelle Streitbeilegung zu dem 104
einen, zentralen Kennzeichen des ganzen traditionellen chinesischen Rechts zu erklären. Zu diesen Kennzeichen gehören vielmehr ganz andere Aspekte: die Trennung von li und fa, die Verwirklichung von li durch fa, die Regierung durch li, der Streit zwischen Konfuzianisten und Legisten. Aus viel konkreterer rechtlicher Sicht treten – erneut ohne jeden Anspruch auf Vollständigkeit – hinzu: die weitgehende Regulierung über das Strafrecht, die weitgehende Ignorierung insbesondere des Zivilrechts durch das staatlich gesetzte Recht, die Betrachtung des Rechts aus der Pflichtenperspektive statt als Ansammlung individueller Rechte, die Verwendung einer komplexen Normenhierarchie mit einem großen Kodex an der Spitze, die Kommentarkultur, die Abneigung gegen professionelle Juristen, der geringe Einschätzungsspielraum für Rechtsanwender, die Richter als Verwaltungsbeamte mit umfassender Zuständigkeit. Natürlich findet sich einiges davon auch heute, doch meist in einem ganz anderen Kontext, der geprägt ist vom wirtschaftlichen Kurs des Landes, dem sozialistischen Erbe, der Einparteienherrschaft und den inhärenten Herrschaftsproblemen in einem derart riesigen Gebiet. Vielfach bleiben die wenigen Ähnlichkeiten auch schlicht oberflächlich. So sind zwar beispielsweise auch heute die Richter eher Behördenmitarbeiter und bei der Rechtsanwendung nur wenig eigenständig, doch sind sie nicht etwa – wie im kaiserlichen China – zugleich hochangesehene Beamte mit großer Machtfülle, sondern im Gegenteil eher kleine Rädchen im Getriebe des Staates, die auch in der Bevölkerung kein besonderes Prestige genießen. Es bleibt dabei, dass insgesamt betrachtet die großen Linien des traditionellen chinesischen Rechts nicht mehr vorhanden sind.

g) Vielfalt der Machtebenen in Stadt und Land

Die überragende Rolle der Kommunistischen Partei Chinas darf nicht zu dem Missver- 105
ständnis führen, die Partei sei eine einheitliche, allmächtige Organisation, die ihre Vorstellungen überall und vollständig in die Praxis umsetzen könne. Zunächst ist die Partei keineswegs so monolithisch, wie es auf den ersten Blick scheinen mag. Im Gegenteil bestehen innerhalb der Partei durchaus die unterschiedlichsten Auffassungen, die sich in heftigen internen Meinungs- und Richtungsstreitigkeiten niederschlagen, die von außen aber nur schwer zu beobachten oder einzuschätzen sind. Als etwa das Sachenrechtsgesetz verabschiedet werden sollte, das in seinem Art. 4 ausdrücklich die dinglichen Rechte von Staat, Kollektiven und Privatpersonen gleichstellte, veröffentlichte ein chinesischer Rechtswissenschaftler 2005 einen vielbeachteten Aufsatz, der diese Regelung für verfassungswidrig erklärte, weil staatliches Eigentum von Verfassungs wegen einen höheren Schutz genießen müsse. Allerdings galt die Gleichstellung als von der Partei bereits beschlossen. Die einzige Erklärung für einen so frontalen Angriff lag daher darin, dass hier ein parteiinterner Streit

---

[228] Dazu noch näher infra → Rn. 111 ff.
[229] Vgl. dazu auch *Lubman* (Fn. 88), 235 ff.; *Liebman* (Fn. 94), 28.
[230] Zum Ganzen auch *Yin/Duff* (Fn. 11), 1122 ff.

unter hochrangigen Kadern bestand, der auf diese Weise nach außen drang oder genauer: nach außen getragen wurde. Tatsächlich wurde Art. 4 Sachenrechtsgesetz daraufhin in seiner Formulierung etwas abgeschwächt und spricht nur noch von einem gesetzlichen Schutz aller drei Kategorien dinglicher Rechte.[231] Zu einer rechtlich unterschiedlichen Behandlung hat dies jedoch nie geführt.[232]

106 Lokale Kader genießen oder genehmigen sich selbst oft große Selbstständigkeit. Schon aufgrund der Größe des Landes ist die Partei und damit der Zentralstaat nur in der Lage, die großen Linien vorzugeben, während viele wichtige Einzelfragen vor Ort beantwortet werden. Dabei ist es nicht nur möglich, sondern oft sogar erwünscht, dass diese Lösungen voneinander abweichen oder dass einzelne Städte oder Regionen vorpreschen. Auf diese Weise können Lösungen in der Praxis erprobt und in ihrem jeweiligen Für und Wider abgewogen werden, bevor sie dann möglicherweise landesweit zur Anwendung kommen. Gleichzeitig halten die Regionen sich auch dann, wenn sie formal betrachtet nur Vorgaben der Zentrale umsetzen oder normativ ausfüllen, keineswegs immer an diese Vorgaben, sondern gehen durchaus kreativ damit um.[233] Eine Einheitspolitik wäre zwar möglich, jedoch mit hohen politischen Kosten verbunden. Es ist so durchaus möglich, von einem faktischen Föderalismus in China zu sprechen.[234] Zusätzlich macht sich der Einfluss der lokalen Regierungen auf die Gerichte bemerkbar, der etwa dazu führen kann, dass es in vielen Regionen nur schwer möglich ist, ein Urteil zulasten eines dort ansässigen Unternehmens zu erstreiten oder ein solches, anderswo erstrittenes Urteil vor Ort vollstrecken zu lassen.[235]

107 Mit diesen verschiedenen Machtebenen gehen gravierende Unterschiede zwischen Stadt und Land einher. Während in Peking und den anderen Großstädten vor allem der Küstenregionen ein moderner, individualistischer Lebensstil vor einer glitzernden Kulisse beeindruckender Hochhäuser und im Rahmen einer ultramodernen Infrastruktur möglich, wenn auch keinesfalls für alle Bürger Realität ist, herrschen auf dem Land oft große Armut und einfachste Verhältnisse.[236] Der Dorfbürgermeister hat eine große Machtfülle, obwohl und vielleicht gerade weil er sich im Dorf keineswegs regelmäßig sehen lässt. Richter gerade der unteren Gerichte hängen oft nicht nur finanziell und organisatorisch, sondern auch ganz persönlich vom Wohlwollen der kleineren Gemeinschaft ab, in der sie leben müssen, wodurch ihre Stellung noch weiter geschwächt wird.[237] Auch ist ihre juristische Ausbildung oft wenig überzeugend, was zu einer eher hemdsärmeligen Lösung von Fällen führen kann.[238] Die Qualität und die Durchsetzungskraft der Rechtsprechung in den wirtschaftlichen Zentren der Küste und auf dem agrarisch geprägten Land kann sehr unterschiedlich sein.

---

[231] Art. 4 Sachenrechtsgesetz lautet übersetzt: „The real rights of the state, collectives, individuals or any other right holder shall be protected by law and shall not be infringed by any entities or individuals.", www.lawinfochina.com/display.aspx?id=6642&lib=law&SearchKeyword=&SearchCKeyword= (zuletzt abgerufen am 18.7.2025).

[232] Zum Streit um das Sachenrechtsgesetz vgl. *Bu* (Fn. 139), 154 f.; *Chen* (Fn. 65), 424 f.

[233] Vgl. etwa auch *Gillespie/Chen* (Fn. 5), 19; beispielsweise für das Arbeitsrecht vgl. *Geffken, Rolf,* Der Preis des Wachstums – Arbeitsbeziehungen und Arbeitsrecht in der Volksrepublik China, 2005, 78 ff.; zu den Versuchen, größere Konsistenz der Gesetzgebung zwischen Zentrale und Regionen zu erreichen, vgl. auch *Chen* (Fn. 208), 6 ff.

[234] Vgl. etwa *Cuniberti* (Fn. 4), 206, 213.

[235] Vgl. etwa *Lubman* (Fn. 88), 265 ff.; *Binding* (Fn. 100), 206; *Bu* (Fn. 139), 18 ff.; *Cuniberti* (Fn. 4), 206 f.; *Zhang* (Fn. 99), 187.

[236] Ein Aspekt dieser Unterschiede ist die aufgrund des Haushaltsregistrierungssystems weiterhin rechtlich beschränkte Möglichkeit der Landbevölkerung, in die Städte zu ziehen, dazu *Bu* (Fn. 129), 42 f.

[237] Zu diesem Aspekt vgl. *Cuniberti* (Fn. 4), 229 f.

[238] Vgl. dazu mit Fallbeispielen auch *Upham, Frank K.,* Who will find the defendant if he stays with his sheep? – Justice in rural China, Yale Law Journal 114 (2005), 1675 (1689 ff.); vgl. auch schon supra → Rn. 93.

h) Korruption

All dies ist vor dem Hintergrund der Korruption zu sehen, deren Ausmaß in China kaum zu überschätzen ist und die auch von offizieller Seite offen eingeräumt und mit Nachdruck bekämpft wird. Die Verbreitung der Korruption führt aber zu der fast paradoxen Situation, dass die Bevölkerung bei der Bekämpfung kaum einen Unterschied zwischen Verfolgern und Verfolgten sieht. Wird also beispielsweise Anklage wegen Korruption in einem konkreten Einzelfall erhoben, so trifft dies oft weniger auf freudige Zustimmung, sondern wirft nur die Frage auf, warum gerade diese Person, dieser Fall und diese Detailaspekte zur Anklage gelangen und nicht noch anderer Personen, andere Fälle oder viel umfassendere Handlungen. Die Anklage wird tendenziell als Möglichkeit wahrgenommen, einen unliebsamen politischen Gegner auszuschalten und dabei tunlichst darauf zu achten, dass nicht durch zu weitgehende Aufklärung eigene Interessen mit beschädigt werden.[239] **108**

Speziell in der Rechtsprechung ist Korruption auf allen Ebenen und in ihren verschiedensten Formen weit verbreitet.[240] Hier zeigt sich eine für Reformen äußerst problematische Zwickmühle: Einerseits birgt jede Verbesserung der richterlichen Unabhängigkeit, dh jede Zurücknahme der Kontrolle über richterliche Aktivitäten die Gefahr, dass korruptes Verhalten vereinfacht und damit gefördert wird.[241] Diese Sichtweise entspricht auch der offiziellen chinesischen Lesart. Ihr lässt sich aber umgekehrt entgegenhalten, dass diese Gefahr nur solange bestehe, wie die Richter schlecht ausgebildet seien und einen mangelhaften Berufsethos mitbrächten. Werde dieses Grundlagenproblem aber behoben, sei die individuelle richterliche Unabhängigkeit sogar entscheidend für die Bekämpfung der Korruption, da nur durch richterliche Unabhängigkeit die Abhängigkeit von lokalen Machthabern verhindert werde, die letztlich zur Korruption führe.[242] Die Tendenz zur Korruption erscheint dabei als der illegitime Spross der in China verbreiteten Denkweise, die persönlichen und sozialen Beziehungen in allen Lebenslagen große Bedeutung zumisst. Dies führt dazu, dass die Frage nach dem „wer?" eine größere Bedeutung haben kann als die „mit welchem Recht?".[243] So sind „natürlich" private Beziehung etwa zum Richter, auch vermittelt über Verwandte oder den eigenen Anwalt, für den Ausgang des Verfahrens oft bedeutsam, eine Einschätzung die gerade in der chinesischen Bevölkerung vielfach geteilt wird. Das Ansehen der Richter ist entsprechend niedrig. **109**

Eine Gesamtbetrachtung der Rechtsprechung in China ergibt so ein wenig erfreuliches Bild, das ein einheimischer Jurist mit großer Deutlichkeit zusammenfasst: **110**

„The Chinese judicial syndrome is an interlocking combination of dysfunctional symptoms: (1) local protectionism that seriously undermines the uniformity of law; (2) overall low professional and moral quality of judges, making them prone to corruption and unfit for impartial administration of justice; (3) bureaucratic management of the courts and political control of the judges, which are at odds with the generally recognised principle of judicial independence and impartiality; and (4) the lack of adequate material provisions (salary, funding and working conditions) for the effective functioning of the courts."[244]

---

[239] Vgl. beispielhaft den Fall des wegen Korruption verurteilten früheren Gouverneurs von Chongqing, *Bo Xilai*, in Strittmatter, Kai, Der tiefe Fall eines Schwergewichts, Süddeutsche Zeitung, 20.8.2013; zu diesem Fall etwa auch *Piquet* (Fn. 120), 400 ff.

[240] Empirische Untersuchung bei *Li, Ling,* Corruption in China's courts, in: Peerenboom, Randall (Hrsg.), Judicial independence in China – Lessons for global rule of law promotion, 2010, 196 (197 ff.); zur Bewertung auch *Binding* (Fn. 100), 204 ff.

[241] Vgl. *Li* (Fn. 240), 220.

[242] So Binding (Fn. 100), 207, 209.

[243] Vgl. dazu etwa *Ge, Zheng,* Toward regulatory neutrality in a party-state? – A review of administrative law reforms in China, in: Gillespie, John; Chen, Albert H. Y. (Hrsg.), Legal reforms in China and Vietnam – A comparison of Asian communist regimes, 2010, 109 (125 f.); *Gillespie/Chen* (Fn. 5), 20.

[244] *Zhang* (Fn. 99), 186.

i) Vertrauen auf alternative Mechanismen?

111 Bei einer so wenig vertrauenerweckenden Lage der Justiz liegt die Vermutung nicht fern, dass die Bürger auf andere Mechanismen zurückgreifen, um ihre Streitigkeiten beizulegen. Tatsächlich spielten und spielen alternative Formen der Streitbeilegung in China eine erhebliche Rolle.[245]

aa) Formen und empirische Bedeutung alternativer Streitbeilegung

112 Insbesondere die Schlichtung taucht dabei in drei Formen auf: Erstens die Schlichtung durch die schon seit den Anfängen der Volksrepublik bestehenden sog. Volksschlichtungsausschüsse. Sie sind heute bei den Einwohner- und Dorfkomitees, Art. 111 Abs. 2 chinVerf., angesiedelt, also bei den kleinsten Verwaltungseinheiten in China.[246] Sie bestehen aus ehrenamtlichen, gewählten Mitgliedern. Ihnen ist die Lösung kleinerer zivilrechtlicher Streitigkeiten übertragen, anders als unter Mao aber nicht mehr kleinerer strafrechtlicher Fälle. Voraussetzung für ein Klagverfahren ist diese Form der Schlichtung nicht. Ihre Bedeutung lässt sich an ihren Fallzahlen ablesen, die sich beispielsweise zwischen 1994 und 2005 – wenn auch mit stetig abnehmender Tendenz – zwischen 6 und 4,5 Millionen bewegten. Im Vergleich zur Zahl aller Gerichtsverfahren gab es also zunächst mehr, später weniger Verfahren vor Volksschlichtungsausschüssen.[247] Zweitens bestehen auch Schlichtungsorgane der Verwaltung, die in der Regel eingreifen, wenn die Schlichtung durch die Volksschlichtungsausschüsse gescheitert ist. Ihre Entscheidung ist sogar bindend. Drittens existiert eine gerichtliche Schlichtung. Hier ist ein Schlichtungsversuch durch den Richter als Vorstufe zur Entscheidung im streitigen Verfahren vorgesehen. Mit der Einführung der sog. Großen Schlichtung (dao tiao jie) im Jahr 2010 wird versucht, alle drei Schlichtungsformen zu koordinieren.[248] Insgesamt wurden etwa im Jahr 2023 mehr als 12 Millionen Fälle durch das der streitigen gerichtlichen Entscheidung vorgelagerte Streitbeilegungsverfahren gelöst.[249]

113 Die Schlichtung ist jedoch keineswegs die einzige alternative Form der Streitbeilegung. Daneben besteht etwa die Schiedsgerichtsbarkeit, der Verwaltungswiderspruch (xingzheng fuyi tiaoli), also eine justizförmig ausgestaltete Beschwerde zur Überprüfung von Verwaltungshandeln durch die Verwaltung selbst, sowie das in China sehr verbreitete Petitionssystem (xinfang; „Briefe und Besuche"). Solche Petitionen kann der Bürger bei allen staatlichen Stellen einschließlich der Gerichte in beliebigen Angelegenheiten einlegen. Sie sind ein Überbleibsel aus der maoistischen Vergangenheit, wie es auch in anderen ehemals sozialistischen Staaten früher gut bekannt war. Speziell in Bezug auf die Gerichte bestehen zwei Kategorien von Petitionen: die gegen gerichtliche Entscheidungen bei anderen staatlichen Institutionen eingelegten und die bei Gericht selbst gegen Gerichtsentscheidungen eingelegten. Die allgemeine Beliebtheit von Petitionen im Volk lässt sich schon anhand einer vereinzelten statistischen Angabe ermessen: Allein die Zahl der jährlich bei Gerichten gegen Gerichtsentscheidungen eingelegten Petitionen lag in den Jahren von 1994 bis 2005 zwischen 4 und 10 Millionen – bei einer Gesamtzahl von jährlich meist rund 5,5 Millionen Gerichtsentscheidungen.[250] Obwohl die Erfolgsrate sehr gering ist, bedeutet die Befassung mit solchen Petitionen für die Richter eine echte Arbeitsbelastung und stellt sie unter öffentlichen Druck. Das gilt umso mehr als ein zu großes Ausmaß an öffentlicher Ablehnung

[245] Zum Folgenden umfassend *Heuser* (Fn. 20), 452 ff., 293 ff.; insbes. zur gerichtlichen Schlichtung *Fu* (Fn. 94), 173 ff.; kurz *Cuniberti* (Fn. 4), 222 ff.

[246] Zur Realität der ursprünglich als demokratisches Experiment gedachten Dorfkomitees vgl. *Zhang* (Fn. 99), 158 ff.

[247] Detaillierte Zahlen bei *Liebman* (Fn. 195), 6 ff.

[248] Zur Großen Schlichtung *Bu* (Fn. 202), 370 ff.

[249] Vgl. The State Council Information Office, People's Republic of China, Chinese Courts resolve 12.04M cases via pre-litigation mediation in 2023, 15.1.2024, english.scio.gov.cn/m/pressroom/2024-01/15/content_116940610.htm (zuletzt abgerufen am 18.7.2025).

[250] Detaillierte Zahlen bei *Liebman* (Fn. 195), 6 ff.

von Gerichtsentscheidungen nicht im Sinne der Partei ist[251] und sich auch in der für die Karriere wichtigen Bewertung der Richter negativ niederschlägt.[252]

Sehr allgemein betrachtet, befinden sich alternative Methoden der Streitbeilegung in China auf dem Rückzug, wenn auch von einem hohen Ausgangsniveau her. Die bindende, vor allem gerichtliche Streitbeilegung hingegen erfreut sich wachsender Beliebtheit. Beispielhaft zeigt sich dies etwa an der Schlichtung durch die Gerichte selbst:[253] Unter Mao wurde die Schlichtung klar der gerichtlichen Streitbeilegung vorgezogen, was auf einer Linie mit der rechtskritischen Grundeinstellung lag. Noch Ende der 80er Jahre des 20. Jahrhunderts wurden 90 Prozent aller Streitigkeiten aus Wirtschaftsverträgen und aus Arbeitsverträgen sowie 80 Prozent aller außenwirtschaftlichen Streitigkeiten und aller Scheidungen (die damals zahlenmäßig die wichtigste Kategorie der Zivilprozesse darstellten) durch Schlichtung beendet.[254] Erst wenn wiederholte Schlichtungsversuche gescheitert waren, konnte ein Fall vor Gericht kommen. In den 90er Jahren, als das Recht auch in seiner Rolle als Mittel gesellschaftlicher Kontrolle immer mehr betont wurde, wandelte sich diese Tendenz grundlegend. Dahinter stand die Erhöhung der Richterzahl und die Verbesserung ihrer Ausbildung sowie eine Umorientierung der offiziellen Linie in Richtung einer größeren Formalisierung und Professionalisierung der Justiz. So waren Richter etwa gehalten, ihre Entscheidungen möglichst sofort im Anschluss an die mündliche Verhandlung zu verkünden, wodurch im Ergebnis Schlichtungsbemühungen stark erschwert wurden. Darüber hinaus bestand vermutlich der Wunsch, die Rolle der Richter nicht nur bei der Lösung konkreter, individueller Streitigkeiten zu stärken, sondern auch ganz allgemein bei der Verbreitung und Durchsetzung des Rechts. 114

Mit Beginn des neuen Jahrtausends allerdings setzte erneut eine gewisse Gegentendenz ein. Die politischen Instanzen zeigten sich unzufrieden mit den steigenden Zahlen von Petitionen, die bei ihnen ohne Rücksicht auf bereits ergangene Gerichtsentscheidungen oder direkt gegen diese eingelegt wurden. Die Gerichte, so schien es, wurden ihrer gesellschaftlichen Befriedungsfunktion, vor allem aber der neuen Parteilinie der harmonischen Gesellschaft nicht hinreichend gerecht. Als Reaktion sorgten einerseits Reformen dafür, dass die Bedeutung der Schlichtung wieder zunahm. Insbesondere die gerichtliche Schlichtung wurde gegenüber der Entscheidung durch Urteil derart bevorzugt, dass manche schon von einer Umwandlung der Gerichte in staatlich finanzierte Mediationszentren sprachen.[255] Gleichzeitig wurden aber auch die Mittel der bindenden gerichtlichen Streitbeilegung verändert und gestärkt: Die Reform von 2007 weitete erheblich das sog. Wiederaufnahmeverfahren aus, sodass der Bürger sehr viel leichter rechtskräftig abgeschlossene Urteile vor Gericht angreifen konnte. Das ging so weit, dass die Wiederaufnahme zu einem einfacheren und preiswerteren Rechtsmittel als die Berufung wurde. Konsequent begannen viele Anwälte, die Berufung schlicht zu überspringen. Um das Jahr 2011 herum etwa bestand rund die Hälfte aller Zivilverfahren aus Wiederaufnahmeverfahren.[256] Das Pendel schwang nach 2013 wieder zurück. Gerichtliche Schlichtung wurde nicht mehr bevorzugt, sondern nur den Streitparteien angeboten, die es ernsthaft verlangten; die so veränderten Prioritäten waren Teil eines ganzen Reformpakets, durch das das öffentliche Vertrauen in die Gerichte gestärkt werden sollte.[257] 115

bb) Alternative Streitbeilegung und chinesischer Nationalcharakter

Vor dem Hintergrund der besonderen Bedeutung alternativer Streitbeilegung stellt sich die Frage, ob das chinesische Rechtssystem von einer allgemeinen, historisch oder sozial 116

[251] Vgl. zu diesen Aspekten *Liebman* (Fn. 195), 23 ff.; *Cuniberti* (Fn. 4), 224 f.
[252] Vgl. *Bu* (Fn. 202), 361.
[253] Vgl. zum Folgenden *Fu* (Fn. 94), 173 ff.; kurz auch *Bu* (Fn. 202), 371.
[254] *Heuser* (Fn. 20), 466.
[255] *Chan* (Fn. 203), 96.
[256] Zu diesen und anderen Aspekten der Wiederaufnahme *Bu* (Fn. 202), 360 ff.
[257] *Chan* (Fn. 203), 96 f.

geformten Tendenz der Chinesen geprägt ist, die verbindliche, gerichtsförmige Austragung von Streitigkeiten mit ihrer klaren Entscheidung über Recht und Unrecht abzulehnen und stattdessen eine weichere, weniger belastende Verhandlungs- oder Vermittlungslösung zu bevorzugen. Mit anderen Worten: Gibt es eine typisch chinesische Zurückhaltung gegenüber Streitigkeiten vor Gericht, die sich auf die alten konfuzianischen Traditionen und ihre Betonung der gesellschaftlichen Harmonie stützt? Vieles spricht dafür, dass eine solche Zurückhaltung zwar in gewissem Umfang besteht, sie jedoch mehr auf äußerlichen und modernen Faktoren als auf einer historischen gewachsenen Mentalität beruht und zudem deutlich auf dem Rückzug ist.

117 Der zentrale Faktor, der heute die jeweilige Bedeutung alternativer Streitbeilegungsmethoden beeinflusst, ist der Wille von Staat und Partei. Die große Bedeutung unter Mao beruhte, wie gesehen, ebenso auf einer bewussten Entscheidung der Machthaber (gegen das Recht) wie die spätere Betonung gerichtlicher Verfahren sowie eine gewisse Neuentdeckung der Schlichtung nach der Jahrtausendwende oder die Gegenbewegung nach 2013. Die statistischen Daten zeigen dabei jeweils, dass die Bevölkerung in ihrem Verhalten auf die Vorgaben von oben reagiert hat. Die Einstellung der Bevölkerung ist somit jeweils auch Ausdruck der vorhandenen Möglichkeiten. Soweit etwa Schlichtungsmöglichkeiten überall vorhanden waren und zu schnellen und einfachen Lösungen führten, wurden sie entsprechend ausgiebig genutzt. Das galt umso mehr, wenn gleichzeitig gerichtliche Verfahren unattraktiv gestaltet wurden, etwa indem das Gericht aufgrund der Entfernungen schwer erreichbar, das Verfahren teuer und kompliziert und die potentiell zu erreichende Lösung aufgrund von Korruption und Durchsetzungsproblemen wenig ansprechend ausgestaltet war. Es geht also nicht darum, dass Chinesen schlicht nicht dazu bereit wären, vor Gericht zu ziehen,[258] sondern dass die vorhandenen gerichtlichen und sonstigen Streitbeilegungsressourcen in ihrer konkreten, politisch vorgegebenen Ausgestaltung den Gang vor Gericht entweder fördern oder von ihm abschrecken können. Schon eine frühe empirische Studie von 1990 unter Bauern der Provinz Hubei belegte etwa, dass diese das gerichtliche Verfahren im Vergleich zu anderen Möglichkeiten zwar für die zeit- und geldaufwendigste, aber auch für die sicherste Methode hielten, ihr Ziel zu erreichen. Die Scheu gegenüber Gerichtsverfahren, so ein Ergebnis der Studie, hätten die Bauern abgelegt.[259]

118 Ein konfuzianischer Geist kann auch nicht etwa in der – ohnehin eher kurzlebigen – erneuten Betonung der Schlichtung im neuen Jahrtausend gesehen werden. Unabhängig von der allgemeinen Frage, welchen realen Einfluss alte geistige Strömungen im heutigen China noch haben,[260] sollte diese teilweise Neuorientierung der Politik nicht der allgemeinen Harmonie im konfuzianischen Sinne dienen, sondern schlicht den Rechtsfrieden besser sichern,[261] den die Herrschenden in der Praxis nicht hinreichend gewahrt sahen. Hinzu kommt, dass auch die von der Reform geförderten gerichtlichen Schlichtungen durchaus rechtsförmig ausgestaltet sind[262] und ihre Zuordnung zu einem konfuzianischen Ideal damit wenig überzeugt. Erneut dürfen auch die tiefgreifenden gesellschaftlichen Wandlungen in China nicht übersehen werden. Wenn schon Bauern zu Anfang der 90'er Jahre ein nicht unerhebliches Rechtsbewusstsein entwickelt hatten, wie viel intensiver muss dann ein solches Bewusstsein heute in den prosperierenden Städten ausgeprägt sein. Der sich dort immer weiter ausbreitende, individualistische Lebensstil lässt die soziologischen Grundlagen einer Harmonie- und Schlichtungsorientierung immer weiter zugunsten einer individualistischen Lebensweise zurücktreten, die mit einem Bewusstsein der eigenen, subjektiven

---

[258] Vgl. in diese Richtung aber etwa *Lubman* (Fn. 88), 220 mwN.

[259] Nachweise aus der Studie bei *Heuser* (Fn. 20), 181; zu den Problemen mit solchen Studien in China vgl. ibid., 178 Fn. 51; zu einer Studie mit ähnlichen Resultaten vgl. *Lubman* (Fn. 88), 237 mwN; zu frühen Untersuchungen über die zuvor kaum denkbare Möglichkeit, staatliche Entscheidungen vor Gericht anzufechten, vgl. etwa *Peerenboom* (Fn. 59), 404.

[260] Vgl. supra → Rn. 100 ff.

[261] Vgl. *Heuser* (Fn. 20), 468.

[262] Vgl. *Heuser* (Fn. 20), 469.

Rechte und der Möglichkeit und Notwendigkeit ihrer Durchsetzung einhergeht. Nichts anderes gilt für die in den Städten ebenso wie auf dem Lande festzustellende Umorientierung hin zu materialistischen, auf das eigene Wohl ausgerichteten Werten.[263] In der Folge hat das allgemeine Rechtsbewusstsein in der Bevölkerung in dramatischer Weise zugenommen.[264] Die zeitweise übergroße Betonung der gerichtlichen Schlichtung bis 2013 führte in der Bevölkerung sogar zu einem negativen statt positivem Image; Schlichtung wird so als ein erzwungenes Abgehen vom guten Recht, als eine Einbuße an eigenen Interessen zugunsten eines dazu an sich nicht berechtigten Gegners gesehen.[265]

4. Der lange Marsch zum Rechtsstaat?

a) Zwei Grundpositionen

Die größte Debatte, die seit Jahren zum Recht in China geführt wird, betrifft die Frage, **119** inwieweit sich China auf dem Weg in einen Rechtsstaat befindet und wie weit es dabei gegebenenfalls bereits vorangekommen ist. Der Gedanke, China auf gutem Wege zum Rechtsstaat zu sehen, erscheint manchem Beobachter als eine bare Selbstverständlichkeit, während er bei anderen nur ungläubiges Staunen erntet. Seit Xi Jinping zum starken Mann Chinas wurde, hat dabei die kritische Sichtweise deutlich an Zuspruch gewonnen. Idealtypisch und vereinfacht betrachtet, sind dennoch beide Positionen weiterhin grundsätzlich nachvollziehbar:

Wer die generelle Entwicklung seit Mao betrachtet, wird schnell zu der Feststellung **120** gelangen, dass die Rolle des Rechts sich dramatisch ausgeweitet hat. Die Anzahl von Richtern und Gerichten hat sich ebenso vervielfacht wie die der Prozesse.[266] Schon vor 2010 gab es in China dreimal mehr Rechtsfakultäten als in den USA.[267] Es ist möglich, seine Rechte auch etwa gegen die staatliche Verwaltung vor Gericht einzuklagen und damit sogar Erfolg zu haben. Die Beamten sind sich der Möglichkeit solcher Klagen nur allzu bewusst und versuchen entsprechend, den Gesetzen besser zu folgen. Zahlreiche Rechtsnormen decken heute detailliert eine Vielzahl von Rechtsgebieten ab. Sie werden veröffentlicht, stehen in konkreten, nachvollziehbaren hierarchischen Bezügen zueinander und haben reale Steuerungswirkung. Die Macht wird weitgehend über den staatlichen Apparat und mithilfe von Rechtsnormen ausgeübt. Staat und Partei arbeiten beständig daran, das Rechtsbewusstsein der Bevölkerung ebenso wie der Staatsdiener zu verbessern, Korruption zu bekämpfen und auch hohe Beamte und Politiker, die gegen das Recht verstoßen, in rechtlicher Form zur Rechenschaft zu ziehen. Dies alles bleibt auch nicht etwa Zufall, sondern wird von der chinesischen Politik seit langem angestrebt, die sich die Durchsetzung des Rechtsstaats (fazhi) seit langem auf die Fahnen geschrieben hat. So betrachtet scheint kaum ein Zweifel möglich, dass China sich nicht nur auf dem Weg zum Rechtsstaat befindet, sondern auf diesem Weg bereits ein gutes Stück vorangekommen ist.

Wer hingegen die heutige Lage in China kritisch betrachtet, stellt schnell fest, dass von **121** einer echten Bindung, Einhegung und Unterwerfung der Macht unter das Recht kaum die Rede sein kann.[268] China ist und bleibt eine autoritäre Diktatur, die von einer demokratischen, freiheitsverpflichteten Regierungsform denkbar weit entfernt steht. Die Verfassung bleibt weitgehend ein Blatt Papier ohne echte Konsequenzen und ohne Durchsetzungs-

---

[263] Vgl. nur *Lubman* (Fn. 88), 236; *Bu* (Fn. 139), 6 f.

[264] Zu dieser Zunahme vgl. etwa *Liebman* (Fn. 94), 20; *Bu* (Fn. 202), 372 f.

[265] Deutlich *Bu* (Fn. 202), 370 f., die entsprechend auch betont, dass Versuche der Aufwertung der Schlichtung in Teilen der Rechtswissenschaft sehr kritisch gesehen werden.

[266] Zu Hintergründen und empirischen Auswirkungen von Reformen verschiedener Streitbeilegungsformen vgl. zB *Gu, Weixia,* Dispute Resolution in China: Litigation, Arbitration, Mediation, and Their Interactions, 2021.

[267] *Liebman* (Fn. 94), 22; Zahlen auch bei *Bu* (Fn. 139), 11.

[268] Wohl zu weitgehend *Gu* (Fn. 57), 9 („The idea of law without (or above) political interruption is simply inconceivable in the Chinese mind.").

mechanismen. Das Handeln des Staates wird durch sie nicht wirklich beschränkt. Die Forderung nach einer Verwirklichung des Konstitutionalismus etwa führte 2013 zu einem (nicht veröffentlichten) Verbot, sieben Themen in der universitären Ausbildung anzusprechen: universelle Werte, die Zivilgesellschaft, die Bürgerrechte, die Unabhängigkeit der Justiz, die Pressefreiheit, die Fehler der Partei in der Vergangenheit und die privilegierten kapitalistischen Eliten.[269] Wichtiger noch liegt die Souveränität im Sinne der höchsten Macht gar nicht beim Staat, sondern bei der Kommunistischen Partei Chinas.[270] Die Partei aber ist keinem Recht unterworfen. Wer versucht, seine Rechte gegen die Interessen der jeweiligen örtlichen oder überregionalen Machthaber oder gar der Partei und des Staates als solcher durchzusetzen, kann meist weder auf die Unterstützung der Gerichte noch sonstiger staatlicher Stellen hoffen. Das gilt in besonderem Ausmaß, wenn es um die Durchsetzung bürgerlicher und politischer Freiheiten geht. Repressionen gegen Bürgerrechtler, deren Familien und Anwälte sind an der Tagesordnung. Aber auch aus der rein internen Sicht sind die Gerichte nicht unabhängig, wird die Macht nicht von unten nach oben, sondern umgekehrt ausgeübt, werden Rechtspositionen ohne rechtliche Grundlage von lokalen Machthabern oder sogar einfach durch lokales Recht entwertet und entzogen, herrscht vielfach Korruption und erweisen sich Prozesse gegen hohe Kader oft als Schauprozesse, mit denen notdürftig versucht wird, die realen Machtverhältnisse und alltäglichen Machtmissbräuche zu verdecken. So betrachtet, erscheint es geradezu lächerlich, das Wort „Rechtsstaat" im Zusammenhang mit China auch nur zu erwähnen.

b) Fazhi vs. fazhi: Linguistische Grundlagen der Debatte

122 Der seltsame, scheinbar unauflösbare Widerspruch zwischen zwei diametral entgegengesetzten Sichtweisen spiegelt sich bereits in der komplexen chinesischen Terminologie wider. Das kaiserliche China war zweifelsfrei keine Herrschaft durch das Recht, sondern eine Herrschaft durch den Menschen (rule of man, renzhi). Auch die Herrschaft unter Mao, insbesondere in der Kulturrevolution, lässt sich so beschreiben. Danach hingegen setzte sich der Gedanken durch, ein Rechtssystem (fazhi) aufzubauen, das Recht herrschen zu lassen. Diese Differenzierung zwischen renzhi und fazhi ist keineswegs neu, sondern entspricht dem historischen Unterschied zwischen Konfuzianisten, die durch Menschen und deren Vorbild herrschen wollten (ebenfalls renzhi) und den Legisten, die durch die Gesetze herrschen wollten (fazhi).[271]

123 Hier beginnt das terminologische Problem:[272] Das gleich ausgesprochene und in gleiche lateinische Buchstaben transkribierte Wort „fazhi" steht für zwei verschiedene Begriffe und zwei verschiedene Schriftzeichenkombinationen: Erstens 法制, das das Recht und die Institutionen, also das Rechtssystem beschreibt, zweitens 法治, das Recht und Herrschaft zusammenbringt. Beide zu verwechseln, liegt nicht nur für Ausländer nahe, sondern ist auch ein typisch chinesischer Fehler, der etwa immer wieder in den Medien auftaucht und vor dem chinesische Jurastudenten von ihren Professoren ausdrücklich gewarnt werden.[273] Die Verwechslungen lassen sich zu einem gewissen Teil auch damit erklären, dass beide Begriffe in den 50er Jahren und damit auch in Texten aus dieser Zeit offenbar als austauschbar behandelt wurden. Damit nicht genug, kann fazhi/Rechtsherrschaft (法治) seinerseits zwei aus westlicher Sicht ganz und gar unterschiedliche Bedeutungen haben, nämlich Herrschaft

[269] Zu den Konstitutionalismusforderungen und der Reaktion ausführlich *Piquet* (Fn. 120), 389 ff., 402 ff.
[270] Zu diesem Grundgedanken auch supra → Rn. 67 ff.
[271] Vgl. dazu etwa *Heuser* (Fn. 20), 77, 160; zu den Legisten supra → Rn. 14 ff.; zur heute fortbestehenden Bedeutung von renzhi vgl. *Jenco, Leigh K.*, „Rule by man" and „rule by law" in early republican China – Contributions to a theoretical debate, The Journal of Asian Studies 69 (2010), 181 (182, 199 ff.).
[272] Zum Folgenden vgl. *Cao, Deborah*, Fazhi vs/and/or rule of law? – A semiotic venture into Chinese law, International Journal for the Semiotics of Law 14 (2001), 223 (234 ff.); *Peerenboom* (Fn. 59), 63 ff.
[273] Vgl. *Gao, Shan*, „Fazhi" – „Rule by Law" or „Rule of Law"? – A common but serious mistake among many writers, insbes. Fn. 2, lcbackerblog.blogspot.de/2013/04/fazhi-and-in-china-rule-of-law-rule-by.html (zuletzt abgerufen am 18.7.2025).

durch das Recht (rule by law) oder Herrschaft des Rechts (rule of law). Herrschaft durch das Recht bedeutet nicht mehr, als dass die Machthaber sich des Rechts bedienen, um zu herrschen, also ein Gedanke, der im chinesischen Kontext bis auf die Legisten zurückführbar ist. Herrschaft des Rechts hingegen bedeutet, dass eben das Recht selbst herrscht, das Recht also auch der Ausübung der Macht Grenzen setzt. Zwei andere mögliche Umschreibungen dieser beiden Grundgedanken teilen das linguistische Problem: „Yifa zhiguo" kann bei gleicher Aussprache auf zwei verschiedene Zeichen verweisen, nämlich 依法治国, also das Land in Übereinstimmung mit dem Recht regieren – was auf Herrschaft des Rechts hindeutet – und 以法治国, also das Land durch das Recht regieren – was auf Herrschaft durch das Recht hindeutet. So manche westliche Darstellung, die nur Transkriptionen verwendet und den Unterschied in den Schriftzeichen nicht erwähnt, erschwert dem Leser ganz erheblich das Verständnis.

Entscheidend ist nun aber, dass die Klarheit der begrifflichen Unterscheidungen, wie sie **124** hier vorgestellt wurden, um das Problem erst einmal zu verdeutlichen, in der chinesischen Diskussion keineswegs besteht. So wird teilweise davon ausgegangen, dass auch Herrschaft in Übereinstimmung mit dem Recht nicht bedeute, den Herrscher selbst dem Recht zu unterwerfen.[274] Andere Beobachter scheinen die beiden verschiedenen Zeichen jeweils für fazhi und yifa zhiguo in ihren Bedeutungen zu parallelisieren, also die Unterscheidung zwischen Herrschaft des Rechts und Herrschaft durch das Recht nicht innerhalb von fazhi/Rechtsherrschaft, sondern zwischen fazhi/Rechtsherrschaft und fazhi/Rechtssystem zu sehen.[275] Die linguistischen Unklarheiten im Zusammenhang mit fazhi machen deutlich, wie schwierig die genaue Bestimmung des Rechtsstaatsgedankens in China ist. Die Debatte, ob China ein Rechtsstaat oder auf dem Weg dorthin ist, kann letztlich auch als eine Debatte über die genaue Bedeutung von fazhi verstanden werden. Offiziell wird dabei die Herrschaft des Rechts und nicht etwa die bloß instrumentalistische Herrschaft durch das Recht betont, allerdings immer verbunden mit dem für vielerlei Interpretationen offenen Hinweis auf den speziell sozialistischen Charakter, etwa in der Präambel, Abs. 7 chinVerf.

c) Worum geht es eigentlich?: Der Begriff des Rechtsstaats

aa) Einfacher und anspruchsvoller Begriff der rule of law

Aber nicht nur auf der chinesischen Seite leidet die Debatte vor allem unter terminologi- **125** schen Unklarheiten. Auch in westlichen Sprachen liegt der Kern des Problems darin, was eigentlich unter dem Rechtsstaat verstanden wird, den man in China finden oder nicht finden will. Die hier dominierende englischsprachige Literatur unterscheidet gern unter Rückgriff auf die rechtstheoretischen Gedanken von Joseph Raz[276] zwischen einer „thin theory" und einer „thick theory" der rule of law, also einem einfachen und einem anspruchsvollen Begriff.[277] Der einfache Begriff verlangt unter anderem, dass Normen auch staatlichen Akteuren taugliche Grenzen setzen, dass Normen entsprechend vorher festgelegten Verfahrensregeln erlassen werden, dass sie öffentlich, allgemein, verständlich und konsistent sind, fair angewendet und tatsächlich durchgesetzt werden sowie für eine Mehrheit hinreichend akzeptabel sind. Anspruchsvolle Begriffe umfassen ebenfalls all diese Elemente, gehen aber noch darüber hinaus, indem sie materielle Aspekte wie Gerechtigkeit, Demokratie oder Menschenrechte, teils auch Anforderungen an das Wirtschaftssystem mit aufnehmen. Ein Grund für die Verwendung des einfachen Begriffs liegt entsprechend schlicht darin, die Frage nach der rule of law nicht mit Debatten darüber zu belasten, welches politische System

---

[274] Nachweis aus der chinesischsprachigen Literatur bei *Peerenboom* (Fn. 59), 64.
[275] In diese Richtung *Cao* (Fn. 272), 236; anders Peerenboom (Fn. 59), 64; beide Positionen finden sich nebeneinander etwa bei *Gao* (Fn. 273).
[276] Vgl. *Raz, Joseph,* The rule of law and its virtue, The Law Quarterly Review 93 (1977), 195 (195 ff.).
[277] Vgl. insbes. *Peerenboom* (Fn. 59), 3 f., 65 ff.; zusammenfassend etwa auch *Cao* (Fn. 272), 236 f.

das bessere sei. Wer China schon ein Stück weit auf dem Weg zum Rechtsstaat sieht, bezieht sich in aller Regel auf einen solch einfachen Begriff.[278]

126 Aber auch der einfache Begriff von rule of law stellt China vor enorme Herausforderungen. Das wird vor allem deutlich an der Forderung, auch die staatliche Gewalt müsse an das Recht gebunden sein, also an dem zentralen Unterschied zwischen Herrschaft des Rechts und bloßer Herrschaft durch das Recht.[279] Für alle unteren Ebenen der staatlichen Gewalt mag die Rechtsbindung in China ein echtes Anliegen sein, an dem gearbeitet wird. Für die oberen Ebenen der Zentralgewalt hingegen ist dies mehr als zweifelhaft.[280] Dass etwa der Ständige Ausschuß des Nationalen Volkskongresses dem Recht unterworfen wäre und nur in seinem Rahmen handeln könne, dürfte kaum ernsthaft zu behaupten sein. Letztlich kommt es darauf aber auch gar nicht an. Denn wenn die Herrschaft des Rechts eine Rechtsbindung aller staatlichen Gewalt fordert, so wird dabei entsprechend der Herkunft dieses Gedankens aus westlichen verfassungsrechtlichen Vorstellungen davon ausgegangen, dass die staatliche zugleich die höchste Gewalt sei. Gefordert wird mit anderen Worten eine Rechtsbindung des Inhabers der höchsten Gewalt. Dies aber ist in China nicht der Staat, sondern die Partei.[281] Die Rechtsbindung nicht auf die Partei zu beziehen, wäre ein typisch rechtsvergleichender Fehler, da dann ein Begriff aus einer Rechtsordnung ohne Rücksicht auf seine reale Bedeutung und Funktion auf eine andere Rechtsordnung übertragen würde. Eine Unterwerfung der Partei unter das Recht aber ist in China weder vorhanden noch angestrebt. Das zentrale Kernelement selbst des einfachen Begriffs von rule of law ist damit nicht nur nicht erfüllt. Es wäre auch ohne einen revolutionären Umbau der politischen Verhältnisse in China von vornherein nicht erfüllbar.

bb) Rule of law oder Rechtsstaat?

127 Ein weiteres Problem der Debatte besteht darin, dass gerade von U.S.-amerikanisch beeinflussten Autoren meist der amerikanische Begriff der rule of law verwendet wird. Dieser hat aber nicht nur einen erheblich reduzierteren Inhalt als der deutsche Begriff des Rechtsstaats (oder etwa des französischen État de droit), sondern trifft auch auf ein ganz anderes Vorverständnis, da die rule of law etwa in der internen U.S.-amerikanischen Verfassungsrechtsdiskussion einen erheblich geringeren Stellenwert einnimmt als das etwa in der deutschen Diskussion überragende Thema des Rechtsstaats.[282] Dass also ein U.S.-amerikanischer Jurist sehr viel eher bereit ist, eine rule of law in China zu sehen als ein deutscher Jurist einen chinesischen Rechtsstaat, ist kaum verwunderlich.

128 Dabei entspricht die Unterscheidung von einfachem und anspruchsvollem Begriff der rule of law weitgehend der sehr viel älteren und eingefahreneren deutschen Unterscheidung zwischen formellem und materiellem Rechtsstaat. Der formelle Rechtsstaat enthält nur solche Elemente, die unabhängig vom materiellen Inhalt der aufgestellten normativen Anforderungen sind, also insbesondere Vorrang und Vorbehalt des Gesetzes, Gesetzmäßigkeit der Verwaltung, Rechtssicherheit und die – in China jedenfalls nicht gewährleistete[283] – Gewaltenteilung. Mit anderen Worten geht es um Elemente, die auch in einer nicht demokratischen Ordnung verwirklicht werden können. Dies entspricht auch der historischen Entwicklung des Begriffs. Für den materiellen Rechtsstaat kommen diejenigen Elemente hinzu, die eine Nähe zur Gerechtigkeit aufweisen, wie etwa die grundrechtliche

[278] Vgl. insbes. *Peerenboom* (Fn. 59), passim; kritisch zur Analyse der spezifisch chinesischen Situation anhand dieser beiden Begriffe des Rechtsstaats *Seppänen, Samuli,* Conceptualizing the Chinese Party-state without the rule of law, in: Sevel, Michael (Hrsg.), Routledge handbook of the rule of law, 2024, 333 (333 ff.).

[279] Den Versuch, auch dem Begriff der Herrschaft durch das Recht einen klareren Inhalt zu geben, unternimmt *Ng, Kwai Hang,* Is China a „Rule-by-Law" Regime?, Buffalo Law Review 67 (2019), 793 (796 ff.).

[280] Zur Frage der letztlich nicht vorhandenen Kontrolle von Gesetzen auf Verfassungsmäßigkeit vgl. etwa nur *Chen* (Fn. 208), 10 ff.

[281] Vgl. supra → Rn. 67 ff.

[282] Vgl. zu den Unterschieden supra → § 3 Rn. 252 f., 255.

[283] Vgl. supra → Rn. 74, 84.

Freiheit und Gleichheit oder die Menschenwürde.[284] Dabei ist die Unterscheidung zwischen nur formellem und materiellem Rechtsstaat heute nurmehr von historischer Bedeutung. Mit dem Rechtsstaatsprinzip als geltendem Verfassungssatz ist in Deutschland stets der volle, materielle Rechtsstaat gemeint. Mit einer bekannten Formulierung: „Rechtsstaatlichkeit bedeutet, dass Ausübung staatlicher Macht nur auf der Grundlage der Verfassung und von formell und materiell verfassungsmäßig erlassenen Gesetzen mit dem Ziel der Gewährleistung von Menschenwürde, Freiheit, Gerechtigkeit und Rechtssicherheit zulässig ist."[285] Sein Ziel ist es, die Freiheit des Bürgers zu sichern; die Existenz elementarer Freiheitssicherungen etwa in Form von Grundrechten ist Teil des Rechtsstaatsgedanken.

Dass nun ein solcher Rechtsstaat ohne echte Demokratie, ohne effektive Sicherung etwa **129** von Meinungs- und Versammlungsfreiheit, ohne effektiven Rechtsschutz vor allem auch gegen den Staat nicht möglich ist, leuchtet unmittelbar ein. Ziel der Entwicklungen in China ist aber nicht die größtmögliche individuelle und politische Freiheit der Bürger, sondern die effektive Durchsetzung der politischen Pläne der Partei und damit die Sicherung ihrer Macht. Gewisse rechtsstaatliche Sicherungen mögen in der wirtschaftlichen Sphäre erwünscht sein, weil sie Investitionen und Gewinn befördern; im Bereich der individuellen und politischen Freiheiten sind sie es nicht.[286] China als Einparteiendiktatur kann daher einen materiellen Rechtsstaat im deutschen Sinn nicht verwirklichen, ja nicht einmal ohne Aufgabe elementarer Systemelemente anstreben. Nichts anderes gilt für den anspruchsvollen Begriff der rule of law.

cc) Positive Konnotation des Rechtsstaatsbegriffs

Die Frage, welcher Begriff der rule of law verwendet werden sollte, ob es für China nicht **130** vielleicht besser wäre, auf den alten Begriff des formellen Rechtsstaat zurückzugreifen, ist auf den ersten Blick völlig ohne Belang: Interessant ist allein die Frage, wie das Rechtssystem in China real ausgestaltet ist, nicht mit welchem Wort man die einmal empirisch festgestellte Lage dann beschreibt. Jede beliebige Definition von Rechtsstaat oder rule of law wäre daher akzeptabel, solange nur vorab klar gesagt würde, wie sie lautet. Man könnte dann China ohne weiteres als Rechtsstaat bezeichnen, wenn nur gleichzeitig klar wäre, dass eine reduzierte Begriffsversion verwendet wird und dass demzufolge ein Land mit einem Rechtsstaat keinesfalls ein freies, demokratisches Land sein oder ein sonstwie erstrebenswertes politisches System haben muss. Die Lage wäre dann ganz ähnlich wie bei der im kalten Krieg hochgradig umstrittenen Frage, ob die Länder des damaligen Ostblocks Demokratien waren oder nicht.

Eine solche Herangehensweise wäre zwar logisch und akzeptabel, würde jedoch einen **131** zentralen Aspekt außen vor lassen – die Bedeutsamkeit von Rechtsbegriffen, also ihre positive oder negative emotionale Besetzung:[287] Der Begriff von Rechtsstaat oder rule of law ist uneingeschränkt positiv besetzt. Er ruft automatisch die Konnotationen von Demokratie und Freiheit, insbesondere politischer Freiheit hervor. Wer den Begriff als Rechtswissenschaftler, Politologe oder Politiker auf China anwendet, nimmt damit auch stets eben diese positive Besetzung mit in Anspruch. Damit aber leitet er seine Leser oder Zuhörer in die Irre. Bei Verwendung des chinesischen Begriffs fazhi ist die Lage möglicherweise anders, da er von vornherein mit großen Unklarheiten belastet ist. Wer aber in einer westlichen Sprache die völlig richtige Erkenntnis zum Ausdruck bringen will, dass die Steuerung der Gesellschaft durch ein effektiv funktionierendes Rechtssystem ein wichtiges Ziel Chinas ist, an dem auch mit beachtlichen Erfolgen gearbeitet wird, sollte dies durch einen anderen Ausdruck als Rechtsstaat oder rule of law vermitteln. Tatsächlich sprechen manche Autoren nunmehr von chinesischer Legalität oder Legalismus, die sie auf dem Vormarsch sehen. Mit

[284] Zum Ganzen etwa *Sommermann, Hans-Peter,* in: Huber, Peter M.; Voßkuhle, Andreas (Hrsg.), Kommentar zum Grundgesetz, Bd. 2, 8. Aufl. 2024, Art. 20 Rn. 227 ff.
[285] *Stern, Klaus,* Das Staatsrecht der Bundesrepublik Deutschland, Bd. 1, 2. Aufl. 1984, 781.
[286] Vgl. etwa auch *Gillespie/Chen* (Fn. 5), 17, 21.
[287] Vgl. dazu auch supra → § 3 Rn. 256.

dieser Begrifflichkeit soll gerade die Tatsache zum Ausdruck gebracht werden, dass die politische Macht in China, insbesondere die Partei, nicht auf allen Ebenen effektiv durch das Recht begrenzt ist.[288]

d) Sequenzbildung

132 Die Auffassung, dass China auf gutem Weg zum Rechtsstaat sei, lässt sich aber auch auf eine positive Sicht der Entwicklung insgesamt stützen. Die positive Konnotation wäre dann durchaus gerechtfertigt. Dies gelingt erstens mithilfe der – allerdings wenig überzeugenden[289] – Auffassung, die Freiheit in erster Linie als wirtschaftliche Freiheit versteht oder davon ausgeht, dass wirtschaftliche Freiheit auf Dauer zwangsläufig mit persönlicher und politischer Freiheit einherginge. Denn das große Ausmaß an unternehmerischer Freiheit in China ist unverkennbar. Zweitens aber gelingt es auch mithilfe einer unter dem Stichwort der Sequenzbildung (sequencing) bekannt gewordenen Theorie. Sie geht davon aus, dass es für viele Staaten sinnvoll sei, zunächst ihre wirtschaftliche Entwicklung voranzutreiben und erst danach politische Freiheit und Demokratie. Die Geschichte habe gelehrt, dass dieser Weg zum Erfolg führen könne, die Einführung von politischer Freiheit und Demokratie vor Abschluss der wirtschaftlichen Entwicklung hingegen leicht zu Chaos, Repression und Rückschlägen.[290] Dagegen ließe sich beispielsweise anführen, dass die Sequenzbildung letztlich nicht zum materiellen Rechtsstaat und zur Demokratie führe, sondern beim einfachen Begriff der rule of law stehen bleibe.[291] Wer also die Sequenzbildung unterstützt, unterstützt letztlich autokratische Herrscher bei der Festigung ihrer Macht.

133 Letztlich aber liegt das Problem an anderer Stelle: Hinter der Idee der Sequenzbildung steht eine utilitaristische Weltsicht, die nicht nach Wertungen und Moral fragt. Demokratie wird nicht als das einzig moralisch akzeptable politische System anerkannt, sondern schlicht gefragt, welche konkret messbaren Vorteile bestimmte politische Systeme oder politische Maßnahmen den Menschen bringen. Beispielsweise wird dem Argument, dass die Menschen eben jetzt und nicht im Sinne der Sequenzbildung erst in der Zukunft Demokratie fordern, entgegengehalten, dass viele Menschen von der Demokratie enttäuscht seien, aber mit autokratischen Regierungen sehr zufrieden. Dem Argument, dass eine zeitliche Verschiebung der Demokratisierung moralisch falsch sei, wird entgegengehalten, dies verdrehe die Realität, denn es gehe den Menschen durch Sequenzbildung doch im Lebensstandard besser. Wachstum sei nun einmal unabhängig von Demokratie, geringem Korruptionsgrad und Unabhängigkeit der Justiz.[292] Dass Demokratie, Fehlen von Korruption, Unabhängigkeit der Justiz und eben der Rechtsstaat Werte an sich sind und es überhaupt nicht darauf ankommt, welche weiteren, insbesondere wirtschaftlichen Ergebnisse damit erzielt werden, ist dieser letztlich demokratieskeptischen Denkweise völlig fremd.

e) Die Hoffnung bleibt …

134 Bei alledem bleibt die rechtsstaatliche Lage in China von erstaunlichen Eigenheiten und Widersprüchen gekennzeichnet. Obwohl es sich um eine Einparteiendiktatur handelt, die

[288] Vgl. *Zhang, Taisu; Ginsburg, Tom,* China's turn toward law, Virginia Journal of International Law, 59 (2019), 314 (316, 386), die dennoch ibid., 317, 386, 387 ff. darauf bestehen, dass darin ein positives Ergebnis liege, das nicht als bloße Herrschaft durch das Recht bezeichnet werden sollte, weil es auch dem Wunsch der chinesischen Öffentlichkeit entspreche und weil es auf lange Sicht Staat und Partei politische Beschränkungen auferlegen könnte.

[289] Vgl. supra → Rn. 52.

[290] Vgl. für diese Position etwa *Peerenboom, Randall,* Rule of law, democracy and the sequencing debate – Lessons from China and Vietnam, in: Gillespie, John; Chen, Albert H. Y. (Hrsg.), Legal reforms in China and Vietnam – A comparison of Asian communist regimes, 2010, 29 (passim).

[291] Ausführlich *Carothers, Thomas,* The „sequencing" fallacy, Journal of Democracy 18 (2007), 12 (14 ff.); zu den Möglichkeiten eines graduellen aber direkten Übergangs zur Demokratie ibid., 23 ff.

[292] Zu diesen Argumenten *Peerenboom* (Fn. 290), 34 ff.

politische Gegner mit größter Härte verfolgt und echtes Demokratieverlangen notfalls mit Panzern niederwalzt, genießen viele chinesische Bürger heute erstaunliche Freiheiten, von denen beispielsweise die Bürger des früheren Ostblocks nicht zu träumen gewagt hätten. Das gilt nicht nur für wirtschaftliche Freiheiten, also die Möglichkeit, schlicht reich zu werden, oder die Reisefreiheit, von deren Ausmaß Millionen chinesischer Touristen in der ganzen Welt zeugen. Auch etwa die Meinungsfreiheit ist bei allen Beschränkungen in oft erstaunlichem Maße gewährleistet. Viele Probleme im gesellschaftlichen wie rechtlichen Bereich werden umfassend und offen debattiert.[293] Wer, um nur ein Beispiel zu nennen, bei einem englischsprachigen Lehrbuch zum chinesischen Verfassungsrecht, das von einem chinesischen und an einer chinesischen Universität tätigen Rechtswissenschaftler verfasst wurde, Lobeshymnen im Sinne der Parteilinie und eine entweder schöngefärbte oder weitgehend auf das geschriebene statt auf das gelebte Recht reduzierte Darstellung erwartet, wird vollkommen überrascht von der ganz offen kritischen und auch im Hinblick auf die Rechtsrealität detailreichen Darstellung sein. Sätze wie der, die Kommunistische Partei Chinas „ultimately relies on the gun barrels to maintain its power over the state", wären in anderen autoritären Regimen kaum denkbar.[294] Heikle Punkte wie das Massaker am Tiananmen Platz oder die Verfolgung der Falun Gong Anhänger werden ebenso offen angesprochen wie die jede echte Reform verhindernde Rolle der Kommunistischen Partei. Die Zukunft Chinas wird in einer Rückgabe der Macht der Partei an das Volk gesehen.[295] Dass ein chinesischer Autor diese Hoffnung offen aussprechen konnte, ließ auch die Aussichten für die Etablierung eines echten Rechtsstaats in China am Ende in einem positiveren Licht erscheinen. Dass hingegen das führende chinesischsprachige Verfassungsrechtslehrbuch desselben Autors Berichten zufolge wegen seiner zu westlichen Tendenzen später aus den Bibliotheken und Buchhandlungen entfernt wurde,[296] dimmt dieses Licht spürbar.

III. Japan, Taiwan, Südkorea: Der südostasiatische Weg auf kontinentaleuropäischer Basis

1. Eigenständigkeit des südostasiatischen Kontexts

Japan, Taiwan und Südkorea bilden den klar identifizierbaren Kern[297] eines eigenständigen rechtlichen Kontexts im Süden und Osten Asiens.[298] Er unterscheidet sich nicht nur grund- **135**

[293] Vgl. zB die kritische Gegenbewegung, die sich 2023 mit Erfolg gegen den von ihr wahrgenommenen Plan einer Abschaltung der Webseite China Judgements Online wehrte, dazu *Ma, Qin (Sky),* Legal Dialogue, Chinese Style, USALI Perspectives No. 9, 4 (2024), usali.org/usali-perspectives-blog/legal-dialogue-chinese-style (zuletzt abgerufen am 18.7.2025).

[294] Vgl. *Zhang* (Fn. 99), passim; für das Zitat ibid., 153.

[295] Vgl. *Zhang* (Fn. 99), insbes. 18, 37, 260 ff.; vgl. als weiteres Beispiel etwa die vehementen Plädoyers für die Gewaltenteilung in der chinesischen Literatur zit. bei *Heuser* (Fn. 103), 240.

[296] Vgl. *Rudolph, Joseph,* Translation: Zhang Qianfan on Academic Censorship, China Digital Times, 8.2.2019, chinadigitaltimes.net/2019/02/translation-zhang-qianfan-on-censorship-of-teaching-materials/ (zuletzt abgerufen am 18.7.2025).

[297] Damit sind andere Staaten keineswegs ausgeschlossen. Insbes. das rechtsvergleichend zu wenig beachtete Thailand weist erhebliche Ähnlichkeiten mit den an dieser Stelle betrachteten Staaten auf, indem ebenfalls auf einer importierten kontinentaleuropäischen Grundlage Elemente des common law um Einfluss ringen. Die Ähnlichkeiten bestehen trotz manch deutlicher Unterschiede, etwa der nicht konfuzianistischen, sondern buddhistischen Tradition mit indischen Bezügen, der auch traditionell hervorgehobenen Rolle der Frau, aber auch des Einflusses der englischen Methodenlehre; vgl. eingehend *Prokati, Kittisak,* Die Rechtkultur und die Rolle der Rechtskreislehre in Thailand, in: Scholler, Heinrich; Tellenbach, Silvia (Hrsg.), Die Bedeutung der Lehre vom Rechtskreis und der Rechtskultur, 2001, 77 (77 ff.); kurz auch *Eschborn, Norbert; Zenthöfer, Jochen,* Thailands Rechtssystem – Zwischenbilanz eines asiatischen Reformmodells, Verfassung und Recht in Übersee 35 (2002), 290 (299 ff.).

[298] Die abkürzende Bezeichnung der Staaten dieses Kontexts als „südostasiatisch" liegt sprachlich nahe, bewegt sich nicht außerhalb der Üblichkeiten und wird deshalb hier verwendet. Sie ist aber bei genauer

legend sowohl von der Volksrepublik China als auch von Indien, sondern weist bei aller kulturellen Verschiedenheit der drei Staaten auch in sich einen erheblichen Grad an Gemeinsamkeiten auf. Der Unterschied zur Volksrepublik China liegt im dort bestimmenden und überwölbenden Einfluss des politischen Systems der Einparteiendiktatur sozialistischen Ursprungs auf das Rechtssystem in seiner Gesamtheit.[299] Die hier betrachteten Staaten hingegen sind funktionierende Demokratien, die den Vergleich mit westlichen Staaten in keiner Weise zu scheuen brauchen. Der Unterschied zu Indien liegt in der historisch gewachsenen Basis des modernisierten, heutigen Rechtssystems: dort das common law,[300] hier das kontinentaleuropäische, insbesondere deutsche Recht. Ganz vereinfacht gesagt bieten Japan, Taiwan und Südkorea eine Blaupause für demokratische, kontinentaleuropäisch geprägte Rechtsordnungen in Asien; sie sind gleichsam das, was China oder auch Vietnam ohne kommunistische Einparteienherrschaft hätten werden können.

136 Gegenüber dem zentralen Einfluss kontinentaleuropäischen Rechtsdenkens, das in der jüngeren Geschichte durch Aspekte des U.S.-amerikanischen Rechts ergänzt wurde (unten 2), liegt eine zentrale – manche Schriften erwecken den Eindruck: die einzige – rechtsvergleichende Besonderheit des südostasiatischen Kontexts im umstrittenen heutigen Einfluss traditionellen Denkens und traditioneller Kultur. Diese Traditionen werden dabei gern ebenso eingängig wie simplifizierend als „konfuzianisch" beschrieben. Gemeint ist in der Regel vor allem eine gewisse Streitaversion der Bevölkerung, deren Umfang und Bedeutung jedoch sehr umstritten ist und die heute einer näheren Betrachtung kaum mehr standhält (unten 3). Dabei kann traditionellen Wertvorstellungen im allgemeinen eine gewisse Rolle nicht abgesprochen werden. Gemeinsam mit anderen, nichttraditionellen Eigenheiten (unten 4) gehören sie zum südostasiatischen Kontext. Doch wäre es verfehlt, sie als wesentliches, letztlich bestimmendes Merkmal dieser Rechtsordnungen zu betrachten, zumal sie nicht nur zunehmend unter Druck geraten, sondern ihre Überhöhung in der asiatischen Literatur schon kritisch als „orientalist view that relegates East Asia to an exotic category"[301] bezeichnet wurde. Die prägenden Gemeinsamkeiten des südostasiatischen Kontexts liegen vielmehr eher in drei gemeinsamen Erfahrungen: erstens der Erfahrung eines gewachsenen eigenen Rechtsdenkens, das um den Wechsel vom 19. zum 20. Jahrhundert herum radikal durch den Import kontinentaleuropäischen Rechts verändert wurde; zweitens der Erfahrung eines späteren Einflusses zahlreicher fremder Rechtsgedanken verschiedenster Herkunft einschließlich des common law, die auf ganz eigene Weise eingebunden wurden; drittens der Erfahrung der späteren Entwicklung einer funktionierenden Demokratie und eines funktionierenden Rechtsstaats, die zu einem Aufblühen des Rechtssystems geführt haben. Besonders deutlich zeigen sich diese Eigenheiten heute unter anderem in der Entwicklung des Verfassungsrechts (unten 5).

2. Historische Verwestlichung des Rechts

a) Bestimmender Einfluss des kontinentaleuropäischen Rechts

aa) Japan: Der Bruch mit der Rechtstradition

137 **(1) Das traditionelle japanische Recht im historischen Kontext.** Das japanische Recht war bis weit in das 19. Jahrhundert hinein von einer jahrhundertealten, komplexen Tradition

Betrachtung in doppelter Hinsicht falsch: Erstens wird Japan üblicherweise Ost- und nicht Südostasien zugeordnet; zweitens hat die geographische Zuordnung eines Staates zu Südostasien – besonders deutlich im Falle Vietnams – nichts mit einer Zuordnung zum hier betrachteten Kontext zu tun. Zur geographischen Gliederung Asiens etwa durch die UN vgl. die Liste unter unstats.un.org/unsd/methodology/m49/ (zuletzt abgerufen am 18.7.2025).

[299] Zu diesem Einfluss supra → Rn. 67 ff.

[300] Dazu noch infra → Rn. 196 ff.

[301] *Yeh, Jiunn-Rong; Chang, Wen-Chen,* The emergence of East Asian constitutionalism – Features in comparison, American Journal of Comparative Law 59 (2011), 805 (810).

geprägt.[302] Anfänglich bestand es vor allem aus Gewohnheitsrecht und nicht verschriftlichten Edikten des Kaisers. Größere Reformen im 7. Jahrhundert n.Chr. fanden ihren Höhepunkt in der Übernahme chinesischen Rechts, das in Form des Tang-Kodex[303] die damals modernste Gesetzgebung Asiens vorzuweisen hatte. Das am Tang-Kodex orientierte japanische Recht wurde bekannt als das Ritsuryô-System. Wie sein chinesisches Vorbild enthielt es vor allem Strafrecht (ritsu), daneben Verwaltungsrecht (ryô), kaum aber privatrechtliche Bestimmungen. In seinem Rahmen wurden zentrale Verwaltungsbehörden geschaffen, die hierarchisch unter der obersten Behörde, dem Dajôkan standen, der zugleich die Verbindung zur höchsten Macht, dem Kaiser (Tennô), herstellte. Das früheste, bis heute vollständig erhaltene Gesetzbuch dieses Systems, der Yôrô-ritsuryô Kodex, stammt aus dem Jahr 718. Formal blieb das Ritsuryô-System bis ins 19. Jahrhundert hinein erhalten, wurde aber faktisch von zahlreichen anderen Regeln überlagert.

Der Kaiser verlor im Laufe der Zeit immer mehr zugunsten des Adels an Macht. Einen **138**
Höhepunkt erreichte diese Entwicklung im Jahr 1192, als der Kaiser erstmals den Anführer des mächtigsten Kriegerklans zum sog. Shôgun ernannte, der ab diesem Zeitpunkt die wahre Macht in Japan innehatte. Die den Klans angehörenden Krieger (Samurai) unterlagen untereinander gewohnheitsrechtlichen Regeln, die 1232 erstmals schriftlich niedergelegt wurden. Ihre Sicht der sozialen Verhältnisse war streng hierarchisch und gekennzeichnet durch reine Pflichtenbeziehungen ohne korrespondierende Rechte, wenn auch mit korrespondierenden Erwartungen. Diese Sicht setzte sich nach und nach für die ganze Gesellschaft durch. Auch der Shôgun verlor allerdings an Macht und das Land wurde durch dauerhafte Kriege zwischen verfeindeten Feudalherren zerrissen. Nach dem Ende dieser Wirren und der erneuten Vereinigung des Landes übernahm schließlich 1603 Tokugawa Ieyasu die Macht, dessen Klan bis 1867 den Shôgun stellte.

Die Gesellschaft war nunmehr gekennzeichnet durch Stillstand. Selbst der Verkauf von **139**
Grund und Boden wurde verboten. Einflüsse von außen waren fast ausgeschlossen, da im Grundsatz Ausländer nicht einreisen, Japaner nicht ausreisen durften. Das Gesellschaftssystem war sehr statisch und streng hierarchisch. Jeder hatte von vornherein seinen Platz, den er auch nicht verändern konnte. Selbst die Obersten Lehnsherrn mit eigener Territorialgewalt standen unter dem Shôgun und hatten kaum autonome Entscheidungsgewalt. Eine ideologische Grundlage fand dieses System im Konfuzianismus, der bereits zwischen dem 4. und 6. Jahrhundert n.Chr. aus China nach Japan gekommen war. Er nahm unter dem Einfluss der japanischen Kultur, insbes. des Shintoismus, Buddhismus und Taoismus, eine eigenständige Form an, stieg schnell zur Staatsideologie auf und wurde unter den Tokugawa Shogunen besonders gepflegt und gefördert. Gleichzeitig aber herrschte Frieden. Aus den jetzt nicht mehr als Krieger benötigten Samurai wurden Beamte gemacht, deren Zahl deshalb oft weit über einen echten Bedarf hinausging.

Das Recht war vor allem an Ruhe und Ordnung interessiert. In der japanischen Kon- **140**
sequenz bedeutete dies, dass Streitigkeiten zwischen den Bürgern den Staat im Normalfall nicht interessierten und er deshalb seine Gerichte nicht dafür zur Verfügung stellte, sondern eine einvernehmliche Lösung zwischen den Parteien verlangte. Dass kein Klagerecht bestand, verwundert auch insofern nicht, als ein Juristenstand nicht existierte und schon der Gedanke eines subjektiven Rechts des Bürgers dem japanischen Rechtsdenken völlig fremd war. Die tiefe Verwurzelung dieser Fremdheit zeigte sich noch in späteren Jahren anschaulich bei dem Versuch, den französischen Code civil ins Japanische zu übersetzen, um ihn möglicherweise zu übernehmen. Als dabei der Begriff „droit civil" im subjektiven Sinn mit „minken" (in etwa: „bürgerliche Rechte") übersetzt werden sollte, widersprachen dem alle

302 Zum Folgenden etwa zusammenfassend *Marutschke, Hans-Peter,* Einführung in das japanische Recht, 2. Aufl. 2010, 13 ff.; *Cuniberti* (Fn. 4), 242 ff.; *Yamauchi, Koresuke,* Die Rezeption ausländischen Rechts in Japan – Beispiele aus dem Wirtschafts- und dem Familienrecht, in: ders. (Hrsg.), Japanisches Recht im Vergleich, 2012, 383 (285 ff.); *Kinoshita, Tsuyoshi,* Legal system and legal culture in Japan, Zeitschrift für japanisches Recht 11 (2001), 7 (15 ff.).

303 Dazu supra → Rn. 20 ff.

Mitglieder des zuständigen Gesetzgebungsamtes. Denn der verwendete Begriff „ken" bedeutet ursprünglich „Macht", und es war unvorstellbar, dass einem Bürger eine Form von Macht eingeräumt werden sollte.[304] Recht bestand aus Pflichten, die ggf. strafbewehrt waren. Dass damit für den Einzelnen auch praktisch keine Möglichkeit bestand, sich gegen Entscheidungen des Staates zu wehren, also irgendeine Art von Verwaltungsrechtsschutz zu bekommen, war insofern nur konsequent.

141 **(2) Modernisierung und Meiji-Verfassung.** Dieses in sich ruhende System kannte erhebliche innenpolitische Probleme. Sein Ende jedoch kam von außen. Die westlichen Mächte drangen auf Zugang zu Japan, seinen Häfen und Märkten, und sie setzten diesen Willen mit der damals üblichen Brutalität durch. Die mehrfach angewandte Kanonenbootdiplomatie führte letztlich zum Erfolg als Commodore Matthew Perry 1853 mit einer Schwadron U.S.-amerikanischer Kriegsschiffe in der Bucht von Uraga auftauchte. Wie im Fall Chinas kam es, allerdings zunächst ohne Blutvergießen, zum Abschluss ungleicher Verträge.[305] Diese nationale Schande wiederum erhöhte den innenpolitischen Druck, bis schließlich der letzte Shôgun Yoshinobu 1867 formal abdankte und nach einigen Kämpfen 1868 der nur 15-jährige neue Kaiser Meiji die Macht übernahm, in den ehemaligen Palast des Shôgun übersiedelte und die Hauptstadt Edo in Tokyo („die östliche Hauptstadt") umbenannte. Die damit einsetzende, sog. Meiji-Restauration führte in einem längeren und komplexen Prozess zur Abschaffung des Feudalismus, zur Bildung eines Parlaments und einer Regierung, zu einer Landreform, zur Ausarbeitung einer Verfassung und letztlich zu einer weitreichenden Modernisierung Japans auf allen Ebenen.

142 Zentrales Kennzeichen des Modernisierungsprozesses war der ständige Kampf zwischen modernen westlichen, gar freiheitlich-demokratischen Ideen und der diesen Tendenzen völlig fremden japanischen Tradition, ein Kampf der auch innenpolitisch zwischen verschiedenen verfeindeten Gruppierungen ausgetragen wurde. In verfassungsrechtlicher Hinsicht orientierte sich die Umgestaltung an westlichen Verfassungsordnungen, wobei die preussische Verfassung den japanischen Autoritäten aufgrund einer gewissen ideologischen Nähe geeigneter erschien als die liberalere englische oder französische. Der hochrangige und sehr einflussreiche japanische Gesandte und spätere Ministerpräsident Ito Hirobumi informierte sich auf einer langen Europareise persönlich bei so bekannten deutschen Verfassungsrechtlern wie Rudolf von Gneist oder Lorenz von Stein und ließ sich von dem Rostocker Professor Roesler bei der Ausarbeitung des Verfassungsentwurfs beraten. Die Meiji-Verfassung von 1889 sah ein gewähltes Parlament mit einem ernannten, weitgehend adeligen Oberhaus und einem vom Volk gewählten Unterhaus vor. Das Wahlrecht allerdings war in den ersten Jahrzehnten auf Männer über 25 Jahre mit einem hoch angesetzten Mindeststeueraufkommen beschränkt und musste namentlich ausgeübt werden. Die Regierung war im Wesentlichen vom Kaiser abhängig, der seinerseits an der Spitze des Staates stand. Er hatte formal die oberste Macht inne und erhielt eine ganze Reihe von Vorrechten etwa in bezug auf Notstandsgesetzgebung, militärischen Oberfehl, Kriegserklärung und Abschluss internationaler Verträge, die die Befugnisse des Parlaments weiter einschränkten. In der Praxis allerdings wurde die Macht des Tennô von der Regierung ausgeübt. Die göttliche Natur des Kaisers als Kulminationspunkt der japanischen Staatsidee (kokutai) lag der Verfassung zwar nicht ausdrücklich, aber implizit zugrunde, indem der Kaiser im Verfassungstext als heilig und unverletzlich bezeichnet wurde.[306] Eine unabhängige Justiz und sogar ein gewisser verwaltungsrechtlicher Rechtsschutz wurden eingeführt. Grundrechte allerdings spielten in der Meiji-Verfassung eine nur untergeordnete Rolle. Insgesamt stellt die Meiji-Verfassung,

---

[304] Vgl. *Murakami, Jun'ichi,* Die historischen Hintergründe der Privatrechtsordnung, in: Fernuniversität Hagen (Hrsg.), Einführung in das japanische Zivilrecht – Grundlagen des japanischen Rechtssystems, 1989, 1 (14).

[305] Zu den ungleichen Verträgen mit China supra → Rn. 37 f.

[306] Dazu ausführlicher *Baum, Harald,* Wandel und Kontinuität – Die Ideologie des „kokutai" und das japanische Verfassungsrecht, in: Kischel, Uwe; Kirchner, Christian (Hrsg.), Ideologie und Weltanschauung im Recht, 2012, 47 (50, 52, 54 ff.).

trotz aller aus heutiger Sicht offensichtlichen Beschränkungen, vor dem Hintergrund der gänzlich anderen, jahrhundertealten japanischen Tradition einen erstaunlichen und völlig revolutionären Neuanfang dar.

(3) Neuordnung im Straf- und Zivilrecht. Nicht nur im Verfassungsrecht wurden **143**
rechtliche Reformen mit höchstem Eifer angegangen. Denn wie schon im Falle Chinas war eine Anpassung des Rechtssystems an westliche Vorstellungen Voraussetzung dafür, den Verlust an Souveränität aufgrund der ungleichen Verträge wieder rückgängig zu machen. Im Straf- ebenso wie im Zivilrecht wurden – nach anfänglicher Orientierung auch am englischen Recht – in einem längeren, wendungsreichen Prozess umfassende Gesetzbücher erlassen, die völlig unverkennbar und sehr weitreichend auf kontinentaleuropäische Vorbilder zurückgriffen.[307] Im Kern standen zwar französische und deutsche Vorbilder sowie Berater in Konkurrenz zueinander, doch setzte sich im Laufe der Zeit überwiegend der deutsche Einfluss durch. Dies kann vor allem auf drei Gründe zurückgeführt werden: Erstens stand zeitlich zunächst der Code civil als damals anerkannteste Zivilrechtskodifikation im Vordergrund, bis sich schon durch die Vorarbeiten die Qualitäten des deutschen BGB abzeichneten. Zweitens stand erneut das deutsche Kaiserreich dem japanischen ideologisch näher als die französische Republik. Drittens schien die streng systematische, begriffsorientierte Denkweise der deutschen Zivilrechtswissenschaft den Japanern, wie sich auch in der späteren Entwicklung zeigte, nahezuliegen.

Anfänglich aber spielte das französische Recht eine so große Rolle, dass die erste Gesetz- **144**
gebungskommission 1870 sogar den Auftrag hatte, schlicht den Code civil so schnell wie möglich ins Japanische zu übersetzen. Eine so simplistische Vorgehensweise konnte sich aber nicht durchsetzen. Stattdessen entstand zunächst 1870 im Strafrecht ein neues Strafgesetzbuch, das sich noch am chinesischen Recht orientierte. Es wurde jedoch schon 1882 durch ein auf französischen und anderen romanischen Vorbildern basierendes neues Strafgesetzbuch abgelöst, das der französische Jurist Boissonade im Auftrag der japanischen Regierung ausgearbeitet hatte. Dieses wiederum wurde 1907 vor allem auch nach deutschem Vorbild reformiert. Ein Zivilgesetzbuch wurde zunächst ebenfalls von Boissonade entworfen und orientierte sich, wenn auch durchaus kritisch, am französischen Code civil. Dieser Entwurf war 1890 bereits verabschiedet, aber noch nicht in Kraft getreten, als der sog. Kodifikationsstreit ausbrach, bei dem es vor allem um die ideologische Ausrichtung und die Bewahrung der japanischen Tradition ging. Der Entwurf Boissonades wurde ausgesetzt und eine neue Kommission aus drei japanischen Professoren eingerichtet. Sie stellte umfassende rechtsvergleichende Untersuchungen der verschiedensten Zivilrechtsordnungen an und legte Entwürfe vor, auf deren Grundlage 1896 die ersten drei Bücher (Allgemeiner Teil, Sachenrecht, Schuldrecht) und zwei Jahre später die Bücher zum Familien- und Erbrecht erlassen wurden. Die ersten drei Bücher waren dabei weder schlichte Kopien des französischen noch des deutschen Rechts, sondern stellten auf deren Basis durchaus eigenständige Schöpfungen dar. Dennoch war ihre grundsätzliche Orientierung an den Vorarbeiten zum BGB etwa schon in der Aufteilung der Bücher unverkennbar. Das Familien- und Erbrecht nahm demgegenüber sehr viel weitergehend Rücksicht auf traditionelle japanische Vorstellungen, insbesondere durch die Fokussierung auf den Gedanken des Hauses und die bedeutende Rolle des (männlichen) Hausvorstands. Weitaus deutlicher war die Orientierung an Deutschland im Rahmen der japanischen Zivilprozessordnung, die letztlich nichts anderes als eine Übersetzung ihres damaligen deutschen Gegenstücks mit wenigen Änderungen darstellte. Unter starkem deutschem Einfluss und deutschen Beratern entstand auch das Gerichtsverfassungsgesetz.

Die Anbindung des japanischen an das deutsche Zivilrecht war auf diese Weise gesetzlich **145**
zwar vorgezeichnet, aber keineswegs zwingend. Sie ergab sich aber in der Folge vor allem über die japanische Rechtswissenschaft, die sich bis zum Beginn des Ersten Weltkriegs

[307] Vgl. zum Folgenden *Marutschke* (Fn. 302), 29 ff., 85 ff., 307 f.; *Yamauchi* (Fn. 302), 393 ff.; *Kinoshita* (Fn. 302), 21 f.; zum Zivilgesetzbuch auch *Chen* (Fn. 65), 392 ff.

getreulich an der deutschen orientierte. Deutsche Literatur wurde gelesen, deutsche Theorienbildungen diskutiert und direkt auf das japanische Recht übertragen. Auch Richter orientierten sich an den teilweise übersetzten deutschen Kommentaren. Die Konzentration auf die deutsche Rechtswissenschaft ging so weit, dass japanische Zivilrechtler beispielsweise versuchten, das deutsche Abstraktionsprinzip,[308] das gerade nicht in das japanische Zivilgesetzbuch übernommen worden war, doch noch durch die Hintertür in das japanische Recht zu importieren. Eine Besinnung auf eigenständiges japanisches Rechtsdenken setzte dann erst in den 20er Jahren des 20. Jahrhunderts ein. Aktuelle japanische Probleme wurden jetzt stärker berücksichtigt, die eigene Rechtsprechung wurde kritisch analysiert. Das stark an Deutschland angelehnte Rechtsdenken blieb davon aber im Kern unangetastet.

bb) Taiwan: Kontinuität im Wandel

146 Taiwan stand ab dem Ende des 17. Jahrhunderts unter der Herrschaft der chinesischen Kaiser. Gleichzeitig kam es zu großen Einwanderungen ethnischer Han-Chinesen, deren Nachfahren heute die ganz überwiegende Mehrheit der Bevölkerung bilden und sich als Taiwanesen bezeichnen. 1895 wurde Taiwan zu einer Kolonie Japans, das eine Politik der Japanisierung verfolgte. Entsprechend galt seit 1898 das neue japanische Zivilgesetzbuch auch in Taiwan.[309] Anfänglich wurde allerdings noch für Streitigkeiten unter Taiwanesen das lokale Gewohnheitsrecht angewandt. Doch wurde das Gewohnheitsrecht durch japanische Augen, dh nach weitgehend deutscher Sichtweise ausgelegt. Ab 1923 galt dann das japanische Zivilgesetzbuch mit Ausnahme des Familien- und Erbrechts vollumfänglich auch in Taiwan, ohne dass dies zu erkennbar größeren Verwerfungen geführt hätte. Taiwan wurde also in rechtlicher Hinsicht schon früh an kontinentaleuropäisch und hier insbesondere deutsch geprägte Sichtweisen herangeführt.

147 Mit dem Ende der Kolonialherrschaft 1945 fiel die Insel wieder zurück an China und unterlag nunmehr chinesischem Recht in Form der sechs Kodizes, unter ihnen insbesondere das Zivilgesetzbuch von 1930.[310] Für Taiwan bedeutete dies weniger einen Bruch mit dem Rechtssystem der vergangenen Jahrzehnte als vielmehr eine erstaunliche Kontinuität, teilten doch das alte japanische und das neue chinesische Recht ihre ausgeprägte Anlehnung an deutsche Vorbilder. Auch nach Auffassung taiwanesischer Rechtsgelehrter konnte das taiwanesische Rechtsdenken sich auf diese Weise weitgehend bruchlos weiterentwickeln, die taiwanesische Rechtswissenschaft auf dieser Kontinuität aufbauen.[311] Als im restlichen China die Kommunisten die Macht übernahmen und die Volksrepublik China gründeten, flüchtete der Führer der nationalistischen Regierung, Chiang Kai-Shek, mit Truppen, Beamten und Anhängern nach Taiwan und konnte sich dort an der Macht halten. Anders als in der Volksrepublik galten also die sechs Gesetzbücher in Taiwan – der Republik China – fort und bilden bis heute die Grundlage seiner Rechtsordnung.

cc) Korea: Annektion mit Nachwirkungen

148 **(1) Früher Einfluss Chinas.** Wer die Entwicklung in der Volksrepublik China, Taiwan und Japan kennt, wird von Korea bei aller Eigenständigkeit und jahrhundertealter Tradition nur wenig überrascht sein.[312] Korea wurde vom 4. bis zum Ende des 14. Jahrhunderts stark vom Buddhismus beeinflusst, der über China dorthin gekommen war und bald zur Staats-

[308] Dazu supra → § 6 Rn. 276 ff.
[309] Zum Folgenden *Chen* (Fn. 65), 403 f.
[310] Zu diesen chinesischen Kodifikationen supra → Rn. 39.
[311] Dazu etwa auch *Yang, Tsu-hui,* Chinesisches Verfassungsrechtsdenken und freiheitliche Demokratie – Taiwan zwischen chinesischer Tradition und modernem Anspruch, in: Kischel, Uwe; Kirchner, Christian (Hrsg.), Ideologie und Weltanschauung im Recht, 2012, 89 (97 f.).
[312] Zum Folgenden vgl. *Kwon, Youngjoon,* Korea – Bridging the gap between Korean substance and Western form, in: Black, E. Ann; Bell, Gary F. (Hrsg.), Law and legal institutions of Asia, 2011, 151 (152 ff.); *Kim, Sang-Yong,* Geschichtliche Entwicklungen und Charakteristika des koreanischen Rechts, in: Korea Legislation Research Institute (Hrsg.), Einführung in das koreanische Recht, 2010, 1 (1 ff.).

religion aufstieg. Starke chinesische Einflüsse gab es bereits zu dieser Zeit auch in rechtlicher Hinsicht, ua mit dem Tang-Kodex, der Vorbildwirkung ausübte.[313] Obwohl die chinesischen Gesetze klar vom Konfuzianismus[314] geprägt waren, kamen mit ihnen zwar Kenntnisse über diese Philosophie nach Korea, doch konnte sie sich zunächst nicht gegen den Buddhismus durchsetzen. Dies änderte sich grundlegend mit dem Wechsel von der Goryeo-Dynastie (918–1392) zur Josean-Dynastie (1392–1910), für die auch die Bezeichnung als Yi-Dynastie üblich ist. Schon fünf Jahre nach Gründung der Josean-Dynastie wurden die sog. Sechs Kodizes zur Regierung des Landes (Kyeongje Yukcheon) erlassen, die jedoch nicht im Wortlaut überliefert sind. Bis heute verfügbar ist hingegen der 1484 erlassene Große Kodex zur Regierung des Landes (Kyeongguk Taejeon). Grundlegende Ähnlichkeiten mit China bestanden in vielfacher Hinsicht: Wie dort war das Recht vor allem Straf- und Verwaltungsrecht. Es diente in erster Linie der Umsetzung der moralischen Anforderungen. Die Aufmerksamkeit der Gelehrten galt in erster Linie den philosophischen und nicht den im heutigen Sinn juristischen Aspekten. Seine Anwendung oblag Richtern, die in erster Linie die regional zuständigen Verwaltungsbeamten (won-nim) waren. Privatrecht spielte selbst in der Gesetzgebung keine nennenswerte Rolle. Allerdings bestand daneben ein traditionelles Volksrecht, das sich aus dem damals anerkannten Gewohnheitsrecht und den auf Provinzebene ausgearbeiteten sog. Gemeindeabreden zusammensetzte. Das gesamte Recht dieser Zeit gilt heute, im Unterschied zum traditionellen chinesischen Recht, in der koreanischen Rechtswissenschaft als nicht hinreichend erforscht.[315]

(2) Japanische Annektion. In der zweiten Hälfte des 19. Jahrhunderts sah sich Korea **149**
zunehmend dem Einfluss westlicher Rechtsideen ausgesetzt. Einerseits versuchten westliche Mächte, wie auch anderswo in Asien, mithilfe einer Kanonenbootdiplomatie ihre Interessen insbesondere an einer Öffnung des Landes für den Handel durchzusetzen. Hinzu kamen andererseits aggressive Einmischungen sowohl durch China als auch durch Japan. Im chinesisch-japanischen Krieg von 1894/95 stritten beide Staaten um ihren Einfluss in Korea. Japan gewann und China musste vertraglich die Vorherrschaft Japans über Korea (ebenso wie über Taiwan) anerkennen. Japan weitete seinen Einfluss danach immer weiter aus. 1905 wurde Korea ein japanisches Protektorat, 1907 übernahm Japan die judikative Gewalt und 1910 annektierte es Korea auch formal, dh Korea verlor seine Eigenständigkeit und wurde zum Bestandteil des japanischen Staates.

Nach der Annektion galten zentrale japanische Gesetze einschließlich des Zivil-, Handels- **150**
und Strafgesetzbuchs unmittelbar auch auf dem koreanischen Territorium. Diese Integration in das japanische Rechtssystem war Teil einer umfassenden und rücksichtslosen Assimilierungsstrategie, die so weit ging, den Koreanern den Gebrauch der eigenen Sprache zu untersagen und sie zu zwingen, japanische Namen anzunehmen. Die japanische Herrschaft wurde von der großen Mehrheit der Koreaner als brutal und streng empfunden und mit Nachdruck abgelehnt. Diese Ablehnung bezog sich auch auf die Rechtsordnung, die als ein Teil des Unterdrückungssystems wahrgenommen wurde. Dennoch wurden hier die Grundlagen für ein bis heute stark vom deutschen Recht geprägtes Rechtsdenken gelegt. Denn das auf koreanischem Territorium unmittelbar geltende japanische Recht war gerade in der Zeit der Annektion und bis zum Ende des 2. Weltkriegs sehr stark auf Deutschland ausgerichtet. Daneben bestand allerdings ein koreanisches Gewohnheitsrecht für diejenigen Fragen fort, die nicht vom japanischen Recht erfasst wurden. Auch dieses lückenfüllende Gewohnheitsrecht wurde allerdings stark durch die Brille des westlich-japanischen Rechts betrachtet,[316] eine neue Tradition die sich auch später hielt.

---

[313] Vgl. *Johnson* (Fn. 12), 9.
[314] Zum Konfuzianismus supra → Rn. 9 ff.
[315] Deutlich zum unzureichenden Forschungsstand *Kim* (Fn. 312), 5.
[316] Dazu auch *Kim, Marie Seong-Hak,* Customary law and colonial jurisprudence in Korea, American Journal of Comparative Law 57 (2009), 205 (214 ff.).

151 **(3) Deutsche Orientierung nach der Unabhängigkeit.** Nach dem Ende des Zweiten Weltkriegs stand Korea zunächst für drei Jahre unter der Verwaltung der USA. Dieses Zwischenspiel konnte jedoch aufgrund der Kürze der Zeit keinen langandauernden Einfluss hinterlassen.[317] Einzige Ausnahme blieb die koreanische Verfassung, die zwar auf zahlreichen westlichen Vorbildern beruhte, von denen aber das der USA den größten Einfluss hatte.[318]

152 Nachdem Korea seine Unabhängigkeit wiedererlangt hatte, wurden mehrere Kodifikationen ausgearbeitet, die an die Stelle der bisherigen japanischen Gesetzbücher traten und sehr stark deutsch beeinflusst waren, insbesondere das Strafgesetz von 1953, das Zivilgesetz von 1958 (in Kraft seit 1960) und das Handelsgesetz von 1962. Das Strafgesetz ist inhaltlich wie systematisch stark an das deutsche Strafgesetzbuch angelehnt, so dass insofern kaum Unterschiede zwischen Kolonialzeit und Unabhängigkeit bestanden. Auch seither hat sich daran kaum etwas geändert. Anders als in Deutschland aber hat der koreanische Gesetzgeber bei Reformen ganz überwiegend nicht den Text des Strafgesetzes selbst geändert, sondern sog. Sonderstrafgesetze erlassen, etwa ein Gesetz über Gewaltkriminalität oder ein Gesetz über die Bestrafung der Straftaten gegen die sexuelle Selbstbestimmung. Die koreanische Strafrechtswissenschaft und damit die ganze Strafrechtsdogmatik ist ebenfalls bis heute sehr stark vom deutschen Recht beeinflusst. Viele führende Strafrechtler an den Universitäten haben einen Teil ihrer Ausbildung in Deutschland verbracht.[319]

153 Ähnlich ist die Lage für das koreanische Zivilgesetz. Es wurde auf der Grundlage des bereits stark deutsch beeinflussten japanischen Zivilgesetzes erarbeitet, dabei allerdings die auf dem französischen Code civil beruhenden Teile vielfach durch deutsche oder schweizerische Lösungen ersetzt. Allerdings ist das koreanische Zivilgesetz etwas kürzer als das deutsche BGB und enthält zwar ebenfalls fünf Bücher, jedoch in leicht abweichender Reihenfolge, indem das Sachenrecht zwischen Allgemeinem Teil und Schuldrecht steht. Rechtswissenschaft und Rechtsprechung sind bis heute stark deutsch beeinflusst; deutsche Gerichtsentscheidungen und Lehrbücher werden in koreanischen Aufsätzen oft zitiert. Wichtige Änderungen allerdings finden sich oft nicht im Zivilgesetz selbst, sondern in Sondergesetzen, die oft auch eigenständige Wege gehen.[320]

154 Besonders deutlich wird der fortbestehende Einfluss Deutschlands etwa an dem Projekt einer grundlegenden Reform des koreanischen Zivilgesetzes, das – nach einem erfolglosen Vorgänger um die Jahrtausendwende – 2009 unter der Führung des Justizministeriums angegangen wurde,[321] dann aber erneut im Parlament scheiterte.[322] Das Projekt sollte nicht nur die oft noch chinesischen Schriftzeichen des Gesetzes durch koreanische ersetzen sowie

---

[317] Vgl. auch *Ahn, Kyong Whan,* The influence of American constitutionalism on South Korea, Southern Illinois University Law Journal 22 (1997), 71 (72 f.).

[318] Vgl. dazu etwa *Ahn* (Fn. 317), 73 ff., dessen Darstellung allerdings bei Lesern außerhalb der USA immer wieder Fragen nach dem Einfluss weiterer Rechtsordnungen aufkommen lässt, etwa wenn aus der Rechtsprechung des koreanischen Verfassungsgerichts die Entwicklung einer allgemeinen Handlungsfreiheit (ibid., 90) oder eines einzigen Rechtfertigungsstandards des sachlichen Grundes für die Gleichheitsprüfung (ibid., 101 f.) referiert wird, ohne auf die sich aufdrängende Frage nach deutschen Vorbildern einzugehen; ebenso werden allgemein westliche Merkmale einer Verfassung wie ua das einheitliche Dokument, eine Liste von Grundrechten, die Gewaltenteilung oder die erschwerte Abänderbarkeit als „American constitutional characteristics" bezeichnet und so die Nähe zu den USA begründet, ibid., 73.

[319] Zum deutschen Einfluss im Strafrecht vgl. *Kim, Seong-Cheon,* Strafrecht, in: Korea Legislation Research Institute (Hrsg.), Einführung in das koreanische Recht, 2010, 239 (243 f.).

[320] Zum Ganzen auch *Lee, Byung-Jun,* Zivilrecht, in: Korea Legislation Research Institute (Hrsg.), Einführung in das koreanische Recht, 2010, 79 (79 ff.); zum ebenfalls großen deutschen Einfluss auf das Handelsrecht vgl. *Yoo, Ju-Seon,* Handels- und Gesellschaftsrecht, in: Korea Legislation Research Institute (Hrsg.), Einführung in das koreanische Recht, 2010, 157 (157 f.).

[321] Zum Ganzen sehr plastisch und eingängig *Kwon, Youngjoon,* National report – Recent civil code reform in Korea, 2013, 4, 7 ff., www.klri.re.kr/cmm/fms/FileDown.do?atchFileId=FILE_000000000004591dLJkO&fileSn=0, Dokumentseite 123 ff.; (zuletzt abgerufen am 18.7.2025).

[322] Zum erneuten Scheitern kurz *Kwon, Youngjoon,* Understanding Contract Law in Korea, Journal of Korean Law 22 (2023), 149 (177).

die altertümliche Grammatik modernisieren.[323] Vor allem ging es darum, das Zivilgesetz an die sozialen Veränderungen des Landes und modernen Entwicklungen anzupassen. Bei den Debatten spielten nicht nur das deutsche BGB und seine Reformen eine Rolle, sondern vor allem auch die im europäischen Rahmen ausgearbeiteten Projekte wie etwa die Principles of European Contract Law (PECL) oder der Draft Common Frame of Reference (DCFR) und internationale Verträge wie das UN-Kaufrecht (CISG). Sie wurden nicht nur im Hinblick auf ihre jeweilige Endfassung beachtet, sondern boten durch ihre Vorarbeiten auch einen willkommenen Fundus an rechtsvergleichenden Untersuchungen der verschiedensten Rechtssysteme in fremdsprachlich handhabbarer Form. Dennoch standen grundlegende, dem deutschen Recht entliehene Eigenheiten des koreanischen Zivilgesetzes nicht ernsthaft zur Disposition, auch wenn etwa das Pandekten-System mit seinem Allgemeinen Teil und seinem hohen Abstraktionsgrad oder die Wahl des Rechtsgeschäfts und nicht des Vertrags als Ausgangspunkt der Regelungen noch einmal diskutiert wurden. Selbst Einzelheiten wie die Ausweitung der Betreuung von Personen, die ihre Geschäfte nicht selbst wahrnehmen können, werden jedem deutschen Juristen aufgrund der entsprechenden einheimischen Diskussionen sofort bekannt vorkommen. Insgesamt bleibt es so dabei, dass ein deutscher Jurist sich in Erörterungen des koreanischen Zivilrechts sowohl inhaltlich als auch systematisch und terminologisch sofort heimisch fühlt, die Unterschiede in manchen Details – etwa die fehlende Integration des Verbraucherschutzrechts in das Zivilgesetz – sogleich bemerkt, aber keinerlei Schwierigkeiten hat, sie jeweils juristisch einzuordnen. Umgekehrt scheinen etwa selbst koreanische Autoren, die sich für ein eigenes, von ausländischen Theorien unabhängiges Zivilgesetzbuch aussprechen, es für nötig zu halten, die deutsche Übersetzung des Fachbegriffs anzugeben, wenn sie auf Englisch die Schaffung einer elektronischen Willenserklärung im Zusammenhang mit künstlicher Intelligenz vorschlagen.[324]

b) Nach dem Zweiten Weltkrieg: Einfluss U.S.-amerikanischen Rechts

Die Konkurrenz zwischen kontinentaleuropäischem, insbesondere deutschem und französi- **155**
schem Recht einerseits und common law, insbesondere dem Recht der USA andererseits macht sich im südostasiatischen Kontext überall, wenn auch in deutlich unterschiedlicher Intensität bemerkbar.

aa) Geringe Bedeutung in Korea

Am geringsten scheint der Einfluss der USA insgesamt in Korea auszufallen. Neben einem **156**
nicht unerheblichen Beitrag zum Verfassungsrecht[325] machten sich U.S.-amerikanische Rechtsinstitute seit dem Ende des 20. Jahrhunderts vor allem im Gesellschaftsrecht bemerkbar,[326] was aber im Wesentlichen einem Trend in zahlreichen Ländern der Welt und beispielsweise auch in Deutschland entspricht. Auch im Kartellrecht wurden neben deutschen auch U.S.-amerikanische und japanische Vorbilder herangezogen.[327] Das U.S.-amerikanische Rechtsdenken als solches fand hingegen wenig Widerhall. Spezielle Erscheinungsformen wie etwa die ökonomische Analyse des Rechts oder interdisziplinäre Ansätze stießen zwar auf Interesse, blieben aber weitgehend akademisch.[328] Im Übrigen blieb Korea nicht nur in den materiellrechtlichen Strukturen und Details, sondern auch in der rechtlichen Denkweise über die einzelnen Rechtsgebiete hinweg vom deutschen Rechtsdenken geprägt.

---

[323] Vgl. auch *Lee* (Fn. 320), 81.
[324] Vgl. *Oh, Byoung Cheol,* Changes in Modern Society and Adaptions in Korea's Civil Code, Yonsei Law Journal 11 (2021), 1 (5, 9).
[325] Vgl. supra → Rn. 151.
[326] Vgl. *Yoo* (Fn. 320), 178.
[327] Vgl. *Kim, Doo-Jin,* Wirtschaftsrecht – Kartellrecht und Verbraucherschutzrecht, in: Korea Legislation Research Institute (Hrsg.), Einführung in das koreanische Recht, 2010, 179 (186, 201).
[328] Vgl. *Kwon* (Fn. 321), 4.

157 Das gilt selbst im Verfassungsrecht, wo etwa das eindeutig U.S.-amerikanisch inspirierte „right to pursue happiness" in Art. 10 koreanVerf von der Rechtsprechung ganz entgegen der Verfassungsrechtslage in den USA und ganz im Sinne des deutschen Verfassungsrechts als eine allgemeine Handlungsfreiheit ausgelegt wurde, die ua auch die Vertragsfreiheit umfasst.[329] Das gilt vielfach auch für neu in den Fokus gerückte und gesetzlich erfasste Rechtsgebiete wie etwa den Verbraucherschutz, der sich stark an dem ursprünglichen deutschen Gesetz zur Regelung der Allgemeinen Geschäftsbedingungen orientierte und etwa auch bei der erst 2006 eingeführten Verbandsklage auf deutsche Vorbilder zurückgriff.[330] Auch in der 2009 begonnenen Reform des Zivilgesetzes spielte das U.S.-amerikanische Recht nur am Rande ein Rolle. Die Ausnahme, die die Regel bestätigt, liegt im Recht der unerlaubten Handlungen, in dessen Rahmen U.S.-amerikanische Fälle intensiv diskutiert wurden. Dennoch wurde insbesondere ein Strafschadensersatz nach U.S.-Vorbild ausdrücklich abgelehnt, weil er nur im Gesamtsystem des common law Sinn mache.[331]

bb) Gelegentlicher Einfluss in Taiwan

158 In Taiwan hat sich der U.S.-amerikanische Einfluss nach dem Zweiten Weltkrieg vor allem im Verwaltungs- und im Handelsrecht niedergeschlagen.[332] Im zentralen Bereich des Zivilrechts hingegen blieb die Anbindung an kontinentaleuropäische und hier vor allem deutsche Traditionen ungebrochen.[333] In der Rechtswissenschaft blieben Bezüge zum deutschen, französischen und japanischen Recht an der Tagesordnung. Das bedeutete keine sklavische Anbindung. So wurden etwa 1963 die bis dahin beschränkten Möglichkeiten, bewegliche Sachen als Kreditgrundlage zu belasten, durch ein Gesetz über die Übertragung von beweglichem Eigentum erheblich ausgeweitet, das Art. 9 des Uniform Commercial Code der USA zum Vorbild hatte. Auch das Verbraucherschutzgesetz von 1994 beruhte nicht nur auf dem deutschen Recht der allgemeinen Geschäftsbedingungen, sondern auch auf U.S.-amerikanischem Produkthaftungsrecht.

159 Dennoch ist der überwältigende Einfluss der deutschen Rechtswissenschaft nicht zu übersehen: Das so deutsch anmutende Abstraktionsprinzip[334] etwa wird in Taiwan verteidigt. Das Recht der allgemeinen Geschäftsbedingungen wurde – wie in Deutschland – vor seiner ausdrücklichen Einfügung in das Zivilgesetzbuch richterrechtlich durch Verweis auf eine zivilrechtliche Generalklausel entwickelt. Der jedem deutschen Juristen bekannte Anspruch wegen positiver Vertragsverletzung (letztlich Schadenersatz für die aktive Verletzung vertraglicher, oft nicht ausdrücklicher Nebenpflichten) wurde wie in Deutschland jahrzehntelang ohne konkrete gesetzliche Grundlage angewandt und dann 1999, also sogar kurz vor Deutschland, im Zivilgesetzbuch kodifiziert. Das taiwanesische Verfassungsrecht ist ebenfalls sehr stark von der deutschen Lehre und Rechtsprechung beeinflusst und hat zahlreiche Institute des deutschen Verfassungsrechts nachempfunden.[335] Auch heute noch ist der Zugang zum taiwanesischen Recht für jeden im deutschen Recht geschulten Juristen vergleichsweise leicht, hingegen für jeden Juristen des common law eher schwer und mit erheblichen Hürden verbunden. Ein deutscher und ein taiwanesischer Jurist mögen sich über die Unterschiede ihrer Rechtsordnungen unterhalten, doch geschieht dies stets auf Augenhöhe auf der Basis eines großen Fundus gemeinsamer Grundverständnisse, die bei Juristen aus anderen Rechtsordnungen vielfach fehlen.

---

[329] Zu dieser Auslegung vgl. die Entscheidung des koreanischen Verfassungsgerichts vom 3.6.1991, zusammengefasst in The Constitutional Court of Korea (Hrsg.), The first ten years of the Korean Constitutional Court, 2001, 200 ff.; dazu auch *Ahn* (Fn. 317), 89.
[330] Vgl. *Kim* (Fn. 327), 197, 201.
[331] Vgl. dazu *Kwon* (Fn. 321), 26, 29.
[332] Vgl. *Lo, Chang-fa,* The legal culture and system of Taiwan, 2006, 3.
[333] Vgl. zum Folgenden *Chen* (Fn. 65), 404 ff.
[334] Dazu für Deutschland supra → § 6 Rn. 273 ff.
[335] Vgl. infra → Rn. 193.

cc) Spannungsverhältnis in Japan

Der Einfluss des U.S.-amerikanischen Rechtsdenkens ist in Japan klar am größten. Nach dem Zweiten Weltkrieg übernahmen die USA als Besatzungsmacht in Japan das Ruder mit dem erklärten Ziel, den japanischen Militarismus zu beenden und die Demokratie einzuführen. Das Vorhaben bedurfte eines diplomatischen Drahtseilaktes zwischen General MacArthur als Oberbefehlshaber, der japanischen Regierung und dem Kaiser. In rechtlicher Hinsicht legte die Besatzungsmacht vor allem auch großen Wert auf eine freiheitliche Verfassung.[336] Tatsächlich wurde ein wichtiger Entwurf des Verfassungstextes von einer Gruppe von U. S. Juristen im Hauptquartier der U. S. Besatzungsmacht in nur acht Tagen erstellt, im weiteren Verfahren aber durchaus ergänzt. Die 1946 verabschiedete Verfassung versuchte nicht, das U.S.-amerikanische System direkt auf Japan zu übertragen, wie sich etwa an der Übernahme eines parlamentarischen Modells nach britischem Muster oder auch schlicht an der besonderen Stellung des Kaisers zeigte. Sie trug aber ganz klar eine U.S.-amerikanische Handschrift. Dies zeigt sich beispielsweise an Formulierungen wie der des Art. 13 japanVerf, der in englischer Übersetzung das berühmte Recht auf „life, liberty, and the pursuit of happiness" gewährt. Ebenso deutlich wird die enge Verwandtschaft etwa in der Organisation der Gerichtsbarkeit mit einem Obersten Gerichtshof, der wie in den USA die rechtsprechende Gewalt auf sich vereint, während andere Gerichte nur nach Maßgabe der Gesetze errichtet werden können (Art. 76 japanVerf). Wie in den USA gibt es kein ausgeprägtes System von spezialisierten Gerichten, insbesondere weder eine separate Handels- noch Verwaltungsgerichtsbarkeit. Bis zum Ende der Besatzungszeit 1952 wurden noch weitere Gesetze überarbeitet, etwa das Gesellschaftsrecht, das Arbeitsrecht, das Familienrecht und das Strafprozessrecht, die alle stark von amerikanischen Ideen mitgeprägt wurden. Der Strafprozess beispielsweise ist gegnerschaftlich organisiert und kennt ähnliche Beweisregeln wie das U. S. Recht, einschließlich des Verbots des Beweises vom Hörensagen. Andere Gesetze hingegen blieben weitgehend in ihrer bisherigen, kontinentaleuropäisch geprägten Form erhalten, darunter so wichtige wie das Zivilgesetzbuch, die Zivilprozessordnung und das Strafgesetzbuch. **160**

Die japanische Rechtsordnung weist so bis heute sowohl klassisch kontinentaleuropäische **161** als auch Züge des common law auf. Beide verbinden sich zu einer nicht mehr zu trennenden Gemengelage, die gerade ein besonders typisches Merkmal des japanischen Rechts darstellt. Auch spätere Reformen weisen weder klar in die eine noch in die andere Richtung. So wurde etwa 2009 ein Laienrichterwesen eingeführt, das letztlich einer Mischung aus der amerikanischen jury und dem deutschen Schöffenwesen ähnelt.[337] Dass hingegen der ganze Bereich des Wirtschaftsrechts stark amerikanisch beeinflusst wurde, entspricht einem weltweiten Trend.

Wer sich also als Ausländer näher mit japanischem Recht beschäftigt, muss sich stets des **162** Spannungsverhältnisses zwischen U.S.-amerikanischem und kontinentalem, insbesondere deutschem Rechtsdenken bewusst sein, das diese Rechtsordnung insgesamt prägt. Auch in Japan wird das Recht oft als „amerikanischer Baum auf deutschen Wurzeln"[338] beschrieben. Dabei hilft es weiter zu wissen, dass der kontinentale Einfluss im materiellen Zivil-, Straf- und Verwaltungsrecht stärker ausgeprägt ist, umgekehrt das U.S.-amerikanische Denken im

---

336 Vgl. zum Folgenden *Cuniberti* (Fn. 4), 250 ff.; *Matsui, Shigenori,* The constitution of Japan – A contextual analysis, 2011 (13 ff.); *Marutschke* (Fn. 302), 47 ff.; *Anderson, Kent; Ryan, Trevor,* Japan – The importance and evolution of legal institutions at the turn of the century, in: Black, E. Ann; Bell, Gary F. (Hrsg.), Law and legal institutions of Asia, 2011, 120 (124 ff.); *Kinoshita* (Fn. 302), 22 f.; *Yamauchi* (Fn. 302), 395 ff.

337 Vgl. dazu *Marutschke* (Fn. 302), 71 f.; zur Entwicklungsgeschichte *Watson, Andrew,* Popular involvement in criminal justice: Should the jury return to Japan? – And the question of mixed courts, in: Marutschke, Hans-Peter (Hrsg.), Laienrichter in Japan, Deutschland und Europa, 2006, 101 (128 ff.); Darstellung der gesetzlichen Grundlage bei *Uetomi, Toshinobu,* Das Gesetz zur Einführung des Laienrichtersystems in Japan, in: Marutschke, Hans-Peter (Hrsg.), Laienrichter in Japan, Deutschland und Europa, 2006, 3 (5 ff.).

338 *Nishihara, Hiroshi,* Die Renaissance des deutschen rechtswissenschaftlichen Denkens im japanischen Verfassungsrecht – Analyse und Ausblick, in: Kischel, Uwe (Hrsg.), Der Einfluss des deutschen Verfassungsrechtsdenkens in der Welt – Bedeutung, Grenzen, Zukunftsperspektiven, 2014, 1 (9).

Verfassungsrecht sowie im Zivil- und Strafprozessrecht. Doch selbst diese grobe Orientierung bedarf im Einzelfall jeweils differenzierter Betrachtung. So besteht beispielsweise im Verfassungsrecht eine grundsätzlich starke Anbindung an U.S.-amerikanisches Denken, das etwa dazu führte, das in den 60er und 70er Jahren des 20. Jahrhunderts sogar die Lehre von den levels of scrutiny[339] übernommen wurde. Dennoch hielt sich der japanische Oberste Gerichtshof keineswegs sklavisch an die amerikanischen Methoden, sondern wandelte diese nicht unerheblich ab. Gern wird dies jedenfalls für die Anfangszeit auch auf den verbliebenen Einfluss von deutsch geprägten Richtern aus der Vorkriegszeit zurückgeführt. Aber auch heute besteht eine deutsche Tradition in der Verfassungsrechtslehre fort, gibt es Verfassungsrechtler, die sich intensiv mit der deutschen Dogmatik auseinandersetzen und ihr auch für Japan das Wort reden. So kann etwa in der Rechtsprechung des japanischen Obersten Gerichtshofs eine Tendenz zum Aufgreifen der Verhältnismäßigkeitsprüfung und damit eine langsame Durchsetzung des deutschen Modells gesehen werden.[340]

dd) Bedeutung von Ausbildungsweg und allgemeinem Rechtsdenken

163 Damit ist zugleich ein eher soziologischer Aspekt angesprochen, der das Recht in Japan, aber auch in Taiwan und Südkorea prägt: Nicht wenige der dort tonangebenden Juristen sind in individuell je unterschiedlichem Ausmaß von den impulsgebenden fremden Rechtsordnungen geprägt. Wer also selbst in den USA studiert hat oder wer von Professoren beeinflusst wurde, die in den USA studiert haben, wird tendenziell auch in seiner Sichtweise des heimischen Rechts sehr viel mehr vom U.S.-amerikanischen Denken beeinflusst sein, wer umgekehrt solche Bezüge vor allem nach Deutschland besitzt vom deutschen Denken. So ist der Wettstreit der impulsgebenden Rechtsordnungen zugleich ein Streit unter akademischen Schulen innerhalb des jeweiligen Landes. Wer sich beispielsweise in Taiwan die Liste der Hohen Richter am Justizyuan, also der Verfassungsrichter anschaut, wird feststellen, dass in früheren Jahren Richter mit einer auf Deutschland bezogenen Ausbildung, etwa mit einem in Deutschland erworbenen Doktortitel, klar überwogen. Später stieg der Anteil der auch in den USA ausgebildeten Richter deutlich an, so dass sich beide Gruppen die Waage hielten. Zum Jahr 2025 hingegen scheint sich die Grundsituation verändert zu haben. Nur etwa die Hälfte der acht Verfassungsrichter führt überhaupt einen ausländischen akademischen Titel, davon zwei aus Deutschland, einer aus den USA und einer aus Frankreich. In der taiwanesischen Verfassungsrechtswissenschaft gibt es neben den vielen, traditionell von Deutschland beeinflussten Professoren eine stetig wachsende Gruppe mit U.S.-amerikanischem Bildungshintergrund.

164 Dieser soziologische Einfluss bekräftigt noch einmal, dass es bei der Frage des jeweiligen Einflusses auch in der Sache weniger um einzelne Rechtsinstitute als vielmehr um das insgesamt vorherrschende Rechtsdenken geht. Es ist weniger wichtig, in welchem Umfang einzelne Rechtsinstitute oder Formulierungen aus der einen oder anderen Rechtsordnung übernommen wurden. Eine Kernfrage ist hingegen, ob eher das induktive Denken von Fall zu Fall und ein geringerer Hang zur Systematisierung wie im common law und ein interdisziplinär geprägter Ansatz wie speziell in den USA vorherrscht oder eher das normzentrierte, deduktive und systematisierende Denken wie im kontinentaleuropäischen Recht. Selbst für Japan aber wird insofern klar festgehalten, dass das case law System U.S.-amerikanischer Spielart dort nicht die Grundlage des Denkens ist, sondern sich ein systematischer Ansatz durchgesetzt hat, der sogar zu einer größeren Einheitlichkeit der Rechtsprechung führt, als sie auf dem europäischen Kontinent zu finden ist.[341]

[339] Zu dieser für das U.S.-amerikanische Grundrechtsverständnis grundlegenden Lehre vgl. supra → § 5 Rn. 210 ff.

[340] Zum Ganzen ausführlich *Nishihara* (Fn. 338), 8 ff.

[341] Deutlich etwa *Noda, Shogo,* Japanische Gerichte und polititsche Einflussnahme, in: Stürner, Rolf (Hrsg.), Die Bedeutung der Rechtsdogmatik für die Rechtsentwicklung – Ein japanisch-deutsches Symposium, 2010, 137 (137); vgl. auch *Wendehorst, Christiane C.,* Rezeption deutschen Zivilrechts – Was bleibt übrig im 21. Jahrhundert?, in: Jehle, Jörg-Martin; Lipp, Volker; Yamanaka, Keiichi (Hrsg.), Rezeption und Reform

3. Konfuzianismus und Streitaversion

a) Kultureller und politischer Hintergrund

Die wohl meistdiskutierte Frage im Zusammenhang mit den südostasiatischen Rechtsordnungen ist die nach dem heutigen Einfluss des Konfuzianismus. Damit ist in der Regel aber nicht die ganze Vielfalt dieser Philosophie gemeint, sondern ein ganz bestimmter Einzelaspekt: Die Tendenz zur Harmonie und gegen eine offene, gar gerichtliche Austragung von Streitigkeiten.[342] Ob eine solche, typisch asiatische Streitaversion wirklich besteht und sich maßgeblich auf die Rechtsrealität auswirkt, ist allerdings hochgradig umstritten. 165

Eine typische Zusammenfassung der grundlegenden These von der Streitaversion liest sich bei einem U.S.-amerikanischen Autor folgendermaßen: 166

„Westerners regard disputes as normal, natural, even healthy. We are deeply imbued with the concept that truth and justice are most likely to emerge from the open clash of different ideas. We see positive value in the frank expression of differences, just as we are suspicious of notions of „harmony" that might suppress those differences for the sake of a superficial consensus. (…) Western attitudes toward disputes are very much a product of the Enlightenment, a philosophical movement that had perhaps its greatest influence in the United States. From Montesquieu, we derive the modern concept of a trial as a contest of persuasion. From Locke and Smith, respectively, we received the „separation of powers" in politics and the „invisible hand" in economics – concepts based on the notion that the interaction of competing interests will produce a kind of equilibrium or well being in the broader community. (…) [Asian countries strongly influenced by Confucian tradition, or at least closer to that tradition than to Western views] speak of an „Asian way" of approaching issues, meaning an emphasis on group harmony, consensus, and informality and avoidance of legalism. Most Asians do not see disputes as normal or inevitable; on the contrary, they view them as disturbances of natural harmony and, therefore, to be avoided. There is no „marketplace of ideas" in Confucianism and no tradition of encouraging debate. This is not to say that Asians do not have disputes, but they do not view them as productive or beneficial."[343]

Erneut zeigt sich hier die Bedeutung des eigenen kulturellen und persönlichen Hintergrunds für jede Bewertung ausländischer Kulturen: Die Annahme dürfte nicht fernliegen, dass die dem Zitat zugrundeliegenden Einschätzungen vielen U.S.-Amerikanern und insbesondere vielen der dortigen, als besonders streitfreudig bekannten Juristen unmittelbar einleuchten werden. Schon im geistig scheinbar so nahen Europa allerdings dürften sie schnell auf Widerspruch stoßen. Das ausgeprägte Lob des Konflikts als gesunde und beste Quelle von Wahrheit, der Glaube an die unsichtbare Hand in der Wirtschaft – im Gegensatz zu staatlicher Intervention – und selbst der Marktplatz der Ideen sind Gedanken, die natürlich auch in Europa präsent sind, aber dennoch von vielen Europäern mit Zurückhaltung, Skepsis oder sogar Ablehnung betrachtet werden. Auch viele Europäer ziehen ein harmonisches Zusammenleben dem Konflikt vor. Für Skandinavien etwa wird ohnehin eine geringe Klagneigung behauptet,[344] und auch in den Niederlanden ist die Klagerate vergleichsweise gering.[345] Aber auch in Deutschland wird jeder gute Anwalt seinem Mandanten zunächst zu einer einvernehmlichen Lösung raten und einen Rechtsstreit nach Möglichkeit 167

im japanischen und deutschen Recht, 2008, 19 (30), die die Rolle nicht von Inhalten, sondern von Begrifflichkeit, Strukturen, Systemdenken und Dogmatik betont; vgl. etwa auch *Kitagawa, Zentaro,* Development of comparative law in East Asia, in: Reimann, Mathias; Zimmermann, Reinhard (Hrsg.), The Oxford handbook of comparative law, 2006, 237 (247).

342 Zu anderen traditionellen Wertvorstellungen noch infra → Rn. 179 ff.

343 *Green, Carl J.,* APEC and trans-pacific dispute management, Law and Policy in International Business 26 (1995), 719 (729 f.).

344 Dazu supra → § 7 Rn. 136 f.

345 Vgl. *Blankenburg, Erhard,* Patterns of legal culture – The Netherlands compared to neighboring Germany, American Journal of Comparative Law 46 (1998), 1 (18 ff.), der jedoch eine rechtskulturelle Begründung dafür ausschließt und stattdessen auf institutionelle Gründe verweist.

zu vermeiden suchen. Auch wird hier beispielsweise der Prozess gerade nicht als ein Wettstreit um die beste und brillanteste Darlegung der eigenen Position, nicht als Wettbewerb der Überzeugungskraft, sondern als eine Suche nach der Wahrheit[346] verstanden. Konflikte, insbesondere wenn sie vor Gericht ausgetragen werden, sind zwar nicht verpönt, doch gelten sie kaum als produktiv und vorteilhaft. Damit verschwindet der Unterschied zu Asien nicht völlig, relativiert sich aber stark.

168 Eine Parallele im menschenrechtlichen und politischen Bereich findet die allgemeine Diskussion um den konfuzianischen Einfluss in der Debatte um Existenz und Bedeutung sog. asiatischer Werte, wie sie vor allem in den 90er Jahren des 20. Jahrhunderts hitzig geführt wurde.[347] Bei dieser Debatte ging es auch immer darum, inwieweit asiatische Werte nur ein Kampfbegriff zur Verteidigung autoritärer Regime gegen menschenrechtliche Forderungen aus der eigenen Bevölkerung und aus westlichen Staaten waren. Sie zeigt vor allem, dass die Diskussion um die Bedeutung von Harmoniestreben und Gemeinschaftswerten gegenüber Konflikten und Individualisierung nicht nur eine Vielzahl von asiatischen Staaten betrifft, sondern auch stark ideologisch aufgeladen ist und von der persönlichen Einstellung zu politischen Grundfragen mitbestimmt wird.

b) Debatten um die Streitaversion: Japan im Fokus

169 Im Fokus der spezifisch juristischen Diskussionen um die Andersartigkeit asiatischer Rechtseinstellungen steht aber Japan – wobei gleichzeitig darüber gestritten wird, ob Japan selbst ein typischer Repräsentant Asiens oder vielmehr ein Sonderfall ist. Die im Hinblick auf die Streitaversion für Japan diskutierten Aspekte sind vielfältig und unterscheiden sich von Autor zu Autor.[348] Neben der Philosophie des Konfuzianismus und teilweise des Buddhismus wird beispielsweise[349] das Geflecht von Loyalitäts- und Pflichtenbeziehungen (giri) genannt.[350] Giri prägt sowohl hierarchische wie nichthierarchische Beziehungen in Japan und besteht mit der Pflicht zur Bewahrung der eigenen Ehre sogar in Bezug auf die eigene Person. Der Händler beispielsweise schuldet im Rahmen von giri nicht nur die jeweiligen Waren oder Leistungen, sondern muss sie auch mit der notwendigen Höflichkeit oder Unterwürfigkeit liefern, ggf. auch einmal kleinere Gefälligkeiten mit einschließen. Im Gegenzug sollte der Kunde seine Geschäfte weiter mit diesem Händler abschließen. Ein weiterer Aspekt der Streitaversion ist beispielsweise die besondere und auch staatliche geförderte Bedeutung sozialer Gruppen – Großfamilien, Dörfer, Unternehmen, bürokratische Institutionen –, die sich auch personell stark abschotten, innerhalb derer sich Japaner bewegen und leben und die eine starke soziale Kontrolle ausüben. Traditionelle Institutionen und Einstellungen wie giri oder die Bedeutung von Gruppen, so die These, seien für das Funktionieren der japanischen Gesellschaft sowohl objektiv als auch im Bewusstsein der Japaner von besonderer Bedeutung. Sie nähmen auf diese Weise in vielerlei Hinsicht die Stelle ein, die in westlichen Gesellschaften das Recht innehabe. Als konkretes Beispiel für die Ablehnung harter rechtlicher Lösungen wird beispielsweise auch auf die Realität des japanischen Strafrechts hingewiesen:[351] Nicht nur bestehe kulturell bedingt eine sehr niedrige Kriminalitätsrate. Typisch sei

---

[346] Vgl. supra → § 6 Rn. 164 f., 268, → § 7 Rn. 161 f., 167.

[347] Vgl. dazu den Überblick bei *Milner* (Fn. 3), 56 ff.

[348] Für einen Überblick vgl. *Cuniberti* (Fn. 4), 270 ff.; *Baum, Harald,* Rechtsdenken, Rechtssystem und Rechtswirklichkeit in Japan – Rechtsvergleichung mit Japan, RabelsZ 59 (1995), 258 (259 ff.); grundlegend *Haley, John Owen,* The spirit of Japanese law, 2006, passim; *Haley, John Owen,* Authority without power – Law and the Japanese paradox, 1991, passim; *Nottage, Luke,* The Development of Comparative Law in Japan, in: Reimann, Mathias; Zimmermann, Reinhard (Hrsg.), The Oxford Handbook of Comparative Law, 2. Aufl. 2019, 201 (219 ff.).

[349] Vgl. auch die anschauliche Beschreibung japanischen Sozialverhaltens durch *Yamauchi, Koresuke,* Was ist japanisches Recht?, in: ders. (Hrsg.), Japanisches Recht im Vergleich, 2012, 357 (362 ff.).

[350] Etwa auch *Kinoshita* (Fn. 302), 14, 24 f., 32.

[351] Vgl. dazu *Cuniberti* (Fn. 4), 277 ff.; vgl. auch *Haley,* The spirit of Japanese law (Fn. 348), 76 ff.

auch der mögliche Strafverzicht bei hinreichend gezeigter und vom Opfer akzeptierter Reue, da so die Harmonie wiederhergestellt werde.

Bereits seit den 70er Jahren des 20. Jahrhunderts allerdings bemühen sich viele Stimmen in der Rechtsvergleichung, die angebliche Streitaversion in asiatischen Gesellschaften und insbesondere in Japan als Mythos zu entlarven.[352] Dabei geht es weniger darum, die vergleichsweise geringe Anzahl von streitigen Gerichtsverfahren in Japan anzuzweifeln, als vielmehr die dafür angebotene Erklärung. Denn anstelle einer kulturellen Streitaversion könnten auch andere Faktoren eine entscheidende Rolle spielen:[353] So könnte sowohl eine wenig effiziente Justiz, als auch umgekehrt eine gute Vorhersehbarkeit des jeweiligen Prozessergebnisses, also große Rechtssicherheit, potentielle Kläger von einer Klage abhalten. Beides sind allerdings Argumente, die sich gerade aus dem Vergleich mit der ganz spezifischen gerichtlichen Streitkultur, den prozessualen Mitteln und den in ihren Ergebnissen teils erratischen gerichtlichen Verfahren in den USA, insbesondere unter Einbeziehung der jury ergeben. Etwaige Besonderheiten Japans gegenüber dem kontinentaleuropäischen Kontext vermögen sie daher nur beschränkt zu erklären. Die niedrigen Fallzahlen könnten sich aber auch daraus erklären, dass eine Streitaversion, wie sie auch in vielen anderen Rechtsordnungen vorhanden ist, in Japan durch institutionelle Arrangements besonders verankert und gefördert wird.[354] Zu diesen Arrangements gehören so unterschiedliche Aspekte wie die über lange Zeit künstlich beschränkte Anzahl von Anwälten und Richtern oder die besondere Bedeutung der meist indirekten und informellen Wirtschaftslenkung durch die Verwaltung. **170**

Vor diesem Hintergrund plädieren westliche Kenner Japans schon lange für einen Mittelweg, der „nebulöse Spekulationen im Stile einer (…) rechtsvergleichenden Märchenstunde"[355] über die Andersartigkeit von Asiaten ebenso vermeiden will wie eine auf Normen reduzierte Rechtsvergleichung, die die Realitäten ausblendet. Kulturelle Besonderheiten wären danach zu bejahen, dürften aber auch nicht überbetont werden.[356] Zu den faszinierenden Aspekten des Streits gehört allerdings, dass auch unter japanischen Juristen keineswegs Einigkeit über die eigene Kultur besteht. So haben einerseits Gelehrte wie Noda[357] oder Kawashima[358] schon früh die kulturellen Besonderheiten der japanischen Einstellung zum Recht betont: „On n'aime pas le droit au Japon"[359] und „Pour les Japonais honnêtes, le droit apparaît donc comme une chose indésirable, voire détestable (…). Assigner quelqu'un en justice pour assurer la défense de ses propres intérets ou être cité devant le tribunal, même en matière civile, est une honte (…) „To an honorable Japanese the law is something that is undesirable, even detestable (…). To take someone to court to guarantee the protection of one's own interests, or to be mentioned in court (…) is a shameful thing."[360] Andererseits **171**

---

352 Grundlegend für Japan *Haley, John Owen,* The myth of the reluctant litigant, Journal of Japanese Studies 4 (1978), 359 (359 ff.).

353 Zusammenfassend etwa *Anderson/Ryan* (Fn. 336), 141 ff.; *Cuniberti* (Fn. 4), 284 ff.; vgl. etwa auch *Yamauchi, Koresuke,* Rezeption westeuropäischen Rechts und Funktion des rezipierten ausländischen Rechts in Japan, in: ders. (Hrsg.), Japanisches Recht im Vergleich, 2012, 370 (380 f.).

354 Vgl. schon *Haley* (Fn. 352), 389.

355 *Baum* (Fn. 348), 291.

356 Vgl. etwa *Baum* (Fn. 348), 290 ff., der zugleich betont, dass es sich um ein spezifisch japanisches und nicht etwa ein allgemein asiatisches Phänomen handele.

357 Vgl. etwa *Noda, Yosiyuki,* Introduction au droit japonais, 1966, 175 ff.

358 Vgl. etwa *Kawashima, Takeyoshi,* Dispute resolution in contemporary Japan, in: von Mehren, Arthur Taylor (Hrsg.), Law in Japan – The legal order in a changing society, 1963, 41 (41 ff.).

359 *Noda* (Fn. 357), 175. In der späteren, weitgehend unveränderten englischen Übersetzung wurde diese markante Überschrift durch ein schlichtes „Japanese and the law" ersetzt, vgl. *Noda, Yosiyuki,* Introduction to Japanese law, 1976, 159. Dahinter steht auch tatsächlich die Erkenntnis des Autors, dass es hier schon damals zu einer bemerkenswerten Veränderung dahingehend gekommen sei, dass Japaner sogar aus dem ländlichen Raum nunmehr (1976) ohne größere Zurückhaltung ihre Rechte auch vor Gericht einklagten. Allerdings sieht Noda darin zunächst nur eine neue Mode und noch keinen grundlegenden Wechsel des Nationalcharakters, vgl. ibid., xii ff.

360 *Noda* (Fn. 357), 175 f.; als Randnotiz sei auf den sinnentstellenden Übersetzungsfehler der englischen Version hingewiesen, die „cité devant le tribunal" mit „mentioned in court" statt „summoned to court" übersetzt, vgl. *Noda* (Fn. 359), 160.

betont etwa Oda, „the majority of Japanese lawyers (…) believe that they are working within what is basically a Western legal system“[361] und wehrt sich gegen eine Mystifizierung des japanischen Rechts.[362]

172 Die oft pauschal für ganz Asien erwogene Streitaversion wird auch für spezifische Staaten außerhalb Japans immer wieder einmal konkretisiert, ohne dass die Debatten allerdings üblicherweise denselben Grad an Vertiefung und Breite wie für Japan erreichten. In Südkorea etwa spielt zwar der Konfuzianismus als Philosophie oder Glaubensvorstellung keine besondere Rolle mehr.[363] Dennoch sehen manche Stimmen die Gesellschaft weiterhin von typisch konfuzianischen Vorstellungen geprägt. Individualismus spiele eine weit geringere Rolle als im Westen, Koreaner stritten sich nur ungern und suchten harmonische Wege, eventuelle Konflikte zu bereinigen. Zudem bereite die Idee des Rechtsstaats den Koreanern weiterhin Unbehagen, wenn auch mit abnehmender Tendenz.[364] Auch für Taiwan wird eine fortbestehende Bedeutung des konfuzianischen Erbes zumindest erwogen, wenn dieses Erbe sich auch jedenfalls in seinem Aspekt der Streitaversion weitgehend zurückgezogen haben dürfte.[365]

c) Empirie der Streitaversion: Gerichtliche Fallzahlen

173 Vor dem Hintergrund dieser Meinungsvielfalt mag ein gewisser Ausweg und sogar eine Antwort schlicht in den statistischen Grunddaten gesucht werden. Tatsächlich halten sie schon für sich genommen gewisse Überraschungen bereit.

174 Betrachtet man die Entwicklung der Eingangszahlen für erstinstanzliche streitige Zivilgerichtsverfahren in Japan, so war um die Jahrtausendwende ein enormer Anstieg zu verzeichnen: von 204.000 im Jahr 1990 über 454.000 im Jahr 2000 bis 808.000 im Jahr 2010,[366] dh fast eine Vervierfachung über zwei Jahrzehnte. Für frühere Jahre belegen die Zahlen eine Verdoppelung aller erstinstanzlich eingereichten Klagen insgesamt zwischen 1954 (mit rd. 132.000) und 1988 (mit rd. 264.000).[367] Die Fallzahlen steigerten sich also nicht nur stetig, dieser Anstieg beschleunigte sich auch immer mehr. In neuerer Zeit haben die Fallzahlen ein gewisses Niveau erreicht und stagnieren mit gewissen Schwankungen aber ohne größere Änderungen zwischen 2015 und 2023.[368] Die Fälle gerichtlicher Schlichtung fielen demgegenüber mit 88.000 schon im Jahr 2010[369] offenkundig gering

[361] *Oda, Hiroshi,* Japanese law, 1992, 6.

[362] Vgl. *Oda, Hiroshi,* Japanese law, 4. Aufl. 2021, 5, der zugleich betont, Japan weise keinen größeren Unterschied zwischen geschriebenem Recht und sozialer Realität auf als andere Staaten, ibid.

[363] Nach einer Erhebung von 2024 haben 51 % der Koreaner keine Religion, 31 % sind Christen (Protestanten und Katholiken) und 17 % Buddhisten; der Konfuzianismus fällt unter die 1 % sonstige, vgl. hrcopinion.co.kr/archives/31599 (zuletzt abgerufen am 18.7.2025).

[364] Vgl. *Kim, Hyung Tae,* Legal market liberalization in South Korea – Preparations for change, Pacific Rim Law & Policy Journal 15 (2006), 199 (217 ff.); kulturelle Tendenzen zur informellen Streitbeilegung betonen etwa auch *Blomgren Bingham, Lisa; Lee, Sun Woo; Chang, Won Kyung,* Participatory governance in South Korea – Legal infrastructure, economic development, and dispute resolution, Pacific McGeorge Global Business & Development Law Journal 19 (2007), 375 (381 f.).

[365] Vgl. *Lin, Yun-Hsien Diana,* Civil mediation in Taiwan – Legal culture and the process of legal modernization, East Asia Law Review 6 (2011), 191 (207, 210, 214 f.); deutlich auch *Lo, Chang-fa,* Taiwan – External influences mixed with traditional elements to form its unique legal system, in: Black, E. Ann; Bell, Gary F. (Hrsg.), Law and legal institutions of Asia, 2011, 91 (114 f.); zur Beurteilung der Akzeptanz des Rechts in der zweiten Hälfte des 20. Jahrhunderts vgl. *Heuser* (Fn. 20), 138 ff. mwN.

[366] Zahlen nach Ministry of Internal Affairs and Communications, Statistics Bureau (Japan) (Hrsg.), Cases newly received, cases disposed and cases pending of civil and administrative cases (1990 – 2010), www.stat.go.jp/english/data/nenkan/back62/1431-25.html (zuletzt abgerufen am 18.7.2025).

[367] Wiedergabe der statistischen Tabellen bei *Haley,* Authority without power (Fn. 348), 98.

[368] Vgl. *Ministry of Internal Affairs and Communications, Statistics Bureau (Japan)* (Hrsg.), Cases newly received, cases disposed and cases pending of civil and administrative cases (2015 – 2023), www.stat.go.jp/english/data/nenkan/74nenkan/1431-28.html (zuletzt abgerufen am 18.7.2025); diese neueren Statistiken enthalten keine Einzelangaben zu den verschiedenen Instanzen mehr.

[369] Zahlen nach *Ministry of Internal Affairs and Communications, Statistics Bureau (Japan)* (Fn. 368).

aus und entsprachen in etwa der Zahl von 1937,[370] sind seitdem aber noch um fast 2/3 weiter auf 30.000 im Jahr 2023 gesunken.[371] Zum Vergleich auf der Basis von 2010: In Deutschland gingen rd. 1.585.000 Fälle vor erstinstanzlichen Zivilgerichten (ohne Familiengerichte) neu ein.[372] In Relation zu den Einwohnerzahlen Deutschlands (rd. 82 Mio.) und Japans (rd. 127 Mio.) ergab sich so eine Zahl von 19,3 Fällen von pro tausend Einwohner für Deutschland, aber nur 6,3 für Japan, also ein knappes Drittel. Allerdings haben sich die Fallzahlen in Deutschland in den vergangenen zwei Jahrzehnten fast halbiert und fielen kontinuierlich von ihrem Höchststand von 1.939.000 in 2004 auf 1.074.000 in 2023,[373] so dass sich nunmehr eine Zahl von nur 13 Fällen pro tausend Einwohner ergibt. Kurzum ist der Unterschied zwischen Japan und Deutschland nicht übermäßig und nimmt zudem im Zeitablauf ab. Bei aller Vereinfachung bedeutet dies auch, dass Japaner nur geringfügig weniger streitlustig sind als Schweden und Dänen, aber deutlich streitlustiger als die Norweger.[374]

Eine deutlich andere Sprache sprechen die Zahlen für Südkorea: Die Anzahl der erst- **175**
instanzlichen Zivilgerichtsverfahren (ohne Familienrecht) lag 2015 bei rd. 1.007.000.[375] Bei einer Einwohnerzahl von rund 52 Millionen ergibt dies 19,4 Fälle pro tausend Einwohner, mithin nahezu identisch zur entsprechenden Zahl für Deutschland im Jahr 2010 und deutlich höher als für Deutschland im Jahr 2023. Wer etwa die Zahl aller streitigen Gerichtsverfahren in Südkorea insgesamt betrachtet, kann sogar auf noch frappierendere Zahlen kommen: Demnach werden in Korea schon unabhängig von der Einwohnerzahl zehn Mal mehr Verfahren angestrengt als in Japan.[376] Aus Korea wird zudem darauf hingewiesen, dass Koreaner nicht nur gern und häufig klagen, sondern dabei auch besonders hartnäckig sind, indem sie ihre Verfahren sehr gern in die nächsten Instanzen tragen.[377] Tatsächlich betrugen die koreanischen zivilrechtlichen Fallzahlen von 2015 für die zweite Instanz rd. 58.000, für die dritte Instanz rd. 14.000. Es wurde also rein statistisch mehr als jeder 14. Fall in die nächste Instanz getragen.[378] Das kommt nah an Deutschland heran; hier gab es 2017 rd. 98.000 Rechtsmittelverfahren,[379] also in mehr als jedem 12. Fall. Koreanische Umfrageergebnisse bestätigen die rechtsfreundliche Tendenz: Schon Mitte der 1990er Jahre erklärten sich rund die Hälfte aller Koreaner bereit, Konflikte in erster Linie mit rechtlichen Mitteln zu lösen, mehr als 80 Prozent lasen regelmäßig Nachrichten über neue Gesetze und Gerichtsentscheidungen und 62 Prozent wollten ungerechte Gesetze nicht einfach hinnehmen,

---

370 Vgl. die statistische Tabelle bei *Haley,* Authority without power (Fn. 348), 99.

371 Vgl. *Ministry of Internal Affairs and Communications, Statistics Bureau (Japan)* (Hrsg.), Cases newly received, cases disposed and cases pending of civil and administrative cases (2015 – 2023), www.stat.go.jp/english/data/nenkan/74nenkan/1431-28.html (zuletzt abgerufen am 18.7.2025).

372 Vgl. *Statistisches Bundesamt* (Hrsg.), Statistisches Jahrbuch – Deutschland und Internationales, 2012, 305.

373 Vgl. Geschäftsentwicklung bei Gerichten und Staatsanwaltschaften von 1999 bis 2023, www.bundesjustizamt.de/DE/Service/Justizstatistiken/Justizstatistiken_node.html#AnkerDokument44022 (zuletzt abgerufen am 18.7.2025); zu den vielfältigen Gründen für diese Entwicklung vgl. *Meller-Hannich, Caroline; Höland, Armin; Nöhre, Monika,* Abschlussbericht zum Forschungsvorhaben „Erforschung der Ursachen des Rückgangs der Eingangszahlen bei den Zivilgerichten", 2023, insbes. 342 f., www.bmj.de/SharedDocs/Downloads/DE/Fachinformationen/Abschlussbericht_Eingangszahlen_Zivilgerichte.html?nn=110490 (zuletzt abgerufen am 18.7.2025).

374 Zu den skandinavischen Zahlen supra → § 7 Rn. 136.

375 Angaben des Obersten Koreanischen Gerichtshofs auf eng.scourt.go.kr/eng/judiciary/proceedings/civil.jsp (zuletzt abgerufen am 23.4.2025).

376 Vgl. die Berechnung bei *Kwon* (Fn. 312), 175.

377 *Kwon* (Fn. 312), 176; vgl. auch *Kim, Jongcheol,* Government reform, judicialization, and the development of public law in the Republic of Korea, in: Ginsburg, Tom; Chen, Albert H. Y. (Hrsg.), Administrative law and governance in Asia, 2009, 101 (116), der von „Korean's peculiar tendency to prefer clear-cut results by exhausting every possible ways, political or legal, to achieve their goals rather than take a middle way to compromise differences" spricht.

378 Angaben des Obersten Koreanischen Gerichtshofs auf eng.scourt.go.kr/eng/judiciary/proceedings/civil.jsp (zuletzt abgerufen am 23.4.2025); beide Instanzen werden hier zusammengerechnet, obwohl dies juristisch wenig sinnvoll ist, weil eine ähnlich klare Trennung zwischen zweiter und dritter Instanz der deutschen Statistik nicht zu entnehmen ist.

379 Vgl. *Statistisches Bundesamt* (Hrsg.), Statistisches Jahrbuch – Deutschland und Internationales, 2019, 318.

sondern sie angreifen.[380] Insofern verwundert es auch nicht, dass die Zahl von Anwälten in Korea sich von rd. 16.000 im Jahr 2013 auf rund 33.000 im März 2023 nahezu verdoppelt hat.[381]

176 In Taiwan ist die Zahl erstinstanzlicher Zivilsachen vor den Distriktgerichten kontinuierlich von 140.516 im Jahr 2015 auf 184.200 im Jahr 2023 gestiegen, also um mehr als 30 Prozent in neun Jahren.[382] In Relation zu Taiwans Bevölkerung von 23 Millionen ergeben sich so 8 Fälle pro tausend Einwohner in 2023, nach 6 Fällen pro tausend Einwohner in 2014.

177 Die Zahlen sprechen also eine deutliche Sprache: Von einer auffällig geringen Zahl von Gerichtsverfahren, die auf eine Abneigung gegen die öffentliche Austragung von Konflikten schließen lassen könnte, kann weder für Japan noch für Taiwan die Rede sein. Beide Staaten bewegen sich zwar statistisch gesehen in Regionen, die unzweifelhaft unter dem Niveau Deutschlands liegen. Doch gilt Deutschland allgemein auch im kontinentaleuropäischen Vergleich als ein besonders streitfreudiges Land. Zudem nehmen die Zahlen für Deutschland kontinuierlich ab, während sie für Taiwan zunehmen. Korea schließlich zeigt sogar eine höhere Prozessneigung als sie sich heute in Deutschland finden lässt. Ein besonderes, asiatisch oder konfuzianisch geprägtes Harmoniestreben für die gesamte Region lässt sich also nicht belegen. Die kontinuierlich niedrigeren Zahlen für Japan bedürfen spezifisch japanischer Erklärungen, wie sie über die institutionellen Rahmenbedingungen ohne weiteres zu finden sind. So gaben etwa im Jahre 2006 80 Prozent der Japaner, die sich eines Zivilprozesses bedienten, an, der Grund für ein Zögern bei der Klagerhebung liege in dem damit verbundenen Aufwand an Zeit und Geld.[383] Selbst wenn es aber einen spezifisch japanischen Nationalcharakter gäbe, der gerichtlicher Streitentscheidung entgegenstünde, so wäre dieser über lange Zeit sehr deutlich und mit immer weiter ansteigender Geschwindigkeit auf dem Rückzug gewesen. Die Verdoppelung der Fallzahlen über jeweils 10 Jahre seit 1990 bis zur Erreichung eines bestimmten Niveaus um das Jahr 2015 spricht hier eine beredetere Sprache als viele kulturelle Spekulationen, wie sie sowohl innerhalb als auch außerhalb Japans gern angestellt werden.

4. Einige südostasiatische Eigenheiten

178 Dass eine Streitaversion oder gar eine Abneigung gegen das Recht als solches jedenfalls heute nicht mehr *das* spezifische Kennzeichen südostasiatischer Rechte ist, bedeutet aber keineswegs, dass diese Rechtsordnungen keinen eigenständigen Kontext bilden, der über ihre spezifische Form der Übernahme westlicher Rechtsideen hinausginge.[384] Vielmehr finden sich in vielerlei Hinsicht Beispiele für teils traditionelle, teils moderne Eigenheiten.

a) Traditionelle Wertvorstellungen

179 Traditionelle Wertvorstellungen spielten in Südostasien lange Zeit eine größere Rolle, die mittlerweile aber deutlich im Niedergang begriffen ist. Die typisch konfuzianistische Pflichtenbeziehung der Kinder zu ihren Eltern etwa schlug sich noch in einem vielbeachteten Fall des koreanischen Obersten Gerichtshofs aus dem Jahr 1998 nieder: Ein Wohnungs-

---

[380] *Ahn* (Fn. 317), 84, der mittelbar eine Untersuchung der Korean Legislation Research Institute zitiert.

[381] Vgl. Judicial Policy Resarch Institute, Expediting Proceedings in Civil and Criminal Trials, jpri.scourt.go.kr/post/postView.do?boardSeq=32&menuSeq=35&lang=en&seq=1684 (zuletzt abgerufen am 18.4.2025).

[382] Angaben nach Justizyuan, Number of Filings and Dispositions of Civil Cases in the District Courts – by Proceeding and Year, www.judicial.gov.tw/en/lp-2381-2-xCat-09-1-60.html (zuletzt abgerufen am 18.4.2025).

[383] 2006 nen Minji-soshō Riyōsha-Chōsa no Bunseki (Analysis of the Survey of the Users of the Civil Procedure: 2006), Jurist, No. 1348, S. 198, zit. nach: Oda, Hiroshi, Japanese law, 3. Aufl. 2009, 5.

[384] Vgl. auch schon supra → Rn. 135 f.

eigentümer wollte zwei Mieter wegen fehlender Zahlung des Mietzinses im Wege der Zwangsvollstreckung aus der Wohnung weisen lassen. Das Gericht wies die Klage ab. Als entscheidend sah es dabei an, dass die Mieter der ältere Vater und der kranke Bruder des Eigentümers waren, die beide aufgrund von gesundheitlichen Problemen keine Arbeit finden konnten. Die moralische Pflicht der Kinder gegenüber ihren Eltern verhinderte hier die Zwangsvollstreckung.[385] In der gesellschaftlichen Realität allerdings ist diese Pflichtenbeziehung bereits auf dem Rückzug. Eine Studie von 2009 zeigt, dass nur noch 46 Prozent der befragten 20-40jährigen in Korea und nur noch 32 Prozent in Japan ihre alten Eltern unterstützen würden. Die Bedeutung dieser Zahlen wird vor allem im Vergleich zu der Volksrepublik China (94 Prozent) und Australien (44 Prozent) klar. Die Autoren der Studie schließen daraus, dass hier kulturelle Faktoren keine Rolle spielen, sondern vielmehr die Qualität der Sozialsysteme einschließlich der wirtschaftlichen Fähigkeit älterer Menschen, sich selbst aus ihren Ersparnissen zu finanzieren, der entscheidende Faktor sei.[386] Ein anderes Beispiel für die Zurückdrängung traditioneller Moralvorstellungen bietet der Ehebruch, der bis vor wenigen Jahren sowohl in Korea als auch in Taiwan eine Straftat darstellte. Nachdem die höchsten Gerichte diese Rechtslage zunächst gegen verfassungsrechtliche Bedenken aufrechterhalten hatten,[387] wurde sie in Korea 2015[388] und in Taiwan 2020[389] für verfassungswidrig erklärt. Schon zuvor zeigten aber die scharfen Debatten, die in beiden Ländern über diese Frage geführt wurden, wie sehr auch diese traditionelle Einstellung unter Druck geraten war. In Taiwan war die grundlegende Änderung bereits 2017 unmissverständlich klar geworden, als das Taiwanesische Verfassungsgericht die gleichgeschlechtliche Ehe anerkannte.[390] Diesen Schritt ist Korea noch nicht gegangen, aber eine neuere Entscheidung des Obersten Gerichts deutet darauf hin, dass auch hier ein Wechsel bevorstehen könnte.[391]

Selbst wo traditionelle Wertvorstellungen vorherrschen, lassen sie sich nicht zwingend als **180**
Beleg für eine verbleibende konfuzianische Prägung der Gesellschaften lesen. So lässt sich die spezielle Eltern-Kind Beziehung zwar konfuzianisch deuten. Sie kann aber ebenso gut bloßer Ausdruck der wirtschaftlichen Notwendigkeiten sein. Dafür spricht nicht nur, wie gesehen, dass wirtschaftliche Prosperität und ausgebaute Sozialsysteme mit einem Niedergang dieser besonderen Pflichtenbeziehung verbunden sind, sondern auch, dass sich entsprechende Beziehungen auch in vielen anderen nichtwestlichen Ländern der Welt wie etwa in Afrika finden, ohne dass dies das geringste mit dem Konfuzianismus zu tun hätte. Noch deutlicher wurde der mangelnde Zusammenhang im Fall des Ehebruchs. Denn der Konfuzianismus erkannte ohne weiteres die Existenz von Konkubinen an, die heute als klassischer Fall des Ehebruchs gelten würden. Zudem findet sich die Strafbarkeit des Ehebruchs weltweit in vielen Traditionen, insbesondere auch in der westlichen. So wurde die Strafbarkeit des Ehebruchs in Deutschland erst 1969 beseitigt, in Spanien 1978, in Österreich als letztem

[385] Vgl. *Kwon* (Fn. 312), 177.

[386] Vgl. Swiss Re (Hrsg.), Swiss Re survey of risk appetite – Asia-Pacific 2009, 25.

[387] Vgl. für Taiwan *Yang* (Fn. 311), 115 f.; Zusammenfassung der Auslegung Nr. 554 vom 27.12.2002 unter www.judicial.gov.tw/CONSTITUTIONALCOURT/german/p03_01.asp?expno=554 (zuletzt abgerufen am 5.1.2017); für Korea *Kwon* (Fn. 312), 160.

[388] Zu dieser Entscheidung vgl. *Lee, Seokmin,* Adultery and the Constitution, Journal of Korean Law 15 (2016), 325 (325 ff.).

[389] Zu dieser Entscheidung vgl. *Huang, David K.C.; Li, Nigel N.T.,* Decriminalization of Adultery in Taiwan, Asia-Pacifc Journal on Human Rights and The Law 24 (2023), 299 (300 ff.).

[390] Englische Übersetzung: Taiwan Constitutional Court, Interpretation No. 748, cons.judicial.gov.tw/en/docdata.aspx?fid=100&id=310929 (zuletzt abgerufen am 18.7.2025); zu den gesetzgeberischen Reaktionen vgl. *Chen, Chao-ju,* A Same-Sex Marriage that is not the Same, Australian Journla of Asian Law 20 (2019), 1 (1 ff.); *Hwang, Jau-Yuan; Kuo, Ming-Sung; Chen, Hui-Wen,* Taiwan, in: Albert, Richard et al (Hrsg.), 2019 Global Review of Constitutional Law, 2020, 338 (338 f.).

[391] Vgl. Supreme Court of Korea, Decision 2023Du36800 v. 18.7.2024 zur staatlichen Gesundheitsfürsorge für gleichgeschlechtliche Paare, englische Übersetzung unter eng.scourt.go.kr/eng/supreme/decisions/NewDecisionsView.work?seq=5882&pageIndex=6&mode=6&searchWord= (zuletzt abgerufen am 18.7.2025).

europäischen Staat gar erst 1996.[392] Vieles, was als Beispiel konfuzianistischen Denkens in Asien gilt, kann letztlich auch als bloßer Ausdruck allgemein konservativer Haltungen angesehen werden, die zunehmend unter Druck geraten.

181 Dass aber selbst klar und eindeutig konfuzianistische Rechtsinstitute diesem Druck nicht standhalten, belegt etwa das Schicksal des Verbots der Heirat zwischen sog. dongseong dongbon, also Personen mit gleichem Nachnamen und gleicher Herkunftslinie gemäß Art. 809 Abs. 1 des koreanischen Zivilgesetzes. Dieses Verbot bedeutete zwar nicht, dass etwa alle Kims oder Lees einander nicht heiraten durften. Es erfasste aber sehr wohl alle Kims oder Lees gleicher Linie; darunter fielen schon 1985 beispielsweise für die Kims der Linie Kimhae 3.892.342 Personen, für die Lees der Linie Chunju 2.379.537 Personen.[393] Mit genetischen Erwägungen und einem Inzestverbot im herkömmlichen Sinne hatte dies erkennbar nichts zu tun. Das Verbot ist aber eindeutig Teil der Regeln des konfuzianischen li.[394] So heißt es im Li Chi: „One must not marry a wife of the same surname with himself."[395] Wie scharf dieses Verbot gemeint war, zeigt seine Wiederholung an anderer Stelle mit der unmissverständlichen Ergänzung: „while there were these conditions, there could be no intermarriage, even after a hundred generations."[396] Trotz dieser tiefen Verankerung erklärte das koreanische Verfassungsgericht das Heiratsverbot 1997 für verfassungswidrig, da es ua dem Grundsatz der sexuellen Selbstbestimmung, der Menschenwürde und dem Recht, sein Glück zu suchen, widerspreche.[397] Dabei blieb es nicht. Auch das traditionell tief verankerte System des (männlichen) Familienoberhaupts (hoju), das im koreanischen Zivilgesetz seinen Niederschlag fand, wurde 2005 vom Parlament abgeschafft.[398] Weitere Beispiele finden sich etwa für Taiwan, das sein Namensrecht 2007 so änderte, dass Kinder ganz entgegen der für die konfuzianistische Tradition so zentralen Vater-Sohn-Beziehung auch andere Familiennamen als den ihres Vaters erhalten konnten. Ebenso wurde etwa im Erbrecht 2008 und 2009 der alte chinesische Grundsatz aufgegeben, dass das Vermögen der Familie eine Einheit bilde und deshalb stets auch alle Schulden mit vererbt würden, und stattdessen eine Beschränkung der Erbenhaftung auf das ererbte Vermögen eingeführt.[399] Insgesamt erweist sich insbesondere das moderne Verfassungsrecht und hier vor allem der Gleichheitssatz als zentrales Angriffsmittel gegen traditionell-konservative Vorstellungen.[400]

b) Interessenabwägungslehre

182 Auf einer sehr grundlegenden Ebene bewegen sich Unterschiede in der praktischen juristischen Vorgehensweise, wie manche Stimmen sie gerade für Japan feststellen. Ihnen zufolge sind Wissenschaft wie Praxis hier durch eine flexible Interessenabwägungslehre gekennzeichnet, in deren Rahmen die Rechtsnorm nur ein Element von vielen darstellt. Die Rechtsfindung sei zweistufig: Erst werde das Ergebnis durch wertende Interessenabwägung gefunden, dann die Begründung anhand juristischer Normen nachgeschoben. Die Subsumtion wäre demnach nicht entscheidungsleitend, sondern nur nachträglich rationalisie-

---

[392] Vgl. zu Spanien und Österreich etwa *Bar, Christian v.,* Subjektive Familienrechte im Europäischen Deliktsrecht, in: Basedow, Jürgen; Hopt, Klaus J.; Kötz, Hein (Hrsg.), Festschrift für Ulrich Drobnig zum 70. Geburtstag, 1998, 3 (14 Fn. 68).
[393] Vgl. *The Constitutional Court of Korea* (Fn. 329), 242 ff.
[394] Zum li vgl. supra → Rn. 11 ff.
[395] *Sturgeon, Donald* (Hrsg.), Chinese text project, Liji, Qu Li I, Nr. 41, ctext.org/liji/qu-li-i (zuletzt abgerufen am 18.7.2025); *Legge* (Fn. 22), 78.
[396] *Sturgeon, Donald* (Hrsg.), Chinese text project, Liji, Da Zhuan, Nr. 7, ctext.org/liji/da-zhuan (zuletzt abgerufen am 18.7.2025); *Legge* (Fn. 21), 63.
[397] Vgl. die Zusammenfassung der Entscheidung in *The Constitutional Court of Korea* (Fn. 329), 242 ff.
[398] Vgl. *Kwon* (Fn. 312), 177.
[399] Zu beiden Beispielen vgl. *Chen* (Fn. 65), 410 ff.
[400] Dazu noch infra → Rn. 189 ff.

rend, da letztlich die verschiedensten Entscheidungen allein aus dem Gesetz heraus begründbar sind.[401]

Eine ähnliche Unterscheidung zwischen Entscheidungsbegründung und Entscheidungs- **183** findung wird zwar auch in Deutschland vielfach gesehen. Doch wirkt die Begründung hier auf die Entscheidungsfindung zurück, kommt der Begründung also eine Steuerungs- und Filterfunktion zu, so dass das Gesetz die Entscheidungsfindung mit anleitet und gerade nicht nur vorgeschoben wird, um eine ohnehin schon feststehende Entscheidung zu erläutern.[402] In Japan hingegen hat man sich manchen Stimmen zufolge auch in der Praxis methodisch noch weit über die deutsche Interessen- und Wertungsjurisprudenz[403] hinaus vom begrifflichen Subsumtionsdenken entfernt. Zum Teil wird dies darauf zurückgeführt, dass in Japan die geistigen Grundlagen der Begriffsjurisprudenz in Form einer aufgeklärten Vernunftphilosophie fehlten. In jedem Fall scheinen sich letztlich Auffassungen durchgesetzt zu haben, die denen der in Deutschland erfolglosen Freirechtsschule und der soziologischen Jurisprudenz entsprechen.[404]

c) Juristenausbildung

Südostasiatische Eigenheiten finden sich auch in vielen anderen Zusammenhängen. Bei- **184** spielsweise galt die Juristenausbildung in Taiwan, Japan und Korea über lange Zeit als sehr theoretisch und praxisfern. Gleichzeitig ist sie in Bezug auf den Zugang zum Anwalts- und Richterberuf extrem selektiv.[405] In allen Ländern ist jeweils ein staatliches Zugangsexamen mit außerordentlich hohen Durchfallquoten vorgesehen. In Taiwan betrug die Durchfallquote vor 1989 rd. 98 Prozent, manchmal über 99 Prozent. Später sank die Durchfallquote ab und pendelte sich ungefähr bei 92–93 Prozent ein. In Japan bestanden zwischen 1962 und 1990 nur jeweils die 500 besten Kandidaten, eine Zahl die bis 1999 auf 1.000 anstieg und im Jahr 2010 2.043 erreichte, was einer Durchfallquote von rd. 75 Prozent entspricht.[406] In Korea bestanden bis 1977 jährlich weniger als 100 Personen das Examen. Bis 1981 wurde diese Zahl auf 300 erhöht, was aber immer noch einer Durchfallquote von über 98 Prozent entsprach, ab 2004 dann auf rd. 1.000. Die Durchfallquoten lagen damit noch bei über 94 Prozent. Die Konsequenzen waren jeweils ähnlich. Zunächst blieb die Anzahl der Richter und Anwälte bei meist hohem Sozialprestige sehr niedrig. Teilweise wurde dies aber, wie etwa in Japan, dadurch ausgeglichen, dass ein Reihe von Positionen, die in anderen Ländern von Anwälten gehalten werden, von Juristen ohne bestandene Zentralprüfung ausgefüllt werden, etwa Steueranwälte, Juristen in Rechtsabteilungen von Unternehmen oder auch

---

401 Vgl. zum Ganzen *Rahn, Guntram,* Rechtsdenken und Rechtsauffassung in Japan, 1990, 325 ff.; kundige Zusammenfassung der Gedanken Rahns bei *Baum* (Fn. 348), 269 ff.; dazu die kritische, aber im Kern zustimmende Auseinandersetzung bei *Schwarz, Axel,* Vom Wert des Lebens und der Normen, in: Menkhaus, Heinrich (Hrsg.), Das Japanische im japanischen Recht, 1994, 63 (76 ff.); *Murakami, Jun'ichi,* Argumentation und Abwägung, in: Menkhaus, Heinrich (Hrsg.), Das Japanische im japanischen Recht, 1994, 89 (91 ff.).

402 Vgl. näher *Kischel, Uwe,* Die Begründung – Zur Erläuterung staatlicher Entscheidungen gegenüber dem Bürger, 2003, 10 ff. mwN.

403 Dazu supra → § 6 Rn. 91 ff.

404 Deutlich *Rahn* (Fn. 401), 397, mit Deutschland vergleichend ibid., 397 ff.; dazu auch *Oda* (Fn. 361), 7, der zusätzlich einen Einfluss des U.S.-amerikanischen legal realism vermutet.

405 Dazu und zum Folgenden für Taiwan *Lo* (Fn. 365), 112 ff.; für Japan *Anderson/Ryan* (Fn. 336), 139 ff.; *Dietrich, Jan-Hendrik,* Schöne neue law school Welt, Rechtswissenschaft 2 (2011), 235 (236 ff.); *Yoshida, Motoko,* Neue Juristenausbildung in Japan – Harmonisierung, Vernetzung, Rezeption oder anderes?, Zeitschrift für Zivilprozess International 15 (2010), 297 (297 ff.); insbes. zur Ausbildungssituation vor den Reformen von 2004 *Haley,* The spirit of Japanese law (Fn. 348), 40 ff.; für Südkorea *Kwon* (Fn. 312), 167 f., 173 ff.; wertender, detailreicher Vergleich, der auch die Unterschiede der Systeme hervorhebt bei *Chen, Thomas Chih-hsiung,* Legal education reform in Taiwan – Are Japan and Korea the models?, Journal of Legal Education 62 (2012), 32 (32 ff.).

406 Dazu auch *Tanikawa, Miki,* A Japanese legal exam that sets the bar high, The International Herald Tribune, 11.1.2011.

juristische Hochschullehrer.[407] Besondere Auswirkungen hatte die hohe Durchfallquote jeweils auch auf die Ausbildung. Die Studenten konzentrierten sich weitgehend nur auf den Stoff, der als unmittelbar examensrelevant galt, schauten kaum über den Tellerrand und bereiteten sich in den berüchtigten, kommerziell angebotenen Intensivkursen auf ihr Examen vor. Auch die Theorielastigkeit der Ausbildung wurde auf das Examen zurückgeführt. Diese und andere Probleme wurden durchaus gesehen und führten ua dazu, dass die Staaten – wie gesehen mit einigem Erfolg – versuchten, die Bestehensquoten etwas zu erhöhen.

185 Gleichzeitig suchte man zunächst 2004 in Japan und dann nach dessen Vorbild in Korea sein Heil in einer Umstrukturierung der Ausbildung nach dem Muster U.S.-amerikanischer law schools. Dabei konnten sowohl Absolventen juristischer als auch anderer Studiengänge die neuen law schools besuchen, um eine Diversifizierung der Vorbildung zu erreichen. In Japan wurde jedoch die Dauer der law school für Absolventen eines juristischen Studiums von drei auf zwei Jahre verkürzt. Viele Stimmen in Japan und Korea sahen die Umstrukturierung allerdings weiterhin grundsätzlich oder in der konkreten Form ihrer Umsetzung kritisch.[408] Die genaue Ausformung und weitere Entwicklung war dabei von Land zu Land verschieden. In Korea wurde beispielsweise die Aufnahme in die law school sehr viel restriktiver gehandhabt als in Japan. Ein abgeschlossenes Jurastudium ist nach wie vor Voraussetzung für das Bestehen des koreanischen Staatsexamens. Die Erfolgsquote scheint sich hier bei etwa 50 Prozent stabilisiert zu haben.[409] Im Gegensatz dazu sind die japanischen Erfahrungen mit law schools sehr durchwachsen.[410] Die Durchfallquoten sollten ursprünglich auf etwa 20–30 Prozent sinken, was den Besuch einer law school besonders attraktiv machte; tatsächlich aber erreichten sie weit höhere Werte von etwa 70–80 Prozent. Darüber hinaus wurde 2011 eine vorbereitende Qualifikationsprüfung eingeführt, die es Studenten ermöglicht, das Staatsexamen abzulegen, ohne jemals eine law school besucht zu haben. Damit sollte im Hinblick auf die hohen Gebühren der law schools auch finanziell schwächeren Studenten eine Chance auf das Staatsexamen gegeben werden; viele begabte Studenten aber nutzten den Weg als prestigeträchtige und kostengünstige Abkürzung. Die Zahl der Studenten sank drastisch, und bis Anfang 2025 überlebten nur 34 von 74 law schools.[411] Die japanische Regierung reagierte 2020 mit dem Versuch, die Attraktivität der law schools durch weitere Reformen zu verbessern. Studenten können nun nach nur drei Jahren Grundstudium an eine law school wechseln und noch während ihres dortigen Studiums das Staatsexamen ablegen. Auf diesem Weg wird die juristische Ausbildung um zwei Jahre verkürzt. Kritiker allerdings sind der Ansicht, dass dies die ohnehin bestehende Tendenz der law schools, sich zu bloßen Repetitorien zu entwickeln, nur noch verschärft hat. Taiwan hingegen hat letztlich keine law schools geschaffen. Doch zeigt sich der enge Zusammenhang mit Japan und Korea deutlich daran, wie intensiv hochschulpolitisch über die Frage gestritten wurde, ob die dortigen Reformen auch nach Taiwan importiert werden sollten. Entsprechende Gesetzesprojekte wurden erarbeitet, blieben aber jeweils erfolglos.[412]

---

407 Zu späteren Änderungen bezüglich der Hochschullehrer vgl. *Baum, Harald,* Akademische Karrierewege für Juristen in Japan, RabelsZ 84 (2020), 374 (385).

408 Zu Japan vgl. *Yoshida* (Fn. 405), 302 ff.; vgl. auch etwa *Dietrich* (Fn. 405), 235 f. und passim, der beispielsweise ibid., 245 anmerkt, dass die Studierenden der law schools erwarten, dass Professoren sich allein auf den examensrelevanten Stoff konzentrieren und die Professoren nur mit viel Zeit und Mühe Konzepte fänden, dies mit etwas vertiefter Reflexion zu verbinden.

409 Zur Entwicklung der Erfolgsquoten zwischen 2012 und 2024 vgl. en.namu.wiki/w/%EB%B3%80%ED%98%B8%EC%82%AC%EC%8B%9C%ED%97%98#s-8 (zuletzt abgerufen am 18.7.2025).

410 Zu diesen Entwicklungen vgl. *Baum* (Fn. 407), 378 ff.; detaillierter und mit Hintergrundinformationen *Watson, Andrew R.J.,* Changes in Japanese Legal Education, Journal of Japanese Law 21 (2016), 1 (1 ff., insbes. 22 ff.).

411 Zu dieser und den anschließenden, aktuelleren Entwicklungen vgl. Only through Reform can Law Schools Perform Core Missions, The Asahi Shimbun, 11.1.2025.

412 Zu diesen Reformprojekten ausführlich *Chen* (Fn. 405), 48 ff., der als zentralen Unterschied insbes. darauf hinweist, dass die Examen und die Praxisausbildung für Richter und Anwälte in Taiwan getrennt, in Korea und Japan hingegen einheitlich organisiert sind, ibid., 37 ff.

Allerdings hatten einige taiwanesische Universitäten zuvor schon aus eigenem Antrieb eine juristische Masterausbildung für Absolventen nichtjuristischer Studiengänge eingeführt und so eines der Reformziele vorweggenommen. Die Diskussion über die Juristenausbildung hat sich seither auf andere Themen verlagert; die Durchfallquote im Staatsexamen hat sich bei rund 90 Prozent stabilisiert.[413]

5. Verfassungsrechtsdenken

a) Entwicklung der Demokratie aus diktatorischen Wurzeln

Spezifische Gemeinsamkeiten des südostasiatischen Kontexts zeigen sich deutlich auch im **186** Bereich des Verfassungsrechts.[414] Aus historischer Perspektive ragt zunächst die unfreiwillig japanisch geprägte Periode in Korea und Taiwan bis zum Ende des Zweiten Weltkriegs hervor.[415] Sie führte bei allen noch nachklingenden Animositäten dazu, dass die Länder genauer auf die rechtlichen Entwicklungen in den jeweils anderen schauen und sich immer wieder einmal befürwortend oder ablehnend aneinander orientieren. Darüber hinaus wuchs in allen Länder die freiheitliche Demokratie langsam aus diktatorischen Wurzeln. Äußerlich schnell beendet war dieser Prozess nach dem Zweiten Weltkrieg in Japan. Allerdings deutet auch hier die jahrzehntelange, völlige Vorherrschaft der Liberaldemokratischen Partei bis in die 1990er Jahre hinein auf einen anfänglich noch nicht völlig entwickelten demokratischen Prozess und gewisse Defizite im demokratischen Bewusstsein hin. In Korea hingegen herrschten zunächst diktatorische Zustände, die erst ab 1987 schnell demokratischer wurden. Entsprechendes galt für Taiwan, wo die vom Festland geflüchtete Regierung Chiang Kai-Sheks 1949 bis 1987 den Ausnahmezustand deklarierte, viele rechtliche Sicherungen außer Kraft setzte und eine Einparteienherrschaft führte. Parlamentswahlen beispielsweise fanden nicht statt. Stattdessen blieben die Abgeordneten des geflüchteten chinesischen Parlaments mit dem Argument im Amt, dieses Parlament sei schließlich ein gesamtchinesisches, doch sei außerhalb der Insel Taiwan eine freie Wahl zur Zeit nicht möglich.[416]

Heute sind alle drei Staaten gut funktionierende Demokratien mit mehreren Parteien, **187** Regierungswechseln, einer kritischen Öffentlichkeit und kritischen Medien. Dies alles gelang jeweils ohne revolutionäre Verfassungsneuschöpfungen. Japans Verfassung von 1946 blieb sogar vollkommen unverändert.[417] Taiwan begnügte sich mit der Aufhebung des Ausnahmezustands und einigen Verfassungsänderungen. In Korea allerdings kam es zu erheblicheren Änderungen, die aber ebenfalls formal keine Neuschöpfungen darstellten. In allen drei Fällen ging es aber auch darum, aus den nur auf geduldigem Papier gedruckten Verfassungen, die lange kaum Auswirkungen in der Realität hatten, nach und nach aktive Elemente einer funktionierenden Demokratie zu machen.

b) Machtvolle Verfassungsgerichtsbarkeit

In allen drei Staaten bestehen hochangesehene Verfassungsgerichte mit umfassenden Überprüfungsbefugnissen, die auch real wahrgenommen werden. Dabei gilt der japanische **188**

[413] Zur aktuelleren Diskussion vgl. *Kao, Bernard Y.,* Teaching and Learning Law in Taiwan, National Elite Quarterly (Taiwan) 16-2, December 2023, 39 (39 ff.); zur Entwicklung der Durchfallquoten zwischen 2009 und 2022 vgl. ibid., 47.

[414] Vgl. zum Folgenden auch ausführlich und weitergehend *Yeh/Chang* (Fn. 301), 805 ff.

[415] Vgl. supra → Rn. 146, 149 f.

[416] Zur Entwicklung in Taiwan auch *Yang* (Fn. 311), 104 ff., 110 ff.

[417] Zu revisionistischen Tendenzen in der Verfassungspolitik vgl. aber etwa *Nishihara, Hiroshi,* Das staatlich aufgezwungene Nationalbewusstsein als Verfassungsproblem im Zeitalter der Globalisierung (Japan), Waseda Studies in Social Sciences 9 (2008), 17 (17 ff.); dort auch zur Änderung des Erziehungsgrundgesetzes, dem traditionell eine quasi-verfassungsrechtliche Bedeutung zugemessen wird, im Jahr 2006, ibid., 18 ff.; zum Verfahren der Verfassungsänderung und zu Versuchen, Art. 9 japanVerf zu ändern vgl. *Kinoshita, Masahiko,* The Form of Constitutional Amendments in Japan, in: Albert, Richard (Hrsg.), The Architecture of Constitutional Amendments, 2023, 89 (99 ff., 102 ff.).

Oberste Gerichtshof in seiner Rechtsprechung traditionell noch als besonders zurückhaltend. Im 20. Jahrhundert erklärte er seit 1947 überhaupt nur vier Gesetze in fünf Fällen für verfassungswidrig. Schon in den ersten dreizehn Jahren des 21. Jahrhunderts verdoppelte sich diese Anzahl aber auf acht.[418] Aufgehoben wurden so unterschiedliche Gesetze wie die zur Beschränkung einer Schadenersatzpflicht, zum Staatsangehörigkeitsrecht oder zur Diskriminierung unehelicher Kinder bei der Bestimmung des gesetzlichen Erbteils.[419] Diese Tendenz setzte sich fort, etwa 2023 mit der Aufhebung eines Gesetzes, das für einen rechtlichen Geschlechtswechsel eine Sterilisation forderte.[420] Die typische Zurückhaltung des japanischen Obersten Gerichtshofs[421] scheint sich also auf einem langsamen Rückzug zu befinden. Die Rechtsprechung des früheren Rates der Hohen Richter und heutigen Verfassungsgerichts in Taiwan und des Verfassungsgerichts in Korea ist demgegenüber schon seit langem erheblich kritischer und eher bereit, dem Gesetzgeber zu widersprechen und ihn in die Pflicht zu nehmen.[422] In jüngerer Zeit haben die Verfassungsrichter in Taiwan ebenso wie in Korea in rd. einem Drittel aller Fälle gegen die Regierung entschieden.[423]

c) Grundrechte gegen konservative Traditionen

189 Im zentralen Bereich der Grundrechte bestimmen sowohl bürgerliche und politische als auch wirtschaftliche und soziale Rechte die Rechtsprechung. Dabei sind spezifisch asiatische Besonderheiten nur wenig festzustellen. Im Gegenteil sind gerade auch die Verfassungsgerichte ein Akteur bei der Ablehnung allzu konservativ-traditioneller Elemente.

190 Besonders deutlich wird dies im Hinblick auf die Durchsetzung der Geschlechtergleichheit gegen die traditionell konfuzianische und auch heute noch in der Bevölkerung verbreitete Diskriminierung von Frauen. So wurden 2005 in Korea gewohnheitsrechtliche Bestimmungen über die traditionellen patriarchalischen Klan-Organisationen, die sog. jong-joong, für verfassungswidrig erklärt. Die jong-joong hatten damals zwar bereits erheblich an gesellschaftlicher Bedeutung verloren, wurden jedoch etwa dann ganz praktisch relevant, wenn der Staat Land übernahm, das einem jong-joong gehörte. Wenn der jong-joong beschloss, das dafür gezahlte Geld unter seinen Mitglieder zu verteilen, blieben Frauen, die per Definition nicht Mitglied sein konnten, außen vor. Das koreanische Verfassungsgericht erkannte die dahinterstehende konfuzianische Tradition ohne weiteres als solche an, erklärte sie aber dennoch für unvereinbar mit der heutigen Gleichheit der Geschlechter. Verheirateten Frauen wurde deshalb ein Recht auf gleiche Mitgliedschaft im jong-joong und auf gleiche Anteile an dessen Vermögen eingeräumt.[424] In Taiwan etwa wurde unter anderem wegen Verstoßes gegen die Gleichheit der Geschlechter eine Bestimmung des Zivilgesetzbuchs für verfassungswidrig erklärt, der zufolge der Wohnsitz von Eheleuten sich mangels anderweitiger Einigung bei Frauen nach dem Wohnsitz des Ehemannes richtete, bei Männern, die in das Heim der Frau eingeheiratet hatten, nach dem

418 Dazu und zum Folgenden auch *Nishihara* (Fn. 338), 4 ff.

419 Auflistung mit anderer Zählung bei *Hasebe, Yasuo,* The Supreme Court of Japan – Its adjudication on electoral systems and economic freedoms, International Journal of Constitutional Law 5 (2007), 296 (297 f.); Analyse der wichtigen Fälle zum Wahlsystem ibid., 300 ff.

420 Supreme Court (Japan) 2020 (Ku) 993 v. 25.10.2023, englische Übersetzung unter www.courts.go.jp/app/hanrei_en/detail?id=1948 (zuletzt abgerufen am 18.7.2025).

421 Zu den Hintergründen und zu weiteren aktiven verfassungsrechtlichen Entscheidungen etwa im Bereich einer verfassungskonformen Auslegung vgl. *Matsui* (Fn. 336), 145 ff.; zu den institutionellen Hintergründen auch bei *Hasebe* (Fn. 419), 298 ff.

422 Demgegenüber relativieren *Yeh/Chang* (Fn. 301), 823 ff. diese Unterschiede in ihrem jeweiligen Kontext und kommen zu dem Ergebnis, dass alle drei Gerichte zu einer reaktiven und vorsichtigen Überprüfung der Gesetzgebung tendieren. Diese Einschätzung beruht allerdings nicht zuletzt darauf, dass in einer typisch U.S.-amerikanisch geprägten Sichtweise von einer proaktiven Verfassungsrechtsprechung verlangt wird, dass die Gerichte ihre eigene (!) soziale und politische Agenda verfolgen, was aus typisch kontinentaleuropäischer (und britischer) Sicht gegen ihren Rechtsprechungsauftrag insgesamt verstoßen würde.

423 Vgl. *Yeh/Chang* (Fn. 301), 807 f.

424 Vgl. zu dieser Entscheidung *Kwon* (Fn. 312), 161 f.

Wohnsitz der Frau.[425] Ebenso für verfassungswidrig erklärt wurde das Letztentscheidungsrecht des Vaters über seine Kinder.[426]

Die grundrechtliche Kritik an traditionellen Vorstellungen manifestierte sich aber auch außerhalb der Gleichberechtigung von Mann und Frau. So hatten beispielsweise die Hohen Richter am taiwanesischen Justizyuan über die Verfassungsmäßigkeit der gerichtlich angeordneten Veröffentlichung einer Entschuldigung zu urteilen, die als Rechtsfolge im Falle einer Ehrverletzung vorgesehen war und traditionellem chinesischen Recht entsprach. Die Hohen Richter erkannten die Veröffentlichungspflicht zwar im Grundsatz an, schlossen sie aber für die Fälle aus, in denen die Veröffentlichung zu einer Selbstbeleidigung des Verurteilten führen würde, weil darin ein Verstoß gegen die Menschenwürde liege.[427] In Japan erklärte das Verfassungsgericht trotz seiner sonst sehr zurückhaltenden Rechtsprechung[428] in einer frühen Entscheidung von 1973 eine klassisch konfuzianische Regel im Strafgesetzbuch für verfassungswidrig, mit der der Vatermord ganz erheblich strenger bestraft wurde als Mord im Übrigen.[429] 191

d) Gesellschaftliche Veränderungen und Rechtsbewusstsein

In allen Ländern wurde die normative Entwicklung begleitet von gesellschaftlichen Veränderungen. Familien- und Gruppenzugehörigkeit spielen zwar immer noch eine erhebliche Rolle, doch gibt es mehr und mehr Menschen, die sich nicht etwa über ihren Klan oder ihre Familie, sondern als Individuen identifizieren. Dies wird gefördert durch den für alle betrachteten Staaten kennzeichnenden, enormen wirtschaftlichen Aufschwung. Er brachte eine erhebliche Verstädterung der Gesellschaft ebenso wie ein insgesamt hohes Einkommens- und Konsumniveau mit sich und verbreitete den damit oft einhergehenden, modern-individualistischen Lebensstil. Ein aus rechtlicher Sicht besonders wichtiger Aspekt dieser Entwicklung ist das wachsende Rechtsbewusstsein der Bevölkerung,[430] das heute ein den westlichen Staaten vergleichbares Niveau erreicht hat. Recht und Rechte werden nicht mehr als etwas vom Staat gnädig Gewährtes wahrgenommen, auf das man sich mit Glück einmal erfolgreich berufen kann, sondern als eine ursprüngliche Berechtigung, die gegen Eingriffe des Staates wie anderer Bürger verteidigt werden sollte und insbesondere durch Rückgriff auf die Gerichte auch kann. 192

e) Zwischen westlicher Prägung und südostasiatischen Eigenheiten

Das Verfassungsrechtsdenken in Südostasien ist somit dem westlichen eng verwandt. Damit soll keineswegs behauptet werden, es habe nur einen dem Westen hinterherhinkenden Charakter,[431] sei also eine Art kleiner, noch nicht recht erwachsener Bruder. Im Gegenteil ist das Verfassungsrecht in Japan, Korea und Taiwan von einer selbständigen und selbstbewussten Entwicklung gekennzeichnet, die nur im Westen zu wenig Beachtung findet. Doch würde das Kind mit dem Bade ausgeschüttet, wollte man darob die enge Verwandtschaft 193

[425] Vgl. dazu *Lo* (Fn. 332), 52; Zusammenfassung der Auslegung Nr. 452 vom 10.4.1998 unter web.archive.org/web/20210716125737/https://cons.judicial.gov.tw/jcc/en-us/jep03/show?expno=452 (zuletzt abgerufen am 18.7.2025).

[426] Vgl. *Chen* (Fn. 65), 409; Zusammenfassung der Auslegung Nr. 365 vom 23.9.1994 unter web.archive.org/web/20210716130320/https://cons.judicial.gov.tw/jcc/en-us/jep03/show?expno=365 (zuletzt abgerufen am 18.7.2025).

[427] Vgl. dazu *Yang* (Fn. 311), 117 ff.; Zusammenfassung der Auslegung Nr. 656 vom 3.4.2009 unter web.archive.org/web/20210716130918/https://cons.judicial.gov.tw/jcc/en-us/jep03/show?expno=656 (zuletzt abgerufen am 18.7.2025).

[428] Zu den ebenfalls sehr zurückhaltenden Entscheidungen zur Geschlechterdiskriminierung und zu insofern problematischen Gesetzen vgl. *Matsui* (Fn. 336), 179 ff.

[429] Vgl. dazu *Matsui* (Fn. 336), 175.

[430] Vgl. dazu für Taiwan etwa *Lo* (Fn. 365), 114 f.; *Chen* (Fn. 65), 404, 405; für Korea schon *Ahn* (Fn. 317), 84 f.; vgl. im übrigen zur angeblichen Streitaversion supra → Rn. 165 ff.

[431] Dagegen nachdrücklich *Yeh/Chang* (Fn. 301), 839.

leugnen und stattdessen die Eigenheiten zu einem völlig eigenständigen Muster hochstufen. Dabei sind diese Eigenheiten teils durchaus markant, wie etwa der bekannte und vieldiskutierte Verzicht auf Krieg und Streitkräfte in Art. 9 japanVerf samt der dieses Verbot faktisch umgehenden Rechtsprechung und Staatspraxis[432] oder die besondere Bedeutung japanischer Ministerien und ihrer informellen Führungsmittel (gyosei shido) im Wirtschaftsrecht.[433] Auf jede punktuelle Besonderheit kommen aber umfangreiche Ähnlichkeiten mit dem westlichen Verfassungsrechtsdenken, jede Besonderheit fällt deshalb besonders auf und bestätigt so nur die grundlegenden Übereinstimmungen. Beispielhaft findet sich etwa in Taiwan als markante Eigenheit die Vorstellung, der Staat müsse nicht nach Montesquieu in die klassischen drei, sondern nach Sun Yat-Sen in fünf Staatsgewalten aufgeteilt werden. Zu Legislative, Exekutive und Judikative treten also die Kontrollgewalt (für Amtsenthebungen) und die Prüfungsgewalt (für die Auswahl, Bewertung und Besoldung der Beamten) hinzu.[434] Gleichzeitig aber ist das taiwanesische Verfassungsrecht insgesamt intensiv vom deutschen Verfassungsrechtsdenken beeinflusst. So zentrale Institute wie Rechtsstaat, Gesetzesvorbehalt, Bestimmtheitsgebot, Vertrauensschutz, Verhältnismäßigkeit, allgemeine Handlungsfreiheit oder Recht auf den gesetzlichen Richter finden sich zwar nicht unmittelbar im Text der taiwanesischen Verfassung, wurden aber von der Rechtsprechung in Anlehnung an Deutschland entwickelt.[435] Insgesamt wird jedem Beobachter mit Grundkenntnissen im deutschen, U.S.-amerikanischen und französischen Verfassungsrecht die südostasiatische Verfassungsrechtslage schnell vertraut vorkommen.

IV. Indien: Common law und Hinduismus

1. Indisches Recht zwischen Realität und Romantik

194 Das indische Recht ist Teil des common law.[436] Die historischen Grundlagen des heute geltenden Rechts finden sich im common law, ihm entspricht in weiten Teilen die Denkweise indischer Juristen, ihm entstammen zahlreiche indische Rechtsinstitute, und auch bei Reformen bilden die englische und ihr verwandte Rechtsordnungen oft das Vorbild. Im Unterschied zu England ist Indien allerdings ein komplex organisierter Föderalstaat und besitzt eine geschriebene Verfassung, die Vorrang vor den Gesetzen einnimmt und von einem aktiven Verfassungsgericht zu großer praktischer und politischer Bedeutung gebracht wurde. Dies aber ähnelt etwa den Verhältnissen in den USA, deren Zugehörigkeit zum common law deshalb kaum in Frage steht. Dennoch wird Indien in zahlreichen rechtsvergleichenden Betrachtungen eine besondere Stellung eingeräumt. Das wäre auf Anhieb verständlich, wenn es um einen Platz neben England und den USA als drittes, eigenständiges Hauptbeispiel des common law ginge. Denn schließlich weist Indien die zweitgrößte Bevölkerung der Welt (fast viermal mehr als die drittplatzierten USA) auf und gilt gemeinhin als die größte Demokratie der Welt. Indien wird aber in der Regel nicht neben England und den USA, sondern im Zusammenhang mit Asien erwähnt und nimmt dort einen eigenständigen, also insbesondere von China oder Japan unabhängigen Platz ein. Diese Zuordnung mag mit einem unterschwelligen Vorurteil bei manchen Beobachtern zusammenhängen, die das common law spontan mit einem spezifisch westlichen Kulturraum und spezifisch

---

[432] Dazu einführend etwa *Matsui* (Fn. 336), 233 ff.

[433] Dazu einführend etwa *Matsui* (Fn. 336), 107 ff.; *Kinoshita* (Fn. 302), 27 f.; vgl. auch *Baum* (Fn. 348), 288 f.

[434] Vgl. dazu etwa *Yang* (Fn. 311), 100 f.

[435] *Yang* (Fn. 311), 110, 100; für die deutlichen Ähnlichkeiten im Verfassungsprozessrecht vgl. etwa die Darstellung bei *Yang, Tzu-hui,* Der taiwanesische Verfassungsprozess im Lichte richterlicher Rechtsfortbildung, Jahrbuch des öffentlichen Rechts 57 (2009), 711 (711 ff.).

[436] Deutlich etwa *David/Jauffret-Spinosi/Goré* (Fn. 2), 417; *Bhadbhade, Nilima,* Contract law in India, 3. Aufl. 2016, 34 f.; *Mittal, Raman,* Law of contract, in: Sankaran, Kamala; Singh, Ujjwal Kumar (Hrsg.), Towards legal literacy, 2008, 107 (107); vgl. auch *Galanter, Marc,* Law and society in modern India, 1992, 15.

westlichen Völkern assoziieren und sich deshalb unbewusst dagegen sperren, einen Staat wie Indien als schlichten Teil dieser Gruppe zu akzeptieren. Dahinter mag auch der Gedanke an die großen Ungleichheiten stehen, die Indien bis heute prägen. Doch war auch England im 19. Jahrhundert und früher von ausgeprägten sozialen Unterschieden und einem intensivem Klassendenken geprägt.

Weit weniger spekulativ ist hingegen ein anderer Grund für die gesonderte Behandlung: 195
Indien ist das Mutterland des hinduistischen Rechts, das über Jahrhunderte hinweg seinen rechtlichen Kontext entscheidend prägte. Bei genauerer Betrachtung ist es auch gar nicht das heute real geltende indische Recht, das die besondere Aufmerksamkeit vieler Rechtsvergleicher auf sich zieht, sondern eben dieses hinduistische. Tatsächlich weist das klassische hinduistische Recht allerlei interessante Eigenheiten auf[437] und bedient in schönster Weise romantische Vorstellungen, die gerade westliche Beobachter gern mit Indien verbinden. Manche Rechtsvergleicher gehen denn auch fast ausschließlich darauf ein,[438] andere trennen recht streng zwischen traditionellem hinduistischen und modernem indischen Recht,[439] wieder andere betonen, dass erst das hinduistische dem indischen Recht seine Eigentümlichkeit gebe und damit ein besonderes Interesse rechtfertige.[440] Aus Sicht des im 21. Jahrhundert geltenden indischen Rechts ist all dies etwas gewöhnungsbedürftig. Denn der letzte verbliebene Anwendungsbereich des hinduistischen Rechts in Indien ist das Familienrecht im weiteren Sinne (also einschließlich des Erbrechts).[441] Über die rein statistische Bedeutung für rd. 80 Prozent der Bevölkerung hinaus liegt aber nicht einmal darin ein Alleinstellungsmerkmal. Denn das indische Recht verweist in Familien- und Erbangelegenheiten schlicht auf das jeweilige religiöse Personalstatut, so dass für einen Hindu das hinduistische Recht mit gleichem Anspruch gilt wie für einen Moslem das moslemische und für einen Juden das jüdische. Zudem ist das heute angewandte hinduistische Recht keineswegs identisch mit dem traditionellen hinduistischen Recht, sondern in erheblichen Teilen staatlich kodifiziert, dabei teils sogar bewusst verändert und durch Richterrecht geprägt. Nicht zu verkennen ist allerdings auch, dass die indische Gesellschaft in ihrer sozialen Struktur und ihren Werten weiterhin ganz überwiegend hinduistisch geprägt ist und sich vielerlei Probleme der indischen Rechtswirklichkeit gerade vor dem Hintergrund dieser traditionellen Wertvorstellungen erklären lassen.

2. Indisches common law

a) Historische Entwicklung

aa) Presidency towns und mofussil

Das traditionelle hinduistische Recht kam ab dem 17. Jahrhundert unter erst marginalen, 196
dann immer intensiveren englischen Einfluss.[442] Zentrale Bedeutung für den langen und komplexen Prozess kam der im Jahr 1600 gegründeten East India Company zu. Sie entwickelte sich von einer anfänglich reinen Handelsgesellschaft immer mehr zu einem politischen Akteur, der immer größere hoheitliche Befugnisse an sich zog. Insbesondere übte die East India Company mit ihren Angestellten die Rechtsprechung auf den von ihr kontrollierten Gebieten aus. Die Gerichtsbarkeit in den drei sog. presidency towns von Bombay, Kalkutta und Madras wurde allerdings schon 1726 von der britischen Krone übernommen, aber auch hier erst ein halbes Jahrhundert später mit professionellen Juristen

[437] Zum traditionellen hinduistischen Recht infra → Rn. 235 ff.
[438] Vgl. etwa *Zweigert/Kötz* (Fn. 4), 306 ff.
[439] Vgl. etwa *David/Jauffret-Spinosi/Goré* (Fn. 2), 395 f.
[440] So ausdrücklich *Cuniberti* (Fn. 4), 341.
[441] Näher infra → Rn. 228 ff.; in Bezug auf Indien wird der Begriff des Familienrechts im Folgenden stets in diesem weiteren Sinne verstanden.
[442] Zum Folgenden vgl. zusammenfassend *David/Jauffret-Spinosi/Goré* (Fn. 2), 402 ff., 411 ff.; *Cuniberti* (Fn. 4), 353 ff.; detailliert *Mittal, J.K.; Vijaya, M.,* Indian legal system – Past and present, 10. Aufl. 2006, 5 ff., 291 ff.; *Jain, M.P.,* Outlines of Indian legal and constitutional history, 7. Aufl. 2014, 15 ff., 411 ff.

besetzt. Anwendbares Recht in diesen Machtzentralen war im Grundsatz das englische common law einschließlich allen Gesetzesrechts. Ausnahmen bestanden vor allem in zweierlei Hinsicht: Erstens konnte jede Rechtsregel außer Acht gelassen werden, wenn sie nicht auf die Bedingungen vor Ort passte oder wenn entgegenstehende lokale Verordnungen (regulations) bestanden. Das Problem der besonderen örtlichen Verhältnisse wurde dem britischen Gesetzgeber zunehmend bewusst, so dass Gesetze, die nach 1726 erlassen wurden, nur noch dann in Indien anwendbar waren, wenn sie eine ausdrückliche Klausel in diesem Sinne enthielten. Zweitens unterlag das Familienrecht (wie üblich einschließlich des Erbrechts) dem Personalstatut der betreffenden Personen, dh ihrem jeweiligen religiösen Recht. In der Hand von britischen Richtern allerdings veränderte das hinduistische Recht nach und nach seinen Charakter. Denn nicht nur waren die Richter selbst keine Hindus, sie verließen sich auch anfänglich auf den manchmal nicht zweifelsfreien Rat indischer Experten, später auf ins Englische übersetzte Teile der hinduistischen heiligen Schriften und gingen im Übrigen mit einem typisch britischen Blick für Systematik, Klarheit und Verlässlichkeit an ihre Aufgabe heran.

197 Deutlich anders war die Lage im sog. mofussil, dh in Indien außerhalb der presidency towns. Namentlich in Bengalen, Bihar und Orissa erhielt die East India Company 1765 aufgrund eigener Verträge mit dem Großmogul Shah Alam II. das sog. diwani, also das Recht zur fiskalischen und judiziellen Verwaltung. Auf dieser Grundlage konnte sie eine eigene Gerichtsbarkeit aufbauen und lange erhalten, die nicht das englische Recht anwenden sollte, sondern eine Art Billigkeitsjustiz nach „justice, equity and good conscience". In der Praxis schien dies aber nicht selten auf das englische Recht hinauszulaufen, wenn auch manchmal in eher rudimentärer Form. Die britische Krone allerdings behielt sich auch für diese Gebiete Kontrollmöglichkeiten vor, indem sie den Supreme Court in Kalkutta als gemeinsame höhere Instanz einsetzte. Höchste und letzte Instanz für alle indischen Rechtsstreitigkeiten war in allen Fällen der Privy Council in London. Auch im mofussil außerhalb des diwani Gebiets, also in den sog. non-regulation provinces, waren Gerichte eingerichtet worden. Ihre genaue Funktionsweise einschließlich des von ihnen angewandten Rechts bleibt aber weitgehend obskur. Schon zur damaligen Zeit scheinen diese Provinzen am äußersten Rand des juristischen Bewusstseins gelegen zu haben und von höheren britischen Autoritäten weitgehend ignoriert worden zu sein.[443] Insgesamt war die Frage des anwendbaren Rechts – ähnlich der Machtstruktur insgesamt – in Indien höchst verworren und unklar, gekennzeichnet von Widersprüchen ebenso wie großen Lücken.[444]

bb) Kodifikationsbewegung

198 Diese Probleme blieben den Briten nicht verborgen. Schon ab 1833 bestanden konkrete Bestrebungen, das für Indien anwendbare Recht zu kodifizieren und so zu vereinheitlichen. Politisch gesehen war dies allerdings heikel, denn die Kodifikation für Indien wurde von Anhängern wie Gegnern als ein Teil der im Mutterland schwer bekämpften – und letztlich erfolglosen – Bestrebungen gesehen, das englische Recht ganz allgemein zu kodifizieren. Auch für Indien blieben die Versuche zunächst erfolglos, bis die politische Lage sich grundlegend änderte. Ein großer indischer Aufstand, der 1857 nur mit Mühe und blutig niedergeschlagen werden konnte, wurde von Seiten der britischen Regierung und Öffentlichkeit vor allem der Unfähigkeit der East India Company zugerechnet. In der Folge übernahm die Krone mit dem Government of India Act von 1858 alle bisherigen Befugnisse der Company (die schließlich 1873 offiziell aufgelöst wurde). Vor Ort übernahm der britische Vizekönig die Macht. Dies schien die ganze Atmosphäre zu verändern. Schon 1859 wurde das Zivilprozessrecht in einem Kodex zusammengefasst, 1860 das Strafrecht, 1861 das Strafprozessrecht, sodann weitere Gesetze erlassen, etwa der Indian Contract Act von 1872, der Indian Evidence Act von 1872, der Transfer of Property Act von 1882 oder

443 Vgl. dazu *Mittal/Vijaya* (Fn. 442), 159 ff.
444 Deutlich etwa *Annoussamy, David,* Le droit indien en marche, 2001, 43.

der Indian Trust Act von 1882.[445] All diese Gesetze waren weitgehend vom englischen Recht inspiriert. Zwar handelte es sich nicht um schlichte Kopien. Vielmehr kam es zu einer vorsichtigen Modernisierung, bei der veraltete Regeln aufgegeben und das Recht insgesamt etwas vereinfacht und systematisiert wurde. Beispielsweise verzichtete das Zivilprozessrecht auf die Jury und wurde eine klare Trennung von law und equity gar nicht erst eingeführt. Auch wurden in Einzelfällen einmal drittstaatliche oder einheimische indische Regeln zum Vorbild genommen. Das Ergebnis aber war ganz und gar eines des common law. Hinzu kam eine Umstellung des Justizsystems 1861, in deren Folge alle Richter ausgebildete Juristen sein mussten. Aufgrund ihrer Sozialisation im common law legten sie das geltende Gesetzesrecht mit den Methoden und vor dem Hintergrund des common law aus. Der Gesetzestext wurde in typischer common law Manier mit einer gewissen Zurückhaltung betrachtet und stattdessen Präzedenzfälle bevorzugt. Lücken und Unklarheiten wurden nicht durch Auslegung der Gesetze, sondern mit Hilfe des common law selbst geschlossen.

Im Ergebnis hat das common law bis zum Ende des 19. Jahrhunderts langsam, aber stetig **199** seinen Weg nach Indien gefunden. Außerhalb des Familienrechts im weiteren Sinne wurden dabei die vorherigen, hinduistischen Rechtsvorstellungen zur Seite gedrängt und konnten sich allenfalls noch in anekdotischen Randfragen niederschlagen. Klassisches Beispiel ist hier die Regel des sog. Damdupat. Sie sieht vor, dass die Zinsen auf eine Schuld niemals den Betrag dieser Schuld überschreiten dürften. Diese sympathische Regel fand zwar keinen ausdrücklichen Niederschlag im Contract Act von 1872, wurde aber nach einigen justiziellen Differenzen gerichtlich anerkannt.[446] Im Übrigen aber wurde ein vom englischen Recht abgeleitetes Recht von in England ausgebildeten Richtern im Rahmen einer dem englischen Prozess- und Gerichtssystem nachempfundenen Rechtsprechung angewandt.

b) Common law Denken in Gesetzgebung und Rechtsprechung

Die Unabhängigkeit im Jahr 1947 änderte für das Gebiet des heutigen Indiens kaum etwas an **200** diesem common law Rechtssystem. Im Gegenteil gelten nach Art. 372 indischVerf alle Gesetze, die unmittelbar vor Inkrafttreten der Verfassung galten, weiter, bis sie abgeändert oder aufgehoben werden. Damit sind nicht nur Gesetze, sondern ist im Ergebnis das ganze englische common law gemeint.[447] Sogar die Verfassung selbst greift in vielen Detailregelungen wörtlich auf den Government of India Act 1935 zurück.[448] Tatsächlich gelten die zentralen Gesetze des 19. Jahrhunderts mit den zu erwartenden Änderungen bis heute in Indien fort. Der Indian Contract Act von 1872 beispielsweise wurde nur selten verändert. Notwendige Modernisierungen finden sich weitgehend in separaten Gesetzen, die sich mit besonderen Vertragstypen beschäftigen, etwa dem multimodalen Warentransport, dem Verbraucherschutz oder der Informationstechnologie.[449]

Die Gesetze selbst ähneln auch stilistisch stark den englischen.[450] Nicht nur sind sie in **201** englischer Sprache verfasst, sie beginnen auch ganz formal mit Artikeln, die den Namen des Gesetzes, seinen territorialen Geltungsbereich und sein Inkrafttreten betreffen. Es folgen oft umfangreiche Definitionen der in den folgenden Normen verwendeten Begriffe, die etwa

---

[445] Alle Gesetze wurden gemeinsam veröffentlicht in Stokes, Whitley (Hrsg.), The Anglo-indian codes, Bd. 1, 1887; Bd. 2, 1888; zur Kodifikation insgesamt vgl. auch Annoussamy (Fn. 444), 41 ff.

[446] Vgl. die Entscheidung des Supreme Court of India in Hukumchand Gulabchand Jain vs. Fulchand Lakhmichand Jain and others, 16.2.1965, S. 8 ff.; dazu *David/Jauffret-Spinosi/Goré* (Fn. 2), 416; alle Entscheidungen des Supreme Court of India und mehrerer High Courts sind im Internet unter judis.nic.in verfügbar und werden hier danach zitiert.

[447] Vgl. Director of Rationing and Distribution vs. The Corporation of Calcutta and Others, 16.8.1960, S. 11.

[448] Vgl. *Jain, M.P.,* Indian constitutional law, 8. Aufl. 2018, Neudruck 2021, 11; vgl. auch *Annoussamy, David,* Le droit indien en marche, Bd. 2, 2009, 264, der 2/3 der Verfassung als Reproduktion des Government of India Act 1935 ansieht.

[449] Vgl. *Bhadbhade* (Fn. 436), 46 f.

[450] Zum typischen Aufbau indischer Gesetze vgl. *Annoussamy* (Fn. 444), 47 f.

im Company Act 2013 allein zwölf Druckseiten umfassen.[451] Das typische Verlangen des common law Gesetzgebers, möglichst wenig Zweifel an seinem Willen zu lassen und den Richtern möglichst wenig Interpretationsspielraum zu gewähren, ist in Indien sogar besonders ausgeprägt zu spüren. Nicht nur können Gesetzesanhänge so praktische Vorgaben wie etwa Formulare, Handreichungen und Musterverträge enthalten.[452] Mehr noch finden sich im Gesetzestext selbst zu den einzelnen Artikeln Erläuterungen, Ausnahmen und sogar Fallbeispiele. Beispielsweise lautet Art. 19 S. 1 Indian Contract Act 1872: „When consent to an agreement is caused by coercion, fraud or misrepresentation, the agreement is a contract voidable at the option of the party whose consent was so caused." Anschließend folgt „Explanation. – A fraud or misrepresentation which did not cause the consent to a contract of the party on whom such fraud was practised, or to whom such misrepresentation was made, does not render a contract voidable." Daran schließen sich fünf Beispiele an, deren erstes lautet: „Illustrations (a) A, intending to deceive B, falsely represents that five hundred maunds of indigo are made annually at A's factory, and thereby induces B to buy the factory. The contract is voidable at the option of B."

202 Im Übrigen verdeutlicht schon ein oberflächlicher Vergleich eines indischen Lehrbuchs zum Vertragsrecht mit seinen englischen Gegenstücken die ausgeprägte Nähe. Das gilt nicht nur für die gesamte Dogmatik, sondern auch für so typische Rechtsfiguren wie consideration oder privity of contract.[453] Unterschiede in vielerlei Details bestehen, fallen aber vor allem dem Experten des englischen Vertragsrechts auf. Das gilt auch in anderen Rechtsgebieten,[454] etwa wenn beim trust nicht zwischen legal und equitable interests unterschieden wird, sondern auch die Stellung des Begünstigten als legal right angesehen wird.[455] Die Unterschiede zu England, wie sie auch in anderen Staaten des common law wie Kanada oder Neuseeland ganz selbstverständlich bestehen, bestätigen deshalb nur die Nähe im Grundsatz.

203 Diese Nähe wird noch dadurch unterstrichen, dass Rechtsprechung und Gesetzgebung in Indien zwar durchaus eigene Wege gehen, dabei aber die Entwicklungen in England und dem Rest der common law Welt nicht aus den Augen verlieren. Wird in Indien ein neues Gesetz ausgearbeitet, so schauen die damit betrauten Personen in aller Regel zunächst in den Gesetzen anderer Staaten des common law nach Vorbildern. Wenn genügend Zeit ist, wird oft versucht, die so gefundenen Ansätze auszuwerten und in einem neuen Normtext miteinander zu verbinden. Wenn es eilt, wird stattdessen eher dasjenige Gesetz ausgewählt, das für Indien am geeignetsten erscheint.[456] Auch in der Rechtsprechung ist der Rückgriff auf ausländische Vorbilder insbesondere des common law üblich, ja geradezu eine Gewohnheit geworden. Dabei dient die ausländische Regel manchmal tatsächlich als Inspirationsquelle, oft aber auch nur dazu, eine gewünschte oder anderweitig gefundene Lösung noch besser gegenüber Kritik abzusichern. Ähnlich wie in anderen Ländern geht es den Richtern deshalb auch weniger um eine sorgfältige rechtsvergleichende Suche und Analyse, sondern in

---

[451] Vgl. Art. 2 Companies Act, 2013, The Gazette of India Extraordinary, Part II, Section 1, No. 27, 30.8.2013, S. 1; indische Gesetze sind im Internet unter indiacode.nic.in verfügbar und werden hier danach zitiert.

[452] Vgl. etwa die Formulare für verschieden Gesellschaftsverträge in Schedule I, Table A-J Companies Act, 2013, The Gazette of India Extraordinary, Part II, Section 1, No. 27, 30.8.2013, S. 1 oder die „General instructions for preparation of balance sheet and statement of profit and loss of a company" in Schedule III Companies Act 2013.

[453] Vgl. etwa *Bhadbhade* (Fn. 436), passim, insbes. 82 ff. zur consideration, 156 ff. zu privity; vgl. auch ibid., 27: „At first sight, a reader might be tempted to think that Indian law follows English law. This is to some extent true, because the Act draws heavily on the English Common law prevalent when it was enacted. Yet Indian law differs on many important aspects from English law, which difference has been highlighted at suitable places.".

[454] Auch eine einführende, allgemeine Darstellungen wie *Setalvad, Atul M.,* Introduction to law, 2005, passim, vermittelt weitgehend den Geist des englischen common law – vgl. nur ibid., 12 ff. zur Auslegung von Gesetzen –, ohne auf die hinduistische Geschichte oder hinduistische Wurzeln außerhalb weniger Spezialgebiete auch nur einzugehen.

[455] Vgl. etwa *Bhadbhade* (Fn. 436), 55; *David/Jauffret-Spinosi/Goré* (Fn. 2), 418; zum trust im common law supra → § 5 Rn. 183 ff.

[456] *Annoussamy, David,* Le droit comparé dans l'Inde, Revue Internationale de Droit Comparé 51 (1999), 953 (957).

der Regel nur darum, konkrete ausländische Einzelentscheidungen zu finden, die das gewünschte Resultat stützen. Dabei können sie heute oft auf die vorbereitenden Arbeiten der beteiligten Anwälte zurückgreifen.[457] Das englische Recht genießt in der Rechtsprechung eine faktisch, wenn auch nicht rechtlich besonders hervorgehobene Stellung. Gerade bei Lücken oder Unklarheiten im indischen Recht wird auf englische Entscheidungen zurückgegriffen. Aktuelle englische Entwicklungen werden verfolgt und können auch übernommen werden, wenn keine indischen Besonderheiten entgegenstehen.[458]

Dieselbe Nähe gilt auch über die Regeln des materiellen Rechts hinaus für das typische common law Denken. Die juristische Terminologie und die juristischen Grundkonzepte, die grundsätzliche Bindung an und das Denken in Präzedenzfällen, die Zurückhaltung gegenüber Gesetzestexten, die herausragende Position der Richter, ihre Rekrutierung aus der Anwaltschaft, der gegnerschaftliche Prozess, die Bedeutung des Prozessrechts für die Geltendmachung von Ansprüchen sowie die Auffassung, dass die Einhaltung des Prozessrechts der beste Weg sei, eine auch inhaltlich angemessene Lösung zu erreichen, finden sich in Indien ebenso wie in England.[459] Selbst der Stil der Gerichtsentscheidungen mit ausführlichen, das Problem von allen Seiten beleuchtenden Stellungnahmen der einzelnen Richter erinnert stark an England, wenn auch ergänzt durch eine typisch indische Tendenz zu umfassenden Zitaten aus Entscheidungen, Gesetzen oder anderen Dokumenten und die damit einhergehende, teils extreme Länge der Urteile.[460] Ebenso wird das Recht weitgehend als pragmatisches Instrument zur Konfliktregelung und Problemlösung betrachtet. Systematisierende Betrachtungen oder eine Analyse zugrundeliegender Grundprinzipien stoßen kaum auf Interesse. Die Rechtswissenschaft ist eher schwach ausgeprägt.[461] Eine große Rolle für die Fortentwicklung des Rechts spielt hingegen die Rechtsprechung. Dabei hat man sich frühzeitig von einigen klassischen Beschränkungen der englischen Präzedenzfallbindung befreit. Kein indisches Gericht ist an seine eigenen Präzedenzfälle gebunden, auch wenn Abweichungen durchaus als problematisch empfunden und zurückhaltend gehandhabt werden. Nach U.S.-amerikanischem Vorbild wurde zudem die Möglichkeit der zeitlichen Anpassung der Wirkungen abweichender Entscheidungen im Sinne des sog. prospective overruling akzeptiert und die Bindung an Präzedenzfälle im Bereich des Verfassungsrechts für unangebracht erklärt.[462] 204

c) Die Wichtigkeit des Rechts in Indien

Für das Verständnis des indischen Rechts zentral ist die Erkenntnis, dass im Unterschied zu manch anderem Staat mit Entwicklungsproblemen dem Recht in Indien eine große Bedeutung sowohl im Bewusstsein der Menschen als auch in der Realität zukommt.[463] Das lässt sich beispielhaft an der Stellung der Juristen (aa) und der Bedeutung des Verfassungsrechts (bb) ablesen. Gleichzeitig trifft das Recht allerdings in Indien auf eine außerordentlich vielfältige soziale Realität, die auch von extremen Ungleichheiten gekennzeichnet ist und die für die Bewertung des Rechts nicht außer Betracht bleiben darf (cc). 205

aa) Ansehen der Juristen

Juristen genießen in Indien traditionell hohes Ansehen.[464] Das mag nicht wenig damit zusammenhängen oder sich darin ausdrücken, dass für die Befreiungsgeschichte Indiens so 206

[457] Zum Ganzen *Annoussamy* (Fn. 456), 958 f.
[458] Vgl. *Cuniberti* (Fn. 4), 384.
[459] Vgl. *David/Jauffret-Spinosi/Goré* (Fn. 2), 417; *Bhadbhade* (Fn. 436), 35.
[460] Zum indischen Urteilsstil *Annoussamy* (Fn. 444), 81 ff.
[461] *Annoussamy* (Fn. 456), 959 f.; deutlich ibid., 960: „Le panorama juridique en Inde se caractérise par la faiblesse de la doctrine.".
[462] Vgl. *Cuniberti* (Fn. 4), 384 f.
[463] Eingängig *Cuniberti* (Fn. 4), 341.
[464] Vgl. zum Folgenden auch *Cuniberti* (Fn. 4), 390, 391; *Annoussamy* (Fn. 448), 260; zum Niedergang vgl. auch *Noorani, Abdul Gafoor,* Citizens' rights, judges, and State accountability, 2002, 11 ff.

zentrale Persönlichkeiten wie Gandhi, Nehru und Ambedkar Juristen waren und als Anwälte praktizierten. Juristen bildeten zur damaligen Zeit den Kern der sich entwickelnden Gruppe indischer Intellektueller. Sie stellten und stellen bis heute einen wichtigen Teil der politischen Elite des Landes. Besonders hoch ist ebenso traditionell auch das Ansehen der Richterschaft, insbesondere der höheren Gerichte. Sie gelten als integre und unabhängige Verteidiger der Interessen der Bürger, eine Einschätzung die nicht zuletzt auf den zahlreichen Kämpfen beruht, die sich insbesondere der Supreme Court of India mit der Regierung geliefert hat.[465]

207 In neuerer Zeit allerdings ist dieses makellose Image erheblich angekratzt worden. Bei Anwälten sind Ruf und sozialer Status in Gefahr, weil ihre Zahl schlicht zu groß geworden ist. Immer neue Absolventen drängen mit oft wenig überzeugenden Rechtskenntnissen und inzwischen ohne ein praktisches Ausbildungsjahr in den Beruf. Mangelnde Kompetenz und mangelnde Fallzahlen führen zu geringen Einkommen, die anfällig für allerlei Versuchungen machen.[466] In der Richterschaft kommen seit einiger Zeit immer wieder Einzelfälle oder Gerüchte von Korruption ans Tageslicht. Medien und auch Anwaltschaft greifen Gerichte mit Korruptionsvorwürfen an. Auch wenn die überwiegende Richterschaft weiterhin korrekt arbeiten dürfte, hat sich der Gedanke an korrupte Richter in der Bevölkerung verfestigt.[467] Auftrieb erhielt dieser Gedanke zB durch einen Report von Transparency International aus dem Jahr 2007, der eine zunehmend erkennbare Korruption in Indien feststellte. Allerdings wird in diesem Report ebenfalls eingeräumt, dass speziell die oberen Gerichte relativ sauber geblieben seien.[468] Auch lässt die nähere Begründung des Reports einiges zu wünschen übrig, etwa wenn sie Fragen von Korruption und Langsamkeit der Justiz miteinander vermengt oder ein Zitat aus dem Zusammenhang reißt.[469] Die Kritik wurde aber auch von höchster gerichtlicher Stelle bestätigt. So formulierte der Supreme Court of India 2012 überdeutlich „something is rotten in the Allahabad High Court“[470] und fuhr fort: „The faith of the common man in the country is shaken to the core by such shocking and outrageous orders such as the kind which have been passed by the Single Judge. We are sorry to say but a lot of complaints are coming against certain Judges of the Allahabad High Court relating to their integrity. Some Judges have their kith and kin practising in the same Court, and within a few years of starting practice the sons or relations of the Judge become multi-millionaires, have huge bank balances, luxurious cars, huge houses and are enjoying a luxurious life. This is a far cry from the days when the sons and other relatives of Judges could derive no benefit from their relationship and had to struggle at the bar like any other lawyer.“[471] Auch in den letzten Jahren hat sich das Gesamtbild der Korruption an indischen Gerichten nicht verbessert.[472]

208 Umgekehrt belegen aber gerade die öffentliche Aufregung und die öffentlichen Reaktionen, zu denen diese und andere Vorwürfe jeweils geführt haben, das hohe Grundansehen, das die Justiz immer noch genießt. Die Bevölkerung reagiert auf Vorwürfe richterlicher

---

[465] Zu diesen Kämpfen sogleich infra → Rn. 209 ff.

[466] *Annoussamy* (Fn. 448).

[467] Vgl. *Annoussamy* (Fn. 444), 123.

[468] *Transparency International* (Hrsg.), Global Corruption Report 2007, 215.

[469] So wird der frühere Richter am Supreme Court of India, V. R. Krishna, mit den Worten zitiert „Criminal justice succumbs to money power“ (Transparency International (Fn. 468), 215). Im Zusammenhang hingegen wendet er sich mit diesen Worten gegen Anwälte, die gegen sehr hohe Gebühren ohne Rücksicht auf Moral alle anwaltlichen Tricks anwenden, um den Fall irgendwie zu gewinnen, anstatt sich auf die Wahrheitsfindung zu konzentrieren; so lautet schon der nächste Satz: „A lawyer with five-star fees is focused on winning his case, whatever the moral sacrifice.“, vgl. *Krishna Iyer, V.R.*, Lawyer, heal thyself, The Times of India, 7.3.2006.

[470] Raja Khan vs. U.P Sunni Central Waqf Board & Anr., Supreme Court of India, Civil Appellate Jurisdiction, No. 31797 of 2010, S. 1.

[471] Raja Khan vs. U.P Sunni Central Waqf Board & Anr., Supreme Court of India, Civil Appellate Jurisdiction, No. 31797 of 2010, S. 9 f.

[472] Vgl. Huchhanavar, Shivaraj S.: Regulatory Mechanisms Combating Judicial Corruption and Misconduct in India – A Critical Analysis, Indian Law Review 4 (2020), 47 (48).

Korruption gerade deshalb so empfindlich, weil die Justiz traditionell als Fels in der Brandung des ansonsten von Korruption durchzogenen Staatsapparats galt. Dies erklärt auch die Schärfe der Kritik aus der Justiz selbst ebenso wie manch bemerkenswerte Gegenmaßnahme. So versuchen etwa der Supreme Court und die High Courts, auf ihren Internetseiten für jeden Richter eine detaillierte Vermögensaufstellung zu veröffentlichen, um so ein Höchstmaß an Transparenz gerade gegenüber Vorwürfen persönlicher Bereicherung herzustellen. Für den Supreme Court scheint dieses System zumindest intern zu funktionieren.[473] Für Richter an den High Courts hingegen ist es höchst defizitär; 2025 etwa hatten nur 12 Prozent der Richter ihr Vermögen angegeben, wobei sich das Ausmaß der Transparenz an verschiedenen High Courts deutlich unterschied.[474]

bb) Der kämpferische Supreme Court

Einer der Hauptgründe, aufgrund derer Indien als ein rechtlich hoch entwickeltes Land mit **209** einer starken und unabhängigen Justiz angesehen wird, liegt in der intensiven Aktivität des Supreme Court of India. Zwischen ihm und dem Parlament besteht ein komplexes Machtgefüge, das sich allerdings nur teilweise aus der Verfassung ablesen lässt, sondern sich in einem regelrechten Duell beider Staatsorgane entwickelt hat.[475]

(1) Wer ist Herr der Verfassung? Bei diesem Duell ging es um die umfassenden **210** Agrarreformen, mit Hilfe derer die Regierung kurz nach der indischen Unabhängigkeit die Konzentration von Reichtümern und insbesondere Bodenschätzen in wenigen Händen bekämpfen wollte. Die dazu erlassenen Gesetze wurden jedoch von den Gerichten im Hinblick auf das Eigentumsgrundrecht des Art. 31 indischVerf[476] aufgehoben. Daraufhin fügte das Parlament einen neuen, rückwirkenden Art. 31A in die Verfassung ein, demzufolge keine Enteignung von Immobiliarrechten deshalb nichtig sei, weil sie gegen die Grundrechte verstoße.[477] Der Supreme Court allerdings fand Wege, diesen klaren Willen des Verfassungsgebers mit einigen juristischen Finessen zu umgehen. Der Verfassungsgeber reagierte mit einer erneuten Verfassungsänderung, um seinen Willen durchzusetzen.[478] Daraufhin griff der Supreme Court zu radikaleren Mitteln und erklärte, dass der Gesetzgeber zwar nach Art. 368 indischVerf das Recht habe, die Verfassung zu ändern, dieser Artikel aber nur das Verfahren der Verfassungsänderung betreffe und nicht selbst ein solches Recht verleihe. Das daher nur implizite, ungeschriebene Recht, die Verfassung zu ändern, sei aber nicht unbeschränkt. Es beziehe sich vielmehr nur auf unwichtigere Teile der Verfassung und nicht auf die Grundrechte.[479] Das Parlament wollte sich das nicht bieten lassen und ergänzte Art. 368 indischVerf dahingehend, dass

---

473 Für April 2025 hatten nach einer Liste auf der Webseite des Supreme Court 31 von 33 Richtern ihre Vermögensaufstellungen eingereicht, doch scheint keine von ihnen veröffentlicht worden zu sein, vgl. www.sci.gov.in/assets-of-judges/# (zuletzt abgerufen am 18.7.2025); am 1.4.2025 hatten die Richter einstimmig beschlossen, ihre Vermögensaufstellungen öffentlich zu machen, vgl. *Anand, Utkarsh,* Supreme Court judges resolve to publicly declare their assets, Hindustan Times, 3.4.2025.

474 Vgl. zB *Singh, Soibam Rocky:* Only 12 % of High Court Judges Declare Assets, The Hindu, 6.4.2025.

475 Vgl. zum Folgenden *Annoussamy* (Fn. 444), 114 ff.; Sathe, S.P., India – From positivism to structuralism, in: Goldsworthy, Jeffrey (Hrsg.), Interpreting constitutions, 2006, 215 (239 ff.); zum Ganzen auch detailliert *Jain* (Fn. 448), 1352 ff., insbes. 1366 ff.

476 Art. 31 lautete in seiner ursprünglichen Fassung: „Right to property
(1) No person shall be deprived of his property save by authority of law.
(2) No property (…) shall be taken (…) for public purposes under any law authorising the taking (…) unless the law provides for compensation (…) and either fixes the amount of the compensation, or specifies the principles on which, and the manner in which, the compensation is to be determined and given.
(…)"; das Original der Verfassung findet sich unter www.wdl.org/en/item/2672/ (zuletzt abgerufen am 18.7.2025); zur Änderung von 1971 vgl. *Jain* (Fn. 448), 1363.

477 Art. 4 The Constitution (First Amendment) Act, 1951.

478 The Constitution (Fourth Amendment) Act, 1955.

479 Golaknath vs. State of Punjab v. 27.2.1967, S. 55 ff.

nunmehr das Recht des Parlaments, jede Bestimmung der Verfassung zu ändern, ausdrücklich vorgesehen wurde.[480]

211 Das war aber keineswegs das Ende der Geschichte. Denn noch im selben Jahr versuchte das Parlament, den Supreme Court auch in anderer Hinsicht zu korrigieren: Durch Verfassungsänderung war klargestellt worden, dass kein Enteignungsgesetz, das eine Entschädigung vorsah oder die Regeln für deren Festsetzung bestimmte, gerichtlich hinterfragt werden durfte. Dies hatte der Supreme Court in einer früheren Entscheidung auch anerkennen müssen. Gleichzeitig aber entschied er, dass schon der Begriff der Entschädigung als solcher einen Geldbetrag entsprechend dem Wert des Enteignungsgegenstandes verlange.[481] Auf diese Weise wurde aus der verfassungsrechtlich untersagten Überprüfung der Höhe der Enteignungsentschädigung plötzlich die Frage, ob eine solche – von der Verfassung jedenfalls verlangte – Entschädigung überhaupt vorliegt. Auch dagegen wehrte sich der Gesetzgeber mit einer Verfassungsänderung.[482] Mit dem gleichen verfassungsändernden Gesetz wurde ein neuer Art. 31 C in die Verfassung eingefügt, der festlegte, dass Gesetze, die die Prinzipien von Art. 39 lit. b und c indischVerf umsetzten – also die Prinzipien der Verteilung des Eigentums an materiellen Ressourcen im Sinne des Allgemeinwohls und der Abwendung einer Konzentration von Reichtum und Produktionsmitteln – nicht wegen Verletzung gegen das Eigentumsgrundrecht als nichtig angesehen werden könnten. Um diese Klausel nicht anwenden zu müssen, rief der Supreme Court eine ungeschriebene materielle Beschränkung verfassungsändernder Gesetze ins Leben: Verfassungsänderungen dürften nicht die Grundstruktur der Verfassung ändern. Genau dies aber versuche der Gesetzgeber, da die von ihm verabschiedeten Änderungen jegliche gerichtliche Kontrolle unmöglich machen würden.[483]

212 Der Gesetzgeber reagierte mit einem deutlichen „jetzt erst recht". Er weitete nicht nur die bisherige Bezugnahme des Art. 31 C indischVerf auf die Prinzipien von Art. 39 lit. a und c indischVerf so aus, das nunmehr alle Staatszielbestimmungen des vierten Teils der Verfassung erfasst wurden, sondern erklärte auch in einem veränderten Art. 368 indischVerf ausdrücklich, dass verfassungsändernde Gesetze niemals gerichtlicher Kontrolle unterlägen[484] und dass „(f)or the removal of doubts, it is hereby declared that there shall be no limitation whatever on the constituent power of Parliament to amend by way of addition, variation or repeal the provisions of this Constitution under this article."[485] Der ganze Konflikt war inzwischen immer intensiver geworden und hatte eine weitere politische Dimension angenommen, weil die indische Regierung unter Indira Gandhi zwischenzeitlich den Ausnahmezustand ausgerufen hatte, der das ganze Land in zunehmende Unruhe stürzte.

213 Im folgenden Wahlkampf, in dem unter anderem auch der Streit mit dem Supreme Court Objekt scharfer Kontroversen war, wechselte die Parlamentsmehrheit. Premierministerin Indira Gandhi verlor sogar ihren Sitz im Unterhaus des indischen Parlaments. Als daraufhin das Verfassungsgericht, das sich gleichsam vom Volk bestätigt sehen konnte, die neue Verfassungsänderung für verfassungswidrig erklärte, weil sie erneut die Grundstrukturen der Verfassung ändere,[486] lies der Verfassungsgeber diese Entscheidung stehen. Allerdings endete der Kampf dann doch mit einem letzten Paukenschlag: Art. 31 indischVerf und mit ihm das Eigentumsgrundrecht wurde schlicht gestrichen. Jedoch wurde der Eigentumsschutz gleichzeitig in Art. 300A indischVerf neu aufgenommen („No person shall be

[480] The Constitution (Twenty-fourth Amendment) Act, 1971.
[481] Rustom Cavasjee Cooper vs. Union of India (The Bank Nationalisation Case) v. 10.2.1970, S. 53 ff.
[482] The Constitution (Twenty-fifth Amendment) Act, 1971.
[483] Kesavananda Bharati Sripadagalvaru vs. State of Kerala v. 24.4.1973, S. 5 ff.; zur Rezeption und letztlichen Verwerfung dieser Entscheidung in Malaysia vgl. *Kai-Ming, Joshua Wu,* The Rise and Fall of the Basic Structure Doctrine in Malaysia, LegalFoxes Law Times 2 (2021), 1 (1 ff.).
[484] Art. 4 The Constitution (Forty-second Amendment) Act, 1976.
[485] Art. 55 The Constitution (Forty-second Amendment) Act, 1976.
[486] Minerva Mills Ltd. vs. Union of India v. 31.7.1980, S. 2 ff.; deutlich etwa schon ibid., S. 2: „It demolishes the very pillars on which the preamble rests by empowering the Parliament to exercise its constituent power without any 'limitation whatever'.".

deprived of his property save by authority of law."), hier allerdings nurmehr als ein einfaches Recht, nicht als ein Grundrecht.[487] Diese Verfassungsänderung wurde nicht mehr vor Gericht angefochten.[488]

Ganz unabhängig davon, ob die Verteidigung des Eigentumsgrundrechts gegenüber sozialen Maßnahmen wie einer Landreform oder einer Verstaatlichung von Banken für politisch richtig oder falsch gehalten wird, zeigt sich hier deutlich das Bild einer kämpferischen, unabhängigen und höchst aktiven Verfassungsrechtsprechung, die den Konflikt mit anderen Staatsorganen und auch den Kampf gegen die gerade herrschende Partei und ihre Ideologie in keiner Weise scheut. Das gilt umso mehr, als dieser Kampf sich im Umfeld einer zunehmend autokratisch agierenden Regierung abspielte, die am Ende gar zum radikalen Mittel des Ausnahmezustands griff und damit in weiten Kreisen auf wenig Gegenliebe stieß. Wenige Verfassungsgerichte auf der Welt – zumal in Entwicklungsländern – dürften sich vergleichbare Kämpfe geleistet und sie unbeschadet überlebt haben. Der gute Ruf der indischen Rechtsprechung findet hier seinen Ursprung, von dem sie heute noch zehrt. 214

(2) Parlament und Supreme Court heute. Allerdings endete das Hin und Her zwischen Parlament und Supreme Court nicht mit den 1970'er Jahren. Das Verhältnis wurde aber weniger kämpferisch und scheint von größerem gegenseitigen Respekt getragen. Dennoch hatten beispielsweise nach der Jahrtausendwende die 81., 82. und 84. Verfassungsänderung sogar ausdrücklich den Zweck, bestimmten Entscheidungen des Supreme Court, die sich gegen die Bevorzugung historisch benachteiligter Gruppen (sog. Scheduled Castes und Scheduled Tribes) richteten, den Boden zu entziehen.[489] Die unter anderem gegen die 81. und 82. Verfassungsänderung gerichtete Klage wies der Supreme Court zwar einerseits ab, nahm aber andererseits die Gelegenheit wahr, selbst wieder gewisse Vorgaben für deren Auslegung zu machen.[490] Auch die 93. Verfassungsänderung richtete sich gegen eine höchstrichterliche Entscheidung, auch wenn dies nicht mehr in der Begründung erwähnt wird;[491] auch diese Änderung wurde aber vom Supreme Court gehalten.[492] 215

(3) Der Supreme Court als Gesetzgeber. Der indische Supreme Court verfügt über eine enorme Machtfülle, die sich in Art. 142 Abs. 1 indischVerf niederschlägt: „The Supreme Court in the exercise of its jurisdiction may pass such decree or make such order as is necessary for doing complete justice in any cause or matter pending before it (…)." Der Supreme Court selbst hat daraus geschlossen, dass er „is not a court of restricted jurisdiction of only dispute settling. It is well recognized and established that this court has always been a law-maker (…)".[493] Dass es sich dabei nicht nur um ein Lippenbekenntnis handelt, zeigt etwa ein Fall, in dem es um das gesetzliche Verbot der Bestimmung des Geschlechts ungeborener Kinder von 1994 ging. Mit diesem Verbot sollte der verbreiteten Praxis entgegengewirkt werden, weibliche Föten abzutreiben, eine Praxis die unter anderem eng mit den finanziellen Lasten einer späteren Mitgift zusammenhing, denen der Gesetzgeber trotz des Dowry Prohibition Act 1961 nicht entgegenwirken konnte. Das Verbot der Geschlechtsbestimmung blieb allerdings mangels verwaltungsrechtlicher Umsetzungsmaßnahmen weitgehend ohne praktische Auswirkungen. Die dagegen von einer Nichtregie- 216

[487] Art. 6, 34 The Constitution (Forty-fourth Amendment) Act 1978; zur Bedeutung dieser Umgestaltung vgl. etwa *Jain* (Fn. 448), 1379, 1397 ff.

[488] Für eine kritische Einschätzung dieser Verfassungsänderung vgl. etwa *Sundaram, Shanmuga; Rajavenkatesan, P. R. L.,* The Right to Property in India – a Fundamental Right or a Lost Cause?, Australian Journal of Asian Law, 23 (2022), 117 (117 ff.).

[489] Vgl. jeweils in der Begründung: The Constitution (Eighty-first Amendment) Act, 2000; The Constitution (Eighty-second Amendment) Act, 2000; The Constitution (Eighty-fifth Amendment) Act, 2002.

[490] Vgl. M. Nagaraj vs. Union of India v. 19.10.2006, S. 44 f.

[491] Dazu *Singh, M.P.,* Ashoka Thakur v. Union of India – A divided verdict on an undivided social justice measure, National University of Juridical Sciences Law Review 2008, 193 (196).

[492] Ashoka Thakur vs. Union of India v. 10.4.2008, dazu zusammenfassend *Singh* (Fn. 491), 194 f.

[493] Supreme Court Bar Association vs. Union of India v. 17.4.1998, S. 18; zu dieser Rolle detailliert *Jain* (Fn. 448), 278 ff.

rungsorganisation erhobene Klage führte dazu, dass der Supreme Court in mehreren Entscheidungen detaillierte Bestimmungen zur Umsetzungen an Bundes- und Landesbehörden selbst erließ, einschließlich etwa der Anweisung, vierteljährliche Berichte zu erstellen und entsprechende Informationen über die Medien zu verbreiten.[494]

cc) Schwierigkeiten des Rechts in Indien

217 Die erhebliche Rolle, die das Recht in Indien spielt, ist umso erstaunlicher in Anbetracht der enormen ethnischen, religiösen und sprachlichen Vielfalt und der ausgeprägten sozialen Unterschiede, die das Land prägen. Das Recht wird in Indien zwar als ein Mittel des sozialen Wandels angesehen und eingesetzt. Doch sind die realen Möglichkeiten des Rechts auch begrenzt. Erfolge sind daher zwar zu verzeichnen, aber keineswegs immer durchschlagend.

218 **(1) Recht und soziale Ungleichheit.** Nicht selten beruhen rechtliche Normen auf der Annahme, dass die Normunterworfenen in gewissem Maße sozial gleich stehen. Ihren gerechten und gleichmäßigen Effekt können solche Normen dann auch nur erfüllen, wenn diese Bedingungen erfüllt sind. In Indien aber ist nicht die Gleichheit, sondern die Ungleichheit die Regel.[495] So mag es beispielsweise gut und schön sein, wenn der Staat denjenigen Angeklagten, die sich keinen Rechtsbeistand leisten können, einen Pflichtverteidiger stellt. In Indien aber hilft dies nicht unbedingt weiter. Denn der arme und oft wenig gebildete Angeklagte, der vielleicht bereits im Gefängnis sitzt, muss auch wissen, dass er ein solches Recht überhaupt hat und an wen er sich ganz konkret wenden kann, um dieses Recht auch durchzusetzen. Es bedurfte erst einer Entscheidung des Supreme Court of India, um vor diesem Hintergrund die Konsequenz zu ziehen und den für das jeweilige Verfahren zuständigen Richter von Verfassungs wegen zu verpflichten, den Angeklagten über seine Möglichkeiten aufzuklären.[496]

219 **(2) Recht und sozialer Wandel.** Immer wieder finden sich in Indien auch Beispiele für Normen, die versuchen, die soziale Realität zu ändern, denen es aber nicht gelingt, in dieser Realität anzukommen. So stößt das Verbot der Polygamie durch den Hindu Marriage Act 1955 zunächst auf abstrakten Widerstand, weil es insbesondere für indische Muslime nicht gilt. Es führt also zu einer Ungleichbehandlung, die schon deshalb schwer zu rechtfertigen ist, weil auch die hinduistische Religion traditionell die Polygamie akzeptiert hat. Wichtiger noch wird darauf hingewiesen, dass Polygamie im Alltag in gewissem Ausmaß weiter praktiziert werde und die rechtlichen Möglichkeiten, dagegen vorzugehen, geringer seien als es auf den ersten Blick scheine.[497] Noch erheblich deutlicher weichen Gesetz und Realität beim Mindestalter für die Eheschließung voneinander ab: Während gesetzlich ein Mindestalter von 18 Jahren für Frauen und 21 Jahren für Männer vorgesehen ist, heirateten 2005-06 in ganz Indien durchschnittlich 45,6 Prozent der Frauen und 26,6 Prozent der Männer früher – mit jeweils erheblich höheren Prozentsätzen auf dem Lande und niedrigeren in der Stadt. In ländlichen Regionen von Staaten wie Bhiar oder Rajasthan heiraten sogar mehr als 2/3 aller Frauen vorzeitig.[498] Diese hohen Zahlen gingen später klar und kontinuierlich zurück.[499] Die indische Regierung arbeitet sogar an Plänen, das Heiratsalter auch für Frauen auf 21 anzuheben.

[494] Vgl. Centre for Enquiry Into Health and Allied Themes (CEHAT) vs. Union of India v. 10.9.2003, S. 1 ff.

[495] Vgl. zu diesem Gedanken *Annoussamy* (Fn. 448), 265.

[496] Khatri vs. State of Bihar v. 19.12.1980, S. 5 f.; deutlich ibid., S. 5: „It would make a mockery of legal aid if it were to be left to a poor ignorant and illiterate accused to ask for free legal services. Legal aid would become merely a paper promise and it would fail of its purpose.".

[497] Umfassend *Menski, Werner,* Hindu law – Beyond tradition and modernity, 2003, 374 ff.

[498] Vgl. *International Institute for Population Sciences* (Hrsg.), National Family Health Survey 2005-06, Bd. 1, 2007, 166 f.

[499] Zu statistischen Einzelheiten einschließlich einer Änderung der Erhebung vgl. *Singh, Mayank; Shekhar, Chander; Shri, Neha,* Patterns in age at first marriage and its determinants in India: A historical perspective of last 30 years (1992–2021), Population Health 22 (2023), 101363; für eine weniger technische Analyse vgl. *UNFPA* (Hrsg.), Child Marriage in India: Key Insights from the NFHS-5 (2019-21), Analytical Paper Series

Ein weiteres Beispiel bietet das Kastenwesen:[500] Art. 15 indischVerf verbietet jede Diskriminierung aufgrund der Kastenzugehörigkeit und Art. 17 indischVerf schafft die Unberührbarkeit offiziell ab. Dennoch gelten beispielsweise Ehen zwischen verschiedenen Kasten in der Bevölkerung vielfach immer noch als problematisch oder gar anstößig, ja können sogar zur tödlichen Bedrohung für die Eheleute werden. Daher gilt es in Indien bereits als Fortschritt, dass die Zahl der Eheschließungen von Dalits (Unberührbaren) und Nicht-Dalits von 7.148 im Jahr 2010 kontinuierlich auf 9.623 im Jahr 2012 anstieg[501] – bei rd. 200 Millionen indischen Dalits[502] eine schier unglaublich niedrige Zahl. Beispiele finden sich aber auch in sehr viel beschränkteren Zusammenhängen. So gewährt der Hindu Succession Act 1956 im Unterschied zum traditionellen hinduistischen Recht den überlebenden Ehefrauen einen Anteil am Erbe. Eine 2001 durchgeführte Feldstudie in einem indischen Dorf ergab, dass die dortigen Witwen diese Regel zwar kannten, ihre Rechte aber dennoch nicht beanspruchten. Sie fürchteten unter anderem, damit die guten Beziehungen zu ihren ebenfalls erbberechtigten Schwägern sowie zu ihren Schwiegermüttern zu gefährden und so ihr soziales Netz zu zerstören.[503] 220

Daraus kann aber nur teilweise der Schluss gezogen werden, es gebe in Indien Widerstände gegen die Anwendung des modernen Rechts.[504] Greift das Recht nach subjektivem Empfinden zu intensiv in die allgemein oder zumindest lokal akzeptierten sozialen Praktiken ein, kann es in der Tat auf Gegenreaktionen stoßen oder schlicht ignoriert werden, wie etwa im Fall des Heiratsalters. In anderen Fällen aber entscheiden sich die Menschen entweder schlicht, die Möglichkeiten, die ihnen das Recht gibt, nicht anzunehmen oder die Gesetze streben einen Bewusstseinswandel bei ihren Bürgern an, der einfach nicht eintritt. Solche Phänomene sind aber auch in vielen westlichen Staaten durchaus alltäglich. Auch hier hätte es beispielsweise für engere soziale Gemeinschaften oft fatale Auswirkungen, wenn jeder stets all seine Rechte voll ausreizen würde. So ist es in Deutschland für Kinder und in der Ausbildung befindliche junge Erwachsene durchaus möglich, Ihren Unterhaltsanspruch gegen die Eltern gerichtlich durchzusetzen. Wahrgenommen wird diese Möglichkeit aber nur in Ausnahmefällen, denn jedem Kind ist klar, welch negative Auswirkungen es auf das soziale Miteinander hätte, die eigenen Eltern zu verklagen. Ebenso ist die völlige Gleichstellung Homosexueller in vielen westlichen Staaten ein zentrales und in der Umsetzung weit fortgeschrittenes Anliegen des Gesetzgebers, das jedoch im Bewusstsein der durchschnittlichen Bürger noch keineswegs vollständig angekommen ist. Dem Recht mag es dann nicht gelungen sein, die Gesellschaft zu verändern; ignoriert oder gebrochen wird es aber nicht. 221

(3) Reaktionen: Prozesskostenhilfe und public interest litigation. Gesetzgebung und Rechtsprechung versuchen immer wieder, die realen Ungleichheiten Indiens zu berücksichtigen und Gegenmittel zu finden. Dazu zählen Prozesskostenhilfe und die sog. public interest litigation. 222

In einem Land mit teils so armer und wenig gebildeter Bevölkerung ist es schon allein deshalb schwierig, dem Recht Gehör zu verschaffen, weil viele Menschen entweder ihre Rechte nicht im Detail kennen oder sich eine Rechtsdurchsetzung nicht leisten können. Art. 39A indischVerf sieht deshalb als grundlegendes staatliches Prinzip die kostenlose Rechtshilfe vor, die der Staat durch Gesetzgebung und andere Mittel 223

No. 1, May 2022, india.unfpa.org/sites/default/files/pub-pdf/analytical_series_1_-_child_marriage_in_india_-_insights_from_nfhs-5_final_0.pdf (zuletzt abgerufen am 18.7.2025).

500 Zu den Kasten noch infra → Rn. 242 f.

501 *Ghildiyal, Subodh,* Steady rise in inter-caste marriages involving dalits, The Times of India, 19.9.2013.

502 Vgl. Census of India 2011, Primary Census Abstract, Data Highlights India, 31, verfügbar unter web.archive.org/web/20210607185613/https://www.censusindia.gov.in/2011census/PCA/PCA_Highlights/pca_highlights_file/India/Chapter-2.pdf (zuletzt abgerufen am 18.7.2025).

503 Vgl. *Bates, Karine,* The Hindu Succession Act – One law, plural identities, Journal of Legal Pluralism & Unofficial Law 50 (2004), 119 (133 ff.).

504 So aber etwa mit Bezug auf das Beispiel der erbrechtlichen Stellung von Witwen *Cuniberti* (Fn. 4), 386 f.

einführen soll.[505] Dabei wird in Indien vor allem der strafrechtliche Bereich in den Blick genommen. Hier hat jeder Angeklagte, auch und insbesondere wenn er sich bereits im Gefängnis befindet, ein Anrecht darauf, einen Verteidiger auf Staatskosten gestellt zu bekommen. Der Gesetzgeber darf dies auch nicht durch zu niedrige Gebührensätze für den Verteidiger entwerten.[506] In dogmatischer Hinsicht ist der Supreme Court sogar noch weiter gegangen und hat die bloße Staatszielbestimmung des Art. 39A indischVerf in Verbindung mit Art. 21 indischVerf gebracht und so ein Grundrecht auf kostenlose Rechtshilfe kreiert.[507] Im zivilrechtlichen Bereich werden demgegenüber etwa kostenfreie alternative Streitbeilegungsmechanismen – im Wesentlichen die als lok adalat bezeichneten gerichtlichen Schlichtungsstellen – als ein Mittel der Durchsetzung sozialer Gerechtigkeit im prozessualen Bereich angesehen. Das ganze System ist keineswegs perfekt und weist erhebliche Lücken und Unzulänglichkeiten auf, die eine echte Gleichstellung mit vermögenderen Rechtssuchenden verhindern. Es ist aber ein bemerkenswerter, mit großem Elan durchgesetzter und stetig angepasster Ansatz.

224 Dieser Ansatz wird in entscheidender Weise ergänzt durch die sog. public interest litigation.[508] Mit diesem von Supreme Court entwickelten prozessualen Institut wird es Einzelpersonen oder Gruppen ermöglicht, sich für unterprivilegierte Personen einzusetzen, denen selbst aus finanziellen, sozialen oder sonstigen Gründen die Möglichkeit fehlt, die eigenen Interessen hinreichend zu vertreten. Auf diese Weise kann jeder Bürger und auch jede Organisation sich Fälle von Menschenrechtsverletzungen, die gegenüber Dritten begangen wurden, bona fide zu eigen machen. So können Einzelpersonen, aber gerade auch Menschenrechtsorganisationen aktiv werden, solange sie nur nicht aus politischen oder finanziellen Gründen handeln. Um Hürden abzubauen, sind die prozessualen Voraussetzungen stark vereinfacht. So reicht ein einfacher Brief aus, um das Verfahren zu beginnen. Zudem müssen die Kläger nicht selbst für die Beweise sorgen. Vielmehr kann das Gericht zu diesem Zweck eine Kommission einberufen oder auf bereits vorhandene Institutionen wie die National Human Rights Commission zurückgreifen, die dann ihrerseits im weitesten Sinne auf Tatsachensuche gehen. Es handelt sich also um ein investigatives Gerichtsverfahren (investigative litigation). Auf der Rechtsfolgenseite war das Gericht ebenfalls sehr kreativ und hat beispielsweise auch auf vorbeugende Anordnungen, vorläufigen Schadensersatz (interim compensation) oder den Erlass ganzer Aktionspläne zurückgegriffen. Um die manchmal schwierige und nicht immer erfolgreiche Umsetzung seiner Entscheidungen zu sichern, hat das Gericht sogar schon Kommissionen eingesetzt, die die Umsetzung überwachen und ihm regelmäßig Bericht erstatten. Diese public interest litigation hat sich in den vergangenen Jahrzehnten als ein äußerst hilfreiches Schwert im Kampf gegen Menschenrechtsverletzungen erwiesen, wurde erfolgreich etwa im Kampf gegen überlange Untersuchungshaft, Polizeifolter, Schuldknechtschaft, Kinderarbeit, Diskriminierung von Frauen oder Umweltverschmutzung angewandt und hat dabei auch zur Entwicklung zusätzlicher Menschenrechtsgarantien geführt. Auch hier wird das Recht als Mittel der Befreiung und des sozialen Fortschritts eingesetzt.

225 **(4) Ineffizienz der Rechtsprechung.** Gerade der Rechtsprechung sind aber auch deutliche Grenzen gesetzt. Eine Grenze besteht schlicht in der für das indische Rechtssystem geradezu kennzeichnenden Langsamkeit und Ineffizienz der Gerichte.[509] Schon im Februar

[505] Zur kostenlosen Rechtshilfe und zum Folgenden vgl. *Jain* (Fn. 448), 1186 ff., 1484 ff.; kritisch *Muralidhar, S.*, Access to criminal justice – Challenges and prospects, in: Sankaran, Kamala; Singh, Ujjwal Kumar (Hrsg.), Towards legal literacy, 2008, 45 (45 ff.).

[506] Ranjan Dwivedi vs. Union of India v. 26.4.1983, S. 7 f.

[507] Deutlich Suk Das vs. Union Territory of Arunachal Pradesh v. 10.3.1986, S. 4.

[508] Dazu einführend *Singh, Parmanand,* Public interest litigation, in: Sankaran, Kamala; Singh, Ujjwal Kumar (Hrsg.), Towards legal literacy, 2008, 21 (21 ff.); kritisch wertend *Annoussamy* (Fn. 444), 132 ff.

[509] Vgl. nur *Khanna, Punam S.,* The Indian judicial system, in: Sankaran, Kamala; Singh, Ujjwal Kumar (Hrsg.), Towards legal literacy, 2008, 27 (41, 44); *Chodosh, Hiram E. et al.,* Indian civil justice system reform – Limitation and preservation of the adversarial process, New York University Journal of International Law & Politics 30 (1998), 1 (4); zur Frage der Korruption der Gerichte bereits supra → Rn. 207 f.

2006 beispielsweise waren im Supreme Court mit seinen 26 Richtern 33.635 Fälle anhängig, bei den High Courts mit insgesamt 670 Richtern rund 3,3 Millionen Fälle; dies entspricht rein rechnerisch fast 1.300 Fällen pro Richter am Supreme Court und fast 5.000 an den High Courts.[510] Die Situation verbessert sich nicht. Vielmehr zeigt die Kurve der beim Supreme Court anhängigen Fälle zwischen 2006 und 2024 deutlich nach oben und erreichte im August 2024 die Zahl von 83.336.[511] Allein beim High Court von Allahabad waren im Jahr 2024 2.197.738 Fälle schon mehr als 10 Jahre anhängig.[512] Gegenmaßnahmen wurden zwar ergriffen, scheinen aber keine dauerhafte Verbesserung bewirkt zu haben.[513] Wie gravierend das Problem ist, zeigt sich etwa daran, dass es 2009 einer eigens einberufenen Kommission des Supreme Court nach vier Jahren Arbeit nicht möglich war, eine sinnvolle Datenanalyse des Problems vorzubereiten „due to the complex and sometimes inaccurate data made available by the High Courts".[514] Es wird berichtet, dass die Richter der unteren Instanzen nicht selten schon in Pension gegangen sind, bevor höhere Gerichte endlich über ein Rechtsmittel gegen die von ihnen erlassenen Entscheidungen befinden.[515] Die Gründe für die Langsamkeit sind vielfältig. Sie reichen von mangelhafter Infrastruktur, Unterfinanzierung der Gerichte und Qualitätsmängeln beim Personal über fehlende Planung und fehlende Umstellung auf moderne Technologien bis hin zu fehlender Motivation und Technik im Hinblick auf ein effizienteres System.[516]

Dabei sollte die Erkenntnis dieser Ineffizienz nicht in eine Richterschelte umschlagen. **226** Denn auch die Richter haben an der schlechten Ausstattung und der Überlastung zu leiden. Dass sie etwa Aufgaben wie die Protokollführung bei Zeugenaussagen oder die gesamte Überwachung der Urteilsvollstreckung selbst übernehmen müssen,[517] dient weder der Effizienz des Gerichts noch der Zufriedenheit der Richter. Auch das Richtergehalt stellt kaum einen zusätzlichen Motivationsfaktor dar. Insbesondere die Richter an unteren Gerichten verdienen im Schnitt weniger als Anwälte.[518] Die Grundeinkommen der Richter am Supreme Court und an den High Courts wurden in Kenntnis des Problems im Jahr 2009 sogar verdreifacht. Auch nach dieser und anschließenden kleineren Erhöhungen betragen sie aber nur 250.000 Rs. pro Monat für Richter am obersten Gericht und 225.000 Rs. für Richter am High Court,[519] also nach dem Wechselkurs von 2025 rund 2.600 bzw. 2.350 Euro. Das Ruhegehalt der Richter beträgt im allgemeinen nur 50 Prozent ihres letzten Gehalts. Weitere Belastungen ergeben sich etwa daraus, dass Richter niemals in ihrem Heimatdistrikt ernannt und zudem jedenfalls bei unteren Gerichten alle drei Jahre versetzt werden. Gerade weil Richter stets aus der aktiven Anwaltschaft heraus ernannt werden, also bereits mit beiden Beinen im Leben stehen, oft Familie, Kinder oder beruflich aktive Ehepartner haben, können die persönlichen Folgen gravierend sein.[520]

Was bleibt ist das zwiespältige Bild eines Rechtssystems, das sich der großen Aufgabe stellt, **227** ein Land mit den Dimensionen und Problemen Indiens in eine bessere Zukunft zu lenken. Gesetzgeber und Gerichte bemühen sich dabei intensiv, ihren Teil beizutragen und scheuen auch nicht vor kreativen Lösungen und kämpferischem Einsatz zurück. Dass dies nicht immer gelingt, dass das Rechtssystem auch unter erheblichen Problemen leidet und dass die Bevölkerung keineswegs immer bereit ist, die Segnungen und Werte der Moderne unkri-

510 Transparency International (Fn. 468), 215 f.
511 *Supreme Court of India* (Hrsg.), Indian Judiciary – Annual report, vol. 1 Supreme Court, 2023-24, 114.
512 *Supreme Court of India* (Hrsg.), Indian Judiciary – Annual report, vol. 2 High Courts, 2023-24, 22.
513 *Supreme Court of India* (Hrsg.), Indian Judiciary – Annual report, vol. 1 Supreme Court, 2023-24, 109 f.
514 *Supreme Court of India* (Hrsg.), Annual Report 2008–2009, 69.
515 *David/Jauffret-Spinosi/Goré* (Fn. 2), 428.
516 Vgl. *Supreme Court of India* (Hrsg.), Annual Report 2008–2009, 70.
517 Vgl. *Annoussamy* (Fn. 448), 259.
518 *Annoussamy* (Fn. 444), 122.
519 Vgl. Department of Justice, Pay, Allowance and Pension, doj.gov.in/pay-allowance/ (zuletzt abgerufen 18.7.2025).
520 Vgl. *Annoussamy* (Fn. 444), 77, 122.

tisch zu akzeptieren, ist überdeutlich. Gleichzeitig aber zeigen die großen Fortschritte, die bereits erzielt wurden, dass das Recht in Indien zählt.

d) Religiöses Familienrecht heute

aa) Kodifiziertes Personalstatut

228 Das indische Familienrecht im weiteren Sinne, also unter Einbeziehung des Erbrechts, knüpft an die jeweilige Religionszugehörigkeit an. Es kennt insofern ein je eigenes Personalstatut für Hindus, Moslems, Christen, Juden und Parsen. Jeder Angehörige einer dieser Religionen unterliegt seinem eigenen Recht. Würde eine solche Rechtslage aber als direkter Verweis allein auf die jeweiligen religiösen Regeln verstanden, so brächte dies nicht unerhebliche Problem mit sich. Denn nicht nur kennen gerade die großen Religionen oft komplexe interne Untergruppierungen mit je unterschiedlichen religiösen Vorstellungen und Regeln. Auch sehen keineswegs alle Religionen notwendig ein vollständiges Familien- und Erbrecht für ihre Angehörigen vor. Der indische Staat hat daher das jeweilige Personalstatut durch staatliche Gesetze ausgeformt. Deutlich wird dies etwa für die Christen, deren Normen nicht etwa dem kanonischen Recht oder den möglicherweise bestehenden Regeln einzelner protestantischer Religionsgemeinschaften entnommen werden. Vielmehr gilt der Christian Marriage Act 1872, der Indian Divorce Act 1869 und der Indian Succession Act 1925, die sich jeweils erkennbar an englisches Recht anlehnen.[521] Für religionsverschiedene Ehen gilt der Special Marriage Act 1954, der gleichzeitig aber allen Indern, unabhängig von ihrer Religion als Option zur Verfügung steht und auf diese Weise Ehen ermöglicht, die nach religiösem Recht nicht möglich wären.[522] Der Verfassungsauftrag des Art. 44 indischVerf zur Schaffung eines einheitlichen Zivilgesetzbuches und damit im Kern eines einheitlichen, modernen, auch die Gleichberechtigung der Frau berücksichtigenden Familienrechts für ganz Indien ist immer wieder an den erheblichen Widerständen traditioneller und insbesondere moslemischer Kräfte gescheitert.[523]

229 Die bei weitem größte religiöse Gruppe in Indien bilden mit rund 80 Prozent die Hindus. Aber auch für sie wird nicht unmittelbar auf das traditionelle Hindu-Recht[524] zurückgegriffen, sondern auf eine ganze Reihe von staatlichen Gesetzen, insbesondere den Hindu Marriage Act 1955, den Hindu Succession Act 1956, den Hindu Adoptions and Maintenance Act 1956 und den Hindu Minority and Guardianship Act 1956.[525] Soweit diese Gesetze reichen, gelten allein sie; das eventuell bestehende traditionelle Hindu-Recht ist dann nur noch von historischem Interesse.[526] Dabei haben die Gesetze das traditionelle Recht vielfach vereinheitlicht, verändert, modernisiert und an heutige Bedürfnisse und Anforderungen angepasst.[527] Überdeutlich werden Abweichungen etwa daran, dass der Hindu Marriage Act 1955 die Ehe zwischen Angehörigen unterschiedlicher Kasten nicht verbietet und dieser Regel in sect. 29 sogar rückwirkende Kraft beilegt, dass er in sect. 5 (i) nur die Einehe vorsieht, die Wiederheirat von Witwen[528] nicht beschränkt und in sect. 13 sogar die Scheidung zulässt – alles klare Abweichungen vom völlig anderen traditionellen Rechts-

---

[521] Vgl. *Agrawal, K.B.,* Family and succession law in India, 2. Aufl. 2015, 58 f.

[522] Vgl. *Agrawal* (Fn. 521), 55; kurz auch *Setalvad* (Fn. 454), 332.

[523] Vgl. zu diesem Dauerbrenner etwa *Narula, Smita,* Law and Hindu nationalist movement, in: Lubin, Timothy; Davis, Donald R.; Krishnan, Jayanth K. (Hrsg.), Hinduism and law – An introduction, 2010, 234 (238 ff.); *Jain* (Fn. 442), 669 ff.; kritisch zum Projekt insgesamt *Menski, Werner,* The Uniform Civil Code debate in Indian law – New developments and changing agenda, German Law Journal 9 (2008), 211 (211 ff.).

[524] Dazu noch infra → Rn. 235 ff.

[525] Aufzählung aller einschlägigen Gesetze bei *Nagpal, Ramesh Chandra,* Modern Hindu law, 2. Aufl. 2008, 27 f.

[526] Deutlich *Nagpal* (Fn. 525), 26.

[527] Vgl. etwa *Mittal/Vijaya* (Fn. 442), 396 f., 401.

[528] Der ursprünglich einschlägige Hindu Widows' Remarriage Act 1856 wurde 1983 aufgehoben, da er im Hinblick auf diese Bestimmung überflüssig war, vgl. *Nagpal* (Fn. 525), 95 f.

verständnis.[529] Die darin liegenden Eingriffe in die Religionsfreiheit werden ausdrücklich durch Art. 25 Abs. 2 lit. b indischVerf legitimiert als „providing for social welfare and reform or the throwing open of Hindu religious institutions of a public character to all classes and sections of Hindus".[530]

bb) Gewohnheitsrecht und Rechtsprechung

Inhaltlich regeln diese Gesetze zwar weite Bereiche des Familien- und Erbrechts, sind aber nicht allumfassend. In von ihnen nicht erfassten Einzelfragen gelten einerseits die klassischen hinduistischen Schriften, andererseits das Gewohnheitsrecht, das für bestimmte Lokalitäten, Gruppen, Familien oder Institutionen bestehen kann. Zugunsten solchen Gewohnheitsrechts finden sich nicht selten auch ausdrückliche Ausnahmeklauseln in den staatlichen Gesetzen.[531] So verbietet etwa sect. 5 (iv) in Verbindung mit sect. 3 (g) Hindu Marriage Act 1955 die Ehe zwischen bestimmten nahen Verwandten, es sei denn, das für beide geltende Gewohnheitsrecht erlaube die Ehe. Die überragende Bedeutung des staatlichen Rechts zeigt sich aber auch im Verhältnis zum Gewohnheitsrecht. Denn dieses wird nicht in jedem Fall anerkannt, sondern nur, wenn es nicht gegen die Regeln der Vernunft oder Moral verstößt.[532] Eine Gewohnheitsrechtsregel etwa, nach der eine Scheidung schlicht dadurch vollzogen werden konnte, dass der Ehemann ein Stück seines Turbans abriss und der Ehefrau überreichte, wurde für unfair und damit unvernünftig erklärt, weil eine Scheidung so auch gegen den Wunsch der Frau möglich wäre.[533] In einem anderen Fall wurde eine Regel, die die Heirat zwischen Großvater und Enkelin erlaubte, für unmoralisch und damit ungültig erklärt.[534] 230

Schließlich ist bei alledem auch die Rechtsprechung zu beachten, die eine zentrale Quelle des indischen Familienrechts bildet. Denn das indische Familienrecht ist auch und gerade im Bereich des Hindu-Rechts Teil des common law. Die Gerichte aber haben zu praktisch jedem Bereich des hinduistischen Familienrechts zahlreiche Entscheidungen getroffen, unabhängig davon, ob diese Bereiche von den Gesetzen, von Gewohnheitsrecht oder von religiösen Schriften abgedeckt wurden oder ob es um Lücken in all diesen Quellen ging.[535] Wie auch sonst im common law sind es also in der Rechtspraxis vor allem die Präzedenzfälle und nicht die übrigen Quellen, die die Ermittlung des Rechts bestimmen. 231

cc) Restbereich traditionellen Rechts: joint family

Wie weit das traditionelle hinduistische Recht vor diesem Hintergrund auf dem Rückzug befindlich ist, zeigt etwa das gelegentlich als Beispiel für seine fortdauernde Bedeutung genannte Schenkungsrecht: Es findet sich heute vielfach in den Kapiteln II und VII des Transfers of Property Act 1982 und ist im Übrigen durch Präzedenzfälle abgedeckt, so dass es auf die klassischen hinduistischen Quellen auch hier kaum noch ankommt.[536] Ähnliches gilt für das im klassischen hinduistischen Recht nicht vorgesehene, heute aber ohne weiteres gesetzlich eingeführte Testament.[537] 232

---

[529] Zu den Unterschieden zwischen traditionellem und gesetzlich geregeltem Hindu-Eherecht vgl. zusammenfassend *Nagpal* (Fn. 525), 67 ff.

[530] Vgl. zu diesem Aspekt der Religionsfreiheit *Jain* (Fn. 448), 1307; kurze Zusammenfassung des Konflikts zwischen Religionsfreiheit, Personalstatut und Gleichheit bei *Parashar, Archana,* The concept of religious personal laws, in: Sankaran, Kamala; Singh, Ujjwal Kumar (Hrsg.), Towards legal literacy, 2008, 147 (147, 151 ff.).

[531] Vgl. zu beiden Quellen etwa *Nagpal* (Fn. 525), 28 ff.

[532] Vgl. *Nagpal* (Fn. 525), 40 f.

[533] Smt. Anandi Devi vs. Raja Ram, Rajasthan High Court v. 11.7.1972 (AIR 1973 Raj 94) Punkt 7, zit. nach indiankanoon.org/doc/936981/ (zuletzt abgerufen am 18.7.2025).

[534] Balusami Reddiar vs. Balakrishna Reddiar, Madras High Court v. 23.4.1956 (AIR 1957 Mad 97), Punkt 9, zit. nach indiankanoon.org/doc/454111/ (zuletzt abgerufen am 18.7.2025).

[535] Zur Bedeutung der Rechtsprechung vgl. *Nagpal* (Fn. 525), 47 ff., zusammenfassend 52.

[536] Deutlich *Nagpal* (Fn. 525), 988; Hinweis auf die Bedeutung klassischen Hindu-Rechts, auch für das Testamentsrecht, hingegen bei *Cuniberti* (Fn. 4), 378 f.

[537] Vgl. *Nagpal* (Fn. 525), 998 ff.

233 Herkömmliches Beispiel eines weitgehend unkodifizierten Bereichs, für den tatsächlich auf die klassischen Quellen – aber eben auch auf einschlägige Präzedenzfälle – zurückgegriffen werden muss, sind die Regeln über das Gemeinschaftseigentum der Großfamilie (joint family). Diese Großfamilie besteht aus allen männlichen Abkömmlingen eines gemeinsamen männlichen Vorfahrens, ergänzt durch Ehefrauen, Witwen, Mütter und unverheiratete Töchter. Das indische Recht vermutet, dass jede Familie eine Großfamilie im rechtlichen Sinn darstellt, wobei diese Vermutung mit steigender Generationenzahl an Kraft verliert. Der Großfamilie (insofern aber auf vier Generationen beschränkt) sind in vielfältiger Weise Eigentumsgegenstände zugeordnet, die sie insbesondere im Rahmen von Erbvorgängen erwirbt oder die sich aus Investitionen solcher Eigentumsgegenstände ergeben. Im Detail sind die Regelungen überaus komplex und zugleich für den Alltag der Menschen hochgradig relevant.[538] Wenn etwa ein Unternehmen nur von den Mitgliedern einer Familie betrieben wird, was durchaus nicht selten ist, gelten nicht die Regeln des indischen Gesellschaftsrechts, sondern schlicht das Familienrecht.[539]

dd) Hinduistisches Familienrecht als Auffangstatut

234 Das hinduistische Familienrecht zeigt seine überragende Bedeutung auch darin, dass es zugleich als Auffangstatut für alle Personen fungiert, die keiner der anderen vier anerkannten Religionen angehören. Dies geschieht auf zweierlei Weise: Buddhisten, Jainas und Sikhs werden nach den gleichlautenden Bestimmungen der genannten vier großen familienrechtlichen Hindu-Gesetze (jeweils sect. 2, nur für den Hindu Minority and Guardianship Act 1956 sect. 3) ohne weiteres als Hindus behandelt. Diese etwas gewöhnungsbedürftige Regelung entspricht langer Praxis und ist auch durch Art. 25 explanation II indischVerf akzeptiert. Aber auch jede andere Person, die ihren Wohnsitz in Indien hat, aber weder Hindu noch Moslem, Christ, Jude oder Parse ist, wird wie ein Hindu behandelt, es sei denn sie bewiese, dass sie ohne diese Gesetze nicht nach Hindu-Recht behandelt worden wäre. Darin liegt nicht etwa der Ausdruck eines gewissen Sendungsbewusstseins des Hinduismus, sondern zunächst nichts anderes als die Vermutung, dass ein in Indien wohnhafter Mensch im Zweifel einer der zahllosen und kaum zu überblickenden Spielarten des Hinduismus, dieses „commonwealth of religions"[540], angehört. Wenn dem aber nicht so ist, so kann der Betroffene nachweisen, dass er einer eigenen Religion mit eigenen Regeln unterliegt, die dann Anwendung finden.[541] Ohne Nachweispflicht sind auch die sog. Scheduled Tribes, also bestimmte, auch verfassungsrechtlich besonders geschützte Eingeborenenstämme,[542] von der Anwendung des Hindu-Rechts ausgenommen, wenn nicht die Regierung das Gegenteil ausdrücklich verkündet hat.

3. Traditionelles Hindu-Recht

a) Dharma, Vedas und Smritis

235 Eine klare Trennung zwischen Regeln des Rechts und anderen Regeln des sozialen und religiösen Lebens ist dem Hinduismus fremd.[543] Der einschlägige Begriff „Dharma" umfasst nicht nur all diese unterschiedlichen Regeln, sondern auch Moral, Gerechtigkeit oder die inhärente Natur der Dinge. Dharma ist nicht nur die Art und Weise, in der ein Mensch sich verhält und verhalten sollte, es ist zugleich die Art und Weise auf die der Kosmos in Balance

[538] Vgl. zum Ganzen *Nagpal* (Fn. 525), 636 ff.; vgl. auch noch infra → Rn. 241.
[539] *David/Jauffret-Spinosi/Goré* (Fn. 2), 410.
[540] *Nagpal* (Fn. 525), 4.
[541] Vgl. *Nagpal* (Fn. 525), 13 f.
[542] Zum Recht dieser Stämme, die rund 8 % der indischen Bevölkerung ausmachen, vgl. *Narwani, G.S.*, Tribal law in India, 2004, passim, insbes. 30 ff.
[543] Zum Folgenden vgl. aus eher moderner Sicht *Nagpal* (Fn. 525), 22 f., 28 ff.; klare Zusammenfassung etwa bei *Cuniberti* (Fn. 4), 342 ff.; eigenständige Sichtweise bei *Glenn, H. Patrick,* Legal traditions of the world, 5. Aufl. 2014, 287 ff.

gehalten wird.[544] Dennoch vom Hindu-Recht zu sprechen, ihm gewisse hinduistische Regeln zuzusprechen, andere aber nicht, ist aus dieser Perspektive eine von außen an den Hinduismus herangetragene Sichtweise, die jedoch ihrerseits inzwischen auf eine längere Tradition zurückblicken kann. Eine Folge der engen Verschränkung von Recht und Religion ist eine grundsätzliche Übereinstimmung in den Quellen, die für Dharma insgesamt in den Vedas, den Smritis, den Gewohnheiten (Sadachar), der Zufriedenheit mit sich selbst und den aus gerechtem Willen folgenden Wünschen liegen. Hinzu kommen speziell aus rechtlicher Sicht Kommentare zu den Smritis, verschiedene Abhandlungen zu Rechtsfragen und Gesetze. Wie weit dies alles wirklich die Realität des Rechts in vorbritischer Zeit wiedergibt, ist alles andere als klar.[545] Nicht selten wird dies bejaht, zum Teil aber werden die geschriebenen Texte auch als wenig bedeutsam angesehen und stattdessen die Bedeutung ungeschriebener, mündlich tradierter Regeln und vor allem des Gewohnheitsrechts betont. Klar zu sein scheint aus heutiger Perspektive nur, dass das klassische Hindu-Recht sehr stark nach Gruppen und Regionen diversifiziert war.

Die ältesten Schriften sind die vier Vedas oder Shruti, die nicht als menschliche Texte, **236**
sondern als göttliche Offenbarung gegenüber einigen Weisen gelten, die vermutlich irgendwann zwischen 1500 und 500 v.Chr. schriftlich niedergelegt wurden. Konkrete Aussagen zu Fragen, die heute als rechtlich angesehen würden, enthalten sie kaum. Konkreter gerade auch in ihrem rechtlichen Gehalt werden die Smritis, die traditioneller Auffassung zufolge diejenigen Teile der Vedas enthalten, an die die Weisen sich nicht in ihrer ursprünglichen Form erinnern konnten und die sie deshalb mit eigenen Worten aus dem Gedächtnis wiedergaben.[546] Es werden zwei Arten von Smritis unterschieden: die älteren, vermutlich zwischen 600 und 300 v.Chr. meist in knapper und oft schwieriger Prosa verfassten Dharmasutras und die jüngeren, zwischen 200 v.Chr. und 400 n.Chr. meist in Versform verfassten Dharmasastras. Allerdings wird „Dharmasastras" gelegentlich auch als Überbegriff für beide verwendet. Die genaue Zahl der Smritis ist unbekannt, nicht zuletzt weil einige nur noch über Bezugnahmen in anderen Werken überliefert sind. Gemeinsam gelten sie als die zentralen heiligen Texte des Hinduismus. Obwohl die Smritis dabei als Menschenwerk angesehen werden und so anders als bei den Vedas die Möglichkeit von Fehlern besteht, sind sie den meisten Hindus näher und vertrauter als die vedischen Schriften selbst.[547]

Der bekannteste Text der Smritis, der zugleich für das Hindu-Recht die bedeutendste **237**
Rolle einnimmt, ist der Manu Smriti. Im Falle der gar nicht seltenen Konflikte unter verschiedenen Smritis bestehen verschiedene Auslegungsregeln, von denen eine lautet, dass ein Text, der gegen den von Manu verstößt, nicht authentisch sein kann.[548] Beispiele für Regeln aus dem Manu Smriti betreffen eine Vielzahl von Rechtsfragen:[549]

- aus dem Prozessrecht Manu Smriti VIII, 117: „Whenever false evidence has been given in any suit, let the (judge) reverse the judgment, and whatever has been done must be (considered as) undone."
- aus dem Schuldrecht Manu Smriti VIII, 139: „A debt being admitted as due, (the defendant) shall pay five in the hundred (as a fine), if it be denied (and proved) twice as much; that is the teaching of Manu."; 142: „Just two in the hundred, three, four, and five (and not more), he may take as monthly interest according to the order of the castes

---

544 *Rocher, Ludo,* Studies in Hindu law and Dharmaśāstra, 2012, 40 f.; anschaulich zu den Problemen der Abtrennung von Rechtsfragen ibid., 41 ff.

545 Zu dieser Frage *Michaels, Axel,* The practice of classical Hindu law, in: Lubin, Timothy; Davis, Donald R.; Krishnan, Jayanth K. (Hrsg.), Hinduism and law – An introduction, 2010, 58 (58 ff.).

546 *Nagpal* (Fn. 525), 30.

547 Zu Smritis und Vedas vgl. auch *Rocher* (Fn. 544), 44 ff.; *Olivelle, Patrick,* Dharmaśāstra – A textual history, in: Lubin, Timothy; Davis, Donald R.; Krishnan, Jayanth K. (Hrsg.), Hinduism and law – An introduction, 2010, 28 (32 ff.); zu einzelnen Smritis mit besonderer Bedeutung für das Recht auch *Annoussamy* (Fn. 444), 29 ff.

548 *Nagpal* (Fn. 525), 32.

549 Zit. nach *Bühler, George* (Übers.), The laws of Manu – Sacred books of the East, 1886, im Volltext verfügbar unter www.sacred-texts.com/hin/manu.htm (zuletzt abgerufen 18.7.2025).

(varna).“; 163: „A contract made by a person intoxicated, or insane, or grievously disordered (by disease and so forth), or wholly dependent, by an infant or very aged man, or by an unauthorised (party) is invalid.“
- aus dem Recht der unerlaubten Handlungen Manu Smriti VIII, 240: „(If cattle do mischief) in an enclosed field near a highway or near a village, the herdsman shall be fined one hundred (panas) (…)“
- aus dem Strafrecht Manu Smriti VIII, 320: „On him who steals more than ten kumbhas of grain corporal punishment (shall be inflicted); in other cases he shall be fined eleven times as much, and shall pay to the (owner the value of his) property.“; 366: „A (man of) low (caste) who makes love to a maiden (of) the highest (caste) shall suffer corporal punishment; he who addresses a maiden (on) equal (caste) shall pay the nuptial fee, if her father desires it.“
- aus dem Familienrecht Manu Smriti IX, 69: „If the (future) husband of a maiden dies after troth verbally plighted, her brother-in-law shall wed her according to the following rule.“; 108: „As a father (supports) his sons, so let the eldest support his younger brothers, and let them also in accordance with the law behave towards their eldest brother as sons (behave towards their father).“
- einschließlich des Erbrechts Manu Smriti IX, 217: „A mother shall obtain the inheritance of a son (who dies) without leaving issue, and, if the mother be dead, the paternal grandmother shall take the estate.“

b) Sadachar

238 Neben diese Texte tritt Sadachar, wörtlich die Bräuche der guten Menschen.[550] Ob dieses Gewohnheitsrecht den Smritis vorgeht, ist im traditionellen Hindu-Recht umstritten, scheint aber mehrheitlich bejaht worden zu sein.[551] Nach dem Einfall der Engländer hielt der privy council das Gewohnheitsrecht sogar ganz eindeutig für vorrangig.[552] Diese Ansicht wurde von indischer Seite zwar teils abgelehnt, weil sie sich in keinem der Texte der älteren, einheimischen Autoren nachweisen lasse;[553] sie setzte sich aber dennoch unter modernen Juristen durch. Das Gewohnheitsrecht muss dabei gerade nicht allgemein gelten, sondern kann sich auf bestimmte Ortschaften, Institutionen, Gruppen oder sogar nur Familien beziehen. Dass ein religiöses Recht den (lokalen) Bräuchen Vorrang einräumt, ist auf den ersten Blick eher erstaunlich. Eine Erklärung gibt das Brihaspati Smriti, das ganz praktisch auf die Vielfalt der indischen Gesellschaft und das Eigeninteresse der Herrschenden verweist, die Rechtsauffassungen des Volkes nicht zu ignorieren und so ihre eigene Herrschaft zu gefährden.[554] Eine andere Erklärung liegt darin, dass es – zumindest theoretisch – um die Bräuche guter Menschen geht, also solcher, die die Vedas studiert haben und mit ihnen im Einklang leben. Ihre Gebräuche stehen also im Einklang mit der Religion, sind ebenso ihr Ausdruck wie die Smritis, mit dem Unterschied, dass die Bräuche bereits seit uralter Zeit gelebt werden.

---

[550] Zum Folgenden eingängig *Nagpal* (Fn. 525), 34 ff.; andere Begriffe für dieses Gewohnheitsrecht sind Achara, Shistachara oder Loksangraha, vgl. *Agrawal* (Fn. 521), 59 f.

[551] Ausführlich zur Stellung des Gewohnheitsrechts *Menski* (Fn. 497), 121 ff.

[552] Collector of Madura vs. Moottoo Ramalinga Sathupathy [1868] XII Moore Indian Appeals 397, 403.

[553] *Jha, Ganganatha,* Hindu law in its sources, Bd. 1, 1930, 48.

[554] Vgl. Brihaspati II: 28–29, zit. nach *Nagpal* (Fn. 525), 35; in der älteren Übersetzung von *Thomas, F. W.* (Übers.), Brihaspati sutra, or, The science of politics according to the school of Brihaspati, 1921 findet sich die entsprechende Stelle allerdings nicht, was in Anbetracht der fragmentarischen Überlieferung dieses Werks verständlich ist, vgl. dazu allgemein *Olivelle* (Fn. 547), 49 f.

c) Kommentare, Digesten und Rechtsschulen

Ab ca. dem 5. Jahrhundert n.Chr. wurden keine weiteren Smritis mehr verfasst. Stattdessen entstand mit den Kommentaren und Digesten eine neue Gattung hinduistischer Literatur.[555] Die Digesten (nibandhas) sind thematisch geordnete Zusammenstellungen von Ausschnitten aus den verschiedenen Smritis, die teilweise sogar nur durch diese Zitierungen überliefert sind. Insgesamt werden fast 5.000 Digesten gezählt, von denen viele heute nur noch fragmentarisch vorliegen.[556] Die Kommentare zitieren ebenfalls die Smritis, versuchen diese aber vor allem zu erläutern und bilden so systematische Sammeldarstellungen zu bestimmten Themen. So wurden beispielsweise dem für das Recht besonders wichtigen Manu Smriti allein rund 20 verschiedene Kommentare gewidmet. Sowohl Digesten als auch Kommentare berücksichtigen zugleich das jeweils bekannte Gewohnheitsrecht. Da diese Werke nicht unmittelbar auf göttliche Eingebung zurückgeführt werden, ist ihre Autorität geringer als die der Vedas und Smritis selbst, doch sind sie erheblich zugänglicher und oft verständlicher. Ihre praktische Bedeutung ist daher besonders hoch. Nicht selten wird ihnen bei Konflikten sogar Vorrang vor den älteren religiösen Texten gegeben. Die Möglichkeit, dass auch heute noch neue Kommentare verfasst werden, scheint abstrakt zu bestehen. Immerhin wird die Produktion solcher Kommentare bis in das 19. Jahrhundert hinein berichtet;[557] die große Mehrheit allerdings wurde erheblich früher geschrieben. Gleichzeitig aber sind heutige Lehrbücher des Hindu-Rechts ganz unabhängig von ihrer hohen Qualität nicht als autoritative religiöse Texte anerkannt, auch wenn Gerichte sie teils gern zitieren.[558] Wie in so mancher Religion wird also den älteren Texten ein qualitativ anderer Stellenwert eingeräumt als den modernen. **239**

Eine wichtige Konsequenz der Kommentare und Digesten war die Entwicklung von Schulen innerhalb des Hindu-Rechts.[559] Dabei handelt es sich aber nicht so sehr um eine Eigenheit des traditionellen Hindu-Rechts als solchem, sondern um eine Konzeptionalisierung, die unter englischer Herrschaft herausgearbeitet und angewandt wurde.[560] Die beiden Hauptschulen sind die Mitakshara, die auf dem gleichnamigen Kommentar aufbaut, und die Dayabhaga, die auf dem gleichnamigen Digest aufbaut. Die Mitakshara herrscht in ganz Indien mit Ausnahme von Bengalen und Assam vor, wo die Dayabhaga bevorzugt wird. Die Mitakshara zerfällt zudem in vier Unterschulen (Banaras, Mithila, Madras, Bombay) mit einem je bestimmten territorialen Anwendungsbereich, die auf je eigene Bücher zusätzlich zum Mitakshara zurückgreifen. Dabei stehen sich beide Schulen nicht mit Ausschließlichkeitsanspruch gegenüber. Soweit sich zu einem bestimmten Thema in einer Schule keine Aussagen finden lassen, wird zur Lückenschließung auch ohne weiteres auf die andere zurückgegriffen. Zudem lässt sich der Anwendungsbereich der Schulen zwar geographisch umschreiben, doch bleibt in der heutigen Zeit das Hindu-Recht ein persönliches Recht, so dass ein Inder, der in das Territorium einer anderen Schule wechselt, grundsätzlich seine eigene Schule mitnimmt, wenn er nicht das Recht seines neuen Wohnsitzes annehmen will. **240**

Der Unterschied zwischen den beiden Hauptschulen liegt vor allem in der Behandlung des gemeinsamen Familieneigentums[561] und des Erbrechts. Beim Eigentum der Großfamilie (joint family) wird gemeinhin zwischen den sog. coparceners und den einfachen Mitgliedern unterschieden. Nur die coparceners haben ein eigenes Eigentumsrecht am Familieneigentum, während den einfachen Mitglieder nur ein Recht auf Unterhalt aus dem Familieneigentum zukommt. Nach der Mitakshara nun wird beispielsweise der Sohn schon mit der Geburt coparcener und erlangt einen Anteil, der dem seines Vaters entspricht. Nach der **241**

555 Dazu *Nagpal* (Fn. 525), 43 ff.; *Olivelle* (Fn. 547), 52 ff.
556 *Olivelle* (Fn. 547), 54.
557 *Olivelle* (Fn. 547), 53 nennt den von Balakrsna Payagunda geschriebenen Balambhatti.
558 Vgl. *Nagpal* (Fn. 525), 46, 55 f.
559 Vgl. zum Folgenden *Nagpal* (Fn. 525), 58 ff.
560 Vgl. *Rocher, Rosane,* The creation of Anglo-Hindu law, in: Lubin, Timothy; Davis, Donald R.; Krishnan, Jayanth K. (Hrsg.), Hinduism and law – An introduction, 2010, 78 (83 f.).
561 Dazu auch schon supra → Rn. 233.

Dayabhaga hingegen geschieht dies erst mit dem Tod des Vaters. Unter Mitakshara sind auch die genauen Anteile der coparceners nicht definiert, sondern fluktuieren je nach Zusammensetzung der Familie, solange es nicht zu einer Abtrennung kommt. Nach der Dayabhaga hingegen sind die Anteile definiert und verändern sich nicht mit der jeweiligen Zusammensetzung der Familie. Ein weiterer Unterschied, der manche dazu bewegt, die Dayabhaga Schule als fortschrittlicher zu bezeichnen, betrifft die erbrechtliche Stellung von Frauen. Stirbt ein Ehemann, ohne Söhne zu hinterlassen, so geht sein Anteil an der coparceny nach der Mitakshara auf bestimmte andere coparceners über, nach der Dayabhaga hingegen auf seine Witwe. Nach der Mitakshara kann also keine Frau jemals coparcener werden, nach der Dayabhaga sehr wohl. Im heute geltenden Recht hat der Gesetzgeber die Schlechterstellung der Frau übrigens nicht hingenommen und schon mit dem Women's Rights to Property Act 1937 der Witwe volle Rechte als coparcener eingeräumt und mit dem Hindu Succession (Amendment) Act 2005 schließlich sogar die Töchter den Söhnen gleichgestellt.[562]

d) Kastenwesen: varna und jati

242 Inhaltlich ist das traditionelle Hindu-Recht aus westlicher Sicht nicht zuletzt durch markante Ungleichheiten gekennzeichnet. Nicht nur werden Mann und Frau keinesfalls gleichgestellt. Auch die Unterscheidung nach Kasten ist für das hinduistische Denken zentral.[563] Schon die Vedas sehen eine Unterteilung der Gesellschaft in vier Kasten (varna) vor, nämlich die Brahmanen als Priester, die Kshatriyas als Krieger, die Vaishyas als Bauern und Händler und die Shudras als Diener und Handwerker. Für jede Kaste bestehen völlig eigenständige religiöse Pflichten, die in der Regel umso strenger sind, je höher die Kaste ist.[564] Die sog. Unberührbaren gehören gerade keiner Kaste an (daher: avarna); sie werden heute bevorzugt als Dalit („die Unterdrückten") oder in der Rechtssprache als Scheduled Castes bezeichnet. Im traditionellen indischen Recht wird streng zwischen den varnas unterschieden. So lautet etwa Manu Smriti VIII, 268: „A Brahmana shall be fined fifty (panas) for defaming a Kshatriya; in (the case of) a Vaisya the fine shall be twenty-five (panas); in (the case of) a Sudra twelve." oder 337: „In (a case of) theft the guilt of a Sudra shall be eightfold, that of a Vaisya sixteenfold, that of a Kshatriya two-and-thirtyfold„, oder 366: „A (man of) low (caste) who makes love to a maiden (of) the highest (caste) shall suffer corporal punishment; (…)".[565]

243 Das Kastensystem ist aber in der Praxis weit komplexer. Nicht nur bestehen die sog. Unberührbaren aus vielerlei verschiedenen Gruppen mit verschiedenen Bezeichnungen. Vor allem wird mit dem Begriff der Kaste gemeinhin die jeweilige gesellschaftliche Untergruppe, die sog. jati, bezeichnet, der eine Person angehört.[566] In diesem Sinne gibt es nicht vier, sondern tausende von Kasten. In vielen Fällen bilden Dorfgemeinschaften eine jati. Jede jati kann einer varna zugeordnet werden, wobei es durchaus vorkommt, dass die Zuordnung umstritten ist oder ganze jatis versuchen, ihren Status zu verbessern und sich einer höheren varna anzugliedern. Die weitaus meisten jatis finden sich unter den Shudras. Das gesellschaftliche Leben und insbesondere Heiraten spielen sich traditionell innerhalb einer jati ab.

---

562 Vgl. dazu *Nagpal* (Fn. 525), 647, 643 f.

563 Aus heutiger Sicht vgl. zum Kastenproblem etwa *Jenkins, Laura Dudley,* Contemporary cast discrimination and affirmative action, in: Lubin, Timothy; Davis, Donald R.; Krishnan, Jayanth K. (Hrsg.), Hinduism and law – An introduction, 2010, 215 (215 ff.).

564 Zur klassischen Einteilung vgl. auch *Rocher* (Fn. 544), 201 ff.

565 Zit. nach *Bühler* (Fn. 549).

566 Vgl. etwa auch *Agrawal* (Fn. 521), 35: „In its present form, a caste may be considered as a group of families closely knit to each other and effectively separated from all other groups by strict rules of purity of life, especially relating to diet and marriage. Each caste is now a kind of close corporation equipped with an independent tradition, social code, and organization.".

e) Verblasstes Potential

Das traditionelle hinduistische Recht war im Unterschied etwa zum traditionellen chinesischen Recht[567] nicht auf bestimmte Rechtsgebiete beschränkt, sondern durchaus umfassend ausgebildet, etwa auch im privat- und prozessrechtlichen Bereich. Es ist ohne weiteres möglich, dass es sich ohne das Eingreifen Englands an die moderne Gesellschaft und ihre komplexen rechtlichen Bedürfnisse etwa im Bereich des Handels angepasst hätte;[568] schließlich hat es seine Fähigkeit zur steten Anpassung an sich wandelnde Verhältnisse auch zu seinen Hochzeiten immer wieder bewiesen.[569] Zu einer solchen Modernisierung ist es aber nicht mehr gekommen. Im heutigen Indien spielt das hinduistische Recht, wie gesehen, nur noch als Personalstatut im Familien- und Erbrecht eine Rolle und unterliegt auch hier weitreichenden Eingriffen des modernen Gesetzgebers,[570] der mehr und mehr versucht, moderne Wertvorstellungen an die Stelle der Tradition zu setzen. Nur einer potentiell noch weit einschneidenderen grundrechtlichen Kontrolle widersetzen sich die Gerichte mit dem Argument, dies sei vom Verfassungsgeber nicht gewollt, der erkennbar auf einen allmählichen, gesetzgeberischen Wandel gesetzt habe.[571] Das traditionelle rechtliche Erbe des Hinduismus ist in seiner Bedeutung für das indische Recht insgesamt daher heute weitgehend verblasst und auf einen bestimmten, schmalen Bereich beschränkt. Davon unberührt bleibt die Erkenntnis, dass ein großer Teil der indischen Bevölkerung weiterhin traditionellen Werten anhängt und sein Alltagsleben an traditionellen Regeln ausrichtet.[572] 244

V. Indonesien: Pluralismus im Vielvölkerstaat

Indonesien besitzt ein im Kern auf kontinentaleuropäischem Denken aufbauendes, inzwischen demokratisches Rechtssystem, in dem zugleich das lokale Gewohnheitsrecht (adat) ebenso wie das islamische Recht einen gewissen Raum einnehmen. Als islamisch kann das indonesische Recht kaum bezeichnet werden. Denn obwohl Indonesien der Staat mit der weltweit größten islamischen Bevölkerung ist (rd. 242 Mio., die zugleich rd. 87 Prozent der Gesamtbevölkerung bilden) und auch hier Diskussionen um einen zunehmenden politischen und gesellschaftlichen Einfluss des Islam geführt werden, bleibt das Land auf weiten Strecken säkular. Als zentrales Merkmal des indonesischen Rechts wird vielmehr gemeinhin sein pluralistischer Charakter wahrgenommen, verbunden mit erheblichen Problemen im Hinblick auf Korruption und mangelnder Effizienz, aber auch mit Lichtblicken, die Hoffnung machen, dass der augenscheinliche Wunsch der Bevölkerung nach Reformen sich durchsetzt.[573] In der Rechtsvergleichung spielt Indonesien gemeinhin allenfalls eine moderate Rolle. Dies dürfte aber kaum an mangelnden interessanten Eigenheiten des Landes liegen, als vielmehr an seiner im Vergleich zu anderen asiatischen Staaten geringeren politischen und wirtschaftlichen Bedeutung und der damit einhergehenden, geringeren Gesamtaufmerksamkeit.[574] In jedem Fall wäre es kaum angemessen, den nach der Bevölkerungszahl viertgrößten Staat der Welt und drittgrößten Asiens in der Darstellung schlicht zu ignorieren. 245

567 Dazu supra → Rn. 28 ff.
568 Vgl. *David/Jauffret-Spinosi/Goré* (Fn. 2), 411.
569 Vgl. *Annoussamy* (Fn. 448), 13.
570 Deutlich etwa auch *Agrawal* (Fn. 521), 23: „Hindu law is one [sic!] the most ancient pedigree of any human system of laws, though it has now not remained ancient, because it has lost most of its moorings.".
571 Vgl. die Darstellung bei *Jain* (Fn. 448), 896.
572 Vgl. *Galanter* (Fn. 436), 32 f.; *Annoussamy* (Fn. 448), 21; *Nagpal* (Fn. 525), 44.
573 Für eine hervorragende Einführung in die Thematik vgl. *Bell, Gary F.*, Indonesia – The challenges of legal diversity and law reform, in: Black, E. Ann; Bell, Gary F. (Hrsg.), Law and legal institutions of Asia – Traditions, adaptations and innovations, 2011, 262 (262 ff.), der ibid., 294 zugleich die Besonderheit betont, dass der Reformdruck in Indonesien zu einem großen Teil von der Bevölkerung selbst ausgeht.
574 Sehr positiv hingegen *Bell* (Fn. 573), 263: „one of the most fascinating jurisdictions for anyone interested in comparative law and legal pluralism. It is an effective antidote to many preconceived ideas.".

1. Geschichte: Die Vielfalt der Einflüsse

a) Vorkoloniale Zeit: Die Rechte Javas

246 Die Pluralität des indonesischen Rechts begann bereits in seiner frühen Geschichte. In den zahlreichen kleinen Königreichen, die sich auf dem Kerngebiet des heutigen Indonesiens, insbesondere auf Java und Sumatra, fanden, hielt ab dem 7. Jahrhundert sowohl der von eingereisten indischen Brahmanen gelehrte Hinduismus als auch der Buddhismus Einzug. Besondere Bekanntheit erlangten, auch aufgrund der überlieferten archäologischen Hinweise, ua das buddhistische Königreich Srivijaya in der Nähe von Palembang im südlichen Sumatra oder das vor allem im 14. Jahrhundert äußerst bedeutende, buddhistisch-hinduistische Königreich Majapahit. Die überlieferten Quellen dieser Zeit deuten auf ein buddhistisch und hinduistisch inspiriertes Rechtssystem hin. Ab dem späten 13. Jahrhundert lassen sich dann erste islamische Einflüsse nachweisen, die im nördlichen Sumatra ihren Anfang nahmen. Die Geschichte des Islam auf Java und Sumatra ist dabei bis zum Beginn der Kolonialzeit vielschichtig und wechselvoll. Teilweise und vor allem anfänglich wurde der Islam als Religion fremder Händler toleriert, teilweise war der Islam eine Art Religion der Hoffnung für das einfache Volk, teils aber auch staatliche und damit oft auch staatlich beeinflusste Religion, etwa in Aceh ab dem 16. Jahrhundert. Teilweise kam der Islam friedfertig daher, teilweise aber gab es auch kriegerische Auseinandersetzungen, etwa zwischen den islamisch geprägten Küstenregionen Javas und den nicht islamisierten Königreichen des Inselinneren.[575]

247 Das indonesische Recht der damaligen Zeit wird – in der Regel unter Abgrenzung von islamischen Einflüssen – vielfach als Grundlage des Gewohnheitsrechts, des sog. adat-Rechts angesehen.[576] Neben dem Recht des einfachen Volkes, wie es sich vor allem im adat-Recht niederschlug, bestand aber durchaus auch damals ein offizielles Recht, das von Südsumatra bis Bali gewisse Ähnlichkeiten aufwies („laws of Java").[577] So gab es ein Strafrecht, das verschiedenste Verhaltensweisen jeweils unter einer Bezeichnung zusammenfasste. Wer sich etwa anders verhielt als von den Autoritäten gefordert, beging eine sog. Verleumdung des Königs (raja wisuna); wer ein ihm bekanntes Verbrechen nicht zur Anzeige brachte, beging ein sog. Verbrechen des Schweigens (mneng menung). Die Einordnung konkreter Straftaten unter die passende Bezeichnung oblag einer Art Jury, während Festsetzung und Vollzug der Strafe Aufgaben der Behörden waren. Allerdings waren die Hürden auf dem Weg zu einer Entscheidung durch die Jury bewusst hoch angesetzt, so dass nur wenige Fälle wirklich zu ihr gelangten, während die übrigen informell gelöst werden mussten. Neben diesem durchaus formalisierten und geschriebenen Recht stand stets das außerhalb der Machtzentren vorherrschende, ungeschriebene und informell angewandte Recht. Beide Rechtsformen blieben aber nicht völlig beziehungslos, sondern beeinflussten sich gegenseitig.[578]

b) Kolonialzeit: Die Herrschaft der Niederländer

248 Als die Niederländer um 1600 ein besonderes Interesse am damals sog. Ostindien entwickelten, fanden sie somit bereits einen ausgeprägten Rechtspluralismus vor, den sie nicht nur akzeptierten, sondern sogar noch weiter ausbauten.[579] Dabei können zwei Perioden unter-

---

[575] Zum geschichtlichen Überblick vgl. *Mohamad, Goenawan Susatyo,* Indonesia, in: Encyclopedia Britannica ultimate reference suite, 2013; zu rechtlichen Aspekten kurz auch *Lindsey, Tim; Santosa, Mas Achmad,* The trajectory of law reform in Indonesia – A short overview of legal systems and change in Indonesia, in: Lindsey, Tim (Hrsg.), Indonesia – Law and society, 2. Aufl. 2008, 2 (4 f.).

[576] In diese Richtung etwa *Bell* (Fn. 573), 264 f.

[577] Vgl. *Hoadley, Mason C.,* The role of law in contemporary Indonesia, Working paper No. 4, Centre for East & South-East Asian Studies, Lund University, 2004, 4 ff.

[578] Zum Ganzen *Hoadley* (Fn. 577), 6 ff.

[579] Zum Folgenden vgl. *Lev, Daniel S.,* Colonial law and the genesis of the Indonesian State, in: ders. (Hrsg.), Legal evolution and political authority in Indonesia – Selected essays, 2000, 13 (14 ff.); *Hoadley* (Fn. 577), 9 ff.; kurz auch *Bell* (Fn. 573), 265 f.; *Lindsey/Santosa* (Fn. 575), 5 f.

schieden werden: Im 17. und 18. Jahrhundert dominierte die 1602 gegründete Vereenigde Oostindische Compagnie (VOC), die anfangs noch als Inhaberin eines von der holländischen Regierung verliehenen Handelsmonopols auftrat, wenn auch mit der Befugnis zum Abschluss völkerrechtlicher Verträge, zur Unterhaltung von Streitkräften und zur Verwaltung ihrer Angelegenheiten und Territorien. Später mutierte die VOC zu einer hauptsächlich territorialen Macht, bis sie verschuldet und korrupt 1799 von der holländischen Regierung aufgelöst wurde. Die Interessen der VOC waren letztlich rein wirtschaftlich und auf den profitablen Anbau und Export tropischer Agrarprodukte gerichtet. Streitigkeiten unter Einheimischen waren dafür in weiten Bereichen völlig irrelevant, so dass die VOC kein Interesse daran hatte, sich hier rechtlich zu engagieren, und stattdessen die vorgefundene Rechtslage akzeptierte. Dass im Übrigen das holländische Recht zwischen Holländern galt, war ohnehin selbstverständlich. Soweit es aber um wirtschaftlich relevante Fragen ging, etablierte die VOC mithilfe von ihr geneigten lokalen Machthabern ein neues Gesetzesrecht, das nur noch wenig mit dem bisherigen Rechtssystem und sehr viel mit dem kontinentaleuropäisch geprägten Recht der Compagnie selbst zu tun hatte. Die zweite Periode begann 1816, als die Niederlande nach den Napoleonischen Kriegen und den damit verbundenen Umbrüchen in Europa Indonesien direkt als Kolonie übernahmen. Das Land wurde in der Folgezeit finanziell sehr erfolgreich mithilfe des sog. Kultursystems (cultuurstelsel) ausgebeutet. Es beruhte im Kern darauf, dass entweder ein bestimmter Prozentsatz allen Ackerlandes für den Export produzieren oder jeder Bauer für einen bestimmten Teil des Jahres auf Regierungsplantagen arbeiten musste. Dieses System des Zwangsanbaus war selbst nicht in einem bestimmten Gesetz geregelt, fand aber seinen Niederschlag in vielerlei Gesetzen und bildet den Schlüssel zum Verständnis der damaligen politischen wie rechtlichen Lage.

Die damals viel debattierte Frage, ob ein einheitliches niederländisches Recht in **249**
Indonesien eingeführt werden sollte, wurde letztlich zugunsten des status quo verneint. Diese Entscheidung beruhte ua auf der leidenschaftlichen Verteidigung des adat-Rechts durch den niederländischen Rechtswissenschaftler Cornelis van Vollenhoven,[580] vor allem aber auch darauf, dass jeder andere Weg das Kultursystem oder jedenfalls seine Profitabilität hätte gefährden können. Die Kolonialherren vertieften den rechtlichen Pluralismus sogar noch weiter, indem sie die Bevölkerung in verschiedene Kategorien einteilten – im Kern Europäer, Einheimische und ausländische Orientalen (also Chinesen, Inder und Araber) –, für die je eigene Rechtsregeln galten. Weitere Ausdifferenzierungen betrafen etwa solche ausländische Orientalen, die als Europäer galten (im Kern Japaner), moslemische Einheimische oder zum Christentum konvertierte Einheimische. Nur das Strafrecht war für alle Gruppen einheitlich, das Handelsrecht annähernd einheitlich, und beruhte weitgehend auf europäischen Regeln. In allen anderen Rechtsbereichen – gerade auch im Prozessrecht – fand hingegen eine für jede Gruppe unterschiedliche Mischung aus europäischen und einheimischen Normen Anwendung. Selbst Grundbesitz galt entweder als europäisch oder einheimisch und unterlag so verschiedenen rechtlichen Regimen. Sowohl die Verwaltung als auch die Gerichtsbarkeit existierte jeweils doppelt als niederländische und als einheimische Variante, beide verbunden durch eine klare Hierarchie zugunsten der Europäer. Das gesamte System war von labyrinthischer Komplexität, funktionierte aber effektiv.

Das im Wesentlichen für Einheimische und einheimischen Grundbesitz geltende adat- **250**
Recht war dabei keineswegs mit dem vorkolonialen Recht identisch.[581] Das gilt deutlich schon im Hinblick auf die formalisierten und geschriebenen Teile des vorkolonialen Rechts, die vor allem für die oberen Schichten der Gesellschaft von Bedeutung waren. Sie wurden in besonders ausgeprägtem Maße durch neues Recht, insbesondere im Rahmen des Kultursystems, ersetzt und umhegt. Das informelle, ungeschriebene Recht, wie es insbesondere in

580 Eingängig zu ihm und seiner Arbeit *Lev* (Fn. 579), 20 ff.; vgl. auch *Bourchier, David,* Positivism and romanticism in Indonesian legal thought, in: Lindsey, Tim (Hrsg.), Indonesia – Law and society, 2. Aufl. 2008, 94 (96 f.).

581 Deutlich *Lev* (Fn. 579), 23 („fundamentally a Dutch creation", ibid., 13); *Hoadley* (Fn. 577), 15 ff.

den Dörfern eine Rolle gespielt hatte, wurde hingegen unter niederländischer Herrschaft verschriftlicht, formalisiert und in die Anwendung durch staatliche oder staatlich kontrollierte Gerichte einbezogen; in letzter Instanz gelangten schließlich auch Fälle des adat-Rechts ebenso wie des islamischen Rechts vor niederländische Obergerichte. Das adat-Recht verlor so seinen ursprünglichen, lokalen und fließenden Charakter, wurde verfestigt und für jeweils größere Gruppen standardisiert. Der Inhalt des ursprünglichen, vorkolonialen Gewohnheitsrechts ebenso wie seine Wandlungen unter der VOC, später unter dem Kultursystem und weiter im Verlauf des 20. Jahrhunderts sind aus heutiger Sicht kaum noch zu rekonstruieren.

c) Unabhängigkeit: Der lange Weg zur Demokratie

251 Nach kurzer japanischer Besetzung in der zweiten Hälfte des Zweiten Weltkriegs erklärte Indonesien am 17.8.1945 seine Unabhängigkeit, die es allerdings noch vier Jahre lang mit Waffen und am Verhandlungstisch erkämpfen musste, bis der neue Staat international und auch von den Niederlanden anerkannt wurde.[582] Die Anfangszeit war gekennzeichnet durch drei aufeinanderfolgende vorläufige Verfassungen von 1945, 1949 und 1950. Sie unterschieden sich in ihren Antworten auf die Frage nach einem einheitlichen oder föderalen Staatsaufbau, stimmten aber zugleich darin überein, das bestehende, pluralistische Rechtssystem fortbestehen zu lassen, um es nur nach und nach durch neue Gesetze anreichern oder ersetzen zu können. Nur das dualistische koloniale Gerichtssystem war bereits unter der japanischen Besatzung vereinheitlicht worden. Die vorläufige Aufrechterhaltung des Rechtspluralismus war weniger von einer besonderen Zuneigung zu diesem System getragen als vielmehr von der Idee, es später vollständig durch staatliche Gesetze zu ersetzen – ein Vorhaben das erkennbar nur in langsamen Schritten durchgeführt werden konnte. Dass die frühen Verfassungen jeweils nur als vorläufig verstanden wurden, beruhte nicht zuletzt auf der fortlaufenden Grundsatzdiskussion über den gewünschten Charakter des neuen Staates, insbesondere seine demokratische, sozialistische oder islamische Natur.

252 Die Zeit der einigermaßen funktionierenden, wenn auch noch sehr instabilen Demokratie endete 1959, als Präsident Sukarno (andere Schreibweise: Soekarno), Held des Unabhängigkeitskampfes, kurzerhand die revolutionäre Verfassung von 1945 wieder für gültig erklärte, die ihm erheblich größere Machtbefugnisse einräumte. Er nutze diese Macht zur Etablierung der sog. geführten Demokratie, die mehr und mehr zu einer klaren Diktatur mit sozialistisch inspirierter Wirtschaftspolitik wurde, in der das Recht hinter die Politik zurücktrat und nur noch geringe eigenständige Bedeutung hatte.[583] 1965 übernahm in einem blutigen Coup General Suharto (andere Schreibweise: Soeharto) die Macht, löste die kommunistische Partei auf und brachte das Land auf einen stramm rechten, wirtschaftspolitisch liberalen Weg. Dem Recht wurde – formal – wieder ein hoher Rang eingeräumt,[584] doch war die so gefundene sog. „Neue Ordnung" im Übrigen nicht minder diktatorisch als ihr Vorgänger. Die Korruption blühte. Nach einer langen Zeit großer ökonomischer Erfolge des Suharto Regimes brach die indonesische Wirtschaft im Zuge der Asienkrise 1997/98 radikal ein. Letztlich dankte Suharto im Mai 1998 ab. Damit begann die schnelle Demokratisierung des Landes, die sog. Reformasi.

582 Zum Folgenden *Lindsey/Santosa* (Fn. 575), 7 ff.

583 Selbst offiziell unterstand die Justiz dem Präsidenten, der auch in die Rechtsprechung eingreifen durfte, vgl. *Supreme Court of Indonesia; Faculty of Law, University of Indonesia* (Hrsg.), Indonesian legal system, 2005, 106 f.

584 Dazu und zu den materiellen Problemen *Bourchier* (Fn. 580), 101 f.; *Dick, Howard,* Why law reform fails – Indonesia's anti-corruption reforms, in: Lindsey, Tim (Hrsg.), Law reform in developing and transitional states, 2007, 42 (52 f.).

2. Indonesisches Recht heute

a) Staatliches Recht in kontinentaleuropäischer Form

253 Das staatliche Recht Indonesiens basiert immer noch auf niederländischen und damit kontinentaleuropäischen Wurzeln. Das deutlichste, äußere Anzeichen dafür liegt im indonesischen Zivilgesetzbuch, bei dem es sich immer noch um das Burgerlijk Wetboek von 1847 handelt – und zwar in niederländischer Sprache.[585] Das offenkundige Problem besteht darin, dass heute nur noch sehr wenige indonesische Juristen hinreichende niederländische Sprachkenntnisse besitzen, um das Zivilgesetzbuch überhaupt lesen zu können. Die große Mehrheit behilft sich daher mit mehr oder minder gelungenen Übersetzungen, denen aber gerade der autoritative Charakter fehlt. Aus sprachlichen Gründen sind indonesische Juristen damit auch von der Entwicklung der Privatrechtslehre in den Niederlanden abgeschnitten, die heute allerdings ohnehin auf einem neuen Zivilgesetzbuch basiert. Interessanterweise stellt das indonesische Zivilgesetzbuch aufgrund seiner niederländischen Wurzeln vielfach eine direkte Übersetzung des französischen Code Civil dar. Aber auch hier verhindert die Sprachbarriere in der Praxis einen Rückgriff auf die einschlägige Literatur. Eine weitere Konsequenz des Sprachproblems liegt darin, dass der indonesische Gesetzgeber das Zivilgesetzbuch nicht mehr verändert, da von ihm kaum erwartet werden kann, Änderungsgesetze in niederländischer Sprache zu verfassen. Entsprechend findet der Rechtswandel außerhalb des Zivilgesetzbuchs mithilfe von zahlreichen Sondergesetzen – in indonesischer Sprache – statt. Eines der wichtigsten dieser Sondergesetze ist dabei das Agrargesetz von 1960, das das Immobiliarsachenrecht im Zivilgesetzbuch ersetzte.

254 Aber auch unabhängig von solchen Äußerlichkeiten zeigt das staatliche indonesische Recht weiterhin einen klar kontinentaleuropäischen Charakter, der sich in vielerlei Einzelaspekten niederschlägt. So geht es dem indonesischen Recht in typisch kontinentaleuropäischer Manier um die dogmatische Auslegung der gesetzlichen Bestimmungen und die Entwicklung von systematisierenden Rechtsinstituten. Beispielsweise wird das Vertragsrecht als eine bloße Unterkategorie des Schuldrechts eingeordnet.[586] Die Rechtswissenschaft spielt eine gewichtige Rolle für die praktische Entwicklung des Rechts – auch wenn die indonesische Rechtswissenschaft aufgrund der gerade auch finanziell schwierigen Rahmenbedingungen nicht immer das zu leisten vermag, wozu sie intellektuell imstande wäre. Neben den Anwälten besteht ein Notariat; der Richterberuf ist ein Karriereberuf, der anstelle etwa der Anwaltschaft angestrebt wird; und die klassische Funktion des Untersuchungsrichters wurde wie vielfach im civil law schon Anfang der 1980'er Jahre zugunsten der Staatsanwaltschaft aufgegeben.[587] Andere, nicht kontinentaleuropäische rechtliche Denkweisen fließen vor allem aus zwei Quellen ein: adat (b) und islamisches Recht (c).

b) Adat

aa) Inhalt von adat-Rechten

255 Eine spezifisch indonesische Eigenheit des Rechts ist die fortgesetzte Existenz des traditionellen Gewohnheitsrechts (das gelegentlich auch geschrieben sein kann[588]), des sog. adat-Rechts. Jedes Dorf, jedes Gebiet, jede Gemeinschaft von Dörfern hat ihr eigenes adat-

[585] Zum Folgenden eingängig *Bell, Gary F.,* The importance of private law doctrine in Indonesia, in: Lindsey, Tim (Hrsg.), Indonesia – Law and society, 2. Aufl. 2008, 363 (366, 374); *Bell* (Fn. 573), 270 f., 289 ff.; kurze Beschreibung des Zivilgesetzbuchs und seiner Entwicklung in *Supreme Court of Indonesia/University of Indonesia* (Fn. 583), 23 ff.

[586] Zu diesem Beispiel vgl. *Supreme Court of Indonesia/University of Indonesia* (Fn. 583), 144.

[587] Zu den rechtlichen Berufsbildern vgl. auch *Supreme Court of Indonesia/University of Indonesia* (Fn. 583), 106 ff.

[588] Vgl. *Supreme Court of Indonesia/University of Indonesia* (Fn. 583), 33 f.; für das Beispiel des balinesischen Adi Agama vgl. *Pompe, Sebastiaan,* Between crime and custom – Extra-marital sex in modern Indonesian law, in: Lindsey, Tim (Hrsg.), Indonesia – Law and society, 2. Aufl. 2008, 105 (110 f.).

Recht.[589] Besondere Bedeutung kommt dem adat-Recht vor allem im Ehe- und Erbrecht,[590] daneben auch im Immobilien- und Deliktsrecht zu. Aufgrund der Vielfalt der adat-Rechte lassen sich dabei nur schwer allgemeine Linien angeben. Ein Beispiel einer in den meisten adat-Rechten verbreiteten Tendenz findet sich aber beispielsweise im Eherecht, das gewöhnlich unterscheidet zwischen dem ursprünglichen Eigentum der Eheleute, das diese in die Ehe mitbrachten, und ihrem gemeinsamen Eigentum, das sie durch gemeinsame Anstrengungen in der Ehe erwarben. Wenn beispielsweise eine kinderlose Ehe aufgelöst wird, geht das ursprüngliche Eigentum an die Familien der Eheleute zurück, während das gemeinsame Eigentum zwischen den ehemaligen Eheleuten aufgeteilt wird. Diese Aufteilung, ebenso wie zuvor die Arrangierung des Eheschlusses, obliegt im Wesentlichen den Eltern der Eheleute. Auch im Erbrecht spielt die Unterscheidung eine Rolle, da Adoptivkinder zwar dieselben Rechte wie biologische Kinder am gemeinsamen Eigentum haben, aber keine Rechte am ursprünglichen Eigentum. Ein weiteres Beispiel ist die für das klassische adat-Immobiliarrecht charakteristische Trennung zwischen Rechten am Land selbst und Rechten an allem auf oder über dem Land, dh zwischen dem Grundstück einerseits und seiner Nutzung oder Bebauung andererseits. Typisch für adat-Rechte ist schließlich auch die zeitliche Begrenzung der Sicherungsfunktion von Grundstücken: Wurde ein Grundstück als Sicherung einer Schuld eingesetzt, so endete diese Sicherungsfunktion mit Ablauf von sieben Jahren – eine traditionelle Form des Verbraucherschutzes.

bb) Adat zwischen Tradition und Moderne

256 Nach einer sowohl in Indonesien selbst als auch außerhalb verbreiteten Sichtweise ist das adat-Recht Ausdruck des ursprünglichen rechtlichen Denkens des indonesischen Volkes, gewachsen aus einer jahrhundertealten, eigenen Tradition, und steht so im Gegensatz zum importierten, insbesondere niederländischen Rechtsdenken. Ob diese romantisierende Sichtweise[591] den heutigen Realitäten entspricht, ist allerdings zweifelhaft. Denn wie gesehen unterlag das adat-Recht schon seit der Kolonialzeit erheblichen Veränderungen aufgrund staatlichen Einflusses. Auch mag es durchaus sein, dass die internalisierten sozialen Regeln, nach denen insbesondere dörfliche Gemeinschaften noch heute leben, tatsächlich Ausdruck einer gewachsenen und ungebrochenen, auch rechtlichen Tradition sind. Ob dies aber auch für das heute offiziell und mit staatlichen Sanktionsmechanismen in rechtlichen Konflikten angewandte adat-Recht gilt, steht auf einem anderen Blatt. Hinzu kommen zahlreiche Schwierigkeiten in der gerichtlichen Feststellung geltenden adat-Rechts, gerade auch vor dem Hintergrund seiner Flexibilität und Wandelbarkeit.[592] Fälle wie die strafrechtliche Ahndung von vorehelichem Sex auf der Grundlage von adat-Regeln beispielsweise haben die Grenzen schnell aufgezeigt: Zeugenbefragungen in Bezug auf den Inhalt der Regeln sind mit zahlreichen Problemen belastet, ua weil solche Zeugen aus der jeweils betroffenen lokalen Gemeinschaft allzu leicht ihre persönlichen Moralvorstellungen zu Rechtsnormen deklarieren. Mögliche Belege in alten Texten hingegen sind oft zahlreichen unterschiedlichen Auslegungen zugänglich und lassen vor allem stets die Frage offen, welchen Wandlungen das adat in der Zwischenzeit unterlegen sein mag.[593]

257 Wie in vielen anderen ehemaligen Kolonien stehen sich auch in Indonesien die Verfechter einer einheitlichen, auf individueller Freiheit beruhenden, geschriebenen Rechtsordnung

---

[589] Zur Unterscheidung zwischen village society, district society und village union society sowie zum Folgenden vgl. *Supreme Court of Indonesia/University of Indonesia* (Fn. 583), 34 ff.

[590] *Bell* (Fn. 573), 276; beispielhaft zu einigen älteren Fällen im Erbrecht vgl. *Lev, Daniel S.,* The Supreme Court and adat inheritance law in Indonesia, in: ders. (Hrsg.), Legal evolution and political authority in Indonesia – Selected essays, 2000, 99 (107 ff.).

[591] Zur romantisierenden Sicht vgl. auch *Bourchier* (Fn. 580), passim.

[592] Für ein Beispiel der äußerst vagen Grundlagen von adat vgl. *Thorburn, Craig,* Adat law, conflict and reconciliation – The Kei Islands, Southeast Maluku, in: Lindsey, Tim (Hrsg.), Indonesia – Law and society, 2. Aufl. 2008, 115 (117 ff.).

[593] Zu diesen Problemen vgl. *Pompe* (Fn. 590), 109 ff.

nach weitgehend westlichem Vorbild einerseits und die Anhänger eines lokal und personal diversifizierten, an den eigenen Traditionen orientierten Rechts andererseits gegenüber.[594] Ein Ausdruck dieses Streits findet sich etwa in Art. 18B Abs. 2 indonesVerf: „The State recognises and respects traditional communities along with their traditional customary rights as long as these remain in existence and are in accordance with the societal development and the principles of the Unitary State of the Republic of Indonesia, and shall be regulated by law."[595] Die Klausel schützt also einerseits das adat-Recht für traditionelle Gemeinschaften, macht aber andererseits durch die Ausnahmen in Bezug auf die gesellschaftliche Entwicklung, die Einheitlichkeit des Staates und den Vorbehalt des Gesetzes deutlich, dass der Staat dem adat-Recht nur einen beschränkten Stellenwert einräumt. Tatsächlich sähe sich, bei aller Sympathie für lokale Traditionen, eine allgemeinere Blüte des adat-Rechts kaum zu überwindenden Hindernissen ausgesetzt. Denn städtische Umgebungen und eine moderne Wirtschaft lassen sich nur schwer mit traditionellem Recht regulieren oder auch nur vereinbaren. So bleiben denn Versuche von am adat-Recht orientierten Reformen oft reine Lippenbekenntnisse. Ein Beispiel liefert das bereits erwähnte Agrargesetz, das an die Stelle des bisherigen Immobiliarsachenrechts nach dem indonesischen Zivilgesetzbuch treten sollte. Dieses Agrargesetz sollte einerseits die weiterbestehenden lokalen adat-Rechte ersetzen, andererseits auch selbst Ausdruck solcher Prinzipien sein. Tatsächlich handelte es sich aber um eine westliche Kodifikation mit Anleihen bei der adat-Terminologie, die auch in der Praxis weitgehend versagte.[596]

Der hinter solchen und anderen Projekten stehende Gedanke, das informelle, traditionelle Gewohnheitsrecht zu kodifizieren, würde aber auch ganz allgemein nicht nur dessen Charakter fundamental verändern. Vielmehr würde der damit verbundene Versuch, universelle adat-Prinzipien zu finden und in neue Rechtsnormen zu gießen, den großen regionalen und lokalen Unterschieden der ganz unterschiedlichen adat-Rechte nicht gerecht.[597] Im Erbrecht beispielsweise sind die adat-Rechte Nordsumatras üblicherweise patriarchisch, dh das Erbe geht vom Vater auf den Sohn, die adat-Rechte Westsumatras üblicherweise matriarchisch (von der Mutter auf die Tochter), die Javas üblicherweise bilateral, dh es kann von beiden Elternteilen geerbt werden.[598] Hinzu kommen je unterschiedlich ausgeprägte und unterschiedlich intensive Einflüsse etwa durch den Buddhismus oder Hinduismus, aber auch durch animistische oder andere lokale Religionen.[599] Zwar lassen sich einige typische Charakteristika des adat-Rechts ausmachen. Dazu zählt die Bedeutung der persönlichen Abstammung für spezifische Verpflichtungen, das Überwiegen von Gemeinschafts- über Individualrechte an Land, die Existenz von Verpflichtungen zu gegenseitiger Hilfe und gegenüber der Gemeinschaft sowie eine Betonung der Harmonie in der Gemeinschaft und mit der Natur.[600] Solche Grundprinzipien bleiben aber viel zu allgemein, um aus Ihnen konkrete, einheitliche Rechtsnormen im modernen Sinn abzuleiten, die etwa für Kodifikationen geeignet wären. 258

[594] Vgl. dazu aus vor allem historischer Perspektive *Bourchier* (Fn. 580), 94, 96 ff.

[595] Übersetzung nach The 1945 Constitution of the Republic of Indonesia, in: Conermann, Stephan; Schaffar, Wolfram (Hrsg.), Die schwere Geburt von Staaten, 2007, 111 ff.

[596] Vgl. dazu *Fitzpatrick, Daniel,* Disputes and pluralism in modern Indonesian land law, Yale Journal of International Law 22 (1997), 171 (183 ff., 188, 203); für eine reine Darstellung der Grundprinzipien des Agrargesetzes vgl. *Supreme Court of Indonesia/University of Indonesia* (Fn. 583), 153 ff.

[597] Deutlich *Fitzpatrick* (Fn. 596), 212.

[598] *Supreme Court of Indonesia/University of Indonesia* (Fn. 583), 40.

[599] Deutlich *Bell* (Fn. 573), 268 f.

[600] *Bell* (Fn. 573), 268.

c) Islam

aa) Islamisches Recht unter staatlichem Einfluss

259 Dieselben Bereiche des Familien- und Erbrechts sind es auch, in denen in der Praxis ein islamisch geprägtes Recht eine besondere Rolle spielt. Dass dieses Recht nur islamisch geprägt und nicht ursprünglich islamisch ist, also nicht allein auf den klassischen Quellen des islamischen Rechts[601] beruht, ist sein besonderes Kennzeichen und zugleich dauerhafte Quelle des Konflikts in Indonesien. Zwar hängt Indonesien im allgemeinen dem islamischen Recht sunnitischer Prägung und hier ganz überwiegend der schafiitischen Schule[602] an; auch bestehen eigene Religionsgerichte für seine Anwendung. Doch hat der indonesische Staat sich stets bemüht, seinen Einfluss auf diesem gesellschaftlich wichtigen Gebiet zu erhalten und auch hier die von ihm für nötig gehaltenen Reformen durchzusetzen. Dabei fanden Elemente islamischen Rechts gelegentlich auch außerhalb des Familien- und Erbrechts Eingang in die Gesetzgebung, etwa im islamischen Bankrecht, das sich seit den 1960'er Jahren immer weiter zu einem heute größeren Wirtschaftsfaktor entwickelte.[603] Seit der Jahrtausendwende vermerkten viele Beobachter Tendenzen der indonesischen Gesellschaft zu einer strengeren, konservativeren Form des Islam sowie eine zunehmende Bedeutung des Islam im indonesischen Staats- und Rechtswesen. Die gesteigerte Aufmerksamkeit für die Bedeutung des Islam in Indonesien hing zeitlich eng mit der offiziellen Einführung der Scharia als einer Grundlage der Rechtsprechung in der Provinz Aceh im Jahr 2001 zusammen.[604] In neuester Zeit jedoch scheint die Islamisierungstendenz in Indonesien wieder an Dynamik verloren zu haben.[605] Wie so oft wird erst eine langfristige Analyse in späteren Jahren zeigen können, welche Tendenzen von grundlegender Bedeutung waren und welche nur kurzfristig wirkten.

260 Im Bereich des Familienrechts spielt vor allem das Ehegesetz von 1974 eine entscheidende Rolle. Der Gesetzgeber versuchte mit ihm, einen neuen gesetzlichen Rahmen für die Familie zu schaffen, nicht nur um Rechtssicherheit und -einheit zu fördern, den staatlichen Herrschaftsanspruch zu betonen und internationalen Forderungen nachzukommen, sondern gerade auch um die Rolle der Frau in der Gesellschaft zu verbessern.[606] Konkreter richtete das Ehegesetz sich gegen Ehescheidungen, insbesondere durch schlicht dreimaligen Ausspruch der Scheidungsformel „talak" („ich verstoße dich") seitens des Mannes, gegen Polygamie und gegen die Verheiratung von Kindern. Schon als dieses Gesetz erstmals vor die – sonst eher handzahme – gesetzgebende Versammlung kam, führte es zu erregten Debatten, an denen die Bevölkerung regen Anteil nahm. Tatsächlich sah sich selbst ein sonst so durchsetzungsstarkes Regime wie das des Generals Suharto gezwungen, dem mosle-

[601] Dazu noch infra → § 10 Rn. 9 ff.

[602] Zu dieser Schule infra → § 10 Rn. 36; zur umstrittenen Frage, ob die heutige Realität des islamischen Rechts in Indonesien zur Annahme einer eigenen Rechtsschule (national madhab) führt vgl. *Lindsey, Tim,* Islam, law and the state in Southeast Asia, Volume I – Indonesia, 2012, 6 ff.

[603] Zum islamischen Bankrecht in Indonesien vgl. *Saeed, Abdullah,* Indonesian islamic banking in historical and legal context, in: Lindsey, Tim (Hrsg.), Indonesia – Law and society, 2. Aufl. 2008, 313 (313 ff.); *Lindsey* (Fn. 602), 188 ff.; unter islamisches Finanzrecht fallen rd. 3 % aller indonesischen Bankaktivitäten, ibid., 192 f.; zum islamischen Bankrecht insgesamt auch infra → § 10 Rn. 113 ff.

[604] Zur Scharia in Aceh vgl. etwa *Simperler, Mara,* Einfalt in der Vielfalt?, in: Islam und Macht in Südostasien, Austrian Studies in Anthropology, Sondernummer 1/2012, 27 (27 ff.); *Feener, R. Michael,* Engineering Transformations in the 'Religion Development Nexus' – Islamic Law, Reform, and Reconstruction in Aceh, Religion, 51 (2021), 40 (46 ff.).

[605] Vgl. etwa *Chaplin, Chris; Jurdi, Syarifuddin,* Faith, Democracy, and Politics in Indonesia: Explaining the lack of Islamic mobilization in 2024, LSE Global Religion and Global Security Blog, 8.2.2024; *Yusof, Amir; Siregar, Kiki,* Political Islam – Why the Religious Conservatism Wave is Rising in Malaysia but Ebbing in Indonesia, cna, 29.3.2024.

[606] Zum Ehegesetz und seinen Hintergründen vgl. *Cammack, Mark; Young, Lawrence A.; Heaton, Tim,* Legislating social change in an Islamic society – Indonesia's Marriage Law, in: Lindsey, Tim (Hrsg.), Indonesia – Law and society, 2. Aufl. 2008, 288 (288 ff.); *Butt, Simon,* Polygamy and mixed marriage in Indonesia – Islam and the marriage law in the courts, in: Lindsey, Tim (Hrsg.), Indonesia – Law and society, 2. Aufl. 2008, 266 (266 ff.).

mischen Druck teilweise nachzugeben und die Normen abzuschwächen. Die Regierung fand jedoch in manchen Bereichen andere Wege, ihre Linie durchzusetzen. So blieb beispielsweise die Polygamie zwar auf moslemisches Drängen hin erlaubt, setzte aber nunmehr eine gerichtliche Erlaubnis voraus, die ihrerseits an so strikte Bedingungen geknüpft war, dass sie kaum je erlangt werden konnte.[607] In anderen Bereichen wie der Beseitigung von Kinderheirat war die Regierung hingegen weniger erfolgreich. Dies lag nicht zuletzt daran, dass das Ehegesetz zwar ein Mindestheiratsalter von 19 Jahren für Männer und 16 Jahren für Frauen verlangt, gleichzeitig aber auf Druck moslemischer Gruppen nicht nur gerichtliche Ausnahmegenehmigungen vorsieht, sondern alle nach dem jeweiligen religiösen Recht der Parteien eingegangenen Ehen für gültig (wenn auch eben nicht legal) erklärt.[608]

Eine andere Strategie wandte der Staat vor allem im Bereich des Erbrechts, aber auch im Eherecht und der frommen Stiftung (waqf) an. Hier ließ er unter der Leitung des Religionsministeriums[609] und des Obersten Gerichtshofs eine Sammlung des islamischen Rechts (Kompilasi Hukum Islam) ausarbeiten, die nicht etwa vom Parlament als Gesetz verabschiedet, sondern nur von einer Gruppe oberster islamischer Führer gutgeheißen wurde.[610] Obwohl es sich also nicht um strikt bindende Normen handelt, sondern nur um eine Handreichung für den Richter, wird die Kompilasi von den Gerichten in der Praxis wortwörtlich angewandt und überlässt so dem Staat einigen Einfluss. Dieser Einfluss zeigt sich etwa auch darin, dass die Betroffenen ein Wahlrecht haben und sich gegen die Anwendung islamischen Erbrechts entscheiden können.[611] Gleichzeitig relativiert sich der Einfluss aber wieder insofern, als es der Regierung nicht gelungen ist, ihre Reformvorstellungen innerhalb der Kompilasi inhaltlich voll durchzusetzen.[612] **261**

Beispielhaft zeigt sich an dieser Stelle eine im indonesischen Recht immer wieder zu findende Tendenz zum Kompromiss, zum nachdrücklichen Sowohl-als-auch, zum steten Ringen entgegenstehender Kräfte um die richtige Lösung. Speziell im Hinblick auf den Islam ist zudem ein großer Teil der indonesischen Bevölkerung traditionell eher moderat und mischt nicht selten sogar islamische mit alten einheimischen Glaubenselementen. Vielfach ist die islamische Orientierung eher mystisch als auf das Recht fixiert. Wiederum andere Indonesier sind Moslems in einem ähnlichen Sinne, in dem etwa viele Europäer Christen sind: im Wesentlichen auf dem Papier. Dafür existiert sogar ein eigener Begriff des „Moslem per Personalausweis" (Muslim KTP, für Kartu Tanda Penduduk[613]). Konservative islamische Gruppierungen – die ohne weiteres existieren – finden daher traditionell keine mehrheitliche Unterstützung.[614] Wie weit und wie lange dies allerdings so bleiben wird, steht auf einem anderen Blatt.[615] **262**

---

607 Detailliert zur Polygamie *Butt* (Fn. 606), 271 ff.

608 Detailliert dazu *Cammack/Young/Heaton* (Fn. 606), 294 ff.

609 Dazu näher *Lindsey* (Fn. 602), 109 ff.

610 Zum Ganzen *Cammack, Mark,* Islamic inheritance law in Indonesia – The influence of Hazairin's theory of bilateral inheritance, in: Lindsey, Tim (Hrsg.), Indonesia – Law and society, 2. Aufl. 2008, 329 (338 f.); ausführlicher *Lindsey* (Fn. 602), 69 ff., 180 f.; zum Verhältnis zu Bestimmungen des indonesischen Ehegesetzes ibid., 75 ff.; zu der für das islamische Finanzrecht wichtigen Sammlung des Sharia Wirtschaftsrechts, Kompilasi Hukum Ekonomi Syari'ah Islam (KHES), ibid., 92 ff.

611 *Bell* (Fn. 573), 278, 286.

612 Vgl. *Cammack* (Fn. 610), 338 f.

613 Vgl. *Hanstein, Thoralf,* Der Einfluss des Islams auf die indonesische Verfassungsgeschichte, in: Conermann, Stephan; Schaffar, Wolfram (Hrsg.), Die schwere Geburt von Staaten, 2007, 73 (73); zu dem Problem der Eintragung der Religionszugehörigkeit in den Personalausweis vgl. auch kurz *Hosen, Nadirsyah,* Shari'a and constitutional reform in Indonesia, 2007, 195 f.

614 Vgl. *Butt* (Fn. 606), 284; *Cammack/Young/Heaton* (Fn. 606), 292 f.; zur Frage nach einer nationalen indonesischen Schule des islamischen Rechts vgl. auch *Lindsey* (Fn. 602), 6 ff.

615 Vgl. etwa den abschließenden Ausblick bei *Hosen* (Fn. 613), 230 ff.; grundlegend zu den unterschiedlichen Ansichten innerhalb Indonesiens auch *Lindsey* (Fn. 602), 2 ff., 481; zu den vor allem regionalen, aber auch nationalen Tendenzen der Islamisierung und zu den einschlägigen, lebhaften Debatten in Indonesien vgl. ibid., 363 ff.; für neuere Sichtweisen vgl. die Beiträge in *Sebastian, Leonard C.; Hasyim, Syaq; Arifianto, Alexander R.* (Hrsg.), Rising Islamic Conservatism in Indonesia Islamic Groups and Identity Politics, 2021.

263 Das islamische Recht wird in Indonesien weitgehend durch eigenständige Religionsgerichte angewandt, die für das Familien- und Erbrecht ebenso zuständig sind wie für die fromme Stiftung (waqf), die islamische Steuer (zakat) und seit 2006 für den Bereich islamischen Bank-, Finanz- und Versicherungsrechts. Diese Religionsgerichte, die trotz ihres allgemein gehaltenen Namens nur islamisches Recht anwenden, sind in der Praxis sehr bedeutsam, haben hohe Fallzahlen und gelten in der Bevölkerung als eine der am besten funktionierenden und kaum korrumpierten staatlichen Institutionen. Gleichzeitig allerdings stehen sie nicht neben, sondern in der Hierarchie staatlicher Gerichte. Zwar bestehen noch eigene Religionsberufungsgerichte, in letzter Instanz aber liegt die Entscheidung beim Obersten Gerichtshof Indonesiens.[616] In Übereinstimmung mit dem allgemeinen Charakter des islamischen Rechts in Indonesien beruht die Rechtsprechung der Religionsgerichte weitgehend auf staatlichen Gesetzen und der halbstaatlichen Kompilasi und nur am Rande auf klassischen Quellen des islamischen Rechts.[617]

bb) Der Streit um Sieben Worte

264 Die seit Jahrzehnten andauernde und keineswegs verstummende Debatte über die Rolle des Islam in der indonesischen Gesellschaft und im indonesischen Recht findet einen ihrer Kulminationspunkte im Streit um die Jakarta-Charta (Piagam Jakarta), also die Präambel der Verfassung und hier um die im Inland berühmten Sieben Worte: „mit der Verpflichtung die islamische Sharia für alle ihre Anhänger durchzuführen" („dengan kewajiban menjalankan Syariat Islam bagi pemeluknya").[618] Diese Formulierung, mit der die Anwendung islamischen Rechts auf alle indonesischen Muslime verfassungsrechtlich festgeschrieben worden wäre, fand sich ursprünglich in der Präambel des zur Abstimmung bestimmten Entwurfs der indonesischen Verfassung von 1945. Einen Tag vor der geplanten Verabschiedung aber wies ein japanischer Offizier den Revolutionsführer Hatta auf die scharfe Opposition christlicher Indonesier gegen die Verpflichtung auf die Sharia hin. Schon am folgenden Tag beschloss daher eine kleine Gruppe, einige Veränderungen vorzunehmen, die dann auf der Sitzung der für die Verabschiedung zuständigen Kommission unter erheblichem Druck Sukarnos und Hattas akzeptiert wurden. Die berühmten Sieben Worte wurden so durch den „belief in the One and Only God" ersetzt. Gleichzeitig wurde die Verfassung aber auch im Übrigen von allen moslemischen Bezügen befreit. So verlangt Art. 6 Abs. 1 indonesVerf nunmehr nicht mehr, dass der Präsident Moslem sein müsse, und Art. 29 Abs. 1 indonesVerf zur Religionsfreiheit wiederholte nicht mehr die Sieben Worte, sondern spricht nurmehr von einem Staat „based upon the belief in the One and Only God",[619] womit nur der Monotheismus, nicht aber der Islam zur Grundlage des Staates erklärt wurde. In der Folgezeit und bis heute gab es aber immer wieder Bestrebungen, die Sieben Worte wieder in die Verfassung einzufügen. Entsprechende formale Anträge wurden immer wieder gestellt, wurden aber auch von einigen moslemischen Gruppierungen abgelehnt[620] und konnten niemals eine Mehrheit finden.

265 Indonesien ist also konzipiert als ein gerade nicht islamischer, aber durchaus religionsgeprägter Staat. Der verfassungsrechtlich verankerte Glaube an den einen Gott ist sogar einer der fünf Grundsätze der sog. Pancasila, der von Sukarno aufgestellten und bis heute fortbestehenden Staatsideologie Indonesiens.[621] Trotz dieser – allerdings auf monotheistische

[616] Vgl. zum Ganzen *Bell* (Fn. 573), 285 f., 282 f.; kurz zu den Religionsgerichten auch *Supreme Court of Indonesia/University of Indonesia* (Fn. 583), 78 f.; ausführlich *Lindsey* (Fn. 602), 255 ff.

[617] Vgl. *Lindsey* (Fn. 602), 357, der den Religionsgerichten deshalb nur „symbolic religiosity" attestiert.

[618] Dazu und zum Folgenden *Hosen* (Fn. 613), 59 ff., 188 ff.; *Hanstein* (Fn. 613), 83 ff.; *Lindsey* (Fn. 602), 36 ff.; die genaue indonesische Schreibweise der sieben Worte variiert je nach Autor leicht.

[619] Übersetzung jeweils nach The 1945 Constitution of the Republic of Indonesia (Fn. 595).

[620] Vgl. dazu etwa für die Debatten um die Jahrtausendwende *Hosen* (Fn. 613), 93 ff.

[621] Vgl. dazu *Lindsey* (Fn. 602), 35 ff.; kurz *Hanstein* (Fn. 613), 80 ff.; die anderen vier Grundsätze sind die Humanität, die nationale Einheit, die repräsentative Demokratie und die soziale Gerechtigkeit.

Religionen beschränkten – Toleranz[622] räumt der Staat jedoch dem Islam und seinem Recht eine nicht unerhebliche Rolle ein, die in ihren vielfältigen und oft umstrittenen Details die Vielfalt der religiösen Auffassungen der Indonesier auch und gerade moslemischen Glaubens widerspiegelt.

3. Der schwere Stand des Rechts

Die indonesische Gesellschaft gilt als wenig rechtsgesinnt. Das Recht spielt keine durchgreifende Rolle, steht nicht in höchster Achtung, gilt manchmal sogar weniger als Lösung denn als Teil des Problems. Dies ließe sich möglicherweise auf kulturelle Gründe zurückführen, auf eine Art Nationalcharakter oder die langfristigen rechtsgeschichtlichen Hintergründe. Näher scheint aber eine sehr viel prosaischere Erklärung zu liegen: Das indonesische Rechtssystem hat den Bürgern in den letzten Jahrzehnten wenig Anlass dazu gegeben, großes Vertrauen in das Recht und seine Versprechen aufzubauen. Unter der Diktatur Sukarnos wurde dem Recht ein allenfalls geringer Stellenwert eingeräumt. Suharto wollte dann zwar formal die Herrschaft des Rechts wiederherstellen, doch blieb das Recht ein Machtinstrument, das weder Freiheit noch Sicherheit versprach. Bezeichnenderweise spricht eine ausführliche Analyse der rund 40jährigen Diktaturperiode zusammenfassend von „a manipulative and unscrupulous state, unprepared to give any power or respect to the judges or legal institutions generally. These conditions had a debilitating effect on the judicial profession, which over time, by and large, lost an understanding of its professional trade and its place and role in the state."[623] Seit der Reformasi allerdings hat sich Indonesien zu Demokratie und Rechtsstaat (negara hukum)[624] bekehrt, verlangen auch die Indonesier mit Erfolg, dass ihre Freiheit in Rechte gekleidet wird. Dennoch bleibt ein weiter Weg zu gehen, klafft ein oft erheblicher Spalt zwischen Anspruch und Wirklichkeit. Dieser Spalt beruht auf Widersprüchen und Unklarheiten im staatlichen Recht (a), auf der Ineffizienz der Rechtsprechung (b) und auf der ewigen, schon lange vor der Reformasi bestehenden Geißel der Korruption (c). **266**

a) Widersprüche und Unklarheiten im staatlichen Recht

Es ist schon nicht immer leicht, den jeweils aktuellen Stand des indonesischen Rechts festzustellen.[625] Offizielle Konsolidierungen der umfangreichen Gesetzgebung sind nicht vorhanden, und sogar dem Gesetzgeber selbst fehlt nicht selten ein vollständiger Überblick über den Stand der Gesetze, wenn er neue Normen erlässt. Erst in neuerer Zeit bringt hier das Internet einige Verbesserungen. Besonders groß sind die Probleme auch in Bezug auf die Normsetzung der zahllosen regionalen Einheiten, für die es keine zentralen oder auch nur einfach erreichbaren Sammlungen gibt. Darüber hinaus führt die Quellenhierarchie immer wieder zu erheblichen Problemen. In der Theorie besteht zwar eine klare Rangfolge, die sogar gesetzlich festgelegt wurde.[626] In der Praxis aber werden die einschlägigen Regeln oft **267**

---

[622] Zu den Problemen *Hosen* (Fn. 613), 195 ff.; *Lindsey* (Fn. 602), 59 ff.; dass dabei der Hinduismus mit seinen zahlreichen Göttern, der Buddhismus, für den Götter nicht unbedingt eine zentrale Rolle im Glauben spielen, und der Konfuzianismus, der eher ein philosophisches Gedankengebäude darstellt, offiziell als monotheistische Religionen anerkannt werden, zeugt von erheblicher Kreativität und belegt die Schwierigkeiten und Implikationen staatlicher Definitionsmacht in religiösen Angelegenheiten, dazu auch ibid., 59.

[623] *Pompe, Sebastiaan,* The Indonesian Supreme Court – A study of institutional collapse, 2005, 472.

[624] Zum Rechtsstaatsbegriff in Indonesien vgl. etwa *Lindsey, Tim,* Indonesia – Devaluing Asina values, rewriting rule of law, in: Peerenboom, Randall (Hrsg.), Asian discourses of rule of law, 2004, 286 (293 ff.).

[625] Dazu und zum Folgenden eingängig *Bell* (Fn. 573), 272 ff.

[626] Vgl. Art. 7 Abs. 1 Undang-Undang Republik Indonesia Nomor 10 Tahun 2004 Tentang Pembentukan Peraturan Perundang-Undangan, web.archive.org/web/20210721084323/https://peraturan.go.id/common/dokumen/ln/2004/uu10-2004.pdf (zuletzt abgerufen 18.7.2025); Übersetzung bei *Bell* (Fn. 573), 273; zu den schon vor dem Gesetz 2004 bestehenden Problemen vgl. *Supreme Court of Indonesia/University of Indonesia* (Fn. 583), 16 ff.

nicht beachtet oder gehen in politischen Machtkämpfen etwa zwischen Regionen und Zentralgewalt unter. Dasselbe gilt für Normen gleicher Ebene, die einander widersprechen können, ohne dass sich in der Praxis stets die theoretisch klare Lex-posterior-Regel durchsetzen würde. Nicht selten verlangen auch Gesetze nach Verordnungen, die Details regeln, ohne dass diese aber rechtzeitig erlassen würden. Dass dies auch im Verhältnis von Gesetzen zueinander geschehen kann, zeigt das klassische Beispiel des Agrargesetzes von 1960. Es hob in seinen einführenden Bestimmungen das Hypothekenrecht des Zivilgesetzbuchs auf, erklärte dieses aber in einer andere Bestimmung für weiter anwendbar bis ein entsprechendes Gesetz über Sicherungsrechte erlassen würde. Dieser Schwebezustand dauerte 36 Jahre an. Gut gemeinte Einflussnahmen von außen helfen unter diesen Bedingungen auch nicht immer weiter. So forderte der Internationale Währungsfond Indonesien auf, das Insolvenzverfahren auf Antrag eines Schuldners zu erleichtern. Das neue Insolvenzrecht erlaubte dann eine gerichtliche Feststellung der Insolvenz bereits dann, wenn ein Schuldner mindestens zwei Gläubiger hatte und mindestens eine fällige Schuld nicht beglich. Diese Bestimmung wurde von den Gerichten dann auch wortwörtlich angewandt, mit der Folge dass in zwei aufsehenerregenden Fällen große, profitable und unzweifelhaft zahlungsfähige Unternehmen gerichtlich für bankrott erklärt wurden.[627]

b) Ineffizienz der Rechtsprechung

268 Solche Unklarheiten in der formalen Rechtslage oder mangelnde Rechtstreue staatlicher Organe wären allerdings vergleichsweise leicht handhabbar, wenn sie in die Hände einer starken, kompetenten und unabhängigen Justiz gelegt würden. Auch im deutschen Recht beispielsweise fehlt weitgehend eine offizielle Konsolidierung des Rechts, auch dort kennt man Streitigkeiten über Zuständigkeiten, einander auf den ersten Blick widersprechende Regeln oder fehlende Durchführungsbestimmungen. Die Effizienz des Rechtssystems aber wird dadurch kaum beeinträchtigt. In Indonesien hingegen ist die Justiz nicht die Lösung, sondern vielmehr ein zentraler Faktor des Problems. In aller Klarheit wird das indonesische Rechtssystem als eines der korruptesten und inkompetentesten der Welt bezeichnet.[628] Auch darüber hinaus arbeite keine einzige politische oder bürokratische Institution des Landes effektiv oder angemessen.[629] Indonesische Richter, bis hinauf zum Obersten Gerichtshof, gelten vielfach als wenig kompetent, wenn es auch immer wieder auffällige Ausnahmen gibt. Dahinter steht unter anderem, dass das geringe Ansehen des Richterberufs gerade die besten Juristen abschreckt, dass der wissenschaftliche Apparat der Gerichte schlecht und die Gehälter traditionell gering sind.[630] Arbeitsbedingungen und Gehälter sind gerade für Richter der unteren Instanzen ein erhebliches Problem.[631] Manche Entwicklungen geben aber auch Anlass zur Hoffnung. So zeigte sich der geringe Grad an Effizienz traditionell schon rein statistisch am Fallrückstand, der sich beispielsweise am Obersten Gerichtshof 2012

---

[627] Dazu etwa *Bell* (Fn. 585), 364, der auch darauf hinweist, dass es hier eben nicht um Fälle gerichtlicher Korruption, sondern schlicht um eine zu wörtliche Anwendung der von IWF gewünschten Rechtsnorm ging; die zwei Entscheidungen wurden später vom Obersten Gerichtshof wieder aufgehoben, vgl. *Hoadley* (Fn. 577), 1 Fn. 1.

[628] So deutlich etwa *Butt, Simon,* Surat sakti – The decline of the authority of judicial decisions in Indonesia, in: Lindsey, Tim (Hrsg.), Indonesia – Law and society, 2. Aufl. 2008, 346 (359); vgl. etwa auch *Dick* (Fn. 584), 53 („an utterly corrupted, and now substantially autonomous, legal system offers little protection against abuse of power"); vgl. auch *Butt, Simon,* Judicial Dysfunction in Indonesia, 2023, 2 f., 25 f., 50 ff., 80 ff.

[629] *Lev, Daniel S.,* The state and law reform in Indonesia, in: Lindsey, Tim (Hrsg.), Law reform in developing and transitional states, 2007, 236 (236).

[630] Vgl. *Lindsey, Tim,* Legal infrastructure and governance reform in post-crisis Asia – The case of Indonesia, in: ders. (Hrsg.), Law reform in developing and transitional states, 2007, 3 (12).

[631] *Bell* (Fn. 573), 281; ein neu eingestellter Richter verdiente 2024 insges. rd. 16.600.000 Rp. (knapp 900 Euro) pro Monat, vgl. Indonesia President-elect Prabowo Promises Higher Salaries, Improved Benefits for Judges Amid Nationwide Strike, cna, 9.10.2024.

auf 10.116 Fälle belief,[632] kaum ein Unterschied zu den 10.827 Fällen 2007,[633] aber immerhin eine große Verbesserung gegenüber den rd. 20.000 Fällen 2004.[634] Dieser Rückstand hat sich bis 2024 durch zahlreiche Reformen radikal auf nur 230 Fälle reduziert.[635]

Ein anderes, beispielhaftes Problemfeld betrifft die Vollstreckung: Unter anderem aufgrund der geringen Achtung, die Gerichten entgegengebracht wird, befolgen verurteilte Schuldner das Urteil üblicherweise nicht.[636] Die gerichtliche Vollstreckung aber ist mit oft langen und nicht berechenbaren Verzögerungen verbunden und keineswegs immer erfolgreich. Dabei besteht durchaus auch die Möglichkeit, dass mit Erfolg externer Druck auf die Justiz ausgeübt wird. Berüchtigt ist insofern etwa das sog. surat sakti. Dabei handelt es sich um ein Schreiben eines hohen Richters, insbesondere des Obersten Gerichtshofs, mit dem der erstinstanzliche Vollstreckungsrichter gebeten wird, die Vollstreckung der letztinstanzlichen Entscheidung eben dieses Obersten Gerichthofs auszusetzen. Die genaue rechtliche Einordnung der surat sakti ist dabei ebenso zweifelhaft wie ihre rechtsstaatliche Vertretbarkeit. Selbst wenn sie nicht auf externen Einflüssen, sondern auf Zweifeln etwa des Präsidenten des Obersten Gerichtshofs an der Richtigkeit der Entscheidungen der eigenen Spruchkörper beruhen, rücken sie die Fähigkeiten der Justiz in ein denkbar schlechtes Licht. 269

c) Korruption

Das zentrale Problem aber ist die Korruption, die alle Ebenen der Justiz,[637] aber auch des Staates insgesamt durchzieht. Seit der Reformasi versprechen immer neue Regierungen und Initiativen den Kampf gegen die Korruption, werden neue Institutionen geschaffen, Gesetze verändert oder Strafen verhängt. Von einem Erfolg im Ergebnis, dh von einem signifikanten Rückgang der Korruption im Staat und gerade auch bei den Gerichten, kann aber kaum die Rede sein. Die Auffassung der Bevölkerung dazu spricht Bände. So waren 2020 92 Prozent der Bevölkerung der Ansicht, dass Korruption in der Regierung ein großes Problem darstelle, eine Zahl die seit 2011 im Wesentlichen gleich geblieben war.[638] Schon unter Suharto bildete sich der in Indonesien gern verwendete, niederschmetternde Begriff der „Rechtsmafia" (mafia peradilan), der sich auch heute noch großer Beliebtheit erfreut.[639] Erstaunlicherweise scheinen Indonesier aber korrupten Institutionen nicht automatisch zu misstrauen. So findet sich etwa für das Vertrauen in die Justiz sogar eine positive Entwicklung: Einer Untersuchung zufolge stieg dieses Vertrauen auf 56 Prozent im Jahr 2011, nach 37 Prozent 2010 und 43 Prozent 2006. Dabei ist das Vertrauen in gebildeteren Schichten stets geringer gewesen als in weniger gebildeten.[640] Eine andere Untersuchung ergab, dass das Vertrauen in die Justiz von 56 Prozent im Jahr 2013 auf 74 Prozent 2023 gestiegen ist, 270

---

[632] *Mahkamah Agung* (Hrsg.), Mahkamah Agung Republik Indonesia Laporan Tahunan 2012, 2013, 14.

[633] *Mahkamah Agung* (Hrsg.), Laporan Tahunan 2007 Mahkamah Agung Republik Indonesia, 2008, 25.

[634] Zu dieser Zahl und dem Problem des Fallrückstands *Bell* (Fn. 573), 284.

[635] Vgl. *Supreme Court of the Republic of Indonesia* (Hrsg.), Executive Summary – Supreme Court 2024 Annual Report, 14.

[636] Dazu und zum Folgenden *Butt,* Judicial Dysfunction (Fn. 628), 350 ff.

[637] Zur Korruption in der indonesischen Gerichtsbarkeit vgl. etwa *Butt,* Judicial Dysfunction (Fn. 628), 50 ff.; eine Ausnahme bilden nach verbreiteter Einschätzung die Religionsgerichte, vgl. *Lindsey* (Fn. 602), 259 f.

[638] Für 2020 vgl. Transparency International, www.transparency.org/en/countries/indonesia (zuletzt abgerufen am 18.7.2025); für 2011 vgl. Gallup (Hrsg.), Corruption continues to plague Indonesia, 2, www.gallup.com/poll/157073/corruption-continues-plague-indonesia.aspx#1 (zuletzt abgerufen am 18.7.202580); für ähnlich klare statistische Werte vgl. auch schon Hoadley (Fn. 577), 2.

[639] Vgl. *Butt, Simon; Corckett, Antony; Lindsey, Tim,* Corruption and Illegality in Asian Investments Disputes – Indonesia, in: Teramura, Nobumichi; Nottage, Luke; Jetin, Bruno (Hrsg.), Corruption and Illegality in Asian Investment Arbitration, 2024, 259 (264 f.); *Fenwick, Stewart,* Administrative law and judicial review in Indonesia – The search for accountability, in: Ginsburg, Tom; Chen, Albert H. Y. (Hrsg.), Administrative law and governance in Asia, 2009, 329 (333); aus der Zeitungssprache etwa *Sihaloho, Markus Junianto; Wardi, Robertus,* Top judge's arrest rattles justice system, Jakarta Globe, 6.10.2013.

[640] Vgl. *Gallup* (Fn. 569), 2.

Indonesien so im weltweiten Vergleich auf Rang 14 steht.[641] Vielleicht noch erstaunlicher ist die positive Sicht auf andere staatliche Institutionen: Nicht nur vertrauten im Jahr 2023 90 Prozent der Befragten der lokalen Polizei,[642] 84 Prozent vertrauten sogar der nationalen Regierung, eine Zahl die höher ist als beispielsweise in der Schweiz (83,3 Prozent) oder in Deutschland (60,5 Prozent).[643] Indonesier scheinen auf ihre eigene Art auf Korruption zu reagieren.

271 Einer der vielversprechendsten Versuche, der Korruption Herr zu werden, war bislang die Schaffung der Antikorruptionskommission KPK im Jahr 2002.[644] Sie nahm zunächst sehr erfolgreich und aktiv ihre Arbeit auf. Von Anfang an und noch bis heute liefert sie sich einen von der Presse detailliert verfolgten Kampf mit Polizei, Parlament und Regierung. Bis 2024 untersuchte sie mehr als 1.500 Korruptionsfälle, unter anderem gegen Politiker. Die KPK geriet allerdings auch selbst in Krisen. Im Jahr 2009 etwa wurde ihr damaliger Vorsitzender Antasari wegen eines Auftragsmords verhaftet und zu 18 Jahren Gefängnis verurteilt. Sie erholte sich jedoch von diesem Schlag, vor allem dank ihrer Unterstützung seitens der Öffentlichkeit. 2019 änderte dann die Regierung den Rechtsstatus der KPK. Sie war nun nicht mehr unabhängig, sondern wurde zu einer gewöhnlichen Behörde der Zentralregierung unter der Kontrolle des indonesischen Präsidenten. Ihre Fähigkeit zu effektivem Handeln dürfte dadurch beeinträchtigt worden sein, und das Vertrauen der Öffentlichkeit in diese Institution nahm etwas ab. Die Verurteilung des früheren Vorsitzenden der KPK im Jahr 2009 zeigt beispielhaft ein zentrales Problem der Korruptionsbekämpfung in Indonesien und anderswo: Es bleibt stets ein gewisser Zweifel, wieweit die Korruptionsbekämpfer selbst korrupt sind, oder umgekehrt wieweit eine staatliches Vorgehen gegen Korruptionsbekämpfer entweder berechtigt ist oder seinerseits nur den Versuch korrupter staatlicher Stellen darstellt, ihre viel zu erfolgreichen Gegner kaltzustellen.[645] Wer passt auf die Aufpasser auf?

272 Ganz ähnliche Probleme stellen sich im Hinblick auf die hochgradig korrupten Gerichte. Denn ein Teilaspekt der Korruption ist die faktische Abhängigkeit der Gerichte von anderen staatlichen Akteuren. Die Unabhängigkeit der Justiz zu garantieren, wäre aus dieser Perspektive also ein wichtiger Schritt auf dem Weg zu einer Verbesserung der Lage. Gleichzeitig aber wäre eine unabhängige Justiz noch schwerer zu überwachen, Korruption in ihren Reihen also noch schwerer zu entdecken und zu ahnden. Was tun? Ähnliches gilt für die teils schlechte Qualität der Gerichtsentscheidungen: Wären die Richter und Gerichte völlig unabhängig, so wäre es sehr schwer, gegen Entscheidungen von minderer Qualität vorzugehen oder sie von vornherein zu verhindern. So wundert es nicht, dass in Indonesien nicht selten die Meinung vertreten wird, die Gerichte seien einfach noch nicht reif für echte Unabhängigkeit. Dabei bleiben Diskussionen dieser Art keineswegs theoretisch, sondern wurden etwa auch ganz konkret im Zusammenhang mit dem sog. „ein Dach" (Satu Atap) Gesetz geführt, das alle Gerichte der teils noch bestehenden Verwaltungsbefugnis der Ministerien entzog und allein dem Obersten Gerichtshof unterstellte.[646]

273 Als ein Lichtblick der indonesischen Justiz galt für einige Zeit das 2001 gegründete Verfassungsgericht. Es hat im Wesentlichen die Befugnis, die Verfassungsmäßigkeit von

[641] Vgl. *Legatum Institute* (Hrsg.), Legatum Prosperity Index 2023, docs.prosperity.com/8116/7689/2615/Indonesia_2023_Picountryprofile.pdf (zuletzt abgerufen am 18.7.2025).

[642] Vgl. *Legatum Institute* (Fn. 641).

[643] *Legatum Institute* (Hrsg.), Legatum Prosperity Index 2023, docs.prosperity.com/4316/7689/1447/Switzerland_2023_Picountryprofile.pdf (für die Schweiz), docs.prosperity.com/9916/7689/4689/Germany_2023_Picountryprofile.pdf (für Deutschland) (zuletzt abgerufen am 18.7.2025).

[644] Zur KPK und zum Folgenden vgl. ausführlich *Kapoor, Kanupriya; Fabi, Randy,* Indonesia's graftbusters battle the establishment, Jakarta Globe, 17.11.2013; *Meilasari-Sugiana, Astrid; Endro, Gunardi; Negara, Siwage Dharma,* Corruption Eradication in Indonesia – One Step Forward, Two Steps Back, ISEAS Perspective No. 42, 2024, 1 ff.; zu den Anfangsjahren und aus juristischer Sicht *Fenwick, Stewart,* Measuring up? – Indonesia's Anti-Corruption Commission and the new corruption agenda, in: Lindsey, Tim (Hrsg.), Indonesia – Law and society, 2. Aufl. 2008, 406 (406 ff.).

[645] Vgl. für den Fall der KPK etwa *Bell* (Fn. 573), 289.

[646] Vgl. etwa *Lindsey* (Fn. 630), 13, 30 f.; zum vergleichbaren Grundproblem etwa in China vgl. supra → Rn. 109.

Parlamentsgesetzen (undang-undang) zu überprüfen. Hingegen fehlt ihm diese Befugnis im Hinblick auf die oft sehr wichtigen untergesetzlichen Normen, insbesondere auch soweit sie von regionalen Stellen erlassenen werden, und im Hinblick auf sonstiges Verwaltungshandeln.[647] Trotz dieser beschränkten Handlungsmöglichkeiten konnte das Verfassungsgericht sich als aktive und wichtige Institution im politischen und rechtlichen Leben etablieren; es galt als kompetent, effizient und vor allem nicht korrupt.[648] Leider ist die Korruption zwischenzeitlich auch im Verfassungsgericht angekommen: Im Oktober 2013 verhaftete die KPK einen Verfassungsrichter aufgrund des Vorwurfs, er habe sich für seine Entscheidung über Regionalwahlen bestechen lassen.[649] Der Richter räumte die Vorwürfe später ein und gab zu, in einem Fall 3 Milliarden Rupien (rd. 185.000 Euro), in einem anderen Fall einen ähnlichen Betrag als Bestechungsgeld gefordert zu haben.[650] Weitere Skandale folgten,[651] und das Verfassungsgericht scheint einen großen Teil seines früheren Ansehens verloren zu haben.[652] All dies zeigt nur, dass der Kampf gegen Korruption und Ineffizienz der Justiz zentral für die weitere Entwicklung des Rechts in Indonesien bleibt.

---

[647] Zu dieser Zuständigkeit näher *Hendrianto,* Institutional choice and the new Indonesian Constitutional Court, in: Harding, Andrew; Nicholson, Penelope (Hrsg.), New courts in Asia, 2010, 158 (166 ff.).

[648] Zum Verfassungsgericht und zu dieser Einschätzung vgl. *Bell* (Fn. 573), 280 f.; zu einigen Beispielen der Aktivitäten des Verfassungsgerichts vgl. *Fenwick* (Fn. 639), 346 ff.

[649] Vgl. *Sihaloho/Wardi* (Fn. 639).

[650] Vgl. *Setuningsih, Novianti,* Akil Mochtar finally spills the beans and confesses to Rp 3 billion kickback, Jakarta Globe, 1.2.2014; dort auch zu den konkreten Konsequenzen für Verfassungsrichterwahlen, die daraus gezogen wurden.

[651] Vgl. etwa *Hendrianto, Stefanus,* The Decline of the Indonesian Constitutional Court, International Journal of Constitutional Law Blog, 25.8.2023.

[652] Vgl. etwa Salvaging the Constitutional Court, The Jakarta Post, 18.10.2023.

§ 10. Der Kontext des islamischen Rechts

Übersicht

	Rn.
I. Das klassische islamische Recht: Grundlagen	2
1. Göttliche Offenbarung und menschliche Ausarbeitung	2
2. Begriffliches: islamisches Recht, Scharia, fiqh	6
3. Rechtsquellen im sunnitischen Islam: usul al-fiqh	9
a) Die göttliche Grundlage: Der Koran	10
b) Das Leben des Propheten: Sunna und die Hadithe	13
c) Der Konsens (ijma)	16
d) Die Analogie (qiyas)	19
e) Das Allgemeinwohl (istihsan)	22
f) Die Beweisregel des Fortbestands (istihab)	24
g) Integration externen Rechts, insbes. Gewohnheitsrechts (urf)	25
h) Weitere Sekundärquellen	28
i) Wechselbeziehungen zwischen den Quellen und mit tafsir	29
4. Die klassischen Schulen des Islam	32
a) Die vier Schulen des sunnitischen Islam	33
b) Der schiitische Islam	38
5. Islam und Wandel: Ijtihad heute	44
a) Die klassische Auffassung: Die Tür ist geschlossen	44
b) Was ist ijtihad?	47
c) Die Folgen der Beendigung von ijtihad	49
d) Die Gegenposition: Die Tür ist offen	51
e) Wandel ohne ijtihad	61
6. Die Rechtsprechung im Islam	62
a) „Kadijustiz"	62
b) Aufgaben und Rolle des Kadi	63
c) Qualifikationen des Kadi	66
d) Prozessrecht	68
e) Der Mufti als Gutachter	70
f) Rechtspraktische Literatur	71
II. Der Inhalt islamischen Rechts (fiqh)	73
1. Die fünf Rechtsfolgen	74
a) Rechtliche, moralische und religiöse Aspekte der Rechtsfolgen	74
b) Wajib und fard: Das Gebotene	76
c) Haram: Das Verbotene	78
d) Mandub, makruh und mubah als Zwischenkategorien	79
e) Komplexe Weiterungen	82
2. Aspekte des Familien- und Erbrechts	83
a) Brautgeld (mahr)	84
b) Schiitische Zeitehe (mut'a)	85
c) Scheidung (talaq)	86
d) Polygamie	91
e) Erbteil von Ehefrauen und Töchtern	95
3. Strafrecht	97
a) Von hadd zu tazir: Der enge Regelungsbereich	97
b) Bewusste Zurückdrängung der strengen hadd Strafe: Beispiel Diebstahl	98
c) Lückenfüllung durch staatliches Recht: tazir	101
d) Das islamische Strafrecht in der Kritik	102
e) Tendenzen fundamentalistischer Re-Islamisierung	106
f) Apostasie als Kontrollinstrument	109
4. Islamisches Finanz- und Bankrecht	113
a) Ein Versprechen von Gerechtigkeit	113

Rn.
b) Zinsverbot und Umgehung ... 114
c) Beispiel: Islamische Kreditverträge ... 116
d) Schariakonformität: Zertifizierung und Risiko ... 118
III. Das islamische Recht in den heutigen Staaten ... 120
1. Koloniale Prägungen ... 120
2. Gesetzgebung nach traditionellem islamischem Recht: siyasa und qanun ... 123
3. Konsequente Durchsetzung islamischen Rechts im Staat: Saudi-Arabien ... 126
a) Wahhabismus ... 126
b) Koran und Sunna als geltendes Recht ... 128
c) Stellung der staatlichen Normsetzung ... 130
d) Moderne Kodifikationen ... 132
4. Primat des staatlichen Rechts zwischen Selbstbehauptung und Rückzug ... 134
a) Die vielfältigen Wege des islamischen Rechts ... 134
b) Islamisches Recht im Familien- und Erbrecht: Kodifikation und Reform ... 136
c) Islamisches Recht als Inspiration für Gesetzgeber und Richter ... 140
d) Islamisches Recht mit übergesetzlichem Rang ... 143
IV. Exkurs: Andere religiöse Rechte ... 158
1. Jüdisches Recht: Die Kraft der Debatte ... 159
a) Ein Schichtenmodell des Rechts ... 160
b) Göttliche Bindung und menschliche Änderungen: die Schulen ... 165
c) Jüdisches und staatliches Recht ... 169
d) Eigenheiten des jüdischen Rechts ... 170
e) Zum Beispiel: Die Abkehr von der Polygamie ... 175
f) Jüdisches Recht in Israel ... 177
2. Kanonisches Recht: Der langsame Rückzug ... 181
a) Historische Bedeutung ... 181
b) Verhältnis von kanonischem und staatlichem Recht ... 182
c) Göttliches und menschliches Recht ... 184
d) Das heute geltende Kirchenrecht ... 187
e) Kanonisches Recht im Vergleich ... 192

1 Das islamische Recht ist nicht das Recht eines einzelnen Staates, sondern ein religiöses Recht von allerdings besonderer, seit einigen Jahrzehnten immer weiter ansteigender Wirkmächtigkeit. Daher ist zu unterscheiden zwischen dem islamischen Recht als solchem, wie es ganz unabhängig von einzelnen Staaten existiert (I, II), und dem Recht in Staaten mit überwiegend moslemischer Bevölkerung, das sich in ganz unterschiedlichem Ausmaß am klassischen islamischen Recht orientiert (III). Das islamische Recht ist dabei keineswegs das einzige Beispiel religiösen Rechts, doch bleiben andere religiöse Rechtsordnungen wie etwa das jüdische oder das kanonische Recht in ihrer heutigen Bedeutung weit hinter ihm zurück (IV).

I. Das klassische islamische Recht: Grundlagen

1. Göttliche Offenbarung und menschliche Ausarbeitung

2 Herausragendes Kennzeichen des islamischen Rechts ist sein religiöser Ursprung und Charakter. Im Unterschied zu allen staatlichen Rechten beruht es auf einem von Gott gegebenen Text, dem Koran, ist also selbst im Kern göttlicher Natur und nicht Menschenwerk. Darauf beruht sein besonderer Anspruch und Rang, darin liegt aber zugleich sein besonderes Problem.

3 Dieses Problem beruht weniger auf der allfälligen Vermischung von Moral, kultischen Regeln und Recht: Solche Vermischungen sind nur aus der engen Sicht des heutigen westlichen Rechts ungewöhnlich und ein Problem. Es beruht auch nicht auf der notwen-

digen Ableitung klarer juristischer Regeln aus einem vielschichtigen und vagen theologischen Text: Der Umgang mit vagen Texten ist eine typisch juristische Schwierigkeit, der Koran an manchen Stellen sogar von geradezu exemplarischer Klarheit und Detailliertheit.[1] Kernproblem ist vielmehr die Verbindung von Unabänderbarkeit und notwendiger Unvollständigkeit der göttlichen Vorgaben. Gott ist groß, allwissend und allmächtig. Wenn er sein Gesetz verkündet, so ist diese Verkündigung – so Gott nicht selbst Vorbehalte angebracht hat – endgültig, nicht zeitbedingt und perfekt. Eine Änderung der Umstände, der sozialen Realität, der Mentalität der Menschen muss für ein solches Recht zunächst völlig irrelevant sein, denn Gott hat all dies naturgemäß bei der Verkündung bereits gewusst: Gottes Zeit ist nicht die Zeit der Menschen. Gleichzeitig aber ist der Koran mitnichten ein Rechtstext. Nur ein kleiner Teil seiner Verse beschäftigt sich mit rechtlichen Fragen. Schon zu Lebzeiten des Propheten Mohammed[2] konnten deshalb kaum auch nur alle damals relevanten Rechtsfragen im Text des Koran angesprochen werden. In der heutigen, sehr viel komplexeren Welt gilt diese Beschränkung mit noch weit größerem Nachdruck. Das Recht des Koran musste also von Anfang an nicht nur ausgelegt, sondern auch weiterentwickelt werden. Solche Weiterentwicklungen aber scheinen, jedenfalls auf den ersten Blick, Menschenwerk zu sein und nicht mehr dem Charakter eines göttlichen Rechts zu entsprechen. Der endgültige Charakter der göttlichen Verkündigung spricht also gegen eine Einmischung der Menschen, ja sogar gegen die Möglichkeit, dass dies jemals notwendig sein könnte. Die Kürze der Verkündigung hingegen verlangt geradezu menschliches Eingreifen. Der Status derjenigen, die das Recht fortentwickeln, also der Juristen, hängt ebenfalls an diesem scheinbaren Widerspruch. Natürlich hat der Islam eine formale Lösung des Problems gefunden, indem einerseits die Weiterentwicklung des Rechts letztlich als göttlich inspiriert betrachtet wird, andererseits gewisse Meinungsverschiedenheiten unter den Juristen als göttlich vorgesehen akzeptiert werden.[3] Inhaltlich kommt das Kernproblem aber dennoch an den verschiedensten Stellen immer wieder zum Vorschein.

Trotz seines göttlichen Charakters weist das islamische Recht ein für den unvorbereiteten **4**
Betrachter überraschend hohes Maß an Vielschichtigkeit und Meinungsverschiedenheiten auf. Nicht nur unterscheiden sich sunnitisches und schiitisches Recht, auch innerhalb des sunnitischen Rechts bestehen vier klassische Rechtsschulen mit je unterschiedlichen Auffassungen.[4] Nicht nur können die in diesen Schulen vertretenen Ansichten gegeneinander ausgespielt oder miteinander vermischt werden. Auch innerhalb der Schulen sind wieder Diskussionen und unterschiedliche Ansichten möglich. Dabei wird von manchen Autoren betont, dass die Unterschiede zwischen den Schulen sich auf wenige Fragen beschränkten und in den Kernbereichen weitgehende Übereinstimmung herrsche.[5] Das mag in Alltags-

[1] Vgl. etwa Sure 4:11 zum Erbrecht: „Gott schreibt euch für eure Kinder vor: Für das männliche ist der gleiche Anteil wie für zwei weibliche bestimmt. Und wenn es Frauen sind – mehr als zwei, dann sind für sie zwei Drittel dessen, was er hinterließ, bestimmt. Und wenn es *eine* ist, dann ist die Hälfte für sie bestimmt. Und für seine Eltern, und zwar für beide von ihnen, ist ein Sechstel dessen, was er hinterließ, bestimmt, sofern er Kinder hatte. Wenn er aber keine Kinder hatte und ihn seine Eltern beerben, dann ist für seine Mutter ein Drittel bestimmt. Wenn er jedoch Brüder hat, dann ist für seine Mutter ein Sechstel bestimmt, *nach* einer von ihm getroffenen Verfügung oder einer Schuld. (…)“; alle Koranübersetzungen richten sich hier und im Folgenden nach Der Koran, Aus dem Arabischen neu übertragen von Hartmut Bobzin unter Mitarbeit von Katharina Bobzin, 3. Aufl., 2019.

[2] Gläubige Moslems werden oft nach der Nennung des Namens des Propheten die Lobpreisung „Möge der Frieden und Segen Allahs mit ihm sein“ einfügen, die in verschiedenen Varianten und Übersetzungen existiert. In nicht arabischen Schriften findet sie sich oft als in Klammern gesetzte Abkürzung der arabischen Transliteration „SAAW“ oder englisch „PBUH“ (Peace Be Upon Him). Vgl. beispielhaft *Abdal-Haqq, Irshad,* Islamic law – An overview of its origin and elements, in: Ramadan, Hisham M. (Hrsg.), Understanding Islamic law, 2006, 1 (32 f., Fn. 58). Für die Transkription aller arabischen oder persischen Namen und Worte wird hier jeweils eine übliche, möglichst einfache Version ohne diakritische Zeichen verwendet, auch um keine linguistische Spezialkompetenz vorzutäuschen, die nicht vorhanden ist.

[3] Zum Ganzen sogleich infra → § 10 Rn. 13, 16, 32.

[4] Dazu noch infra → § 10 Rn. 33 ff., 38 ff.

[5] In diese Richtung zB *Cuniberti, Gilles,* Grands systèmes de droit contemporains, 4. Aufl. 2019, 303; *Doi, Abdur Rahman I.,* Shari'a – The Islamic law, 1984, 85.

bereichen wie dem Familien- und Erbrecht für eine Reihe von Fragen, wenn auch keineswegs für alle, durchaus der Fall sein.[6] Die Unterschiede in einigen Grundlagenfragen etwa im Hinblick auf die Quellenlehre oder das Staatsrecht sind jedoch in ihren potentiellen Auswirkungen weitreichend. Ganz unabhängig davon bewegen sich einige der wichtigsten islamischen Denker der vergangenen Jahrhunderte nicht unbedingt innerhalb der Schulen, sondern haben weitreichende und oft hochumstrittene Thesen eigenständiger Natur aufgestellt.[7] Die angeregten politischen und rechtlichen Debatten innerhalb des ebenso wie mit dem Islam, wie sie heute die internationale Öffentlichkeit bewegen, haben meist implizit oder explizit etwas mit den Thesen und Themen dieser Denker zu tun.

5 Schließlich besteht nicht selten ein merklicher Unterschied zwischen Schriften zum islamischen Recht, die von islamischen, insbesondere traditionellen Juristen verfasst werden, und solchen, die von westlichen Beobachtern stammen. Themen, Schwerpunktsetzung und Grad an Detailfreude fallen merklich verschieden aus. Während traditionelle moslemische Autoren tendenziell die Glaubensbezogenheit, die innere Logik und die komplexe Terminologie des islamischen Rechts hervorheben, nehmen westliche Beobachter, insbesondere wenn sie nicht ausgebildete Islamwissenschaftler sind und kein Arabisch sprechen, einen eher historischen und soziologischen Standpunkt ein, der mehr die abstrakten Probleme und Hintergründe als die konkreten Einzelrechtsfragen in den Blick nimmt. Der Unterschied in der Herangehensweise ähnelt ein wenig dem, der unweigerlich aufträte, wenn das deutsche oder französische Recht einerseits von einem einheimischen, dogmatisch arbeitenden Juristen, andererseits von einem amerikanischen, überzeugten Anhänger des legal realism[8] beschrieben würde. Interessant und lehrreich sind beide Entwürfe.

2. Begriffliches: islamisches Recht, Scharia, fiqh

6 Wenn hier vom islamischen Recht die Rede ist, so soll darunter stets das religiöse Recht des Islam als solches verstanden werden, dh nicht etwa das Recht bestimmter islamischer Staaten oder deren eventuell bestehende, islamisch inspirierte Kodifikationen. Dem Selbstverständnis des islamischen Rechts entspricht es zudem, dass es anders als das staatliche, insbesondere westliche Recht nicht nur weltliche Regeln sondern auch solche über den Kult und die allgemeine Lebensführung beinhaltet. Diese Regeln fallen einerseits nicht unter den westlichen Begriff des Rechts, sind aber andererseits integraler Bestandteil des Selbstverständnisses islamischen Rechts.[9] Sie sollen hier deshalb nicht völlig ausgeblendet werden, stehen aber auch nicht im Zentrum der Diskussion.

7 Als gleichbedeutend mit dem islamischen Recht könnten auch die Begriffe Scharia und fiqh behandelt werden. Während fiqh ein in der populären Diskussion und vor allem in den Medien kaum verwendeter Fachbegriff ist, wird Scharia von radikaler und oft nicht sonderlich gut informierter Seite immer wieder als Kampfbegriff missbraucht – entweder um ihre Einführung oder Respektierung im staatlichen Recht zu fordern oder um genau dies als Schreckgespenst zu bekämpfen (abgehackte Hände scheinen in der Diskussion eine prominente Rolle zu spielen[10]). Davon ganz unabhängig sind beide Begriffe im islamischen Recht von nur auf den ersten Blick klarer Bedeutung. Das Wort Scharia stammt aus dem Arabischen und bedeutet so viel wie Pfad, der zu befolgen ist. Es geht also um die göttlichen Ge- und Verbote des Islam, wie sie sich aus dem Koran und der Sunna (den Erzählungen über Leben und Aussprüche des Propheten) ergeben, und in diesem Sinne um das ganze

[6] Vgl. dazu auch *Coulson, N.J.,* A history of Islamic law, 1964, 96 ff., der auch deutlich und mit Beispielen die bestehenden, nicht nur marginalen Unterschiede hervorhebt.

[7] Zu Reformern und Modernisten vgl. infra → § 10 Rn. 53 ff.; zu einigen ausgewählten Rechtsbereichen infra → § 10 Rn. 92 ff., 105, 111.

[8] Dazu supra → § 5 Rn. 258 ff.

[9] Zum integralen Bestandteil etwa *Hallaq, Wael B.,* Shari'a – Theory, practice, transformations, 2009, 226.

[10] Zum islamischen Strafrecht, insbesondere im Hinblick auf Diebstahl vgl. infra → § 10 Rn. 97 ff., insbes. 99 f.

islamische Recht.[11] Fiqh („Verständnis") hingegen bezeichnet die islamische Rechtswissenschaft, also die Erkenntnis des Rechts aus dem Koran und der Sunna als primären Rechtsquellen sowie den Auslegungsmethoden und -topoi islamischer Rechtswissenschaft als sekundären Rechtsquellen.[12] Fiqh umfasst also sowohl die Rechtsquellenlehre (usul al-fiqh) als auch die einzelnen Rechtsgebiete wie zB Erb-, Vertrags- oder Strafrecht (faru al-fiqh). In diesem Sinne bezeichnet fiqh ebenfalls das islamische Recht.

Gleichzeitig schwimmt im Wort fiqh stets der Bezug auf die verschiedenen Rechtsschulen 8
mit, die auch als Schulen des fiqh bezeichnet werden können.[13] Nimmt man den bestimmten Artikel hinzu und spricht so von al-fiqh, ist meist die juristische Literatur der verschiedenen Schulen gemeint. In diesem Sinne hebt fiqh, anders als Scharia, den menschlichen Anteil am islamischen Recht hervor. Diese Bedeutungsnuance wird teils nicht weiter thematisiert, von anderen Autoren, die sich Veränderungen im islamischen Recht wünschen, aber besonders hervorgehoben. Danach würde die Scharia diejenigen Teile des islamischen Rechts bezeichnen, die völlig sicher auf Koran und Sunna zurückzuführen, damit göttlich und unveränderlich sind, während die übrigen Teile des fiqh menschlichen Ursprungs und damit einer Reform zugänglich wären.[14] Damit wird allerdings erstens die Existenz eines klaren Rechtstextes postuliert, der ohne Auslegung, ohne Rechtswissenschaft unzweifelhaft verstanden und angewandt werden kann – eine jedem erfahrenen Juristen äußerst zweifelhafte Vorstellung. Beispielsweise ist nicht einmal das koranische Verbot des Alkohols, wie es sich insbesondere in Sure 5:90 findet, völlig eindeutig. Denn dort wird ein arabischer Begriff verwendet, der sich durchaus auch ausschließlich auf Wein aus Trauben beziehen kann und gelegentlich auch schon so verstanden wurde.[15] Zweitens leidet die strenge Zweiteilung unter einem inneren Widerspruch. Denn die Sunna ist – im Unterschied zum Koran – selbst wieder ein Produkt von fiqh, da ihr Inhalt erst einmal über Jahrzehnte mit islamrechtlichen Methoden festgestellte werden musste.[16]

3. Rechtsquellen im sunnitischen Islam: usul al-fiqh

Für usul al-fiqh, wörtlich die Wurzeln des fiqh, wird zumeist der westliche Begriff der 9
Rechtsquellen verwendet. Diese Terminologie ist etwas missverständlich, denn es geht nicht nur um Rechtsquellen im Sinne von Erzeugungsarten geltenden Rechts, sondern ebenso um Methoden der Rechtsfindung aus vorgegebenen Quellen und um Prinzipien oder Topoi, die die Ableitung von Rechtssätzen beeinflussen können.

a) Die göttliche Grundlage: Der Koran

Grundlage des gesamten islamischen Rechts ist der Koran.[17] Anders als die christliche Bibel[18] 10
beinhaltet der Koran nicht die Berichte diverser Personen über das Wirken Gottes und der Menschen, sondern ist nach islamischer Überzeugung unmittelbar das Wort Gottes. Gott hat

[11] In diesem Sinne etwa *Doi* (Fn. 5), 1 ff., 6 ff., 64; *Abdal-Haqq* (Fn. 2), 4.

[12] Zu den Rechtsquellen noch näher infra → § 10 Rn. 9 ff.

[13] So etwa *Doi* (Fn. 5), 85.

[14] Dazu allgemein *Bleuchot, Hervé,* Droit musulman – Essai d'approche anthropologique, Bd. 1, Histoire, 2000, 18 f.; beispielhaft für diese Ansicht *Abdal-Haqq* (Fn. 2), 5, 6; vgl. ergänzend auch *Gleave, Robert,* La charia dans l'histoire – Ijtihad, épistemologie et „tradition classique", in: Dupret, Baudouin (Hrsg.), La charia aujourd'hui – Usages de la référence au droit islamique, 2012, 23 (23), der sogar betont, dass aus klassischer islamischer Sicht die Scharia als Recht Gottes von keinem Menschen gekannt werden könne, in einer entsprechenden Behauptung sogar eine Sünde läge, sondern man sich nur Meinungen über die Scharia bilden könne.

[15] Dazu etwa *Rohe, Mathias,* Das islamische Recht, 4. Aufl. 2022, 50; zur Ausweitung auf jeden Alkohol im Wege der Analogie vgl. infra → § 10 Rn. 19.

[16] Zu diesem zweiten Kritikpunkt vgl. *Bleuchot* (Fn. 14), 19.

[17] Vgl. zum Folgenden etwa *Saeed, Abdullah,* Islamic thought – An introduction, 2006, 15 ff.; *Doi* (Fn. 5), 21 f.; *Abdal-Haqq* (Fn. 2), 11; *Bleuchot* (Fn. 14), 54; *Dupret, Baudouin,* La charia – Des sources à la pratique, un concept pluriel, 2014, 39 ff.

[18] Deutlich etwa *Küng, Hans,* Der Islam – Geschichte, Gegenwart, Zukunft, 2006, 620 f.

dem Propheten Mohammed zwischen 610 und 632 n.Chr.[19] die einzelnen Verse des Koran Wort für Wort (wenn auch nicht in dieser Reihenfolge) in arabischer Sprache eröffnet. Mohammed konnte zwar selbst weder lesen noch schreiben, sorgte aber nach moslemischer Überlieferung noch zu Lebzeiten dafür, dass der Koran später vollständig in einer bestimmten Reihenfolge niedergeschrieben werden würde, eine Aufgabe die weitgehend erst nach seinem Tod, unter dem dritten Kalifen Uthman (644–656 n.Chr.) beendet wurde. Schon aufgrund dieses zeitlichen Abstands wäre es also denkbar, die Authentizität des Koran mithilfe textkritischer Methoden zu untersuchen. Aus islamischer Sicht ist der Koran jedoch in seiner überlieferten Form authentisch und nicht weiter in Frage zu stellen.

11 Der Koran besteht aus 114 Suren, die ihrerseits in Verse unterteilt sind. Jede Sure trägt eine Nummer sowie einen Titel, zB die 4. Sure „Die Frauen", die 19. Sure „Maria". Die Suren sind – bis auf die erste, sehr kurze – grundsätzlich nach absteigender Länge angeordnet. Von islamischen wie nicht-islamischen Beobachtern wird immer wieder betont, dass die Suren, Verse und Sätze des Koran inhaltlich keinem leicht erkennbaren Schema folgen, sondern vielfach eher willkürlich über den Koran verteilt wirken, was das erste Verständnis erschwert. Anerkanntermaßen widersprechen sogar manche Verse einander, so dass zwischen aufgehobenen und aufhebenden Versen unterschieden wird.[20] Beispielsweise wird der Alkohol im Koran anfänglich noch zumindest neutral erwähnt, dann negativer dargestellt, bis schließlich ein klares Verbot dieses „Werk(s) des Satans" ausgesprochen wird.[21] Auch ist die Reihenfolge der Suren keineswegs identisch mit der Reihenfolge ihrer Niederschrift. Der Tradition zufolge wurde Sure 96:1–3 als erste eröffnet, der dritte Satz von Sure 5:3 („Heute habe ich euch eure Religion vollständig gemacht und meine Gnade an euch vollendet und habe daran Gefallen, dass der Islam eure Religion ist.") als letzte. Für die nicht Arabisch sprechende Welt gibt es zahllose Übersetzungen des Koran. Jedoch wird immer wieder darauf hingewiesen, dass diesen Übersetzungen in aller Regel die besondere poetische Qualität des Koran fehle, die für das Verständnis seiner Wirkung von großer Bedeutung sei. Auch sind solche Übersetzungen streng genommen nicht der Koran, der eben von Gott wortgenau in arabischer Sprache eröffnet wurde.

12 Juristische Inhalte finden sich über den ganzen Koran verteilt. Gemeinhin wird davon ausgegangen, dass rund 500 seiner über 6.000 Verse einen juristischen Inhalt haben. Viele davon beziehen sich allerdings auf den Kult und die allgemeine Lebensführung. Beschränkt man die Suche auf Verse zu juristischen Themen im westlichen Sinn, so reduziert sich deren Anzahl schnell auf rund 200 oder weniger.[22] Detaillierte Regeln finden sich insbesondere zum Familien- und Erbrecht sowie zu den Straftaten, in geringerem Ausmaß zu Aspekten des Schuldrechts.

---

[19] Die islamische Zeitrechnung beginnt hingegen mit der Auswanderung Mohammeds aus Mekka nach Medina am 16.7.622 n.Chr. Aufgrund unterschiedlicher Jahreslängen ist eine Umrechnung nicht ganz einfach (der 16.7.2000 n.Chr. entsprach etwa dem 13.4.1421 islamischer Zeitrechnung); Umrechnung beliebiger Daten mit dem Konversionsrechner des Asien-Orient-Instituts der Universität Zürich unter www.aoi.uzh.ch/de/islamwissenschaft/hilfsmittel/tools/kalenderumrechnung/hegira.html (zuletzt abgerufen am 18.7.2025), oder mit der Tabelle bei *Bleuchot* (Fn. 14), 385 ff.

[20] Vgl. auch Sure 2:106: „Tilgen wir einen Vers oder stellen ihn dem Vergessen anheim, so bringen wir einen besseren als ihn oder einen, der ihm gleicht. Weißt du denn nicht, dass Gott aller Dinge mächtig ist?".

[21] Vgl. folgende Abfolge: Sure 16:67: „Und aus den Dattelfrüchten und den Trauben gewinnt ihr Rauschgetränk und schöne Nahrung. Siehe, darin liegt fürwahr ein Zeichen für Menschen, die begreifen."; Sure 2:219: „Sie fragen dich nach dem Wein und nach dem Losspiel. Sprich: 'In beidem liegt große Sünde und Nutzen für die Menschen. Die Sünde aber, die in beidem liegt, ist größer als ihr Nutzen.',,; Sure 4:43 „Oh ihr, die ihr glaubt! Naht euch nicht trunken dem Gebet (…)." und letztlich Sure 5:90: „Ihr Gläubigen! Siehe, Wein, Losspiel, Opfersteine sowie Pfeile – sie sind ein Greuel, sind ein Werk des Satans! So meidet das, vielleicht wird's euch dann wohlergehen! (…)"; dazu auch *Rohe* (Fn. 15), 50 f.

[22] Beispielhafte Liste etwa bei *Doi* (Fn. 5), 40 ff.; Zusammenstellung bei *Bleuchot* (Fn. 14), 317 ff.

b) Das Leben des Propheten: Sunna und die Hadithe

Nach islamischer Überzeugung handelte und sprach der Prophet Mohammed in Übereinstimmung mit Gott.[23] Sein Tun und seine Worte (Sunna) sind daher direkt von Gott inspiriert und Ausdruck des göttlichen Willens. Der Koran selbst befiehlt den Gläubigen, Gott und dem Propheten zu gehorchen und Streitfragen vor Gott und den Propheten zu bringen.[24] Auch hat Gott den Propheten bei Gelegenheit durchaus korrigiert.[25] Die Worte und Handlungen des Propheten reflektieren also den Willen Gottes. Sie stehen daher nach traditioneller Auffassung auf einer Stufe mit dem Koran selbst. Das geht überraschenderweise so weit, dass im Falle eines Widerspruchs zwischen Koran und Sunna nicht etwa der Koran, sondern der jeweils spätere Textteil vorgeht.[26] Das hängt auch mit der erwähnten Lehre von den aufgehobenen und aufhebenden Versen des Koran zusammen, da die Sunna und die darin enthaltene Biografie des Propheten die einzige Möglichkeit enthält, festzustellen, welche Verse die jeweils älteren sind. Unumstritten ist die Gleichwertigkeit von Koran und Sunna ebenso wie die Lehre von den aufgehobenen und aufhebenden Versen aber nicht.[27] 13

Leben und Worte des Propheten werden beschrieben in einer Vielzahl von Berichten, den sog. Hadithen. Die Hadithe wurden ganz überwiegend erst nach dem Tod des Propheten aufgeschrieben. Üblicherweise wird als Grund dafür angegeben, dass anderenfalls die Gefahr einer Verwechslung des Koran mit den Aussprüchen des Propheten bestanden hätte. Kaum überraschend bestanden, schon als der Prophet starb (632 n.Chr.), die verschiedensten Erzählungen über sein Leben, die sich durch weitere Überlieferung über oft mehrere Generationen in ihrer Vielfalt nur noch vergrößerten. Mit den zunehmenden Streitigkeiten islamischer Faktionen untereinander tauchten sogar bewusste Fälschungen auf.[28] Die Gesamtzahl der letztlich im Umlauf befindlichen Hadithe wird auf über eine Million beziffert.[29] Das bedeutet nicht etwa, dass eine Million verschiedene Ereignisse im Leben des Propheten beschrieben worden wären. Vielmehr wird üblicherweise von 4.000 bis 30.000 solcher Ereignisse ausgegangen, die wieder und wieder von verschiedenen Personen erzählt wurden. Das Wort „Hadith" kann sich dabei sowohl auf die Erzählungen als auch auf das dahinterstehende Ereignis beziehen.[30] Um die Qualität der Hadithe zu beurteilen und eine Sammlung der als authentisch geltenden Hadithe aufzustellen (die selbst wiederum Hadithe genannt werden), entwickelte sich ein eigener islamischer Wissenschaftszweig. Zentrales Problem war, dass die Erzählungen inzwischen über mehrere Generationen von Mund zu Mund weitergegeben worden waren. Es wurde daher eine Vielzahl von Kriterien entwickelt, um die Glaubwürdigkeit der beteiligten Übermittler (zB ihre moralischen Qualitäten), die Qualität der Übermittlungskette (insbes. ihr ununterbrochener Charakter) und die inhaltliche Qualität des Berichts (zB Verstoß gegen andere Hadithe, extreme Strafen oder 14

[23] Zum Folgenden vgl. etwa *Dien, Mawil Izzi*, Islamic law – From historical foundations to contemporary practice, 2004, 38 ff.; *Abdal-Haqq* (Fn. 2), 12 ff.; *Saeed* (Fn. 17), 33 ff.; *Dupret* (Fn. 17), 49 ff.; vgl. auch *Vikør, Knut S.*, Between God and the sultan – A history of Islamic law, 2005, 38 ff.

[24] Sure 4:59: „Oh ihr, die ihr glaubt! Gehorcht Gott, und gehorcht dem Gesandten und denen unter euch, die Befehlsgewalt besitzen! Und wenn ihr über etwas streitet, dann bringt es vor Gott und den Gesandten (…)"; zur Auslegung dieser Sure als Verweis auf die Sunna vgl. Tafsir al-Jalalayn, translated by Feras Hamza, edited and with an introduction by Ghazi bin Muhammad bin Talal, 2007, 94.

[25] Vgl. Sure 9:43, 8:67.

[26] Dazu auch *Hallaq* (Fn. 9), 97, der zusätzlich betont, dass ein Vorrang der Sunna eine besonders hohe Qualität der entsprechenden Hadithe voraussetzt; zu dem entsprechenden Streit unter den Rechtsschulen in Bezug auf modifizierende Texte *Rahmin, Abdur*, The principles of Muhammadan jurisprudence, 1911, 110 f., zu aufhebenden Texten ibid., 111 f.

[27] Vgl. zu diesem Verhältnis von Koran und Sunna *Bleuchot, Hervé*, Droit musulman – Essai d'approche anthropologique, Bd. 2, Fondements, culte, droit public et mixte, 2002, 447; zur Aufhebung innerhalb von Koran und Sunna sowie zwischen beiden auch *Rahmin* (Fn. 26), 110 f.

[28] *Bleuchot* (Fn. 14), 71.

[29] *Abdal-Haqq* (Fn. 2), 16; Al-Bukhari allein soll für seine Sammlung 600.000 Hadithe durchgearbeitet haben, vgl. *Abdal-Haqq* (Fn. 2), 13; *Saeed* (Fn. 17), 42.

[30] Vgl. *Abdul-Jabbar, Ghassan*, The „Six Books" of Hadith, 2017, 2, papers.ssrn.com/sol3/papers.cfm?abstract_id=3153846.

Belohnungen für gewöhnliche Handlungen) zu beurteilen.[31] Nach einigen frühen, im Laufe der Geschichte verlorengegangenen Zusammenstellungen verfasste Malik Ibn Anas (der Gründer der nach ihm benannten Rechtsschule[32]) 795 n.Chr. – also 163 Jahre nach dem Tod des Propheten – die erste noch heute verfügbare Sammlung. Danach erschienen eine ganze Reihe von anderen Sammlungen, teils allgemeiner Art, teils zu bestimmten Themengebieten. Unter der kleinen Zahl der besonders prominenten Hadith-Sammlungen[33] gelten insbesondere die von Al-Bukhari (870 n.Chr.) und Muslim (874 n.Chr.) als besonders autoritativ. Die einzelnen Hadithe werden nach ihrer Glaubwürdigkeit[34] zunächst in akzeptierte (maqbul) und nicht akzeptierte (mardud) eingeteilt, die akzeptierten wiederum in authentische (sahih) und nur annehmbare (hasan). Vom Aufbau her ist jeder Hadith unterteilt in die Kette der Überlieferer (isnad) und den eigentlichen Text (math). Ein typischer Hadith lautet also etwa: „Abdan related to us (saying) Yazid B Zurai informed us saying: Hisham related to us saying: Ibn Sirin related to us from Abu Huraria from the Prophet may benediction and salutation be upon him – that he said 'If anyone forgets and eats and drinks, let him complete his fast, for it was Allah who caused him thus to eat or drink.“[35]

15 Das Zusammenspiel von Koran und Sunna, aber auch die Probleme ihrer Auslegung[36] verdeutlichen beispielhaft die umfassenden Debatten zur Bedeutung von Sure 5:3:[37] „Verboten ist euch das Verendete“. Ganz überwiegend wird entsprechend der sprachlichen Alltagskonvention davon ausgegangen, dass damit der Verzehr des Fleisches verendeter Tiere verboten werde. Genaugenommen ist davon in der Sure aber nicht die Rede; sie verbietet nur „das Verendete“. Dies ist durchaus auch moslemischen Rechtsgelehrten aufgefallen. So argumentierte Al-Karkhi auf dieser Grundlage schon um das Jahr 900, verboten werden könnten nur Handlungen, nicht Objekte. Auch die parallel formulierte Sure 4:23 („Verboten sind euch eure Mütter“) helfe nicht weiter, denn es könnten weder alle Handlungen an Müttern oder Verendetem verboten sein, noch sei das Verbot bestimmter Handlungen wahrscheinlicher als andere, noch helfe der abstrakt naheliegende Gedanke weiter, dass in den gleich formulierten Suren auch gleiche Handlungen verboten seien. Weit umstrittener als die Frage, ob der Genuss von Fleisch verendeter Tiere verboten ist, sind aber die weiteren von der Sure 5:3 erfassten Handlungen an verendeten Tieren: Ist auch die Verwendung ihres Fells verboten? Der Blick in die Sunna führt zu einem Problem, denn ein zuverlässiges Hadith erlaubt die Verwendung, während ein späteres, aber weniger gesichertes Hadith sie verbietet. Für die Lösung stehen mehrere Möglichkeiten zur Verfügung: man könnte entweder das spätere Hadith vorgehen lassen oder aber das gesichertere oder man könnte versuchen, beide miteinander zu vereinbaren, indem eines als Spezifizierung des anderen gelesen wird. Überwiegend wird die Lösung aber über ein drittes Hadith gesucht, das feststellt: „Jede Haut, die gegerbt wird, wird rein.“ Dieses Hadith wird aber nicht etwa schlicht den anderen beiden übergeordnet, sondern feinsinnig mit ihnen harmonisiert. Denn der für „Haut“ verwendete, arabische Begriff „ihab“ in diesem dritten Hadith bezeichnet nur

---

[31] Aus moderner Sicht dazu auch *Hallaq* (Fn. 9), 92 ff., der auch die Parallelen zur Absicherung des Koran betont; aus traditioneller Sicht etwa *Rahmin* (Fn. 26), 71 ff.

[32] Zu den Rechtsschulen vgl. infra → § 10 Rn. 33 ff.

[33] In nicht ganz übereinstimmender Auswahl werden meist sechs oder sieben der folgenden genannt: Al-Bukhari, Muslim, Abu Dawud, al-Tirmidhi, al-Nasai, Ibn Majah, Malik, Ibn Hanbal, von denen die ersten sechs oft auch schlicht als „Die Sechs Bücher“ (Sahah Sittah) bezeichnet werden; dazu auch *Abdal-Haqq* (Fn. 2), 12, 35 Fn. 113 einerseits und *Saeed* (Fn. 17), 36 andererseits; zu den wichtigsten Hadith-Gelehrten der verschiedenen Perioden nach dem Tod des Propheten vgl. *Doi* (Fn. 5), 59 ff.

[34] Zu den Feinheiten der Verifizierung von Hadithen vgl. etwa *Abdul Jabbar, Ghassan,* Bukhari, 2011, 91 f.; ein Beispiel in englischer Sprache findet sich bei *Muhammadin, Fajri Matahati; Nashrullah, Muhammad Jasir,* The authenticity of Saʿd Ibn Muʿādh's judgment – A response to contemporary critics, al-Burhān Journal of Qurʾān and Sunnah Studies 5 (2021), 17 (20 ff.).

[35] Bukhari, Kapitel 30, Tradition 26, zit. nach *Doi* (Fn. 5), 53; populäre Übersetzungen von Hadithen im Internet kürzen den isnad nicht selten auf einen Namen zusammen.

[36] Zu tafsir vgl. noch infra → § 10 Rn. 30 f.

[37] Dazu und zum Folgenden die sehr plastische Darstellung bei *Bauer, Thomas,* Die Kultur der Ambiguität – Eine andere Geschichte des Islams, 2011, 162, 166 ff.

ungegerbte Haut und ist identisch mit dem im zweitgenannten Hadith, das die Verwendung des Fells verbietet. Das erstgenannte Hadith, das die Verwendung erlaubt, benutzt hingegen ein anderes Wort für Haut („djild"), das sich auf gegerbte wie ungegerbte Haut beziehen kann. Alle drei Hadithe lassen sich also gemeinsam so lesen, dass sie einen einheitlichen Sinn ergeben: die Haut verendeter Tiere darf verwendet werden, wenn sie vorher gegerbt wird.[38] Umstritten ist die Frage unter islamischen Juristen dennoch.

c) Der Konsens (ijma)

Einem vielzitierten Hadith zufolge erklärte der Prophet Mohammed: „My people will not agree in error."[39] Wenn also alle Gläubigen in einer religiösen Frage übereinstimmen, dann ist diese Frage damit richtig beantwortet. Dies ist der ursprüngliche Gedanke hinter dem Konsens (ijma) als sekundärer Quelle des islamischen Rechts.[40] Nun war es aber schon unmittelbar nach dem Tod des Propheten hochgradig unwahrscheinlich, dass tatsächlich alle Mosleme sich in einer problematischen Frage einig wären. Entsprechend wurde ijma bald auf den Konsens der Rechtsgelehrten, die meist sog. ulama,[41] beschränkt. Aber auch damit war wenig Klarheit gewonnen. Denn die Frage war, wer als Rechtsgelehrter galt, welche Mehrheiten erforderlich waren, ob ein einmal erzielter Konsens in einer späteren Epoche noch gelten konnte, ob ein Konsens auch auf Schweigen beruhen kann und so fort. Auf all diese und weitere Fragen bestehen zahlreiche, oft sehr detaillierte und nicht selten umstrittene Antworten. Allgemein akzeptiert dürfte allenfalls ein sehr eng gefasster Kern sein, demzufolge der Konsens der sog. Gefährten des Propheten (sahaba), also der kleinen Gruppe seiner unmittelbaren Gefolgsleute zu seinen Lebzeiten, von dauerhafter Bedeutung ist.[42] Im Übrigen wird immer wieder darauf hingewiesen, dass über kaum einen Punkt so wenig Konsens herrscht wie über den Konsens. 16

Trotz dieser zahlreichen Unklarheiten spielt ijma eine unbestrittene Rolle und wird stets als wichtigste sekundäre Rechtsquelle des Islam genannt. Über den Umfang seiner Bedeutung aber bestehen wiederum zahlreiche unterschiedliche Ansichten. Während die einen der Ansicht sind, dass der Konsens sich im Wesentlichen auf anerkannte Grundkonzepte des Islam beschränkt – also auf den einen Gott, Mohammed als Propheten, die fünf täglichen Gebete, den Koran als Wort Gottes, das Fasten und die Pilgerfahrt nach Mekka[43] – gehen andere davon aus, dass zahlreiche Rechtsregeln im Detail auf ijma beruhen, etwa die Zulässigkeit eines Kaufvertrags über erst noch zu produzierende Güter oder das Verbot, gleichzeitig mit Großmutter und Enkelin verheiratet zu sein.[44] Letztlich wird die Frage des Konsenses umso unklarer, je mehr man darüber liest. Dabei erweist sich so gut wie jede nicht triviale Äußerung zu diesem Thema bei näherer Betrachtung als Ausdruck einer bestimmten Rechtsschule oder zumindest als entweder historisch oder aktuell nicht allgemein anerkannt. In der modernen Welt lässt sich ijma sowohl extensiv anwenden, um selbst oder gerade traditionell islamische Positionen zu verändern, oder sehr restriktiv handhaben, um den (scheinbar) klaren Text von Koran und Sunna zu betonen – möglicherweise sogar mit derselben Zielsetzung. 17

[38] Zur mindestens ebenso komplexen Frage, ob die Gerbung auch die Haut unreiner Tiere oder die reiner Tiere, deren Fleisch aber nicht gegessen werden darf (zB Pferde), rein macht, vgl. sehr plastisch *Bauer* (Fn. 37), 170 ff.

[39] Abu Dawud, Buch 30, Hadith 4240, zit. nach *Bennett, Clinton* (Hrsg.), The Bloomsbury companion to Islamic studies, 2013, 342; vgl. auch *al-Sirazi, Al-Sayh Abu Ishaq Ibrahim,* Kitab al-luma'fi usul al-fiqh – Le livre des rais illuminant les fondements de la compréhension de la loi, hrsg. von Éric Chaumont, 1999, 232 f.

[40] Zum Folgenden vgl. etwa *Dien* (Fn. 23), 40 ff.; *Doi* (Fn. 5), 65 ff.; kurz etwa *Bleuchot* (Fn. 27), 451 f.; *Rohe* (Fn. 15), 58; *Vikør* (Fn. 23), 74 ff.

[41] Zu den ulama vgl. etwa *Dien* (Fn. 23), 41; *Doi* (Fn. 5), 64, 66; auf die theoretischen Unterschiede zwischen Religionsgelehrten (ulama) und Rechtsgelehrten (fuqaha) weist *Rohe* (Fn. 15), 13 f. hin; diese Unterscheidung wird aber in der Literatur oft nicht aufgegriffen.

[42] *Abdal-Haqq* (Fn. 2), 17 f.; *Rohe* (Fn. 15), 67.

[43] So etwa *Saeed* (Fn. 17), 49.

[44] So etwa *Doi* (Fn. 5), 66.

18 Die Besonderheit von ijma besteht darin, dass es sich einerseits um eine echte Rechtsquelle handelt, also nicht nur um eine Methode zur Herleitung rechtlicher Aussagen aus anderen Quellen, andererseits aber der geforderte Konsens selbst wiederum in der Regel die Anwendung solcher Methoden voraussetzt. Gerade darauf mag auch nicht selten der Streit um seine praktische Bedeutung beruhen. Denn wenn ein bestimmter Rechtssatz sich aus dem Koran oder der Sunna direkt oder über die Anwendung bestimmter Auslegungsmethoden ergibt *und* über das Ergebnis Einigkeit herrscht, so kann dieses Ergebnis eben entweder als Forderung aus Koran und Sunna bezeichnet und akzeptiert werden oder seinerseits wieder als ijma und so gleichsam die Quelle wechseln.

d) Die Analogie (qiyas)

19 Mit der Analogie (qiyas) eröffnet sich der Islam die Möglichkeit, auch Fälle zu entscheiden, die in den Primärquellen nicht ausdrücklich vorgesehen sind.[45] Dabei bestehen nach islamischer Auffassung eine ganze Reihe von Bedingungen und Schritten, die einzuhalten sind. Es muss eine Fallkonstellation (far) vorliegen, deren Lösung (hukum) nicht klar ist. Deshalb wird die Lösung eines anderen Falls (asl) darauf übertragen. Dies setzt voraus, dass beide auf einem gemeinsamen Grundprinzip (illa) beruhen. Ein einfaches Beispiel bietet erneut das Alkoholverbot: Der Konsum von Wein (far) ist verboten (hukum). Grund dafür ist der Alkohol im Wein und die im Fall des Genusses vorhersehbare Trunkenheit (illa). Folglich ist auch der Konsum jeden anderen alkoholischen Getränks (asl) verboten.

20 Dieses einfache Grundgerüst der islamischen Analogie wird sodann weiter ausgefüllt.[46] Daraus hat sich eine ganz eigene, umfassende Methodologie entwickelt, die hier nur in äußerster Kürze anhand weniger Einzelpunkte angesprochen werden kann. So muss beispielsweise der gemeinsame Grund (illa) auch klar sein, was etwa dazu führt, dass qiyas im Bereich des Kults nicht anwendbar ist, da kultische Handlungen keinen solch klaren Grund haben. Der einzige erkennbare Grund etwa, warum das Gebetsritual (rak'a) am Morgen zweimal, am Abend viermal durchlaufen wird, ist der Wille Gottes. Auch ist etwa die Lösung des anderen Falls (asl) dann nicht analogiefähig, wenn diese Lösung ausdrücklich auf eben diesen Fall beschränkt wurde. Beispielsweise galten bestimmte Regeln nur für den Propheten selbst, können also nicht auf andere Mosleme übertragen werden. Weiterhin liegt eine zentrale Frage darin, wie abstrakt illa sein darf oder wie nah am Text es bleiben muss. So ist es etwa jedem Moslem erlaubt, das Gebet zu verkürzen und das Fasten zu brechen, wenn er auf Reisen ist. Sinn dieser Ausnahme ist es, ihm in besonders belastenden Situationen Erleichterung zu verschaffen. Daraus ließe sich im Wege der Analogie schlussfolgern, dass dieselben Ausnahmen auch in ähnlichen Situationen gelten müssten, etwa bei schwerer körperlicher Arbeit in einer Mine. Tatsächlich vertreten einige moderne islamische Rechtswissenschaftler diese These, traditionell wird sie aber abgelehnt. Denn die Erleichterung ist nicht der *textuell* fassbare Grund (illa), sondern nur ein möglicher dahinterstehender rationaler Grund. Der Text gibt nur die Reise an, *diese* ist illa. Wann aber ein Grund in diesem Sinne hinreichend textuell abgesichert ist, kann Anlass zu nicht enden wollenden Debatten sein. Eine weitere Regel schließlich sieht vor, dass illa präzise feststellbar sein muss, also nicht von Individuum zu Individuum verschieden sein darf. Erneut kann die Anwendung dieser Regel erhebliche Schwierigkeiten bereiten. Denn es ist keineswegs auf den ersten Blick einsichtig, dass beispielsweise die individuell unterschiedlichen Reaktionen auf Alkohol nicht als problematisch angesehen werden, wohl aber die individuell unterschiedlichen Auffassungen darüber, was eine besonders belastende Situation (als Grund für die Ausnahme vom Fasten) sei.

---

[45] Zum Folgenden kurz *Bleuchot* (Fn. 27), 452 f.; *Rohe* (Fn. 15), 62 ff.; *Vikør* (Fn. 23), 54 ff.; klassische Darstellung aus dem 11. Jahrhundert bei *al-Sirazi* (Fn. 39), 255 ff.

[46] Vgl. zum Folgenden ausführlich *Dien* (Fn. 23), 51 ff.

21 Manche westlichen Beobachter sehen in qiyas nicht zuletzt eine Form der Beschränkung möglicher anderer Formen individueller Ableitung neuer Rechtssätze, also eine Art Kompromiss zwischen strikter Beschränkung auf die Hadithe und weiterreichenden Formen der Argumentation, der letztlich Veränderungen verhindert.[47] Dass qiyas so verstanden werden kann, mag ohne weiteres einzusehen sein. Jedoch finden sich unter dem Dach von qiyas so viele verschiedene, teils sehr enge (bis hin zur vollständigen Ablehnung als Rechtsquelle), teils sehr weite Positionen wieder, dass es schwerfällt, in qiyas irgendeine *zwingende* Beschränkung der Möglichkeiten rationaler Schlussfolgerung zu sehen. Das wird umso deutlicher, als vertiefte Studien ergeben, dass qiyas keineswegs nur die Analogie im westlichen Sinne umfasst sondern etwa auch das argumentum a minore ad maius, a maiore ad minus, a fortiori und e contrario – „im Grunde die gesamte Palette juristischer Argumentationskunst“[48].

e) Das Allgemeinwohl (istihsan)

22 Neben Konsens und Analogie erkennen islamische Juristen in der Regel noch weitere Sekundärquellen an, über deren genaue Zahl, deren genauen Inhalt und selbst deren Bezeichnung aber die verschiedensten Ansichten bestehen.

In erster Linie ist hier das Allgemeinwohl (öffentliches Interesse, allgemeiner Nutzen) zu nennen. Dafür finden sich je nach Rechtsschule verschiedene Bezeichnungen, die bereits für sich Divergenzen über den genauen Inhalt offenlegen: istihsan (Bevorzugen), istislah (Berücksichtigung des allgemeinen Nutzens), masalih al-mursala (Abweichen vom Text für das öffentliche Wohl).[49] Nicht selten werden diese Konzepte, teils vermischt mit weiteren Begriffen, auch separat als verschiedene Quellen dargestellt. Im Wesentlichen geht es darum, aus mehreren möglichen Auslegungen diejenige auszuwählen, die das öffentliche Wohl am meisten befördert. Istihsan hat also einen engen Bezug zur Analogie: Es zeigt ihr Grenzen auf, indem zwar mögliche, aber nicht am Gemeinwohl orientierte Auslegungen ausgeschlossen werden. Ein Beispiel bietet etwa die Haftung der Grundstückseigentümer für Schäden durch eine einstürzende Mauer:[50] Diese Haftung tritt nur bei einer unsachgemäß, nicht bei einer sachgemäß errichteten Mauer ein. Ein Analogieschluss würde dazu führen, dass der Eigentümer auch für den Einsturz einer Mauer nicht haftete, die zwar sachgemäß errichtet worden wäre, sich danach aber geneigt hätte. Dem widerspricht der istihsan in den Fällen, in denen der Eigentümer die spätere Neigung kannte. Die unterlassene Reparatur steht in diesem Fall der unsachgemäßen Errichtung gleich. Nicht zu übersehen ist aber schon bei diesem Beispiel, dass dasselbe Ergebnis auch über einen weiter ausgreifenden Analogieschluss erreicht werden könnte, ein Problem das auch in der islamischen Literatur durchaus gesehen und gegen istihsan ins Feld geführt wird.

23 Das Allgemeinwohl kann aber auch ganz allgemein in die Diskussion eingeführt werden und hier individuelle oder allgemeine Notsituationen ebenso berücksichtigen wie menschliche Schwäche: So darf etwa kein Mann außer dem Ehemann intime Bereiche der Frau sehen. Doch kann im Fall von Lebensgefahr eine Ausnahme für männliche Ärzte gemacht werden. Eine auf dem Totenbett ausgesprochene Scheidung mag formal gültig sein. Sie wird aber nicht anerkannt, da es sich nur um den Versuch des Mannes handelt, seine erbrechtlichen Pflichten gegenüber der Ehefrau zu umgehen. Fleisch von Tieren, die nicht nach den islamischen Vorschriften geschlachtet wurden, darf gegessen werden, wenn keine anderen, den islamischen Vorschriften entsprechenden Lebensmittel verfügbar sind.[51]

---

47 So *Glenn, H. Patrick,* Legal traditions of the world, 5. Aufl. 2014, 185 f. mwN.

48 *Rohe* (Fn. 15), 62; vgl. auch *Dupret* (Fn. 17), 69 f., dem zufolge diese anderen Argumentationsformen der Analogie gleichbehandelt würden, obwohl es sich im engeren Sinn nicht um Analogie handle.

49 Dazu und zum Folgenden *Doi* (Fn. 5), 81 ff.; *Rohe* (Fn. 15), 64 ff.; *Bleuchot* (Fn. 27), 453; *Vikør* (Fn. 23), 65 ff.; kurz *Abdal-Haqq* (Fn. 2), 18 f.

50 Beispiel mit Nachweisen aus der islamrechtlichen Literatur bei *Rohe* (Fn. 15), 64 f.

51 Beispiele nach *Doi* (Fn. 5), 82 f.

f) Die Beweisregel des Fortbestands (istihab)

24 Als Sekundärquelle gilt auch die Beweisregel des istihab:[52] Eine Situation gilt als fortbestehend, solange nicht das Gegenteil bewiesen ist. Ehe, Eigentum oder Schulden, die einmal bestanden haben, bestehen fort, bis ihre Aufhebung klar zutage tritt; bloße Zweifel reichen nicht aus. So gilt etwa auch ein Vermisster als lebend, seine Frau weiterhin als seine Frau, bis sein Tod durch Gerichtsurteil festgestellt wurde. Dass auch diese scheinbar einfache Regel Raum für verschiedenste Interpretationen lässt, zeigt anschaulich die umstrittene Frage, ob der nur Vermisste aufgrund der Vermutung auch selbst erben kann.

g) Integration externen Rechts, insbes. Gewohnheitsrechts (urf)

25 Die Sekundärquellen öffnen das islamische Recht auch für externe Einflüsse.[53] Dabei geht es in erster Linie um die Akzeptierung des jeweiligen lokalen Gewohnheitsrechts (urf) als Rechtsquelle. Mit anderen Worten akzeptiert und integriert der Islam das vorgefundene, bereits bestehende Recht, wenn und soweit es nicht dem islamischen Recht widerspricht, also nicht Verbotenes erlaubt oder Erlaubtes verbietet. Bei der ursprünglichen Verbreitung des Islam dürfte diese Eigenheit eine gewisse Rolle gespielt haben.

26 In der islamischen Rechtsliteratur spielt das lokale Gewohnheitsrecht verständlicherweise nur eine geringe Rolle, denn es ist zu vielgestaltig und unterliegt ganz eigenen Denkweisen. In der Praxis aber scheint seine Rolle ganz erheblich zu sein, mischen sich im Alltagsleben der Menschen beispielsweise in Afrika[54] oft islamische und gewohnheitsrechtliche Vorstellungen zu einem kaum mehr zu trennenden Ganzen. Besonders deutlich wird dies etwa im Norden Nigerias, wo das islamische Recht gar als Teil des traditionellen Rechts behandelt wird, islamische Gerichte daher gleichzeitig islamisches und traditionelles Recht anwenden.[55] Die sich aus islamischem und lokalem Recht ergebenden Amalgame können sich vom gelehrten islamischen Recht erheblich unterscheiden, etwa wenn Frauen der ihnen zustehende Erbteil nicht mehr gewährt wird oder die vor dem islamischen Recht schwer zu rechtfertigenden Ehrenmorde geduldet werden.[56] Das ist für den Ruf des Islam vor allem dann problematisch, wenn gewohnheitsrechtliche Sätze, die der Islam nur akzeptiert, in der allgemeinen Wahrnehmung selbst als islamisch identifiziert werden.

27 Neben dem Gewohnheitsrecht akzeptieren Teile der islamischen Lehre auch christliche und jüdische Überlieferungen, soweit diese nicht vom islamischen Recht aufgehoben wurden. Denn von seinem Selbstverständnis her sieht sich der Islam als legitimer Nachfolger dieser Religionen, werden die jüdischen und christlichen Propheten (einschließlich Jesu) ebenfalls als Propheten anerkannt. Diese selten verwendete Lehre des sar man qablana (Vorschriften derer vor uns) bedeutet aber keinesfalls, dass etwa die Bibel konsultiert würde. Als Quellen für christliche oder jüdische Überlieferung werden vielmehr nur islamische Erzählungen akzeptiert.[57]

h) Weitere Sekundärquellen

28 Im Übrigen verlieren sich weitere Sekundärquellen immer mehr im Ungefähren. Sie sind oft umstritten, von geringer Bedeutung oder es handelt sich um Abstraktionen aus anderen Quellen. Die für sie angeführten Beispiele lassen sich nicht selten ebenso gut aus anderen Sekundärquellen heraus begründen. So besteht etwa die Regel des sadd al-dharia'i (Blockieren des Weges), derzufolge eine methodengerechte Herleitung dann untersagt ist, wenn sie

[52] Vgl. *Rohe* (Fn. 15), 72 f.; *Doi* (Fn. 5), 83 f.

[53] Vgl. zum Folgenden *Rohe* (Fn. 15), 68 ff., 72 f.; speziell zum Gewohnheitsrecht auch *Bleuchot* (Fn. 27), 459 f.; *Abdal-Haqq* (Fn. 2), 19.

[54] Dazu supra → § 8 Rn. 12, 26.

[55] Vgl. supra → § 8 Rn. 13.

[56] Deutlich *Rohe* (Fn. 15), 69 f., 274 f.

[57] Deutlich *Bleuchot* (Fn. 27), 458.

zu einem verbotenen Ergebnis führt. Auf diese Weise kann beispielsweise auch die Nacktheit verboten werden, weil sie zum Geschlechtsverkehr führe, oder der Handel am Freitagmittag, weil er dazu verleite, das Freitagsgebet zu verpassen.[58] Manche wollen in diesem Zusammenhang auch die Divergenz unter den Rechtsgelehrten (mura'at al khilaf) berücksichtigen, also von einem Ergebnis abweichen, wenn dazu unterschiedliche Rechtsmeinungen bestehen und deren Existenz zu groben Ungerechtigkeiten führen würde.[59] Manche sehen auch in der Auffassung der Gefährten des Propheten (madhab al-sahabi) eine Quelle,[60] manche wollen den Notfall (darura) aus dem öffentlichen Wohl ausklammern und zu einem eigenständigen Quellengedanken aufwerten.[61]

i) Wechselbeziehungen zwischen den Quellen und mit tafsir

Die islamische Quellenlehre zeigt insgesamt eine starke, vielschichtige Tradition, die umfassende und vertiefte Techniken der Rechtserzeugung bereithält, mit denen sich die islamische Rechtswissenschaft seit Jahrhunderten und durchaus konträr befasst. Untereinander sind die verschiedenen Quellen auf komplexe Weise verzahnt und verbunden.[62] So beruht ijma fast schon zwangsläufig auf der Anwendung anderer Sekundärquellen, insbesondere qiyas. Istihsan ergänzt qiyas, indem es die Auswahl zwischen verschiedenen Analogien ermöglicht, überlappt sich aber auch mit ihm, indem das öffentliche Wohl als Argument mit in die Analogie einbezogen werden kann. 29

Dabei fällt auf, dass in der nicht arabischsprachigen Literatur seitens moslemischer wie nichtmoslemischer Autoren verschiedene Rechtsfindungsmethoden, Grundsätze und Einzelregeln als eigenständige Quellen angesehen werden, nicht aber die schlichte Auslegung des Koran und der Sunna, obwohl es sich doch auch dabei um eine Rechtsfindungsmethode handelt.[63] Diese Rechtsfindungsmethode ist sogar von besonders großer, ja grundlegender Bedeutung. Denn Koran und Sunna sind stets die Grundlage aller Bemühungen zur Rechtsfindung im Islam; eine freie Rechtsentwicklung unabhängig von diesen religiösen Wurzeln wäre schlicht inakzeptabel. Mit anderen Worten hängen die Sekundärquellen – mit gewissen Einschränkungen nur beim lokalen Gewohnheitsrecht – stets von den Primärquellen ab und dürfen keinesfalls zu Ergebnissen führen, die dagegen verstoßen. Was Koran und Sunna aber verbindlich vorgeben, muss seinerseits durch Auslegung ermittelt werden. Tatsächlich sieht das islamische Recht für die Auslegung des Koran einen eigenen Begriff vor: tafsir. Im Rahmen der üblichen Quellendiskussion taucht er aber kaum auf. Dahinterstehen dürfte die auch der Differenzierung zwischen Scharia und fiqh[64] zugrundeliegende Unterscheidung zwischen dem klaren, göttlichen Text und den sich daraus ohne weiteres ergebenden Konsequenzen einerseits und dem menschlichen Bemühen um weiteres Verständnis und Anwendung auf dort nicht klar benannte Situationen andererseits. In diesem Sinne wird tafsir auch vom weiterreichenden tawil unterschieden, auch wenn beide Begriffe im westlichen Sinne mit Auslegung übersetzt werden können. Tafsir ist Teil von Koran und Sunna,[65] während die übrigen Quellen als Ausdruck von tawil angesehen werden können. Klar und 30

[58] Vgl. etwa *Bleuchot* (Fn. 27), 456.
[59] Vgl. etwa *Dien* (Fn. 23), 62 f., der als Beispiel den Fall anführt, bei dem eine Ehe nach der einen Rechtsschule gültig wäre, nach einer zweiten aber nicht; auch diese zweite Rechtsschule würde die Ehe dann als gültig ansehen, um grobe Ungerechtigkeiten insbes. bezüglich Erbrecht und Elternrecht zu vermeiden.
[60] Vgl. *Rohe* (Fn. 15), 67.
[61] Vgl. etwa *Dien* (Fn. 23), 82 ff.
[62] Vgl. *Kamali, Mohammad Hashim,* Principles of Islamic jurisprudence, 3. Aufl. 2003, 468 f.
[63] Zu den möglichen Gründen für diesen Unterschied in der Intensität der Behandlung verglichen zur arabischen Literatur *Kamali* (Fn. 62), xvii.
[64] Vgl. supra → § 10 Rn. 7 f.
[65] Vielfach wird das Verhältnis von Koran und Sunna auch mit den Worten umschrieben, die Sunna sei die beste tafsir Interpretation des Koran selbst, vgl. etwa Allah Rakha v. Federation of Pakistan PLD 2000 FSC 1 (30); die inneren Zusammenhänge der Koranverse bringt der Satz zum Ausdruck, der Koran sei der beste tafsir des Koran, vgl. *Doi* (Fn. 5), 23.

eindeutig ist die Grenzlinie dabei aber – wie kaum anders zu erwarten – auch nach islamischer Auffassung nicht.[66] Die Differenzierung erinnert ein wenig an die im deutschen Recht bestehende, wohl noch schwierigere Unterscheidung zwischen Auslegung und Rechtsfortbildung.[67]

31 Um sicherzustellen, dass tafsir nicht zu Fehlinterpretationen und Missbrauch führt, beschränkt das islamische Recht streng den Kreis derer, die daran teilnehmen dürfen: Sie müssen vertraut sein mit der klassischen arabischen Sprache des Koran (die nicht mit dem heutigen Arabisch identisch ist); sie müssen ein vertieftes Verständnis der Botschaft des Islam haben; sie müssen die Fähigkeit besitzen, die Bedeutung, die abstrakten Beziehungen und die allgemeinen Prinzipien im Koran zu sehen; und sie müssen die Hadithe intensiv kennen.[68] Entsprechend finden sich auch nur in der Spezialliteratur nähere Hinweise zu den eigentlichen Interpretationstechniken des tafsir. Dabei geht es beispielsweise um die komplexe Auslegung arabischer Begriffe, um das Vorgehen bei einander widersprechenden Texten, um die Bedeutung von Pluralen (im Arabischen erst ab drei Gegenständen!), um die Herleitung von Rechtsbefehlen aus bestimmten Worten oder um die authentische Auslegung eines Textes durch einen anderen.[69] Wer sich auch nur kurz mit den Details dieser Interpretationstechniken beschäftigt, wird sehr schnell verstehen, warum Ungelehrte oder gar Ungläubige vor einer eigenständigen Auslegung des Koran oft gewarnt werden.

4. Die klassischen Schulen des Islam

32 Bei der Vielzahl der möglichen Herangehensweisen an das islamische Recht verwundert es nicht, dass sich in den ersten drei Jahrhunderten nach dem Tod des Propheten eine Reihe von Strömungen herausbildeten, die sog. Rechtsschulen (madhab). Dass damit unterschiedliche Auffassungen zum Inhalt verschiedener Ge- und Verbote vertreten werden, steht nach islamischer Auffassung keineswegs im Konflikt mit dem göttlichen – und damit letztlich perfekten, einheitlichen – Charakter dieser Regeln. Unterschiedliche Meinungen werden vielmehr als Segen betrachtet.[70] Lassen sich anfänglich noch 19 Rechtsschulen unterscheiden,[71] so haben davon heute im Wesentlichen vier sunnitische (a) und die wichtigste schiitische (b) überlebt.

a) Die vier Schulen des sunnitischen Islam

33 Im sunnitischen Islam wird heute zwischen der hanafitischen, der malikitischen, der schafiitischen und der hanbalitischen Schule unterschieden.[72] Alle vier sind jeweils nach großen islamischen Rechtsgelehrten benannt, die im 8. bis 9. Jahrhundert nach Christus lebten. Die Schulen wurden von diesen Rechtsgelehrten jedoch keineswegs gegründet, sondern for-

[66] Zur Unterscheidung von tafsir und tawil vgl. *Kamali* (Fn. 62), 119 ff.; vgl. auch *Vikør* (Fn. 23), 34, 46, 53; die Unklarheiten und Streitigkeiten zu dieser Abgrenzung betont *Saeed, Abdullah,* Interpreting the Qur'an – Towards a contemporary approach, 2006, 57 ff.; vgl. auch *Ramić, Sukrija Husejn,* Language and the interpretation of Islamic law, 2003, 196 f., der ibid., 197 zu dem Ergebnis kommt „tafsir (...) aims to explain authoritative texts within the limits of literal meaning".

[67] Zu dieser deutschen Terminologie vgl. supra → § 6 Rn. 83; der Begriff der Auslegung dürfte aber gerade im Hinblick auf die teleologische Auslegung klar weiter gehen als tafsir.

[68] *Abdal-Haqq* (Fn. 2), 15; detaillierter *Doi* (Fn. 5), 35.

[69] Darstellung etwa bei *Rahmin* (Fn. 26), 77 ff., der im Vorwort ibid., v, ausdrücklich darauf hinweist, dass dieser Teil seines Buchs weitgehend die schlichte Übersetzung des Standardwerks Taudih von Sadru'sh-Sharia'at aus dem 14. Jahrhundert ist; vgl. auch *Kamali* (Fn. 62), 117 ff.; ausführliche Darstellung der hanafitischen und schafiitischen Methoden der Wortlautauslegung bei *Ramić* (Fn. 66), 3 ff.

[70] Mohammed werden die Worten zugesprochen: „Difference of opinion in my Ummah is (a form of) blessing.", *Doi* (Fn. 5), 86.

[71] Zu den Gründen für den Untergang der übrigen vgl. *Hallaq, Wael B.,* The origins and evolution of Islamic law, 2005, 169 ff.; Beschreibung einiger der untergegangenen Schulen bei *Vikør* (Fn. 23), 114 ff.

[72] Zum Folgenden zusammenfassend *Abdal-Haqq* (Fn. 2), 24 ff.; *Glenn* (Fn. 47), 205 ff.; detaillierter zB *Dien* (Fn. 23), 12 ff.; *Vikør* (Fn. 23), 89 ff.

mierten sich lange nach deren Tod. Es handelte sich auch niemals um Schulen im Sinne von Lehranstalten, sondern immer nur um letztlich informelle Gruppierungen von Personen. An der ägyptischen al-Azhar Universität,[73] der vielleicht wichtigsten Institution islamischer Gelehrsamkeit, werden heute alle fünf Schulen (einschließlich der schiitischen jafaritischen) unterrichtet. Jeder sunnitische Moslem gehört einer der Schulen an, die sich üblicherweise aus der Tradition seiner Familie oder des Territoriums, aus dem er stammt, ergibt. Jedoch ist ein Wechsel der Schule ohne weiteres möglich und wird etwa auch dann akzeptiert, wenn er nur dazu dienen sollte, ein bestimmtes rechtliches Ergebnis herbeizuführen.[74]

aa) Hanafiten

Die hanafitische Schule ist nach Abu Hanifa (702–767 n.Chr.) benannt. Sie ist die größte der 34 vier und findet sich vor allem in Syrien, Libanon, Jordanien, Türkei, Irak, Pakistan, Afghanistan, Israel, Guyana, Surinam, Trinidad, den moslemischen Teilen der ehemaligen Sowjetrepubliken, Indien und China, teils auch in Ägypten, Sudan und Ostafrika. Die Hanafiten stehen im Ruf, den rationalen Verstand besonders zu betonen. Globale Charakterisierungen dieser Art werden bei allen Schulen immer wieder versucht, sind jedoch mit großer Vorsicht zu genießen, da das Meinungsspektrum auch innerhalb jeder Schule oft sehr groß ist und eine Vielzahl von denkbaren Einteilungen abdeckt.[75] In Bezug auf die Quellenlehre verlangen die Hanafiten dass Hadithe weithin bekannt sein müssen, akzeptieren den Konsens der Gefährten des Propheten als ijma und geben auch individuellen Meinungen der Gefährten den Vorrang vor eigenen Erkenntnissen. Qiyas wurde von Abu Hanifa selbst entwickelt und spielt entsprechend gerade in seiner Schule eine besonders große Rolle. Im Hinblick auf das Allgemeinwohl hängen die Hanafiten dem Prinzip des istihsan an.

bb) Malikiten

Die malikitische Schule ist nach Malik Ibn Anas Ibn Amir (717–801 n.Chr.) benannt. In 35 gewisser Weise war Malik Lokalpatriot, denn er war in Medina geboren und erklärte die Praxis seiner Heimatstadt für besonders wichtig. Nicht nur verwarf er Hadithe, wenn sie dieser Praxis widersprachen. Er ging auch von der Rechtsvermutung aus, dass die Praxis Medinas ein besonderer Ausdruck der Sunna des Propheten sei, der hier die letzten zehn Jahre seines Lebens verbrachte. Als „amal" stellte er sie sogar über den Konsens der Gefährten. Selbst ijma wurde auf den Konsens in Medina beschränkt.[76] Im Hinblick auf das Gemeinwohl bevorzugte Malik den Begriff des masalih al-mursala und lehnte istihsan als Rechtsschöpfung, dh als nicht hinreichend an Koran und Sunna angebunden, ab.[77] Dem lokalen Gewohnheitsrecht wird eine größere Bedeutung eingeräumt als bei anderen Schulen.[78] Die malikitische Schule verbreitete sich im Maghreb (insbes. Algerien, Marokko, Mali, Tunesien), Nordnigeria, Tschad, Bahrein, Oberägypten, Kuweit, Katar.

cc) Schafiiten

Die schafiitische Schule geht zurück auf Muhammad Idris ash-Shafii (769–820 n.Chr.), 36 einen Schüler Maliks. Shafii wird die erste Systematisierung der grundlegenden Prinzipien des fiqh zugesprochen.[79] Die Schafiiten akzeptieren zwar einen klar belegten Konsens ebenso wie individuelle Meinungen der Gefährten des Propheten sowie die Analogie, ziehen hier

---

73 Zu deren Struktur und Bedeutung heute vgl. etwa *Brown, Nathan J.*, Islam and politics in the new Egypt, 2013, 13 ff.
74 Vgl. *Glenn* (Fn. 47), 208; *Coulson* (Fn. 6), 183.
75 Warnend insofern *Rohe* (Fn. 15), 29 f.
76 Vgl. *Kamali* (Fn. 62), 245; *Doi* (Fn. 5), 67.
77 Zur Ablehnung vgl. *Rohe* (Fn. 15), 66.
78 *Doi* (Fn. 5), 84.
79 Klassische Darstellung schafiitischen Rechtsdenkens aus dem 11. Jahrhundert in westlicher Übersetzung: *al-Sirazi* (Fn. 39).

aber einen Schlussstrich und lehnen alle weiteren Quellen ab. Das betrifft vor allem Gemeinwohlerwägungen außerhalb von qiyas. Denn dadurch würde nach ihrer Auffassung die unbeschränkte Verwendung fehlbarer menschlicher Meinungen Einzug in das Recht halten; schließlich könne das Allgemeinwohl an jedem Ort und zu jeder Zeit ein anderes sein.[80] Lokales Gewohnheitsrecht wird allerdings in gewissem Ausmaß akzeptiert. Die schafiitische Schule findet sich neben Ägypten und Jemen vor allem in Südostasien (Indonesien, Malaysia, Philippinen, Sri Lanka), in Kenia, Tansania sowie in Surinam.

dd) Hanbaliten

37 Die hanbalitische Schule geht zurück auf Ahmad Ibn Hanbal (778–855 n.Chr.), einem Schüler Shafiis. Sie steht ein wenig in dem Ruf, besonderen Wert auf den Wortlaut der Texte zu legen und anderen Ansichten mit weniger Toleranz zu begegnen. Verbreitet ist sie heute vor allem in Saudi-Arabien.[81] Hanbals Konzentration auf die Primärquellen zeigte sich in vielerlei Einzelaspekten. Sein bekanntestes Werk ist al-Musnad, eine Sammlung von über 40.000 Hadithen. Seine eigenen Rechtsansichten hingegen hat er niemals systematisiert und der traditionellen Überlieferung zufolge sogar seinen Schülern verboten, seine Rechtsansichten niederzuschreiben (was teilweise dennoch geschah[82]), damit sie nicht an die Stelle von Koran und Sunna treten könnten. In der Rechtsquellenlehre konzentrierte sich Hanbal stark auf die Hadithe. Selbst ein schwacher Hadith genoss bei ihm Vorrang vor der Meinung eines jeglichen Gelehrten. Im Rahmen von ijma erkannte er nur den Konsens der Gefährten des Propheten an und akzeptierte auch die Meinung individueller Gefährten als Quelle. Istislah wird – unter dieser Bezeichnung – akzeptiert und sadd al-dharia'i spielt sogar eine größere Rolle als in den anderen Schulen. Eine besonders wichtige Sekundärquelle aber wird mit besonders großer Zurückhaltung gesehen: qiyas. Die Analogie wird allenfalls als letzter Ausweg akzeptiert, wenn alle anderen Lösungsmöglichkeiten, etwa auch über schwache Hadithe, zu keinem Ergebnis führen.

b) Der schiitische Islam

aa) Die Abspaltung der Schiiten

38 Die historische Spaltung zwischen sunnitischem und schiitischem Islam geht auf die Zeit unmittelbar nach Mohammeds Tod zurück. Über die Frage, wer sein Nachfolger als Führer der Moslems werden solle und wie dieser Nachfolger zu bestimmen sei, entstand Streit. Dabei standen sich zwei Hauptgruppen gegenüber: einerseits diejenigen, die Mohammed bei seiner Auswanderung (hidjra) aus Mekka nach Medina begleitet hatten und die wie er dem Stamm der Quraisch angehörten, andererseits die Einwohner von Medina, die ihm Unterschlupf gewährt hatten.[83] Der Streit wurde mit der Wahl von Abu Bakr aus dem Stamm der Quraisch zum ersten sog. Kalifen beigelegt. Nach nur zwei Jahren folgte ihm Umar, 10 Jahre später, im Jahr 644, Uthman ibn Affan, auf den 656 Ali folgte, der stets umstritten blieb und 661 ermordet wurde. Von Anfang an aber hatte es eine Gruppe gegeben, für die die Wahl eines Kalifen von vornherein nicht der richtige Weg zur Bestimmung des Nachfolgers des Propheten sein konnte. Denn der Nachfolger, so meinten sie, müsse in jedem Fall aus der Familie des Propheten stammen. Der Prophet hatte jedoch keine Söhne, sondern nur Töchter, von denen nur Fatima selbst wiederum Kinder hatte, nämlich die Söhne Hussein und Hassan. Ehemann von Fatima und Vater dieser Kinder war eben jener vierte Kalif Ali, der zugleich ein Cousin des Propheten war. Ali und seine Nachkommen waren es also, die

---

80 Deutlich *Doi* (Fn. 5), 81 f.; anders möglicherweise *Rohe* (Fn. 15), 66 f.

81 Dazu noch infra → § 10 Rn. 126 ff.

82 Vgl. *Dien* (Fn. 23), 24.

83 Zu dieser und den weiteren Debatten um die Nachfolge vgl. eingängig *Tibi, Bassam,* Der wahre Imam – Der Islam von Mohammed bis zur Gegenwart, 2. Aufl. 2001, 61 ff.; aus schiitischer Sicht etwa *Momen, Moojan,* An introduction to Shi'i Islam – The history and doctrines of Twelver Shi'ism, 1985, 11 ff.

nach Auffassung dieser Gruppe allein als Nachfolger des Propheten in Betracht kamen; für sie setzte sich daher die Bezeichnung Schiiten – von Schi'at Ali (Parteigänger Alis) – durch. Sie wollten von Anfang an Ali zum Anführer der Moslems wählen und betrachten konsequenterweise bis heute ihn und nicht etwa Abu Bakr als ersten legitimen Nachfolger. Zugleich verwenden Sie für diese Nachfolger nicht die Bezeichnung Kalif sondern Imam. Die ersten drei Kalifen sind für sie schlicht Abtrünnige. Ging das Kalifat nach Alis Tod mit Muawiya weiter, sehen die Schiiten in Alis Söhnen den zweiten und dritten Imam.

Auch unter den Schiiten gibt es eine ganze Reihe von unterschiedlichen Strömungen **39** (insbes. Ismailiten, Zaiditen, Aleviten, Alawiten), die sich vor allem in den Details der Nachfolge Alis und der Anzahl der anerkannten Imame unterscheiden. Nicht alle von ihnen werden von den Sunniten oder jedenfalls von einigen Sunniten uneingeschränkt als Moslems anerkannt. Die bei Weitem größte und bekannteste Gruppierung sind die sog. Zwölfer-Schiiten, die vor allem im Iran die überwältigende Mehrheit der schiitischen Bevölkerung stellen. Selbst diese Gruppierung aber wird von Sunniten gern einmal als Sekte bezeichnet.[84] Jedoch versuchte eine Entscheidung der hochangesehenen ägyptischen Al-Azhar Universität schon vor über 50 Jahren klarzustellen, dass es sich dabei schlicht um eine andere Rechtsschule handele.[85] Die Zwölfer-Schiiten gehen davon aus, dass der zwölfte Imam, Mohammed, sich seit 873 n.Chr., als er ein vierjähriges Kind war, verborgen halte und noch heute verborgen sei. Anfangs konnten seine Anhänger ihn noch für einige Jahrzehnte kontaktieren und von ihm Antworten auf Fragen erhalten. Dann aber ging er endgültig in die Verborgenheit (ghayba). Die Zwölfer-Schiiten erwarten seine Rückkehr.[86] Dass Ajatollah Chomeini im Iran als Imam bezeichnet wird und dass auch nach seinem Ableben das jeweilige Islamische Oberhaupt der Republik Iran nach Art. 5, 107 iranVerf als Vertreter des 12. Imam gilt, ist somit aus religiöser Sicht eine herausragende Feststellung.[87]

bb) Die jafaritische Schule

Die heute zentrale Rechtsschule der Zwölfer-Schiiten ist die jafaritische, benannt nach dem **40** fünften Imam Jafar as-Sadiq.[88] Sie unterscheidet sich schon in den Primärquellen, namentlich in der Sunna von den sunnitischen Schulen. Für sie sollten Hadithe, die bei ihr akhbar genannt werden, von einem Abkömmling des Propheten oder einem der Imame übermittelt worden sein. Andere Übermittler sind nur in Grenzen hinnehmbar. Das führt zu ganz erheblichen Abweichungen in den akzeptablen Übermittlungsketten, wenn auch nicht immer zu Abweichungen im Inhalt. Entsprechend sind die bei Schiiten üblichen akhbar-Sammlungen und deren Bearbeiter andere als bei den Sunniten.[89] Zudem gelten im schiitischen Islam die Imame als göttlich angeleitet, ihre Handlungen daher als Ausdruck göttlichen Willens, so dass sie eine zusätzliche Sunna bilden, die in eigenen Hadithen wiedergegeben wird.[90]

---

[84] So etwa *Doi* (Fn. 5), 77.

[85] Vgl. *Abdal-Haqq* (Fn. 2), 29; vgl. etwa auch Art. 131 afghanVerf, die die Anwendung des schiitischen Rechts auf die schiitische Minderheit sicherstellt.

[86] Vgl. etwa aus schiitischer Sicht auch *Momen* (Fn. 83), 161 ff.

[87] Zum Hintergrund der Verwendung dieser Bezeichnung *Amanat, Abbas,* From ijtihad to wilayat-i faqih – The evolution of the shiite legal authority to political power, in: Amanat, Abas; Griffel, Frank (Hrsg.), Shari'a – Islamic law in contemporary context, 2007, 120 (132 f.); zu den klassischen schiitischen Theorien der Übertragung des Imanats per Testament vgl. *Bleuchot* (Fn. 27), 542 f.; zur späteren Doktrin Chomeinis, derzufolge der oberste geistliche Führer nicht an das islamische Recht gebunden sei, sondern selbst festlegen könne, was islamisches Recht sei und dabei sogar zentrale Elemente des Islam angreifen könne vgl. *Hallaq* (Fn. 9), 488.

[88] Zu den praktischen Unterschieden zwischen sunnitischer und schiitischer Sichtweise vgl. die Auflistung bei *Momen* (Fn. 83), 181 ff.; vgl. auch *Vikør* (Fn. 23), 129 ff., insbes. 137 ff.; die intern schiitische Sicht von fiqh beschreibt *Sa'idzadeh, Sayyid Mohsen,* Fiqh and fiqahat, UCLA Journal of Islamic and Near Eastern Law 1 (2002), 239 (241 ff.).

[89] Vgl. dazu *Saeed* (Fn. 17), 38 f., 52; *Hallaq* (Fn. 9), *116; Momen* (Fn. 83), 173 ff.

[90] *Weiss, Bernard G.,* The spirit of Islamic law, 2006, 14, 46; *Cuniberti* (Fn. 5), 308; *Löschner, Harald,* Die dogmatischen Grundlagen des Si'itischen Rechts, 1971, 86 f.

41 In den Anfangsjahren des Schiitentums gab es sogar eine Diskussion darüber, ob nicht der unter dem Kalifen Uthman zusammengestellte Korantext einige gegen die Schiiten gerichtete Auslassungen enthalte. Insbesondere wurde behauptet, der Prophet Mohammed habe seine Nachfolge – selbstverständlich – selbst festgelegt und dabei seinen Cousin und Schwiegersohn Ali bestimmt. Dies sei auch Teil des Koran gewesen. Den entsprechenden Satz konnten die Schiiten aber nicht mehr mit Sicherheit belegen, also auch nicht etwa für sich in den Koran einfügen.[91] Die Behauptung, der Koran sei unvollständig, wird allerdings seit langem nicht mehr ernsthaft erhoben und ist insbesondere in der jafaritischen Schule nicht anerkannt. Die alte These scheint vielmehr vor allem durch europäische Orientalisten des frühen 20. Jahrhunderts aufgegriffen und in fehlerhafter Auswertung der Quellen dem Schiitentum der Gegenwart zugeschrieben worden zu sein.[92] Davon unabhängig aber finden auch die heutigen Schiiten zahlreiche Stellen im Koran und vor allem in ihren Hadithen – sowohl eigenständigen als auch mit den Sunniten der Sache nach geteilten – die für sie die Anweisung des Propheten belegen, Ali als seinen Nachfolger einzusetzen.[93]

42 Als Sekundärquellen kennt die jafaritische Lehre im Wesentlichen zwei: den Konsens und aql (Vernunft).[94] Der Konsens allerdings muss die Meinung eines Imams umfassen.[95] Aql hingegen ist ein sehr weites Konzept, das die Verwendung des menschlichen Verstandes bei der Analyse der Primärquellen und der Ableitung weiterer Normen erlaubt, also eine tendenziell umfassende, kreative Herangehensweise darstellt.[96] Einige Grundgedanken, die nach sunnitischer Lehre als eigene Quellen gelten, werden bei den Schiiten der Sache nach zu Teilaspekten von aql. So ist beispielsweise die Vermutung der Kontinuität (istishab) auch bei den Jafariten anerkannt.[97] Einen Sonderfall stellt hingegen die auf den ersten Blick so naheliegende Analogie (qiyas) dar. Die Schiiten zählten und zählen zu den klassischen Kritikern dieser Argumentationsform,[98] kommen aber nicht selten auf etwas anderen Wegen zu ganz ähnlichen Ergebnissen. Entsprechend lässt sich sogar behaupten, aql umfasse qiyas.[99] Eine Erklärung dieser seltsamen Lage dürfte darin liegen, dass die Schiiten den Begriff qiyas unter allen Umständen zu vermeiden suchen, weil er von den Imamen verurteilt wurde; gleichzeitig akzeptieren sie aber den rationalen Kern der Analogie und führen deshalb ähnliche Gedanken in anderer Verpackung weiter.[100]

43 Wichtig für das Verständnis der Rechtsquellenlehre der Zwölfer-Schiiten ist die zentrale Rolle, die Hierarchie und hierarchische Institutionen bei ihnen spielen.[101] Zentrale Institutionen sind dabei in erster Linie die Imame, die ihrerseits als unfehlbar gelten, da sie ihre Autorität und besondere Befähigung direkt von Gott erhalten haben.[102] Ihre Entscheidungen *sind* daher göttliches Recht. Solange allerdings der 12. Imam verborgen bleibt, bedarf es anderer, die Entscheidungen treffen können. Der schiitische Islam kennt dafür – ganz im Gegensatz zum sunnitischen – eine echte, oft hierarchisch durchorganisierte Theologenschaft. Nur der hohen Geistlichkeit, also weder niederen Geistlichen noch schlichten Gelehrten, steht die Möglichkeit offen, das Recht zu erkennen, insbesondere es im Wege des aql abzuleiten. Zusätzlich hat sich die Idee des unfehlbaren Imams ab dem 17. Jahr-

91 Vgl. dazu etwa *Bleuchot* (Fn. 27), 541 f.
92 Detailliert *Löschner* (Fn. 90), 70 ff.; zur heutigen schiitischen Sicht auch *Momen* (Fn. 83), 172 f.
93 Vgl. *Momen* (Fn. 83), 12 ff.
94 *Weiss* (Fn. 90), 36; *Hallaq* (Fn. 9), 119 f.; zur unklaren Stellung der abgeleiteten sog. Handelsprinzipien vgl. *Löschner* (Fn. 90), 195 ff.
95 *Löschner* (Fn. 90), 131 ff.; *Kamali* (Fn. 62), 245; *Hallaq* (Fn. 9), 119.
96 Zu aql vgl. kurz *Weiss* (Fn. 90), 35 f.; zu einigen Details von aql vgl. *Hallaq* (Fn. 9), 120 f.; ausführlicher, auch zu den im Detail sehr unterschiedlichen Sichtweisen von aql *Löschner* (Fn. 90), 149 ff., 155 ff.
97 *Kamali* (Fn. 62), 384.
98 Zur Ablehnung von qiyas vgl. *Kamali* (Fn. 62), 265; *Weiss* (Fn. 90), 70, 84, 86, vgl. auch ibid., 122 zur vergleichbaren Rolle von Analogie und aql; dazu auch *Hallaq* (Fn. 9), *118f.*
99 Sogar Gleichsetzung bei *Doi* (Fn. 5), 78, der allerdings zusätzlich ray (persönliche Meinung) nennt; zu ray vgl. auch *Bleuchot* (Fn. 14), 94 f.
100 So *Hallaq* (Fn. 9), 118.
101 Vgl. dazu etwa *Cuniberti* (Fn. 5), 305 f.
102 Dazu etwa *Bleuchot* (Fn. 27), 542; *Hallaq* (Fn. 9), 114 f.

hundert ausgeweitet, indem an der Spitze der Geistlichkeit eine Person stehen soll, die – obwohl kein Imam – ebenfalls unfehlbar in ihren Rechtserkenntnissen ist. Nach der Revolution von 1979 wurde im Iran der Ayatollah Chomeini als eine solche Person angesehen.[103] Die Hüterschaft des Juristen (wilayat-i faqih), seine unfehlbare und absolute Autorität, gilt zugleich als Grundprinzip der Iranischen Republik; es infragezustellen brachte noch 2002 einem hohen iranischen Geschichtswissenschaftler die Todesstrafe ein.[104]

5. Islam und Wandel: Ijtihad heute

a) Die klassische Auffassung: Die Tür ist geschlossen

Die Quellen und Schulen des Islam vermitteln in ihrer Vielfalt zunächst den Eindruck einer lebhaften, anpassungsfähigen und potentiell auch kreativen Rechtswissenschaft, in der die unterschiedlichsten Meinungen gerade auch zu Grundlagenfragen vertreten werden. Es scheint eine aktive Diskussionskultur vorzuherrschen, die – so sollte man meinen – den Herausforderungen sich wandelnder Gesellschaften ohne weiteres gerecht werden müsste. Daran mag einiges richtig sein, doch würde diese Ansicht im Kern auf einem groben Missverständnis beruhen: dem Gedanken, dass jeder islamische Jurist die verschiedenen Rechtsquellen umfassend anwenden, so zu eigenen Ergebnissen kommen und diese in die Diskussion einspeisen könnte. Genau das aber ist jedenfalls nach traditioneller Auffassung nicht der Fall. **44**

Die damit angeschnittene Frage ist die des ijtihad. Ijtihad bezeichnet wörtlich die Anstrengung, sich ein eigenes Urteil zu bilden,[105] die persönliche Argumentation,[106] also das eigenständige Erörtern, Hinterfragen und vor allem auch Entwickeln islamischer Rechtssätze auf der Grundlage einer rationalen Vorgehensweise – mit anderen Worten genau das, was insbesondere die Gründer und ersten Anhänger der islamischen Rechtsschulen getan haben. Die traditionelle Auffassung geht nun davon aus, dass – mit einem allgemein verwendeten, geflügelten Wort – die Tür zum ijtihad geschlossen sei. Eine eigenständige Beschäftigung mit dem islamischen Recht außerhalb der oder gar gegen die bestehenden Rechtsschulen und ihre feststehenden Erkenntnisse ist damit nicht nur dem Laien, sondern auch den islamischen Juristen untersagt. Den üblichen Gegenbegriff zu ijtihad bildet dabei taqlid, also die Nachahmung. Taqlid fordert ein strenges Einhalten der einmal festgestellten Rechtssätze; gleichzeitig besteht die Konnotation der Bindung an die Rechtsschule, der man insbesondere durch Geburt angehört.[107] Noch nicht entschiedene oder neue Rechtsfragen werden dann schlicht auf der Basis der bislang schon entschiedenen Fragen gelöst. **45**

Der historisch nur schwer zu belegenden Überlieferung zufolge entstand ungefähr Anfang des 10. Jahrhunderts ein Konsens, dass die Tür des ijtihad geschlossen sei.[108] Andere führen die Entscheidung auf islamische Juristen im heutigen Irak in der Mitte des 13. Jahrhunderts zurück, die damit auf die Eroberung Bagdads durch die Mongolen 1258 und die Zeit der Fremdherrschaft und Zerstörung reagierten.[109] Auch nach dieser Ansicht aber war die Praxis **46**

---

[103] *Cuniberti* (Fn. 5), 305 f.; zur Rolle Chomeinis auch *Bleuchot* (Fn. 14), 281 f.

[104] Dazu und zu diesem Grundprinzip vgl. *Amanat* (Fn. 87), 120 ff.; vgl. auch *Momen* (Fn. 83), 289, 291; zu den vorherigen Versuchen des Schahs von Persien, sich selbst als religiösen Führer und religiöse Figur zu etablieren vgl. kurz ibid., 256; Überblick über die Grundstrukturen der heutigen iranischen Verfassung etwa bei *Parhisi, Parinas,* Vom Wesen der iranischen Verfassung, Verfassung und Recht in Übersee 40 (2007), 23 (23 ff.).

[105] *Doi* (Fn. 5), 78.

[106] *Kamali* (Fn. 62), 468.

[107] Vgl. etwa *Saeed* (Fn. 17), 53; *Doi* (Fn. 5), 453, 470; *Abdal-Haqq* (Fn. 2), 20.

[108] Vgl. etwa *Kamali* (Fn. 62), 493; *Hallaq, Wael B.,* Was the gate of ijtihad closed?, International Journal of Middle East Studies 16 (1984), 3 (3 f.), auch zu den unterschiedlichen Zeitangaben; *Schacht, Joseph,* An introduction to Islamic law, 1964, 70 f.

[109] Vgl. etwa *Charfi, Mohamed,* Islam et liberté – Le malentendu historique, 1998, 135; dazu und zum Ganzen etwa kurz *Doi* (Fn. 5), 68 f.; *Abdal-Haqq* (Fn. 2), 21; klassische westliche Darstellung bei *Schacht* (Fn. 108), 69 ff.

des ijtihad bereits seit dem 10. Jahrhundert vielfach eingeschlafen. Das Ende des ijtihad ist auch der Grund dafür, dass sich seit so langer Zeit keine neuen Rechtsschulen mehr entwickelt haben.[110] Tatsächlich scheinen es über die Jahrhunderte nicht zuletzt die Vertreter der etablierten Rechtsschulen gewesen zu sein, die das Prinzip der geschlossenen Tür gegen alle Angriffe verteidigten. Das Ende von ijtihad war einerseits ein probates Mittel, den Islam gegen Beeinflussungsversuche etwa durch unfähige oder korrupte Potentaten oder durch nicht hinreichend qualifizierte Einzelpersonen abzuschotten;[111] gleichzeitig aber führte es zu einer gewissen Versteinerung und mangelnden Anpassungsfähigkeit.

b) Was ist ijtihad?

47 Die genaue rechtsdogmatische Bedeutung des Schließens der Tür ist nicht ganz einfach zu erfassen. Dahinter steht die Frage, was ijtihad genau umfasst. Wenig hilfreich ist es insofern, wenn ijtihad des Öfteren als eine weitere sekundäre Quelle des islamischen Rechts beschrieben wird,[112] die in verschiedenen Formen ausgeübt werden kann.[113] Damit scheint sich anzudeuten, dass das traditionelle Verbot des ijtihad eben nur diesen, nicht aber andere Rechtsquellen wie etwa die Analogie (qiyas) umfasse. Das aber wäre weit gefehlt. Eine solch beschränkte Bedeutung würde weder die Diskussion um das Schließen der Tür noch seine Wirkungen erklären. Wird das Schließen der Tür ernst genommen, so verbietet es in der Tat den eigenständigen Rückgriff auf Koran und Sunna unter Umgehung der bisherigen Erkenntnisse der Rechtsschulen. Das aber bedeutet, dass ijtihad jede Anwendung der sekundären Rechtsquellen umfasst, die schließlich alle Formen einer eigenständigen, rationalen Auslegung von Koran und Sunna darstellen.[114] Soweit die Ermittlung des bindenden Inhalts von Koran und Sunna als eigenständige Auslegungsmethode im Sinne von tafsir verstanden wird,[115] dürfte das Schließen der Tür von seinem Sinn her auch tafsir umfassen.[116] Tatsächlich stellte schon im 11. Jahrhundert ein islamischer Rechtsgelehrter fest: „Fiqh ist die Kenntnis der gesetzlichen Grundlagen, der Weg ihrer Erkenntnis ist ijtihad."[117]

48 Wie rigide das Schließen der Tür wirkt, zeigt sich deutlich auch an der traditionellen Auffassung, derzufolge sieben Klassen von Rechtsgelehrten zu unterscheiden sind, von denen seit dem 12. Jahrhundert aber nur noch solche der letzten zwei Kategorien existieren sollen:[118] Ausgeschlossen sind damit zunächst die sog. mujtahid der obersten drei Kategorien, also insbesondere die oberste Klasse derjenigen, die sich ganz eigenständig ijtihad widmeten

---

[110] Vgl. jedoch zur umstrittenen Frage eines nationalen madhab in Indonesien *Lindsey, Tim,* Islam, law and the State in Southeast Asia, Bd. 1, Indonesia, 2012, 6 ff.

[111] Deutlich *Abdal-Haqq* (Fn. 2), 21.

[112] So etwa *Doi* (Fn. 5), 78; *Kamali* (Fn. 62), 468; nicht so etwa bei *Abdal-Haqq* (Fn. 2), 16 ff., 20; *Bleuchot* (Fn. 27), 451 ff.; unklar insofern etwa *Dien* (Fn. 23), 51 ff.; *Lohlker, Rüdiger,* Islamisches Recht, 2012, 185 f.; ijtihad als Oberbegriff für verschiedene spezielle Grundsätze wie istihsan oder istihab scheinen *Khoury, Adel Theodor; Heine, Peter; Oebbecke, Janbernd,* Handbuch Recht und Kultur des Islams in der deutschen Gesellschaft, 2000, 45 f. zu verwenden.

[113] *Kamali* (Fn. 62), 483.

[114] Deutlich für diese Sicht von ijtihad *Kamali* (Fn. 62), 468, 482; *Hallaq, Wael B.,* An introduction to Islamic law, 2009, 27; in diese Richtung auch *Schacht* (Fn. 108), 37, weniger klar 69 f.; deutlich auch *Vikør* (Fn. 23), 53 ff., der aber ibid., 53 f. auch die verschiedenen Verwendungsweisen des Begriffs betont („virtually anything can be called and is called ijtihad"); deutlich aus schiitischer Sicht die Definition bei *Momen* (Fn. 83), xx („the process of arriving at judgements on points of religious law using reason and the principles of jurisprudence (usul al-fiqh)"); andere Autoren geben keine völlig klare Definition von ijtihad und seinem exakten Verhältnis zu den sekundären Quellen, doch machen ihre Ausführungen gerade mit der hier verwendeten Definition Sinn, vgl. beispielhaft *Saeed* (Fn. 66), 52 f.

[115] Dazu supra → § 10 Rn. 30.

[116] In diese Richtung *Abdal-Haqq* (Fn. 2), 20; *Chaumont, Éric,* Quelques réflexions sur l'actualité de la question de l'ijtihâd, in: Frégosi, Franck (Hrsg.), Lectures contemporaines du droit islamique, 2004, 71 (75).

[117] *al-Sirazi* (Fn. 39), 44 („Le fiqh, c'est la connaissance des statuts légaux dont la voie [de connaissance] est l'igtihâd.").

[118] Dazu näher *Kamali* (Fn. 62), 490 ff.

(mujtahid fil-shar), und alle, die innerhalb der von ihrer Rechtsschule vorgegebenen Prinzipien selbständig das Recht suchen (als zweite Klasse). Der Ausschluss geht aber noch erheblich weiter. So sollen nicht einmal mehr Juristen existieren, die festzustellen in der Lage wären, welche Sichtweise im Fall von Mehrdeutigkeit vorzugswürdig wäre oder welche den vorherrschenden Bedingungen angemessen sei (vierte Klasse) oder die Vergleiche von Meinungen anstellen und dabei richtige oder bevorzugte von schwachen Sichtweisen unterscheiden können (fünfte Klasse). Was bleibt, ist die sechste Klasse derer, die innerhalb ihrer Schule zumindest noch zwischen den offensichtlichen Sichtweisen einerseits und den seltenen und obskuren Sichtweisen andererseits unterscheiden können (sechste Klasse) sowie die siebte Klasse, die sog. muqallid, denen all diese Fähigkeiten fehlen. Die niederschmetternde Beschreibung ihrer beschränkten Möglichkeiten findet sich bereits in einem Werk aus dem 14. Jahrhundert: „They do not distinguish between the lean and the fat, right and left, but get together whatever they find, like the one who gathers wood in the dark of the night."[119] Im Vergleich zu den glorreichen Möglichkeiten, die die Rechtsquellen des Islam bieten, erscheint dies letztlich mehr als nur enttäuschend.

c) Die Folgen der Beendigung von ijtihad

Ob diese Lage wirklich so niederschmetternd ist, wie sie auf den ersten Blick scheint, ist nicht **49** letztlich klar. Dabei sind zwei sehr unterschiedliche Sichtweisen möglich, die jeweils ihren Frieden mit dem Ende von ijtihad machen können. Erstens kann die spezifische Binnenperspektive eines göttlichen Rechts eingenommen werden: Für Gott gibt es keine veränderten Umstände, keine Wandlungen der Gesellschaft, die eine Revision einmal aufgestellter Grundsätze nötig machen könnten. Denn Gott ist im Wortsinn zeitlos, weiß alles, was geschehen ist und geschehen wird. Wenn also die Juristen nach langer Diskussion Gottes Worte in einem bestimmten Sinn verstanden haben und der Prophet selbst erklärt hat, dass sein Volk nicht irren könne, wenn es übereinstimme,[120] so kann es keinen Grund geben, von diesen Erkenntnissen später wieder abzuweichen. Das gilt umso deutlicher für all die Bereiche, in denen ein Konsens erzielt wurde. Vor allem eine Änderung aufgrund von neuen Werten, Grundeinstellungen oder Wünschen der Gesellschaft macht im Rahmen einer solcherart göttlich vorgegebenen Rechtsordnung keinen Sinn.

Zweitens kann aber auch die Tätigkeit der späteren, schulengebundenen Juristen, denen **50** die Möglichkeit des ijtihad fehlt, genauer betrachtet und weit positiver gewertet werden. Tatsächlich wird teilweise angenommen, die Beschäftigung mit der einschlägigen Literatur einer Rechtsschule sei intellektuell nicht weniger anspruchsvoll und nicht weniger kreativ als die Arbeit mit Koran und Sunna selbst. Taqlid kann so sogar als eine gegenüber ijtihad höhere rechtliche Entwicklungsstufe angesehen werden.[121]

d) Die Gegenposition: Die Tür ist offen

aa) Niemand hat die Tür geschlossen

Das Schließen der Tür des ijtihad war von Anfang an umstritten und ist es bis heute. **51** Tatsächlich erscheinen die Konsequenzen einer solchen Annahme gravierend: Die Rechts-

[119] *Abu Zahrah, Muhammed,* Usul al-fiqh, 1377, Nachdruck 1958, 316, zit. und Übersetzung nach *Kamali* (Fn. 62), 493.

[120] Vgl. supra → § 10 Rn. 16.

[121] Ausführlich und mit Beispielen *Weiss* (Fn. 90), 134 ff.; in diese Richtung sogar *Schacht* (Fn. 108), 73 („no less creative"); zur Vorsicht hinsichtlich der Behauptung eines Endes der Kreativität mahnt auch *Bleuchot* (Fn. 14), 177; in eine vergleichbare Richtung *Chaumont* (Fn. 116), 76 f., der davon ausgeht, dass keinesfalls nachgewiesen sei, dass ijtihad überhaupt ein auf rechtliche Weiterentwicklung angelegtes Prinzip sei und dass die Beschränkung auf ijtihad innerhalb einer Schule fälschlich als Verbot des ijtihad insgesamt ausgelegt werde; auf den Widerspruch seiner These zum nach traditioneller Auffassung fehlenden ijtihad selbst innerhalb der Schulen – der zweiten und dritten Klasse innerhalb der beschriebenen Kategorisierung – geht Chaumont dabei nicht ein.

auffassung von Schriftgelehrten, die vor über tausend Jahren gelebt haben und die für ihre Zeit und ihre Gesellschaften sprachen, sind nicht nur verbindlich, sondern auch nicht mehr revidierbar. Dasselbe gilt für den einmal hergestellten Konsens der Juristen, einen einmal gezogenen Analogieschluss, eine einmal durchgeführte Einbeziehung des (damaligen) öffentlichen Wohls. Die Möglichkeiten, die in der ersten Zeit nach dem Tod des Propheten wie selbstverständlich allen islamischen Juristen offenstanden, sollen seit Jahrhunderten verschlossen sein und verschlossen bleiben. Schon aus historischer Sicht wird dies vielfach angezweifelt:[122] Eine detaillierte Analyse der damaligen Schriften zeige, dass ijtihad in den ersten fünf Jahrhunderten des Islam ununterbrochen weiter praktiziert worden sei. Auch seien nicht etwa, wie traditionell oft behauptet, die notwendigen persönlichen Qualifikationen für ijtihad so streng geworden, dass sie praktisch nicht mehr zu erfüllen gewesen seien. Die Idee eines Schließens der Tür sei erstmals gegen Ende des 11./Anfang des 12. Jahrhunderts aufgetaucht, aber von da an stets kontrovers diskutiert worden, so dass darüber ein Konsens der Juristen im Sinne von ijma nie habe zustandekommen können. Allerdings räumt auch diese Ansicht ein, dass die ohnehin schon geringe Anzahl an Juristen, die das Recht zu ijtihad in Anspruch nahmen, seit dem Ende des 16. Jahrhunderts drastisch zurückging. Auch habe sich zum Ende des 10. Jahrhunderts eine allgemeine, schweigende Übereinstimmung entwickelt, der zufolge die Etablierung neuer Schulen illegal wäre, so dass schon ab dem 11. Jahrhundert kein Jurist dies mehr versuchte. Da aber weiterhin neue Probleme auftauchten, blieb ijtihad in der Praxis unabdingbar und wurde auch stets praktiziert, wenn auch meist nicht unter dieser Bezeichnung. Mit anderen Worten: die Tür des ijtihad war nie geschlossen. Niemand habe das Recht, ijtihad zu beenden.[123]

bb) Hanbaliten und Schiiten als klassische Gegner

52 Tatsächlich haben schon nicht alle Rechtsschulen das Ende von ijtihad anerkannt: Die kleine hanbalitische Rechtsschule sowie die Schiiten haben sich dem stets widersetzt.[124] Für die Schiiten wird dies allerdings dadurch relativiert, dass ijtihad dort von vornherein einer sehr kleinen Gruppe hochrangiger Kleriker vorbehalten ist, während alle anderen Gläubigen, einschließlich der übrigen Juristen, diese Möglichkeit nicht haben. Ein kurzer Blick auf die territorialen Wirkungsbereiche von Hanbaliten und Schiiten ist aber auch geeignet, ein gerade für westliche Betrachter zunächst naheliegendes Missverständnis zu beseitigen. Denn im Kern wird die Möglichkeit des ijtihad aufgrund dieser Rechtsschulen in zwei Staaten bejaht, die für eine besonders strenge und keinesfalls von aufklärerischen Gedanken inspirierte Auffassung des Islam stehen: Saudi-Arabien und Iran. Die Bejahung von ijtihad erweitert also zwar potentiell die Möglichkeiten islamischer Juristen, lässt aber keinesfalls den Schluss auf ein bestimmtes, gar besonders progressives Islamverständnis zu.[125] Ijtihad zu fordern und zu praktizieren bedeutet nicht notwendig, Werte wie Menschenrechte, Demokratie oder Individualismus im Islam zu verankern oder dies auch nur anzustreben. Selbst politische Islamisten[126] berufen sich nicht selten auf ijtihad.

---

[122] Dazu grundlegend *Hallaq* (Fn. 108), 4 ff.

[123] *Doi* (Fn. 5), 69.

[124] Vgl. nur *Kamali* (Fn. 62), 493; speziell für Saudi-Arabien *Vogel, Frank E.,* Islamic law and legal system – Studies of Saudi Arabia, 2000, etwa xvii, 23 ff.; für den schiitischen Islam *Momen* (Fn. 83), 185 ff., der die Bedeutung des Unterschieds aber relativiert; vgl. auch ibid., 222 ff. zur Gegenposition der letztlich unterlegenen Schule der Akhbaris innerhalb der Schiiten.

[125] Dazu auch *Cammack, Mark,* Islamic Law as Hermeneutic Developments within Traditionalist Islam in Indonesia, Southwestern Journal of International Law 29 (2023), 53 (53 f., 59).

[126] Zur Bedeutung dieses Begriffs vgl. *Saeed* (Fn. 17), 144 ff.; vgl. auch den wichtigen Hinweis bei *Bleuchot, Hervé,* Le droit musulman en langue française dans les librairies islamiques en France, in: Frégosi, Franck (Hrsg.), Lectures contemporaines du droit islamique – Europe et monde arabe, 2004, 81 (85 f.), dass der Begriff der Islamisten sich zwar für eine politische, im Grundsatz aber nicht für eine rechtliche Kategorisierung eigne und dass die im politischen Sinne gemeinhin als Islamisten bezeichneten Autoren sich aus rechtlicher Sicht regelmäßig in die anderen Kategorien, etwa als Traditionalisten oder Reformisten – dazu sogleich infra → § 10 Rn. 53 ff. – einordnen ließen.

cc) Moderner ijtihad

(1) Reformisten und Modernisten. Unabhängig von den Rechtsschulen gab es schon in der Vergangenheit zahlreiche Angriffe auf die Doktrin der geschlossenen Tür.[127] Nach einigen Vorläufern im 18. Jahrhundert hat sich die Kritik dann ab dem 19. Jahrhundert verbreitet. Vereinfacht lassen sich die Kritiker in Reformisten und Modernisten einteilen.[128] Reformisten wie Muhammad Abduh oder Rachid Rida[129] strebten im Kern eine gewisse Rückführung des Islam auf seine Wurzeln an. Sie verweigerten sich dem taqlid, wollten traditionellen oder abergläubischen Ballast wie etwa die Heiligenverehrung abwerfen und im Übrigen die Möglichkeiten der islamischen Quellenlehre wieder zur Geltung bringen. Für Rida beispielsweise waren neben den kultischen Vorschriften nur klare Koranpassagen, gesicherte Teile der Sunna und der Konsens der ersten Generationen des Islam unantastbar. Im Übrigen aber konnten Fragen neu und anders entschieden werden. Eine besondere Rolle konnte dabei auch das Allgemeinwohl (masalih al-mursala) spielen.[130] **53**

Während die reformistischen Gedanken sowohl zu konservativen als auch zu liberalen Ergebnissen führen konnten, strebten die Modernisten konkret die Anpassung des Islam an die veränderten Bedingungen der modernen Welt an. Ein wesentliches Mittel dieser Anpassung ist es, durch eine Analyse der Lösungen des traditionellen Islam vor dem Hintergrund seiner historischen Umstände generelle islamische Prinzipien und Entwicklungsrichtungen herauszuarbeiten und diese dann auf die heutige Welt zur Anwendung zu bringen und fortzuschreiben.[131] Die Argumentationen ähneln dabei der in der islamischen Welt allgemein anerkannten Begründung zur Abkehr von der Sklaverei: Der Prophet hat die Sklaverei zwar nicht verboten, aber stets für die Freilassung der Sklaven plädiert. Der Islam strebt also die Abschaffung der Sklaverei an. Ist sie abgeschafft, kann sie deshalb nicht wieder eingeführt werden. Entsprechend lässt sich aus modernistischer Sicht etwa die Strafe des Handabhackens für Diebstahl als eine Abmilderung gegenüber dem vorherigen Zustand ansehen, bei dem Diebstahl oft zu Stammeskriegen und damit zum Tod des Diebes und weiterer Menschen führte. Der Islam fordert so gesehen, die einmal eingeschlagene Richtung fortzuführen und die Strafe für Diebstahl noch weiter abzumildern.[132] Ein anderes Beispiel bietet Sure 2:282: „Nehmt zwei eurer Männer euch zu Zeugen! Wenn zwei Männer nicht vorhanden sind, dann einen Mann und zwei Frauen", die traditionell so gelesen wird, dass die Zeugenaussage zweier Frauen der eines Mannes entspricht. Allerdings betrifft die Sure schon vom Wortlaut her („Wenn ihr euch untereinander verschuldet für eine festgelegte Frist…") bestimmte Handlungen im Geschäftsverkehr, bei denen Frauen zur Zeit Mohammeds tatsächlich vielfach das genaue Verständnis gefehlt haben mag. Wenn die Erfahrung in Finanzsachen zwischen Frauen und Männern aber heute gleichmäßig **54**

---

[127] Vgl. dazu nur *Kamali* (Fn. 62), 482; *Rohe* (Fn. 15), 191 f.; *Saeed* (Fn. 17), 53; *Hallaq* (Fn. 108), 22 ff., jeweils mit Nennungen aus der alten Literatur.; für die These, dass die Trennung zwischen Reformisten und Traditionalisten heute weniger absolut ist als in früheren Zeiten vgl. *Cammack, Mark,* Islamic Law as Hermeneutic Developments within Traditionalist Islam in Indonesia, Southwestern Journal of International Law 29 (2023), 53 (60 ff.).

[128] Vgl. zum Folgenden *Bleuchot* (Fn. 27), 472 ff.; die entsprechende Terminologie verwendet schon *Schacht* (Fn. 108), 73; für eine Darstellung der Lehren einiger neuerer islamischer Vordenker bis in die heutige Zeit vgl. *Hallaq* (Fn. 9), 503 ff.; andere Einteilungen der neuen Meinungen ab dem 19. Jahrhundert etwa bei *Rohe* (Fn. 15), 182 ff., insbes. 189 ff.; *Lombardi, Clark B.,* State law as Islamic law in modern Egypt – The incorporation of the Shari'a into Egyptian constitutional law, 2006, 73 ff.

[129] Zu ihnen näher auch *Hallaq* (Fn. 9), 503 f., 504 ff.; *Botiveau, Bernard,* Loi islamique et droit dans les sociétés arabes – Mutations des systèmes juridiques du Moyen-Orient, 1993, 108 ff.

[130] Dazu auch *Opwis, Felicitas,* Islamic law and legal change – The concept of maslaha in classical and contemporary Islamic legal theory, in: Amanat, Abas; Griffel, Frank (Hrsg.), Shari'a – Islamic law in contemporary context, 2007, 62 (71 ff.).

[131] Für das entsprechende Denken etwa von Fazlur Rahman vgl. *Hallaq* (Fn. 9), 527 ff.; für Muhammad Said Ashmawi vgl. ibid., 522 ff.; vgl. im Übrigen die Darstellung bei *Charfi* (Fn. 109), 144 ff.

[132] Zu diesen Beispielen *Charfi* (Fn. 109), 65 ff., 95 ff., 146; *Bleuchot* (Fn. 27), 474; zur Sklaverei auch *Talbi, Mohamed,* Plaidoyer pour un islam moderne, 1998, 67.

verteilt ist, so kann auch kein Unterschied mehr in bezug auf die Zeugenfähigkeit gemacht werden.[133]

55 **(2) Kritische Neubesinnung.** Gemeinsam ist den modernen Herangehensweisen der Versuch, zwischen den klar auf Gott rückführbaren und den nur von Menschen gemachten Teilen der islamischen Lehren zu unterscheiden und nur erstere als verbindlich anzuerkennen. Betroffen von der Kritik sind damit vor allem die traditionellen Ansichten der klassischen islamischen Juristen;[134] es geht also auch um eine Entmachtung der klassischen Rechtsschulen. Ausmaß und Reichweite dieser neuen Herangehensweisen können sehr unterschiedlich sein.

56 Was beispielsweise den Umgang mit den Ansichten der klassischen islamischen Autoren angeht, kann zunächst eine Auswahl unter den verschiedenen Meinungen ohne Bindung an eine Schule (tahaiyur) ebenso befürwortet werden wie die Verschmelzung von Lehrmeinungen (talfiq).[135] Ebenso ist es aber möglich, dass nach Übereinstimmungen zwischen allen traditionellen Ansichten im Sinne eines kleinsten gemeinsamen Nenners gesucht wird.[136] Andere sehen sich nicht an die konkreten Regeln der verschiedenen Schulen gebunden, sondern nur an ihre jeweilige Methode.[137] Moderne islamische Denker können die klassischen Autoren aber auch schlicht ignorieren und sich eine eigene Meinung bilden, sich also in diesem Sinne auf den Weg eines neuen ijtihad machen. Beispielsweise weisen neuere Stimmen gelegentlich darauf hin, dass die Erlaubnis der Polygamie in Sure 4:3[138] sich streng genommen vom Wortlaut her auf Ehen zur Absicherung von Waisen, also allein auf eine Art Versorgungsehen mit Witwen beziehe, was in der traditionellen Lehre kaum Beachtung finde.[139] Eine entsprechende Neuauslegung würde weitgehend das Ende der Polygamie bedeuten.

57 Die kritische Einstellung kann aber auch noch weiter gehen und etwa die Hadithe erfassen. Dies geschieht beispielsweise schon dann, wenn sehr viel strengere Anforderungen an deren Authentizität und Klarheit gestellt werden als traditionell üblich.[140] Es kann aber auch zwischen Hadithen aufgrund prophetischer Sendung und solchen aufgrund der politischen Rolle Mohammeds unterschieden werden. Oder es wird das jeweilige – zB frauenfeindliche – Vorverständnis der Überlieferer eines Hadiths mit in die Auslegung einbezogen. Man kann bei Berichten über das Verhalten des Propheten auch zwischen bloß biografischen Anteilen und verbindlichen Aussagen für alle Mosleme unterschieden. Und es ist möglich, den Koran eindeutig über die Sunna zu stellen, die Hadithe also am Koran selbst zu messen.[141]

58 Letztlich kann die kritische Betrachtung sogar den Koran selbst erfassen, etwa wenn zwischen den zeitlich früheren Teilen, die dem Propheten in Mekka offenbart wurden, und den späteren aus seiner Zeit in Medina unterschieden wird. Auf dieser Basis lässt sich dann kritisieren, dass nach traditioneller Lehre bei Widersprüchen die tendenziell spirituelleren mekkanischen Suren von den tendenziell zeitgebundenen und konkreteren medinensischen Suren verdrängt würden. Als alternatives Vorgehen wird etwa vorgeschlagen, die für ein reiferes Publikum bestimmten mekkanischen Offenbarungen besonders hervorzuheben,[142] oder es wird sogar für eine Aufgabe der medinensischen Offenbarungen aufgrund ihrer

---

[133] Vgl. *Rohe* (Fn. 15), 199 mwN.
[134] Für Einzelbeispiele vgl. die Darstellung einzelner Inhalte islamischen Rechts etwa infra → § 10 Rn. 92 ff., 105, 111.
[135] Zu tahaiyur und talfiq vgl. *Rohe* (Fn. 15), 189 f.; zu den Möglichkeiten des talfiq etwa *Charfi* (Fn. 109), 137 ff.
[136] Vgl. etwa zur Vorgehensweise des ägyptischen Verfassungsgerichts infra → § 10 Rn. 154 f.
[137] Vgl. *Cammack, Mark,* Islamic Law as Hermeneutic Developments within Traditionalist Islam in Indonesia, Southwestern Journal of International Law 29 (2023), 53 (61).
[138] Dazu noch infra → § 10 Rn. 91.
[139] Vgl. *Rohe* (Fn. 15), 179, 194 mwN; zur Polygamie noch infra → § 10 Rn. 91 ff.
[140] Vgl. dazu etwa *Lombardi* (Fn. 128), 85 f., 184 ff. mwN.
[141] Zu diesen Ansätzen jeweils *Rohe* (Fn. 15), 180, 195 f., 169, 175 mwN.
[142] Vgl. dazu auch *Charfi* (Fn. 109), 148 ff.

Zeitgebundenheit plädiert[143] – Vorschläge die aus traditioneller Sicht die Grenze zur Apostasie schon überschreiten können.

dd) Eklektische Kritik und imaginäres Recht

Heute, so wird gelegentlich festgestellt, vergeht kein Jahr, in dem nicht im moslemischen Raum dutzende Bücher und Artikel zu ijtihad und dem Schließen der Tür veröffentlicht werden, die sich nachdrücklich für eine Öffnung einsetzen.[144] Ihnen allen ist gemein, dass sie eine gewisse intellektuelle Stagnation des islamischen Rechts konstatieren, die sie im Wesentlichen auf das Schließen der Tür des ijtihad zurückführen. Holzschnittartig betrachtet ist diese Klage vor dem Hintergrund des Hinterherhinkens der moslemischen hinter der westlichen Welt zu verstehen, das viele insbesondere in ökonomischer, aber auch in politischer Hinsicht beobachten. Dieses Hinterherhinken fällt Moslems weltweit vor allem im Kontrast zur historischen Überlegenheit und Dominanz der moslemischen Kultur im Mittelalter auf. Die Modernisierung des Rechts dient damit nicht zuletzt einer Aufwertung der Rolle des Islam und der islamischen Kultur in der heutigen Welt, einer größeren Eigenständigkeit und Unabhängigkeit nicht zuletzt vom westlichen Denken. 59

Gerade bei den zahlreichen aktuellen Versuchen einer Modernisierung des islamischen Rechts wird jedoch immer wieder vor der Gefahr einer Banalisierung oder gar Beliebigkeit gewarnt. Eher selten scheint ijtihad im klassischen Sinn einer umfassenden und vor allem kundigen Anwendung der islamischen Quellenlehre praktiziert zu werden, die in der Tat eine sehr umfassende Ausbildung voraussetzen würde. Andere fragen, wie gesehen, nach dem historisch-sozialen Kontext der bestehenden Normen und den dahinterstehenden Prinzipien, um dann eine der heutigen Welt adäquate Auslegung und Anwendung zu entwickeln. Nicht selten aber scheint auch ein dritter Weg gewählt zu werden, bei dem Autoren schlicht beliebige Texte und Gesichtspunkte heranziehen, die das von ihnen gewünschte Ergebnis unterstützen. Weder rechtliche Methodik noch eventuell entgegenstehende Texte und Gesichtspunkte werden beachtet.[145] Wie ein Autor schrieb: „The result is that fiqh has become a free-for-all activity that is being invaded by mostly unqualified people, who have no methodology nor are they even aware of the fact that some methodology is required."[146] Gerade in Bezug auf solche Unternehmungen wird zu recht vor einem „imaginären Recht" gewarnt, das alles und jedes vermischt, teils beliebige Ideologien vom Sozialismus bis zum Djihadismus heranzieht und letztlich den eigentlichen Charakter des islamischen Rechts als religiöses Recht außer Acht lässt.[147] So kann es etwa passieren, dass Feinheiten der islamischen Rechtsfolgenlehre – die zwischen den Polen von verboten und erlaubt noch weitere Abstufungen kennt[148] – schlicht ignoriert werden. Lediglich unerwünschte Handlungen können dann kurzerhand für illegal erklärt werden, beispielsweise um bestimmte Aspekte des islamischen Eherechts westlicher und moderner erscheinen zu lassen, als sie es traditionell sind.[149] Oder es werden als unangenehm betrachtete Eigenheiten des Islam, wie der zumindest auch kriegerisch und bewaffnet verstandene Gedanke des jihad für 60

[143] Vgl. *Rohe* (Fn. 15), 177 f. mwN.

[144] So etwa die Beobachtung von *Chaumont* (Fn. 116), 77; vgl. auch *Abdal-Haqq* (Fn. 2), 21.

[145] Vgl. zu dieser Dreiteilung *Saeed* (Fn. 17), 55 f.

[146] *Nyazee, Imran Ahsan Khan,* Why is Following a Single School Wajib (Obligatory)?, 2024, 9, ssrn.com/abstract=4815100 (zuletzt abgerufen am 18.7.2025), der ergänzend darauf hinweist, dass heute die meisten Universitätprofessoren, insbesondere in der arabischen Welt, solch einem Ansatz folgten, ibid., 7.

[147] Vgl. *Bleuchot* (Fn. 27), 471 f. mit der bezeichnenden Bewertung ibid., 471: „Il est encore vrai qu'à l'heure actuelle, pratiquement tout ce qui s'écrit par des (…) non-juristes, laisse perplexe, du moins quand il ne s'agit pas d'une falsification pure et simple."; Bleuchot bezieht sich für den Begriff des imaginären Rechts auf *Linant de Bellefonds, Y.,* Traité de droit musulman comparé, Bd. 1, 1965, 81, ohne dass sich dieser jedoch ibid., 80 f., insbes. Fn. 8 fände; vgl. etwa auch *Ahmad, Muhammad Mushtaq,* Discovering the Law without a Coherent Legal Theory, Lahore University of Management Sciences Law Journal 2017, 37 (50 ff.); für eine weniger negative Sicht der Beiträge von Nichtjuristen zur Diskussion vgl. *Rohe* (Fn. 15), 410.

[148] Vgl. dazu noch infra → § 10 Rn. 74 ff.

[149] Beispiel nach *Linant de Bellefonds* (Fn. 147), 81 Fn. 8.

die Religion, hinwegdiskutiert und auf den inneren Kampf reduziert.[150] Ebenso können auch der gerade göttliche Charakter des islamischen Rechts und die daraus folgenden Besonderheiten der Modernisierung zum Opfer fallen.[151]

e) Wandel ohne ijtihad

61 Auch ohne ijtihad bestehen die verschiedensten Möglichkeiten des Wandels.[152] Denn das islamische Recht ist ebenso wenig wie die meisten anderen Rechtsordnungen ein monolithischer, streng den Regeln der deduktiven Logik folgender Körper von Regeln. Jeder neue Fall, selbst jede neue Darstellung des bestehenden Rechts birgt deshalb die Möglichkeit zu abweichenden Lösungen. Das Verhältnis der Normen zueinander ebenso wie die konkreten Umstände jedes Einzelfalls geben dem Juristen fast zwangsläufig gewisse Spielräume, deren Ausnutzung im Einzelfall nur zu geringen Tendenzverschiebungen führen mag, in der Masse aber das Potential für große Anpassungen bietet. Diese Spielräume manifestieren sich am augenfälligsten in der Existenz der verschiedenen Rechtsschulen. Die heutige, allerdings praktisch kaum relevante Möglichkeit der individuellen Wahl zwischen den Rechtsschulen, aber etwa auch die Techniken der Übernahme von Lehrmeinungen anderer Rechtsschulen (tahaiyur) oder der Verschmelzung verschiedener Lehrmeinungen zu einer neuen Meinung (talfiq)[153] bieten hier vielfache, kreative Möglichkeiten. Aber auch innerhalb der Schulen sind unterschiedliche Meinungen zu verschiedenen, noch nicht abschließend gelösten Problemen möglich.[154] Was also beispielsweise das Verbot von Zinsen (riba) genau bedeutet[155] oder wann und wie eine Ehe genau geschieden werden kann,[156] sind Fragen, auf die durchaus unterschiedliche Antworten bestehen. Hinzu kommt der heute große praktische Einfluss der staatlichen Gesetzgebung. Soweit der Staat sich dabei überhaupt an die Regeln des islamischen Rechts gebunden sieht, genießt er in der Praxis in aller Regel einen sehr weiten – und weidlich genutzten – Beurteilungsspielraum dazu, was sich noch im Rahmen des islamischen Rechts hält und was klar dagegen verstößt.[157]

6. Die Rechtsprechung im Islam

a) „Kadijustiz"

62 Der Richter im klassischen islamischen Recht ist der Kadi – eben jene Person, die vielen westlichen Juristen nur als Autor der vielgescholtenen Kadijustiz bekannt ist, also einer Justiz ohne irgendwelche rationalen Urteilsregeln, die auf bloßen Werturteilen im Einzelfall beruht.[158] Dass diese Einschätzung des Kadi nicht haltbar ist, wird heute kaum mehr

[150] Kritisch etwa *Chaumont* (Fn. 116), 72, insbes. Fn. 1; zum jihad aus Sicht des islamischen Rechts etwa *Doi* (Fn. 5), 437; *Bleuchot* (Fn. 27), 585 ff.

[151] Vgl. auch *Chaumont* (Fn. 116), 78.

[152] Vgl. dazu etwa *Glenn* (Fn. 47), 205 ff.; *Rohe* (Fn. 15), 189 ff., der jedoch in seiner Darstellung davon ausgeht, dass das Verbot des ijtihad heute grundsätzlich eine nur noch von Traditionalisten vertretene Mindermeinung darstelle und daher nicht klar zwischen Methoden innerhalb und außerhalb von ijtihad unterscheidet; gegen Rohes These von der Mindermeinung etwa deutlich *Charfi* (Fn. 109), 136, der die traditionelle Denkweise auch heute noch als typisch für die Repräsentanten des offiziellen Islam ansieht.

[153] Talfiq kann daher sowohl als Teil von ijtihad als auch als Teil von taqlid verstanden werden, vgl. dazu *Krawietz, Birgit,* Cut and paste in legal rules – Designing Islamic norms with talfiq, Die Welt des Islams 42 (2002), 3 (9 f.); zur traditionellen Diskussion um talfiq im Rahmen von taqlid ibid., 10 ff.

[154] Deutlich auch *Rohe* (Fn. 15), 29.

[155] Dazu noch infra → § 10 Rn. 114 f.

[156] Dazu noch infra → § 10 Rn. 86 ff.

[157] Zur Rolle des staatlichen Rechts vgl. infra → § 10 Rn. 120 ff., 134 ff.

[158] Grundlage für diese verbreitete Einschätzung vor allem *Weber, Max,* Wirtschaft und Gesellschaft, 1922, 662, der den Begriff durchlaufend zur Kennzeichnung irrationaler Entscheidungsmethoden verwendet; zum Hintergrund kurz *Hallaq* (Fn. 9), 373 mit der Einschätzung von Webers Gedanken als „burlesque notions"; gegen Webers These etwa auch *Masud, Muhammad Khalid; Peters, Rudolph; Powers, David S.,* Qadis and their courts – An historical survey, in: dies. (Hrsg.), Dispensing justice in Islam, 2006, 1 (5 f.).

bezweifelt. Auch der für den Begriff der Kadijustiz stets zitierte Max Weber war sich entgegen verbreiteter Unterstellung bewusst, dass dieser Begriff nichts mit der Rechtsprechung der realen Kadis im islamischen Recht zu tun hatte.[159] Der Kadi war der islamische Rechtspraktiker; er wandte das klassische islamische Recht in materieller wie prozessualer Hinsicht an. Demgegenüber ging die rechtsgeschichtliche Forschung bis in neuere Zeit hinein vielfach davon aus, dass das islamische Recht nicht die Realität vor Gericht wiedergab, sondern eher das Produkt privater religiöser und wissenschaftlicher Überlegungen darstellte. Diese heute überholte Einschätzung dürfte aber nicht zuletzt auf der sehr lückenhaften Überlieferung der eigentlichen Gerichtsentscheidungen beruhen; ein Wende brachten hier erst die Register der osmanischen Gerichte ab dem 16. Jahrhundert.[160]

b) Aufgaben und Rolle des Kadi

Die genaue Rolle des Kadi hat sich mit den Jahrhunderten immer wieder leicht verändert.[161] **63**
Dennoch lassen sich gewisse Grundcharakteristika ausmachen.[162] So war der Kadi keineswegs der einzige Richter, den islamische Staaten kannten,[163] jedoch der bekannteste, mit der umfassendsten Kompetenz und dem engsten Religionsbezug. Der Kadi leitete seine Kompetenz vom Herrscher, in früher Zeit also insbesondere vom Kalifen ab und sprach in Vertretung des Herrschers Recht. Als Konsequenz daraus konnte der Herrscher die Kompetenz des Kadi in territorialer wie sachlicher Hinsicht beschränken. Ein klassisches Beispiel solcher Beschränkung findet sich im Strafrecht unter dem Stichwort siyasa.[164] Unter siyasa wird zunächst ganz allgemein das – umstrittene[165] – Recht des Herrschers verstanden, Recht zu setzen. Speziell im strafrechtlichen Zusammenhang allerdings verengt sich die Bedeutung oft auf die im Ermessen des Richters stehende Strafjustiz. Diese Form der Strafjustiz oblag dann aber gerade nicht dem Kadi, sondern weiterhin dem Herrscher oder seinen Stellvertretern, etwa den Gouverneuren.[166]

War die Kompetenz des Kadi nur abgeleitet, so konnte der Herrscher bei Bedarf einzelne **64**
Fälle auch wieder an sich ziehen. Theoretisch kam ihm so auch die Befugnis zu, Entscheidungen des Kadi als eine Art zweiter Instanz zu überprüfen. Wie relevant dies, ebenso wie die mögliche Überprüfung durch den Nachfolger des Kadi im Amt, in der Praxis war, ist allerdings bis heute völlig unklar. Sicher ist nur, dass die islamische Rechtsliteratur der Möglichkeit einer Überprüfung von Kadientscheidungen alles andere als positiv gegenüberstand. Im Wesentlichen sah das islamische Recht also keinen Instanzenzug vor. Die Kadis hatten die Möglichkeit, ihre Aufgaben teilweise oder vollständig weiterzudelegieren, was zur Bildung von Hierarchien und spezialisiertem Justizpersonal führen konnte. Diese Hierarchien setzten sich auch nach oben fort, da seit der Zeit Harun al-Rashids gegen Ende des 8. Jahrhunderts über den Kadis der Großkadi (qadi al-qudat) stand, der den Kalifen in allen

[159] Vgl. *Weber* (Fn. 158), 282, 756 mit der zusätzlichen Erläuterung, dass der reale Kadi durchaus an die islamische Tradition und die Regeln der Auslegung gebunden sei und nur dort zu regelfreier Wertung übergehe, wo alle Auslegungsmittel versagten.

[160] Vgl. dazu *Müller, Christian,* Settling litigation without judgment – The importance of a hukum in qadi cases of Mamluk Jerusalem, in: Masud/Peters/Powers (Fn. 158), 47 (47 f.).

[161] Gegen die früher verbreitete Sichtweise des islamischen Rechts als unveränderliche Einheit, bei der Änderungen nur als Abweichungen vom Ideal auftreten *Masud/Peters/Powers* (Fn. 158), 4 f.

[162] Zum Folgenden eingängig *Bleuchot* (Fn. 27), 621 ff.; *Masud/Peters/Powers* (Fn. 158), 6 ff.; vgl. weiter etwa *Rohe* (Fn. 15), 34 ff.; *Glenn* (Fn. 47), 205 ff.; aus rein interner Sicht etwa *Doi* (Fn. 5), 11 ff.; *Schneider, Irene,* Quadi und Quadi-Justiz im vormodernen und modernen islamischen Recht, in: Scholler, Heinrich; Tellenbach, Silvia (Hrsg.),Position und Aufgaben des Richters nach westlichem und nach islamischem Recht, 2007, 55 (60 ff.).

[163] Zu weiteren Institutionen mit gerichtlichen Befugnissen vgl. *Bleuchot* (Fn. 27), 629 ff.

[164] Zu siyasa insbes. im Strafrecht vgl. infra → Rn. 101, 123 f.

[165] Kritisch etwa *Doi* (Fn. 5), 467 f.

[166] Vgl. *Masud/Peters/Powers* (Fn. 158), 12, 32; zur Übertragung der strafrechtlichen Kompetenzen vom Kadi auf politischere Autoritäten, insbesondere die Polizei über siyasa vgl. auch schon *Schacht* (Fn. 108), 50, 54, 76.

Justizfragen vertrat und auch für die Ernennung der Kadis zuständig war. In späteren Zeiten gab es teilweise für verschiedene Teile der islamischen Welt verschiedene Großkadis. Der Kadi war im Übrigen nicht allein auf richterliche Funktionen beschränkt. Er hatte auch verschiedene Verwaltungsaufgaben in staatlicher wie religiöser Hinsicht; ihm oblag etwa die Verwaltung der Moscheen.

65 Der Kadi wurde vom Herrscher ernannt und ggf. auch jederzeit wieder entlassen. Inwieweit er in der Bevölkerung mehr als Vertreter der regionalen oder lokalen Gemeinschaften oder der obersten Staatsgewalt angesehen wurde, scheint nicht ganz klar zu sein.[167] Dass der Kadi aber keine unabhängige Instanz war, dürfte allgemein bekannt gewesen sein. Nicht zuletzt darin dürfte auch ein Grund gelegen haben, dass etwa Abu Hanifa, der Vater der hanefitischen Rechtsschule, den Posten des Kadi verweigerte, obwohl er dafür ins Gefängnis geworfen wurde.[168] Insgesamt standen die Gerichtsbarkeit im Allgemeinen und die Kadis im Besonderen auch schon zu ihrer Zeit nicht gerade in dem besten Ruf. Korruption war ein verbreitetes Übel, und die Anweisung, einen Justizposten zu übernehmen, galt bei frommen Moslems eher als Katastrophe denn als Auszeichnung.

c) Qualifikationen des Kadi

66 Der Kadi musste allerlei Voraussetzungen erfüllen, die seine moralische Befähigung sicherstellen sollten. So musste er ua ein erwachsener Moslem von untadeligem Ruf sein. Nach allgemeiner Auffassung durfte auch keine Frau Kadi werden; allein die Hanefiten sahen eine Ausnahme für Fälle im Bereich des Eigentumsrechts vor. Eine jedenfalls in der Anfangszeit zentrale Frage war auch die, ob der Kadi die Befähigung zu ijtihad mitbringen musste, mit anderen Worten ob er zugleich ein mujtahid[169] zu sein hatte. Die verschiedenen Schulen vertraten dazu differenzierte Ansichten, die von der Notwendigkeit der Befähigung zu ijtihad, ggf. auch nur innerhalb der eigenen Rechtsschule, bis hin zur Akzeptanz selbst von Kadis gingen, die weder lesen noch schreiben konnten (denn auch der Prophet konnte dies nicht).[170] In der Praxis muss sich diese Frage allerdings erledigt haben, als die islamische Gemeinschaft dazu überging, das Tor des ijtihad als geschlossen anzusehen oder jedenfalls nur noch sehr selten einer Person die Fähigkeit zum ijtihad zuzusprechen.

67 Eine andere Frage war es, ob der Kalif dem Kadi vorschreiben konnte, welcher Rechtsschule er zu folgen habe. Dabei besteht ein klarer Zusammenhang zur Frage des ijtihad. Denn ijtihad ist eine religiöse Pflicht jedes Moslems, und die Ergebnisse des eigenen ijtihad sind für den Betroffenen individuell bindend, nicht aber für andere mit derselben Befähigung. Jedenfalls soweit der Kadi die Befähigung zu ijtihad besitzt, ist es deshalb dem Kalifen nach Auffassung der ganz überwiegenden Mehrheit innerhalb der sunnitischen Rechtsschulen nicht möglich, den Kadi von vornherein auf eine bestimmte Rechtsschule festzulegen. Ebenso wenig kann der Kalif den Kadi anweisen, einen konkreten Einzelfall auf der Basis der Lehren einer bestimmten Schule zu entscheiden. Nur einige frühe Stimmen der Hanafiten sahen dies anders, spätere Hanafiten beschränkten diese Einflussmöglichkeit wieder auf Kadis, die nur muqallid waren, also in ihrer juristischen Befähigung auf der untersten Stufe standen. In der späteren Praxis des Osmanischen Reichs nahm der Herrscher aber ohne weiteres für sich in Anspruch, den Kadi auf eine bestimmte (nämlich die hanafitische) Rechtsschule festzulegen und ggf. sogar einer bestimmten Ansicht innerhalb dieser Schule den Vorrang zu geben.[171] Unabhängig davon dürften die allgemeinen Erwä-

---

[167] Vgl. einerseits *Bleuchot* (Fn. 27), 625 (seit dem 11. Jahrhundert mehr Vertreter der Gemeinschaft); andererseits *Masud/Peters/Powers* (Fn. 158), 13 (seit Mitte des 9. Jahrhunderts Kadi als von außen kommender Vertreter des Herrschers).

[168] Vgl. dazu etwa die traditionelle Darstellung bei *Doi* (Fn. 5), 92 und die modernere bei *Bleuchot* (Fn. 14), 96.

[169] Zur Einteilung der Qualifikationsstufen vgl. supra → § 10 Rn. 48.

[170] Vgl. die im Detail voneinander abweichenden Darstellungen bei *Masud/Peters/Powers* (Fn. 158), 20 und *Bleuchot* (Fn. 27), 622.

[171] Vgl. *Peters, Rudolph,* Crime and punishment in Islamic law – Theory and practice from the sixteenth to the twenty-first century, 2005, 71 f.

gungen zur Befugnis des Kalifen ohnehin eher selten eine Rolle gespielt haben. Denn der Großkadi ernannte in der Regel nur Kadis seiner eigenen Rechtsschule.[172] Dass aber ein in einer bestimmten Rechtsschule geschulter und beheimateter Jurist sich einer anderen Rechtsschule zuwandte, war höchst unwahrscheinlich.

d) Prozessrecht

Das Verfahren vor dem Kadi war in einiger Detailtiefe geregelt. Ganz äußerlich betrachtet gab es zunächst keine festen Gerichtsgebäude und in diesem Sinne keine äußerliche Manifestation der Institution Gericht. Der Kadi, der stets als Einzelrichter tätig war, konnte an den verschiedensten Stellen arbeiten, sei es zuhause oder an einem öffentlichen Ort. Über die Praxis der Abhaltung von Gerichtstagen in der Moschee bestand allerdings Streit, weil Ungläubige hier keinen Zutritt hatten. Im Übrigen bestanden Regeln etwa über die Form der Klagerhebung, über die notwendigen Eigenschaften von Kläger und Beklagtem, darüber wer als Kläger und wer als Beklagter zu betrachten war und insbesondere über die notwendigen und zulässigen Beweise, etwa durch Zeugen, Geständnis, Eid, Dokumente etc.[173] 68

Insgesamt bestehen so zwar einerseits eine ganze Reihe von Regeln, doch presst der klassische islamische Prozess den Kadi auch keineswegs in eine prozessuale Zwangsjacke, sondern lässt ihm vielerlei Möglichkeiten, das Verfahren nach gesundem Menschenverstand an die Notwendigkeiten des Falls anzupassen. Beweisregeln allerdings sind zum Teil recht formaler Natur. So gilt etwa die Aussage von Frauen deutlich weniger als die von Männern und können auch nur in bestimmten, von Rechtsschule zu Rechtsschule unterschiedlich gesehenen Fällen zwei Frauen die Aussage eines Mannes ersetzen. Wer – entsprechend dem Stichwort der Kadijustiz – letztlich über die mangelnde prozedurale Eingrenzung des Kadi klagt, sollte einerseits all diese Regeln im Blick behalten, andererseits aber auch die historische Dimension nicht vergessen. Denn den Vergleich mit Gerichtsverfahren auf dem europäischen Kontinent oder in England beispielsweise zur Zeit des Kalifats der Abbasiden (750–1258) braucht der islamische Prozess sicherlich kaum zu scheuen. 69

e) Der Mufti als Gutachter

Das Niveau der rechtlichen Fachkenntnisse der Kadis dürfte von Person zu Person durchaus unterschiedlich gewesen sein. Zwei Punkte beschreiben dabei die mögliche Spannbreite: Einerseits wird in der Praxis jedenfalls der späteren Jahrhunderte nur selten ein Kadi die Voraussetzungen von ijtihad erfüllt haben. Andererseits verlangten die Rechtsschulen üblicherweise zumindest die Fähigkeit zu lesen und zu schreiben. Ab dem 8. Jahrhundert kam die Praxis hinzu, zukünftige Kadis in der Regel zunächst einige Zeit bei einem aktiven Kadi hospitieren zu lassen, so dass sie rechtzeitig Erfahrungen sammeln und ihr Metier lernen konnten.[174] Letztlich aber war das Ausmaß der Rechtskenntnisse des Kadis von geringerer Bedeutung, als zunächst zu vermuten stünde. Denn der Kadi war stets aufgefordert, sich im Einzelfall fehlende Rechtskenntnisse von anderen zu besorgen, die gelehrter waren als er. Institutionalisiert wurde diese Pflicht in Form der Muftis.[175] Dabei handelte es sich zunächst schlicht um Privatpersonen, die besonders gelehrt in Fragen des 70

---

[172] Vgl. *Bleuchot* (Fn. 27), 623.

[173] Zum Prozessrecht im Einzelnen *Bleuchot* (Fn. 27), 633 ff.; kürzer *Masud/Peters/Powers* (Fn. 158), 24 ff.; praktische Beispiele etwa bei *Serrano, Delfina,* Twelve court cases on the application of penal law under the Almoravids, in: Masud, Muhammad Khalid; Peters, Rudolph; Powers, David S. (Hrsg.), Dispensing justice in Islam, 2006, 473 (478 ff.).

[174] Vgl. *Masud/Peters/Powers* (Fn. 158), 20.

[175] Dazu auch *Vikør* (Fn. 23), 8 f., 140 ff.; *Masud, Muhammad Khalid; Messick, Brinkley; Powers, David S.,* Muftis, fatwas, and Islamic legal interpretation, in: dies. (Hrsg.), Islamic legal interpretation – Muftis and their fatwas, 1996, 3 (8 ff.); zu den notwendigen Qualifikationen eines Muftis insbesondere im Hinblick auf ijtihad vgl. ibid., 16 ff. und *Hallaq, Wael B.,* Ifta and ijtihad in Sunni legal theory – A developmental

islamischen Rechts waren.[176] Daneben traten später auch vom Staat bestellte Muftis. Die Antwort, die der Mufti auf eine Anfrage des Kadis (aber auch einer Privatperson) gibt, ist die sog. fatwa. Anders als die eigentlichen Urteile und Akten der Kadis sind fatwas in großer Zahl überliefert und stellen heute eine wichtige Erkenntnisquelle zum islamischen Recht dar.[177]

f) Rechtspraktische Literatur

71 Neben den grundlegenden Werken des islamischen Rechts und ihren jeweiligen Schulen standen den islamischen Juristen eine Reihe von ganz rechtspraktisch orientierten Werken zur Verfügung. Auch darin liegt ein weiteres Anzeichen dafür, dass das klassische islamische Recht keineswegs nur ein Gelehrtenrecht war, sondern große Bedeutung im juristischen Alltag genoß. Bedeutsam waren insbesondere Richterhandbücher und Formularbücher.[178] Die Richterhandbücher (kutub al-ahkam), die für die Malikiten typisch sind, befassen sich mit den verschiedensten Problemen, die den Kadis in ihrer Praxis begegnen. Sie bieten dafür Lösungen an, für die der Autor nicht nur auf seine Meinung, sondern auch auf die Aussagen anderer Richter zurückgreift. Um die Merkfähigkeit zu verbessern, wurde jedenfalls in einem Fall sogar auf das didaktische Mittel des Lehrgedichts zurückgegriffen, das ganze Handbuch also in Gedichtform verfasst. Die Formularhandbücher (shurut), von denen allerdings nur wenige bis heute überliefert sind, entsprachen im Wesentlichen ihren modernen Pendants in anderen Rechtsordnungen: Sie hielten vorformulierte Schriftstücke bereit, um in wirtschaftlichen ebenso wie in familienrechtlichen Angelegenheiten eine rechtlich abgesicherte Basis an Dokumentvorlagen zu schaffen, in die nur noch die Daten und Besonderheiten des Einzelfalls einzutragen waren. Teilweise dienten sie auch dazu, eine nach Auffassung des Autors fehlerhafte Praxis zu korrigieren. Ergänzt werden konnten die Formulare durch rechtsdogmatische Erläuterungen. Der Inhalt der Urkundshandbücher war dabei durchaus verschieden, denn die Urkunden unterlagen Wandlungen in Hinblick auf die Zeit, die Region und die jeweiligen Rechtsschulen.

72 Den lebenspraktischen Bezug des islamischen Rechts verdeutlichen schließlich auch noch Bücher über Rechtskniffe (hiyal).[179] Dabei handelte es sich um schlichte Anleitungen, wie man verschiedene, eher starre Regeln des islamischen Rechts umgehen konnte, um den Bedürfnissen der insbesondere auch wirtschaftlichen Praxis gerecht zu werden. Titel wie „Buch der Auswege bei den Rechtskniffen" von Saibani aus dem 9. Jahrhundert machen zugleich deutlich, wie offen jedenfalls teilweise mit dieser Zielsetzung umgegangen wurde. Klassisches Beispiel ist die Umgehung des Zinsverbots durch doppelten Kauf.[180]

II. Der Inhalt islamischen Rechts (fiqh)

73 Das klassische islamische Recht kennt zahlreiche, teils sehr komplexe Regelungen auf den verschiedensten Rechtsgebieten. Vieles davon betrifft – wie in allen Rechtsordnungen – eher technische Feinheiten und Details. Einige Aspekte ziehen allerdings seit Jahrzehnten ein besonderes Interesse auf sich, das sich in teils vehementen Diskussionen nicht nur in der

account, in: Masud, Muhammad Khalid; Messick, Brinkley; Powers, David S. (Hrsg.), Islamic legal interpretation – Muftis and their fatwas, 1996, 33 (33 ff.).

[176] Zu Existenz von Muftis, die mujtahid waren, und solchen, die es nicht waren, vgl. *Weiss* (Fn. 90), 133 ff.; vgl. auch *Vikør* (Fn. 23), 151 ff.

[177] Zu den Eigenarten von fatwas vgl. *Hallaq, Wael B.,* Authority, continuity, and change in Islamic law, 2001, 174 ff.

[178] Zum Folgenden *Lohlker* (Fn. 112), 23 ff.; andere Einteilungen bei *Vikør* (Fn. 23), 161 ff.

[179] Dazu *Rohe* (Fn. 15), 104, 116 ff.; inhaltlich zu Rechtskniffen auch *Lohlker* (Fn. 112), 157 ff.

[180] Dazu noch infra → § 10 Rn. 116.

Rechtsvergleichung sondern auch unter Juristen im Allgemeinen und vielfach sogar in der breiten Öffentlichkeit niederschlägt. Dadurch stellt sich aber ein in einer wissenschaftlichen Erörterung sehr ungewöhnliches, gleichsam publizistisches Problem: Einige dieser Punkte haben die eher unangenehme Eigenschaft, immer wieder auch als politisch-moralische Totschlagargumente gegen das islamische Recht verwendet zu werden – man denke nur beispielhaft an die Polygamie oder das Handabhacken bei Diebstahl. Einer populären Verzerrung könnte wirksam entgegengewirkt werden, indem solche archaisch wirkenden Teile des islamischen Rechts in eine umfassende Gesamtdarstellung der jeweiligen Rechtsgebiete eingebettet und diese so vor einer Reduzierung auf wenige Einzelfragen gerettet würden; und indem die zu diesen Fragen auch unter islamischen Juristen bestehende, sehr differenzierte und kritische Diskussion umfassend aufgearbeitet würde.[181] Allein: Dies ist im Rahmen einer Darstellung wie der vorliegenden schon aus Platzgründen kaum möglich. Dennoch wäre es verfehlt, diese schwierigen Punkte nicht aufzugreifen, die in jeder Diskussion über das islamische Recht fast unweigerlich auftauchen. Es kann daher jeweils nur um eine kurze Darstellung der klassischen Grundlagen gehen, gefolgt von einem sehr kursorischen Einblick in den Diskussionsstand. Dies betrifft zunächst das Familien- und Erbrecht als weithin bekannte Bereiche, die aufgrund der religionsbezogenen Anerkennung des Personalstatuts in vielen Rechtsordnungen auch heute noch erhebliche Auswirkungen haben. In diesem Rahmen wird es um Brautgeld, Zeitehe, Scheidung, Polygamie, und Erbteil der Ehefrau gehen (2). Prominent in der Diskussion ist daneben das islamische Strafrecht mit seinen teils harschen Strafen, oft abgefangen durch den Einfluss staatlichen Rechts, aber auch verstärkt durch die heutigen Tendenzen zu fundamentalistischer Re-Islamisierung (3). Bekannt und vielfach diskutiert ist schließlich das islamische Finanz- und Bankrecht als moderne Entwicklung, die zudem nicht das politische Problem vielfach pauschaler Verdammung gerade durch westliche Stimmen teilt (4). Hinzu kommt vorab ein ebenfalls weitgehend wertungsneutrales Beispiel gleichsam aus dem allgemeinen Teil des islamischen Rechts, das für das Grundverständnis der verschiedensten Einzelregelungen unabdingbar ist: die gegenüber westlichen Rechtsvorstellungen sehr viel differenziertere Sicht der Rechtsfolgen (1).

1. Die fünf Rechtsfolgen

a) Rechtliche, moralische und religiöse Aspekte der Rechtsfolgen

Der Islam kennt nicht nur die sonst üblichen Kategorien von Verbot und Pflicht, sondern drei weitere Zwischenstufen verpflichtender Wirkung. Die jeweilige Definition aller fünf Rechtsfolgen hängt eng mit dem Gedanken der Strafe zusammen: 74

- geboten (fard, wajib): eine verpflichtende Handlung, deren Unterlassen bestraft wird
- empfohlen (mandub, mustahab): eine entsprechende Handlung wird belohnt, aber das Unterlassen nicht bestraft
- zulässig (mubah, jaiz): die Handlung ist erlaubt, aber rechtlich indifferent
- missbilligt (makruh): die Handlung gilt als tadelnswert und unerwünscht, ihre Vornahme ist jedoch nicht strafbewehrt
- verboten (haram): eine Handlung, deren Vornahme bestraft wird.[182]

Hintergrund dieser Vielfalt dürfte die fehlende Trennung des islamischen Rechts zwischen rechtlichen und moralischen Geboten sein. Sie verbietet es zugleich, die drei Zwischenkategorien (mandub, jaiz, makruh) in Anwendung westlichen Rechtsdenkens aus dem Bereich des rechtlichen heraus- und in den des nur moralischen hineinzuinterpretieren.[183] Hinter alledem steht der eminent religiöse Charakter des islamischen Rechts. Denn die Strafen, um die es bei den fünf Klassen von Rechtsfolgen geht, sind nur weltlicher Natur. Mit anderen 75

[181] Vgl. etwa die Gesamtdarstellung von *Rohe* (Fn. 15), passim.

[182] Kurz und bündig *Doi* (Fn. 5), 50 f.; vgl. etwa auch *Nyazee, Imran Ahsan Khan*, Islamic Jurisprudence, 2003, 57 ff.

[183] Dazu *Hallaq* (Fn. 9), 84 ff.

Worten drohen dem Gläubigen bedeutsame negative wie positive Konsequenzen durchaus in allen Klassen – jedoch handelt es sich dabei um juristisch nicht weiter fassbare Konsequenzen für das Seelenheil im Jenseits.[184]

b) Wajib und fard: Das Gebotene

76 Im Einzelnen[185] unterscheidet die Lehre im Rahmen des Gebotenen (wajib) eine ganze Reihe von Unterkategorien, die sich etwa am Adressaten der Pflicht, am Erfüllungszeitpunkt und an der Quantifizierung orientieren. Dahinter steht auch keineswegs nur ein abstraktes, klassifikatorisches Interesse. Vielmehr sind mit den Unterkategorien jeweils Folgen für die Beurteilung der Erfüllung und ihrer Konsequenzen verbunden. Nur ein Beispiel: Stirbt eine Person und hinterlässt nicht die für die Beerdigung notwendigen Mittel, so besteht eine Verpflichtung, für die Kosten eines angemessenen Begräbnisses aufzukommen. Diese Pflicht ist aber eine kollektive (wajib kafa'i). Sie ist für alle Mitglieder der Gemeinschaft auch dann erfüllt, wenn nur einige tatsächlich für die Kosten aufkommen; der religiöse Verdienst jedoch kommt dann ebenfalls nur diesen wenigen zugute.[186]

77 Die Vielzahl der so möglichen, einander immer wieder überschneidenden und untereinander manchmal schwer abzugrenzenden Kategorien hat die Hanafiten dazu bewogen, im Unterschied zu allen anderen Schulen wajib und fard nicht für synonym zu halten, sondern in fard eine verstärkte Form des wajib zu sehen. Fard umschreibt demnach diejenigen Pflichten, die auf eine sichere Quelle, insbesondere den Koran oder ein als sicher geltendes Hadith zurückgehen, wajib hingegen solche Pflichten, deren Quelle weniger sicher ist. Geboten bleiben sowohl fard als auch wajib, doch ergeben sich nach hanafitischer Auffassung Unterschiede in zweierlei Hinsicht: Erstens wird ein Moslem, der nicht an eine Pflicht im Sinne von fard glaubt, zum Ungläubigen, begeht also Apostasie.[187] Wer hingegen eine Pflicht im Sinne von wajib leugnet – etwa die Pflicht, Frau und Kinder zu unterstützen – begeht nur eine Sünde. Zweitens macht der Verstoß gegen eine fard Pflicht im Rahmen eines rechtlich verpflichtenden Akts diesen nichtig, während der Verstoß gegen eine wajib Pflicht den Akt nur fehlerhaft, aber nicht nichtig macht.

c) Haram: Das Verbotene

78 Haram ist das Gegenstück zu fard und beschreibt ein strafbewehrtes Verbot. Wer nicht gegen ein haram Verbot verstößt, wird belohnt. Dabei werden zwei Formen unterschieden: das um seiner selbst willen Verbotene, wie etwa Mord, Diebstahl oder Ehebruch, und das aus anderen Gründen verbotene, das nicht etwa aus sich heraus als schlecht gilt, sondern aufgrund weiterer Konsequenzen. So ist etwa der Handel während des Freitagsgebets nicht deshalb verboten, weil dieser Handel selbst etwas Schlechtes wäre, sondern weil er vom Gebet abhält. Die rechtlichen Konsequenzen können durchaus verschieden sein. Ein um seiner selbst willen verbotenes Handeln ist von Anfang an nichtig. Ein aus anderen Gründen verbotenes kann hingegen durchaus gültig sein, wie etwa nach überwiegender, wenn auch umstrittener Ansicht ein während des Freitagsgebets abgeschlossener Handel.

d) Mandub, makruh und mubah als Zwischenkategorien

79 Mandub sind demgegenüber Empfehlungen, für deren Befolgung der Gläubige gelobt und im Jenseits belohnt wird, deren Nichtbefolgung hingegen keine Strafe oder sonst negative Konsequenzen nach sich ziehen. Klassisches Beispiel ist etwa die im Koran niedergelegte Pflicht, einen zeitlich begrenzten Kredit in Schriftform zu dokumentieren. Sie ist schon

[184] Vgl. *Hallaq* (Fn. 9), 85.
[185] Zum Folgenden vgl. *Dien* (Fn. 23), 96 ff.; umfassend *Kamali* (Fn. 62), 413 ff.
[186] Beispiel nach *Kamali* (Fn. 62), 415.
[187] Zur Apostasie noch infra → § 10 Rn. 109 ff.

deshalb nur mandub, weil der Kredit auch ohne Schriftform zurückgezahlt werden muss.[188] Ebenfalls mandub ist beispielsweise die Pflicht, seine Sklaven auf deren Wunsch freizulassen.[189]

Makruh ist das Gegenstück zu mandub. Makruh beschreibt eine unerwünschte Handlung, ein Verbot, bei dem der Verstoß aber nicht strafbewehrt ist, dessen Einhaltung hingegen belohnt wird. Man kann sogar sagen, dass die Missachtung einer mandub Pflicht makruh ist. Dass der Verstoß gegen eine makruh Pflicht auch moralisch unerheblich wäre, wie die Mehrheit der islamischen Juristen meint, wird von der hanafitischen Schule für einen Teil dieser Pflichten bestritten. Makruh ist es beispielsweise, ein Kaufangebot für eine Sache abzugeben, für die bereits das Kaufangebot einer anderen Person besteht, eine Meinung zu etwas zu vertreten, über das man nicht genug weiß, oder beschädigte Dinge als Almosen zu geben. 80

Mubah schließlich umschreibt das Erlaubte in dem Sinne, dass alles erlaubt sei, was nicht verboten ist; es impliziert eine Wahlmöglichkeit des Gläubigen. Darunter fallen zahllose Handlungen des täglichen Lebens, wie die Nutzung der Natur oder das Angebot eines Verlöbnisses (Sure 2:235), daneben etwa auch eine grundsätzlich sündhafte Handlung, die jedoch allein aufgrund eines Notstandes begangen wird, etwa der Verzehr von Aas, um das eigene Leben zu retten. 81

e) Komplexe Weiterungen

Die hier gewählte, relativ einfache Darstellung der verschiedenen Pflichtendimensionen darf nicht darüber hinwegtäuschen, dass die islamische Rechtswissenschaft über die Jahrhunderte eine Vielzahl von komplexen Einzelfragen herausgearbeitet hat, die hier nicht näher behandelt werden. Dazu zählt nicht zuletzt die oft nicht einfache Frage, anhand welcher Kriterien die Einordnung einer konkreten Pflicht in die verschiedenen Pflichtdimensionen überhaupt erfolgt. Es bestehen aber auch zahlreiche Verfeinerungen, Unterkategorien und weiterreichende Fragen. Im Rahmen von mandub beispielsweise ist umstritten, ob die einmal begonnene Erfüllung einer mandub Pflicht den Gläubigen im Sinne von fard verpflichtet, die Erfüllung zu beenden, oder ob auch die Weitererfüllung mandub bleibt. Auch können einzelne Handlungen aus unterschiedlichen Gründen ihre Rechtsfolgen verändern. So ist Essen und Trinken mubah, exzessives Essen und Trinken hingegen makruh. Wer weiter fastet, obwohl er dies nicht muss, weil er sich auf einer Reise befindet, handelt erlaubt, mubah. Wenn er jedoch dadurch seine Gesundheit gefährdet, handelt er haram. Gutes Essen und gute Kleidung sind für einen wohlhabenden Mann mandub, jedoch ist es mubah, wenn er bescheiden lebt. 82

2. Aspekte des Familien- und Erbrechts

Das traditionelle islamische Recht kennt überaus detaillierte und komplexe Regeln zum gesamten Bereich des Familien- und Erbrechts, das bis heute zu einem der Hauptbetätigungsfelder islamischer Juristen zählt. Besondere Aufmerksamkeit haben allerdings vor allem einige Einzelaspekte erregt. 83

a) Brautgeld (mahr)

Das Brautgeld (mahr) ist eine Zahlung des Ehemanns an die Ehefrau aus Anlass der Eheschließung.[190] Ohne Brautgeld kann keine Ehe geschlossen werden. Das Brautgeld dient 84

[188] Vgl. Sure 2:282 („Wenn ihr euch untereinander verschuldet für eine festgelegte Frist, dann schreibt es auf!") und Sure 2:283 („Und wenn der eine von euch dem anderen etwas anvertraut, dann soll der, dem man etwas anvertraute, das anvertraute Gut auch wiedergeben").

[189] Vgl. Sure 24:33 („Doch wer von euren Sklaven einen Freibrief begehrt, dem stellt ihn aus, wenn ihr Gutes über ihn wißt."); der letzte Satzteil wird als ein Wahlelement gelesen, das die Pflicht mandub macht.

[190] Zum Folgenden näher *Doi* (Fn. 5), 158 ff.; vgl. auch detailliert *Linant de Bellefonds, Y.*, Traité de droit musulman comparé, Bd. 2, 1965, 199 ff.

nicht zuletzt der Absicherung der Ehefrau, denn sie behält es selbst im Fall der Scheidung. Das Brautgeld ist also keinesfalls eine Art Brautpreis und hat auch nichts mit der europäischen Mitgift zu tun, die von der Familie der Braut gestellt würde. Allerdings gibt es keine Mindestsumme, so dass das Brautgeld mit den finanziellen Möglichkeiten der Brautleute und ihrer Familien sehr stark variieren und auch sehr klein ausfallen kann. Wird hingegen keine bestimmte Summe vereinbart, so hat die Frau ein Anrecht auf die in vergleichbaren Fällen übliche Summe. Deren Höhe hängt also von Faktoren wie dem Ort, der Zeit und nicht zuletzt der sozialen Stellung ab. Das Brautgeld kann auch gestundet werden, wird dann aber in jedem Fall mit dem Tod des Ehemannes oder der Scheidung fällig. Oft findet sich eine Konstruktion, nach der das Brautgeld zunächst nur teilweise gezahlt und erst im Fall der Scheidung der volle Betrag fällig wird; sein Absicherungscharakter tritt dann besonders deutlich zutage. Aufgrund der hohen sozialen Bedeutung des Brautgeldes hat sich eine große Normenvielfalt zur Regelung zahlreicher Einzelfragen entwickelt, wobei die einzelnen Schulen vielfach voneinander abweichen.

b) Schiitische Zeitehe (mut'a)

85 Gelegentliche Aufmerksamkeit erregt auch die nur von den Schiiten anerkannte Zeitehe (mut'a). Sie wird letztlich auf Sure 4:24 zurückgeführt: „Über das hinaus ist euch erlaubt, dass ihr mit eurem Vermögen freit, als keusche Männer, nicht um Unzucht zu treiben. Gebt den Frauen, die ihr genossen habt, pflichtgemäß ihren Lohn." Die jafaritische Schule zieht daraus die Konsequenz, dass eine Ehe gegen Zahlung eines Brautgelds auch für einen bestimmten Zeitraum, und seien es nur Stunden, eingegangen werden kann. Nach sunnitischer Vorstellung handelt es sich dabei um schlichte Prostitution.[191] Die Schiiten hingegen weisen darauf hin, dass die Praxis der Zeitehe schon zu Lebzeiten des Propheten bestand und erst vom zweiten Kalifen (den sie ohnehin nicht anerkennen) verboten worden sei.[192] Ganz praktisch scheint die Zeitehe – jenseits moralisch möglicherweise zweifelhafter Verhältnisse – unter anderem auch ein beliebter Ausweg für junge Erwachsene schiitischen Glaubens etwa im Iran zu sein, um Erfahrungen mit dem anderen Geschlecht – jenseits aller Prostitution – sammeln zu können, ohne mit der Obrigkeit in Konflikt zu geraten.[193]

c) Scheidung (talaq)

86 Lässt sich das Brautgeld noch als Ausdruck einer Tradition und sogar eines gewissen Schutzes für die Frau ansehen und die Zeitehe zum Teil mit einem verständnisvollen Augenzwinkern zur Kenntnis nehmen, sieht sich die Praxis der einseitigen Ehescheidung durch den Mann[194] erheblicher Kritik ausgesetzt. Die dieser Kritik zugrundeliegende Vorstellung ist folgende: Will der islamische Ehemann seine Ehefrau loswerden, so kann er dies jederzeit und ohne weiteres tun, indem er dreimal hintereinander die Scheidungsformel „ich verstoße dich" (talaq, talaq, talaq) oder ähnliches ausspricht. Dies kann sogar telefonisch oder per SMS geschehen. Die damit erfolgte Scheidung hat zur Folge, dass die Frau ihren sozialen Status, ihr Heim und ihre finanzielle Versorgung verliert, denn einen Unterhaltsanspruch hat sie allenfalls für einen sehr kurzen Zeitraum. Das ist eine verkürzte, aber im Wesentlichen korrekte Darstellung der Rechtslage. Allerdings verurteilt der Islam diese Form der Scheidung (sog. talaq al-bida) als sündhaft; sie ist makruh. Dies wird von moslemischen Juristen auch mit oft größter Deutlichkeit betont: „This is usually done by ignorant Muslims to satisfy

---

[191] Deutlich etwa *Charfi* (Fn. 109), 70.
[192] Vgl. dazu *Momen* (Fn. 83), 182 f.
[193] Umfassender und teils kritisch zur Praxis der Zeitehe *Schirrmacher, Christine; Spuler-Stegemann, Ursula*, Frauen und Scharia – Die Menschenrechte im Islam, 2004, 124 ff.
[194] Dazu und zum Folgenden vgl. aus moslemischer Sicht *Doi* (Fn. 5), 168 ff.; westliche Analyse bei *Rohe* (Fn. 15), 91 ff.; kritisch aus westlicher Sicht *Schirrmacher/Spuler-Stegemann* (Fn. 193), 126 ff., 154 ff.

their selfish motives. (…) they commit a heinous sin against the precepts of the Shari'ah."[195] Gültig ist diese Form der Scheidung aber dennoch. Nur die Schiiten erkennen sie nicht an.[196]

Von der missbilligten und erst weit nach dem Tod des Propheten entwickelten talaq al-bida ist die zulässige Verstoßung zu unterscheiden, die im Unterschied zu talaq al-bida zunächst widerruflich ist und erst später unwiderruflich wird. Das ist auch ihr Sinn und der Grund ihrer Bevorzugung: Es soll möglichst lange die Chance bestehen, dass die Ehe noch gerettet wird. Denn von allen zulässigen Dingen ist nach einem Hadith die Scheidung das von Allah am meisten gehasste.[197] Die zulässige Verstoßung ist wiederum in zwei unterschiedlich erwünschten Formen möglich: Bei der besseren (ahsan) Variante spricht der Ehemann eine Verstoßung aus während seine Frau „rein" ist, also nicht menstruiert. Danach darf er drei Monate lang keinen Geschlechtsverkehr mit ihr haben und ist – vorbehaltlich einiger unter den Schulen umstrittener Feinheiten – sodann endgültig geschieden. Jede sexuelle Handlung mit der Ehefrau während des Dreimonatszeitraums gälte als Widerruf der Scheidung. Bei der weniger erwünschten (hasan) Form, wird die Verstoßung während drei aufeinanderfolgender Reinheitsperioden je einmal ausgesprochen und gilt dann als endgültig, selbst wenn die ersten Scheidungsformeln wieder zurückgenommen wurden. 87

Aus moslemischer Sicht[198] stellen diese Formen der Verstoßung eine erhebliche Verbesserung der Lage der Frauen gegenüber dem vormoslemischen Recht auf arabischem Gebiet dar, das dem Mann weitgehend unbeschränkte Rechte zugesprochen haben soll. Ein wichtiger Punkt aus moslemischer Sicht ist dabei auch, dass die Frau nicht mehr unter dauerhaftem Druck gehalten werden kann, etwa indem sie einer Folge von Scheidungen und Wiederverheiratungen mit demselben Mann ausgesetzt wird: Ist die Frau einmal geschieden, kann ihr früherer Ehemann sie nicht wieder heiraten, es sei denn, sie habe zwischenzeitlich die Ehe mit einem Dritten vollzogen und sei von diesem wieder geschieden worden (Sure 2:230). Die auch heute noch durchaus verbreitete[199] Praxis, eine solche Ehe mit einem Dritten nur zu dem Zweck einzugehen, eine erneute Heirat mit dem geschiedenen Ehemann zu ermöglichen (halalah), wird vom Islam schärfstens verurteilt. In Bezug auf die vermögensrechtlichen Folgen einer Scheidung wird aus traditioneller Sicht sogar darauf hingewiesen, dass die Frau klar besser dastehe als der Mann. Denn wenn die Scheidung auf einem Grund beruhe, den der Mann zu vertreten habe, so müsse er der Frau deren Eigentum überlassen und das ausstehende Brautgeld auszahlen; die Frau hingegen müsse im umgekehrten Fall nur auf ihren Brautgeldanspruch verzichten[200] – ein letztlich wenig überzeugender Vergleich. Entsprechend beklagen moslemische Ehemänner auch des Öfteren die einseitig nur sie treffenden Unterhaltspflichten.[201] Neben der Verstoßung bestehen noch andere Formen der Scheidung, beispielsweise die Bezichtigung des Ehebruchs, die jedoch nur eine Nebenrolle spielen.[202] Bei alledem ist die Grundeinstellung des Islam zur Scheidung vielfältiger, als ein nur kursorischer Blick vermuten lässt. Je nach den konkreten Umständen kann die Scheidung jeder der fünf Rechtsfolgen von erlaubt bis verboten[203] zugeordnet werden, wobei Details erneut umstritten sind.[204] 88

Die westliche, aber auch innerislamische Kritik am Scheidungsrecht liegt im Kern auf der Hand: Die Scheidung ist einseitig auf den Mann ausgerichtet, für die Frau bestehen nur stark eingeschränkte Möglichkeiten, eine Scheidung zu initiieren. Selbst die Scheidung durch talaq in der bevorzugten Form beispielsweise versetze die Frau in einen mehrmonatigen Schwebezustand, währenddessen sie der Entscheidung und den Launen des Mannes aus- 89

---

195 *Doi* (Fn. 5), 179.
196 Vgl. *Momen* (Fn. 83), 183.
197 Zit. nach *Doi* (Fn. 5), 169.
198 Zum Folgenden *Doi* (Fn. 5), 178 ff.
199 Vgl. *Schirrmacher/Spuler-Stegemann* (Fn. 193), 131 f.
200 So mit einigen Unklarheiten *Doi* (Fn. 5), 179.
201 Vgl. *Rohe* (Fn. 15), 98.
202 Dazu etwa *Rohe* (Fn. 15), 93 f.
203 Dazu soeben supra → § 10 Rn. 74 ff.
204 Dazu *Doi* (Fn. 5), 170.

geliefert sei, der zudem dasselbe Verfahren unbegrenzt immer wieder neu beginnen und die Frau so unter Druck setzen könne. Mindestens ebenso wichtig sind aber auch die finanziellen und oft auch sozialen Folgen für die geschiedene Frau, die vielfach stigmatisiert und in wirtschaftlich prekären Verhältnissen zurückbleibt, zumal auch die Personensorge für gemeinsame Kinder der Frau in der Regel nur zusteht, solange die Kinder noch klein sind.[205]

90 Die Gesetzgebung in vielen islamischen Staaten hat die Kritik zumindest teilweise aufgegriffen. Dazu werden etwa per Gesetz die Scheidungsmöglichkeiten für den Mann inhaltlich oder durch formelle Maßnahmen wie die verpflichtende Einschaltung eines Gerichts oder verpflichtende Versöhnungsversuche beschränkt. Daneben können der Frau verbesserte Möglichkeiten gegeben werden, selbst eine Scheidung herbeizuführen (jedoch soweit ersichtlich niemals durch schlichten talaq). In der Praxis spielen daher die sehr unterschiedlich ausgestalteten, staatlichen Regeln eine ganz erhebliche Rolle.

d) Polygamie

91 Grundlage für die Zulassung der Polygamie im islamischen Recht ist Sure 4:3: „Und wenn ihr fürchtet, den Waisen gegenüber nicht gerecht zu handeln, so heiratet von den Frauen, was euch gut dünkt – zwei, drei oder vier! Und wenn ihr fürchtet, ihnen nicht gerecht zu werden, dann nur eine oder was ihr an Sklavinnen besitzt! So könnt ihr am ehesten Ungerechtigkeit vermeiden." Daraus wird ua die Zulässigkeit der Polygamie, ihre Begrenzung auf höchstens vier Ehefrauen und die Begrenzung auf Monogamie für den Fall abgeleitet, dass Polygamie zu Ungerechtigkeiten führen könnte,[206] wobei Ungerechtigkeit auch im Sinne von Ungleichheit verstanden werden kann.[207] Bis ins 20. Jahrhundert hinein blieb dieser Grundsatz weitreichend akzeptiert, wenn auch die Monogamie unter klassischen islamischen Juristen fast einhellig als vorzugswürdig bezeichnet wurde.[208] Bis heute wird die Polygamie von sehr traditionellen Vertretern des Islam mit einigen typischen Argumenten verteidigt: die Sicherheit bei der Bestimmung der Elternschaft etwaiger Kinder; die (statistisch nicht haltbare) Überzahl von Frauen in der Bevölkerung, die gleichsam versorgt werden müssten; die Absicherung etwa kranker oder steriler Frauen, für die eine Zweitfrau besser sei als die Scheidung; die deutliche Abnahme der Polygamie aufgrund der modernen, urbanen Lebensbedingungen; und schließlich die Verhinderung sündigen Verhaltens des Mannes, der statt einer außerehelichen Beziehung eine weitere Heirat wählen könne.[209]

92 Kritische Stimmen sehen in der Polygamie stattdessen eine weitgehende sexuelle Befreiung – allein des Mannes:[210] Sieht der Mann eine Frau, die er begehrt, kann er sie schlicht heiraten. Hat er bereits vier Frauen, kann er durch das ihn begünstigende Scheidungsrecht schlicht eine seiner Frauen verstoßen und so Platz für eine neue schaffen. Es ist ihm nicht einmal verboten, eine Frau zu heiraten, wenn er von vornherein weiß, dass er sie nur vorübergehend „behalten" und dann verstoßen will. Historisch gesehen weist die Sure 4:3 zusätzlich auf einen anderen Aspekt der sexuellen Befreiung des Mannes hin. Denn neben seinen Ehefrauen durfte der Mann beliebig viele Sklavinnen halten, mit denen sexuelle Beziehungen zulässig waren. Der klassische Harem der Kalifen findet so seine Erklärung.[211]

93 Die Eindämmung der Polygamie – selten wie in Tunesien oder der Türkei sogar ihre Abschaffung – gehört zum klassischen Programm der Gesetzgebung in denjenigen moslemischen Staaten, die sich der Modernisierung verpflichtet fühlen.[212] Vielfach wird die Heirat einer zusätzlichen Frau durch staatliches Gesetz beispielsweise von einer gerichtlichen

---

[205] Vgl. *Schirrmacher/Spuler-Stegemann* (Fn. 193), 130 f., 154 ff., zum Sorgerecht ibid., 159 ff.
[206] Zu dieser Auslegung etwa *Kamali* (Fn. 62), 168; *Doi* (Fn. 5), 145.
[207] Vgl. *Charfi* (Fn. 109), 138.
[208] Vgl. *Hallaq* (Fn. 9), 277 f.
[209] Zusammenfassend *Charfi* (Fn. 109), 70 f., 68; vgl. auch *Schirrmacher/Spuler-Stegemann* (Fn. 188), 119 f.
[210] Dazu *Charfi* (Fn. 109), 68 ff.
[211] Gegen die Zulässigkeit der klassischen Harems *Doi* (Fn. 5), 147, der jedoch die Rolle der Sklaverei nicht erwähnt und sich auf Ehefrauen beschränkt.
[212] Vgl. auch zum Beispiel Indonesiens supra → § 9 Rn. 260.

Genehmigung abhängig gemacht, für deren Erteilung geprüft wird, ob der Mann tatsächlich in der Lage ist, all seine Ehefrauen gerade auch in finanzieller Hinsicht gleichzustellen. Oder das Gesetz sieht eine offizielle Mitteilung der Heiratsabsicht an die bereits vorhandene Ehefrau vor. Oder eine Zweitehe wird nur bei Vorliegen bestimmter Gründe genehmigt, die im Einzelnen nachzuweisen sind.[213] Aus Sicht des klassischen islamischen Rechts können solche gesetzlichen Beschränkungen deshalb als zulässig angesehen werden, weil sie die Forderung der Sure 4:3 durchsetzen, Ungerechtigkeiten auch im Sinne von Ungleichbehandlungen zwischen den Ehefrauen zu vermeiden.

Für noch weitergehende Forderungen nach völliger Abschaffung der Polygamie wird in der Regel auf Sure 4:129 verwiesen: „Ihr werdet die Frauen nicht gerecht behandeln können, auch wenn ihr euch darum bemüht." Entsprechend wird argumentiert,[214] Gott habe zwar mehrere Frauen erlaubt, wenn diese gleich behandelt würden, aber zugleich festgestellt, dass diese Bedingung unerfüllbar sei.[215] Der Koran enthalte also nur eine Scheinerlaubnis der Polygamie, die den früheren sozialen Bedingungen Rechnung getragen habe, in der Hoffnung, dass die Mosleme mit der Zeit den wahren Willen Gottes, also das Verbot der Polygamie, erkennen würden. Der Grundgedanke moslemischer Polygamiegegner liegt also darin, dass der Koran ein Verhalten wie die Polygamie zwar toleriert, aber zugleich missbilligt, und dass diese Missbilligung sich mit der Zeit immer mehr durchsetzen und die Toleranz verschwinden müsse. Dies ist nichts anderes als der klassische Grundgedanke der modernistischen Strömung im Bereich des Islam, der vor allem gegen die – wie die Modernisten meinen: nur scheinbar – ungleiche Behandlung der Frau durch den Islam immer wieder eingesetzt wird.[216] Traditionellere Sichtweisen zur Polygamie lösen den Konflikt zwischen beiden Suren allerdings auf anderer Weise: So lässt sich darauf hinweisen, dass ein göttlicher Text nicht in sich widersprüchlich sein könne, die Gleichbehandlung mehrerer Frauen also nur als Empfehlung zu lesen sei. Auch könnte die Gleichbehandlungspflicht nur zu einer Herabsetzung der Anzahl der Frauen, etwa auf zwei, führen. Auf eine geringere Bedeutung der Gleichbehandlung deutet dabei auch der zweite Satz der Sure 4:129 hin: „Und wendet eure Zuneigung nicht völlig ab, so dass ihr sie gleichsam in der Schwebe lasst." 94

e) Erbteil von Ehefrauen und Töchtern

Das islamische Erbrecht ist höchst komplex und detailreich, mit zahlreichen geradezu liebevoll ausziselierten Verästelungen.[217] Die Aufmerksamkeit vieler moderner Beobachter betrifft aber vor allem die Tendenz, der Frau nur einen halb so hohen Erbteil zuzusprechen wie dem Mann. Konkret gilt dies vor allem für Töchter, die nur halb so viel erhalten wie Söhne, und für die Ehefrau, die vom verstorbenen Ehemann nur halb so viel erhält wie umgekehrt. Beides lässt sich unmittelbar dem Koran entnehmen, denn Sure 4:11 legt fest: 95

213 Zu diesen Entwicklungen der Gesetzgebung zu Beginn der zweiten Hälfte des 20. Jahrhunderts vgl. etwa *Doi* (Fn. 5), 149 ff., der sie deutlich als Verstoß gegen die Vorgaben des islamischen Rechts einstuft, ibid., 152.

214 Vgl. zum Folgenden *Charfi* (Fn. 109), 138 f., 141 ff.; ausdrücklich gegen diese modernistischen Tendenzen *Doi* (Fn. 5), 149.

215 Tatsächlich hat die High Court Division des Supreme Court von Bangladesch mit dieser Begründung die Polygamie für islamwidrig erklärt, vgl. Jesmin Sultana v. Mohammad Elias, Civil Revision No. 4591 of 1995, vom 26.11.1996, Bangladesh Legal Decisions (BLD) 17 (1997), 4, zit. nach *Ssenyonjo, Manisuli,* Towards non-discrimination against women and de jure equality in Uganda – The role of Uganda's constitutional court, African Journal of International and Comparative Law 16 (2008), 1 (13), der ibid., Fn. 31 aber auch darauf hinweist, dass diese vielzitierte Entscheidung (vgl. etwa auch *Rohe* (Fn. 15), 217) später von der Appellate Division desselben Gerichts wieder aufgehoben worden sei, da der Richter unnötigerweise eine Meinung zum islamischen Recht zum Ausdruck gebracht habe, ohne darum gebeten worden zu sein, ohne jemanden dazu anzuhören und ohne dass dies für die Lösung des Falles notwendig gewesen wäre.

216 Vgl. beispielhaft *Talbi* (Fn. 132), 68.

217 Für einen Einblick vgl. *Doi* (Fn. 5), 271 ff.

„Gott schreibt euch für eure Kinder vor: Für das männliche ist der gleiche Anteil wie für zwei weibliche bestimmt." und Sure 4:12 erklärt unter anderem: „Und für euch ist die Hälfte dessen bestimmt, was eure Frauen hinterließen, (...). Und für sie ist ein Viertel dessen, was ihr hinterlasst, bestimmt (...)".

96 Während diese Ungleichbehandlung in früheren Zeiten nicht einmal gesondert erwähnt wurde,[218] gilt sie heute vielen westlichen Beobachtern als klarer Ausdruck der Herabsetzung der Frau im islamischen Recht. Dem halten moslemische Stimmen regelmäßig eine übergreifende Betrachtung entgegen:[219] Sie weisen darauf hin, dass den Witwen das Recht auf das Brautgeld, den Töchtern das Recht auf Unterhalt zustehe, das sich jeweils gegen den Vater bzw. einen männlichen Verwandten richte. Der höhere männliche Erbteil sei also der pauschalierte Ausgleich für diese Belastungen, die Frauen nicht treffen könnten. Dass es hingegen nicht um das Geschlecht als solches gehe, zeige sich schon daran, dass die Geschlechter in anderen Konstellationen auch formal gleich behandelt würden. Das gelte etwa bei der gleichen erbrechtlichen Stellung von Mutter und Vater oder von Halbgeschwistern auf Seiten der Mutter. Wichtiger noch entfalle selbst die numerische Ungleichbehandlung dann wieder, wenn keine Unterhaltspflicht eines männlichen Erbens in Rede stehe. Hinterlasse etwa der Vater keine Söhne, sondern nur eine Tochter, so erhalte diese die Hälfte, mehrere Töchter 2/3 des Erbes. Frauen und Männer würden so zwar nicht mathematisch, aber doch empirisch gleichbehandelt. Verbreitet ist zudem der Hinweis, dass die ausdrückliche Zuweisung von Erbteilen an Frauen eine erhebliche Verbesserung gegenüber dem vorislamischen Rechtszustand darstelle, der Frauen oft völlig vom Erbe ausschloß. Dieses Argument kann sogar auf die heutige Zeit bezogen werden. Denn auch heute noch liegt in der Alltagspraxis das Problem immer wieder einmal darin, dass Frauen nicht einmal ihren im islamischen Recht vorgesehenen Anteil erhalten. Zur Aufrechterhaltung dieser gerade in ärmeren und ländlichen Regionen fortbestehenden, rechtswidrigen Praxis tragen alte Traditionen ebenso ihren Teil bei wie die fehlende Kenntnis der Frauen von ihren Rechten.

3. Strafrecht

a) Von hadd zu tazir: Der enge Regelungsbereich

97 Das islamische Strafrecht unterscheidet grundlegend zwischen zwei Formen von Straftaten: hadd (Plural: hudud) und tazir.[220] Die sechs hudud Straftaten werden in Koran oder Sunna selbst identifiziert und jeweils mit einer bestimmten, sehr harten Strafe belegt. Vereinfacht geht es um:

– Trunkenheit (80 Peitschenhiebe)
– falsche Bezichtigung der Unzucht (80 Peitschenhiebe)
– Diebstahl (Amputation einer Hand)
– Unzucht (Steinigung bis zum Tod für Verheiratete, 100 Peitschenhiebe für Unverheiratete)
– Straßenraub (je nach Schwere Tod, Amputation einer Hand oder eines Arms oder Exil)
– Apostasie (Tod).[221]

---

218 Vgl. etwa *Rahmin* (Fn. 26), 346 ff. und auch noch *Schacht* (Fn. 108), 170 ff.

219 Vgl. etwa *Goolam, Hafiz Nazeem,* Gender equality in Islamic family law – Dispelling common misconceptions and misunderstandings, in: Ramadan, Hisham M. (Hrsg.), Understanding Islamic law, 2006, 117 (129 f.); kurz *Doi* (Fn. 5), 299; darstellend *Rohe* (Fn. 15), 101.

220 Zum islamischen Strafrecht und zum Folgenden vgl. aus westlicher, kenntnisreicher Sicht *Peters* (Fn. 171), passim; *Rohe* (Fn. 15), 122 ff.; aus traditionell islamischer Sicht *Doi* (Fn. 5), 218 ff.; im Wesentlichen verteidigend gegen westliche Angriffe *Ramadan, Hisham M.,* On Islamic punishment, in: ders. (Hrsg.), Understanding Islamic law, 2006, 43 (43 ff.); detailliert und kenntnisreich zum real bestehenden osmanischen Strafrecht *Heyd, Uriel,* Studies in old Ottoman criminal law, 1973, passim.

221 Vgl. etwa *Doi* (Fn. 5), 225; zur Art der Ausführung der einzelnen Strafen vgl. *Peters* (Fn. 171), 34 ff.

Bei tazir Straftaten hingegen verlangt nicht der Koran, sondern der weltliche Gesetzgeber die Strafe. Was genau er hier unter Strafe stellt und mit welchen Strafen belegt, ist weitgehend in sein Ermessen gestellt. Eigenständig neben beiden Kategorien stehen die qisas Straftaten Totschlag und Körperverletzung. Während bei hudud Straftaten die Rechte Gottes, nach modernerer Terminologie also die Rechte der Allgemeinheit geschützt werden, geht es bei qisas nur um den Schutz der Menschen.[222] Auch sind sie anders als hudud Straftaten insbesondere durch den Grundsatz privater Verfolgung und durch eine Bestrafung mittels privater Vergeltung oder finanziellen Ausgleichs („Blutgeld") gekennzeichnet.[223] Dennoch wird die Strafe hier gelegentlich als hadd Strafe bezeichnet.[224]

b) Bewusste Zurückdrängung der strengen hadd Strafe: Beispiel Diebstahl

Das entscheidende Merkmal von hudud Straftaten ist die extrem strenge Auslegung ihrer Voraussetzungen und Beweisanforderungen. Mit anderen Worten kommt es bei korrekter Anwendung des klassischen islamischen Rechts nur äußerst selten zur Verhängung der vorgesehenen Strafen. Darin liegt auch keineswegs, wie man vermuten könnte, eine moderne Entwicklung etwa unter dem Eindruck der Menschenrechte, sondern eine eigenständige und bewusste Konsequenz der traditionellen islamischen Strafrechtswissenschaft. So wurde schon vor mehr als hundert Jahren festgestellt: „These rules are so strict and inflexible that it must be only in rare cases that the infliction of hadd as of retaliation would be possible, and, in fact, there are only a few instances known in which hadd has been inflicted. The department of the law relating to hadd has merely a historical interest (...)."[225] Im traditionellen Denken wird diese Zurückdrängung einerseits damit begründet, dass es sich bei den Strafen um Ansprüche Gottes handele, Gott aber keine Bedürfnisse habe und so erhaben sei, dass nicht alle seine Ansprüche erfüllt werden müssten; andererseits seien die strengen Strafen vor allem als Warnung gedacht und müssten deshalb nicht immer verhängt werden.[226] 98

Über die Details der strengen Voraussetzungen der hudud Strafen bestehen zahlreiche Streitigkeiten zwischen den und teils auch innerhalb der Schulen. Die restriktiven Tendenzen sind jedoch unübersehbar, wie das Beispiel des Diebstahls zeigt:[227] Zunächst setzt der Diebstahl einen gewissen Mindestwert voraus, der meist mit 1/4 Dinar = 3 Dirham, teils auch mit einem Dinar = 10 Dirham angegeben wird. Der Dinar ist dabei eine Goldmünze mit einem Gewicht von etwa 4,5 Gramm.[228] Eine sehr wirksame Beschränkung liegt weiter darin, dass nur das Geständnis (manchmal gar wiederholte Geständnisse) oder die Aussage zweier Zeugen als Beweis zulässig sind, woran es oft scheitern wird. Die Zeugen müssen zudem männlich, moslemisch und unbescholten sein. Schon jemand, der Schach spielt, auf der Straße isst oder dort uriniert, wird teilweise nicht mehr als unbescholten angesehen. Im Übrigen herrschen strenge Anforderungen an den tauglichen Gegenstand eines Diebstahls mit teils äußerst feinsinnigen Diskussionen um Details. Untauglich sind nicht nur verpönte Gegenstände wie etwa Alkoholika und Schweinefleisch. Unter diese Bewertung fällt nach Auffassung mancher sogar schon Zubehör wie Schlachtermesser für Schweine oder Gefäße für Wein. Als verpönt gelten zum Teil auch alle oder jedenfalls bestimmte Musikinstrumente. Unabhängig davon sind aufgrund eines Hadiths auch Früchte kein geeignetes Tatobjekt, nach hanafitischer Ansicht auch andere schnell verderbliche Güter wie Milch 99

222 *Rohe* (Fn. 15), 138.
223 Vgl. detailliert *Peters* (Fn. 171), 38 ff.
224 So etwa *Doi* (Fn. 5), 225, 234.
225 *Rahmin* (Fn. 26), 361.
226 Vgl. *Peters* (Fn. 171), 55.
227 Vgl. allgemein zu den strengen Voraussetzungen der hudud Strafen *Doi* (Fn. 5), 224 f.; speziell für den Diebstahl ibid., 254 ff. und vor allem den sehr instruktiven Überblick bei *Rohe* (Fn. 15), 127 ff.
228 Zum Dinar *Peters* (Fn. 171), 51 Fn. 45; der Goldwert schwankt bekanntlich sehr stark, aber um einen ungefähren Eindruck zu bekommen: bei einem Goldkurs von 900 Euro/Feinunze entspricht ein Dinar etwa 130 Euro, 1/4 Dinar also etwa 32,50 Euro.

oder Fleisch. Mit umgekehrter Argumentation soll nach einigen Schulen der Diebstahl von Koranausgaben nicht erfasst sein, da davon ausgegangen wird, der Dieb wolle sich weniger den wirtschaftlichen Wert aneignen als vielmehr darin lesen; gelegentlich wird diese Unterstellung auch vom Wert der Koranausgabe abhängig gemacht.

100 Wichtige Voraussetzung des Diebstahls ist zudem der fremde Gewahrsam am Diebstahlsobjekt. Das schließt nicht nur die Unterschlagung aus, sondern führt vor allem zu detaillierten Debatten etwa über den Gewahrsam Schlafender und Minderjähriger oder den Gewahrsam in Ladengeschäften und Moscheen, die etwa den berüchtigt detaillierten Gewahrsamsfragen beim Diebstahl nach deutschem Recht in ihrer Feinsinnigkeit nicht nachstehen. Auch muss ein Diebstahl stets heimlich geschehen, was offene oder gewaltsame Wegnahme ausschließt (der Straßenraub ist ein separates hadd Delikt). Im Falle eines Einbruchdiebstahls muss der Eigentümer weitreichende Sicherungsmaßnahmen getroffen haben, um den Dieb nicht in Versuchung zu bringen. Wenn Dieb und Diebstahlsopfer verheiratet oder verwandt sind, es um Selbsthilfe geht oder das Opfer selbst ein Dieb ist, so sind die hudud Strafen vielfach ebenso ausgeschlossen wie bei Diebstahl aufgrund einer Notlage. Letztlich schließt nach allgemeiner Ansicht jeder Zweifel in Bezug auf Rechts- oder Tatsachenfragen die hadd-Strafe aus. Solche Zweifel können etwa auch schon vorliegen, wenn der Täter oder das Opfer nur behauptet, der Täter sei Eigentümer des angeblich gestohlenen Gegenstandes gewesen.[229] Der Erwerb des Diebesguts durch den Dieb auch noch während des Verfahrens schließt den Diebstahl ebenso aus wie tätige Reue mit Rückgabe der gestohlenen Sachen. Vielfach wird ein Strafantrag des Opfers verlangt, um das Verfahren überhaupt eröffnen zu können. Alles in allem schließen die zahlreichen materiell- und verfahrensrechtlichen Anforderungen, die in ihrer Vielfalt hier nur angedeutet werden können, die Bestrafung des Diebstahls als hadd Delikt in der ganz überwiegenden Mehrheit der Fälle praktisch aus.

c) Lückenfüllung durch staatliches Recht: tazir

101 Greift keine hadd Strafe ein, so bleibt der Täter jedoch mitnichten straflos. Hier liegt vielmehr eines der Hauptanwendungsgebiete für tazir. Der Gesetzgeber kann und wird also für zahlreiche Fälle, in denen die strengen Voraussetzungen beispielsweise des Diebstahls nicht erfüllt sind, dennoch eine Strafe bereithalten. Das Verfahren einschließlich der Beweisregeln ist im Bereich von tazir gegenüber hadd erheblich einfacher. Die tazir Strafen liegen im Ermessen des Gesetzgebers oder auch des Richters, können weit weniger streng ausfallen und dürfen nach überwiegender Ansicht jedenfalls nicht strenger ausfallen als die entsprechenden hudud Strafen. Tazir Straftaten haben also zwei sehr unterschiedliche Funktionen: Einerseits füllen sie die bewusst herbeigeführten, sehr großen Lücken im Bereich von hadd. Andererseits geben Sie dem Gesetzgeber die Möglichkeit, ganz unabhängig davon und nach den jeweiligen gesellschaftlichen Bedürfnissen Handlungen unter Strafe zu stellen. Auch wenn nicht selten dieser ganze, zweitgenannte Bereich als tazir bezeichnet wird, ließe sich hier streng genommen noch weiter unterscheiden: Geht es um Handlungen, die im Grundsatz bereits durch das islamische Recht verboten sind, so wäre der Bereich von tazir im engeren Sinne betroffen, im Übrigen aber der Bereich von siyasa.[230]

d) Das islamische Strafrecht in der Kritik

aa) Westliche und menschenrechtliche Kritik

102 Die Kritik am traditionellen islamischen Strafrecht liegt aus westlicher und menschenrechtlicher Sicht erneut auf der Hand. Sie betrifft vor allem die Strafen selbst. Diese erscheinen

[229] Genauer *Peters* (Fn. 171), 21 ff.; vgl. auch *Rahmin* (Fn. 26), 362.
[230] Zu dieser Unterscheidung *Peters* (Fn. 171), 67 f.; deutlich auch *Heyd* (Fn. 220), 271 ff.; zu siyasa auch infra → § 10 Rn. 123 f.

zunächst unangemessen schwer, was sich insbesondere am Beispiel der Amputation einer Hand für den Diebstahl zeigt. Im Wiederholungsfall wäre sogar der linke Fuß, nach überwiegender Ansicht bei weiteren Taten die andere Hand und der andere Fuß abzuschneiden. Die Strafen erscheinen aber auch gleichheitswidrig, denn ähnlich schwere oder sogar schwerere Delikte wie Unterschlagung oder Betrug sind nicht mit einer hadd Strafe belegt und können so weit weniger streng bestraft werden. Die Gefahren der hudud Delikte werden somit übertrieben, die anderer Delikte untertrieben. Unangemessen erscheint auch die Einheitlichkeit der Strafe, die keine Anpassung an individuelle Umstände wie etwa das tatsächliche Ausmaß des Schadens zulässt. Viele der Strafen erscheinen auch schon für sich genommen menschenrechtswidrig, wie das die Menschenwürde verletzende Auspeitschen[231] oder die Todesstrafe.[232] Die Kritik bezieht sich aber auch auf den Inhalt, denn vielen will von vornherein nicht einleuchten, dass die Bekehrung vom Islam zu einer anderen Religion überhaupt strafbares Unrecht darstellen und gar mit der Todesstrafe belegt werden soll. Mit der Religionsfreiheit ist dies tatsächlich nur schwer vereinbar. Ähnliches gilt für die Unzucht im Verhältnis zum Recht auf sexuelle Selbstbestimmung.

bb) Islamische Verteidigung

Die islamische Reaktion auf diese Kritik ist vielschichtig. Sie reicht von eher wütenden Polemiken über traditionelle Gegenpositionen bis hin zu Reformversuchen. Die eher polemischen Ansätze sehen in den Menschenrechten wenig anderes als einen westlichen Versuch, die Welt nach ihren Maßstäben und Interessen zu gestalten und dabei vielfach je nach eigener Interessenlage mit zweierlei Maß zu messen. Menschenrechte seien ein bloßes Instrument der Außenpolitik. Sie würden eingesetzt, wenn es den westlichen Nationen politisch genehm sei, und dort ignoriert, wo es keinen machtpolitischen Vorteil brächte, wo es befreundete oder gar die eigene Nation beträfe. Die Gefangenen von Guantanamo Bay, die Folter im Gefängnis von Abu Ghuraib und die Behandlung von (streng–)gläubigen Moslems in westlichen Ländern werden in diesem Zusammenhang fast unweigerlich als Beispiele herangezogen.[233] Dass die universalen Menschenrechte nicht dadurch an Wert verlieren, dass auch westliche Nationen teils eklatant dagegen verstoßen oder in ihrer Anprangerung von Menschenrechtsverstößen auf einem Auge blind sein mögen, geht bei solchen Polemiken völlig unter. 103

Traditionelle Gegenpositionen behaupten zunächst, der Abschreckungseffekt der harten Strafen zeige Wirkung. Gern wird dazu auf die im Vergleich zu westlichen Staaten ganz bemerkenswert geringe Kriminalitätsrate und das hohe individuelle Sicherheitsgefühl in Saudi-Arabien hingewiesen.[234] Wieweit diese Sicherheit einer wissenschaftlichen Untersuchung standhält,[235] wieviel sie tatsächlich mit der Abschreckungswirkung der Strafe zu tun hat und wieviel mit der spezifischen soziologischen und politischen Lage des Landes, mag dahingestellt bleiben. Auch auf etwas abstrakterer Ebene wird die Abschreckung ins Zentrum der Argumentation gestellt: Die strenge Anwendung des Rechts bedeute das höchste Ausmaß an Mitleid gegenüber der Gesellschaft insgesamt.[236] Die Verhältnismäßigkeit sei ebenfalls gewahrt. Denn zunächst würden hudud Strafen nur in wenigen Einzelfällen unter 104

[231] Zur europäischen Sicht vgl. Tyrer v. United Kingdom, EGMR 25.4.1978 – 5856/72 Rn. 28 ff. (Verstoß der Prügelstrafe als erniedrigende Strafe gegen Art. 3 EMRK).

[232] Zur Todesstrafe vgl. schon Art. 1 des 6. Zusatzprotokolls zur EMRK vom 28.4.1983: „Die Todesstrafe ist abgeschafft.“; die in Art. 2 des 6. Zusatzprotokolls niedergelegten Ausnahmen für Kriegszeiten schaffte das 13. Zusatzprotokoll zur EMRK vom 3.5.2002 ab.

[233] Zusammenfassende Darstellung etwa bei *Peters* (Fn. 171), 182.

[234] Deutlich die Zitate bei *Doi* (Fn. 5), 260 f.; der dort ebenfalls gegebene Hinweis, dass der Diebstahl in westlichen Staaten oft mit Gewalt und letztlich mit dem Mord am Opfer einhergehe, so dass es besser sei, Mitleid mit dem Opfer als dem Täter zu haben, ist in seiner statistischen Grundlage sehr zweifelhaft und verblüfft insofern, als einem Diebstahl mit Gewalt das nach islamischem Recht notwendige Element der Heimlichkeit fehlen dürfte.

[235] Ablehnend insofern *Bleuchot* (Fn. 27), 716.

[236] So *Ramadan* (Fn. 220), 47.

sehr engen Voraussetzungen verhängt. Im Übrigen müssten nicht nur die konkreten Interessen des unmittelbar betroffenen Opfers, sondern auch übergeordnete, gesellschaftliche Interessen an Leben, Eigentum, Fortpflanzung, Religion und Intellekt gegenüber den Rechten des Täters in die Waagschale geworfen werden. Im Fall des Diebstahls beispielsweise gehe es nicht nur um das gestohlene Eigentum, sondern eben auch um das Element von Misstrauen und Verunsicherung in der Gesellschaft, das Diebstähle insgesamt hervorriefen. Dies erkläre beispielsweise auch den Unterschied zur Unterschlagung, bei der tatsächlich nur das Verhältnis zwischen zwei Personen betroffen sei.[237] In der Kombination können weit gefasste Interessen und Abschreckungswirkung sogar nach einer noch weiteren Verschärfung der Strafen verlangen. So fordert etwa ein Autor für den Fall, dass der Konsum von Alkohol in einem islamischen Staat um sich greife, die Strafe dafür bis hin zur Todesstrafe anzuheben, weil die allgemeine Verbreitung des Übels die Gefahr für die öffentliche Ordnung extrem erhöhe.[238] Eine solche, auf westliche Juristen abschreckende Radikalität dürfte sich letztlich nur aus der Grundannahme erklären, dass das islamische Strafrecht eben gottgegeben sei, so dass auch das Verbot der Trunkenheit eine göttliche Vorgabe darstelle, die keinesfalls durch eine geänderte soziale Einstellung oder beliebige andere, rationale Gründe in Frage gestellt werden könne.

cc) Islamische Reformen in Theorie und Praxis

105 Islamische Reformer teilen im Wesentlichen[239] die Vorbehalte gegen die extreme Strenge der hudud Strafen und versuchen, sie weitgehend zurückzudrängen. Im theoretischen Ansatz gehen sie dazu teils sehr grundlegend vor und sehen in den Delikten zum Schutz der Allgemeinheit in Wahrheit nur auf das Jenseits bezogene Vorschriften. Andere gehen davon aus, dass die harten Strafen nur in wirklich islamischen Gesellschaften mit ihrer gerechten und sozialen Ordnung anzuwenden wären, solche Gesellschaften aber heute kaum oder gar nicht existierten.[240] Im Übrigen lässt sich die ganze Breite der modernistischen Argumentationstechniken auch hier zur Anwendung bringen. So wird beispielsweise, wie schon gesehen,[241] betont, dass das Handabhacken als Strafe für Diebstahl eine Abmilderung gegenüber dem vorherigen Zustand dargestellt habe, bei dem Diebstahl oft zu Stammeskriegen und damit zum Tod des Diebes und weiterer Menschen führte. Der Koran habe also versucht, die Folgen des Diebstahls abzumildern, und dabei auf die Zeitumstände, etwa auf das Fehlen von Gefängnissen, Rücksicht genommen. Er verbiete demnach keineswegs, die Strafen weiter abzumildern, sein Geist spreche sogar vehement dafür. Der moderne Gesetzgeber folge diesem Geist, wenn er die Körperstrafen abschaffe und durch Gefängnisstrafen ersetze.[242] Tatsächlich ist das Strafrecht in der großen Mehrheit der Staaten mit islamischer Bevölkerung im Großen und Ganzen entlang westlicher Linien kodifiziert; die islamischen Regeln über hudud Straftaten wurden bei diesen Kodifikationen schlicht ignoriert[243] und verloren so ihre Bedeutung in der täglichen Rechtspraxis.

---

[237] *Ramadan* (Fn. 220), 48 ff.; Zusammenfassung traditioneller Gegenpositionen anderer Autoren mit ähnlicher Argumentation bei *Bleuchot* (Fn. 27), 715 f.

[238] So *Ramadan* (Fn. 220), 53; vgl. auch ibid., 54 f.

[239] Als Beispiel einer Ausnahme wird gelegentlich die Situation in den späten 1990er Jahren in Somalia genannt, als staatliche Strukturen völlig zusammengebrochen waren und die auf Subsistenzwirtschaft angewiesene, extrem arme Bevölkerung die Einführung islamischer Gerichte als einzige praktisch wirksame Möglichkeit ansah, sich gegen die verbreiteten und für die Betroffenen letztlich existenzbedrohenden Diebstähle zu wehren, so etwa *Charfi* (Fn. 109), 98 f.

[240] Vgl. dazu die Darstellung bei *Rohe* (Fn. 15), 268.

[241] Vgl. dazu supra → § 10 Rn. 54.

[242] Vgl. *Charfi* (Fn. 109), 95 ff.; vgl. ähnlich etwa *Saeed* (Fn. 66), 134 f., der die harsche Strafe nicht selbst als Ziel der koranischen Vorgabe ansieht, sondern die Verhinderung von Straftaten – mit der logischen Konsequenz, dass die Strafen dann verändert werden können, wenn andere Verhinderungsmöglichkeiten bestehen.

[243] Deutlich *Rohe* (Fn. 15), 265; ähnlich *Peters* (Fn. 171), 143.

e) Tendenzen fundamentalistischer Re-Islamisierung

In jüngster Zeit ließ sich jedoch eine starke Gegenbewegung ausmachen, bei der das klassische islamische Strafrecht zu neuem Leben erwachte, ja in der Diskussion über die Wiedereinführung der Scharia geradezu zum Symbol eines „echten" islamischen Rechts wurde. Dieses vielschichtige Phänomen erweist sich bei näherer Betrachtung aber weit mehr als Teil einer politischen Propagandamaschine denn als wirkliche „Rückkehr zum traditionellen Recht". Tatsächlich geht dieser Propaganda schon auf den Leim, wer unkritisch Formulierungen von der Re-Islamisierung übernimmt. Denn in aller Regel geht es dabei nur um eine sehr spezielle, fundamentalistische Sicht des Islam, die keinesfalls repräsentativ für die Bandbreite der im Islam möglichen Gedanken und Strömungen[244] ist und weder den Islam als solchen noch klar die Mehrheit der Moslems weltweit repräsentiert.[245] Das islamische Recht ist nach verbreiteter, durchaus auch traditionell verhafteter Auffassung gerade nicht völlig statisch, sondern auf eine Anpassung an die Zeitumstände angelegt. Wer also zurück zu einer Gesellschaft und einem Recht will, wie es in früheren Jahrhunderten angemessen gewesen sein mag, kann sich nicht schlicht darauf berufen, den wahren Islam zu vertreten. Zudem ist auch das Bild der Rückkehr in die gute alte Zeit erneut verfehlt, denn der von fundamentalistischer Seite erstrebte Zustand ist kein historischer,[246] sondern allenfalls ein idealer, wie er sich in der Vorstellungswelt mancher Moslems als wünschenswert darstellt. 106

Mit der fundamentalistischen Re-Islamisierung wurde ein Trend zur westlichen Prägung fast aller Bereiche des Rechts und insbesondere des Strafrechts gebrochen, der bis in die 1970er Jahre hinein klar dominierte.[247] Die wenigen Länder, die beim klassischen Strafrecht blieben – in erster Linie Saudi-Arabien, deutlich weniger ausgeprägt Katar und Jemen – galten als Ausnahmefälle, verbunden mit der Erwartung, dass sie sich mit der Zeit ebenfalls dem allgemeinen Trend anschließen würden. Inzwischen finden sich immer wieder diskutierte Fälle der Neuausrichtung auf islamisches Strafrecht vor allem in Libyen, Pakistan, Iran, Sudan und dem nördlichen Nigeria, aber auch etwa in Teilen Malaysias oder in den Vereinigten Arabischen Emiraten. Debatten über eine Wiedereinführung gab und gibt es auch in vielen anderen Ländern. Dass dahinter weniger eine tiefkonservative Liebe zum klassischen islamischen Recht steht, zeigt sich allerdings schon daran, dass in der Regel nicht schlicht auf die klassischen Autoren und die Regeln des fiqh verwiesen wird, wie es dem klassischen Verständnis entspräche. Vielmehr werden die jeweils erwünschten islamischen Rechtsauffassungen in staatlichen Gesetzen kodifiziert und so den jeweiligen Machthabern zugleich eine grundsätzliche Einflussmöglichkeit gesichert. Die Bevölkerung ist oft keineswegs gegen die Einführung, denn dahinter steht eine kraftvoll vermittelte Ideologie, der zufolge nur ein Staat unter islamischem Recht ein gottgefälliger Staat sei. Zudem gibt das islamische Recht den vielfach armen Bevölkerungsschichten die Hoffnung auf einen gerechten Staat und ein Ende von Kriminalität und Korruption, wie es dem Islam tatsächlich entspräche. Auch liegt gerade in Mordfällen das islamische Recht mit Blutgeld und einer stark vom Willen der Betroffenen abhängigen Strafjustiz gerade für viele traditionell lebende Menschen weit näher an ihrem persönlichen Verständnis von Recht als das westliche, rein staatliche Strafverfahren. 107

[244] Vgl. dazu nur beispielhaft die Differenzierung bei *Saeed* (Fn. 17), 147 ff., der zwischen legalistischen Traditionalisten, politischen Islamisten, säkularen Moslems, theologischen Puritanern, militanten Extremisten und progressiven Ijtihadisten unterscheidet; *Khan, Hamid M.*, Nothing is written – Fundamentalism, revivalism, reformism and the fate of Islamic law, Michigan Journal of International Law 24 (2002), 273 (300 ff.) unterscheidet Reformisten und Revivalisten; *Thiée, Philipp*, Muslimisches Recht – Zwischen liberaler Reform und reaktionärem Fundamentalismus, Kritische Justiz 38 (2005), 187 (196 ff.) unterscheidet Islamisten, Despoten, Reformmoslems und Säkularismus.

[245] Deutlich auch *Rohe* (Fn. 15), 172.

[246] Vgl. etwa *Bleuchot* (Fn. 27), 707 ff., zusammenfassend ibid., 707 f.: „L'État, depuis les premiers califes, n'a eu de cesse de contrôler le pénal (…), et a cherché à se libérer de l'emprise des religieux ou au moins à les domestiquer.".

[247] Zum Folgenden ausführlich *Peters* (Fn. 171), 147 ff.

108 Für die jeweiligen Machthaber bedeutet das islamische Recht eine mögliche Legitimierung ihrer in der Regel wenig demokratischen Herrschaft und eine Möglichkeit, Widerstände zu unterdrücken. Der klar antiwestliche Unterton einer fundamentalistischen Re-Islamisierung findet zudem vielfachen Zuspruch in der Bevölkerung und ermöglicht eine Konzentration auf ideologische und außenpolitische Fragen, die von realen internen Problemen ablenken. Dass es oftmals im Wesentlichen um das politische Statement und um Machtpolitik geht, zeigt sich schließlich auch daran, dass die in der Praxis verhängten, äußerst harten Strafen in vielen Fällen nach traditionellem Recht gar nicht haltbar wären, also allein der Außendarstellung des Regimes dienen.[248] Manche Aspekte islamischen Strafrechts, die im Westen zu recht besonders scharf verurteilt werden – etwa der Einsatz der Familienehre als Strafmilderungsgrund insbesondere bei Delikten gegen Frauen – haben sogar letztlich kaum etwas mit dem islamischen Recht zu tun. Sie sind rein kulturell bedingt, auch wenn es natürlich bei entsprechendem Willen möglich ist, sie im islamischen Recht zu rechtfertigen.[249]

f) Apostasie als Kontrollinstrument

109 Eine besondere Rolle in der leidenschaftlichen Diskussion um das islamische Strafrecht, vor allem aber auch für seine politische Instrumentalisierung spielt die Apostasie (ridda). Der Abfall vom Islam wird nach traditioneller Auffassung – übrigens wie im Alten Testament der Bibel[250] – mit dem Tode bestraft.[251] Diese Auffassung stützt sich weniger auf die Sure 4:89 („Doch wenden sie sich ab, so ergreift sie und tötet sie, wo immer ihr sie findet"), die sich im systematischen Zusammenhang mit Sure 4:88 nur auf die Heuchler unter den Moslems bezieht. Wesentliche Grundlage ist vielmehr ein entsprechendes Hadith.[252] Als Apostasie wird dabei im Wesentlichen die Leugnung von unter Moslemen unumstrittenen Glaubensgrundsätzen des Islam angesehen.[253] Der bloße Verstoß ohne Leugnung der Gültigkeit der entsprechenden Regel reicht hingegen nicht aus. Als Fall der Apostasie wird gemeinhin auch die Blasphemie angesehen, also insbesondere die Schmähung Gottes, des Propheten, seiner Gefährten oder des Koran. Der Streit um die 2005 in einer dänischen Zeitschrift erschienenen Karikaturen des Propheten Mohammed und das Todesurteil für den Autor Salman Rushdie durch den Ayatollah Chomeini 1989 sind diesem Aspekt der Apostasie zuzuordnen.

110 Einmal ganz abgesehen von Fragen der religiösen Toleranz und der Religionsfreiheit ist die Apostasie ein probates Mittel, nicht nur Opposition, sondern je nach Belieben auch jegliche Form der Diskussion und Weiterentwicklung des Islam zu unterdrücken, die den jeweiligen Machthabern unerwünscht ist.[254] So sehen radikale Stimmen eine Apostasie beispielsweise bereits in jeder Forderung nach einer auch nur teilweisen Abschaffung der Scharia oder nach ihrer Ersetzung durch Gesetzesrecht und in jeder Behauptung, die Scharia sei der Grund für die Rückständigkeit der Moslems.[255] Ironisch antwortet darauf ein westlicher Autor, dass demnach so gut wie alle Moslems Apostaten wären, da selbst die Islamisten sich größtenteils gegen die Sklaverei aussprächen.[256] Islamische Autoren, die über

---

[248] Vgl. *Rohe* (Fn. 15), 265 f., der etwa die Verhängung von hudud Strafen für Betrug oder Unterschlagung im Sudan erwähnt.

[249] Vgl. *Rohe* (Fn. 15), 274 f.

[250] Vgl. Deut. 13, 7–11; 13, 13–16; 17:3–5.

[251] Dazu und zum Folgenden vgl. *Bleuchot* (Fn. 27), 699 ff., 712 ff.; *Rohe* (Fn. 15), 134 f., 270 ff.

[252] Vgl. etwa *Doi* (Fn. 5), 265 ff., der die Sure 4:89 nicht einmal erwähnt.

[253] Zur einschlägigen, hanafitischen Unterscheidung zwischen fard und wajib Pflichten vgl. supra → § 10 Rn. 77.

[254] Deutlich etwa *Talbi* (Fn. 132), 113: „On est ici dans le totalitarisme théologique. (…) Les théologiciens ont fabriqué l'arme et l'autorité politique l'a utilisé contre les uns ou les autres."; tatsächlich wird die politische Dimension der Apostasie schon vom traditionellen islamischen Recht betont, vgl. *Johansen, Baber,* Zwischen Verfassung, kodifiziertem Recht und Sari'a – Die Apostasie in Gesetzgebung und Rechtsprechung einiger arabischer Staaten, in: Tellenbach, Silvia; Hanstein, Thoralf (Hrsg.), Beiträge zum Islamischen Recht IV, 2004, 23 (28), mit Analyse einiger Apostasieurteile ibid., 29 ff.

[255] Vgl. *Bleuchot* (Fn. 27), 712, der dafür den Moslembruder Abd al-Qadir Awda zitiert.

[256] *Bleuchot* (Fn. 27), 712.

eine nicht am Wortlaut von Koran und vor allem Sunna klebende, nicht auf die klassischen Autoren reduzierte Auslegung des Islam nachdenken und diese gar befürworten, leben so in der steten Gefahr, der Apostasie bezichtigt zu werden – ein vermutlich durchaus erwünschter Effekt. Das zeigt sich auch daran, dass Vertreter moderner Haltungen zu Grundfragen des islamischen Rechts sich weniger in den arabischen Kernländern des Islam finden als vielmehr in der Peripherie etwa Ostasiens oder gleich in westlichen Ländern.[257] Selbst von einer wissenschaftlichen Tagung in Deutschland wird berichtet, dass bei der Diskussion um eine teleologische, nicht wortlautgebundene Auslegung von Regeln des islamischen Familien- und Erbrechts ein ägyptischer Hochschullehrer den interessierten moslemischen Diskutanten entgegenhielt, wer solchen Ansichten folge, müsse mit der Strafe für Apostasie rechnen.[258]

Dass Reformisten und Modernisten sich immer wieder gegen die Bestrafung der Apostasie wenden, verwundert schon insofern kaum.[259] Ein zentraler Ansatzpunkt ist dabei zunächst der bekannte Satz der Sure 2:256 „Kein Zwang ist in der Religion", der allerdings von konservativer Seite als Regel nur für den Beitritt zum Islam gelesen wird. Ebenso wichtig ist die schwache Überlieferungskette desjenigen Hadiths, auf das die Todesstrafe gemeinhin gestützt wird. Weiterhin wird darauf hingewiesen, dass die Bestrafung im historischen Kontext zu sehen und auf diesen zu reduzieren sei. Denn historisch gesehen erklärt sich die scharfe Reaktion auf den Glaubensabfall aus der besonderen Situation unmittelbar nach dem Tod des Propheten, als die Mekkaner vom Islam abfielen, der Fortbestand der islamischen Herrschaft insgesamt bedroht war und es zu kriegerischen Auseinandersetzungen kam. 111

Eine typische Lösungsmöglichkeit allerdings, die sich bei anderen hudud Delikten vielfach bewährt, hilft speziell im Fall der Apostasie weit weniger: der Ausweg über das staatliche Recht. Tatsächlich ist die Apostasie in vielen Staaten mit moslemischer Bevölkerung nach dem Gesetz gar nicht strafbar. Damit ist den vom Vorwurf der Apostasie Betroffenen aber oft nicht geholfen. Denn in der Praxis ist eine deutliche Tendenz zu erkennen, dass vermeintliche, teils von beliebigen Geistlichen als solche bezeichnete Apostaten nicht nur gesellschaftlicher Ächtung unterliegen, sondern auch stets mit ihrer Ermordung durch selbsternannte Vollstrecker der Religion rechnen müssen. Dass dies völlig unabhängig von der Reichweite staatlicher Gewalt und dem Aufenthaltsort des Opfers gilt, zeigte mit größter Deutlichkeit der allgemein bekannte Fall Rushdie oder der Mordanschlag auf Kurt Westergaard, einen der Zeichner der dänischen Mohammedkarikaturen. 112

4. Islamisches Finanz- und Bankrecht

a) Ein Versprechen von Gerechtigkeit

Besondere Aufmerksamkeit hat in den letzten Jahren das islamische Bankrecht („islamic banking") im weiteren Rahmen des islamischen Finanzrechts („islamic finance") erlangt.[260] Anders als andere Aspekte des islamischen Rechts, die internationale Aufmerksamkeit hervorrufen, wird das islamische Finanzrecht jedoch in der Regel nicht mit kritisch erhobenem, moralischen Zeigefinger betrachtet, sondern entweder nur interessiert zur Kenntnis genommen oder sogar als ein mögliches Vorbild auch für den Westen betrachtet. 113

---

257 Zu dieser geographischen Verteilung vgl. *Rohe* (Fn. 15), 198.

258 *Rohe* (Fn. 15), 272; konkrete Beispiele für Verfolgung in islamischen Staaten ibid., 271 ff. und bei *Charfi* (Fn. 109), 84 ff.

259 Beispielhaft *Charfi* (Fn. 109), 73 ff.; kurz *Talbi* (Fn. 132), 112 ff.

260 Dazu und zum Folgenden sehr eingängig und auch aus praktischer Sicht *Bälz, Kilian,* Islamisches Kreditwesen – Religion, Wirtschaft und Recht im Islam, ZVglRWiss 109 (2010), 272 (272 ff.); einführend auch *Cammack, Mark,* Islamic finance – Prospects and signifiance, Southwestern Journal of International Law, 18 (2011), 113 (113 ff.); einfacher Überblick bei *Bolsinger, Markus P.; Breschendorf, Peter,* Grundlagen des Islamic Banking & Finance, ZBB-Report 2009, 460 (460 ff.); aus islamrechtlicher, etwas verklärender Sicht *Jabbar, Hjh Siti Faridah Abd,* Islamic finance – Fundamental principles and key financial institutions, Company Lawyer 2009, 23 (23 ff.).

Das liegt nicht nur daran, dass das islamische Finanzrecht eine Entwicklung der zweiten Hälfte des 20. Jahrhunderts darstellt.[261] Vielmehr verbindet sich mit ihm auch die eher unspezifische Erwartung eines Finanzwesens, das den sozialen islamischen Grundgedanken entspricht. Es würde, so die Hoffnung, nicht nur Eigentum und Unternehmertum fördern, sondern auch ethisch richtiges Verhalten, die Verteilung von Risiken ebenso wie Wohlstand und letztlich soziale und wirtschaftliche Gerechtigkeit. Das langfristige Versprechen ist so ein Finanzrecht, das Billigkeit, Wohlstand und Stabilität für Individuen, Gesellschaften und Staaten garantiert.[262] In der Finanzkrise der 2000er Jahre fielen solche Versprechen auch im Westen vielfach auf fruchtbaren Boden. Mit der Realität des islamischen Finanz- und insbesondere Bankwesens hat dies jedoch nur wenig zu tun, wenn einmal von dem Verbot der Investition in bestimmte, religiös verpönte Güter wie Schweinefleisch, Alkohol oder Pornographie abgesehen wird.

b) Zinsverbot und Umgehung

114 Die rechtliche Basis oder genauer: das rechtliche Problem, auf dem das islamische Finanzwesen aufbaut, ist das islamische Verbot des Zinses (riba), ergänzt durch das Verbot von Spekulations- oder Risikogeschäften (garar).[263] Auch wenn aufgrund der unklaren Quellenlage im Detail erheblicher Streit darüber herrscht, was genau riba ist, und manche Stimmen erhebliche Beschränkungen, etwa auf bloße Wucherzinsen vertreten, herrscht doch für praktische Belange Einigkeit darüber, dass Zinsen im heute üblichen Sinn des Wortes nicht erlaubt sind. Die dafür von der islamischen Rechtswissenschaft entwickelte Begründung stellt darauf ab, dass es bei solchen Zinsen um einen unverdienten Profit ohne konkreten geschäftlichen Einsatz gehe, der von einem geschäftlichen Risiko losgelöst sei. Damit aber ist die Basis des gesamten modernen, internationalen Wirtschafts- und Finanzsystems und insbesondere die Grundlage jeder Bank angegriffen, die beide ohne Zins schlicht nicht funktionieren würden. Ergänzend verbietet garar Geschäfte, deren Leistung nicht hinreichend bestimmt ist. Damit sind in der Praxis etwa Futures und Optionen ebenso erfasst wie Konzessionsverträge, Verträge über Großbauprojekte, Factoring und bei strenger Auslegung sogar Versicherungen. Zusammengenommen wird schnell klar, dass letztlich große und entscheidende Teile des heutigen kapitalistischen Wirtschaftssystems mit einem streng verstandenen islamischen Recht völlig unvereinbar sind. Dass der Islam so gesehen ein anderes, neues System der globalen Wirtschaft fordert, mag gerade mit ein Grund für seine Attraktivität und jedenfalls für die Faszination sein, die vom islamischen Finanzwesen ausgeht.

115 Das islamische Recht und das Konzept des islamischen Finanzwesens haben in der Praxis jedoch keineswegs dazu geführt, dass sich die islamisch geprägten Staaten oder auch nur die islamischen Finanzinstitutionen aus dem internationalen Finanz- und Wirtschaftssystem verabschiedet hätten. Das liegt nicht so sehr daran, dass die meisten Staaten mit überwiegend moslemischer Bevölkerung die islamrechtlichen Verbote von riba und garar niemals in ihr geltendes Recht übernommen haben. Dieses staatliche Desinteresse hat vielmehr nur die Konsequenz, dass das islamische Finanzwesen weitgehend ein freies, von der jeweiligen Nachfrage abhängiges Angebot an religiöse Unternehmer, Investoren und Kunden geblieben ist, die aus eigenem Antrieb islamkonform handeln wollen. Vielmehr hat das islamische Finanzwesen schlicht Wege gefunden, um für so gut wie jedes moderne Finanzprodukt ein

[261] Zum ideengeschichtlichen Hintergrund und der historischen Entwicklung vgl. *Saeed, Abdullah,* Indonesian Islamic banking in historical and legal context, in: Lindsey, Tim (Hrsg.), Indonesia – Law and society, 2. Aufl. 2008, 313 (313 ff.).

[262] So deutlich *Jabbar* (Fn. 260), 28, der aber auch betont, dass an der Erreichung dieser Ziele noch gearbeitet werden müsse.

[263] Dazu auch *Saeed, Abdullah,* Islamic banking and finance – In search of an Islamic but pragmatic model, in: Hooker, Virginia; Saikal, Amin (Hrsg.), Islamic perspectives on the new millennium, 2004, 113 (114 ff.); *Rohe* (Fn. 15), 112 ff.; monographische Analyse von riba in der islamischen Rechtsliteratur bei *Lohlker, Rüdiger,* Das islamische Recht im Wandel – Riba, Zins und Wucher in Vergangenheit und Gegenwart, 1999, 23 ff.

islamkonformes Äquivalent zu finden. Anders ausgedrückt hat man sich extensiv des Instruments der Rechtskniffe (hiyal)[264] bedient, um den Forderungen des islamischen Rechts rein formal Genüge zu tun, sie aber der Sache nach zu umgehen und so wirtschaftlich genauso zu handeln wie nichtislamische Finanzinstitutionen. Das gilt für Kapitalmarktinstrumente wie etwa islamische Anleihen (sukuk) ebenso wie für islamische Versicherungen (takaful), lässt sich aber vielleicht am klarsten am Beispiel des klassischen Bankkredits erklären, der die Grundlage des islamischen Bankrechts bildet.

c) Beispiel: Islamische Kreditverträge

Das Basisgeschäft des islamischen Bankwesens[265] ist der sog. murabaha Vertrag. Will der Kunde einen Gegenstand auf Kredit kaufen, so kauft ihn zunächst die Bank im Auftrag des Kunden, um ihn dann sogleich an diesen Kunden weiterzuverkaufen. Die Lieferung erfolgt natürlich direkt vom Verkäufer an den Kunden. Der Kaufpreis für den Kunden ist höher als der von der Bank bezahlte und wird zudem gestundet: Fertig ist ein Kreditkauf mit Zinsen, der keiner ist. Das Ausmaß der Umgehung ergibt sich dabei weniger aus dieser Grundstruktur als aus ihrer praktischen Ausformung. Dabei wird mit erheblichem Erfolg versucht, alle Unterschiede zu einem üblichen Kreditvertrag, die sich aus dem formalen Charakter des Geschäfts als Kauf und Weiterverkauf ergeben, durch Vertragsklauseln zu verhindern. Das gilt insbesondere auch für jegliches Risiko, das die Bank treffen könnte, beispielsweise wenn der Kaufgegenstand mangelhaft ist oder er nicht oder zu spät geliefert wird. Gerade diese Umgehung ist besonders pikant, da das fehlende Risiko gemeinhin als der eigentliche Grund des Verbots von riba angesehen wird. **116**

Die Konstruktionen für einen verzinslichen Kredit hören hier aber keineswegs auf. Denn wenn der Kunde schlicht Geld braucht, ohne konkret etwas kaufen zu wollen, oder wenn die Bank etwa wegen wirtschaftsrechtlicher Beschränkungen nicht als Käufer auftreten darf, funktioniert der murabaha Vertrag nicht. Er wird dann durch den sog. tawarruq (auch: commodity murabaha) ersetzt. Dabei kauft die Bank börsengängige Güter, insbesondere Edelmetalle, und veräußert sie sogleich zu einem höheren und gestundeten Preis weiter an den Kunden, der die Güter seinerseits sogleich (wieder über die Bank) an der Börse zu Geld macht. In der praktischen Durchführung erhält der Kunde also von der Bank einen bestimmten Geldbetrag (formal: den vom Kunden erlösten Börsenverkaufspreis), schuldet der Bank hingegen einen erst zukünftig fälligen, höheren Betrag (formal: den Kaufpreis für die von der Bank erworbenen Güter). Die wirtschaftliche Identität dieses Geschäfts mit einem normalen verzinslichen Kredit wird noch dadurch erhöht, dass der Aufschlag der Bank auf den Kaufpreis sich regelmäßig an internationalen Zinsindizes orientiert. **117**

d) Schariakonformität: Zertifizierung und Risiko

Nicht alle islamischen Gelehrten sind mit den Konstruktionen des islamischen Finanzwesens einverstanden. Schon früh haben die Akteure im islamischen Bankwesen deshalb die Notwendigkeit erkannt, ihr Vorgehen islamrechtlich zu rechtfertigen und abzusichern. Daher war und ist es allgemein üblich, jedes Finanzprodukt von einem islamischen Juristen in Form eines Rechtsgutachtens (fatwa) prüfen und zertifizieren zu lassen.[266] Daraus hat sich **118**

[264] Dazu schon supra → § 10 Rn. 72.

[265] Zum Folgenden sehr eingängig *Bälz* (Fn. 260), 280 ff.; speziell zum murabaha Vertrag auch die klassischen Beschreibungen bei *Jabbar* (Fn. 260), 25 f.; *Cammack* (Fn. 260), 117 f.

[266] Zum Folgenden *Bälz* (Fn. 260), 277 ff.; zur Praxis der sog. sharia boards vgl. etwa *Hardy, Nicolas,* Shari'a compliance – Understanding the contribution of Shari'a Boards, in: Schneider, Irene; Hanstein, Thoralf (Hrsg.), Beiträge zum Islamischen Recht V, 2006, 199 (207 ff.); vgl. auch beispielhaft für eine englischsprachige, islamisch-rechtswissenschaftliche Kritik der herschenden Meinung zu einem spezifischen Finanzinstrument *Ahmad, Abu Umar Faruq; Monawer, Abu Talib Mohammad; Ayinde, Lukman,* Takyif Fiqhi on the Permissibility of Ijarah Mawsufah fi al-Dhimmah – A Critical Analysis, International Journal of Islamic Thought 17 (2020), 1 (1 ff.).

ein eigener Geschäftszweig für die sehr kleine Gruppe derjenigen islamischen Gelehrten entwickelt, die gleichzeitig eine solide Ausbildung im klassischen islamischen Recht vorweisen können, das internationale Bankwesen verstehen, die notwendigen Sprachkenntnisse mitbringen und hinreichend flexibel für das schnellebige Bankgeschäft und seine Bedürfnisse sind. Nur diese fatwas erlauben den Banken, ein Produkt als islamkonform anzubieten.

119 Dennoch versuchen Schuldner gelegentlich, die rechtliche Unzulässigkeit der Rechtskniffe, auf denen das islamische Finanzwesen beruht, vor Gericht geltend zu machen und so ihrer Zahlungsverpflichtung zu entgehen.[267] Die sich dabei stellenden Fragen gewinnen dadurch an zusätzlicher Komplexität, dass regelmäßig ausländische, oft englische Gerichte für die Entscheidung zuständig sind. Auch ist das zumindest primär anwendbare Recht in der Regel ein staatliches, oft ein westliches. Da das islamische Recht aber gleichzeitig zumindest die Basis des Vertrags bildet oder materiellrechtlich inkorporiert ist, besteht in der Tat die Gefahr, dass Gerichte die Konstruktionen nicht anerkennen. Um dieses in der Praxis sog. Scharia-Risiko nach Möglichkeit aufzufangen, werden heute üblicherweise Vertragsklauseln eingefügt, die einerseits die Schariakonformität des Vertrags beteuern, andererseits einen Verzicht der Vertragspartner auf den Einwand der fehlenden Schariakonformität postulieren.

III. Das islamische Recht in den heutigen Staaten

1. Koloniale Prägungen

120 Das traditionelle islamische Recht ist in aller Regel gerade nicht das positiv geltende Recht in den moslemisch geprägten Staaten, auch und insbesondere nicht in den Staaten des arabischen Raums. Wer sich praktisch mit dem dortigen Recht befasst, wer das Recht solcher Staaten in einen Rechtsvergleich einbeziehen will, muss sich also vor allem mit dem jeweils geltenden Gesetzesrecht befassen und kann keinesfalls schlicht so tun, als ob Kenntnisse des traditionellen islamischen Rechts auch nur ansatzweise ausreichten, um die Rechtsrealität in diesen Staaten zu beschreiben.[268] Nennenswerte Ausnahme ist hier nur das Familien- und Erbrecht. Umgekehrt aber wird ein vertieftes Verständnis grundlegender rechtlicher Probleme und Debatten in diesen Ländern außerhalb technischer Spezialmaterien immer auch ein Verständnis für den islamrechtlichen Hintergrund erfordern. Am besonders prominenten Beispiel der fundamentalistischen Re-Islamisierung des Strafrechts wurde dies bereits deutlich.[269] Wie sehr diese Probleme und Debatten aber die alltägliche Rechtspraxis beeinflussen, hängt wiederum von den jeweiligen Staaten ab und kann sich zudem im Laufe der Zeit langsam oder auch revolutionär schnell ändern.

121 Für Staaten Schwarzafrikas[270] und für Asien am Beispiel Indonesiens[271] wurde die Rolle des islamischen Rechts bereits im dortigen Kontext kurz erörtert; schon dort zeigte sich implizit die Dominanz des staatlichen Rechts. Aber auch für die islamisch geprägten Kernländer in einem Streifen vom Maghreb im Westen bis Pakistan im Osten – um die es im Folgenden vor allem gehen soll – ist die staatliche Rechtsordnung wesentlich von den

[267] Zum Folgenden *Bälz* (Fn. 260), 284 ff.; vgl. etwa für einen fehlgeschlagenen Versuch Shamil Bank of Bahrain EC v. Beximco Pharmaceuticals Ltd. [2004] 1 WLR 1784 (CA).

[268] Sehr deutlich etwa *Hamoudi, Haider Ala,* The death of Islamic law, Georgia Journal of International and Comparative Law 38 (2010), 293 (294) („shari'a in the modern Muslim state is only meaningful to the extent that the state chooses to make it so […]. 'Islamic law' is, therefore, dead.", wobei Hamoudis zentrale These darin besteht, dass auch Islamisten nicht bereit seien, dem islamischen Recht den eigenständigen, umfassenden Einfluss zuzugestehen, den es nach ihren theoretischen Überzeugungen haben müsste, ibid., 295 ff.

[269] Vgl. supra → § 10 Rn. 106 ff.

[270] Vgl. supra → § 8 Rn. 12 f., 22, 26.

[271] Vgl. zu Indonesien supra → § 9 Rn. 259 ff.; kurze Andeutungen zu anderen islamisch geprägten Staaten Asiens supra → § 9 Rn. 5; zu Indien sehr kurz supra → § 9 Rn. 195, 228.

ehemaligen Kolonialmächten geprägt. Dabei blieb allerdings der Einfluss Englands und damit des common law deutlich geringer als der des kontinentaleuropäischen, konkreter des französischen Rechts.[272] Das gilt selbst in Ländern wie Ägypten,[273] das eine Zeitlang unter englischer Herrschaft stand, ohne dass dieses Zwischenspiel den schon vorher bestehenden französischen Einfluss auf das Recht nachhaltig zu beeinträchtigen vermochte. So steht im nunmehr betrachteten geographischen Raum im Wesentlichen nur Pakistan unter dem Einfluss des common law, daneben noch in gewissem Ausmaß die Vereinigten Arabischen Emirate, früher auch der Südjemen und bis Anfang der 1980er Jahre auch der Sudan. Hingegen weisen etwa der Irak und Jordanien ebenso wie Ägypten trotz zeitweiliger britischer Herrschaft ein Rechtssystem auf, das vor allem durch französisch beeinflusste Kodifizierungen geprägt ist. Dasselbe gilt im Ergebnis für die gar nicht erst von England beeinflussten Staaten insbesondere des Maghreb, aber etwa auch Libanon und Syrien. Auch der Iran dürfte dazu zählen.[274] Als Nebeneffekt dieser Prägung ist das Französische als Rechtssprache bis heute – wenn auch mit abnehmender Tendenz – in der rechtlichen Diskussion auffällig präsent. Im Wesentlichen blieb nur ein einziger Staat vom prägenden Einfluss westlichen Rechts verschont und wendet bis heute eine Spielart des traditionellen islamischen Rechts an: Saudi-Arabien.[275] Eine zusätzliche Erklärung für die ganz überwiegende Anbindung an kontinentaleuropäische Rechtsvorstellungen bietet möglicherweise der frühere Einfluss des Osmanischen Reichs, das bereits ab der Mitte des 19. Jahrhunderts auf Kodifikationen setzte. Neben ein Handelsgesetzbuch, ein Strafgesetzbuch und ein Seehandelsgesetzbuch trat vor allem das Mitte der 1870er Jahre ausgearbeitete Zivilgesetzbuch, die sog. Mecelle (arab. majalla), die etwa auch in Jordanien, Irak, Syrien und dem Libanon in Kraft trat und sich erstaunlich lange nach dem endgültigen Untergang des Osmanischen Reichs 1922 hielt. Sie kodifizierte vor allem das Schuld- und Sachenrecht auf der Basis des islamischen Rechts der hanefitischen Schule. Damit kam es zwar unter der Mecelle noch nicht zu einer Rezeption des französischen Zivilrechts wie ungefähr zeitgleich in Ägypten. Doch konnte sich so der typisch kontinentaleuropäische Stil der Kodifikation im Unterschied zum damaligen Stand des common law etablieren.

Wenn letztlich weite Teile der islamischen Kernländer vom französischen Recht geprägt 122
sind, so weisen sie doch erkennbar ein solches Maß an Besonderheiten auf, dass sie mit mindestens der gleichen Berechtigung wie etwa Schwarzafrika oder Indien als ein eigener Kontext betrachtet werden müssen. Herausragendes Merkmal dieses Kontexts ist eben der islamrechtliche Hintergrund mit seinen aktuellen, nicht zuletzt (rechts-)politischen Auswirkungen. Eine Ausnahme bildet nur die Türkei, im früheren geographischen Zentrum des Osmanischen Reiches. Hier ist die Säkularisierung unter Atatürk so weit gegangen, dass die Türkei dem islamischen Kontext nicht mehr zugeordnet werden kann.[276] Das gilt, obwohl

[272] Dazu und zum Folgenden *Mallat, Chibli,* From Islamic to Middle Eastern law – A restatement of the field (part II), American Journal of Comparative Law 52 (2004), 209 (277 ff.); zur französischen Prägung etwa auch *Dupret* (Fn. 17), 125.

[273] Zur Rechtsentwicklung in Ägypten eingängig *Cuniberti* (Fn. 5), 309 ff.

[274] Zur französischen Prägung speziell des iranischen Zivil- und Handelsrechts vgl. kurz *Akhlaghi, Behrooz,* Iranian commercial law and the new investment law FIPPA, in: Yassari, Nadjma (Hrsg.), The shari'a in the constitutions of Afghanistan, Iran and Egypt – Implications for private law, 2005, 123 (127); von einer französischen Prägung nur des Aufbaus, aber einer inhaltlichen Kodifizierung islamisch-schiitischen Rechts durch das iranische Zivilgesetzbuch geht hingegen *Yassari, Nadjma,* Islamisches Recht oder Recht der Muslime – Gedanken zu Recht und Religion im Islam, ZVglRWiss 103 (2004), 103 (114) aus; für eine insgesamt kontinentaleuropäische, vor allem französische Prägung und fehlenden Einfluss des common law auf das iranische Rechtssystem insgesamt auch *Mohammadi, Majid,* Judicial reform and reorganization in 20th century Iran – State-building, modernization and Islamicization, 2008, 95 ff., 129, 168, 230.

[275] Dazu noch infra → § 10 Rn. 126 ff.

[276] Vgl. dazu etwa beispielhaft *Rumpf, Christian,* Einführung in das türkische Recht, 2. Aufl. 2016, der das islamische Recht mit keinem Wort erwähnt und so gut wie keine Bezüge dazu herstellt. Nur ganz am Rande wird in der Einführung erwähnt, dass in den ersten Jahren der türkischen Republik islamische Einflüsse vollständig verdrängt worden seien, ibid., 1. Das gilt auch und gerade im Familien- und Erbrecht. Im Stiftungsrecht findet sich zwar mit „vakıf" noch ein an die islamische religiöse Stiftung (waqf) erinnernder Begriff, doch wird ausdrücklich betont, dass inhaltlich keine rechtlichen Zusammenhänge

gerade türkische Fachleute sich heute besonders um eine Modernisierung der islamischen Quellenlehre bemühen.[277] Wieweit die Annahme eines türkischen Sonderwegs sich im Hinblick auf die politischen Tendenzen zu einer Stärkung des Islam in der Türkei auf Dauer aufrechterhalten lässt, ist von niemandem mit Sicherheit zu sagen.

2. Gesetzgebung nach traditionellem islamischem Recht: siyasa und qanun

123 Die Grundlage der staatlichen Gesetzgebungskompetenz liegt aus Sicht des traditionellen islamischen Rechts in der Kompetenz des Herrschers zu Regelung von Verwaltungsfragen (siyasa).[278] Dieses Konzept wurde etwa ab dem 13. Jahrhundert entwickelt und später unter osmanischer Herrschaft zur Reife geführt. Hinter siyasa stand der im Grundsatz nicht bezweifelte Ansatz, dass der Koran nicht alle Einzelfragen regeln konnte und wollte, die für das Zusammenleben der Menschen und für den Staat von Bedeutung waren, und dass die Regeln des islamischen Rechts im Hinblick auf die je konkreten zeitlichen und örtlichen Umstände zu konkretisieren waren. Daraus ergab sich auch ohne weiteres die Grenze dieser Machtbefugnis: das gesetzte Recht musste sich stets innerhalb des vom göttlichen Recht gezogenen Rahmens halten (siyasa al-sharia).[279] Von diesem potentiell eher beschränkten Ansatzpunkt für Verwaltungsregeln aus nahm siyasa in der Praxis den Charakter einer umfassenden Normsetzungsbefugnis auf allen Gebieten an. Die vom islamischen Recht gezogenen Grenzen wurden dabei sehr weit verstanden, hatte der Herrscher doch auch das Recht, zwischen den verschiedenen Lehrmeinungen und insbesondere Schulen zu entscheiden, ja wurde gerade diese Entscheidungsmöglichkeit als einer der Zwecke von siyasa angesehen. Die Normen, die unter siyasa entstanden, wurden im Osmanischen Reich als „qanun" (pl. qawanin) bezeichnet, abgeleitet vom griechischen „Kanon". Qanun wurde so zu einem Synonym für Gesetz oder Gesetzgebung; der Sultan Süleiman etwa wurde im osmanischen Herrschaftsbereich nicht wie im Westen „der Prächtige", sondern „der Gesetzgeber" (al-qanuni) genannt.[280] Die Sultane stellten auch zahlreiche qawanin in Form von eher losen Kodifikationen zusammen, den sog. qanunname.[281]

124 Letztlich kann der Herrscher unter siyasa jede beliebige Regel erlassen, solange sie nicht klar und unzweifelhaft gegen Koran oder Sunna verstößt. Dafür reicht es schon aus, wenn sich nur eine Schulmeinung finden lässt, die die Auffassung des Herrschers legitimiert. Die Entscheidungsspielräume steigen umso mehr an, je mehr beispielsweise ein Herrscher bereit ist, sich auch reformerischen und modernistischen Sichtweisen anzunähern und seine Gesetzgebung daran zu orientieren. Die Übergänge von siyasa im Rahmen einer modernen Auslegung von Koran und Sunna zu einer freien staatlichen Gesetzgebung sind damit letztlich fließend. Tatsächlich kann vielfach bezweifelt werden, ob der staatliche Gesetzgeber sich tatsächlich als ein die freien Regelungsbereiche des Islam ausfüllender, gleichsam zweitrangiger Erfüllungsgehilfe ansieht, oder ob er nicht vielmehr schlicht aus eigener Macht, in manchen Fällen auch aus eigener demokratischer Legitimation heraus handelt, sich um die islamrechtlichen Vorgaben kaum Gedanken macht und sie allenfalls aus politischen Gründen gelegentlich erwähnt, um religiöse Teile der Bevölkerung nicht zu verprellen. Auch dies ist keineswegs eine neuartige Entwicklung oder gar ein Zeichen unislamischer Verwestlichung. Vielmehr zeigte sich schon seit der frühen Zeit des Islam ein oft sehr entspannter und selbstbewusster Umgang der Herrscher mit etwaigen islamischen

zwischen beiden bestünden, auch wenn Stiftungen oft religiöse Zwecke hätten, ibid., 256; zu Resten islamischen Rechtsdenkens in der Bevölkerung etwa *Rohe* (Fn. 15), 205 f.

[277] Zu diesen Bemühungen kurz *Rohe* (Fn. 15), 179, 195.

[278] Zum Folgenden *Rohe* (Fn. 15), 33, 188, 405; *Hallaq* (Fn. 114), 73 f., 78 f.; *Bleuchot* (Fn. 14), 159, 185, 187 ff.; kurz *Mallat* (Fn. 272), 276 f.

[279] Dazu vertieft vor allem aus strafrechtlicher Sicht *Heyd* (Fn. 220), 198 ff.

[280] Zu dieser Bezeichnung *Bleuchot* (Fn. 14), 184.

[281] Umfassend zu qanun und qanunname *Heyd* (Fn. 220), 167 f., 171 ff.

Beschränkungen ihrer Machtvollkommenheit:[282] So erwähnte schon die erste qanunname unter Sultan Mehmed II. das islamische Recht nicht einmal. Immer wieder waren auch Widersprüche zwischen den Kodifikationen und dem islamischen Recht nicht zu übersehen, die Kodifikationen so Teil eines Machtkampfes zwischen Herrscher und religiösem Establishment, in dem sich der Herrscher vielfach durchsetzen konnte. Die islamrechtlichen Autoren revanchierten sich ihrerseits, indem sie in ihren Werken die qawanin schlicht ignorierten.

Heute sehen gerade reformerische und modernistische Islamrechtler in der Aktivität des Gesetzgebers die zentrale Möglichkeit, die Realität des Rechts in islamischen Staaten zu verändern und so unerwünschte Aspekte des islamischen Rechts zu verdrängen. Entsprechend ablehnend reagieren konservative Stimmen. Sie räumen zwar ein, dass die westlich inspirierten Gesetzbücher in den islamischen Staaten in weiten Teilen nicht gegen das islamische Recht verstoßen, wehren sich aber vehement gegen alle Versuche, das islamische Recht mithilfe der Gesetzgebung zu reformieren. Jede Gesetzgebung müsse stets mit Text, Geist und allgemeinen Prinzipien der Scharia übereinstimmen. Ein Herrscher, der sich nicht daran halte, gehöre eben nicht zu denjenigen, deren Befehlsgewalt über die Gläubigen der Koran anerkenne.[283] Aber gerade an solchen Äußerungen zeigt sich erneut der Kern des Streits. Denn auch die Modernisten können sich auf das islamische Recht berufen und würden gerade den Geist und die allgemeinen Prinzipien der Scharia – wenn auch weniger den Text – anführen, um ihre Reformen zu untermauern. **125**

3. Konsequente Durchsetzung islamischen Rechts im Staat: Saudi-Arabien

a) Wahhabismus

Für lange Zeit war der einzige Staat, in dem das traditionelle islamische Recht sich kontinuierlich und entsprechend seinem Selbstverständnis als *das* geltende Recht halten konnte, das allerdings erst 1932 in seiner heutigen Form gegründete Saudi-Arabien:[284] Noch zur Jahrtausendwende war es möglich zu behaupten: „Saudi law is nothing but shari'a."[285] In dieser Pauschalität ist dies heute nicht mehr zu halten, gab es doch in neuerer Zeit intensive Bemühungen, wichtige Teile des Rechts zu kodifizieren.[286] Aus diesen und anderen Gründen mag es nunmehr durchaus möglich sein, von einer Normalisierung des saudischen Rechts zu sprechen.[287] Dennoch zeigt sich die zentrale Rolle des islamischen Rechts in diesem Land weiterhin deutlich in dem 1992 erlassenen Grundgesetz, das in Art. 1 S. 3 Koran und Sunna schlicht zur Verfassung erklärt: „Its constitution is Almighty God's Book, The Holy Qur'an, and the Sunna (Traditions) of the Prophet (PBUH)."[288] Das aufgrund seines Ölreichtums auch wirtschaftlich enorm erfolgreiche Saudi-Arabien wird schon aus **126**

[282] Vgl. zu diesem historischen Aspekt *Bleuchot* (Fn. 14), 188, 189 f.; klare Abweichungen zwischen qanun und islamischem Recht stellt auch *Hallaq* (Fn. 114), 78 fest, der sie jedoch auf enge Bereiche beschränkt sieht und zudem davon ausgeht, dass Kadis und Muftis Konflikte soweit wie möglich zugunsten des islamischen Rechts aufgelöst hätten; einen Streit unter Historikern zur Frage möglicher Abweichungen stellt *Peters* (Fn. 171), 74 fest, der für den Bereich des Strafrechts keine Abweichung zu sehen vermag; *Vogel* (Fn. 124), 206 geht von einer zeitlichen Entwicklung aus, die von einem gewissen Gleichgewicht hin zu einem Übergewicht des traditionellen islamischen Rechts führte.

[283] Vgl. *Doi* (Fn. 5), 467 ff.; für die Befehlsgewalt vgl. die vielzitierte Sure 4:59: „Oh ihr, die ihr glaubt! Gehorcht Gott, und gehorcht dem Gesandten und denen unter euch, die Befehlsgewalt besitzen!".

[284] Zum Folgenden vgl. den sehr instruktiven Überblick bei *Cuniberti* (Fn. 5), 326 ff.; dazu das umfassende und einzige Standardwerk in westlicher Sprache *Vogel* (Fn. 124), passim.

[285] *Vogel* (Fn. 124), 8; deutlich auch ibid., 9: „Almost all rules applied today in Saudi-Arabian courts can be found in books of fiqh written by medieval ulama.".

[286] Zu den Kodifikationen vgl. infra → § 10 Rn. 132 f.

[287] Vgl. *Mallat, Chibli,* The normalization of Saudi law, 2022.

[288] Zit. nach der englischen Übersetzung auf der Website der saudischen Botschaft in den USA web.archive.org/web/20250302095256/https://www.saudiembassy.net/basic-law-governance#Chapter%20One:%20General%20Principles (zuletzt abgerufen am 18.7.2025).

diesem Grund von konservativen Kräften innerhalb des Islam gern als lobendes Beispiel herangezogen, etwa wenn es um die Rechtfertigung der harten hudud Strafen geht.[289]

127 Trotz dieser Tradition sollte der Versuchung widerstanden werden, das Land unkritisch als archetypisches Beispiel dafür anzusehen, wie ein Staat unter islamischem Recht in der Gegenwart aussehen müsste. Denn in Saudi-Arabien herrscht eine sehr spezielle und in vielerlei Hinsicht eigenständige Variante des islamischen Rechts: der auf der hanbalitischen Schule basierende Wahhabismus.[290] Tatsächlich sind saudisches Königshaus und Wahhabismus auf das engste und sehr persönlich miteinander verbunden. Denn der Gründer dieser politisch-religiösen Ideologie, Muhammad ibn Abd al-Wahhab, verbündete sich in der Mitte des 18. Jahrhunderts frühzeitig mit einem zunächst nur lokal bedeutsamen saudischen Prinzen. Der Prinz legte so den Grundstein seines militärischen und politischen Erfolges und gründete sein erstes Reich, in dem ihm die weltliche, Ibn Abd al-Wahhab hingegen die geistliche Herrschaft zukam. Dieser Erfolg wurde zwar Anfang des 19. Jahrhunderts durch eine Invasion des Osmanischen Reiches gestoppt, dann aber Anfang des 20. Jahrhunderts wieder aufgenommen und führte letztlich 1932 zur Staatsgründung. Inhaltlich strebt der Wahhabismus, teilweise auch gestützt auf die um 1300 entstandenen Werke von Ibn Taymiyya, eine Reinigung des Islam, eine Rückkehr zu seinen Wurzeln an. Neuerungen im islamischen Recht werden ebenso verdammt wie etwa der Glaube an islamische Heilige oder die Verehrung ihrer Grabmäler. Die Auslegung von Koran und Sunna orientiert sich weit mehr am Wortlaut als am Geist der Texte. Als Konsens (ijma)[291] wird nur der Konsens der Gefährten des Propheten anerkannt und der so gewonnene Spielraum weidlich ausgenutzt: ein zentrales Kennzeichen der Wahhabiten liegt darin, dass sie das Tor des ijtihad niemals für geschlossen gehalten haben.[292] Gerade die Wahhabiten sind also ein gutes Beispiel dafür, dass die Eröffnung von ijtihad keineswegs ein spezifisches Kennzeichen gerade einer modernen, fortschrittlichen Auslegung des Islam ist, sondern ebenso gut zu einer besonders konservativen bis radikalen Sicht führen kann.

b) Koran und Sunna als geltendes Recht

128 Unbeschadet neuerer Kodifikationen gelten in Saudi-Arabien alle Regeln des traditionellen islamischen Rechts unmittelbar als Recht des Landes. Das gilt beispielsweise für alle hudud Straftaten[293] einschließlich der gravierenden Körperstrafen, die sowohl auf Moslems als auch auf Andersgläubige angewandt werden. Ebenfalls entsprechend dem klassischen islamischen Recht ist aber auch die Zahl der tatsächlichen Verurteilungen zu einer hadd Strafe äußerst gering. So kam es etwa in einem elfjährigen Zeitraum zwischen 1981 und 1992 zu vier Steinigungen wegen Ehebruchs und 45 Amputationen wegen Diebstahls. Dass diese Zurückhaltung aber wiederum nur Ausdruck eines traditionellen Rechtsverständnisses und nicht der Rücksichtnahme auf moderne menschenrechtliche Befindlichkeiten ist, zeigt sich etwa daran, dass es 1990 und 1991 sogar jeweils zu einer – aus menschenrechtlicher Sicht schlicht indiskutablen – Steinigung mit anschließender Kreuzigung kam.[294]

129 Saudi-arabische Richter wenden das islamische Recht selbständig an; sie sind zumindest theoretisch zu ijtihad befugt und verstehen sich aufgrund ihrer Ausbildung als mujtahid.[295] Zwar folgen sie im Wesentlichen der hanbalitischen Schule, dürfen aber bei Bedarf auch die Lehrmeinungen anderer Schulen übernehmen.[296] Der darin liegende, gewisse Widerspruch

289 Dazu supra → § 10 Rn. 104.

290 Zum Folgenden auch kurz *Saeed* (Fn. 17), 130 ff.

291 Dazu supra → § 10 Rn. 16 ff.

292 Differenzierte Auseinandersetzung mit der historischen und heutigen Position des Wahhabismus zu ijtihad bei *Vogel* (Fn. 124), 60 ff.

293 Dazu supra → § 10 Rn. 97 ff.

294 Zu den Zahlen vgl. die Zusammenstellung bei *Vogel* (Fn. 124), 370.

295 Vgl. *Cuniberti* (Fn. 5), 332; zu mujtahid schon supra → § 10 Rn. 48, 66.

296 Vgl. *Mathieu, Michel,* Le nouveau système judiciaire de l'Arabie Saoudite – Un exemple d'adaptation de la Chari'a au monde moderne, Revue internationale de droit comparé 60 (2008), 447 (450).

zwischen relativer Schulenbindung und ijtihad scheint prägend für Theorie und Praxis des Rechts in Saudi-Arabien zu sein.[297] Entsprechend den islamischen Grundvorstellungen und der Bedeutung von ijtihad steht das saudische Recht einer Aufhebung von Entscheidungen im Instanzenzug äußerst zurückhaltend gegenüber,[298] auch wenn dieser Instanzenzug 2007 im Zuge einer Reform gestärkt wurde.[299]

c) Stellung der staatlichen Normsetzung

All dies bedeutet aber keinesfalls, dass das klassische islamische Recht, wie es aus Koran und Sunna hergeleitet wird, das einzige Recht in Saudi-Arabien wäre. Auch dort ist vielmehr anerkannt, dass das klassische islamische Recht keineswegs allumfassend ist und viele, insbesondere administrative Aspekte des modernen Lebens nicht erfasst. So hat sich ein großer und wachsender Bereich staatlicher Normsetzung im Sinne von siyasa[300] entwickelt, dessen Normen nizam genannt werden. Dass diese Normen dabei strikt der Scharia untergeordnet sind, ergibt sich nicht nur aus Art. 7 des saudi-arabischen Grundgesetzes, sondern zeigt sich auch schon daran, dass die Art. 44, 67 dieses Grundgesetzes in Abweichung vom weltweit üblichen verfassungsrechtlichen Grundbestand gar keine legislative Gewalt anerkennen, sondern nur eine verordnungsgebende („regulatory") Gewalt nennen. **130**

Die Richter haben daraus eine eher radikale Konsequenz gezogen:[301] Sie weigern sich tendenziell, nizam anzuwenden. Kommen sie zu dem Schluss, dass sich für den ihnen vorgelegten Fall eine Lösung im islamischen Recht findet, so wenden sie dieses an. Anderenfalls weisen sie den Fall ab und verweisen den Kläger auf die Verwaltungsbehörden. Aufgrund dieser Einstellung wurde ein System von Verwaltungsinstanzen mit gerichtsähnlicher Entscheidungsbefugnis geschaffen, die sich dem staatlich gesetzten Recht widmen. Diese nach historischem Vorbild diwan al mazalim genannten Verwaltungsstellen bilden einen von den Gerichten unabhängigen, eigenständigen Bereich der Rechtsprechung.[302] Dass die ablehnende Grundeinstellung der Gerichte gegenüber staatlich gesetztem Recht immer vollständig durchgehalten wird, ist allerdings zweifelhaft. So wird etwa nach Art. 47 S. 2 des saudi-arabischen Grundgesetzes das für die Gerichte bindende Prozessrecht selbst im Wege der Verordnungsgebung erlassen[303] und es ist kaum vorstellbar, dass die Gerichte ihr Prozessrecht nicht befolgen. Zudem bindet Art. 48 dieses Grundgesetzes die Gerichte ausdrücklich auch an die vom Herrscher erlassenen Normen. Eine Justizreform von 2007[304] scheint diese Vermutung zu bestätigen. Denn in ihrem Rahmen wurde nicht nur unter anderem versucht, die Abgrenzung der beiden Bereiche der Rechtsprechung zu klären. Den Gerichten wurde auch die Kompetenz über zusätzliche Rechtsbereiche zugesprochen, die zuvor in der Kompetenz spezieller Verwaltungsbehörden lagen. Insbesondere wurden im Rahmen einer Aufgliederung der Gerichte spezielle Arbeitsgerichte und Handelsgerichte eingerichtet, die sich also mit Rechtsgebieten befassen, die weitgehend durch nizam geprägt sind. Diese Verlagerung der Entscheidungsmacht auf klassische Gerichte fand auch deshalb statt, um den Entscheidungen in diesen Rechtsbereichen größere Wirkung in der Praxis zu verschaffen. **131**

---

[297] Zu diesem Widerspruch und seinen Folgen in der Praxis vgl. *Vogel* (Fn. 124), 74, 83 ff., zusammenfassend 117.
[298] Vgl. *Cuniberti* (Fn. 5), 332.
[299] Dazu *Mathieu* (Fn. 296), 453 ff.
[300] Dazu supra → § 10 Rn. 123 f.
[301] Zum Ganzen *Vogel* (Fn. 124), 175 ff.
[302] Zu ihnen näher *Mathieu* (Fn. 296), 449, 451 ff.
[303] Vgl. auch The Law of procedure before Shari'ah Courts aus dem Jahr 2000, in englischer Übersetzung unter web.archive.org/web/20250121020822/www.saudiembassy.net/law-procedure-shariah-courts (zuletzt abgerufen am 18.7.2025).
[304] Dazu und zum Folgenden *Mathieu* (Fn. 296), 453 ff.

d) Moderne Kodifikationen

132 Moderne Anforderungen an die Rechtssicherheit und die Bedürfnisse der Wirtschaft haben Saudi-Arabien nunmehr dazu verlaßt, sein Recht selbst in Bereichen, die traditionell der Scharia unterfallen, durch Kodifizierung der Regeln des islamischen Rechts zu modernisieren. Kern dieses Vorhabens sind gegenwärtig vier Gesetzbücher:[305] Das Gesetz über Beweiserhebung trat 2022 in Kraft. Das Gesetz über das Personalstatut, das 2023 in Kraft trat, ist noch weit von westlichen familienrechtlichen Standards in Bezug auf die Rechtsstellung der Frau entfernt; aus konservativ saudischer Perspektive hingegen stellt es einen bedeutenden Schritt dar. Die Fertigstellung des Strafgesetzbuchs scheint sich als besonders problematisch zu erweisen und war zuletzt für 2025 geplant. Sein Anwendungsbereich beschränkt sich auf solche Straftaten, für die die Scharia keine spezifische Bestrafung vorsieht.

133 Die größte Aufmerksamkeit unter Juristen erregte allerdings das Gesetz über zivilrechtliche Transaktionen von 2023. Dabei handelt es sich der Sache nach um das saudische Zivilgesetzbuch, das in vielerlei Hinsicht anderen arabischen Zivilgesetzbüchern ähnelt.[306] Unabhängig von den zahllosen Details seiner 721 Artikel sind vor allem die Regeln über seine eigene Anwendung in Abgrenzung zur Scharia bemerkenswert. Art. 1 Gesetz über zivilrechtliche Transaktionen sieht vor, dass zunächst vorrangig das Gesetz selbst anzuwenden ist und zwar nicht nur seinem Wortlaut, sondern auch seinem Geist nach. Falls sich den Bestimmungen des Gesetzes keine Lösung entnehmen lässt, ist auf die 41 Generalklauseln zurückzugreifen, die in Art. 720 Gesetz über zivilrechtliche Transaktionen zusammengestellt sind. Nur wenn keine dieser Generalklauseln einschlägig ist, wird auf die Scharia zurückgegriffen, und auch dann nur auf solche ihrer Regeln, die am ehesten mit den Vorschriften des Zivilgesetzbuchs im Einklang stehen. Nach dieser gestaffelten Regelung bleibt letztlich kaum noch Spielraum für eine Anwendung der Scharia im Bereich des Zivilgesetzbuchs. Selbst wenn die einzelnen Regeln des Zivilgesetzbuchs restriktiv ausgelegt würden, sind doch die Generalklauseln des Art. 720 Gesetz über zivilrechtliche Transaktionen – etwa „Matters shall be determined according to intentions", „Freedom from liability shall be presumed", oder „Preventing harm shall take precedence over gaining benefit" – so breit angelegt, dass es kaum möglich sein dürfte, Fälle zu finden, die nicht durch ihre großzügige Anwendung gelöst werden können.

4. Primat des staatlichen Rechts zwischen Selbstbehauptung und Rückzug

a) Die vielfältigen Wege des islamischen Rechts

134 Die Rolle des islamischen Rechts in der großen Mehrheit der übrigen Staaten ist eine weit geringere. Klare Entwicklungstrends lassen sich dabei gerade nicht ausmachen. Einige Länder sind weiterhin stark säkular ausgerichtet, andere befinden sich verschieden weit auf einem Weg zu verstärkter „Islamisierung", stehen still oder gehen wieder einige Schritte zurück. Wie zeitgebunden hier alle Aussagen zu einzelnen Ländern sind, zeigte sich etwa nachdrücklich an den hin und her wogenden Ereignissen und Erwartungen in der Folge des arabischen Frühlings ab Ende 2010, beispielsweise in Ägypten oder Tunesien. Pauschale Betrachtungen und schnelle Urteile scheitern aber nicht nur an der Vielfalt und den möglichen plötzlichen Wendungen, sondern sind auch ganz allgemein mit äußerster Vorsicht zu genießen. Beispielsweise scheint bei Staaten wie dem Iran schon die offizielle Bezeichnung „Islamische Republik Iran" auf eine Rechtslage ähnlich der in Saudi-Arabien

---

[305] Aus saudischer Perspektive vgl. *Kéchichian, Joseph A.,* Challenges to Legal Reforms in Saudi Arabia, Contemporary Review of the Middle East, 12 (2025), 123 (128 ff.).

[306] Überblick bei *Bälz, Kilian; Fawzy, Farah,* Saudi-Arabia – The new civil transaction law, Arab Law Quarterly 38 (2024), 1 (2 ff.); *Mahasneh, Nisreen,* Achieving legal certainty in civil dealings – An overview of the Saudi civil transactions regulation, Journal of International Law and Islamic Law 19 (2023), 313 (313 ff.); englische Übersetzung dieses Gesetzes unter gccbdi.org/sites/default/files/content-files/Resources/KSA%20Corporate%20Governance%20Index/Civil%20Transaction%20Law%20-%20English(3215637.1).pdf (zuletzt abgerufen am 18.7.2025).

hinzudeuten – eine Vermutung, die noch durch die stark religionsgeprägte politische Lage im Land verstärkt zu werden scheint. Damit aber würde erheblich zu kurz gegriffen. Denn zwar müssen sich die staatlichen Gesetze nach Art. 5 iranVerf im Rahmen des islamischen Rechts halten und wird die Einhaltung dieser Grenzen nach Art. 72, 96 iranVerf bereits im Gesetzgebungsverfahren vom sog. Wächterrat kontrolliert.[307] Gleichzeitig aber macht Art. 167 iranVerf unmissverständlich deutlich, dass die Gerichte in erster Linie die (staatlichen) Gesetze anwenden und dass der Richter nur bei fehlenden Gesetzen auf das traditionelle islamische Recht zurückgreifen darf.[308] In anderen, auf den ersten Blick stark vom islamischen Recht geprägten Staaten wie etwa dem Sudan kann bezweifelt werden, ob das dortige Regime überhaupt an einer geordneten Rechtsanwendung interessiert ist und inwieweit die Einführung islamischen Rechts nur der Selbstdarstellung der Herrschenden und der Absicherung ihrer Macht dient. In vielen Staaten insbesondere Nordafrikas findet sich allerdings eine bei aller Binnendifferenzierung klare und hinreichend stabile Linie. Außerhalb des Familien- und Erbrechts gilt dort letztlich ein stark am französischen Vorbild orientiertes Recht, das – trotz gewisser Vorbehalte in Bezug auf die reibungslose Funktionsweise der Justiz – im Wesentlichen nicht anders funktioniert als in anderen, am westlichen Recht orientierten Staaten etwa in Lateinamerika oder Afrika.

Aus dieser insgesamt nur schwer zu systematisierenden und im Fluss begriffenen Vielfalt **135** lassen sich drei inhaltliche, teils eng miteinander verwobene Aspekte herausgreifen, die für das Verständnis des vom islamischen Recht geprägten Kontexts besonders wichtig sind: die allgemeine Bedeutung des islamischen Rechts als Personalstatut (b), die Rolle des islamischen Rechts als Inspirationsquelle (c) und die Frage nach dem Rang des islamischen Rechts in der staatlichen Rechtsordnung (d).

b) Islamisches Recht im Familien- und Erbrecht: Kodifikation und Reform

Eine Gemeinsamkeit der moslemisch geprägten Staaten besteht darin, dass das Personal- **136** statut, dh das Familien- und Erbrecht, in aller Regel dem islamischen Recht folgt – zumindest ist das eine verbreitete Einschätzung. Tatsächlich erscheint gerade in Staaten, deren Rechtsordnung weitgehend säkular ist, das Personalstatut als das letzte verbliebene Bollwerk traditionell islamischen Rechts. Bei genauerer Betrachtung aber erweist sich diese Einschätzung ebenso wie dieses Bollwerk als oftmals eher brüchig. Denn wie schon am Beispiel Indonesiens gesehen,[309] werden keineswegs pauschal die Regeln des islamischen Familien- und Erbrechts, ggf. einer bestimmten Schule, für anwendbar erklärt. Stattdessen werden die entsprechenden Regeln weitgehend in staatlichen Gesetzen kodifiziert. Vom Richter werden also keineswegs die Fähigkeiten zumindest eines muqallid[310] erwartet; er ist nicht gezwungen, sich mit den Regeln des fiqh zu beschäftigen, wie sie sich in jahrhundertealten Lehrbüchern finden. Vielmehr kann er auch im Familien- und Erbrecht schlicht staatliche Gesetze anwenden und sich so auf vertrautem Terrain bewegen. Nur für Lücken in den Gesetzen findet sich nicht selten ein Verweis auf das traditionelle islamische Recht.[311]

Durch die Kodifizierung erleichtert der Staat aber nicht nur die Rechtsanwendung und **137** stellt größere Rechtssicherheit her, sondern er sichert so auch und vor allem seinen Einfluss. Diesen nutzt er vielfach für Reformen, in deren Zentrum oft die Verbesserung der Rechts-

[307] Dazu näher *Moschtaghi, Ramin,* Die Islamische Republik als Verfassungsprinzip – Ein Vergleich der Verfassungen von Afghanistan und Iran, Verfassung und Recht in Übersee 41 (2008), 185 (211 ff.).

[308] Vgl. dazu *Arjomand, Said Amir,* Shari'a and constitution in Iran – A historical perspective, in: Amanat, Abas; Griffel, Frank (Hrsg.), Shari'a – Islamic law in contemporary context, 2007, 156 (161), der ibid., 163 auch darauf hinweist, dass der Wächterrat aufgrund seiner vielfältigen Funktionen erheblich überlastet sei; zum gelebten Recht im Iran vgl. *Banakar, Reza; Ziaee, Keyvan,* The life of the law in the Islamic Republic of Iran, Iranian Studies 51 (2018), 717 (717 ff., insbes. 719 f., 732 ff.).

[309] Vgl. supra → § 9 Rn. 259 ff.; für Indien vgl. supra → § 9 Rn. 228 f.

[310] Zur entsprechenden Kategorisierung supra → § 10 Rn. 48.

[311] So beispielsweise in Jordanien, Syrien, Marokko und Kuwait, vgl. *Rohe* (Fn. 15), 184 f.

stellung von Frauen und ihre Gleichstellung mit Männern stehen.[312] Gerade in diesem Bereich allerdings muss der Gesetzgeber bis heute – und teilweise erst recht wieder heute – mit erheblichen Widerständen aus der Bevölkerung und vor allem aus konservativen Kreisen rechnen. So ergibt sich hier ein von Land zu Land oft stark unterschiedlicher Entwicklungsstand. Tunesien beispielsweise gilt seit langem als besonders progressiv.[313] Aber selbst im sehr konservativen Iran wurde durch eine Reform von 2002 zB das Heiratsmindestalter für Mädchen von vorher 9 Jahren auf immerhin 13 Jahre heraufgesetzt, der Ehefrau ein gerichtlich durchsetzbares Scheidungsrecht bei Fehlverhalten des Ehemannes gegeben und eine durch Ehevertrag festgesetzte Zugewinngemeinschaft anerkannt.[314] Ein pakistanisches Gesetz erkannte 2018 Transgenderrechte in einem für ein islamisches Land erstaunlichen Ausmaß an. Das Gesetz wurde 2023 durch das Föderale Schariagericht für nichtig erklärt,[315] eine Entscheidung die anschließend vor dem Obersten Gerichshof Pakistans angegriffen wurde.

138 Ein gutes Beispiel für weitgehende Reformen gibt das nach Tunesien vielleicht familienrechtlich progressivste Land Nordafrikas: Marokko.[316] Die dort im Jahr 2004 verabschiedete Reform des Familiengesetzbuchs (Mudawana) gilt gerade unter Frauenrechtsaktivisten und Menschenrechtlern als Sieg und als Vorbild für den gesamten arabischen Raum. Sie glich das Ehefähigkeitsalter von Männern und Frauen auf einheitlich 18 Jahre an, hob die Verpflichtung zur Beteiligung eines Ehevormunds auf und ging bei der Formulierung der ehelichen Rechte und Pflichten von getrennten Aufzählungen zu einer einheitlichen Regelung gegenseitiger Verpflichtungen über. Polygamie wurde zwar nicht verboten, bedarf aber nunmehr richterlicher Zustimmung und unterliegt derart strengen Voraussetzungen, dass sie kaum mehr möglich ist. Die einseitige Scheidung durch den Mann in Form des talaq al-bida[317] unterliegt ebenfalls richterlicher Zustimmung und Überprüfung. Das Scheidungsrecht der Frauen wurde durch Beweiserleichterungen verbessert, die einvernehmliche Scheidung erstmals eingeführt. Erhebliche Beweiserleichterungen gibt es auch für Vaterschaftsklagen, bei denen wissenschaftliche Methoden des Vaterschaftsnachweises an die Stelle der traditionellen zwölf Zeugen getreten sind. Im Erbrecht wurde der bereits zuvor bestehende Erbanspruch der Enkel gegenüber Großeltern väterlicherseits auch auf Großeltern mütterlicherseits erstreckt.

139 Die Bewertung des durch solche und andere Reformen jeweils erreichten Zustands ist allerdings zwiespältig. Nicht nur hängt vieles davon ab, wieweit sich die rechtlichen Neuerungen auch im Alltagsleben der Menschen niederschlagen und hier zu Veränderungen führen. Zusätzlich kommt es auch entscheidend auf den jeweils eigenen Standpunkt an: So gilt beispielsweise Marokko im Westen weiterhin als sehr orientalisch, erscheint aber arabischen Beobachtern als deutlich westlich.[318] Was für einen traditionell gesinnten Moslem schon sehr weit geht, mag einem westlichen Liberalen kaum der Rede wert erscheinen. Zudem ist, wie immer im islamischen Kontext, schon bei der Verwendung des Wortes „Reform" erhebliche Vorsicht geboten. Denn wer in den Reformen ein Abgehen vom „echten" Islam hin zu westlichen Vorstellungen sieht, hat bereits einen zentralen, aber kaum haltbaren Kernpunkt der fundamentalistischen Propaganda akzeptiert: dass nur der radikale, statische und rückwärtsgewandte Islam der wahre sei.[319] Die Reformen lassen sich

[312] Detailreicher Überblick bei *Rohe* (Fn. 15), 207 ff.

[313] Vgl. etwa *Achour, Yadh Ben,* L'articulation du droit musulman et du droit étatique dans le monde arabe actuel, in: Frégosi, Franck (Hrsg.), Lectures contemporaines du droit islamique – Europe et monde arabe, 2004, 101 (110); *Hursh, John,* Advancing women's rights through Islamic law – The example of Morocco, Berkeley Journal of Gender, Law and Justice 27 (2012), 252 (256).

[314] *Rohe* (Fn. 15), 211, 219, 228.

[315] Judgement on Transgender Persons (Protection of Rights) Act, 2018. PLD-2023 FSC 301 vom 19.5.2023.

[316] Zum Folgenden vgl. *Hursh* (Fn. 313), 258 ff.; *Weingartner, Laura A.,* Family law and reform in Morocco – The Mudawana – Modernist Islam and women's rights in the code of personal status, University of Detroit Mercy Law Review 82 (2005), 687 (697 ff.).

[317] Vgl. supra → § 10 Rn. 86.

[318] *Hursh* (Fn. 313), 257; zu den differenzierten Sichtweisen speziell der Reform von 2004 vgl. ibid., 267 ff.

[319] Vgl. dazu schon supra → § 10 Rn. 106 und infra → § 10 Rn. 157.

aber ohne weiteres auch aus islamrechtlicher Sicht rechtfertigen, ja sie könnten sogar als von einem sich entwickelnden Islam gefordert angesehen werden. Dies entspricht auch der staatlichen Praxis, die Reformen in aller Regel aus dem islamischen Recht heraus begründet, auch wenn gleichzeitig konservative Kräfte versuchen, sie als westlich zu brandmarken.[320]

c) Islamisches Recht als Inspiration für Gesetzgeber und Richter

Gerade dieser Rückgriff auf islamisches Recht zur Untermauerung und Rechtfertigung gesetzgeberischer Projekte ist ein Kennzeichen des islamischen Kontexts, das weit über den engen Bereich des Familien- und Erbrechts hinausgeht. In allen Bereichen, in denen ein Einfluss des islamischen Rechts sinnvoll behauptet werden kann, vor allem also im Straf-, Zivil- und Verfassungsrecht,[321] zieht der Gesetzgeber das islamische Recht als Inspirationsquelle heran. Dies gilt sowohl bei Gesetzgebungsprojekten, die eine stärker traditionelle Ausrichtung des geltenden Rechts bezwecken, als auch bei solchen, die sich einer Modernisierung widmen. In beiden Fällen ist aber letztlich schwer zu bestimmen, wieweit das islamische Recht tatsächlich Ausgangspunkt und Anlass der Gesetzgebung war und inwieweit es nur vorgeschoben wird, während tatsächlich andere politische, weltanschauliche, ideologische oder wirtschaftliche Gründe den Ausschlag gaben. 140

Ein klassisches Beispiel für eine vom islamischen Recht inspirierte Gesetzgebung ist das Zivilgesetzbuch Ägyptens, das Ende der 1940er Jahre von dem in Frankreich ausgebildeten Juristen Abd al-Razzaq al-Sanhuri ausgearbeitet wurde.[322] Sanhuri ging davon aus, dass sich aus den verschiedensten Auslegungen des Islam eine Reihe von gemeinsamen und unveränderbaren Grundprinzipien herleiten ließen. Diesen Prinzipien und dem öffentlichen Interesse müsse das staatliche Recht entsprechen. Das auf dieser Basis entwickelte, 1949 in Kraft getretene ägyptische Zivilgesetzbuch galt als erfolgreicher Versuch, kontinentaleuropäisches Recht mit islamischen Rechtsvorstellungen zu vereinen. Es wurde so zum Vorbild für viele andere, auf Sanhuris Arbeiten aufbauende Kodifikationen im arabischen Raum, etwa im Irak, Syrien, Libyen und Kuwait, die dann ihrerseits Vorbild in weiteren Ländern wurden.[323] Gelegentlich wird hier sogar von einem ägyptischen Rechtskreis gesprochen.[324] Sanhuri wirkte dabei in den arabischen Staaten nicht nur durch seine Kodifikation, sondern auch durch seine darauf bezogenen Schriften und durch seine zahlreichen akademischen Schüler.[325] Bei genauerer Betrachtung ist der islamrechtliche Einfluss in Sanhuris Werk aber eher schwach ausgeprägt:[326] Drei Viertel der Regeln des ägyptischen Zivilgesetzbuchs von 1949 stammen aus den Vorgängerkodifikationen von 1875 und 1883, wobei vor allem letztere sehr stark 141

[320] Vgl. etwa für die Reform in Marokko *Hursh* (Fn. 313), 260 f.; *Weingartner* (Fn. 316), 708, 709.

[321] Diese Bereiche nennt auch *Dupret, Baudouin,* A return to the Shari'a? – Egyptian judges and the reference to Islam, in: Yassari, Nadjma (Hrsg.), The Shari'a in the constitutions of Afghanistan, Iran and Egypt – Implications for private law, 2005, 161 am Beispiel Ägyptens.

[322] Dazu und zum Folgenden *Lombardi, Clark B.,* Constitutional provisions making Sharia „a" or „the" chief source of legislation – Where did they come from? What do they mean? Do they matter?, American University International Law Review 28 (2013), 733 (740 ff.); vgl. auch *Bälz, Kilian,* Das islamische Recht als Grundlage arabischer Rechtseinheit, in: Ebert, Hans-Georg (Hrsg.), Beiträge zum Islamischen Recht, 2000, 35 (40 ff.); kurz etwa *Cuniberti* (Fn. 5), 331 f.

[323] Darstellung der Verbreitungswege bei *Krüger, Hilmar,* Zur Rezeption ägyptischen Zivilrechts in der arabischen Welt, in: Heckel, Martin (Hrsg.), Rechtstransfer – Beiträge zum islamischen Recht VIII, 2011, 9 (10 ff.).

[324] So etwa *Bälz* (Fn. 322), 45; *Krüger* (Fn. 323), 10, 21; vgl. auch *El-Kosheri, Ahmed S.,* Vers un droit uniforme arabe des affaires, in: Kronke, Herbert; Reinhart, Gert; Witteborg, Nika (Hrsg.), Islamisches und arabisches Recht als Problem der Rechtsanwendung, 2001, 15 (18), der etwas zurückhaltender von einer ägyptischen Rechtsschule spricht.

[325] Vgl. *El-Kosheri* (Fn. 324), 18 f.

[326] Vgl. dazu *Cuniberti* (Fn. 5), 312, 311, zu späteren Reformen ibid., 315 f.; vgl. auch *Bälz* (Fn. 322), 42: „islamisch im Anspruch, französisch in der Praxis", der ibid., 44 betont, dass das ägyptische Zivilgesetzbuch über weite Strecken auf europäischen Vorbildern beruht; zustimmend *Krüger* (Fn. 323), 20 (eigene Schöpfung Sanhuris, aber sicherlich „code d'inspiration française").

französisch inspiriert war. Eine erkennbare islamische Prägung findet sich so nur im Sachenrecht und vor allem im Erbrecht. Sanhuri scheint es vor allem wichtig gewesen zu sein, stets zu belegen dass seine Kodifikation nicht gegen das – durchaus modern verstandene – islamische Recht verstieß,[327] weniger sie so weit wie möglich aus dem islamischen Recht heraus zu entwickeln. Von sehr traditioneller Seite wurde das Gesetzbuch entsprechend schon als nur pseudoislamisch kritisiert.[328]

142 Aber nicht nur der Gesetzgeber, sondern auch der Richter lässt sich durch islamisches Recht inspirieren. Das geschieht einmal dort, wo der Islam verwendet wird, um unbestimmte Rechtsbegriffe auszufüllen, etwa den der öffentlichen Ordnung.[329] Wichtiger noch verwenden Richter etwa in Ägypten das islamische Recht auch parallel zum staatlich gesetzten Recht. Wenn etwa der Gesetzestext mehrere Auslegungen zulässt und eine davon einer klaren Lösung des klassischen islamischen Rechts entspricht, so wird der Richter sich vielfach für diese entscheiden.[330] Aber auch wenn die Lösung zunächst aus dem staatlich gesetzten Recht selbst abgeleitet wird, zieht der Richter oft zusätzlich noch das klassische islamische Recht heran, um seine Lösung gleichsam doppelt abzusichern.[331] In der erstinstanzlichen Entscheidung eines ägyptischen Gerichts aus Gizeh[332] beispielsweise ging es um die Scheidungsklage einer Frau. Sie gründete ihre Klage auf ein staatliches Gesetz, dem zufolge sie für die Scheidung einen Schaden nachweisen musste. Zur näheren Bestimmung, was einen solchen Schaden darstelle, berief sich das Gericht zunächst auf eine höchstrichterliche Entscheidung. Dann aber griff es zusätzlich und konkreter auf die Lehren zweier klassischer Gelehrter des islamischen Rechts, Abu Hanifa und Abu Yusuf, zurück, die eine Scheidung auch aufgrund von Impotenz des Mannes erlaubten. Daraus schloß das Gericht auf das Vorliegen eines Schadens, denn „if the man is not capable (…) this [constitutes] a harm for the woman (…) which nothing can resolve but separation".[333] Ob in solchen und ähnlichen Vorgehensweisen eine Missachtung des staatlichen Regelungsanspruchs, eine Berücksichtigung des verbreiteten Verweises auf das islamische Recht zur Füllung von Gesetzeslücken etwa im Zivilrecht,[334] eine Umsetzung der besonderen verfassungsrechtlichen Rolle des islamischen Rechts in vielen moslemischen Staaten,[335] eine Rücksichtnahme auf die vielfach islamisch geprägten, laienhaften Rechtsvorstellungen der Bevölkerung, eine intellektuelle Fingerübung oder noch etwas anderes gesehen werden sollte, ist letztlich kaum zu entscheiden.

d) Islamisches Recht mit übergesetzlichem Rang

aa) Aufnahme islamischen Rechts in die Verfassung

143 Weit über die bloße islamische Inspiration hinaus liegt es aus islamischer Sicht auch nahe, den Gesetzgeber an das islamische Recht zu binden und sich dabei des modernen, westlichen Steuermechanismus der Verfassung zu bedienen.[336] Der radikalste Schritt dorthin bestünde darin, das islamische Recht selbst zur Verfassung zu erklären, so wie es Saudi-Arabien mit

---

[327] Vgl. *El-Kosheri* (Fn. 324), 17, 18.
[328] Vgl. *Lombardi* (Fn. 322), 741 f.
[329] Vgl. *Dupret* (Fn. 321), 165.
[330] Vgl. *Cuniberti* (Fn. 5), 314.
[331] Vgl. *Dupret* (Fn. 321), 166; *Cuniberti* (Fn. 5), 314; für das Familienrecht *Botiveau* (Fn. 129), 225 f.; für Tunesien vgl. die Hinweise in *Dupret, Baudouin,* Au nom de quel droit, 2000, 121 Fn. 17.
[332] Auszugsweise abgedruckt und besprochen bei *Dupret, Baudouin,* The practice of judging – The Egyptian judiciary at work in a personal status case, in: Masud/Peters/Powers (Fn. 158), 143 (151 ff.).
[333] Übersetzung bei *Dupret* (Fn. 332), 159.
[334] Dazu etwa kurz *Lombardi* (Fn. 322), 742 f.; speziell für das ägyptische Zivilgesetzbuch *Dupret* (Fn. 321), 163.
[335] Dazu sogleich infra → § 10 Rn. 143 ff.
[336] Zum Folgenden vgl. *Ahmed, Dawood I.; Ginsburg, Tom,* Constitutional Islamization and human rights – The surprising origin and spread of Islamic supremacy in constitutions, Chicago Public Law and Legal Theory Working Paper No. 477, 2014; *Lombardi* (Fn. 322), 733 ff.

Art. 1 S. 2 seines Grundgesetzes tatsächlich getan hat.[337] Die große Mehrheit der Staaten geht hingegen nicht so weit. Nur entsprechende rechtspolitische Forderungen finden sich gelegentlich. So wird etwa dafür plädiert, die pakistanischen Gerichte sollten nicht nur die Gesetze, sondern auch jede einzelne Norm der Verfassung stets im Licht des islamischen Rechts auslegen und die Rechtsprechung sich entsprechend selbst binden,[338] was letztlich einer Islamisierung der Verfassung zumindest sehr nahe käme. Gemeinhin wird aber nicht die Verfassung selbst islamisiert, sondern nur der Gesetzgeber gebunden – und auch dies in sehr verschiedenartiger, unterschiedlich starker und in ihren genauen Auswirkungen oft umstrittener Form. Die entsprechenden Verfassungstexte haben dafür im Wesentlichen zwei verschiedene Formulierungsmuster gefunden: Einerseits werden gelegentlich Verstoßklauseln eingefügt, die es dem Gesetzgeber direkt verbieten, Gesetze zu erlassen, die gegen das islamische Recht verstoßen. Andererseits existieren von der Formulierung her weniger weitgehende Quellenklauseln, die das islamische Recht entweder zu „der" oder zu „einer" Quelle der Gesetzgebung erklären. Insgesamt finden sich solche Formulierungen in knapp der Hälfte aller Staaten mit mehrheitlich moslemischer Bevölkerung.[339] In der ganzen Diskussion sollte deshalb auch umgekehrt nicht untergehen, dass gut die Hälfte der Staaten eine solche, verfassungsrechtlich abgesicherte Vorrangstellung des islamischen Rechts gerade nicht kennt.

Die Verstoßklausel findet ihren historischen Ursprung in der Verfassung Irans von 1907 **144**
und wird in der Literatur gelegentlich als gedanklicher Nachfolger der kolonialen repugnancy-Klauseln[340] angesehen, mit deren Hilfe sichergestellt werden sollte, dass das jeweilige lokale Recht nicht in eklatanter Weise gegen zentrale Grundwerte des Rechts der Kolonialherren verstieß.[341] Der genaue Wortlaut kann deutlich variieren. Art. 3 afghanVerf beispielsweise lautet: „In Afghanistan darf kein Gesetz dem Glauben und den Bestimmungen der heiligen Religion des Islam widersprechen." Ähnliche Klauseln finden sich in Art. 5 iranVerf, Art. 2 (1) (A) irakVerf und Art. 227 pakistanVerf.

Größerer Aufmerksamkeit und Verbreitung erfreuen sich demgegenüber die scheinbar **145**
zurückhaltenderen Quellenklauseln. Sie existieren in zwei Spielarten, deren eine das islamische Recht zu „*einer* Quelle der Gesetzgebung" (etwa Art. 2 kuwaitVerf, Art. 7 VAE-Verf., art. 1 katarVerf, art. 2 bahrainVerf) erklärt, die andere zu „*der* Quelle der Gesetzgebung" (etwa Art. 65 sudanVerf, Art. 3 jemenVerf, Art. 2 ägyptVerf 2014).[342] Der Unterschied zwischen beiden Formulierungen ist den Verfassungsgebern dabei jeweils deutlich bewusst. Gemeinhin wird unterstellt, dass die Formulierung „*die* Quelle" es den Staaten verfassungsrechtlich untersage, Gesetze zu erlassen, die in Konflikt mit dem islamischen Recht stünden. Die Formulierung „*eine* Quelle" hingegen wird als sehr viel weicher angesehen, so dass der Gesetzgeber letztlich frei sei, sich auch gegen Vorgaben des islamischen Rechts zu entscheiden. Diese Unterscheidung ist dabei keineswegs nur eine von außen, gar durch westliche Analysen herangetragene, sondern eine im Bewusstsein der moslemischen Staaten und in der öffentlichen Diskussion etwa über Verfassungsreformen seit Jahrzehnten fest verankerte Vorgabe.

bb) Tatsächliche und rechtliche Bedeutung von Verstoß- und Quellenklauseln

Wie so oft kommt es aber auf die Details an. Die Bedeutung der Klauseln in der jeweiligen **146**
Staatenpraxis hängt von vielerlei Faktoren ab, die weit über den bloßen Wortlaut hinaus-

[337] Vgl. supra → § 10 Rn. 126; einige Staaten verbieten im Wege einer Ewigkeitsklausel eine Änderung der verfassungsrechtlichen Bestimmungen zur Rolle des Islam im Staat, vgl. mit Beispielen *Bernard-Maugiron, Nathalie,* La place de la charia dans la hiérarchie des normes, in: Dupret, Baudouin (Hrsg.), La charia aujourd'hui – Usages de la référence au droit islamique, 2012, 51 (52 f.).

[338] So etwa für Pakistan *Nyazee, Imran Ahsan,* Is our constitution islamic, Your Honour?, 2014, 1 (4), ssrn.com/abstract=2409086 (zuletzt abgerufen am 18.7.2025).

[339] Zahlen nach *Ahmed* (Fn. 336), 22 f., 82, dort auch eine Darstellung der zeitlichen Entwicklung.

[340] Dazu schon supra → § 8 Rn. 44, 82.

[341] So *Ahmed* (Fn. 336), 18 ff.

[342] Darstellung der geschichtlichen Entwicklung in den arabischen Staaten jeweils bei *Lombardi* (Fn. 322), 746; zu Entwicklung in Pakistan vgl. *Cuniberti* (Fn. 5), 320 ff.

gehen. Dazu zählt natürlich auch das reale politische Umfeld. In von Krieg, Terrorismus oder Revolution verheerten Ländern dürften nicht nur Staat und Bevölkerung oft andere Probleme haben, sondern dürfte vor allem auch etwaigen gerichtlichen Entscheidungen praktisch wenig Bedeutung zukommen. Als etwa der afghanische Oberste Gerichtshof im Jahre 2003 das Kabelfernsehen für rechtswidrig im Sinne des islamischen Rechts erklärte, folgte zunächst ein öffentlicher Aufschrei, woraufhin die Bevölkerung die Entscheidung schlicht ignorierte.[343] Auch die (Un-)Abhängigkeit der Justiz von den jeweiligen Machthabern kann eine bedeutende Rolle spielen. Im Pakistan der frühen 1990er Jahre etwa setzte der Präsident des Föderalen Schariagerichts Tanzil-ur-Rahman die sehr streng am islamischen Recht orientierten Vorgaben der Verfassung machtvoll in die Tat um. Beispielsweise hob er mit einer Entscheidung von 1992 sämtliche pakistanische Gesetze auf, die Zinsen erlaubten, und räumte der Regierung keine nennenswerten weiteren Fristen zur Behebung der Lage ein.[344] In der Folge wurde Tanzil-ur-Rahman dann allerdings nicht erneut im Amt bestätigt – eine in Art. 203 C pakistanVerf gleichsam angelegte politische Einflussmöglichkeit, da die Amtszeit der Richter am Föderalen Schariagericht auf drei Jahre begrenzt ist und ihre (Wieder-) Ernennung im Belieben des Staatspräsidenten liegt. Die Folge der Entmachtung des Gerichtspräsidenten war in der Praxis, dass die Überprüfung von Gesetzen anhand des islamischen Rechts in Pakistan ganz erheblich an Bedeutung verlor.[345] Ähnliches geschah in Ägypten, als 1982 der Präsident eines erstinstanzlichen Gerichts schlichtweg das gesamte ägyptische Strafrecht für mit dem islamischen Recht unvereinbar erklärte und kurzerhand einen Angeklagten wegen Trunkenheit zu 80 Peitschenhieben verurteilte. In der Folge wurde der Richter auf einen reinen Verwaltungsposten versetzt.[346] Nicht selten lassen sich die die Debatten im Rahmen der Islamisierung als Teil eines Machtkampfes zwischen unterschiedlichen Gruppen lesen.[347] Die Forderungen konservativer religiöser Gruppen, die Gesetze des Parlaments und die Entscheidungen verschiedener Gerichtsbarkeiten auf unterschiedlichen Hierarchieebenen widersprechen einander nicht selten oder blockieren sich sogar. So wurde die Entscheidung des pakistanischen Föderalen Schariagerichts zur Frage der Zinsen aus dem Jahr 1992 mit aufschiebender Wirkung vor dem Obersten Gerichtshof angegriffen, der die Sache 10 Jahre später an das Föderale Schariagericht zurückverwies und es zu genauerer Aufklärung über Finanzsysteme in islamischen Ländern aufforderte. Im Jahr 2022, also 20 Jahre später, entschied das Föderale Schariagericht erneut, hielt seine ursprüngliche Entscheidung aufrecht und gab der Regierung fünf Jahr Zeit, dies umzusetzen.[348] Diesmal scheint auch die Regierung die Entscheidung umsetzen zu wollen, zumal das Parlament 2024 die Pflicht, Zinsen bis 2028 abzuschaffen, in Art. 38 lit. f der Pakistanischen Verfassung aufnahm.

147 Aber auch die im engeren Sinne rechtlichen Einflussfaktoren sind vielfältig. Offensichtlich hängt etwa vieles schon davon ab, ob überhaupt eine gerichtliche Kompetenz zur Über-

[343] Vgl. *Kamali, Mohammad Hashim,* Islam and its shari'a in the Afghan constitution 2004 with special reference to personal law, in: Yassari, Nadjma (Hrsg.), The shari'a in the constitutions of Afghanistan, Iran and Egypt – Implications for private law, 2005, 23 (37); zur geringen praktischen Wirksamkeit und Durchsetzung des Rechts in Afghanistan vgl. *Rohe, Mathias,* Islamisches Recht im islamischen Staat – Realität oder Illusion? – Prägende Faktoren der aktuellen Rechtsentwicklungen in Afghanistan, in: Jastrow, Otto; Ralay, Shabo; Hafenrichter, Otto (Hrsg.), Studien zur Semitistik und Arabistik – Festschrift für Hartmut Bobzin zum 60. Geburtstag, 2008, 341 (350 ff.).

[344] Vgl. Mahmood-ur-Rahman Faisal v. Secretary, Ministry of Law, PLD 1992 FSC 1 (135 ff., 188); zu Entwicklung und Hintergrund dieser Rechtsprechung vgl. *Lau, Martin,* Article 2A – The objectives resolution and the islamisation of Pakistani laws, in: Ebert, Hans-Georg; Hanstein, Thoralf (Hrsg.), Beiträge zum islamischen Recht III, 2003, 173 (178 ff.).

[345] Zu diesen Vorgängen vgl. *Cuniberti* (Fn. 5), 326; zu den parallelen und späteren Gegentendenzen in der Rechtsprechung vgl. *Lau* (Fn. 344), 188 ff.

[346] Zu diesem Fall vgl. *Dupret* (Fn. 331), 113, 118 ff.; *Cuniberti* (Fn. 5), 317.

[347] *Cuniberti, Gilles,* Grands systèmes de droit contemporains, 5. Aufl. 2024, 330.

[348] Judgement on Riba (Shariat Petition No.30-L of 1991) PLD-2023 FSC-47 vom 28.4.2022; für die Anmerkungen des Gerichts zu dieser Verzögerung vgl. ibid., 56 ff.; zur Entscheidung des Obersten Gerichtshofs von 2002 vgl. ibid. 55 f.

prüfung von Gesetzen und insbesondere eine Verfassungsgerichtsbarkeit existiert. So sprach etwa die Verfassung Katars von 1972 noch vom islamischen Recht als „der hauptsächlichen Quelle" der Gesetzgebung, sah aber keinerlei Möglichkeit gerichtlicher Überprüfung vor. Entsprechend spielte die Verfassung in der Gerichtspraxis keine Rolle.[349] Bezeichnenderweise schuf Katar dann zwar 2008 ein Verfassungsgericht mit der Befugnis zur Überprüfung von Gesetzen, doch war vier Jahre zuvor im Rahmen einer Verfassungsänderung die Rolle des islamischen Rechts von „der" zu „einer" Quelle herabgestuft worden.[350]

Ein weiteres Beispiel für die Bedeutung des rechtlichen Umfelds bietet die starke Verstoßklausel des Art. 227 pakistanVerf. Sie wird zwar nach Art. 203D pakistanVerf von einer ebenso starken Ermächtigung des Föderalen Schariagerichts zur Überprüfung der Gesetze – sogar ohne Antrag aus eigener Initiative – begleitet. Art. 203B lit. c pakistanVerf jedoch nahm von dieser Überprüfungsmöglichkeit nicht nur für die ersten zehn Jahre jedes Steuer-, Bank- und Versicherungsgesetz aus, sondern dauerhaft auch die Verfassung selbst, das gesamte Prozessrecht und das Personalstatut der Moslems. Welche Bedeutung zudem die jeweilige gerichtliche Auslegungspraxis haben kann, zeigte sich hier beispielhaft an der letztgenannten Ausnahme. Sie wäre von größter praktischer Bedeutung, wenn dadurch tatsächlich die Gesetze zur familien- und erbrechtlichen Stellung aller Moslems von einer Überprüfung anhand des islamischen Rechts ausgenommen wären. Von dieser anfänglich gewählten Lesart der Vorschrift verabschiedete sich der Oberste Gerichtshof jedoch 1994. Als Personalstatut im Sinne von Art. 203B lit. c pakistanVerf wurden stattdessen nunmehr die einschlägigen *islamrechtlichen* Regeln angesehen, wenn sie die Angehörigen einer moslemischen Sekte betrafen, für die im Sinne von Art. 227 Abs. 1 pakistanVerf[351] das islamische Recht in der Auslegung von Koran und Sunna gerade durch diese Sekte galt.[352] Was bleibt ist also nurmehr eine Klausel, die es den Gerichten verbietet, die spezifische Auslegung einer bestimmten islamischen Glaubensgruppe im Bereich des Personalstatuts im Hinblick auf ihre „Richtigkeit" zu überprüfen.[353] 148

Eine schwache Islamklausel kann aber auch durch einfachrechtliche Entwicklungen zu einer echten Überprüfungspraxis führen. In den Vereinigten Arabischen Emiraten beispielsweise erklärt Art. 7 VAE-Verf. die Scharia nur zu „einer" Hauptquelle der Gesetzgebung. Durch einfaches Gesetz wird aber der Oberste Gerichtshof seit 1978 angewiesen, im Rahmen seiner Kassationskompetenz alle Gesetze als nichtig zu behandeln, die nicht mit der islamischen Scharia übereinstimmen. Dabei besteht eine Tendenz der einheimischen Gerichte, dieses Gesetz als Ausdruck des ursprünglichen Willens der Verfassung zu lesen.[354] 149

cc) Welches islamische Recht?

Ein anderer Faktor ist die Frage, an welchem „islamischen Recht" die Gesetzgebung aufgrund der Islamklauseln gemessen werden soll. Dahinter steht das Problem, ob hier tatsächlich eine Übereinstimmung mit den Lehren einer bestimmten Schule des islamischen Rechts gemeint ist, oder nur der Verstoß gegen Rechtssätze, die allen Schulen gemein sind 150

[349] So für die ganze Verfassung *Brown, Nathan J.,* Constitutions in a nonconstitutional world – Arab basic laws and the prospects for accountable government, 2002, 154 mit Fn. 34, der auch darauf hinweist, dass die Verfassung von Katar ggf. schlicht per Dekret hätte geändert werden können.

[350] Zu Katar *Lombardi* (Fn. 322), 761 ff.

[351] Zu deren Inhalt vgl. auch infra → § 10 Rn. 151.

[352] Vgl. Mahmood-ur-Rahman Faisal v. Government of Pakistan PLD 1994 FSC 607 (612 f., 615, 620).

[353] Darin dürfte die Antwort auf die von *Cuniberti* (Fn. 5), 324, gestellte Frage liegen, welchen Sinn diese Auslegung denn haben solle. Denn tatsächlich hat das Gericht den Begriff des „Muslim Personal Law" in Art. 203B lit. c pakistanVerf gerade nicht ganz generell als das ganze einschlägige islamische Recht ausgelegt, auch wenn es in einer früheren Entscheidung diese Möglichkeit gesehen und wegen ihrer inneren Sinnlosigkeit verworfen hatte, vgl. die Darstellung in Mahmood-ur-Rahman Faisal v. Government of Pakistan PLD 1994 FSC 607 (612 f.).

[354] Vgl. dazu *Lombardi* (Fn. 322), 759 ff.; ausführlich zur Entwicklung in der Rechtsprechung *al-Muhairi, Butti Sultan Butti Ali,* The position of Shari'a within the UAE constitution and the Federal Supreme Court's application of the constitutional clause concerning Shari'a, Arab Law Quarterly 11 (1996), 219 (231 ff. insbes. 241, 242).

(mit der zusätzlichen Frage, ob auch schiitische Lehrmeinungen akzeptiert werden[355]), oder der Verstoß gegen islamische Rechtssätze, die das Gericht schlicht selbständig feststellt, oder der Verstoß gegen allgemein konsentierte Grundprinzipien des islamischen Rechts, jeweils mit beliebigen Zwischenstufen und Variationen. Jede dieser Auslegungen bringt ganz unterschiedlich starke Bindungen des Gesetzgebers und ganz unterschiedlich ausgeprägte Möglichkeiten eines eigenständigen gerichtlichen Aktivismus mit sich. Würde beispielsweise die Bindung an eine bestimmte Schule und das Verbot des ijtihad unterstellt, so wäre der Gesetzgeber streng gebunden und bliebe zugleich dem Richter wenig Einfluss. Würde nur nach allgemein konsentierten Grundprinzipien gesucht, so wäre der Einfluss der Richter ebenfalls gering, aber die Bindung des Gesetzgebers sehr schwach. Würde schließlich das Gericht die einschlägigen Rechtssätze selbst, also letztlich im Weg des ijtihad feststellen, so hätten die Richter erheblichen Einfluss und hinge die Bindung des Gesetzgebers stark von der richterlichen, etwa traditionellen oder modernistischen Auslegung ab.

151 Teilweise können sich diese ganz erheblichen Unterschiede schon in der Wortwahl der einschlägigen Verfassungsklausel niederschlagen: Hier kann etwa wie in Art. 2 ägyptVerf 2014 von den „Grundsätzen der Scharia" gesprochen werden. Diese Formulierung lässt es zu, mit den möglichen Bedeutungsunterschieden zwischen Scharia und fiqh[356] zu spielen, was es ermöglichen, aber keinesfalls erzwingen würde, die von den Rechtschulen traditionell entwickelten Auffassungen nicht zu berücksichtigen. Ebenso können konkret (nur) Koran und Sunna genannt werden wie in Art. 227 Abs. 1 pakistanVerf. Es kann aber auch, wie etwa in Art. 3 afghanVerf, auf den „Glauben und die Bestimmungen der heiligen Religion des Islam" ganz allgemein abgestellt werden.[357] Beachtet man, dass die afghanische Vorgängerverfassung von 1964 noch von den „grundlegenden Prinzipien" sprach, so kann in der neuen Formulierung tatsächlich eine Verschärfung gesehen werden.[358] Alternative Formulierungen sind in großer Zahl denkbar. Beispielsweise sah noch der ägyptische Verfassungsentwurf von 2012 in Art. 219 eine Definition vor: „The principles of Islamic Sharia include general evidence, foundational rules, rules of jurisprudence, and credible sources accepted in Sunni doctrines and by the larger community."[359] In Art. 227 Abs. 1 pakistanVerf etwa findet sich zusätzlich zum allgemeinen Verweis auf Koran und Sunna die im Verfassungstext selbst verankerte Erläuterung, dass bei Anwendung dieser Klausel auf das Personalstatut einer moslemischen Sekte der Ausdruck „Koran und Sunna" sich auf Koran und Sunna in derjenigen Auslegung beziehen soll, wie sie von der jeweiligen Sekte vorgenommen wird.

152 Bei alledem ist der Text aber erneut nur ein erster Anhaltspunkt und kann von einem eher aktiven Gericht strenger, von einem eher zurückhaltenden Gericht weniger streng ausgelegt werden. In fast jeden Ausdruck können – teils ohne weiteres, teils mit einigem juristischen Einfallsreichtum – die verschiedensten Konzepte hineingelesen werden: etwa die ganze Fülle des traditionellen islamischen Rechts einer Schule; nur eher vage, allgemeine Grundprinzipien mit großer Entscheidungsfreiheit für den Gesetzgeber; oder modernistische, auf die heutige Zeit angepasste Auslegungen des Islam. So war es beispielsweise dem afghanischen Obersten Gerichtshof möglich, die eher schwache Formulierung der alten afghanischen Verfassung von 1964, die sich nur auf „grundlegende Prinzipien" des Islam bezieht, so streng zu fassen, dass er das Kabelfernsehen für unislamisch und damit zum Verstoß gegen solche grundlegenden Prinzipien erklären konnte.[360]

---

[355] Vgl. dazu Allah Rakha v. Federation of Pakistan PLD 2000 FSC 1 (39, 42, 48), bei der das pakistanische Föderale Schariagericht eine erbrechtliche Regel zum Verstoß gegen das islamische Recht erklärte, die im schiitischen Islam akzeptiert wird (vgl. zur Erläuterung *Cuniberti* (Fn. 5), 325), auch wenn es ibid., 40, versucht, seine Entscheidung auch in der jafaritischen Schule abzusichern.

[356] Zu diesen Bedeutungsunterschieden supra → § 10 Rn. 7 f.

[357] Dazu auch *Mahmoudi, Said,* The Shari'a in the new Afghan constitution – Contradiction or compliment?, ZaöRV 64 (2004), 867 (870 ff., 874, 879).

[358] Vgl. *Kamali* (Fn. 343), 36 f., auch zu den diskutierten Alternativen.

[359] *Youssef, Nariman,* Egypt's draft constitution translated, Egypt Independent vom 30.11.2012, www.egyptindependent.com/news/egypt-s-draft-constitution-translated (zuletzt abgerufen am 18.7.2025).

[360] Vgl. *Kamali* (Fn. 343), 37.

dd) Beispiel Ägypten

Das wohl bekannteste Beispiel für die mögliche Komplexität in Auslegung und praktischer Bedeutung einer Islamklausel bietet die reiche Rechtsprechung des ägyptischen Obersten Verfassungsgerichts zu Art. 2 ägyptVerf („Die Prinzipien der islamischen Scharia sind die Hauptquelle der Gesetzgebung.").[361] Alles in allem ist es dem Gericht hier gelungen, die Klausel einerseits mit Leben zu erfüllen, sie in komplexer Weise auszulegen, auf die verschiedensten gesetzlichen Regelungen zur Anwendung zu bringen und so die eigene Kompetenz zur Überprüfung des Gesetzgebers zu festigen. Andererseits greift das Gericht im Rahmen dieser Auslegung auf eine modernistisch geprägte Sichtweise des Islam zurück, die modernen gesetzlichen Regelungen etwa im Familienrecht nicht entgegensteht, dem Gesetzgeber erheblichen Spielraum gewährt und so die Vereinbarkeit einer modernen Gesellschaft mit dem Islam hervorhebt – nicht immer zur Freude der Anhänger einer traditionelleren oder fundamentalistischen Sichtweise. Als diese Kräfte für kurze Zeit nach dem Arabischen Frühling das ägyptische Parlament beherrschten, planten sie entsprechend, die Macht des Verfassungsgerichts zu beschneiden. Nach dem Militärputsch von 2013 wurde Art. 2 unverändert in die neue ägyptische Verfassung übernommen und sogar in der Präambel durch die Klarstellung ergänzt, dass der Bezugspunkt für die Auslegung der islamischen Scharia in der Gesamtheit der einschlägigen Entscheidungen des Verfassungsgerichts liege.[362] **153**

Schon 1985 erklärte das Gericht, dass es keine Gesetze auf ihre Vereinbarkeit mit islamischem Recht hin untersuchen könne, die vor der Verfassungsänderung von 1980 erlassen worden seien, mit der die Quellenklausel in der Verfassung von „einer" auf „die" Quelle umgestellt worden war.[363] Bei später erlassenen Gesetzen scheint das Gericht seine Prüfung dann in zwei Teile zu unterteilen:[364] Erstens untersucht es, ob das Gesetz gegen eine in ihrer Bedeutung und Authentizität völlig sichere Regel der Scharia verstößt. Denn nur solche Regeln seien nach Zeit und Ort unveränderbar und keinem ijtihad unterworfen. Zur Feststellung, ob eine Regel entsprechend sicher ist, wendet es eine recht gewagte Mischung aus verschiedensten, teils traditionelleren, teils modernistischen Auslegungsmethoden an. Diese laufen letztlich auf eine äußerst strenge Sichtweise hinaus, da nur selten ein hinreichender Konsens unter den islamischen Gelehrten zu finden ist, der die Feststellung einer solchen Regel erlauben würde. Besteht aber kein solcher Konsens, so besteht auch keine Bindung des Gesetzgebers an die Meinungen irgendwelcher Rechtsgelehrter oder Gruppen von Rechtsgelehrten; denn der Gesetzgeber kann hier selbst ijtihad ausüben und ist dabei wie üblich nicht an die Ergebnisse des ijtihad anderer gebunden. Auf diese Weise emanzipierte das Gericht also sich und den Gesetzgeber von den denkbaren Stellungnahmen etwa der ägyptischen ulama. Wenn das Gesetz diesen ersten Test besteht, untersucht das Gericht zweitens, ob das Gesetz mit den Zielen des islamischen Rechts übereinstimmt. Diese werden aus den einzelnen Regeln herausdestilliert, fallen in der Regel eher breit aus und engen den **154**

---

[361] Umfassend dazu *Lombardi* (Fn. 128), 123 ff.; kürzer *Cuniberti* (Fn. 5), 317 ff.; vgl. auch *Bälz, Kilian*, Islamisches Recht, staatliche Rechtsetzung und verfassungsgerichtliche Kontrolle – Der ägyptische Verfassungsgerichtshof und der Schleier in staatlichen Schulen (Urt. 8/17 vom 18.5.1996), ZaöRV 57 (1997), 229 (231 ff.); *Bernard-Maugiron* (Fn. 337), 58 ff.; *Brown, Nathan J.; Sherif, Adel Omar*, Inscribing the Islamic Shari'a in Arab constitutional law, in: Haddad, Yvonne Yazbeck; Stowasser, Barbara Freyer (Hrsg.), Islamic law and the challenges of modernity, 2004, 55 (70 ff.); *Hirschl, Ran*, Constitutional theocracy, 2010, 105 ff.

[362] „[T]he reference for the interpetation of such principles lies in the body of the relevant Supreme Constitutional Court Rulings"; zu diesen Entwicklungen vgl. auch *Cuniberti, Gilles*, Grands systèmes de droit contemporains, 5. Aufl. 2024, 324.

[363] Vgl. die englische Übersetzung des Urteils in: Supreme Constitutional Court (Egypt) – Shari'a and Riba, Decision in Case No. 20 of Judicial Year No. 1, Arab Law Quartely 1 (1985), 100 (104); ausführliche Darstellung and Analyse dieser Entscheidung bei *Lombardi* (Fn. 128), 164 ff.; dazu auch *Bälz* (Fn. 361), 234 ff.

[364] Zusammenfassung der eigenen Rechtsprechung in *Brown, Nathan J.; Lombardi, Clark B.*, The Supreme Constitutional Court of Egypt on Islamic law, veiling and civil rights – An annotated translation of Supreme Constitutional Court of Egypt case no. 8 of judicial year 17 (May 18, 1996), American University International Law Review 21 (2006), 437 (446 ff.).

Gesetzgeber so nicht übermäßig ein. Letztlich gelingt es dem Gericht auf diese Weise, sich in seinen Entscheidungen von den Meinungen heutiger islamischer Rechtsgelehrter zu emanzipieren und moderne Regeln mit dem islamischen Recht zu harmonisieren.[365]

155 Ein aus westlicher Sicht besonders interessantes und vieldiskutiertes Beispiel bietet die Entscheidung des Obersten Verfassungsgerichts aus dem Jahr 1996, mit der eine staatliche Regelung über das Tragen des Kopftuchs an öffentlichen Schulen für vereinbar mit dem islamischen Recht erklärt wurde.[366] Die Regelung verbot Mädchen das Tragen des Kopftuchs (hijab) in der Schule, es sei denn, es habe dafür die schriftliche Zustimmung seiner Eltern. Der niqab, der nur noch die Augen freiließ, blieb auch bei Zustimmung der Eltern verboten. Entsprechend seinem zweiteiligen Prüfungsschema suchte das Verfassungsgericht zunächst nach einer sicheren Regel des islamischen Rechts, gegen die das Verbot verstoßen könnte.[367] Im Koran selbst fand es dabei zwar einige Vorschriften, die der Frau geboten, manche Körperteile zu verdecken. Doch schrieben sie den Frauen keine bestimmte Art von Kleidungsstücken vor. Hadithe werden nur kurz als unergiebig erwähnt. Wie das Gericht weiter feststellte, gab es unter den islamischen Juristen auch niemals einen Konsens darüber, welche Teile des Körpers die Frau denn nun bedecken müsse. Entsprechend fehlte es an einer völlig sicheren, klaren Regel. Anschließend untersuchte das Gericht die Ziele des islamischen Rechts und fand hier das Ziel, die Keuschheit der Frau zu schützen und ihr zugleich zu erlauben, ihre Verantwortlichkeiten in der Welt wahrzunehmen. Das Gericht folgerte daraus die Regel, dass die Frau sich zurückhaltend kleiden müsse, die Kleidung sie aber gleichzeitig nicht in ihren für das gesellschaftliche Wohl sinnvollen Aktivitäten behindern dürfe. Daraus ergebe sich eine gewisse Bandbreite an zulässiger Kleidung. Ein Kopftuch sei (anders als übrigens eine Bedeckung der Beine) insofern nicht zwingend geboten.

ee) Islamisierung der Verfassung?

156 Die Aufnahme von Quellen- oder Verstoßklauseln in die Verfassung und ihre genaue Formulierung ist ein in den moslemisch geprägten Staaten zentrales Thema, das insbesondere im Zusammenhang mit anstehenden Verfassungsänderungen etwa aufgrund politischer Veränderungen oder auch im Hinblick auf das Erstarken traditioneller islamischer Kräfte fast unweigerlich aufkommt. Die Diskussionslinien scheinen dabei auf den ersten Blick klar: Modern orientierte Moslems ebenso wie Andersgläubige und säkular orientierte Bürger sprechen sich gegen solche Klauseln oder zumindest für eine möglichst schwache Version aus, während traditionell orientierte Moslems eine möglichst strenge Formulierung bevorzugen. Nicht selten entspricht genau dies auch der realen Lage, an die ein Teil der politischen Kritik anknüpft: Wer über die zunehmende, fundamentalistische Islamisierung in moslemisch geprägten Staaten besorgt ist, wird in der Überordnung des Islam über die Gesetzgebung und insbesondere in harten, justiziablen Klauseln leicht eine Islamisierung der Verfassung sehen, die es möglichst zu verhindern gilt.

157 Durchaus zu Recht warnen allerdings einige Stimmen hier vor vereinfachten und pauschalen Betrachtungen.[368] Sie weisen darauf hin, dass zwar die alte Annahme bestehe, eine Verfassung, die den Islam inkorporiere, könne nicht mit Demokratie und Menschenrechten vereinbar sein. Diese Annahme halte aber der Analyse nicht stand. Tatsächlich zeigt schon das Beispiel Ägyptens, dass Quellen- oder Verstoßklauseln keineswegs zwingend zu

[365] Vgl. zu alledem die detaillierte Analyse bei *Lombardi* (Fn. 128), 178 ff.
[366] *Brown/Lombardi* (Fn. 364), 440 ff.; Analyse der Entscheidung bei *Lombardi* (Fn. 128), 240 ff.
[367] Zum Folgenden *Brown/Lombardi* (Fn. 364), 452 ff.
[368] Vgl. etwa *Ahmed* (Fn. 336), 7 ff., 81 ff.; vgl. auch *Hirschl* (Fn. 361), 103 ff., 247 f. dem zufolge die Gerichte ua in Ägypten, Pakistan und Malaysia eine wichtige Rolle bei der Begrenzung des Einflusses der Religion und bei der Modernisierung des Rechts gespielt haben; vgl. auch den Hinweis ibid., 161, dass in einigen Staaten im Mittleren Osten ohne etablierte Tradition aktivistischer Gerichte neue gerichtliche Strukturen angeregt werden, um ein Gegengewicht gegen den sich ausbreitenden religiösen Fundamentalismus zu bilden.

einem fundamentalistischen Staats- und Menschenrechtsverständnis führen.[369] Zahlreiche andere Faktoren spielen vielmehr eine Rolle, darunter namentlich die Existenz und das Selbstverständnis einer Verfassungsgerichtsbarkeit, die Unabhängigkeit der Justiz und nicht zuletzt die von den Richtern bevorzugte Auslegung des islamischen Rechts. Denn erneut gibt es nicht *den* Islam, sondern eine Vielzahl von Sichtweisen; erneut ist die traditionelle bis fundamentalistische Sichtweise des Islam keinesfalls als der eigentliche Islam anzusehen.[370] Die Aufnahme von Quellen- oder Verstoßklauseln in die Verfassung kann auch als Ergebnis eines Verhandlungsprozesses gesehen werden, mit dessen Hilfe traditionelle moslemische Kräfte in die Verfassungsgebung mit einbezogen und gleichzeitig dazu gebracht werden, im Wege des Kompromisses weitreichende freiheits- und gleichheitsrechtliche Garantien an anderer Stelle zu akzeptieren. Aus dieser Sichtweise heraus müsste sich jeder, der sich um ein liberales Staats- und Menschrechtsverständnis bemühen will, weniger auf die Islamklauseln der Verfassung und ihre genaue Formulierung als vielmehr auf die zahlreichen anderen Faktoren konzentrieren, die Art und Ausmaß der Islamisierung beeinflussen.[371] Andererseits ist aber auch nicht zu übersehen, dass Islamklauseln in der Verfassung immer auch ein zukünftiges rechtliches Einfallstor für fundamentalistische Forderungen darstellen können.[372] Entscheidend ist somit eher die (rechts-)politische Entwicklung, weniger Existenz oder Wortlaut von Verbots- oder Quellenklauseln.

IV. Exkurs: Andere religiöse Rechte

Das islamische Recht ist das von seiner internationalen praktischen Bedeutung her unzweifelhaft wichtigste Beispiel eines religiösen Rechtssystems. Daneben bestehen aber noch weitere, von denen – neben dem bereits angesprochenen hinduistischen Recht[373] – vor allem das jüdische Recht (1) und das kanonische Recht (2) in jedem Fall kurz erwähnt werden sollten. Beide sind keinesfalls weniger komplex oder interessant als das islamische Recht, in ihrer praktischen Bedeutung aber sehr beschränkt, was sich auch in ihrer sehr zurückhaltenden Berücksichtigung im Rahmen rechtsvergleichender Studien zeigt. **158**

1. Jüdisches Recht: Die Kraft der Debatte

Das jüdische Recht (halacha)[374] hat für die jüdische Religion eine besondere, herausgehobene Bedeutung. Nicht nur sind Recht und Religion kaum zu trennen, auch war das jüdische Recht, die Lektüre des Talmud und die Diskussion über seine Inhalte über rund zweitausend Jahre, bis zur Gründung des Staates Israel 1948, ein zentraler Faktor, der den Zusammenhalt des jüdischen Volkes auch ohne einen eigenen Staat ermöglichte. Recht und Religion hängen im jüdischen Leben so eng zusammen, dass beispielsweise ohne weiteres jeder Rabbi zugleich als Jurist angesehen werden kann. Gleichzeitig sind Kenntnisse des Rechts keineswegs einigen wenigen Gelehrten vorbehalten, sondern unter allen Gläubigen **159**

[369] Deutlich auch *Bälz* (Fn. 361), 239 f.
[370] Vgl. schon supra → § 10 Rn. 106, 139.
[371] So zusammenfassend *Ahmed* (Fn. 336), 82 f. (der ibid., 82 sogar argumentiert, dass im Wesentlichen jeder Fall einer Islamisierung der Verfassung mit einer Ausweitung der verfassungsrechtlich garantierten Rechte einhergegangen sei); ähnlich *Lombardi* (Fn. 322), 767 ff.
[372] Vgl. etwa *Bernard-Maugiron* (Fn. 337), 62 f.; *Kamali* (Fn. 343), 37 („can serve as a tool in the hands of hard-line conservatives").
[373] Vgl. supra → § 9 Rn. 235 ff.; einige würden auch den Konfuzianismus, vgl. supra → § 9 Rn. 9 ff., 172 Fn. 315, als Religion bezeichnen.
[374] Der Begriff halacha kann dabei nicht nur das gesamte jüdische Recht sondern auch eine einzelne Vorschrift bezeichnen; er stammt vom hebräischen Wort für „gehen" ab und bezeichnet im Kontext den zu gehenden Weg, vgl. *Homolka, Walter,* Das jüdische Recht – Eigenart und Entwicklung in der Geschichte, Humboldt Forum Recht 14 (2009), 251 (252) – eine von gar nicht wenigen Parallelen zum islamischen Recht, bei dem „Scharia" eine ganz ähnliche Bedeutung hat, vgl. supra → § 10 Rn. 7.

weit verbreitet, zumal eine Pflicht zur Unterweisung der Nachkommen im jüdischen Recht[375] besteht. Insgesamt ist das jüdische Recht vor allem dadurch gekennzeichnet, dass es trotz seines göttlichen Ursprungs ein im Wesentlichen in menschlicher Rede und Widerrede entwickeltes und sich weiter entwickelndes Recht ist. Terminologie und Systematik spielen eine weit geringere Rolle als offene Debatte und Meinungsvielfalt.

a) Ein Schichtenmodell des Rechts

aa) Tora und Mischna

160 Von den Quellen her betrachtet lagert das jüdische Recht[376] verschiedenste Schichten von aufeinander bezogenen Traditionen und Texten übereinander und ähnelt in dieser Schichtung durchaus sowohl dem islamischen[377] als auch dem Hindu-Recht. Ausgangspunkt der Entwicklung ist die Tora, also die fünf Bücher Mose (Pentateuch), wie sie den Christen aus dem Alten Testament bekannt sind. Daneben stehen die ebenfalls weitgehend aus dem Alten Testament bekannten Propheten (Nevi'im) und Hagiographien (Ketuvim), die für das Recht allerdings weit weniger relevante Inhalte aufweisen. Gemeinsam bilden alle drei die oft sog. Hebräische Bibel. Der vielschichtige Begriff der Tora (der daneben ua auch die ganze Hebräische Bibel oder gar das ganze jüdische Recht bezeichnen kann) umfasst aber außer der geschriebenen Tora des Pentateuch auch die sog. mündliche Tora. Sie wurde Moses nach traditioneller Auffassung ebenfalls von Gott eröffnet, enthält weitere Regeln und ist der schriftlichen Tora ebenbürtig. Damit begann, gleichsam durch Gott und Moses begründet, die zunächst mündliche Tradition der umfassenden Auslegung der Tora.

161 Die Ergebnisse dieser Auslegungen wurden dann einige hundert Jahre später, um 200 n.Chr., schriftlich in der sog. Mischna zusammengefasst. Sie war in sechs Teile, sog. Ordnungen (sedarim) aufgeteilt, diese wiederum in Traktate (masechot), diese in Kapitel (perakim) und diese schließlich in noch kleinere Teileinheiten, von denen jede einzelne selbst wieder mischna genannt wird. Die Mischna beschäftigt sich mit verschiedenen Fragen vom Familienrecht über Strafrecht bis zu Kult- und Reinheitsvorschriften, ohne sich aber immer an eine streng systematische Ordnung zu halten. Die Mischna wurde zum Angelpunkt des jüdischen Rechts, auch wenn daneben weitere Kommentare mit Auslegungen der Tora, die sog. midraschim ebenso bestanden wie ein der Mischna ähnliches Werk, die sog. Tosefta. Über das Verhältnis von Mischna und Tosefta zueinander wird bis heute gestritten, wenn auch klar die Mischna die größere Bedeutung gewonnen hat.

bb) Talmud

162 Aber auch die Mischna – selbst ein Produkt der Auslegung – forderte ihrerseits neue Auslegungen in Form von Kommentaren heraus. Auch diese wurden wiederum nach langer Zeit in Form des sog. Talmud verschriftlicht. Dabei gibt es zwei Talmuds, nämlich den sog. Jerusalemer Talmud (auch palästinensischer Talmud genannt) aus dem 5. Jahrhundert n.Chr. und den babylonischen Talmud aus dem 6. Jahrhundert, die sich deutlich voneinander unterscheiden. Gemeinsam ist ihnen aber, dass sie Kommentare zu größeren Teilen der Mischna sammeln. Der Jerusalemer Talmud gilt dabei als sehr viel schwieriger verständlich, kommentiert 39 der 63 Traktate der Mischna, und ist vom Umfang her der erheblich kürzere. Er tritt aber in der Praxis hinter den babylonischen Talmud zurück, der 36 1/2 der Traktate

[375] Zu dieser Pflicht etwa *Homolka* (Fn. 374), 278.

[376] Zu den folgenden Abschnitten vgl. den detaillierten Überblick bei *Homolka* (Fn. 374), 252 ff.; *Glenn* (Fn. 47), 99 ff.; *Bollag, David,* Jüdisches Recht, in: Mortanges, René Pahud de; Bleisch Bouzar, Petra; Bollag, David; Tappenbeck, Christian R. (Hrsg.), Religionsrecht – Eine Einführung in das jüdische, christliche und islamische Recht, 2. Aufl. 2018, 1 (16 ff.); vgl. auch *Panafit, Lionel,* La Halakha comme problématique de la connaissance, in: Alvarez-Pereyre, Frank; Panafit, Lionel (Hrsg.), Le droit interne hébraïque, 2004, 7 (9 ff.); *Daniels, Justus von,* Religiöses Recht als Referenz, 2009, 20 ff.

[377] Manche Parallelen zwischen jüdischem und islamischem Recht sieht auch etwa *Glenn* (Fn. 47), 182 ff., 184 f.; *Talbi* (Fn. 132), 73.

kommentiert. In der deutschen Übersetzung von Lazarus Goldschmidt aus den 1930er Jahren umfasst der babylonische Talmud fast 10.000 Seiten. Sein Aufbau im Original ist eigentümlich: In der Mitte einer Seite wird jeweils ein kurzer Auszug aus der Mischna wiedergegeben. Um dieses Zentrum herum sind die verschiedenen Kommentare (gemara) angeordnet, deren Autor jeweils mit angegeben wird. So gesehen ist der Talmud ein großes und offenes Feld der Diskussion. Seine für den an westliche oder auch islamische Rechtsvorstellungen gewohnten Juristen höchst ungewöhnliche Eigenheit hielt ein Beobachter plastisch mit den Worten fest: „And nobody tells you what the rule really is."[378] Das ist auch ein Grund, warum bei Zitaten aus dem Talmud besondere Vorsicht geboten ist: Es handelt sich keineswegs bei jedem Satz notwendig um eine Aussage, die unmittelbar der jüdischen Religion zugerechnet werden kann, sondern oft nur um eine Diskussionsgrundlage oder einen Diskussionsbeitrag, der durchaus auch einmal bewusst auf die Spitze getrieben worden sein kann. Bei alledem ist auch der babylonische Talmud alles andere als leicht verständlich. Es bedarf oft detaillierter Vorkenntnisse, um überhaupt zu verstehen, was gesagt wird oder worum es überhaupt gehen soll.

Um einen ersten Eindruck zu bekommen, soll hier ein kurzer Auszug aus dem babylonischen Talmud wiedergegeben werden, der sich mit der scheinbar ganz einfachen Frage befasst, an welchen Tagen geheiratet werden darf. Die Frage hatte einige praktische Aspekte, hing für Jungfrauen aber auch damit zusammen, dass diese, falls ihr Ehemann in der Hochzeitsnacht feststellen sollte, dass sie nicht Jungfrauen waren, am Tag nach der Hochzeit vor Gericht gebracht werden sollten. Die jüdische Zählung der Wochentage beginnt mit dem Sonntag. In der wortgetreuen deutschen Übersetzung lautet der Mischnatext:[379] **163**

„Eine Jungfrau wird geheiratet am vierten Tage und eine Witwe am fünften Tage, weil die Gerichtshöfe in den Städten zweimal in der Woche tagten, am zweiten Tag und am fünften Tag, damit er (der Bräutigam), wenn er gegen sie eine Anklage wegen der Jungferschaft vorzubringen hat, am nächsten Morgen das Gericht aufsuchen kann."

Die Kommentare dazu lauteten auszugsweise:

„Es sagte Rab Josef: 'Rab Jehuda hat gesagt, Schemuel hat gesagt: 'Warum haben Sie gesagt: 'Eine Jungfrau wird geheiratet am vierten Tag?' Weil wir gelernt haben: 'Wenn die Zeit gekommen ist und sie sind nicht geheiratet worden, so essen sie von dem Seinigen und essen von der Hebe.' Man könnte meinen, dass, wenn die Zeit gekommen ist am ersten Tag der Woche, er ihr die Verpflegung verabfolgen muss. Deshalb haben wir gelernt: Eine Jungfrau wird geheiratet am vierten Tag'. Es sagte Rab Josef: Herr Abrahams! Er hängt das Gelernte an das Nicht-gelernte'. Was ist gelernt und was ist nicht gelernt. Das ist gelernt und das ist gelernt. Vielmehr, er hängt das Gelernte, dessen Grund erklärt ist, an das Gelernte, dessen Grund nicht erklärt ist. Vielmehr wenn es (von Schemuel) gesagt wurde, so ist es so gesagt worden: Rab Jehuda sagte, Schemuel hat gesagt: 'Warum haben sie gesagt: 'Eine Jungfrau wird geheiratet am vierten Tag, damit, wenn er gegen sie eine Anklage wegen der Jungferschaft vorzubringen hat, er am nächsten Morgen das Gericht aufsuchen kann'. So sollte sie auch am ersten Tage der Woche heiraten. Denn (…)"

Wie gesagt: das Beispiel dient der Illustration; sein Inhalt erschließt sich in allen Feinheiten nur dem Eingeweihten.[380] Neben den rechtlichen Kommentaren enthält der babylonische Talmud aber auch noch Sagen, Legenden und historische Erinnerungen.[381]

---

378 *Glenn* (Fn. 47), 111 (Hervorhebung im Original).

379 Zitate aus der auszugsweisen Übersetzung und Erläuterung in: Der babylonische Talmud, übertragen und erläutert von *Jakob Fromer,* Nachdruck der Ausgabe 1924, 2007, 293, 297 (= babylonischer Talmud, Ketubbot 2a); für eine englische Übersetzung des gesamten babylonischen Talmud im Internet vgl. www.halakhah.com (zuletzt abgerufen am 18.7.2025).

380 Wenn *Glenn* (Fn. 47), 112 meint, die Sprache des Talmud sei nicht bedrohlich, seine Kategorien und Konzepte jene des täglichen Lebens, so ist dies im Hinblick auf die nicht sehr ausgeprägte Abstraktion richtig, kann aber nicht bedeuten, dass der Talmud nicht auf den Uneingeweihten abschreckend unverständlich wirkt.

381 „The Talmud is an immense cyclopedia, ranging over history, mathematics, medicine, theology, and metaphysics, as well as law.", *Wigmore, John Henry,* A panorama of the world's legal systems, library edition 1936, 119.

cc) Nachtalmudische Quellen: Kommentare und Kodifikationen

164 Der babylonische Talmud bildet die Basis zur Entscheidung von Rechtsfällen nach jüdischem Recht. Er ist aber keinesfalls der Endpunkt der Entwicklung. Vielmehr lud auch er wiederum zu zahlreichen Kommentaren ein, aber auch zu Kodifikationen und zu Rechtsgutachten (Responsen), in Ausnahmefällen auch zu örtlich begrenzten Anordnungen (Takkanot und Minhag), die alle zum jüdischen Recht zählen. Unter den Kodifikationsversuchen haben zwei besondere Bedeutung erlangt. Erstens schuf Moses Maimonides im 12. Jahrhundert die sog. Mischne Tora, mit der er versuchte, die seiner Ansicht nach aus dem Talmud ableitbaren Rechtsvorschriften systematisch darzustellen. Die darin liegende Apodiktik und die fehlende Wiedergabe der zugrundeliegenden Diskussion einschließlich der abweichenden Ansichten wurden aber schon damals kritisiert. Dennoch wurde die Mischne Tora zur zentralen Quelle des jüdischen Rechts, die – natürlich – ihrerseits zahlreiche Kommentare hervorbrachte. Die zweite wichtige Kodifikation, die zugleich die letzte ihrer Art ist, war der von Josef Karo im 16. Jahrhundert verfasste sog. Schulchan Aruch.

b) Göttliche Bindung und menschliche Änderungen: die Schulen

165 Bei all diesen Debatten ist es auf den ersten Blick erstaunlich, dass sich erst im 19. Jahrhundert unterschiedliche Schulen im Judentum herausbildeten. Allerdings geht es diesen Schulen auch weniger darum, die eine oder andere traditionelle Meinung zu bevorzugen, sondern um die Reaktion des jüdischen Glaubens und damit auch des jüdischen Rechts auf die Herausforderungen der Moderne.[382] Sucht man die Parallelen zum islamischen Recht, so entsprechen die Schulen damit weniger den vier sunnitischen Rechtsschulen als vielmehr den Debatten zwischen Traditionalisten, Reformisten und Modernisten, die – wenn auch unter anderen Vorzeichen – ihren Anfang ebenfalls im 19. Jahrhundert nahmen. Im Einzelnen wird heute im Wesentlichen zwischen orthodoxen, liberalen und konservativen Juden unterschieden,[383] wobei die hauptsächliche ideologische Trennlinie zwischen orthodoxen und nichtorthodoxen Juden verläuft. Außerhalb Israels sind ca. 3/4 aller Juden nicht orthodox. In Israel selbst zählten sich 2025 6 % aller Juden zu den Liberalen, 2 % zu den Konservativen, 28 % zu den Orthodoxen und weitere 10 % zu den Ultraorthodoxen; 50 % ordnen sich keiner der Strömungen zu.[384] Anderen Quellen zufolge repräsentieren die Ultraorthodxen 13,9 % der israelischen Gesamtbevölkerung, mit steigender Tendenz.[385]

166 Stark vereinfacht gehen die Orthodoxen davon aus, dass sowohl die schriftliche als auch die mündliche Tora unantastbar sind, und lehnen es ab, den Wortlaut der Tora entsprechend dem geschichtlichen Wandel neu zu interpretieren und weiterzuentwickeln. Für sie stehen die traditionell aus der Tora hergeleiteten 613 Vorschriften ein für alle Mal fest, und zwar in der von den Rabbinern gefundenen Auslegung, ohne dass hier Unterschiede in der Bedeutung etwa zwischen Speisegeboten und moralischen Geboten gemacht würden. Manche versuchen dabei, die Gesetze noch von ihrem Sinn her zu erklären, für andere ist schon die Suche nach einem Sinn bei Gottes Geboten schlicht unangebracht. So bleibt es für

[382] Es geht also um eine Debatte um den Inhalt des jüdischen Rechts, entgegen *Daniels* (Fn. 376), 28 jedoch keinesfalls darum, dass nur eine der Strömungen – viz. die orthodoxe – die volle Gültigkeit des jüdischen Rechts akzeptierte; eine solche Auffassung würde an die in Bezug auf den Islam kritisierte Einstellung erinnern, nur die traditionsverhaftetste, unflexibelste Auslegung als die wahre Religion zu akzeptieren, dazu supra → § 10 Rn. 106, 139, 157.

[383] Vgl. zum Folgenden anschaulich *Homolka* (Fn. 374), 263 ff.; vgl. auch *Lewittes, Mendell,* Jewish law – An introduction, 1994, 182 ff.

[384] Zahlen für Israel aus Jewish Virtual Library (Hrsg.), Vital Statistics – Latest Population Statistics for Israel, 2025, www.jewishvirtuallibrary.org/latest-population-statistics-for-israel (zuletzt abgerufen am 18.7.2025) (ultraorthodoxe Juden werden in Israel oft als Haredi bezeichnet, da dieses Wort als neutraler angesehen wird); obwohl 40 % die Werte des liberalen Judentums teilen, planen 69 % nicht, sich dieser Gruppe anzuschließen, ibid.

[385] *The Israel Democracy Institute* (Hrsg.), Statistical Report on Ultra-Orthodox Society in Israel, 2024, Kap. 1, en.idi.org.il/haredi/2024/?chapter=58376 (zuletzt abgerufen am 18.7.2025).

die Orthodoxen beispielsweise dabei, dass am Sabbat weder ein Regenschirm geöffnet, noch das Licht angeschaltet,[386] noch telefoniert, noch Rollstuhl gefahren werden darf oder dass Frauen nicht als Zeuginnen geeignet sind.

Den Gegenpol bilden die liberalen Juden. Sie gehen davon aus, dass die Tora das Wort 167
Gottes in menschliche Worte fasst und daher Irrtümer enthalten kann und geschichtlich bedingt ist. Sie befürworten eine immer neue Auslegung anhand der gegenwärtigen Umstände und neuer Erkenntnisse der verschiedensten Wissensgebiete, ohne dem Wortlaut letzte Autorität zuzuschreiben. Ausgangspunkt aller Überlegungen bleiben zwar stets die traditionellen Regeln, doch muss jeder Einzelne stets neu für sich entscheiden, welche Bedeutung die Regeln für ihn haben – eine besonders schwere Aufgabe, wie liberale Juden gern betonen. Im liberalen Judentum also sind Frauen gleichberechtigt und werden die Regeln zum Sabbat individuell und oft sehr locker gehandhabt.

Eine Mittelposition nehmen die konservativen Juden ein, die auch als Reformjuden 168
bezeichnet werden. Sie akzeptieren Veränderungen, lehnen aber prinzipielle Eingriffe in die Tradition ab. Die Tora sei einerseits von Gott inspiriert, andererseits nicht in jedem einzelnen Wort unabänderlich. Über die genauen Details der Frage, wer unter welchen Bedingungen wie Änderungen vornehmen darf, besteht eine intensive Diskussion. In der Praxis entscheiden darüber zwei Gremien, das Committee on Jewish Law and Standards und die Rabbinical Assembly.

c) Jüdisches und staatliches Recht

Das jüdische Recht hat sich weitgehend in Abwesenheit einer staatlichen Struktur und einer 169
zentralen Macht entwickelt.[387] Das jüdische Volk verlor seinen eigenständigen Herrschaftsbereich mit dem Einfall der Babylonier im 6. Jahrhundert v.Chr., und es verlor seinen räumlichen Bezugspunkt ebenso wie sein oberstes Gericht, den Sanhedrin, mit der Zerstörung des Zweiten Tempels 70 n.Chr. Dieser Zustand dauerte bis zur Gründung des Staates Israel 1948 an. Die Juden waren gezwungen, in kleinen, weitgehend unabhängigen Gemeinschaften und ohne rechtliche Durchsetzungsmöglichkeiten in der Diaspora zu leben. So wurde bereits im 3. Jahrhundert v.Chr. der Lehrsatz aufgestellt „Das Gesetz des Landes ist Gesetz."[388] Mit anderen Worten unterwarfen sich Juden dem Recht des Landes, in dem sie lebten, und wandten ihre eigenen Gesetze nur in dem von diesem gezogenen Rahmen an. Jüdische Rechtsprechung konnte also, wenn sie freiwillig angerufen wurde, zwar etwas untersagen, was nach staatlichem Recht erlaubt war, aber nicht umgekehrt. Nur bei klaren Verstößen der staatlichen Gebote gegen die Verbote des jüdischen Rechts konnte etwas anderes gelten. Auch beispielsweise im Kernbereich des jüdischen Familienrechts sahen Juden sich also in aller Regel an die jeweiligen staatlichen Gesetze zu Eheschließung, Scheidung oder Erbfolge gebunden. Erhalten blieben die Rituale, etwa die jüdische Form der Eheschließung.

d) Eigenheiten des jüdischen Rechts

Das zentrale und besondere Merkmal des jüdischen Rechts ist die dialogische Entwicklung 170
und Weiterentwicklung, die die Auslegung und alle sich durch sie bietenden Möglichkeiten ins Zentrum der juristischen Betrachtung rückt. Das zeigt sich nicht nur an der steten Weiterbearbeitung aller Bearbeitungen, an den Kaskaden von Kommentaren, Zusammenfassungen und erneuten Kommentaren, wie sie die Quellen kennzeichnen. Es zeigt sich anschaulich auch schon an der äußerlichen Struktur des für die Rechtsfindung zentralen

[386] Zu Elektrizität am Sabbat vgl. etwa *Bollag* (Fn. 376), 43 ff.

[387] Vgl. dazu etwa *Daniels* (Fn. 376), 44 ff.; *Homolka, Walter,* Der Einfluss nationalen Rechts auf jüdisches Denken am Beispiel des jüdischen Eherechts, ZVglRWiss 109 (2010), 293 (296 ff.).

[388] Dazu ausführlicher etwa *Goldberg, Sylvie-Anne,* Dina Dé-malkhuta dina – La loi du Royaume est la loi, in: Alvarez-Pereyre, Frank; Panafit, Lionel (Hrsg.), Le droit interne hébraïque, 2004, 103 (103 ff.).

Talmud: Er ist, wie gesehen, kein durchlaufender Text, gar etwa eine Aneinanderreihung von Ge- und Verboten, sondern stellt das Ergebnis früherer Überlegungen, die Mischna, auch ganz körperlich in die Mitte und umgibt sie mit den verschiedenartigsten, einander vielfach widersprechenden und gegeneinander argumentierenden Bemerkungen. Die Bedeutung der dialogischen Entwicklung spiegelt sich aber auch in der Art wider, wie das jüdische Recht beispielsweise in den Yeshiva genannten Religionsschulen gelehrt wird.[389] Hier erläutert nicht ein Lehrer den Schülern, was sie zu wissen haben, sondern debattieren die Schüler in Zweier- oder Dreiergruppen die klassischen Texte insbesondere des Talmud, lesen sie einander vor, stellen einander Fragen, streiten sich, regen sich auf – und lernen so nicht das richtige Ergebnis, sondern den richtigen Weg. Ein Grund für diese Kultur der Debatte dürfte auch in dem traditionellen Fehlen einer zentralen Entscheidungsinstanz und letztlich einer eigenen staatlichen Durchsetzungsstruktur liegen, die eine Lösung von Fragen weniger durch institutionelle Macht als vielmehr durch die Macht des Arguments erzwingt. Abweichende Meinungen werden nicht nur zitiert, sondern auch als ebenso gültig angesehen.[390] So wird auch klar, warum kodifikatorische Werke, die – wie etwa die Mischne Tora – die dahinterstehenden Diskussionen ausblenden, nicht nur auf gewisse Widerstände trafen, sondern auch letztlich die Debatten nie beenden konnten, sondern selbst zu einem weiteren Mosaikstein der Debattenkultur wurden. Im Vergleich zum islamischen Recht wird also klar: Die Idee, das Tor der Erkenntnis zu schließen,[391] wäre dem jüdischen Recht sehr fremd. Denn selbst die orthodoxe Strömung – die aus dieser Perspektive einem Kernelement des jüdischen Rechts am entferntesten steht – führt die Debatte mit Macht weiter, wenn auch vielleicht in engeren Grenzen.

171 Eine weitere Eigenheit des jüdischen Rechts ist ihr sehr spezielles Verhältnis zur Autorität Gottes. Ähnlich wie im Islam sind zum Kerntext der hebräischen Bibel mit der Zeit nicht nur sekundäre Texte mit ähnlicher Autorität hinzugetreten. Sie stehen, wie insbesondere am Talmud deutlich wird, als Erkenntnismittel auch praktisch im Vordergrund. Die dafür gefundene Erklärung ist ebenfalls ähnlich, denn es wird davon ausgegangen, dass diese sekundären Texte Teil der mündlichen Tora, also ebenfalls göttlich inspiriert sind.[392] Die Tora, so heißt es, müsse durch den Talmud studiert werden (mitzvat talmud Torah).[393] Darüber hinaus aber wird das Recht gleichsam von Gott emanzipiert. Gott greift nicht direkt in die Debatten ein, sondern überlässt sie den Menschen. Dies illustriert eine vielzitierte Geschichte: In der Diskussion um eine Rechtsfrage unterliegt der Rabbiner Eliezer der Mehrheit seiner Kollegen. Daraufhin will Eliezer durch Hervorrufen von Wundern beweisen, dass er doch recht habe. Die Wunder treten auch wirklich ein. Die anderen Rabbiner sind dennoch nicht überzeugt. Daraufhin spricht Gott selbst und bestätigt die Ansicht von Eliezer. Doch einer der Rabbiner ist auch weiterhin nicht überzeugt und zitiert, dass die Tora zwar vom Himmel sei, jedoch: „Es ist nicht im Himmel". Gott, so wird weiter berichtet, habe darauf im Himmel vor Freude gelacht und gesagt: „My sons have defeated Me, My sons have defeated Me" und so die Eigenständigkeit der Menschen bei der Auslegung des göttlichen Gesetzes bestätigt. Die Entscheidung fiel schließlich mit Mehrheit für die Ansicht von Rabbi Eliezer.[394]

172 Das jüdische Recht ist auch dadurch gekennzeichnet, dass es um den Begriff der Verpflichtung herum aufgebaut ist, nicht hingegen um den des individuellen Rechts.[395] Das jüdische Recht legt den Gläubigen die verschiedensten Verpflichtungen auf, gibt aber

[389] Vgl. dazu kurz *Glenn* (Fn. 47), 112.
[390] *Daniels* (Fn. 376), 34.
[391] Zum Schließen der Tür des ijtihad vgl. supra → § 10 Rn. 44 ff.
[392] Vgl. etwa *Bollag* (Fn. 376), 6 f., 16 ff.; *Homolka* (Fn. 374), 258, 264.
[393] *Glenn* (Fn. 47), 102.
[394] Vgl. für beide Teile der Geschichte babylonischer Talmud, Baba Metzia 59b, zitiert nach www.halakhah.com (zuletzt abgerufen am 18.7.2025); Wiedergabe und Erläuterung etwa in *Elon, Menachem; Auerbach, Bernard; Chazin, Daniel D.; Sykes, Melvin J.,* Jewish law (mishpat ivri) – Cases and materials, 1999 17 ff.; *Daniels* (Fn. 376), 33; kurz auch *Glenn* (Fn. 47), 110 f. mit Fn. 56.
[395] Vgl. dazu *Daniels* (Fn. 376), 35 ff.; *Glenn* (Fn. 47), 115, 127.

niemandem bestimmte Rechte. Natürlich wäre es möglich, für fast jede Verpflichtung einen Begünstigten festzustellen und diesen dann als Inhaber des korrespondierenden Rechts zu bezeichnen. Aber: „You could, but the talmud tradition doesn't."[396] Rechte bleiben ein Randgedanke.

Schließlich ist auch die Entwicklung des Rechts in Abwesenheit von eigenen staatlichen Strukturen, die Abwesenheit einer zentralen Rechtsetzungs- und Rechtsdurchsetzungsinstanz bei gleichzeitiger Einbettung in fremde staatliche wie rechtliche Institutionen ein besonderes Merkmal, das die verschiedensten Eigenheiten des jüdischen Rechts zu erklären vermag. **173**

Insgesamt ist das jüdische Recht allerdings heute von sehr begrenzter praktischer Wirkung und wird entsprechend auch in der Rechtsvergleichung eher stiefmütterlich behandelt. Eine Reihe seiner Eigenheiten, insbesondere die stete dialogische Entwicklung, die Konzentration auf Pflichten statt Rechte und die Transnationalität, haben dem jüdischen Recht zwar seit einigen Jahren ein gewisses, steigendes Interesse von Seiten der Rechtstheorie und im Rahmen der Diskussion um die Entstaatlichung des Rechts eingebracht. Ebenso findet sich gelegentlich ein Interesse an inhaltlichen Aussagen des jüdischen Rechts zu Fragen, die ethisch besonders aufgeladen sind und daher eine besonders offene, vielleicht dialogische rechtliche Herangehensweise erfordern könnten, etwa im Bereich der Biomedizin oder der Todesstrafe. Jedoch bleibt dieses Interesse – außerhalb Israels – im Wesentlichen auf Rechtswissenschaftler in den USA begrenzt,[397] denen die inhaltliche Offenheit und Dialoglastigkeit des jüdischen Rechts aus der Sicht des Rechtsrealismus[398] heraus besonders vertraut erscheinen dürfte. **174**

e) Zum Beispiel: Die Abkehr von der Polygamie

Ein interessantes kleines Beispiel für die Arbeitsweise und Entwicklung des jüdischen Rechts bietet der Umgang mit der Polygamie, nicht zuletzt auch im Hinblick auf den Vergleich mit dem islamischen Recht.[399] Das jüdische Recht verbietet zunächst Frauen die Polygamie.[400] Hier geht es sogar so weit, dass die Heirat mit einem weiteren Mann als Ehebruch gilt, daher beide Männer der Frau einen Scheidebrief geben müssen und diese auch anschließend keinen der beiden Männer wieder heiraten darf. Männern war die Polygamie hingegen ursprünglich erlaubt.[401] Eine ganze Reihe männlicher biblischer Figuren waren mit mehreren Frauen verheiratet. Dennoch gingen viele Teile der hebräischen Bibel ebenso wie viele allgemeine Diskussionen zum Eherecht implizit von der Monogamie als Normalfall aus. Ganz praktisch war die Polygamie unter Juden über viele Jahrhunderte vor allem in den vom Islam geprägten Gebieten verbreitet. Die entscheidende Wende kam mit einer legendären, im Wortlaut nicht überlieferten Anordnung (takkana) des Mainzer Rabbiners Gerschom ben Juda aus dem Jahr 1040, der die Polygamie untersagte. Ein politischer Hintergrund dieses sog. Banns des Rabbiners Gerschom dürfte gewesen sein, dass im deutschsprachigen und osteuropäischen (also dem sog. aschkenasischen) Raum die Mehrehe unter der nichtjüdischen Bevölkerungsmehrheit verpönt war. Entsprechend herrscht nicht nur über die zeitliche, sondern gerade auch über die räumliche Geltung des Banns erheblicher Zweifel. In der Praxis jedenfalls setzte sich in der Folge unter aschkenasischen Juden die Monogamie durch, während unter sefardischen (also spanisch-portugiesischen) und den in islamischen geprägten Gebieten lebenden Juden die Polygamie weiter fortbestand.[402] **175**

---

396 *Glenn* (Fn. 47), 115.

397 Zum Ganzen aus deutscher Sicht *Daniels* (Fn. 376), passim, zusammenfassend etwa 4 f., 8 f.

398 Dazu supra → § 5 Rn. 258 ff.

399 Zur Polygamie im islamischen Recht vgl. supra → § 10 Rn. 91 ff.

400 Zum Folgenden vgl. ausführlich *Homolka* (Fn. 387), 302 ff.

401 Vgl. nur ua babylonischer Talmud, Jebamot 65a, der interessanterweise wie das islamische Recht verlangt, dass der Mann die zusätzlichen Frauen auch unterhalten kann; auch die islamische Obergrenze von 4 Ehefrauen findet sich jedenfalls in der Mischne Tora wieder, vgl. *Homolka* (Fn. 387), 305.

402 Vgl. dazu auch *Lewittes* (Fn. 383), 140.

176 Noch heute verbietet das jüdische Recht die Polygamie nicht absolut. Dem Bann des Rabbiners Gerschom wird heute zwar grundsätzlich eine zeitlich und räumlich unbeschränkte Geltung zugesprochen, mit Ausnahme jedoch jener Orte, an denen sie erwiesenermaßen nie akzeptiert wurde. Diese Ausnahme betrifft vor allem den orientalischen Raum. Das führt zu Fragen einer Art innerjüdischen Kollisionsrechts, wenn ein Jude aus dem räumlichen Wirkungsbereich des einen Rechtssatzes in den des anderen umzieht. Die jeweiligen Lösungen sind bei generalisierender Betrachtung erkennbar polygamiefeindlich. Jedoch wird die an einem Ort unter dort Ansässigen rechtmäßig geschlossene Vielehe aus Sicht des jüdischen Rechts auch an anderen Orten anerkannt, an denen die Vielehe verboten ist. Im Staat Israel, wo Juden der verschiedensten regionalen Gruppen zusammentreffen, wurde die Polygamie für alle Juden unabhängig von ihrer Herkunft durch staatliches Recht abgeschafft und unter Strafe gestellt, wenn auch eine Ausnahme für Fälle besteht, in denen die Mehrehe durch Urteil eines Rabbinergerichts und Bestätigung seitens des Präsidenten des Obersten Rabbinergerichts erlaubt wurde.[403]

f) Jüdisches Recht in Israel

177 Das israelische Recht ist eine komplexe, schwer einzuordnende Mischung aus kontinentaleuropäischen und common law Elementen.[404] Im israelischen Verfassungsrecht beispielsweise, das mangels eines einheitlichen geschriebenen Verfassungstextes[405] vor besonderen Herausforderungen steht, lässt sich ein Umschwenken von anfänglich kontinentaleuropäisch formalistischen[406] zu heute ganz ausgeprägt rechtsrealistischen Ansätzen feststellen, die sich sehr stark an Trends und Diskussionen in den USA anlehnen.[407] Im Zivilrecht gab es auf einer britisch-osmanischen Basis zunächst eine ganze Reihe von Kodifikationen in eher kontinentaleuropäischer Tradition.[408] Seit einiger Zeit gibt es zudem Bestrebungen, ein einheitliches Zivilgesetzbuch zu schaffen,[409] die jedoch immer wieder auf Widerstände

---

[403] Dazu auch *Gotham, Meike,* Die Rechtsnation und ihr Staat – Die Geltung des jüdischen Ehe- und Scheidungsrechts in Israel, 2004, 36 f.

[404] Vgl. *Shachar, Yoram,* History and sources of Israeli law, in: Shapira, Amos; DeWitt-Arar, Keren C. (Hrsg.), Introduction to the law of Israel, 1995, 1 (1, 5 f.), der aber einerseits auch die Eigenständigkeit des israelischen Rechts gegenüber beiden großen Rechtskreisen betont, ibid., 1, für praktische Zwecke aber das israelische System näher am common law sieht, ibid., 6.

[405] Vgl. zu diesem vielschichtigen Problem *Navot, Suzie,* The constitution of Israel – A contextual analysis, 2014, 12 ff., 49 ff.; Hauptgrund ist der Widerstand der religiösen Parteien, deutlich *Klein, Claude,* L'État juif et démocratique – Réflexions à propos de la problématique identitaire de l'État d'Israël, in: Kischel, Uwe; Kirchner, Christian (Hrsg.), Ideologie und Weltanschauung im Recht, 2012, 73 (76); dahinter steht die Frage nach der richtigen Bedeutung und Balance der beiden Elemente „jüdisch" und „demokratisch", vgl. *Navot* (Fn. 405), 73.

[406] Zum Begriff des Formalismus im hier gemeinten, U.S.-amerikanischen Sinne vgl. supra → § 3 Rn. 268, → § 5 Rn. 259, 261.

[407] Vgl. *Navot* (Fn. 405), 212 f.; *Shachar* (Fn. 404), 6; *Mautner, Menachem,* Law and the culture of Israel, 2011, 75 ff.

[408] Vgl. *Shachar* (Fn. 404), 5; für das Vertragsrecht *Shalev, Gabriela,* Contract law, in: Shapira, Amos; DeWitt-Arar, Keren C. (Hrsg.), Introduction to the law of Israel, 1995, 111 (112 f.); zum Eigentumsrecht *Deutch, Miguel,* Property law, in: Shapira, Amos; DeWitt-Arar, Keren C. (Hrsg.), Introduction to the law of Israel, 1995, 159 (159 f.); kritisch *Rabello, Alfredo Mordechay; Lerner, Pablo,* The project of the Israeli civil code – The dilemma of enacting a code in a mixed jurisdiction, in: Mads, Adenas (Hrsg.), Liber amicorum Guido Alpa – Private Law beyond the national systems, 2008, 773 (776).

[409] Vgl. etwa schon die Ankündigung in *Shalev* (Fn. 408), 113; zur Entwicklung etwa *Barak, Aharon,* Introduction to the Israeli draft civil code, in: Siehr, Kurt; Zimmermann, Reinhard (Hrsg.), The draft civil code for Israel in comparative perspective, 2008, 1 (1 ff.); ausführlich, auch zur rechtsvergleichenden Einordnung *Rabello/Lerner* (Fn. 408), 778 ff.; einen deutlich kontinentaleuropäischen Charakter dieses Zivilgesetzbuchs sieht auch *Zimmermann, Reinhard,* Preface, in: Siehr, Kurt; Zimmermann, Reinhard (Hrsg.), The draft civil code for Israel in comparative perspective, 2008, v (v); für das Vertragsrecht *Cohen, Nili,* The four C's: Coherence, clarification, continuity, change – Remedies for breach of contract in Israeli draft civil code, in: Siehr, Kurt; Zimmermann, Reinhard (Hrsg.), The draft civil code for Israel in comparative perspective, 2008, 51 (53 f.).

stoßen. Das universitäre Milieu mit Forschung und Lehre ist klar U.S.-amerikanisch geprägt.[410]

Im Zusammenhang mit dem jüdischen Recht ist aber vor allem eine Aussage zentral: Das jüdische Recht ist nicht das Recht des Staates Israel. Israel ist nach seiner verfassungsrechtlichen Selbstbeschreibung zwar ein jüdischer und demokratischer Staat. Dies hat eine hitzige und vertiefte Diskussion über die genaue Bedeutung dieser beiden Merkmale und ihr rechtliches Verhältnis zueinander auslöst, die paradigmatisch für die grundlegenden rechtlichen Probleme Israels stehen.[411] Doch ist das Rechtssystem in Israel kein religiöses, sondern ein staatliches. Allein im Bereich des Ehe- und Scheidungsrechts gelten Besonderheiten. Denn hier hat Israel es im Wesentlichen bei der bis zur Staatsgründung geltenden Rechtslage im britischen Mandatsgebiet belassen. Daher kommt für jeden Menschen das für ihn jeweils geltende religiöse Recht zur Anwendung. Das jüdische Recht bestimmt also über viele familienrechtliche Verhältnisse der Juden in Israel. Auch die Anwendung des Rechts ist insofern auf religiöse Rabbinergerichte übertragen. 178

Selbst diese beschränkte Geltung jüdischen Rechts in Israel hat jedoch zu erheblichen rechtlichen und politischen Problemen geführt. Zunächst ist nicht das ganze Familienrecht, sondern im Wesentlichen nur das Ehe- und Scheidungsrecht dem religiösen Recht überlassen, während etwa Fragen wie Vormundschaft, Adoption oder Erbrecht im staatlichen Recht geregelt sind. Schon hier finden sich zahlreiche, schwierige Überschneidungen und Konflikte. Diese setzen sich auf der institutionellen Ebene fort. Denn zwar ist für das staatliche Familienrecht grundsätzlich auch ein staatliches Zivilgericht zuständig, für jüdisches Recht ein Rabbinergericht, doch kann je nach konkreter Fallkonstellation auch das Zivilgericht dazu berufen sein, religiöses Recht anzuwenden und umgekehrt.[412] 179

Ein weiterer Grund für die Probleme ist die Vormachtstellung des orthodoxen Rabbinats, die rechtlich verfestigt ist,[413] obwohl die Mehrheit der israelischen Juden sich nicht der orthodoxen Richtung zurechnet. Das orthodoxe Rabbinat ist allein zuständig für die Frage der Registrierung und damit der Gültigkeit einer jüdischen Ehe auch gegenüber staatlichen Instanzen.[414] Das zentrale Problem aber liegt darin, dass das israelische Recht keine Zivilehe vorsieht. Das bedeutet in erster Linie, dass Juden und Nichtjuden einander in Israel nicht heiraten können, da ihre Ehe gegen das jüdische Recht verstößt, gleichzeitig aber keine innerstaatliche Alternative zur religiösen Ehe besteht. Darin liegt auch nicht etwa ein ungewollter Nebeneffekt, sondern aus orthodoxer Sicht gerade ein bewusster Zweck der Maßgeblichkeit des Personalstatuts, nämlich Mischehen zu vermeiden um die jüdische Gemeinschaft nicht zu schwächen.[415] Die fehlende Zivilehe führt aber auch dazu, dass 180

[410] Vgl. etwa *Rabello/Lerner* (Fn. 408), 777; *Navot* (Fn. 405), 212 f.

[411] Vgl. zu den Problemen dieser Formulierung nur etwa *Klein* (Fn. 405), 78 ff.; *Navot* (Fn. 405), 71 ff.; *Karayanni, Michael,* The „other" religion and State conflict in Israel – On the nature of religious accommodations for the Palestinian-Arab minority, in: Brugger, Winfried; Karayanni, Michael (Hrsg.), Religion in the public sphere – A comparative analysis of German, Israeli, American and international law, 2007, 333 (345 ff.); oft übersehen wird auch der Teilaspekt, dass es im Nahostkonflikt nicht nur um die von Israel geforderte Anerkennung Israels als Staat, sondern eben als jüdischer Staat geht, eine Forderung die auch von moderaten Palästinensern teils für inakzeptabel gehalten wird, weil sie als Zustimmung zur Ungleichbehandlung von nichtjüdischen Israelis gewertet werden könnte.

[412] Ausführlich *Rosen-Zvi, Ariel,* Family and inheritance law, in: Shapira, Amos; DeWitt-Arar, Keren C. (Hrsg.), Introduction to the law of Israel, 1995, 75 (75 ff.).

[413] Vgl. dazu etwa *Stopler, Gila,* National identity and religion-State relations – Israel in comparative perspective, in: Sapir, Gideon; Barak-Erez, Daphne; Barak, Aharon (Hrsg.), Israeli constitutional law in the making, 2013, 503 (510 ff.); vgl. auch ibid., 513, 515 f. zu den Widersprüchen zwischen Familienrecht, dem israelischen Law of Return, also dem Recht zur Einwanderung nach Israel für alle Juden, und der Konversion zum Judentum; vgl. weiterhin schon *Rendtorff, Rolf,* Ist Israel ein theokratischer Staat?, Aus Politik und Zeitgeschichte 10 (1979), 30 (32 ff.); zu einer ersten Aufweichung, bei der der Staat die Finanzierung einiger liberaler und konservativer Rabbiner mitübernimmt und sie insofern den orthodoxen gleichstellt, ohne ihnen allerdings rechtliche Befugnisse über religiöse Angelegenheiten einzuräumen vgl. *Ettinger, Yair,* For first time – Israel to recognize reform and conservative rabbis, Haaretz, 29.5.2012.

[414] Vgl. dazu und zum Folgenden etwa *Homolka* (Fn. 387), 300 ff.

[415] Vgl. *Stopler* (Fn. 413), 511 f.

liberale oder konservative Juden in Israel ebenso wie säkular eingestellte Juden gezwungen sind, orthodox zu heiraten – oder gar nicht. Ein bekannter und oft gewählter Ausweg besteht darin, die Ehe im Ausland – beliebt ist das nahe Zypern – zu schließen. Denn eine im Ausland gültig eingegangene Ehe wird in Israel ohne weiteres registriert und damit anerkannt, auch wenn sie gegen religiöses Recht verstößt. Ein zweiter Ausweg besteht darin, auf die Ehe zu verzichten und eine nichteheliche Lebensgemeinschaft einzugehen. Diese Form des Zusammenlebens wurde – vermutlich gerade vor dem Hintergrund der religionsrechtlichen Probleme – schon seit den 1980er Jahren der Ehe in fast allen Belangen einschließlich etwa eines gemeinsamen Nachnamens gleichgestellt.[416]

2. Kanonisches Recht: Der langsame Rückzug

a) Historische Bedeutung

181 Das kanonische Recht, also das Recht der römisch-katholischen Kirche, hat seine große Zeit hinter sich gelassen. Sein goldenes oder klassisches Zeitalter wird vielfach im 12. bis 14. Jahrhundert verortet,[417] als es zusammen mit dem römischen Recht die entwickeltste und einflussreichste Rechtsordnung der europäischen Welt wurde. Sein Verhältnis zum römischen Recht war von gegenseitigem Respekt, gegenseitiger Beeinflussung, aber auch von erheblicher Rivalität gekennzeichnet.[418] Der Einfluss des kanonischen Rechts auf staatliches Recht war groß.[419] Aber schon diese Formulierung ist missverständlich. Denn zwar lassen sich bis heute allerlei Aspekte der verschiedenen staatlichen Rechtsordnungen einschließlich des common law auf das kanonische Recht zurückführen. Doch fand das kanonische Recht in ganz Europa auch in vielfältiger Weise unmittelbare Anwendung als ein Aspekt des ius commune.[420] Auch seine Bedeutung in der Ausbildung war kaum zu überschätzen. Bis in das 18. Jahrhundert hinein etwa wurde an englischen Universitäten nur kanonisches und römisches Recht gelehrt.[421] So war das kanonische Recht zwar ebenso wie das jüdische nicht auf einen Staat fixiert und hatte – mit der bezeichnenderweise selten erwähnten Ausnahme des Kirchenstaates – auch keinen eigenen Staat als Bezugspunkt. Doch litt die Wirkungsmacht des kanonischen im Unterschied zum jüdischen Recht darunter nicht, da es nicht in eine Diaspora verbannt war, sondern im Gegenteil die katholische Kirche lange einen zentralen Machtfaktor bildete.

b) Verhältnis von kanonischem und staatlichem Recht

182 Bis heute ist das Verhältnis des kanonischen zum staatlichen Recht ein sowohl in der Praxis als auch in der Theorie vielbeachtetes Problem. Vereinfacht gesagt hat sich die katholische Kirche in praktischer Hinsicht mit dem Anspruch des Staates auf rechtliches Primat abgefunden und sich in dem vom staatlichen Recht gezogenen Rahmen eingerichtet. Einfluss und Bedeutung des kanonischen Rechts hängen damit heute im Detail auch davon ab, welchen Grad an Eigenständigkeit und welchen Stellenwert das jeweilige staatliche Recht ihm einräumt. Letztlich bleiben Einfluss und Bedeutung aber gering, auch wenn es theoretisch für rd. 1,4 Milliarden Katholiken weltweit Geltung beanspruchen kann.

---

[416] Zur nichtehelichen Lebensgemeinschaft in Israel auch *Gotham* (Fn. 403), 132 ff.

[417] *Puza, Richard,* Kirchenrecht gestern und heute, Theologische Quartalschrift 182 (2002), 236 (239) spricht vom goldenen Zeitalter; die schlichte Bezeichnung als klassisches kanonisches Recht ist weiter verbreitet, vgl. etwa *Link, Christoph,* Kirchliche Rechtsgeschichte, 3. Aufl. 2017, 40 ff.

[418] Vgl. etwa *Helmholz, Richard H.,* The spirit of classical canon law, 1996, 17 ff.

[419] Vgl. etwa *Arminjon, Pierre; Nolde, Baron Boris; Wolff, Martin,* Traité de droit comparé, Bd. 1, 1950, 67 ff.; *Link* (Fn. 417), 47 ff.

[420] Vgl. *Helmholz* (Fn. 418), 20; *Link* (Fn. 417), 50 f.; zum ius commune und den Schwierigkeiten, es aus heutiger Perspektive zu verstehen, vgl. auch supra → § 6 Rn. 178 ff.

[421] Vgl. supra → § 5 Rn. 109.

In theoretischer Hinsicht hat das kanonische Recht seine Position zum Staat im Rahmen der sog. Ekklesiologien immer wieder gewandelt, ohne dass aber bis heute letzte Klarheit herrschte.[422] Seit dem späten 19. Jahrhundert wehrte sich die Kirche gegen die Machtansprüche des Staates mit der sog. societas perfecta Lehre, nach der die Kirche vollkommen und vom Staat unabhängig sei, über eigene Regierung und Rechtsetzung verfüge und so selbst alle Mittel in der Hand habe, um ihre Ziele zu erreichen. In diesem Sinne wurde eine Souveränität der Kirche in Parallele zur staatlichen Souveränität postuliert, standen beide einander gleichwertig gegenüber, mussten aber natürlich untereinander auch ihre jeweiligen Grenzen respektieren. Mit dem Zweiten Vatikanischen Konzil (1962 – 1965) begann die Suche nach einem theologisch befriedigenderen, weniger auf die Abgrenzung zum Staat fixierten Selbstbild der Kirche, das mit der sog. communio Lehre gefunden wurde. Die Kirche ist demnach die Gemeinschaft der Gläubigen, das Volk Gottes. Diese neue theologische Betrachtung hatte erhebliche Auswirkungen auf die Grundlegung des kanonischen Rechts. Das heutige Kirchenrecht, wie es im Codex Iuris Canonici von 1983 niedergelegt ist, dürfte allerdings von beiden Lehren beeinflusst sein, die Kirche also auch als societas, wenn auch wohl nicht mehr als societas perfecta angesehen werden.[423] 183

c) Göttliches und menschliches Recht

Auch das kanonische Recht nimmt für sich in Anspruch, göttliches Recht (ius divinum) zu sein. Das gilt allerdings nur zum Teil, denn daneben besteht der weit umfassendere Bereich des nur kirchlichen, also menschengemachten Rechts (ius mere ecclesiasticum).[424] Das ius divinum besteht aus dem positiven, also in Schrift oder Tradition göttlich offenbarten Recht, daneben aber auch aus dem Naturrecht. Die laienhafte Vorstellung, dass das göttliche Recht sich im Wesentlichen unmittelbar aus den Aussagen der Bibel ergeben müsste, erweist sich hier also als noch irreführender als im islamischen Recht für den Koran oder im jüdischen Recht für die Tora. Das zeigt sich schon an einigen klassischen Beispielen: Als in Schrift oder Tradition offenbart gilt zB die Unfehlbarkeit des Papstes in bestimmten Angelegenheiten, als mit Schrift oder Tradition in notwendigem Zusammenhang stehend und damit ebenfalls göttlich gilt das Verbot der Priesterweihe für Frauen. Beides aber sind Positionen, über die sich keine unmittelbare Aussage in der Bibel finden lässt und die entsprechend von anderen christlichen Gemeinschaften gerade nicht geteilt werden. Als naturrechtlich vorgegeben und damit ebenfalls göttlich gilt das Recht auf Ehe und das Recht auf Eigentum.[425] Gleichzeitig ist das göttliche Recht aus praktischer Sicht keineswegs unveränderlich, wie sich etwa am heute nicht mehr bestehenden Ehehindernis der Religionsverschiedenheit oder an der heute im Wesentlichen akzeptierten Religionsfreiheit zeigt.[426] Die Bibel spielt damit im Kirchenrecht insgesamt nur eine Nebenrolle. Sie wird zwar immer wieder einmal im Rahmen der Begründung für die postulierten Normen göttlichen Rechts herangezogen und steht mit ihrer Glaubensaussage letztlich hinter dem gesamten Kirchenrecht, wird jedoch keinesfalls als direkte Quelle behandelt, so wie es oft 184

---

422 Zum Folgenden vgl. *Mortanges, René Pahud de,* Katholisches Kirchenrecht, in: Mortanges, René Pahud de; Bleisch Bouzar, Petra; Bollag, David; Tappenbeck, Christian R. (Hrsg.), Religionsrecht – Eine Einführung in das jüdische, christliche und islamische Recht, 2. Aufl. 2018, 59 (66 ff.); vgl. auch *De Wall, Heinrich; Muckel, Stefan,* Kirchenrecht, 6. Aufl. 2022, 106 ff.

423 Vgl. dazu *Puza* (Fn. 417), 247 f., 252 f.

424 Zum Folgenden einführend etwa *Lüdecke, Norbert; Bier, Georg,* Das römisch-katholische Kirchenrecht – Eine Einführung, 2012, 17 ff.; weitergehend *Lüdecke, Norbert,* Das Verständnis des kanonischen Rechts nach dem Codex Iuris Canonici von 1983, in: Grabenwater, Christoph; Lüdeke, Norbert (Hrsg.), Schwerpunkte im Kirchen- und Staatskirchenrecht – Ergebnisse eines interdisziplinären Seminars, 2002, 177 (181 ff.); *Aymans, Winfried; Mörsdorf, Klaus,* Kanonisches Recht, Bd. 1, 1991, 32 ff.; *De Wall/Muckel* (Fn. 422), 109 ff.

425 Beispiele nach *Lüdecke/Bier* (Fn. 424), 18.

426 *Puza* (Fn. 417), 253.

beim Koran der Fall ist: „The church did not reenact the Book of Deuteronomy."[427] In den üblichen Darstellungen der Rechtsquellen des kanonischen Rechts taucht die Bibel in der Regel gar nicht erst auf.[428] Auch hat es dem kanonischen Recht beispielsweise von alters her wenig Probleme bereitet, die harschen alttestamentarischen Strafen nicht weiter zu beachten, etwa die in der Bibel geforderte Todesstrafe für Blasphemie[429] nicht zu übernehmen.[430] Was in der Bibel als göttliches Recht gilt, entscheidet somit letztlich die kirchliche Tradition, die dabei auch ohne weiteres zwischen wesentlichen und nur zeitbedingten Weisungen Gottes unterscheidet.[431]

185 Neben dem göttlichen steht das menschengemachte Kirchenrecht, das von der Kirche gesetzt ist oder sich aus der Gewohnheit ergibt. Vom Umfang her macht es den weitaus größten Teil des kanonischen Rechts aus. Dabei ist die Unterscheidung zwischen göttlichem Recht und bloßem Kirchenrecht weder besonders strikt, noch praktisch besonders bedeutsam. Es geht nicht, wie im islamischen Recht, um schlichte Gesetze des Herrschers, die eher unverbunden neben dem göttlichen Recht stehen und von den theologisch geschulten Juristen kaum beachtet werden.[432] Vielmehr dient das bloße Kirchenrecht der notwendigen Ausfüllung und Ergänzung der göttlichen Regeln, wird also vom göttlichen Recht begrenzt, macht dieses aber auch erst wirksam und ist insgesamt vom Geist des göttlichen Rechts durchzogen.[433] Nach kirchlicher Lehre legitimiert, limitiert und normiert das göttliche Recht das menschliche Kirchenrecht. Insgesamt bilden beide Bereiche eine Einheit. Dies reflektiert in anschaulicher Weise schon die Struktur des Codex Iuris Canonici, der beides nicht trennt und einen etwa göttlichen Charakter einer Norm nur durch bestimmte Begriffe wie „divinum" oder „nativum" oder durch die Berufung auf Gott oder Christus andeutet. In der üblichen Rechtsanwendung spielt der Unterschied kaum eine Rolle.

186 Bei alledem zeigt sich der auch göttliche Anspruch des kanonischen Rechts gerade im Unterschied zu staatlichen Rechten auch daran, dass es zwar in erster Linie, aber keineswegs nur den Anspruch erhebt, das äußere Verhalten der Menschen anzuleiten. Vielmehr verpflichtet es auch im Gewissen. Der Katholik muss den kirchlichen Lehren nicht nur folgen, er ist auch verpflichtet, sie innerlich zu glauben oder zustimmend anzuerkennen.[434] So gesehen ist das Kirchenrecht ein totalitäres System.[435]

d) Das heute geltende Kirchenrecht

187 Das kanonische Recht bildet aus historischer Perspektive eine vollständige Rechtsordnung. Es beschäftigte sich keineswegs nur mit Fragen des Glaubens, sondern etwa auch mit Strafrecht, Eigentumsrecht, Kaufrecht sowie natürlich Familien- und Erbrecht.[436] Dieser umfassende Charakter war es, der ihm einen so großen Einfluss im staatlichen Bereich sicherte. Heute findet sich das kanonische Recht der lateinischen Kirche im Wesentlichen im Codex Iuris Canonici (CIC) von 1983 kodifiziert, der seinen gleichnamigen Vorläufer

---

[427] Zum Ganzen *Helmholz* (Fn. 418), 20 ff.; Zitat ibid., 21.

[428] Vgl. nur *Aymans/Mörsdorf* (Fn. 424), 39 ff.; von einem weiteren Quellenbegriff her anders *Coriden, James A.*, An introduction to canon law (e-book), 3. Aufl. 2019, 34.

[429] Vgl. Levitikus 24:16: „Wer den Namen des Herrn schmäht, wird mit dem Tode bestraft; die ganze Gemeinde soll ihn steinigen.".

[430] Vgl. dazu *Helmholz* (Fn. 418), 260 ff.

[431] Vgl. *Aymans/Mörsdorf* (Fn. 424), 35.

[432] Zum qanun vgl. supra → § 10 Rn. 123 f.

[433] Aus dem göttlichen Charakter lassen sich aus der reinen Binnenperspektive spezifische Eigenschaften des kanonischen Rechts herleiten, namentlich Übernatürlichkeit, salus animarum (Seelenheil) und Billigkeit, vgl. *Schwarz, Reinhold*, Vom Geist des Kirchenrechts, Österreichisches Archiv für Kirchenrecht 31 (1981), 223 (226 ff.).

[434] *Lüdecke/Bier* (Fn. 424), 26.

[435] Vgl. auch *Schwarz* (Fn. 433), 240; *Lüdecke/Bier* (Fn. 424), 26.

[436] Vgl. nur *Helmholz* (Fn. 418), 1; in diese Richtung auch *Link* (Fn. 417), 52; anders offenbar *Arminjon/Nolde/Wolff* (Fn. 419), 67.

von 1917 ersetzt, der seinerseits das Corpus Iuris Canonici ablöste.[437] Für die katholischen Ostkirchen existiert daneben seit 1990 der Codex Canonum Ecclesiarum Orientalium (CCEO). Viele Bereiche, die heute in aller Regel durch staatliches Recht geregelt sind, etwa das Erbrecht, finden sich im Codex Iuris Canonici nicht mehr wieder. Dass die Ehe ausführlich geregelt wird, dürfte vor allem daran liegen, dass es sich nach katholischem Verständnis um ein Sakrament handelt. Die Regeln über das Kirchenvermögen enthalten keineswegs mehr ein eigenständiges Eigentumsrecht, sondern nurmehr wenige, interne Normen, da der Erwerb von Eigentum und die dadurch begründeten Rechte sich nach staatlichem Recht richten.[438] Auch das Strafrecht existiert noch, richtet sich aber nur an Katholiken und hier vor allem an Geistliche. Die geregelten Straftaten umfassen zwar auch noch Mord und Körperverletzung,[439] befassen sich aber im Wesentlichen nur mit kirchlichen Rechtsgütern, beispielsweise bei der Entweihung heiliger Sachen (can. 1369 CIC) oder der Fälschung kirchlicher Dokumente (can. 1391 CIC). Die vorgesehenen Strafen reflektieren ebenfalls die fehlende eigenständige Durchsetzungsmöglichkeit und umfassen ua Exkommunikation, den Entzug von Ämtern und Privilegien oder die Auferlegung von Bußen, beispielsweise in Form eines Werks des Glaubens. Auch gibt es bis heute kirchliche Gerichte.[440] Letztlich allerdings sind kirchliche Prozesse heute sehr selten. Im Wesentlichen geht es nur noch um Ehenichtigkeitsprozesse, die den Betroffenen erlauben können, sich auch kirchlich wieder mit einer anderen Person zu verheiraten.

Manche Teile der kirchlichen Rechtsordnung, insbesondere soweit sie in Konkurrenz zu staatlichen Gerichten stehen, finden sich heute nur noch auf dem Papier.[441] Das kirchliche Strafrecht beispielsweise hat letztlich nur noch Bedeutung für Kirchenleute; es hat damit den Charakter eines Disziplinarrechts für den öffentlichen Dienst der Kirche angenommen.[442] Durch Änderungen des Codex Iuris Canonici hat die Kirche 2021 in Reaktion auf die vieldiskutierten Missbrauchsskandale allerdings versucht, das kirchliche Straftecht wieder etwas aufzuwerten und insbesondere seine grundsätzliche Anwendung zu stärken, ohne gleich eine Bestrafungspflicht einzuführen.[443] Ausnahmen von der generell geringen Bedeutung haben dennoch eher anekdotischen Charakter: So klagte etwa in Deutschland ein Schuldner gegen seinen Gläubiger, weil dieser gegen ihn vor staatlichen Instanzen den Antrag auf Eröffnung des Konkursverfahrens gestellt hatte. Diesen Antrag zu stellen verstoße aber, so der Kläger, gegen kanonisches Recht und vor allem gegen das Gebot der Nächstenliebe. Das angerufene Gericht wies die Klage mit dem Kernsatz ab: „Die Liebe ist nicht justiziabel."[444] Die Entscheidung wurde tatsächlich in einer der wichtigsten juristischen Fachzeitschriften Deutschlands veröffentlicht – bezeichnenderweise in der Weihnachtsausgabe. 188

Das heutige kanonische Recht beschränkt sich allerdings nicht etwa auf den Codex Iuris Canonici.[445] Auf globaler Ebene sind vielmehr ua auch andere kirchliche Gesetze, allgemeine Dekrete und Ausführungsdekrete sowie die Konkordate, also die völkerrechtlichen 189

---

437 Zur geschichtlichen Entwicklung insgesamt vgl. den Überblick bei *Puza* (Fn. 417), 238 ff.

438 Vgl. *Mortanges* (Fn. 422), 117; vgl. auch can. 1290 CIC, der in Bezug auf das Vertragsrecht für die Angelegenheiten der Kirche auf das weltliche Recht verweist, soweit dies nicht göttlichem Recht widerspricht.

439 Vgl. can. 1397 CIC: „Wer einen Menschen tötet oder durch Gewalt oder Täuschung entführt, festhält, verstümmelt oder schwer verletzt, soll je nach Schwere der Straftat mit den in can. 1336 genannten Strafen bestraft werden (…).".

440 Allgemeiner Überblick bei *Mortanges* (Fn. 422), 97 ff.

441 Deutlich zum Ganzen *Mortanges* (Fn. 422), 99, 102 f., 104.

442 Vgl. *Borras, Alphonse,* Un droit pénal en panne? – Sens et incidence du droit pénal canonique, Revue de Droit Canonique 56 (2009), 139 (160); vgl. auch ibid., 153: „Peut-être doit-on tout simplement reconnaître que l'Église n'a plus les moyens de punir ses fidèles dès lors que la société ambiante n'est plus en régime de chrétienté. C'est du moins mon opinion.".

443 Vgl. etwa *Hense, Ansgar,* Das „neue" Strafrecht der katholischen Kirche, Bonner Rechtsjournal 2022, 24 (28 ff.); auch schon *Mortanges* (Fn. 422), 120.

444 Vgl. Erzbischöfliches Offizialat Freiburg i.Br., NJW 1994, 3375 (3376).

445 Zu den weiteren Quellen vgl. etwa *Mortanges* (Fn. 422), 91 ff.

Verträge zwischen Staat und Heiligem Stuhl, zu beachten. Daneben steht das sog. Partikularrecht, das beispielsweise nur für einen bestimmten kirchlichen Orden oder eine bestimmte Diözese gilt und das für das kirchliche Leben vor Ort erhebliche Bedeutung hat.

190 Die Auslegung des Kirchenrechts ist nicht zuletzt darauf angelegt, die hierarchische Entscheidungsstruktur der katholischen Kirche zu wahren. So ist die Auslegung des kanonischen Rechts selbst wieder in can. 17 CIC geregelt.[446] Im Wesentlichen ist danach zunächst auf den Wortlaut der Norm abzustellen. Nur wenn dies nicht zu klaren Ergebnissen führt, sind als weitere Auslegungsmethoden die Analogie sowie die teleologische, genetische und systematische Auslegung vorgesehen. Dass dieser Vorrang des Wortlauts eher rückständig anmutet, ist den katholischen Kirchenrechtlern durchaus bewusst. Das Gegenargument lautet schlicht: Der Papst hat es so gewollt. Seine Souveränität wird abgesichert.[447] Noch deutlicher tritt die Sicherung der hierarchischen Entscheidungsstruktur in der im kanonischen Recht verbreiteten authentischen Auslegung nach can. 16, §§ 1, 2 CIC zutage. Hier kann der kirchliche Gesetzgeber selbst die Gesetze mit Gesetzeskraft auslegen. Hintergrund dieser Regel ist nicht etwa die Annahme, dass der Gesetzgeber seine eigenen Normen besser auslegen könne oder dass er kompetenter sei; es geht vielmehr allein um seine Autorität. Entsprechend werden authentische Auslegungen in der Regel auch nicht begründet, um so den hierarchischen Abstand zu betonen.[448]

191 Wie schon daran zu sehen, ist die katholische Kirche kein demokratischer Rechtsstaat und will dies auch gar nicht sein. Ihre politische Grundstruktur ist die einer absoluten Monarchie. Das kanonische Recht sieht sich dabei staatsanalog, jedoch bezogen auf das typische Staatsmodell vergangener Jahrhunderte.[449] Es kennt also grundsätzlich keine Gewaltenteilung und in vielerlei Bereichen auch keine Gleichheit.

e) Kanonisches Recht im Vergleich

192 Aus der Vogelperspektive fällt zunächst auf, dass das kanonische im Unterschied zum islamischen oder jüdischen Recht keine Schulen kennt. Das verwundert aber nicht weiter, denn das kanonische Recht könnte selbst schlicht als eine Schule des christlichen Kirchenrechts, etwa neben dem Recht der evangelischen Kirche in Deutschland, verstanden werden.[450] Die umfassende Absicherung der Hierarchie in der Kirche stellt insofern – bei allen durchaus vorhandenen, innerkirchlichen Debatten – eine weitgehende Einheitlichkeit der Dogmatik sicher. Kritik in der katholischen Kirche kann kaum in Kritik an dieser Kirche umschlagen. Wer sich dem nicht anpassen mag, verlässt die Kirche, bildet gegebenenfalls eine eigene.[451] Der göttliche Charakter des Rechts spielt in der Praxis eine deutlich geringere Rolle, insbesondere im Vergleich zum Islam. In ähnlicher Weise wie im Judentum und wahrscheinlich noch ausgeprägter als im Islam tritt die Bedeutung des grundlegenden Offenbarungstextes (Bibel/Tora/Koran) gegenüber späteren Entwicklungen und Texten zurück. Eine ausladende, offene Debatte, wie sie für das Judentum so typisch ist, kennzeichnet das sehr viel hierarchischere kanonische Recht nicht. Die Diskussionen laufen –

[446] Darstellung etwa bei *Jestaedt, Matthias,* Auslegung nach kanonischem Recht, in: Grabenwater, Christoph; Lüdecke, Norbert (Hrsg.), Standpunkte im Kirchen- und Staatskirchenrecht – Ergebnisse eines interdisziplinären Seminars, 2002, 100 (101 ff.).

[447] Vgl. *Lüdecke/Bier* (Fn. 424), 32, 34; bezeichnend für die Denkweise ibid., 32: „Die Reformvorschläge bleiben so, was sie immer waren: Vorschläge. Sie als Interpretationsmethoden anzuwenden, bevor sie amtlich akzeptiert sind, und dabei nicht auf ihren hypothetischen Charakter wie den der damit erzielten Ergebnisse hinzuweisen, ist im kirchlichen Sinn unwissenschaftlich und konstruiert virtuelle Auslegungswelten."

[448] Vgl. *Lüdecke/Bier* (Fn. 424), 33 f.

[449] Vgl. etwa *Lüdecke/Bier* (Fn. 424), 26.

[450] Vgl. etwa die Darstellung sowohl des kanonischen als auch des evangelischen Kirchenrechts unter dem gemeinsamen Titel „Kirchenrecht" in *De Wall/Muckel* (Fn. 422).

[451] Neben der Reformation wäre hier ua auf die historische Abspaltung der Ostkirchen hinzuweisen, die für einige kleinere Gemeinschaften sogar wieder rückgängig gemacht wurde, aber nicht auch vollständig zu einer Reintegration in das kanonische Recht führte, vgl. etwa kurz *De Wall/Muckel* (Fn. 422), 101.

außerhalb rein abstrakter Spekulationen – in eher vorgegebenen Bahnen, die ein wenig an die innerschulischen Debatten des islamischen Rechts erinnern. Im grundlegenden Unterschied zu den Schulen des Islam aber kann von bloßer Nachahmung, gar von einem Ende der eigenständigen Weiterentwicklung des Rechts keinesfalls die Rede sein. Trotz der sicherlich sehr konservativen Entwicklung des kanonischen Rechts ist das juristische Potential auch für grundlegende Veränderungen durchaus vorhanden. In gewisser Weise erinnert dies an die Lage im schiitischen Islam, der ebenfalls von einer etablierten geistlichen Hierarchie dominiert wird, kein Ende des ijtihad akzeptiert, aber dennoch religionsrechtlich zu einer äußerst konservativen Haltung kommt. Im Verhältnis zum Staat scheint der historische Geltungsanspruch des kanonischen Rechts immer etwas geringer ausgeprägt gewesen zu sein als der des islamischen. Während das islamische Recht weitgehend darauf angelegt war, das bisherige Recht in neu eroberten Gebieten zu ersetzen, war das kanonische Kirchenrecht stets vom Mit- und Gegeneinander zum römischen Recht geprägt, also auf eine parallele Existenz, wenn auch in deutlicher Konkurrenz, zugeschnitten. Die Probleme, die das jüdische Recht aufgrund seiner staatenlosen Geltung in der Diaspora hatte, entwickelten sich für das kanonische Recht schon aufgrund der früh dahinterstehenden, sehr realen Macht nicht. Schließlich hat das kanonische Recht, was die inhaltliche Breite seines Regelungswerks angeht, einen historisch ebenso umfassenden Anspruch wie das islamische und das jüdische Recht, der jedoch heute in Anerkennung der realen Machtverteilung in der Welt weitgehend zurückgefahren wurde.

Rechtsvergleichend spielt das kanonische Recht eine Außenseiterrolle. Außerhalb der **193**
gelegentlich verfolgten Idee, kanonisches Recht und andere religiöse Rechte miteinander zu vergleichen,[452] und außerhalb seiner sehr wichtigen rechtshistorischen Rolle werden kaum einmal konkrete Herangehensweisen und Lösungen staatlicher Rechte mit ihren eventuell vorhandenen Pendants im kanonischen Recht verglichen.[453] Das bedeutet nicht, dass dies nicht gelegentlich mit Gewinn geschehen könnte. Wer sich beispielsweise mit dem Ob und Wie der Begründung von Gerichts- und Verwaltungsentscheidungen befasst, könnte vielleicht eine Inspiration aus der schon um das Jahr 1200 herum entwickelten kanonischen Lehre vom Reskript gewinnen. Das Reskript ist der schriftliche Bescheid auf ein Gesuch, das sowohl eine Gerichts- als auch eine Verwaltungssache betreffen kann. Seine Besonderheit besteht letztlich darin, dass die kirchliche Instanz hier nicht etwa selbst den Bescheid formuliert, sondern schlicht ein einziges, zustimmendes Wort (zB „affirmative") unter den gestellten Antrag setzt. Damit aber gibt sie nicht nur dem Antrag statt, sondern macht sich auch die im Antrag genannten Gründe zu eigen. Wenn die Gründe nicht voll übernommen werden sollen, kommt es sogar vor, dass die kirchliche Instanz den Antrag selbst umformuliert. Diese ungewöhnliche Vorgehensweise erhöht die Effektivität von Verwaltung und Gerichtsbarkeit bei einem Hoheitsträger, der letztlich weltweite Jurisdiktion beansprucht, mit den verschiedensten Sprachen umgehen muss und seinen Beamtenapparat nicht zu sehr anwachsen lassen will.[454] In den heutigen Zeiten der zunehmenden Übertragung ursprünglich staatlicher Befugnisse auf transnationale Gebilde, die große Regionen oder gar die ganze Welt umspannen, könnten solche Ideen durchaus bereichernd sein.

---

[452] Vgl. etwa auch die Darstellung in einem Band durch *Mortanges, René Pahud de; Bleisch Bouzar, Petra; Bollag, David; Tappenbeck, Christian R.* (Hrsg.), Religionsrecht – Eine Einführung in das jüdische, christliche und islamische Recht, 2. Aufl. 2018.

[453] Vgl. aber beispielsweise die Gegenüberstellung der Auslegungsmethoden bei *Pack, Heinz,* Methodik der Rechtsfindung im staatlichen und kanonischen Recht – Relations- und Urteilstechnik im kanonischen Recht, 2004, 3 ff., 95 ff.

[454] Vgl. *Schnizer, Helmut,* Die Entscheidungsbegründung im Kirchenrecht, in: Sprung, Rainer; König, Bernhard (Hrsg.), Die Entscheidungsbegründung in europäischen Verfahrensrechten und im Verfahren vor internationalen Gerichten, 1974, 27 (33 ff.); kurz *Kischel, Uwe,* Die Begründung – Zur Erläuterung staatlicher Entscheidungen gegenüber dem Bürger, 2003, 31 f.; zu einer ähnlich ungewöhnlichen Lösung für Urteilsbegründungen vor dem päpstlichen Berufungsgericht, der Sacra Romana Rota, vgl. ibid., 20; zum Reskript im heutigen kanonischen Recht *Aymans/Mörsdorf* (Fn. 424), 244 ff.

§ 11. Kontexte transnationalen Rechts

Übersicht

Rn.

I. Rechtsvergleichung jenseits des Staates 1
II. Der Kontext des Völkerrechts 4
1. Klassische Kontaktpunkte von Völkerrecht und Rechtsvergleichung 4
2. Völkerrecht als Gegenstand der Rechtsvergleichung 6
3. Eigenheiten des völkerrechtlichen Kontexts 12
a) Politischer Einfluss und mangelnde Zentralisierung 12
b) Völkerrechtsquellen: Konsensuale Rechtsetzung und „soft law“ 14
c) Beschränkte Rechtssubjektivität von Individuen 17
d) Indirekte Rechtsdurchsetzung 18
e) Konstitutionalisierungsprozesse und Ausdifferenzierung 21
f) Unabhängigkeit von kontinentaleuropäischem und common law Kontext 23
III. Der Kontext des Europäischen Unionsrechts 24
1. Unionsrecht in der Rechtsvergleichung: Zwischen Selbstverständlichkeit und Neuland 24
2. Auf der Suche nach einem unionsrechtlichen Kontext 26
a) Die Debatte um eine europäische Rechtskultur 26
b) Unionsrecht und nationale Kontexte 27
c) Pluralismus des Unionsrechts 30
3. Einige Eigenheiten des supranationalen Unionsrechts 31
a) Europapolitische Perspektiven: Von Romantikern, Skeptikern und Technikern 32
b) Föderale Verzahnung 35
c) Demokratiedefizit, institutionelles Gleichgewicht, Markt 37
d) Der Europäische Gerichtshof: Apodiktischer Motor der Integration 40
e) Endlose Weiten: Das materielle Unionsrecht 43
4. Jenseits des Unionsrechts 46
IV. Der Kontext der lex mercatoria? 48
1. Lex mercatoria als Recht der internationalen Wirtschaft 48
2. Existenz und Inhalt der lex mercatoria: Der große Streit 50
a) Lex mercatoria als Rechtsordnung: Theoretische und praktische Probleme 50
b) Vielfalt der Lehren von der lex mercatoria 55
3. Lex mercatoria und Rechtsvergleichung 56

I. Rechtsvergleichung jenseits des Staates

Die Rechtsvergleichung beschränkt sich nicht selten auf das staatliche Recht.[1] Als unumstößliches Dogma gilt dies aber wohl bei niemandem, denn gegen die Berücksichtigung insbesondere von religiösen Rechtssystemen, aber etwa auch von Stammesrechten, wird sich in der Regel kein Widerstand regen, auch wenn es hier klar nicht um staatliches Recht geht. Staatenübergreifende Rechtsordnungen, namentlich das Völkerrecht und das Europarecht, spielen aber oft nur eine Nebenrolle. Sie werden zwar im Rahmen von Projekten der Rechtsvereinheitlichung und Rechtsharmonisierung erwähnt oder es wird die gelegentliche Generierung ihrer Normen durch angewandte Rechtsvergleichung thematisiert.[2] Eine Dar- 1

[1] Vgl. etwa *Zweigert, Konrad; Kötz, Hein,* Einführung in die Rechtsvergleichung, 3. Aufl. 1996, 4; *Cuniberti, Gilles,* Grands systèmes de droit contemporains, 4. Aufl. 2019, 21; *Aymerich Ojea, Ignacio,* Introducción general, in: Altava Lavall, Manuel Guillermo (Hrsg.), Lecciones de derecho comparado, 2003, 23 (28).

[2] Vgl. zu beiden Aspekten schon supra → § 2 Rn. 45 ff., 81 ff.

stellung als jeweils eigenständige Rechtsordnung, die ebenso wie jedes staatliche Recht in einem bestimmten Kontext steht, der beschrieben werden muss, ist jedoch sehr selten.[3] Das aber wird der seit Jahrzehnten steigenden, praktischen Bedeutung dieser Rechtsordnungen nicht gerecht und nimmt auch ihren immer höheren Entwicklungsstand nicht hinreichend zur Kenntnis. Hinzu kommt, dass es auch bei diesen Rechtsordnungen – nicht anders als bei fremden staatlichen Rechten – dem Neuling oft schwerfällt, ein Gefühl für die spezifischen Eigenheiten zu entwickeln, die sie von anderen Rechtsordnungen deutlich unterscheiden.

2 Dennoch sollen das Völker- und Europarecht im Folgenden nur recht kurz angesprochen werden. In einem Punkt unterscheiden sie sich nämlich tatsächlich grundlegend von allen anderen bislang betrachteten Rechten: Es gibt bei ihnen in der Regel keine „einheimischen" Juristen. Jeder Spanier oder Deutsche, der sich mit dem Europarecht, jeder Franzose, Kanadier oder Japaner, der sich mit dem Völkerrecht befasst, ist in erster Linie in seiner jeweiligen Heimatrechtsordnung sozialisiert. Eine direkte, vollständige Ausbildung zum Europa- oder Völkerrechtler unter Umgehung der heimatlichen Juristenausbildung ist kaum einmal vorgesehen. Mit anderen Worten sind diese Rechtsordnungen zunächst einmal für jeden Juristen Neuland, damit aber zugleich für jeden Juristen erfassbar. Das teils lebenslange Fremdeln, das für die Beschäftigung mit einer fremden Rechtsordnung so typisch ist, trifft hier gleichsam per Definition jeden oder keinen. Eine Darstellung des völker- oder europarechtlichen Kontexts aus rechtsvergleichender Perspektive drohte deshalb allzu schnell in ein Kurzlehrbuch umzuschlagen.[4] Das soll hier vermieden werden, nicht zuletzt in Anbetracht der Existenz einer großen Vielzahl von Einführungen und Lehrbüchern zum Völker- und zum Europarecht, die in den verschiedensten Sprachen und oft auch für ein Publikum mit je ganz unterschiedlicher rechtskultureller Vorprägung verfasst sind.

3 Als Oberbegriff für die hier gemeinten Rechtsordnungen soll, ohne besonders hohen terminologischen Anspruch, schlicht der Begriff des transnationalen Rechts[5] gewählt werden. Er soll nicht mehr und nicht weniger beschreiben als Rechtsordnungen, die über das Staatliche hinausgehen und in ihrem Anspruch das Gebiet mehrerer Staaten umfassen. So gesehen könnten allerdings auch religiöse Rechte[6] dazu gezählt werden. Doch überwiegt bei ihnen in so ausgeprägtem Maße der göttliche Ursprung und der Glaubensaspekt, dass sie sich schon deshalb grundlegend von den hier betrachteten, rein menschengemachten Rechtsordnungen unterscheiden. Dennoch sind Völkerrecht und Europarecht nur die zwei wichtigsten, keineswegs aber die einzigen transnationalen Rechtsordnungen. Zu ihnen zählen vielmehr auch einige kleinere Gebilde etwa in Südamerika oder Afrika, die sich in ihrer

---

[3] Ausnahme für das Europarecht etwa bei *de Cruz, Peter,* Comparative law in a changing world, 3. Aufl. 2007, 140 ff.; so auch noch *Glendon, Mary Ann; Carozza, Paolo G.; Picker, Colin B.,* Comparative legal traditions, 3. Aufl. 2008, 313 ff., aber wieder aufgegeben in 4. Aufl. 2016, passim; Ansätze einer Beschreibung bei *Koopmans, Thijmen,* The birth of European law at the crossroads of legal traditions, American Journal of Comparative Law 39 (1991), 493 (493 ff.); Forderungen nach Einbeziehung transnationaler Rechtsordnungen etwa bei *Kiss, Charles Alexandre,* Droit comparé et droit international public, Revue internationale de droit comparé 24 (1972), 5 (11 f.); *Kötz, Hein,* Alte und neue Aufgaben der Rechtsvergleichung, JZ 2002, 257 (261); *Reimann, Matthias,* Beyond national systems – A comparative law for the international age, Tulane Law Review 75 (2001), 1103 (1103 ff.), der jedoch nicht zuletzt auch die inhaltliche Arbeit in diesen Rechtsgebieten und die eigenständige Klärung ihres jeweiligen Verhältnisses zu den nationalen Rechtsordnungen mit einbeziehen will, vgl. etwa ibid., 1116.

[4] Hingegen verlangt *Reimann* (Fn. 3), 1116, Rechtsvergleicher sollten das transnationale Material nicht den jeweiligen Fachjuristen überlassen, bringt dafür aber das sachlich kaum nachvollziehbare Argument, sie überließen schließlich auch nicht englisches oder französisches Recht den englischen oder französischen Juristen – genau das tun sie aber, denn kaum ein Rechtsvergleicher würde sich in die internen dogmatischen Debatten eines fremden Rechts einmischen.

[5] Der heute in vielen Variationen gebrauchte Begriff geht ursprünglich auf *Jessup, Philip C.,* Transnational law, 1956 zurück, der darunter sehr weit „all law which regulates actions or events that transcend national frontiers" verstand, ibid., 2, ähnlich ibid., 100, und damit die Grenzen zwischen Völkerrecht, internationalem Privatrecht und den verschiedenen nationalen Rechten überwinden wollte, ibid., 102, 106 f.

[6] Vgl. zum islamischen, jüdischen und kanonischen Rechts supra → § 10 Rn. 1 ff., 157 ff., 179 ff.; zum hinduistischen Recht supra → § 9 Rn. 235 ff.

Struktur das Europarecht zum Vorbild genommen haben, aber in ihrer Bedeutung und ihrem Entwicklungsgrad weit dahinter zurückbleiben.[7] Hinzu kommen möglicherweise auch noch weitere Rechtsordnungen, die sich gänzlich unabhängig von den Staaten entwickelt haben sollen. In erster Linie geht es dabei um die seit Jahrzehnten vieldiskutierte sog. lex mercatoria, also das Recht des internationalen Handels.[8] Doch tauchen hier auch noch andere, nach diesem Vorbild postulierte Gebilde auf, wie etwa die lex sportiva als Recht des internationalen Sports oder die lex informatica als Recht des Internets.[9]

II. Der Kontext des Völkerrechts

1. Klassische Kontaktpunkte von Völkerrecht und Rechtsvergleichung

Die Beziehungen von Völkerrecht und Rechtsvergleichung werden in der Literatur schon seit Jahrzehnten allenfalls am Rande angesprochen, in der Regel reduziert auf die immer wieder gleichen Berührungspunkte:[10] Erstens geht es dabei um die Rolle der Rechtsvergleichung als Rechtserzeugungsinstrument im Rahmen der allgemeinen Rechtsgrundsätze, die eine Hauptquelle des Völkerrechts im Sinne von Art. 38 Abs. 1 lit. c des Statuts des Internationalen Gerichtshofs bilden.[11] Zweitens kann die Rechtsvergleichung, wenn auch eher am Rande, bei der Herleitung von Völkergewohnheitsrecht und bei der Abfassung und Auslegung völkerrechtlicher Verträge helfen. Typischerweise wird drittens auch die erhebliche Rolle erwähnt, die die Rechtsvergleichung bei der Rechtsharmonisierung, etwa bei der Erarbeitung von Einheitsrecht oder Modellgesetzen, spielt.[12] Dabei sollte nicht übersehen werden, dass umgekehrt die Ergebnisse und Zwischenergebnisse von Harmonisierungsbestrebungen oft selbst wieder Gegenstand der Rechtsvergleichung sind. Sie werden zB mit staatlichen Regelungen verglichen oder in Betrachtungen zur Verbesserung nationalen Rechts mit einbezogen. 4

Weiterhin wird, wenn auch seltener, die Möglichkeit eines Vergleichs verschiedener nationaler Herangehensweisen an das Völkerrecht erwogen.[13] Dieser Ansatz spiegelt einerseits die realen nationalen Unterschiede in der Behandlung des Völkerrechts, zB aufgrund unterschiedlicher Ideologien oder rechtskultureller Prägungen, wider. Denn erfahrungsgemäß besteht eine ausgeprägte, nicht immer bewusste und nicht immer vermeidbare Tendenz unter Völkerrechtlern, das Völkerrecht aus der grundlegenden Perspektive ihres Heimatrechtssystems zu betrachten und etwa mit Fragen nach dem Grad der Systematisierung oder nach der Bedeutung der Rechtsprechung in Abhängigkeit von der eigenen Vorprägung unterschiedlich umzugehen. Wer beispielsweise ein deutsches und ein englisches Völkerrechtslehrbuch miteinander vergleicht, wird schnell feststellen, wie stark die jeweilige Vorprägung Darstellung und Rechtssprache beeinflusst. Dabei kann es allerdings 5

[7] Dazu kurz infra → § 11 Rn. 47.

[8] Dazu infra → § 11 Rn. 48 ff.

[9] Vgl. dazu etwa *Duval, Antoine,* Lex sportiva – A playground for transnational law, Europea Law Journal 19 (2013), 822 (822 ff.); *Ipsen, Nils Christian,* Private Normordnungen als transnationales Recht?, 2009, 104 ff., 129 ff.

[10] Vgl. etwa nur *Markus, Till,* Rechtsvergleichung im Völkerrecht, 2021, passim; *Zweigert/Kötz* (Fn. 1), 7 f., 23 f.; *Hailbronner, Kay,* Ziele und Methoden völkerrechtlich relevanter Rechtsvergleichung, ZaöRV 36 (1976), 190 (201 ff.); darstellend etwa *Reimann, Matthias,* Comparative law and neighbouring disciplines, in: Bussani, Mauro; Mattei, Ugo (Hrsg.), The Cambridge companion to comparative law, 2012, 13 (18 ff.); vgl. auch schon die Beiträge in *Butler, William E.* (Hrsg.), International law in comparative perspective, 1980.

[11] Dazu kurz supra → § 2 Rn. 82.

[12] Dazu kurz supra → § 2 Rn. 45 ff.

[13] Zu diesem Ansatz etwa schon *Seidl-Hohenveldern, Ignaz,* Die Rolle der Rechtsvergleichung im Völkerrecht, in: Heydte, Friedrich August Freiherr von der (Hrsg.), Völkerrecht und rechtliches Weltbild – Festschrift für Alfred Verdross, 1960, 253 (257 ff.); Ansätze auch schon bei *Butler, William E.,* Introduction, in: ders. (Hrsg.), International law in comparative perspective, 1980, 1 (7); aus neuerer Zeit *Mamlyuk, Boris N.; Mattei, Ugo,* Comparative international law, Brooklyn Journal of International law, 36 (2011), 385 (385 ff.).

auch einmal zu überraschenden Übersprungeffekten kommen. So wurden etwa deutsche Völkerrechtler, die die Tradition der Kommentare – in englischer Sprache – auf wichtige völkerrechtliche Verträge übertrugen, anfänglich belächelt, finden damit aber seit der Jahrtausendwende international steigende und inzwischen ausgeprägte Akzeptanz und Anerkennung. Andererseits steht der Vergleich unterschiedlicher nationaler Herangehensweisen vor dem Problem, dass das Völkerrecht eine einheitliche Rechtsordnung bildet, die im Wesentlichen für alle Staaten gleich sein muss, dass Völkerrechtler einander unabhängig von Nationalitätsgrenzen gut wahrnehmen und dass auch deshalb unterschiedliche Herangehensweisen an das Völkerrecht[14] oft quer zur Nationalität ihrer Vertreter verlaufen. Aus dem vermeintlichen Rechtsvergleich droht so ein bloßer Schulenvergleich zu werden.

2. Völkerrecht als Gegenstand der Rechtsvergleichung

6 Darüber hinaus aber wird das Völkerrecht nur sehr selten als ein echter Gegenstand der Rechtsvergleichung in Parallele insbesondere zu den nationalen Rechtsordnungen behandelt.[15] Der zentrale, meist unausgesprochene Grund[16] dafür dürfte in der Unterstellung liegen, das Völkerrecht sei gänzlich anders geartet, seine Regeln eigneten sich deshalb nicht für einen Vergleich mit dem nationalen Recht. Anders ausgedrückt beteiligt sich das Völkerrecht möglicherweise nicht an der allgemeinen Bereitstellung rechtlicher Institutionen.[17]

7 Diesem sui generis Argument könnte zunächst entgegengehalten werden, dass sich in völkerrechtlichen Verträgen – beispielsweise dem UN-Übereinkommen über Verträge über den Internationalen Warenkauf (CISG) – zahlreiche Bestimmungen zur Regelung gerade auch privatrechtlicher Fragen finden, die vielfach ohne weitere Problematisierung in rechtsvergleichende Untersuchungen mit einbezogen werden. Dabei geht es aber um Regeln, deren Zweck die Rechtsvereinheitlichung oder Rechtsharmonisierung ist. Es handelt sich also zwar um Völkerrecht – denn Verträge sind anders als im staatlichen Recht eine Hauptquelle des Völkerrechts –, aber eben nicht um Normen, die selbst auf völkerrechtlicher Ebene zur Regelung völkerrechtlicher Rechtsbeziehungen zur Anwendung kommen sollen. Das sui generis Argument zielt jedoch klar gerade auf diese Ebene ab.

8 Insofern, so könnte man meinen, kennt das Völkerrecht eben keine für einen Vergleich geeigneten Regeln, beispielsweise über die Ehe, das Beamtenrecht oder das Vertragsrecht. Doch hält eine solche Behauptung einer genaueren Betrachtung nicht stand. Das zeigt sich eindrucksvoll – wenn auch zugegebenermaßen eher anekdotisch – am Beispiel der Ehe. Denn tatsächlich können nach älteren Regeln des Völkergewohnheitsrechts souveräne Herrscher ihre Ehen durch völkerrechtlichen Vertrag schließen und regeln.[18] Auch ein völkerrechtliches Beamtenrecht findet sich, nämlich für die Angestellten der verschiedenen internationalen Organisationen, insbesondere für die UNO. Ihr Dienstrecht ist im völkerrechtlichen Sekundärrecht, vor allem durch sog. staff regulations, näher ausgestaltet. Für Streitigkeiten in diesem Bereich existieren zum Teil sogar eigene Gerichte, im Fall der UNO

[14] Für einen Einblick in solche Herangehensweisen vgl. etwa *Paulus, Andreas L.*, Zur Zukunft der Völkerrechtswissenschaft in Deutschland – Zwischen Konstitutionalisierung und Fragmentierung des Völkerrechts, ZaöRV 67 (2007), 695 (702 ff., 708 ff.).

[15] Für eine der seltenen ausdrücklichen Ablehnungen – im Unterschied zur schlichten Nichterwähnung – vgl. *Gutteridge, H.C.*, Comparative Law, 1946, 61, mit der allerdings nicht recht verständlichen Begründung „because rules that are avowedly universal in character do not lend themselves to comparison"; für Gegenstimmen vgl. schon supra → § 11 Rn. 1 Fn. 3 mwN.

[16] Ausgesprochen aber bei *Picker, Colin B.*, International law's mixed heritage – A common/civil law jurisdiction, Vanderbilt Journal of Transnational Law 41 (2008), 1083 (1085), kritische Auseinandersetzung ibid., 1090 ff.

[17] So im Zusammenhang mit der Möglichkeit, das Völkerrecht über das internationale Privatrecht als Vertragsstatut zu wählen, *Jacquet, Jean-Michel*, Principe d'autonomie et contrats internationaux, 1983, 155.

[18] Vgl. die ausführlichen Untersuchungen des Cour d'appel de Bruxelles, Pasicrisie 1905-II, 65 (70 ff.) sowie die Zustimmung des belgischen Cour de cassation, Pasicrisie 1906-I, 95 (97 f.).

sogar mit einem zweigliedrigen Instanzenzug.[19] Schließlich findet sich der wichtige Bereich des völkerrechtlichen Vertragsrechts, das im Ursprung gewohnheitsrechtlich verankert, aber heute in weiten Teilen im Wiener Übereinkommen über das Recht der Verträge vom 23.5.1969 (WVK) geregelt und kodifiziert ist. Es enthält etwa Normen über das Recht zur Beendigung von Verträgen wegen erheblicher Verletzung von Vertragspflichten, wegen nachträglicher Unmöglichkeit oder wegen Wegfalls der Geschäftsgrundlage (Art. 60–62 WVK), ebenso wie etwa Normen über die Auslegung mehrsprachiger Verträge (Art. 33 WVK), die der rechtsvergleichenden Aufmerksamkeit ohne weiteres wert sind.

Dennoch könnten Bedenken fortbestehen, wenn das Völkerrecht nur sehr wenige und spezielle Punkte anspräche, aber für viele Alltagsfragen keine Lösung bereithielte. Was sollte, so könnte man meinen, das Völkerrecht auch beispielsweise zu der Frage zu sagen haben, welcher Tag bei verspäteter Zahlung in Fremdwährung der Stichtag für den Wechselkurs ist. Tatsächlich allerdings kennt das Völkerrecht eine ganze Reihe von allgemeinen Rechtsgrundsätzen, die zur Lösung solcher Alltagsfragen herangezogen werden können und auch werden: Nichtigkeit bei Sittenverstoß, Verjährung, ungerechtfertigte Bereichung, obligationes quasi ex contractu, Zinsgrenze bei Kapitalhöhe oder Treu und Glauben mitsamt einer Reihe von Unteraspekten wie etwa dem Verbot des venire contra factum proprium, um nur einige zu nennen.[20] Das sich daraus ergebende Rechtssystem ist in der Lage, Lösungen für zahlreiche Einzelfragen zu generieren. In Bezug auf das genannte Beispiel etwa hat ein völkerrechtliches Schiedsgericht festgestellt, dass der Stichtag für den Wechselkurs bei verspäteter Zahlung der Tag der tatsächlichen Zahlung ist.[21] 9

Noch deutlicher ist die Lage im Verfassungsrecht, speziell im Bereich der Grundrechte. 10
Hier hat das Völkerrecht seit dem Zweiten Weltkrieg zahlreiche detaillierte Grundrechtskataloge auf regionaler wie globaler Ebene entwickelt, dazu teilweise auch spezialisierte Überwachungsgremien bis hin zu echten Gerichten eingesetzt, die ihrerseits eine nicht selten reiche und komplexe Rechtsanwendungstätigkeit entfalten. Der ganze Prozess wird von einer heute so gut wie nicht mehr zu überschauenden Fülle von Spezialliteratur begleitet und ist Gegenstand ebenso ausführlicher wie detaillierter und teils kreativer rechtswissenschaftlicher Analysen und Debatten. Kurz gesagt: Im Bereich der Grundrechte steht das Völkerrecht den nationalen Rechten in nichts nach. Es ist hier nicht nur theoretisch für einen Vergleich geeignet, solche Vergleiche gehören heute auch ohne Weiteres zur guten rechtsvergleichenden Praxis.

Alles in allem existiert kaum eine Rechtsfrage, die aufgrund ihres Gegenstandes nicht nach 11
den Regeln des Völkerrechts gelöst werden könnte.[22] Aber auch dann noch könnten Bedenken gegen eine Einbeziehung in die Rechtsvergleichung deshalb bestehen, weil das Völkerrecht manchem – insbesondere manchem Nicht-Völkerrechtler – als etwas generell anderes erscheinen mag, als nationale Rechtsordnungen. Tatsächlich gibt es hier einige klassische Unterschiede, insbesondere in Bezug auf Quellen, Rechtssubjekte und Durchsetzungsmöglichkeiten.[23] Zum Teil allerdings haben sich die dahinterstehenden, klassischen Eigenheiten des Völkerrechts spätestens seit der Mitte des 20. Jahrhunderts deutlich verändert und sind heute weniger prononciert.[24] Davon unabhängig sind diese Eigenheiten aber

---

[19] Zum Dienstrecht etwa kurz *Ruffert, Matthias; Walter, Christian,* Institutionalisiertes Völkerrecht, 2. Aufl. 2015, 147 ff.

[20] Vgl. zum Ganzen *Kischel, Uwe,* State Contracts – Völker-, schieds- und internationalprivatrechtliche Aspekte des anwendbaren Rechts, 1992, 390 ff. mwN.

[21] Vgl. Diverted Cargoes Case (Greece vs. Great Britain), International Law Reports 22 (1955), 820 (836).

[22] So etwa *Reuter, Paul,* L'extension du droit international aux dépens du droit national devant le juge international, in: Mélanges offerts à Marcel Waline, Bd. 1, 1974, 241 (248); ebenso *Kelsen, Hans,* Principles of international law, 1952, 406; *Bettems, Denis,* Les contrats entre Etats et entreprises étrangères, 1989, 118.

[23] Die Betonung dieser Unterschiede weist große Ähnlichkeit mit der klassischen Grundthese der dualistischen Lehre zum Verhältnis von Völkerrecht und Landesrecht auf; jedoch verneint der Dualismus damit nicht die mögliche Existenz paralleler Normen in beiden Rechtsordnungen, sondern behauptet nur die Unmöglichkeit eines Geltungskonflikts, dazu *Kischel* (Fn. 20), 295 f. mwN.

[24] Dazu kurz infra → § 11 Rn. 14 ff., 17, 18 ff., 21 f.

gerade Teil des spezifisch völkerrechtlichen Kontexts, der bei einem Vergleich stets beachtet werden muss, den Vergleich aber auch gerade so interessant macht.

3. Eigenheiten des völkerrechtlichen Kontexts

a) Politischer Einfluss und mangelnde Zentralisierung

12 Der völkerrechtliche Kontext ist durch eine ganze Reihe von Eigenheiten gekennzeichnet, die ihn von den verschiedenen Kontexten nationaler Rechte unterscheiden.[25] Ganz global betrachtet zeichnet sich das Völkerrecht durch eine stärkere Verwebung von Recht und Tatsachen, durch eine größere Bedeutung der (Macht-)Politik und durch eine weniger rechtstechnische Herangehensweise an die Normen, ihren Wortlaut und ihre Bedeutung aus, als es insbesondere kontinentaleuropäisch geprägte Juristen oft gewohnt sind. Wenn beispielsweise Studenten der Rechtswissenschaft und der Politikwissenschaft in Deutschland gemeinsam eine Vorlesung zum Völkerrecht besuchen, so fällt beiden Gruppen der Zugang zum Völkerrecht nicht leicht, aber aus entgegengesetzten Gründen. Denn die Politologen sehen vor allem die Tatsachen, aber zu wenig Recht, während die Juristen die streng rechtlichen Aspekte erkennen, aber zu wenig Tatsachen. Damit soll keinesfalls gesagt sein, dass das Völkerrecht den rechtsrealistischen Vorstellungen US-amerikanischer Prägung[26] auffällig nahe stünde. Rechtsrealisten würden dies zwar behaupten, doch bilden sie im Völkerrecht global gesehen eine Minderheit. Dennoch zeigt sich die Bedeutung von Tatsachen gegenüber bloßer Normativität im Völkerrecht besonders deutlich an der für klassische Völkerrechtler höchst gewöhnungsbedürftigen Definition, die der zutiefst rechtsrealistisch geprägte sog. New Haven Approach dem Recht insgesamt und insbesondere dem Völkerrecht gibt: „processes of decision that are both consistent with the expectations of rightness held by members of a community (authoritative decisions) and effective (controlling decisions)“.[27]

13 Das Völkerrecht unterschiedet sich im Übrigen von staatlichen Rechtsordnungen vor allem dadurch, dass es – bei allen möglichen Vorbehalten und Abweichungen im Detail – im Wesentlichen keine zentrale Gesetzgebungsinstanz kennt, keine zentrale Durchsetzungsgewalt und keine umfassende Gerichtsbarkeit. Es ist eine horizontal strukturierte Ordnung, bei der die Staaten auf der Ebene der Gleichordnung miteinander umgehen, Recht vielfach nur im Konsens gesetzt und oft auch durchgesetzt werden kann. Es ist, in diesem Sinne, sehr viel anarchischer als das staatliche Recht. Konkreter prägt sich dies in einer Reihe von Rechtsfragen aus, die paradigmatisch für die Besonderheiten des Völkerrechts, aber auch für seine Wandlungen stehen.

b) Völkerrechtsquellen: Konsensuale Rechtsetzung und „soft law“

14 Unter den Völkerrechtsquellen findet sich zunächst kaum etwas, das dem Gesetz im staatlichen Sinne entspräche. Die ihm in der Art des Zustandekommens manchmal ähnlichen Resolutionen internationaler Organisationen, insbesondere der Generalversammlung der Vereinten Nationen, sind im Grundsatz nur nichtbindende Empfehlungen. Ihre in be-

---

[25] Anders als im nationalen Recht ist eine Beschreibung der Eigenheiten des Völkerrechts nicht selten Gegenstand völkerrechtlicher Lehrbücher, wobei zumindest implizit auf den Kontrast zum nationalen Recht abgestellt wird, vgl. etwa klassisch schon *Verdross, Alfred; Simma, Bruno,* Universelles Völkerrecht, 3. Aufl. 1984, 33 ff.; weiter etwa *Gaeta, Paola; Viñuales, Jorge E.; Zappalá, Salvatore,* Cassese's International Law, 3. Aufl. 2020, 3 ff.; *Orakhelashvili, Alexander,* Akehurst's modern introduction to international law, 9. Aufl. 2022, 3 ff.; *Arnauld, Andreas von,* Völkerrecht, 5. Aufl. 2023, 12 ff.; *Hobe, Stephan,* Einführung in das Völkerrecht, 11. Aufl. 2020, 2 f.

[26] Zum US-amerikanischen Rechtsrealismus vgl. supra → § 5 Rn. 258 ff.

[27] *Reismann, W. Michael,* The view from the New Haven School of international law, Proceedings of the Annual Meeting – American Society of International Law 86 (1992), 118 (121); bezeichnend insofern auch ibid.: „The notion of law as a body of rules existing independently of decision makers and unchanged by their actions, is a necessary part of the intellectual and ideological equipment of the political inferior.“.

stimmten Konstellationen dennoch mögliche Bindungswirkung ist seit Jahrzehnten Gegenstand nicht enden wollender Debatten in der Völkerrechtsliteratur. Eine gewisse Analogie zur staatlichen Normsetzung findet sich im Übrigen allenfalls noch bei internen Organisationsakten internationaler Organisationen, die aber nur einen untergeordneten Sonderfall sekundärer Völkerrechtsquellen darstellen.

Hauptquellen des Völkerrechts sind hingegen das Gewohnheitsrecht, Verträge und die rechtsvergleichend ermittelten allgemeinen Rechtsgrundsätze. Kam in früheren Jahrhunderten unter diesen drei vor allem dem Gewohnheitsrecht eine überragende Rolle zu, so verschoben sich die Schwerpunkte seit dem Ende des Zweiten Weltkriegs mehr und mehr in Richtung des Vertragsrechts, das unter anderem auch dazu eingesetzt wird, geltendes Gewohnheitsrecht zu kodifizieren. Aus Sicht des heutigen staatlichen Rechts ist zunächst bemerkenswert, dass dem Gewohnheitsrecht überhaupt eine größere Bedeutung zukommt. Noch bemerkenswerter aber ist die Einordnung von Verträgen als Rechtsquelle, gar als zentrale Rechtsquelle: Völkerrechtliche Verträge *sind* Völkerrecht, sie sind nicht bloße Vereinbarungen, die dem Völkerrecht *unterstehen*. Natürlich gibt es auch im Völkerrecht Verträge, die nur dem Leistungsaustausch dienen und nicht generelle Rechtsnormen aufstellen. Die daran anknüpfende, terminologische Unterscheidung zwischen contract treaties und law-making treaties hat aber keine inhaltliche Bedeutung und wurde deshalb schon vor geraumer Zeit aufgegeben.[28] In der überragenden Rolle von Verträgen und Gewohnheitsrecht spiegelt sich der für das Völkerrecht wichtige, wenn auch heute zunehmend angefochtene Konsensgedanke wider, dem zufolge ein Völkerrechtssatz grundsätzlich nicht gegen den Willen des betroffenen Staates in Geltung kommen kann.[29] Dem staatlichen Recht ist ein solcher Grundsatz weitgehend fremd. Eine wichtige und in ihren Auswirkungen wie Details vieldiskutierte Ausnahme von diesem Konsensgedanken stellt seit einigen Jahrzehnten die Anerkennung von ius cogens im Völkerrecht dar. Diese zwingenden, gewohnheitsrechtlichen Normen, zu denen etwa das Verbot der Sklaverei oder elementare menschenrechtliche Grundsätze gehören, sind dem Willen der Staaten entzogen; Verträge dürfen nicht dagegen verstoßen. Die Staaten sind insofern also in ihrem Willen nicht mehr frei. 15

Wie anders das völkerrechtliche Denken sein kann, zeigt sich im Hinblick auf die Quellen, aber auch daran, dass streng genommen unverbindliche Regeln oder Dokumente eine wichtige Rolle spielen können – eine Diskussion die im Völkerrecht oft unter dem Stichwort des „soft law“ geführt wird. Dieser Begriff ist allerdings eher unglücklich, da damit zahlreiche, völlig verschiedene Phänomene in einen Topf geworfen werden. Ein gutes Beispiel für die dahinterstehenden Gedanken stellt das teils als Standard bezeichnete Phänomen dar, bei dem Normen unterschiedlichster Verdichtung zusammenwirken und sich gegenseitig verstärken. Es kommt zu regelrechten Normkaskaden, die sich erst im wechselbezüglichen Verhältnis verbindlicher und unverbindlicher Sätze untereinander erschließen und die gelegentlich auch anschaulich als „zebra codes“ bezeichnet werden.[30] So bestand etwa im Umweltvölkerrecht das sog. Rio-Paket von 1992 aus fünf aufeinander bezogenen Dokumenten, von denen nur zwei bindende völkerrechtliche Verträge darstellten. Nur so ließ sich ein Konsens der Staatengemeinschaft erreichen. Gleichzeitig konnten aber die 16

[28] Zu dieser Unterscheidung etwa Heintschel von Heinegg, Wolff, in: *Ipsen, Knut,* Völkerrecht, 8. Aufl. 2024, § 12 Rn. 7; *Wallace, Rebecca M. M.; Martin-Ortega, Olga,* International law, 9. Aufl. 2020, 20 f.

[29] Zur Konsenstheorie, die diesen Gedanken in den Mittelpunkt stellt, vgl. etwa kurz Ipsen, Knut, in: *Ipsen* (Fn. 28), § 1 Rn. 40; *Arnauld* (Fn. 25), 3 f.

[30] Grundlegend zum Standarddenken *Riedel, Eibe,* Theorie der Menschenrechtsstandards, 1986, passim, insbes. 260 ff.; zu zebra codes ibid., 300, 301 f.; aus neuerer Zeit etwa *Riedel, Eibe,* Standards as Sources, German Yearbook of International Law 63 (2020), 369 (371 ff.); *Delbrück, Jost,* The concept of „standards“ in international law revisited, in: Hanschel, Dirk et al. (Hrsg.), Mensch und Recht – Festschrift für Eibe Riedel zum 70. Geburtstag, 2013, 65 (65 ff.); *Clapham, Andrew,* Beyond the triad of sources – Introducing the zebra and the hybrid, in: Hanschel, Dirk et al. (Hrsg.), Mensch und Recht – Festschrift für Eibe Riedel zum 70. Geburtstag, 2013, 73 (74 ff.).

unverbindlichen Teile des Pakets zur Auslegung der verbindlichen Teile herangezogen werden.[31]

c) Beschränkte Rechtssubjektivität von Individuen

17 Besonderheiten weist das Völkerrecht auch in Bezug auf seine Rechtssubjekte auf. Klassisch zählten dazu nur die Staaten und – aus historischen Gründen – einige besondere Gebilde wie der Heilige Stuhl oder der Malteserorden. Später kamen internationale Organisationen hinzu, deren Völkerrechtssubjektivität jedoch nur abgeleitet ist, also vom Willen der sie gründenden Staaten abhängt und nur so weit geht, wie diese Staaten es vor allem in der Gründungsakte der Organisation festgelegt haben. Das klassische Völkerrecht war also zwischenstaatliches Recht, der Mensch war nicht Rechtssubjekt.[32] Dies hat sich heute grundlegend gewandelt. Der Mensch ist Völkerrechtssubjekt,[33] wie sich etwa unmittelbar an seiner Berechtigung aus den Menschenrechten und seiner Verpflichtung aus dem Völkerstrafrecht zeigt. Dennoch steht der Mensch völkerrechtlich nicht auf einer Stufe mit dem Staat, sondern ist nur ein beschränktes Subjekt. Beispielsweise kann er keine vollwertigen völkerrechtlichen Verträge schließen,[34] auch sonst nicht unmittelbar am völkerrechtlichen Verkehr teilnehmen und ist in mancher Hinsicht weiterhin über seinen Staat mediatisiert.

d) Indirekte Rechtsdurchsetzung

18 Vergleicht man die Rechtsdurchsetzung im Völkerrecht mit der typisch nationalstaatlichen, so fällt der Vergleich ernüchternd aus. Sieht man einmal vom Sicherheitsrat der Vereinten Nationen und seinen eher selten gebrauchten Sonderbefugnissen ab, so gibt es im Völkerrecht keine zentralen Durchsetzungsmechanismen, keinen zentralen Zwang, keine Weltpolizei. Auch der bekannte Internationale Gerichtshof ist nur dann für einen Fall zuständig, wenn und soweit die Parteien vorab generell, etwa in einem völkerrechtlichen Vertrag, oder ad hoc seine Gerichtsbarkeit anerkannt haben. Anders liegt es nur in besonderen, regional hochverdichteten Bereichen des Völkerrechts, etwa bei der Europäischen Menschenrechtskonvention und insbesondere bei der Europäischen Union. Diese Sonderfälle werden aber deshalb auch oft separat behandelt. Speziell die Europäische Union gilt vielen sogar als ein dem Völkerrecht entwachsenes, supranationales System sui generis. Die Staaten befolgen das Völkerrecht somit in vielen Bereichen schlicht freiwillig. In der Vergangenheit hat dies die Gruppe der sog. Völkerrechtsleugner sogar dazu bewegt, dem Völkerrecht den Charakter als Recht abzusprechen.[35] Darüber ist man heute längst hinaus. Denn mit einem berühmten Zitat: „It is probably the case that almost all nations observe almost all principles of international law and almost all of their obligations almost all of the time.“[36] Das liegt allerdings nicht uneingeschränkt an ihrem guten Willen und ihrer Einsichtsfähigkeit, sondern an der Existenz subtiler und differenzierter, aber dezentraler Durchsetzungsmechanismen. Neben den zahlreichen Mitteln der friedlichen Streitbeilegung, wie etwa Verhandlungen oder Schiedsgerichten, sind hier vor allem die sog. Repressalien zu nennen, mit denen der durch den Völkerrechtsbruch Geschädigte seinerseits gegenüber dem schädigenden Staat das Völkerrecht brechen darf, etwa durch ein Embargo oder durch die Nicht-

---

31 Zu diesem Beispiel eines zebra codes kurz *Hobe* (Fn. 25), 185; ausführlicher *Riedel, Eibe,* Change of paradigm in international environmental law, Law and State 57 (1998), 22 (31 ff.).

32 Vgl. etwa noch *Liszt, Franz von,* Das Völkerrecht, 11. Aufl. 1918, 1, 42.

33 Vgl. zur vielschichtigen Diskussion nur *Daillier, Patrick; Forteau, Mathias; Pellet, Alain,* Droit international public, 8. Aufl. 2009, 716 ff.; Epping, Volker, in: *Ipsen* (Fn. 28), § 9 Rn. 1 ff.; *Hobe* (Fn. 25), 129 ff.; *Gaeta et al.* (Fn. 25), 158 ff.; vgl. auch *Kischel* (Fn. 20), 234 ff.

34 Zum Problem der Verträge zwischen Staaten und ausländischen Privatpersonen, den sog. State Contracts, vgl. bereits *Kischel* (Fn. 20), passim.

35 Vgl. etwa die Darstellung bei *Daillier/Forteau/Pellet* (Fn. 33), 97 ff.

36 *Henkin, Louis,* How nations behave, 2. Aufl. 1979, 47, der ibid. im Satz davor erklärt: „Violations of law attract attention (…); the daily, sober loyalty of nations to the law and their obligations is hardly noted.“.

erfüllung völkerrechtlicher Vertragspflichten. Bleibt die Gegenreaktion unterhalb der Schwelle des Völkerrechtsbruchs, ist sie also nur ein unfreundlicher Akt, so spricht man statt von Repressalie von Retorsion, die durchaus politisch sehr wirksam sein kann.

Solche und andere Reaktionen können auch als Ausdruck eines dem Völkerrecht zugrunde liegenden Prinzips der Gegenseitigkeit betrachtet werden, das recht effektiv die Einhaltung vieler völkerrechtlicher Grundsätze sichert. Ein klassisches Beispiel ist die diplomatische Immunität, eine der ältesten völkerrechtlichen Gewährleistungen mit erstaunlicher Stabilität, deren Regeln selbst bei heftigsten zwischenstaatlichen Konflikten kaum einmal offen gebrochen werden. Grund dafür ist nicht nur, dass allen Staaten die Bedeutung der Aufrechterhaltung diplomatischer Kontakte bewusst ist, sondern vor allem auch, dass jeder Empfangsstaat eines Diplomaten zugleich Entsendestaat ist. Wer also gegen die Regeln der diplomatischen Immunität verstößt, muss damit rechnen, dass dies direkt auf seine eigenen Diplomaten und deren Angehörige zurückwirken kann.[37] 19

Schließlich erweisen sich oft auch sehr indirekte Maßnahmen zum Schutz des Völkerrechts 20 als durchaus effektiv. Ein Beispiel dafür sind etwa die diversen Menschenrechtsverträge, die als Mittel der Durchsetzung anstelle von oder neben einer Individualbeschwerde vor allem auch Berichtspflichten der Staaten vorsehen. Auf den ersten Blick, vor allem aus nationaler Perspektive, erscheint es denkbar sinnlos, den Verpflichteten schlicht selbst berichten zu lassen, wie weit er seine Verpflichtungen auch eingehalten hat. Tatsächlich aber haben die mit der Entgegennahme der Berichte betrauten Ausschüsse in oft sehr kreativer Weise und nicht selten ohne direkte Grundlage in den einschlägigen Verträgen Mechanismen entwickelt, die die Staatenberichte zu einem sehr effizienten System werden ließen.[38] Beispielsweise werden die zunächst schriftlich eingereichten Berichte später noch einmal in einer öffentlichen Sitzung vor dem Ausschuss durch die jeweiligen Staaten präsentiert. Dabei entsteht eine durchaus gerichtsähnliche Atmosphäre. Die Staaten versuchen, sich nicht zuletzt vor der anwesenden Weltpresse in einem möglichst guten Licht darzustellen. Die Ausschussmitglieder nehmen die Gelegenheit wahr, kritisch nachzufragen. So entwickelt sich in der Regel ein konstruktiver Dialog, in dessen Rahmen die Staaten beispielsweise konkrete Verbesserungen in Aussicht stellen, auf die dann der nächste Staatenbericht eingehen muss. Nichtregierungsorganisationen, insbesondere Menschenrechtsgruppen, sind ebenfalls anwesend, haben manchmal sogar die Gelegenheit, selbst Fragen zu stellen. Sie verfügen nicht selten über vertiefte Kenntnisse der Lage im Land und können so die Arbeit des Ausschusses und vor allem dessen Kenntnisstand deutlich verbessern. Teils veröffentlichen sie auch aus eigener Initiative Gegenberichte zu den offiziellen staatlichen. Schon die bloße Anwesenheit von Menschenrechtsgruppen kann dabei die Qualität des Berichtsverfahrens erheblich beeinflussen. So ist es durchaus schon vorgekommen, dass ein Staat die heimatliche Menschenrechtslage vor dem Ausschuss in den rosigsten Farben schilderte. Als aber während des Vortrags ein kleiner Zettel aus den Reihen der Nichtregierungsorganisationen bei einem Ausschussmitglied ankam, wurde der Staatenvertreter zunächst erkennbar nervös, um dann plötzlich doch auf das eine oder andere Problem hinzuweisen und konkrete Verbesserungen in Aussicht zu stellen. Dass auf dem Zettel in Wirklichkeit gar keine Hintergrundinformationen standen, sondern nur eine private Verabredung zum Mittagessen bestätigt wurde, konnte der Staatenvertreter nicht wissen. Die Lehre aus dieser in internen Zirkeln kursierenden Anekdote (die mit größter Wahrscheinlichkeit wahr ist), besteht nicht nur in der Erkenntnis, in welchem Maße weiche Faktoren das Völkerrecht beeinflussen. Sie illustriert auch, wie bedeutsam die Kenntnis nicht streng

[37] Deutlich etwa BVerfGE 96, 68 (82 f.).

[38] Vgl. zu dieser Praxis grundlegend *Riedel, Eibe,* New bearings to the State reporting procedure – Practical ways to operationalize economic, social and cultural rights – The example of the right to health, in: Schorlemer, Sabine von (Hrsg.), Praxishandbuch UNO, 2003, 345 (346 ff.); *Riedel, Eibe,* Universeller Menschenrechtsschutz – Vom Anspruch zur Durchsetzung, in: Koenig, Christian; Lorz, Ralph Alexander (Hrsg.), Die Universalität der Menschenrechte, 2003, 105 (119 ff., 126 ff.); kürzer *Alston, Philip,* International human rights, Online-Version August 2025, 440 ff.

normativer Hintergründe und Tatsachen für das Verständnis und die Anwendung des Völkerrechts ist.

e) Konstitutionalisierungsprozesse und Ausdifferenzierung

21 Die gegenwärtigen Entwicklungen im Völkerrecht lassen die strukturellen Unterschiede zum nationalen Recht weiter schrumpfen. Zwei Begriffe, die diese Entwicklungen beschreiben und zusammenfassen, sind die Konstitutionalisierung und die zunehmende Ausdifferenzierung des Völkerrechts.[39] Der Begriff der Konstitutionalisierung beschreibt eine Entwicklung des Völkerrechts hin zu immer staatsähnlicheren, auf einer gewissen Verfasstheit beruhenden Strukturen. Die Entfaltung der Menschenrechte und des ius cogens sind wichtige Aspekte dieses Prozesses. Jenseits dieser sehr allgemeinen Beschreibung verbergen sich dahinter allerdings die unterschiedlichsten Konzepte, bei denen manche in der UN-Charta die Verfassung der Weltgemeinschaft sehen, manche einen gemeinsamen Wertekanon dieser Weltgemeinschaft postulieren und manche nationale Verfassungen und internationale Dokumente in einem sich gegenseitig ergänzenden Gesamtverhältnis sehen.

22 Das zweite, damit durchaus im Zusammenhang stehende Phänomen, ist die zunehmende Ausdifferenzierung oder – negativer gewendet – die Fragmentierung des Völkerrechts. Denn das Völkerrecht erstreckt sich seit Jahrzehnten auf immer weitere Gebiete und vertieft zugleich seinen Zugriff. Heute so zentrale Bereiche wie Umweltvölkerrecht oder Wirtschaftsvölkerrecht spielten vor gar nicht so langer Zeit noch kaum eine nennenswerte Rolle. Damit einher geht aber eine immer weitere Spezialisierung. Die verschiedenen Regime scheinen sich zu verselbständigen, je eigene Herangehensweisen und eigene Strukturen zu entwickeln. Ein Umweltvölkerrechtler und ein Menschenrechtsexperte etwa leben gleichsam in recht unterschiedlichen juristischen Welten. Auch dies entspricht aber in signifikanter Weise der typischen Lage innerhalb nationaler Rechtsordnungen, die in aller Regel durch eine sehr starke Ausdifferenzierung und Spezialisierung gekennzeichnet sind. Völkerrechtlich wird hier unter anderem die Frage gestellt, wie die verschiedenen Regime zueinander finden können, nicht zuletzt, weil die einschlägigen Sachprobleme oft mehrere Regime berühren und zu ihrer Lösung eine Koordination dringend erforderlich ist. Ohne Koordinierung drohte die gemeinsame Perspektive und Orientierung im Völkerrecht verloren zu gehen. Die Ausdifferenzierung kann selbst innerhalb der verschiedenen Gebiete weitergehen. So unterscheiden sich beispielsweise Entwicklungsstand, Handhabung und Bedeutung der universellen Menschenrechte und ihrer Durchsetzung durch UN-Charta basierte Mechanismen[40] deutlich von den entsprechenden Aspekten der Europäischen Menschenrechtskonvention und ihrer Durchsetzung vor dem Europäischen Gerichtshof für Menschenrechte. Gleichzeitig kommt es zu einer Ausdifferenzierung durch Gründung internationaler bis supranationaler Organisationen, wie etwa der WTO oder der Europäischen Union, die die Rechtsbeziehungen ihrer Mitgliedstaaten auf bestimmten Gebieten oder insgesamt regeln und so gleichsam eigene Unterrechtsordnungen innerhalb des Völkerrechts bilden.

f) Unabhängigkeit von kontinentaleuropäischem und common law Kontext

23 Alles in allem unterscheidet sich der Kontext des Völkerrechts signifikant von den Kontexten des nationalen Rechts insgesamt. Die feineren Unterschiede etwa zwischen kontinentaleuropäischem Recht und common law treten dabei weitgehend zurück. Zwar ist es durchaus

[39] Vgl. dazu zusammenfassend etwa *Arnauld* (Fn. 25), 10 ff.; *Walter, Christian,* International law in a process of constitutionalization, in: Nijman, Janne; Nollkämper, André (Hrsg.), New perspectives on the divide between national and international law, 2007, 191 (191 ff.); *Paulus* (Fn. 14), 697 ff.; zur Konstitutionalisierung etwa auch *Fassbender, Bardo,* The meaning of international constitutional law, in: St. John Macdonald, Ronald; Johnston, Douglas M. (Hrsg.), Towards world constitutionalism, 2005, 837 (838 ff.); jeweils mwN.

[40] Zu diesen Mechanismen etwa *Hobe* (Fn. 25), 366 ff.; *Crawford, James,* Brownlie's principles of public international law, 9. Aufl. 2019, 630 ff.; *Riedel,* Universeller Menschenrechtsschutz (Fn. 38), 122 ff.

möglich, hier und da Einzelaspekte bestimmter nationaler Kontexte herauszugreifen und in Relation zum Völkerrecht zu setzen. So ließe sich etwa darauf hinweisen, dass sich das Völkerrecht durch die fehlende Bedeutung von Gesetzen und den weniger rechtstechnischen, weniger deduktiven Charakter vom kontinentaleuropäischen Denken unterscheide, durch die fehlende Präjudizienbindung und den induktiven Anteil hingegen vom common law.[41] Dies wäre aber zunächst sehr pauschal und würde einer genaueren Betrachtung nicht immer standhalten, etwa weil auch das common law schon klassisch deduktive Elemente kennt,[42] weil Gesetze heute auch im common law eine bedeutende Rolle spielen[43] oder weil der kreative, nicht rein deduktive Umgang mit Recht auch im kontinentaleuropäischen Recht seinen Platz findet.[44] Wichtiger noch würde ein solcher Detailvergleich an dem grundlegend eigenständigen Charakter des Völkerrechts vorbeigehen, das sich eben nicht im Hinblick auf kontinentaleuropäisches Recht und common law definieren lässt. Davon unabhängig wäre eine solche Betrachtung auch leicht fehleranfällig. Denn welchem nationalen Kontext das Völkerrecht mehr oder weniger ähnelt, hängt, wie gesehen, nicht zuletzt von der Vorprägung desjenigen Juristen ab, auf dessen Darstellung man sich stützt.[45]

III. Der Kontext des Europäischen Unionsrechts

1. Unionsrecht in der Rechtsvergleichung: Zwischen Selbstverständlichkeit und Neuland

Das Recht der Europäischen Union – oft verkürzt als Europarecht bezeichnet[46] – wird mit großer Selbstverständlichkeit in rechtsvergleichende Studien einbezogen. Wer sich heute mit den verschiedenen Aspekten etwa des Verbraucherschutzrechts, des Kartellrechts, des Gesellschaftsrechts, der Korruptionsbekämpfung oder des Verfassungsrechts rechtsvergleichend befasst, wird oft ohne weiteres auch die einschlägigen Regeln des Unionsrechts zum Gegenstand seiner Betrachtungen machen. Anders als im Völkerrecht[47] geht es dabei auch klar um Kerngehalte des Unionsrechts, denn schon ganz oberflächlich betrachtet findet sich etwa der Verbraucherschutz in Art. 169 AEUV oder das Kartellrecht in Art. 101 AEUV begründet, also ohne weiteres im europäischen Primärrecht. Zudem ist der Einzelne im Unionsrecht zweifelsfrei vollwertiges Rechtssubjekt, so dass ein sui generis Argument wie im Völkerrecht weit weniger nahe liegt. Das Unionsrecht bildet eine eigenständige Rechtsordnung, die jedenfalls in ihrem heutigen Entwicklungsstand sehr viel mehr mit nationalen Rechtsordnungen als mit dem Völkerrecht gemein hat. Behält man die Besonderheiten im Blick, die sich aus der Trennung zwischen Union und Mitgliedstaaten und aus der zwischen beiden verteilten Hoheitsgewalt ergeben – also die letztlich föderale Struktur[48] –, so lässt sich das Unionsrecht mit einer am staatlichen Recht geschulten Herangehensweise schon recht gut verstehen. Hatte das Europarecht anfangs weitgehend den Charakter einer Art Wirtschaftsverwaltungsrecht, so hat es sich heute zu einer umfassenden Rechtsordnung entwi- 24

[41] Versuch eines detaillierten Vergleichs bei *Picker* (Fn. 16), 1100 f., 1107 ff., der das Völkerrecht im Ergebnis gar als einen Fall von mixed jurisdiction ansieht, ibid., 1134.

[42] Vgl. supra → § 5 Rn. 6 ff., 18 f.

[43] Vgl. supra → § 5 Rn. 33 ff.

[44] Vgl. supra → § 6 Rn. 14, 28 ff., 83, 286.

[45] Zu dieser Abhängigkeit von der nationalen Vorprägung vgl. schon supra → § 11 Rn. 5.

[46] Zum Europarecht im engeren und weiteren Sinne vgl. infra → § 11 Rn. 46; aus Gründen der Vereinfachung wird der seit dem Inkrafttreten des Vertrags von Lissabon am 1.12.2009 rechtlich überholte Begriff des Gemeinschaftsrechts hier auch für frühere Zeiträume vermieden.

[47] Zu diesem Argument dort vgl. supra → § 11 Rn. 7.

[48] Zum uferlosen und letztlich von vielen nationalen Befindlichkeiten geprägten Streit um den föderalen Charakter der Europäischen Union vgl. nur *Oeter, Stefan,* Föderalismus und Demokratie, in: Bogdandy, Armin von; Bast, Jürgen (Hrsg.), Europäisches Verfassungsrecht, 2. Aufl. 2009, 73 (73 ff.) mwN; kurz auch infra → § 11 Rn. 35 f.

ckelt, in der von einem europäischen Wettbewerbs-, Verbraucher- oder Gesellschaftsrecht ebenso selbstverständlich die Rede ist wie von einem europäischen Straf- oder Verwaltungsrecht sowie alles überwölbend von einem europäischen Verfassungsrecht.[49] Was die Europäische Union heute von einem Staat trennt ist – jenseits komplexer theoretischer Debatten – letztlich vor allem der Wille ihrer Mitgliedstaaten.

25 Dennoch oder gerade deshalb bildet das Unionsrecht eine völlig eigenständige Rechtsordnung, die ihre ganz besonderen Eigenheiten mitbringt, ohne deren Kenntnis es leicht missverstanden wird. Dieser Kontext allerdings findet in Darstellungen der unterschiedlichen Rechtsfamilien der Welt oft keine Berücksichtigung.[50] Wenn es doch einmal geschieht, scheint die Vorstellung vorzuherrschen, dass der Kontext des Unionsrechts sich gut aus der Zusammenfassung einiger typisch unionsrechtlicher Kernthemen, einer Art Kurzlehrbuch des Unionsrechts ergäbe.[51] Dafür allerdings sind die reichlich und in zahlreichen Sprachen vorhandenen, originären Lehrbücher, ob kurz oder lang, besser geeignet. Die davon abstrahierende Frage nach Eigenheiten und Charakter des Unionsrechts bleibt hingegen überraschenderweise ein weitgehend unbeackertes Feld. Auch in Europarechtslehrbüchern findet sich, im deutlichen Unterschied zum Völkerrecht, regelmäßig keine allgemeine Darstellung der spezifischen Eigenheiten dieses Gebiets. Einerseits verwundert dies, da das Europarecht sich nach weit verbreiteter Auffassung nicht sofort aus einem rein nationalen Blickwinkel erschließt, sondern – wie jedes fremde nationale Recht und wie das Völkerrecht – Besonderheiten aufweist, an die sich der nationale Jurist erst nach und nach gewöhnen muss. Andererseits aber ist die gewisse Indifferenz auch verständlich, denn in der Praxis pflegen die mit Europarecht befassten Juristen der verschiedenen Mitgliedstaaten oft eine entschieden nationale Herangehensweise.[52] Nicht nur wird regelmäßig fast nur die heimatliche, manchmal zusätzlich die heimatsprachliche Europarechtsliteratur berücksichtigt. Auch Terminologie, Systematik und Darstellungsweise orientieren sich regelmäßig an den nationalen Gepflogenheiten. Einfaches Beispiel ist hier etwa der im deutschen Sprachraum völlig verbreitete Oberbegriff der Grundfreiheiten oder Markfreiheiten für die Regeln der Art. 28 ff. AEUV, der in anderen Sprachräumen nur sehr zurückhaltend ein Äquivalent, etwa in den weit seltener gebrauchten englischen Bezeichnungen „four freedoms" oder „fundamental freedoms", findet.[53] National geprägt ist etwa auch die innere Strukturierung dieser Grundfreiheiten anhand des sehr deutschen Grundrechtsschemas von „Schutzbereich, Eingriff, Rechtfertigung".[54] Nur selten legen die Autoren sich selbst oder anderen gegenüber offen Rechenschaft über diese verengte Perspektive ab.[55] So kommt es teilweise sogar zu

---

[49] Zu den ebenfalls uferlosen Debatten um den Begriff der Verfassung in Bezug auf die Europäische Union vgl. nur *Möllers, Christoph,* Verfassungsgebende Gewalt – Verfassung – Konstitutionalisierung, in: Bogdandy, Armin von; Bast, Jürgen (Hrsg.), Europäisches Verfassungsrecht, 2. Aufl. 2009, 227 (227 ff.).

[50] Vgl. zu den Ausnahmen schon supra → § 11 Rn. 1 Fn. 3.

[51] Vgl. etwa die Darstellungen bei *Glendon/Carozza/Picker* (Fn. 3), 313 ff.; *de Cruz* (Fn. 3), 140 ff., aber mit einer Erörterung der Einflüsse anderer Kontexte ibid., 159 ff.

[52] Vgl. zur nationalen Herangehensweise *Classen, Claus Dieter,* Wie deutsch ist das Europarecht? – Zum Einfluss auf das Unionsrecht und seine Grenzen, in: Kischel, Uwe (Hrsg.), Der Einfluss des deutschen Verfassungsrechtsdenkens in der Welt – Bedeutung, Grenzen, Zukunftsperspektiven, 2014, 93 (96 ff.); ich nehme mich ausdrücklich nicht von dieser Tendenz aus.

[53] Vgl. etwa *Kingreen, Thorsten,* Grundfreiheiten, in: Bogdandy, Armin von; Bast, Jürgen (Hrsg.), Europäisches Verfassungsrecht, 2. Aufl. 2009, 705 (705 f. mit Fn. 3).

[54] Mit einem vorangestellten „Anwendbarkeit der Grundfreiheit" verwenden dieses Schema etwa *Haratsch, Andreas; Koenig, Christian; Pechstein, Matthias,* Europarecht, 13. Aufl. 2023, 364 f.; zu diesem Schema vgl. auch supra → § 6 Rn. 304 f.

[55] Anders aber etwa *Kühling, Jürgen,* Grundrechte, in: Bogdandy, Armin von; Bast, Jürgen (Hrsg.), Europäisches Verfassungsrecht, 2. Aufl. 2009, 657 (661), der ausdrücklich einräumt, es werde für die europäische Grundrechtsdogmatik „ein der deutschen Grundrechtstradition verpflichteter Ansatz gewählt"; *Kingreen* (Fn. 53), 708: „Der theoretisch-systematische Zugriff auf die Grundfreiheiten ist sicherlich der Beitrag, den man von der deutschen Europarechtswissenschaft erwartet/erhofft/befürchtet hat.", vgl. auch die Verteidigung des deutsch geprägten Ansatzes ibid., 709; hingegen fügt *Dann, Philipp,* The political institutions, in: Bogdandy, Armin von; Bast, Jürgen (Hrsg.), Principles of European constitutional law, 2. Aufl. 2011, 237 (238) Hinweise auf das spezifisch Deutsche seines Ansatzes erst und nur in der englischen Übersetzung ein:

dogmatischen Streitfragen, die fast nur innerhalb einer nationalen Gruppe des Europarechts debattiert werden.[56] Wenn einmal, etwa durch Übersetzungen, Einblicke in die europarechtlichen Debatten anderer nationaler Gruppen gewährt werden, so gilt dies als keineswegs selbstverständlich und wird als besonders wertvoll hervorgehoben.[57] Über die sehr viel schwächer ausgeprägte und eher unterschwellige nationalen Prägung im Völkerrecht[58] geht dies also entschieden hinaus.

2. Auf der Suche nach einem unionsrechtlichen Kontext

a) Die Debatte um eine europäische Rechtskultur

Eine vorläufige Annäherung an den Kontext des Unionsrechts ist nicht identisch mit der Suche nach einer europäischen Rechtskultur, wie sie nicht zuletzt von Seiten des Zivilrechts seit einigen Jahren betrieben wird.[59] Hintergrund dieser Suche sind die intensiven Bestrebungen in großen Teilen der europäischen Zivilrechtswissenschaft, gemeinsame europäische Normen zu erarbeiten, die möglicherweise den Weg zu einem europäischen Zivilgesetzbuch weisen.[60] Die dahinterstehenden, rechtsvergleichenden Großprojekte werfen schnell die Frage auf, inwieweit ein solches gemeinsames Zivilrecht im Hinblick auf die unterschiedlichen nationalen Rechtstraditionen überhaupt möglich ist. Denn schließlich gilt es hier, sowohl deutsche, französische, osteuropäische und skandinavische Herangehensweisen auf einen gemeinsamen Nenner zu bringen als auch insgesamt common law und kontinentaleuropäisches Recht. Ein solches Projekt aber, so meinen manche, könne nur erfolgreich sein, wenn auch eine gemeinsame europäische Rechtskultur existiere oder zumindest entstehe. Inhaltlich laufen die in diesem Rahmen geführten Diskussionen oft auf einen Vergleich der Unterschiede zwischen common law und kontinentaleuropäischem Recht hinaus, betonen vielfach die gegenseitige Annäherung, früher teils auch den besonderen europäischen Druck auf England, oder diskutieren die gemeinsamen Grundlagen westlicher Rechtsanschauung insgesamt. Für den Kontext des Unionsrechts allerdings ist all dies nur beschränkt aussagekräftig. Zwar würde eine gemeineuropäische Rechtskultur sicherlich auch das Unionsrecht mit umfassen. Doch ist das Unionsrecht weiterhin eine eigenständige, nichtnationale Rechtsordnung und hat direkt nichts mit der Frage des möglichen Zusammenwachsens der nationalen (Zivil-)Rechtsordnungen zu tun. 26

„It could also be the author's German mindset, which always strives to build systems and to detect reason in accidental realities.".

56 Beispiel bei *Classen* (Fn. 52), 97 f.

57 Vgl. etwa die Besprechung der englischen Übersetzung des deutschen Grundlagenwerks Bodgandy, Armin von; Bast, Jürgen (Hrsg.), Principles of European constitutional law, 2006 in der Erstauflage durch *Everson, Michelle,* Is it just me, or is there an elephant in the room?, European Law Journal 13 (2007), 136 (136): „gives an English-speaking audience important, and overdue, access to the long-standing and forever-vigorous traditions of (European) constitutional law that are prevalent within Germany" und ibid., 137: „give a non-German audience a much-needed entrée into peculiarly German areas of debate".

58 Dazu supra → § 11 Rn. 5.

59 Deutlich zu dieser Suche etwa *Vogenauer, Stefan,* Foreword, in: Helleringer, Geneviève; Purnhagen, Kai (Hrsg.), Towards a European legal culture, 2014, v (vff.); vgl. dazu die einzelnen Beiträge in diesem Sammelband; vgl. auch schon *Smits, Jan,* The making of European private law – Towards a Ius Commune Europaeum as a mixed legal system, 2002, 33, 73 ff., 272 ff.; außerhalb des Zivilrechts vgl. *Häberle, Peter,* Europäische Rechtskultur, in: ders., Europäische Rechtskultur – Versuch einer Annäherung in zwölf Schritten, 1994, 9 (21 ff.); vgl. auch *Kagan, Robert A.,* American and European ways of law – Entrenched differences, in: Gessner, Volkmar; Nelken, David (Hrsg.), European ways of law – Towards a European sociology of law, 2007, 41 (41 ff., insbes. 53 ff.); anders angelegt und letztlich das gesamte westliche Recht in den Blick nehmend *Wieacker, Franz,* Voraussetzungen europäischer Rechtskultur, 1985, passim, insbes. 8, 20 ff.

60 Zu diesen Bestrebungen schon supra → § 2 Rn. 48 ff.

b) Unionsrecht und nationale Kontexte

27 Ein interessanter Ansatzpunkt zur Annäherung an den Kontext des Unionsrechts ist hingegen die Frage, ob das Unionsrecht eher dem common law oder dem kontinentaleuropäischen Recht, und hier eher dem deutschen oder dem französischen Recht, ähnelt. Anders als im Völkerrecht[61] drängt sich diese Frage geradezu auf, denn das Unionsrecht hat sich nicht über Jahrhunderte eigenständig entwickelt, sondern ist das Produkt des Willens seiner Mitgliedstaaten. Entsprechend spiegeln sich die jeweiligen Rechtsvorstellungen des zumeist wachsenden Kreises der Mitgliedstaaten auch deutlich im Unionsrecht selbst wieder:[62] So waren Gründungsmitglieder der 1958 gegründeten Europäischen Wirtschaftsgemeinschaft Frankreich, Deutschland, Italien, Luxemburg, Belgien und die Niederlande. In dieser Zusammenstellung verwundert es nicht, dass der damit geschaffenen Rechtsordnung zunächst ausgeprägt französische Züge attestiert werden, zumal Deutschland aus historischen Gründen anfänglich eine gewisse Zurückhaltung an den Tag legte, seine nationalen Eigenheiten durchzusetzen. Als typisch französisch gelten dabei etwa die Ausgestaltung des Verfahrens vor dem Europäischen Gerichtshof (EuGH), insbesondere bei der Nichtigkeitsklage nach Art. 263 AEUV, sowie die Existenz von Generalanwälten.[63] Erst später konnten sich auch deutsche Elemente vermehrt durchsetzen, wie die Standardbeispiele Verhältnismäßigkeitsprinzip oder Vertrauensschutz zeigen.[64] Schon bei der ersten Erweiterung 1973 traten jedoch neben Dänemark auch Großbritannien und Irland bei, also zwei Staaten des common law. Welche Auswirkungen dies auf das bislang rein kontinentaleuropäisch geprägte Europarecht haben würde, war eine gerade damals des Öfteren gestellte Frage. Bezeichnenderweise war der erste britische Richter am EuGH auch kein englischer Jurist, sondern mit Lord Mackenzie-Stuart ein Schotte, von dem angenommen werden konnte, dass er mit dem kontinentalen Rechtsdenken weniger Probleme haben würde. In der Rückschau wurde dann aber deutlich, dass es durch den Beitritt von common law Staaten weder zu einem Zusammenprall der Kulturen noch zu einer grundlegenden Wandlung gekommen war.[65] Stattdessen hat das Europarecht hier und da auch Gedanken aufgenommen, die typischerweise dem common law zugeordnet werden, zB eine stärkere Betonung von Anhörungsrechten im Verwaltungsverfahren oder die Wiedereröffnung der mündlichen Verhandlung vor dem EuGH, wenn entscheidungsrelevante Argumente noch nicht hinreichend von den Parteien erörtert worden waren. Gleichzeitig aber hat auch umgekehrt das Europarecht erheblichen Einfluss auf die englische Rechtsordnung genommen und hier Gedanken eingefügt oder Tendenzen verstärkt, die aus dem kontinentaleuropäischen Rechtsdenken stammen, zB die Verhältnismäßigkeit oder die teleologische Auslegung. Nach dem Austritt Großbritanniens 2020 dürften die aufgrund unionsrechtlichen Einflusses bereits eingetretenen Änderungen im englischen Rechtsdenken fortbestehen. Der zukünftige Einfluss des common law auf das Unionsrecht hingegen wird wahrscheinlich weiter abnehmen, da die einzigen verbliebenen Mitgliedstaaten des common law Irland, Zypern und zumindest teilweise Malta sind.[66]

28 Das grundlegende Denken im Unionsrecht ist kontinentaleuropäisch geblieben. Schon der EuGH etwa nähert sich dem Unionsrecht in typisch kontinentaler Weise auf der Basis einer systematischen, begrifflichen Durchdringung des Rechts und der Suche nach innerer

---

[61] Vgl. supra → § 11 Rn. 23.
[62] Vgl. zum Folgenden etwa *Koopmans* (Fn. 3), 500 ff.; *de Cruz* (Fn. 3), 160 ff.
[63] Vgl. etwa auch *Usher, John A.,* The influence of the civil law, via modern legal systems, on European Community law, in: Carey Miller, David L.; Zimmermann, Reinhard (Hrsg.), The civilian tradition and Scots law, 1997, 321 (344).
[64] Zum deutschen Einfluss differenziert *Classen* (Fn. 52), 99 ff.
[65] Deutlich etwa *Mackenzie-Stuart, Lord,* Development of civil law principles at the national and Community level, in: Carey Miller, David L.; Zimmermann, Reinhard (Hrsg.), The civilian tradition and Scots law, 1997, 351 (353 ff.).
[66] Zu Großbritannien und der EU einschließlich der Auswirkungen des Brexit vgl. schon supra → § 5 Rn. 254, 255.

Kohärenz;[67] er fundiert seine Entscheidungen im geschriebenen Recht, das wiederum allgemeine Prinzipien und Grundsätze stärker betont als Einzelfallvorgaben. Auch Gesetzgebungsstil und Gesetzesauslegung sind kontinental geprägt.[68] Eine weitere, zentrale Eigenschaft des unionsrechtlichen Denkens allerdings steht in einer nicht nur kontinentalen, sondern gesamteuropäischen Tradition: die regelfixierte und in diesem Sinne formalistische Herangehensweise.[69] Sie kennzeichnet auch das englische Rechtsdenken, das den U.S.-amerikanischen Schwenk hin zum Rechtsrealismus nie nachvollzogen hat, so dass sich insofern nicht civil law und common law sondern europäische und U.S.-amerikanische Rechtsvorstellungen konträr gegenüberstehen.[70]

Letztlich bleibt dennoch der Gesamteindruck, dass unter allen europäischen Juristen gerade die englischen die größten Schwierigkeiten hatten, sich auf die Eigenarten des Unionsrechts umzustellen.[71] Immer wieder wurde anekdotisch von europarechtlichen Konferenzen in englischer Sprache berichtet, auf denen alle Teilnehmer sich trotz der Sprachprobleme bestens miteinander verstanden – bis auf die englischen, denen die sehr lockere und kreative Anwendung ihrer Rechtssprache auf ganz andersartige Konstruktionen offenbar einiges Kopfzerbrechen bereitete. Ein Beispiel für solche unterschwelligen Differenzen bietet die Francovich-Entscheidung des EuGH, in der es darum ging, erstmals eine Haftung der Mitgliedstaaten gegenüber den Bürgern für eine Verletzung des Unionsrechts zu begründen. Der Gerichtshof führte ua aus: „Rechtssubjekte dieser Rechtsordnung sind nicht nur die Mitgliedstaaten, sondern auch der einzelne, dem das Gemeinschaftsrecht, ebenso wie es ihm Pflichten auferlegt, auch Rechte verleihen kann. Solche Rechte entstehen nicht nur, wenn der EWG-Vertrag dies ausdrücklich bestimmt, sondern auch aufgrund von eindeutigen Verpflichtungen, die der EWG-Vertrag dem einzelnen wie auch den Mitgliedstaaten und den Organen der Gemeinschaft auferlegt (…). (…) Der Grundsatz einer Haftung des Staates für Schäden, die dem einzelnen durch dem Staat zurechenbare Verstöße gegen das Gemeinschaftsrecht entstehen, folgt somit aus dem Wesen der mit dem EWG-Vertrag geschaffenen Rechtsordnung."[72] Aus englischer Sicht kann der dahinterstehende Gedankengang mit seinen Beziehungen zwischen Verpflichtungen, Rechten und Haftung schwer nachvollziehbar erscheinen; auch lässt sich fragen, welcher cause of action denn hier einschlägig sein solle und mit welcher Berechtigung ein neuer cause of action begründet werde. Das kontinentale Rechtsdenken hat demgegenüber zwar ebenfalls einige Probleme mit der Francovich-Entscheidung, aber nicht diese. Denn der Ansatz, dass aus einer Verpflichtung Rechte folgen und dass die Verletzung einer Pflicht, die zu Schäden führt, nach einer 29

[67] Deutlich *Edward, David A. O.,* The role and relevance of the civil law tradition in the work of the European Court of Justice, in: Carey Miller, David L.; Zimmermann, Reinhard (Hrsg.), The civilian tradition and Scots law, 1997, 309 (309 f., 315 ff.).

[68] Vgl. *Usher* (Fn. 63), 325 f.

[69] Zum Formalismus aus U.S.-amerikanischer Perspektive vgl. supra → § 3 Rn. 268, → § 5 Rn. 259, 261; bezeichnend für die Bedeutung des so verstandenen Formalismus in Europa auch *Hesselink, Martijn W.,* The new European legal culture – Ten years on, in: Helleringer, Geneviève; Purnhagen, Kai (Hrsg.), Towards a European legal culture, 2014, 17 (17 ff., 23), der seine zehn Jahre zuvor aufgestellten, gegenteiligen Thesen – vgl. *Hesselink, Martijn W.,* The new European legal culture, 2001, 72 – wieder deutlich relativieren und zurücknehmen musste; die von *Arnull, Anthony,* The Americanization of EU law scholarship, in: Arnull, Anthony; Eeckhout, Piet; Tridimas, Takis (Hrsg.), Continuity and change in EU law – Essays in honour of Sir Francis Jacobs, 2008, 415 (415 ff.) beschriebene Tendenz zur anti-formalistischen „Amerikanisierung" des Unionsrechts, stellt eher die Bemühungen einer kleinen Gruppe vor allem U.S.-amerikanischer oder von dort inspirierter Juristen und Politologen dar, die sich allerdings selbst gern als Avantgarde sehen; dies deutet auch *Arnull,* ibid. 415 f., 427 ff., selbst an, wenn er seine These erstens auf die englischsprachige Europarechtsliteratur beschränkt und zweitens den erheblichen Gegeneinfluss des civil law betont; den europäischen Formalismus betont etwa auch *Vogenauer* (Fn. 59), vi; für eine rechtssoziologische Erklärung des unionsrechtlichen Formalismus vgl. *Schepel, Harm; Wesseling, Rein,* The legal community – Judges, lawyers, officials and clerks in the writing of Europe, European Law Journal 3 (1997), 165 (166 ff.).

[70] Zu diesem Unterschied zwischen England und den USA vgl. supra → § 5 Rn. 258, 262.

[71] Aus der Zeit vor dem Brexit so etwa auch *Darbyshire, Penny,* Darbyshire on the English legal system, 11. Aufl. 2014, 16: „we need to understand why EU law seems a bit more difficult for us to get used to than for our European counterparts".

[72] EuGH verb. Rs. C-6/90 und C-9/90, Slg. 1991, I-5357 Rn. 31, 35 – Francovich.

Ersatzmöglichkeit verlangt, erscheint aus kontinentaler Sicht eher selbstverständlich. Auch ist aus kontinentaler Sicht nicht recht einzusehen, warum sich das Unionsrecht mit der Frage nach einem „cause of action" überhaupt befassen sollte. Dass Rechte und Verpflichtungen einklagbar sind, wird in kontinentaler Manier schlicht unterstellt[73] und folgt letztlich aus dem Verständnis der Union als Rechtsgemeinschaft.[74]

c) Pluralismus des Unionsrechts

30 Den unionsrechtlichen Kontext in seinem Verhältnis zu Kontexten des nationalen Rechts zu bestimmen, ist dennoch aus zwei Gründen nur beschränkt hilfreich. Erstens weist das Unionsrecht aufgrund seiner Entwicklung, seiner Fragestellungen und seines supranationalen Charakters Eigenheiten auf,[75] die es von nationalen Rechtsordnungen unterscheiden. Eine globale Einschätzung etwa mit dem Tenor, es handele sich um eine kontinentaleuropäische, vor allem französisch, aber auch deutsch beeinflusste Rechtsordnung mit gelegentlichen Anklängen an das common law englischer Prägung, würde dem in keiner Weise gerecht. Zweitens und noch wichtiger aber ist die Gesamtherangehensweise an das Unionsrecht außerordentlich pluralistisch.[76] Wie beschrieben, ist die Behandlung des Unionsrechts in jedem einzelnen Mitgliedstaat sehr stark national geprägt,[77] so dass es kaum möglich ist, objektive Tendenzen des Unionsrechts „an sich" auszumachen. Genau dies aber ist die vielleicht typischste Eigenschaft des Unionsrechts: die diffuse Mischung unterschiedlichster Herangehensweisen, die dadurch entstehenden Unklarheiten und Widersprüche in der Wahrnehmung und Behandlung, das Mit- und Gegeneinander der unterschiedlichen rechtskulturellen Vorprägungen. Denn das Unionsrecht hat, im Unterschied zum typischen nationalen Recht, im Wesentlichen keine eigenen Juristen, keine eigene Ausbildung, keine eigenen Richter. Selbst die Richter am EuGH sind zunächst von ihrer nationalen Rechtsordnung geprägt und repräsentieren diese letztlich sogar, um ein Gleichgewicht in der Rechtsprechung zu erreichen. Das Unionsrecht wird auf weiten Strecken von nationalen Juristen in nationalen Verwaltungs- und Gerichtsverfahren angewandt und von der nationalen Rechtswissenschaft begleitet. Vieles bleibt dabei auch bei bestem Willen verborgen, denn schon aus sprachlichen Gründen dringt die Behandlung des Unionsrechts etwa in Tschechien, Polen, Ungarn oder Portugal auf weiten Strecken nicht in andere Mitgliedstaaten vor, haben muttersprachliche Veröffentlichungen aus diesen Ländern nur geringe Verbreitungschancen im Ausland.[78] Die Vorherrschaft der englischen und französischen Sprache ist kaum zu bestreiten, und dass bei alledem die deutsche Diskussion nicht völlig untergeht, dürfte vor allem der wirtschaftlich-politischen Bedeutung Deutschlands, dem großen Umfang seiner europarechtlichen Literatur und Rechtsprechung sowie der Tatsache zu verdanken sein, dass Deutsch die meistgesprochene Muttersprache und die zweithäufigst gesprochene Sprache in der Europäischen Union ist.[79] Interessanterweise haben die spezifischen Durchsetzungsprobleme der deutschen Perspektive auf das Unionsrechts nicht die lebhafte akademische Diskussion um eine mögliche deutsche Rechtshegemonie in Europa verhindern können.[80]

[73] Zu diesem Beispiel deutlich *Edward* (Fn. 67), 319 f.

[74] Vgl. dazu auch EuGH 294/83, Slg. 1986, 1357 Rn. 20 ff. – Les Verts.

[75] Dazu noch infra → § 11 Rn. 31 ff.

[76] In diese Richtung wohl auch für die Europäische Union *Helleringer, Geneviève; Purnhagen, Kai,* On the terms, relevance and impact of a European legal culture, in: dies. (Hrsg.), Towards a European legal culture, 2014, 3 (7); für das europäische Rechtsdenken allgemein *Vogenauer* (Fn. 59), vi.

[77] Vgl. supra → § 11 Rn. 25.

[78] Vgl. ergänzend die Beobachtung von *Classen* (Fn. 52), 95, dass selbst bei Generalanwälten die Auswahl dessen, was in ihren Schlussanträgen zitiert wird, maßgeblich von ihrer jeweiligen Sprachkompetenz abhängt.

[79] Vgl. Europäische Kommission (Hrsg.), Die Europäer und ihre Sprachen, Eurobarometer Spezial 540, 2024, 10, 19, 21: Muttersprache Deutsch 19 %, Französisch 15 %, Italienisch 13 %, Polnisch und Spanisch je 9 %, Englisch 2 %; Fremdsprache Englisch 47 %, Französisch 11 %, Deutsch 10 %, Spanisch 7 %.

[80] Vgl. die Beiträge in *von Bogdandy, Armin; Peters, Anne* (Hrsg.), German Legal Hegemony, MPIL Research Paper Series, No. 2020-43, 2020, 1 ff.

3. Einige Eigenheiten des supranationalen Unionsrechts

31 Herausragender und hervorstechender Charakterzug des Unionsrechts ist seine Supranationalität.[81] Mit anderen Worten entfaltet das Unionsrecht unmittelbare Wirkung für die Bürger und es besteht die Möglichkeit, bindende Entscheidungen auch gegen den Willen der Mitgliedstaaten, etwa durch Mehrheitsentscheidungen zu treffen und durchzusetzen. Für das Verständnis der Spezifika des Unionsrechts bildet diese Supranationalität vielfach den Hintergrund, auch wenn sie selbst in der Regel zu abstrakt bleibt, um unmittelbar weiterzuhelfen. Schließlich wurde die Union nicht nach irgendeinem Bild von Supranationalität geschaffen, sondern umgekehrt der Begriff der Supranationalität verwendet, um die bestehenden Eigenheiten der Union zu beschreiben.

a) Europapolitische Perspektiven: Von Romantikern, Skeptikern und Technikern

32 Wichtig für das Verständnis des supranationalen Unionsrechts sind die unterschiedlichen europapolitischen Perspektiven, die sich ihm gegenüber einnehmen lassen, gleichsam die Gretchenfrage des Europarechts. Plakativ lässt sich dabei zwischen Euromantikern, Euroskeptikern und Eurotechnikern unterscheiden. Insbesondere die ersten beiden Bezeichnungen werden allerdings oft als Kampfbegriffe verwendet, ebenso wie das weitgehend synonyme Begriffspaar „europarechtsfreundlich" und „europarechtsskeptisch";[82] eine genaue Definition ist daher weder möglich noch nötig. Im Wesentlichen geht es aber um die Einstellung zur Abgrenzung der Machtsphären von Union und Mitgliedstaaten, unter anderem im Hinblick auf ihre Gestaltung durch die Rechtsprechung des Europäischen Gerichtshofs. Wer hier einer fortschreitenden Ausweitung der Macht der Union das Wort redet, einschlägige Integrationsschritte, vor allem aber eine kreative Rechtsprechung des EuGH uneingeschränkt begrüßt und nicht zuletzt allein dem EuGH die Befugnis zusprechen will, über die Grenzen der Unionsmacht zu befinden, kann als Euromantiker bezeichnet werden. Die Integration ist für ihn, mit einem bekannten Sinnbild, wie ein Radfahrer:[83] er fällt um, wenn er anhält (und kann natürlich nicht rückwärts fahren). Der Euroskeptiker hingegen wird die Union mehr von den Mitgliedstaaten her denken, einer stärkeren politischen wie rechtsstaatlichen Beschränkung und Kontrolle der Macht der Unionsorgane das Wort reden und den mitgliedstaatlichen Gerichten eine wichtige Rolle bei der Begrenzung zusprechen. Für ihn sind nicht Innehalten oder Korrekturen an der Integration das Problem, sondern eine mögliche Entfremdung Europas von seinen Bürgern. Der Eurotechniker schließlich interessiert sich nicht für diese ideologischen Debatten, sondern analysiert das Europarecht insbesondere in seinen Spezialgebieten ebenso kenntnisreich wie sorgfältig und wendet es an.

33 Bei alledem sind die Bezeichnungen begrifflich kaum haltbar. Denn der Euromantiker ist selten romantisch veranlagt, sondern sieht oft die politischen Realitäten mit großer Klarheit. Der Euroskeptiker wird kaum einmal die Europäische Union als solche ablehnen oder ihre wichtigen Errungenschaften für das Zusammenleben und den Frieden in Europa bezweifeln,

[81] Zum unscharfen Begriff der Supranationalität vgl. etwa *Haratsch/Koenig/Pechstein* (Fn. 54), 31 f.; vgl. auch *Lenaerts, Koen; Nuffel, Piet van,* European Union law, 3. Aufl. 2011, 16 ff.; *Oeter* (Fn. 48), 83 f.

[82] Kritisch deshalb *Kischel, Uwe,* Europarechtsfreundlichkeit oder Europarechtsskepsis, Unterwerfung oder Integration? – Sprachliche Einkleidung und sachliche Probleme, in: Giegerich, Thomas (Hrsg.), Der „offene Verfassungsstaat" des Grundgesetzes, 2010, 285 (285 f.); vgl. dazu auch *Mayer, Franz C.,* Europarechtsfreundlichkeit und Europarechtsskepsis in der Rechtsprechung des Bundesverfassungsgerichts, in: Giegerich, Thomas (Hrsg.), Der „offene Verfassungsstaat" des Grundgesetzes, 2010, 237 (239 ff.) mit einer Einordnung diverser Entscheidungen des deutschen Bundesverfassungsgerichts in dieses Schema.

[83] Zu diesem Bild kritisch etwa *Kischel, Uwe,* Souveränität, Einbindung, Autonomie – Die Entwicklung der Kompetenzverteilung zwischen der Europäischen Union und ihren Mitgliedstaaten, in: Erbguth, Wilfried; Masing, Johannes (Hrsg.), Die Verwaltung unter dem Einfluss des Europarechts, 2006, 9 (37 ff., 41 ff.); *Tomuschat, Christian,* Das Endziel der europäischen Integration – Maastricht ad infinitum?, DVBl 111 (1996), 1073 (1077).

sondern in der Regel sogar ein großer Freund des Europagedankens sein. Der Eurotechniker wird selten einen rein technischen Umgang mit dem Recht pflegen, sondern oftmals nur die ideologischen Debatten für schlicht sinnlos und vor allem für seine Arbeit irrelevant halten. Dennoch zeigt diese Kategorisierung Tendenzen auf, die jedem Europarechtler geläufig sind. Das gilt nicht zuletzt auch aus historischer Sicht: In den Anfangsjahrzehnten des Unionsrechts bildeten die Europarechtler eine eher homogene Gruppe von Spezialisten, die vielfach die Rechtsprechung des EuGH unkritisch akzeptierten und selten Alternativen entwickelten.[84] In der Rückschau wurde sogar vielfach von einem „EuGH-Positivismus" gesprochen. Anfang der 1990er Jahre allerdings änderte sich dies: „The honeymoon is over. The academy is becoming critical."[85] Äußerlich am deutlichsten wurde diese veränderte Einstellung in dem in ganz Europa intensiv diskutierten sog. Maastricht-Urteil des deutschen Bundesverfassungsgerichts von 1993,[86] das es unternahm, dem Unionsrecht im Allgemeinen und dem EuGH im Besonderen klare Grenzen zu setzen. Höhepunkt in neuerer Zeit war die Entscheidung des deutschen Bundesverfassungsgerichts zum sog. Public Sector Purchase Programme (PSPP), in dem das Gericht Entscheidungen des Europäischen Gerichtshofs und der Europäischen Zentralbank für ultra vires erklärte und deutschen Stellen untersagte, ihnen Folge zu leisten.[87]

34 Die unterschiedlichen Tendenzen spiegeln sich in den verschiedensten Bereichen wider. Zentrale Spielfelder sind hier etwa alle Debatten über die Kompetenzen der Union, ihre Auslegung und Grenzen, über das Subsidiaritätsprinzip, über das Verhältnis des EuGH zu nationalen Verfassungsgerichten, heute erweitert durch das Verhältnis zum Europäischen Gerichtshof für Menschenrechte, über die Notwendigkeit, Bedeutung und Reichweite der Unionsgrundrechte oder über das effet utile Argument. Die Tendenzen finden sich aber auch leicht an weniger offensichtlichen Stellen. Im Bereich der Grundfreiheiten beispielsweise wird gemeinhin fast widerspruchslos die Rechtsprechung des EuGH akzeptiert, nach der die Grundfreiheiten keineswegs nur vor Diskriminierungen ausländischer Waren, Dienstleistungen etc durch den inländischen Gesetzgeber schützen, sondern auch ohne Rücksicht auf Diskriminierung allgemeine Beschränkungsverbote aufstellen,[88] also letztlich der wirtschaftlichen Liberalisierung insgesamt dienen. Gelegentlich aber wird dies in der Literatur als eine Missachtung der Grenzen erkannt, die der Zweck der transnationalen Integration den Grundfreiheiten im Rahmen des Unionsrechts zieht. Die Grundfreiheiten wären stattdessen wieder, wie in ihrer Anfangszeit, als Diskriminierungsverbote zu verstehen.[89] Dieses Zurück-zu-den-Wurzeln lässt sich nicht zuletzt auch durch die Überzeugung erklären, dass das Unionsrecht mittlerweile einen Stand erreicht hat, der nicht seine ständige Ausweitung, sondern seine rechtsstaatliche Begrenzung und ein geordnetes Miteinander mit den nationalen Rechtsordnungen erfordert[90] – eine Einstellung die von Gegnern gern als euroskeptisch bezeichnet wird.

---

[84] Vgl. etwa *Schepel/Wesseling* (Fn. 69), 186: „The authors of Europe rally as one around the Court in its patient creation of a genuine supreme European legal order.".

[85] *Schepel/Wesseling* (Fn. 69), 184; für den Bereich der Grundfreiheiten *Kingreen* (Fn. 53), 706, der den Umschwung mit der Keck-Entscheidung sieht.

[86] BVerfGE 89, 155.

[87] Vgl. BVerfGE 154, 17; dazu *Kischel, Uwe,* A step forward for Europe – The German Constitutional Court's decision on PSPP, in: Urbanik, Jakub; Bodnar, Adam (Hrsg.), Περιμένοντας τους Βαρβάρους – Law in a time of constitutional crisis – Studies offered to Mirosław Wyrzykowski, 2021, 301 (301 ff.) mwN.

[88] Grundlegend EuGH 8/74, Slg. 1974, 837 Rn. 5 – Dassonville.

[89] Zu diesen Vorschlägen grundlegend *Kingreen* (Fn. 53), 727 ff., insbes. 734.

[90] In diese Richtung auch *Kingreen* (Fn. 53), 748, der sich jedoch ausdrücklich gegen die Einordnung in die Kategorien von Euromantik und Europhobie wehrt – eine in diesen Debatten ebenso typische wie verständliche Reaktion.

b) Föderale Verzahnung

Der supranationale Charakter des Unionsrechts darf nicht dahingehend missverstanden werden, dass die exekutive Anwendung von und die Rechtsprechung zum Unionsrecht ausschließlich oder auch nur weitgehend in den Händen der Unionsorgane läge. Im Gegenteil wird das Unionsrecht ganz überwiegend von den Behörden der Mitgliedstaaten vollzogen und werden entsprechende Klagen vor den Gerichten der Mitgliedstaaten erhoben. Das gilt nicht nur für diejenigen Teile des Unionsrechts, die – wie im klassischen Beispiel der Richtlinien – nicht unmittelbar wirken, sondern sich zunächst an die Mitgliedstaaten wenden und diese dazu verpflichten, entsprechendes nationales Recht zu erlassen. Das gilt auch und gerade für diejenigen Teile des Unionsrechts, die – wie im klassischen Beispiel der Verordnungen – unmittelbar Wirkungen für die Bürger entfalten. Unionsrecht ist also für die nationalen Juristen in Europa kein fremdes, sondern elementar eigenes Recht, was erneut die oft stark national geprägte Herangehensweise erklärt. Diese Verzahnung von nationaler und Unionsebene wirkt sich in vielerlei Hinsicht aus. Sie bewirkt beispielsweise einen Einfluss des Unionsrechts auf das nationale Verwaltungsrecht, das ja zum Vollzug des Unionsrechts eingesetzt wird. Sie bewirkt beispielsweise auch, dass bei der Auslegung und Anwendung scheinbar rein nationalen Rechts stets nach möglichen unionsrechtlichen Hintergründen gefragt werden muss, etwa wenn das nationale Recht auf einer Richtlinie beruht und deshalb richtlinienkonform auszulegen ist. 35

Die Grundstruktur des Gebildes aus Union und Mitgliedstaaten ist damit letztlich eine föderale. Entsprechend kann es beispielsweise sehr ertragreich sein, die Verwirklichung einer föderalen Demokratie in der Europäischen Union und in Indien zu vergleichen, die beide versuchen, verschiedene Kulturen, Ethnien und Sprachen in einer Gemeinschaft zu bündeln.[91] Allerdings gibt die Verwendung des „dirty F-word“[92] in Bezug auf die Union stets Anlass zu größten Streitigkeiten, weil damit nach Auffassung vieler die Staatlichkeit der Union in Rede stünde und die Bedeutung der Mitgliedstaaten herabgesetzt würde.[93] Um dies zu vermeiden, hat es sich jedenfalls im deutschen Sprachraum eingebürgert, von der Union als „Staatenverbund“ im Gegensatz zu Bundesstaat und Staatenbund zu sprechen[94] – ein Begriff, dessen große Konsensfähigkeit nicht zuletzt darauf beruht, dass er außer der Abgrenzung zu den beiden Nachbarbegriffen kaum einen konkreten, vorgegebenen Inhalt hat, so dass jeder Autor ihn mit eigenen Vorstellungen verbinden kann. Zur Beschreibung der spezifisch unionsrechtlichen Lage findet sich hier sehr häufig auch der Begriff des Mehrebenensystems oder des Mehrebenenkonstitutionalismus. Ihm liegt der Gedanke zugrunde, dass nationale und unionsrechtliche Ebene ein sich wechselseitig ergänzendes und stabilisierendes, einheitliches System bilden, beide in einem dialektischen Verhältnis zueinander stehen und nicht zwingend in ein Über-/Unterordnungsschema passen, sondern auch gleichrangig oder fluktuierend angeordnet sein können.[95] Außerhalb dieser eher vagen 36

[91] Vgl. *Dann, Philipp,* Federal democracy in India and the European Union – Towards transcontinental comparison of constitutional law, Verfassung und Recht in Übersee 44 (2011), 160 (160 ff.).

[92] *Oeter* (Fn. 48), 74.

[93] Zu diesen Debatten eingängig *Oeter* (Fn. 48), 73 ff.; selbst das vielen als besonders kritisch geltende Bundesverfassungsgericht spricht allerdings von einem „föderalen Verbund der Europäischen Union“, vgl. BVerfGE 123, 267 (415).

[94] Grundlegend BVerfGE 89, 155 (181 ff.), die sich damit die Terminologie von *Kirchhof, Paul,* Der deutsche Staat im Prozess der europäischen Integration, in: Isensee, Josef; Kirchhof, Paul (Hrsg.), Handbuch des Staatsrechts, Bd. 7, 1. Aufl. 1992, § 183 Rn. 45 ff., 69 zu eigen macht; zu den Übersetzungsproblemen ins Englische vgl. etwa *Bogdandy, Armin von,* Founding principles, in: Bogdandy, Armin von; Bast, Jürgen (Hrsg.), Principles of European constitutional law, 2. Aufl. 2011, 11 (38 f.); *Mayer, Franz C.,* Verfassungsgerichtsbarkeit, in: Bogdandy, Armin von; Bast, Jürgen (Hrsg.), Europäisches Verfassungsrecht, 2. Aufl. 2009, 559 (595 f.).

[95] Vgl. einführend etwa die Darstellung in der Erstauflage von *Mayer, Franz C.,* Europäische Verfassungsgerichtsbarkeit, in: Bogdandy, Armin von; Bast, Jürgen (Hrsg.), Europäisches Verfassungsrecht, 2003, 229 (264 ff.); später kürzer in *Mayer* (Fn. 94), 596; zum ähnlichen Konzept des Verfassungsverbundes vgl. *Pernice, Ingolf,* Kompetenzabgrenzung im europäischen Verfassungsverbund, JZ 2000, 866 (866, 870 ff.).

Umschreibung bleibt aber auch der Begriff des Mehrebenensystems für vielerlei Interpretationen offen.[96]

c) Demokratiedefizit, institutionelles Gleichgewicht, Markt

37 Der Europäischen Union fehlen aufgrund ihrer Supranationalität trotz staatsähnlicher Machtbefugnisse einige elementare Merkmale, die den Mitgliedstaaten eigen sind. Herausragende Beispiele sind die Defizite bei Demokratie und Gewaltenteilung. Das vieldiskutierte Demokratiedefizit besteht letztlich darin, dass die Verteilung der Sitze im Europäischen Parlament nicht auf dem Prinzip „one man, one vote" beruht, sondern Wählerstimmen aus kleineren Mitgliedstaaten einen erheblich größeren Erfolgswert haben als die aus größeren Mitgliedstaaten. Hintergrund dafür ist, dass eine proportionale Abbildung der Bevölkerungsverteilung unter den Mitgliedstaaten im Europäischen Parlament zu einem so geringen Einfluss der kleineren Staaten führen würde, dass er politisch kaum mehr vermittelbar wäre. Das nationalstaatliche Verständnis von Demokratie prallt hier also auf das völkerrechtliche Prinzip der Staatengleichheit, wie es etwa in der Vollversammlung der Vereinten Nationen verwirklicht ist. Dieses Defizit wird teilweise damit überspielt, dass ein auf die Verhältnisse des supranationalen Unionsrechts angepasstes Demokratieprinzip verlangt wird.[97] Teilweise wird das Defizit aber auch für noch unschädlich gehalten, solange dem Europäischen Parlament nicht die vollen Machtbefugnisse eines nationalen Parlaments zustehen und zusätzliche Legitimation über nationale Parlamente bereitsteht.[98]

38 Diese immer noch schwache, wenn auch über die Jahrzehnte immer weiter ausgebaute Stellung des Europäischen Parlaments ist wiederum ein Aspekt der nicht klar durchgeführten Gewaltenteilung in der Union. Zwar kann von einer echten Judikative in Form des EuGH gesprochen werden. Exekutive und legislative Funktionen hingegen sind nicht eindeutig einem Organ zugesprochen, sondern stark miteinander verwoben: So ist der von den Regierungen der Mitgliedstaaten besetzte Rat ein Hauptrechtsetzungsorgan, dem aber zugleich exekutive Befugnisse zustehen. Das Europäische Parlament hingegen ist nur gemeinsam mit dem Rat Rechtsetzungsorgan. Das konkrete Ausmaß seiner Befugnisse im Einzelfall schwankt zudem stark und hängt vom jeweils einschlägigen Rechtsetzungsverfahren ab. Meist ist es allerdings mittlerweile gleichberechtigter Partner, wenn es nicht gerade um Tertiärrechtsakte geht, denen aber wiederum immer ein Sekundärrechtsakt zugrundeliegt. Die Kommission schließlich mit ihrem Selbstverständnis als Motor der Integration ist nicht nur Exekutive, sondern kann ebenfalls Recht setzen. Durchbrechungen der Gewaltenteilung und insbesondere exekutive Rechtsetzung kennen zwar auch viele nationale Rechtsordnungen. In der Union aber geht dies so weit, dass schon vom Grundsatz her nicht von einer institutionellen Trennung von Legislative und Exekutive die Rede sein kann. Da eine Machtbegrenzung im Sinne von checks and balances aber auch in der Union erforderlich ist, tritt zu diesem Zweck an die Stelle der Gewaltenteilung das sog. institutionelle Gleichgewicht.

39 Ein letzter, übergeordneter Gesichtspunkt im Recht der Union ist seine immer noch stark wirtschaftliche, marktliberale Ausrichtung.[99] Zwar sind seit geraumer Zeit in erheblichem

[96] Vgl. beispielsweise *Kirchhof, Paul,* Der europäische Staatenverbund, in: Bogdandy, Armin von; Bast, Jürgen (Hrsg.), Europäisches Verfassungsrecht, 2. Aufl. 2009, 1009 (1023), der den Begriff des Staatenverbundes demjenigen des Mehrebenensystems vorzieht, weil anderenfalls der Grundgedanke der Mitgliedstaaten als Herren der Verträge und die Begründung der Union im nationalen Verfassungsrecht untergehe.

[97] So zB *Bogdandy, Armin von,* Grundprinzipien, in: Bogdandy, Armin von; Bast, Jürgen (Hrsg.), Europäisches Verfassungsrecht, 2. Aufl. 2009, 13 (63, 65 ff.); deutlicher noch *Bogdandy, Armin von,* Europäische Prinzipienlehre, in: Bogdandy, Armin von; Bast, Jürgen (Hrsg.), Europäisches Verfassungsrecht, 2003, 149 (177) („Aufgabe eines Verständnisses, wonach eine Gesellschaft über ihre parlamentarische Repräsentationskörperschaft Selbstgesetzgebung vornimmt"); kritisch dazu etwa *Kischel* (Fn. 83), 52 ff.

[98] Vgl. zB BVerfGE 123, 267 (364).

[99] In eine ähnliche Richtung etwa *Afilalo, Ari; Patterson, Dennis; Purnhagen, Kai,* Statecraft, the market state and the development of European legal culture, in: Helleringer, Geneviève; Purnhagen, Kai (Hrsg.), Towards a European legal culture, 2014, 277 (291 ff., 298 f.).

Ausmaß andere Gemeinwohlinteressen sozialer oder umweltrechtlicher Natur hinzugekommen, doch werden die wirtschaftlichen Interessen im Rahmen von Abwägungen weiterhin betont. Es lässt sich sogar die These aufstellen und verteidigen, dass sich im Rahmen des europäischen Mehrebenensystems die Union vornehmlich um die wirtschaftlichen Fragen kümmert, während es den Mitgliedstaaten überlassen bleibt, für die möglicherweise zum Ausgleich notwendigen Maßnahmen etwa sozialer Art zu sorgen.[100]

d) Der Europäische Gerichtshof: Apodiktischer Motor der Integration

Eine zentrale Rolle für die Stärkung des Unionsrechts spielt seit jeher der EuGH mit seiner 40 expansiven und kreativen Rechtsprechung als ein zweiter Motor der Integration. Er versteht sich als dynamischer Entwickler und Förderer des Unionsrechts, verteidigt vehement den einmal erreichten Intergrationsstand (acquis communautaire) und versucht in Zweifelsfällen weitgehend, die praktische Wirksamkeit des Unionsrechts (effet utile) zu Lasten nur nationaler Partikularinteressen durchzusetzen. Internen Kreisen zufolge versteht der EuGH sich tendenziell weniger als Anwender vorgegebener Rechtssätze, sondern eher als politisches Organ, das über seine eigene Stellung und über die beste Lösung für den Integrationsprozess nachdenkt. Gegenüber dem immer wieder erhobenen Vorwurf, der EuGH werde vor allem zulasten der Mitgliedstaaten, nicht aber zulasten der Union kreativ, betonen allerdings andere Stimmen, dass der EuGH ganz unabhängig vom jeweils Betroffenen vor allem bei der Definition rechtlicher Maßstäbe Mut zeige. Bei der Anwendung auf den Einzelfall hingegen sei er deutlich zurückhaltender und im Übrigen auch nur begrenzt bereit, die Vorstellungen der politisch handelnden Organe durch eigene Überlegungen zu ersetzen.[101] Greifen Entscheidungen des EuGH einmal besonders stark in die Sphäre der mitgliedstaatlichen Hoheitsbefugnisse ein, ohne auf einer klaren Vorgabe in den Verträgen zu beruhen, so führt dies meist zu einer intensiven Diskussion in der Wissenschaft und manchmal in der Öffentlichkeit, die die weitere Rechtsprechung aber in aller Regel nicht beeinflusst.

In einem gewissen Gegensatz zu Machtfülle und Kreativität des EuGH steht sein an der 41 französischen Tradition[102] orientierter, sehr lakonischer und apodiktischer Urteilsstil. Zwar hat der Gerichtshof seinen Stil schon seit geraumer Zeit etwas aufgelockert, beschränkt sich nicht mehr auf einen grammatikalischen Satz und gibt durchaus auch inhaltliche Begründungen für seine rechtlichen Ansichten ab. Von einer ausführlichen, gut nachvollziehbaren Begründung, die sich im Einzelnen mit Gegenargumenten oder gar dem Meinungsstand in der Literatur auseinandersetzte, ist er aber immer noch sehr weit entfernt.[103] Warum dies so ist, obwohl eine ausführlichere Begründung der erwünschten Rezeption und positiven Bewertung seiner Rechtsprechung in den Mitgliedstaaten sicherlich förderlich wäre, ist eine interessanterweise eher selten gestellte Frage. Teils wird die Antwort in der völlig unterschiedlichen rechtlichen Sozialisation der Richter gesucht.[104] Es könnte auch eine gewisse Auslagerung des Begründungsaufwands in die Schlussanträge der Generalanwälte angenommen oder davon ausgegangen werden, dass die Richter auf nähere Ausführungen verzichten, wenn sie sich nur im Ergebnis, nicht aber in der Begründung einig sind. Ein bezeichnendes Schlaglicht auf die Lösung mag aber auch die mündliche Antwort eines Richters werfen, dessen Muttersprache nicht Französisch – als interne Arbeitssprache des Gerichtshofs – war: Man möge sich einmal vorstellen, man säße mit einer Gruppe von Juristen zusammen und

[100] Zum Ganzen kritisch *Kischel* (Fn. 83), 44 ff. mwN.
[101] So *Classen* (Fn. 52), 120, 122.
[102] Dazu supra → § 6 Rn. 148 ff.
[103] Vgl. dazu etwa die Analyse bei *Nettesheim, Martin,* Die Begründung von Entscheidungen des EuGH, in: Holländer, Pavel; Tichý, Luboš; Bruns, Alexander (Hrsg.), Odůvodnění Soudního Rozhodnutí – The Judicial Opinion – Begründung von Gerichtsentscheidungen, 2011, 343 (344, 347 ff.); dass keineswegs alle Richter am EuGH dessen Stil mögen, zeigen etwa die Äußerungen von *Mackenzie-Stuart* (Fn. 65), 360.
[104] So *Nettesheim* (Fn. 103), 344 f.

müsste ohne weitere Hilfe ein Urteil schreiben – *auf Latein*. „Was glauben Sie", fragte dieser Richter, „wie lang Ihr Urteil dann ausfallen würde?"

42 Anders als aus den nationalen Kontexten gewohnt, darf dieser spezifische Stil des EuGH aber nicht mit dem Stil der Rechtsprechung im Unionsrecht insgesamt verwechselt werden. Denn wie gesehen geht ein Großteil der Rechtsprechung zum Unionsrecht von den jeweiligen staatlichen Gerichten aus. Sie bleiben auch in unionsrechtlich geprägten Fällen bei ihrer jeweiligen nationalen Tradition, so dass der Rechtsprechungsstil des Unionsrechts insgesamt erneut von Pluralismus gekennzeichnet ist.

e) Endlose Weiten: Das materielle Unionsrecht

43 Das materielle Unionsrecht ist zunächst enorm umfangreich und von kaum zu unterschätzender Bedeutung. Ein inzwischen alter, immer wieder verwendeter Satz – dessen Herkunft und Inhalt allerdings kaum hinterfragt wird[105] – lautet, dass rund 80 % der wirtschaftlich relevanten Normen in den Mitgliedstaaten unionaler Herkunft seien. Viele Rechtsgebiete des Unionsrechts sind hochgradig spezialisiert und nur Experten geläufig. Das Landwirtschaftsrecht beispielsweise ist zwar wirtschaftlich enorm bedeutsam, spielt aber in der Rechtswissenschaft allenfalls eine Nebenrolle und wird nur von einer kleineren Gruppe praktisch tätiger Spezialisten wirklich beherrscht. Andere Gebiete wie das Wettbewerbsrecht sind stark mit dem nationalen Recht verzahnt, so dass es nur schwer möglich ist, sie als bloßer Europarechtler mitzubetreiben. Vielmehr behandeln die nationalen Experten für Wettbewerbsrecht die zahlreichen europäischen Aspekte unweigerlich mit. Insofern ähnelt das Unionsrecht stark den nationalen Rechtsordnungen der Mitgliedstaaten, in denen ebenfalls eine weitreichende Spezialisierung vorherrscht.[106] Dass diese Erkenntnis nicht als völlig selbstverständlich behandelt werden kann, liegt nicht an der Sichtweise der Praktiker, sondern an einer überkommenen Eigenheit der juristischen Ausbildung in vielen Mitgliedstaaten: Das Europarecht wird regelmäßig in einem höheren Studienjahr im Rahmen einer oder mehrerer, eigenständiger Veranstaltungen mit eigenständigen Lehrbüchern vermittelt. Das ist zwar ohne weiteres sinnvoll, soweit dort die allgemeinen Grundlagen des Unionsrechts, etwa seine Institutionen, Quellen und die Verfahrensarten vor dem Gerichtshof gelehrt werden, die notwendig sind, um die Spezialgebiete zu verstehen. Die speziellen Teile des Unionsrechts müssten dann aber umfänglich und in erster Linie in die jeweiligen Vorlesungen und Lehrbücher zu den verschiedenen nationalen Rechtsgebieten integriert werden – das jedoch gelingt zwar immer besser, aber bei weitem noch nicht gut genug. Studenten beenden daher ihr Studium immer noch nicht selten mit der völlig irrigen Vorstellung, das Europarecht sei ein Spezialgebiet, das man getrost den Europarechtlern überlassen könne.

44 Die Quellen des Europarechts sind nur auf den ersten Blick einfach und überschaubar. Richtlinien verpflichten die Mitgliedstaaten zur Umsetzung des vorgegebenen Ziels durch nationale Rechtsetzung. Nur diese Umsetzung, nicht aber die Richtlinie selbst ist im Grundsatz für den Bürger verbindlich. Dabei sind Richtlinien keineswegs als vage rechtspolitische Vorgaben formuliert, sondern lesen sich kaum anders als unmittelbar verbindliche Normen. Umsetzungsspielräume sind so nicht selten auf ein Minimum reduziert. Verordnungen hingegen gelten unmittelbar. Sie sind teils delegierte Durchführungsnormen, oft aber auch eigenständige Rechtsetzung. In dieser zweiten Funktion sind sie die europäischen Gesetze,

---

[105] Für eine mengenmäßige Einschätzung in Bezug auf Deutschland vgl. aber *Töller, Annette Elisabeth,* Mythen und Methoden – Zur Messung der Europäisierung der Gesetzgebung des Deutschen Bundestages jenseits des 80-Prozent-Mythos, Zeitschrift für Parlamentsfragen 39 (2008), 3 (3 ff.); kritisch dazu wiederum *Hoppe, Tilman,* Die Europäisierung der Gesetzgebung – Der 80-Prozent-Mythos lebt, EuZW 20 (2009), 168 (168 f.).

[106] So sprechen etwa *Oppermann, Thomas; Classen, Claus Dieter; Nettesheim, Martin,* Europarecht, 10. Aufl. 2025, 139 von „einer enormen Fragmentierung des europarechtlichen Rechtskorpus. Ein umfassender und wirklichkeitsgetreuer Überblick ist auch für Experten nur noch mit Mühe zu gewinnen.".

dürfen aber nicht so bezeichnet werden. Denn der Versuch einer entsprechenden Umbenennung, die manchen Kritikern zu sehr nach einem europäischen Staat klang, ist mit dem Projekt eines Verfassungsvertrags 2005 gescheitert. Verwirrenderweise ist aber dennoch die Unterscheidung zwischen *Gesetz*gebungsakten und Rechtsakten ohne Gesetzgebungscharakter aus dem Verfassungsvertrag in die Reform des Unionsrechts durch den Vertrag von Lissabon 2007 übernommen worden, Art. 289 AEUV. Die Unterscheidung bezieht sich allerdings nicht auf die Art der Norm, sondern stellt nur formal darauf ab, in was für einem Verfahren der Rechtsakt erlassen wurde. Neben Richtlinien und Verordnungen steht der sog. Beschluss. Er umfasst sowohl konkret-individuelle Entscheidungen, entsprechend etwa dem deutschen Verwaltungsakt, als auch diverse Formen der Normsetzung und existiert so in einer nur schwer durchschaubaren Vielfalt von Zielen, Bezeichnungen und Wirkungen. Schließlich kommen selbst den nach Art. 288 Abs. 5 AEUV unverbindlichen Empfehlungen und Stellungnahmen letztlich immer wieder einmal Rechtswirkungen zu, nicht zuletzt nachdem der EuGH in äußerst kreativer Weise entschieden hat, dass nationale Gerichte sie bei der Auslegung im Zusammenhang mit verbindlichem Unionsrecht berücksichtigen müssten.[107]

Die Auslegung und Anwendung all dieser Quellen liegt teils in den Händen der Unions- **45**
organe und insbesondere des EuGH, zu einem erheblichen Teil aber auch bei den Organen der Mitgliedstaaten. Für die Praxis der Unionsorgane lässt sich mittlerweile eine eigenständige Gewichtung und Ausprägung der Auslegungsmethoden feststellen,[108] die im Wesentlichen typisch kontinental sind und durch Regeln über die Mehrsprachigkeit ergänzt werden. Rechtsvergleichenden Argumenten kommt eine etwas größere Bedeutung zu.[109] Bei den Organen der Mitgliedstaaten hingegen zeigt sich erneut der pluralistische Charakter des Unionsrechts, indem zumeist die jeweils nationale Vorgehens- und Denkweise erheblichen Einfluss auf die Praxis nimmt.[110]

4. Jenseits des Unionsrechts

Das Unionsrecht steht nicht zwingend allein in seinem Kontext. Daneben existiert zunächst **46**
das Europarecht im weiteren Sinne, also insbesondere das Recht der Europäischen Freihandelsassoziation (EFTA), des Europäischen Wirtschaftsraums (EWR) sowie des Europarats, namentlich mit der Europäischen Menschenrechtskonvention. All diese Bereiche sind mit dem Europarecht im engeren Sinne, dem Unionsrecht, auf je unterschiedliche Weise vernetzt, so dass eine Kenntnis des einen ohne Kenntnis des anderen Schwierigkeiten bereiten würde. Das Europarecht im weiteren Sinne bewegt sich in einem Bereich zwischen Völkerrecht und Unionsrecht und wird von beiden Kontexten in je unterschiedlichem Ausmaß beeinflusst. Für die Europäische Menschenrechtskonvention beispielsweise ist unter anderem von Bedeutung, dass sie dem klassischen Spannungsfeld zwischen EuGH und nationalen (Verfassungs-)Gerichten einen dritten Spieler in Form des Europäischen Gerichtshofs für Menschenrechte hinzufügt.[111]

---

107 EuGH C-322/88, Slg. 1989, 4407 Rn. 18 – Grimaldi/Fonds des maladies professionnelles.

108 Vgl. etwa *Classen, Claus Dieter; Nettesheim, Martin,* Europarecht, 9. Aufl. 2021, 148 ff.; kürzer *Lenaerts/Nuffel* (Fn. 81), 813 ff.

109 Vgl. *Fehling, Michael,* Rechtsvergleichende Methode und europäisches Verwaltungsrecht, in: Terhechte, Jörg Philipp (Hrsg.), Internationale Dimensionen des europäischen Verwaltungsrechts, Europarecht, Beiheft 1 (2016), 59 (68 ff.); vgl. auch supra → § 2 Rn. 85.

110 Bemerkenswerte Bemühungen auch nationaler Gerichte und Rechtswissenschaftler, die typisch unionsrechtlichen Auslegungsmethoden zu verstehen und anzuwenden, finden sich bezeichnenderweise vor allem in Großbritannien, dessen nationale Tradition der kontinentalen am fernsten steht, vgl. auch supra → § 5 Rn. 167, 255; vgl. etwa auch *Bailey, S.H.; Ching, J. P. L.; Taylor, N.W.,* Smith, Bailey and Gunn on the modern English legal system, 5. Aufl. 2007, 465 ff.

111 Vgl. etwa *Merli, Franz,* Rechtsprechungskonkurrenz zwischen nationalen Verfassungsgerichten, Europäischem Gerichtshof und Europäischem Gerichtshof für Menschenrechte, VVDStRL 66 (2007), 392 (392 ff.), der die Rechtsprechungskonkurrenz zwischen diesen drei sogar für ein strukturprägendes Element des Rechts in Europa hält, das im Wege der checks and balances das Risiko der europäischen Integration verringert und die Integration so tragbar macht.

47 Darüber hinaus ist das Unionsrecht schon seit Jahrzehnten das unerreichte Vorbild einer ganzen Reihe von Integrationsbemühungen weltweit. Deutlich an die Europäische Union angelehnt ist etwa die Konstruktion der Andengemeinschaft, dem früheren Andenpakt, bestehend aus Bolivien, Ecuador, Kolumbien und Peru. Sie verfügt sogar über ein eigenes Rechtsprechungsorgan, den sog. Andengerichtshof, der in seiner Struktur und seinen Verfahrensarten sehr eng an das unionale Vorbild angelehnt ist.[112] Ähnliche Versuche einer Vergemeinschaftung bilden in Lateinamerika der Mercosur, bestehend aus Argentinien, Bolivien, Brasilien, Paraguay, Uruguay und Venezuela (Mitgliedschaft suspendiert seit 2016), sowie seit 2008 die Union Südamerikanischer Staaten UNASUR. In Afrika bestehen an das europäische Projekt angelehnte Integrationsbemühungen etwa in Form der Afrikanischen Union, vormals Afrikanische Wirtschaftsgemeinschaft, oder der Westafrikanischen Wirtschaftsgemeinschaft. Auch die ASEAN Staaten planen die Einführung einer Wirtschaftsgemeinschaft.[113] Keines dieser Projekte hat aber bislang auch nur annähernd die Bedeutung, die Stabilität und den Integrationsstand der Europäischen Union erreicht. Bei vielen ist auch zweifelhaft, ob es je dazu kommen wird. Dennoch zeigen sich hier Ansätze eines übergreifenden unionsrechtlichen Kontexts, der sich keineswegs auf Europa beschränkt und der potentiell in fernerer Zukunft große weltweite Bedeutung erlangen könnte.

IV. Der Kontext der lex mercatoria?

1. Lex mercatoria als Recht der internationalen Wirtschaft

48 Die lex mercatoria spaltet seit Jahrzehnten die Juristenschaft. Während die einen ihre Existenz für unbestreitbar und ihre Vorteile für unübersehbar halten, sehen die anderen in ihr eine Schimäre, die hoffentlich bald und ohne größere Schäden anzurichten wieder verschwinden wird. Die Diskussion nimmt nach Ansicht mancher Beobachter den Charakter eines Glaubenskampfes an.[114] Und ein Ende ist nicht in Sicht. Ein nicht unerheblicher Teil der Probleme beruht darauf, dass es sowohl unter Befürwortern als auch Gegnern die unterschiedlichsten Ansichten darüber gibt, was die lex mercatoria eigentlich ist. Jedem Diskussionsbeitrag kann also schnell entgegengehalten werden, er verfehle schlicht das Thema.[115] Tatsächlich hängt die Frage, was unter der lex mercatoria zu verstehen sein soll, untrennbar mit der Frage nach ihrer Anerkennung zusammen, und beide wiederum beeinflussen die rechtsvergleichende Suche nach ihren Eigenarten.

49 Ausgangspunkt der lex mercatoria ist der Gedanke, dass das internationale Privatrecht, das darüber anwendbare nationale Recht und die nationalen Gerichte den Bedürfnissen des internationalen Handels nicht angemessen seien.[116] Die Regeln gelten als zu formal, zu starr und zu wenig an die wirtschaftlichen Bedürfnisse angepasst, die Verfahren als zu langwierig, zu teuer und zu öffentlich. So entwickelte sich im Wesentlichen seit den

[112] Ausführlich dazu schon *Marwege, Renata,* Der Andengerichtshof, 1995, 57 ff.; zur Struktur des Andenpakts im Übrigen ibid., 19 ff.

[113] Vgl. *Association of Southeast Asian Nations* (Hrsg.), ASEAN economic blueprint 2025, 2015, passim.

[114] Amüsant die Zusammenstellung pejorativer Beschreibungen seitens der Gegner – von „wishful thinking" über „palm-tree justice" bis zu „degenerated" – bei *Berger, Klaus Peter,* The creeping codification of the new lex mercatoria, 2010, 53 f.

[115] Entsprechende Beobachtung bei *Zumbansen, Peer,* Lex mercatoria – Zum Geltungsanspruch transnationalen Rechts, RabelsZ 67 (2003), 637 (644).

[116] Übersicht über Grundgedanken und historische Vorläufer etwa bei *Horn, Norbert,* Transnationales Handelsrecht – Zur Normqualität der lex mercatoria, in: Bittner, Georg; Lutter, Marcus; Priester, Hans-Joachim; Schön, Wolfgang; Ulmer, Peter (Hrsg.), Festschrift für Karsten Schmidt zum 70. Geburtstag, 2009, 705 (710 ff.); *Baron, Gesa,* Do the Unidroit Principles of International Commercial Contracts form a new lex mercatoria?, Arbitration International 15 (1999), 115 (116 ff.); *Kischel* (Fn. 20), 115 ff.; zur Unzulänglichkeit staatlichen Rechts und den Lösungsalternativen der Praxis auch *Stein, Ursula,* Lex mercatoria – Realität und Theorie, 1995, 16 ff.

1960er Jahren[117] die Idee eines eigenen Rechts der internationalen Wirtschaft, die historisch an das mittelalterliche, europäische Kaufmannsrechts – die alte lex mercatoria – anknüpft, das nach verbreiteter Ansicht als einheitliche und eigenständige,[118] gewohnheitsrechtlich entwickelte Rechtsmasse den Handel regelte. Die an diesem Vorbild orientierte neue lex mercatoria wird gelegentlich auch als transnationales Recht oder new law merchant bezeichnet. Inhaltlich umfasst sie alle Regeln, nach denen die internationale Wirtschaft effektiv funktioniert, im Wesentlichen also Handelsbräuche, allgemeine Geschäftsbedingungen, Standardverträge, Standardklauseln, Verbandsregeln etwa der Internationalen Handelskammer in Paris und allgemeine Rechtsgrundsätze. Von zentraler Bedeutung ist aber vor allem, dass diese lex mercatoria nicht etwa von staatlichen Gerichten im Wege über das internationale Privatrecht zur Anwendung gebracht wird, sondern vor Schiedsgerichten. Die Schiedsrichter werden aber keineswegs nur als schlichte Rechtsanwender verstanden, sondern sind selbst wieder elementare Rechtsquelle, indem sie Regeln aus den übrigen Rechtsquellen anerkennen und entwickeln.

2. Existenz und Inhalt der lex mercatoria: Der große Streit

a) Lex mercatoria als Rechtsordnung: Theoretische und praktische Probleme

Bis hierhin sind auch kaum Streitigkeiten möglich.[119] Denn dass etwa Standardklauseln, Handelsbräuche oder Verbandsregeln bestehen, denen in der internationalen Wirtschaft sehr hohe Bedeutung zukommt, dass Schiedsgerichte dort in vielen Fällen das bevorzugte Streitbeilegungsmittel sind und heute eine echte Konkurrenz für staatliche Gerichte darstellen, dass Schiedsrichter vielfach eine weniger rechtstechnische, mehr vom Parteiwillen und den jeweiligen Usancen geleitete Entscheidung treffen und auch treffen sollen – all das ist kaum zu bestreiten. Kaum zu bestreiten ist auch, dass diese Phänomene als lex mercatoria bezeichnet werden können und gelegentlich von Schiedsrichtern so bezeichnet werden. Die akademische Diskussion geht aber weiter:[120] 50

Die klassischen Befürworter der lex mercatoria sehen in ihr nämlich nicht nur eine solche Sammelbezeichnung für ein empirisches Phänomen, sondern eine eigene Rechtsordnung der international Wirtschaftstreibenden, die sich unabhängig von den Staaten entwickelt, die aufgrund eigenständiger Regeln, insbesondere der Parteiautonomie, zur Anwendung kommt und deren Richter die Schiedsrichter sind.[121] Dagegen wehren sich die Gegner zunächst mit eher rechtstheoretischen Argumenten, die im Wesentlichen darauf abstellen, dass die lex mercatoria nicht die Voraussetzungen erfülle, die an eine Rechtsordnung oder auch nur an Recht gestellt werden müssten. Damit allerdings sind elementare Grundfragen der Rechtswissenschaft berührt (Was ist Recht?, Was macht eine Rechtsordnung aus?), über die kaum Einigkeit zu erzielen ist, zumal die Anhänger der lex mercatoria deren Gegnern 51

---

117 Zu einigen früheren Vorläufern vgl. *Schmidt, Karsten,* Lex mercatoria – Allheilmittel? Rätsel? Chimäre?, in: Murakami, Junichi; Marutschke, Hans-Peter; Riesenhuber, Karl (Hrsg.), Globalisierung und Recht – Beiträge Japans und Deutschlands zu einer internationalen Rechtsordnung im 21. Jahrhundert, 2007, 153 (154).

118 Kritisch zu dieser angeblichen Eigenständigkeit etwa *Michaels, Ralf,* The true lex mercatoria – Law beyond the state, Indiana Journal of Global Legal Studies 14 (2007), 447 (453 f.).

119 Deutlich etwa *Schmidt* (Fn. 117), 157 f.

120 Zum Folgenden vgl. etwa die Darstellungen bei *Berger* (Fn. 114), 53 ff.; *Ipsen* (Fn. 9), 75 ff., 164 ff.; *Schmidt* (Fn. 117), 162 ff.; *Berman, Harold J.; Dasser, Felix J.,* The „new" law merchant and the „old" – Sources, content, and legitimacy, in: Carbonneau, Thomas E. (Hrsg.), Lex mercatoria and arbitration – A discussion of the new law merchant, 1998, 53 (53 ff.); *Kischel* (Fn. 20), 114 ff., 224 ff.

121 Vgl. nur *Goldmann, Berthold,* Frontières du droit et „lex mercatoria", Archives de philosophie du droit 9 (1964), 177 (177 ff.); *Goldmann, Berthold,* La lex mercatoria dans les contrats et l'arbitrage internationaux – Réalité et perspectives, Clunet 106 (1979), 475 (475 ff.); einige Anhänger der lex mercatoria halten es deshalb sogar für denkbar, dass staatliche Gerichte die lex mercatoria anwenden könnten, vgl. etwa *Baron* (Fn. 116), 130; wohl auch *Lowenfeld, Andreas F,* Lex mercatoria – An arbitrators view, in: Carbonneau, Thomas E. (Hrsg.), Lex mercatoria and arbitration – A discussion of the new law merchant, 1998, 71 (74 f.).

gern eine überholte, auf den Nationalstaat zentrierte, insofern aber auch geschichtsvergessene Einstellung attestieren.

52 Mit den rechtstheoretischen Fragen teilweise verbunden ist die weitergehende Behauptung, die lex mercatoria sei zu vage, enthalte zu wenige, zu generalklauselartige, zu unsystematische und letztlich nicht hinreichend umfassende Regeln, als dass man wirklich von einer Rechtsordnung sprechen könne, die auch praktisch in der Lage sei, die nationalen Rechte zu ersetzen. Dieses Argument allerdings hat in den letzten Jahren an Überzeugungskraft verloren. Mit privaten Harmonisierungsprojekten wie den Principles of European Contract Law oder den UNIDROIT Principles of International Commercial Contracts[122] bestehen inzwischen nämlich nichtstaatliche Regelwerke, die inhaltlich kaum hinter staatlichen Kodifikationen zurückbleiben. Sie werden heute vielfach als Bestandteile der lex mercatoria behandelt und waren nicht selten auch genau so gedacht.[123] So heißt es etwa in der Präambel der UNIDROIT Principles: „they may be applied when the parties have agreed that their contract be governed by general principles of law, the lex mercatoria or the like". Allerdings drohen solche Regelwerke gerade aufgrund ihrer Ähnlichkeit zu staatlichen Kodifikationen, den eigentlichen Sinn der lex mercatoria – die Befreiung vom engen Korsett detaillierter und verbindlicher staatlicher Regeln – zu konterkarieren. Das gilt noch deutlicher, wenn dafür plädiert wird, auch staatlich gesetztes internationales Einheitsrecht als Teil der lex mercatoria zu akzeptieren.[124] Tatsächlich bestehen deshalb auch innerhalb der lex mercatoria Lehre Bedenken gegen eine schlichte Übernahme solcher Regelwerke.[125] Stattdessen wird für eine flexible, bloße Orientierung an diesen Prinzipien[126] oder alternativ für eine schlichte, offene Liste von anerkannten Regeln der lex mercatoria plädiert.[127]

53 Ein weiteres Problem der lex mercatoria ist die Frage der Durchsetzung der unter ihr ergangenen Schiedssprüche.[128] Wollen die Streitparteien auf Zwangsmittel zurückgreifen, bedürfen sie weiterhin staatlicher Unterstützung. Der Staat muss also bereit sein, die Schiedssprüche anzuerkennen. Wenn die Schiedsrichter sich aber nicht an staatliches materielles Recht oder Schiedsrecht halten, könnte genau diese Anerkennung gefährdet sein. Die Befürworter der lex mercatoria weisen demgegenüber teilweise darauf hin, dass Schiedssprüche in der Regel freiwillig eingehalten würden und im Übrigen informelle Sanktionsmöglichkeiten der international Wirtschaftstreibenden, etwa durch erheblichen Reputationsverlust bei Nichteinhaltung bestünden.[129] Wichtiger noch weisen die Befürworter darauf hin, dass die staatliche Anerkennung von Schiedssprüchen nach der lex mercatoria schon seit geraumer Zeit immer weiter vereinfacht wurde und heute in der Praxis weitgehend gesichert ist. Verbreitet sind beispielsweise staatliche Normen, die es ausreichen lassen, dass der Schiedsrichter „Rechtsregeln" angewandt hat – die Anwendung einer bestimmten Rechts*ordnung* werde damit gerade nicht verlangt. Dieses Argument ist aber zwiespältig. Denn dass es für die effektive Durchsetzung auf den Inhalt staatlicher Anerkennungsnormen ankommt, kann umgekehrt auch als Beleg für die Abhängigkeit der lex mercatoria vom staatlichen Recht dienen.

---

[122] Zu beiden schon supra → § 2 Rn. 48 ff.

[123] Dazu etwa schon *Baron* (Fn. 116), 123 ff.; weiter etwa *Horn* (Fn. 116), 716 f., 719 f.; aus Praktikersicht *Lowenfeld* (Fn. 126), 77, 81.

[124] So etwa *Horn* (Fn. 116), 709, 717.

[125] Dazu etwa *Berger* (Fn. 114), 250 („codification dilemma").

[126] So etwa *Gaillard, Emmanuel,* Transnational law – A legal system or a method of decision making?, in: Berger, Klaus Peter (Hrsg.), The practice of transnational law, 2001, 53 (58); in diese Richtung auch *Berger, Klaus Peter,* The relationship between the UNIDROIT Principles of International Commercial Contracts and the new lex mercatoria, Uniform Law Review 5 (2000), 153 (169).

[127] Vgl. insbes. die Liste der TransLex-Principles unter www.trans-lex.org/principles/of-transnational-law-(lex-mercatoria) (zuletzt abgerufen am 18.7.2025); zu dieser Liste auch Berger (Fn. 114), xv, 12 f., 270 ff., 371 ff.

[128] Dazu einführend etwa auch *Ritlewski, Kristoff,* Die lex mercatoria in der schiedsgerichtlichen Praxis, SchiedsVZ 2007, 130 (133 ff.).

[129] Zu diesen Durchsetzungsmöglichkeiten etwa *Fouchard, Philippe,* L'arbitrage commercial international, 1964, 466 ff.

Letztlich sehen die Gegner in der lex mercatoria schlicht einen Ausdruck der Privatautonomie: Die Parteien sind im Rahmen des dispositiven staatlichen Rechts ohnehin frei, ihr Verhältnis untereinander beliebig zu regeln und dabei auch auf Standardklauseln, private Regelungswerke etc (materiellrechtlich) zu verweisen. Zum Schwur kommt es daher, wenn eine Regel der lex mercatoria gegen bindendes staatliches[130] Recht des Vertragsstatuts oder gegen sog. Eingriffsnormen verstößt, die sich unabhängig vom Vertragsstatut durchsetzen. Die Befürworter der lex mercatoria verweisen hier nicht selten darauf, dass solche Konflikte in der Praxis zu umgehen seien und letztlich kaum auftauchten. Welches staatliche Recht anwendbar sei, dem dann die bindenden Regeln entnommen werden müssten, sei oft ganz offen, zumal Schiedsgerichte eben nicht selten von der Anbindung an eine konkrete Rechtsordnung entbunden seien und nur Rechtsregeln anwenden müssten. Schließlich könnten Schiedsgerichte in der Regel auch schlicht ohne jede Anbindung an ein Recht ex aequo et bono entscheiden – warum dann also nicht auch nach einer nichtstaatlichen lex mercatoria? Für die Gegner ist das letztgenannte Argument allerdings eine Steilvorlage, denn wenn die lex mercatoria einer bloßen Billigkeitsentscheidung des Schiedsrichters entspräche, dann wäre sie ebenso wenig Recht wie die Billigkeit selbst. **54**

b) Vielfalt der Lehren von der lex mercatoria

Der seit Jahrzehnten anhaltende, hier nur in äußerster Kürze angedeutete Streit hat im Wesentlichen dazu geführt, dass die Lehre von der lex mercatoria sich immer weiter aufgefächert hat.[131] Die gleichsam reine Lehre einer lex mercatoria als Rechtsordnung, die völlig unabhängig vom staatlichen Recht besteht, von nichtnationalen Schiedsgerichten angewandt wird und auf ihre eigene Durchsetzungsfähigkeit vertraut, wird heute eher selten vertreten. Stattdessen wird – in je ganz unterschiedlicher Deutlichkeit und Stärke – nationales Recht mit in die lex mercatoria einbezogen, die Relevanz etwaigen zwingenden Rechts und insbesondere von Eingriffsnormen konzediert oder die Durchsetzbarkeit der Schiedssprüche mithilfe staatlicher Gerichte und damit die Beachtung etwaiger staatlicher Rechtsgrundlagen zu einem wichtigen Aspekt erklärt. Teils wird gar die lex mercatoria im Wesentlichen nurmehr als deskriptiver Sammelbegriff für staatenübergreifende Rechtsangleichung im Bereich des Wirtschaftsverkehrs,[132] als Rechtsfindungsmethode[133] oder als eine Art weitestmöglicher Anpassung der Rechtsanwendung an die Bedürfnisse der internationalen Wirtschaft im Rahmen der klaren und verbindlichen staatlichen Vorgaben[134] gesehen. Je mehr die Anhänger der lex mercatoria durch solche Abwandlungen ihren Gegnern den Wind aus den Segeln nehmen, umso mehr verlagert sich der Streit um die Existenz der lex mercatoria ins Rechtstheoretische – ein von den Befürwortern, die in der Regel vor allem an der Praxis interessiert sind, durchaus erwünschter Effekt. Gleichzeitig aber geht immer mehr von den ursprünglichen Eigenheiten der lex mercatoria verloren, lässt sie sich immer leichter im Rahmen nationalstaatlichen Rechts erklären – letztlich als Ausdruck der Privat- und Parteiautonomie sowie der von den Staaten konzedierten Besonderheiten der Schiedsgerichtsbarkeit. Gerade dieser Zwiespalt könnte der lex mercatoria aber auch wieder Auftrieb geben, indem mit ihr versucht wird, einen Perspektivwechsel herbeizuführen, der den Gegensatz von staatlich und nichtstaatlich für irrelevant erklärt.[135] **55**

---

130 Zum umgekehrten Fall zwingender Normen der lex mercatoria bejahend *Horn* (Fn. 116), 718.
131 Vgl. auch *Berger* (Fn. 114), 61 ff., der versucht, die Vielfalt der Meinungen in drei Bedeutungen des Begriffs „lex mercatoria" zu kondensieren.
132 So *Horn* (Fn. 116), 708, 709.
133 So *Gaillard* (Fn. 126), 56 ff.
134 In diese Richtung *Lowenfeld* (Fn. 126), 76 ff.
135 Im letztgenannten Sinn etwa *Michaels* (Fn. 118), 466 ff.

3. Lex mercatoria und Rechtsvergleichung

56 Das Verhältnis der Rechtsvergleichung zur lex mercatoria hat zwei Seiten. Einerseits ist die Rechtsvergleichung in ganz ausgeprägtem Maße unabdingbare Voraussetzung und damit Teil der lex mercatoria.[136] Wichtige Rechtsquellen wie die allgemeinen Rechtsgrundsätze oder die nichtstaatlichen Regelwerke sind ohne intensive rechtsvergleichende Arbeiten undenkbar. Aber auch die Tätigkeit des Schiedsrichters in der internationalen Handelsschiedsgerichtsbarkeit ganz allgemein setzt, wenn sie Akzeptanz erwartet, die Beschäftigung mit den verschiedenen Rechtsordnungen voraus, die Berührungspunkte zum Fall aufweisen, und ist auch im Hinblick auf die unterschiedlichen rechtlichen Vorprägungen aller Beteiligten auf ein rechtsvergleichend geschultes Wissen angewiesen.

57 Andererseits wird die lex mercatoria kaum je selbst zum Gegenstand rechtsvergleichender Untersuchungen gemacht,[137] ihre Regeln also nicht mit denen etwa des englischen oder französischen Rechts verglichen. Grund dafür dürfte die inhaltliche Offenheit der lex mercatoria sein. Ihre Aussagen sind schon von ihrer Konzeption her sehr stark einzelfallabhängig; eine dogmatische Aufarbeitung und Durchdringung steckt allenfalls in den Kinderschuhen. Daran dürfte sich auch in absehbarer Zeit kaum etwas ändern. Denn nicht nur werden Schiedssprüche entsprechend dem Geheimhaltungsbedürfnis der Parteien oft nicht veröffentlicht. Es lässt sich auch in fast jedem Fall äußerst trefflich darüber streiten, ob ein bestimmter Schiedsspruch überhaupt als Ausdruck der lex mercatoria ergangen ist.[138] Dass Schiedssprüche heute des Öfteren oder gar zu einem erheblichen Teil aufgrund der lex mercatoria ergehen, ließe sich zudem nur bei einer fast uferlos weiten Auffassung vom Inhalt dieser Rechtsmaterie behaupten.[139]

58 Entsprechend wird kaum versucht, die allgemeinen Eigenheiten der lex mercatoria, also ihren Kontext, im Vergleich zu anderen Rechtsordnungen und Kontexten herauszuarbeiten. Ansatzpunkte dafür böte die umfassende Debatte über die Existenz der lex mercatoria allerdings genug: Offenheit, Flexibilität, Entscheidung durch Schiedsgerichtsbarkeit, Abkopplung vom nationalen Recht bei gewisser Abhängigkeit im Hinblick auf die Durchsetzung sind nur einige Stichworte, mit denen der Kontext der lex mercatoria beschrieben werden kann. Jeder weiteren Vertiefung aber steht der dargestellte Grundlagenstreit entgegen. Denn solange keine hinreichende Einigkeit darüber herrscht, was die lex mercatoria genau ist, wie sie zum nationalen Recht steht, welches ihre Quellen sind, wie diese behandelt werden, welchen Freiheiten und Bindungen der Schiedsrichter unterliegt, solange nicht klar ist, ob die lex mercatoria überhaupt existiert oder nur Ausdruck der Privatautonomie ist und ob diese Unterscheidung überhaupt Sinn macht – solange ist es nicht möglich, den Kontext der lex mercatoria hinreichend zu beschreiben.

---

136 Deutlich etwa *Berger* (Fn. 114), 66 ff.

137 Vgl. aber als seltenes Gegenbeispiel die Erwähnung bei *Zeno-Zencovich, Vincenzo,* Comparative Legal Systems, 2. Aufl. 2019, 87 ff.

138 Vgl. etwa die Beispiele bei *Ipsen* (Fn. 9), 92 ff.; *Kischel* (Fn. 20), 133; vgl. auch *Schmidt* (Fn. 117), 161, der darauf hinweist, dass selbst die – seltene – Verwendung des Begriffs „lex mercatoria" keineswegs eindeutig sein muss.

139 Zur Verbreitung der lex mercatoria vgl. etwa *Ipsen* (Fn. 9), 90 ff.; *Berger, Klaus Peter; Dubberstein, Holger; Lehmann, Sascha; Petzold, Viktoria,* The central enquiry on the use of transnational contract law in international contract law and arbitration, in: Berger, Klaus Peter (Hrsg.), The practice of transnational law, 2001, 91 (91 ff.); Analyse etwa auch bei *Derains, Yves,* Transnational law in ICC arbitration, in: Berger, Klaus Peter (Hrsg.), The practice of transnational law, 2001, 43 (45 ff.), der in Bezug auf Schiedssprüche nicht nur der Internationalen Handelskammer feststellt: „The majority of awards just apply national law.", ibid., 51.

Stichwortverzeichnis

Die Angaben beziehen sich auf Paragraphen des Lehrbuchs (fette Zahlen) und Randnummern (magere Zahlen); Hauptfundstellen sind kursiv gedruckt.

3-Phasen-Modell 3 *11 ff.*

IV. Republik 6 16

Aberglaube 8 69
Abstraktion
– und Bürgerliches Gesetzbuch **6** 193
– China **9** 65
– im common law **5** 45 ff.
– Japan **9** 145
– im kontinentaleuropäischen Kontext **6** *61 ff.*, 290, **7** 185
– und koreanisches Zivilrecht **9** 154
– rechtsvergleichende **3** 185
– Taiwan **9** 159
Abstraktionsprinzip 5 3, **6** *273 ff.*
Abtreibung 3 263, 269
Abu Bakr 10 38
Abu Dawud 10 14 Fn. 33
Abwägung 3 271, **6** 91 f., 128, 148, 295 *s. auch Verhältnismäßigkeitsprinzip*
– und levels of scrutiny **5** 210 ff.
– Menschenwürde **6** 302
– und Treu und Glauben **6** 284
acquis communautaire 7 40, 42 Fn. 88, 111, **11** 40
adat 9 4, 247 ff., *255 ff.*
administrative law judge 5 99, 207
Adoption 3 159
adversarial process *s. gegnerschaftlicher Prozess*
afrikanischer Kontext 8 *1 ff.*
– und civil law **8** *3 ff.*
– und common law **8** *3 ff.*
– Defizite **8** *16 ff.*
– Gemeinschaftssinn **8** 19 *s. auch Ubuntu*
– und islamisches Recht **8** 12 ff., **10** 26, 121 f.
– und koloniales Erbe **8** *5, 10 f.*
– und Mutterrechtsordnungen **8** *10 f.*
– und staatliches Recht **8** 1, 3 ff., 10, 16 ff., 73
– Traditionsrecht *s. dort*
Afrikanische Union 11 47
Ägypten 10 33, 34 ff., 39, 121, 134, 141 f., 151, 153 ff., 157
akhbar 10 40
Akteneinsicht 1 15, **7** 149 ff.
Aktiengesetz 6 38
aktionenrechtliches Denken 5 67 f.
Al-Azhar Universität 10 33
Al-Bukhari 10 14
Alexy, Robert 3 2
Ali 10 38, 41
Al-Karkhi 10 15
Alkoholverbot islamisches Recht **10** 8, 11, 19 f., 97, 104 146
Allgemeine Erklärung der Menschenrechte 1 79, 84, **2** 61, 64
– im Islam **1** 85
allgemeine Geschäftsbedingungen 2 46, **6** 14, 40, 67, 285, **9** 157, 158 f.
allgemeine Grundrechtslehren 6 61, 162, *304 ff.*
allgemeine Handlungsfreiheit 6 81, 316, **7** 26, **9** 157
allgemeine Rechtsgrundsätze
– lex mercatoria **11** 49, 56
– als Rechtsquelle **2** 81 ff., **3** 207, **6** *24 ff.*
– und Rechtsvergleichung **1** 54, **2** 81 ff., **3** 207
– im Unionsrecht **1** 54, **2** 83 f.
– im Völkerrecht **1** 54, **2** 82, **3** 207, **11** 4, 9, 15
allgemeiner Aufopferungsanspruch 6 21
allgemeiner Teil
– im common law **5** 46, 48, 206, 216
– im kontinentaleuropäischen Kontext **6** 54 f., 61 ff., 70 f., **7** 18, 158
– koreanisches Zivilgesetzbuch **9** 154
– und Pandektistik **6** 189
– Tang-Kodex **9** 22
Allgemeines Bürgerliches Gesetzbuch 6 36, 40, 183, 186
Allgemeines Landrecht für die Preußischen Staaten 6 13, 21, 183, 186, 190
al-Musnad 10 37
Al-Nasai 10 14 Fn. 33
Al-Tirmidhi 10 14 Fn. 33
Altes Testament 10 160
amal 10 35
Ambedkar, Bhimrao Ramji 9 206
amende *s. Bußgeld*
American Law Institute 2 31, **5** 239
Amtsermittlungsgrundsatz 5 139 f., **6** 264 f., 268
Amtsgericht 6 144, *201 f.*, 246, 257
Amtshaftung *s. Staatshaftung*
Analogie
– im common law **5** *6,* 19 f.
– im islamischen Recht *s. qiyas*
– kontinentaleuropäischer Kontext **6** 83, 102 f., 104, **7** 120
analytische Methode 3 *226 ff.*, 230
– in der Geschichtswissenschaft **3** 226 ff.
– und Rechtskultur **4** 37
– und Rechtsvergleichung **3** 236, 241, 238

– Vorgehensweise **3** 227
– Wissenschaftlichkeit **3** 233
Ancien régime 6 171 ff., 215
Andengemeinschaft 7 181, **11** 47
Anfechtungsklage 5 68, **6** 123, 291
Anklageschrift 5 87, 89
Anspruchsgrundlage 6 130
Antikorruptionskommission, indonesische 9 271
Anwalt *s. Rechtsanwalt*
Apartheid 1 88, **8** 29, 47
Apostasie 1 78, 89 f.
– islamisches Recht *s. ridda*
appel *s. Berufung*
aql 10 42 f.
arabischer Frühling 10 134
Arbeitsgemeinschaft 6 233
Arbeitsgesetzbuch, deutsches 6 195
Arbeitslager 9 81
Arbeitsrecht 3 19, 24, **6** 31, 195, 285 **7** 121, 215
Arbitragegerichte 7 52, **9** 45
Argentinien 7 186, 194, 230, 232, 234
Arminjon, Pierre 4 26
arrêt de règlement 6 172
arrêt en rouge 6 216
arrêté 6 51
arrêts 6 213
Arzthaftungsrecht 2 73, **7** 257
ASEAN Staaten 11 47
Asien 9 *1 ff.*
– und islamisches Recht **10** 121 f.
– Konservatismus **9** 179 ff., 189 ff.
assemblée du contentieux 6 222
assemblée plénière de la Cour de cassation 6 147, 216
Assessorexamen 6 235
Assimilation 7 226 ff., 235
Asylrecht 1 12, **5** 222, **6** 68
Atatürk, Mustafa Kemal 2 24, **10** 122
Atkin, Lord James 5 *13 ff.*, 23, 31, 37, 43
attorney (England) 5 107 ff.
attorney-at-law 5 115
Aubry, Charles 6 96
auditeurs
– de justice **6** 252
– als Mitglied des Conseil d'État **6** 222
Aufklärung 6 183, 187
Aufsatz 6 159
Ausbildung, juristische
– Bachelor-/Master-System *s. dort*
– Benotung **6** 230
– China **9** 93, 107, 121
– Deutschland **6** 139, *228 ff.*
– England **5** 106 ff.
– Fallmethode **5** 117 ff., 260
– Frankreich **6** 139, *238 ff.*, *250 ff.*
– Kosten **5** 113, **6** 234, 239
– law school *s. dort*
– Osteuropa **7** 55, 69
– Praxisnähe **5** 39, 106, 116, 119, **6** 228, 233, 236 f, 240 f.
– Rechtsgeschichte **6** 168
– Repetitorien *s. dort*
– im südostasiatischen Kontext **9** 163, 184 f.
– Universitäten *s. dort*
– USA **5** 39, 43, *114 ff.*, 260
Auschwitz-Lüge 3 151, 128
Auslandsrechtskunde 1 *3 ff.*, 13, 28, 43, **3** 12, 241 f., 204, 291
Auslegung *s. Gesetzesauslegung*
Auslegung, rechtsvergleichende 2 5, *53 ff.*, **3** 236
– Brasilien **2** 80
– im common law **2** 57
– Deutschland **2** 53, 55, 73 f.
– England **2** 75, 79 f.
– als fünfte Auslegungsmethode **2** 53, *61 f.*
– bei internationalen Bezügen **2** *54 ff.*, **11** 56
– Kanada **2** 58
– kulturell-rechtsvergleichende Auslegung **2** 63 f.
– und nationale Eigenständigkeit **2** 65 ff.
– Schweiz **2** 60, 76
– Südafrika **2** 55
– Unionsrecht **2** 61
– USA **2** 66 ff., 80
– im Verfassungsstaat **2** 61 ff.
Ausnahmezustand 9 186 f., 212 *s. auch Notstandsgesetzgebung*
Australien 5 269 ff.
autonome Verordnung *s. règlement autonome*
Autonomiestatut 7 30 f.
avarna *s. Unberührbare*
avocat 6 256
avocat général 6 269 Fn. 470
avoué 6 256
Ayatollah Chomeini 10 39, 43
Az Mapu 7 251 ff.

ba yi 9 22
baccalauréat général 6 239
Bachelor-/Master-System 2 14
– Deutschland **2** 3, **6** 228, 238
– England **5** 111 f.
– Frankreich **6** 238 f.
– USA **5** 114
Badisches Landrecht 6 190
Balzac, Honoré de 6 269
Banjul Charta 8 87
Bankrecht, islamisches *s. Finanzrecht, islamisches*
Bar Professional Training Course 5 111
barrios 7 213 f.
barrister 5 107 ff., 111 ff., 123, *124 ff.*, 265, 269, 273
Basis-Überbau Theorie 9 84

Baskenland 7 19, 30 f.
Baugesetzbuch, deutsches 6 38
Begriffsjurisprudenz 3 24, **6** *89 ff.*, **7** 115, 135, 175
– und Pandektistik **6** 189
– und Subsumtion **6** 109
Begründung von Urteilen *s. Urteilsstil*
Beibringungsgrundsatz 5 133 ff., **6** 261, 264
Bello, Andrés 7 184
Bentham, Jeremy 7 125
Bereicherungsrecht 5 276, **6** 273, 283
Berichterstatter 6 134, 216
Berufsfreiheit 2 12, **6** 31, 118, 304
Berufung *s. auch Rechtsmittel*
– im common law **5** 92, 103
– Deutschland **6** 197, *199*, 201 f.
– Frankreich **6** 209 f., 218 f., 221
Berufungsgericht
– Deutschland **6** 199 f., 201 f.
– Frankreich **6** 209 f., 215, 218 f., 221
Betrug 6 114
Beurteilungsspielraum 2 16, **6** 143
Bevilaqua, Clóvis 7 185
Beweis
– Beweiserhebung **5** 134, 139
– Beweislast **1** 15, **6** 64, **8** 61
– Beweismaß **5** 134
– im common law **5** 44, 50, 92, 134, 137 f.
– Darlegungslast **5** 212
– Deutschland **6** 262, 264, 265
– Geständnis *s. dort*
– der Hexerei **8** 68
– islamisches Recht **10** 68 f., 98 f., 101, 138
– istihab *s. dort*
– und Relationstechnik **6** 130
– Zeugenbeweis *s. dort*
BGB *s. Bürgerliches Gesetzbuch*
BGH *s. Bundesgerichtshof*
Bhutan 9 5
Bibel 10 10, 27, 109, 184
Bibel, hebräische 10 160
Big Brother 6 297
Bigot de Préameneu, Félix-Julien-Jean 6 173
Bill of Rights, internationale *s. Menschenrechtspakte*
Binding, Karl 6 74, 76
Bingham, Lord Thomas 2 80
Blackstone, William 5 4, 33, 38, 42, 44, 54, 109, 175, **7** 265
Blankenburg, Erhard 4 30 f., 36
Blasphemie 10 109
– Mohammedkarikatur *s. dort*
bloc de constitutionalité 3 298
bloque de constitucionalidad 7 31, 200
Blutgeld 10 97, 107
Boissonade, Gustave 9 144
Bolivien 7 199, 202, 209, 228, 232, 234, 236, 242 f.
Bonaparte, Napoleon 6 56, 173 f., 176, 184
Bosnien-Herzegowina 7 43, 47, 49
Boström, Jacob 7 167 ff.
Bourgeoisie 9 46, 85
Brahmanen 9 242
Brand, Oliver 3 *82 ff.*
Brasilien 2 80, **7** 158, 167, 177 ff., 191, 199, 207 ff., 211, 214 f.
Brautgeld
– afrikanischer Kontext **8** *58 ff.*, 88, 92
– islamisches Recht *s. mahr*
Breviarium Alaricianum 6 169
Brexit 5 256 f.
Brihaspati Smriti 9 238
Brown v. Board of Education 1 71
Brunei 9 5
Buch der Riten 9 11, 13
Bücher des Konfuzianismus, fünf klassische 9 11, 15
Buddhismus 9 139, 148, 169, 246
Bugnet, Jean Joseph 6 96
Bulgarien 7 68
Bundesarbeitsgericht 6 197, 246
Bundesfinanzhof 6 197, 246
Bundesgerichtshof 2 55, 73, 76, **5** 205, **6** 144, 147, 197, 201 f., 204, 245 f., 257
Bundesgesetzblatt 6 147
Bundespräsident (Schweiz) 7 15
Bundesrat
– Deutschland **1** 22, **3** 247, **6** 191
– Schweiz **1** 22, **3** 247, **7** 15
Bundessozialgericht 6 197, 246
Bundesstaat
– China **9** 56, 106
– Europäische Union **11** 36
– Indien **9** 194
Bundesverfassungsgericht 6 *204 ff.*, 245
– Auslegungspraxis **2** 71, 74
– Entscheidungswirkung **6** 147, 205 f.
– Sondervotum **6** 206
– Superrevisionsgericht **6** 204, 312, 316
– Zusammensetzung **6** 206
– Zuständigkeit **6** 204 f., 309
Bundesverwaltungsgericht 5 205, **6** 144, 197, 200, 246
Burger, Warren E. 2 67
Bürgerliches Gesetzbuch 6 4, **7**, 36, 38, 42, *190 ff.*
– Abstraktion **6** 193
– Abstraktionsprinzip *s. dort*
– Abtretung **6** 274, 285
– und allgemeiner Teil **6** 54 f.
– Aufbau **6** 48, 53 ff.
– in Brasilien **7** 185
– Bienenschwarm **6** 47, 191
– Eigentum und Besitz **6** 78 f., 273 ff.
– Entstehung **6** 43, 190 ff.
– in Japan **9** 143 f.

– Kritik **6** 191 ff.
– und Pandektistik **6** 189, 191
– Schuldrechtsreform **2** 25, 28
– Sprachstil **6** 48, 56 f., 193
– Trennungsprinzip *s. dort*
– Treu und Glauben *s. dort*
– Wertschätzung **6** 194
Burgerlijk Wetboek 9 253
Bußgeld 3 89, **6** 217

Caesar, Gaius Julius 6 169
Calabresi, Guido 2 3, **3** 272, **5** 43, **7** 275
Cambacérès, Jean-Jacques Régis de 6 173
Cambridge 5 107, 110, 113
Carbonnier, Jean 6 101
cas d'ouverture 6 142
cas pratique 6 139, 241
case law *s. Präjudizien*
cassation *s. Kassation*
cause 6 *279 ff.*
– im afrikanischen Kontext **8** 11
– in Deutschland **6** 283
– Gefälligkeit **6** 282
– Gesetzes- und Sittenwidrigkeit **6** 282
– Funktionen **6** 282
– Kritik **6** 282 f.
– objective **6** 280 ff.
– subjective **6** 280 f.
– Unmöglichkeit **6** 282
– Ursprung **6** 279, 283
cause of action 5 70, 144, **11** 29
certificat d'apitude à la profession d'avocat 6 255
certiorari 5 104, 230
chambre de l'instruction 6 271
chambre social 6 215
chambres mixtes 6 147
Chancery 5 61, 72, 75, 90
Chávez, Hugo 7 211 f.
checks and balances *s. Gewaltenteilung*
Chevron v. NRDC 5 218 ff., **6** 103 Fn. 203
Chiang Kai-Shek 9 147, 186
Chicago Schule 3 68 Fn. 111, 80
Chile 7 184, 199 f., 202, 228, 234, 254
China 9 2, *7 ff.*
– Einheitsstaat **9** 56, 106
– Institutionen, staatliche **9** 54 ff., 67 ff.
– Kommunistische Partei Chinas *s. dort*
– Öffnung **9** 50 ff., 83
– Partei und Staat **9** *71 ff.*
– Rechtsbewusstsein **9** 116, 120
– als Rechtsstaat **9** 45, *119 ff. s. auch Gewaltenteilung*
– Rechtsverständnis **9** 44, 51, 84
– Republik *s. Taiwan*
– Sinomarximus *s. dort*
– Verfassung *s. dort*
– Verwaltung **9** 56
– und Vorstellungen, westliche **9** 67 f., 74
chinesisches Recht 9 *7 ff.*
– Einfluss, japanischer **9** 38, 65
– Einfluss, kontinentaleuropäischer **9** 38 f. 65, 88
– Einfluss, sowjetischer **9** 39
– Einfluss des traditionellen Rechts **9** 33, *100 ff.*, 116 ff.
– fa *s. dort*
– fazhi *s. dort*
– li *s. dort*
– modernes **9** *54 ff.*
– Pflichten **9** 14 f., 31, 40
– Rechtsdenken **9** 36, 65, 84, *100 ff.*
– Rechtswissenschaft **9** 45
– Reformen **9** *37 ff.*, 65
– Strafrecht *s. dort*
– Strukturen **9** *54 ff.*, *66 ff.*
– traditionelles **9** *8 ff.*, 26 ff., 31 ff., 40, 104, 137, 244
– xing *s. dort*
Ching-Dynastie 9 23, 35 f.
Chirac, Jacques 6 226
Chomeini, Ayatollah 10 109
chu 9 23
circuit judge 5 87, 89, 121
CISG 2 28, 44 f., 55, **7** 38, 43 f., **9** 154, **11** 7
civil law *s. kontinentaleuropäischer Kontext*
civil rights *s. Grundrechte*
Clovis 6 170
Coase, Ronald H. 3 55
Coase-Theorem 3 55 f.
Code *s. Kodifikation*
Code administratif 6 40 f.
Code civil 2 24, **6** 4, 7, 36, 42
– und allgemeiner Teil **6** 70
– Aufbau **6** *48 ff.*, 174
– cause *s. dort*
– in Deutschland **6** 190
– und école de l'exégèse **6** 96 f.
– Entstehung **6** 43, *173*
– in Indonesien **9** 253
– in Japan **9** 143 f.
– in Korea **9** 153
– Kritik **6** 175, 186
– in Lateinamerika **7** 183 ff., 187 f.
– in Spanien **7** 17
– Sprachstil **6** 48, 56 f., 173
– Wertschätzung **6** 174, 176
Code Civil du Québec 5 265
Code de commerce 6 176
Code de procédure civile, französischer 6 176
Code de procédure pénale, französischer 6 176
Code d'instruction criminelle, französischer 6 176
Code Napoléon *s. Code civil*

Code pénal, französischer 6 176
codes of conduct 2 14
Codex Iuris Canonici 10 183, 187
Codex Maximilianeus Bavaricus civilis 6 183, 190
Codex Theodosianus 6 169
codification-reform *s. Reformkodifikation*
Código civil 7 17 ff.
Coin-Delisle, Jean-Baptiste-César 6 96
Coke, Lord Edward 5 33, 38, 75
Colbert, Jean-Baptiste 6 176
collège d'instruction 6 272
commentaire d'arrêt 6 139, 241
Commission de Codification 6 40
Commission on European Contract Law 2 48
commission rogatoire 6 271
Commission Supérieure de Codification 6 40
commissions départementales d'aide sociale 6 208
Committee on Jewish Law and Standards 10 168
commodity murabaha 10 117
common law 5 *1 ff.*
– und Abstraktion **5** 45 ff., **6** 69
– Begriff **5** 1 f.
– bundesstaatliches (USA) **5** 105, 237 Fn. 573
– Charakteristika **5** 3 ff., **9** 204
– Denkweise **5** *40 ff.*, 228, 258 ff., **7** 258, 263
– Fallnamen **6** 53
– Fallrecht *s. Präjudizien*
– Formalismus **5** 62 ff., 179 f., 262
– Geschichte **5** 54 ff.
– Gesetzesauslegung *s. dort*
– Gesetzesrecht **5** 33 ff.
– Gesetzesstil **5** 34, **9** 201
– Grundstücksrecht *s. dort*
– Indien *s. dort*
– und islamischer Kontext **10** 121
– kanonisches Recht **5** 109, 276, **10** 181
– Kodifikation *s. dort*
– Konvergenz *s. dort*
– Literatur, akademische **5** 37 ff., 48, 117, 119, 206, 255
– Methode **5** 4 ff.
– öffentliches Recht **1** 70, **5** *197 ff.* *s. auch Verwaltungsrecht*
– Präjudizien *s. dort*
– Prinzipien, allgemeine **5** 18 ff., 45
– Prozessorientierung **5** 44, *65 ff.*, **7** 263 f.
– Recht und Tatsache *s. dort*
– Südafrika *s. dort*
– Überprüfung von Verwaltungsentscheidungen **5** 83 ff., 99, 104, 201, 207 ff., *218 ff.*
– Unterschiede England/USA **5** 227 *ff.*, **7** 267 f.
Common Pleas 5 59, 61, 81
Commonwealth 5 94, 246
communio Lehre 10 183
comparative constitutional studies *s. vergleichende Verfassungsforschung*
comparative jurisprudence *s. vergleichende Rechtstheorie*
compilation *s. Gesetzessammlung*
conceptual comparisons *s. konzeptuelle Vergleichung*
concours 6 251 f.
Congrès International de Droit Comparé 1 54, 56
Conring, Hermann 6 178
Conseil constitutionnel 6 213, *225 ff.*
Conseil de prud'homme 6 208
Conseil d'État 2 18, **6** 173, *221 ff.*, 227
conseil juridique 6 256
conseillers 6 215 f.
conseillers d'État 6 222
conseillers référandaires 6 216
consideration 2 15, **5** *187 ff.*, 230, 276, **9** 202
consolidation *s. Konsolidierung*
Constantinesco, Léontin-Jean 1 17, 59 ff., **3** *11 ff.*, 96, 224, **4** 23, 49
contravention *s. Ordnungswidrigkeit*
coparceners 9 241
Corpus Iuris Canonici 10 185, 189
Corpus Iuris Civilis 6 189
Cotterell, Roger 4 34 ff.
County Courts 5 87 f.
cour administrative d'appel 6 221
cour d'appel 6 215 f., 218 f., 271
cour d'assises 6 218
Cour de cassation 6 141, 147, 149 f., 167, 211 f., 216, 218 f., 227, 254
Cour des comptes 6 208
Court of Appeal 5 28, 61, *91 f.*, 120 f., 136, **6** 257
Court of Appeals 5 102
coutumes 6 170 ff.
crime *s. Verbrechen*
critical legal studies 3 203, **5** 182, 261, **6** 88, 128, **7** 177
Crown Court 5 89
culpa in contrahendo 6 46

darura 10 28
dalits *s. Unberührbare*
Damdupat 9 199
Dänemark *s. Skandinavien*
dang de zhengce 9 78
Datenbank, juristische 3 301, **6** 160
David, René 1 17, 57, **4** 4, 26, **5** 228, **8** 17
Dayabhaga 9 240
DDR 6 10, 166, **7** 58
de Cruz, Peter 3 *15 ff.*, 34, 224, **4** 26
de facto Regime 7 222
de novo review 5 103, 218
Deal 6 268, **7** 43, 257

décision 6 213
décret 6 51
deduktives Denken 5 6, 18, 233, 260 f., **6** 90, 98, 137, 148
deed 5 188
deference 6 293 *s. auch Chevron v. NRDC*
Dekadenz, westliche 7 76, **9** 45
Delegation von Gesetzgebungsbefugnissen *s. Verordnungsermächtigung*
Deliktsrecht
– China **9** 65
– Frankreich **6** 57, 101
– Generalklausel **5** 13, **7** 3
– torts *s. dort*
délit *s. Vergehen*
Delvincourt, Claude-Étienne 6 96
Demante, Antoine-Marie 6 96
Demokratie
– Afrika **8** 19 f.
– China **9** 52, 67, 84
– common law **3** 281, **5** 33, 155, 244
– Deutschland **3** 281
– direkte **7** 11 ff.
– Europäische Union **11** 37
– und Imbizo **8** 54
– Indien **9** 194
– Indonesien **9** 252, 266 *s. auch reformasi*
– islamisches Recht **10** 52, 157
– Konkordanzdemokratie **7** 15
– Lateinamerika **7** 222
– Osteuropa **7** 65 ff., 102.
– und Rechtsstaat **9** 129 f., 133
– Schweiz **7** 10 ff.
– Skandinavien **7** 117, 157
– im südostasiatischen Kontext **9** 186 ff.
– und Utilitarismus **9** 133
– und Verordnungsermächtigung **3** 281
Demolombe, Charles 6 96
Deng Xiaoping 9 50, 68, 84
Denning, Lord Alfred Thompson 5 32, 37, 106, 122, 167, 186, **7** 268
département 6 218, 220
Derecho Indiano 7 182
Dereliktion 6 274 Fn. 482
Derrida, Jacques 3 171
Deutscher Bund 6 177, 184
Deutsches Kaiserreich 6 191, 194
devolution 1 7, **3** 262, 269, **5** 277
Dharma 9 235
Dharmasastras 9 236
Dharmasutras 9 236
dialektische Rechtsvergleichung 3 *28 ff.*
Diaspora 10 169
Dicey, A. V. 5 200 f., 242 f.
Diebstahl
– Deutschland **6** 111, 113, 288
– islamisches Recht **10** 7, 54, 73, 78, *97 ff.*, 102, 104 f., 128
Digesten *s. Pandekten*
– hinduistische **9** 239 ff.
Diktatur
– in Asien **9** 2, 44, 67 ff., 84, 121, 129, 134 f., 186, 252, 266
– in Europa **7** 23, 32, 105
– in Lateinamerika **7** 197, 222
Diplock, Lord 2 80, **5** 201
discretion 1 23 *s. auch Ermessen*
dissertation 6 139, 241
distinguishing 5 29 f., **6** 144
district judge 5 87, 89, 120, 123
Disziplinarkodex 9 79
Diwan al mazalim 10 131
diversity jurisdiction 5 105
diwani 9 197
d'jaki 7 75
doctorat 6 238 f., 255
dongseong dongbon 9 181
Donoghue v Stevenson 5 *12 ff.*, 23, 25, 37, 43, 276
Dorfgemeinschaft 7 253 f.
doyen 6 216
Draft Common Frame of Reference 2 50, **9** 154
Drei Repräsentationen 9 68
Drittschadensliquidation 2 75, **6** 46
droit intermédiare 6 173, 175
due process 3 255, **5** 139, 155, 214 f.
Dürig, Günter 6 166, 301
Duranton, Alexandre 6 96
Düsseldorfer Tabelle 6 33
duty of care 5 13 f. 17, 20, 51, **6** 108
Duvergier, Jean-Baptiste 6 96
Dysfunktionalität von Recht 1 32

East India Company 9 37, 196 ff.

École de l'exégèse 6 95 ff., 99
École de libre recherche scientifique 6 95 f., 98 ff.
École nationale d'administration 6 222, 242
École nationale de la magistrature 6 251, 253
École normale supérieure 6 242
École polytechnique 6 242
écran législatif 6 223

Ecuador 7 199, 202, 209, 218, 228, 230 f., 234, 242, 244
effet utile 6 102, **11** 34, 40
Effizienz der Justiz 5 86, **6** 258, **7** 53, 207, 217 ff., 246, 250, **9** 207, 225 f., 245, 268 f.
EGMR *s. Europäischer Gerichtshof für Menschenrechte*
Ehe
– Brautgeld *s. dort*
– Ehebruch *s. dort*
– Ehescheidung *s. dort*

– Eheschließung *s. dort*
– Eheverbot **9** 181
– Ehevertrag **10** 137
– gemischtrassige **3** 159
– gleichgeschlechtliche **1** 78, **3** 153, 159
– Hindu Marriage Act *s. dort*
– islamisches Recht **10** 17, *84 ff.*
– Israel **10** 178 ff.
– Kasten, verschiedene **9** 220, 229
– Polygamie *s. dort*
– Zeitehe **10** 85
– Zivilehe **6** 173
Ehebruch 1 75, **6** 175, **9** 179 f., **10** 78, 88, 128
Ehescheidung
– Code civil **6** 175
– droit intermédiare **6** 173
– islamisches Recht **10** 23, 61, 84, *86 ff.*, 137 f., 142
– Skandinavien **7** 137
Eheschließung
– Afrika **8** 56 ff.
– Code civil **6** 175
– islamisches Recht **10** 84, 137 f.
– Völkerrecht **11** 8
Ehrenmord 10 26, 108
Eigentum
– und adat **9** 255
– und Besitz **6** 78 f.
– Eigentumsübertragung **6** 273 ff., **7** 17
– gutgläubiger Erwerb **6** 275
– Indien **9** 210 ff.
– Grundstücksrecht im common law *s. dort*
– kollektives Grundeigentum **7** 227
– und Rechtsrealismus **7** 165
– trust *s. dort*
einfaches Recht 6 204 Fn. 389, 311, 314, 316 f.
Eingriff 6 162, *304 f.*
Einheitsfront 9 71
Einheitsrecht
– afrikanisches **8** 3
– Auslegung **2** 55
– europäisches **2** 48 ff., **7** 257
– und funktionale Rechtsvergleichung **3** 161
– internationales **2** 45 ff., 55
– OHADA *s. dort*
– und Rechtsharmonisierung **2** 41 ff., **11** 52
Ein-Kind-Politik 9 103
Einschätzungsprärogative 6 307 f.
Einzelrichter
– Deutschland **6** 198, 201 ff.
– England **5** 87
– Frankreich **6** 213 f., 217, 220, 222
Einzelvergleich 1 *17 f.*, 36, 59 f., **3** 8, 11, **4** 47
ejusdem generis Regel 5 163, **8** 9
Ekklesiologien 10 183
Eliezer, Rabbi 10 171
Eliten, afrikanische 8 28, 70 f., 75, 87
EMRK *s. Europäische Menschenrechtskonvention*
Encylopédies 6 161
Engels, Friedrich 9 83
England
– Ausbildung, juristische *s. dort*
– Einfluss auf ehemalige Kolonien **5** 265 ff.
– Einfluss des Europarechts **5** 68, 96, 139, *248 ff.*, 255, **7** 267 ff.
– Gerichte *s. dort*
– jury *s. dort*
– Rechtsquellen **5** 1 f., 21 ff., 33, 38, 41 ff.
– Überprüfung von Verwaltungsentscheidungen **5** 83 ff., *201*
English Law Commission 2 31
Entscheidungsformel *s. Tenor*
Entscheidungssammlung 6 152, 159 f.
Eörsi, Gyulla 4 6
equity 5 2, *72 ff.*, **9** 198
– Verhältnis zu law **5** *78 ff.*, 276 f.
Erbrecht
– und adat **9** 255
– China **9** 29, 40 f., 65
– Deutschland **2** 74
– Hindu Succession Act *s. dort*
– Indien **9** 195 f., 228 ff.
– im Internationalen Privatrecht **1** 45
– islamisches Recht **3** 186, **10** 4, 12, 23 f., 26, 76, 83, *95 f.*, 120, 134, *136 ff.*
– politischer Charakter **1** 78
– Südafrika **8** 93 ff.
– und trust **5** 183 ff.
Erklärung der Menschen- und Bürgerrechte 1789 2 24, 64
Ermächtigungsgrundlage 6 127
Ermessen 1 23, **2** 16, **6** 292, 295 f., 308
– Bedeutung des Richters **5** 80, 103
– Fehlerlehre **6** 295
– Reduzierung auf Null **6** 295
– der Verwaltung **2** 20, **7** 145
Ermittlungsrichter 6 270
Esher, Lord 5 14, 18
Esser, Josef 3 1
estate 5 172 ff., 179 f.
Estland 2 36, **7** 72, 74
Ethnozentrismus 3 155, **9** 67
Europäische Grundrechtecharta 7 8
Europäische Kommission 11 38
Europäische Menschenrechtskonvention 2 27, 55, 84, **5** 68, 96, 139, 251, **6** 218, 227, **7** 8, 124, 158, **11** 22, 46
Europäischer Gerichtshof 11 27, 32 ff., 38, *40 ff.*, 44 ff.
– EuGH-Positivismus **11** 33
– Kompetenzen **2** 47, **11** 32 ff.
– und Rechtsvergleichung **2** 61, 83 f.
Europäischer Gerichtshof für Menschenrechte 2 55, 67, **7** 8, 79, **6** 204 **11** 46
Europäischer Wirtschaftsraum 7 111, 132, **11** 46

Europäisches Parlament 11 37 f.
Europäisches Privatrecht 2 48 ff., **7** 257, **11** 26
Europarecht
– im weiteren Sinne **11** 46
– Unionsrecht *s. dort*
Eurozentrismus 3 98 f., 101
Ewald, William 3 94 f.
Exegetische Schule *s. école de l'exégèse*

fa 9 12
– Erbrecht **9** 29
– Familienrecht **9** 29
– und li **9** 12, *14 ff.*
– und lü *s. dort*
– und xing **9** 12
Fachdatenbanken 3 301
Fachgericht 6 204 Fn. 389, 311, 315, 318 f.
Fachsprache 3 171
– und Alltagssprache **6** 78
– in Gesetzen **6** 67
– und Gesetzesauslegung **6** 82
– Verständnisprobleme, rechtsvergleichende **6** 65 ff.
Fachzeitschrift
– Archivzeitschrift **6** 159
– Deutschland **6** 152, *159 f.*
– Herausgeber **6** 159
– USA **6** 159
Fahrlässigkeit 6 65 *s. auch negligence*
faires Verfahren *s. due process*
Fallmethode 5 117 ff., 256
Fallrecht *s. Präjudizien*
falü 9 61
Falun Gong 9 81, 134
Familieneigentum 9 241
Familienrecht
– und adat **9** 255
– China **9** 29, 40
– Ehe *s. dort*
– hinduistisches Recht **9** 195 f., 228 ff., 234
– Indien **9** 195, 228 ff.
– Indonesien **9** 260
– im Internationalen Privatrecht **1** 45
– islamisches Recht **10** 4, 12, *83 ff.*, 120, 134, *136 ff.*
– jüdisches Recht **10** 172 ff.
– politischer Charakter **1** 78
familles de droit *s. Rechtskreise*
fard 10 74, 77, 82 *s. auch wajib*
faru al-fiqh 10 7, *9 ff.*
fatwa 10 70, 118
favelas *s. barrios*
fazhi 9 18, *122 ff.*
Féaux de la Croix, Ernst 6 166
Federal District Court 5 101
federal question jurisdiction 5 105
federalism *s. Föderalismus*
fee 5 55, 172, 180
Fehlerlehre 1 5 ff., 36, **3** 2, 17, 33, 119, 180 ff., *246 ff.*, **7** 241, **9** 67
– Abweichungen **3** 259 f.
– Begriffsinhalt **3** 251 ff.
– eigene Brille **3** 172 f., 33, *271 ff.*
– Fehlinterpretation **3** 261 ff.
– funktionale Äquivalente **3** 257
– und Funktionsbedingungen **3** 201
– und law in action **1** 6, 63, **3** 273 ff.
– und law in books **3** 273 ff.
– und law in debate **3** 278
– Lesefehler **3** 248
– Rechtserkenntnisquellen **3** 250
– Rechtsquellen **3** 249
– Rechtskultur **3** 264 ff.
– Rechtsübersetzung **3** 247
– und stilprägende Faktoren **3** 272, **4** 23
– Vorverständnis, begriffliches **3** 254
felony *s. Verbrechen*
Fenet, Pierre Antoine 6 96
Festschrift 6 159
Feudalismus 5 55, 169 ff., **6** 173
Finanzrecht, islamisches 9 259, **10** 79, *113 ff.*
– und fatwa **10** 118
– und Gerechtigkeit **10** 113
– Scharia-Risiko **10** 119
– Umgehung **10** 115 ff.
Finnland *s. Skandinavien*
fiqh 10 *6 ff.*, 30, 36, 47, *73 ff. s. auch islamisches Recht*
– Begriff **10** 7
Fixgeschäft 2 15
Föderalismus
– Australien **5** 267
– China **9** 56, 106
– Deutschland **3** 262, **6** 196
– und devolution **3** 262
– Europäische Union **11** 24, *35 f.*
– Großbritannien **1** 7, **3** 268
– Indien **9** 194
– Kanada **5** 267
– Lateinamerika **7** 194
– Russland **7** 104
– Schweiz **7** 14
– Spanien **7** 30 f.
– USA **5** 237 ff., **6** 196
Folgenbeseitigungsanspruch 6 21, 166
Folter 6 297, 301
Foralrecht 7 19
Formalismus
– im common law **3** 312, **5** 62 ff., 179 f., 262, **7** 268
– und Dezisionismus in Russland **7** 84 ff.
– und Gesetzesauslegung **6** 88, 93
– im kontinentaleuropäischen Recht **6** 88, 93, **7** 49 f., 61, 84 ff., 176, 269
– im Unionsrecht **11** 28

Formantenlehre 3 *18 ff.*
– Arbeitsregeln **3** 21, 25
– deklamatorische Aussagen **3** 21, 25
– Grundgedanke **3** 19
– Kritik **3** 23 ff.
– Kryptotypen **3** 22
– Methode **3** 19 ff.
– und ökonomische Analyse **3** 52
formelles Gesetz 6 17 f.
forms of action *s. writs*
Fortpflanzungsmedizin 6 297
forum shopping 1 42, **2** 46
Franco, Francisco 7 23, 32
Francovich-Entscheidung 11 29
Frank, Jerome 5 260
Französische Revolution 6 173, 175 f., 207, 218
Frauenwahlrecht 8 89
free marketplace of ideas 3 151, 256, **6** 298
Freirechtsschule 6 98, **9** 183
Friedman, Lawrence 4 31 ff., 40
Fundamentalismus 10 106 ff., 120, 139, 156 f.
fünfte Auslegungsmethode *s. Auslegung, rechtsvergleichende*
Funktionale Rechtsvergleichung 1 15 ff., **3** *7 ff.*, **7** 250
– Abweichungen **3** 8
– Alternativen **3** *10 ff.*
– Ethnozentrismus *s. dort*
– Fehlerlehre *s. dort*
– als Feindbild **3** 178 f., 214
– Funktion **3** *151 ff.*, 180 f., 190 ff., 215, 283 *s. auch Funktionen des Rechts*
– Funktionsbedingungen **3** 201 f., 211 f.
– Gesetzeszentrierung **3** 17
– Grenzen **1** 64, **3** *189 ff.*
– Grundgedanken **3** *7 ff.*, 180
– Hegemonie **3** 174
– Isolation **3** 166 f.
– und Konzeptvergleich **3** 210
– Kontext, kultureller **3** 155, 160, 173, 180 f., 216
– und kontextuelle Rechtsvergleichung **3** 215 ff.
– Kritik **1** 50, **3** *150 ff.*, *178 ff.*
– und Makrovergleich **3** 211
– Neutralität **3** 157 ff., 173, 185 ff., **9** 67
– praesumtio similitudinis *s. dort*
– als Problemvergleich **3** 210
– und Rechtsübernahme **3** 211
– und Rechtsvereinheitlichung **3** 236, 182, 211 f.
– Sprache, gemeinsame **3** 167
– Systembegriffe **3** 7
– theoretischer Rahmen **3** 154
– Vergleichsvorgang **3** 154, 186, 193
– Wertungen **1** 10 f., **3** 7, 154 ff., 33, 187
– Zielabhängigkeit **3** 163 ff.
– Zivilrechtsfixierung **1** 47, 68, **3** 145
Funktionen des Rechts 1 14 ff., **7** 12, 59, 249, **9** 217 ff.
Gandhi, Indira 9 212 f.
Gandhi, Mahatma 9 206
Garantie 2 15
garar 10 114 ff.
gebundene Entscheidung 6 292, 295
gegnerschaftlicher Prozess 5 132 ff., 232 f.
Gehirnwäsche 6 297
gelebtes Recht *s. law in action*
gelehrtes Recht *s. law in books*
gemeines Recht *s. ius commune*
gemeines Sachsenrecht 6 190
gemischte Rechtsordnungen 2 36, **3** 97, **4** 17, 24, *54 ff.* **5** 277
– schottisches Recht *s. dort*
– Südafrika *s. dort*
Generalanwalt 11 27, 41
– avocat général *s. dort*
Generalklausel 5 13, **6** 286, **7** 3, 49, **9** 159
Generalsekretär der Kommunistischen Partei Chinas 9 72
Gény, François 6 95, *98*, 101
Geratorex v. Geratorex 2 75, 79
Gerichte
– Afrika **8** 20 ff.
– Befriedungsfunktion **9** 115, 117
– China **9** 31 ff., 42, *57 ff.*, 69
– Deutschland **6** 196 ff.
– Effizienz der Justiz *s. dort*
– England **5** 57 ff., *82 ff.*
– Frankreich **6** 207 ff., 213
– Gerichtsbarkeit, ordentliche *s. dort*
– Indien **9** 196 ff., 205 ff., 225 f.
– Indonesien **9** 251, 256, 268 ff.
– islamisches Recht **10** 131
– Japan **9** 160
– Kosten **5** 77, 84, 156, 166, **7** 51, 146, 217, **8** 16
– und Schlichtung *s. dort*
– traditionelle Justiz **7** 242 f., 252, **8** 65, 77 f., **9** 31 ff.
– USA **5** 99 ff., **6** 196, **9** 160
– Verwaltungsgerichtsbarkeit *s. dort*
Gerichtsbarkeit, ordentliche
– Deutschland **6** *201 f.*, 204 Fn. 389
– Frankreich **6** 207 f., *213 ff.*
Gerichtsentscheidung
– China **9** 91
– Deutschland **6** 147, 151, 206
– England **5** 87, 90 ff.
– Frankreich **6** 148, 213, 216
– obiter dictum *s. dort*
– und Präjudizien *s. dort*
– Tenor *s. dort*
– Urteilsstil *s. dort*
– USA **5** 99 f.
Gerichtsverfahren *s. Prozessrecht*

Gerichtsverfassungsgesetz 6 195
germanisches Recht 6 187 f.
Geschichtswissenschaft 3 226 ff., 234 ff.
Gerschom ben Juda, Rabbi 10 175 f.
Geschworene 5 142, 148, 234, **6** 218 *s. auch jury*
Gesellschaftsrecht 5 269, **7** 132, 257, 273
Gesetz *s. auch Kodifikation*
– im afrikanischen Kontext **8** 4 ff., 9 ff., 17 f., 22, 48
– Auslegung *s. Gesetzesauslegung*
– Begriff **6** 15 ff.
– China **9** 12 ff., 20 ff., 61 ff.
– im common law **5** 33 ff.
– europäisches **11** 44
– formelles Gesetz *s. dort*
– im islamischen Recht **10** *123 ff.*
– und Kodifikation **6** 38 ff.
– im kontinentaleuropäischen Kontext **6** *7 ff.*, 27, **7** 119 f.
– Indien **9** 196, 198 ff., 219, 221, 228 ff.
– Indonesien **9** 248, 251, 25 3 f., 259 ff., 267
– als Rechtsquelle **5** 33 ff., **7** 119 f., 256
– im südostasiatischen Kontext **9** 137, 143 ff., 175, 182 f.
Gesetzblatt 6 41, 53, 147
Gesetzbuch *s. Kodifikation*
Gesetzesauslegung
– Afrika **8** 9
– Analogie *s. dort*
– in China **9** 14, 26, 57, *86 ff.*
– des Codex Iuris Canonici **10** 190
– im common law **5** 33, *159 ff.*, 218, **7** 256, **9** 198, 201
– effet utile *s. dort*
– europarechtskonforme **5** 248 f., **11** 35, 44
– Gesetzeswortlaut *s. dort*
– Gesetzgebungsmaterialien **5** 164 ff., 255, **7** 121 ff., 172
– und Hermeneutik **6** 85
– historische **5** 272, **6** 77, *81 f.*, 102
– im islamischen Recht **10** 3, 7 f., 15, 16 ff., 30 f., 34 ff., 136
– im kontinentaleuropäischen Kontext **6** 13 f., 31, *73 ff.*, 114, **7** 49, 123 ff., **9** 88
– Lückenschließung **6** 83, **10** 136
– rechtsvergleichende *s. Auslegung, rechtsvergleichende*
– und Richterrecht **6** 31, 83, 101
– Schlussfolgerung **6** 83, 103, 292, **10** 21
– systematische **6** 77, *79*, 82, 101 f., **7** 50, 69
– teleologische **5** 160, 167, 255, **6** 77, *80*, 82, 91, 101 f., **7** 49, 69, 121, 256, 268, **11** 45
– Unionsrecht **11** 28, 45
– Verfassungsauslegung **2** 63 ff., **5** 271 f.
– verfassungskonforme **6** 315, 319, **7** 50, 159
– zentralisierte **9** *91*
Gesetzesbindung 6 11, 13, **9** 126, **10** 131
Gesetzesneufassung 6 41 ff.
Gesetzessammlung 6 40 f., 53, **9** 261 f.
Gesetzesstil 5 34, **6** 48 ff., **7** 185, **9** 201
Gesetzesvorbehalt 6 127, 305, 310, **9** 193, 257
Gesetzeswortlaut
– im common law **5** 161, 223, 272
– islamisches Recht **10** 37, 110, 127, 146, 157
– kontinentaleuropäischer Kontext **6** 11, 13 f., 31, 75, *78 f.*, 91, 94, 103, 114, **7** 49, 69
– école de l'exégèse *s. dort*
Gesetzgebung *s. Normsetzung*
Gesetzgebungskompetenz *s. Normsetzungskompetenz*
Geständnis 5 134, **6** 265, 268, **10** 99
Gewaltenteilung
– Afrika **8** 20, 81, 85
– China **9** 31 ff., 74, 84, 90, 98 f.
– Deutschland **3** 253, 262, 281 **6** 291 ff.
– England **5** 96 f., 254
– Europäische Union **11** 38
– Frankreich **6** 208
– Indien **9** 209 ff.
– islamisches Recht **10** 64
– kanonisches Recht **10** 191
– Österreich **7** 9
– und Richterrecht **6** 29
– Taiwan **9** 193
– USA **3** 253, 281 **5** 220
– und Verordnungsermächtigung **3** 253
Gewohnheitsrecht 1 39
– adat *s. dort*
– Bedeutung, praktische **6** 21, **10** 26
– China **9** 30
– coutumes *s. dort*
– England **5** 1, 55 f.
– und Gesetzesrecht **6** 22
– Indien **9** 230 *s. auch Sadachar*
– islamisches Recht *s. urf*
– Japan **9** 137
– im kontinentaleuropäischen Kontext **6** *19 ff.*, 169 ff., **7** 113
– Korea **9** 148
– racionalidad *s. dort*
– Taiwan **9** 146
– und Traditionsrecht **8** 25, 32 f.
Ginger Ale 5 12 ff.
giri 9 169
Gleichheit
– Alter **8** 85
– vor dem Gesetz **9** 45
– Indien **9** 215, 218 ff., 222 ff.
– im islamischen Strafrecht **10** 102
– und kanonisches Recht **10** 191
– Kasten *s. dort*
– Macht- und Rangstellung **8** 85
– Mann und Frau **1** 78 f., 85, 87 ff., **5** 215, **6** 175, 192, 299, **7** 244, **8** 39, 85 ff., 93 ff., **9** 190 f., 241, **10** 86 ff., 92 ff., 95 f., 137
– und Präjudizien **6** 145

– Rasse *s. dort*
– Rechtsanwendungsgleichheit **9** 16, 40
– soziale **9** 50, 215, 218 ff.
– staatliche Willkür **6** 317
– im Traditionsrecht **8** 37 ff.
Glenn, H. Patrick **1** 31, **3** 96 ff., 224, **4** 46
Gneist, Rudolf von **9** 142
Goff of Chieveley, Lord **2** 75, 79
golden rule **5** 161, **8** 9
gouvernement des juges **3** 265, **6** 12, 227
Government of India Act **9** 198, 200
grammatikalische Auslegung *s. Gesetzeswortlaut*
Grand Coutumier de Normandie **6** 171
Grandes Écoles **6** 242
Grimm, Jakob **6** 187
gross national happiness **9** 5
Großbritannien **5** 1
Großer Kodex **9** 148
Großer Senat **6** 147
Großfamilie **9** 232 f.
Grundfreiheiten **11** 25, 34
Grundgesetz **6** 11, 53, 61, 314 ff.
Grundpflichten **7** 25
Grundrechte *s. auch Menschenrechte*
– Australien **5** 270 f.
– China **9** 2, 52, 62, 66, 121, 128 f., 131 f., 134
– Deutschland **1** 74, **6** 126, 204, 270, 286, 301 f. *s. auch allgemeine Grundrechtslehren*
– der dritten Generation **7** 198
– Drittwirkung **2** 61
– England **5** 242, 249
– Europäische Union **2** 61, 84, **11** 34
– Frankreich **6** 224, 227
– Grundrechtsfunktionen **7** 24, 198
– Grundrechtskatalog **5** 249, 267 f., 270, **7** 198 f., **11** 10
– hinduistisches Recht **9** 244
– Kanada **5** 267 f.
– Lateinamerika **7** 194, 198 ff.
– Neuseeland **5** 274
– Österreich **7** 8
– Russland **7** 103
– Skandinavien **7** 155
– Spanien **7** 23 f.
– südostasiatischer Kontext **9** *189 ff.*
– Traditionsrecht **8** 85 ff.
– USA **5** 210 ff., 241, **6** 65
– und Völkerrecht **11** 10
– Vorrang **5** 248 f., 268, 274, **7** 257, 268
– der zweiten Generation **2** 42, **7** 198 ff., 208
Grundrechtseingriff *s. Eingriff*
Grundschuld **6** 274
Grundstücksrecht im common law **5** 55, *168 ff.*
Gutachtentechnik **3** 268, **6** *120 ff.*, 138 ff., 228, 288
– als Denkschema **6** 124 f.
– in Frankreich **6** 138 ff.
– Hilfsgutachten **6** 123
– und qualification **6** 141 ff.
– und Relationstechnik **6** 129
– und Subsumtion **6** 120, 123 f.
– und Urteilsstil **6** 125, 151
– Vorgehensweise **6** 121 ff.

Häberle, Peter **2** 61 ff., **3** 2, **7** 24
hadd **10** *97 ff.*, 101, 105, 112, 126, 128
Hadithe **10** *14 f.*, 21, 31, 77, 87, 99, 109, 111
– al-Musnad *s. dort*
– Glaubwürdigkeit **10** 14, 57
– in der hanafitischen Schule **10** 34
– und ijma **10** 16
– in der jafaritischen Schule *s. akhbar*
– in der malikitischen Schule **10** 35
Hägerström, Axel **7** 162 ff.
halacha *s. jüdisches Recht*
halalah **10** 88
Han-Dynastie **9** 17, 19 f.
hanafitische Schule **10** *33 f.*, 66 f., 77, 80, 99, 121
Hanbal, Ahmad Ibn **10** 14 Fn. 33, *37*
hanbalitische Schule **10** 33, *37*, 52, 127, 129
Handbuch **5** 254, **6** 158 f., 162, **10** 71
Handelsbräuche **6** 20
Handelsgesetzbuch, deutsches **6** 38
Handelsgesetzbuch, japanisches **2** 24
Handelsrecht **2** 44 ff.
Handlungslehren **6** 127, *289 f.*
Hanifa, Abu **10** 34, 65, 142
haram **10** 74, 78, 82
Harem **10** 92
Harmonie
– Asien **9** 3
– China **9** 10, 31, 115 f.
– und Streitaversion **9** 165
– im Traditionsrecht **8** 41 f.
– und Ubuntu **8** 51
Harun al-Rashid **10** 64
hate speech **6** 297
Hatta **9** 264
Häuptling **8** 38
– als Rechtsschöpfer **8** 25, 33
– als Streitentscheider **8** 41 f.
hearsay *s. Hörensagen*
Heck, Karl **6** 316
Heck, Philipp **6** 89
Heck'sche Formel **6** 316
Hehlerei **6** 79 f.
Heiliger Stuhl **11** 17
Heiliges Römisches Reich Deutscher Nation **6** 177, 184
Heinrich VIII. **5** 1, 74
Heller, Hermann **7** 24
Hermeneutik **3** 226, *230 ff.*, *234 ff.*, 241
– und Geschichtswissenschaft **3** 230 ff., 236 f.

– und Gesetzesauslegung **6** 85
– hermeneutischer Zirkel **3** 235, **6** 155
– kontextuelle Rechtsvergleichung *s. dort*
– und Rechtsvergleichung **3** *234ff.*, 238, 225, 299, **6** 72
– Vorgehensweise **6** 154 f.
– Vorverständnis **3** 254 ff.
Herrenreiter-Fall 6 31, 83
Herrschaft der Richter *s. gouvernement des juges*
Hexerei 8 62 ff.
Heuristischer Ansatz zur Rechtsvergleichung 3 35 ff.
High Court 5 59, 61, 82, *90,* 120 f., **6** 257
High Court of Australia 5 270
Hindu Marriage Act 9 219, 229
Hindu Succession Act 9 221, 229
Hinduismus 9 234 ff., 246
hinduistisches Recht 9 195, 199
– und China **9** 244
– und common law **9** 231
– und Grundrechte **9** 244
– und joint family *s. dort*
– modernes **9** 195, 229, 244
– Rechtsquellen und Texte **9** 235 ff., 239 ff.
– Schulen **9** 240 f.
– traditionelles **9** 195, 229, 232 f., *235ff.*
Hirobumi, Ito 9 142
historische Rechtsschule 6 *187f.*, 190
hiyal 10 72, 115, 119
Hoecke, Mark van 4 29
höhere Gewalt 2 15
holländisches Recht 9 248 f.
Holmes, Oliver Wendell 3 268, **5** 260
homo oeconomicus 3 46, *57ff.*, 70, 76, 79, 81
Homosexualität 1 78, **2** 67, **3** 153, 159, **8** 89
Hörensagen 3 236, *260,* 283, **9** 160
House of Lords 2 27, **5** 61, *93ff.*, 265, 276 *s. auch Supreme Court, britischer*
– Bindung an eigene Präjudizien **5** 28
– und Gesetzesauslegung **5** 165 ff.
– und Rechtsvergleichung **2** 75
– Richter **5** 93, 120 f., 136
hudud *s. hadd*
Hugo, Victor 6 139
Human Rights Act 5 249, 254
Humboldt, Alexander von 6 155
hybride Rechtsordnungen *s. gemischte Rechtsordnungen*
Hypothek 6 274 Fn. 483

Ideologie 1 35, 49, *72ff.*, **2** 41, **7** 37, 175, **9** 68, 139, 265
IGH-Statut 1 54, **2** 82, **11** 4
ijma 10 *16ff.*
– amal *s. dort*
– der Gefährten **10** 16, 28, 34 ff., 128
– in der hanafitischen Schule **10** 34
– in der hanbalitischen Schule **10** 37
– und ijtihad **10** 46, 49, 51
– in der jafaritischen Schule **10** 42
– in der malikitischen Schule **10** 35
– und qiyas **10** 29
– der Rechtsgelehrten **10** 16
– in der schafiitischen Schule **10** 36
ijtihad 10 *44ff.*, 56, 61, 129, 154
– und Kadi **10** 66 f., 70
– Kritik **10** 53 ff.
– mujtahid *s. dort*
ILO-Konvention Nr. 169 zum Schutz indigener Völker 7 228, 230, 237
Imam 10 38, 42 f.
Imbizo 8 54 f.
Immunität, diplomatische 11 19
Imperialismus, rechtskultureller 1 80, **2** 11 ff., **3** 172
independent agencies 3 253
Indian Contract Act 1872 9 199 f.
Indien 9 2, *194ff.*
– Akzeptanz des Rechts **9** 205, 221
– und common law **9** 200 ff.
– Effizienz der Justiz *s. dort*
– und Gewohnheitsrecht **9** 230
– und hinduistisches Recht **9** 199, 231 ff. *s. auch dort*
– Juristen *s. Rechtsanwalt, Richter*
– und Kodifikationen, koloniale **9** 198
– koloniales Recht **9** 196 ff.
– Recht und sozialer Wandel **9** 217 ff.
– und Rechtsvergleichung, inspirierende **9** 203
– und religiöse Rechte *s. dort*
– und Ungleichheiten **9** 215, 218 ff.
– Verfassung *s. dort*
indigenes Recht 7 198, *224ff.*
– Anerkennungsgrad **7** 230 ff.
– Az Mapu **7** 251 ff.
– Geltungsbereich **7** 242
– Geschichte **7** 225 ff.
– Inhalt, materieller **7** 248 ff.
– und Menschenrechte **7** 244 f.
– Rechte, spezifische **7** 227, 235 ff.
– Rechtscharakter **7** 249 f.
– Rechtsordnung, eigene **7** 228, 235 ff., 240 ff.
– Rechtsprechung **7** 235, 240 ff., 252
– Sprachen **7** 227, 232
– und staatliches Recht **7** 240 ff.
– und Verfassungsrecht **7** 228 ff., 240 ff.
Individualismus, westlicher 8 19, **9** 192
– und Streitaversion, asiatische **9** 172
Indonesien 9 4 f., *245ff.*
– adat *s. dort*
– Burgerlijk Wetboek **9** 253
– Code civil **9** 253
– Gerichte *s. dort*
– und islamisches Recht **9** 246, *259ff.*
– koloniales Recht **9** 248 ff.
– Kompilasi *s. dort*

– und kontinentaleuropäisches Recht **9** 245, 248 f., 252 f.
– Korruption **9** 270 ff.
– Rechtsbewusstsein **9** *266 ff.*
– Rechtspluralismus **9** 251
– staatliches Recht **9** 253 f.
– Unklarheiten **9** 267
– Verfassung *s. dort*
– vorkoloniales Recht **9** 246 f.
– Widersprüche **9** 267
induktives Denken 5 *5 ff.*, 45, 117, **6** 90, **7** 258
informeller Sektor 7 213 ff., 221, **8** 21
injunction 5 73
Inns of Court 5 107 ff., 112
inquisitorischer Prozess 5 139 f., **6** 268, 272, **7** 217, 258
Insichgeschäft 6 83
Institut de Droit Comparé 2 6
Instituts d'études juridiques 6 251, 255
Inter-Amerikanische Kommission für Menschenrechte 7 200
Interessenabwägungslehre 9 *182 f.*
Interessenjurisprudenz 6 89, 91 ff., **9** 183
interests in land 5 172 ff.
International Institute for the Unification of Law *s. UNIDROIT*
Internationale Handelskammer 11 49
Internationaler Gerichtshof 11 18
Internationales Privatrecht 1 *42 ff.*, **2** 46, 55, **3** 207, **9** 65, **11** 49 *s. auch Kollisionsrecht*
Internationales Zivilprozessrecht 1 42
interprétation déformante 6 101
interpretive rules 5 223
Iran 10 39, 43, 52, 85, 107, 121, 134
islamisches Recht 10 *1 ff. s. auch fiqh, Scharia*
– im afrikanischen Kontext **8** 12 ff., 26, **10** 26, 121 f.
– Anpassung **10** 54, 61, 106, 110
– im asiatischen Kontext **9** 245 f., *259 ff.*, **10** 121 f.
– Begriff **10** 6 ff.
– und common law **10** 121
– Einflüsse, externe **10** 25 ff.
– als göttliches Recht **10** *2 ff.*, 7 f., 13, 17, 20, 32, 43, 49, 60
– Grundkonzepte **10** 17
– als Inspirationsquelle **10** 140 ff.
– Islamklausel **10** *143 ff.*, 156
– und jüdisches Recht **10** 27, 162, 170 f.
– und kanonisches Recht **10** 27, 185 f., 192
– und Kolonialrecht **10** *120 ff.*, 134, 141
– und kontinentaleuropäischer Kontext **10** 121
– und Menschenrechte **1** 85, 90, **10** 86 ff., 102 f., 128, 157
– Modernisierung **10** *53 ff.*
– Modernisten **10** 54 ff., 105, 110 f., 124 f.
– und Praxis **10** 26, 71 f., 90, 96, 100, 105, *120 ff.*, 123, 131, 139, *146 ff.*, 156
– Quellenklausel **10** 145 ff., 154, 156
– Rechtsfolge *s. dort*
– Rechtsquellen *s. dort*
– Rechtsschulen *s. madhab*
– Reformisten **10** 53 ff., 105, 110 f., 124 f.
– schiitisches Recht *s. dort*
– und staatliche Gesetzgebung **9** 259 ff., **10** 61, 90, 93, 97, 101, 105, 107, 120, *123 ff.*, 136, 137, 150 *s. auch siyasa*
– sunnitisches Recht *s. dort*
– als traditionelles Recht **10** 26
– mit Verfassungsrang **10** 126, *143 ff.*
– Versteinerung **10** 46, 49, 51, 59, 125 *s. auch ijtihad*
– Verstoßklausel **10** 144, 146 ff., 156
– Wahhabismus *s. dort*
Islamisierung 10 106 ff., 120, 134, 156 f.
Israel 10 176 f.
issue spotting 6 139
istihab 10 24, 42
istihsan 10 22 f.
– in der hanafitischen Schule **10** 34
– in der hanbalitischen Schule **10** 37
– in der malikitischen Schule **10** 35
– und qiyas **10** 22, 36
– in der schafiitischen Schule **10** 36
istislah 10 22, 37
ius cogens 7 11, **11** 15, 21
ius commune
– Deutschland **6** 168 Fn. 333, *178 ff.*, 183, 187, 190
– Europa **6** 182, **7** 265
– kanonisches Recht **10** 181

Jafar as-Sadiq 10 40
Jafaritische Schule 10 33, *40 ff.*, 85
jaiz 10 74 f.
Jakarta-Charta 9 264
Japan 9 2, *137 ff.*
japanisches Recht 9 141 ff.
– und BGB **9** 143 f.
– und Code civil **9** 143 f.
– Einfluss, chinesischer **9** 137
– Einfluss, kontinentaleuropäischer **9** 142 ff., 161 f.
– Einfluss, U.S.-amerikanischer **9** 160 ff.
– und Pflichten *s. dort*
– Rechtsanwendung **9** 182 f.
– Ritsuryô-System *s. dort*
– Strafrecht **9** 143 f., 169
– Streitaversion *s. dort*
– in Taiwan **9** 146
– traditionelles **9** *137 ff.*
– Verfassung *s. dort*
– und Verfassungsrechtsdenken, westliches **9** 142
– Verhältnismäßigkeit **9** 162
– Zivilrecht **9** 143 ff.
jati 9 243

Java 9 246
Jellinek, Georg 7 24
Jhering, Rudolf von 6 89, **7** 114
Jiang Zemin 9 68
jihad 10 60
joint family 9 232 f., 241
jong-joong 9 190
jôri 1 23
Juan Carlos 7 32 f.
Judentum, Strömungen 10 165 ff., 175
Judicature Acts 5 59, 61, 69 f.
judiciaire *s. Gerichtsbarkeit, ordentliche*
judicial review 5 86, 201 f., 230, **7** 202
jüdisches Recht 10 *159 ff.*
– Dialog und Diskussion **10** 162 ff., 170
– in der Diaspora **10** 169
– und kanonisches Recht **10** 192
– Kodifikation **10** 164
– und islamisches Recht **10** 27, 162, 170 f.
– und israelisches Recht *s. Israel*
– und Pflichten **10** 172
– und Polygamie **10** 175
– Quellen **10** 160 ff.
– und Rechtsrealismus **10** 174
– Transnationalität **10** 174
juge des libertés et de la detention 6 272
juge d'instruction 5 139, **6** *269 ff.*
juré *s. Geschworene*
juridiction de droit commun 6 220
juridiction de proximité 6 213 ff., 217, 253
juris 6 160
Jurisclasseurs 6 161
jury
– Besetzung **5** 142, *234 s. auch Geschworene*
– als demokratisches Bollwerk **5** 155
– England **5** 65, 70, 77, *142 ff.*, 156, 234, **6** 218
– Frankreich **6** 176, 218
– Freiheit der jury **5** 154 f.
– Geschichte **5** 65, 70, 77, *142 ff.*
– Indien **9** 198
– Indonesien **9** 247
– inkonsistente Entscheidungen **5** 152
– Instruktionen **5** 148, 150
– Rolle **5** 49, 65, *141 ff.*
– Russland **7** 94 ff.
– Schottland **5** 277
– Überprüfbarkeit von jury-Entscheidungen **5** 144, *149 ff.*
– USA **1** 78, **2** 13, **3** 23, 260, **5** 80, 145, 147 f., 150 ff., 155, 234
– Verdikt *s. dort*
Justinian I. 6 189
Justizyuan 9 163, 188, 191
Jütisches Recht 6 190

Kadi 10 *62 ff.*, 71 *s. auch Scharia-Richter*
– Abhängigkeit **10** 65
– Großkadi *s. qadi al-qudat*
– und ijtihad **10** 66 f., 70
– Kadijustiz **10** 62
– Kompetenz **10** 64
– Qualifikation **10** 66 f., 70
– Rolle **10** 63
Kahn-Freund, Otto 2 35
Kaiser, japanischer 9 137 f., 142, 160
Kairoer Erklärung der Menschenrechte 1 85
Kaiserreich, chinesisches 9 17 ff., 37 ff., 101
Kaldor-Hicks Effizienz 3 45, 81
– Kritik **3** 62 f.
Kalif 10 38, 63, 67
Kammern, gerichtliche
– Deutschland **6** 198, 201 f.
– England **5** 86, 90, 205
– Frankreich **6** 214 ff., 218 f., 220 f.
Kanada 2 57 f., **5** *265 ff.*
K'ang Kao 9 8
Kanonenbootdiplomatie 9 37, 141, 149
kanonisches Recht 10 *181 ff.*
– Bibel *s. dort*
– cause **6** 279, 283
– Codex Iuris Canonici *s. dort*
– und common law **5** 109, 276, **10** 181
– im Heiligen Römischen Reich **6** 177
– und islamisches Recht **10** 27, 184 f., 192
– und Konvergenz **7** 265
– in Skandinavien **7** 113
– und staatliches Recht **10** 181, 182 ff.
– und Strafrecht **10** 187 f.
– Transnationalität **10** 193
Kant, Immanuel 2 2, **3** 65, **6** 90, 301
Kanton, schweizerischer 7 14
Kapitalismus 2 25, **7** 41, **9** 50, 52, 83, 101
Kapitalmarktrecht 2 25, 64, **7** 37 f., 257, 273
Karl VII., König von Frankreich 6 171
Karo, Josef 10 164
Kassation 5 92, 103, **6** 210 ff., 216, 218, 221
Kassationsgericht 6 211, 222
Kasten 9 220, 242 f.
Kasuistik *s. Präjudizien*
Katalonien 7 18 f., 30 f.
Katholische Kirche 6 178 *s. auch kanonisches Recht*
Kaufrecht 2 44, 50, **5** 238, **6** 273 f., **7** 120, **10** 80
Kausalitätsprinzip 6 274 f.
Kawashima, Takeyoshi 9 171
Kelsen, Hans 1 34, **7** 9
Kennedy, Anthony 2 80
Kind als Schaden 2 73, 79, **6** 297
Kinder, uneheliche 6 173, 192
King's Bench *s. Queen's Bench*
Kirche, orthodoxe 7 76, 102
Klageneigung *s. Streitaversion*
Kleidungsvorschriften 10 23, 155
Kodex *s. Kodifikation*
Kodifikation *s. auch Gesetz*
– und adat **9** 257 f.

– allgemeiner Teil *s. dort*
– Aufbau **6** 48 ff.
– Begriff **7** 118
– China *s. auch lü*
  – sechs Gesetzbücher **9** 39, 147
  – Teilkodifikationen **9** 65
– im common law **5** 239, 276, **6** 37, **9** 198
– und Demokratie **3** 157
– als Gesetzessammlung **6** 40 f.
– Indien **9** 195, 198 f., 229
– im islamischen Recht **10** 105, 121, 123, 132 f.
– im jüdischen Recht **10** 164
– als Konsolidierung **6** 41 f.
– im kontinentaleuropäischen Kontext **6** 4, 7, 8 ff., *36 ff.*,
  – Lateinamerika **7** 183 ff., 190 ff.
  – Osteuropa **7** 37
  – Skandinavien **7** 113, 118 ff.
– Korea **9** 148
– als Neufassung **6** 41 f.
– und Recht **6** 11
– als Rechtsquelle **6** 8 ff.
– als Reformkodifikation **6** 41 f.
Kodifikationsstreit 6 183 ff., **9** 144
Kodizes, sechs 9 148
Kohler, Josef 6 74, 76
Kollektivvertrag 6 26
Kollisionsrecht *s. auch Internationales Privatrecht*
– Frankreich **6** 172
– und indisches Recht **9** 195, 228, 234
– innerjüdisches **10** 176
– Lateinamerika **7** 249
– und Traditionsrecht **8** *73,* 76
Kolonialismus
– in Afrika **8** 4 ff.
– in Asien **9** 37, 196, 246 f.
– und indirekte Herrschaft **8** 4
– und Kultursystem **9** 248 f.
– in Lateinamerika **7** 182, 219, 225
– rechtlicher **1** 83, **3** 173 f.
– und Traditionsrecht **8** 4 f., 10 ff., 44 ff.
Kolumbien 7 200, 202, 228 ff., 233, 238, 241 f.
Kommentar
– Deutschland **6** *157,* 160, 165
– Frankreich **6** 161
– des jüdischen Rechts **10** 161 ff.
– Palandt *s. dort*
– der Smritis **9** 235, 239 ff.
– Tang-Kodex *s. dort*
– Völkerrecht **11** 5
Kommunismus 9 42, *43 ff. s. auch Sozialismus*
Kommunistische Partei Chinas 9 46, 52, *67 ff.,* 75 ff., 84, 102, 134
– Identität von Staat und Partei **9** 69
– Machtebenen **9** *105 ff.*
– Mehrparteienkooperation **9** 70
– Normsetzung *s. dort*
– Organe **9** 72
– und Rechtsstaat **9** 126, 129
– Satzung **9** 70, 84
– Streitigkeiten, interne **9** 105 ff.
– in der Verfassung **9** 70
Kompilasi 9 261
Konfuzianismus 1 83, **7** 225, **9** 9 ff., 40 f., 101 ff., 118, 169
– und fa **9** 12
– und Grundrechte **9** 189 ff.
– in Japan **9** 139
– und Konservatismus, asiatischer **9** 180 f.
– in Korea **9** 148
– Legisten *s. dort*
– Lehren, zentrale **9** 10
– und li **9** 11 f.
– Richterausbildung **9** 34
– und Streitaversion **9** *165 ff.*
Konfuzius 9 9
Königliche Gerichte 5 59 ff., 66
Konkordanzdemokratie 7 15
Konkordat 3 269
Konkursordnung 6 195
Konsens *s. ijma*
Konsolidierung 6 41 ff.
Kontext 3 218 ff., 244, **4** 45 f.
– afrikanischer **8** *1 ff.*
– in Asien **9** *1 ff.*
– chinesischer **9** *7 ff.*
– common law **5** *1 ff.*
– Einzelelemente **4** 50 ff.
– Elemente, historische **4** 51
– Elemente, nichtrechtliche **4** 52
– des islamischen Rechts **10** *1 ff.*
– des jüdischen Rechts **10** *159 ff.*
– des kanonisches Rechts **10** *181 ff.*
– kontinentaleuropäischer **6** *1 ff.*, **7** *1 ff.*
– und Rechtskreise **4** 47 ff.
– russischer **7** 72 ff.
– südostasiatischer **9** *135 ff.*
– transnationale **11** *1 ff.*
Kontextuelle Rechtsvergleichung 1 14, **3** 2, 188 ff., *216 f.,* 222, 246
– und Fehlerlehre **3** 246 ff.
– und funktionale Rechtsvergleichung **3** 215 ff.
– Grundgedanke **3** 244
– als hermeneutische Methode **3** 244
– als Kochrezept **3** 244
– als rechtswissenschaftliche Disziplin **3** 239 ff.
kontinentaleuropäischer Kontext 6 *1 ff.*
– Abstraktion *s. dort*
– und Begriffe **6** 58 ff., 61 ff., 66, 78, 104
– Einheitlichkeit **6** 3 ff.
– Entwicklung, geschichtliche **6** 168 ff.
– und Fallrecht **6** 71
– Gesetzesaufbau **6** 48 ff.
– Grundkontext **6** 1 ff.
– Gutachtentechnik *s. dort*
– und islamisches Recht **10** 121

– juristisches Denken **6** 7 ff., **7** 119 f., 258
– Kodifikation *s. dort*
– und Praxis **6** 13 f., *104 ff.,* 290
– Relationstechnik *s. dort*
– Systemdenken **6** 36 ff., 46, 58 ff., 66, 104, 124 ff., 135, 290
– Subsumtion *s. dort*
– Terminologie **5** 276, **6** 2
– und ungeschriebenes Recht **6** 12
– Unterteilung **6** 3
Kontrolldichte, richterliche
– Deutschland **2** 20, **6** 103, 295
– Frankreich **6** 103
– levels of scrutiny *s. dort*
– Skandinavien **7** 159, 172
– U.S.-Verfassungsrecht **5** 210 ff.
– U.S.-Verwaltungsrecht **5** 218 ff.
Kontrolle von Verwaltungsentscheidungen *s. auch Verwaltungsgerichtsbarkeit*
– China **9** 113, 142
– im common law **5** 83 ff., 99, 101, 104, 201, 207 ff., 218 ff.
– im kontinentaleuropäischen Kontext **2** 20, **6** 197 ff., 207 f., 246, **7** 9, 137 f., 145 f.
Konvergenz der Rechtssysteme **3** 161, 172, **7** 270 ff.
– common law und Kontinentaleuropa **5** 70, **6** 1, **7** *255 ff.* und Europäische Union **6** 5
konzeptuelle Vergleichung **3** *82 ff.*
– Anwendungsbeispiele **3** 85, 88
– Kernanliegen **3** 82
– Kritik **3** 86 ff.
– Methode **3** 83 f.
– Neutralität **3** 89
– quantitative und qualitative Analyse **3** 83
– systematische Vergleichung **3** 84
– tertium comparationis **3** 82
– Vergleichsgegenstand **3** 82
Koran **10** 2 f., 7 f., *10 ff.,* 13, 15, 17 f., 37, 58, 77, 97
– Auslegung **1** 90, **10** 3, 7, 15, 30 f., 127 *s. auch tafsir*
– Konkretisierung **10** 123
– Sure *s. dort*
– Unabänderbarkeit **10** 3, 8
– Unvollständigkeit **10** 3, 41
– als Verfassung **10** 126
– Weiterentwicklung **10** 3, 30
koreanisches Recht **9** *148 ff.*
– und Code civil **9** 153
– Einfluss, chinesischer **9** 148
– Einfluss, kontinentaleuropäischer **2** 26, **9** 152 ff.
– Einfluss, japanischer **2** 26, **9** 149 f.
– Einfluss, U.S.-amerikanischer **9** 151, 156 f.
– und Gewohnheitsrecht **9** 150
– modernes **9** *149 ff.*
– traditionelles **9** 148 ff.
Körperstrafe **6** 176, **8** 80, 89, **9** 18, 26, 237, **10** 54, 73, *97,* 102, 105, 128, 146
Körperverletzung **6** 110, 117, 288, **10** 97
Korruption **1** 6, **7** 43, 78, 221, **8** 21, **9** 2, 108 ff., 207 f., 245, 270 ff.
Kosovo **7** 43 f.
Kötz, Hein **1** 56, 59, 68, **2** 28, 48, 79, **3** *7 ff.,* 10, 94, 224, 178, 183, *215,* 294, **4** 10, 22 f., 26, 46, 49, **7** 135, 262
Kriegsdienstverweigerung **3** 275 f.
Kroatien **7** 38, 47
Kshatriyas **9** 242
Kulturrelativismus **1** 83 ff.
Kulturrevolution **9** *47 ff.,* 101
– und Rechtsnihilismus *s. dort*
Kuomintang **9** 39, 40, 42

lagom-Haltung **7** 135
Laienrichter **5** 87, 120, **6** 198, 202, 218 246 *s. auch Geschworene*
Lambert, Edouard **1** 54
Länderbericht **1** *12,* 21, **3** 154, 157, 32
Landesrecht **1** 69, **5** 105, 115, **6** 196
Landgericht **6** *201 f.,* 245 f., 257
Lando, Ole **2** 48
laojiao **9** 81 f.
Larenz, Karl **6** 83, 87, **7** 18
Lasswell, Harold D. **3** 2
Lateinamerika **7** 179 ff.
– Grundrechte **7** 198 ff.
– indigenes Recht *s. dort*
– Kodifikationen **7** 183 ff., 190 ff.
– Kolonialzeit **7** 182, 219, 225
– und kontinentaleuropäisches Recht **7** 180 f., 187 f., 194 ff., 217
– Realität des Rechts **7** 207 ff., 219 ff.
– und USA **7** 188, 194 f.
law and… **5** 261, **6** 88, 128
law in action **1** *6,* 16, 28, 36, 63, **3** 26 f., 94
– und Fehlerlehre **3** 273 ff.
– Lateinamerika **7** *207 ff.,* 239
– Osteuropa **7** 54, 61 f., 70
– und rechtsvergleichende Praxis **3** 309
– in sozialistischen Staaten **3** 277
law in books **1** 16, 28, **3** 27, 94
– und Fehlerlehre **3** 273 ff.
– und rechtsvergleichende Praxis **3** 309
– in sozialistischen Staaten **3** 277
law in debate **3** 27
– und Fehlerlehre **3** 278
– und rechtsvergleichende Praxis **3** 303
law in minds **3** 95
law school
– im common law **2** 19, **5** 43, 109, 111, *114 ff.,* 241, 261, **6** 115, 228
– im südostasiatischen Kontext **9** 185
Law School Admission Test **5** 114
Law Society **5** 109, 111 f.

Lawrence v. Texas 2 *66f.*, 80
Leben, Recht auf 7 27
Lebenslinie der Partei *s. Massenlinie*
legal families *s. Rechtskreise*
legal formants *s. Formantenlehre*
Legal Practice Course 5 111
legal realism *s. Rechtsrealismus*
legal transplants *s. Rechtsübernahme*
Legisten 9 *14ff.*
legislative rules 5 223
Legrand, Pierre 2 38, **3** 177
Lehnswesen 5 55, 171
Lehrbuch 2 48, **5** 37 ff., 48, **6** 158, 160 f., 233, **9** 239
Letocha, Paul 6 191
Lettland 7 45, 67
levels of scrutiny 5 46, *210ff.*, **6** 65
Leviratsehe 8 57, 88
lex mercatoria 11 48 ff.
– Begriff **11** 48 f.
– Durchsetzung **11** 53
– europäische **2** 49
– als Rechtsordnung **11** 50 ff.
– und Rechtsvergleichung **11** 56 ff.
– und staatliches Recht **11** 53 ff.
Lex Salica 6 170
li 9 8, 11 ff., 25 f.
– und Anordnungen, staatliche **9** 13
– und Eheverbot **9** 181
– und fa **9** 12, *14ff.*, *17ff.*
– und fazhi **9** 18
– und Konfuzianismus **9** 11 f.
– Wandelbarkeit **9** 16
Li Ji *s. Buch der Riten*
Li Keqiang 9 72
libertés publiques 6 224
Licence 6 238
literal rule 3 249, **5** 161, **8** 9
Literatur, juristische
– im common law **5** 37 ff., 48, 117, 119, 206, 255
– im islamischen Recht **10** 71 f.
– Kommentar *s. dort*
– Lehrbuch *s. dort*
– im kontinentaleuropäischen Kontext **6** *156ff.*, **7** 18, 24, 55, 114, 133 f.
– und Praxis **6** 163 ff.
– und Rechtsvergleichung **1** 63
– Zitierung *s. dort*
Llewellyn, Karl 6 58, 66
lobolo 8 59
Locré, Jean Guillaume 6 96
logische Propädeutik 3 171
loi organique 6 226
lok adalat 9 223
Lord Chancellor 5 62, 72, 75, 77, 90 f., 95, 97, 123, 129, 254
Lord Chief Justice 5 90 f.
Lotharische Legende 6 178, 181
Louisiana 5 1, 238
lü 9 17, 26
Lügendetektor 6 297
Luhmann, Niklas 1 35
Lundstedt, Vilhelm 7 162, 166

MacArthur, Douglas General 9 160
Mackenzie-Stuart, Lord 11 27
madhab 10 4, 8, 14, 17, 22, *32ff.*, 45 f., 55 f., 61, 165
mafia peradilan *s. Rechtsmafia*
magistrat du parquet *s. Staatsanwalt*
magistrat du siège *s. Richter*
Magistrates' Courts 5 87 f.
mahr 10 *84*, 85, 88
Maimonides, Moses 10 164
Maitland, F. W. 5 64, 71
maîtres des requêtes 6 222
Maîtrise 6 238
Majah, Ibn 10 14 Fn. 33
majalla *s. Mecelle*
Makrovergleich *s. Vergleich, typisierender*
makruh 10 74 f., 80, 82, 86
Malaysia 9 5
Maleville, Jacques de 6 173
Malik Ibn Anas Ibn Amir 10 14, 35 f.
malikitische Schule 10 33, *35*, 71
Malteserorden 11 15
mandub 10 74 f., 79 f., 82
Manu Smriti 9 237
Mao Tse-tung 9 7, 43 ff., 76, 79, 83, 100 f., 114, 116, 122
Maoismus 9 68, 80, 84 f.
Mapuche *s. Az Mapu*
Marbury v. Madison 3 278
Markesinis, Basil 2 79
Marktwirtschaft 9 83 ff.
Marokko 10 35, 138
Marx, Karl 9 83
Marxismus 9 43 f., 52, 83
Marxismus-Leninismus 9 68, 84
masalih al-mursala 10 22, 35, 53
Massenlinie 9 80
Master of the Rolls 5 77, 91, 96
materielles Gesetz 6 17 f.
Mattei, Ugo 3 45, *51f.*, 80
Max-Planck-Institute 1 69, **2** 31
Mayer, Otto 1 69, 74
McDougal, Myres S. 3 2
Mecelle 10 121
Mediation 4 14
Meiji-Restauration 9 141
Meiji-Verfassung 9 141 ff.
Meinungsfreiheit
– Auschwitz-Lüge *s. dort*
– China **9** 134
– Deutschland **3**, 31, 128, 151, 256, **6** 298
– Dogmatik **2** 12

– free marketplace of ideas *s. dort*
– hate speech *s. dort*
– Mohammedkarikatur *s. dort*
– Russland **3** 256
– sozialistische Staaten **3** 151, 157, 266
– USA **3** 31, 151, 255 f., 298, **5** 211, 214
Menschenhandel 6 297, 301
Menschenrechte *s. auch Grundrechte*
– Afrika **2** 55, **8** 16, 29, 52, 86 ff., 91
– China **9** 52
– im islamischen Recht **1** 85, 90, **10** 86 ff., 102 f., 128, 157
– Lateinamerika **7** 199 f., 244 f.
– und Rechtsvergleichung **1** *79 ff.*, 91
– Skandinavien **7** 173
– Universalität *s. dort*
– Völkerrecht **11** 17, 21 f.
Menschenrechtspakte 1 79, 83, **2** 27, 42, 55, 62, 64, **5** 274, **7** 200
Menschenwürde
– Deutschland **3** 151, **6** 79, 166, *297 ff.*, 305
– Spanien **3** 248, **7** 23, 26
– Strafrecht, islamisches **10** 102
– und Ubuntu **8** 51
Menski, Walter 3 177
Menzius 9 10, 16
Mercosur 7 181, **11** 47
Merlin, Philippe-Antoine 6 96
Merryman, John Henry 7 192
Methode der Rechtsvergleichung 3 *1 ff.*, 32
– anekdotisch-phänomenologisches Vorgehen **1** 66
– Fehlerlehre *s. dort*
– Fragestellungen **3** 185 ff., *196 ff.*
– Funktionsbedingungen **3** *201 f.*, 211 f., 244
– und Geschichtswissenschaft **3** 226 ff., 234 ff.
– Idealtypus **4** *48 f.*
– als Kernbestand der Rechtsvergleichung **3** 1
– als Kochrezept **3** 2, 154, *223 ff.*, 238, 243 Fn. 443, 244, 246
– Konzeptvergleich **3** *197 ff.*, 210, 279
– Makrovergleich *s. Vergleich, typisierender*
– und Methodenlehre, allgemein **3** 1, 241 ff.
– Methodensuche **3** 223 ff.
– und Praxis **3** 1, 7, 162, 165, 167, 192, 223, 225, 238, *279 ff.*
– Problemvergleich **3** *197 ff.*, 210, 244, 279
– und Sozialwissenschaft **3** 226, 229, 232 ff., 234, 242 f.
– Teilfragen **3** 203 f., 211
Mexiko 7 194, 199, 202, 218, 228, 230, 231, 234
Mietrecht 1 76, **5** 174, 195, **7** 180
Mikrovergleich *s. Einzelvergleich*
Militärkommission der Partei 9 72
Minderheiten 3 97
Minderheitsregierung 7 15
Ming-Dynastie 9 23, 25
ming-li 9 22
mischief rule 5 161, **8** 9
Mischna 10 159, 168
Mischne Tora 10 164, 170 f.
misdemeanour *s. Vergehen*
Misstrauensvotum, konstruktives 7 23
Mitakshara 9 240 f.
Mittelalter 5 75, 142 **6** 188
mixed jurisdiction *s. gemischte Rechtsordnungen*
Model Penal Code 5 238
Modellgesetz 2 46, **5** 238, **6** 37, **7** 217
mofussil 9 197
Mohammed *s. Prophet Mohammed*
Mohammedkarikatur 10 109, 112
Montesquieu, Charles Louis de 2 35, **3** 227 f., **6** 13, **7** 9
Mord
– Deutschland **6** 288
– islamisches Recht **10** 78, 107, 112
– Ehrenmord *s. dort*
Morus, Thomas 3 227 f., 231
mubah 10 74, 81, 82
Mudawana 10 138
Mufti 10 70
Muhammad Abduh 10 53
mujtahid 10 28, 33, 48, 129
mündliche Verhandlung 5 133, 138, **6** 133, 266
muqallid 10 48, 67, 137
mura'at al khilaf 10 28
murabaha 10 *116 f.*
Muslim 10 14
mustahab 10 74
mut'a 10 85
Mutterrechtsordnung 3 7, **8** 10 f.

Nachbarprinzip *s. negligence*
Napoleon Bonaparte 2 24
Nationaler Volkskongress 9 54, 61 f., 71, 74, 84
– Ständiger Ausschuss des *s. dort*
Nationalsozialismus 3 154, **6** 166, 297 f.
Naturrecht 5 33, **6** 9 f., 183, **7** 113 f., 168 f., 244, 262
negligence 5 13 ff., 46, 71
– duty of care *s. dort*
– Nachbarprinzip **5** 14, 17, 26, 31
Nehru, Jawaharlal 9 206
Nelken, David 4 31
Neue Juristische Wochenschrift 6 159
Neuseeland 5 273 f.
New Haven Approach 11 12
New Zealand Bill of Rights 5 274
nichteheliche Lebensgemeinschaft 1 78
Niederlande 9 248 ff.
Nizam 10 130 f.
Noda, Yosiyuki 9 171
Nolde, Baron Boris 4 26
Nordirland 5 1

Nordischer Juristentag 7 127
Nordischer Rat 7 128
Normenkontrolle 2 18, **5** 230, 241 ff., 252, 267, **6** 225, 227, 318 f., **7** 13, 159 f., 173, 202 ff.
Normsetzung
– China **9** 45, 48, 61 ff., 71, 75 ff.
– und Conseil d'État **6** 222, 224
– Gesetzgebungsmaterialien **5** 164 ff., **7** 94 ff., 145
– und Imbizo **8** 54
– islamisches Recht **10** 123 ff.
– und Rechtsvergleichung **2** 23 ff., **7** 38, 42, 186, **9** 203
– und restatements **5** 239
– Selbstbindung des Gesetzgebers **5** 246
– symbolische **3** 152, **8** 88
– Völkerrecht **11** 14 ff.
Normsetzungskompetenz
– Frankreich **6** 16, 18, 224
– Verordnungsermächtigung *s. dort*
Normverwerfungskompetenz 2 18, **3** 158, 278, **5** 241 f., **6** 318, **7** 13, 159 f., 202 ff.
Norwegen *s. Skandinavien*
noscitur a sociis 5 163, **8** 9
Notar 6 249
notes *s. Urteilsanmerkung*
Notstandsgesetzgebung 1 33, **9** 142, 214 *s. auch Ausnahmezustand*
Notwehr 6 288
notwithstanding Klausel 5 268
nulla poena sine lege 9 45
– **nutshells 3** 304, **5** 39

Oakes-test 5 268
Obere Volksgerichte 9 58
Oberlandesgericht 6 144, 147, 201 f., 244 f.
Oberster Gerichtshof, indonesischer 9 261, 263, 268 f.
Oberster Gerichtshof, japanischer 9 160, 188
Oberster Gerichtshof, russischer 7 93
Oberstes Volksgericht 9 57, 80, 87, 89 f.
Oberverwaltungsgericht 6 144, *198 ff.*, 246
obiter dictum 5 18, *22*, **6** 264
objectifs de valeur constitutionnelle 6 25
Objektformel 6 166, *301 f.*
O'Connor, Sandra Day 2 68
Öffentliches Recht
– politischer Charakter **1** 73 f.
– Verhältnis zum Privatrecht **1** 70 f., **5** 197 ff., **7** 256
Öffentlichkeitsprinzip 7 148 ff.
OHADA 8 *14 ff.*
Ökonomische Analyse des Rechts 3 *41 ff.*, **5** 232, **7** 256, **9** 156
– Absolutheitsanspruch **3** *71 ff.*, 77, 80
– Altruismus **3** 60, 68, 70
– und Demokratie **3** 75
– Effekte, externe **3** 48
– Effekte, pekuniäre **3** 48
– und Fairness **3** 56, 60
– und Fiktionen **3** 70
– free-loader/free-rider Problem **3** 43
– und Gerechtigkeit **3** 44, 56, *65 f.*
– und Gesetzesauslegung **6** 88
– Grundgedanken **3** 44 ff.
– und Haftungsrecht **3** 42 f.
– in der juristischen Ausbildung **3** 78
– Kaldor-Hicks Effizienz *s. dort*
– Kritik **3** 44, *53 ff.*
– und Mikroökonomik **3** 49
– Modelldenken **3** 57 ff.
– Monetarisierung **3** 65, 66
– Pareto-Effizienz *s. dort*
– und Praxis **3** 58, 68 ff.
– und Sozialwissenschaft **3** 58
– als Spezialwerkzeug für Einzelaspekte **3** 76
– Theorie der liberalen Rechte **3** 70
– Transaktionskosten **3** 47, 51, 52
– und Utilitarismus **3** 68
– Verbreitung **3** 54
– verhaltensökonomische Analyse des Rechts **3** 61
Ökonomische Rechtsvergleichung 3 *70 ff.*, 80 ff.
– Kontextabhängigkeit **3** 52
– Kritik **3** 53 ff., *80 ff.*
– und Lehre von den rechtlichen Formanten **3** 52
– und Praxis **3** 52, 80
– und Rechtsübernahme **3** 51
– Transaktionskosten **3** 51, 52
Ombudsmann 7 139 ff.
– Begriff **7** 140 f.
– Justizombudsmann **7** 142 ff.
– Kontrolle der Verwaltung **7** 145 ff.
Opiumkriege 9 39
Ordnungswidrigkeit 3 83, 89, **6** 217
ordonnance
– Gerichtsentscheidung **6** 213
– gesetzesvertretende Verordnung **6** 16, 222
Ordonnance de Montils-lès-Tours 6 171
O'Reilly v Mackman 5 202
Organgesetz 6 226, **7** 25, 30 f.
Organisationen, internationale 11 8, 14, 17, 22
organisierte Kriminalität 7 68
Originalismus 2 70

Ørsted, Anders Sandøe 7 114, 162

Osmanisches Reich 10 62, 67, 121 f., 123, 127
Österreich 7 2 ff.
Osteuropa 1 51, **7** *36 ff.*
– Differenzierung nach Ländern **7** 63 ff.
– EU, Einfluss der **7** 40, 66, 70

– EU-Staaten, östliche **7** 65 ff.
– gelebtes Recht **7** 54, 61 f., 69
– Juristen **7** 56 ff.
– Russland *s. dort*
– Staaten außerhalb der EU **7** 71
– Transformationsprozess *s. dort*
– Vollstreckungsdefizite **7** 53, 79
Ott, Claus 3 *71 ff.*
overruling 5 30, 236, **7** 256, 275
Oxford 5 107, 109 f., 113

Pacha Mama 7 199
Palandt 6 157
Pandekten 6 43, *189,* 191, **7** 17 f., 114, 266
Pareto-Effizienz 3 45, 48, 81
– Kritik **3** 64
Parlamentsgesetz 3 273, **6** *16 ff.,* 51
Parlamentssouveränität 5 242 ff., 252, 268, 270, 274, **7** 122, **8** 7
parlements 6 172
Parteien, politische 8 20, **9** 52, 70
Parteinormen 9 48, *78 ff.*
Partikularrechte 6 *177 ff.,* 190
Paulskirchenverfassung 2 27, 64
Peep-Show 6 297
Pepper v Hart 5 165 f.
Persönlichkeitsrecht 6 298 f., **7** 23 f., 26, 150
Peru 7 200, 202, 218, 228, 234, 238, 242, 244, 246 f.
Perücke 5 125, 127
Pflichten
– giri *s. dort*
– im japanischen Recht **9** 138, 140, 169
– im jüdischen Recht **10** 172
– und Sozialsysteme **9** 179
– im spanischen Recht **7** 25
– im südostasiatischen Kontext **9** 179 ff.
– im traditionellen chinesischen Recht **9** 14 f., 31, 40
Pflichtverteidiger 9 218, 223
Plädoyer 6 259, 267
Planwirtschaft 9 83, 85
pleadings 5 65, 142 f.
Polen 7 37, 49 f., 53, 58, 65
Politbüro 9 72
– ständiger Ausschuss des *s. dort*
Politikwissenschaft, vergleichende 1 47 ff.
Politnormen 9 44, *76 f.*
– und Parteinormen *s. dort*
Polizei 7 223
Polygamie 8 88, **9** 219, 260, **10** 56, 73, *91 ff.,* 138, 175 f.
Popper, Karl R. 3 2, 168, 243
Portalis, Jean-Étienne-Marie 6 173
Posner, Richard A. 3 68, **5** 228
Postmoderne 3 *168 ff.*
– und Aufklärung **3** 170
– Dekonstruktion **3** 171, 172
– und Gesetzesauslegung **6** 88
– Grundgedanken **3** 169 ff.
– Kritik an der Rechtsvergleichung **3** 172 ff.
postmoderne Rechtsvergleichung 3 169, *172 ff.*
– Kernanliegen **3** 172
– und Methode **3** 176 f.
– und Praxis **3** 175
Pound, Roscoe 3 94, **5** 259
Prädikatsexamen 6 230, 244
praesumtio similitudinis 1 77*f.,* **2** 10, **3** 160, 182 ff., **7** 272
Präfekt 6 220 f.
Präjudizien 5 2, *21 ff.,* 54, 265, 278, **7** 44, 275
– als Argumente **5** 43
– Bindungswirkung **5** *27 ff.,* 84, 105, 260, **6** 144
– im common law **5** 3 ff.
– Denkweise **5** 5 ff., 46, 117
– distinguishing *s. dort*
– und Gleichheitssatz **6** 145
– Indien **9** 198, 204, 230
– im kontinentaleuropäischen Kontext **6** 30, 34, 71, 87, *144 ff.,* **7** 120, 124
– in Lateinamerika **7** 190
– obiter dictum *s. dort*
– ratio decidendi *s. dort*
– reversal **5** 30
– stare decisis *s. dort*
– Südafrika **8** 7
– überzeugende **5** *31 f.,* 265
– Versteinerung des Rechts **6** 145
praktische Konkordanz 6 305
Präsident der Volksrepublik China 9 55, 72
Präzedenzfälle *s. Präjudizien*
presidency towns 9 196
Pressefreiheit 9 52
pre-trial discovery 1 15
principes à valeur constitutionnelle 6 25
principes fondamentaux reconnus par les lois de la République 6 25
principes généraux du droit 6 25
principios generales del derecho 6 24
Principles of European Contract Law 2 27, *48 ff.,* **9** 151, **11** 52
Privatautonomie 11 54 f., 58 *s. auch Vertragsfreiheit*
Privatrecht
– politischer Charakter **1** 76
– Verhältnis zum öffentlichen Recht **1** *70 f.,* **5** 197 ff.
privity of contract 5 13, **9** 202
Privy Council 5 94, 269, 273, **9** 197, 238
procureur *s. Staatsanwalt*
Produkthaftung 1 15, **5** 12 ff., 261, **7** 36, 230
Professoren 5 39, 109 f., 117, **6** 164, 234
Proletariat 9 85
promissory estoppel 5 194 ff.

Prophet Mohammed 10 3, 10, *13f.*, 16f., 20, 32, 49, 66
– Gefährten *s. sahaba*
– Hadithe *s. dort*
– Nachfolge **10** 38, 41
– Sunna *s. dort*
Propiska 3 274
proportionality *s. Verhältnismäßigkeitsprinzip*
prospective overruling 9 204
Prostitution 1 78, **10** 85
Proudhon, Victor 6 96
Prozessrecht
– im common law **1** 15, 74, **5** 44, 65ff., *132ff.*, 206, **6** 257, **7** 263f.
– Deutschland **6** 257ff.
– Indien **9** 237, 249
– islamisches Recht **10** 68f.
– jury *s. dort*
– Lateinamerika **7** 219
– und materielles Recht **1** 44, **5** 44, 65
– Prozesskosten **6** 263, **8** 21
– Rechtsfragen *s. dort*
– Stellung des Richters **6** 257ff., 268
– Tatsachenfragen *s. Tatsache*
Pu Yi 9 39
public interest litigation 9 224
Puchta, Georg Friedrich 6 90, 189, 88
Puerto Rico 7 177

qadi al-qudat 10 64, 67
qanun 10 123f.
qanunname 10 123
qawanin *s. qanun*
Qin-Dynastie 9 18f.
qisas 10 97
qiyas 10 19ff.
– in der hanafitischen Schule **10** 34
– in der hanbalitischen Schule **10** 37
– und ijma **10** 29
– und ijtihad **10** 47
– und istihsan **10** 22, 29
– in der jafaritischen Schule **10** 42
– in der schafiitischen Schule **10** 36
qualification 6 141ff.
quanli 9 15
Quebec 2 57f., **5** 1, 265
Queen's Bench 5 59, 61, 75, 90, 205
Queen's Counsel 5 123, *129*
question prioritaire de constitutionalité 6 225, 227

R v Ann Harris 3 249
Rabbinical Assembly 10 168
Rabel, Ernst 1 45, **2** 46, **3** 1, 10, 154
Rachid Rida 10 53
racionalidad 6 22
Radbruch, Gustav 6 10
Radbruch'sche Formel 6 10f., 166
Raiser, Thomas 4 31
Rasse 1 71, 88, **3** 159, **5** 214f.
Rat (EU) 11 38
Rat der Hohen Richter *s. Justizyuan*
ratio decidendi 5 22ff., 236, **6** 144
rational basis test *s. levels of scrutiny*
Rau, Frédéric-Charles 6 96
Raub 10 97, 100
Raz, Joseph 9 125
Recht und Tatsache 5 *49ff.*, 103, 141ff., **6** *105ff.*, 141ff., 258, 261f., **11** 12
Rechtfertigung, verfassungsrechtliche *s. Schranke, grundrechtliche*
Rechtsanthropologie 1 41
Rechtsanwalt
– Ansehen **6** 248, **9** 206
– Anwaltszwang **5** 125ff., **7** 135
– Ausbildung **5** 106ff., 115, **6** 228, 236f., 239, 243, 250, *255f.*, **8** 22, **9** 207
– Deutschland **6** 247ff.
– England **5** 107ff. *s. auch barrister, solicitor*
– Frankreich **6** 255ff.
– Indien **9** 206f., 219, 223
– Indonesien **9** 254
– und Literatur **6** 163f.
– Organisation **5** 125ff., **7** 135
– Polen **7** 57
– Selbstverständnis **5** 125, 130
– Skandinavien **7** 135
– im Traditionsrecht **8** 61
– USA **5** 115, *130*
Rechtsdogmatik 1 35f., 56, **2** 21, **4** 41, **7** 135, **9** 202
Rechtsethnologie 1 38f., **2** 12
Rechtsethologie 1 40
Rechtsfamilie *s. Rechtskreis*
Rechtsfolge 6 292, 295f., **10** *74ff.*, 88
Rechtsfortbildung 2 71, **6** 83, 102f., 104, 286, **7** 275, **10** 30
Rechtsfrage
– Berufung **6** 197, 199, 209
– im Gerichtsverfahren **5** 49f., 92, 103, **6** 258, 261
– Kassation **6** 210
– Revision **5** *50*, 103, **6** *107f.*, 197, 200, 210
– saisine pour avis *s. dort*
– und Tatsache *s. Recht und Tatsache*
– Vorlageverfahren *s. dort*
– und Zweifel **6** 154f.
Rechtsgelehrte, islamische *s. mujtahid, s. auch ulama*
Rechtsgeschäft 6 63, 83, 274, **7** 18, **9** 154
Rechtsgeschichte 1 *27ff.*, 56
– in der Ausbildung **6** 168
– common law **5** 54ff.
– kontinentaleuropäischer Kontext **6** 168ff., 177ff.
– Lateinamerika **7** 182ff.

– und Rechtsvergleichung **1** 28 ff.
– Skandinavien **7** 107 ff.
– vergleichende **3** 164
Rechtsgrund *s. cause*
Rechtsharmonisierung *s. Rechtsvereinheitlichung*
Rechtsimport *s. Rechtsübernahme*
Rechtskreis **1** 17 f., 59 f., **3** 208, 215, **4** *1 ff.*, 47 *s. auch Kontext*
– ägyptischer **10** 141
– Arbeitsersparnis **4** 12 ff., 21
– asiatischer **9** 3 f.
– Aussagekraft **4** 13 ff., 21 ff., 26 f.
– chinesischer, traditioneller **9** 20
– common law **1** 17, **5** 1 ff.
– Didaktik **4** 20, 27, 47
– Einteilung **1** 17, **3** 11, 96, 99, **4** 3 ff., **6** 3 ff.
– und gemischte Rechtsordnungen **4** 17, 24
– Genealogie **4** 25
– germanischer **1** 17, **5** 2 f., **6** 3 ff.
– Grundgedanken **4** 1 f.
– Klassifikationsaufgabe **4** 11 f.
– und kontextuelle Rechtsvergleichung **3** 244, **4** 18, 26
– kontinentaleuropäischer **1** 17
– Makrovergleich *s. Vergleich, typisierender*
– und Praxis, rechtsvergleichende **3** 302, **6** 6
– Quecksilbersäule des Sichwunderns **4** 3
– und Rechtsgebiete **3** 154
– und Rechtsquellenlehre **6** 27
– Relativität **4** 21 f.
– romanischer **1** 17, **6** 3 ff.
– Sinn und Unsinn **4** 11, 23
– sozialistischer **7** 36, **9** 100
– spanisch-portugiesischer **7** 189
– und stilprägende Faktoren **3** 95, 224, 235, **4** *3*, 23, 49
– und Straf-/Strafverfahrensrecht **4** 14
– Terminologie **4** 10
– und Verfassungsrecht **4** 15
– westliche Betrachtungsweise **4** 22
– Zivilrechtsfixierung **4** 16, 21
Rechtskultur **1** 66, **2** 10, **3** 164, 96 ff., **4** *28 ff.*
– als Begriff der Rechtssoziologie **4** 30 ff.
– europäische **11** 26
– als juristischer Begriff **4** 41 ff.
– und hermeneutische Methode **4** 37
– interne und externe **4** 32, 35 f., 45, 52
– Kontext als Alternative **4** 46
– Postmoderne **4** 44, 46
– pragmatisches Verständnis **4** 36 f.
– und Rechtsgeschichte **1** 31 f.
– und Rechtskreise **4** 29
– und Rechtsübersetzung **1** 22
– und Rechtsvergleichung **4** 39, 41 ff.
– Sinn und Kritik **4** 33 ff., 38
– und Sozialwissenschaft, analytische **4** 37
– Terminologie **4** 31 ff.
– und vergleichende Politikwissenschaft **1** 48
Rechtslinguistik **1** 20
Rechtsmafia **9** 270
Rechtsmeinungen *s. law in debate*
Rechtsmittel
– China **9** 58
– Deutschland **6** 198 ff.
– England **5** 86, 89, 90 ff.
– Frankreich **6** 209 ff.
– Österreich **7** 8
– USA **5** 100, 102 ff., 150, 154
Rechtsnihilismus **3** 267, **7** 59 f., 67 ff., 72, 74 f., **9** 48, 114
Rechtsphilosophie **1** 56 f., **6** 9
Rechtspluralismus **4** 39, **7** 224 ff., 236 f., 243, **8** 1 f., 12, 24, 28, 78, 90, **9** *245 ff.*, **11** 30, 41
Rechtspositivismus **5** 260, 262, **6** 9 ff., **7** 9, 49, 70, 168 ff., 175 f., 188
Rechtsprechung s. *Gerichte, Richter, Richterrecht*
Rechtsquellen
– allgemeine Rechtsgrundsätze *s. dort*
– China **9** 26, 42, 48, 61 ff.
– Gesetz *s. dort*
– Gewohnheitsrecht *s. dort*
– halbstaatliche **9** 261 ff. *s. auch Kompilasi*
– im islamischen Recht **10** *9 ff.*
– des jüdischen Rechts **10** *160 ff.*
– Kodifikation *s. dort*
– im kontinentaleuropäischen Kontext **6** *8 ff.*
– Präjudizien *s. dort*
– Rechtslehre **5** 38, **7** 124
– und Rechtsvergleichung **1** 54, **2** 81 ff.
– Richterrecht *s. dort*
– Skandinavien **7** 121 ff.
– Traditionsrecht **8** 31
– ungeschriebenes Recht *s. dort*
– Unionsrecht **11** 44
– Völkerrecht **11** 4, 7, *14 ff.*
Rechtsrealismus
– England **5** 262
– und jüdisches Recht **10** 174
– und Rechtsvergleichung **3** 165
– skandinavischer **3** 241, **7** 161 ff.
– U.S.-amerikanischer **1** 50, **3** 122, 107, **5** *258 ff.*, **6** 58, 88, 94, 128, **7** 174 ff., 196, **11** 12
Rechtsschulen, islamische *s. madhab*
Rechtsschutz, vorläufiger **5** 254
Rechtsschutz, verwaltungsrechtlicher
– in der Meiji-Restauration **9** 142
– Verwaltungswiderspruch, chinesischer **9** 113
Rechtssicherheit **5** 75 f., 84, **7** 137, 222
Rechtsskeptizismus **5** 260 f., **7** 207
Rechtssoziologie **1** *32 ff.*, 39 ff., 56 f., **4** 30 ff.
– Kausalitätsfrage **4** 43
– und Kontext **4** 52
– und Rechtskultur *s. dort*
– und Rechtswissenschaft **4** 39
– und Rechtsvergleichung **3** 13, **4** 39 f.
rechtssoziologische Schule **6** 98

Rechtsstaat 9 128
– China **9** 51, *119ff.*
– und Demokratie **9** 129 f., 133
– Deutschland **3** 252 f., 255, 281, **6** 81
– England **5** 200
– Gewaltenteilung *s. dort*
– Indonesien **9** 266
– Lateinamerika **7** 195, 207
– Osteuropa **7** 102, 65 f., 68 ff.
– und rule of law **3** 252 f., 255, **9** 125, 127 f., 130
– Spanien **7** 23
– und Verordnungsermächtigung **3** 281
Rechtsstil 3 224, 235, **4** 3 *s. auch stilprägende Faktoren*
Rechtssystem *s. Rechtskreis*
Rechtstradition 1 31 f., **3** *96ff.*, 224
– Kritik **3** 100 ff.
– massaging **3** 98, 104
– Methode **3** 96 ff.
– und Rechtskultur **3** 97 f.
Rechtstransfer *s. Rechtsübernahme*
Rechtsübernahme 1 32, 58, **2** *24ff.*, 56, **3** 164, 51, 92 f., **7** 38, 42 f., 195
– in China **9** 39 ff.
– Fragestellung **3** 205
– und funktionale Rechtsvergleichung **3** 211
– legal transplants **2** 34 ff.
– und statistische Rechtsvergleichung **3** 125
Rechtsübersetzung 1 *20ff.*, **7** 42
Rechtsübertragung *s. Rechtsübernahme*
Rechtsvereinheitlichung 1 42, 54, 68, **2** 5, *41ff.*, 78, **3** 29, 160 f., 1236
– und Einheitsrecht **2** 41 ff., **11** 52
– in Europa **2** 43, 47, *48ff.*, **3** 165, **7** 40, 66, 132, 256 f.
– und ius commune **6** 182
– Fragestellung **3** 205
– und funktionale Rechtsvergleichung **3** 236, 182, 211 f.
– Lateinamerika **7** 181
– OHADA *s. dort*
– Skandinavien **2** 44, **7** 127 f., 131 f.
– USA **5** 238 f.
– Völkerrecht **2** 42, **11** 4, 7
Rechtsvergleichung
– Anwendungsbezug **2** 1 ff., 15
– Einführung **1** 2 ff.
– Gegenstand **1** 9 ff., 14 ff., 68 ff., **11** 1 ff., 6 ff., 24 f.
– Grenzen **1** 62 ff., **3** 239 f. *s. auch funktionale Rechtsvergleichung*
– als Inspirationsquelle **9** 203
– in der Lehre **2** 16 ff.
– als Methode **1** 55 ff., **3** 11
– Nachbargebiete **1** 19 ff.
– als Rechtsgebiet **1** 52 ff.
– als Rechtsquelle **2** 81 ff., **3** 176
– und Werte **1** 72 ff.
– wertende **2** 84
– als Wissenschaft **1** 55 ff., **3** 11
– als Wörterbuch **4** 40
– Ziele **2** 1 ff.
Rechtswegerschöpfung 6 311
Rechtswidrigkeit 6 287 f., 290
Rechtswirklichkeit *s. law in action*
recision 5 73
recorder 5 87, 89
recours en appreciation de légalité 6 221
recrutement sur titres 6 251
Referendariat 6 129, 134, 153, *235f.*
Referendum 7 6 f., 11 f.
Reformasi 9 252, 266, 270
Reformkodifikation 6 41 ff.
Regierung der Volksrepublik China *s. Staatsrat*
registrar *s. district judge*
règlement autonome 6 16 ff.
règlement 6 51
Reichsjustizamt 6 193
Reichstag 6 191
Reimann, Mathias 3 106 ff.
Reisefreiheit 9 2, 134
Re-Islamisierung *s. Islamisierung*
Relationstechnik 6 *129ff.*, 138, 259, 264
– Bedeutung **6** 133 ff.
– und Beweiserhebung **6** 130 f.
– in Frankreich **6** 138
– und Gutachtentechnik **6** 129
– Vorgehensweise **6** 130 ff.
Religionsfreiheit 1 83, 85, **2** 64, 76, **5** 214, **6** 118, 304, **7** 125, **10** 102, 110, 184
Religionsgerichte, indonesische 9 263
Religionsschulen, jüdische *s. Yeshiva*
religiöse Rechte
– und Familienrecht, hinduistisches **9** 195 f., 228 ff., 234
– islamisches Recht *s. dort*
– jüdisches Recht *s. dort*
– kanonisches *s. dort*
– und lokale Bräuche **9** 238
– und transnationales Recht **10** 174, 193 **11** 3
Repetitorium 5 115 f., **6** 234, **9** 184
representations 2 15
Repressalie 11 18
repugnancy Klausel 8 44, 82
– und Brautgeld **8** 59
Reskript 10 193
restatement 2 31, **5** *239*, **6** 37, *41ff.*
Rettungsschuss, finaler 7 27
révision *s. Wiederaufnahmeverfahren*
Revision *s. auch Rechtsmittel*
– im common law **5** 86, 92, 103
– Deutschland **6** 107 f., 197, *200*, 201 f., 210 f.
– Frankreich **6** 211
– im kontinentaleuropäischen Kontext **6** 107 f.
Revisionsgericht 6 200, 201 f., 204

Rheinisches Recht 6 153
Rheinstein, Max 3 1, **4** 7
riba 10 61, 72, *114ff.*
Richter
– Afrika **8** 20 ff.
– Ansehen **5** 120, 274, **6** 246, **7** 69, 75, 78, 207, 218, **9** 270
– Ausbildung und Berufung **5** 95, 97, 123, 131, **6** 228, 236, 239, 243, 250 ff., **9** 93, 114
– China **9** 34 ff.
– im common law **9** 204
– Deutschland **6** 155, 228, 236, 243 ff, 257 ff., 268
– Einzelrichter *s. dort*
– England **5** 95, 97, 99, *120ff.*, 136, 207 **6** 246
– Entscheidungsfindung **5** 133 ff., 260, **6** 155
– Entscheidungsspielraum **6** 13
– Ermittlungsrichter *s. dort*
– Ersatzgesetzgeber **2** 60
– Frankreich **6** 239, 250 ff.
– Gehalt **5** 120, 131, **6** 246, 254
– Indien **9** 196, 198, 206 f., 225 f.
– Indonesien **9** 254
– im islamischen Recht **10** *62ff.*, 129, 131, 146, 152 ff.
– Kadi *s. dort*
– Karriere **6** 145, 244 f., 260
– im kontinentaleuropäischen Kontext **6** 13, *28ff.*, 257
– Laienrichter *s. dort*
– als Mund des Gesetzes **6** 13
– Relationstechnik *s. dort*
– Scharia-Richter *s. dort*
– Stellung **5** 4, 10, 19, 41 f., 66, 133 ff., 144 f., 148, **6** 257 ff., 268, **9** 93 f.
– Unabhängigkeit **5** 99, 205, **7** 46, 52, 56, **9** 45, 92 ff., 272
– Untersuchungsrichter *s. dort*
– USA **5** 131, **6** 246
Richterrecht
– China **9** 36
– im common law **5** 41 f. *s. auch Präjudizien*
– und Gesetzesauslegung **6** 31, 83, 101
– und Gewaltenteilung **6** 29
– gouvernement des juges *s. dort*
– Kadijustiz **10** 62
– im kontinentaleuropäischer Kontext **3** 157, 171, *173ff.*, **7** 124, 190, 256, 275
– in der lex mercatoria **11** 49 f.
– Lückenschließung **6** 83, **10** 136
– Präjudizien *s. dort*
– und Praxis **6** 28 ff.
– Rechtsfortbildung *s. dort*
– als Rechtsquelle **5** 4, 19, *41f.*, **6** *28ff.*, 147
Richtlinien 2 43, **7** 230, **11** 35, 44
ridda 10 58, 77, 97, 102, *109ff.*
Riedel, Eibe 5 197
right to pursue happiness 9 157
Riten 9 8, 11
Ritsuryô-System 9 137
Roe v. Wade 3 263
Roesler, Hermann 9 142
Romantik 6 187
römisches Recht 1 29, **5** 67, 109, 275, 276, **6** *169ff.*, 178, 180 f., 187 ff., 279, **7** 17, 112 ff., 183, 265 f.
rondas campesinas 7 246 f., 250
Roosevelt Corollary 7 195
Roper v. Simmons 2 66, *68*, 80
Rosay-Fall 6 207
Ross, Alf 7 162, 175
rule against perpetuities 5 181 f.
rule of law
– Begriff **5** 200, **9** 125
– und Rechtsstaat **3** 252 f., 255, **9** 125, 127 f., 130 *s. auch dort*
– USA **3** 252 f., 255
Rumänien 7 37 f., 46
Rundfunkfreiheit 6 81
Rushdie, Salman 10 109, 112
Russland 7 45, 49, *72ff.*
– Einfluss, westlicher **7** 38, 40
– Formalismus und Dezisionismus **7** 84 ff.
– Geschichte **7** 75 f.
– Juristen **7** 56, 75 f.
– Kontext, eigenständiger **7** 72 ff.
– Rechtsnihilismus **7** 59 f., *75ff.*
– Staatsverständnis **7** 102 ff.

Sacco, Rodolfo 3 *18ff.*, **8** 20
Sachsenspiegel 6 190
Sadachar 9 235, 238
sadd al-dharia'i 10 28, 37
sahaba 10 16, 28, 34 ff.
Saibani 10 72
saisine pour avis 6 212
Säkularisierung 10 122, 134, 136
Sale of Goods Act 6 43
Saleilles, Raymond 1 54, 56, **6** 98, 101
Sammelwerk 6 158
Samurai 9 138 f.
Sanhuri, Abd al-Razzaq al- 10 141
sar man qablana 10 27
Sartorius 6 40, 53
Satzung 6 26
– der kommunistischen Partei Chinas **9** 70, 83
Saudi-Arabien 10 37, 52, 104, 107, 121, *126ff.*, 143
Savigny, Friedrich Carl von 2 53, **6** 77 Fn. 137, 94, 184, *186f.*, 190, 193
Scalia, Antonin 2 67 ff., **5** 222
Schächten 10 23
Schadenersatz
– Deutschland **3** 42, 44, **6** 31
– immaterieller Schaden **1** 76, **2** 36, 73, **6** 31, 83
– indirekter Schaden **5** 71, 264

– Kind als Schaden *s. dort*
– und Pflichtverletzung **11** 29
– Schadenersatzsumme **3** 42 f., **5** 147, 232, **7** 138
– Strafschadenersatz **5** 147
– unerlaubte Handlung *s. Deliktsrecht*
Schäfer, Hans Bernd 3 *71 ff.*
schafiitische Schule 9 259, **10** 33, *36*
Scharia 10 30 *s. auch islamisches Recht*
– Begriff **10** 7 f.
Scharia-Richter 8 22, **9** 5
Schauer, Frederik 2 12
Scheingeschäft 6 282
Schenkung 6 282
Schiedsgerichte 2 46, 49, **6** 213, **7** 137, **8** 81, **9** 113, **11** 18, 49 ff., 56 ff.
schiitisches Recht 10 4, *38 ff.*, 52, 86
– jafaritische Schule *s. dort*
Schlichtung
– China **9** 32, 46, 112 ff., 116 ff.
– lok adalat **9** 223
– im Traditionsrecht **8** 41 f., 61
Schmidt, Arno 3 227 f.
Schnecke im Ginger-Ale 5 12 ff.
Schöffen *s. Laienrichter*
Schönfelder 6 41, 53
Schopenhauer, Arthur 6 301
schottisches Recht 5 1, 275 ff.
Schranke, grundrechtliche 5 210 ff., 268, **6** 162, 302, *304 f.*, 310, **7** 4
Schriftsätze 5 65, 142 f., **6** 163, 258 f., 266
Schulchan Aruch 10 164
Schuld 6 268, 287 ff.
Schuldrecht
– chinesisches, traditionelles **9** 29 f.
– Konvergenz **7** 272
– im islamischen Recht **10** 12, 17
– Manu Smriti **9** 237
Schutzbereich 6 162, *304 f.*
Schweden *s. Skandinavien*
Schweiz 7 2 f., 10 ff.
Scientology 2 76
Scottish Law Commission 2 31
section du contentieux 6 222
Selbstbestimmung, Recht auf 7 198, 230
Selbstbindung des Gesetzgebers 5 246
Selbstverwaltungskörperschaft 6 26
Seminararbeit 6 229
Senat, gerichtlicher 6 147, 201 f., 206
Senger, Harro von 9 85
sexuelle Belästigung 6 299
Shafii, Muhammad Idris ash- 10 36 f.
Shang-Dynastie 9 8
Shen Jiaben 9 38
Shintoismus 9 139
Shôgun 9 138 f., 141
Shruti 9 236
shu-yi 9 23
Shudras 9 242 f.
Sinomarxismus 9 *83 ff.*, 98
Sittenwidrigkeit 5 73, **6** 282
Siyasa 10 63, 101, *123 ff.*, 130
Skandinavien 7 79 ff.
– Einfluss, deutscher **7** 114 f., 178
– Einfluss, europäischer **7** 111, 124, 132, 158
– Geschichte **7** 107 ff.
– Juristen **7** 133 ff.
– als Kontext **7** 106, 124
– und kontinentaleuropäisches Recht **7** 106, 113 ff., 124, *177 f.*
– Pragmatismus **7** 124, 135
– Rechtsinstitute, materielle **7** 138 ff.
– Wohlfahrtsstaat **7** *116 f.*, 131, 157 f.
– Zusammenarbeit **7** 126 ff., 134
Sklaverei 6 297, 301, **10** 54, 79, 91, 110, **11** 15
Slawophilie 7 76, 102
Smend, Rudolf 7 24
Smritis 9 235 ff., 239
societas perfecta 10 183
soft law 11 16
sokratische Methode 5 117
solicitor 5 107, 111 ff., 123, *124 ff.*, 265, 269, 273, 279
Sondervolksgerichte 9 59
Sondervotum 5 37, **6** 206
Souveränität
– Frankreich **6** 227
– der Kommunistischen Partei Chinas **9** 68, 121
– Lateinamerika **7** 219, 240
– Parlamentssouveränität *s. dort*
– und rechtsvergleichende Auslegung **2** 65
– Schweiz **7** 14
– staatliche und kirchliche **10** 183
Sowjetunion, Staaten der ehemaligen 1 6, **7** 105
Sozialismus 7 36, 46 f., 51, 58, 69, **9** 83 f. *s. auch Kommunismus*
– und afrikanisches Recht **8** 5
– chinesischer Prägung **9** 68 *s. auch Sinomarxismus*
Sozialversicherung 5 266, 273, **7** 215
Sozialwissenschaften 1 39, 47, 49, **3** 58, 226 ff., **5** 260 f.
Soziologie 3 162, 166, 180
Spanien 7 16 ff., 189
– Einfluss auf Lateinamerika **7** 182, 187, 197
– Einfluss, deutscher **7** 18, 21 f., *23 ff.*
– Einfluss, französischer **7** 17 ff.
– Monarchie **7** 32 f.
specific performance 5 73
spezifisches Verfassungsrecht 6 316
Spielraum
– Gesetzgeber **6** 307 f.
– Richter **6** 13
– Verwaltung **2** 16, **6** 143
Sprache
– Alltagssprache **3** 171, **6** 71, 82 f., 103, 114
– Fachsprache **6** 78, 82, 103 *s. auch dort*

– Gerichtssprache **5** 58, **11** 41
– Gesetzessprache **7** 113, 129
– Landessprache **7** 30, 129
– Rechtssprache, gemeinsame **5** 148, 169 ff., 231, 253, **7** 2, 66, 129 f., **11** 29
– Rechtsübersetzung *s. dort*
– Schutz, der **7** 227, 232
– Sprachenvielfalt **9** 6
– Sprachkenntnisse **1** 21 ff., 63, **2** 79, **7** 42, 44, **11** 30, 41
– Sprachpluralismus, afrikanischer **8** 21
– Sprachwahl **1** 21, **2** 15, **11** 25
Sprungrevision 6 200
Srivijaya 9 246
Staatenbericht 11 20
Staatenverbund 1 26
Staatsanwalt
– China *s. Volksstaatsanwaltschaft*
– Deutschland **6** 236 f., 246, 267 f., 271
– England **5** 125
– Frankreich **6** 251 f., 271
– Lateinamerika **7** 117
– Russland **7** 88 ff.
– Schottland **5** 173
Staatsexamen 6 229, **9** 185
Staatshaftung 2 83, **3** 152, 207, **6** 31, **11** 29
Staatsorganisationsrecht 5 237 ff., 241, **7** 23, 29 ff., 144, 211 f.
Staatsphilosophie, chinesische 9 14, 17, 28, 68
Staatsrat
– chinesischer **9** 55, 69, 72, 90
– Conseil d'État *s. dort*
Staatszielbestimmungen 9 224
Stair Memorial Encyclopedia 5 278
Stammesrecht *s. auch Traditionsrecht*
Stammzellenforschung 6 297
Ständiger Ausschuss des Nationalen Volkskongresses 9 54, 61, 69, 71, 90, 126
Ständiger Ausschuss des Politbüros 9 72, 78
Star Chamber 5 199
stare decisis 5 *21 ff.*, 29, 234, 261, **7** 256
State Contracts 1 54
statistische Rechtsvergleichung 3 *110 ff.*
– Einfluss der Weltbank **3** 126
– Kausalität **3** 123 ff.
– Komplexität **3** 115 ff.
– Kritik **3** *114 ff.*
– Methode **3** 110 f.
– Neutralität **3** 119
– Praktikabilität **3** 120
– und Rechtsübertragung **3** 125
– Regressionsanalyse **3** 111, 123
– Subjektivität **3** 116 f., 126 ff.
– Untersuchungsgegenstände **3** 112 f.
– Unvollständigkeit **3** 118, 122
Statutentheorie 6 179
Statuslehre 7 24
Stein, Lorenz von 9 142
Steiner, Eva 6 41 f.
Stendhal 6 139
Stiftung, fromme *s. waqf*
stilprägende Faktoren
– und Fehlerlehre **3** 272, **4** 23
– und Rechtskreise **3** 95, 224, 235, **4** 3, 23, 49
Strafe *s. auch Strafrecht*
– Afrika **8** 66 f., 80, 89
– China, traditionelles **9** 8, 12 f., 18, 21 f., 24
– Deal *s. dort*
– Frankreich **1** 75, **6** 176
– islamisches Recht **1** 78, 85, **10** 73 ff., 97, 102 ff.
– Japan **9** 140, 169
– kanonisches Recht **10** 184, 187
– Körperstrafe *s. dort*
– Todesstrafe *s. dort*
Strafgerichtsbarkeit 5 87, 89 ff., 99, **6** 197, 202, 217 f.
Strafgesetzbuch, deutsches 6 38, 41, 195
Strafprozessordnung, deutsche 6 38, 195
Strafprozessrecht 4 14, **5** 134, 138 ff., 235, **6** 217 f., 269 ff., **7** 217, **9** 84, 160
Strafrecht *s. auch Strafe*
– Afrika **8** 79
– in China **9** 18 f. *s. auch xing*
– und Hexerei **8** 63 ff.
– Indonesien **9** 247, 249
– islamisches Recht **10** *97 ff.*, 120
– Japan **9** 137, 143 f., 170
– und kanonisches Recht **10** 187 f.
– Korea **9** 148, 152
– Lateinamerika **7** 207, 238, 246 f., 254
– Osteuropa **7** 43 ff.
– und Parteinormen **9** 78
– politischer Charakter **1** 75
– und Rechtskreise **4** 14
– Spanien **7** 22
– USA **5** 237 f.
Strafrechtspflege 6 300
Straftat
– Deutschland **6** 287 ff.
– islamisches Recht **10** 12, *97 ff.*
Streitaversion 5 232, 266, **7**136., **9** *165 ff.*
– und Harmonie **9** 165
– und Individualismus, westlicher **9** 172
– im modernen japanischen Recht **9** 169 ff.
– im traditionellen japanischen Recht **9** 140
Streitbeilegung
– alternative **7** 137, 190, **9** 111 ff., 116 ff., 223
– einvernehmliche **9** 31 ff., 167
– informelle **9** 103 f.
– traditionelle **8** 41 ff., 81
– durch private Instanzen **9** 30, 41
– Schlichtung *s. dort*
Streitwert 5 80, 87, 90, 100, 105
Stryk, Samuel 6 181
subjektives Recht 5 68, **9** 15, 40

Subsumtion 3 268, **6** 14, *109ff.*, 138 f., 152, 228, 288
– und Begriffsjurisprudenz **6** 109
– Definition **6** 110 ff., *116ff.*, 138, 293, 301
– als Denkschema **6** 114
– in Frankreich **6** 138 f., 141 ff.
– und Generalklausel **6** 286
– Grundgedanke **6** *112,* 114
– und Gutachtentechnik **6** 120, 123 f.
– und Meinungsstreit **6** 113, 118
– Obersatz **6** 14, 110
– Schema **6** 110
– in Südostasien **9** 182 f.
Südafrika 8 *6ff.*
– und common law **8** 6 ff.
– römisch-holländisches Recht **8** 6 f.
– Traditionsrecht **8** 29, 47, 92
– Verfassung **8** 7, 47, 50 ff., 92 ff.
südostasiatischer Kontext 9 *135ff.*
– Einfluss, kontinentaleuropäischer **9** 137 ff.
– und Freirechtsschule **9** 183
– und Individualismus, westlicher *s. dort*
– und Interessenjurisprudenz **9** 183
– Streitaversion *s. dort*
– Verfassungsrecht **9** *186ff.*
– Wertvorstellungen, traditionelle **9** 176 ff.
Suharto 9 252, 260, 266, 270
Sukarno 9 252, 264 f.
sukuk 10 115
Sultan Mehmed II. 10 124
Sultan Süleiman 10 123
Sumatra 9 246
Sun Yat-Sen *s. Gewaltenteilung, Taiwan*
Sunna 10 7 f., 13, 17 f., 37, 97
– und amal **10** 35
– Auslegung **10** 7, 15, 30, 127
– und jafaritische Schule **10** 40
– Rechtsfortbildung **10** 30
– als Verfassung **10** 126
sunnitisches Recht 9 259, **10** 4, *33ff.*, 38, 67, 85
– hanafitische Schule *s. dort*
– hanbalitische Schule *s. dort*
– malikitische Schule *s. dort*
– schafiitische Schule *s. dort*
Supranationalität 11 31
Supreme Court, britischer 2 27, **5** *95ff. s. auch House of Lords*
– Richter **5** 95, 120 f., 276
Supreme Court, kanadischer 5 265
Supreme Court, New York 5 100
Supreme Court of India 9 197, 207 f., *209ff.*, 216, 218
– und Parlament **9** *210ff.*
Supreme Court, U.S.-amerikanischer 5 *104,* 260, **7** 194
– und Rechtsvergleichung **2** 66 ff.
– als Superrevisionsgericht **6** 204
Supremo Tribunal Federal 7 204 ff.
Sure 10 11 f.
– **Systemdenken**
– in Asien **9** 65, 164, 254
– im common law **5** 15, 34, *45ff.*, 71, 168, 260 f., 278
– im kontinentaleuropäischen Kontext **6** 36 ff., 46, 58 ff., 66, 104, 124 ff., 135, 287, **7** 18, 23, 42, 48, 108, 158, 231
– im Unionsrecht **11** 28

tafsir 10 30 f., 47
tahaiyur 10 56, 61
Taiwan 9 20 ff., 36
– Einfluss, chinesischer **9** 147
– Einfluss, japanischer **9** 146 f.
– Einfluss, kontinentaleuropäischer **9** 146, 158 f.
– Einfluss, U.S.-amerikanischer **9** 158
– Gesetzbücher, sechs **9** 147
– Rat der Hohen Richter *s. Justizyuan*
– Zivilgesetzbuch, chinesisches von 1930 **9** 147
takaful 10 115
talaq 9 260, **10** *86ff.*, 138
talfiq 10 56, 61
Talmud 10 159, 162 ff., 170 f.
Tang-Dynastie 9 27, 35
Tang-Kodex 9 20 ff.
– Japan **9** 137
– als Kommentar **9** 23 f.
Tanzil-ur-Rahman 10 146
Taoismus 9 139
taqlid 10 45, 50, 53
Tatbestand 6 132, 151, 292 f., 296
Tatsache
– Berufung **5** 103, **6** 197, 199, 209
– im common law Kontext **5** *49ff.*, 103, 141 ff., **6** 105 ff.
– im kontinentaleuropäischen Kontext **6** *105ff.*, 131, 133
– qualification *s. dort*
– und Recht *s. Recht und Tatsache*
– Revision **5** 50, 103, **6** 197, 200, 210
– Wiederaufnahmeverfahren **6** 211
tawarruq 10 117
tawil 10 30
Taymiyya, Ibn 10 127
tazir 10 97, *101*
Teixeira de Freitas, Augusto 7 185 f.
tenancies 5 174
Tennô *s. Kaiser, japanischer*
Tenor 5 141, 147, **6** 130, 147, 214, **7** 20
Terré, François 6 174
tertium comparationis 1 9, **3** *3ff.*, 35 ff., 50, 82
Textstufenparadigma 2 61
Theleka 8 58
Thibaut, Anton Friedrich Justus 6 *184ff.*, 190
Tiananmen Platz 9 134
title insurance 3 160, 197, 270
Tocqueville, Alexis de 5 200, **7** 194

Todesstrafe 1 75, 78, 85, 89 ff., **2** 68, **8** 52, **9** 21, 24, 35, 57, **10** 97, 102, 104, 109 ff., 184
Tora 10 158
torts 5 13 ff., 44, 46, 68, 71, 90
– Kanada **5** 262
– negligence *s. dort*
– Neuseeland **5** 273
– trespass **5** 178 *s. auch writs*
– Unterschiede England/USA **5** 232
Tosefta 10 161
Totschlag 10 97
Toullier, Charles Bonaventure Marie 6 96
Traditionsrecht 3 158, **8** *24 ff.*
– Anwendungsbereich und Verbreitung **8** 71, 74 ff., 77 f.
– Bedeutung und Ansehen **8** 24, 71, 75
– Begriff **8** *24 ff.*
– Charakteristika **8** 30 ff.
– Denkweise **8** *40*
– Entwicklung **8** *30 ff.*, 83
– Gemeinschaftsstrukturen **8** 38, 43
– und Grundrechte **8** 91 ff.
– und islamisches Recht **8** 12, *26,* **10** 25
– Landflucht **8** 74 ff.
– und Lateinamerika **8** 24
– lebendes **8** *27 ff.*, 71, 74, 76
– und Menschenrechte **8** 29, 86 ff., 91
– offizielles **8** 27 ff., 71 f., 84
– Rechtsbewusstsein **8** 24
– Rechtsinstitute, typische **8** 49 ff.
– Rechtsquellen *s. dort*
– und staatliches Recht **8** 1, 3 ff., 27 ff., 46, 71 ff., 77 ff., 82 ff.
– nach der Unabhängigkeit **8** 45 ff., 72
– und Verfahren **8** 61
– Verschriftlichung **8** 27, 29, 44
Transformationsprozess, osteuropäischer 2 32 f., 36, **7** *37 ff.*
– Eliten, Einfluss alter **7** *56 ff.*, 102
– Gesetzgebung, mangelhafte **7** 42 ff.
– Probleme der Rechtsanwendung **7** 48 ff.
– sozialistisches Denken **7** 46 f., 51, 58, 69
transnationales Recht 11 1 ff.
– Begriff **11** 3, 49
– und jüdisches Recht **10** 174
– und kanonisches Recht **10** 193
– lex mercatoria **11** 48 ff. *s. auch dort*
– Unionsrecht **11** 24 ff. *s. auch dort*
– Völkerrecht **11** 4 ff. *s. auch dort*
travaux dirigés 6 241
Trennungsprinzip 6 273
trespass 5 178, *s. auch writs*
Treu und Glauben 5 254, 277, **6** 14, 67, 84, 115, *284 ff.*
– venire contra factum proprium **6** 84, 285
tribunal (England) 5 83 ff.
tribunal administratif 6 220
tribunal correctionnel 6 217
tribunal de commerce 6 208
tribunal de contentieux de l'incapacité 6 208
tribunal des affaires de sécurité 6 208
tribunal des conflits 2 18, **6** 207
tribunal de grande instance 6 214, 217
tribunal de police 6 217
tribunal d'instance 6 213 f., 217
Tribunat 6 173, 175
Tronchet, François Denis 6 173
Troplong, Raymond-Théodore 6 96
Trunkenheit *s. Alkoholverbot*
trust 5 *74,* 90, *183 ff.*, 230, 277, **6** 65, **9** 202
– fiktiver trust **5** 185 f.
– Formen des trust **5** 184
– Grundgedanke **5** 183
– historische Entwicklung **5** 74
– im IPR **1** 44
Tschechien 7 46, 49, 65, 71
Tschentscher, Axel 3 *28 f.*
Tunesien 10 35, 93, 134, 137
Türkei 10 34, 93, 122

ubuntu 8 *50 ff.*
ulama 10 16, 154
Umar 10 38
Umweltgesetzbuch 6 195
UN *s. Vereinte Nationen*
Unabhängigkeit
– Afrika **8** 4 ff.
– Indien **9** 200
– Indonesien **9** 251 f.
– der Justiz *s. Richter*
– Korea **9** 152
– und Traditionsrecht **8** 45 ff., 72
Unabhängigkeitserklärung, amerikanische 2 64
Unberührbare 9 220, 242
unbestimmter Rechtsbegriff 1 23, **2** 20, **6** 292 f., 296
UNCITRAL 2 46
unerlaubte Handlung *s. Deliktsrecht*
Ungarn 7 69 f.
ungeschriebenes Recht
– allgemeine Rechtsgrundsätze *s. dort*
– Gewohnheitsrecht *s. dort*
– im kontinentaleuropäischen Kontext **6** 12, *19 ff.*
– mündliches **8** 31 ff.
– Verfassung **5** 243, 274
UNIDROIT 2 46, 51
UNIDROIT Prinzipien 2 27, 51, **7** 38, **11** 52
Uniform Commercial Code 5 238
Unionsrecht 2 30, **11** *24 ff.*
– und allgemeine Rechtsgrundsätze **1** 54, **2** 83 f., **6** 24
– Anwendung **11** 30, 35, 42, 45
– Charakteristika **11** 31 ff.
– Demokratiedefizit **11** 37

– effet utile *s. dort*
– Einfluss auf nationales Recht **5** 248, *251 ff.*, **6** 23, 294, **7** 267 ff.
– Einfluss des nationalen Rechts **6** 308, **11** 27 ff., 41
– föderale Struktur **11** 24, *35 f.*
– Institutionen **11** 37 ff.
– Kompetenzen **11** 24, 32 ff., 40
– Kontext, eigenständiger **11** 24
– und kontinentaleuropäisches Recht **7** 268, **11** 27 f.
– in Lehrbüchern **5** 255, **11** 43
– materielles Recht **11** 43 ff.
– und Mitgliedstaaten **11** 24, 32 f., 36, 40, 43, 45
– und Osteuropa **7** 40
– Rechtsdenken **5** 253, **7** 268, **11** 28 f.
– Rechtsharmonisierung *s. Rechtsvereinheitlichung*
– Rechtsquellen **11** 44

United Nations Commission of International Trade Law *s. UNCITRAL*

Universalität
– der Menschenrechte **1** 83 ff.
– der Rechtsvergleichung **1** 68 ff.

Universitäten
– und Ausbildung, juristische **5** 106 ff., **7** 76, 114 *s. auch dort*
– China **9** 121
– Deutschland **6** 228 ff., 234, 237
– Frankreich **6** 239, 240, 242
– Islam **10** 33
– law school *s. dort*
– Lehrfächer **5** 109 f., 114, **7** 113 f., 184
– und praktische Rechtsanwendung **5** 39, **7** 76
– und Rechtsvergleichung **1** 3, 69
– südostasiatischer Kontext **9** 184

UN-Kaufrecht *s. CISG*
Unschuldsvermutung **8** 61, **9** 45
Untere Volksgerichte **9** 58, 99

Unterhalt
– Deutschland **6** 33
– Düsseldorfer Tabelle *s. dort*
– islamisches Recht **10** 86, 88, 96

Unterschlagung **10** 100, 104
Untersuchungsgrundsatz **5** 141 f. *s. auch Amtsermittlungsgrundsatz*

Untersuchungsrichter
– Deutschland **6** 270
– juge d'instruction *s. dort*
– Lateinamerika **7** 217

Unzucht **10** 97, 102
Uppsala-Schule **7** 163, 170, 172
urf **10** 25 f., 30
– in der malikitischen Schule **10** 35
– in der schafiitischen Schule **10** 36

Urteil *s. Gerichtsentscheidung*

Urteilsanmerkung
– Deutschland **6** 161
– Frankreich **6** 149, 161, 167

Urteilsstil
– im common law **5** 10, 25, 45, 122, 147
– Deutschland **6** 151 ff.
– EuGH **11** 41
– und Gutachtenstil **6** 125, 151, 153
– Frankreich **6** 71, 99, 127, *148 ff.*
– Indien **9** 204
– im römischen Recht **1** 29
– Spanien **7** 20

Uruguay **7** 207, 218, 234, 236
use **5** 74
usul al-fiqh **10** 4, 7 f., *9 ff.*
Usus modernus Pandectarum **6** 181, 187
Uthman ibn Affan **10** 10, 38, 41
Utilitarismus **9** 133

Vaishyas **9** 242
varna **9** 242
Vedas **9** 235 f., 239, 242
Vélez Sársfield, Dalmacio **7** 186
Venezuela **7** 187, 194, 200, 211 f., 230, 232, 234, 242
Verbandsklage **9** 224
Verbraucherschutz **1** 76, **2** 50, **5** 232, **6** 14, **7** 37 f., 137, 257, 274, **6** 14, **9** 157, 158, **11** 24
Verbrechen **3** 83, 89, **5** 87, 89, 230, **6** 218
Verdikt **5** 141, *144 ff.*, 277
– directed verdict **5** 153
– general verdict **5** 145 f.
– inkonsistentes Verdikt **5** 152
– special verdict **5** 144 f., 151
– Überprüfbarkeit **5** 144, *149 ff.*

Vereenigde Oostindische Compagnie **9** 248 ff.
Vereinigtes Königreich **5** 1
Vereinte Nationen **1** 84, **2** 64, **11** 8, 14, 18, 21 f., 37

Verfahrensfehler
– prozessrechtlicher **5** 151, **6** 199
– verwaltungsrechtlicher **6** 294

Verfassung
– China **9** 51, 61, 67 ff., 74, 84, 90, 121
– Deutschland *s. Grundgesetz*
– England **5** 242 ff.
– flexible **5** 243, **7** 5 ff.
– Frankreich **6** 16, 25
– Indien **9** 194, 200, 209 ff., 216
– Indonesien **9** 251, 257
– und islamisches Recht **10** 126, *143 ff.*
– Japan **9** 142, 160, 162
– Kanada **5** 267
– Lateinamerika **7** 190, *193 ff.*
– Neuseeland **5** 274Normhierarchie, verfassungsinterne **7** 7, 31
– Österreich **7** 4 ff.
– Osteuropa **2** 33
– politischer Charakter **1** 72 f.
– und Rechtskreise **4** 15

– Schweiz **7** 10 ff.
– Skandinavien **7** 144, *154 ff.*
– Spanien **7** 23 ff.
– Südafrika **8** 7, 47, 50 ff., 92 ff.
– Südostasien **9** 186 ff., 193
– und Traditionsrecht **8** 85 ff.
– USA **5** 241, **9** 160, 162
Verfassungsänderung **5** 243, 267, **7** 6 f., 11, 31, 210, **9** 210 ff.
Verfassungsauslegung *s. Gesetzesauslegung*
Verfassungsbeschwerde **6** 309 ff., **7** 8
Verfassungsgerichtsbarkeit
– Ägypten **1** 63
– Deutschland *s. Bundesverfassungsgericht*
– England **5** 242
– Frankreich **6** 223 ff.
– Indien **9** 194 *s. auch Supreme Court of India*
– Indonesien **9** 273
– islamisches Recht **10** 147
– Konvergenz **7** 273 f.
– Lateinamerika **7** 202 ff.
– Österreich **7** 8
– Russland **3** 274, **7** 103
– Schweiz **7** 13
– Skandinavien **7** 159
– Spanien **7** 23
– Südostasien **9** 188
– Taiwan *s. Justizyuan*
– Tschechien **7** 46, 49, 65
– Ungarn **7** 69
– USA **5** 104 *s. auch Supreme Court, U.S.-amerikanischer*
Verfassungskonventionen **3** 268
verfassungsmäßige Ordnung **6** 60, 79
Vergehen **3** 83, 89, **5** 87, 230, **6** 217
Vergleich **6** 260
Vergleich, typisierender **1** *17 f.,* 59 f., **3** 208, **4** 47
vergleichende Rechtsgeschichte **3** 164
vergleichende Rechtstheorie **3** 94 f.
vergleichende Verfassungsforschung **3** 130 ff.
Vergleichsmaßstab *s. tertium comparationis*
Verhältnismäßigkeitsprinzip *s. auch Abwägung*
– Deutschland **1** 74, **2** 12, **3** 271, **6** 162, *305 ff.,* **7** 27
– England **5** 206, 254, **6** 308
– Japan **9** 162
– Kanada **5** 268
– Österreich **7** 4, 9
– und proportionality **3** 271
– Russland **7** 104
– Spanien **7** 27
– Unionsrecht **5** 254, **6** 308, **7** 257, 268
– USA **5** 217, **6** 308
Verjährung **1** 44, **8** 61
Verkehrssitte **6** 20, 284
Vermutung der Ähnlichkeit *s. praesumtio similitudinis*
Vernehmung
– Deutschland **6** 262, 266, 300
– Frankreich **6** 271
– USA **6** 262, 300
Verordnung
– gesetzesvertrende *s. ordonnance*
– im kontinentaleuropäischen Kontext **6** *16 f.,* 27, 68
– Unionsrecht **11** 35, 44
Verordnungsermächtigung **3** 242
– China **9** 62
– und Demokratie **3** 281
– Deutschland **3** 281, 283 f., **6** 17, 291
– und Gewaltenteilung **3** 253
– USA **3** 281, 283 f.
Versammlungsfreiheit **6** 78
Verstoßung *s. talaq*
Vertragsfreiheit **1** 76, **7** 49 *s. auch Privatautonomie*
Vertragsrecht
– Australien **5** 269
– China **9** 65
– England **5** 13, 48, 63, 73, 187 ff.
– europäisches **2** 50
– Frankreich **6** 175, 279
– Korea **9** 154
– Skandinavien **2** 44, **7** 170
– Vertrag und Dritte **2** 75, **5** 13, 276
– Vertragsschluss **5** 48, *187 ff.,* 230, **6** 63, 279, **7** 168
Vertretung **6** 274
Verwaltungsakt **6** 127, *291 ff.,* **7** 3, **11** 44
Verwaltungsgericht **6** *198 ff.*
Verwaltungsgerichtsbarkeit *s. auch Kontrolle von Verwaltungsentscheidungen*
– common law **5** 99, 200 f., 205
– Deutschland **2** 20, **6** 197 ff., 246
– England **5** 83 ff., 201 ff.
– Frankreich **6** 207 f.
– Österreich **7** 9
– Skandinavien **7** 137 f., 145 f.
– USA **5** 99, 104, 218 ff.
Verwaltungsgerichtshof *s. Oberverwaltungsgericht*
Verwaltungsgerichtsordnung **2** 20, **6** 195
Verwaltungsrecht
– China **9** 26, 29, 65
– im common law **1** 74, **5** 44, *197 ff.,* 231, **7** 138
– deference *s. dort*
– Deutschland **5** 199, **6** 122 f., 127, 291 ff.
– Frankreich **6** 143
– Japan **9** 137
– Korea **9** 148
– politischer Charakter **1** 74
– Spanien **7** 21
– Unionsrecht **11** 30, 35
– USA **5** 99, 207 ff., 218 ff., **6** 293
– Verwaltungsakt *s. dort*

Verwaltungsverfahrensgesetz 6 38 f., 61, 195
Verwaltungswiderspruch, chinesischer 9 113
Vetternwirtschaft 8 19 f.
Vietnam 9 5
Volk 7 11, 230, **9** 65
Völkerrecht 11 *4 ff.*
– und allgemeine Rechtsgrundsätze **1** 54, **2** 82, **3** 207, **6** 24, **11** 4, 9, 15
– Ausdifferenzierung **11** 22
– Auslegung **11** 4
– Eigenheiten **11** 12 ff.
– Einfluss, politischer **11** 12
– Konstitutionalisierung **11** 21
– Kontext, eigenständiger **11** 23
– Rechtscharakter **11** 18
– Rechtsdurchsetzung **11** 13, *18 ff.*
– als Rechtsquelle **6** 23
– Rechtssubjekte **11** 17
– und Rechtsvergleichung **3** 207
– und Verfassungsrecht **7** 11
– Vergleichstauglichkeit **11** 6 ff.
– Verträge, völkerrechtliche **11** 7 f., 15
– Völkergewohnheitsrecht **11** 4, 15
– Völkerstrafrecht **11** 17
Völkerschlacht 6 184
Volksgerichte, chinesische 9 57 f., 69, 93 ff.
Volksrechte 7 11 ff.
Volksschlichtungsausschüsse 9 112
Volksstaatsanwaltschaft 9 60, 69, 96
Volkstribunale 9 59
Vollstreckung 7 53, 79, 103, **8** 81, **9** 176, 179, 226, 269
Vor-die-Klammer-ziehen *s. allgemeiner Teil*
Vorbehalt des Gesetzes *s. Gesetzesvorbehalt*
Vorlageverfahren, gerichtliches
– Deutschland **6** 147, 205, 318 f.
– Europäische Union **6** 147
– Frankreich **6** 147, 221, 227
– USA **6** 205
Vorlesung 6 232 f., 240
Vorrang der Verfassung 3 158, **5** 241 ff., 265, 268, 274
Vorsatz 6 288 f.

Wach, Adolf 6 74
Wächterrat 10 134
Wahhabismus 10 126 f.
Wahhab, Muhammad ibn Abd al- 10 127
wajib 10 74, 76 f. *s. auch fard*
Wales 5 1
waqf 9 261, 263
warranties 2 15
Warrington, Mark 4 29
Watson, Alan 1 32, 57 ff., **2** 35, **3** 92 f., 95
Weber, Max 1 35, **10** 62
Wechsel 1 44
Wechselwirkung 6 302
Wei-Dynastie 9 22
Weimarer Republik 6 194
Werte
– afrikanische, traditionelle **8** 28, 48, 86 f., 90
– asiatische **9** 3, 168, 179 ff.
– in der Rechtsvergleichung **1** 72 ff.
– russische **7** 102 ff.
– westliche **1** 83 ff., **8** 82, 86, 89
Wertungsjurisprudenz 6 89, 92 f.
Wesensgehaltsgarantie 7 23, 27
Westafrikanische Wirtschaftsgemeinschaft 11 47
Westergaard, Kurt 10 112
White v. Jones 2 75, 79
Wiederaufnahmeverfahren 6 211, **9** 115
Wiener Kongress 6 184
Wigmore, John Henry 4 7
Wilhelm der Eroberer 5 55, 171
Willenserklärungen 6 63
Willkür 5 75, 201, **7** 65, 189, 196
Windscheid, Bernhard 6 74, 76, 189, **7** 114 f.
Wohlfahrtsstaat 7 *116 f.*, 131, 157 f., 198 ff., 227
Wolff, Martin 4 26
Wortlaut
– Gesetzesauslegung *s. dort*
– Gesetzeswortlaut *s. dort*
Woolf-Reformen 5 138
writs 5 *62 ff.*, 144, 179, 201, **7** 206, 263
– forms of action **5** 62, 69 ff.
– writ of trespass **5** 62 f., 71, 144

Xi Jinping 9 72
Xia-Dynastie 9 8
Xin lü 9 22
xing 9 8
– und fa **9** 12
xingzheng fagui 9 62
Xunzi 9 10

Yale Schule 3 68 Fn. 111
Yeshiva 10 170
Yôrô-ritsuryô Kodex 9 137
Yusuf, Abu 10 142

Zentrale Disziplinarkommission 9 79
Zentrale Militärkommission, chinesische 9 55, 72
Zentralkomitee der Kommunistischen Partei Chinas 9 72
Zeugenbeweis
– Deutschland **6** 262
– islamisches Recht **10** 54, 68, 99, 138
Zhang Dejiang 9 72
Zhang Gaoli 9 72
zhengce 9 44, 76 ff.
Zinsverbot, islamisches *s. riba*
Zitierung 3 304 f., **5** 37, 39, 239, **6** 49, 53, 152, 157 ff.
Zivildienst 3 275 f.

Zivilgerichtsbarkeit *s. Gerichtsbarkeit, ordentliche*
Zivilgesetzbuch
– Ägypten **10** 141
– Argentinien **7** 186
– Brasilien **7** 185, 235
– Chile **7** 184
– China **2** 26, **9** 38 f., 65, 147
– Deutschland *s. Bürgerliches Gesetzbuch*
– europäisches **2** 49 f.
– Frankreich *s. Code civil*
– Indien **9** 228
– Israrel **10** 177
– Japan **2** 24, 26, **9** 143 ff.
– Katalonien **7** 19
– Korea **2** 26, **9** 154
– Österreich *s. Allgemeines Bürgerliches Gesetzbuch*
– Polen **7** 37
– Rumänien **7** 37
– Russland **7** 38, 49
– Saudi-Arabien **10** 133
– Schweiz **2** 24, 60, **6** 36, 42
– Türkei **2** 24
– Ungarn **7** 69
Zivilprozessordnung
– Deutschland **6** 38 f., 195
– Japan **9** 144
Zivilprozessrecht 9 65
– und jury *s. dort*
Zusicherung 2 15
Zuverlässigkeit 6 106
Zweigert, Konrad 1 56, 59, 68, **2** 60, **7** 108, **3** 7 *ff.*, 10, 95, 224, 178, 183, 294, **4** 10, 22 f., 26, 46, 49
Zweites Vatikanisches Konzil 10 183
Zwölfer-Schiiten 10 39 f., 43
– jafaritische Schule *s. dort*